中国古代经济史断代研究

国家哲学社会科学重点科研课题

前无古人的学术贡献

中国经济通史

清（上）

方行　经君健　魏金玉　主编

江太新　郭松义　方行　李伯重　徐建青　执笔

经济日报出版社

图书在版编目（CIP）数据

中国经济通史．清/方行，经君健，魏金玉主编．—2版
北京：经济日报出版社，2007.1
ISBN 7-80180-610-7

Ⅰ．中…
Ⅱ．①方2… ②徐… ③魏…
Ⅲ．经济史-中国-清代
Ⅳ．F129

中国版本图书馆CIP数据核字（2006）第115041号

书　　名： 中国经济通史．清
本卷主编： 方　行　经君健　魏金玉
责任编辑： 赵润庭　雷　伟
责任校对： 王　娜　景忠洲　齐红弟　李志亮　王红玉
出版发行： 经济日报出版社
地　　址： 北京市宣武区白纸坊东街2号（邮编：100054）
电　　话： 010－63568136 63567690 63567691（编辑部）63567687（邮购部）
010－63567683 63568821 63588445 63588447 83538863（发行部）
网　　址： www.edpbook.com.cn
E - mail： cehuabu@vip.sina.com
经　　销： 全国新华书店
印　　刷： 北京市耀华印刷有限公司
特种纸商： 北京灵创魔丽商贸中心
开　　本： 710×1000 1/16
本卷印张： 102
本卷字数： 1310千字
版　　次： 2007年1月第二版
印　　次： 2007年1月第一次印刷
书　　号： ISBN 7-80180-610-7/F.251
全套定价： 1200.00元（九卷十六册·精装）

前　言

一、《中国经济通史·清代》是全国哲学社会科学“七五”规划中重点课题“中国古代经济史断代研究”的一部分。按照学术界惯用的历史分期，本书叙事自清朝统一全国始，断到鸦片战争止，即通常所说的清代前期。

二、中国封建社会到清代达到了空前的发展，社会经济关系日益繁复，政治、经济、文化、社会等各种因素的相互联系和相互作用，也日见错综复杂。而文献资料，诸如史书、档案、方志、诗文集、笔记、族谱之类，汗牛充栋，皓首难穷；现存的实物资料更是难以量计。按照目前我们掌握的资料和专题研究的准备，编写一部体例完备，内容充实，具有中国特色的清代经济史，力有未逮。现在献给读者的这部《清代》，只是在若干重要问题专题研究的基础上编纂而成。

三、由于本书只是作者们在现有研究成果的基础上，探讨清代经济若干重要方面的发展历程，并着重提出自己的看法，同时又受篇幅所限，前人许多重要研究成果未能全面吸收；此外，书中，统计表和地图因限于篇幅大量删削，征引文献目录等，不能尽列，对由此而给读者带来的不便，我们深表歉意。

四、书稿出自多人之手，个别材料的重复，在所难免，但考察问题的角度或有所不同。某些次要问题的观点分歧，我们也未强求统一，或可为读者提供更多思考空间。

五、本书系集体写作，分工和执笔人如下：

上册　主编：方行；执笔人：农业篇第一章江太新，第二、三章郭松义，第四章方行，第五章李伯重；手工业篇徐建青。

中册　主编：经君健；执笔人：商品流通篇第一章第一、二、三节，第

二、四、七、九章邓亦兵；第一章第四节、第二章第三节经君健；第三、五章许檀；第六章封越健；第八章刘秋根。

下册　主编：魏金玉；执笔人：土地分配篇江太新；地主经济篇魏金玉；农民经济篇方行。

七、书中难免有错误和缺点，希望读者多所匡正。

目　录(上)

前言 …………………………………………………………………… 1

绪论 …………………………………………………………………… 1

第一编　农业篇

引言 …………………………………………………………………… 25

第一章　土地的垦拓 …………………………………………………… 27

第一节　清初土地荒芜情况与清政府的垦荒政策 ………… 27

第二节　土地的垦辟 ……………………………………………… 66

第三节　土地的利用 ……………………………………………… 123

第二章　人口的增殖 …………………………………………………… 133

第一节　人口与从业结构的发展变化 ………………………… 133

第二节　农业劳动人口估测 …………………………………… 144

第三节　人口流动 ………………………………………………… 158

第三章　粮食生产的发展 ……………………………………………… 175

第一节　各地粮食亩产量匡估 ………………………………… 175

第二节　玉米、番薯种植的推广 ……………………………… 253

第三节　粮食亩产量、总产量和人均拥有量 ……………… 276

第四节　粮食商品量 ……………………………………………… 282

第四章　农产品商品生产的发展 …………………………… 295
第一节　重要商品性农作物的推广 ………………………… 295
第二节　山区经济的开发 …………………………………… 330
第三节　农产品商品生产的发展水平 ……………………… 347

第五章　农民劳动生产率的提高 …………………………… 357
第一节　传统农业中的劳动生产率诸问题 ………………… 357
第二节　农夫劳动生产率的变化 …………………………… 365
第三节　农妇劳动生产率的变化 …………………………… 374
第四节　农民家庭劳动生产率的提高 ……………………… 384

第二编　手工业篇

引言 ……………………………………………………………… 393

第一章　官营手工业 ………………………………………… 395
第一节　官营织造业 ………………………………………… 396
第二节　官营陶瓷业 ………………………………………… 398
第三节　官营烧造业 ………………………………………… 400
第四节　官营铸钱业 ………………………………………… 402
第五节　官营造船业 ………………………………………… 404
第六节　官营手工业衰落的原因 …………………………… 406

第二章　纺织业 ……………………………………………… 411
第一节　棉纺织业 …………………………………………… 411
第二节　丝织业 ……………………………………………… 429

第三章　农产品加工业 ……………………………………… 449
第一节　制茶业 ……………………………………………… 449

第二节　榨油业 …… 461
第三节　酿酒业 …… 475
第四节　制糖业 …… 491
第五节　造纸业 …… 500
第六节　制烟业 …… 517
第七节　碾米业 …… 522

第四章　矿业与陶瓷业 …… 527
第一节　铜矿业 …… 528
第二节　采煤业 …… 537
第三节　冶铁业 …… 550
第四节　制盐业 …… 564
第五节　陶瓷业 …… 574

第五章　生产资料制造业 …… 583
第一节　铁器制造业 …… 583
第二节　造船业 …… 593
第三节　砖瓦石灰业 …… 612

第六章　手工业的发展水平 …… 621
第一节　生产力的发展水平 …… 622
第二节　生产关系的演变 …… 646

绪论

清代是中国历史上最后一个封建王朝。它无论在政治上和经济上都取得了史无前例的巨大成就。

清代最突出的成就是奠定了中国版图辽阔的多民族统一国家的基础。清政权建立之后，统一了蒙古、新疆、西藏、台湾以及云贵、东北等各边疆地区，实行了就封建社会来说最为成功的民族政策。经过经营开发，大大加强了中原地区和边疆地区的经济和文化联系，建立了中央政权对边疆地区有效的政治管理，使中国这个统一的多民族国家达到了前所未有的巩固和发展，就是中国历史上的汉、唐盛世也无法与之比拟。

国家政治统一的加强，促进了社会经济的进步。清代前期的社会经济也获得了重大发展，诸如粮食生产、农业和手工业中的商品生产、市场一体化，以及财政制度、租佃制度、雇工制度等方面的发展变化，均大大超越前代。清代社会经济是中国封建经济发展的高峰。

正是由于上述各方面的发展，清代前期才能以增加有限的土地，养活了急剧增长的巨大人口，取得了世界农业史上了不起的成就。同时，上述各种经济和制度的发展变化，都是有利于商品经济发展的新的积极因素，并都是不可逆的。清代是中国传统社会向现代社会发展的关键时期，它们为中国向现代化的发展，提供了一定的历史前提。

一、农业经济与赋税制度

农业是封建社会最重要的物质生产部门，而粮食更是国民经济的基础。粮食生产对一个农业国家的经济，特别是对于一个封建国家的经济，具有极为重要的意义。粮食总产量代表封建国家的经济实力，粮食单位面积产量，反映土地利用的效果，是农业生产力发展水平的重要指标。清代的粮食生产获得了很大的发展，它的发展同任何社会经济的发展一样，都是由时间上的上升运动和空间上的扩散运行交织而成。清代各地的粮食亩产，与前代相比，均有所提高。只是农业比较发达地区提高的幅度小一些，其他发展中地区提高的幅度大一些。清代粮食生产最突出的成就是地区扩散，即粮食亩产量在全国广大地区普遍提高，从而导致了粮食总产量和全国平均亩产量的提高。

清代粮食生产的发展，具有多方面的原因，从粮食生产本身来说，首先是多熟复种制度的推广。有明一代，北方地区的土地利用并不充分，复种指数不高。到了清代，特别是到18世纪中叶之后，北方各省除一年一熟地区外，山东、河北、陕西关中等地区已比较普遍地实行了三年四熟和二年三熟制，并逐步完善，趋于定型。江浙、两湖、江西、四川诸省双季稻、稻麦（油菜、豆类）等一年两熟制得到大面积的推广。福建、广东麦、稻的一年三熟制也得取发展。这些都使耕地的复种指数获得较大的提高。

其次是水稻、玉米、甘薯等高产作物得到推广，粮食作物结构得到调整。水稻在清代有明显的发展，它不仅在粮食作物的比重中已占绝对优势，而且在地区分布上也遍及全国。经过水稻北移，在北方13省中，除黑龙江外，尽管播种面积大小不一，其余12省都有了水稻种植的记载。谷子、高粱等杂粮本来在北方占有重要地位。到了清代，玉米种植得到发展，代替了一部分高粱和谷子的种植面积。甘薯，明代还只在闽粤一带种植，17世纪初开始向长江流域及江浙沿海地区扩展，18世纪更向黄河流域扩展，逐步普及到全国，成为许多地区的重要作物。

再次，品种改良，栽培管理、肥料积制施用等精耕细作经验，由官府或民间推动，特别是移民的传播，在各地得到广泛交流。清代，在人口压力下，闽、粤、湘、鄂、赣各省有大量移民去开发中西部地区。他们将深耕、选种、施肥、复种等先进农业技术引进这些地区，有力地推动了当地农业生产的发展。如在四川，据乾隆《巴县志》说，“耒耜耘耔之工与勤，土著不及楚人，楚人不及闽广”。同治《成都县志》也说，“农事精能，均极播种之法，多粤东、湖广两省人”。又如陕西、四川、湖北毗邻山区的开发，外地移民也做出了重要贡献。如道光《宁陕厅志》说，“楚民善开水田，蜀民善开山地”。《三省边防备览》也说，“南人善垦稻田”，他们“用南方渠堰之法，以收水利”。汉阴厅有些地方已“一岁之获，可支数载”①。

最后，开垦荒地、改良土壤、改造低产田、兴修水利和植树造林等农民长期的劳动积累得到了充分发挥。所谓劳动积累，是指活劳动不经过价值形态，直接物化为生产条件或物质财富，正如马克思所说，在农业中，只要“付出更多的劳动量，不必预付新的劳动资料，也可以提高肥力，这又是人对自然的直接作用。这种作用无需新资本的介入，也会成为扩大积累的直接源泉”②。上述这些农业生产活动，在各地都有不同程度的开展，特别是农田水利建设，清代兴建了大量的中小型灌溉工程，这些工程大多是随处因地制宜而修建的塘、陂、渠、堰，灌溉面积虽不很大，但积少成多，从全国整体来说，却收到了巨大的灌溉效益。这些农业生产活动，虽然要支出少量材料和工具费用，但主要是靠追加劳动力。在手工工具条件下，农民劳动积累对于农业生产的发展，是十分重要的。

有人认为，清代人口剧增，而耕地没有相应增加，按人口平均的耕地面积不断缩小，人口与耕地的矛盾激化，甚至出现了所谓“人口爆炸”，使农业生产长期陷于停滞局面。实际情况并不是如此。封建社会人口的增加，与社会生产力的发展，基本上是同步的。耕地面积由于受自然条件的限制，不能随着人口增长有相应增加，按人口平均的耕地面积会出现缩小的趋势。但是，随着城市和市镇经济以及手工业的发展，非农业人口大量增加，每个农户平均耕地下降的程度，并不如每个农民平均耕地下降程度那么大。就是在一些人口密度大、耕地紧张的地区，每个农户平均占有耕地仍然超过在集约耕作方式下力能耕种的规模。同时，由于多熟复种制度的推广，复种指数提高，播种面积实际上超过了耕地面积，这也会缓和人口与耕地的矛盾。尽管非农业人口增加，经济作物种植面积扩大，清代前期的粮价只是持续缓慢上升，道光年间还一度出现较长时间的粮价下跌，这说明粮食总需求与总供给是大体平衡的，或者说是

① 嘉庆《汉阴厅志》卷9。

② 《资本论》第1卷第166页。

一种偏紧的总量平衡。当时的耕地与传统农业的需要基本上还是适应的，人口与耕地的矛盾并不如人们所宣扬的那么大。

有人承认清代农业和手工业中商品生产增长、市场流通扩大、商品经济发展的事实，但却认为农业生产仍处于停滞状态。这无疑是一种悖论。我们知道，超过劳动者个人需要的劳动生产率，是一切社会的基础，当然也是商品经济的基础。商品经济的发展只能建立在农业生产特别是粮食生产发展的基础之上。正如马克思所说，“社会上的一部分人用在农业上的全部劳动——必要劳动和剩余劳动——必须足以为整个社会，从而也为非农业工人生产必要的食物；也就是使从事农业的人和从事工业的人有实行这种巨大分工的可能；并且也使生产食物的农民和生产原料的农民有实行分工的可能”①。可见包括粮食生产在内的农业生产的发展，是商品经济发展题中应有之义。上述论断无疑是不正确的。

有的人承认清代农业生产发展了，但认为农业劳动生产率是停滞甚至是下降的。清代农业劳动生产率是提高还是下降，牵涉到复杂的计算方法问题，更缺乏系统的确切数据，一时难以作出判断。但应当指出，发展农业生产，需要提高农业的土地生产率、劳动生产率和农产品商品率，三者的统一便构成农业生产总体经济效益。而三者的提高，必要根据具体的国情，有重点地施行，一般是难以齐头并进的。在人多地少的条件下，土地产出率，即单位面积土地提供的价值量具有决定性地位；在人少地多的条件下，劳动生产率即单位劳动创造的价值量具有决定性地位。清代人多地少，农产品供应紧张，因此，广大农民首先抓紧了同提高土地产出率有密切联系的水利、良种、施肥和精耕细作等各项措施，把发展农业生产的重点放在提高粮食亩产量上，从而增加了有效供给，养活了急剧增长的庞大人口，发挥了重大的历史作用。在当时的具体条件下，要求农业劳动生产率也有大的提高，无疑是难以做到的，也是不适当的。

清代农业生产的发展，主要是广大农民勤劳奋斗的结果。政治权力是上层建筑诸因素中能动性最大的因素。在封建社会中，国家政策和赋役制度决定着土地、劳动力和资金等生产要素的组合方式与效益水平。清代农业的发展，与

① 《资本论》第3卷第716页。

清政府提供了比较合理的政策与制度安排也是分不开的。

农业是封建赋税与封建地租的基本来源。历代封建政权都实行重本抑末的政策，即重视农业的政策。重本抑末政策的出发点和归宿都是为了重本。它们虽常强调抑末，实际上抑末也是为了重本，以保护农业和农业劳动力。清代以来，对工商业的抑制已有所松弛，却始终紧紧抓住重本这一面，采取了招抚垦荒、赈恤、蠲免、治水、发展多种经营等一系列政策措施，以保证农业的不断再生产，防止小农经济的分化。这从根本上也是维护封建政权和整个地主阶级的经济利益。

清代的人口与耕地的矛盾，康熙末叶已显露端倪。到乾隆间日益突出。康熙、雍正两朝都高度重视发展农业生产。乾隆朝更提出了一种类似大农业的思想，要求发展多种经营。乾隆七年，清高宗指出，“如果园圃、虞衡、薮牧之职以次修举，于民生不无裨益。国家承平日久，生齿日繁，凡资生养赡之源，不可不为亟讲”。他要求各省督抚率州县经昼地利，“所当因地制适，及时经理”①。当时各地督抚，特别是府州县各级官吏多有所举措，地方大吏中，陈宏谋尤为突出。他提倡在发展粮食生产的同时，也发展农产品商品生产，使农民于温饱之外，并能力“致富饶”。他在《训俗遗规》中说，“三农九谷之外，均有足以佐日用之需，为生财之计者，如木棉、茶、葛、枣、栗、柿、梨及桃、李、林檎诸杂果，随处皆是也。田园之播种，若芋、若瓜、若姜蒜、若萝卜及各种时蔬。水泽之滋生，若菱、茨、莲藕等类，皆足佐盘飧而通财货。外此如桐柏之为油，竹木之利用，种难尽列，其利尤普”。“小之可以充口腹，供日用，大之可以通商贩，致富饶”。《清代史稿·陈宏谋传》说他“外任三十余年，历行省十有二，历任二十有一。莅官无久暂，必究人心风俗之得失，及民间利弊当兴革者，分条钩考，次第举行”。清代农业生产和农产品商品生产的发展，与清政府的提倡也是分不开的。

赋税蠲免是清政府一项重要经济政策，《清史稿·食货志》视为“古今第一仁政”。蠲免之制有二，一曰恩蠲，凡遇国家庆典，或巡幸，或用兵，辄蠲免田赋。一曰灾蠲，有免赋、有缓征、有赈、有贷、有免一切逋欠各项。赋税

---

① 《清宗实录》卷169。

蠲免的实行与清代相终始，大大超过前代。但从蠲免次数与钱粮数量上说，以康熙、乾隆为最多，多次普免天下钱粮，因天灾而蠲免赋税的次数，史称“不能悉举”。清代前期，因各种自然灾害获得蠲免赋税的州县达15713个次，共约蠲免地丁银1.2亿多两。康熙、乾隆两朝还免除各省赋税积欠银逾4600万两，其中包括灾年逋欠银约1500万两。清代还建立了比较完备的以赈济、借贷为内容的低层次社会保障制度，在灾荒年份对农民实行赈济，在平常年份向农民贷放生产资金。清代前期，清政府支出的灾年赈济约为银4.5亿两。[①] 清政府通过这些蠲免措施，在一定程度上减轻了人民的赋税负担，颇舒民力，有利于促进农业生产的发展；也缓和了社会矛盾，巩固了清政权的政治统治。

按田亩征税和按人户派役，是历代封建王朝长期采用的征课办法。赋是封建政权财政收入的主要来源，而人民最感痛苦的是重役的征调。汉代的赋役制度是赋役并重的典型。西晋的户调、唐代的租庸调仍大体是赋役并重。唐中叶后实行两税法、宋代实行两税，开始向重赋轻役的改革前进。明代中叶实行一条鞭法，各项复杂的田赋附征和各种性质的徭役一律合并征银，徭役银不由户丁分派，而由地亩承担，打开了废除徭役和人头税的通道，但未能彻底施行。清代继续了明代的这项改革。清代所征代役银两，称为徭银或丁银，按照人丁征课。康熙五十一年，清政府宣布以康熙五十年的全国人丁数作为定额，不再增减，对以后新生的人丁不征丁银。这就是所谓“滋生人丁，永不加赋”。人丁数和丁银额的固定，就为实行摊丁入地的改革准备了条件。

摊丁入地是将役银归于赋银，将人丁税并入土地税，一律按田亩征收。这项改革，雍正间在全国范围内全面展开，除少数地区外，到乾隆初年已基本完成。从此丁银才转变为消除了徭役性质和人头税性质并以土地为征收对象的赋税。这项改革，把康熙的永不加赋予摊丁入地结合起，利用地亩稳定性的特点，使固定了的丁银总额更易于征足，就保证了国家财政收入的充实。同时，由于地亩增长缓慢，地丁合一实际上使赋税正项的总额也长期处于相对稳定的状态，表现出税制统一、简化和定额化的鲜明特点。这些都使封建赋税制度臻于完善。中国封建社会历时长久、艰难曲折的赋役制度改革终于得到基本

① 上述各数请参阅李向军《清代荒政研究》。

完成。

摊丁入地之后，田赋虽有所增加，但免除了城镇工商业者、手工业者和无地贫民的丁银，客观上有利于工商业和佃农经济的发展。在封建社会中，每一个赋税征收的中间环节，都有可能成为官吏贪污中饱的机会，简化了征税环节，减少了丁银编征可能滋生的弊端，也会有利于自耕农与中小地主。摊丁入地之后，为废除束缚人民人身自由的编审制度创造了条件。乾隆年间停止编审，对于人户的自由流动已不大干涉，这也有利于加强地区联系、城乡联系，人们谋生的出路扩大了，这也会促进工商业的繁荣。

清政府的这些农业政策，总的来说是有利于社会经济发展的。但吏治的良劣为封建国家经济政策能否得到切实贯彻的关键。在封建社会及封建专制主义官僚体制之下，吏治的腐败是不可避免的，国家政策的失效因之也是不可避免的。就是在吏治较好的时候，有所作为的循吏和良吏总只是少数，经济政策的正确贯彻执行通常会打折扣。吏治败坏的时候，政策更会严重失效。如从农业赋税方面看，康熙间是清代吏治较好的时代，当时有些地方已是“私派倍于官征，杂项浮于正额。一旦水旱频仍，蠲豁则吏收其实而民受其名，赈济则官增其肥而民重其瘠”[①]。乾隆末年以后，吏治日见腐败。官吏通过寻租以贪污中饱，更是难以遏止，政策的有效贯彻也就更难了。清政府的工商业政策和其他经济政策的实行也大都是这种情况。

二、手工业与商业制度

在生产力和商品经济发展的推动下，清政府又采取了“恤商”和“利商便民”的政策，并“首除烦苛”，尤其是对矿业开放民营，清前期手工业得到前所未有的发展，突出表现为官营手工业的衰落和民间手工业的扩大兴旺。商品经济的发展、民间手工业的发达决定了官营手工业必然衰落的趋势。官营手工业的衰落过程始于明代中叶，明后期织造、制茶、冶铁等官营已经停废，匠籍制度开始瓦解。清初明令废止匠籍制度，标志着官手工业中生产关系的根本变革。清前期官手工业继续走向衰落。一些行业开放民营，如盐、铁、铜铅、

---

① 《清史稿·熊赐履传》。

金银矿等；一些行业被民间手工业所取代，如造纸、酿酒等；尚存的一些，在经营范围和经营规模上进一步缩小，生产过程开始部分依赖于民间手工业的设施、人力，如织造、陶瓷、造船等。历时2000余年曾占有重要地位的官营手工业已严重萎缩，难以重振。

与之相对照的是民间手工业，特别是农民家庭手工业的空前发展。手工业与农业的结合是传统农民家庭充分利用家庭劳动力的最合理的经济结构。清前期，随着土地垦辟、农业生产发展，农村手工业中的商品生产向广大农村地区扩散，农民家庭手工业普遍发展，构成这一时期农村经济发展变化的显著特征之一。

在一些发达地区，如江南地区，商品生产的发展导致农民家庭生产结构的变化。在农业与手工业的关系上，商品性生产的手工业开始转化为主业，而农业则退居次要地位。农民家庭虽还没有脱离农业，但已转为主要依赖手工业收入来维持大部分生计。就清前期看，这部分农户的数量在总体上虽还不多，但呈现为一种日益发展的趋势。农民家庭以经营商品性手工业为主，表明其家庭经济与市场的联系在加强，其兴衰开始受市场形势所影响，生产安排开始受市场价值规律所左右。也就是说，传统自给自足的自然经济结构，农民家庭经济的传统模式，首先从手工业商品生产的加强这方面打开了突破口。

随着商品经济的发展，清前期并出现了手工业与农业分离的趋向。在一些商品生产发达的地区，手工业生产的分工和专业化有了发展，出现了专门从事某一行业、某一工序的独立的手工业者或生产单位（作坊、工场），如丝织业、陶瓷业中的情形。一些农户则有田不耕，转租给他人耕种，自己专门从事手工业，如丝织、砖瓦、榨油、酿酒等行业的情形。由于大量手工业常年雇佣劳动者现象的出现，在一些地方劳动力市场已经形成。一部分脱离了农业的手工业者开始向城镇集中，在交通便利的地方形成了一批以手工业为主的城镇。那些以商业为主的城镇，许多也是以经销手工业品为主，在其四郊分布着大量专门或兼业的手工业者。这种状况使清前期社会经济出现了一种新面貌，或者说是一种新的因素，即出现了专门的“工业企业”和“工业工人”，这些“工业企业”已经是为价值即为利润而生产。

手工业商品生产的发展还引起商人资本进入生产领域。商人资本转化为产业资本曾是欧洲资本主义产生的途径之一。在中国，在清前期的手工业中，商人资本支配生产的形式有这样几种：商人预买制、包买商制、商人雇主制。商人预买制主要存在于农产品加工业中，以控制小生产者的产品销售为特征。包买商制仅存在于丝织、铁器、制盐几个行业里，即由商人供给生产者原料或生产资料，并收购其产品。在这两种形式中，商人资本仍停留在流通领域，并没有进入直接生产过程。商人雇主制存在于许多行业中，是商人资本直接投资生产及产品运销，有的规模还比较大。在商人雇主制下，生产还从属于流通，其资本性质还是商业资本。但在少数行业里，如盐业、矿业，也出现了商业资本向产业资本的转化，即商人成为工业家。以内部分工为特点的工场手工业形式清以前在丝织、榨油、造纸等行业中曾经出现过，清代在四川井盐业中得到发展。马克思指出，商人直接支配生产在历史上起过巨大的过渡作用，但它并不决定旧生产方式的变革，什么样的新生产方式会代替旧生产方式，取决于旧生产方式本身的性质。总的看，清前期，商人资本支配生产的程度还不高，旧生产方式的内部结构还具有相当的坚固性，引起生产方式变革的条件并不成熟。尽管如此，商人资本支配生产在促进旧经济结构分解方面的作用还是不容忽视的，特别是工场手工业的出现，代表了一种新的生产方式。工场手工业在清后期及清以后得到巨大发展，成为现代经济中的一个重要组成部分。

还值得提出的是，手工业组织形式中合伙制的发展及其演变。合伙制本身是一种古老的形式，首先出现在商业中。清代，在许多手工业行业中发展起合伙制。手工业合伙制起初只是一种生产集资方式，以后逐渐演变为一种以契约方式组织起来的企业形式。这种组织形式可以更多地吸收社会闲散资金，分散投资风险，对促进手工业的发展起到了积极作用。手工业合伙制还存在着从低级到高级的多种形式，即劳动合伙、劳动与资本兼具的合伙、资本合伙。在它的高级形式上，即资本合伙的形式上，出资者已不亲自进行生产经营管理，仅仅作为股东参与分配，企业中出现了专门的经理人员，意味着所有权与经营权已发生不同程度的分离，可以说具备了向现代股份企业演变的条件。

列宁曾经相当详细地描述了俄国农村工业从家庭经济向商品经济转变过程中的几个阶段：收获原料的农户本身对这些原料进行加工的家庭工业（即我们通常所说的仅仅为自己家庭的需用而生产的自给性的家庭手工业），在这里工业与农业不可分离地联结为一个整体；按照消费者的订购而制造物品，与消费者直接进行交换的手工业（即不是仅为自己家庭生产而是直接为消费者进行加工的农村工业，类似于我们通常所说的手艺人）；手工业者逐渐转到为市场而生产，成为工业中的小商品生产者，先是偶尔在乡村小市场上直接向消费者出卖自己多余的生产品；继而商业扩大以及包买商出现，商品市场扩大到整个州、整个国家、甚至其他各国；商品经济的发展进一步引起工业企业与农业企业的分离，引起工业工人与耕作者的分离。①

近年通过对包括英国在内的一些欧洲国家工业革命前部分农村地区工业发展的考察，从农村经济内部的变化解释工业化的发生发展过程，提出了前工业化的理论，即“大量人口完全或在很大程度上依靠为区间市场或国际市场进行大批量工业商品生产的农村地区的发展”，认为前工业化的过程经历了4个阶段和4种组织形式，即以出卖工业品为主的封建庄园制下的农民家庭工业；作为独立的小商品生产者的农村家庭工业；包买商制；资本主义手工工场②。在上述俄国的情况中，在出现包买商的阶段，实际也是进入了前工业化时期。

通过对清前期手工业的考察，我们可以看到，在一些发达地区，也出现了前工业化现象，作为农民家庭主业的手工业商品生产发展，出现了大小不同的集中产区，市场扩大，手工业开始与农业分离，一部分手工业者向城镇集中，商人资本进入生产领域。在出现前工业化的地区，整个农村经济呈现出兴旺上升的气象。

当然，清前期在更广大的地区范围内，手工业的发展是不平衡的。作为农业的补充、以满足自身需要为目的农民家庭手工业仍然存在，特别是作为主要行业的棉纺织业还始终与农业紧密结合在一起。农村中以满足消费者直接需求，以代客加工方式进行生产的固定的或流动的手艺人随处可见。作为家庭副业的、直接在地方小市场上互通有无的小商品生产性的农家手工业在许多地方是农村手工业的主要形式。即使是专业化的手工业生产，其中一些基本上仍是一种为了使用价值而生产的小商品生产，生产是为了交换其他生产和生活必需

---

① 列宁:《俄国资本主义的发展》，第295～299页。

② 刘兰兮、史建云文,《中国经济史研究》1988年第3期。

品，生产量受到家庭自给需求的限制，也就排斥了生产无限扩大的内部动力。发达地区的前工业化只是初步发展，在深度和广度上都还不够。这些都是小农经济结构下手工业发展的局限。通过这些研究可以看出，尽管各国农村工业的发展具有不同特点，发展程度和发展结果也不相同，但大都经历了大体相同的过程。

总之，清前期手工业在前代的基础上又有了新的发展，表现在生产力与生产关系的许多方面。清代是传统社会向现代社会的转变时期。这一时期手工业的发展在市场、雇佣劳动、企业制度等方面为现代工业的出现和发展提供了一定的前提条件和物质基础。而且，在现代工业产生以后，许多传统手工业保留下来，在整个经济中还占有重要地位。

三、土地及其分配制度

在封建社会中，土地是最重要的生产资料，所以，土地的分配，是集中还是分散，始终是人们关注的热点。土地的集中和分散是随着促使集中和分散的因素的消长变化而变化的，促使土地集中的因素增强，土地就会集中；促使土地分散的因素增强，土地就分散。这是随时随地而异，其发展的不平衡性特别显著，很难一概而论，这里，只能说个大概。

到了清代，大规模实行暴力强制以改变土地分配状况的现象，只在清初发生过，清初圈占民地为旗地，以及施行更明田政策就是其最突出的表现，此后，虽然各地还时有强占，强买的现象发生，暴力强制因素在土地分配中的作用是越来越不明显，越来越不普遍了。改变土地分配状况的机制，一般来说，是通过买卖、典押和转让，在这个时候，国家、还有宗族，对于土地买卖转让的干预也相对地减弱了，无论是谁，只要有钱就可以购买他人的土地，无论是谁，只要需要就可以出卖自己的土地，土地买卖的自由程度是空前的提高了。

这时候，影响土地分配的因素很多，这里只谈主要的两个，一个是地租积累的速度。从理论上说，地租扣除了地主个人消费基金以后，剩余的都可以作为积累基金，用于购买土地。由于地主一家人消费大体一定，占有的土地越多，地租中可以用来购买土地的部分越大；占有的土地较少，地租中能用于购买土地的部分就少，无论什么情况，这一兼并土地的力量还是随着地主制经济的发展而增强的。但是，这一兼并土地的力量受到了一个使土地分散的因素的限制，这个因素就是中国封建社会里施行的遗产多子均分制度。一家地主，不管有多少个儿子，都可以取得其家产的一个部分，通过遗产多子均分制度，大地主可以分成几个小地主，小地主可以分成几个自耕农，自耕农又可以分成几个只有一丁点儿土地的贫困人户。在以上这两个因素中，一般说来，积累地租、兼并土地的速度是缓慢的，而分家析产则大约30年一次，是比较频繁的，30年内使土地增加一两倍的家庭是不多见的，而参与分家的兄弟超过一二人的家庭则是相当普遍的。如果，积累的速度超过男丁增长的速度，土地就会越来越为集中；相反，如果赶不上男丁增长的速度，则土地的分散就是必然的了。实际上，这两种可能性都是存在的，都可以变为现实。当然，除了上述两个因素而外，还有许多别的因素在起作用，比如，地租转化为高利贷和商业资本，高利贷和商业资本投入土地，官田旗地民田化，宗族土地集体所有制的发展，等等，所以，土地究竟是分散还是集中，就要看各地的具体事实了。

事实上，清代的土地分配，虽然是时有集中，时有分散，但总体看来，并不像传统观点认为的那样，是十分集中的，百分之八九十的土地集中在地主手里。土地高度集中在地主手里的地区并不罕见。同样，土地的百分之八九十掌握在农民手上的地区也并不罕见。这两者都属于极端现象，不可以据以概括一般情况。根据多数的典型调查，可以看出，土地的40%～50%集中在地主手里，土地的50%～60%掌握在农民手里，亦即土地是分散的，而且随着人口的增长，分散的趋势还是有所发展的。

我们还应该注意，土地分散的趋势不只发生在地主和小土地所有者中间，还发生在地主和佃户中间，由于地权和佃权分离，永佃制和押租制盛行，原本完整的土地所有权随着佃权和地权的分离而分解开来了。这是一个显然的产权变化，其对于土地分配的影响，是不应低估的。上述这些土地的分散化，势必对地主经济和农民经济产生深远的影响。

顺便提到，由于上述的变化，佃权随地权之后，也进入了流通领域。它们都可以买卖、抵押和转让，在大多数地区买卖抵押还是相当频繁的。还有些地方，佃权的价格超过地权的价格，佃权的流通速度超过地权的流通速度。可以设想，与佃权和地权流通相对应的，是一个相当庞大的货币流通量，估计不亚于与粮食或布疋相对应的货币流通量。地权和佃权与商品货币关系如此紧密联系，并形成土地集中与分散，地主、自耕农、佃农新陈代谢的一个不能或缺的运行机制。这一机制，就其内容、作用、涵盖范围而言，应该说，不是历史上土地买卖的简单重复，而是其重大发展。

在地主制经济体制下，地主的土地主要是用来出租以收取地租的，这一点始终没有变化。但是，具体的租佃形式却是随着时代的变化而变化的。清代的情况是这样的，严格隶属关系，亦即劳动者作为土地附属物的佃仆制度，只在部分地区存在，而且日趋于衰落；明清时代的新型租佃关系，即摆脱了严格隶属关系的分成租制度和定额租制度在向前发展；并且，在此基础上发展出了佃农支付代价取得耕作权的永佃制度和押租制度。这三类租佃关系，标志着租佃关系依次发展的三个阶段，它们的发展在时间上和空间当然也是不平衡的。

我们想强调的是，通过这三个不同的发展阶段和类型，可以看出：

佃农与生产资料的关系在严格隶属关系下，进入租佃关系的劳动者是一无所有，他们住主屋，佃主田，葬主山之后，就丧失了自身和家人的自由，是一种完全意义上的依附农。摆脱了严格隶属关系束缚的分成租制和定额租制下的佃农，他们多少不等地具有土地之外的生产资料和生活资料。在分成制下，他们所拥有的不多，还要依靠地主补足；在定额制下，他们可能具有全部经营资本，经济实力。一般而言，较之分成制下的佃农，要殷实多了。至于永佃制和押租制下的佃农，他们不但自有生产资料和生活资料，而且还有能力支付佃权的代价。他们的经济实力，较之分成制和一般定额制下的佃农，是更为殷实的。

主佃关系，在严格隶属关系下，劳动者处于地主的直接统治下，没有人身自由，不得自由离开土地，不得自由出雇，不得自由婚嫁。他们处于低下的等级地位，在法庭上不得与地主平等相对。处在分成制和定额制下的佃农就不同了，他们取得了与地主平等的法律地位，可以自由离开地主的土地，自由出雇，自由婚嫁。他们虽然还要听从地主的役使，但与佃仆一类相比，是少得多了。至于永佃制和押租制下的佃农，由于他们的经济实力较强，无求于地主，纳租而外，两不相问，他们的经济地位和社会地位，一般而言，是好多了。

分配关系，从严格隶属关系到享有佃权的佃农，他们的劳役地租部分，是随着租佃关系的发展而减少的，到了享有佃权的佃农，其劳役地租部分，一般而言，都消失了。此外，交纳分成租的佃农，随着分成向定额的转化，应纳实物地租数量，也有不同程度的削减。我们并不否认有分成租向更高定额租转化的现象，但大量的是减少而非增加。享有佃权的佃农，由于享有部分所有权，可以保留一部分地租在自己手里，应交纳的地租数量，当然会相应地减少，如果考虑到佃农工农结合体生产的发展，则定额地租在总产品中的份额，更可能是下降的。结合这两个方面来看，随着租佃关系的发展，我们可以蛮有把握地说，这个时代的地租剥削率，一般而言，不是上升而是下降的。

综合以上三个方面的情况，我们可以说，在地主制经济中，随着租佃关系的发展变化，佃农中农化的倾向越来越为明显，永佃制和发展了的押租制就是佃农中农化的最显著的标志。

农民经济指的是自耕农和佃农的经济。在地主制经济体系下，农民经济是自给性生产和商品性生产的结合。又是农业和手工业的结合。农民经济的这一双重结合，在清代的显著变化，是向商品性生产和手工业生产的倾斜加强。通过上升运动和辐射运动，农民经济的商品性生产和手工业生产日益普遍，农户的农业和手工业产品商品率有明显提高。各地情况不同，低的占产品的20%～30%，高的占60%～80%。农民在向小商品生产者转化。有些地区，小农已经转化成了小商品生产者。

小农向商品性生产和手工业生产倾斜，向小商品生产者转化，是为经济利益所驱动的。他们考虑的不光是谋生，还有谋利。他们是谋生和谋利兼顾，并且相互为用的。他们由此出发，来调整农业结构，手工业结构以及农业和手工业相结合的产业结构，以达成资源的合理配置。结果是农民经济中的农业，手工业，商品性生产和自给性生产的多方面发展，这就是清代封建经济繁荣的基础。当然，农民经济的发展规律，还需要全面地、深入地认识，不是单从谋生、谋利任何一个方面所能观察清楚的。

不过，农民经济和地主经济一样，其组成的单位经济实体，并不是恒常不变的、稳定的。农民经济的组成单位在经常变动和新陈代谢之中，农民经济的生命力就是依靠这一变动不断的新陈代谢来维持的。地主经济也是这样。比如说，农民和地主是相互依存，相互转化的。一家地主可以分化成几个自耕农民，而自耕农民又可以通过勤奋劳动，积累财富，购买土地，转化成为地主，或者，经营不善，抵御不住天灾人祸，保不着自己原有的土地，不得不佃种地主的土地，转化成佃农；或者变成一无所有，不得不受雇于地主的雇农。由此可以看出，地主经济的发展是以农民经济的存在为基础和条件的，农民经济的发展必然导致地主经济的繁荣与发展，这要算是一条规律，在这种情况下，农民经济从属于地主经济，农民经济是地主经济体系的一个重要组成部分。除非出现了农民经济发展为资本主义经济的条件以后，那时候，农民经济将从属于资本主义经济，这种情况才会改变。

这里，有必要谈谈农民经济的产品的价格问题。植根于农民经济的农业和手工业，其商品性生产部分是以自给性生产部分作为底垫的，因此，其产品的价格可以低于其价值，而且经常低于其价值。无论是粮食，或者是纺织品，都是这样。对此，马克思曾提到过，这是工农结合体产品价格的一个特点。这就意味着，在同样的生产力水平上，农家产品在价格上是有竞争力的，它体现了工农结合体的优越性。这种优越性还是难以超越的。这就说明了，生产同类产品的专业户，以及雇工经营的同类专业户，难以大量地、普遍出现的原因；这也说明了地区性分工有所发展，而专业性分工难以同步发展的原因，这就是工农结合体优越性的负面作用，是不能不重视的。

所谓农业中的资本主义萌芽，虽然出现了，但未曾发展起来，其原因也在于此，当时的农业雇工经营，从雇工性质上看，正处于等级性雇工向非等级性雇工的过渡；从经营方式上看，正处于从家长制经营向资本主义经营的过渡；雇工经营的这两个方面，都没有走出过渡阶段。虽然，可以观察到利润已经在地租旁边出现，但还受制于地租，未能摆脱地租的限制。这就说明了，在生产力没有进一步发展的条件下，雇工经营的优越性还没有明显地超越农民经济工农结合体的优越性。所以，纵然有所谓的资本主义萌芽出现，清代农村的性质，并没有发生根本性的变化。

不过，由上面提到的：土地分配的分散化，佃农的中农化，以及小农小商品生产者化，这些发展趋势看来，农村社会性质根本性变化的到来，并不是遥远的事情。历史是不会静止和停滞的。

四、经济运行机制

中国秦汉以来的封建社会是属于地主制经济类型的农业社会（所谓地主制经济是包括地主经济、佃农经济以及与之并存的自耕农经济和各种小生产经济的总和）。地主制经济是人类历史上多种封建经济类型之一，相对于领主经济而言，它有许多特点。因此研究中国封建社会任何经济现象，首要问题都是要弄清地主制经济的运行机制。

中国封建社会小农的经营规模和产品品种决定了它离不开家庭手工业。对于地主制经济来说，与农业相结合的单一的家庭手工业，是满足本经济单位某些物质需求的手段之一，但它的重要意义更在于补充家庭经济收入；而不像领主制经济单位中的多种手工业那样，是多品种实物地租的前提。小农经济单位自己植种的经济作物和所从事的手工业产品可以自给甚至超过自身的需要量，但更多种必需的物品是不能自给的。农户的产品不论是自给有余还是不能自给，都将通过商品交换与其他经济单位发生联系；前者卖出，后者买进。家庭手工业中以纺织最为普遍，也最为典型。小农之家机杼之声达旦，无非是为了明晨拿到市场上的布匹稍多一些。一般地说，桑、麻、棉等经济作物大抵作为商品作物种植。我国直到明清时期植棉织布的农户也从没有达到总农户的一半以上。农村中出售棉花、纱线、布匹，以及买棉纺纱、买纱织布或买布成衣的从来大有人在。麻和丝织尤其明显。生产者之间进行的交换，买卖双方尽管都是为了从实物上满足本经济单位所需的经济条件，但都是通过货币运动进行的。所以说，为了获得再生产必需的全部经济条件，耕织结合的小农也得借助于商品交换。这种耕织结合越发展，市场上的商品量就越大。劳动工具的来源，则更多依靠市场。不同规模的农业和手工业所需的原料和生产工具市场的存在，对小农经济的发展更具有重要意义。在中国封建经济发展过程中，农业和家庭手工业的结合程度跟商品经济的发展成正比；这个社会历来存在较大的商品量，其主要根源就在于小农的农业和家庭手工业的结合。地主经济的地租以及非实物收入，进行消费或投资时更是无法离开市场的。

简言之，地主制经济的各个经济单位的经营和再生产过程表明，本单位实物所得的单一性和需求的多样性的矛盾，是其自身无法解决的；必须通过商品交换才能维持生存和进行再生产。商品交换在中国封建社会经济的运行链条中的重要性，不亚于在其后的社会形态。也正是在这个意义上讲，商品经济对于中国地主制经济而言不是外在的，两者间有着本质的联系。

中国封建社会的生产力水平和商品经济水平呈现互动关系，两者的发展也是成正比的。中国封建社会历史中，商品经济的发展是一个渐进过程。由于经济发展的不平衡，各地的商品经济发展程度也有极大的差异；即使在同一地区，地主制经济各类经济单位产品率也大不相同。不论从地域来看或是从时段来看，地主制经济的发展水平都是和商品经济的发展水平成正比的。地主制经济下商品经济发展的渐进性和不平衡性，是由生产力水平发展水平决定的。不能认为一时一地商品经济发展水平的低下是地主制经济带来的固有现象或必然结果。由于生产力水平较低而带有自给性的现象，甚至在今天不是也还在一些地区不同程度地存在吗？若就地主制经济的各种经济单位的经营方式看，它不但不排斥商品经济，而且以商品经济为自身繁荣条件。在一定条件下呈基本自给状态的地主制经济的经济单位，一旦生产条件改善，产品有所增加，商品经济运动就会展开。生产力水平越高，商品经济就越发达，地主制经济也越繁荣；相反，中国的地主制经济的存在并不以生产的自给性为必要条件，也没有因商品经济的发展而灭亡。

从理论上讲生产决定流通；但没有流通则难于满足充分的消费，更难于进行扩大再生产。商品经济范畴包括了商品生产和商品流通等广泛的概念（也包括货币经济）。没有商品流通也就无所谓商品生产，无所谓商品经济。所以说商品流通在经济发展运动中的地位，正如血液流动之对于生命运动。这就是我们在研究清代经济发展史时要对商品流通状况给以足够重视的缘故。我们是把作为交换方式的商品流通置于社会再生产的一个重要环节的地位来考察的。

以上无非是说，中国封建社会中商品经济在地主制经济下存在的必要性和必然性。

清代已是封建社会的最后阶段。在经过千余年的曲折发展之后，经济的整体水平已有了较大的提高，商品经济的活跃程度也远远超过以往。这种发展比较集中地表现在由集市、市镇和城市的商品流通网的发展上。有以满足小农生产资料和生活资料为主的集市和商品集散为主的集市；有以手工业产销为主的市镇和集中特产运销的市镇；有以手工业发展为龙头的城市和以商品中转或居民消费带动发展的城市。它们都是网上的接结，是物流的起点、中转点和终点，是经济活动的舞台。正是在这商品流通网上，物流顺畅地运动。它们发挥作用的范围和能量大小不同，但都是不可缺少的。

市集、市镇和城市构成的商品流通体系是一个整体，它们起着互补的作用。到了清代，它的分布覆盖了整个帝国，使得近距离的商品调配和长距离的物资调剂方便易行；从而在一定程度上对资源配置进行优化。当然，和近代特别是当代社会经济相比，它的这一作用还是很有限的，但至少为此准备了良好条件。清王朝的商品流通网是在前代已有的基础上自发形成的。都是商品经济发展自发的结果，朝廷并没有对其布局、大小、疏密做过任何规划。它的整体结构是否合理，今天可以任人评说，但历史证明，它在当时是满足了生产发展需求的，或者说是适合当时生产力水平的。从宏观的角度看，市集、市镇和城市可以代表中国封建社会的经济发展水平。这张网是前代经济发展的积累和继续，在清代最终织成的，也正是中国近代经济的起点。因此对清代商品流通网进行全面的研究，无疑是中国封建经济史的重要课题。

对于商品流通网，尤其是对基层集市的性质问题，是有不同意见的。在地方小市场上，确有许多生产者之间的交易是以物易物的。但这种交换关系，特别是到了清代，主要是以货币（包括实物货币）为媒介的，这里的以物易物是以货币价格为背景的，并不是一般等价出现以前的以物易物，而是省略了货币转换过程的商品交换。所有市场都反映着产品所有者个人或经济单位之间的商品货币关系。在不同的社会形态下，市场为不同的生产关系服务，它的范围和性质随生产关系的变化而有所不同。把地方小市场作为整个商品流通网的一个组成部分去考察的话，更能说明这一点。各类市场各有其主要的功能，地方集市墟场是整个商品流通的基层环节，它起着为大范围市场集中商品的作用。地主制经济下的以小商品生产为依托的集市，是为封建主义生产关系服务的，但它也属于商品经济范畴。

商品流通网络的运作需要物质条件，清代是具备了一定条件的。在清王朝的版图上有水路相衔、四通八达的交通网。在这个交通网上，可以比较方便地找到必要的住宿、休憩、餐饮、车马安顿乃至娱乐场所，以及存放货物的仓库；也有可供雇用运输货物的车辆、马匹和船只；更有牙行、经纪人说合业务，有镖局提供货物安全保证。桥梁、码头、渡口也得到不同程度的维护。没有这些，清代的商品流通就不可能有如此大量的商品运销，特别是不可能进行长途贩运贸易。而这些运销条件的存在和维持，有官府和民间的双重机制的共同努力。这双重机制，看来也是值得进一步研究的课题。这自然会涉及清廷对于商业的方针政策问题。

清廷到底是否执行抑商政策，学术界的意见也是不一致的。在大的政策方面，似乎不能认为清廷是在刻意“抑”商。“士农工商”的排列顺序中确是把“商”放在最后，但是从来没有把商人列入贱民等级。科举办法中为照顾客籍商人子弟，专设商籍名额，给他们以进身之阶。捐纳制度也使得商人和地主同样可以拥有进入缙绅等级的新途径。官员经商也是常事。从这些方面看，清代的商人和商业并没受到朝廷政策的特别打击。在商品流通方面，清廷曾有不少具体的政策措施，如有关物价、市场秩序、度量衡、商品质量、牙行、债务、税收、某些商品产销的规定等等。尽管立法或有不善，或在执行过程中出现各种偏离从而产生负面作用，但其立意都是维护商品流通的正常发展，而不是设法阻碍。

有些政策措施从朝廷的主观目的性上并非针对商品流通，但却对商品流通发生重大影响。其一是前面已经提到的驿政。我国自秦统一中国以来，历代王朝无不关心驿政，其主要目的在于行政的畅通和军事的快捷。但在平时利用驿路最多的还是商旅。驿政的意义绝不仅在行政和军事方面，其经济效果是很值得强调的。驿路的畅通对商品流通具有重大意义。其二是海禁。清初实行了将近半个世纪的海禁政策和迁海政策，目的是十分明确的。即为了断绝台湾与大陆反清势力的联系和对台湾物资封锁以保卫新建的政权。这项政策明显的直接后果是基本上断绝了清王朝的对外贸易，严重地破坏了东南沿海地区的经济，长时间中断了商品流通的发展进程。幸好这项政策的执行只在清初，它的直接作用没有贯彻整个清王朝；不过其消极影响还是相当长久的。这两项政策的产生都主要不是从经济角度出发的，但不论王朝统治者的主观意图如何，决策目的怎样，它对商品经济确是起了不可忽视的作用。

不论如何，清王朝是一个封建政权。这里没有资产阶级的兴起，没有重商主义的产生。它是以农业立国的，传统的农本主义的思想是根深蒂固的。为了维护足够的农业人口，防止经商误农和农业人口减少，不视从商为正业的观念确也存在，它起的作用也是不可忽视的。不过这不必从政策的角度去理解它。看来，可以不必对清王朝的是否抑商做整体评价，对其各种具体规定、措施和政策分别研讨更能说明问题。

中国封建社会中商品经济很早就有一定的发展，但一直未能促进资本主义生产关系的产生、发展，就是因为这里的商品经济是与地主制经济相适应的。在清代商业利润的投向是多方面的，买地收租是其重要的方面，但是返投商业而使自身扩大的部分也是值得注意的。这是商业资本扩大的重要来源之一。只不过商业资本的这类积累只是量的扩大而已。小商品经济受地主制经济的制约，虽然有的也向剥削雇佣劳动方式转化，从而产生具有不同程度的资本主义性质的经济单位，可是它难以壮大为新的占主导地位的生产方式，其中相当多数转而走向买地收租的道路，向地主经济蜕化。所以当小商品经济处于地主制经济的宽容范围以内的时候，它的发展起不了瓦解地主制经济的作用。其实地主制经济对商品经济的发展不是宽容的问题，后者是前者繁荣的必要条件。

在看到商品经济发展促进地主制经济服务繁荣的同时，还应看到它对小农的另一面的影响。地主得到实物地租，一部分直接消费掉，一部分进行粮食投机，其余部分将投放市场换成货币，用于其他消费、缴纳捐税、购买土地、从事商业、开张典当，放高利贷以及入柜窖藏。商人和高利贷者用一部分资金购买土地兼行地租剥削，更多的部分用于通过商业渠道或放债、抵押、典当等活动剥削广大农民。商人资本和高利贷资本是地租的转化形态，也是地主的派生形态。地主、商人、高利贷者彼此相通，形成三位一体的结合。而商品经济的发展正是三位一体活动的前提。

小农生产的粮食自留部分中，除去一部分为了生产需要必须投入市场出售外，留作食用的部分，有时为了细换粗品种调剂，也要通过市场。一些贫困农民则往往陷入如下的恶性循环：春耕时借贷，秋收后卖谷还债，春荒再次借钱买粮度日；自有粮食全得通过市场环节。这就出现了谷贱伤农、谷贵也伤农的怪现象。农民明知两头吃亏，还不得不投入这种买卖关系之中；他们被卷入商品经济的程度不但很深，而且无力自拔。这里只是以粮农为例说明这个问题，其他所有经济作物和手工业品的生产者的情况也相类似。

总之，市场网与三结合剥削网基本上是协调一致的，甚至可以说，前者是后者的表现。从这个特定的意义上说，商品流通渠道又是剥削者的一条吸血管，地主、商人资本和高利贷资本将其根系盘曲交错、密密麻麻地深扎在封建经济这块沃土之中，通过租佃关系、商品关系和债务关系三条管道，尽情地吮吸一切养分以自肥自壮。

从另一方面看，我国封建社会商品经济发展一方面是地主制经济生产循环的需要，这三结合的剥削反过来又促进了商品经济的发展。以小商品生产为基础的商品经济是为整个地主制经济服务的，它和租佃制度一样，是封建经济不可分的组成部分；没有商品经济的繁荣，没有商品流通的通畅，也就没有封建经济的繁荣。只是，商品经济的这种发展和封建经济的繁荣，并不一定意味着生产水平有所提高，不一定反映农民经济十分兴旺发达，也不预示生产关系方面将有什么重大变化和突破。

需要引起注意的是，我们在讨论所谓三结合对农民进行重盘剥而使用“高利贷”一词的时候，切不可用它概括所有的借贷关系。实际上，在当时的经济生活中，不能算作高利的借贷关系大量地存在着。特别是在城市商品流通范围中，这种正常利率的借贷关系乃是不可缺少的资金来源。明代就已产生钱庄以及清代产生的账局、票号和民信局，伴随汇兑服务和钱票的通行，开辟了融资渠道，大大方便了商品流通的进行。这些都是商品经济发展的产物，反过来为商品经济的发展添加了动力。在清代，这种借贷关系的利率呈下降趋势，钱庄、票号等正规的、专业的金融机构，大抵如此。这对商品流通，特别是对长途贩运和大宗贸易的发展无疑具有重要作用。从一定意义上说，它们已成为借贷资本，参与了商业利润的分配。金融机构在清代的商品流通中已逐渐发展为不可缺少的条件。

第一编

农 业 篇

引言

农业是封建社会最重要的生产活动。粮食总产量代表封建国家的经济实力。粮食亩产量反映土地利用的效果，是农业生产力发展水平的重要标志。清代的粮食生产，在这两个方面均有很大发展。这主要是由于多熟复种制度的推广，水稻、玉米、甘薯等高产作物的推广，品种改良、栽培管理和施肥等精耕细作经验的传播，以及开垦荒地、改良土壤、兴修水利等作用的充分发挥。

清代人口大量增长，人均耕地面积不断减少，但是，由于非农业人口增加，农户平均耕地下降程度，并不如人均耕地下降那么大，同时，由于复种指数提高，播种面积超过耕地面积，这都有利于缓和人口与耕地的矛盾。清代前期粮价只是持续缓慢上升，道光年间并有 20 多年下跌，说明粮食总需求与总供给是大体平衡的，或者是一种偏紧的总量平衡。那种认为人地矛盾激化，粮食生产长期陷于停滞局面的说法，是没有根据的。粮食是国民经济的基础，也是商品经济的基础。粮食生产发展是商品经济发展题中应有之义。那种承认清代商品经济有很大发展，而认为粮食生产却处于停滞状态的观点，无疑是一种悖论。

发展农业生产，需要全面提高土地产出率、劳动生产率和农产品商品率。但是，三者的提高不可能齐头并进，必须根据不同情况有重点地进行。在人多地少的条件下，土地产出率具有决定性地位；在人少地多的条件下，劳动生产率具有决定性地位。清代广大农民把发展农业生产的重点摆在提高土地产出率上，增加了有效供给，基本上满足了四亿多人口的农产品需求，其成就是巨大的。在当时历史条件下，要求劳动生产率有大的提高，无疑是不适当的。清代前期农业劳动生产率是提高还是下降，学术界有不同认识，还应继续讨论。

第一章　土地的垦拓

第一节　清初土地荒芜情况与清政府的垦荒政策

明末清初的战乱，延续了半个世纪之久。农民大量逃亡，耕地严重荒废。顺治皇帝说："自兴兵以来，地多荒芜，民多逃亡"①。顺治二年，御史刘明偀奏称："多年以来，烽烟不靖，赤地千里，由畿南以及山东，比比皆然"②。各省情况是：

［直隶］　顺治元年，巡按卫周允疏称："巡行各处，极目荒凉"，"地亩荒芜，百姓流亡十居六七"③。

顺治十二年，直隶巡抚董天机奏称："近畿之地素称沃衍，今日荒熟参半"④。

［山西］　顺治八年，户部和硕端重亲王等奏报，山右经大兵大荒之后，"田地榛芜，生齿雕耗，旧日里甲徒存牍籍之名，有一甲止存数人，甚有一里一甲全然脱落，其侥幸如故者十不一二"⑤。

［陕西］　顺治四年，总督陕西、四川等处粮饷王来用称：西安府山阳县"寇乱十载，城破三次卷焚、吏亡；当年二十里，今并为一里，当年七千六百

---

① 《清世祖实录》卷43。
② 《清世祖实录》卷14。
③ 《清世祖实录》卷12。
④ 顺治十二年二月十六日，直隶巡抚董天机揭。
⑤ 顺治八年八月二十八日，户部和硕端重亲王波洛等题。

余丁，今止五百有零；原地九百顷，今止耕百顷有零”。兴安州白河县县令刘毓实报“于县治地方逐处步行，但见白骨遍地，草木弥天，行一日无居民一家，虎狼伏道，烟火绝迹。……再查旧粮原额九百零二石，人丁一千五百余丁，今查熟粮止四十二石，人丁二十丁”。巩昌府两当县“自崇祯七年以来，被贼陷城，旧城无一椽一瓦，四野十室九空，虽留一二孑遗，皮骨空立。旧粮一千三百余石，今止熟粮三百二石；旧丁六千三百，今亲见在人止四百余丁”①。

顺治八年，总督孟乔芳奏报：八府一州无主荒田共二十万六千二百九十五顷零，有主荒田共六万四千二百五十顷零。②

直至康熙年间，汉中一带，仍是“耕耘失宜，甚有谷稗争秀者”③。石泉县是：“耕者如星，垦者如掌”④。商丹盆地“自前明兵燹以后，地广人稀，荒芜日积”⑤。

［山东］　顺治元年，一份奏折称：山东“土地荒芜，有一户之中，只有一二人，十亩之中，只有二三亩”⑥。

顺治四年（1647），巡按山东监察御史吴达称：“微臣巡历所至，如高（唐）、濮（州）等州，范（县）、汶（上县）、茌（平县）、莘（县）等县，极目荒芜，此固昔日户部履亩躬查之区，臣不敢渎陈”⑦。

顺治六年，户部尚书巴哈纳等奏报：嘉祥县原额耕地5052顷99亩，今无主荒地多达2857顷25亩。⑧ 荒芜土地超过一半以上。

顺治八年，户部和硕端重親王奏报：历城县原有耕地5629顷17亩，今有主荒地为5246顷28亩。⑨ 当地荒芜耕地竟高达93%以上。

---

① 顺治四年三月，《户部抄档·地丁题本》陕西（三）。
② 顺治八年七月十九日，陕西三边总督孟乔芳揭。
③ 康熙《洋县志》，《风俗》。
④ 康熙《石泉县志》，《土田》。
⑤ 康熙《续修商志》卷3。
⑥ 顺治四年巡按山东监察史吴达题。见《皇清奏议》卷3。
⑦ 顺治四年巡按山东监察史吴达题。见《皇清奏议》卷3。
⑧ 顺治六年六月二十四日，户部尚书巴哈纳等题。
⑨ 顺治八年八月二十八日，户部尚书和硕端重親王波洛题。

顺治九年，直隶总督马光辉奏称："臣于五月初八日亲历榆园一带，以至济宁。所过之处，皆系寇毁于前，水潦于后，满目尽为荆榛，四望绝无人迹，荒凉至极"①。

雍正十三年，山东巡抚法敏奏称：邹平等九十州县卫所册报荒地尚有129146顷69亩。②

［河南］　顺治元年，河南巡抚罗绣锦奏报："河北府是荒地九万四千五百余顷，因兵燹之余，无人佃种"③。

顺治十一年六月，河南巡抚亢得奏报，河南948607顷民田中，实在纳粮地仅为278347顷，有主无主荒地为670260顷；卫所更名地100828顷中，纳粮地仅36076顷，有主无主荒地高达64752顷。④ 有主无主荒地共计735012顷，占原耕地面积70%。

顺治十八年，河南御史刘源濬说："南阳、汝阳荒地甚多。"⑤ 至康熙年间，南阳仍是"户口流移，阡陌荒芜"⑥ 之区。

［南直隶］　顺治三年，池、太等四府一州的情况是：地方残破，江宁城外九十余村，十室九空。⑦

顺治九年（1652），苏松巡按御史秦世祯说，淮徐之地"人民销于锋镝，畎亩弃为榛莽，仳离之象，愁叹之声，殆有不忍见闻者"⑧。

［江西］　据《户部残题本》记载，由万安到赣州两百余里间，"沿途之庐舍俱付灰烬，人踪杳绝"，"田园鞠为茂草，郊原尽属丘墟"⑨。

顺治八年，江西巡抚夏一鹗奏报："江省自明末抵今，变乱不胜纪矣。'献贼'、左兵，先后十年蹂躏；入本朝，金逆一人反复，江民两次横尸。……街无

---

① 顺治九年五月二十八日，直隶总督马光辉题本。见《历史档案》1981年第2期。
② 雍正十三年七月二十三日，山东巡抚法敏题。
③ 《清世祖实录》卷11。
④ 《户部抄档·地丁题本》河南（四）。
⑤ 《清圣祖实录》卷三。
⑥ 《南阳府风俗考》，见《古今图书集成》，第457卷。
⑦ 《江宁巡抚王九华揭帖》，《明清史料》丙编（四），第518页。
⑧ 顺治九年六月初十日，户部尚书车克题。《户部抄档·地丁题本》江苏（三）。
⑨ 《户部残题本》，《明清史料》丙编（三），第653页。

行影，巷无哭声，江民至此，十有一二存乎！所幸乱地才恢，又苦委官四出，捕人拷诈，指伪诛求，一人附逆，戮及一族，一族附逆，洗尽四乡。……伤哉江民，或疫死，或饿死，或刑死，或狱死，或烹死，死则一，而受死之惨，亘古罕见”。至于土地荒芜情况，他奏道：“伤哉江土，有水荒，有绝荒，荒则一，而抛荒之惨，亦亘古罕闻”。还称，江西一省“今除九江造报无荒外，实计通省有主荒田四万四千五百五十六顷有奇，无主荒田二万四千三百九十八顷有余”。由于有田无人耕种，致使“膏腴上亩，土结水枯，极目秋原，草深数尺”①。

顺治十年，江西巡抚蔡士英疏称：“随据各刑官备造清册，通省有主荒芜田地山塘七万二千二百二十二顷八十六亩，无主荒芜田地山塘三万五千三百一十八顷四十三亩，较前抚臣所报实多二万五千六顷六十七亩”②。

［**湖北**］　据户部题本反映，湖北情况是：“万井烟寒，千家空杵”，“横亩皆焦，千里尽赤，野无粒食之农，村尽逃亡之屋”③。

［**湖南**］　顺治四年，湖南巡抚张懋熺奏曰：“岳州之焚毁杀戮极惨，而巴陵为最惨。自壬午以来，无岁不被焚杀，无地不为战场；加以今春奇荒，骼胔盈道，蓬蒿满城”。“衡州除连年兵寇杀掳之外，上岁颗粒无收，春夏米价腾涌，百姓饿死大半”④。

顺治九年，湖广巡按湖南御史李敬指出：“由岳州及衡州、永州，道路俱生荆棘，土田半长蓬蒿；骸骨遍野，见者寒心；虎狼负隅，行者裹足”⑤。

顺治十三年（1656），桃源地方“民逃官掳，田地抛弃”；辰城则“庄佃书役夺掳逃亡，田地尽为茂草，百里绝无人烟”⑥。

［**四川**］　顺治八年，湖广道御史巡按四川郝洛奏称：保宁、顺庆、潼川、龙州四府州二十九县土地荒芜情况是：“焚屠之后，一望丘墟，各属开荒

---

① 顺治八年六月二十六日，江西巡抚夏一鹗题奏。《户部抄档·地丁题本》江西（三）。又见《历史档案》，1981年第2期。

② 顺治十年五月二十一日，江西巡抚蔡士英疏。见雍正《江西通志》卷118，《艺文》。

③ 《户部题本》，《明清史料》丙编（三）。

④ 顺治四年八月初九日，湖南巡抚张懋熺揭贴。《明清史料》丙编（七），第608页。

⑤ 顺治九年六月十八日，户部尚书车克等题。

⑥ 顺治十三年六月二十三日，户部尚书车克等题。

册籍，汇算所垦熟田止二百三十五顷，不及别省中县十分之一。……蜀民死于寇攘灾荒者十室而九；邑不满三十户，有司历年招徕册籍，十三府一州二十九县共得九千三百五十余口数，不及别省半县”①。

顺治十六年，四川巡抚高民瞻奏称：昭化县“军民士庶，万不存一二，庐舍田园尽鞠为荒草”。广元县则“人民故绝，满道蓬蒿，遍成荆棘”②。

顺治十七年，四川巡按御史张所志云：“巴州、梓潼，城郭丘墟，人民远窜”，“顺（庆）城之与顺属，其萧条景象更难言绘”，“职自去秋放舟南下，一人蓬（安）界，目不忍睹，雉堞金汤鞠为茂林丛麓，而乡堡村镇亦成石田荆棘”，“岳池户丁无几”，“中江凋敝不堪，射洪归并潼川，遂宁归并蓬溪，乐至、安岳虽然开复，奈无一民一户，石田空城，有名无实，久成旷土”，川北二府一州，所辖州县二十有七，自开复至今十有余载，“而凋疲难起，荒残如故”③。

康熙十年，四川全省粮熟地才14810顷，④ 仅相当于万历年间134828顷耕地的11%而已，将近90%的土地还处于抛荒之中。

清初土地荒芜的情况，还可以从清初赋税蠲免中看到。下面是山东、河南两省四府十县荒地蠲免情况，以及与原田额的比率。见下表。

表1-1　山东河南四府十县蠲荒实例

府县名	原田额（顷）（A）	蠲荒额（顷）（B）	征熟额（顷）（C）	$\frac{B}{A}$	$\frac{C}{A}$	备　注
曹州府	154901.36	118502.77	36398.59	76.5	23.5	辖1州10县
兖州府	141028.75	101300.55	39728.20	71.8	28.2	辖10县
南阳府	385530.62	86001.25	99529.37	46.4	53.6	辖2州、1厅10县
河南府	73098.54	28643.41	44455.13	39.1	60.9	辖10县
延津县	3090.57	2001.90	1086.67	64.8	35.2	属开封府
太康县	8716.73	7001.63	1106.90	87.5	12.7	属开封府
商水县	8061.71	6226.51	1825.20	77.3	22.7	属开封府

① 顺治八年湖广御史巡抚四川郝洛上疏。《碑传集》卷64，《郝洛行状》。
② 顺治十六年四月二十四日，四川巡抚高民瞻题。
③ 顺治十七年四月初一日，四川巡抚御史张所志揭贴，《明清史料》丙编（十），第987页。
④ 康熙《四川总志》卷5。

续表

府县名	原田额（顷）（A）	𪊲荒额（顷）（B）	征熟额（顷）（C）	$\frac{B}{A}$	$\frac{C}{A}$	备　注
确山县	5372.64	4521.86	850.78	84.2	15.8	属汝宁府
汝阳县	5901.34	5325.11	576.23	90.2	9.8	属汝宁府
陵　县	3454.58	2882.06	572.52	83.4	16.6	属济南府
滕　县	19755.11	16.200.66	3554.45	82.0	18.0	属兖州府
峄　县	17695.17	17129.23	565.94	96.8	3.2	属兖州府
渑池县	8697.21	7503.94	1166.27	88.6	13.4	属河南府
嵩　县	13702.97	11728.56	1974.47	85.6	14.6	属河南府

资料来源：乾隆《曹州府志》卷7，《户口·田赋》；乾隆《兖州府志》卷13，《田赋志》；嘉庆《南阳府志》卷3，《赋役》；乾隆《河南府志》卷24，《田赋志》；康熙《延津县志》卷6，《赋役》；道光《太康县志》卷2，《田赋》；乾隆《商水县志》卷4，《田赋志》；乾隆《确山县志》卷2，《赋税》；民国《汝阳县志》卷4，《田亩》；康熙《陵县志》卷7，《赋役·田赋》；乾隆《兖州府志》卷13，《田赋志》；嘉庆《渑池县志》卷7，《田赋》；乾隆《嵩县志》卷19，《田赋》。

（注：见彭雨新：《清代土地开垦史》第9页。）

从上表可以看出，𪊲荒耕地面积大都占原有田额的70%以上，最少的也达40%左右。

我们还可将清初耕地面积与明代耕地面积作一比较。据官书记载，明代耕地面积前后变化甚大，洪武时全国耕地面积达8.5亿多亩，弘治时降至6.2亿多亩，嘉靖更减至4.3亿亩，万历六年时上升到7亿多亩，万历三十年时高达11亿多亩，至天启时，又骤然下降至7.4亿亩。如果以明代最高耕地面积作基数，则有可能夸大清初土地荒芜情况；如果取明代耕地、面积最小数字作基数，则可能低估清初土地荒芜的严重性。为此，我们选择中间数字作基数，此其一。其二，万历六年除有全国官民田总额外，还有两直隶及十三布政司的耕地面积，有利于作分省比较。其三，万历六年全国耕地面积总数，已为国内许多学者确认为比较可信的数据，而其他各年度数计，争论颇多。其四，至于万历三十年全国耕地数，虽然是清查后的最新数字，但由于这次清查刮地，在操作上有弊端，不免有虚报之数。因此选择万历六年耕地面积作为对比数是比较合适的。

据现存资料，清初最早有全国官民田地总额记录是顺治八年。据《清世祖实录》记载，顺治八年全国土田为290858461亩，[①] 而明万历六年全国土田为701397628亩[②]，据此，顺治八年全国耕地面积仅为万历六年全国耕地面积的41.47%而已，大半的耕地尚为荒土石田。到顺治十二年（1655），即清政府实施垦荒政策后的第六年，全国耕地面积才恢复到387771991亩。[③] 此时，全国官民田地仅是万历六年的55.3%而已。至康熙六年，即清政府成立24年时，“各省荒田，尚有四百余万顷”[④]。此话虽然有所夸大，但还有大量荒田则是实在的。见下表。

表1－2　　顺治年间与万历六年全国耕地面积比较

时　间	万历六年（A）	顺治八年（B）	顺治十二年（C）	顺治十八年（D）
全国耕地面积	701397628	290858461	387771991	549357640
%		B/A 41.47	C/A 55.29	D/A 78.32

资料来源：A.《万历会计录》。
B.《清世祖实录》卷61，第16页。
C.《清世祖实录》卷98，第13页。
D.《清朝文献通考》卷1，《田赋》（一）。

至于各省土地荒芜的情况，由于顺治十八年以前资料缺乏，现在根据顺治十八年各省耕地面积与明万历六年各布政司耕地面积进行比较。见表1－3。

表1－3说明，就是经过十几年的垦荒，到顺治十八年，仍有一亿五千多万亩荒地未经垦复。直隶、河南、湖南、湖北、广西等省，已垦复的土地只达到明代原有耕地的百分之三四十，而四川仅百分之九左右。

土地大量抛荒，导致财政严重困难。加大垦荒力度，遂成为当时封建政权刻不容缓的大事。

清政府在垦荒拓地的政策上，前后经历了一系列的变化。这变化主要是由于开垦对象、时间以及所要解决问题不同，采取不同政策的结果。既具有稳定性的一面，又有不断完善的一面。

---

① 《清世祖实录》卷61。
② 《万历会计录》卷1。
③ 《清世祖实录》卷98。
④ 《清圣祖实录》卷22。

表 1-3　顺治十八年全国耕地面积与万历六年全国耕地面积增减情况

时　间	万历六年	顺治十八年	顺治十八年比万历六年增加		顺治十八年比万历六年减少	
			增加数	%	减少数	%
全国耕地面积	701397628	549357640			152039988	21.68
直　隶	49256842	45977245			3279597	6.66
山　东	61749902	74133665	12383762	20.05		
山　西	36803927	40787123	3983196	10.82		
河　南	74157951	33340397			40817554	55.04
陕　西	29292385	37328588	8036203	27.43		
江　苏 安　徽	77394671	95344513	17949842	23.19		
浙　江	46696982	45221601			1475381	3.16
江　西	40115127	44430385	4315258	10.76		
湖　北 湖　南	221619940	79335371			142284569	64.2
四　川	13482767	1188350			12294417	91.19
福　建	13422500	10345754			3076746	22.92
广　东	25686514	25633987			52529	0.2
广　西	9402075	5393865			4008210	42.63
贵　州	516686	1074344	557658	107.93		
云　南	1799359	5211510	3412151	189.63		

资料来源：①明万历 6 年全国和各布政司耕地面积根据《万历会计录》第 1~16 卷统计数。
②顺治 18 年全国和各省耕地面积根据梁方仲：《中国历代户口、田地、田赋统计》乙表 6，顺治 18 年各直省田地数，第 380 页，上海人民出版社，1980 年版。

一、顺治年间（1644~1661）的垦政

清政府建立之初，全国在册田土仅及明万历六年的十之四，抛荒的田土高达十之六。[①] 由于全国土地大量荒芜，财政收入受到极大影响。当时，每年财政收入仅为 1485.9 万两，而支出却高达 1573.4 万两，[②] 不敷之数达 87.5 万

① 明万历六年，全国耕地面积为 701 万顷，顺治八年，全国耕地为 290 万顷，清初耕地只及万历六年的 41.47%，见梁方仲：《中国历代户口、田地、田赋统计》。

② 《清经世文编》卷 34，《户政》，顺治九年刘余漠《垦荒兴屯疏》。

两。与原额相比，政府每年少收钱粮银高达400万两，占当时财政收入的四分之一[①]。田地荒芜，财政收入短缺，使新生的政权面临种种的严重社会问题。如何解决这些问题呢？政府大臣发表了许多意见。顺治元年，山东巡抚方大猷率先指出："租赋之所以日亏，盗贼之所以日起"，其原因在于"民多失业，地遂抛荒"之故，要扭转这种局面，当务之急是"辟土地而聚人民"[②]。顺治四年，湖南巡按张懋熺认为，只有除荒征熟，或招抚佃种，"始可起死回生"[③]。顺治八年，江西巡抚夏一鹗亦认为："粮从田出，田荒何以完粮？"[④]顺治十年，户部给事中杨璜说："臣闻煮海铸山，皆国家生财之道，而莫重于力本"，并说："开荒责在民，不费公家一钱，而可坐增数年后之赋，利固多矣。"[⑤]清世祖亦认为应当招民垦荒，让人民"安居乐业"[⑥]。在垦荒问题上，朝廷上下得到共识，垦荒政策制定，也就摆到议事日程上来了。

顺治元年八月，方大猷提议："荒地无主者，分给流民及官民屯种，有主无力者，官给牛种，三年起科。"[⑦]同年十二月，河南巡抚罗绣锦建议："河北府县荒地九万四千五百余顷，因兵燹之余，无人佃种，乞令协镇官兵开垦。"[⑧]至顺治六年，清政府总结前几年各地垦荒经验，提出一套较为完整的垦荒政策："自兴兵以来，地多荒芜，民多逃亡，流离无告，深可悯恻。著户部都察院传谕各抚按，转行道州县有司，凡各处逃亡民人，不论原籍、别籍，必广加招徕，编入保甲，俾之安居乐业。察本地无主荒田，州县官给印信执照，开垦耕种，永准为业。俟耕至六年之后，有司官亲察成熟亩数，抚按勘实，奏请奉旨，方议征收钱粮。其六年之前，不许开征，不许分毫佥派差徭。如纵各衙官、衙役、乡约、甲长，借端科害，州县印官无所辞罪。务使逃民复业，田地

---

① 《明清史料》丙编，第14本，《山东巡抚夏玉揭帖》；《清经世文编》卷29，张玉书《顺治间钱粮数目》；王命岳《耻躬堂文集》卷1，《议经国远图疏》。

② 顺治元年八月二十日，户部尚书英古代议复山东条请开垦劝农事启本。

③ 《明清史料》丙编（三），《湖南巡按张懋熺揭帖》，第1000页。

④ 顺治八年六月二十六日，江西巡抚夏一鹗题江西地荒人亡请免征逋赋奏疏。《户部档案·地丁题本》江西（三）。

⑤ 顺治十年正月初四日，户部尚书葛洪达题请严敕各督抚力行垦荒革弊端本。

⑥ 《清世祖实录》卷43，顺治六年四月。

⑦ 《清世祖实录》卷7，顺治元年八月。

⑧ 《清世祖实录》卷11，顺治元年十二月。

开辟渐多。各州县以招民劝耕之多寡为优劣；道府以责成催督之勤惰为殿最，每岁终抚按分别具奏，载入考成。该部院速颁示遵行”[①]。这是清初垦荒的最基本法规。下面，我们考察其执行情况及其演变过程。

（一）招抚流民屯垦

要垦荒就需要劳动力。但如何才能解决劳动力问题呢？方大猷认为：将荒地分给游民、官兵耕之法，可以解决劳力问题；[②] 罗绣锦也提出“乞令协镇官兵开垦”要求。[③] 张懋熺当看到“官兵不愿种田”时，又提出“招抚佃种”主张。[④] 到顺治六年，清政府才提出“不论原籍别籍，一律广加招徕”政策。顺治八年，清世祖谕令：“民人愿出关者，令山海关造册报部，分地居住。”[⑤]

招垦方法有二种：第一种是由政府招收。对招来的流移民人给以荒地垦种，借以牛种助资。顺治元年，清政府许诺：凡招徕垦种“流民”及其他“无力者”，由国家发给牛种。所给牛种银第二年“缴还一半”，第三年“照数全纳”[⑥]。其形式有：由封建国家兴屯开垦。国家将无主荒地及有主而不能按规定年限起科荒地，俱收作“官地”，招民认垦，官府贷给牛种，三年后即“永为民业”[⑦]。但由于政府缺乏屯本，再加上工作中的种种弊端，这种开垦形式，于顺治十三年即告停办。另一种形式是，将无主荒地分给招徕的垦民自行耕种，这是清代垦荒中主要形式。第二种招垦方法是，地方政府把招垦之事交给本地有身家的绅衿富户，由他们“分领其事”，并“借给屯本”给垦户。[⑧] 此法在辽东试行过。

顺治年间，各地荒田甚多，流移之民招至后，各地政府把无主荒地分给他们“开垦耕种”，他们能开垦多少，即准予开垦多少，不受顷亩限制。顺治九年，湖南巡抚李敬在安插江汉回归之民时，“今百姓各认原业，竖牌于田；无

---

① 《清世祖实录》卷43，顺治六年四月壬子。

② 顺治元年八月二十日，户部尚书英古代议复山东条请开垦劝农事启本。

③ 《清世祖实录》卷11，顺治元年十二月。

④ 《湖南巡抚张懋熺揭帖》，《明清史料》丙编（三），第608页。

⑤ 《清朝文献通考》卷1、卷51。

⑥ 《康熙会典》卷24，《户部赋役》。

⑦ 《康熙会典》卷24，《户部赋役》。

⑧ 顺治十三年三月二十五日，户部尚书戴明说题复王永祚条陈招垦屯田事本。

人认业者，许流移之民，计亩承种。”[①] 并没有限定承种数额。

除了大规模招民垦荒外，清政府还让一部分兵丁屯田垦荒。顺治元年，顺天巡抚宋权建议：除作战兵丁外，每名守备兵给地十亩，令其耕种自足。[②] 顺治九年，礼科给事中刘余谟上疏，请求把湘、川、两广荒田，分授给投诚兵和驻防兵，“择其强壮者为兵，其余老弱者皆令屯田。”[③] 同年，陕西孟乔芳开始兴办民屯和兵屯。[④] 顺治十三年，清政府还特准当地驻兵，垦种直隶口外闲旷土地，“各边口内旷地，听兵垦种。”[⑤] 但终因兵屯费用大，成效差，至顺治末，已先后告停。

（二）明确产权

无主荒地经垦复后，所有权归谁，这是垦荒中急切需要解决的问题。作为从事生产劳动的农民，他们热切地盼望自己能占有一部分土地，荒地开垦后的地权归属问题，如果得不到妥善解决，农民是不愿回到土地上的。顺治十八年，河南御史刘源濬指出：南阳、汝宁荒地甚多，应急议开垦，但无人承种，“官虽劝耕，民终裹足不前也。”他分析产生这种现象原因时称，“无人承种之荒地，［农民］耕熟后，往往有人认业，兴起讼端，官即断明，而资产荡然矣！”[⑥] 农民的垦荒积极性不能不受到严重挫折。清政府对此十分重视，对垦户产权问题分别情况作了处理。在大多数省份实行：地方政府将本地无主荒地，分给垦户开垦种植，“永准为业”。对个别因长期战乱，人口伤亡十分严重的省份，清政府则实行不论有主、无主荒田，一概由垦户自由插占，并“永准为业”。顺治十三年（1656），四川巡抚高民瞻宣布：蜀地有主无主荒田任人开垦，“永给为业”[⑦]。

（三）缓征田赋

垦荒能否顺利进行，还取决于政府能否给垦民免除一定年限的赋税负担。

① 顺治九年六月十八日，户部尚书车克等题复湖南招徕垦荒可于三年后起科事本。

② 《清世祖实录》卷5，顺治元年六月二十四日。

③ 《清世祖实录》卷67，顺治九年八月十九日。

④ 《碑传集》卷5，《孟乔芳碑铭》。

⑤ 《清朝文献通考》卷1。

⑥ 《清圣祖实录》卷3，顺治十八年六月。

⑦ 顺治十三年六月初七日，四川巡抚高民瞻题。

垦荒的头几年，如果政府不能免除垦户赋税负担，农民就不愿回到土地上。顺治间，山东巡抚夏玉说：开荒垦地，必春耕壹犁，当暑壹犁，秋间种麦时复耕壹犁，“有此耕三耙六之功，始能布种，是望获已在隔年矣。”如果，“即行收租，小民未获开荒之利，先受开荒之累。”所以“必且观望不前”①。

为解决垦荒中出现的这种停滞不前状况，早在顺治元年，方大猷提出过“三年起科”的建议。同年十二月，罗绣锦提出过“三年后量起租课”建议。顺治六年，清政府制定六年后开征的政策：“俟耕至六年后，有司官亲察成熟亩数，抚按勘实，奏请奉旨，方议征收钱粮。”但这一规定仅仅是一纸空文而已。所以，顺治十三年（1656）时，四川巡抚高民瞻不得不重新奏请：“大破成格，以示宽恤，凡其复业者暂准五年之后当差，开荒者暂准五年之后起科。”他认为政府这样做的话，“庶几亿万哀鸿孑遗感我皇上浩荡洪仁，乐于还乡力农，然后地辟财裕，军兴有资。”② 清政府批准四川实行五年起科后不久，又颁布命令：定“各省屯田，已行归并有司，即照三年起科事例，广行招垦。”③ 除四川一省实行五年升科外，三年开征为各直省奉行基本政策。

（四）严禁科派差徭

顺治六年，政府明文规定：“其六年以前，不许开征，不许分毫佥派差役。”同时指出，如纵容衙官、衙役、乡约、甲长借端科害，“州县印官无所辞罪”。尽管规定很严，但实际上派差派款之事，所在有之。《通考》曾指出：顺治十八年，“开种之初，杂项杂役仍不能免，此官虽劝垦，而民终裹足不前。”④ 为扭转这种裹足不前局面，同年，清政府宣布了放宽服徭役期限：“如河工、供兵等项差役，给复十年，以示宽大之政。”⑤

（五）以督垦考成官吏

顺治六年，政府宣布：“各州县以招民设法劝耕之多寡为优劣，道府以善处责成催督之勤惰为殿最，每岁终，抚按分别具奏，载入考成。”此规定由于

---

① 顺治十年十月二十二日，山东巡抚夏玉题条陈屯垦事本。

② 顺治十三年六月初七日，四川巡抚高民瞻题。

③ 《清世祖实录》卷102，顺治十三年七月癸丑。

④ 《清朝文献通考》卷1，《田赋》一。

⑤ 《清世祖实录》卷3，顺治十八年六月至七月。

过于空泛，操作起来难度大。顺治七年，户部复准河南建议，同意“河南州县官垦地一百顷以上，纪录一次；若州县与县府所属全无开垦者，各罚俸三个月。”① 顺治十四年前，清政府为了更好调动各级地方官督垦的能动性，又拟订了《垦荒劝惩则例》，规定：“督抚按一年内垦至二千顷以上者记录，六千顷以上者加升一级。道府垦至一千顷以上者记录，二千顷以上者加升一级。州县垦至一百顷以上者记录，三百顷以上者加升一级。卫所官员垦至五十顷以上者记录，一百顷以上者加升一级。”并严厉指出：“若开垦不实，及开过复荒，新旧官俱分别治罪。”② 顺治十三年后，广西、湖南、山西等地官员，皆有依据《垦荒劝惩则例》或有记录一次，或加升一级嘉奖，也有受降级惩罚的记载。③

（六）鼓励绅衿地主开垦

为了加速垦荒的进程，朝廷和地方官都寄希望于绅衿地主投入开垦行列。顺治十年，清政府为了加速满族发祥地开发，特规定：“辽东招民开垦至百名者，文授知县，武授守备。”④ 顺治十三年七月，正当兴屯制度废止之际，清政府又宣布：“各省屯田荒地……有殷室人户能开至二千亩以上者，照辽阳招民事例，量为录用。”⑤ 同时，顺治十四年，清政府所颁布《垦荒劝惩则例》中，也有奖励地主开垦的规定：“文武乡绅垦五十顷以上者，现任者记录，致仕者给扁旌奖。”⑥ 这一政策实施后，曾在顺治晚期垦荒中收到一定实效。

二、康熙年间的垦政

康熙（1662～1722）年间，除了继续执行顺治年间制定的垦荒政策措施

---

① 康熙《大清会典》，《户部·土田（一）》。

② 《清世祖实录》卷108，顺治十四年四月壬午。此项考成则例，已见十三年实行，这里所载，应是追认此条例。

③ 顺治十六年二月×日，广西巡抚于时跃题本；顺治十六年二月×日，巡抚湖南监察御史赵祥星题；顺治十六年三月×日，巡抚山西太原等地白如梅奏报。

④ 乾隆《盛京通志》卷23，《户口》。

⑤ 《清世祖实录》卷108，顺治十四年四月壬午。

⑥ 顺治十四年十一月初九日，直隶总督董天机揭贴。

外，还根据当时出现的新情况、新问题，制定新的政策措施，把垦荒逐步推向高潮。

（一）对顺治年间的垦政进行修订

康熙前期（1662～1681），清政府根据当时情势，逐渐在缩小招垦范围。康熙七年，东北地区率先“废止招垦令”①，但尚未认真执行。至康熙二十年，三藩之乱平定之际，清政府宣布：湖广、江西、福建、广东、广西诸省，停地方官“招徕流移百姓议叙之例”，但仍允许四川、云贵继续招收流移开垦，“招徕流移者仍照例议叙”②。至此，全国大多数省份，已不以招垦为垦荒的主要方式了。

康熙年间，除了继续执行无主荒地谁开垦，谁得产权外，还放宽了有主荒地开垦后产权归属问题的规定。康熙二十二年，清政府对什么叫抛荒地，作了界定，条文规定：“凡地土有数年无人耕种、完粮者，即系抛荒。”凡是属于这种情况的荒地，“以后如已经垦熟，不许原主复问”③。

康熙年间，尤其是康熙前期，垦荒地的升科年限变化较大。三藩之乱前，升科年限有逐步延长的趋势。在当时普遍反映“催科太急”的情况下，康熙十年，清政府颁布新垦荒地，“三年后再宽一年”升科纳粮的政策④。同年，四川总督蔡毓荣奏请重申“其开垦地亩，准令五年起科。”⑤ 此意见引起康熙极大关注。当年，清政府决定在全国范围内放宽升科年限，下令新垦荒地四年起科；康熙十一年，又将垦荒地升科年限延长到六年；康熙十二年，又将垦荒地升科年限放宽至十年。清圣祖谕旨称：“见行垦荒定例俱限六年起科，朕思小民拮据，开荒物力艰难，恐催科期迫，反致失业，朕心深为轸念。嗣后，各省开垦荒地，俱再加宽限，通计十年方行起科。”⑥ 从康熙十年以后，垦荒升科年限一再放宽，反映了清政府对恢复和发展农业经济，抱有很大的信心和热

① 《皇朝经典类纂》卷13。

② 《清圣祖实录》卷96，康熙二十年七月十二日。

③ 《清圣祖实录》卷108，康熙二十二年三月。

④ 康熙《大清会典》卷24，《户部》（八），《赋役》（一）。

⑤ 《清圣祖实录》卷36，康熙十年六月乙未。

⑥ 《清圣祖实录》卷44，康熙十二年十一月庚午；《清朝文献通考》卷2。

情；同时也说明，与顺治年间相比，清王朝的政治、经济条件，已得到改善，尤其是财政收入有很大增加。但康熙十二年的规定，因三藩之乱而没能得到贯彻。当时，清政府出于经费开支猛增，以及军饷紧迫，又于康熙十五年，重新宣布："十三年以后开垦田地，仍照前定例，于三年后起科，"这一规定对当时垦荒事业的发展来说，无疑是一个重大打击，安徽巡抚徐国相反映说：从而"报垦者遂复寥寥"①。至康熙十八年，当清政府在战场上取得基本胜利后，为扭转垦荒中出现的不景气局面，又恢复了六年后升科的规定："开垦荒田，仍准六年后起科。"② 以后，随着荒田逐渐垦复，有些地区又提出恢复三年升科建议。如康熙二十二年，河南巡抚王曰藻奏请，垦荒之地"俟三年后，仍照原定等则输粮。"清廷马上表示"应如所奏"③。而在闽、浙等沿海省份，由于开放海禁，大批"展界田亩"亟待垦复，于是，政府对这些地区采取特别政策，即"宽限五年之后，按亩起科。"④ 康熙五十三年，清廷批准甘肃地区荒弃地亩，招民开垦，并"六年后起科"请求。⑤ 当然，亦有部分地区开荒地，从未升科纳税的。如直隶自苑家口以下，"不下数十百顷，皆未尝令起税也。"又，江南黄河堤岸至所隔遥堤，尽被百姓垦种，"亦并未令起课"，对四川也"不事加征"⑥。

顺治末，清政府鼓励绅衿地主开垦，取得一定成效。康熙初年遂加以推广。其原因有二：一是，当时各省未垦荒地尚多，但贫民缺乏耕牛、农具、籽种，更没有财力疏浚业已失修的水利，正如御史徐旭龄所说："招徕无资，而贫民以受田为苦"。若要使贫苦之民去开垦荒地，"必流移者给以官庄，匮乏者贷以官牛，陂塘沟洫修以官帑，则民财裕，而力垦者多矣！"⑦ 但在当时朝廷财政不宽裕情况下，要求官府向垦民提供生产资料，并兴修水利，财力上是

---

① 乾隆《江西通志》卷68，《食货志·田赋》，康熙十八年，安徽巡抚徐国相疏请垦田宽限升科奏折。

② 康熙《大清会典》卷24，《户部·赋税》。

③ 《清圣祖实录》卷108，康熙二十二年二月己未。

④ 《清圣祖实录》卷260，康熙五十三年十月壬申。

⑤ 《清圣祖实录》卷256，康熙五十二年十月丙子。

⑥ 《清圣祖实录》卷256，康熙五十二年十月丙子。

⑦ 《清朝文献通考》卷2，《田赋·田赋之制》。

做不到的。而绅衿地主在资金上却没有问题。二是，清政府为了缓和因“江南奏销案”所激起的绅衿地主不满情绪，也促进了这一政策的继续推行，康熙十年，户部奏准：“准贡、监、生员、民人垦地二十顷以上，试其文义通顺者以县丞用，不能通晓者以百总用；一百顷以上，文义通顺者以知县用，不能通晓者以守备用。”①

帮助垦民解决生产资料短缺的政策，在康熙年间继续得到推行。经过长期战乱，以及灾荒不断袭击的农民，垦荒困难很大。如陕西有不少田土“原非甘弃荒芜”，只因农民“牛具之无出，种籽之无措”，无法耕种。② 山西某些地方，亦是“欲种则无牛，欲播则无种。”③ 湖北当阳等县，“乱后少牛，民以力耕。”④ 山东某地，“民间畜牧几尽”，“贫者相搏而种率六七［人］曳一犁”，困惫异常。⑤ 因此地方官员主张由政府借给垦民牛种。顺治十年，甘肃巡抚周文烨，奏请对欲耕无力的农民，“酌量借给牛种，春借秋还。”⑥ 顺治十二年，直隶巡抚董天机，就如何借给农民“农本”一事，提出了详细的办法。他建议：“有百姓认垦者，取邻保结，该州县官于起解赎锾（xuán）内扣留，按一亩支给银三钱，名曰农本，以为牛种之资。……一年量征若干，还农本若干；二年量加若干，再还农本若干；待三年照熟地例征收，农本全完，仍将农本补入赎锾解部。”⑦ 顺治十八年，河南御史刘源濬奏请：“再借常平仓谷，以资农本”，得到清政府批准。但由于清初政府财政拮据，除了某些地方官员自措牛种工本外，由国库直接拨发的微乎其微。随着战争的停息和财政收支状况好转，清政府贷给垦民的牛种银也有增加。康熙四年，在安置鄂西各州县流民时，对“苦无农器”者，“酌给牛种银两”，并宽其偿还年限，“不拘次年征收例，令三年后补还。”⑧ 康熙七年，云南御史徐旭龄奏请：给“匮乏者贷以官

① 《清朝文献通考》卷2，《田赋·田赋之制》。
② 孟乔芳：《孟忠毅公奏疏》卷下，《题为秦省有主荒地粮最为累民，特请圣恩议蠲豁以恤孑遗事》。
③ 雍正《井陉县志》卷8，周文煊《灾邑利弊》。
④ 同治《当阳县志》卷10。
⑤ 张尔歧：《蒿庵闲话》卷1。
⑥ 顺治十年三月，甘肃巡抚周文烨揭。
⑦ 顺治十二年二月十六日，直隶巡抚董天机揭。
⑧ 《清圣祖实录》卷15，康熙四年四月辛卯；康熙《大清会典》卷24，《户部·赋役》。

牛”，清圣祖令“下部确议具奏”[①]。三藩之乱平息后，政府的财政状况得到进一步改善，已有能力拨出更多的款项资助垦荒事业，以促进农业生产的恢复。所以官给牛种的情况更多。康熙二十二年，河南巡抚王曰藻奏请借给垦民牛种，并请“将义社仓积谷借与垦荒之民，免其生息。令秋成完仓。”清圣祖批示：“依议”[②]。康熙三十二年，陕西巡抚吴赫疏言，招徕流民，有地者给牛种银两，无地者亦给银安插，每户给牛一头，耕具银五两，谷种银三两，人工银二两。[③] 康熙三十年，蒙古地区的归化城一带垦种所需耕牛、农具，清圣祖诏令：“于御厂内牛取用”，耒耜等项“著支用库银制造，从驿递运送”[④]。康熙四十四年，经户部复准，湖北所属荒地，愿垦者准其开垦，“无力者，本省文武官员捐给牛种招垦，将垦过亩数具题议叙”[⑤]。康熙五十三年，清政府同意甘肃在荒弃地亩，招民开垦，政府给来垦者“置立房屋，每户二间，无业之民，给予口粮籽种、牛具，令其开垦，即给予本人永远为业。”[⑥] 由于政府的支持，康熙年间的垦荒进展较快。

（二）重订开垦奖惩办法

康熙元年八月，户部在顺治十四年制定的《垦荒劝惩则例》基础上，重新修订了垦荒考成办法。其内容是：（1）关于报垦的奖励标准。办法规定在一年内报垦额：督抚2000顷以上记录一次，6000顷以上加一级，8000顷以上加一级、记录一次，12000顷以上加二级；道府1000顷以上记录一次，3000顷以上加一级，4000顷以上加一级，记录一次，6000顷以上加二级；州县100顷以上记录一次，300顷以上加一级，400顷以上加一级、记录一次，600顷以上加二级；卫所官员50顷以上记录一次，100顷以上加一级，150顷以上加一级、记录一次，200顷以上加二级。与顺治十四年则例比较，自道府至州县一级官员，加一级所需报垦额分别提高了1000顷及100顷。这是一个特点，

① 《清圣祖实录》卷27，康熙七年四月。
② 《清圣祖实录》卷108，康熙二十二年二月己未。
③ 《清圣祖实录》卷160，康熙二十二年十月初八日。
④ 《清圣祖实录》卷153，康熙三十年十二月丙戌。
⑤ 光绪《大清会典事例》卷166，《户部·田赋·开垦（一）》。
⑥ 《清圣祖实录》卷260，康熙五十三年十月壬申。

另一特点是，增加了记录和加级档次。报垦越多，升级或记录也随之增加。（2）关于对开垦不力官员的惩罚。规定指出："如各州县、卫所一年内不行开垦者，该督抚确查，倘有荒地不行开垦者，指名提参，即将道府、州县、卫所官俱罚俸半年。……虚谎报者，将原报督抚降二级，罚俸一年，道府降四级调用，州县、卫所官革职。如垦地后复荒者，将督抚、道府、州县、卫所官开垦时记录、加级削去，督抚罚俸一年，道府降一级，住俸，勒限一年督令开垦。如依限一年内有垦完者，准其开复；如限年内不能垦完者，督抚降一级，再罚俸一年，道府降二级调用，州县、卫所官降三级调用。前官垦过熟地，后任官复荒者，应将督抚、道府、州县、卫所官照依经营开垦各官复荒治罪。如隐匿熟地不纳钱粮，许其自首免罪，照例征粮；倘有隐匿熟地称作垦过田地，并隐匿熟地不纳粮，或被督抚查出题参，或被旁人首出，将道府降四级调用，州县卫所官革职。如督抚不能觉察，被旁人出首者，将督抚各降二级，各罚俸一年。"此款与顺治十四年则例"分别治罪"相比，本规定则显得具体、详尽、严密。对各级官员惩处规定有秩，基层当事者惩罚尤重，这种规定有助于杜绝弊端，使劝垦工作得以扎实进行。（3）关于对劝垦不力官员惩处。规定指出："再查各省荒地仍有甚多者，实系大小官不经心招民开垦之故。今不得不行严查：以康熙二年为始，五年垦完；康熙六年秋间，请旨特差官员，将各省有无荒地，垦过数目多寡，严查造册题参，将督抚一并分别议处。"① 由于此规定没有分别情况，如各地土地荒芜情况有所不同，各地劳动力多寡不同，各地方社会秩序稳定情况不同，等等，所以缺乏实施的基础。至康熙四年三月，户部给各省发出咨文，宣布停止这一条款。至康熙八年，清政府停止督抚垦荒加级、加记录之例，以防止督抚与州县串通作弊。康熙二十年，清圣祖在诏谕中，告诫州县有司，不得在清查直省田亩时，因"贪图升叙"，而虚报田粮，摊派民间。同时，还规定：除四川、云、贵等省外，其余地区"招民议叙"的规定一律"不准行"②。在垦荒考成条例鼓励下，康熙初年曾出现了一

---

① 雍正二年二月初三日，总理户部事务允详题报康雍时期劝垦奖惩规定。《户部抄档·地丁题本》湖北（四）。

② 《清圣祖实录》卷96，康熙二十年七月十二日。

次报垦热潮。

（三）土地清丈及限期报隐垦地

明末清初战火蔓延，使各地册籍遭到严重废坏，有的州县甚至是荡然无存。清政府建立后，急于重建各种册籍，尤其是土地册和丁口册，这样做的目的，一方面在于征收赋税，另一方面，则在于摸清全国各地土地荒芜情况，为垦荒作准备。顺治元年，户部要求各省抚按"严饬有司躬亲逐处清查，务令尺地不遗，册报臣部。"① 顺治三年，户部要求直隶保定巡抚郝晋，对清苑、沧州、庆云三州县进行清丈，并"请饬查勘报部"②。顺治八年，江西巡抚夏一鹗命令所属各府州县"即日查明造册"，随后"各属呈缴荒芜文册"，查明有主、无主荒田亩数，分别奏请蠲缓，并进行督垦。③ 这次清丈主要查明有主荒田及无主荒田情况。据查结果，陕西荒田总额为320545顷，其中无主荒田有256295顷，有主荒田只有64250顷，无主荒田占荒田总额80%。④ 江西省荒芜田地山塘共107541顷，其中无主者为35318顷，有主者为72223顷，无主荒田地山塘占总荒地额的32.8%，就个别州县而言，有上报资料为依据的，无主荒地最少的江西省桃源县，亦占总荒额的12%。⑤ 地无主，则赋税无从出。所以，招垦就显得十分重要。至康熙年间，清查工作仍在继续，但其重点已不再是清查有主或无主荒田了，而主要是清查隐占地亩。康熙二年正月，兵科给事中硕穆科疏称："钱粮拖欠，皆由于地不清"之故，户部答复是："查地丁钱粮，恐有绅衿富户串通书吏共相隐匿，应先敕各省抚臣查户口之增减，田地之荒熟，务将欺隐人丁，地亩彻底查出，备造清册，于二年内题报，再行请旨差廉干官员清查。"⑥ 隐地一经查出，照例应当充公，即使不充公，也不免受到查田官的勒索，而且以后也较难再逃漏税课。由于"绅衿富户串通书吏共相隐匿者"各地都有，因而反对清查的奏章纷沓而至。如康熙三年九月，

① 顺治元年八月二十四日，户部尚书英古代题本。中国历史档案馆：《历史档案》1981年第2期。

② 顺治六年六月二十四日，户部尚书巴哈纳等题本。《户部抄档·地丁题本》直隶。

③ 顺治八年六月二十六日，江西巡抚夏一鹗题本。《户部抄档·地丁题本》江西。

④ 顺治八年七月十九日，总督陕西三边军务孟乔芳题本。《户部抄档·地丁题本》陕西（三）。

⑤ 顺治十年五月二十一日，江苏巡抚蔡士英上疏。雍正《江西通志》卷118，《艺文》。

⑥ 《清圣祖实录》卷8，康熙二年正月辛卯。

刑科给事中杨雍建疏称："夫丈量一事，将以清查隐蔽。然奉行不善，履亩均查，则弊未除而害已滋，开贪吏诛求之门，长蠹胥科派之求，无益于国计，徒耗乎民生。"请求政府"止严隐漏之令，许其自首升科，不必遍行履亩，徒增劳扰。"① 其后，还有姚文然、周召南、张朝珍等上疏要求停止清丈。康熙四年（1665），户部先是复准："直省田地荒熟相间，恐有隐占，应踏勘丈量。如有司及里书、弓手摊派诈扰，令督抚题参。"② 后来于康熙十三年又下了一条诏令："直省有隐漏田粮以熟作荒者，许自首免罪，并不追理以前所隐钱粮；其首出地亩，当年起科；如待他人发觉，仍治罪追粮。"③ 由于三藩之乱发生，此诏令未能全面贯彻。康熙十六年，清政府发出了"筹饷于有济"的命令。在没有战火的河南、安徽督促垦民自行首报隐地和清查隐地。康熙二十年至二十二年，清政府平定三藩和结束对台作战后，清查工作继续在进行。清圣祖重申："嗣后民人自首地亩，不必拘定年限，俱自首之年起科，该管官亦免议处。"④ 康熙三十年，户部针对四川清初人口流失、伤亡严重，推行垦政时，又注重招徕人口，对报垦要求不严，因而隐漏田问题严重发生，特别作出指示："川省隐匿田粮，现在查出者，其从前欺隐之业户，失察之官员，俱免其处分。行令该督抚速委贤员，务于限内查出，不得借名查地以扰地方；限内查出之官员，免其治罪。若逾限仍隐匿不报，官员业户照例议处，其督抚不行题参，一并议处。至虽经逾限，隐地业主自行首出，将该管官员并免处分。"⑤ 康熙三十四年，清圣祖又发出隐匿地亩，再宽限二年报期谕令："各省隐匿地亩，再宽限二年，令其自首。"⑥ 康熙三十八年，针对湖南幅员辽阔，履丈难遍情况，推行"先令民自丈出首，官抽丈，如有隐漏，治罪"⑦ 办法。但由于政令无实施细则，故收效甚微。至康熙四十八年，清政府就湖南如何进行清查隐占田地问题，下了一道严厉的命令。经户部议准："湖南欺隐田地，行令该

① 《清经世文编》卷31，《户政》，《赋役》（三）。
② 光绪《大清会典事例》卷165，《户部·田赋·丈量·丈量禁令》。
③ 雍正《大清会典》卷31，《户部》（九），《赋役》（一），《田粮隐匿》。
④ 《清圣祖实录》卷140，康熙二十八年四月丁亥。
⑤ 雍正《大清会典》卷31，《户部》（九），《赋役》（一），《田粮隐匿》。
⑥ 雍正《大清会典》卷31，《户部》（九），《赋役》（一），《田粮隐匿》。
⑦ 《清朝文献通考》卷2，《田赋·田赋之制》。

抚，准其展限一年，严饬地方多方晓谕百姓，将私垦田地，在限内尽行首报，免其治罪；如逾期不首者，许里民人等据实举首隐田，照律治罪，将田入官，钱粮按年追征。倘扶同不举，并坐以罪。地方官隐匿不报，照例议处。”[①] 康熙五十三年（1714），清政府还派瓦特为钦差大臣，会同总督迈柱，驻扎长沙，并对周围各县实行报垦的督察。

康熙年间，清查工作取得一定成效，清查出相当数量隐占、隐报垦地。如康熙十六至十七年间，河南汝阳县自首地达678.33顷零，[②] 确山自首地达15.23顷零[③]，信阳州自首地达41.27顷[④]；康熙十六年间，安徽舒城县清出田地塘279.42顷，又清出草山863.7里，[⑤] 泗州清出官民田地385.56顷，[⑥] 巢县、庐江也分别清查出一些溢额田。康熙三十二年，河南开封自首地共2527顷，宣、陈、归、睢四卫地区，自首地98顷。[⑦] 康熙三十一年，湖南上报丈量新增田亩为66160顷，[⑧] 四川省上报清查新增田亩为88500顷。[⑨] 湖南省则在清政府严厉政策胁迫下，出现了严重的捏报现象。《湘乡县志》详记此事：“康熙五十三年，县报全垦合额之后，湘民呼吁无路，不得已设为减弓寻垦，通丈均苦法；始总量，次折丈；既互勘，复搜括；开告讦之门，立抽丈之法。民困奔驰，吏疲纪算，历七年丈凡五次。捏垦无着，有合额之虚合，无合额之册籍。时以升科期迫，调宝庆守来湘查勘，按康熙三十一年所丈顷亩，并五十三年续首之垦，统名曰原田。责区图计亩加摊，每现册一图加摊报垦六分，其平地、铺地、塘托、竹山准是，纸上加亩，旬日报竣，自此湘之堕粮，竟有合额之顷亩册籍矣。”[⑩] 这种虚浮之风，使湘乡人民增加了巨额负担，因此引起全县的纷扰，使官民矛盾极为尖锐，此后，康熙帝也陆续豁免了一批因虚报垦

---

① 《清朝文献通考》卷2，《田赋》。
② 民国《汝阳县志》卷4。
③ 乾隆《确山县志》卷2。
④ 乾隆《信阳州志》卷3。
⑤ 光绪《续修庐州府志》卷14。
⑥ 光绪《泗虹合志》卷5。
⑦ 康熙《开封府志》卷14。
⑧ 《清圣祖实录》卷155，康熙三十一年四月庚辰。
⑨ 《清圣祖实录》卷156，康熙三十一年八月戊寅。
⑩ 嘉庆《湘乡县志》卷2。

荒而起科的钱粮。对于某些冒功“议叙”的官员，清廷作出了处理，如湖广总督张长庚、四川巡抚罗森，都因“捏报垦荒”，受到解职削衔等处分。但虚报捏报垦荒作法，给广大劳动人民带来的灾难却是十分深重的。

三、雍正年间的垦政

经过顺、康两朝将近80年的开垦，内地原有的荒地已基本上得到复垦，国家财政收入有极大好转；同时，经过数十年的休养生息，人口增加迅速，人与地的矛盾逐渐尖锐。因此，雍正年间（1723～1735）的开垦对象以及招垦的目的都发生了变化，为了适应变化了的情况，清廷在垦政方面也作了相应的调整。

清世宗先后发布了三项有关垦政法令，对加速当时的垦荒，曾经起过积极作用；但也产生一些弊端，即浮夸风四起，在一定程度上也挫伤了农民垦荒的积极性。以下，就三个法令进行讨论。

（一）劝垦荒地

雍正元年四月，清世宗发布了继续垦荒的命令：“朕临御以来，宵旰忧勤，凡有益于民生者，无不广为筹度。因念国家承平日久，生齿殷繁，地土所出，仅可赡给，偶遇荒歉，民食维艰，将来户口日滋，何以为业？惟开垦一事，于百姓最有裨益。但向来开垦之弊，自州县以至督抚，俱需索陋规，至垦荒之费，浮于买价，百姓畏缩不前，往往膏腴荒弃，岂不可惜。嗣后，各省凡有可垦之处听民相度地宜，自垦自报，地方官不得勒索，胥吏亦不得阻挠。至升科之例，水田仍以六年起科，旱田以十年起科，著著为定例。其府州县官能劝谕百姓开垦地亩多者，准令议叙，督抚大吏能督率各属开垦地亩多者，亦准议叙。务使野无旷土，家给人足，以副朕富民阜俗之意。”①

雍正年间的垦政，与顺康年间的垦政相比较，其突出之处是：

首先是开垦的对象有变化。顺、康年间，尤其是康熙中期以前，由于荒地尚多，主要还是垦复问题。至雍正时，经过近80年的垦复，条件较好的荒地，如平阳地带，灌溉条件好地区，土地肥腴之地，一般来说都已经得到垦复，尚

① 《清世宗实录》卷6，雍正元年四月乙亥。

未得到垦复的，是一些灌溉条件差的旱地，或河滩铺地，或山田、旱地，怎样才能把农民吸引到这些未开垦的土地上来呢？清政府在升科政策上，采取了向旱田倾斜的措施，规定水田仍以六年起科，而旱田则以十年起科。延长旱田的升科年限，这种措施对农民来说是有吸引力的。政府在采取旱田十年升科同时，又在行政上采取相应的措施，严禁州县以至督抚，向垦民“需索”陋规，听民相度地宜、自报自垦，地方官不得勒索，胥吏亦不得阻挠，以减轻农民的经济负担，并打消农民的顾虑。此外，对穷而无资的垦户，政府动用公款，借给牛种、口粮，支持其开荒生产。雍正七年，世宗皇帝谕令：“各省督抚就本地情形，转饬有司细加筹划，其情愿开垦而贫寒无力者，酌动存公银谷，确查借给，以为牛种、口粮，俾得努力于南亩。俟成熟之后，分限三年，照数还项，五六年后，按则起科。”①

清政府为了增强督垦的力度，又恢复了官吏议叙制度。对劝垦州县官及督垦的督抚大吏都准令议叙。雍正十二年，对官吏议叙又作了补充规定。据内阁学士凌如焕奏称：地方有司在报垦地亩上，有“奉行不实，或垦少报多，希图增课，以邀议叙”情况，户部针对这种情况，发布一道指令：“令各该督抚复加查核，如有滥邀议叙者，即行指参，实在冲坍者，即予开除，造册报部。”世宗皇帝批准了这一法令②。这一法令不仅有利于议叙得到正确贯彻，而且对纠正雍正中后期浮夸风有一定意义。

其次是招垦的目的有变化。顺、康年间，尤其是康熙中叶以前，政府招垦的目的，主要在于增加国家赋税收入和安定社会秩序。至雍正时，由于荒芜的土地已获得大量开垦，国家赋税收入已大大增加，社会秩序稳定。只是由于承平日久，生齿殷繁，地土所出，仅供吃用而已，并无积存。为此，雍正上台后，就把开垦一事，和户口日滋，“何以为业”联系起来，把开垦的目的转移到解决新生人口食粮问题上来。“并不因增课起见”③。这无疑是垦荒政策上一个重要变化。

---

① 《清世家实录》卷80，雍正七年四月戊子。

② 《清世宗实录》卷144，雍正十二年六月壬申。

③ 雍正十二年十二月×日巡抚山东等处督理营田法敏奏。《户部抄档·地丁题本》山东（四）。

第三，更加强调维护垦荒者利益。雍正七年，户部复准，直隶荒芜之地，原主不自垦种，可择愿耕之人，准其耕种。这就改变了顺、康年间，只限无主荒地准民开垦之例。条文还定，日后原主有愿复原业者，要归还垦户的垦本，“方准复业”，违者“按律治罪”①。雍正十二年，户部规定，今后各州县凡遇开垦，先将土名界址，出示晓谕，定限五个月内，允许业户自行呈明，如果超出五个月限制，“即将执照给原垦之人承种管业。”② 从而，进一步放宽有主荒田的开垦，使无田贫民有更多机会获得业产。与此同时，政府对豪强之家，“冒认己业”，率众抢割禾稻者，“按律治罪”；对劣衿土豪，借开垦名色，“将有业户之田，滥报开垦者，照侵占律治罪。”③ 政府利用行政手段，打击地方土豪劣衿，保障垦民所得利益不受侵犯。

（二）清查隐瞒地亩

雍正三年，山东巡抚陈世倌称，山东省荒地甚多，经过多年努力，已渐次得到开垦，但存在着隐漏浸渔情弊。他建议：“勒限一年，通省官民令其自行出首，于雍正四年入额征解；倘逾限不首者，民则从重治罪，官则立即参处”④。此提案得到户部批准。经实施后，山东省历城等62州县卫所，于雍正四年首报出垦地1740余顷。⑤ 此额比康熙五十七年至雍正七年，计十年间所报的30顷垦额，⑥ 高出58倍之多。遂引起清廷关注。雍正五年五月十五日，清世宗向各直省，颁布一道限年首报令，规定：“夫开垦地亩，本应随垦随报，隐匿之罪，定例甚严……今朕特沛宽大之恩：准各省官民自行出首，将以前侵隐之罪，悉从宽免；其未纳之钱粮，亦不复追问。定限一年，令其自首，统于雍正七年入额征解。倘逾限不首，复经查出，在官在民，定行从重治罪。”⑦ 定限一年期满后，清世宗鉴于督抚中“有奏请宽限者”，又出于“远乡僻地，或得信稍迟……以致有未尽首出之弊”，于是“著再展六个月，于谕旨

① 光绪《大清会典事例》卷166。
② 光绪《大清会典事例》卷166。
③ 光绪《大清会典事例》卷166。
④ 乾隆二年三月初七日，户部尚书张廷玉等题奏。《户部抄档·地丁题本》山西（四）。
⑤ 乾隆二年三月初七日，户部尚书张廷玉等题奏。《户部抄档·地丁题本》山西（四）。
⑥ 宣统《山东通志》卷81，《田赋后序》。
⑦ 乾隆二年三月初七日，户部尚书张廷玉等题奏。《户部抄档·地丁题本》山西（四）。

颁到本地之日为始，该地方有司实力劝导所属民人，俾知宽限之特恩不得再有迟延，以干罪谴。”① 首报令颁布后，直隶各省办理迟早不一，直到雍正十三年，尚有对隐漏不报，展限动议。可见，清廷对首报清隐工作是十分重视的。

（三）限年垦地

雍正七年闰七月，清政府采纳了户部左侍郎常德寿议案，下令各直省“将原额荒地计作十分，一年内开垦三分者，符于议叙之例，仍准议叙；如不及三分，即行题参。其间或有山石硗瘠，低洼积水之区，该督抚务于册内声明，仍令州、县、卫、所设法开垦，不入年限之内。”② 此令与康熙初期限垦令相比，期限更为紧迫。

雍正年间，在政府的鼓励下，垦荒工作有很大进展，尤其是放宽旱地升科年限后，对山区的开发起到了促进的作用。但在限年紧迫的驱使下，也出现了严重浮夸问题，如山东，安徽宿州卫、宿松县，福建崇安县，山西宁乡县，河南，云南等省地，都发生了捏报、虚报等浮夸风，给垦民带来沉重灾难。雍正晚年虽对此有所觉察，但没来得及纠正。

四、乾隆年间的垦政

乾隆（1736～1795）年间，清政府除了继续推行顺、康、雍三朝有效垦政外，还有三项政策特别值得注意，一是纠正康熙、雍正年间捏报、虚报等浮夸风；二是鼓励人民开垦田边地角零星荒地、山地，沿海沙田、荒岛，围湖造田等；三是大力推行边疆开垦计划。

（一）纠正浮夸风

康熙年间，尤其是初期和晚期，在垦荒中都出现捏报、勒垦等上下相欺的现象。如康熙初年，湖南衡阳“牧令争以报垦为功”，“报垦荒田六百余顷，科粮千四百余石，实无所出”③。湘乡县捏报包荒粮高达9904石余，而可耕垦地粮仅为4602石余，捏报包荒粮为可耕垦地粮215%。因而，民困于重征，四

---

① 乾隆二年三月初七日，户部尚书张廷玉等题奏。《户部抄档·地丁题本》山西（四）。
② 乾隆九年四月二十三日，山西巡抚阿里衮题。《户部抄档·地丁题本》山西（四）。
③ 同治《衡阳县志》卷7，《王、欧阳、萧列传第三十四》。

出外逃，远者还流落到滇黔，结果“井里成墟，田益荒矣。”[①] 江苏崇明亦有这样情况。康熙十一年，四川抚臣罗森报开垦地5601顷，但并“非实在开垦”[②]。从各直省垦荒实在情况看，康熙二、三两年共报垦6221.39顷，而康熙四年报垦数却高达36911.66顷[③]，其实，绝大部分只是认垦数，是尚未垦复的荒地。康熙六年，山东道御史王伯勉就曾针对“有司捏垦，妄希议叙，百姓包荒，不堪赔累”情况，提出“以杜冒功虐民之弊”办法，但未能得到重视，户部仅提出“下部议行”[④] 之议，从而失去一次纠正浮夸风的机会。

康熙朝晚期虚捏垦额以湖南最为典型。康熙五十三年，钦差瓦特、总督迈柱令民认垦，以足万历间原额，结果“认垦者尚在未垦”，“因欲足额，更不计其灾荒虚捏也”[⑤]。如湘乡县被勒认垦额多到5421.61顷[⑥]，善化被勒认垦数也高达1473.838顷[⑦]，益阳被勒认垦也在1020.23顷之多[⑧]。

雍正年间，捏报、勒垦之风有越刮越烈之势。仅雍正十二年，湖北部分州县卫所首报额及劝垦额即高达26135顷，但其中捏报虚额十分惊人。如郧西县首报额为7830顷，其中有6025顷纯系捏报。捏报额占首报的76.9%；又钟祥等县卫所劝垦额为5207顷，这其中虚捏数为1173顷。[⑨] 虚捏部分占劝垦额22.5%。河南捏报是由田文镜为巡抚总督以来，苛刻搜求，以严厉相尚，而属员又复承其意旨而造成。雍正年间，河南省先后报垦九次，其中田文镜上报七次，报垦数额为13630顷，占全部报垦额的94%。田文镜“徒务开垦虚名，小民无受产之益，而受加赋之累。”[⑩] 其继任者王士俊，却“借垦地之虚名，而成累民之实害”[⑪]。据法敏奏，山东邹平等90州县卫所报告抛荒129146顷

---

① 嘉庆《湘乡县志》卷2。
② 康熙二十一年十一月四川巡抚杭爱奏，《东华录》卷7。
③ 彭雨新：《清代土地开垦史》，第46页。
④ 《清圣祖实录》卷22。
⑤ 同治《平江县志》卷15。
⑥ 嘉庆《湘乡县志》卷2。
⑦ 彭雨新：《清代土地开垦史》，第68页。
⑧ 嘉庆《益阳县志》卷7。
⑨ 郧西、钟祥首报额、劝垦额、捏报额数计系参见：彭雨新：《清代土地开垦史》，第77页。
⑩ 《清高宗实录》卷743，乾隆三十年十月戊午。
⑪ 《清高宗实录》卷7，雍正十三年十一月丙辰。

69 亩余，随经逐一查勘，内有积碱未消、浮沙涨漫、山石硗瘠、低洼积水等地共 125589 顷 74 亩，俱属难以垦复，其实在可垦地查有 3556 顷 95 亩余。[①] 由此看来，实在可垦地仅为报告抛荒地中的 2.8% 而已。据乾隆十一年(1746)，安徽巡抚魏定国称：宿州卫雍正八、九两年共报垦地 30 顷，是前任守备李巍畏罹处分，"私勒册书摊派，虚捏报垦，并非实有垦熟之地"[②]。四川、广西、福建、山西等省都存在这方面的问题。

高宗即位后，很快就指出"各省奏报开垦者，多属有名无实，竞争累民之举，而河南尤甚。"[③] 随即下令"禁虚报开垦"。雍正十三年十月谕曰："各直省劝令开辟荒地，以广种作，以资食用，俾无旷土游民，原系良法美意，然必该督抚董率所属官吏实力奉行，毫无粉饰，俾地方实有垦辟之田，民间实受耕获之利，以此造报升科，方于国计民生有所裨益。乃朕见各省督抚题报开垦者，纷纷不一，至于河南一省，所报亩数尤多，而闽省继之。经朕访察，其中多有未实……名为开荒，而实则加赋，非徒无益于地方，而并贻害于百姓也"，并严厉指出，今后"凡造报开垦亩数，务必详加查核，实系垦荒，然后具奏"，"若不痛洗积弊，仍蹈前辙，经朕访闻，必从重处分，不稍姑贷"[④]。同年大学士朱轼上奏，主要内容有：一是土地开垦已达到了饱和点，在"生齿日繁"之时，"断无可耕之地而任其荒芜者"，因此，不应对现存的荒地作不切实的估计。二是山田硗确，随垦随荒；江岸河边，坍涨无定，因而新垦之后未尽升科；又瘠薄土地，数亩只纳一亩之粮。这些都不应视为"欺隐"。三是各地报垦多有不实，四川、广西、河南等省情况甚为严重，应速加制止。四是"民间田地正赋，既无定数，何用苛求"，不要孜孜于报垦升科。五是提出停止丈量、首报，恳请开除虚捏垦田数额。高宗对此奏折十分重视，立即批示："依议"、"速行"[⑤]。乾隆元年，高宗又令：将河南"老荒及盐碱、河滩

---

① 雍正十二年十二月 ×，巡抚山东等处督理营田法敏奏。《户部抄档·地丁题本》山东（四）。

② 乾隆十一年四月二十七日，安徽巡抚魏定国题本。《户部抄档·地丁题本》安徽（三）。

③ 《清高宗实录》卷 5，雍正十三年十月。

④ 《清高宗实录》卷 4，雍正十三年十月乙亥。

⑤ 雍正十三年十月 × 日，大学士朱轼上奏。见《户部抄档·地丁题本》山西（三）。

之地，确无可疑者，悉行开除，以慰民望。”① 这是顺、康、雍以来，垦荒政策的一大转变，从以前急功近利、捏报、虚报的浮夸不实作风，转到比较实事求是态度上来。

根据高宗“痛洗积弊”指示，乾隆初年，各省进行一系列清理工作，对从前报垦开荒数额进行清查审核，豁除捏报、虚报不实之额。如河南省，乾隆元年请豁除虚报、难垦数达8435顷17亩，占雍正十二、十三年原报老荒、夹荒、盐碱、河滩等地22148顷51亩②的38%，又如山东，乾隆二年，题请豁免雍正十二年报垦地2177顷9亩4分中的不堪开垦无粮地864顷97亩7分③，请求豁免额占报垦额的39.7%；再如，乾隆初年豁除雍正七至十三年分虚报垦田高达12440顷39亩9分④。根据《清高宗实录》记载，乾隆初年，豁除康、雍（主要是雍正年间）年间捏报、虚报垦田数额多达48600多顷。乾隆朝纠正浮夸风的政策，不仅对垦荒有很大推动作用，而且对减轻农民负担也有重要意义。

（二）鼓励开垦零星荒地、山田、沿海沙田、荒岛、江湖农田

历经顺治以来九十多年的开垦，至乾隆初年，内地省份除贫瘠难垦之地外，可供开垦的大片荒地已不多见。大学士朱轼认为，由于国内升平，生齿日繁，“通都巨邑无一隙未耕之土”，“断无可耕之地，而任其荒芜者”⑤。这一估计是比较实际的。在人口增长，粮食问题日益严重的情况下，高宗遂“命开垦闲旷地土”。他指出：“从来野无旷土，则民食益裕。即使地属畸零，亦物产所资。民间多辟尺寸之地，即多收升斗之储。……向闻边省山多田少之区，其山头地角，闲土尚多，或宜禾稼，或宜杂植……而民夷随所得之多寡，皆足以资口食。即内地各省，似此未耕之土，不成丘段者，亦颇有之，皆听其闲弃，殊为可惜。”于是，他特降谕旨：“凡边省、内地零星地土，可以开垦者，

① 《清高宗实录》卷13，乾隆元年一月癸巳。

② 乾隆元年×月×日，河南巡抚富德题本。《户部抄档·地丁题本》河南（四）。

③ 乾隆二年三月二十六日，山东巡抚法敏题；乾隆十一年二月二十三日，户部尚书海望题。见《户部抄档·地丁题本》山东（四）。

④ 《户部抄档·地丁题本》湖北（四）。

⑤ 雍正十三年十月×日，大学士朱轼上奏，《户部抄档·地丁题本》山西（三）。

嗣后，悉听该地民夷垦种。”①

但这些零星土地，大多数是山田硗确，随垦随荒，又或江岸河滨，东坍西涨，变易无定，开垦成本高，而收成又难以保障。为此，清政府为垦民提出了一系列优惠政策。

1. 制定了免于升科的规定

乾隆五年，针对有些畸零之地，农民不致力开垦，主要是害怕“报垦则必升科”，“或因承种易滋争讼”，他下令：凡边省、内地零星地土可以开垦者，“嗣后悉听该地民夷垦种，免其升科，并严禁豪强首告争夺”，并要求各省督抚对“何等以上仍令照例升科，何等以下永免升科之处”，“悉心定议具奏”②。

此谕旨下达后，各省督抚根据当地具体情况，即将拟定零星土地免于升科办法具奏。由于各地情况不同，所拟定办法也不一样。四川是：上田、中田不足五分，下田、上地、中地不足一亩者免科。福建、山东是：畸零土地一亩以内免科。安徽、贵州、湖南、湖北诸省是：水田一亩以内，旱地三亩以内免科。直隶、江西规定畸零之数为二亩以内，故定山头地角二亩以内免科。河南定上地一亩以内、中地五亩以内免科，下地不计亩数多少，一概免科。山西则把下地十亩以内，都视为畸零和不成坵段之地，予以免科。浙江、江苏仅把劣等地不成坵段者才列为畸零，才准免升科，并没有明确亩分界限。陕西、甘肃、广东定则是：只要是硗瘠地土，“听民试种者，免科”。乾隆十一年，清政府针对广东部分地区情况，又特别作出规定：今广东“高、雷、廉三府荒地，既与平埔沃壤不同，即听该地民人垦种，一概免其升科”。云南定则是：旱地三亩以内、水田二亩以内免科③。至乾隆三十一年（1766），清政府取消云南“原山头地角在三亩以上者照旱田十年之例，水滨河尾在二亩以上者，照水田六年之例，均以下则升科”则例，命令“嗣后滇省山头地角，水滨河尾，俱听民耕种，概免升科，以杜分别查勘之累。”④

---

① 《清高宗实录》卷123，乾隆五年七月甲午。

② 《清高宗实录》卷123，乾隆五年七月甲午。

③ 各省定则见：光绪《大清会典事例》卷164。

④ 光绪《大清会典事例》卷164。

表 1-4　乾隆年间各省劣等地亩均税银（粮）表

省别	报垦时间	报垦州县	报垦数（亩）	征收税额		平均每亩税额	
				粮（石）	银（两）	粮（升）	银（分）
四川	乾隆十一年	秀山县上中田	40052		378		0.94
	乾隆十八年	简州等九县上、中、下山田	6197	18	90	0.29	1.45
	乾隆二十三年	彭县等十一州厅县上中下田地	4085		52		1.27
		彭县等十一州厅县中田	1772		12		0.68
		彭县等十一州厅县补首中下田	331		10		3.02
湖北	乾隆十六年	蕲州、当阳等九县水田湖	21595	263		1.22	
		当阳、荆右等十一州县卫旱地	26859	233		0.87	
云南	乾隆十六年	弥勒、恩乐等县田地	17107	405.17	216.4	2.36	1.26
贵州	乾隆十六至十七年	该省	2000	不详	不详		
广东	乾隆十七年	广、韶、惠、潮、肇等十一府州	107889	505	594	0.47	0.55
		惠、琼二府	8436	64.7	101	0.77	1.20
河南	乾隆十九至二十年	水宁、杞县等二十八州县	21461		529.8		2.47
	乾隆二十一年	汲县等二十四州县水草地	11593		212.4		1.83
	乾隆二十二年	续报	11406		232.8		2.04
	乾隆二十三年	内乡县水地	4				3.40
		旱地	7300				0.14
	乾隆二十四年		3919		16.8		0.174
甘肃	乾隆二十年	兰州、巩昌、涑州等属州县	24361	164	61.4	0.67	0.25
	乾隆三十四年	靖远县	495	13		2.63	
	乾隆五十六年	山丹县	1010	10	0.168	0.99	0.017
	乾隆五十三年	正宁县	9.6	0.2152		2.24	
山东	乾隆二十七年	惠民等十五州县区	19951.59	4.87	439.45	0.024	2.18
	乾隆四十四年	胶州、福山县	2732.84		60.593		2.22

资料来源：乾隆十一年三月户部尚书海望题（四川·四）；乾隆十九年四月二十七日大学士傅恒题（四川·二）；乾隆二十三年四月十二日大学士傅恒题（四川·二）；乾隆十八年九月初八日鄂督恒文题（湖北·四）；乾隆十七年九月初六日户部尚书海望奏报云南垦务（云南·三）；乾隆十七年六月二十九日黔抚开泰题（贵州·二）；乾隆十七年十二月初十日内阁下户部，转述粤省上报情况（广东·三）；乾隆十八年五月十四日大学士兼管户部傅恒题（广东·三）；乾隆二十一年六月初三日傅恒题（河南·三）；乾隆二十三年六月十六日河南巡按胡宝瑔题（河南·三）；乾隆二十七年五月初四日，山东巡抚阿尔泰题（山东·四）；乾隆四十四年十月二十五日管理户部事务于敏中题（山东·四）；乾隆二十年六月十一日甘肃巡抚陈宏谋题（甘肃·三）；乾隆三十四年二月初九日大学士兼理户部傅恒题（陕西·四）；乾隆五十六年二月初五日陕抚秦承恩题（陕西·四）；乾隆五十七年五月十六日户部尚书金简题（陕西·四）。以上皆见《户部抄档·地丁题本》。

表1－5　　新报垦劣等地经折亩后亩均税银（粮）

事例乾隆年间

省别	报垦年份	报垦州县	报垦数（亩）	折亩则例	折亩数（亩）	应征税额		折亩每亩纳税额		报垦亩每亩税额	
						粮（石）	银（两）	粮（升）	银（分）	粮（升）	银（分）
陕西	乾隆三十九年	洛川	20843	8.445	2468	220.658		8.94		1.06	
	乾隆五十六年	咸宁	1600	5	320	0.061	3.21	0.012		0.0028	0.1489
		咸宁	556.5	3	185.5						

资料来源：乾隆三十九年十二月初一日大学士兼户部于敏中题（陕西·四）；乾隆五十六年二月初五日陕抚秦承恩题（陕西·四）。以上出处皆见《户部抄档·地丁题本》。

乾隆年间，关于零星土地开垦免予升科，以及大块荒地开垦给予免税规定，对于零星土地及大片硗瘠荒地的开垦，无疑是很大的鼓励，同时对于贫苦农民，特别是山区农民的生活维持，具有十分重要意义。

2. 对垦种劣等土地实行轻徭薄赋

高宗采取鼓励开垦零星荒地、山地、沿海沙田、荒岛、江湖农田等政策以来，各个地区人民都先后开垦了一批劣等土地。对这些新垦的升科地，清政府在田赋征收上，给予特殊的照顾。在具体做法上采取了二种办法，一是按照科则降低税率征收；另是先折亩，而后再按低税率征收。见上表1－4、1－5。

山西口外大面积开垦的荒地，每亩所征收的赋税也很低。乾隆五十三年，前山西口外共开垦荒地2087489亩，共征银29224.85两，[①] 每亩平均征银不过一分四厘而已。

这种薄赋政策，对加速山区和口外地区开发以很大推动。

（三）开垦新疆地区

新疆地区的开垦可追溯到康熙年间。为了与厄鲁特蒙古准噶尔部统治势力作战的需要，早在康熙中期，驻军已在驻扎地区进行屯垦，但由于军队调动，屯种地点也随之变化，遂未形成固定垦区。康熙末至雍正间，由于向新疆进军，又在肃州迤北地区开始兵屯。雍正十年以后，北自嘉峪关外的瓜州迤迩向河西走廊南伸，经肃州、甘州以至凉州一带，兴起了一条点线连接的屯垦区。

① 乾隆五十三年十一月初四日，大学士兼管户部和珅题。《户部抄档·地丁题奉》山西（三）。

乾隆二十五年，伊犁战事结束后，清政府在军事与农垦相结合前提下，又开始在乌鲁木齐与伊犁之间，并在伊犁地区开始屯垦。新疆地区开垦，首先从兵屯开始，而后向民屯发展。最后过渡到由民间自由垦种。垦种种类繁多，有兵屯、有民屯、有户屯（又称遣屯）等，嘉庆以后又多了一个旗屯。

新疆地区的垦政与内地相比，有其自己的特点，主要是：

1. 重视水利兴修

西北地区干燥，没有水利设施，就谈不上农田的开发。要在新疆垦种，首要条件就是解决水利问题。早在雍正末年，居住在巴里坤地区回民，就把哈密附近的赛把什湖的三条引水渠道疏浚了，并建立闸门，以时蓄水。① 至乾隆二十二年，当新疆大规模开展屯垦时，又对湖区水渠进行重新疏导。乾隆二十三年，清政府从河西走廊调来上千名有治水经验的官兵，到此整治河道，修成了“天时、地利、人和、大有等渠”②。南疆辟展、哈喇尔地区也在整治河道。乌鲁木齐则利用雪水灌溉。从木垒向西，对济木萨河、察罕乌苏河等十几条河流进行修治。③ 伊犁地区，则以伊犁河为主干，“修葺沟渠，引水灌田”④。嘉庆七年至十三年间，又在伊犁河上游察布查尔山口河湾处，凿开山崖，开挖河道，建成一条“锡伯新渠”⑤。道光年间，清政府继续在南疆兴修水利。新疆地区兴修水利的经费，完全由国家负担。如在疏勒河上游筑坝开渠，引水灌田，“其费于屯田银内动拨”⑥。高台县属开垦荒地，“所需渠夫价、口粮，于军需银内动支”⑦。镇番县柳林湖屯种，应需的筑坝、建堤、开渠工料并夫役口粮，“于军需银内动拨”⑧。等等。

2. 采取多种办法解决劳动力问题

新疆地区，在当时是属于人少地多之区。清政府采取了五种办法：一是兵

---

① 《哈密志》卷34。

② 《清经世文编》卷31，见：乾隆三十七年文绶奏语。

③ 《西陲总统事略》《乌鲁木齐图说》。

④ 《清朝文献通考》卷11。

⑤ 宣统《新疆图志》，《水道》（六）。

⑥ 光绪《大清会典事例》卷166。

⑦ 光绪《大清会典事例》卷166。

⑧ 光绪《大清会典事例》卷166。

屯，二是犯屯，三是回屯，四是民屯，五是旗屯，以解决劳动力问题。

兵屯　河西走廊的屯田是新疆屯田的前奏曲。为适应清政府与准噶尔部的统治作战需要，清政府相继在西路安西、哈密、巴里坤、吐鲁番及北路科布多、莫岱察罕瘦尔、鄂尔斋图果尔等处筑城设屯，遣兵屯垦。但都是随着战争的起落而兴衰。乾隆二十四年，清政府平定天山南北后，在当地派驻重兵。为解决驻军口粮，部队在戍边同时，进行了大规模的屯田，乾隆二十五年，在乌鲁木齐至罗克伦一带，屯兵800名，由游击、都司“督课耕种”[①]。在玛纳斯、库尔喀喇乌苏、精河等七处，驻兵屯田。[②] 同年，主持阿克苏办事大臣阿桂率满洲索伦兵500名，绿旗兵100人，随后又从辟展调来绿旗兵900名，在伊犁南岸海努克和伊犁河北岸固扎克等处，筑城开屯。至乾隆三十四年止，陆续由内地调来此地绿旗兵增至2500名。据记载，至乾隆四十年，新疆各处屯兵达13900余名。[③] 早期，屯兵本是开垦新疆的重要力量。由于屯兵可携带眷属[④]，力量更为壮大。

犯屯　新疆犯屯始于乾隆二十三年。御史刘宗魏首倡向新疆屯区发遣罪犯，以补充屯田劳动力不足。[⑤] 这些罪犯大部来自直隶、山西、河南、山东、陕西五省。[⑥] 按定例，“每年各省改发不下六七百名”[⑦]。重者“令服耕作之役”[⑧]。轻者“补耕屯缺额”[⑨]，即承种份地，编入兵屯组织中。犯屯中有三分之二的犯人携带家眷，刑满者也有按民屯安插落户的。[⑩] 这也是开垦新疆的劳动力来源之一。

回屯　康雍年间，哈密和吐鲁番都有维吾尔族人民，在额敏和卓率领下进行垦屯。乾隆二十五年后，维吾尔族人民陆续迁徙到伊犁垦种，至乾隆三十三

---

① 光绪《大清会典事例》卷178。
② 光绪《大清会典事例》卷178。
③ 《新疆图志》《赋税》(一)。
④ 《清高宗实录》卷572，乾隆二十三年十月甲子。
⑤ 《清高宗实录》卷556，乾隆二十三年二月乙巳。
⑥ 《清史列传》卷13，《年羹尧传》。
⑦ 《清高宗实录》卷782，乾隆三十二年四月乙巳。
⑧ 《清高宗实录》卷1090，乾隆四十四年九月乙未。
⑨ 《清高宗实录》卷761，乾隆三十一年五月乙酉。
⑩ 纪昀：《乌鲁木齐杂志》。

年，伊犁回屯人户已达到6383户。[1] 以后，人户不断增加。乾隆五十九年，将军保宁在上报维吾尔族人民愿增加4000石税粮时，讲到回民生齿日繁，增垦了许多地亩之事。[2] 毫无疑问，维吾尔族人民在垦辟新疆时，做出了巨大贡献。

民屯 也叫户屯。由商民、户民、绿营眷兵子弟三部分组成。商民主要来自山西。民户主要来自甘肃北部兰、凉、甘、肃四州，据陕甘总督文绶奏称：乾隆三十六年时，他在巴里坤、乌鲁木齐一带所见到的招垦民户垦地“有营屯田地三十余万亩”。按每户耕地三十亩计，当在九万人以上。此后，还有数以万计的人民前往开垦。在这里特别值得一提的是，商民在开垦过程中，使用了大量雇工，“富者可以出资雇募工人尽力承垦”[3]。这是带有资本主义性质的经营活动，值得注意。

旗屯 早在乾隆二十九年，高宗提出：“朕意伊犁地甚肥饶，如地亩有余，仍酌量分给满洲兵丁，令其学习耕种。”[4] 乾隆五十年，高宗又一次提及满兵垦地问题，说“当时总因灌溉乏水，是以历任将军未及遵办”[5]。至嘉庆七年，才“由惠远惠宁两满城酌派闲散三百六十名分地试种”[6]。当年收成尚好。在两城地区的水利问题获得解决后，决定长期屯田。惠远城的八旗分为八屯，惠宁城的八旗分为4屯[7]，总共12屯，每屯100人，共1200人，每人分地34亩，当时两城“计共分给八旗种植杂粮田四万余亩”[8]。但旗屯在乾隆年间并未开展，还停留在口头上，嘉庆以后，才成为事实。但八旗闲散余丁自耕时间不长，至嘉庆十九年，“八旗旧分屯地，尽已租给民人，公中稻田麦田，间多废弛。”[9] 但不管如何，他们在开发新疆上，也出了一份力。

---

① 《西陲总统事略》卷1，伊犁兴屯书始。

② 《新疆识略》卷6。

③ 《清经世文编》卷81，《兵政·塞防（下）》，乾隆三十七年陕甘总督文绶奏。

④ 《清高宗实录》卷703，乾隆二十九年正月辛未。

⑤ 《新疆识略》卷6，《屯务》。

⑥ 《新疆识略》卷6，《屯务》。

⑦ 《新疆识略》卷6，《屯务》。

⑧ 《新疆识略》卷6，《屯务》。

⑨ 《新疆识略》卷6，《屯务》。

3. 特别优惠的招徕政策

为巩固新疆边防和发展新疆经济，清政府在与准噶尔部统治势力战斗结束后，即采取种种优惠政策，招民入疆开垦，以加速新疆的开发。其优惠政策主要有：

（1）妥善安置招来之民。招徕之前，政府对可耕之地进行调查，而后，把调查的情况向内地通报，与农民通信息。对招垦之民，政府给以旅途中所需的口食、车价、皮衣、铁锅等资助。资助标准是："每大口每百里给减半口食银六分，小口给银三分"，"供支车辆，无论大小每三名给车一辆，口内（即嘉峪关内）每百里给减半车价银二钱二分五厘，口外每辆每百里给半价八钱"；"供支大口每口皮衣一件，每件减半价银四钱八分"；"每户给铁锅一口，每口减半价银二钱二分五厘"①。沿途，垦民由政府派遣官役护送。垦民抵达安置地时，政府还借给屋价、牛具、籽种，考虑十分周全。政府的重视和关怀，对出关农民是一种鼓励。

（2）分给土地，并征收低额赋税。清政府对由关内到新疆垦种的人民，每户拨给三十亩的土地，② 这些土地归农民所有。对维吾尔族农民的垦地，则不受顷亩限制，随其自垦，能耕多少，即可开垦多少，他们为了在完成税粮，以争取获得最多余额，都不遗余力地进行开垦，以扩大耕地面积。

至于田赋，回民自种地，一般按收获量十分之一交纳。乾隆五十三年又奏准："乌鲁木齐所属地方……新增地粮减半征收"③。承种官地者，若官给土地及牛种、工具，则为官民对半分租；民垦地纳粮情况复杂些，有的按收获量十分之一征收，有的按土地肥瘠分等交纳粮食或银两。纳银者，上等地亩收一钱，一般田地亩征五分而已。④

清政府招近邻、妥安排、资盘程、给土地、轻赋税的种种政策措施。不但有利于新疆的加速开发，同时也造就了大批自耕农民。

乾隆时期开发新疆的政策，成为后世开发边疆的样板。

---

① 乾隆四十四年十月二十日，大学士管理户部事务于敏中等题。《户部抄档·地丁题本》甘肃（四）。

② 《清经世文编》卷81，《兵政·塞防（下）》，乾隆三十七年陕甘总督文绶奏。

③ 《钦定大清会典事例》卷163，《户部·田赋》，《新疆赋税》。

④ 彭雨新：《清代土地开垦史》，第230～231页。

五、嘉道年间的垦政

嘉道（1796～1850）年间，在垦政上除了继续执行前朝行之有效政策外，还在纠正前朝垦荒中对生态环境的破坏方面做了努力。

乾隆年间，因鼓励农民开垦零垦荒地、山田、营造江湖农田等，也使自然环境严重遭受破坏。在山区开垦中，植被遭到破坏，山头裸露，土质疏松，每当雨季到来，便山洪暴发，土石俱下，造成河流淤积或堵塞，结果洪水成灾，冲毁稻田、房屋，危及人民生命财产安全。在湖南、湖北、江浙一带围湖造田，结果使湖泊面积日渐缩小，雨季一到，水无蓄储之处，水无流通之道，良田、家室被水淹没。这种状况不断发生，清廷为此接二连三发出禁令，在各地颁发禁止垦山和圩田告示。嘉庆二年，浙江巡抚阮元出示禁止垦山①。嘉庆二十二年，户部议定："浙江省棚民……俱不准再种苞芦，致碍农田水利。……如本地民人将公共山场，不告知合业主人，私招异籍民人搭棚开垦者，招租之人照子孙盗卖祀产例，承租之人照强占官民山场律治罪。"② 道光十九年，宣宗上谕称："于棚民垦种处所，设法严密管束；或宽预期限，令其渐回本乡；其未经开垦之山，著即严行查禁。"③

至于禁止围湖围江修堤垸之事，最早在乾隆十一年即已提出。湖南巡抚杨锡绂上疏云："若自今以往，严行禁止，于东南各省甚为有益。"④ 随后，户部发出公告："官地民田，凡有关水道之蓄泄者，一概不许报垦"⑤。乾隆二十八年，湖南巡抚陈宏谋奏请严禁湖滨各县私筑堤垸。⑥ 乾隆五十三年，荆州郡城因万城堤溃，遭受一次严重水灾，高宗为此下了一道严厉命令，禁止濒临江海河湖处，有阻遏水道致为堤工地方之害者，"断不准其任意开垦，妄报升科。如该处民人冒请认种，以致酿成水患……严治其罪，并将代为详题之地方等臣

① 民国《衢县志》卷6，《食贷》下。
② 光绪《大清会典事例》卷158。
③ 《清宣宗实录》卷288。
④ 《清经世文编》卷38，杨锡绂：《请严池塘改田之禁疏》。
⑤ 光绪《大清会典事例》卷166。
⑥ 《清经世文续编》卷98，贺熙龄：《清查滨湖私垸永禁私筑疏》。

一并从严治罪，决不姑贷。”[①] 乾隆年间，尽管三令五申禁围湖造田，但收效极微。嘉庆七年，湖南巡抚马慧裕提出了限制筑堤高度做法：“堤身仅高一二尺至六七尺不等”[②]，以达到限制私垸发展。道光五年，湖南布政使贺熙龄，又向朝廷上了一道《请查滨湖私垸，永禁私筑疏》。他认为，近来地方官复意存姑息，凡有私筑，不肯究办；上司间或委员查勘，亦第受规费而去。乾隆年间陈宏谋奏明刨毁的私垸，现今更易各色，已将堤垸复修。此外，各州县之违禁私筑者尚复不少。似此累岁加增，侵占湖地，阻塞水道，其贻害无穷。为此，他建议：“请旨敕下湖南巡抚严禁私筑，每岁责成地方水利各官详悉查勘，如有新筑围田阻碍水道之处，即行刨毁。若有受贿存留、蒙混结报者，查出参处”[③]。

沿海地区围沙造田因没有全盘规划，见沙就围，结果使内河出口受阻，水无通道，水患连年。嘉庆十八年，广东巡抚批示：“嗣后凡有滨河沙坦，毋得违例圈筑基堤桩坝，与水争地”[④]。道光十五年，夏修恕奉命：“巡视河岸，督拆堤坝，严示永禁”[⑤]。

在当时人口迅速增加，平原地区开垦殆尽情况下，人民为了多产粮食，与森林争地，与江河湖泊争地。地主豪强为了增加田产，加上吏治日益败坏，受贿成风，苞苴代替法令，查勘敷衍，致使垦山、围垸禁而不止，水患日重。但清政府能看到生态环境破坏的危害，从而三令五申加以禁止，就认识上来说，这是一种进步。

纵观清代前期几届政府的垦政，有几个特点很值得注意。

第一，清代的垦荒是依先开垦无主荒地，后开有主荒地；先开平原地区荒地，后开垦山区；先开垦内地荒地，后开边疆荒地；先开垦成片荒地，后开垦零星荒地；先开垦现有荒地，后进行围湖筑垸，围沙造田等有序地进行。这种剥笋式的开垦方式，符合垦荒的规律，也是清政府通过垦荒政策引导

---

① 光绪《大清会典事例》卷166。
② 《清经世文编》卷177，马慧裕：《湖田占水疏》。
③ 《清经世文续编》卷98，贺熙龄：《清查滨湖私垸永禁私筑疏》。
④ 道光《南海县志》卷16。
⑤ 宣统《东莞县志》卷99。

的结果。

第二，注意随时调整政策，使其始终充满活力。如荒地开垦后，产权归属问题不明确，垦荒工作就无法进展。顺治十八年，河南御史刘源濬指出，河南南阳、汝宁等处，荒地甚多，但无人承种，官虽劝耕，而“民终裹足不前”，究其原因，地主豪强往往利用权势，侵占农民耕熟之田。“无人承种之荒地，[农民] 耕熟后，往往有人认业，兴起讼端，官即断明，而资产荡然矣！”①

清政府对这类问题极为重视，三令五申地强调垦荒土地的归属问题。顺治十三年，四川巡抚高民瞻宣布，有主无主荒地任人开荒，“永给为业”②。顺治十八年，云南、贵州总督赵廷臣建议：“将有主荒田，令本主开垦；无主荒田招民垦种”，招民开垦的无主荒地“该州县给以印票，永为己业”。户部议复“应如所请”③，随着无主荒田逐渐垦复，有主荒田开垦归属问题又暴露出来，河南省地方政府为解决这一问题，于康熙二十二年做了规定：“凡地土有数年无人耕种完粮者，即系抛荒。以后如已经垦熟，不许原主复问”④。雍正五年，户部批准：云、贵二省广行开垦，不问佃户开垦，或民间自垦，“其田俱给照为永业”⑤。雍正十二年，中央政府对有主荒地产权保留期限，作了明确规定：“各州县凡遇开垦，先将土名界址，出示晓谕，定限五月内，许业户自行呈明。如逾期不报，即将执照给原垦之人承种管业。”⑥ 雍正十三年，山东省规定：“凡有逃户抛荒，拨贫民垦种者，官皆给予印照。五年之内逃户来归，对半平分，五年之后悉归垦户，不许争执。”⑦ 清政府随着垦荒不断进展，对产权归属问题上，也不断作了调整，对加速荒地的开垦，具有十分重要意义。与此同时，对升科年限也适时加以调整，不断延长升科年限，到乾隆后零星土地开垦不再升科，这一系列的调整，都有利于调动农民的垦荒积极性。⑧

① 《清圣祖实录》卷3，顺治十八年六月。

② 顺治十三年六月初七日，四川巡抚高民瞻题。

③ 《清圣祖实录》卷1，顺治十八年二月。

④ 《清圣祖实录》卷108，康熙二十二年三月。

⑤ 《清朝文献通考》卷3，《田赋》，雍正五年。

⑥ 光绪《大清会典事例》卷166。

⑦ 雍正十二年七月二十三日，山东巡抚法敏题。

⑧ 江太新：《清初垦荒政策及地权分配情况的考察》，《历史研究》，1982年第2期。

第三，给垦荒者以物质支持。清政府对贫苦农民借给耕牛、籽种，支持他们垦荒，在清初垦荒中发挥了重要作用。乾隆、嘉庆年间，开发新疆时，政府为到新疆的垦民给予更多的资助。这对加速新疆的开垦更具重要意义。[①]

第四，及时纠正垦荒中出现的问题，垦荒中出现最严重的问题是捏报、勒报开垦地亩。对这些问题，顺治、康熙、雍正各届政府都有所重视，注意纠正。至乾隆年间，更进行了一次大清理，把过去捏报、勒报的虚垦之数，都一一蠲免，既推动了垦荒顺利进行，也大大减轻了农民的赋税负担，有利于社会经济发展。

第五，惩治腐败。在招垦过程中，一些胥吏对农民进行敲诈、勒索，陆陇其指出："报垦之时，册籍有费，驳查有费，牛种工本之外，复拮据以应诛求，非中等以上之家，不能开垦。"[②] 雍正年间，清世宗也不得不承认，"向来开垦之弊，自州县以至督抚，俱需索陋规，致垦荒之费浮于买价，百姓畏缩不前，往往膏腴荒弃，岂不可惜！"[③] 清前期历任政府对此腐败现象，采取了严惩态度，如顺治六年规定，纵容衙官、衙役、乡约、甲长借端科害垦民者，"州县印官无所辞罪"。雍正年间，政府颁布命令："嗣后，各省凡有可垦之处，听民相度地宜，自垦自报，地方官不得勒索，吏胥亦不得阻挠……著为定例。"[④] 在吏治比较严明的清前期，严惩腐败的政令，对当时的垦荒政策的实施是有意义的，起到了调动垦民积极性作用。

第六，调动地方官吏的积极性。垦荒政策制定后，垦荒工作能否顺利进展，得看地方官吏的关切程度。但如何才能把地方官吏的工作热情引向到垦荒工作上来呢？清政府的办法是：把垦荒的成绩与地方官吏的政绩联系起来，那个地方的垦荒工作做得好，那个地方官吏就可议叙，或记录一次、二次，或加一级、二级。如果在垦荒工作中没有作为的官吏，要受到处罚，或记过，或降职。把垦荒工作的好坏，作为官吏考成的做法，十分有利于调动地方官吏抓垦

---

① 江太新：《清初垦荒政策及地权分配情况的考察》，《历史研究》，1982 年第 2 期，第 172～173 页。

② 陆陇其：《论直隶兴除事宜书》，《清经世文编》卷 28。

③ 道光二年《广东通志》卷 1，《训典》一。

④ 道光二年《广东通志》卷 1，《训典》一。

荒工作的积极性。清前期垦荒工作得以迅速进展，是与清政府的议叙措施分不开的。当然，在推行议叙措施过程中，也出现了一些虚报、捏报的现象，以求升迁，或逃避处分的问题。但这种办法还是有意义的。

第二节　土地的垦辟

清代前期荒地的垦辟，大致经历了三个阶段。第一阶段：始于顺治，断于康熙末年。开垦的范围主要是明末清初各直省因战乱而荒芜的土地，其性质是属于垦复。目的在于解决清王朝的财政收入，以及恢复和发展社会经济，稳定和巩固清王朝的统治地位。第二阶段：始于康熙末年，断于道光年间。开垦的范围主要是山区、湖滨、海滨，其性质是属于扩大耕地面积，开山辟田，围湖造垸，围沙垦田。目的在于减轻因人口剧增，粮食需求增加所造成的压力。第三阶段：始于乾隆，断于清末。从时间上来看，与第二阶段有所交叉，重叠。但其重点却有不同。在这阶段里，开垦的范围主要是在边疆，如对天山南北路的开发，东北地区放垦等。其性质是属于开发边疆，发展经济。同时，也是为了安置流民，减轻内地人口压力。咸同以后，南方地区的复垦可属于第四阶段，但已属于清代后期之事，这里不赘述。

清代的垦荒是从内地到山区、湖滨、海滨，而后再扩展到边疆地区。做法上是先近后远，先成片后零星，从易到难逐层展开。从而构成了有清一代波澜壮阔，而又丰富多彩的垦荒拓地史。

一、顺治年间荒地的垦复

经过明末清初长期战乱后，清政府为了巩固新生的政权，除在军事上继续进行征服外，在经济上就是积极进行恢复工作。垦复荒芜的田地，就是恢复残破经济的首务。在中央和地方政府极力推动下，垦荒工作在摸索中前进。

1. 顺治初年垦荒

顺治初年，荒地的垦复还是属于草创阶段，或说是摸索阶段，垦荒成果很小。据顺治九年实录记载，至顺治八年底止，仅河南一省有报垦之数，报垦数额仅一千顷[1]而已。其他各直省尚未动起来，或者垦数极为有限。

2. 顺治中期的兴屯

由于顺治九年以前，垦荒工作实际上没有什么进展，清廷急需解决军粮问题，遂提倡兴屯。顺治十年至十三年间，湖广、江西、河南、山东、陕西、四川等省，以及江南、山西等部分地区先后举办屯田。屯田有兵屯和民屯，以兵屯为主。由政府拨给经费，但由于屯本过高等原因，不久相继告停。各省地区开垦情况如下：

江南省：该省以凤、庐、淮、徐四府州荒地最多，共有无主荒地 149563 顷，而四府州中又以凤阳一府无主荒地为最，据统计达 66537 顷。由十一年至十三年间，四府州垦复荒地为 25508.82 顷，[2] 垦复荒地仅占四府原有无主荒地 17.06% 而已。

陕西省：康熙六年前，甘肃属于陕西，这里所说的垦荒情况包括陕甘两地。据甘肃巡抚周文烨称，至顺治十一年间，甘肃“在官荒地 7402.84 顷零”，（内有不堪耕种荒地 3567.42 顷零）实在可耕荒地 3835.42 顷。经过十年、十一年劝垦，共垦过荒地 1764.37 顷。[3] 尚有 54% 堪耕荒地无人问津。

陕西情况是：顺治九年在延庆、平固、西安、凤翔诸郡，兵屯岁收粮米 26000 石有奇，民屯岁收粮米 16000 石有奇。[4] 十年又在榆林、神木、靖远三道举办兵屯，收获糜莜 6022 石有奇。[5]

河南省：据河南巡抚罗绣锦奏报，仅河南的河北府县就有荒地九万四千五万余顷[6]，无人佃种，十年初分设两个兴屯道进行垦种。十月底，巡抚吴景道奏报称：正月至八月，开封府属垦种面积共 12250 顷。[7] 垦种面积仅占原荒地

---

① 《清世祖实录》卷 42。

② 顺治十六年二月 × 日，总督漕运巡抚凤阳等地御史亢得时题。《户部抄档·地丁题本》安徽（四）。

③ 顺治十一年九月 × 日，巡抚甘肃等地周文烨题。《户部抄档·地丁题本》甘肃（四）。

④ 《碑传集》卷 5，《孟乔芳碑铭》。所列地名原文如此。

⑤ 顺治十一年正月十九日，延绥巡抚董宗圣题报榆林等道垦荒动支明合银事。《户部抄档·地丁题本》陕西（四）。

⑥ 《清世祖实录》卷 11。

⑦ 《清世祖实录》卷 78。

12.96%而已。此后，未再见到兴屯报垦数。

山东省：顺治十年正月，设兖青和济东两兴屯道，进行垦种。据顺治十五年巡抚山东兼理屯田监察史缪正心奏报，经过十一、十二、十三年清丈，清出首报垦地165000顷。[①] 但这些清出首报垦地，并不完全是这个时期的垦地。

山西省：宣府、大同二镇，地居要冲，明末时，为明清两军必争之地。在战争洗劫下，二镇荒地甚广。清廷出于急济边饷，特设立宣大兴屯道。据顺治十一年十二月，马鸣珮云：宣、大两镇“本年开垦过屯地二千六百九十余顷”[②]。

四川省：由于四川遭受战争破坏极为严重，以至顺治十三年六月，四川巡抚高民瞻还说：召垦“迄今数月有余，而复业者犹是寥寥然，未有成效可观”。在招垦无着落情况下，广元、昭化各设置屯兵千人从事军垦。两地共垦种荒地164.45顷。[③]

江西省：顺治十年十一月，江西巡抚蔡士英奏称：“南昌等三十九州县，共垦荒地一万九千八十余顷”[④]。

根据上述情况看，顺治十年至十三年间，各省开垦荒地在6万顷左右。详见下页表。

3. 顺治晚期的垦复

顺治晚期的垦复，是以顺治十四年四月下达的《垦荒劝惩则例》为转机而展开的。各级官吏在劝惩则例刺激和紧逼下，采取劝垦与清丈相结合的办法，一方面鼓励农民垦荒，另一方面实行清丈，清查隐漏的垦地，以最大的可能扩大报垦面积。

各省垦复情况是：

---

① 顺治十五年十一月初七日，巡抚山东兼理屯田监察御史缪正心题。《户部抄档·地丁题本》山东（四）。

② 顺治十一年五月二十八日，宣大总督马鸣珮题，《户部抄档·地丁题本》山西（三）。

③ 顺治十六年四月二十四日，四川巡抚高民瞻奏。《户部抄档·地丁题本》四川（二）。

④ 《清世祖实录》卷79。

表 1-6　　顺治十至十三年间河南等省垦荒数额统计表　　单位：顷

报垦省份	报垦年份	报垦数额（顷）	资料来源
河南	顺治 10 年	12250	《清世祖实录》卷 78
直隶（宣大等处）	顺治 11 年	1190	《清世祖实录》卷 84
直隶（宣云两镇）	顺治 11 年	2690	《清世祖实录》卷 87
山西		483	《清世祖实录》卷 90
陕西（平、巩、临、凤）	顺治 11 年	1764.37	《户部抄档·地丁题本》甘肃（四）
江南*（凤、庐、淮、徐）	顺治 16 年	25508.82	《户部抄档·地丁题本》安徽（四）
江西（南昌等 39 州县）	顺治 10 年	19080	《清世祖实录》卷 78
湖南、湖北		1756.58	参见彭雨新《清代早期的土地开垦》
四川	顺治 16 年	164.45	《户部抄档·地丁题本》四川（二）
合计		65887.22	

* 据《清世祖实录》卷 87 载：顺治十一年十二月漕运总督沈文奎疏报称：招垦江北荒屯地 9900 余顷。本表采用顺治十六年凤阳等地御史亢得时题本数字。

安徽：据顺治十四年十一月，江南巡抚刘宗韩疏报：庐、凤等府开垦荒田 3000 余顷。①

湖南：据顺治十五年六月偏沅巡抚袁廓宇疏报：该地开垦荒田 8259 顷有余。② 顺治十八年三月，巡按湖南御史仵劭昕疏报：该省所属州县开垦荒田地共计 2890 顷 72 亩。③

河南：顺治十五年九月，河南巡抚贾汉复疏称：清查开荒地共 9 万余顷。④ 由于清查开垦得力，该巡抚得到顺治帝的赞扬，并获得优叙。

广西：顺治十七年十一月，广西巡抚于时跃疏报：该省开垦民田、屯田计 2250 余顷。⑤ 顺治十八年十二月，于时跃又报：顺治十七年份，粤西九府开垦民田 1500 余顷，屯田 57 顷有奇。⑥

直隶：顺治十八年，巡抚顺天府御史陈洪柱疏报：顺天府所属州县共垦田

① 《清世祖实录》卷 113。
② 《清世祖实录》卷 118。
③ 《清世祖实录》卷 2。
④ 《清世祖实录》卷 120。
⑤ 《清世祖实录》卷 142。
⑥ 《清圣祖实录》卷 5。

1339 顷 69 亩。①

这时期的垦荒还有一个特点，即政府大力鼓励绅衿地主垦荒。政府宣布：对开垦 2000 亩以上殷实人户，文者授以知县，武者授以武备。② 直隶、山东绅衿地主率先响应，纷纷投入垦荒行列。

据顺治十四年十一月直隶巡抚董天机奏报：开平卫生员陈翼泰开垦过无主荒地 2105 亩，丰润县武生卓企茂开垦过无主荒地 2019 亩。建议应照规定给予官职录用。③

顺治十五年十一月，直隶大名府知府佟国桢奏称：开州生员邢祚祯于十三、十四两年，共垦荒地 3439 亩零。④

顺治十五年二月，山东巡抚耿焞揭帖称：曲阜县生员唐佑臣所居与汶上县接壤，汶上荒地甚多，唐遂购置牛只，广雇贫人，于十三年开垦汶上无主荒地 2245 亩 2 分。十四年四月至十二月，又续垦无主荒地 2002 亩 8 分，前后合计开垦荒地 4200 余亩。⑤

4. 顺治晚期清查隐漏土地

顺治前、中期垦荒过程中，由于政府对赋税征收过急过重，以及兵差苛扰十分严重，有部分农民为了逃避或减轻赋役负担，对开垦土地，未向政府申报，或隐匿部分不报。也有官吏为了中饱私囊，将已垦的土地征税入己，或将已垦荒地不入地籍和上报；还有的地主与书吏相勾结，将熟地改做荒地而逃税。这都造成土地大量隐漏。对急于解决财政困难的清政府来说，清查隐漏就成顺治晚期垦政中一项重要内容。

顺治十五年，兵科给事中王命岳奏称："荒地以河南、山东为最多，请选清正御史督察二省田地，率诸州县清丈，编造鱼鳞图册。"⑥ 随后，清廷派遣御史二员往河南、山东督率州县履亩清丈。在清廷严厉措施下，山东 32 个县

① 《清圣祖实录》卷 2。
② 《清朝文献通考》卷 1，《田赋》（一）。
③ 顺治十四年十一月九日，直隶巡抚董天机揭帖。《户部抄档·地丁题本》直隶（三）。
④ 顺治十五年十一月十一日，户部尚书王弘祚题。《户部抄档·地丁题本》直隶（三）。
⑤ 顺治十五年二月×日，山东巡抚耿焞揭帖。《户部抄档·地丁题本》山东（四）。
⑥ 《清史稿》卷 244，王命岳传。

份在一个月里完成清查，“共计清查出自首地5820余顷”①。河南清查则富戏剧性，御史贾汉复到河南张罗一番之后，即向朝廷奏报：“清查开垦地共九万顷”②。

由于派出的清查官员没有认真清查，即上报开垦数额，从而引起人民不满，在群情反对下，山东、河南两省察荒御史先后撤销。“两省百姓即以赔熟受困”③，逃亡者所在有之。顺治晚期的土地清查是失败的。

顺治晚期的垦荒数额如下表：

表1－7　　顺治十四至十八年间垦荒数额统计　　单位：顷

报垦省份	报垦年份	报垦数额（顷）	资料来源
安徽（庐、阳等府）	顺治十四年	3000	《清世祖实录》卷113
湖南	顺治十五年	8259	《清世祖实录》卷118
	顺治十八年	2890.72	《清圣祖实录》卷2
河南	顺治十五年	90000	《清世祖实录》卷120
山东	顺治十五年	5800	《地丁题本》山东（四）
广西	顺治十七年	2250	《清世祖实录》卷142
	顺治十八年	1500	《清圣祖实录》卷5
直隶	顺治十八年	1339.69	《清圣祖实录》卷2
合计		115059.41	

尽管河南、山东垦额有水分，但从总体上来说，顺治晚期的垦复工作比顺治中期有所前进。

二、康熙年间荒地的垦复

康熙年间荒地的垦复，大致可以划分为两个阶段，以平定三藩之乱为分界点，康熙二十年前，可以视为第一阶段，康熙二十年以后，可以视为第二个阶段。

---

① 顺治十五年十一月初七日，巡抚山东御史缪正心题。《户部抄档·地丁题本》山东（四）。

② 《清世祖实录》卷120。

③ 《碑传集》卷8，《朱之弼墓志铭》。

（一）康熙元年至二十年间垦荒

康熙这一阶段的垦荒，可分前后两个时期，第一个时期在三藩之乱发生前，垦荒工作是在和平环境中进行的。政府为加速垦荒进程，实行一系列优惠政策，如减免垦民差徭，延迟升科年限，严禁官吏捏报和私征等。又定限“五年垦完”，垦复工作取得较大进展。康熙十二年后为第二个时期，垦复工作因三藩之乱受到严重的干扰。这时军饷告急，升科年限缩短，民间视垦荒为畏途，垦复工作因而徘徊不前。下面，先看三藩之乱前各直省垦复情况。

湖北：据湖广巡抚刘兆麒疏报，康熙元年份，湖广各府州县开垦田地4739顷。[①] 康熙三年，刘兆麒又报安荆等十府州属，续垦田1807顷45亩。[②] 康熙五年，刘兆麒报垦康熙四年份又垦田4600顷。[③]

湖南：据湖广巡抚刘兆麒疏报，康熙二年，安陆、岳州、宝庆、永州、郴州、常德、辰州、靖州八府州属，开垦田地808顷60亩有奇。[④] 又蕲州、岳州、九谿、茶陵、荆右、铜鼓、伍开、镇溪各卫所垦田600顷30亩有奇。[⑤] 康熙三年，偏沅巡抚周召南疏报：宝、永、辰、郴、靖五府州属，开垦田地634顷有奇。又岳、长、衡、辰、常、靖六府州属，续垦田地518顷36亩。[⑥] 康熙四年，周召南又报：长沙、衡州等府于康熙三年，开垦荒田共3133顷66亩。[⑦] 同年八月，周再报康熙三年份，湖南省清出田地621顷20亩。[⑧] 康熙六年，周召南疏报：湖南各府州县共垦田3190顷50亩零。[⑨]

云南：据云南巡抚袁懋功疏报：康熙二年份，通省开垦田1200余顷。[⑩] 康熙四年，袁懋功报三年份开垦荒地2459顷。[⑪]

---

① 《清圣祖实录》卷16。

② 《清圣祖实录》卷12。

③ 《清圣祖实录》卷19。

④ 《清圣祖实录》卷8。

⑤ 《清圣祖实录》卷12。

⑥ 《清圣祖实录》卷14。

⑦ 《清圣祖实录》卷16。

⑧ 《清圣祖实录》卷19。

⑨ 《清圣祖实录》卷21。

⑩ 《清圣祖实录》卷12。

⑪ 《清圣祖实录》卷15。

河南：据河南巡抚张自德疏报：康熙三年份，所属州县开垦荒地共19361顷零。[①] 康熙五年，张自德又报：康熙四年份，豫省各属共垦荒地6680余顷。[②]

贵州：据贵州巡抚罗绣锦疏报，康熙三年份，贵州各府卫开垦田12900余田。[③]

山东：据山东巡抚周有德疏报，康熙四年份，开垦荒地3230余顷。[④] 康熙七年十一月，山东巡抚刘芳躅疏报，山东于康熙六年份，开垦荒地12260余亩。[⑤]

江西：据江西巡抚董卫国康熙五年五月十五日疏报，康熙四年份，江西各属共垦荒地2835顷。[⑥] 同年十二月董卫国又报：南昌等府属三十三州县卫，共垦过田地2835顷45亩。[⑦] 经过七个月，又多开垦了45亩。

广东：据广东巡抚刘秉权疏称：康熙八年份，广东各属垦复民田10715顷75亩。又垦复屯田31顷92亩。[⑧]

为使读者能一目了然得知康熙元年至八年垦荒情况，见表1－8。

在康熙元年定限“五年垦完”诏令下，各省府州县卫所官吏因怕受罚，而纷纷劝垦，为此，康熙三年出现了垦荒的好成绩，一年中垦复荒田35800多顷。康熙四年三月，宣布停止限垦令，于是康熙四年、五年报垦额又呈现逐年下降现象。在报垦高潮中，所报的垦荒数是有水分的。有的地方以认垦额作为已垦额上报，有的地方官吏甚至虚报垦额，将虚粮摊在已征民赋上。如湖南省衡阳县就捏报垦荒地600余顷。[⑨] 湖南湘乡县，自康熙元年至五年，“在五年之内，凡报垦田粮14507.07石，皆系严刑峻罚，押各里正图勒报成案，实未

---

① 《清圣祖实录》卷14。
② 《清圣祖实录》卷19。
③ 《清圣祖实录》卷16。
④ 《清圣祖实录》卷19。
⑤ 《清圣祖实录》卷27。
⑥ 《清圣祖实录》卷19。
⑦ 《清圣祖实录》卷20。
⑧ 《清圣祖实录》卷33。
⑨ 同治《衡阳县志》卷7，《王、欧阳、萧列传第三十四》。

履亩踏勘，确丈田亩”①。尽管这时的垦荒出现过这样或那样的问题，垦荒面积不断扩大，是这一时期的主流。

表1－8　　康熙元年至八年各直省垦复荒田数额　　单位：顷

省别	各年度报垦数（顷）							
	康熙元年	康熙二年	康熙三年	康熙四年	康熙五年	康熙六年	康熙八年	合计
湖北	4739		1807.00	4600.00				11146.00
湖南	1408.30		11505.02		3811.70			16725.02
云南		1200.00	2459.00					3659.00
河南			19361.00	6680.00				26041.00
贵州			695.15*					695.15
山东				3230.00		122.60		3352.60
江西				2835.00	2835.45			5670.45
广东							10747.66	10747.66
合计	6147.30	1200.00	35827.17	17345.00	6647.15	122.60	10747.66	78036.88

资料来源：参见上文。

*据《清圣祖实录》卷16记载，康熙三年份，贵州各府卫，开垦田12900余亩。此数系乾隆七年二月二十三日监察御史包祚永奏本记载。

下面，再来看看康熙十二年至二十年间垦荒情况。总的来说，垦荒成绩不如前半段好。主要原因是三藩之乱暴发，战火蔓燃到云南、四川、湖南、贵州、广东、广西、福建、浙江、江西、陕西诸省。垦荒工作时而开展，时而被迫停止，受到严重的影响。此外，一些地处作战的前线省区，因军饷紧迫，农民因承受不了繁重的军费及杂役负担，逃亡者不乏其人，不但无法开展垦荒，甚至有些原已垦复的耕地又重新抛荒。其三，由于升科年限由十年恢复到三年，有的地方甚至采取了一年后升科办法，这也挫伤了农民的垦荒积极性。安徽官员徐相国对此十分有感触地说：“江北、河南、山东等地荒田未垦者甚多，即如臣属凤、庐、安、滁和五府州属尚有积荒民屯田九万四千二百九十四顷三十一亩零，合直省而计之，不可胜计。在小民岂不知无主荒田，垦熟即为己业，而年来报垦无几，其故何与？良以开垦荒田，所需人力工本，靡不数倍

① 嘉庆《湘乡县志》卷2。

于耕种熟田，而所获之花利又不能如熟田之丰盛，统计数年之所收，不能偿初垦年之工本，又安有余息以输赋税！故必宽以年限，养其余力，使获息足偿工本，然后责令升科，庶几垦者乐于从事。”他还进一步说：“定限三年起科，即岁岁成熟，犹不能补偿所费工本，倘其间再遇水旱灾伤，益不能持，而年限已届，追呼踵至，不惟生息全无，仅有剜肉医疮之困，是以垦者不获遂其乐利之休，来垦者咸有畏缩不前之念。而荒田终不能尽辟也。”[①]

在上述种种原因之下，全国人丁数额和耕地数额都在减少。据统计，三藩之乱前一年，即康熙十一年，全国人丁为19431567丁，至康熙十五年时减至16037268丁；全国耕地数额由5491356顷减至4864234顷[②]。以康熙十一年人丁和耕地数为100的话，康熙十五年人丁数仅为82.5%，耕地数额仅为88.6%。仅就江西省而言，“自［康熙］十三年变叛之后，杀戮逃亡人丁七十余万口，抛荒田地一十七万余顷。”[③] 湖南、四川、云南等省，情况更为严重。因此，这个时期的垦政，谈不上有多少成绩。但就个别地区而言，情况就不一样。如安徽凤阳、庐州、安庆三府之民，于康熙十二、十三、十四年份，共开垦荒田“至三千余顷”，十五、十六两年，又续垦荒田“九百四十三顷四亩零”[④]。至三藩之乱后期，由于政府采取了蠲赋或减赋的政策，因而恢复较快，到康熙二十一年全国人丁和田地总额已达到康熙十一年水平。

（二）康熙二十一年至康熙末年垦荒情况

随着三藩之乱平息和收复台湾，垦荒又出现了一个生机勃勃的新高潮。贯彻首报与清丈相结合的方针，成了这时期工作的重点。

康熙中期的开垦高潮。

1. 东南沿海的垦复

清初，政府为了孤立与瓦解东南沿海以郑成功为首的抗清力量，于顺治十八年颁布了迁海令，强令江南、浙江、福建、广东沿海居民，分别内迁30～50里。其中广东地区曾连续内迁三次，违者胁以严刑。四省中闽省最为严重，

---

① 乾隆《江西通志》卷68。
② 彭雨新：《清代土地开垦史》，第54页。
③ 雍正《江西通志》卷118，康熙十八年八月署江西巡抚王新命《请除荒疏》。
④ 乾隆《江西通志》卷68。

沿海的船只和界外的房屋什物全部烧毁，城堡全数拆除，从而使江南、浙江、福建、广东诸省沿海地区成千上万亩的良田变成荒滩。康熙二十二年八月，清军收复台湾，恢复了东南沿海的和平环境。十月，兵部议请各省开界，得到康熙皇帝批准："江南、浙江、福建、广东沿海田地可给民耕种"[①]。于是，沿海的垦复工作，在康熙十年开始展界的基础上，获得大规模的进展。

首先，广东沿海垦复情况。

惠州府原豁除荒迁地9531顷42亩，至康熙二十六年，已垦复8164顷67亩。[②]

潮州府属海阳、潮阳、饶平、惠来、澄海五县，原豁除荒迁田10547顷54亩，自康熙十一年起至乾隆十一年止，垦复荒田10356顷48亩。[③]

东莞县原豁降荒迁地2553顷22亩，从康熙十一年至雍正八年，垦荒2560顷96亩。[④]

此外，香山、番禺、顺德、新会、吴川等县都大力进行垦复工作。

据《杜臻传》记载："臻与席柱如广东，自钦州防城始，遵海以东而北，历府七、州三、县二十九、卫六、所十七、巡检司十六、台城堡砦二十一，还民地二万八千一百九十二顷，复业丁口三万一千三百。"[⑤]

其次，福建垦复情况。

在顺治十八年迁海令威逼下，福州府、兴化府、泉州府、漳州府、福宁府等地处沿海县份人民，纷纷向内地迁徙。五府所属因迁界而豁荒田达28222顷5亩。[⑥] 康熙二十二年展界后，清廷派杜臻、席柱到福建主持垦复工作，在他们推动下，大量的迁海荒田得到垦复。《杜臻传》称："自福宁州西分水关站，遵海以北，历府四、州一、县二十四、卫四、所五、地检司三、关城镇砦五十五，还民地二万一千十八顷，复业丁口四万八百。"[⑦] 但尚有7204顷5亩零仍

---

① 《清经世文编》卷83，姜宸英《海防总论拟稿》。

② 康熙《惠州府志》卷10。

③ 乾隆《潮州府志》卷21。

④ 宣统《东莞县志》卷22。

⑤ 《清史稿》卷268，《杜臻传》。

⑥ 根据乾隆《福建通志》卷12，《田赋》中每府蠲免荒田统计。

⑦ 《清史稿》卷268，《杜臻传》。

然未垦。到康熙四十六年，清廷下令严催福建在一年内，将所剩荒田全额垦复时，尚有未垦抛荒田地“二千六百余顷”①。可见，福建的垦复工作除开始阶段进展较快外，其后，垦复工作进展缓慢。剩下的7000多顷荒田，经过20多年的垦复，才垦了4600多顷。

另外，江南、浙江两省垦复情况，由于文献记载欠详，整体的垦复情况不得而知。《杜臻传》只称：“别遣使察视江南、浙江展界复业，同时毕事”②。不过浙江定海、镇海两县保存了展海垦复资料，尚可参考。镇海县崇崖乡早在康熙十年时就开始展界了，其他各乡也在此后相继展界，经过当地人民不断努力，至康熙末年，垦复民田343顷64亩，灶田67顷5亩，屯田26顷77亩，山地150顷53亩，荡河6顷62亩，共计594顷61亩。③ 定海县金塘、蓬莱、安期三乡，历年垦复田430顷83亩，地248顷27亩，山186顷11亩，荡8顷72亩，计共873顷93亩。④ 从定海县复垦情况看，从康熙十年部分展界后，不但把原来迁海时抛荒的田地垦复了，而且新开拓出150顷的田地（该县原额田727顷17亩零）。看来，浙江的垦复工作做得似乎好些。

在实录中，除康熙十九年有奉天上报垦田1万顷外，在这个时期，其余各直省皆未见到上报的垦复数额。

2. 口外垦拓

清代直隶口外的范围，大致包括卓索图盟、昭乌达盟以及察哈尔部一些蒙旗，相当于现在长城以北，东起阜新，西抵张家口坝上，“延袤五百余里”⑤。地域广阔，土地肥沃。顺治年间，还是政府禁垦地区；至康熙年间初年，为了缓和因圈地所带来的土地问题，以及解决京师民食和军粮供应不足等困难，而逐渐放垦。至康熙四十六年七月，清圣祖巡行口外时，这里的垦荒已取得很大成效。他“见各处都有山东人，或行商、或力田，至数十万之多。”⑥ 康熙四

① 《清朝文献通考》卷2，《田赋一》。
② 《清史稿》卷268，《杜臻传》。
③ 民国《镇海县志》卷6。
④ 乾隆《浙江通志》卷67。
⑤ 海宁：《晋政辑要》卷1。
⑥ 《清圣祖实录》卷230。

十八年十一月，清圣祖又说："今河南、山东、直隶之民往边外开垦者多，大都京城之米，自口外来者甚多，口外米虽极贵时，秫米一石不过值银二钱，小米一石不过值银三钱，京师亦常赖之。"[①] 这里，虽然见不到具体的开垦田地数额，但从清圣祖言论中可以看出，这里所开辟的田地不但要满足生息在这块土地上的数十万人的口粮，而且还要供给京师部分民食和军粮，其垦地数额应在数百万亩以上。

康熙中后期，江西山区的开发。

江西山区的开发，早在顺治年间就已开始，三藩之乱期间，开发进程中断。三藩之乱结束后，荒地的垦复和山区的开发又在继续进行。

江西是三藩之乱主战场之一，人亡地荒情况十分严重。据王新命称：由于这场战争，江西被杀戮或逃亡人丁达 70 余万口，抛荒田地达 17 万余顷[②]。这个抛荒数字比明末清初抛荒数额 68964 顷还要多十余万顷。因此，平息三藩之乱后，江西的主要工作就是恢复经济，垦复抛荒的田地，招募逃亡的人民回到土地。王新命请清廷允许他严督各属，"广行招徕，随垦随征"[③]。在江西省政府"广行招徕"政策下，身处人多地少的闽粤人民，纷沓而至。赣南、赣北许多县份的抛荒地，又在他们的努力中得到垦复，有的地区还得到了开发[④]。

康熙中晚期对隐地的清查及其成绩。

顺治年间，清查隐地虽然出现偏差，但清廷依然认为这是一项不可少的工作。清政府在谈到湖南推行首报工作时说："湖南幅员辽阔，履丈难遍"[⑤]。这种情况的存在，直接影响到政府掌握各地垦荒的实际情况，也严重影响了对漏纳钱粮的征收。三藩之乱起，由于战乱原因，政府无暇更多过问垦政，民间多有隐匿、漏报情况发生。从康熙实录看，从二十年至二十八年间，除安徽一省于二十六年上报过垦地 388 顷 15 亩外[⑥]，其余各直省没有上报过一起垦地情

---

① 《清圣祖实录》卷 240。

② 康熙《西江志》卷 147，王新命《请除荒疏》。

③ 康熙《西江志》卷 147，王新命《请除荒疏》。

④ 曹树基：《明清时期的流民和赣南山区的开发》，《明清时期的流民和赣北山区的开发》，《中国农史》1985 年第 4 期，1986 年第 2 期。

⑤ 《清朝文献通考》卷 2，《田赋二》。

⑥ 《清圣祖实录》卷 130。

况，这是一种很反常现象。[①] 所以清查隐地势在必行。

康熙年间的清查隐漏工作，始于康熙十三年（1674），诏令称：“直省有隐漏田粮以熟作荒者，许自首，免罪”[②]。其后，康熙二十八年、三十年、三十四年、三十八年、四十八年都曾发布过“首报”令。这些首报令中，以康熙四十八年户部颁布的法令最为完整，其规定：“湖南欺隐田地，行令该抚，准其展限一年，严饬地方多方晓谕百姓，将私垦田地在限内尽行首报，免其治罪。如逾限不首者，许里民人等据实举首隐田，照律治罪，将田入官，钱粮按年追征，徇扶同不举，并坐以罪。地方官隐匿不报，照例议处。”[③]

在清政府三令五申催逼下，自康熙二十八年起，至康熙六十一年止，各直省陆续上报一部分劝垦地及首报开垦地。见表1－9。

表1－9　康熙二十八至康熙六十一年部分省区垦地数额（1689～1722）

垦地数额（顷）

省别	府、县、卫所等	年份	报垦	丈出	首报	资料出处
直隶	昌平县	二十八年			121	《圣祖实录》卷140，第29页
河南		二十九年	643.15			《圣祖实录》卷150，第10页
		三十二年	1600			《圣祖实录》卷160，第4页
	开封府	二十九至三十二年	3809			康熙《开封府志》
		三十三年	4576			卷14《田赋》
		三十二年			2527	
	宣、陈、归、睢四卫	二十九至三十三年	577			
		三十二年		98		
	汝阳县	二十八年	153			民国《汝阳县志》卷4
		二十九年	30			《田亩》
	确山县	二十九至三十九年	494.63		108.19	
	封丘县	二十九至三十二年	141.35		81.16	康熙《封邱且志》卷4，《赋税》
	邓、新等七州县	六十年	563			《世宗实录》卷1，第31页
	陈州、正阳等六州县	六十一年	352			《世宗实录》卷17，第7页

① 陈振汉等编：《清实录经济史资料》，《农业编》第一分册，第545～547页。

② 《雍正会典》卷31，《户部九·赋役一·田粮隐匿》。

③ 《清朝文献通考》卷2，《田赋二》。

续表

省别	府、县、卫所等	年份	报垦	丈出	首报	资料出处
山东	新泰等七县	六十一年	65			《世宗实录》卷17，第7页
江苏	海州、山阳两县	三十二年	1137			《圣祖实录》卷158，第24页
安徽	安、宁、太、庐、凤、滁、和七府州县	二十六年	388.15			《圣祖实录》卷130，第22页
安徽	颖州、太湖等七州县	六十一年	58			《世宗实录》卷14，第2页
江西	进贤等七县	六十一年	66			《世宗实录》卷17，第7页
湖南		三十一年		66160		《圣祖实录》卷155，第9页
湖北	蕲州等十三州县及荆右、施州二卫	六十一年	888			《世宗实录》卷15，第12页
四川		三十一年	88500	88500		《圣祖实录》卷156，第4页
	成都等八府、君州等五州及九姓土司	四十二年	1724.61			《圣祖实录》卷211，第5页
	成都等府	五十年			15380	《圣祖实录》卷248，第26页
	成都等八府嘉定等四州	五十六年			1752.58	《圣祖实录》卷272，第14页
广东	钦州等29州县卫所	六十一年	142			《世宗实录》卷9，第22页
云南	大理、蒙化二府	六十一年	38			《世宗实录》卷17，第3页
合计	192173.82		17445.89	154660	20067.93	

从表1－9看，康熙二十三年后的垦荒，要比以往任何时期的成绩都显著，报垦地达105600多顷，丈出新增地66000多顷，民间自行首报隐匿地2万多顷，三项总和在19万顷以上。尚有浙江、福建、贵州等数省的开垦额还没有计算在内。这个时期垦荒进展迅速，除了政策因素外，与全国处于和平、安定环境有很大关系；同时，也与社会经济由恢复趋向发展有关，农民有更多经济实力从事开垦。

从表1－9中还可以看到，康熙二十八年后的清查隐漏工作是有成绩的。从康熙二十余年至康熙六十一年止，直隶等十一省区垦荒总额为192173.82顷，但这十一省按规定上报的垦荒额才17445.89顷，这个数额仅占总垦荒数的9.08%而已，而清出新增垦田数却高达154660顷，占总垦荒数的80.48%，此外，首报地为20067.93顷，占总垦荒数的10.44%。若把清出新增田地与首报田地合并一起计算的话，那么，在清查隐瞒漏报中，清查出的垦荒地占90%以上，这不能不说是一项很突出的成就。康熙晚年，在湖南强行实施限期首报工作中，出现了认垦虚额，给当地人民带来沉重的灾难。但从整体而言，康熙中后期的清查隐漏政策是符合实际情况的。其效果也是好的。不能因为在个别地区执行不当，而否定其历史功绩。

从康熙初至康熙末的六十一年间，在各族劳动人民共同努力下，全国耕地面积已达7.2亿多亩，与顺治末年的耕地面积相比较，康熙年间新增耕地面积174275266亩，成绩斐然，为康、雍、乾的繁荣打下了扎实的经济基础。康熙年间各直省垦种面积见表1－10：

表1－10　　雍正二年（1724）各直省耕地面积　　单位：亩

省　别	耕地面积	省　别	耕地面积
直隶	70171418	浙江	45885288
奉天	580658	江西	48552851
吉林		湖北	55404118
黑龙江		湖南	31256116
江苏	69332409	四川	21503313
安徽	34200121	福建	31307100
山西	49242560	台湾	
山东	99258674	广东	32898409
河南	65904537	广西	8157782
陕西	30654547	云南	6481766
甘肃	21791254	贵州	1454569
新疆		总计	723632906

资料来源：梁方仲《中国历代户口、田赋、田地统计》乙表61，《清代各朝各直省田地数》中雍正二年统计数。

为什么用雍正二年各直省田地数作为康熙末年统计数呢？其一，出于找不到康熙末年各直省有关耕地面积的统计数字；其二，据《清世宗实录》记载，雍正元年，各直省上报垦荒数额仅154300亩而已，仅占723632906亩的0.02%而已，数额很有限；其三，根据以往上报垦荒地情况看，往往是这一年的上报垦地数额，是上一年的垦地数额，当年开垦当年上报的不能说没有，但很少。所以，把雍正二年各直省田地数视为康熙末年各直省耕田数额，是不会相差太多的。

至此，可以说因明末清初战乱，或后来三藩之乱而抛荒的土地，大部分已垦复。清圣祖对此是十分满意的。康熙五十一年二月，他在一次谈话中说："前云南、贵州、广西、四川等省，遭叛逆之变，地方残坏，田亩抛荒，不堪见闻。自平定以来，人民渐增，开垦无遗，或沙石堆积难于耕种者，亦闻有之，而山谷崎岖之地，已无弃土，尽皆耕种矣。"[①] 垦荒的对象也由垦复抛荒地亩，而延伸到从前未曾开拓过的山谷崎岖之处，这是土地开发的一种新动向。康熙五十三年六月，清圣祖对每在奏折中以垦田积谷为言的官员，指责为"不识时务"。他说："今人民蕃庶，食众田寡，山地尽行耕种，此外更有何应垦之田为积谷之计。"[②] 康熙五十五年，全国耕地面积已达 7250654.90 顷，[③] 此数已超过明万历六年 7013976.28 顷耕地数。从全国范围来说，抛荒地至此已全面地得到垦复，清代的经济已由恢复阶段向发展阶段迈进，并迎来了清代繁荣昌盛时期。

三、雍正年间荒地的开垦

雍正年间的垦荒，是在抛荒地得到垦复的基础上进行的，也是在康熙后期出现人口增加压力下进行的。因此，垦荒就只能向条件艰苦、垦拓困难的山区、湖滨、海滩进发，即由平原转向山区，由内地转向边区，把垦荒引向新的层次。

雍正年间的垦荒，是在招垦和限垦两种方式下进行的。下面，就两种垦荒形式所取得的成果，分别进行介绍。

1. 招垦成果

清世宗嗣位后，马上颁布垦政新法，其要点有：指出开荒垦地以补救民食的困难；革除垦荒中需索的陋规；放宽新垦田地的开征年限，给民以更多实惠；把地方官吏的政绩与劝民垦荒的成绩，联系在一起考核。有成绩者准其议叙。[④] 这一新垦政的颁发，尤其是旱田十年升科的决定，极大地调动了农民开发山区的积极性。

首先，湖北省雍正五年前劝垦情况。雍正二年一月，湖广巡抚纳齐喀疏

---

① 《清圣祖实录》卷 249。
② 《清圣祖实录》卷 259。
③ 《清圣祖实录》卷 270。
④ 《清世宗实录》卷 6。

称：蕲州等13州县及荆右卫等处，雍正元年份开垦田共888顷[1]；同年六月，纳齐喀又疏报：彝陵、宜都等三州县，雍正元年四月份开垦田地共22顷。[2]同年八月，他又报：蕲州、公安等六州县，雍正元年开垦田地140顷有奇。[3]雍正三年一月，纳齐喀报称：均州、公安、汉阳三州县，于雍正元年份开垦田地11顷有奇。[4]同年六月，湖广总督杨宗仁疏报：钟祥、宜都、光化三县，于雍正二年份，开垦田地56顷有奇。[5]雍正四年二月，湖北巡抚法敏疏报：汉川等四县，于雍正二年份开垦田地275顷有奇。[6]雍正五年二月，湖北巡抚宪德疏报：均州、汉川等八州县，于雍正三年份，开垦田地130顷有奇。[7]同年八月，湖广总督法敏疏报：湖北归州、钟祥等六州县，于雍正四年份，开垦田地76顷有奇。[8]雍正六年二月，湖北巡抚马会伯疏报：光化县于雍正四年份，开垦田地50顷有奇。[9]均州、汉川二州县，于雍正四年份，开垦田地12顷有奇。[10]同年七月，他又疏报：钟祥等六县，于雍正五年份，开垦田地37顷。[11]仅就《清世宗实录》看，从雍正元年至雍正五年，湖北省上报的垦地次数多达11次之多，报垦田地达1697顷有奇。从该省官员频频上报情况看，反映了当地农民报垦的热情是很高的。

其次，再考察河南省在雍正前五年垦荒情况。雍正三年二月，河南巡抚田文镜疏报：兰阳等五十一州县，于雍正二年份，开垦田地2570顷有奇。[12]雍正四年正月，田文镜又报：睢州、陈留等二十三州县，于雍正二年份，开垦田地2080顷有奇。[13]同年二月，田文镜又报：陕州、鄢陵等九州县，于雍正二年

① 《清世宗实录》卷15。
② 《清世宗实录》卷21。
③ 《清世宗实录》卷23。
④ 《清世宗实录》卷23。
⑤ 《清世宗实录》卷33。
⑥ 《清世宗实录》卷41。
⑦ 《清世宗实录》卷53。
⑧ 《清世宗实录》卷60。
⑨ 《清世宗实录》卷66。
⑩ 《清世宗实录》卷66。
⑪ 《清世宗实录》卷71。
⑫ 《清世宗实录》卷29。
⑬ 《清世宗实录》卷40。

份，开垦田地278顷有奇。[①] 雍正五年二月，田文镜疏报：汝州、内乡等八州县，于雍正三年份，开垦田地819顷有奇。[②] 雍正六年二月，田文镜报称：邓州、郾陵等九州县，于雍正四年份，开垦田地830顷。[③] 雍正六年七月，田文镜报称：祥符等九十五州县，于雍正五年份，开垦田地6883顷有奇。[④] 该省从雍正元年至雍正五年份，共垦地13460顷，报垦州县多时达九十五个之多。也可见报垦面之大及群众热情之高。

此外，安徽在这五年间，也有较好的垦绩。雍正二年八月，安徽巡抚李成龙疏报：颖州、太湖、泗州卫等十四州县卫，于雍正元年份，开垦田地73顷有奇。[⑤] 雍正四年十二月，安徽巡抚魏廷珍疏报：宿州、潜山、泗州卫等十四州县卫，于雍正三年份，开垦田地198顷有奇。[⑥] 雍正五年二月，魏廷珍又报：灵璧县于雍正二年份，开垦田地547顷有奇。[⑦] 同年九月，魏再报：宿州、潜山等九州县于雍正四年份，开垦田地60顷有奇。[⑧] 四年间，该省共垦田地1230顷零。

云南省的垦荒，由于清初战祸连绵等原因，一直处于落后状态，到了雍正年间，这里的垦荒工作才活跃起来。据云贵总督鄂尔泰于雍正五年八月奏报：云南各州县"查出影射田地通共138000余亩外，夷民自首田456段"[⑨]。他又于六年五月奏报：云南省各州县申报民间自首欺隐荒熟田地共242001亩零，劝民开垦荒熟民屯田地共92323亩零，又清丈出新增影射荒熟民屯田地共80877亩零，通共田地415202亩零。[⑩]

在雍正元年新出台的垦荒政策激励下，各直省先后掀起新一轮的垦荒高潮，除对上述四省作详尽考察外，其余各直省开垦情况请看表1－11。

---

① 《清世宗实录》卷41。
② 《清世宗实录》卷52。
③ 《清世宗实录》卷66。
④ 《清世宗实录》卷71。
⑤ 《清世宗实录》卷23。
⑥ 《清世宗实录》卷51。
⑦ 《清世宗实录》卷53。
⑧ 《清世宗实录》卷61。
⑨ 《雍正朱批谕旨》，《批鄂尔泰奏折》。
⑩ 《雍正朱批谕旨》，《批鄂尔泰奏折》。

表 1－11　　雍正元年至五年间各直省报垦情况

省　别	报垦州县卫所	疏报年份	开垦年份	报垦数（顷）	资料出处（卷/页）
奉吉黑	復州、长宁等三州县	雍正六年十一月	雍正五年份	96	《清世宗实录》75/6
直隶	通州、文安等四州县	雍正六年二月	雍正五年份	50	66/9
山东	济宁等十五州县卫	雍正四年四月	雍正二年份	95	43/18
	济宁新城等九州县	雍正五年二月	雍正三年份	59	53/27
	邹平等五县	雍正五年十一月	雍正五年份	2385	63/13
山西	大同等府	雍正六年二月	雍正四年份	34	66/12
江苏	湖州等二县，桃源等五州县	雍正十年五月	雍正五年丈出	3809①	118/10
江西	南昌等十二县	雍正三年二月	雍正元年份	52	29/3
	南昌等十五县	雍正五年二月	雍正三年份	152	53/23
	南昌等十九县	雍正六年二月	雍正四年份	170	66/8
浙江	象山等六县	雍正二年七月	雍正一年份	1100	22/10
	上虞县（沿海）	雍正六年七月	雍正五年份	67.30	71/5
	象山等六县	雍正六年七月	雍正五年份	24	71/6
湖南	岳州等府	雍正六年二月	雍正四年份	103	66/12
	岳州、九谿等	雍正六年十月	雍正四年份	103②	74/25
广东	新宁、湖州、海澄等十二县所	雍正二年八月	雍正元年份	57	23/6
	广州、潮州、肇庆等三府	雍正四年九月	雍正三年份	49	48/13
	德庆、番禺等二十二州县	雍正六年九月	雍正五年份	42	73/2
广西	桂林、梧州等七府	雍正五年二月	雍正三年份	29	《清世宗实录》53/23
	桂林等府	雍正六年二月	雍正四年份	66	66/12

续表

省　别	报垦州县卫所	疏报年份	开垦年份	报垦数（顷）	资料出处（卷/页）
四川	成都等府	雍正三年三月	雍正元年份	68	30/14
	成都、保宁等府	雍正五年二月	雍正三年份	112	53/32
	绵州、德阳等十四州县	雍正六年二月	雍正四年份	45	66/9
云南③	开化、广西二府	雍正二年七月	雍正元年份	20	22/6
	广南、蒙化二府，寻甸、昆明等八州县	雍正五年八月	雍正四年份	61	60/12
	镇沅府	雍正六年八月		430	72/6
贵州	平越、普安州等四府州	雍正四年八月	雍正三年份	49	47/29
	大定、贵筑等八州县	雍正四年九月	雍正三年份	102	
小计				9429. 30	
河南			雍正元年至五年份	13460	
安徽			雍正元年至五年份	1230	
湖北			雍正元年至五年份	809	
合计				24928. 30	

说明：* 此统计表以《清实录・世宗实录》中记载为依据，实录外数额不列入表。如云南省鄂尔泰于雍正五年八月及雍正六年五月两次上报清出数，报垦数，首报数都未计入。

①江苏新增地亩按照雍正十年重新核查数额计入，雍正五年丈出田地计 22622. 63 顷，因新旧不分，未采纳。

②岳州、九谿等雍正六年十月所报称于雍正四年份开垦数 103 顷，疑是雍正六年二月上报数的重报数。这里仅提出疑问，统计时仍保留。

③云南开垦数按实录计入，鄂尔泰上报数未计入。

雍正元年至五年间，仅据《清世宗实录》记载，16个省区开垦田地共计24928.30顷之多，其中劝垦成绩最显著的应算是河南省，该省五年间开垦田地占16省区开垦额的54%。疏报报垦次数最多的应属湖北省，先后疏报达八次之多。可见雍正元年垦荒新政，对推动农民垦荒起到了积极的作用。

2. 限垦成果

雍正五年，清廷颁布了限年首报隐地令，七年又发布了限年垦复令，在清廷三令五申紧逼下，从雍正六年起至雍正十三年止，各直省再次掀起报垦高潮，各省报垦情况请看表1－12。

表1－12　　雍正六年至十三年各直省报垦情况

省　别	报垦府州县卫所	疏报年份	开垦年份	垦地数额（顷）	《实录》卷/页
奉、吉、黑	辽阳、海地等8州县	雍正七年十一月	雍正六年份	250	世宗实录88/11
	海城等9州县	九年十月	八年份	130	111/15
	辽阳、承德等8州县	十一年十二月	十年份	83	138/1
	辽阳等8州县	十三年一月	十一年份	110	1.51/9
	广宁所属五道河至慈儿冈	乾隆元年三月		50.10	高宗实录15/18
	承德等12州县	元年十二月	十二年份	188	23/2
	承德等11州县	元年十二月	十三年份	284.10	33/9
小　计				1095.20	
直　隶	宣化府深中堡等处	雍正六年七月	六年份	60	世宗实录71/20
	保定冀州等三府叶	九年一月	八年份	81	102/20
	永平府	十年一月	九年份	448	114/14
	磁州	乾隆元年七月		0.28	高宗实录23/23
	顺天、保定两府属	二年四月	八年份	17.03	40/14
小　计				606.31	
山　东	东阿、德州等5县卫	雍正十一年二月	九年份	72	世宗实录128/14
	德州、历城县，成山卫等115州县卫所	十三年七月	十二年份	2000	158/23
	邹平等68州县卫	十三年十二月	十一年份	1151.27	高宗实录8/24
	山东所属	乾隆元年七月	十一年份	10	23/7
小　计				3233.27	
河　南	祥符县	雍正八年三月	七年份	170	92/6
	豫省所属	乾隆二年七月	十二年份	53.21	高宗实录46/11
	豫省所属	二年七月	十三年份	4.13	46/11
	豫省所属	三年十二月	十二、十三年份	9054.31	82/22
小　计				9281.65	
山　西	太原等府	雍正六年七月	六年份	3150	世宗实录71/25

续表

省　别	报垦府州县卫所	疏报年份	开垦年份	垦地数额（顷）	《实录》卷/页
	忻州、长子等4州县	九年五月	八年份	17	106/19
	浑源、浮山等28州县	十三年二月	十年份	590	151/15
	阳高县	十三年闰四月	十二年份	18	155/7
	阳高县阳和牧马厂	乾隆元年七月	十三年份	25	高宗实录23/9
	太原等7州县卫	二年三月	从前未报	78.82	38/17
	襄垣、浑源、夏县、吉州各属	二年六月	雍正正年间	73.37	48/5
小　计				3952.19	
陕　西	陕西所属	乾隆六年七月	十三年份	1.12	高宗实录146/26
小　计				1.12	
甘　肃	巩昌等府各属州县	雍正七年五月	七年份	1024	世宗实录81/38
	新宝等4县	十一年九月	七至十一年份	9400	135/4
	靖逆卫	乾隆三年十月	六年份	43.11	高宗实录79/10
	新渠、宝丰2县	三年十一月	七至八年份	704.93	80/14
	狄道、渭源、金县、巩昌等4州县	五年闰六月	丘钟琪任内	3300.66	121/10
	归德所、康、杨、李三寨	六年十一月	十三年份	8.37	155/2
小　计				11200.41	
江　苏					
安　徽	安庆府等	雍正六年十一月	六年份	2215	世宗实录75/10
	寿州、怀宁等24州县	七年五月	七年份	1800	81/24
	潜山、泗州等4县卫	七年八月	六年份	70	85/25
	安庆、泗州等4府州	八年九月	七年份	270	98/14
	潜山等7县	十年七月	九年份	70	121/17
	安庆等7府州属	十三年十二月	十二年份	54.63	高宗实录8/34，32/24
	庐州等3府属	乾隆元年十二月	十二年份	25.31	32/24
小　计				4511.94	
江　西	宁州新建等34县	雍正七年五月	六年份	1109	世宗实录81/17
	进贤、南昌、吉安等38州县卫所	八年三月	七年份	498	92/15
	南昌、新建等17县	十一年二月	十年份	62	128/13
	南昌等13州县	十一年五月	十一年份	1500	131/6
	南昌、新建等19县	十二年二月	十年份	55	140/2
	丰城等22县	十三年一月	十一年份	303	151/9
	南昌、新建、丰城、进贤、宁州等30州县	乾隆二年四月	十三年份	202.73	高宗实录41/25
小　计				3729.73	
浙　江	嘉兴等16县	雍正七年五月	七年份	500	世宗实录81/24
	镇海等8县	十一年七月	十年份	81	133/6

续表

省　别	报垦府州县卫所	疏报年份	开垦年份	垦地数额(顷)	《实录》卷/页
	安吉余姚等7州县	十三年七月	十二年份	153	158/12
	嘉兴等7州县	十三年十二月	七、十年份	157.93	高宗实录8/34
	镇海等县			180.35	9/9
	定海、山阴等6县	乾隆元年九月	十三年份	297	26/11
小　计				1371.28	
福　建	福清等6县	雍正九年十月	雍正八年份	15	世宗实录111/6
	福州兴化等府	十三年七月	十二年份	464	158/18
	各属州县	乾隆元年七月	十一、十二年份	571	高宗实录23/9
	古田县	乾隆十年四月	十三年份	3.61	239/7
小　计				1053.61	
湖　北	沔阳、武汉、大定等12州县卫所	雍正七年六月	七年份	338.5	世宗实录82/4
	荆门、钟祥等13州县，襄阳1卫	九年五月	八年份	1330	106/23
	襄阳县	十年四月	八年份	160	117/6
	武昌等6府	十一年九月	十年份	1800	135/7
	汉阳等5县	十二年四月	十年份	200	142/2
	武昌、归州等7府州	十二年十一月	十一年份	4100	149/11
	钟祥等20州县卫汉阳、均州等10州县蕲黄、松滋	十三年十二月	十二年份	5207.54	高宗实录8/16
	恩施等4州县	乾隆元年四月	三、七年份	150.04	16/14
	武昌等14县卫	四年八月	十年份	449.48	98/16
	湖北省属	六年九月	八年份	48.30	151/7
小　计				13782.86	
湖　南	益阳、沅江2县	雍正十三年七月	十二月份	305	世宗实录158/25
	巴陵4县	十三年八月	十二年份	42	159/6
	祁阳等3州县	乾隆元年十二月	十一年份	5.47	高宗实录33/9
小　计				352.47	
广　东					
广　西	桂、平、梧、南、柳、庆、思、泗9府、茂林州	雍正九年二月	七年份	860	世宗实录103/18
	桂林府中右2卫	十一年二月	十年份	6	128/8
	桂林府	十一年二月	十年份	500	128/13
	各属	乾隆元年八月	十三年份	172	高宗实录24/5
	郁林州	元年十二月	十三年份	20	32/7
小　计				1560	
四　川	黄郎所苗民	乾隆元年十二月	十一年份	10.04	高宗实录32/27
小　计				10.04	

续表

省　别	报垦府州县卫所	疏报年份	开垦年份	垦地数额（顷）	《实录》卷/页
云　南	镇沅府	雍正六年八月	雍正六年份	430	世宗实录 72/6
	云南等府	六年十一月	六年份	943	75/26
	寻甸、禄丰等 30 州县	七年七月	六年份	1570	80/30
	永善县	八年五月	八年份	64	94/15
	蒙化府	十三年八月	十一、十二年份	26. 49	高宗实录 8/11
	腾越州、威元	乾隆元年十一月	十三年份	8. 95	高宗实录 30/1
小　计				3068. 44	
贵　州	贵筑等 13 县	雍正七年闰七月	七年份	99	世宗实录 84/6
96/19	南笼、思南等 3 府，开州、清镇等 5 州县	八年七月			11
	安顺、思南等府	十年九月	九年份	140	123/11
	永宁、平远等 5 州县	十一年八月	十年份	10	134/3
	长寨等 5 厅州县	乾隆二年九月	十三年份	8. 45	高宗实录 50/38
小　计				286. 45	
合　计				58562. 19	

资料来源：《清实录·世宗实录·高宗实录》。

仅据各省疏报数额统计，这八年间共垦荒 58562. 19 顷，加上前五年垦额 24928. 30 顷，总开垦额达 83407. 49 顷。从上述数字看，反映了雍正年间实行垦政得力，成效显著。但在清世宗的紧逼政策下，也出现了浮夸虚报之风。

3. 近畿营田的兴办

天津营田始于康熙四十三年，在天津总兵蓝理主持下，开垦天津城南田 200 余顷，引海河潮水灌田，亩收稻三四石不等。不久，蓝理离去，所垦田“数载废为荒壤”[①]。雍正三年，世宗皇帝命怡亲王和大学士朱轼筹办近畿水利营田，雍正四年，先在玉田、滦县等处试办，垦田 150 余顷，获得好收成。于是，民间相继仿效，自行种稻。为适应这种情况，政府设立京东、京西、京南、天津四局，统辖 35 县。四局各设营田官员，与地方官吏协同进行水利营田事宜。上设水利营田府，由怡亲王总揽其成。自雍正五年至七年，开水田

① 光绪《重修天津府志》卷 28。

6000顷有余，连年丰收。[①] 天津局营田有250顷，其中民间自行围垦者占三分之一。[②] 正定府、顺德府、广平府、遵化府、易州、定州等四府二州的15个县份，在雍正五年至八年间兴设营田，官兴营田为1627顷，民兴营田1619顷。[③] 据当时人描述：自雍正五年，至于七年，开成水田6000顷有奇，“可谓极一时之盛”[④]。但好景不长，雍正八年，怡亲王去世后，“不数年而荒废殆尽”[⑤]。尽管如此，近畿营田还是雍正年间垦政的一件大事，值得一书。

4. 四川的开垦高潮

在雍正年间垦荒中，特别值得提出来专门介绍的是四川的垦荒。

四川在明末清初半个世纪的战乱中，留下的只是“焚屠之后，一望丘墟”。战乱平息之后，垦复抛荒田地成了四川人民和清政府首要任务。但由于人口死亡太多，缺乏劳动力，无法对荒芜的田地大量垦辟。顺康年间，政府虽然采取一系列招垦措施，招收外省流民入川垦荒，康熙十年，四川原额实熟田仅14810.36顷[⑥]而已，至康熙二十四年，全省水粮田地增至17261.18顷，[⑦] 十四年间仅增5377.68顷。康熙五十一年，四川御史段羲还称：“川省田待开垦，人须招集”[⑧]。至雍正二年止，自康熙十一年以来开垦及首报隐匿地亩总共才214450顷，[⑨] 50多年间，实际上增加的垦地仅为199640顷而已。并且，这些已垦复田地多在成都平原，而广大的山区都还处于未垦的莽莽荆丛中。

进入雍正年间后，由于世宗皇帝采取了旱田十年升科，以及给入川人民水田30亩，或旱地50亩，有成丁子弟者，每丁又多给田15亩或旱地25亩，准给以照票，收执管业等政策，同时还拨款万两为入川贫民购置牛具、种子之费[⑩]等优惠待遇，使人多地少及灾荒地区贫苦农民纷沓而至。雍正五年，川陕

① 《清经世文编》卷108，《营田四局工程序》。
② 光绪《重修天津府志》卷28。
③ 光绪《重修天津府志》卷28。
④ 《清经世文编》卷108，《营田四局工程序》。
⑤ 《李文忠公全书》，《奏稿七十》。李鸿章：《复奏直隶水田难成折》。
⑥ 《雍正朱批谕旨》，雍正五年五月初九日，四川布政使管承泽奏。
⑦ 《清朝文献通考》卷2，《田赋二》。
⑧ 《皇清奏议》卷24，康熙五十一年御史段羲《请酌川省劝惩新增赋疏》。
⑨ 雍正《四川通志》卷5，《田赋》。
⑩ 《东华录》卷5，雍正五年九月己卯。

总督岳钟琪奏称："湖广、江西、广西、广东等省之民逃荒入川，不下数万户"①。同年夔州府属县份报称："湖广、福建、江西、广东民人来川者较前更多"②。外省流民大量入川，使雍正年间出现了开垦的高潮。

据《四川通志》记载，雍正二年，该省熟田为214450顷，至雍正四年，增至223231顷。③ 二年间增加新垦地达8781顷。雍正六年，全省进行清丈，七年清丈完毕，其结果"除遵义、乌蒙分拨云贵外，实熟上中下田通共431221顷零5亩。"④ 扣除雍正四年原额熟田22万余顷外，新增加额达20万顷以上。当然，这新增加额并不完全是雍正五六年间新垦地，其中尚有以前隐匿地亩，尽管如此，还是不能低估这两年新垦的田额。雍正七年，松茂道属、川东道属、永宁道属、建昌道属还报垦荒田6855.95顷，报垦荒地20906.25顷。⑤ 根据上述数字，我们可以看到雍正年间四川兴垦高潮的壮观场面。

5. 浮夸虚报风炽烈

雍正间垦荒虽取得不少成绩，但他的紧逼政策及好大喜功作风，又给垦政带来严重弊端，浮夸虚报之风炽烈，就是其中一项。湖北省于雍正十三年内，上报首报额及劝垦额13782.86顷，这其中有许多是虚报的。乾隆三年，张楷就指出：雍正七年份，屯民首垦地内，有襄阳卫虚报各则地931.41亩；又八年份，襄阳卫虚报各则地11.05顷；又十年份，均州、光化二州县并襄阳卫，虚报各则地18.98顷；又十一年份，松滋、均州二州县并襄阳卫，虚报68.25顷。⑥ 同年，张楷再次指出，雍正十二年份，劝民开垦地内，有陵江、公安、石首、宜都、均州五州县并沔阳、荆州、荆左、荆右四卫，虚报田地塘湖并屯田地463.61顷；又江陵等六州县及荆州、襄阳二卫，虚报地、山700.52顷；雍正十年份，劝民开垦地内，有房县等四县虚报各则田19.60顷有奇，又光化等五县并襄阳卫，虚极各则地96.81顷；又雍正十一年份，荆门等八县并荆州卫，虚报田塘湖共

① 光绪《大清会典事例》卷166。
② 《雍正朱批谕旨》，雍正五年四月十八日，四川巡抚马令伯奏。
③ 雍正《四川通志》卷5。
④ 雍正《四川通志》卷5。
⑤ 根据《大清会典事例》卷106。
⑥ 《清高宗实录》卷64。

357.54 顷，又江陵等七县，虚报各则地 390.20 顷。[①] 雍正十一年十二月，湖北巡抚崔纪又指出：雍正十一年份垦田中，房县、保康二县虚报垦田 75.10 顷。[②] 同年，崔纪再次报称：郧县等四县，雍正十年、十一年劝垦中，有 318 顷属于虚报。[③] 乾隆七年七月，湖北巡抚范璨疏报：武左等十八州县卫，雍正十二年报垦田塘湖归并屯田内，有虚捏不实者 530.51 顷。[④] 据《实录》所载，雍正年间，湖北一省捏报数额高达 3981.58 顷，虚报数额占垦额 28.89%。如果按地丁题本资料统计，虚报垦额则更令人吃惊。仅以雍正十二年为例，湖北省上报首垦额和劝垦额为 26135 顷，而其中虚报额竟高达 8921 顷，占报垦额的 34.13%。如果就郧西县首报额而言，7830 顷首报额中竟有 6025 顷系纯属捏报[⑤]！

其他各省也存在虚报情况。如河南省，高宗皇帝指责田文镜："查办垦荒一事，将升科银两洒派花户，徒务开垦虚名，小民无受产之益，而受加赋之累"[⑥]。其后继者王士俊、富德又不加改正，"地方有司又复回护前非"[⑦]。致使这一严重问题，得不到及时纠正。又如福建省崇安县有荒地 1251 顷，这些荒地"实系坍缺年久，并无可垦之土"，但在雍正七年限垦令逼迫下，该县于雍正八、十、十一年间，共捏报垦复田 708 顷，"此项钱粮，俱系洒派里户代完，实属无田浮赋"[⑧]。安徽亦有捏报现象，据乾隆四年十二月护理安徽巡抚晏斯盛称：宿松县在雍正六年前已全垦足额，无垦可报，但前令刘华、刘泰不顾民累，先后共报额外田 44.39 顷，而这些顷亩"实属毫无寸土，虚赔钱粮。"[⑨] 又据乾隆十一年四月安徽巡抚魏定国称：宿州卫亦捏报垦地 30 顷。[⑩] 此外，山西

---

① 《清高宗实录》卷 65。

② 《清高宗实录》卷 82。

③ 《清高宗实录》卷 83。

④ 《清高宗实录》卷 171。

⑤ 《户部抄档·地丁题本》湖北（四），乾隆三年六月二十九日，湖北总督德沛题；乾隆三年三月初七日，户部尚书海望题，乾隆五年十二月十五日，湖北巡抚严瑞龙题；乾隆六年四月七日，吏部尚书讷亲题。

⑥ 《清高宗实录》卷 747。

⑦ 《皇清奏议》卷 36，河南巡抚雅尔图题。

⑧ 《清高宗实录》卷 161。

⑨ 《户部抄档·地丁题本》安徽（三）。

⑩ 《户部抄档·地丁题本》安徽（三）。

等处亦有捏报情况。捏报，虚报之风，又反映了雍正年间垦政中所包藏的弊端。

综观雍正年间的垦荒情况，我们可以看到对边远地区的垦荒逐渐受到注意。如顺康年间甚少开垦的甘肃，至雍正年间已有报垦万顷的记录，这是其一。其二，垦荒的重点逐渐转向山区，如湖北西南部山区，汉水流域的山区，江西西北部地区等都逐渐在开垦。尽管山区的开发不是始于雍正，早在顺康年间，闽粤之民已向赣南山区进军，但总的来说，规模还小，范围亦有限，而雍正年间却呈现出扩大的趋势。这是在内地、平原地区原有抛荒地已垦复，以及人口不断增加，再加上政府垦荒政策引导和鼓励下进行的，因而，带有明显的时代胎记。

四、乾隆年间的垦荒情况

乾隆嗣位后，面临着垦荒中的两大问题：一是急需纠正康雍年间垦荒中的捏报虚报问题；二是为新增人口寻找新的粮食产地问题。这是乾隆及以后历朝政府的大事，尤其是后者更为突出。乾隆为解决这两大问题，作出了巨大的努力。

（一）纠正康雍年间的浮夸虚报风

前面曾经提到康熙晚年及雍正年间，各省都存在着不同程度捏报、虚报的浮夸风。其中情节严重者如湖南、江苏、湖北、河南、福建都是，给人民带来灾难。如湖南湘乡县，“在钦差瓦特、总督迈柱令民以足万历原额”[①] 紧逼下，于康熙五十三年被勒认垦额 5421.61 顷，凑足明万历 13364.71 顷数额。其结果“捏垦无着……责区、图计亩加摊”[②]。造成“实属毫无寸土，虚赔钱粮”[③]。由于当权者急功求效，致使康熙后期的浮夸之风，到雍正时还越刮越烈。

乾隆当政后，发出“禁虚报开垦”谕令[④]。各省对以前垦荒情况进行核查，所有上报的捏报、虚报垦荒地，都一一得到豁免。乾隆初年豁除各省捏报、虚报垦田数额及田赋额见表 1－13。

---

① 同治《平江县志》卷 15。

② 嘉庆《湘乡县志》卷 2。

③ 《户部抄档·地丁题本》安徽（三），乾隆四年十二月初九日，护理安徽巡抚晏斯盛题。

④ 《清高宗实录》卷 4。

表 1－13　乾隆初年豁除各直省虚报、捏报田额及田赋情况

省别	题请豁除时间	题请人	奏请豁除州县	原报垦年份	豁除田地数额（顷）	豁除田赋		《高宗实录》卷/页
						粮（石）	银（两）	
直隶	元年十二月	李卫	怀来县有报无地		62.71	7525.0		33/7
山东	元年十月	岳濬	沂水前报垦地内有沙石不能成熟地			4.3		28/14
	二年十一月	法敏	商丘县官庄碱卤不毛下地		218.35	164.16	512.73	57/7
	二年三月二十六日	法敏	山东不堪开垦地	雍十二年	地 864.98			《地丁题本》山东（四）
	三年五月	法敏	山东万难垦复地	雍八年	地 263.22			
	五年十二月	法敏	蒲台瘠薄并缺额地		442			132/1
	七年十二月		德州垦不成熟地		86			180/18
	十一年二月二十二日	户部尚书	邹平等卫所	雍十二年	地 479.92			《地丁题本》山东（四）
	十年六月	喀尔吉普	邹平等县卫	雍十三年	89.80			243/2
山西	元年二月	觉罗石麟	宁乡县		地 790			12/27
	三年一月	弘历	山西省属	雍五年至乾元年	地 8000		26000	60/7
	六年十二月		除山西宁乡县报垦不实	雍十年	427			156/24
河南	元年	富德	河南省各属	雍十二年	河滩地 6832.63			《地丁题本》河南（四）
			河南省各属	雍十三年	河滩地 4398.14			《地丁题本》河南（四）
	三年十一月		河南省各属	雍十二至十三年	35.06			81/10
	三年十二月	尹会一	河南省属	雍十二至十三年	老、夹荒 10298.63			82/22
陕西	六年二月二十九日	张楷	盐厔等州县	雍十年	民地 2353.55		5794	
				雍十年	2419.88	303	5794	
甘肃	五年十一月	讷亲		雍正末	民屯地 993.91	1781	1814	《地丁题本》甘肃（三）
江苏	雍十三年十二月		淮安府阜宁县	雍五年	淤田 8650.49		4261	9/33

续表

省别	题请豁除时间	题请人	奏请豁除州县	原报垦年份	豁除田地数额（顷）	豁除田赋		《高宗实录》卷/页
						粮（石）	银（两）	
	乾元年十一月八日	赵弘思	睢宁、宿迁、桃源3县	雍五年	淤田5700		6504	《地丁题本》江苏（三）
安徽	二年五月	晏斯盛	潜山县属	雍十三年	沙压地3.80			43/21
	四年六月	孙国玺	潜山县太湖、久安、英山4州县	雍六至十一年	虚捏报997.42			
	五年三月	晏斯盛	太湖县	雍十二年	虚报15.67			112/7
	五年五月	晏斯盛	潜山、宿松2县		虚捏44.2	15.67		116/2
	五年十月	陈大受	霍山县	雍十二年	捏报7.48			128/15
	八年十月	范璨	望山县	雍六年十月	无田12.20			203/13
	二十年十一月		怀远县	雍八年九月十一日	捏报61.45			500/24
浙江	二年七月十二日	嵇会筠	开化县	康三年	475.12	242	6710	
	二年九月	嵇会筠	龙游、江山2县		458.53			50/30
	二年九月	嵇会筠	开化县		1117.39			51/4
江西	乾三年十一月	岳濬	上高、临川、戈阳3县	雍十年	坍改10.54			81/14
	四年四月	岳濬	新涂县	雍十二、十三年	捏报45.52			90/13
	六年十月	岳濬	分宜、清江、信丰3县		荒虚40.98			153/11
湖北	二年十一月二十九日	张楷	房县、保康、竹山、竹谿等4县	雍十年	19.60	107		《地丁题本》湖北（三）
			光化、保康、房县、竹山、竹谿5县	雍十年	96.81	108		
			荆门、江陵、公安、宜都、房县、保康、竹山、竹谿8州县并荆州左卫	雍十一年	357.55	689		
			江陵、公安、宜都、房县、保康、竹山、竹谿7县	雍十一年	地390.20	274		
			共计		864.10	1078		
	三年三月十一日	海望	襄阳卫	雍八年	屯地942.46	1715	2259	
			均州、光化2县及襄阳卫	雍十年	民地18.99	16	23	

续表

省别	题请豁除时间	题请人	奏请豁除州县	原报垦年份	豁除田地数额（顷）	豁除田赋		《高宗实录》卷/页
						粮（石）	银（两）	
			松滋、均州2县及襄阳卫	雍十一年	民屯地68.26	70	99	
			共计		1029.71	1081	2381	
	三年三月十四日	海望	江陵、公安等10州县并沔阳、荆州、荆左、荆右等6卫又钟祥等12州县	雍十二年	田、塘、湖463.61	1300	6	
			江陵、公安、石首、宜都、光化并荆州，襄阳卫	雍十二年	山地709.63	648	108	
			共计		1173.74	1948	114	
	五年十二月十二日	严瑞龙	当阳县	雍十一年	1522.14	266		
			当阳、陨西2县	雍十二年	1735.92	62		
			当阳县	雍十三年	90	13		
			陨西县	雍十二年	6025.22	104	292	
			共计		9373.28	445	292	
			本省总计		12440.39	5272	2787	
	五年十一月	张渠	建昭县（原属川省）	雍七年	18.18			133/6
福建	二年四月	卢焯	闽县、侯官2县		缺543.30			40/29
	七年二月	乾隆帝谕	崇安	雍七、十、十一年	捏708	260	2203	161/11
	乾九年九月	乾隆帝谕	闽县、侯官、长乐等31县	先后续报	缺额560			224/12
			闽县、侯官、长乐等11县	续报	缺额13.50			
广东	三年六月	清政府	崖州		435.30			83/3
	九年五月	马尔泰	茂名，开平2县	雍十一、十二年	465.82			《地丁题本》广东（三）
广西	六年十月		郁林		38.90			153/20
云南	六年十一月二日	讷亲	昆明、安宁、禄丰等府州县	雍四至十二年	1335.24	4396	2237	《地丁题本》云南（三）
	七年九月	张允随	安宁禄丰嵩明3州县	雍十年	14.48			175/14
	八年二月		嵩明、沾益、平彝等府州县		374.65			185/9
合计					73649.34	19947.66	64616.73	

表1－13所列举的各数，并未将所有捏报、虚报垦额都包括在内，在《清高宗实录》中还有奏报只列豁免田赋粮多少石、银多少两，没有具体捏报、虚报垦额的，表中都没有列入。例如云南省，乾隆五年七月有资料记载：豁除嵩明、沾益、平彝等州县田粮529石6升，银66两，但由于缺乏具体捏报、冲压的垦额，故未列入表中，这样的事例还不少，不再一一列举。仅从上表所列情况可以看出，康熙后期，尤其是雍正年间浮夸风之炽烈。同时，也反映了乾隆帝对纠正垦荒中存在问题的认真态度。乾隆中叶，乾隆帝仍告诫各级官吏，要记取田文镜查办垦荒一事的教训，一定要“核其艺辟收获之实据，计亩起科，使小民永享耕田凿井之利，切勿为属员所蒙蔽，以致有名无实，徒滋扰累。”① 高宗实事求是地改正并时刻警惕垦政中浮夸风作法，在清代垦荒史上留下不可磨灭的功绩。

（二）乾隆年间对荒山瘠地开垦

康熙晚期，清政府已感到人口增加的压力。到乾隆朝，人口增长更为迅速，乾隆六年，全国人口1.43多亿，至乾隆五十五年，突破3亿大关。② 如何解决好新增人口的饭食，是一个十分紧迫的问题。经过七八十年的开垦，内地大面积的、土质较好的荒地凡能垦复的都已垦种了，现剩下未垦种的只是山头地角不成丘段土地，或山冈硗瘠、或河滩夹石、低洼盐碱等劣等土地。山头地角之地，报垦则必升科，若私垦则豪强首告争夺，致使人民畏缩不前，只好“座令荒废”③。而山冈硗瘠、河滩夹石、低洼盐碱之地，开垦花工多，成本高，而收成少，且无保障，大雨一来，冲刷一光，或淹没殆尽，天不下雨，则禾苗枯死，颗粒不收，遇到风调雨顺，有点收成，则“一年所收，不足一年之用”④。针对上述情况，高宗时期颁布一系列命令：对山头地角不成丘段者，免于升科；对云南和广东高、雷、廉三府劣质土地开垦，免于升科；对其他各直省劣等土地开垦，政府给予降低税率待遇。在这些优惠政策鼓励下，各省旱荒劣地的垦辟得以开展。下面，将各地区开垦情况作些介绍。

---

① 《清高宗实录》卷747。

② 《清高宗实录》卷157，卷405，卷677，卷1369。

③ 《清朝文献通考》卷4，《田赋考》（四）。

④ 《户部抄档·地丁题本》云南省（三），乾隆六年十一月二十二日，云南巡抚张允随奏。

1. 对劣质土地垦辟

陕西对劣质土地的开垦，在乾隆年间出现了一个高潮，乾隆十三年，咸宁县报垦劣质地 21 顷 56 亩 5 分。[①] 乾隆三十三年，洛川县报垦劣质地 208.43 亩。[②] 由于地力硗薄，升科纳粮时，有的以 5 亩折一亩，有的以 3 亩折 1 亩，多的甚至有 8.445 亩折正 1 亩。一般田赋极轻。

甘肃甘州、巩昌、淳州等府所属州、县劣等地，在乾隆二十年得到开垦，据报新开地达 243.61 顷。[③] 乾隆三十四年，靖远民户梁琰等开垦地 4.95 顷。[④] 乾隆五十六年，山丹县民李国器等在石磊山开垦地 100.10 顷。[⑤]

河南这时所垦多为旱地。乾隆十九至二十年间，先后查出农户自首开垦地 214.61 顷。[⑥] 据二十三年傅恒称：二十二年内乡县劝民垦水田 4 亩，垦旱山地 73 顷，旱下地 10 亩。[⑦] 二十三年内乡县又劝民垦旱地 39.19 顷。[⑧]

山东在乾隆年间出现了报垦旱地高潮。以乾隆二十七年报垦为例：新民县、乐陵县、滕县、峄县、范县、观城县、安邱县、平度州、昌邑县、胶州、高密县、莱阳县、海阳县、灵山鳌山卫等州县卫所人民踊跃报垦，计共报垦旱地多达 19951.59 亩。[⑨] 三十四年，胶州和福山又报垦旱地 4255.81 亩。[⑩]

除了北方的瘠地得到开垦外，南方各地的贫瘠土地也相继得到开发。如乾隆十七年，广东省的广、韶、惠、湖、肇等十一府州报垦地 1078.89 顷。[⑪] 云南弥勒、恩乐等县报开垦地 17107 亩。[⑫] 贵州报垦 2000 余亩。[⑬] 乾隆十八年，

---

① 《户部抄档·地丁题本》陕西（四），乾隆十三年十一月十一日，兼户部尚书陈大受题。

② 《户部抄档·地丁题本》陕西（四），乾隆三十九年十二月初一日，大学士兼户部于敏题。

③ 《户部抄档·地丁题本》甘肃（三），乾隆二十年六月十一日，甘肃巡抚陈宏谋题。

④ 《户部抄档·地丁题本》甘肃（四），乾隆三十四年二月初九日，大学士兼理户部傅恒题。

⑤ 《户部抄档·地丁题本》甘肃（四），乾隆五十七年五月十六日，户部尚书金简题。

⑥ 《户部抄档·地丁题本》河南（三），乾隆二十一年六月初三日，傅恒题。

⑦ 《户部抄档·地丁题本》河南（三），乾隆二十三年十二初十日，大学士傅恒题。

⑧ 《户部抄档·地丁题本》河南（三），乾隆二十四年八月初六日，户部尚书李元亮题。

⑨ 《户部抄档·地丁题本》山东（四），乾隆二十七年五月初四日，山东巡抚阿尔泰题。

⑩ 《户部抄档·地丁题本》山东（四），乾隆四十四年十月二十五日，管理户部事务于敏题。

⑪ 《户部抄档·地丁题本》广东（三），乾隆十七年十二月初十日，内阁下户部转述粤省上报情况。

⑫ 《户部抄档·地丁题本》云南（三），乾隆十七年×月初六日，户部尚书海望奏报云南垦务。

⑬ 《户部抄档·地丁题本》贵州（二），乾隆十七年六月二十九日，黔抚开泰题。

湖北蕲州当阳等九州县报垦地 21595 亩。[①] 乾隆十九年，四川简州上报垦地 6197 亩。[②]

由于这些新开垦耕地不是在涧侧，就属河滨，或属土寒性冷，或属地力硗薄，或系沙碱薄地，开垦维艰，而收成又没有保障，因此赋税极低，每亩征银高的不过 3. 02 分，低的每亩仅征银 0. 14 分而已。[③] 这有利于调动劳动人民开发劣质土地，对解决日益增多人口的食饭问题也有所补益。

2. 口外开垦的加速

山西在乾隆年间垦荒主要向口外发展。乾隆九年，杀虎口外托克托城通判召民认垦，安仁里七甲下等荒地 11290 亩[④]得到开发。三十三年至三十五年间，丰镇、宁远共垦荒地 1712512 亩。[⑤] 三十四年至三十六年间，和林格尔、清水河二厅地属牧厂余地招垦，共垦荒地 1639. 25 顷。[⑥] 乾隆四十五年，巡抚雅德奏报，宁远讷木厂垦熟 66945 亩[⑦]。同年杀虎口外庆恒、恒禄、嵩椿牧厂垦种成熟地 1208 顷 87 亩 5 分。[⑧] 在乾隆年间，山西在口外开垦荒地及牧厂地共计 20987. 79 顷。

3. 山区开发在加快

早在明代，已经有人在开发山区。明末清初一度停滞，康熙中叶后，山区开发又重现生机。至乾隆年间，陕南、四川、湖北巴山老林地区，海南、山东、江苏、安徽、浙江、江西、福建、贵州、云南等省山区相继得到开发，形成了垦山的高潮。乾隆年间出现垦山高潮并不偶然，因为平原地区开垦已到极限，无地贫民为求生存，只能向山区进发；同时社会经济繁荣，商品需求极大增加，商业性农业经营的发展，也有力地推动了山区的开发。此外，玉米、番薯等一些耐寒、耐贫瘠、耐干旱作物广泛传播，也十分有利于山区开发。所有

---

① 《户部抄档·地丁题本》湖北（四），乾隆十八年九月初八日，鄂督恒文题。
② 《户部抄档·地丁题本》四川（二），乾隆十九年四月二十七日，大学士傅恒题。
③ 彭雨新：《清代土地开垦史》，第 131、137 页。
④ 《户部抄档·地丁题本》山西（四），乾隆十一年六月十七日，大学士兼户部尚书刘於义题。
⑤ 《户部抄档·地丁题本》山西（五），乾隆三十四年，户部尚书官保题。
⑥ 《户部抄档·地丁题本》山西（四），乾隆三十六年八月初六日，山西巡抚鄂宝题。
⑦ 《户部抄档·地丁题本》山西（三），乾隆四十五年五月二十九日，山西巡抚雅德题。
⑧ 《户部抄档·地丁题本》山西（三），乾隆四十五年六月二十五日，山西巡抚喀宁阿题。

这些因素综合在一起，促使了乾隆朝出现开发山区的高潮。在山区开发问题上，前人过份强调人口增加因素，而忽视经济发展对农副产品有更多需求因素，也忽视了农作物新品种的引种和传播，对促进山区开发的作用，带有一定的片面性，这就对清代山区开发难以作出全面评价。以下，就乾隆年间开发较快的陕南、浙江、江西、四川为例，把垦山情况作简单介绍。

陕南垦山情况：

清代，陕南垦辟可追溯到康熙年间，据严如熤说："康熙年间，川陕总督招募客民於各边邑，开荒种山"①。但陕南山区大规模的垦殖活动，始于乾隆年间。乾隆初年，一批安徽、湖北籍流民首先进入秦岭东部地区。乾隆六年，闽粤人民来者亦多，如福建张氏家族迁到汉阳县。刚到时，布居邑东者才"十余家，男丁老少七十余口"，经数十年，已发展到"食指数千"了。② 乾隆十年至二十年间，有相当数量外来民人，在这一地区"包工开荒"③。乾隆二十年后，商南县、雒南县、镇安县都有大批流民进入，出现"接踵者日益众"④，并"始有外来流民向业主写山"⑤ 的情况。30 年后，有大批楚、皖籍流民进入山阳县。⑥ 据毕沅《兴安升府疏》称：乾隆二十七八年后，"从前俱系荒山僻壤，土著无多"的兴安州，"因川、楚间有歉收处所，穷民就食而来，旋即栖谷依崖，开垦度日"，"户口增至数十万"⑦。加上来自河南、安徽、江西等处携带家室，来此认地开荒者在内，总数不下百万人。《秦疆治略》还说：兴安府砖坪厅地区，在客民努力下，境内的山已"开垦无遗，即山坳石隙无不偏及"⑧。可见陕南山区，在乾隆年间，已得到大规模的开发。至于开垦了多少顷亩，目前，由于资料缺乏，无法统计。

这里的客户多以种植玉米为生，并以玉米酿酒获利。如南郑县"山地高

---

① 严如熤：《三省边防备览》卷 11。
② 《清河堂张氏族谱》卷 1。
③ 乾隆《续商州志》卷 3。
④ 民国《商南县志》卷 2。
⑤ 嘉庆《山阳县志》卷 12。
⑥ 嘉庆《山阳县志》卷 12。
⑦ 严如熤：《三省边防备览》，毕沅《兴安升府疏》。
⑧ 《秦疆治略》。

阜低坡，皆种包谷，为酿酒饲猪之用”①。定远县更是“家家皆有酿具，包谷成熟，竟迷于酒，谓酒糟可饲猪，卖猪又可获利”②。既解决了粮食问题，也发展了商品生产。

江西山区的开发：

江西山区总的来说，开发较早。明末清初战乱，山区经济遭到严重破坏。康熙中期后，政府招民垦荒，闽广两省贫民纷纷应招而来。雍正二年，江西巡抚裴徫度奏称：除九江、南康、抚州、建昌四府无棚民外，其余九府垦山棚民达“一万五千人户”③。但大多数地区主要还是乾隆年间或以后展开的。如武宁县，乾隆年间，“自楚来垦山者万余户，蓁巘密障，尽为所据”④。广信府铜唐山禁区周围约三百里，乾隆初年，侍郎赵殿最、巡抚陈宏谋曾先后向朝廷请求开禁，让贫民进山开垦，但均未获准。乾隆十九年时，伍诺玺等地方官进山区查勘，查知螺蛳原及芋荷坑等处，“凡山头地角靡不开种殆尽”，“大东坑亦有零星开田至百余亩”，“洞门底有零开田地共二百余亩”⑤。由于贫民逐渐移垦，禁区范围逐渐缩小到100余里了。由于客户大量增加，宁都于乾隆十七年改为直隶州，定南于乾隆三十八年由县升为厅。

闽粤湖广之民移居赣南、赣北山区后，他们各在所在地“垦山种麻，”⑥或“赁山种麻，”⑦ 或称“闽粤贫民来居山中，种麻自给”⑧。有的地方“赁山种麻，蔓延至数十余万，盘踞深谷”。也有的“结茅种竹”，开办造纸厂。⑨ 其中从事大规模商业性农业经营的，已不是单纯为了糊口，而是以盈利为目的。

浙江山区的开发：

浙江山区的开发于乾隆年间进入高潮。闽粤人多来此垦山。如青田县令吴

---

① 《秦疆治略》。
② 《秦疆治略》。
③ 《雍正朱批谕旨》，雍正二年六月二十七日，江西巡抚裴徫度奏折。
④ 乾隆《武宁县志》卷10。
⑤ 同治《上饶县志》卷5，伍诺玺：《请罢弛封禁山议详》。
⑥ 同治《万载县志》卷7。
⑦ 同治《宜春县志》卷1。
⑧ 《衎石斋记事稿》卷8，钱仪吉：《江西万载县知县施君事状》。
⑨ 同治《金溪县志》卷28。

楚椿所言："青田旧日土旷人稀，外民多聚于此"①。张廷玉亦称："浙东衢州等府，界连福建，失业之人到处开山种植"②。杭州府情况是："棚民租山垦种，阡陌相连"③。垦山者遍布数十个县。

他们中，有钱者租山开垦，无钱者佃作。所种的作物有包谷（玉米）、番薯等，但更多的是种植靛和麻，或其他经济作物。乾隆《汤溪县志》记载："商有闽人，依山种靛为利"④。乾隆《长兴县志》称："迩年，有福建江西棚民携妻子，挟资本陆续而至，与乡民租荒山，垦艺白苧，共一百三十户"⑤。乾隆年间青田县令吴楚椿还有："几片菁菁几顷麻"⑥ 的诗句。乾隆《定平县志》称：该县"山多田少，颇宜麻靛"，"闽人十居其七，利尽归焉"⑦。他们所从事的多是经济作物的种植。

四川山区的开发：

四川由于各省流民不断迁入，荒地遂渐次得以开发。乾隆年间，各省灾荒相继，入川人民成群结队，不绝于路。在平原地区无荒可垦后，他们只好向山区进军，山区遂得开发。"万县凡深林幽莽，峻岭层岩，但有微土者，悉皆树艺"⑧。据川督常明奏称：宁远府招汉佃开垦的土司、土目有五十四处，至嘉庆十九年时，已有"汉八万七千六百八十九户，男女四十二万五千二百四十七丁口"⑨。川西南的越巂、峨边、马边、雷波四府，袤长约千里，广或一二百里，或三四百里，"四面皆峻岭老林，绝无门户"，至乾隆年间，"川楚贫民争往垦荒，散处崖谷"⑩。"川西北十二沟，汉牛等地皆有数以百计的民户在此屯种"⑪。据《金川旧事》记载，该地区曾因"凶秽扫荡"，"空无居人"。至

① 光绪《青田县志》卷4。
② 张廷玉：《请定安辑棚民之法疏》，《皇清奏议》卷25。
③ 王风生：《浙西水利备考》。
④ 乾隆《汤溪县志》卷1。
⑤ 光绪《湖雅》卷1。
⑥ 光绪《青田县志》卷15。
⑦ 乾隆《定平县志》卷9。
⑧ 同治《万县志》卷9。
⑨ 嘉庆《四川通志》卷65；嘉庆《马边厅志略》卷6。
⑩ 光绪《雷波厅志》卷26。
⑪ 光绪《懋功屯乡土志》，《人类》。

乾隆年间，清政府采取招徕内地民户到金川屯田，每户给地三十亩，使为恒产；路远挈妻孥，准大口日给盘费银一钱，小口日给银三分，粮各一升，自本籍至屯所，沿途牧令给发。至屯所给屋庐，无则折钱二两，并给耒耜，两户给牛一头，无牛则折银十两发给，每户给籽种二石。初种免粮五年，自六年起每户纳粮一斗二升，遇到青黄不接，准赶屯仓借贷，还新抵陈。[①] 遂使该地区户口日增，后来已无隙地可供报垦。

4. 湖滨围垦以及沙田开发

湖滨、海滨围垦以及沙田开发甚早，但大规模的围垦与开发，却是乾隆年间的事情。

乾隆时，湖滨的围垦每有记载，如山东东平州安山湖，雍正时禁止围垦，到乾隆六年时，经巡漕御史都隆额奏请，批准给民垦种，“由是，安山湖堤内垦种如鱼鳞，无隙地矣”[②]。杭州西湖在雍正二年时，“现有湖址二十二里有奇”[③]，到乾隆二十二年时，“现丈湖面只存不及二十里之数”，因“沿湖居民或筑堤为荡，或培土成田，逐渐占垦，并淤沙浅滩共二里有余”[④]。浙江湘湖，康熙二十八年时，孙凯臣私筑堤数里被铲除后，到乾隆三十三年，再次清理湖界时，查出占垦湖地的民户已达273户，[⑤] 乾隆四十八年，又有库书博学明等四人，贿通湘湖坝夫王良千等，于湖中筑土塘，周长3里，圈田千余亩，希图霸占。[⑥] 浙江夏盖湖，方广100里，向来不许人民侵占，雍正六年，浙省总督李卫请开夏盖湖，得到批准，[⑦] 此后，垦风大盛，官府虽然几次限垦，但不见效果，到乾隆晚期，该湖已被围垦了3万余亩。[⑧] 江苏太湖地区居民，在乾隆前期，每趁湖滩露出，便筑起埂岸，“渐图围筑成田。”[⑨] 但围湖造田规模最大

---

① 青玉房居士辑《舟车所至》，《金川旧事》。

② 光绪《东平州志》卷4。

③ 民国《杭州府志》卷58。

④ 民国《杭州府志》卷58。

⑤ 民国《萧山湘湖志》卷1。

⑥ 民国《萧山湘湖志》卷1。

⑦ 《清世宗实录》卷71。

⑧ 光绪《上虞县志》卷20。

⑨ 《清经世文编》卷106，庄有恭：《查禁茭芦占塞河道示》。

者还要数湖北、湖南二省。

湖南：据《湘阴县图志》记载，由清康熙至光绪年间，修筑65围，垦田145888亩，其中乾隆元年至十一年间，修筑50围，垦田107249亩[①]，占清代围垦田数73.5%。乾隆十一年后，又有相继围垸的记载，如乾隆十六年开水田3085.8亩，十八年开水田3088亩，二十七年开水田10204.3亩，共垦田13678.1亩。[②] 乾隆《澧州志林》亦称：由于围湖造田结果，“泽国皆成沃壤”[③]。同治《长沙县志》记载，嘉庆六年，该县对围垸进行查勘，调查结果有私埂25处，其中康熙年间修筑者6处，而乾隆年间修筑者竟达19处之多。[④] 这19处围堤长为18674.95丈，与旧有围堤总长16330.6丈相加起来，共计围堤长35005.55丈，即194.47里，[⑤] 可见其规模之巨大。

湖北：据乾隆年间所辑《湖北安襄郧道水利集案》《案下》所称：“自京山以下，次潜江、次天门、次沔阳，地形愈洼，众水汇归，南北两岸夹河筑堤，其州县人民纠约邻伴，自河筑堤捍水保护田庐，谓之曰垸。各垸之田，少者数百亩，千余亩，亦有多至万余亩者”[⑥]。乾隆九年，湖北荆宜道道员屠嘉正指出：“滨江、滨湖地方，淤涨沙洲，每有附近豪强挽筑私垸”[⑦]。乾隆十一年，湖南巡抚杨锡绂也说：“自滋生日繁，荒土尽辟，愚民昧于远计，往往废水利而图田土，不独大江大湖之滨及数里数顷之湖荡，日渐筑，尽失旧迹，即自己输粮管业数亩之塘，亦培土改田，一湾之涧，亦截流种稻”[⑧]。乾隆十三年，湖北巡抚彭树葵亦云：“三襄之水，性浊多沙，最易淤积，有力者因之取利如鹜，始则于岸脚湖心，多方截流以成淤，继则借水粮鱼课，四周筑堤以成垸”[⑨]。因私垸相继修筑，严重影响了湖水的储蓄和进退，使水灾频繁发生。

---

① 光绪《湘阴县图志》卷22。
② 光绪《湘阴县图志》卷21。
③ 乾隆《澧州志林》卷5。
④ 同治《长沙县志》卷6。
⑤ 彭雨新：《清代土地开垦史》。
⑥ 乾隆《湖北安襄郧道水利集案》《案下》，《禀制宪晏各属水利岁修事》。
⑦ 屠嘉正：《请并修沙洋上十里堤并建石矶》。
⑧ 《清经世文编》卷38，杨锡绂：《请严池塘改田之禁疏》。
⑨ 《清经世文编》卷117，彭树葵：《查禁私垸滩地疏》。

清廷于乾隆十一年严查堤垸，颁布“倘有自恃己业，私将池塘陂泽改垦为田，有碍他处民田者，查出重惩”①。但此令并没有多少效力，至乾隆二十八年时，湖南巡抚陈宏谋又提出严禁湖滨各县私修堤垸报告，并申请刨毁湘阴阻水私垸数处。② 从民间私自修垸，累禁不止情况看，也反映了当时围湖造田气势之盛！

乾隆年间，沙田开发以广东为最。广东珠江三角洲地区，在康熙、雍正年间，对沙坦的垦殖尚少，进入乾隆朝后，竞相围垦之事，接连发生。乾隆三年，户部尚书海望题本中说到，海滨居民因贪图坦利，唯恐他人报承，一见坦形微露，便约计顷亩，“争先上报”，而“不计其成熟之期尚远”③。《南海县志》也说，豪强之家，为了争占沙坦，还与探沙人相勾结，怕“沙钻探”者发现的沙坦落入他人手中④。争占沙坦之争十分激烈。据乾隆十六年广东巡抚苏昌等清查后报称：当时已围筑的沙坦南海有11处，番禺有14处，顺德有13处。⑤ 至嘉庆二十三年再次清查时，围垦沙田仅“奏准升科者五千三百余顷”⑥。未奏准升科者尚不在此数。就准升科数目而言，五千三百余顷也不是实在的数字。据彭雨新教授估计，此时垦殖沙田当在万顷以上。⑦ 此外，江苏崇明人民对沙田继续开发也取得不少成绩。乾隆年间，新涨沙洲也被围垦一光。

5. 对边疆地区的垦拓

清代新疆的兴垦始于康熙五十四年，因平定准噶尔战事需要，分别在北路科布多、莫岱察罕瘦尔、鄂尔斋图果尔等处和西路安西、哈密、巴里坤、吐鲁番相继设屯。雍正四年，清廷答应策妄的划界请求，将西、北路大军撤回。北路科布多、鄂尔斋图果尔，西路吐鲁番、巴里坤等屯田也随之放弃。雍正七年，噶尔丹策零犯科舍图卡伦，清廷再次出兵西、北路，因“军需浩繁”，雍正十年时，又在甘、凉、肃州募民兴屯，使西路屯田扩展到凉州镇一带。同时，北路鄂尔昆——济尔玛台——图拉屯田有了很大发展。据乾隆元年川陕总

---

① 光绪《大清会典事例》卷166。
② 《清朝经世文续编》卷98。贺熙龄：《清查湖滨私垸永禁私筑疏》。
③ 《户部抄档·地丁题本》广东（三），乾隆三年四月二十六日，户部尚书海望题。
④ 道光《南海县志》卷16。
⑤ 《户部抄档·地丁题本》广东（三），乾隆十六年九月九日，大学士兼管户部傅恒题。
⑥ 张之洞：《张宫保政书》。
⑦ 彭雨新：《清代土地开垦史》，第167页。

督刘於义称：雍正十二年，柳林湖报垦12万亩，毛目城18750亩，三清湾16180亩，柔远堡1923亩，双树墩1562亩，九坝1186亩，平川堡2004亩，昌林湖1600亩，共163205亩。[①] 乾隆元年清准再次议和，清军陆续回撤，吐鲁番、巴里坤、科布多、鄂尔昆等处屯田相继放弃，谓："将原派屯兵撤回差操，以实营伍"[②]。乾隆二十一年（1756），清军在额尔齐斯设立兵屯，但规模不大。乾隆二十四年，清廷平定天山南北路，西北战事结束，河西兵屯无再设置必要，于是改为民屯，招民认垦。同时，西北屯田重心由北路、西路转移到新疆。但新疆大规模的屯田，是在乾隆二十一年清军进入天山南北路以后兴起的。随着准部阿睦尔撤纳反叛平定，以及南疆平定，新疆局势稳定，给新疆的开拓和发展，造就了良好的社会环境。

清政府为了开拓和发展新疆的经济，乾隆中期后，发布了系列优惠政策，鼓励内地人民到新疆垦殖。同时派绿旗军到新疆屯垦，遣送罪犯进疆开垦等措施，增加新疆劳动人口。据统计：乾隆二十七年，应募入疆民户约有八千户。[③] 乾隆四十三年，又有1136户商民携眷属到新疆。其实来新疆者远非此数，自乾隆二十七年后，几乎每年都有不少民户在各屯区认垦。此外，清廷为了加速伊犁垦区开发，自乾隆二十七年至三十二年间，从乌什、叶尔羌、和阗、哈密、吐鲁番等处调来回民6000户，在此垦种地亩。

在各方面的努力下，乾隆年间新疆各屯区开垦情况见表1－14。

乾隆年间，新疆垦田数远不止900800.2亩，因为回屯人数在乾隆年间远不止6000户，同时，回屯每户所耕种土地也不止30亩。表中每户以30亩计，是根据新疆一般民户授田面积而言。由于清廷对新疆回屯人民并没有垦田数额的限制，只有纳粮数额的规定。所以，回屯户为了保证完纳交粮任务，他们就得尽量多垦多种地亩。与此同时，为了满足新增加人口口粮需要，也使他们尽力扩大耕地面积。因此，回屯垦地数额大大超出此数。这是一。其二，乾隆三十一年以后，从内地招募的民户还在不断增加，随着民户增加，当然垦地也在

---

① 《户部抄档·地丁题本》甘肃（四），乾隆元年十二月二十日，川陕总督兼甘肃巡抚刘於义题。

② 《敦煌随笔》卷下，《屯田》。

③ 王希隆：《清代西北屯田研究》。

增长。但由于缺乏资料，无法作出更具体的统计。但与康、雍年间相比，无疑是上了几个台阶，创出新局面。

表1-14　　乾隆二十三年后新疆各大垦区垦种情况

屯种地区	屯田地址	统计年份	开垦耕地（亩）	资料出处
巴里坤地区	巴里坤	乾三十一年	兵屯16500	《清朝文献通考》第4956页
			民屯44720	
	材巴什呼		兵屯4065	
	塔里雅沁		兵屯7030	
	木桑		兵屯4000	
	小计		76315	
	木垒河、东西基尔玛泰	乾三十六年		《清经世文编》卷81，《兵政·塞防下》
	奇台、东西格根			乾隆三十七年，陕甘总督文绥陈嘉峪关外情形疏。
	吉布库更格尔等		民屯34000	
乌鲁木齐大屯区	乌齐本齐三营	乾三十一年	兵屯51320	《清朝文献通考》第3956页
	乌齐木齐		民屯103088	
	景仗城		兵屯11340	
	乌苏		兵屯4000	
	玛纳斯		兵屯4000	
	乌齐木齐所属	乾三十六年	民屯300000	《清朝经世文编》卷81；《兵政·塞防下》
	小计		民屯403088	乾隆三十七年，陕甘总督文绥奏
			兵屯70660	
伊犁屯区（兵屯）		乾四十三年	50000①	《新疆识略》卷6。《屯务》第5页
伊犁屯区（回屯）		乾三十八年	180000②	《新疆识略》卷6，《屯务》
伊犁屯区（户屯）（遣屯）		乾四十六年	56737.2③ 30000④	《新疆识略》卷6，《屯务》
	小计		316737.2	
	合计		900800.2	

说明：①伊犁屯兵人数各个时期不大相同，如乾隆34年垦种为2000名，43年为2500名，47年为1500名，54年为2200名（见《大清会典事例》卷178，《户部·新疆屯田》）。这里垦田数系按43年屯种者2500人，每人屯种20亩计。

②按6000户每户耕田30亩计。

③按乾隆46年计，张子仪32户报垦麦地39618.6亩，商户张有义等200户报垦稻田10668.6亩，其余民户、眷民子弟215户，每户种地30亩计，共6450亩，总计56737.2亩。

④遣屯总数约2500名，每人种地12亩，计30000亩。

内蒙地区的开垦，在乾隆以前已有流民进入土默特旗、喀喇沁旗，到乾隆十三年，私垦草场达277500亩以上。清廷查知后，下令今后民人“厉行禁入”蒙古[①]。大约在此前后，流民开始越边到达两辽河流域的科尔沁左翼草原，到科左前旗私垦者达300户，聚居七大屯。在科左中旗的民人聚落70村屯，到科左后旗的民人吉明远、霍明吉、冯文举三大揽头，开垦蒙荒面积东西长129里、南北宽50里左右。据乾隆五十六年勘查，地处伊通河流域的郭尔罗斯草原，自乾隆以来，就有流民前往私垦，到勘查时，进入流民达2330户，开垦的“大荒”“老荒”已达265648亩[②]。

东北地区的开垦，在乾隆时期也有很大发展。尽管该地区民垦遭到严厉禁止，但流民置禁令于不顾，山东、山西、河北之民不断拥入。以盛京境内人口为例，乾隆六年为359622人，至二十六年时，人口增加到678870人，到四十六年时，又增至789093人。[③] 由于人口不断增加，荒地的垦辟也随之增加，尤其是进入乾隆中后期时，荒地的开垦更是突飞猛进。就盛京将军境内情况而言，据统计，乾隆十八年时有民地2524321亩，这个耕地面积相当于雍正二年耕地面积的434.73倍。[④] 在短短三十年间，盛京地区开垦的速度是相当快的。至乾隆四十六年，奉天府属八州县和锦州府属四州县统计，又续丈和清查出民地86273亩，征租余地637245亩。至此，盛京地区民地已增至3247839亩。吉林将军境内情况是，乾隆二十一年，在宁古塔地方查出民地26819亩，二十六年，在都伯纳地方查出民地19294亩；四十五年三姓地方查出民地186亩，伯都纳地方原额地新增地174027亩。吉林乌拉地方陈民地934096亩，宁古塔地方原额新增地计53738亩。四十六年（1781），全境注册民地达1162047亩。[⑤]

乾隆年间，在东北地区开垦史上占有重要地位的是旗地。旗地包括内务府官庄、将军官庄、驻防旗地等。

---

① 《东北边政通考》，第224页。

② 《吉林通志》卷1；《户部则例》卷7，《田赋》。

③ 孔经纬：《清代东北地区经济史》。

④ 梁方仲：《中国历代户口土地田赋统计》乙表63。

⑤ 《盛京通考》卷37。

内务府官庄种类繁多，仅就粮庄而言，在康熙年间仅91个[①]，到乾隆年间，粮庄已增至295个，耕地面积达到了13597顷，乾隆年间扩大的耕地面积占三分之二以上。

盛京各部所属粮庄，雍正八年统计时有118个，耕地面积为276221亩，乾隆年间是否有增加，没有记载。

将军属官庄，分别在吉林和黑龙江两将军境内。吉林将军领有官庄，大多数是雍正以前所建，乾隆年间建立的少。扩大的耕地面积仅11520亩而已。[②]黑龙江情况则大不相同，将军领有官庄大多数为乾隆年间所建立，扩大耕地面积达75500亩，[③] 为雍正朝耕地面积的12倍以上。

当然，东北地区大规模的开垦，还是道光四年吉林地区奏请放垦以后的事。

为了加深对乾隆年间各省垦拓情况的了解，下页，根据《清高宗实录》记载，把各省垦荒数额列表1－15，以便窥其全貌。

五、嘉道年间的垦荒情况

嘉道年间，土地的开垦主要在边疆和陕南山区进行。其特点是：新疆、东北地区的开垦规模比乾隆时期更大，台湾开发迅猛异常，陕南山区的开拓则向海拔更高的地区进行，云贵山区的开拓也有进展。总的趋势是向开发较慢的边沿省份发展，向以前未能开发利用的高寒山区发展。这是符合土地开发进程的。

（一）新疆地区开垦规模的扩大

嘉道年间，新疆地区开垦规模的扩大主要反映在三个方面：一是天山南路新垦区的开发；二是老垦区的扩大开垦；三是旗屯的设立。

---

① 《黑图档》，康熙三十九年京来档。

② 吉林将军领有官庄，雍正时为61个，耕地面积为49680亩，此数为乾隆48年《盛京通志》统计，官庄增至90个，耕地面积达61200亩，此数为乾隆耕地面积减去雍正耕地面积后，所得的数。孔经纬：《清代东北地区经济史》。

③ 黑龙江将军领有官庄，雍正时为61个，耕地6100亩，乾隆时增至136个，耕地面积增至81600亩（乾隆《盛京通志》卷38，《田赋》（二）），孔经纬：《清代东北地区经济史》。

表 1－15　　乾隆年间各直省垦荒情况一览表

省别	乾隆元年至二十年	乾隆二十一至四十年	乾隆四十一至六十年	合　计	说　明
奉天	41251			41251	①陕西乾隆六年有 288707 亩报垦不实，由于虚报数额不详，暂统计在内 ②甘肃乾隆 1～20 年间尚有垦地 1159 段未计算在内 ③广东乾隆 12 年虚报 4700 亩未计在内 ④四川乾隆 52 年估种 35 石未计入 ⑤贵州乾隆 3 年有 5617 亩系虚报额，未计算在内
吉林	102144			102144	
直隶	153186	242047	94681	489914	
山东	63834	119379	129673	312886	
河南	68884	18021	1609	88514	
山西	77527	121656	120537	319720	
陕西	289725①	56750	343	346818	
甘肃	363597②	20067	8682	392346	
新疆		66997	20795	87792	
江苏	161467	60481	1377	223325	
安徽	21176		430156	451332	
江西	52309	255504	8033	315846	
浙江	548896	310970	44378	904244	
福建	31286	33524	14478	79288	
湖北	11302	18663	4272	34237	
湖南	39405	50420		89825	
广东	530710③	210040		740750	
广西	28571	15305	10495	54371	
四川	75887	61095	137445④	274427	
贵州	35437	59666	2901	98004⑤	
云南	92497	62434	11511	166442	
合计	2789091	1783019	1041366	5613476	

资料来源：根据陈振汉等编《清实录经济史资料》《农业编》第一分册整理。

1. 天山南路新垦区的开垦

天山南路的招垦，最早见于嘉庆十二年，民人魏良灏等 30 户，认垦城外园地。嘉庆末道光初，由于流亡于浩罕的白山派和张格尔在浩罕支持下，不断在天山南路作乱，致使招垦工作暂时中断。道光七年，参赞大臣御史钱仪吉奏请：南路“自应仿照北路，开设屯田”①，以保证官兵粮饷。十一年，将军长龄进一步提出，将喀什噶尔附近的合拉赫依及叶尔羌地区的巴楚克等“西四城可种之地，招民开垦，有愿携眷者，听之”。喀拉赫依招垦在道光十二年

① 《清宣宗实录》卷 125。

（1832）初见成效，长龄奏称：屯地“计延袤二百顷有奇，现今已招之五百余人”[①]。道光十五年，喀什噶尔领队大臣西朗阿奏报：“喀什噶尔新城周围一带之喀喇赫依换回地二百二顷六十二亩零，招集屯民五百六户开佃，上年届升科之年，该屯，已将道光十四年份应征小麦六百七石零全数交仓”[②]。

巴尔楚克民屯始于道光十二年，叶尔羌办事大臣璧昌与副将唐丰率兵千名，在此烧荒开地、筑城、开渠引水，招民种地。[③] 至道光十四年，“开田二万四千余亩，共招种地民人三百六十名（户）”[④]。道光十六年（1836），巴尔楚克屯区已垦出荒地十余万亩。

塔什图毕民屯，始于道光十八年，伊犁将军奕山筹划垦辟塔什图毕地区“拨回户垦种纳粮”。道光十九年，水利工程告竣，可灌地1644亩，至道光二十一年，布彦泰奏报称：“塔什图毕三道湾开垦地924顷93亩”[⑤]。

2. 老垦区的扩大

老垦区的扩大随处可见，但规模较大的要数锡伯渠南岸的垦辟。伊犁在乾隆时建有锡伯渠一条，灌溉着渠北狭长滩地，渠南尚有旷土，但地势偏高，不能取得渠水灌溉，而得不到开发。嘉庆七年至道光十三年间，在锡伯营总管图伯特带领下，经过六年不断努力，于伊犁河上游察布查尔山口河湾处凿开山崖，开挖河道，建成一条与旧渠相隔十余里，长度百里的新渠，使渠南八万余亩土地得到开垦，使察布查尔成了伊犁地区最富庶地方。

3. 新设旗屯

旗屯之设置，乾隆年间已有动议[⑥]，但一直到嘉庆七年才得以实施。将军松筠奏报：“现在八旗生齿日繁，应采近水可种之田，于本年四月间奏明惠远、惠宁两满城酌派闲散三百六十名分地试种”，当年收成尚佳。此后，在惠远设有八个屯，惠宁城设四个屯，两城共有旗屯十二个。计共“种植杂粮四

---

① 《清宣宗实录》卷206。

② 《清宣宗实录》卷269。

③ 《叶尔羌守城纪略》。

④ 《清宣宗实录》卷250。

⑤ 《清宣宗实录》卷346。

⑥ 《新疆治略》卷6，乾隆二十九年，清廷指示：“伊犁田土肥润，如敷多人耕作，莫若令满州官兵分种”。

万余亩”[①]。

鸦片战争以后，在伊犁将军布彦泰、特别是林则徐参与筹划下，又兴起了一个开垦高潮。由于已属近代部分，这里不再赘述。

（二）东北地区开垦的加速

乾隆后期及嘉道年间，东北局部地区逐渐放宽禁垦的限制，允许民人垦种，垦地迅速扩大。如大洨河西厂，在乾隆五十六年以后，允许庄头雇佣民人寻辟部分场荒[②]。嘉庆十七年，开始试垦试种，道光六年，奉旨开垦非牧马地方。三陵养息牧厂于嘉庆九年查出私垦地14600垧，嘉庆十八年，划出一部分牧场地给锦宁广义四城旗丁试垦，准许雇佣民人开垦耕种[③]。内蒙古草原局部地区也在放垦，乾隆五十六年，科尔沁旗扎萨克奏请：划出“游牧之地招农垦种”[④]。经勘查，该地容留流民2330户，开出熟地265648亩。嘉庆五年批准“借地安民”，“令民人耕种”纳租[⑤]。嘉庆七年，科佐后旗扎萨克奏请：“招民垦种”[⑥]。嘉庆八年，科左中旗题准：七十四屯民人“照旧耕种”。道光三年，科左中旗卓里克图亲王私招民人垦荒3184垧。道光十二年，允准科左后旗出放库都力、八面城和金家屯一带夹荒地，面积达270000垧以上。[⑦]

在吉林地区，乾隆末至嘉庆初年，流民私垦土地的浪潮波及吉林伊通河流域。乾隆五十六年，蒙古郭尔罗斯扎萨克公恭格喇布坦“以其游牧之地，招流民垦种”，流民因“地多租少”，“故至者日众”[⑧]。嘉庆四年，查出流民3300户，私垦荒地265648亩。据嘉庆十一年七月统计，“流民续往垦荒，又增至七千余口之众”。十三年五月，允许长春厅“继续查出流民三千一十户”，仍准入该地民册，登记安插。[⑨] 十五年十一月，吉林厅查出新来流民一千四百

---

① 《新疆治略》卷6。
② 《大清会典事例》卷161。
③ 《奉天通志》卷108；《彭武乡土志》。
④ 《吉林通志》卷1。
⑤ 《户部则例》卷7，《田赋》。
⑥ 《户部则例》卷7，《田赋》。
⑦ 孔经纬主编：《东北地区经济史》，第97～98页。
⑧ 《吉林通志》卷29。
⑨ 《清仁宗实录》卷196。

五十九户，长春厅查出新来流民六千九百五十三户。[①] 随着流民不断增多，吉林南部三面环松花江的伯都纳地区的私垦地也在激剧增加。嘉庆十二年，查出拉林河两岸私垦地一千九百余亩[②]，十六年，据吉林将军赛冲阿疏报，伯都纳、拉林河等处开垦田四万八千二百四亩。[③] 嘉庆年间，流民开垦地：吉林 325898 亩，宁古塔 1321 亩，伯都纳 245683 亩，三姓 66 亩，合计 572968 亩。[④]

道光年间，伯都纳地区首先开禁放垦，道光四年即开垦闲荒 108000 垧，即 648000 亩。至道光二十七年，查出流民垦荒“珠尔山地八千余垧，菘梨场以西代吉屯一带地一万一千余垧”[⑤]。

（三）台湾的开垦

郑成功从荷兰殖民者手中收复台湾后，即在台湾开疆辟土，建立官田、文武官田、营盘田等。此外，也还有少量的商人，招佃垦种私田，经查明，郑氏经营下的台湾，垦种田和园共有 18000 余甲，合 203400 亩。[⑥]

康熙二十三年，台湾归入全国版图后，闽粤人民不顾清廷严禁汉人进入“番地”禁令，冒着风险赴台从事开垦。开始时，闽粤人民只是只身前往，乾隆后渐有携眷前往。台湾归统之初，大约只有 20 万汉民，随后，由于闽粤人民不断涌入，至嘉庆中期，台湾汉民已达 200 万。据《清朝文献通考》记载，至嘉庆十四年，仅噶玛兰一地就有闽粤移民四万多人。[⑦]

雍正五年时，据御史尹秦称：彰化北路一带，地稍偏远，“多未辟之土”，“宜召民开垦”。同时还说，淡水同知王汧曾经称：“北路虎尾溪以上，闲原宽旷”[⑧]。而北部平原和南部淡水溪流域，已相继得到开垦。至乾隆年间，由于人口增加和平原地区已得到开垦，于是人们又涌入丘陵地带，据乾隆五十三年间闽浙总督福康安奏报，这时漳化、淡水等处东面倚山地带，经查明垦熟地亩

---

① 《清仁宗实录》卷 236。
② 《清仁宗实录》卷 190。
③ 《清仁宗实录》卷 249。
④ 刁书仁：《清代吉林地区农业开发的特点》，《中国农史》1992 年第 1 期。
⑤ 《吉林通志》卷 31。
⑥ 每甲折合市亩为 11.3 亩。
⑦ 《清朝文献通考》卷 25。
⑧ 《清经世文编》卷 31，雍正五年御史尹秦：《台湾田粮利弊疏》。

达11200甲，即126560亩。[①] 嘉道年间，垦荒的地点已转移到东北噶玛兰、东部花莲和中部埔里社一带。据台湾巡抚刘铭传清赋疏称，至道光年间，全台垦熟田园有794491亩。[②] 扣除郑氏时期和乾隆五十三年前所开垦的耕地后，所剩的大半还多的耕地应是嘉道年间新增加的垦荒地。随着荒地的开垦，台湾已成为大量粮食输出地。

刘铭传奏报的道光年间全台耕地额并不准确，实际上，要大大地超出此数。雍正五年时，御史尹秦就明说过："开台之后，地方有司即照租征粮，而业户以租交粮，致无余粒，势不得不将成熟之田园，以多报少。欺隐之田，竟倍于报垦之数"[③]。但嘉道年间垦荒数额较以前为多的情况，还是得到了反映。

（四）川陕鄂三省交界山区的开发

流民在川陕鄂三省边界地区开垦，到嘉道年间进入第二个高潮。乾隆前期业已开始的秦巴山区的垦殖，到嘉庆元年时，因白莲教起义暴发，暂时中断。战后，流民又大批流入，严如熤称：由于巴山老林"多良林、产铁矿、竹可纸，木生耳蕈，食宜包谷、荞豆、燕麦，不当徭纳粮，但给地主数贯，亦可赁种数沟数岭，故川楚粤黔安徽无业之民，侨寓其中，以数百万计，依亲傍友，垦荒种地"[④]。这些从四川、湖北、广东、贵州、安徽进入该区的流民，大多是"自乾隆三十七八年后，因川楚间有歉收处所，穷民就食而来，旋即栖谷依崖，开垦度日。而河南、江西、安徽等处贫民亦多携家室来此认地开荒"。而在此之前，该处还是"俱系荒山僻壤，土著无多"[⑤] 之地。但大巴山主脊北侧的镇平、砖坪和定远却还很少流民进入。这些地方的开发是在嘉道年间进行的。《镇平县新编简要县志》称："乾隆时自设巡检而后，领荒开垦者不足八十户，迨嘉庆年间，川、鄂之人懋迁来此取籍者，约八千余

---

① 光绪《大清会典事例》卷165。

② 光绪十二年五月，台湾巡抚刘铭传：《奏请台湾清赋疏》，《台湾文献丛刊·清代台湾大租调查书》，第42页。

③ 《清经世文编》卷31，尹秦：《台湾田粮利弊疏》。

④ 《清经世文编》卷82，严如熤：《规划南巴棚民论》，第2020页；又见卓尔恬：《奏陈川陕楚老林情形》，《三省边防备览》卷14。

⑤ 嘉庆《安康县志》卷20，毕沅：《兴安升府疏》。

户，清道光间……共有一万零二百户，九万四千八百口”[①]。《南山垦荒考》亦称：“嘉庆年间巴山增设定远一厅，流民垦荒开山附籍者，增至十余万户”[②]。像秦岭中部地区的宁陕、孝义、佛坪和位于巴山深处的砖坪、定远、镇平这些高寒地带，嘉道年间之所以能得到开发利用，是与马铃薯传播密不可分的。据兴安府知府童兆蓉称：该处高山地气阴寒，麦豆包谷不甚相宜，并说，询之土人，“佥称嘉庆教匪乱后，各省穷民来山开垦，其种渐繁”，所种植的农作物“惟种洋芋，种少获多，不费耕锄，不烦粪壅”[③]。这种耐寒作物的推广，使尚未被开垦的海拔高度 1400 ~ 3000 米之间地带，成为流民争垦之地。

六、清代前期的耕地面积

明末清初因战乱而荒废的耕地，经过清政府招垦政策的推动，到康熙末，耕地面积已恢复到明万历年间田额。因此，康熙末叶，每有官员提出垦荒建议时，清圣祖即予严厉批评说：“每以垦田积谷为言”，是“不识时务”之举，因为“今人民蕃庶”，“山地尽行耕种，此外更有何应垦之田，为积谷之计耶”[④]。至此，清初的荒田垦复工作已告一段落。此后，在经济发展、人民增殖和巩固边防种种因素推动下，政府继续鼓励人民向山区、向贫瘠土地、向湖滨、向海滩、向边疆地区要耕地。所以有清一代耕地面积是朝着逐渐增加趋势发展着，如表 1 - 16。

令人遗憾的是：本表缺乏道光年间各省及全国耕地数，主要是前人没有给我们留下这笔遗产。但在鸦片战争前，全国耕地面积在 800 万 ~ 850 万顷上下，是完全可能的。

① 民国《镇平县新编简要县志》。

② 萧正洪：《清代陕南种植业的盛衰及其原因》，《中国农史》，1988 年第 4 期。

③ 童兆蓉：《童温处公遗书》，转见萧正洪：《清代陕南种植业的兴衰及其原因》一文，《中国农史》1988 年第 4 期。

④ 《清圣祖实录》卷 259。

表 1－16 清代前期各直省耕地面积 单位：顷

省 份	顺治十八年（1661）	康熙二十四年（1685）	雍正二年（1724）	乾隆三十一年（1766）	嘉庆十七年（1812）
共 计	5492577	6078429	7236429	7807156	7921061
直 隶	459772	543444	701714	682344	741435
山 东	741337	925268	992586	989150	986345
山 西	407871	445221	492426	545481	552791
河 南	383404	572106	659045	797238	721146
陕 西	373286	291149	306546	299652	306775
甘 肃		103088	217913	350929	236841
江 苏	953445	675154	693324	674238	720895
安 徽		354274	342001	406893	414369
江 西	444304	451611	485529	467442	472741
浙 江	452216	448566	458852	464139	465004
福 建	103458	111995	313071	145913	136537
台 湾					8638
湖 北		542418	554041	588917	605185
湖 南	793354	138924	312561	343965	315816
四 川	11884	17261	215033	460071	465471
广 东	250840	302393	317575	342242	320348
广 西	53939	78025	81578	101749	90026
云 南	52115	64818	72176	92537	93151
贵 州	10743	9597	14544	26731	27660
奉 天	609	3117	5806	27525	213007
吉 林					14923
黑龙江					816
新 疆					11141

注：本表根据李文治：《中国近代农业史资料》第一辑第60页表的基础上，对个别数字做了订正而成。原表中未计入的“甲”、“臼”、“坪”，按梁方仲《中国历代户口、田地、田赋统计》第528页，甲＝11.3亩，臼＝2亩，坪＝4亩折算后计入。雍正二年，福建地亩与各朝统计数相差甚远，可能是133071顷之误，但无确证，兹仍旧。

上表中的全国耕地数是清代官方的统计数字。对这个统计数字历来有争议，有许多人认为官方的统计数是被大大缩小了，并不是实在的耕地数。他们认为不论南方还是北方，都有折亩现象，少的两亩折一亩，多的六七亩折一亩，乃至八九亩折一亩。除折亩之外，还有隐瞒地亩，“民间往往因为避免政府征税，故意隐匿，多不肯实报。官吏虽明知其秘密，但为种种关系，亦不肯据实查报"[1]。因此，实际耕地面积要远远多于官方统计数。为了弄清这个问题，人们试图从各个角度去探求。如有人以航测中得到的数据，推算清代耕地总数；也有人以口粮需要量测算耕地面积。这种种努力和尝试都是有益的。

清代存在折亩不是什么秘密，官书都有明确记载，如《会典》称：陕西"洛川县地，向系八亩四分折正一亩，宜川、延川二县地，四亩折正一亩"，"肤施县地，五亩零折正一亩；甘家县地，三亩零折正一亩"[2]。清大臣陆陇其亦称：直隶元氏县"上地每三亩六分七厘四毫折征粮地一亩，至下下地则十一亩折征粮地一亩"[3]。直隶获鹿清代《编审册》亦留下实例，经折算，平均每7.5亩至9.1亩折正征粮地1亩。[4] 安徽徽州府祁门县《新丈亲供首状》亦记载[5]，如下表1－17：

表1－17　　新丈亲供首状

丈　积	折　税	平均每亩步数
603步	2.4577亩	245步
481步	1.95844亩	240步
3153步	12.771亩	255步
6047步	15.1172亩	400步
（塘）84步	0.338亩	248.5步

至于隐瞒地亩，尹秦奏报时就曾指出："将成熟之田园，以多报少，欺隐之田，竟倍于报垦之数"[6]。诸如此例情况，方志在在有之，这里不赘述。

上述种种情况存在，当然会影响耕地面积不实。但令人遗憾的是，过去探讨这个问题，回避了两个方面的重要情况：一是关于当时为什么要实行折亩没有进行研究；二是忽视了有小亩，有清查扩大化，有把山、塘、湖、荡化做耕

① 刘世仁：《中国田赋问题》，页26，文海出版社（台）版。史志宏：《清代前期的耕地面积及粮食产量估计》，《中国经济史研究》1989年第2期。

② 雍正《大清会典》卷27。

③ 陆陇其：《三鱼堂文集》卷3，《杂著》，《寿宁志论》。

④ 江太新：《清代前期直隶获鹿县土地关系的变化及其对社会经济的影响》，《平准》学刊第一集。

⑤ 中国社会科学院经济研究所藏《屯溪档案》。

⑥ 《清经世文编》卷31，尹秦：《台湾田粮利弊疏》。

地的另一方面问题，忽视了随着人口增加，民宅侵田等事实，忽视自然灾害对耕地的侵蚀，等等。从而影响了对耕地数量探讨的科学性和可靠性。这种只顾其一，而不顾其二的做法，就可能使耕地面积扩大化。从而从一个极端跳到另个一极端。

事实很清楚，清代存在大亩的同时，也存在着小亩。严可均《铁桥漫稿》载：江苏太湖流域，平畴水田有的1亩只有190步，斛水田有的1亩只有200步。[①] 乾隆十五年，中央政府为统一天下弓尺，要求各地将旧用弓尺报部审核，审查结果“有以三尺二寸为一弓者，有以七尺五寸为一弓者”[②]，相去悬殊。这种情况，绝非太湖仅有，安徽徽州地区也普遍存在。这里有以190步为1亩的，也有以220步为1亩的，此外还有以230步为1亩的。如《屯溪档案》《租484》记载：菖蒲坵丈积为184.8步，折合税亩为0.866亩，约213.4步为1税亩；牛路下丈积为160.8步，折合税亩为0.718亩，约224步为1税亩；高六坵丈积为189.6步，折合税亩为0.863亩，约220步为1税亩。[③] 另据雍正元年《清查田粮影射疏》称：“直隶、浙江等处田地，多有名为有地，而其实无租税可收者，其大略有四”，其中与耕地面积有关的是：“从来置产之户多系乡绅富户，其弃田之人贿通置产家人，将高下错差，一概指为美产，往往以九亩作十亩，或以九亩五六分作十亩”[④]。这类虚悬之产，也是不可忽视的。由此看来，前人所谓的“大小亩”中的“小亩”并非指240步为1亩的亩，而是指小于240步标准以下的亩，才是真正含义上的“小亩”。弄清这一事实，对如何估计当时耕地面积是十分有益的。

清代是我国人口发展十分迅速的时期，乾隆二十七年，突破2亿人口大关，至道光十四年，又在乾隆二十七年基础上翻了一番，达到4亿人口大关。人口迅速增长，一方面要求增加耕地，以满足新增人口的食粮，与此同时，新增人口又要解决住宅问题，从而产生了蚕食耕地的严重问题，中国家庭构成主体是以父母加上几个未成年子女组合而成的，“子壮出分”，几代同堂家庭虽

---

① 严可均：《铁桥漫稿》卷2，杂诗注。

② 刘世仁：《中国田赋问题》，文海出版社（台）版。

③ 中国社会科学院经济研究所馆藏《屯溪档案》，《租484》。

④ 《清经世文编》卷32，阙名：《清查田粮影射疏》。

有，但不是主要的[1]。出分的子媳则需住房，因此，人口激剧增加，民宅争地问题就愈加严重。这种情况，中华人民共和国成立后显得更加突出，据统计，从1957～1986年间，全国累计减少耕地6.1亿亩，净减2.3亿亩，平均每年净减790万亩，仅1993年全国耕地就减少937万亩，相当于一个青海省的耕地面积。[2] 解放后耕地面积的减少主要是由于建设规模的扩大，但广大农村的民宅建筑占地也是十分可观的。透过当代耕地面积占用情况，多少也可以反映出清代前期耕地面积被占用的另一侧面。

清代经济的发展，也带动了商业的繁荣，各地的市、镇、墟场（集）都有很大发展，这发展除原有基础上扩大外，主要是新建了不少的商业点。如江南，明代苏州府有市50个、镇45个，至清代时市增加到56个，净增6个，镇增加至47个，净增2个，松江府明代有市20个，镇42个，至清代时市增加至26个，净增6个，镇增加至70个，净增28个。[3] 北方情况也大致相同，如直隶获鹿县，乾隆以前只有8个集市，乾隆以后新增设了9个集市，[4] 新增集市倍于前。市、镇、墟场（集）的大量增加，无疑是要占去许多粮田。因此，在估计耕地面积时，对这种情况也不应略而不计。

此外，我们再来探索折亩及欺隐原因。御史尹秦在《台湾田粮利弊疏》称：台湾“欺隐之田，竟倍于报垦之数”，这是由于官府隐情之故呢？还是知情不报呢？实际上，官府是知情的，但不行清查。这是为什么呢？

请看尹秦的申述：“臣等细访，向来任其欺隐，不行清查之故，则其说有五：现征科则，计亩分算，数倍于内地之粮额，若非以多报少，不能完纳正供。此其说一也；台湾沙地，每岁夏秋大雨，山水奔泻，田园冲为涧壑，而流沙壅积，熟田亦变荒壤，若非以多报少，将何补苴亏缺！此其说二也；台地依山临海，所有田园，并无堤岸保障，海风稍大，咸水涌入，田园卤浸，必俟数年咸味尽去之后，方可耕种，若非以多报少，何以抵纳官粮！此说三也；台郡土脉炎热，不宜用肥，两三年后力薄寡收，便须荒弃两年，然后耕种，若非以

① 江太新：《清代获鹿人口试探》一文，《中国经济史研究》1991年第2期。
② 李瑞环：《关于农用土地的几个问题》，《汕头日报》1994年7月2日。
③ 樊树志：《明清江南市镇探微》。
④ 江太新：《清代获鹿人口试探》一文，《中国经济史研究》1991年第2期。

多报少，焉能转换办公？此其说四也，佃丁系漳、泉、潮、惠客民，因贪地宽，可以私垦，故冒险渡台，设使按亩清查，以租作粮，伊等力不能支，势必各回原籍，以致田园荒废，额赋虚悬，此其说五也”①。尹秦所奏五款中，其中二、三、四款直接涉及耕地面积计算问题，尤其是第三款中提到的休耕问题，更值得重视，按耕三年，轮休二年情况看，每年就有40%的土地抛荒，以恢复地力。这部分休耕的土地，就应该排除在当年耕地面积之外，才算是合理的，若不把休耕土地除外，必然要夸大耕地面积，这是不可取的。若再把因灾良田卤浸，需数年后咸味尽去，方能复耕这部分土地亦考虑进去，台湾欺隐之地哪有“竟倍于报垦之数”呢？因此，我们对某一事物的考察，必须深入下去，不要被表面现象所迷惑。像台湾地区的这种情况，其他地方亦照样存在，如陕西巡抚秦承恩在申述陕西为什么要实行折亩时指出：“陕西省淹浸不常之地，非系涧侧，即属河滨，水性之坍涨靡常，地亩之出无定……一经冲刷，多被泥淤，岁收实止一二，应请以五亩折正一亩”。同时，他还特别强调，这些“土力硗薄之地，一经播种，若不听其休息，虽多费工力，亦属无收，应请以四亩折正一亩。至于极边寒冷之地，山多土少，风气严寒，虽有人力之劳，籽粒之费，缘土性寒冷，生发较迟，收成最薄，应请以三亩折正一亩”②。雅尔图出任河南巡抚后，指责前任巡抚王士俊捏报劝垦疏称：“查王士俊所报开垦之地，共有四项：一曰河滩地亩……一曰夹荒地。查原疏内称：系零星垦辟，荒熟相杂者。夫小民既知此地可耕，岂有垦治一段，抛荒一段，错综间杂之理。盖缘豫省土地，有一种沃野之地，年年可耕，即禹贡所谓厥土惟壤也；又有一种硗瘠之地，树艺一两年，则其土无力，不能生发，必另耕一处，将此处培壅一两年，然后复种，如此更番迭换，始得收获，即禹贡所谓下土坟垆也。前人立法，不分高下等则，一体纳粮，止于弓丈之间，准其独大，以恤民力。……”③。根据上述情况看来，折亩存在是有客观原因的，我们在研究耕地面积时，不应忽略这一点。

---

① 《清经世文编》卷31，尹秦：《台湾田粮利弊疏》。

② 乾隆五十六年二月初五日，陕西巡抚秦承恩题。《户部抄档·地丁题本》陕西（四）。

③ 《清经世文编》卷34，雅尔图：《勘报开垦虚实疏》，乾隆五年。

还有，当我们看到隐漏、折亩弊端同时，还必须看到另外一种弊端；即“州县承望上司意旨，并未踏勘实在荒地若干，即预报亩数，以邀急公之名”。在这种情况下，往往产生二种流弊，一是以熟作荒。在荒地不足情况下，以熟田之数“符所报之额”，这就出现了虚悬之数。另是以荒作熟，“历年荒地在河堧者，坍涨不常，且地势低洼，河水偶溢，即成沮洳；在山麓者，外铺平土，有似可耕，其下三四寸多石皮石子，坚不能掘，所生之草，亦皆纤细无力，岂能发生禾稻；又有高阜鳞次，而溪远水浅，难资灌溉，以致荒废者。此种地亩，州县不复踏勘，悉入报垦之数……恐十年之后，民不得不报熟，官不得不升科，幸而薄收，则完官不足，稍遇岁歉，即卒岁无资，而逃亡失业之患，从此起矣。然且赋额一定，州县不敢悬欠，督抚不敢开除，于是飞洒均摊诸弊，又将以熟田当之，是名为开垦，其实有垦之名无熟之实也”①。这种虚悬情况亦影响到对清代耕地面积的估算。乾隆初年，政府对此弊端虽加纠正，但是否彻底，则难以说清。

广西有荒地，但不能得以充分利用，这又有其本地具体情况。李绂在《条陈广西垦荒事宜疏》云：广西“地不加辟其故有六：山谿险峻，猺獞杂处，防范不严，则成熟之后，多遭盗割，种植徒劳。一也；民性朴愚，止知滨江有水之地，易于稼穑，不知兴陂池水利，遂使高原可耕之地弃于草莱。二也；止知水田种稻，不识旱地可种杂粮。三也；水耕火耨，烧荒薙草，古有粪田畴美土疆之法，而粤民不知，每耕薄地，二三年后而去之，又历数年，地力既复，然后再种，致多荒土。四也；出户惟谷，纳赋需银，差徭随田而起，恐贻后日之累。五也；良懦垦熟，而豪强认占，势既不敌，官莫为理，勤而无所，恒有悔心。六也；此垦荒者，所以裹足而莫前也”②。像广西这种情况，用航测、用人口口粮推算之法，都无法准确推算出其耕地面积。

因此，当我们考察清代耕地面积的时候，既要看到当时有隐报地亩、折亩的一面；同时，又要看到有虚悬的另一面；此外，还应考虑到折亩原因和其他

① 《清经世文编》卷34，曹一士：《清核实开垦地亩疏》。
② 《清经世文编》卷34，李绂：《条陈广西垦荒事宜疏》。

影响耕地面积因素。只有把各方面的情况都考虑到了，所得出的研究成果才能更接近历史的实际，更富于科学性。直至目前为止，对耕地面积的研究，还是不能令人满意的。今后还需在占有更多资料情况下，进行再探讨，使之不断接近于历史实际。

综上所述，我们觉得在无更精确统计资料时，清代前期耕地面积还是依照官方公布统计资料为宜。或许不是十分准确，毕竟是各省赋税征收的依据。比起用其他手段推算出来的耕地面积总是实在些。当然这也是不得已而为之的办法。

第三节 土地的利用

清代前期，人口急剧增加，对生活资料的需求大幅度增长，同时由于经济的发展，对经济作物的需求量也越来越多。而耕地资源有限，再在开垦上作大文章是不行了，只有另辟途径才是出路。我国劳动人民经过千百年实践，认识到只要适当增加劳动力的投入，就能提高土地的生产力。因此，他们在垦辟荒地的同时，又千方百计提高土地的利用率。轮作复种技术在这一时期有了很大的发展，多熟种植在全国范围内得到了普遍的推行，以“粪多力勤”为特点的农业技术体系，也在这一历史时期得到发展；番薯、玉米等高产作物得到广泛传播；对劣质地的改造和利用更加广泛；水利的开发和利用更受重视。总之，清代劳动人民为提高土地利用率，作了种种的努力，在一定程度上缓解了当时人与耕地之间的尖锐矛盾，其意义不亚于开荒拓土。上述内容有些将在后面各章中论述，这里只探讨下列问题。

一、农田水利的开发

清代，农田水利建设受到普遍的重视，虽然大型水利工程建设较少，但小型的、以民间为主的水利工程却得到普遍发展；边远地区的水利事业也有长足的进步。

清代小型灌溉工程兴建较多，就陕西而言，乾隆时黄河流域的西安等 47

个州县，兴建的水利工程达1171项，灌田面积达64万余亩。渭南的小型灌渠则多如牛毛，大致形成以西安、眉县、华阴为中心三个系统。渭北地区对龙洞渠和同峪河渠、永润渠、怀德渠、广惠渠的整修，扩大了泾阳、三阳、高陵等县的灌溉面积。

宁夏在清中期还开凿了大清渠、惠农渠和昌润渠，原来的唐徕渠、汉延渠也得疏通，这五大渠与黄河斜交，乘势以引河水，旁筑引水渠，以利灌溉。经历代的修建开浚，灌田达百余万亩。

新疆水利事业在乾隆以后取得较大发展。平定准葛尔叛乱后，随着屯田的发展，水利事业在南北疆迅速发展起来，至光绪末年，新疆有干渠949条，支渠2303条，灌溉农田达119万亩。除了利用地面水灌溉外，新疆人民还利用开凿坎儿井的办法，把渗漏入砾石层的水源加以开发利用。据《新疆图志》记载，17、18世纪时，北疆的巴里坤、济木萨、乌鲁木齐、玛纳斯、革化乌苏，南疆的哈密、鄯善、吐鲁番、于阗、和田、莎车、疏附、英吉沙尔、皮山等地都有坎儿井。最长的哈拉巴斯曼渠长150公里，能灌田169万多亩。

河北、河南、山东、山西、陕西等省井灌，在有清一代获得巨大发展。乾隆二年，陕西代理巡抚崔纪动员全省开井，奏准将地丁耗羡银无息贷与贫民，以作打井经费，三年交还。在这一措施下，农民“踊跃从事，即素未悉其利者，委曲开导，亦皆鼓舞兴作”①。乾隆八年至十八年间，陈宏谋两度接任陕西巡抚，继续推行开井事宜。崔纪任职期间新开灌井为32900口，陈宏谋任职其间新开灌井为28000口。② 河北农民习惯于井灌，民间自行开井者更多。《枣强县志》载，乾隆时“直省各邑修井灌田者不可胜纪”，滦城、正定等县井灌都极为发达。乾隆二十七年载：“无极县添挖新井八百眼，而藁城、晋州、行［唐］据察实在情况，各报六千三百、四千六百有奇。栾城一百五十六村内，亦得井三千六百二十眼。余如赞（皇）、元（氏）、行（唐）、新（乐）、正（定）、获鹿都以千计。乾隆十年，灵（寿）、平（山）

① 民国《续修陕西通志稿》卷61。

② 陈宏谋：《通查井泉檄》《清经世文编》卷38，《清史稿·陈宏谋传》。

两邑某某凿井各若干”[①]。据上所述，正定府有井约二万眼以上。山东以“园蔬烟地不虞旱”缘故，故多有井。临清知州王君溥还教民用荆薄代砖打井[②]。山西则数有“井利甲于诸省”之称，其中“平阳一带、洪洞、安邑等数十邑，土脉无处无砂，而无处不井多于豫、秦”[③]。河南井灌在清代也有很大发展，道光初年的王凤生说：安阳、辉县、修武、武陟等县，“间有量地凿井，辘轳灌田之处”[④]。道光二十七年，许州大旱，知州汪根敬“劝民掘井三万余”[⑤]。至于南方的湖南、安徽、福建南部等地区，亦因地制宜凿井灌田。

凿井灌田使旱田单位面积产量提高。卢坤说，陕西兴平县城南多有凿井灌田者，“夏秋所获，自较旱田颇胜”[⑥]。蒋炳南实地考察后称：“凡有井之地，悉为上产”[⑦]。崔纪则更为具体地云：山、陕井浇地，“肥者比常田收获不啻数倍，硗者亦有加倍之入”，又说：井地所获之粟，“约可比常田二三倍之多”[⑧]。张之洞亦说，他河北老家井地收成“可多常地三倍”[⑨]。以前缺乏水利灌溉设施的农田，水利设施改善后，农田单位面积产量可以成倍增长。据陈树平先生估计，在崔纪、陈宏谋主持下新开井数，仅陕西一省就可灌田 487200 亩，可增产谷物 584640 石；直隶霸州仅乾隆九年新开井达 2000 眼，灌地面积达 16000 余亩，增产谷物可达 19200 余石。[⑩] 可见，水利事业的发展，十分有利于土地潜力的发挥。

二、低产田的改造

清代以前，对劣质土地的改造和利用还不是很突出，虽有“化斥卤为良

---

① 《培远堂偶存稿》文檄卷 29；乾隆《正定府志》卷 4。
② 盛百二：《增订教稼书》，《区种十种》。
③ 《丰川续集》卷 18，第 22 页，《答高安朱公》。
④ 王凤生：《河北采风录》，凡例。
⑤ 民国《许昌县志》卷 8。
⑥ 卢坤：《秦疆治略》。
⑦ 张念祖：《中国历代水利述要》，第 108 页。
⑧ 民国《续修陕西通志稿》卷 61，《井利附》。
⑨ 《张文襄公奏稿》卷 1，张之洞：《畿辅旱灾请速筹荒政折》。
⑩ 陈树平：《明清时期的井灌》，《中国社会经济史研究》1982 年第 4 期。

田”的事例，以及采用深耕冻垡、熏土暖田改造冷浸田的办法，但由于往昔地多人少，对劣质土地的开发和改良，并没有紧迫感。清雍乾以后，随着生齿日繁，以及肥腴荒地已垦复，才被提到政府和农家议事日程上来。因此，清代改造低产田的成绩优于前代。

北方低产田主要是分布在黄淮海平原的盐碱地。我国历来有引水洗盐、放于压盐和种稻洗盐等办法，治理盐碱地。清代，天津总兵官蓝理，引海河水围垦稻田二万余顷，亩收三四石，号称“小江南”①。雍正时，清政府又在宁河围垦，使这一地区“泻卤渐成膏腴”②。乾隆年间山东《济宁州志》、道光年间河南《扶沟县志》、道光年间山东《观城县志》都有改造盐碱地记载。这时，改良盐碱地方法除引水洗盐法之外，又出现了绿肥治盐和种树治盐，以及深翻窝盐法。经过治理的盐碱地，不但成了好土，而且谷物产量亦大增。据《增订教稼书》称：经过栽种苜蓿的盐碱地，“四年后犁去其根，改种五谷、蔬果，无不发矣”。《济宁州志》亦称：经过深翻、换土之盐碱地，二三年后，“则周围方丈皆变为好土矣”。《阜宁县志》说，经过如此改造的盐碱地，“地顿饶沃，亩收数钟”。

北方地区在治盐碱地同时，也进行治沙工作。如直隶无极县有片绵亘四十余里的沙洼地。乾隆年间，知县黄可润教民种树治沙。原业主自行栽种，其余“每家资稍裕者，限三十亩，中者二十亩，下者十亩”。四年后“一望青葱，且成树者，风沙不刮，中可播种杂粮，民生渐有起色”③。

冷浸田一般来说属于酸性土壤，土温较低，而且缺乏磷钾元素，因此产量低，宋时已有改良冷浸的深耕冻垡、熏土暖田法，到了清代，这一技术又有较大的发展，如施用石灰、煤灰、骨灰、烤田及放水浸田等方法相继采用。据湖南《黔阳县志》记载：“煅石为灰，禾亩初耘之时，撒灰于田，而后以足耘之，其苗之黄者一夕而转深青之色，不然则薄收”④。湖南《永明县志》亦载：“田多傍山，山泉溉田，气常寒，须石灰温之，故是处皆凿石烧灰者，或割稻

① 《清圣祖实录》卷218。
② 乾隆《宁河县志》。
③ 乾隆《无极县志》卷末；《牧令书》卷10。
④ 乾隆《黔阳县志》卷26。

存稿春月火之以肥田”[①]。广东《长宁县志》《廉州府志》、江西《建昌县乡土志》都有类似记载。这是改造冷浸田常见之法，由于使用方便，成本又不是太高，为民间所乐用。

广东兴宁还采用骨灰蘸秧根法，以提高冷浸田收成。《兴宁县志》称：“东乡之东，山高多阴，水寒而冽，有至芒种后始插，立冬后始获者，故必用牛骨烧灰调水蘸根，乃插，否则秀而少实”[②]。

湖南宁乡等县农民还采用蓄水浸田法，以提高冷浸田土壤温度。《宁乡县志》记载：当地农民“秋获毕，即耕田蓄水，曰打白水，以七月八月为美，九月十月次之，有七金、八银、九铜、十铁之谚”[③]。《桂阳县志》也记有：“近山田，水寒者……至冬维蓄水犁田，无复栽种，若冬干则来岁收歉”[④]。

在清代，由于采用施石灰、麻菇、桐菇、牛骨灰于田，以及蓄水浸田等改良冷浸田方法的普遍推广，使湖南、广东、江西、浙江等地冷浸田得到有效改造，对提高粮食单位面积产量有重要意义。

甘肃砂田出现于明中晚期，但它的发展主要在清代。甘肃砂田主要分布在以兰州为中心的陇中地区。青海、河西等地也有零星分布，砂田约占全区耕地面积7%～8%，该区常年降雨量300毫米左右，而蒸发量却高达1500～1800毫米间，无霜期约150天左右，气温偏低，温差很大，作物生育期短，水资源不足，且地下水含碱量高，对农作物生长十分不利。当地劳动人民经过长期摸索，得出一套改良砂田办法。其办法是：先将土地深耕，施足底肥，耙平，蹴实，然后在上面铺粗砂和卵石，或石沙的混合体，砂石厚度：旱砂8～12厘米，水砂约6～9厘米。每铺一次，有效利用时间可达30年左右。石砂田老化后，需要重新起砂、铺砂，实行更新。经过这种方法处理后的砂田，产量都超过同类未改土的田地。一般新砂田（十年以内）单产要高出30%～50%左右，至中年砂田（十年至二十年）单产仍可高出10%以上。以种植棉花为例，改良

① 康熙《永明县志》卷2。
② 光绪《兴宁县志》卷5。
③ 嘉庆《宁乡县志》卷8。
④ 同治《桂阳县志》卷18。

过的砂田与未改良过的砂田相比，两者产量相差则更大。经改土的砂田，每亩可产棉花五六十斤（皮棉），而未改土的田地连果实也结不出来。[①]

三、农作物耕作制度的改革

由于农作物新品种增加，以及水稻北移、杂粮南传，为清前期多熟制耕作制度提供了可能。

北方的土地利用，在有明一代并不充分。这期间复种的情况，缺乏较全面和可靠的资料，估计复种指数偏低。18世纪中叶以后，我国北方除一年一熟的地区外，山东、河北、陕西的关中等地已经较普遍实行了三年四熟或二年三熟制。例如关中地区复种办法是：冬小麦和豌豆、扁豆、菜籽等收获后，经过夏闲，秋季再种小麦，组成三年四熟耕作制。一些肥料充足，劳动力强和畜力等条件好的农户则施行两年三熟制。有的也实行加入苜蓿的周期较长的轮作。

南方多熟制耕作制度更为普遍。清中期时，稻麦两熟已是江南地区的主要农作制，陶澍说："吴民终岁树艺，一麦一稻，麦毕割，田始除，种于夏，秀于秋，及冬乃获"[②]。安徽来安"种则夏麦秋稻，岁常两收"[③]。四川天全州"芒种前后，锄田插秧，农乃登麦"[④]。江南水稻区，除三麦为水稻的前后茬外，还有蚕豆、油菜等作物。浙江桐乡人张履祥说："吾乡春花之利居半"。据梁家勉主编《中国农业科学技术史稿》称：吴县耕作制与桐乡差不多，有百分之七八十的稻田是稻麦两熟，另一些田则是水稻收割后种"冬菜"，春节前后冬菜收获后又种油菜。

至清中叶，双季稻种植也由闽、粤、浙等省向广西、江西、湘南、四川扩展。这时广西浔江和郁江，以及浔江支流的容江、义昌江和桂江流域，柳江、红水河流域、桂东和桂西都种双季稻。江西由于地处长江中游，自然条件优越，尤其赣南地区双季稻发展很快，并且影响到湘、鄂、川等省。据《致富

---

① 甘肃砂田改造，梁家勉主编：《中国农业科学技术史稿》第八章。

② 《江南催耕课稻编》，《序》。

③ 道光《来安县志》。

④ 咸丰《天全州志》。

纪实》记载，道光、咸丰年间，醴陵使用的双季稻新品种，还是用江西的稻荪种培而成，而且推广到浏阳、善化、长沙、湘潭等地。四川种植的双季稻的稻种也取自江西。到十八世纪后期，双季稻的种植已推广到北纬33度左右的里下河地区。林则徐创导当地人民废除稻麦两熟制，改为双季稻制。[①] 改变稻麦两熟原因在于“麦息甚薄”[②]。台湾的双季稻，以至三季稻种植也是清代发展起来的，嘉道年间人李彦章称：“台湾百余年以前，种稻岁只一熟，自民食日众，地利日兴，今则三种而三熟矣”[③]。但一年三熟稻仅限在“上田”及南部地区，下田及中、北部地区仍以二年五熟或一年二熟为主。[④]

双季稻之所以在清代前期得以推广，主要在于它能增产多收，一亩之收一般要比单季稻增产50%以上。[⑤] 其次在于它可以救急，双季稻的早造一般都采用生长期短，收获期早的品种，到夏至后三四日即可开镰收割的“救公饥”等。这品种虽然产量较低，但“人利其先熟，择地种之以济急”[⑥]。其三，遇灾可以保收，遇上涝灾，“早籼浸死，尤恃二遍籼（晚稻）以补救之”。遇到灾年，一般不致全年无收。

在双季稻种植的基础上，我国南方部分省区还形成了麦、稻、稻，或油菜、稻的三熟制。如广东河源县，乾隆七年时，知县陈张翼履任，“劝民多种二麦，高低沙土东乡之种麦者益广。兼以三年以来，二麦丰收，至乾隆十年尤盛。人情踊跃，虽云两造，实则三收”[⑦]。清中叶，广东惠州府推行“稻、稻、麦”或“稻、稻、油菜”的一年三熟制。[⑧] 福建也有部分地区推行三熟制。由于三熟制的推行，这部分地区复种指数有了较大提高。

在清代人口激剧增长，而耕地面积增长相对缓慢情况下，人与地之间的矛盾显得格外突出。勤劳、智慧的中国人民，在扩大耕地面积的同时，努力发展

---

① 《江南催耕课稻编》，《林则徐序》。
② 《耕心农话》下集，绪言。
③ 《江南催耕课稻编》，《再熟之稻》。
④ 柕萃：《说蛮·鸡笼番》，程瑶田：《九谷考》。
⑤ 乾隆《会昌县志》。
⑥ 道光《于都县志》。
⑦ 《中国农业科学技术史稿》第497页。
⑧ 《中国农业科学技术史稿》第497页。

种田技艺，提高原有耕地单位面积产量，这一实践对于我们今天来说仍有重要意义。

最后，我们想强调一点，清代前期，垦辟土地的实践，还唤醒了人们保护生态环境的意识。清政府和广大劳动人民都对此获得了宝贵的经验教训。

盲目垦山和围垸带来了严重不良后果，清政府逐渐认识到问题的严重性。《湖南水利论》说，由于山谷陵阜的芟辟耕耨，致使地脉既疏，沙砾易圮。“故每雨则山谷泥沙，尽入江流，而江身之浅涩，诸湖之堙平，职此之故。”[①]

湖北巡抚彭树葵则更认识到：“与水争地为利，水必与人争地为殃”[②]。湖南巡抚杨锡绂也认为：“而至于关系水利蓄泄，则仍当以地予水，而后水不为害，田亦受益”[③]。汪方元甚至认为，如果让棚民开山继续发展下去，“他日之钱粮何出?”因为山场“近已十开六七矣，每遇大雨，泥沙直下，近于山之良田，尽成沙地；远于山之巨浸，俱积淤泥，以致雨泽稍多，溪湖漫溢，田禾淹没，岁多不登。至于水遇晴而易涸，旱年之灌救无由，山有石而无泥”[④]。近山农民亦因受垦山之害，而纷纷状告官府，以至“讼案迭出”[⑤]。影响地方安宁。

为了纠正这种失误，清政府为此作出了努力。其措施是：

1. 加强对围湖造田的控制和管理

具体做法如下：首先是查禁。乾隆十一年，湖南巡抚杨锡绂上疏“请严池塘改田之禁”，提出“若自今以往，严行禁止，于东南各省甚为有益”[⑥]。随后，户部议准了杨锡绂建议，下令“官地民田，凡有关水道之蓄泄者，一概不许报垦，倘有自恃己业，私将塘池陂泽改垦良田，有碍他处民田者，查出严惩”[⑦]。乾隆十三年，湖北巡抚彭树葵就任后，接到高宗皇帝一道上谕，要他“将湖河滩地禁止侵占一案作何办理之处，查明具奏”。他的查处办法是：“现

① 《清经世文编》卷117，《工政·各省水利四》。
② 《清经世文编》卷117，湖北巡抚彭树葵：《查禁私垸滩地疏》。
③ 《清经世文编》卷38，杨锡绂：《请严池塘改田之禁疏》。
④ 《清经世文续编》卷39，汪方元：《请禁棚民开山阻水以杜后患疏》。
⑤ 民国《衢县志》卷6。
⑥ 《清经世文编》卷38，杨锡绂：《请严池塘改田之禁疏》。
⑦ 光绪《大清会典事例》卷166。

在惟有檄饬各该州县于冬春之际，亲行履勘，将阖邑所有现垸若干，各依土名查清造册……嗣后即以此次所查，著为定数。听民安业，此外永远不许私自加增"①。乾隆二十八年六月十四日，高宗就陈宏谋奏请严滨湖私筑之禁一折，传谕湖南继任巡抚乔光列，要他"每年亲行查勘，间一二岁，即将有无占筑情形详悉具奏，永以为例"②。乾隆五十三年，因萧姓多年来在窖金洲上种植芦苇，阻遏江流，以致荆州郡城万城堤溃，遭受一次严重的水灾。此事发生后，高宗下令各省督抚："嗣后凡滨临江海河湖处所沙涨地亩，除实在无关利病者，毋庸查办外，如有似窖金洲之阻遏水道致为堤工地方之害者，断不准其任意开垦，妄报开科，如该处民人冒请认种，以酿成水患，即照萧姓之例，严治其罪，并将代为详题之地方等官一并从严治罪，决不姑贷"③。嘉庆二十年，户部决定："浙江省棚民……俱不准再种苞芦，致碍农田水利。……此次清厘后，不准再有增添。如本地人民将公共山场，不告知合业之人，私招异籍民人搭棚开垦者，招租之人照子孙盗卖祀产例，承租之人照强占官民山场律治罪"④。道光十六年九月癸未，宣宗皇帝命令江抚陶澍等"严饬所属各州县，于棚民垦种处所，设法严密管束，或宽予期限，令其渐回本乡。其未经开垦之山，著即严行查禁"⑤。

其次是刨垸。对那些禁而不止，又有阻遏水道的私垸，政府的办法是"刨垸"。乾隆二十八年，清政府在湖南、湖北两省进行围田勘查，以乾隆二十八年前为界，凡二十八年前围垸，"未经列入应毁应留册内"的，"应免刨毁"⑥。列入应毁册的，就毫不留情刨毁，如湖南长沙县，在二十八年勘查时，石株围、团头围即"勘明刨毁。"⑦ 嘉庆七年，马慧裕在《湖田占水疏》奏折中报告："查湖南滨湖十州县，共官围五十五，民围二百九十八，刨毁私围六

---

① 《清经世文编》卷117，彭树葵：《查禁私垸滩地疏》。
② 《清经世文续编》卷39，贺熙龄：《清查滨湖私垸永禁私筑疏》。
③ 光绪《大清会典事例》卷166，《户部·田赋·开垦（一）》。
④ 光绪《大清会典事例》卷158，《户部·户口》。
⑤ 《清宣宗实录》卷288，第5页。
⑥ 同治《长沙县志》卷6。
⑦ 同治《长沙县志》卷6。

十七，存留私围九十一”①。道光五年，湖南布政使贺熙龄在《请查滨湖私垸永禁私筑疏》中，再次呼吁清廷：“请旨敕下湖南巡抚，严禁私筑，每岁责成地方水利各官详悉查勘，如有新筑围田阻碍水道之处，即行刨毁，若有受贿存留，朦混结报者，查出参处”②。

对保留下来的围垸，政府则要求加固堤障，以保安全。龙阳县（今汉寿县）围垸曾于康熙七、八两年政府出资大修，至雍正六年又“奉旨发帑修筑，每堤障加高3尺，加宽5尺”；武陵（今常德县）也于康熙二十一和雍正六年增修，雍正六年也是由政府拨款修筑。③ 沔阳县是有名水患区，顺、康、雍三代共92年中，水灾达42次，频率为45.7%。经过雍正年间增修堤垸，以后又每年加固，因而抵御水患的能力有所提高，乾、嘉、道115年中，该县水患共40次。频率为34.8%。特别是嘉庆25年内受灾仅4次，频率仅为16%。④

2. 加强对山区垦荒的控制和管理

在这问题上，政府一方面是禁止垦山，另一方面，对租满退垦之山，政府决定退田还林。江浙、安徽之民，早在乾隆年间，便到皖南徽州一带垦山，嘉庆十一年，官方下令禁止垦山，但效果不佳。道光四年，两江总督陶澍发布命令，决定棚民租满退山之后，“不得仍种苞芦，改种茶杉，培蓄柴薪，以免坍泻”⑤。从以上所述，可以看到清政府对滥开山、滥围垸所造成的生态失衡是有一定认识的，也采取一定办法保护生态平衡。认为清政府对保护生态环境毫无认识，是不符合历史事实的。但由于流民滥垦风潮没能得到很好的扼制，造成一些地方过度开垦，致使生态环境不断恶化，某些地区后来出现土地贫瘠化，进而影响到产量降低，使经济的发展出现滑坡现象，⑥ 这是严重的历史教训。它告诫我们，要想保持社会经济持续不断发展，必须保护好生态环境，合理开发和利用地球资源，为子孙后代造福。

---

① 《清经世文编》卷177，马慧裕：《湖田占水疏》。
② 《清经世文续编》卷38，贺熙龄：《清查滨湖私垸永禁私筑疏》。
③ 雍正十一年《湖广通志》卷21。
④ 张建民：《清代湖北的洪涝灾害》，《江淮论坛》，1984年10期。
⑤ 《陶文毅公全集》卷26。
⑥ 蓝勇：《乾嘉垦殖对四川农业生态和社会发展影响初探》，《中国农史》1993年第1期。

第二章 人口的增殖

第一节 人口与从业结构的发展变化

一、人口统计和人口变动

清代的人口资料十分丰富，除《清实录》《清会典》《清朝文献通考》《清一统志》等史书有完整系统的记载外，各级地方政府历年纂修的省志、府志、州志、县志等等，也留下了许多可资利用的资料。此外，收藏于中国第一历史档案馆等单位的“汇奏各省民数谷数清册”（因以黄绫作封面，故俗称“黄册”），更是弥足珍贵。若将这些资料加以汇总，再经过校勘补充和适当修正，便是一份完整的清代人口统计册。

我们说清代的人口统计资料系统完整，比之前代，可信的程度也要更高一些，这主要是指乾隆六年以后历年而言的。在这前一年的十一月初一日，乾隆皇帝发布了一个上谕：要求直省督抚们于“每岁仲冬”，“将各府州县户口减增、仓谷存用，一一详悉具折奏闻”[①]。还规定按“设立保甲门牌”“胪列”[②]。于是从第二年起，便出现了以男妇大小口统计的人口数字。按保甲门牌造报人口册，尽管也存在着这样那样的问题，但由于它摆脱了已往朝代一直相沿的与赋役挂钩的编审，大大减小了隐漏、逃役等弊端，而且从乾隆年间起，清朝政府对保甲的编制清理抓得很紧，所以比较起来，统计的真实性就大多了，经审

① 《清高宗实录》卷130。

② 光绪《清会典事例》卷157。

校后是可以作为使用凭依的。问题是在这以前的97年间，即顺治元年到乾隆五年，政府只公布人丁数（少数地方志中也有记载人口数的）。丁的原来含义是年16以上60以下的成年男子。登录人丁的目的主要是为了佥派劳役、征收丁银。由于丁也与田地一样，按照贫富高下有三等九则等区分，自实行以银代役和征收丁银后，有的地方政府为方便手续，便把多个等则的人丁，统统归为一等，如按上上则征，或按下下则征，这便是“折丁”。也有把编审册上所载一个人丁的丁银，分摊到几个丁的头上承担，如合2～3丁、4～5丁为一丁，多的也有合十余丁为一丁的，叫做“朋丁”。后来又出现了“丁随田派”等名目，就是把丁银匀摊到田地中征派，如此等等，表明丁已不是原来意义的丁了，而质变成一个赋税单位了。

既然历年的编审人丁数已基本不可用，那么就牵涉到怎样弥补这97年间的空缺。有的学者按晚明所确定的人口数，再根据清初情况加以顺推，得出大体匡估数，也有的用后来比较确定的人口数和不同年代的增长率，向前逆推。不过仍有学者认定以丁推算人口是可行的。理由是不管丁后来如何质变成为赋税符号，其脱胎还是早先所确定的人丁，而且从现有可见的史料来看，清朝皇帝或官员从来没有否定或推翻过原先所规定的人丁的概念。这说明他们在考虑每年上报或汇总人丁数字时，原来丁的概念也还是在起作用的。事实上，当前的一些学者在匡估的清初人口数，仍有以清朝政府公布的人丁为基数，推算出人口数，然后适当加以修正取得的，不过因各人看法不一，所以得出的修正数也不完全相同。①

我们认为，匡估清初的人口数，首先得确认晚明的人口数。明代的人口，依照官方册籍记载，最高时达到7000多万口，通常也就是5000万～6000多万之间。不过根据一些学者推测，明万历中期的人口已接近1亿，或超过1亿，有

① 胡焕庸、张善余：《中国人口地理》上册中推定顺治九年85000千人，康熙元年90000千人，康熙三十一年115000千人，康熙六十一年145000千人，雍正十二年160000千人。赵文林、谢淑君：《中国人口史》推定顺治三年88486千人，康熙元年91791千人，康熙三十一年100403千人，康熙六十一年124103千人，雍正十二年131771千人。王育民：《中国人口史》推定顺治八年42533304口，康熙元年76812932口，康熙三十年81454272口，康熙六十年103053992口，雍正十二年109421848口。

的认为有1.2亿，也有说1.5亿，甚至说有2亿左右。我们倾向于在1.2亿~1.5亿之间。在此以后，人口便由高峰向低谷滑落。

清初人口的大滑坡，与明末以来的时局和气象条件变化有关。大概从17世纪20年代起，中国处于“路易十四的小冰河时代”，太阳光照能量降低，平均气温下降，水旱灾荒剧增，伴随的便是饥荒和瘟疫。[①] 明朝统治者的极端腐败和地主贵族对土地的疯狂兼并，又加剧了阶级矛盾的激化。随着农民起义的烽火一浪高于一浪，明朝政府的镇压手段也愈演愈烈，加上兴起于东北白山黑水之间的满洲（女真）势力不断驱兵南下，崇祯时，几次毁长城进入华北地区，肆行烧杀抢掠。这些，都促使人口大减员。清朝代替明朝后，在开头的许多岁月里，同样充满着腥风血雨、饥饿和灾荒。如果说，明末的战乱更多地局限于西北、华北大地，那么在清初，已延伸到长江以南、富庶的东南沿海，以及大西南地区。在将近半个世纪里，这样的灾难，几乎遍临到整个中国大地之上。

基于以上种种缘故，到顺治中期（17世纪50年代），全国的人口数已降至最低点，不满一亿，最多一亿左右。见于清朝政府册籍中的人丁额，只不过是国家能够控制，用以征收丁银的数字。在推算人口时，必须同时把逃亡流散和隐漏人口，折丁、朋丁比例（这在某些地方志中可以查到），以及豁免不征丁银的官宦绅衿、八旗人口和兵丁、少数民族人口等等一起匡估在内。康熙的头十年，中间曾出现过一个短暂的和平时期，可随即又被历时8年的三藩战争打破了，自康熙十五年起，连续出现负增长，直到康熙二十年战争结束，全国人口只徘徊在一亿稍出头的数额。

自康熙二十年以后，由于大规模战争结束，清朝政府又着力恢复生产，实行与民休息的政策，使多数农民有了饭吃，生活生产条件有了改善，可以养活更多的孩子，而且生的多于死的，人口不断增加，到康熙末，已进至1.2亿~1.4亿的水平，雍正末则有1.4亿~1.5亿。

乾隆六年起，清朝政府开始以大小男妇颁布人口数，其额为143411559口，不过在开头几年，因事属初创，存在的欠缺较多，比如由于保甲组织还未

---

① ［美］魏斐德：《洪业—清朝开国史》，第7页注③。

深入到各个层面，或工作中的疏漏，造成统计数字的偏低，乾隆六年的实在数可能达到1.6亿，至少也应接近1.6亿。20年后，即乾隆二十七年，便突破2亿，为200472461口；至乾隆五十五年，更增至301487115口。[①] 在五十年中，年平均增长率进至12.75‰，接近13‰，很快把人口翻了一番。长期保持这样高的人口增长率，其前提必须是有一个安定的社会环境，以及能够不断提供人口增长所需要的物质基础（比如可供基本吃穿的工农业生产水平），而这一些，当时基本是具备的。人口大发展，乃是清“康乾盛世”所表现的最显著的特征之一。

从乾隆五十六年起到道光二十年（1791～1840）中英爆发鸦片战争前夕，约50年，是清人口发展的又一阶段。这一时期，尽管人口仍在增长，但比起前段已有所减慢，特别是乾隆六十年到嘉庆七年的8年中，因为川、陕、楚等五省爆发了声势浩大的白莲教起义，同时北方、南方接连发生水旱灾荒，人口统计数连续降至3亿以下，最低的嘉庆二年，只2.7多亿，仅为乾隆五十九年313231795口的86.67%。经过几年的低谷期，一直到嘉庆十年才又恢复到3亿以上。接着便是30年的爬坡，道光十四年，终于踏进4亿人口的门槛，长期以来一直被人们传为口头禅的“四万万同胞”的说法，就是从这一年开始的。道光二十年，全国会计总人口是412814828口。它，也就是本书要涉及的这一段历史时期所达到的最高人口数。

二、人口的从业结构

清代的人口约有94%左右居住在农村，而主要从事农业的人口，据估测可占到总人口的90%。当然，这是指汉族和以农耕为主的民族。另有一些少数民族，像蒙古、哈萨克、柯尔克孜，以及土、撒拉、藏族中的一部分，均以经营牧畜为主。在东北、西南的鄂温克、鄂伦春、赫哲、傈僳、布朗等等，则以狩猎、渔猎和采集为生。不过他们的人数比例不大，最多只几

---

① 有的学者认为乾隆二十四年（1759）全国人口已突破2亿，为203168000人；乾隆五十二年（1787）进入3亿大关，300256000人（见赵文林等：《中国人口史》第381页）。我们根据的是《清实录》所载原数，没有再加推算修正。

百万。

在非农业人口中，工匠手工业者占有相当的分量。他们中有的居住城镇，设作坊经营，也有的成批受雇于人。像苏州染坊的踹布工匠，就多达20000余人，纸坊做工人2800余人。江西景德镇烧窑的碓房、坯工、彩绘各工，亦数以万计，福建厦门是个海运港口，“船工大盛”，只修造船只的工人，不下万人。陕西泾阳县，“藉泾水以熟皮张，故皮行甲于他邑”，聚集在这里的皮工，“不下万人”①。这样的工匠，几乎每个工商业城镇都或多或少地存在，甚至连京师内务府匠作和工部各官作坊，也成批雇佣民间工匠。散布于乡间农村的手艺人，多从事与人们日常生活关系密切的劳作，如打制修理农具器物的铁匠，修房建墓的石匠，以及铜匠、银匠、木工、雕工、油漆工、竹篾匠、弹花工、砖瓦匠、经布匠等。这些人中，有的是农工兼作，常常是农忙时种田，农闲时跑村串寨，为人工艺劳作。估计此类工匠手工业者，接近百万人，连同家属大概五百来万。

盐灶人丁。灶丁本是官给卤地煎盐、岁收课盐的专门户籍，后来虽有变化，但多数灶丁仍需依藉煎盐为生，总计灶户的人数也很庞大。据咸丰初有人提到，仅淮南20场，就有“专藉煎盐为生”的“灶丁数十万”②。山东19场清初原额灶丁五万多，后来扩大滋生，到清中叶应不低于10万人。四川井盐业的犍为、富顺等井，“每厂之人以数十万计，即沿边之大宁、开县等厂众，亦以万计”③。淮南和四川井盐业，只是整场中的一部分，另外还有淮北（合淮南共23场）、长芦8场、奉天9场、浙江32场、福建21场、广东27场，以及云南井盐、河东池盐3场，陕甘池盐等，如此算来，各场各池各井的盐丁、佣工，应以百万数计。

矿工。清朝政府对矿业政策虽时松时紧，但铜铁等物乃国用、民用所需，加之商人亦藉此贸利，所以只要可能，便开矿不止。当时，在湖南、湖北、江西、福建、广东、广西、四川、陕西，以及云南、贵州等省山区，经常聚集成

---

① 卢坤：《秦疆治略》。

② 同治《淮南盐法志》《纪略》，怡良：《江路梗阻片引不行未能依限造报奏销折》。

③ 严如熤：《三省边防备览》卷9。

千上万的矿徒、矿丁，开山挖矿。康熙末，四川“一碗水地方聚集万余人开矿，随逐随聚”①。广东冶铁、采煤、伐木“佣工者不下数万人”②。广西仅庆远府南丹州所属山区，有矿徒“十余万人，盘踞在内，地方文武无计解散”③。四川昭觉县，“当乾嘉时，矿厂甚王（旺），汉人居于斯土者成千万计”④。贵州“银铜黑白铅厂，上下游十有余处，每厂约聚万人、数千人不等”⑤，其中矿业最发达的云南省，开矿极盛时，“大厂率七八万人，小厂亦万余人，合计通省厂丁，无虑数百万”⑥，此说虽有夸大，但可看到当时矿丁数量确实不少。清代矿业的最大问题是聚散不定，这既有矿脉穷尽的问题，但更重要的是受政府禁矿思想的干扰。从矿工情况而言，主体是贫苦农民，队伍亦不稳定，不管如何，几十万矿工是不成问题的。

船民、渔民、船工。这也是一支不可忽视的队伍。据有的学者估算，在鸦片战争前夕，中国沿海商船，其载重能力在700～800石至7000余石，即50～500吨之间的，约有9000余只，即近1万只。⑦ 至于一般细桅小帆、只在近边航运、捕鱼船只，则可能超过1万条。稍大的闽广艚船，除需配备舵工、亚班、大僚、头碇、司杉板船、总铺等人员外，另有“水手二十余名或十余名”⑧。浙江海船水手“每船约二十人”⑨。江苏沙船平均每船亦需船工20～30人。⑩ 又据英人斯当东在天津附近海面见到的船只，则“有四十到五十个船员”⑪。山东出海商船，“使船”者大概10～20人⑫。若采取保守数字，平均每船用舵工、水手15人计，万船便有15万人，加上近海小商渔船，至少应有20

① 《清圣祖实录》卷255。

② 《皇清奏议》卷32，鄂弥达：《请粤东开铸疏》。

③ 《朱批谕旨》雍正五年闰三月石哈礼奏。

④ 宣统《昭觉县志》卷2。

⑤ 《清高宗实录》卷311。

⑥ 唐炯：《成山老人自撰年谱》《附录》。

⑦ 樊百川：《中国轮船航运的兴起》第18页。

⑧ 黄叔敬：《台海使槎录》卷1，《赤嵌笔谈》。

⑨ 《清经世文编》卷48，谢占士：《海运提要序》。

⑩ 吕舜祥：《上海的沙船业》（稿本）中称有人有沙船70余只，雇工2000多人，由此估算出来的。吕书内容见于萧国亮：《沙船贸易的发展与上海商业的繁荣》一文，见《社会科学》1981年4期。

⑪ 《英使谒见乾隆纪实》。

⑫ 吴晗辑：《朝鲜李朝实录中的中国史料》第11册，第4837页。

万人。

内河船只，当比海船更多，水网交织的太湖周围地区，很多人“以舟为艺”，他们“出入江湖，动必以舟”，有人估计，“其船只之多，大小不下数十万艘，百姓赖以资生者何啻数百万人”①。笼统看来，这似乎有些不可思议，但据康熙中官员奏报，苏州浒墅关来往商船“日以千计”为数，② 一月之内，仅过关商船一项，就多达30000艘次，其他像地处黄淮运河交汇口的淮安城，每年除进出近万艘漕船外，还有为数众多的商贸船只，估计乾隆时年流通量当在18000～24000艘次之间。③ 又如长江九江关，据乾隆三年（1738）八月至四年（1739）四月八九个月的数字，只来船过关者，便有53032只。④ 乾隆时，每年在山东临清停靠过闸的商船，也在5000～10000艘之间，⑤ 在广州的珠江江面上，各船齐汇，加上穿梭于码头与外洋海船之间的驳船、小艇，在水面编织成一片船的世界，其中以船为业的疍民船，便多达84000只。⑥ 一些重要水陆码头，停船常以千万计，如汉口，“盐船、米艘以万数”；⑦ 江陵县沙市“贾客扬帆而来者至数千艘”⑧；重庆，“江干”“每停舟数千”⑨；湘潭，“千艘云集”⑩；巴陵（今岳阳），“贫民以船为业者数千”⑪；杭州，泊于松木场各色船只，每日“何止数千之多”⑫；四川自流井，“连樯万艘”⑬ 等等。粗略匡估，除漕船等各种官船不计，载重在200～300石以上、经常能做中长途航行的民船，就不下十来万艘，若每船平均配备船工7人计，便是70万人。另外

① 《粤海关志》卷8，《税则》。

② 道光《浒墅关志》卷8。

③ 郭松义：《清前期内河航船考略》，《清史论丛》1894年号。

④ 吴建雍：《清前期榷关及其管理制度》，《中国史研究》1984年1期。

⑤ 郭松义：《清前期内河航船考略》。

⑥ 姚贤镐：《中国近代对外贸易史资料》第1册，第304页。

⑦ 民国《湖北通志》《志余》引《醒睡录》。

⑧ 光绪《江陵县志》卷3。

⑨ 《宫中档雍正朝奏折》22辑，第687页。

⑩ 《宫中档雍正朝奏折》25辑，第849页。

⑪ 同治《巴陵县志》卷2。

⑫ 范祖述：《杭俗遗风》下，《乡香寺》。

⑬ 乾隆十七年立自流井《两秦会馆关帝庙碑记》转引自张学君、冉光荣：《明清四川井盐史稿》，第118页。

还有55~60万艘200石以下小型船，以其中的三分之一为商货船，每船配备3人，也有船工55~60万人。[①]

把海船和内河船的船运人员相加，应超过百万人，而这还不包括内河渔民和有关家口。

商人。商人的人数较难匡估，但从有关记载来看，人数也不算少，像安徽歙县，“农之三，贾七焉”[②]。山西平阳府，“土狭人满，每挟资走四方，所至多流寓其间，虽山陬海澨，皆有邑人”[③]；汾州府“民物浩穰”，“多商贾”[④]。河南武安县，“最多商贾”[⑤]；鄢陵县，“耕读者少，而求利者多”[⑥]。陕西汉中府，“农桑之外，咸事商贾”[⑦]。江苏淮安府，“趋市利者”“十之三四”[⑧]。山东黄县，“商十之五”[⑨]。江西泰和县，“半为农，半为商”[⑩]；金溪县“为商贾者三之一”[⑪]。广东嘉应州（今梅州市），“山多田少，人不易得田，故行贾于四方”[⑫]。商业繁盛的汉口镇，更有“九分商贾一分民”的说法[⑬]。当然，上列不过是些举例式资料，既不全面，而且就所列资料，有的也有一定夸大。不过在清代，商业已成为人们生活中不可缺少的组成部分，甚至连边疆民族地区和偏远山区，也有商人的踪迹。一般说来，在内地的多数省份，只要是百户以上的村寨，总会有一两家铺户，城镇当然更多。而且从一些地方志记载来看，商户数量常常超过工匠手工艺者。若以此为据，把开行设铺的坐贾和肩挑背负走四方的小商小贩加在一起，统加估算，可能要突破百万大关。

地主绅衿。绅衿指有一定政治身份，像取得秀才资格或贡监出身以上的绅

---

① 关于船只数的匡估，见《清前期内河航船考略》。
② 道光《歙县志》卷1。
③ 乾隆《平阳府志》卷29。
④ 嘉庆《山西通志》卷46。
⑤ 乾隆《武安县志》卷10。
⑥ 道光《鄢陵县志》卷6。
⑦ 嘉庆《汉南续修府志》卷21。
⑧ 光绪《淮安府志》卷2。
⑨ 同治《黄县志》卷3。
⑩ 道光《泰和县志》卷9。
⑪ 道光《金溪县志》卷3。
⑫ 光绪《嘉应州志》卷7。
⑬ 《汉口竹枝词》。

士。有的学者统计，19世纪前期有各类绅士100余万人，加上家庭成员可达550万人[①]。在低层绅士中，部分出自“荷畚执锄”的农家子弟[②]，但多数应是地主。至于一般取得功名的中小地主，其数量大体与绅衿地主不相上下，这样加起来，包括家属，便有千万之数。

兵丁等等。就清朝额定经制兵而言，八旗兵20万，绿营兵60万，连同家口也就是400多万，不过实际数字可能比这要多，如果我们把各级衙门的吏役等等都算在一起，[③] 这样的国家低层公役人员，大概会有500来万（包括家口）。

游民和各色低层求食者。

清代自乾隆以后，由于地少人多的矛盾日趋突出，大批农民被排挤出土地。这些人中，有的可能租得土地，或为佃农，也有相当的人沦落为农业雇工，即雇农。雇农仍属于农业人口的范围。但是在清代，雇农人数的不断增加，亦构成人口从业结构中值得注意的现象。

与农业脱钩寻求其他生活，这在破产农民中也大有人在。他们与住在城镇的下层百姓汇合一起，形成规模不小的游民群和待雇求业队伍。“地窄民稠”的江南地区，“力田之家十不一二”，其余多数人只好四处“借工趁食”[④]。湖南巴陵县，“邑境多山，农民世业难以自给”，每年有几万人“营生于湖北”，从事“土工、农工、染工”，“春往冬归”[⑤]。雍正时，陕西肃州一带因事需要，“运粮车夫、采割草束夫役，俱系陕甘无业贫民，流寓佣作，以为度日之计，不下万人”[⑥]。闽北的建宁等地，是著名的武夷茶产区，在崇阳、瓯宁等县，

---

① 张中礼：《中国的绅士——关于在19世纪中国社会中作用的研究》，第137页。

② 王跃生：《清代“生监”的人数计量及其社会构成》《南开学报》1989年1期。

③ 这些人员，主要是书吏和差役。书吏照原来定额每州县十至十余人，府、直隶州10~20余人，以上层层递增，中央部院衙门最多的是户部，达238人。但实际上远远超出此数，而且不断加码，嘉庆时，“州县之大者，胥吏至千人，次至七八百人，至少亦一二百人”（洪亮吉：《卷施阁集》文甲集第1卷《吏胥论》）。差役包括皂隶、快役、捕役、民壮、禁卒、仵作等，按定额，役是吏的两倍。随着吏的数额的膨胀，役的人数也在扩大。就以每州县平均拥有吏役100人计，嘉道时将近1500个州县，吏役数就有15万人，如果再加上府和直隶州、省级的督抚布按衙门、中央各部院寺署等衙门的吏役，20万人还是保守的估计。20万，连同家口便是100万，而这还没有把各级官员的幕客和长随包括在内。

④ 《清高宗实录》卷311。

⑤ 同治《巴陵县志》卷11。

⑥ 《清世宗实录》卷157。

开设上千所茶厂，“每厂大者百余人，小亦数十人”，加上为客贩做运输的几千名“担夫”，都来自近傍和外地的“无籍游民”[①]。进入关外东北地区的上百万外省“流民”，多数仍想寻找土地耕种，但也有不少人另改别业。乾隆十三年，仅“吉林宁古塔及船厂地方”，就有“商贾、工匠、佣工人等约三四万不等”[②]。每年还有几万人进入长白山区，“供刨参之役”[③]。道光中，据有关官员统计，在进入贵州的71550户流民中，约有21718户是没有耕垦土地的贸易手艺佣工者，占总数的30.35%。[④]

城市、镇集和交通沿线，往往就是流民、游民聚集最多的地方。运河沿线的“江南徐、海、邳、宿，山东郯（城）、兰（山）、滕、峄之民，随漕逐末及游手好闲、绳舟佣食者累数十万”[⑤]。沿江西广信、南安到广东南雄、韶州，是贯通南北的重要通道，清朝政府指定闽、皖茶叶由粤海关出口，都是通过这条路运送的，“沿途船夫、挑夫藉此营生者不下数十万人”[⑥]。与江西入粤路线大体并行的，还有由湖南湘江经其支流耒水，然后起船陆运，越南风岭再转北江而至广州的线路，据说聚集在湘粤边境待雇的挑夫，也数以10万计。[⑦] 在广东还有一种“借外来洋船以资生者”，亦“约计数十万人”[⑧]。这些人，多数都是从农村赶来的无产求食者。

清代城市经济的发展，也为破产农民提供了求食的场所。都城北京，“辇毂之下，聚数十万游食之徒”，他们“昼则接踵摩肩，夜不知投归何所”[⑨]。“贸易之盛甲于天下”的苏州城，也是个“五方杂处”之地，其中“商贸云集”的金门、阊门一带，“晏会无时，戏馆，酒馆凡数十处，每日演剧，养活小民不下数万人”，还有“如寺院、戏馆、游船、青楼、蟋蟀、鹌鹑等局”，

---

① 蒋蘅：《云寥山人文钞》卷2，《禁开茶山议》。
② 阿桂：乾隆《盛京通志》卷129，傅恒：《清厘奉天流民以培风俗议》。
③ 铁保：《梅庵文钞》卷5，《吉林穷棒子说》。
④ 据罗绕典：《黔南职方纪略》所列数字综合得出的。
⑤ 《山东军兴纪略》卷19上。
⑥ 同治《庐陵县志》艺文，黄赞汤：《清预防失业民夫疏》。
⑦ 容闳：《西学渐东记》。
⑧ 中国第一历史档案馆：《军机处录副奏折·外交》7790号，乾隆七年二月庆复奏。
⑨ 《皇清奏议》卷24，周祚显：《驱游惰以归本业疏》。

成为“穷人之大养济院”[1]。浙江省会杭州，“四方之民朝东暮西，如鸟之飞、鱼之游，流寓多于土著”[2]。湖北汉口镇，“为九省通衢”，“五方杂处，百艺俱全，人类不一”[3]，也是“游民”聚集之所。四川巴县（今重庆市），地当长江和嘉陵交会处，“陆则受廛，水则结舫”，“酒楼、茶舍与市闼铺房鳞次绣错”，“宵小奸宄时潜伏于城隅”，“千百成群，暮聚晓散”的待募水手出没于“附郭沿江”地带[4]，也称得上是穷人的“养济院”。山东济宁，“当水陆之冲，四方舟车所凑，奇技淫巧所集，其小人游手逐末非一日矣”[5]。清朝中叶大盛的广东佛山镇，“四方商贾萃于斯，四方之贫民亦萃于斯”，其中“徒手就食者”占“什九也”[6]。上海黄埔一带，亦因地近海口，而不断有“闽、广、浙省流民”的活动。

在越来越多的游民群中，也有携男带女、流落于江湖的街头卖艺者。直隶大名府，有名叫“女档班”者，“携带幼女，沿途卖唱渔利”，其足迹遍及直隶、山东、河南诸省。[7] 更有妇女沦落成为歌妓私娼。当时，凡是稍具规模的城市，都有这样的情况，前述苏州城里的戏馆、游船、青楼，便是卖笑女子活动的场所，江苏清江铺，系河督衙门所在地，又是南北运河通衢，“官商荟萃”，“冶游最盛”，有娼妓“殆千百人，分苏帮、扬帮”[8]。在广州，停泊于珠江江面上的千百艘花艇，以及著名的金陵（即今南京）秦淮画舫，操业者多数亦是生活所迫的贫苦女子。

由于资料的极不完备，要确切地估算这些低层求食者是相当困难的，但是只要我们稍微留心，就会发现，类似记载几乎在在可见，由此推断，其数量也不会很少。

那么，除90%的农业人口外，还剩下的10%的非农业人口，他们的从

---

① 《履园丛话》，第26页。
② 康熙《钱塘县志》卷6。
③ 《清经世文编》卷40，晏斯盛：《请设社商疏》。
④ 乾隆《巴县志》卷2。
⑤ 乾隆《济宁直隶州志》卷2。
⑥ 道光《佛山忠义乡志》卷5。
⑦ 光绪《清会典事例》卷400。
⑧ 金安清：《水窗春呓》卷1，《荻庄群花会》。

业比例结构是怎样的呢？据我们的匡估，大概手艺工匠、矿工、航运工人等等占30%，地主绅衿占25%，商人和小摊接近15%。各级吏役兵弁10%，盐灶人户占10%，从事牧畜业和游民、下层求食者各占5%~6%至7%~8%，当然，这都是与家口合在一起计算的。也许有的读者会问，我们的最后匡估数和前面分类述说时的估计人数，并不能合得起来。这主要是与有的职业的不稳定性有关，比如矿工就是最典型的了，极盛时期与衰退时期，前后人数差别很大。也有的本人外出打工求食，可家里的妻儿仍留在农村种地，而且他们自己也可能随时返还于农业。在相当长时间里，这些离开农村或其他行业的打工求食者，仍与农村保持着千丝万缕的联系，这是我国传统社会晚期十分普遍的现象。我们在作综合匡估时，必须把此类因素同时考虑进去。

第二节　农业劳动人口估测

一、自耕农、佃农和农业雇工人数比例

在清代人口中，农业人口占有90%左右的数量，构成全国人口的主体，是当时社会财富的主要创造者。可农民内部包括家口在内，按照生产资料的占有情况和不同的法律地位，也是有区别的，一般分为自耕农、佃农和农业雇工，另外还有农奴和佃仆。这里，农奴在清初的八旗庄园和某些边疆少数民族中曾不同程度地存在，但随着土地典卖和租佃制的发展，不少农奴已逐渐向佃农或自耕农转化。农奴制总的在趋于没落。佃仆制则更是如此。因为农奴和佃仆的人数很少，而且在生产中不占主导位置，故我们暂不加讨论。那么自耕农、佃农和农业雇工，他们的人口比例各占多少呢？

先说自耕农，在相当长的一段时间里，我国学术界一直存在着这么一种看法，认为在封建社会中，既然地主所有制占有主导的位置，那么在阶级构成中，地主和佃农亦应是主要的，从而常常有意无意地贬低或缩小自耕农的作用，对其人数的估计，也倾向于偏小。其实，我国的地主所有制经济和西欧领主制下的封建社会存在着很大差异，其中土地可以买卖，国家需要仰赖自耕农

的赋税支持和源源不断地提供劳役、兵员等人力供应，都促使政府在一定程度上对自耕农采取保护的政策。自耕农的广泛存在和自耕农经济富有活力，是中国地主制经济下的一大特点。

至于自耕农所占比重大小，在各个时期和各个地区亦不相同，以清代而言，顺康之际由于受农民起义和改朝换代的影响，一批贵族、官僚、地主遭到打击，原有的土地关系不同程度地受到冲击，从而使地权分配发生变化，土地分散，出现了一批新的自耕农。对于这一点，李文治教授有很好的研究。他说："总之，明清时代自耕农的消长趋势是：明代前期，自耕农占着相当大的比重。中叶以后，不少地区地权趋向集中，很多地区地主所有制占据统治地位。清代前期，农民所有制有所发展，所占比重超过明代，并且有些地区自耕农占据了统治地位"①。这是他对比明代，同时又参照清初大量史实得出的结论，是可以作为依据的。

清代自耕农数量的盈缩规律，亦与明代大体相同。康熙四十三年初，康熙皇帝在与大学士等官员的一次谈话中说到：当时"田亩多归搢绅豪富之家"，"约计小民有恒业者十之三四耳"②。估计到雍正、乾隆之际，土地集中的趋势在有的地方已相当严重，有称"土地尽为富户所收，富者日富，贫者日贫"③。清初的湖南省，曾是自耕农占有相当优势的省份，乾隆初已是"田之归于富户者大约十之五六，旧时有田之人，今俱为佃耕之户"④。有两则经常被人引用的资料，一是直隶获鹿县编审册，另一是安徽休宁县三都十二图编审册资料。

据直隶获鹿县编审册⑤：康熙四十五年，在被统计的1700户中，地主13户，占0.76%，无地户378户、占22.24%，占地10亩以下自耕农和半自耕农627户、占36.88%，占地10亩以上至90亩的自耕和富裕自耕农682户、占40.12%；到了乾隆元年，统共1746户，其中地主28户、占1.6%，无地户494户、占28.3%，占地10亩以下户616户、占35.28%，占地10亩以上

① 《明清时代封建土地关系的松解》，第81页。

② 《清圣祖实录》卷215。

③ 《大义觉迷录》，《清史资料》第4辑，第31页。

④ 《清经世文编》，杨锡绂：《陈明米贵之由疏》。

⑤ 根据《明清时代封建土地关系的松解》，第79页所列表格归类计算所得。

至100亩户608户、占34.82%。两相对照，地主和无地户增加了，占地10亩以上的自耕农和富裕自耕农则由40.12%降至34.82%，下降了5.3个百分点。

安徽休宁县三都十二图编册资料，我们转引自章有义教授的《明清徽州土地关系研究》一书，见下表1－18。

表1－18　　　安徽休宁县三都十二图占地情况

土地占有情况＼年代	康熙四十五年（1706）		康熙五十五年（1716）		乾隆二十六年（1761）	
0～1亩	35户	23.97%	40户	27.40%	25户	21.55%
1～10亩	82	56.17%	79	54.11%	68	58.62%
10～25亩	27	18.49%	25	17.12%	18	15.52%
25亩以上	2	1.37%	2	1.37%	5	4.31%
合计	146	100%	146	100%	116	100%

作者依照徽州地方的具体情况，把占地25亩以上者算成是地主，我们则把占地不足1亩归在无地或基本无地户内，1～10亩为下等农户，介乎自耕农和半自耕农之间，10～25亩则是自耕农和富裕自耕农。这样在三个时段中，人户比例一直呈下降趋势的是占地10～25亩的自耕农和富裕自耕农。他们是地主兼并的主要对象。

通过直隶获鹿县和安徽休宁县的资料，清楚地显示土地在集中，自耕农数量也在减少，但其趋势并不像康熙等人说的那样严重。当然，各地的情况可能不一样，但据我们估计，直到鸦片战争前夕，全国的土地集中状况，也没有达到明末那样程度，所以，自耕农的人数比例，亦要大于明末。

就地区来看，一般地说，北方的自耕农比数要高出南方，其中最典型的莫过于陕西关中地区。有的学者经过对清康熙年间起到民国时止一批地籍档册的分析，发现这二三百年里，虽然土地分配的状况因时因地而有各异，但不能改变地权分散这一明显特点。“这些地方的农村主要由自耕农构成，地主与租佃关系均很少”①。甘肃省据雍正六年按察使李元英的报告：有产之丁“居十之

① 秦晖、苏文：《田园诗与狂想曲——关中模式与前近代社会的再认识》，第80页。

六七”，无产之丁“居十之二三”①。有产之丁中包括地主和自耕农，但其构成的比例，自耕农应占绝对多数，至少在50%～60%。在直隶，按照前述获鹿县所列资料，至乾隆初仍有占34.82%的自耕农和富裕自耕农，以及占35.28%的贫苦自耕农和半自耕农。② 据近代有人调查，在20世纪20～30年代，河北省即清代直隶的自耕农比例都高于获鹿县，像李景汉教授的《定县社会概况调查》所得：自耕农占70.99%，半自耕农占23.94%；又冯和法：《中国农村调查资料续编》载：该省的24568个农村户抽样中，无地户2463户、占10.42%，有地5～5亩以下4259户、占17.34%，5亩以上至20亩户9897户、占40.21%，20亩以上至50亩户5290户、占21.53%，50亩以上至100亩户1955户、占7.96%，100亩以上户722户、占2.94%。若按获鹿县标准，占地100亩以上为地主，再将占地5亩以上至20亩中的一半归入半自耕农，那么在24568户中，自耕农的比例是49.6%，半自耕农是37.44%。河北地区自清康乾至20世纪30年代，在农村，始终没有发生过疾风暴雨式的社会变动，地权转移主要通过自然兼并形式进行的，照此推测，在1840年前夕，自耕农人数比例，大概应维持在50%～60%。

比较起来，山东省的土地集中程度在北方诸省中可能是最高的。康熙四十三年，康熙帝曾称：“东省与他省不同，田野小民俱系与有身家之人耕种”③。雍正末，河东总督王士俊更明确指出，“有田自耕之民什止二三，其余皆绅衿人等招佃耕作”④。不过我们认为这主要指鲁西一带，在胶东等有些地方，并没有他们说的严重，有关北方自耕农数量问题，有的学者提出：“大江以北黄河流域多自耕农，而且基本上是自耕农”⑤ 如果这个说法能够成立，那么北方自耕农数，在总体上至少要超过整个农业人口的一半。

---

① 《雍正朱批谕旨》陕西兰州按察使李元英奏。

② 这35.28%的人户中，指的是占地1～10亩的农户。这里有一部分应属自耕农，比如有地7～8亩或8～9亩的2～3口之家，或少数有地3～4亩、4～5亩单口之家等，但也有相当部分是兼作其他劳动的农户，像兼佃农或兼雇工等等。如果我们把其中的三分之一列为自耕农，三分之二归在半自耕农，那么乾隆初获鹿县资料显示的自耕农户占46.56%，半自耕农户占23.54%。

③ 《清圣祖实录》卷213。

④ 《宫中档雍正朝奏折》21辑，第103页。

⑤ 王毓铨：“《中国历史上农民的身份》写作提纲”，《莱芜集》，第363页。

南方诸省租佃制发达，自耕农数比例低于北方，有的地区还出现“贫民之食于富民者十而九”[①]，或“其有田而耕者什一”[②]的局面，但仍存在着自耕农活动的空间。自耕农比例较大的安徽省，直到乾隆以后，有的州县还是“佃田而耕者仅二三”[③]，“招佃十过其五”[④]，自耕农比例大致保持在接近一半或半数以上水平。在清初，四川省地权的分散是很突出的，直到乾隆初中期，自耕农还优势明显，以什邡县为例，乾隆十一年编审，总共6089户中，有主户5908户，佃户143户。[⑤]主户是指承担赋税的地主和自耕农，而在地主和自耕农中，自耕农又绝对占有多数，因为我们只要从143户佃户数中就看得很清楚了。乾嘉以后，四川的土地集中势头加快，但至20世纪30年代，据抽样调查，成都平原的土地守业情况：占44%数掌握在自耕农手里，另有10%属于半自耕农。[⑥]再如川北的广元县，也是“农多自耕，佃农较少”[⑦]。成都平原是四川乃至全国的粮仓，其田土素为地主势豪所觊觎。而四川又不像长江中下游，近代曾经历过太平天国的洗礼，地权关系有过不同程度的大变动。按照这样的情况，在1840年前夕，四川至少仍有占40%左右的自耕农。

苏南一带，向来被认为是土地高度集中的地区。但据章有义教授的考察，即连“其利倍于常田”的苏州湖田区，“不足20亩的小土地所有者仍然占有土地30%以上”。他认为：从苏州府长洲县的鱼鳞簿所见，“由康熙初年（五至十五年）至1949年，二百七八十年间，地主（包括富农）同农民占地的比率几乎稳定在65∶35。看来，人们设想的地主所有制支配下地权不断集中的必然性，在这里没有得到证实”[⑧]。另外，像南方的不少山区、海岛等一些流民进入的新垦区，因为相对的人稀地满，在一段时间里，自耕农亦占有优势。

---

① 李兆洛：《养一斋文集》卷14，“祝君赓飏家传”。
② 乾隆《汤溪县志》卷1。
③ 光绪《霍山县志》卷2。
④ 光绪《庐江县志》卷14。
⑤ 嘉庆《什邡县志》卷7。
⑥ 冯和法：《中国农村经济资料》第856～857页。
⑦ 民国《重修广元县志稿》4编15卷。
⑧ 《康熙初年江苏长洲三册鱼鳞簿所见》，《中国经济史研究》1988年4期。

其次是佃农。在清代，自耕农和佃农构成农村人口的主体，但由于小农经济的脆弱性，在土地兼并中，自耕农往往首当其冲。他们在失去土地后，绝大部分沦为佃农。这样，自耕农数量的减少，便意味着佃农人数的上升。尽管如此，在1840年前夕，佃农在农业人口中的比重，大概也就是35%～40%。

第三是农业雇工。农业雇佣劳动出现很早，但从来没有像清代那样人数众多，而且在持续发展。有的学者根据现存于中国第一历史档案馆：乾隆朝"刑科题本、土地债务类"58000多件档案的统计，涉及农业雇工的档案就有6100余件，约占总数的10.52%，其地域包括了内地所有的18个省区，以及盛京、吉林等地，其中超过700件的有山西、四川、直隶，超过300件的有广东、江苏、湖北、福建、陕西，最少的甘肃省也有92件。[①] 又据另一位学者的统计，在总共6100件有关农业雇工命案的档案中，以十年为一年轮，依次排列出前后的数量是：[②]

乾隆元年至十年	45件
乾隆十一年至二十年	643件
乾隆二十一年至三十年	1235件
乾隆三十一年至四十年	1855件
乾隆四十一年至五十年	1055件
乾隆五十一年至六十年	1267件

据参加档案收集者告知，乾隆四十一年以后数量的减少，主要是因为原档散失太多。如此看来，雇工队伍是在不断扩大的。

为什么清代农业雇工人数呈上升势，而且扩及的地面这样宽？这除了乾隆以后土地兼并有所发展外，亦与人口大量增加出现人浮于地的情况有很大关系。正如有人所说："天地生财止有此数，生齿日繁"，"渐多游手"[③]。还有人更说："古之闲民十之一，今之闲民十之六"。这十之六的闲民中，有"无田之闲民，有无业之闲民，有有田而无田、有有业而无业之闲民"[④]。"闲民"们

① 吴量恺：《清代经济史研究》，第226页。

② 刘永成：《清代前期农业资本主义萌芽初探》，第65页。

③ 嘉庆《临安府志》卷19。

④ 《清经世文编》卷28，朱泽云：《养民》。

为了糊口养身，有的流入城市，也有的跑到山区、边疆等人口稀少处开荒种地，但也有相当部分人成为农业雇工。

人口的增加，同时也促使人们想办法在同一块土地上取得更大的经济效益，如增加复种指数，提高粮食产量，扩大经济作物的种植，发展农副业加工等综合开发，这样就需要投入更多的劳动力。农业生产具有季节性强、劳动密集的特点，在繁忙时节，只靠家内劳动人手，要搞精耕细作或其他多种经营是很难完成的，于是临时性短工或季节工便成为必需的了。早在明代起，关中一带就流行雇佣麦客收麦的传统，每当“麦秋刈获，必须麦客，其人俱秦陇之民”①。类似关中这样的情况，在南北很多地方也都不同程度地存在。至于论年或半年计的长工，更多地出现于少数富裕农民和中小地主之家，当时有人曾说：“小民之家，或父子，或兄弟，大抵不过两三人，竭其力作，可种旱田六七十亩，若雇一佣工，可种百亩”②。这是指北方中上等人户的大田劳作而言的，如果再要搞点多种经营，忙时就得再加临时雇工。

国家政策上的变化，对于促进雇工的发展也起着有利的作用。首先是在法律地位上的变化。过去，雇工称“雇工人”，法律地位虽高于奴仆，但与雇主（家长）仍存在主仆名分，并不平等。清代有了改变，特别是短期雇工，与雇主一般都是“共坐共食，彼此平等相称”，在身份是同等的，即法律称谓上的“凡人”。雇主和雇工间平等关系的出现，特别有利于短工市场的发展，使得一些自耕农和佃农也可利用劳作之余，临时“待雇求食”，扩大了劳动力的队伍。其次，自政府实行“摊丁入地”的赋税改革和取消人丁编审后，对农民流动的控制大大放松了，许多在本乡本土无法获得生计的贫苦农民，可以通过外出选择机会，求雇的地域更加开阔了。

农业雇工，从原则上说，应指那些没有自己土地或其他生产资料，专以出卖劳动力为生的那些人。实际情况远比这要复杂，特别是临时短工队伍中，有不少贫苦自耕农和佃农参与其间，成分庞杂。如果剔除那些偶尔参与雇工队伍的半自耕农和佃农，比较单纯的农业雇工，其人数比例，大概也就是农业人口

① 乾隆《宝鸡县志》卷12。

② 《乾隆初西安巡抚崔纪强民凿井史料》，《历史档案》1996年第4期。

的1%～2%。

按照前面所述，我们可以对1840年前夕农业人口中的自耕农、半自耕农、佃农和农业雇工人数比例，作出大体的匡估。在全国农业人口总数中，直隶、山东、山西、河南、陕西、甘肃，以及关外的盛京、吉林等北方诸省区约占30%。江苏、安徽、浙江、江西、湖北、湖南、福建、广东、广西、四川、云南、贵州等南方各省约占70%，依此见下表1－19。

表1－19

自耕农	北方各省区占55%～60% 南方各省占35%～40%	全国合计占41%～46%	修正数40%～45%
半自耕农		20%～25%	
佃农	北方各省区占25%～30% 南方各省占35%～45%	32%～40%	35%～40%
农业雇工		1%～2%	

二、农业人口中劳动力状况估测

农业人口，系指以务农为生的本人以及所赡养的家口。1840年前夕，全国人口41281万口，农业人口占90%，便是37153万口。由于这一数字包括了所有的男女老少，作为农业劳动力，必须把非劳动人口排除出去。按照清人的惯例，妇女不属于农业劳动者，而老人和小孩又因身体衰惫或年幼力弱，无法参与劳动，亦不作数。所以，完整的劳动力只能是参加大田耕作的青壮年男子了。文献记载也说明了这一点，湖南醴陵一带，“农民八口之家，耕不足二三人”①；在江西萍乡县，也是“八口之家，耕不过二三人”②。乾隆初，陕西巡抚崔纪在给皇帝的一个奏疏中谈到农家的劳动状况时说：“百亩之家，除老幼妇女而外，其力田者不过两三人”。这里的两三人，就是“或父子、或兄弟”③。如果把八口之家作为计算劳动力的出发点，那么五口或三口之家，完

① 同治《醴陵县志》卷1。
② 同治《萍乡县志》卷6。
③ 《乾隆初西安巡抚崔纪强民凿井史料》，《历史档案》1996年4期。

整的男性劳动力也就是1~2人。实际上，这样的算法是不符合当时实情的。在清代，特别到了乾隆以后，随着人地矛盾日趋突出，农民们为了适应新的谋生环境，除了加强对耕地的劳动投入（如实行精耕细作、增加轮作复种等），还竭力发展副业、开展多种经营，越来越形成一种大农业的格局。在这种情况下，不但青壮年男子要全力以赴，而且也把全家妻儿老小动员进去，成为生产性劳动者。当然，由于体力等各种缘故，一般说来，妇女、老人和小孩只能算做半劳动力，或四分之一劳力，但完全排除他们，显然已不合适。下面就按我们所说的原则（小孩辅助性劳动可以不计），大致估测一下清代农业人口中的劳动力状况。

让我们从农民的家庭构成入手进行分析。下面是几个有关家庭规模的抽样资料，见下表1-20。

表1-20

家庭规模	户　数	所占比例（%）
2口之家	49	14.76
3口之家	113	34.04
4口之家	97	29.22
5口之家	43	12.95
6口之家	19	5.72
7口之家	5	1.5
8口之家	4	1.2
9口之家	1	0.3
10口之家	1	0.3
合　计	332	100

这是我们从中国第一历史档案馆所藏：乾隆元年、十年“刑科题本、婚姻奸情类”近千件档案中辑得的有关家庭规模的资料，其中单口家庭未收，共332户，论身份职业，有2户系低层绅衿（监生、武生），另有若干户为工匠、小商贩和雇工，余下均属农户，而且多数是贫苦农户。涉及的地域包括南北各省区。表中显示，户数最多的是三口之家，其次是四口之家，以下便是二口之家和五口之家，其间2~3口家庭竟占到全部家庭的48.86%，实出我们意想之外。合而算之，平均每户人数3.73人，如果加上单口之家，户均人数还会更小，说明总体家庭规模不大。

再看表 1 -21。

表 1 -21 包括了 4 种户籍册："乾隆十二年（直隶）香河神机营马房四等大粮庄张子远家口清册"，"嘉庆三年（盛京）开原调弓沟村厢黄旗打蜜丁户口册"，"嘉庆十七年厢黄旗鄂起管领下户口清册" 和 "道光十九年厢黄旗奎宽管领下户口清册"，都是京畿和盛京的八旗庄户。资料来源分别得自辽宁省档案馆和中国科学院图书馆。列表共统计了 662 户、3361 人。分组考察，家庭规模较大的是后两组，平均户人口达到 6. 03 人和 6. 05 人，前两组一是 3. 83 人、另一是 3. 84 人，这主要是因为后两组九口、十口以上的大家庭比例较大，分别占到 21. 38% 和 21. 6%，而前两组只有 11. 43% 和 6. 67%。但不管如何，二三口的小家庭都占了相当比重，他们依次为 45. 7%、54. 51% 和 33. 51%、32. 43%。另外也有不少单口家庭，比例最高的开原调弓沟村，竟达到 15. 29%。

表 1 -21

户口册名 / 家庭规模	乾隆十二年香河神机营马房四等大粮庄		嘉庆三年开原调弓沟村厢黄旗打蜜丁户口		嘉庆十四年厢黄旗鄂起管领下户口		道光十九年厢黄旗奎宽管领下户口	
单口家	3 户	8. 57%	39 户	15. 29%	12 户	6. 42%	12 户	6. 49%
2 口家	5 户	14. 29%	52 户	20. 39%	14 户	7. 49%	13 户	7. 03%
3 口家	5 户	14. 29%	46 户	18. 04%	26 户	13. 9%	26 户	14. 05%
4 口家	6 户	17. 14%	41 户	16. 08%	22 户	11. 76%	21 户	11. 35%
5 口家	5 户	14. 29%	18 户	7. 06%	23 户	12. 3%	22 户	11. 9%
6 口家	5 户	14. 29%	21 户	8. 24%	23 户	12. 3%	23 户	12. 43%
7 口家	1 户	2. 86%	10 户	3. 92%	12 户	6. 42%	11 户	5. 95%
8 口家	1 户	2. 86%	11 户	4. 31%	15 户	8. 02%	17 户	9. 2%
9 口家	2 户	5. 77%	8 户	3. 14%	8 户	4. 28%	8 户	4. 32%
10 口家			3 户	1. 18%	9 户	4. 81%	9 户	4. 86%
11 口以上家	2 户	5. 71%	6 户	2. 35%	23 户	12. 3%	23 户	12. 43%
合计	35 户	100%	255 户	100%	187 户	100%	185 户	100%

在家庭规模的考察中，江太新教授对直隶获鹿县所作的统计亦是一份可贵的资料。[①] 以道光朝为例，总共 4517 户，内 1 人户 152 户、占 3. 37%，2 人户

① 《清代获鹿县人口试探》，《中国经济史研究》，1991 年 2 期。

582户、占12.88%，3人户898户、占19.88%，4人户929户、占20.57%，5人户654户、占14.48%，6人户427户、占9.45%，7人户278户、占6.15%，8人户183户、占4.05%，9人户106户、占2.35%，10人户88户，占1.95%，11~15人户168户、占3.72%，16人以上户52户、占1.15%。平均每户4.86人，比例最大的是4人户，以下依次是3人户、5人户和2人户，把2~3人户合在一起，就占有32.72%，也是个不小的数。

如果说，表1-21和获鹿县资料主要反映了北方地区的家庭规模，那么《徽州千年契约文书》中收录的“乾隆二十一年祁门十一都三图烟户总牌册”（部分）和“祁门县东乡十一都一图户口册”（部分）所载38家农户的人口情况，则属于南方地区的家庭，见表1-22。

表1-22

家庭规模	户数	所占比例（%）
2人户	4	10.53
3人户	11	28.95
4人户	5	13.16
5人户	9	23.68
6人户	3	7.89
7人户	5	13.15
9人户	1	2.63
合计	38	100

表1-22共统计了38户、男女170人，按原册尚有7户以贸易生理、1户出家为僧，因属非农业户，未收录在内。表1-22所列38家农户的平均户人口是4.47人，无单人户，人数最多的1家是9人户，户数比例最高的是3人户，占28.95%，其次是5人户。把2~4户合在一起共20家，便占到全部户数的52.64%。

又，据嘉庆十三年（1809）安徽巡抚广厚的一份奏疏，谈及清理该省宁国、池州、广德三府州棚民时，曾提供过一份户口资料，现将其辑录制成表1-23。[①]

① 《嘉庆朝安徽、浙江棚民史料》，见《历史档案》1993年1期。

表 1－23

	户	男女丁口	平均每户人口
宁国府所属	725	2128	2.93
池州府所属	120	456	3.8
广德州所属	1098	4448	4.05
广德州已置产棚民	88	338	3.61
已与土著民人联姻棚民	55	302	5.49
合计	2086	7672	3.68

表 1－23 共列 5 组户口数字，遗憾的是没有像表 1－21、1－24 那样能提供每户具体人口数。从各组算出的平均每户人口看，家庭规模最大的是“与土著民人联姻”家庭，可能已立有田产，生活也比较稳定，所以达到 5.49 人，其他即使像广德州“已置产棚民，户均人口也不高，只 3.61 人，最低的宁国府所属棚民”，户均人口仅 2.93 人。将上列三府州棚民合在一起，共计 2086 户，7672 口，平均每户 3.68 人，看来仍以二三口的小家庭为主。

咸丰元年云南剑川县的户口册资料，大体反映了那一带的家庭规模情况，见表 1－24。①

表 1－24

家庭规模	户　数	所占比例（%）
1 人户	1	0.4
2 人户	15	6
3 人户	34	13.6
4 人户	37	14.8
5 人户	49	19.6
6 人户	31	12.4
7 人户	31	12.4
8 人户	16	6.4
9 人户	7	2.8
10 人户	5	2
11 人以上户	24	9.6
合计	250	100

表 1－24 共包括了上西中北村、上西中中村、下西中下村和西中南村四个

① 《白族社会调查》（三）第 317～354 页。

村子250户1438人，内有1户“系木匠生理”，余下全部从事农业（中间有11户填报“耕读生理”，个人身份最高的是生员，共有4人），平均每户5.75人。具体到各户，比例最大的是5人户，计49户，占19.6%；其次是4人户、占14.8%，3人户占13.6%，合2~4人户共46户，占34.4%。另，6人以上户的比例也不少，共113户，占28.25%。家庭人数最多的是21人户，1家，再有17和19人各1家。总体家庭规模较表1-23、表1-24所列要高。剑川县户口册虽然时间偏晚了些，不过直至咸丰元年以前，云南无重大战乱，社会变动不大，所以用它来说明1840年前夕的状况，不至会有太多出入。

通过上述资料抽样，清代农民家庭，5口左右和5口以下的小户占有绝对的多数。应该说，这与农民为适应承种土地不断趋于零散细小化有很大关系。大致在康熙、雍正之际，农民的人均耕地尚可达到6.68亩，到了1840年前夕，已急速降至3.3亩（北方4.5亩，南方2.38亩），[①] 减少一半还多，加以土地集中，又使很多农户的实际耕地降至平均线之下，有的虽高出平均水平，却常常是为人佃作者。人均耕地的减少，造成多数农民求食困难，为了生计，他们只好采取挖掘劳动潜力的办法，以达到更好的经济效益。下面是不同人口的农户家庭可能具有的劳动力状况，如表1-25。

表1-25

家庭规模	劳动力状况	劳动力在家庭中所占比例
2口之家	1~1.5人	50%~75%
3口之家	1.5~2人	50%~67%
5口之家	1.3~3人	30%~60%
8口之家	3~5人	37.5%~63%

从表1-25看，家庭劳动力比例最高的是2人户。一夫一妻，一个整劳力，一个半劳力，便可达到75%的高比例。少数也有父与未婚子、母与未婚子，或父与未嫁女、母与未嫁女的，前者也能达到75%甚至更高一些的比例，后者要差一些，但也有50%或接近50%的比例。3口之家通常以一对夫妻加

① 具体情况请参见第三章：《粮食生产的发展》中的有关内容。

一个小孩为主，这样便占50%的比例，少数也有父或母与夫妻等等，若是，则劳动力的比例也会相应上升，可能到67%左右。在5口家庭中，如果由一对夫妻加三个年幼小孩组成，那么劳动力的比例就比较低，但若是父母与子、媳、孙，或夫妻与不同年龄层次的孩子合居，参加劳动的人手，折换成整劳动力，就会相应增加至2人、2.5人，甚至3人，最高也能有60%上下的比例。

根据考察，5口左右和5口以下家庭，基本上都是以夫妻为主构成的核心家庭，只有少数是父（或母）子孙三代一起的主干家庭。在核心家庭里，各成员的关系简单，内部凝聚力强，对劳动力的运作、调配也都容易，可以充分发挥每个生产者的潜力。薛福保在“江北政本论”中说到的情况便颇具典型意义。他说：“往时，江南无尺寸隙地，民力田，佃十五亩以上者称上农，家饶裕矣。次仅五六亩，或三四亩，佐以杂作，非凶岁亦可无饥。何者？男子耕于外，妇人蚕织于内，五口之家，人人自食其力，不仰给予一人也”[①]。这是一个由夫妻为主组成的5口核心家庭。由于全家“人人自食其力”，从事耕作蚕织等多种经营，把劳动力调配到最佳位置，即便只有五六亩、三四亩土地，通常也能做到稍得温饱。至于在核心家庭中2~3口户又占有相当比重，那是因为在耕地日益不足条件下，更可以利用劳动力比例高的优势，以利于生活。表中，我们也估测了8口之家的劳动力状况，从比例数看，它还高于5口之家，但是8口上下和8口以上家庭，多半属于老少三代在一起的主干家庭或与几房兄弟、媳妇及孙辈组成的联合家庭。[②] 他们在家庭成员关系上，比起核心家庭来要复杂多了，而且多半存在或多或少的离心力，这就会影响到对劳动力

① 《清经世文续编》卷41。

② 根据我们对乾隆元、十年“刑科题本·婚姻奸情类”资料和乾隆十二年香河马房村、嘉庆三年开原调弓沟村、嘉庆十四年厢黄旗鄂起管领下人户、道光十九年厢黄旗奎宽管领下人户等户口册资料的分析，核心家庭平均每户人口最多的奎宽册5.08人，最低是调弓沟村2.4人，平均3.71人，主干家庭平均人数最多的是鄂起册，9.15人，最低调弓沟村3.65人，平均5.31人，联合家庭最高奎宽户13.25人，最低调弓沟村7.83人，平均9.21人。又据刘翠溶教授通过对周、黄、黄、徐、李5种家谱415个家庭的考察，核心家庭平均男性成员2.68人，三代同堂家庭6.44人，四代同堂家庭10.21人，若以100:113~119的男女性比例（参见姜涛:《中国近代人口史》第300页）加入女性人数，核心家庭是4.93~5.05人，三代同堂之家11.85~12.14人，四代同堂家庭18.79~19.25人。不过因刘氏使用的族谱资料，有相当部分家庭不属农户，所以平均人数可能稍微偏高（刘翠溶:《明清时期家族人口与社会经济变迁》第166~173页）。

的整合利用，甚至对生产造成某种程度的浪费。还有，更重要的是7~8口以上的多口家庭，必须要以一定数量的耕地为保障，北方地区大概得70~80亩到百把亩，南方20~30亩到40~50亩左右，[①] 即富裕自耕农水平，否则在经济上就难以维持。这，也注定了他们在整个农户中只能占有少数。[②]

按照前面罗列的事例和数据，我们采取以5口之家为准，拉平均算全国农户总的劳动力人数。按1840年前农业人口37153万人，合7431万户，每户劳动力1.5~3人，得出11147万~22293万人，若折中以2.25人计，那么全国农业劳动力就是16720万人。不过因为不同规模的家庭中，5口之家的劳动力比例并不很高，特别是2~3口家庭在农户中占有相当分量，而他们的劳动力比例又高于5口之家，所以，实际农业劳动力可能要稍超过16720万人。

尽管如此，以上匡估，在相当程度上也只属于理论数，因为实际生活远比这要复杂，比如因疾疫、伤残丧失劳动力的因素等等，都没有估测在内。此外，还有一点必须说明，即我们的数字是选择相对静止的时段作标准的，事实是人口数量无时无刻都在变动。在各等农户比例固定不变情况下，随着人口的增减、农户的增减，自耕农、佃户、雇工与农业劳动力的数量也会相应有所增减。清代人口和农户总的趋势是在增加的，因此，自耕农、佃农、雇工与农业劳力的绝对量也在不断地增加。

第三节　人口流动

一、人口的地理分布

清朝极盛时期的陆地国土面积已超过1330万平方公里，但人口的分布状

---

① 通过对上述5种人口资料的计算，核心家庭占56.14%，主干家庭占30.02%，联合家庭占13.84%，联合家庭所占比例最小。

② 据近人所作抽样调查，20世纪20~30年代，河北每户占有耕地5~5亩以下的农户，平均人口是3.8人，然后相应递增，至50~100亩者，平均人口便是9.1人。在江苏，每户耕地在3亩以下的，平均人口2.7人，3~6亩者4人，26~50亩者8.4人（见冯和法：《中国农村调查资料》18页，又续编144页）。抄录供参考。

况却极不平衡，其中约占97%以上的人，集中在长城以南、甘肃兰州以东地区，也就是当时所说的内地18省（甘肃的一部分在兰州以西）。在这18个省区中，如果我们把直隶、山东、山西、河南4省归入华北区，陕西、甘肃为西北区，江苏、浙江、福建、广东归入东南沿海区，安徽、江西、湖南、湖北为长江中游区，四川、云南、贵州以及广西为西南地区，各以嘉庆二十五年人口数为基准，看一下各地区的人口分布很不均衡，见下表1－26[①]：

表1－26

地　区	人口（人）		面积（平方公里）		人口密度（人）
华北区	85092760	24.94%	579130	12.92%	146.93
西北区	23076197	6.76%	701400	15.64%	32.9
东南沿海区	91771742	26.9%	543000	12.11%	169
长江中游区	96597971	28.3%	614400	13.7%	157.22
西南区	44618840	13.1%	2045500	45.62%	21.81
合计	341157510	100%	4483430	100%	76.09

依照表1－26，人口密度最高的是东南沿海区，而且是以12.11%的面积占有26.9%的人口数。其次是长江中游区、华北区，西北和西南两区更少，远在平均值以下，这与当时各地的经济发展水平大体相一致，反映了人口和经济的关系。至于还有约占三分之二国土面积的西北新疆、青海、西南的西藏，北方漠南蒙古、漠北喀尔喀蒙古和关外东北地区，平均每平方公里人口更在一人以下。边疆地区的人口稀少，诚然与那里的自然条件比较恶劣，以及其他原因有关，但其中不乏土地肥美、水源充足，适合于农业、牧业，发展经济的好地方，比如东北的松辽平原、呼伦贝尔草原，内蒙古河套地区，新疆的伊犁河流域，西藏的山南地区等等。这说明在那里，存在着很大的开发潜力。

我们说，在内地诸省中，东南沿海区的人口最密集、经济发展水平最高，这也是总体而言的。其实，它们的内部亦有高有低，并不平衡。就以人口密度

① 基本数字均摘自梁方仲：《中国历代户口、田地、田赋统计》，第273～279页。以下所引数字亦同此。

最高的江苏（267.43人）、浙江（302.9人）为例。一方面，全国每平方公里人口密度超过500人以上的十一个府、直隶州中，有八个在这两个省（苏州府1073.21人，嘉兴府719.26人，松江府626.57人，绍兴府579.55人，太仓直隶州537.04人，宁波府523.26人，镇江府522.54人，杭州府506.32人），但同时也存在着每平方公里在100人以下的府州（江苏淮安府88.04人、海州直隶州88.71人，浙江衢州府17.97人，处州府76.67人）。同样在其他地区也有人口密度很高的府州，四川全省的人口密度是19.27人，可成都府却高达507.8人；湖北省平均有149.02人，武昌府有394.53人；安徽全省平均277.98人，庐州府有563.11人；福建省平均密度121.92人，可漳州府有321.33人，泉州府317.52人；广东省103.15人，广州府有306.84人；山东省103.15人，而临清直隶州有322.64人等等。上述府州人口密度之所以比全省高出许多，甚至几倍、十几倍，原因就在于它们都是些土肥水足的鱼米之乡，或是水陆交汇、交通便捷的工商业发达地区，在自然条件方面比省内其他地方要优越得多。当然，也存在一些经济水平并不很高，人口密度却相当大的府州，如山东东昌府537.69人，安徽凤阳府345.68人，颍州府314.89人等等。

在南方各省中，山区的人口一直偏低，以两湖为例，直到康熙五十年，鄂西北的襄阳府每平方公里仅4.7人，其他如郧阳府1.2人，宜昌府0.3人，都大大低于各平原府州。在湖南辰州府3.8人，沅州府2.8人，也都属于偏低，而永顺府直到乾隆四十九年（1784）也只有14.7人。[①] 江西的赣州、南安两府，从明代以来，就不断有外省流民进入，可在乾隆四十七年，人口密度仍不高，分别是89.07人和79.36人。[②] 人口作为一种劳动力资源，既可对经济发展起促进作用，若比例不适，也可造成浪费，或起相反结果，关键就在于配置是否合理。

清代的人口，极大部分分布在农村。不过随着社会经济的发展，旧城市的扩大和新城镇的兴起，城镇人口也在增加。美国学者施坚雅在其《中华帝国

① 龚胜生：《清代两湖农业地理》，第47页。

② 曹树基：《明清时期的流民和赣南山区的开发》，《中国农史》1985年4期。

晚期的城市》一书中，曾对清后期的城镇人口作过很好的研究。根据他的统计，除新疆、青海、西藏和台湾、关外东北地区外，道光二十三年（1843）共有城镇1779个，人口2072万人，约占总人口40500万中的5.1%，估计鸦片战争前夕的情况也大体如此。但很多国内学者认为施坚雅的统计稍微偏低。有的学者以山东为例，认为乾隆至道光年间，该省城镇人口已达140万~180万，以全省人口3000万计，约占4.7%~6%，高于施坚雅对华北城市化率4.2%的估算。[①] 但即使如此，我们认为在1840年前夕，全国的城镇人口超不过全国人口数的6%，人口的城市化比例还是很低的。

不过，通过人口的地理分布可以看到，清代自乾隆中期以后，尽管人口增长速度加快，人口量大增，在不少地方出现人多地少的矛盾，但是人口地理分布的不均衡性，却又在相当程度上为疏导、缓解矛盾，提供了可能。清代中后期的人口流动，很多都是这种情况的反映。

二、人口流动

人口流动包括两个方面，一种是地区流动，一种是职业流动，这两者既有区别，也有关联。比如像前面说的农村人口流向城镇，这既是地区流动，也往往包含了从业方向的变动。至于单纯的职业流动，在文献资料中虽时有可见，但总体来说还是不多。多数情况下，农村的人口流动只限于地区的改变。地区流动又有近地流动和远地流动之别。所谓近地流动，指的是离本乡本土不远，方圆数十里至百把里的本州本县范围之内。再远一些是隔县隔府流动，但仍限于本省之内。远地流动动辄近千里乃至千里以上的跨越省区的迁移，有的还隔着几个省区。刘翠溶教授通过对49种家谱，147941个男性成员的观察，离开原居地迁往外地的男子共有18696人，占总数的12.64%，尽管这其中，有些家族无一人外迁，也有的外出者不多，但从总的比例数看，说明清代外出谋生已是不可忽视的动向。再从迁徙的范围考察，限于本州本县的1176人，占迁徙人数的62.93%；省内流动的3429人，占18.34%；迁往外省的2262人，占12.1%；流向国外的126人，占0.67%。另有外出去向不明者1114人，约

---

① 许檀：《明清时期山东的城镇与城镇人口》，《清史论丛》1996年号，辽宁古籍出版社出版。

占5.96%[①]。从已知的迁徙去向中，人数最多的还是本州本县，然后是省内，再是省外，按这样不同的比例数进行流动。

根据作者对“乾隆刑科题本”158件有人员流动档案的归类，省内流动的70件、占44.3%，流往外省的88件、占55.7%，隔省流动的稍多于省内流动。不过因为我们的资料都取之于租佃、雇佣类，以低层劳苦大众为主，生活的稳定性较差，所以流动的范围也可能较族谱资料反映要宽些。在这158件档案中，有12件，约占7.6%比例的人是从农村流向北京、苏州、佛山、西安等城市的，还有一些人改变了职业，如进矿山开矿，或做烧窑工、运输工，也有从事其他杂工的，但仍有约占70%左右的人觅地开荒、为人佃作和做农业雇工，没有脱离农业劳动。当然，我们不能说这份抽样资料已反映了清代流迁人户的全貌，但作为一种总的趋向，大概不致会有大的差错。

从中国的传统观念出发，人们，特别是作为小生产者的农民，一般是不轻易背井离乡的。他们流迁外地，分析原因，大体有如下几种：

1. 出于政治上的考虑。在清初，由于受改朝换代的影响，一些人不甘心忍受新朝的统治，或为了逃避、反抗清朝某些带有民族压迫色彩的政策和措施，常常由北方跑到南方，或从江浙、两湖转入西南云贵等省。郑成功收复台湾后，又有人跟随陆续渡海台湾。还有为数不少的人亡命南洋及日本、朝鲜、安南（越南）等外国。这样的人口流动，尽管也夹带了农民和下层群众，但主体是明朝遗民、士兵，也有农民起义军余部，以及各家口。此类移民，持续时间不长，最多就是顺治至康熙的几十年间。

2. 大规模的战乱。这以清初为最突出，此外像康熙时历时八年、涉及十余省的三藩叛清的战乱，以及嘉庆初楚、川、陕、甘、豫五省白莲教起义，等等，都造成大规模的人户四散流离。遭此涂炭的，虽也有中上等人户，但命运更惨、受害最深的则是下层百姓。有关此类的人口流动，因很多著述均有论述，人们一般也都容易了解，在此只顺便提一下。

3. 躲避繁苛的差赋。这主要也是在清初，其中最明显的莫过于顺康之际

① 《明清时期家族人口与社会经济变迁》，第254页。按原表尚有出家、被掳、殉难三栏，我们未加统计。

湖广农民向四川流迁。在当时，湖广一带也属于地满人稀的宽乡，百姓们所以要远离故土，是因为这里地处北方进入两广和西南云贵等省的重要通道，开始是清廷为了消灭退守西南的南明势力，后来吴三桂又反清从滇黔进入湖广，于是，今日征军粮，明日应兵差，无穷无尽，使百姓无法安静生活，只好外出逃亡。四川近在咫尺，比较起来，相对要安定些，而且还有大片抛荒田地待垦，有人带头，后继者纷纷相随，形成清初"湖广填四川"的第一个浪潮。

4. 出于政府的安排，或受国家的招徕。清初，政府为了安排投诚军丁，使其化兵为农，常常指定地点，划地令其耕种。康熙时，清廷曾先后在浙江、江西、湖南、河南、山东、山西等一些地方，组织原郑成功部下并随同妻儿老小，实行垦荒自食。乾隆时，政府为解决驻戍新疆兵丁的军食，除令绿营兵丁和锡伯、察哈尔、索伦、厄鲁特四营进行屯田外，还从南疆招募维吾尔族农民、从甘肃等内地省份招募汉族民户，到新疆伊犁等地屯垦。另外像乾隆至道光初，清朝政府多次动员在京八旗闲散出关到吉林等地屯垦，也都属于此类行动。

在接受招徕的移民活动中，四川省也是很突出的。明末清初以来的长期战乱，造成人户死亡流散，土地成片荒芜，四川的经济处于极度凋零之中，为了恢复生产，也使国家赋税有出，清朝政府于顺治十年提出了"四川荒地，官给牛种，听兵民开垦"的优待政策。康熙七年九月，巡抚张德地又要求扩大招垦范围，鼓励湖广等外省农民进川落籍耕种。十年六月，川湖总督蔡毓荣进一步提出放宽"招民授官"的标准和延长起科年限，以刺激官员招民开荒的积极性，更广泛地吸引"各省贫民携妻子入蜀开垦"。康熙十年的招垦令，因不久发生三藩战争暂告停顿，直到二十年战争结束，才继续付诸实施，并且告示："凡流寓愿垦荒居住者，将地亩给为永业"，还准许外来入籍子弟可一体参加科举。康熙末至雍正初，湖广赣粤等省连续发生水旱灾荒，一时入川人口大增。为了安顿这些灾民使其生活有着落，雍正六年，经巡抚宪德题准，户部提出了一个按户授田的方案，还"俱给以照票，令其管业"；又每户给银12两，用以购买牛具、种子、口粮等物。雍正八年，清廷再次放宽起科年限，定荒田六年起科，荒地十年起科，使移垦农民确实安心农亩，不致因赋课问题而影响开垦成果。[①]

在清朝政府的不懈努力下，很快掀起农民第二次入川垦荒高潮。在这些外省人群中，除两湖继续占有优势外，还有陕西、广东、福建、江西、贵州农民，甚至连浙江、河南、山东、山西等省，亦有不远万里而来的。估计在康熙至雍正的80多年间，外省移民数当超过百万人。

清初的辽东移民，也与政府的招徕政策有关。顺治四年，清廷鉴于关外地区因满族兵丁、家口、庄丁大量入关，加上战争的破坏，极端缺乏劳动人手，特派刘承义为锦州、宁远、广宁等处招民佐领，承办招民垦荒事宜。当年，刘即招民400余户，受到奖励。在此基础上，清廷又于顺治十年，正式出台了“辽东招民授官例”，就是用奖励官职的办法，鼓动有力者招民出关垦荒种地，谁招得多，给官亦高。“辽东招民授官例”于康熙七年停罢，可出关应垦者仍陆续不绝，并汇合成一股越来越大的势头。据统计，自顺治末至康熙十五年，奉天府共新增人丁13296丁（口），锦州府新增人丁12617丁（口），初步改变了“沃野千里，有土无人”的凄凉景象。[②]

出于政府安排，招民屯种垦荒的，在清代还有很多。比如从康熙末经雍正至乾隆初的甘肃河西地区的招民屯垦，[③] 雍正初在甘肃西宁府周边地区的招民垦种，乾隆金川之役后在川西金川沿边区的招民兴屯，以及嘉庆时在湘西凤凰、乾州（今吉首）、永绥（今花垣）、古丈、保靖等五厅县推行的招民屯田，[④] 等等。它们虽然规模大小不等，效果有显有隐，延续的时间亦长短不一，但都起到了一定的作用，不可简单抹杀。

5. 躲避水旱灾荒。这种流徙活动，一般具有临时性特点，一旦大水消退，或下透了雨，度过严冬，到了春播夏种时节，逃荒者便陆续返还故土，重新生活。但也有相当部分在新地落籍留居了下来。比如前述康熙末雍正初，两湖赣粤农民因躲避灾荒移居四川，便是例证。又如乾隆八年，直隶天津、河间等府大旱，“失业流民”纷纷跨越长城关口到内蒙和盛京等地“就食”。清廷为防

① 郭松义：《清初四川的外来移民与经济发展》，《中国经济史研究》1988年4期。

② 《中国屯垦史》下册，第327~328页。

③ 张泽咸、郭松义：《中国屯垦史》第323~327页。

④ 《中国屯垦史》下册，第398页，第411~423页。

止灾民动乱，“行文密谕边口官弁等，如有贫民出口者，门上不必拦阻，即时放出”[①]。乾隆三十九年，清廷又因关内灾歉，饬令“有司毋许拦阻贫民出口”“觅食”[②]；五十七年，直隶等省又旱，清朝政府不但宣布“分往各蒙古地方谋食者不禁”，并且谕令各州县告示灾民，“今年关东盛京及土默特、喀尔沁、敖汉、八沟、三座塔一带均属丰收”，要他们“各赴丰稔地方，佣工觅食”[③]。这些前往就食的灾民中，有不少因租种到了土地或有人雇佣，生活暂时过得去，便留了下来。乾隆时，陕西巡抚毕沅在谈到陕南的汉中、兴安、商州等府州客籍者倍增的重要原因，便是四十三年、四十四年间，两湖被灾，流徙者纷来沓至，约有十余万男妇乘势侨寓开荒。[④]

如果说，前面提到的种种移民缘由，多少受到时间、特定条件等限制，那么存在时间最长、牵动地域面最广、最能体现清代移民特点的，便是因人地矛盾突出而出现的移窄就宽式的移民。

因人地矛盾而发生的移窄就宽式移民，就全国范围看，主要发生在乾隆中期以后，这与当时的人口急速增长有密切的关系。但具体到某个地区、某个家族或某个家庭，情况也有不同，比如福建的闽西一带和广东的嘉庆州（今梅州地区），由于山多地少，自然条件较差，早在明代，破产农民为了寻求土地，便纷纷向外地流动，入清后仍连绵不绝，江西赣南和赣北山区，乃至浙南等很多“棚民”村落，就是由这些流民建立的。山东因为土地集中的势头出现较早，康熙中已有不少“无所依藉”的贫苦百姓“逃亡京畿近地及边外各处”[⑤]，及康熙末，仅往来于蒙古的垦地者，便“多至十万余”[⑥]。至于涉及到一个家庭或多个家庭的外迁，更是经常发生的，比如当开初落籍时，只一家或几家，数代、十数代后，便发展到几十家、上百家，而且必然有贫有富，加上原来的活动空间变小，于是，总有些人、有些户要挣脱羁绊，向外迁移，寻找

① 《清高宗实录》卷195。
② 《清高宗实录》卷967。
③ 《清高宗实录》卷1408。
④ 《皇清奏议》卷64，《复奏民生吏治疏》。
⑤ 《清圣祖实录》卷116。
⑥ 《清圣祖实录》卷250。

新的天地。这样的事只要证之众多的谱牒记载，便不难得到答案①。

清代移窄就宽式移民，就大范围考察，南方的福建、广东、湖北、湖南、江西等省迁出率较高，北方首推山东，此外直隶、山西、河南也有不少迁出者。当然，这也不是绝对的，比如前面提到的江西省，一方面在赣南和赣西北山区，不断接受闽广移民，同时又有不少平原区居民移居外省外地，类似情况几乎每省都不同程度地存在。关于容纳移民的地区，除城镇、水陆交通要道、入山开矿打工外，更多的还是要寻找土地，因为当时的经济发展水平，还吸收不了更多的破产农民向非农民化方向转移。这样，人口相对稀少，有较多土地可以垦种的山区、海岛和边疆地区，便成为迁徙农民的主要去处。

从各地外迁人户的流动方向看，福建主要向江西、浙江山区转移，中间有一度还远涉四川。清朝政府统一台湾后，漳泉等沿海贫民，又纷纷东渡台湾，其中也有到外国南洋去的。广东沿海百姓去南洋的也不少，潮州府与台湾邻近，所以台湾的移民中，潮州人亦占有一定的比重。广东向省外移民，主要是四川、赣南、湘南、广西，后来又逐步往贵州、云南推移。两湖和江西的人口外流，乾隆以前，四川是个主要目标，鄂西、湘西的一些土司地区“改土归流”后，那里便成为新的重要迁居区，接着便是陕南和云贵两省。四川在很长时间里曾是个接受移民的省份，到了乾隆后期及嘉庆、道光时，因平原地区开垦殆尽，逐渐向四围山区扩展，并进入陕南和云贵等省，变成为向外移民的省份了。另外像浙江温州、台州农民开垦玉环岛、南田岛，金华、衢州、严州农民参与垦殖浙南、浙西山区和到江西、皖南垦荒，也都有一定的规模。

在北方，关外东北地区是山东农民主要的流徙地。他们多数人都是从胶东浮海到辽东，然后进入腹地。直隶、河南等地百姓则自陆路、由山海关等口子进抵关外。沿长城的口外蒙古地区，也是内地农民聚集之地，大体直隶、山东农民多在热河、察哈尔，以及哲盟、昭盟东部沿边地区垦种；山西农民在察哈尔西部和归化城、土默特旗境；陕西农民则不断向昭盟南境挺进。此外，甘肃宁夏农民，也有在阿善旗耕种的。甘肃和陕西百姓去新疆的亦为数不少。嘉庆

① 郭松义：《清代人口问题与婚姻状况的考察》《人口增长的不平衡性》，载《中国史研究》1987年3期。

时，洪亮吉被遣戍伊犁，沿途所见所闻，写诗称，“今看戈壁外，沃壤庶无弃”，“秦陇多流民，移来就边地”[1]，可以作为很好的注脚。

据初步估测，截止19世纪中，即1840年前后，我国的这种大范围农业移民达到1500万左右。其中包括四川在内的向西南诸省（川、滇、黔）移民当超过500万，广西150万~200万，台湾150万~200万，关外东北地区150万~200万，沿长城的口外蒙古地区（包括承德府）超过100万，比较起来，西北一带移民较少，大致在50万左右。至于内地山区的移民，陕南在100万以上，赣南、赣东北、赣西北、粤北、浙南、浙西、皖南等地可能会有200万，湘西、鄂西等山区100万上下。这是我们根据各地方志所载不同时期的人口数据，以及其他有关资料，并参阅近人研究成果，[2] 经综合计算得出的匡估数，虽然只能算是个近似值，但大体还是可供参考的。

在清代的移民活动中，还有一种情况是不能不提的，这就是外出从事商贩活动。经营商业与农业不同，农业的劳动对象是土地，必须断守，具有相对的稳定性。商人买贱卖贵，从互通有无中取利，他们面对的是广阔的世界。因从事商贩而外出的人，并不是清代才有，可清代宽广的疆域和越来越活跃的市场经济，给他们出行活动提供了越来越多的机会。著名的徽商和晋商，便因此移居于全国各地。像徽州府，山多田少，“其势不得不散而求食于四方，于是移民而出，非生善贾也”[3]。山西的汾州、平阳、潞安等府县，情况也是如此，平阳“土狭人满，每挟资走四方，所至多流寓，其间虽山陬海澨，皆有邑人”[4]。还有像浙江龙游县北乡一带，“率多行贾四方，其居家土著者不过十之三四耳”[5]；山东栖霞县重商得利，人们“轻去其乡，至航海数年，弃妻子而不顾”[6]。类似例子很多，在一些谱牒和地方志的有关人物传记中，还可看到较为具体的个案资料。在清代，因从事商贩活动而移民的，虽然人数不能与移

---

① 《更生斋诗》卷2，《百日赐环集》。

② 葛剑雄等：《中国移民史》第6卷；李中清：《明清时期中国西南的经济发展和人口增长》，《清史论丛》第5辑。

③ 康熙《徽州府志》卷8。

④ 乾隆《平阳府志》卷29。

⑤ 乾隆《龙游县志》卷4。

⑥ 乾隆《栖霞县志》卷1。

窄就宽式迁徙相比，但牵涉的地域范围和延续的时间，则有过之而不及。

透过清代移民的不同动因，可以看到，由经济原因而出现的自发性移民是最经常、最主要的，并具体体现在移窄就宽式移民和外出经商。其趋向一是城镇和交通沿线地区，更多的是从这里的农村流向那里的农村，以及尚未形成村落的荒山和待垦的旷野。由于这些地方很多都是边疆和少数民族居住区，又因历史等种种缘由，比较起来那里的经济发展水平和生产状况，均相对内地平原区落后，商路不通，货流勿畅。大批外地客民的进入，加强了相互接触交流，也改变着闭塞落后的面貌，大体说来可归结为：（1）传播了农业先进经验与技术，推动了那里的经济发展，即现在所说的生产发展的梯次运动；（2）促进了边疆少数民族地区的发展，巩固了边疆，巩固了国家统一。就这两点上，不但农业移民如此，商人的流动经商也是如此。

有关人口流动传播农业先进经验与技术，推动经济发展的不少内容，因有的章节还要讨论，在此不加重复。下面只谈人口流动在促进少数民族地区发展、巩固边疆、巩固国家统一的作用。

我国边疆大抵地旷人稀，一些兄弟民族经济门类也比较单一。以居住在北边的蒙古族为例，清代的蒙古按居住地区分为漠南蒙古、漠北喀尔喀蒙古（今蒙古国地）和漠西厄鲁特蒙古（大体今新疆北部和蒙古国西部原科布多地区）三部分。他们主要从事畜牧经济，交换也不发达。随着国家的统一，政治上的许多限制被取消，首先是内地商人，然后又有大批农民，纷纷前往经商种地，给那里的经济注入了一种新的活力，其中影响最大的是离内地最近的漠南蒙古，也就是内蒙古，很快成了农业、牧业以及工商业都有相当发展的多种经济并存区。有的蒙古牧民还学习汉人从事农耕，并在生产技术上有所进步。乾隆帝曾写诗描写蒙古人的农耕："蒙古昔种田，撒种委之去，谓曰靠天收，秋成为刈获"，"而今则不然，均习耕耨务，课雨与量晴，不殊三农虑"①。所谓"靠天收"那是他们初期从事的粗放农业，后来之所以注重田间耕耨，关心天气的晴雨等等，就是因为吸取汉族农民从事耕作的有益经验结果。外蒙的鄂尔浑河畔和额尔德尼召等地的喀尔喀蒙古，亦因受汉族农民的影响，建立起

---

① 乾隆《热河志》卷15。

散落错布的农耕点。再如厄鲁特诸部于畜牧外，兼事农耕的记载，亦屡见于史籍。

关外东北地区农业的发展更是成绩卓著，居住在黑龙江的索伦和达斡尔人，原先“不谙农事”，以后随遣驻庄丁学习种田，不但可“禾稼大收”，还以“隙地种烟草”，作为“一岁之生计”[①]。

高山族是台湾的原住民，长期以来以渔猎和原始的锄耕农业为生，后向移居汉民学习，“亦知以稼穑为重，凡社中旧管埔地，皆芟刈草莱，垦辟田园”，还“学汉人筑圳，从内山开掘，疏引溪流以资灌溉”，使“片隅寸土，尽成膏腴”[②]。高山族人还与汉人一起合作兴修水利，诸罗县（嘉义）境内有个北香湖，宽3~4亩，长又是宽的几十倍，他们合作筑陂，灌田数百顷，成为台湾屈指可数的一项水利工程。

在西南各少数民族中，虽然很多人早就从事农业，但一般都缺少中耕管理，有的还停留在刀耕火种阶段，使用的生产工具也较内地落后。汉族客民的不断移居，使那里的生产面貌发生变化，铁制农具逐渐在各地推广开来。在云南、贵州、广西和湘西等地，出现了仿效汉族农民开辟的梯田，有的还实行多种经营。贵州郎岱厅（今六枝特区）苗民，原本“茅塞方深”，雍乾后交往增多，“始知因土所宜，植桐梓桑柘之属”[③]。云南景东直隶厅，居住着彝族和傣族人民，他们传统种植秫米，产量较低，雍乾以后，学习汉民，才普遍种植水稻。[④] 又如威远厅（今景谷县），亦因外来汉民涌入而“学种棉花”[⑤]。黔西普安县的土著百姓，受到川楚客民的启发，于农忙之余，“共相效法”纺纱织布，增加副业收入。[⑥] 西南各省中，特别是云南，是我国引种外来新作物玉米最早的地区之一，但大规模推广则在乾隆中后期到嘉庆、道光之际，并与移居客民有直接的关系，一经介绍，便很快为住居山区的各族农民所接受，迅速成

---

① 西清：《黑龙江外纪》卷4卷8。
② 叶六：《番社采风图考》，见《昭代丛书》庚集。
③ 爱必达：《黔南识略》卷4。
④ 乾隆《景东直隶厅志》卷三之五。
⑤ 道光《威远厅志》卷3。
⑥ 罗绕典：《黔南职方纪略》卷2。

为重要的主食。[①] 另外像贵州古州（今榕江县），雍正前，苗民们从不知有桐茶一说，客民们带来种子，“教乡里种桐茶，里人效之，古州桐茶之利盖自此始也”[②]。又如内蒙卓索图盟土默特左右旗山中，生长着成片的菠萝树，“其叶大如掌，可饲山蚕”，“山东种地人携蚕种出”，试用菠萝叶喂养成功，于是迅速推广，亦为当地蒙古人所效法。[③] 这都算互相交往带来的好处。

在生产生活往来中，移居客民也从当地各族人民中得到很多方便。蒙古地区产马，这就给到口外种地的农民提供了畜力。有的商人还把蒙古马贩到口内，供内地农民生产所需。台湾农民需要耕牛，有不少是高山族人民捕捉山中野牛驯服后供给的。又如广西平乐府瑶民，多在山上种植旱稻，这给汉人以很大启示，于是亦皆“效之”[④]。

在活跃边疆经济、促进各民族之间的互通有无上，商业和商人的作用是不可抹杀的，而且他们往往起着先遣排头兵的作用，比如活跃于北疆和东北、西北地区的晋商，广东商人在广西，台湾的闽粤商人，以及江浙、赣、粤、两湖商人在西南，都是先于农业垦荒者或者至少是同时进入的。商人重利，免不了要刻意盘剥，但对亟须外来生产生活用品，以满足或丰富自身缺失的边疆、山区各民族，其主导方面应是积极的。乾隆初，清朝政府对内地商民出关实行限制，还要求将一部分原流入者陆续遣返回籍，为此有的官员专门上疏皇帝，以“商贾工匠及单身佣工五项之人，为旗民所资藉”，请求勿予遣返[⑤]。在蒙古，尽管清朝政府一再强调，不准内地汉民娶蒙妇，严令蒙古王公台吉交结商人，可是商人娶蒙妇，蒙古上层与商人结好，仍层出不断，原因就在于互相需要。方式济在《龙沙记略》中有这么一段记载：

> 东北诸部落未隶版图以前，无釜、甑、罂、瓿之属，熟物刳木贮水，灼小石淬水中数十次，瀹而食之。商贾初通时，以貂易釜，实釜令满，一釜常数十貂，后渐以貂蒙釜口易之。三十年前犹以貂围釜三

① 郭松义：《玉米、番薯在中国传播中的一些问题》，《清史论丛》第7辑。

② 光绪《黎平府志》卷7下。

③ 乾隆《塔子沟纪略》卷9；张穆：《蒙古游牧记》卷2。

④ 嘉庆《平乐府志》卷25。

⑤ 傅恒：《清厘奉天流民以培风俗议》，阿桂：乾隆《盛京通志》卷129。

匝，一釜辄七八貂也，今则一貂值数釜矣。

这段文字一方面说明商业贸易对于改善他们的生活，作用是何等的明显；另一方面也可看到，那种不平等的交易，随着商业条件的改善和货源的丰富，是在不断改善的。20世纪50年代时，我国民族工作者到黑龙江和内蒙古调查，听到鄂温克族中流传着这样一句俗语："没有汉人，我们连根针都没有"，这也是对交换贸易的肯定。鄂伦春等民族在清朝政府以前一直使用石刀、石斧和弓箭进行狩猎，以后输入铁器，石制或骨制的箭头为铁质所替代。与此同时，火器也相继传入。生产工具的更新，使他们的狩猎技术得到提高，狩猎范围也更加扩大。原来必须以集体围猎形式所进行的生产，逐渐缩小到可以由少数人或单人进行，而且获得的猎物大大增加。在台湾，铁制农具和火器等先进生产工具的输入，对促进高山族农业、狩猎技术的提高，有着十分重要的意义，所以他们欢迎汉族商人进入，特别高兴与"汉人交易铁器、火药以为捕鹿之具"①，"虽倾其所有以易不顾也"②。又如捕鱼，原来多用叉、镖，只能捕获大鱼，数量有限，后来从汉商那里得到"撒手网，作竹罩，大小毕取矣"③。由于双方的需要，汉商进社贸易，如待贵客，离开时又亲加护送。在云南等西南边疆，活跃着一支支马帮商队，商队不能到达的丛山深谷、僻居村寨，则有"小本营生之人，或走厂地，或入茶山，无论本省外省之人，均皆络绎不绝。此辈深入夷方，皆系肩挑背负"④。他们延伸市场，扩大交易，其作用不可磨灭。

至于晋商在蒙古地区开展的贸易活动，除了经济意义外，更有重要的政治作用，他们从明代以来就参加边疆贸易，参与蒙汉互市。在清朝政府进行的统一战争中，晋商又发展了随军贸易。特别在清朝政府统一北方之后，为晋商开拓市场提供了条件。他们深入蒙古各部，深入东北地区，并远达新疆伊犁、哈密、塔尔巴哈台、乌梁海等地。他们在这些地区开展物资交流，加强了内地与这些地区经济上的相互依存与相互补充，传播了内地先进的生产技术、文化以

---

① 黄叔敬：《台海使槎录》卷7，《番俗六考》。

② 康熙《诸罗县志》卷8。

③ 康熙《诸罗县志》卷8。

④ 陈宏谋：《培远堂偶存稿》，"文檄"卷4，《复镇沅府条议收养过路病民详》。

至医药，促进了边疆畜牧业、农业生产的发展，促进了城市与集镇经济的繁荣，也促进了民族团结。康熙间，平定噶尔丹叛乱，蒙古还在打仗，乾隆间，平定天山南北路，新疆还在打仗。但这些地区很快社会稳定，经济发展，除了清政府加强军事、政治控制之外，晋商的作用是功不可没的。他们对北部边疆统一的巩固做出的贡献，其他商帮都是比不上的。

清代是我国统一多民族国家得到最后确立的时期。这种统一，既是我国历史长期发展的结果，同时也与清朝政府实行必要的政治、军事手段是分不开的。统一以后，接着面临的，便是如何巩固统一成果。从根本上来讲，这就需要运用经济手段。只有经济上的一体化，才能保证政治上的一体化，国家统一才能真正巩固。特别是北部边疆很多地区是以畜牧业生产为主，和内地以农业生产为主不一样，经济制度也不大一样，都是无法加以统一的。由于生产上的这种分工，经济上的一体化，就主要是通过商品交换，加强经济联系来实现，也就是通过市场一体化来实现。商业对此具有独特的作用。

17 世纪的西班牙，因为城市和工商业的衰落，国内交换缩小了，各个地区间的联系减少了，中央集权因此受到削弱。马克思在《革命的西班牙》一文中就指出：“全国性的分工和国内交换的多样性”，“是建立统一的管理体系和统一的法律的唯一可能的基础”[①]。马克思在这里强调了商品交换、商业对维护国家统一的重要作用，很值得我们注意。给我们研究商人在巩固国家统一中的作用，提供了重要启示。

清代的人口流动，特别是移窄就宽式的流动，虽在一定程度上暴露了人多地少的矛盾，但不能加以夸大，更没有如有人所言，达到尖锐突出的地步。而人口流动，在某种程度上正是对这些过剩人口的自我消化和调整。清代的人口流动，也带来一些消极影响，如因过度的山区垦荒造成脆弱的生态环境失衡等等，但开发边疆、发展山区落后经济，乃是当时的大势，总体权衡，利可能仍大于弊。

人口问题，从来就包含着人手和人口这样矛盾的两个方面。作为人手，他是劳动者，是社会财富的创造者；但人总要吃饭、穿衣、住房等等，消耗着社

① 《马克思恩格斯全集》第 10 卷第 462 页。

会财富，所以又是人口。当人口问题的矛盾倾斜在人手一侧的时候，社会固然表现为对劳动力的追求。但在一定生产条件下，口的压力增大时，也不完全是消极的丧钟。因为压力又激发着人们去追求新的生产面和新的生产高度，清代的人口发展史也告诉了这一点。就广大农民而言，无论是人口流动，或是寻求家庭劳动力的最佳效益，等等，目的都是为推动生产的进步，同时也在带动着整个经济的发展。

第三章　粮食生产的发展

第一节　各地粮食亩产量匡估

清代前期，粮食生产有很大发展，这是许多学者的共识。但只有加以量化，才能获得比较明晰的概念。

考察清代粮食亩产量，在资料上虽不如近代系统完整，但比起明代以前诸朝代，还是丰富多了。从目前来看，至少可以搜集到数以千计直接或间接的数字，这是很可宝贵的。但是，真的要把它们用来推算全国产量或平均亩产时，却存在着很多困难，有的甚至是难以克服的。

首先是资料的涵盖面远非广泛。中国的地方那么大，各地区之间又千差万别，在这种情况下，仅凭现已搜集到的千把个数据是远远不够的，很多地方仍无资料可以凭证，所以，难免会有以偏概全之嫌。

第二，相当一些资料本身就很含糊。农业生产，除各地存在差异外，在同一地区里，土地的肥瘠不同，或因年成丰歉，都会影响产量的高低。不对上述情况作适当说明，就很难对其数字作明确判定。也有的在同一地区，两个数字出入很大，究竟孰是孰非，存在很大的考订余地。

第三，各条资料的时间差常常很长。在当时，尽管农业生产的发展不像现代农业变化快，但有清一代也有268年历史，即以道光二十年（1840）爆发鸦片战争为界进行计算，亦快靠近200年。在这200年左右的时间里，有的地方变化也不小。它们或因兴修水利、引进农作物新品种，生产条件有了改善，使产量提高了。也有因耕作粗放、土地肥力递减，或水冲沙压，或滥垦滥种，造成生态环境恶化，使产量反不如前。运用不同时期的数字来说明相同的问题，也可能会出现差错。

除了上述问题外，最困难的还在于各地的计量标准不一致。以田土面积而论，有以亩计算的，也有以垧（流行于东北关外地区、口外蒙古，以及直隶、山西、陕西、甘肃部分地区），以埫（陕西、甘肃一带），以甲（流行于台湾），以坪、伯、什（广西、云南、贵州一带），以双（云南）为计量单位的。在南方的很多省份，还流行以粮食产量或下种量来计算田地面积，叫做 1 石田、1 斗田、1 箩田，以及 1 秤田。问题更严重的还在于同样的亩或垧等等，标准也不一致。按照清朝政府的规定，“凡丈地，五尺为弓，二百四十弓为亩”①。是为法定官亩，可民间习惯却有比这小，也有比这大的。北方地区行施的大亩制，比官亩可以多出 1～3 倍，甚至还有 1200 步为亩者，相当于 5 官亩折 1 亩。垧亦作晌或日，意思是一人一天种地数，不过因各地耕种精粗有别，垧的标准也有差异。山西偏关一带有以 2 亩多或 3 亩多为 1 垧的，甘肃兰州则 2.5 亩为垧。在关外东北地区，通常“以六亩为日”，但也有小于 6 亩的，如折 4 亩、5 亩；大于 6 亩的如 8 亩、9 亩、10 来亩，其中以承德县（今属沈阳市）北路 12 亩折 1 垧为最大。用产量或下种计田土，高下更悬殊了，从 2 亩多到 3 亩、4 亩、5 亩，甚至 10 亩的，贵州都匀一带竟达到 25 亩为 1 石田。如此等等，简直使人眼花缭乱，无所适从。②

与田土计量一样混乱的还有量器和衡器。量器也有部颁仓石（或官石，有的地方也有叫京石的）和民间通行市石等不同区别。市石的大小，各地差别很大。康熙四十三年（1704），玄烨在一个诏谕中说：“朕见直隶各省民间通用戥秤，虽轻重稍殊，迥然有别，尚不甚相悬绝，惟斗斛大小迥然各别，不独各省不同，即一县之内，市城乡村亦不相等”③，可见情况之复杂，所以他要求有关当局加紧作统一标准的工作。当时，在朝的部院大臣们商讨了一个统一的办法，可民间交易有其因循性，故仍我行我素，直到清末无大变化。④

---

① 光绪《大清会典》卷 17，《户部》。

② 有关详细情况，可参见郭松义：《清代的亩制和流行于民间的田土计量法》，载《平准学刊》第 3 辑上册。

③ 光绪《清会典事例》卷 180，《户部》。

④ 郭松义：《清代的量器和量法》，《清史研究通讯》1985 年第 1 期。

这么复杂的度量衡，如果资料记载比较明确，我们可设法加以换算，遗憾的是它们中很多是含混不清的。

正因为在推算粮食产量中有这么多困难，弄得很多人不敢去碰它。于是有的学者另辟蹊径，企图通过别的办法以解决矛盾。比如根据当时的人口数，再假定出人均粮食占有量进行推算。也有人以现代比较完整的统计数字为出发点，运用计量史学的方法向前逆推，得出需要的统计数。我们认为上述等等做法，不失为解决困境的一种途径，而且从经济学或社会学的角度来看，也是允许的，但同时也存在一些漏洞。像第一种方法，在假定人均粮食占有量时，不可避免地会包含着一定的主观性。再说第二种，实际上也存在着某种假说为出发点。人们可能会问，清代的人口增长尽管有快有慢，总的说来是呈上升状态的，那么是否意味着粮食生产也一定呈持续增长的势头？又如清代的耕地面积基本上也是在不断扩大的，那么是不是耕地扩大了，总产量一定会跟着增加？在有的地方，有没有因为生产条件恶化等原因而发生减产的？很显然，这样的问题只靠推算是难以回答的。

鉴于以上等等缘故，我们认为比较起来，以当时人记载的有关粮食产量的资料为基础，进行推算，可能会更妥帖些。因为既然清人给我们留下了那么多资料，而且其中不乏比较系统或相当准确度的数据，所以通过排比，还是可以得出稍微满意结论的。事实上近几十年来，学术界一直有人在作此探索工作。他们的资料，他们的方法，以及他们的成果，都是后继者有益的借鉴。当然，我们在从事这一课题探讨时，仍须十分谨慎，并遵循搜集资料、具体推算时宜细不宜粗，在取得结论时宜粗不宜细的原则。因为在很多问题一时还无法解决、有待进一步深化研究的情况下，我们所求取的也只能是个近似值，更不敢自诩这个结论一定比先前学者的研究更确实些。

为了计算的方便，我们也采取很多学者所使用的，根据种植习惯，分成南方稻作区和北方旱作区两大块，然后参照当时的行政区划，分成几个条件相近似的小区，以作对比分析。南北稻作和旱作的界线，从自然环境来看，大体以淮河和秦岭为界。但也不是在此以北就不种水稻，在清代，几乎所有北方省区，都有生产的记载。相反，南方的很多山区，因缺乏水利灌溉，也有只种麦豆等旱季作的。不过在下面讨论时，我们还是以行政区划为准，把江苏、安徽的淮河以北地区归入稻作区内，而将秦岭以南的陕西汉中盆地划到北方旱作区。

一、南方稻作区

（一）苏浙皖地区

太湖平原为中心的苏南浙西区

宋明以来，以太湖平原为中心的苏南和浙西地区，一直是水稻高产区。据明代人记载，在苏松和嘉湖各府州县，一般都保持在产米1～3石之间①，约折稻谷2～6石。清代前期继续保持着这个势头。叶梦珠在《阅世编》中说，他家乡松江府华亭、娄、青浦等县，可“亩收三四钟”。钟系古代量器，每钟3石，约相当于10石零，后来已废而不用，此处应笼统指为石。又，叶氏在同书另一处谈到，康熙十七年（1678）六七月份大旱，上海一带“河水俱涸”，接着又发生大疫，“因旱而病，戽水无力，招募无人，田多抛荒”，故年成“亦皆歉收三斛”，“起租之田，上好不过收米二石，次者一石五斗，甚者止收石许”。照此说来，丰顺年景，上好地产米3～4石是可能的。有一本明清之际上海人写的日记，叫《历年记》，叙述作者在顺治年间经营田产，“稻约每亩三石”，如果确实是稻，与叶氏说的产量相比，只能是中下等田。叶氏的产量并非只是孤证，接邻的太仓州，便有“得米二石四斗”至“三石六斗”的上等田，次者也可收“一石五六斗至二石五六斗”②。又如青浦县，播种适

① 顾炎武：《日知录集释》卷10，《苏松二府田赋之重》条言：“一亩之收，不过三石，少者一石有余。”又，顾氏在《天下郡国利病书》第8册《苏松》引《松江府志》：“华亭有亩收三石余者，有一石五斗不足者。”在时间上比顾氏更早一些的如何良俊《四友斋丛说》中记松江西乡低田，“每亩可得三石或二石五斗”，东乡高田“若收岁丰熟，每亩只收一石五斗”。还有像嘉靖《常熟县志》谈该县出稻，“大率畮之所入，上农以二石计，中农以石有赢计，下农以石计”。看来都没有超出顾氏所说的范围。浙扛嘉湖地区的土地自然条件与苏松相同，生产水平也差不多。张履祥在《补农书》述及他家乡桐乡县，“况田极熟，米每亩三石”。又说：”下路湖田，有亩收四五石者，田宽而土滋也”。不过这都比较特殊，通常加春花“三石为常耳”，只算稻米也就是2石。另外像天启《海盐图经》记：“上农丰年亩可得米二石五斗”。与张氏说的大体相等，按：张氏等书谈到的，都明确指出是米。米与稻谷是不一样的，依照当时的加工情况，稻2石才出米1石。照此看来，顾氏所言苏松地区的亩产，很可能是米，否则就很难想象了。

② 陆世仪：《思辨录辑要》，见《正谊堂丛书》本。

时，“收成得二石外”①。比较起来，崇明的产量偏低，有的资料记载，只亩产稻1石多到2石上下。

松江、太仓地区的这个产量，嘉道后有所减少。上海人姜皋言：“昔时有三百个稻者，获米三十斗，所谓三石田稻是也”。“癸未（指道光二年——引者）大水后”，“有力膏壅者，所收亦仅二石”②。还有一则资料说：松江府属，嘉道以前亩产稻谷2~3石、棉花100~200斤，到了光绪初年，“稻止收一石余矣，花只收数十斤矣”③。从亩收米3~4石或1~2石，到收稻谷2~4石以至1~2石，看来递减率相当大。

与松江、太仓地区相比，苏州府清初的亩产量大致在2~3石之间。康熙《江阴县志》记该县田亩产米2.5~3石④。嘉道时包世臣言：“苏民精于农事，亩常收米三石”，“以中岁计之，亩米二石”⑤。又道光《蚕桑图说合编》序言中亦提及，苏州可亩产米3石。比上述稍晚的冯桂芬认为，“一亩之田，中熟之岁，收谷约有五石，则为米二石五斗矣”⑥。陶煦的说法是“秋禾亩不过收三石，少者止一石有余”⑦。陶氏的1~3石，没有指明是米抑是稻。如果是米，那与清初的产量仍保持在同一水平。但另据有关统计，宣统元年（1909），苏州上田平均亩产2.5石，中田1.7石，下田0.85石，⑧ 到清末，产量好像也有下降。

清代无锡县属于常州府。乾嘉时有人说该县“每田一亩，丰收年岁不过收米一二石不等”⑨。再偏西的江宁府（今南京一带），“上田十亩”，“丰年获稻不过三十石”⑩，平均亩收稻3石，折米1.5石。它们的产量都低于苏松地区。

---

① 王有光：《吴下谚联》卷2，《小暑种秧止好了粮》。
② 《浦泖农咨》。
③ 《申报》，光绪六年正月初二日，转引自严中平：《中国近代经济史》，第962页。
④ 转引自史志宏：《清代前期的耕地面积及粮食产量估计》，《中国经济史研究》1989年第2期。
⑤ 《齐民要术》，见《安吴四种》卷26。
⑥ 《显志堂稿》卷11，《兴水利议》。
⑦ 《周庄镇志》卷4，附《重租论》。
⑧ 东亚同文书院编：《支那经济全书》第8辑1编，“农业”203~207页。
⑨ 钱泳：《履园丛话》卷7，《种田》。
⑩ 《方苞集》卷17，《甲辰示道希兄弟》。

浙江的杭嘉湖三府中，杭州和湖州两府的西部属多山的丘陵区，其余东部和北部沿邻太湖、杭州湾。它们与苏松地区条件相当，水稻产量也处于同级水平。前面我们曾引张履祥《补农书》说湖州亩产米2～3石，这既是明末的产量，也代表了清顺康年间的产量。稍晚凌介禧在谈到湖州乌程、归安、德清亩产时，比张氏所言要低一些，“有资者再粪，亩获二石，无资者一粪，获不及石焉”①。不过凌介禧主要是为了说明乌程等三县百姓生活困苦状况，很可能有意选择了较低的数字。该府西北的长兴县，其下六区濒临太湖，年收稻一季，乾隆时亩产米可达“六七石不等”②。这大概与张履祥说的“下路湖田亩收四五石者”相类似。据嘉庆时陈斌介绍：“苏（州）、湖（州）之民善为水田，春收豆麦，秋收禾稻，中年之入，概得三石”③。抛去春花，中等年成，稻米产量也就是2石。根据以上各资料分析，清代前期，湖州府正常年景的亩产量：米2～3石，少数地区可达4～5石或更多些，但也有不足2石或1石上下的。

有关清代嘉兴府的水稻亩产，我们搜集到的资料有：

（1）乾隆时，“勤农每遭熟年，每亩得获二石”④；

（2）嘉善县，康熙中，“亩收二石五六斗”⑤；

（3）平湖县，康熙，“邑田高不硗确，卑不沮洳，得沃瘠之中，亩收以石米为准……农勤则倍收”⑥；

（4）海盐县，乾隆初，通过精耕细作，可达2.5石⑦。

嘉兴府亩产以米2石为准，少数高产田达2.5～3石，低的则在2石以下。

杭州府的海宁州，顺康之际，“中田遇极丰之年，亩获率不过二石”；又，“中田一亩，岁出米麦豆三石以上，腴田出四五石以上”⑧，大致中田出米2石

---

① 《程安德三县民困状》。
② 乾隆《长兴县志》，《物产》。
③ 陈斌：《量行沟洫之利》，《清经世文编》卷24。
④ 乾隆《浙江通志》卷102。
⑤ 徐庆辑：《信征录》，《刁佃赖租之报》，见《说铃》15册后集。
⑥ 光绪《平湖县志》卷2。
⑦ 档案，乾隆元年八月一日嵇曾筠题，转引自史志宏前揭文。
⑧ 《陈确集》文集卷11，《古农说》；又同书文集卷15，《投当时揭》。

上下，上田可到 3 石左右。海宁的这个产量，大体适合于钱塘、仁和、余杭、富阳等县，西部的昌化、于潜、临安、新城等县，可能达不到这个水平。

在谈到清代江南地区的水稻产量时，人们常常引用康熙五十四年至六十一年间由皇帝颁赐畅春园所出水稻良种，即所谓“御稻”的产量。“御稻”通过苏州织造李煦等地方官的努力，曾在苏州、江宁、扬州等地，以及浙江杭州试验种植。尽管推广工作只取得了有限的成果，不过它对我们考察亩产还是有参考意义的。

先看李煦在苏州试种的御稻[①]，见下表 1－27。

表 1－27　　李煦在苏州试种御稻产量表

年代	种植亩数	早稻		晚稻		早晚稻平均亩产（石）	备注
		总收获量（石）	平均亩收（石）	总收获量	平均亩收（石）		
康熙五十四年（1715）	6.5	18.25	2.8		不满 1	3.8	晚稻减产
五十五年（1716）	50		3.7		1.5	5.2	晚稻只种 45 亩，另 5 亩为再生稻平均亩产 1 斗
五十六年（1717）	80		4.1		2.5	6.6	
五十七年（1718）	80		4.15		2.6	6.75	
五十八年（1719）	100		4.23		2.2	6.43	晚稻 5 分收成
五十九年（1720）	100		4		2	6	晚稻 5 分收成
六十年（1721）	100		4				
六十一年（1722）	100		3				稻扬花时连遇大风

自康五十六年起，苏州乡绅和两淮商人也都纷纷领种试植。档案只留下五十七年李煦两次呈报附单，亦进行列表。[②] 苏州乡绅御稻所得收成，见下页表 1－28。

两淮商人种植御稻所得收成，见下页表 1－29：

① 中国第一历史档案馆编：《康熙朝汉文朱批奏折汇编》，第 6 册第 452、643 页，第 7 册第 245、456、1043、1220 页，第 8 册第 248～249 页、第 237、545、609、718、733、822、911 页。

② 《康熙朝汉文朱批奏折汇编》第 8 册第 249～251 页，第 328～329 页，第 329～330 页。

表 1－28　　苏州乡绅御稻收成表

乡绅名	种植亩数（亩）	早稻平均亩产（石）	晚稻平均亩产（石）	总共亩产（石）	备注
翰林院庶吉士吴瞻淇	3	3.2	1.7	4.9	
翰林院庶吉士陆秉鑑	3	3.1	1.65	4.75	
原任工科给事中慕琛	10	3.3	1.8	5.1	
原任兵部职方司主事蒋文澜	10	3	1.6	4.6	
原任大名道陈世安	10	3.2	1.7	4.9	
原任刑部四川司主事陆炽	4	3.1	1.7	4.8	
原任内阁中书金秉朴	5	3	1.8	4.8	
原任兵部职方司员外郎章豫	3	3.1	1.5	4.8	
原任内阁中书顾祖镇	2	2.9	1.65	4.55	
原任宁台道王世绳	3	3	1.65	4.65	
癸巳科进士蒋杲	2	2.8	1.5	4.3	
乙未科进士顾沈士	3	2.9	1.66	4.56	
原任广东韶州府通判张安国	2	3	1.8	4.8	
原任兵部武选司员外郎陶昱	3	3.1	1.75	4.85	
己丑科进士张景松	2	3	1.4	4.4	
候补行人司司副陶箴	3	2.9	1.9	4.8	
己丑科进士樊钱倬	2	2.8	1.7	4.5	
己丑科进士韩孝基	2	2.9	—	2.9	未种晚稻
癸巳科举人顾之樽	2	2.9	1.76	4.66	
癸巳科举人宋喆	1	2.8	1.5	4.3	
甲午科举人韩御李	1	2.8	1.6	4.4	

表 1－29　　两淮商人种植御稻收成表

商人名	种植亩数（亩）	早稻平均亩产（石）	晚稻平均亩产（石）	总共亩产（石）
高万顺	3	3.3	1.9	4.2
闵德裕	2	3.1	1.8	4.9
马德隆	2	3.2	1.9	5.1
吴敦厚	2	3.1	1.85	4.95
程弘益	2	3	1.8	4.8
吴德大	2	3	1.85	4.85
吴握玉	2	3.1	1.63	4.73
徐尚志	2	3	1.55	4.55
汪德睦	2	3.2	2	5.2
乔履顺	2	3.1	1.6	4.7
项鼎玉	2	3	1.7	4.7
何义大	2	3.1	1.85	4.95

李煦等在苏州试验种植御稻，分早晚两季进行，属双季稻。在此期间，苏

南民间多实行稻麦连作，很少有种双季稻的。李煦试种御稻，除康熙五十四年因刚刚开头，只有6.5亩，第二年就种了50亩，接着又增加到80亩、100亩，试种面积不算小。从收获量来看，也以头一年最低，后来逐渐得法，产量也提高了。早稻年产最高的是康熙五十八年，亩收4.23石，其余除个别因遭灾外，正常情况都在4石左右。晚稻亩产在2石至2.5~2.6石的水平。两季合算，中上年景应在6.5石上下，折米3.2~3.3石。乡绅们试种御稻的产量远不若李煦好，早稻亩产3石上下，晚稻在1.6~1.7石，总产很少有超过5石的，多数在4.6~4.8石之间。两淮商人试种地大概在长江以北的扬州一带，收获情况与苏州乡绅们差不多。按照上表产量，李煦的稻田超过了当时民间上田一季的水平，乡绅和商人们还无法赶上。又据康熙五十六年十月十三日江宁巡抚吴存礼的奏折，内容是转报江苏布政使杨朝麟在苏州等府试种御稻的结果：早稻"每亩收谷自三石至三石六七斗不等"；晚稻"每亩收谷二石至二石三四斗不等"[①]，两作合计亩产5~6石零。吴在奏报中提到"苏州等府"和"各府"字样，可见试种地域比较广泛，至少超出苏州府的范围。按：李煦康熙五十六年两季试种产量是5.6石，看来吴的数字还是赶不上李煦高。

在当时，苏州迤西的江宁府等地，也试种御稻。康熙五十四年，江宁织造曹𫖯曾从李煦那里分得稻种1斗，以6升种田1亩，七月得谷4.2石，晚稻因未结实而无收。第二年，曹𫖯又把稻种散给百姓试种，结果早稻"每亩收谷三石七八斗不等"，晚稻"每亩收谷二石一二斗至二石七八斗不等"[②]，两季合共约收5.7~6.6石。康熙五十六年播种的早稻收成，曹𫖯附了一个细单，内开上元县士民安谦等18户，共试种地234亩，平均产量最高的户是3.2石（共4户），最低的2.7石（2户），其余2.8石的3户，2.9石的4户，3.1石的5户；江宁县士民吴永福等20户共种地264亩，平均亩产3.2石的4户，3.1石的4户，2.9石的6户，2.8石的3户，2.7石的3户[③]。浙江杭州试种御稻的情况，我们只见到康熙五十六年七月十六日浙江巡抚朱轼的一个奏报：

① 《康熙朝汉文朱批奏折汇编》第7册第1229页。
② 《康熙朝汉文朱批奏折汇编》第7册第318页，第455页。
③ 《康熙朝汉文朱批奏折汇编》第7册第1099~1104页。

“再所种御稻成熟，每亩收二石八九斗不一，其第二次已经如法布种讫”[①]。从上元等各府县士民试种御早稻收成来看，上元、江宁以及浙江杭州的产量，比苏州士民和扬州商人所种，可说是大体相等，遗憾的是资料不全，未见晚稻收获量，无法计算全年的亩产。

康熙帝向李煦等颁发御稻种的目的，是想借此在江南一带推广双季稻，但效果却不理想，探究缘故，最主要的是产量并不诱人。当时，苏南一带农民实行稻麦连作，麦的产量相当于早稻的一半或稍低一些[②]，且每“麦七斗抵米五斗”[③]，不比双季稻收益低（稻1石才抵米5斗）。像御稻这样的双季稻，除李煦的试验比较突出（曹頫的报单中也有超过6.3石的），多数也就是4~5石多，最高6石出头。可种植水稻，无论是劳动力的投入，或肥料等工本费用，都比旱作大得多。此外还有习惯性的原因，如“吴俗以麦予佃农，而稻归业田之家，故佃农乐种麦，不乐种稻”。太湖周围地势偏低，“湖水积涨，五坝辄开”，农民害怕田亩被淹，“故但幸其一收，而不可再种”[④]。照此看来，在清代，至少在沿太湖地区，民间一直沿袭种植单季稻。双季稻没有成为苏南和浙江杭嘉湖地区的主流。

为了把产量搞得更确实一些，我们从清代档案等文献中，辑录了这一地区有关地租额的资料进行旁证[⑤]。按照一般惯例，额租量约相当于正常年景的一半，当然也有超过或不足一半的，但多数看来，用地租额的一倍计算正常年产量是说得通的[⑥]（见下页表1－30）。

---

① 《康熙朝汉文朱批奏折汇编》第7册第1094页。

② 个别特殊年景，也有产量很可观的，如雍正十三年五月初八日，江南总督赵弘恩报：“苏松常镇等属……二麦收成与往岁不同，每上田一亩，竟有收至二石四五斗不等，中田每有收一石六七斗，下田每亦有石余。小麦每亩亦收有一石七八斗其次或一石五六斗及一石二三斗不等，各处收成多皆仿佛”（《宫中档雍正朝奏折》第24辑第652页）。

③ 包世臣：《齐民要术》见《安吴四种》卷26。

④ 李彦章：《江南催耕课稻编》，《榕园丛书》本。

⑤ 这些资料主要辑自中国第一历史档案馆、中国社会科学院历史研究所编：《清代地租剥削形态》，以下简注为“地租形态”；中国第一历史档案馆、中国社会科学院历史研究所编：《清代土地占有关系与佃农抗租斗争》，以下简称“土地关系”；中国人民大学清史研究所、档案系政治制度教研室编：《康雍乾时期城乡人民反抗斗争资料》，以下简注“反抗斗争”；黄冕堂：《清史治要》，齐鲁书社1990年出版，以下简注“治要”；李文治：《明清时代封建土地关系的松解》，以下简注“李书”。

⑥ 方行：《清前期的封建地租率》，《中国经济史研究》1992年2期。又，李文治：《明清时代封建土地关系的松解》一书中亦曾提及。

表 1-30

时代	地　区	佃地数（亩）	租额（石）	平均亩租（石）	约折亩产（石）	资料出处
乾隆	江苏金匮	沙田 2.25	米 2.25	1	米 2	《地租形态》，第 741 页
嘉庆		3.3	1 春花佃户自收	0.3	0.6	《李书》，第 181 页
		田 2.5	米 1.75	0.7	米 1.4	《李书》，第 207 页
乾隆	奉贤	2	米 2.6	1.3	米 2.6	《地租形态》，第 779 页
乾隆	宜兴	平田 4.6	米 4.6	1	米 2	《土地关系》，第 365 页
乾隆	武进	平田 1.8	夏麦 0.54	麦 0.3	麦 0.6	《土地关系》，第 471 页
			冬米 1.8	米 1	米 2	
乾隆	江阴	1.8	米 1.62	0.9	米 1.8	《土地关系》，第 642 页
乾隆	昆山	16.5	15.5	0.94	1.88	《档案》乾隆二十六年四月九日鄂弥达题
乾隆	吴江			上田 1.5	3	乾隆《吴江县志》卷 38
				下田 0.8	1.6	
				间有 1.8	3.6	
道光	宝山			1	2	章存谦：《使足编》
乾隆	震泽			0.5～1.8	1～3.6	乾隆《震泽县志》卷 25
嘉庆	无锡	40000 多	米 20000～30000	0.5～0.75	米 1～1.5	冯和法：《中国农村经济资料》，第 417 页
乾隆	浙江嘉善	圩田 32.5	42.6	1.3	2.6	《地租形态》，第 161 页
乾隆	钱塘	10	谷 19	1.9	谷 3.8	《地租形态》，第 250 页
乾隆	海盐	18.2	米 20	1.1	米 2.2	《土地关系》，第 620 页
乾隆	乌程			米 0.4（水灾）	米 0.8	《土地关系》，第 700 页
道光	嘉兴	11	11.3	1.03	2.06	《治要》，第 122 页
道光	乍浦（属平湖）	3	10	3.3	6.6	《治要》，第 122 页

以上18例，3例属道光年间，3例嘉庆年间，其余都在乾隆时期，从约折亩产看，乌程县额租4斗是因为遭受水灾，由田主临时议定的，不属正常年产量。乍浦平均亩租3.3石，没有注明是米是谷，估计应是稻谷，否则不可能有如此高额，即使如此，亩产米3石多，那也是极好上地才办得到①，当然也不排除额租率超过50%的可能。从额租折合亩产看，最低是0.6石或1石左右，高的3石或3石多，一般中等田地也就是2石上下。这与前面我们列举的亩产是可以呼应起来的。康熙中玄烨曾说："朕巡视南方，见彼处稻田岁稔时，一亩可收谷三四石"②，折米计算，约当1.5~2石，这是笼统而言的。南河总督靳辅说："臣访之苏松嘉湖之民，知壮夫一丁止可种稻田十二三亩，其岁收粒米，肥地不过三十余石，瘠地亦可得二十石"③。照此合算，肥田产米2.5石上下，瘠地1.5~1.6石之间，虽然上地的产量较偏低了些，不过一般说来也没有错，因为亩产3石或3石以上的，毕竟是少数。

根据以上所述，我们认为清前期，苏南和浙江杭嘉湖地区的水稻生产，基本上以单季为主，平均亩产，少数上地可超过3石或3石上下，多数在2石多到2石之间，另有相当部分下地也就是1石左右或更低。这都是用米计算的，折合稻谷会高出一倍。

浙东、苏北和安徽

在算出苏南和浙江杭嘉湖地区的水稻产量以后，便可以用它们为基准，推算出接邻的浙东、苏北和安徽的生产量。

先说浙江，也就是除杭嘉湖以外的宁波、绍兴、台州、金华、衢州、严州、温州、处州八府的水稻生产量。从自然条件考察，沿杭州湾南面的宁绍平原，与杭嘉湖太湖平原处于同等水平，此外像沿衢江的金衢盆地，以及沿江、沿海平原带，也有较好的农业条件，在一些低丘陵带，人们修梯田以种植水稻。下页表1-31，是根据地租额推算的亩产量。

① 乾隆中，安徽来安县令韩梦周在《劝谕业佃瘠田加粪文》中说："江苏、浙江地土膏腴，耕耘得法，又加豆饼并粪以为肥厚之料，其所结稻谷悉皆饱绽，每亩收谷八九百斤"（见《理堂外集》）。800~900斤，约相当于5.7~6.4石，折米也就是3石上下，那是膏腴之地的产量。

② 《清圣祖实录》卷153，第25页。

③ 靳辅：《靳文襄公奏疏》卷7，《生财裕饷第一疏》。

表 1－31

时　代	地　区	佃地数（亩）	租额（石）	平均亩租（石）	约折亩产（石）	资料出处
康熙末乾隆初	绍兴府山阴县			米 1.4	米 2.8	《中国农业史资料》1 辑，第 71 页
乾隆	上虞县	2	谷 3.8	谷 1.9	谷 3.8	《反抗斗争》，第 56 页
乾隆	诸暨县	4	谷 10	谷 2.5	谷 5	《土地关系》，第 663 页
道光	台州府	1	10	10	20	《治要》，第 122 页
康熙	天台县	田 108.52	合计谷 931.35	谷麦豆统算		《天台治略》卷 1，《一件饬查废寺田产等事》
		地 896.36	麦 21.735	0.534	1.07	
		山 805.68	豆 14.494			
		塘 2.41				
乾隆	仙居县	田 10，山 1 片	谷 20	谷 2	谷 4	《土地关系》，第 438 页
			麦 1	麦 0.1	麦 0.2	
道光	衢州	3	4.1	1.37	2.73	《治要》，第 122 页
道光	温州	1	350 斤	350 斤	700 斤	《治要》，第 122 页
道光	泰顺县	1	360 斤	360 斤	720 斤	《治要》，第 122 页
乾隆	处州府松阳县	4	4	1	2	《土地关系》，第 629 页
	松阳县	62.1	49.03	最高 2	4	光绪《松阳县志》卷 3
				中等 1～1.5	2～3	
				下等 0.8～0.096	1.8～0.192	
道光	缙云县	0.37	60 斤	162 斤	324 斤	《治要》，第 122 页
嘉庆	汤溪	1.7	6	0.7	1.4	《李书》，第 206 页
嘉庆	淳安	1.2	谷 1.7	1.4	谷 2.8	《李书》，第 181 页
乾隆	永嘉	4	谷 8	2	谷 4	《李书》，第 181 页

表列十余例中，道光台州的数字很有些疑惑不解，再，松阳县下等田的产量可能属于山地旱田，其余基本上是说得通的。亩产最高的是绍兴山阴县，米2.8石，其次是诸暨县出谷5石。宁波府的数字虽然没有，估计与绍兴府差不多。温州府永嘉县亩出谷4石，也不低，另两例和缙云县一例都是以斤计的。若以通常采用的130斤为1清石计算，720斤相当于5.5石，700斤为5.4石，324斤合2.5石，折成米也就是1.25~2.75石。照此看来，清前期浙江沿海沿江地区的水稻亩产，已达到1石以上，或2~5石多的水平。合计全省通常亩产约在2.6~2.7石之间。

安徽沿长江和巢湖周围的庐州、安庆、太平以及和州等府州，是传统的稻米输出区，但产量高下不等，庐州府巢县，“即雨水调匀之年”，每亩也只“打稻二三担”，被称为“出息可谓极薄”①。乾隆时，安庆府宿松县有人佃田9.6亩，年纳租稻19石，外加地稞银1.27两。按银1.27两，依当时粮价，可能买不到1石米。姑以1石计，折稻2石，共纳稻租21石，平均亩租2石零，合亩产稻4石②。江北来安县，“每种一石，计田三亩零”，年收稻谷“十四五石”，约合亩产4.5石到5石间③。可与之接邻的滁州，每亩只产稻2石余④。又据光绪《滁州志》称：“田以种计，大率种一斗得田一亩，每种一斗，稻可收一石，麦半之”。除非是生态环境破坏造成减产，否则就很难理解前面说的2石，这里却减为1石。何况滁州与来安，无论是自然条件或土质状况，都相差不远，不可能产量如此悬殊。

在康熙年间试种御稻时，安徽的含山、芜湖两县也有人领种试验。计含山县共种90亩，其间54亩亩收2.7石，36亩亩收2.6石，平均亩收2.66石。芜湖县共种52亩，中间42亩亩产2.6石，10亩亩收2.5石，平均亩产2.58石。⑤ 这是早稻的产量，晚稻因无记载，情况不明。若以晚稻产量为早稻的一半，那么它们年平均亩产分别是，含山4石，芜湖3.87石。因为双季稻要影

① 道光《巢县志》《附录》。
② 《租佃关系》第223页。
③ 韩梦周：《理堂外集》《劝谕业佃瘠田加粪文》。
④ 黄厚裕：《种苎麻法》。
⑤ 《康熙朝汉文朱批奏折汇编》第7册，第1104页。

响秋后的春花作物，实际上并不上算。又据档案资料，乾隆中含山县有田29.9亩，年收谷租12石多，照此合算，亩产还不到1石①。关于芜湖，我们以一则明代资料作补充。崇祯时，邑人晋某捐田24.5亩助学，年租米14.7石②，亩租0.6石，合产量1.2石，折谷2.4石。上述都是单产，若加上春花，与御稻相比，含山偏低，芜湖则相差不远。

庐州府属的无为县，被称作沿巢湖诸县中圩田最多的。据民国时候的资料，圩田可亩产稻4～7石，比山田超出2倍到3倍多③，估计清前期也可达到这个水平，与苏松地区产量相等。又如安庆府望江县，有一块3.5石田，收租35石。照邻近宿松县的标准："种九斗三升，计亩九亩六分"④。凤阳府的宿州是"种一斗，得田一亩"，依此，3.5石田也就是35亩，平均亩收租谷1石，合亩产2石。若以来安每石种合3亩零计算，则在11～12亩间，亩产可达3石上下。

在皖南的徽州等府，因为颇多丘陵山地，产量也较偏低。像歙县，"歉于田面而丰于山，地高山燥，十日不雨则无禾，耕耨之民手口率瘏。一亩所入，不及三吴之半"⑤。特别是休宁以西地区，早在明代"尤称斗入，岁收仅仅，不给半饷"⑥，属缺粮区。那么具体产量究竟有多少？一些学者根据徽州文书的有关记载，经分析核算，得出的结论是："明清徽州水田的亩产量大致在200～300斤之间，即1.3～2石之间，极个别田块在丰收年景可高达4石余，而不少田块在受灾时，除绝收者外，大约只有百余斤"⑦。有的学者更按年代前后，排列出平均亩产是：康熙四年至五十九年（1655～1735）305斤，康熙五十六年至雍正十三年（1717～1735）366斤，雍正十二年至乾隆十九年（1735～1754）384斤，乾隆二十年至五十五年（1735～1790）329斤，乾隆四十八年至嘉庆五年（1783～1800）287斤，嘉庆二十二年

---

① 档案：乾隆三十一年十一月初九日管理刑部事务刘统勋题。

② 嘉庆《芜湖县志》卷4。

③ 民国《无为县小志》第4册。

④ 《土地关系》，第223页。

⑤ 乾隆《歙县志》卷5。

⑥ 道光《徽州府志》卷二之五。

⑦ 周绍泉：《明清徽州亩产蠡测》，《明史研究》第2辑。

至道光八年（1817～1828）390斤，光绪九年至三十四年（1883～1908）233斤，若将各地方各时期亩产爬平拉匀，也就是328斤上下，约合2.5石[①]。虽然符合不抵三吴之半的说法，但也谈不上只称斗入（可能山区旱作地有此产量）。

皖北淮河流域也种植水稻，有的产量还不低，像凤台县丰年“亩所收者”，“稻可四五石”[②]。不过凤阳、颖州等府，多实行大亩制，民间亩积偏大，若照江南小亩，产量可能就不会那么高。作为个案资料，六安州的产量更低，档案记载：有庙产一处，亩产稻谷8斗[③]。再有霍邱县的两例亦属低产，一是佃种13石田，纳租谷50石（对半分）[④]；另一是10石种田，年租谷30石[⑤]。推算它们的产量，分别是0.77石和0.6石。当然，我们不能断定六安和霍邱的例子覆盖面有多大，或是否属于旱作田，但这样的产量，那是苏南和浙江杭嘉湖地区所没有见到的。

就安徽全省综合进行推算，亩产高的也有4～6石，但多数是2～3石，1～2石，皖北旱作区和山区丘陵地区产量还更低，拉平概算，约在2.3～2.4石左右。

最后说一下苏北地区的产量。苏北有扬州、淮安、徐州三府和通、海二直隶州，再加海门直隶厅，大体以黄河为界（指未改道前由江苏出海的黄河），“山阳以北，清河、安东、桃源以大小二麦为大宗”[⑥]，在此以南种水稻。前述康熙时，两淮商人试种御稻，年亩产量最高的谷5.2石，最低4.2石，平均4.87石，与当时苏州乡绅所种御稻产量大体相等。御稻属于小块地试验性产物，一般条件较好，只能说该地区可以达到此产量，不等于所有大田统统如此。据江都人汪中言，“以低田七十亩种稻，中岁亩收稻三石，作米一石五

① 江太新：《论清代徽州地区的亩产》，《中国经济史研究》1993年3期。按：这里按惯例以谷130斤为1石进行折算的。

② 嘉庆《凤台县志》卷2。

③ 《地租形态》，第424页。

④ 《土地关系》，第210页。

⑤ 《档案》，乾隆三十一年二月初二日刘统勋题。

⑥ 光绪《淮安府志》卷2。

斗”①。又，宝应县朱某，自捐腴田290余亩，计得秋稻租300数十石，用以赡养贫苦族人②，平均亩产稻谷2石多，产量低于江都汪中所言田。另如乾隆时如皋县（属直隶通州）有人佃种沙田3.05亩，年还租米2.013石③，计亩产米1.32石。按照一般情况，沙地产量低于圩田，如皋这项产量，与江南中下等田相比不算低。当然也有更少的例子，档案载，嘉庆时有泰州某处地1块，亩租0.6石，折谷1.2石。靖江县（属常州府，但在长江以北）田2.2亩，年收豆租0.98石，亩租0.39石，约估亩产豆0.78石④。更北的淮、徐、海地区，乾隆时，政府招佃垦荒，许诺“成熟之后，每亩麦田纳麦租二斗，水田纳谷四斗，官给印照，永远存佃为业”⑤。因为是新垦地，又是官为招佃，故租额偏低，即使如此，照宽的算，水田每亩不过1石多，旱地5~6斗到7~8斗。把苏北和苏南合起来算，其亩产可能稍高于浙江，在2.6~2.7石到3石之间。

（二）江西和两湖

在这个地区中，江西的农业生产早在南宋时已十分发达。两湖地区则后来居上，到明中叶时已有“湖广熟天下足”的说法，清代更有进一步发展。两湖的稻米生产，在全国具有举足轻重的影响。

江西 江西全省除少数山地水利条件不允许者外，都种植水稻，其最大产区集中在沿鄱阳湖各府州县，此外像赣、修、抚、信等水的沿江平原，也都是重要产地。康熙五十六年，江西巡抚在省城南昌近郊试种御稻25亩，当年收早稻亩产2.6石，晚稻3石，⑥ 合计平均亩产5.6石。康熙五十八年又报种25亩，共收早稻81.5石，平均亩收3.26石⑦。在这中间，巡抚白潢还申报过一次全省各府种植御稻的收成⑧，见下页表1-32。

---

① 汪中：《从政录》卷3，《沟洫图说》。
② 道光《重修宝应县志》卷9。
③ 《土地关系》，第665页。
④ 《李书》，第206页。
⑤ 陈宏谋：《陈招垦淮北事宜以广生计疏》，见《皇清奏议》卷35。
⑥ 《康熙朝汉文朱批奏折汇编》第7册，第999页，第1230页。
⑦ 《康熙朝汉文朱批奏折汇编》第8册，第531页。
⑧ 《康熙朝汉文朱批奏折汇编》第8册，第189~192页。

表 1－32

地　区	地亩数（亩）	总收数（石）	平均亩产（石）
南昌府	25	76	3. 04
瑞州府	10	28	2. 8
袁州府	10	30	3
临江府	10	23	2. 3
吉安府	15	35	2. 3
抚州府	15	42	2. 8
建昌府	10	27	2. 7
广信府	15	40	2. 66
饶州府	15	42	2. 8
南康府	10	21	2. 1
九江府	10	22	2. 2
南安府	10	21	2. 1
赣州府	20	51	2. 55
合计	175	458	2. 6

上述各府平均亩产在2～3石多之间，遗憾的是缺少晚稻的数字。赣东南的宁都直隶州，“五十亩之田，岁可获谷二百石”①，平均亩产4石，很可能包括早晚两季稻在内。若是，则比上述康熙五十六年南昌府种植御稻两季得5. 6石要低。又据稍晚资料，抚州府各县，属于早稻类的西乡早稻，上田亩收谷3石有奇，次者3石；籼谷早上田4石，次田3石；铁脚撑亩收3～6石；二夏早2～6石；宁都粘、湖南粘上田亩收4石；梗颈红上田收4石。晚于晚稻类的八月白，上田收谷4石，中田3石，下田2石；柳须白上田3. 5石，中田不及3石，下田不及2石；晚白上田4～5石，中田2～3石，下田1石；金包银上田4石，下田2石，再次1石；衮脚老上田3石，中田2石，下田1石；稏禾亩收3石零。属于早糯稻的有六谷糯，亩收3石；油麦糯、云南糯，上田亩收3石；矮子糯上田收3. 5石；桡花糯上田4石；秋夏糯、俟秋糯肥田有水者亩收3石。属于晚糯的有柳条糯，亩收4石；黄头糯、槐花糯、水鸡糯，低田泥深水足，亩收3石；过冬糯、千下椎糯，亩收3石，次者2石；马鬃糯，低田泥深水足，亩收3石；需糯，低田泥深水足，亩收3石。上述早稻、早糯，

① 道光《宁都直隶州志》卷11。

一般都是清明至谷雨间下种，大暑至立秋收；晚稻、晚糯栽种时间从谷雨后立夏至小暑时节不等，收获也由寒露、霜降至立冬前不等①。从种收时序来看，有的只种早稻或晚稻一季，再加其他春花作物，有的种的是双季间作稻，即早稻生长之半，再在同一田内插种晚稻，收获也前后错开。一些劳力多，肥源足的上等好田，一年两作，可亩产稻5～6石，或更高些，日本学者天野元之助援引1883～1884年间在江西旅行的一位西方人调查资料，言可亩产稻米4石（1石140斤），冬小麦1～2石②。照此看来，江西沿湖沿江地带的稻作产量，与太湖平原地区有过之而不及。

下面我们根据档案和地方志中有关学庙田产和民田的额租，再大致推算各地的亩产量（见下页表1－33）。

由于地租额不一定都是产量的一半，所以我们列表中的最后数字，也只能算作参考。从表中的产量看，亩产最高可达7石，其次是5石多，5石或4石，可多数属于2石多到3石的水平，当然也有1石上下的。这样全省平均亩产应在2.6～2.7石之间。

湖南　与明代相比，清前期湖南稻米产量的提高幅度是很大的。在清代文献中叙述各地产量，常常动辄4～5石，或5～6石。像早稻每亩“布种一斗，丰年可收毛谷六石，次收四五石不等”③。益阳县近“资水之田，亩收谷五石”④。宜章“每上田一亩，获谷五石”⑤。桂阳“州内平田百万亩，亩收四石”⑥。衡阳上田4石，中田2石，下田1石⑦。宁乡佃农，“除纳租外，自得者居半”，“岁纳谷石多，或至二石”⑧，2石的一倍，也是4石。在辰州，有人置义田255.2亩，“岁可收净谷九百一十八石七斗四升”⑨，平均亩产竟达到

---

① 何刚德：《抚郡农产考略》卷上，《谷类》。
② 《清代の农业とその构造（二）》，《ρシ“ρ研究》Ⅲ－2，1957年。
③ 郑光祖：《一斑录》《杂述》卷2。
④ 胡林翼：《胡文忠公遗集》卷17，《致汪梅村》。
⑤ 嘉庆《宜章县志》卷7。
⑥ 同治《桂阳直隶州志》卷5。
⑦ 康熙《衡阳县志》卷8。
⑧ 嘉庆《宁乡县志》卷8。
⑨ 道光《辰州府义田总记》上卷。

表 1－33

时　代	地　区	田亩类别	田亩数（亩）	租额（石）	平均亩租（石）	约估亩产（石）	资料出处
乾隆	南昌、新建	民田		上田 2		4	陈道:《凝斋先生遗集》卷 2
				中田 1.5 ~ 1.6		3 ~ 3.2	《新城田租说》
				下田 1		2	
明至清初	南昌	学田	115.4	谷 324.8	谷 2.8	谷 5.6	同治《南昌府志》卷 17
		学田	45.34	谷 54.5	谷 1.2	谷 2.2	
雍正		书院田	279	谷 350	谷 1.25	谷 2.5	同治《南昌府志》卷 16
			117.82	谷 142.52	谷 1.2	谷 2.4	
			126.04	169.12	1.34	2.68	
			35.33	39.64	1.12	2.24	
明至清初	进贤	学田	55	62.2 又豆 1.5	1.1	2.2	同治《南昌府志》卷 16
			44	26.76	0.6	1.2	
道光	武宁	束脩田	231.3	402	1.74	3.5	
嘉庆	余干		4.1	8.2	2	4	冯尔康等《清人社会生活》，第 151 页
乾隆	瑞金		23.8	44.5 内 12.8 亩有押租钱 10 千文	谷 1.87	谷 3.74	《李书》，第 181 页
			6	谷 6	谷 1	谷 2	《李书》，第 205 页
乾隆至道光	浮梁	学田	4.6	5	1.1	2.2	据梁淼泰《明清时期浮梁的田亩数和亩产量》，《江西大学》1988 年第 1 期
			47	47	1	2	
			25	20	0.8	1.6	
			7.3	5	0.68	1.36	
			2	1.4	0.7	1.4	
			12.2	7.6	0.62	1.2	
			13	6	0.46	0.92	
		书院田	121.9	111	1	2	

续表

时　代	地　区	田亩类别	田亩数（亩）	租额（石）	平均亩租（石）	约估亩产（石）	资料出处
			30.78	26.4	0.85	1.7	
			66.5	33.4	0.5	1	
明至清初	上饶	学田	130.825	217	1.65	3.3	同治《广信府志》卷4之2
	玉山	学田	179.176		1	2	
乾隆		民田	6	5.5	0.9	1.8	《反抗斗争》，第88页
	弋阳	学田	12.3	16.5	1.34	2.68	同治《广信府志》卷4之2
道光			3	4	1.33	2.66	
	贵溪	学田	85.9	103.08（乡斛）	1.2	2.4	
		文庙田	82.78	98.156	1.18	2.36	《土地关系》，第66页
		民田	19	26	1.368	2.7	
嘉庆	萍乡		田46亩并庄屋园塘耕管	谷47石	谷1.02	谷2.04	《李书》，第182页
				另交押租钱88千文			
	南康府	庙田	15.4	谷26.8	谷1.74	谷3.48	同治《南康府志》卷7
	南康府	庙田	3.9	5.2	1.33	2.66	
			19.55	24.49	1.25	2.5	
			3	3.55	1.18	2.36	
			10	12.6	1.26	2.32	
			2.6	4.4	1.69	3.4	
			38.635	毛谷56.592	1.46	2.93	
			5.3	毛谷8.42	1.58	3.17	
			9.6	毛谷17.88	1.86	3.7	
			10	毛谷16.9756	1.69	3.39	
			10.7	17.16	1.6	3.2	
			5	光谷9	1.8	3.6	

续表

时　代	地　区	田亩类别	田亩数（亩）	租额（石）	平均亩租（石）	约估亩产（石）	资料出处
			8.15	14.57（官桶）	1.78	3.57	
			36.116	49.4（官桶）	1.36	2.73	
			14.7	26.4（大桶）	1.8	3.6	
道光	都昌	民田	0.5	1.2	2.4	4.8	《治要》，第123页
	彭泽	藉田	4.9	8.5	1.73	3.5	同治《九江府志》卷11
	湖口	膳田	5.8	11.6	2	4	
	九江府	学田	10	13（市斛）	1.3	2.6	
			28.5	50（市斛）	1.75	3.5	
			34	54（市斛）	1.58	3.17	
			27.8	55（市斛）	1.98	3.96	
			18	18（市斛）	1	2	
			7	14（乡斛）	2	4	
道光	临川	民田	3.5	5.5	1.57	3.14	《治要》，第123页
	清江	书院田	73.7（房屋地10间，熟地5亩）	谷53.72	0.68	1.36	同治《临江府志》卷7
			3.9	4.332	1.11	2.22	
	峡江		12.5	14.64	1.17	2.3	
			100	113.414	1.134	2.26	
乾隆	新喻	民田	4.5	6	1.33	2.66	《土地关系》，第107页
	永丰	学田	4.7	7	1.5	3	光绪《吉安府志》卷18
	安福		800	597.25	0.746	1.5	
	泰和	书院田	95.9	339	3.5	7	光绪《吉安府志》卷19
	吉水		2.48	5.28	2.12	4.24	
	永新		31.2（塘10）	40	1.28	2.56	
道光	会昌	民田	24	60	2.5	5	《治要》，第123页
乾隆	宁州	民田	30	60	2	4	《土地关系》，第188页

7.2 石。还有像城步县，“上田收谷 4 石五斗”①。安东县田五六亩，“自种约得谷二十余石”②，亩产也有 4 石左右。甚至连僻居湘西、多山的永绥厅，水田也可亩收谷 4 石，到了清末，因改良土壤，亩产增至 6 石③。

当然，也有些资料记载产量不是很高。明清之际堵胤锡称：“长沙平田……乐岁所入，一亩不逾二石”④；湘乡县“亩之所入，无过二石五斗及三石者”⑤；浏阳县“地薄田瘠，丰年之收，每亩止一石七八斗”⑥；又如陈长镇在《清理楚南钱粮策》中称：楚南“中上之岁，每亩得粟一二石”⑦。

从 1～2 石到 4～5 石，中间差距那么大，这固然有土地质量方面的问题，可是否也有记载上的夸大或缩小呢？故我们仍以搜集到的有关官私租额资料，推算亩产，稍作验证（见下页表 1－34）。

表 1－34 租额大抵是以谷计的，故亩产亦折谷算。前面《湘乡县志》说该县亩产没有超过 2.5 或 3 石，然我们从租额折算的三例中，都在 5～7 石。有人引“乾隆朝刑科题本”，说湘乡人朱爵生家有田产一宗，亩产谷 5 石，还认为不是高产⑧，可见县志说的产量，稍嫌偏低。又如《浏阳县志》言丰年亩收 1.7～1.8 石，可在租额折算中也有超过 3 石的。湘乡、浏阳均属长沙府。该府诸州县，背靠洞庭湖，又有湘江、资水流经其地，是湖南农业最发达的地区之一，亩产 4～6 石是正常的。当时有人曾称该省“每亩纳租自一石以及一石几斗、二石不等”⑨。照此，通常亩产应在 2～4 石之间⑩，不过，若把湘西的大批山田合在一起，全省的亩产可能也就是 2.7～2.8 石而已。

① 《湖南省例成案》，《兵律》卷 6。
② 《湖南省例成案》，《户律》卷 24。
③ 宣统《永绥直隶厅志》卷 15。
④ 《堵文忠公集》卷 2，《地方利弊十疏》。
⑤ 道光《湘乡县志》卷 10。
⑥ 同治《浏阳县志》卷 6。
⑦ 《湖南文献》卷 9。
⑧ 黄冕堂前揭书第 86 页。
⑨ 《湖南省例成案》，《户律》卷 5。
⑩ 《中国近代经济史统计资料选辑》载二十年代湖南各地区亩产量是“衡阳 3.5 石，衡山 1.5 石，株萍路 3.5 石，临湘 4.13 石，永明 1.5 石，湘中 3.3 石”，又据冯和法《中国农村经济资料》续编载，新化县可亩产稻 3～5 石，肥田 6 石左右（122 页）。照此，它们与清乾嘉时期的亩产，大致仍处于同一水平。

表 1－34

时代	地区	田亩类别	田亩数（亩）	租额（石）	平均亩租（石）	约估亩产（石）	资料出处
乾隆	湘乡	民田	4	10	2.5	5	《土地关系》，第 39 页
乾隆	湘乡	民田	2	谷 7.3	3.65	7.3	《土地关系》，第 205 页
道光	湘乡	民田	1	2.7	2.7	5.4	《治要》，第 123 页
乾隆	宁乡	书院田	197.5	186.8	0.945	1.9	同治《宁乡县志》23
乾隆	湘阴		25	谷 24（已出进庄钱千文）	0.96	1.92	《李书》，第 182 页
嘉庆	辰溪	庙田	16	54	3.375	6.75	《档案》嘉庆十一年正月二十八日阿林保题
乾隆	醴陵	民田	20.4①	谷 30	1.5	3	《土地关系》，第 553 页
道光	浏阳	民田	15	24	1.6	3.2	《治要》，第 123 页
乾隆	茶陵州	民田	8.25	16.5	2	4	《土地关系》，第 355 页
明清之际	茶陵州	学田	118.315	118.318	1	2	同治《茶陵州志》卷 13
乾隆			2	谷 3.2	1.6	3.2	
			2.4	谷 2.4	1	2	
	邵阳	民田	3	5	1.66	3.3	光绪《邵阳县志》卷 4
乾隆	邵阳	学田	313	490（45 课租）			《土地关系》，第 195 页
			573	948（45 课租）			
康熙			238	400	1.68	3.36	
			8	19	2.37	4.75	
乾隆	龙阳	民田	9	谷 18～19（总产）		2～2.1	《档案》乾隆二年八月二十九日高其倬题
乾隆	华容	民田	26	谷 26.5	1	2	《档案》乾隆四十六年七月三十日刘墉题
道光	沅州	民田	1.8	2 石零	1	2	《治要》，第 123 页
道光	芷江	民田	1.8	2 石	1	2	《治要》，第 123 页

续表

时代	地区	田亩类别	田亩数（亩）	租额（石）	平均亩租（石）	约估亩产（石）	资料出处
康熙	衡山	民田			1.429	2.85	《湖南省例成案》《刑律》卷17 光绪《零陵县》卷5
	零陵	书院田	25	谷26.4（市石）	1.05	2.1	光绪《零陵县》卷5
			10	12	1.2	2.4	
			3.5	2.4	0.68	1.4	
		学田	132.5	150.2	1.13	2.26	
	祁阳	学田	上则田9.7	谷25.22	2.6	5.2	同治《祁阳县志》卷19
			中则田44	92.8	2.1	4.2	
			下则田21	33.65	1.6	3.2	
			山乡田13.46	16.16	1.2	2.4	
			不分则320.48	467.88（又地租23.28两）	1.46 又银0.073两	2.92（银不计）	
道光	道州	义学田			谷20	4	光绪《道州志》卷5
	安福				斗种取租1石②	2	同治《安福县志》卷30
乾隆	桂阳	民田	3	3.3	1.1	2.2	《土地关系》，第370页
	会同	膳田	6.5	14.04	2.16	3.32	光绪《会同县志》卷3
	会同	膳田	5	5.91	1.18	2.38	光绪《会同县志》卷3
		庙田	160	81.6	0.51	1	光绪《会同县志》卷4
	兴宁	庙田	21	25	1.91 0.8~1	3.38	杨仲兴：《创建南乡太平堡社会记》《清朝经世文编》卷40
嘉庆	凤凰	屯地			0.8~1石多	1.6~2.5	《湖南苗防屯政考》卷6
嘉庆	永绥	屯地	4.5	良田谷15~16	3.3~3.5	6.6~7	宣统《永绥厅志》卷23

①原称2.04石田，姑以1斗为1亩计。
②以1斗田为1亩计。

湖北　清代湖北的水稻生产也出现了一些高产区，荆州府属的江陵县，“附郭膏腴之田，每亩收获不下五六石”①。黄州黄梅县，“泉甘土沃”，“塘堰皆修筑，泄蓄有方”，亦计亩“可获五六石不等”②。至于一般沿江湖平原地区，亩产大致在2~3石之间。像汉阳县，“即丰岁所产，亩不及三石”③；武昌县，“亩可得二三石”④。当然，不同地区，不同生产条件，产量亦颇有高下（见下页表1-35）。

从湖北官民田租课折亩产来看，绝大多数在1~2石上下，不算很高。前者提到产量较高的黄梅县，学田租折产亦达到3石上下至4石。汉阳2~3石，亦与县志所述大致相吻合，证明我们列表中推算的产量是可以作参考的。湖北、湖南，在传统上是紧密相连的。明清以来谚传的“湖广熟天下足”，或“两湖熟天下足”，亦说明在粮食生产上，它们同样重要。不过在清代，湖南农业跃进势头明显快于湖北，加上鄂西亩产不高的山田，反映在平均亩产上，湖北已略逊一筹，远落在湖南的后头了。

（三）四川、贵州、云南

四川　在西南三个省份中，四川的农业生产条件最好，著名的成都平原，有良好的都江堰灌渠，号称“陆海”，很早就是粮食高产区。明清之际的连年战乱，曾给四川经济造成很大的破坏，都江堰灌区亦处于严重失修状态。康熙元年（1622），四川总督苗澄因军粮不继，建议抽调兵丁屯田，曾以“每亩均可收谷三石”来估算产量⑤。自康熙中期起，随着四川政治局面走向稳定，两湖、闽广以及陕西农民纷纷前往“插占”。雍正十一年（1773）十月，广东总督鄂弥达在给皇帝的密折中说：“粤东民人入川成家甚众”，其中重要原因是，“川省膏腴，每田种一石，可收谷百余石”⑥。当然，在辗转传言中，可能会存在夸大失实之处，但至少说明四川的粮食产量很高。同治时，有一个叫吴焘的

① 乾隆《江陵县志》卷21。
② 光绪《黄梅县志》卷6。
③ 乾隆《汉阳县志》卷8。
④ 光绪《武昌县志》卷2。
⑤ 乾隆《四川通志》卷17。
⑥《宫中档雍正朝奏折》第22辑，186页。

表 1－35

时　代	地区	田亩类别	田亩数（亩）	租额（石）	平均亩租（石）	约折亩产（石）	资 料 出 处
明至清初	江夏	学田	390	390	1	2	民国《湖北通志》卷61
			178.26	200	1.12	2.24	
顺治			90.3	51.541	0.57	1.14	
	武昌	学田	410	299.3	0.73	1.46	
道光		民田	2 斗种	4	2	4	《治要》，第123页
	咸宁	学田	167.525	117.4085	0.7	1.4	民国《湖北通志》卷61
顺治	崇阳		田198.1375 地17.949	191.7577	0.88	1.77	
		书院田	43	64	1.48	2.96	
	通城	学田	200	115.4	0.577	1.154	
	大冶		14	15	1.07	2.14	
	汉阳						
					1.3482	2.7	
					1.1937	2.4	
					1.2333	2.5	
					1.3585	2.7	
					1.5016	3	
	汉川		26	26	1	2	
	孝感				京斗谷0.821	1.642	
乾隆	孝感	民田	8 斗田	3.2 石	0.4	0.8	《土地关系》，第707页
顺治	黄冈	学田	35	38	1.08	2.16	民国《湖北通志》卷61
康熙			10	14	1.4	2.8	
乾隆		民田	3.5 石	70	2	4	《中国农史》1992.3 谭天星文
乾隆		民田	1.25 斗田	7.5	6	12	《反抗斗争》，第68页
	麻城	书院田			0.6224	1.2448	民国《湖北通志》卷61
乾隆		学田	72.98		0.8	1.6	
康熙	黄梅	书院田	30	60	2	4	
乾隆			20	36	1.8	3.6	
			20	32	1.6	3.2	
			10	14	1.4	2.8	
	黄州府	学田	10	14	1.4	2.8	光绪《黄州府志》卷5
	德安府		田120 旱地65 塘1.5	100	0.5	1	民国《湖北通志》卷61

续表

时　代	地区	田亩类别	田亩数（亩）	租额（石）	平均亩租（石）	约折亩产（石）	资 料 出 处
乾隆	应城		50	16. 845	0. 337	0. 67	
	应山		52. 5	30. 3155	0. 577	1. 15	
		民田	2. 58 石种	11. 2	0. 434	0. 868	《治要》，第 123 页
	随州	民田	2 石种	8	0. 4	0. 8	《土地关系》，第 32 页
	枣阳	学田	150	200	1. 33	2. 66	民国《湖北通志》卷 62
	南漳	宾兴田	水田 40	52	1. 3	2. 6	
			4	4 又小麦 1. 2	1. 3 小麦 0. 4	2. 6 麦 0. 8	
			4	4 又小麦 1. 2	1. 3 小麦 0. 4	2. 6 麦 0. 8	
		书院田	45	53	1. 17	2. 34	
			30	47	1. 56	3. 12	
		民田	11. 5	米 2. 7	0. 234	0. 468	《土地关系》，第 75 页
	光化	学田	8		0. 25	0. 5	民国《湖北通志》卷 62
	荆门州		80	81. 35	1	2	
乾隆	公安		139	166. 8	1. 2	2. 4	
			11	6	0. 54	1. 08	
嘉庆	黄安		8①	谷 6. 5	0. 8	1. 6	《李书》，第 182 页
乾隆	东湖		6①并旱地 1 块	谷 6. 4	1. 06	2. 12	《李书》，第 182 页
	石首		25. 324	38	1. 5	3	民国《湖北通志》卷 62
			13. 6	18. 4	1. 35	2. 7	
			11. 1	11. 5	1	2	
	松滋		115	92	0. 8	1. 6	
			32	24	0. 75	1. 5	
道光		民田	46	46	1	2	《治要》，第 123 页
	监利	学田	62		0. 7	1. 4	民国《湖北通志》卷 62
			25		0. 6	1. 2	
	宜昌府		22. 5	20	0. 9	1. 8	
	长阳县		6. 5	1. 9082	0. 29	0. 58	

①原均称斗田，姑以 1 斗为 1 亩计算。

人因事进川，自德阳进入成都平原，见“道之左右皆水田”，“有一亩收至六七石者”[①]。德阳偏西的彭县，上田亩产米1.2市石，中田1市石，下田0.8～0.9市石，按当地每市斗折官斗2斗计，那就是1.6～2.4石，以稻谷算，上地可至4～5石，遇到丰年还可以更多[②]。又如新都县学田120亩，年租171.3石，平均亩租1.429石，若以额租一倍计产，当为2.858石[③]。我们不知道新都是否也像彭县那样以市斗计量，否则又得翻上一番。但据另一条资料称，新都引湔水（即都江堰渠）“以溉者，其收皆二钟”[④]。也有学者认为2钟即约4仓石。[⑤] 其他如温江县某处有田162亩，岁收租谷市斗360石，折合京斗（仓斗）谷732石，平均亩租4.5石，约估亩产竟达9石。这个数字或许偏高，但每亩6～7石则是可能的[⑥]。崇宁县民田，上田亩租谷1.8石，中田1.6石，下田1.3石，估计产量便是3.6石、3.2石和2.6石[⑦]。

上面列举的均系成都平原的例子，亩产偏高，其他地方不一定如此。民国《富顺县志》估算该县清末的亩产是2石；什邡县亩产自2石多起至3.6～3.8石不等[⑧]。从各县耤、学田租粮折算看，亦有高有低。彰明县学田21亩，租36.72石，亩租1.75石，约估亩产3.5石[⑨]；江津县耤田4.9亩，“年收市斗谷一石六升二合五勺。每市斗一石，合仓斗（即名京斗）四石，应算收仓租谷六石六斗五升”[⑩]。照此算出平均亩租1.357仓石，约估亩产2.7石。綦江县共有学田148.95亩，平均亩租谷分别为3.02石、1.63石、1石和0.86石[⑪]，估计亩产是6石零、3石零、2石和1.7石。又，大足县有学田30亩，年收租

① 《游蜀日记》，《小方壶舆地丛钞》第7帙。

② 光绪《彭县志》卷3。又同卷《风俗志》中称：丰年可收2.6～2.7石，下田2石左右，以官斗计，上田5.2～5.4石，下田4石。

③ 道光《新都县志》卷5。

④ 道光《新都县志》卷2。

⑤ 方行：《清代农民经济扩大再生产的形式》，《中国史研究》1996年1期。

⑥ 民国《温江县志》卷3。

⑦ 民国《崇宁县志》卷3。

⑧ 民国《什邡县志》卷5上。

⑨ 同治《彰明县志》卷14。

⑩ 民国《江津县志》卷5。

⑪ 同治《綦江县志》卷3。

谷24石，按对分租计，亩产才1.6石①。至于偏远山区，产量当会更低。四川省在清雍乾时期，已有天下第一产粮区美称，每年外运米谷可与楚米匹敌，但随着人口的剧增，外运量便不断减少。人们为谋取生活来源，只好向山区要地要粮，其中很多土地的产量都亩不过石。权衡估算四川的亩产可能不过2石出头一些。

贵州　贵州多山，适合种稻的大抵集中于平坝谷地。明弘治时，有人为兴隆卫（清设黄平州，今黄平县）学筹措经费，开田7亩，“召力田耕，岁获禾百秤，足舂白粲一十五石有奇”② 7亩田得米15石，平均亩产稻谷4.2石，产量不低。乾隆时，黔东南的古州等地水田，上则亩出谷5石，中则4石，下则3石③，与明代兴隆卫学的亩产大体相当。又另据资料，古州厅所在的黎平府，上田1亩，“丰年可收谷七石，稍次五六石”④，那就更高了。

黔西南的丰贞州，“田以种计，上田每斗种约十五斤，下田八九斤，丰年上田可收草谷十石，稍次六七石，一夫力耕可至四斗”⑤。贵州的耕作比较粗放，有的一夫甚至可耕“至七八亩”⑥。又据《黔南识略》记，都匀一带，“约四升种为一亩”。照此推算，丰贞州的1斗田约在2亩左右，上田收谷10石，亩产合4~5石；收6~7石者，亩约合3石，比黔东南的产量要低。黔北的仁怀厅（今赤水县），“其稻植于山阜弯环处，可斗种而石收，平敞之处，可斗种而二石收”⑦，产量就更低了。

下面我们根据辑得的部分祭学田租，对有关地区的亩产再略作估算，见下页表1-36。

从表1-36所列产量看，尽管也有亩产3石、5石的，但更多的还是1石上下，甚至只有4、5、6斗的。这是因为贵州境内山岭层叠，山田多，平坝水田少，旱作占有相当的分量。所以总的说来，仍属低产量省份。

---

① 道光《大足县志》卷8。
② 嘉庆《黄平州志》卷9，周瑛：《兴隆卫学士丁祭碑记》。
③ 乾隆《贵州通志》卷36，张广泗：《议复苗疆善后事宜疏》。
④ 爱必达：《黔南识略》卷21。
⑤ 《黔南识略》卷28。
⑥ 光绪《黎平府志》卷3上。
⑦ 罗绕典：《黔南职方纪略》卷4。

表 1－36　　贵州有关地区亩产量表

时代	地　区	田亩类别	田亩数（亩）	租额（石）	平均亩租（石）	约折亩产（石）	资料出处
道光	思南府	学田	110.6	谷 55.3	0.5	1	道光《思南府续志》卷 3
道光	印江县	赈田	91.314	谷 91.314（仓斗）	1	2	
		学祭田	15		0.3	0.6	
	婺川县	学田	15		0.2（仓斗）	0.4	
	思南府	义学田	10.2	谷 6.225	0.61	1.22	道光《思南府续志》卷 5
			7.3	4.8（市斗）	0.657	1.3	
			18.8	8	0.425	0.85	
			10.1	3（市斗）	0.297	0.59	
			2.2	0.8（市斗）	0.36	0.72	
道光	黔西州	学田	20.34	谷 20.8	1.02	2.04	道光《黔西州志》卷 3
道光	仁怀县	学田	135.87	谷 42.89	0.32	0.64	道光《遵义府志》卷 5
道光	天柱县	书院田	共 45.46			3.77	光绪《天柱县志》卷 4
			共 69.5913			5.45	

云南　云南位于南疆，雨量充沛，气候适宜，除山区外，河坝谷地都可种稻。光绪《云南通志》中载有各州县学田的租额，现将有明确顷亩和额粮数字的，加以推算列表 1－37。

表 1－37 折合的亩产，当然只能作为参考，但仍可看出大体的趋势。云南最重要的农业区，是在滇池、抚仙二湖为中心的云南、澄江两府，以及大理府的沿洱海地区，所以水稻亩产也以这些地区为最高。像云南府各州县，除少数者外，一般可产谷 2～3 石，高的达到 5～6 石或更多。位于该府北边的富民县，"一亩之种，收谷仅二石零"①，还说是低产区。这里的 2 石，当系全县平均估产。大理县的太和县，亩产谷 4 石或 4 石多。另据《洱海丛谈》记载，该县还有亩收 30～50 斛的田地。官制以 2 斛为石，30 斛等于 15 石，50 斛等于 25

① 叶新藻：《管滇略存》卷上。

表 1－37

云南州县部分学田亩产量表

时代	地区	田亩类别	田亩数（亩）	租额（石）	平均亩租（石）	约折亩产
	昆明县	书院田	300	米 135	0.45	米 0.9
乾隆	富民县	书院田	100	谷 80	0.8	1.6
康熙		义学田	80	米 57.6	0.72	米 1.44
	罗次县	书院田	53	谷 42.5	0.8	1.6
雍正	晋宁州	义学田	20	米 8.86	0.443	米 0.886
	呈贡县		84.2	米 50.52	0.6	米 1.2
乾隆			136	米 71.44	0.525	米 1.05
康熙	安宁州		93.34	完粮外米 25.25	0.268	米 0.536
雍正			22	谷 21.24	0.96	1.93
			9.3	谷 15.6	1.677	3.35
			9	谷 11.4	1.26	2.32
			4.95	谷 13.2	2.66	5.33
康熙			5	谷 11.25	2.25	4.5
乾隆			8	谷 7.5	0.937	1.875
	太和县	学田	70	谷 140.3	2	4
雍正			13	谷 30.16	2.32	4.64
	邓川州		50	谷 61	1.22	2.44
			43.3	谷 39	0.9	1.8
			20.1	谷 19	0.94	1.89
			24	米 19	0.79	1.58
			34.49	19.2	0.498	0.99
	浪穹县		320	130	0.4	0.8
	宾川州	义学田	11.2	18	1.6	3.2
	建水县		190.56	200	1.05	2.1
雍正			48.7	完粮外市斗谷 60①	1.23	2.46

时代	地区	田亩类别	田亩数（亩）	租额（石）	平均亩租（石）	约折亩产（石）
康熙	昆阳州	学田	2	完粮外米 5.4	2.7	米 5.4
			2	米 9	4.5	米 9
雍正			37	米 18	0.48	米 0.97
			6	米 15	2.5	米 5
			22	米 40	1.8	米 3.6
			20.9	米 8	0.38	米 0.76
乾隆			2	米 6.3	3.15	米 6.3
康熙	嵩明州		田 10.4 地 15	完粮外谷 26	1.02	2
			24	谷 44	1.83	3.66
			3.2	谷 7.2	2.25	4.5
			7.1	谷 18.8	2.64	7.29
雍正			10	谷 20	2	4
康熙			5	谷 10.4	2.08	4.16
			6.2	谷 14	2.25	4.5
	会泽县		377.69	谷 51.15	0.135	0.27
			90.38	谷 25.18	0.27	0.54
			36.78	谷 10.5	0.285	0.57
			40.6	米 10.03	0.247	米 0.494
			30	米 5.973	0.199	米 0.398
光绪	巧家厅		25	完粮外市斗谷 20	0.8	1.6
			12	8	0.66	1.32
			289.67 米 26.61	米 20.126 47.251	0.069 1.77	米 0.138 米 3.54
	镇雄州		472.8	米 47.585	0.1	米 0.2
			200	24.82	0.124	米 0.248

续表

时代	地区	田亩类别	田亩数（亩）	租额（石）	平均亩租（石）	约折亩产
			146.4	京斗谷105	0.71	1.42
	石屏州		32	96.3	3	6
雍正	阿迷州		161	150.61	0.935	1.87
	河西县		68.166	米36	0.528	米1.056
	嶍峨县		11	米20	1.8	米3.6
	蒙自县		41.1	谷29	0.7	1.4
雍正			72.69	谷26.3	0.36	0.72
	镇南县		41.1	完粮外谷29	0.7	1.4
			26.71	20.7	0.77	1.5
			72.69	26.3	0.36	0.72
	镇南州		73.5	32.18	0.437	0.87
	定远县		260.06	91.157	0.35	0.7
	兴新州		43.1	62.96	1.46	2.92
	顺宁县		38.7	39.81	1.028	2.057
	沾益州		97.82	56.7	0.579	1.16
			20	9.06	0.45	0.7
			23	14	0.6	1.2
			12	12	1	2
			11	完粮外市斗谷5.5	0.5	1
	腾越厅		291.34	完粮外谷157.58	0.54	1.08
	永平县		20.5	22	1.07	2.14

时代	地区	田亩类别	田亩数（亩）	租额（石）	平均亩租（石）	约折亩产（石）
			53	16	0.3	米0.6
	大关厅		83.4	谷37.51	0.449	0.89
			66	谷19	0.287	0.57
	鲁甸厅		227	谷45.4	0.2	0.4
	景东厅		20.2	完粮外谷18.73	0.927	1.87
			22.7	20.22	0.89	1.78
			25	20	0.8	1.6
			22.5	20.2	0.89	1.79
			19.955	16.96	0.849	1.7
			19.61	17.76	0.9	1.8
			20.125	18.1	0.89	1.79
			20	18.64	0.923	1.86
			22.53	18.9	0.83	1.67
			16.8	18.6	1.1	2.2
			30	25.2	0.84	1.68
	蒙化厅		87.6	谷56	0.639	1.27
乾隆	永北厅		30.27	谷28.1	0.928	1.85
	镇沅厅		415.7	谷137.53	0.33	0.66
			24	25.84	1.07	2.14
	弥勒县		78.912	谷40.7	0.51	1.02
	新平县		666.11	完粮外谷190.65	0.286	0.57

①云南市斗的标准，各地都不一样。光绪《云南通志》载：临安府河西县，1市斗等于5京斗。又民国《大理县志稿》："京斗谷十石八斗，照榆市石折作市石租谷五石四斗"。这里的京斗，当指官斗。

石，如果不是计量方面的原因，那可能有所夸大，但说明云南也有高产田。另外像临安府所属的建水、石屏、河西、嶍峨等州县，所载亩产也不低。列表中东川府巧家厅，有亩产米3石多的，我在别处资料中看到，该府有的亩地须缴额租3.5石，[①] 照此推算，亩产至少也有5～6石。全省权估，云南平均亩产可能略高于贵州，稍低于四川。

（四）两广、福建

广东 自明代中期以后，广东珠江三角洲的生产有了迅速的进展。到清前期，已成为可与太湖平原相并驾发展的地区了。明嘉靖时，南海人霍韬在谈及家乡粮食生产情况时说："岁收亩入十石为上功，七石为中功，五石为下功，灾年不在此限"[②]。亩入10石或7石等等，当系一年双季所得。清初屈大均在南海比邻的番禺县置潮田37亩，"所莳交趾花粘，岁止一熟，佃与人耕，止得谷七十余石"，平均亩得2石。屈氏嫌出息低，起田自耕，"计秋成合早粘糯当得百石，年丰或不止于是"[③]，这样每亩至少可近3石。屈氏在另一处又说，外沙田"计一亩播种十升，谷可得三石"，"丰者四石"[④]。这里3石也好，4石也好，都是指一季早稻。民国《番禺续县志》言清末该县，"约计腴田每亩所获，合早晚两造，得谷可八九石，硗田五石有奇，然能加粪料腴之，所获亦可达六七石"。合一年两季收成，与霍韬说的相差不远。

珠江三角洲毕竟只是广东的一小部分，从全省范围考察，水稻产量究竟有多高，则还需进一步探讨。

从表1－38数字可以看到，除珠江三角洲外，东部潮汕平原及其他沿江地区，亩产也不算低。当时有人估算，"粤田上者收十一箩或十箩，次八九箩，下者五六箩"[⑤]。闽粤一带有以箩为量器，大致2箩为石，这样上田亩收5～6石，次田4石上下，下田2～3石。从我们列举的例子来看，这个说法大致相差不离。当然不是所有地区都如此，特别像粤北、粤西等地，自然条件较差，

① 《清史治要》，第123页。
② 《霍渭崖家训》，《田圃》第1，见，《涵券楼种笈》本。
③ 《翁山文外》卷10，《耕辞》。
④ 《广东新语》卷4，《食语》。
⑤ 阮元辑：《学海堂二集》卷19，吴宗汉：《岭南劝耕诗》。

表1－38 广东各州县亩产量表

时代	地区	田亩类别	田亩数（亩）	租额（石）	平均亩租（石）	约折亩产（石）	资料出处
乾隆	香山县	民田	100	乡小斗谷366	3.66	7.32	《地租形态》，第570页
嘉庆	东莞县				3.33	6.66	陈春声《市场机制与社会变迁》，第26页
道光	东莞县	民田	1.6	5	3.125	6.25	《治要》，第122页
乾隆	新宁县	民田	8.6	2.2	2.56	5.12	《地租形态》，第246页
乾隆	清远县	民田	26.88	谷35	1.3	2.6	乾隆二十三年三月二日鄂弥达题
乾隆	清远县		57	128	2.24	4.48	李龙潜《略论清代前期广东实物租制的租田关系》
乾隆	乐昌县	民田	2	谷1.92	0.96	1.92	《反抗斗争》，第131页
乾隆	英德县	民田	1.28	3	2.34	4.68	《反抗斗争》，第140页
乾隆	归善县	民田	20①	谷19.5	0.975	1.95	《地租形态》，第433页
乾隆	归善县	民田	10	谷12	1.2	2.4	《地租形态》，第61页
乾隆	博罗县	民田	6	谷6.3	1.05	2.1	《土地关系》，第757页
乾隆	河源县	民田	19	谷38	2	4	《地租形态》，第505页
乾隆	和平县	民田	4	7	1.75	3.5	《治要》，第122页
雍正	连平州				1	2	陈春声文，第25页
乾隆	连平州	民田	2	4.8	2.4	4.8	《地租形态》，第473页
乾隆	连平州	民田	3①	谷5.4	1.8	3.6	《土地关系》，第728页
嘉庆	连平州		1	1.4	1.4	2.8	李龙潜文
	海阳县	学田	23.8	39.16	1.64	3.29	乾隆《潮州府志》卷24
			12	19.5	1.62	3.25	
			100	200	2	4	
			759	76.3	1	2	
			103	197.5	1.917	3.83	
嘉庆	海阳县				3.66	7.32	陈春声文，第26页
嘉庆	海阳县		0.8	2.4	3	6	李龙潜文

续表

时代	地区	田亩类别	田亩数（亩）	租额（石）	平均亩租（石）	约折亩产（石）	资料出处
雍正	潮阳县	民田	5	谷12.42	2.48	4.96	《地租形态》，第610页
雍正			2.5	2.5	1	2	《反抗斗争》，第128页
		书院田	152.2	190.3	1.25	2.5	乾隆《潮州府志》卷24
			116.9	224.3	1.91	3.82	
			6.5	9.86	1.51	3.03	
			25	21	0.84	1.68	
乾隆	潮阳县	民田	3	6.8	3.26	4.5	《李书》，第267页
康熙	揭阳县	学田	15	23	1.53	3.06	乾隆《揭阳县志》卷2
康熙			16	24	1.5	3	
雍正			605	100.75	1.66	3.33	
			49	99.2	2.02	4.04	
乾隆	揭阳县				0.99	1.98	陈春声文，第26页
康熙		学田	20.5	21	1.02	2.04	乾隆《揭阳县志》卷2
		书院田	18	43.43	2.4	4.8	
			12.25	14.5	1.18	2.36	
			7.1	10.2	1.436	2.87	
			21.6	44.25	2.04	4.08	
			10.3	17.5	1.69	3.39	
雍正		祭田	4	谷8	2	4	《地租形态》，第19页
雍正	揭阳县		6	12	2	4	李龙潜文
嘉庆	揭阳县		0.5	1.5	3	6	
乾隆	惠末县	民田	2	4.5	2.25	4.5	《李书》，第32页
	惠来县	学田	81.62	83.62	1.02	2.04	乾隆《潮州府志》卷24
			33	20	0.6	1.2	
			78.3	84	1.07	2.14	

续表

时代	地区	田亩类别	田亩数（亩）	租额（石）	平均亩租（石）	约折亩产（石）	资料出处
		书院田	13.9	6.5	0.46	0.94	
乾隆		民田	5	谷3.8	0.76	1.52	《地租形态》，第645页
乾隆		园地	2	谷4.5	2.25	4.5	《地租形态》，第581页
	饶平县	书院田	46	24	0.52	1.04	乾隆《潮州府志》卷24
			20.6	30	1.45	2.9	
			32	42	1.31	2.62	
	澄海县	学田	75.9	72	0.94	1.88	
乾隆	大浦县	书院田	17	32	1.88	3.76	
乾隆		民田	10.8	谷30	2.77	5.55	《土地关系》，第374页
康熙	普宁县	书院田	13	19.4	1.49	2.98	乾隆《潮州府志》卷24
			8.5	11	1.29	2.58	
乾隆			38.2	38	0.99	1.98	
乾隆			23.9	23.5	0.98	1.96	
			7.5	7.5	1	2	
乾隆		民田	3	谷6	2	4	《土地关系》，第252页
乾隆	阳江县	民田	16	12	0.75	1.5	《地租形态》，第288页
嘉庆	阳江县		10	15	1.5	3	李龙潜文
嘉庆	广宁县		1.5	谷6	4	8	《李书》，第183页
	广宁县	学田	19.266	20.422	1.06	2.12	道光《广宁县志》卷9
			18.758	19.913	1.06	2.12	
道光	阳春县	民田	1②	27			《治要》，第122页
乾隆	东昌县	民田	2	谷1.92	0.96	1.92	《反抗斗争》，第136页
	英德县	民田	1.28	谷3	2.344.68		《反抗斗争》，第140页
嘉庆	曲江县		11	10	0.9	1.8	李龙潜文
乾隆	信宜县	民田	3.2	谷5	1.56	3.12	《地租形态》，第408页

续表

时代	地区	田亩类别	田亩数（亩）	租额（石）	平均亩租（石）	约折亩产（石）	资料出处
乾隆	茂名县	民田	7.67	谷13.5	1.76	3.52	《土地关系》，第218页
乾隆	灵山县	民田	1	谷2.1	2.1	4.2	《土地关系》，第626页
乾隆	钦州	民田	6.23	10.1	1.62	3.24	《土地关系》，第673页
乾隆	嘉应州	民田	20①	6.6	0.33	0.66	《地租形态》，第187页
		尝田	1	谷2.2	2.2	4.4	《反抗斗争》，第138页
	平远县	民田	5.5②	5.5	1	2	《地租形态》，第13页
嘉庆					1.39	2.78	陈春声文，第26页
	南雄州	学田	82	100	1.22	2.44	道光《直隶南雄州志》卷11
		义学田	47.718	58.2	1.22	2.44	道光《直隶南雄州志》卷14
		书院田	21.35	63.3	2.96	5.92	
	始兴县	学田	0.7	1.1	1.57	3.14	道光《直隶南雄州志》卷11
			1.07	1.2	1.18	2.36	
			5.3	6	1.13	2.26	
			9.3	28	3	6	
			7	22	3.14	6.28	
			16	50	3.125	6.25	
	保昌县		458.342	372.2	0.81	1.62	
		民田	2.2	谷5	2.27	4.54	《地租形态》，第116页
乾隆	西宁县	民田	4.6	12	2.6	5.2	《土地关系》，第767页
			6	10	1.66	3.32	乾隆九年七月十一日阿克敦题
乾隆	罗定州	民田	2.6	5.3	2.04	4.08	《地租形态》，第683页
嘉庆	罗定州		0.37	3	8	16	李龙潜文
	南澳厅	学田	2	2.2	1.1	2.2	乾隆《南澳志》卷6

①原系以种计田，以1斗田等于1亩为准。
②此处1亩疑为1石田。

加上耕作粗放，产量一直偏低。有的“名为两熟，其实所说尚不及江浙一熟之腴田也”①。海南琼州府（表中未能述及），“田皆下下，即上田每亩不过五斗”②，更远在我们所说水平之下了。从全省看，广东的平均亩产也就是2石多到3石之间。

广西　广西的开发比广东迟，自然条件也相对要差，明代人说南宁一带，“每一亩得谷二石者为上”，“膏腴之地皆一望芜莽不顾”③。清乾嘉以后，广东及两湖客民大批进入广西开荒垦种，农业生产有了较快的发展，像梧州、浔州、平乐等府，都成为重要产粮区，但发展仍不平衡。见下页表1－39。

通过上面估产，像桂林府的兴安县、全州，亩产米2石或2.2石，折谷就是4～4.4石，不算很低，估计梧州、浔州、平乐等府也有类似产量的田地，否则就不可理解，在清代，广西会成为广东最重要的商品粮基地。遗憾的是例子中缺少桂西的产量，那里的发展水平低于东部，像庆远府，“山高地瘠，田寡人稀，民多贫而重去”；思恩府，“火种水耨，畎亩不粪”，“不种杂粮，家无二牛，廪无余粟，丰年足衣，俭食竟不可问”④。整体而言，广西的平均亩产不过2石稍出头些。

福建　道光时，林则徐在谈到他家乡福建水稻生产时说：“闽中早晚二禾，亩可逾十石，其地多山，不能腴于江南也”⑤，其中异军突起的是台湾府，康熙时，“新垦土肥，一甲之田，上者出粟六七十石，最下者亦三四石”⑥。到了乾隆晚期，彰化、淡水等“近溪”田，“一年两熟”，每年产谷40～50石至70～80石，丰收之年，上田可收百石以上⑦。按：台湾的1甲，等于内地官亩11.31亩。这样，每亩出谷最少3.5石，一般5石、6～7石，最高达8～10石。又据档案，嘉庆六年（1801），彰化县民卢朝礼转顶田3甲，年纳租谷28.8斗⑧。照此估算，亩租仅1.7石，比前面说的要低得多了。即使同属高产

① 张渠：《粤东见闻录》卷上。
② 《广东新语》卷14，《食语》。
③ 嘉庆《广西通志》卷78。
④ 嘉庆《广西通志》卷78。
⑤ 李彦章：《江南催耕课稻编》，林则徐序。
⑥ 康熙《诸罗县志》卷6。
⑦ 《明清史料》戊编，第4册，第336页。
⑧ 《李书》，第183页。

表 1－39 广西部分州县亩产量表

时代	地区	田亩类别	田亩数（亩）	租额（石）	平均亩租（石）	约估亩产（石）	资料出处
康熙	临桂县	书院田	18727	米 94.5585	0.5	米 1	嘉庆《广西通志》卷 166
	永福县	学田	53	米 2.4645	0.046	米 0.092	嘉庆《广西通志》卷 165
	兴安县	书院田	78	米 85 又租银 1.2 两	1.1	米 2.2	嘉庆《广西通志》卷 166
乾隆	全州		193	米 193	1	米 2	
	桂平县		1064	谷 231	0.328	谷 0.654	
	平南县		34	谷 49	1.44	谷 2.88	
	宣化县		63.9①	谷 32	0.5	谷 1	
	上思州		85.183	谷 60	0.7	谷 1.4	
嘉庆	怀集县		40，并牛 3 只	38②	0.875	1.75	《李书》，第 183 页
	怀集县	学田	1300	谷 447.89	0.34	谷 0.68	民国《怀集县志》卷 2
道光	永安州	民田	2①	2	1	2	《治要》，第 123 页
乾隆	博白县	民田	1①	谷 1.2	1.2	谷 2.4	《地租形态》，第 78 页
乾隆	博白县		5①		1.2	2.4	《李书》，第 183 页
道光	北流县	民田	17	17	1	2	《治要》，第 122 页

①以 1 斗田等于 1 亩计算。
②按照惯例，我们权照每头牛扣租 1 石加以抛除。有关牛租情况，见郭松义《清代牛租剥削初探》，载《中华文史论丛》1987 年 1 期。

地区，因田地等次不同，产量的高下也很大。下面我们根据地租量折算的亩产，考察一些地区的生产情况，见下表1－40。

表1－40

地　区	田地数（亩）	租额	平均亩租	约估亩产
侯官县	屯田0.7	100斤	142斤	284斤
	屯田2.3	220斤	95斤	190斤
	屯田1.79	250斤	140斤	280斤
	屯田1.2	190斤	158斤	316斤
闽　县	民田5	700斤	140斤	280斤
福清县	民田41	4050斤	98.78斤	197斤
莆田县	民田2	3石	1.5石	3石
仙游县	民田2.2	12石	5.45石	10.9石
海澄县	民田3①	谷8石	2.66石	5.33石
	民田18①	谷27石	1.5石	3石
平和县	民田8①	谷15.3石	1.9石	3.8石
南靖县	民田2①	谷3.4石	1.7石	3.4石

①以一斗田等于1亩折算。

表1－40列举的都是乾隆年间的亩产，地点大多在沿海平原或接邻平原地区。它们中，除仙游县2.2亩田属上等好地①，多数的产量在2～3石间（以稻130斤为1石折算），大致属于中等或中上等田的产量。

陈铿在《清代南平建瓯地区田价研究》② 一文中，给我们提供了闽西北一带的亩产，在1840年前的四组数字中，分别是210斤、280斤、214斤和212斤，看来至少不是下等地。福建的丘陵、山地多于平原，那里的很多亩产，可能还要低于此数。福建粮食的总体生产水平更次于广东，亩产约2.6～2.7石左右。

① 我们从康熙至乾隆年间的5组学田租中估算得，平均亩产最高的4石，其余分别为3.86石、3.64石、3.34石和1.88石（见乾隆《仙游县志》卷23上卷24下），大概属于中等或中上等土地。

② 刊于《中国经济史研究》1990年第3期。

二、南方水稻田的复种情况

（一）双季稻和三季稻

扩大复种指数，是加强土地利用率的一个重要途径。清代自乾隆以后，由于人口急速增加，人多地少的矛盾日趋突出，加强对有限土地的利用，愈益成为大家关心的课题，双季稻种植区域的不断扩大，正是顺应了人们的需要。

根据文献的记载，早在汉代，在我国岭南地区已开始种植双季稻，但进展始终不快，直到明代前期，也就局限于闽粤滇黔和浙江东南部等少数地区，而且也不普遍。清康熙年间，玄烨令江苏、安徽、浙江、江西各省试种御稻，那是由政府示范，劝导人们种植双季稻。虽然这个行动的成果并不显著，但说明沿长江南北都有种植双季稻的条件。清代发展双季稻，分连作和间作两种。连作是早稻收获后接种晚稻；间作前面已稍有介绍，即在早稻田中插入晚稻，种收都有一定间隔。这在明代闽粤、浙东已知此法。乾隆《鄞县志》中说："鄞地稻收再熟，以清明前下种，芒种莳苗，稀行密莳，先莳早苗，旬日后复莳稻苗于行间，俟立秋熟，刈去早禾，乃锄理培壅其晚者，盛茂秀实，然后收其再熟"。类似记载，清代很多文献都可见到。当时除广东、福建外，浙东、赣南，以及湖南的某些地方，都有采用双季间作稻的。

清代种植双季稻，最普遍的是广东。李调元《南越笔记》言："粤中田禾二熟，以五月为小熟，九月为大熟"①。雍正六年（1728）九月，两广总督孔毓珣向皇帝报告粤桂两省田禾收成，"广东早稻通省实系丰收"，至晚稻，"广（州）、肇（庆）、惠（州）、高（州）、雷（州）、廉（州）、琼（州）等府，雨水及时，田禾现俱丰茂，将来可冀大收，惟南（雄）、韶（州）二府山田居多，得雨稍迟，将来晚稻只可五六分"②。可见广东各府均早晚两熟。广西在清代因大量广东移民迁入，双季稻也在梧州、浔州、郁林等府州发展起来，到道光中，连桂西的思恩等府州，亦"种者渐多"③。

① 《小方壶斋舆地丛钞》第9帙。
② 《宫中档雍正朝奏折》第11辑，第331页。
③ 李彦章：《江南催耕课稻编》，《广西思恩府初种早稻之法》。

福建的双季稻，主要集中在闽东南地区。康熙末，闽浙总督范时崇说："查福建一省共计九府，延平、建宁、邵武、汀州谓之上四府，其地皆有霜雪，与江西、浙江气候相同，一年之内，稻谷只有一次收成；福州、兴化、泉州、漳州、台湾谓之下五府，其气候与广东相同，稻谷两获"①。不过这只是笼统而言，福州府的龙岩、屏南等县，均"田岁一获"②。台湾在初期，多数田地"稻仅一稔"③，以后随着大陆移民的增加，双季稻有了较大的扩展，漳化、淡水等厅县，均可"一年两熟"④。在范氏的奏报中，没有提到闽北的福宁州，即后来的福宁府。那里的宁德、霞浦等县，存在两熟稻。⑤ 又如闽江上游的延平等府，某些"山田"，亦有"一岁稻再熟"的⑥。闽西的汀州府，"恒燠少寒，冰霜罕见，禾稼再熟"⑦，只是这种"一岁再获者，其田不多得"而已⑧。可见双季稻在福建的推广面也比较广泛。

江西省种植双季稻主要也是在清代。大致从康熙后期起，赣南的赣州等地，闽粤流民在垦山种地的同时，也把双季稻的耕作技术传了进来。到乾隆时，长宁、会昌、瑞金、石城、大庾、上犹、南康、龙泉、雩都等县，都有种植的记载。其中会昌县当康熙末、雍正初，"种翻稻者十之二，种麦者十之一"（"再熟曰翻耕"），比例很小，乾隆初，"早稻之入不足以供，于是有水之田至秋尽种翻稻"，双季稻已占有明显的优势⑨。其他如建昌（今南城）、袁州（今宜春）、广信（今上饶）、贵溪、南昌、临川（今抚州）、莲花、新城等府州厅县，也都先后种植，嘉庆、道光时又扩大到萍乡、义宁（今修水）、新昌（今宜丰）、永丰、靖安、龙南、金谿、万载、婺源等州县，种植地域有了明显的扩大。⑩

---

① 《康熙朝汉文朱批奏折汇编》第3册，第569~570页。
② 乾隆《福州府志》卷24；乾隆《屏南县志》卷5。
③ 康熙《诸罗县志》卷12。
④ 《台案汇编》甲集，《大学士阿桂等奏台湾叛产入官酌定章程折》。
⑤ 乾隆《宁德县志》卷1；民国《霞浦县志》卷11。
⑥ 王沄：《闽游记略》，《小方壶斋舆地丛钞》第9帙。
⑦ 乾隆《汀州府志》卷6。
⑧ 杨澜：《临汀汇考》卷4。
⑨ 曹树基：《明清时期的流民和赣南山区的开发》，《中国农史》1985年第4期。
⑩ 桑润生：《长江流域栽培双季稻的历史经验》，《农业考古》1982年第2期。

清代种植双季稻的还有浙江温州、台州，以及宁波、绍兴等府，安徽的桐城、庐江等县，云南、贵州的某些河坝地。比较起来，两湖、四川的进展比较缓慢。在湖南，开风气之先的是湘东醴陵县，康熙二十四年修的县志中，已有“邑之农勤于东作，通治二熟禾”的记载。后来有的州县官在民间搞示范，便把该县作为学习的榜样，“照依醴陵县利成图式”行事。比较起来，湖南省种植双季稻收效较明显的是洞庭湖区，“湖田之稻，一岁再种。一熟则湖南足，再熟则湖南有余粟”①，但那已是嘉庆、道光年间的事了。湖北省种植双季稻的时间和地域，更排在湖南之下。道光时，李彦章在《江南催耕课稻编》中言：“闻两湖之禾，早晚两收者以三月五月为一熟，六、七、八月为一熟，必俟早稻刈后始种晚稻”，说明湖北有人在这样做。四川种植双季稻也与外省移民有关。南溪县有一种叫“江西早”的稻种，“一岁可栽两次”，系由江西客民传入②，不过直到清末，四川的双季稻没有得到明显的发展。

清代的三季稻主要限于广东、福建等少数地方。广东琼州府，处于亚热带气候，可“腊月而秧”，一年四季草木常青，“若勤于耒耜，则一年有三熟之稻矣”③。福建的三熟稻多集中在台湾府，乾嘉以后，“民食日众，地利日兴”，有人乃行“三种而熟”之稻④。江西赣州府，“气候杂岭南，谷熟最早，稻有早中晚三种，早稻春种夏收，中稻春种秋收，晚稻则于刈早稻后下种，十月始收”，属早、中稻分作或早、晚稻连种，故认为“种虽有三，实二收而已”⑤。从总体来看，三熟稻的种植地域狭窄，经济意义不大。

清代种植双季稻，一般可增加50%的产量，或“少于早稻三之一”⑥。少数地方也有“晚禾所入，仅偿耕耨之费”⑦ 的。但它要求条件较高，除气候、水利、地力外，还需要更多的工本和劳动力。正如当时有人所言：“方插秧

① 黄彭年：《陶楼文钞》卷2。
② 嘉庆《南溪县志》卷2。
③ 《广东新语》卷14，《食语》，《谷》。
④ 李彦章：《江南催耕课稻编》。
⑤ 道光《赣州府志》卷21。
⑥ 《广东新语》卷14。
⑦ 《广东新语》卷14。

时，又刈早稻，人力不足，延及秋后，秧针已老，成谷无多”；“一田二熟，力既薄，维持粪壤”[①]。清代的双季稻作区，一般都集中在人多地少的精耕地，其原因就在于此。当然，也不是所有精耕区的农民都愿意这么做，前面多次提到的太湖平原一带，虽有皇帝倡导，官绅示范，双季稻也无法推广。又如普及面较广的广东省，单季稻仍占有一定优势，即令是地沃人稠的珠江三角洲，还存在“岁一收”的“大禾田”。有的学者估计清代珠江流域双季稻的面积约占全部耕地的60%[②]，那么，福建省也就是20%～30%，江西和浙江可能更少一些，湖南、湖北不过是1%～2%而已。

（二）实行稻麦多熟或稻与杂粮多熟

乾隆时孙嘉淦说：“今夫五谷之产，燥温异宜，惟麦为南北所通种。普天率土，种麦之田十居七八，每遇丰年，所收最广”[③]。可见到清中期，小麦种植已相当普遍。康熙时还“种麦甚鲜”的湖南、湖北[④]，雍正末，各府州几乎都已有其踪迹了。雍正十一年（1733）八月，湖广总督迈柱上折说：“查雍四年以前，楚省种麦者尚少，自五年水潦之后，臣甫到楚，谕令地方官劝民竭力种麦，次年丰收之后，伏水方至，闾阎大得麦息之济，从此种麦者甚多”。为了证实他的说法，迈柱还附了一份调查资料[⑤]，见下页表1－41。

从迈柱的调查中，湖北的小麦普及率远高于湖南。在湖北，最多达70%～80%多，最低也有40%～50%。湖南最高50%，最低才10%[⑥]。如果加上稻与其他杂粮连作，湖北省的复种指数要高于湖南。尽管如此，湖南粮食生产的总水平，仍高于湖北。

---

① 《岑溪县志》，乾隆《长宁县志》，转引自郭文韬：《试论康乾时期南方的耕作改制》，《中国农史》1990年第1期。

② 郭文韬：《试论康乾时期南方的耕作改制》，《中国农史》1990年第1期。

③ 《孙文定公奏疏》卷8，《请开麯楚疏》。

④ 郭琇：《郭华野先生疏稿》卷4，《请遵成例》。

⑤ 《宫中档雍正朝奏折》第22辑，第52～54页。

⑥ 这从同时期其他官员的奏报中也可看出大概。雍正八年五月四日湖南巡抚赵弘恩奏：“湖南产麦甚少，惟岳州、澧州间有种麦之处”；十年四月十一日又奏言：“湖南各属产麦原少，臣通力劝艺，渐有成效，然尚未遍及”。（见《宫中档雍正朝奏折》16辑第359页；19辑第615页）。

表 1－41

府州名	种麦者所占比例（%）	不种麦者所占比例（%）	种菜豆杂粮者所占比例（%）	府州名	种麦者所占比例（%）	不种麦者所占比例（%）	种菜豆杂粮者所占比例（%）
湖北武昌府	40.5	40.5	10	湖南长沙府	20	40	40
汉阳府	70	—	30	永州府	50	30	20
黄州府	50	40	10	宝庆府	30	40	30
安陆府	60	20	20	岳州府	30	40	30
德安府	60	20	20	常德府	50	30	20
荆州府	40	40	20	辰州府	50	20	30
襄阳府	80	—	20	永顺府	30	40	30
郧阳府	80.8	—	10.2	直隶郴州①	10	70	20
直隶归州	40	40	20	直隶靖州	10	80	10
				直隶澧州	30	50	20
				直隶桂阳州	50	30	20

①郴州属下5县不种麦。

广西原来种麦也很少，桂西庆远府，“面麦初无种，康熙六十年耆民陈庆邦始自桂林买回散布”，至嘉道时已称“盛产”①。桂林府的永宁州，也是道光初开始种植的②。福建省福宁府的有些地方，“俗以沙冷无麦，只插晚禾”。雍正间，县丞潘毓贤“施麦种给农民，不责其偿”，终至“麰麦盈野，至今赖之”③。又如汀州府永定县，“旧不种麦”，到道光间，“桃花风暖，麦浪盈畴矣”④。

在清代，稻麦连作是南方稻作区中的一种重要耕作形式。一般是收稻后种麦，待来春收麦，育秧再种稻。也有在双季间作稻中再加种麦，福建“若麦地又种早、晚稻者，大麦三月下旬始获，小麦四月上旬始获，其栽秧比之白地只迟半月”，所以一俟新麦收割，便下粪犁田稻秧，到“大暑后立秋前，割早

① 道光《庆远府志》卷8。
② 道光《永宁州志》卷3。
③ 乾隆《福宁府志》卷17。
④ 道光《永定县志》卷16。

稻，霜降后再收晚稻”，此田岁共三熟，“然十亩之中止有三亩可以如此，以工本稍费，故为之稀耳”①。在广东，“早禾田两获之余，则莳菜为油，种三蓝以染绀，或树黄姜、辫麦，或蔓青、番藷等”②。还有的地方，“其粈稻既获，可种荞麦，未获前撒泥黄豆于禾下，如禾下熟稻法，粪力厚者田不损”③。福建沙县刈稻后赶种荞麦、大豆，又继之以小麦、油麦④；江西玉山县，“上田稻豆麦三熟”⑤，都是采用此等方法。湖北恩施县，“低田收获之后，旋种菜、麦、麻，则三季收之”⑥。比较起来，后面几例的三熟制，比两稻一麦，显然更省力、省工本。

也有不少地区，因不适宜种麦，或嫌其产量偏低而实行稻与杂粮连作。湖南常德府，“农人于秋后遍种荞麦，亦有春种夏收者”，原因是荞麦收成“较小麦为倍”⑦。湖南祁阳县也是“秋收之后，即布种荞麦、蔬菜”⑧。看来这种连作法在湖南有一定的普遍性。稻豆连作在一些地方也很普遍，有的还实行豆麦套种，以充分发挥地力效应。道光时，包世臣见有的稻田连作油菜籽，认为值得提倡。他说：“其植麦者耗粪土太甚，宜三分之，以二分植麦，一分植菜籽。菜籽冬春之交采充蔬，多可卖，亩收子二石，可榨油八十斤，得饼百二十斤，可粪田三亩，力庇两熟”⑨。油菜籽虽不是粮食作物，但从增加肥力、保护地力的角度来看，无疑是有创造性的。

四川成都平原的都江堰灌区，与长江下游的太湖平原一样，水足田肥，但都没有选择种双季稻，而是实行稻麦、稻豆连作。像“新津、温江之间，多平畴，川西坝尤沃衍，堰水自灌，无旱涝，黍稌外，杂种豆、麦、红花，粪以杂草，岁一再熟，皆倍收”⑩。嘉庆《温江县志》也说：“邑皆稻田，秋谷收

---

① 李彦章：《江南催耕课稻编》，《福建早晚两熟稻之法》。
② 《广东新语》卷14。
③ 《齐民要术》卷1，《辨谷》，《安吴四种》卷25上。
④ 乾隆《沙县志》《礼俗》附《旧志风俗》。
⑤ 道光《玉山县志》卷11。
⑥ 同治《恩施县志》卷7。
⑦ 嘉庆《常德府志》卷18。
⑧ 《湖南省例成案》，《户律》卷8。
⑨ 《齐民要术》卷1，《任土》。
⑩ 陈聂恒：《边州闻见录》卷3，《川西坝》。

后，旋种麻、菜、麦、蚕豆等，谓之小春，谷谓之大春”。川南嘉定府属的威远县，农事节序是这样排列的[①]：

> 春正月种荞麦；二月小豆成角，民乃饲蚕，秧田下种，艺包谷、高粱，菜籽收；三月胡豆、豌豆新获，甘蔗埋稭，种木棉，栽芋头、芝麻、红苕，插栽谷秧；四月农乃登麦，桃乃实，晚谷殖，春荞熟；五月分栽红苕；六月民食新谷；七月种秋荞，高粱早刈，包谷可食，种小豆；八月莳蔬，种大麦，晚谷乃登；九月薯蓣熟，禾蔬毕种，甘蔗乃刈，始为糖；十月烟叶下种；十一月白菜、萝卜尝新；十二月豆乃秀。

看来威远县也是采用稻麦，或稻与荞、豆连作制。

比较起来，贵州的多熟制进展缓慢，长期以来，人们不懂得种植春花。道光时，黎平府知府胡林翼专门发布告示进行劝导，要农民收割粳糯后，“不拘一定”，“随地之所宜”，选种大麦、小麦、胡豆、豌豆之类，并规定“成熟后，田主准分十分之三，不得多取”[②]。在云南，“每岁除夏麦秋禾外”，也种“蚕豆、黄豆、莜麦、高粱之属”[③]。不过因耕作水平不高，总体产量不如内地。

据有的学者研究，到清代中晚期，南方的多熟制种植情况大致是[④]：

> （1）一年两熟：①小麦—水稻，普遍于江苏、安徽、浙江、湖北、湖南、四川各省；②小麦—水稻—油菜或蚕豆—水稻，浙江杭嘉湖水稻区；③小麦—水稻—紫云英或油菜—水稻，江苏、浙江中晚稻地区；④小麦—棉花，江苏、浙江、安徽棉麦区；⑤小麦—棉花—苜蓿—水稻，浙江棉稻区；⑥苜蓿（沟边麦）—棉花，浙江钱塘江两岸棉区；⑦小麦—棉花—蚕豆—芝麻或粟，湖北孝感棉粮区；⑧小麦—玉米—蚕豆（或豌豆）—玉米或甘蔗，四川杂粮区。此外，在江苏里下河地区还有小麦—中籼稻轮作的。

---

① 乾隆《威远县志》卷1。

② 光绪《黎平府志》卷3下。

③ 《滇系》卷825，张允随：《劝民树艺檄》。

④ 唐启宇：《中国作物栽培史稿》，第78～79页。

（2）一年三熟：①小麦—早稻—晚稻，广东地区；②小麦—早稻—秋大豆（或荞麦、秋马铃薯），四川地区；③小麦—早大豆—秋玉米，浙江南部地区；④小麦—早稻—秋大豆（或荞麦），浙江金华地区。

在水稻和其他作物的连作中，稻麦多熟制所占地域最广，最具有普遍性。

三、北方旱作区

北方旱作农业区，主要以种植豆麦为主，另外还有黍、稷、高粱之类。到了清中叶以后，在有些地方，玉米逐渐占有重要的位置。

（一）山东

在旱作农业中，我们先选山东为例子。1963 年夏秋，笔者在杨向奎教授的指导下，参加整理过曲阜孔府档案，还在附近农村作过些调查。孔府的田地遍布于鲁西南的 22 个州县，明确记载亩产的地区覆盖面虽没有那么广（因为很多州县的庄田都征收银子，推算比较困难），但还是涉及了相当一部分州县，而且有的资料还颇为系统。鲁西南地区属于华北大平原的一个组成部分，大体运河以西有不少低洼盐碱地，运河迤南像曲阜、汶上、宁阳、邹县、滕县等等，土地条件不错，是山东重要农业区，搞清楚鲁西南的农作生产，对于进一步探究山东全省的亩产，也有重要意义。

在讨论孔府田庄亩产时，先得交代一下计量方面的问题。按：孔府祭田有屯厂和官庄之分，大体屯厂土地分布于东阿、东平、寿张、阳谷、郓城、巨野、金乡、鱼台等州县，多数在运河迄西地区，土质较差，故均以 720 步成亩，叫做大亩，1 大亩相当于 240 步官制亩的 3 亩。官庄位于曲阜及周围汶上、泗水、邹、滕等县。官庄的土地一般优于屯厂。它们多数以 720 步成亩，但曲阜各庄多用“三尺五寸杆，六百步成亩”，合官制还抵不上 2 亩[①]。孔府自己出钱购买的田产称“自置庄田”，均按官亩计算。至于量器的大小，那就更复杂了。在孔府，甚至各官庄之间收租的斗斛也

---

① 曲阜文管会藏：《孔府档案》（以下简称《孔档》）编号 4060/3。又《孔档》4089/26 载：“查曲邑地亩，有七百二十步及六百步成亩，各有处所”。可见也有 720 步成亩的。

不一样。当年，我们曾就曲阜文管会所藏各号量器作过一次测算。以最通用的石斗为例，计每斗（抬斛）小麦去斗尖，共约56.5斤（现用市秤）。1石等于565斤，约相当于3.9市石（麦1市石为145斤）。又，清代的1官亩约相当于今天的0.9216市亩。对于上述计量单位，我们均适当做了换算。下页表是顺治十一年孔府一些田庄的麦豆亩产量（见下页表1－42）：

表1－42中共列邹县、汶上、菏泽三县19个村庄小麦和黄黑豆的亩产，其中鹿家庄等5个村庄，同时列出了顺治十二年的亩产以作对比。由于上述田庄差不多都是实物定额租和分成租同时并存，有的还征收银子，我们计算产量只是从实行分成租田地中得出的。另外还有一些作物的产量如大麦、秫秫、谷子、稷、绿豆、荞麦、芝麻、豌豆之类，因嫌过于琐碎，且种植量不大，均省略不录。从顺治十一年整个收成来看，除少数土地遭冻、遭雹和水淹外，总的说来属中上等年成，所以具有一定的代表性。在顺治十一年同样气候条件下，各庄的平均亩产差距是很大的。以小麦为例，最低平均亩产与最高平均亩产竟相差3倍多，黄黑豆的最低亩产和最高亩产的差距达到3.7倍。造成这种差距的原因，主要是土地肥瘠和生产条件不同。不过综合看来，除豆类亩产的差落较大外，小麦的产量比较平稳，多数在百斤以上。高家庄头一年因遭水淹，平均亩产只69市斤，第二年就达到116市斤（也冻死12亩），说明从土地肥力和生产条件看，也可超过百斤，还有像檀家庄和东平原庄，实际也接近百斤，只有少数像韩家庄（37市斤）、滕村店庄（73市斤）、鹿家庄（70～71市斤）产量稍低。照此推算，顺康之际，在鲁西南运河以东各州县，小麦平均亩产大体在80～100市斤之间，豆类在50～90市斤之间。

为了进一步加以验证，我们再以邹县毛家堂和下涧铺两个庄子为例，列如下页表[①]1－43。

① 表1－43根据《孔档》4798制成。

表 1－42

州县	庄园名	小麦			黄黑豆[1]			备　考	档案号[2]
		播种亩数	平均亩产	合每市亩/市斤	播种亩数	平均亩产	合每市亩/市斤		
邹县	岗上庄	117	8.7（斗）	151	25.3	11.3 斗	191		4791
	双村庄	33.33	6.45	114	9	2.5	42		4794
	韩家庄	158.7	2.15	37					4792
	程家庄				25	6.72	114		4790
	土旺庄	50.7	5.34	93	31.2	6.9	117		4793
汶上县	胡城口庄	8.69	7.49	130	40	5.32	90		4806
	陈家闸庄	165	7.37	128					4821
	罗庄	41	3.09	54	10	3.6	61		4809
	疃里庄	58	8.95	155	28	10.9	184		4808
	檀家庄	47.5	4.98	86	28.8	8.32	141		4807
	游村庄	49.1	6.76	117	3	11	186		4811
	东平原庄	86.5	4.8	83					1818
	滕村店庄	71	4.23	73	28	5.94	100	小麦因雹灾只剩 46 亩	1817
	鹿家庄	82.3	4.06	70	8.5	4.28	72		4820
		84	4.1	71	24.5	1.06	18	小麦遭冻实剩 74.7 亩系顺治十二年产量	4820
	西平原庄	48	7	121					4819
		26.6	7.5	130	15	3	51	系顺治十二年产量	4819
	马村集	91.76	6.72	117	25.5	8.55	144		4816
		98.5	6.65	115	10	1.54	26	系顺治十二年产量	4816
	所庄	48.1	7.45	129	20 49.7	6.8 2.4	115 41		4815
		38	6.15	107	20	2.86	48	系顺治十二年产量	4815
	高家庄	150	3.96	69				小麦遭水淹	4812
		117.2	6.7	116	42	1.78	30	小麦冻死 12 亩系顺治十二年产量	4812
荷泽县	平阳厂	146.79	2.07	108				系按小亩计算	4662

①豆比小麦略轻，我们以孔府斗合 55 市斤进行计算。
②档案号系指曲阜文管会藏“孔府档案”号，下均同此。

表 1－43

年代（康熙）	毛家堂庄									下涧铺庄								
	小麦			高粱			豆类			小麦			高粱			豆类		
	亩数	亩产（斗）	合市亩/市斤	亩数	亩产（斗）	合市亩/市斤	亩数	亩产（斗）	合市亩/市斤	亩数	亩产（斗）	合市亩/市斤	亩数	亩产（斗）	合市亩/市斤	亩数	亩产（斗）	合市亩/市斤
十八年	81	2.68	47				14.44	4	68									
二十一年	70	5.66	98							25	2.29	40						
二十二年	71	3.01	52							18	2.24	37						
二十三年																		
二十六年	65	5.6	97	21.34	6.4（虫灾）	108				18	2.6	45	18	1.84（虫灾）	31			
二十七年	65	1.66	31.26	21.44	2.4（水淹）	44				18	1.8	31	13	2.8	47			
二十八年	68	4.04	70	16	6	101	20	6.1	103	21	2.6	45	12	3.04	51	12	3.06	52
二十九年	62	8.25	143	24	8.45	143	20	2.42	41	20	2.1	36	12	4.1	69	8	2.6	44
三十一年	60	9.04	157	27.04	7.99	135	20	2.44（水淹）	41	20	4	69	3	2.26	38	15	2.34	40
三十二年	60	6.04	105	26.04	8.04	136				20	2.7	47	8	3	51	15	4	68
三十三年	60	8	139	26.04	8.18	138	20	5	84	20	3	52	8	2	35	15	4.4	74
三十四年	60	5	87	28.04	8.98	152	20	旱死		20	2.2	38				15	旱死	
三十五年	65	8.5	148	32.64	6	101	20	2.2	37	20	3.1	54	5	4	68	10	3	51
三十六年	65	3	52	30	10.4	176	25	2	34	20	2.02	35	8	6	101			
三十八年	65（剩60）	8.04	140	35（剩32）	7.4	125	25	4.36	74	20	4	69	3	3.33	56	8	2.6	44

①豆和高粱均以每斗（抬斛）折55市斤计算。

毛家堂庄记载了从康熙十八年起至三十八年止的二十一年间（中间有缺年）的亩产数字。下涧铺庄是从康熙二十一年起才有记载，亦止于三十八年（中间有缺年），共十八年的亩产数。这两个庄子，在造报租粮额时，是各自分开的，但却又都在同一租粮簿上，说明它们毗连一起，属一个庄头管理。不过在土地条件方面，下涧铺庄明显不如毛家堂庄，这从同一年份里的两者产量中看得最清楚不过了。在作物品种中，我们仍只选了小麦、豆类，再加上高粱。毛家堂庄和下涧铺庄是从康熙二十六年后开始种植高粱的，可比重却在不断增加。据《康熙四十五年毛家堂祀田交代册》载：该庄原额并续买地258.705亩，实行分收的田地187.273亩，其中小麦地110.1亩，大麦地3亩，高粱地74.173亩，主要是种小麦和高粱。毛家堂庄小麦亩产最高年份是康熙三十一年，157市斤，下涧铺庄也一样，但亩产却只有69市斤（三十八年也是69市斤），不及毛家堂庄的一半。高粱两庄均以康熙三十六年产量为最高，前者176市斤，后者101市斤，亦相差近半。最低产量：小麦毛家堂庄是29市斤，高粱41市斤；下涧铺小麦3.1市斤，高粱123市斤。历年平均亩产：毛家堂庄小麦97市斤（约7斗零），高粱123市斤（约9斗零），豆类60市斤（1.45～5斗）；下涧铺庄小麦46市斤（约3.5斗），高粱55市斤（约4斗零），豆类53市斤（约4斗零）①。从小麦、高粱亩产来看，毛家堂庄属于上等地，下涧铺庄属于下等地。

与毛家堂庄、夏涧铺庄情况相类似的，还有汶上县美化庄，记载了从乾隆元年到四十年间各类作物的平均亩产（中间有若干缺年）②，如表1－44（见下页）。

美化庄小麦最高亩产309市斤，最低44市斤，平均104市斤（约合7.5斗多）；谷子最高375市斤，最低14市斤，平均178市斤（约合14斗）；高粱最高220市斤，最低22市斤，平均123市斤（约合9.5斗）；豆类最高114市斤，最低2市斤，平均55市斤（折合4斗多）。从麦、谷子和高粱的亩产来看，美化庄的土地条件略优于毛家堂庄。

---

① 康熙三十四年大旱，两庄豆子均颗粒无收，在计算平均产量时，未归入在内。

② 表1－44根据《孔档》48214828制成。

表 1－44　汶上县美化庄各类作物平均亩产量（乾隆元年至四十年）

年代（乾隆）	小麦			谷子①			高粱			豆类			备考
	亩数	亩产（斗）	合市亩/市斤	亩数	亩产（斗）	合市亩/市斤	亩数	亩产（斗）	合市亩/市斤	亩数	亩产（斗）	合市亩/市斤	
元年	525.6	10.5	182	137.81	19.35	324	234.1	6.56	111	421.5	6.74	114	
二年	522	6.18	107	170.12	21.71	363	199.79	10.13	171	432.59	5.17	87	谷子、高粱
三年	539.4	8.77	152	127.92	22.4	375	217.27	10.05	220	452	4.53	77	遭水淹小麦
五年	513.7	7.42	129	170.8	10.9	182	205.8	9.57	162	428.6	6.02	102	减产，豆遭
七年	551.5	4.33	75	113.4	11.63	195	240.4	9.76	165	458.4	2.16	36	虫灾，谷地 5
八年	529.2	5.18	90	86.024	13.99	239	212.35	8.07	136	426.2	4.48	76	亩水淹，豆
九年	503.43	6.38	111	93.138	11.1	186	229.4	10.66	180	382.2	6.76	114	淹 22.5 亩
十五年	529.1	6.42	111	69.88	7.99	134	219.15	9.05	153	436.2	5.29	89	
十六年	491.5	4.29	74	97.8	2.87	48	225.7	1.87	32	424	0.56	10	谷、高粱
十七年	554.3	4.84	84	100.6	4.99	84	182	4.9	83	499.7	1.46	25	豆遭水淹
十八年				87.7	7.1	119				502.5	2.9	49	豆遭水淹
十九年	508.7	4.33	75	95.5	7.47	125	216.9	5.99	101	502.2	0.735	12	豆遭水淹
二十年	181.96	17.8	309	82.53	9.15	153	211.47	6.25	106	464.1	3.23	55	
二十一年	493.5	5.21	90	99.1	7.06	118	237.37	5.64	95	366	0.93	16	豆遭虫灾
三十一年	488.5	5.28	92	108.95	7.13	119	233.14	4.95	82	428.6	0.84	14	豆遭水淹
三十二年	509.8	3.97	69	84.25	5.45	91	181.18	6.26	106	435.5	2.26	38	
三十三年	424.5	2.55	44	91.85	6.06	101	259.7	5.25	89				
三十五年	410.8	3.79	66	49.74	19.26	322	266.97	7.44	126	347.9	4.87	82	豆遭水淹
三十六年	475.9	3.45	60	80	0.837	14	230.82	1.28	22	406.2	0.287	2	谷、高粱豆
三十七年	551.4	6.27	109	49.82	13	218	169.04	10.1	171	414.6	3.92	66	子遭水淹
三十八年	461.5	5.04	87	75.75	12.38	207	226.4	8.18	138	391.3	3.71	63	
四十年	464.1	4.21	73	75.35	11.95	200	235.74	8.42	142	376.7	1.31	22	豆遭虫

①谷子每斗（抬斛）以 54.5 市斤计算。

如果说前面所举的例子，更多的是偏重于同一年代，或某一庄子的系统资料，那么下面我们扩大视野，从地区的广泛性上再做些文章，见下页表1－45。

上面8个庄子，有6个在曲阜，其余在鱼台、郓城，位于运河西边。它们的产量以小麦为例，只顺治九年南池庄达到232市斤，多数都不算高，甚至有不足20斤者。当然产量太低，可能与年成有关，因为在鲁西南一带，旱涝之灾经常不断，加上虫雹侵害，都会影响正常产量。再一种情况是孔府常常把较好土地实行定额租制。原因是它们的产量较有保证，佃户容易接受；孔府则既可稳定有收，也省却了在生产、分配过程中烦琐的管理工作。所以，剩下实行分租的，便是些生产条件较差的土地，而我们计算产量，都是从分租中得出的，这样也可能造成产量的偏低。下面是我们搜集到的有关定额租制的资料[①]（见下页表1－46）。

定额租分麦豆地和秋地两种。麦豆是麦豆各缴一半，如租额8斗，4斗缴麦，4斗缴豆；秋地根据所产，分别缴谷、黍、高粱等。至于定额租的产量，通常以租额一倍计算。照此，乾隆五十三年张阳庄和大庄分租制小麦的亩产，还抵不过定额租中的中等地产量。不过定额租的租额均按正常熟年为计的，而我们列举的分成租亩产，可能是熟年，也可能是歉年。比如顺治九年南池庄的亩产，显然属于大有之年，而嘉庆二十五年则系歉年。前面我们曾列举过美化庄的系统亩产数。在额租中，规定该庄的苜蓿地和烟瓜地各缴租1石，约估亩产2石，约与分租地中最高年份相平[②]，说明它是上好土地，而分租土地中的平均亩产，大体反映了该田庄中等或中等偏上土地的产量。

在孔府档案中，我们还发现一个值得注意的现象。在某些田庄中，到清后期，亩产量呈下降趋势。且以曲阜齐王庄为例，见下页表1－47。

齐王庄从乾隆晚期以后，产量已明显趋于下降，这不但是实行分租的土地是这样，在定额租制中同样如此。见下页表1－48。

---

① 下述资料都是依照原载录下的，没有换成市亩、市石。按：这些土地，都是1亩合2官亩计的。

② 这里说的1亩，就是2官亩。

表 1－45　　鱼台县独山屯权家铺庄等八个庄子亩产量表

年代	田庄名①	小麦			谷子①			高粱			豆类			备注	档案号
		亩数	平均亩产（斗）	合市亩/市斤	亩数	平均亩产（斗）	合市亩/市斤	亩数	平均亩产（斗）	合市亩/市斤	亩数	平均亩产（斗）	合市亩/市斤		
康熙四十年	鱼台县独山屯权家铺庄	30.6	4.02	70	10.4	7.66	128	38.4	6.06	102	18.4	3.92	66		4596
乾隆二十四年	郓城县郓城厂				144.3	3.5	59	128.1	2.7	46				谷子亩产不包括因蝗灾无收的 19.9 亩	4670
乾隆五十三年	曲阜县张阳庄	175	2.65	69											4702
嘉庆十一年	张阳庄	175	1.28	33											4742
乾隆五十三年	曲阜县大庄	132.72	2.13	55											7141
嘉庆八年	大庄				58.9	3.28	82	106.6	2.22	56	85.5	3.34	85		4742
嘉庆十一年	大庄	92.1	1.02	27											4742
顺治九年	曲阜县南池庄	27.8	8.9	232							101.8	水淹无收		系孔府自种地	1714
嘉庆二十五	南池庄	12.2	1.77	46	1	2	50	1	1.8	46	12.2	1.42	36		4717
顺治九年	曲阜县跑马泉庄	49.8	4.97	129										系孔府自种地	
道光三年	曲阜县泉头庄	18	0.88	46	29.2	1.76	88	20.37	0.81	41				系自置地小亩折算	1559
光绪十八年	曲阜县齐王坡庄	20	1.19	31	2	2.8	70	17.5	1.53	39	19	0.74	19		4750
顺治九年	曲阜县南池庄	52	5.35	139											1714

①曲阜各庄除自置地外，均以 1 亩合 2 官亩计算的。

表 1－46　　曲阜等县部分庄田实行定额租制的租额

庄子名	上地租额（石）	中地租额（石）	中下地租额（石）	下地租额（石）	次下地租额（石）	不分等则租额（石）	档案号
安基庄	0.8	0.6	0.4	0.2	0.1		4788
红庙庄	0.7	0.5		0.3	0.16		1713
齐王庄	0.65	0.4		0.2			4726
张阳庄	0.61	0.4	0.3	0.2	0.15		4699
曲阜春亭庄	0.6	上中地 0.4	次中地 0.35	下中地 0.2	下地 0.15	次下地 0.1	4725
南池庄	0.6	0.4		0.2			4714
大庄	0.45	0.35		0.2			4740
汶上鱼营庄						麦租 0.2	4814
美化庄						苜蓿地 1	
						烟瓜地 1	
						棉花地 0.7	4826
邹县鲁源庄		0.36		0.26	0.1（麦豆地）		4788
泗水魏庄						0.3	4759
泗水戈山厂						0.2	4782

从嘉庆年间起，齐王庄的上地麦租由清初的 3.25 斗，下降至 2 斗；中地由 2 斗到 1.4～2 斗，只有下地略有回升，增至 1.2 斗，说明上中地逐渐向下地靠拢，孔府为了使原地租额不致跌落太多，不得不用加收下地地租量的办法予以维持。应该说，这与该庄总的亩产的降低是相适应的。类似此种情况，绝非齐王庄一例。前引安基庄清初上地租额 8 斗，中地 6 斗，中下地 4 斗，下地 2 斗，到嘉庆初，租额普遍调低，上地 4 斗，中地 2 斗，下地 1 斗，次下地 5 升。① 造成如此变化，是不是因为量器改变的缘故？显然不是，因为在档案中，我没有查到这样的记载，而且在有些庄子中，仍基本保持着原来的租额。如张阳庄，顺治时上地 6.1 斗，中地 4 斗，中下地 3 斗，下地 2 斗；到了咸丰年间，该庄宅园上地亩租 7 斗，中地 4 斗，次中地 3 斗，次下地 1 斗②，变化并不很大。所以最大的原因，恐怕是由于自然变故造成地力下降，产量减少。

① 《孔档》4746。
② 《孔档》4704。

表 1 – 47

年代	小麦			谷子			高粱			豆类			备注	档案号
	亩数	平均亩产（斗）	合市亩/市斤	亩数	平均亩产（斗）	合市亩/市斤	亩数	平均亩产（斗）	合市亩/市斤	亩数	平均亩产（斗）	合市亩/市斤		
顺治十年	69.9	4.56	119							39	8.98	228		4726
	184.97	5.55	144							37	8.78	223	孔府自种地	4726
乾隆五十二年	285.438	215	56											4731
嘉庆八年				33.19	1.8	45	211.79	0.558	14	254.98	0.4	10		4733
嘉庆九年	257.25	2.11	55	39.42	1.26	32	223.74	2.25	57	257.25	0.24	6		4733
嘉庆十年	276.78	1.61	42	33.01	3.1	78	202.53	2.45	62	144.93	0.4	10	豆子遭淹	4734
嘉庆十一年		1.28	33											4742
嘉庆十二年	159.036	1.42	37	23.31	3.07	77	89.34	2.02	51	171.65	2.27	58		4735
嘉庆十三年	132.64	1.78	46	19.31	2.07	52	131.77	3.34	85	132.64	1.2	30		4735
嘉庆十五年	128.52	1.11	29	12.47	1.3	33	138.9	3.16	80	128.52	0.15	4	豆遭水淹	47.35

表 1－48

年　代	上地亩租		中地亩租		下地亩租		档案号
顺治九年	麦 3.25（斗）	豆 3.25（斗）	麦 2（斗）	豆 2（斗）	麦 1（斗）	豆 1（斗）	4726
嘉庆十七年	2	2	1.4	1.4	1.2	1.2	4736
光绪十一年	2	2	1.4	1.4	1.2	1.2	7338

通过对以上孔府档案的分析，在清代鲁西南一带，小麦的最高产量竟有超过 300 斤的，多数 100 斤上下，当然也有低至 20～30 斤，30～40 斤的。谷子、高粱的亩产要高于小麦。谷子最高到达 400 多斤，平均 130～140 斤，或 140～150 斤；高粱平均在 110～120 斤，或 130～140 斤之间。豆类的产量虽不乏 100 斤以上的记录，最高还有 200 来斤的，不过一般说来比不上小麦，平均也就是 50～60 斤，或 60～70 斤之间。由于山东等北方地区，雨量多集中于夏秋之际，鲁西南的地势卑下，积水不易泄散，常常造成高粱、豆子等大秋作物易遭水淹，这也影响它们的收成。

孔府的亩产资料诚然相当具体，但是否就能代表整个山东省呢？所以在可能范围内，我们还应再作些考察。20 世纪 50 年代中，山东大学的景甦、罗仑写过一本《清代山东经营地主底社会性质》的书，里面介绍了该省的一些亩产量（表 1－49）。

表 1－49　　清代山东省淄川、章丘、鱼台三县部分庄田亩产量表

	小麦（斤）	高粱（斤）	谷子（斤）	豆子（斤）	苞米（斤）
淄川县树荆堂	300	600	600	300	
一般农民	150 左右	300 左右	300 左右	150 左右	
章丘县进修堂孟氏	200～230	200～240	330～400		170～230
一般农民	80～100	120～170	170～230		120～135
矜恕堂孟氏		110～165	165～230	110～135	110～135
太和堂李氏	140～162	250～350	300～400		250～320
一般农民	70～120	110～250	125～250		140～250
鱼台县崔家桥农户	100～150	100～150			

该书涉及的地区，有淄川、章丘和鱼台三县。淄川、章丘清代属于济南府，鱼台县在鲁西南，那里也有孔府的田庄。遗憾的是所列亩产，基本上都是

清朝末年的，这与孔府清初和康乾或嘉道时期的资料，可能有些不同，不过用来作对比参考，大体还是允许的。上述亩产，按经营方式不同，可分成两类。一类象树荆堂、进修堂等由地主雇工自营部分，这都选择上等好地，加上工本充裕，故产量亦高。这在孔府也是一样（即前面列举的自种地）。但它们数量小，代表性不大。另一类是一般农户的亩产，如小麦最多150斤，通常70～80斤；高粱100～300斤；谷子120～300斤；豆子110～150斤。我们所述孔府田庄的亩产，多数亦归于此类。将两者相互比较，可以发现，除豆子产量孔府明显偏低，其余都相差不远。

以上介绍的都是每种作物的单产，全面考察亩产，还应把复种因素考虑进去。在明代，北方地区的田土多以单产为主。到了清代，复种土地的比例大大提高，康熙时，蒲松龄写《农蚕经》，就他家乡淄川（今淄博）的情况，介绍了麦与豆、或谷、黍二年三熟的轮作多种制。沂州人丁宜曾在《农圃便览》中说："割麦后，麦既要速打，又必须趁雨种豆"[①]，与蒲氏所言是相同的。又，《沂水桑麻话》："坡地（平壤地）两年三收，初次种麦，麦后种豆，豆后种蜀黍、谷子、黍、稷等"；"涝地二年三收，亦如坡地，惟大秋概种䅟子，此禾耐水，且易熟，不费工本，民间食谷，大半皆此，甚合土宜"。胶东的《登州府志》中，也载有麦后种豆黍的二年三熟制。

孔府的租粮名目有小麦、大麦、荞麦、高粱、早谷、晚谷、早黍、晚黍、早稷、晚稷、黄豆、黑豆、䅟子、黄米等等，前述孔府的额租分麦地和秋地，麦地先麦后豆。在分成租中我们看到类似情况。以美化庄为例，乾隆十九年共种地848.818亩，其中528.8亩为大小麦地，并茬种豆、荞麦之类，320.018亩种高粱、谷子、黍，并行出租；乾隆二十年（1755）共种地842.3926亩，分种大小麦并红黑豆、晚谷、晚黍、荞麦者542.4亩，高粱、谷子地并租出地299.9926亩；乾隆二十一年播种地与头年同，其中大小麦地并茬种黑豆、菜豆、晚黍、晚谷、荞麦地499亩，其余系高粱、谷子和黍地[②]。这就证明，清

① 该书成于乾隆二十年。
② 《孔档》4826/12～13，4827/1。

代孔府的田庄中，已有相当部分土地实行了麦与豆或谷、黍等类的二年三熟制。①

根据以上情况，在山东实行麦豆或谷黍等轮作的田地里，上等好地，又遇大有之年，亩产可达2石以上，一般1~2石；中等田地1石上下。单作制田地多的也能到达1石以上，一般是1石至6~7斗，当然也有更少的。类似此等产量，在地方志中也有所反映。如青州府高苑县（今属高青县），“时虽丰稔，亩之收入，不过一钟”②。若以三石为钟计，当属上等土地二年三熟复种所得。曹州府属曹县，“地下而瘠”，又“秋潦时至”，“率三亩不能获一钟”③，平均亩产1石，属一般产量。又如沂州府郯城县，有人头年种稷，遭到水淹，只亩收6升，第二年再种，得到完收，但也就是2斗。④ 这是单种产量。又据学田地租额推算，泰安县某处共地37.45亩，合麦秋二季租1872斤，平均亩租50斤，约估亩产100斤；另一处地14亩，两季租1550斤，平均亩租111斤，约估亩产220余斤⑤；莱州府潍县（今潍坊市），康熙时知县郭尚征捐俸置学田官亩30亩，除年完税银1两零外，纳租粮13石，折银8.1两。照此，亩租约为0.48石，合产量0.96石⑥，已近1石。产量较低的登州府文登县，其地号称“非山即海，咸卤硗确，可田者少”，据860亩各色学田租推算，高的平均0.4石，低的平均仅0.15石⑦。再如招远县（亦登州府属），亦有亩产0.4石的学田。⑧ 可见由于土地条件不同，山东各地的产量也是颇有悬殊的。

（二）直隶

直隶不像山东，有曲阜孔府那样系统的资料，但它记载的地区比较广泛，便于较全面的了解情况。

---

① 清代北方一带有把地分成两份，相互轮换耕作以歇地力，孔府田庄中也不排斥有此类情况。
② 乾隆《高苑县志》卷1。
③ 光绪《曹县志》卷4。
④ 《档案》乾隆十七年正月二十四日鄂容安题。
⑤ 民国《泰安县志》卷4。
⑥ 民国《潍县志稿》卷22。
⑦ 道光《文登县志》卷1，卷3。
⑧ 道光《招远县志》卷3。

在直隶，实行二年三熟制的，都是些水利条件较好的井灌园地。有人以无极县为例，对比多熟制和单产之间的差距，“直属地亩惟有井为园地，园地土性宜种二麦、棉花，以中岁计之，每亩可收麦三斗，收后尚可接种秋禾，棉花每亩可收七八十斤。其余不过种植高粱、黍、豆等项，中岁每亩不过五六斗，计所获利息，井地与旱地实有三四倍之殊”①。为此，人们建议在有条件的地方，多多凿井。枣强人寓圃《清立书院凿井灌田议》中说：“伏见直省各邑，修井溉田者不可胜纪，枣邑亦间有之。约计大井设辘轳四，可灌田十亩，所费不过十五六金，等而下之，所灌愈少，所费愈减”。他还说：井灌之田，“设遇亢旱，邻田颗粒俱无，此则每亩盈石”②。照此计算，在井灌田里实行多熟制，至少可亩收1石，甚至更高一些。③

在直隶，还有很多地方实行一年一熟制。它们的产量因地区和土质不同，各有高低。见表1－50。

表1－50　　清代直隶部分县农作物产量表

地　区	亩产记载	资料出处
顺天府宝坻县	“但得五六斗，或七八斗，即庆有年矣”。	乾隆《宝坻县志》卷7
又	“每亩可获五斗”	李光庭，《乡言解颐》卷3
大城县	乾隆四十年，“有年，亩地收粮石二斗”；	
	道光八年，“有年，亩地得粟八斗”；	
	咸丰十年，“有年，麦收亩地五斗”。①	光绪《大城县志》卷10
宁河县	“丰岁，每亩所收不过五六斗”。	光绪《畿辅通志》卷71
保定府望都县	“旗地为上，草地最下，丰年上地所获七八斗，下地仅二三斗”。	《望都乡土图说》
蠡县	“亩产二斗”。	赵梦令：《区种五种》
唐县	“播谷一斗，获仅倍之”。	光绪《保定府志》卷26
永平府滦州	“计丰岁所收，每亩不过四五市斗”。	嘉庆《滦州志》卷1
昌黎县	“丰年每亩收获，计市斗不过五六”。	同治《昌黎县志》卷10
乐亭县	“每亩收获所得三四市斗，五六市斗，即庆有年矣”。	乾隆《乐亭县志》卷5

① 乾隆《无极县志》卷末。

② 嘉庆《枣强县志》卷19。

③ 据光绪《广平府志》载：永年县有学田147亩，根据“肥瘠多寡曲为酌处，盈为常岁”，共得租谷73.5石，平均亩租0.5石。按照这样标准，上地亩产当超过1石，中地5~6斗到1石，下地亦当有3~4斗。

续表

地　区	亩产记载	资料出处
迁安县	乾隆二十三年有某佃旗地 2 顷，平均亩产 25 斗。	《地租形态》，第 762 页
河间府河间县	“履亩但得五六斗、七八斗，即庆有年矣”。	乾隆《河间县志》卷 3
故城县	“通计得五六斗为大有年，常则三四年”。	光绪《故城县志》卷 4
正定府正定县	顺治间亩收二三斗。	梁清标《雕丘杂录》卷 15
顺德府内丘县	“丰年所获，计亩不过七八斗”；“旱则歉，兼所获计亩仅一二斗”。	道光《内丘县志》卷 15
易州广昌县	“丰年亩收不满斗”。	乾隆《直隶易州志》卷 10
遵化州	“每亩所得八斗者，即庆有年”。	乾隆《直隶遵化州志》卷 11
宣化府保安州	地 40 亩，常年亩收 1.2 斗。	《地租形态》，第 82 页
张家口厅	地 8 亩，常年亩收 1 斗。	《地租形态》，第 101 页
多伦诺尔厅	地 24 顷，亩租 0.38 斗，约估亩产 0.76 斗。	《李书》，第 180 页
承德府	地 160 亩，亩租 0.4 斗，约估亩产 0.8 斗②。	《李书》，第 207 页

①有的学者认为乾隆四十年的亩产是夏秋两季收获量（见方行：《清代前期北方的小农经济》，《历史研究》1991 年第 2 期），我们同意这个看法。

②据刘克祥：《清代热河的蒙地开垦和永佃制度》（刊于《中国经济史研究》1986 年 3 期）展示的资料，约估每亩产量自 0.8 ~ 1.4 斗不等。

上面都是比较笼统的说法。大体太行山东麓的冀中平原区，水土条件好，土地复种指数高。冀南的情况不如冀中，但单产亦能收 4 ~ 5 斗，6 ~ 7 斗，北部如永平等府又次于冀南，一般收 3 ~ 4 斗，5 ~ 6 斗。东部沿海一带主要困于盐碱沙地，至于口北和偏远山区，又无霜期短，更等而下之了。

（三）河南

清代的河南，也有不少土地实行两年三熟。嘉庆《密县志》：“凡地二年三收……黄豆有大小二种，五月种麦耩种，七月中旬出荚，八月中旬成熟”。那是豆麦轮作复种。道光《扶沟县志》：“若好地则割麦种豆，次年种秋，最少二年三收”，麦与豆或秋作连种。雍正时河东总督田文镜说：“至豫省民俗，大率广种秋麦，并无余地留种春麦，间有未种秋麦地亩，皆留以播种旱黍、旱谷、芝麻、高粱、豆子、棉花等项”[1]。这与孔府田庄的种植情况颇相类似，那就是在一部分土地中种植麦豆，另一些播种黍、谷、高粱之类，并相互

① 《宫中档雍正朝奏折》19 辑，第 623 页。

轮作。

有的资料还谈到复种的产量。嵩县“如麦后八分种粟，二分莳蓝，以十亩计，可获粟二十四石，收蓝易价后种蔬二亩，出亦可获缗二十四千文，利反倍多也”①。黄河以北的怀庆等府县，“一亩之地树谷得二石”②，那是单作的产量。豫中宝丰县，麦秋亩收 1 石，③ 系两作所出。地区不同，产量亦高下不一。乾隆二年（1733），署巡抚尹会一向皇帝报告他巡视彰德、卫辉直至开封府城各地春种情况，见“各邑地亩种麦十之七八，现俱成穗”，系“有收”之年，估算洼地每亩可收四五斗，高地可收二斗④。北方的多熟制，一般集中于土肥水足的田地，从尹说的麦收最多 4 ~5 斗的情况来看，合计两收，约在 6 ~7斗和 7 ~8 斗之间。又据明清之际人王铎在《奏求粮札子》中称，中州之地“计亩所出，丰穰沟篝，不足一石”⑤。如果是单产所出，那就不算低了。

从很多资料分析，黄河以北地区的产量，一般要高于黄河以南。前述怀庆府，即有亩产谷 2 石的说法。其属县原武县，也有同样记录。⑥ 又如卫辉府淇县，清末时，上田年亩收“二石二斗”⑦。卫辉以北的彰德府，据明嘉靖修“府志”载：“临漳居漳卫之间，田皆填淤，沃衍无岡阜，近漳水，南决入安阳、临漳，田收皆十斛八斛珮”。照二斛为石计，那是 4 ~5 石了。这条材料，清代乾隆志仍一字不漏加以抄载。又据该府武安县有学田两处，一处 110 亩，输租 60 石，估计平均亩产 1.1 石；另一处 10 亩，输租 4 石，平均亩产 0.8 石⑧，大概属于中则或中上则田的产量。彰德等河北三府，有黄河支流彰水、沁水、卫河流经其间，却又不像河以南的开封、归德、陈州等府，常遭黄、淮泛滥的肆虐，同时又有较好的井灌条件，直到今天，其平原区仍是河南农业最发达的地区，所以这里的亩产较为偏高，亦不足为奇。

---

① 乾隆《嵩县志》卷 15。
② 乾隆《怀庆府志》卷 31。
③ 道光《宝丰县志》卷 15。
④ 《尹少宰奏议》卷 2，《确查抚恤事宜疏》。
⑤ 嘉庆《孟津县志》卷 10。
⑥ 乾隆《原武县志》卷 9。
⑦ 光绪《淇县舆地图说》。
⑧ 乾隆《彰德府志》卷 5。

在河南也有一些亩收一季，且产量偏低的地区，如胙城县“土硗，歉于获，每亩不过三二斗”[①]。新郑“土田较之邻封不啻天渊”，“计亩所获，不过一二斗许”[②]。乾隆二十三年（1758），有人种麦3亩，收1石，平均亩产3.3斗；又如灵宝县有地3.2亩，亩租2.2斗，估计亩产也就是4斗出头[③]，都不算高。前述嵩县，既有多熟制产量较高的田地，也有土质较薄的岗崖山地。有人开田40亩，“岁可产千余斤”，平均亩产不到30斤，也就是1~2斗[④]。产量较高的洧川县，“所入亩不及釜”[⑤]。釜为古制量器，约合6.4斗，文中说“不及釜”，大概是5~6斗左右。豫中临颍县学租中，高的亩产7.3斗，低的3斗，[⑥] 与洧川县大致处于同一水平。又如开封府的兰阳县和仪封县，顺治三年（1646）因“大有年”，“每亩获石余”[⑦]，那么常年收6~5斗，那是不成问题的。

有一份清末南阳府南阳县各类农作物产量的资料：小麦熟年亩收约3斗，大麦4斗，玉麦4斗，稻6斗，蜀秫5斗，玉蜀黍4斗，粟5斗，黄豆4斗，黑豆5斗，绿豆3斗，豌豆3斗，脂麻2斗，薯400斤。[⑧] 南阳县在豫南南阳盆地区，在全省农作条件中，属中等或中等偏上，撇开单产不说，进行多熟复种，亩产可能在5~6斗、6~7斗之间。总计河南亩产，也就是7~8斗、8~9斗。

（四）山西

山西多山，晋北一带又高寒贫瘠，农业条件不如直隶、河南，产量亦较偏低。雍正十一年九月，刑科给事中王玨被派巡视山西。他先后考察了除晋南以外的太原、大同、朔平三府和平定、忻、代等直隶州，正值秋收之后，且碰到了“数十年来从未遇此丰稔之岁”。故在奏报中说：“据云常年上地每亩一石二三斗者，现今收至三四石；下地每亩七八斗者，今亦收至一二石”[⑨]。《明

---

① 顺治《胙城县志》卷上。
② 康熙《新郑县志》卷1。
③ 《地租形态》，第109页；《李书》，第180页。
④ 李兆洛：《养一斋文集》卷13，《循吏静溪康公传》。
⑤ 嘉庆《洧川县志》卷3。
⑥ 民国《重修临颍县志》卷4。
⑦ 康熙《兰阳县志》卷10，乾隆《仪封县志》卷10。按：仪封于乾隆四十九年（1784）更县为厅。
⑧ 潘守廉：《南阳府南阳县户口地土物产畜牧表》。
⑨ 《宫中档雍正朝奏折》第22辑，第112页。

史·卢象升传》载："崇祯九年，卢出任宣大山西总督，"大兴屯政，谷熟，亩一钟，积粟二十余万。天子谕九边皆式宣大"。产量与王玨说的差不多，或者还要高一些。大同以及朔平、忻、代等府州，地处长城沿线，是省内有名的低产区，且多种一季，如果不是合数亩为一亩的大亩计量，或可能笼统地称钟为石。否则，即使是大有年，我也怀疑有如此高的产量。当然，不能排斥在某些地方，常年的亩产亦有达到1石多，或7~8斗的，但只是少数。比如大同府浑源州养正书塾，有附郭田57亩，岁征额租京斗30.6石，按产量的半数计租，平均亩产1.07石，① 就超过1石。

多数记载都说那一带气候干寒，土地瘠薄，产量低下。像大同府，"云地瘠薄，即逢丰年不过三五斗"②。又言大同"地土沙渍硗薄，风高气寒，丰岁亩不满斗，故中人日仅再食"③；该府属广灵县，"年丰每亩不过数斗"④；天镇"地土沙碛硗薄，寒独早，七月陨霜，农人往往清明前后种麦豆，五月种谷、粟、秫、稷、油麦、荞麦，丰岁亩不满斗"⑤。朔平府左云县亩产亦只三四斗⑥。又如马邑县有人种谷子10亩，得净谷1.6石，平均亩收1.6斗。⑦ 僻居晋西北的保德州，"州境山坡陡地，抑且暖迟霜早，一年一熟，犹有不能告成者，至穹远山谷，十年九荒，遇丰岁所计，亩所获一二斗"⑧。

比较起来，晋中和晋东南地区的农业条件要好得多，有的还可两年三熟。晋中一带多以豆类为主，与谷、黍、麦进行轮作复种。寿阳县"谷多在去年豆田种之"，"黑豆多在去年谷田或黍田种之"；"春麦多于去年黑豆、小豆田春分时种之"；黍"于去年谷田、黑豆田芒种时种之"，"油麦多于去年黑豆田、瓜田种之"⑨。晋南的情况与山东、河南相类似，即以二麦为主，进行轮

① 光绪《浑源续志》卷9。
② 乾隆《大同府志》卷26。
③ 嘉庆《山西通志》卷46。
④ 乾隆《广灵县志》卷4。
⑤ 光绪《天镇县志》卷4。
⑥ 光绪《左云县志》卷10。
⑦ 《地租形态》，第89页。
⑧ 康熙《保德州志》卷3。
⑨ 祁寯藻：《马首农言》；下简注《农言》。

作复种。稷山县佃户某租水浇地5亩，每年夏租麦1石，秋租谷1.5石，[①] 合麦秋两造，平均亩产1.08石。这是个案材料，但对照邻省情况，复种地的亩产量亦应在1石上下。

在山西，单作一熟制的土地可能多于鲁、豫等省。康熙初，蔚州人魏象枢说："百姓种地有上中下三等，收获亦有上中下三等，约计丰年上地每亩收八九斗，中地次之，下地又次之"[②]。这大概是泛指平川河谷地区而言。在单产中，单产较高的也是在晋中、晋南。《农言》引寿阳谚语有"糜子挨着手，一亩要打七八斗"。沁州武乡县尽管有很多山地，但因实行麦豆黍莜套作并种，"丰岁上腴"，亩地可得一鬴[③]，鬴与釜同义，合6.4斗。雍正八年六月，山西巡抚觉罗石麟在向皇帝报告该年收成时言："二麦收成向来丰年每亩收一石者，今竟收至一石一二斗"[④]。可见在正常年景单产5~6斗或7~8斗是可能的。又如蒲县的山区梯田，"其上者亦能亩获近石"[⑤]。这里虽没有说明是一作还是两造，但说明在山区也可得到较高的产量。

下面我们根据地租量再补充若干资料，如下页表1-51。

以上共21例，涉及地域包括了晋北、晋中和晋南。从估计的亩产看，尽管没有超过1石的，但长治县亩学田9.2斗，也快近石了。另如绛县6.6斗，浮山6.4斗，从单产看，在北方亦称得上是中等田地。当然，这中间多数产量偏低，只2~3斗、1~2斗，甚有不满斗者。这除了晋北各府县本来属于低产区，我认为人们捐助或置办的学田，多数属中下等地。此外也与有的田地地租偏低有关。乾隆《偏关志》中曾记其事："至于佃户之受田者，甲乙相传，准其旧租记其段落而已，即地主持筹，每亩取租率以三四分为权，故赋中人之家而田连数顷，盖守此数亩薄田，而八口资之，正供资之，其不至公私交困者幸尔"。这里虽不是专指学田，但类似情况是会有的，不然我们就很难理解先头所引证的资料了。

---

① 《地租形态》，第42页。

② 《寒松堂全集》卷4，《君仁爱无尽督抚实政当修等事疏》。按：蔚州于康熙三十二年（1693）由山西划归直隶宣化府。魏说的产量不只指蔚州，而就华北地区，或直隶、山西平原区而言的。

③ 乾隆《武乡县志》卷2。

④ 《宫中档雍正朝奏折》第6辑，第680页。

⑤ 乾隆《蒲县志》卷3。又，据光绪《蒲县志》卷6中言，该县有些陡坡沙石地，隔年一种，每亩所产"丰年不过数斗"，可见不同田土等差之大。

表 1－51　　山西省部分县亩产量表

时代	地区	田亩类别	田亩数（亩）	租额（斗）	平均亩租（斗）	约折亩产（斗）	资料出处
乾隆	蒲州府	学田	2000	1000	0.5	1	乾隆《蒲州府志》卷 5
	永济县	学田	5210	2605	0.5	1	同上
顺治	长治县	庙学田	118	547	4.6	9.2	顺治《潞安府志》卷 7
顺治	襄桓县	庙学田	40	17	0.43	0.86	同上
顺治	黎城县	庙学田	120	477	0.4	0.8	同上
	太谷县	学田	297	397	1	2	光绪《太谷县志》卷 2
乾隆	永宁州	庙田	27①	40	1.5	3	乾隆四十二年十月二十六巴延三题
乾隆	浮山县	民田	5	16	3.2	6.4	乾隆九年三月初三阿里衮题
道光	绛县	学田	3	10	3.3	6.6	《清史治要》，第 122 页
乾隆	平遥	民田	4	米 16	4	8	《李书》，第 180 页
嘉庆	蒲县	民田	10	谷 20	2	4	《李书》，第 180 页
道光	蒲县	民田	60	24	0.4	0.8	《清史治要》，第 122 页
康熙	五寨县	学田	120	100	0.8	1.6	乾隆《宁武府志》卷 1
雍正	左云县	学田	302	124	0.4	0.8	雍正《朔平府志》卷 4
乾隆	马邑	民田	10			1.6	乾隆十九年二月二十三日阿克敦题
雍正	辽州	学田	96 又山 1 处	62	0.6	1.2	雍正《辽州志》
			33 又山 1 处	27	0.8	1.6	
			53	21	0.4	0.8	
			10 又核桃树	16 又钱	1.6 又钱	3.2 又钱	
			5 棵山地 1 处	7200 文	720 文	1440 文	
乾隆	托克托	民田	50			0.4	《地租形态》，第 236 页
乾隆	口外洗马岭下	民田	8	4	0.5	1	乾隆二十一年九月十一日鄂弥达题

①原作地 10 垧。按据道光《偏关志》：“关人以垧计田，每垧约二亩半多或三亩”。这里，我们是按 2.7 亩为 1 垧进行折算的。

综合进行分析，山西亩产，高的可到 1 石以上，多数是 7～8 斗、5～6 斗，晋北高寒地和其他山区，大抵在 1～2 斗、3～4 斗之间，但也不排斥有产量较高田地和更低的劣等地。[1]

① 晋西永和县的某些山地，土地瘠薄，所得收成，亩只“五升”，常常连种子都难以收回（见民国《永和县志》卷 15）。

（五）陕西

陕西关中平原，是北方著名的传统农业区，土地和水利条件好，农业技术水平也高。清代兴平人杨屾写《知本提纲》，三原人杨一臣作《农言著实》，都对关中的精耕农业有详细论述。比较来，关中一带应属北方的农业高产区。西安府属盩厔（今周至县）、鄠县（今户县）等地，井灌发达，计一井灌田四五亩，“薄收亦可得谷八九石，更若粪多力勤，且可十二三石”①，约计年亩收谷2~3石。乾隆时，有个叫陈世元的，到陕西传播种植番薯，言及那里，“凡膏腴上地，更际有年，每亩共收谷子一大担，计官斗三十余斗，连桴不满五百斤，如大麦、小麦、高粱、荞麦，到秋收成，轻重大略相等”②。这证明上等土地，在正常年景下亩产2~3石是可能的。东边的三原、高陵等县，有著名的泾渭渠，可岁得3~4斛、4~5斛，亦即1.5~2.5石。③ 乾隆二十八年，华阴县张忠承租钱某地5亩，“每年议租麦、谷各三石”④，合计6石。照此算来，平均每亩产量在2石以上。又如咸阳县某人，“夥地八十亩”，岁纳“租麦四十石”，平均亩产麦1石，⑤ 也不算低。同州府白水县，“麦田每一亩，上腴之地丰年可收一石，次者八九斗，或五六斗，最下山麓硗瘠之地及山上垒石包土、层级梯磴之田，俱收不及三四斗。粟地收获分数大致与麦田同。收莜麦、豌豆地多瘠薄，每一亩丰年只收七八斗，最下者收俱不及三四斗”⑥。这是一个县里不同土地等次所得不同产量。

在关中平原中心或边缘各县，也有些土地产量比前面说的偏低，如长安有7.4~8斗田，凤翔5~5.8斗田，岐山的5斗田，宝鸡5.5斗田，扶风6斗田，郿县6斗田，麟游6.3斗田，汧阳3.6斗田，还有同州的5斗田，咸宁的6斗田，富平6斗田，泾阳5.6斗田，以及三原县有的水浇地产7斗，旱地5.7

① 雍正《陕西通志》卷93，王心敬：《与张岫庵邑侯书》。又据民国《鄠县志》：该县清时有学田48.5亩，推算亩产，最低的是1.2石，最高3.4石，亦可作为旁证。

② 《金薯传习录》卷上，附《管见种薯八利》。

③ 光绪《高陵续志》卷上，又同见光绪《三原新志》。

④ 《李书》，第180页。

⑤ 《地租形态》，第146页。

⑥ 乾隆《白水县志》卷3。

斗；朝邑县旱地2斗；蓝田水田8斗，旱地4～7.4斗等等。①

陕南的汉中盆地，属水稻作物区，其河谷多实行稻麦两熟，道光初亩产可达3.7～4.3石②。旱地采取麦与豆、粟、高粱、䅟子复种。上等金地、银地，岁“收麦亩一石二三斗，秋收杂粮七八斗”③，合计2石上下，中等和下等地就收不到这么多了。

陕北的农业比不上关中和陕南，但也有一些平川地区产量仍颇可观。延安府延川县，“每地一亩，若种谷麦，所收不过一二石”④。绥德州清涧县，每亩“收麦五六斗，秋谷七八斗”⑤，合两作达1.2～1.4石。至于还有些地方，自然条件本来就差，加上耕作粗放，产量当然不会高了。见下表1－52：

表1－52

地区	农作物产量	资料出处
耀州	大有之年，亩获三斗（马厂劣等地）	乾隆《耀州志》卷4
鄜州	一亩之耕，丰年仅能获二三斗	康熙《鄜州志》卷3
延长	地以四亩为一垧，故亩浅薄，垧止石计	嘉庆《延安府志》卷39
安定	以一垧为三亩，每垧遇丰年所收不过五斗	嘉庆《延安府志》卷39
肤施	土俗以三亩为垧，每垧所收，丰年不过五斗	《秦疆治略》
榆林	下种一斗，所收不过三斗	《读书堂西征随笔》
葭州	终岁所获，一亩不过二斗	雍正《陕西通志》卷45

以上除耀州属西安府，其余分别属延安、榆林二府和鄜州直隶州，均系陕北地区。这样的产量，与晋北和直隶口外地区，大致处于同一个等级。笼而统之，陕西全省亩产高于山西，略低于河南。

（六）甘肃

甘肃清初沿明例与陕西合为一省，康熙初才分开别成系统。有清一代，甘

① 《清史治要》第121～122页；《李书》第180页；嘉庆《长安县志》卷17，乾隆《凤翔府志》卷6，光绪《三原新志》卷3，光绪《蓝田县志》卷9。按：以上都是从民田、学田额租中推算出来的。

② 萧正洪：《清代陕南种植业的盛衰及其原因》，《中国农史》1988年第4期。

③ 严如熤：《三省边防备览》卷8。

④ 道光《延川县志》卷1。

⑤ 卢坤：《秦疆治略》。

肃的农业始终比较落后，“岁止一收”，其中接邻陕西的秦州等地，“气候较暖，小麦、豌豆、青稞等粮，于年前八九月播种”，“其余各府州所属夏秋田禾，俱系本年春间及四五月耕种”，所以“收获亦较他省较迟”①。乾隆五十四年，陕甘总督勒尔锦进京入觐，在回答询问时说：“甘肃地高气寒，其山童秃，无竹木之饶，其水咸苦，无蒲芡鱼蟹之利”，“田虽广而瘠，粪种无法，丰年亩仅收数斗，岁入不供所出，故赋税常不及额”②。道光时，兰州某人佃田 20 垧，额租 3.7 石，按该地以 2.5 亩为一垧，③ 平均亩租 0.74 斗，估计亩产才 1.5 斗④。东北部宁夏府近河套地区，灌渠纵横，还能种植水稻，可边缘一带却是沙漠瘠土，产量低，有的亩产甚至不及 1 斗，该府灵州（今灵武县）金积堡沙田，亩产仅 0.8 斗⑤。

根据庙学田租进行推算，皋兰县有亩产 1.5～3 斗田，金县有 1.2 斗田，靖远有 3 斗田，宁夏 1.7 斗田，徽县 1.4 斗田，秦州 2.2 斗田，庄浪 2.5 斗田。⑥ 看来与前面举出的例子差不多，不过在地方志中，我们也看到有产量较高的田地。巩昌府岷州，尽管“地土硗瘠”，但在平地，“遇丰稔之岁”，“所收尚可盈石”，山地“可得五六斗”⑦。该县的 140 多亩学田，明末时“雇人耕种，岁可收一百五十石”，平均亩产得 1.1 石⑧。又如宁夏县 693 亩学田，岁征粮 377 石，折合亩产也达到 1 石⑨。在甘肃等西北省份，人们习惯用当地市斗计量，比值最大的每市斗约抵官斗 3 斗，也有 1∶2，或者小于 1∶2 的，像隆德县“度斗较市斗，每斗小四升六合五勺”⑩。从总体看，岷州等地的土质等自然条件，并不比兰州、秦州等府县优越多少，所以我猜测上述偏低产量，

---

① 朱理：《大中丞静斋朱公奏疏》，《核议甘肃藩库无着款项折》。

② 龚景瀚：《澹斋文钞》卷 3，《平凉府纪恩碑》。

③ 光绪《皋兰县志》卷 11。

④ 《清史治要》第 122 页。

⑤ 《档案》，乾隆二十七年闰五月二十日舒赫德题；《李书》，第 180 页。

⑥ 道光《兰州府志》卷 3，光绪《皋兰县志》卷 11，道光《靖远县志》卷 5，乾隆《宁夏府志》卷 6，嘉庆《徽县志》卷 7，乾隆《直隶秦州新志》卷 4，乾隆《庄浪志略》卷 12。

⑦ 康熙《岷州志》卷 11。

⑧ 康熙《岷州志》卷 5。

⑨ 民国《朔方道志》卷 10。

⑩ 民国《隆德县志》卷 2。

有的是按市斗计量的。若是，那么它们的亩产可能就是3～4斗、5～6斗，或7～8斗了，当然也不排斥相当部分1～2斗的低产田[①]。

在陇西的河西走廊沿线地区，分布着片片绿洲，如凉州府的武威、镇番、永昌、甘州府的张掖，肃州的高台等县厅，都有绿洲成田者。雍乾之际，清朝政府曾在此招民屯田，先后在九家窑（肃州南山麓）、三清湾（在高台县境）、柔远堡（在高台县境）、平川堡（张掖县境）、毛目城、双树墩（均在高台县西北）、九坝（高台县西）、昌宁湖（永昌县境）、柳林湖（镇番县境）建立屯区。此外，在嘉峪关外的安西地区及甘州、瓜州也建有屯区。

现将柳林湖等屯区的历年总产和亩产列成下表1－53。

表1－53　　甘肃柳林湖等屯区的历年总产和亩产表

屯田处所	田亩数（亩）	各年代产量					
		雍正十一年		雍正十二年		雍正十三年	
		总产（石）	平均亩产（石）	总产（石）	平均亩产（石）	总产（石）	平均亩产（石）
柳林湖	120000			63380	0.47	84732	0.7
昌宁湖	1600			807	0.5	458	0.28
三清湾	16180	4114	0.25	8140	0.5	4408	0.27
柔远堡	1923					1536	0.79
毛目城	18750			8919	0.47		
双树墩	1562	1268	0.8	892	0.63		
九坝	1186	270	0.22	291	0.24		
平川堡	2004	1061	0.53	1720	0.85	1944	0.97

注：资料出处本于乾隆《肃州新志》《肃州屯田》《高台屯田》。又，屯田数根据乾隆元年十二月二十日川陕总督刘於义题本（转引自彭雨新：《清代土地开垦史》），适当做了订正。

上述诸屯田区中，产量最高的是平川堡，据说“斯地极饶”，“而开垦之费又最为廉俭”[②]。雍正十三年亩产将近1石。最低的是九坝垦区，亩收只有

① 据民国时的资料，隆德县，“每亩每年平均以市斗计算，每亩平均以三斗为限”（民国《隆德县志》卷2），折合仓斗就是5～6斗。偏低的如灵台县，“百亩之家，岁收不过十数石”（民国《灵台县志》，《风俗》），平均亩产1～2斗，在清代，隆德属平凉府，灵台辖于泾州直隶州，都在陇东，它们的数字可供参考。

② 乾隆《重修肃州新志》，《肃州屯田》。

0.22 石和 0.24 石，其余各高低不一。彭雨新教授根据乾隆元年（1736）川陕总督兼甘肃巡抚刘於义的题报，计算出雍正年间各屯区的平均亩产是 0.68 石。[①] 关于河西地区的粮食产量，还有一些记载也可用作参考。如张掖县有纳租地 5585 亩。"岁收仓斗麦一百四十七石四斗七升，市斗小麦四十一石七斗二升"[②]，按前述隆德县的市斗与仓斗的比例计量，平均约估亩产 8 斗。张掖县偏北的抚彝厅（今临泽县），清时共置学田 98.7 亩，平均亩租 0.5 ~ 0.68 斗，亩产可达到 1 ~ 1.36 石。[③] 还有像山丹县，嘉庆二年（1797）某知县引水辟荒田 110 余田，试种后招民耕作，"每年租粮一百五十余石"[④]。若照对半制租额推算，其产量竟超过 2 石。

上面谈到的屯地，从乾隆二十几年起到四十年止，陆续改屯升科，成为民田。平均亩收 4 ~ 5 斗至 7 ~ 8 斗，少数好地可超过 1 石，甚至 2 石，大体反映了河西地区水浇地的生产水平。平均全省亩产，约在 5 ~ 6 斗、6 ~ 7 斗左右。

（七）新疆

清朝政府因军事需要，于康熙末乾隆初，在新疆东路的哈密、吐鲁番、巴里坤等地建立军屯。以后随着新疆统一事业的节节进展，从乾隆二十年代初开始，又陆续向西推进，在古城、木垒、奇台、乌鲁木齐、济木萨、玛纳斯、库尔喀喇乌苏、晶河，到伊犁、塔尔巴哈台（今塔城）等天山北路地区普遍实行屯垦。另外，天山南路的辟展、吐鲁番、喀喇沙尔、乌什、阿克苏等地，也建有屯田，种植麦、豆、粟、糜子、青稞等作物。由于这些屯区都选择一些土肥水足之地，所以产量也较可观。雍正十二年，清朝当局汇集了哈密附近的蔡把什湖 10000 亩屯田的年产量，计"每年收获麦、谷、糜三色粮八千石上下不等"[⑤]，平均亩产 0.8 石；又据乾隆四年报告，该年绿营士兵在该屯地收小麦等食粮 9254 石，平均亩产 0.925 石[⑥]，略高于前述历年平均亩产。稍后，乾隆

① 转引自《清代土地开垦史》，第 203 页。
② 乾隆《甘肃府志》卷 7。
③ 民国《临泽县志》，《教育志·学租》。
④ 道光《续修山丹县志》卷 6。
⑤ 道光《哈密志》卷 43。
⑥ 《清高宗实录》卷 106。

二十三年十月，办理屯田侍郎永贵等奏称：本年辟展等五处屯兵 3600 名，屯田 33045 亩，共收谷 37340 余石，平均“每亩收获一石九斗至一石四斗不等”①。比前述产量还高的是乾隆二十六年（1761）伊犁田屯，8000 亩麦子、青稞地，收获 16300 余石；8000 亩谷糜地，收 18000 余石，前者平均亩收 2 石，后者收 2.25 石。②

冯家升教授等编的《维吾尔族史料简编》下册（1981 年民族出版社出版）中，根据《西域图志》的记载，计算了从乾隆二十三年到四十年新疆各屯区每亩平均收获量和最高收获量，现转示如下表 1－54。

表 1－54　　新疆部分地区亩产量表

地　区	年　代	谷　类	平均收获量（石）	最高收获量（石）
哈密、塔尔纳沁	1759～1777	小麦、糜	0.89	1.06（1765）
蔡巴什湖	1762～1777	小麦、糜、谷	0.95	1.22（1766）
牛毛湖	1767～1777	小麦、豌豆	0.9	0.98（1771～1773）1776
镇西、扑城子	1758～1777	小麦、豌豆	0.7	0.9（1771）
古城	1772～1777	小麦、豌豆	1.33	1.4（1773）
木垒、奇台	1766～1769	小麦	1.73	2.42（1769）
吉布库	1770～1777	小麦、豌豆	1.34	1.40（1772～1773）
迪化、五堡、昌吉、罗克伦	1760～1777	小麦、粟、谷	0.79	1（1773）
玛纳斯	1762～1777	小麦、粟、谷	0.92	1.4（1775）
济木萨	1767～1777	小麦、粟、谷	1.02	1.4（1774）
库尔哈喇乌苏	1767～1777	小麦、粟、谷	0.26	1.19（1775）
晶河	1762～1777	小麦、粟、谷	0.99	1.26（1775）
塔尔巴哈台	1765～1777	小麦	1.17	1.6（1775）
伊犁	1761～1777	大小麦、粟、谷	1.65	1.94（1765）
辟展	1759～1760	麦、粟、谷	1.12	1.59（1760）
哈喇和卓	1759～1760	小麦、粟、谷	0.74	0.92（1760）
托克三	1759～1760	小麦、粟、谷	0.68	0.75（1760）
哈刺沙尔	1758～1777	小麦、粟、谷	0.79	1.1（1761）
乌什	1766～1777	大小麦	1.03	1.99（1771）
阿克苏	1762～1776	稻	2.33	3.72（1776）

① 《清高宗实录》卷 573。

② 《阿文成公年谱》卷 2。按此年产量亦见于《实录》，但疑奏报数字有误，故不用。

新疆开垦的屯田虽然产量较高，但毕竟十分粗放，几年下来，就会地力不足，正如乾隆二十四年管理屯田都统定长所言，当时已有不少屯田地亩，“较之初种时，渐觉歉薄”①。陕西总督杨应琚也说：“惟口内田地全资粪壅，口外并无粪土，若连年翻种，则土脉微薄”。要维持较高的产量，“必须分半休歇，轮番树艺，俾地力缓息”②。通常做法是“耕种一年，停歇二三年”进行歇耕轮作③。

天山南路维吾尔族农民田地的产量，不像屯田有系统记录。乾隆二十四年七月，定边将军兆惠率军进抵喀什噶尔（今喀什市），对当地农业产量作了一番调查。据他报告：“各城村现种田禾”，都按种子计算产量，“丰年可收七八倍，即荒年亦可二三倍”④。按“一亩之地播种一斗”⑤计算，丰年亩产7~8斗，荒年2~3斗。⑥其中吐鲁番“当赤土身热之坂”，可“一岁再熟”⑦，故产量也更高些。新疆全地区的平均亩产，约在7~8斗之间。

（八）关外东北地区

在辽东平原地区，明代曾开设辽东行都司，实行卫所屯田。入清后，又在那里设置直属于皇室的内务府田庄，另外还有很多八旗旗地和其他庄田。这些庄田，向北扩展到吉林和黑龙江的某些地方。顺康以后，随着出关民人增多，民地也在不断发展，东北关外地区，尽管土地肥沃，但因人多地旷，新垦土地多，耕作粗放，且一年只种一季，影响了亩产的提高。下面我们从档案中辑得若干租额资料，略加推算，列表如下（下页表1－55）⑧：

---

① 《清高宗实录》卷601。

② 《清高宗实录》卷601。按：这里的口内、口外，系指嘉峪关外、关内。

③ 松筠：《新疆识略》卷6。

④ 《清高宗实录》卷593。

⑤ 民国《新疆志稿》卷2。

⑥ 1953年新疆人民出版社出版的《南疆农村社会》一书中，收有《南疆农村的农业生产与生产力》一文，其中，列举1949年前后该地区小麦平均亩产100斤，稻300斤，棉花30斤籽棉。每100斤小麦约等于0.75清亩/清石，较之乾隆年间的平均亩产相差不远。

⑦ 民国《新疆志稿》卷2。据1946年《新中华》（复刊4卷17期）刊登的陈澄之：《绥来、吐鲁番略谈》一文中记载，在吐鲁番，小麦平均亩产可达5石，高粱3.55石，大麦0.75石，豆类0.3石，比之同时期南疆其他地区，可高出几倍到近十倍。

⑧ 表1－55资料来源：《档案》乾隆九年五月十七日来保题，乾隆十年七月十七日盛安题，乾隆四十四年九月十三日穆精阿题，乾隆三十九年十二月十日英廉题，乾隆五十九年八月二十日阿桂题，《清史治要》第122页，《李书》第181页。

表 1－55　　东北部分地区亩产量推算表

年　代	地　区	土地数	额租量（石）	估算亩产量（石）
乾隆九年	宁海	12 垧	产杂粮 19.6	0.27*
乾隆十年	锦州	2 垧	产高粱 15	1.25
乾隆四十四年	兴城	开荒地	亩垧 0.4	0.13
道光二十一年	奉天	3 垧	1.2	0.13
道光二十一年	奉天	2 垧	2	0.33
道光二十二年	奉天	2.5 垧	3	0.4
乾隆三十九年	吉林	6 垧	6	0.33
乾隆五十九年	吉林	40 垧房 2 间	11	0.09
嘉庆间	吉林	4 垧	3.2	0.13

* 我们以通常采用的 6 亩为 1 垧进行计算的。

章有义教授根据调查资料推算，① 垦殖于康熙、雍正年间的土地，高粱每垧产量 7.8 石，大豆 6.3 石，玉米 15.7 石，粟 5.9 石；垦殖于乾隆后期至道光前期的土地，每垧产量是：高粱 9.9 石，大豆 8.1 石，玉米 12.3 石，粟 10.4 石。将这些数字折成亩产，高粱是 1.3 石和 1.65 石，大豆 1.05 石和 1.35 石，玉米 2.6 石零和 2.05 石，粟 0.98 石和 1.73 石，都比我们用租额估算的产量高得多。造成这大差距的原因，很可能是使用了不同的计量。正如开头时我们所说，东北地区垧，是按照每个劳动力一天的耕作量计算的，因为耕作的程度不同，除了通常的 6 亩为 1 垧外，多的还有 8 亩、10 亩、12 亩为 1 垧的，少的则有 5 亩、4 亩为 1 垧，另外在以垧折亩中，亩的大小亦有区别，承德县（今沈阳市）是用 720 步的大亩制，双山县（今吉林双辽县）则以 280 步为 1 亩，而宁古塔（今吉林宁安县）是按浙江小亩作数的。② 再有在量器上，东北通用关东斗，“凡一石当通州仓二石五斗”③。此外，也不排斥与我们用租额估算亩产时的误差有关（比如不是通常的 50% 计）。

据清末《新民府志》记载，当时该府小麦和小豆平均亩产 2 斗，高粱、

① 章有义：《近代东北地区农田单位面积产量下降的一个实证》，《中国经济史研究》1990 年第 3 期。

② 郭松义：《清代的亩制和流行于民间的田地计量法》，《平准学刊》第 3 辑上册。

③ 林佶：《全辽备考》卷下。又，朝鲜《李朝实录》中亦谈到“关东斗到江南卸量，一石足为二石五斗”。

大豆、黍均4斗（高粱深耕可收7斗），陆稻、稗5斗。与此同时，奉天农业试验场出版了一部《奉天省农业调查书》，考察了兴仁等10州县的199个村庄各类作物的产量：其中小麦亩产最高的是兴仁县6斗，最低辽中县2斗，各州县平均3.45斗；粟最高的是怀德和西安两县7斗，最低辽中4斗，平均5.6斗；高粱最高怀德10斗，最低辽中3.2斗，平均6.61斗；大豆最高怀德10斗，最低辽中和洮南4斗，平均5.91斗。另外还有大麦、包米、陆稻、稗子等产量，不一一列举。宣统《抚顺县志略》言该县“以田六亩为一日，上则地收粮五六石，中则地三四石，下则地一二石”。以亩计算，上地8~10斗；中地5~6.7斗，下地1.67~3.3斗。吉林的宁古塔（今宁安县）地，每垧“约当浙江田四亩零”，康熙时，“垧收谷自一石至二石，以土之厚薄为等杀”，平均亩产低的2.5斗，高的5斗。清末农安县各种作物每垧平均产量是：高粱4石，谷子4石，大豆3石，玉蜀黍6石，小麦2.5石，大麦4石，杂粮3石。恰好章文中亦记有光绪宣统年间的产量：高粱每垧9.2石，大豆5.4石，玉米8.7石，粟7.4石。与我们列举数相比，仍属偏高。

根据我们的估计，表1-55中的亩产是以关东斗计量的，应各乘以2.5的数，而章文所列产量，则是照着10亩或12亩为垧得出的。平均亩产5~6斗、8~9斗，高的到1石上下，大体反映了清代中期关外地区的农业生产水平。

（九）北方地区的水稻产量

由于水稻的亩产较麦、黍等旱地作物要高，所以在水源充足，自然条件允许的情况下，北方农民也常从事水稻种植。清人在北方种植水稻，无论是播种面积，或是分布区域，都较前大大扩展了。像直隶就出现了大面积的水稻种植区，甚至连康熙皇帝也对此发生兴趣，于北京西郊畅春园试种“御稻”。有的学者根据地方志的记载，统计了各省区种植水稻州县，计陕西55个，河南84个，山西62个，山东59个，甘肃28个，新疆15个，西藏15个，河北（直隶）93个，辽宁（盛京）10个，吉林3个，内蒙3个。“纬度最高地区，达到北纬44度以上”①。有的地方，水稻的产量还不低。山东青州滨海一带，早

① 闵宗殿：《清代的人口问题及其农业对策》，《清史研究通讯》1890年第1期。

在明代已种植水稻，“雨阳以时，可收五六石、四五石”①，清代继续保持此产量，“每亩可收五六石，次四五石”②。天津塘沽，明代也有人试种水稻，“其粪多力勤者，亩收四五石”③。明清换代后，水田遭到废弃。康熙时，天津总兵官蓝理上疏请求恢复，曾先后垦田10000亩，引水种稻，可惜效果不佳，见表1-56。

表1-56

年　代	播种亩数	总收获量（石）	平均亩产（石）
康熙四十四年	3000	稻4000　水稗1000	1.66（连水稗）
康熙四十五年	10000	4275	0.43
康熙四十六年	10000	10000	1
康熙四十七年	10000	10112.3	1.01
康熙四十八年	5000	2562.4	0.51

上表资料本自《康熙朝汉文朱批奏折汇编》第1册第547~548页，第813页；第2册第341~343页，第781页。

在试种的五年中，最高亩产不过1石多，低时只有4~5斗，连种子、工本都难以开销。康熙四十九年，玄烨批示：“此水田甚无益”，饬令有关官员讨论解决，④ 于是试种工作草草收场。蓝理的失败，不等于直隶地区种植水稻就此停步。雍正时，怡亲王允祥主持京畿水利营田事宜，开展了一个更大规模的引水种稻计划。他们于滦州、丰润、蓟州、平谷、宝坻、玉田等京东6州县辟稻田335顷；于庆都、唐县、新安、涞水、房山、涿州、安州、安肃等京东8州县开稻田760.72顷；又在天津、静海、武清开稻田633.87顷；在京南的正定、平山、定州、邢台、沙河、南和、平乡、任县、永年、磁州等10州县开稻田1567.78顷。此外，在文安、安州、新安、任丘等州县，还有民间“自营己田”5000余顷。据雍正五年八月允祥的奏报，“新营水田俱禾稻茂密，高可四五尺，每亩可收谷五六七石不等”⑤。京畿营田由于各种缘故未能全部坚

① 万历《青州府志》卷5。
② 《授时通考》卷21。
③ 汪应蛟：《抚畿奏疏》卷8，《海滨屯田试有成效疏》。
④ 《康熙朝汉文朱批奏折汇编》第2册，第783页。
⑤ 《清世宗实录》卷60。

持下来，但说明只要水肥充沛，加上天时顺当，即使像直隶这样的偏北地区，也能取得高产。其他像陕南汉中，“水田夏秋两收，秋收稻谷，中岁乡斗常三石”①，约合官斗6石，产量也不低。

当然，也不是所有地区都能如山东、京畿或陕南那样取得高产。河南嵩县，“稻之稔岁收三石，歉则半之”②；宁夏水田年“收稻二三石”③。山西赵城县有人佃水地2亩，年纳租米1.1石，合亩产谷2石多。④ 远在边陲的新疆阿克苏，亦宜水稻，一般亩产2石多，最高3石多。⑤ 比这更少的如陕西长安县的一块祭田，亩产稻1.2石，还抵不上当地的水浇麦豆田。⑥ 还有，康熙帝所说：“近京玉泉山稻田，一亩不过一石”⑦；在天津，有起租稻田338.9亩，年纳租米93.25石，估算亩产，折谷1.1石，也高不了多少。⑧ 河南南阳县熟年亩产稻6斗，每斗带籽24斤，合144斤，⑨ 那就更低了。

清代北方的水稻种植，尽管成绩不小，但限于气候、水源以及生产习惯等缘故，充其量，绝大多数只能是一些零星散布点，所占份额很小，有的还兴废无常，产量也不如南方稳定。不过，它毕竟是值得重视的，所以我们仍略占篇幅，就其种植和产量情况，向读者稍作介绍。

第二节 玉米、番薯种植的推广

在清代的粮食生产中，玉米、番薯两种新农作物种植的推广具有重要意义。玉米、番薯的老家原本在美洲。15世纪末，欧洲人发现新大陆，把这两

---

① 《三省边防备览》卷8。
② 乾隆《嵩县志》卷15。
③ 《康熙朝汉文朱批奏折汇编》第2册，第342页。
④ 《土地关系》，第742页。
⑤ 《西域图志》卷33。
⑥ 《清史治要》，第205页。
⑦ 《清圣祖实录》卷153。
⑧ 光绪《天津府志》卷35。
⑨ 潘守廉：《南阳府南阳县户口地土物产畜牧表》。

项物种带到欧亚大陆，同时也辗转传入中国。根据明代人的记载，玉米的别称有玉蜀黍、玉高粱、御麦、番麦、西番麦、西天麦、玉膏黍、玉膏粱。入清后，随着传播区域的扩大，各种别称更加五花八门，约计不下70余种，其中以棒子、包米、包谷、苞芦、六谷等称呼较为普遍。番薯的别称虽不如玉米多，据统计也不下30种。① 但是，在这些众多的别称中，也存在着一些同名异物或异名同物的情况，如玉米中的玉麦、玉谷、观音粟、珍珠米、番麦，② 番薯中有甘薯、红薯、白薯、地瓜③等等。这对我们追索传播路线，考察种植情况，多少会引起一些困难。

一、玉米的传播

（一）明正德、嘉靖至清雍正间是传播的第一个阶段

玉米的传入略早于番薯，大概在16世纪前期，即明正德、嘉靖间，已在某些地区开始种植。有关玉米传入的路线，据目前学术界的研究，可分为海路和陆路。陆路又有两条，一是从中亚到甘肃、陕西的西北线，另一是从印度、缅甸进入云南的西南线。海路则经东南沿海再到内地。对于上述诸线路，目前尚存在着一些分歧的观点。在国内学者中，罗尔纲和万国鼎认为最早是从东南海路传入的。④ 1986年第3期的《中国社会科学》刊登了陈树平的《玉米和番薯在中国传播情况的研究》一文，主张由西南陆路和东南海路双向传入，1988年曹树基撰文，从解释史料出发，力陈西北陆路说⑤。笔者认为以目前史料记载来看，玉米最早传入的路线应为西北陆路。至于西南陆路和东南海路亦不能简单排斥，时间可能稍晚于西北陆路。在此，我们摒除了像云南、河南等地的玉麦即系玉米的说法（当然不是完全否定），即便如此，云南、广东等省，至少在明末或清初已有关于玉米的记载。在当时交通并不十分方便的情况下，由这个边疆传入那个边疆，事实上存在很多的困难，何况从传播的地区来

---

① 郭松义：《玉米番薯在中国传播中的一些问题》，《清史论丛》第7辑。
② 郭松义：《古籍所载有关玉米别称的几点辨证》，《中国农史》1986年第2期。
③ 郭松义：《玉米番薯在中国传播中的一些问题》。
④ 罗尔纲：《玉蜀黍传入中国》，《历史研究》1956年第3期；万国鼎：《五谷史话》。
⑤ 《玉米和番薯传入中国路线新探》，《中国社会经济史研究》1988年第4期。

看，中间存在着很多空缺，连不起一个整体的线索，所以多路传入说似乎不能轻易否定。

明代传入的玉米，到清初，种植的地区已有相当的扩大。根据笔者所见，截止雍正末为止，已有很多省份种植玉米，见下表1－57。

表1－57　　明代至清初全国引种玉米情况表

地　区	称　谓	年　代	资料来源
直隶唐山县（今并入隆尧等县）	玉蜀秫	康熙十二年	康熙《唐山县志》卷1
香河县	玉秫	康熙十七年	康熙《香河县志》卷2
古北口	玉米	康熙二十七年	《张诚日记》，《第一次鞑靼纪行》
盛京①	玉蜀黍	康熙五十年	康熙《盛京通志》
奉天府	包子米	康熙	《古今图书集成》《奉天府物产考》
锦州府	包子米	康熙	《古今图书集成》《锦州府物产考》
盖平县	玉蜀黍	康熙二十一年	康熙《盖平县志》卷下
铁岭县	玉蜀黍	康熙二十二年	康熙《铁岭县志》
山西②	玉蜀秫	雍正	雍正《山西通志》卷47
稷山县	舜王谷③	万历四十年	万历《稷山县志》卷4
陕西西乡县	西番麦	康熙二十二年	康熙《西乡县志》卷2
山阳县	玉蜀黍、玉蜀秫、番麦	康熙三十三年	雍正《陕西通志》卷43引康熙《山阳县志》
甘肃华亭县	番麦、西天麦	嘉靖三十九年	嘉靖《平凉府志》卷11
肃州	回回大麦、西天麦	万历四十四年	万历《肃镇志》卷2
四川绥阳④	玉米	万历	道光《遵义府志》卷16
云南云南府	西番麦	康熙二十五年	康熙《云南府志》卷2
武定府	西番麦	康熙二十八年	康熙《武定府志》卷10
宁州（今华宁县）	玉秫、玉高粱	康熙三十四年	康熙《宁州志》
蒙化府	红须麦	康熙三十七年	康熙《蒙化府志》卷1
新兴州（今玉溪县）	西玉麦	康熙五十四年	康熙《新兴州志》卷5
云南⑤	西番麦	康熙三十年	康熙《云南通志》卷12

① 其具体地区不明。
② 其具体地区不明。
③ 乾隆《稷山县志》："包谷，一名舜王谷"。
④ 绥阳县清雍正时由四川划归贵州省。
⑤ 《通志》载称："通省谷属"。

续表

地　区	称　谓	年　代	资料来源
贵州思州府	玉米、包谷米	康熙六十一年	康熙《思州府志》卷4
广西桂林府	玉米	雍正十一年	雍正《广西通志》卷31
浔州府	玉米	雍正十一年	雍正《广西通志》卷31
广东	玉蜀黍、玉高粱	明清之际	屈大均《广东新语》卷14
湖北①	玉蜀黍	万历六年	李时珍《本草纲目》卷23
鹤峰州	包谷	雍正十三年	道光《鹤峰州志》卷13
河南鲁山县	番麦	康熙五十三年	康熙《鲁山县志》卷1
鄢陵县	御麦	嘉靖十四年	嘉靖《鄢陵县志》卷3
福建泉州	玉米	万历三年	冈萨里斯·德·曼特刈：《中华大帝国史》
浦城县	珍珠粟	顺治七年	顺治《浦城县志》卷4
诸罗县（今嘉义县）	番麦	康熙五十六年	康熙《诸罗县志》卷10
永安县	御麦、棕包粟	雍正十年	雍正《永安县志》卷5
浙江杭州	御麦、番麦	万历初	田艺衡《留青日扎》,《御麦》
湖州	御麦、番麦	万历初	慎懋官《华夷花木鸟兽珍玩考》
山阴县（今绍兴县）	乳粟、遇粟②	万历四十年	乾隆《绍兴府志》卷17引万历《山阴志》
嘉兴县	粳糯粟③	明天启间	光绪《嘉兴县志》卷16引天启《汤志》
天台县	玉芦、广东芦	康熙二十二年	康熙《天台县志》卷5
江苏太仓州	西番麦	万历十五年	王世懋：《学圃杂疏》
崇明县	御麦	万历三十二年	万历《崇明县志》卷3
吴县	西番麦	崇祯十五年	崇祯《吴县志》卷29
六合县	玉蜀黍	顺治三年	顺治《六合县志》卷7
江宁府	玉蜀黍	康熙	《古今图书集成》《江宁府物产考》
苏州府	西番麦	康熙	《古今图书集成》《苏州府物产考》
松江府	鸡头粟、珍珠粟、天方粟	康熙	《古今图书集成》《松江府物产考》
山东	玉米	明隆庆、万历之间	《金瓶梅词话》第31回、35回
招远县	玉蜀黍、玉高粱	顺治十七年	顺治《招远县志》卷5

① 李自珍系湖广蕲州人，姑系于湖北省。

② 民国《萧山县志稿》卷1："乳粟，粒大如芡，色莹白，亦间有红黄色者，味甘。万历《山阴志》：乳粟俗名遇粟。按即玉蜀黍"。又康熙《山阴县志》卷7亦载："乳粟粒大如鸡豆，色白味甘，俗名遇粟"，但未言出自万历志亦未言乳粟即玉蜀黍。

③《县志》载："今嘉兴有一种名芦粟，即北方之玉蜀黍，苗叶似高粱，而籽粒攒簇，其色黄白，有粳有糯。《汤志》所谓粱糯粟者即此耳"。按：《汤志》指明天启间汤齐聘所修县志，但未见刻板，崇祯十年（1637），知县罗炌聘县人黄承昊在《汤志》基础上续修成24卷，始有刻本。

据万国鼎:《五谷史话》:直隶于明天启二年、陕西于明万历二十五年、江苏于明嘉靖三十八年、湖北于康熙八年、江西于康熙十二年、湖南于康熙二十三年、四川于康熙二十五年，都有关于引种玉米的记载，但因笔者没有直接查到资料，不便列入表内。通过上面资料，可以看到从明代中晚期起至清康熙、雍正间，全国各省几乎都已种植玉米。但同时也发现，这一期间玉米的种植面很不广泛，人们对它的认识也较肤浅。

首先，从种植地区来看，除少数特殊者外，大都局限于交通便捷、人员来往较多的平原带，这大体符合早期引种的规律。在当时，人们一方面囿于传统习惯，另一方面也是因为在平原河谷地带，不能充分发挥出玉米耐旱涝、适于山地沙砾的种植优势，从而局限了大家对其价值的认识。屈大均在谈到明清之际广东农村种植玉米情况时说:“玉膏黍，一名玉膏粱，岭南少以为食”[1]。山东《招远县志》亦言:“玉蜀黍……田畔园圃间艺之”[2]。农民对这种新作物既具有好奇性，同时也存在着很大的保留。正因如此，它常常被视为一种珍品。在《金瓶梅词话》中，玉米是财主西门庆用来宴客或与烧鹅肉、玫瑰果等一道上席的奢侈食品。江苏江宁府一带则作为“点茶”的“香美”物。[3] 在关外辽东地区，至少在康熙前期已种植玉米，但直到乾隆元年吕耀曾编《盛京通志》，还说它是“内务府沤粉充贡”的皇家御用品。同样，雍正十一年编定的《广西通志》谈到桂林府出产玉米，亦言其为“品之最贵者”。

其次，明清之际的社会大变动也限制了玉米的正常传播。明代传入玉米以后，到天启、崇祯时，因社会矛盾激化，爆发农民起义，在此前后，关外的满族势力亦开始勃兴，使明朝政府处于无法应付的境地。接着便是清朝代替明朝。在长达半个来世纪的社会大变动时期，战争连年不断，广大农民到处颠沛流离，农业生产也遭到严重的破坏，直至17世纪60年代晚期，即康熙二十年代初，局面才转向正常。即使如此，在一个相当长的时期里，全国很多地方仍土满人稀，亟须恢复生产。在这种复杂多变的形势下，作为新作物品种的玉米种植，是不可能得到大发展的。

---

① 《广东新语》卷14,《食语》,《黍稷》。
② 顺治《招远县志》卷5。
③ 《古今图书集成》《方舆汇编》,《职方典》卷366,《江宁府物产考》。

（二）乾隆至嘉庆、道光间是传播的第二阶段

玉米的大规模推广是在18世纪中到19世纪初，也就是乾隆中期到嘉庆、道光年间。这时，清代社会已经历了康熙、雍正到乾隆初，将近七八十年相对稳定时期，农业生产以及整个经济都有较大的发展，可人口的增长也达到前所未有的程度。在当时，一些传统的农业生产区，“人浮于地”的情况已很明显，正如有人所说：“今户口日蕃而地不加增，民以日贫者，人与土赢之势也”①。“天下田土止有此数，而生齿日繁，斯民虽逢乐岁，生计常苦不足，非民不能谋生也”②。土地兼并的日趋激烈，则又增加了问题的严重性，大批农民因失去生产手段而沦为游民、流民。他们中有一部分流入城市、镇集或矿场，为人佣工趁食，更多是流向人口比较稀少、封建势力相对薄弱的边疆、海岛和广阔的山区，从事垦荒劳动。我国是个多山的国家，山地、高原和丘陵占了整个国土的三分之二。在清代中期以前，这些地区大都没有很好的开发、利用。就在大批农民进入山区垦殖的同时，适合山地种植的玉米也迅速得到推广，并且成为这些地区最重要的粮食品种。玉米作为一种新的农作物，在中国引进200多年以后，它的价值才真正得到体现，更普遍地为人们所认识。

为了更好地了解乾隆至道光间玉米推广种植的情况，我们根据查阅的资料，作了一个简单的统计③：

直隶	25府州县厅	四川	68府州县厅
盛京	5府州县	云南	25府州县厅
山西	6州县	贵州	21府州县厅
陕西	40府州县厅	广西	13府州县
甘肃	13州县	广东	17府州县厅
新疆	1处	湖南	30府州县厅

① 郭起元：《介石堂全集》卷8，《上大中丞周夫子书》。

② 石韫玉：《独学庐五稿》卷2，《潘公畿辅区田说序》。

③ 在统计时，有的州县，我们虽能够确定这期间已种植玉米，但因没有查到直接说明的资料，为了慎重起见，不包括在内。在统计时，有的我们既记录了府（或直隶州），又收入了该府（直隶州）所属州县，这是因为在不少场合府志所载比较笼统，有时甚至不包括各该府所有州县。当然，重复之处亦在所难免。

湖北	25 府州县	福建	15 府县厅
河南	24 府州县	浙江	33 府州县
安徽	19 府州县	江苏	19 府州县
江西	26 府县厅	山东	16 府州县

以上统计共441个府州县厅，是我们查阅了3000多种资料后得出的，当然还有很多遗漏，不过基本情况已反映出来了。统计数字显示，我国的玉米引种史，乾隆以后的百把年，大大地超过以前的200多年，其中发展最快的当推四川、陕西、湖南、湖北等内地省份。而陕西的陕南、湖南的湘西、湖北的鄂西，都是外地流民迁居的山区。此外像皖南、浙南、赣南等山地，也发展迅速。相对说来，在平原地带的传统农业区，进展仍相对缓慢。比如：

四川："今之芋麦，俗名包谷者是也，蜀中南北诸山皆种之。"[①] 具体到各地，像叙州府长兴县，"山地种之多茂，贫民赖以资生"[②]。达州渠县，"山农多种粱、麦、包谷"[③]。石硅厅，"包谷深山广产，贫民以代米粮"[④]。峨眉县，"山居则玉蜀黍为主"[⑤]。彭县，"平畴以禾稻为主，收获后随植豆麦"，"玉麦，山居广植以养生"[⑥]。中江县，"城乡皆食稻，山居贫民亦多食芋栗"[⑦]。其中川东北的巴山老林，包谷种植更加普遍，南北、广元等县，"三农以包谷杂粮为重"，在通江，"民食所资，包谷杂粮"[⑧]。太平"两境山多田少，稻收不过百分之一，民食合赖包谷杂粮"[⑨]。

陕西省自乾隆以后，由于外省客民纷纷进入陕南秦岭巴山之间，玉米作为山区客民的主要食粮，也像获得了新的生命，迅速地传遍开来。道光《石泉

① 道光《内江志要》卷1。
② 嘉庆《长兴县志》卷2。
③ 嘉庆《渠县志》卷19。
④ 道光《补辑石硅厅新志》卷9。
⑤ 嘉庆《峨眉县志》卷1。
⑥ 嘉庆《彭县志》卷39，卷40。
⑦ 道光《中江县志》卷1。
⑧ 严如熤：《三省边防备览》卷8。
⑨ 严如熤：《三省边防备览》卷8。

县志》中有这么一则记载："三农生九谷，山内不然，乾隆三十年以前，秋收以粟谷为大庄，与山外无异，其后川楚人多，遍山漫谷皆包谷矣"。另一则资料也说："山地阔广，垦辟良便，往者鄂公招募客民开种，自是客民多于土著。……山地多包谷、荞、芋之属，更番易种"。"民间日食皆包谷、麦面，杂以辛辣之品"①。文中提到的鄂公，系乾隆三年至五年任川陕总督的鄂弥达，说明从乾隆初年起，陕南一带因客民流入，已逐渐引种包谷，到了嘉庆、道光之际，包谷成为山农们最主要的作物了。像华州，"南山崇岗叠嶂"，"川广游民沓来纷至"，"租山垦地，播种包谷"；"南郑县地处南山"，"四川、湖广、江西等处外来客民，佃地开荒"，"南坝山地，高阜低坡，皆种包谷"；略阳县，"僻处南山，地连陇蜀"，川湖客民，"总以包谷为主"②。类似资料可以引述很多，因嫌琐碎，故此止笔。陕南客民广种玉米，对省内其他地区也起着推动作用。嘉庆《扶风县志》称："近者瘠山皆种包谷，盖南山客民皆植之，近更浸及平地矣"。延安府属的延长县，民间向无玉米，乾隆二十七年，邑令王崇礼出示，列举玉米"十便五利"，要求百姓效仿"近来南方普种山原"的做法，进行"深耕试种"③。

湖北省种植玉米，主要集中在西部的襄阳、宜昌、郧阳、施南和荆州等府。乾隆《襄阳府志》："包谷最耐旱，近时南漳、谷城、均州山地多产之，遂为贫民常食"。宜昌府原称彝陵州，雍正十三年改土归流，始设宜昌府，于是"土人多开山种植"包谷④，实际上也是在乾隆初年。嘉道之际，位于府东南的鹤峰州，"坡陀硗确之处皆种包谷"，"邑产包谷十居其八"，是该州百姓最重要的口粮⑤。再偏西的郧阳、施南两府，因为山高谷深，包谷更成为主要农产品。郧阳府房县，自乾隆十七年包谷"大收数岁"，从此"山农恃为性命，家家种植"，"间或歉收，即合邑粮价为之增贵"⑥。就连一向产稻为主的荆州府，乾隆时，"傍山及洲田"亦多种玉米⑦。

① 光绪《凤县志》卷8。
② 卢坤：《秦疆治略》。
③ 乾隆《延长县志》卷30。
④ 同治《宜昌府志》卷11。
⑤ 道光《鹤峰州志》卷6。
⑥ 同治《房县志》卷11。
⑦ 乾隆《荆州府志》卷18。

鄂西一带推广种植玉米，外地客民也起了重要媒介作用。宜昌府“州设流后，常德、澧州及外府之人，入山承垦者甚众”。这些“老林”的垦辟者，以“包谷不粪而获”，多争相种植①。郧阳府属兴山县，“山内多武、黄、安徽之人，以包谷、荞麦为饔餐之资”②。嘉道之际，施南、郧阳两府的客民已大大超过原居土户。像竹溪县，“陕西之民五，江西之民四，山东、河南北之民二，土著之民二”③。他们多承租山地，种植包谷杂粮。建始县因客民迁入，“居民倍增，稻谷不足以给，则于山上种包谷、洋芋、荞麦、燕麦、蕨蒿之类，深林剪伐殆尽，巨阜危峰，一望皆包谷也”④。

湖南省大规模种植玉米，也是在雍正改土归流，大批流民移居以后。乾隆《沅州府志》：包谷，“此种近时楚中遍艺之，凡土司新辟者，省民率挚孥入居，垦山为陇，列植相望”。乾隆《辰州府志》也说：“今辰州旧邑新厅，居民相率垦山为陇，争种以代米”，“数十年来，种之者日益多”。地处湘西北的永顺府，原系容美土司地，改府后，客民引种玉米，到乾隆二十年代末，已是“杂粮中所产最广”者⑤。除湘西外，湘南一带的包谷种植发展也很快。郴州各属，“山多田少，人半恃耕山，遍种杂粮”，包谷就是这些杂粮中最重要的一种⑥。衡州府的安仁县，“山多石，间有可种杂粮者，不宜麦黍，只种包菽、薯芋之类”⑦。永州府“苞谷遍郡有之”⑧。甚至连一向以产稻称著的湘东长沙府，包谷种植也很快。在浏阳，“杂粮则于旱稻获后接种，山土只种包粟、番薯之类，杂稻米以佐饔飧”⑨。在汉族客民影响下，湘西的苗、瑶、土家等各少数民族也大量种植玉米，并成为他们的重要口粮。嘉庆十九年，陶澍在《陈奏湖南山田旱歉情形折子》中说：“窃湖南一省丰山丰水……至于深山穷

---

① 同治《宜昌府志》卷16。

② 严如熤：《三省边防备览》卷8。

③ 同治《竹溪县志》卷14。

④ 道光《建始县志》卷3。

⑤ 乾隆《永顺府志》卷10。

⑥ 嘉庆《郴州总志》卷21。

⑦ 同治《安仁县志》卷4，引乾隆谭志稿。

⑧ 道光《永州府志》卷7。

⑨ 嘉庆《浏阳县志》卷16。

谷，地气较迟，全赖包谷、薯芋杂粮为生”①。到了乾隆末嘉庆时，在湖南，玉米已成为与稻谷并列的重要粮食产品了。

广西种植玉米的势头，也是在乾隆以后楚粤黔闽移民不断进入积极扩展起来的。光绪《镇安府志》引乾隆“旧志”言：玉米“向惟天保山野遍种”，“近来汉土各属皆种之”。庆远府的宜山等县，乾隆时汉民前往垦地艺豆种蔗，道光初，“其蛮溪山峒”，“皆为楚粤黔闽人垦耕包谷、薯、芋、瓜、菜等物”②。镇安府的归顺州，“包粟杂粮前止种一造”，道光时，“连种两造，及山头坡脚无不遍种，皆有收成，土人以之充饔飧、御匮乏”③。还有像思恩府白山司，玉米“列植相望”④。引种玉米较早的桂林府，嘉道之际，亦有新的进展，像永宁州，“迩年山岭之间又种苞米”⑤。

贵州是个多山省份，适合种植玉米，所以引种较早，乾隆时，“民间赖此者十之七”⑥。很多资料记载也说明了这一点，如贵阳府，“山种以佐谷”⑦；广顺州，“垦山种植，常接畛连畦焉”⑧；思南府，日常食用，“山农全持包谷，济以番薯”⑨。黔北的遵义府，“岁视此为丰歉”，“农家之性命也”⑩。

对于云南省引种玉米的时间，目前学术界存在着争议。但不能否认它是种植较早的地区之一。而且也有较宽的覆盖面。嘉道以后，因川楚闽粤等处流民不断迁入，滇西和滇南的永昌、普洱、广南、开化等府，以及还有一些山地，纷纷开垦，种植玉米。道光十六年，云贵总督伊里布奏：“云南地方辽阔，深山密箐，未经开垦之区，多有湖南、湖北、四川、贵州穷民往搭寮棚居住，砍树烧山，艺种苞谷之类。此等流民于开化、广南、普洱三府最多”⑪。任职稍

---

① 《陶文毅公全集》卷9。
② 道光《庆远府志》卷3。
③ 道光《续增归顺州志》第1册，《地舆》卷3。
④ 道光《白山司志》卷1。
⑤ 道光《永宁州志》卷3。
⑥ 爱必达：《黔南识略》卷29。
⑦ 道光《贵阳府志》卷47。
⑧ 道光《广顺州志》卷2。
⑨ 道光《思南府续志》卷2。
⑩ 道光《遵义府志》卷17。
⑪ 道光《威远厅志》卷3。

晚的林则徐在奏疏中专门提到，永昌府保山县的官乃山，“自半山腰中，下至临江间”，“无业客民单身赴彼，或种包谷杂粮”①。由于种植普遍，有人特作《玉蜀黍歌》以示颂赞：“只今弥望满山谷，长稍巨干平坡陀”。“一茎数苞略同橥，粟亦无皮差类稞。稷笋脱绷鱼弩目，鲛胎出骨蜂露稷。落釜登盘即充腹，不烦碓磨箕篴萝”。并且说，“滇黔山多不遍稻，此丰民乐否即瘥”②。以此描述玉米种植之盛。

在东南各省中，广东、福建的进展似乎不大。江西在乾隆时，东起广信府，袁州府，以至境南的赣州府等，都有种植玉米的记载。同治《广信府志》引乾隆四十八年修“旧志”：“近日更有所谓苞粟者，又名珍珠果，蒸食可充饥，亦可为饼食，土人于山上皆种之，获利甚丰”。说明刚刚引种，就颇得山农的欢迎。赣西北的幕阜山麓，有大批楚人“沿山种获”“玉芦”（玉米）③。到再晚一些时候，赣州“山农”，“朝夕果腹多包粟、薯、芋，或终岁不米炊，习以为常”④。

乾隆以后，安徽省种植玉米发展最快的是皖南的徽州、宁国和池州等府。据嘉庆《绩溪县志》记载，徽州一带引种玉米起自“乾隆年间，安庆人携苞芦入境，租山垦种，而土著愚民间亦效尤”。其实流民的籍贯，更多的还是福建、江西及浙江人。到嘉庆中道光初，徽州等三府，已是包芦“充斥”，“漫山种之”了⑤。其他像安庆府和六安直隶州等一些州县，也有较快发展。六安州属霍山县，乾隆后期，西南的大别山区，“延山漫谷”皆种玉米，农民“恃此为终岁之粮”⑥。安庆怀宁县，道光初不但“山农种之”，“煮以供餐”，连“洲渚亦多种之”⑦。

浙江省的进展趋势，主要表现为由沿海向内地山区延伸，而外省流民又起了重要作用。像严州府各州县，“向无此种”，“乾隆间，江闽游民入境，租山

---

① 《林文忠公政书》丙集，《云贵奏稿》卷10，《保山县城内回民移置官乃山相安情形折》。
② 郑珍：《巢经巢诗集》卷2，见《四部备要》。
③ 乾隆《武宁县志》卷20。
④ 同治《赣州府志》卷20。
⑤ 道光《徽州府志》卷五之二。
⑥ 乾隆《霍山县志》卷7。
⑦ 道光《怀宁县志》卷7。

刨种”，玉米才迅速传播开来[①]。衢州府西安县，也多流民“垦山种此”[②]。地处浙南的处州府，“乾隆四五十年间，安徽人来此向土著租贷垦辟”，以致“陡绝高崖皆布种（苞萝）”[③]。嘉庆末，“江苏之淮、徐民，安徽之安庆民，浙江之温、台民”，又进入湖州、杭州二府，“棚居山中，开种包谷”。到道光末，境内山地已垦种“十之六七矣”[④]。

江苏省当乾嘉之际，各州县多已种植玉米。但直到清末，人们对玉米始终只限于备茶点小食之用[⑤]，或间“杂于豆田之中”[⑥]。不过苏北淮安、海州一带，却进展较快。乾隆《淮安府志》：“玉芦秫……今黄河北多种之”。这是未改道以前由淮安入海的黄河。临近出海口的阜宁县，“包谷随地而产，以境西北为富，斯尤海舶东来争运者”[⑦]。玉米已是向外销售的重要农产品了。

在此期间，华北诸省的玉米种植面，扩展不算小，这从前面我们的统计中，也可看得出来，但深度上远不及南方。比如像直隶献县，“玉蜀秫”，土人不多种，惟园圃间有之”[⑧]；乐亭县，玉米“土人呼为包米，园圃中多种之，亦有种于田亩者”，“邑人不甚尚之”[⑨]；安肃县，“玉米，家园间有之”[⑩]；遵化州，“州境初无是种，有山左种薯者，于嘉庆中携来数粒，植园圃中，土人始得其种”[⑪]。山东的情况亦与直隶大体相同。道光《荣城县志》：“六谷皆备而土宜糁，一岁之入，糁几居半。近年渐种玉粟”，似乎刚刚开始引种。莱州府属的胶州，则称以“胶土不甚宜，故种者稀”[⑫]。

---

① 光绪《分水县志》卷7。

② 嘉庆《西安县志》卷21。

③ 道光《宣平县志》卷10。

④ 《清经世文续编》卷39，汪方元：《请禁棚民开山阻水以杜后患疏》。

⑤ 参见光绪《常昭合志稿》卷46，诸联：《明斋小识》卷12；光绪《天合县志》卷2；光绪《丹徒县志》卷17等书。

⑥ 嘉庆《东台县志》卷19。

⑦ 光绪《阜宁县志》卷1。

⑧ 乾隆《献县志》卷3。

⑨ 光绪《乐亭县志》卷13。

⑩ 乾隆《安肃县志》卷4。

⑪ 光绪《遵化通志》卷15。

⑫ 道光《胶州志》卷14。按：民国《增修胶志》：“昔年胶土不甚宜，今种者多”；又光绪《文登县志》：“六谷之外高田多包谷，洼田多糁，终岁计之，二者居其半焉”。说明清末至民国初，玉米种植推广之快。

尽管如此，在某些地区，玉米种植也颇有发展。乾隆五十八年（1793），英国政府派遣马戛尔尼使团访华，随团的爱尼斯·安德逊写了一部《英使访华录》，里面记载他们路经天津时，曾从船上登岸，沿津通运河散步。当时正值西历八月季节，安德逊不但看到了行将透熟的成片玉蜀黍田，而且发现其“品种之优良与其耕作方法，同英国农民有的同等”。在河南豫西山区，玉米也很普遍，位处熊耳山的嵩县，“其山民玉黍为主”①。山西五台县，“北至县城左近，高粱已少，迤北绝无高粱。黍稷之外多玉茭、大豆、番薯，再北近五台山，则以玉茭、油麦为主”②。玉茭即玉米，在五台县，玉米已是农民的主要口粮之一。

最后说一下新疆的玉米种植。新疆地处中亚至我国内地的通途。甘肃引种玉米，必先经过新疆，遗憾的是在汉文资料中，未能见到更早有关玉米的记载。钟方的道光二十六年《哈密志》：“哈密城虽五谷俱产……日用率以包谷、豌豆、大麦、莜麦、小米杂蔬为饔，谓其耐饥”。至少在19世纪中叶，玉米已是哈密维族人民的重要食粮。及至清末，有关资料记载，在南疆农业区，玉米的地位仅次于小麦，甚至向政府缴纳田税和社仓储粮，亦多通用玉米。③

清代乾隆到道光的一百多年，是我国玉米种植史中最重要的一个时期。这不仅仅是引种地区的扩大，即由各地的零星种植，迅速扩展到全国绝大多数州县，更重要的是随着人们对玉米价值认识的加深，各地的种植数量也大大提高了。特别是一些山区，已排挤稻麦黍稷等传统作物，成为主要的粮食品种，这就具有质的转变。由于资料的局限，我们无法估算当时的玉米总产量，以及它在粮食生产中所占的比重。但可以肯定，到了嘉庆、道光之际，玉米已可与稻麦黍稷等相并列，是我国人民的重要食粮了。在这期间，各地种植情况也是不平衡的，大致北方不如南方，南方主要在山区。广大北方地区，要到清末和民国初年，玉米种植才有较大的发展。

---

① 乾隆《嵩县志》卷15。

② 光绪《五台新志》卷2。

③ 光绪《和阗直隶州乡土志》《人事类》，《田赋》，《善举》。

二、番薯的传播

（一）番薯的引种

从我国现有的资料来看，番薯的引种和传播，较之玉米要具体充实得多。

我们认为最早引种番薯的应为东南沿海地区，而且是多渠道进入的。宣统《东莞县志》引《凤冈陈氏族谱》："万历庚辰（即万历八年，1580），客有泛舟之安南者，陈益偕往。此至，酋长延礼宾馆，每宴会辄飨以土产，薯美甘，益觊其种，贿于酋奴获之，未几伺间遁归。以薯非闲物，栽植花坞，久蕃滋，掘啖美。念来自酋，因名番薯云"①。这是有关番薯传入时间的最早记载。光绪《茂名县志》言，番薯"高郡得之最先，赖之最甚"。高郡就是茂名县所在的高州府，据传该府番薯是由吴川县医生林怀兰从安南携入。② 如果此说确实，那么清初雷、廉、琼等府，以及广西某些地方种植番薯，很可能由高州府传播开来的。

由福建传入番薯，最出名的当推万历二十一年长乐县商人陈振龙由吕宋带抵厦门，后经巡抚金学曾"通饬栽种"，推广开来。③ 明朝人朱琰作《朱薯疏》，又说番薯是万历十一二年间，有人从海上传至晋江。另据明清之际人陈鸿在一本日记中言："番薯亦天启时番邦载来，泉人学种"④。陈是福建莆田人，以当地人言当时事，应有相当可靠性。此外，在漳、泉和台湾一带，还有明末从文莱国传入说，故称文莱薯。⑤

在很多文章中，常把浙江引种番薯说成是康熙初年陈振龙后代到鄞县传播种植技术以后的事，这是不确实的。其实早在此之前，浙江已有种植番薯的明确记载。万历三十五年编《普陀山志》："番芾，种来自日本，味甚甘美"。这

① 据该志言，崇祯《东莞县志》和雍正《东莞县志》都有关于番薯的记载，笔者未能窥得，但查嘉庆《东莞县志》则缺载。

② 光绪《电白县志》卷30和民国《桂平县志》卷9，亦见载于金武祥《栗香随笔四集》三笔卷6。

③ 陈世元：《金薯传习录》卷上。

④ 《清初莆变小乘》，载《清史资料》第1辑。

⑤ 乾隆《泉州府志》卷19，乾隆《马巷厅志》卷12，乾隆《漳州府志》卷6，乾隆《续修台湾府志》卷17，康熙《诸罗县志》卷10。

里的番茀即番薯。又据李日华《紫桃轩又辍》："蜀僧无边者，赠余一种如萝卜而色紫，煮食味甚甘，云此普陀山下番葛也"①。李是嘉兴人氏，明万历进士，所记事实再次证明，普陀山种有番薯。另外，明末山阴乡宦祁彪佳也说过，他在家闲住时，曾种过"从海外"得来的"红薯异种"，"每一本可植二三亩，每亩可收薯一二车，以代粒足果百人腹"②。山阴今属绍兴县，离普陀山不远。他的红薯很可能来自该处。至于《普陀山志》说薯种"来自日本"，这在清初浙江的某些方志中亦有记载。③ 不过根据日本学者的研究，他们国家种植番薯还是从中国引种的，也有得自琉球的说法。明清之际，中国以及南洋和日本之间，海上交通频繁。他们的船舶在来往途中，往往都要在普陀山停泊暂息。番薯苗种可能是通过南洋去日本的商船传到普陀，因此才有"来自日本"之说。照此推论，普陀山引种番薯并不比福建迟多少，或者属于同一时期。因为《普陀山志》乃属始见记载的年代，而福建多是谈引种的时间，这两者是有区别的。④

在有关番薯引种的讨论中，有的学者提出，云南也是我国较早种植番薯的地区⑤。由于云南与两广等各南方省份一样，盛产甜薯一类的土生薯，而文献中的有关记载又都过于简单，如红薯、山薯、紫薯。这些称呼与我国的土生薯类颇多雷同，所以对云南早期引种番薯的问题，尚存在着值得商榷的余地。

---

① 据乾隆《普陀山志》卷7记：无边法号姓海，浙江鄞县人，万历四十二年为普陀山普济寺住持。李日华言无边为"蜀僧"，与《普陀山志》记载稍有出入。

② 《寓山注》，《豳圃》。

③ 乾隆《镇海县志》卷4；乾隆《奉化县志》卷6。

④ 普陀山种植番薯之所以影响不广，与寺僧长期实行封闭有很大关系。上引李日华在无边给他煮食番薯后，曾感慨地说："世间奇药，唯山僧野老得尝之"。一般百姓根本无法得到。鄞县与普陀山只有一海之隔，而且来往客商很多。可该地推广种植番薯却需康熙初由陈以桂从福建传入，可见隔绝之严。在此之前，钱肃乐修刻崇祯《太仓州志》，特引《稗史汇编》云："海中人食山薯，寿且百岁，且延年矣。闻南海普陀山极多，山僧吝不传种，拟觅为广布"，看来人们对山僧们的做法早已发出过呼吁。

⑤ 何炳隶：《美洲作物的引进、传播及其对中国粮食生产的影响》，载《大公报在港复刊三十四周年纪念文集》下卷。又，陈树平在《玉米和番薯在中国传播情况研究》中亦持此看法。

（二）番薯种植的推广

与玉米有所不同的是番薯从传入开始，就得到人们的重视，很快被推广开来（浙江的情况属例外）。据顺治时担任过福建布政使的周亮工叙述，该省番薯“初种于漳郡，渐及泉州，渐及莆”，及清初，“长乐、福清皆种之”①。《国初莆变小乘》也说，顺治初，兴化、泉州、漳州三府“遍洋皆种，物多价贱，三餐当饭而食，小民赖之”，是一种极普通的食物。明永历十五年（清顺治十八年，1661）初，郑成功率水师东渡台湾，中途因遇风受阻于澎湖，成功派人在澎湖三十六屿觅取军粮，据报：“各屿并无田园可种禾粟，惟番薯、大麦、黍、稷”②。亦见澎湖亦普遍种植番薯。根据我们见到的资料，到康熙前期止，福建省种植番薯的地区，东至台湾府，西面及于汀州府的宁化、清流一带。乾隆二年《福建通志》言：番薯“迩来栽种尤盛，闽地粮糗半资于此”。此时，福建的番薯已成为与稻谷相并列的最重要的粮食作物了。

广东的番薯种植，虽不如福建宣传得多，但从明末徐光启言：“闽广人赖以救饥，其利甚大”，“闽广人收薯以当粮”③，可见那时已有一定的普及面。清初吴震方在《岭南杂记》中说：番薯“粤中处处种之”。康熙三十八年，“粤中米价踊贵，赖此以活”，说明番薯的地位已不比一般了。其中东边的潮州等府，更“多种番薯以代米粮”④，赖之尤深。

次于福建、广东的有浙江。浙江引种番薯的时间虽早，但因普陀山僧的封锁，一直不得传播。康熙初，陈氏后代到鄞县推广种植，据说“初犹疑与土宜不协，经秋成即大逾闽地”，获得意外的成功⑤。康熙二十一年刊的《永嘉县志》《物产》中亦载有“番荠”。乾隆《温州府志》说：“温人呼甘薯为番荠，原从闽至”，说明亦从福建传入。到乾隆前期，江浙沿海的温州、台州、宁波等府，番薯种植已相当普遍了。

---

① 《闽小记》下卷。

② 杨英：《先王实录校注》，第245页。

③ 《农政全书》卷27。

④ 《宫中档雍正朝奏折》第11辑，第331页。

⑤ 《金薯传习录》卷上。

番薯的优点是易种、产量高，且因茎生地下，不畏风雨虫灾，又能耐旱，有利于百姓抗灾自救，但也有它的弱点，那就是畏寒冷，尤其是“藏种之难，一惧湿，一惧冻”，“入土不冻而湿，不入土不湿而冻”①。所以在很长时间里，种植番薯多限于长江以南诸省，无法移置于降霜期长、冬季寒冷的北方。有人曾感叹地说：“惜其畏寒，他方难植耳”②。万历末在京津一带经营屯田事宜的徐光启，曾为移栽番薯而作过设想，并根据“京师窖藏菜果三冬之月不异春夏”的道理，悟出“欲避冰冻，莫如窖藏”。认为如此，“其收藏薯种当更易于江南耳”③。不过因为各种缘故，直到明朝灭亡，徐氏的方案并没有实施过。雍正八年二月，浙江定海总兵官林君升给皇帝上奏，建议山东、直隶等省种植番薯。雍正帝在林的折子上朱批道：“番薯之益，朕早知之，前岁曾命于圆明园隙地播种，虽经种出，但甚觉细小不伦，或系南北水土异宜之故，亦未可知，试令再种看”④。说明在林提建议之前，皇帝已命人作过试验，但很不理想。这一年八月，福建海关监督准泰向朝廷“进呈番薯六桶”，“奉旨：番薯苗交圆明园该处栽种，其随来会种番薯苗之人俱留下，着伊等指教本处人栽种。……俟本种人于种法通晓时，再令伊等回闽”⑤。为了使试验能顺利成功，这次还专门派遣了福建“会种番薯苗之人”，遗憾的是未能见到栽种的结果，估计成效不大，其中的关键，不外乎如何把握北方气候特点，以及储存藤种越冬两大难题未能很好解决。

乾隆十三年，曾在直隶当过布政使的方观承迁擢浙江巡抚。他到浙后，目击番薯之利，“乃购种雇觅宁、台能种者二十人来直”，在天津府所属州县进行试验，据说，“生活者甚众”⑥。不久，方回直隶担任总督，于是推广甚力，先后在顺天、保定、正定等府州县促令种植⑦。与此同时，乾隆二十二年，陈

① 《农政全书》卷27。

② 王沄：《闽游记略》，《小方壶斋舆地丛钞》第9帙。

③ 《农政全书》卷27。

④ 《宫中档雍正朝奏折》第15辑，第719～720页。

⑤ 《清内务府档》，转引自杨乃济：《白薯传入北京应在雍正八年》，载1982年10月27日《北京晚报》。

⑥ 黄可润：《畿辅见闻录》卷3。

⑦ 乾隆《通州志》卷9，乾隆《正定府志》卷20，光绪《保定府志》卷27。

振龙的后代陈云、陈树由山东“胶州运种前至京师齐化门外通州一带，俱各教以按法布种”①，看来经过多次探索，已取得了成功的钥匙。

就在直隶移种番薯取得效果稍前，偏南的毗邻省份山东、河南，以及陕西的引种活动，也取得了进展。南方各内地省份，也是在乾隆年间大范围推广种植番薯。到乾隆晚期止，全国除甘肃及边疆地区外，各省都已引种番薯。

在乾隆年间推广种植番薯中，政府起了积极的推动作用。下面根据我们搜集的资料，将这时期有关各级政府劝种番薯的事例，列表如下（表1－58）：

表1－58　　乾隆年间有关各级政府劝种番薯事例表

年　代	倡导者	事　例	资料来源
乾隆初	江西大庾知县余光璧	见民人种番薯未得其法，不能多生，尝出示告以种法	乾隆《大庾县志》
五至八年间	河南汝州知州宋名立	觅种教艺，人获其利，种者浸多	乾隆《汝州续志》
六至九年间	湖南平江知县谢仲坑	作种薯说，亲临畎亩，劝谕栽种	乾隆《平江县志》，嘉庆《平江县志》
十年	陕西巡抚陈宏谋	发《劝种甘薯檄》等示谕多件	《培远堂偶存稿》
十年	安徽望江县令徐斌	购种谕民遍种	乾隆《望江县志》
十一至十五年	直隶无极县令黄可润	于任所多方试种	《畿辅见闻录》
十四年	直隶总督方观承	抚浙时稔其利，乃购种，觅宁台能种者至天津教授，取得效果，未几升擢直督，推行尤力，人皆称为“方芋”	《畿辅见闻录》，乾隆《通州志》、光绪《保定府志》等
十四至十九年	贵州布政使温福	开泰县儒学训导作《红薯利民通禀》，藩司温福据此通饬全省广种	光绪《黎平府志》、乾隆《开泰县志》
十六年	山东胶州知州周于智	发出布告，劝民试种	道光《胶州志》
十六至十七年间	河南巡抚陈宏谋	募闽人种红薯	《滇海虞衡志》
十七年	山东布政使李渭	颁《劝种红薯法则十二条》，各县奉文劝种	《金薯传习录》、乾隆《泰安府志》
二十五年	安徽寿州知州郑基	教民种植	光绪《凤阳县志》
三十年	四川江津知县张受一	将红薯种，偕夫人到民间教栽种之法	民国《江津县志》
三十三年	安徽望江知县郑交泰	详言红薯之利并种植之法刊布四乡	乾隆《望江县志》
三十五年	四川黔江知县翁若梅	告民以种植红薯之法与种植之利	光绪《黔江县志》
三十六至三十九年间	湖南宁远知县陈丹心	教民种薯	嘉庆《宁远县志》
四十一年	山东按察使陆燿	颁刻《甘薯录》，以广劝导	《甘薯录》

① 《金薯传习录》，《青豫等省栽种番薯始末实录》。

续表

年　代	倡导者	事　例	资料来源
五十年	乾隆帝弘历	下旨传谕福建巡抚富勒浑：即将番薯藤种多行采取，开明栽种浇灌之法，一并由驿迅寄豫抚毕沅，饬被旱各属，晓谕民人依法栽种。又令毕沅等，将陆燿《甘薯录》多为刊布传抄，使民间共知其利，广为栽种，接济民食	《清高宗实录》卷1232，卷1236
五十一年	乾隆帝弘历	因内阁学士张若渟之请，谕令各属广为栽种甘薯，接济民食	《清高宗实录》卷1268
五十二年	江西巡抚何裕诚	重刊陆燿《甘薯录》，俾吏民转为流播	乾隆《南昌府志》
五十七年至嘉庆二年间	保定知府王锟	以甘薯性耐旱，劝民多加种植	光绪《吴江县续志》

上述各级官员的倡导，对于番薯推广种植，起到相当的作用。像陕西巡抚陈宏谋发布《劝种甘薯檄》以后，很快就有蒲城、潼关、临潼、兴平、略阳、甘泉等县，各“从江浙豫蜀购觅薯种，并雇有善种之人到陕”。周至县令则从他南方家乡“觅种雇人”，宁羌县“由川购觅薯种”。另像省城所在的咸宁、长安二县，也都准备薯种，以备“试种”，形成一股不小的推广高潮[①]。乾隆《咸阳县志》：“抚宪陈公奉发甘薯一种……虽地沍寒，收种不易，愚民初试，未善栽培，而利源已开，种类不绝，旧时土产之外，又增一利生之物矣”。当时很多县修地方志，在“物产志”中，都把“番薯”作为新物种记述进去，有的还专门指出：此“种皆桂林陈抚军所遗”[②]，“此抚军桂林陈公遗者”[③]。据说陕西民间，还流传有“陈公薯”的叫法[④]。直隶总督方观承两次倡导种植番薯，“其栽培之法，灌溉之事，明白晓易”[⑤]。天津、盐山、庆云、栾城，以及保定、顺天等府的一些州县，都因此种植以佐食。京师近傍的通州一带，自“乾隆二十三年督宪饬种”，从此“每年长发利民”[⑥]。山东的不少府州县志中，

---

① 《培远堂偶存稿》，《文檄》卷22，《劝民领种甘薯谕》。
② 乾隆《重修周至县志》卷10。
③ 乾隆《鄠县新志》卷3。
④ 光绪《平南县志》卷6。
⑤ 乾隆《正定府志》卷20。
⑥ 乾隆《通州志》卷9。

都特别说明乾隆十七年（1752）奉布政使李渭颁示，“依法种植”番薯[①]。

在乾隆年间声势最大、范围最广的“劝种”活动，当推五十年和五十一年间，由朝廷下谕所作的倡导。江西巡抚何裕诚重刊陆燿《甘薯录》，就是为响应皇帝谕旨所作的姿态。道光《忠州直隶州志》载：“乾隆五十一年冬，高宗纯皇帝特允侍郎张若渟之请，敕下直省广劝栽种甘薯，以为救荒之备。时山东巡抚陆燿所著《甘薯录》颁行州县，自是种植日繁，大济民食”。光绪《武昌县志》也说：“高宗纯皇帝特令中州等地给种教艺，俾佐粒食，自此广布蕃滋”。

当然，乾隆年间大规模推广种植番薯，也不完全都是官府的功劳。江西省的南安、建昌、广信、袁州等府县，早在乾隆初年就已“得自闽粤”[②]，或“闽粤人来此耕者，携其泛海所得苗，种之日渐繁多”[③]。湖南自康熙前期，宝庆府等“内地亦渐及”种植[④]，乾隆初更扩展到长沙、岳州等府。平江知县谢仲坑倡导种番薯，多少受到广福客民的影响。北方的山东近海各州县，闽粤江浙商人常常通过海路前往贸易，南方的番薯，也因此较早传到那里。乾隆初，陈经纶的五世孙世元到胶州经商，恰遇该地闹灾荒。他从家乡捎来藤种，经两年试种，于十四年（1749）正式劝导百姓种植番薯。布政使李渭就因受到陈世元的启发，才颁发《种植红薯法则十二条》的。

嘉庆时有人曾说：“近时木棉、番薯航海逾岭，而淮、而河、而齐、燕、赵，冬日之阳，夏日之阴，不召自来，何其速也”[⑤]。正是社会的需要，才使番薯和玉米一样，在乾隆以后得到如此迅速的发展。

三、玉米、番薯的种植特点和产量

由于玉米、番薯适合种于山田沙砾之地，使很多原来得到利用的闲隙之地

---

① 如乾隆《泰安府志》，乾隆《济宁直隶州志》，乾隆《东平州志》，道光《东阿县志》，道光《巨野县志》，咸丰《宁阳县志》，光绪《郓城县志》，光绪《海阳县志》，光绪《馆陶乡土志》等，都有类似记载。

② 乾隆《建昌府志》卷13。

③ 同治《广信府志》卷2，引《乾隆志》。

④ 康熙《宝庆府志》卷29。

⑤ 《齐民要术》卷1。

也种上了庄稼。有人曾夸赞玉米“生地、瓦砾、山场皆可植，其嵌石罅尤耐旱”，又“不须厚粪”[①]。所以，它不但大田能种，许多边边角角的小空地也能种，有的“皆植于河岸园廛，不碍农亩”[②]；有的植于“田塍、园圃”[③]；还有的“种于棉花行中”[④]，茶树下[⑤]或“杂种于豆田中”[⑥]。贵州省的某些“种杉之地，必豫种麦及包谷一二年以松土，性欲其易植也”[⑦]。番薯在土地利用上的优势，集中反映在徐光启的《农政全书》中，“人家凡有隙地，悉可种薯”，“即市井湫隘，但有数尺地，仰见天日者，便可种得石许”。徐还以他家乡松江府为例，“东南边海高乡，多有横塘纵浦，潮沙淤塞，岁有开浚，所开之土，积于两崖，一遇霖雨，复归河身，淤积更易。若城壕之上，积土成丘……此等高地，既不堪种稻，若种吉贝，亦久旱生虫。种豆则利薄，种蓝则本重。若将冈脊摊入下塍，又嫌损坏花稻熟田。惟用种薯，则每年耕地一遍，劚根一遍，皆能将高仰之土，翻入平田。平田不堪种稻，并用种薯，亦胜稻田十倍”。他还说：“吴下种吉贝……但此种甚畏风潮，每至秋间，才生花实，一遇风雨，便受其损。”“若将吉贝地种薯十之一二，虽风潮不损。此种扑地成蔓，风雨无所施其威也。”至于玉米在开发山区中所起的作用，因前面已有较多的论述，这里就不再说了。

玉米一般都是一年一季，“自二月至四月皆可种”[⑧]，也有正月立春至雨水间开种，下延至六月底[⑨]，故有“岁可收二次”，或“岁收两料”者[⑩]。广西归顺州，“前止种一造，今则连种两造”[⑪]。在很多地方，玉米也与稻麦等实行

---

① 《齐民要术》卷1。
② 道光《雩都县志》卷1。
③ 何刚德：《抚郡农产考》卷上。
④ 何刚德：《抚郡农产考》卷上。
⑤ 道光《南江县志》上卷。
⑥ 嘉庆《东台县志》卷19。
⑦ 爱必达：《黔南识略》卷21。
⑧ 乾隆《延长县志》卷10。
⑨ 郭云陞：《救荒简易书》，《救荒月令》。
⑩ 光绪《乐亭县志》卷13；光绪《太平县志》卷2；光绪《雒南乡土志》卷4。
⑪ 道光《续增归顺州志》第1册，《地舆》卷2。

连作复种。像贵州平越州，“收麦之后，复登包谷”[①]。番薯在北方因气候关系，均一年一熟。长江流域一带也有一岁两熟的。湖南沅州府，“种之易生，一岁两熟”[②]。广东、福建等省，属南亚热带和北热带地区，气温偏高，所以更能多熟，如广东封川县，“一岁再三熟”[③]。遂溪“四时皆可种植，约七八十日可收”[④]；海康也是“随种随收，四阅月而一熟”[⑤]。在通常情况下，番薯也和玉米等一样，与麦、谷、豆、高粱等作物进行轮作。如福建惠安，“登麦之后，是种番薯”[⑥]；四川阆中县，“二麦之外为荞麦。荞有甜苦二种，秋熟者曰豆儿荞，皆田间作苦者食之，然或种，或不种，所必种者番薯也”[⑦]。

江西玉山县的某些田地，还实行番薯与早稻连作，“上田稻、豆、麦岁三熟。近日高田刈早稻后即种山薯，其利倍收，则与上田埒”[⑧]。由于玉米、番薯常常作为济荒食物，所以一般说来，种植都比较粗放。特别是一些垦山农民，烧林下种，不粪不锄，实行广种薄收。几年后地力下降，又弃山而去，不但对林木植被破坏严重，而且使生产只能处于低水平的状态。

关于玉米和番薯，人们常以高产作物视之。严如熤说：“包谷高至一丈许，株常二三包。上收之岁，一包结实千粒，中岁每包亦五六百粒，种一收千，其利甚大”[⑨]。包世臣亦言玉米“收成至盛，工本轻，为旱种之最”[⑩]。实际上，因为自然和土地条件不同，以及耕作水平的差异，反映在亩产上也不一致。根据我们看到的资料，产量最高的是陈经《双谿物产疏》中记录的，“每亩得子可六七石”。较次的像江苏淮安地区，常年2.5石，丰年3石。[⑪] 贵州、

---

① 光绪《平越直隶州志》卷1。
② 乾隆《沅州府志》卷24。
③ 道光《封州县志》卷1。
④ 道光《遂溪县志》卷1。
⑤ 嘉庆《海康县志》卷1。
⑥ 何乔远：《闽书》卷36《风俗》。
⑦ 咸丰《阆中县志》卷3。
⑧ 道光《玉山县志》卷11。
⑨ 《三省边防备览》卷11。
⑩ 《齐民要术》卷1。
⑪ 《农学报》第57期，光绪二十四年（1898）十二月下，《各省农事述》，转引自李文治编：《中国近代农业史资料》第1册。

四川一带每地一亩，复种收苞谷 220 斤。[①] 在北方，前引山东章丘县资料，一般农户亩产玉米，最高 250 斤，最低 120 斤；地主自种最高 320 斤，最低 110 斤。河南南阳县，“包谷熟年每亩约收四斗，每斗三十一斤”，折合 124 斤。[②] 关外东北地区当时种植玉米量不大，直至清末才全面推广，奉天镇安县，每亩产量 2.5 斗，若以 45 斤为 1 斗，计 112.5 斤[③]。如果度量衡标准大致相等的话，吉林西安县“亩收七斗至八斗”[④]，达到 325 ~ 360 斤，比镇安县要高得多了。

番薯的产量比玉米高。万历二十二年，金学曾在“通饬栽种”的告示中，即有“每亩可得数千斤，利胜五谷几倍”的说法。万历《泉州府志》记载：“一亩地有数十石之获，比土薯省力而获多”。后来，徐光启作《农政全书》，归结种植“甘薯十三胜”，第一条说的是产量，也是“一亩收数十石”。到了清代，很多史籍在谈到番薯产量时，常援例说亩收数十石，有的还列出确切数字，说可得 30 ~ 40 石[⑤]。实际上，番薯的亩产，各地也是有差距的。乾隆时，陈世元作《金薯传习录》说：“薯上地一亩，约收万余斤，中地约收七八千斤，下地约收五六千斤”，“每万斤晒干三千五百斤零”。陈的这个产量虽然是在西北各省推广种植番薯时说的，但估计是他家乡福建或南方地区的产量，因为陕西等西北诸地，年种一季（陕南或许能种两季），达不到如此水平。又，乾隆时黄可润在直隶传播番薯，在提到亩产时比较留有余地，说“一亩地可获千斤”[⑥]。黄是福建龙溪人，他说的产量，也应是福建或南方的产量。

有关番薯的产量，我们还查了当时的一些其他记载，湖南长沙、岳州、衡州、郴州等府州，都说“亩可数石”[⑦]。其中说得比较具体的是同治《巴陵县

---

① 《农学报》第 15 期，光绪二十三年（1897）十一月上，《黔蜀种鸦片法》，转引自李文治编：《中国近代农业史资料》第 1 册。

② 《南阳府南阳县户口土地物产畜牧表图说》。

③ 《奉天全省农业调查书》第 1 期，第 2 册。又据民国《双山县乡土志》记：苞米 450 斤为 1 石，那么每斗应为 45 斤。

④ 宣统《西安县志略》卷 11。

⑤ 光绪《平越直隶州志》卷 22。

⑥ 《畿辅见闻录》。

⑦ 乾隆《湘潭县志》卷 12；乾隆《岳州府志》卷 12；光绪《耒阳县志》卷 7；嘉庆《郴州总志》卷 40；光绪《兴宁县志》卷 5。

志》："亩掘六七石"。江西省我们看到《抚郡农产考略》记录的产量是："上田可收薯一千二百斤，瘠田五六百斤，山地收成亦厚"。四川省早期种植番薯的多为闽广移民，"有一家收数百石者"[①]，或"人掘荒坡峻岭遍种之，以石量，有收至数百石者"[②]。若以通常斗田为一亩，那么石田数百石，也就是亩出数十石，与徐光启等所述大致相当。北方的产量不如南方，河南南阳县，"熟年每亩约收四百斤"[③]。靠近大别山区的光山县，只得石许，[④] 就更低了。不过也有较高的，奉天镇安县，亩产番薯就达到850斤。[⑤] 看来番薯产量，比起玉米来，高低间的差落更大。

清代推广种植玉米、番薯，最大的作用就是扩大了耕地面积，另外也增加了亩产。有的学者曾估算，清代北方有玉米参加轮作复种的耕地，比不种玉米的耕地，可增产32.75%；南方是28.33%。在同块土地上，种植番薯的比不种番薯的，北方可增产50%，南方增产86.33%[⑥]。对于上述推算的增产百分比是高是低，人们可以有不同看法，但有一点大家无法否定，即推广种植玉米、番薯，对提高当时的农业产量是有作用的。据资料：20世纪30年代初玉米年产量是158万~176万石之间，番薯316万石左右，照此逆推匡估，清代嘉庆、道光时，玉米60万~80万石，番薯150万~200万石之间。

第三节　粮食亩产量、总产量和人均拥有量

在我们讨论了稻作、旱作的产量、复种情况，以及玉米、番薯种植区的扩大以后，现在有可能来估算一下全国粮食平均亩产量、总产量和人均占有粮食数。之所以说估算，是因为它还不够细致，也并不很精确，只能是个概数

① 嘉庆《江津县志》卷6。
② 光绪《井研志》卷8。
③《南阳府南阳县户口土地物产畜牧表图说》。
④ 乾隆《光山县志》卷13。
⑤《奉天全省农业调查书》第1期，第1册。
⑥ 吴慧：《中国历代粮食亩产研究》，第185~187页。

而已。

有关清前期粮食平均亩产，目前见到的说法有五种。

（1）吴慧在《中国历代粮食亩产研究》一书中提出的367市斤/市亩[①]；

（2）史志宏认为清前期“可以约计为亩产2石，大体合每市亩310市斤左右”[②]；

（3）郭松义：“大致在嘉道之际，中国的粮食生产水平……平均亩产289市斤”[③]；

（4）赵冈等：“原计算全国平均2.25石，调整之后全国平均2.30石[④]；

（5）〈美〉珀金斯：1770年每市亩203斤，1850年每市亩243斤[⑤]。又，王业键在《清代经济刍论》一文中提出的1770年和1850年的亩产数；与珀金斯的说法相同[⑥]。

上述五种估产，第（4）种赵冈等只提出石数而无斤数。另四种估产最高的是（1）376斤；最低的是（5）203斤和243斤。两者相差达123～164斤。即以看法比较接近的（3）与（2）相比，也有10斤左右的差距，说明颇有分歧。

总数如此，具体到各省的亩产数，也很不一致。见下页表1－59。

对于以上种种说法，因各有依据，笔者不敢妄评。不过因笔者曾是第（3）种说法的作者，所以只想就第（3）种论点稍作检讨。现在回头来看，觉得原先的估计比较偏高，究其原因：①对上等高产田、中等田和下等低产田的比例估计不够合适。一般说来，在一个地区，上等田只能是少数，中等田和下等田很可能大大超过上好田，而在有的地区，也有可能低产田占有主导位置。按据1980年的数据，全国水田约占整个耕地的25.5%，旱地74.5%，约有三分之一的耕地存在着涝洼、盐碱、风沙、干旱等各种障碍因素。[⑦] 以此对比，

① 吴慧：《中国历代粮食亩产研究》，第191页。

② 《清代前期的小农经济》，第196页。

③ 《清代北方旱作区的粮食生产》，《中国经济史研究》1995年第1期。

④ 《清代粮食亩产量研究》，第16页。

⑤ 《中国农业的发展》，第17页。

⑥ 该论文收入《中国经济发展史论文集》上册，台北联经出版事业公司1980年出版，第144页。

⑦ 孙敬之：《中国经济地理概论》，第315页。

清代前期，至少在农田水利条件上远低于1980年，而这在农业生产中是很重要的。②对粮食复种指数估计偏大。据1957年和1965年数字，全国粮食作物的复种指数是142.8%和132.6%，直到1978年，黄河、秦岭、白龙江以北长城以南地区才达到120%～160%。一般说来，北方实行两年三熟或一年两熟的耕地，都是有井灌或水利条件较好的水浇地，可直到1980年，此类水浇地还不到整个旱作耕地中的三分之一。[①] 照此估算，清前期的水浇地最多不过占当时旱作耕地的十分之一稍多。③拿清前期的亩产和以后年代的亩产相比较，显得过于突出。很多学者认为，清后期的亩产，总体上要低于前期，笔者也是这样看的。但到20世纪30年代或更晚一些时候是否仍是如此呢？统计表明，20世纪30年代的粮食产量属于抗战前的最高水平，直到50年代初仍未能超过。许道夫在《中国近代农业生产及贸易统计资料》中确定1931～1937年的粮食亩产是203.9斤，珀金斯是242斤（1933年统计数）[②]。另，吴慧根据日本学者尾上悦三的统计，推算得尾上先生对1935年的亩产估计是236.7市斤/市亩，1942年242.7市斤/市亩。[③] 又据《1980年中国农业年鉴》，1978年的粮食亩产为337斤。上列数字，可作为我们匡估清前期粮食亩产时参考。

表1－59　　清代粮食亩产量五种估计数量表

省区	郭氏数	赵氏等数[①]	珀金斯数		张心（1931）估计数[②]
			1776年	1851年	
直隶	159市斤/市亩	0.48石（0.557）	95～114（－）	109～130（－）	119
奉天、吉林、黑龙江	142	2.39	—	—	177.7（辽）171.3（吉）152.3（黑）
山东	165	1.69	99～118	152～174	137.2
山西	135	0.57（0.647）	136～163	171～205	110.9
河南	161	1.08	103～124	124～150	115.9
陕西	157	0.68（0.937）	77～93	113～136	133.3
甘肃	110	1.75	—	—	134.9
新疆	134	—	—	—	187.9
江苏	455	3.09	244～293	375～451（－）	171.3

① 《中国经济地理概论》第330、315页。
② 《中国农业的发展》第17页。
③ 《中国历代粮食亩产研究》第189页。

续表

省区	郭氏数	赵氏等数①	珀金斯数		张心（1931）估计数②
			1776 年	1851 年	
安　徽	410	2.80	209～251	285～342（＋）	183.5
浙　江	425	3.09	329～359（－）	532～614（－）	236.8
福　建	425	3.49	432～518	358～646	253.8
江　西	417	3.44	255～306（＋）	371～446（＋）	240.1
湖　北	417	2.90	206～247	469～563（－）	222.5
湖　南	486	3.65	188～225（＋）	195～234（＋）	316.6
广　东	455	3.69	265～315（－）	278～334（－）	273.2
广　西	410	2.60	336～404	122～147（？）	—
四　川	425	2.21	118～151	265～320	214.8
云　南	425	3.36	258～291	272～326	203.3
贵　州	341	4.93（4.903）	104～125	309～370	253.8

①括弧中为调整后数。

②《中国农业概况估计》，转引自吴慧《中国历代粮食亩产研究》。另，表中原另有热河亩产 130.2 斤，察哈尔 108.9 斤，绥远 117.7 斤，宁夏 224.6 斤，平均亩产 175.9 斤。

下面，我们按照第一节各省、各地区粮食产量的举例和匡估，并适当参照前面提到的各种因素，对清前期（1840 年前夕）的粮食亩产作出修正估计：

直隶	0.75 石	合 105 市斤/市亩①
奉天、吉林、黑龙江	0.8 石	合 112 市斤/市亩
山东	1 石	合 140 市斤/市亩
山西	0.7 石	合 98 市斤/市亩
河南	0.85 石	合 126 市斤/市亩
陕西	0.8 石	合 112 市斤/市亩
甘肃	0.65 石	合 91 市斤/市亩
新疆	0.8 石	合 112 市斤/市亩
江苏	2.7 石	合 364 市斤/市亩②

①　自直隶至以下新疆诸省区，属北方旱作区，主要产小麦、高粱、粟等作物。小麦每市石合 145 市斤，高粱 142 市斤，粟 142 市斤，等等，因过于琐屑，我们笼统以每市石 140 市斤加以折算。

②　江苏以下各省，是我国主要稻作区。稻谷每市石重 130 市斤。但因这些省还有部分山区旱地和实行轮作复种的麦、黍、玉米、高粱等作物，所以统以 135 市斤为 1 石进行折算。

安徽	2.4 石	合 324 市斤/市亩
浙江	2.7 石	合 364 市斤/市亩
江西	2.65 石	合 358 市斤/市亩
湖北	2.6 石	合 351 市斤/市亩
湖南	2.8 石	合 378 市斤/市亩
福建	2.6 石	合 351 市斤/市亩
广东	2.6 石	合 351 市斤/市亩
广西	2.4 石	合 324 市斤/市亩
四川	2.4 石	合 324 市斤/市亩
云南	2.2 石	合 297 市斤/市亩
贵州	2 石	合 270 市斤/市亩

按照史志宏的推算，1840 年前夕全国耕地面积 1147 百万亩，① 人口则依据赵文林、谢淑君《中国人口史》所列 1840 年数。② 由于四舍五入的原因，最后我们所得总耕地数是 1150 百万亩，人口 42041 万人。又，原史、赵书中列有台湾、宁夏、青海、绥远、察哈尔、热河等项。因鉴于 1840 年前台湾、宁夏均无省级建制，青海西宁府及绥远、察哈尔所设理事诸厅、热河设承德府，在民刑等民政事务方面均归于邻近省份。故我们将台湾数归于福建，宁夏和青海西宁府数归于甘肃，热河、察哈尔数归于直隶，绥远数归于山西。以此列表 1－60。

表 1－60

	人口数（万人）	耕地数（百万亩）	平均亩产（市斤）	粮食总产（百万斤）
直隶	2131	147	105	15435
盛京、吉林、黑龙江	304	23	112	2576
山东	3199	101	140	14140
山西	1484	85	98	8330
河南	2468	85	126	10710

① 《清代前期的小农经济》第 152 页。

② 原载数是 418880446 人，见赵文林：谢淑君：《中国人口史》第 457 页。

续表

	人口数（万人）	耕地数（百万亩）	平均亩产（市斤）	粮食总产（百万斤）
陕西	1198	50	112	5600
甘肃	1540	28	91	2548
新疆	622	7	112	784
江苏	4273	77	364	28028
安徽	3739	68	324	22032
浙江	2891	53	364	19292
江西	2450	48	358	17189
湖北	3319	56	351	19656
湖南	1990	57	378	21546
福建	2019	34	351	11934
广东	2574	40	351	14040
广西	763	22	324	7128
四川	3834	141	324	45684
云南	702	11	297	3267
贵州	541	17	270	4590
总计	42041	1150	238.7	274509

综合计之，全国平均亩产238.7市斤，粮食总产274509百万市斤，人均占有粮食653市斤。如果我们按耕作情况，将直隶、盛京、吉林、黑龙江、山东、山西、河南、陕西、甘肃、新疆十省区的北方旱作区归一类，将江苏、安徽、浙江、江西、湖北、湖南、福建、广东、广西、四川、云南、贵州12省，作为南方稻作区，另归一类。分别算得：

	北方旱作区	南方稻作区
人口	12946万人	29095万人
耕地数	526百万市亩	624百万市亩
粮食总产	60123百万市斤	214386百万市斤
平均亩产	114.3市斤	343.57市斤
人均耕地	4.063市亩	2.14市亩
人均粮食占有量	464.4市斤	736.85市斤

两项对照，虽然南方的人口比北方多，耕地比北方少，可粮食平均亩产、

总产和人均粮食占有量都大大高于北方。在清代，南方的农业生产水平，总体上要高于北方，已一目了然。

第四节　粮食商品量

一、粮食产地布局的新变化

与明代相比，清代粮食亩产量的提高还是很显著的。当然，这种情况在各地并不一样，就大地区而言，北方不如南方，而南方，如著名的太湖平原区，尽管在亩产上仍保持着前头的位置，但若与宋明时相比，实际趋于停滞状态（且不说清末的后退）。进展最快的当推两湖、四川等西部省份，已经与东南沿海的江浙等省并驾齐驱，甚至有超越之势。广西、贵州的水平尽管不能与川、楚等同，可面貌变化也很大。此外，台湾凭借优越的自然条件，迅速发展成为令人瞩目的粮食高产区。

随着大批流民向山区推进，那里的农业生产得到迅速发展。清代耕山农民在粮食作物品种上，多选择玉米，此外还有番薯、洋芋等，并因地择宜进行种植。像陕南孝义厅，“地多高山，少平地，山坡之地，土宜推苞谷、荞麦，高山严寒，种只洋芋”①。湖北恩施县，“高山以包谷为正粮”，“贫民则以种薯为正务”，“最高之山，惟种药材，近则遍植洋芋”②；来凤县“乡人居高者恃包谷为接济正粮，居下者恃甘薯为接济正粮”③；宜都，“宜深山苦寒之区，稻麦不生，即玉黍亦不殖者，则以红薯、洋芋代饭”④；又如贵州古州厅，“山地肥者宜诸豆，高山宜包谷。山地之新垦者宜小谷（俗作粟），冷湿地宜稗子，干松地宜薯、荞、香麦、包谷、高粱”，“各以其土以树之”⑤。如此等等，说明中国农民在垦山种地中，具有很大的生活适应力。我国的丘陵、山地，更多的

① 光绪《孝义厅志》卷3。
② 同治《恩施县志》卷7。
③ 同治《恩施县志》卷28。
④ 同治《宜都县志》卷1下。
⑤ 光绪《古州厅志》卷4。

集中在西部，从而又促进了西部农业的发展。

在此，如果我们把江苏、安徽、浙江、江西、福建（台湾除外）、广东等东南沿海或接邻沿海的诸省，作为开发较早的地区（这些省份中的山区各县，主要也是在清代才大发展起来的），那么，西部的两湖、四川、广西、贵州、云南，以至广东西部等省区的农业，从明代中叶起，发展步伐明显加快。明清之际因战乱影响，一度受到波折，到康熙以后，更是进展迅速，并从沿江、沿湖平原，扩及到丘陵山区，由内地中心区，推至边疆。其结果是，在农业生产中，改变了以往东重西轻的格局。所谓“湖广熟，天下足”，或“四川系天下第一产粮区”等谚传的流行，正是这一新事实的明显证例。

在北方各省中，没有出现像南方那样大的布局性变化。但由于井灌的普及，以及两年三熟和一年两熟制的推行，[①] 使得在一些传统农业区，粮食生产亦有所提高，出现了1石多到2石的高产地亩。关外东北地区、口外蒙古地区的农业发展，以及陇西、新疆的屯田，在清代粮食生产中也占有一席之地，尽管这些地区的农业都比较粗放，有的亩产也不高，不过因地旷人稀，轮息便当，所以都可自给有余，像关外奉天等地，“土宜稼穑，收获之多既倍于他省，粮价之贱亦半于内地”，“每遇丰收之年”，竟有“熟荒之虑”[②]；黑龙江“一夫力作，数口仰食而有余”[③]。新疆乌鲁木齐等地，因屯田生产粮食过剩，向外运输又不便，成为全国粮价最贱的地区。[④] 如此等等，表明了这是一些很有开发潜力的地区。

北方粮食生产的地区不平衡性仍然十分明显，比较突出的如冀北、晋北、陕北以及甘肃的某些府县，土质瘠薄，加上雨水稀少，气温偏低，每年只能一熟，产量十分低下。它们与实行多熟制地区，呈现出明显的反差。

---

① 据道光《河内县志》：“其并渠依井者为水田，水田十之三；远渠无井者为旱田，旱田十之七，大率岁二熟”。河内县属河南怀庆府。此类情况在山东、直隶和陕西关中地区都有。

② 和其衷：《根本四计疏》，《清经世文编》卷35。

③ 方式济：《龙沙纪略》。

④ 纪昀：《乌鲁木齐杂记》，《小方壶斋舆地丛钞》第2帙。

二、粮食生产中的商品粮问题

（一）粮食流通

在清代，农民生产粮食，除缴纳赋税或地租（对佃农而言）外，主要作为自身消费之用，而自身消费又可分作两个部分：一作为口粮食用，另一作为婚丧嫁娶，或换取油盐酱醋，购买农具、肥料等必要的生产生活费用。前者一般不投入市场，后一部分则需通过交换或买卖才能实现。此外在清代，由于赋税中银钱所占的比重越来越大，这也促使投入市场的粮食数量增加。地主收取的地租，除食用之外，大部分也需要出卖。

在清代，作为农村日常交易的粮食市场，多通过集市贸易的形式进行。当然，农村集市的交换品很多，但粮食始终是最重要的物品之一，这可以说是粮食初级市场。清代粮食初级市场非常广泛，全国不分南北，几乎每个州县都有，少则几个，多则甚至上百。初级粮食市场常常为农民调剂余缺，属封建自然经济的有机组成部分。但也有相当数量的粮食通过这一渠道，进入更广范围地区，或纳入全国性的交易市场。①

从清代商品粮的活跃程度来看，北方远不如南方。之所以如此，根本原因，还是与粮食生产水平有关。一般说来，粮食生产水平愈高，市场商品粮也愈多。北方旱作农业区的粮食生产一般要低于南方，可农业人口数却不一定比南方少，这样就决定了它的商品粮数量低于南方。

在清代中叶以前，湖南、四川一直是提供商品粮最多的省份，其他沿长江一线的还有湖北、江西，以及安徽部分府县。在珠江流域，广西是大宗余粮出口地，此外台湾的外运粮食也不少。这些外运粮食，主要送往江苏、浙江、福建大陆和广东等省。雍正时，镇海将军何天培从济荒的角度对此有所叙述："切查天下米粮，出产于东南各省居多，平日客商兴贩，原不乏米石往来，偶有荒歉之岁，所资藉于邻省，倍为紧要，即如福建之米取给予台湾，浙江、广东之米取给予广西、江西、湖广，而江浙之米皆取给予江西、湖广。此数省之

① 有关粮食贸易的多级市场，请参阅郭松义：《清代粮食市场和商品粮数量的估测》，《中国史研究》1994 年第 4 期。

米苟无阻滞，岁岁流通，源源不绝，小民虽遇歉收，尚不至于无食”①。何天培的奏疏没有提到四川，是因为从那里大批外运粮食，是雍正晚期、主要是乾隆期间的事。另外，福建还通过江浙海运，仰资一部分湖广、江西米粮。

在各缺粮省份中，江浙的太湖平原和广东珠江三角洲是接受商品粮最多的地区。其次是福建的漳泉和福州地区，太湖平原和珠江三角洲，从粮食亩产来看，在南方稻作区中一直属于高产区。它们缺粮，主要是因为工商业发达，新兴城镇不断出现，人口密集，加上大批农田改粮为桑、棉、蔗、瓜果、蔬菜地，使粮食总产降低了。福建情况不亚于广东。郭起元在其著名的《上大中丞周夫子书》中说：“闽地二千余里，原隰饶沃，山田有泉滋润，力耕之，原足给全国之食，无如始辟地者多植茶、蜡、麻、苎、蓝靛、糖蔗、离支、柑橘、青子、荔奴之属，耕地去三之一”；又，“烟草之植去耕地十之六七”，“如此闽地既去七八，所种粳稻、菽麦亦寥寥耳，由是仰给江、浙、台湾、建、延”②。此说虽有夸大，但许多农田不种粮食，即使亩产最高，亦难以满足供应。

南方的稻米每年还需运往北方，像京师等“需粮尤多”的地方，历来靠漕运或商运粮食以缓和缺额。此外山西、陕西等省，亦常仰仗南谷，“查山陕二省，地瘠民稠，即丰年亦不足本省食用，全凭东南各省米艘，由江淮溯河而北，聚集豫省之河南、怀庆二府，由怀庆之清化镇太行山口运入山西，由河南府之三门砥柱运入潼关，秦晋民人藉以糊口，由来已久”③。从两湖运往陕西的粮食，也有溯汉水直接进入的。比较起来，在北方几个省份中，河南尚有余粮接济邻省。晋南的平阳、汾州、蒲州和解州等府州，“人稠土狭，本地所出之粟，不足供居民之用，必仰给河南、陕西二省”④。西边的陕西省，每遇歉岁，亦“每资豫粟”⑤，一般是从“河南府属及陕州属运来”⑥。河南的麦子还

---

① 《宫中档雍正朝奏折》第6辑，第323页。
② 《介石堂集》卷8。
③ 朱轼：《朱文端公文集》补编卷4，《咨户兵二部河巡抚禁遏籴》。
④ 孙嘉淦：《孙文定公奏疏》卷3，《请开籴楚省疏》。
⑤ 乔光烈：《最乐堂文集》卷34，《河南赈灾记》。
⑥ 《培远堂偶存稿》文檄卷21，《酌拨西同等府米石谕》。

通过卫河、淮河等河流，运往直隶、皖北等地区。

关外东北地区和口外蒙古地区，有余粟接济内地省份，是清代农业发展中的突出成就。关外粮食除供应北京、天津等京畿地区需要外，隔海相望的山东省，亦海艘往来“就近贩运”[①]。至于邻近的直隶临榆县，更“历来全赖奉省商贩粮艘到来，源源接济”[②]。乾隆以后，“关东每岁有商船二三千只至于上海”，“载豆、麦、杂粟，一岁三运以为常”[③]。关东豆麦已大量运往南方江浙等地。

口外蒙古地区的粮食主要产于热河和西边的河套沿岸。大致北京和直隶一带商贩多往热河贩运，“如直隶一省，向藉八沟粮石”[④]。八沟后置平泉州，位于热河东部。山西、陕西就近向河套地区买粮，山西省太原府“得食归化之粮”[⑤]。平定州所属寿阳县市场上的小麦，亦“有自归化城来者”[⑥]。河套的粮食，大都通过黄河运抵山陕两省。乾隆时，“其商贩者赴归化城，府谷县聚米多处，更贩粮食，伐木为圆底船”。又“自府谷、葭州水次，顺流而下，至潘口，又至宜川县”，然后“即岸起米陆运”，再换乘容量较大、可载米数百石的方底船，“运至韩城、郃阳及晋省之荣河、永济入市粜卖”[⑦]。陕北延安、榆林二府的缺粮，常从长城边外的鄂尔多斯蒙古处得到补充。

除了上面讲的全国大范围的粮食贩运外，各地较近距离的米谷贸易也十分活跃。以广东为例，潮州府地处该省“极东”，“即欲仰给西路，奈距广、肇遥远，难以计日接济”，“琼州一府孤悬海外”，亦“本地产谷不敷一年之食”，可西边的“高、雷、廉三府”，却“产谷素多”。它们又地处海滨，交通便捷，可以通过海船“贩运以资接济”[⑧]。像潮州府属澄海县，“其自海南诸郡转输米

---

① 乾隆《盛京通志》卷9。
② 光绪《临榆县志》卷14。
③ 谢阶树：《改运议》，《清经世文编》卷47。
④ 杨锡绂：《四知堂文集》卷10，《陈明米贵之由疏》。
⑤ 岳震川：《赐葛堂文集》卷3，《赠单雪樵先生序》。
⑥ 光绪《续修寿阳县志》卷10。
⑦ 乔光烈：《最乐堂文集》卷1，《上陈大中丞论黄河运米赈灾书》。
⑧ 鄂弥达：《敬筹要地仓贮以备民食疏》，《皇清奏议》卷32。

石者，尤为全潮所仰给。每当春秋风信……扬帆捆载而来者，不下千百计”[①]。琼州府商贩籴谷者凡至雷州，均“舟集徐闻海口”，赴高州“船泊吴邑限门”[②]。粤北嘉应州缺粮，则藉“上山”之永安、长乐、兴宁各县贩运，“上山谷船不至，则价腾涌”[③]。根据我们接触到的资料，类似广东省的情况，其他各省也都不同程度的存在。

通过上面轮廓性介绍，可以看到清代粮食的运销规模，其触及面是很广泛的。这从社会经济发展的角度考察，作用是积极的，因为它促进了社会分工，有利于商品流通。当时在国内，事实上已出现了某种程度的经济专业区。太湖平原地区的城镇市民、乡村中的不少棉农、蚕农，需要湘川赣皖等的粮食，以确保城镇工商业的繁荣及农村经济作物的发展。同时他们又将丝绸棉花，各种手工产品运往那里和全国各地。在福建，漳、泉、福州等府依仰台湾的粮食，同样，台湾的很多生活必需品要靠大陆输入。江南船往关东，“则载豆麦杂粮”，同时又易以“布帛、棉花诸物”[④]。陕西韩城县“所食米粮全资洛川、宜川”，“而洛、宜所需布棉等货，又皆韩城所运”[⑤]。从明代中后期起，以太湖平原和珠江三角洲为中心的东南沿海地区的经济，所以能持续发展，这与全国的物资支援，特别作为维持生活和生产最基本条件的粮食能得到稳定的供应，是密不可分的。所以从某种意义上讲，正是川湖赣皖，以及广西、台湾等地源源不断的粮船，支持着东南沿海地区的经济繁荣。

大批粮食投入市场，促使更多的农民卷入到商品经济的漩涡之中。像“湖南米谷最多，然不以一岁之丰歉为贵贱，而以邻省之搬运为低昂”[⑥]，粮食价格完全随着市场需要上下波动。台湾“民人用力耕田，固为自身食用，亦图卖出赚钱”，否则“囤积之米废为无用，既大不便于台民，而泉漳二府仰待外来，乃绝其资藉之源”，故有“泉漳之民势不得不买，台湾之民亦势不能不

---

① 乾隆《澄海县志》卷2。

② 鄂弥达：《敬筹要地仓贮以备民食疏》，《皇清奏议》卷32。

③ 乾隆《嘉应州志》卷1。

④ 谢阶树：《改运议》，《清经世文编》卷47。

⑤ 《培远堂偶存稿》文檄卷35，《修理韩城县桥路沟渠檄》。

⑥ 陈宏谋：《培远堂偶存稿》文檄卷37，《收买民米檄》。

卖”的说法①。同样，广西农民，亦因“每岁完纳钱粮及婚丧一切日用之需均取给米谷”，所以每到“晚稻登场之后，得价即行粜卖”②。乾隆以后粮价的不断上涨，也在一定程度上刺激了农民生产粮食的积极性，尽可能多地将粮食抛向市场，从而也相对加强了各经济专业区的不断发展。

（二）商品粮的数量

清代国内的粮食贸易，一般经由农村集市、中心镇集、地区性集散点，以及某些有全国影响的大米市这样多极途径进行的。关于粮食贸易的具体途径和各级行销量，因第3卷商业经济部分要作专门论述，在此就不再涉及。我们要说的就是根据现有的粮食生产量，匡估一下能给社会提供多少商品粮。

从理论上说，商品粮应为粮食生产者（粮农及其家庭）和土地占有者（如地主及家庭）在满足本身消费和维持必要的再生产所需（如种子、饲料等），再加上向国家承担的赋粮（实际上相当部分也可能转化为商品粮）剩下的那部分余额。在正常情况下，农民种地越多，劳动生产率越高，商品粮比例越大，比如南方稻作区的商品粮数量就大大高于北方。不过是否所有余粮都能转化成商品粮，还得取决于市场需要的程度。在清代，我们经常看到有的地方因为交通不便，粮食无法外运，本地又不足以消化而遭到委弃，或不愿尽其地力，如前面提到的新疆乌鲁木齐即是。又如贵州苗区，“因舟车不通，商贩不至，即有余粮，无可粜售，故所种不过可供一家之食足矣”③。直隶龙门县（今并于赤城县），“僻处边隅”，“无外来之商贩”，致使所产米豆难以“运售”④。也有大有之年，粮食过多而形成“熟荒”，原因就是市场无法消纳（不管是虚假的还是暂时的），变不了商品。比如台湾，凡遇“各省皆熟，米客不至，台人苦谷多而乏日用，富家一切兴作皆罢，小民无从觅食，盗贼益多，此民之困于时也”⑤。又如关外奉天等府，“每遇丰收之年”，竟“转有熟荒之

① 《宫中档雍正朝奏折》第6辑，第356页。
② 杨锡绂：《四知堂文集》卷4，《奏明劝种杂粮疏》。
③ 《宫中档雍正朝奏折》19辑，第672页。
④ 康熙《龙门县志》，《序》卷5。
⑤ 姚莹《东溟文集》卷6，《与王生甫书》。

虑”①，农民为找不到买主而发愁。与此相对照，还有另一种情况，即相当一部分农民因生活逼迫，或为了缴纳田赋地租，或为了偿还高利贷，常常刚一收获，就将粮食运往市场，以致连必要的口粮都无法保证。湖南是全国外运商品粮最多的省份，可那里的不少农民，“力田所入，抵债去其大半，余又随手花销”，以致“甫交冬春，即须籴米而食，农民日食亦取给市铺”②。苏南无锡一带，“乡民食于田者惟冬三月”，因为每当“还租已毕”，便把“余米”“归典库以易质衣，春月阖户纺织，以布易米而食，家无余粒也”，到了五月，“田事迫，则又取冬衣易所质米归，俗谓种田饭米”，及秋，“则机杼声又偏村落，抱布贸米以食矣”③。在这样一典一赎的中间，典库便可利用机会，把农民的粮食在市场来回炒买炒卖几次。应该说，这后一类情况比前一种情况更为严重，而且随着农民生产生活地位的恶化而形成一个商品粮数偏高的虚假概念。

那么在清代，农民可能提供给社会的商品粮大概有多少呢？前述 1840 年前夕的粮食总产是 274509 百万市斤，同期全国人口 42041 万人。假定非农业人口占 9%，另有约 3% 的农民（包括家口）因种植经济或园艺等作物，以及从事其他劳动，不直接生产粮食。这样，参与种粮的农业人口为 37000 万人，人均产粮 741.9 市斤。不过这是原粮，变成成品粮还须加工，如稻谷去谷皮糠麸、麦子磨成面。按照当时加工条件，由稻谷加工成食米是 1∶0.45～1∶0.5，即 1 石米的出米率为 4.5～5 斗，小麦的出面率为 59%，其他秫谷等杂粮，从毛粮加工成品粮，亦各有比例，④ 我们拉平匡估，以 55% 为准，274509 百万市斤便是 150980 百万市斤，合人均精粮 408 市斤。

前面谈到过，作为商品粮，得扣除粮农的口粮、地主及家口等人口粮、种

① 《清经世文编》卷 35，和其衷：《根本四计疏》。

② 杨锡绂：《四知堂文集》卷 10，《陈明米贵之由疏》。

③ 印：《锡金识小录》卷 1，《备参》上，《力作之利》。

④ 雍正时，河东总督田文镜言：“新入仓者生谷一石，得米六斗五升（此米必糙，惟荒年拯济可用之），其次则六斗有零矣（盐煤工匠所食之米每石碾五斗），若成华所卖之纯粹米，每石辗四斗，多则四斗一二升而已”（钟琦：《皇朝琐屑录》卷 33）。稍晚的民国《鄞县通志》中说每石稻出米 4.5 斗，估计指成华的纯粹米而言。按照清代加工条件和多数农民的食米标准（比城市居民的标准略低一些），1 石稻出米也就是 4.5～5 斗左右。麦类扬晒后碾面的出面率，据光绪《清会典事例》记载：“每小石一石，九十四斤七两有奇”。此地的 1 石是以官方 160 斤为准，那么出面率相当于 59%。其他像秫、谷之类，从毛粮加工成精粮，亦各有差落。

籽（这是原粮）、饲料等消耗，另外还必须排除占一定比例的实物赋税。关于粮农口粮，按古人通常的说法是每人每日食米1升。但据三十年代南京金陵大学师生在江苏的调查，在农村，每人年消耗食米288市斤。[①] 又有人在广东调查，“中数每岁率食谷400斤”[②]；四川民谚有每人每年“不饱不饿三石谷”的说法[③]。北方旱作区富裕农户，“大口小口一月三斗”，年吃粮480斤；贫苦农民年吃粮仅150斤左右[④]。当然，不管是米288斤或谷400斤、三石（合390市斤）等等，都是男女老少拉平估算的，可能还要加上瓜菜代。清代也超不过这个水平。在此，我们不分南北，姑按280斤算，则粮农口粮为103600百万斤。种子等等消耗可占到原粮的10%，计26704百万市斤，合加工粮14687百万市斤。实物赋税：梁方仲教授根据嘉庆《大清一统志》所载数，得出全国征米7404091石，其他粮1567590石。按照《户部则例》：“坐粮厅收税粮米俱用红斛，进仓红斛每石较仓斛大二斗五升，进通仓红斛每石较仓斛大一斗七升”。又据光绪《清会典》：仓斛和洪斛的比例是“户部仓斛每十二斗五升为洪斛十斗，仓斛十斗为洪斛八斗”。洪斛（或红斛）只用于收兑漕粮。乾隆时岁漕4787763石。仓石米150市斤为1石，使用洪斛每石米：1石 $=\frac{10}{8}\times$ 150斤 $=187.5$ 市斤。在前述74040.91石米粮中，除漕粮4787763石 $\times 187.5=$ 897705563市斤，剩下2616328石 $\times 150=392449200$ 市斤。其他粮1567590石，以140斤为1石，计219462600市斤。三者合计1509617363市斤，约1510百万市斤。这部分粮食除供宫廷需要外，主要做中央和地方各级官员的禄米，[⑤] 20万八旗兵和60万绿营兵的饷米，包括家口在内，大概可满足400万人的一年口粮[⑥]。

---

① 转引自民国期间江西省政府经济委员会编《江西农村经济》一书。

② 赵天锡：《调查广州府新宁县实业情形报告》，《农学丛书》第6集14册。转引自陈春声：《市场机制与社会变迁——18世纪广东米价分析》。

③ 赵永康：《清代川粮储备及其意义》，《中国农史》1996年1期。

④ 崔晓黎：《家庭、市场、社区——无锡青苑农村社会经济变迁的比较研究之一》，《中国经济史研究》1990年第1期。

⑤ 道光末，全国文职京官2369员，外官8947员；武职京官4738员，外官八旗2848名、绿营7470名，统共26372名（见钟琦：《皇朝琐屑录》卷4）。

⑥ 我们以每人每年食米365斤计算，共食米146百万斤，尚余5千万斤补作其他之用。

地主及其家口的食粮，因取自实物地租，所以也不用市场供应。张仲礼教授估计19世纪前半期各类绅士数已达到100余万人，加上家庭成员，总数可达550万。[①] 这些绅士，除少数下层的生员之类也有出自力农之家的[②]，多数都是地主，当然也包括前面提到的享受国家俸饷的在任官员（通过仕途进入）和官员之家。如果剔除其重要身份，加上没有功名的普通地主与家庭成员，至少会有1000万人：若男女老少拉平日食米1斤计，年共3650百万斤。

在扣除上述几种用粮后，便可算出商品粮数是：150980百万斤－103600百万斤－26704百万斤－3650百万斤＝17026百万斤。约占粮食总产的11%，这便是鸦片战争前夕可能提供给社会的商品粮总额。

上述170亿市斤，是我们按各种数据推算得出的，它与市场实际流通量存在一定的距离。前面我们提到，一部分贫苦农民由于抵债或其他开销，常于收获后不久，便将大部分米粮粜卖了，然后在冬春青黄不接之际，被迫向市场购粮糊口，这样一进一出，就增加了商品粮数额。再如漕粮，不少兵丁和八旗人户，在按额领得饷米后，为了换取活钱花销和做还欠，或者因为北方人不耐食米而愿吃面食，便随手卖去半数或大半，这也是清朝官员奏疏和皇帝上谕所经常提到的。假如漕粮中有半数抛向市场，那么等于增加4.488亿斤商品粮。另外在国家的税粮中，也有部分进入市场。所以，市场的实际流通量，通常总要稍多于实际可提供给社会的商品粮数。

在170亿斤商品粮中，按绝对量看，农民占了绝大部分，另外相当部分属于地主的剩余粮，若以农民占三分之二强、地主占三分之一弱的比例进行分配，农民提供的商品粮大体在115亿斤左右。当时的粮农人口是3700万人，权以5口为1户计，共7400万户，平均每户能出售的商品粮只155.4市斤，合1石稍多，以区区此数来应付政府各种摊派、家庭婚丧嫁娶，以及疾病等等的生活开销，显然是难以想象的，这便要以副补农，搞多种经营，通过不亚于

① 《中国绅士——关于其在19世纪中国社会中作用的研究》，上海社会科学院出版社1991年出版，第137页。

② 我们在“云南省丽江府剑川西厢中户籍册”中发现4户有生员功名的低层绅士，他们的家庭1户是“耕读生理”，3户是“庄家生理”（参《白族社会历史调查》（三），云南人民出版社1988年出版），可见在低层绅士中颇有农家子弟。

大田的劳动付出，才能弥补差额，维持生计。

清代的商品粮数额，前后也有变化。按所占比重考察，应以康熙、雍正之际为最高。按据匡估，康雍之际的人口是1.5亿，耕地9.02亿，[①] 平均亩产约在200市斤上下[②]。照此算出粮食总产180400百万市斤。1.5亿人口中，农业人口占90%，得1.35亿，人均产原粮1336市斤，折成加工粮便是735市斤，比1840年前后平均每人产粮408市斤，多出327斤。由于粮食多，农民吃的可稍宽松一些，也可多留些饲料或做酒等等，即使如此，扣除种子以及国家税粮，在正常情况下，一个5口之家的中等自耕农，每年仍可向社会提供500～600斤到近千斤商品粮。佃农因为要扣除地租，数额会少一些，以减半算，也有近300斤到500斤。这比前头说的平均每农户只能出售155.4斤商品粮，要高出成倍到几倍了。

从康雍之际到道光中后期，中间不过一百来年，可农民向社会提供的商品粮却大幅度地在下降，其中的主要原因便是人口增加造成粮农口粮的总比重加大。关于这一情况，早在乾隆时，湖北巡抚彭树葵就说过："湖北在康熙年间，户口未繁，俗尚俭朴，谷每有余，而上游之四川、湖南人少米多……遂号称产米之乡，迨户口渐增，不独本地余米无几，即川、南贩运亦少，谷寡价昂，势所必至"[③]。两湖和四川，都是当时全国最重要的商品粮产地，这三省外运量的减少，对全局都有举足轻重的影响。当然，农民提供商品粮减少，不等于整个农业生产的危机，因为直到嘉道之际，耕地仍在垦辟，粮食亩产也还有增长，加上多种经营，农民的总体经济收入，并不一定就相应的降低了。

但是，商品粮的减少，毕竟是严重的。因为粮食商品化程度的高低，对于促进社会分工有着重要的意义。清代前期农业生产的发展，使得商品粮总量较之已往各朝都高，然而人口增长重压的阴影，又不断地在制约着它前进的步

---

① 《清代前期的小农经济》，第154页。

② 我们以1840年前后的238.7市斤为基数，考虑到清代的农田水利建设和轮作复种制的推广，都以乾隆年间为最盛，至于大规模的种植玉米、番薯，更是乾隆中后期到嘉庆、道光年间的事了，同时我们也考虑到明代以来粮食生产基本格局，在康雍之际已充分得到发挥，故大体确定此约数。

③ 《清高宗实录》卷331。

伐。农业增长速度跟不上消耗的速度，每年生产的粮食，绝大部分被越来越庞大的生产者本身及家口吃掉，这对进一步扩大经济作物生产、促进农业内部结构的调整，以及对城镇工商业和其他生产事业的发展，实在是不利的。[1] 粮食问题，已有形无形地在影响着广大城乡人民的生产和生活，使社会前进步伐趋于滞缓。

① 按照前面的计算，在1840年前夕，全国至少尚剩3600万人是需要吃商品粮的，这就要耗费130亿~145亿斤食粮，而当时能提供给社会的商品粮只有170亿斤。在170亿斤中减去130亿~145亿斤，只剩下25亿~40亿斤，除了供造酒以及其他用途外，没有更多的剩余了，这无疑会阻碍农民向城镇和非农行业的转移。从康熙晚期起，福建、广东一带就不断从吕宋、安南（越南）、暹罗等国进口粮食，而且数量也在增加，清朝政府则又以各种手段加以鼓励。尽管如此，因为运输等各种限制，最多只能起调剂余缺的作用，无法扭转整个局面。

第四章　农产品商品生产的发展

清代前期，农村商品生产在明代原有的基础上，获得了进一步的发展。清初，由于战争影响，农村经济一度萧条。到康熙中叶，随着社会安定，经济恢复，以及人口繁衍，农村商品生产即呈现发展趋势，到乾隆间更步入高潮，到嘉庆道光间仍始终保持着持续发展的势头。

清代前期，农产品商品生产的发展，表现为一个与小农经济相结合，向广大农村扩散的过程。它具有互为表里的两个方面：一方面，农产品种植为自然条件所决定，出现按地域性分工发展的趋向；另一方面，手工业生产以接近原料产地，出现按农民家庭手工业扩展的趋向。农民家庭手工业的发展情况，将在手工业篇中叙述。粮食生产商品化的情况，已在本篇第三章中叙述。本章只讨论除粮食以外的农产品商品生产的发展情况。

第一节　重要商品性农作物的推广

商品性农作物范围广泛，种类繁多，难以尽述。这里只能对几种重要商品性农作物，如棉花、蚕桑、苎麻、烟草、茶叶、糖蔗，以及大豆、花生等油料作物的发展情况，分别加以概述。

一、棉花

中国棉花种植的推广，始于元代。明代大有发展，已逐步取代丝麻成为主要的衣著材料。清代人口大量增加，更推动了棉花种植的发展。除高寒地区和阴湿多雨地区不宜种植棉花之外，凡适宜种棉的地方，大都有了棉花的种植。当时农民在零星土地或在粮田中兼种棉花，以自衣被的极多，即所谓“虽有棉花，不成顷亩”①。从整体来说，棉花种植主要还是农民的自给性生产。但是，当时的棉花种植，又是普及与集中的趋势并存。明代原有的棉花集中产区进一步得到发展，并涌现了一些新的集中产区。它们就成为棉花商品生产的基地。当时有如下一些重要的商品棉产区。

1. 长江三角洲棉区。元明之际，上海县即已兴起植棉。以后逐渐向西北扩展，及于太仓、嘉定、常熟、江阴一带，并跨越长江，达于崇明、通州。到明代中叶，在长江三角洲，西起常州府的江阴，东至于海，包括松江府、太仓州、通州各县，凡沿长江沿海地区都盛产棉花，已成为当时全国最重要的棉产区。

清代前期，长江三角洲地区的棉花种植继续发展。这时的发展，主要不是表现为植棉区外延的扩大，而是表现为原植棉区内棉田面积的增加。松江府、太仓州一带，经过明代的发展，到明末清初，全部耕地大体是一半种稻，一半种棉花，棉田面积与稻田面积大体相当。如上海县，清初顺治康熙年间，棉花“种植之广，与粳稻等”；“农家树艺，粟菽棉花参半”②。雍正三年，江苏巡抚张楷巡视松江府后说，“沿海一带不种秧稻，止种棉豆”③。到乾隆间，嘉定县是“瞟城土燥不宜稻，稻田十仅得二三”④。崇明县是，“崇地植棉十居六七”⑤。镇洋县是，农民种植“大率花六稻四”⑥。南汇县是，“地鲜稻”⑦。川沙厅也是，农民植木棉多于粳稻”⑧。上海县的许多地方，到嘉庆道光间，棉花“种者居七八”，甚至是“种稻者十不得一”，所以有人说，“业农者罕见种稻”⑨。

① 乾隆《林县志》卷1。
② 叶梦珠：《阅世编》卷7。
③ 《宫中档雍正朝奏折》第4辑。
④ 光绪《嘉定县志》卷8引钱大昕诗。
⑤ 乾隆《崇明县志》卷12。
⑥ 乾隆《镇洋县志》卷1。
⑦ 雍正《南汇县志》卷15。
⑧ 道光《川沙抚民厅志》卷11。
⑨ 嘉庆《法华乡志》卷3，道光《蒲溪小志》，张春华：《沪城岁事衢歌》。

对清代长江三角洲地区棉花种植的发展，一些地方官吏也作过估计。乾隆间，两江总督高晋曾两次到这一带巡视，他说："松江府、太仓州、海门厅、通州地方并所属之各县，逼近海滨，率以沙涨之地，宜种棉花，是以种花者多，种稻者少"。"以现在各厅州县农田计之，每村庄知务本种稻者，不过十分之二三，图利种棉者，则有十分之七八"[①]。道光间，江苏巡抚林则徐也说，"太仓州及所属之镇洋、嘉定、宝山等县，种稻之处十仅二三，而木棉居其七八"[②]。可见松江府、太仓州一带，在明代，棉田约只占耕地面积的50%左右，到清代中叶，则已占到约60%～70%。或者说，已经形成了棉田面积大于稻田面积的格局。

苏州府的常熟、昆山各县，常州府的江阴、靖江、武进各县，也都盛产棉花。这些县种棉，虽主要是在沿江沙地或高亢土地，但由明至清，棉田面积也在扩大。如常熟县郑光祖说，"余乡自海至岗身二十余里，称东高乡。雍正以前，乡农所种，豆多于棉"，"时种棉十仅四五"。以后"种棉渐多于稻"[③]。所以，长江三角洲地区，到清代仍然是最重要的棉产区。

2. 山东棉区。明代，黄河流域的棉花种植发展甚为迅速。天启间，王象晋在《群芳谱》中说，棉花是"今北土广树艺"。当时北方各省的植棉，以山东、河南为盛。明末，太仓州人吴伟业在《木棉吟》中写道："昔年河北载花去，今也栽花遍齐豫"。这是说，从前黄河淮河以北的人到长江三角洲一带来采购棉花，如今山东、河南已是遍种棉花了。

山东植棉，西部东昌府、武定府、临清州、曹州府等地早于山东东部，也盛于东部。明嘉靖间，山东棉花种植，"六府皆有之，东昌尤多。商人贸于四方，其利甚溥"[④]。到了清代，山东西部地区的棉花种植进一步发展，在明代原有基础上，大体形成了黄河下游南岸以齐东县为中心，黄河下游北岸以临邑县为中心，西北境以聊城县为中心，西南境以郓城县为中心的四个产棉区。如

① 《清经世文编》卷37。
② 《林文忠公政书》江苏奏稿卷2。
③ 《一斑录》杂述卷2。
④ 嘉靖《山东通志》卷8。

临邑县，明代即已是，“木棉之产，独甲他所，充赋治生，倚办为最”①。齐东县是，邑民“一切公赋、终岁经费，多取办于布棉”②。一些州县也出现了种植棉花多于种植粮食的趋向。东昌府的清平县，“多种木棉，连顷遍塍，大约所种之地，过于豆麦”，“故土人望木棉成熟，过于黍稷”③。该府的夏津县，也是“物产多棉花而少五谷”④。高唐州也是“种花地多，种谷地少”⑤。曹州府的曹县，康熙间，木棉之利，“乃与九谷平分轻重”。郓城县，“土宜木棉，贾人转鬻江南，为市肆居焉。五谷之利，不及其半”⑥。武定府的滨州，“地产木棉，种者十八九”⑦。

清代前期，山东西部地区的棉花种植始终在继续推广。如冠县，“邑多沙地，土性与木棉宜”。道光间，地方官“屡谕民改种木棉，近日试种者多”⑧。所以一直到清代中叶，这里仍然是山东最重要的棉花产区。道光间有人说，“棉花东昌最盛，武定次之，往往游海道远售他省”⑨。

山东东部地区的植棉，入清以后也有发展。青州府的寿光县，到嘉庆间，棉花“向有之，近日种之者尤多。新旧浟河之侧，村民大抵以植棉为业”⑩。胶州到道光间，棉花“近岁东鄙始渐种之，与稼穑同”⑪。博兴县到道光间，“其货物广为民赖者，尤以棉花、白酒为最”⑫。但更大的发展，则在清代后期。

3. 河南棉区。河南省也是黄河流域发展棉花种植较早的地区。明代万历间，已有“中州沃壤，尽植棉花”⑬ 的记载。清代前期，河南的棉花种植主要

---

① 同治《临邑县志》卷2引万历县志。
② 康熙《齐东县志》卷1。
③ 嘉庆《清平县志》卷8。
④ 乾隆《夏津县志》卷4。
⑤ 徐宗干：《斯未信斋文编》卷1，道光。
⑥ 乾隆《曹州府志》卷7。
⑦ 咸丰《滨州志》卷6。
⑧ 道光《冠县志》卷3。
⑨ 孙点《历下志游》。
⑩ 嘉庆《寿光县志》卷9。
⑪ 道光《胶州志》卷14。
⑫ 道光《博兴县志》卷5。
⑬ 钟化民：《赈豫纪略》。

是沿黄河两岸发展，以孟县、巩县、偃师、洛阳等地所产为盛。巩县是，“民恃棉花为业，收花之利，倍于二麦，民食资焉”①。偃师县是，农民“以棉花为急务，收花之利，与五谷等”②。到乾隆末年，有人说，“峭邙巩洛五百里，高下原隰花骈罗”。“三川棉花之利，赢于粟麦”③。这是说，从灵宝到开封的五百里之间，不论地势高低的田地，都有棉花种植。在黄河、伊水、洛水两岸，农民种棉花的收入，已经超过了种粮食的收入。

河南北部的武安、内黄、安阳等县，南部的南阳、光山、正阳等县，东部的商丘、太康等县，也产棉颇多。武安县是，“广出木棉，见于明志，今犹昔也。盖地多沙田，宜于种棉，因志为货物之冠”④。内黄县是，物产“独木棉最夥，出贩于山西泽潞诸州县”⑤。安阳县“正西及西南、西北一带，地处高阜，种棉者十之六七，种麦者十之三四”⑥。太康县是，“农以木棉为主”，“多种木棉，甚利赖之”⑦。光山县也是，“亢爽之地，入夏尽艺木棉”⑧。

4. 直隶棉区。直隶是清代前期发展最快的一个产棉区。乾隆间发展尤为迅速。乾隆初年，黄可润在《畿辅见闻录》中说，“直隶保定以南，以前凡有好地者皆种麦，今则种棉花”。这里的棉花种植，一般是直隶南部发展较早，中部次之，直隶东部兴起较迟。因此棉田多集中在冀州、赵州、深州、定州一带。方观承在《棉花图》中说，“冀赵深定诸州属，农之艺棉者十八九”。种棉多的县，棉田面积与粮田面积相等，或者超过粮田。如栾城县，“栾地四千余顷”，种“棉十之六，晋豫商贾云集”⑨。宁津县是，“种棉花几半县，岁无大水，其利倍入”⑩。其他如博野县，食货以“木棉为盛”⑪。就是发展较晚的

---

① 乾隆《巩县志》卷7。
② 乾隆《偃师县志》卷5。
③ 张九钺：《拾棉曲》。
④ 乾隆《武安县志》卷11。
⑤ 乾隆《内黄县志》卷5。
⑥ 王凤生：《河北采风录》卷2。
⑦ 道光《太康县志》卷3。
⑧ 乾隆《光山县志》卷13。
⑨ 道光《栾城县志》卷2。
⑩ 乾隆《河间府志》卷4。
⑪ 乾隆《博野县志》物产。

永平府，也是棉花“各邑皆有，滦（州）乐（亭）亦多”[①]。方观承在上引书中估计，“三辅种棉之地，约居十之二三。岁恒充羡，输溉四方”。这是说直隶的棉田，已约占全部耕地的百分之二三十。

直隶植棉在乾隆以后，还在继续发展。据光绪间记载，冀州新河县，“自方敏悋公教种木棉后，夏秋之交，绿云白云遍铺郊原，更值半年，居然乐土矣”[②]。南宫县在道光年间，也是“数十年来，广种棉花”[③]。到清代中叶，北方各省的棉花种植，山东多于河南，而直隶更后来居上，又超过山东。

5. 湖北棉区。在明代，湖北是仅次于长江三角洲的棉产区。《农政全书》中即有“江花”之称。清代前期，湖北的棉花种植，以安陆府的天门县、德安府的孝感县为中心，沿汉水流域展开，遍及省内许多州县，在明代原有基础上，进一步获得发展。棉花生产分布之广，在各省甚属少见。有人说，“清一统志言，孝感天门二县出（棉花），然亦通产。惟宜（昌）施（南）所属各州县间有不种此者，自荆州、安陆以下，则为出产之大宗。汉（阳）黄（州）德（安）三府尤盛。旧行川滇诸省，近则洋商争购。小民生计，多半赖是”[④]。这虽然是清末的记载，实际上在清代中叶就形成了这样的格局。许多盛产棉花的州县，大都盛产棉布。如汉阳、汉川、大冶、孝感、安陆、应城、云梦、罗田、蕲水、江陵、监利、石首、枝江、宜城等县。一些产棉多的县，农民几乎是家家种棉。天门县，“尤广种木棉”，“为农者，无论山农泽农，家必兼织”[⑤]。随州是，“户种木棉，人习为布”[⑥]。应山县是，“惟棉花为民利，家资纺织以生”[⑦]。汉川县也是，“产棉恒广”，农村“机声轧轧，比屋相闻”[⑧]。清代前期，湖北产棉布之多，也是仅次于长江三角洲地区。

以上是清代前期的几个重要棉花产区。此外，还有几个次要的棉花产区，

---

① 乾隆《永平府志》物产。
② 光绪《新河县志》风俗。
③ 道光《南宫县志》卷6。
④ 民国《湖北通志》卷24。
⑤ 乾隆《天门县志》卷1。
⑥ 乾隆《随州志》卷3。
⑦ 同治《应山县志》卷8。
⑧ 同治《汉川县志》卷6。

略述如后。

浙江省的棉田，主要集中在以余姚县为中心的杭州湾两面各县。杭州湾南侧是西起萧山，东讫镇海的各县；杭州湾北侧的余杭、海盐、平湖各县也盛产棉花。余姚县的棉花，明代即已有名。《农政全书》中即有“浙花出余姚”之说。到清代，仍为浙江最重要的棉花产地。乾隆间，“姚邑之北乡濒海，沿海百四十余里，皆植木棉。每至秋收，贾集如云。东通闽粤，西达吴楚。其息岁以百万计。邑民资是以为生者十之六七”①。嘉兴府各县本以盛产蚕桑著称，而平湖县却是“枲多于桑，布浮于帛”②。

乾隆以后，浙江棉田的扩展，仍然是围绕杭州湾滨海滨江的沙地发展。到乾隆末年，“钱塘江滨江沙地，数十年来，遍莳棉花，其获颇稔。今已远通商贾，为杭州土物矣”③。又如余姚县，自乾隆至光绪的“百余年，海滨沙地日涨，（棉花）种植益广。即塘南民田，亦往往种之，较前所产又增益矣”④。

湖南棉田主要集中在洞庭湖滨和湘江两岸，特别是洞庭湖滨的岳州府和澧州。岳州府是“棉花多产巴（陵）华（容）”⑤ 两县。澧州是“澧境盛产棉花，谓之花地”。该州慈利县，“所产之棉，以溇水北产最良，贩者多捆以入蜀及鄂西”⑥。该州安福县，物产“至多者”，为“棉絮纱布，其利尤溥”⑦。

江西棉田主要在鄱阳湖地区，以九江府的“彭邑、凉亭、马当所出为盛”。到清代中叶，已是“近则木棉与杂粮各半”。其所属彭泽县，就是“地沃资厚，木棉可抵稻粮之半”⑧。

此外，关外奉天的棉花也在发展。乾隆十年，和其衷说，“奉天各处，地多宜棉”。“旗民种棉者虽多，而不知纺织之利，皆售于商贾，转贩他省”⑨。

---

① 光绪《余姚县志》卷26。
② 康熙《平湖县志》卷4。
③ 乾隆《杭州府志》卷53。
④ 光绪《余姚县志》卷26。
⑤ 乾隆《岳州府志》卷12。
⑥ 同治《直隶澧州志》卷4。
⑦ 同治《安福县志》卷25。
⑧ 同治《九江府志》卷8。
⑨《清经世文编》卷35。

其著名的产地是，“今辽阳、盖平、海城亦多种棉”，“收时尚行远省”①。

清代前期，棉花种植主要是在明代原有产棉地区进一步发展，新的产棉区也有涌现。各集中产区所产的棉花，除农民自用为衣被和用于织布之外，其余均投入市场。江苏、浙江棉区的棉花，多销往福建、广东。山东棉区的棉花，多销往江淮。河南、直隶棉区的棉花，多销往山西、陕西、甘肃。湖北、湖南的棉花，主要销往四川、贵州、云南，也销行陕甘。这些棉区所产棉花，覆盖了全国各省，基本上满足了有巨大增长人口的需要。清代前期棉花种植的发展，是农业生产的一个重要成就。也可以说，是仅次于粮食生产发展的重要成就。

二、蚕桑

元代以来，人民的衣着材料逐渐由棉花取代丝麻，农村种桑养蚕不断收缩。加以气候变迁，北方各省尤为衰落。到清代，已有“树桑养蚕，除浙江、四川、湖北外，余省多不相宜”② 的说法。清代前期，适应国内外市场的需要，浙江、江苏、四川、广东等宜于蚕桑的地区，则仍有发展。

江南种桑养蚕主要集中于杭州府、嘉兴府、湖州府平原，和苏州府沿太湖一带地区。明代以前，浙江西部山区曾经是江南蚕桑业的中心。明初，朱元璋诏课植桑之后，浙西蚕桑生产迅速由山区推向平原，太湖南部的低田地带发展尤盛。入清以后，“丝绵日贵，治蚕利厚，植桑者益多”③。

湖州府是江南种桑养蚕最盛的地区。明代宋雷说，蚕桑“合郡俱有，而独盛于归安，湖丝遍天下”④。到清代，乌程县的蚕桑也兴盛起来，其南浔是“无不桑之地，无不蚕之家”，所以董蠡舟说，“蚕事，吾湖独盛，一郡之中，尤以南浔为甲”⑤。此外，德清县也是“穷乡僻壤，无地不桑，季春孟夏时，

① 乾隆《盛京通志》卷27。
② 雍正二年二月圣谕广训。
③ 乾隆《吴江县志》卷5。
④ 《西吴俚语》卷3。
⑤ 咸丰《南浔镇志》卷21。

无人不蚕"[①]。长兴县也是，"无一农不精于治桑者"[②]。就是西部山区，蚕桑也仍在发展。如安吉州，过去蚕桑主要集中在州治附近，到乾隆间，"山乡亦皆栽桑"[③]。武康县到道光时，也是"蚕桑尤大利所归"[④]。所以有人说，湖州府是，"其树桑也，自墙下檐隙以及田之畔、池之上，虽惰农无弃地"[⑤]。

嘉兴府的蚕桑仅次于湖州府。最盛的是桐乡、石门两县。明代万历九年(1581)，经过土地丈量，桐乡县旱地为834顷，清代康熙六年至五十二年(1667～1713)，又经过丈量，旱地增为882顷。尤其是石门县，万历间丈量，旱地为623顷，康熙间丈量增为2070顷[⑥]。增加了两倍多。除桐乡、石门之外，海盐、平湖等县也迅速兴起。据明代天启间记载，海盐县"素不习蚕，近三四十年中，蚕利始兴。今则桑柘遍野，无人不习蚕矣"[⑦]。到清代乾隆间，已是"比户养蚕为急务"[⑧]，发展为重要蚕桑区。又如本来"蚕事罕及"的平湖县，到清代中叶，已是"沿河皆种桑麻，养蚕采丝，其利百倍"[⑨]。其后更是"栽桑遍野，比户育蚕，城乡居民无不育此者，其利甚大"[⑩]。

杭州府也是蚕桑重要产区。所属九县"皆养蚕缫丝，岁入不赀，仁和、钱塘、海宁、余杭贸丝尤多"[⑪]。嘉庆间，余杭、临安两县是，"隙地皆树桑，虽田边小径，树低叶茂，植列成行"。于潜县也是，"户户养蚕"，"蚕熟丝多，乡人多资其利，出息差不亚于嘉湖也"[⑫]。清代中叶后犹在发展。如富阳县，蚕桑"东南西南两乡最盛。每有新涨沙地，皆种桑树"[⑬]。

苏州府的蚕桑生产主要集中在吴江、震泽两县南部毗邻嘉湖的地区，以

---

① 康熙《德清县志》卷4。
② 同治《长兴县志》卷8。
③ 乾隆《安吉州志》卷8。
④ 道光《武康县志》卷5。
⑤ 乾隆《湖州府志》卷37。
⑥ 陈恒力:《补农书研究》。
⑦ 天启《海盐县图经》卷6。
⑧ 乾隆《海盐县续图经》卷1。
⑨ 王韬:《漫游随笔》。
⑩ 光绪《平湖县志》卷8。
⑪ 光绪《杭州府志》卷80。
⑫ 均见嘉庆《于潜县志》卷10。
⑬ 光绪《富阳县志》卷15。

及吴县沿太湖一带。常熟县也有少量蚕桑。吴江县的植桑，明代“宣德七年，至四万四千七百四十六株”。到清代乾隆间，“乡间殆无旷土，春夏之交，绿阴弥望，通计一邑，无虑数十万株”①。吴县的蚕桑，明代弘治间，犹局限于太湖中洞庭东西两山，“湖中诸山”，“以蚕桑为务”②。到清代乾隆嘉庆间，已是“近湖诸山家户畜（蚕）取绵丝”③。“环太湖诸山，乡人比户蚕桑为务”④，实际上已遍及吴县全境，但仍以“东西两山为盛”⑤。江苏其他各地蚕桑的发展，主要在清代同治之后，但镇江府溧阳县在此之前已有所发展。据乾隆间记载，该县“育蚕植桑，向惟姜笪、新昌两村鼓舞利导，近且缫声遍轧轧矣”⑥。

苏杭嘉湖四府共30余县，其中种桑养蚕的达25个，几乎县县都业蚕桑。它们连成一片，“北不逾淞，南不逾浙，西不逾湖，东不至海”⑦，地方千里，成为当时全国最重要的蚕桑产区。

这里由于种桑养蚕的发展，蚕桑生产的一些重要生产环节，出现了专业性生产分工的情况，并形成了相应的市场，体现了商品生产发展的新趋势。杨屾在《豳风广义》中说过，江浙“蚕忙之月，里有蚕市。春日卖筐箔簾荐一切蚕事器具，卖桑树、卖蚕连、卖蚁、卖蚕、卖桑、卖茧、卖丝，无不毕具”。实际情况说明，这是恰当的写照。

1. 桑树苗市。由于大量栽桑，有些农民遂以生产桑树苗为业，桑树苗因之成市。这在明代即已出现。黄省吾在《蚕经》中说，“有地桑出于南浔，有条桑出于杭之临平。其鬻之时，以正月之上旬”。清代前期，杭州、石门、震泽等地均盛产桑秧。如湖州府所需“桑秧，大抵贩自杭州、石门、震泽等处”⑧。乾隆间，金淮说，“桑以石门为美，吾乡（秀水县）桑树多接种，枝叶

① 乾隆《吴江县志》卷5。
② 王鏊等:《震泽编》卷3。
③ 乾隆《吴江县志》卷2。
④ 顾禄:《清嘉录》卷4。
⑤ 《具区志》卷7。
⑥ 乾隆《溧阳县志》卷4。
⑦ 唐甄:《潜书·教蚕》。
⑧ 同治《湖州府志》卷30。

尤茂”[①]。震泽县“西南境之农颇善治桑，桑凡一二十种”[②]。湖州府的长兴县，培育桑树苗也得到发展。“树桑有秧，往多来自桃城。春分后捆载而至，投行发卖”。“育桑秧，一亩可得五千余本，本售三厘，亩可十五六金。乡民多效之，几无虚地，亦本业也”[③]。可见培育桑树苗已成为某些农民的专业。又由商人设行买卖，可见桑树苗的市场也是不小的。

2. 桑叶市。太湖蚕桑区有以下几种人需要买桑叶饲蚕。一种是市镇居民。他们饲蚕而不栽桑，需要买桑叶。如濮院镇，“街巷养蚕之人，十之二三。四月中旬，青叶盛开。自晓至辰，放叶接叶，踵接肩摩”[④]。一种是有些地方桑地不足，农民需要买桑叶饲蚕。如南浔一带，“栽桑地狭，所产仅足饲小蚕”[⑤]，所以农民需要买桑叶。一种是有些种桑养蚕的农民，由于一些偶然因素，生产与需要不完全适应，难以避免“有余则卖，不足则买”。这些都需要农民与农民之间、地区与地区之间，有余缺调剂。栽桑卖叶的农民就会应运而生。这种情况，明代即已出现，当时即已有人讨论栽桑卖叶之利：“栽桑原以饲蚕，然不饲蚕而栽桑，亦未始非计也。栽桑百株，成阴后可得叶二三十石，以平价计之，每石五六百文，获利亦不薄矣”[⑥]。桐乡、太湖洞庭山当时即为商品叶产地。乌程县的桑“叶不足，又贩于桐乡、洞庭”[⑦]。这种情况至清犹然。“叶莫多于石门、桐乡，其牙侩则集于乌镇。买叶者以舟往，谓之开叶船”[⑧]。“桑出（太湖）东西两山，东山尤盛。蚕时设市，湖南各乡镇皆来贩鬻”[⑨]。秀水县的新塍一带也盛产桑叶，供给面颇广。“无乡不种，蚕有余食，江南界中，皆仰给焉”[⑩]。从这些情况看，种桑卖叶的农民应为数不少，其中有些人已应是专业化了。

---

① 金淮：《濮州所闻记》。
② 乾隆《震泽县志》卷4。
③ 康熙《长兴县志》卷3。
④ 杨树本：《濮院琐志》卷6。
⑤ 咸丰《南浔镇志》卷21。
⑥ 沈练：《广蚕桑说》。
⑦ 朱国桢：《涌幢小品》。
⑧ 咸丰《南浔镇志》卷21。
⑨ 金玉相：《太湖备考》卷6。
⑩ 咸丰《新塍琐志》。

这里的桑叶买卖，有“预立约以定价而俟蚕毕贸丝以偿者，曰赊销。有先时预值俟叶大而采之，或临期以有易无，胥曰现销”[①]。有些桑叶买卖，则通过商人。“蚕向大眠，桑叶始有市。有经纪主之，名青桑叶行”[②]。濮院镇的“桑叶行开在四栅近处，以利船出进也。采桑时下乡，客船买叶者云集。每日暮，如乌鸦、野鹜争道而来，顷刻四塞”[③]。由于交易繁盛，桑叶市价一日早午晚三变，遂引发了市场投机。“凡无叶而交易者，谓之空头。叶价贱而望其长者，谓之做大眠；价贵而望其短者，谓之做小眠。或贱买而贵卖，或贵买而贱卖。市侩以之射利，或顷刻获利数倍，或顷刻折本数倍”[④]。从交易方式和市场规模来看，桑叶买卖是很繁盛的。

3. 蚕种市。蚕种有优劣，有些农民遂育种出售。这里“蚕之种不一，所出之地亦不一。丹杵种出南浔、太湖诸处。白皮种、三眠种、泥种出千金、新市诸处。余杭亦出白皮及石小缸种。有以卖种为业者，其利浮于卖丝”[⑤]。蚕种通过优胜劣汰，也促进了专业生产的发展。如海盐县，“蚕有家种有客种，向只有家种。十余年来，有自余杭、湖州带归者，食叶甚猛，每蚕一斤，食叶较家种多数十斤，缫丝亦重数两。愚民第利其多丝，竟弃家种而养客种”[⑥]。余杭蚕种由于各地推广，该县农民遂多育蚕种出售。他们“于收茧后，以厚桑皮纸生蚕子其上，携卖海盐、桐乡等处，其价自四五百文一张至千余文不等，获利甚厚。且有开行收买以转售者”[⑦]。买卖要通过商人，可见交易量也是不小的。

4. 蚕市。有些蚕户是买现成蚕饲养，遂有蚕市。吴县有些农民，“畏护种出火辛苦，往往于立夏后，买现成三眠蚕于（太）湖以南之诸乡村。谚云立夏三朝开蚕党，开买蚕船也”[⑧]。有些农民卖蚕，则是由于自用有余，“蚕多则

---

① 乾隆《湖州府志》卷37。

② 费南晖：《西吴蚕略》。

③ 沈廷瑞：《东畲杂记》。

④ 沈廷瑞：《东畲杂记》。

⑤ 乾隆《吴兴蚕书》。

⑥ 乾隆《海盐县续图经》卷1。

⑦ 嘉庆《余杭县志》卷38。

⑧ 顾禄：《清嘉录》卷4。

论斤鬻之，少则买之，俗曰掇出火蚕”[①]。在某些蚕种优良的地方，卖蚕的农民更多。如余杭县，“每当蚕将二眠之际，各乡买蚕之船，衔尾而至”[②]。有些蚕书中还专门总结了买蚕的经验，如董开荣《育蚕要旨》中说，“买出火须择其丝绪缠绵者为上”[③]。从这些记载看，这里蚕的买卖也是颇盛行的。

5. 茧市。当时农民以旧式缫车缫丝，效率很低。而蚕茧在一周以外就会出蛾。如果农户养蚕超过其缫丝能力，就必须将多余的茧出卖。而缫丝又是具有一定技术性的生产劳动，容易从蚕桑生产中分离出来。乌程县南浔一带的蚕农善缫丝，明代即已有名。黄省曾的《蚕经》中说，“看缫丝之人，南浔为善”。买茧缫丝的专业生产者遂于清代中叶在南浔镇出现。道光年间，在南浔镇，“绵四五月间，居民竞相营治，或从外方买茧为之，或有将茧鬻于镇者”[④]。又有人说，“近时多有往嘉兴一带买茧归缫丝售之者，亦有载茧来鬻者”[⑤]。在这类专业生产者出现以前，则可能是一些有余力缫丝的蚕户买茧缫丝。

太湖地区蚕桑发展普遍，区域性专业化生产的程度高，加以蚕丝产量多，质量好，甲于全国。遂使江苏浙江成为全国最重要的丝织业中心，还有大量蚕丝销往全国各地，以至海外，因此，有“湖丝遍天下”、“吴丝衣天下”[⑥]之目。

四川的蚕桑，明代已有一定发展。郭子章《蚕论》中，就有山西潞绸“取给于阆茧”的记载。明末清初战乱，蚕桑荒废殆尽。清康熙间逐渐恢复，乾隆以后并有发展。以川北、川西产丝最多，主要分布于成都平原、岷江和嘉陵江流域的潼川、顺庆、保宁、嘉定、成都诸府。“蚕固蜀之利也。今顺潼诸州县家以为业，而眉州亦多。成属之利不在蚕，然饲者亦十室而四”[⑦]。但四川蚕桑分布面广，不如太湖蚕桑区的相对集中。到清代中叶，许多州县的蚕桑

---

① 同治《湖州府志》卷30。
② 嘉庆《余杭县志》卷38。
③ 同治《湖州府志》卷30。
④ 道光《南浔镇志》卷3。
⑤ 咸丰《南浔镇志》卷22。
⑥ 乾隆《湖州府志》卷41，唐甄：《潜书·教蚕》。
⑦ 同治《新繁县志》风俗。

也达到了一定的规模。据嘉庆道光间地方志记载，温江县是“邑多桑”，彭县是“多桑柘”，新津县是“邑人喜蚕桑”[①]。乾隆《盐亭县志》也说，“无产之人，均以植桑养蚕为业”。他们“一岁之需，公私支吾，总以蚕之丰啬为用之盈缩”。道光间，以蚕桑著称的阆中县，更是“邑中地利物产，固当以蚕桑为甲”。“至人家隙地在在皆种者，则无过于桑”[②]。四川各地的蚕丝，主要供成都、嘉定、潼川诸处织为蜀锦、大绸、花绫等丝织品，行销陕甘藏云贵各地。

广东珠江三角洲蚕桑区的蚕桑生产，主要集中在顺德、南海、香山、鹤山诸县。明代，当地农民挖低洼地为塘，泥土堆于塘四周为基，塘养鱼，基栽果，俗称果基鱼塘。明中叶后，蚕丝出口扩大，塘基栽桑的渐多，桑基鱼塘逐步取代果基鱼塘。入清继续发展。康熙末年，从明末原有的南海县九江乡、顺德县龙江乡、龙山乡，和鹤山县的坡山乡等四乡，扩及南海县的海州、镇涌、金瓯、绿潭、沙头和大同等六乡，连成一片，形成以九江乡为中心的桑基鱼塘专业生产地区。乾隆间，清廷封闭闽浙外贸口岸，后又限制湖丝出口，更刺激了这里的蚕桑生产，掀起了“弃田筑塘，废稻树桑”的热潮。如南海县九江乡，“自乾嘉以后，民多改业桑鱼，树艺之夫，百不得一”。“一乡之中，塘居其八，田居其二”[③]。顺德县龙山乡也是，“民舍外，皆塘也”[④]。鹤山县的坡山乡一带，农民“皆以蚕为业，几乎无地不桑，无人不蚕”[⑤]。到清代中叶，有人说，“粤东南海县属，毗连顺德县界之桑园围地方，周回百余里，居民数十万，田地一千余顷，种植桑树，以饲春蚕，诚粤东农桑之沃壤也”[⑥]。珠江三角洲蚕桑区同太湖蚕桑区相比，桑地面积小得多，蚕丝产量也少得多，但蚕桑生产的专业化程度则尤过之。珠江三角洲所产蚕丝，除供当地织粤缎、粤纱之用外，多出口外洋。

清代前期，除地桑养蚕之外，柞桑养蚕也有发展。

---

① 郑昌淦：《明清农村商品经济》。

② 道光《阆中县志》卷3。

③ 光绪《九江儒林乡志》卷3、卷5。

④ 嘉庆《龙山乡志》。

⑤ 道光《鹤山县志》卷2。

⑥ 张鉴等：《雷塘庵主弟子记》卷5。

当时，柞桑养蚕，首推山东。主要分布于沂州、泰安二府，以及青、莱、登等府的部分州县。沂州府兴起最早。康熙间，该府“各属山中，民多种树畜蚕，名曰蚕场”。“弥山遍谷，一望蚕丛”。孙廷铨《山蚕说》记载，“山蚕齐鲁诸山所在多有……而以沂水所产为最”。康熙间，临朐张新修《齐雅》中说，“山桑，叶大于常。登、莱、青、兖四府凡有山谷之处，无不种植。不论顷亩，以一人所饲为一把手。有多至千手之家。不供赋税，坐享千金”。

自康熙至道光间，该省各地迄在推广。如栖霞县，“自康熙二十年，诸城人教之植柞树，饲山蚕成茧，今三叫诸社为多”①。如泰安府，据乾隆间记载，山蚕，“向惟莱芜有之，近特收橡种，发给贫民，设法劝种。七属山麓殆遍种之”②。如宁海州，乾隆间，知州李湖，“劝民种柘树，养山蚕，民食其利”③。如武城县，道光间，知县龚璁教民“于隙地徧植之，数年后，桑柘蔚然，民获其利”④。

当时，该省柞蚕丝生产，以诸城、沂水、昌邑、临朐、栖霞等县为多。沂水令吴树声说，“沂多山，山必有场。种勃罗（即槲树）以蚕。岁出山茧、山绸无祘”⑤。又如诸城县，“其利最久且大者，曰山蚕。蚕养于槲与柞，皆名不落树。树生于山，春秋两次，蚕老吐丝”。“织为山紬，虽不如椿紬之贵，而衣被南北，为一方之货”⑥。

山东移民，又将柞桑养蚕推广于东北。大体是兴“起于乾嘉之间，而盛于咸同之际”⑦。从地区上说，“奉省柞蚕之利，仅江边一隅”，主要在锦州、复县、熊岳、盖平、凤凰、宽甸等地。据乾隆间记载，“奉省所属锦、复、熊、盖等处，沿山滨海，山多柞树，可以养蚕，织造茧绸。现在山东流寓民人，搭盖窝棚，俱以养蚕为业。春夏两季，放蚕食叶，分界把持。事毕，则捻

① 乾隆《栖霞县志》卷1。
② 乾隆《泰安府志》卷2。
③ 宣统《山东通志》卷76。
④ 宣统《山东通志》卷76。
⑤ 《沂水桑麻话》。
⑥ 乾隆《诸城县志》方物考。
⑦ 徐世昌:《东三省政略》卷11。

线度日”[①]。这里所产柞蚕丝，除在当地生产一小部分土纩外，大部分运往山东宁海州、栖霞一带，在该处制造茧绸。

清代前期，清政府推广蚕桑（主要是柞桑蚕）于西北西南的陕西、贵州诸省。在陕西，这里有些地方早已饲蚕。康熙间，华州“四境多桑，蟓极丰，商多以华丝称最”[②]。从康熙年间开始，该省地方官在各地推广蚕桑。康熙三十二年，汉中府知府滕天绶教民栽桑，特别是洋县县令邹溶，“奉行罔懈，遍劝境内无不栽桑，二年之间，共劝栽桑一万二千二百余株。嗣后犹岁岁督劝不已，年年增益”。到乾隆初年，“汉南九署，桑蚕大举，独洋县最盛而民富”，“汉中一岁所出之丝，其利不下数十万金”[③]。康熙中叶，山东诸城人刘棨任宁羌州知州，该地“山多槲叶，民未知蚕，遣人旋乡里赍蚕种，募善蚕者教之，人习其利，名所织曰刘公绸”[④]。到道光间，该州丝品“贩行川广，获利已属不赀”[⑤]。兴平县监生杨屾，利用当地“槲橡满坡”，引进沂水蚕种，于雍正七年开始养山蚕。到乾隆初，“岁岁见收，近来邻邑亦有慕效者”[⑥]。

陕西大规模推广养蚕，是在乾隆间。当时该省巡抚陈宏谋“募江浙善育蚕者导民蚕”，到乾隆十一年，“通省增植桑树已及数十万株”[⑦]。史称“久之利渐著”[⑧]。经过康熙乾隆间的推广养蚕，凤翔、西安、汉中、兴安、华州、商州等许多州府的蚕桑均有发展。乾隆后还有些地方在继续推广。嘉庆十三年，汉阴厅抚民通判钱鹤年，“于湖州携来蚕种，延善养蚕者来汉，劝民饲之”，“自此民竞树桑，地无旷土”，“饲蚕取丝，岁入甚厚”[⑨]。

在贵州，蚕桑生产先推广于遵义府，后扩展于安顺府，并扩及毗邻的四川

① 《清高宗实录》卷665。
② 康熙《续华州志》卷3。
③ 杨屾：《豳风广义》。
④ 《清史稿·刘棨传》。
⑤ 光绪《宁羌州志》卷5。
⑥ 杨屾：《豳风广义》。
⑦ 《清高宗实录》卷265。
⑧ 《清史稿·陈宏谋传》。
⑨ 嘉庆《汉阴厅志》卷2。

綦江一带。乾隆七年，遵义府知府陈玉壂“始以山东槲茧，蚕于遵义”，以后逐渐发展。到道光间，“纺织之声相闻，槲林之阴迷道路”。所产蚕丝，不但织成“遵绸”，与“吴绫蜀锦争价于中州”，而且“秦晋之商，闽粤之贾，又时以茧成来墆鬻，捆载以去，与桑丝相掺杂，为越绉纨缚之属，使遵义视全黔为独饶”①。由于养山蚕的农户众多，这里也出现了专售蚕种的“烘户”。“蚕少者，不自烘种，皆售于烘户。烘户者，专烘种待售，凡村落皆有之”②。道光四年，地方官又在安顺府推广放养山蚕，到咸丰间，已是“种橡益多，放蚕益广”③。四川綦江县，毗邻遵义。当地“民间呼栎树为青棡，从不知其可以养蚕，其法从遵义延来”。道光初年，“始学为之，十余年来，种桑养蚕者渐多”。到道光末年，丝市日见兴旺。“每岁二三月，山陕之客云集，马驼舟载，本银约百余万之多”④。

明代以来，蚕桑生产逐渐从普遍趋向集中。到清代前期，主要集中于浙江、江苏、广东、四川诸省。尤其是太湖地区蚕桑之利大兴，珠江三角洲继起，两地均达到了较高的专业化生产水平，成为当时全国两个最重要的生产中心。元明以前，封建国家的田赋主要征收谷物与绢帛。人民的衣着主要以绢与麻布为材料，因此，桑蚕生产的普遍发展，具有浓厚的自然经济性质。明代立国之初，犹强制栽桑，以征收丝绢，供皇室和官府之用。到明代中叶，这种赋税制度始为商品经济的发展所冲破。特别到了清代，由于棉花生产的发展，农民一般已不穿绢帛。因此，清代前期蚕桑生产的发展，不但满足了国内外市场的需要，还最后完成了自给性生产到商品性生产的转化。

三、苎麻

明代植棉的推广，是麻作为衣着材料逐渐被代替的过程。到清代，北方大麻已经被代替。南方的苎麻作为夏季凉爽织物原料，仍然是重要的纤维作物。麻的种植面积虽日益缩小，但仍保有一些集中产区。道光间，吴其濬说，“江

① 道光《遵义府志》卷16。
② 道光《遵义府志》卷16。
③ 咸丰《安顺府志》卷17。
④ 道光同治《綦江县志》卷10。

南安庆、宁国、池州山地多有苎。要以江西、湖南及闽粤为盛。江西之抚州、建昌、宁都、广信、赣州、南安、袁州苎最饶”。“湖南则浏阳、湘乡、攸县、茶陵、醴陵皆麻乡”①。由于社会经济发展，“服葛者日众”②，适应消费增长的需要，一些原有产区的苎麻种植有所发展，还出现了一些新的产区。

在广东福建，“粤中恒燠，以葛苎为常服”③。福建也是这样，特别是山区居民，往往穿棉布少而穿麻布多。因此，葛与麻的种植甚为普遍。广东增城、雷州等地多产葛，顺德、三水、普宁等地多产苎。福建浦城、连江、福清、永福诸县均盛产苎麻。

江西省苎麻种植亦多。产苎著名的袁州府，清初，“袁州人不艺麻，赁地与闽楚流民”种麻。其时，“山陬郁郁多白苎，问谁种者闽与楚。伐木作棚御风雨，缘岗蔽谷成俦伍”④。降至乾隆间，不但外来棚民种麻，土著农民也种麻，不仅山区种麻，平原地区也种麻。据乾隆间记载，“苎，山园皆有，山产者不及园产之肥，而宜春为尤胜，高者五尺。江广间织绸绫纱缎，多杂以苎，非宜者不中选，故价倍他邑”⑤。袁州府其他各县也盛产苎，到清代中叶，犹在发展。如分宜县，“邑北山地多种苎，其产甚广。每年三收。五月后，苎商云集各墟市，桑林一墟尤甚”⑥。又如万载县，民间流传“将绩苎，求于万载”⑦ 之说。其他种苎的地方也不少，如“赣州各邑皆业苎”⑧。江西因产苎多，多织成夏布行销各地，宁都、石城、兴国、万载、宜黄等州县即为著名夏布产地。赣州府所产苎麻还销往福建。“闽贾于二月时放苎钱，夏秋收苎，归而造布”⑨。

湖南种苎，也是在乾隆嘉庆间有较大发展。乾隆间，陈玉垣说，“平江、

---

① 《植物名实图考》卷14。
② 叶梦珠：《阅世编》卷7。
③ 光绪《广州府志》物产。
④ 《施愚山先生全集》诗集卷19。
⑤ 乾隆《袁州府志》卷7。
⑥ 道光《分宜县志》卷1。
⑦ 同治《高安县志》卷2。
⑧ 《植物名实图考》卷14。
⑨ 《植物名实图考》卷14。

浏阳之苎，夏间苏杭大贾云集，数十年前所未有也”①。湘潭县，苎麻“岁三刈，每亩可数十斤。贩运南省，获利甚厚”②。特别是毗邻广东的一些地方，受广东苎麻市场扩大的影响，苎麻种植也有发展。如兴宁县，“山占其九，田居其一。近来生齿日繁，食粟益众。民田多不种稻而种麻。以种稻每岁仅一次收获，麻则每年三次刈剥，于是检择膏腴之田，尽其所有以种麻者。且有争批富室之田，情愿加倍纳租以种麻者。东南两路，废田更甚。夫宁田仅居十分之一，今一分中又为麻所占”③。

浙江苎麻种植的发展，得力于闽赣移民。清初即有福建棚民来浙江种麻，但到乾隆嘉庆间，移民渐多，苎麻种植才有较大发展。如常山县，“自甲寅（康熙十三年）闽变后，人尽流亡，山川涤涤。时则有某招引江闽流民开种麻山，不数年间，几遍四境”④。据乾隆间记载，江山县也是“他方流寓，以种麻为业，土人嗜其微利，立券招租”⑤。丽水县是，“苎麻初鲜种者，乾隆间，江右人来种之，今渐广”⑥。不但浙江南部如此，就是远离闽赣的浙江北部也是如此。长兴南部山区，“迩年有福建、江西棚民携妻子，挟资本，陆续而至。与乡民租荒山，垦艺白苎”⑦。余杭县是，“苎麻近年种植更多，闽粤人侨居此土，佃地推阜，种麻为业”⑧。在安吉县，乾隆《安吉县志》说，本来“安吉所产苎麻有限”。但“自闽人及江右人租乡村旷地，设厂开掘而种，莳壅既工，获利始倍”⑨。乾隆《绍兴府志》说，“今八邑皆有苎，尤以暨阳为胜。谚云诸暨三如，有如丝之苎……”。

在四川，由于闽粤移民多，人习穿苎布，“夏惟苎布短衫，冬惟棉布小袄，虽中人之家亦然”⑩。苎麻种植遂由闽粤籍移民的传播而得到发展。嘉庆

---

① 嘉庆《巴陵县志》卷14。
② 嘉庆《湘潭县志》卷39。
③ 乾隆《兴宁县志》卷10。
④ 嘉庆《常山县志》卷1。
⑤ 同治《江山县志》卷12引乾隆县志。
⑥ 同治《丽水县志》卷13。
⑦ 乾隆《长兴县志》卷10。
⑧ 嘉庆《余杭县志》卷38。
⑨ 同治《安吉县志》卷8。
⑩ 道光《德阳县新志》风俗志。

《郫县志》说，“苎麻，郫邑妇女不善纺织，种此常少。近日粤东人多栽此，绩以织布，故常有焉”。嘉庆《温江县志》也说，苎麻“皮或织为布，粤东籍家多种之”。自乾隆以至道光，四川许多地方的苎麻种植均有发展。重庆府荣昌县就是著名产地。“乾隆嘉庆时……南北一带多种麻，比户皆绩，机杼之声盈耳。富商大贾购贩京华，遍逮各省。百年以来，蜀中麻产惟昌州称第一。故植麻艺黍，遍满郊圻”[①]。道光间，江北厅是，苎“一岁三收，近来人家多种之，以其利厚而种植易也”[②]。大竹县是，“邑产苎，行巴渝，四方之商贾辐辏来集”[③]。

四、烟草

烟草明代中叶自海外传入中国。到清代，由于嗜烟的人日多，烟草种植遂在全国迅速推广。当时有人说，“今州县无不种”，或“种者几遍天下”。“直隶、山东、江西、湖广、福建等省，种植尤多，陇亩相望，谷土日耗”[④]。烟草就成为居棉花之后的第二大经济作物，并在广泛发展的基础上，形成了一系列著名产区。

福建 烟草自海外最初传入福建漳州。漳州及毗邻的泉州成为福建省最早的产烟区。清初，福建产烟“惟漳烟称最，声价甲天下。漳又长泰最胜，人多种之，利甚多”[⑤]。继漳州泉州之后，汀州、延平、建宁诸府也发展成为烟草的重要产区。汀州府原来是，“山僻村农唯知耕耘稼穑，从无种烟网利之徒。自康熙三十四五年间，漳民流寓于汀州，遂以种烟为业，因其所获之利息，数倍于稼穑，汀民亦皆效尤。迩年以来，八邑之膏腴田土，种烟者十居三四”[⑥]。该府龙岩县，康熙间，种植烟草，“与农夫争土而分物力者，已十之五矣”[⑦]。该府永定县，“乾隆四十年后，生齿日繁，产烟亦渐多”。“膏田种烟，

---

① 光绪《荣昌县志》卷16。
② 道光《江北厅志》卷3。
③ 道光《大竹县志》卷19。
④ 《清实录经济史资料》农业编第2分册。
⑤ 康熙《漳州府志》卷27。
⑥ 王简庵:《临汀考言》卷6。
⑦ 康熙:《龙岩县志》卷2。

利倍于谷，十居其四”①。延平府的南平县，据嘉庆间记载，“年来烟草获利，栽者日夥。城堧山陬，弥望皆是，且有植于稻田者”②。乾隆嘉庆间，建宁府浦城县所产烟叶成为最著名的烟草。陆耀说，烟草“第一数闽产，而浦城最著”③。

广东　烟草传入广东虽早，但发展较晚。屈大均的《广东新语》中，即未见著录。该省最有名的南雄烟，乾隆初虽已销往省内一些地方，但更大的发展还是在乾隆中叶之后。乾隆初，梁秀明在佛山镇开设乌烟厂，据称：“本乡乌烟向购自南雄，不能自制，有之，自秀明始”④。乾隆十八年所修《南雄府志》未载烟草为本地物产。嘉庆二十四年所修的《南雄州志》则称，烟草“近四五十年日渐增植，春种夏收，每年约货银百万两，其利几与禾稻等”⑤。可见该地的烟草种植，自乾隆中叶后始盛。肇庆府的烟草种植，也是乾隆间开始有较大发展。据全祖望《淡巴菰赋序》中说，“今新兴之天堂及阳春莳此为利，几敌种稻”⑥。此后，鹤山、新会、石城、大埔等县的烟草种植也相继发展起来。鹤山县，乾隆间有些农民利用高阜土地种烟，收烟后再种晚造禾，“耕凿之民，恒以是致富”⑦。到道光间，该县物产除“古劳茶之外，唯烟叶最盛”⑧。新会县的何村、天河等乡，道光间已是“种烟者十之七八，种稻者十之二三”⑨。石城县道光间也是烟草“种者甚多，其品不让闽漳也”⑩。大埔县嘉庆间，农民“竞尚种烟，估客贩运江西发售，种烟之利，比稻加倍”⑪。

江西　江西毗邻闽粤，有利于烟草种植的传播。江西烟草生产的发展，有的是吸取了福建的烟种和种烟技术，有的是闽粤人亲自来江西种烟。清初，石

---

① 道光《永定县志》卷1。
② 嘉庆《南平县志》卷8。
③ 《烟草谱》卷46。
④ 道光《佛山忠义乡志》卷6。
⑤ 嘉庆《南雄州志》卷9。
⑥ 道光《肇庆府志》卷3。
⑦ 乾隆《鹤山县志》卷2。
⑧ 道光《鹤山县志》卷2。
⑨ 道光《新会县志》卷2。
⑩ 道光《石城县志》卷1。
⑪ 嘉庆《大埔县志》卷9。

城县因“与闽接壤，三十年来始得其种及制作法”。“无田可耕者，赁山种植，取息赡养”[①]。赣州府是“近多闽广侨户栽烟牟利，颇夺南亩之膏”[②]。如瑞金县，“自闽人流寓于瑞，以莳烟为生，往往徒手起家，聚拥雄资，土著之人，贪目前之近利，忘久远之大害，于是赁田以与人，或效尤而又甚”[③]。后来，福建制烟采用江西烟草，甚至来江西设厂制烟，也给江西的烟草种植以有力的推动。如广丰县，“与浦城接壤，浦烟出名，而叶实有藉于丰”[④]。又如瑞金县，“制熟烟必得茶油为用，瑞故产油之地，故闽漳之人麇至骈集，开设烟厂。烟叶销售既广，种者日益多。春时平畴广亩，弥望皆烟矣”[⑤]。江西遂成为重要烟草产区。

江西的烟草种植，发展于康熙间，盛于乾隆嘉庆间。瑞金县，康熙间有田“二千八百余顷”，“烟占其半”[⑥]。到乾隆嘉庆间，赣州府、广信府、建昌府、宁都州均产烟甚多。如赣州府是，“属邑遍植之，甚者改良田为烟畲，致妨谷收，以获厚利”[⑦]。到道光间，江西烟草种植仍在继续发展。兴国县，“种烟甚广，以县北五里亭所产为最。秋后，吉郡商贩踵至，利视稼圃反厚”[⑧]。上饶县是，“烟草向惟盛于广丰，今（上饶）山农亦有种者”[⑨]。南昌府、九江府也都是道光以后才获得发展。据同治间记载，南昌府是“近南昌亦多种”[⑩]；九江府是，“近有种烟取叶以沽钱者”[⑪]。

湖南　湖南种烟亦早，衡州府得风气之先。“明季海内通买社坛衡烟。社坛，城北旧坛也”[⑫]。入清以后，衡州府的烟草种植甚为普遍，府治衡阳

① 康熙《石城县志》卷3。
② 康熙《赣州府志》卷63。
③ 康熙《瑞金县志》卷4。
④ 乾隆《广信府志》卷2。
⑤ 乾隆《瑞金县志》卷2。
⑥ 同治《瑞金县志》卷11。
⑦ 乾隆《赣州府志》卷2。
⑧ 道光《兴国县志》卷12。
⑨ 同治《上饶县志》卷10引道光县志。
⑩ 同治《南昌府志》卷8。
⑪ 同治《九江府志》卷9。
⑫ 同治《衡阳县志》卷11。

并为烟草重要集散地。烟草，“衡州一府皆种之”[①]。“祁（阳）、邵（阳）、茶（陵）、攸（县）所产，皆售于衡郡”[②]。到清代中叶，其他各地亦继续发展。嘉庆间，湘潭县“客商贩卖，预给值种烟之户，谓之定山，秋后成捆发行”[③]。宁乡县，山农“一岁种烟，再岁种薯荞粱粟，三岁种芝麻，通易粒食”[④]。道光间，永州府是，“烟叶旧惟道州龙角营专产”，“今则遍郡皆种之”[⑤]。湖南“烟叶各处多种，产攸县及平江者佳”[⑥]，以两地所产最为著名。

浙江 浙江种植烟草，康熙间已盛。嘉兴府种烟较早，“崇祯末，嘉兴遍处栽烟”[⑦]。康熙间政局“大定以后，率土皆树烟，嘉郡尤多”[⑧]。康熙间，杭州府的一些地方，农民也“多种烟为业”，“连畦盈亩”[⑨]。台州府黄岩县，也是“乡间遍种贾利”[⑩]。

乾隆以后，仍以嘉兴府为中心向各地扩展，历久不衰。乾隆间，嘉兴府是，“今嘉郡多知树烟，乡城区圩布种林立，不惟供土著之需，抑且比闽广之所产矣”[⑪]。该府桐乡县，乾隆五十年大旱，“苗槁几尽，南乡有种烟者，收值数倍于谷，由是种者渐多。偶遇潦年，田蚕荒歉，颇赖此以资生计”[⑫]。湖州府的安吉州，“迩来乡人多种此，其佳者气甚香烈”[⑬]。德清县所产之唐栖烟，为浙江名烟。嘉庆间，该县“前邱产烟草”，“前邱太平桥唐兜圩一带所产尤佳，人称赛唐栖”[⑭]。道光间，石门县“产烟叶有

① 吴熊光：《伊江笔录》上编。
② 乾隆《清泉县志》卷6。
③ 嘉庆《湘潭县志》卷29。
④ 嘉庆《宁乡县志》风俗志。
⑤ 道光《永州府志》卷7。
⑥ 黄本骥：《湖南方物志》卷3。
⑦ 俞正燮：《癸巳存稿》卷11。
⑧ 乾隆《海盐县续图经》卷1。
⑨ 《古今图书集成》职方典卷949。
⑩ 康熙《黄岩县志》卷2。
⑪ 乾隆《海盐县续图经》卷1。
⑫ 光绪《桐乡县志》卷7。
⑬ 乾隆《安吉州志》卷8。
⑭ 嘉庆《宝前两溪志略》。

名，远商来贩者成市。乡民利此，亦称一熟。迩来佳种日出，其味且埒于建烟矣”[①]。

山东 山东种烟以兖州府、济宁州一带为早，发展亦最盛。如兖州府滋阳县，“旧无其种，自皇清顺治四年间，城西三十里颜村店、史家庄创种，相习渐广，至今遍地栽烟，每岁京客来贩，收买者不绝。各处因添设烟行，稍为滋民一生息云”[②]。乾隆间的记载已说，“兖属向不以五谷为重，膏腴之地，概种烟草”[③]。“济州之产，甲于诸郡，齐民趋利若骛，无异充膏腴以树稂莠”[④]。到道光间，王培荀:《乡园忆旧》说，济宁“环城四五里皆种烟草”，“大约膏腴尽为烟所占，而五谷反皆瘠土”。青州府则是康熙间开始发展，如寿光县，“烟草寿邑向无是种，自康熙时，有济宁人家于邑西购种种之，获利甚赢。其后居人转相慕效，不数年而乡村遍植，负贩者往来如织，遂成邑产”[⑤]。嘉庆道光间，山东各地的烟草种植犹在发展。如沂水县，农民多种烟，“闾阎恃以营生”[⑥]。如金乡县，烟草乾隆“旧志不载，然种者实多”[⑦]。

四川 四川种烟发展较晚。雍正间，江西瑞金县农民傅某，移居四川金堂县，“佃田使诸子力农”，“广种烟草，时蜀中未谙种烟法”，“故一时傅姓烟重于锦城”[⑧]。到乾隆嘉庆间，烟草已“川中到处皆有”[⑨]。但以成都平原为主要产区，集中于什邡、新都、郫县、合江、金堂诸县。如说，四川烟叶“产郫县特佳，业者最夥”，“合江烟亚于郫县”[⑩]。道光间，烟草种植犹在发展，如新津县，“邑人业烟草者甚多，良田熟地，种之殆遍。六七月邑中烟市堆积如

① 道光《石门县志》卷3。
② 《古今图书集成》职方典卷238。
③ 《清高宗实录》卷409。
④ 乾隆《济宁州志》卷2。
⑤ 嘉庆《寿光县志》卷9。
⑥ 道光《沂水县志》卷3。
⑦ 咸丰《金乡县志》卷3。
⑧ 民国《重修傅氏宗谱》卷10。
⑨ 嘉庆《郫县志》卷10。
⑩ 嘉庆《四川通志》卷75。

山”①。江北厅是“人家多种之”②。乐至县也是，烟草“农人岁田莳，获利颇厚”③。

山西　山西明代即已种烟，始于曲沃县。据曲沃县志载，“烟，旧无此种。乡民张时英自闽携种植之。明季兵燹踵至，民穷财尽，赖此颇有起色，今则邑大食其利矣”④。雍正间已有发展。“晋人种烟草，昉于曲沃。今则并代汾潞胥盈望矣”⑤。这是说，太原府、代州、汾州府、潞安府各地都已大量种烟了。乾隆间，保德州“凡河边淤土，不以之种黍稷，而悉种烟草”⑥。道光间，霍州也种烟“渐多”⑦。

甘肃　甘肃有著名的兰州水烟，兴起于乾隆间。烟叶种于五泉山下的皋兰县一带。嘉庆间，舒位有诗云：“兰州水烟天下无，五泉所产尤绝殊。居民业此利三倍，耕烟绝胜耕田夫。有时官禁不能止，贾舶捆载行江湖”⑧。

奉天　奉天有著名的关东烟。“关东烟叶味厚，尤胜建烟也”⑨。道光间，“烟东三省俱产，惟吉林省者极佳，名色不一。吉林城南一带，名为南山烟，味艳而香。江东一带名为东山烟，味艳而醇。城北边台烟为次，宁古塔烟名为台片。独汤头沟有地四五垧，所生烟叶止有一掌，与别处所产不同，味浓而厚，清香入鼻，人多争买”⑩。

其他各省烟草种植发展较晚，一般多在乾隆嘉庆间，但发展亦颇为迅速。嘉庆间，郝懿行说，烟草种植，“今北方转盛”，“上地膏腴，豆饼粪田，悉为烟叶”⑪。如直隶磁州，“近因磁人舍本逐末，多种烟叶靛苗，稻田渐减”⑫。

---

① 道光《新津县志》卷29。
② 道光《江北厅志》卷3。
③ 道光《乐至县志》卷3。
④ 乾隆《曲沃县志》卷24。
⑤ 雍正《山西通志》卷47。
⑥ 陆耀：《烟草谱》卷46。
⑦ 道光《直隶霍州志》卷10。
⑧ 舒位：《瓶水斋集》。
⑨ 俞正燮：《癸巳存稿》卷10。
⑩ 萨英额：《吉林外记》卷7。
⑪ 《征俗文》卷1。
⑫ 吴邦庆：《畿辅河道水利丛书》《水利营田图说》。

河南省鹿邑县，乾隆间开始种烟，乾隆《鹿邑县志》称，“旧志俱不载烟草，今则遍地栽之”[①]。嘉庆间，该省卢氏县是，“民贪利，平日多种烟叶，户乏盖藏”[②]。陕西烟草盛产于汉中府，嘉庆间，“城固湑水以北，沃土腴田，尽植烟苗，盛夏晴霁，弥望绿野，皆此物也。当其收时，连云充栋”。该省紫阳县也“务滋烟苗，较汉中尤精，尤易售”[③]。江苏通州，乾隆间，“州郡附郭原田之近濠河者，十余年来多种烟叶，相沿日盛，利颇不赀”[④]。安徽省，康熙间含山县已是“近日种烟者甚多”[⑤]。乾隆间，凤阳县是，“近城一带所产烟叶较他处为佳。七八月间，商贩四集，贫民颇资以济食用之缺”[⑥]。太平府是“所在旱地植之”[⑦]。嘉庆间，宁国府是“近今种者甚多”[⑧]。道光间，怀宁县是，“自独秀山至东西冶塘、江镇所产尤多”，“岁六七月，扬州烟贾大至。洪家铺、江镇牙行填满，货镪辐辏，其利几与米盐等”[⑨]。湖北省，乾隆嘉庆间，烟草是“均州一州……皆种之”[⑩]。石首县乾隆间，“近者乡人多种烟草”[⑪]。广西平南县，乾隆间，“今种烟之家，十居其半。大家种烟一二万株，小家亦不减二三千株”[⑫]。贵州黄平州，嘉庆间栽烟始盛，嘉庆《黄平州志》说，“旧志亦不载烟草，今则遍地栽之。州南及东北一带为甲”[⑬]。云南省，乾隆间，“各郡无不植烟，而宁州八寨多而且佳”。“种烟之地，半占农田”[⑭]。

清代前期，烟草作为一种享受性的消费品，无论贵贱贫富皆享用，遂随着人口增加、经济发展而获得广泛发展。嘉庆间，包世臣说，“数十年前，吃烟

① 乾隆《鹿邑县志》卷1。
② 吴熊光:《伊江笔录》上编。
③ 岳震川文,《清经世文编》卷36。
④ 乾隆《直隶通州志》物产志。
⑤ 康熙《含山县志》卷10。
⑥ 乾隆《凤阳县志》卷4。
⑦ 乾隆《太平府志》卷12。
⑧ 嘉庆《宁国府志》卷18。
⑨ 道光《怀宁县志》卷7。
⑩ 吴熊光:《伊江笔录》上编。
⑪ 乾隆《石首县志》卷4。
⑫ 《清代文字狱档》第5辑《吴英拦舆献策案》。
⑬ 嘉庆《黄平州志》卷4。
⑭ 吴大勋:《滇南闻见录》卷下。

者十人而二三。今则山陬海澨，男女大小，莫不吃烟”[①]。正由于发展普遍，就育成了一系列的著名烟草。陆燿说，烟草“第一数闽产，而浦城最著”。又“如浙江之塘西镇，山东之济宁州，衡烟以衡州名，川烟以四川名”[②]。王訢说，烟草“出福建浦城龙岩州者其最著者也。江西则广信府、宁都州所产亦佳。湖广叶味平美腴韧，辎重水陆四达，为天下利。山东则有所烟，所者地名也，在兖州城内。又有济宁烟，以芳烈胜。直隶则蓟州、易州、山海关诸处皆产烟，雄劲有力，号北地之良。又有潮烟者……亦有力也”。而“水烟者，起于甘肃之兰州”[③]。因此，烟草就成为地区间贩运贸易的重要商品。

五、茶

我国有饮茶的历史传统，随着社会经济发展，饮茶者益多，并传至海外。茶遂不仅是国内贩运贸易的重要商品，也是对外贸易的重要商品。清代前期，茶叶种植也有很大发展，遍及秦岭、淮水以南各省，尤以闽、皖、浙、湘诸省为最盛。北方除河南南部、陕西南部产茶外，其他地区的气候，均不适宜种茶。

福建　福建武夷山的茶，宋代即已著名。明代，除武夷山所在的建宁府之外，福州、兴化、泉州、漳州诸府，也种茶渐多。清代前期，由于茶叶出口增加的推动，福建茶叶种植，特别是武夷茶，发展甚为迅速。福建省的茶初出口国外时，“其时建人以武夷所产出易于粤，亦甚寥寥。其后招集粤人聚于星村，通洋之市，遂以武夷主之。而凡建属之产，尽冒武夷，于是有山无不种茶”[④]。建宁府原只有崇安县“土产茶最多”[⑤]。在出口推动下，建阳、瓯宁、浦城各县茶的种植也有很大发展。道光间，建阳县是，“今桑麻不过十之一，笋十之二三，唯茶十之八九”[⑥]。瓯宁县是，“今则建阳之徐墩，瓯宁之水吉，

---

① 《安吴四种》卷26。
② 《烟草谱》卷46。
③ 《青烟录》卷8。
④ 徐经:《雅歌堂文集》卷7。
⑤ 嘉庆《崇安县志》卷1。
⑥ 道光《建阳县志》卷2。

皆有茶行，竟自踏装赴广。茶市之盛，不减崇安"[①]。浦城县，茶"产亦未尝不佳，而武夷焙法实甲天下。浦产之佳者，往往转运至武夷加焙，而其味较胜，其价亦顿增"[②]。

清代前期，特别是到清代中叶，除建宁府外，闽北的延平、邵武诸府，乃至江西广信府所产茶，也都以武夷茶的名称出口，茶的种植就同样得到发展。道光间，"延建邵一带，地居闽省上游，万山众杂"，"每年茶季，棚寮遍野"[③]。"本省邵武、江西广信府等处所产之茶，黑色红汤，土名江西乌，皆私售于星村各行，而行商则以之入于紫毫芽茶内售之，取之价廉而质重也"[④]。

安徽 明代，安徽庐州、池州、徽州等府均产茶。清代，六安州所产六安茶最为著名。安徽"江南地暖，故独宜茶。大江以北，则称六安。然六安乃其郡名，其实产霍山县之大独山也。茶生最多，品名亦振"[⑤]。清初，霍山县产茶已盛，每年采茶时，"男妇错杂，歌声满谷，日夜力作不休"[⑥]。乾隆间更有发展。"近县百里皆种茶"，"民惟赖茶以生，自春徂夏，商贾辐辏"[⑦]。

徽州府、安庆府、宁国府也均产茶。安庆府的太湖县，清初已是"其树茶所入，不减稼穑"[⑧]。徽州府所产的松罗茶，康熙间已"名噪一时，茶因踊贵"[⑨]。到清代中叶，该府所属各县如歙县、休宁、黟县等地产茶益多。如歙县，"民半业茶，虽女妇无自暇逸"[⑩]。

浙江 浙江产茶的州县甚多，主要集中于浙江山区，以杭州府、湖州府两府为盛。杭州府于潜县东北山区、新城县山区、临安县南部山区、钱塘县西南

① 蒋蘅：《云寥山人文钞》卷4。
② 梁章钜：《归田琐记》。
③ 徐继畬：《松龛全集》卷3。
④ 刘埥：《片刻余闲集》。
⑤ 许然明：《茶疏》。
⑥ 顺治《霍山县志》卷2。
⑦ 乾隆《六安直隶州志》卷23。
⑧ 顺治《太湖县志》卷8。
⑨ 康熙《休宁县志》卷3。
⑩ 道光《歙县志》卷1。

部分山区，均盛产茶叶。产茶最多的是于潜县，乾隆以前，即已是“民之仰食于茶者十之七”①。嘉庆间还是，“各山皆产茶”，“盛行于关东”，“乡人大半赖以资生”②。新城县是“春茶秋谷之外，无他业焉”③。杭州府最西部的昌化县，也是“春茶秋荚，其利甚溥”④。

湖州府属长兴、孝丰、武康、安吉州等地均产茶。“各县山中产茶甚多，特长兴最著名耳”⑤。孝丰县是，“茶出天目山者最佳”。“山乡鲜蚕桑之利，民每藉作恒产”⑥。安吉州是，“茶出东南山乡……山乡鲜蚕麦之利，茶虽工繁利薄，然业此者每藉为恒产”⑦。

湖南　明代，湖南以长沙府、宝庆府产茶较多。清代嘉庆以前，仍然是“楚南产茶之区，尽属西境。长郡之安化，宝庆之新化为尤著”⑧。当时安化县“三乡遍种茶树”⑨。湖南茶叶种植的大量发展，则是在鸦片战争后由红茶出口的推动。如醴陵县，原来也产茶，但道光以后，“近日红茶利兴，三四月间，开庄采发，贫家妇女……多资余润”⑩。特别是岳州府，道光末年，茶的种植迅速兴起。如巴陵县，“茶巴陵故少种，而君山旧有名”。“道光末，江广人贩茶至洋，名红茶，虑茶伪，专取生叶，高其值，人争与市”⑪。如平江县，“近岁红茶盛行，泉流地上。凡山谷间，向种红薯之处，悉以种茶”⑫。临湘县也是，“顷年山民植茶莽，价乃三倍。终岁泉流地上，几成乐园”⑬。与岳州府毗邻的湖北蒲圻、咸宁、崇阳等县，本来也产茶，道光间因出口推广，也成为红茶集中产区。如崇阳县，“道光季年，粤商买茶”，“往外洋卖之，名红茶”。

---

① 乾隆《杭州府志》卷53引于潜县志。
② 嘉庆《于潜县志》卷10。
③ 康熙《新城县志》卷2。
④ 道光《昌化县志》卷5。
⑤ 同治《湖州府志》卷32。
⑥ 同治《孝丰县志》卷4。
⑦ 乾隆《安吉州志》卷8。
⑧ 嘉庆《攸县志》卷29。
⑨ 黄本骥:《湖南方物志》卷2。
⑩ 同治《醴陵县志》卷1。
⑪ 吴敏树:《柈湖文集》卷20。
⑫ 李元度:《天岳山馆文抄》卷20。
⑬ 同治《临湘县志》卷4。

采茶时，男女“日夜歌笑，市中声成雷、汗成雨”[①]。

此外，云南普洱府属思茅厅所产普洱茶，也名重天下。乾隆间，“思茅茶山，地方瘠薄，夷人穷苦，惟藉茶叶养生”[②]。这里的茶山，“周八百里，入山作茶者数十万人。茶客收买，运于各处每盈路”[③]。

六、甘蔗

甘蔗为制糖原料。其种植需要有较高的温度和湿度，所以多产于长江以南各省。明代多产于福建、广东两省，“他方合并得其十一而已”[④]。到清代前期，福建、广东仍为重要产区，但台湾、四川发展为大种蔗区，江西、浙江、湖南、广西也有发展。

福建　明代，福建种蔗，以漳州、泉州两府为多。王应山的《闽大记》有“种蔗皆漳南人，遍满山谷”的记载。清代前期，漳州、泉州两府仍为甘蔗重要产区。福州、兴化、福宁、龙岩诸州府也有发展。漳州府，乾隆间，“俗种蔗，蔗可糖，各省资之，利较田倍”[⑤]。兴化府，除沙田多种蔗外，又多以“水田作陇种之”[⑥]。龙岩州，农民“种蔗及烟草，获利数倍，故多夺五谷之地以予之。田渐少，而粟弥匮乏”[⑦]。乾隆《福建续志》虽有“种蔗煮糖，利较田倍，多夺五谷之地以植之”的说法，但该省种烟茶日多，甘蔗种植的发展已不如广东之盛。

广东　明代，广东种蔗多在珠江三角洲一带。清初，据《广东新语》记载，东莞县的石龙，“千亩潮蔗”。篁村、河田“白紫二蔗，动连千顷”。番禺、东莞、增城、阳春诸县，“蔗田几与禾田等”。到乾隆以后，其他各地相继发展，钦州，“雍正初，地尚荒而不治，自乾隆以后，外府州县人迁居

---

① 同治《崇阳县志》卷4。
② 乾隆《云南通志》卷29。
③ 檀萃:《滇海虞衡录》卷11。
④ 《天工开物》卷6。
⑤ 乾隆《漳州府志》卷26。
⑥ 《古今图书集成》职方典卷1083。
⑦ 乾隆《龙岩州志》卷10。

钦者，五倍土著。人力既集，百利俱兴。山原陵谷皆垦辟种植甘蔗”①。博罗县，乾隆间，也是“蔗产于荒区，闽人辟草莱而莳之。他流寓多为盗囮，种蔗者独安其业，食力而易赡也”②。大埔县，乾隆间，“近亦有种甘蔗、营蔗煮炼糖”，“以贩外省”③。嘉庆间，徐闻县已是“糖蔗之利，几与谷相半”④。特别是潮州府各县，如揭阳、海阳、潮阳、澄海诸地，种蔗发展很快；而珠江三角洲蚕桑利兴，影响甘蔗种植的发展，到道光间，潮州府已后来居上，“广东产糖，以潮州为盛”⑤。广东甘蔗种植的发展，已赶上了福建。乾隆间即有人说，“按粤东蔗糖行四方，始于闽人，今则利侔于闽矣”⑥。

台湾　明末，荷兰人占领台湾后，即推广植蔗。康熙间，清政府平定台湾后，内地移民日多，甘蔗种植大增。据康熙三十年记载，“旧岁种蔗已三倍于往夕，今岁种蔗竟十倍于旧年”⑦。乾隆嘉庆间，更臻繁盛。“台湾产糖，三县（台湾、凤山、诸罗）为多，彰化尚少。及至乾嘉之际，贸易绝盛。北至天津，东贩日本，几为独揽”。糖商“挹注之利，沾及农家。年丰物阜，生聚日众，一时称盛”⑧。乾隆以后，彰化县一带种蔗逐渐兴起，又形成了新的产区，有诗咏道：“慢讶飞霜暑路中，舳舻货殖倍三农。海东千里饶甘蔗，何啻人间万户封”⑨。台湾遂成为清代前期的一个重要产蔗区。

四川　四川唐宋时即已产糖。明末因战争破坏，一度荒废。清初，外省移民入蜀，甘蔗种植又逐渐发展。如南溪县，“滨江两岸，土宜种蔗”。“清初粤人迁来者众，始由故乡携种来蜀。百年递衍，遂为大宗”⑩。四川种蔗，主要集中在沱江流域的内江、资中、资阳、简阳、富顺、南溪各县。内江县，康熙

---

① 道光《钦州志》卷1。
② 乾隆《博罗县志》卷9。
③ 乾隆《大埔县志》卷10。
④ 嘉庆《雷州府志》卷2。
⑤ 道光《广东通志》卷95。
⑥ 乾隆《广州府志》卷47。
⑦ 康熙《台湾府志》卷10。
⑧ 连横：《台湾通史》卷27。
⑨ 朱小阶：《小琉球漫志》。
⑩ 民国《南溪县志》卷2。

后“种者渐多”①。“沿江左右，自西徂东，尤以艺蔗为务。平日聚夫力作，家辄数十百人”②。简阳县，“沿江之民，植蔗作糖，州人多以此致富”③。富顺县，农民种蔗的亦多，有些“种蔗者皆以春初贷钱霜户”④，霜户就是制糖作坊。

除以上重要产糖区之外，清代前期，江西、湖南、浙江、广西种蔗均有发展，以江西尤为突出。江西康熙间即发展种蔗，由福建人传播而来。赣州府于都县，康熙间已产蔗，“濒江数处，一望深青，种之者皆闽人”⑤。南安府的南康县，康熙间，“近产甘蔗”，“糖蔗悉系闽人赁土耕种”⑥。乾隆后，甘蔗种植继续发展，仍以赣州府、南安府为盛。到清代中叶，并扩及抚州、饶州、建昌、吉安诸府。乾隆间，“甘蔗赣州各邑皆产，而赣县、于都、信丰为多”⑦。南安府大庾县，乾隆间知县余光璧的《勘灾道中》诗云：“上下十五隘，最大双坑里。东西隔一溪，经亘数十里”。“水深土亦厚，田地皆肥美。种蔗不种麦，效尤在在是”⑧。南康县是，“嘉道以来，种植繁多，埒于禾稼。核其岁入，几与闽粤争利广矣”。“惟是利厚竞趋，种植日广，始于硻确，终及膏腴”⑨。抚州府的东乡县，“土田少而沙地多……种蔗者多”⑩。吉安府的泰和县，“道光年间，赣人寄寓，携植此种，近今沿河遍植矣”⑪。

七、油料作物

清代前期，由于人口增加，特别是城市人口和工商业人口的增加，食用油的市场需要扩大。同时，由于农业生产发展，加工食用油的副产品饼枯，作为

---

① 郑励俭：《四川新地志》。
② 道光《内江县志要》卷1。
③ 咸丰《简州志》卷12。
④ 光绪《叙州府志》卷21。
⑤ 康熙《雩都县志》卷1。
⑥ 康熙《南康县志》卷2。
⑦ 乾隆《赣州府志》卷2。
⑧ 乾隆《南安府志》卷21。
⑨ 同治《南康县志》卷1。
⑩ 同治《东乡县志》卷8。
⑪ 光绪《泰和县志》物产志。

肥料，也成为市场上的重要商品。这都促进了油料作物的发展及其商品化。当时重要的食用油油料作物有油菜、芝麻、大豆、花生等数种。

油菜　油菜是南方稻田地区实行多熟复种制的重要作物。长江以南各省，农民种植油菜的很多。江苏浙江一带，稻田“种麦者，耗粪太甚。宜三分之，以二分植麦，一分植菜籽”①。湖北、湖南、四川、江西、贵州等省，稻田多不种麦，种植油菜的更多。油菜已成为重要商品性农作物。江苏苏州府一带，每年四月小满时节，“郊外菜花至是亦皆结实，取其子，至车坊磨油，以俟估客贩卖”②。安徽无为州一带，“麦秋时，菜籽广有，沿江洲地所产尤多。油坊亦夥，贩榨饼行丹阳者，颇获利焉”③。湖北襄阳府一带，油菜“春畦连阡，黄花飘馥，利亦与芝麻等”④。四川成都平原，油菜“种此者多，故此油盛行”⑤。

大豆　明清时期，豆类已不作为粮食作物，其“功用已全入蔬饵膏馔之中”⑥。大豆，既是制作食品的原料，又是油料。清代前期，广大农民种大豆于田头地角，主要是为了自用。但在一些集中产区，则已成为重要商品性农作物。当时产大豆的地方很多，特别是长江以北各省。著名产地，首推奉天。据乾隆四十五年（1780）征收旗地豆草的记载，盛京、开源、兴京三界旗地，种豆草的面积为438321日。雍正五年（1727）丈量奉天所属旗地为1367804日零4亩。⑦ 豆草种植面积已占全部旗地的三分之一左右。乾隆后，海禁渐开，豆类及豆饼输入关内和江南的日多。嘉庆间，包世臣说，“关东豆麦每年至上海者千余万石”⑧。大豆已成为奉天最重要的外销商品。

山东、河南、安徽、江苏各省的一些地方，也盛产大豆。河南南阳府一带，“地产菽，多大贾”⑨。安徽南陵县，嘉庆间，“种豆种姜之利，倍于他

① 《安吴四种》卷27。
② 顾禄：《清嘉录》卷4。
③ 乾隆《无为州志》卷7。
④ 同治《宜城县志》物产志。
⑤ 同治《郫县志》物产志。
⑥ 《天工开物》卷1。
⑦ 乾隆《盛京通志》卷38。
⑧ 《安吴四种》卷1。
⑨ 谈迁：《北游录》。

邑"[①]。江苏如皋县，嘉庆间，"菜籽豆棉，俱可榨油"。"油渣成饼，壅田肥，贸迁江南，其利不赀"[②]。山东平度州，道光间，"利藉豆饼，州多种之"[③]。特别是山东、河南两省所产较多。雍正间，江南商船抵山东"发卖之后，即买青白二豆带回江省者十居六七"[④]。据淮关记载，过淮关纳税的豆饼，其"出产之处，自豫东徐州而来者谓之西河，自东省运河而来者谓之北河，自凤颍、洪湖而来者谓之南河"[⑤]。乾隆嘉庆间，"淮宿等关……税课，全赖山东河南等处豆货贩运南来，钱粮始能丰旺"[⑥]。

芝麻 芝麻既可制作食品，又可作为油料。芝麻南北各地皆种。北方旱田地区种植尤多。清代，山西北部即盛产芝麻。朔平府是，"胡麻种者极多，取其籽以磨油"[⑦]。偏关县是，"植物以莜麦为最，胡麻次之"。"胡麻油多贩运出境，是为本关大宗出息"[⑧]。所以有人说，"晋北惟胡麻油其用最溥。胡麻产口外，秋后收买，载以船筏，顺流而下。乡人业其利者，以牛曳大石，磨碎蒸熟，榨取其汁为油，油净，则取渣滓饲牛。又其粗者，谓之麻糁，并可肥田，故业农者多开油店"[⑨]。河南亦盛产芝麻，如嵩县，芝麻"可榨油，农利其值，恒艺之"[⑩]。又如湖南郴州，其所属五县，均产芝麻油。江西南安府，"利之溥者"，也包括"胡麻芸薹之膏"[⑪]。

花生 花生明代后期自海外传入中国，初种于福建、广东。清代逐渐扩及山东、河南、陕西，并及长江流域各省。花生制食用油亦先始于闽粤。在福建，康熙间即已用花生榨油。如漳州府，落花生"俗以压油，其利甚溥"[⑫]。

---

① 嘉庆《宁国府志》物产志。
② 嘉庆《如皋县志》卷4。
③ 道光《平度州志》物产志。
④ 《宫中档雍正朝奏折》第23辑岳濬奏。
⑤ 《续纂淮关统志》卷6，嘉庆。
⑥ 《清高宗实录》卷1428。
⑦ 雍正《朔平府志》物产志。
⑧ 道光《偏关志》卷上。
⑨ 同治《河曲县志》卷5。
⑩ 乾隆《嵩县志》卷15。
⑪ 嘉庆《郴州总志》风俗志、同治《南安府志》卷2。
⑫ 康熙《漳州府志》卷27。

花生油一直是福建主要食用油，因此种花生者日多。如说，花生“昔年无之，俗以压油，其利甚溥”①。“油惟落花生，其利甚大”②。“今又有花生油，由此，田种花生者倍多”③。花生传入台湾后，亦用以榨油。雍正间，“台湾地方浮沙之地甚多。凡硗瘠园地不堪播种五谷，悉种花生，少为正供民食之计”④。道光间，彰化县种植已多，陈学圣有《生油》诗云：“接陌连阡看落花，油车赖此利生涯。调羹普济通商旅，灯火辉煌照万家”⑤。澎湖厅农民也多种花生。“凡有地百亩者，仅种地瓜二三十亩，取供一家终岁之食，其余悉种花生。因是物可作油与糁，易于售卖”⑥。

广东也多食用花生油，嘉庆间，檀萃说，“闽及粤无人不食落花生油，且膏之为灯，供夜作，今已遍于海滨诸省，利至大”⑦。因此，各地也多种花生以榨油。钦州，“甘蔗花生为榨油漏糖之资，今州属开设油榨漏糖行者数十所，每年外府大贾驾海舶诣钦采贩者，金计数十万”⑧。韶州府，花生，“属内繁殖”，“商人采买为油，亦农之一大利也”⑨。

山东省花生种植起步较晚，到道光间，始有较大发展，并主要在东部各地。益都县，“二十年来，民间种者甚广，工省而易收，亦贫民所利也”⑩。蒙阴县，“沙地宜种长生果，蒙阴种者甚多，沂水尚少”⑪。胶州，东部农民“以落花生代稼”⑫。平度州，“道光初，知州周云凤弛豆饼出口之禁，并教邑民试种花生，而油业始盛”⑬。山东西部的有些地方，花生种植也有发展。如宁阳县，“嘉庆初，齐家庄人齐镇清试种之，其生颇蕃。近年则连阡接陌，几与菽

---

① 乾隆《长泰县志》卷10。
② 嘉庆《同安县志》卷11。
③ 道光《惠安县志》卷38。
④ 张嗣昌：《巡台录》卷下。
⑤ 道光《彰化县志》卷12。
⑥ 光绪《澎湖厅志》卷9。
⑦ 《滇海虞衡录》卷10。
⑧ 道光《钦州志》卷1。
⑨ 同治《韶州府志》卷11。
⑩ 咸丰《青州府志》卷32。
⑪ 刘贵阳：《说经残稿》。
⑫ 道光《胶州志》卷14。
⑬ 民国《续修平度州志》卷10。

粟无异”[①]。

长江以南的其他各省也均有发展。如江西省赣南一带，清初花生由粤北传入，南康县，康熙间，花生已是“行远而利溥”[②]。乾隆初，并传入瑞金县，花生，“向皆南雄与南安产也，近来瑞之浮四人多种之，生殖繁茂，一亩可收二三石，田不粪而自肥，本少而利尤多”[③]。到道光间，传播益广。宁都州，“州治近来种植者亦多”[④]。龙南县，“邑境西沙土所种，胜于他处，称西河花生，贩运亦广”[⑤]。广西也是在道光间有较大发展，广西南部花生种植尤多。如桂平县，“十余年前种者尚少，今则遍地皆然。花生之油，通行各处，每年出息可敌谷石之半”[⑥]。平南县，落花生“地道所宜，产倍他邑”[⑦]。博白县，“近来出产愈多，博邑农民之利，稻谷之外，唯此为最”[⑧]。武缘县，花生“年中榨油，出江舳舻衔尾，以百万余计”[⑨]。

以上是几种重要商品性农作物的发展情况。还有一些重要的商品性农作物，如蓝靛、林木、果蔬等，在清代前期，既在平原丘陵地区有较大发展，也在山区有所发展，拟着重在下一节山区经济开发中加以讨论。

第二节　山区经济的开发

中国多山，山地和高原约占中国版图的三分之二。山区农民历来是，“居人之日用饮食取给予田者，不敌取给予山”[⑩]。清代前期，由于人口剧增，至乾隆间，各省平原地区和丘陵地区的荒地大都垦辟殆尽。大量农民遂移居山区，垦山谋

---

① 咸丰《宁阳县志》卷6。
② 康熙《南康县志》卷2。
③ 乾隆《瑞金县志》卷2。
④ 道光《宁都直隶州志》卷12。
⑤ 道光《龙南县志》卷2。
⑥ 道光《桂平县志》卷4。
⑦ 道光《平南县志》卷4。
⑧ 道光《博白县志》卷12。
⑨ 道光《武缘县志》卷3。
⑩ 祁门《环溪王履和堂养山会簿》嘉庆十九年刻本。

生。乾隆《泉州府志》说，“农囊耕于田，今耕于山。若地瓜、若茶、若桐、若松杉、若竹，凡可供日常者，不惮陟峣岩，辟草莽，岁计所入，以助衣食之不足”①。

这种农民垦山的现象，各省均有。如河南，“豫省伏牛山，南接荆襄，西连秦晋，正峰屹峙于嵩城，支干交错于九县，袤延横亘八百余里”。“凡垦地伐木劚药放茧之众，实繁有徒”②。如湖南，“楚南幅员辽阔，山多岭峻，每有外府州县及邻省人民，移来搭盖茅棚棲居，或佃地开垦，种植瓜果蔬菜营生，或砍柴挖蕨而活”③。如湖北，“施南一府，僻处万山……自雍正十三年改土归流以来，久成内地，以致附近川黔两楚民人，或贪其土旷粮轻，携资置产；或藉以开山力作，搭厂垦荒。逐队成群，前后接踵”④。如广东，“广东穷民入山搭寮，取香木舂粉，析薪烧炭为业者，谓之寮民”⑤。

特别值得指出的是陕西南部山区所谓南山老林，陕西、四川、湖北三省边区所谓巴山老林，以及闽浙赣皖苏山区的棚民垦辟。如陕西的南山老林，“兴（安）汉（中）商二府一直隶州，林深箐密，居民稀少。乾隆时，赣皖川湖各省流亡迤逦而来，始则凿岩架屋，刀耕火种，谓之棚民。继则长子孙、事诗书，既庶且富，俨成乐土”⑥。而在东南地区，有人说，“棚民之称，起于江西、浙江、福建三省。各山县内，向有民人搭棚居住，艺麻种菁，开炉煽铁，造纸制菇为业”⑦。这里的“棚民开种山场，由来已久。大约始于前明，沿于国初，盛于乾隆”⑧。这里明代中叶出现棚民，至明末已分布颇广，到清代中叶，闽、浙、赣、苏、皖各省棚民，更连成一片。“流人之来益众，则棚益广。西接宁国，北至江宁，南且由徽州绵延至江西、福建。凡山径险恶之处，土人不能上下者，皆棚民占据”⑨。

---

① 乾隆《泉州府志》卷20。
② 雅尔图:《心政录》卷1。
③《湖南省例成案》兵律卷5。
④《宫中档乾隆朝奏折》第4辑，永常奏。
⑤《清史稿·食货志》。
⑥ 民国《续修陕西通志稿》卷31。
⑦《清史稿·食货志》。
⑧ 道光《徽州府志》卷4。
⑨ 咸丰《南浔镇志》卷3。

这些垦山的农民，除了一部分人种植粮食之外，大多数人则是从事其他农产品（包括林产品）的商品生产。他们为清代前期农产品商品生产的发展，做出了巨大贡献。下面将选择几种重要的商品分别加以叙述。有的商品，如茶，上一节已经作了论述。有些商品，如蓝靛、果蔬等，在平原丘陵地区，均有发展。这里着重叙述其在山区发展的情况。

木材　木材为农业和手工业生产工具的原料，又为修造船舶、屋宇，以至日用器具所需，用途极广。陕西南部、豫西、川西南、黔东南、湘西等山区，盛产木材，但多为自然林，甚至是原始森林。清代前期，随着社会经济的发展，采伐甚多，销行亦远。但非人工培育，不在本篇讨论范围，将在手工业篇中叙述。

清代前期，闽、浙、赣、湘、黔等省山区原有自然林，被相继采伐，资源逐渐衰竭，人工育林之利遂兴，并多种松杉等林木。木材就成为山区开发的重要商品。大面积育林，生产周期长，投资多。在浙江，“第木价虽赢，而种植非易。凡已经鬻木之山，必另须签种、开掘、培养、蓄蓑，以为后来之地。但其递年经费工食之用，为数甚烦。且远者四五十年，近者二三十年，方可问价于人”，故“惟富者优为之”[①]。在福建南平县，“沿涧向阳之山多杉木”，“十年之计，惟富者优为之”[②]。所以大面积育林，多为富裕农民，特别是地主。福建汀州府一带，林木“初栽插时，跨山弥谷，栉比相属，动辄数十里。十年后不止以谷量也。以故素封之家，不窥市井，不行异邑，坐而待收，利贻数世，胥以此为富给之资”[③]。

地主种植松杉等林木，既有自行雇工种植，也有将山地租与农民种植，收取分成租。浙江“绍兴祁氏，资送其女，费至千金。人怪其厚。祁曰：吾费不过十金耳！人益骇，问故，曰：于女生之年，山中人包种杉秧万株，株费一厘。女十六七而嫁，杉木大小每株值价一钱”[④]。这就是地主出少许工本，由

① 嘉庆《西安县志》卷21。
② 嘉庆《南平县志》卷8。
③ 杨澜：《临汀汇考》卷4。
④ 张履祥：《补农书后》。

农民“包种”。也就是所谓“棚民与山主伙为业”①。江西龙泉县，“康熙间，粤闽穷民知吾泉有山可种，渐以只身入境，求主佃山，约以栽插杉苗，俟成林时得价而均之”②。这种分成租办法，俗称“拚山”，浙江明末即已有之。如开化县，“开地田少，民间惟栽杉木为生。三四十年一伐，谓之拚山”③。这种作法，至清犹然。嘉庆间，封建官府勒令徽州种杉棚民离境，返回原籍。棚民则“请俟苗木成材分拚后饬令回籍”④。这种分成租，有多种分成比例，从地主收取的份额看，有五分之一，四分之一，三分之一，以至二分之一。江西崇义县，乾隆间刘佐廷家的山场，由农民“何乾州佃管，蓄有杉木”。“刘佐廷是山主，应照乡例，原议二八抽分”。这是地主分取所收杉木的五分之一。该省瑞金县，康熙间，郭吉英将山场批与骆悦五种树。“议定其树成林，每百株抽分二十五株给郭姓，以作山租”。这是地主分得杉木的四分之一。福建寿宁县，乾隆间，郭必铎将山场批与詹上干“栽插杉木，议约主佃三七均分”，郭“只得三分”。这是地主分取杉木的三分之一。该省南靖县，吕亦林于雍正九年，向“陈时敏佃有山场一片，栽种杉苗，立约俟长大时与陈时敏对半分卖”⑤。这是地主分取杉木的二分之一。

正是由于有广大农民的垦山育林，各省山区产松杉等木材的很多，难以罄录，略示例如下。福建宁化县，康熙间，“杉植最盛”。“先时徽贾买山，连筏数千为捆。运入瓜步，其价不赀。近者皆本邑自运，价大减于前，然宁土之食此利者多矣”⑥。该省福宁府，乾隆间，“有主之山，其勤俭者俱于山上种植松杉竹木桐茶等树，获利甚多”⑦。安徽婺源县，乾隆间，“每一岁概田所入，不足供通邑十分之四，乃併力作于山，收麻蓝粟麦，佐所不给。而以其杉桐之入，易鱼稻于饶，易诸货于休”⑧。江西兴国县，乾隆间，“山阜向植杉木”，

---

① 嘉庆《南平县志》卷8。

② 乾隆《龙泉县志》卷1。

③ 雍正《浙江通志》卷106。

④ 道光《徽州府志》卷4。

⑤ 以上见《清代地租剥削形态》第48、51、144、103页。

⑥ 康熙《宁化县志》土产志。

⑦ 乾隆《福宁府志》卷12。

⑧ 乾隆《婺源县志》卷4。

"山居之人多种之，食其利者众"[①]。湖南祁阳县，乾隆间，"祁邑土山宜于栽杉，种植较他处独多。且开垦栽杉木，本轻而利厚，人多乐从，故素称产木之区"。"杉竹之产饶于他邑，每年架簰载舟，涉洞庭而抵鄂汉者，络绎不绝"[②]。贵州"黎平、镇远、都匀三府地方，山多田少，赖蓄杉木以度民生"[③]。

北方各省农民种植木材，虽然较南方各省为少，但有些地方也植林甚多。如山西交城县，康熙间，县令赵吉士说，"交城平地不过三十里，其西北境周围五百里皆山也。山民蓄木代耕，变价完粮"[④]。山东黄县，康熙间，"登州八属，惟黄产木，民间养生送死为极便。器用之具，贸迁他州，美矣。然种树之计，必须十年，民间往往舍沃壤以艺植"[⑤]。

油桐、油茶 山区种植的经济林木，除竹木之外，还有桐、茶、漆、蜡、柏等诸树。南方各省多盛产竹。闽、赣、川、黔等省多产漆、蜡，浙江多柏。清代前期，由于生产和生活需要的增加，能榨油的桐树、茶树发展尤速，特别是桐树，农民种植日多，始终处于发展的态势。油桐的种植，以湘、赣、川、黔诸省为多，油茶的种植以湘、赣两省为多。下面略述油桐、油茶的发展情况。

在湖南，湖南西部诸州府皆产油桐、油茶。明代即已开始种植，到清代中叶，生产日盛。如辰州府，明代即已盛产桐油，明代泸溪县知县吴一本说，"其以货兑银，而可以达公私之用者，莫大于桐麻二油也。故商人先期合约以定价，或临期计值以贸易，为溪洞沅沅之河舟船辐辏焉"[⑥]。到清代乾隆间，该府所产桐油，"商贾竞趋其利，辰油遍天下"[⑦]。沅州府黔阳县一带，"国初，居民不知此利，康熙元年，知县张扶翼谕民种桐"，到清代中叶，桐树"各乡遍植"，桐油已"所产甚多"[⑧]。永州府是，"山林之利，富于农亩"。到清代

① 乾隆《兴国县志》卷12，道光《兴国县志》卷12。
② 同治《祁阳县志》卷8、乾隆《祁阳县志》卷4。
③ 清代钞档，道光七年，苗族山客李荣魁等呈贵州布致使状。
④ 光绪《交城县志》卷9。
⑤ 康熙《黄县志序》。
⑥ 乾隆《泸溪县志》卷7。
⑦ 乾隆《泸溪县志》卷7。
⑧ 同治《黔阳县志》卷18。

中叶，“材炭之外，厥利惟麻油桐油为大。各属咸有之，其利视田收较易。道州所出尤多”[①]。前面所述道州，“州中茶油、桐油最多。西南一带，茶子树连山弥亘，远望如荠。霜降后子熟，各家男妇往摘，多者数十百石”[②]。又如凤凰厅，道光间，“贫富恃以资生者，桐油苞谷为最”[③]。到清代中叶，湖南辰州、沅州、永州、靖州诸州府都盛产桐油茶油，所以陈玉垣在《物产论》中说，“辰沅永靖诸山皆种桐树茶树，收其子以榨油，而会同所产，茶子独盛”[④]。

江西也盛产桐油茶油，农民种植油桐、油茶等树的很多。以赣州府、吉安府、南安府为盛。有人说，“江右山多田少，查南赣二府，种植桐梓，出产油觔，其利甚溥”[⑤]。又有人说，“吉赣一带，桐梓、茶梓处处成林，大有出息”[⑥]。如赣州府，乾隆间，“茶、桐二油，惟赣产佳。每岁贾人贩之，不可胜计。故两关之舟载运者，络绎不绝，土人一大出产”[⑦]。该府兴国县，茶油“甲于他邑，商贾收贩，终岁不绝”，“吴中尤争购焉”。“若茶不结实，即为歉岁”[⑧]。吉安府永丰县，“茶油饶于永明，货于外商，岁入数十万缗”[⑨]。南安府也是，“利之溥者，竹木外，有茶、桐、柏三木之脂”[⑩]。到清代中叶，并扩展到其他各地。如南昌府靖安县，道光间，“邑人近争种茶子”，“计一邑所产，岁取值逾十万缗”[⑪]。

四川种植油桐、产桐油之地亦多。江北厅、什邡、灌县、犍为、仁寿、黔江、万县、奉节等厅县均产桐油，而以秀山桐油最为著名。康熙乾隆间，秀山桐油即行销各地。“秀山檀油利旧矣，故秀油最著名，载销湘汉淮泲之间”[⑫]。

---

① 道光《永州府志》卷5。
② 嘉庆《道州志》卷10。
③ 道光《凤凰厅志》卷18。
④ 嘉庆《巴陵县志》卷14。
⑤《清实录经济史资料》农业编第2分册，第452页。
⑥ 道光《浮梁县志》艺文志。
⑦ 乾隆《赣州府志》卷2。
⑧ 道光《兴国县志》卷12。
⑨ 同治《永丰县志》物产志。
⑩ 同治《南安府志》物产志。
⑪ 道光《靖安县志》物产志。
⑫ 光绪《秀山县志》卷12。

其他各地发展较晚，道光间，仁寿县桐产“东林山谷中，实落地即生，居民恒收至四五百石”①。江北厅，桐树“土人遍山种之，以收其利”②。万县，“万多山，故民多种桐，取其子为油，盛行荆鄂”③。四川、湖南虽均产桐油，然质量不如江西所产桐油。据云，“楚蜀亦出桐油，而不及赣之胶粘、清亮，可入染”④。

福建也产桐油、茶油，明代即有发展。明人何乔远说，“茶油之茶，建剑汀邵多有之，而连城为第一”⑤。清代则更为普遍，但仍以种植茶树为多。清中叶，有人说，“闽诸郡皆产茶子、桐子、菜籽，故诸郡皆设油厂，榨茶子为茶油”⑥。贵州也是在清代中叶始有较大发展。道光间，遵义府是“油桐树，郡无处不有”⑦。思南府各县也均产桐油，“可以行远”，“运两湖销售”⑧。

蓝靛 在国外染料大量进口前，蓝靛一直是重要染料。清代前期，随着棉花、棉布生产的发展，蓝靛种植遍及各省。这里只着重叙述其传播情况，特别是在山区的传播情况。

福建是蓝靛著名产地。宋代福州一带即盛产蓝靛。到明代，仍然是“福州而南，蓝甲天下”⑨。入清以后，福建无论山区平原均有发展，尤以乾隆嘉庆间为盛。汀州府上杭县农民善种靛。乾隆间有人说，“曩时业此者甚夥，多获厚利”⑩。福宁府的宁德县，乾隆间，外地人来山乡种靛，“西乡八都，菁客盈千”⑪。同时也向平原地区发展，该府霞浦县，“西区平原之农常种靛，清乾嘉间最盛”⑫。嘉庆后，因浙江、江西各地蓝靛发展，台湾蓝靛也“常运漳泉

---

① 道光《仁寿县志》卷2。
② 道光《江北厅志》卷3。
③ 同治《万县志》卷13。
④ 同治《赣县志》卷9。
⑤ 《闽书》卷150。
⑥ 郭柏苍：《闽产录异》卷1。
⑦ 道光《遵义府志》卷17。
⑧ 道光《思南府志》物产志。
⑨ 王世懋：《闽部疏》。
⑩ 乾隆《上杭县志》卷4。
⑪ 乾隆《宁都县志》卷1。
⑫ 民国《霞浦县志》卷18。

南北发售"[1]。福建蓝靛种植遂有所减缩。

江西种蓝靛，明代自福建传入。如泰和县，明"成化末年，有自福汀贩卖蓝子至者，于是洲居之民，皆得而种之。不数年，蓝靛之出，与汀州无异，商贩亦皆集焉"[2]。吉安府万羊山，明隆庆间，也有"四方商民，种蓝其间"[3]。入清以后，蓝靛种植得到进一步发展，江西也成为蓝靛著名产区。赣州府，康熙间，"虔惟耕山者种此，而赣县山谷间尤多"[4]。建昌府新城县，乾隆间，"田之硗薄者种蓝"[5]。乾隆嘉庆间，广信府、饶州府是，"近时江西广饶不可耕之地皆种蓝"[6]。同治间，袁州府"惟耕山者种此，不妨田畴"[7]。抚州府东乡县，"东北源里多蓝靛，比户皆种。八月中旬，县城圩期市靛者多至千余人"[8]。

浙江毗邻福建，闽人入浙种靛，开垦山地，大约始于明末，入清渐多。开始多在浙江南部邻近福建的温州、处州两府各地。处州府宣平县，明崇祯间知县王在镐说，"靛苎诸利，利归闽人"[9]。温州府泰顺县，"自康雍以后，多汀州人入山种靛"[10]。乾隆间，处州府龙泉县，"溪岭深邃，棚民聚处，种麻植靛"[11]。丽水县，蓝靛，"闽人始来种之，俱在山，今渐种于田矣"[12]。金华府汤溪县，"闽人依山种靛为利"[13]。以后，"土著亦效为之"，温州府处州府遂成为蓝靛重要产区。有人说，"温郡红花靛青二种，颇利民用，实其地之专产"[14]。乾隆以后，福建人来浙江种靛还达到了浙江北部。宁波府奉化县的剡

---

① 同治《淡水厅志》风俗志。
② 同治《泰和县志》卷11。
③ 《明史·张翀传》。
④ 康熙《赣州府志》物产志。
⑤ 乾隆《新城县志》卷7。
⑥ 吴其濬:《植物名实图考》卷10。
⑦ 同治《袁州府志》卷1。
⑧ 同治《东乡县志》卷8。
⑨ 乾隆《宣平县志》卷9。
⑩ 同治《泰顺分疆录》卷2。
⑪ 光绪《处州府志》卷24引乾隆龙泉县志。
⑫ 同治《丽水县志》卷13，乾隆间记事。
⑬ 乾隆《汤溪县志》卷1。
⑭ 乾隆《温州府志》卷15。

源乡，“自嘉庆初，福建台州棚民相率来剡，开山种靛”。到清代后期，“今则土著亦种矣，且多有种于田者”[①]。由此，浙江北部种靛也渐多了。

乾隆前后，福建移民还把蓝靛传播到广东广西湖南诸省。广西梧州府，“闽楚之人客居于壤者，多僦地种蓝”[②]。广东怀集县也是福建湖南移民来此“僦地种蓝”[③]。在湖南，“靛苗产于衡山、酃县、茶陵、湘乡、湘潭，而种以闽人，鬻于湘浦”[④]。而最早传习种蓝技术的浙江温州、处州两府的农民，也把种植蓝靛传播到了安徽宁国府的山区。嘉庆间，“近年温处人赁山种之，所产甚茂”[⑤]。福建移民对蓝靛、烟草以至麻在南方各省的传播，作出了很多贡献。他们对清代前期农产品商品生产的发展，是功不可没的。

蓝靛种植，到清代中叶，在全国各地已得到普遍推广。嘉庆间，贵州黄平州，蓝靛，“旧志不载，近来种者甚夥。……数十年来，因以致富者不少”[⑥]。道光间，四川仁寿县，“两母山、四维四十里内，人遍种之”[⑦]。不但南方各省是这样，在北方各省也是这样。河南杞县，乾隆间，“农民于五谷外，喜树棉花、蓝靛、脂麻三种，两税全资之，是亦杞县之宝也”[⑧]。又如直隶磁州，“近因磁人舍本逐末，多种烟叶靛苗，稻田渐减”[⑨]。农民种蓝靛，当然也有为了自用的，如有人说，蓝靛“村农间莳之，自染土布”[⑩]。但大多是为了出售，特别在集中产区更是如此。

果蔬　干鲜果蔬的品种甚多。南方各省的荔枝、龙眼、柑橘；北方各省的梨、枣、桃、柿、栗，都是著名的水果。此外，各地还有许多特产的时鲜蔬果。各种著作已多所论述。清代前期，农民在开发山区经济中，种植果蔬，也是一个重要方面。这里略示数例，以见一斑。

---

① 光绪《剡源乡志》卷1、卷23。
② 《古今图书集成》职方典卷1433。
③ 乾隆《怀集县志》卷1。
④ 黄本骥：《湖南方物志》卷1。
⑤ 嘉庆《宁国府志》卷18。
⑥ 嘉庆《黄平州志》卷4。
⑦ 道光《仁寿县志》卷2。
⑧ 乾隆《杞县志》卷8。
⑨ 吴邦庆：《畿辅河道水利丛书·水利营田图说》。
⑩ 乾隆《霍山县志》卷7。

清代前期，随着社会经济的发展，果蔬市场大有开拓。许多山区，山多田少。农民根据当地自然条件，因地制宜，以种植果蔬为生计，也促进了山区商品生产的发展。有些山区，果蔬在农民的经济生活中，占有重要地位。在北方，如河南林县，乾隆间，“北乡山后，沙石荦确，无地可耕，故其民别以种植为生计。多收果核，即属有年，不以禾黍丰凶为利病也。山所宜木非一，惟柿果核桃花椒三物，其利独溥”。“每至秋冬以后，东出水冶，南出六岭，驼运日夜不绝者，皆椒桃柿饼三物也”①。在南方，如湖南桂阳州，“州居山谷间，民倚山为粮，民食固不乏矣。……畦陇植蔬菜，水养茭菰，土宜种菘，岁亦卖数百金。姜薯藕芋皆至千金。不至十里，蔬材不可胜用矣。东南十里，东庄有桃李梨枇杷杂果，岁可千金”。“土蔬异者磨芋，州西南以上皆有之”。“舟运至江汉之间，百斤值钱四五千，州及三县岁产四五十万斤，利亦万金”②。从这两例可以看出，干鲜果蔬已成为这里农民经济收入的主要来源。

又如陕西长安县，“缘山柿栗，岁供租课”③。湖北南漳县，“幅员广大，而地瘠民贫，且多崇山峻岭”。康熙中，李朴任南漳知县，“勤于民事，各遂土地所宜，劝之播种。又督民于隙地植胡桃枣栗，至今民得藉以资生”④。南方许多山区盛产竹，多笋干。浙江于潜县，嘉庆间，“嘉前、嘉后二乡所出颇多，初夏时，贩鬻于嘉苏以千百计，谋生之资，不为无助。竹箭之美，山居者擅其利”⑤。在这些山区，农民种植果蔬的收入，在他们的经济生活中，也占有重要地位。

木耳、香菇等干菜，为重要的山货。陕西商南县产木耳，乾隆间，“万山中杂树丛生。土人伐木生耳，俗名砍扒”。“近日收买成包，水陆发运。约邑每岁雨水调匀，乡民获利万金”⑥。

香菇种植，浙江人始兴其利。景宁、庆元两县人尤善育菇，所产亦多。如

① 乾隆《林县志》卷5。
② 同治《桂阳直隶州志》卷20。
③ 嘉庆《长安县志》卷19。
④ 乾隆《襄阳府志》卷6。
⑤ 嘉庆《于潜县志》卷10。
⑥ 乾隆《商南县志》物产志。

景宁县，据同治《景宁县志》记载，雍正、乾隆间的“旧志云，乡民货香菇者，旧时皆于江右闽广，今更远至川陕楚襄间。邑虽产此，实有之仅也”[①]。庆云县，“居乡者以制菌为业，老者在家，壮者居外，川陕云贵无所不历”。“大抵庆邑之民多仰食于菌山”[②]。浙江人，主要是景宁、庆元两县人，还到南方各省山中培育香菇。最早是到毗邻的福建山区。如松溪县，康熙间，香菇“多异地人采作”[③]。永安县，雍正间，“香菇出山中，浙江人种”[④]。屏南县，乾隆间，“香菇，俱系浙庆元人租山而种”[⑤]。南平县，嘉庆间，香菇，“邃山深林之处多菌……皆浙江人业此”[⑥]。一直到清代后期，以至民国年间，仍然如此。如崇安县，“各处种菇者，则为浙江庆云龙泉两县之人。每年农旧十月结伴前来，翌年二月回去”[⑦]。后来又到了广东，如韶州府，同治间，“浙人至此赁山，伐桑樟等木，横置于地，凿空藏水，隆冬菌冒雪生，曰雪菇，有花纹者曰花菇”[⑧]。并远至云南，如大姚县，道光间，“近年来有吴越客民典买树木”，伐木种菇[⑨]。此外，贵州黎平州，也有“山客买山伐树”培育香菇[⑩]。陕西南部山区所种香菇，也是“流寓客民所借资生”[⑪]，这里的棚民，是“棚居半吴语”[⑫]。这些种菇的客民，并不一定都是浙江人，如江西人也到湖南种菇。如岳州府，乾隆间，“香菇与木耳，俱产深山枯木，四县皆有。而平江东北诸山，岁有江西客民，佃砍山木，冬月开厂收採，市于他郡”[⑬]。

清代前期，农民开发山区经济，兴起于乾隆年间，一直历久不衰。如以陕西南部山区的开发来看，乾隆初年，外省农民开始从河南、湖北进入秦岭东部

---

① 同治《景宁县志》卷12。
② 光绪《庆元县志》卷7。
③ 康熙《松溪县志》卷6。
④ 雍正《永安县志》卷5。
⑤ 乾隆《屏南县志》卷5。
⑥ 嘉庆《南平县志》卷8。
⑦ 民国《崇安县志》卷19。
⑧ 同治《韶州府志》卷11。
⑨ 道光《大姚县志》卷6。
⑩ 光绪《黎平州志》卷3。
⑪ 严如熤:《三省边防备览》卷9、卷14。
⑫ 严如熤:《三省边防备览》卷9、卷14。
⑬ 乾隆《岳州府志》卷12。

的商县丹凤县一带，逐渐遍及商州府各县。乾隆中叶后，大批外省农民又向西推进，进入秦岭中部。并有大批农民从川北、鄂西，进入巴山中部和西部地区。嘉庆初年，由于白莲教农民起义，外省移民一度减少。不久战火平息，外省移民又进入高潮。嘉庆到道光间的外省移民，更呈现出由低海拔地区向高寒山区聚集的特点。秦岭中部的宁陕、佛坪，巴山地区的定远、砖坪、镇坪等地，都是这一时期最后被外省移民开发的。① 乾隆以前，陕西南部山区的粮食作物，主要是麦和粟谷等杂粮。以后，外省移民利用低山和丘陵地区，广泛种植玉米；又在高寒山地种植马铃薯，解决移民的口粮问题，并为山区经济作物的种植提供了条件。因此，秦巴山区的漆、茶、油桐等经济林木，厚朴、黄连等药材，木耳、香菇等山菜，都得以发展起来。其他各省山区的开发，也都大体是这种情况。如湖南南部山区永兴县的开发，清初，这里是“一稻之外，并无余物”。到乾隆间，已是“山地广垦，种植杉桐果木也多，即豆麻菽麦也广”②。又如江西玉山县，道光间，有人说，“生齿繁，故地力尽。山农半于野，农耕于野而近山，且兼收其利。田间作息无间早晚，以余力竭之于山，茶、桐、杉、竹及靛、薯、玉蜀黍可岁计收也。上田稻、豆、麦岁三熟。近日高田刈早稻后，即种山薯，其利倍收，则与上田埒。故业精于勤，农之智，过于圣”③。

清代前期，山区经济开发，是社会经济发展和商品经济发展的一个重要方面，是值得高度评价的。但也由于开发无度，破坏了生态平衡，导致水土流失，自然灾害频繁，影响农业生产的发展。如在陕西南部山区、湘鄂西山区和安徽徽州山区，就表现得甚为严重。这也为后世留下了巨大后患和教训。

清代前期，农产品商品生产的发展，既表现为农产品许多原有的集中产区有进一步的发展，还涌现了一些新的集中产区。同时，又呈现向广大农村，特别是由东南地区向西部、北部地区扩散，由平原地区向丘陵地区山区扩散的态势。无论从地区来看，还是从农户来看，其发展是颇为广泛的。农民发展农产

① 肖正洪文，《中国史研究》1992 年第 3 期。

② 《湖南省例成案》户律卷 7。

③ 道光《玉山县志》卷 11。

品的商品生产，主要是由经济收益所决定，是价值规律作用的结果。下面对种植各种重要农产品的经济收益，作点粗略比较。

在封建社会中，粮食是农民最重要的生活资料，也是市场上最重要的商品。许多农民原来都只种植粮食，他们衡量种植其他商品性农作物的经济利益，总是要与种植粮食作物的收益相比较。不但农民在实际经济生活中是这样，封建文人官吏撰述的各种文献，也都是这样。这正体现了农业社会的一种经济观念。

农民种植棉花的经济收益，根据各地的文献记载，一般是为种植粮食作物收益的一倍左右。如在江南地区，农民“利在棉花梭布，较稻田倍蓰”[①]。“倍”当是指种棉花，织布的收益则是会更高的。在河南，“收花之利，倍于二麦”[②]。种棉，“地利颇厚，较稻麦获利几倍”[③]。这里的“几”，似应是几乎的意思，就是说种棉的收益，差不多等于种稻麦的一倍。在直隶，种棉，“岁无大水，其利倍入”[④]。“地高土肥，种之者获利倍于五谷”[⑤]。种棉也是比种粮要多一倍的收入。在山东，种植棉花是，“五谷之利，不及其半”[⑥]。在陕西，种棉，“计亩可收禾稼之利二倍许”[⑦]。在四川，“民相习植棉，其利倍谷”[⑧]。这都是种棉超过种粮的收益一倍左右。但也有人说，种棉与种粮食的收益是差不多的。出现这种情况，有些地方可能是由于棉花产量低的缘故。如四川仁寿县，种棉“利与种田等，亩可二十斤”[⑨]。

蚕桑的经济收益则较高。有人说，“蚕丝之利，十倍农事”[⑩]。或者说，“桑八亩当农田百亩之入”[⑪]。这种说法，颇为夸大。一般说，只有在丝极贵、

---

① 《安吴四种》卷26。
② 乾隆《巩县志》卷7。
③ 康熙《延津县志》卷9。
④ 康熙《河间府志》卷4，宁津县。
⑤ 乾隆《安肃县志》卷1。
⑥ 康熙《兖州府志》卷5，郓城县。
⑦ 乾隆《韩城县志》卷2。
⑧ 光绪《潼川府志》卷9，引道光《蓬溪县志》。
⑨ 道光《仁寿县新志》卷2。
⑩ 沈秉成：《蚕桑辑要》。
⑪ 何石安等：《重刊蚕桑图说合编序》。

米极贱的条件下才有可能。从浙江的情况看，种桑缫丝的收益，大约要超过种稻收益的数倍。明代万历间，桐乡县知县胡舜允说，“地收桑豆，每四倍于田”①。这是把桑田复种豆类的收益加在一起，大约超过种水稻收益三倍。清初，海宁人陈确说，“今中田一亩，岁出米麦豆三石以上，腴田出四五石以上，是一夫之食也。若夫桑麻瓜果之田，岁出一二十金以上，是数口之食也”②。这是说种桑养蚕比种粮食有多几倍的收益。清初，张履祥则说得比较具体一些。他说，桐乡县一带，种水稻，“田极熟，米每亩三石，春花一石有半，然间有之，大约共三石为常耳”。种桑，“地得叶，盛者一亩可养蚕十数筐，少亦四五筐，最下二三筐，米贱丝贵时，则蚕一筐，即可当一亩之息矣。米甚贵，丝甚贱，尚足与田相准”③。从他的说法看，蚕桑与种稻收益的比较，伸缩性很大。如果水稻与桑叶均按一般的产量计算，米与丝的价格也按正常价格计算，种桑养蚕与种稻的收益相比较，大约有三四倍的差距。乾隆间，浙江乌程县一带，施国祁说，这里是“蚕桑利三倍”④，也是与种水稻相比较而言的。

范金民根据江宁织造曹頫，苏州织造李煦，浙江巡抚王度昭和朱轼等人的奏报计算，从康熙五十年至五十九年（1711～1720）间，浙江、江宁，主要是苏州的米价与丝价，这几年都比较正常，前后变动很少。取其历年平均数，则丝价为每两 7.34 分，米价每石为 1.106 两。他说，“如果以良地桑叶亩产 1600 斤，养蚕 10 斤，做茧 100 斤，缫丝 10 斤计算，则农家种桑一亩，可得银 11.74 两。每亩种稻，加上春花以 3 石计，则可得银 3.32 两。由此可知，在正常年景，种桑一亩是种稻收入的 3.5 倍。如果桑间套种其他作物，则收入还要高”⑤。从前述这些说法，种桑养蚕与种稻的收益相比较，一般有三四倍之利是可信的。

种植烟草的收入亦大。明末，烟草方兴，可能求过于供，所以杨士骢说，

① 嘉庆《桐乡县志》卷 4。
② 《陈确集》，第 336 页。
③ 《补农书》下。
④ 同治《南浔镇志》卷 1。
⑤ 《江南丝绸史研究》，第 88 页。

烟“一亩之收，可以敌田十倍”①。到清代乾隆间，种烟已多，而阮葵生说，种烟“一亩之获，十倍于谷”②，就未免夸大。一般认为种烟比种粮食有三倍的利益。方苞说，种烟之利，“视百蔬则倍之，视五谷则三之”③。在福建，“种禾只收三倍利，种烟偏赢十倍租”④。在四川，种烟“大约终岁获利过稻麦三倍”⑤。在甘肃，“居民业此利三倍，耕烟绝胜耕田夫”⑥。在贵州，种烟之利，“过麦三倍”⑦。在江西，乾隆《安远县志》说，“如田一百把，除牛税谷种及所赚之外，纳租十二桶。种烟，每百把可栽一千本，摘晒可三百斤。价钱每百斤四千文，价贵六千文不等。新稻出，每桶三四百文不等。将（烟）一百斤以还租，仍获二百斤之利”。地租一般为田地秋粮产量的一半左右，如按此计算，佃农在纳租之外，种烟所得约为种稻所得的二倍。自耕农不用交租，比照此收获量，则其种烟所得约为佃农纳租后种稻所得的三倍。这都是清代前期，康熙迄于道光时的资料。到清后期，许多地方，种烟与种粮相比较，仍保持有数倍的收益。如在河南，种烟“收获之利，数倍于谷”⑧。在湖南，“一亩之烟，或获利数倍”⑨。在贵州，“烟之利，过于稻数倍”⑩。

也有人说，用肥沃土地种烟，与种粮食的收益相比较，则只有一倍左右的利息。在福建，“膏田种烟，利倍于谷”⑪。在江西，“烟草必种以沃田，利倍于谷”⑫。“农家择肥田种烟草及靛花，以其出息倍于种谷也”⑬。

在山东，有人认为种烟不如种粮。乾隆间，济宁州盛百二说，有人以“方亩之地，种烟草三千株。今种蜀黍亦如之，不令甚多。以中数计之，亩得

① 《玉堂荟记》卷4。
② 《茶余客话》卷20。
③ 《方望溪全集》集外文卷1。
④ 张翔凤：《种烟行》《国朝全蜀诗钞》卷8，康熙间作于福建。
⑤ 彭遵泗：《蜀中烟说》。
⑥ 舒位：《兰州水烟篇》《瓶水斋集》。
⑦ 道光《遵义府志》卷17。
⑧ 光绪《鹿邑县志》卷9。
⑨ 光绪《善化县志》卷16。
⑩ 光绪《黎平县志》卷3。
⑪ 道光《永定县志》卷16。
⑫ 同治《南丰县志》卷9。
⑬ 谢阶树：《宜黄竹枝词》逊敏堂丛书本。

烟叶五百斤，斤得钱十五文。蜀黍每株三穗，共落实一合（官量二合），亩得六石（官量十二石），中价石一千五百文，孰丰而孰歉乎?”[①]。这个计算，有提高玉米产量，压低烟叶价格之嫌，就不足为据了。实际上在该省沂水一带，“民间好种烟叶，必择肥地，用十成粪，一亩之入，值数十千焉”[②]。时间虽然要晚一些，但说明种烟的收益，仍然是可观的。

种植蓝靛，在乾隆间，有些地区的记载，其经济收益是数倍于种粮。浙江海盐县，农民种靛，“获其价值，数倍于谷麦”[③]。河南嵩县，田地“如麦后八分种粟，二分莳蓝。以十亩计，可获粟二十四石。收蓝易价，蓝后种蔬，二亩所出，亦可获缗钱二十四千文，利反倍多也”[④]。这是说，二亩田地种蓝种蔬的收入，与八亩田地种粟的收入相当，大约有二三倍的差距。但在乾隆以后，根据有些地方的记载，种蓝收益，似有下降。嘉庆间，贵州黄平州是，“靛之为利，较之种杂粮者，不啻倍之”[⑤]。贵州绥阳县人周霖说，“一亩之田，获谷一石者，以靛当之，当二倍以偿”[⑥]。道光间，四川仁寿县，田“一亩可得靛十斤，其利倍于种谷”[⑦]。同治间，江西乐平县，“种菜种靛，出息更倍”[⑧]。湖北来凤县，蓝靛，“种此者利倍于农”[⑨]。种蓝收益下降，有人说，主要是由于种植的人多，市场供应充足的关系。蓝，“向年种者犹少，故其利厚；今则种渐广而利浸薄”。“向惟丝绸坊用之，近则布坊亦用，故利薄而无甚大衄”[⑩]。

在山区种植的许多产品，如茶、果、木等，因多不占用耕地，与种植粮食的矛盾小，一般都不与种粮的收益相比较，而只是说，“利亦巨”、“利甚厚”等等。

上述这些重要经济作物与粮食作物收益的比较，往往只是最终生产成果价

---

① 道光《济宁直隶州志》卷3。
② 吴树声：《沂水桑麻话》咸丰四年刻。
③ 乾隆《海盐县续图经》卷1。
④ 乾隆《嵩县志》卷15。
⑤ 嘉庆《黄平州志》卷4。
⑥ 道光《遵义府志》卷27，又见民国《三台县志》卷13。
⑦ 道光《仁寿县新志》卷2。
⑧ 同治《乐平县志》卷1。
⑨ 同治《来凤县志》卷29。
⑩ 咸丰《紫堤村志》卷2。

值量的比较，并不顾及生产成本；粮食又有稻、麦、杂粮等品种，其价值也不一致，而许多作者又都是概而言之，因之，这些比例数，并不是很准确的。但却可以大体看出种植这些作物经济利益的大小。

从前面的叙述看，种桑养蚕收益优厚。在江南，道光间高淳县县令许心源说，“卖丝之利，十倍于布”①。这可能有些夸大，但可说明，种桑养蚕的收益，既大于织布，更大于种棉，当然还更大于种稻。道光间，周寿昌游广东时说，广东“果实利最厚，蚕桑次之”。但是，种果有许多便利条件，“土脉肥，田隙山凹皆可栽种，不必园圃也。地气暖，秋藏冬敛皆竞华实，不必春夏也。人力勤，红女幼童皆事垦艺，不必丁壮也”②。实际上，蚕桑之利还是大于许多其他农作物。但是，种桑养蚕，有土壤、气候等自然条件的限制，地域局限大，难以大面积推广。

种烟的收益也大。在浙江，有人说，种烟是“利过于茶”③，也“利过于种蔬”④，当然也利更过于种粮。加以烟叶的市场容量大，所以发展迅速，遍及全国各地。

在各种重要经济作物中，植棉的收益是较小的。但它是重要的生活必需品，市场需求量大，也较稳定。而在许多集中产区，种棉的农民又多从事织布，织布的收益颇大，所以棉花也获得普遍的推广。

农民从事商品生产，总是企图使自己的商品卖得一个好价钱，获得较多的经济收益。价值规律正是在这一点上促进了农民商品生产的发展。在农业生产中，一部分农产品总是要留在农业内部作为生活资料和生产资料。封建社会由于生产力发展水平低下，社会分工不发达，农民更要保有一定的以至相当大的自给性生产。因此，从整个农村经济来看，从农民的整体来看，农业生产中土地资源和劳动力资源的配置，还主要是取决于农民对自给产品和租赋需求的结构与数量，而不是取决于价值规律。另一方面，在封建社会中，粮食生产同样是商品生产的基础。农民剩余粮食的数量，决定着农村商品生产的规模。整个

---

① 光绪《高淳县志》卷21。
② 《思益堂日扎》卷9。
③ 同治《鄞县志》卷7。
④ 金植：《巾箱说》。

农民的自给性生产与商品性生产，仍然有一个由粮食劳动生产率所决定的比例关系。这个比例关系，正是借助于价值规律来实现的。农民在粮食和其他农产品、家庭手工业品的交换中，通过商品价格的涨跌，就会知道社会需要什么商品和需要多少，从而决定生产什么和生产多少。价值规律正是通过市场供求关系变动中价格与价值的背离，通过市场价格波动，自发地调节着土地资源和劳动力资源在各种产品之间的分配，从而导致整个农民的自给性生产与商品性生产建立起大体平衡的比例关系。清代前期，农村商品生产有着持续和比较协调的发展，正体现了价值规律所发挥的作用。

第三节　农产品商品生产的发展水平

清代前期，农产品商品生产的发展，无论在品种、产量、地域等各个方面，都大大超越前代，达到了中国历史上的最高水平。特别值得指出的是，许多地区各就自己社会经济条件、特别是自然条件所宜，发展了专业化生产，出现了一批以生产某一种或某几种农产品为主的地区，如前述棉、丝、麻、烟、蔗、茶等集中产区。这种地区间农产品专业化生产的发展，反映社会分工的发展，即生产社会化的发展。

这种生产分工的发展，必然会引起各种农业区域之间、各种农业部门之间和各种农产品之间的交换。清代前期，四川、湖南、湖北、江西的米谷、木材，经过长江，交换江苏、浙江的棉布、食盐、丝绸；北方各省的豆麦、棉花、梨枣，经过运河和海运，交换南方各省的棉布、糖、茶、竹木，均已成为著名的长距离贩运贸易。

同时由于山区的开发，使一些原来荒僻的山区，成了商品生产比较发达的地方，也被卷入了社会分工体系之中，促进了地区间贸易的发展。如陕西朝邑县，在果蔬木药等生产发展之后，“惟是麦豆谷糜所出有限，常仰给予他邑”①。湖南新化县，“茶桐杉竹诸凡有资民生日用之物，所产亦繁。民以此装运邻

① 康熙《朝邑县后志》卷3。

境，易谷米以食”①。浙江昌化县，“其茶烟漆柏棕栗楂萸之类，游于他省。且山邑地狭民稠，岁产米谷不给民食。走婺衢吴越江右采买米豆，由桐江易小舟络绎而至。四方远商亦不以僻壤，扬帆而来，珍奇器用百货咸集”②。又如江西新城县，乾隆间，“妇女夏织苎葛，冬纺木棉，夜以继日，恒至鸡鸣”③。到嘉庆间，当地烟草种植发展，遂出现“今皆惟烟是务，妇不知织布从何出”④。这些山区的农民，连衣、食等基本生活资料，也必须以土特产品从外地交换得来。

这些都使市场流通，继明代之后，进一步超越了传统商业以土特产品供应城市消费为主的格局，日益扩大了农民与农民之间、农民与手工业者之间，即生产者之间的交换，亦即粮食产区、原料作物区与手工业品产区之间的交换，发展了国内市场。这是清代经济发展一个具有划时代意义的成就。

清代前期，农村商品生产的发展，发挥了各个地区自然条件的优势，利用了广大农民的劳动力，优化了资源配置，对于改进农业结构，增加生产和生活用品，发展社会经济，改善农民生活，都起到了很好的作用。所谓“雍乾盛世”或“乾嘉盛世”，就主要是建立在农村粮食生产和农产品商品生产发展的基础之上的。反映这方面情况的材料很多，兹举数例。浙江黄岩县，“国初定鼎，至于雍乾，井里丰饶，家给人足。虽遇歉岁，斗米不过百钱。涵濡乐育，垂百余祀”⑤。山东即墨县，明代万历县志，“目为疲邑”。至清代乾隆间，“桑麻荫翳，民殷物阜，气象何殊”⑥。河南南阳县，“乾隆嘉庆之间，法令无改，既庶而富”⑦。湖北黄梅县，“国朝百余年来……生齿日繁，膏腴尽辟，曲鸥平湖，皆成利薮。家世丰盈，礼法渐起”⑧。湖南桂阳直隶州，“桂阳最盛时，当乾隆六十年中”，“是时海内物力殷富……民间亦充实狼戾，斗米数十钱”⑨。四

---

① 《湖南省例成案》户律卷7。
② 乾隆《杭州府志》卷5。
③ 乾隆《新城县志》卷7。
④ 同治《新城县志》卷9。
⑤ 光绪《黄岩县志》卷31。
⑥ 同治《即墨县志》卷1引乾隆县志。
⑦ 光绪《南阳县志》卷5。
⑧ 光绪《黄梅县志》卷6，乾隆间记事。
⑨ 同治《桂阳直隶州志》卷9。

川南溪县，到嘉庆间，“民生之丰裕，以此时为最。当时货物充牣，生齿孳殖，家给人足，安土乐业”①。

农村经济的这种发展，实际上在许多地方至道光间仍在继续。安徽滁县，“乾嘉道咸间，人烟稠密，田野尽辟。竹苞松茂，林木丛盛，四境皆然”②。陕西城固县，“康熙以来，休养生息百余年，蔚为繁富之区”。“至道光咸丰间，农多饱暖，商裕财货，县境世家望族，闾里之民，户口滋繁，称极盛焉”③。又如福建省，道光时有人说，“今以闽土所出之利计之，若上诸府之茶竹，下诸府之甘蔗花生，固以利总四方矣。至于地瓜一种，济通省民食之半，尤利之甚溥者。闽中固无旷土矣。是不必蚕桑之利，而利且倍蚕桑也”④。

清代前期，农村商品生产的这种发展，也从清政府的财政上反映出来。江苏省，在康熙时，钱粮“无一官曾经征足，无一县可以全完，无一岁偶能及额”。嗣后承平百余年，到乾隆中叶，“海内殷富，为旷古所罕有。江苏尤东南大都会，万商百货，骈阗充溢，甲于寰宇，遂无不完之税。故乾隆中年以后，办全漕者数十年，无他，民富故也”⑤。四川郫县，“凡征粮责之首户。每岁夏初，丝出一完。秋初，烟叶上市一完。至冬收获，扫数全完。故爵秩全书所载，各省皆有冲繁疲难之缺，而蜀中独无疲之一字。吏斯土者，催科无下考之书，蒲鞭有不试之日，诚俗之最醇者”⑥。湖南南部山区，“楚南山多田少，而居民多殷富。岁即不登，从不请帑发赈，恃有山泽之利，可自赡也”⑦。这些都从清政府财政工作的角度，说明了农村商品生产的发展，促进了社会经济的发展和农民生活的改善。

但是，对清代前期农产品商品生产的发展，又需要进行具体分析，作出适当的估计。在中国封建社会中，农业和家庭手工业的结合，自给性生产和商品性生产的结合，是农民在生产上的基本特征。只是由于农民自身条件和各地自

---

① 民国《南溪县志》卷2。
② 黄厚裕：《种苎麻法》。
③ 光绪《城固县乡土志》。
④ 施鸿保：《闽杂记》。
⑤ 冯桂芬：《显志堂集》卷9。
⑥ 乾隆《郫县志》卷8。
⑦ 道光《巢县志》附录。

然条件的差异，不同农户之间商品性生产的发展程度，从另一个角度说，也就是自给性生产的保持程度，都是各不相同的。这就在整个小农经济中，会形成一个多层次的商品生产结构。它包括如下的一些生产类型：（1）自给型生产。这种农民所生产的全部产品，绝大部分供自己消费和交纳封建租赋，只把剩余下来的少量产品，或把节约下来的少量产品投入交换，以换取其他生产和生活必需品。他们出售的少量产品，都是为自用而生产的，而不是以交换为目的而生产的。只是因为投入交换，才使产品成为商品。（2）半自给型生产。这种农民生产的产品，主要供自己消费和交纳封建租赋。但是，他们还根据社会需要，生产一部分产品，用以交换其他生产和生活必需品。这类农民出售的产品，一开始就是以交换为目的，而不是以自用为目的而生产的。这是他们与上一类农民的区别所在。（3）为温饱的交换型生产。有些农民的产品，一部分直接供自己消费，大部分则用于交换，以换取其他生产和生活必需品，以至换取货币，以交纳封建租赋。他们生产的用于交换的产品，在他们的生产中已占居主要地位，自给性生产则退居次要地位。这种农民已基本上成为小商品生产者。但是，他们从事商品生产的目的，只是为了追求温饱，以维持自己的生存。他们的商品生产，只是一种在交换价值形式下为获取使用价值为目的的生产，还没有脱离自给自足的内核。（4）为利润的交换型生产。在这种类型的生产中，农民生产品的绝大部分甚至全部都要投入市场，其所需生产和生活必需品，都主要依靠市场供给，自给性生产已无足轻重。他们从事商品生产的目的，已不是追求温饱，而是为了追求利润，以发财致富。

由上述这四种类型所组成的农民商品生产结构，在封建社会都是始终存在的。只是在不同的历史发展阶段，即在不同的社会生产力水平下，这四种类型的生产会有不同的比例配置；并通过其中某些类型的增减兴退，来反映这个历史阶段商品生产的发展水平。由于文献资料的缺乏，各种类型生产比例配置的变化，无法用数字来表述。但从总的发展趋势上说，随着社会生产力的发展，第一种类型的生产会越来越少，其他各种类型的生产会逐渐增多。但是，为封建社会生产力发展水平和封建制度所制约，第一种类型的生产始终会具有一定的数量，第四种类型的生产也始终只能占有一个很小的数量。封建社会商品生产发展的阶段性，主要是从第二、第三两种类型生产的发展变化上显示出来。

从清代前期的情况看，第一种类型的生产还占有一定的比重，特别是经济发展比较落后的地方更是这样。第四种类型的生产虽有增加，但为数仍然很少。清代前期农民商品生产的发展，主要表现为第二种类型的生产有比较普遍和大量的增加。第三种类型生产也有明显增加，但它在整个农民生产中的比重却仍然不是很大。就是在商品生产比较发达的地区，其所占比重也并不大。这就是说，清代前期农民商品生产的发展，主要表现为自给性生产为主，商品性生产为辅的农户有大量增加，自给性生产为辅，商品性生产为主的农户也有一定增加，但为数并不很多。这两种类型生产的具体情况，在后面的农民经济篇中，将作具体论述。

第一种类型的生产具有比较完备的自然经济性质。第二种类型生产，仅仅是开始纳入整个社会生产分工的体系之中。第三种类型的生产虽然具有一定程度的专业化生产倾向，但还不是完全意义的专业化生产。只有第四种类型的生产，才可以说具有专业化生产的性质。清代前期专业性的地区分工，也只是建立在这种低层次生产分工的基础之上。所以，我们可以说，清代前期农民商品生产的发展，实际上只是商品生产的一种低层次扩散。

其次，清代前期，封建地主和商人经营的农产品商品生产也有一定的发展。他们从事商品生产，毫无疑义是为了追求利润，实现财富的增殖。文献资料提供的情况说明，清代前期，封建地主和商人经营的农产品商品生产，涉及到很多地区和很多重要商品。由于利润最大化和规模经济的推动，他们经营的生产已形成较大的规模。有些记载所提供的雇工数量，也说明他们中一些人经营的生产，已具有资本主义萌芽的性质。许多文献记载虽未确切说明经营者的社会身份，但我们可以推断，除了有封建地主和商人之外，其中也会有一些富裕农民。因为，清代文献资料中有许多关于农民“力农致富”，成为地主和商人的记载。他们只有经过富裕农民这个环节，才能向地主和商人过渡的。下面是为利润交换型生产的一些事例：

如种棉，山东濮州，“其地肥饶，木棉一亩可拾二百斤。有万亩之家者。其尚奢，楼观相望”。有以“木棉成家者二三人，各巨万”[1]。这虽是明代事

① 康熙《濮州志》卷2、卷4。

例，亦录此为例。

如种烟，四川德阳县，“种者多至数十百亩”①。郫县晒烟时，以折计量，种烟“户皆饶于折，折足万者岁百金，折十万者岁千金，泝而上之，殊无算焉”②。广西南平县，“种烟之家，十居其半，大家种植一二万株”，“每万株费工人十或七八，灰粪二三百担，麸料粪水在外”③。

如种蔗，四川内江县，“沿江左右，自西徂东，尤以艺蔗为务，平日聚夫力作，家辄数十百人”，“其壅工值，十倍平农”④。浙江常山县，每遇干旱，用水车灌田时，“其高阜处所，则搬车运轴，多至四五具。务须衔尾而上，以达于田。其法去大塘远者则多至十数具，又须衔尾而进，以达于内塘。今虹桥水南二处，其种糖蔗者多用此法”⑤。用这么多水车灌田，虽不排斥有农民的互助协作，但也不能排斥有地主和富裕农民的大规模种蔗。

如种茶，四川合江县南乡，山高气寒，宜于植茶。“清乾隆中，穆为元种茶数十万株，用以起家”⑥。

如种果，直隶肃宁县人，“多以种桃为业，如艺稼然。其业者皆有桃园，多者千树，少亦数百树”⑦。山西榆次县，桃“亦出训峪，诸村民於沟涧边植桃为业，桃大且佳，岁收以代稼，计所树一家或数百株云”⑧。山西蒲州，“柿为蒲人利”，“其植多者千树，少犹数百株”⑨。湖南湘潭县，桔，“居民多种之，一园数千株，可抵良田百亩”⑩。四川中江县，康熙间，王子亨“手植（梨）数百株，皆佳品。成林，世蒙其利。乾嘉时，中邑产梨，岁联数十舟东下，运销渝城。采购者必先索王家梨。于是远近皆知有梨园王家”⑪。

---

① 道光《德阳县新志》卷1。
② 嘉庆《四川通志》卷75。
③ 《清代文字狱档》第5辑。
④ 道光《内江县志要》卷1。
⑤ 雍正《常山县志》卷11。
⑥ 民国《合江县志》卷2。
⑦ 乾隆《河间府志》卷4。
⑧ 同治《榆次县志》卷15。
⑨ 乾隆《蒲州府志》卷3。
⑩ 嘉庆《湘潭县志》卷39。
⑪ 民国《中江县志》卷21。

如种蔬，安徽省“宣城、南陵姜利最大，北人岁来贩姜者巨舫衔尾。上农夫家亩可数十石，计一乡可得数万石”①。山东长山县，吴长荣有园“五十余亩，皆以种菜为业。三春卖菜时，肩毂相接”②。

如种竹木，如前述福建汀州府，有些“素封之家”，种杉“以谷量”③，即以山谷来计算种杉的数量。湖南祁阳县，“各乡杉木，一望青葱。即问士庶之富者，亦多数此以对”④。河南永宁县，“地宜竹，原野溪涧大半皆竹园，园广或数十亩，引渠灌溉，干霄如翠屏”⑤。该省怀庆府清化镇，也有“居人以艺竹为业，有数十亩者”⑥。南方种竹数十亩，不能算多。在北方就不算少了。

商人在山区租山种靛、种茶、种药，和培植香菇、木耳的，也不乏人。

在浙江，汤溪县，“商有闽人，依山种靛为利”⑦。景宁县，“旧志云，乡民货香菌者，旧时皆于江右闽广，今更远至川陕楚襄间。邑虽产此，实有之仅也。其业至苦，始则相山度木，有产菌者，以重值得之，依山结厂，以冬伐木制造。逾三数载，菌始生。然必地气善，晴雪以时，乃大发生。否则，丧其资本。岁以夏月货毕，秋抵家一临，经月即行矣”⑧。

在陕西，“西乡县等地，杂业以厂名者凡五，曰笋，曰硝黄，曰木耳，曰茶，曰纸。拥厚资求赢者，其人皆率有机智，招乌合之众而役之，皆徒手无赖”⑨。其中，茶与木耳，均为农产品培植。在陕南山区，“黄连于既辟老林山凹、山沟中栽种。商人写地数十里，偏栽之，须十年方成。常年佃棚户守连，一厂辄数十家。”“雪泡山、灵官庙一带，连厂甚多”⑩。

以上这些地主、商人或富裕农民经营的规模较大的农产品商品生产，其中应有资本主义生产关系的萌芽。但文献资料多记载不详，特别是雇工数字缺

① 光绪《宁国府志》卷18引康熙间佟赋伟《二楼纪略》。
② 嘉庆《长山县志》卷12。
③ 杨澜:《临汀汇考》卷4。
④ 同治《祁阳县志》卷22。
⑤ 乾隆《永宁县志》卷4。
⑥ 朱云锦:《豫乘识小录》卷下。
⑦ 乾隆:《汤溪县志》卷1。
⑧ 同治《景宁县志》卷12。
⑨ 岳震川:《赐葛堂文集》卷4。
⑩ 严如熤:《三省边防备览》卷9。

少，难以论断。兹择其雇工较多，经济性质较为明确的，略示数例。

例一：福建瓯宁县，道光间，商人租山种茶，“彼厂户种茶下土，既出山租，又费资本”。茶厂“不下千厂，每厂大者百余人，小亦数十人”[①]。从上述记载看，这些茶厂主要从事茶叶种植，当然也会包括采茶、制茶的工作。雇工从数十人到百余人，虽然可能是临时工多过长工，但既是外来商人投资生产，就不论长工、短工，都不会是辅助劳动。它的资本主义萌芽就比较明确了。

例二：前述陕西西乡县等地，有“拥厚资求赢者”，“招乌合之众而役之”，从事种茶、培植木耳。但雇工人数记载过于笼统。道光间，据卢坤在《秦疆治略》中说，西乡县有“耳厂十八处，每厂工匠不下数十人”。有如此雇工规模，资本主义萌芽性质亦可判定。

例三：福建侯官县，郑宗梓租买土地山场，种植松树、龙眼树。自乾隆四十六年至道光六年的四十多年间，除租进山场、果园十多起外（有的是与人合伙），又共买进山场、果园四十四起，共付出本银一千零八十七两多。而当出果园只一起，仅二亩多。[②] 他种果栽松的规模颇大，也采取雇工经营。契约资料中，对山场、果园面积和雇工人数虽无明确记载，但从生产规模来看，就有产生资本主义萌芽的可能了。

例四：广东琼山县，柯凤翔、柯凤集兄弟各出银二十两，林嵩山出银十两，合伙买荒山一座，雇工栽种槟榔树五万株。几年后，槟榔树长成。每年把榔子包给别人收割。乾隆六年，刘白石以银八十六两承包收割。因榔价看涨，有人出价一百三十二两向刘白石转包。[③] 管理槟榔园的费用和雇工情况，均不详，但看来经营有利。这个槟榔园也可以说具有资本主义萌芽的性质。

例五：四川巴县，廖正元、田池玉合伙种桔。田出山场，廖“出本买秧栽种”，并出栽桔的“人力工资”。道光十七年冬，“买秧请工种桔六千余株”，另“买铁篱笆秧五万，共去钱六万六千九百六十四文”。据廖正元称，道光十七年冬至二十一年八月，经营橘园“总共用钱四百五十千零四百七十七文，

① 蒋蘅：《云寥山人文钞》卷2。

② 黄志中文，《福建师大学报》1980年第4期、1981年第2期。

③ 清代刑部档案，乾隆八年十月十四日刑部尚书来保题。

外每年自己五人工夫未算”。因“连年工本不敷，将产卖银四百五十两，力办此桔成林”①。从上述记载看，买桔秧栽种费用只占全部投资的七分之一左右。其余投资应当主要是用于犁锄、灌溉、施肥等方面的“人力工资”。虽有家内劳动力五人参加劳动，但仍有一定数量的雇工。这个橘园也可能具有资本主义萌芽的性质。

清代前期，在农业生产中，地主、商人以及富裕农民经营的以盈利为目的的商品生产虽有发展，但发展是很不充分的。而资本主义萌芽性质的生产，则发展尤少，甚至可以说是微不足道的。这类商品生产对于推动经济发展和社会进步，比农民以追求温饱为目的的商品生产，其作用要大得多。它的发展微弱，也从另一个侧面说明了，清代农业中商品生产的发展，只是一种商品生产的低水平扩散。

上面我们对清代前期农业中商品生产的发展，从质的方面做了一点粗略的考察，下面我们再从量的方面作点考察。清代前期经济作物的种植面积，当时人也作过一些估计。康熙间，靳辅说，“凡方千里之地，实有田三百六十万顷。或其间有种棉花蔬果菱荷药饵之类，以其非系五谷，姑再除去四分之一，计地九十万顷外，亦实有田二百七十万顷”②。他这是说，经济作物的种植面积（加上农民自用的部分）约占全部耕地的25%左右。从一些重要品种来看，棉花种植面积日益扩大，已成为当时第一大经济作物。嘉庆间，吴熊光说，“自木棉之利兴，田亩已去十之二三，然衣食并重，势难偏废。”③ 烟草种植也日益发展，成为仅次于棉花的第二大经济作物，到清代后期仍在发展，同治光绪间，李榕说，“种烟之害，及于稼穑不过十分之一二。民间乏食，不尽出此”④。他们是说，棉花种植面积约为全部耕地的20%～30%，烟草种植面积也不过占粮食种植面积的10%～20%左右。他们的这些估计，只不过是平日观察所得印象的一种概括，并无充足根据，当然不准确。据民国初年统计，全部经济作物占全国总播种面积的17%。若除去主要是在20世纪初发展起来的

① 《清代乾嘉道巴县档案选编》上册，第23～25页。
② 《清经世文编》卷26。
③ 《伊江笔录》上编。
④ 《十三峰书屋全集》卷3。

大豆和花生，则只占7.5%。但桑和茶均未计入播种面积。据此推断，清代前期商品性农作物的播种面积大约只占全部耕地面积的10%左右。[①] 如果这个数字还大体接近实际情况，就说明种植商品性农作物的农户虽然很多，但每个农户的种植面积却是很小的。这也说明了清代前期农业中商品生产的发展，只是商品生产的一种低水平扩散。

总之，清代前期农产品的商品生产虽有一定的发展，但又不宜作过高的估计。

在封建社会中，粮食生产是商品生产的基础。农民所生产的粮食，在扣除必要产品之外，还有剩余产品，才能使从事农业的人和从事手工业的人有实行分工的可能，才能使生产粮食的农民和生产原料的农民有实行分工的可能。在农村经济生活中，要发展商品生产，就要求粮食总产量的增长数，超过粮食自给量的增长数。农民剩余粮食的数量决定着农村商品生产的规模。清代前期，人口激增，耕地增长有限，粮食生产虽有一定发展，但面对当时庞大的人口，难以有更多的剩余来发展其他农作物的商品生产。有些地方甚至出现了减少经济作物种植面积，以种粮食自给的情况。如嘉定县一带，“嘉土沙瘠，不宜于禾。外冈地势高阜，尤不宜于禾。往时皆种木棉，近因米价昂贵，每石有五两外者，始多种稻”[②]。四川巴州，“旧擅蚕桑之利”。“近年乡民垦地为田，嫌桑树浓荫，蔽覆田亩，多被砍伐，故所出较少，而利亦减杀”[③]。在江西，据道光《宜春县志》说，棉麻“自昔山土多树此二种，后以薯芋可资口腹，种者稍少，间或取给予外”。在浙江，泰顺县是，“嘉庆以前多种蓝靛，今则多种番薯”。“农家多以薯米为粮”[④]。这体现着价值规律在调节着农产品生产的比例关系，更说明粮食剩余产品不多，是清代前期农产品商品生产难以进一步发展的重要障碍。

---

① 许涤新、吴承明主编：《中国资本主义的萌芽》第214页。

② 乾隆《续外冈志》卷1。

③ 道光《巴州志》卷1。

④ 光绪《泰顺分疆录》卷2、卷3。

第五章　农民劳动生产率的提高

第一节　传统农业中的劳动生产率诸问题

从前面几章中，我们可以看到：在清代前期的中国，土地的垦殖扩大了，粮食生产发展了，经济作物的种植增加了。这些表明：在这一时期，中国的农业生产确有明显的成长。然而，正如一些学者所指出的那样，农业的成长有两种方式：一是单纯的量的扩大，而另一则是在量的增长的同时，还有质的变化。前一种方式往往被称为“广泛性的增长”（extensive growth），而后一种方式则被称为真正的“发展”（development）。二者的区别，主要在于农民劳动生产率是否有提高。如果没有，即属于前者；如果有，则属于后者。清代前期农业生产量的增长，已无争议；但是否也有质的变化？则还是一个需要进行深入讨论的重大问题。

不论在哪一个社会中，劳动生产率的变化都是经济变化的基本指标。在农业社会中，由于农村人口占人口的绝大部分，因此农民的劳动生产率的变化构成了社会劳动生产率变化的基础。以往对于清代社会经济的总体评价——“清代停滞论”——，也是建立在清代农民劳动生产率未有提高甚至下降这样一个前提下的。倘若我们不再认为清代社会经济停滞，我们就必须从这个根本问题入手，证明清代农民劳动生产率是在提高，而不是停滞或下降。

江南地区在清代经济史研究中具有特别重要的地位。一方面，这个地区长久以来一直是中国经济上最发达的地区。从某种意义上来说，这个地区的经济成长方式对中国其他地区具有一定的代表性或典型性。因此通过对这个地区农民劳动生产率的研究，我们可以比较清楚地看到清代农业成长的趋势；另一方面，这个地区在清代经济史研究中，一向是学者们用力最多、成就最大的地区。以前人的研究为基础来讨论农民的劳动生产率这个十分复杂的问题，自然也比较容易深入。因此之故，在本章中，我们特挑选江南地区农民劳动生产率的变化情况，作为研究的对象。这个研究，不仅将使我们得以深入认识这个地区农民劳动生产率的变化，而且也将有助于我们了解清代前期农民劳动生产率变化的特点。当然，由于这一地区的经济发展有其特殊性，因此也不能把江南的变化模式简单地照搬到其他地区。

一、清代江南农民劳动生产率处于停滞或下降吗

近 20 年来中外清代社会经济史研究中所取得的最重要成果，是破除了传统的“清代停滞”论。1840 年以前的清代社会，不再被视为一个黑格尔所形容的那种“木乃伊”式的停滞的社会。越来越多的研究证明：在清代前期，中国的经济曾有颇大的发展。一些学者更指出：这些发展与近代早期欧洲的经济发展有很多的相似之处，因此有的学者干脆依照欧洲的模式，把晚明至清中叶的三个世纪，称为中国的“近代早期”。既然经济发展与劳动生产率提高有密切关系，从逻辑上来推断，清代前期经济的发展，很可能是由于农民劳动生产率的提高所致。然而，尽管如此，清代农民劳动生产率未有提高的传统见解，却似乎依然是史学界的主流看法。① 有一些学者认为清代中国农民劳动生产率在提高，不过似乎主要发生在中国中部、西部乃至北部的发展中地区、欠发达地区和重新开发地区。② 但是在东部发达地区（尤其是最为发达的江南地区），学界的基本倾向却是农民劳动生产率未有提高，

① 例如，在 1950 年代中期和 1980 年代中期关于“中国资本主义萌芽”的讨论和 1980 年代早期关于“中国封建社会的长期延续”的讨论中，大多数学者仍然倾向于清代农民劳动生产率下降。

② 在这些地区，至少在十九世纪以前，农业曾有显著发展。见柏金斯（Dwight Perkins）：《1368～1968 年间中国农业的发展》，阿尔丁公司 1969 年出版，第 18、19 页；王业键：《长江三角洲米价的长期趋势》，收于托马斯·罗斯基（Thomas Rawski）与李明珠（Lillian Li）主编的《用经济学的观点看中国历史》，加州大学出版社 1989 年出版。由此推论，这些地区的农民劳动生产率应当都有相当的提高。

特别是到了十九世纪前半期，更是明显停滞甚至下降。一些海外学者对清代前期江南农民劳动生产率停滞或下降的问题，还提出了若干有影响的理论。[①] 因此，清代前期江南农民劳动生产率停滞或下降，在某种程度上似乎已成为学界的共识。

然而，这种看法明显与下列事实相互冲突：

（一）江南的经济发展

今天的大多数学者，都同意清代前期江南经济有很大的发展，同时许多学者又都同意在此时期江南农民劳动生产率停滞或下降。因此就出现了一个很大的矛盾：一方面是整个经济有很大发展，而另一方面却是在当时社会生产的最重要部分——农业生产中，劳动生产率停滞或下降。一些学者发现了这个矛盾，力求用农民劳动转移到农村家庭手工业来加以解决。但是许多学者却又认为农村家庭手工业中的劳动生产率比农业中的劳动生产率更低。[②] 因此转移的结果，仍然是整个农户劳动生产率的停滞或不断下降。还有一些学者将清代前期江南经济发展的动力归之于城镇工商业的发展。但是这就意味着此时的江南的经济，系由两个劳动生产率变化截然不同的部分组成：一个是劳动生产率迅速提高的城镇经济，而另一个则是劳动生产率停滞甚至下降的农村经济。也就是说，早在近代工业移植入江南之前很久，江南经济就已经是一个“二元经济”了。不仅如此，这还意味着城镇经济部分在江南的整个经济中占有主要地位，所以城镇经济的成长，才能够带动整个社会劳动生产率的提高。但是这种说法，看来是很难成立的。因此，如果我们同意清代前期江南经济有很大发展，同时又坚持农民劳动生产率停滞或下降，那么我们就不能回避以下问题：当着一个社会中大多数生产者的劳动生产率停滞或下降的时候，该社会的经济怎么会出现很大发展呢？

---

① 例如伊懋可（Mark Elvin）1973 年提出的“高水平平衡机制”理论（见伊氏：《中国过去的模式》，斯坦福大学出版社 1973 年出版），以及黄宗智 1990 年提出的“过密型（又称内卷化）增长”的理论（见黄氏《长江三角洲农民家庭与乡村发展》，斯坦福大学出版社 1990 年出版），都主要是依据江南经验得出的。这两种理论的核心，都是清代前期江南农民劳动生产率停滞或下降，并为这种停滞或下降提供了理论解释。尽管这两种理论在许多方面受到批评，但是对于它们关于江南农民劳动生产率停滞或下降的观点，却为许多学者所接受。

② 见本章第三节的讨论。

（二）江南农村的劳动力不足

各种清代前期江南农民劳动生产率停滞或下降之说，实际上都建立在由"人口压力"理论所派生出来的"江南农村劳动力过剩"的假设之上。在既有的资源与技术条件下，劳动力的供求状况对于劳动生产率的变化往往具有关键性的作用，因此一个地区劳动力过剩，必然引起劳动生产率的停滞或下降。然而，近来对于江南人口史的研究表明：由于有意识的控制，江南人口增长自南宋以后日趋减缓，到清代前期年增长率已降至0.3%这样一个很低的水平。[①] 因此，从清代前期江南劳动力的供求情况来看，我们并未发现劳动力过剩，相反却很可能是劳动力不足。正是因为这种不足，阻碍了若干更为劳动密集的农作方式（如双季稻、甘薯、水稻区种法等）在清代江南的推行。尽管上至皇帝、督抚大员，下至地方士绅，在江南提倡这些农作方式不遗余力，而且江南的自然条件也适合这些农作方式，但是江南农民却始终响应者寥寥。[②] 其主要原因之一，就在于农村劳动力不足，难以承担这些耗用劳动较多的工作。[③] 如果江南农村真的拥有大量过剩劳动力，那么江南农民为何不像同时期的福建等地农民那样，或者采用这些可以容纳更多劳动力的农作方式，或者大批迁移到外地呢？

（三）江南农民生活水平的提高

劳动生产率停滞或下降的直接后果之一，是劳动者的生活水平普遍下降。

---

① 李伯重：《宋末至明初江南人口与耕地的变化》，刊于《中国农史》1997年第1期；《控制增长，以保富裕：清代前中期江南的人口行为》，刊于《新史学》第5卷第3期，1994年出版；《清代前中期江南人口的低速增长及其原因》，刊于《清史研究》1996年第2期。

② 例如，徐光启鼓吹种甘薯（《农政全书》卷27树艺·甘薯），康熙帝号召并由李煦负责在江南试种双季稻（《李煦奏折》中华书局1976年出版，第182、184～185、193、198～199、204～205、216～217、226、227、233、246～250、256～260、265～266、268、275、277～278、282页）。道光时林则徐、李彦章等又一次号召种植双季稻（《江南催耕课稻编》），同时陆世仪、潘曾沂等极力推广"区种法"（陆世仪《区种法》；潘曾沂《区种法》）。

③ 柏金斯指出：即使在1950年代的中国，在农忙时期也没有剩余劳力。相反倒存在着劳力不足（柏金斯：《1368～1968年间中国农业的发展》，第59、60页）。这种劳力不足，是制约植双季稻普遍种植的主要障碍之一，因为双季稻种植所需劳动大大超过水稻与春花种植所需的劳动。肯尼斯·瓦尔克〈Kennith Walker〉也指出：在江苏省，实际的劳力供给，尚不足理想条件下的双季稻种植所需劳力的一半（瓦尔克：《农业生产组织》，收于亚力山大·爱克斯坦〈Alexander Eckstein〉等主编：《共产党中国的经济趋向》，爱丁堡大学出版社1968年出版）。因此，劳力不足是双季稻种植及其他高产方式未能在江南普及的主要原因之一。

然而在清代前期，我们并未发现有农民生活水平普遍下降的有力证据。相反，从魏金玉对于明清农业雇工的研究来看，自明代后期以来，江南农业中长工与短工的实际收入都在增加。例如，明末要4～5个劳动者充分就业，才能供养一个劳动者过同样的生活；但在清代中期，却只要1～2人出雇，就可以维持另一人过同样的生活。[①] 方行关于清代江南农民消费的专门研究也证实：在清代前期，江南农民的生活水平比以前确有提高。[②] 不仅如此，即使与近代早期法国、德国、日本的农民相比，清代前期江南农民也明显地过得更好。[③] 此外，我们还知道：清代前期江南农民宁可花钱买远道而来的四川、湖广大米食用，而不愿种植高产的甘薯以果腹。这种"取贵舍贱"的食物选择方式，也表明江南农民的生活水平在不断地提高。如果江南农民劳动生产率真的处于停滞或下降之中，那么这种情况真是匪夷所思了。

（四）江南农业资本投入的增加

清代前期江南农业变化的一个重要特征是资本投入的明显增加。这不仅表现在农民大量购入和使用豆饼这种商品性肥料的方面，也表现在农民生产更多转向比水稻生产需要更多资本的蚕桑业生产的方面。[④] 在此时期江南农民增加的农业投资中，有颇大部分来自农民家庭以外，特别是商业资本或高利贷资本。[⑤] 商业资本和高利贷资本之渗入农村，过去被认为是农民贫困化的标志。但是正如清人所说：在农村，"债是富翁借的……穷人哪里去借什么债！……那债主料他还不起，谁肯把现钱博那赊利！"[⑥] 如果没有不断增强的偿还能力，商业资本和高利贷资本当然也不可能越来越深入农村经济。因此清代前期江南农村生产性资本借贷比前代发达，也从另一个方面表明了农民

---

① 魏金玉：《明清时代农业中等级性雇佣劳动向非等级性雇佣劳动的过渡》，收于李文治、魏金玉与经君健合著：《明清时代的农业资本主义萌芽问题》，中国社会科学出版社1983年出版。

② 方行：《清代江南农民的消费》，刊于《中国经济史研究》1996年第3期。

③ 伺炳棣：《1368～1953年间中国人口研究》，哈佛大学出版社1959年出版，第194页。

④ 李伯重：《明清时期江南水稻生产集约程度的提高》，刊于《中国农史》1984年第1期；《"桑争稻田"与江南农业生产集约程度的提高》，刊于《中国农史》1985年第1期。

⑤ 潘敏德：《明清江南农村的信贷和农民小商品生产的概念》，刊于《亚洲学刊》第55卷第1期，1996年出版。

⑥ 《云仙笑》第二册《裴节女完节全夫》。

的偿还能力确实普遍较前增强。偿还能力的增强，也表现了劳动生产率的提高。

二、农民劳动生产率之界定

劳动生产率，通常被定义为一个劳动者单位劳动的产量。[1] 劳动生产率的计算，一般是看单位劳动时间内所生产出来的产品的数量。然而，尽管有这样一个普遍性的定义，但是在不同的社会中，劳动生产率的计算方式也可以有颇大不同。

在计算中国传统农业社会中的劳动生产率时，应注意到这种劳动生产率在若干方面与近代工业社会中的劳动生产率有所不同。首先，在劳动时间方面，近代工业中的劳动生产率以日或者小时为单位，而传统农业中的劳动生产率则应以年为单位。其次，在劳动者方面近代工业中的劳动生产率以单个工人为单位，而传统农业中的劳动生产率则往往以一个农民家庭为单位。再次，在劳动的性质方面，近代工业中的工人劳动基本上是单一性的，而传统农业中农民的劳动则是多样性的。[2] 这里我们还要补充的是：近代工业中的劳动成果，通常以货币产值来计算；而在传统农业社会中，由于商品经济不够发达，农业中的劳动成果，在许多情况下是以实物来计算的，因为农民的生产在相当大的程度上追求的是使用价值而非交换价值。

大体说来，传统农业社会劳动生产率的以上四个特征，也适用于清代前期的江南。因此，我们考察的重点之一应是一个农户在一年内生产出来的产品总量。但是自明代晚期以来，江南农家男女劳动的分工日益扩大，因而在某种程度上，也可以将农家男女劳动者的劳动生产率分开按个人来计算。鉴于在对清代前期的江南，农夫、农妇和农户三者在生产中所扮演的角色和所起的作用，都是既有联系又有差别，因此在本章中，我们将对三者的劳动生产率问题都作考察。

---

① 柏金斯（Dwight Perkins）：《中国：亚洲下一个经济巨人?》，华盛顿大学出版社 1986 年出版，第 87 页；克拉富茨（Nick Crafts）：《工业革命：英国 1700～1860 年间的经济成长》，收于安妮·阿迪格比（Anne Adigby）：等主编《经济与社会史的新方向》第 1 卷，麦克米兰公司 1989 年出版。

② 李伯重：《唐代江南农业的发展》，农业出版社 1990 年出版，第 187～189 页。

三、农户规模、农场规模和农户家庭内部的劳动分工

农户规模、农场规模和农户家庭内部的劳动分工，都是影响农民劳动生产率的重要因素。它们的状况并非一成不变，而这些变化，又对农民的劳动生产率有重大影响。因此在对清代前期江南农民生产率进行分析之前，应当首先弄清农户规模、农场规模和农户家庭内部的劳动分工的状况。在这里，我们将依据有关研究，对这些问题作一简单的概述。

（一）农户家庭规模

作为一种描绘中国普通家庭规模的传统说法，"五口之家"一语，早在春秋战国时代就已出现，而且所指地域也不是江南。在江南，较早的情况是否如此，由于史料缺乏，难以确知。江南农户的规模，在宋—明之间发生了颇大变化。一个普通的农民家庭的人口，明代以前多于5人①，但到了明初，按照官方统计数字，洪武四年（1371）苏州府每户平均有4.15人，洪武九年（1376）有4.32人；洪武二十四年（1391）松江府每户平均有4.82人，常州府4.36人，杭州府3.78人。而清代中期每户平均人数为：杭州府4.65人（乾隆四十九年，1784）；嘉兴府五人（乾隆三十四年，1769），5.17人（乾隆五十四年，1789），5.36人（嘉庆四年，1799），5.42人（道光十八年，1838）。② 1930年的相应比数则为：吴兴县4.1人（普通户），4.3人（农户）；长兴县4.4人（农户）；平湖县4.9人（全部户），5.1人（农户）；嘉兴县4.5人（农户）③；江宁县4.77（全县）④，5.77～6.57人；武进县4.87人⑤；吴江县4.06人（开弦弓村）⑥。总而言之，都大致在5人上下。因此，说清代

---

① 李伯重：《宋末至明初江南农民的经营规模和粮食亩产量》，刊于《中国农史》1998年第3期。

② 以上据梁方仲：《中国历代人口、田地、田赋统计》，上海人民出版社1980年出版，第436、438、442、446、448页数字计算。

③ 以上见建设委员会编《中国经济志》"吴兴县"、"长兴县"、"嘉兴县"、"平湖县"和"江苏省吴江县震泽镇经济概况"，1933年出版。

④ 胡焕庸：《江宁县之耕地与人口密度》，刊于《地理学报》第1卷第2期，1934年出版。

⑤ 见卜凯（John Lossing Buck）：《中国的农家经济》，金陵大学与太平洋关系研究所中国理事会1930年出版，第327页。

⑥ 费孝通：《中国农民的生活》，威廉·克劳斯父子出版公司1937年出版，第23、29页。

前期江南大约一户 5 口，应当是近于事实的。

在这样一个规模的家庭中，主要的劳动力是农夫和农妇二人。[①] 除农夫与农妇外，农家的其他成员也能提供一些劳动，其总量通常可以半个成年劳动力的劳动计。[②] 但是，这些成员在生产所承担的，基本上是辅助性劳动。因此，占主要地位的，还是农夫和农妇的劳动。我们在本章的讨论中，凡谈及农户劳动力，都以此为标准。

（二）农场规模

我国的传统农业生产，通常以单个的小农家庭为经营单位，一个农场就是一个农民家庭所耕种的田地。既然清代前期江南一个普通的小农家庭中主要的农业劳动力就是这个家庭中的丈夫和妻子，因此一般而言，一个农户的经营规模（即一个家庭农场的规模），也主要指的是一对成年劳动力所耕种的田地的数量。而所谓“人耕十亩”，则是明清人对当时江南农民耕种田地一般数量的一个大概估计，用现代的语汇来说，就是他们对当时农民的普通经营规模的一种形象化的描述。从对明清江南农业劳动力耕地数量的宏观分析，可以证实“人耕十亩”这一江南农民的经营规模的标准模式，是完全可能存在的。而从近代调查所反映的情况来看，这种经营规模肯定在近代以前曾经广泛流行于江南。但是这种经营规模在时空分布上具有很大的不均衡性，只是到了清代，它

---

① 以一夫一妇作为计算一个农户劳动力的标准，是中国的传统做法。最典型的例子，是北魏均田令关于授田与课税的规定。鉴于当时“户”的标准混乱不一，该规定干脆直率地将“一床（即一夫一妇）”作为一个农户的法定单位。这一规定在整个均田制时代都在使用。尔后南宋安置难民，也依然是用一夫一妇为分配生产资料的单位（《宋会要辑稿》食货三之十“营田”条。参阅李伯重：《唐代江南农业的发展》，第 135～136 页）。到了明代后期何良俊在谈松江水稻生产情况时，也明确地说农户的劳动力为一夫一妇（《四友斋丛说》卷十四史十）；万历《通州志》卷 2 风俗亦然。换言之，一个小农家庭中的劳动力，主要是农夫农妇二人。近代的情况仍然大体如是。例如据费孝通的调查，在 1935 年的吴江县开弦弓村，有劳动能力者（16～55 岁者）占全村人口的 51%，其时每户平均有 4.06 人，即每户有劳动力 2 人（费孝通：《中国农民的生活》，第 22 页）。据程潞等人的调查，1957 年苏州—无锡地区（大致相当于明清的苏州、常州两府）的农村男女劳动力占农村人口的 44.4%（程潞等：《江苏省苏锡地区农业区划》，刊于《地理学报》第 25 卷第 3 期）。如每户以 5 人计，则应有劳动力 2.2 人。总之，认为明清江南一个普通农户有两个劳动力（通常即农夫与农妇），应是符合实际的。

② 徐新吾估计 1860 年松江府每个纺织农户中的纺织劳动，可以 1.5 个成年劳动力计（徐新吾：《江南土布史》，上海社会科学院出版社 1992 年出版，第 215～216 页）。

才成为占压倒性地位的普遍模式。[①]

（三）农户家庭内部的劳动分工

在过去两千多年中，“男耕女织”之说一直出现于史籍。但在江南，自明代后期起，随着农家男子逐渐转向更专业化的农作，农家棉纺织业也主要落到了农家另一主要劳动力——农妇的身上。农妇本已在农家棉纺织业生产中占有重要地位，到了如今，其作用当然也就更为突出了。这表明：到了清代前期，江南农家男女劳动力之间的劳动分工，较以前有颇大发展。作为这个发展的标志和结果，男女劳动力的劳动专业化水平逐渐提高，“男耕女织”这一分工模式也变得普遍了起来。这一发展，对于江南农民劳动生产率的变化自然有非常重大的意义。[②]

“人耕十亩”的经营规模和“男耕女织”的劳动分工的形成和普及，对江南农民劳动生产率的变化具有重大的影响。

第二节 农夫劳动生产率的变化

农民的劳动生产率，取决于其一年内的劳动日数和所获产量两个因素；而所获产量，不仅取决于所种田地的数量，而且也取决于所种田地的亩产量。因此亩产量也是决定劳动生产率的基本因素之一。下面，我们看一看自明代后期以来江南耕地亩产量有何变化。弄清了这些变化，农夫劳动生产率的变化，也就不难看到了。

一、亩产量的提高

以往一些学者之所以认为清代江南农民劳动生产率不断下降，一个默认的前提就是亩产量未有增加。经营规模不断缩小而亩产量未有增加，总产量也就

① 李伯重：《“人耕十亩”与明清江南农民的经营规模》，刊于《中国经济史研究》1996年第3期。

② 李伯重：《从“夫妇并作”到“男耕女织”——明清江南农家妇女劳动问题探讨之一》，刊于《中国经济史研究》1996年第3期。

要减少。在此情况下，劳动生产率下降当然是不可避免的。因此亩产量的变化，对于江南农民劳动生产率问题具有重大意义。

亩产量的提高，可以通过三种不同的方式来达到：(1) 提高每茬作物的亩产量；(2) 增加每亩耕地的复种指数；以及 (3) 以亩产值较高的作物取代较低的作物。对于第 (2)、(3) 种方式，虽然各个学者的研究有出入，但大多持肯定态度。对于第 (1) 一种方式，大多数学者实际上都持否定态度。然而实际情况究竟如何，尚待研究。关于棉、桑与水稻的亩产值的比较，我过去作的研究表明：清代江南棉花种植的扩大，主要限于江南东部不宜种稻的高田地带。舍稻种棉，体现了水土资源合理利用程度的提高①，从而意味着耕地亩产值（特别是亩净产值）的明显提高②。关于蚕桑与水稻的比较，就一般情况而言，在明代后期至清中期，江南每亩蚕桑的总产值和净产值，均约为水稻的 4 倍上下。如果加上稻田复种和桑园间种的作物，则这个差距会小一些，不过桑园的年均亩产值与净产值仍然明显高于稻田。③ 下面，我们将只就每茬作物亩产量提高以及在复种制下亩产值提高的问题，作一探讨。

（一）春花作物与丝、棉亩产量的变化

明清江南小麦的亩产量，史籍中记载极为零散。有限的几条记载，也多属特殊年成的亩产量。例如嘉靖《上海县志》卷 7 文志上所收陆深《瑞麦赋》说亩产 3 石。而同书同卷所收袁凯《沙堡行》诗、道光《石门县志》卷 23 祥异引万历志以及叶绍袁《启祯闻见录》崇祯 15 年条等，都说亩产麦 2 石。不过这些都是特别好的收成。一般的产量，川胜守根据麦租估计是 1 石。④ 到了清代，情况亦然。雍正时江南总督赵弘恩奏报：苏松、常、镇等府丰收，小麦

① 李伯重：《明清江南农业资源的合理利用》，刊于《农业考古》1985 年第 2 期。

② 乾隆 40 年（1775），高晋说松江、太仓等地“种花者多，而种稻者少。……究其种花而不种稻之故，并非沙土不宜种稻，盖缘种花费力少而获利多，种稻工夫重而获利轻”。而造成这种情况的主要原因，又是因为种稻“艰于车水，工本不无多费”（高晋《海疆请禾棉兼种疏》，收于《清经世文编》卷 37 户政 12 农政中）。

③ 李伯重：《明清江南蚕桑亩产杂考》，刊于《农业考古》1996 年第 1 期。

④ 川胜守：《明末清初长江沿岸地区之“春花”种植》，刊于台湾中央研究院历史语言研究所编《近代中国农业经济史论文集》，1989 年出版。

亩产量为 1.7～1.8 石（上田）、1.5～1.6 石（中田）和 1.2～1.3 石（下田）。[①] 乾隆《续外冈志》卷 1 风俗所收张锡爵《打麦词》说亩产麦 2 斛。嘉庆初期包世臣说苏州“亩常收米三石，麦一石二斗。以中岁计之，亩米二石，麦七斗”[②]。道光后期何石安、魏默深则明确指出苏州“上田亩米三石，春麦一石半，大约三石为常”[③]。由此可见，自明代后期以来，麦亩产量变化不大或略有提高。

油菜籽的亩产量，徐光启说明末松江“中农之家，亩籽二石”[④]；包世臣也说清代中期江南油菜籽亩产 2 石[⑤]；由此看来似乎没有什么变化。但是根据陈恒力的估计，明末桐乡油菜籽通常亩产 1 石，特别好的年成才达 1.5 石。[⑥] 因此徐光启所说的松江亩产量可能比江南平均亩产量高出许多。[⑦] 如果明末亩产量以 1 石计，而清代中期为 2 石，那么油菜籽的亩产量的提高幅度是相当大的。

蚕桑的亩产量，材料较多。据我的考证，一般是每亩产丝 8～9 斤（绵不在内），自明代后期以来皆然，未见明显变化。[⑧]

明代江南的棉花亩产量，记载很少。据当时人说，正德时松江“滨海下田，不过可种棉花五六十斤”[⑨]（所说应为籽棉）。到了清初，据姚廷遴《历年记》中的上海棉花亩产量记录统计，大约为 80 斤籽棉。到了清代中期，亩产量显然有提高。18 世纪末江南棉田，“盛者亩收干花二石”[⑩]。上海的棉田，“嘉、道前，每亩得收一二百斤”[⑪]。而张春华《沪城岁事衢歌》说：道光中期

① 郭松义：《清代前期南方稻作地区的粮食生产》，刊于《中国经济史研究》1994 年第 1 期。

② 《齐民要术》卷二农二。

③ 《重刊蚕桑图说合编》序。

④ 《农政全书》卷 28 树艺“藏菜”。

⑤ 《齐民要术》卷一农一上“任土”。

⑥ 陈恒力：《补农书研究》，中华书局 1958 年出版，第 34 页。

⑦ 游修龄：《从历史上江南一带的油菜栽培看当前的油菜生产问题》，刊于《浙江农业科学》1962 年第 9 期。

⑧ 李伯重：《明清江南蚕桑亩产杂考》。

⑨ 崇祯《松江府志》卷 8 田赋所收张凤《复旧规革弊便民案》。

⑩ 《齐民要术》卷一农一“作力”。

⑪ 《申报》光绪 6 年 6 月 21 日。转引自徐新吾《江南土布史》，第 147 页。

上海种棉，“一亩之入有百斤者为满担，倍者为双担。双担是年之极丰者，不恒有”。此外，与江南仅一江之隔的南通，光绪中期亩产籽棉150斤（上）、100斤（中）、60～70斤（下）。[①] 因此，清代中期江南棉花亩产量应当大约100斤，比明代有相当的增加。

（二）水稻亩产量的变化

在过去的研究中，我从江南地区水稻的消费与生产的关系入手，对江南水稻亩产量作了一个宏观分析，所得结果是：清代中期江南稻米消费总量约为10800万石，减去输入稻米1500万石，得9300万石。这就是江南稻米总产量。当时江南种稻面积约为4050万亩，平均亩产量约为2.3石。依照同样的方法，我们可以计算出明代后期江南的亩产量约为1.6石，即清代中期比明代后期增加了大约50%。接着又从一些地方的亩产量记录对有关结果加以验证，证明清代中期江南水稻亩产量比明代后期确有明显提高。[②] 这个估计，看来仍然偏低，因为这个估计所赖以建立的基础之一，是清代前期江南的粮食输入不断增加。到18世纪，按多数学者的估计，年输入量大约为1500万石。但是根据张瑞威最新的研究，这个输入在18世纪后期呈现出萎缩之势。在乾隆五十三至六十年（1788～1795）间，江南的稻米输入数量非常之小，在某些年份（如乾隆五十三年）更是几乎完全停顿。其原因是江南本地稻米丰收，价格下跌，使得米商从长江上游贩米无利可图。[③] 换言之，如果不输入外地稻米，那么江南本地的水稻亩产量也应相应提高（在上面的计算中，应当增加0.37石）。

因此，尽管各种农作物的每茬亩产量变化情况不一，但是总的来说，在清代前期，亩产量上升是主要的趋势。

（三）复种制下亩产值的提高

增加耕地的复种（或间种）指数，使一亩耕地在一年中可以种植一茬以

---

① 朱祖荣：《通属重棉述略》。

② 李伯重：《“天”、“地”、“人”的变化与明清江南的水稻生产》，刊于《中国经济史研究》1994年第4期。

③ 张瑞威：《十八世纪的粮食运输与价格》，提交剑桥大学圣约翰学院1996年“中华帝国晚期的商人、城市和商业会议”的论文。

上的庄稼，从而获得较高的亩产量。这一点，明清江南人民早已知之。早在清代初年嘉兴府桐乡县，据张履祥说："田极熟，米每亩三石，春花一石有半，然间有之；大约共三石为常耳"①。即一般而言，春花约占水田产量的三分之一（以实物计）。到清代中叶的松江西部，情况也差不多。据姜皋说：道光三年以来，由于水灾引起地力减退，水稻一般亩产量只有2石米左右，而麦亩产在年成好时可达1石以上。② 稻麦合计也是3石左右。以油菜和豆为后作，大致上来说情况也与麦相近（详见下文）。因此稻田复种率的提高，的确大大增加了耕地亩产量。不仅如此，春花作物的种植更大幅度地增加了耕地亩净产值。春花作物一般主要是农家自己消费③，市场需求有限，所以有时市价很低④，有时甚至近于生产成本，无利可图⑤。但从使用价值方面来看，情况并不然，1石麦，在作粮食食用时，约相当于0.7石米⑥，而且在正常情况，售价也相当于米价的70%⑦。但生产1石麦的工本一般只有生产1石米的一半⑧，

---

① 《补农书》"总论"。

② 《浦泖农咨》。

③ 在冬季作物中，麦与豆基本上是农民自家消费。这一点，《浦泖农咨》已明确指出。油菜籽商品化程度比较高，但仍以自家消费为主。所以《清泖农咨》说："（油菜）收子打油自用外，并可粜卖之，作种田工本"。总的来说，冬季作物主要是农民自家消费，正如乾隆《乌青镇志》卷二农桑所总结的那样：农民种油菜，"春中则摘菜苔以为蔬，仲夏春菜籽以为油，刈其箕以为薪，磨麦穗以为食，杂以蚕豆，并名曰春熟"。

④ 例如在19世纪30年代初期的松江，一石麦的售价，大约为1000文钱，仅及米价的四分之一（《浦泖农咨》）。但是一般而言，应在米价的70%左右。

⑤ 例如《浦泖农咨》说：麦的售价与工本"仅相抵也"。

⑥ 包世臣在《安吴四种》卷26《庚辰杂著》之二《为秦易里侍读条白门荒政》中说："大麦…充口食，一石可抵米七斗"。在同书同卷《齐民要术》卷二农二中在计算亩产量时又说："麦七斗抵米五斗"，也是麦一石合米七斗。因此不论大小麦，作为食物消费，都大体上是一石麦抵七斗米。

⑦ 例如康熙五十年（1711）4月苏州上米每石1两银以下，次米0.8两，麦则约0.6两；康熙五十二年（1713）八月上米1.05~1.06两，次米0.94~0.95两，麦0.6两；康熙五十二年十一月上米不到1两，次米不到0.9两，而麦0.6两（《李煦奏折》第92、143、149页）。据此，则麦价约为次米价的63%~75%。又，据郑光祖《醒世一斑录》杂述卷6"麦价"条，自乾隆末年至道光后期，常熟的麦价通常为米价的70%。《林则徐集》公牍《谆劝殷富平粜并严禁牙行铺户屯米抬价告示》，也明示道光12年苏州小麦价为中米价的70%左右。因此可以确信在清代前期大部分时间内，麦价通常为米价的70%。

⑧ 例如在19世纪30年代初的松江，一石麦的生产成本与售价，"仅相抵也"，即1000文钱左右。而一亩水稻的生产成本大约4000文，其时水稻亩产量仅2石米略多（《浦泖农咨》）。所以一石麦的生产成本约为一石米的一半。

豆则还要更少。油菜籽的净产值则可能比麦更高。[①] 因此，春花生产的净产值并不低。张履祥《补农书》总论说："吾乡春花之利居半"；嘉庆《嘉兴府志》卷三十二土产说：麦、菜、豆，"总呼为春花。谚云：'春花熟，半年足'"。总之，一年二作制能够大大提高耕地的亩净产值是无可置疑的。

由于以上增加亩产量的方法在江南的运用都是到了清代前期才达到普及，因此清代前期江南农夫的劳动生产率随之发生变化，乃是不足为奇的。下面，我们就来看一看这个变化。

二、农夫劳动生产率的提高

既然农民的劳动生产率取决于其一年内实际劳动的日数和所获得的总产量，因此如果实际劳动日数与产量同步增加的话，其劳动生产率仍然可能出现停滞。因而，对我们的研究而言，了解农民一年内实际劳动日数的变化，同了解产量的变化同样重要。

关于明清江南农民劳动日数的问题，我们应从以下两个方面去分析：

1. 农民一年内的总劳动日数：农民在一年中的劳动日数，因时因地而差别很大，但是一个共同的特点是都有相当多的空闲日子。明清江南农民以勤劳著称，但也不是一年到头劳动不停。明末清初嘉兴农谚说"农夫半年闲"，固然有夸大，但也形象地表现了农家劳动的上述特点。根据近代的一些材料。我们姑且认为农夫一年中从事各种生产劳动的总日数大约为 300 日。[②]

---

① 种植豆类作物（在江南主要是蚕豆和黄豆），不仅投工很少，而且基本上不用施肥，所以生产成本很低。种植油菜情况有所不同。包世臣说："菜籽种同麦，粪工同麦"，亩产则为 2 石（《齐民要术》卷一农一上作力、任土）。但是油菜有菜籽饼可还田，每亩肥料净投入实际上少于麦（游修龄：《从历史上江南一带的油菜栽培看当前的油菜生产问题》）。油菜籽价格，据咸丰《南浔镇志》卷 24 物产说是"价与米等"，因此收益应当比麦多。

② 据卜凯调查所提供的有关数字计算，1924～1925 年间江宁县农村一个农夫（"工人等数"）一年用于农作的劳动日（"人工单位"）为 123～149 个，而武进县为 125 个（有关数字见卜凯《中国的农家经济》，第 445～447 页）。其数似乎太低。而据高小贤《中国近代化与农村妇女地位变迁》（收于李小江等主编《性别与中国》，三联书店 1994 年出版）中的数字计算，在 1958～1959 年的人民公社化和大跃进运动期间，中国农村男劳力一年劳动大约 330 日，肯定又太高（特别是明清江南本有"农夫半年闲"之说，与此冲突太大）。1958 年萧步才对江阴县茂龙四房庄村所作的调查，结果是农民一年平均劳动日数为 305 天（转引自徐新吾：《江南土布史》，第 469 页），看来倒比较合乎明清江南实际，故兹以 300 天为准。

2. 耕地亩均劳动投入：在明清江南，耕种一亩水稻，一年所投入的劳动总量大约是 15 个工作日，而种植一亩作为水稻后作物的小麦，则大约需要 3 个工作日。[①] 因此在一年一作制下，一亩水田一年的劳动投入约为 15 个工作日，而在一年二作制下则为 18 个工作日。

大体而言，自明代后期以来，农民一年劳动日数和每茬作物的亩均劳动投入日数变化都不大，因此经营方式的变化对劳动生产率的变化所起的作用，当然就至为关键了。各种不同的经营方式，都是建立在特定耕作方式的基础之上的。具体地说，在“人耕十亩”的经营模式的形成和普及中，水稻和春花轮作的一年二作制以及桑、棉种植的增加起了关键性作用。而在这种模式普及之前，江南的水田生产仍然以一年一作制居主要地位，桑、棉的种植也相对较少。上述这些差异，可以导致同一耕地的亩产量发生很大变化。因此，尽管清代前期江南农民耕地面积缩小而农民一年总劳动日数及每茬作物劳动投入数没有变化，但是劳动生产率却仍有可能提高。

根据我对明清江南农户与耕地数量所作的估计计算，可求得明清两代人口最多时期的农户平均耕地数，即：在 1620 年前后大约是每户（即一个家庭农场）平均有耕地近 15 亩，而 1850 年时则是每户近 9 亩，仅及前者的 60%。[②] 倘若亩产量没有变化，那么清中叶江南农民劳动生产率之大大低于明末，是无可争议的。然而如果我们把上节所得出的结论引入这里的分析，那么我们就可以看到：

1. 由于复种指数的增加，明末至清中叶江南农民的实际经营规模变化与上面所显示的情况并不一致。例如，按我的估计，明末江南耕地总的复种指数为 140%，而清中叶江南为 170%。[③] 如果根据这两个估数，那么尽管农户的平均耕作面积由 15 亩下降到了 9 亩，但是每年实际播种面积却只是由 21 亩下降到 15 亩，即后者为前者的 70%。

---

① 明清江南水稻种植中所使用的人工，自耕田至收获，每亩十余个，加上灌溉（车水）、运送肥料等，共以 15 个计。又，据《浦泖农咨》中的工食费用计算，每亩麦的人工大约为 3 个。

② 李伯重：《“人耕十亩”与明清江南农民的经营规模》。

③ 李伯重：《1620～1850 年间江南农业的发展》，英国麦克米兰出版社，1998 年出版，第 33 页。

2. 由于桑、棉等经济作物的亩产值高于水稻，所以多种桑、棉，即使耕作面积缩减，但产量却可增加。例如，一亩蚕桑的净产值大约为水稻的3倍，因此将一亩稻田改为桑园，实际上就意味着该农户的经营面积扩大了3倍。

3. 由于水稻和其他一些作物亩产量的增加，尽管农民耕作面积减少，总产量却不一定相应减少。例如，如果明末和清中叶江南水稻平均亩产量分别为1.6石和2.3石，麦为1石，复种指数则分别为140%和170%，那么明末一个家庭农场种田15亩，可产米24石，麦6石；而清中叶一个家庭农场种田9亩，可产米21石，麦9石。依照清代江南通用的折算标准，一石麦可折七斗米。因此上述明末与清中叶农民家庭农场的总产量，均可折米27石。在明末至清中叶的两个世纪中，一石米的生产成本并未有多少变化，而一石麦的生产成本又大大低于一石米的生产成本，因此农民家庭农场生产的麦增加，意味着总生产成本的增加幅度小于总产量的增加幅度。换言之，农民的净收入增加了。

最后，我们还要指出：在关于农民劳动生产率研究中，我们还必须注意到劳动人手的数量问题。如第三节所论，由于男女劳动分工的发展，明末农民家庭农场上的劳动人手是两个（夫妇二人），而清中叶只是一个（农夫）。因此，一个劳动者的实际播种面积，在明末是12亩而清中叶是15亩，后者比前者多出25%；而一个劳动者的年总产量（稻麦合计），明末是14石，而清中叶是28石，后者为前者的两倍。

因此，尽管农民家庭农场规模缩小，但是农场的总产值却并没有下降，而劳动者的人均产值则有大幅提高。下面，我们以松江西部的情况为例作分析，来对此结论加以验证。

明代后期的情况，我们姑且根据何良俊所说，假定每个农户平均耕地为25亩，亩产米2.5石。清代前期的情况，则按照当时流行的“户耕十亩”为标准，假定每个农户平均种田10亩计，亩产量依据姜皋所述，在气候正常期为米3石和麦1石。这里要指出的是：何氏所说的户均种田面积和亩产量，均大大超过了明代江南的一般情况（事实上，我们尚未从明代文献中发现类似的记载，故这些数字似乎并不具有普遍意义）。不过这对于我们将要进行的分析而言，问题不是很大，因为如果我们使用这些偏高的数字所进行分析的结果仍然是清代农家劳动生产率高于明代的话，那么真实的情况更毋庸置疑了。

在经营规模和亩产量都高出明代后期江南一般水平的松江西乡水稻生产中，一对夫妇种田 25 亩，亩产米 2.5 石，总共产米 62.5 石。清代中期松江一个普通农民家庭农场种田 10 亩，亩产米 3.7 石（稻麦合计，麦按 1∶0.7 的比例折米），一共产米 37 石，仅为明代后期农户的 60%。不仅如此，一亩水稻的生产费用，在明代后期和清代中期的松江都大体相当于 1 石米①，而一亩麦的生产费用，在清代中期的松江大约相当于水稻生产费用的四分之一，即 0.25 石米②。因此如果减去生产费用，那么明代后期农户从所种 25 亩水稻获得的净收入为 37.5 石米，而清代中期农户从所种 10 亩稻麦所获得的净收入相当于 24.5 石米，约为明代后期的 65%。因此，从表面上来看，明代后期的劳动生产率明显高于清代中期。然而如果作进一步的分析，就可发现情况并不如此。

如前所述，在明代松江农民家庭农场上工作的劳动者是夫妇二人，而清代中期只是农夫一人。因此，如果以人计算，那么前者人均产量只有 31 石，比后者的相应产量低了 16%。不仅如此，从生产同量产品所需的劳动日来看，前者也多于后者。根据上面关于种植稻、麦每亩所需的劳动日计算，在明代后期种田 25 亩，共需劳动日 375 个，产米 62.5 石，因此生产一石米需 6 个劳动日。清代中期种田 10 亩，共需劳动日 180 个，产米 37 石，生产一石米需 4.9 个劳动日，仅为前者的 82%。从劳动日的生产率来看，明代后期一个劳动日的产值是 1.7 斗米，而清代中期则为 2.1 斗米，比明代后期高出 23%。如果扣除生产费用，明代后期一个劳动日的净产值为 1 斗米，而清代中期为 1.4 斗

① 明代后期苏州、松江每亩水稻的生产成本，顾炎武在《官田始末考》下卷附录“减科议”中说是 1 两银，在《日知录》卷 10“苏松二府田赋之重”中说是 1 缗钱（1000 文）。按明末钱、银比价以及米价，均大体相当于 1 石米或甚至更多。顾氏并未对松江东、西部作区分，可见差别不大。又，姜皋《浦泖农咨》也说清代中期松江的生产成本，相当于每亩 1 石米。

② 据《浦泖农咨》，在 1830 年代初的松江，一石麦的生产成本与售价“仅相抵也”，即 1000 文钱左右。一亩水稻工本为 4000 文。其时米价每石 4000 文。故麦工本为稻之四分之一，可折米 0.25 石。

米，比明代中期高40%。因此，无论从哪一方面来看，清代中期松江种稻农户的人均劳动生产率都高于明代后期。

因此，尽管具体情况有所差异，但是我们对松江西部所做的分析，和前面对整个江南所做的分析，得出的结论是一致的，即在清代前期，江南农民家庭农场上的劳动生产率在上升。

正是由于农夫劳动生产率的提高，他们的劳动报酬也有增加。例如前引魏金玉和方行关于明清江南农业雇工的研究都已表明：清代前期农业劳动者的生活较明代后期仍明显改善。当然，这种改善只能以农夫劳动生产率提高为前提。否则，如果农夫的劳动生产率真的是停滞或下降，农业劳动者普遍生活水平的改善又怎么能够想象呢？

第三节　农妇劳动生产率的变化

在农业社会中，妇女在生产中所扮演的角色常常被低估乃至忽略，但事实上妇女所起的作用非常重要。即使她们未直接参加生产活动，倘若没有她们所提供的“后勤”服务，男子的劳动效率也要大大降低。不过，她们在生产中是否能够起到与男子相同的作用，大多数学者均持否定态度。确实，在一般的情况下，妇女在社会生产中不可能起到和男子同等重要的作用，然而我们也不能排除：在某些时候和地点，在某种条件之下，妇女在社会生产中起到“支撑半边天”的作用，并非不可能。

判断妇女在生产劳动中的地位究竟如何，实际上是对男女在生产劳动中地位和作用进行比较。而这个比较的重点，又在于对男女劳动者的劳动生产率进行比较。我们在上节中已对农夫的劳动生产率作了讨论，在本节中将集中探讨农妇的劳动生产率问题。

在进行分析之前，我们应弄清农妇从事生产劳动的时间。农家妇女因有繁重的家务劳动要承担，所以一年中从事生产劳动的总日数肯定少于男子，一般情况下只是200日上下。[①] 在这里，我们以200日为标准。农妇的生产劳动主要是养蚕缫丝和棉纺织。在明清江南，这些工作的工作效率变化都不大。一般而言，投在一亩桑园的养蚕和缫丝的人工约为45个；[②] 而在棉纺织业方面，生产一匹棉布，从弹棉到成布，明代和清代前期大约需要7个工作日，而康熙以后大约需6日。在这6~7日中，纺纱约需4日，织布约需1日。[③]

一、农妇的劳动生产率

明清江南农妇从事的生产劳动，主要是大田农作、养蚕缫丝和棉纺织三种。在这三种生产活动中，她们的劳动生产率有很大差别。

（一）妇女从事大田农作与养蚕缫丝的劳动生产率

在传统农业中，体力起着关键性的作用。这一事实决定了在大田农作中，与男子相比，妇女总是处于不利的地位。在“夫妇并作”的时代，尽管江南妇女辛勤劳动，与男子同甘共苦，但是由于体力的限制，整地等最重的农活仍然必须由男子承担，特别是在稻麦复种制下，夏秋两个“双抢”（抢收抢种）时节，体力消耗极大，更非以男子作为主要劳动力不可。因此，尽管许多学者坚持认为妇女之转向蚕业和纺织业是由于剥削加重或人口压力加大所引起的农民阶级贫困化的表现，但事实却是，在清代前中期的江南，农业中短工劳动的运用比明代后期更为广泛；而且，尽管短工工资不断上升，但是农民仍然宁愿雇用短工。为什么农民不让自家妻子下田劳动从而雇短工呢？我认为主要原

---

① 徐新吾估计1860年松江农村从事棉纺织的标准劳动力，一年劳动265天（徐新吾《江南土布史》，第215页）。19世纪末叶，常熟农家织布机每台平均每月工作13~15天（农妇织布，纺纱由家内辅助劳动力承担。同上书，第553页），一年共168天。20世纪初期江阴农村每台织机实际上一天可织1匹，一年共织布180匹（同上书，第472、505页。第472页说每机平均每15天织布10匹，但不是每天工作），即每年工作180天。而在20世纪初期的上海郊区，一个农妇每天织布1匹，一年织布200匹左右（同上书，第53、242、243页），亦即每年工作200天。据高小贤：《中国现代化与农村妇女地位变迁》（收于李小江等主编的《性别与中国》），在1958~1959年的人民公社化和大跃进运动期间，90%的中国农村女劳力都参加农田劳动，一年劳动大约250日。因此近代江南农村妇女一年工作的日数，在168~265天之间。这里取中间数，以200日为江南农妇一年内从事生产劳动的日数。

② 李伯重：《“桑争稻田”与江南农业生产集约程度的提高》。

③ 徐新吾：《江南土布史》，第51页。

因，就是妇女在农忙时节的大田农作中劳动生产率较低。妇女在大田农作中只能充当次要角色，这就决定了妇女从事大田农作时不可能得到与男子相同的劳动报酬。近代的调查证明了事实正是如此。例如在与江南毗邻的宁波地区，1930年代的调查显示，农妇从事大田生产所获工资仅为农夫的30%～66%①，而在1959～1979年的人民公社时代，尽管政府大力推行“男女平等”、“男女通工同酬”的政策，但是在松江县华阳桥的集体农业中，妇女劳动日报酬也只有男子的80%。② 人民公社时代妇女相对社会和经济地位之高，是史无前例的。这时妇女的劳动报酬尚且如此，那么明清江南妇女从事大田农作的劳动报酬必定大大低于男子的劳动报酬80%。应当说，这正是农妇从事大田农作的劳动生产率较低的结果。

妇女从事蚕业的情况恰恰相反。养蚕和缫丝对体力的要求并不很高，而更加需要技巧和细心。而且，因为这是一种户内劳作，所以要求劳动者必须整日在家里工作。这些正好符合江南农妇的生理和生活特点。因此道光时代的湖州农书《西吴蚕略》说：“（喂叶）参差，皆一定之法，稍不经意，其病立现”；同时，在蚕业生产中，“自始至终，妇功十居其九”。

由于妇女在养蚕缫丝活动中的劳动生产率大大超过她们在大田农作中的劳动生产率，因此她们在前一生产中的劳动回报，自然也大大超过在后一生产中的劳动回报。早在嘉靖时的湖州，就已是“春时看蚕，一月之劳，而得厚利”③。我曾经作过计算，在明清江南蚕桑区，如果只是种桑卖叶，一亩中等桑园的产值大约为4两银，但是加上养蚕和缫丝之后，亩产值即增至11两余。④ 其中的秘密，就是加上了农妇的45个漫长而紧张的工作日。而湖州与苏州的妇女，也因“有苎、绵之工”而不用纺纱织布或下田农作，故“不似松（江）人妇勤苦”，“计其年劳，不抵松人一月”⑤。在缫丝结束之后，农妇

① 曼素珊（Susan Mann）：《宁波地区妇女的工作》，收于托马斯·罗斯基与李明珠主编的《用经济学的观点看中国历史》。

② 黄宗智：《长江三角洲农民家庭与乡村发展》，第247页。

③ 《吴兴掌故集》卷12。

④ 李伯重：《明清江南蚕桑亩产杂考》。

⑤ 《吴兴掌故集》卷13。

仍继续从事丝、棉的加工（如捻丝、打棉线）。这些工作虽然很费人工，但是劳动报酬也不低。[①] 此外，还有一些农妇在家织造绢、绸等。而这种劳动对技巧的要求很高，其报酬也比大田农作高得多。[②]

因此，农妇之由大田农作转向蚕业生产，根本原因在于在后一生产活动中的劳动生产率大大高于在前一生产活动中的劳动生产率。这个结论，应当是无可怀疑的。然而，它是否也适用于棉纺织生产与大田农作的比较？则尚需进行专门的讨论。

（二）妇女从事棉纺织业的劳动生产率

江南农家妇女从事家庭纺织业，过去大多数学者认为是因封建剥削加重所致，不过这种说法已受到吴承明的批驳[③]，看来难以成立。新近一些学者则归之于人口压力的加剧，即农家妇女之被排挤出大田农作，主要是由于人口不断增加而耕地数量不变，使得过剩的劳力不得不从棉纺织业中去找出路。在这些过剩劳动力中，妇女由于受习俗等限制，不能进入劳动市场，所以只能从事家庭纺织业，尽管农家纺织业劳动生产率比农业更加低下、劳动回报更加微薄。这表现了农村劳动生产率的停滞或下降，从而也是农民更加贫困化的表现。但是，这些看法是否符合清代前中期江南的实际情况，则还须认真考虑。

和以上看法相反，我认为农家妇女之转向棉纺织业，是因为她们从事棉纺织业的劳动生产率以及劳动报酬，较从事大田农作更高。因此她们之从事棉纺织业，主要是出于对较高劳动报酬的主动积极追求，而并非农民家庭对于人口压力加大所作的消极被动反应。换言之，农家妇女是被棉纺织业“吸引”而脱离大田农作，而不是被人口压力“排挤”出农业而转向棉纺织业。实际情况是否确实如此？很明显，关键在于将棉纺织业和大田农作的劳动生产率作一比较。因此，我们在这里所要重点讨论的问题是：在明清江南，一个农妇从事棉纺织业的收益是多少？

---

① 例如明代小说《觉后禅》第九回中，记载有妇人以捻丝为业，每日有一二钱银子的进益，尽够夫妇二人过活。

② 例如《沈氏农书》“蚕务”说湖州乌程的农村，家家织绢。而一个农妇织绢，一年净收入达15两银以上，比一个长工一年的收入多出大约四分之一。

③ 吴承明：《中国资本主义与国内市场》，中国社会科学出版社1985年出版，第202页。

一般而言，在明清时期的江南，3 斤籽棉可轧皮棉 1 斤许，皮棉 1 斤许又可纺纱 1 斤许，而纱 1 斤许恰好可以织 1 匹布。[①] 因此，如果知道棉价与布价，那么 3 斤籽棉与 1 匹布之间的价格差别，就是纺织 1 匹布时的“工资”（即劳动报酬）[②]。根据棉、布、米的价格比较，我们可以得知江南农家生产 1 匹布的净收益，在康熙前期大约相当于 2. 3 斗米，康熙后期约为 1. 4 斗米，乾隆初期 1. 9 斗米，嘉庆、道光时期最低，只有 1 斗米，而到光绪时期仍然只有 1. 1 斗米。[③] 作为清代前中期大部分时间内的一般比价，我们取上列数字前 4 数的中数，大约为 1. 65 斗。清代江南生产一匹布大约需要 6 个劳动日，因此一个劳动日的净收入在 1. 7 ~ 3. 8 升米之间，中数为 2. 8 升。而根据长工的收入情况，我们可以得知一个成年男劳动力的年收入，在明末清初的桐乡大约为 11 石米，在清代中期的苏州则大约为 13 石米。[④] 按照 360 日平均，每个劳动日的收入为 3. 1 ~ 3. 8 升米[⑤]，取其中数则为 3. 5 升。因此，农妇劳动日收入大约相当于农夫的 80%。换言之，如果一个农妇一年从事纺织 200 日，那么她的收入约合 5. 6 石米，够 1. 5 个人吃一年；如果她如清代中叶松江农村织妇那样一年纺织 265 日，那么一年的收入即为 7. 4 石米，够两个人吃一年；如果她一年

① 方行：《论清代前期棉纺织的社会分工》，刊于《中国经济史研究》1987 年第 1 期；徐新吾：《江南土布史》，第 88、209 页。

② 参阅徐新吾：《江南土布史》，第 88 页。

③ 17 世纪后期（康熙初期）、18 世纪初期（康熙后期）和 19 世纪中期（道光时期）棉（籽棉，下同）、布、米的比价，见方行：《论清代前期棉纺织的社会分工》以及中山美绪：《清代前期江南的物价动向》（刊于《史学杂志》第 87 编第 9 号和《清代前期江南的米价动向》（刊于《东洋史研究》第 37 卷第 4 号）。18 世纪中期（乾隆初期）和 19 世纪初期（嘉庆时期）的情况，见王廷元：《论明清时期江南棉纺织业的劳动收益及其经营形态》（刊于《中国经济史研究》1993 年第 3 期）。但是王氏认为 1 匹布要用 3 斤皮棉（净花），不符事实，应依徐新吾的结论，改为 3 斤籽棉（见徐新吾：《江南土布史》第 88、209 页），据此则 1 匹布的收益合米 1. 9 斗和 1 斗。19 世纪后期（1875 ~ 1895 年）的情况，据徐新吾：《江南土布史》，第 176 页表 216 中数字计算。

④ 明末与清中长工收入分见《沈氏农书》与《租核》，相关的分析见罗仑：《明清之际嘉湖地区地主雇工经营的生产力优势》（收于洪焕椿与罗仑主编的《长江三角洲地区社会经济研究》，南京大学出版社 1989 年出版）。

⑤ 农历一年通常只有 354 ~ 355 天。但为方便起见，江南民间一般以 360 日为一年来计算长工工作期限，例如陶煦在《租核》“减租琐义”的“量出入”条中就是这么计算的。郑志章估计长工一年的实际劳动日数在 340 日以上（包括农业之外的劳动和家务劳动），见郑志章：《明清江南农业雇工经营的利润问题》（收于洪焕椿与罗仑主编的《长江三角洲地区社会经济研究》）。

纺织360日（如上述长工的情况），则其收入为10.1石米，够2.8个人吃一年。[①] 因此，农妇如果从事棉纺织生产，养活自己全然没有问题，此外再养活1~2人也是做得到的。乾隆时，尹会一说：在江南，“（纺织）一人之经营，尽足以供一人之用度而有余”[②]。庄有恭则说：“江南苏、松、常、太四府州，户口殷繁，甲于通省。人稠地窄，耕者所获无多。唯赖家勤纺织，一人一日之力，其能者可食三人，次亦可食二人”[③]。这些概述，和上面所做的分析结果完全一致，说明我们的结论是正确的。事实上，如果布价不太低的话，一个农妇的纺织收入，并不少于一个长工的收入。[④] 而纺织技能较高的农妇，通过辛勤的劳动，不仅可以养活她的家人，而且还能支持子孙读书求学，在某些情况下甚至还可以发家致富。[⑤] 因此，把农妇从事纺织业的收入说成只是能勉强维持其个人的生活，是不符合事实的。

正是因为妇女的纺织劳动在农民的家庭经济中起到了如此重要的作用，所以她们在家庭中经济地位也随之发生变化，已不再是男子的附庸。史称上海“民间男子多好游闲，不事生业，其女子独勤苦织纴，篝灯火，至达旦不休，终岁生资，率仰于织作”；“农暇之时，所出布匹，日以万计，游手之徒，有

---

① 包世臣：《安吴四种》卷26《庚辰杂著》之三说：嘉庆时的苏州府，男女老幼合计，“每人岁食米三石”。而据天野元之助1934年在吴兴县（清归安、乌程二县）的调查，成年男子平均每年仅食米3.05石，但这主要是因为有7.9%的农户因为贫困而不得不以米糠和麦麸作粥充饥的缘故。一般的消费，则如当地民谚所说：“大口小口，一月三斗”（见斯波义信：《宋代的消费、生产水准试探》，刊于《中国史学》第1卷第1号）。又，1957年中国人均粮食消费572斤脱粒谷物，以大米计约合3.8石（1石约等于150斤）（柏金斯：《1368~1968年间中国农业的发展》，第299~307页）。江南的生活水平高于全国水平，因此人均年消费粮食3.6石，在20世纪中期是不成问题的。1850年江南人民的生活水平，决不会低于20世纪中期（例如，我们很少看到19世纪前半期江南农民吃米糠和麦麸的记载）。又，从《浦泖农咨》等史籍中来看，当时农业雇工的伙食是相当不错的。因此认为19世纪中期江南人均年消费粮食3.6石，应当不会高估。

② 尹会一：《敬陈农桑四务疏》，收于《清经世文编》卷35。

③ 《宫中档》乾隆朝奏折第5辑。

④ 例如王家范指出：在明末清初的嘉兴，一个农村织妇如果一年工作360日，其收入约为14~15两银子，比一个一年工作360日的长工所得高出30%（王家范：《明清江南消费风气与消费结构描述》，刊于《华东师范大学学报》1988年第2期）。此外，方行：《论清代前期棉纺织的社会分工》和史建云：《从棉纺织业看清代前期江南小农经济的变化》也认为在19世纪之前，江南农村纺织业的劳动收益相当地高。

⑤ 王家范：《明清江南消费风气与消费结构描述》。

资妇女养生者”；“俗多游手，藉妇工苟活”①，可见在一些地方男子反而依靠妇女生活。因为纺织的收入不低，所以在一些地方也有男子以更多时间从事棉纺织的现象。例如乾隆时的无锡东北乡，“不分男女，舍织布纺花，别无他业”②。太仓沙头里，“耕隙则男女纺绩”，“男女兼织，十室而五”③。道光时的常熟、昭文，“男女效绩，夙夜不遑”④。太平天国以前的嘉定，也是“匹夫匹妇，五口之家，日织一匹”⑤。而由于妇女在纺织业中占有主要地位，所以男子以更多时间从事纺织，实际上是在这种生产活动中变成了妇女的副手。⑥这也表现了妇女在生产中地位的提高。正是由于农妇从事纺织具有与农夫从事耕作同等重要的意义，因此薛福保总结说：“往时（太平天国战争之前——引者）江南无尺寸隙地，民力田，佃十五亩者称上农，家饶裕矣。次仅五六亩，或三四亩，佐以杂作，非凶岁亦可无饥。何者？男耕于外，妇人蚕织于内，五口之家，人人自食其力，不仰给予一人也”⑦。因此，我们可以毫不夸张地说：正是由于妇女专力于纺织劳动，方使得“妇女能撑半边天”的局面得以形成。

二、应当怎样看待妇女的劳动生产率问题

为什么一些学者会把农村纺织业的劳动生产率和劳动收益看得非常低下呢？主要原因可能有二：第一，他们所研究的，实际上主要是19世纪中期以后的江南农村棉纺织业，但所得出的结论却被扩大化了，将整个明清时期的情况都说成是如此。众所周知，19世纪中期以后恰恰是江南农村棉纺织业的衰落阶段。和此时正在兴起的机器纺织业中的劳动生产率相比，农村棉纺织手工业中的劳动生产率自然低得多；第二，他们在分析农村妇女从事棉纺织业生产的劳动生产率时，自觉或不自觉地总是用男子从事大田农作的劳动生产率作为

---

① 康熙《上海县志》卷首史彩序，乾隆《上海县志》卷1风俗，陈金浩《松江衢歌》。
② 《锡金识小录》卷1。
③ 乾隆《沙头里志》卷2。
④ 郑光祖：《一斑录》杂述卷7。
⑤ 光绪《嘉定县志》卷8。
⑥ 李伯重：《从“夫妇并作”到“男耕女织”》。
⑦ 转引自方行：《清代前期的小农经济》，刊于《中国经济史研究》1993年第3期。

比较的标准；而在分析男子从事大田农作的劳动生产率时，又主要以农作劳动日报酬（即短工日工资）为基础。既然男子的农作劳动日报酬一般来说要高于妇女，所以妇女从事纺织业生产的劳动生产率当然也必定很低。然而，以这两种假定作为出发点来评价清代前期江南农村棉纺织业中的劳动生产率，是很成问题的。

首先，在19世纪之前，即使在欧美市场，英国机织布还竞争不过江南手织布；而进入了19世纪以后，尽管新式的棉纺织工业节节取胜，但它用了一个世纪之久，也还未能将农村棉纺织手工业彻底铲除。因此说江南农村棉纺织业中劳动生产率极端低下，是无法说服人的。其次，在使用农夫从事大田农作的劳动生产率为标准来判断农妇从事棉纺织业的劳动生产率的时候，必须注意到以下一个重要差别：男子的大田农作是季节性的工作，在农闲时他们虽无事可做，但仍然要吃饭穿衣。他们在农忙时所得的工资，实际也包括了一部分农闲无活可干时的生活开支，因此这种以日计的工资（即短工工资），大大高于以日平均的长工年工资。① 与此相反，农妇纺织，每天的收入并不包含上述内容，所以肯定低于农夫从事大田农作时的日工资。因此以农夫从事大田农作的劳动日生产率为标准来判断农妇从事纺织的劳动日生产率，并不是一种合适的办法。此外，我们还认为：只有以同一对象或同种生产活动作为比较的出发点，比较才会更有意义。因此，我们应当进行的比较，是男子和妇女都从事纺织业时的劳动生产率的比较（或者男子和妇女都从事大田农作时的劳动生产率的比较），以及妇女从事棉纺织业与从事大田农作的比较。如果我们进行的是这类比较，那么我们即可看到妇女从事纺织的劳动生产率并不低。

相对于大田农作而言，棉纺织业对体力的要求较小，而对工作技能和熟练程度的要求却较为明显。因此在棉纺织业中，男子的体力优势并不突出，而工作技能和熟练程度，则与女子一样，都只有通过长期的训练才能获得。因此在棉纺织业中，男女劳动生产率的差别并不很大。如前所述，清代前期江南农妇从事棉纺织业的劳动日报酬大约相当于长工劳动日报酬的80%。与此相反，

① 魏金玉：《明清时代农业中等级性雇佣劳动向非等级性雇佣劳动的过渡》；郑志章：《明清江南农业雇工经营的利润问题》。

在大田农作中，由于妇女体力的限制，所以劳动生产率和劳动回报肯定大大低于男子的 80%。[①] 因此，农妇从事大田农作的劳动日报酬肯定明显低于她们从事棉纺织工作的劳动日报酬。

此外，我们还要对妇女在社会生产中的地位问题上存在着的两种流行看法，作一讨论。这两种看法是：（1）由于生理局限和家务拘绊，所以妇女在生产劳动中所起的作用必定不如男子；（2）由于在近代以前的经济中，农业是首要的生产部门，而男子又是农业生产的主要承担者，所以男子必然在社会生产中占有主要地位而妇女只能占有次要地位。尽管一般而言，这两种看法是正确的，因而成为了绝大多数学者看待近代以前中国农家男女劳动问题的基本出发点。然而，具体对于明清江南而言，这两种看法是否适用，则尚待深入分析。

首先，我们承认：由于体力较弱，明清江南农家妇女在劳动强度很大的大田农作中，确实不能与男子相比。但是，这并不意味着在那些对体力的要求相对较低的生产劳动（特别是纺织业生产劳动）中情况也同样如此。事实上，纺织工作对劳动者的技艺和熟练程度的要求，常常超过对体力的要求。因此之故，如果农家男子在纺织技能训练方面不如妇女的话，那么他们在纺织工作效率和工艺水平上肯定也难以与农妇相比。其次，家务缠身的确是制约妇女参加生产劳动的首要因素，但是从另一方面来看，由于承担家务劳动，妇女必须成天在家里，而这恰好正是农家棉纺织业生产的工作场所。这样，比起必须在户外农作的男子来，妇女在从事家庭纺织业生产方面享有相当的便利。这也可以说是她们的一个优势。因此，说农家妇女无论在什么生产劳动中都必定逊于男子，似失之偏颇。

第二，在明清江南，农业的确仍然是最重要的生产部门。但是众多的研究已经证明，到清代中叶，江南许多地方的农村棉纺织业已经成为与农业同等重要的生产部门，农户从家庭纺织业生产中所获得的收入，已与从农业中获得的

---

① 即使在人民公社时代松江县华阳桥的集体农业这种非常特殊的条件下，妇女劳动日报酬也只有男子的 80%。这个比例之高在江南历史上是仅见的。此时妇女的劳动报酬尚且如此，那么明清江南妇女从事大田农作的劳动报酬必定大大低于男子的 80%。

收入不相上下。而如第四节所述，正是在此时，“男耕女织”也成为江南农家男女劳动安排的支配性模式。因此至少是从理论上来说，妇女劳动在社会生产中的地位，不是没有可能与男子劳动相当。

明清江南农村经济已相当商业化，生产卷入市场的程度日益加强，受国内外市场的影响也越来越深。① 因此究竟农作与纺织孰为有利，还取决于稻米、棉花和棉布在市场上相对价格的变化。而在清代前期，这个变化的长期趋势总的来说是有利于棉布的，因而纺织劳动的回报也就相对较高。只要米、布的相对价格有利于布，纺织的劳动生产率以及劳动回报就可能超过种田。这种情况，即使在近代某些时候仍然可以在江南看到。②

最后，我们还要谈一谈家务劳动和辅助劳动的问题。

我们承认，就绝大多数情况而言，妇女在社会生产中确实未能享有与男子相同的地位。她们之所以不能在社会生产中起更大的作用，很大程度上是由于她们是家务劳动的主要或者唯一承担者。在近代以前的中国普通家庭里，妇女不仅承担着全部日常家务，而且还要生儿育女、侍候老人和丈夫。这些工作十分繁重辛苦，在许多清代名人如吴伟业、段玉裁、王鸣盛、汪辉祖、孙星衍、洪亮吉、刘宝楠、林则徐、沈兆霖、王先谦、董恂、左宗棠等回忆母亲的感人文字里，都有明确的证据。③ 因为为繁重的家务劳动所羁，因此她们要在生产劳动中起和男子相同的作用，自然不可能。但是我们要强调：家务劳动也是社会生产所赖以进行的一个必要条件。一般说来，农夫的工作，只有在农妇承担家务劳动的前提下，才能完成。这从长工劳动的情况可见之。由于长工只是单身出雇，因此在生活上必须享有主人家提供的各种服务（例如史籍中所说的“馌饷”等），方得专力于农作。而在普通农家，这些正是农妇家务劳动的主

---

① 李伯重：《明清江南与外地经济联系的加强及其对江南工农业发展的影响》，刊于《中国经济史研究》1986 年第 1 期。

② 即使到了江南土布生产走向末日的 1920 年前后，一个上海郊区农家妇女一年织 200 匹布，每匹一般可赚 0.2 ~ 0.3 元，一年收入达 50 元（高者可达 60 元），但这些农妇的丈夫有去杭州轧米厂工作的，一月工资 3 元，全年仅 36 元，大大低于农妇纺织收入。见徐新吾：《江南土布史》第 242 ~ 243、244、249 页载农妇梅孙氏、陈秋南、顾阿妹回忆。

③ 熊秉真：《明清家庭中的母子关系——性别、感情及其他》，收于李小江等主编的《性别与中国》。

要内容之一。因此从更广泛的意义上来说，家务劳动也应当被列入生产劳动。此外，尽管在人的体力在生产劳动中还占有支配地位的时代，妇女自身的生理特点，决定了她们在最主要的生产劳动（即大田农作）中不能与男子扮演同样的角色，但是她们在大田农作的某些生产环节（主要是插秧、车水、收获）上所起的辅助作用仍然不可忽视。从《沈氏农书》来看，地主雇长工种田，在这些生产环节上，也还要另雇短工帮助，因此《沈氏农书》中在计算人工成本时，除了长工工钱外，又谈到“田壅、短工之费，以春花、稻草抵之”。从此意义上来说，这些短工所起到的，正是许多农妇通常所起的作用。因此，没有妇女所提供的生活服务和辅助劳动，农夫是很难顺利进行大田农作的。

以上分析表明：在清代江南农村的社会生产中，农家妇女的劳动生产率并不如许多学者所认为的那样非常低下，相反，由于她们在纺织业中的劳动生产率相当高，所以她们在社会生产中才起到了“半边天”的作用。农妇劳动从大田农作向纺织业的转移，标志着农妇劳动生产率的明显提高。

第四节　农民家庭劳动生产率的提高

在前面两节中，我们对农夫和农妇劳动生产率的变化分别作了考察。这里，我们还将把农民家庭作为一个整体，对其劳动生产率的变化进行探讨。

农民家庭作为一个生产单位，其劳动生产率并不等于农夫和农妇二人劳动生产率的简单总和。这是因为合理的经营规模和合理的劳动分工，能够使农夫和农妇的劳动更好地彼此协调，以及使得农民家庭中的辅助劳动力更好地得到动员，从而产生更高的综合劳动生产率。因此，经营规模和劳动分工的合理化，将导致农民家庭劳动生产率的提高。如前所言，清代前期农民劳动生产率的提高，是以“人耕十亩”和“男耕女织”为代表的农民经营方式的新发展为基础的。在这里，我们将就这两个发展对农民家庭劳动生产率变化的影响，进行考察。

一、"人耕十亩"：近代以前江南农民家庭农场经营规模的最佳模式

一般而言，只有在最佳的经营规模下，才能获得最理想的经济效益，因此经营规模对于农业生产具有重大的影响。但是在研究农业经营规模的问题时，我们还应当注意到：首先，任何一种既有的农业经营规模，都是各种特定的条件的产物，因此所谓"最佳经营规模"，并不是一个一成不变的概念。相反，由于各种条件处于不断变化之中，这种"最佳经营规模"的标准也因时因地而异。其次，即使是在近代以前的中国（特别是在经济最发达、商业化水准最高的江南地区），农民为了获得最理想的经济效益，也在不断地努力追求某种最佳经营规模。"凡是现实的都是合理的"，从此意义上来说，每个时期和地区农民的经营规模，相对于其所处的特定条件而言，都可以说是在向"最佳经营规模"靠近。简言之，一种经营规模之所以能够出现和普及，最根本的原因，是其经济上的合理性。在明代后期以来江南所具的各种条件下，以"人耕十亩"为代表的经营规模之所以能够出现和普及，乃是因为这种经营规模下所产生的经济效益，比其他经营规模更佳。

我曾经对明清江南水稻生产中技术进步（如水稻与春花轮作的一年二作制、人力与畜力的合理利用、作物品种的改良、肥料革命等）问题作过专门的分析，结论是：这些进步都与"人耕十亩"的经营规模有密切关系。或者说，只有在这种经营规模之下，这些进步才能够普遍采用。[①] 因此，由于这些技术进步所导致的劳动生产率的提高，也是"人耕十亩"的经营规模所体现出来的更高的经济效益。从1850年以后江南的情况来看，尽管外部条件发生了很大变化，但是这种模式的合理性依然存在。而且，由于这个合理性存在，这种模式也才能够生存下去，并在江南近代经济的发展中扮演着重要的角色。这一点，最明显地表现在太平天国之后的江南。太平天国失败后，江南人口减少近半，"人口压力"大大缓和，人均耕地面积扩大到了明末的水平。在此时候，江南农民放弃"人耕十亩"的经营规模，不仅可能，而且看上去也颇为合理。但是尽管如此，江南农家并未做出这样的选择，他们仍然将"人耕十

① 李伯重：《1620～1850年间江南农业的发展》第3章、第8章。

亩”的模式维持了下来。许多学者将“经营规模过小”视为江南农业“停滞”的主要证据和原因，并将其归咎于“巨大的人口压力”，但是这种解释是难以成立的。我们认为更加合理的解释似乎应当是：在19世纪中期以后的近一个世纪中，与其他可选择的经营模式相比较，“人耕十亩”的经营规模仍然还具有相对的优越性。

二、“男耕女织”：近代以前江南农家劳动安排的最佳模式

“人耕十亩”经营规模的优越性之一在于：只有在这种经营规模之下，农家男女之间的劳动分工才能进一步合理化，男女劳动才能进一步专业化，妇女劳动才能从农作中解放出来。因此“男耕女织”分工模式带来的劳动生产率的提高，也是“人耕十亩”经营规模的一个副产品。

如前所述，男子从事大田农作，可以更好地发挥其体力较强的长处；而妇女从事棉纺织业，却可避开其体力较弱的短处而充分利用其在家时间较多的特点。这样做的结果，是使得男女双方的劳动生产率都因此而得到提高。经过长期摸索，江南农民逐渐认识到了这种安排的好处，从而最后才形成了“男耕女织”这一使男女双方优势得以最好发挥的分工模式。从这个意义上我们可以说：“男耕女织”是近代以前江南农家劳动安排的最佳模式。下面，我们仍然以松江为例，来对比一下在原有的“夫妇并作”模式下和在新的“男耕女织”模式下农民家庭生产活动的经济效益。

在明代后期松江的“夫妇并作”模式下，农夫与农妇共同从事大田作业。但是即使如此，大田农作中对劳动者体力要求最大的工作——整地，仍然是由男子承担。按照明清江南人力耕垦的一般工效，整地1亩（翻1遍、倒2遍）需要2个劳动日。[①] 因此明代农家种田25亩，整地工作共需50个男子的工作日。收获之后的碾米，也一向是男子的工作。碾谷1石需1个劳动日。[②] 因此碾62.5石稻谷，需一个男子工作63日。此外的所有工作，则由男女分担，即各自劳动163日。一个农夫一年劳动的总日数为300日，扣除上述在农田中工

① 李伯重：《明清时期江南水稻生产集约程度的提高》。

② 《浦泖农咨》。

作的275日，只剩下25日可用于从事其他劳作。农妇一年劳动的总日数为200日，扣除农田工作163日，仅余37日。如果这对夫妇把所余的这62日全部用于纺织，按照明代纺织1匹布需要7个劳动日的工效，可以生产棉布9匹。因此，他们一年劳动生产的总产品为62.5石米和9匹布。在清代中叶的松江，耕种10亩水田（稻与麦）需要180个劳动日，碾米37石需要37个劳动日，共计217个劳动日，全部都属于男子的工作。此外，男子还余下83个劳动日。此时的农妇不再下田劳动，其200个劳动日全都可以专用于纺织。按照清代纺织1匹布需6个工作日的工效，这对夫妇的283个劳动日，可以生产47匹布。因此这对夫妇一年生产的总产品即为37石米和33匹布。

从以上总产品中，明代后期松江农户必须还拿出地租31.3石，并扣除生产成本12.5石（不包括工食），因此剩下的18.7石，才是农作的收入。生产9匹布所得的收入，按照1匹布等于1.5斗米的比例，共1.4石米。二者合计，这个农户的总收入约为20石米。与此相对照，清代中叶松江农户从37石总产品中扣除地租15石和生产成本（不包括工食）6.3石，还余15.7石。从47匹布中所得到的收入，按照同样的比例，合米7.1石。二者合计，一共23石。也就是说，清代中叶农户的年总收入，比明代后期多出15%。

这里还有两点需要强调：第一，上述明代后期松江的情况，是一个特殊的例子，因为我们至今尚未在史料中发现一个农户在如此之大的家庭农场上获得如此之高的亩产量的其他事例。如果我们使用顾炎武在《官田始末考》附录“减科议”中所说的明代后期苏松一般亩产量（2石米）来计算的话，那么这个农户的一年总收入就只有14石米（农田收入12.4石，纺织业收入1.4石）。与此成为鲜明对照的是，“人耕十亩”的家庭农场上获得3.7石米（稻麦合计）的情况，在清代中叶的江南是很普遍的[①]。所以我们可以说，上面的比较，实际上是明代后期松江境况较好的农户和清代中叶松江一般的农户的比较，而这个比较的结果仍然证明了后者的经营效益优于前者。第二，除了农夫

① 例如张海珊说：“今（1804年）苏、松土狭人稠，一夫所耕不能十亩”（《甲子救荒私议》，收于《清经世文编》卷43）。当时亩产量，苏州常达到3石（包世臣：《安吴四种》卷25《齐民要术》卷2农2），松江在1823年以前也一般是3石（《浦泖农咨》）。加上春花以1石麦计，合计即3.7石米。

和农妇之外，农家的其他成员（主要是老幼）也能提供一些辅助性劳动。大田农作对这类辅助性劳动的需要不大，而在纺织业中这种辅助劳动却颇有用武之地，因为在纺织业生产中，纺纱工作对体力和技能的要求均较为有限，比较适合老幼人手的特点。因此农妇能够用于织布的时间越多，农家其他成员的辅助性劳动也就越能够得到发挥。例如在上述的例子中，清代中叶松江农户中仅农妇一年可用于纺织的时间就多达 200 个劳动日。如果农妇把这 200 个劳动日全部用于织布的话，那么将为这个农户中的其他成员提供多达 600 个劳动日的纺纱工作机会。与此相对照，明代后期松江的农夫和农妇一年可用于纺织的时间，总计也不过 62 个劳动日，即使全部用于织布，也只能为其家庭的其他成员提供 250 个左右的纺纱工作机会，还不到清代中叶的一半。这样，妇女专力于织布，使得农家闲置的辅助劳动力也因此而得到更充分的发挥，从而提高了作为一个经济单位的农民家庭的劳动生产率和经济收入。同时，由于纺纱的劳动生产率较低，把这项工作交给家庭中其他成员去做，也使得农妇能够集中力量从事劳动生产率较高的织布劳动，因而也提高了农妇的劳动生产率。因此农妇之专力于纺织，对农户家庭的劳动生产率的提高是大有促进的。

最后，我们从近代的角度出发，来简略地看一看清代前期江南农民劳动生产率提高的历史地位。

1850 年以后的一个世纪，近代技术从西方传入中国，近代工业在江南也逐渐建立了起来。江南的外部市场，也随着中国之被纳入世界经济体系而扩大了。此外，由于在 1853 ~1864 年的太平天国战争期间损失了大量人口，江南人口对耕地的压力比 1850 年以前大大减轻了。但是尽管如此，在这一个世纪中，江南农民的劳动生产率并没有见提高。直至 20 世纪 50 年代早期，仍然还未恢复到其 1850 年以前的水平。[①] 这个事实表明：1850 年以前江南农民劳动生产率所达到的水平确实很高。因此，站在一种称之为“近代优越论”（更确切地说是“近代西方优越论”）的立场上，否定近代以前中国小农经济和小农经营行为的合理性，肯定会妨碍我们正确认识历史的真实。

从另外一个角度来看，尽管 1850 年以后的一个世纪，江南经历了多次战

① 陈恒力：《补农书研究》第 2 章。

乱和社会动荡，但是1850年以前农民劳动生产率提高所取得的成果并未被完全摧毁。正是因为有这样一个历史的基础，所以江南农业仍然能够对19世纪后期以来江南的近代工业化做出很大的贡献，而不是成为工业化的障碍。众所周知，江南与西方以及西方近代技术的接触比中国东南沿海的广东、福建要晚。但是到1930年代，江南却变成了中国近代工业化最为成功的地区。1950年代中叶以后，情况依然如此。到1980年代初，虽然江南的面积仅占全国总面积的0.5%，人口占全国总人口的5%，但是这个地区的生丝和茶叶产量却占全国总产量的五分之一，粮食、棉花、肉类和食用油的人均产量也超过全国平均数。正是在农业所提供的这个基础之上，江南的工业化也才能够继续进行，并且继续保持作为中国工业中心的地位。如果没有一个劳动生产率很高的农业作为基础，近代江南的工业化是无法想象的。

1980年代初农村经济改革开始后，江南农业在很大程度上又恢复到了传统的家庭农业，农村工业也有巨大的发展。尽管这种新的家庭农业和农村工业（特别是后者）建立在与1850年以前不同的技术基础之上，而且具有不同的组织方式，但是我们仍然可以从中看到“人耕十亩”和“男耕女织”的影子。由于这些变化，江南农村经济进入了史无前例的发展时期。而这一发展，又构成了过去20年中江南经济持续高速成长的主要内容，并且为江南经济今后的进一步发展奠定了基础。虽然新的家庭农业和农村工业（特别是后者）所引起的农村经济的发展并不仅限于江南，但是江南毫无疑问是做得最出色的地区。为什么如此？如果我们把眼光回转到1850年以前中国，看到中国各个地区在农村经济发展方面的特点和差异，我们就不会对江南今日的成就感到惊讶了。历史是延续的，不可能割断，因此人们并不能随心所欲地选择经济发展的模式。在某种意义上而言，今日的发展，都是过去的发展在新的条件下的继续；而今日的成功，也不过是过去成功的生产方式在新的条件下的演变。

第二编

手工业篇

引　言

手工业在封建社会中，是仅次于农业的一个生产部门。中国的手工业到明代已经发展到比较高的水平。清代前期，显赫了数千年的官营手工业终于趋向衰落，民间手工业，特别是农民家庭手工业则获得了进一步发展，主要手工业行业门类已基本形成，生产规模扩大，商品生产发展，市场扩大。在少数经济发达地区，形成了相对集中的手工业区域，出现了分工与专业化生产，也出现了农民家庭逐渐脱离农业，专以手工业为生的趋向。手工业生产组织的内部关系发生了具有革命意义的变革。

近年来，农村工业化问题日益引人注目。人们在追溯中国农村工业的发展历史时，往往溯至明清时期，特别是清前期。清前期是从传统社会向近代社会的转折时期。这一时期手工业、尤其是农村手工业的显著发展，既是前代的延续，同时也影响着后来的演变。产生于20世纪70年代的前工业化理论，从前工业社会农村经济内部的变化解释西方工业化的起源。这一理论在某种程度上对中国产生了影响，不管人们是否赞同它的结论。诸如中国是否存在前工业化现象，中国前近代社会农村工业的发展程度与方向，中国传统手工业的历史地位等等问题，都已备受关注。不过，清前期手工业行业门类众多，地域分布广泛，存在着行业、地区间的发展不平衡。大大小小的各手工行业呈现出纷繁复杂的现象，各种现象的形成不是由于单一因素的作用，其在近代的演变结果也不同，难以简单地得出结论。这也是迄今关于农村工业发展史方面没有一致意见的原因。不过，在经济发达地区，如长江三角洲、珠江三角洲地区，由于原料资源和市场资源充足，缫丝、丝织、榨油、制茶等手工业出现了从小商品生产发展为大生产的趋势，并在19世纪40年代之后，发展为近代化生产，可以说呈现出某种前工业化现象。本篇不是对农村工业化问题的专门研究，但无疑参考了这方面的成果。

本篇将按行业论述清前期官营手工业与民间手工业的消长兴替过程，着重于民间手工业的演变历程，分析手工业的发展特点，并从生产力与生产关系诸方面考察手工业的发展水平。

第一章　官营手工业

中国封建社会中的官营手工业到清代至少已有二千多年的历史。历史上的官营手工业包括二部分，一部分是直接为满足封建皇帝、皇室成员以及政府的特殊需要而设立的，如织造、陶瓷、营缮、造船、军器、铸钱等；另一部分是重要国计民生物资，由于需求量大，利益高，官府为取得这部分利益而实行官营，如盐、铁、酒、金银铜铅等。官手工业是直接为封建统治阶级服务的。历史上的官手工业曾经相当庞大，内容庞杂，是封建经济的一个重要的组成部分。

明初的官手工业与前代相比，经营范围已有所减少，但仍相当庞大。经营范围集中在营缮、织造、烧造（陶瓷、砖瓦、石灰）、冶铸、军器火药、造船、皇室器用制造以及制盐等几方面。工匠实行匠籍制度，没有人身自由。匠役数，不包括盐丁灶户，仅工部、内府各监局和都司卫所控制的在籍住坐、轮班匠役即约 30 万人。[①]

明代中叶以后，商品经济的发展导致官手工业发生一系列变化。经营范围减少，一部分官手工业停废，官府所需物品改由向市场购买。匠籍制度趋向瓦解，徭役制改为货币税后，一部分官府所需工匠改为雇募制，临事招募。官手工业已在走下坡路。

清代的官手工业继续趋向衰落，经营范围进一步减少。在官手工业的两大部分中，其第二部分，即盐、铁、有色金属矿等，已完全放开民营。在所保留的为满足皇帝、皇室、政府所需的一部分经营门类中，生产规模也在缩小。同

① 陈诗启：《明代官手工业的研究》，第 71 页。

时，官手工业中生产关系发生根本变化。清顺治二年明确规定，“各省俱除匠籍为民”①，明令废除匠籍制度。官营工业及临时兴工均采用雇募制，计工给值。所用工匠数也大大减少。如归属于工部制造库、内务府造办处的营缮与御用工艺品制造，常年工匠约2000人左右，而明代仅北京内务府工匠即有15000人。② 其他行业，如织造、窑冶等所用工匠数均有减少。

第一节　官营织造业

官营织造业主要承担皇帝、皇室、官府自用及满足某些特殊需要，如赏赐、贸易所需的各种丝织品。明代官营织造业分布广泛。据考察，设于北京、南京及各地方的织染局、织染所共29处，每年承造缎匹29000～38000匹，官局机户皆隶匠籍。明代的官营织局自明中叶开始衰落，到天启七年全部停废。③ 清代恢复的官营织造业在地域上向南方集中，除在北京设一内织染局外，只在江宁、苏州、杭州三地设有三个织造局。

京内织染局初时隶属工部管理，康熙三年移交总管内务府大臣管理，局内设有织机32张。乾隆十六年将织机数裁减为16张。康熙初年，额设各项匠役825名，以后陆续裁减了755名，到乾隆十六年，还有存留匠役70名。京内织染局织造时开时停，产量很少，在整个官营织造业中，地位无足轻重。道光二十三年将京内织染局裁撤。④

自顺治二年至四年，清政府先后重建了江宁、苏州、杭州三个织造局。江南三织造局承担了几乎全部皇室、官府所需丝织品的生产。各局的织造任务又有侧重，江宁局主要织造上用缎匹，苏、杭二局主要织造皇室成员、户部所用赏赐缎匹。各局额设织机及工匠数，顺治年间江宁局额设织机565张，苏州局800张，杭州局770张，共2135张。乾隆十年改为江宁局织机600张，机匠及

① 彭泽益：《中国近代手工业史资料》，第1卷，第391页。
② 前引《明代官手工业的研究》，第60页。
③ 范金民、金文：《江南丝绸史研究》，第114页。
④ 前引彭泽益：《资料》，第1卷，第70～73页。

摇纺染匠所管高手等匠共2557名；苏州局织机663张，机匠及挑花拣绣所管高手等匠共2175名；杭州局织机600张，机匠及摇纺染匠挑花及所管高手等匠共2330名。三局共设织机1863张，共有各种工匠7062名。[①] 清前期基本保持这一规模。据估计，自乾隆年间直至咸丰初年，江南三织局每年平均织造各色丝织品约在14000~15000匹，清政府每年派给江南三织局的丝织品价值约为164000两。[②]

清代官营织造业的生产组织方式已与明代大不相同。顺治初，江南织局恢复之时，主要采用佥派民间乡绅、富户充当机户，发给这些机户官价银，由这些机户买丝募匠织造。但所发官价银往往不敷支出，"大抵给发官价，仅及其半，机户赔补其半"。机户不堪赔累，多有抱怨。顺治八年，下令"禁革机户，买丝募匠造办"[③]。实际上这一命令直到顺治十三年才正式得以执行。以后一直实行这种"买丝募匠"的制度。"买丝募匠"，即将官机交由民间机户承领，发给"官机执照"，并由官局向户部支领价银，备办丝料，由领机机户雇募匠役，进局织造，限期按式，由机户交局[④]。这种官营织造工场，实际是一种包工制经营。

官局织造主要实行"买丝招匠"制度，此外各地还有"养成工制"、"世袭顶补制"、"轮值"、"承值"等辅助方式，依工种、任务不同而不同[⑤]。

从生产规模上看，三织局工匠各在2000余人。这2000余人并不集中于一处生产。如苏州织造局设有总织局和织染局，总织局又有"前后二所"。杭州织造局设有总织局与织染局，织染局又有"东西二府"[⑥]。每一处工匠数当在数百人。

织造局内生产有着比较细致的分工，这是适应官局缎匹在品种、质量、花色上的特殊需要而设置的。各种工匠均有专职，资料记载，除花素机匠外，又

---

① 前引彭泽益：《资料》，第1卷，第70、85、86页。

② 前引《江南丝绸史研究》，第171、156页。

③ 前引彭泽益：《资料》，第1卷，第78页。

④ 关于"领机给帖"与"买丝招匠"制度，彭泽益与范金民二人的看法不同。参阅彭泽益文章（载《历史研究》1963年第4期）及前引范金民书。

⑤ 前引《江南丝绸史研究》，第147页。

⑥ 前引彭泽益：《资料》，第1卷，第80、83页。

有摇纺匠、挑花匠、绣花匠、染匠等技术工匠20余种。[①]

清前期直至咸丰以前，由于经费上有保证，江南织局的生产一直得以保持。咸丰时，太平军先后攻占了南京、苏州、杭州，三地的织局被迫停歇，毁损严重。太平天国战争后，清政府重新恢复江南各织局。同治三年到十一年，先后恢复重建杭州、苏州、江宁织造局。由于经费困难，规模大为缩小，织局和工匠数平均只及原来的三分之一左右。由于民间丝织业的兴盛，朝廷所需丝织品采取在局织造、向机户定织、在市场购买三种方式取得。以江宁局为例，清后期江宁局在各地采买的缎匹数占每年应贡纳缎匹总数的80%以上。[②] 也就是说，这时朝廷所需丝织品主要购自民间，官营织造业已明显衰落。

第二节　官营陶瓷业

官营陶瓷业主要生产御用、皇室、官府所需的陶瓷制品。历代官营陶瓷生产有的采用官督民烧，也有的设官窑厂生产。但真正具有规模的官窑厂应从明代开始。明代设立官窑厂的地方不少，有江苏仪真、瓜洲、安徽宁国府、河北真定府以及江西景德镇等，每年烧造大量陶器、瓷器。按规定，仪真、瓜洲二厂每年为北京光禄寺烧造酒缸100000个，宁国府为南京烧造酒瓶115000个，河南和真定府在宣德年间每年烧造缸、坛、瓶51850个，江西饶州仅宣德八年一次成造各样瓷器443500件。[③] 清代除江西外，其他地方均不见有官窑厂。

江西景德镇是陶瓷业集中地，明代以前民窑已有一定发展。明初在景德镇设一御器厂，这是历史上规模最大的官窑厂。明代的景德镇御器厂烧窑多时达58座，有23个作，各作各有分工。厂中有在籍官匠及征募的民夫约1500余人，每年烧制瓷器数，嘉靖中期为50000～80000件。[④] 明中叶以后，随着匠籍制度渐趋瓦解，御器厂的官匠也改为雇募制，一部分质量要求高的瓷器改为附

① 前引彭泽益：《资料》，第1卷，第87、91页。

② 据前引《江南丝绸史研究》。

③ 前引《明代官手工业的研究》，第44页。

④ 据许涤新、吴承明主编：《中国资本主义的萌芽》，第560页。

于民窑烧制，御器厂发生很大变化。到明末，御器厂完全停烧。

清代于景德镇重建御窑厂。御窑厂始建于顺治十一年，但在康熙十九年以前一直没有正式生产，几次奉造龙缸、祭器均不成功。到康熙十九年，才正式开工生产，但到康熙二十七年又归于停顿。直到雍正四年，再派官员往江西烧造瓷器。[①] 此后御窑厂生产逐渐正常化。

御窑厂最盛之时是在雍乾时期。雍正六年以后，景德镇御窑厂每年向北京上供各种尺寸的盘钟瓶尊等圆琢器皿二万七八千件，这是经过精选以后的上供数量，实际烧造量远高于这个数字。有记载说，雍正时，“一岁之成，恒十数万器”；乾隆时，“岁縻帑项几及万金，而所得之大小瓷器，则岁亦不下数十万件”。官府每年烧制瓷器所费银两，据说，“每年进御瓷器，不下数万件，雇工三百余人，全年用款，费官帑八千金，至清亡而止”。8000余两大约是乾隆时的数字。实际自嘉庆四年以后，因财政日绌，烧造瓷器的经费逐渐减少。嘉庆四年规定，每年用银以5000两为率。嘉庆十六年规定，暂停烧造盘碗钟碟，改烧瓷砖，每年工价不得超过2500两。道光二十七年规定，恢复烧造瓷器，每年工价银两不得过2000两。[②] 每年除了解运上京的瓷器外，多数官制瓷器就通过民间渠道销往各地。

清代御窑厂的工匠采取雇募制。御窑厂所用物料按市价采买，所用工匠按工给值。乾隆时，常年“在厂办事人役，支领工值食用者，岁有三百余名”。与明代相比，工匠不仅有人身自由，且人数大为减少。厂内工作分为“作”。御窑厂生产分工精细，依不同产品、工序共分为23作。乾隆以前，有烧窑6座，称为“风火窑、色窑、大小熆熿窑、大龙缸窑、匣窑、青窑”[③]。各窑分别承烧不同的器皿。就规模来说，清代的御窑厂比明代的御器厂大为缩小，烧窑数也远远少于明代。

乾隆中叶，由于官窑塌毁，也由于存在大量的民间窑座，官窑的产品遂改为“附于民窑搭烧”。官窑厂只承担制坯工作，烧制则委派民窑。故乾隆以后

① 前引彭泽益：《资料》，第1卷，第104、105页。
② 前引彭泽益：《资料》，第1卷，第110、111页。
③ 前引彭泽益：《资料》，第1卷，第105、106页。

的大量官窑产品，虽仍称为“官窑”，实际上大量的产品是官督民烧，官窑厂已开始衰落。嘉庆以后由于经费削减，更加黯然失色，大不如前。

御窑厂因产品的特殊用途，所以在生产上不计工本，且集中了最优秀的工匠，其产品在工艺、质量、品种等方面都达到了很高水平，“工益董而制益精”①。康熙年间的“臧窑”、“郎窑”瓷器，雍正年间的“年窑”瓷器，乾隆年间的“唐窑”瓷器，都是以各时期督窑官的姓氏命名的著名官窑瓷器产品，至今称著于世。

第三节　官营烧造业

烧造业是指砖瓦、石灰等建筑物料的烧造。官营烧造业主要生产皇宫、城垣等建筑物营造、修缮所用的砖瓦、石灰等。官府营造分为京城皇宫、城垣、坛庙、仓库、营房等的修造与地方城垣、衙署等建筑的修造。史籍中提到的官营烧造通常是指为营修京城的各种建筑而在各地设立的官窑厂。至于地方官府营修所需物料，通常是或临时建立官窑，或发官价委派民间窑户烧制。与明代相比，清代的官营烧造业在地域分布、生产规模方面都有缩小。同时，生产关系也部分发生变化。

明代的官营烧造业分布地方较多。京城有琉璃厂，烧制宫廷所用琉璃瓦。江苏苏州、山东临清、河南蔡村、河北武清、京城牛栏山、大石窝等地都有黑窑厂、灰石厂，烧制各式砖瓦、石灰。每年所烧官砖数量相当大，仅临清一厂每年要烧造城砖 120 万个，武清县窑每年分造城砖 30 万个，苏州专门承办细料官砖，烧造量也很大。石灰窑按规定每年每窑该烧石灰 16000 斤。永乐时，朝廷曾委派官员驻在临清，并统辖各地官窑，专门管理烧造事务。弘治以后，改由各地方管理，但逢大工程时，仍派专官督烧。②

清代，据《大清会典事例》，京城营修所需砖瓦、石灰分别在北京、临

---

① 前引彭泽益：《资料》，第 1 卷，第 110 页。
② 前引《明代官手工业的研究》，第 45、49 页。

清、苏州三处烧造，在地区上比明代缩小了。北京有琉璃窑，位于当时的大兴县境。琉璃窑烧造琉璃砖瓦，朝廷专派有满汉官员各一人，督办烧造事务。承烧琉璃砖瓦的机构名义上有二厂，琉璃厂与亮瓦厂。琉璃砖瓦大小不等，共有10样。各项工程需用时，按规定先行呈报，核算所需钱粮，由督办官员领帑，交窑户按式样烧造。近城的琉璃窑厂一直维持到嘉庆后期，以后不知什么原因而废毁。道光五年规定，由于近城窑厂久废，所需琉璃料件均改归西山窑烧造。

清代山东临清仍设立官窑厂，烧造京城需用细砖，通过运河运往北京。顺治二年规定，委派官员一人提督临清砖厂，每年额设砖料银24000两，烧造城砖、斧刀砖共100万块。顺治七年，减为每年发砖料银10000两，照银数备办。从数量上看，银数减少近五分之三，所烧砖数也就相应减少。顺治八年下令，“临清厂烧砖，费帑累民，应行停止”。顺治十四年，重派官员赴临清厂烧砖，十八年再停临清砖差。此后，康熙十八年、二十八年两次重开临清厂烧造陵寝用砖等。康熙五十八年，再令停止临清砖烧造，改于北京温泉地方，置窑照临清砖式样烧造官砖，以图代替临清官砖厂。不过，由于一些旧建筑原用临清砖修建，重修时仍需原样砖瓦，所以临清砖厂始终未真正停废，自康熙朝直到道光中期，时开时停，烧造量每次自数万块至数十万块不等。尽管如此，清代临清官窑厂的地位及生产量都已逊于明代。清代北京温泉地方的砖瓦窑地位逐渐提高，承担了大量原由临清砖厂承担的烧造任务，道光时，又承担了琉璃砖瓦的烧造任务。

苏州在明代承办京城所需细料官砖，清代这一任务由临清厂代替，苏州专门烧造宫室内翻修所用铺地金砖。金砖烧制不是常年任务，多为临时兴工，需用时动支官帑交地方造办。数量不多，每次在数千块至万余块。

石灰窑厂设于北京城郊，大约有几处地方。顺治初年规定，“其青白石灰，于马鞍山、磁家务、周口、怀柔等处置厂烧造，运京应用”。

北京、临清的官营砖瓦、石灰窑都称为“厂”。不过，在清代，官营砖瓦、石灰业中真正称得上是“官窑厂”，即运用官费，招募工匠，置厂生产的只有临清窑厂和北京的石灰窑厂。北京的石灰窑厂，康熙四十五年的规定，“大工需用石灰，选工部司官，请领工运价值，开采烧造，册报核销，事竣撤回”。这是由官员管理、雇工生产的官窑厂，只是规模不大，生产期也很短暂。临清窑厂建有官窑，乾隆五十一年有奏报称，“临清砖窑，原建24座”，也就是说，这以前起码存在24座官窑。由于近窑地段积年取土造坯，已成水洼，乾隆五十一年与嘉庆二年两次分别将24座砖窑择地移建。临清窑厂开工时采用雇募制。烧砖有挖土、制坯、烧窑、搬运等工序，一座窑开工所需人工不会少，每次数万块以至数十万块的烧造任务又有限期，24座窑如果同时开工，所用人工一定不少。

北京琉璃窑厂虽称之为“厂”，但按康熙三十三年规定，“大小工程需用砖瓦，仍交与窑户等备办”，“凡窑户均令该监督择身家殷实之人承充”。嘉庆十六年又定，以后凡有修造各项工程，呈报领项经费之后，“饬窑户领项烧造”。又按规定，窑厂里的窑户用地住房都要交租。显然，这些窑户不是雇募工匠，而是承担官役的民窑户，有工程时官府将烧造任务分派这些民窑户承烧。这有些类似景德镇陶瓷业中的官督民烧，以及织造业中的领机。康熙以后，温泉一带成为烧制官砖的地方，但没有设立官窑厂，而是“令铺户照临清砖式样烧造”，这也是委派民窑烧制官砖。苏州民间砖瓦窑业发达，烧制金砖又往往是临时造办，很可能也是利用民窑烧造。清代官窑厂地位下降，利用民窑烧造大量官砖，反映了官营砖瓦烧造业的衰落。①

第四节　官营铸钱业

清代铸钱工业由政府控制。官府铸钱主要供军饷、工程支用，也为市场流通提供货币。政府铸钱的又一目的是取得铸息，以扩大财政收入。

明清两代铸钱中心都在北京。清代中央铸钱机构有工部宝源局、户部宝泉局。各直省也有铸钱机构，设炉鼓铸铜钱。

顺治元年，设立户、工二部铸钱局。初时二局设炉150座（一说100座）。雍正初年额定，宝泉局设正炉50座，勤炉10座，宝源局设正炉25座，勤炉6座，二局共设正勤炉91座。二局每年铸钱数，初时没有定数。自顺治元年起，

① 本节引文除注明者外均见光绪《大清会典事例》卷875，《物材》。

每年铸钱自数万串至数十万串不等。顺治十七年后，二局每年铸钱 40 余万串。康熙五十年以后，二局铸钱额数逐渐增加，至康熙六十年间，每年铸钱 67 万余串。乾隆中期以后，每年铸钱在 100 余万串，高时达 137 万串。道光年间，二局每年铸钱 166 万串。

清代直省也设有地方铸钱机构。清前期先后设立直省铸钱局 19 个，顺治八年，各省局开铸处有 14 处，设炉曾达 1002 座。① 道光前，山东、河南、安徽、甘肃四省局已停炉，其余 15 个省铸钱局额设炉数共 197 座。道光时，15 个省局每年铸钱 110 余万串。② 在各省铸钱局中，云南局因接近铜产地，铸钱最多。各府州先后设立铸钱机构 13 个，乾隆中期最盛时每年铸钱六七十万串，用铜二三百万斤。③

宝泉、宝源二铸钱局的生产组织是以“厂”为单位。宝泉局额设正勤炉共 60 座，分为 4 个作厂鼓铸铜钱，每厂设炉自 13 座至 17 座不等。宝源局额设正勤炉共 31 座，分为新旧两厂，旧厂设炉 18 座，新厂设炉 13 座。正常情况下以正炉鼓铸，如果铜铅充裕，就以勤炉增加鼓铸。每炉所需工匠，据浙江省宝浙局雍乾时统计数，一般为四五十人。如果按这个数计算，以正常情况下的正炉数募役，则宝泉局应有匠役 2000 余人，宝源局应有匠役 1000 余人。各省局所用工匠，以设炉 197 座计，应役人数在 8000 人以上。

铸钱过程工序较多，炉内工匠各有分工，户、工二局通常称为“八行匠役”，有看火、翻砂、刷灰、杂作、锉边、滚边、磨钱、洗眼各匠。宝浙局每炉工匠除炉头、匠头外，有各种匠夫 20 种。

铸钱局中工匠实行雇募制。所谓“厂”只是行政管理单位，实际生产是以“炉”为单位。每炉设炉头一名，具体管理生产过程。炉头需选择“家道殷实之人”担任，给以繇帖。铸钱局中的炉头实际上是包工头。生产时，由炉头负责招募工匠，采买物料，监督鼓铸，发放工价。炉头在招募工匠时，往往优先照顾亲朋子弟，所以一炉之内的工匠又带有一定的家庭关系。铸钱行业

---

① 引自彭泽益：《清代前期手工业的发展》，《中国史研究》1981 年第 1 期。

② 王庆云：《石渠馀纪》卷 6。

③ 引自严中平：《清代云南铜政考》。

具有特殊性。由于这些工匠掌握了一定的铸钱技术，官府担心这些人一旦流入社会，难免会私铸渔利，因此，铸钱局中的工匠虽为招募，实际上往往是终身在局应差，“世业其役”，不许出局。即使暂停鼓铸，工匠出局后，按规定也应由地方官府安排在衙门中充役，一般不能自由选择职业。清前期铸钱最盛时为顺治、乾隆二朝。各省铸钱局时开时闭，铸钱数时增时减。中央铸钱机构宝泉、宝源二局一直维持生产。乾嘉时期，由于铸钱原料不敷，钱本越来越贵，铸息越来越低，京局铸钱也陷入困境，铸钱数时减时复。咸丰时，由于各地战火频繁，财政支出扩大，经费难筹，政府一方面加卯鼓铸，另一方面采取各种变通办法，改铸大钱，试铸铁钱，这些货币一度同时在市场上通行，造成一定混乱。清后期，由于铜铅原料不足，户、工二局生产难以为继。同治时滇铜一度停运，官府不得不采取各种措施，收买废铜、旧钱，采买商铜，购进洋铜，千方百计维持铸钱生产。①

第五节　官营造船业

官营造船业承担修造御用、官用船只，主要有漕船、战船两大类，此外有御用黄船等专用船只。

官营造船业历史上曾相当发达。一些型体巨大、结构复杂的战船、洋船都是官营船厂的产物。明代的一些官船厂规模相当大。如清江船厂，每年额造运粮浅船 680 余只，有在籍工匠 3200 余名。② 清代的官船厂于康雍时期陆续重建，在沿海、沿江一些水运便利的地方设立了一些较具规模的漕船厂、战船厂。

清初漕船有 10400 余艘，以后逐渐减少，到嘉庆时只有 6200 余艘。③ 清初，尚未来得及恢复官船厂，漕船修造由有漕粮省份委派府州县地方官在本地方监造。清代最早的官营漕船厂设立的具体时间不详。康熙九年，始见设船政

① 本节数字除注明者外均自前引彭泽益：《资料》，第 1 卷，第 116 ~ 126 页。
② 嘉靖《漕船志》卷 3，卷 4。
③ 《清史稿》卷 122。

同知，专管修理粮船，又命令将江宁帮粮船125只移于江宁龙江厂成造。康熙十九年，委派官员赴清江船厂督造漕船。康熙二十九年，命“仍设清江、江宁二厂”。雍正二年以后，在对各省粮船修造的规定里，可知已设的漕船厂有湖北武昌、汉阳二厂，江苏江宁龙江厂、淮安清江厂，浙江仁和、钱塘二厂，山东临清厂。这些漕船厂承办了大部分漕船修造任务。此外，安徽、江苏、江西部分州县的粮船，“向例给各军料价，在本地方设厂成造”①。这些设立在“本地方”的官船厂可能多为临时性的。漕船之外，直隶、山东等省又有用于转运漕粮的剥船，仅直隶就有剥船千余只。剥船按例由湖南、湖北、江西等省制造，但不见有造船地点的记载，大约也是有工作时临时设厂，招聚工匠打造。

战船种类较多，依船型、用途不同而有不同名称，如米艇、哨船、桨船、赶缯船，等等。战船主要分布于沿海的辽宁、山东、江苏、浙江、福建、广东等省，吉林省也有战船。战船的修造也集中在这些地方。同漕船一样，清初战船均派交地方“府州县按粮议派承修”②。雍正三年以后，先后在沿海沿江设立战船厂。设厂的地方有，江苏苏州、扬州、镇江、江宁、松江，山东胶州、登州，浙江宁波、温州、乍浦，福建福州、漳州、泉州、厦门、台湾，广东广州、潮州、高州、琼州，广东又有盐运司船厂一所，也承修部分战船。吉林沿松花江设有战船厂，承修东北几省的战船。③

以上漕船、战船各厂只是总厂名，有的总厂又设有分厂，如淮安清江厂有南京分厂，广东高州茈芓厂有龙门子厂④，山东临清厂有胡家湾分厂⑤。

雍正以后，官船修造逐渐正规化。船只修造定有年限，漕船折造年限为10年，每年修造十分之一。战船为3年小修，5~6年大修，10年左右折造。⑥船厂承修的船只数、船只修造经费均有定额。

官船厂以工场形式组织生产。各厂规模大小不同，依承造船只数量而定。

---

① 光绪《大清会典事例》卷935，船政。

② 前引彭泽益：《资料》，第1卷，第140页。

③ 光绪《大清会典事例》卷936卷，船政。

④ 道光《琼州府志》卷17。

⑤ 《清史稿》卷122。

⑥ 《清史稿》卷122；道光《琼州府志》卷17。

一般来说，漕船厂规模大于战船厂。一个漕船厂每年新造漕船多在百艘以上，在正常开工的情况下，至少应有工匠数百人。一个战船厂每年修造船只数额一般在数十只。

清代官船厂工匠同样采用招募制。船只修造是一项技术性比较强的工作，工匠均来自沿江沿海民间造船业比较发达的地区。清代官船厂的内部管理情况少有记载。乾隆时，广东潮州庵埠厂有头役 30 名，都是“熟谙船料”，采买“式木”的技术骨干，头役之职可以世袭，其余均为散役①。散役可能就是招募来的工匠。据明代《龙江船厂志》《清江漕船志》记载，船厂内生产均有细致分工。龙江船厂有船木作、铁作、竹作、油漆作等 32 种，工匠有船木梭櫓索匠、船木铁缆匠、舱匠、棕篷匠 4 种。清江船厂有舱匠、箬篷匠、竹匠、铁匠等 8 种。清代的情况可能与明代相仿。

清代的官营造船业同样呈现衰落迹象。嘉庆时，漕船数量的减少，道光时的漕粮改由海运，这些因素必然影响官船厂的生产。道光元年，福建战船厂由于木料难寻而陷于停产。代之而起的是民间造船业的兴旺，以至有些原由官府制造的船只也改向民间购买。如明代及清初与琉球等国的交往，使船一直由官府制造，到清乾隆时改为购买民船（见后文）。

除以上几项主要官营手工业外，清代的官手工业还有军器火药制造业，由工部领导，分别设于京师及 18 个直省。生产采取集中方式，工场内有分工，如木作、铜作、铁作、油作、画作等；营缮与御用工艺品制造业，承办修缮宫殿、庙宇、城垣等工程，制造御用、皇室用工艺品，归属于工部制造库、内务府造办处。同其他官手工业行业一样，这几个行业在生产关系、生产规模等方面也都发生了变化。

第六节　官营手工业衰落的原因

官营手工业是为满足皇室、官府的各种需要，以及为巩固中央政权的需要

① 《广东航运史》古代部分。

而建立的。历史上的官手工业规模庞大，并形成为一个比较完整的手工业体系。在民间手工业尚不发达，难以满足封建皇室、官府各种奢侈需要以及其他需要的情况下，官手工业成为供应其手工业品需要的主要来源。在官手工业的长期发展中，对于中国传统手工业的发展不能不发生一定影响。首先是官手工业推动了传统手工业工艺技术水平的提高。封建政权利用权力，可以集中社会上大量的熟练工匠，为其制造各种具有特殊需要、精致的工艺品、手工业品，官手工业的产品曾代表了手工业技艺的最高水平。通过前述及后文还要提到的可以看到，一些需要特殊技艺的、精美的丝织品、陶瓷产品，巨大的运输船，性能优越的战船，等等，都是官手工业的产物。这些高超的技艺通过手工业工匠流传到民间，又带动了民间手工业技艺的提高。另外，官手工业是在民间手工业不发达的情况下建立并发展起来的，其存在是必然的。随着民间手工业的发展，官手工业对民间手工业的关系具有两面性。一方面，官手工业与民间手工业争夺工匠、原料，以及部分民间资金，从负面影响了民间手工业的发展；另一方面，官府对官手工业会投入必要的资金，用来聘用工匠，购买原料，实际上增加了当地手工业的资金投入，必定会刺激地方民间手工业的发展。事实上，清前期在官手工业存在的地方，也是民间手工业发达的地方。如苏州、杭州、南京的丝织业，清政府在这三个地方设有官营织局，机户机匠在进局应役期间，受官府使唤，在没有官派活计时，可以自行在家从事生产，同时仍领取官局口粮，“停机养匠，以备传奉活计”①。这样，机户在生产上获得了一定的灵活性，也就促进了当地民间丝织业的发展。其他类似的情况还有如景德镇的陶瓷业，漳州、泉州、广州、杭州等地的造船业，苏州的砖瓦业等。

如前所述，到了清代，有关国计民生物资的一部分生产行业逐渐从官手工业中退出，历史上官府控制严格的盐、铁等的生产已完全放开民营。庞大的官手工业系统到了清代其经营范围、生产规模大为缩小。就是为满足皇室、官府特殊需要而设立的那一部分官手工业，也与传统的官营手工业生产大不相同了。匠籍制度取消，官营工匠的身份发生变化，这是具有重大意义的变化。官手工业的生产方式也改变了，如织造业中的领机，陶瓷业中的官搭民烧或官督

---

①　引自范金民：《清代前期江南织造业的几个问题》，《中国经济史研究》，1989 年第 1 期。

民烧，砖瓦业中的民窑烧官砖，说明这些官手工业已与民间手工业发生了割不断的联系。官手工业的这一衰落趋势，从另一个角度讲，也可以称为官手工业的民营化趋势。这一演变的基础是民间手工业的广泛发展。

明清时期是传统社会经济的一个转折时期。自明中叶以后开始普遍兴起的民间手工业，到清代进一步发展兴旺。从以下各章中将会看到，清代民间手工业行业增多，品种增加，手工业存在的地域以及产品的商品量扩大。尤其是手工业向农村深入，乡村手工业普遍发展。民间手工业这一系列变化不能不对官营手工业发生影响，官府放弃官手工业是势所必然的事。

首先，一些为满足特殊需要的官营工业的存在，是由于在产品种类、花色、质量、规格等方面有着较高的、特殊的要求，在民间手工业尚不发达的情况下，这些特殊要求难以得到满足，官府只能自行组织生产。随着商品经济发展，特别是手工业商品生产发展，许多产品可以从市场上得到，相比之下，由官府经营成本更高，一些手工业产品也就改为向民间购买了。如酒，明代宫廷里有“御酒坊，专造竹叶青等各样酒……外廷不易得也”[①]，大概除皇帝外，其他宫廷人员的吃酒已是向民间购买了。明中叶以后，一些地区的民间酿酒业已经发展，如浙江的绍兴酒已经著名，远贩至京师。到清代，酿酒业发展，尤其是名酒品种增加，一些最著名的酒品都是民间酒坊的产品。《大清会典事例》中记载，内务府监管的手工业中有“酒醋房”，设有酒匠 16 名，所造酒有玉泉酒、白酒，专供皇帝饮用[②]。此外，在清代文献中不见有官营酒坊的记载，宫廷饮用也多为地方上贡的由民间生产的名品贡酒。茶的情况与酒相似。宋代官茶园不少。明代仍有官茶园，“置茶户五百，充其徭役”[③]。清代不见有官茶园，宫廷用茶来自民间，一些名茶均为贡茶。另一方面，清代民间制茶业大为发展，茶的商品量大增，并成为清代最主要的出口商品之一。还有纸，明代内务府设有宝钞司及内官监纸房，专为皇帝、宫人制造草纸。据记宝钞司有作房 72 间，“其衙门左临河，后倚河〔山?〕，有泡稻草池。每年池中滤出石

① 刘若愚：《明宫史》木集，内府执掌。

② 光绪《大清会典事例》卷 1192，内务府。

③ 梁章钜：《归田琐记》卷 7。

灰、草渣，二百余年，陆续堆积，竟成一卧象之形，名曰象山”①。清代属内务府监管的手工业中也不见有纸房。清代民间造纸业广为发展，宫廷用纸大都改为从市场上购买了。

其次，一些官手工业存在的地方通常都是民间手工业发达集中的地区，如江南的丝织业，景德镇的陶瓷业，沿海沿江的造船业，苏州的砖瓦业，这些发达的民间手工业就成为官手工业的基础。官手工业正是利用了当地有经验的工匠与生产设施，这才有了领机、官搭民烧等官手工业的生产形式，在生产过程上开始部分依靠民间手工业。另一方面，在不存在民间基础的地方，官手工业也难以存在。如造船业中，清代直隶有转运漕粮的剥船，一向在江西、湖广等地制造，以后曾一度改为在直隶本地成造，但直隶的民间造船业并不发达，“工匠俱系生手”，所以道光初不得不重新改回，“仍著江广等省代造”②。说明此时官手工业对于民间手工业的依赖。

从根本上说，官手工业的经营不是为了经济目的，也没有经济利益的驱动，经营缺乏内在动力，经营管理腐败，官员侵吞资财严重，生产者没有积极性，其衰落趋势是必然的。清后期，官手工业苟延残喘，在民间手工业和近代机器工业的夹击下而走向了末日。

---

① 前引《明宫史》木集。

② 光绪《大清会典事例》卷935，船政。

第二章 纺织业

第一节 棉纺织业

棉花种植与棉纺织技术自宋末元初传入中国，明代向全国推广，发展迅速，清前期已在全国大部分地区普及，一些传统的麻织区、蚕桑丝织区也逐渐被棉纺织业所取代，成为棉纺织区。

作为农民家庭经济的组成部分，棉纺织业被视为“本业”，受到政府大力支持与鼓励。清政府提倡兴“纺织之利”，在一些棉纺织业不太发达的地区，地方官府还亲自倡率，出资雇募工匠，向当地农民传授纺织技术。这都对棉纺织业的发展起到一定推动作用。

一

江苏、浙江二省沿海、沿江的一些府州，气候、土地适于棉花生长。明代棉花种植普遍，成为集中的棉产区，棉纺织业随之率先发展。清前期，江苏、浙江仍是最主要的棉纺织区，同时，棉纺织业向北方推进，发展起几个新的棉纺织集中区。

清代，江南棉纺织业主要集中在江苏、浙江二省的松江、太仓、苏州、常州、江宁、嘉兴等府州。松江、太仓的棉纺织业最为发达，“以织布富甲他郡”①，所产棉布“衣被天下”。上海、青浦、华亭、南汇、嘉定、崇明、镇

① 姚贤镐：《中国近代对外贸易史资料》第3册，第1357页。

洋、宝山等县，大部分土地植棉，棉纺织业相当普遍。上海县农村“家家纺织，赖以营生”①。嘉定县“瘠土编氓机杼之声勿绝也”②。崇明县土地“种棉者什之六七”，棉花“织以为布，妇女业布缕以济农丁之困，络车咿哑，夜以继日”③。镇洋县“民俗多种木棉，工纺绩，与嘉崇两邑同，以产布名于四方”④。

松太所产棉布种类很多。以规格分有大布、小布，幅宽为大布，窄为小布。以工艺分有刷线、浆纱等。以花色品种分，有飞花布，又称丁娘子布，据说棉花弹时花絮飞起，织出的布“最为轻细，妇女染裁作衣裙，极为朴雅”；有紫花布，棉花有白、紫两种，紫花布以紫色棉花纺纱织成，“经纬细密，可制袄裤被褥”⑤；有兼丝布，以丝作经、以棉作纬织成；药斑布，以灰药涂布染青，干后拭去，布面“青白成纹，有山水楼台人物花果鸟兽诸象”；斜纹布，以“经直纬错织成水浪胜子纹”；棋花布，以青白棉纱间织，好像棋秤⑥。此外，还有高丽布、黄纱布、线毯、苎经布等，都是松太地区盛产的棉纺织品。由于长期的纺织技艺经验积累，世代相传，不少地方产生了自己的名优品种，如娄塘斜纹布、外冈飞花布、安亭药斑布、棋花布等，花色质量均胜于其他地方的产品。

苏州府是棉纺织业与棉布加工业集中区。棉纺织业集中于常熟、昆山二县，其他各县也有，但不如常、昆为多。《苏州府志》记载，“木棉布，诸县皆有，常熟为盛”⑦。常熟“女子不谙蚕桑，娴于络纬纺织”，所织有一种赤沙塘布，布质细密，远近闻名，均墩村、徐家市都是优质棉布产地⑧。昆山县东接嘉定，土地“不宜五谷，多种木棉，土人专事纺绩”，“邑中向以纺绩为女工”⑨，所出棉布有标蔻、杜织、药斑布、棋花布等多种品种。吴县、元和、太湖洞庭山、吴江等地，也有一些乡镇以纺织业称著，盛产棉布。

---

① 《李煦奏折》，康熙三十四年九月。
② 康熙《嘉定县志》卷4。
③ 光绪《崇明县志》卷4。
④ 乾隆《镇洋县志》卷1。
⑤ 民国《太仓州志》卷3。
⑥ 光绪《嘉定县志》卷8。
⑦ 乾隆《苏州府志》卷12。
⑧ 康熙《常熟县志》卷9。
⑨ 光绪《昆新续修合志》卷44，卷1。

常州府北靠长江，南临太湖，除无锡外，其余几县都产棉花，棉纺织业普遍。无锡虽不产棉，但纺织业在全府最为发达，棉布产量最高，“棉布之利独盛于吾邑，为他邑所莫及”。无锡棉布以布匹长短分为三等，称为“长头”、“短头”、“放长”，前两种专用于以布换花，后一种用以换米换钱，棉布质量虽不属上乘，“轻细不如松江，而坚致耐久则过之，故通行最广”，远商贩运不绝，被称为“布马头”①。江阴县植棉与棉纺织业明代已经发展，“东南皆纺花为布”，所出有胜子布、斜纹布等品种，又有一种羊毛布，以羊毛混在棉花中弹成，“纺纱成布，黄山女工多业之”②。靖江县位于江北，紧临长江，棉花种植较多，棉纺织业虽不及江南各县，但在该县经济中仍占重要地位，“农民种业多棉花，所为布，精细不及江南，然坚紧耐用，屡浣愈白，纺织虽少，而利则在蚕之上”③。总的看，常州府棉布质量虽不如松太轻细，但结实耐用，同样受到市场欢迎。

江宁府除丝织业外，棉纺织业也素有名气。溧水、江浦、六合、高淳等县都以棉纺织业为重要生业。溧水县东、西、南各乡都产棉布，布有两种，“东乡布坚致厚实，而幅最阔，西乡亦然，南乡布稍疏而狭，总名大布，皆女工所为”④。江浦县种植一种著名的“乌江卫花”，“其性尤暖”，“纺以织布，谓之乌江大布”⑤。鸦片战争前后闻名于国际市场的“南京土布”，据说就是以原产地南京命名的，虽然并不完全产自南京一地。这种南京土布又称为紫花布，分为“公司布”与“窄幅布”两种，“前者较细，最受欢迎”⑥。

此外，江北淮、扬二府的沿海沿江州县，也都存在棉纺织业，如海州、通州。通州所产棉布“紧厚耐著”，“朴素浑坚”，有土本布、细纱布、大布、长尖等品种⑦。

浙江省的棉纺织业以嘉兴、湖州二府最为发达，这些地区棉花种植不多，

---

① 黄印:《锡金识小录》卷1。
② 万历《江阴县志》卷6；道光《江阴县志》卷10。
③ 康熙《靖江县志》卷6。
④ 光绪《溧水县志》卷6。
⑤ 光绪《江浦埤乘》卷1。
⑥ 前引姚贤镐:《资料》第3册，第1331页。
⑦ 乾隆《海曲拾遗》卷6；光绪《通州直隶州志》卷4。

但棉纺织业集中，明代已经著名。有记载说，这里“地产木棉花甚少，而纺之为纱，织之为布者，家户习为恒业。不止乡落，虽城中亦然”①。棉纺织业是蚕桑丝织业之外的又一大利源。湖州的乌青、南浔二镇，既是蚕丝业中心，也盛产棉布。乌青镇棉纺织业明代已盛，清代依然，“有木棉布，出乌镇者佳”，所织棉布“轻软而暖”，种类多，有“大小轻重，价亦有多寡不同”②。南浔虽不产棉，但镇上及四乡从事棉纺织的不少，“四乡之人自农桑外，女工尚焉。推车蹋弓纺线织机，率家有之。村民入市买棉归诸妇，妇女日业于此”，每当新棉上市，商人自平湖、嘉兴等地购棉，“委积肆中，高下若霜雪”，村民们以布易棉，“蚩蚩续来不已”③。平湖县棉花重于丝织，“布浮于帛”，“邑中妇女以此为业”，所出棉布有大布、小布、紫花布、徐冬布等④。嘉善、海盐、桐乡、长兴、德清、武康等县也都出产棉布。此外，浙江省其他各府也都有棉纺织业的记载。

清前期，北方的棉纺织业发展起来，成为仅次于江苏、浙江的又一棉纺织业集中区，尤以山东、河南、直隶几省为盛。明代，这几省虽植棉较广，但棉纺织业尚未发达，棉花大量运往江南。入清以后，植棉业与棉纺织业向内地扩展，北方几省的棉纺织业迅速推广。

山东植棉业发展较早，明代“六府皆有之，东昌尤多”⑤。一些州县也有棉纺织业，不过，其迅速发展是在清代。清前期，山东的棉纺织业各府都有，主要集中于沿黄河一线，特别是济南、兖州、东昌、曹州几府。济南府“乡中妇女勤纺织”。历城县棉布有“平机、阔布、小布三种”，不同品种的布匹长短宽窄不同，各有不同用途与销路。禹城县“其力作通财者，有棉线、布匹”。寿张县“妇女纺织，几于家喻户晓”。定陶县明代已有棉布输出，“所产棉布为佳，他邑皆转鬻之”，清代棉布仍是重要输出品⑥。曹县棉布产量较多，

---

① 同治《湖州府志》卷29，引朱国桢：《涌幢小品》。
② 崇祯《乌程县志》卷4；乾隆《乌青镇志》卷7。
③ 咸丰《南浔镇志》卷24。
④ 光绪《平湖县志》卷2，卷8，引康熙志。
⑤ 嘉靖《山东通志》卷8。
⑥ 道光《济南府志》卷13；乾隆《历城县志》卷5；嘉庆《禹城县志》卷5；光绪《寿张县志》卷1；万历《兖州府志》卷4。

但布质粗疏，不如定陶所产。东昌府各县均把棉布列为重要货属。

河南棉纺织业的发展也晚于植棉业，主要是在清代推广普及的。各府均产棉布，同样以黄河沿线一带为集中区域，如怀庆、河南、卫辉等府，南部的汝宁府也是棉布重点产区。据各地记载，偃师县“产棉花，妇女相勗，朝夕纺绩，备婚嫁丧葬之资，轩车之声溢于里巷。其日鬻于市者止菽粟枲布”。孟津县“邑无不织之家，秦陇巨商终岁坐贩，邑中贫民资以为业”。淇县“女工颇知纺织针黹”。修武县“农民于夏秋二获后，男则佣工贸易，女则织纺为生”。孟县的棉纺织业在全省首屈一指，清前期棉布生产一度大盛，孟布驰名远近，以后由于织布规格改变使销路受到影响，但直到鸦片战争前，人们生计仍在很大程度上取给予棉布生产。正阳县产棉布，县内有名为陡沟的地方，棉布生产与交易相当兴旺，“邑中种棉织布，大概有之，惟陡沟店独盛，家家设机，男女操作，其业较精……居人号曰陡布”，“陡沟细布”直到清末仍销路畅旺，具有相当市场[①]。

直隶是清代发展起来的新的棉花与棉布产区。直隶的植棉业始于明末，集中在南部靠近山东一带。同时，棉纺织业也开始兴旺，巨鹿、肃宁等地棉布产出很多，质量逐渐提高。《农政全书》记载，“数年来，肃宁一邑所出布匹，足当吾松十分之一矣。初犹莽莽，今之细密，几与吾松之中品埒矣”[②]。清前期，据地方志记载，直隶多数州县植棉，棉纺织技术推广，棉布生产普遍发展。其中又有南部、东北部二个集中产区。南部产区位于自正定府、赵州、冀州、深州、定州，直到河间府一线。正定府土地宜棉，男女多从事织作，栾城、元氏、行唐等县都以棉布为利。冀、赵、深、定四州原属正定府，后升为直隶州。到乾隆时，四个州的棉纺织业已有相当发展，“冀赵深定诸州属，农之艺棉者什八九，产既富于东南，而其织纴之精亦与松娄匹”[③]。献县“妇勤于绩，夏月席门前树阴下，引钩声相应，比户皆然”。河间府的棉布生产不仅产量大，且质量好，肃宁、景州的棉布都比较有名，“景州以布著”，

① 乾隆《偃师县志》卷5；嘉庆《孟津县志》卷4；王凤生：《河北采风录》卷3，卷4；嘉庆《正阳县志》卷9。

② 《农政全书》卷35。

③ 《授衣广训》。

“景州之布称龙华，龙华镇所出也，洁白细好，比于吴中”。直隶南部是该省最大的棉布产区。此外，东北部沿海的永平府也生产并输出大量棉布。永平府棉布俗称“家机布”，“家机布，诸邑皆有”，棉纺织“比屋皆然”①。

北方几省所产棉布虽不如江南轻细，但坚致耐用，更适于北方地区消费。同时，由于纺织与原料产地接近，棉花价格相对便宜，布价比远道而来的江南棉布低廉，“其价值仅当十之六七”②，所以，北方的棉纺织业一经扩展，产品便很快占领了西北、东北市场，并在一定程度上排挤了江南棉布的传统市场。

清前期，除上述两大棉布产区外，各省都存在一些棉纺织业，有的地方形成了相对集中的棉纺织区，并有少量产品输出。

山西棉布不足以自给，需要依靠外省输入。但自明代开始，在晋中，自平定州的寿阳县向西南延伸，经太原府的榆次、徐沟、太谷、祁县，直至汾州府的平遥、孝义县，形成一个斜长的棉纺织业集中区。到道光时，这一地区的棉布生产已有相当发展，产品不仅供应本省，且销往邻省，“每见省南寿阳、榆次、太谷、祁县等邑，机声轧轧，杼轴相闻。偶逢市集，抱布贸丝者踵履相接，是以室家饶裕”③。寿阳县棉纺织业据记始于明代嘉万时官府倡导，清康熙时，居民务农之外，兼资纺织，乾隆时，县民“事耕织者十之五”④。太原、榆次、太谷、祁县等地区的棉纺织业大约也始于明后期，万历时有记载称，“榆次、太原等县，民间纺织最多”，官府曾从这些县中抽调木匠、机匠，在全省推广制作织机纺车，教民织布⑤。太谷县在明后期“无问城市乡村，无不纺织之家”，清代“男务耕，女务织，勤俭致殷阜”。乾隆时，榆次县乡村“家事纺织，成布至多，以供衣服租税之用”，孝义县“男妇皆能纺织”⑥。

清前期，随着地区开发，航路开辟，湖北、湖南、四川、贵州等内陆省份的棉纺织业也都得到发展。

---

① 乾隆《献县志》卷4；乾隆《河间府志》卷4；乾隆《永平府志》卷3；嘉庆《滦州志》卷1。
② 《农政全书》卷35。
③ 道光《大同县志》卷尾，志余。
④ 乾隆《寿阳县志》卷8。
⑤ 吕坤：《实政录》卷2。
⑥ 光绪《太谷县志》卷3；乾隆《榆次县志》卷7；乾隆《孝义县志》第4册。

湖北、湖南都是产棉省份，清代在二省境内形成了几个相对集中的棉布产区。湖北的棉纺织始于明代，清代普及到多数府州，以江汉平原较为集中，德安、汉阳、武昌、黄州等地区，所产棉布不仅供应本地，且销往境外。应城县所织粗布明代已有输出，清代棉布生产仍多，乡村农户“多恃女工织纴，资给八口”。汉阳县“乡农之家勤于纺织，每夜登机，而昼成匹”。安陆县“自乾隆以来，男事耕耘，女勤纺织，商贾云集，货财日繁”[①]。汉口镇是清代四大名镇之一，是手工业、商业中心，也是棉布加工、交易中心。

湖南以衡州、岳州二府为棉纺织业集中区。有关记载也多。耒阳县妇女“勤纺绩，工缝纫，操作不辍，无论衡门富室大都类然”。巴陵县“妇女工织纴……每行乡间，闻机杼声，络纬声”。石门县“女工克勤纺绩……比户机声轧轧”[②]。

四川除藏、彝等少数民族地区外，植棉与纺织业在清代均有一定发展，成为新的棉布产区。鸦片战争前，四川棉纺织业主要集中在成都平原，以及川东长江沿岸的一些州县。新津县“男女多纺织，故布最多，有贩至千里外者”，所出有大布、小布等种类。中江县，“邑境悉产木棉，下村尤盛，妇女又能纺，故织者恒多，宽长者曰大布曰连机，小曰台正，其佳者皆曰卓，劣皆曰行，远商贩至滇黔，为大装货”，所出的棉纺织品有布、帽、袜等。川东的大竹县，“妇女无贫富大小，以纺绩为多，井臼之外，机声轧轧，不绝于耳”[③]。

贵州产棉不多，棉花主要依靠湖南、四川。棉纺织业以遵义、安顺二府较为集中。独山州“女工纺织，自六七岁学纺纱，稍长即能织布，染五色，砧杵声辄至半夜，以布易棉花，辗转生息”。遵义县东北乡是当地出产棉布最多的地方，居民“多以织布为业”，所织有大土布、小布、背布、扣布各种[④]。安顺府各县均产棉布，花色、品种都堪称道。

清前期，江西、安徽、福建、广东几省的棉纺织业都比明代有所发展。江

---

① 光绪《应城县志》卷1，引康熙志；乾隆《汉阳县志》卷9；道光《安陆县志》卷8。

② 道光《耒阳县志》卷8；光绪《巴陵县志》卷52，引嘉庆志编者言；嘉庆《石门县志》卷18。

③ 道光《新津县志》卷29；道光《中江县新志》卷1；道光《大竹县志》卷19。

④ 乾隆《独山州志》卷3；道光《遵义府志》卷17。

西、福建、广东原产苎麻，麻织业较多。清代，植棉推广以后，导致苎麻产区缩小，棉纺织业排挤麻织业，麻布生产减少。但这几省产棉不多，闽广两省还需要仰赖江南棉花，棉纺织业发展受到限制。棉布虽有所出产，且品种不少，一般仅供本省消费。福建省有少量棉布运往台湾。

二

清前期的棉纺织业比之前代有较大发展。但这种发展并不表现为生产工具的改进。相反，历史上出现过的脚踏式多锭纺车，清中叶以前尚有记载，如雍正《南汇县志》所称浦东以一手三纱的脚车尤多。但到清中叶后以至近代，最常见的却只有单锭手摇式纺车。棉织机具则历明清两代均无改变。究其原因，还是与当时农民家庭经济的发展密切相关。

清前期棉纺织业的发展主要表现为以下几方面：首先是棉纺织业在地域上的扩展。如前所述，明代的棉纺织业只有江南一个集中区域，广东、福建、山东、河南也有，但不多。北棉南运，南布北销，即通常说的“吉贝则泛舟而鬻诸南，布则泛舟而鬻诸北”[①]。北方棉花与南方棉布的交换形成南北物资交流的一个重要内容。清代，棉纺织向北方推进，山东、河南产棉区内的棉纺织业普遍推广，直隶发展起新的植棉区与棉纺织区，北方棉布排挤了部分江南棉布的传统市场。内地的湖南、湖北、四川、贵州等省的棉纺织业也随着地区开发而得到发展，成为西南地区棉布需求的主要供应地。

棉纺织区域的扩大，一方面是由于人口增长，需求扩大，地区经济发展，另一方面，也是手工业向原料产地靠近、向内地深入的结果。山东、河南、直隶、湖南、四川等省都属于这种情况。这些地方，有的原植棉业广泛而棉纺织业没有普及，有的原本植棉较少，棉纺织业发展受到限制。清前期，这些地区的植棉业与棉纺织业都得到发展。原料生产与产品生产的地域接近，降低了产品成本，产品更具有地区适应性，增强了产品的市场竞争力，导致棉布市场结构的变化。

棉纺织业的发展又表现为棉布产量增加，从而商品量扩大。清代人口到乾

① 《农政全书》卷35。

隆后期已超过3亿。人口增长，意味着对棉纺织品需求扩大。由于不是家家从事棉纺织业，需求扩大也就意味了棉纺织品商品量扩大。有人统计了产棉区内1000余个县的棉纺织业情况，其中生产棉布的县占60%以上。① 其余县则棉布较少，需要输入。在非产棉区内，对商品布的需求量更大。有研究估计，道光二十年，全国棉布产量将近6亿匹，鸦片战争前，国内市场上的棉布流通量为3.1亿匹，占产量的52%以上。进入长距离运销的有4500万匹左右，约占全部商品量的15%，其中90%产于苏松地区。② 棉布成为国内市场上仅次于粮食的第二大商品。几个主要棉布产区的产品都进入了长距离运销。

松江地区仍是最大的棉布输出区。尽管北方棉纺织业的发展导致江南棉布北运量减少，但由于人口增长，江南棉布在南方仍有着广阔市场。除满足当地需求，还大量运往广东、福建、湖南、东北各地。松江地区棉布品种多，由于各地需求不同，棉布也按不同品质销往不同地区。据《阅世编》所记明末清初上海县的情况，棉布“上阔尖细者曰标布，出于三林塘者为最精，周浦次之，邑城为下，俱走秦晋京边诸路。……其较标布稍狭而长者曰中机，走湖广、江西、两广诸路，价与标布等。前朝标布盛行，富商巨贾，操重资而来市者，白银动以数万计，多或数十万两，少亦以万计。……更有最狭短者，曰小布，阔不过尺余，长不过十六尺，单行于江西之饶州等处”，清代北方棉纺织业兴起之后，销往北方的标布减少了，昔日作标布买卖的商人纷纷将资本转向中机，“中机之行转盛”③。上海县棉布在松江地区一直名列前茅，有记载说，“松太所产，卒为天下甲，而吾沪所产，又甲于松太，山梯海航，贸迁南北……而沙船之集上海，实缘布市”④。官府每年所需青蓝布自几万至30万匹，都是在上海县采办的。崇明县棉布“擅名海上”，“远贸者东至鲁，北至燕至辽，南至苏常长江上下”，直到鸦片战争后，崇明小布仍销青口、牛庄，每年大约5万匹⑤。清代松江地区棉布商品量颇大，销售颇广，每到棉布盛季，各地商人挟资而

① 刘秀生文，载《中国社会经济史研究》1990年第2期。

② 前引《中国资本主义的萌芽》。

③ 叶梦珠：《阅世编》卷7。

④ 包世臣：《安吴四种》卷29。

⑤ 民国《崇明县志》卷4。

至，“冀北巨商，挟资千亿，岱陇东西，海关内外，券驴市马，日夜奔驰。驱车冻河，泛舸长江。风餐水宿，达于苏常，标号监庄，非松不办。……松之为郡，售布于秋，日十五万焉”①。棉布市场呈现一片繁荣景象。

苏州、常州二府的棉布行销也远。常熟县棉布明代大量销往北方，当时记载，“至于货布，用之邑者有限，而捆载舟输，行卖于齐鲁之境常什六”②。清代市场南移，棉布销路“北至淮扬，及于山东，南至浙江，及于福建”，道光时，每年棉布销售，“计值500万贯”③。常熟所织的赤沙塘布，质地细密，很受市场欢迎。无锡被称为“布马头”，棉布在当地输出的手工业品中位居第一，“坐贾收之，捆载而贸于淮扬高宝等处，一岁交易不下数十百万”④。江阴县棉布“坚致细密，所谓雷沟大布是也，淮扬各郡商贩麇至，秋庄尤盛”⑤。

湖州、嘉兴的棉布输出多，商人自外地贩来棉花，以花换布，转运他处。乌青镇的棉布市场明代就比较繁盛，清代镇上设有各省的收布庄，有“京庄”、“建庄”之分⑥。嘉兴王店镇一带的棉布往往由苏州棉布商收买而去，“吴门贾市通南北，三六九期送布船”⑦。

北方几省的棉布除本省销售外，清代都有输出。山东的棉布主要销往山西、东北。历城县棉布有平机、阔布、小布三种，平机为当地日常服用，小布销往西北边塞，阔布解往京师制成戍衣供应军队。⑧ 齐东县农民多务纺绩，“一切公赋，终岁经费，多取办于布棉”，嘉庆时，齐东的布市非常兴旺，“齐东袤延百里，俗俭民厚，勤于纺织。民皆抱布，以期准集市场，月凡五六至焉。交易而退，谓之布市。通于关东，终岁且以数十万计。民生衣食之原，商贾辐辏之势在是”⑨。博兴县市场上布货充裕，“商以贩布棉……妇女无长幼贫

---

① 贺长龄：《皇朝经世文编》卷28，钦善：《松问》。
② 嘉靖《常熟县志》卷4。
③ 郑光祖：《一斑录·杂述》卷7。
④ 黄印：《锡金识小录》卷1。
⑤ 道光《江阴县志》卷10。
⑥ 乾隆《乌青镇志》卷11。
⑦ 许灿：《梅里诗辑》卷23，缪元英：《江乡杂忆诗》。
⑧ 乾隆《历城县志》卷5。
⑨ 康熙《齐东县志》卷1；嘉庆《齐东县志续》。

富，皆勤纺织，无待人而衣者”[①]。

河南棉布西北销往山西、陕西，东南销往安徽。温县市集以布为大宗商品，“温产惟木棉为多，民间纺织无问男女，每集，蚩氓抱布而贸者满市。远商来货，累千累百，指日而足。贫民赋役全赖于是”。孟县棉布远近驰名，“自陕甘以至边墙一带，远商云集，每日城镇市集收布特多，车马辐辏，廛市填咽，诸业毕兴”，孟县梭布运至陕甘一带，以其质密能遮雨，所以军中行军帐篷都喜用孟布。正阳县陡沟的布市发达，商贾纷纷慕“陡布”之名而来，以至南边信阳所产的棉布也运到陡沟销售，“商贾至者，每挟数千金……东达颍亳，西达山陕，衣被颇广焉”。孟津县棉布有“秦陇巨商终岁坐贩”[②]。

直隶棉布主要销往山西、山东、安徽，以及东北地区。正定府西临山陕，棉布多销往西北，“西鄙资布帛之用，郡近秦陇，地既宜棉，男女多事织作，晋贾集焉。故布甫脱机，即并市去，直［值］视他处亦昂”。束鹿县集市上以棉布为大宗商货，县城西北部有一和睦井集，集市“坐城正北，赴省通衢，人烟辐辏，百物杂陈，而布市排积如山，商贾尤为云集，称巨镇云”。永平府的棉布大半销往关外，乐亭县为棉布的一处聚散地，地方志记，“布则乐为聚薮，本地所需一二，而运出他乡者八九”。滦州集市上“尤多棉布，然用于居人者十之二三，运于他乡者十之七八”[③]。

山西晋中棉布产区有少量棉布运销省内外。孝义县“男妇皆能纺织，所制棉布，鬻于西北州县外”。榆次县产布较多，且布幅较宽，布质结实，穿用耐久，有一定市场，“专其业者，贩之四方，号榆次大布。旁给数郡，自太原而北边诸州府，皆仰市焉，亦货于京师”。寿阳县棉布销于北部州县，“布出直隶获鹿、栾城等处者，谓之东布……出本邑者，农人所需，较东布为多，余布鬻于北路”。看来，晋中棉布多数销往省内西北部各州县，有一些运出省外，向北销往京师，向西销往陕西北部。如嘉庆时，陕西葭州“土不组织，

---

① 道光《博兴县志》卷5。

② 顺治《温县志》卷上；乾隆《孟县志》卷4；嘉庆《正阳县志》卷9；嘉庆《孟津县志》卷4。

③ 乾隆《正定府志》卷12；乾隆《束鹿县志》卷2；乾隆《乐亭县志》卷5；嘉庆《滦州志》卷1。

市中布匹悉贩之晋地”[①]。

湖北、湖南的棉布生产发展起来后，有一部分棉布进入流通。江汉平原的应城、云梦、汉阳等县都有棉布输出境外。德安府，“棉布有长三十三尺、宽一尺五寸者，为大布，细薄如䌷，三十尺以下皆曰椿布，西贾所收也，至呼为边布，长二十尺以内宽一尺者为佳。民恃此为生”。应城棉布销行南北两路，“四时舟车负贩不绝”。汉阳南乡织一种扣布，农家“以此资生，妇女老幼机声轧轧，人日可得一匹，长一丈五六尺。乡逐什一者，盈千累万，买至汉口加染造，以应秦晋滇黔远贾之贸”[②]。

湖南耒阳县产棉布，“其布通行郴桂粤西间，为利甚溥，恒足以济半年食用”。巴陵县棉布有大小数种，长短阔狭不一，清中叶以后销路扩大，“远商收买，岁可得二十余万缗。邑之利源，多出于此”。攸县棉布“通行潭醴及江右吉袁”[③]。总的看，湖北棉布输出有南北两路，西北销往山西、陕西，西南销往云南、贵州。湖南输出棉布多销江西、广西。

四川、贵州都有少量棉布销往西南。如前述四川中江县的大布、连机、台正等棉布由商人贩至滇黔，为当地的大宗货物。成都棉布省内运往西部少数民族地区，省外运销云南、贵州。贵州遵义县东北乡产棉布，“贾人西走蜀之重庆、泸、叙，南走威宁、平远，极于金川，所贩皆东北乡所织也”，金川可能是指金沙江，金沙江东岸为云南省境。独山州“米布饶裕”，有一种大布，“半出荔波、南丹一带，半出丰宁、烂土，聚于州城南北街，多为上游所取资”[④]。安顺府的布市也很兴旺。贵州棉布不仅供应本省，且远走四川、云南。

清前期，棉布又是重要外销商品，棉布外销量扩大。用中国土布制成的衣服成为欧美人士的时髦服装。鸦片战争前的几十年间，每年运往欧美国家的棉布平均在100万匹以上，最多一年达330多万匹，价值100多万元。棉布出口在当时广州对欧美的贸易中，仅次于茶、丝，位居第三。[⑤]

① 乾隆《孝义县志》第四册；乾隆《榆次县志》卷7；祁俊藻：《马首农言》；嘉庆《葭州志》卷下。
② 康熙《德安府全志》卷8；光绪《应城县志》卷1，引康熙志；乾隆《汉阳县志》卷10。
③ 道光《耒阳县志》卷8；同治《巴陵县志》卷11；同治《攸县志》卷18。
④ 道光《遵义府志》卷17；乾隆《独山州志》卷5。
⑤ 严中平：《中国棉纺织史稿》。

随着棉纺织业的扩大，棉布加工业随之发展。明清时期，棉布加工逐渐与棉纺织分离，形成独立行业。棉布加工是指棉布的染色、踹光。明代芜湖是个棉布加工业中心。《天工开物》称，“凡棉布寸土皆有，而织造尚淞江，浆染尚芜湖”，芜湖的大染坊以具备上好的碾石而出名，据称碾石的优劣影响到布匹的质量，一块上好的碾石可值十余金[①]。在棉纺织业发达的江南地区，棉布加工业的发展尤其突出。明代江南的棉布加工业以松江府最为集中，洙泾、枫泾等市镇上集中了一批染踹作坊，“前明数百家布号，皆在松江枫泾、洙泾乐业，而染坊、踹坊、商贾悉从之”[②]。踹光原与染业结合在一起，由染坊兼营。到清代，踹布业与染布业分离，形成独立的踹坊，自成一业。清康乾间，染踹业中心向苏州转移，苏州成为江南最大的棉布加工业中心。苏州城内及附近的唯亭镇，集中了大批的染坊、踹坊及染踹业工人。康熙五十九年，苏州有染坊64家。[③] 雍正八年，苏州阊门一带有踹坊450余处，踹匠10000余人。[④] 棉布加工中心转移与苏州的地理位置有关，也与清代苏州负责采办官府所需的青蓝布匹有关。每年几万以至几十万匹棉布在苏州加工、起运，带动了染踹行业的发展兴盛，“南北商贩青蓝布匹，俱于苏郡染造，踹坊多至四百余处，踹匠不下万有余人”[⑤]。此外，松江、太仓仍是棉布加工的集中地，聚集了较多的染坊、踹坊，南翔镇乾隆间至少有踹坊10家。[⑥] 四川巴县道光时有染坊54家，承染客布与差布。[⑦]

与棉纺织业和棉布加工业发展的同时，在棉纺织业发达的江南地区，形成了一批以棉纺织、棉布加工及棉花棉布贸易为内容的市镇。尤其是松江、太仓、苏州，市镇密集，工商业繁荣。洙泾、枫泾、七宝、诸翟、朱家角、南翔、外冈、娄塘、罗店、周庄等镇，都是远近闻名的棉布业市镇。洙泾、枫泾、金泽、南翔、唯亭等镇又是棉布加工以及纺织机具制造的集中地。不过，

---

① 《天工开物》卷2。

② 顾公燮：《消夏闲记摘抄》卷中。

③ 据前引《中国资本主义的萌芽》。

④ 雍正《朱批谕旨》，雍正八年七月二十五日，李卫奏。

⑤ 《皇朝文献通考》卷23。

⑥ 《上海碑刻资料选辑》，第100页。

⑦ 《清代乾嘉道巴县档案选编》，第355页。以下简称《巴档》。

仅就棉纺织而言，与丝织业中丝织机户向市镇集中从事生产而形成的丝织业市镇不同，棉布生产是由四乡农户从事的，农户将纺织而成的纱布拿到市镇上出售，棉业市镇上布庄、牙行林立，大量的是交易活动，市镇的生产性弱，基本上属于商业性市镇。

三

清前期的棉纺织业有较大发展，但直到鸦片战争前，棉纺织生产始终停留在农民家庭手工业阶段，棉纺织与农业结合在一起，以织助耕，耕织结合，构成传统小农经济的典型生产结构。不过，随着商品经济的发展，棉纺织业的生产形式也在发生变化。

棉纺织业是农民家庭经济的一项重要内容。清前期，多数地区的棉纺织业还仅仅作为一种农家副业而存在，一般在农隙或农闲季节，由妇女从事，俗称作“女红”。女孩七八岁就能纺纱，十二三岁就可以织布，昼夜织纺。如常熟一带，“乡村妇女农时俱在田首，冬月则相从夜织，支塘水纱，唐墅苎布，皆轧轧出寒女机也”①。在一些棉纺织业发达的地区，如江苏、直隶、河南等，男子除务农外，也从事纺织，“地既宜棉，男女从事织作”，“女纺于家，男织于穴”②。

农民纺棉织布，最初只是为了满足自家需用，有余出售，是一种自给性生产。清前期，由于棉纺织收益高于务农，农民家庭日常生产、生活所需，以至偿债付息完粮，越来越依赖棉纺织收入。农民纺纱织布除自用外，主要是为了出售，即由自给性副业向商品性副业发展，多数地区的棉纺织业已转化为一种小商品生产。棉纺织收入成为农民家庭收入的一项重要来源。在蚕桑丝织业发达的杭嘉湖地区，棉纺织业也是一项重要生产活动。这些地区本地产棉不多，“商贾从旁郡贩花列肆，吾土小民以纺织所成，或纱或布，侵晨入市易花以归，仍治而纺织之，明旦复持以易，无顷刻闲。……田家除农桑外，一岁衣食

① 乾隆《常昭合志》卷1。
② 乾隆《正定府志》卷12；乾隆《乐亭县志》卷5。

之资，赖此最久。燃脂夜作，有通宵不寐者”①。江南地区农家“纳赋税，供徭役，仰事俯育，胥取给于此”，“躬耕之家仍纺棉织布，抱布易银，以输正赋，而买食米”②。在北方，棉纺织业虽发展较晚，在农民家庭经济中的地位却日益重要，“一切公赋，终岁经费，多取办于布棉”，“妇女咸勤，不惜操劳于纺织，故乐岁既得温饱，即偏灾亦间有盖藏”③。前述河南、河北、山西等省的棉纺织业多数是为市场而生产的。

在棉纺织业发达的江南地区，纺织在一些农民家庭经济中的地位愈益重要，开始由家庭副业变为主业。这些地方的农田大半植棉，粮田面积减少，粮食收成只能供3个月以至半年食用，农民家庭一年所需主要依靠棉纺织收入来维持。这种情况大约自明后期已经开始，在松江，有记载说，“俗务纺织，不止乡落，虽城中亦然。里媪晨抱纱入市，易木棉以归，明旦复抱纱以出，无顷刻闲。织者率日成一匹，有通宵不寐者。田家收获，输官尝息外，未卒岁，室庐已空，其衣食全赖此”，到清嘉庆时，有人说，“松太利在棉花梭布，较稻田倍蓰”④。清代，以棉纺织业为主业的农户数量比明代扩大。有关记载也多了起来。上海县农村“民间于秋成之后，家家纺织，赖此营生，上完国课，下养老幼”，有的甚至男子不工作，专门靠妇女纺织维生，“民间男子多好游闲，不事生业，其女子多勤苦织纴，篝灯燎火，至达旦不休，终岁生资率仰给予织作”⑤。娄县，纺花织布“所在习之，远近贩鬻，郡人赖以为业”⑥。无锡县，“乡民食于田者惟冬三月。……春月则阖户纺织，以布易米面而食，家无余粒也。……及秋，稍有雨泽，则机杼声又遍村落，抱布贸米以食矣”，县东北的怀仁、宅仁、胶山、上福等乡，“不分男女，舍织布纺花别无他务”⑦。

其他地区也出现了由副业向主业转化的情况。如前述湖南耒阳县妇女辛勤

---

① 光绪《石门县志》卷3，引嘉庆志。
② 光绪《嘉定县志》卷8；乾隆《宝山县志》卷1。
③ 康熙《齐东县志》卷1；王凤生：《河北采风录》卷3。
④ 康熙《松江府志》卷5，引正德府志；《安吴四种》卷26。
⑤ 《李煦奏折》，康熙三十四年九月；康熙《上海县志》序。
⑥ 乾隆《娄县志》卷11。
⑦ 《锡金识小录》卷1。

纺织，棉布收入“恒足以济半年食用”。攸县妇女纺织，“秋收甫竣即比户从事。……贫者耕不足恃，恒赖此支半载食用”[①]。直隶枣强县农家，“男勤于织，女勤于纺，通功易事，赖以生活，小民生计，十居八九”[②]。南宫县“妇人皆务绩纺，男子无事亦佐之，虽无恒产，而贸布鬻丝皆足自给”[③]，河南孟县“地窄民稠，耕作而外，半资纺织”[④]。这些地区的棉纺织业支撑了农民家庭半年以上的需用。这些主要依靠棉纺织来维持生计的农户，已经打破了传统的自给自足的生产方式，开始转化为小商品生产者。

纺与织本来是结合在一起的。清前期，多数地方仍是纺纱织布由农民家庭独立完成。但在一些集中产区，棉布流通与市场的发展也导致棉纺织生产分工和专业化的发展。一些城镇妇女，贫困无依，专靠纺纱或织布勉强糊口，虽说也属独立生产，却不具有典型的专业化生产的意义。在一些地区，纺与织出现分工趋势，形成纺户与织户。如河南孟县，在乾隆中叶以前纺织业兴盛时，“男妇唯赖纺织，营生糊口。……据常而论，每钱百文，买到子花，必须二人昼夜疲瘃，乃可成线，除花价外，仅可得钱三四十文。及机户成布货市，除花线价外，每匹获利不足百文。且一日之内，尚不能成此一布，其为利固已有限，然尚可糊口营生”[⑤]。据资料内容，这里的纺纱织布是有所分工的，纺户买花纺成线，售与机户，赚取花价以外的工钱。机户买纱织布，赚取花线价以外的工钱。而且纺户与机户看来都是脱离了农业的，家庭中男女都日夜专门从事纺纱或织布，以资糊口。纺户无疑为家庭生产形式。就机户而言，每日不能织一匹布，看来规模也不大，主要是家庭劳动力，属于个体机户。只是不清楚这种机户当时在数量上有多少。在江南地区，纺织分离的现象也有出现，前引资料中有的就是纺与织分离的，纺户纺纱出售，织户买纱织布，“不纺而织者为兑纱，不织而纺者为卖纱”[⑥]。贵州遵义县，道光时，“东乡多以织布为业”，

---

① 同治《攸县志》卷18。
② 康熙《枣强县志》，转引自郑昌淦：《明清农村商品经济》，第115页。
③ 道光《南宫县志》卷6。
④ 乾隆《孟县志》卷4。
⑤ 乾隆《孟县志》卷4。
⑥ 嘉庆《珠里小志》卷3。

棉花是从湖南常德府贩运而来，“织家买之以易纺线，纺家持线与之易，一两花纺成可多得二钱，贵时可三钱，故纺织互资成业”[①]。此外还有一种“机房”（也记为“机坊”），如常引用的乾隆时奉天铁岭县的陆国锡机房，接受雇主的棉线，为雇主织布，收取手工钱[②]。道光时，湖北施南府一带，“乡城皆善纺绩，且竞以针黹为能事，惟不善织，村市皆有机坊，布皆机匠织之”[③]。这种机坊（机房）的经营方式都是代客加工式，乡民拿自纺的线到机房织布，机房织成布，收取加工费用。这种机房机匠直接为农民服务，所织布匹可能多是自用。所以有研究认为，这种机房机户的性质还不能说是转化为小商品生产者。[④] 从记载中看，这种机房在清前期并不多见。

上述几例都是纺织分离，明确存在纺户与织户。还有许多地方，只有专业纺纱的记载，织布的情况则不明确。如河南林县，妇女“能纺棉成线而不能织布”，纺成线“售于行贾，得值而已”[⑤]。至少说明纺纱是自成一业的。有研究估计清前期纺纱的收益率在十分之二到十分之五，这是纺纱工序能够独立的经济基础。[⑥]

清前期，构成棉纺织生产主体的是广大的乡村农民家庭。虽然一些地区的棉纺织业开始在农户经济中占有主要地位，有的甚至完全依赖棉纺织业，少数地方出现了专业织户，然而就其总体来说，棉纺织业还始终与农业结合在一起，没有从农业中分离。棉纺织业与农业牢固结合的原因，从根本上说，是由于纺织工具的落后，劳动生产率低，尚不足以形成分离的能力。[⑦]

棉纺织业存在普遍，但也并非家家织布。一部分农民不事织纺，服用取给予市场。棉纺织业商品生产发展使不织布户数量扩大。有一些研究就清前期非棉织户比例进行了估计。郑昌淦通过对清代地方志的考察估计，全国 18 个省份中，没有棉纺织的州县约占全部州县总数的三分之一以上。刘秀生对清代产

---

① 道光《遵义府志》卷 17。
② 前引彭泽益：《资料》，第 1 卷，第 411 页。
③ 同治《施南府志》卷 10。
④ 徐新吾：《鸦片战争前中国棉纺织手工业的商品生产与资本主义萌芽问题》。
⑤ 乾隆《林县志》卷之五。
⑥ 见方行文，载《中国经济史研究》，1987 年第 1 期。
⑦ 吴承明：《中国资本主义与国内市场》。

棉地区1059个县的考察，其中产棉布的县685个，不产棉布的县374个，后者约占全部县数的35%。江南土布史的研究中对1860年农村织布户的估计，最多时织布户约占45%左右，即不织布户在55%左右。[①] 棉布市场的存在促进了棉纺织业的发展。不织布户的大量存在及其扩大，表明在商品经济下“男耕女织”的自然经济结构开始分解。

清前期商人资本活跃，在手工业生产领域，许多行业都有商人资本涉足。而作为最主要的手工行业之一的棉纺织业，就纺织生产来说，却未见有关商人资本直接支配生产的详细记载，仅见的一例是在浙江。清前期，有苏州商人在秋季至浙江嘉兴王店镇即梅里一带向机户定织的情况。缪元英有诗称：“秋间刚得拈针线，贾客肩钱定布机。自注：吴门布客每认机户定织。”[②] 商人以预付价款的方式向机户定织，这是一种商人预买制，是商人资本支配小生产者的一种形式。这首诗收入《梅里诗辑》，此书成书于道光三十年，可以认为诗中反映的情况至少存在于道光前期，以至更早。嘉兴是棉纺织业比较发达的地方，有商人介入生产也是可能的。

在绝大多数地方，商人资本始终游离于生产领域之外，与生产者形成买卖关系，也就是所谓的在市场上“交易而退”。究其原因，恐怕还在于农民家庭棉纺织业的发达。农民家庭生产的广泛存在，其低廉的劳动成本，以及对较低销售价格的接受能力，排挤了商人资本进入棉纺织生产领域。

棉布加工业中情况不同。清前期，染业、踹业都发展为作坊生产。染踹作坊多设于城镇，染踹加工已从农业中分离，形成专业性生产。作坊采用雇工，规模大小不同。染坊的组织方式有独资经营的独立作坊，也有由布号设立的附属作坊。如枫泾镇、苏州府城中的布号都设立染坊，雇有染匠。布号属于商人资本，布号附设染坊，是商人资本直接从事染业。踹坊则由一种“包头”充做中间人，包头出资租屋置备工具，招匠工作，向布号“领布发碾”，由布号按匹计价，发给工价银。这里的踹匠实际上是由布号雇用的。有关研究认为，清代苏松的染坊业与踹坊业，均与商业资本联系密切，有的雇工规模较大，可

① 前引《明清农村商品经济》；刘秀生文；《中国资本主义的萌芽》，第277页。

② 许灿：《梅里诗辑》卷23，缪元英：“和田妇诗韵”。

以说是产生了资本主义生产关系的萌芽。[①]

第二节　丝织业

中国传统的丝织业具有悠久历史。现代出土的古代丝织品其工艺之高超，令人称绝，早在汉代就通过“丝绸之路”成为外贸商品，在棉纺织发展之前，丝织业是最重要的织造行业，以后，生产工具日益改进，工艺技术水平不断提高，花色品种繁多。清代的丝织业在前代的基础上又有发展（这里所述的丝织业仅指丝织品织作，不包括养蚕缫丝业）。

一

宋代，丝织生产分布广泛，河北、京东、成都府、两浙、江东、江西诸路都有一些集中产区，北方的丝织业又比南方较为发达。[②] 元明时期，随着植棉业与棉纺织业逐步推广，北方地区的植棉与棉纺织业兴起，丝织业地位下降，丝织生产开始向少数地方集中。同时，由于地理位置与气候条件的优势，以及社会经济条件各方面的变化，南方的丝织业逐渐发达，地位上升，成为重要的丝织生产区。明代丝织业比较集中的地区有江苏、浙江、四川、福建、广东、山西等省。入清以后，山西、四川的丝织业地位下降。丝织业继续向南方集中，江南成为最主要的丝织业中心。

江南的蚕丝与丝织业集中于环太湖流域的几个府，主要有江苏的苏州府、江宁府、浙江的杭州府、湖州府、嘉兴府。这些地区气候温和湿润，水质好，适宜于植桑饲蚕缫丝。清前期，由于政府的大力倡导，以及蚕丝与丝织品外销输出的刺激，这些地区的蚕丝生产迅速扩大，形成集中的丝织业生产区。

---

① 前引《中国资本主义的萌芽》。以下关于资本主义萌芽问题的叙述除注明者外均引自此书，不另注。

② 漆侠：《宋代经济史》下册。

苏州府是蚕丝产地，又是丝织业中心。苏州府城明清两代都是官营织造局所在地，除了隶于官局的机户，民间还集中了大批分散的机户、机匠。城内的机户、机匠多居住在城东，“郡城之东，皆习机业”①，“吴门首重机业，城东比户皆然”②。苏州城外唯亭镇有一蔡顾巷，“比户习织”③。据地方志记载，宋元以前，丝织业还主要是在苏州城内，乡村很少，自明中叶起，附近乡村中机业兴起，但由于技艺不熟，还是请城中工匠来织。以后，乡村居民逐渐掌握了丝织技术，普遍从事丝织，农村丝织业也由此而繁荣。清代“盛泽、黄溪四五十里间，居民乃尽逐绫绸之利”④。苏州所产的丝织品种类繁多，有锦、绸、绫、罗、纱、绢、缎、丝绒等类，各类中又有不同的花色品种，如锦类有“海马云鹤宝相球门诸类，又有紫白落花流水，充装潢卷轴之用”；绢类有生绢、熟绢，“缜密如蝉翼”⑤，按不同用途又分为画绢、书绢、裱绢、包头绢、罗底绢、榨袋绢等多种；罗类有生罗、熟罗，又有花、素之分；吴绫自古有名，唐代时已作为贡品；纱有广纱、绒纱、银条纱、绉纱等；绸有杜织、绫机绸、绉绸、锦绸等；缎有装缎、广缎、绒缎、宫缎等。

江宁府本身产丝较少，丝质较粗，但丝织业非常发达，原料来自嘉兴、湖州。江宁府城也是官营织造所在地，官、民机户、机匠集中，“金陵之业，以织为大宗。而织之业以缎为大宗”⑥。江宁机户多聚居于府城的西南部。有记载说，乾嘉时，“通城机以三万计，其后稍稍零落，然尤万七八千”⑦。道光时，南京“缎机以三万计，纱绸绫绒不在此数”⑧。咸丰初年，南京城内有缎机35000台，附近乡村有织机15000台。⑨ 据调查，鸦片战争前后，南京城内依织缎为生的人口总数约20万人左右，年产值在千万元以上。⑩ 江宁的丝织

---

① 康熙《长洲县志》卷3。
② 顾震涛：《吴门表隐》。
③ 道光《元和唯亭志》卷3。
④ 乾隆《吴江县志》卷38。
⑤ 乾隆《长洲县志》卷16；乾隆《吴县志》卷23。
⑥ 宣统《上元江宁乡土合志》卷6。
⑦ 陈作霖：《凤麓小志》卷3。
⑧ 光绪《续纂江宁府志》卷15。
⑨ 前引彭泽益：《资料》，第2卷，第65页。
⑩ 民国《首都志》卷2。

品有缎、绸、纱、罗等多种，以缎为大宗，品名有头号、二号、三号、八丝、冒头等，绸有宁绸、宫绸、亮花绸等，纱有西纱、实地、芝地、直纱等。又有一种“翦绒”，为南京著名产品，清前期，“其盛与绸缎埒，交易之所在府署之西，地名绒庄，日中为市，负担而来者踵相接也”。旧时妇女多以黑绉包头，江宁有名的汪天然家“清水包头”，自明至清，历200余年未衰。①

杭州府是传统的蚕丝产区，也由此而成为古老的丝织业中心。府城设有官营织造局，清代织造局坐落于城西，而丝织工匠多居住在城东。城东机匠有隶于官局的，也有民间自营的，即所谓“隶于局者与自为缯以鬻者”②。城郊艮山门、太平门外一带也都是机户聚居的地方。雍正时，临平镇有“轻绸机不下二三百张”。道光时，杭州机户“以万记”③。新城镇、塘栖镇也存在丝织业。杭州的丝织品有缎、锦、绫、罗、绢、纱、绸等多种，其织匠高手可以织成西湖十景全图图案。

湖州、嘉兴二府是最重要的蚕丝产地，所出蚕丝数量多，质量优良，行销各地，并远销国外。由于接近原料产地，这里的丝织业也相当发达。湖州在宋代曾设有官营织造机构④，说明当时这里的丝织业已有一定地位。清代，二府沿太湖南岸的区域内分布着一批丝织业市镇，市镇上及附近四乡居民大多以丝织为业。如濮院镇、王店镇、王江泾镇、新塍镇、双林镇都是有名的丝织业市镇。这些地方出产纱、罗、绢、绸、绫、锦等多种丝织品，其中如濮绸、双林包头绢、湖州绉绸、嘉兴嘉锦、王店褚绸等，都是远近驰名的优质产品。

尽管各史书都称道江浙二省丝织业发达，但都没有关于二省织机数的确切记载。研究者们根据各种记载，作出一些估计。一种估计为，清中叶苏州、杭州地区织机各在2万台以上，江宁地区约有4万台，最保守的估计为两省共有织机8万台。⑤ 又一种估计为，清前期，江南民间丝织业最盛时，南京、苏州、杭州三大城市共有织机5～5.5万张，附近市镇乡村约有织机1.5万张，总计约为7万张，

---

① 《白下琐言》卷8，卷2。

② 厉鹗：《东城杂记》卷下。

③ 前引彭泽益：《资料》，第1卷，第216页；第2卷，第74页。

④ 前引《江南丝绸史研究》，第44页。

⑤ 前引《中国资本主义的萌芽》，第370页。

加上嘉兴、湖州、镇江等地区的织机数，总计江南民间织机可达到8万张。[①]

除江苏、浙江二省，丝织业集中的地方当属广东、四川。

广东的珠江三角洲一带自明代发展起"桑基鱼塘"的生产模式，养蚕缫丝，丝织业趋向繁荣。明代这里是全国三大丝织业中心之一。"广纱"、"粤缎"质密色鲜，有"甲天下"之称，其质量甚至超过南京苏杭。清前期，特别在乾隆以后，随着蚕丝与丝织品出口扩大，广州成为外贸中心，广东的蚕丝与丝织业继续发展，成为仅次于江浙的又一蚕丝与丝织业中心。广东的丝织业集中于珠江三角洲一带，以广州、佛山、顺德、南海等地为多，所用蚕丝来自本地及江南。广东的丝织品以质地优良称著，行销国内外，"广之线纱与牛郎绸、五丝、八丝、云缎、光缎，皆为岭外京华东西二洋所贵"[②]。佛山丝织业于明末兴起，清初发展为18行，道光时，仅帽绫行就有上千织工。[③] 顺德人仿湖州绵绸织成各种绸称为顺德绸。南海县所织的绉纱也有名。

四川的蚕丝与丝织业有着长久历史。清前期随着蚕丝出口扩大，四川的蚕丝生产继续推广，成为仅次于江浙、广东的第三大蚕丝产区之一。四川的丝织业曾相当发达，丝织技术高超。历史上成都、及川北、川西南一带均为丝织业集中地。成都所织的"蜀锦"久负盛名。明末四川丝织业遭到严重破坏，成都"锦坊尽毁，花样无存"[④]。清代四川丝织业得到恢复，但由于江南丝织业的发达兴旺，地位上升，四川的丝织业一直没有达到明代盛时的地位。清前期，成都仍是四川最大的蚕丝消费市场，是四川的丝织业聚集区域。成都县城内外都有机房，可织锦、绫、纱、罗、绉、绢、绸、缎，仅地方志中记载的品种就有二三十种，织造技艺精巧，花纹优美，色彩鲜明，具有浓厚的地方色彩。重庆府的丝织业也很兴旺，府治所在地巴县聚集了一批丝行、绸铺、机房，据档案记载，乾隆五十九年，渝城有"绸号四十余家，系贩自卖，机房二百余家，色绫系伊等自织"[⑤]。保宁府、潼川府、嘉定府也都是丝织品产区。

---

① 前引《江南丝绸史研究》，第203页。

② 屈大均：《广东新语》卷15。

③ 黄建新、罗一星文，载《明清广东社会经济研究》。

④ 嘉庆《华阳县志》卷42。

⑤ 前引《巴档》，第347页。

太平天国战争期间，江南的丝织业一度受到摧残，促成了这一时期四川丝织业的发展，有说全省最高年产量达到70万匹左右。[①]

福建的丝织业在明代曾占有重要地位，清代其地位也有所下降。福建的“漳绒”、“建绒”仍是丝织品中的著名品种。

如前所述，宋代以后，北方丝织生产逐渐衰落。但在少数地方，如陕西、山西、河北、河南等地，还存在少量蚕丝与丝织业。

史称陕西“为自古蚕桑之地”，但废弛已久，绸帛资于江浙。乾隆初，经省府州县各级地方官府倡率，到乾隆中期蚕丝业有了一定发展，西安、凤翔、汉中等府都有一些州县从事养蚕缫丝织绸。西安曾设立织局，“匠多机多”，“织成秦缎、秦土绸、秦绫、秦缣纱，年年供进贡之用”，且“通行远近”，推广到民间，附近“民人学习，皆能织各色绸缎”[②]。

山西是著名的“潞绸”产地，丝织业集中于泽州、潞安二府的高平、长治、潞城等县。潞绸因作为贡绸，受到官府支持，明代一度相当兴盛，明末高、长、潞三处共有绸机13000余张。战乱后，到顺治初年，长治、高平二处只存有织机1800张，潞州卫已全然无存。清代仍以潞绸为贡绸，但产量在逐渐减少。顺治四年规定每年派造绸3000匹，六年减至每年1470匹，十五年又减至300匹，乾隆时每年仅贡大小潞绸共152匹。[③] 潞绸生产已不成气候。潞绸而外，还有其他绢绸。泽州府“府境产丝，织成素帛，以橡壳皂之，谓之乌绫帕，用以抹额”，又“绸有双线单线二种，风台、高平胥产”[④]。解州出一种黄丝，“妇女勤者饲蚕作茧，取丝成绢，朴素无花，六月二十三日关庙会中，贸鬻成市”[⑤]。

河南有“汴绸”，产于开封，清代有一定名气。河北一些县织绢，其中东光县所织“东光绢”在明代曾享有声誉，被作为馈赠品，清代仍存，但质量大不如前。总之，这些地方的丝织业到清代只是零散存在，已经今非昔比。

---

① 《蜀锦史话》。

② 《清经世文编》卷28，卷37，陈宏谋文。

③ 乾隆《高平县志》卷9。

④ 雍正《山西通志》卷47。

⑤ 乾隆《解州全志》卷2。

二

蚕丝与丝织分为桑蚕与柞蚕二种。柞蚕为山蚕的统称，实际上柞、槲、栎、柘、椿、橡等树均可放养山蚕。人们利用自然资源，于野外山上放养蚕种，使之自行结茧，收茧取丝，所费人力较少，可达到事半功倍之效。以山蚕丝织成的绸匹，称为山茧绸，也称为柞丝绸。清前期由于地方官府的倡导，一些地方的柞蚕业发展成效显著。除了利用野生林木外，人们还在路旁隙地种植各种树木，以扩大山蚕放养，发展柞蚕丝织业。清前期柞蚕丝织业的发展有一个逐渐推广的过程。

柞蚕原产于山东半岛，以登州、莱州、青州、兖州等府为多。山东茧绸在明代享有盛名，由于产量不多，价格颇不便宜，"价与绒等，用亦如之"[1]。到清代，茧绸日益成为大众化消费品，其生产也在推广。乾隆时，博山县，"槲绸为多，颇佳，胜于沂水所出"[2]。长山县虽不产丝，但从事织绸的却不少，"俗多务织作，善绩山茧，茧非本邑所出，而业之者颇多，男妇皆能为之"[3]。栖霞、寿光、诸城、沂水、费城、曲阜、莱芜等县都产山绸。山东茧绸一直是当地重要的手工业品之一。

自乾隆时起，山东的柞蚕业逐渐向各地推广传播，贵州、陕西、四川、湖北、湖南、安徽、河南、河北、云南、辽宁等地相继引进蚕种，推行柞蚕放养，取得一定成效，出现了一些新的蚕丝产区，这些地方的丝织业也随之发展起来。

贵州是较早引进柞蚕业的地区。遵义县山中多生长槲树，但向来没有得到利用。乾隆七年起，由地方官倡导，从山东引进蚕种，雇觅蚕师，教当地居民在山上放养山蚕，结茧缫丝，织成山绸。柞蚕业逐渐为当地接受。到道光时，县内柞蚕丝织业已较为普遍，"纺织之声相闻，槲树之荫迷道路"。遵义茧绸有府绸、水绸二类，府绸厚实，水绸平薄，绸的"名目独多"，有双丝、大双

---

① 叶梦珠：《阅世编》卷7。
② 民国《博山县志》卷7，引旧志。
③ 道光《济南府志》卷13。

丝、大单丝、小单丝等。在市场上，遵义茧绸被称为“遵绸”，受到各地欢迎，“土著裨贩走都会，十十五五，骈比而立，眙遵绸之名，竟与吴绫蜀锦争价于中州，远徼界绝不邻之区”，遵义也由于有了蚕丝与丝织业而“视全黔为独饶”[①]。桐梓县自乾隆时始兴柞蚕业，所织双丝绸又称为“桐绸”，毛田、鸭塘、夜郎坝、犹官坝等处都是桐绸产地。乾隆道光时，桐绸也成为当地一项大宗货产。桐绸在道光以后大概是衰落了，民国时的记载称“停止已近百年”[②]。继遵义柞蚕业之后，北边的正安州、西边仁怀厅、南边安顺府都相继发展起蚕丝与丝织业。正安州的柞蚕业晚于遵义数年。乾隆十三年，地方官从浙江购来蚕种，教导州民养蚕缫丝，并仿制江南织具，“织成绸匹”，“其地遂成市集，大获其利”，到道光时，据称每年销售收入可达银20余万两[③]。正安绸以后又传入四川。道光时，四川綦江一带发展起山蚕业，綦江成为西南一带的重要丝市，附近地区的山丝也都聚集到綦江，远商贩运，热闹非凡。当地所织的茧绸称为川绸，“所谓川绸者，皆从贵州而来”[④]，因为最初教织者为正安州吏目徐阶平之妻，所以又称为徐婆绸。仁怀厅到乾隆中叶放养山蚕已有一定成效，“结茧数万，试织茧绸，各属仿行，渐知机杼”[⑤]。安顺府安平县道光初由遵义传入养蚕缫丝的方法，又由官府向蚕民贷银设立机房，雇织匠织绸，“绸成得价倍”，且“男妇大小有恒业”，居民有利可图，因此发展较快，二三年间，放养山蚕的乡村已有数十处。[⑥] 以后，贵州的蚕丝业很快又传入云南，云南也发展起柞蚕业。

陕西的柞蚕业兴起于乾隆初年，兴安、汉中、西安等府一些山中盛长槲树，经过官府倡教，都发展起山蚕放养。汉中府宁羌州自康熙年间由州牧刘棨从山东雇人来州里教养山蚕，“织成茧绸，甚为匀细，到处流行，名曰刘公绸”，以后一度衰微，乾隆时官府再次提倡，并借给工本，多方鼓舞，柞蚕业

---

① 道光《遵义府志》卷16；咸丰《安顺府志》卷46。

② 民国《桐梓县志》卷24。

③ 前引彭泽益：《资料》，第1卷，第204页；道光《续武城县志》卷7。

④ 前引彭泽益：《资料》，第1卷，第204页。

⑤ 陈振汉主编：《清实录经济史资料》农业编，第2分册，第445页。

⑥ 前引彭泽益：《资料》，第1卷，第207页。

重新兴起，到乾隆中叶，宁羌州柞蚕业发展已超过前次，“所得茧绸，比前较多”，道光初已行销境外。乾隆以后，关中一带的蓝田、商南、眉县等地山蚕业都有一定发展，“每年获茧成绸，已自不少”①。

辽宁的柞蚕业是由山东移民传入的。乾隆后期首先在辽东半岛发展起来，牛庄、盖州、复州、金州、岫岩等州县首先于官山放养山蚕，征收山税茧税，以后又继续向北扩展，达到吉林。到近代柞蚕业更成为东北农村的重要副业。

三

清代，以江南为主的蚕丝业与丝织业的发展走了两个相反方向。由于这一时期资本主义国家国内丝织技术提高，丝织业生产发展，各国将输入丝织成品转为大量输入蚕丝，中国的蚕丝出口扩大，丝织品出口减少，影响了丝织业生产，并导致近代以后手工丝织业趋向停滞与衰落。这一趋势在清前期已有显现。乾嘉以前，丝织业繁盛一时。以后由于蚕丝出口扩大引起生丝价格上涨，丝织品生产成本增加，而丝绸价却赶不上丝价的上涨幅度，致使丝织生产者生计日微。② 不过，与前代相比，清前期的丝织业生产仍呈发展势头。

如前所述，柞丝绸业的拓展成为清前期丝织业发展的一个突出现象。柞蚕丝织业生产区域扩大，贵州、陕西、四川、云南等地柞蚕丝业与柞丝绸业兴起，成为清前期丝织生产的一个重要部分，其产品成为市场上重要商品之一。

丝织业发展的又一突出现象是丝织生产专业化发展，社会分工进一步扩大。首先是地域分工发展，表现为桑蚕丝织业向少数条件优越的地方集中。宋代丝织业遍及南北各地，但其重心已开始转移。明代江苏、浙江、广东、福建、四川等地成为丝织业集中地区，北方的山西、河南、山东等地也是丝织品产地。清前期丝织业进一步集中到江苏、浙江、广东、四川。这些地方有着优

---

① 《清经世文编》卷37，陈宏谋文。

② 乾隆《吴江县志》卷38。

越的自然条件与悠久的丝织历史，气候、水质都适宜饲蚕缫丝，丝织工匠经验丰富，技艺精熟，其产品在质量、价格上有较强的竞争力。可以说，这种地域上的集中趋势在一定程度上是各地丝织业竞争的结果。

从一个地方来说，又有某种产品生产的地区分工。如杭州、绍兴等地出现生货、熟货分别集中于某些地区的情况。“生货”为先织后炼染，如罗、纺、绫、绢等类，“熟货”为先染后织，如绸、缎、纱、绉等类。在杭州，生货以艮山门石弄口一带为集中地，熟货以东园巷、忠清巷一带为集中地。在绍兴，生货集中于华舍一带，熟货集中于下方桥一带。在生、熟货两个集中地四周以及村镇间，机户林立，同时，与之配套的染坊、丝行、绸庄也相应建立，市面繁盛。[①] 这种地区分工实际上已经具有了生产专业分工的性质。丝织生产的地域分工促进了丝织品在地区间的商品流通。

从丝织生产内部讲，丝织生产工序的专业分工越来越细。就丝织本身来说，其生产环节始于料丝整理，终于染踹，其间需经过络丝、打线、牵经、挽花、织作等多道工序。在官营织造工场中，这些工序都有细致分工。清前期，在民间丝织业发达的南京、苏州、杭州、湖州等地，一些生产环节逐渐分离，形成专业化生产。苏州府城的丝织生产中，工匠各有专能，络丝、捻丝、牵经、挽花等，各有分工，仅织缎的织工就分为花缎织工、素缎织工、纱缎织工、锦缎织工。[②] 江宁府城有专门整理经纬丝的“车户”，织工有缎匠、纱匠之分[③]。嘉兴濮院镇丝织业发达，长期以来形成了精细的分工，“络丝、织工、挽工、牵经、刷边、运经、扎扣、接头、修绸、看庄等，或一人兼数事，或专司一业”[④]。丝织品花色种类繁多，需要多种丝线，清中叶以后，有的地方分离出打线行业。如盛湖镇，“线，近乡务此业者居多，其名不一，曰衣线，曰头扣，曰二扣，曰三扣，曰机线，又曰帽纬线”[⑤]。双林镇出各种丝线，“以白线双股打成，包头机所用，有花本线、旗脚线、横线、直线、滚头线等名，织

---

① 朱新予:《浙江丝绸史》，第104页。

② 《吴门表隐》卷2。

③ 前引彭泽益:《资料》，第1卷，第104页。

④ 《濮院琐志》卷1，转自前引《浙江丝绸史》，第105页。

⑤ 同光《盛湖志》卷3。

绉纱必用单股紧丝，两梭顺逆合成。业打线者甚众焉”①。杭州城东郊七八里，以打线为生者十室而九。② 四川巴县的打线行业至少产生于乾隆年间，有一批专门从事打线的作坊，当时已经有了由这些打线作坊成立的丝线帮，立有行会行规，道光中叶，从事打线的工匠不少，由于“艺少人多”，受雇机会少，而造成失业，以致与打线作坊酿成诉讼。③

再有，随着丝织生产发展，丝织品加工业的分工日益专门化。染踹业分别产生有染坊、踹坊、练坊。如染业，双林镇有皂坊，“凡绢必染皂，皂必煮以橡斗、针沙，然后漂以清流，敷以蕨粉，捣以砧石，抹以絮布，其工最繁，故染有皂，有场，有架，名曰皂坊”。嘉道年间，有安徽泾县人，“在镇开设皂坊，专制绫绢，运销江宁、徽、宁等处，人数颇众，营业极盛”④。杭州、盛泽等地也都集中了一批染坊和踹坊。

在丝织业发达的地区，丝织机具制作以及其他相关行业也逐渐形成地区分工与专业分工。这一专业化趋势至少始于明后期，清代逐渐形成行业规模。如苏州的筘，“出郡城”，丝籰子，“出郡城皮市街，络丝所用”⑤。南京专门制售丝织机具的有机店、梭店、筘店、籰子、綹梭竹器店。盛泽镇的织具制作如梭子、筘等，质量都胜于他处，客商慕名专程赴盛泽采购。丝织机具而外，与丝织业相关的一些行业也形成专业生产。如包装纸业，包裹丝织品需用一定规格的绵纸，南京的纸坊有专制这种绵纸的，“按广狭计长短裁制合宜，每匹必二十张，所需极伙，南京镇淮桥口及新桥沙湾之纸坊，有专供缎贾用者”⑥。

丝织品是作为商品而生产的。与明代相比，清前期丝织品的产量、即商品量扩大，是国内外贸易中主要商品之一。有研究估计，明代最大的丝织品市场在杭嘉湖一带，每年苏、杭一带参加长距离运销的丝织品量在 30 万匹左右，

---

① 同治《湖州府志》卷 33。

② 光绪《杭州府志》卷 81，引艮山门杂记。

③ 前引《巴档》，第 337、348 页。

④ 民国《双林镇志》卷 16，卷 8。

⑤ 民国《吴县志》卷 51。

⑥ 陈作霖：《凤麓小志》卷 3。

价值约30万两左右。清代丝织品的国内市场有所扩大，每年上市的丝织品商品量在4.9万担，价值在1455万两。[①] 又一估计为，仅江南地区明后期进入流通的丝织品价值约38万两左右，折合绸38万匹；清代乾嘉年间，丝绸商品量相当于绸类一千数百万匹，价值1500万两，比明代增加35倍以上。[②]

苏州既是丝织品生产中心，也是丝织品贸易中心。浙江等地的丝织品常运往苏州转售，市场上货物集中，价格甚至低于产地。盛泽镇也是丝织品生产中心与集散地，“绫罗纱绢，不一其名，京省外国，悉来市易”[③]。南京、杭州的丝织品明代已销行很远。清代，江绸贡缎被作为朝贡、馈赠礼品，商贾贩运，远销南北，“北趋京师东北，并高句丽辽沈，西北走晋绛，逾大河上秦雍甘凉，西抵巴蜀，西南之滇黔，南越五岭湖湘豫章两浙七闽沂淮汝洛。朝觐燕飨祭祀宾客，非宁绸贡缎人或目慑之”[④]。杭州的绸业市场兴旺，运绸船川流不息，所织纺绸质美耐穿，清代运销南洋、欧美各国。杭州郊区所出的丝线，每天由艮山、庆春二门牙人收购，卖给杭州城里的线铺，再转售各地，“天下组紃之需，莫不举称杭线”[⑤]。濮院镇所出的“濮绸”明代即相当著名，清代濮绸货产更多，有“日出万绸”之称，商贾往来，终年不绝于市，“濮院一镇之内，坐贾持衡，行商麇至，终岁贸易不下数十万金，居民藉此为利”[⑥]。广东的丝织品产量不及江南，但质量上乘，以本地丝织成者称为“广纱”，以湖丝织成者称为“粤缎”。明代“广纱”“粤缎”颇享盛名，清代仍是畅销国内外的著名产品。清中叶以后，广东的丝织品每年大量销往东西二洋。四川的丝与丝织品自清初起就销往陕西、山西、甘肃、西藏、云南、贵州等地。成都的丝织品盛时“供全省之用，并销陕甘云贵”[⑦]。

柞蚕丝织业兴起较晚，但发展很快。几个柞丝绸产区的丝绸产品也行销较远，有的输出国外。柞丝绸运销的发展为传统的丝织品商品中增添了新的一

---

① 吴承明:《中国资本主义与国内市场》，第237、251页。
② 前引《江南丝绸史研究》，第252~253页。
③ 乾隆《盛湖志》卷下。
④ 同治《上元江宁两县志》卷7。
⑤ 光绪《杭州府志》卷81。
⑥ 雍正《浙江通志》卷102。
⑦ 民国《华阳县志》卷34。

员，并扩大了丝织品的商品量。山东莱阳县，“有蚕丝，织绢绵绸，又樗茧织山绸，葛麻织葛布，皆有巨贾发银收贩”，诸城县“其利最久且大者曰山蚕，蚕养于槲与柞……织为山绸，虽不如椿绸之贵，而衣被南北，为一方之货”[1]。遵义茧绸在道光以前已经运销省外，其质量坚韧耐穿，价格便宜，在市场上具有一定竞争力，“裨贩骈比，远走数千里外，价视吴绫蜀锦廉，而性坚韧，一衣可十岁许，自他省言曰贵州绸，自黔言曰遵义绸，自遵义言佳者曰府绸”[2]。桐梓县所产的双丝绸又称桐绸，乾隆道光时行销汉口、苏州、上海、重庆等地，“每年不下十万匹”，河南、四川商人“货绸而去，通计岁有数十万金”，桐梓界内的鸭塘、酒店垭、扶欢场等集市，当时都是远商贸易丝、绸的热闹场所，集市上设有绸行，咸丰前有洪顺、兴顺等十大商号[3]。陕西宁羌州的山茧绸“贩行川广，获利已属不赀”[4]。

丝织品又是重要外销商品。明清时期，中国的丝绸产品在国际市场上无论质量、数量均占领先地位。在日本、英国等资本主义国家的丝织业发展起来之前，各国主要输入中国的丝织品。每年大批的外国商船满载丝货及其他商品扬帆而去，为中国换回大量白银。一些精美的丝绸受到各国上层人士所青睐，服之引为时髦。清前期，政府为了稳定国内市场，对丝与丝织品出洋有所禁限，但实际上输出有增无已，在外销商品中地位仅次于茶。据统计，嘉庆二十二年至道光十三年间，经广州口输出的绸缎商品货值，除 4 个年份外，其余都在每年 100 万元以上，输出值高的 1822 年在 350 万元，占该年商品总出口值 2000 万元的 17% 以上。估计鸦片战争前，除生丝外，经广州口输出的绸缎、丝线、丝带等丝织品的商品货值，平均每年约 100 余万元。[5]

清前期民间丝织业发展的再一个突出现象是丝织生产向城镇集中的趋势。在江南丝织业发达地区，明代已形成了几个丝织业市镇。清代，随着生产发展，进一步促进了丝织业向那些水陆交通发达、原料来源便利的地方集中，形

---

① 康熙《莱阳县志》卷 3；乾隆《诸城县志》卷 12。
② 吴振棫：《黔语》卷下。
③ 民国《桐梓县志》卷 17，卷 23。
④ 光绪《宁羌州志》卷 5，张廷槐文。
⑤ 前引姚贤镐：《资料》，第 1 册，第 254 ~ 258 页。

成了一批新的丝织业市镇，几个大城市的丝织业也更为繁兴。

在环太湖沿岸，特别是太湖南岸的丝织业区内，一部分丝织机户逐渐向市镇集中，形成了密集的市镇群体。有的市镇形成于明代中叶以后，到清代已颇具规模。有的市镇在明代还不为镇，完全是在清代形成发展起来的。如已为众知的吴江县盛泽镇，在明初仅是一个有五六十户人家的小村，明嘉靖间，居民渐事机丝，以绫绸为业，户口百家，成为市，清初列为镇，"商贾贩缯，远近辐集，居民万有余家，蕃阜气象，诸镇中推为第一"，以后户口日增，乾隆时，"居民百倍于昔，绫绸之聚亦且十倍，四方大贾辇金至者无虚日，每日中为市，舟楫塞港，街道肩摩"[①]，其繁盛景象宛若一都会。黄溪市明初只是一个小村庄，居民数百家，以后逐渐兴旺，"明宣熙间，户口日增，渐逐机丝线纬之利"，入清以后，"机户益多"，康熙中期居民达到2000余家，"货物贸易颇盛，遂称为市"[②]。震泽镇、唯亭镇上也都集中了一批丝织机户。

在民间丝织业发达的杭嘉湖地区，明代已形成几个丝织业市镇，如双林、濮院、王店等，镇上居民，小者数千家，大者万余家，已具有相当规模。清代这些市镇进一步发展。濮院镇形成较早，明代镇上居民万余家，多数从事丝织业，至清前期，"机户自镇及乡，北至陡门，东至泰石桥，南至清泰桥，西至永新港，皆务于织，货物益多，市利益旺"[③]。双林镇自明代后期丝织业发展起来，清代镇上及近镇数村都以织绢为业，双林的包头绢及绸、绫等丝织品销往各地，"各省客商云集贸贩，里贾往鬻他方不绝"[④]。王江泾镇，明代居民已达7000余家，"多织绸收丝缟之利"，清乾嘉时，"烟户万家，其民多织缯为业，日出千匹，衣被数州郡"[⑤]。新塍镇形成于明代，万历时镇上居民有万余家，清代，镇北的大张各圩及东北诸乡都以织绸为业，绸品花样翻新，均运往盛泽镇上销售。[⑥] 王店镇，又称梅里镇，明中叶后发展为一大镇，到了清代更

---

① 康熙《吴江县志》卷1；乾隆《吴江县志》卷4。
② 道光《黄溪志》卷1；乾隆《吴江县志》卷4。
③ 沈廷瑞：《东畲杂记》，转引自《嘉兴府城镇经济史料类纂》，第132页。
④ 同治《双林记增纂》卷8。
⑤ 万历《秀水县志》卷1；《闻川缀旧诗》，转自前引嘉兴府史料，第117页。
⑥ 万历《秀水县志》卷1；光绪《新塍镇志》卷3。

加兴旺，所织绸称为王店绸，又有褚氏画绢、花绉等，都很有名。[①] 塘栖镇宋元时无名，自明初大运河通至杭州，该地成为南北交通要道，人烟聚集，渐发展为镇。塘栖镇遍地植桑，产丝最多，丝织业也盛，明末徽杭商人在镇上"开典囤米，贸丝开车者，骈臻辐辏"，清代烟火万家，机户"俱开机镇上"[②]。硖石镇在明代为县中四大雄镇之最，清代盛况不减，所产紫薇绸深受市场欢迎，价格居高不下。[③] 此外，临平镇、长安镇、新杭市，以及一些以蚕丝业著名的市镇，如南浔、新市等，也都是丝织业集中的市镇。

从市镇性质来说，与棉业市镇不同的是，以丝织业为主的市镇，一般也都是丝织品贸易中心，其商业的性质是明显的。但另一方面，大量机户已集中到市镇上从事生产，同时围绕机户的丝织生产又形成了一批产前、产后的分支行业和加工业，就此而言，这些市镇同样具备了生产性质，属于生产性市镇。

四

如前所述，清前期丝织生产过程的社会分工愈益细致，一些工序独立出来，形成了专业化生产。丝织工具至明后期已基本定型，清前期没有根本性变化。各类专业中，有的工作工具比较简单，如络丝的络车；有的工作过程相对复杂，需要具备一定工具、设备，如染踹、织造。丝织机具依不同织物而异，有花机，织作时至少需用2～3人，有腰机，一人即可操作。这种生产力状况决定了清前期丝织业生产组织的多样性。

作为农民家庭手工业的丝织生产仍然存在。在丝织业集中的江南城镇近郊及附近乡村，散布着大量农民机户，晚些时的史籍中称之为"乡机"。农民家庭亦耕亦织，其丝织生产作为农业的补充与农业联系在一起。如盛泽、黄溪是有名的丝织业市镇，在盛泽、黄溪四五十里之间的乡村居民，尽逐绫绸之利，王江泾镇附近"乡农多业纺织，绸市向萃镇上"[④]。这种与农业结合在一起的

---

① 光绪《嘉兴府志》卷4。

② 光绪《塘栖志》卷18；张子鼎：《栖里景物略》卷1，转自前引《浙江丝绸史》，第104页。

③ 嘉庆《硖川续志》卷5，卷11。

④ 光绪《嘉兴府志》卷4。

丝织业，有一些是属于农民家庭副业。如王店镇西北一带的乡民，有的直到近代仍然是“多于农隙操机织之业”①。湖州附近乡村，一些农户只是在没有什么重要农事时才从事织绸。

不过，丝织业商品生产的发展，推动着越来越多的农户转向以丝织业为主，即通常所说的以丝织为业。从事丝织业的农民家庭的赋税、口粮、日用所需大半依赖丝织收入，在时间与劳力安排上也大半投入于丝织生产。农户昼夜勤于织挽，不仅妇女，男子也加入进去成为重要劳动力。桐乡的丝织业发达，乡间民户织绸往往到深夜，“机声轧轧到三更，锦烂回文几日成”，出现了“女织胜男耕”② 的局面。濮院镇“妇女多工络丝，每一两给钱三文，近则倍之。一日所获，可以自给”③。前述新塍镇北的大张各圩及东北各乡居民“皆织绸为业”。双林镇近镇数村居民以织绢为业，镇上设有绢庄，每天在一定地点收乡人售绢。以织绢为业的农民家庭中，通常是动员了全家的劳动力，男女老幼分工配合，农业则降为次要的了，“男子或从事于打线，且必时常出市买丝卖绢，田功半荒”④。清中叶以后发展起来的摇经、打线等行业，多由农户从事，有的也成为家庭主业。

至于柞蚕丝织业，大约还是以农家副业为主。农民利用山间的树木资源，养蚕收茧，利用农余时间织绸。所用人工、时间在家庭经济中都不占主要地位。

清前期随着丝织品国内外市场的扩大，丝织业成为盈利较大的行业，一部分丝织业者逐渐与农业分离，集中到城镇近郊，常年从事丝织生产。在丝织业发达的江南，机户机匠向市镇及其近郊集中，在一个时期里形成一股潮流。濮院镇的业丝织者，“以机为田，以梭为耒”，“委巷之中，接屋连檐，机声盈耳，里人业织者多矣”，“万家烟火尽机坊”⑤，说明镇上居民已基本脱离了农业。四乡近镇机户也以丝织为业，放弃了农业。有的人家拥有土地，但自己并

① 余霖：《梅里备志》卷2。

② 光绪《桐乡县志》卷7。

③ 《濮院琐志》卷2，转自前引嘉兴府史料，第133页。

④ 同治《双林记增纂》卷8。

⑤ 转自前引嘉兴府史料，第130、134、157页。

不耕种，而是雇人耕种，“近镇人家多业机杼，间有业田者，田事皆雇西头人为之”①。西头指石门、桐乡一带，那里人多地少，一些剩余劳动力则出门佃种。濮院镇镇区也随人户增加而扩大。明清间，人们购置土地，修建房屋，以至原来的傍镇瘠田价值倍增，“拓街衢，广庐舍，五十年来，绵亘逾倍，傍镇瘠田亩值二三金者，争取为房基，加值达百金”②。王江泾镇居民“以机为田，以梭为耒，不务耕绩多”③。这些脱离农业的机户以丝织业为生，市镇靠丝织业而繁盛，绸业稍不景气，则手工业、商业顿受影响，“镇之丰歉不仅视田亩之荒熟，而视绸业之盛衰，倘商贩稀少，机户利薄，凋敝立形，生计萧索，市肆亦为减色矣”④。镇上及近镇的机户和工匠已成为专门的手工业人口，其生产、生活已完全受市场支配。至于集中于苏州、杭州、南京这些大城市中的丝织业者显然已完全脱离了农业，成为手工业人口。在清前期的各手工行业中，丝织业是与农业分离程度最高的行业。

在其他地方也发展起大量的专业机户机匠。四川巴县的丝织机房以及打线作坊都是常年开工的专业作坊，工匠专以丝织、打线谋生。道光二十四年，有打线工匠在诉状中称，“蚁等家贫无业，自幼学徒三年，昼夜辛苦，全冀作艺活家”，由于失业，“衣食莫继，无资别贸，实难聊生”⑤。这些工匠已在城里安身，靠手艺为生，成为专门的手工业人口。

此外，还有一种情况也值得注意。在一些非丝织业集中区，一些具有丝织手艺的农民往往于农隙时出门打工，受雇于人，为人织绸。如浙江海盐县农民，“农隙时多远出赁织，西至杭州，北至湖州，有至宜兴者，每年正月出，四月归，七月又出，岁暮归。同治以来出赁者愈多，业田渐少，旧时田价每亩贵至四五十千，今则不及半矣”⑥。文中并没有说明出门赁织是织棉还是织丝，但据所去的几个地方均为丝织业区（宜兴也是后发展起的新的丝织业区），可

---

① 《东畲杂记》，转引自樊树志：《明清江南市镇探微》，第417页。
② 《濮川所闻记》，转自前引嘉兴府史料，第88页。
③ 光绪《嘉兴府志》卷4。
④ 同光《盛湖志》卷3。
⑤ 前引《巴档》，第349页。
⑥ 光绪《海盐县志》卷8。

知这些应是丝织工匠。文中说同治以后出赁者更多，说明此前这种情况就已经相当普遍。按照其出门时间计算，每年只有农忙的三个月时间在家务农，而有九个月时间是在外佣工，说明这些人也已基本上脱离了土地，而以丝织业为生了。家中土地或有家人经营，有的或许佃种或抛荒，即“业田渐少”，导致土地价格日益下降。这些人实际上也变成了专门的手工业人口，只是不像市镇人口那样已经定居，而是还处于流动阶段。

机户生产，有的是利用家庭劳动力，有的是雇工。如震泽镇，“织绸则有力者雇人织挽，贫者多自为之”[①]。盛泽、黄溪的乡镇机户，“有力者雇人织挽，贫者皆自织，而令其童稚挽花，女工不事纺绩，日夕治丝”[②]。利用家庭劳动力自织的，属于个体机户。这种个体机户在城镇机户中为数不少。雇工织作的，根据雇工人数多少而有所区别。大多数机户是拥有一二台、三四台织机的小机户，也称为机坊（房），通常雇有少数人工，属于手工作坊。在明后期的苏州、杭州丝织业中可找到拥有较多织机、雇佣较多工人的丝织工场的事例，但在清前期的江南丝织业中，尚未见关于大丝织工场生产规模的确切史料记载。

在其他地方，有个别丝织工场的事例。山东淄川县栗家庄毕家，除了作为地主经营土地外，还兼办丝织机房。乾隆时由一张机增至几张机。到道光二十年，所经营的恒盛机房已有20几张织机。如以每张织机雇工2个人计，这时的雇工数至少在40人以上。以后又继续扩大经营，到光绪年间，这个机房已发展为拥有场房26间，织机72架，雇工100余人，月产绸300匹的丝织工场。[③] 这是地主开设的丝织工场。广东顺德县沙滘乡陈氏家族，康雍时以织天鹅绒起家，到嘉庆时拥有3台织机，利用自家劳动力生产。道光三年，陈家3个儿子分为3家，成为一家一机的小机房。这以后的二三十年间，其中一房迅速发展，到咸丰时拥有50张织机，雇佣上百工人。[④] 这两例都是清前期丝织业由小商品生产，通过扩大生产规模，向采用雇佣劳动的手工工场发展的

---

① 道光《震泽镇志》卷2。
② 乾隆《吴江县志》卷38。
③ 罗仑、景甦：《清代山东经营地主研究》。
④ 陈玉环、刘志伟文，载《中国社会经济史研究》，1987年第3期。

实例。

又有资料反映，道光时，佛山镇的丝织厂“每年有17000名男女童工从事于织绸工作，他们的织机很简单，但出品一般都很精致”①。文中没有说明这17000多人是在什么样的组织方式下工作的。

柞蚕丝织业中也有利用雇工生产的机坊的事例。道光初，贵州安平县教养放蚕缫丝有成效，官府又贷给蚕民资本银共1150余两，“设机房三处，集织匠三十余人，以教民导筒织丝，男妇大小有恒业”②。3处机房共30余人，平均每处约有10余人。这里是官府贷银助办机房，性质上还是属于民办。

清前期丝织业中普遍实行了自由雇佣劳动，雇佣关系比明代发展了。在江南地区，雇主与雇工之间已形成了固定的雇佣关系，同时还存在大量的临时雇工。在苏州、杭州、盛泽、濮院、黄溪、唯亭等城镇中，存在大量待雇工匠。这些雇工按照不同的工种，每天在一定地点等候受雇，形成了固定的丝织劳动力市场。

丝织业是商人资本涉足的一个重要行业。商人资本支配丝织业生产的事例，明代很少。前述明后期塘栖镇有徽杭大贾在镇上“贸丝开车”，这是商人资本直接经营丝织工场，其规模不得而知。到清前期，有关事例已经很多。首先出现在染踹加工业中，商人在丝织业区的市镇上开设染踹作坊，有的规模很大。濮院镇的湅坊，“每坊佣者数十人，名曰湅手”③。前述嘉道时，徽商在双林镇上开设的皂坊，“人数颇众，营业极盛”④。商人直接经营炼染作坊，是商人资本支配丝织业的一种形式。

清前期，商人资本也开始支配丝织织作过程。如双林镇，有诗说，“商人积丝不解织，放与农家预定值”，诗注：“庄家有赊丝与机户，即收其绢，以牟重利者”⑤。道光时，震泽镇的纺经者有乡经、料经之别，乡经是以自家的丝纺成出售，料经是向丝行领取原料，纺成后领取加工费，即所说的“取丝

① 前引彭泽益：《资料》，第1卷，第217页。
② 前引彭泽益：《资料》，第1卷，第207页。
③ 《濮镇所闻记》，转自前引嘉兴府史料，第133页。
④ 民国《双林镇志》卷8。
⑤ 民国《双林镇志》卷16，引沈泊村乐府。

于行，代纺而受其直”[①]。这二例都是由商人发放原料，由机户或机匠加工为成品或半成品，收取工值。这是一种包买商制，是商人资本支配丝织业的又一种形式。机户或机匠的原料来源、产品销售都受到商人控制，被割断了与市场的联系。清前期丝织业中的商人资本支配生产，主要采取的是这种包买商形式。鸦片战争前，在苏州、南京、镇江、杭州等地的丝织业中都产生了包买商式的生产组织。

苏州、南京丝织业中包买商的典型形式为“账房”。“账房”这一名称出现较晚。苏州在道光时有“经造纱缎账房”的记载，南京在光绪时才有“开机之家，谓之账房”的记载[②]。“账房”的前身是商人开办的“绸缎庄”、“纱缎庄”。根据记载，在苏州、南京，至迟在康熙中后期已有了账房这种形式。这些庄铺的经营方式是放料代织，即由商人自置丝料，发放给机户织造，收取成品，并按绸匹数计发工资。同时，庄铺也兼开设染踹作坊。据统计，民国初年，苏州开业的“账房”有57家，其中鸦片战争前开设的有11家，最早的一家石恒茂记开设于康熙四十一年[③]。道光年间，南京的账房有开五六百张机的。有研究认为，清前期，在江南各地，特别是城市民间丝织业中，账房已是一种较为常见的普遍的形式，在生产中取得了支配地位。[④]

随着商人资本支配丝织业生产的发展，到清后期，账房已经控制了丝织生产的全过程。从丝行、车户、机户、染坊、踹坊，直到与丝织业有关的附属行店，都在账房的支配之下，账房把丝织各业劳动者变为自己的工资劳动者，形成具有一定规模的工业体系。这样，账房本身也就具有了产业资本的性质。[⑤]

---

① 道光《震泽镇志》卷2。

② 《吴门表隐》;《凤麓小志》卷7。

③ 前引彭泽益:《资料》，第2卷，第429页。

④ 前引《江南丝绸史研究》，第221页。

⑤ 前引《中国资本主义的萌芽》。

第三章　农产品加工业

农产品加工业与人们日常生活联系密切。到清前期，农产品加工业种类众多，产品产量增加，商品量扩大，茶、糖、酒、烟、油等在市场流通中占有重要地位。有的产品运销国外，促进了对外贸易的发展。这里所述的是清前期几种主要农产品加工业的发展状况。

第一节　制 茶 业

制茶业具有长久历史，中国的制茶技艺在世界上曾经首屈一指。直到19世纪末，中国的茶叶一直独占国际市场。唐宋以来，榷茶制度颇严，在一定程度上限制了民间茶业的发展。明代开始在一些地区取消了官府控制，为民间茶业的发展开创了条件。清代在部分地区实行茶引制度，由商人领引配茶，按指定地区行销，有的地方则不设引。清初在西北边陲仍实行茶马互市，到清中叶，茶马互市已渐废弃，官府对茶叶产销的控制已经不大。同时，清代茶叶出口量扩大，这些都促进了清代植茶业与茶叶加工业的发展，是民间手工制茶业的鼎盛时期。

一

茶叶采摘后不易久放，往往就地或就近加工。制茶业的集中区域，大多是茶叶种植区。中国传统的茶品有绿茶、红茶、花茶，又有乌龙茶，清代都有加工。

明代的产茶区，在西部主要是四川、陕西，产茶以供茶马互市，当时这两省的茶叶生产在国内占有重要地位。在南方主要是安徽、浙江、福建几省。清前期，四川、陕西仍是茶叶产地。茶马互市取消后，这些地区的茶叶主要销往西北各省。康熙初年以后，茶叶外销逐渐扩大，引起南方茶叶产区扩大，“茶之出洋也，亦始于康熙初年。厥后轮舶踵至，华茶日兴，由福建、浙江，以及安徽、江西、湖广等省，产茶之区，推行渐广”①。浙江、安徽、福建、湖南、江西都成为重要的茶叶产区，云南、广东、广西等省也都产茶，这些地区的制茶业相应发展。清代南方茶区的重要地位超过了川、陕。

福建是重要的产茶区，几个府都产茶，以闽北为集中区域。著名的武夷茶就产于闽北的武夷山中，“［茶］崇、建、延、泉随地皆产，惟武夷为最”。据记载，武夷茶萌发于宋，元代在武夷置官局，“采摘尚少”，明代福建承担贡茶，设有御茶园，有茶户500家，至明末废除贡茶制度，“尽革官场，捐利于民”。清前期，“以此［茶］与番夷互市，由是商贾云集，穷崖僻壤，人迹络绎，哄然成市矣”②。明代福建尚未成为商品茶产区，《闽部疏》《闽书》中所列福建的商品中均没有茶叶一项。福建茶业的繁盛期是在清代，是适应茶叶的外销而发展起来的。清前期出口的华茶，主要产于武夷山。崇安、建阳是首先发展起来的茶产区。乾隆以后，制茶业继续扩展到瓯宁、建安、南平等地。嘉庆时，瓯宁“茶山蔓延愈广，瓯辖四乡十二里几遍，西山在万山深处，亦有茶山。……茶市之盛，几埒阳崇”，茶业又“延及建安”，当时瓯宁山中的茶厂不下千厂，从事制茶的不下万人③。南平县到嘉庆时，“新兴梅西峡阳梅南之地多产茶，民以茶为业”④。福建制茶业的兴盛期一直延续到同光时期。

19世纪初，有福建人将武夷茶植法传入台湾，台湾的植茶业得到较快发展，成为新的茶产区，主产乌龙茶。鸦片战争前后，淡北石碇、文山、八里坌堡居民，多以植茶为业。早期台茶都是粗制茶，各茶商将粗茶运往厦门、福州

① 前引彭泽益：《资料》，第1卷，第474页。
② 前引彭泽益：《资料》，第1卷，第303、304页。
③ 前引彭泽益：《资料》，第1卷，第304页。
④ 嘉庆《南平县志》卷8。

加以精制。1868年洋行出现后，从厦门、福州广招茶工到台湾，设置起精制茶馆，使台湾乌龙茶生产进入独立产制的时期。①

浙江的茶叶种植与加工发展较早。太湖南岸及杭州湾周围的杭州、湖州、绍兴几府为集中产区。杭州府各县均产茶，“茶，钱塘龙井富阳及余杭径山皆产”。于潜县“邑中各山皆产茶”。浙江出产多种名茶。嵊县四明山产一种“老竹大方”茶，甚为有名。长兴县所出“顾渚茶”，自唐代起历朝均为贡品②。孝丰县天目山一带所产的茶叶也以质量上乘而著名。清代浙茶多销往东北。

安徽的产茶区集中在与浙、赣、湘邻界的徽州、宁国、庐州、六安几府州。其中有的地区明代就是产茶区，清前期继续扩大发展。休宁、祁门、黟县、婺源盛产“松罗茶”，“至松罗茶处处皆有，味苦而薄，然所用甚广，六县每岁销引三万有余”，明清两代均为茶中名品，“徽茶之托名松罗者，于诸茶中犹称佳品”。松罗茶制法传至武夷山，致使武夷茶有“武夷松罗”之称。六安茶在明清时期声名远扬，销售也远。清前期，安徽的名茶品种最多，反映了其加工技术的精湛，如“宣城敬亭绿雪茶，南陵格里茶，宁国鸦山茶，泾县白云茶，旌邑凫山茶，太平云雾茶，品最高”③。此外，泾县涌汐火青茶、徽州琅源松罗茶、舒城兰花茶、屯溪绿茶等，都是名茶，有的流传至今。

清前期湖南的植茶与制茶业随着地区开发与茶叶出口而迅速发展扩大。湖南茶品种主要为绿茶、黑茶，道光末至咸丰时，适应外销的需要，红茶开始盛行。茶叶产区集中在洞庭湖流域的岳州、长沙、常德几府，其他府州也有，但不多。安化的产茶历史可推到宋代，明万历年间创制黑茶，以后安化以制作黑茶闻名，清初，“茶业日兴，陕甘两省茶商领引来安采办者甚多”，“安化后乡一带，出产以茶为大宗，初有黑茶，引商贩运，销售西北各路”，咸丰年间，有商人来安化创制红茶，以后红茶发展，销路日广④。巴陵产茶，唐代已负盛名，清代加工技术提高，所出“君山银针”茶乾隆后被列为贡茶。平江，“邑

---

① 前引彭泽益：《资料》第2卷，第106、112页。

② 嘉庆《余杭县志》卷38；嘉庆《于潜县志》卷10；康熙《长兴县志》卷3。

③ 嘉庆《宁国府志》卷18；《阅世编》卷7；周亮工：《闽小记》。

④ 前引彭泽益：《资料》，第1卷，第481、482页。

产茶颇多，贫民资以度活”。桃源县以“鱼米油茶”为大宗产品[①]。鸦片战争以后，湖南制茶业随红茶产销的兴盛而扩大，植茶面积扩大，茶叶产量增加，有的地方将原种红薯的山地改以种茶，如平江；有的地方改绿茶为红茶，如安化、巴陵。道咸同时期，湖南红茶大量出口，平江县，“道光末，红茶大盛，商民运以出洋，岁不下数十万金”[②]。

江西省明代南昌、饶州、南康、九江、吉安等府都产茶，清代广信、南安、瑞州、赣州几府也发展为产茶区。

广东产茶，但不多。广州附近一些村庄，以及潮阳、乐昌都有茶叶，品种有广州河南的珠兰茶，乐昌毛茶，潮阳凤山茶，永安洪峰茶，琼州灵茶等。[③]

四川产茶以成都一带为多。灌县、彭县、乐山以及巴中、通江、南川等地都是产茶区。清代四川茶业有所发展，有的蚕桑区也废蚕桑而改植茶，如荥经县，康熙时有记载称，“荥经蚕桑颇盛，今皆废而采茶矣”[④]。雍正八年规定对川茶论斤征税，陕甘商销茶引领交官茶13万余篦，每篦10斤，当年进入流通的川茶至少有130余万斤。[⑤] 史料反映，清中叶以前，四川茶商请领茶引数不断增加，反映了四川茶叶产量的不断扩大。[⑥]

云南普洱地方以出产普洱茶著名。清代普洱地区所属6处茶山，“周八百里，入山作茶者数十万人，茶客收买，运于各处每盈路”[⑦]，这许多人中，有植茶的，也有从事制茶的。雍正间，云南“每年所产普茶，不下百余万斤”[⑧]。

以上几个主要产茶区外，江苏、广西、湖北、河南、贵州等省也都有茶，且各有名品。苏州洞庭山中出产著名的“碧螺春”茶，“俗呼吓杀人，香味殊绝，人矜贵之”[⑨]，被列为贡品。贵州遵义府产茶，行销境外。河南是最北部

---

① 光绪《巴陵县志》卷7；乾隆《平江县志》卷12；道光《桃源县志》卷3。

② 同治《平江县志》卷20。

③ 《粤中见闻》卷25。

④ 民国《荥经县志》卷16，何绍基诗附记。

⑤ 《石渠馀纪》卷5，纪茶引。

⑥ 彭泽益文，载《中国社会经济史研究》1982年，第3期。

⑦ 前引彭泽益：《资料》，第1卷，第305页。

⑧ 《朱批谕旨》，雍正六年二月二十二日，郝玉麟奏。

⑨ 《太湖备考》卷6。

的茶区，信阳所出的“信阳毛尖”茶至今负有盛名。

二

清前期人口增加，茶叶出口扩大，刺激了国内茶叶生产，其发展超过以往历代。

清代制茶技艺提高显著。茶叶加工具有一定技术，“采摘烘焙，须得其宜，然后香味两绝”[①]。福建茶业在明代一度衰微，当时“不贵闽茶，即贡茶亦只备宫中浣濯瓯盏之需”，清代闽茶复兴，加工技艺改进，武夷的鼓山半岩茶色香味俱佳，“当为闽中第一，不让虎邱龙井也”[②]。武夷茶制法优良，以致附近地区的茶都运到崇安来加工，如浦城，“浦城本与武夷接壤，即浦产亦未尝不佳。而武夷焙法实甲天下。浦产之佳者，往往转运至武夷加焙，而其味较胜，其价亦顿增”[③]。

清代名茶有些是前代流传下来的，如西湖龙井、庐山云雾、黄山毛峰、武夷岩茶等，还有相当多的是清代经过改进而新创制的品种。上述的一些名茶，如洞庭碧螺春、南安石亭豆绿、宣城敬亭绿雪、徽州琅源松罗、泾县涌汐火青、舒城兰花、信阳毛尖、徽州屯绿、嵊县老竹大方、巴陵君山银针、安溪铁观音、广西苍梧六堡等等，其名都始于清代。[④]

清前期茶叶产量迅速增加。有研究估计，鸦片战争前，中国茶叶年产量，按毛茶计，达250万担以上。[⑤] 茶叶产量增加引起茶叶商品运销发展，国内市场扩大。有人据《清实录》历年行销茶引计算，康熙前中期平均每年销茶1500~1800余万斤，康熙后期到雍正年间，平均每年销茶2500~3400余万斤，乾嘉年间又达到6900余万斤。[⑥]

在明代，除了茶马互市的茶叶运销外，民间茶叶的商品流通尚不普遍。

---

① 前引彭泽益：《资料》，第1卷，第303页。

② 《闽小记》。

③ 《归田琐记》卷7。

④ 陈椽：《中国名茶》。

⑤ 前引《中国资本主义的萌芽》。

⑥ 前引彭泽益文。

清前期，几个主要产茶区所产茶叶大量运销各地，广为流通。福建武夷山中居民种茶，“岁所产数十万斤，水浮陆转，鬻之四方，而夷茗甲于海内矣”[①]，武夷茶运销远至西北，由山西商人经江西转河南销往潼关外。浙江新登县产一种黄茶，为“茶之晚采者，所行绝远，沈阳、辽东等处岁必贸迁”。于潜茶，“五月采者叶厚而色赤，汁尤浓郁，盛行于关东，与徽商大叶子相埒，每岁设厂收买，集如市，俗称曰王茶”[②]。安徽霍山茶大部分销往境外，“土人不辨茶味，唯燕齐豫楚需此日用”。徽州松罗茶行销“北至口外，南至澳门”[③]。湖南桃源县有油茶之利，“黔蜀闽广江浙陕豫之商毕集，茶商通于安化”[④]。四川茶叶在茶马互市时销往蒙古等地，茶马互市取消后主要销往本省及西藏地区，乾隆时，茶叶销售旺盛，有记载为“商旅满关，茶船遍河”，又同治时记载，“国朝百余年来，犍为之盐，洪雅之茶，商车贾艑，络绎相寻”[⑤]，上溯百余年正是乾隆时期。贵州遵义有茶，“多贩至四川”[⑥]。

清代茶叶外销始于康熙初年，清中叶开始大量进入欧美市场，主要销往俄、英、美、法、荷、丹麦、瑞典等国。外销茶迅速扩大，据估计，鸦片战争前，中国出口的茶叶每年有60万担，商品值在出口商品中位居第一。[⑦] 有说道光年间茶叶出口曾达到年200万担的。[⑧]

清前期，随着茶叶运销的发展，适应茶叶加工与运销的需要，在一些水陆交通运输便利的地方逐渐形成了一些以茶叶加工与茶叶转运贸易为中心的城镇。这些城镇中商贾云集，茶行、茶栈众多，大量人口从事茶叶加工与相关行业，如包装箱制作、草席生产，以及挑夫、搬运工、船工等等，茶叶生产创造了大量的就业机会，使成千上万人得以维生。这些人口多数已脱离

① 前引彭泽益：《资料》，第1卷，第303页。
② 民国《新登县志》卷10，引康熙志；嘉庆《于潜县志》卷10。
③ 光绪《霍山县志》卷2，引乾隆志；嘉庆《黟县志》卷3。
④ 道光《桃源县志》卷3。
⑤ 乾隆《雅州府志》卷5；同治《嘉定府志》卷15。
⑥ 道光《遵义府志》卷17。
⑦ 前引《中国资本主义的萌芽》。
⑧ 前引彭泽益：《资料》，第1卷，第304页；《归田琐记》卷7。

农业。

福建崇安县位于武夷山脚下，武夷茶外销一向经江西水运至广东，崇安是闽茶外运的必经之地，这促进了崇安制茶业的发展，这里成为一处繁华的茶叶加工与集散地。距崇安县城10多里的星村，为一茶叶贸易中心，“茶市之盛，星渚为最”，“武夷九曲之末为星村，鬻茶者骈集交易于此”[①]。附近茶山所产的大量茶叶，都运至星村出售或加工，再由星村运往崇安。据咸丰初年的一个报告，武夷山附近各县茶区所产的茶叶，几乎全部运往崇安县。崇安县里茶行如林，茶叶在那里加以焙制、拣选、分类、包装，做成各种牌号，然后运往广州或上海外销。[②]

江西河口镇也是繁华的茶叶加工与集散地。清初，福建等地的茶叶由山西商人经营运销西北，每年茶商到河口，通过茶行采办货物，“首春客至，由行东赴河口欢迎。到地将款及所购茶单点交行东，恣所为不问。茶事毕，始结算别去”[③]。河口镇又是外销茶的加工中心。河口位于信江岸边，信江直通鄱阳湖。茶船自河口沿信江到鄱阳湖，再从鄱阳湖继续沿赣江南行，然后陆行翻过大庾岭到达广东境内，又几经水陆转换，最后到达外贸港口广州。这是清代茶叶自内陆运往广州的运输路线。闽北茶叶一向经河口运出。自嘉庆二十二年禁止茶叶海运后，凡外销茶一律走内陆，河口成为当时外销茶叶运输的必经之地，浙江、安徽、江西、福建的茶从四面八方汇集到河口分拣、转运。上述咸丰初年的报告又说，河口一带栽种及制造着大量茶叶以供应外销，河口镇上茶行、库房、客栈众多，估计镇上居民约有30万人。[④]

安徽的屯溪是清代发展起来的茶叶加工与集散地。屯溪濒江，位于新安江上游，是个古老的产茶区，但清以前茶叶加工可能都分散在农家进行。清嘉道以后，随着茶叶商品运销的发展，外销扩大，屯溪以其便利的地理位置，成为茶叶集散地，其茶叶加工业相应发展。据1852年的一个报告中说，屯溪以上因河床浅，不能通行大船，各地商人都把船停在屯溪。徽州、宁国、池州各府

① 前引彭泽益：《资料》，第1卷，第304页；《归田琐记》卷7。
② 前引姚贤镐：《资料》，第3册，第1530～1531页。
③ 前引彭泽益：《资料》，第1卷，第304页。
④ 前引姚贤镐：《资料》，第3册，第1536～1540页。

的茶，以致邻省浙江部分地区的茶都运到屯溪来，在这里经过拣选、分类、精制、包装、标以庄号，然后东运杭州、上海，南运广州。屯溪人烟稠密，据说本地人口已达15万，其中大量人口从事茶叶加工或与之相关的工作，如包装箱制作，所加工运出的茶叶有七八百种庄号。①

广东的广州市既是茶叶外销港口，又是茶叶加工中心。广州附近农村所产的茶大都是在广州加工。清前期茶叶外销只能通过广州出口，广州又成为外销茶叶加工中心。各地茶船经过长途运输，集中到广州后，一般都要开箱，将受潮的茶叶取出晒干，拣选分等，再重新包装起运。鸦片战争前，自开箱、拣选、包装，以至做木箱铅筒、装箱、印字贴纸绘画、捆扎、装运等所有工序，都已形成分工，需要大量工匠、人夫。清代茶叶出口量增加，乾隆以后又以广州一口通商，大量茶叶在广州外销。因此，当时广州从事制茶业以及与之相关工作的人数一定相当可观。

三

传统制茶工艺并不复杂。工具以焙锅、箩筛为主，制法则以人工炒、揉、焙制，红茶还需经过发酵。制茶分为粗制与精制二个过程。粗制是对鲜茶进行炒焙，制成毛茶。清前期内销茶叶主要是这种粗制茶。这一过程一般由植茶者接续完成。精制是对粗制毛茶进行拣选、薰香、焙制等再加工，以适应消费者的不同需求，特别是外销的需要。这一过程往往由商人将收购的毛茶运至附近城镇进行。鲜茶加工的季节性较强，采摘烘焙必须在短期内完成，否则茶易变质，所以粗茶的加工时间比较集中。在茶叶的精加工发展起来后，由于作为原料的毛茶贮存期间延长，一年中制茶的时间也延长了。

茶的粗制过程通常是作为农民家庭手工业由茶农来完成的，“制造茶叶，习俗相沿，皆系茶户随采随制，售于茶行，运销国内”②。据记，在茶季，“浙江全省可以看见农民们背负着3磅至10磅在日光下晒干的茶叶从山间徒步运

① 前引姚贤镐：《资料》，第3册，第1532页。
② 前引彭泽益：《资料》，第2卷，第353页。

到集镇上去出卖"[1]。这是同治时的实地观察，以前的情况想必也是如此。

茶农集植茶、采摘、粗制于一身，整个茶季昼夜辛劳，"采之日老幼皆出，筐之筥之，邻里强以相助也。夜篝火彻曙，岸釜而炽薪，炙之以柔其性也，挼之以敛其质也，焙之以烈其气也，汰之以存其精也，乃盛于篓，乃鬻于市"[2]。有的地方，像薰香这一精制过程也由茶户来进行，如广州，"珠江之南有三十三村，土沃人勤，多业艺茶。春深时妇女携筐，凌晨细摘绿芽紫笋，薰以珠兰，涉江以鬻于城，是曰河南茶"[3]。小茶农拥有的茶园一般不大，但由于制茶季节性强，所以茶忙季节，自家人手不够，大都需雇用帮工，即使不雇工，也多请邻里相帮互助。

在一些茶叶集中产区，一些富裕茶农拥有较大茶园，采取雇工经营，收入来源主要依靠茶业，经营茶业可能已非副业，转以茶业为生了。不过，这些茶农都是集植茶与制茶于一身，粗制只是植茶的一个接续过程，难与农业相区分，所以这种茶叶加工是与农业密切联系在一起的。

随着清前期茶叶出口增加，市场扩大，经营茶业利大，吸引了大量资本投入制茶业，有寺院、地主、商人在茶区茶山建立大茶园并兼设茶厂、茶房，加工制茶，这是一种规模较大的农工结合的生产形式。这种茶园茶厂专门从事植茶、制茶，雇工较多，资本也较大，清前期各茶区山中寺院从事植茶、制茶的很多。福建武夷山中十之五六的地方有"茶焙处"，"半归僧道，半归民俗"[4]。浙江、江苏、安徽的产茶区都有寺院制茶出售，从事制茶的有寺僧，也有雇工。

商人资本在茶业中相当活跃，不仅从事购销活动，还直接投资设立茶园、茶厂，自行加工，进入生产领域。嘉道时，福建崇安、建阳、瓯宁多有商人租山种茶，设立茶厂，雇工制茶。雇工大多来自外地游民，"茶厂多在山僻，且系客氓……又碧竖（闽小记：延邵呼制茶人为碧竖）率无籍游民，年丰谷贱，茶熟采多，彼自分雇各厂"。当时山里这种茶厂很多，茶厂规模不同，"茶厂

---

① 前引姚贤镐：《资料》，第3册，第1532页，1871年记事。
② 乾隆《安吉州志》卷8。
③ 《粤中见闻》卷25。
④ 前引彭泽益：《资料》，第1卷，第304页。

既多，除阳崇不计，瓯宁一邑，不下千厂每厂大者百余人，小亦数十人，千厂则万人”①。一个茶厂自数十人到百余人，其规模在当时不算小了。商人资本直接投资于植茶、制茶业，是商人资本支配茶业生产的形式之一。

这种兼植茶与制茶为一体的茶叶生产专业性强，常年管理茶园，茶熟季节从事加工，这种形式的制茶业毕竟还与农业结合在一起，不能构成一个独立的手工行业。

茶叶流通的扩大也使城镇中从事茶叶加工的茶行、茶庄、茶栈大量增加。这些茶行、茶庄、茶栈多数是商人开设的。茶行、茶庄原本以收购销售茶叶为主要业务，应属商业单位。但在清代，为满足茶商的特殊需要，一些茶行、茶庄也兼业茶叶的精加工。茶行、茶庄从分散的农民手中收购来茶叶，雇用贫家妇女，进行拣选、分类、熏制、烘焙，然后包装，做成各种牌号，售给各地商人，或者是接受贩运商人的订货，并按照商人的要求进行再加工。在福建、安徽、浙江、湖南等产茶区，茶行、茶庄兼事加工制茶的情况非常普遍，成为茶行、茶庄的一项固定工作。如前述崇安、河口、屯溪等城镇中密集的茶行，都属于这一类。又如道光时，陕甘引商从湖南安化购买湖茶，“运至陕省泾阳地方，拣作成封，谓之附茶”，或者“由该处买就，踹成斤数，改捏名目，贩运新疆”②，这里的商人收购茶叶进行加工、转售，很可能也是利用当地茶行的力量。陕西泾阳曾是西北与内地的交通要道，兰州水烟内销、安徽湖南官茶西运都在这里加工转运。道光时记载，“泾阳县，官茶进关，运至茶店，另行检作，转运西行，检茶之人，亦万有余”③，是个很大的茶叶加工地了。咸同时期红茶盛行时，湖南平江、醴陵、巴陵等地多有茶庄于三四月间开庄发拣，如平江，“茶市方殷，贫家妇女，相率入市拣茶，上自长寿，下至西乡之晋坑浯口，茶庄数十所，拣茶者不下二万人，塞巷填衢，寅集酉散，喧嚣拥挤”④。茶行、茶庄兼业制茶，这种形式的茶叶加工还与商业结合在一起，附属于商业。

---

① 前引彭泽益：《资料》，第1卷，第305、304页。

② 清代抄档，转自前引彭泽益文。

③ 卢坤：《秦疆治略》。

④ 同治《平江县志》卷20。

茶栈是一种专门从事茶叶加工的组织，相当于后来的茶厂。茶栈的主要工作是收买茶户的毛茶，加以精制，然后出售。茶栈中雇有大量制茶工人，整日工作，从拣选、熏制、焙干，直至包装，有所分工。这种茶栈以制茶为主要活动，其商业性已经减弱，应属于生产性单位。这种生产性茶栈，有的地方也称为茶行、茶庄，不过与上述商业性茶行、茶庄在性质上有所不同。茶栈主要是清中叶以后适应茶叶外销，为满足外商需要而产生的。有记载说，“至前清中叶，我国茶叶输出日渐增多，为迎合国外顾主心理起见，对于出口茶叶，始加以重制，于是茶栈应时而兴。是种茶栈，即茶厂之一种，收买茶户毛茶，加以精制，与代客堆存买卖之栈不同”①。

鸦片战争后，茶栈大量设立。在这之前，有的地方也已出现。如广州有隆记茶行，设立于嘉庆年间，主要经营安徽绿茶。茶行主人张殿铨自幼习商，曾在茶行中做事，并到苏州向皖浙茶商学习制茶方法，后又自行发明新的制法，皖茶以新制法制作更加有名，以后回广州，开设隆记茶行，采取人弃我取的方针，专门收买安徽绿茶，以自行发明的制法加工茶叶，颇受外商欢迎。茶行中“佐理者百余人”，多系亲友②。“百余人”中从事制茶的一定不少，不过因多为亲友，其内部关系尚不明确。广州河南地方是茶行集中的地区，据说在广州茶的制造很普遍，茶行最多又最好的地方是河南。咸丰时一外商在广州河南对茶行制茶过程进行了观察，这些茶行都是宏大而宽敞的二层楼的建筑，下层堆满了茶叶和操作工具，上层挤满了上百的忙于拣茶、分类的妇女和儿童，茶拣完后还要经过薰香、揉卷、干燥等工作。③ 这种茶行实际是手工制茶工场。由于广州历来为茶叶外销港口，这种制茶工场的起源恐怕更早。在浙江，绍兴、上虞较早创立起这种茶栈，以后到同光年间，创立茶栈的地方更多，这些茶栈将茶叶加以精制，运销国外。④

上海茶栈的产生过程比较典型地反映了制茶业作为一门专门手工行业与商业分离的过程。上海开埠后，道光时期，外销茶叶市场逐渐由广州向上海转

---

① 前引彭泽益：《资料》，第 2 卷，第 353 页。
② 前引彭泽益：《资料》，第 1 卷，第 487 页。
③ 前引彭泽益：《资料》，第 1 卷，第 485 ~ 486 页。
④ 前引彭泽益：《资料》，第 2 卷，第 353 页。

移，茶叶“初尚不过由店庄兼营洋庄，并未在沪设厂制造。以外人嗜好特殊之关系，所需茶叶，形状色泽均与内销者不同，茶商为迎合外人心理起见，不能不就其所需要之式样，设法改制。唯内地所制之茶，每以不明了外人之嗜好，多有货不对样之弊，于是乃附设茶厂，专做纠正不合之处。迨至咸丰初年，即华茶对外贸易极盛时代，国外需要激增，内地交通不便，消息不灵，常有供不应求之势。于是上海沪商，乃采买毛茶，在沪改制，所谓‘土庄茶栈’者，应运而生，成为专业矣”，当时上海的土庄茶栈约有三四十家，都是商人开办的①。

咸同时期，湖南平江、醴陵，湖北羊楼峒、汉口，福建福州、台湾，浙江诸暨、嵊县等地都先后成立起专门从事茶叶加工的茶栈。这些茶栈都具有一定规模，有从事拣茶、薰香、焙制的各种工人，有的达数百人。因此，严格地说起来，制茶作为一门独立的手工行业，是清中叶以后随着茶叶外销扩大，适应外销需要而形成发展起来的。在这之前，中国制茶业虽有较久历史，制茶技艺精熟，但尚未形成独立行业，制茶与农业、商业结合在一起，从属于农业、商业。专业茶栈生产仍带有一定季节性，有忙季闲季之分，不过其季节性已不那么强了。

制茶业中商人资本支配生产主要有二种形式。在农民家庭生产中，商人资本多采取预买制。在安徽六安地区，商人通过牙行将款放给茶农，到茶季时收茶，“每隔岁，经千里挟资而来，投行预质，牙侩负诸贾子母，每刻削茶户以偿之”②。在云南普洱地区，“六大山产茶，向系商民在彼地坐放收发，各贩于普洱上纳税课转行，由来久矣”，“商贩先价后茶，通融得济”③，雍乾时，普洱地区每年入山做茶者数十万人，年产茶百余万斤，商人资本的控制程度虽不高，但控制面较广。这是商人资本控制小生产者。

商人经营茶园兼设茶厂，商人开设茶行茶栈，是商人资本直接投资于茶叶生产。清前期，在福建武夷山中的一些商人租山种茶，开办茶厂，规模较大，

---

① 前引彭泽益：《资料》，第1卷，第488页。
② 光绪《霍山县志》卷之2，引乾隆志。
③ 倪蜕：《云南事略》，转引自彭泽益文，载《中国社会经济史研究》，1982年第3期。

据认为已具有资本主义生产关系的性质。

第二节　榨 油 业

油是日常生活用品，也是某些手工业生产的原料与辅助材料。传统的榨油是以木榨、石碾、锅罐等手工工具进行加工。明后期浙江石门镇、江苏苏州城郊的榨油业已相当发达。清代榨油业发展，成为一项重要的农产品加工业。

一

清代，各种油品在生活、生产中已经广泛使用。其用途大致可分为日用（如食用、照明、油饰木器门窗等）与作为手工业原料与辅助材料（如制烛、制烟、造纸、制造舟船兵器等）。榨油后的油渣制成油饼，可作肥料、饲料。可用于制油的原料很多，有动物油，又有多种植物类油料作物，通常所说的榨油业就是指植物类作物的榨制加工。仅《天工开物》中所列出可用于榨油的油料作物就有16种。不过，清代常用于大量榨油的只有几种，如芝麻（胡麻）、油菜籽、大豆、棉籽、茶子、桐子、柏子等。《天工开物》中还没有花生一项。花生是明代末期传入中国的，清代起逐渐向内陆推广，也成为一种重要的油料作物。

油品作为民生日用的重要物品，各地都有出产。但作为一个行业的榨油业，清前期在各地发展程度是不同的。在那些经济比较发达，人口比较密集的地方，榨油业比较集中，行业发展程度也比较高，如江浙、湖广等地，榨油业已是一重要的农产品加工业。在经济相对落后，人口较少的地方，榨油业则比较分散，行业发展程度相对较低。

江苏、浙江是清前期榨油业最为发达的地区。当地流行的农谚“小满动三车，丝车、油车、水车”，油车与丝车、水车并重，说明榨油业在这些地方占有重要地位。所出油品有菜子油、豆油、芝麻油、棉籽油、桐油、柏油等多种。榨油原料部分产自本地，如油菜籽，江苏乡村种植油菜，以菜子压油，获利较大，在春熟作物中，农民视油菜甚至重于小麦。也有部分原料靠外地输入，如大豆，清前期辽宁、山东的大豆大量运往这里加工。江苏省的榨油业以苏州府、江宁府、海州为集中地。苏州榨油业明后期就有相当发展，地方志记载，“新郭、横塘、仙人塘一带多开坊榨菜豆油”①。清代，在苏州城郊及附近的市镇仍集中了一批榨油作坊。元和县油坊“在娄、葑两门及甫里、周庄、陈墓等处。每至春间，堆贮菜籽，用以压油”②。唯亭镇油坊“在外跨塘阳城淀泾”③。江宁府六和县一带油坊较多。乾隆时，这里出产大豆、芝麻，“六和油坊以为油”④，咸丰初年有人说，“六邑迤西油肆豆饼岁出数百万，旧售苏常间”⑤，每年有数百万豆饼销往境外，说明产油量不少，这里发达的榨油业一直持续到民国时候。赣榆县也是重要产油区。此外，其他地方也多有油坊。如皋县有油坊，“菜籽、豆、棉俱可榨油”⑥。通州油坊榨制各种油，“油用黄豆打出居多”，此外还有菜油、麻油、棉油、柏油等⑦。嘉定县钱门塘市，“道咸间，质库、衣庄、油坊等类多有之”⑧。地近江苏的安徽无为州，榨油业也有历史，明代“居山之民类能榨造油、纸，油以芝麻和菜籽为之”，清前期，“麦秋时，菜籽广有，沿江洲地所产尤多，油坊尤伙”⑨。

浙江省的榨油业历史较久。杭嘉湖三府的榨油业也很著名。石门镇榨油业在明代即相当发达，镇上有油坊 20 家，从业人员 800 余人，所产油与油饼销往各地。清前期不见记载。据近年调查，清末民国时石门镇油坊数量仍然不少，规模比较大，也有一定分工。⑩ 照此推断，清前期这里的榨油业恐怕不至于中断。平湖、海盐都有油产。海盐县沈荡镇明代已很繁荣，为一大镇，“列

---

① 乾隆《吴县志》卷 24，引崇祯旧志。
② 乾隆《元和县志》卷 16。
③ 道光《元和唯亭志》卷 3。
④ 光绪《六和县志》卷 2，民国志校刊光绪志补记，“此为乾隆志之旧”。
⑤ 光绪《江浦埤乘》卷 28。
⑥ 嘉庆《如皋县志》卷 6。
⑦ 前引彭泽益：《资料》，第 1 卷，第 257 页。
⑧ 民国《钱门塘乡志》卷 1。
⑨ 乾隆《无为州志》卷 7。
⑩ 光绪《石门县志》卷 11；陈学文：《中国封建晚期的商品经济》。

廛五六百家，五谷、丝布、竹木、油坊、质店，大贾往往云集”①。湖州府的南浔镇、乌青镇、菱湖镇、安吉州都是榨油业比较集中的地方。清前期南浔镇一直是个油坊集中，榨油业兴旺的地方。顺治时，南浔镇上行铺捐赀重修云兴寺，捐赀者中有，“本镇油坊、典铺、盐木各行……”，油坊居于首位。道光时，南浔镇上“今油坊错杂”。所产有豆油、菜油、芝麻油、棉籽油数种，用于食用、燃灯，以至妇女梳妆抹发。榨油后又有油饼，当地用作肥料、饲料，“有豆饼、菜饼、花饼，并榨油后所存之渣滓也。《湖录》云，豆饼、菜饼乃农家壅田喂猪之用，花饼者……可作牛食，出南浔”②。南浔榨油专用水牛拉油车，由于本地饲料不足，油坊还到外地购买饲料，如乾隆时苏州有记载说，“茭，出东山南湖，自茭田以西，逶至长圻，弥望皆是。夏秋刈之，南浔震泽诸油坊买以饲牛，舟载不绝”③。反映出各油坊对牛饲料的需求量很大，油坊不少。菱湖镇、乌青镇明代均有油坊，地方志记载清代乌青镇油坊最著名的有4房车。安吉州乾隆时“各乡皆有油车”④，榨制菜油、桐油。杭州府的富阳、于潜、临安、新城、海宁等州县均产菜油、麻油。

清前期，其他南方省份的榨油业也都有所发展。广东、广西、福建几省是较早种植花生的地区，以花生榨油也发展较早，此外又有茶油、菜油等。在洋油输入之前，广东的花生种植与榨油在经济中占有重要地位，“粤省民间素用花生油，山田硗确，多种杂粮，而花生之利为最。山农贫苦，依此为生。花生既收，必须榨制，工作万千，藉以糊口。即榨油所余之花生枯，如北方之豆饼，用以粪田、种蔗，取资甚多，为利甚厚，所销亦复不赀。故土产之货，花生油、花生枯为大宗，高、廉两府，生理尤大”⑤。广西历来有茶油、麻油等，其花生榨油业自清前期发展，到道光时已经比较普遍，柳州、思恩、梧州、浔州等府都以各种油、特别是花生油为出产大宗。如全州，有“香油、茶油、

---

① 光绪《嘉兴府志》卷4，引《海盐图经》。

② 咸丰《南浔镇志》卷28，卷24；道光《南浔镇志》卷1。

③ 《太湖备考》卷6。

④ 乾隆《安吉州志》卷8。

⑤ 前引姚贤镐：《资料》，第3册，第1389页。

桐油”，平南县有落花生，“用以榨油，地道所宜，产倍他邑”①。武缘县“油之利甚溥，油者花生榨出之油”，桂平县“今惟地豆最盛……又名落花生，可以供食，可以榨油”②。福建产油，“有脂麻油、菜子油、茶油、柏油、桐油、蓖麻油、落花生油数种”，闽北明代多产茶油，《闽书》记载，“又有茶油之茶，建剑汀邵多有之，而连城为第一”，清代，“闽诸郡皆产茶子、桐子、菜籽，兴化、福清产落花生及各豆”③。鸦片战争前，每年有大宗的茶叶、茶油自闽东北部运往福州。

内陆的湖南、湖北、四川、江西、贵州等省的榨油业清前期发展迅速，出产茶油、菜油、芝麻油、桐油、豆油、棉子油等多种油品。如湖南，“辰、沅、永、靖诸山皆种桐树、茶树，收其子以榨油，而会同所产茶子独盛”④。永州府“茶子树连山亘野，弥望如荠……以为油，最美”，“材炭之外，厥利惟茶油、桐油为大，各属咸有之……道州所出尤多”。湘潭“榨油业起源甚早”，咸同至光绪时最盛，有油坊50余家。郴州有“茶油、麻油、菜油、桐油，五县同产，宜章、桂阳二县茶油较多”⑤。江西、四川、贵州等省产油都多，有菜油、麻油、茶油、桐油等，并都有输出。清代这几个省榨油业的发展突出表现为桐、柏油业的发展。

清前期，北方几省盛产大豆、芝麻、棉花，原料虽丰富，但榨油业却相对落后。北方的大豆大量运往江苏、浙江榨油加工，在产地从事豆油加工的极少。山东、直隶、河南、山西等省的物产志中很多都有油类，多为“香油”、“麻油”、“胡麻油”，或直书为“油”，说明此时这些地区以芝麻油为主，又有部分棉油、菜油。山东潍县，“油坊营业远在明代”，乾隆县志货产类中有“油”一项。齐东县“有麻油、棉油、菜油、蓖麻”。诸城县“脂麻尤贵重”。平原县有“芝麻油、棉子油”。乐陵县有“脂麻油，最盛，有蓖麻油”。道光

① 嘉庆《全州志》卷1；道光《平南县志》卷5。

② 道光《武缘县志》卷3；道光《桂平县志》卷4，转引自李华文，载《史学月刊》1991年第6期。

③ 乾隆《晋江县志》卷1；《闽产录异》卷1。

④ 嘉庆《巴陵县志》，转自前引《明清农村商品经济》，第483页。

⑤ 道光《永州府志》卷70，卷56；前引彭泽益《资料》，第2卷，第120页；嘉庆《郴州总志》卷40。

时博兴县商人主要经营白酒、布、棉，“而近界乐安者兼业胡麻油”。武城县有“蓖麻、棉花子油、菜子油”。直到光绪时，该省有的地方仍旧只有这几种油。如郓城县有“麻油、菜油、棉油”，东平州有“麻油、苏油、菜子油”[①]。河南襄城县有“香油”，裕州有“麻油、菜油”，偃师县有“香油、棉油、菜油”[②]。另外如河北的赞皇、满城、静海、安肃，山西的祁县、偏关、平遥等许多地方都只有“麻油”，其余产油州县虽只记为“油”，估计大多也是香油类。陕西商州油的品种较多，“油，有核桃、芝麻、椒菜籽、麻子、椧子、漆子、杏仁共十数种”。[③] 总起来看，清前期这些地方虽都有榨油业，但产地分散，且芝麻并非高产作物，香油属于高档食品，“味高而品贵”，大多数地区产量也不会多。不过，上述资料显示，清前期油菜种植已扩展到北方，棉花种植也进一步向北方深入，使北方的菜油、棉油业得到发展。

这些地区豆油加工业的普及大约始于嘉道时期。嘉庆时，山东禹城县，“其力作通财者有……麻油、豆油、棉子油”，道光时，东阿县有“麻油、豆油”，平度州“利藉豆饼，州多种之”[④]，可能已有一定发展了。花生油加工业的发展又晚于豆油。据记直到光绪初年，“华北人士食［花生油］者尚鲜”[⑤]。花生大约在乾嘉时已在这些地区种植，其普遍推广要到咸同以后。山东宁阳县嘉庆初有“齐家庄人齐镇清试种之，其生颇蕃”，道咸时，“则连阡接陌几与菽粟无异”。费县据光绪时记，落花生“百年前仅有种者，今则连阡累陌……取其仁打油，兴贩四出”[⑥]，百年前正是乾嘉时期。花生榨油业随着花生种植的推广而发展起来。光绪以后，由于油、饼输出的刺激，山东、河北等地的豆油、花生油业都迅速发展，同时机器榨油业建立，榨油业成为一项重要行业。这已是晚些时候的事了。

---

① 民国《潍县志稿》卷24；乾隆《潍县志》卷1；康熙《齐东县志》卷1；乾隆《诸城县志》卷12；乾隆《平原县志》卷3；乾隆《乐陵县志》卷2；道光《博兴县志》卷5；道光《续武城县志》卷7；光绪《郓城县志》卷3；光绪《东平州志》卷3。

② 乾隆《襄城县志》卷1；乾隆《裕州志》卷1；乾隆《偃师县志》卷5。

③ 乾隆《直隶商州志》卷8。

④ 嘉庆《禹城县志》卷5；道光《东阿县志》卷2；道光《重修平度州志》卷10。

⑤ 前引彭泽益：《资料》，第2卷，第301页。

⑥ 咸丰《宁阳县志》卷6；光绪《重修费县志》卷10。

东北地区虽盛产大豆，其豆油业却发达较晚。清前期，东北也是以榨制麻油为主，通常称油坊就是指磨麻油的作坊。辽东半岛盛产大豆，但清前期，这里的大豆也是源源运往江浙地区，作为榨油原料，在本地加工榨油的极少。有记载说东北以黄豆榨油的历史要推到明朝崇祯年间，不过其豆油坊业的广泛兴起还是在清朝道光时期。[①] 道光初，奉天的豆油坊业开始发展，北部的铁岭、开原一带是大豆产地，但道光前只有按照关内经验设立的麻子油坊，道光初始改为以大豆为原料，出现了豆油坊。新民府于道光年间开设了3家油坊。一直延续到民国时期的营口西义顺、兴茂福油坊，都是道光初年开设的。盛京地方在道光时也出现了豆油坊。道光以后，东北各地陆续开办了不少豆油坊。[②] 东北地区的榨油业是直接受油、饼外销输出的影响而发展起来的。

二

清代榨油业的一个重要发展是桐柏树木的推广种植和桐柏油业的发展。古代的桐油利用起源很早。桐油、柏油可以燃灯、造烛、入漆、造纸、造舟船兵器、涂饰门窗家具等，用途广泛。明代后期，江苏、浙江一带的农户已普遍种植桐树、柏树。清代，随着人口增长，经济发展，对桐柏油的需求日增。同时，作为一项解决民食、生计问题的重要措施，清政府也采取鼓励政策，提倡多种桐树、柏树，“舍旁田畔以及荒山旷野，度量土宜种植树木……柏桐可以资用”[③]。桐柏油业由此得以迅速发展，从江浙沿海拓展到内陆、山区。

浙江是传统的桐柏油产区，不少府县都有，以杭州府较为集中。浙江的桐柏油业明后期已经相当发展，《农政全书》记载，“乌柏树，收子取油，甚为民利……江浙人种者极多”[④]。清代柏油业地位更加重要，路旁田畔都种乌柏，有的地方种植乌柏甚至超过油菜。富阳县“村落多种柏树，参差成行，采子为膏，以应城会造烛之用”。于潜县“邑出桐油、柏油二种为多”，“俗多乌柏

① 前引彭泽益：《资料》，第2卷，348页。
② 孔经纬：《清代东北地区经济史》，第1卷。
③ 雍正二年谕旨，见前引《清实录经济史资料》农业编，第2分册，第5页。
④ 《农政全书》卷38。

之利，故种［油菜］者不过十之三。”① 新城、临安、海宁等州县，以及宁波、金华、湖州、嘉兴等府也都出产桐柏油。

湖南的桐油业是清前期随着山区开发而繁荣起来的，到乾隆时很多州县都种桐树，出产桐油。如龙山县，“邑惟桐油为大庄”，油桐树“沿山种之，自下而上，行列井然。……龙民多藉此以为利，商贾趋之”。永州“种油桐甚广”，道州“出桐油、茶油”，江华县“出桐油”②。辰州府桐油也多，黔阳县在清初种植桐树尚少，康熙元年知县张扶翼“谕民种桐”，以后“各乡遍植”，桐油成为黔阳的大宗输出货品，县属洪江地区地濒沅江，水路便利，成为“油商囤积之地”，咸同时产出更多。保靖县植桐，“取子榨油，需用多端……乡民多藉此以为利”③。麻阳、泸溪等县也都以桐油为利薮，所出桐油大量运往各地。

四川桐油业在鸦片战争前已相当发达，沿长江一线的叙州府、重庆府、夔州府都盛产桐油。秀山县桐油发展最早，也最著名，“秀山擅油利旧矣”④。据民国时调查，秀山桐油输出历史在200年以上，则其发展当在清前期。秀山所产的一种桐油，色黑，为桐油中之上品，名重一时，特称为“秀油”，其他品种则统称为桐油，或相对于秀油而称为白油。纳谿县产“桐油”。开县桐油“邑境皆产”。万县多山，“故民多种桐，取其子为油，盛行荆鄂”⑤。此外，如东乡、南川、梁山都出产桐油，并由于地近长江，便于运输，产油多运销省外。太平天国战争期间，四川的桐油业由于运路受阻而一度萧条，光绪时再度兴盛，桐油输出量大增。

江西的桐柏油以质量上乘而闻名。广信、南安、赣州、饶州、宁都几个府州都是桐柏油产区。乾隆时有奏报称，“南、赣二府，种植桐梓，出产油斤，其利甚溥”⑥。兴国县的桐油，用于油饰器物，“清润胶粘，视楚蜀所产尤胜”。

---

① 康熙《富阳县志》卷5；嘉庆《于潜县志》卷10。
② 嘉庆《龙山县志》卷7，卷9；道光《永州府志》卷7上。
③ 同治《黔阳县志》卷18；同治《保靖县志》卷3。
④ 光绪《秀山县志》卷12。
⑤ 嘉庆《纳谿县志》卷3；咸丰《开县志》卷15；同治《万县志》卷13。
⑥ 前引《清实录经济史资料》农业编，第2分册，第452页。

龙南县、赣县的桐油调漆最好，“楚蜀亦出桐油，而不及赣之桐油胶粘清亮，可入漆也”。乐平县有桐、柏树，“甚为民利，邑中无不植者”。弋阳县柏油“四乡皆出”。广信府的“广丰之油……出产颇丰”①。玉山县以柏油造烛，声名在外，名为“玉烛”。

贵州多山，经济比较落后，但山区手工业还是有一定发展，榨油业即为其中一项。贵州北部、东部的桐柏油业比较突出。贵阳、遵义、黎平等府都出产桐油，此外还有茶油、菜油、麻油等多种油品。乾隆通志记，“柏，通产”，说明种植广泛。乾嘉时，开泰、玉屏、正安、黄平等州县都有桐油、柏油。道光时，遵义府“油桐树，郡无处不有”，桐油为“州县货产”。思南府桐油、柏油以榨制方法不同而分为不同的品种，道光时运售较远，“惟桐油、柏油、山漆……可以行远”②。

此外，江苏、湖北、福建、广西等许多地方都产桐油、柏油。特别是一些山区，如川陕鄂、湘黔桂、闽浙赣这些边界山区，清前期随着这些地方的垦辟开发，其榨油业、尤其是木本的桐柏油业有了显著发展。

三

清前期榨油业发展，原料品种增多，产量增加。花生的引进推广进而成为榨油的主要原料，就是清代榨油业的一大进展。油的产量难以估计，如果笼统地讲，仅从人口增长与手工业、农业发展引起油脂消费需求增长这一点来看，清代油的产量也应比前代大有提高。另一方面，从油料作物种植扩大来看，也可以说明清代油产量的提高。如桐柏树木种植推广与桐柏油业的发展，油菜、棉花种植的向北方拓展，北方大豆种植的扩大，都带动了榨油业，使油产量增加。

清前期榨油业还表现出向农村扩散的趋势。一些乡村中出现较多的油坊、油车。如江苏，“油坊油榨，多在村落”③。六合县油“系乡间油坊所榨

---

① 同治《兴国县志》卷12；同治《赣县志》卷9；乾隆《乐平县志》卷8；咸丰《弋阳县志》卷2；同治《广信府志》卷1。

② 民国《贵州通志》引乾隆通志；道光《遵义府志》卷17；道光《思南府续志》卷2。

③ 前引彭泽益：《资料》，第1卷，第257页。

制……县境以西乡所产为多”[①]，这是民国时的记载，前述咸丰时的“六邑迤西”油坊出油很多，也正是指的这些地方，说明这些乡间油坊的历史是很久了。浙江安吉，“各乡皆有油车”[②]。湖南、江西、四川等地的油，大量出自“四乡”、“各乡”。清代各地出现这一趋势，表明榨油业向原料产地靠近。而在江苏、浙江这些地方，看来还有其特殊原因，即与当地的农业条件有关。江浙地区农民精耕细作，对肥料的需求相当大。油饼就是一种重要的肥料。同时，多熟复种制度推广，油菜成为重要春熟作物。榨油不仅为获得油脂，而且为获取油饼，有的地方干脆称油坊为“油饼坊”。乾隆以后，油饼市价日益提高，“今饼直视前日增”[③]，就是这种需求增加的结果。这都导致榨油业向农村深入。

随着榨油业发展，油的商品量相应扩大。大部分油与油饼为就近销售，部分油、饼也进入长距离运销，特别是内地的桐油、茶油，远销数量很大。江浙地区榨油业虽然发达，但其油品远销却不多。浙江石门镇的油在明后期“转贩于南路商人”[④]，近代销往绍兴、杭州等地，清前期大约也是如此。前述江苏六合县每年有数百万的油饼销往苏常一带。赣榆县青口镇的油每年从海路运往上海。如皋县的油饼“贸迁江南，其利不赀”[⑤]。安徽无为州油坊，“贩榨饼，行丹阳者，颇获利焉”[⑥]。这些地方的油与油饼的销售都超出了本境，不过看来销路并不很远，大概因为人口稠密，农业与手工业发达，对油的需求量大，尽管产出不少，但多数是在地区内消费了。相比之下，其他产油地区由于本地消费有限，油的销路却相对较远。湖南的桐油、茶油为当地大宗商品。龙山县位于湘西山区，交通并不十分便利，所产桐油全靠人力搬运到通水路的地方，水运到辰州、常德，然后由江右、闽广、山陕商人运往各地，这些商人至辰、常贸易，“归皆易桐油转售他处”。郴州“九十月间收茶、桐油，行旅客

① 民国《六合县续志稿》卷14。
② 乾隆《安吉州志》卷8。
③ 乾隆《吴江县志》卷38。
④ 光绪《石门县志》卷11。
⑤ 嘉庆《如皋县志》卷6。
⑥ 乾隆《无为州志》卷7。

商络绎不绝”。道州商人“惟装运桐、茶油、木料、白炭等货发卖，谓之走下河”。江华县“城市皆两粤江右人，装运盐、花、油、布转卖”。桃源县货物以“鱼米油茶为最，黔蜀闽广江浙陕豫之商毕集”[①]。四川秀山的桐油著名，鸦片战争前，商船“下水载油，上运皆木棉，他货未百一也”，“载销湘汉淮沛之间，而汉口其都会也，其次常德，次湘潭新堤”，各地大商人多有专营秀油的，“秦吴荆豫大商皆奔走数千里以为专业，旧有十号……”[②]。万县“水陆商贩向以米、棉、桐油三者为大装，行于滇楚”。四川其他的油品输出也多。新繁县有菜油、麻油、花生油、豆油，“供他邑之用，而各城之运者且络绎不绝，则油利又大宗也”[③]。什邡、郫县、灌县等地的油都销往境外。江西龙南县，“商之巨者顺流而往仅杉木、清油、及靛与铁”。兴国的茶油，“色味甘香清洁，故又曰清油，专入食馔，膏发亦佳，吴人购之，入玫瑰素馨兰桂诸香为香油，兴地所产甲于他邑，商贾收贩终岁不绝。若茶不结实则为欠岁”。赣县的桐油“胶粘清亮”，茶油“味甘香清洁”，“二油为赣佳产，每岁贾人贩之他省不可胜计，故两关之舟载运者络绎不绝”。宁都直隶州及所属的瑞金、石城二县多产茶油，“远方商贾来贩者甚伙”[④]。贵州思南府的桐油、柏油“运两湖销售”。黎平府的油“产自东北路者由洪江发卖，产自西南路者由粤河发卖，每岁出息不小”[⑤]。清初广东的茶油销路北至燕，南至吴，并销往国外，“韶、连、始兴之间多茶子树，以茶子为油，客至辄以油煎诸物为献。燕、吴人购之为泽膏发”，广州人以茶子油和露花加工而成一种“露花油”，香气馥裂，“洋舶争买以归”[⑥]。广西郁林州以靛、油、糖三者为大宗，“岁得厚利……昔时均以其余贩运他境”[⑦]。桂平县“花生之油，通行各处，每年出息，可敌谷

---

① 嘉庆《龙山县志》卷7；嘉庆《郴州总志》卷21；道光《永州府志》卷5；同治《江华县志》卷10；道光《桃源县志》卷3。

② 光绪《秀山县志》卷12。

③ 同治《万县志》卷13；同治《新繁县志》卷4。

④ 光绪《龙南县志》卷2，引旧志；同治《兴国县志》卷12；同治《赣县志》卷9；道光《宁都直隶州志》卷12。

⑤ 道光《思南府续志》卷3；民国《贵州通志》风土志，引黎平府志。

⑥ 《广东新语》卷14。

⑦ 光绪《郁林州志》卷4。

石之半”。武缘县花生油每年“出江舳舻衔尾，以百余万计”[1]。

清前期，北方的油远销不多，多数在地方市集上流通，量小分散。但在少数地方也形成了集中产区，油品行销较远。山西应州“物产无多，不通商旅，止碱卤麻油之属，供外方之稗贩而已”。偏关多种胡麻，“胡麻油多贩运出境，是为本关大宗出息”[2]。陕西平利县“乾隆以后，户口加增至数十倍”，地利日辟，以山区土产、包括“漆油、桐油为大宗，岁所出巨万，有业此而货殖致富者”[3]。到近代，北方的榨油业发展起来之后，油才成为重要的远销商品。

清代榨油业的发展也促进了油业市镇的形成发展。除传统的石门镇、苏州城郊以外，又产生了一些新的油业镇市。在这些镇市上，榨油业即便不是最主要的行业，也是数量比较集中的重要一业。如前述苏州唯亭、甫里、周庄、陈墓，以及震泽、南浔、乌青、菱湖等市镇，都集中了一批油坊。其中赣榆县青口镇的发展尤为显著。青口镇是清前期发展起来的榨油业市镇。赣榆县出产大豆，乾隆以前赣榆的榨油业已有一定发展。乾隆五年奏准允许“该县豆石由青口出海”，但禁止豆油、豆饼由这里海运，说明当时赣榆的豆油已经是输出品。青口是濒海地区，但乾隆前几经开海、禁海，地方经济未得发展，直到乾隆五年以前还只是“坳海民居数百家，落落可数也”。自乾隆五年起允许商船由青口出海，对渡刘河，赴上海关纳税，“于是峨舸大艑往来南北，废著者赢利三倍，市廛甚盛益兴”，而且不止豆石，豆油豆饼也通过这里私运出海，“油与豆饼，皆属奉禁出口之货，然从未见其陆运赴淮，则其由海来往，不问可知”，交通便利，促成了青口镇榨油业的兴旺，到嘉庆时已相当发达，“海州三属，集镇数百，商贩贸易，以青口镇为最大……青口行铺，又以油坊为最大”。青口镇的豆油豆饼，都由海路运往苏松等地销售。到清后期，整个赣榆县的油坊“利以为业者四境相望，行贩取赢，往往致富大万”[4]，形成以青口镇为中心的油业集中区。广西桂平县的花生油业发展很快。从嘉道间开始推广花生种植，道光初已经遍地皆是。前述花生油的输出，“可敌谷石之半”，直

---

① 道光《桂平县志》卷4；道光《武缘县志》卷3，转自前引李华文。

② 乾隆《应州续志》卷1；道光《偏关志》风土志。

③ 光绪《平利县志》卷9。

④ 《安吴四种》卷27；光绪《赣榆县志》卷3，卷2。

到光绪初，一直是“生产甚旺，沿江田地种者利抵五谷，商家以榨花生油为市中大宗贸易”。花生油业发展促成了一批油业墟市的兴起、繁荣，如覃放墟、石嘴墟、下湾墟、蒙墟，都以榨油业为重要生业，这些墟市上集中了一批油坊。同时，榨油业的兴衰又在很大程度上影响了这些墟市的繁盛程度，光绪后期因花生“收成锐减，各市因此冷落”。如覃放墟，建于乾隆年间，到光绪初市上有大小铺户50余家，其中“榨油之铺”有9间，市面繁荣，以后由于花生减收，“榨铺关闭，由九间转为两三间”，到民国时只剩下一间。石嘴墟原有榨油铺二间，光绪时，“花生入口甚盛”，以后油业衰退，则转为以大米为大宗，市面也比从前冷落了。蒙墟有大小铺户50余家，花生阒时榨业亦富，近衰矣”①。

四

油料加工的生产方法在清代改进不大。有些原料，如芝麻、菜籽等，少量的可以用小磨磨油，大多数油是用木榨榨制。传统的手工榨油设备主要是木榨、石碾、石磨、蒸炒用的锅釜容器，以及畜力、场地。木榨有脚踏、手撞各式，结构比较简单，有的体积较大。榨油一般需经过炒、碾、蒸、包、榨几道工序，工艺技术并不复杂，但所需人力较多，尤其是强壮劳动力。从所需设备及人力来说，都不是一般五口之家的单个家庭所能承担的。而且，油料作物由农民家庭分散生产，每家的产量都不会很多，一般农家也没有必要专门置备一套榨油工具。因此，榨油业的生产组织大致可分为二种，一是农家自磨自食，有余出售，属于农民家庭副业，这主要是芝麻油、麻子油等，这种情形在那些榨油业分散，油与油饼的消费量较低的地方比较多见。

再一种是专门的“油坊”、“油车”。清前期榨油业的发展使油坊业广为建立，在那些榨油业比较集中的地方，油坊成为主要生产形式。前述资料中很多明确提到“油坊”，说明清代油坊普遍存在。不过，同为油坊，生产情形又有不同，可分为以下类型：

---

① 民国《桂平县志》卷9，卷19。

一类是城镇中前店后厂形式的“油店”或“油铺”，这是大量存在的。这些油店或油铺购买原料，自行加工销售，后厂加工是为了前店销售，生产规模一般不大，大多为食用油加工，以供应城镇居民消费。这种油坊商业性比较强，生产与经商结合在一起，并从属于商业，基本属于小商人的小本经营。

另一类是城乡专门从事油料加工的“油坊”或“油车”、“车坊”、“榨房”，这类油坊的设备齐全，以榨油为营生，其生产性增强，商业性减弱。这类油坊主要采取两种加工方式，一种是代客加工，农民将自家生产的原料送到油坊加工，拿回油与油饼，或自用或出售，油坊收取加工费。如苏州农户加工菜子油，每到春间，“郊外菜花至是亦皆结实，取其子至车坊磨油以俟估客贩卖”①。乌青镇油车分为菜车、柏车、豆车，菜车“皆系乡车，乡人自携菜籽代打菜油，收取车费，名乡车”②，此记载为清后期事，时间稍晚，不过加工方式本身恐怕变化不大。

再一种是自营性生产，油坊收买、贮存原料，批量加工销售。石门镇油坊就是收买北路商人贩来的油豆，作油作饼，然后将油、饼转售于南路商人。清代北方的大豆运往江南，多数为油坊所收购。油坊还收购四乡农民的菜籽、棉籽、桐子、柏子，特别是桐、柏子，极少是农户自家加工，多数是收子后卖给油坊，由油坊加工销售。江苏、浙江、四川、贵州、湖南、广西等地都是这种情况。如前述元和县油坊，每至春间，堆贮菜籽，用以压油。浙江农民种柏卖柏子，“岁收柏子便可完粮”③。贵州遵义府，“农家岁收桐子五石，可获钱十二千”，思南府，“荏桐乌柏实可压油，则落其实而货之”④。有能力进行原料储备，这类油坊是需要一定资本的。即使一时资金不足，需借贷以收购原料，也一定具有偿还能力。后来兴起的奉天油坊有不少就是这种情况。

榨油具有一定季节性，特别是乡村油坊，季节性更强。榨菜油一般于小满后、即菜籽收获季节开车，榨桐柏油于秋冬收子，冬季开车。一些榨油业发达地区的市镇油坊，有一定原料储备与资金周转能力，已经趋向常年性生产。城

---

① 顾禄：《吴趋风土录》，《小方壶斋舆地丛钞》第6帙。

② 民国《乌青镇志》卷21。

③ 民国《新登县志》卷10，引《群芳谱》。

④ 道光《遵义府志》卷17；道光《思南府续志》卷3。

镇中前店后厂式的油铺、油店，其加工已是常年性的。总的说，清前期榨油业仍有一部分属于农民家庭副业，但随着行业发展，其生产已逐渐摆脱小农家庭形式，而以专业或半专业性的作坊为主。

油坊无论大小都使用一定雇工，雇工人数不等。明后期石门镇有油坊20家，工匠800余人，平均每个油坊用人40余人。有关清前期油坊规模的记载很少。乾隆时，如皋县监生陈万庆，“雇袁学荣打油，孙照林烧火，张守发作杂工”，“油坊系朝南房三间，西一间雇工张守发睡卧，其中一间有石磨一个，东一间靠南砖窑，靠西安放油缸”①。这家油坊有雇工3人，房屋3间，主要工具是石磨，大概是从事芝麻油加工的小作坊。乾隆时，东北珲春有周祥生开设的一家油坊，雇用11人。② 雇工人数不算少，详情不明。

开设油坊的油坊主许多是地方富户。明代乌青镇有“中人之家贷钱开油饼坊”，其雇工人与人殴斗致人于死，“主人费六七十金半偿死者之家，半赂衙门人”③。能一下子拿出六七十金的“中人之家”至少是富裕农民。清代江苏如皋县，“油坊之息，本多者富”，清河县“民间尤好酿酒、榨油，或致殷实”④。江西鄱阳县“乡市油榨皆土著”⑤，山西河曲县以胡麻榨油，“晋北惟胡麻油，其用最溥。胡麻产口外，秋后收买，载以船筏，顺流而下，乡人业其利者，以牛曳大石，磨碎蒸熟，榨取其汁为油。油净，则取渣滓饲牛，又其粗者，谓之麻糁，并可肥田。故业农者多开油店”⑥。这些开油坊的“本多者”、“土著”、“业农者”，应都是当地富厚之家。这些人开设油坊，很大程度上是为了获取油饼作为肥料，也就是说，这种形式的榨油业还与农业结合在一起，是服从于农业的。富裕农民开设油坊，大约都是独资经营的。

清前期榨油业已有一定发展，但有关商人投资直接经营榨油业的事例却少见。前厂后店形式可属小商人资本。此外，商人与油业生产者之间多为买卖关

① 刑部抄档，乾隆五十六年九月二十三日，江宁巡抚觉罗长麟题。
② 前引《清代东北地区经济史》。
③ 乾隆《乌青镇志》卷12。
④ 嘉庆《如皋县志》卷6；同治《清河县志》卷2。
⑤ 道光《鄱阳县志》卷11。
⑥ 同治《河曲县志》卷5。

系。石门镇商人向油坊出售原料，油坊将产品售给商人。青口镇“产货者农而运卖者商”[①]。苏州农民收菜籽榨油，“俟估客贩卖”。四川秀山经营秀油的商人设商号收油。湖南的桐油都由商人在市集上收买转运。这些都是商人专营购销，商人资本只停留在流通领域。

在台湾、湖南，有一种以“预买”方式控制榨油生产者的情况。台湾淡水厅地方“商贾估客辏集……货之大者莫如油米”，该地有一种商人买“青”的习俗，“所谓青者，乃未熟先粜，未收先售也。有粟青，有油青，有糖青，于新谷未熟，新油新糖未收时给银先定价值，俟熟收而还之”[②]。这里是商人发价预买，是商人资本支配生产的一种形式。湖南龙山县产桐油，每年桐子开花之时，“有油之家缺日用，向有钱者预领油价，言定油若干斤，钱若干千，价无一定……十月兑油，或兑桐子，如期不得误。而权子母者，遂举倍称息”[③]。这也是预买，不过这里的“有钱者”、“权子母者”的身份看来多半是地主兼高利贷者，而不是商人。道光三年，四川巴县有柯廷与罗大川伙开油坊，又兼贩运木材，柯氏后来又出本开钱铺[④]，这个人的身份有可能是商人。前引广西桂平县在光绪前油业盛时，“商家以榨花生油为市中大宗贸易”，这是商人直接经营榨油业，而且看来已不是小本经营，只是经营状况不明，时间上也比较晚了。

据有关研究，明后期石门镇油坊已具有工场手工业性质。清前期在江南地区却不见这类记载。

第三节　酿 酒 业

酿酒业是一门古老的手工业。[⑤] 清前期，酿酒业也是农产品加工重要行业

---

① 《安吴四种》卷27。
② 同治《淡水厅志》卷11。
③ 嘉庆《龙山县志》卷7。
④ 《巴档》第383页。
⑤ 1996年徐州狮子山楚王陵出土3坛兰陵酒，把中国与世界酿酒历史追溯到2148年前。

之一，每年有大量粮食耗于酿酒。

酒不是生活必需品，却历来是日常重要饮品。按照现代分类法，酒的种类分为白酒、黄酒、果酒、药酒、啤酒五大类。在传统手工酿酒业中，除了啤酒，其他几类都可以酿制。古代的酒都是米酒（黄酒）。至少在唐代就有了烧酒（即白酒）。药酒是中国传统酒类的长项，不少医药书籍中记有加工药酒的方法。至于果酒，山楂、柿子、葡萄等都是传统造果酒的原料。如以葡萄造酒，在中国有着很久历史，并产生了"葡萄美酒夜光杯"的著名诗句。清代山西有专种葡萄用来酿酒的，解州安邑县北部一些村庄大量种植葡萄，"土人种葡萄如种田，架不及肩，青虬元珠应接不暇，惟杜村近杜康祠者尤佳，酿以为酒，甘于曲蘖"[①]。不过，传统的酒类还是以粮食酒、即烧酒、黄酒为主，大小麦、稻、黍、高粱、玉米、红薯等都是造酒原料。烧酒多为曲酒，其酿造分为踩曲与造酒二个主要过程，故历来提到酿酒，都是踩曲造酒并提。

酒的需求量很大，生产成本较低，踩曲造酒是一项获利丰厚的事业，吸引了较多的财力人力。另一方面，酿酒需要耗费大量粮食，而粮食则关系到国计民生，在传统农业社会中尤其重要。因此，与其他手工行业相比，酿酒业更多地受到政府政策的干预。宋代实行官榷政策，踩曲酿酒成为官商垄断的特权，民间酿酒业难以正常生长。明代起开放民营，民间酿酒业开始发展，但政府仍实行严格控制。清代的酿酒业继续实行民营政策。随着人口增加，酒的生产与消费也大量增加，"用酒之人比户皆然"[②]，从而加重了日益突出的粮食问题。因此，至少从康熙朝起，政府就采取了禁酒政策，限制民间大量造酒。终清之世，禁酒禁曲政策始终未变。[③] 但官员们对这项政策一直有所争议，执行起来也时紧时松。由于只禁止曲坊、烧坊大量踩曲造酒，而不禁止酒店、民户的"零星沽卖"、"零星酿造"，这也为大肆踩造造成可乘之隙，商人富户的大量踩造从未停止。

---

① 乾隆《安邑县志》卷2。

② 乾隆三年八月十三日，孙国玺奏，载《历史档案》1987年第1期。以下简称《档案》。

③ 范金民文，载《中国经济史研究》1992年第3期。

一

清前期，酒的生产遍及各地。在几个主要粮食产区，如直隶、河南、山东、陕西、江苏、四川、湖南、安徽，以及东北几省，踩曲造酒尤其盛行。

北方酿酒业以直隶、河南、山东、陕西、山西五省为盛，时人称为“北五省”，“北五省向多开设烧锅，以酒为业”①。乾隆时有人说，西北五省“烧坊多者每县至百余，其余三斗五斗之谷则比户能烧”②。反映了北方酿酒业的普遍。河南为大小麦、高粱产区。高粱用以造酒，麦子为踩曲原料。河南的踩曲造酒很盛，特别是踩曲，每年踩曲耗费大量麦子，乾隆时有奏报称，“豫省产粮，惟二麦为最广，而耗费麦粮者，莫如踩曲为甚。凡直隶山陕等省，需用酒曲，类皆取资于豫。故每年二麦登场后，富商巨贾在于水陆码头、有名集镇，广收麦石，开坊踩曲，耗麦奚啻数千万石”③。祥符、陈州、南阳、新蔡、滑县、内黄等地，都是商人聚集处所。即使在官府严禁踩曲之时，“造曲之弊犹未尽绝”，在归德、南阳等地，造曲者私入乡村，“每于麦熟之后，假扮客商，广为买麦，运出境外潜行踩造”④。山东省“烧锅踩曲者，习俗相仍，颇不为少”⑤。鱼台县有谷亭地方，“一聚落也，贾人陈椽其中，鬻曲蘖岁以千万”⑥。滕县“下地多麦，而商人市之为曲蘖，贱其贾，农民病焉”⑦。当乾隆初禁酒最严的时候，违禁私酿的情况仍然很多，“私踩私烧聚集之所，如阿城、张秋、鲁桥、南阳、马头镇、景芝镇、周村、金岭镇、姚沟，并界联江省之夏镇，向多商贾在于高房邃室踩曲烧锅，贩运渔利”⑧。博兴县的酒与棉花

---

① 光绪《畿辅通志》卷107，胡聘之疏。

② 光绪《畿辅通志》卷107，方苞疏。

③ 乾隆二年七月十七日，尹会一奏，《档案》1987年第3期。

④ 乾隆九年六月十一日，硕色奏，《档案》1987年第4期。

⑤ 乾隆六年二月十八日，朱定元奏，《档案》1987年第4期。

⑥ 《古今图书集成》职方典，卷230。

⑦ 道光《滕县志》卷3。

⑧ 乾隆八年十一月六日，喀尔吉善奏，《档案》1987年第4期。

地位相等，“其货物广为民利者尤以棉花白酒为最”[①]。直隶的顺天、宣化、河间、保定等府州，踩曲烧酒也很普遍。宣化盛植高粱，高粱“不宜于作食而宜于烧酒，闾阎藉此易银易粟，以为日用，故烧锅独宣府最多”[②]。同河南、山东一样，在厉行禁酒的时候，畿辅地方也是“私开烧锅者颇多”[③]。陕西也是有名的踩曲造酒的地区。乾隆时有奏报称，除了零星踩曲烧酒，又有商民每年于二麦收获季节，买积麦石，“开行踩曲烧锅贩运，所耗麦石，亦自不少”[④]。关中一带是产粮区，三原、咸阳、渭南、富平、朝邑等县都是踩曲造酒集中的地方。陕南山区种植苞谷，“为酿酒饲猪之用”，南郑、紫阳、定远等县厅，都惯以苞谷造酒[⑤]。山西地宜植秫，以秫造酒为多。汾州府烧锅业盛行，“晋省烧锅，惟汾州府属为最，四远驰名，所谓汾酒是也”，“民间烧造，视同世业”[⑥]。乾隆五年有奏报称，“京师九门每日酒车衔尾。”[⑦] 这些源源运往京城的酒估计大部分是来自附近北五省的。

清代东北地区得到开发，成为重要的粮食产区，盛产高粱、玉米、大小麦，烧锅业随之发展。康雍时期时有禁令。如康熙二十八年，“盛京旱，禁烧酒糜米谷”[⑧]。雍正时，盛京及口外地方的烧锅禁而不止，“今闻盛京地方仍开烧锅，盛京口外蒙古交界之处，内地人等出口烧锅者甚多”[⑨]。嘉庆时，每年自吉林伯都讷运往齐齐哈尔的烧酒，“岁不下数十万斤”[⑩]。

南方各省中，江苏、浙江、安徽、四川等省的酿酒业比较发达。这些地方本是产粮区，然而每年有大量粮食耗于造酒，加上其他因素，以致有的地方造成粮食不足，还要从外地输入，如苏州。苏州造酒相当盛行。明清时，苏州“新郭、横塘、李墅诸村比户造酿烧糟为业，横金、下保、水东人并为酿工，

---

① 道光《博兴县志》卷5。
② 《宫中档康熙朝奏折》第7辑，康熙五十六年，赵弘燮奏。
③ 乾隆七年十二月十八日，严瑞龙奏，《档案》1987年第4期。
④ 乾隆十一年六月二十八日，陈宏谋奏，《档案》1987年第4期。
⑤ 卢坤：《秦疆治略》。
⑥ 前引严瑞龙奏。
⑦ 《石渠馀纪》卷5，纪酒禁。
⑧ 《石渠馀纪》卷5。
⑨ 《清世宗实录》卷42，雍正四年三月。
⑩ 《黑龙江外记》卷6。

远近皆用之”，浙江农村里也到苏州买回酒糟自家酿酒[①]。木渎镇、横金乡一些地方集中了一大批酒坊和造酒工人。嘉庆时有人估计，苏州消耗于造酒方面的粮食每年不下数百万石。[②] 无锡、如皋等地造酒也盛，如皋所产烧酒、药酒、果酒，物产志中记载的有20余种。江苏、安徽又是踩曲的集中区。镇江、淮安、徐州、凤阳、颍州等处，是“向来著名踩曲地方”，每当麦秋之际，富商大贾“挟持重赀，赴各处大镇，多卖［买］麦石，广为造曲。而地方嗜利之人，亦多买麦石，广造以货卖”[③]。两江地方踩曲酿酒谋利，“酿酒数千家，获利既重，为业日多。约计岁耗糯米数百万石，踩曲小麦又数百万石。民间将肥田种糯，竟有一县种糯多于种稻者”[④]，踩曲造酒已经妨碍了民食，官府不得不严禁种糯稻。湖南是产粮区，民间将大量粮食用于造酒，“民间踩办谷酒，靡费无穷”，长沙县“沿乡村落之间，青帘相望，所遗糟粕积若邱山”[⑤]。嘉庆时，善化县城烧酒，“每日用谷约千余石”[⑥]。衡阳造酒历史很久，地方志记载“衡阳擅酒名久矣”，“衡酒”为当时名酒，每年酿酒耗费米谷，官府屡禁，而“民间固若不闻之……商贾廛肆恃贩酿为食者殆万人”。到同治初，湖南造酒“每岁耗谷不下数百万石”[⑦]。在四川、贵州交界的黔北川南一带，气候水质均适于造酒，自古就有造酒传统，但其盛期是在清代。清代随着航路开辟，随着“川盐入黔”，这一带成为必经之地，来往客商多，旅店业、酿酒业随之兴旺。贵州遵义府、四川叙州府、泸州府，都成为酿酒之乡，酒坊遍布，并产生不少名酒。道光时，四川“各州县开设糟房，多者千座”[⑧]。遵义董公寺产小曲酒，到清后期该地小曲酒作坊密布。[⑨] 仁怀县茅台村制酒在省内称第一，地方志记道光时该村有茅台酒作坊20余家。此外，像福建、湖北、踩曲

---

① 乾隆《吴县志》卷24，引旧志；《沈氏农书》。

② 《安吴四种》卷26。

③ 乾隆三年七月六日，那苏图奏；乾隆三年九月二十八日，许容奏，《档案》1987年第1期。

④ 《清高宗实录》卷319，乾隆十三年七月，尹继善奏。

⑤ 《湖南省例成案》刑律卷1，乾隆十年八月，长沙县民李文昉呈。

⑥ 光绪《善化县志》卷16。

⑦ 同治《衡阳县志》卷11；光绪《善化县志》卷20，恽世临文。

⑧ 《清宣宗实录》卷356，道光二十一年八月。

⑨ 《贵州传统食品》。

造酒也多，有的地方也比较集中。

总之，自明代开放民营，到清代酿酒业已遍及城乡，形成“糟坊酤于市，士庶酿于家”的局面。从地域发展上看，清前期酿酒业呈现出向原料产地集中的趋势，踩曲酿酒最集中的地方都是粮食产区。

二

随着经验积累，清代名酒品种增多。其中著名的如，贵州茅台酒，创于清代，其制造至少在嘉庆年间。[①] 成都薛涛酒（今全兴大曲前身），创于乾隆年间，被时人吟咏不绝。江苏双沟镇的双沟大曲，有文字可查的历史至少在雍正年间。湖北园林镇的园林青酒，也是创于清代。[②] 还有许多名酒则是源于清代以前，到清代经过改良，更加名重一时，飘香各地。如安徽口子镇的口子酒，宋代有糟房10余家。清代由于河道疏通，商船往来，市镇愈益繁荣，有糟房30余家，酒销往河南、河北、山东、山西、辽宁、江西等地。河南濮阳的状元红酒，乾隆时皇帝特赐黄马褂。[③] 江苏洋河镇的洋河大曲，雍正间行销长江淮河一带。浙江绍兴酒，明末已盛行京师，清前期达到盛期，“绍兴酒各省通行，吾乡之呼之者，直曰绍兴，而不系酒字”。四川的绵竹大曲，清初有诗咏为，“天下名酒皆尝尽，却爱绵竹大曲醇”，酒销成都、重庆。山西汾酒“四远驰名”。其他如四川杂粮酒（今五粮液前身）、泸州大曲、安徽古井贡酒、贵州小曲酒（今董酒前身）、陕西柳林酒（今西凤酒前身），都有着长久历史，清前期进入盛期，造酒的烧房都有增加。[④]

清代人口增长，酒的消费量扩大，刺激了酒的生产，酒产量大为增加。农业生产发展为其提供了物质条件。由于生产分散，酒的确切产量无法知道。有人估计，光绪时，东北三省每年以酒税计算的酿酒量约在7000万斤以上。[⑤] 就全国来说，这里权以消费量来估算生产量。清代饮酒者数量众多，民间“待

---

① 前引彭泽益：《资料》，第1卷，第608页。

② 《中国酒文化和中国名酒》。

③ 《轻工史话选编》。

④ 引文及内容均见《中国酒文化和中国名酒》。

⑤ 前引《清代东北地区经济史》。

宾客，犒工作，莫先于酒”[①]。有人曾估计饮酒者的人口比例，“今天下自通都大邑以及穷乡小聚，皆有酤者。饶沃人聚之区，饮酒者常十人而五，与瘠土贫民相较，约六人而饮者居其一（又有记为‘四人而饮者居其一’）。中人之饮必耗二日所食之谷”[②]。即以乾隆前期的一亿人口来计，假如饮酒者占十分之一，则全国饮酒人数约 1000 万人。每人每顿“饮黄酒五六斤者不为大量”，“常人饮烧酒亦可斤余”[③]。按每人每日饮烧酒一斤计，全国每日消费烧酒 1000 万斤，全年消费烧酒不下 35 亿斤。清代以粮食造烧酒的出酒率为，“高粱一石得酒三十五斤，大麦四十斤，小麦六十斤”，“每粳米一石得酒八十余斤”[④]，以平均出酒 50 斤计，全年用于造酒的粮食不下 7000 万石。这还不包括大量饮用的黄酒、甜米酒等，也未考虑乾隆中期以后人口愈增达到 4 亿这个因素。这一估计并不精确，不过可以认为，清前期每年酒产量至少有 30 多亿斤。这一产量恐怕是史无前例的。

随着酿酒业发展，酒的商品量扩大。许多地方志记载中，“货属”类里都有“酒”，如江苏吴县、六合、江都、江宁、仪征、江阴、金坛、清河、溧水，浙江临安、富阳、海宁、安吉、乌程、长兴、新登、崇德，福建龙岩、古田，广东开平、新会，等等，酒是这些地方的重要商品之一。酒不宜于长距离运输，多为就地或近距离销售。明代有的名酒也进入长距离运销，如绍兴酒销往京师，苏州酒“转运远方……齐汴间尤贵之”[⑤]。清前期名酒的长距离运销已如前述。除了名酒，在集中产区，一部分普通酒也超出本地区销售范围，进入长距离运销，不过看来数量还不大。江苏无锡有一种“惠山三白”酒，“三白”，为米白、曲白、泉水白，康熙时酒已出名，“酒作则无锡最擅名，所云惠山三白，腊月酿成，以味清洌者为上，奔走天下，每岁数十万斛不止”[⑥]。苏州米烧，“色清味醇，通行南北，每年数百万斛之酒，售于本地者无几，而

① 同治《衡阳县志》卷 11。
② 《清经世文编》卷 51，方苞文。
③ 《安吴四种》卷 26。
④ 《安吴四种》卷 26；乾隆五年闰六月十一日，张渠奏，《档案》1987 年第 1 期。
⑤ 嘉靖《吴邑志》卷 14。
⑥ 康熙《常州府志》卷 10。

消于外路者最多”[①]。山西秫酒的销售，“远至直属，西至秦中，四外发贩”[②]。汾州酒销往甘肃，在甘肃市场上，“因来路甚遥，价亦昂贵”[③]。孝义县酒为“货财”之一，“酒之名色甚多”，有一种“羊羔儿”酒，“名重海内”[④]。江西乐平县有烧酒，每年秋后，连同其他货物一道，销往江苏、湖北等地，“秋稼既登，间有鬻石炭、青靛、甘蔗、烧酒等物，往来吴楚市易”[⑤]。湖南的衡酒长期运销省外，“广西、四川尤重之”[⑥]。四川中江县以玉米、高粱酿造烧酒，酒味醇厚，道光时，“贩者担出县境，更觉香美，有竹枝词云，中江烧酒中江面，一路招牌到北京。盖纪实也”[⑦]。

以上事例多为河运。清前期酒也进入海路贩运。嘉道时，福建商船到天津贸易，返程时往往装酒回去。如嘉庆十八年，福建同安县船户吕接等自台湾载糖到天津贸易，购回红枣、黑枣、烧酒等货物，船上载有“烧酒二十缸”。道光十六年，福建诏安县船主沈拙等，“到天津卖糖装酒”，船上装有“烧酒五十壶”。天津不是产酒地区，天津的酒恐怕也多是从别处运来的，如道光六年，浙江镇海县一商船“自镇海装酒放洋，往天津交卸”[⑧]。另外还有来自东北的酒。有的酒运销距离相当远。如嘉庆时，齐齐哈尔市场上售有南酒，“南酒来自奉天，岁不过数坛“[⑨]。奉天的南酒又来自南方，这些酒几经辗转运到黑龙江，数量虽不多，也可谓不易。鸦片战争前，在各省运往广州的商品中，有浙江、山东、山西、直隶的酒，福建、陕西则从广州将酒运回。又有自天津、辽东南下的北洋船将醇酒、烈酒运到上海。[⑩] 至于酒曲，本属宜于长途运输的商品。清前期在河南、直隶、江苏这些酒曲集中产地，每年有大量酒曲运销各地，所谓“车载船装”、“驴马驮负”的记载很多。

---

① 前引张渠奏。
② 光绪《平遥县志》卷12，王绶疏。
③ 乾隆二年八月五日，德沛奏，《档案》1987年第3期。
④ 乾隆《孝义县志》第4册。
⑤ 道光《乐平县志》卷1。
⑥ 同治《衡阳县志》卷11。
⑦ 道光《中江县新志》卷1。
⑧ 转引自日本关西大学《东西学术研究所纪要》第18辑，松浦章文。
⑨ 《黑龙江外记》卷6。
⑩ 前引姚贤镐：《资料》，第305、554页。

三

清前期酿酒生产沿袭传统方法，造酒设备简单，锅、灶、桶、缸，踩曲更是以人力为主。在这种生产力下，清前期酿酒业的生产组织大致有以下几种：

一是作为农民家庭副业的酿造。农民利用自产的粮食，自酿自食，有余出售。这种形式普遍存在于各地乡村。有人说，“尝往来经齐鲁燕赵间，五里十里之堠，三家四家之村，旷荡萧条一无所有，惟烧酒鸡卵则家蓄而户累焉”[①]。前述西北五省三斗五斗之谷比户能烧。陕西定远厅“家家皆有酿具，苞谷成熟，竞糜于酒”[②]。河南民间惯常饮用一种“明流”酒，以高粱酿制，味道较烧酒稍淡，“饮明流者，十之七八，此酒家常率能自造，随处俱可零沽，几于比户皆然”[③]。山西据称禁酒之后，酒铺减少，民间酿酒多是“粮食有余之家自行制造，以备祭享之用，间有多余，零星沽卖”[④]。江浙农村祭祀、宴客都少不了酒，“苏、湖、绍、金人家无不酿酒者”[⑤]。这种自酿自食、有余出售的方式，属于农民家庭的自给性生产。

在一些酿酒业发达的地方，酒大量进入流通，市场扩大，农民家庭酿酒的商品性更强一些。农户造酒是为了出售，以换取日用所需并完纳赋税。前述直隶宣化府广种高粱，用以酿造烧酒，借此易银易粟以资日用。山西地宜种植高粱，但高粱“粗而粝，不可以食，于是民间不得不以岁收所入烧造为酒，变易银钱……稍得润余，上完钱粮，下资日用”[⑥]。河南产高粱，农民“多用以造酒，资其利以济日用之需。相沿既久，习以为常”[⑦]。江西乐平县农民出售烧酒等物，“稍获赢余，赋税日用咸取给焉”[⑧]。这些农户造酒已转化为小商品

---

① 《清经世文编》卷51，陈兆仑文。
② 《秦疆治略》。
③ 前引尹会一奏。
④ 乾隆三年九月二十八日，萨哈谅奏，《档案》1987年第3期。
⑤ 张履祥：《补农书》下卷。
⑥ 光绪《平遥县志》卷12。
⑦ 前引尹会一奏。
⑧ 道光《乐平县志》卷1。

生产，有的酒销售超出了地方范围。江南农民造酒出售，有的还以此致富，“民间尤好酿酒、榨油，或致殷富”[①]。康熙时有绍兴人沈载华，原系自耕农，每年酿酒数千斤，供应附近集市村庄，后来在开封开设一酱馃店，专门贩运绍酒、火腿、茶叶等南货[②]。在酒的集中产区，这种农民的小商品生产比较常见。然而作为一种农民家庭副业，其商品量毕竟有限。

城乡酒店铺户造酒是一种广泛存在的生产形式。酒店铺户自踩自酿，零星沽卖，按照清代政策，也属于自造自用，不是兴贩图利，因而不在禁止之列，酒店铺户普遍合法存在。乾隆时有人说，“南方之黄酒，以稻为之，家家可酿，而烧酒则沽之酒肆。北方之黄酒，以谷为之，烧酒以杂粮为之，二者皆取资于酒肆。然黄酒惟城市镇店始有，而烧酒则凡有村落之处，即有开造之家，其沽之也甚便”[③]。山东“三家之村，亦有酒肆”[④]。江浙鲁豫乡村，“荒郊野巷，莫非酒店”[⑤]。无锡酒“山中卖者比舍皆是”[⑥]。湖南衡州府有“十家七酒店”之谣。善化县到同治初年，“嗜酒之风，有加无已……而乡村为多。小民射利，添设店铺，数倍从前”[⑦]。嘉庆时，沈阳城里“酒肆几及千家”[⑧]。这些是专门的酒店。还有杂货铺、米店附带零星造卖的，“凡城市村镇卖烧酒者多与油盐杂货同一店”[⑨]。嘉庆时，奉天省造酒之家有本地旗民开设杂货铺附带造卖，所需粮食均系本地所出。广东番禺县“昔日米店多兼蒸酒，大糠当柴，米糠搅糟，事甚便也”[⑩]。无论是专门酒店铺户，还是附带造卖，都是一种前店后厂形式的小作坊生产，规模都不大。其造酒多是本地零星制造、零星沽卖。酒店造酒也有雇工，但数量不会多。嘉庆时，浙江海宁州有陈张氏开设一

① 同治《清河县志》卷2。
② 沈安卿：《开封宝泰号酱馃店250年史》。
③ 民国《华阴县续志》卷7，李天秀文。
④ 道光《滕县志》卷12。
⑤ 《安吴四种》26卷。
⑥ 康熙《无锡县志》卷10。
⑦ 雍正《耒阳县志》卷4；光绪《善化县志》卷20。
⑧ 前引《清代东北地区经济史》。
⑨ 《方望溪全集·集外文》卷1。
⑩ 宣统《番禺县续志》卷12。

家酒店，“托张澄波经管酒店……又雇陈有得在店做酒”[①]，真正从事造酒的只有一个人。严格地说，这种前店后厂的形式应属小商人的小本经营，兼生产与商业双重性质，生产从属于商业，没有与商业分离。

第三种是专门从事踩曲、酿酒、以酒谋利的曲坊、酒坊。酒的市场广大，经营酒业获利丰厚，这些曲坊酒坊往往开厢大踩，大开烧锅，靡费米谷，兴贩图利。所以，政府禁酒禁曲主要是针对这些曲坊酒坊而言的。但是，“利之所在，人所必趋”，通常是“此处之烧锅方经查拿，而又闻彼处复行开设……虽经严禁，终莫能断绝也”，“虽查池之禁岁岁举行，然循例而输，循例而报，奉行故事，久为具文”[②]。所以，清代曲坊酒坊一直存在。这些曲坊酒坊已摆脱了自造自用的局限，形成自产自销的商品性生产，并成为酿酒业的主要生产形式。

踩曲与造酒是酿酒的二个主要生产过程。清前期，在一些粮食产区，踩曲与造酒分离，“专于踩曲贩卖之坊”[③]，即曲坊，成为专门的生产组织。曲坊专靠踩曲谋利，有的地方则靠买曲来造酒，如江西，“江西所属，素不踩曲，皆由外省买来”[④]。酒曲市场的存在也刺激着曲坊生产。踩曲酿酒虽贫民小户都可以从事，但开设作坊必须一定资本，“非本多者不能成坊”[⑤]。开坊踩曲的都是巨商富户，从资料中所反映的情况看，大商人开设的曲坊似为更多。商人开设曲坊，是商人资本支配生产的一种形式。集中踩曲的季节性较强，每年夏熟时节是踩曲盛季，所以这种曲坊多为季节性的。

踩曲需麦，曲坊多集中于麦产区，“向来山东、河南、山西、江苏数省地方，多有商贩囤卖麦石踩曲，最为耗费”[⑥]。河南是开坊踩曲最集中的地方之一。每年麦收季节，“山西富商大贾挟其厚赀，乘麦收价贱之时，在于马头集镇，广收麦石，开坊踩曲，每商自数十万以致百余万块不等，车载船装，贩运

---

① 刑部钞档。

② 前引德沛奏；道光《滕县志》卷12。

③ 乾隆三年十月十一日，查郎阿奏，《档案》1987年第3期。

④ 乾隆二十五年二月二十一日，阿思哈奏，《档案》1987年第1期。

⑤ 前引方苞文。

⑥ 《清高宗实录》卷68，乾隆三年五月。

他省”[1]，直隶山陕等省需用酒曲，都赴河南采办。江苏踩曲仅次于河南，“踩曲坊肆，惟河南江苏为多，各省皆取资焉”[2]。镇江、徐州等地“均多造曲之家”，这些“造曲之家”想必多为当地富户，同时，富商巨贾也聚集这里，开坊大踩，“远商盈千累万，水用船装，陆用车载，贩往北直、山西等处”[3]。安徽曲坊也多。凤阳、颍州等地，“向多聚客踩曲，贩卖别处，岁以为常。所耗地方麦石，不可胜计”[4]。在陕西关中麦产区，“民间每于麦收之后，不以积贮为急务，而以踩曲为生涯，所费之麦，不可数计”[5]。咸阳、朝邑等县居民，“开设曲坊，伊等并不自己造酒，只踩成曲块发往外省”，这些曲块多通过山西、河南商人运销，“盈千累万，骡负船装，每年耗费之麦，不下数十万石”[6]。这些曲坊主人多为地方富户。山东省“每年麦熟后，富户客商在水陆城镇地方开客收麦，立桩踩曲。每一桩收麦多可数千石，少亦不下几百石”[7]。此外，直隶、山西、湖北等省也都是商人富户聚集，大肆开厢踩曲的地方。乾隆初厉行禁曲，在这些地方都查获出大量囤积的曲块，多者数百万块，少的也有数十万块。

曲坊踩曲的时节、地点都比较集中，而且曲块需求量大，易于存贮，又可以长距离运输，贩运利润大，所以曲坊的生产规模都比较大，资本比较集中。各地“每年麦秋之际，地方有富商大贾，挟持重赀，赴各处大镇，水路通衢，贩卖新麦，专卖与造曲之家，以图厚利。而造曲之家，盖成坵房，广收麦石，唯恐其不多”[8]。直隶涞水县清初有“京商下县造曲，每商用至百人或七八十人，群趋而饘粥于斯，为曲佣”[9]。陕西民间“专于踩曲贩卖之坊，踩曲之人成群逐队，来往之客则结骑连樯”[10]，这些“来往之客”都是贩卖曲块的商人。

① 乾隆三年十二月六日，尹会一奏，《档案》1987年第4期。
② 《清经世文编》卷51，乾隆三年，孙嘉淦奏。
③ 前引许容奏。
④ 前引孙国玺奏。
⑤ 《皇朝名臣奏议》卷31，雍正十一年，史贻直奏。
⑥ 前引查郎阿奏。
⑦ 康熙《续修汶上县旧志》卷6，岳峰秀疏。
⑧ 《清高宗实录》卷65，乾隆三年三月。
⑨ 《古今图书集成》职方典，卷72。
⑩ 前引查郎阿奏。

河南商人开坊踩曲，每个商人一个夏天造成曲块自数十万以至百余万块不等，踩曲时间“全在五六两月”[①]。假如以 3 个月计，则每个商人每天踩成曲块达数千块至万余块，曲块“每块需麦三四升不等”[②]，每个商人踩曲耗麦每天至少在数百石。这样大的生产能力，其雇佣人工数一定不少。商人雇工生产的性质比较明确。至于本地富户开厢造曲，也可能使用了部分长工，但使用“成群逐队”的人来造曲，显然是季节性的雇工生产。清代酿酒业中的曲坊生产看来已具备了资本主义生产关系的性质。

清代踩曲生产中，商人支配生产的又一形式是预买。在河南、山东，当夏熟五月，“每见富商大贾，厚挟资本，身赴麦多之地，或先期放银，或临时籴买，盈千累百，开厢踩曲。而地方即有惯能踩造之人，利其工食，自备器具，代为踩造”[③]。陕西咸阳等地的曲坊，每年有“晋豫客商预先持银来陕定造”[④]。这里的“放银”、“定造”看来不是借贷，而是预付曲价，即商人发价预买。从生产关系上看，这种发价预买，如果是向小生产者预买，那么还算不上是性质上的变化，如果是向富户曲坊预买，则情况就不同了。

与大曲坊集中踩曲相比，清代的酒坊分布更为广泛，生产时间也更长。酒坊不仅造酒，很多也兼踩曲，特别是名酒酒坊，制曲有着特殊工艺，多是自行踩曲造酒。农民家庭、城乡酒店的酿造虽例所不禁，普遍存在，但毕竟生产规模狭小，产量有限，销售不广，清代酒的生产、特别是商品酒的生产，还是以这种专业性的酒坊为主。酒坊又称为“烧锅”。

西北五省的酒坊很多，前引乾隆时每县烧坊多者至百余。陕西关中一带，“三原、泾阳、咸阳、渭南、富平等县烧锅各以千计，其余州县亦皆有之”[⑤]。直隶宣化府 11 个州县，乾隆时有领帖与无帖缸户 1000 余座。[⑥] 山东“十室之聚，必有糟房，三家之村，亦有酒肆”，嘉庆时，禹城县“邑百里地，计烧锅

① 乾隆六年三月十三日，雅尔图奏，《档案》1987 年第 4 期。

② 乾隆六年九月十七日，范璨奏，《档案》1987 年第 1 期。

③ 前引孙国玺奏。

④ 前引查郎阿奏。

⑤ 前引史贻直奏。

⑥ 光绪《畿辅通志》卷 107，方观承疏。

四十余所，每年败毁米麦高粱不下数千石。由一邑抵之通省，不胜计矣”[①]。苏州附近村庄，比户造酿烧糟为业，地方志“造作之属”中专有“酒坊”一项。木渎镇酒坊集中，以米麦烧酒，乾隆初，“造酒者已二千余家，而附近村市，更不可以数计。止以米麦烧酒，获利甚厚，是以小民趋之若鹜”[②]。所烧的酒色清味醇，通行南北。横金乡方圆20里，共70余图，“道光年间有横一万之谣，言日出烧酒一万斤也”，反映了这里相当大的生产能力，据《横金志》记，烧酒“以出于横金者为贵。……横金西南业此者居十之四五”[③]，这至晚是同治时事。又前述两江地方乾隆时有酒坊数千家，四川各州县糟房道光时多的达千座。这些说法有的虽有夸大，但反映了酒坊数量之多。清代名酒酿造已完全过渡到作坊生产，如贵州茅台酒作坊道光时有20余家，小曲酒作坊清后期有10余家；四川绵竹大曲康熙年间有作坊4家，清末有作坊18家；陕西柳林酒作坊有48家。[④] 与酒店零星造卖不同，酒坊造酒也兼零售，但主要是批量销售，销地以本地区为主，如四川酒坊除零售外，其余批发给零酒店销售。有的也超出了本地区范围，前述进入长距离运销的商品酒，恐怕主要是酒坊的产品。

传统手工酿酒受到气候条件限制，冬夏酷寒盛暑时节都难以生产，故烧酒有淡旺季。直隶“一年内开缸停止虽无定期，而暑月易于作酸，寒天又不能发变，又每当青黄不接之时，粮价既昂，烧缸减利，往往自行停止。大率一岁中，二三八九十月蒸烧为多”[⑤]。这是北方，南方旺季会长一些。同时，淡季可能也不会全部完全停烧。一般来看，酒坊生产时间至少在半年以上。一部分城镇酒坊及集中产区的酒坊，造酒基本上是常年生产。可以说，清代的酒坊，有一部分已从农业、商业中分离出来，形成独立生产。这些酒坊中的造酒工人，有一部分也成为专门的手工业人口。这些人“以酒谋生”、“以酒谋利”，一旦禁酒，就失去了谋生手段。康熙时，山东济宁州曾因灾议行禁酒，有人持

① 道光《滕县志》卷12；嘉庆《禹城县志》卷5。

② 乾隆五年九月十九日，杨超曾奏，《档案》1987年第1期。

③ 盛康：《清经世文续编》卷55，金文榜文；民国《吴县志》卷51。

④ 《中国酒文化和中国名酒》。

⑤ 前引方观承疏。

异议说，“民间卖酒为生者甚多，若概行禁止，则俱失业矣。在大铺家犹可，若贩卖之辈与造酒工作之人，不皆驱而为饥民乎”①。镇江也有这种情况，当时造酒的“槽户工役不下万余人，若竟除此一业，则恐无生计可图”②。前述苏州横金、下保、水东人多为酿工，受雇于远近的酒坊，到鸦片战争前后，当地从事造酒的有十之四五。这些酿工与业酒者已基本上放弃了农业，而以造酒为专业，有的虽有田地，却不自耕，“乡民造酒为业者，恒以己田雇人代耕，是以田事卤莽，收获无多”③，所以有人提出加重征收酒税，以强迫业酒之人返回农业，这样，横金等处就可以省出一半人工专心务农。说明至少有一部分人口已从农业中分离出来，成为酿酒业工人。这是在苏州、直隶这样造酒发达的地区，在其他地方，酒坊、尤其是乡村酒坊，与农业分离的程度不会这么高。

开设酒坊的有商人，也有城乡地主富户。如前述山东阿城等地商贾在高房邃室踩曲烧锅，贩运渔利。直隶开烧锅者都是拥有雄厚资本的大商人。贵州的茅台酒就是由山陕商人传入并改良创制的。这些是商人开设酒坊。又有富户开坊造酒。西北五省“造酒之家类皆富民，而非贫民之生业。……豪富之家高墙深院，查拿之所不至”，“开烧锅者，非大有资本不能具，房仓什器，囤积粱谷”④。酒坊酿酒所用粮食，或在市上购买，或利用自家所产。

有关清代酒坊规模的记载较少。一些资料可以反映出清代酒坊的一般生产能力。乾隆时，“西北五省烧酒之坊本大者分锅叠烧，每岁耗谷二三千石，本小者亦二三百石”⑤，如以每年开工 300 天计（下同），则每个烧坊每日耗谷，小者在一石左右，大者在六七石以至十余石。直隶宣化府缸房，“其缸房一座中，少者数缸，多者至三五十缸，每日尽烧自一二缸至五六缸不等，需七八日转轮一次，而缸口又有大小，每日每缸所烧粮石自六斗至一石二斗不等”⑥，

---

① 乾隆《济宁直隶州志》卷 31，吴柽文。
② 《清高宗实录》卷 69，乾隆三年五月。
③ 前引金文榜文。
④ 前引孙嘉淦奏；《方望溪全集·集外文》卷 1。
⑤ 前引方苞文。
⑥ 前引方观承疏。

大体算来，每个缸房每日耗粮，小缸房在一二石左右，大缸房在四五石至六七石。又据光绪初记载，直隶“通省烧锅约计千余家，每日需用高粱二万余石，每月共需六七十万石”[①]，平均每家烧锅每日需粮约20石。道光时，山东滕县，“酿户大者池数十，小者三四，池日一酿，酿费粟一石二斗”[②]，同上述宣化府缸户一样，为保持连续生产，酒池要轮流周转，每个酿户每天酿一池至数池，耗粮至少在一石至数石。济南“境内烧锅百余家，家以二池综计之，约縻粟五万七百六十石，麦一万七千二百八十石”[③]，每年共耗粮68000余石，即二池的酒坊每日耗粮二三石。直到民国初年，泰安县的酒坊平均每家有酒池三四个，每日出酒50~70斤[④]，按手工造酒的粮食出酒率，即每家酒坊每日耗粮一二石。苏州木渎镇乾隆时有烧坊2000余家，“每户于二更时起火，至日出而息，可烧米五石有奇，合计日耗米万石”[⑤]，木渎镇以粳米造酒的出酒率为80余斤，每个烧坊日产酒400余斤。湖南湘潭县乾隆初“城乡市镇糟坊酒店百十余家，用谷米烧酒，日需千余石”[⑥]，平均每个糟坊每日用粮约10石。道光时，贵州的茅台村有“烧坊不下二十家，所费山粮不下二万石”[⑦]，平均每家每日耗粮三四石。四川泸州大曲酒作坊，乾隆时有酒窖8个，光绪初有酒窖14个，年产酒10吨[⑧]，即日产量约六七十斤，折日耗粮一二石。综合各地情况，清代酿酒作坊的生产能力一般为，小者每日消耗粮食一二石、三四石，大者达到十数石，20石以上的比较少。按照当时的粮食出酒率折算，日产酒量小烧坊在数十斤、一二百斤，大烧坊达数百斤。有的大烧坊规模相当大。光绪初，直隶“烧锅之家灶大如屋，突烟腾上，数里外皆见之，与轮船烟筒相似”[⑨]，清前期的大酒坊想必也有这个规模的。

---

① 光绪《畿辅通志》卷107，李鸿章疏。

② 道光《滕县志》卷12。

③ 张鹏飞：《清经世文编补》卷28，马国翰文。

④ 民国《重修泰安县志》卷3。

⑤ 前引张渠奏。

⑥ 《湖南省例成案》户律卷8，乾隆四年，张璨呈。

⑦ 道光《遵义府志》卷17。

⑧ 据前引《中国资本主义的萌芽》，第344页。

⑨ 光绪《畿辅通志》卷107，黄体芳疏。

就上述酒坊的生产能力来看，应多是雇工生产的。有关酒坊雇工人数的记载很少。乾隆时，镇江糟户工役不下万余人，镇江府辖下3个县，就算有酒坊1000个，平均每个酒坊人数不下10人。四川泸州大曲酒作坊，按当地习惯，每坊平日只雇用有技术的长工一名，忙时雇用零工。从上述泸州大曲酒作坊的生产能力来看，它在当时只是一个小作坊。贵州茅台酒作坊的生产能力也不大，雇用人数也不会多，可能因为都是名酒的缘故。那些日产酒数百斤的大酒坊，雇工人数肯定要超过它们。有关研究认为，泸州大曲酒作坊的生产方式已具有资本主义萌芽的性质。那么，在一些基本上是常年生产、雇工人数更多的大酒坊中，有的可能也具有了这种性质。

清前期的酿酒业是在官方禁酒政策的夹缝中生长发展的。就总体上说，还是停留在分散的小生产状态，以手工作坊为主要形式。

第四节　制 糖 业

手工制糖据说始于唐代。宋明时期在制糖工具、制糖工艺等方面都有进步。明代中国的糖已经输往国外。清前期，制糖业也有发展。

一

传统的制糖原料主要是甘蔗，也有以麦或高粱制作饴糖的。所谓制糖业主要是指蔗糖榨制。蔗糖品类有三种：红糖（又称赤糖、黑糖、乌糖）、白糖和冰糖（又称糖霜）。各品类中又以制法、原料区别而有多种名称。

甘蔗生长受气候条件限制，多植于南方。成熟甘蔗的存放期较短，难以进行长距离运输，一般都是就地加工，所以，蔗产区基本上就是糖产区。宋代的糖产区集中在四川，明代转以福建、广东为中心，“产繁闽广间，他方合并得其十一而已”[1]。清前期，闽广仍是主要糖产区，同时，随着地区开发，台湾的制糖业迅速发展，四川的制糖业在遭受毁坏后也再次崛起。福建（包括台

① 《天工开物》卷6。

湾）、广东、四川成为清前期制糖业的主要区域。此外，广西、江西、浙江的甘蔗种植从而制糖业也有所发展。

福建的制糖业明清两代均名列前茅。明代，“泉漳之糖”与福建其他商品一道，四方货卖，“无日不走分水岭及浦城小关，下吴越如流水。其航大海而去者，尤不可计”[①]。清前期福建的制糖业依然兴旺，以福州、漳州、泉州、兴化、台湾几府为集中产区。泉州府产糖，有黑砂糖、白砂糖，白砂糖又制成响糖、冰糖、牛皮糖诸种，“晋江为多，南安、同安、惠安俱有”[②]。民国时记载，“福州西门外各乡业糖者垂百余年，以新洲为最盛，年约产糖二三万担，近年尚有七八千担”[③]，百余年前正是嘉道时期。连江、罗源、将乐等县都盛产红糖，有的直接销往各地，有的被其他产糖地购去再煎为白糖、冰糖。

台湾是清代发展起来的新糖产区。台湾的制糖业始于明后期。明末清初，由于战乱，制糖业受到影响，产量下降。顺康时，随着台湾的收复，及其进一步开发，蔗田面积扩大，制糖业迅速发展。康熙三十年记载，“旧岁种蔗已三倍于昔，今岁种蔗十倍于旧年”[④]。乾隆府志记载，雍正时台湾有蔗车350部，乾隆时有蔗车370部。以每部蔗车用牛18头，人力17个，则乾隆时台湾用于制糖业的牛力至少有6600余头，人力至少有6300余人。台湾的制糖业以西部沿海的台湾、凤山、诸罗三县最为集中，有记载说，“台湾产糖，三县为多，彰化尚少。及至乾嘉之际，贸易绝盛，北至京津，东贩日本，几为独揽”[⑤]。台湾糖质量好，品类多，有乌糖、白糖、冰糖，又各分为不同品种，如乌糖有出类、上斗、中斗，白糖有头档、二档、三档等名，分别销往不同地区。康乾时，台糖年产量达到鸦片战争前最高产量。康熙末年，台湾、诸罗、凤山，“每岁所出蔗糖约六十余万篓，每篓一百七八十斤”，约计年产糖达1亿余斤，“乌糖百斤价银八九钱，白糖百斤价一两三四钱”，以平均价银1两计，三县糖产年销售

① 王世懋：《闽部疏》。
② 《古今图书集成》，职方典，卷1051。
③ 民国《闽侯县志》卷28。
④ 康熙《重修台湾府志》卷10。
⑤ 前引彭泽益：《资料》，第1卷，第266页。

额为100余万两，“全台仰望资生，四方奔趋图息，莫此为甚”①。据估计，台糖年产量雍乾时平均8000余万斤，嘉道时为7000余万斤。②

广东制糖业兴起晚于福建，但发展很快，到乾隆时已与福建相齐，“粤东蔗糖行四方，始于闽人，今则利侔于闽矣”③。广东制糖业以珠江三角洲一带为集中产区。明末清初时，广州、肇庆、潮州等府的土地大面积植蔗，蔗田数量几乎与稻田数量相等，“糖之利甚溥，粤人开糖坊者多以是致富”，“番禺、东莞、增城糖居十之四，阳城糖居十之六，而蔗田几与禾田等矣”④。东莞县物产志记，“粤人饮馔好用糖，多以业糖为生，稽之莞邑十居其四，蔗田与禾田略等”，“蔗田最多，有白蔗、竹蔗，皆初冬而榨，清明而毕，煮炼成糖，片糖鸡栖坑之小柬，白糖南社之双白，其名著于他省”。南海县“三江一带山坡之田旧多种蔗，故业糖甚多”。花县糖有片糖、洋末、蜡竹、冰糖等名，其中“洋末行于外省，粤中此利最大”。琼州府产糖也多，“糖名颇繁，不外乌白赤三种。乌者糖块，白者糖霜。霜有三：曰结粉，曰贡粉，曰上洋。赤块有厚有薄。琼之糖，其行至远。白糖则货至苏州、天津等处”⑤。道光末年有人估计，广东白糖、红糖二项的年产量约为40万~45万担，本省消费约5万~10万担，大部分输往各省及国外。⑥

四川的制糖业在宋代曾领先国内，明末一度衰落，至清初重新恢复发展起来。四川糖产区以成都、叙州等府最为集中，简州、资阳、仁寿、资中、内江、富顺、南溪、犍为等县均产各种糖。内江县制糖业据记约始于康熙二十年左右，道光时，“沿江左右，自西徂东，尤以艺蔗为务”，产糖“通鬻远迩，利常倍称”。简州“沿江之民植蔗作糖，州人多以此致富。其名甚多，《糖霜谱》不能尽纪”⑦。四川制糖业的竞争力日益增强，到道

---

① 乾隆《续修台湾府志》卷17。

② 前引《中国资本主义的萌芽》。

③ 乾隆《广州府志》卷47。

④ 《广东新语》卷27。

⑤ 宣统《东莞县志》卷15，引雍正志，嘉庆志；宣统《南海县志》卷4；康熙《花县志》卷3；道光《琼州府志》卷5。

⑥ 前引姚贤镐：《资料》，第3册，第1503页。

⑦ 道光《内江县志要》卷1；咸丰《简州志》卷12。

光末年，四川的糖开始占领部分台糖的国内市场，当时有诗称，“蜀糖利市胜闽糖，出崎［?］长年价倍偿”，诗注：“台地糖米之利，近济东南，远资西北，乃四川新产之糖，价廉而货美，诸省争趋之，台糖因而减市。”①

清前期，广西、江西、浙江、江苏几省的部分州县都发展起制糖业。广西东部的梧州府、桂林府到乾隆时已有许多州县植蔗榨糖。如藤县，“藤州土人沿江种甘蔗，冬被压汁作糖”。郁林州土产中糖为大宗商品之一，“岁得厚利……昔时均以其余贩运他境”②。江西的赣州、抚州、南康、广信等府都有植蔗榨糖的记载。宁都有甘蔗，“州治下乡多种以熬糖，农家出糖多者卖数百金”。南康县产糖，有红糖、洋糖、片糖、冰糖数种，乡村种植甘蔗，获利丰厚，“嘉道以来，种植繁多，埒于禾稼。核其岁入，几与闽粤争利广矣”③。浙江、江苏的制糖业始于清初，康熙时的三藩之乱为其造成发展机遇，虽然糖的质量不如闽广，但产于当地，价格便宜，尽管平藩后闽广糖卷土重来，当地糖业仍得以维持。

二

与其他一些行业相同，清前期制糖业的发展首先表现为地域性，即糖产区扩大。明代的糖产区主要在福建、广东二省。清代，台湾、四川、广西、江西、江苏、浙江等省都相继发展起制糖业。台湾、四川并发展成为重要产糖区。

由于糖的产区有限，市场广阔，又便于运输，因而行销较远，为重要贩运商品。明代，福建、广东的糖经过陆路、海路大量运往各地。清前期，广东、福建、特别是台湾的糖继续畅销，每年经过海路源源北运，苏州、上海、宁波、天津、奉天都是闽、广、台糖的直达地点。广东澄海县商人收糖后，“候三四月好南风，租舶艚船装所货糖包，由海道上苏州、天津”，至秋后贩回棉

---

① 台湾研究丛刊第45种，周宪文：《清代台湾经济史》，台湾银行经济研究室编。

② 乾隆《梧州府志》卷3；光绪《郁林州志》卷4。

③ 道光《宁都直隶州志》卷12；同治《南康县志》卷1。

花，布匹[①]。潮阳县的黄糖、白糖，“皆竹蔗所榨，商船装往嘉松苏州，易布及棉花”[②]。前述琼州府的白糖运至苏州、天津等处。台湾自康熙中期开放海禁后，允许商船由海往来，台糖在国内市场上的销售量大增，乾隆时，台湾的红糖“色赤而松者，于苏州发卖。若糖湿色黑，于上海、宁波、镇江诸处行销”[③]。福州、厦门有往来南北洋的商船千余号，每年往返于沿海几省进行贸易，其中台糖是主要商品之一。江西赣州府的糖，“乘载而去者皆西北江南巨商大贾，计其交易每岁裹镪不下万金”[④]。四川糖业发展起来后，产量增加，除行销本省外，也开始向省外输出。川糖的国内市场主要在湖北、湖南、贵州、云南等省。

值得注意的是，在广东运往各地的与糖有关的货物中还有空糖漏，而且还是征税物品[⑤]，可见数量不少。这已经是制糖工具的运销了。广东制糖工具的制造情况以及其中是否有专业化趋向尚不明了。

在鸦片战争前的对外贸易中，糖是重要外销商品之一。广东、福建、台湾的糖每年大量运往日本及东南亚各国。广东的白糖，“最白者，以日曝之，细若粉雪，售于东西二洋，曰洋糖。次白者售于天下”[⑥]。前引道光末年估计，广东蔗糖年产量约40万～45万担，其中本省消费约5万～10万担，输往国内各省的约10万担，输往国外的约20万～25万担。外销部分占全部生产量的50%以上。台湾糖的生产一开始就与外销相联系。顺治及康熙前期，台湾糖产的80%～100%运销国外。康熙中期开海后，台糖大量销往国内市场，但外销量仍占相当部分。据估计，康熙三十六年，台湾糖产量在5000万斤以上，其中外销量占四分之一至三分之一。[⑦] 据统计，1817～1833年间，仅从广州出口的糖每年在50万～90万元（银元），有时达到100万元以上。[⑧]

---

① 乾隆《澄海县志》卷19。
② 嘉庆《潮阳县志》卷11。
③ 乾隆《续修台湾府志》卷17。
④ 乾隆《赣州府志》卷2。
⑤ 见季羡林文，载《文史哲》1996年第4期。
⑥ 《广东新语》卷27。
⑦ 前引《中国资本主义的萌芽》。
⑧ 前引姚贤镐：《资料》，第1册，第254页。

制糖业的发展推动了生产的专业化。清前期，制糖生产的专业分工有所发展。清代仍沿袭传统的制糖工具与工序，先将甘蔗用木榨或石磨压榨出蔗汁，将蔗汁煎成糖浆，制成红糖，再进一步加工成白糖、冰糖。明中叶以前，这些工序一般都是在一个加工场所内连续完成的。自明末起，出现了不同种类糖的生产分工。如福建罗源县出产红糖，明后期，“兴化府人每在邑贩卖，煎为白糖、糖霜，则从前所产倍蓰矣”①。兴化府是制糖业比较发达的地方，业糖者不自制红糖，而是购买红糖以为原料，进一步加工为白糖、冰糖。四川叙州府的制糖作坊有三类，分别生产不同的糖，“糖之类有六，曰糖清，曰红糖，曰白糖，曰结糖，曰冰糖，曰漏水糖。业此者有三，曰糖房，曰漏棚，曰冰桔房”，制糖清、红糖的称为“糖房”，制白糖、结糖、漏水糖的称为“漏棚”，制冰糖的称为“冰桔房”②。这三类作坊看来具有连续性，后者以前者的产品为原料进行再加工。这是清后期的记载，但叙州府的制糖业是比较发达的，起源也早，生产分工的发展需要有一个过程，这种专业化分工的趋势应始于更早些时候。不过，尽管出现了这些分工的事例，从清前期制糖业总的情况看，其分工趋势尚不明显，大部分还是从榨蔗到出糖一条龙式的生产。

三

受原料贮存、运输条件等限制，榨糖具有较强的季节性。制糖时间是在冬季，一般自冬至起到清明止，大约三四个月时间。制白糖是在红糖的基础上进一步封贮加工，生产时间通常要拉长一二个月，总的看，制糖时间一般在三四个月到半年。传统制糖工具主要是蔗车（或石碾、石臼）、煎锅、缸瓮桶罐等以及牛力。制糖工具与技术在明代已基本定型，清代在蔗车式样、制糖工艺方面有所改进。现有资料显示，明代制糖业是以农民家庭手工业为主。清前期，制糖业的生产组织形式有多种，表现出从低到高的发展过程。

作为农民家庭手工业的制糖生产仍是一种重要形式。蔗农植蔗，有的是将

① 道光《罗源县志》卷28，引崇祯志。
② 光绪《叙州府志》卷21。

甘蔗出售给糖房，有的则将甘蔗收获后在家庭内用石磨压汁，熬成糖浆，将糖浆卖给糖房或自家进一步加工成糖。广东、福建、四川等省农村多种甘蔗，制糖是一项重要的农民家庭手工业。清前期，四川农民有租地种植甘蔗熬糖出售，乡间分布着不少糖房。乾隆十六年，四川渠县农民陈太元租邻家土地种植甘蔗，收获后，由陈太元之子在家熬糖，并有一名雇工帮忙。[①] 这是农民家庭从事植蔗熬糖，虽有雇工，但以自家劳动力为主，仍属家庭手工业。农民家庭从植蔗到制糖的一条龙生产，是农业与手工业的结合。这种生产由于受劳动力、时间以及原料的限制，生产规模与生产量都不会很大。

一部分农民家庭种有少量甘蔗，又无力置备榨糖工具，因此，出现了一种流动的代客加工方式。18 世纪中后期，有外国商人在广东观察到，当榨糖季节到来时，有制糖师傅带着自己的小型榨糖工具在农村里流动，他们沿着水道移动，加工农民用船运来的甘蔗，榨汁熬糖。榨蔗时，蔗农的帮工和小孩也在一旁帮忙。[②] 这是一种手艺人式的糖业加工方式，是适应分散的农民家庭生产而产生的。

由于明代未见关于糖坊的记载，即使当时存在这种形式，可能也较为少见。清前期，随着制糖业的发展，关于糖坊（糖房）的记载已经很多，这种形式看来是在清代大量出现的。清中叶以后，在糖的集中产区，糖坊成为制糖业的主要生产形式。如鸦片战争前后，广东汕头“每个乡村都有好多糖坊，建造粗陋而有效”[③]。

对糖坊的称呼各地不同，广东有“糖寮”、“糖房”，福建有“糖厂”，台湾有“糖廍”，四川有“糖房”、“漏棚”等等。开糖坊的有农民，也有富户、商人。

从糖坊的组织上看，有独资，也有合伙。广东的“糖寮”，“榨时上农一人一寮，中农五之，下农八之十之”[④]，前者是富裕农民独资，采用雇工生产，后二者是农民之间的合伙。台湾“熬糖之厂谓之廍。一曰公司廍，合股而设

① 《刑科题本》，中国社科院历史所编：《中国古代社会经济史资料》第 1 辑，第 299 页。
② 转引自穆素洁文，载《广东社会科学》1989 年第 1 期。
③ 前引彭泽益：《资料》，第 2 卷，第 115 页。
④ 《广东新语》卷 27。

者也。二曰头家廍，业主所设者也。三曰牛犇廍，蔗农合设者也”[①]，前二者是商人或富户开设的、雇用工人从事加工的糖坊，或是独资，或是合资；后者是农民之间的合伙。四川的糖房、漏棚、冰桔房，看来都是独资，开设者有农民，有商人。

糖坊的规模大小不同。台湾的糖廍需有糖师、火工等17人。广东的糖寮一般要小于台湾的糖廍。四川巴县，道光十八年，有张义和“佃简应三山土栽种甘蔗，开设糖房生理，厂内雇工十余人”[②]。内江有廖氏家族，自康熙年间由福建迁居四川，初时务农，到廖世虎这一代时，“善居积，不数年置产至数百顷”，于是“开设糖房，雇工常数十人”[③]。道光时，内江的糖厂植蔗榨糖，“平日聚夫力作，家辄数十百人。……入冬辘轳煎煮，昼夜轮更”[④]。这几例是规模比较大的。

各地糖坊通常都是就蔗园设厂加工，以接近原料产地，减少运输费用。其经营方式有二种，一是自营性生产，即购买或自种甘蔗，榨糖出售。如前述四川的一些糖房，生产过程自植蔗直至出糖，兼有农业与手工业的双重性质。广东的糖寮是在榨糖时组织起来的，组成糖寮的蔗农是将自家种植的甘蔗拿来为自家榨糖，对蔗农来说，也是自营性生产。再一种是代客加工，蔗农将自种的甘蔗送到糖坊加工成糖，缴纳一定加工费，通常是按一定的比例缴纳实物糖，如台湾的头家廍，通常采取代蔗农加工，收取租金的方式，租金是按事先商定的比例收糖。鸦片战争前后，台湾的蔗农因资金不足，不能拥有自己的榨坊，“因此不得不把甘蔗送到公开营业的榨坊去榨糖，并对榨坊主人缴纳很重的费用，一般达到产值的一半”[⑤]。

制糖业与农业联系相当密切。从时间上看，制糖都是在冬季，各地大多数糖坊，特别是农民组成的糖坊，大都是季节性的，榨糖时组织起来，糖季过去就解散了。制糖与农业生产在时间上可以适当配合。从组织上看，一些从植蔗

① 前引彭泽益：《资料》，第1卷，第264页。
② 《巴档》，第337页。
③ 转引自刘正刚文，载《中国社会经济史研究》1994年第1期。
④ 道光《内江县志要》卷1。
⑤ 前引姚贤镐：《资料》，第3册，第1583页。

到榨糖一体化的糖坊，其生产本身就与农业联系在一起。再从从业人员来说，制糖工人的身份大都是农民，以农业为生，并季节性地从事制糖。前述雍正时广东东莞县有粤人“多以业糖为生”的说法，又澄海县是产糖区，雷州、琼州等地的人往往至澄海佣工，“［煮糖］惟澄人习此，故以煮糖佣工，雷琼等处甚多”①。分析起来，这些“业糖为生”的人都是蔗农，从植蔗到制糖，即农业兼手工业。而“以煮糖佣工”的人，也都是农民利用冬季出门打工，糖季过后又散去。这些人还没有从农业中分离出来，不构成专门的手工业人口。不过，在糖的集中产区有一些城镇糖坊，以收买蔗农的半成品糖浆来加工成糖，糖浆的贮存期限比较长，原料来源的季节限制性较小，已趋向常年性生产，这些糖坊已成为脱离农业的专业性糖坊。

糖是一种行销远、利润高的商品，故商业资本在制糖业中也比较活跃。清前期，在糖的主要产区，商业资本已广泛介入到糖的生产过程中，在甘蔗种植、糖的加工中都有商业资本涉足。

商业资本支配制糖业的一种形式是通过预付资金（借贷或预买）来控制农民家庭和糖坊的产品。广东澄海县，“邑之富商巨贾，当糖盛熟时，持重赀往各乡买糖，或先放账糖寮（即煮糖厂），至期收之，有自行货者，有居以待价者”②。台湾的糖商，“糖斤未出，客人先行定买，糖一入手，即便装载”，有的地方叫做买“青”，“至所谓青者，乃未熟先粜、未收先售也。……新糖未收时，给银先定价值，俟熟收而还之”③。这是商人以借贷或预买的方式来控制糖的来源。小生产者资金不足，蔗农在快要收割时往往缺乏资金，不得不以预卖的方式，将自己置于商业资本的控制之下。

商业资本支配制糖业的另一种形式是直接开设糖坊，从事糖的加工。最常见的记载如广东的糖房，“糖户家家晒糖，以漏滴去水，仓囤贮之。春月以糖本分与种蔗之农，冬而收其糖利。旧糖未消，新糖复积。开糖房者多以是致富”④。这是明末清初的情况。另一条雍正时的类似记载更为具体，糖房“春

① 嘉庆《澄海县志》卷6。
② 乾隆《澄海县志》卷19。
③ 乾隆《续修台湾府志》卷17；同治《淡水厅志》卷11。
④ 《广东新语》卷14。

月以糖本散种蔗之农，冬则课收其蔗，复榨为糖。……糖户之利，亦不逊岷山千亩，芋埒封君也”①。前者似为糖房收取半成品，再加工成糖。后者则是糖房收蔗，榨蔗制糖。四川富顺的蔗农，“种得千挺万挺蔗，预贷十千八千钱（种蔗者皆以春初贷钱霜户）”②。这些开糖房的糖户、霜户，有富户，也有商人。这些糖坊主一方面通过预付资金控制蔗农的原料生产与自己的原料来源，一方面自己开设糖坊制糖。广东恩平县产蔗，“而榨糖行贩，皆闽人专之”③，这是福建商人到广东开设糖厂榨糖。台湾的糖房、糖廍中都有商人投资开设的。糖坊采用雇工生产，有的规模还比较大，如前述台湾、四川的事例。据有关研究，清代台湾的公司廍、头家廍，广东的糖房中，都出现了以资本主义关系组织起来的手工工场。

第五节　造 纸 业

造纸是中国的一个伟大创造，到清代已有近2000年的历史。造纸的工艺技术已发展到较高水平，“精者极其洁白”④。明代广东有文闱所用卷纸，“以棉为之”，称为“明棉”，用于印书，“五百年不蛀，视天一阁所藏可知”⑤。造纸的原料增多，麻、木、竹、绵、麦秸、稻草，都被用来造纸。纸的种类增加，除普通日常用纸外，各种特殊用途的纸张，如绘画纸、官柬纸、油纸等都可以制作。纸的产地扩大，宋代造纸以西南、东南地区最为发达，到明代已几乎遍及全国。纸的商品量扩大，明代已进入长距离运销。清前期，由于人口增长，社会文化繁荣，以及其他手工业生产的兴旺，引起纸张需求扩大，造纸业进一步得到发展。

纸以主要原料不同大致可分为以下几大类：竹纸，以山竹为主要原料；皮

① 宣统《东莞县志》卷15，引雍正志。
② 光绪《叙州府志》卷21。
③ 康熙《恩平县志》卷7。
④ 《天工开物》卷11。
⑤ 郭柏苍：《闽产录异》卷1。

纸，以树皮为主要原料，桑、楮（又称构）、桦、檀等树都是广泛使用的造纸原料；麻纸，以麻为主要原料；草纸，以稻草、麦秸为主要原料。大体上说，南方多产竹纸、皮纸、草纸，北方多产皮纸、麻纸、草纸。各类纸又以工艺过程、规格、用途不同而有多种名称。

手工纸以用途区分可分为生产用纸和生活用纸。纸在生产中用途广泛，如制伞，制扇，育蚕种，以及各种包装用纸。生活用纸又可细分为文化用纸，如印刷、书写、绘画；生活实用纸，如卫生、糊墙窗、装饰；迷信用纸，如祭祀、敬神，祭祀用纸也是传统社会生活中需求量较大的一种必需品，在纸张生产中占有一定地位。此外，纸币是中国的发明，自宋代产生以后，成为重要的流通手段。

一

造纸生产过程中需用大量的水。造纸需接近原料丰富、水源便利的地方。清前期造纸业已遍及各地，南北方都有，而主要集中在原料丰富、水量充沛的南方，福建、江西、安徽、浙江、四川、湖南、广西等省的手工造纸业都比较发达，是纸的主要产区。

福建造纸业素称发达。《天工开物》记载，“凡造竹纸，事出南方，而闽省独专其盛”。清代福建仍为主要的纸产区，全省多数州县都有造纸业，闽江流域最多，以闽北山区的建宁、延平、及西部的汀州几府比较集中，建阳、浦城、松溪、崇安、建安、瓯宁、南平、将乐、沙县、顺昌、永安、长汀、连城、归化、永定、上杭、武平等县都大量产纸。这些地区竹林密布，原料丰富，盛造竹纸、皮纸。南平县“演仙仁州金砂保福之地多产纸，民以纸为业”。顺昌县“居民以纸为业”。长汀县“邑人赁山栽竹，设槽造纸，为订货之最”①。《闽产录异》记，“延建邵汀皆作纸，凡篁竹麻竹绵竹赤枧竹，其竹穰皆厚，择其幼稚者制上等中等［纸］，麻头桑皮楮皮薄藤厚藤葛皮稻藁之柔韧者制下等［纸］”。各种纸名目不同，著名的就有几十种，如毛太纸，加工细，质量好，“书坊以毛泰印书薄极难捡”；竹纸当地又称“扣纸”，“将乐县

① 嘉庆《南平县志》卷8；嘉庆《顺昌县志》卷1；咸丰《长汀县志》卷31。

所造青丝扣，永安县所造西庄扣，皆光润幻结”，建阳扣自宋元以来一直是有名的印书用纸，沙县的大扣，松溪的松扣，宁洋的宁洋纸，将乐的京纸、切边等，都是广泛使用的印书、抄书用纸。此外如毛边、花笺、海纸、毛六、毛八、毛九等，均销往各地，为福建大宗货产，同治时，年销售额数十万金。①

江西的造纸业明代即著名，明末清初一度遭到破坏。入清以后重新恢复，以东北部与福建相邻的广信府最为发达，上饶、玉山、铅山、弋阳、广丰、贵溪等县都是纸的集中产地。据记广信府纸槽明代以前不可考，明代洪武年间创于玉山一县，至嘉靖以后，又有永丰、铅山、上饶三县相继起立槽房，“玉山槽坐峡口等处，永丰槽坐柘杨等处，铅山槽坐石塘石垅等处，上饶槽坐黄坑、周村、高州、铁山等赴，皆水土宜槽……制作有方”。这些是报官在案的槽房，承办官差，明代官府、皇室所用官柬纸、棂纱纸等均在这些地方派造。清初顺治十年，官府一次发银2000余两给槽户抄造纸张。② 清前期，广信府仍以造纸出名，民间造纸业发展很快，“郡中出产多而行远者莫如纸（以近闽多竹故），上饶、广丰、弋阳、贵溪皆产纸”③。明代玉山县的造纸业曾领先于各县，以玉山玉版纸擅名。自明后期起至清中叶，铅山县造纸业迅速发展，看来已取代了玉山的地位，玉山玉版纸到清中叶以后反而消失了，原因不太清楚。铅山石塘镇竹多水清，以纸业著名。乾隆时，槽户及从业人员众多，居民中近半数以纸业为生，商贾往来，市镇繁华，“石塘一镇，贾客贸迁，纸货为盛，曰毛六，曰黄表，色样不一，命名各殊”④。铅山竹纸多色黄质脆，质量不如福建纸，但因价格便宜，江浙的绸布店铺都愿用铅山纸包裹绸缎布匹，所以销路很好，在洋纸流行之前，铅山县所产纸张“年可售银四五十万两”⑤。此外，赣州、南昌、建昌、九江、瑞州、南康、袁州、抚州等府都存在造纸业。安远县出一种油纸，“以楮树皮造成，纸涂以桐油”，用以包货，包行李，搭棚，

---

① 《闽产录异》卷1。

② 前引彭泽益：《资料》，第1卷，第259页。

③ 同治《广信府志》卷一之二。

④ 乾隆《铅山县志》卷1。

⑤ 《清朝续文献通考》卷384。

“利用甚便”[①]。石城县坪山一带居民向来以造纸为业，清前期所出纸行销境外。泸溪县多竹，近山之家以造纸为业，所出竹纸、草纸、皮纸，名目颇多，有连七、西河、牛舌等，纸“为泸邑第一货殖”[②]。

浙江也是古老的纸产区。史籍记载东晋时已有竹纸，“二王真迹多是会稽竖纹竹纸”[③]。唐代11个纳贡纸的州县中，浙江占4个，有杭州、越州、衢州、婺州。宋《会稽志》记有“会稽竹纸”，宋代“米元章、薛道祖、曾文清皆有越州竹纸诗”[④]。清前期，浙江省许多州县都有造纸为业，以杭州、绍兴、温州几府为集中产区。富阳县水质宜于造纸，各种手工业中以造纸业最为发达，“邑人率造纸为业，老幼勤作，昼夜不休”[⑤]，所产各种竹纸、草纸、皮纸，名目甚多，为该县土产中最大宗的商品，其中竹纸质量为全省最优。在经历太平天国战争后，首先恢复的就是造纸业，“自经匪乱，人丁尚未繁衍，南业竹纸，北业草纸，终岁操作亦无闲惰之人，他艺未遑顾也”，清后期，在洋纸排挤土纸情况下，富阳的竹纸、草纸二项每年销售仍达百余万两。[⑥] 于潜县土地山多于田，木竹资源丰富，业造纸的也多，“邑中嘉后、波后、惟后皆造纸。采桦树皮造者细洁如蚕茧，如造者尤厚，名桃花纸，杭宁绍三郡伞铺悉资之。秋成者名秋皮纸，用以衬衣裘，薄贴胜于棉。取百脚树而成者，色微赤，为银包纸。桑皮造者为桑皮纸，制扇资之”[⑦]。余杭县产藤纸、竹烧纸、皮抄纸等，出南建、上高、斜坑等地方。昌化县“秀下、陈村、商解、田圩等村以造纸为业”。山阴县即会稽，自古以产竹纸出名，清代“天乐乡出纸尤胜”[⑧]。嵊县也是古造纸之地，地方志记，嵊县纸有剡藤纸、玉版笺、澄心堂笺等十余种，其中剡藤纸、苔笺宋代名擅天下，清代嵊县的竹纸有名，其他地

---

① 乾隆《赣州府志》卷2。

② 乾隆《泸溪县志》卷4。

③ 宋·赵希鹄：《洞天青禄记》，转引自袁代绪：《浙江省的手工造纸为业》。近年有人认为从技术上讲晋代不可能出现竹纸，竹纸应起源于唐代，见《中国古代科技成就》。

④ 嘉庆《山阴县志》卷8。

⑤ 康熙《富阳县志》卷5。

⑥ 光绪《富阳县志》卷15。

⑦ 嘉庆《于潜县志》卷10。

⑧ 嘉庆《余杭县志》卷38；民国《昌化县志》卷5，引道光志；嘉庆《山阴县志》卷8。

方不能仿效，以其具有润滑、发墨色、宜笔锋、不蠹等优点，所以备受书画者喜爱。此外又有桑皮纸，嘉兴湖州等地用于育蚕种，“出嵊县者最佳”[①]。余姚、萧山等县都是产纸的重点地区。乌程、归安、孝丰等县产竹纸，有黄白二种，又有草纸、桑皮纸，都是当地物产大宗。孝丰县明代业造纸者已多，造纸之家沿水设水碓，“傍溪分流，激石转水以为碓，以杀竹青而捣之……谚曰：东沈钱家边，水碓接连牵，家家户户出黄阡”，说明当时造纸业很盛。清代依然，“纸，有黄白纸、草纸、桑皮纸等种，出东南乡为多。造纸者掘深坑积竹腐之，转水为碓……成纸作捆以鬻于市”[②]。浙江产纸多数销往境外，以北方山东、河北、陕西、甘肃等省为多。江苏的制扇、印书业发达，所用纸张多来自浙江。

安徽也为古老的造纸地区，尤以宣纸著名。唐代宣州、歙州、池州均承纳贡纸。清前期，造纸业也是安徽的一个重要行业，以安庆、宁国、池州几府为多。宁国府各县都产纸，“纸，宣宁泾太皆能制造，故名宣纸，而泾人所制尤工”[③]，该府出产有名的绘画用宣纸，主产地在泾县。宣纸生产历史悠久，宋元时已著名，造纸原料主要是檀树皮和稻草秆。纸张质地坚韧，吸水力强，洁白细密柔软均匀，颜色经久不变，是历代文房四宝之一。据说乾隆中安徽画纸有长数丈者。[④] 怀宁县纸，“出广村，有槽，开造已久。各族修谱多购用之。其行亦远”[⑤]，修族谱用纸应是书写纸并能够久贮的，说明纸的质量很好。太湖县兴化、永福、长宁各乡都以造纸为生业。

陕西的造纸业清以前情况不明。清中叶，南部山区的造纸业曾一度兴盛，主要集中在陕南与川楚交界的秦巴山区，包括汉中、兴安二府，以及西安、凤翔二府南部位于秦岭山区的部分州县。乾隆以前，这些地区尚未垦辟，数百里山谷老林，竹木茂密。乾隆中叶以后，随着大量流民涌入，山区逐渐开发。这些流民搭棚栖身，又称为棚民。棚民在这里除种地外，还就地

---

① 同治《嵊县志》卷20；光绪《乌程县志》卷28。

② 同治《湖州府志》卷33，引前溪逸志；光绪《孝丰县志》卷4。

③ 嘉庆《宁国府志》卷18。

④ 瞿宣颖：《中国社会史料丛钞》。

⑤ 民国《怀宁县志》卷6，引道光志。

取材，从事各种农副业、手工业。同时，商人也进入山区，投资办厂以谋利，包括纸厂。嘉道间是陕南山区生产最为繁盛的时期。据道光初年记载，仅汉中府就有大小纸厂140余座，“西乡纸厂二十余座，定远纸厂逾百，近日洋县华阳亦有小纸厂二十余座”。又据同期另一记载，汉中、兴安、西安几府共有大小纸厂180余座。[①] 山区种竹，主产竹纸，有细白纸、黄表纸、还有构纸、草纸、火纸。道光以后，由于无计划地大肆砍伐，山区资源枯竭，生产逐渐衰落。清后期，其余铁木各厂均已消失，只残存少数纸厂。陕南山区之外，同州、商州、蒲城等地也产纸，有皮纸、竹纸、火纸等。如蒲城县，“纸，洁白细腻，出兴市镇”[②]，兴市镇的棉纸为当地一大宗土货，贩运较远。

四川的造纸业唐宋时已较为发展，宋代曾是造纸业最为发达的地区之一，出产著名的蜀纸，种类有鱼子笺、十色笺、薛涛笺、广都纸等。清前期，四川造纸业主要集中在成都、重庆府和川北的顺庆、夔州几府，夹江、绵竹、梁山、达县都产纸。夹江竹纸自清初就被定为科场考试专用文卷纸，每逢科年，由四川布政司发银按式样定造，纸样长、大，每次定造长帘文卷纸、方细土连大纸等10余万张，历250余年，成为定规，直到清末停止科举，方才废除解纸。[③] 彭县“天台、慈坪、五龙山中多竹，笋出林时，匠者采以为纸。细者名化连，粗者名土连，充用至广”[④]。成都薛涛纸以芙蓉皮为原料，加入芙蓉花汁，纸色柔和美观，一直是珍贵的书写用纸。双流县所产广都纸虽不是上等纸，但价格便宜，使用广泛。重庆府江北厅乡间沿山种竹，用以造纸，“纸，仁里自黄家滩至太洪江一带，义里后河一带，分水岭至苟一带，礼里东山一带，山谷俱出之”[⑤]。綦江县产竹纸，“竹纸，从前水竹为之，然水竹必平壤，人皆垦为田土，惟栽甜慈料慈二种，而料慈之纸较佳”，在清代耕地面积日益紧张的情况下，能专门以平壤田土种竹造纸，说

---

① 严如熤：《三省边防备览》卷9；卢坤：《秦疆治略》。
② 乾隆《蒲城县志》卷3。
③ 民国《夹江县志》卷2。
④ 嘉庆《彭县志》卷40。
⑤ 道光《江北厅志》卷3。

明当地造纸业的重要地位，所产有府纸、乡纸、书纸、黄纸等类，“岁出亦不止数千金”①。巴县业造纸的也多，农民因“田少山多，各界山场栽蓄竹木，做纸卖柴以敷差粮”②。

除以上几个主要造纸地区外，在其他许多省份中也都存在造纸业，有的也比较发达。

湖南位于湘西与湘南山区、半山区的几个府州，如辰州、衡州、宝庆、永州、永顺、郴州，都是重要纸产区。辰州多楮树，人们“多沤之以为纸，谓之穀皮纸，亦曰构皮纸”，邵阳县产纸，“纸有粗细白皂各种”③。永定、衡山、兴宁、桂东等县出皮纸、竹纸、草纸，均行销出境。

广东产纸，其特色纸有，“长乐有谷纸，系谷木树皮为之。厚者八重为一，可作衣被，浣之至再不坏，甚暖，能辟露水。东莞出蜜香纸，为蜜香木皮为之，色微褐，有点，如鱼子，其细者光滑而韧，水渍不败，以衬书，可辟蠹鱼”。明末清初，从化县流溪堡人以竹作纸，以造纸为业，“男女终岁营营，取给篁箐，绝无外务”，该地有二渡口，名“上流纸渡、下流纸渡，二渡专以运纸，故名”，乾隆时，“英德、清远山峒中亦多造纸矣”④。

广西梧州府有造纸业，所出有火纸、福纸、皮纸等名，以容县为盛。容县造纸业始于清初。据记，康熙间有福建商人到容县教作福纸，“创纸篷于山中”，到乾隆时，“有篷百余间，工匠动以千记”。又一记载说，纸篷沤竹作纸，“每槽司役五六人，岁可获百余金。至乾隆时，多至二百余槽。如遇荒年，借力役以全活者甚众”⑤。广西造纸业一直延续到民国时。

贵州遵义府产皮纸、竹纸、草纸。府志记，“遵义之纸以构皮制者曰皮纸，以竹制者曰竹纸，皆宜书。以竹杂草为者曰草纸，以供冥镪粗用”⑥，皮纸以遵义上溪场、绥阳黄泥江所出为上，又有以产地命名的小底沟纸、大槽

---

① 道光同治《綦江县志》卷10。

② 《巴档》第329页。

③ 乾隆《辰州府志》卷16；嘉庆《邵阳县志》卷47。

④ 《广东新语》卷15；范端昂：《粤中见闻》卷23。

⑤ 乾隆《梧州府志》卷3；光绪《容县志》卷6。

⑥ 道光《遵义府志》卷17。

纸、茅丫纸等，说明造纸地方不少。安顺府安平县产草纸，“出西堡上下纸厂及底岗各寨，居民业此者不下百户”①。思南、兴义等府产皮纸，数量虽不多，但纸质较佳。

北方的造纸业以山东、河南、河北、山西为多，各地均有记载。山东青州、兖州、武定等府，河北保定、顺德等府，河南汝宁、河南、彰德等府都产纸。山东、河北、河南多产皮纸，有桑皮纸、楮皮纸，也以麦秸制草纸，称麦秸纸。少数地方也以竹造纸。山西多产麻纸，以白麻为原料。清前期北方造纸业不如南方发达，产纸地区虽不少，有的也能行销境外，但多为下等纸，以满足日用，少有优质纸、名纸。

二

清前期纸产地增加，一些原来不产纸的地方也发展起造纸业，如陕南山区、广西容县山区、湖南山区，都是随着地区开发，山区经济发展而发展起来的，在造纸业中占有一定地位。

清前期一些特种纸的制造工艺有较大改进，纸的质量有所提高。如安徽宣纸，制造工艺改进，耐折力强，保存很久的字画仍可揭起重裱，纸的品种增加到20几个，又有虎皮宣、珊瑚宣、玉版宣等彩色宣纸，宣纸成为驰名中外的特种手工艺品。杭州有一种乌金纸，是专门用于打造金箔的，明代已有，《天工开物》记载，“凡造金箔，既成薄片后包入乌金纸内，竭力挥推打成（打金推短柄，约重八斤）。凡乌金纸由苏杭造成，其纸用东海巨竹膜为质，用豆油点灯闭塞周围，止留针孔通气熏染烟光而成，此纸每纸一张打金箔五十度，然后弃去为药铺包朱用，尚未破损，盖人巧造成异物也”②，这种乌金纸清代杭州仍有，“乌金纸惟杭州有之，其造纸非城东淳佑桥之水不成，其法先造乌金水刷纸，俟黑如漆，再薰过，以槌石砑光，性最坚韧，凡打金箔以包金片，打之金成箔而纸不损”③，两个记述不同，或许是制造方法有所改进，以纸包金

① 道光《安平县志》卷4。

② 《天工开物》卷14。

③ 民国《杭州府志》卷81，引《本草纲目拾遗》（此书成书于乾嘉年间）。

片以石槌打，金片成为金箔而纸仍完好，纸质坚韧异常，是一种特种工艺品。据说今已失传。

清代民间造纸业广泛发展，已经取代了曾经存在的官营造纸业。清以前，皇室、官府所需用的各种纸张一部分是由官属纸槽或官营纸坊制造的。明代江西广信府报官在案的纸槽必须承担官役，纸户在生产上并没有获得完全自由。在一些地方还曾设有官局造纸，如温州曾开官局，派有官员，监造贡纸，“温州贡纸五百张，其来久矣。明开局于瞿溪，差官监造，后因水浊，制纸转黑，乃以地气改迁奏罢”[①]。江西，“永乐中，江西西山置官局造纸，最厚大而好者曰连七，曰观音纸，后改局信州，遂无复造者”[②]。说明至少安义、信州曾设有官营纸坊。此外，内务府也设有官营纸房，其中内官监纸房专门抄造皇帝所用草纸，宝钞司纸房专门抄造宫人所用草纸，“抄造草纸，竖不足二尺，阔不足三尺，各用帘抄成一张，即以独轮小车运至平地晒干，类总入库，每岁进宫中备宫人使用。至圣上所用草纸，则系内官监纸房抄造……神庙至先帝，惟市买杭州好草纸用之”。宝钞司纸房有作房72间，每年消耗稻草、石灰、木柴数万斤[③]。清代，官府用纸已基本上改为派由各省直接由市场上购买解交，“各色纸属颜料库备办，由各省解交，各省动正项买办”[④]。如湖广、福建到浙江常山县买纳官纸，常山县是纸产区，“湖广福建大派官纸俱来本县买纳”[⑤]。一些特殊规格的纸则由官府出钱向民间纸坊定购，如前述四川夹江县所造文闱卷纸，就是由官府发银定造。

清前期造纸业中一个突出现象是生产分工的发展，包括地域分工与行业内分工二个方面的发展。

由于自然条件的差异，而主要是随着长期的经验积累，在一些造纸业比较发达的地方，造纸形成了地域分工，一些地方专门生产某些纸种，形成各具特色的地方产品。如福建，宋代已有初步的地域分工，《三山志》记载，“竹纸

---

① 光绪《浙江通志》卷107。
② 同治《安义县志》卷1。
③ 前引《明宫史》木集。参阅本篇第1章第6节。
④ 光绪《大清会典事例》卷183。
⑤ 光绪《浙江通志》卷106。

出古田、宁德、罗源村落间……楮纸出连江西乡，薄藤纸出侯官赤岸，厚藤纸出永福辜岭”。清代福建几个主要造纸地区都形成了一定分工，如将乐县扛连纸出于湖管、三溪、高滩各图，书纸出于西乡杨家山义丰图。[①] 汀州府各县造纸形成分工，“汀地货物，惟纸远行四方，各邑制造不同。长邑有官边、花笺、麦子、黄独等名，纸则有黄丹木红，若市间所鬻竹纸贡纸，则来自归连两邑，长邑无之。归邑红纸最佳，其金银纸则以锡箔刷粘纸面，或染以黄为冥帛。连邑纸有连史、官边、烟纸、高帘、夹板等名，皆以竹穰为之”[②]。《闽产录异》中所记各种扣纸、京纸，也都是具有特色的地方产品。浙江富阳县产各类纸张，竹纸“出南乡”，南乡由于人工、水质均优，所产竹纸质量也好，各种竹纸中又以“大源之元书为上上佳品，其中优劣半系人工，亦半赖水色，他处不能争也”，又草纸出南北各乡，“北乡者佳”，皮纸出西北乡，桑皮纸出西南乡[③]。江西万载县，“表心纸，四五六区皆出……皮纸出皂山，火纸出谢陂者佳，花笺纸出高村、高槽等处，嫩薄光净，胜表心纸”[④]。湖南郴州，“草纸出永兴……连三连四皮榜则出兴宁”[⑤]。以上记述有的时间稍晚，但生产分工的形成是一个长期过程，上述地区都是传统的纸产区，分工形成时间显然更早，如富阳。地域分工的形成为纸在地区间流通创造了条件。

清前期，造纸生产行业内分工也得到发展。造纸的生产过程可分为竹木等原料的生产与储备、制纸料（或纸浆）、抄纸、焙干、成纸再加工几个主要工序。大部分地区的造纸还是一条龙式生产，从原料生产到出纸都在本地区本生产单位内完成。但在一些地方，在原料生产、制纸料（干纸浆）、成纸再加工几道工序中开始形成专门分工，出现专业化生产。有的地方专门生产竹木等造纸原料出售，有的地方则靠购买原料进行生产；有的地方专门制造纸穰（即干纸浆）、纸坯出售，以供纸坊造纸；有的纸坊专门进行成纸的染色等再加工。在一定程度上，这种行业内的分工也是受原料产地的决定而形成的，也可

---

① 乾隆《将乐县志》卷5。

② 前引彭泽益:《资料》，第1卷，第26页。

③ 光绪《富阳县志》卷15。

④ 同治《万载县志》卷12。

⑤ 嘉庆《郴州总志》卷40。

以说是一种地域性分工。

浙江常山县产楮皮纸，明代即承造官纸。但常山本地不产楮，原料来自外地，“［纸］大小厚薄，名色不同，其料不产于常山，惟球川人善为之”①。这是清代早期的记载，考虑到常山县造纸业历史较久，这种情况或许在清以前已经存在。乾隆时，陕西雒南县输出商品中专有“楮皮”一项②。江西靖安县多山，宜竹，奉新县产火纸，其原料则“恒取材于靖”③。玉山县造皮纸，“其构皮出自湖广”④。

将构皮以石灰水浸沤、加压，制成干纸浆，称作“纸穰”（也记为“纸瓤”）。乾隆时，陕西一些地方专门制造纸穰，纸穰销售颇广，“穰之状坚白如南方之棉线纽者，然但长大耳。兴安州镇安、山阳诸县各有之，惟洵阳为盛。其用流通晋豫吴楚，俱用以作纸”⑤。宁陕厅有材木之利，道光时，有商人开设木厂，而“山氓则惟知斫椽、割漆、练纸穰”⑥。福建以竹造纸，又有专以竹沤为“竹丝”、即纸料出售的。乾隆时，将乐县货产中有“竹丝”一项，沤竹为之，“日干捆束，每担百余斤，以备纸料”⑦。道光时，光泽县产竹丝，“伐猫竹置池中，如古沤麻法，入以石灰则烂而为丝，盖纸料也，以通贩，自为一货”⑧。江西玉山县造纸，纸料购于外地，“竹丝产于福建”⑨。清后期，北方也发展起这种分工。河北曲阳县产皮纸、火纸，但本地不产原料，纸料自远方来，因成本较高，故造纸之家不多。⑩ 清代造纸生产工序的专业化分工是由于纸张需求增加，造纸地区扩大的结果。

还有一种情况是纸坊收购废纸，以废纸为原料造纸，东北、河北、江苏都有这种纸坊，以设于市镇为多。如沈阳，雍乾时期，有人专门收捡积贮城中红

---

① 雍正《常山县志》卷1。
② 乾隆《雒南县志》卷4。
③ 同治《靖安县志》卷1，引前志。
④ 前引彭泽益：《资料》，第1卷，第26页。
⑤ 乾隆《洵阳县志》卷11。
⑥ 道光《宁陕厅志》卷1。
⑦ 乾隆《将乐县志》卷5。
⑧ 道光《光泽县志》卷5。
⑨ 前引彭泽益：《资料》，第1卷，第26页。
⑩ 光绪《曲阳县志》卷10下。

黄会帖、风损告条、城墙招贴等废纸，卖给纸坊泡造成纸，名为“还魂粗纸”，遍处发卖[①]。扬州有一种“抄纸业”，也是以废纸造纸，“访得扬州徐凝门外东西大滩，有等无业游民，设立纸局，专买字纸，和水浸入缸内，用脚踏烂，改造成纸，名为抄缸”，所抄出的纸卖给居民用以做儿童妇女鞋底[②]。乡村里也有。康熙时，河北定兴县石柱村居民多以废书残简造纸，名为“复地蓝”[③]。回收废纸造纸，成本较低，作为生活用纸经济实用，所以这种纸也有一定市场。对于造纸之家来说，也不失为解决原料来源、维持生产的一条途径。

有些纸成纸后还需要进一步加工，如染色、印花，以满足各种不同的需要。这些工作技术性强，多由专门的纸坊来做。清前期，陕西、苏州、福州等地都有这种从事再加工的纸坊。乾隆五十八年，苏州有染纸作坊33家，从业人员800余人，专为纸商加工各种色纸，纸坊之间又有分工，如表笺色纸坊、大色纸坊。[④] 嘉道间，陕南山区纸厂众多，产各种纸，有的需染色，“染色之纸须背运出山，于纸房内将整合之纸大小裁齐，上蒸笼干蒸后，以胶矾水拖湿晾干刷色”[⑤]。《闽产录异》记，“福州有纸坊三四十所，以扣纸染花笺，砑蜡则成蜡笺”。这些都是专门从事纸张再加工的纸坊。

造纸业中的分工现象在清以前的记载中尚不多见，看来主要是清代形成的，清中后期更为明显。

清前期造纸生产发展，纸的商品量扩大。许多纸，特别是低档、日常用纸，常常是就近销售。由于纸张便于运输，也有大量的纸进入了长距离运销，尤其在那些纸的集中产区，纸张成为重要商品。清代福建的纸继续大量销往江苏、湖广、北京等地。将乐县有扛连纸、书纸，“多运江右湖广间货之”。顺昌的扛连、毛边二种纸，“行至京都”。汀州府，“汀地货物惟纸远行四方”。崇安县乾隆时以“毛太、毛边、干山为大宗，道光间顺太、毛六、毛八、毛

① 黑图档。转自前引《清代东北地区经济史》。
② 前引彭泽益:《资料》第1卷，第432页。
③ 光绪《定兴县志》引康熙志，转引自《明清农村商品经济》第504页。
④ 《明清苏州工商业碑刻集》，第92～94页。
⑤ 《三省边防备览》卷9。

九盛行，而京太、赛连、黑干、蚕连亦相继而起”。专用于印书的“建阳扣”纸，明清时全部被江南商人所垄断，本地人反而不易得到，“二百年吴中书坊每岁以值压槽，禁不外用，故闽人不得建阳扣”[①]。福建的纸占领江苏市场，在很大程度上影响了江苏市场上的纸价。如将乐纸在上海，明后期每刀价银2分，明末清初战乱，纸价涨至每刀1钱5分，康熙初社会秩序稳定，纸价每刀1分8厘，以后三藩之乱，福建纸销路受阻，上海纸价又涨至每刀1钱四五分，平定三藩后，纸价渐平，每刀价银恢复至二三分[②]。江西石城县有一种横江纸，“煮丝为之，制造甚精洁，省会山左通行，每商贾贸贩，岁不下累万金”。奉新县有“火纸之利，远通江淮”[③]。浙江余杭产竹纸，“自江以南皆赖用之，民藉以为利”。于潜县所造桃花纸、秋皮纸、银包纸、桑皮纸等“整叠成捆贩于行出处，于潜纸独擅其名，非他处竹厂所可比也”[④]。安徽池州府各县产纸，“居人贩鬻杉、纸，轻去其乡，远者达京师，近者适吴会”[⑤]。陕南山区纸厂造纸，纸张经水陆二途运出山区，销往省内外，“驮负秦陇道，船运郧襄市”[⑥]，然后又转运各地。贵州遵义府所产皮纸，“极佳者贩入蜀中，次者卖之本郡”[⑦]。在清前期的国内市场上，纸张可算作一项大宗商品。康熙时，大陆的纸已大量输往台湾，当时台湾市场上的纸，“粗细皆资内地，岁糜万缗”[⑧]。鸦片战争前，在广州市场上，有福建、浙江运来的纸，上海市场上有福建运来的纸，又有开回直隶、山东、天津、辽东的北洋船从上海运回纸张。[⑨]

清前期，纸张也是对外贸易中的重要商品。据估计，鸦片战争前，平均每年出口的纸类有6000箱，价值6万元，多数通过印度销往欧洲。[⑩] 此外，各种

---

① 乾隆《将乐县志》卷5；嘉庆《顺昌县志》卷1；《临江汇考》卷4；民国《崇安县志》卷19；《闽产录异》卷1。

② 叶梦珠：《阅世编》卷7。

③ 道光《石城县志》卷1；同治《靖安县志》卷1，引前志。

④ 嘉庆《余杭县志》卷38；嘉庆《于潜县志》卷10。

⑤ 康熙《石埭县志》卷2。

⑥ 《三省边防备览》卷14。

⑦ 道光《遵义府志》卷17。

⑧ 康熙《诸罗县志》卷12。

⑨ 前引姚贤镐：《资料》，第1册，第305、554页。

⑩ 前引姚贤镐：《资料》，第1册，第258页。

纸制品，如纸扇、纸伞、书籍等，也在国内外市场上占有一定地位。

三

手工造纸工具主要为槽房、水塘、甑锅、石臼、水碓、石槽、竹帘、木榨、焙墙，以及一定的场地，这些历代变化不大。与其他农产品加工业相比，造纸的生产周期较长，主要生产过程分为原料准备与纸张抄造二个阶段。原料准备又包括采料、浸沤、蒸煮、漂洗、堆酵、舂捣等工序，制纸又包括捞纸、压水、焙干或晒干、整理等工序。造纸过程工序多，周期长，劳动强度较大，需用较多人手，特别是强壮劳动力。因此，除了少数人口较多的大家庭，一般五口之家的单个小农家庭是难以胜任的。不过，有的低档纸，如草纸，生产过程相对简单，也有由农民家庭从事的。

作为农民家庭副业的造纸业各地普遍存在。在一些原料来源便利的地方，农民家庭利用农隙或农闲时间，全家老小齐动员，治料造纸，以补生计，以纳赋税。江西泸溪县，“泸俗治生营田产，农三时务耕作，其余刈竹煮丝，以楮业相高”①。陕西山阳县农民靠造纸收入缴纳田赋，“民作纸，田赋赖此出”②。略阳县农民利用冬季造纸，“其民三时务农，而冬则造纸为业焉”③。安徽太湖县农民造纸，“皆农桑余事也”④。浙江富阳县“邑人率造纸为业，老幼勤作，昼夜不休”，“北乡妇女惟佐其夫揭晒草纸，然所博甚微”，“南乡多山少田，居民终岁勤劳，造纸易钱，祗足购米，积蓄颇难”⑤。这些农民家庭造纸，主要利用家庭劳动力，忙时或雇有少数帮工，但并未摆脱农家副业的性质。

清前期，造纸业的发展导致各地城乡产生了大量造纸作坊。各地对纸坊的称呼不同，有槽户、槽厂、纸户、纸房、纸厂、纸篷，等等。

乡村纸坊、槽户的生产过程多与农业有一定联系。有的自种竹材，或以自

---

① 乾隆《泸溪县志》卷1。
② 乾隆《直隶商州志》卷8，引山阳县志。
③ 道光《略阳县志》卷4。
④ 同治《太湖县志》卷5。
⑤ 康熙《富阳县志》卷5；光绪《富阳县志》卷15。

产的稻秆麦秸为原料。有的虽购买原料造纸，其工人也还多少从事其他农业生产。农业与造纸业各有周期，对于乡村槽户来说，造纸兼事农业，可以更合理地安排生产时间与使用劳动力，对于生产是有利的。这种可算做半专业性纸坊、槽户。不过，既称之为槽户，看来已是以造纸为主，各地记载中所称“以造纸为业”，大概即指这种半专业性的纸坊、槽户。在一些造纸业发达的地方，一些人家得以以造纸致富。如浙江山阴县为纸产区，嘉庆时，“天乐乡出纸尤盛，民家或赖以致饶”，嵊县也有类似记载，［竹纸］“颇为利市……民家或赖以致饶”①。

在一些造纸业发达的地区，出现了一些专业纸坊、纸厂。这些纸坊、纸厂以造纸为业，有的种竹造纸，有的单纯是购买原料造纸，已不经营其他农业生产。各地有关事例不少。乾隆三十四年，有江西南丰县人吴贵玉，到福建崇安县“白沙地方开厂作纸，有多年了”，厂内雇有工人②。嘉道时期，四川巴县乡间分布着不少“纸厂”，开纸厂的多为本地居民，或“在乡开设纸厂”，或“佃转山业舀纸生理”，业造纸者或以纸抵交山租，或卖纸以敷差粮③。租佃山场从事造纸，并以纸缴纳租赋，这些居民应是专事造纸了。有的纸厂专靠买竹料造纸，有的纸厂有“料塘五口”，说明纸厂经营已有一定规模。安徽宁国府山中槽户忙于造纸，有诗称，“山里人家底事忙，纷纷运石叠新墙，沿溪纸碓无停息，一片舂声撼夕阳”④，这些显然是以造纸为生业的槽户，看来采用的是炙墙焙干法，“叠新墙”可能是在扩大生产，“无停息”说明其一年中生产时间较长。清中叶在陕西、广西等地山区出现的一些纸厂、纸篷，或是承担着自种竹直至出纸的全部生产过程，或是收购足够常年开工所需的原料。如陕西的纸厂，每年于夏至前后的20天内，“将山场所有新竹一并砍取，名剁料。……其料须供一年之用，倘池小竹多，不能堆放，则于林深阴湿处堆放”⑤，这些纸厂都是常年生产的纸厂。尽管这样，那些自己种竹造纸的纸厂的生产过程还是与农

① 嘉庆《山阴县志》卷8；同治《嵊县志》卷20。

② 前引彭泽益：《资料》，第1卷，第396页。

③ 《巴档》，第329页。

④ 嘉庆《宁国府志》卷18。

⑤ 《三省边防备览》卷9。

业联系在一起的。不过，至少有一部分造纸业是与农业分离了，一部分从业人员集中到城镇，成为专门的手工业人口。有的地方形成以造纸业为主的专业性市镇，如铅山县石塘镇。

城镇纸坊都是专业性的，常年工作。在纸坊集中的地方，从业人员众多，如铅山、苏州。铅山从事造纸的人口占总人口的十之三四，据称“乌合者动以千计”①。前述苏州仅染纸坊就有工人800余人。

这些纸坊、槽户、纸厂，不论规模大小，多为雇工生产，完全以家庭为单位、依赖家庭劳动力从事生产的事例很少。江西“槽户倩人治料施工成纸”②。清前期刑档中的一些记录也说明了各地纸厂、槽户雇工生产的情况。雇工有常年雇工，有季节性短工。

各地纸坊、纸厂的生产规模不尽相同，多数规模并不大。江西造纸业虽然发达，纸坊规模却都不大，经营分散。铅山槽户造纸，“每一槽四人，扶头一人，舂捣一人，检料一人，焙干一人”，这是8个人，如造大纸，帘床加大，仅捞纸就需6个人，全部过程则需10人。同治时，新昌县纸厂，“每厂工作八人，另有包头一人”③。乾隆间广西容县的纸篷，“每槽司役五六人”④。嘉道时期陕南山区的一些小纸厂工匠人数也不多。宝鸡县有“纸厂三处，其中资本俱不甚大，工作人等亦属无多”，紫阳县“六道河有造火纸者数家，每家不过四五人”，商南县有三四家草纸厂，“每家匠作不过三四人及五六人不等”⑤。

在一些地方也存在规模较大的纸坊、纸厂。前述乾隆时苏州有纸坊33家，工匠人手800余人，平均每家纸坊20余人。嘉道时陕西汉中的纸厂，“大者匠作佣工必得百数十人，小者亦得四五十人”，洋县纸厂，“华阳大小巴，厂屋簇蜂垒。匠作食其力，一厂百手指”，定远厅有纸厂45处，“其工作人数众多”，西乡县山内有纸厂38座，“每厂匠工不下数十人”，安康县纸厂63处，

---

① 道光《东乡县志》卷4。

② 同治《广信府志》卷1。

③ 前引彭泽益：《资料》，第1卷，第260、27页；第2卷，第276页。

④ 光绪《容县志》卷6。

⑤ 《秦疆治略》。

“工匠众多”[①]。道光时，湖南衡山有农民经营纸厂，“农民灰浸为纸，售诸远方，稍获其利。然操作之苦，剧费多工，每一槽辄十余人或数十人”[②]。

有能力经营纸坊、纸厂的，多为富裕农民和商人。湖南衡山的纸槽，作坊主看来是地方富户。广西、陕西、江西的一些大小纸厂，多是商人开设的。广西容县的纸篷是康熙年间由福建商人传入造纸方法，在山中创立的，到乾隆时已有纸槽200余槽。江西铅山经营造纸业的“率少土著，富商大贾挟资而来者，大率徽闽之人，西北亦间有之”[③]。福建崇安县最早的商人纸厂是清初徽州人于坑口开设的乾隆纸厂，乾隆年改为武记[④]。陕南山区的大纸厂，雇工人数颇多，都是大商人开办的。商人直接投资开办纸厂，是商人资本支配生产的一种形式。

商人资本支配造纸生产的另一形式是向生产者预付资金，即借贷或预付纸价，以控制生产者的产品。这种形式在制纸与原料生产中都存在。前述福建的建阳扣纸，向来由江苏商人收买，商人“每岁以值压槽，禁不外用，故闽人不得建阳扣”。乾隆时，河南有陈氏商人租山种竹，开设纸厂，与亳州纸商魏吉常交易，“向值岁底，魏吉常每家先交银一百七十五两，次年陆续取纸清偿”[⑤]。陕西洵阳、山阳等地居民以购皮制纸穰，商人收购运销山西、河南、江苏、湖北等地，“货穰者俱系三晋、西同人。列廛而居，操业穰者缓急，先以数金饵之。误吞其饵，则终身为佣矣。先籍其树之所有，谓之点构，不能别售也。于是盐布琐屑俱仰给焉。以值计穰，不难以少而算多，以穰酬值，亦不妨以轩而作轾。[弊] 之所从来远矣”[⑥]。这是商人利用资金来控制、剥削生产者。这几例中的“以值压槽”、“以值计穰，以穰酬值”，都是商人预付资金，生产者以产品缴偿。这之间，商人可以以季节差价、压级压价等手段剥削小生产者。

① 《三省边防备览》卷9，卷14；《秦疆治略》。
② 道光《衡山县志》卷18。
③ 同治《广信府志》卷1。
④ 民国《崇安县志》卷19。
⑤ 刑科题本，转引自黎民文，载《文物》1975年第9期。
⑥ 乾隆《洵阳县志》卷11。

第六节　制烟业

烟草种植自明中叶传入中国，明末以后很快向内地传播推广。到清中叶，各地已普遍种植。随着烟草种植的推广，制烟业发展起来，并由于吸食者众多，很快成为清代的一个新兴手工业行业。

制烟过程大致为，烟叶采摘后首先烤晒或阴干制成干烟叶，又称生烟。将生烟加入香料、油脂，用烟刨推成细丝，制成烟丝，又称熟烟。香料、油脂都有一定配方，由此制成各不同种类的烟丝。烟丝又分为旱烟、水烟二类。清代四川的彭遵泗较为详细地描述了烟丝的加工过程，烟草于“夏至前收积室中，蒙以簟石，谓之阏，气味色顿焉。七日之后，青黄间错出之，用疏竹格二，一承藉，一偃合，贯三横篾，曝烈日使干，名曰摺叶。以草索络茎绷风檐隙日下阴之，名曰索叶。索酽于摺，卷曲而不舒，嗜生烟者便之。治熟烟法，去叶梗，盛以席，菜油合红矾，口吸喷之，总入床中。床形近榨，两旁圆木，高大各四尺，上中下三楔吃紧，人乘床用凹刃长刀剃锉成丝，纳热锅推拨，逾时收贮。不尔则色变质霉，不可久留。工绌气味上者曰盖露，次曰长行，又一种曰姜黄……总名曰油丝。不施油红，专行木质者曰干丝”①。这是制作旱烟。水烟的加工过程与旱烟大致相同。将烟叶切成烟丝，加入胡麻油、矾碱、染料等合成。所谓制烟业，通常是指熟烟、即烟丝的加工制作。

一

明代中叶，烟草首先在东南沿海的福建推广种植，以后逐渐扩展到各地。清前期，山东、河北、江西、湖南、湖北、福建、陕西、四川、浙江等省，种植尤多，陇亩相望。一些烟草种植较多的地方，也形成了制烟业的集中区。

山东的烟草种植几乎遍及各州县，以兖州、青州等府较为集中。同时，

---

① 嘉庆《四川通志》卷75，彭遵泗文。

在济宁、滋阳、临朐等临近水道、交通便利的地方，制烟业的发展也比较突出。济宁州产烟，质量“甲于诸郡”，从事制烟的也多，道光时记载，济宁“出产以烟叶为大宗。业此者六家，每年买卖至白金二百万两，其工人四千余名”[①]，6家业烟者不仅仅是买卖，也兼加工，4000余名工人不会全是从事制烟的，但其中从事制烟的人数一定不少。滋阳县自顺治初年开始植烟，康熙时，“相习渐广，至今遍地栽烟，每岁京客来贩，收卖者不绝”。滋阳北乡大概是个加工烟末的地方，据光绪时记载，滋阳附近宁阳县所产的优质烟叶都运到滋阳加工，“本境烟质柔润，都门大贾恒辇资购取，于滋阳北乡碾末运去，以供鼻烟之用”[②]。滋阳植烟早在清初，其烟草加工的发展估计也会较早。

福建的植烟业发生最早。自明末传入，到乾隆时，据说烟草种植耗地十之六七，引起当时人惊呼植烟对民食的妨碍。福建的制烟业也著名，有名的“建烟”、“浦烟”、“岩烟”都出自这里。浦城为一烟草加工地，邻近的江西广丰所产烟叶都运到浦城加工，“广丰与浦城接壤，浦出名烟，而叶实有藉于丰”。汀州有制烟业，“福烟独著名天下，而汀烟以［上］杭、永［定］为盛。长邑所制，品有生熟之殊，色有黄黑之别，名有金丝、盖露之称”。龙岩所制“岩烟”，驰名大江南北。清前期，江西市场上所销烟丝多来自福建，“市所鬻有生熟二种，皆出福建，生丝出建宁、浦城，熟丝出漳州、平和，俗所称小溪烟是也”[③]。

江西烟草种植普遍，其制烟业以与福建接界的玉山、瑞金比较有名。玉山种烟不多，但以制烟技术优良而闻名，“淡巴菰之名著于永丰，其制之精妙则色香臭味莫与玉比，日佣数千人以治其事，而声价驰大江南北，骡马络绎日不绝”[④]。瑞金地近福建，植烟较广，康熙时，“连阡累陌，烟占其半”，加工熟烟需要茶油，瑞金是茶油产区，所以福建商人纷纷到这里开设烟厂，“迨至烟熟，四方收烟之商及锉烟者动盈万人，聚食于弹丸之邑”，“漳泉之人，麇至

① 乾隆《济宁直隶州志》卷2；《安吴四种》卷6。
② 康熙《滋阳县志》卷2；光绪《宁阳县乡土志》物产志。
③ 乾隆《广信府志》卷2；咸丰《长汀县志》卷31；乾隆《瑞金县志》卷2。
④ 道光《玉山县志》卷11。

骈集，开设烟厂”[①]。

四川的制烟业据记始于雍正年间，以成都一带较为有名。郫县为一制烟业集中地。乾隆时，郫县烟草“生产最多，上通蛮部，下通楚豫”[②]。郫县的制烟作坊不少，“烟产郫县特佳，业者最伙，城中外阛阓尽作坊，盖露、长行俱邑出也，名与闽勒”，盖露、长行都是烟丝名。郫县的制烟业一直延续到清后期，同治时记载，烟叶“用烟刨推之，丝如发，名曰郫县烟，声价与福烟等”。成都、合江、崇庆都有制烟业，所产烟丝质量优良，品种较多，并各有名品，“姜黄出崇庆。干丝成都制者上，曰庄烟，曰屈烟，曰高烟，以姓著；曰甜烟，以味著；曰黑虎，以色著；曰汉中烟，造式如汉中，或汉中人售，故名。……合江烟亚于郫县”[③]。

陕西南部的汉中、兴安等府的烟草种植到清中叶已相当普遍，城固、洋县、南郑、紫阳等地，“沃土腴田，尽植烟苗”，汉中府城为一烟草贸易中心，嘉庆时，“汉中郡城，商贾所集，烟铺十居其三四”[④]。这些烟铺，大约不止是单纯从事购销，也带有加工。

湖南植烟地区不少，制烟以衡州最为有名，出产著名的“衡烟”。衡州附近各府县所产的烟草大都集中在这里加工销售。乾隆时，“祁、邵、茶、攸所产，皆售于衡郡，制为京包广包，鬻之各省，俱称衡烟”。嘉庆时，桂东县“烟多种平原隙地，近通市衡湘”，平江县“烟多植山坡隙地，市卖长衡”[⑤]。反映了衡州较强的加工能力。到鸦片战争前后，福建的制烟业愈益兴盛，衡烟受到排挤，开始由盛转衰。

江苏、浙江的烟草种植广泛，在一些市镇上烟草交易量相当大。杭州是清代发展起来的一个制烟业中心。杭州有著名的“五杭”，烟丝为其中之一，称为杭烟。制造杭烟所用的烟叶均来自浙江本省。据民国时记载，“杭烟之制

---

① 康熙《续修瑞金县志》卷4；乾隆《瑞金县志》卷2，卷7，谢重拔文。

② 乾隆《郫县志》，转引自《明清农村商品经济》，第346页。

③ 嘉庆《四川通志》卷75，彭遵泗文；同治《郫县志》卷40。

④ 《清经世文编》卷36，岳震川文。

⑤ 乾隆《清泉县志》卷6；嘉庆《桂东县志》，转引自《明清农村商品经济》，第350页；嘉庆《平江县志》卷9。

造，大概起于清初。……浙省烟叶产地，浙东则萧山、新昌、嵊县及处属松阳，浙西则桐乡及海宁为最著名。而制造旧烟，则以杭州为中心。是项旱烟，其原料用萧山、新、嵊等处所产烟叶，夹以两木板，以刨子刨切为丝，其上等者，则每叶中搀入兰花籽或担香末，夹杂刨切，以保持其芬芳之气，亦有购入南雄等县之烟筋，夹杂叶中刨削，使增加强烈之味者。其烟品有陈奇、元白奇、贡奇等名目。陈奇原为陈四丰烟店所出，嗣后风行江浙，各家争相仿制”，清代杭州烟业贸易额每年在100万元左右①。上海据记于明崇祯时始有彭姓者引植烟叶，以后制烟业也发展起来，“遂有工其事者，细切为丝，为远客贩去”②。

甘肃的兰州是水烟加工中心。据称兰州水烟的生产始于明代，明末起食水烟的风气渐向东南推行，从一家一个水烟筒到“人各一筒”，食者不分男女。陕西泾阳是兰州水烟内运的转运地，“尝问之泾阳贾者，五泉菸自泾发者岁约金三万”③，五泉烟是水烟的一种。清代记载，“兰州水烟，向来颇称大宗。咸丰以前，省城有作坊一百余家”，到1885年还有作坊20余家④。水烟约分三种，棉烟、绿色烟（俗名碧条）、黄色烟，制法把烟叶切成细丝，加入胡麻油，又分别加入不同染料而成。各种烟分别销往不同地区。光绪时，棉烟每年生产七八千担，主要销往四川，碧条每年生产约二万余担，销往江浙地区，黄色烟每年生产二三千担，主要销往广东。⑤ 每担烟约重300斤，即每年水烟产量约近千万斤。

此外，广西植烟普遍，制烟业得到发展，广西平南的制烟业集中，烟铺、作坊也较多。

二

清前期，生烟的加工过程通常是由植烟户采摘后或烤或晒而成，也就是

---

① 前引彭泽益：《资料》，第3卷，第56页。

② 《阅世编》卷7。

③ 民国《韩城县续志》卷4，左懋第文。

④ 前引彭泽益：《资料》，第2卷，第322页。

⑤ 光绪《重修皋兰县志》卷11。

说，是在农民家庭里接续完成的。由于方法简单，尚称不上是家庭手工业，只能说是农业经济作物生产的一部分。熟烟则不同，各地资料表明，熟烟、即烟丝加工主要是由城镇中的制烟铺坊来进行的，这是制烟业的主要生产形式。

前述山东济宁的6家业烟者，每年交易额达200万两，有雇工4000余名，平均每家六七百名，其中必有一部分是制烟工人。陕西汉中烟铺十居三四。湖南衡州烟草加工业发达，清代有不少山陕商人在衡阳经营烟草生意，“自明季海内通买社坛衡烟。社坛，城北旧坛地也。山西、陕西大商以烟草为货者，有九堂十三号。每堂资本出入岁十余万金。号大于堂，兼通岭外，为飞钞、交子，皆总于衡烟”①。这些“业烟者”、“烟铺”、“堂”、“号”的经营规模都不小，但看来还是以商业营销为主，兼事加工，有的属于前店后厂式，这种情况下的制烟是附属于商业的。

清前期，不少地方出现了专门从事制烟的铺坊。开设这些铺坊的有手工业者，也有商人。杭州的烟店实际是加工烟丝的作坊，专制著名的杭烟，嘉道时，“烟店推达昌为首，其余则陈四海、迎丰、天润、天隆、玉润等”②，烟店中刨烟的工人当地称为刨司。前述咸丰以前兰州水烟的制烟作坊有100余家。四川郫县城内外制烟作坊遍布。广东制烟铺坊又称“烟馆”，且产生了几家有名的字号，“新会所制烟，则又以如思馆为得名，其味香辣，其色苍老，须明火啖之。黄烟以嘉应州耕耘馆所制为第一，林翠堂次之，另有黄右安字号，亦善制熟烟，而与之抗敌”③。这些制烟铺坊的主要活动是刨制烟丝，有的虽称为烟店、烟馆，但其手工作坊的性质明显。这些铺坊都是雇工的，史料所限，难知雇工人数多少。

在福建、江西、广西一些地方，有大商人投资开设烟厂、烟铺，雇工人数较多，生产规模较大。商人投资开设烟厂，是商人资本支配生产的一种形式。福建龙岩所制“岩烟”有名，烟厂很多，以后永定制烟业后来居上，占领了部分岩烟市场，到民国时，龙岩的烟厂仍存有数十家④，这已是转衰以后，此

---

① 同治《衡阳县志》卷11。

② 前引彭泽益：《资料》，第1卷，第171页。

③ 前引彭泽益：《资料》，第1卷，第173页。

④ 民国《龙岩县志》卷17。

前龙岩的烟厂数量一定更多。同时，既称之为烟厂，也必具有一定规模。乾隆时，广西平南，“种烟之家，收成鬻于商贾，刨切发卖。大市烟铺三二十间，中小市亦十余间、五六间。大铺用工人三二十，中铺小铺亦不减十余或七八”①，这里的大中小铺是就当地情形来说的。总体上看，这些烟铺的规模都不算小。江西瑞金烟厂集中，康熙时，“城廓乡村开铧烟厂不下数百处，每厂五六十人，皆自闽粤来”②。前述玉山县嘉道时福建、安徽商人来此开设烟厂制烟，“日佣数千人以治其事”，这大概不是指一个烟厂的人数。江西的烟厂都是福建、安徽的大商人开办的，每厂五六十人，规模也不算小。

制作熟烟的原料是生烟，生烟的贮存时间较长。因此，制烟业虽有一定季节性，但其紧迫感不会那么强。江西的一些大烟厂，是商人于烟熟季节前往开办，收买烟叶，刨制烟丝，忙季过后多数散去。城镇中的制烟铺坊，应都是常年性的。当时从事制烟及与之相关行业的人口一定不少，嘉道时有记载说，“驱南亩之民为做烟打捆包烟者，其数又复不少”③，这些制烟工人应属手工业人口。

有关研究认为，清前期福建、江西的一些商人开办的大烟厂，雇工人数较多，规模较大，可以说具备了资本主义萌芽的性质。

第七节　碾米业

清前期，商品经济发展，城镇经济繁荣，城乡工商业人口增长，引起商品粮需求增加，粮食运销扩大，粮食的碾磨加工业得以发展，碾米业已形成一个行业。在一些重要粮食产区，以及一些水陆交通便利的地方，碾坊集中，碾业兴旺，构成当地一重要手工业。现有关于碾米业的资料以湖南、安徽、江苏三省为多，反映了这几省碾业的发达情形。

① 《吴英拦舆献策案》，《清代文字狱档》，第5册。
② 乾隆《瑞金县志》卷7。
③ 《安吴四种》卷26。

清前期，湖南为重要产粮区，粮食输出多，碾磨加工业随之发展，光绪时的一个记载说，“南省旧称富足，谷米四处流通，砻坊开设省垣内外”[①]。沿江的长沙、善化、醴陵等县，碓户米坊相当集中。首府长沙交通便利，碾米业是最重要的行业，市场上“惟米谷充积，业商贩则碓户米坊而已。……秋冬之交，淮商载盐而来，载米而去”，由于业碾者多而形成竞争，乾隆初年，长沙县碓坊业组织起碓户行会，建立会馆，名“神农殿”，行会立有行规，制定章程，以划一行动[②]。善化县市场上以粮食为主要商品，“本地所出不过米谷，碓户粮食而外鲜列肆”[③]。醴陵县业碾者也多，“惟碓户米坊，城乡皆有，渌市更多，客商于秋冬间，贩谷赴渌市及湘潭粜买”[④]，渌市可能即渌口，今属株洲。长沙、善化紧依湘江，醴陵通湘江支流渌水，这些地方加工的粮食，不仅供本地消费，也通过水路源源运往外地。

江苏为产米之区，碾业也比较发达。高邮州紧邻运河，为粮食贩运往来必经之地，“本地商业以碾坊为大宗”，乾隆时，仅在册纳饷的碾坊“凡三千余户，殷盛概可想见”，道咸以后，由于天灾人祸，碾业逐渐衰落，光绪时城乡碾坊仍存一百数十户，“碾米除内销外，但坐待外客来贩”[⑤]。嘉庆时，江宁城外窑湾地方有砻坊32家，“每家有粮万余石，是三十二家所贮，足敷城中三月之食”[⑥]。江宁濒临长江，其加工的粮食也不仅仅是供本城消费。平望镇砻坊集中，碾米者多，明末附近农户多到平望“买磨路”，磨路是碾坊用牛拉磨，在牛踏的路上垫上土和草，与牛粪混沤，是很好的肥料[⑦]。清代平望镇有“小枫桥”之称，道光《平望志》记载，“吾里以米为大宗。冬春，为吾里所产米也。故平望有‘小枫桥’、‘小长安’之称”。光绪时记载，“里中多以贩米为业，其籴粜之所曰米行，其市集于后溪。各坊储米之所曰栈，栈之中有砻坊，

① 前引彭泽益：《资料》，第1卷，第183页。
② 嘉庆《长沙县志》卷14；前引彭泽益：《资料》，第1卷，第183、187页。
③ 嘉庆《善化县志》卷22。
④ 嘉庆《醴陵县志》卷24，转自李华文，载《中国社会经济史研究》1991年第3期。
⑤ 民国《高邮州志》卷1。
⑥ 《安吴四种》卷26。
⑦ 《沈氏农书》。

有碓坊”[①]。称砻坊、碓坊是因为所用工具不同。

安徽是粮食产区，省内也有几个碾米业集中的地方。芜湖地近江苏，面临长江，碾米业集中。据地方志记，“嘉道间，本埠砻坊二十余家，在仓前铺地，名大砻坊者居多。大概供本地食米，间有客船装运邻省，市面实不若湾沚及鲁港也”，清前期芜湖是个手工业比较发达的地区，冶铁业、炼钢业、染坊业全国有名，以其交通条件及在当时的经济地位，这里的粮食碾磨业应是比较兴盛的，输出的粮食也不会少。湾沚、鲁港都是芜湖县属市镇，分别位于县城东北和西南，紧靠长江，交通便利。嘉庆时，鲁港镇是该县最大的市镇，“鲁港镇在县西南十五里，境内市镇唯此最大，多砻坊，为粮米聚贩之所，商旅骈集”[②]。芜湖县城有砻坊20余家，而市面尚不及鲁港，则鲁港的砻坊数量当会更多，且这里是商贾聚集、粮米集散的地方，由这里运出的粮食也会更多。

在清前期的商品流通中，粮食是最大宗的商品。在粮食产区的一些市镇上，在工商业发达、人口密集的地方，都存在较多的碾米坊、磨面坊。如浙江南浔镇上磨面坊多，拉磨用牛，每年本地牛饲料不足，需从太湖大量购回。

清前期，市场上出售的米粮，除一部分来自农民家庭外，相当大的部分来自碾坊，特别是大中城市中，市民所食商品粮主要来自碾坊。碾坊遍布各地城乡，但大碾坊看来只存在于大中城镇及粮食充裕、交通便利的地方。

碾坊经营多为前店后厂式，边加工边销售，兼生产与商业双重性质。那些以零售为主的小碾坊，商业性质更强，故史籍中多把碾业记在商业类中。有些大碾坊不仅零售，且堆贮粮食，批量经营，供应客商贩卖，或供应军需，其生产性增强，开始由前店后厂式经营向自产自销式经营转变。

有关碾坊规模与业碾者身份的记载很少。广东佛山镇，乾隆五十五年，有梁太盛、梁升平、黄兴臣等人，“向在佛山镇七市开张糙白米铺生理，每铺或雇工七八人、十余人不等，俱系随籴随碾，日逐发卖，并无囤积”，这些铺户通常“籴谷一百数十余担”[③]。道光二十九年，安徽合肥县民人周邦福开一广

---

① 道光《平望志》卷1；光绪《平望续志》卷12。

② 民国《芜湖县志》卷35；嘉庆《芜湖县志》卷1。

③《明清佛山碑刻文献经济资料》，第91页。

顺周记砻坊，咸丰三年时，砻坊内雇有朝俸工伙 7 人，坊内存贮米粮稻豆共 11000 担，现钱 4000 串[①]。如以一担米粮价银 1 两计，加上现钱，其资本量在万余两，这个规模不算小了。如果可以类推，那么江宁的 32 家砻坊每家存粮万余石，其资本量恐怕与周记砻坊差不多。

业碾者的身份多为地方富户。乾隆时，江苏句容县周英，为“邑业碾者，向有驴差之扰，英捐赀代役，请除其弊”[②]。同治时记载，江宁本地产米不敷食用，“于是贩鲁港、和州、庐江、三河运漕诸米，以粜于铺户，富户复开砻坊以收之”[③]。这二例都是富户开设砻坊。尚未见有商人开设的明确记述。

---

① 前引彭泽益：《资料》，第 1 卷，第 609 页。

② 光绪《续纂句容县志》卷 10。

③ 同治《上元江宁两县志》卷 7。

第四章　矿业与陶瓷业

清前期的矿业，一般指金、银、锡、铅、铜等有色金属矿，以及煤、铁等矿的开采、冶炼，有时还包括锻铸。其中重要的是铜、铁、煤，因为这几种矿的需求量大，而且关系到政府铸币与人们日常生活需要。

清初，政权尚未稳固，鉴于明代的矿税之害，并畏惧各地流民聚集矿区闹事，对矿山基本上采取了封禁政策。顺治时曾开山东临朐、招远银矿，古北口、喜峰口等地的铁矿。康熙初曾开山西应州、陕西临潼、山东莱阳银矿，但不久相继停止。康熙前期，铜曾依靠从日本进口，以后由于大量铸币的需要，准许云南开采铜矿，而对其他各地的矿山仍然实行封禁，“有请开采者，均不准行”。雍正前期，矿政较严，各地多有奏请开矿的，但“均不准行，或严旨切责”。清初的禁矿政策阻碍了民间矿业的正常发展。自雍正末年到乾隆初年，由于政权已经稳定，社会经济发展，对矿产品需求增大，又有各地方官多言矿利，矿业政策开始陆续全面放宽，除金银等矿不许开采外，雍正十三年开放了广东、湖南铁矿开采。乾隆二年，除原云南铜矿已有开采外，其他地方的铜矿也因“有裨鼓铸，准报开采”。乾隆五年，除北京地区煤矿已经开采外，又批准开放各地的煤矿业。由于各地所处的地理位置不同，各矿的开放时间也先后不同。沿海、边地矿业开放晚于内地，但到乾隆早期，各地的铜、铁、铅、锡、煤等矿都相继得到合法开采。[①] 金、银、硫磺等矿官府控制较严，到乾隆初也允许民间开采了。据统计，自清初直到鸦片战争前，各地相继报开各

① 《清史稿》卷124。

种矿厂共1109厂，其间又先后停开800余厂，道光十八年在采厂数为279厂。[1] 清政府一方面开放矿禁，一方面又对开矿从报采到征税实行严格管理。同时，对不同矿种的政策宽严又有不同。有清一代，随着社会秩序稳定或动乱的变化，有关矿山开放与封禁的议论与争论时有发生，有识之士往往主张因势利导。总的来看，矿业政策趋向松弛。值得一提的是，清代的矿业自弛禁伊始，即放开由民间经营，完全放弃了官营矿业。但是，一些封建因素也对矿业的发展造成阻碍。如一些已开矿厂，往往因有碍“庐墓城池”、“陵寝风水”而遭到封禁。这种情况很是普遍。

清代早期虽然采取矿山封禁政策，而民间采矿业从来没有停止、杜绝过，这从当时各地方官的报告中可以明确看出来。其实，如果真正杜绝了民间私采，则无法解释清代早期数十年中民间所需的大量矿产品的来源。政策规定往往具有滞后性，是对现存状况的一种承认。此前，政府对民间作法是采取一种默认态度，只有在确定能不影响社会稳定的情况下，才会允许其合法存在。当然，也只有在取得合法地位后，才能开创新局面。清代矿业的迅速发展正是在乾隆以后。

第一节　铜矿业

民间铜矿采冶业主要是在清代发展起来的。明代前期的铜矿都为官营。宣德末年以后停罢官矿，矿业开始由民间经营。《天工开物》记载，明代四川、贵州、湖广、江西、湖南都有铜，以四川、贵州为盛。但明代铜矿产量并不大。

清代的货币实行银钱并用，铜是铸造钱币的主要原料。铸币是筹集军饷的重要来源，铸币又可以获得铸币“余息”，这是扩大财政收入的重要手段。因此铜矿业受到政府的充分重视。

清初对各地金属矿开采多实行封禁政策。康熙二十一年平定三藩后，出于

① 前引《中国资本主义的萌芽》。

铸币筹饷的需要，首先开放了云南的铜矿，规定通过报开手续，缴纳税负，允许民间自行采掘，“广示招徕，或本地殷实有力之家，或富商大贾，悉听自行开采，每十分抽税二分”[①]。政府对开采又实行鼓励与扶持政策，官员征收税铜或商民上缴税铜达到一定数额的，对有关官员及开矿者给以优升或顶带的奖励。康熙四十四年，议定云南铜厂每年由官府拨银，“预发工本，收买余铜”[②]，以资助工本不足的铜厂开工。这一作法虽名为“官为经理”，实际上是民采官收，还是民营开采。以后，随着经济开发，出于货币流通与财政需要，对内地的矿禁也逐渐松弛，雍正时，允许贵州、四川等地开采铜矿。乾隆二年，“谕凡产铜山场，实有裨鼓铸，准报开采”，此后各地的铜铅等矿相继得到开采。清前期由于矿源贫富、山场风水等原因，矿山开采多是时开时停，报采变动频繁。据记，自康熙末年到道光初年，“百余年来，云、贵、两湖、两粤、四川、陕西、江西、直隶报开铜铅矿以百数十计，而云南铜矿尤甲各行省”[③]。云南、四川、贵州、湖南等省的铜矿业在乾隆中期都达到高峰。

一

清代铜矿资源分布较广，据各地报采情况，云南、贵州、四川、湖南、广东、广西、湖北、陕西、甘肃、新疆、山东、河北、山西、江西等地都有开采，其中云南、贵州、四川、湖南、广东几省是主要产铜省份，特别是云南的铜矿业，主要是在清代发展起来的，而且后来居上，产铜位居前列。

清前期，云南的铜矿资源居各地之首，“秦、鄂、蜀、桂、黔、赣皆产铜，而滇最饶”[④]。云南铜矿于清初首先得到开采。滇北的东川府、昭通府，滇中的云南府、澄江府、曲靖府，滇西的顺宁府、大理府、楚雄府、丽江府都是铜的集中产地。《清史稿》记，“矿厂以汤丹、碌碌、大水、茂麓、狮子山、大功为最，宁台、金钗、义都、发古山、九度、万象次之”。康熙四十四年

① 《清代的矿业》，第73页。以下简称《矿业》。
② 前引《矿业》，第74页。
③ 《清史稿》卷124。
④ 《清史稿》卷124。

起，对云南铜矿实行“放本收铜”的政策，官府每年拿出100万两银来扶持云南铜矿开采，除20%的课铜外，其余80%的铜产都由官府收买。但由于官收余铜的铜价过低，以致开采者不敷工本，影响了商人开采铜矿的积极性，有的将余铜私卖，有的因工本不济而不得不关闭铜厂。乾隆中叶，为了鼓励开采，允许10%～20%的余铜由商人自卖，在一定程度上刺激了商人的积极性，使云南的铜矿业在乾隆中期达到高峰。

云南的铜厂产量大，持续时间长。东川府的汤丹、碌碌二厂，产铜量占全省产铜的70%以上。[①] 全国所有年产量100万斤以上的大铜厂，除了四川有二个，其余都在云南。持续生产100年以上的铜厂有14处。[②] 云南全省的铜产量，自康熙年间放开民营，到雍正初年，“岁出铜八九十万斤，不数年，且二三百万，岁供本路鼓铸，及运湖广、江西，仅百万有奇。乾隆初，岁发铜本银百万两，四五年间，岁出六七百万或八九百万，最多乃至千二三百万。户、工两局，暨江南、江西、浙江、福建、陕西、湖北、广东、广西、贵州九路，岁需九百余万，悉取给焉”[③]。乾隆年间铜矿业盛时，滇铜年产量保持在1000万斤以上，最高时达到1400余万斤。滇铜自雍正时产量超出本省所需，开始向省外输出，成为京内铸钱局及各省局铸钱用铜的主要来源。云南的铜厂数不能确知，记载中说，乾嘉年间铜矿业极盛时，铜厂达到300余处。据统计，自康熙四十四年至嘉庆十六年（1705～1811）云南全省报采厂数共140厂，在采厂数雍正年间维持在二三十厂，乾嘉年间维持在三四十厂，最高的一年46厂。[④] 从事铜矿业的人工，据记盛时“大厂率七八万人，小厂亦万余人，合计通省厂丁，无虑数百十万，皆各省穷民来厂谋食”[⑤]。清前期，云南铜矿业中人数众多，吸收了大量剩余劳动力。嘉庆中期以后，云南铜矿业开始衰落，到了近代已无足轻重。

贵州的铜矿业集中在威宁府。该省铜矿自雍正六年正式批准开采。这以前

---

① 严中平：《清代云南铜政考》。

② 彭泽益文，载《中国史研究》1981年第1期。

③ 《清史稿》卷124。

④ 前引彭泽益：《资料》，第1卷，第339、348～350页。

⑤ 前引《矿业》，第100页。

虽有矿硐存在，均属非法偷开，屡屡遭到驱禁。雍正六年，经正式勘查允许开采的有猴子、腻书、白蜡等5厂。雍正七年，由于设炉鼓铸的需要，又报开八地、朵果、拖克等厂十余处。仅格得、八地二厂即年出铜三四万斤。至乾隆六年，又陆续开挖槽硐70余口，年采获矿砂百余万斤，可煎获净铜10余万斤。[①]贵州的铜除供本省铸钱之用，余铜又运往京师供京局鼓铸。

四川省川南一带铜矿资源比较丰富，“川南一带，环列众山，铜矿铅矿所在皆有”，雅州、宁远、嘉定三府“处处产矿”，所出有红铜、白铜二种。四川的铜矿于雍正初年经奏请弛禁开采。首先得到开采的建昌镇当时有矿厂至少7个。乾隆中期，四川的铜矿业进入盛期。据乾隆十六年奏称，乐山县老硐沟铜厂，每年获铜六七十万斤。到乾隆二十五年，这个厂已发展为年产铜100万斤以上。四川每年本省鼓铸及协拨陕西、湖北二省共需铜190万斤，其中十之六七产自老硐沟铜厂。乾隆后期，有些矿硐由于开挖年久，硐老山空，产铜量下降。但经官员们勉励经营与扶持，在一个时期中又有所回升。据报，四川省乾隆四十六年共获铜87万余斤，四十七年获铜74万余斤，四十八年获铜75万余斤，四十九年获铜142万余斤，五十年获铜100余万斤。不过都没有达到乾隆中期的水平。[②]

湖南的铜矿开采较晚。乾隆以前，矿山附近居民多有刨挖，但因属边地，屡遭封禁。乾隆四年，经地方官奏请，准许商民自备工本开采。于是桂阳、辰溪、桑植、永顺、常宁等20多个州县都有商人试开铜厂。乾隆五年，由于绥宁县耙冲地方开采铜矿引起苗民滋事，所以将各地矿厂悉行封禁，只留郴、桂二州的矿厂，听民开采，官收税铜。乾隆十年，由于本省鼓铸的需要，再经奏请批准，除苗疆地方容易滋事不准开采外，允许其余地方招商开采。桂阳的铜产量盛时“号十万矿税之利也”。铜矿税率为十分抽二，则桂阳年产铜不下50万斤。桂阳州的绿紫坳铜厂，乾隆后期因开挖数十年，开采条件日益艰难，产量下降，乾隆六十年，该厂炼铜“仅敷原额二十九万之数”[③]。此前产量一定

① 前引《矿业》，第199～205页。
② 前引《矿业》，第207～224页。
③ 前引《矿业》，第249、246页。

更多。郴、桂二州的矿硐开挖时间较长，多在50年以上，嘉庆中期以后，逐渐开始衰落。

广东的铜矿自康熙中期以后时开时禁，“议开议停，已非一次”，直到乾隆三年才正式获准开采，“乾隆三年题准，广东省产铜山矿准其开采”。广州、韶州、惠州、潮州、肇庆等府都有铜矿。据报，自乾隆三年九月至乾隆六年六月，曲江县芦溪铜厂共开垅口60余号，采取铜砂共34万余斤，煎炼净铜4万5千余斤；英德县长冈铜厂共开垅口280余号，采取铜砂共1200余万斤，煎铜17万余斤。乾隆六年，这两个铜厂由于出砂渐少，垅口渐减而先后停工。乾隆八年，由于广东钱价昂贵，地方官呈请开炉铸钱，各府州县经勘查，报出铜矿共46处，铜铅矿52处，陆续招商开采。广东铜矿业兴旺一时，到嘉庆初年，广铜日益减少，不敷需要，不得不再请领运滇铜以供鼓铸。①

此外，广西、湖北、陕西等省也都有铜矿开采，但产量都不多，只能供本省鼓铸。广西有铜矿的山场较多，但开采的较少。投入开采的矿场至少始于雍正初年。雍正七年到十年，官府对涝江等铜厂共收课铜、余铜30余万斤。湖北郧阳、施南、荆州等府都有铜矿，乾隆时均投入开采。陕西宁羌州产铜，乾隆三十九年至四十五年，共收获铜41万余斤。②

清前期民营铜矿业的发展带动了地方经济的繁荣。在云南，铜矿业促进了云南的地方开发。一些著名的大矿厂，如汤丹、碌碌、大龙、狮子山、大功、九渡、万宝、万象等厂，都是在清代开采建立的。铜矿开采吸引了大量人口进入云南，使云南人口迅速增加。康熙二十四年云南人口只有15.8万，到乾隆三十二年达到214.8万，八十余年间人口增加了近200万。③

人口增加促进了商业发展，在那些集中的矿产区，形成了新的市集。如滇南象羊厂，原来只是一片荒山地，由于开矿而人口聚集，形成市井，“乙丑（乾隆十年）春，路民犁城西象羊山地，得矿苗，呈请开之。远近来者数千人，得矿者十之八九，不数月而荒颠成市，即名之曰象羊厂”。又如

---

① 前引《矿业》，第7、257～278页。

② 前引《矿业》，第280～299页。

③ 梁方仲：《中国历代户口、田地、田赋统计》，第258页。

“汤丹、宁台等厂，人烟辐辏，买卖街场，各分肆市”。蒙自县“龙树一带，旧系荒山，并无村落，初因方连硐兴旺，四方来采者，不下数万人，楚居其七，江右居其三，山陕次之，别省又次之”，龙树一带由此数万人而形成村市。云南的许多地方都是这样发展起来的，最初只是一小群人，一个窝棚，日用所需仅限于口食、照明，以后逐渐发展，需求扩大，口食、照明而外，又建造了屋宇，置备了必需的器具，商贾聚集，以致祭祀、戏剧等文化事业也发展起来，“凡厂之初辟也，不过数十人，裹粮结棚而栖，曰伙房，所重者油米，油以燃灯，米以造饭也。四方之民入厂谋生，谓之走厂，久之由寡而渐众……厂既丰盛，构屋以居处，削木板为瓦，编篾片为墙，厂之所需，自米粟薪炭油盐而外，凡身之所被服，口之所饮啖，室宇之所陈设，攻采煎炼之器具，祭祀宴飨之仪品，引重致远之畜产毕具。商贾负贩，百工众技，不远数千里蜂屯蚁聚，以备厂民之用，而优伶戏剧，奇衺淫巧，莫不风闻景附，觊觎沾溉，探丸胠箧之徒，亦伺隙而乘之”[①]。出于运铜的需要，云南的交通事业也发展起来。政府出资开凿了金沙江水道，修通了由滇东北达到长江的京铜运输道路，开辟了由滇东南至广西的内地运输路线，使云南与内地联系起来。

四川也有这种情况。如叙州府的马边铜厂，自乾隆中期开采，到乾隆末期，“马边开厂以来四十余年，历年出铜自完课外，分商售卖，四方贸易接踵而来，号为鼎盛一时，因有小成都之名。自乾隆五十五六年厂衰之后，各商携本归里，一切贸易裹足，而油米食物无不腾贵”[②]。可见铜矿业的发展与地方经济的联系十分密切，铜矿业的盛衰直接影响了地方经济的兴衰。

二

铜矿业的生产过程分为采掘与冶炼二个主要过程。在清前期的铜矿业中，这二个过程通常是由不同的生产单位独立进行的，采、冶之间形成商业交换关系。

---

① 前引《矿业》，第96、80、78、81页。

② 前引彭泽益：《资料》，第1卷，第351页。

清代铜矿业的生产组织，有当地贫民的小本分散经营。砂夫、炉户采砂、炼铜，以谋生计。湖南郴州、桂阳等地多有贫民依靠采矿、炼铜谋生的，“炉户、砂夫，多属穷民，工本不能久搁”，“炼铜炉户，每户挟本，俱属无多”。这些砂夫、炉户多为独立的小商品生产者，砂夫采砂卖给炉户，炉户买砂炼铜出售，“炉户砂夫验砂定价，公平交易。煎炼铜斤，除抽课外，照例给价收买”。桂阳有石壁下厂，出产铜砂，但“该厂历无烧铜炉座，俱系远隔十余里、数十里之江龙源、张家岭、吉冲头、藕塘、小溪头、冲头源、黄田等处民人，买砂回家煅炼，炉座起停无定”①。砂夫采砂，有的属于个体劳动，浅层刨挖拣拾，零星出售。有的开礌硐采掘，需用人工较多。有些礌硐是贫民合伙开采。如云南，“滇民多系瘠贫，当其开采之时，需用饭食油炭，或一二十家，或三四十家，攒凑出资，始能开一礌硐”②。这是劳动合伙制。

炉户设炉炼铜，人少了可能不行。清前期一个煎炉炼铜至少需用20人左右，多少要有雇工。从生产规模看，一个煎炉可称得上是一个小手工工场。不过炉户的出资情况不明。可能是合伙，也可能是独资经营。以其临时性较强，有砂开炉，无砂停闭，恐怕多是地方贫民的兼业生产。

清代铜矿业的主要经营者是商人资本。挖硐采矿，设炉煎铜，有油米、锤凿、炉座等等各项开支，所需费用不少，一旦得铜，则获利较丰，所以商人资本必然会涉足于这个行业。同时，政府将铜矿开放民营，采取鼓励招商开采的政策，各地铜矿主要是由商人经营的。

商人资本投资铜矿业有二种方式，一是将资本预先发放给炉户，收取铜斤。湖南铜铅矿中，“炉户多有先受客银，为砂价、烧炼工本、饭食之资”③，炉户炼出铜后，卖给商人。这应是一种预买制，是商人资本控制个体炉户。从各地情况看，这种方式还不占重要地位。

商人资本投资铜矿业的主要方式是直接设厂，雇工生产。商人投资设厂有合伙与独资二种情况。商人合伙制是一种较多采用的作法，有的是商人与地方

---

① 《湖南省例成案》户律，卷13，乾隆十七年十二月二十八日，广安、周人骥文；卷12，乾隆十六年七月四日，周人骥文；卷14，乾隆十八年十二月十一日，周人骥文。

② 前引《矿业》，第79页。

③ 《湖南省例成案》户律，卷13，乾隆十七年十二月二十八日，广安、周人骥文。

富户的合伙，“矿厂向系朋开，其股份多寡不一。有领头兼股者，亦有搭股分尖者，自必见好矿而后合伙”①。云南“合伙开硐，谓之石分，从米称也”，“曰石分：数人伙办一硐，股份亦有大小，厂所首需油米，故计石而折银焉，退出添入，或相承顶，令其明立合同后即无争”②。湖南郴州，“历来矿商，厚挟资本，招集砂夫，怂恿富户，合伙开采。……始为头人，继充矿商”③。从文字上看，这些都是合伙挖硐采矿。开办矿厂需用资本较多，对于资本不足的中小商人、富户来说，合伙不失为一种筹集资金、降低投资风险的可行方式。

大商人资本多是独资开厂，有的资本相当大。云南铜厂，“从前开办皆系川湖江广大商巨贾，每开一厂，率费银十万、二十万两不等”，“查办厂务，全在资本厚实。从前厂利丰旺，皆由三江、两湖、川广富商大贾，厚积资本，来滇开采”④。四川马边铜厂，开办于乾隆中期，“厂开之初，各处商人云集，挟重赀而谋利者，不可胜数”⑤。湖南铜矿自乾隆初得到开采，乾隆七年有奏报称，常宁县龙旺山地方，“有土商邓益茂聚集二万余人，开峒八百余口，设炉一百余座”，“此非一朝一夕之故”。这是采矿、炼铜合于一个资本，其矿厂规模不小。又有商人陈开业，于郴州“自认力督煎炼”，一年可得税余铜 7000 余斤，并官抽税铅 80000 余斤。商人夏元音承办桂阳州石壁下矿厂，每年应办税余铜 8000 余斤，砂税价银 100 余两。商人易经世，入山刨挖，采出矿砂，卖给炉户煎炼铜铅，自乾隆八年六月至十年十二月，共卖铜砂 30000 多石，又抽收黑铅税 48 万余斤。从采获、纳税的铜铅数量看，这些商人的资本都不小。广东海阳县铜矿，康熙中期，有商人何锡在仲坑山地方开矿挖砂，“聚众几至十余万”，以后开采日久，开采条件艰难，所得砂价银不敷工本，开采规模缩小，到康熙四十四年申请封禁时，仍有矿厂 64 处，在厂工人约 20000 余人。⑥

云南矿厂的规模，不管是合伙还是独资，大都聚众较多，规模很大，“大

---

① 前引彭泽益：《资料》，第 1 卷，第 337 页。
② 前引《矿业》，第 82、83 页。
③ 嘉庆《郴州总志》卷 19。
④ 前引《矿业》，第 100 页；光绪《续云南通志稿》卷 45。
⑤ 前引彭泽益：《资料》，第 1 卷，第 350 页。
⑥ 前引《矿业》，第 230、234～236、255～256 页。

厂矿丁六七万，次亦万余。近则土民，远及黔粤，仰食矿利者，奔走相属”，“厂之大者，其人以万计，小者亦以千计”[①]。

矿厂中的内部关系，据云南的情况，“一厂之中，出资本者，谓之锅头；司庶务者，谓之管事；安置镶木者，谓之镶头；采矿破甲者，谓之堆手；出荒负矿者，谓之砂丁；炼铜者，谓之炉户；贸易者，谓之商民”，“硐民之中，大抵出资购备油米者为锅头；出力采矿分卖者，为弟兄。……买矿煎铜出售者，为炉民、炉户；贸易油米各物者，为商民”。四川矿厂中，“经理工人矿硃，登记油米用数之人，名曰管事；供给工本，支放油米者，名为锅头，又曰商总；承经錾课，上纳官铜官铅者，即为炉户；开山破土之人名为硐头”。云南矿厂中除管事外，还有“柜书”，“亦曰监班书记，获矿方雇，每硐一人，旺硐或有正副……登记账簿，开呈报单”。采矿有硐，硐有硐头，炼铜有炉，炉有炉头，矿厂“旺后人众，各从其类。硐丁归于硐，以领镶约束之。炉丁趋于炉，以炉户（炉头）招纳之”[②]。矿厂中从事油米日用品贸易的商户不属于生产人员。资料显示，在矿厂中，各矿硐、炼炉大都是独立的生产单位，开矿者采矿，将矿砂出售给炉户，炉户买矿煎铜出售并纳课税。像前述湖南邓益茂的例子，开硐、设炉集于一个资本支配之下的情况，只有少数大资本可以办到。锅头、炉户即为出资开矿、炼铜的商人，管事、柜书、硐头（也叫镶头）、炉头等是受雇的管理人员或工头。

大量的硐丁、炉丁是矿厂中的雇佣工人。在大商人资本开办的矿厂中，已普遍采用了雇佣劳动。这些劳动者大部分来自外省区。乾隆中期，云南“矿厂日开，各处大小厂聚集砂丁人等，不下数十万人，现在各省来滇者尤络绎不绝，其间江楚等省流寓，倍于滇省”，“大厂动辄十数万人，小厂亦不下数万，非独本省穷民，凡川湖两粤力作功苦之人，皆来此以求生活”。四川“厂客多系四方之人”。这些雇工来自外地，来去自便，在身份上是自由的。云南矿厂的砂丁，有亲身弟兄、招募砂丁、雇工等名称。亲身弟兄不领取月工资，出矿时与硐主按一定比例分配。这种亲身弟兄制还不是完全的自由雇佣关系，但也

① 前引《矿业》，第74、82页。
② 前引《矿业》，第80、82、225、83、81页。

未见有人身依附关系的证明。招募砂丁与雇工则是“按月支给工价，去留随其自便”，已是完全的自由雇佣关系[1]。

据有关研究，在云南铜矿业中，一些大商人开办的矿厂，从经营方式和雇佣关系上看，已是具有相当规模的工场手工业。滇铜生产中的特殊问题是“官本”问题。由于官本的加入，使滇铜生产具有了国家资本主义性质。在其他地方，一些大商人资本开办的矿厂，如上述湖南常宁县商人邓益茂、广东海阳县商人何锡所开的矿厂规模都相当大，并隶属于同一个资本，也可以说具有资本主义萌芽性质。

第二节 采煤业

煤炭是重要的生活资料和生产资料。煤炭资源分布很广，储量也大。据考古发现，煤炭在生产中的利用至少始于东汉时期，当时是用于冶铁，也用于生活。明代以煤炭代薪炊，并用于冶铁，《天工开物》记载，“凡煤炭普天皆生，以供锻炼金石之用”。清前期，随着煤炭的大量开采，其利用范围也日渐推广，从生产到生活，处处都离不开煤炭。民间多以煤炭代替柴薪，用于炊爨，特别是在城市中，如京城，“炊爨唯煤是赖”[2]。此外，煤炭还用于冶铁、炼铜、煎盐、烧窑等，是手工业中的主要燃料。如江西，民间日用主要烧柴薪，“各属境内间有产煤，而民间开采止备炉火造作之用”，四川，“国朝雍正初年以后……煎盐用煤者多”[3]。又山东用煤烧磁窑，湖南用煤冶铁、炼钢，浙江用煤烧石灰，云南用煤炼铜，四川除煎盐外，还用煤烤酒、缫丝、榨油、煮糖、冶铁，等等。

在清代的各种矿业中，采煤业是政策最为宽松的一个行业。乾隆以前除允许北京西部一些地区开采煤矿，供应京城烧用外，其他地方的煤矿与所有矿业

---

① 前引《矿业》，第141、100、207、80页。

② 前引《矿业》，第401页。

③ 引自祁守华、钟晓钟编：《中国地方志煤炭史料选辑》，第251、379页。以下简称《煤炭史料》。

一样，禁止开采，以防聚众滋事。但实际上各地都有自行开采的。乾隆五年，经大学士赵国麟奏请批准，“凡产煤之处，无关城池龙脉，及古昔帝王圣贤陵墓，并无碍堤岸通衢处所，悉听民间自行开采，以供炊爨，照例完税”[①]，自此正式开放煤禁，江南、江西、浙江、四川、直隶、山东、山西、湖南、甘肃、广东等省纷纷报请开采煤窑。清代的煤税很轻，官山开矿须领帖输税，但税额并不重，一般民地因已缴纳田赋则不再征税。

二

清前期，据粗略统计，全国除内蒙、西藏、新疆几省外，约有州县厅1600余个，其中有开采煤矿记载的州县厅800余个，约占二分之一。[②] 其中主要产煤省份有直隶、山西、山东、陕西、湖南、四川，以及东北几省。

直隶的采煤业以北京西部地区为一集中地，房山、宛平、大兴都产煤，“京城所用之煤，皆产于此”。由于京城的日常生活及官府铸币等方面用煤需求量大，政府对京西地区采煤业的开采政策也比较宽松。这里的民营采煤自顺治时已经开放，早于其他地方几十年。乾隆中期，由于京城煤价日渐昂贵，规定凡煤旺可采之处，均允许附近村民开采，或招商开采。据称清前期，宛平有“煤窑二百余座”。直隶东北部的滦州、丰润一带，西南部的获鹿、井陉一带，煤炭资源丰富，清前期开采也多。滦州产煤及煤焦炭，“石炭，即煤，产石门寨，又一种水和炭，以水和之燃烧，出开平卫何各庄及峰山口。生者有焰，宜煅灰及熔铁，尤宜大块。火炼过者为焦子炭，陟坡、古冶有之”。丰润、唐山一带的挖煤者，有因采煤而致富的，乾隆时记，“丰人呼煤为水和炭，唐山及陡河产之，于近山之地，穴土三四十丈，不得，则另易一处，故资本极费，然食其利而成富室者众矣”。获鹿县“有煤厂，产煤甚旺”。井陉“山多地少，所赖者煤窑甚多”，所产煤一向经获鹿转贩正定、深州等处，附近村民多依靠挖煤、以及贩煤、驮煤为生。这些地方的煤还经由娘子关运往山西平定州转卖

---

① 前引《矿业》，第8页。

② 据《清代地理沿革表》；《煤炭史料》，第608～619页。

各处[①]。

山西产煤州县不少，元明时开采已多。清代约有州县108个，其中产煤的有70多个。较为集中的有太原、大同、汾州、平定等府州。嘉庆《通志》记载，“山西府州惟石炭不甚缺……俗称煤炭，有夯炭，微烟；有肥炭，有烟，出平定者佳；有煨炭，无烟，出广昌、广灵者佳，精腻而细碎，埋炉中可日夜不灭”。太原县西部各山区都产煤。五台县东北、东南诸山，“产炭最旺”，光绪时有炭窑百十余处。平定州“土产以炭为最”。盂县煤多，道光时有人说，“晋阳北山多煤产，而盂邑一境所产尤多，民生赖之，自昔为然”。大同府有煤，“大同、仁怀西山中出者极多”。高平县，“邑原无奇货，独煤炭甲于天下”。孝义县，“产煤颇盛……约东南可鬻至百里内，西北可鬻至二百里内，借以为生者甚众”[②]。

明清时山东的采煤业在全国位居前列。清代，山东采煤业以济南、青州、兖州、沂州几府为多。乾隆初，山东巡抚奏请开采山东各地煤矿，所列州县有“章丘、淄川、泰安、新泰、莱芜、肥城、宁阳、滕、峄、泗水、蓝山、郯城、费、莒、蒙阴、益都、临朐、博山、莱阳、海阳”，说明当时这些地方自行开矿采煤之风已经普遍。自淄川，经博山、益都，至临朐、潍县这片地区，采煤业最为集中。博山县原名颜神镇，以煤炭为当地首要行业，据传唐代已有开采，有文字记载的历史见于元代，清代这里矿业“以煤为主”，雍正末年将颜神镇升为博山县。峄县，乾隆时，“煤之利人争焉，州车所载几不可数计矣”。峄县地近运河，水运条件便利，往来的商船、漕船大都载煤而去，乾嘉时运载颇盛，“方乾嘉时，县当午道，商贾辐辏，炭窑时有增置。而漕运数千艘，连樯北上，载煤动数百万石，由是矿业大兴，而县诸大族，若梁氏、崔氏、宋氏，以炭故皆起家，与王侯埒富”。峄县有一圆山，到光绪时开采普遍，“岭之左煤井尤多，东西数十里几无实地”[③]。

陕西是产煤区，明代已经得到开采，清代开采更多，其中关中、陕北为集

---

① 前引《煤炭史料》，第76、50、56、31、33页。

② 前引《煤炭史料》，第81、108、90、91、93、112、98、115页。

③ 前引《煤炭史料》，第270、274、284、285页。

中产区。乾隆五年有奏报称，“查西安府属之同官县，延安府属之肤施、安定、靖边三县，凤翔府属之凤翔县，榆林府属之榆林、怀远、神木、府谷、葭州等五州县，同州府属之澄城、郃阳、白水、蒲城、韩城等五州县，直隶商州并所属之雒南县，直隶邠州并所属之淳化县，直隶乾州属之永寿县，直隶鄜州并所属之中部县，直隶绥德州并所属之米脂县，均有产煤处所，向听小民自行开采，并未禁止”，也就是说，在官府正式准许之前，这些地方的煤矿也已在开采之中。关中一带煤产丰富，煤质优好，俗有“渭北黑腰带”之称。同官、白水、韩城等地有许多煤窑，当地又称为“炭窠”。三水县煤窑始于明正德年间。同官县煤窑由来已久，据记始于明嘉靖年间，“嘉靖甲辰始凿山取之”，清前期这里“窠多人众”。韩城县的煤经由黄河运往省内，石炭“在禹门上荒山绝壑，人穿穴以出之。每数十百艘连尾上下，自［黄河］达渭，至于长安、周鄠之西，载以易粟”[①]。清中叶，陕西南部的秦巴山区内棚民聚集，山区经济发展，有多种手工业工场，其中也有许多煤厂。

湖南是清代重要产煤省份，七十几个州县厅中，产煤的有五十几个。其中东南部山区尤为集中。衡州府产煤，并销往境外，“煤，耒阳、衡山皆出，湖北、江南市之”。长沙府各县均产煤。攸县煤明代已有开采，《徐霞客游记》记载，“（衡山）界北诸山皆出煤，攸人用煤不用柴，乡人争输入市，不绝于路”。入清以后，攸县“邑东昭村等处及邑西阴山港内并产煤，贩运及他邑，石煤价尤昂”。湘潭县产煤炭，“有烟煤、白煤、铁煤数种，产七、九、十、十六各都，南省多取给焉”。郴州府属5个县产煤也多，并输出境外，“常贩卖长［沙］、衡［阳］”。兴宁县濒江，明代这里“煤炭大舟麟次”，清代这里的煤远销汉口、芜湖、南京。宝庆府有煤，光绪时记，邵阳县，“邑旧以产煤、铁著”，所出有铁煤、柴煤，铁煤烟重力厚，多供铁工用，柴煤力小，用于烹炊。宝庆府丰富的煤产有力地支持了当地的冶铁、炼钢业，使清代这里的冶铁、炼钢业得以发达。所出铁煤还大量运往省外，“旧日铁煤销售湖北汉口，分达河南、皖、鄂，号称佳品”[②]。

---

① 前引《煤炭史料》，第472、490页；禚振西、卢建国文，载《文物》1979年第6期。

② 前引《煤炭史料》，第331、337、338、341、342、349页。

四川省煤炭资源丰富，开采也多。清代四川约有州县厅130余个，产煤的有80余个。四川井盐业、冶铁业都很发达，煎盐、冶铁需用煤，从而刺激了四川采煤业的发展。重庆、成都、嘉定、夔州等府采煤业集中。合州境内多山，山内煤炭资源丰富，清前期煤业相当兴旺，煤炭为当地出产大宗，又位于嘉陵江与涪江交汇处，运道便易，产煤多由农民背负出山，再由炭船运销各处。州西北地区，“由凤凰岗西北行，有诰封亭，当嘉道时，煤业张王［旺盛］，估舶麇集，肆廛数百家”。州东部华银［蓥］山区多矿产，山内炭窑遍布，“如麻柳坪、老鸦溪、沙罐厂、龙洞沱、沙湾、大沔溪、小沔溪、渭子溪诸马［码］头，皆以炭业为盛衰焉”。据民国时地方志记载，华蓥山区各山脉的煤炭经多条路径运输出山，商人、脚夫业炭也有利可图，“故炭业家历就马［码］头营业，倾囊倒箧舍命以图。……故百年来炭价持平，大炭每斤不及两文钱，小炭每十斤价只七文、八文，日囤月积，以供远近各烧户，以供熬盐、烤酒、煎油、煮糖等用。大河自顺庆而下，小河自泰和镇而下，舟载往来，无不给焉”。该志成书于民国十年，百年前正是清嘉道时期，说明当时这里的煤炭业相当兴旺。山区内有黄葛树、麻柳坪地方，都是煤炭转运的热闹场镇，“当道咸间，麻柳坪之炭业与黄葛树埒，且又过之，于时麻柳坪炭号近二十家，号之大者日尝千余挑，小者亦百余挑，近场四里，地名大垭口，自为一街站宿挑夫。炭之出河仅距十余里，或尤近将及十里，近尝四挑、三挑，远亦三挑、二挑，故挑夫只数千人，而炭已万余挑。炭行遂河遂帮，泰镇、杨溪镇、桂花园无不啧啧称麻柳坪不衰，而麻柳坪河岸尝有遂帮炭船停泊至二十只外”。同光时起，华蓥山内有的窑由于开挖时间较久，开采日深而遭水淹，原炭业兴旺的地方转衰，煤炭场镇也随之转移。但合州兴旺的煤炭业一直持续到清以后的民国时期。叙永厅矿务以煤为大宗，“种类甚多，有黑炭、黄炭、油炭诸名目，随处皆有，掘地成洞以取之”，距厅南20里的桑家坝，嘉庆时以“多产炭”而出名。石泉县有通口场，设于雍正年间，“为东路繁盛乡场”，河运便利，本地所产的煤经由水路可运至潼川、绵阳。威远县产煤，煤炭业始于明嘉靖时期，其时由于自流井盐业始兴，需要威远的煤，“嘉靖中，自流井初煎盐鹾，务需威煤孔亟，邑民于此设立炭厂，盖有清溪通舟之便也”，直到清嘉庆时，煤厂仍多，威远的煤至少持续了250

余年。[1] 四川产煤虽多，由于本地需要量大，清前期主要行销境内，盐井、铁厂附近的煤多直接运至盐厂、铁厂。

东北三省也有丰富的煤炭资源，清以前未经开发，入清以后陆续投入开采，是清代发展起来的新的煤产区。奉天有煤，清初多以有碍“陵寝风水”而厉行封禁，到乾隆时开始放松。本溪湖煤矿是开采最早的煤矿，其批准年份不详，史籍多称为乾隆年间发给龙票，准予民间采掘。乾隆十年有地方官奏请开宁远煤矿时称，“奉天东南之北西［本溪］湖一带，逼近盛京，因地多产煤，现已开采有年，附近旗民，实属利赖”，说明这里的开采时间应在乾隆十年以前数年。由于地方官多次疏请开采奉天煤矿，以有裨益于旗民生计，乾隆三十九年议准，“盛京、锦州、宁远、义州等属产煤处所，查明于陵寝风水实无关碍，准其招募旗民，给票开采，照例抽课”。此后奉天的煤矿业开始兴旺，锦州、义州、辽阳、复州等地煤窑很多。本溪湖煤矿自乾隆初年准许民间开采，乾隆三十八年又奏准开采本溪湖附近窑子峪、五湖嘴煤矿。本溪附近的牛心台煤矿，“相传清顺治七八年间，有山东人在此发现煤矿，其后相继开采不绝。迨光绪初，日可产煤五六十万斤”。复州的五湖嘴煤矿，自乾隆中期开采，到乾隆后期，“各国通商，煤产销路甚宽，获利至溥，因有日进斗金之谚”。本溪湖附近的庙儿沟、牛心台、八盘岭等处铁矿，全依赖这里丰富的煤而得以兴旺，据称，“自乾嘉以迄咸同数十年间，矿业颇繁盛”。吉林木产资源丰富，清初炊爨等多用木柴，以后需求扩大，柴价渐贵，才逐渐申请开采煤矿，其开采略晚于奉天，多是嘉庆以后的事。嘉庆二十年奏准开采缸窑等地煤窑6处，道光元年以旧有煤窑多有坍塌，又奏请开采荒山子等4处煤窑。[2] 不过，清前期吉林的煤矿业不及奉天，其大量开采是在同光以后。黑龙江的煤矿开采时间更晚，多数煤矿是清后期开采的。

二

各地采煤主要是为了供应当地生活、生产消费。然而随着工商业发展，商

① 前引《煤炭史料》，第391、398、399、407、410、412页。

② 前引《煤炭史料》，第147、148、155~157、171页。

路开辟，煤炭的商品运销也在扩大，特别是省内的近距离运销发展突出，上述各地资料显示，大多数煤的运销是在省区内或临近的省区内进行的，距离都不远。在一些产煤集中的地区，一部分煤也销往省外，进入长距离运输。如前述直隶井陉的煤，经获鹿运往正定、深州等地，或经娘子关运往山西平定州，再分运各地，运煤的脚夫每日以千百计。保安的煤运往万全，“道远价倍”。山西忻州所用的煤炭，“南资阳曲，北资元冈，数日始得往返”。五台县煤“供本境之外，旁溢于崞县、定襄、忻州”。陕西关中的煤，据雍正时记载，“石炭，龙门内上峪口皆有，荒山绝壑，穿穴以出，负担驴骡，络绎于道，每数十百舸艓连尾上下浮于河，由韩［城］而合［阳］而朝［邑］而同［州］华［县］，自河达渭，以及长安周至之西，载以易粟，岁以为常”。安徽怀远县舜耕山产煤，“旁郡邑资之者甚众，舟车连载，百里不绝”。山东峄县“被山带河，南接江淮”，清前期各省漕船途经峄县都要载煤而去，“当乾嘉盛时，江浙湖广诸行省漕粮数千艘皆道峄境，北上商旅岁时往返不绝……而本地所有麦豆及煤炭诸物，亦得善价而行销数千里”，“先是嘉道间粮艘过境，多挟南货以易煤、米，关津不敢诘，故运费甚轻，而炭价极昂，业此者皆积巨万”。湖南耒阳、郴州、宝庆等地的煤历来销往衡州、湘潭、长沙，以至省外芜湖、南京、汉口。邵阳县煤历来运销汉口，再分运河南、安徽等处，光绪时记载，“昔时成本轻，获利厚，一商号有做至百余舟者。近虽炭价稍昂，销售稍易，反不及昔时之盛，每岁自县出境之舟，大小约千只内外不等”，则昔日盛时出境的运煤船当在千只以上。煤炭的长距离运销在清后期继续发展，有的原在省内销售的煤也开始运销境外，如四川合州，煤原只供省内各地煎盐、冶铁等用，以后由于轮船、火车的发展，需用煤作燃料，这里的煤也顺流而下销到湖北宜昌、汉口。①

清代，在一些煤的集中产区，由于煤矿业的发展，带动了地方商业、手工业的发展，并由此兴起一些以采煤业为支柱产业的手工业、商业城镇。如明清时，山东颜神镇的煤炭、陶瓷业都很发达，为一著名的手工业城镇。峄县以采煤业发达著称，大量的煤沿运河运往省外，漕船商旅往返不绝，峄县成为一南

① 前引《煤炭史料》，第48、107、108、472、241、284、351、400页。

北交流的枢纽，城镇繁荣。直隶丰润县东南有马家沟，“南临开平镇，东与滦县互界，初为荒村，富产煤，遂成繁市”。四川合州以煤炭而兴的场镇不少，如大凹口，“故为荷煤夫住宿之所，有店肆百余家，其盛可知”；小沔溪场，“场故为华银［蓥］山以下内外山煤贩售货处，日有煤船十艘停泊”；渠江，咸同间炭夫争趋贩煤，“溪上屯煤商号十数家，饮食、屠酤等小贸店几于成市”；沙湾，“有商贸小店二十余家，而煤号为多，俗称号口，盖屯煤以待商船运售者也”；老雅［鸦］溪，“近溪处有煤号肆十数家，俗呼炭坪子，亦曰号口，道光二十八年，僧智融请乡贤陶凤占为碑文记之”。乐山县的福禄场、牛华溪等市镇都建于清代，工商业都以煤、盐为大宗，福禄场设于清初，到民国时有居民千余户。①

清代采煤业的发展补充了由于燃料需求增长而导致的柴薪不足问题。同时，由于采煤业的发展，从业人员增加，又解决了大量农业剩余劳动力的出路，补充了农民生计。这些从业人员有下井采煤的窑工，也有大量靠驮煤贩运为生的运夫。直隶房山县，“地不宜耕稼，所赖以谋生计者唯煤业耳”。直隶与山西娘子关交界一带，“山居十之九，地居十之一，有力难用，瘠苦异常。……向靠驮煤营生，家畜驴头，每日出里巷，无论老弱……”。曲阳县“其贫者多畜驴数头，运煤为业”。山西盂县，“素称产煤乡，耕作而外利倍蓰”。五台县农民，“农工稍暇，皆以驮炭为业。……农民完课、授衣、婚丧杂费皆赖乎此”。崞县有官地山地方，“山多炭窑，远近驮者络绎不绝。……居民依此为生计焉”。山东峄县各矿中以煤炭最盛，“枣庄、田家庄、齐村居民以此为业，往往以煤故致资数百万”。河南密县产煤，“用给本土，辇货外方，无田之佣，皆可力业自活”，“山氓无田，每借开凿糊口”。湖南善化县潘家山，“出炭，居民多赖此为生”。耒阳县历来有许多开煤窑者在这里雇工挖煤，“借为挖夫、脚夫者食力甚众”。兴宁县“煤炭盛出，无业贫民肩挑赖以谋食”。四川威远县，乾隆时，“北路亦多鬻煤炭为业，资升斗之利以度朝夕”。犍为县有五通桥地方，乾嘉时这里盐业大旺，煎盐“日需煤数十万斤，而三圣站下逮炭坝口袤延百里，愈掘愈旺，水运陆负，日活数万人，为利甚溥”。仁寿县，道光

① 前引《煤炭史料》，第57、392、417页。

时土产有“石炭”，“邑东南多高山，凿之往往得石炭，贫乏者长年运贸资以生活者甚众”。合州“附属各县人力便宜，一经出炭，不惟本地劳动家纷纷从事，即远而百里、数百里亦必麇集，但得日满百钱即以［已］充足，为衣为食绰有余裕，又能给家人衣食”①。清代采煤业的发展造成了更多的就业机会，吸收了大量农业剩余劳动力。

三

就手工土法开采来说，清代的煤矿采掘在工具上虽没有根本变革，但技术上仍有所进步。清代的煤井已经比较深，容纳的人工数量比较多。各地煤窑的深度，直隶丰润县居民开挖的煤窑，“于近山之地，穴土三四十丈”②，约在100米以上。磁州西山一带有煤，“入穴取之，深数十丈”③。山东博山，“煤则凿石为井，有至二三百尺深者，炼而为焦，以供诸冶之用”④。河南密县，“煤，开凿非至数十丈不得”。山西孝义县山中产煤，“穿山为穴，深或数丈及数十丈，取者携灯鞠躬而入，背负以出”。浙江长兴县煤井“深有百余丈［尺?］，远至二三里，开挖者数十人、百余人不等”。陕西澄城县煤井，“井深三百尺”。白水县煤，“凿井深三四百尺取之”。综合以上情况，各地煤窑已普遍达到20～40丈深，另外，能在这种深度下工作，说明排水、通风等井下条件也已得到解决。运煤出井仍靠人力背运，辘轳拖拉，有的地方采用绞车，如山东的煤，“临博滕潍四邑为多，井甚深。潍县以骡马掣绳出炭，淄则以人转车，班分昼夜，刻无停息，井底凿洞，一洞旁分数洞，随凿随运”⑤。无论如何，土法采煤主要依靠人力，是一项十分艰苦的劳动。

采煤有农民家庭副业的生产，煤矿附近的农民以家庭为单位利用农闲或空

---

① 前引《煤炭史料》，第21、32、74、93、108、110、284、304、332、340、342、413、414、419、399页。

② 前引《煤炭史料》，第56页。

③ 康熙《磁州志》卷10。

④ 康熙《颜神镇志》卷2下。

⑤ 前引《煤炭史料》，第304、115、220、491、492、270页。

余时间上山捡拾或采掘露头煤，往往是老少齐上，不辞劳苦。如四川威远县农民，“耕织而外，每掘煤炭、铁矿为生计”。山东淄博煤田最初都是由附近乡民于农闲时去采掘露头煤，而后逐渐开发的。淄川县农民，“务本而重农，以谷为先，乃山多田少，又无舟车之通，间以攻炭为事”①。山西孝义县，“民业勤苦……除农圃之外，则负薪、掏煤、赶骡脚，大抵夏秋力南亩，春冬地冻则入深山砍木、掏煤，或受值代人赶骡脚”②。陕西安定县，“县民除力农外，牧羊、挖炭为生”③。这种农民家庭形式的采煤在各煤区普遍存在，农民采煤以供自家烧用，主要的还是采煤出售，稍获余资，以补生计。这是一种农民家庭副业，其生产量与商品量都非常有限。

清代采煤业中的主要生产形式是专业性煤窑，有的地方称为“煤厂”。煤窑中又有不同的组织形式。一种是以劳动合伙形式组成的小煤窑。山东博山有一种叫做“份子井”的煤窑，由几户共同出资金、工具和劳动力，共同开采，共同分配收益与承担风险。煤窑规模不大，一般在8~10人，约一个月凿成一浅井，每日出煤50~100筐，约1.5~3吨。④ 其内部是劳动协作关系，这种合伙实际上是劳动者之间的合作。直隶万全县的炭矿，“在从前，均系农人于春冬暇时，用人力开采，以作燃料，并行销附近各村。其法：在窑口设辘轳一架，三四人下窑掘炭，以粗绳系筐入窑盛炭，绞而上之”⑤。三四个农民在农隙时共同下窑挖煤，所需工具简单，主要是劳动合作，也是一种劳动者之间的合伙。这种合伙形式的采煤，有常年性的，已是脱离了农业的手工业生产，挖煤工人主要依靠采煤为生，如山东，也有利用农余时间临时搭伙从事的，属于农副业性质。

再一种是采用雇佣劳动的煤窑。开煤窑的有地主富户，也有商人。自乾隆初允许民间自行雇工开采煤窑时起，各地煤窑数量迅速增加，雇佣劳动很快发展。初时为防止外来游民聚集滋事，只许雇用本地土著居民，以后出于需要，

---

① 前引《煤炭史料》，第412、272页。
② 乾隆《孝义县志》第四册。
③ 《秦疆治略》。
④ 淄博矿务局：《淄博煤矿史》，第20页。
⑤ 前引《煤炭史料》，第49页。

以及对外来游民的不可遏止，又不得不准许雇用外来游民，强调由地方官加强管理。在一些产煤区，聚集了大量的煤矿工人。河南巩县，“产煤，开窑凿井千百为群，受雇者皆四方贫瘠，深挖浅掏，日无宁晷”①。四川开县以煤矿为生者，“兴旺时日以万计”②。这些煤矿工人已基本上脱离了农业，常年在煤窑干活，成为专门的手工业人口。

清前期，自由雇佣劳动在采煤业中已经普遍，雇工与雇主之间不存在人身依附关系。如陕西同官县是煤窑集中的地方，煤窑是由“雇主”经营，雇主多是地主、商人，他们投资经营煤窑，一身二任，或是地主兼窑主，或是商人兼窑主。雇工都是“无恒产”的贫民，“皆指煤窠谋生”，按当地习俗，工人有被煤炭压伤身亡的，窑主须给殓葬费，有窑主侵吞殓葬费的，工人可到官府去控告。③ 可见雇工在身份上是自由的。在这种自由雇佣关系中，雇工与雇主之间往往订有契约，契约的条件十分苛刻，常常注明雇主对雇工的人身安全不负任何责任。在劳动中，工人遭受着严重剥削，以至遭到人身侵犯，窑主私自拷打、威逼工人，残忍尅剥工人的现象十分普遍。但从法律上，这些工人是自由雇工身份，与窑主不存在人身依附关系。

清代小煤窑很多，这些小煤窑资本不大，雇工也不多。在一些集中开采的地方，也有雇工较多的。山东济南煤井，“畚掮上下，率以百计”④。四川仁寿县有煤，通常作法是，“各有洞头设为厂，一厂雇二三十人，凿洞挖拖”⑤。江北县甲子洞煤窑，乾隆六年创办，到道光时，雇工增加到七八百人。⑥ 直隶滦州，道光时，有“西鄙人张刚开山采煤，佣作日以千计”，但这数以千计的人并非都是采煤工，还有铁工，在窑上打制采煤所用的钩锸等工具。湖南湘潭县煤窑，“曰煤垅，大者近千人”⑦。上述后三例雇工人数很多，可能不是一个煤井的人工数，但可以确知，都是受雇于同一个资本，这种生产规模就不算小

① 乾隆《巩县志》卷7。

② 《三省边防备览》卷10。

③ 前引祲振西、卢建国文。

④ 《清经世文编补》卷28，马国翰文。

⑤ 同治《仁寿县志》卷2。

⑥ 周家鼎文，载《四川文史资料选辑》第15辑。

⑦ 前引《煤炭史料》，第53、338页。

了。从资金来源上看，这些都是独资开办的煤窑。

也有许多煤窑是合资开办的。清代也称为合伙，但与上述劳动合伙不同。一些煤炭业的投资者为解决资金不足，并减少投资风险，常常以合资方式伙办煤窑，即以资金合伙。如山东，“凡攻井，合众财，其利视本多寡为差”[1]。四川巴县有采煤业，采煤者多以资金合伙方式，共同开挖煤窑。如嘉庆七年，任国祥等7人立约合伙出资开挖煤窑；嘉庆八年，任瑞先等7人佃山合伙挖煤；嘉庆十五年，僧通祥等二人合伙挖煤。[2] 京西煤矿中的合伙煤窑至少出现于明代后期，清代更为多见。据所发现的门头沟煤窑合同，多数是以资本合伙方式开采的。[3] 采煤业中的合伙方式在清代已经发展到比较成熟的阶段。合伙更为形式化，合伙者均立有契约，契约内写明合伙者的责任、权利。出资者通常不参加劳动，有的参与管理，有的则单纯为股东。煤窑不管规模大小，均采用雇佣劳动。

按照清政府规定，开采煤窑须报官备案。每窑有窑主，称为“窑户”，在官山官地开窑的，以领帖输税之人为窑户，在民地开窑的，以地主为窑户。这些地主窑户不一定投资煤窑开采，但以拥有土地权利参与分配。一个窑户可以拥有数座煤窑，分属不同的出资挖窑者。从煤井的内部管理看，清代山东、北京、河南、四川一些地方煤井的内部管理已经形成规范。管理者通常为出资者，或由出资者雇请专门的管理人员。挖井工人中有井头，或称工头，工头具体负责招雇工人，指挥生产，处于最底层的是挖煤工人。如山东博山煤窑中，“其主事者，必曰井头，率徒下攻者曰洞头，收发钱财者曰账房，此三人者权莫大焉，输钱出份者谓之攻主”[4]。这是合伙井，除出资开矿的攻主外，井头可能为包工头，洞头是管理工人的工头，账房负责财务。又以河南密县为例，从道光二年地方官对当地窑户的示谕中可知，由窑户向地方官报请开采煤窑，并须开报在窑工人的姓名、籍贯等。窑上有掌账管事之人，以及大小工头，工

① 前引《煤炭史料》，第270页。
② 前引《巴档》，第258、259、261页。
③ 前引《矿业》，第414～435页。
④ 前引《煤炭史料》，第274页。

头负责窑内生产及安全等事务。[①]

清前期采煤业中的生产关系比较复杂。有的地方是封建关系与资本雇佣关系并存。与其他手工行业相比，采煤业中的一个特点是存在着相对多的奴隶劳动。如京西煤矿的开窑者，“于数百里外诓雇贫民入洞攻煤，夜则驱入锅伙。锅伙者，宿食之地，垒石为高墙，加以棘刺，人不能越，工钱悉抵两餐，无所余。有倔强或欲逃者，以巨挺毙之压巨石下，山水涨，尸骨冲入桑干河，泯无迹。又有水宫锅伙，窑洞有水，驱入淘之，夏月阴寒浸骨，死者相枕藉，生还者十无二三，尤为惨毒”。这里的挖煤工是被哄骗入窑的，一旦入窑就难以脱身，没有自由，没有工资，也没有生命保障。这是一种奴隶性质的劳动，有时又叫做“关门连夏锅伙”。在京西煤矿业中，这种奴隶性质的劳动并不少见。陕西同官县也有这类情况，民国县志记载，“大抵前清时，炭窠多法外行动，如毙人命，例偿三十金，煤工每抓路人充之，可不给资也”[②]。从法律上看，清政府是禁止采用奴隶劳动的，规定有开连夏锅伙，以及知情不报的，都要依律治罪。

有关研究认为，清前期在北京西部与山东博山的煤矿业中已经出现了资本主义生产关系的萌芽。京西地区采煤业的经营方式一般是向地主租地、集资合伙经营。地主叫做山主，投资开采煤窑的叫做工本主。工本主有商人，也有地主及封建权势人物，如皇亲、官吏等。煤窑收益在工本主与山主之间按一定比例分配。山主凭借土地所有权获取的收益实际上是地租。工本主的投资具有资本性质，所获取的是投资利润。地主又出工本，一身二任，在分配上是明确的，分别获取地租和投资收益。自道光时起，地主与工本主的分配方式开始发生变化。地主获取的地租比例逐渐减少，由清前期的六分之一降到同光时期的六分之一以下，有的至八分之一，表明土地权力的下降，资本权力的上升。这里的雇佣劳动者称为“开门锅伙”，领取工资，与窑主没有主仆名分。京西地区采煤业中有雇工数千人，煤窑雇工少的有十几人，数十人，多的有200余人。

山东博山煤矿中的生产关系，大的煤窑中，雇主方面有5种人，“山场业

---

① 前引《矿业》，第452页。

② 前引《煤炭史料》，第16、475页。

主”即地主，管收地租，办田赋；“攻主”，即投资者。又有“井头”、“洞头”、“账房”。实际上管理矿务的是后三者。这已是比较复杂的资本关系。雇工领取工资，没有人身依附关系。在这二个地区，一些雇工较多，以自由雇佣劳动为主的煤窑，可以说具有了资本主义手工工场性质。

第三节 冶铁业

铁是传统社会中用途最为广泛的金属之一，农具、工具、兵器等大多用铁。铁矿采冶与铁器制造历来受到官府重视。经过长期的发展，到清代，铁矿采冶与铁器制造已经分为二个行业，本节只讲冶铁。另外，炼钢与冶铁有密切联系，清前期炼钢业也有发展，本节也叙及炼钢业的情况。

明代以前铁冶实行官营，官府控制很严，不允许民间私自经营铁业。明初仍然禁止民间开矿，实行铁矿官营，官铁矿时开时闭。但实际上民间铁矿开采并未被完全禁止。洪武二十八年，以内库存铁已多，且官府经营不如民间经营更为有利，下令停罢各处官矿，允许民间开采，官府按比例抽收矿课，民间冶铁业得以顺利地发展。永乐时又开遵化等处官营铁冶。宣德十年，再次下令罢各处官矿，标志着官营矿业的普遍衰落。到万历九年，封闭遵化官营铁场，官营铁冶自此不复存在。明代的铁产量不详，《明会典》记，明初各处官营铁冶该缴矿课1800余万斤。[①] 又有研究估计，明代的铁产量呈逐渐增加的趋势，永乐初年，全国铁产量在一百余万斤，宣德时达到七八百万斤，到嘉靖时，仅广东一省的铁产量就达到2000余万斤。[②] 清初对各种矿山采取封禁政策，铁矿也不例外，而实际上民间私自采冶也从来没有停止过。在铁矿正式开禁之前，各地官员屡次奏请开矿，都是因为当地实际上已经存在着民间私采这一事实，与其禁而不止，不如因势利导。顺治十四年，曾开古北、喜峰等口铁矿，康熙二十二年，以开矿无益地方，下令各矿悉行停止，有请开采者均不

---

① 白寿彝文，载田居俭、宋元强编：《中国资本主义的萌芽》下册。

② 数字据前引《中国资本主义的萌芽》。

准行。雍正前期矿禁仍严，广东等省官员屡次疏请开矿，均未获批准。随着社会安定与经济发展的需要，矿禁逐步松弛。从时间上看，铁矿的正式开放比铜、煤等矿的开放时间略早。铜、煤的正式、全面开放分别在乾隆二年和乾隆五年，而铁矿，从各地情况看，最早的是广东，据报告称雍正六年时已有铁炉“开煽输税，未奉停止”，当时已有定额纳课的铁炉，这应是得到官府认可的。其次是湖南，雍正十三年，经查明议定，准许各州县“听其开采，以裕民用”。铁矿的全面开放是在乾隆八年，经奏准，规定各省有铜铁铅锡之山，除金银矿不准开采外，其余只要无碍民田庐墓，不是沿海边地，即允许民间招商开采。[①] 清代的冶铁业由此取得合法地位，发展迅速，并在产量、地域方面超过明代。

一

清代产铁地区较多，除了老的产区，又出现了几个新的铁产区。产铁比较集中的地区有广东、湖南、四川、广西、江西、陕西、山西等省。

广东的冶铁业主要分布在广州、韶州、惠州、嘉应州几个府州。这些地方的铁矿采冶业在明代已有相当发展，技术改进，产量增加。当时潮州、惠州的铁由商人经梅岭运往江西等地，每天有数千驮。广东的铁锅经海路运往日本等国，每个售价银一两。清前期，这里仍是冶铁业最为发达的地区。据统计，全省铁矿产地有31县，102处，冶炉分布31县，134处。[②] 广东的铁质量较好，其中又以罗定州的铁为优，《广东新语》记，“铁莫良于广铁”，“诸冶惟罗定大塘基炉铁最良，悉是锴铁，光润而柔，可拔之为线，铸镬亦坚好，价贵于诸炉一等。诸炉之铁冶既成，皆输佛山之埠”。佛山镇是当时的铁器制造中心，广东的铁多运往佛山，供应那里的铁工制造铁器。雍正十二年有奏报称，广东的铁炉不下五六十座，加上煤山、木山的开挖，佣工者不下数万人。[③] 有研究估计，从康熙到道光间，广东商人先后经营的铁场共有铁炉85座。[④] 又据道

① 前引《矿业》，第495、499、15页。

② 邓开颂文，载《明清广东社会经济形态研究》。

③ 前引《矿业》，第495页。

④ 李龙潜文，载《学术研究》1979年第5期。

光《广东通志》记当时全省铁冶工场所有的炉座数为58座①，广东的铁炉都是大型高炉，每座年产量在八九十万斤，据认为清前期广东的铁产量高时在3500万斤左右，低时也在2000万斤以上。② 清中叶以后，广东的铁矿资源逐渐枯竭，铁炉数量减少，产量有所下降。

湖南铁矿资源丰富，嘉庆时据称，产铁的地方有16个州县。③ 清初虽禁止开采，但私行刨挖却无法杜绝。雍正十三年上谕，“楚南地方产铁甚广，采取最易，虽历来饬禁，而刨挖难以杜绝”，经议定允许在内地开采，遂发展迅速，成为一个新的铁产区。长沙、衡州、宝庆、辰州等府都是铁矿业集中地区。雍正时查明，安化等州县有产铁地方68处。辰溪铁矿丰富，“地方百姓采挖而煎炼之，为利甚溥，故趋利者众”，“矿厂一开，而辰之无产贫民藉以生活，岁不下万余人。所出生板足供军国民生之用，更难数计”④。湖南铁通过水路大量运往外省。元明时期，江苏、浙江等省的铁器制造多依赖广东的铁，如鄞县，元代，“生铁出闽广，船贩常至，冶而器用”⑤。清前期，有关广铁运销江南的记载少见，而湖南的铁则取代了广铁，大量运往湖北、江苏、浙江、安徽、江西等省，“湖南煤铁之利，自昔甲于天下。道光以前，江浙沿海各省，无不仰资湖南之煤铁，每岁利入不赀，以故湘省富饶”⑥。嘉庆十一年有奏报称，沅陵等县商民贩卖铁斤运往江苏等省销售，共100余万斤；江西商民铺户赴湖南、湖北、四川等省贩铁共1100余万斤。⑦ 安徽芜湖的炼钢业有名，所用铁料大量来自湖南。这种情况一直持续到清后期，光绪初有记载说，芜湖冶钢所用铁料中数量最多的是“经汉口运来的湖南土铁”⑧。湖南的冶铁业兴盛于清前期。以后由于洋铁输入增加，土铁销售阻滞，影响了铁业生产。

四川也是清代发展起来的一个铁产区，省内有矿地方很多。乾隆时报开铁

---

① 前引彭泽益：《资料》，第1卷，第313页。
② 前引《中国资本主义的萌芽》。
③ 前引《矿业》，第502页。
④ 道光《辰溪县志》卷21。
⑤ 乾隆《鄞县志》卷28，引至元志。
⑥ 前引彭泽益：《资料》，第2卷，第173页。
⑦ 道光《两广盐法志》卷35。
⑧ 前引姚贤镐：《资料》，第3册，第1381页。

炉的记载中，蒲江、邻水、屏山、江油、宜宾、洪雅、威远、会理等州县都设有铁炉、铁厂。四川的铁多供本省制铁业铸盐锅、农器，此外也通过长江运销省外。

福建的冶铁业兴盛于明代，建宁、延平、福州等府都有铁，以延平为盛，该府的大田、沙县、尤溪、永安等县都富产铁，而且一直延续到清代。《闽部疏》中所记由福建大量输出的商品中，就有“福延之铁”。清代由于新的铁产区兴起，福建的铁地位有所下降，但仍不失为一重要产铁地区。延平、汀州等府冶铁业最盛。汀州府，“铁，出长汀、上杭、宁化三县”[①]。乾隆九年，沙县、尤溪、上杭等8县报开大小铁炉共70座，都是由炉户自行雇工生产[②]。福建的铁质量也好，清代也有人说，福建的铁质量超过广东，适于做兵器[③]。清代福建的铁产量不是很高，但因本地需用有限，所以仍有部分铁输出境外。

在北方，山西、陕西为铁产区。山西富于铁矿资源，宋代已有开采。《明实录》记载明初全国设有13个铁冶所，山西就有5个，分设于平阳、太原、潞洲、泽州几府。[④] 交城出产有名的云子铁，宜制兵器。清前期，山西的冶铁业集中在太原、潞安、泽州几府。晋城、高平、阳城、平定、太原、盂县都产铁，嘉庆《通志》记，“山西府州产铁之地十之八九，太原、泽州、阳城、高平大盛”，盂县，“惟铁矿、炭窑及瓷器可利民”[⑤]。1870年，德国人李希霍芬在游历到这些地方时，看到“河谷里到处都是很大的矿渣堆，大道穿行其间往往亘若千里，其中绝大部分是属于久已结束的厂子的”，说明这里的冶铁业历史已久。山西的铁在市场上称为“平铁”和“潞铁”，意思是平定州和潞安府所产的铁，铁的品质很高，甚至超过进口洋铁，据称如果价格相等，中国人宁愿用山西熟铁而不用进口的欧洲铁。[⑥] 山西的铁除供应本省铁器制造之用外，还销往外省。在欧洲的洋铁输入之前，山西的铁销路很远，“曾经供应中

---

① 乾隆《汀州府志》卷8。

② 前引《矿业》，第511页。

③ 《福建经济发展简史》，第190页，引方以智语。

④ 《明太祖实录》卷88。

⑤ 前引《煤炭史料》，第81、93页。

⑥ 前引彭泽益：《资料》，第2卷，第140、143页。

国大部分地区销用”[1]，河北、山东主要消费山西的铁。以后由于洋铁的廉价竞争，使山西铁的销路受到影响，但仍销行北方几省。历史记载中对山西的铁炉数和铁产量都估计较高。有记载说道光年间，仅晋城县有生铁炉千余座，熟铁炉百余座，光绪时因萧条减半。李希霍芬估计，山西的铁年产量为 16 万吨，后人于 1923 年考证认为，李氏的估计稍高，实际铁年产量应在 12.5 ~ 13 万吨之间。[2]

陕西的铁早有开采。清代嘉道时期陕南山区的冶铁业随着山区的开发而发展起来，铁业一度兴旺。陕南山区富于铁矿，“山中多矿，红山处处有之”[3]，红山即产铁矿之山。嘉庆十九年，陕甘总督长龄等奏称，“宁陕厅及略阳、凤县、周至、安康、镇安等县，皆有外来客民，携带工本，雇募匠役，在山开采矿砂，制成铁锅铁盆等物贩卖”。嘉道时各州县山中分布着不少铁厂，为地方的一大利薮，“陕西南山利在木铁各厂”，仅凤县、略阳、宁远、宁陕四地就有铁厂 27 座，小厂有炉三四座，大厂更多，在木铁各厂工作的工人有数万人。陕南的铁一部分供本地铸造铁锅、铁盆、农具等，其余销往外地，“余皆铸成铁条、铁锭，贩运各处，卖给铁铺，制造一切农具等项”[4]。道光以后，由于山区木材砍伐过多，燃料短缺，一些铁厂不得不歇业停闭。

云南、广西、江西、湖北、浙江等省都有铁。云南产铁据说是在元明以前，元代每年铁课 13 万余斤，元代冶铁官营，此铁课可能代表了当时大部分铁产量。清代有记载说有额课的铁厂有 14 座，每年课银 200 余两。[5] 统计，清前期自康熙二十四年到道光十五年间，各省铁厂在采厂数除广东省最多外，其次就是云南。[6] 清后期，云南的铁经水路销往汉口，“汉口的铁来自云南”[7]。广西产铁州县有十余个。乾隆时，广西申报矿课的铁炉数每次都在五六十座。嘉庆时有报告称，贺县等地村庄 130 余处，人口中土著占三分之一，客民占三

---

① 前引姚贤镐:《资料》，第 3 册，第 1383 页。
② 前引彭泽益:《资料》，第 2 卷，第 143 ~ 145 页。
③ 《三省边防备览》卷 9。
④ 《三省边防备览》卷 9；前引《矿业》，第 518、519 页。
⑤ 前引《矿业》，第 504 页。
⑥ 前引《中国资本主义的萌芽》，原据彭泽益《资料》。
⑦ 前引姚贤镐:《资料》，第 3 册，第 1375 页。

分之二，“每有商人依山傍谷，开设铁锡纸炭各厂，工丁聚集”[①]。江西的铁以上犹、兴国、长宁等县为多。乾隆时，这些地方查勘出有铁矿的地方不少，经报请增设铁厂铁炉，上犹先后设有3厂8炉，兴国设铁炉3座，长宁先后设铁炉9座。[②] 湖北的汉阳地区及靠近川陕的郧西山区都有铁矿。浙江温州、衢州生产土铁，价格便宜，清前期主要供应本省制造铁钉、农具等。

东北地区铁矿蕴藏量丰富，清前期投入开采，是新发展起来的铁产区。自乾隆初年准许开采奉天本溪湖地区煤铁矿，这里的矿业发展很快，“又［本溪湖］附近庙儿沟、牛心台、八盘岭等处开有铁矿，用煤炼焦。自乾嘉以迄咸同数十年间，矿业颇称繁盛”，光绪时这里的铁业有所衰落，“嗣以坑底既深，通风、排水均感困难，且铁质被舶来洋铁抵制，营业不佳，复经中日、日俄两次战役，地方糜烂，煤铁矿业逐渐式微矣”[③]。清末以后，以中日合资的形式继续开采。

与冶铁业发展直接相关的是炼钢业，又称冶钢业。清代冶钢业较前代有所发展。比较著名的地方有安徽芜湖、湖南邵阳、湘潭。芜湖冶钢业的发展早于湖南。据记，芜湖的手工冶钢业发生于明代万历年以前，发展于清初，兴盛于乾嘉年间。[④] 地方志记载，芜湖人“人素朴拙，无他技巧”，“惟铁工为异于他县。居市廛冶钢业者数十家，每日须工作不啻数百人”，芜钢质量很好，为当时的驰名物产，用芜钢制造的兵器很有名，又用来制造工具、农具之类。在兴盛时，芜钢销路畅旺，“其良者扑之皆寸寸断，乃分别为记，椽束而授之客，走天下不訾也”。山西打造的刀剑历来有名，所用钢材购自芜湖和汉口。咸丰以后，芜湖冶钢业已不如从前景气，此时“尚存炼坊十四家，均极富厚”[⑤]。不过，这时芜钢的产量及运销量都已大为下降。光绪以后，洋钢输入增加，芜钢生产日趋衰落，钢坊数量更趋减少。

湖南采煤业、冶铁业的发展也带动了本省炼钢业的发展。邵阳、武冈、新

---

① 前引《矿业》，第497页。
② 前引《矿业》，第509页；彭泽益：《资料》，第1卷，第316页。
③ 前引《煤炭史料》，第155页。
④ 前引姚贤镐：《资料》，第3册，第1383页。
⑤ 嘉庆《芜湖县志》卷1；民国《芜湖县志》卷35。

宁、湘潭等县都利用本地的铁产发展起了土法炼钢。邵阳原名宝庆，所产的钢在市场上称为宝庆大条钢，“前清初叶，宝庆大条钢极负盛名，而产额之多，首推邵阳南乡，取当地之矿铁炼成，炼钢之家，统名钢坊”。由于在市场上具有了一定声誉，以致附近武冈、新宁出产的钢集中于邵阳，也都被称为宝庆大条钢。同治时，邵阳有钢坊20余家，年产钢条1000余担，销往汉口、长沙、河南、甘肃、山西、河北等地，“颇形畅旺”。湘潭的钢名为苏钢，“与宝庆大条钢形式不同，质地较优”。湘潭的炼钢业始于乾隆年间，这以前所用的钢都来自芜湖。乾隆年间由芜湖传入冶钢技术，炼钢业发展起来，并有代替芜钢之势，商人不去芜湖而转至湘潭。咸丰时，湘潭的苏钢坊有40余家，产钢销往湖北、湖南、河南、陕西、山西、山东、河北、奉天、吉林等省，颇为畅销，据称为湘潭苏钢业的黄金时代。[①] 光绪年间，同样由于洋钢进口的影响，湖南的钢销路缩小，炼钢业大受影响，钢坊多有停闭，所存的钢坊也由于销路迟滞，营业不振。

关于清代的铁产量没有确切记载。有研究估计为年产铁4000万~5000万斤。[②] 这一数字中没有充分估计到湖南、山西、云南、安徽等产区的产量，实际的铁产量应当更高。

二

冶铁分为采矿与冶炼二个主要生产过程。铁矿采冶的生产技术在清前期没有突出进步。采矿仍采用锤凿等手工工具，冶炼的铁炉也没有突破明代的型式。清前期冶铁业中存在着多种形式的生产组织，就其本身来说，比起明代没有新的突破，但代表新的生产关系的生产组织在地域上比明代有所扩展。

在采矿方面，普遍多见的是作为农民家庭副业的个体生产。清前期以锤凿为主要采掘工具，铁矿层比煤矿层蕴藏浅，适合于个体家庭从事。在许多地方，包括一些大的铁产区，采矿过程还是处于分散状态，由单个农民家庭进

① 前引彭泽益：《资料》，第2卷，第136页。

② 前引《中国资本主义的萌芽》。

行。农民利用农余时间采挖矿土，将矿土经过淘洗成为矿砂，然后将矿砂卖给矿贩或炉主，取得砂价以补充生计。如湖南，“邵阳、武冈、慈利、安化、永定等州县铁矿，俱系各该居民农隙自刨，以供农器”[①]。辰溪县矿厂较多，“其挖矿者均系贫民，随得随卖，以资生计”，这些贫民由于土地不敷耕种，农忙时不得不佣工谋食，农闲时则以挖矿谋生，“辰邑山多田少，无田可耕之贫民所在多有，当农忙时，为人雇工，犹可自食其力，及至秋后，无他艺业，往往于产有铁矿处所竭力开采，以此获值自赡。计阖县挖矿营生之人，动以千数”[②]。江西的上犹、兴国、长宁等地都有这种情况。上犹县营前地方产铁砂，乾隆三十三年经勘明，“设厂召商收砂熔铁”，设铁厂1所，铁炉4座，临近的乌药坝、梁坝里等11处山沟附近的贫民纷纷采砂，售给铁厂，“贫民各自淘取，携赴营前铁厂售卖”。乾隆四十年，由于贫民采矿数量很多，铁厂铁炉的数量满足不了贫民卖砂的需要，议准在附近地方增设铁炉4座。到乾隆五十一年，营前铁厂的生产仍然不衰，附近采砂贫民受益不小。长宁县铁矿于乾隆四十年请准设炉“召商收熔”，以使“无业贫民可以淘沙售商，得资生理”。兴国县亩南等12处地方，“产铁砂旺盛”，乾隆四十一年奏准依照上犹等县事例，“一体准其开厂收熔”，即由商人收购铁砂，设炉冶铁[③]。从目前所见资料，采矿过程的这种分散生产在清前期的冶铁业中占有重要地位。

在一些地方，采矿与冶炼形成二种不同的社会分工，即采、冶分离的矿坑、炉场。采矿有采矿厂，已是一种有组织的生产。四川巴县的冶铁业中情况多样，其中有专门采挖铁矿的“铁矿厂”。如乾隆三十年，有向柏能与莫添章合伙“开厂挖矿”。道光十二年，有刘茂常禀称，“蚁挖矿生理，嘉庆二十一年□□□□□□珍元凭中承买蚁铁矿八十万，议明每万斤价银七两五钱，价银陆续支给”，后由于珍元拖欠银钱，使刘氏“厂内工匠人等寒冬腊月各索工钱无给”。又道光三十年，有张天斗与王济龙合伙，“共凑银二百两伙开铁矿厂……连年出矿二百余万斤，概经天斗出卖收银……”[④]。这几例都是合伙开

---

① 《清朝文献通考》卷30。
② 道光《辰溪县志》卷21。
③ 前引《矿业》，第506～509页。
④ 前引《巴档》，第296、305、308页。

设矿厂，雇募工人，采矿发卖的事例。有的生产持续时间比较长，如第2例，从嘉庆二十一年到道光十二年至少已连续生产十七八年，而且是常年生产，这在合伙组织中还是不多见的。

浙江温州、处州等地，采矿有坑户，另有炉户专事冶炼。这些地方"界连闽省，山多田少，土瘠民贫，耕作之余，别无生业。向因山麓产有铁砂，乡民每于八月农事既毕之后，迄于二月，无不从事采铁，以觅蝇头。其间坑户习挑挖之事，炉户勤煎煽之工，更有淘洗载运人夫，无不藉此佣工受值，历久相安"，坑户、炉户都是规模不同的群体性组织，"至于坑、炉各户，多者数〔十?〕人，少者不过五六人，所费工本无多，煎洗甚易为力，散处众山，零星工作，各自依山为业"。官府也把坑户、炉户作为业户，分别征收坑课、炉饷。从时间上看，这些坑户、炉户是在农余时间从事生产的，每年秋冬之际，为时约六七个月。但铁业收入在其家庭收入中占有重要地位，一旦失业，也就丧失了生活来源，"温、处各属，地土素称硗瘠，小民终岁力田，不足供其食用，伊等藉铁谋生，久已视为恒业。自禁之后，俯仰无资……"①。这些以铁为生的坑户、炉户已多少带有主业性质。从规模上看，只有五六人的业户可能是劳动者之间的合作性组织，那些有数十人的业户规模比较大，但其内部关系不明。

冶炼过程与采矿不同。炼铁需有铁炉，各地铁炉型制不一，不论炉式大小，都需要一定资本与人力，这就不是单个家庭所能胜任的。在采矿与冶炼分离的地方，冶铁的生产组织是一种聚集了较多人力、与采矿相分离的独立的冶铁"矿厂"或"炉座"。如前文浙江的炉户。在湖南，由贫民采得矿砂后，将矿砂卖给矿贩，又由矿贩将矿砂卖给拥有铁炉，开设矿厂，专事冶铁的厂户、炉主。辰溪县，贫民"开采得矿，矿贩于此收买，装运近河开设炉墩之处。又有厂民收买炭矿，雇募人夫，煽铸生板。计每炉一座所需雇工及挑运脚夫约数十人"②。设炉雇人冶铁的多是商人，也有土著民，"楚南产铁各地方，外来射利商贩悉于就近设炉锤炼，下船装运赴湖北汉口发卖，或由汉口而转运两江

① 前引《矿业》，第514页。
② 道光《辰溪县志》卷21。

递贩”[1]。办厂集资方式有独资，也有合伙，“其收买炭矿，开设炉墩于县属溪边河岸，雇募人夫煽铸生铁，名生板者，有乡厂、客厂之分。乡厂者数人共一炉墩，各以所获炭矿轮流煽铸，为日甚暂，客厂者或一人或数人合伙，先期收买炭矿，每秋凉时开炉，至次年春夏之交为止”[2]。乡厂是指当地人开设的炉厂，由于资金人力不足，于是数人合伙建一炉座，分别以各自所挖获的炭矿轮流煽铸冶炼，劳动过程是共同进行的，但原料与产品分别属于各个合伙者，这是清代合伙制的一种形式。客厂很可能是指外来商人开设的炉厂，有独资，也有合资。商人直接投资冶铁业，是商人资本支配生产。每炉需雇用人夫数十名，即使只有一炉，也可称得上是座小型工场。只是这种乡厂、客厂的开炉生产时间都具有一定季节性，秋冬季节是开炉炼铁的时间，其他时间则收购、积蓄原料，为生产准备过程。

前述江西上犹等地贫民开采出铁砂卖给商人，由商人设炉“收砂熔铁”，其冶炼过程也是与采矿分离而自成一业的。江西铁炉一般日产铁300斤，属于小炉，其一炉雇用夫匠会相对少些。

山西产铁多，其采矿情况不明，就冶炼来看，也是有专门熔炉来从事的。有关清前期山西冶铁业生产状况的直接、具体的资料较少，比较详细的记载是德国人李希霍芬1870年的观察。由于山西冶铁历史较久，受外来影响较晚，因此这些观察应多少能够反映清前期的一些情况。据观察，山西凤台县（即晋城县）的“熔冶厂”设施简单，厂区只是一片由山坡地平整而成的平场，山坡上挖几个土窑洞，整个厂子建成所需资本并不多，一般100马克资本就足以开动起熔冶业务。这里的冶炉与其他地方也不同。这里不是用高炉炼铁，熔炉是由以耐火土制成的一群坩埚相连而成。这些坩埚高2英尺左右，直径6英寸，一厂需150个这样的坩埚。烧炼时，拉风箱需2～4人，一个“熔冶厂”需工人“一打或二打”，即一二十人。虽然所需资本额不多，但这样一个熔冶厂一般还是由“许多人合资来经营，并且是亲自担任劳动的主要部分”[3]。这

① 前引《矿业》，第499页。

② 道光《辰溪县志》卷21。

③ 前引彭泽益：《资料》，第2卷，第139～142页。

看来是一种劳动者合伙、并雇用少量工人的小型合作工场。

还需提到的是炼钢的钢坊。与冶铁相比，钢坊的专业性更强一些。钢坊多设于市镇或城郊，如芜湖、湘潭、“邵阳南乡”，看来都是常年生产。炼钢也有炉，但有关炼钢炉的情况却不见记载。乾隆时期发明的坩埚炼钢法是清代对炼钢技术的一个发明。钢坊规模，据记，乾隆中期，湘潭有黄聚泰，前往芜湖佣工，“三年结良工八人，要与归，起炉听钢，岁坐致千金”，① 则该钢坊共有9人。前述嘉庆时，芜湖有钢坊数十家，每日工作者数百人，平均每个钢坊有10人左右。

应该注意的是，在有关清代冶铁业的各种记述中经常提到“矿厂”，但其中的内涵是不一样的。有的是指采矿的“矿厂”，有的是指冶铁的“矿厂”，还有是指下文将叙及的采冶合一的“矿厂”。据以上几种情况看，采矿与冶炼分工的坑户、采矿厂或炉户、铁厂的规模都不是特别大，一般在数人、十数人，多者至数十人，之所以采取这种采冶分离的生产形式，或许是受到资本量的限制。投资者有手工业者，也有商人。投资方式有合伙，也有独资。其中湖南、江西比较明确地存在着商人投资的冶铁炉场。

冶铁业中比较高级的形式是采、冶合一的综合性矿厂，即从采矿、烧炭、直至冶铁，甚至制铁，都由同一个矿厂完成。明代，在广东、福建、山西就有这种采冶一体的矿厂，以炉带矿，矿附属于炉，每炉聚集人数常在数百人。清前期，仍存在这种矿厂，且在地域上有所扩展。

四川屏山县，乾隆二十六年，准商民之请于李村等6乡设铁炉8座，“每炉采矿砂丁九名，炉夫一名，厢煽夫二名，共计夫丁九十六名”，8座铁炉每天采获矿砂720斤，可煎生铁216斤，平均每炉每日获生铁27斤。每座铁炉都有采矿与冶炼的工丁，这是采冶一体的生产，但铁炉型式与生产规模都相当小。

四川巴县的冶铁业中除上述的采矿厂外，也有许多是采冶一体形式的生产。乾隆五十六年，有欧国钦与彭忠元“伙捐工本，在钱家沟开设铁厂，计费三百余金。迨后出矿开炉，有炉首刘天奇包塘高炉一架，散匠工资，惟炉首

---

① 光绪《湘潭县志》卷11。

是问……”。嘉庆十年，有雷天开、田学圃等合伙出银办铁矿，采得矿砂，后因田姓被辞退，须偿还其本银135两以及利息，因而“约至秋收，架箱先出铁〔?〕售先还田姓本利，不得推展”。嘉庆十八年，有况国桢等4人，“合伙开立铁厂，共立万顺字号，在外拈借银两作本，支给矿山、柴山以及厂内办干”，约定“俟来岁炉火毕所卖铁价银”除去工本开销外，4人均分[①]。这几例中，都是合伙开设铁厂，先是采矿，然后于秋后将所获矿砂炼铁，出售铁斤所得银两除去各项费用，其余在合伙者之间分配。铁厂中有矿山、柴山、铁炉，有包工头即炉首，以及厂内的办事人员，这是比较完整的采冶合一的铁厂形式。只是从合伙方式及办厂本金数量来看，这些铁厂的规模也不会大。

广东的铁炉都是大炉，其生产通常是从采矿到冶炼的一个连续过程，“开山取矿，煽铸生铁，名曰大炉”。嘉应州的铁炉均为召商承开，乾隆时，该州有额溢铁炉6座，煽铸生铁，承纳铁课，矿砂由炉主采运以供冶炼，“至各炉所用矿砂，系在本州松源堡宝坑、石坑堡铁山嶂两处地方产矿山场采运，供炉煽铸”[②]。广东铁炉较大，又是采冶一体的生产，每个炉场的规模也较大，《广东新语》记，“凡一炉场，环而居者三百家，司炉者二百余人，掘铁矿者三百余，汲者、烧灰者二百余，驮者牛二百头，载者舟五十艘。计一铁场之费，不止万金”，这万金的花费当都出自同一开设铁炉的商人，所以又有盈亏的核算，“日得铁二十余版，则利盈；八九版则缩”。这些兼事采冶的炉户也就是矿山经营者，这是一种独资企业。

陕西南部山区，嘉道时期，“有铁厂、木厂、纸厂、耳厂各项，一厂多者恒数百人，少者亦数十人。……凡开厂之商必有赀本，足以养活厂内之人，必有力量足以驱使厂内之人工作”。与其他地方不同，这里的铁厂多是自采矿、冶炼、直至铸造铁器一体化的综合性大矿石。有诗说：“……当其开采时，颇与蜀黔异。红山凿矿石，块垒小坡岗。黑山储薪炭，纵横排雁翅。洪炉两三丈，杰然立屃赑。风箱推连宵，烛天红光炽。高匠看火色，渣倾液流地。生板堆如屋，范模成农器。黑沟黄花川，家具颇坚致。……一厂指屡千，人皆不耕

① 前引《巴档》，第298、297、301页。

② 前引《矿业》，第494、496页。

食。蚩蚩无业氓，力作饱朝饔。”① 诗中说，陕南山区铁厂的开采与四川、贵州不同，可能是指其规模庞大，以及作业的综合性。一个铁厂中有红山开矿、黑山烧炭、烧炉冶铁、铸造铁器的各类工作及从业人员，人数逾千，均脱离农业，以铁为生。有的厂称为“锅厂”，实际也是自采矿至铸锅的一体化矿厂，做工者包括采矿直至铸匠。如嘉庆时，栈西老林与甘肃交界处，有“锅厂数处，素日外来客民即携带工本在该处开采铁矿，制成铁锅铁盆等项，发各处贩卖。……该厂佣工之人除采矿及铸匠外，其余悉系只身客民”，“宁陕厅及略阳、凤县、周至、安康、镇安等县，皆有外来客民，携带工本，雇募匠役，在山开采矿砂，制成铁锅铁盆等物贩卖，每厂设炉一二座，雇工之人每处二三十名及七八十名不等”②。开设铁厂的商人资金雄厚，雇用的工人很多，铁厂都具有相当规模，“铁厂……皆厚赀商人出本，交给厂头雇募匠作”③。凤县有铁厂 17 处，“每厂雇工或数十人至数百人不等，其帮工搬运来往无定之人更多，难以数计”④。如果再加区分，则一炉需用煽风箱的十数人，辨火候的匠人一名，“通计匠佣工每十数人可给一炉。其用人最多则黑山之运木装窑，红山开石挖矿。运矿炭路之远近不等，供给一炉所用人夫须百数十人。如有六七炉，则运作佣工不下千人。铁既成板，或就近作锅厂，作农器，匠作搬运之人又必千数百人。故铁炉川等稍大厂分，常川有二三千人，小厂分三四炉，亦必有千人、数百人。利之所在，小民趋之如鹜”⑤。综合上述，这些厂民的身份，搬运工人人数众多，往来无定，大约属于计件工资，随时按劳动量取酬。此外，其他工人都是固定的佣工受值的雇工。排除非固定的搬运工人，仅匠作佣工每厂也有数百上千人。嘉道时，陕南山区的木厢、铁厂、盐井颇为兴旺，一个铁厂聚集成百上千人不足为奇，而且都是大商人的独资企业。

广西贺县的六浮山等地，嘉庆时，“有商人黄大通等铁厂、锡厂三座，每处有工丁一二百名”，这一二百名工丁当包括了采矿与看炉，都是厂主出资雇

① 《三省边防备览》卷 11，卷 14。
② 前引《矿业》，第 518 页。
③ 《三省边防备览》卷 14。
④ 《秦疆治略》。
⑤ 《三省边防备览》卷 9。

佣的工人，因为当后来官府要封闭矿厂时，黄大通呈称，“因铁价平减亏本，若立时散厂毁炉，现有工丁二百余人尚欠辛力等银，恳请宽限，将现存矿炭赶紧铸完，所得资利即开发工丁辛力”，说明这二百余人都是受雇于黄大通的。据当时人称，广西铁厂“动辄聚集数百人”①。

四川宣汉县有铁厂，当地有谚语说，开铁厂则“无万不成厂”，指所需资本之多，所以光绪以前当地人不敢尝试，开厂的多是开县人。开厂除资本外，有四要素，即红山、黑山、炉子、人工。红山开矿之初，“矿窑租定先置矿头一人，督工开挖，或点工或千子”，点工为按天数计工，千子为以斤数计值，付酬方式不同，但都是矿主雇来挖矿的。此外，也有卖零矿的，这些人就不是雇工了。炉子有大炉、小炉之分。铁厂中“工人以红黑二山为最多，然最重要者为发炉司”②。宣汉县的铁厂也是从采矿到冶铁连续生产的，也具有相当规模。

以上几例采冶一体的矿厂具有共同特点。一个是规模都比较大。一个矿厂中有数炉者工人多的达数千，一个炉座所需人工通常在一二百人，昼夜轮班劳动。在众多工人中，多数是从事挖矿、烧炭、运输的，从事看炉炼铁的人数只是其中一少部分。这些人中的一部分可能并未与厂主形成固定关系，如陕西铁厂中的搬运工人，四川铁厂中卖零矿之人。但从炉主来说，为保证铁炉有稳定的原料来源，以维持连续生产，拥有一部分固定工人是必要的。雇主对这些人工采取不同的管理方式。如四川宣汉县铁厂，有的是按斤计值，即计件工资，有的是按天数记工，即计时工资。不过，这只是工资形式不同，只要形成了固定关系，由同一个资本支付报酬，就都属于一个资本支配下的雇佣劳动。在上述大矿厂中，有一些看来是属于这种情况的。清前期冶铁业中这种采冶一体的矿厂可以说是一种规模较大的工场手工业。

其次，这些矿厂生产的季节性已不那么强。清代的冶铁业受技术水平所限，有的地方夏秋季节因雨水较多、矿洞受淹而无法采挖，有的地方没有这一限制，通常夏秋挖矿准备原料，冬春开炉炼铁，如果是采冶分离的炉场，那么

---

① 前引《矿业》，第497、498页。

② 民国《宣汉县志》卷5。

冶铁生产就表现出具有一定季节性。与此不同，这些采冶一体的矿厂中，采矿、炼铁有所分工，就整个矿厂来说，都是常年开工生产的，其雇工大多是脱离了农业，以铁业为生。一部分非固定的搬运工人等，来去无常，多为当地贫民临时谋生糊口，还不能视为专门手工业人口。这些矿厂容纳了大量农业剩余人口，有利于缓解当时的人口压力。在白莲教起义之后，道光时，有人曾以陕南矿厂聚众，恐怕滋事而建议严行驱散，而有识之士则称，“若不准开厂，则工作之人无以资生，添数十万无业流民，难保其不附从为乱，故只当听其经营不可扰也”①。

再有，从资本来源看，这种大矿厂的投资者都是商人，有的资本达万元。这在清代的大商人中并不罕见。这些大商人多是独资办矿。这种商人开办的采冶一体的矿厂，也是商人资本在冶铁业中的一种支配生产的形式。

看来，在清前期的冶铁业中，除了明代已产生资本主义萌芽的广东，在其他地方，在那些采冶一体的较大的矿厂、炉场中，以及在采冶分离的生产组织中，如湖南的客厂，也出现了同样性质的手工工场。

第四节　制 盐 业

盐是日常生活必需品。许多生产也用盐，如清代冶铁炉、铜炉需用盐来和泥抹炉膛，但主要是食用。盐的需求量大，经营收益高，历代均为专卖品。明代以前，盐的产销受到官府严格控制。明代前期，制盐业仍是几项重要的官手工业之一。官府征发灶户制盐，灶户隶于匠籍，产盐官收官运，实行专卖。这些政策限制了民间制盐业的发展。明代后期，随着官手工业的日趋衰落，盐的产销开始向民营转变。清代，政府出于财政目的，制定盐法，对盐的运销仍然实行控制，盐课收入是财政收入的重要来源之一。在不影响盐课收入的条件下，政府对盐的生产逐渐放开民营。有的产区废除了灶户的灶籍，允许商民自由采盐，主要生产资料如锅镦、草荡、盐畦等逐渐私有化。到清中叶，各盐场

① 《三省边防备览》卷11。

已基本上确立了民营生产体制。清代盐法的逐渐松弛，有利于盐业生产的发展。另外，清代虽禁止私盐流通，但由于盐的流通地域广大，以及盐的经销者常常为了赢利而无视禁令，所以私盐大量流通，这对盐的生产也是一个刺激。

一

制盐因受自然条件限制，盐产区比较集中。《天工开物》记载，盐分为海、井、池、土、崖、砂石等6种，但主要是海盐、井盐、池盐。海盐生产分布于沿海地区，产区最多，产量最大。井盐分布于四川、云南，池盐分布于山西、陕西、甘肃。蒙古、新疆也产盐。主要盐产区有11个，“曰长芦，曰奉天，曰山东，曰两淮，曰浙江，曰福建，曰广东，曰四川，曰云南，曰河东，曰陕甘”①。制盐方法，海盐有晒制、煎制两种，井盐采用煎制，池盐采用晒制。

长芦盐区位于河北东部沿海一带，清初有盐场20个，以后裁减为8个。产盐主要销往直隶、河南。明代长芦是重要的盐产区，洪武时，全国盐产量约3亿多斤，长芦盐占了将近十分之一，仅次于两淮、两浙。明中期以后，全国盐税约200万两，其中长芦盐税18万两，仅次于两淮。② 清代长芦盐业又有发展，晒盐法逐渐推广，煎盐器具变大变深，畜力代替人力，盐产量增加。生产量难以确知，通常以销盐引数、即官盐的流通量来估计盐的产量，此外还有无法估量的私盐数。按照道光时额销盐引数估计，长芦盐区额引100余万道，每引行盐300斤，则长芦盐的年额销量为3亿多斤，长芦盐区额征盐课64万余两，占全国盐课银750余万两的8%以上，仅次于两淮、两浙，位居第三。③

两淮盐区位于江苏的通、泰、海三州境内，分为淮北、淮南二个场区，清初有盐场30个，乾隆时裁为23个。淮盐行销江苏、安徽、江西、湖北、湖

① 《清史稿》卷123。

② 《清史稿》卷123；郭蕴静：《天津古代城市发展史》。

③ 王庆云：《石渠馀纪》卷5。《盐法志》所记清代盐引数与每引配额常有变化，各地情况也不相同。这里仅据《石渠馀纪》所记数字估计。

南、河南6省。明代两淮盐区的盐产量居全国之首，清代仍是全国最大的产盐区。康熙时，“天下盐课两淮最多”①。淮盐产量增长很快，估计乾隆时年销量达6亿斤以上，嘉庆以后减少，年销量在5.5亿斤，还不包括私盐。② 道光时，额销盐引票共169万余道，每引行盐400斤，年额销盐6.7亿余斤，每年盐课额征银335万余两，占全国盐课收入的45%。③ 咸丰时，由于太平天国战争阻断了淮盐的销路，淮盐原来的销区被川盐所代替，生产受到影响，淮盐的重要地位有所下降。

两浙盐区也是清代重要的海盐产区，地位仅次于两淮。两浙盐区分为浙东、浙西两个场区，位于浙江、江苏两省的杭州、嘉兴、绍兴、宁波、台州、温州、松江几府境内。清代，两浙盐区有盐场32个。浙盐主要行销浙江、江苏、安徽、江西四省。两浙盐区在经历了明末清初的战乱后，逐渐恢复，生产有所发展。盐场面积扩大，“两浙各场涨垦荡地二万二千七百余亩”；盐产量增长，雍正时，引盐畅销，“每年引不敷运，加领余引十五万”④。道光时，两浙盐区额销盐引票共80余万道，每引行盐数不等，自335~400斤，多者800斤，按500斤计，则年额销盐4亿余斤，每年额征盐课银90余万两，占全国盐课收入的12%。⑤

其他海盐产区还有奉天、山东、福建、广东几省。奉天盐区清初有盐场20个，清中叶裁为9个，产盐行销奉天、吉林、黑龙江3省。山东盐区清初有盐场19个，后来裁为8个，产盐行销山东、河南、江苏、安徽等省。福建盐区有盐场16个，产盐行销福建、浙江。另外，台湾有5场，产盐行销本府。广东盐区有盐场27个，产盐行销广东、广西、福建、江西、云南、贵州几省。清初东南沿海一直处于战乱状态，销路阻滞，影响了盐业生产。康熙中期平定三藩后，盐业也得到恢复发展，“至是海内殷富，淮南宁国、太平、池州等府，及两浙、山东、广东、福建，先后增引，利获三倍，不特额外照旧行销，

① 《清史稿》卷123。
② 前引《中国资本主义的萌芽》。
③ 《石渠馀纪》卷5。
④ 《清史稿》卷123。
⑤ 《石渠馀纪》卷5。

且愿先呈课银，请将以前停引补还”，“福建、广东、两浙招徕灶丁，垦复盐地、盐丘，报部升课者不绝”①。

井盐产区在四川、云南，主要是四川。井盐产自地下，需凿井采取卤水，然后煎制成盐。川盐生产历史很久，据称始于秦代。天然气井也很早就得到开发利用。随着历代开凿生产，四川的井盐业逐渐发展，井盐的生产技术提高。穿井最初是刨挖而成的大口浅井，到宋代出现了小口的卓筒井，这是钻井工艺的重大突破。卓筒井缩小了占地面积，缩短了开凿时间，加深了井的深度，提高了劳动效率和资源利用率。明清时，盐井的开凿工艺进一步改进，钻凿工具日臻完善，井深可达三四百丈，天然气井开发也有扩大。运输工具改进，乾嘉年间出现了盐笕和火笕，用以运送盐卤和天然气。川盐的生产地点也在扩大，产量增加。秦代有 3 个县开凿盐井，汉代有 17 个县，唐代达到 68 个州县，宋代据南宋绍兴二年统计，四川产盐的有 20 个州，共 4900 余井，每年产盐约 6000 余万斤。明代景泰年间的盐产量为 2000 余万斤。② 到清代，随着人口增长，大量人口迁移入川，刺激了对盐的需求，也提供了劳动力资源，促进了盐业生产，川盐生产增长很快。清代四川产盐州县 40 个，设盐场 22 个，分布于三个地区，即川东的大宁、云阳一带，川北的射洪、蓬溪地区，以及川南的富顺、荣县、犍为、乐山地区。清初的川盐生产主要在川东、川北，以后，川南盐业日益发展兴旺，并超过了川北，“其在四川，始以潼川府之射洪、蓬溪产盐为旺，嘉定府之犍为、乐山、荣县，叙州府之富顺次之。不数年，射洪、蓬溪厂反不如犍乐富荣”③。雍正初年，射、蓬共有盐井 3000 余眼，犍、乐、富、荣共有盐井 1500 余眼。以后，射洪、蓬溪的盐业生产发展缓慢，到光绪初年，有盐井 4200 余眼，而犍为、富顺等地盐井数增加很快，光绪初年共有盐井 5900 余眼，仅富荣盐场就有 4300 余眼。④

清前期，四川井盐生产呈上升趋势。道光时记载，川中井灶“岁盛一岁”，“盐厂匠作转运各色之人至不可纪计”，井盐业吸收了大批流民人口，也

---

① 《清史稿》卷 123。

② 数字据宋良曦、钟长永：《川盐史论》，第 3、5、8 页。

③ 《清史稿》卷 123。

④ 据前引《中国资本主义的萌芽》。

使地方社会秩序得以安定，“川中近年边腹地之安靖得力于盐井之盛为多”①。川盐最初行销本省，以后逐渐扩大到西藏、湖南、湖北、贵州、云南、甘肃几省。有估计为，如以官盐销额来计，清初销量为600余万斤，康熙时5000余万斤，雍正时每年销额9000余万斤，乾隆初2.2亿余斤，嘉庆末年3.5亿余斤，光绪年间达到4.5亿余斤，这还不包括大量的私盐。②

云南也是井盐产地，但产量不多，产盐只行销本省。云南的盐卤水层浅，盐井也浅，在生产技术上与川盐生产相比不足称道。

池盐产于西北的山西、陕西、甘肃、宁夏几省。以山西解州的河东盐池为主要产地，甘肃灵州的花马大池也比较著名。河东池盐的生产历史也比较久。池盐采取晒制方法，唐代以前，都是任其自然结晶，人工捞采。唐宋时有所改进，采取垦畦种盐的方法，摆脱了天然条件的限制，盐产量得以提高。清代仍采取垦畦治盐的方法，乾隆时又创造了打井取卤的方法，提高了资源利用率。河东池盐的产量，以官盐销额来计，道光时，正余引加土盐引共75万余道，每引行盐240斤，共额销盐1.8亿余斤。③ 池盐主要行销山西、河南、陕西、甘肃等省。在整个盐业生产中，池盐产量次于海盐、井盐，占第三位。嘉庆中期以后，由于盐税猛增，商人裹足不前，池盐业出现衰退。

清代由于人口大量增加，盐需求量猛增，制盐技术、工具的改进为产量增长提供了保证。据估计清代鸦片战争前每年产盐（连同私盐在内）约为30亿斤。④

盐业生产发展有力地促进了地方经济的发展。在一些盐产区，交通、商业发达兴旺，并带动了相关手工行业和市镇的兴起。例如，随着井盐业的发展，川盐行销扩大到外省。乾隆时，随着川盐入黔，打通了四川与贵州的水陆交通，盐船川流不息，往来客商多，沿途两岸酒店、客栈密布，酿酒业得以发展，川南黔北几府成为著名的酒乡，二郎镇、鸭溪镇、茅台村等村镇，都是从

① 《三省边防备览》卷9。
② 前引《中国资本主义的萌芽》。
③ 《石渠馀纪》卷5。
④ 前引《中国资本主义的萌芽》。

这个时期发展繁荣起来的。四川因盐业而发展起来的城镇有自贡、临邛、乐山、盐亭等一二十个。在北方，天津位于长芦盐区范围内，有三汉沽、丰财、芦台3个主要盐场。天津早期手工业多是围绕着盐业开展的。如利用晒盐剩下的卤汁制卤制硝，农民编苇席以供外销盐的包装。明清时，政府疏浚、修整水陆通道，以便利盐、漕运输，天津的修造船业、酿造业、运输业等都随之发展起来。盐业推动了天津城市经济的繁荣。[①] 上海地区属于浙江盐区的松江分司。清初松江分司设有盐场7个。清代这里常年从事盐业生产与经营的人口约10余万人，年产盐量约1000余万斤。盐业生产与运销促进了上海地区河道的开疏，并形成了一批盐业市镇，如柘林镇、高桥镇、齐贤镇、新场镇、下砂镇、四团仓镇、北仓镇、西仓镇，等等。[②]

二

由于海盐、井盐、池盐生产的自然条件、生产方法各不相同，制盐业的生产组织及其发展程度在不同地方也不一样。

清代海盐晒制逐渐推广。晒制方法简单，适于单个家庭从事。煎盐工具叫做锅镦。明清时的锅镦比从前的盘铁轻便，也适于灶户独立经营。清代废除了灶籍制，有的地方虽还保留了灶籍、灶户、灶丁的名称，如淮南盐区，但灶户已是具有自由身份的手工业者，能够独立从事生产，有的还拥有自己的生产资料。清代海盐的生产组织基本上还是灶户一家一户的个体生产。如广东沿海的灶户、盐丁，“竭彼一丁之力，所治盐田二三亩，春则先修基围，以防潮水，次修漏池，以待淋卤，次作草寮以覆灶，次采薪蒸逾月而后返。次朋合五六家同为箐盘，一家煎乃及一家”[③]。这是采用煎盐方法。在置备煎盐工具时，是一种合伙投资形式，但在实际制盐过程中，轮流使用煎具，说明还是各灶户独立生产。福建沿海的灶户，每年“潮退后，各家就坍地（即海荡地，随人所

---

① 前引《天津古代城市发展史》。

② 吴仁安：《清代上海地区的盐场、盐务、与盐业城镇述论》（提交《中国盐业史国际讨论会》论文）。

③ 《广东新语》卷14。

得，而为限界）犁取海泥而丘阜聚之……遇烈日，一夫之力可煎盐二百斤”①。浙江盐区的灶户，“各场煎丁，均属无籍贫民，惟恃煎盐以为糊口”②。这些灶户以煎盐为谋生来源，已是脱离农业的盐业生产者。

盐的运销利润很大，历来是盐商垄断的专卖品。明代起，随着盐的由官收官销、官收商销向商收商销的转变，商人与灶户的直接联系加强了。为了控制灶户，盐商开始涉入盐的生产领域。在海盐生产中，商人资本支配生产的主要形式是借贷工本以控制灶户及其产品。清代灶户生产资金不足，往往不得不依靠借贷资金来维持，“筑田筑灶，工本繁多，往往仰资外人。利之所入，倍而出之，其出盐难行，盐之路又远，不得不贱售于商人，盖困弊未有极也”，“凡灶户资本，多称贷于商人。至买盐给价，则权衡子母，加倍扣除，又勒令短价，灶户获利无多”③。在这种情况下，商人没有进入直接生产过程，但控制了盐的来源与销售。灶户受到商人的高利盘剥，生活极其贫苦，随烧随卖，勉强糊口维生。

自顺治时期，盐商逐渐分化为场商与运商。先是场商领引入场，向灶户收盐，再转卖给运商销售各地。以后，场商由仅向灶户借贷银钱收取盐斤，发展为直接经营盐亭，即盐场中由商人购置生产工具，如锅䥽、车船等，然后将锅䥽贷给灶户使用，收取盐斤。这样，商人进一步控制了生产资料的供给与产品的销售。据研究，乾隆时，在淮南盐区的20个盐场中，完全或部分由商人经营的亭䥽已有11个，到道光时，两淮盐区商人经营的盐亭已有半数。在商人经营的亭䥽中，灶户并没有改变其作为独立生产者的地位，他们在生产过程中仍是一家一户的个体生产。④

在海盐生产中是否出现了工场手工业尚无明确结论。有人认为，清前期在天津盐场中出现了工场手工业形式的生产。商人资本雇佣破产农民和破产灶户从事生产，盐场出现专业化分工，如挑沟工、滩工、驳运工、坨工、运盐

① 前引彭泽益：《资料》，每1卷，第32页。
② 嘉庆《两浙盐法志》卷16。
③ 前引彭泽益：《资料》，第1卷，第250页。
④ 前引《中国资本主义的萌芽》。

工等。[1]

井盐业的生产组织与海盐业不同。云南的井盐业由于自然条件的特点，盐井很浅，煎具简单，采卤煎盐仍是一家一户的个体生产。

四川井盐业中的生产组织与生产关系多样复杂，受到人们关注，有关研究已经不少。井盐生产大体上为凿井、汲卤、运卤、煎盐几个过程。如前所述，四川井盐业的生产技术在清代进一步提高，凿井与运输工具进一步完善，盐井加深，天然气井得到扩大开发。这些改进与提高使得生产投资增加，生产规模扩大，从而改变了井盐业的生产组织。

由于川盐生产的自然条件在川东、川北和川南不同，所以川盐的生产组织在这几个盐区也不相同。据研究，清初直到乾隆时，在川东的大宁、云安等盐场，生产组织没有一定之规，有的是有井有灶的井灶户，井灶户既投资开凿盐井，也同时从事煎盐；有的是有井无灶的井户，井户投资开凿盐井，拥有盐井的所有权，但井户不自煎盐，靠出租或出卖盐卤获取收入；有的是无井有灶的灶户，灶户拥有煎具，靠向井户租、买卤水煎盐取得收入。灶户煎盐基本上是一家一户的个体生产，是井盐业中最为贫困的阶层。在川北的射洪、蓬溪，以及川南的犍为、乐山等盐场，由于盐井多为淡水井，卤汁不浓，通常要数井以至数十井才能满足一灶煎盐的需要，因此形成了“以灶统井”的局面，即一个灶户通常有一井至数井，凿井者多自行煎盐，没有井户灶户之分，不存在独立的井户。煎盐以灶户为单位，规模也不大。[2] 这是清代早期的情况，整个四川盐区广泛存在的是盐民的小井小灶的小生产。

随着川盐生产的发展，自清初起，陕西、山西等地的商人纷纷进入四川，投资盐业。商人资本最初是从事盐的运销，以后又进一步投资生产，开凿盐井，设灶煎盐。据西秦会馆碑文记载，乾隆元年，陕籍盐商在自流井地方经营井盐业的有119家。[3] 他们通过各种方式与当地的地主、井灶户结成各种复杂的关系，如押山、出山、佃井、佃煎等。商人、地主及井灶户结

---

① 前引《天津古代城市发展史》。

② 《自贡盐业契约档案选辑》。以下简称《盐业契约》。

③ 转引自陈然文，载《社会科学研究》，1991年第2期。

合，控制了盐场的整个生产过程。商人资本的投入改变了早期以小生产为主的状况。

乾嘉以后，商人、地主投资井盐业的日益增多，早期的小生产者中也发生了分化，出现了一些规模较大的井灶。这种变化在富荣盐场最为典型。大量资本的投入与技术的改进，使盐井越凿越深，富荣盐场的盐井卤水浓，一井的水可供数灶煎用，形成了“以井统灶”的局面。乾嘉时，一般每井卤水最少应煎四口盐锅才叫“见功”，如果独自拥有一口盐井，至少需雇工20人以上。说明富荣盐场的一些井灶已达到了一定规模。清前期，尽管出现了一些规模庞大的盐业资本，但各盐区以这种雇工二三十人的盐场为多。盐场雇工有本地贫民，更多的是来自外地的游民、大江的拉把手、山中棚民等。这些人没有其他生活来源，只有靠佣工盐场为生，成为专门的盐业工人。四川井盐业中的从业人员，据道光时人说，“大盐场如犍、富等县，灶户、佣作、商贩各项，每厂之人，以数十万计。即沿边之大宁、开县等厂，众亦万计”①。这个数字还包括商贩等人，但灶户数量也不会少。

道光以后，生产进一步集中，在犍、富地区，产生了一些较大的资本家族，这些家族拥有井、笕、灶、号，即同时经营井盐的生产与运销。典型的如富荣盐场的大资本家族王三畏堂、李四友堂。王三畏堂极盛时拥有数十口盐、气井，700余口火圈、天然气井锅口，自设输卤专笕，盐号远至湖北，雇有固定工人1000余人。李四友堂拥有盐、气井100余口，火圈800余口，三大灶雇用固定工人500余人。犍乐地区的大场商吴景让堂，其家族自明初由楚移蜀，发家人吴金三，“年十二，因家贫辍学，改营商业……家益日裕，先后置牛华溪、五通桥诸井灶”，吴景让堂极盛时，井灶资本超过百万，拥有5大灶，日产盐60万斤，雇用工人上千人，同时还控制了盐的运销。②

一些大商人所经营的盐场、井灶，独自拥有井、灶、笕，雇工较多，规模较大。盐场的内部管理日益规范化，依照生产过程设有井房、灶房、水房等管理部门，生产中有较细的分工，“其人有司井、司牛、司车、司篾、司梆、司

---

① 《三省边防备览》卷9。

② 据前引《川盐史论》。

漕、司涧、司锅、司火、司饭、司草，又有医工、井工、铁匠、木匠”[①]。这些大井灶已是具有一定规模的工场手工业。在中国传统的手工业中，四川井盐业是明确产生了工场手工业的一个行业。

四川井盐业中也存在着土地与资本的关系。盐业经营者租地凿井、设笕，地主以拥有土地所有权（通常以合伙人的身份）参与分配。这种分配权表现为一定比例的收益权，即盐井投入生产后，地主占有一定比例的“日份”、“锅份”、“股份”，称为“地脉股份”。清代地主的分配出现了下降的趋势。在早期的分配中，一般规定地主占有24口锅份中的6口，即占四分之一。自道光时起，一般从6口地脉锅份中分出2～4口“浮锅份”作为承办人报酬，地主所占比例从最初的四分之一降为六分之一至十二分之一[②]，表明土地权力的下降和资本权力的上升。

根据自贡盐业契约，清代富荣盐场中独资经营的很少，绝大多数是采取合伙形式组织起来的，这种合伙贯穿于自凿井直到运卤、煎盐的整个过程。合伙方式逐渐成熟完善，并规范化。合伙契约中对合伙者的权利、责任都有具体规定。合伙者有大商人、大地主，也有小本经营的小生产者。

池盐生产组织的发展可以山西解州的河东盐池为代表。唐代以前，生产方法为自然结晶采捞。唐宋时出现了垦畦种盐的方法。明代有所改进，形成了连续作业的各道工序，产生了劳动分工。清代仍用垦畦种盐方式，汲卤技术又有改进，有的盐场采用打井汲卤的方法。清初在河东盐业中废除了官营，实行畦归商种的民营体系，这就促进了池盐生产的扩大。商人按畦纳课，雇用工人，垦畦治盐。最初承领畦地的多是资力较厚的大商人，以后经营者中发生分化，出现了大户与小户。雍正时，“河东坐商数百户，多系无力之家，畦地租自他人，措资浇晒”[③]，即大部分是资力薄弱的小商人，承租畦地，辛苦经营。乾隆时，有领有二号畦，即纳课12锭、600两的大商人。当时垦治畦地的费用，每畦费至200～300余两，领二号畦，仅治畦费用即要500～700余两，加上雇

---

① 温瑞柏：《盐井记》，《清经世文编》卷50。

② 前引《盐业契约》，第336、337页。

③ 《增修河东盐法备览》卷6。

工等费用，所需资金更多。其雇工规模不详，估计领有二号畦，需雇工 50 余人。①

在清前期的四川井盐业中，可以认为已经产生了工场手工业。在河东池盐业中，那些领有二号畦，雇工 50 余人的大商人经营，也可以说具有资本主义生产关系性质，但其规模与发展程度都不如井盐业。嘉庆中期以后，这种关系由于池盐生产衰退而日见萎缩。在两淮盐业中，基本上还是小生产的生产方式，至多可以说有了包买商的形式。

第五节 陶瓷业

陶瓷是传统手工业中一个重要行业。中国精美的瓷器举世闻名。清前期陶瓷业在世界上一度居领先地位，以后由于洋瓷兴起竞争，中国的陶瓷渐见落后。

一

清前期官营陶瓷业日益萎缩，民间陶瓷业日益扩大。陶瓷可分为粗瓷与细瓷（“瓷”又常记为“磁”）。民间日用多为实用性强的粗瓷产品，粗瓷生产分布较广，多数地方都有，主要制造缸、罐、盆、碗等。细瓷的生产地点比较集中，有名的地方为数不多，清代最著名的陶瓷产地有江西景德镇、福建德化、江苏宜兴、广东石湾。这些地方也出产粗瓷产品，但尤以善制精致细瓷而著名，如观赏器物、文具、祭器、日用器具等。

直到宋代，著名的陶瓷产地北方在河北、河南，南方在浙江、江西、福建几省，北方的陶瓷业地位突出，有名的五大名窑中有四个位于河南、河北。宋代以后陶瓷业中心、特别是精致细瓷产地逐渐南移。北方大都是制造一些比较粗糙的日用器具了。

河北的陶瓷业历史很久。清前期河北的陶瓷生产集中于西南部的正定、广

① 前引《中国资本主义的萌芽》。

平等府。明代《天工开物》中记载的几个出产陶瓷的地方，其中就有真定（正定）定州。真定的曲阳是制造皇室所用龙凤缸的地方之一，“窑在真定曲阳与扬州仪真”。清代不见生产皇室用品，但仍是陶瓷重点产区。磁县的彭城镇是个陶瓷产地，地方志记载，“瓷器产于县境之彭城镇。由宋至今，相沿已久”。康熙时记，“瓷器，出彭城镇，置窑烧造瓮、缶、盆、碗、垆、瓶诸种，有黄绿翠白墨各色，然质厚而粗，只可供肆店村农之用”。这里主要制造粗瓷用品，也产细瓷，产品销量很大，销路也远。晚时的记载说，这里的粗瓷产品，“在昔销路甚广，可及于河北、河南、山东及关外各处”①。清后期，由于洋瓷竞争及省内井陉、唐山等新的陶瓷产地发展起来，影响了彭城镇的陶瓷业，生产阻滞。

河南也是古老的陶瓷业中心，五大名窑中有三个在河南。清代产瓷地方不少，但只产一些粗制瓷器，如密县，“土人开土建冶，设滑炉以陶瓷器，如缸瓮坛罐之类，皆黑，只供农家之用”②。所出缸碗等产品除供本地需用外，也销往境外。

山东的陶瓷产地以博山县为著名，也以生产日用陶瓷为主。博山县原名颜神镇，以煤炭、陶瓷为二大支柱行业。这里的土质宜陶，窑业历史很久，“相传自宋代即有用煤炭下层之土制粗罐、碗、盆，以供乡人需用者”。清代，博山瓷窑分布于“北岭、山头、务店、窑光、八陡、西河诸处。为器曰碗、曰钵、曰罐、曰瓶罍、曰鱼缸醯瓮、曰壶、曰尊缶”。博山的陶瓷产品早已销往境外。乾隆时，产地推广，邻近的淄川县也开始有了陶瓷生产，“近吾淄境与博邻者，亦间作陶瓷”③。

江苏宜兴在明代就是有名的陶瓷产地。清代除制造日用陶瓷外，尤以精美并富有观赏性的紫砂陶器、宜均釉陶器而著名。所产日用瓷器品种很多，行销也远。康熙时，“窑作则宜兴之缸瓮罂缶钵壶诸器，称蜀山窑者佳”。雍正时，由宜兴析置荆溪县，蜀山划归荆溪县境。嘉庆时，“荆邑丁、蜀两山窑器……

---

① 民国《磁县志》第8章第2节；康熙《磁州志》卷10。

② 嘉庆《密县志》卷11。

③ 民国《续修博山县志》卷7；咸丰《青州府志》卷32；乾隆《淄川县志》卷1下。

不胫而走遍于天下。故其商贾贸易，廛市山村宛然都会”。宜兴的紫砂陶器制作在清代日益精致，不仅成为文人的玩赏品，而且成为御用贡品。紫砂器的品种、式样增多，除茶具外，又有花盆、陈设品等，还有各种瓜果形式的紫砂象生器，“惟壶，则宜兴有茶壶，澄泥为之……并制为花樽、菊合、香盘、十锦杯等物，精美绝伦，四方皆争购之”①。宜兴均釉陶器乾嘉时以丁山葛氏兄弟所烧最为著名。宜均器物的镂空雕刻工艺技术高超，所烧制的花瓶、花篮等也成为贡品。

福建瓷器宋元时已向东南亚许多国家出口。② 产陶瓷的州县较多，以德化窑最为著名。德化在明代即是少数几个精致细瓷产品的产地之一。《天工开物》记载，“凡白土曰垩土，为陶家精美器用，中国出惟五六处，北则真定定州、平凉华亭、太原平定、开封禹州，南则泉郡德化、徽郡婺源祁门。德化窑唯以烧造瓷仙精巧人物玩器，不适实用”。清代又有发展，目前已发现的德化窑址有100余处，有些窑从明代直至清末从未停烧。同时，德化的白瓷生产已由明代烧造玩器供物，发展为以生产日用器具为主，在出土瓷器中，多有瓶壶碗匙等物。德化的青花瓷在清初进入兴盛时期，并远销至南洋等国。③ 德化的陶瓷生产技术在清中期又向邻近地区传播，如闽清县，“邑旧不产瓷器，清乾隆中德化窑户来梅经营窑业。……自是里人效之，丽山一带增设窑厂十余所，有瓷窑大小百余间”，清后期每年瓷器销售额达10余万两。④ 其他州县如宁德、宁化、屏南等也都有瓷窑。屏南，“土瓷器，旧志出村头、前材两处，足供古〔田〕、屏〔南〕二邑之用”⑤。这些地方主要烧造日用粗瓷器，供农家日用。

广东著名的陶瓷产地为佛山石湾。据称石湾窑始于宋代，明清时进入盛期。清初，“石湾多陶业，陶者亦必候其工而求之。……石湾之陶遍两广，旁及海外之国，谚曰，石湾缸瓦胜于天下”。到清中叶，陶瓷业成为石湾最大的

① 康熙《常州府志》卷10；嘉庆《新修荆溪县志》卷首。
② 郑学檬文，载《中国社会经济史研究》，1996年第2期。
③ 《中国陶瓷史》。
④ 民国《闽清县志》卷5。
⑤ 道光《屏南县志》卷6。

一个行业，“石湾六七千户，业陶者十居五六”。石湾陶器的传统特点是器体厚重，釉厚而光润。产品品种很多，从盘碟等生活日用品到笔洗等文具用品，以及花盆、花瓶、鱼缸等陈设品都有烧造。缸瓦类更是石湾窑的传统产品，花色多，做工巧，行销远，“南海之石湾善陶。其瓦器有黑白青黄红绿各色，备极工巧，通行两广。所为金鱼大缸，两两相合”①。此外，永安温坑所作瓦瓮，顺德石涌所出大瓮，都各有特点，有的行销吕宋诸国。

清代最负盛名的陶瓷产地是江西景德镇。景德镇具有发展陶瓷业的优越自然条件，水路运输便利，境内及邻境蕴藏着丰富的烧瓷原料。明代以前，这里的陶瓷业已有相当发展。明代随着民间陶瓷业的繁荣，景德镇进一步发展为全国的瓷业中心，万历时成为有名的瓷都。《天工开物》记，南北各地产陶瓷之地最著名者有五六处，“合并数郡不敌江西饶郡产。……中华四裔驰名猎取者皆饶郡浮梁景德镇之产也”。清代景德镇继续作为瓷业中心，其产品代表了当时中国陶瓷业的水平。康熙五十一年，一位法国传教士在发自饶州的一封信中描述道，“按一般的说法，此镇有一百万人口，每日消耗一万多担米和一千多头猪。……到了夜晚，它好像是被火焰包围着的一座巨城，也像一座有许多烟囱的大火炉”②。所述数字有所夸张，不过，这些描述形象地反映了康熙后期景德镇瓷业的繁荣景象。到乾隆时，有记载说，“景德一镇，僻处浮梁，邑境周袤十余里……商贩毕集，民窑二三百区，终岁烟火相望，工匠人夫，不下数十余万，靡不借瓷资生”。景德镇历代均设有御窑厂。清代由于民间陶瓷业发展，御窑厂规模逐渐缩小，到这个时期，御窑厂的烧制已经转为官搭民烧，由民间承担了。景德镇的瓷器产量大，品种多，行销远，镇上有瓷器街，“瓷器街颇宽广，约长二三百区……街两旁皆瓷店张列，无器不有”。瓷器销售额据称盛时“售价约值五百万金”③。

此外，其他许多地区也都存在陶瓷生产，不过多是日用粗瓷，生产分散，产量都不大，仅供当地所需，销行不远。

---

① 《广东新语》卷16；道光《南海县志》卷7；《粤中见闻》卷23。

② 转引自《中国陶瓷史》。

③ 前引彭泽益：《资料》，第1卷，第277、281页；第2卷，第485页。

二

总的来说，陶瓷生产分布广泛，日用瓷器生产各地所在多有。在一些新开发地区，也发展了陶瓷业。但细瓷、名瓷的生产中心却进一步表现出地域上的集中趋势。历史上陶瓷业中心分布面较宽，南北方都有集中产区。宋代起陶瓷业中心向南方转移，明代开始向少数地方集中。清代集中趋势更加明显。在更具有自然条件优势地方，才形成集中产地，上述地区就是这样。又如福建德化地区的瓷窑，大部分窑作集中到了褒美、良太、三班等地，这些地方交通比较便利，又接近城镇，而交通不便、运输困难的双翰、上涌、南理、东澄、十排岭等窑，到清中叶都先后停烧了。①

同时，有的地方也开始形成一定的地域分工，利用不同土质制造不同产品，如山东博山，"县疏土宜陶，因此而异。务店宜瓮及盆，土性坚也，然而不及曩时西河远甚。山头宜碗及杂器，土色亮也。八陡亦尝为之，而光不逮。八陡宜罐与瓶，其质实也，以盛水浆，无渗漏焉"②。

清前期陶瓷业发展突出表现为生产分工发展。在陶瓷业比较发达的地方，生产分工日益精细，并独立出来，形成专业化生产。景德镇陶瓷业在明代分工的基础上进一步发展。制瓷的主要工序多独立为专门行业。制瓷原料为白土，产于安徽祁门县，配釉需用釉灰，出江西乐平县，绘画需用青料，出浙江绍兴、金华两府，这些都是专业生产。各地有采石炼泥的，有烧炼釉灰的，有挖淘青料的，都专为景德镇而制，制成运往景德镇。在镇上，做坯、烧窑、绘彩形成了坯作、窑户、红店三大行业。坯作又以产品不同分为不同的专业作坊，《陶录》中列出的专业坯作坊有 18 种。制坯过程中的乳料、修模、拉坯、绘画、挖足等都有专门行业。窑户烧窑过程中的制匣钵、满窑、烧窑、开窑等工序也独立为专业。③ 广东石湾陶瓷业中的分工与专业化程度也比较高，乾隆年间已分为 23 行。④ 景德镇与石湾制瓷业的专业化分工有利于生产力的发展，

---

① 前引《中国陶瓷史》。
② 咸丰《青州府志》卷 32。
③ 前引彭泽益：《资料》，第 1 卷，第 268 ~ 279 页。
④ 据蒋祖椽文，载《明清广东社会经济研究》。

促进了制瓷工艺、效率的提高。其他地方陶瓷业的专业化程度不及这二个地方，但清代至少也有了粗、细瓷制造或产品种类的分工。如河北彭城镇的瓷窑分为普通窑与巧货窑，民国时的记载说，“普通窑专制粗瓷碗类，约占产品十之八九”，“巧货窑以制精巧瓷器为主，由清至今，颇见发达”①，说明这种分工由来已久。福建建阳县窑作明后期已分有“碗窑”、“黑窑”，黑窑专烧水缸、酒坛等器物。② 贵州安平县，“瓷碗，出铺陇”，“大瓷缸，出补止窑”③，虽说都是粗瓷产品，但也是有产地分别的。

清前期，随着陶瓷业的发展，形成了一批以陶瓷业为中心的手工业市镇。这些市镇在明代后期已开始形成，到清代市镇人口增加，规模扩大，商业繁荣。著名的瓷都景德镇自宋元时开始形成发展，明中叶已成为一繁华城镇，万历时有记述当时的生产景象，“万杵之声殷地，火花炸天，夜令人不能寝，戏呼之曰四时雷电镇”④。清代的景德镇庐舍稠密，烟火相望，镇市繁荣，“其人居之稠密，商贾之喧阗，市井之错综，物类之荟萃，几与通都大邑”，“事陶之人，动以万计”⑤。镇上街市扩展，街区在明代长约 8 里，到清嘉庆时扩展到 13 里。⑥ 镇上围绕着制瓷业，又形成了一系列配套性辅助行业与商业网络。山东的颜神镇是以煤炭业、陶瓷业为中心发展起来的手工业市镇，陶瓷业为仅次于煤炭的第二大行业。镇上居民以陶为业者多，不务农耕，已成为专门的手工业人口，“镇虽有陶冶而无稼穑，饔飧所资皆取给予邻境”⑦。由于手工业、商业发达，市镇繁荣，雍正末年，将颜神镇升级为博山县。广东石湾距佛山 20 余里，明代中叶由于窑业集中形成为市镇，到清中叶人户有六七千户，其中从事陶瓷业的人口十之五六，是个不小的陶业市镇。河北彭城镇以陶瓷业闻名，产品行销河北、河南、山东以及关外。该镇自宋代起开始发展，到清后

---

① 民国《磁县志》第 8 章第 2 节。
② 嘉靖《建阳县志》卷 4。
③ 道光《安平县志》卷 4。
④ 转自前引《中国陶瓷史》。
⑤ 乾隆《浮梁县志》卷首；道光《浮梁县志》卷首。
⑥ 梁淼泰：《明清景德镇城市经济研究》。
⑦ 康熙《颜神镇志》卷 2 下。

期，镇区“窑场麋集，瓷店森列，所占面积纵横二十余方里”①。在唐山等地的陶瓷业兴起之前，彭城镇的陶瓷占有重要地位。

瓷器是传统的外销商品，唐代通过“丝绸之路”和海路运销国外，此后历代都有，从未间断。清代瓷器造型、花色优美，价格较低，从17世纪下半叶到18世纪，仍大量向世界各地输出，是重要的外贸商品。国外市场从传统的日本、朝鲜、东南亚各国，扩大到了欧洲各国，精美的中国瓷器在欧洲上层社会中曾作为夸耀财富的手段。17世纪后期，通过荷兰东印度公司运往欧洲的中国瓷器，仅巴达维亚一地每年就达300万件。18世纪后期，在英国对中国瓷器需求量下降的情况下，仅1780年一年，仍向中国定购瓷器80万件。在许多地方，还出现了专门经销中国瓷器的商店，18世纪下半叶，伦敦至少有52家这样的商店。②

三

陶器与瓷器的生产过程不同。陶器的生产过程比较简单，所烧器具多为日用缸瓮瓶罐，质量要求不高。制陶大量是农村副业生产。在一些集中产区，如广东石湾、江苏宜兴，所制陶器则具有观赏性，是著名产品，成为专业性生产。

陶瓷业是与农业分离较早，分离程度较高的一个行业。集中产区的业瓷工人一部分已基本脱离农业，以陶瓷为业，成为专门的手工业人口。陶瓷业的生产组织主要是专业窑作和作坊。

在陶瓷业的集中地区，这种专业化趋势已很明显。景德镇的陶瓷工人大多来自外地，“四方远近，挟其技能，以食力者，莫不趋之如鹜”，“烟火逾十万家，陶户与市肆当十之七八，土著居民十之二三”③。福建宁德县有碗窑业，“漳、泉、兴等处无业之民，杂聚二都，以造碗谋食”④。

在一些陶瓷分散产地，以生产日用陶瓷器为主，制作技艺相对简单，分工

① 民国《磁县志》第8章第2节。
② 前引《中国陶瓷史》。
③ 前引彭泽益：《资料》，第1卷，第268页。
④ 乾隆《宁德县志》卷1。

不细，一些个体窑户以烧陶为业，也形成了专门窑作的生产形式。这些窑户或许多少与农业还有一定联系，但其主要谋生手段已转为烧陶。浙江绍兴府，“今各邑亦俱有民窑，所烧大率沙罐瓦尊之类”。江西弋阳县，康熙以前，“本县湖西马坑窑皆以陶器为业，如瓶罐缸瓮盘碗之器，甚粗丑不堪，郡邑多资之以给工匠之用”。山西壶关县有陶瓷业，“陈村、进流业磁，烧缸盆粗碗之类……乃贫民至苦一生计”。浙江安吉州产缸甏，“出北乡月山窑，业此者有百余家”。湖南宁乡县有鹿角窑街，“出坚嫩细土，可陶瓦器，赖为生活者不下数十户”，窑里街，“皆窑户居之，陶器亦良”。贵州安平县出瓷碗、瓷盆、瓦罐等器物，“瓷碗，出铺陇，居民以此为业，中九杨正马场中七龙箐亦有之”，“大瓷缸，出补止窑，居民百余户，专以此为业，而小瓦罐尤坚”[①]。这些业瓷窑户由于生产分散，产品不成系列，销售不出本地范围，其生产规模都不会很大。

在景德镇的民窑业中，由于社会分工过细，在坯作行业中，形成了大批家庭式作坊。这些作坊专门从事某一种产品或某一道工序，制坯、研乳料、绘彩、挖足、修模等，有的虽有少量雇工，但生产规模都不大。这种作坊主至多是个小业主。在景德镇陶瓷业的数十万从业者中，这种家庭式作坊为数众多。

据认为，从明代后期起，在景德镇的民窑业中形成了一些有一定规模、具有内部分工的坯作，特别是在圆器作坊中。论者所依据的是康熙五十一年法国传教士昂特雷科莱在观察了景德镇的制瓷生产后给教会的一封信：“一件瓷坯，在被运出这座工场到窑房的过程中，至少要经过二十余人之手，但是并不发生任何混乱的现象”，“粗坯一离开辘轳，就立即被送到第二个工人手中，置于坯板上，不久传给第三个工人，他把坯置于模型上进行印制和整形……第四个工人用泥刀进行修坯”，这是坯房。在画房中，为瓷器绘彩，“这一劳动在同一工场内是由许多工人分别进行的。一个工人单纯地把圆形色线绘在瓷器的口缘上；第二个工人描绘花的轮廓；第三个工人接着晕色。这一伙人专门画

① 《古今图书集成·职方典》卷992；康熙《弋阳县志》卷3；乾隆《壶关县志》卷2；乾隆《安吉州志》卷8；嘉庆《宁乡县志》卷3；道光《安平县志》卷4。

山水，而那一伙人就专门画鸟兽”①。如果仅就引文分析，还看不出这是官营还是民营。不过，在散见的一些资料中，也能看出在景德镇存在着一些规模稍大的作坊。在景德镇生产兴旺的乾嘉时期，有记载说，“陶户坯作人众，必用首领辖之，谓之坯房头，以便稽查口类出入雇人。其有众坯工多事，则令坯房头处平，有惰工坏作，亦惟彼是让”，“坯房头约束众工，勤惰听其处分”②。一个作坊需设坯房头管理，规模应是较大一些。康熙时是景德镇窑业恢复发展时期，存在较具规模的手工工场是可能的。

窑户的生产情况比较复杂。通常的情况是，窑主拥有窑座，烧窑户向窑主租窑烧制瓷器。烧窑的生产用工一般比较多，“镇官民窑户，每窑一座需工数十人”③。但由于满窑、烧窑、开窑都形成独立行业，窑户本身雇用的固定工人就很少了。

清前期广东石湾坯房与窑户的生产情况不详。据近代调查，坯房多是家庭户生产，烧窑户往往是几户共向窑主租窑烧制。在其他地方，分工不如景德镇与石湾那样细致复杂，一般统称“窑户”，可能是从制坯到烧制的全过程生产，其生产规模少有记载。

有的研究认为，在景德镇的陶瓷业中，清代已分化为大户与小户。一些大坯作雇工较多，内部分工较细，已具有了工场手工业性质。也有人认为，在石湾陶瓷业的花盆行中，在乾隆以前，已形成了业主与工人的自由雇佣关系，可以说是出现了资本主义萌芽。④

① 转自前引《明清景德镇城市经济研究》，第71页。
② 前引彭泽益：《资料》，第1卷，第273页。
③ 前引彭泽益：《资料》，第1卷，第277页。
④ 王宏钧、刘如仲文，载《明清资本主义萌芽研究论文集》。

第五章　生产资料制造业

传统手工业大多与人们日常生活相关，如纺织业、农产品加工业，属于消费资料生产。一些比较发达、发展程度较高的行业大多属于这一类。至于生产资料的生产，即作为原料、燃料的生产，尤其是工具类的生产，则相形见绌。这类行业可包括矿业中的铜矿、铁矿的采冶、铸造，天然气开发（天然气主要是作为煎盐的燃料，可列为生产资料类），还有铁器制造、船舶修造、砖瓦烧制等。清前期这些行业都有不同程度的发展。各种矿业已有专节，本章只考察铁器制造、船舶修造、砖瓦石灰烧造三个行业。

第一节　铁器制造业

铁器在传统社会的生活与生产中占有重要地位。这里把铁器制造列入生产资料行业，是因为，铁制农具、工具无疑属于生产资料。即便如刀、剪、针、钉、锅、盆之类，也不仅仅是日常生活用品，同时也是各行业中必需的生产资料。如铁锅，不仅作为烹饪用具，在许多手工业生产中，如缫丝、榨糖、煎盐、制茶、酿酒、造纸等，都需用铁锅，其需要量极大，特别是煎盐、熬糖等，所用铁锅都是特制专用的。铁钉、铁丝、锚链等则是造船、建筑等行业的重要材料。即使是刀剪类，也可作为某些农业、手工业活动的工具，如丝、棉纺织工具，又如清代《补农书》中记载，植桑剪枝所用的剪刀要专门到石门镇购买。这里所说的铁器制造业包括了炒铁业（将生铁锻炼为熟铁）及各种铁制品制造业。

清前期，人口增长及农业、手工业生产的发展导致对铁器的需求量大大扩大。冶铁业的发达也为铁器制造业发展提供了物质保证。由于铁的供应紧张，清政府对铁货的输出有所限制，但对铁器业生产影响不大。

一

清前期，铁器制造业遍及各地城乡，但多数是分散性的小生产。也有一些铁器制造集中地区，大多是以接近铁产区，原料取用便利而形成的。

广东是铁产区，所产生铁多数运往省内的佛山打造铁器，佛山是当时最著名的铁器制造业中心。明代后期这里的铁器业已相当发达，产品大量销往浙江、江苏、湖南等许多省份。清代这里仍以铁器业集中、产品质量优良而著称，“天下产铁之区莫良于粤，而冶铁之工莫良于佛山”①。佛山的炒铁、铸铁、及熟铁制造业都非常发达。乾隆时的记载说，这里炒铸业集中，以至影响了当地的气候，“气候于邑中为独热，以冶肆多也。炒铁之炉数十，铸铁之炉数百，昼夜烹炼，火光烛天，四面熏蒸，虽寒而燠”②。佛山的铁器种类繁多，粗分即有铁锅、铁丝、铁钉、铁针以及钟鼎灯盆等大类，各类中又有不同的规格品种。如铸锅业，这是佛山铁器业中最大的一个行业，所铸铁锅大者有糖围、深七、深六、牛一、牛二等名称，小者有牛三、牛四、牛五等名称，又有无耳、有耳的区别。佛山的锅“薄而光滑，消湅既精，工法又熟”，在市场上颇受欢迎，“鬻于江楚，人能辨之”③。佛山的铁线大者如箸，小者如丝，有大缆、二缆、上绣、中绣、花丝等名称，精粗各式俱备，销行内地各处。道咸时，佛山从事铁线、铁钉的工人各“多至千余”。佛山铁器行销全国各地，“四方贾客各辇运而转鬻之”④。尽管官府限制铁货输出，每年仍有大量铁锅被私带出洋，销往国外。雍正时的一个报告称，洋船出口，每船夹带铁锅百连、二三百连，以至五百连、上千连，每连约重 20 斤，五百连约重万斤，千连重

① 前引《矿业》，第 494 页。

② 前引彭泽益：《资料》，第 1 卷，第 251 页。

③ 《广东新语》卷 15。

④ 前引彭泽益：《资料》，第 1 卷，第 253 页。

2 万斤，“每年出洋之铁，为数甚多”①。佛山的铁器制造业在咸同以前最为兴盛，以后由于洋铁输入的影响，有的行业，如针、钉等业逐渐衰落了。

江苏、浙江两省的铁器制造业也很发达。这二个地方产铁并不多，其铁器业的发达是由于当地农业、手工业发达，需求量大增。浙江温州、处州产铁，可以供给铁器制造，但远远不敷需用，其余的铁需从湖南等地运入。浙江桐乡县有炉头镇，是远近闻名制铁业中心。据地方志记载，炉头镇的制铁业始于明嘉靖年间，当时最著名的产品是熨斗。清代镇上居民“以冶铸为业，除夏季外，三时炉火昼夜不绝，镇以是名。釜鬵钟鼎之制，大江以南咸取给焉”②。炉头镇的产品有锅罐、刀剪、熨斗等，主要行销杭嘉湖地区。温州、宁波、南浔的土针业比较有名，如南浔的针，“文献云，出南栅，琢工不减江右”③。这些地方的土针业在洋针进口的初期仍具有一定竞争力，以后逐渐衰落。乌青镇又产各种铁锅，仅地方志中列有名称的就有 40 余种。

江苏的苏州、吴江、震泽、上海等地都存在着比较集中的铁器制造业。苏州自古就是有名的铁器产地，《姑苏志》记，“自欧冶子铸剑，吴中铁工不绝”④。明代苏州城郊为制铁业中心，“苏城客贩冶坊，俱在城外”，嘉靖时，日本使臣几次在苏州购买苏针，仅嘉靖十八年十一月就购买苏针 6860 本。⑤ 清代苏州的“铁作”、“冶坊”仍是最重要的一个行业，乾隆六年，苏城冶坊工匠闹事，坊商联名上诉的有 14 家。⑥《娄关小志》记，苏州“六门附郭共十六房〔坊〕”，专制铁锅⑦。其他铁器还有农具、刀剪、纽扣等。吴江县庵村市明清时是个以铁器业闻名的市镇。嘉靖时，市镇上“居民数百家，铁工过半”，清初又有扩大，“居民稍增，自成市井”，市镇附近有个浜南村，“人皆铁工”，所出产品“有铁搭、锄头、稻叉、铁锌、滑锲、稻锲，皆农器也；有切刀、

---

① 前引姚贤镐：《资料》，第 1 册，第 15 页。
② 民国《乌青镇志》卷 21；光绪《桐乡县志》卷 1。
③ 民国《南浔志》卷 32。
④ 民国《吴县志》卷 51。
⑤ 据傅衣凌：《明代江南市民经济试探》。
⑥ 《明清苏州工商业碑刻集》。
⑦ 民国《吴县志》卷 51。

铲刀、火刀、火叉，皆厨器也；有乌铳、钢叉、线枪、三眼枪、盘铳，皆武器也”①。这些产品均行销远近。震泽县有檀邱市，是制铁业集中区，也始于明代，“成化中居民四五十家，多以铁冶为业，至嘉靖间数倍于昔，凡铜铁木圬乐艺诸工皆备”，到清乾隆时期，“居民日增，货物并集，亦颇喧盛”②。上海县是清代发展起来的新的制铁业中心，主要是随着各项手工业、特别是修造船业的发展而发展起来的。据称至明末上海始有专业铁作坊，鸦片战争前后是该业最为兴盛的时期，当时在黄浦江沿岸及县城内外分布了众多的锻铁作坊。除本地从业者外，上海的铁业工人多来苏州、无锡、绍兴等地，并逐渐形成帮派，称为本帮、香山帮（苏州）、无锡帮、绍兴帮。上海的铁器制品自家用刀剪厨具，至农具、工具、物料如修造船只所用的铁钉、锚链等，各类俱全。有的产品声名远扬，成为传统制造品。如厨刀中有一种“濮刀”，为濮家铁匠制造，始于明崇祯时，行销远近，极受欢迎，到鸦片战争前后，濮家铁铺已发展为有店房10余间的大作坊。上海的造船物资制造业生意兴旺，铁工技艺熟练，以至在外资船厂建立后，仍要依靠这些船作来提供人力、物力，部分铁业工人进入了外资船厂工作。那些制造农具、刀具的铁业作坊，由于其产品特点，又由于洋货竞争较小，一直到清后期仍维持着传统市场。③

四川产铁多，也集中了一批制铁业，其中突出的是农具制造与铸锅业。各地多有打造农具的铁铺，产品有铡刀、锄头、铧犁、钉耙、镰刀、剪刀等。四川的井盐业发达，煎盐需要大量铁锅，铁锅大者重达千斤，所以四川的铸锅业相当发达。崇宁县唐昌镇，乾隆年间即有人设炉铸锅，以后该业发展，产品日益著名，被称为“崇宁锅”。在万源、綦江、灌县都存在铸锅业。灌县灌口镇有锅厂，建于乾隆年间，光绪时停产，民国时重新开业，生意很好。④ 光绪初年有外国人观察到，綦江县的冶铁作坊很多，为有名的犍为、富顺盐场制造大铁锅，河岸上摆着上千个盐锅。⑤ 犍为、富顺的制盐业清前期已相当发达，綦

---

① 顺治《庉村志》。

② 乾隆《震泽县志》卷4。

③ 《上海民族机器工业》。

④ 杜受祜、张学君：《近现代四川场镇经济志》，第1集。

⑤ 前引彭泽益：《资料》，第2卷，第137页。

江县的铸锅业大约也是与之同步发展的。

山西是北方最大的铁器制造中心。泽州、潞安、太原等府的制铁业相当发达，原料主要利用当地所产的土铁。雍正时，陵川县有专打铁钉的铺户 12 家。[①] 介休县产铁器，“出义棠镇”。高平、太原、榆次等县的刀、剪、锁、针都是著名产品，太原的剪刀在唐代即有“并州快剪”的称誉，其源流可谓久远。高平县出铁剪，清前期该县“西南与凤台接壤处多业此者”。榆次从事制铁业的人很多，所出刀、剪、锁等产品快利、坚固，“榆次诸工技艺唯此独擅其良”，其产品往往作为馈赠物品，“四方之人往来过此，必市之或用为饷遗”[②]。晋城所产铁器以锅鼎刀剪最多，据称道光时全县铸锅业有铁炉 400 余座。据德国人李希霍芬 1870 年的观察，泽州地方有好几百家小铁铺。凤台（即晋城）的南村地方有铸造厂、化铁厂、打钉厂、拉丝厂等铁工厂数以百计。这里的河谷里堆满了大矿渣堆。人们可以“遇到络绎不绝、成群结队的骡车，满载着种类繁多的铁器”，如铁丝、铁钉、平锅、犁头、铁箍等等[③]。山西铁器除销于本省，还大量销往直隶、山东、河南、陕西等省。有关记载很多，如直隶沧州，“铁器来自潞汾，农具为多”。束鹿县，“铁器……多由获鹿、山西泽州、潞安等处运来”。位于河北、山西交界处的固关，是东西贸易要道，“过关者自东而西则花布是其大宗，自西而东则铁锅是其大宗，俱用大车、骆驼运载，赀本较大”[④]。有的记载虽然为时稍晚，考虑到山西受外来影响较晚，应能反映清前期的一些情况。山东一些州县的地方志中都记载着铁器来自山西。河南铁器大多靠从山西、湖北等地运入。陕西秦岭以北的大部分地区，也主要销用山西铁器。

陕西的铁器制造业不如山西，但也为一重要的铁器产地。制铁业集中在关中一带和陕西南部山区。华州有个柳子镇，是专门制造铁器的地方，据记明代这里的铁器业很是兴旺，有“千家铁匠，作刀剑剪斧之用”[⑤]。清前期这里仍

① 前引彭泽益：《资料》，第 1 卷，第 460 页。
② 嘉庆《介休县志》卷 4；光绪《续高平县志》卷 3；同治《榆次县志》卷 15。
③ 前引彭泽益：《资料》，第 2 卷，第 138 ~ 144 页。
④ 乾隆《沧州志》卷 4；光绪《束鹿县志》卷 12；光绪《续修井陉县志》卷 36。
⑤ 隆庆《华州志》卷 8。

以制铁业闻名，其产品成为馈赠礼品，“民不好耕读，专事锻冶为刀剑，闻于四方。郡使频敛剑送客”①。不过，到咸丰时，这里仅剩十几家铁铺，原因不明。陕南山区是清代新兴的铁器制造地。清中叶冶铁业的繁荣带动了铁器制造业。嘉道时，略阳、定远、宁羌、凤县等地的铁器制造业曾一度兴旺。有的大冶铁厂同时也铸造铁器，将所冶炼的生铁“制成铁锅、铁盆等项各处贩卖”②。又有铁铺打造农器、刀具等物。

此外，在福建、湖南、安徽、山东等地也有一些比较重要的铁器产地。福建的铁器制造业在明代非常有名，铁锅远销日本等国。清代制铁业仍为重要行业。如永定县货产中有“铁锅”一项。长汀县冶器有农具、铁锅等，销售也远，“县东一里许设炉铸锅，取用亦广”③。福州、泉州、厦门等地是重要港口，有一批专为修造船业服务的铁工，制造铁钉、锚链等物。福州的土钉业在洋钉输入前很发达，从业人员很多，“自洋钉输入中国，一千个以上靠打土钉为生的手工工人已经不能继续工作了”④。厦门在乾隆以后成为造船业中心，各种工匠、包括铁业工人从各地集中到这里，“土木金银铜铁诸工率自外来”⑤，形成了以造船业为主的手工业中心。

湖南的铁大量输往江苏、浙江、湖北等省，本省内主要用于制造锅鼎农具。新化县制锅业在该省制锅业中发生最早，相传始于宋代。县城附近设有锅厂，明初已负盛名。到清光绪时，全县有锅厂22家，工人2000余名，所制锅鼎运销大江南北，年贸易额在100万两以上。⑥长沙、湘潭、邵阳、衡阳、浏阳、常宁等县自清初起都先后设有锅厂，以同光时期最为兴旺，家数最多。

安徽芜湖的制铁业每年消费的铁料也很多，主要生产建筑用的铁钉，以及剪刀、斧头、犁头、铁锅等产品，销往各地。这里打造的刀剑、兵器最为著

---

① 前引彭泽益：《资料》，第1卷，第444页。
② 前引《矿业》，第518页。
③ 康熙《永定县志》卷2；咸丰《长汀县志》卷31。
④ 前引姚贤镐：《资料》，第3册，第1404页。
⑤ 道光《厦门志》卷15。
⑥ 前引彭泽益：《资料》，第2卷，第136页。

名。湖北汉口在清前期成为最大的手工业、商业城镇之一。每年有大量的铁从湖南、陕西，及鄂西北山区运到这里，这些铁部分转运到其他地方，部分就地消费，嘉庆时汉口有“铁行十三家，铁匠五千余名”①。山东制铁业集中的地方有章邱，清中叶，“邑中铁业甲山东，工良器坚，散行奉天、直隶、山西、河南、江南数省”②。

二

清前期，除了几个老的铁器业中心，如广东、山西，又兴起了一些新的铁器产地，如四川、陕南山区、湖南、湖北、上海等。另有一些铁器产地，如江苏、浙江的一些市镇，虽说始于明代，但其发达兴旺还是清代的事。

这些新老铁器业中心的形成与发展有二个特点，首先是地理位置大都接近原料产地，新的铁矿产地的出现也就带动了新的铁器产区的形成。广东、湖南、四川、陕西、山西等省都是重要铁产区，清代湖南、陕西、四川铁矿业的发展使这些地区也成为新的制铁业集中地。这些地方的制铁原料有的就地取材，有的通过短途运输运来。其二，不少地区铁器业的发展与当地农业及其他手工行业的发展密切相关。在农业、手工业比较发达的地区，其铁器制造业也比较发达。沿海几省，如广东、福建、江苏、浙江，除农业发展外，还是造船业、制盐业、榨糖业、榨油业、丝织业、棉纺织业、造纸业、制茶业、酿酒业等手工行业相当发达的地区，而所有这些行业都是需用铁制品较多的行业，如锅、盘、钉、针、刀、剪、铁制机具等等。以造船为例，据称一只沿海商船上所用的铁钉、铁箍、铁锚等物达4000多斤，③ 沿海几省每年修造大量的商渔船只，无疑对铁器业是个推动。四川煎盐用的盐锅重者达千余斤。各地农业的发展，导致对铁制农具需求量的扩大。此外，这些农业、手工业发达地区，人口密度也大，大量人口的日常需用离不开各种铁器。江苏并不是铁产区，但生产、生活上的需求刺激了其铁器制造业的发展。

---

① 《安吴四种》，卷34。
② 道光《济南府志》卷13。
③ 前引姚贤镐：《资料》，第1册，第16页。

在一些制铁业的集中区，还形成了一批以制铁业为中心的市镇。有的形成于明代，清代进一步发展，有的是在清代发展起来的。广东佛山是最著名的铁器业市镇。在江南星罗棋布的市镇群中，铁器业市镇也占有一席之位。如浙江炉头镇、江苏庉村市、檀邱市、张渚市、篠里市、陕西柳子镇。还有一些城镇，其制铁业虽不是主要行业，却也占有重要地位，如汉口镇、乌青镇、苏州、上海、福州等。这些城镇里集中了大批铁铺、铁工，从业人员以铁为生，成为手工业人口。佛山镇，“乡中打铁者甚多……乡（民）多仰食于此”[①]。前述柳子镇居民“不好耕读，专事锻冶为刀剑”，檀邱市居民“多以铁冶为业”，炉头镇“居民以冶铸为业”。

铁器制造业发展导致行业内生产分工的发展。铁器产品用途各异，种类繁多。在一些铁器业集中的地方，随着行业的发展，形成了铁器制造的专业化分工。在明后期的佛山制铁业中，生产分工已有发展，当时有“炒铸七行”之说。清代佛山制铁业中的行业分工较细，从业人员增加。铁器业分为土针行、铁镬行、铁砖行、铁线行、铁钉行等不同专业，各业工人都在千余至数千。乾隆时，铁镬行又分为大镬头庄行、大镬车下行、大锅搭炭行等，炒铁行分为炒链头庄行、炒链催铁行、炒链钳手行等。[②] 在山西，据观察，凤台（晋城）县数以百计的小铁工厂中有铸造厂、化铁炉、打钉厂、拉丝厂等，各种铁制品有不同的制造方法，分别为各工厂所专有，“这都是各个工厂的世代相传的秘密……各厂都有专利性质的制造对象”。泽州有“好几百家小铁铺，它们之间有着分工，每一家制造某一类铁器”[③]。如此细致的分工显然是经过长期生产过程而形成的。

上海铁器业的分工明显地表明了随着地区经济发展而形成的过程。上海的制铁业自明末开始发展，最初并没有较细的分工，一些打铁店兼制各类农器、刀具、船用铁器等。以后制铁业中逐渐分化为“乡作”、“匠作”二业，乡作专门锻制农具及家用刀具，早期的乡作还兼制船用铁制品，匠作专制泥水木匠

---

① 前引彭泽益：《资料》，第1卷，第253页。
② 据罗红星文，载《中国社会经济史研究》1983年第4期。
③ 前引彭泽益：《资料》，第2卷，第139～142页。

所用各种刀具、工具。太平天国前后，在乡作中又分化出“船作”一业，专制修造船舶需用的铁钉、锚链及其他铁制品。① 浙江炉头镇的铁器业在嘉庆年间的县志中还没有分工的记载，而在光绪县志中则有了分工，“大坊专铸铁釜，别有小炉数家，铸鼎钟等物”②。苏州的“冶坊”专铸铁锅，另有“铁作”制作农具、刀剪等。③

清前期，制铁业中的锅鼎铸造基本上形成了专业性生产，这可能与其需求量大、铸造过程又具有特殊性有关。广东、湖南、四川、浙江、江苏、陕西、山西都有专门铸祸的锅厂、冶坊，形成制铁业中的一大专业。

三

清前期的制铁业仍沿用传统的手工制造方法。一些细小产品制作工艺简单，适于单个家庭生产，有许多是作为农民家庭副业或城镇居民家庭手工业来完成的。像铁钉、铁针等物品，以熟铁丝手工切断、钻眼、敲头、打磨，方法简单，无需场地，男女老幼利用空余时间桌边炕头随时可以从事。山西的铁工业中，许多产品是在工人或农民家庭内完成的。李希霍芬1870年在山西看到许多人家里经营着各种小铁工业，在太原，像铁丝、铁针的制造，“是由一个工人在他自己家内进行的。许多其他用品的制造也是如此”④。在凤台，制造铁丝、铁钉“这种业务大半是规模极小，在村民的家中进行”。佛山的铁钉、土针业中存在着大批农民生产者，“每日午后，附近乡民多挑钉到佛，挑炭铁回乡，即俗称替钉者，不绝于道”⑤。大量的针、钉制品是在这种分散的个体生产方式下制造出来的。

另有一种手艺人式的生产，即周游四乡的铁匠炉。这些铁匠炉没有固定的工作场所，没有稳定的加工来源，往往是单枪匹马，或有一二个助手，主要以代客加工的方式替人打造各种小铁器。这些人多是具有一定手艺，常年在外以

---

① 《上海民族机器工业》。

② 光绪《桐乡县志》卷7。

③ 民国《吴县志》卷51。

④ 前引姚贤镐：《资料》，第3册，第1383页。

⑤ 前引彭泽益：《资料》，第2卷，第140页；第1卷，第253页。

打铁谋生，脱离了农业，属于流动的手工业者。这种铁匠炉在各地乡村普遍存在。在某种程度上是对固定铁铺、作坊的补充。

制铁业的主要生产形式是遍布各地城乡的铁铺、作坊。这些铺户、作坊有着固定的生产场所，规模较小的铺户、作坊往往以家庭成员作为主要劳动者，或雇用少量帮工、学徒。上海的乡作、匠作，最初都是一些小铁铺，雇用三五个人，零星打造各种铁器。山西泽州制造大量铁产品的是好几百家小铁铺。这些铺户、作坊的经营方式多为代客加工与自制自销兼营。

在一些制铁业集中的地方，一些铺户、作坊的生产规模也在逐渐扩大，称得上是小型的手工工场，有的称为“铁厂”。佛山的炒铁、铸锅二个行业中，一些作坊在明后期已具有一定规模，清代又有发展。炒铁业中，“炒铁之肆有数十，人有数千。一肆数十砧，一砧有十余人”①。铸锅业中鸦片战争前后有锅厂30家，大者有锅炉数座，② 所用人工当不会少。四川灌口镇有个蓝家炉厂，铸造铁锅，建于乾隆年间，至光绪时停产，这期间该厂有工人十几人，学徒工数人，还有一些非固定工人，工厂每天生产铁锅8担。③ 前述湖南新化县的铸锅业声名已久，到光绪时，该县有锅厂22家，工人2000余人，平均每家有十余人。咸丰时，宁波有个“制针工场”，制造土针、铁钉，在那里，“人们用手把长长的钢丝在石头上摩擦以达到必要的细度，然后截成所需要的长度，并锉尖，而小孩子则拾起这奇异的钢丝，在针上钻孔”④。从文字上看，这个制针工场人数不少。在上海，到鸦片战争前后，一些乡作、匠作、船作都已具有一定规模。如有名的濮刀作坊，建于明崇祯年间，当时只是个小铁铺，由濮家主人带一二个徒弟，打造农具、厨刀等铁器。以后逐渐发达，到鸦片战争前后，濮家刀店已有店房十余间，雇工12人。又有沈家刀店，早期只是上海郊区的一个半工半农的铁匠炉户，利用农闲时间打造农具等。乾隆年间开设了铁铺，脱离农业，专事打铁，并移居到上海城内。初时只是一个人经营，什么铁器都打，以后雇用了五六个老师傅。同治时进一步扩大，雇用师傅、学徒

① 《广东新语》卷15。

② 前引《中国资本主义的萌芽》。

③ 前引《近现代四川场镇经济志》。

④ 前引姚贤镐：《资料》，第3册，第1400页。

十五六人，专制厨刀。太平天国前后发展起来的船作，规模一般都在十几个人。[①] 船上物件有的相当重，如船锚，在当时来说，这恐怕是最起码的规模。[②] 陕南山区的锅厂，有的就是开设矿厂的商人开办的，这些矿厂的规模一般都很大，其中从事铸造的人手一定不少。

制铁业的发展使一些有手艺的工匠逐步向城镇迁移，反映了制铁业在逐渐脱离农业，如上文中沈家刀店的发展过程。清前期这部分人数量增加，铺坊中的工匠大都是从土地上游离出来的农民。学徒制在铁器业中存在普遍，这是一种带有封建性质的家长制。铺坊主人与雇工之间则是自由雇佣关系。明末在佛山、清乾隆时在苏州都发生过行铺、冶坊工匠闹事的事例。

这些规模较大的作坊、铁厂的开设者，有商人，也有手工业者。佛山、陕南山区的坊、厂大都是商人投资开设的。苏州冶坊的坊主被称为“坊商”。商人投资开设铁厂、铁作，是商人资本支配铁器业的一种形式。上海的一些作坊主看来是由手工业者发展起来的，有的在营业扩大后还亲自参加劳动。

据认为，在佛山，土针、铁钉生产是由农民运回铁料，在家制作，很可能是商人资本支配下的家庭劳动。明后期在炒铁、铸锅二业中，清代进一步在铁线业中，都产生了具有资本主义萌芽性质的手工工场。

第二节 造船业

在近代运输工具兴起之前，水运是主要运输方式，木船是主要运输工具，属于生产资料，其生产与整个社会经济联系密切。宋元时期，中国的木帆船制造已经达到很高水平，明清时期继续发展。造船有官营，也有民营。历史上官营造船业曾经占有重要地位，并代表了当时技术的最高水平。明代以后，官营造船业主要制造漕船、战船，民间造船业日益发展。水路运输有河道运输与海

---

① 《上海民族机器工业》。

② 《天工开物》中绘有铁炉打制船锚图，共有 15 人。

道运输，船舶也分为内河船与海船。就民用船来说，内河船主要有运输船、农用船、渔船等，海船主要有沿海运输船、远洋运输船、海洋渔船等，还有其他各类船只，如渡船、游船。清代，由于商品经济发展，商品流通扩大，民间木船制造兴旺。清后期，近代轮船制造业兴起，部分取代了传统的木船运输，造船业开始衰退。

一

民间造船业的史料记载，宋以后渐多。宋代的民间造船技术已经相当发达，能够制造载重达万斛的大型船只。明代，随着商品经济发展，商品流通扩大，民间造船业也随之发展。但明政府出于海防需要，实行海禁，对民间海船建造实行限制政策，禁止民间“擅造二桅以上违式大船”，下令，“将沿海军民私造双桅大船，尽行拆卸”[①]。但实际上并未禁绝。嘉靖时，福建沿海商人“私造双桅大舡下海”，“私造巨舟”，“家造过洋大船”的事例不少[②]。当时，沿海的南直隶、浙江、福建、广东等地，都有私造两桅三桅大船下海的情况，因而弘治十三年、嘉靖四年、嘉靖三十三年几次遭到政府禁止。[③] 明代的造船技术也相当高。郑和下西洋所乘的宝船，最大的长 44 丈，舵杆长 11.07 米。[④] 当时的远洋商船“大者广可三丈五尺，长十余丈。小者广二丈，长约七八丈”[⑤]。沿海沙船“双桅习以为常，甚至有五桅者”[⑥]。然而，明代所实行的禁海政策，毕竟使民间造船业处于非法状态，在一定程度上阻碍了民间海船建造的正常发展。

清政府在造船业政策上有所变化。在船方面，明清两代都未见有所限制。但在海船建造上则不同。清初仍然实行海禁，顺治十二年下令，严禁“官民人等擅造两桅以上大船”出洋贸易，禁止“造成大船，图利卖与番国；

① 《明会典》卷132。

② 《明世宗实录》卷54，189，转引自傅衣凌：《明清商人和商人资本》；顾炎武：《天下郡国利病书》卷96。

③ 《明会典》卷132。

④ 杜石然等：《中国科学技术史稿》下册。

⑤ 张燮：《东西洋考》卷9。

⑥ 转引自李伯重文，载《中国社会经济史研究》1989年第1期。

或将大船赁与出洋贸易之人”，即不许造大船，不许船主造船出租或出卖，只许“单桅小船”“于近海近处捕鱼取薪”[①]。顺治十八年实行迁海政策，又下令将所有沿海船只悉行烧毁，“片板不许下海”[②]。这一禁令持续了20余年。康熙二十三年开海禁，规定沿海民人“情愿在海上贸易捕鱼者，许令乘载五百石以下船只，往来行走”，但仍不许“打造双桅五百石以上违式船只出海”。康熙四十二年，这一限制放宽，“商贾船许用双桅，其梁头不得过一丈八尺，舵水人等不得过二十八名”。造船者必须“确系殷实良民，亲身出洋”，才能“准其成造”，但禁止造船出租，如果“有谋利之富民，自造商船租与他人，及寒薄无赖之人租船者”，当地州县官员督察不严，也要受到处罚[③]。这种禁令多少限制了海船数量增多。康熙四十六年，又放宽了对渔船的限制，准许出洋渔船照商船样式，许用双桅，以便于渔民捕鱼运货。[④]乾隆三十三年，限制进一步放宽。虽然对船式大小的限制没有变化，但已允许造船出租，规定“造船之家，无力贸易，听其租给予人。查租船只应禁其为匪，如所租之人，亦系殷实良民，即与船主及船主亲属无异。……应听船主择有力之人，赴原给照之地方官呈明，取具邻甲保结，准其租赁”[⑤]。这一规定取消了对船主造船数量的限制，有利于富裕的商人、船户增加造船投资，出现了一个船主拥有四五十条大船的事例。事实上，船式大小的限制也早被突破，民间私造二桅以上大船的现象已很普遍，官府对此也无力处治。嘉庆二十三年，又进一步放宽了对船式的限制，“嗣后商民置造船只，梁头丈尺，照前〔即限制之前——作者注〕听民自便，免立禁限”[⑥]。清政府关于造船的种种限制基本上都被解除，民间造船业有了合法环境就很快发展起来。

---

① 前引姚贤镐：《资料》，第1册，第3页。
② 《泉州与古代海外交通》。
③ 前引姚贤镐：《资料》，第3册，第1411页；第1册，第3、7页。
④ 《清圣祖实录》卷229，康熙四十六年三月。
⑤ 《清高宗实录》卷814，乾隆三十三年七月。
⑥ 《清仁宗实录》卷347，嘉庆二十三年九月。

二

清代民间造船业多分布于沿海沿江地区，福建、广东、浙江、江苏、四川、湖南、湖北、吉林等省都是造船业集中的地方。沿海的闽广江浙主造海船，内河船修造也很发达。四川、湖南等省以造内河船只为主。

福建的造船业发达，从宋至清一直是官营船厂的所在地。同时，民间造船也很兴旺。清代记载，“闽省地方，多半滨海，居民操楫为主，大小船只殆难悉数”。沿海的“福州、兴化、泉州、漳州、福宁五府，地处下游，环山滨海，民多以海为田，操舟为业”，在这几个地方，都有“居民造报商渔船只”[①]。据研究，福州明代即为造船中心，官、民造船业都很发达[②]。清代福州仍设有官船厂。泉州、漳州二府一直是民间造船的集中地。泉州自宋元以来一直设有官船厂。清初未设，雍正七年，官府以“福州船匠不多，向调泉州府属船匠帮修”，增设泉州官船厂，将原福州官船厂所修战船的一部分分于泉州厂修造，以后又将漳州官船厂所修战船分于泉厂修造[③]，说明泉州府民间造船业的发达。泉州府的同安、晋江、惠安、厦门等地都是造船的地方。地方志记载同安县物产中有“渔船，俗称钓艚”，长5~6丈，宽2丈，深3~6尺，船员人数共20余人。有一种同安梭式商船，比官军的赶缯船、艍舟白船轻快，乾隆六十年，特命将已届折造大修的战船“仿照同安梭商船式，分别大小一二三等号”，重新改造[④]。晋江造船也多。康熙时，福建出海的商船中，许多是“晋江县双桅洋船”。据说，明清时，惠安有西坊乡，世代专业造船。[⑤] 厦门造船业兴起于清代。厦门“贩洋船只始于雍正五年，盛于乾隆初年”，嘉庆时尚有“洋船商船千余号”。商人出洋贸易获利数倍至数十倍，“故有倾产造船者”。修造船业发展吸引了大批外来工匠，“厦门土木金银铜铁诸工率自外来，船工大盛，安其业者多移居焉”。官府为了便

① 台湾文献丛刊第199种：《福建省例》船政例，第645、624页。

② 陈铿、赵建群文，载《中国史研究》1987年第3期。

③ 道光《厦门志》卷5。

④ 民国《同安县志》卷11；道光《厦门志》卷5。

⑤ 《宫中档康熙朝奏折》第7辑，第116页；前引《泉州与古代海外交通》。

于招募工匠，乾隆元年又将泉州官船厂移设于厦门。[①] 厦门成为官、民造船业新的中心。漳州府的造船业也是素称发达。海澄县明代称为月港，嘉靖以后置海澄县，曾是民间海外贸易以及修造船业最为繁荣的港口。以后由于其他港口的兴起，其地位有所下降，但在清代仍不失为一重要造船地，“海澄县地处海滨，田园稀少，民多操舟为业。是以请造船只，较多他县”，附近的龙溪、漳浦、同安等县居民也常到海澄造船。[②] 按照清代规定，凡新造船只都要由造船所在州县的官员验明给照方能驾驶。嘉道时，有些商船在海上遇风漂到朝鲜，根据当时的讯问记录，其中5例是福建船只，船票均为海澄、诏安县所发，说明很多船只是在这两个地方成造的。如嘉庆十八年，同安船户驾船赴奉天贸易，船票为海澄县发，因为船是“适在海澄县时成出，而同安、海澄俱是福建所管”[③]。诏安县“凡力能造船者则自造渔舟，乘潮捕鱼”[④]。官府也时时出资由民间造战船。嘉庆初年，同安人李长庚镇守定海，“议造大艇船三十以攻夷盗”，特派人“赍银如闽造艇”，“艇成，名曰霆船，最坚壮，加以大炮，兵威大振”。以后“海盗”由于畏惧霆船，于是“厚赂闽商更造船之大于霆者”[⑤]。这说明福建民间不仅造船业发达，而且造船技术也是相当高的。

广东也是重要造船地区。广东民船有海船及江、渔等多种内河船。其海船船身厚重坚劲，吃水深，“风涛不能掀簸，扬篷而行，不费人力”。江船底薄而平，灵巧便捷，顺流“遇砐硪大石，一折而过，势如矢激”，逆流“触崖抵砻，随石回旋”。渔船名称有多种，有乡艚、涝罾、索罛船、沿罾等。有一种大洲龙船，宽8尺，长达10余丈，出番禺、顺德、东莞等地[⑥]。《粤海关志》中记载有“新造商船”等税收的地方有广州、汕尾、潮州、澄海、海口、乐会等地[⑦]，看来这些地方都是造船场所。广州是历代官船厂所在地。清代开海

① 道光《厦门志》卷5，卷15。
② 《福建省例》船政例，第641页。
③ 松浦章文，载关西大学《东西学术研究所纪要》18辑。
④ 康熙《诏安县志》卷3。
⑤ 民国《同安县志》卷34。
⑥ 《粤中见闻》卷24；《广东新语》卷18。
⑦ 《广东航运史》。

通商后，广州是四个通商口岸之一。乾隆以后实行独口贸易，广东继续作为唯一的通商口岸。大量远洋与内海商船往来贸易，在广州停泊修理，促进了这里修造船业的发展。广州南岸有河南地方，既是官船厂所在地，也集中了一批民间修造船业，“造船以河南为聚处，工厂八十间，另帔缆桨橹约四十间，葵蓬茭葦约二十间，市桥新洲等处亦均有之，但不及河南之盛”①，造船是这里的第二大行业，首要行业泥水造木打石，有工人数万，那么造船业的工人数也应是相当多的。广州的黄埔港是明清时期发展起的一个港口。清代，外国商船停泊在黄埔港，办理出入口手续，维修船只，使这里的修造船业逐渐发展起来，原集中在澳门的一部分修船业也移到了黄埔。乾隆时，“夷人寄寓澳门，凡成造船只房屋必资内地匠作”②。据记，鸦片战争前，“这里不仅修造大量的中国帆船，而且也修理过不少外国帆船，当时停泊在这里的船只经常有一百多艘，绵延达三英里”。当时黄埔一带已经有了一些泥船坞，“在帆船盛行的时代，珠江里的黄埔一带，本来就有若干中国人经营的泥船坞”③。说明这里的船舶修造已有了固定场所，这在当时是先进的，在其他地方关于船坞的记载很少。澄海县濒海，“农工商贸皆藉船为业”，“民少恒产，唯以泛海为生”。这里也是造船的地方。所出一种“牵风船”，“每出必双，故曰对，每对造银数百两”。其他船如“稳底船兴贩于三阳大埔间，其罟子船、罛船、运艚船多捕鱼于海，其舶艚船则远达各省”④。海南的海口是官船厂所在地，这里也存在着民间造船业。鸦片战争前，海南岛的商船每年前往东京、安南、柬埔寨、暹罗、新加坡等地进行贸易，仅开往暹罗和安南两地的就有93艘，这些船平均载重在一二千石，运力有一万多吨。这些船都是在海南建造的。⑤这还不包括从事沿海贸易的船只。广东民间造船技术也高，有的船型式、性能都优于官府战船。有一种“米艇”，比官军的水师战船轻便迅捷，乾隆五十九年，特命添

① 宣统《番禺县续志》卷12，引骖鸞录广东新语采访册。

② 《黄埔港史》；《澳门纪略》上卷。

③ 卫三畏：《1840年前中国回忆录》，转引自汪敬虞：《十五世纪西方资本主义对中国的经济侵略》；吕实强：《中国早期的轮船经营》。

④ 乾隆《澄海县志》卷19；嘉庆《澄海县志》卷23，卷6；光绪《潮州府志》卷12。

⑤ 聂宝璋：《中国近代航运史资料》，第1辑上册，第50页。

造米艇93只归官军使用。[①]

江苏省也具有造船传统。江苏东部濒海，境内有长江、运河、淮河等大河通过，所以，海船与内河船制造都很发达。明清时期，沿运河、长江一线，集中了许多大型官营造船工场，修造漕船、战船。江宁、苏州、扬州、仪征、太仓、崇明等地都是造船处所。崇明是造海船的地方，据说著名的沙船就是由于产于崇明沙而得名。清代记载，这里“昔年双桅巨舰数千余，南洋北洋大簄网仓”。船有五桅七桅的大船，也有三桅双桅的小船。崇明东乡“沙船盛时多至百余艘”[②]。嘉庆时，“沙船聚于上海约三千五六百号，其船大者载官斛三千石，小者千五六百石，船主皆崇明通州海门南汇宝山上海土著之富民”。道光初年，漕粮改雇商船海运，商人有利可图，短时间内又“新造大船五百余号”[③]。显示了这些地方所存在的相当大的造船能力。鸦片战争前，在上海的黄浦江两岸修造船业已经比较发达，有一些老式船坞船厂，和一些兼营锻造锚链、铁钉的铁铺，制造渔船、驳船、沙船等。上海开埠后，进入港口的船只倍增，大量的船只修造工作都是由这些船坞铁铺从事的。工匠们或是上船修理，或者把船泊入船坞。乃至在外资船厂建立以后的一段时间，其船厂的一些工作还要由老式船厂来承担。[④] 刘河港是官船厂所在地，清代这里设有税关，是中外商船停泊之所。海船修造业也很兴旺，有船厂及与之相关的绳索厂、竹木行、棕麻行等。[⑤] 苏州是个重要的造船处所，兼造海船与内河船。这里制造的船种类名称很多，如吴船、画船、农船、渔船、快船、罛船、装船、桨船等等。康熙南巡时路过苏州，“见船厂问及，咸云每年造船出海贸易者，多至千余”[⑥]。对造船“千余”的数字虽可质疑，但也表明了苏州民间造船业的发达。吴江县濒太湖，康熙时即有专门的“船作”。其东南境乡民以操舟为业，“无虑以万计”，捕鱼、运输，南至杭州，北至镇江、通州。县东部的同里镇是个

---

① 道光《琼州府志》卷17。

② 《古今图书集成》职方典，卷676；民国《崇明县志》卷4。

③ 《安吴四种》卷1，卷3。

④ 《上海民族机器工业》。

⑤ 道光《刘河镇纪略》，陈忠平文，载《南京师大学报》1991年第3期。

⑥ 民国《吴县志》卷51；前引聂宝璋：《资料》第1辑上册，第47页。

造内河船的地方，“造作之属曰船厂，在辽浜，居民多于此设厂造船”①。太湖沿岸出产一种罛船，“亦名六桅船”，船身长八丈四五尺，梁阔一丈五六尺，船舱深丈许，是一种相当大的内河渔船，仅苏州、常州二府所属就有100余号。造船的地方有多处，“其造船之处在胥口之下场湾，西山之东村，五龙桥之蠡墅，光福之铜坑，其编篛篷打簟缆在冲山”②。此外，江宁、扬州、淮安、海州等地历来是官船厂所在地，这些地方也存在民间造船业。明代江宁的龙江船厂在生产时，除匠户外，还招募散匠，“每一兴工，辄募外匠”③。

浙江省在明代就是漕船的主要修造地之一。清代官府在仁和、钱塘设有漕船厂，在宁波、温州、乍浦设有战船厂。④ 这些地方也存在着民间造船业。浙江省的蛋船、三不像船都是著名的善于航行南北洋的海船，又有白铜载、百官船、乌山船、鸟篷船等多种内河货、客船。宁波、乍浦是两个造船业集中的地方。造船需用杉木，康熙时，商船自福建将杉木大量运往这两个地方，“杉木载自福州，卸于宁波乍浦”。鄞县居民多靠海谋生，东乡南乡都有船工，大量打造出海樵采网捕的各种小船。康熙时，“造小船一只，止需十数金，鄞〔县〕镇〔海〕沿海之民，稍有本力者，一家制数只、数十只不等，出赁收税[租?]”，到清后期，鄞县的造船业已形成一定的分工，“东乡善造浙西诸郡各帮粮船及出海大小对渔船，南乡段塘善造南北洋商用蛋船及江河行走百官船乌山船”⑤。隔着杭州湾与宁波相对的乍浦，是清代发展起来的一个港口。到乾隆时，这里“贾航麇至”，设立了不少会馆，中外船只在这里停泊，“居民或造巨舰出洋贸易”⑥。太湖南岸的乌程县是造内河船的地方。所出船只有农船、渔船、装船、沙飞船等十余种。康熙时，该县小湖、织里等地居民即“业造船”。乌青镇有船厂，乾隆时，这里出一种“桦船”，用桨不用橹，迅捷便利，往往被“盗贼”所用，以致官府下令禁止，“船厂不得制造”⑦。此外，富春江

① 康熙《吴江县志》卷7；乾隆《吴江县志》卷38；嘉庆《同里志》卷8。
② 民国《吴县志》卷51；《太湖备考》卷16。
③ 《龙江船厂志》卷3，转自傅衣凌：《明代江南市民经济试探》。
④ 光绪《大清会典事例》卷935。
⑤ 光绪《定海县志》卷20，缪燧文；光绪《鄞县志》卷2。
⑥ 光绪《平湖县志》卷2，引乾隆志。
⑦ 光绪《乌程县志》卷29；康熙《乌程县志》卷5，据前引李伯重文；乾隆《乌青镇志》卷2。

上有一种运货载客的江山船，道光时有船一二千号，均为沿江两岸的建德、义乌人所有①，可能是在当地制造的。

内陆省份主要制造内河船只。沿长江的四川、湖北、湖南、江西等省，在明代已发展起民间造船业，打造运粮漕船。明初，“每年会计粮运应用船只，俱派湖广四川诸省多木近水州县军民相兼成造”。终明之世，江西、湖广的粮船都不在漕船厂制造，而是“造于各原卫所”②。清代，这些地方仍是官府制造粮船的地方。江西的粮船，向例是在本地方成造。直隶、山东、江南等省的运粮剥船，一直由江西、湖北、湖南几省成造，其间一度改于直隶成造，但因“工匠俱系生手”，不具备造船能力，以后仍改归江广等省代造。自乾隆至道光，江西、湖广代造剥船，每次自几百只至千余只。而这里仅武昌、汉阳设有二个官船厂③，官府利用的是民间造船力量。不过具体造船地点的记载却比较少。

四川宋代已有专门的修船场所，陆游《入蜀记》记载：“（舟）泊新河口，距沙市三百里，盖蜀人修船处”④。重庆府江北厅是个造船集中地，这里出产桐油，“船家多用以制船”，到光绪末年有木船修造厂四五十家，沿江的涪州、万县都有船厂。⑤ 万源县的大竹河、罗文坝、固军坝等处设有“船厂”，出“鹅耳、梭子、三板、炭、渔、渡等舟”，销往“近陕汉江川河渠江等处”，这是民国时所记，为时较晚，但又说生产“由今视昔无甚变迁改良之处”⑥，说明已具有长期历史。江西南昌临赣江，江船中有一种著名的“红船”，就是嘉庆时创制的，“最稳，且最速……后各处皆仿造，人以为利”⑦。

湖北存在较强的造船能力。乾隆时，湖北湖南两省主要消费淮盐，自仪征向汉口运盐的盐船千余艘，“皆系楚省有力民人自行制造……其船大者装至四千四五百引，计重百余万斤以外。小者亦装至四五百引，计重二十余万斤”。

---

① 《安吴四种》卷24。
② 嘉靖《漕船志》卷1，卷3。
③ 光绪《大清会典事例》卷935。
④ 转引自许增泽文，载《公路交通编史研究》，1990年第6期。
⑤ 道光《江北厅志》，物产；前引许增泽文。
⑥ 民国《万源县志》卷3。
⑦ 梁章钜：《浪迹丛谈》卷1。

更多的是“可装六七百引以至一千余引二千余引之船”[①]，在内河船中，这种盐船是相当大的了。湖南境内河网密布，舟船也是必要的交通工具，所出船有八杆船、舴艋、七板子、小拨、倒划等多种。洞庭湖及湘江沿岸都能造船。善化县“造船曰倒划，虽小而坚致轻便，且可顺可逆，随地可泊”。宁乡县嘉庆时有“本地乌江船、舰船”，用来运输米谷。零陵县城北居民“二百年以来，多以艖舟为业。大于粮艘，本赀甚巨，获利致富者甚多”，此外还有运客载货的八杆船、泷泊小船。祁阳人务农以外，以“驾小船”为业，小船种类多，“如烟江之桐壳、白水，归阳之鳅子、七板子，上下桂全衡湘之间，转运粤粮淮盐”[②]。

北方造船业的资料稀少。清前期在临清、登州、胶州、天津设有官船厂，修造漕船、战船，民间造船业少见记载。山东掖县临莱州湾，有海庙乡，“多船户，工师造船”，造船的某些工序已经形成专业，如“木之隙缝必贯以铁具加桐油杂石灰碎绳以塞之，业此者名曰粘匠”[③]，照所述时间推断，这最晚是道咸时候的事。东北地区，清初，官府在吉林设有官船厂修造战船。随着东北地区的开发，在松花江及辽河流域，民间造船也因之兴起。据说，乾隆时在宁古塔船厂查出山东等省流民三四万人[④]。数字或可质疑，但可知确有船厂。道光四年，奉天官府逮捕私造船只的人犯46人，查获船只86艘，这些船来往于辽阳、牛庄等处，运输货物。[⑤] 据地方志记载，奉天的海洋贩运于乾隆四年正式准行，而实际始于康熙年间，到同治时已有洋船数百艘，“按旧志，奉天海洋贩运，始于乾隆四年。其实康熙年间郑世泰奏准后，贩运者已不乏人。……自奉乾隆四年谕旨后，贩运者益伙矣。从前不过十数艘，渐增至今已数百艘。不独运到津门，即河间、保定、正定，南至闸河，东至山东登莱等口，亦俱通贩矣”[⑥]。

---

① 道光《重修仪征县志》卷15。

② 乾隆《善化县志》卷4；嘉庆《宁乡县志》卷8；光绪《零陵县志》卷5；嘉庆《祁阳县志》卷13。

③ 民国《四续掖县志》卷6。

④ 程墨秀文，载《齐鲁学刊》，1991年第4期。

⑤ 黑图档，见前引《清代东北地区经济史》，第1卷。

⑥ 同治《天津县志》卷6。

总的来看，清代的民间造船业主要集中在南方，多数民间造船业集中的地方，同时也是官营造船业的所在地。民间造船业为官营造船业提供了条件。民船型制、功能优于官船，乾隆后期下令将沿海战船一律照商船样式改造或添造。福建同安梭式商船，广东民船米艇，都成为官船改型仿造的对象。官营造船业呈现衰落迹象。明清时期，官员出使琉球，自嘉靖十二年至乾隆二十一年共9次。康熙二十二年以前的7次都是由官府自造船只，自康熙五十八年以后的2次则开始雇用民船。康熙五十八年，“预取宁波商船二号”，乾隆二十一年，“选备福州民船二座”①，意味了民间造船业的发展，并开始取代官府造船。清初有漕船一万余艘，嘉庆十四年只存6200余艘②，道光初又改漕粮雇商船海运，这必然影响官营漕船厂的生产。道光元年，福建战船厂也由于木料难寻，陷于停产。③ 官用的一些粮船、战船有时则干脆由民间承造。

三

中国木帆船制造在宋元时已经发展到很高水平，在船舶构造、运载能力、船型种类等方面都居世界领先地位。海船建造代表了造船的技术水平，中国的四大海船船型，即福船、广船、沙船、鸟船，在清代以前已经定型，并能建造载重量近千吨的大型海船，各种木帆船种类有二三千种。清代在船舶性能方面仍有进步。嘉道时有人说，“自从康熙年间大开海道……万商辐辏之盛亘古未有。从此航海舟人，互相讲究，凡夫造舟之法，操舟之技，器用之备……莫不渐推渐准，愈熟愈精”，航行速度因而加快，“是以数十年前，江浙海船赴奉天贸易，岁止两次，近则一年行运四回”④。

清前期造船业地域扩大，造船数量明显增多。总的造船数量难以精确统计，只有一些零散的数字。远洋商船，乾隆初，“闽粤洋船不下百十号”，这些船都是在国内造的。1830年，中国前往日本及东南亚贸易的船只，据不完

---

① 周煌：《琉球国志略》卷5。
② 《清史稿》卷122。
③ 道光《厦门志》卷5。
④ 《清经世文编》卷48，谢占壬文。

全统计约360艘，载重量约七八万吨，这些船有的是在国内造的，有的是在国外造的。[①] 各港口的内海船只，厦门往来南北洋的贩洋船只，到嘉庆元年已不是盛时，尚有“洋船商船千余号”。主要往来于闽台间的横洋船，鸦片战争前，“向来千余号”[②]。广州在道光中期仅蛋民就有船84000只，每年开往上海的广东商船有400只。[③] 嘉庆初年，上海有沙船“约三千五六百号”[④]。道光初年，“上海乍浦各口，有善走关东、山东海船五千余只”[⑤]。鸦片战争前，每年开到上海的来自关东、天津、山东的北洋船约计900只。[⑥] 内河运输船，鸦片战争前，每年“从长江及各支流口岸到上海的船计5400艘。这些船从不出海，把南北洋船运来的货运往内地，把内地货运来供南北洋船运走”[⑦]。前述长江中还有盐船千余艘。这只是主要航线上的商运船，此外在沿海与内陆的大小河流中，还行驶着无数大大小小的渔船、农船、货船、客船等各类船只。有人估计，鸦片战争前，国内运载能力在七八百石、即50吨以上的船只，沿海商船约有9000余只，将近10000只，总运力约150万吨；内河运输船，包括运河商船，长江干支流的商船、盐船，珠江、黄、淮等河商船，共约12000余只，运载能力100余万吨，这些尚不包括官方漕运船只。此外，各内河、沿海50吨以下的运输帆船（不包括渔船、农船、无帆小船）约计20万只，一二百万吨。总计鸦片战争前，沿海与内河运输帆船共20多万只，总运力不下四五百万吨。[⑧] 这里所依据来估计的数字主要是道光以后的，还不是帆船业最繁荣的时期。1669年，一欧洲人说，“有人确信，中国船的数量超过了世界各地所有船只的总和，这对许多欧洲人说似不可信”，“但在世界各地旅行后，我认为这个看法是十分正确的”[⑨]。这是开海之前的情况，也不是帆船业最盛的时期。

---

① 前引聂宝璋：《资料》第1辑上册，第49、50页。
② 道光《厦门志》卷5。
③ 前引姚贤镐：《资料》，第1册，第304、554页。
④ 《安吴四种》卷1。
⑤ 钱泳：《履园丛话》卷4。
⑥ 前引姚贤镐：《资料》第1册，第554页。
⑦ 前引姚贤镐：《资料》第1册，第554页。
⑧ 樊百川：《中国轮船航运业的兴起》。
⑨ 转引自金秋鹏：《中国古代的造船和航海》。

投入造船的用工与资金为数巨大。以资金量来看，航运业尽管风险较大，但获利机会多，盈利大，所以仍然吸引了大量投资，“服贾者以贩海为利薮，视汪洋巨浸如衽席，北至宁波上海天津锦州，南至粤东对渡台湾，一岁往来数次。外至吕宋苏禄实力噶喇巴，冬去夏回一年一次，初则获利数倍，至数十倍不等，故有倾产造船者”①。清代造船费用呈现出上升趋势。明代一只远洋商船，“造舶费可千余金”②。清代康雍时期，“内地造一洋船，大者七八千金，小者二三千金”，闽广有“四五千金所造之洋艘”③，洋船“其巨者一桅费千余金”④。乾隆时，闽粤洋船“每船大者造作近万金，小者亦四五千金”⑤。道光时，厦门“造大船费数万金”⑥。1830 年，造八千担运力的海船，广东为 16000 元，厦门 21000 元。⑦ 造沿海商船，嘉庆初，“小者需费数十金至数百金，大者必需数千金”⑧。上海沙船，“每造一船，须银七八千两”⑨。嘉庆中期，福建一船主置造沿海商船一只，“价银一万五千两”⑩。道光中期，江浙闽粤沿海商船“一船可值数千金，多者数万金”⑪。上海一船主李也亭拥有沙船十余只，“每船值银数万两”⑫。看来，乾嘉以后，造海船一只费用至少在四五千两以上，大者达万两以至数万两。内河船只造价，嘉道时，长江盐船“约计造一船之费以万计”⑬。其余商船造价不明，权以漕船造价作一比较。官方造 400 石漕船一只，康熙时规定造费银 208 两，以后由于造船费用增加，“赔累日甚”，嘉庆十七年规定，浙江省造漕船一只，“每船除例给二百八两外，复给银五百九十余两”，则总造费银约 800 两。嘉庆二十三年，又将江苏省漕

① 道光《厦门志》卷 15。
② 《东西洋考》卷 9。
③ 蓝鼎元：《鹿洲初集》卷 3。
④ 《广东新语》卷 18。
⑤ 前引聂宝璋：《资料》第 1 辑上册，第 49 页。
⑥ 道光《厦门志》卷 15。
⑦ 前引聂宝璋：《资料》第 1 辑上册，第 53 页。
⑧ 《清经世文编》卷 85，汪志伊文。
⑨ 《安吴四种》卷 1。
⑩ 转自前引松浦章文。
⑪ 前引聂宝璋：《资料》第 1 辑上册，第 58 页。
⑫ 《上海钱庄史料》，第 734 页。
⑬ 《清经世文编》卷 49，包世臣文。

船造费银增加至300两。[①] 这是官船费用。民间造船油舱坚致都超过官船。明代造战船费用仅为贾客船的“三之一”[②]。按照这个比例，那么，清代民间造七八百石、即50吨以上的内河船，造价当不下1000两。其余船只造价，康熙末年，宁波造出海小船一只“止需十数金”，嘉庆时广东造渔船牵风船，“每对造银数百两”[③]。如按上述船只数量，以较低造价来估计，造沿海商船一只平均需银5000两，近10000只船总造价约为5000万两；内河船每只造价1000两，10000余只船需费1000余万两；七八百石以下的运输帆船20万只，每只即以造价200两计，需银4000万两。总计鸦片战争前，国内各类运输商船所占用的固定资金当不下1亿两。这还不包括无法计数而造价巨大的远洋商船及渔船、农船、无帆小船等。船只每年需要维修，更换帆索等船上设施用具。这么多的船只，每年用于维修的费用也是相当可观的。众多的船只与大量的投资反映了清代民间造船业生产能力增大，成为一重要行业。

清前期，船只出租与买卖开始普遍化。清初禁止造船出租出售。乾隆后允许造船出租，但仍禁止卖船。然而在实际生活中，船只买卖却是必然的，“船户每遇生理失利，往往将船只转售邻邑，民人承买驾驶，事所常有，势难禁阻”[④]。如嘉庆十一年福建巡抚奏请，“商船梁头以一丈八尺为率，已造之船既往不究，新造者不得过一丈八尺。如相卖买，查系未经奏定以前置造应成买，将来折造时改正”[⑤]。官府难以禁止，只得加强管理，“船只卖买，在所不免……嗣后买卖交接之时，必得彼此关查……”[⑥]。

船只的出租与买卖日多，反映了造船业向深层次的发展。它促使富商巨贾将大量财力投入造船。嘉道时，上海沙船业中有拥有四五十号船的大船户，有船5条以内的就算小船主。[⑦] 道光初实行漕粮海运，慈溪船商费三墀具船30

---

① 《清史稿》卷122；《大清会典事例》卷935。
② 《东西洋考》卷9。
③ 光绪《定海县志》卷20；嘉庆《澄海县志》卷6。
④ 《福建省例》船政例。
⑤ 道光《厦门志》卷5。
⑥ 《福建省例》船政例。
⑦ 《安吴四种》卷3。

艘，承运 4 万余石。[①] 咸丰时，上海县船主郁泰峰“有五十余舡”[②]，出租给船户往奉天等地运货。以每船造价 5000 两计，这些船主拥有的固定资产都不下一二十万两。据嘉道时的一些行船记载，大量的船都是船户向船主租来的，这些船主拥有船只，自己并不出海。[③]

船只买卖反映了民间对船舶的需求，可以刺激造船生产。被买卖的船只有新船出售，也有旧船转手，用于各种用途。雍正元年，广东香山县民人李立正“置有沙罟船一只，借巡河护客为名，冒领县照”[④]，需领取船照，说明所置的是新船。乾隆十五年，广东番禺县“东陂村置有龙船一只”[⑤]。乾隆二十四年，上海宝山县八都海口，因往来过渡艰难，有绅监“捐田置买船只，设立义渡”[⑥]。乾隆四十八年，晋江县船户吴长兴“置有商船一只……管驾贸易”[⑦]。嘉庆四年，广东澄海县蔡开候“置有拖风船一只，接载客货”[⑧]。嘉庆十八年，福建同安县民人吕接等驾船出海运货，“船乃本年二月以三千两银买于陈源合，船元（原）是黄万琴之私船，黄万琴现为船上管驾”[⑨]，说明船已不是第一次转手，原船主则转为雇员。道光四年，镇海县民人张翘“自置商船一只，请领船照”[⑩]。

四

与其他手工行业一样，清前期的民间造船业仍停留在传统的生产方式上。

一些大商人直接投资开设船厂，打造船只，从事船运业和商业。康熙间，上海有商人张元隆，“自造贸易沙船”，“立意要造洋船百只，今已有数十只”，

---

① 《慈东费氏三修宗谱》，见张守广文，载《南京师大学报》1991 年第 3 期。
② 前引松浦章文。
③ 前引松浦章文。
④ 张伟仁：《清代法制研究》第 3 册，台北，1983。
⑤ 经济所藏刑部抄档。
⑥ 《上海碑刻资料选辑》，第 189 页。
⑦ 《福建省例》船政例。
⑧ 经济所藏刑部抄档。
⑨ 前引松浦章文。
⑩ 前引《清代法制研究》第 2 册，第 310 页。

往来“辽东贸易”①。乾隆时，上海县葛元祥、葛元瑞兄弟在县城南门外设立葛家船厂，打造沙船，往来山东、奉天各口贸易，积百余年，富称南中。② 咸丰时，上海商人朱朴斋“自置船厂，鸠工建造巨大帆船，航行南北洋各大埠，均系自营业性质，贸易颇能获利”，到光绪时，朱家有船7艘，从事航运，兼贩南北货。③ 类似情况恐怕不会只此几家，前述一些拥有数十只船的大船主想必也有类似情况。商人开设船厂，雇工造船，是商人资本支配生产。一般制造数十吨小船的船厂雇工需要十来个人（见后文），这里是制造载重数千石、即至少百吨以上的大沙船，其雇工人数当会更多。据朱氏家族成员回忆，其船厂在生产中还没有形成明确分工。不过，造船，尤其是造大海船，是技术性较强的工作，油舱帆篷都有专门技能。在官船厂中有专门的舱匠、箬篷匠、船木匠、油灰匠、铁匠、索匠、竹匠等。在那些造船集中的地方，由于长期经验积累，已经存在着各有专长的船匠。如张氏、葛氏、朱氏这种制造大沙船的船厂，在生产中即使没有明确的固定分工，也应存在着简单分工。从造船本身来看，这种商人开设的船厂已经具有了手工工场的性质。不过，造船是为了从事航运和贸易，还没有与航运业、商业分离，它与航运业、商业结合在一起，并服从于航运业和商业。

在一些造船比较集中的地方，清前期形成了一些专业或半专业性的船厂、船坞。如上述广州河南的船厂、黄埔的船坞，还有江浙的上海、苏州、吴江县、同里镇、乌青镇，四川的江北厅、万源县，湖南的宁乡县等地都明确提到有“船厂”、“船家”。在太湖的胥口、西山、五龙桥、光福等地，及宁波、福建沿海这些造船集中地，也应存在船厂，只是未见直接记载。这些船厂兼造船与修船，一般有着固定的场所地点，有船坞或没有船坞。有的还有厂房，乌青镇船厂，“厂房均设栅外”。这些船厂多是分散的个体小船厂。乌青镇船厂，“南栅养鱼窠一处有孙永茂孙隆顺沈家顺沈源懋等十数家，西栅高桥外有沈森顺沈洪顺杨廉记施茂记等十数家”④。乌青镇纵长七里，这些船厂如分布于沿

① 张伯行：《正谊堂文集》卷1。
② 《上海葛氏家谱》，见张忠民：《上海：从开发走向开放，1368～1842》。
③ 《上海民族机器工业》。
④ 民国《乌青镇志》卷21。

河两岸，则半里左右就有一个船厂。船厂主的身份不明。这是民国时的记载，为时较晚，但传统的造船生产方式变化不大，也可以反映清代的状况。清前期，在接近乡村的地方，船工多是当地农民。这些人从事造船，但很可能并未完全脱离农业，或者是本人兼事务农，或者是家人从事农业，本人有活时召之即来，无活或农忙时回家务农。道咸时掖县海庙乡有粘匠业，乡人于文法以此为业，并为匠首，而同时“家贫兼务农”[①]。四川万源县的各手工行业，包括船厂，直到民国时仍有兼业的，“业此者多系乡农于余时为之，借以糊口”[②]。在这种情况下，尽管有了“船厂”这种固定的生产形式，但其生产还与农业联系在一起，尚未独立出来。

到了鸦片战争前后，开始形成了一些专业性船厂，产生了专业的船业工人。鸦片战争前，上海人顾明海在浦东陆家渡地方设立船厂，雇用十来个木工，从修理旧船开始，逐渐发展到制造驳船、帆船，以造四五吨到十来吨的小木船为多，生产周期较长，造小船也要两个月。1850 年左右，浦东人张桂华、张阿富在陆家渡开设二个木船厂，雇用七八名工人，有时雇用临时工，专做 50～100 吨的驳船，业务颇忙。[③] 四川江北厅到光绪时已有木船厂四五十家，水木工匠 2000 余人，每年建造 30～100 吨的木船七八百只，修理大小木船两三千只。[④] 这些船厂已是常年开工的专业船厂，船匠也成为专门的船业工人。另外，前述道光时厦门船工聚集，“船工大盛，专其业者多移居焉”，看来也是专业船工。鸦片战争前，上海的铁铺兼事锻造船舶锚链铁钉，这些虽是手工业人口，但还不能算做专门的船业工人。到太平天国前后，铁铺中开始分化出专门的“船作”，这些船作专事锻造船上所需的各种铁制品，成为造船的分支行业，这些铁工也就成为专门的船业工人。[⑤] 不过，这些事例的时间都较晚了，起码也是道光时候的事。在清代早期，这一专业化趋势还不明显，大约以半专业性的船厂为主，多少还与农业有一定联系。

---

① 民国《四续掖县志》卷 6。
② 民国《万源县志》卷 3。
③ 《上海民族机器工业》。
④ 前引许增泽文。
⑤ 《上海民族机器工业》。

与上述商人船厂不同，这些专业或半专业性的船厂造船不是为了自用，而是为了出售。四川万源县船厂所造内河江船长期以来销往“近陕汉江川河渠江等处”，万县赵镇打造的一种“出山船”，可载货60吨，船造好后载货运出川并将船变卖，“出山”为有去无回的意思。① 看来船已有了一定的销路。沿海居民还往往违禁，私造船只卖到海上。如嘉庆八年，福建商人私造大霆船，“载货出海济〔蔡〕牵用，商归岸伪报被劫”②。船厂的加工方式可以是接受订货，也可以是来料加工式的，晚些时的专业船厂已发展为自营自销式的生产，不过都是小船。商人及四乡农民需要船只，到这些造船的地方购买或订制，修船也多到船厂来修，如江北厅船厂每年修船两三千只，乌青镇四乡航船损坏即到船厂修理。可以说这已是一种商品性生产。

关于船厂生产规模及内部关系的资料比较少。据一位英国人记载，鸦片战争前，黄埔的船坞业多是建立在家族关系基础上的，“黄埔泥坞很坚硬，可容18世纪远洋巨舶驶入坞里。从事修船的船匠多是附近乡村的居民。船坞业是一种特殊垄断性的以亲缘与家庭为基础的集体行业”③。这种以家族关系为基础的垄断性的生产当属于封建性的生产关系，其规模也不会很大。也有雇工生产的，嘉庆时，广东连州有“开船厂生理者”，雇工生产，因向雇工讨债而被砍死。④ 只是不了解雇主身份与雇工人数。道咸时候上海浦东的几家船厂都是雇工生产的，常年雇用人数在七八人到十来人。四川江北船厂四五十家，船工二千余人，平均每个船厂人数在四五十人，这个规模相对较大。尽管未见直接记载，但与上述商人船厂一样，这些常年性的船厂在生产中也应有一定的内部分工。船厂主身份不明，从这些情况看，这些船厂也可以说具备了手工工场性质。江浙的各水乡船厂情况不清。但清前期江南手工业中雇工已经普遍，船厂大约也都是雇工生产的。

还有许多船是船主雇人自行打造的，即手艺人式的生产。手艺人式的造船方式各地都有。在那些近水地方，一些掌握了造船技艺的手艺人，受雇于船

---

① 前引许增泽文。

② 民国《同安县志》卷34。

③ 转自前引《黄埔港史》。

④ 刑部抄档，见前引《广东航运史》。

主，沙滩水次就地打造船只，所造船也只是为了自用。如江苏省，“吴有富商……倩工造舟，以舟行商”①。也有修船的，嘉庆时，湖南巴陵县“聂昆船只渗漏，雇马昌松修舱”。河南淮宁县“刘克明修理杨秀船底，讲定价钱十三千二百文”②。这种方式都是临时性的，没有形成固定的生产关系，在清前期这也是一种重要的造船方式。

清前期，以后二种为造船业的主要生产形式，大量的船只是这样修造的。投资造船的有农民，特别是在南方河网地区，农船渔船是必需的交通运输工具，几乎家家置备。也有地主、商人。如上海、乍浦各口的沙船，“船户俱土著之人，身家殷实，有数十万之富者”③。前述广东的商船渔船“皆富商巨贾为之”。宁波造船的都是“稍有本力者”。乾隆时，南北运河盐商捐银数十万两，建造驳船、盐船。④ 福建沿海“大号商船，揽载客货，资本至数千金，多系身家殷实之人”⑤。湖北的大盐船“皆系楚省有力民人自行制造”。山东黄县“大贾则自造舟贩鬻，获利犹厚”⑥。那些有数十万之富的身家殷实的人，恐怕多是集地主与商人于一身的。根据前述各类船只的资金额看，海船、大型内河船资金为多，这些船大都是富商大贾制造的，说明商人投资造船占有重要地位。商人造船是为了从事航运、贸易和捕捞，所谓“造船牟利”就是指的这种情况。如闽广“商贾造舟置货”，至江浙山东奉天贸易。⑦ 厦门“造大船费数万金，造船置货者曰财东”⑧。大量的商业资本投入造船，使得这后两种方式的造船业也在一定程度上依赖于商业与商人资本。

在一些造船业比较集中的地方，开始形成了一定的生产分工。前述宁波的船工，东乡善造粮船渔船，南乡善造商用蛋船及百官船乌山船，这是地域性分工。就造船生产来讲，一些船的零部件制造与造船工序开始形成专业分工。乾

---

① 褚人获：《坚瓠余集》卷1。
② 经济所藏刑部抄档。
③ 《履园丛话》卷4。
④ 《新修长芦盐法志》，见《河北航运史》。
⑤ 《福建省例》船政例。
⑥ 同治《黄县志》卷3。
⑦ 《清经世文编》卷48，蓝鼎元文。
⑧ 道光《厦门志》卷15。

隆时，太湖沿岸的造船处所在胥口、光福等地，而“编篛篷打篕缆在冲山”，太湖中的漫山、冲山二地有居民200余家，“以造篷为业”①。鸦片战争前，上海造船业中已形成专门制绳索的“索绹业”，大船主王文源、王文瑞兄弟就是以“习索绹业”起家的。② 山东掖县海庙乡造船，分出了专门以塞船缝为业的“粘匠”。据道光县志记，广东封川县“数十年前，黄冈山中有……船筋厂”③，数十年前正是乾嘉时期。广州河南为船厂聚处，除工厂外，还有专造“帆缆桨橹”、“葵蓬茭蓷”的，似已形成配套性生产。形成分工是造船业发展的表现。不过，这是一种建立在小生产基础上的分散的社会分工。清前期，由于造船业尚未形成独立部门，这种与农业联系在一起的小生产式的分工，还不足以改变整个造船业的生产面貌。

造船业本应是易于集中的一个行业，但中国的造船业长期以来处于分散的小生产状态，并未发展起集中的大型船厂。运输工具生产的发展是与整个社会的生产与经济结构的发展变化相联系的。清前期小农经济占主导地位的经济结构没有发生根本变化，商品经济有发展但发展程度有限，这种状况制约了运输工具制造业的发展。专门经营集中的造船工场需有一定资本，且生产周期较长。而对商人、地主来说，在存在大量农民船匠的情况下，造船无需自备工具设施，乃至场地屋篷，造一条船的成本相对低廉，在造船从事运输与专门经营造船二者之间，前者显然比后者更为有利。这种状况决定了商人的投资选择，使造船业难以集中。

第三节　砖瓦石灰业

砖瓦主要用于房屋修建，石灰则用于许多手工行业与农业的生产，二者都属于生产资料。砖瓦石灰的烧制历代都有，入清以后记载渐多，显示了随着工

① 《太湖备考》卷16，卷5。
② 同治《上海县志》卷21。
③ 道光《封川县志》卷1。

农业生产以及社会生活的发展，砖瓦石灰生产也受到重视，在手工业中占有了重要地位。

一

清代，砖瓦是修建房屋重要的、也是上等的建筑材料。此外，还有以土坯、石板、竹篾、茅草等修造房屋的。以砖瓦房代替土坯、茅草房是社会生活进步的表现。

清前期随着社会经济的发展，人民生活水平逐渐提高，土木营建之风随之而起。康熙中期有人说，“试观今日之池馆园亭歌舞宴会，视顺治初年不止十倍”[①]。到乾嘉时，还兴起了一股热潮。不仅“巨商豪吏”“欲美其宫室”[②]，就是普通民居也多翻盖一新。如浙江安吉县，乾隆时，“民居皆瓦屋砖墙，茅房甚少。富室多架高堂，颇事壮丽”。江苏江阴县，“自嘉庆以来，有力者多造房屋”。嘉定县，“中人之产居以华厦”[③]。湖南省在乾嘉时期，由于“民间营室兴作”，在善化、湘潭等地，聚集了大量土木泥水工匠。[④]山西产煤，烧窑燃料来源便利，同时清代山西商人在各地经营活跃，大量商业利润捎回乡里，营造民居，现存的嘉道时期的青砖瓦房、深宅大院至今令人称叹。孝义县在乾隆时，“居民房屋多止用砖，以煤贱费省故耳”，普通百姓的“室庐”多是“砌砖如窑状”，富家大室则“窑房之外复构瓦房窑，房上或更为楼”。沁源县房舍有木、砖、土等结构，“本县各村房屋盛建于清乾隆嘉道时代，咸同光绪时绝少”[⑤]。土木营建之风的兴起，带动了砖瓦业的发展。

清代不少地区的物产志中都有“砖瓦”一项，砖瓦业为当地一项重要生业。南方如江苏、浙江，北方如山西、陕西、河北。江苏的苏州、无锡、金匮等地是砖瓦窑业集中的地区。苏州的砖瓦业明代已经出名，当时北京修缮宫室

---

① 《清经世文编》卷54，徐旭龄文。
② 《清经世文编》卷54，陈斌文。
③ 同治《安吉县志》卷7，引乾隆志；道光《江阴县志》卷9；光绪《嘉定县志》卷8。
④ 乾隆《善化县志》卷4；嘉庆《湘潭县志》卷39。
⑤ 乾隆《孝义县志》第4册；民国《沁源县志》卷2。

所需砖瓦很多是在苏州烧制的。苏州设有官窑厂，所烧细料大方砖经水运进京。同时还存在着一批民间砖瓦窑。清代砖瓦业仍闻名远近，苏州城外的陆墓镇，“居民多造窑及织汗巾为业”①。雍正八年有奏报称，自江宁府句容县龙潭地方至镇江府丹徒县银山地方，绵亘90余里，沿江南岸俱系石山土岗，有开烧砖瓦石灰的窑户共34处，由于开采者多，已危及附近民田。② 无锡县砖瓦业据称始于明代，由于占有地利优势，这里的砖瓦很有名，清康熙时，“砖瓦窑砖瓦盛行于数百里内外”。雍正时由无锡县析置金匮县，乾隆中期金匮县“有窑一百二十五座”。江阴县道光时东南乡西乡“俱有窑，仅烧砖瓦”③。浙江杭州、湖州、嘉兴等府砖瓦业非常普遍，富阳、钱塘、仁和、余杭、武康、安吉、归安、乌程、长兴、嘉善等县都有砖瓦业。《杭州府志》记，“砖瓦，出仁和、余杭、钱塘”。富阳县居民除造纸外，“又有烧炭炼灰造砖等务，运土焙火，不辞辛苦”。余杭县物产有“砖瓦”。长兴砖瓦出“至德白乌二区”。安吉砖瓦“各乡俱有业此者”④。秀水濮院镇有濮家塘，“沿塘堆阜皆垒窑烧砖处”⑤。嘉善县砖瓦业自明后期发展起来，清前期相当兴旺，又按地区分为“东窑”、“北窑”，出“张泾窑者曰东窑，出千家窑者曰北窑”⑥。（千家窑，又记为“千窑”、“干家窑”、“干窑”，实指一地。）清代这里从事窑业的村镇渐多，近代被称为“嘉善窑区”。

清代多数地区惯兴砖瓦房，所以砖瓦业各地都有。如湖南黔阳县，“砖埴有三处，曰卜冲，曰托口，而桐木称最”。江西玉山县，“陶厂滨河随处有之，备砖瓦之用而已”。福建晋江县有砖瓦窑，“城西北窑所烧者色红，山内窑所烧者色青”⑦。有关记载不少。不过不如江苏浙江集中，这也与各地经济发展

---

① 民国《吴县志》卷22下，引同治府志。

② 《宫中档雍正朝奏折》，雍正八年五月二十八日，戴音保奏。

③ 康熙《常州府志》卷10；《江苏省明清以来碑刻资料选辑》，第530页；道光《江阴县志》卷9。

④ 民国《杭州府志》卷81，引康熙志；光绪《富阳县志》卷15，引康熙志；嘉庆《余杭县志》卷38；同治《长兴县志》卷17，引顺治志；乾隆《安吉州志》卷8。

⑤ 《濮院志》卷5，转自前引《嘉兴府城镇经济史料类纂》第132页。

⑥ 光绪《嘉兴府志》卷33，引《浙江通志》。

⑦ 同治《黔阳县志》卷16，引旧志；同治《玉山县志》卷1下；乾隆《晋江县志》卷1。

水平与生活习惯有关。

清代石灰的用途非常广泛。除建造房屋需用大量砖瓦、石灰外，许多手工业以及农业生产中也需用石灰。如造纸需加入石灰以浸沤纸料，制糖需用石灰以调和蔗汁，养蚕要用石灰水浸浴蚕种，染布以石灰加入靛水以调和染料，造船需用石灰和以其他材料舱粘船缝，农业中则普遍用石灰杀虫、除草、沤肥、改良土壤。清代手工业与农业发展也推动了石灰业的发展。另外，在一些地方，特别是贫困人家，多居住土坯、茅草房，但却需要石灰来覆顶抹墙。所以，相比之下，石灰业比砖瓦业的分布更为广泛。

江苏、浙江石灰烧炼各地都有。吴江县有“窑作，止烧石灰”。宜兴县“有灰户，伐石而焚……一郡资之”。钱塘县“近山产石处皆烧造，钱塘上四乡及富阳为最多”。仁和县产石灰多，“凡近山产石处皆烧造，但不如钱塘富阳之多”①。新城县产石灰，道光前，“桃源山民以灰石为业”，道光时，石灰“多出七贤乡”，到近代，“太平祥禽昌西七贤新登昌东各乡均有出产”②。余杭县“石灰出南建等界”。长兴石灰“水口镇石山桥俱有，而以太平桥为上”。景宁县有“石灰窑，在县西五里包山，居人数世业此，藉以资生”③。其余如临安、于潜、昌化、武康、乌程等地都产石灰，为当地商品货物之一。

江西、湖南农村多以石灰杀虫、除草、沤肥。江西广信府一些地区产石灰，而以“铅山、兴安为良”。丰城县石灰“出泉塘诸处”④。乐安、萍乡、乐平等地，以及湖南桃源、石门、道州等州县也都产石灰。

石灰在北方主要用于营建房屋。河北、山西、河南、陕西的物产志中，很多都记有“石灰”。如直隶遵化州有“石灰”。临榆县“石门城南北多灰窑”。山西孝义县“石灰产六壁头诸村”。崞县有“砖、瓦、石灰”。左云县有“石灰”。介休县有“石灰、砖、瓦”。河南新乡有“石灰”。巩县有以石灰业作为村名的，如“石灰厂、石灰务”，说明其石灰业历史久远。

---

① 康熙《吴江县志》卷7；康熙《常州府志》卷10；民国《杭州府志》卷81，引康熙县志；康熙《仁和县志》卷6。

② 康熙《新城县志》卷2；民国《杭州府志》卷81，引道光志；民国《新登县志》卷10。

③ 嘉庆《余杭县志》卷38，引旧志；同治《长兴县志》卷17，引顺治志；同治《景宁县志》卷2。

④ 同治《广信府志》卷一之二，录乾隆志；道光《丰城县志》卷1。

二

明代宫室营造所需砖瓦石灰等物料多由官府设厂烧造。清代，京城宫室城垣修缮所需砖瓦虽仍设官窑烧造，在生产关系与规模上与明代官窑厂已有区别。北京琉璃窑承烧琉璃砖瓦，康熙三十三年规定，“大小工程需用砖瓦，仍交与窑户等备办”，“凡窑户均令该监督择身家殷实之人承充”。这种“窑户”显然是民窑户，承办官府差役。康熙五十八年，下令于北京温泉地方派烧官砖，“令铺户照临清砖式样烧造”，这是利用民窑烧造官砖，以替代临清官窑厂烧造。[①] 苏州明代已利用民窑烧造官砖，清代苏州窑作“在陆墓徐庄，工部官砖亦于此烧造”[②]，应是利用当地的民窑户。以上三地仅是承造京城皇宫、城垣砖瓦烧造，至于官府其他营造所需大量灰、砖物料，多是向民间采办。如乾隆时，金匮县有窑125座，“凡遇一切报部工程需用砖瓦之时，俱照奉颁则例价值，饬传各窑户照依估计应用数目，赴县当堂领价承办。……及岁修仓监，粘补衙署，系照时价给发现银，购买取用，令窑户自行俱领”[③]。清代民间砖瓦业部分取代了官营砖瓦业。

砖瓦、石灰作为商品，体积大，分量重，价格较低，不适于长距离运销，多是就近销售。但有些地方生产比较集中，交通便利，行销区域也开始扩大，有的甚至进入长距离运销。江西乐平、浮梁出产石灰，鄱阳县农民每年到这里购买石灰，“隔年冬群至乐平、浮梁诸处市灰为去草并杀虫计”[④]。乐平县石灰在乾隆时被列为当地“货之属”之一，“可饰壁，亦可肥田，出勇山者佳”，同治时，乐平县石灰与其他商品一道，行销省外，“秋稼既登，间有鬻石炭、石灰、青靛、甘蔗、烧酒等物，往来吴楚市易”[⑤]。江苏无锡、金匮的砖瓦是当地重要商品，明代“砖瓦，向自吴门而外，唯锡有砖窑，故大江南北不远数百里取给于此，岁所贩鬻甚广”。清代砖瓦产地增加，“各郡多自造之”。但

① 光绪《大清会典事例》卷875。
② 乾隆《长洲县志》卷16。
③《江苏省明清以来碑刻资料选辑》，第530页。
④ 道光《鄱阳县志》卷11。
⑤ 乾隆《乐平县志》卷8；同治《乐平县志》卷1。

无锡仍是重要产地，乾隆时有人说，“成于邑人之手而行于四方者，棉布最广，次则席，次则砖瓦”①，砖瓦仅次于布、席，位居第三。又光绪时有记，“砖窑在望湖门外，贩鬻遍大江南北，各郡虽自造，坚致不如”②，说明无锡、金匮的砖瓦在市场上仍占有重要地位。浙江嘉善的千家窑镇，明代后期，“甓埴繁兴，贸迁日伙”，清代“民多业陶，廛居联络，甓埴繁兴，三吴贸迁勿绝”③。

到鸦片战争前，砖瓦进一步成为外贸商品之一。道光前期，在1829～1830年中国与新加坡的贸易中，自广州、潮州、上海、厦门开往新加坡的商船所载的主要货物有，“陶器、土布、砖瓦、羽缎……”，土布与陶器两项“占最大部分”，其次就是砖瓦④。

清代砖瓦业生产与运销的发展，促进了窑业市镇的形成与发展。其中著名的有苏州陆墓镇、嘉善千家窑镇。这两个市镇形成于明代后期，清代继续发展。陆墓镇位于苏州城外，《姑苏志》记，窑作，“出齐门陆墓，坚细异他处，工部兴作多于此烧制”。清代发展更为兴旺，“陆墓窑户如鳞，凿土烧砖，终岁不绝”，并从陆墓扩展到其他乡镇。到民国时，“王�班泾乡民皆以烧窑为业，所造砖瓦不亚陆墓”⑤。千家窑镇在嘉善县城西北，“居民多业窑”，是嘉善窑业的发祥地。千家窑在明初不是镇，以后随着窑业发展，到万历时，“与枫泾斜塘相埒”，成为一繁华市镇。清初千家窑日益兴旺，“若斜塘、陶庄、王带渐以凌替，千家窑趋利如骛”。整个清代千家窑镇窑业繁荣，光绪时依然是“居民稠密，仍习陶业”。而且，清代窑区逐渐扩大，“嘉善窑业始于明朝万历。由千窑渐推广到上甸庙、下甸庙、洪家滩、天凝庄、范泾等地”。下甸庙“本是一个乡村，后因窑业发展，居民四附，便成为一个小市集”，到民国时，下甸庙“窑业之盛，为全县冠”。民国初期，嘉善窑区有窑户500余户，窑墩720余座，从事制造、装运的窑工10万余人，年产砖瓦10亿块以上，价值

① 康熙《无锡县志》卷10；《锡金识小录》卷1。
② 光绪《无锡金匮县志》卷31。
③ 光绪《嘉善县志》卷2，引万历志；康熙《嘉善县志》卷2。
④ 前引姚贤镐：《资料》，第1册，第68页。
⑤ 民国《吴县志》卷51，卷22下，引同治府志。

500余万元，运销各省。以后由于机制砖瓦的倾销，传统的手工砖瓦销路呆滞，影响了手工烧窑业，很多窑墩停业。[①] 自明代后期到民国初年，嘉善的手工砖瓦业持续繁荣达二三百年。

三

清代，砖瓦石灰业始终维持着传统的手工生产方式，生产条件、制造过程都很简单。在土、石资源丰富的地方，只需挖砌好砖窑就可以开工生产。砖瓦需要制坯，然后入窑烧制。石灰只要采石入窑烧炼。数日后开窑，制出成品。砖瓦、石灰烧造具有一定季节性，夏季雨多，冬季冰冻，不宜于炼灰、制坯，都不宜于生产。

由于产品本身的特点及原料来源的限制，砖瓦、石灰业大多分布于山区、乡村及城近郊区，从事砖瓦石灰业的大多是附近的农民。农民利用农余时间烧制砖瓦、石灰，不需要多少资本，既可补充生计，又解决了剩余劳动的出路。这种农民家庭副业生产在砖瓦业的集中地区也普遍存在。浙江嘉善窑区窑业发达，自明末直到以后的民国时期，为砖窑做砖坯一直是当地农民的一项重要副业。明末《沈氏农书》中有天晴“做泥砖”，清代“抟土之工”多是“农民于农隙时为之”[②]。江苏宜兴农民从事多种家庭副业，烧石灰为其中之一，“烧石灰造纸料渔舟猪户蚕桑摇织之事各就所居为业”。湖南道州农村种田用石灰杀虫，石灰往往是农民自家烧制的，“撒石灰以去虫螟兼暖土性”，农民“秋冬间相率凿石刈枯草烧石灰以备来岁之用”。湖北德安府“有石灰……贫民每于农隙烧青石成之”。河北磁州素来窑业集中，石灰业到民国时依然是“多在春夏之间”，“农民乘暇自己经营”。河南巩县境内的河流“皆撵石奔流，号曰石河”，石料资源丰富，清代，沿河居民多以河中石料烧石灰，“〔河流〕所经村落，居民业

---

① 康熙《嘉善县志》卷2；光绪《嘉善县志》卷2；前引《嘉兴府城镇经济史料类纂》，第182、202页。

② 据实地调查，农民做砖坯时间一般从3月到5月，7月到9月，一个中等劳力可赚六七石米。见《补农书校释》第19页注1；光绪《嘉善县志》卷8。

烧灰者颇众"[①]。农民家庭副业生产是清代砖瓦石灰业的主要生产形式。

清中叶以后，由于产品需求量扩大，一部分农民开始脱离农业，专门从事烧制砖瓦，成为专业"窑户"。南方冬季不甚寒冷，于制坯影响不大，可以常年生产。无锡、金匮砖瓦业兴旺，康熙时，这里的砖瓦窑，以及石作等工作，"皆工人终岁勤劬以为业也"。乾隆时，这里"东乡景云乡之近城者多窑户，居民亦多团土为砖瓦坯，然皆未尝废织也"[②]。这是说，城郊农民中分离出一批专业砖瓦窑的"窑户"，这些窑户以烧砖瓦为主，兼事棉纺织，看来已不从事农业，应属于手工业人口。又有近窑居民专制砖瓦坯供给窑户，也兼事棉纺织，不排除其中一部分人也已脱离土地，以制坯与棉纺织为生，成为手工业人口，如下述嘉善县的情况。苏州陆墓镇的窑户，"凿土烧砖，终岁不绝"，也是专业性生产。浙江嘉善县窑业集中，清代一部分农民开始弃田务工，脱离了农业。据光绪时记，农民烧制砖瓦，"以获利较厚，有乐于抟土而废耕者，故近窑诸村荒田尤多"[③]。嘉善的砖瓦业自明后期至清长期持续繁荣，这种手工业与农业分离的趋向恐怕始于更早些时候。由于砖瓦业无需很多资本，这种农民经营的砖瓦窑规模恐怕不会很大，多是个体生产或劳动者合伙，那些专制砖瓦坯的更可能是个体家庭生产。

值得注意的是，清代在专业砖瓦窑中，也出现了商人资本直接投资设厂的情况。乾隆时，浙江安吉的砖瓦业中，"各乡俱有业此者，皆徽宁及江右人，租地设厂，砌窑烧砖瓦以售。山乡数家合雇窑匠者谓之镶窑"[④]。徽商、江右商都是清代的大商帮，说明砖瓦业利大，吸引了商人资本投资到这个行业。各乡都有，看来开设窑厂的商人还不少。这种砖瓦厂显然是雇工生产，只是不知雇工人数。从近代北方手工砖瓦业的情况看，窑厂生产至少需要看火的窑匠，以及制坯、烧窑、运砖几种工人，为了维持正常生产，人少了恐怕不行。

安吉窑厂的后一种形式是当地居民合伙，雇窑匠生产。窑匠属于技术工

---

① 嘉庆《宜兴县志》卷1；光绪《道州志》卷10；光绪《德安府志》卷3；民国《磁县志》第8章；民国《巩县志》卷7。

② 康熙《常州府志》卷10；《锡金识小录》卷1。

③ 光绪《嘉善县志》卷8。

④ 乾隆《安吉州志》卷8。

匠，负责看火，一般只需一人，雇主可能也参加劳动，这大约是一种劳动合伙式的生产。

在清前期的石灰业中，还未见有与农业分离的趋向，基本上是农家副业生产。乾隆时，湖南黔阳县有桐木地方，砖瓦、石灰出产都多，“灰多出桐木，煅灰者二三月间大船装载，放田户记簿，谓之放灰，收获之后收灰谷，岁以为常”[①]。这是春天以石灰向农民放贷，收获后以谷物偿还。这是一种高利贷资本，业主至少是富裕农民。

① 同治《黔阳县志》卷16，录乾隆志。

第六章　手工业的发展水平

清前期手工业生产发展迅速，超过了以往历代。相比之下，清代手工业发展的基础与社会经济条件发生了许多重要变化，手工业是随着整个社会经济的发展而发展起来的。

清代手工业继承了前代手工业发展的基础。手工业发展到明代在生产工具、生产技艺等方面达到了很高水平，积累了丰富经验。明代后期匠籍制度开始瓦解，手工业者得到人身自由，增强了手工业生产的活力。

清代农业生产发展迅速，特别是作为手工业原料的经济作物种植面积扩大，为手工业发展提供了物质基础。人口剧增导致了对手工业品需求扩大，刺激了从衣食住行的日常用品，到生产所需的生产资料，以至奢侈性消费的各种手工业品的生产。在那些人口密度较大的地区，农民依靠手工业以增加收入，也导致这些地区手工业生产的兴旺发达。

清前期的国内外市场条件发生了很大变化。自明中叶以来，商路开辟，交通运输条件改善，国内市场扩大，商品流通发达，促进了各地手工业产品的交流与手工业生产的扩大。明朝政府的朝贡贸易制度，禁止私人海外贸易的政策，限制了民间对外贸易的发展。清政府取消了朝贡贸易制度，康熙时又开放海禁，允许私人进行海外贸易，扩大了产品的国际市场，丝织品、茶叶、瓷器、糖类等都成为国际市场的抢手货。国内外市场的拉动为手工业生产注入了强大的动力。长江三角洲、珠江三角洲这些沿海地区手工业生产的发展，正是得益于其得天独厚的地理位置所造成的与国际市场的联系。有的行业的发展是直接以国际市场为依托的，如台湾的制糖业，广东的丝织业，福建、安徽等地的制茶业。

还应提到的是清政府的手工业政策。传统手工业政策与农业政策是联系在一起的。那些有利于农业生产发展，有利于农民经济稳固的手工业，受到政府的鼓励与支持。如纺织业，作为传统奖励耕织的重农政策的一部分，清政府一贯采取提倡鼓励态度。为了推广蚕丝业，一些地方官府曾出资购置桑苗，无偿发放给农户，并从发达地区雇来工匠高手，仿制缫丝、织造工具，教授方法。政府还鼓励利用自然资源，在有条件的地方发展柞蚕丝织业。对榨油、制糖、造纸等行业，作为农村多种经营的一部分，既可解决农民生计，又可活跃地方经济，政府在生产方面从不限制。酿酒、制烟二个行业因妨碍农业生产，影响民食，政府一贯采取限制、禁止的态度，但政策执行上时紧时松，所以，清代酿酒业的发展还是超过前代，而烟草加工业主要是在清代发展起来的。在矿业方面，自乾隆时起开放矿禁，听任民间开采，各矿业都得到发展。至于造船业，自康熙时开放海禁，限制造船的政策逐渐松弛，造船业也在发展。总的来说，清政府的手工业政策对手工业的发展起到了推动作用。

第一节　生产力的发展水平

清前期手工业行业门类众多，各行业发展状况不同，有关的数字资料又很有限，难以对清前期手工业的发展水平作出精确计算，作一大体估计却是必要的。这里按生产力和生产关系两个方面对清前期手工业的发展水平作一简单考察。本节考察生产力的情况。

一、生产力的演进

最能够说明手工业生产力水平的是生产工具的质量和数量，技术技艺水平，产品产值、产量及商品量，劳动生产率，专业手工业人口的数量。但清代能够反映这些指标的直接资料极少，这里仅就部分主要行业的情况，在借鉴前人研究的基础上略作估计。①

① 本节关于生产技术方面的记述，除注明者外，均自彭泽益：《资料》第1卷；中国人民大学编：《清代的矿业》；自然科学史研究所编：《中国古代科技成就》；杜石然等编著：《中国科学技术史稿》。

棉纺织业。棉纺织工具主要是纺车和织机。棉纺工具是继承传统的麻纺工具而来。元明时期曾出现三锭脚踏棉纺车，但以后没有得到推行普及，清前期只有上海一带有使用这种棉纺车的记载。研究者们认为，是小农家庭经济结构限制了这种纺车的推行。普遍常见的是单锭手摇纺车。其生产效率，综合各种记载，有每日纺纱四五两、五六两、七八两的，最多的通宵达旦可纺纱十二两。

棉织机具也是继承了传统的丝、麻织机而来。元代的丝麻织机结构已经比较先进，传统的织布机到这时已走向定型。明清时期的棉织机具在样式、原理等方面都承袭了传统的布机，改进不大。棉织的效率，据研究，因一匹布的规格、长短不同，织布效率差异较大，一般以一个工作日织布一匹，一个劳动力从棉到布，一匹布需要 6 ~ 7 个工作日。

棉纺织的技艺在明清时期有所改进。棉布的品种、花色增多，质量提高，耐磨耐穿，保暖性强，适于普通百姓穿用。以至在洋布输入的初期，一度无力与价廉物美的土布竞争。清代棉布还开始输出国外，成为重要外销商品。

棉纺织业存在普遍，据估计从事棉纺织业的家庭约占全部农户的 50% 左右①，也就是说，至少有半数的农户拥有纺车和织机。还有一些纺户，只拥有纺车。棉布产量据前述估计为年产布 6 亿匹左右，其中商品布 3.1 亿匹。这些数字与明代相比都是大为增加了。

丝织业。丝织机具中重要的是织机，此外还有辅助工序的工具，如纺经、络纬、打线等都有专门工具。丝织业存在历史悠久，工具在实践中不断改进。从明代《天工开物》描绘的提花机的样式看，已由平身式改进为斜身式，改进了织机的性能，是一个重要进步。清代在型制上没有什么改进。此外还有腰机，一人操作，织作罗绢绸纱等织物都用腰机。织机而外，丝织过程工序较多，调丝的机架叫作络笃，纺纬有纬络，牵经有溜眼、经耙、印架，其他工具有簑、筘。明末苏州的织机中还有绫机、绢机、罗机、纱机、绸机②，不同织物有不同的织机，表明丝织机具的日益改进和专门化。清代的丝织机具种类较

① 徐新吾主编:《江南土布史》，第 51、53 页。

② 崇祯《吴县志》卷 29。

多，但基本承袭明代。织机数量，据前述，估计江南地区约有织机 80000 台。山西潞绸织机明末 13000 台，清初只有 1800 余台。四川的丝织业在咸丰时期达到年产 700000 万匹，以每机每年织绸 300 匹计，约有织机 2000 余台。其他如广东、福建等地的织机数不详。

丝织技术的进步比较明显地表现在传统丝织技艺水平的不断提高。到明清时期，丝织品品种丰富多彩，锦、缎、纱、罗、绫、绸、绢、绒等，织造技艺精熟，纹彩富丽豪华。前书已有叙及，有关研究也多，不赘述。

关于丝织品的产量历来少有记载，明清时期的官营织造的数字也不完整。民间丝织品主要是作为商品来生产的。有研究者对明清时期的丝织品商品量作出估计，认为明代苏、杭、嘉、湖地区每年进入长距离运销的丝织品达 30 万匹左右，价值约在 30 万两左右。清前期江南地区丝织品商品量为 4.9 万担，商品值为 1455 万两。① 又有研究估计为，明代后期江南地区投入流通的丝织品商品价值约为 38 万两，按时价折算，约为绢 54 万匹，或绸 38 万匹。清代乾嘉时期，江南地区的丝绸商品量约为绸类一千数百万匹，价值 1500 万两。② 总之，清前期的丝织业生产量比明代扩大是确定无疑的。

清前期丝织业已与农业分离，在一些发达地区出现了专门的丝织业人口，江南、四川、广东都有，这些人口的数量却很难估算。地方志记载南京缎机乾嘉间有 30000 余台，以每机 3 人计③，共有从业人员 90000 余人。以清前期江南地区共有织机 80000 台，平均每机 2 人计，共有从业人员 160000 人。这只是织工织匠数，还有大量从事辅助工序，以及相关工作的人员，实际从事丝织业的人口不止这个数。丝织业的劳动生产率大约为织绸每机每日可织 12 ~ 16 英尺，需用人数不等，分别为 1 ~ 3 人。④

---

① 前引《中国资本主义与国内市场》。

② 前引《江南丝绸史研究》。

③ 1880 年南京有缎机 5000 台，从业人数 17000 人，平均每台机 3 ~ 4 人（据彭泽益：《资料》第 2 卷，第 67 页）。缎机用人多，其他织物的织机有用 1 人的，也有 2 人的。

④ 镇江织花素宫绸、绫绸，每台织机 3 人，每机每日约织 12 ~ 16 英尺；吴江盛泽镇一个熟练织工，每天可织成一匹长 16 英尺的绸子，织一匹长 45 英尺的绸子需 2 ~ 5 天；湖州织花素绉，每机 1 ~ 2 人，每匹长 48 英尺，需 3 天织成，平均每天织 16 英尺。（据彭泽益《资料》第 2 卷，第 70、72、77 页）。

采矿业。清以前在矿硐结构、开采技术等方面已经达到相当水平。清代铜矿井称为礌硐，有的硐开采时间长，硐路深远，云南有的矿硐深远达十余里至二十余里，硐内分路开采，叫做尖子，以“把”计数，一硐有多至数十把的。这种矿硐的开采技术比以往有所提高，如通风采用风柜，排水制水车推送。道光年间吴其濬绘制的云南铜矿采冶图中，矿硐口用多根圆木堆垒支撑，看起来相当坚固。采矿工具历来是锤凿，清代的采铜工具有槌、尖、凿等，图中绘有各式工具20余种。以这种工具采掘，每个工丁每天可挖矿砂数十斤。

铁矿，《天工开物》记载，矿层通常较浅，应有露天开采的。明末清初广东的铁矿有深掘至数十丈的，湖南铁矿有的深一二里至三四里。明代记载中出现了“烧爆”法采矿，清代不见采用。

煤炭在汉代已用来冶铁，明以前煤井开采已有一套比较完整的技术，深度通常在十余丈。明代《天工开物》中记载了用竹筒排毒气的方法，又说煤炭在地下纵横采取，巷道上方要支撑支板，以防压崩。清前期的煤井开采已普遍可达到深数十丈，记载中说浙江长兴的煤窑有深至100余丈的。煤窑中一般可以容纳数十人至百余人。井下运输采用人力拖拉背运，山东有的地方采用绞车提煤运出，运行绞车采用畜力或人力。清后期四川的煤矿中开始有采用机械力运煤的。采煤工具有镢、凿、镐、钎、绳、筐等。采煤的工作效率每个工人每天大约挖煤数百斤。

总之，铜、铁、煤矿的开采技术历经长期的生产实践，到清代，在矿井结构建设方面已趋于成熟，采掘工具变化不大。但矿井深度增加，同时随着矿井加深，矿井的修建、维护技术有所提高，井下运输工具有所改进。从事采矿业的人数不少，清前期铜、铁、煤厂遍及各地，各处矿厂大者聚集数万人，小者也有数百上千人。云南铜矿厂乾隆中期，“矿厂日开，各处大小厂聚集砂丁人等，不下数十万人”。广东冶铁业雍正末年有铁炉五六十座，从事冶铁、挖煤、烧炭的“佣工者不下数万人”。湖南产铁地方不少，仅辰溪地方道光时每年藉铁矿厂生活者，“岁不下万余人”。陕西南部山区的铁矿厂嘉道时聚集工丁数万人。各地采煤业中从事挖煤及煤炭运输的同样吸纳了大量人口，具体人数少有记载。四川犍为县煎盐日需煤数十万斤，附近产煤地方从事采煤、运煤的“日活数万人”①。综合各地记载，加上金、银、铅、锡各矿，清前期从事采矿业的人口当有百万。

盐业。海盐采用晒制、煎制，池盐采用晒制。煎制需用盐锅，明以前是盘铁，体积较大，笨重，清代的煎盘是煎具的改进，更适于家庭生产。明清时期的海盐生产，据《广东新语》记，晒盐的盐田中修有沟、漏、槽、池，咸水依次流入盐池，盐池广 1 丈，深 3 寸，夏秋日光充足，每池每天可晒成盐 2 石，冬春每池每天可成盐 1 石，好的盐田每年每池可以晒成盐 200 石。煮盐用盐锅，每次盛卤水 20 余石，可以煎成盐 16 石。

最能标志盐业生产技术提高的是井盐业中盐井的开凿。四川盐井开凿到宋代已完成了从大口浅井到小口深井（卓筒井）的改进过程，井深可达数十丈。明代卓筒井工艺方面的重要改进是以石圈固井，又出现了打捞和淘井技术，盐井深度达到百丈以上。清代的盐井深者已达到三四百丈，一二百丈深的盐井已经多见，开凿方法与明代大致相同，但钻凿工具日益完善，出现了形式多样、用途各异的锉头，适用于不同的岩层。如开凿平地的一种鱼尾锉，长 1.2 丈，重 200 余斤，井深 10 丈以下用太平锉，长 1.2 丈，重 100 余斤。各种凿井修井治井工具达到 30 余种。天然气井大量开凿利用，深井、高产井大量出现，火大的一个天然气井可以烧二三百口盐锅，甚至有烧到四五百口的，小的也可以烧数十锅。汲卤仍用人力与牛力。乾嘉年间出现了运输盐卤的盐笕，运输天然气的火笕，顺着山势蜿蜒曲折，为一奇观。

四川盐井开凿技术提高，促进了盐井数量与盐产量不断增加。盐井数雍正九年 6116 眼，乾隆元年 7704 眼，嘉庆二十五年 8688 眼，道光三十年 8832 眼。产盐量以官盐销额计，康熙二十五年 5300 余万斤，雍正九年 9200 余万斤，乾隆元年 2.2 亿斤，嘉庆二十五年 3.5 亿斤，光绪年间达到 4.5 亿斤。此外还有大量私盐。清代全国的盐产总量估计为 32.2 亿斤，价值约 5853 万两。②盐产量比明代大为增加。

铜、铁冶炼业。铜的冶炼技术在明清以前已比较成熟。清以前有关铜炉构

---

① 前引《矿业》第 141、495、501 页；《三省边防备览》卷 9；前引《煤炭史料》，第 414 页。

② 前引《中国资本主义的萌芽》。

造的详细记载不多。《天工开物》所画的炼铜图中是个小铜炉。清代的铜炉有小炉，有大炉，小炉底部宽2尺多，厚1尺多，高8尺，大炉底部宽9尺，深2尺多，高1丈5尺。还有一种炼精铜的蟹壳炉，上圆下方，高1丈多，宽5尺，深1尺。几种炉的规模都比明代大。炼铜工具有风箱、拨条、铁箝、木爬、簸箕等。铜矿的出铜率，据彭泽益先生对几个地方的研究，清代每百斤铜矿炼出毛铜22～44斤，为明代的1.48～2.96倍。① 出铜率的提高表明铜矿冶炼技术的提高。铜的产量宋代多数年份在数百万斤，北宋元丰元年达到顶峰，年产铜1400余万斤。② 明清时期铜矿开采规模扩大，铜产量是在增加。清代主要是出于造币的需要，许多省份都有铜矿开采，但主要是在云南。铜的开采各地在不同时期变化较大，总产量不易估计。云南的铜产量在乾隆中期最盛时平均年产铜1000余万斤，最多时达到1400余万斤。其次是四川，有几个年产100万斤以上的铜厂。其他各省虽有但都不多。保守估计，清前期的铜产量在乾隆时期大约为年产铜1500万斤左右。总之，清代铜矿冶炼在铜炉型制、提炼技术、铜产量等方面是有进步的。

铁分为生铁、熟铁，这里也包括钢。冶铁技术发展到明代，在冶炉、鼓风设备等方面都达到较高水平。河北武安发掘的明代冶铁炉高1丈9尺，内径7尺，外径10尺，是一种较大型的冶炉。《广东新语》所记的明末广东的炼铁炉是一种大型炉，上口宽1丈，底厚3.5丈，这种炉一昼夜可炼铁3600斤。明代的鼓风设备进一步改进。早期的皮囊在宋元时已被木风扇取代，明代发明了活塞式木风箱，使风力加大，提高了冶炼强度，并为加大炉型创造了条件。冶铁燃料用木炭、煤炭，煤炭含硫，会影响铁的质量，至迟明代已发明了炼焦法，焦炭是冶炼金属的优质燃料。清代的冶铁炉型制不一，有大炉、小炉，大炉炼生铁，小炉炼熟铁。广东炼生铁的冶炉仍沿明代型制，也是当时最大的冶铁炉，陕西南部山区的冶炉，高一丈七八尺。鼓风仍用木风箱，燃料以煤炭、木炭为主。

铸造技术在实践中不断提高。到清代以前，传统的铸型材料都已具备。明

---

① 彭泽益提交中国社会经济史讨论会论文：《明清两代铜铅锌矿采冶的劳动生产率水平》。

② 漆侠：《宋代经济史》下册。

清时期一些大型钟鼎军器都是铸造的。清代的铸锅业是铁器业中的一大行业。广东佛山的铸锅一行每年铸造大量各式铁锅，技艺精熟，别处不能仿造。四川为煎盐铸造的大盐锅平坦如盘，厚4寸，深5寸，重者达1000余斤。从技术发展史上看，清以前铸造技术已经成熟，清代的铸造技艺略有提高。

炼钢技术历经炒钢、百炼钢、灌钢几个发展阶段，到明清时期仍有进步。明代的团钢法（灌钢工艺的一种）能使生铁中的碳均匀地渗淋到熟铁上。清代出现的“苏钢”是灌钢的高级阶段。苏钢是将料铁经生铁滴淋后锤击而成，提高了金属的收得率。清代在芜湖、湘潭等地盛行的就是苏钢法。灌钢法在坩埚炼钢法发明前是一种先进的炼钢技术。清代乾隆年间发明了坩埚炼钢法，进一步提高了钢铁冶炼技术。清代的钢铁技术达到了传统手工业生产技术所能达到的高度。

铁的产量有很大增长。宋代铁课量通常在500万～800万斤，最高年份治平中期为820余万斤。这些数字几倍于唐代。实际铁产量有人估计为年产量7.5万～15万吨。[①] 前述明代初年官营铁冶矿课1800余万斤。有研究估计嘉靖时期仅广东一省铁产量就达2000余万斤，清代的铁产量在年产铁4000万～5000万斤。[②] 不过，按照近年研究及前文考察，这一数字看来是偏低了。

看来，清代的冶炼技术中，冶铁技术进展不大。而在冶铜、炼钢方面，工具、技术有不同程度的改进。此外，铜、铁的产量都有增长。

陶瓷业。明代以前的制瓷技术已处于世界领先地位。明代又有改进，主要表现在精致白釉、彩釉、一道釉的成功烧制。清代继承和发展了前代的技术，一道釉、彩釉、红釉、青花釉的烧制都比前代进一步提高，有的已达到了现代硬质瓷的标准。各系列中都有许多著名产品，款式、图案、色彩均精美绚丽。生产过程中分工细致。景德镇的民间瓷窑有多种，分别烧制不同的瓷器，窑为长圆形，如倒置的瓮，高、宽分别为1丈多，深2丈多，烟囱有2丈多高。瓷器烧制是一种化学工艺技术，其技术水平的提高表明了传统化工技术的进步。清代的瓷器烧制在建窑及制胎、配料、烧制等方面积累了丰富经验，达到了手

① 前引《宋代经济史》下册。

② 前引《中国资本主义的萌芽》。

工技术基础上的高度境界。瓷器产量难以估计。御窑厂产量雍乾时各记载不一，自十数万件至数十万件。民窑产量，有记载说清代乾隆年间景德镇的瓷器输出量约在 50 万担。清末记载瓷业盛时景德镇民窑每年瓷器“售价约值五百万金”，有研究考证这一产值是乾隆至道光年间的数字。① 从事陶瓷业的工人数，乾隆初的记载说，景德镇上工匠人夫不下数十余万。道光时，广东石湾有居民六七千户，业陶者十居五六。②

造船业。到明代，传统的造船与航海技术已达到了高度水平。最能代表航海技术的传统的四大海船船型，即沙船、鸟船、福船、广船到这时已经定型，船舶性能、船舶动力、船舶结构、船舶建造等技术已基本成熟。清代的船型达到 2000 余种，型制变化不大，造船技术有一定改进，航行速度加快，以往从江浙到天津每年只能往返二回，到嘉道时可以达到四回，速度提高一倍。利用船坞造船宋明时都有记载，当时多是官船厂利用来造大船，清代民间利用船坞造船并不普遍，但到清中叶以后沿海一带也多有利用。前文估计清代的船只数量除无法计数的农船、渔船、无帆小船外，约有大小远洋、近海、内河帆船 20 余万只，每年占用的资金量不下 1 亿两。

造纸业。宋明时期，造纸技术提高到一个新的阶段。造纸用的竹帘以细密的竹条编成，捞出的纸张更加细密匀称。传统的造纸原料基本都得到利用，皮纸、麻纸、草纸、竹纸、藤纸种齐全，各种加工纸品种类繁多，特别是书画、印刷用纸，制作精致，纸质细薄柔韧。清代的手工造纸在原料、工具等方面略有改进，但看来变化不大。原料有用废旧纸重新造纸，扩大了原料来源，不过并不广泛。在有水源的地方已利用水力为动力，多用水碓舂捣。有的地方捞纸用的帘床加大。纸张干燥除了日光晾晒，还有用竹墙、砖墙焙干的方法。工艺方面的改进较为明显，尤其是特种工艺纸，花色、印染、纸质都达到很高水平。前述清代造纸的工序分工进一步细致，制纸穰、造纸、染色印花都有专业，这是前代所少见的。关于劳动效率的记载较少，江西石塘镇的纸槽抄纸时需用 8 人，每日出纸 8 把。清代纸张从生活到生产应用广泛，同时清代人口增

---

① 前引彭泽益：《资料》第 2 卷，第 485 页；前引《明清景德镇城市经济研究》。

② 道光《浮梁县志》卷 8；道光《南海县志》卷 7。

加，纸张需求扩大，纸张的产量比起前代应是大为增加的。

酿酒、制茶、榨糖、榨油等行业在长期发展中，技术水平都有提高。造酒原料日益开发，清代用来造酒的有麦、稻、谷、玉米、高粱、甘薯等多种，还有果酒。利用酒曲造酒是中国特有的方法，制曲技术在不断发展出新，酒的种类也由此增多。清代的酿酒技术继续改进提高，出现了不少新的名酒。酿酒的生产能力增大，估计每年造酒数量如以 1 亿人口计，全年至少消耗烧酒 30 多亿斤，用粮 7000 多万石。乾隆以后人口续增，道光时达到 4 亿多，造酒数量当会倍增。传统造酒的工具比较简单，缸、瓮、锅等，清代仍旧。

制茶技术不断改进。明代以前都是绿茶。明代又有了花茶、红茶制法。所以，清代以前几种主要茶类的制作技术都已具备。历代都有一些名茶，清代的名茶种类增加了，有的是在前代的基础上经过改进而形成的新品种，有的是清代新发明的。清代的茶叶产量，前述估计鸦片战争前，按毛茶计为年产量 250 万担以上，其中出口量在 60 万担。每年有大量人口从事采茶、制茶及茶叶运输。在福建、湖南、安徽等茶叶的集中产地，茶季时茶场、茶园中制茶者数以万计。嘉庆时福建瓯宁山中有茶厂不下千厂，制茶者不下万人。一些以制茶为中心形成的市镇上，茶行林立，制茶者众多。陕西泾阳县是安徽湖南官茶西运的转运地，道光时，茶店中“检茶之人，亦万有余”①。福建崇安、江西河口、安徽屯溪都是茶叶的加工与集散地。前述咸丰初年，河口约有人口 30 万，屯溪有人口 15 万，其中大量人口是以制茶、及茶叶包装、运输为业。湖南平江县咸同年间红茶盛时，有“茶庄数十所，拣茶者不下二万人”②。清前期制茶业是一重要行业，估计每年季节性及常年性从事制茶的应有数十万人。

清代的油料作物品种增多，油菜籽、大豆、花生、棉籽、芝麻、桐子、柏子等。榨油用油榨，有的地方叫做油车。油榨有多种，分别榨制不同的油料作物。磨芝麻油用石磨。此外的榨油用具有碾、臼、甑、釜、盆、筛等。制糖榨制甘蔗有糖榨，也叫糖车，熬糖做糖用锅、缸、桶、糖漏等。清代油榨、糖榨多用牛力牵引。清代的制糖、榨油工具没有突破前代的型制和种类。发展表现

---

① 《秦疆治略》。

② 同治《平江县志》卷 20。

为油、糖的品种增多。生产工艺有所改进，油、糖的质量提高。如桐油，清代的桐油清亮黏稠，用途广泛。明清时候的白糖白如霜雪。

再有碾业。传统饮食讲究食不厌精，所以碾米磨面叫做“粹精”。所用工具，稻粟脱糠壳有牛碾、风车、砻（有木砻和土砻）、舂臼、水碓、木桶、筛等。磨面有石磨、罗、簸箕等。水碓是比较先进的碾米工具，《天工开物》称比人力省力10倍。明代的水碓有的可以一次带动10臼。使用牛碾、牛磨，一个牛力可以代替5个人力。砻具多用人力，木砻较大，需用强壮劳动力，土砻则妇女儿童就可以胜任。清代的碾具看来也无所改进，直到近代早期，芜湖的砻坊仍用木砻、石臼，利用人力加工，也有用牛力的。

传统手工业的动力来源是在不断发展的。最初是人力，以后有畜力、风力、水力、火力等等，清代的功绩在于推广利用这些动力，特别是水力，水车、水碓、水轮等广泛用于农业和手工业。

传统手工业生产力在清代以前已得到高度发展，很多方面比西方同样技术的使用要早几个世纪以至十几个世纪。清代前期在促进手工业技术发展方面并非无所作为。在生产工具方面，在冶炼、采矿方面有改进，也有创造，如盐井钻凿工具，盐卤运输工具，煤井运输工具，铜炉型制与提炼技术，“苏钢”炼钢法，坩埚炼钢法等。更多的是生产技艺方面的改进，产品质量、性能提高，种类增多。特别突出的是产品产量的增长，以及从事手工业人口数量的增多，这是清代生产能力增大的表现。统计手工业的总产值难以办到。从市场比重来看，流通中的商品种类以粮食为大宗（经过加工的粮食也应带有部分手工业品性质），其他主要商品中大多是手工业品，棉布、丝织品、盐、茶、糖、酒、陶瓷器、铁器、矿产品等。在有估计数的7种商品的市场商品值中，粮食、棉花占45%左右，其他为棉布、丝、丝织品、茶、盐，[①] 即多数是手工业品。有研究估计，中国制造业的产量在世界制造业产量中的相对份额，1750年为32.8%，1800年为33.3%，1830年为29.8%，以后比重下降迅速，1860年为19.7%，1880年为12.5%，到1900年只有1.7%。[②] 说明至少在鸦片战

① 前引《中国资本主义与国内市场》。
② 转引自〈美〉保罗·肯尼迪：《大国的兴衰》。

争以前，中国手工业产品产量在世界上是具有重要地位的。

二、手工业的社会分工

手工业分工分为手工工场内、即生产单位内的生产分工和手工业的社会分工。

清前期手工工场内的分工以官营工场内的分工为发达。官营丝织、陶瓷、造船工场中都有非常细致的分工，工匠各司其职，技术熟练高超，官营工场中的产品常常代表了当时手工业技艺的最高水平。虽然手工工场达到一定规模后必然会产生内部分工，但官营工场生产不计成本，不讲效率，因此，这种分工并不代表一般生产力的提高。

清前期民间手工业中规模较大的工场以矿业为多，但采矿业工具、工序简单，常常是众多工人共同劳动，至多是简单协作。此外，清前期冶铁业中一些较大的铁炉，清中叶以后井盐业中的一些大盐场，上海的一些船厂，生产过程中工序较多，各工序分别有专人从事，出现了简单的内部分工。其中井盐业盐场中的分工明确，并固定化，可以称得上是工场手工业。在其他行业中，多数生产单位细小，谈不上内部分工。

清代手工业分工突出的是社会分工发展。手工业的社会分工可以从二个方面来看。一个是手工业行业内的社会分工，再一个是手工业与农业、商业的分离。

清代手工业行业内的社会分工越来越细，生产专业化程度提高。在丝织、陶瓷、井盐、铁器、造纸、造船等行业生产发达地区，生产过程的各工序或某种产品的生产分别独立，从业者分别构成独立的生产单位，形成社会化专业性生产。生产者面向市场，为市场提供各自的产品或专门的劳动。如丝织业，丝织生产过程自络丝到机织分为许多工序，在发达的江南丝织业中，许多工序都独立为社会分工的一个行业，工匠“各有专能”，为市场提供丝、线等产品或专门的劳动，如牵经、挽花。在景德镇陶瓷业中，生产分工日益精细，瓷土、制坯、绘彩、烧窑形成几大行业，每一行中又分为一系列专门工作。原料生产中，采石炼泥、烧炼釉灰、掏挖青料各成行业；制坯以产品不同分为不同的专业作坊，《陶录》中列出的坯作坊有 18 种，制坯过程中的乳料、修模、拉坯、绘画、挖足等都有专门行业；窑户烧窑过程中的制匣钵、满窑、烧窑、开窑等工序也都细分为专业。这些专业有提供半成品的，如白土、釉灰、各种坯胎、釉料、匣钵、模具，有提供劳动的，如修模、绘画、上釉、装窑、开窑，各工序相互衔接，生产者相互独立。此外还有为制瓷业产后服务的包装、运输等行业。广东石湾的陶瓷业乾隆年间已分为23行。井盐业的主要工序有凿井、汲卤、置笕、煎盐，自清中叶起，在一些大盐场，这些过程都各自独立，有井户、汲户、笕户、灶户，还有牛户，专为使用者提供牛力。铁器产品种类繁多，分工多为不同产品的生产分工，各作坊分别制造不同的铁器。佛山铁器业中分为土针、铁镬、铁砖、铁线、铁钉等行业。上海铁器业发达较晚，最初各铺户之间并没有细致的分工，什么铁器都打，以后逐渐分为乡作、匠作、船作三大类，乡作专门制造农具、家用刀具，匠作专制泥水木匠刀具、工具，船作专制船上用各种铁器，钉、锚等。山西凤台（即晋城）的铁器厂分为化铁厂、铸造厂、打钉厂、拉丝厂等等，各厂都有专利性质的制造对象。泽州有好几百家小铁铺，分别制造某一类铁器。苏州的“冶坊”专门铸造铁锅，制造农具、刀剪有“铁作”。造船业中一些地方专门制造某种船型，如前述宁波等地，形成了一定的地域分工，也是一种生产分工。在另一些造船发达的地方，造船的生产工序或某些船上部件的制造独立为专门行业。山东海庙乡有一种专门粘塞船缝的“粘匠业”，船上需用大量绳索，鸦片战争前上海分离出一种“索绹业”，为专门打制绳索的行业。苏州太湖的胥口、光福等地是造船的地方，而编篛篷、打篁缆在冲山、漫山两个地方。广州的河南地方是船厂集中地，除了船厂外，还另有制造帆缆桨橹、葵篷茭葦的工厂，形成了船上部件的配套生产。造纸业的二个主要生产过程，即造纸浆和抄纸，通常是在一个生产单位中连续进行的，清前期陕西、河北有的地方专产纸穰、纸坯出售，以供纸坊造纸。手工业生产的社会专业化是生产发展的必然结果，专业化生产使工匠技术更加熟练，分工也使生产规范化，有的产品生产有了一定的技术要求和检验手段，产品质量与劳动效率都有提高。①

手工业与农业、商业的分离是手工业生产社会分工的又一方面。在传统的

① 在对景德镇陶瓷业社会分工的研究中，有研究认为，这种社会分工的细化使生产单位规模缩小，妨碍了资本主义萌芽的发展。见前引《中国资本主义的萌芽》。

小农经济结构中，手工业与农业结合具有普遍性，手工业始终是农业的一个补充。清前期，手工业仍与农业紧密结合，可以说，没有一个行业是完全脱离农业的。手工业与农业结合有多种形式。农民家庭经营纺织、编织等手工业以补充农业收入的不足。那些以植茶制茶、种竹造纸、植蔗榨糖为主要生业的家庭，其生产过程实际上也是农业与手工业的结合。地主家庭也经营手工业，如开油坊、磨坊、粉坊、糟坊，其经营目的不完全是为了油、酒，很大程度上是为了获得肥料，即手工业与农业结合，并从属于农业。手工业与农业的密切联系，也不单单是指在一个家庭内，还包括一个生产单位，如一些乡村作坊，油坊、纸槽、碾坊、磨坊等，摆脱了家庭形式，但没有完全脱离农业，与农业在劳动时间、劳动力利用等方面都密切配合，交叉进行，并以农业生产的需要和变化为转移。①

清前期，在一些手工业发达的集中产区，在一些行业中也出现了与农业分离的趋向。在丝织、酿酒、榨油、造纸、制茶、制盐、陶瓷、冶铁、采煤、铁器制造、造船、砖瓦等重要行业中，都同农业有不同程度的分离，有一部分从业人员开始脱离农业，专门从事手工业，以手工业为生。一些人虽有土地但不自耕，而是租给他人耕种。有的甚至以经营手工业而致富。有的虽与农业还有一定联系，但从收入来源、劳动时间等方面看，农业已处于从属地位，而以手工业为主了。

随着手工业与农业分离，以及手工业商品生产发展，一部分手工业者开始向那些水陆交通便利、物质资源丰富的地方集中。这些地方人口密集，手工业、商业发达，逐渐形成手工业、商业镇市。清代手工业、商业镇市显著发展，数量增多。特别在农业、手工业发达的江南地区，明后期一些以手工业为主的专业镇市已开始形成。清前期大部分原有市镇继续发展，新的市镇形成。在各行各业所形成的市镇群体中，有一部分以手工业为主的市镇，如丝织业市镇、砖瓦业市镇、制茶业市镇、造纸业市镇、陶瓷业市镇、碾米业市镇、盐业

① 例如浙江的一些乡村纸槽，民国时，槽户雇工经营纸槽，工人为来自外省、外县及本地的贫苦农民。纸槽生产与农业生产是交叉进行的，有时甚至上午务农，下午造纸（据袁代绪：《浙江省手工造纸业》）。就生产本身来说，这时与清代应变化不大。

市镇、酿酒业市镇、铁器业市镇、榨油业市镇等。这些市镇的生产性质明显，市镇上集中了相当一批手工业者。这些人已基本脱离了农业，成为手工业人口。

无法估计出手工业人口的数量。不过，清代人口的膨胀使人口基数扩大，手工业人口与前代相比其绝对量会大为增加，所以有当时人说，“昔日逐末之人尚少，今去农而改业为工商者三倍于前矣”[①]，反映了当时脱离农业的手工业人口数量的增多。

手工业与商业的关系原本也是较为密切的。手工业者直接销售自己的产品，或商人经营加工业，都是手工业与商业的结合。所以，“工商业”与“工商业者”中的“工商”一直不容易分清楚。工商业的分离也是一个长期的过程。清前期手工业与商业的结合也是非常广泛的，那些前店后厂形式的铺户作坊存在于各行各业各地城乡，又如自造船只从事航运、商业的商人，商人雇工经营的季节性的加工作场。在有些情况下，如商人经营的茶厂、纸厂、糖厂，是从植茶、种竹、种蔗直到制茶、造纸、榨糖，这是商业、农业和手工业三者的结合。在这些情况下，手工业只是从属于商业，受商人资本的支配。清代手工业与商业分离的趋势并不明显，但也出现了一些迹象。盐业中运商和场商的分离，场商脱离了运销，直接经营盐场。同样情况的还有矿业，商人投资经营矿山，而将产品销售给运销商。清中叶以后湖南、四川、上海一些船厂从零星订货和维修走向批量生产。上海专事制茶的茶栈的产生。这些原与商业结合在一起的资本脱离流通，走上自有生产资金自我循环的道路，是商业资本向产业资本的转化，也是手工业与商业的分离。

手工业与农业、商业分离需要具备一定条件。最基本的一条，经营手工业的收入要能够足以养活从业人员的一家老小，并维持再生产。棉纺织业长期不能从农业中分离，是因为棉纺织的生产率过低，仅靠棉纺织无法维生。[②] 一些研究估计丝织业的经营收益，认为清代直到乾隆时期，江南地区经营丝织业是盈利的。一种估计为，康熙中期利润率为165.24%，乾隆年间为85.29%，道

---

① 何良俊：《四友斋丛说》卷4。

② 见前引：《中国资本主义与国内市场》。

光年间为22.51%。又一种估计为，康熙年间的利润率为32.2%，乾隆年间为3.4%。[①] 两种估计所用资料基本相同，采用的方法不同，结果也不同。也有相同之处，即康熙时期丝织业的利润率是比较高的，到乾隆年间呈下降趋势，但仍可获利。按照估计，康熙年间的机户一年的收入扣除成本、吃穿日用，还会有一定剩余，乾隆年间收入下降，以最低水平也能勉强维生。不管怎样，丝织业的经营收益显然高于棉纺织业，这是丝织业从农业中分离的经济基础。清中叶以后，在江南的酿酒、榨油、砖瓦等行业中也出现了农民放弃田地，专门从事手工业的现象，有的甚至以此致富，也是因为这些行业发达兴旺，经营收益提高的结果。至于商人专门经营手工业，应该是在商业利润与手工业收益之间进行比较选择的结果，只是有关这方面的研究还不多。

手工业与农业的分离还需要一定的市场条件，手工业品的价格要保证在一定水平之上。一些稀缺商品即使是以较低的劳动生产率生产仍能以垄断价格使生产者受益。清前期市场繁荣，商品充裕，是生产发展的表现，反过来也对手工业的独立发展造成影响。一方面，商人可以直接从市场上购买到廉价商品，无需进入生产领域。另一方面，商品多而市场有限，价格上不去。对农民家庭来说，生产成本低，经营手工业的机会成本为零。价格越低，为了生存，就越要多生产。多生产可有两条途径，提高劳动生产率和增加劳动投入量。在当时条件下，靠前一条途径有限，主要靠投入劳动量，延长劳动时间，即通常所说“昼夜辛劳”。其结果是反而加强了农业与手工业的结合。手工业的商品生产是自然经济解体的突破口，但其实现需要注入新的因素，即商人和商业资本的因素。在俄国是从农村手工业者中产生了包买主，中国没有。清前期商人资本支配小生产者的主要方式是预买，少数手工行业中出现了商人包买商，商人资本没有在更深广的程度上进入小生产者的生产领域。

生产分工的发展程度表明了生产力发展的水平，代表了生产力发展的趋势。清前期手工业中的社会分工得到发展，是生产力水平提高的表现，对此应

---

① 前引《江南丝绸史研究》第235页；孔泾源：《手工业与中国经济变迁》，中国社会科学院研究生院博士论文。

予以充分肯定。但总体上看，清前期手工业社会分工的发展尚不充分。除少数行业外，手工业行业内的社会分工发展有限。手工业与农业、商业的结合密切。在手工业与农业结合的场合，手工业是附属于农业，服从于农业。在手工业与商业结合的场合，手工业是附属于商业，服从于商业。尽管手工业生产显示出繁荣兴旺的气象，但作为一个部门来说很难说是完全走上了独立发展的道路。

按照一般理论，工业与农业的发展趋势应是日益分离。清前期手工业的发展表现出两个相反方向的趋势。一方面是少数手工业者向市镇集中，与农业分离，另一方面是农村工业广泛发展，特别表现为农民家庭手工业的发展及其与农业的广泛结合。在类型上，有手工业与粮食生产的结合，手工业与经济作物生产的结合。还有乡村作坊工业的发展及其与农业的结合。在地域上，手工业由沿海、平原向内陆、山区深入。在有关前工业化问题的讨论中，一些研究认为，在清前期长江三角洲、珠江三角洲地区，乡村工业在地区范围内普遍发展，呈现出前工业化现象。[①] 如果深入考察，有几个方面还值得进一步考虑。前工业化的基本特征是，在一个地区范围内形成了集中的乡村工业，从事乡村工业的农民家庭以工业生产为主业，并为市场而生产；农民家庭工业受制于商业资本和高利贷资本，通过商业资本与整个经济联系起来；手工业逐渐从农民家庭中分离出来，形成独立的生产组织。相比之下，清前期的农民家庭工业是为市场而生产的，但在多大范围内成为了主业尚待确知。商人资本控制小生产者的形式，在江南丝织业、佛山铁器业中出现了包买商，在广东制糖业、浙江棉织业中存在商人预买，就总体上看，商人资本对于农民家庭经济的控制既不广泛、程度也不高。手工业从农业中的分离只是部分行业小范围的现象。也就是说，发展突出表现在广度上，深度则不够。这正是清前期农村工业发展的特点，也是限制。

三、手工业的发展特点

在上述手工业技术水平与分工程度决定下，手工业表现出以下一些发展特

① 前工业化理论的内容还包括人口、社会环境、经济区位、市场等因素，这里仅就工业方面而言。

点，这些特点所达到的程度也是发展水平的体现，同时又表明了进一步发展的限制。

首先，清前期手工业生产总的趋势是发展的，这种发展既有数量上的增长，也有生产技术、生产结构上的变化。但就各个行业所反映出来的情况看，生产工具方面的改进有限，其发展突出表现为手工业生产的量性扩张。这种扩张的原因有分工的作用，主要是由于人口膨胀而产生的需求刺激，引起劳动投入量增加，以及商品生产与商品流通发展，市场扩大。特别是流通扩大对于手工业发展的影响是非常明显的。许多地方手工业产品的产量和商品量都超出本地需求，进入了国内外市场。这种扩张反映在以下几个方面：

手工业生产在存在地域上有较大扩展，表现为一些新开发区的手工业迅速兴起，以及传统手工业生产区域扩大。清代以前的经济区域、从而手工业生产区域主要集中在沿海、平原地区。清前期，人口的大量增长导致人口向那些偏远的内陆、山区、边疆地区迁移，使这些地区得到开发，如四川、湖南、湖北、陕西、云南、贵州等省的一些平原、山区，以及东北地区、台湾地区都是在清代开发的。这些地区的经济、包括手工业日益兴旺，有的可以说是从无到有，形成新的经济区域，以及新的手工业集中区。如四川的盐业、矿业、榨油业、酿酒业、造船业的发展，湖南桐油业、棉纺织业、冶铁业、炼钢业、采煤业、制茶业的发展，陕西南部山区造纸业、冶铁业、木材加工业的发展，广西造纸业、榨油业、冶铁业、金银铜铅矿业的发展，贵州酿酒业、榨油业、柞蚕丝织业的发展。东北地区主要是在清代得到开发的，并从沿海逐步向内陆腹地深入，这里的冶铁业、采煤业、柞蚕丝织业、榨油业、酿酒业、造船业迅速兴起扩大，使东北地区在清代已成为重要的经济区。手工业的发展使这些新开发区的自然资源得到有效利用，经济活跃。这些地区的手工业产品大量输出，在整个手工业产品的流通中地位日益重要。

一些手工行业突破传统的集中区域，向其他地区扩展，形成新的集中产区。如柞蚕丝织业，原以山东半岛为主要产区，清前期随着山东移民大量进入东北地区，柞蚕放养与丝织技术也传入东北，辽东半岛的柞蚕丝与丝织业很快发展，成为又一柞蚕丝织区。同时，由于一些地方官员的着力推广，贵州、四川部分地方的柞蚕丝织业也发展起来。清前期这些地方成为重要的柞蚕丝与丝织品输出区。又如，棉纺织业原集中于江苏、浙江沿海一带，北方植棉较多但不善纺织，清代棉纺织逐渐向北方拓展，华北地区的棉纺织业发展起来，湖南、四川等地的棉纺织业也随着地区开发得以发展，棉纺织集中区从沿海扩展到内陆。福建、广东是传统的茶、糖产区，清代制茶、制糖技术传入台湾，台湾成为新的茶、糖产区。

清前期手工业生产的行业门类增多，新行业兴起，产品品种增加。如制烟业，烟草自明末传入中国，清前期向内地推广，种植面积大增，烟草加工遂在各地推行，制烟业为清代发展起来的一个新兴行业。花生也是自明末从东南沿海传入中国的，清前期花生种植推广，成为重要的榨油原料，花生油业成为清代榨油业中一个新门类。再如，清代放弃了盐业、铜矿、铁矿的官营政策，民间盐业、矿业得以自由发展，这既是官、民手工业的一种结构性变化，也使民间手工业行业种类增多。

传统手工业产品品种不断增加。有的是清代创制的新品种，还有更多的是通过对传统产品的改进而形成的新品种，在酒、茶、纸、糖、陶瓷、丝织等行业中出现了不少新的名品、优质品。

清前期手工业生产量性扩张的突出表现为产品产量增加，进而表现为手工业产品商品量增长，商品运销发展，外销量扩大。一些行业的可以估算的产品产量已如前述。资料所限，多数行业的产品产量难以进行较为精确的估计。如果笼统地讲，清前期人口成倍增长，从而导致对手工业品需求扩大，这些必要需求的满足也就意味着手工业产品产量的成倍增加。当然各行业的发展是不平衡的，这种增加的幅度在各行业中也是不同的。

传统手工业中，以棉纺织业自给性最强，据研究其自给率在50%左右，亦即其商品率也在50%左右。农产品加工业中，除少量产品自用自食外，大部分是作为商品生产的。其他如矿业、陶瓷业、砖瓦业、铁器业等则完全是商品性生产，极少自用。生产者生产这些产品主要是为了出售。从这个意义上说，手工业产品产量的增加也就意味着投入市场的商品量扩大，市场的扩大。大量手工业产品进入商品流通，尤其是长距离运销，是清前期商品流通活跃的重要内容之一。一些本不宜于长距离运销的商品，如酒、油、砖瓦等，也突破了地区范围，进入全国市场。同时，清代对外贸易发展，商船远航到达东南亚、日本、以至欧美各国，中国的手工业产品受到国际市场的欢迎，外销的种类、数量之多都是前所未有的。

传统社会的工农业生产在相当大程度上决定于资源、交通、气候等自然状况。清前期手工业在地域分布上的特点表现为受资源条件限制而向原料产地靠近，向农村深入；在接近原料产地的同时，形成以自然条件为基础的地域分工。

清前期的各手工业集中区基本上是以接近原料产地而形成的。这是因为手工业生产受到原料来源、原料贮存、产品运输等各种因素的限制。一些以农产品为原料的手工行业，为了减少消耗，降低成本，则日益向农村深入，乡村手工业普遍发展。一些传统手工业区因为条件的变化，其区位也发生了变化。至于矿业、盐业等，则基本上是建立在原料产地。在农产品加工各业中，这一趋势表现尤为突出。如酿酒业，造酒曲以大小麦为原料，清代踩曲的集中地都在几个主要麦产区，酿酒以玉米、稻、麦、粟为原料，因此，河北、河南、山西、江苏、安徽、湖南等粮食产区都是酿酒业最盛的地方。清以前，传统的食油主要是芝麻油，这是一种高档食品，普通人家特别是农村人口较少食用，大豆、桐、柏等榨油也有，但还不那么普及，榨油业原多集中于城镇。清前期，随着油菜、大豆、花生、桐柏等油料作物种植的日益推广普及，榨油业不仅在城镇，而且在乡村中广泛发展，在江苏、浙江、湖南等油料作物产区，乡村油坊油榨普遍存在。东北、山东等地原是大豆产区，但较少榨油，清代这些地区都发展起豆油业。榨糖业受甘蔗运输、贮存条件所限，基本上是就地加工，糖产区也就是蔗产区。制茶业中，鲜茶采摘后不能久放，需立即处理，茶场往往就茶园附近而建。棉纺织业作为农民家庭副业，一直属于乡村手工业。棉纺织业原集中于江浙沿海一带，北方虽产棉但较少织布。清代北方棉产区的棉纺织业得到发展，棉花就地加工，不再南运。蚕丝是可以保存并便于运输的，丝织业本应较少受原料产地限制，如南京的丝织业发达，其原料多来自湖州，但实际上这种情况并不普遍，丝织业区大多是接近蚕丝产区，如湖州、杭州、成都、遵义等地的丝织业，基本上都是以当地的原料生产为基础而发展起来的。

清代手工业的区域位置也受到交通运输条件的影响。手工业多数是商品性生产，产品进入流通，交通运输条件对手工业生产的兴衰起有很大作用。多数手工业集中区是建立在水路、陆路条件便利的地方，特别是水路。沿海、沿江河、沿道路的省府州县，有条件的地方都发展起手工业。在一些山区，如湖南、贵州、广西、陕西的一些山区，整体经济并不发达，但水运条件相对便利，手工业原料丰富，因此，煤炭、冶铁、造纸、榨油等手工业在这些地区得到发展。一些距原料产地较远而交通相对便利的地方，附近的原料向这些地方集中，在这里加工，原有的手工业得到扩大发展。如安徽芜湖、湖南长沙、湘潭等地的碾米业，这些地方靠近江河，粮产丰富，原本已存在碾米业，清代随着农业进一步发展，粮食流通扩大，附近产粮州县的粮食也源源运到这些地方碾运，使这些地方成为当时最著名的粮食加工集中地。江苏青口镇、浙江石门镇、南浔镇都是榨油业中心，这些地方都濒海通河，豆石、油、饼南来北往，运输便利，在北方榨油业发展起来之前，奉天、山东等地的大豆都运到这里榨制，促成了这些地方榨油业的发展。相反，有的地方因为交通条件的变化，其原有手工业则逐渐衰落。如前述福建德化的陶瓷业，瓷窑原本分布地点较多，清代瓷窑向褒美、良太、三班等交通运输便利的地方集中，而双翰、上涌、东澄等地的瓷窑都先后停烧了。

清代手工业分布受原料、交通、气候等因素影响的结果是一些行业形成了以自然条件为基础的地域分工。纺织、农产品加工、陶瓷等各行业都反映出这一趋向。这些行业原都分布较广，经过长期的生产竞争，优胜劣汰，那些自然条件处于劣势的地方的生产逐渐衰落下去，而自然条件较优的地方生产日益集中，形成某一行业、某种产品、甚至某一生产环节的专业区。有的专业化程度较强，以致排斥了其他地区的生产。如丝织业，清以前丝织业遍及许多省份，南北都有，有多个生产集中区，然而，就自然条件来说，江南地区的气候、水质、土质都更有利于蚕桑丝织业发展，丝织业自宋代就开始向一些地区集中，历经明代，到清代，丝织业区进一步向江南集中，成为全国最大的丝织业中心，而其他地区，如山西、四川的丝织业原也有名，清代有的衰落，有的地位下降。广东的丝织业是发达的，但所用的上等蚕丝也是来自湖州等地。在砖瓦业中，尽管砖瓦烧造各地都有，但在那些土质较优的地方，砖瓦业尤其集中，产品行销很远，如苏州、无锡，窑场密集，所烧砖瓦细致、坚实，受到市场欢迎，砖瓦为当地一重要货产，苏州还专门承造京城皇宫内所用铺地金砖。酿酒业中也有同样情况，尽管造酒各地城乡都有，但那些名酒都产于水质、气候条件更好的地方，史料记载，黔北川南一带，江苏无锡，山西汾州，酿酒业有名都是因为这些地方的水质、气候更宜于造酒。造纸业中，在浙江、江西、福建这些造纸业发达的地方，长期以来形成了一些擅长生产不同纸品的专业区域，竹纸、草纸、皮纸各有分工，这些专业区域的形成，据记载，乃是“半系人工，半赖水色”。就生产环节来说，在一些竹木资源丰富的地方，如前述福建、陕西一些地方，专门生产造纸原料干纸浆（纸穰、竹丝），运售各地供纸坊造纸。陶瓷生产中的地域分工也较为典型。历史上陶瓷生产分布广泛，著名的瓷器产地大都在北方，宋以后陶瓷业中心、特别是精致细瓷产品的制造逐渐向土质、水质较优的南方转移，北方保留的多是日用粗瓷器的生产。明代起瓷业中心进一步向少数地方集中，景德镇成为著名的瓷都。到清代，逐渐形成了景德镇、宜兴、德化等几个瓷业集中地，这些地方水运、陆运都比较便利，“土质宜陶”，形成了各有特色的产品系列，尤以制造精美细瓷、工艺瓷器而著名。有的陶瓷产区内又依土质不同而形成一定产品的分工。如山东博山在务店、山头、八陡几个地方分别形成“宜瓮及盆”、“宜碗及杂器”、“宜罐与瓶”的分工。

地域分工也有因生产技术条件等因素形成的，某一地区由于长期的经验积累而形成了某种产品的生产优势，从而专门生产某种产品。如造船业中，沿江沿河的地方很多，但不是所有的地方都善造船，前述直隶所用的剥船一向在湖广、江西成造，一度改在直隶本地打造，终因缺少有经验的工匠而仍改归由湖广、江西承担。宁波的造船业发达，鄞县的东乡、南乡形成了不同船种的专业生产区。有的行业的地域分工既有自然因素，也有人文因素，如丝织业，江南丝织业区的形成也有长期的技术经验积累的原因，但主要还是自然因素造成的。

清前期手工业向原料产地靠近，向自然条件优越的地方集中，以及地域分工的形成，促进了手工业产品的流通，也促进了生产者之间的交换，使更多的生产者与流通联系起来。

清前期手工业分布的又一特点是地区发展的不平衡性，这是与整个经济发展的不平衡性相联系的。大体上看，手工业的发达程度呈现出从沿海向内地逐渐降低的趋势。沿海的福建、广东、江苏、浙江、山东各省份农业发达，各项手工业也非常发达，这些地区的手工业产品从产品种类、产量、到商品量，在整个社会手工业生产中占有特殊重要的地位，整体经济水平比其他省份要上一个台阶。与之相对的，如西北的甘肃、宁夏，东北的黑龙江、吉林，西南的云南、贵州等省份，这些地区也存在一些手工业，有的是由于特有的资源而形成的，像云南的铜矿业，甘肃的制盐业，总体上说，除少数行业外，这些地区手工业发展是相对落后的。处于中间状态的是内地一些沿江、沿河、及平原省份，这些地区富有原料，交通相对便利，各项手工业都有不同程度的发展。这种地区发展的不平衡性是整体经济发展的一个制约因素。

从行业结构上看，传统手工业经过长期发展，到清代，一些与民生密切相关的手工业都已形成专门行业。手工业行业门类众多。民间手工业行业种类增多，官、民手工业行业结构有所调整。清前期民间手工业行业的发展，体现出传统社会手工业行业结构的特点。前边考察的十几个主要行业，以及这里没有专门考察的一些小行业，多数属于与人们日常衣食住行直接相关的，如纺织业、农产品加工业，即以消费资料生产为多。矿业中如煤炭，还有铁器制造业、砖瓦业，产品既用于生产，也有很大部分用于生活日用。真正称得上是生产资料行业的，大概只有矿冶、造船等业。也就是说，传统手工行业结构是以直接满足人们日常生活需求的消费资料生产行业为主。

这种行业结构特点是以传统农业社会为基础而形成的，其发展演变也受到这种条件的限制。纺织、农产品加工都是农业产品的转化，与农业直接相联系，原料生产受到土地量限制，其产品又是直接消费品，受到人们消费水平、市场限制。矿业是自然资源的直接转化，属于初级产品，在很大程度上受自然资源所限。制造业，清代主要是铁器、铜器制造、造船，是从手工业品转化为手工业品，发展较少受到自然因素限制，由于它的前向联系、后向联系作用，其对扩大手工业生产的作用应超过前几类行业。但清前期恰恰制造业不发达，在整个手工业中所占份额小，这正是农业国的体现，也是向近代社会演进的限制。中国向近代社会演进缓慢的因素是多方面的，这里只是就手工业行业结构这个方面来观察的。

清前期手工业的又一特点是生产单位的生产循环以简单再生产为主。清代手工业生产工具总体上没有突破性变革，生产的社会分工有所发展而生产单位的内部分工不充分，这就排除了内涵的扩大再生产。外延扩大再生产不仅需要增加资本和劳动的投入，也要有一个比较长期稳固的经营条件，使生产者有长期经营的打算。影响清前期外延扩大再生产的因素是多方面的。农民家庭手工业、乡村作坊工业受到小农经济本身的限制，剩余产品不多，劳动人手有限，务工时间以农业劳动时间的变化为转移，手工业资本与劳动投入的增加都很困难，往往是心有余而力不足。也有一些通过从事手工业而发家的，如前述江浙一带榨油业、酿酒业中的事例，但还不能证明其手工业本身生产规模的扩大。城镇个体手工业者、流动的手艺人，靠手艺谋生，养家糊口之外，所剩无几，多数无力扩大投入资本与劳动。城镇手工业中的一些行会规定也在一定程度上对手工业者扩大生产规模造成限制。一些商人经营的农产品加工，如制茶、制糖、踩曲等，季节性强，干完就撤，第二年再重新干，其生产规模是没有固定性的，简单、扩大、甚至萎缩的再生产都是可能的。一些商人经营的矿冶业，如铜矿、铁矿，开采时间较长，常年性生产，有的规模相当大，从生产的连续性上讲，或许是经过多年扩大投资而逐渐发展起来的。封建政府的一些政策对企业的扩大再生产也造成影响。如余铜官收时的压价收买，减少了商人的经营收益，甚至造成赔本经营，妨碍了商人进一步扩大生产投资的积极性。商业利润流向的封建性也限制了商业资本向生产领域的进一步投资。以上是就独资的生产单位来讲的。在合伙企业中，不存在资金与劳动力问题，但资料显示，清前期合伙企业中的合伙者变动频繁，合伙期限短暂，很难有长期经营的打算，合伙企业的分配制度是“赚折均分均摊”，不提留再生产积累，每个生产周期重新投资，扩大再生产也就无从谈起。像煤炭、井盐这些行业，以规模经营为有利，较少受季节性限制，却由于合伙企业的这种限制，很少有维持连续的扩大生产的事例。[1]

清前期也有手工业生产单位不断扩大的事例。前述山东淄川县栗家庄毕

① 参阅后文关于合伙制的考察。

家地主经营的恒盛机房，自乾隆至道光年间，从一张织机扩大到二十几张织机，以后继续扩大，到光绪年间，发展为有场房 26 间，织机 72 张，雇工 100 余人的丝织机房。广东顺德县沙滘乡陈氏家族以经营天鹅绒起家，其中一房自道光三年起，经过二三十年的发展，到咸丰时，已拥有 50 张织机，雇用上百工人。上海铁器业中的一些匠作作坊，如濮家刀店，从最初的小铁铺发展到鸦片战争前后已有店房 10 余间，雇工 12 人。沈家刀店，最早只是一个小铁匠炉户，到同治时已是一家雇用师傅、学徒十五六人的著名刀店。在其他行业中或许也有这种事例。但从总体上看，手工业中简单再生产的特征明显，更常见的是长期规模不变的生产。也就是说，清前期手工业生产量性扩张，是资本与劳动投入量的增加，在生产组织上表现为生产单位数量的增加，无数小型生产单位长期分散生产，限制了资本的集中，进而限制了生产关系的演变。

通过对清前期手工业的考察，也可以看出这时城乡关系的一些特点。① 从行业分布上看，农村手工业与城市手工业不存在明显的行业分工。除了像矿业、盐业、砖瓦这类受自然资源产地限制的行业，就日常消费资料的生产来看，农村与城市手工业行业种类相仿，农村有的，城市基本上都有，相反，城市里有的，农村里不一定有，但这类行业多是奢侈品或文化品生产，如金银珠宝业、玉器业、香料业、成衣业、印书业、糕点业等，这些是为城市服务的行业，并不是农村里的必需品。这类生产在整个手工业生产中分量也不大。农村生产者的日常手工业品需求多数不依赖城市。② 这样，在手工业品的流向上，有城市之间的交换，有农村生产者之间的产品交换，还有大量的农村手工业品流入城市，而城市手工业品流向农村的种类、数量却很少。这一流向与农产品的流向基本一致。因此，与近代社会的城乡关系基本上表现为工农业分工、进

① 这里所说的“城市”没有明确的定义，只是与农村相对而言，有时也包括“城镇”。“城市手工业”即指城市中的手工业，与商业史研究中的城乡市场、城乡交换概念不同。如商业史中所说的“城市市场”上的商品并不一定产自城市。

② 据《沈氏农书》《补农书》所记，农家每年必须购置的手工业品有（按书中顺序）：铁扒、锄头、桑剪、锹蒲（即铁锹）、蓑衣箬帽、酒糟（曲）、盐、纸、茶叶、苎麻布、稻铗、镰刀、筛匾、糖、桑锯。基本上是农具、衣食类，这一需求结构是有代表性的。

而表现为工农业产品交换关系不同，清前期的城乡关系主要的不表现为工农业产品交换关系，反过来说，在工农业产品交换中有城乡关系的因素，但也不仅仅表示城乡关系，因为农民之间也存在工农业产品交换。

第二节　生产关系的演变

一、手工业的生产组织形式

生产组织形式是生产关系的实现形式，即生产关系对于生产的作用是通过一定的形式来实现的，分析生产的组织形式也包含了生产关系的内容。组织形式问题越来越受到关注，这是因为在生产技术不变、生产关系一定的条件下，形式本身也可以促进或阻碍生产发展。因此，从组织形式角度分析清前期手工业生产关系，其内涵或许更为广泛。

在清前期商品经济发展，市场扩大的条件下，民间手工业逐渐形成了多种生产形式共存的组织结构。大致有这样几种：农民家庭手工业，手艺人，手工作坊或手工工场。这些形式是适应当时生产技术与市场条件、满足生产的多种需要、能够促进生产力发展而产生的。

所有行业中都存在着农民家庭手工业的生产形式。农民以家庭为单位从事手工业，常常是全家老少齐动员，至多忙时雇用少量短工。手工业增加了农民家庭收入，还可以充分利用农业季节性所造成的农业闲暇时间与农业闲置劳动力，对于农民家庭来说，手工业与农业结合是最合理的经济结构。农民家庭手工业大多是作为农家副业来经营的，是农业的补充。清前期，随着手工业向农村深入，以及各个行业特别是农产品加工业的发展，农民家庭经营手工业的越来越多，农家副业手工业存在更为广泛。

在一些手工业发达的地区，手工业商品生产推动了一部分农家手工副业转变为主业。一些农户的生产结构中，农业降为次要，而主要依赖手工业收入来维持大半生计，这种现象存在于棉纺织、丝织、榨油、酿酒、砖瓦等许多行业中。清中叶以后，一部分农户更是有田不耕，而转租给他人耕种，自己专门经营手工业，如江南丝织、酿酒、砖瓦等行业中的情况。这部分农户在当时尽管不多，但较为典型地显示了手工业与农业分离的过程，代表了乡村工业的发展趋向。农民家庭手工业生产规模细小而生产单位众多，产量有限而生产成本低廉，生产安排较为能够适应市场变化，其产品在市场上具有较大竞争力。

在一些行业中，手艺人也是一种广泛存在的生产形式。周游四乡的铁匠炉，扛着布机上门织布的织匠，沙滩水次造船的船匠，漂游各乡为人榨糖的糖船，还有泥瓦匠、编织匠、木匠、金石匠等等。这些人起着拾遗补缺的作用。在那些交通不便的偏远地区，手艺人甚至是不可缺少的。

手工业中还有许多工作需要较多强壮劳动力和熟练劳动力，是单个农民家庭单位无法胜任的。清前期，在各主要手工行业中，除棉纺织业、编织业以农民家庭手工业为主要生产形式外，多数行业的生产形式是那些半专业或专业性的手工作坊或手工工场。[①] 丝织机户、纸槽或纸厂、酒坊与曲坊、茶栈、茶庄或茶厂、油坊、糖坊、烟铺或烟厂、碾坊、瓷窑、铁铺或铁厂、铜厂、盐场或灶户、煤窑、船厂、砖瓦窑，这些作坊或工场有的是专业性的，常年生产，已脱离了农业，特别是城镇中的铺坊。有的季节性较强，或是受原料来源的季节性、气候条件所限，或是受农业季节性影响，从业人员往往亦工亦农。乡村手工作坊多数带有季节性，并与农业有一定联系，可算作半专业性作场。清前期的手工业总体上还停留在手工作坊和手工工场阶段。

一些小作坊一般是利用家庭成员的劳动，属于家庭式作坊，只在必要时雇用少量短工。那些规模较大的铺坊、工场则完全是采用雇佣劳动。清前期的雇佣关系有了发展，手工业中普遍实行了自由雇佣劳动，雇主与雇工之间没有主仆名分，雇工在人身上是自由的，对雇主没有人身依附关系。清代很多行业中存在包工头制，特别是矿业中。一些行业的铺坊存在着学徒制，师傅与学徒之间不是雇佣关系，而是家长式的师徒关系。个别行业中，如北京西部的采煤业，还存在着奴隶性质的劳动。雇工来源主要是从土地上游离出来的农民。

清前期手工行业众多，分工较细，各行业工种的工资相差很远。雇工工资

---

① 手工作坊或手工工场并没有严格的界定，通常把规模较小的称为作坊，一定规模以上的称为工场，具有内部分工、达到一定规模的称为工场手工业。

可分为计件工资与计时工资。史籍中有关工资的记载在行业、工种、时期、地区的分布上十分分散零散，不成系统。打算通过雇工工资来了解手工业雇佣关系的一般情况是困难的。彭泽益先生所辑乾嘉时期造纸、制糖、土窑、烧炭、煤矿、铁工、木材加工、泥瓦、刻字、食品、制毡、爆竹、铜器、丝织、棉纺织、染坊等16个行业雇工工资，其中棉纺织、丝织、刻字几个行业多为计件工资，但有计件工资数字的多缺少劳动生产率的记载，无法计算日工资水平。在有计时工资的93个数字中，月工资在0.2两的有2例，0.3～0.49两的10例，0.5～0.99两的39例，1.0～1.49两的18例，1.5～1.99两的5例，2.0～3.0两的13例，3.1两以上的6例。月工资在2两以上的主要是在煤矿、泥瓦、铁器几个行业中。在其他行业中，月工资为0.3～1.5两的有68例，占大多数。[①]如果以1石米价银1两计，月工资多在0.3～1.5石米。每人每日按食米1升计，月食米3斗。乾隆以后的粮价呈上涨趋势，按照这个工资水平，一个雇工基本可以养活自己，但完全靠这个收入来养家糊口恐怕比较困难。低于这个收入的很少，看来0.3两是当时的最低生活线了。高收入的也少，最高的一例为铁器业中月工资15千文。

手工作坊或工场的规模并不一致，往往相差很大。小作坊普遍存在。尤其在农产品加工各业中，酒坊、油坊、碾坊、纸槽、烟铺，以及丝织机房、铁铺、砖瓦窑、煤窑等，大量的是小型铺坊，三五人、七八人。清前期，这些行业中也出现了规模较大的工场，如一些茶栈或茶厂、纸厂、油坊、曲坊、酒坊、烟厂、船厂、煤窑等，用工人数常常在数十人，上百人。在矿冶各业中，多有规模较大的工场，人数常在百数十人，以至上千人。从工业发展的角度讲，清代的矿业可以说已是进入大规模开采的起始阶段。

经营手工作坊或工场的有个体手工业者，如丝织机户，城镇小酒坊、油坊、碾坊的业主，盐场中的灶户。有地主富户，如一些油坊、酒坊、纸槽、糖房、碾坊的业主。有商人，如一些铁厂、茶厂、烟厂、盐场、纸厂、铜厂的经营者。规模较大的工场大多是商人经营的。

---

① 仅据彭泽益：《资料》第1卷第396～413页资料整理。银钱折算按1000文钱折1两银，日工资按每月工作25天计算月工资。年工资按每年工作10个月计算平均月工资。

经营者的投资方式有独资，也有合伙。一些地主富户、大商人开办的铺户、矿厂多是独资的。合伙制也比较常见，如造纸、榨糖、铜矿、铁矿、采煤、砖瓦、造船、丝织、榨油等行业中，都存在着不同形式的合伙生产。合伙的基本类型分为劳动合伙、劳动与资金兼有的合伙以及资金合伙，依照各行业的不同发展程度，在不同行业中有不同的合伙形式。在发展程度较高，生产规模通常较大的铜、铁、煤、盐等矿业中，多为地主、富户、商人的资金合伙。商人合伙制在欧洲资本主义的发展过程中曾起过重要作用，而在中国从未达到那种程度。

手工业中还存在着手工业者与地主的关系。在一些行业中，如煤矿、井盐、砖瓦、造纸、制糖、制茶等，业主需向地主租地开窑、凿井、种竹造纸、植蔗榨糖、植茶制茶，并缴纳地租。造纸、榨糖行业中的地租缴纳方式不明。在煤矿、井盐业中，地主通常按一定比例参与分配来获取地租。正如前述，道光以后，煤矿、井盐业中地主的分配比例趋于减小，表明了土地所有权地位下降，资本所有权地位上升。

商人介入生产领域是随着商品经济的广泛发展而产生的。商人资本支配生产有几种形式。一种是商人以借贷或预买方式控制小生产者，这种方式在农产品加工各业中最为常见。如造纸业中的“以值压槽”、“以值计穰，以穰酬值”，酿酒业中曲坊的“先期放银”，榨油业中的“给银先定价值”、“买油青”，榨糖业中的放“糖本”、买“糖青”，制茶业中的“先价后茶”。商人以这种方式首先控制了分散的小生产者的产品。再一种是包买商形式，即商人向小生产者提供原料，收购产品。商人以这种方式控制了小生产者的原料来源和产品销售，从而切断了小生产者与市场的直接联系，对小生产者的控制加强了。这在丝织业中比较明确。扩大点说，佛山铁器业中的替钉业、两淮盐场中的商人盐亭也可算作产生了包买商式的生产。第三种是商人直接投资开办工场，雇工经营，即商人雇主制。在造纸、制烟、制茶、酿酒、盐业、铜矿、铁矿、砖瓦、造船等行业中，都有商人直接投资经营的规模较大的手工工场。这些工场中往往集中了数十人或成百上千人，在同一个资本支配下从事生产。这些手工工场在生产过程中可以存在简单的分工，但通常没有明确、固定的内部分工。只有四川井盐业是存在内部固定分工的行业。总起来看，在清代前期的手工业中，无论从范围上，还是形式上，商人资本支配生产的程度还不高。但就发展趋势来讲，其地位是重要的。

鸦片战争前，在十几个手工行业中真正称得上是工场手工业的只有四川井盐业。不过，一些商人开设的规模较大的手工工场也可称作具有资本主义萌芽性质的生产关系。丝织业、铁器业、盐业中的包买商制也是资本主义萌芽的一种形式。此外，在云南铜矿业中，有政府放“铜本”支持生产，产品由政府按一定比例收购，可称为一种国家资本主义。鸦片战争前，这些萌芽性质的生产关系都还处于微弱发生的阶段，在各行业中均未占统治地位。

二、手工业合伙制的演变

合伙制是一种历史久远的组织形式，在商业与手工业中都存在。[①] 在有关史料中经常出现“合伙”、“股份”一类词语，从其存在来看，已不是一种偶发现象，它存在于许多行业中。合伙形式历经长期发展，到清代，已不仅仅是一种筹资方式，也成为一种广泛采用的企业组织形式。它也得到官府的认可。在清代手工业的发展中，这种企业组织已具有一定地位。

（一）手工业合伙制的产生

商业中合伙制的产生要早于手工业中的合伙制。就手工业来看，合伙制最初也许仅仅是一种筹资方式。人们为了突破资金与技术力量的限制，便邀集几个同伙有钱出钱，有力出力。随着社会经济发展，手工业技术进步，生产繁荣，提供了更多的投资机会。资力雄厚者可以独资或合伙从事一些较大规模的活动，资力薄弱者往往只能以资金或劳动合伙，合作共力，共同经营。合伙的推行及其内部组织管理的日趋制度化，使其逐渐由仅仅作为一种集资手段演变

① 关于“合伙制”一词的内涵理解与概念运用多有不同。只要能够说明问题，同一概念可以有不同的运用。这里所说的合伙制是承袭了史籍中的惯常提法，同时也是按照现代经济学中关于“合伙企业”的解释来理解的。经济学中关于“合伙企业”的解释为，在这种组织形式中，两个或两个以上的人对他们的贡献（资本或力量）数量和可能得到的利润的分配方法取得协议，其规模一般来说大于独资企业、小于公司。合伙企业承担无限清偿债务责任（《现代经济词典》第323页）。按照这种解释，合伙企业的基本作法是合伙人之间取得协议，以协议、即合伙合同的形式确立收益分配与亏损责任。这种分配与合伙人的投资—资本或劳动—数量有关，但又不是确定的数量关系，也就是说，其分配只是一种约定。合伙协议常常采取书面形式，通常被认为是一种契约关系。

为一种确定的企业形式。特别在一些需要较多资金，生产规模较大的行业企业中，如矿业，合伙制相当多见。在当时生产技术本身没有根本变革的条件下，合伙制或许是一种能够进一步促进生产发展的组织形式。

手工业合伙制至少在明代后期，在某些行业中已经出现。如陶瓷业，《天工开物》记载，一些地方烧制缸瓶的烧窑为群体式烧制，“凡缸瓶窑不于平地，必于斜阜山冈之上，延长者或二三十丈，短者亦十余丈，连接为数十窑，皆一窑高一级，盖依傍山势所以驱流水湿滋之患而火气又循级透上。其数十方成陶者，其中苦无重值物，合并众力众资而为之也”。这句话不易理解，可能是一种松散的合伙，以烧窑为单位的联合体式的生产。在四川井盐业中，嘉靖时，开凿一井须“合众家之力，攒万两之金，经年累月而后成”①。开凿盐井投资大，周期长，又有一定风险，独资难以承受，大多采取合伙经营。

清代，合伙制在农产品加工各业、矿业中都有。清中后期，在某些地方的少数行业中，合伙成为主要的企业形式，如京西采煤业、四川井盐业，其内部组织也更加复杂，经营管理逐渐制度化、形式化，即向正式的企业形式转化。

为了鼓励发展生产，合伙制也得到官府的认可与推行。官府承认各行业中合伙组织的合法性。特别在矿业中，初时，只允许本地贫民小规模开采，以后出于需要，乾隆时，官府允许商人合伙投资从事采冶。如广东铜铅矿中，乾隆九年议复，允许每县召一总商，承充开采，如矿山分散，允许每山召一商，“倘资本无多，听其伙充承办”。乾隆十一年有奏报称，“招商承开矿山，资本无多者，原准其纠合伙伴同充……总期多得矿砂，以资鼓铸而尽地利”②。这是官府为推动民间手工业发展而在生产组织方面采取的一种积极态度。

（二）手工业合伙制的形式

清代，合伙制受生产本身发展程度制约，其存在形式与发展程度在各行业中并不相同，综合起来大致有以下几种形式：

① 嘉靖《四川总志》卷16，转自前引《盐业契约》第45页。

② 前引《矿业》第272、276页。

一种为劳动合伙，即合伙人主要以劳动入伙，收益按劳动量分配。有的记载为收益按人均分，这是在各人提供劳动均等基础上的做法，实际仍是按劳动量分配。这种作法适合那些无需多少资本的场合，如砖瓦、采矿等，合伙者多为农民、小手工业者。如乾隆时，浙江安吉砖瓦业兴旺，“山乡数家合雇窑匠者谓之镶窑”①。这很可能为劳动合伙，山乡数家各出人力，合请烧窑师傅，合伙烧窑。

木材加工业中，嘉庆时，四川崇庆县有合伙从事木材加工的，“周枝才等五人合伙赊买马纯翠山场树木，锯枋发卖，雇余万春在厂帮工”②。这是合伙赊买木材加工出售，有少数帮工，以合伙人自己劳动为主。

云南铜矿业中劳动合伙的情况较多。滇铜采掘开放较早，其中不乏商人投资，也有许多是本地贫民凑资出人，开挖嘈硐，谋取微利。乾隆时有人说，“滇民多系瘠贫，当其开采之时，需用饭食油炭，或二三十家，或三四十家，攒凑出资，始能开一嘈硐”③。清代挖矿工具简单，一般是自带锹镐。凑集少量资金主要是为了照明与伙食，没有共同的固定资产，数十家合伙挖矿，应为劳动合伙。

直隶铅矿业中，嘉庆时，承德、赤峰等地有民人结伙私挖铅矿，“或聚二三十人为一群，或聚三四十人为一伙，共有二十余起，聚有三五百人”，所得矿砂除给甲长外，“余下砂子按人数均分，为首三人摊分双股”④。在共同劳动情况下，按人均分也就是按劳动分配。在锡矿、金矿中都有这种情况。

采煤业中合伙制也较为普遍。采煤合伙有多种形式，包括劳动合伙。如山东博山采煤业发达，有一种“份子井”，约 8~10 人，由每家每户各出劳力、工具，合伙开挖浅井，工具只有辘轳、粗绳、条筐、镐头等。⑤ 工具相当简单，且不是共同财产，合伙者主要是投入劳动。直隶、湖南、四川等地采煤业中都存在这种劳动合伙形式。

---

① 乾隆《安吉州志》卷 8。参见本篇“砖瓦业”一节。

② 前引彭泽益：《资料》第 1 卷，第 404 页。

③ 前引《矿业》上册，第 79 页。

④ 前引《矿业》下册，第 398 页。

⑤ 前引《淄博煤矿史》。

金矿业中，贵州天柱县有黄花金厂，雍正时有奏称，“黄花厂现今只有磨山上下二洞，招集沙夫开采，亦有附近居民前来合伙分利，总非巨商大贾可比”①。后一种附近居民合伙，本小利微，当是贫民的劳动合伙。

劳动合伙实质上是劳动者之间的合作，合伙人身份平等，收益按劳动分配，权利平等。合伙关系的建立一般只凭口头约定，没有正式形式。这种合伙的临时性很强，有利则干，无利散摊，分合容易，没有约束。劳动合伙通常存在于小窑、浅井、小矿，规模不大，管理简单。

合伙制的又一种形式是资本与劳动兼有的合伙。合伙人既出资金，本人也亲自参加劳动，取得收益分别按投资量与劳动量分配。在一些需要一定资本的手工业作坊中，这种形式比较常见。合伙者多为农民、小手工业者、小商人。与第一种基本是劳动合伙比较，在这种形式中，有着合伙人共同置办的工具，即合伙人有共同资产。这只是就一般情况而言，具体到各行各业中，情况又比较复杂，形式多样。

如碾业中，乾隆五十四年，四川巴县有李承让、冯廷惠、杜元珍等“打伙开磨房生理”，李出本银 26 两，冯、杜二人出银 80 两。② 出资是为了购置工具，磨房规模不大，三人可能也是主要劳动者。

榨油业中，嘉庆十六年，巴县有柯廷与罗大顺在姜家场“伙开油坊”，又兼贩木，柯出本银 1000 两，罗原无本，即以劳动入伙，到嘉庆二十年拆伙时，柯收回本利 1800 余金，另赚银 590 余两，二人各该分得 290 余两。③ 柯出本金 1000 两，收回本利 1800 余两，其中 800 余两是按投资分配所得，又有 590 余两二人均分，这是按二人投入的劳动分配的。这种形式在其他榨油业发达地区可能也有，但清前期资料较少。清后期在一些新的榨油业集中区，合伙榨油的不少。如山东榨油业发展起来后，高密县，“每于岁晚农暇之时，农民以人工合作榨油，制造生豆饼，出售青岛及本县邻县”④。榨油需要油榨、锅盆、畜力等，是需要一定资金投入的。

---

① 前引《矿业》下册，第 561 页。

② 前引《巴档》，第 386 页。

③ 前引《巴档》，第 383 页。

④ 民国《高密县志》实业志。

丝织业中，道光六年，巴县有沈元良与徐巽坤、徐奉恩“伙开机房”，沈出本银1000余两，沈本人为商人，“原系磁帮生理，不熟机房，因与巽坤系属乡戚，巽坤无本难开”，央沈出资入伙，并在机房内工作，“诸事巽坤权管”。二徐可能是擅长丝织的机匠，缺少资本，劳动入伙，兼管机房事务。巴县是四川丝织业集中区域之一，乾隆五十九年，有“机房200余家，色绫系伊等自织”①。道光时机房可能也不少，其中很可能有一些是合伙开设的。

染布业中，道光十一年，巴县有黄、张二姓合伙，在金沙坊开设染坊，应染差布。又据道光十八年记，渝城染坊有54家②，其中可能也有合伙开设的。

瓦器业中，道光十二年，巴县有曹班辅弟兄二人打伙“开设窑罐厂生理”③。

制烟业中，道光二十八年，巴县有江、卢二人“合伙开设烟铺”，巴县是制烟业集中地区，“渝城烟帮万商聚集”④，其中也会有合伙开设的。

冶铁业中，山西冶铁业历史较久，前述1870年李希霍芬的观察，晋城的熔冶厂不需用什么材料就可以建立，一般有100马克资本就足以开动起熔冶业务，虽说数额很小，但还是由许多人合资来经营，并且是亲自担任劳动的主要部分。这是一种小型合伙企业，合伙人共同出资，并直接从事劳动。

上引各合伙事例中，许多为手工作坊，规模不大，合伙者既有资金合伙，又有劳动合伙，即合伙人共同出资置备工具设施，如碾具、织具、染具、榨具等，同时本人也参加劳动，也有不出资而以人力入股的。合伙者共同劳动，并生产共同的产品。收益既按投资分配，也按劳动分配，二者结合，如上述榨油业中柯、罗二人的分配。也有雇用少数帮工，属于合伙者共同雇用。

广东、台湾制糖业，湖南冶铁业的情况略有不同。前引广东的糖寮，榨糖时“上农一人一寮，中农五之，下农八之十之”。后两种中农、下农的糖寮，即为合伙形式。制糖需有榨具、锅罐、牛力等，这些或许是由合伙人出资共同置备，如糖榨，或许由合伙人分别将己产投入使用，如牛力，同时，合伙人本身也就是劳动者。在中农的糖寮中，或许有少量帮工。

---

① 前引《巴档》，第349、347页。
② 前引《巴档》，第355、357页。
③ 前引《巴档》，第334页。
④ 前引《巴档》，第370、377页。

台湾的糖厂称为糖廍，糖廍有公司廍、头家廍、牛犇廍几种形式，其中牛犇廍，“蔗农合设者也，每犇出牛三，为园九甲，一廍凡九犇，以六犇运蔗，三犇碾蔗，照园轮流，通力合作，其法甚善，各乡莫不设之”，糖廍需用人工有糖师、火工等17人。如果一户出一二个劳力，则一个糖廍至少由十几户组成。糖廍中物力、人力均由蔗农投入。

在分配方面，不论是广东糖寮，还是台湾糖廍，从资料中不得其详。实际上，尽管蔗农合作榨糖，其蔗园还是属于一家一户的，即植蔗是由分散的农民家庭来进行的。情况很可能是，蔗农分别经管自家的蔗园，当榨糖季节到来，受人力物力所限，他们组织起来，或共同置备工具，或有物出物，有人出人，共同劳动，轮流为各家榨蔗制糖，产品也分别属于各个家庭。在这种情况下，劳动对象与产品的归属是明确的。至于报酬，从近代云南合伙榨糖的情况看，是从产品中提取一定比例的糖作为酬劳。据近代云南制糖业调查，合伙的制糖组织是这样的，“合伙榨制者，系由蔗农十家或二十家集资购置工具，合设一糖坊制造。其榨制之分配，以蔗之生熟为先后，或抽签分配。制糖工人由同伙中人担任，每百斤糖扣五斤，以为酬劳，工具公用，惟拖榨辊之牛则由各糖主自备”①。不清楚所获得的实物报酬如何分配，或许是采取按出资量与劳动量分配相结合的方法。

与制糖业相似的，还有湖南冶铁业。前述湖南冶铁业中有一种“乡厂”，“乡厂者数人共一炉墩，各以所获炭矿轮流煽铸，为日甚暂”，挖矿者为当地贫民，采掘为分散生产，炭矿归各家自有，而冶铁则受资金、人力所限，于是数人合资共同置备、使用一个炉墩，轮流合作，分别为各家挖获的炭矿煽铸生铁，所获生铁当归各家所有。为日甚暂，可能是说所获炭矿煽铸完毕，合伙也就结束了。与制糖业一样，这里合伙者置有共同设备，冶铁时共同劳动，但炭矿分别为各家所挖，归各家所有，劳动对象与产品的归属也是明确的。劳动报酬的获取及分配方法或许与制糖业相仿。

广东与四川制盐业中情况又有不同。广东制盐业中有采用煎制方法的，盐丁“竭彼一丁之力，所治盐田二三亩”，修基围、修漏池、作草寮均为独立生

① 前引彭泽益：《资料》，第4卷，第262页。

产，煎盐时，“朋合五六家同为箐盘，一家煎乃及一家”①。这是五六家共同置用一个煎盘，但煎盐过程还是各家轮流独自进行。四川井盐业中，清初多为小井小灶，其中都有合伙生产的。如井户中，盐源盐场“有谢尚斌、谢尚照等67人积资开凿班水、硝水两井，依其人数定灶为67条半……水亦分为67份”②。这里67人集资凿井，共同拥有盐井，盐水按平等权利每人一份，但67人各有自己的灶，煎盐为各自分别进行。广东盐户与四川井户的共同点是，只是合资购置工具或开凿盐井，煎盐则是一家一户独立进行，也就是说，他们拥有共同的生产资料，在使用上拥有平等权利，合资者本人也是劳动者，但与制糖、冶铁不同的是，在劳动过程中并不合作，煎盐仍为个体生产，作为产品的盐也分别归各家所有。

以上各例尽管具体情况不同，但综合起来可见，这种资本与劳动兼及的合伙也带有一定合作性质，合伙人之间的关系基本是平等的，即共同拥有生产资料，共同劳动，以平等的权利获取劳动报酬，但在按投资分配方面也体现了资本的性质。这种合伙关系也带有较强的临时性与不稳定性，往往因个人之间关系不协调而拆伙。在一些为时较长的合伙关系中，有的已用契约形式来确定，称为“合伙约”，表明这种合伙关系向正式形式演进。同时，资料还反映，合伙人之间的关系，许多为亲族、朋友之间的合伙，如舅甥、叔侄、弟兄、乡邻等，家族因素在这里占有重要地位，意味着合伙关系还未完全演变为经济关系。

合伙制的再一种形式为资本合伙。合伙人只投入资本，本人不参加劳动，雇工生产，但投资者一般仍亲自参与经营管理，即所有权与经营权统一。收益则根据协议依投资量按比例分配，一般称为“股”、“分”。这种形式多存在于那些需要资本较多，生产规模较大的工作场合，如矿冶。合伙者多为商人、富户。

与前二种形式相比，这种资本合伙更为形式化，合伙关系的建立都立有契约，即合伙约。契约内记明合伙人的权利，主要是确定其在收益中所得份额。

---

① 前引彭泽益：《资料》，第1卷，第250页。

② 《四川盐政史》卷2。

这种合伙形式已摆脱了劳动者合作性质。在清代冶铁、采煤、铜矿、制盐几个行业中，这种资本合伙形式已普遍可见。

在铁矿采冶业中，乾隆时，广东招商承开铁炉，有独资，也有合伙。嘉应州有“商人王长兴、商伙李世业在松源堡分煽蔡坑、宝坑，承开玉浆炉一座”①。湖南郴州有采矿业，“历来矿商厚挟资本，招集砂夫，怂恿富户，合伙开采”②。辰溪冶铁业中有乡厂、客厂之分，乡厂已如前述，“客厂者或一人或数人合伙，先期收买炭矿，每秋凉时开炉，至次年春夏之交为止”③。这几例提到合伙投资，置办设备，购买原料，招募人工。投资者为商人、富户。

四川巴县有铁矿业，有资力者往往合伙开采。如乾隆三十年，有“向柏能纠同巴民莫添章私挖铁矿”。嘉庆十年，有雷天其弟兄“邀田学圃出本银伙办铁矿”，以后由于雷姓弟兄欲辞退田姓，约定将合伙期内所采铁矿的一部分抵补田姓工本，“情愿将所办现矿三堆，共二十八伙铁，将二十伙铁补抵借到田学圃名下镜面本银一百三十五两正，每两每月加三分行息”④，未提雷姓投入的工本量，看来田姓出资较多，因而将所采铁矿的大部分归于田姓，约定出铁后连本带利归还。道光三十年，有张天斗邀王济龙“共凑银二百两伙开铁矿厂”，张雇其胞侄张万邦帮工，并议定“济龙管理内务，天斗收理外账”⑤。张、王二人集资开厂，并分工亲自经管厂务。

巴县冶铁业，乾隆五十六年，有欧国钦“与彭忠元伙捐工本，在钱家沟开设铁厂，计费三百余金”。嘉庆十八年，有况国桢等4人立合伙文约，“合伙开设铁厂，共立万顺字号，在外拈借银两作本，支给矿山、柴山以及厂内办干，俱归四人公用，俟来岁炉火毕所卖铁价银，除所借外账本利还明，所买矿炭以及佃银山价、厂内亏项扫数揭清外，所赚银两四人均分，倘有不敷，四人均认，不得推诿。……务要合力经营，不得懈怠。所用银两不得隐瞒”。又道光二十九年，有刘海珊状告陈隆泰，三年前，陈邀刘等“合伙在大广山开设

① 前引《矿业》下册，第495页。
② 嘉庆《郴州总志》卷19。
③ 道光《辰溪县志》卷21。
④ 前引《巴档》，第296、297页。
⑤ 前引《巴档》，第308页。

铁厂”，刘等“约□□万寿宫龚灿元钱七百串，交与隆泰作本，议明赚折均分均认……自伙之后，买卖银钱概系隆泰经营”，刘等“并未染指”①。这几例中，投资者立约合伙经营铁厂，除本人投资外，又有借款。各人投资量或许不等，但约定赚折均分均认。铁厂均为投资者亲自经管，第二例是四人共同经营，约定同心协力，借款公用，用款公开，第三例刘等看来不参与具体事务，而由合伙人之一陈隆泰经管。

采煤业中，典型的是京西地区的采煤业。从已发现的清代该地区一些煤窑契约可见，合伙制已是这里普遍采用的形式。清前期采掘越来越深，有的煤窑有雇工数百人，规模相当大。一些深井、大井的开采工本需要量大，且具有一定风险，合伙制即在这种情况下发生并推广。② 有关契约中均详细写明合伙关系，仅举一例：

乾隆四十四年九月，“立会批窑合同人焦之信、润，安增、瑞因有厢红旗焦姓地内萝卜窖得意窑一座，自无工本开做，今会到徐友松名下出本开做。其窑按一百二十日为则，去焦之信、润开地主业二十日，去安增、瑞开旧业十日，去孙景懋开旧业十日，徐出工本开新业八十日，言明出工本钱八百吊正。如再工本不接，公同窑伙借办，按月三分行息。煤出之日，先回借钱，后回工本，除回完之外，见利按日分均分。……所有窑上办事日等，听其新业主裁。……自开工以后，或行或止，听其新业自便……”③。

综合各契约内容可见，首先，京西采煤业中的合伙制至少始于明后期，清初得以恢复推广，一直延续到清末，据后来实地调查，可延续到民国时期。合伙目的是为了凑集足够资本，合伙人有地主，有出工本者，出工本者又有原出工本而后退出者，有新出工本者，这些人都以合伙人的身份参与分配。其次，契约规定反映出这里的合伙制已趋于正式化，合伙关系通过书面协议建立，具有一定稳定性。对合伙人的行为权利有明确约定。合伙者的股份可以出卖、出租、出典，也可以退伙，不管哪一种变化，新的关系都以书面协议的形式来确

① 前引《巴档》，第298、301、308页。
② 有关研究有：方行文，载《中国社会科学院经济研究所集刊》第2集。
③ 前引《矿业》下册，第422页。

定。第三，不管是称作“股份”、“日份”，出工本者按比例分配只是一种协议约定，与出资量有关，又不是一种确定的数量关系。股份又分为土地股与工本股，表明资本与土地的关系。如果地主又出工本，其所获土地股份与工本股份是明确分开的，二者各得其所，土地股所得份额实际上是地租，工本股所得份额为资本盈利。第四，一部分契约中未写明煤窑是否有专人经管，可以推测，其中必定有一些合伙人是亲自经理窑务的，如上引事例中的徐姓出工本者，既出工本，又主管窑务，决定煤窑的用人、行止。在这种情况下，所有权与经营权还没有分离，或者没有完全分离。

四川巴县采煤业多采用合伙制。合伙者以书面协定确立合伙关系。如嘉庆七年，任国祥等7人合伙采煤，“商议协力同心，于回龙桥石绵洞开挖炭洞，待异日开穿之时出卖。所获利息七人除本均分，倘若折本，七人亦同公认。至伙内或有本不足，在外借贷，不与伙内相干。其中费用账目，不得私人渗漏，七人如同一己。……今恐人心不一，故特立合约，各执一纸为据”。嘉庆八年，任瑞先等7人“合伙开挖煤炭窑”，立合伙约，“合伙佃真武山僧海润名下，地名茶园沟煤炭山全障开挖取炭，派定十股，账目各□□多寡，开列于后。公同议明，务将押佃银二十两，以及所欠各项账目逐一还清，俟□□□每逢十日歇班之期，伙众眼同清算所余之利，照股分派收，不得平日任意□□□□□急事务要钱使用，邀集同伙人等，言明事件，方许取用……”。道光四年，陈敏中等5人合伙“租佃赵在受之业内地名蒲家垭口炭山一嶂，开挖煤炭生理”，规定“此生意派作十股，胡姓得四股，陈姓得四股，王氏昆仲共得一股，黄姓名下得一股，共成十股生意。见炭之日，获息均照成股分摊，不得争议多寡。至于折本不虞等事，亦照股摊赔。其有写山银两及杂项费用银两，同议胡姓出银二百两，王氏昆仲出银五十两，其余费用不敷，概由陈姓一人垫出完竣。黄姓分厘未出。所写胡陈王三人垫用本银，生意中公认月利，每月每两二分行息。其原本并利，出炭时先即楚偿无遗，方照股份分利。自合伙之后，务各同心协力，认真办理，不得推诿不前”①。巴县煤窑有时称为“煤厂”，采用雇工生产，称为“啄斧手”。合伙者可能有地方富户、商人，本人

① 前引《巴档》，第258、259、268页。

不参加劳动，依入伙资本多寡占有一定股份，参与分配，入伙资本量与分配比例都是众人协商的结果，如上述第三例，或约定资本与利息均认均分，如第一例。又这三例可见，煤窑是由合伙者共同经营，在管理方面权力均等，合伙人不得私自动用、或借用共同的资金，如有急事必须动用的，须经所有合伙人共同商议同意。

各地采煤业中也有许多是采取合伙形式的，“民间伙采煤窑，出本图利”。如乾隆五年，山西保德有“王二汉子与堂兄王建其伙开煤窑生理”。乾隆二十年，蒙古归化有张照禄与赵周“合伙开采”煤窑。乾隆四十年，江西安福有刘兆祥与刘转保“合伙在山左开煤”。乾隆四十二年，河南登封有“梁允升与张九恩伙开煤窑”[①]。这些煤窑都为雇工生产，合伙者本人不参加劳动，均为资本合伙。估计至少有一部分是由出资者亲自经营管理的。

铜矿业中，商人投资开采，有独资，也有合伙。云南铜矿许多为合作开采，“矿厂向系朋开，其股份多寡不一，有领头兼股者，亦有搭股分尖者，自必见好矿而后合伙”[②]。“数人伙办一硐，股份亦有大小，厂所首需油米，故计石而折银焉，退出添入，或相承顶，令其明立合同后即无争”，也有就他人之硐分开窝路，叫做“客尖”，“客尖亦有独办、伙办之不同”，所获赢利除去工本按股份分配，“卖获矿价，除去工本，又抽公费……余则就原伙石分而分之”[③]。铜矿采用雇工劳动，出资者本人既不参加劳动，大部分投资者也不直接经办矿务，但不排除有的小矿有出资者参与经营管理。

甘肃铜矿业中，乾隆五十二年，有王楚珩等起意开挖铜矿，“纠袁世富、谈昌贤、赵云从合伙，各皆允从，王楚珩先交现银五十两给袁世富、唐德麟雇夫置备器具……王楚珩自赴汉中置货……彼此说明合伙五人连王廷玉共作六股，于八月初十日雇夫十八名赴山开挖……”[④]。这是合伙者出资，并从置备器具到雇夫挖矿均亲自过问经办，矿硐共同经营管理，约定矿利按每人一股均分，其中王廷玉为县府典史，依仗权势参与分配。

---

① 前引《矿业》下册，第456、444、449、472、452页。
② 前引彭泽益：《资料》，第1卷，第337页。
③ 前引《矿业》上册，第82页。
④ 前引《矿业》上册，第302页。

制盐业中合伙制最为典型的应为四川井盐业。随着凿井技术改进，盐井深度增加，开凿费用日增，投资周期延长，除少数大商人资本外，多数中小资本只能集资合伙经营。前述明代已有合伙事例，清代成为普遍形式。由于盐井经营的多样性，其合伙关系相当复杂。清中叶以后，四川井盐业中的合伙制度逐渐形式化、制度化，在集资、管理、分配等方面都形成一套成规。到民国时，井盐业中的合伙制更为成熟，有研究者认为，其制度构成中国特有的股份制形式。①

四川井盐业中的合伙更多为资本合伙。合伙者有商人、地主（指地主以资本投资）以及地方贫民。合伙者通过契约形式建立起合伙关系，依据投资量多少对盐井水火分配比例达成协议，所得份额称为“日份”、“股份”、“锅份”。盐井开凿采用雇工，有的由出资者直接经营管理，仅举二例：

光绪三十年，有张可风、曾三友、徐顺源善伙佃神涌井日份15天，三股各占5天，“工本、佃价、推办用度，均照日份派逗。其余井上账目，满年一算，余有红息，亦照日份派用。……所有井上事件，伙等相商办理”。

光绪三十年，有杨慎旃、赵翰卿、杨治安伙佃同海井一眼，锅份24口，“其锅份杨慎旃十七口半，赵翰卿六口，杨治安半口。所有佃价、淘费、修造，照口份陆续派逗。淘出水、火、油，仍照口份分红。其井交杨慎旃承办”②。

以上两例表明，在四川井盐业的合伙制中，有一部分是由投资者亲自经营，或是共同经营管理，有事相商办理，如第一例，或是委托合伙人之一承办，其余人不参与井上事务，如第二例。在承办人杨慎旃所占的锅份中，或许有部分是作为其管理的报酬，不过约内并未写明。

在以上冶铁、采煤、铜矿、制盐业的收益分配中，都有地主参与在内。出资者佃山佃地采矿挖煤，将收益的一部分分给地主，有的虽名之为“股份”，实质是地租。至于井盐业中的“地脉股份”，情况则比较复杂。地主作为土地所有者占有收入的一部分，这是地租。但约内往往又规定地主也须承当见功后继续下锉的开凿费用，即照24口锅份摊派复行下锉费用，这又具有工本性质。

---

① 见彭久松、陈然文，载《中国经济史研究》1994年第1期。

② 前引《盐业契约》，第576、577页。

因此，“地脉股份”在盐井开凿后期恐怕兼有地租与投资收益双重性质，地主本人也兼土地所有者与投资合伙人双重身份。前面已述，在四川井盐业、京西采煤业中，地租在收益中的比例有下降趋势，意味着土地权力下降与资本权力的上升。

造船业中，商人集资合伙造船的情况存在普遍，只是造船与航运、商业并未分离，商人合伙制造并共同拥有船只，其收益来自商业与航运业，并非造船本身。

在以上资本合伙形式中，均为雇工生产。在生产关系中，地主、投资者、雇工身份明确，具有典型的资本关系。当生产达到一定规模的时候，可以说，这种合伙制已带有资本主义生产关系的性质。

第四种合伙形式也是资本合伙。在合伙人身份、合伙关系的建立、分配方法等方面与第三种形式有相同之处。只是这种合伙制中投资者本人既不参加劳动，也不亲自进行经营管理，而是仅仅作为出资本的股东参与分配，企业的经营管理有专门人员，即所有权与经营权开始分离，这些经理人员在各行业中称呼不同。

在京西地区采煤业的合伙关系中，有一种“窑业”人，有的称为“业主”。从契约文字上看，这种“窑业”人与地主、出工本主是明确分开的。“窑业”人本人不出工本，而享受“窑业日分”。从契约内容上看，“窑业”人的职责可能是具体经管煤窑事务。据后来的实地调查，也证实“窑业”人就是煤窑的经营管理者。[①] 兹举几例：

顺治二年，焦云路、高义、杨文华合伙开做煤窑，“将此窑议同以六十日为则，焦连地主开拾日，杨、高开业主及出工本开叁拾日，户部王老爷开贰拾日。言定煤出之日，除完工本，见利均分”。此例业主与出工本主为二种身份，杨、高为企业经营者兼股东。

顺治十年，牛录白与焦九万合伙开做煤窑，“言定窑以六大分为则，镶白旗牛录白出工本开四分，焦九万开窑业地主共二分。出煤之日，除完工本，按分分收”。焦姓不出工本，以窑业与地主二种身份参与分配。

---

① 见邓拓：《从万历到乾隆》，载《论中国历史的几个问题》。

康熙十四年，刘国安、安敬、高应明等会同众人出本开做煤窑，“言明按贰百肆拾日为则，太太府中开做捌拾日，下剩壹佰陆拾日，均壹佰柒拾日为则。干窑业拾伍日，安敬开柒日半，高应明开柒日半，刘国安、昌开地主拾伍日，安敬出本开做叁拾日，高应明出本开做叁拾日，高应捷、录出本开做贰拾伍日，刘国安、昌出本开做拾日……煤出之日，见利按日分均分”。此例安、高作为干窑业与出工本分别享有不同的分配比例，二刘作为地主与出工本主分别享有不同分配比例，四人分别作为企业经营者、股东、地主的身份是明确的。

康熙二十九年，焦钦会到众家出本开做焦家地内吉利窑一座，“其窑按一百五十日为则，索府开出本窑叁拾日，马承援开出本窑拾日……焦承沣开出本窑拾日，焦承沣又开窑业柒日半……阎宝开出本窑拾日，焦钦开地主窑拾五日，杨文登、贵开窑业柒日半。言明出煤之日，先完做窑工本，然后见利按分均分”。此例中焦承沣享受“出工本日分”与“窑业日分”两种受益权。二杨不出工本，而享受“窑业日分”，为单纯的企业经营者。

咸丰九年，山主张秉义有煤窑一座，自无能力开采，因同张必文、李天太邀到刘士荣等6人名下出工本开做，“其窑按三百二十股为则，内支山主地分窑四十股，张山主抱旧业四十股，张必文开新业二十五股，李天太开新业二十股，下余一百九十五股，新出工本六人抱开。卖煤之后，见利先回新工本，新工本回完，然后按股份均分”。此例中山主享有地分与旧工本二种受益权，新出工本6人即股东享有大部分受益权，张、李二人不出工本，以“开新业”即管理煤窑享有受益权。[①]

综合上述几例，除封建权贵凭借特权或出工本占有一定分配份额外，其他人中，地主、出工本主与“干窑业”或“开新业”、“业主”各自的身份明确，地主占有地分，出工本即股东占有工本日分，干窑业即经营者占有窑业日分。有的是经营者兼地主，如第二例，有的是经营者兼股东，如第一、三、四例，有的是单纯的经营者，如第四、五例。至于其他出工本者则不参与经营，作为股东，只享受投资收益。干窑业以经管煤窑付出劳动而享有收益权，这种收益

① 前引《矿业》下册，第415、417、418、430页。

权尽管以股份形式出现，但并不意味着对煤窑的所有权，而还是一种没有演变为工资的报酬形式，一旦退出便不再享有窑分，而出资者则不同，即使不再投资也享有对以往投资的收益权，即“开旧窑业日分”。干窑业又出工本，即经营者兼股东，其作用与前一种投资者亲自经管煤窑的形式相似，只是其主要身份为“窑业”人，即经营者。

山东采煤业发达，大的煤井经营多为资本合伙，“凡攻井，合众财，其利视本多寡为差”①。不过出资本者只坐收其利，并不亲自经营，真正经理煤窑的有井头、洞头、账房，“又闻之里中武断规取山场，纠众敛钱攻采，其主事者，必曰井头，率徒下攻者曰洞头，收发钱财者曰账房，此三人者权莫大焉。输钱出份者谓之攻主。煤已见矣，给以难攻采无算矣，仍以繁费为辞，彼攻主犹怀欲取姑与之心，任其苛派销算，而井、洞头则一文不费，公私十倍坐获。及日久见疑，从而察之，账房又意为舛错，遂使攻主倾家入井，而山场业主办赋无从矣。……事闻于官，与此三人若风马牛不相及也”②。“纠众敛钱”说明煤窑是合伙出资的，“输钱出份”即出资本的称为“攻主”，但攻主与经营无关，煤窑由井头、洞头、账房经管，这些人也就控制了煤井实权，并往往以此挟制出资本的攻主。这些人一文不费，却“公私十倍坐获”，所谓“公私”，可能既包括本应由经管煤井付出劳动所正当获得的报酬，也包括以不正当手段谋取的利益。一旦出事，则与这几人又不相干，因为他们获取的是无本之利。不管怎样，这条资料说明，在山东采煤业的一部分合伙井中，出资本者与经营者，即所有权与经营权发生了分离。

其他事例如，乾隆三十三年，宛平县民张进良与人合伙于房山县民人蔡兴地内，“费用工本京钱一千七百吊，开挖旧有三合礵煤窑一座，计窑业五十分议定，山主蔡兴得十一分半，窑伙赵得新得四分半，尹成保得五分，朱巩祚得五分，张进良得二十四分。所有窑上一切事务，俱交给郭君玺经管”，以后由于郭君玺“把持窑务”，私吞窑利，而酿成诉讼③。这里张、赵、尹、朱等人

---

① 前引《矿业》下册，第461页。

② 民国《续修博山县志》卷7，引乾隆志。

③ 前引《矿业》下册，第406页。

为合伙出资者，张所得份额最多，可能是出资最多。但这些人并不经营，只参与分利，煤窑事务交给郭姓经管，郭姓为实际经营者，把持着窑务，但分配比例中没有他的份额，其收入另有来源，其身份更接近于单纯的经营者。

乾隆四十年，山西阳曲有“姜万雨与张天有、孟加库伙开煤窑，张天有托伊叔张大成在窑管事”[①]。张大成即煤窑的经营管理者。

四川巴县采煤业中，道光三年，有姚心仲邀蒋贵等4人合伙采煤，“伊〔姚〕出人照理，蚁〔蒋〕等3人出本银钱邀费，见炭之日，亦系心仲一人在厂照卖，进出各账，均系伊经手”[②]。蒋等3人只出本钱，不管经营，姚不出工本，只负责照理煤窑，实际是煤窑经营者。

铜矿业中，云南铜矿采冶的生产单位分为硐、炉，一矿厂中可以有许多由不同投资者组成的硐户、炉户。这些硐户、炉户为出资本者，但通常并不亲自管理生产，具体工作、事务有专人负责。有记载说其内部关系，硐户中，“合伙开硐，谓之石分，从米称也，雇力称硐户曰锅头，硐户称雇力曰弟兄”，“一厂之中，出资本者，谓之锅头；司庶务者，谓之管事；安置镶木者，谓之镶头……炼铜者，谓之炉户”，“凡硐管事管镶头，镶头管领班，领班管众丁”。炉户炼铜有炉，炉有炉头，“无论银铜，炉户之亏成，在其掌握。硐之要在镶头，炉之要在炉头”[③]。可见硐户、炉户为出资者，具体经管有管事、硐头、镶头、炉头等人，分别负责财务、生产等项事务。其分配如前所述，除去工本、公费、山租等，“余则就原伙石分而分之”，即获利由出资者按股份分配。那些经办人看来不占有股份，而是受雇于出资者，报酬另计，身份近于后来的管理人员。

云南铜矿业中的一个特殊现象是“官本”，是政府为鼓励商人开采而采取的措施。“官本”实质是国家向私营矿厂采办铜斤的预付货款，并非对矿厂投资的股本，因而“官本”并不体现国家对矿厂的所有权，即在合伙企业中，国家并不是合伙者。

---

① 前引《矿业》下册，第447页。

② 前引《巴档》，第291页。

③ 前引《矿业》上册，第82、83页。

云南银矿业中，雍正时招商开采银矿，“挟资与分者远近纷来，是为米分厂客。或独一人，或合数人，认定峒口，日需峒丁若干进采，每日应用油米盐菜若干，按数供支。得获银两，除上课外，分作十分，镶头峒领共得一分，峒丁无定数，共得三分，厂客则得六分”①。商人投资有独资，也有数人合伙，认定峒口，每日供给日用所需，具体经管有镶头、峒领。所获收益中，除去镶头峒领及峒丁的份额，其余为投资者所得。镶头、峒领的报酬表现为股份形式，享有一分收益权。

四川井盐业，清前期，盐井开凿中有一种“承首人”，承首人不出工本，其主要职责是筹集合伙资金，包括启动资金及开凿过程中的经营性费用，组织并指挥盐井开凿，“其同为客人，合伙作井，始议每人占‘井分’若干天，‘锅分’若干口，出钱，交与承首人办理，按月用钱若干，各照所占‘井分’‘锅分’缴出”②。客人即出资本的商人，合伙开凿盐井，但只是作为股东出本收益，盐井交由承首人办理。承首人对股东负责，定期集敛资金，组织人力，开凿盐井，并要定期向股东们述职，“其办井所用进出限银钱、货物、账目，至满年后承办人约众伙到井清算明白，免生疑义”③。这种承首人即为盐井的实际经营者。

承首人本人不出资本，以承办盐井而享有一定收益权，实为工作报酬。其收益形式初时为“家伙滚子全水”，即开凿工具等归承首人。如嘉庆元年，李万盛、刘坤伦等4人承首办天元井，在24口锅份中，地主得地脉水份6口，出资者得水份18口，承首人不占有份额，但“家伙滚子全水归与李万盛，二十四口不得争占”。又嘉庆八年，陈三锡等4人出首承办天圣井，约定地主得地脉水份6口，“其有家伙滚子水份，归承首人管业，二十四口水份人等不得争占，余有十八口，归承首人邀伙开凿”④。此时承首人的收益在24口锅份之外，即不占有股份。收益形式为实物报酬。

承首人的收益形式以后看来发生了变化。道光以后的契约中不见“家伙

① 前引《矿业》下册，第573页。

② 前引彭泽益：《资料》，第1卷，第288页。

③ 前引《盐业契约》，第349页。

④ 前引《盐业契约》，第334页。

滚子全水”字样，而是由地脉股份中拨出几口井份归承首人，以作费心之资，称为“浮锅份”，通常为2～3口，也有拨出4口的。如道光十四年，邹朝璋出首承办天顺井，“地主得地脉水火锅份四口，承首得地脉水火锅份二口；内有十八口，任凭承首邀伙出资凿捣……承首不得停工住凿；如有停工住凿，将承首地脉水火锅份二口，交与众开户承办，承首不得异说”。又咸丰九年，刘光辉等3人承办顺海、天海二井，照24口分班，“每眼地脉锅份六口内，拨出浮锅份二口半，付与承首主人，以作费心之资，均系子孙永远管业”①。同治时的一些契约中均有类似规定。承首人所得份额由地脉水份中拨出，意即其不承担开凿费用，同时，其收益以锅份形式固定下来，或许意味着其地位的某种变化。契约规定承首人在开工后不得停工住凿，否则股东们有权收回其所得的浮锅份，承首人收益的工资性质更为明确。

承首人也有兼为投资者的，在其收益中除占有浮锅份外，还享有开锅水份，即投资收益。如嘉庆元年刘坤伦、张仕焕承办天元井，除享有“家伙滚子全水”外，在18口开锅水份中，又有刘坤伦2口，张仕焕3口。前述道光十四年，邹朝璋作为承首人分得地脉水火锅份2口，在其余18口锅份中，其作为出资股东还享有锅份1口。同治七年，颜璜溪、颜庆升承办三升井，以其“出力承办”，分别占有浮锅份2口和半口，此外在18口开锅水份中，颜璜溪又占有9口②。承首人作为经营者兼股东具有双重身份，与京西采煤业中的“窑业人”类似，其主要身份为经营者。

在光绪以后的契约中，似少见“承首人”的称呼，多称为“主人”、“客人”，收益按主人、客人分配。主人为地主，客人为出资本的股东，分配中没有了管理者的份额。有研究认为，承首人是一历史范畴，其数量在趋于减少。③ 同治以后的记载中，井灶管理者多称为“董事”、“理事”、“管事”等④，或许是由承首人演变而来。他们的报酬也不再表现为股份形式。这一变化大约是与近代企业的经营管理相适应的。

---

① 前引《盐业契约》，第336、337页。

② 前引《盐业契约》，第333、337、348页。

③ 前引《盐业契约》，第55页。

④ 前引彭泽益：《资料》，第1卷，第290页。

综上所见，清代在一些手工行业中，主要是矿业中，已出现了一些专门人员，这些人虽以合伙人的身份出现，但其主要职责是进行经营管理。这些人不出资本，而以自己的“费心”获取一定比例的报酬。这一报酬一般以股份形式出现，还未演变为真正的工资形式。与出资本者拥有对企业的所有权不同，这种股份形式的报酬并不意味着对企业具有所有权，也不具有永久性，如果经营者违约或退出，出资本的股东们有权收回其所占股份。这些企业的生产规模一般较大，一个单位中合伙人众多，从数个至数十个不等。这些合伙企业已基本摆脱了传统家族企业的性质，合伙人之间很少为家族关系。众多的合伙人中，有的是全部，有的是多数不参与经营管理，只作为股东参与分配，已经脱离了生产，表明在这种合伙形式中所有权与经营权在不同程度上的分离。

（三）合伙制的演变与发展局限

如前所述，合伙制随着民间手工业的发展而发展起来，并逐渐由仅仅作为一种集资手段、一种简单协作的劳动组织演变为一种固定的具有内部管理制度的企业组织形式。其存在逐渐普遍化。仅据所见资料，清代手工业中存在合伙制的有十六七个行业。合伙形式多样，从劳动合伙到资本合伙，表明其形式在不同层次上的发展。这种形式上的区别看来与生产本身的发展程度有关。在资金较少、生产规模较小、管理简单的组织中，常见的是合伙制的前两种形式。如农产品加工业中的一些手工作坊，碾坊、糖坊、油坊、烟铺等，工具简单，资本较少，规模小者数人，大者一二十人，其合伙形式多为资本与劳动兼有的合伙。采矿、冶铁等行业中的劳动合伙，人数多者聚集数十人，但资本量很少，劳动过程、从而内部管理简单，大多又带有临时性，较为低级的合伙形式已足以适应这些群体。

在矿冶、井盐等行业中存在的资本合伙的两种形式，是适应这些行业中企业向大规模发展的需要而出现的。数十贫民劳动合伙只能采掘一些浅层、露头炭矿，而开采深井、大硐，非有较多资本不行。如山东的煤井，深者达二三百尺，雇工人数“畚挶上下，率以百计”，加之开采煤井的投资风险，因此出资本者往往也是比较谨慎的，“其治井也，必先相地有炭苗，然后出重资攻掘。

井成得炭多者利数倍，井不成或炭少而滰浸于地水者，家产多荡然”①。京西地区的煤井有的深达十数里，煤窑规模大者有一二百人，做窑工本一般在数百两至千余两，② 即使对一般富户来说，支出这笔资金也不是轻而易举的，因此做煤窑者往往是“会同众家出本开做”。铜铅等矿采冶，人少了不行。除了大商人资本独资经营，拥有雇工在数千乃至数万人的大矿厂外，那些小矿厂、以至单个矿硐，也都是较具规模，“开矿之役，非多人不足给事，凿者、挖者、捶者、洗者、炼者、奔走而挑运者、董事者、帮闲者，每一厂不下百余人”③。云南铜矿中有的碏硐深达十余里至二十余里不等，每硐工人在百人以至千人以上，由此出现了不同规模的资本合伙，“有领头兼股者，亦有搭股分尖者”，又有“数人伙办一硐”的。四川井盐业中盐井开凿深者有二三百丈，开凿费用随盐井加深而增长，“凿井之工费，浅井以千计，深井以万计，有费至三四万而不能见功者”④。投资周期长，开凿费用高，采取合伙方式也就是顺理成章的事了。

生产需要也导致合伙组织由单个生产单位的合伙走向几个生产单位的合伙经营。如京西采煤业中出现了几个煤窑联合经营的形式。这是因为随着煤井采掘深入，煤层相通，“非伙不能生利”，投资者们只能顺应形势，“同出工本，伙做伙开”，收益或以投资者的投资量按日份分配，或以窑为单位，按“窑分”分配⑤。这是生产发展导致合伙形式的进一步演进。

不同的合伙形式也表明合伙者的内部关系从简单到复杂。在前二种形式中起重要作用的是家族因素、地域因素，而在后二种形式，更重要的是资本因素。一些生产规模较大的合伙企业，采用雇佣劳动，投资者、经营者、劳动者、以及地主，各类人员身份明确，具有典型的资本关系。由此又导致合伙组织的内部管理方法从简单到复杂。在一些资本合伙组织中，企业管理趋向制度化，对合伙人的职责权利有明确规定。管理体制也在演进，所有权与经营权由

① 前引《矿业》下册，第460页。
② 据前引《中国资本主义的萌芽》。
③ 前引《矿业》上册，第49页。
④ 李榕：《自流井记》。
⑤ 前引《矿业》下册，第419、420、427页。

统一到趋向分离，股东逐渐退出生产，企业中出现了专职管理人员。企业发展对管理人员的素质要求逐渐提高，由委托亲属代管到委派专业技术人员从事管理，如井盐业中的承首人一般都是具有凿井技能的专门人才，铜矿业中要求“垅长必得善识垅内矿路……炉头当择其善于煎炼之人”[①]。合伙关系以资本因素代替家族、地域因素，企业所有权与经营权发生分离，体现了企业组织、企业管理由低级到高级的发展。

总之，不同的合伙形式是适应社会经济发展、资本集中对企业形式、企业管理的要求提高而出现的从低到高、从小到大的一种多层次发展。由于社会生产力是多层次的，对企业形式的需要是多层次的，因此这几种形式在时间上是继起的，在空间上是并存的。不同的合伙形式也体现了企业形式的演进过程。通常认为，近代股份企业是由合伙企业发展而来，在正常情况下，合伙企业形式的演进将引向近代股份企业的产生。不过，这一过程在清代并未完成。

从债务清偿方面看，合伙企业承担无限连带债务清偿责任。有限责任是随着近代公司制度产生而出现的。因此，历史上的合伙组织承担的都是无限责任，尽管文献中还没有这一明确提法。清代一些契约中提到的“赚折均分均认”，规定投资者必须承担企业亏欠后的赔偿责任，这一规定同时意味着如果资不抵债，投资者必须倾其家产来赔偿，即前述所谓“家产多荡然”。没有看到关于清代合伙企业清偿债务事例的直接史料，不过从一些相关事例中，也可看出当时的习惯作法。如湖南银矿业中，乾隆初有何植茗“采银大凑山，数载资荡尽……岁已尽，家无十日粮，矿丁坐食其家者，犹十许人。植茗计无所复之，除夕，杀所畜狗召众会食”。何姓家产已尽，仍欠矿丁工资，只得将所养的狗杀食。甘肃铅矿中，乾隆时有铅商严御擢欠缴铅课，“监追数载，赤贫如洗”。广东采煤业中，乾隆时，有商人彭奕才、曹仁兴、王昌盛、符觉伦承开煤山，并认纳饷银，后因“资本亏折，饷项未清，拮据难办，旋即告退”，但官府并不因其亏本告退而罢休，仍然追缴未完饷银，“屡年勒追，奈已退之商均属病故穷苦，毫无措办”，彭奕才“已经病故，家产全倾，妻儿离散”，

---

① 前引《矿业》上册，第268页。

曹仁兴“家产全无，流丐无踪”，符觉伦“家产全无，久患癫狂病故”，并且三人“俱并无亲属”①。也就是说，如果企业亏欠，不仅本人倾家荡产，妻离子散，如果有亲属，还将连带亲属，由亲属继续承担偿还责任。债务清偿中的无限责任，是当时一种约定俗成的规则，合伙企业也不例外。有研究者认为，近代四川自贡井盐业中实行“井债井还”制度，是一种有限责任制度，这使自贡井盐业中的企业制度更接近于近代股份制。②

合伙制的作用，首先是一种集资手段。当生产发展到一定程度，生产规模扩大，资金需要量增加，个人难以独立承办某项工作时，合伙便会应运而生。合伙解决了单个投资者的资金限制，有利于资金集中，在更大范围内吸纳社会力量投入生产。

合伙制的又一作用是减少投资风险。凡投资必有风险，对于风险与其独立承当不如众人分担，这是合伙者的共同想法。在一些契约中明确定有有关条文。如前述四川巴县采煤业中，嘉庆七年任国祥等 7 人合伙挖窑，约定“所获利息七人除本均分，倘若折本，七人亦同共认”。道光四年，陈敏中等 5 人合伙约定，“获息均照成股分摊……至于折本不虞等事，亦照股摊赔”。冶铁业中，嘉庆十八年况国桢等 4 人合伙开立铁厂约定，“所赚银两四人均分，倘有不敷，四人均认，不得推诿”。道光二十九陈隆泰等人开设铁厂，“议明赚折均分均认”③。合伙可以减少个人投资风险，在一定程度上扩大了个人投资机会，也不失为手工业发展的一个促进因素。

清代合伙制中，不管那种形式，都带有非长期性的特点。这首先体现在企业收益分配中。各类合伙协议通常都规定，在收益中扣除工本、公费等项后，其余全部分完，不留企业积累。如四川采煤业，“议定兴工开挖，先归各出本利，然后获利照股均分”；冶铁业，“俟来岁炉火毕所卖铁价银，除所借外账本利还明，所买炭矿以及佃银山价、厂内亏项扫数揭清外，所赚银两四人均分”。京西采煤业，“言定煤出之日，除完工本，见利均分”④。

---

① 前引《矿业》，第 362、380、477 页。

② 见前述彭久松、陈然文。

③ 前引《巴档》，第 258、268、301、308 页。

④ 前引《巴档》，第 270、301 页；《矿业》下册，第 415 页。

不留企业积累，即不提留再生产基金，企业再生产资金靠合伙人在生产过程中陆续投入，而这种再生产通常仅是简单再生产。如上述嘉庆十八年况国桢等人的合伙，议明合伙结算期为一年，“上年尚有折耗银仍照上年三股平认，不在本年四股摊还之数，上年所制有动用什物，亦归三股，俟炉火毕算清□明。下季生意，倘有不愿做者，听其自便，并无逼”[①]。山西煤窑中合伙人每年定期缴纳窑费钱以为维持费用，如前述乾隆四十年姜万雨等人的合伙，“每年共应摊窑费钱四百文”。京西煤窑中做窑工本常为定数，超过者按借款例由合伙人公出，如乾隆四十四年徐友松等人合伙，“言明出工本钱八百吊正，如再工本不接，公同窑伙借办，按月三分行息”。乾隆四十七年，晋泰等人合伙，“公同议定，做窑工本清钱五百千正，如过额再用钱文照借例三分行息”[②]。四川井盐业中通常作法是，投资者先缴纳一定资金做底钱，以支付地基等费用。动工开凿后，由投资者定期（通常是按月）缴纳使费钱，作为凿井的日常维持费用。井见微水微火，其价缴井做开凿费用，井见大功后，扣除工本，余有红息照股份分派。分红息后，盐业的维持费用由股东与地主共同定期缴纳。如果继续下锉开凿，由股东与地主共同定期缴纳开凿费用。如前述嘉庆元年刘坤伦等人合伙，“议定每半口当出底钱陆千文正；吊凿之日，每半口每月出使费钱捌百文，壹月壹齐。……井出微水微火，以帮做井费用，地主不得分班；……至大水、大火，停工住凿起推，贰拾肆口各出使费”。嘉庆二十年胡思元等人合伙，“有开锅拾捌口，开户每月出工本捣凿”。同治七年颜璜溪等人合伙，议明“倘以后下锉，水价不敷缴井，应照二十四口锅份均派，各人按月照数逗出，不得推诿”。集资—分利—再集资—再分利，构成清代合伙企业的资金运行方式。这种资金运行方式周期短，不稳定，企业难以获得维持长期经营、乃至扩大生产的资金。一旦投资短缺，生产也就难以为继。如颜璜溪等人约定按月派逗工本，但后来有些出工本者往往不按时缴钱，以至影响生产，“因见近来往往有一二不逗工本者，遂阻全井不能锉捣”，承办人不得不邀集众合伙人照厂规

① 前引《巴档》，第301页。
② 前引《矿业》下册，第422页。

重新强调，并制定惩罚办法，“庶不致有碍众伙”①。事实上，相当多的企业长期维持在原有规模的生产，如京西煤窑有的数十年规模不变。② 除封建剥削的因素外，恐怕也存在合伙制本身的制度因素。清后期四川井盐业中有的盐井已有在收益中预留再生产费用的情况，这是合伙企业在分配方法上的进步。

非长期性的又一表现为合伙关系变动频繁。手工业中固然不乏大商人资本投资，其合伙关系会相对稳定。更多情况下，合伙者为小本经营者，有能力时投资，无能力时退伙，很难有长期经营的打算。如四川巴县采煤业中，嘉庆十五年正月，刘长发与僧通祥立约合伙挖煤，同年八月，僧通祥因“无人力照管”，将自己名下的一半股份出顶给陈德扬，又到十二月，刘长发“因别贸易，自不愿挖”，也将自己的一半股份出顶给陈。原合伙关系维持不到一年。又如道光七年五月，曾唯然承顶陈姓伙内炭山煤窑，而陈姓也是先年从黄姓伙内承顶下来的。一年后，道光八年七月，曾姓因顶价不敷，邀夏、袁等5人入伙。不到一年即道光九年四月，曾、夏又将自己名下的股份出顶给王栋等3人。又伙开一年有余，因“盘路拢干乏费缴厂”而停工。到道光十八年二月又议捐本再挖，王因无力再捐而将自己名下股份出顶给萧姓，同月，该伙内李、张、邓等都将自己的股份出顶给萧。然而不到一月，到道光十八年三月，萧因故欲回老家，又将刚刚承顶的股份全部出顶给袁姓。短短几年，伙内人员屡次变动。再如道光十二年，陈大明兄弟3人承顶陈富美等人煤厂，道光十九年，陈姓兄弟又将煤厂出顶给程、张二人。③ 股份顶替频繁，投资者经营时间都不长。至于一些季节性加工业，生产期间不长，合伙本身自带有短暂性。就单个企业来说，投资者的短期行为不能不影响其生产，更谈不上扩大生产。

在欧洲中世纪及近代资本主义发展过程中，也出现过合伙制。最早出现于商业组织中，以后又出现于工业部门，尤其在采矿业、冶金业、造船业这些需要大量投资的行业中，据研究，在1500～1700年间，欧洲成立了许多矿业公

---

① 前引《盐业契约》，第333、347、349页。

② 见前述邓拓文。

③ 前引《巴档》，第261～276页。

司，其中有大贵族、乡绅独立经营的，而更为常见的是商人、收税人、律师、贵族、政府官员等合伙投资。在采矿、冶金业中合伙形式起着主导作用。造船业是欧洲近代初期发展最为迅速的部门之一，合伙形式为促进资本流入该行业发挥了决定性作用。欧洲经济史学家认为，这种合伙形式的企业是近代股份企业的前身，不论在商业组织还是工业组织中。在欧洲近代股份企业中，一部分为初创时即是大的合伙企业，还有一部分则是由手工业者的合作组织演化而来。如在德国与匈牙利的矿业中，一些合资采矿公司最初是由矿工与熔铸工组成的采矿手工业者的合作组织，这些公司定期分配利润，如遭受损失或扩大经营则共同承担增资义务。以后由于资金原因，商人资本开始侵入，掌握了大部分股权，并逐渐将其改造为近代股份企业。[①]

与欧洲相比，中国传统手工业中的合伙制存在更为普遍，发展程度并不算低，在手工业发展中曾起到一定积极作用。但作为企业形式，其演进速度相对较慢。这恐怕与当时中国社会经济本身发展程度有关。

清前期手工业的发展，使整个社会经济在传统农业社会的范围内达到一个新的高度。手工业的发展促进了商品流通与对外贸易的增长，扩大了国内外市场。手工业的发展带动了一些地方经济整体的发展，使经济基础较好的地区更加繁荣，相对落后地区的经济有了起色。手工业的发展还创造了大量就业机会，吸收了农业剩余人口，对稳定社会起有积极作用。从农民家庭经济来说，手工业是农民家庭经济的重要补充，手工业与农业结合，是当时生产力条件下合理分配利用时间和劳动力的结合方式。

清代是传统手工业的转折时期。鸦片战争后由于外国资本主义入侵以及近代机器工业在国内的发展，一部分手工行业遭受打击而走向了衰落，如手工纺纱、土靛青、土烟、踹布、土钢、土针、土烛、木刻印刷。大部分行业继续生存并发展。手工业的鼎盛时期是在同光时期。这是因为手工业品的输出量扩大刺激了国内生产，使传统手工业继续发展，如生丝及丝绸、茶叶、桐油、豆油及豆饼、瓷器、糖等行业。还有一些新手工业适应出口的需要而发展起来，如

① 卡·奇波拉：《欧洲经济史》第2卷；汉斯·豪斯赫尔：《近代经济史》。

发网、草编、花边等行业。同治以后，机器工业的发展开始排挤传统手工业，不过直到清末，在机器与手工制造业的全部产值中，手工业产值一直保持优势，在整个经济中占有重要地位。

清代民间手工业的发展为近代工业的发展准备了一定物质基础。一些行业中传统手工业与近代工业联系密切，如最早的外资船厂就是利用旧式船坞建立的，最早的船业工人是来自旧式船厂以及制造船上用具的铜、铁等工匠。早期的近代煤矿是在原有煤矿的地基上建立的，最早的近代煤矿中的工人差不多都来自原有的手工采掘业工人。第一家民族资本发昌机器厂的前身是一家铁器作坊。传统手工业在近代的演变有几条途径：一部分手工工场发展为工场手工业。在制茶、酿酒、制糖、采煤、陶瓷等行业中，工场手工业形式都得到发展。同时，清前期已经出现在井盐业中的工场手工业鸦片战争后进一步发展，为近代资本主义的盐业经营创造了条件。从 19 世纪后期起，一些旧式手工作坊、工场通过原有工具的改造逐渐向机器工业过渡。如 19 世纪后期，在采煤、铁器、榨油、制茶等行业中，20 世纪以后，在丝织、制糖、碾米、制盐、冶铜等行业中，一些作坊、工场通过改用蒸气动力、引进机器设备，开始向机器生产过渡，在一些大城市中，旧式油坊、碾坊已经消失。还有一些手工业保留下来，与机器工业长期并存，互相补充。棉织业中以机纱织布的近代手织业一度兴旺。造纸业中手工土纸仍保有巨大市场，某些特种用纸，如绘画、书写用纸始终保持手工制造，且在工艺上不断翻新。在内地，特别是乡村中，手工碾米业、榨油业、制茶业还广泛存在。手工陶瓷业由于传统工艺的高超及其产品特色，始终保持了一定市场。传统与现代并存，构成具有中国特点的近代经济结构。

主编简介

方 行 1926年生，湖南沅江人。北京大学史学系肄业。中国社会科学院经济研究所研究员。1978年起从事中国古代经济史研究。主要著作:《中国资本主义发展史》(参加编写)；论文《略论中国地主制经济》《封建社会的自然经济与商品经济》《清代前期农村的高利贷资本》《中国封建社会农民的经营独立性》《清代前期的小农经济》《中国封建社会的经济结构与资本主义萌芽》等20余篇。

经君健 1932年生，江苏仪征人。北京大学经济系毕业。中国社会科学院经济研究所研究员，中国社会科学院研究生院教授。主要从事明清经济史及社会史研究。主要著作:《明清时代的农业资本主义萌芽问题》(合著)《清代的贱民等级》；论文:《试论清代等级制度》《试论地主制经济与商品经济的本质联系》等；选编《严中平文集》。

魏金玉 1926年生，河南唐河人。北京大学经济系、中国人民大学马列主义研究班毕业。中国社会科学院经济研究所研究员。长期从事明清农村租佃关系和雇佣关系研究。主要著作:《明清时代的农业资本主义萌芽问题》(合著)；论文:《试论明清时代雇佣劳动者与雇工人等级之间的关系》《关于中国农业资本主义萌芽的几个问题》《明清时代佃农的农奴地位》《明代皖南的佃仆》《清代押租制度新探》《试论封建生产关系的基本特征》《封建经济·自然经济·商品经济》等。

中国古代经济史断代研究
国家哲学社会科学重点科研课题
前无古人的学术贡献

中國經濟通史

清（中）

方行　经君健　魏金玉　主编

邓亦兵　经君健　许檀　封越健　刘秋根　执笔

经济日报出版社

目 录(中)

第三编　商品流通篇

引言……………………………………………………………………679

第一章　商品流通的基本条件 ……………………………………681
　第一节　四通八达的交通运输网……………………………………681
　第二节　为商品流通服务的各种设施………………………………695
　第三节　沿海航运设施和沿海运输业的经营方式…………………707
　第四节　金融机构的产生和发展……………………………………714

第二章　数种重要商品的运销 ……………………………………725
　第一节　粮食运销……………………………………………………725
　第二节　纺织品及纺织原料的运销…………………………………734
　第三节　生产资料的运销……………………………………………748

第三章　集市 ………………………………………………………775
　第一节　集市的发展…………………………………………………775
　第二节　不同类型的集市……………………………………………786
　第三节　集市牙行的设置与管理……………………………………798
　第四节　集市税收……………………………………………………806
　第五节　集市的功能和作用…………………………………………810

第四章　市镇 …………………………………… 813
第一节　不同类型市镇的发展 ……………………… 813
第二节　不同类型市镇的共同特征 ………………… 830
第三节　市镇的行政设置 …………………………… 845
第四节　市镇兴起原因和意义 ……………………… 852

第五章　不同类型城市的商品流通 ………………… 855
第一节　政治型城市——王朝的国都京师 ………… 857
第二节　以手工业著称的城市——苏州、杭州、南京 …… 863
第三节　流通枢纽型城市——临清、淮安、上海、
天津、重庆、汉口 ………………………… 870
第四节　外贸口岸型城市——广州、张家口 ……… 901
第五节　商业城市的发展特点及其意义 …………… 913

第六章　商人、商人组织和商人资本 ……………… 915
第一节　地方商人的活跃 …………………………… 915
第二节　商人组织的发展 …………………………… 924
第三节　商人资本的几种来源 ……………………… 933
第四节　商人资本组织与经营体制 ………………… 941

第七章　牙行 …………………………………… 959
第一节　牙行制度 …………………………………… 959
第二节　牙行的职能 ………………………………… 963
第三节　牙行的经营方式 …………………………… 974
第四节　牙行组织 …………………………………… 977
第五节　官府对牙行的管理 ………………………… 979

第八章　高利贷资本 ……………………………… 991
第一节　高利贷资本的发展 ………………………… 991

第二节　高利贷资本活动形式与利率 …………………… 1003

第九章　清廷有关商品流通的政策与管理 ……………… 1031

第一节　有关商品流通基础设施建设方面的政策与管理 ………………………………… 1031

第二节　有关交易方面的政策与管理 ………………… 1041

第三节　对几种商品的政策与管理 …………………… 1046

第四节　对沿海运输的政策与管理 …………………… 1052

第五节　对民族贸易的政策与管理 …………………… 1056

第六节　清廷有关商品流通政策与管理的作用 ……… 1059

第三编

商品流通篇

引 言

本篇主要讨论清代前期的商品流通问题。

本篇共九章，大体分为四个部分。第一部分，从物流的角度探讨清代几种重要商品的空间运动过程，主要讨论清代前期商品流通的基本条件以及若干重要商品的运销情况。第二部分，从市场网状分布角度探讨作为网结的集市、市镇和城市的布局、发展状况及其功能。第三部分，主要从商品流通主体及资本的角度探讨商人、商人组织、牙行制度，以及从资本的角度探讨商人资本和高利贷资本的发展。第四部分探讨清廷有关商品流通的政策和管理措施。

商品流通作为商品经济的基本表现之一所涉及的方面是很多的。本篇在前人大量研究的基础上，仅就其中的若干问题提出管见。我们努力以历史唯物主义为指导，用实证的方法具体地描述清代的商品运转过程。从清代商品流通格局和状况中可以看出，如此大规模和大范围的商品流通，是以地主制经济下的小农经济和小手工业为基础的，是为地主制经济下的小农、小手工业的生产，为地主阶级以及所有城乡居民生活服务的；它是当时封建经济的赖以顺利运转和发展的重要环节，是朝廷财政收入来源之一。清廷也为商品流通的进行采取了某些必要的措施。

第一章　商品流通的基本条件

商品流通是需要某些基本条件的。不具备起码的条件，商品流通难以进行。中国封建社会的商品流通早已展开；到了清代，达到了高峰时期，多种商品在全国范围运销。这时商品流通条件，随着商品经济的发达而日臻改善，远非昔日可比。我们在研究清代的商品流通时，首先对这一时期所具备的基本条件，包括交通、服务设施和金融机构等，做一描述。

第一节　四通八达的交通运输网

通畅的交通是商品流通的必要条件之一。交通运输条件的优劣对商品流通有直接的促进或制约作用。商品交易量和交通运输条件有直接的关系。商品流动的辐射半径是与交通网络的半径成正比的。

相对前代而言，清代的水路交通和陆路交通都比较通畅。水、陆两系交通的主要干线都由国家各级官府负责管理和维修。这就是驿路（包括站路）和铺路。有的文献称驿路干线为官马大路；支线为官马支路；这里统称为“官马大道”。同时还有更多的可以通行的道路分布在这些干线之间，作为官马大道的补充和延伸。我们称之为“分支辅路”。分支辅路没有被列入官府的交通系统。其维修，只由民间士绅或当地官员自行捐助筹款解决。尽管如此，这种“城市村乡来往路径”，“捐赀岁修不废”①。路况可能不佳，一般说来是可以通

① 道光《宜黄县志》卷11，风俗志。

过的。官马大道和分支铺路构成了全国的交通网络。这张网络既是王朝统治的重要工具，也是人民经济生活的重要条件。

一、官马大道

官马大道，最主要的是驿路。驿路，也称驿道，是朝廷为政治、军事、财政需要，从中央向各地传递谕令、公文，官员往来，运输物资的道路。官府在沿途建有驿站，配备驿卒、驿马、驿船等设施，提供易换马匹，暂时住宿等服务。明代设立水驿、马驿、递运所；在各省设有急递铺。清代前期基本上继承了明代的驿路体制。清代在西北地区作战，为运输军需、军情传递，递送军队设有军站，其路称为站路。清代后期建立邮局，有了铁路等近代化的邮政设施之后，才完全废除驿路体制。

清代前期的驿路，以京师为中心，分达各省省城及边疆的重要城市，这是驿路的干线，从干线分达各地方城镇的路，是驿路的支线。由于清中后期将站改成驿，在光绪《钦定大清会典事例》中，有塘驿、台驿并称的情况，所以军站路、塘路也都是驿路。官马大道以陆路为主，水路联运，形成一张庞大的交通网，覆盖整个清王朝的版图，堪称王朝的主动脉，有效地为王朝政令在全国及时实施服务。

省治范围内，府州与府州、府州与县、县与县之间设铺。铺，也称急递铺，是为省内各级官衙、驻军协、标、营之间，由军队兵丁递送公文、军情而设。[①] 铺与铺之间的道路则称铺路。铺路是以各省府、州所在县为中心，与府属各县相连的道路，是省内连接各县的陆路交通网。北方省份铺路都是陆路，南方部分省份有陆铺，也有水铺。

有时省内的铺路和驿路是重合的，同一地点有铺也有驿。如：在杀虎口、浒墅关等地设驿，也设铺。[②] 广东“至京沿途安设塘铺兵役驰递部文京报，自省城至韶州江口水路共设塘船十只……由江口前进俱属陆路”[③]。在有驿州县，

---

① 光绪《钦定大清会典事例》卷559～560、539，兵部，邮政，设铺。铺只设在内陆18省，但也有少数州县不设铺，如江苏海州。'

② 光绪《钦定大清会典事例》卷532～556，兵部，邮政，设铺。

③ 《粤东省例新纂》卷5，兵例上，驿传，道光。

就有驿路；在无驿州县，则有铺路。特别是在崎岖山地，没有驿路全部是铺路。因此，铺路实际是驿路的扩展和延伸部分，是官马大道的支路，也是王朝的支动脉。

由驿路和铺路组成的官马大道网，是一个覆盖全国的交通体系。它是清王朝极为重要的统治工具。当然，这一交通体系的存在，不仅保证了政令行施及时、通畅，同时也为百姓行旅提供了方便。更应强调的是，这一交通体系为一定区域范围之内，甚至远距离省区之间的商品流通准备了必要的条件。大量的商品流通，还使得朝廷的税收活动和这一交通体系的关系密不可分。

一般户部和工部各常关的大税口都设在驿路的干线上，如：京师崇文门、左、右翼等关设在向北的驿路的起点；而张家口、杀虎口等关，则是这条驿路干线的终点；坐粮厅、天津、临清、淮安、扬州、浒墅、北新、南新等关都在运河沿线，也是京师向东南延伸的驿路。荆关、武昌、九江、芜湖、龙江、西新关、太平关、赣关、山海关、打箭炉、归化城等都设在干线上。也有设在支线上的，如梧州、浔州关、夔关、渝关等就是。常关的分税口有的设在干线上，如临清关的魏家湾、归化城的托克托、萨拉齐等；有的设在支线上，如张家口的居庸关；也有的设在铺路上，如浒墅关的福山口、北新关的观音桥、板桥等口。[①] 凤阳关的大税口正阳关，以及众多分税口都设在铺路上，只有凤阳分税口设在驿路上是很特殊的。[②]

各省的地方税课关卡，或设在驿路沿线，或设在铺路沿线。不过，大部分关的分税口都在驿路和铺路上查不到，很可能设在分支辅路上了。因为“商贩等每由小路潜行，易于偷漏”[③]。湖北“内河之草市等处亦设关卡，止抵荆州之货船，一概征收船税，相沿虽久”[④]。这里相沿已久的关卡设在内河沿岸，内河就是省内分支辅路中的水路。大概是商品多沿驿路、铺路流通，为了收税

① 光绪《钦定大清会典》卷23，户部；光绪《钦定大清会典事例》有关设驿、设铺部分。

② 乾隆四十七年十一月二十七日安徽按察使懿德奏，见《宫中档乾隆朝奏折》第54辑，第154页。

③ 清《宣宗实录》卷175，道光十年九月丁丑。

④ 雍正九年三月初七日湖北巡抚赵弘恩奏，见《宫中档雍正朝奏折》第17辑，第756页。

方便，常关的主要税口设在驿路、铺路上。正是税关设置与商品流通的这种直接关系，说明了驿路、铺路也是商品流通之路。清代交通网络的走向和布局是相当合理的，从京师向全国各地的放射形体系，大致就是今天国道公路网的基础；近代主要铁路的布局也与原有交通体系的走向趋同。从各省省城至各府州县的铺路，也是今天公路的基础。从今天的交通网络中，还依稀可见清代前期的驿路、铺路交通网络的影子。例如许多公路线上，至今还留有驿、铺等古老地名。清代这张庞大的交通网络，是秦王车同轨以来整个封建时代的长期产物。这里的任务不是研究它的形成史。但我们可以说，经过先人两千多年的不断筛选和修治，到了清王朝统治时期，这一交通体系已经达到了封建时代可能达到的最为完美的状态。当然，由于官员玩忽职守，或腐败等原因，当时许多路段的路况无法令人满意。

二、分支辅路

在清朝广阔的版图上，除了上述基本的交通网络之外，还有众多连接驿路、铺路的小路、山路和许多能通舟行船的河流。对于行旅和商品流通的意义也是很大的。根据各类文献记载，列举如下。

直隶正定府境内的龙泉关、茨沟、铁岭口；易州境内的插箭岭，“来往驮货最多”[①]，是商人往来于山西、直隶之间的必经之路。山西“北隅向有边墙一道”，“边墙一带旧设堡门四十三处。其杀虎等三十五口俱已开通”，“以便农民商贾贩运出入”。乾隆二十五年又准开通宁鲁口，“由宁鲁口出入计至左云县仅止五十三里，路极平坦，车辆可通，朝往夕还，于商民甚为便易”[②]，是连接口外与山西省驿路的一个通道。陕西泾阳冶峪镇“逼近谷口，于行旅道路最为紧要”。这条路很不好走，“峪内石路崎岖窄峡，又逼水渠，不能车运，仅容担驼【？驮】，以致费多价贵，民嗟不便”[③]，此路接淳化、泾阳、三原三县的铺路。

① 雍正六年四月直隶提督杨鲲奏，见《宫中档雍正朝奏折》第10辑，第374页。

② 乾隆二十九年三月二十二日山西巡抚和其衷奏，见《宫中档乾隆朝奏折》第20辑，第842页。

③ 乾隆《泾阳县志》卷2，建置志，市镇。

河南与邻省有许多道路可通，“豫省地居天中，北通直隶，西联秦晋，南接江淮湖楚，四方辐辏，甫得收获之时，即络绎贩运他往”①。从卢氏县，经内乡、邓州，至湖北襄阳，除内乡、邓州、新野附近是铺路较平坦外，其他皆山路、河路“崎岖难行”。从内乡也有崎岖山路达陕西商南等县，又从淅川可分别至湖北郧阳府和均州。② 以上诸路连接了河南和湖北的驿路。湖北华容分别至兴国和道士洑；从襄阳府宜城至南漳；从宜昌府巴东至恩施；从荆门至远安，都有道路相通。③ 这些道路都是湖北省内的分支辅路，起到延长驿路的作用。

浙江塘栖至富阳县一路是驿路的延伸。此外，从江西南昌经瑞州府至花桥山；从饶州至安徽徽州府；从许湾至樟树镇；从福建汀州府至江西广昌县白水镇④。这些道路也都是江西、福建驿路的延伸，起到江西、安徽、福建三省铺路互通的作用。

广西泗城府“潞城地方尤为滇黔入粤要道，商贾往来”⑤。西隆州“为滇南商贾往来，牛驮马载之地”⑥。贵州新城是“兴义一府，适中之所，滇粤两省客货往来，背负肩承，骑驼络绎”⑦。贵州独山州“地通粤西、南丹及本省荔波一带，彼皆不通舟楫，货物所须多运自独山，即彼地所有亦必运至独山发客”⑧。通过这些道路，连接了贵州、云南、广西的驿路。

四川松潘至甘肃文县，系山沟路“平易可行，是以商民俱为称便，贩载货物赴松贸易者甚多”⑨。这条路把四川与甘肃的驿路连接起来。云南丽江府与四川、西藏交界，出丽江府翁书关，或者从维西过澜沧江，都可直达川藏驿道。“此外，中甸尚有米苴、桥头、浪都、东哇龙四处小路；维西尚有必弄工

---

① 雍正十年五月十八日河东总督田文镜奏，见《宫中档雍正朝奏折》第19辑，第741页。
② 刘献廷：《广阳杂记》卷1，康熙。
③ 《各省驷站程途里数清册》卷1，湖北程限。
④ 吴中孚：《商贾便览》卷8，天下水陆路程，乾隆。
⑤ 乾隆三十年十一月十七日广西巡抚宋邦绥奏，见《宫中档乾隆朝奏折》第26辑，第614页。
⑥ 杨锡绂：《四知堂文集》卷17，《请改移州治议》，乾隆。
⑦ 罗绕典：《黔南职方纪略》卷2，兴义府，道光。
⑧ 乾隆《独山州志》卷3，地理志，场市。
⑨ 雍正三年五月十四日刑部左侍郎黄炳奏，见《宫中档雍正朝奏折》第4辑，第343页。

村、大小阿董、甲工村、都拉村、吉咱卡六处小路，皆可通行”[①]，直达西藏各寨。贵州平远州至威宁州，是与东西驿路并行的一条分支辅路。[②] 此路可达四川，与贵州至四川的驿路相通。

其他省区也不乏此类小路。

清廷在运河、长江的中下游干流和支流湘江下游、赣江及其支流，以及西江、闽江等处设置了水驿和水铺。其他没有被规定为驿道的河流及其支流，有很多河段可以通舟行船，对于货物运输来说，也都是重要的水路。例如：黑龙江从雅克萨至黑龙江城“舟楫可通”。从黑龙江城至松花江沿岸的呼兰城，可以通舟行船。嫩江从墨尔根经齐齐哈尔至呼兰，可以通舟行船。但逆水返航艰难。[③]

滦河“自喀喇河屯滦河渡口起至乐亭县清河口入海之处，河宽数丈至数十丈不等，径路纡回，其间虽多激湍巨石，而小舟蜿蜒而行，尚无阻碍”，一年之中“四、五、八、九等月可以行舟”[④]。

海河支流子牙河与永定河之间，有大小六十余条河流，分别汇于东西二淀，西淀亦称白洋淀。雍正三年经允祥奏请疏通治理。乾隆五年又进一步开通航道，形成以白洋淀为中心的海河水系。其中子牙河、清河、淀河舟楫相通。[⑤] “滏水发源河南彰德府之磁州，流入直属各州县，合诸水抵天津入海，凡广平、顺德、正定、河间诸郡之米盐刍豆，无不藉以转输。”[⑥] 流经保定的淀河在乾隆年间疏通后，“天津一带商民重载，由淀河一水直达，挽输甚便”[⑦]。在宝坻县有宁车沽一道，雍正五年疏通，“起自淮鱼淀，达于北塘口，长四十里，拓浚深通，估帆来往”[⑧]。

---

① 乾隆十八年三月十六日云南总督硕色等奏，见《宫中档乾隆朝奏折》第4辑，第820页。

② 乾隆二十一年三月二十日贵州巡抚定长奏，见《宫中档乾隆朝奏折》第14辑，第9页。

③ 西清《黑龙江外纪》嘉庆，见《小方壶斋舆地丛钞》第1帙。

④ 乾隆十六年十一月二十七日直隶总督方观承奏，见《宫中档乾隆朝奏折》第2辑，第44~45页。

⑤ 乾隆十八年三月十六日直隶总督方观承奏，见《宫中档乾隆朝奏折》第4辑，第814页。

⑥ 提督吴襄奏，见《宫中档雍正朝奏折》第26辑，第621页。

⑦ 乾隆十八年十月二十四日直隶总督方观承奏，见《宫中档乾隆朝奏折》第6辑，第530页。

⑧ 《畿东河渠通论》，见《清经世文编》卷107，工政13，直隶水利上。

清代前期，黄河是否能通舟行船一直是人们关注的问题，康熙时期，玄烨巡历西北，“自横城舟行，顺黄河下流，历人所未经行之河套，直达数千里，所至之处，无不详视”①。雍正、乾隆时期，也多次派人勘查。据调查结果，上游兰州至宁夏，中游宁夏至湖滩河朔河段，顺水逆水皆可行舟。从湖滩河朔至山西吉州之埽上，也是陕西宜川大跌哨，可以顺水行舟。② 以下河段至吉州七狼窝不能行船。下游河南陕州至孟津段也难行舟。③ 其他河段顺水逆水都能通舟。黄河上游处高寒地区，有六个月可以通航。④ 中下游有十个月可以通航。到咸丰五年铜瓦厢决口，黄河改道由山东利津入海，下游航运就基本上不通航了。渭水“宝鸡至郿县一百四十余里，水落之时重载难行，郿县以东河深水平，重船无阻，可以挽运”。康熙年间，汾河“自河津县至洪洞县船皆可行。惟自赵城至省城，石多滩浅，非制造小船实难行走”⑤。雍正时期，经过凿挖疏通，洪洞以上至省城河段“皆通流”⑥。洛水河宽水深，可以行船。⑦ 沁水流经的武陟县木栾店，商贾云集，“自此买舟，由沁达黄河”⑧。

淮河上游支流潢河，流经光山、光州，是每年盐来米去的主要运输渠道。⑨ 支流灌水，流经商城、固始，在固始称曲河，灌水至龙潭“始通舟筏”。康熙二十八年加以疏通，“装运米、炭，入淮易盐，往来甚便”⑩。支流沙河，流经鲁山、舞阳、郾城，商贾往来，“上下风帆不绝”⑪。其余如惠济河、贾鲁河“虽迂回曲折，尚俱可以挽运”⑫。颍河、涡河、浍河都是商船经由的“要

---

① 清《圣祖实录》卷294，康熙六十年九月甲午。

② 乾隆八年十月十八日山西巡抚刘于义奏折，载《历史档案》1990年，第3期。

③ 乾隆四十三年四月十五日河南巡抚郑大进奏，见《宫中档乾隆朝奏折》第42辑，第657页。

④ 雍正八年一月初一日署理陕西总督查郎阿奏，见《宫中档雍正朝奏折》第15辑，第594页；清《高宗实录》卷138，乾隆六年三月戊辰。

⑤ 清《圣祖实录》卷216，康熙四十三年四月丙申、戊子。

⑥ 雍正七年四月初三日工部侍郎马尔泰等奏，见《宫中档雍正朝奏折》第12辑，第795页。

⑦ 朱云锦：《豫乘识小录》，道光。

⑧ 顺治《怀庆府志》卷2。

⑨ 乾隆《光州郡志》卷21，盐法。

⑩ 乾隆《固始县志》卷4，水。

⑪ 乾隆《郾城县志》卷1，川渠。

⑫ 乾隆十七年十一月十七日河南巡抚蒋炳奏，见《宫中档乾隆朝奏折》第4辑，第349页；清《高宗实录》卷371，乾隆十五年八月。

路河道”[①]。

长江从湖北江夏至下游丹徒京口驿是水驿道，上游从成都至江夏，虽非驿道，但是商贾贩运的重要水路。长江上游主要分布在四川境内的支流，嘉陵江、白水江皆“可通舟楫”[②]。“嘉陵较汉江更巨，商贾舟楫，贸迁停泊。”[③]沿后江商船“下东乡、绥定、合州”[④]。开江“舟航四达”[⑤]。大宁河“小舟上下”。其他支流涪江、渠江、中江也都可以通船。金沙江及其支流车洪江、牛栏江，在雍正年间已开通河道六百余里。[⑥] 乾隆时期，云南昭通盐井渡、贵州威宁之罗星渡先后疏通，“舟行以抵泸州”[⑦]。涪陵江，流经贵州称乌江，“为黔楚蜀通津”，“江楚商旅由铜仁陆行者，多自此济蜀，卖盐艘溯思南而上者亦多泊此”[⑧]。

长江三峡行船之险，世人皆知。乘船入川，先在距汉口十里的杨林口换乘川船，在进入宜昌府新滩前，要把货物卸下陆运，空船由雇用的二百余名纤夫，纤引逆水上行。纤道忽高忽低，只有一小孔容脚登踏，纤夫弓背前倾负纤爬行。“船行江中，纤牵山顶，声息不能相闻，船上设锣鼓，以锣鼓声为行止进退。纤绳或挂树梢、绊石上，则锣声骤发，纤夫停足，另有管纤者，名捡挽，无论岩之陡峭，树之丛杂，扑身脱解，倾跌所不计。”[⑨] “上滩船每日停泊时甚多，以负重不利于浅，近岸又多乱石，故当欲泊之际，船头用长木二，各以棕绳缠木上，预撑入水，其木轧轧，然船势稍杀，方徐徐抵岸。”[⑩]

长江下经湖北襄阳，直达汉口。任河在四川太平厅境称北江，“自东而西可行船。山内所产药材、茶叶，由此顺流而下，至陕西紫阳任河口计程三百六

---

① 乾隆十六年八月十九日海望等题本，见钞档。
② 严如熤：《三省边防备览》卷5，水道，道光。
③ 卢坤：《秦疆治略》，道光。
④ 《三省边防备览》卷7，险要下。
⑤ 陶澍：《蜀輶日记》嘉庆十五年十月十一日，见《小方壶斋舆地丛钞》第7帙。
⑥ 雍正九年十一月十二日云南巡抚张允随奏，见《宫中档雍正朝奏折》第19辑，第143～144页。
⑦ 王太岳：《铜政议》下，见《清经世文编》卷52，户政27，钱币上。
⑧ 晏斯盛：《黔中水道记》，见《清经世文编》卷118，工政24，各省水利五。
⑨ 陈明申：《夔行纪程》，见《小方壶斋舆地丛钞》第7帙。
⑩ 谢鸣篁：《川船记》，乾隆二十四年八月，见《赐砚堂丛书新编》。

十里，合汉江直达襄樊。襄樊花、布等货，溯流至此起旱，发运各处”[①]。沿汉水支流丹水，商船从小江口直达陕西商州。[②] 商船逆唐白河可至河南赊旗店。在湖北安陆、德安二府，汉水支流富河和章水“可通舟楫”[③]。其他支流如清江、金水、沮漳河、滠水、倒水、举水、浠水均可通船。[④]

湘江、沅江、资江、澧江流经湖南、贵州，湘江与资江，沅江与澧江之间又分别有支流相通，大多能通舟楫。湘江支流如浏阳河等，均能通船。北江、西水，西水支流松桃江，在永绥茶洞地方，“川黔之牛、猪、米、豆等物，舟中装载而来”[⑤]。支流潕水在贵州境称清水江，“平潆宽阔，向可通舟，由清水江而上可直抵黄平州之重安江，由重安江而上，另有小河可通平越府之黄丝驿，由黄丝驿至贵阳省城则不过百余里。由清水江而下可通湖广之黔阳县，直抵辰州、常德两府”[⑥]。“此河原为云贵入楚通津，商贾往来，帆樯络绎。”[⑦] 澧江与沅江之间，有一道小河，“北接湖北公安，南达常德大河”，“系商贾往来通津”[⑧]。

运河把直隶、山东、江苏、浙江四省串联起来，又将海河、黄河、淮河、长江四水系并联相结，成为重要的水运路线。除运河干流是水驿道之外，其他流入运河的江河亦可通航。卫河“为豫漕、芦盐舟楫通行之处”[⑨]。大清河“水道宽深，可施舟楫”[⑩]，是山东境内运输粮食、盐等商品的水道。[⑪] 串场河、射阳河、盐运河都有支流与运河相通，这些河也能通舟。吴淞江、刘河“潆绕贯穿其中，或农佃出入，或商船往来，与干河同资利济”[⑫]。“白茆、徐六泾

---

① 陈明申：《夔行纪程》，见《小方壶斋舆地丛钞》第7帙。

② 刘献廷：《广阳杂记》卷1。

③ 乾隆二十九年三月初五日湖广总督李侍尧奏，见《宫中档乾隆朝奏折》第20辑，第737页。

④ 周兆锐：《清代前期湖北省经济布局研究》，载《湖北大学学报》，1989年，第2期。

⑤ 《湖南省例成案》兵律，关津，卷12；户律，市廛，卷34。

⑥ 雍正六年四月二十六日云南总督鄂尔泰奏，见《宫中档雍正朝奏折》。

⑦ 乾隆三十三年七月十五日迈拉逊、三宝奏，见《宫中档乾隆朝奏折》第31辑，第335页。

⑧ 乾隆三十三年七月初七日迈拉逊、三宝奏，见《宫中档乾隆朝奏折》第31辑，第240页。

⑨ 朱云锦：《豫乘识小录》。

⑩ 雍正八年十一月十一日山东巡抚岳浚奏，见《宫中档雍正朝奏折》第17辑，第160页。原文称丁河，地图为大清河。

⑪ 马国翰：《对钟方伯济南风土利弊问》，见《玉函山房文集》卷1，对问。

⑫ 张世友：《议浚吴淞江书》，见《清经世文编》卷113，工政19，江苏水利下。

二河与福山港毗连，皆系通海要津，向来海关于三处俱设口稽查征税。”“江北靖江、如皋、通州、泰兴四州县商贩船只往来不由京口，即与福山对渡一帆直达。”[①] 江阴县郑泾河“商帆贾舶，越江海趋苏常者，遂往往骈集于此”[②]。出苏州阊门搭船，可直达松江府；亦可穿太湖、固城湖、丹阳湖，直达安徽芜湖；还可至浙江湖州府，再沿西苕溪至孝丰县。沿支流华亭塘、黄浦江，可往来于上海、浙江。在浙江境内，富春江及其支流也可行舟。沿支流桐溪、天目溪、柳溪，至分水、昌化；沿桐江、新安江、率水，可达安徽徽州府；沿东阳江、衢江，可达常山、清湖镇。[③]

西江的支流贺江、郁江、右江皆可行舟。沿柳江、融江上达贵州，“贸易之人，多由此河往来”[④]。沿右江，从“百色下河直抵南宁府属地方”[⑤]。从百色逆流而上，沿驮娘江至剥隘、西林等地，雍正年间开通，“广东之三板等船”，“载货前来沿河交易”[⑥]。临桂县陡河有东西二流，“一达漓江，一湾折入鲢鱼陡，下永福，以至柳江，溯流而接黔粤之通津”。“自灵渠而北曲赴湖南，自鲢鱼陡而西，直际黔省之古州。”[⑦] 这是一条与驿路并行的水路。从“西延之水，自兴安老源头发源，至大埠头始通舟，下水至湖南新宁一百二十里”[⑧]。在广东境内，西江、北江的干流是水驿路，东江及其支流都是商贾往来的水路。

闽江干流是水驿路，也是商船往来的水路。乾隆中叶，闽江“溪河水亦充足，米船赴省者，源源不绝”[⑨]。韩江及其支流梅溪、石窟溪等都能通航。[⑩]

长途贩运所经路途一般多为水陆合程。宜章县“南门外一线溪河，不通本省，直达粤东”。“宜邑界连广东乐昌县，凡广货运往楚、蜀、滇、黔等

---

① 乾隆三十六年六月十一日江苏巡抚萨载奏折，见第一历史档案馆藏档案。
② 《江阴重修文明桥改名文富桥碑记》，道光，见李兆洛《养一斋文集》卷9。
③ 吴中孚：《商贾便览》卷8。
④ 康熙五十二年十月二十八日张文焕奏，见《宫中档康熙朝奏折》第4辑，第598页。
⑤ 雍正十二年九月初九日广西江右总兵潘绍周奏，见《宫中档雍正朝奏折》第23辑，第504页。
⑥ 雍正十二年七月二十三日尹继善奏，见《宫中档雍正朝奏折》第23辑，第323页。
⑦ 嘉庆《临桂县志》卷11，山川10。
⑧ 道光《西延轶志》卷2，舆地下，山川。
⑨ 乾隆三十三年十一月十八日闽浙总督崔应阶奏，见《宫中档乾隆朝奏折》第32辑，第528页。
⑩ 叶显恩：《广东航运史》，第167～168页。

省，俱船载宜邑城外落行，雇夫挑运来郴。其本省长、衡等府货物运广者，亦船载郴州城外落行，雇夫挑运宜邑，往来如织，昼夜不息”①。商人吴中孚在《商贾便览》中，记载了许多条这样的路。例如，从广东韶州府乐昌县沿武水逆行至湖南宜章，陆行到郴州澄江口，再沿耒水、湘江至衡阳、湘潭等地。

省内也多水陆合程的道路。如甘肃“河州至庄浪有水程一道，距河州五十里，地名莲花河，顺流一百一十里至焦家河，又三十里至庄浪河口起旱，又陆行一百四十里至庄浪城”②。由浙江绍兴府沿运河、曹娥江至新昌县，陆行至台州府，由水路经温州到处州府。从福建漳州府陆行至浦南，又水路至岭脚，再陆行到华丰市，由此陆行到永安县，再沿水路达延平府。从汀州府陆行至宁化县，再沿水路至延平府。从广州府水路经肇庆府至新兴河头起旱，经阳春县、梅菉、遂溪县、雷州府至海安，渡海到琼州府。

上述道路有的虽然只是村寨之间的小路、山路，但这些道路或者是驿路的延长；或者是铺路的延长；或者连接了省际之间的驿路、县际之间的铺路，总之，大部分陆路与驿路、铺路相通，成为驿路、铺路交通网络的扩展部分。

每条水陆合程道路的起点或终点，都是驿路或铺路的结点，从而把分支辅路与官马大道连接起来。由此可见，分支辅路和官马大道一样，都是商货运载所不可缺少的。清代四通八达的水陆交通运输网乃是这两种道路共同构成的，它们为商品流通准备了基本的条件。

三、商人货运对道路的选择

清廷官方设置道路的主要目的是为政治、军事和税收服务，不用考虑运输成本；又由于清朝统治者是少数民族，善于骑术，不习舟船，而且水路特别是逆水行舟，不如陆路马递快速，所以清代的驿路、铺路（包括后期）主要以陆路为主，即使在有水驿、水铺的地方，也同时设置陆驿、陆铺。这是官方道路的重要特点。

---

① 《湖南省例成案》户律，市廛，卷34。

② 清《高宗实录》卷157，乾隆六年十二月。

商贾运输货物，一般都要利用官马大道。因为官马大路网络密集，也比较安全。尤其是在不通水路的地区，没有运价高低的考虑的情况下，更是沿官马大道行走。例如近京的“良乡县上接宛平，下连房山一带驿路，为各省统会入京大道，商民辐辏，差使络绎”①。“苏州有致和塘，自娄门至仑山绵亘七十余里，为苏松接壤要道，商旅往来，塘马络绎，莫不由此一路。”② “泽州府之凤台县，为豫晋商贾往来之路。”③ “汾州府属之永宁州青龙渡地方，向因渡口为山陕要津，商贩往来，查收税务。”④ “广信府铅山县之桐木关，界连闽省之崇关县，为经商之大道。”⑤ “江西之大庚岭，尤为客商要路。”⑥ 可见官马大道的利用率是很高的。官马大路上的府州城镇自然也是商贾往来的要津，有的驿站所在地，还是商品交易市场。所以，从商品流通的角度看，官马大道和分支辅路都是商品流通的渠道，它们有着共同的功能。

从商人的立场出发，分支辅路和官马大道都是不可缺少的交通条件。在许多情况下，他们要选择分支辅路。首先，水运运价低于陆运。从运价考虑，所有可以通航的河段都是首选的道路。如前所述，分支辅路网上大量水道通行，商人们也充分利用了这些水道。当然，商人会精打细算，根据道路的实际情况选择道路。逆水行舟速度过慢时，商人必然弃舟就车。例如，从湖南长沙出发向东南方向，经茶陵州至江西永宁县路江。这条水路是山溪，逆水上行比陆路“迟缓”，且“难定日期”⑦，于是，商人一般都先陆行至路江，再沿水路顺流至江西各地。若反向行走也是先陆行至茶陵州高垅，然后顺水至长沙。商人到这里也是择陆而行，像这种小河，重载逆水更难行，即使运货也是陆快于水。所以水陆联运的分支辅路自然成为商品运输的首选通道。

其次，小路往往就是捷径，可以缩短行程。有的分支辅路虽然崎岖难行，但因里程大为减少，所以商人还是愿意就此而行。例如，西宁南大山“山路

---

① 乾隆三十九年三月十五日直隶总督周元理奏，见《宫中档乾隆朝奏折》第35辑，第1页。
② 雍正五年十一月二十四日苏州巡抚陈时夏奏，见《宫中档雍正朝奏折》第9辑，第372页。
③ 雍正十三年六月十三日山西巡抚觉罗石麟奏，见《宫中档雍正朝奏折》第24辑，第813页。
④ 乾隆三十三年六月二十八日山西巡抚苏尔德奏，见《宫中档乾隆朝奏折》第31辑，第181页。
⑤ 凌燽：《西江视臬纪事》卷1，详议，乾隆。雍正十二年至乾隆八年，作者任江西按察使。
⑥ 清《宣宗实录》卷31，道光十七年九月戊戌。
⑦ 吴中孚：《商贾便览》卷8。

崎岖陡峻，上下二十里系赴皋兰县小径，商旅多由此，较大路近二日”①。陕西泾阳县和三原县之间有小路相通，“较之大路转近数十里，故为客商行走之捷径”②。河南信阳州入湖北境有两条路：“一自信阳州城起向西南行，由平靖关入湖北境，历应山、安陆、云梦、孝感等县至杨店村，计程三百九十里，名为西大路，即向来之驿路也。一自信阳州城起，向东南行，由武胜关入湖北境，历广水小河溪亦至杨店村，计程二百九十里，名为东大路，向来商贾往来之捷路也。”“从前东路荒凉，西路人烟辏集。”到乾隆时，“东路商贾辐辏，日就开展，一切坊店及诸色贸易之人，俱舍西就东，沿路村庄稠密，烟户日繁，较之西路颇称繁庶”。甚至驿路也因此而由西移东了。③ 由苏州府经东坝至安徽芜湖的水路，由于“此路避长江而走芜湖者，近便【无】盗”④，所以商人多沿此路行走。陕西同州府郃阳县“夏阳村逼近黄河，向有渡口，乃通晋之捷径”⑤。民间人等在四安山与长兴县交界，“新开山路，凡绸绫纸张等物，可以打捆车载者，商旅皆由此路直达金陵，不过百余里”，里程大大缩短。⑥ 四川“綦江县在重郡大江之上另一小河，旱路通遵义府属而至黔省，向为川贩出没之区。彭水、黔江二县在重郡大江之下又另一小河，由归并涪州之武隆县而进水陆皆通”，“为楚民及川贩往来捷径”⑦。

第三，分支辅路往往不设关卡，商人便于偷漏商税。江苏扬州府“芒稻河、白塔河二口因其外通大江，扬关、由闸皆可透越”⑧。“商民自杭嘉湖置货至常镇、金陵等处，若由浒关绕道有六百余里，由浙省湖州长兴至乌溪港仅止四十里，商民畏大关之绕道而舍远就近，多由乌溪支河小港，漏税者难以数计。”⑨ 其他如绕越夔州、芜湖、九江、淮安、太平等关有许多小路，都是这

---

① 乾隆《西宁府新志》卷5，地理志，山川。

② 乾隆二十九年四月初六日陕甘总督杨应琚等奏，见《宫中档乾隆朝奏折》第21辑，第140页。

③ 乾隆二十九年九月十三日湖北巡抚常均奏，见《宫中档乾隆朝奏折》第22辑，第614页。

④ 吴中孚：《商贾便览》卷8。

⑤ 卢坤：《秦疆治略》。

⑥ 道光十四年十月二十九日吏科给事中瞿溶奏折，见钞档。

⑦ 雍正五年十二月十三日任国荣奏，见《宫中档雍正朝奏折》第9辑，第470页。

⑧ 乾隆十七年七月十一日江苏巡抚庄有恭奏，见《宫中档乾隆朝奏折》第3辑，第354页。

⑨ 道光十四年十月二十九日吏科给事中瞿溶奏折，见钞档。

样。乾隆四十三年张銮、李福等人携带禁运商品玉石，从新疆经甘肃，至陕西吴堡县渡河，又经山西永宁州、汾阳、平遥、沁州、凤台入河南境。经过河内、武陟、永城等十三州县，入安徽境，又经滁州至浦口乘船绕道至苏州。[①]从经过的路线看，凡是有税口和稽查关口的地方，他们都是绕道而行的，所以长途偷运才能得逞。同样由于不设关卡，非法行为易于逃过盘查，所以这类小路又是私贩、人贩等的通行之路。

第四，道路的客观环境和条件的差异，也影响了商人行走路线的选择。例如，由陕西前往甘肃的凉、甘、肃州府有两条路，一是从北边经靖边、花马池，宁夏府；一是从中部邠州、泾州往平凉。两路相较“由泾州一路抵兰，必从巩昌府属之会宁、安定二县地方行走，此二县地方，处在山隈，并无井口，乡民俱食窖水。偶遇天时稍旱，窖水不足，居民即星散奔往他处就水，是以大商大贩皆不从此路而行，缘缺水故也”[②]。这是水的供应状况决定道路的选择。又如四川境内从灌县、郫县至金川有两条道，经汶川之桃关出口者为大道，由汶川之牛头山出卧龙关者为小道。两条道路相比，大道虽然“为银饷所必经”，但是商人却很少由此行走。因为“大道塘汛外百里无人烟”，没有为商旅服务的设施，“往来者必携糗粮锅灶”。在小道上，每至一程，就有居民歇店十数家，不必带粮背锅了。所以尽管人烟不多，而“商贾奔走络绎不绝”[③]。这是从旅行方便与否决定道路的选择。季节不同，也影响道路选择。在北方冬季水路河冻，商人必须“起岸走路”。春冬季节运河粮船回空，商人为避开漕船，“不得到瓜州者十有八九”。“往四川货物，秋冬由荆州雇川船装往各府去卖；春夏防川河水大难行，由樊城雇小船至沔县起旱，雇骡脚一百二十里至阳平关，骡脚运货至此，下转装往各府去卖。”[④]长江春夏水大商货难行，商人转走汉水，中间经陆路，再沿嘉陵江入川。多种因素决定商人选择道路；也可以说，分支辅路的形成，也是商人选择的

---

① 乾隆四十三年十二月初九日河南巡抚郑大进奏；初十日山西巡抚觉罗巴延三奏，见《宫中档乾隆朝奏折》第46辑，第26、48页。

② 乾隆十九年六月十七日甘肃巡抚鄂昌奏，见《宫中档乾隆朝奏折》第8辑，第833～834页。

③ 李心衡：《金川琐记》，见《小方壶斋舆地丛钞》第8帙。

④ 吴中孚：《商贾便览》卷8。

结果。

总之，官马大道与分支辅路共同组成了清代的水陆交通运输网络，这一网络扩大了商品流通的渠道，为商品流通的发展提供了广阔的基础条件。大量商品正是沿着这一网络的经纬，从任何一地流到另外一地，农村、市镇、城市之间经济上的联系由此而密切起来。本书下面谈到的一切活动，都是在这个大舞台上展开的。

第二节　为商品流通服务的各种设施

商品在流通中需要各种服务，如运输、转运、储存、保管、食宿、纳税，保安等。所以在社会上就产生了相应的设备、人员和机构。我们把这些设备、人员、机构等统称为为商品流通服务的设施。[①] 设施的数量以及普遍程度，是和商品流通量成正比的；设施的质量，则和当时的科技发展水平相关。在清代，这些设施的质量水平当然是很低的，但其数量和普遍程度，却是基本上够用的。本节就介绍这方面的情况。

一、形式繁多的运输工具

运输工具，包括舟船、车辆和牲畜等，是商品流通最基本的设施。清王朝幅员广阔，各地江河、道路的自然状况差别很大，所以使用的运输工具，同为舟船各不相同。“船名千百，样式多端，且不时更换，虽老客江湖不能尽识。”[②] 同为车辆，也是式样各异。这里根据文献记载，粗略地描述清代前期各地货运船只和车辆的情况。

民间船只，为适应各地区江河状况，因而船型不尽相同。北方因河道不多，船只种类也相对较少。在黑龙江水系行驶的船，有的名为“威呼，独木船也。长二丈余，阔容膝，头尖尾锐，载数人”，“遇河水暴涨则联二为一，

① 以下简称“设施”。

② 吴中孚：《商贾便览》卷2。

以济车马”。有的名为“札哈，小船也，较威呼尤轻捷，裁【？载】受两三人”①。这两种船“可以渡人、载物”②。“冬季江河封冻，舟楫不通，则有冰橇往来”，“土人呼为排子或爬犁，能乘坐三四人，载量五百余斤，一人立其尾，以篙继续撑之，滑走甚速”③。

道光间，“滦河用梭船（船形如梭）运八沟（即平泉州）之粮。”④ 乾隆时期，滦河“民船共有六七百只”，每只“可载米十四五石”⑤。在南方江西、浙江、四川和广东等省境内的江河中，也有梭船行驶。

海河水系运输货物主要靠太平船和厂船。⑥

黄河水系的船型，上游、中游和下游各不相同。上游，甘肃兰州多用浑脱皮筏，亦称混沌。有羊皮和牛皮二种，分别由多张皮制成，每个混沌又可以与其他混沌联结成筏。混沌吃水浅，不怕搁浅，不怕触礁，操作灵活，运输成本低。一般顺水到达目的地后，可以把混沌卖掉，人空回。⑦ “最为便捷。”⑧ 宁夏一带有板船，“橹舵略具，帆樯不施，无楼无蓬【？篷】，仅有舱以储百货”⑨。中游行驶的多是陕西船，“方头平底，无柁【？舵】无篷”⑩，下游“往来载货之船只有双桅行船，土人名为西河牛，体骨既大，水手亦多”⑪，“腹大受多，楼篷俱备，此种最宜雇用长运”⑫。黄河下游粮船经过淮安关往江浙，在淮安关由黄河来船称西河船。乾隆三十五、三十六年西河船过关分别为7950只和6550只。⑬

---

① 西清：《黑龙江外纪》。

② 英和：《卜魁纪略》，见《小方壶斋舆地丛钞》第1帙。

③ 民国《奉天通志》卷162，交通2，航路上，艚船。清至民国，民间车船的动力及型式变化不大，故本节使用了民国时期的某些史料，可反映清代车船大略情况。

④ 光绪《滦州志》卷8，封域中，风俗。

⑤ 乾隆十六年十一月二十七日直隶总督方观承奏，见《宫中档乾隆朝奏折》第2辑，第45页。

⑥ 《河北省航运史》，第170页。

⑦ 《中国少数民族地区交通运输史略》，第226页。

⑧ 乾隆八年十月十八日山西巡抚刘于义奏折，载《历史档案》，1990年，第3期。

⑨ 徐珂：《清稗类钞》第13册，舟车类。

⑩ 鄂海：《汾渭通船并募水手疏》，康熙，见《清经世文编》卷114，工政20，各省水利1。

⑪ 乾隆五十三年正月二十五日河东河道总督兰第锡奏，见《宫中档乾隆朝奏折》第67辑，第152页。

⑫ 英和：《筹漕运变通全局疏》，道光，见《清经世文编》卷48，户政23，漕运下。

⑬ 乾隆三十八年二月十五日两江总督高晋奏折，见第一历史档案馆藏档案。

淮河水系的行船有连划、芒子、朴稍等。这类船两头高翘，吃水深，抗风浪能力强。连划和芒子船有两篷两桅。朴稍船一篷一桅，也有双篷桅的。①

行驶在长江中的船只包括各种官船和漕船在内，约达70种之多。② 另据乾隆《钦定大清会典则例》卷47，列出九江关交纳船料的船共有54种。按省区可分为川江船、湖北船、湖南船、江西船、江南船，也称长江下游船。

川江船以“厂船最大，螳螂头、柏木船亦船之大者”。其次，有吊钩子、爬纲子、板头船等名，“俱篾篷，船头至中舱两旁，安长木桡十余把至六七把不等。船大载重，桡不胜水，则用大楫，以五六人推摇”。小船有五板船、划子等。大船“均带五板船，为接纤上下度人之用”。开县河中有船名桡拐子，“身长不宽，篾篷甚矮，头尾俱木，梢【？艄】如大刀形，不用舵。船头长，木桡或四或六推摇”③。

湖北船有武昌的摇划子、湖划子、金牛船。摇划子“腰头俱平，中仓【？舱】天蓬【？篷】用木板装，艄上园木板蓬【？篷】，板上用篾簖盖，船大小不一”。湖划子“船头有二三尺，矮一级，两边无空路走，只相搭跳板往前后”。金牛船类似湖划子。青山人驾鸦艄子，“船小，只可装一二百石，亦名‘双飞燕’”。嘉鱼、沔阳人使用的一家楼，“略似湖划子，妆饰好看”。兴国人驾扁子船，“身平直，艄尖略撬”。汉阳的孟葫芦“船小艄封，平头似湖划子样”；小湖划子“船小，前加桨橹，划动快捷”。孝感人与兴国人一样也驾扁子船，该船舱底浅。孝感还有划子船，“大小不一，身长艄尖”。襄阳人多驾襄划子，“其船艄高尖，园木板天蓬【？篷】”。襄鳅子“船身长，两头尖撬，卷似梭咀样”；襄牌子“其船大的多，艄高撬，木板方天蓬【？篷】，舵柄出蓬【？篷】外”；襄五舱“身略长”艄更高尖”④；还有扒河船等。

湖南船，以桨船、划船为“极大船”，在湘潭、辰州、常州府一带多有。

① 《河南航运史》，第216页。
② 《长江航运史》，第414页。
③ 陈明申：《夔行纪程》，见《小方壶斋舆地丛钞》第7帙。
④ 吴中孚：《商贾便览》卷2。

其他有倒划、鳅船、茅棚、排头、麻阳、利矶、钓钩、吹火筒、扒捍等项小船。其中，扒捍船有“十舱、六舱、四舱、三舱各名色”，永州府人多驾；茅棚船“装载不过百十石至二百余石”，亦可“前赴大河揽装客载”，攸县、茶陵州一带民间撑驾较多；兴宁人驾驶的吹火筒船，常一人撑驾。① 倒划船“其船身条长，两头略小些，可倒划走得，故名”②。麻阳船是低篷轻舟，利于滩河行驶，“故辰、沅诸大小船，通渭之麻阳船”，辰河沿岸居民多驾。③ 乾隆年间，湖南十三州县有各种船近万只。④

江西南昌有尾子船、毛篷子、扁子船。毛篷子“艄尾略小撬些”，中舱用篾箬的多。赣州、南安人驾三板船“头尾比梭子船更大，卷撬甚高，近有平头、牌头不一”；还有梭子船、赣河船等。吉安、袁州、临江人驾官板子，略似襄划子；袁、临、瑞三府俱有尖头子、平头子；袁州还有万载船；瑞州新昌有航船，两头尖，腰较大；临江有园印子，头方大，中舱篾天篷，艄上木板天篷，舵柄出天篷外。九江有巴斗子；饶州府浮梁有浮艄子；鄱阳有暖艄子；广信府有夜航船、刁子船、小剥船、提划子、罗荡子；抚州府有横头子、塘船、抚刁等船，大者可载千余石。

长江下游船有安徽江北的椒湖船、安庆的桐艚子、婺源船和祁门剥船。祁门剥船“两头底平，艄尖不用舵，动则摇橹”。江苏有满江红、苏船、车牌子、湖船、盐船等，这些船舱深且大，可以重载。其中盐船大者可载四五千石，只到湖北青山；载二三千石的船，可至江西⑤。乾隆二十五、二十六年，九江关过民船数量分别为61485只和4833只。⑥

西江水系的行船，有河头船分大、二、三号，“其船稍捷，其价稍廉”⑦。北江有泷船、单船。单船以独木制成，行驶在湖南宜章与乐昌间的河道中。⑧

---

① 《湖南省例成案》兵律，关津，卷12，乾隆。

② 吴中孚：《商贾便览》卷2。

③ 严如熤：《苗疆风俗考》，见《小方壶斋舆地丛钞》第8帙。

④ 《湖南省例成案》兵律，关津，卷12。

⑤ 吴中孚：《商贾便览》卷2。

⑥ 乾隆二十七年江西巡抚汤聘奏折，见第一历史档案馆藏档案。

⑦ 《福星载道路程考》，《公车见闻录》，行舟，道光。

⑧ 《湖南省例成案》户律，市廛，卷34。

此外，广东船只种类更多，如九江艇、三板船、乡艇等。

韩江水系的行船有两兜篷、三兜篷、小河船、驳船，这些船都利于河滩行驶。①

闽江水系的行船有杉板船、五帆船“专运客货与渡人来往”②。

浙江有建德船、龙鸟船③，浙东之舟“大者曰划船，小者曰橛头船”④。钱塘江中之舟，“类湘中之扒捍，大抵滩行皆此类也”⑤。

在运河中行驶的船有北方西河牛船，也有南方湖划子船，种类繁多。

以上各省之舟，江浙、湖广船篷用木板的多，风帆用布的多；江西船篷帆多用篾箬；广东船篷多用蒲席为之。

在缺乏水运的广大地区的商品运输，除山区需要人力背负外，主要靠车载和牲驮。陆运的工具就包括牲畜、大车、牛车、小车以及各种轿舆。

大车是北方各省主要的运输工具，一般用骡或马牵引，但各省车辆结构不同，用于牵引的牲畜数量也不一样。例如，甘肃兰州的车“惟用一马，车轮较中原宽尺余，故一出甘境，便不合辙”⑥。陕西“民间车辆，每辆驾马骡二三匹头不等”⑦。“向例骡车入关须改用长毂，以关中辙迹较阔，短毂不能行也”⑧。河南车辆更为特殊，“俱系本地四轮太平车，其车轮仅高尺余，车身亦短，并无车辕，虽亦用四马，俱系并列平拉，并无驾辕头畜，非比直省两轮四套高车，装载多而旋转便”⑨。甘肃车辆“多系木轮”，内地省份的车辆大多包以铁皮，称“铁脚车辆”⑩。

牛车，多在蒙古草原、东北、黄河以北地区使用。蒙古草原称辗辗车，一车一牛，“童子尝御三五辆，载粮草类。然富者乘之以毡毳为盖蔽风雪，间亦

① 黄钊：《石窟一征》卷3，教养。
② 施鸿保：《闽杂记》，见《小方壶斋舆地丛钞》第9帙。
③ 《福星载道路程考》，《公车见闻录》。
④ 乾隆《鄞志稿》卷1，建置沿革，风俗。
⑤ 刘献廷：《广阳杂记》卷3。
⑥ 阙名：《兰州风土记》，见《小方壶斋舆地丛钞》第6帙。
⑦ 乾隆十九年八月十八日陕西巡抚陈宏谋奏，见《宫中档乾隆朝奏折》第9辑，第373页。
⑧ 吴焘：《游蜀日记》同治甲戌五月十四日，见《小方壶斋舆地丛钞》第7帙。
⑨ 乾隆二十年二月二十八日河南巡抚蒋炳奏，见《宫中档乾隆朝奏折》第10辑，第814页。
⑩ 清《宣宗实录》卷177，道光十年十月丁酉。

用桦皮式如棺号”[①]。陕西“武功至宝鸡多系牛车”[②]。河南偃师“操奇赢者牵车牛售诸四方”[③]。乾隆年间，胡天游作《曲沃行》，描述了黄河风陵渡口牛车、小车拉运商货的盛况。“曲沃西南向临晋，百货来从大河近；风陵渡口帆落时，赁犖车牛争不尽。吴材楚产秦粟兼，河南暖种多木棉；打包唤载得知数，道路隘塞行人边。一车一牛更续起，动如长蛇进首尾；小车有牵杂相抵，口焦汗白来未已。觅钱任挽向农隙，力出于身古所喜。”[④]

小车，一般是人拉。直隶、河南、山东、安徽等地，有一人推；或一人推一人拉的独轮小车，乾隆年间，直隶总督方观承做《棉花图》，图中描述收获、贩运棉花时，就有人推独轮小车。湖北“黄陂、孝感诸近县，多于农隙挽独轮小车，号二把手，以代骡马”[⑤]。在山东，有人看见“挽小车者，顺风则张小帆于车”，借助风力拉车。[⑥]安徽桐城“多独轮车，以白木为之，染以苏木汤，抹以桐油，齐头双靶、单轮，轮中有毂，毂必有轴，轴乃檀木所制，两耳夹轴，铁绕轮围，重车载三四百斤，常车载二百斤。又有二把手车，似小车，而巨轮，两边弯曲向上，前挽后推，速于小车”[⑦]。江浙地区也有独轮车，“山乡载物间用独轮小车，一人手推之，或更加一人挽之，北方呼曰：二把手。湖地但呼小车”[⑧]。江南“东西南路均隔山，往来系用竹舆手车搬运不易”[⑨]。

用驴、骡、马、骆驼、牦牛等牲畜驮运货物，是全国普遍的运输方式，北方尤其如此。例如，乾隆年间，直隶宣化有人“赶驴驮煤赴【保安】州货卖”[⑩]。陕西山区“自古舟楫不通，车辆难行，惟藉驴头以资转输”[⑪]。镇安县

---

① 西清：《黑龙江外纪》。

② 陈宏谋：《咨四安将军委员协同护送征兵文》乾隆十三年十一月，见《培远堂偶存稿》文檄，卷28。

③ 乾隆《偃师县志》卷5，风俗志。

④ 胡天游：《石笥山房诗集》卷2，见《石笥山房文集》。

⑤ 章学诚：《湖北通志检存稿》，见《章氏遗书》卷24，食货考，乾隆。

⑥ 赵翼：《粤滇杂记》，见《小方壶斋舆地丛钞》第7帙。

⑦ 道光《桐城续修县志》卷22，物产志。

⑧ 汪曰桢：《湖雅》卷9，舟车，同治。

⑨ 清《高宗实录》卷243，乾隆十年六月。

⑩ 《清代地租剥削形态》上，第82页。

⑪ 顺治十一年一月巡抚延绥等揭帖，见《明清档案》，第18册。

回民“多畜骡之家，以赶脚为业”[①]。甘肃河州“麦豆杂粮，犛载驴驮以往西宁者，不绝于路”[②]。湖北枝江容美地方，有茶商“驱驴”往来。[③] 在贵州“路多陡坡，货物往来，马驮人负，舟车绝迹”。在云南行路也要“雇夫马”[④]。西藏“驴骡有限”，常用牦牛驮运。[⑤] 蒙古则多用骆驼驮货。牲畜载重一步一步行去，速度难以快捷，“日行不能百里”[⑥]。

在车辆、牲驮都不能用的地区，如直隶宣化府，常常是人“背负肩挑”[⑦]，如湖北竹溪在山区，“艰食盐，所食盐俱自四川大宁盐井背负以归。其登山以篓系背，扪箩攀藤而上，岩宿穴焚，往返六七日始抵家”[⑧]。湖南永顺府苗民居住地，“俱属崇山峻岭，土人谓之飞岩陡壁，既无运载之舟楫，亦无驮负之马骡，羊肠石罅，又不能如内地之担挑，土人粮食、柴薪、土泥、灰石负运，唯有背笼。背笼者竹织为笼，用藤为耳，束之于背，伛偻而行，上岭则匍匐而前，下岭则倒足而退”，“每夫所负，不过二三十斤，以内地之一担约分四名”[⑨]。在云南，“滇人载物马骡外，往往以负。其法以巨索缚物，索端以棕皮织数层如缯，阔三寸许，戴额间负，手承物，伛偻行，少憩即倚物而坐。虽大木巨石，亦用此法”[⑩]。

船只、车辆虽各地不同，但有一个共同的特点，即各地的运输工具都是当地人民长期实践、筛选的结果，它们大都能够适应各地区河流、道路的交通状况，有利于安全迅速地运输商品。

二、食宿、存贮、交易设施

商人运货在中途转运，或到达目的地后，需要住宿、存贮和销售商品，所

① 乾隆《镇安县志》卷6，风俗。
② 《秦边纪略》卷1，河州，乾隆。
③ 顾彩:《容美纪游》，康熙，见《小方壶斋舆地丛钞》第6帙。
④ 郑光祖:《（醒世）一斑录》杂述，卷6，《行店欺诈》，记乾隆年间事。
⑤ 松筠:《西招图略》，见《皇朝藩属舆地丛书》第1集，下。
⑥ 魏定国:《分贮府谷疏》，见乾隆《登州府志》卷11，艺文。
⑦ 雍正七年闰七月二十四日直隶口北道王棠奏，见《宫中档雍正朝奏折》第14辑，第1页。
⑧ 章学诚:《湖北通志检存稿》，见《章氏遗书》卷24，食货考。
⑨ 《湖南省例成案》卷23，户律，仓库，乾隆。
⑩ 张咏:《云南风土记》，见《小方壶斋舆地丛钞》第7帙。

以旅店、货栈、铺房、亭廊等设施都是商品运销的必要条件。

清代前期旅店，也称歇店，北方亦称大车店。全国各地道路沿途和行旅较多的集镇，私家业此者甚多。例如，从江西抚州府至樟树镇的路上，状元岭有店，邹家铺有小店，朱树桥有店，官店有大店，清风桥有大店。从扬州进京的路上，中经宿迁县新安集“至此，路旁无店屋，只是小草舍，店惟卖点心而已”。进入山东境内，桃墟集有小店，黄家铺有小店，漫河有店可住，香城铺有店可住。[①] 在黑龙江驿站所在地，“私开旅店间亦有之”[②]。多伦诺尔地方，“承充铺司之人俱开有坊店”，“往来商贩亦得免于野宿，而无盗劫之虞”，“所设铺司皆在大路之旁。相隔五六十里或七八十里，始有房屋数间”[③]。江西兴国县鲤公寨，“有旅店十余所，为油贩行人所栖止”[④]。湖南永绥茶洞地方有“客店二十余户”。自四川灌、郫两县至金川的小道上，“居民歇店仅有十数家”[⑤]。从陕西凤县至褒城的栈道上，“有店舍岩穴可宿”[⑥]。大体上说，相距一天的路程，总可找到可以借宿之处，而不必露宿荒郊。诸如此类的旅店，一般都只为商人提供食宿，功能单一。

另有一些旅店可为商人提供更多的服务。湖南宜章县“沿河一带设立大店，栈房十数间。客货自北至者为拨夫，为雇驴，由南至者为雇船”[⑦]。贵州与湖南交界处的民族地区，有苗民“在大途旁开店贸易者，黔楚客民贩牛经过，投宿其家，与外间逆旅无异。知敬客民薪水，以及往宿，钱取值甚廉，无盘剥客民之习。客或早行，邀其相送，持矛枪护至数十里”。遇有他寨苗民劫掠，“辄挺矛与斗，名曰：护客”[⑧]。这些店，既贸易又有旅店的职能，还可指派镖丁护卫。陕西咸阳“城内系水陆码头，商贾云集，气象颇形富庶。其实各铺皆系浮居客商，货物皆从各县驮载至此。由水路运往晋、豫。至粮食、木

---

① 吴中孚：《商贾便览》卷8。
② 西清：《黑龙江外纪》。
③ 方观承：《方恪敏公奏议》卷3，畿辅奏议。
④ 乾隆《兴国县志》卷3，六乡图考。
⑤ 李心衡：《金川琐记》。
⑥ 吴中孚：《商贾便览》卷8。
⑦ 嘉庆《郴州总志》卷21，风俗志。
⑧ 严如熤：《苗疆风俗考》，见《小方壶斋舆地丛钞》第8帙。

板亦由西路车运而来，用舟载至下路，到此纳税给方准放行”[①]。这里的铺也起到旅店、存贮、代客雇船、纳税等作用。贵州余庆县人李二胡子“向开设饭店生理。道光十三年三月间，有龙泉县人陈老大住歇李二胡子店内，发卖布疋”[②]。可见有的饭店也具有旅店的职能，而且可以住在里面做生意。

货栈，边称行栈、栈房、堆房或行店，专为往来商人存贮货物。乾隆年间，叶忠昌在佛山镇“开张行店，贮顿客货”[③]。江浙“米船丛集”之处，商人将米“或堆贮栈房待价；或栈房收买商米；或商人以米向栈房当银，图复买米”[④]。江苏浒墅关北“一带行栈甚少，外江贩运米豆不能沿途存贮，俱由浒关投税，至苏分运行销。近年常州府属各处开设米豆栈房……广为囤收”[⑤]。苏州“米栈在山塘新桥”[⑥]。直隶获鹿县“关外有栈房，大都皆晋人为之”[⑦]。在张家口有官房租给商贾贮存货物。[⑧] 木材在陆水转运中，暂置在河岸滩边，如芜湖县西滨江炮台下滩地，“为徽、临两郡本【？木】商堆贩木箱【？植】之所”[⑨]。道光初年，临清木商建“临清会馆”于此。[⑩] 这些地方是商人开设的木行或木厂，为商人存贮木材，发挥货栈的功能。雍正十二年，王怀节在镇江府丹阳县黄泥坝“开张木行，住宿河篷”[⑪]。山西临晋县之夹马口，“有刘姓者聚族而居，口岸滩地系刘姓之业，领帖开行”，“凡客商载木植到口上岸，堆贮牙行木厂发卖者，抽取牙用【佣】”[⑫]。

货栈通常都比较大，至少也有房屋数间。四川巴县千厮门外洪岩坊镇江寺侧，有黄明贵自置的“栈房五间，铺面四间”[⑬]。有的货栈具有相当规模，仓

---

① 卢坤：《秦疆治略》，咸阳县。
② 贵州《成案》稿本。
③ 《豆豉巷码头碑记》乾隆四年，转自《明清佛山碑刻文献经济资料》，第39页。
④ 方观承：《方恪敏公奏议》卷2，抚浙奏议。
⑤ 嘉庆十七年三月初一日江苏巡抚章煦奏折，见第一历史档案馆藏档案。
⑥ 顾震涛：《吴门表隐》卷5，嘉道年间。
⑦ 乾隆《正定府志》卷11，风物上，风俗。
⑧ 顺治二年六月二十八日冯圣兆题本，见《明清档案》第2册。
⑨ 嘉庆《芜湖县志》卷6，古迹志。
⑩ 民国《芜湖县志》卷13，建置志，会馆。
⑪ 张伟仁：《清代法制研究》第1辑，第3册，第98页。
⑫ 雍正八年十一月初九日巡抚觉罗石麟等奏，见《宫中档雍正朝奏折》第17辑，第152页。
⑬ 《清代乾嘉道巴县档案选编》上，第406页。

贮量较大。直隶通州“为水陆总汇之区，凡山东、河南及直隶之大名、天津，江南之徐州”的粮食，都“装运来通”。所以通州存粮的堆房就很不小。“东关有永茂、永成、福聚、勇源四大堆房”，乾隆年间堆贮麦石常在五六十万石左右。乾隆四十二年，存贮张圣如等220余家商人贩运的麦石共539000余石，① 可见货栈之大。河南归德府黄河岸边刘家口地方，有“行栈数十家，每一户房屋至百余间，向来豫省饼豆囤积该处，各商贩运南下”②。假设有行栈10家，每家有货房100间，那么，行栈的货房可达1000间之多。总之，粮食商品体积较大，所以堆房的占地面积是不会很小的。

这些货栈除了为商人存贮货物之外，还有其他功能。“天津城外，向有粮食堆房五处”，“内各有经纪一名”。天津城乡粮食铺户，“成总买自堆房，零星粜于百姓”。直隶其他地方也赖天津粮食水运接济。③ 说明天津的粮食堆房不仅存囤货物，还有牙行和批发、零售的业务。遵化城的“铺民设有堆房，成总堆贮，零星发卖”④，遵化的堆房以及前述通州的堆房，也都有批发功能。江苏平望镇，“各坊贮米之所，曰栈。栈之中有砻坊、有碓坊”⑤，进行粮食加工。道光年间，余魁顺“在渝开设魁顺栈，代客装靛生理”，雇“邓应洪船只装往汉口”⑥。这些货栈具有旅店、船行的功能。前述夹马口刘姓木厂有牙行的职能。商人租用货栈堆贮货物，同时向店铺批发商品。有的商人较快批发销售完商品返回；有的商人因事回家，将货物“暂交行户存贮”⑦，也有的商人委托行户代销。货栈中总有客商存储的商品，总有来住宿客商，在商品的运销中发挥着重要的作用。

铺房、亭廊是进行商品交易的设施。一般城市的市场都建有铺面房，实例很多，如不赘述。这里主要描述在市镇、集、墟、场、庙会及周边地区新建城镇市场上的铺面房、亭廊等各种商品交易的设施。

---

① 乾隆四十三年六月三十日刑部尚书胡季堂等奏折，见《通州志》卷10，艺文，疏议。

② 道光二十八年二月二十二日文光奏折，见钞档。

③ 乾隆五十二年五月十八日直隶总督刘峨奏，见《宫中档乾隆朝奏折》第64辑，第402~403页。

④ 乾隆三十年九月十四日允祈等奏，见《宫中档乾隆朝奏折》第26辑，第96页。

⑤ 道光《平望志》卷12，生业，转自洪焕椿《明清苏州农村经济资料》，第280页。

⑥ 《清代乾嘉道巴县档案选编》上，第343、356页。

⑦ 乾隆《通州志》卷10，艺文，疏议。

在北方的集市上很少见到为交易商品而建的设施，正如加藤繁所说："在北方，村镇的定期市都是在道路上，或者和道路相连的广场上举行，为此特别建筑房屋，似乎都是没有的。"① "北方市集各有定期，边境之人络绎趋赴，各赁坐地，陈货于左右，交易者权其值而与之。"② 但在一些定期开放庙会的地方有这种设施，如直隶任邱县鄚州庙会，乾隆年间一次大火，"三皇、文昌两殿，以及商贾所处，连檐数百间，一时俱烬"③。商贾处所也是交易商品的地方和住所。在上海，秦晋布商收布多租赁当地的民房，于是"邑之所利者，惟房屋租息而已"④。"布肆列城市售取每不便，于郭外静处觅屋半间，天未明遣人于此收售为出庄。"⑤ 这些被租赁的房屋就是商品交易的设施。在南方各省的墟市上，建商业设施比较多。康熙四十二年，广东临高知县樊庶，在东门市"捐盖市房，商民便之"。次年，又在多文市"捐俸悉买其地，听贾者建屋宇贸迁，商民称便"⑥。四会县隆庆市，嘉庆二年，设铺户百六七十间。⑦ 嘉庆十九年，番禺县黄陂墟"建铺四百余"，道光九年，回龙市"两乡陆姓建铺四十余间"⑧。贵州正安州"州治非盐贩必由之地，历来民艰调剂。乾隆四十八年间，州吏目蒋鸿起捐廉，于东门外设店，招盐至，今食味不匮"⑨。福建漳浦县蔡长汉，"于盘陀地方盖造墟厂"，"又于下铺地方设立墟场"，对所盖铺店抽税。⑩ 除了铺房设置之外，还有亭、廊等建筑。广东顺德县悦来墟，"康熙四十七年，里人陈德送出己地建廊"⑪。嘉庆七年，南海县九江"填塘建亭，摆卖丝斤"⑫。还有的墟市，如：潮州府普宁县军埔墟，"逢市听民架木覆

① 加藤繁：《中国经济史考证》第3卷，第96页。
② 乾隆《河间县志》卷1，地舆志，集市。
③ 道光《任丘县志》卷下，绪志，余录。
④ 诸华：《木棉谱》。
⑤ 张春华：《沪城岁事衢歌》，道光。
⑥ 康熙《临高县志》卷3，建置类，墟市。
⑦ 光绪《四会县志》编2下，墟市。
⑧ 同治《番禺县志》卷18，墟市。
⑨ 嘉庆《正安州志》卷1，盐店。
⑩ 雍正七年十二月初八日刘师恕奏，见《宫中档雍正朝奏折》第15辑，第258~259页。
⑪ 咸丰《顺德县志》卷5，建置略2，墟市。
⑫ 道光《南海县志》卷13，建置略5，墟市。

茅”[1]；湖北江夏县金口镇“米船到岸向不投行，即在河下摆桌听民零粜，最为利便”[2]。广东墟市多有亭、廊、铺房等建筑，这与当地多雨日晒的气候、自然环境有直接关系。[3]

周边地区，清代前期始得开发，各城市多建铺房。东北“齐齐哈尔官房二十间，墨尔根官房二十间，皆康熙雍正年间兵力捐建，商贩僦居称便”[4]。西北甘肃安西“惟东门外尚有客民自盖房屋，在口内拨运货物，开设铺面现有一百数十余家，大街南北店房铺面大小等，共计九百余间”[5]。新疆楚呼楚城、济木萨城、巴里坤、古城、奇台、乌什、阿克苏、赛里木、拜城等地都建有铺面房。[6] 在牧区和乡村市场，这方面的设施或很简陋，或没有设置。如东北黑龙江庙会“出勒汗【亦为楚勒罕】者，华言会也。各处旗民商贾来集，以苇为墙，值风雨则蔽以草茅，或即以车为屋栖止焉”[7]。西宁丹噶尔寺外，“悉为草地，并无房屋居人，商贩米粮驮运艰难，露囤粜卖”[8]。在云南剑川乡村集市，“买卖多席地”[9]。西藏集市“俱不设铺面桌柜，均以就地摆设而货”[10]。

在商品运输路途中，行船走马，尚需各种导航、救生、护卫等设施，所有这些，在清代前期都有了一定的设置。[11] 用今天的水平衡量，当时各种设施的水平都是极低的，其完好率也是值得怀疑的。不过，它们毕竟产生了，毕竟在当时的商品运销中，在一定程度上起了保证顺利进行的作用。它们为商品流通提供了必要的条件。它们是商品流通发展到一定水平的产物，也随着商品流通水平的扩大而不断提高。这些设施都是商品流通发展的客观需要。其中许多是民间百姓将满足这一需要作为谋生手段而产生的；也有许多是官府看到有此需

① 乾隆《潮州府志》卷14，墟市。
② 同治《江夏县志》卷5，风俗志，记嘉庆以前事。
③《明清时代广东の墟と市》，载《史林》63卷，1980年，第1期。
④ 西清：《黑龙江外纪》。
⑤ 常钧：《添筑安西东关护墙》，见《敦煌随笔》卷下。
⑥ 林永匡等：《清代西北民族贸易史》，第551、553、548、546页。
⑦ 英和：《卜魁纪略》，见《小方壶斋舆地丛钞》第1帙。
⑧ 雍正三年四月初八日岳钟琪奏，见《宫中档雍正朝奏折》第4辑，第142页。
⑨ 张泓：《滇南新语》乾隆，见《小方壶斋舆地丛钞》第7帙。
⑩ 乾隆《西藏志》，市肆。
⑪ 邓亦兵：《清代前期为商品流通服务的设施》，载《文献》1998年，第1期。

要而设置的。所以说，为商品流通服务的各项设施的产生、存在和发展，是民间行为和官方行为结合的结果。

清王朝对官设基础设施的建设和管理，制定许多政策，各级地方官府具体执行。设置船、车、夫行和旅店，规定他们对商人和货物的担保条例，设置导航标志、救生船、巡船、卡房，保护商人运输商品的安全。在边疆新建城镇盖官房，租赁给商人进行贸易等。各种管理、保护、扶植措施的实行，对商品流通的顺利开展起了重要的作用。民间自建的各项设施，如旅店、货栈等，以及专门的滩师、镖局行业的存在，有力地弥补了官方设施的不足，同样对各类商品在全国范围经销具有重要意义。

第三节　沿海航运设施和沿海运输业的经营方式

清帝国漫长的海岸沿线有大大小小百余处商船出入停泊的港口。如奉天有锦州、牛庄、盖州、岫岩、金州所属口岸。直隶有天津、宁河、乐亭三海口。“宁河、乐亭二口，止系本省沿海渔捕船只，间带有红糖、粮食等物进口。只有天津海口一处为海船往来贸易之所，货物较多。”① 山东沿海大小“海口四十一处”②，江苏江海关辖“海口大小十九处，坐落苏州、松江、太仓、常州、镇江、扬州、通州、淮安、海州所属沿海州县，一切商贩船只出入均由”各口。③ 江海关设立之初规定：闽广鸟船收泊上海口，江南沙船收泊刘河口。至乾隆四、五年间，江南沙船不遵旧制，越收上海，只有赣榆县船仍收泊刘河口。④ 浙江省较大海口有宁波、乍浦、温州等处。“乍浦为各洋要口，往来商贾颇多。”⑤ 福建省有大小海口三十三处，闽海关征税口岸十七处。⑥ 广东“沿

① 乾隆四十二年五月二十三日直隶总督周元理奏，见《宫中档乾隆朝奏折》第38辑，第726页。

② 乾隆四十二年五月二十三日山东布政使国泰奏，见《宫中档乾隆朝奏折》第38辑，第730页。

③ 乾隆四十六年八月二十一日江苏巡抚闵鹗元奏，见《宫中档乾隆朝奏折》第48辑，第541页。

④ 道光《刘河镇纪略》第3卷，创始。

⑤ 雍正八年三月二十九日李卫奏，见《宫中档雍正朝奏折》第16辑，第103页。

⑥ 雍正六年十一月二十二日高其倬奏；雍正八年五月二十六日准泰奏，见《宫中档雍正朝奏折》第11、16辑，第826、514页。

海税口大小共四十六处”，为各省海口数量之冠。其中广州、佛山、江门，澄海等口岸较大。[1]

港口与港口之间形成多条海上航路。进出港口的运输船只，江浙船5000只，闽广船8000只，天津、山东船1000只，沿海共有船14000余只，如果加上奉天船数量当会更多。江浙两省沿海运输从业人员就达10000人。闽广两省沿海运输从业人员达200000人之多。天津山东两地沿海运输从业人员达15000人。沿海运输从业人员共有315000人。若考虑到装卸货物的脚夫人数，运输从业人员当更多。运输商品量，雍正时期年均运糖量达1070000余斤。[2] 嘉庆时期年均商品粮运量为2000余万石。这些都说明，沿海运输规模之大超过以往。运输业也有较大的发展和兴盛。各港口为商船停泊提供了场所，同时也为运输业提供了各种服务设施，从而为沿海运输业的蓬勃发展，准备了物质条件。以下准备对清代前期民间为运输业服务建立的各种设施和沿海货运的经营方式进行考察。

一、沿海航运设施

航标是船只航行安全的重要条件。沿海航道的关键地点，在清代已经有了导航标志。例如，山东荣成县位于半岛最东端的地方，岛屿礁石繁多，沙石浅滩错杂。这里是南北商船转弯的必由之路。为了行旅安全，道光元年时，由道人徐复昌募捐，在半岛突出伸向海洋的最高的成山上建起一座灯楼，“阴夜明灯，表示行船，雾夜则击钟”[3]，为过往商船导航。其他沿海地方，如广东沿海，也有类似的航行标识。[4] 不过，我们缺乏全面的资料来描绘清代导航设施的全貌。

堆房、货栈是长途贸易不可缺少的设施。清代的堆房、货栈以存贮、批发为主业，或有零售，大都兼营经纪。早期的货栈是比较简陋的。顺治年间，有

---

① 雍正七年五月二十一日广东海关监督祖秉圭奏，见《宫中档雍正朝奏折》第13辑，第219页。

② 邓亦兵：《清代前期沿海运输业的兴盛》，载《中国社会经济史研究》，1996年，第3期。

③ 道光《荣城县志》卷3，建置，桥梁。

④ 叶显恩：《广东航运史》，第160～161页。

人目击锦州城“粟数百车，庾数千石”[①]。庾是一种露天谷仓。牛庄海口“粮囤如山”[②]，“黄豆杂粮，俱系囤积沿河一带地方，所有到口沙、卫等船，俱准其沿河装卸货物”[③]。奉天锦州、牛庄海口是输出粮食的港口，各省来船主要装载粮食。这里粮食装入包内，沿岸堆积排列，都是露天堆贮。随着沿海运输的发展，商品运输量不断增加，才兴建起能够贮存大批商品的货栈。如奉天的海城、牛庄，“各城农民赴海口粜卖粮石”，“先于海口店栈存贮，俟海船到时过量”[④]。

天津港“向以奉天米豆运船为大宗”[⑤]，商船进港“俱泊东门外海河一带地方”[⑥]。康熙年间开始，这里设有粮食堆房四处，“专卸奉天海运杂粮”，堆房内“各有经纪一名”，城乡粮食铺户“成总买自堆房，零星粜于百姓”[⑦]。可见这四处堆房的规模是比较大的。

文献描绘康熙年间江苏刘河镇的货栈情况：“营房场往西，则为陆天益大栈房，系陆吉隆所建，开张天益豆行、饼行、花行。此栈乃招接各口商人栈货者也。再西则李元昇栈房，系东省商人租以居停者。”由营房场往东，“则陈德润豆行，再东则张利泰老行，乃张宝髻子所创。是时初开海禁，宝髻子自崇明迁至刘河开此行也。奉、东商客无不仰视，为镇之首富”。“再东则项兴泰豆行，楼房七进，集内河客商为最盛之行”[⑧]。粮食行栈比邻相接，一派繁荣景象。

总而言之，在清代前期，沿海各港口为沿海运输业服务的各种设施，基本上可以满足进行沿海贸易的商人和从事运输业的船户所需的服务。这些设施的

---

① 谈迁：《北游录》，纪邮下。

② 顺治十三年四月初十日车克题，见《明清档案》第26册。

③ 《山海钞关榷政便览》牛庄口，转自加藤繁：《中国经济史考证》第3卷，第145页。

④ 嘉庆二十二年盛京将军晋昌等为筹议牛庄海口官斗章程事片，载《历史档案》，1994年，第1期。

⑤ 光绪《天津府志》卷33，经政7，榷税。

⑥ 乾隆四十三年十一月二十六日直隶天津道明兴奏，见《宫中档乾隆朝奏折》第45辑，第672页。

⑦ 乾隆五十二年五月十八日直隶总督刘峨奏，见《宫中档乾隆朝奏折》第64辑，第402～403页。

⑧ 道光《刘河镇记略》第9卷，街巷。

产生，是商品流通繁荣的产物，当然它们更促进了商品流通的繁荣。

还应看到，内陆运输和沿海运输在贸易上互相延伸，形成互补。如奉天锦州海口有陆路直通蒙古地区；天津港与京师、海河水系相通；乐亭海口与滦河运路相连；福建南台海口与闽江水路，以及浙江宁波海口与内河、大运河，江苏上海港口与长江相通等。海船可以从山东大清河口到达利津、蒲台；可以从长江口驶入仪征、南京；还可以从沿海直达广州等城市。因此，沿海运输与内河运输、内陆运输联为一体，形成纵横内陆，通贯内河，环绕整个沿海的一个运输网络。随着这个运输网络的形成，设置于网络结点上的，为运输业服务的设施，既为内河、内陆运输服务，又为沿海运输服务。如锦州清河门、九官台、松岭门等口外地方产瓜子，蒙古商民“用车辆载往锦州、易州地方发卖。而客商或自口外，或自锦、易二州，俱买运至天桥厂、蚂蚁屯海口上船。每至丰收之年，瓜子车辆竟至有数千辆，或盈万辆之多。自清河门，九官台、松岭门等处络绎进口，沿途接踵而行，不可胜数”。“而内地海船载来之黄茶、布匹等项，在锦州纳税后，仍须载往口外消【？销】售，乃蒙古必需之物。”①在锦州、易州都有收买瓜子转卖给商船的行户，也有收买商船载来的黄茶、布匹的铺户，转卖给蒙古商民。又如，赣榆县欢墩埠集“每夏冬，远近客商置买麦、豆多集于此”。上林集“秋冬买豆，客多集其处”②。这里行户通过中小商人到集市上收购麦豆，集中运至港口，卖给商船。在商品的一来一往中，牙行、铺户、行户或零收批卖，或批买分销；并代客纳税、雇船、存贮商品，提供食宿。可以说，凡是运输路线必经、所及和延伸到的地方，都会有这种双向服务的设施，各种服务也是比较完备的。

二、沿海运输业的经营方式

清代沿海的长途运输货运，有的商人备船自运，有的雇船运货。海船船主的经营方式不尽相同，有的受雇承揽客货运输；有的船主雇人经营运输；还有的船主把船出租，由承租人经营运输。现分述如下。

---

① 乾隆十六年八月十四日山海关监督监察御史高诚奏，见《宫中档乾隆朝奏折》第1辑，第399页。

② 嘉庆《赣榆县志》卷1，坊镇。

（一）商人购船自运货物

有的商人自己拥有海船进行沿海贩运贸易。这种情况，可以是以经商为主，以海船作为经商的手段；也可能是船主兼营或改营商业。不论如何，这种商人的财力都比较丰厚，商品经营也是达到一定规模的。例如，乾隆年间，山东日照县有的商人“以己舟运己粟”，将自家生产的粮食，运到苏北庙湾镇发卖。这些粮商也是船主，是当地的“富豪有力之家”①。乾隆二十五年，同安县船主林福盛“以贩商为业”，装杂货至山东发卖，买豆、棉花等货物回闽。嘉庆十八年六月，同安县船主黄宗礼载货到天津发卖。道光四年，浙江镇海县人张翘“自置商船一只”，“欲往温州置买杉木”②。这些由船主自备船只，自置商品的贸易，是商人与运输业，商业资本与运输业资本合一的经营方式。

个人财力不足，但也愿意自行解决运输问题的商人，则数人合造一船，共同经营贩运贸易。例如，乾隆四十六年六月，福建南安县人“伍叠与陈林春合置小商船一只”，“在厦门置买糖货，赴浙江宁波发卖，即在宁波买豆三百九十石”回闽。③ 这是集资经营或合作经营，和独资经营有所不同，但也有其共同点，就是在运输问题上进行了固定资产投资，不再支付租赁船只的费用。

（二）以船出雇运货

更多的沿海贸易商人，并不自备船只，贸易货物，寻觅船主代运。船主置有海船，专营运输业务，招揽运输生意，承载一个或多个商人的货物。海船航行，所需舵工、水手十数人至数十人不等。舵工、水手都是船主雇佣来的。置船的船主，有的随船出海，在船主持一切；有的雇人经营，自己并不上船。

顺治十一年六月，江苏安东船主孙三魁将船雇与粮商欧岐山，装运豆粮300石；同时又有客人刘朝凤雇他的船“赴青口装豆”，“往庙湾运卖”④。江苏元和县船户蒋隆顺，于乾隆四十九年闰三月，被镇江商人雇用装载生姜运至天津。至天津卸下生姜后，被郝姓商人雇用到牛庄装粮运回天津。又从天津载

---

① 乾隆《沂州府志》卷4，舆地4，海。
② 《张翘商船外洋被劫》，见张伟仁《清代法制研究》第1辑，第2册，第311页。
③ 乾隆四十六年十一月二十九日福建巡抚杨魁奏，见《宫中档乾隆朝奏折》第50辑，第23页。
④ 顺治十二年十月耿焞揭帖，见《明清档案》第24册。

山东黄县商人香末包到黄县交卸。在黄县过年后，又被商人雇用，三次去牛庄装粮。第一次回黄县交货；第二次运到利津县交卸；第三次运到天津交卸。在天津又被莆田商人雇用到山东海丰县装红枣运到浙江交卸，这时已经到了年底。① 将近两年时间，承运货载七次，是典型的运输货船。船不驶回船主家居之地，在外随时可以做出受雇揽运的决定，可见船主是随船航行的。

嘉道年间，江苏白茆海口的张用和，“其家素以泛海为业”。他拥有一条名为“恒利”号的海船，于嘉庆二年“漂失无踪”。其后，张某又置一船，船号“源泰”，曾于道光三年九月“至山东莱阳销货，又置豆饼……货而返”②。资料说明船主张某“素以泛海为业”，可见他是跑运输而不是自家搞贸易。“恒利”号失踪，船主张用和仍在，说明该船出航时，他并不在船上，而是雇人驾驶运输的。

通常情况是船主承揽货运业务，雇请船工驾船运送；于船驶空载或货不满载时，舵工、水手可以随船夹带自己的货物沿途贩卖。例如，嘉庆十三年十一月南通州人龚凤来称自己受“雇给江苏船户彭际兴商船充当舵工”，“放空稍带篁竹一千二百根，开船往山东胶州装豆”。在沿海运输经营中，有的商人押货随船同行。如嘉庆十年十一月，替船主叶合盛送货的傅鉴周载茶商冯有达的茶叶，从上海至天津，冯有达同行至天津。回程装载上海商人王培照的红枣，王培照亦同行返沪。嘉庆十三年，山东商船受雇于10个商人，从奉天载货回山东，10名商人都随船同行。③

也有货主委托船主运货，本人既不随船，也不派人押运货物。这有两种办法。

一种是承揽船主凭商人书信装货运送。例如，嘉庆五年，江苏通州商船驶往山东莱阳。商人宋某写信，托船主转交莱阳府杨某，通知杨某代买黄豆，交由船主运回通州。又如，嘉庆十三年，寓居上海的胶州商人黄琼，写信给胶州商人周肇西，要周某代购黄豆。信由船上的受雇舵工龚凤来转交；所买黄豆，

---

① 《历代宝案》第6册，第3709~3710页。

② 郑光祖：《（醒世）一斑录》杂述，卷1，漂泊异域。

③ 松浦章：《李朝漂着中国帆船の“问情别单”についこ》上、下，载《东西学术研究所纪要》第17辑，1984年；第18辑，1985年。以下凡未注明出处者均自此文。

由龚某所驾船只装运回沪。从资料上看不出有担保的办法。这种代商购运货物的办法，所凭仅仅是船户的信用，甚至是船上一名受雇舵工的信用。

另一种是船户以揽载票据为凭运货。这种票据或称“雇船票”。也就是包世臣所说的，通过船中主事的“耆老”，“持行票店信”代客运输。运输过程中“并无客伙押载，从不闻有欺骗”①。清人记载说，“商贾货物，从无用人押运，唯以揽载票据为凭，定明上漏下湿，缺数潮霉，船户照数赔偿。惟风波不测，则船户商家各无赔抵”②。船票由托运者和运送者共同签订，并有牙人担保，是有效的经济契约，三方都要遵守。这里已是凭经济合同办事，而不是单凭信用了。这也是清代通行的托运办法之一。

船主包赔的约定，可以有效地防止了船主因措施不当或不负责任而造成的经济损失。此外，有时还有同业互助办法以减少意外事故给货主造成的损失。如运输粮食，发生意外事故，“粮艘漂失米石，有全赔全免之殊，然皆通帮公摊”③。嘉庆年间，广东潮惠会馆订立馆章，其中就规定了这样一条：“凡舶中货物或患燥湿，按毗连最近之邑摊补之。”④

（三）以船出租运货

康熙四十二年，清廷禁止“自造商船租与他人”⑤。尽管朝廷下令禁止出租商船，但民间出租船只的情况还是存在的。康熙四十六年，定海知县缪燧指出：“造小船一只，止需十数金。鄞镇沿海之民，稍有本力者，一家制数只、数十只不等，出赁收税，穷民便之。”⑥ 本小商人无力置船，也可通过租赁进行贸易了，所以是受“穷民”欢迎的。造船出租，禁而不能止。乾隆三十三年放宽政策，“造船之家，无力贸易，听其租给予人”⑦。道光五年，包世臣说，船商大户“有船三五十号者”⑧，估计当不乏租给人营运的情况。

---

① 包世臣：《海运南漕议》，见《安吴四种》卷1，中衢一勺。
② 谢占壬：《防弊清源》，见《清经世文编》。
③ 包世臣：《海运十宜》，见《安吴四种》卷3。
④ 《上海碑刻资料选辑》，第325页。
⑤ 光绪《钦定大清会典事例》卷120，吏部，处分例。
⑥ 康熙《定海县志》卷3，形胜，附《沿海弭盗末议》。
⑦ 清《高宗实录》卷814，乾隆三十三年七月戊子。
⑧ 包世臣：《海运十宜》，见《安吴四种》卷3。

沿海有大船户用船只代人运货，或出租给人营运，都表明沿海运输已经从商业中分离出来，形成独立的行业。

《问情别单》[①] 是中国商船遇海滩漂至韩国，当地地方官与中国船员的问答记录。该文记载了清代前期沿海漂船 27 例，其中三例因船票丢失无法判断外，其余 24 例中，有 2 例是官船不计，6 例是船主自驾船贸易，16 例是船主不随船航行。这说明以租与、雇人为主要手段的经营方式，已在运输业中占有比较重要的地位，从而使运输业的经济实力有所增加。船户们建立了地方性的行业组织如江南船商会馆。又如，赣榆县青口镇有两个天后宫，“前宫船户建，后宫商贾建，较宏敞”[②]。尽管船户的经济实力还不如商贾，但是，独立建天后宫的事例说明船户已经具有了一定的经济实力。这些说明沿海运输业已经脱离了商业，成为一个独立的行业。

第四节　金融机构的产生和发展

金融机构是商品经济发展的产物。当其产生以后，就成为商品经济的必要条件。明清时期是我国封建金融机构产生与迅速成长的时代。从下面的描述中可以看到我国封建金融机构是怎样产生和发展的。从钱庄、银号到账局，再到票号的进化过程，金融业务从简单的银钱兑换到存款放款，再到汇款、信贷的发展过程。金融业的支持，保证了商品流通的顺利进行并不断发展，从而也对清代经济发展起到良好作用。[③]

一、钱庄、银号与钱票

明、清两代的货币制度都是以银两、制钱为平行本位，在日常生活中，大数用银，小数用钱，因此产生了专门从事兑换，从中收取佣金的钱庄，亦称钱

---

① 载《东西学术研究所纪要》第 17 辑，1984 年；第 18 辑，1985 年。

② 嘉庆《海州直隶州志》卷 19，考第 6，祀典。

③ 本节主要根据张国辉《晚清钱庄和票号研究》（中华书局，1989 年）及黄鉴晖《山西票号史》（山西经济出版社，1992 年）编写，兹不一一注明。

铺、钱店。银锭和元宝要敲碎使用，而碎银又需熔成整锭，便于收藏或运输，银两的改型乃是商民随时的需要，所以也就有了主要从事铸银，从中赚得手工费的银号。清初的文献中，也称钱庄为“卖钱之经纪铺”①。北方各省的钱庄、钱铺，通常只有兑换业务，银锭元宝的熔铸则由银号承担。南方的钱店、钱庄，都进行银钱兑换，其中规模大者兼业熔银铸造。康熙以降商品经济有较大发展。在商业比较发达的城市，钱庄也比较多。以京师为例，自康熙年间到道光十年间，钱铺竟有384家之多。②

上海的金融状况极具特点。上海钱铺的数量和规模都较内地各省为大。乾隆四十一年，上海钱铺业已经设立了钱业公所③；有25家钱庄承办公所事务。④ 其后的20年中，承办公所事务的钱庄至少已发展至82家，⑤ 公所的成立，足以说明上海银钱业的发展达到了相当高的水平。嘉庆初年，上海大小钱庄，已发展到124家。⑥ 这反映了上海此时的商业资本有了相当大的发展。

各地钱铺业发展很不平衡。发展水平最高的地区，钱庄众多，设有经纪，需要一定的规范和管理。发展水平最低的地区，银钱兑换尚在盐米杂货各店中进行。⑦ 有钱庄而无经纪的地区更占多数。这就是说，在18世纪中叶，包括京师在内，各地钱庄（铺）的业务内容和活动范围都是非常狭隘的，而其性质和作用，不过是“货币经营业的最原始的形式”，即以钱币兑换为主。⑧

乾隆中叶开始，钱庄业务比较明显地出现变化。乾隆后期，钱庄业务已经突破了单纯兑换银钱的范围，体现信贷活动的存款、放款已经成为钱庄的业务项目了。与商品货币经济进一步发展相适应，钱庄逐渐从银钱兑换业的基础上发展成为信贷活动的机构。

---

① 《清文献通考》卷13，钱币1。
② 咸丰九年九月十六日工部尚书兼管顺天府尹事务张祥河等奏折，见钞档。
③ 嘉庆二年《【上海】历年承办钱业各碑记》，见《上海钱庄史料》，第11~12页。
④ 《上海碑刻资料选集》，第254页。
⑤ 嘉庆二年《收买晴雪堂房屋管业告示》，见《上海钱庄史料》，第11~12页。
⑥ 《上海碑刻资料选集》，第254~255页。
⑦ 清《高宗实录》卷251，乾隆十年十月。
⑧ 《马克思恩格斯全集》卷25，第356页。

钱票亦称庄票，是由钱庄、银号等信用机构发行的信用凭证。钱票的使用和流通是清代信贷发展的一个重要标志。纹银和铜钱都是金属货币，在其使用过程中，成色的鉴别，数量的称量、清点，贮藏的空间的安排等都很费时费事，特别是在大笔交易和远程运送时，甚为不便。钱票这种票据在一定范围内流通，起着代替金属货币职能的作用。乾隆年间，钱票已在京师流行，并向京外流传。如江苏常熟地区，乾隆四十年已经“广用钱票”①。山西地区，于嘉庆八、九年时，“钱票流行已久”②。可见，大抵到乾隆中期，钱庄业务已经越出简单货币兑换的范围，向兼营信贷业务发展了。

清代钱票最初流行地区主要在北方各省。这是因为“西北诸省陆路多而水路少，商民交易，势不能尽用银桩；现钱至十千以上，即须马驮车载，自不若钱票有取携之便，无盘运之烦”，“甚便于民”③。山西省民间久已流行钱票。“晋省行用钱票，有凭帖、兑帖、上帖名目。凭帖系本铺所出之票；兑帖系此铺兑与彼铺；上帖有当铺上给钱铺者，有钱铺上给钱铺者。此三项均系票到付钱，与现钱无异。”④ 可见山西境内的钱庄、典当都在签发钱票。这些钱票在本地区“与现钱无异”，已成为有较高信用的流通手段了。

直隶向来以农业生产为主，境内商业比较发达的城市，例如，天津“系外省商民暂时携资前来贸易，逾时辄返。钱票易地不能通行，是以居民、客民所易钱文，不过数十百千，随时取用，商民久已相安”⑤。这说明在直隶境内，钱票流通历有年所，已成通例，在群众生活里享有较高的信誉；不过不存在不同地区间钱票交换和流通的现象。

山东省使用钱票情况大致与直隶相同。在商品经济比较不发达的陕西同样流通着钱票。省内各地由于经济发展水平不同，钱票的使用情况也有较大差别。⑥

---

① 郑光祖：《（醒世）一斑录》卷6，杂述。
② 道光十八年六月二十五日山西巡抚申启贤奏折，见第一历史档案馆藏档案。
③ 道光十八年七月初七日山东巡抚经额布奏折，见第一历史档案馆藏档案。
④ 道光十八年六月二十五日山西巡抚申启贤奏折，见第一历史档案馆藏档案。
⑤ 道光十八年七月初二日直隶总督琦善奏折，见第一历史档案馆藏档案。
⑥ 道光十八年七月二十六日陕西巡抚富呢扬阿奏折，见第一历史档案馆藏档案。

综合华北和西北地区各省钱庄签发钱票的流通情况，说明从乾隆中叶到道光中叶，半个多世纪时间，各地商品货币经济的发展水平虽然参差不齐，商品销售的支付手段已经可以用一种见票即付或定期支付的票据来承担货币的职能。这种产生于商品经济发展基础上的信贷活动，大大方便了商品交换，为商品经济的进一步发展提供了很好的条件。

东南沿海地区，如江、浙、闽、粤各省，在鸦片战争以前，外国商船早有到来。中外贸易活动从18世纪以来一直在进行，个别时期还有过较大的发展。因此，洋钱（银圆）久已流通。[①] 尽管如此，银圆也是金属货币，也跟银两、铜钱一样，存在携带、运输不便的缺点。所以在沿海各省，也通行着钱庄签发的钱票。

在福建，"缘钱票轻便，易于携带收藏"，所以"商民交易，向系纹银、制钱与各钱铺之钱票并用，迩年以来，用票者十之八九"[②]。

江苏省由商业交往而发生的货币清算上，一向是纹银、洋钱和钱票三者并用的。两江总督陶澍就其所辖的苏、皖、赣各省行使钱票的情况时称，"江南全省，通商大贾皆以银易换洋钱，零星贸易始以银易换制钱"，为了"便于携取"，便有以银"更换钱票"者。这种钱票"皆系本店所出，票到即行发钱，亦与现钱无异"[③]。浙江省城杭州，"居民稠密，钱铺较多"；宁波府的鄞县，"逼近海关，商贾辐辏，钱铺稍大"，但只有这两个地区的信用活动比较发达。省内其他各府，"贸易者少，钱铺亦无重本，专以制钱兑易洋钱、纹银，以备民间日用之需"。因此，就浙江全省而言，钱票的使用则与江苏相似，"俱以本铺之票向本铺取钱，从无注写外兑字样"[④]。

上海庄票流行尤为广泛。咸丰九年时，上海各业银钱出入行用庄票，已"百余年矣"[⑤]。这就是说，上海钱庄大约在乾隆二十年前后就开始使用庄票了，这与江苏省常熟地区流行钱票的时期大致相差不远。见于道光二十一年上

① 道光十六年九月初一日广东巡抚怡良、两广总督邓廷桢、粤海关监督文祥奏折，见钞档。

② 咸丰三年六月十八日兼署闽浙总督王懿德奏折，见第一历史档案馆藏档案。

③ 道光十八年七月二十六日两江总督陶澍奏折，见钞档。

④ 道光十八年十月二十三日浙江巡抚乌尔恭额奏折，见第一历史档案馆藏档案。

⑤ 上海《钱业重整旧规》，载《北华捷报》1859年6月4日，转见《上海钱庄史料》，第20页。

海县的一则告示中称："钱庄生意或买卖豆、麦、花、布，皆凭银票往来，或到期转换，或收划银钱。"此前相当一段时间以来，上海不仅商品的交换已经可以通过钱庄签发的票据成交，而且债权债务关系的清理，也可以通过钱庄庄票"到期转换，收划银钱"，相互抵消。这些资料都表明，由于商品经济发展水平的不同，各地区间金融业发展的不平衡性是很明显的；而上海银钱业在信贷上所达到的水平，远较内地城镇甚至沿海其他城镇为高。

特别值得注意的是，上海资力雄厚的钱庄大多与行走南北洋的沙船业发生资金联系。清代沿海贸易，大量使用上海的沙船。沙船所需融资金额甚大，所以在出海时，经常要从钱庄借入大宗款项。[①] 鸦片战争前，钱庄主经纬在上海开设仁元钱庄，据他的儿子经元善记述，"沪南有陈有德沙船字号与元记钱庄往来久"[②]。而陈有德的沙船字号和李也亭的久大字号在当时都是负有盛名的沙船商号。[③] 这些事实表明，早在鸦片战争以前，上海钱庄的信贷业务已不仅限于商业范围，而且兼及交通运输业了。

在钱庄业务发展的历程中，钱票的使用和流通是非常值得重视的现象。尽管这种票据还只是在当时货币制度所允许的条件下，配合纹银和铜钱发挥流通手段和支付手段的作用，它并不曾在商品生产者之间的关系上带来新的东西。但是，它的出现和发展，毕竟是反映了金融信贷发展的结果。

乾隆以来近百年时间，全国各地商品经济逐步发展。进行货币经营的钱庄的经营范围，势所必然地逐步扩大，越出了简单的银钱兑换，发展到接受存款，发放贷款的信贷业务，从而使钱庄的职能扩大。这种职能在流通领域中所发挥的积极作用，不能不引起社会的高度重视。尽管各地钱庄签发的票据在当地的使用情况及其所起的作用，在程度上参差不齐，但是，钱票的产生和发展的趋势却各地大致相同。到了道光初年，钱庄信贷的日趋活跃，自然提高了它在社会经济生活中的地位和作用；而它签发的票据，由于信用可靠而具有活力。在鸦片战争后，银钱业的票据、信贷业务为促进通商口岸的贸易的发展，

---

① 《江苏省明清以来碑刻资料选集》，第485页；亦见《上海钱庄史料》，第12页。

② 经元善《趋庭记述》卷2。

③ 《清代日记汇抄》，第240页。

起了意想不到的重大作用。

二、账局的产生和发展

雍末乾初之际，另一种与钱庄并存的金融组织出现，这就是账局。账局也称做账庄、账行，其重要业务是对商家铺号进行存款、放款，发生借贷关系。

账局主要分布在京、津、张家口、太原、多伦等北方商业城市。经营账局的，基本上都是山西商人。账局大抵产生于雍乾之交。雍正七年，清廷在恰克图设立市集。到乾隆时，"北京贸易停止"，恰克图遂成为中俄"两国通商之咽喉"[①]。而"内地商民至恰克图贸易者，强半皆山西人，由张家口贩运烟、茶、缎、布、杂货，前往易换各色皮张、毡片等物"[②]。山西商人远从闽、浙、两湖贩运茶叶到东、西两口（即张家口和归化），销流蒙古，并北与沙俄商人成交。如此长途贩运，每周转一次，大约需时一年，流转周期不谓不长，必然需要大笔周转资金。这便使得大小商人，均需要社会信贷的融通，需要信贷支持。融资借贷成为商品经济发展的普遍要求。在钱铺和银号等仅以货币兑换为主的金融机构不能满足这一要求时，另一种金融机构——账局的产生也很自然了。西北部内陆贸易和中俄贸易可被看作是账局产生的契机。张家口和库伦等地的账局自家往往兼营茶叶业务。可见账局的产生与早期山西商人从事内陆贸易的开展有密切关系。

张家口的"祥发永"号账局是乾隆元年由山西汾阳县商人王庭荣出资40000两开设的，并在京师设立了分号。[③] 就目前掌握的资料而言，祥发永是有确据的最早的一家。乾隆六十年，一位游晋文人李燧记述当地人民生活状况时称，汾州、平阳两府的"富人携资入都，开设账局"[④]。"入都"二字表明，京师已有账局。有关账局的家数，黄鉴辉根据咸丰三年清廷令京城商铺捐炮助饷的档案中，账局商人捐款的名单统计，"京城有账局268家，其中210家是

---

① 刘选民：《中俄早期贸易考》，载《燕京学报》，第25期。

② 何秋涛：《朔方备乘》卷37，第18页，转见《中国近代对外贸易史资料》第1辑，第100页。

③ 清度支部档案，账局注册册，宣统二年十月，转引自黄鉴晖《山西票号史》，第10页。

④ 李燧：《晋游日记》卷3，乾隆六十年闰二月二十一日。

山西商人开设的”。账局家数众多，而“帮伙不下万人”[①]。

账局的业务以对工商铺户开展存放资金为主。借贷的原则，或称借贷的规矩是到期本利见面。账局必须每年见到本金，续借时另立新券。尽管可以连年续借，严格说来，这只是年度贷款。这种贷款，对于长期经营的大项是没有实际意义的；但对短期周转不灵的商业铺户而言，能起很好的融资作用。这种经营方式反映账局的经营水平较低，也反映了当时的整体经济水平。无论如何，在票号从兼营汇兑商业组织中分离出来之前，账局这种金融组织在与商家发生的融资借贷关系中，为商品交换和流通的发展做出了积极的贡献。它的业务行为对其后票号的产生可能起着某种启发或示范的作用。

三、票号的产生

乾嘉之际，埠际贸易有了较大发展，不同城市间的经济联系日臻密切。长途贩运贸易，必然产生金属货币运送收解，以及债务清算和资金平衡等实际问题，迫切需要解决。先前收解往往依靠商人自己运现，需要由镖局押运。到了商业交往日益兴旺的乾嘉年间，这种解运现金的方式，已难以适应日益发展的商品流通的要求了。于是，某些资力雄厚、信誉卓著的商铺利用它们设有分号的关系，逐渐地把不同地区间的汇兑作为兼营业务承担起来。

早在康熙年间，便有江苏太仓学者陆世仪记述苏州府的缙绅与苏州旅京商人，在苏州和京师之间拨兑钱币的事例。他说：“今人家多有移重赀至京师者，以道路不便，委钱于京师富商之家，取票至京师取值，谓之会票，此即飞钱之遗意。”[②] 京师前门打磨厂日成祥布店遗留下的康熙二十二年到二十五年的23张会票，[③] 有力地证明在当时京师和某些主要的商业城市间，一些资力充实的商铺已经附带地办理汇兑的活动了。

嘉庆十九年江苏仪征县的张集馨记“会【？汇】票来家兑还”数千两借款的事情，[④] 表明当时在仪征县和北京之间已经能够通过汇票来清理债权债务

---

① 《王侍郎奏议》卷3，见《山西票号史》，第11页。

② 陆世仪：《论钱币》，见《清经世文编》卷52，户政27，钱币上。

③ 载《文献》1985年，第2期。

④ 张集馨：《道咸宦海见闻录》，第6页。

的关系了。一般说来，见之于私人之间的汇兑活动，往往是在地区之间商业金融调拨比较盛行之后才出现的。由此可以认为，商业店铺通过兼管汇兑的商号，以汇票来清算不同地区间因商业融资、或交易而形成的债权、债务关系，到嘉庆年间已经不是罕见的现象了。

随着商业贸易的发展和贸易活动范围的扩大，客观上提出了金融汇兑专业化的要求；而金融业务的丰厚利润也在吸引着商家，汇兑业务从商铺中分离出来已成必然趋势，独立的金融组织票号应运而生，宜其时也。

票号的产生是清代商业金融业的重要事件。陈其田在《山西票庄考略》一书中描绘了票号的产生过程。西裕成颜料庄，原和山西许多颜料商一样，是一家手工业和商业混合的经济组织。它在平遥县达蒲村设有作坊，雇本村农民制作颜料运销各地。老号设在平遥县西大街路南，分号设在京城崇文门外草厂十条南口，以买卖铜碌为业。[①] 平遥人雷履泰原任西裕成总经理。嘉庆中，直隶及鲁、晋等地白莲教及天理教活动地区，行镖运送银两很不安全。他与其他商人试用拨兑方法代替现银运送，逐渐兼营京晋汇票。道光八年江苏巡抚陶澍在反映苏州的商业金融状况时，指出，“苏城为百货聚集之区，银钱交易全藉商贾流通。向来山东、山西、河南、陕、甘等处，每年来苏置货，约可到银数百万两”。“自上年秋冬至今，各省商贾俱系汇票往来，并无现钱运到”[②]。这则材料表明，到道光六、七年间，与苏州发生商业联系的各地区的汇兑活动，已是非常活跃了。业务日多，增加资本，以日升昌字号取代西裕成。天津日升昌颜料铺经理雷履泰鉴于远道解运现金困难既多，又试着以汇票来清算与日升昌相往来的各地商铺的账目。最初这种清算方法试行于重庆、汉口、天津以及京师等地。嗣后因汇水收入十分优厚，遂将兼营汇兑的日升昌颜料铺改为专业的日升昌汇兑票号。放弃颜料生意，从事汇票经营，兼业存款、放贷，名为票号。改业的时间，有说是道光初年，也有说是道光十一年。商人雷履泰在票号业里一向被公认是该业创始人。

---

① 高叔康：《山西票号的起源及其成立年代》，载《食货半月刊》第6卷，1937年，第1期；平遥文史馆编《平遥票号纪略（草稿）》，1960年，见《山西票号史料》，第11页。

② 道光八年四月初八日江苏巡抚陶澍奏折，见《陶云汀先生奏疏》卷22。

日升昌票号创办以后，汇兑业务兴旺，收入甚溥。不久，同县的蔚泰厚绸布庄、蔚丰厚绸缎庄、蔚盛长绸缎庄、新泰厚绸缎庄、天成亨布庄，也都先后从原来经营的商店改变为专营汇兑业的票号。票号业中习称这五家票号为“平遥蔚字五联号”①。它们各在若干商业城市设立分号，互相调剂金融，构成了一个以汇兑为主而以存、放款为辅的金融体系。

票号的主要活动地区在黄河流域和华北各省，而以京师为其活动中心。不过，这是仅就其侧重点而言的。事实上，当它的汇兑业务进入初步发展阶段后，上海、福州等地都成为在东南各省的活动重点；同时，其业务也从专业汇兑发展为全面经营存放、汇兑等活动，从而成为完整形态的金融组织。

票号产生之初，几乎全是由山西商人经营的，所以人们提到票号就称“山西票号”。山西票号，又以平遥、太谷和祁县三地的商人为主，人称平、太、祁为山西票号的“三帮”。票号的组织形式有独资，也有合资；均负无限责任。票号在创立时，由出资人（俗称东家）和经理出面，邀请证人三至五人，书立合同。合同约定，资本若干两，以若干两作为一股（一般以一万两或八千两作为一股者居多），盈亏按股均分。几年合算大账一次（一般以四年或三年者居多）。经理人顶人力股若干（通常以一股者居多，亦有一股二三厘者）。另立“万金账”，分给店伙（职员），由经理视店伙劳动情况，酌定其顶人力股之多寡。所以人力股总数往往有超过资本股总数的。票号具体业务均由经理负责。东家平日不问，只在年终决算时阅览账簿，和在合算大账时参与评定店伙的功过。票号资本都存贮于总号。如若新设分号，只给办事人一定数目的开办费和路费，并不另发资本。新号开设后，营业需款时，自有相联系的乙、丙分号源源接济。总号对分号的关系是全局统筹，不分畛域，是一种联合组织。

账局虽然出现较早，但它一直仅仅从事存放信贷业务，没有能够适应形势经营汇兑，发展成票号这样的金融组织。可能是因为它们的规模较小，在各地的分支过少，缺乏大商号的分号遍布各大码头的优势所致。票号产生后很快就在京、津、张家口、平遥、西安、重庆、开封、苏州等商业城市间，为日益发

① 《山西票号史》，第80页。

达的商业交往，起着调剂金融的作用，直至近代新型金融机构——银行的出现。

汇票从甲地飞到乙地，需要由人传递。在民间通信非常困难的情况下，汇票的普及当然是不可能的。中国古代官府文书依靠驿站，但驿传不予递送民间信函。城市经济的发展，各地流动人口增加，民间异地通信的要求迫切。专为民间通信服务的民信局，始于何时，难以稽考，比较可信的说法，大约诞生于嘉道年间。

民信局初由宁波商人创办。据日本人调查，道光二年，湖南商人胡南昌在汉口开设了“胡万昌”民信局；道光三年，商人陈松柏在重庆开设了“松柏长”民信局。[①] 从此，民信局日益发展，至清代后期，遍布全国主要工商业城镇，全国总计数千家，组成了规模很大的邮递网络。民信局的创立与发展对金融汇兑业务的开展具有极为重要的意义。遍布各工商城市的民信局与遍布各工商城市的票号相结合，前者为后者提供了快捷、安全、方便的汇票传递服务，使汇兑业务得以迅速完成。邮政与金融的结合，为商品流通以及整个经济发展提供了重要的条件。金融机构的出现是商品经济发展的结果，也为商品经济的发展创造了更好的条件。特别是票号的出现，融资渠道大开，对大规模的商业活动和长途贸易的开展给以有力的支持。

① 《中国经济全书》第14册，第164页。

第二章 数种重要商品的运销

第一节 粮食运销

清代前期，人们的粮食消费结构与所在地区生产的粮食品种大体一致，其粮食供应主要不靠长途运输。尽管如此，清代前期全国范围的粮食流通量也是相当大的。清朝国土幅员辽阔，南北横跨40个纬度，东西则自海洋到高原，地形地貌复杂，各地气候、温度、日照、湿度、土壤、无霜期等种植条件很不相同，因而各地粮食生产的品种，以及同一品种的单位面积产量也有较大的差异。经济作物产区和缺粮区需要从粮产区调入粮食，各地区间要求粮食品种调剂，某些手工业，需以粮食为原料，不同经济收入阶层对粮食品种的需求各异，以及自然灾害经常使得相当大的地区急需输入大批粮食，所有这些都是清代粮食运销和粮食市场存在的原因。清代经济货币化程度已达相当高度，税赋缴纳，土地买卖，借贷生息，生老病死，生产生活几乎无处不需银两钱币。粮食生产者、地租收入者以及城市居民都得不断进行粮食的交易活动，以满足各自的需要。所以当时粮食市场、粮食运销不断发展，是必要的和必然的。

还应注意到，东北三省、蒙古、新疆、甘肃、青海、西藏、四川、云南、贵州等周边地区居住的众多少数民族，他们的生活环境和生活习惯与汉族有很大不同。许多民族以牧业为主，食物结构以羊、牛肉为主，配以少量粮食。粮食对于周边地区的人们来说，需求程度不如内地人那么大，但完全不吃粮食的地方是很少的。他们大多粮食自给不足，甚至完全不能自给，需要依靠粮食市场，而且依靠程度相当之高。[①]

一、粮食运销的主要品种和返运商品

清代前期粮食市场上的主要品种包括米谷、杂粮和豆类；谷类主要有麦、粟、高粱等。全国粮食运销量，当以米谷首位。稻米是广大地区普遍食用的主要粮食品种之一。稻米在全国范围内流通，数量很大，是南粮北调的主要品种。值得注意的是，在南米北调的同时，还存在相当数量的北米南运。例如：陕西汉中的米谷运往湖北；豫南的米谷运往江南。小麦因不耐久贮，长途贩运比较困难，故而运销范围受到制约，但其运销仍有一定数量。即使是不以小麦为主食的南方各省也大都有小麦价格，有行有市。杂粮包括玉米、甘薯等，是许多地方百姓的主食。例如：湖南[②]、福建、两广等[③]缺粮地区。杂粮主要在集墟市场上交易，省际间长途贩运杂粮的相对较少。豆类则以大豆为主。大豆用途很广，不仅人畜食用，更可作为手工业原料，榨油出售，余渣则制成豆饼以供肥田。大豆产地集中在盛京、山东、河南等省，因此北豆南运在粮食运销中占有重要地位。西南地区的豆类流向东南地区的亦复不少。

与粮食进行交换的商品，品种众多。在重庆四处乡民，以米易布；咸阳乡民以粟易盐、煤；长汀乡民赴平远以米易盐；大埔乡民“贩运竹木柴炭赴郡【潮州】，贸易米谷”[④]。光州、固始乡民以米易盐；无锡乡民以布易粟等等。类似这些乡民进城以粮易布、盐、木；或以布、盐易粮的事例，不胜枚举。当时的城市手工业产品主要是满足城市居民消费的，销往农村的不多。同时农产品、农副产品、农村手工业产品以及矿产品从农村向城市大量运销。又因小生产者不能生产自己所需要的全部产品，需要在市场上各以所产易其所需。这就使城市市场对周围乡村产生分销农、副、手工业产品的辐射力。这

---

① 邓亦兵：《清代前期周边地区的粮食运销》，载《史学月刊》，1995年，第1期。

② 《上广西抚宪史禀》，见《黄伍济集》，转自重田德：《清初における湖南米市场の一考察》，见《清代社会经济史研究》，岩波书店，1975年。

③ 雍正四年十一月二十八日高其倬奏，见《宫中档雍正朝奏折》第7辑，第31页。

④ 蔺琦：《请给关照买运米谷接济民食》，乾隆，同治《大埔县志》卷18，艺文。

种吸引力和辐射力，就是城市市场对农、副、手工业产品的销纳和转输作用。正是这种作用使城市与周围乡村之间形成商品对流。这里的城乡商品交换甚至并非只是区域市场内的城乡交换。比如山西平定州乡民以陶制器具易直隶正定的粮食[①]；陕南、川北乡民以粮易湖北的布、花。还如沿长江的粮食与布盐等对流；沿西江是米与布的对流；沿淮河是粮与盐、杂货的对流；沿黄河是不同粮食品种以及粮与布盐煤的对流；沿海河是粮与盐杂货的对流；沿滦河是粮与缸、锅的对流；沿运河是不同粮食品种，以及粮与布丝杂货的对流等等。粮商贩运粮食是从一地到另一地的单向运动，而运输粮食的船户、车户运粮到一地卸卖后，很少空载返回，一般都要载运其他商贾贩运的商品，按原运路返回。这样就同一张运输网络上形成了粮食与其他商品的交流运销。粮食不是乡村农产品与城市工业品的交换，而是农产品、农副产品和手工业产品，在乡村之间，城乡之间的交换，成为清前期商品流通的特征之一。在这种交换中，粮食起着举足轻重的作用，它在清代前期的商品流通中占有主导地位。

二、粮食集散市场和运输途径

就全国范围而言，粮食流动渠道是多向的。粮食的生产者和消费者遍布城乡，为数众多。因此必然产生墟市之间、城乡之间、城镇之间以及城市之间的多种粮食流通渠道。粮食流通有逐级运销，也有非逐级运销。

粮食从产地城市，经过集散市场，输入需求地城市，可称为逐级运销形式，即产地城市→集散市场→需求地城市。这种运销是很多的，例如从重庆，或从湘潭，经汉口，输入江宁、常州、无锡、苏州，经仪征，北输扬州；从南昌，经枞阳、芜湖、枫桥，输入苏州、杭州；从光州，固始，经邵伯镇，运销扬州。再如从乡村，运入集散市场，转输城市；或者相反，从城市运入集散市场，再分销至乡村，即乡村⇆集散市场⇆城市。例如由天津运至曲周县东桥镇，这里“开设杂粮铺二十八家”，粮食在此“卸载”，向下分销，“小民担负

① 清《世宗实录》卷7，雍正元年五月戊戌。

零物赴集贸易，藉以糊口”[①]。

非逐级运销形式有多种。一种是城市与周围乡村之间的粮食相互流通，即城市⇆周围乡村。京师由于“四乡杂粮尚未运至”，城内粮价上涨，“又由于四乡入城兴贩米粮”，使米价增长。乾隆十六年“饬令仍照以前查禁四乡兴贩”[②]。可见，周围乡民进京城买卖粮食由来已久。嘉道年间，为了禁止漕米回漕，又规定“细米一石以内，实系乡民买食者，准其出城”，粗米禁止贩往城外[③]，说明京师与周围乡村，是不同粮食品种的对流。湖南永州府“民间零星贸易【粮食】，亦皆载至衡阳发卖”[④]。河南嵩县汝河镇“居民五百余家……向无市，盐米农器易于县”[⑤]。南京、广州、临清、咸阳等城市，也都与周围乡村进行粮食相互交易和运销。另一种是粮食从产地城市输入需求地城市，即产地城市→需求地城市。如临清粮食运销天津；归化粮食运销太原等等。此外还有城市之间不同粮食品种的交流，如宁夏、中卫、兰州之间，以及乡村之间、墟场之间的贩运。

（一）粮食集散市场

根据一定的粮食交易量，集中和分销粮食的范围的大小，清前期的粮食集散市场大体可以划分为二级。一级是具有省际间聚集、扩散、中转功能的粮食集散市场。如重庆“三江总汇，水陆冲衢”，“九门舟集如蚁”[⑥]，“买卖汇集不下六七千户”[⑦]，“上江米客陆续贩米粜卖”[⑧]。“或贩自剑南、川西藏番之地；或运自滇、黔、秦、楚、吴、越、闽、豫、两粤之间，水牵云转，万里贸迁。”[⑨] 据报四川粮食外运“常年动计数百万石”[⑩]，绝大部分在重庆集散。汉

① 雍正五年十一月十八日宜兆熊等奏，见《宫中档雍正朝奏折》第9辑，第317页。

② 乾隆十六年七月二十三日舒赫德奏，见《宫中档乾隆朝奏折》第1辑，第231页。

③ 清《仁宗实录》卷231，嘉庆十五年六月甲辰；清《宣宗实录》卷33，道光二年四月甲寅。

④ 康熙四十八年九月赵申乔《题报查看水路情形并回署日期疏》，见《自治官书》卷6，奏疏。

⑤ 乾隆《嵩县志》，村镇图说。

⑥ 乾隆《巴县志》卷10，风土志，物产，习俗；卷2，建置志，坊厢。

⑦ 乾隆十九年二月十五日四川总督黄廷柱奏，见《宫中档乾隆朝奏折》第7辑，第594页。

⑧ 雍正五年十二月十三日四川总兵官任国荣奏，见《宫中档雍正朝奏折》第9辑，第469页。

⑨ 乾隆《巴县志》卷10，风土志，物产。

⑩ 清《高宗实录》卷1263，乾隆五十一年八月。

口镇“为九省通衢”“实为米粮会集之区”①，嘉庆三年时“二麦大熟，汉口近在隔江存粮不下二千万石”②。湘潭“为水陆要冲，江西、两粤客船均泊于此”③，湖南“米谷自衡州而下，多聚于”此。本省“衡、永、郴、桂、茶、攸二十余州县之食货，皆于是乎取给。秋冬之交，米谷骈至，樯帆所舣，独盛于他邑焉”④，外运粮食达黔、粤、鄂、吴、越、闽等省。安徽桐城枞阳镇，芜湖鲁港镇、含山运漕镇“历系商贩聚集之地，为粮食大口岸”⑤。据记载，雍正年间，商人一年在运漕买米110900余石；在枞阳买粮达100000石⑥。鲁港镇“多砻坊，为粮米聚贩之所”⑦。转运粮食达江苏、浙江等地。江西粮食集散市场比较分散，南昌市汉、吴城、袁州泸溪、临江樟树镇、抚州上墩渡“各有砻房、碾户，乃屯集米谷之处，不比湖南、湖北稻谷聚集湘潭、汉口，江安【？南】稻谷聚集枞阳，可以一处买足”⑧。这些群市形成一个整体，向外扩散江西的粮食。广西粮食集中在苍梧戎墟镇，从这里运往广东的稻谷，雍正年间有120~130万石。⑨ 河南“周家口、北舞渡等处为粮食聚集之所”⑩。周家口集有油行16家，⑪ 北舞渡有油坊26家，⑫ 二地因此也成为豆粮集散地。豫北楚旺镇和道口镇也是“米粮聚所”⑬，豫东二省交界之黄河岸边的刘家口是豆集散市场，⑭“行栈数十家，每一户房屋至百余间，向来豫省饼豆囤积该

---

① 清《高宗实录》卷247，乾隆十年八月。

② 包世臣：《安吴四种》卷34，《筹楚边对》。按，存粮包括稻谷、豆麦等，稻以谷形式储存，若折米，只有一半，故此数可信。

③ 乾隆二十一年五月二十五日湖南巡抚陈宏谋奏，见《宫中档乾隆朝奏折》第14辑，第488页。

④ 嘉庆《湘潭县志》卷39，风土上，风俗；乾隆《湖南通志》卷49，风俗。

⑤ 乾隆十九年五月三十日安徽巡抚卫哲治奏，见《宫中档乾隆朝奏折》第8辑，第650页。

⑥ 晏斯盛：《上制府论布商易米书》，见《清经世文编》卷47，户政22。

⑦ 嘉庆《芜湖县志》卷1，地里志，市镇。

⑧ 雍正元年十月缪沅奏，见《宫中档雍正朝奏折》第1辑，第910页。

⑨ 雍正七年九月二十四日广西巡抚金铁奏，见《宫中档雍正朝奏折》第14辑，第539页。

⑩ 乾隆二十年九月十二日安徽巡抚鄂乐舜奏，见《宫中档乾隆朝奏折》第12辑，第482页；乾隆《商水县志》卷1，舆地志，市镇；丁永琪《县北舞渡移兵驻防记》，见乾隆《舞阳县志》卷10，艺文记。

⑪ 《重修关帝庙岁积厘金记》碑，道光十八年，现藏于周口市博物馆。

⑫ 《创建老君圣庙碑记》碑，嘉庆十六年，现藏于舞阳县博物馆。

⑬ 清《高宗实录》卷51，乾隆二年九月戊申。

⑭ 雍正五年闰三月二十九日江宁布政使觉罗石麟奏，见《宫中档雍正朝奏折》第7辑，第859页。

处，各商贩运南下。”[①] 临清是山东著名的粮食集散市场[②]。陕西咸阳“城内系水陆马【码】头”“粮食聚集之区”[③]。粮食“由西路车运而来，用舟载至下路”[④]。有人目击“沿河船只甚多，问之皆粜贩米粮之商船也，满载而去者不可计。现载者不下数万石，而未载之船只，犹有数百号”[⑤]。据奏报，乾隆八年七至八月“运往出境者已不下二十万石”[⑥]。乾隆十八年被官方收买的商人囤积麦57000千余石。[⑦] 北方归化、宁夏等地也是粮食集散市场。

在粮食需求地，亦有粮食集散市场，其功能是集中外省输入的粮食，中转或分销到各需求地。例如天津是直隶、山东、河南、奉天粮食集散市场，不仅向京师分销粮食，而且向“保定、河间、正定、顺德、广平、大名等府，赵州、冀州、深州、定州等直隶州，以及顺天府四路同知所属各州县民间日食，全赖由津水运接济”[⑧]。江苏枫桥曾是米豆集散市场，乾隆时有米行200多家。[⑨] 嘉庆以后，由于丹阳、常州一带“开设米豆行日渐增多”，粮船“沿途卸载囤积，即于该处四销分散，不复驶进浒关。其关南枫桥一带向米豆市集之所，今因客贩少到，牙行歇闭甚多”[⑩]。又因运河河道不畅，重载商船难行，且为逃避内河税关，商船多绕走海路。到后期，枫桥集散市场渐被无锡、上海所取代。[⑪] 扬州府邵伯镇“诸路粮食汇聚之所”[⑫]，“凡豫省米豆，自西而东者，俱在大关报税后，即由洪泽湖而至下江高邮州之邵伯镇投行发贩”[⑬]。“该

---

① 道光二十八年二月二十二日文光奏折，见钞档。

② 许檀：《明清时期的临清商业》，载《中国经济史研究》，1986年，第2期。

③ 陈宏谋：《贩运米粮给照流通谕》，乾隆十三年九月，见《培远堂偶存稿》卷27，文檄。

④ 卢坤：《秦疆治略》，咸阳县，道光。

⑤ 雍正四年七月十六日岳钟琪奏，见《宫中档雍正朝奏折》第6辑，第299页。

⑥ 乾隆八年八月二十五日陕西巡抚塞楞额奏，载《历史档案》，1990年，第3期。

⑦ 乾隆十八年四月二十七日陕西巡抚钟音奏，见《宫中档乾隆朝奏折》第5辑，第190页。

⑧ 乾隆五十二年五月十八日直隶总督刘峨奏，见《宫中档乾隆朝奏折》第64辑，第403页。

⑨ 乾隆六十年五月初三日苏凌阿等奏折，见第一历史档案馆藏档案。

⑩ 嘉庆十七年三月初一日江苏巡抚章煦等奏折；二十四年六月十五日嘉禄奏折，均见第一历史档案馆藏档案。

⑪ 樊树志：《明清长江三角洲的粮食业市镇与米市》，载《学术月刊》，1990年，第12期。

⑫ 尹会一：《尹少宰奏议》卷1，乾隆二年二月初六日奏折。

⑬ 乾隆三十三年正月初三日李质颖奏折，载《历史档案》，1990年，第4期。

镇行户自置船只，贩运南河光州、固始等处米粮，回扬粜卖。”① 杭州府海宁县长安镇“街市绵长，人烟稠密，上接杭州省城，下接嘉兴湖州，以达苏州。商船络绎，实为来往米布货物聚集之区”②。“其米来自外江卢州、运漕、合肥及内江吴江、溧阳、平望等处。”③ 其他如广州、佛山④等地也是相当大的粮食集散市场。

另一级是具有较小范围聚集、扩散、中转功能的地方粮食集散市场。这类场有的分布在粮食产地。如湖南湘潭易俗河市，集中“西南各乡稻米”⑤。澧州津市是洞庭湖西边的大市镇，稻谷“必集于澧之津市”⑥。郴州“米码头，则米贩泊船之所，朝夕给应，郴人赖之”⑦。黔阳新路市“乡民自龙潭来，朝发夕至，次日即返，故买卖于夜，乃米码头也”⑧。湖北嘉鱼县⑨、石首、长阳、英山、云梦万金桥，⑩ 山东南阳镇、直隶桑园驿，⑪ 河南林县合涧市，⑫ 怀庆府清化镇、南阳府赊旗店⑬等都是。

有的分布在粮食需求地，如江苏吴江县平望镇，⑭ 浙江嘉兴的石门，⑮“山阴之柯桥，肃【？萧】山之临浦，鄞县之甬东，皆系聚米市镇”⑯。直隶新城白沟河“粮店六家共存粮十三万余石”⑰。通州据乾隆年间调查，“东关永茂、

---

① 乾隆二十年十二月初三日江苏巡抚庄有恭奏，见《宫中档乾隆朝奏折》第13辑，第152页。

② 乾隆三十九年三月十八日浙江巡抚三宝奏，见《宫中档乾隆朝奏折》第35辑，第38页。

③ 《浙省查禁运米出洋章程》嘉庆十五年，见《治浙成规》卷3，藩政。

④ 陈春声：《市场机制与社会变迁》。

⑤ 嘉庆《湘潭县志》卷6，城池上。

⑥ 乾隆《湖南通志》卷49，风俗。

⑦ 嘉庆《郴州总志》卷21，风俗志。

⑧ 乾隆《黔阳县志》卷9，乡都，市镇。

⑨ 顺治十一年四月八日洪承畴揭帖，见《明清档案》第19册。

⑩ 李华：《清代湖北农村经济作物的种植和地方商人的活跃》，载《中国社会经济史研究》，1987年，第2期。

⑪ 谈迁：《北游录》纪程，后纪程，顺治。

⑫ 乾隆《林县志》卷5，风土记，集场记。

⑬ 乾隆四十六年九月十四日河南巡抚富勒浑奏；十九年九月二十四日河南巡抚蒋炳奏；二十一年正月初二日河南巡抚图尔炳阿奏，见《宫中档乾隆朝奏折》第48、9、13辑，第787、631、400页。

⑭ 乾隆《吴江县志》卷4，镇市。

⑮ 清《宣宗实录》卷220，道光十二年九月丙寅。

⑯ 《浙省查禁运米出洋章程》嘉庆十五年，见《治浙成规》卷3，藩政。

⑰ 清《宣宗实录》卷323，道光十九年六月甲戌。

永成、福聚、涌源等号堆坊内……计麦约有二十万石”[①]。广东西南镇等[②]都是。

这些不同等级的粮食集散市场，分布在各省州县的粮食运路上，一端联系着本地区的乡村、市镇，另端联系着更高一级的市场。正是这些大小粮食集散市场构成粮食运销网上的网结。

（二）粮食的运输途径

粮食流通从来都是水陆兼运。前章描绘的以京师为中心通往各省会，以及各省会之间的驿路，以各省会为中心，通往各县的铺路，各地驻军往来的塘路、站路，以及由此延伸的小路上，车载牲驮、肩挑背负的各种商品中，粮食不在少数。例如河南，“自陕州硖石驿东至汝州”中经韩城镇，“为山陕江楚商贾要道，行旅络绎”[③]。“他省客商来豫籴麦者，陆则车运，水则船装，往来如织，不绝于道。”[④]“邻近州县乡民互相贩粜。其有驴驮车运”的零贩，在诸如归德府与江南、山东之间，汝州于湖北之间，河南府、陕州与山西、陕西之间，亦“络绎不绝”[⑤]。山西宁远厅由宁鲁口出入至左云县，“路极平坦，车辆可通，朝往夕还，于商民甚为便易”。这条路上，农民“每岁粜卖粮食，置办农具”[⑥]。从甘肃文县至四川松潘，“系一带山沟，平易可行，是以商民俱为称便，贩载货物赴松潘贸易者甚多。而松潘又地苦寒冷不产米面，惟藉外来粮食接济”[⑦]。贵州大定府威宁州群山环绕，山内只种杂粮，“不产米谷”，从平远州运粮接济。[⑧]

城乡之间，乡镇市集墟场之间的小路上有大量短途运输的粮食。例如湖南黔阳、芷江二县乡民，把粮食“挑负往洪【洪江集市】售买【？卖】，以供客商、居民日食。”新田县“僻处山中，不通舟楫，惟赖本处乡民肩挑背负，入

① 乾隆四十三年六月初八日直隶总督周元理奏，见《宫中档乾隆朝奏折》第43辑，第377页。
② 雍正十年五月二十九日鄂弥达奏，见《宫中档雍正朝奏折》第19辑，第797页。
③ 乾隆三十年八月二十八日河南巡抚阿思哈奏，见《宫中档乾隆朝奏折》第25辑，第832页。
④ 雍正十年五月十八日河东总督田文镜奏，见《宫中档雍正朝奏折》第19辑，第741页。
⑤ 乾隆二十八年三月二十六日河南巡抚叶存仁奏，见《宫中档乾隆朝奏折》第17辑，第284页。
⑥ 乾隆二十九年三月二十二日山西巡抚和其衷奏，见《宫中档乾隆朝奏折》第20辑，第842页。
⑦ 雍正三年五月十四日刑部左侍郎黄炳奏，见《宫中档雍正朝奏折》第4辑，第343页。
⑧ 乾隆二十一年三月二十日贵州巡抚定长奏，见《宫中档乾隆朝奏折》第14辑，第9页。

城卖米，以供朝夕”①。福建建宁府瓯宁小松源一带，“数十里瓜蔓乡村，不通舟楫，米无出路，惟各乡小民肩挑到城粜卖”②。

总之，陆运在粮食运销中占有重要地位。然而，水运比陆运更方便，更便宜，所以凡是有条件的地方，粮食运销多采用水运。例如河南与邻省“州县乡民互相贩粜。其有驴驮车运”，“零贩虽络绎不绝，究不如舟运之多”③。大量贩运和长途运输尤其如此。所以，在全国内陆18省区的广大范围自然形成了以水运为主，陆运为辅，水陆互补联运的庞大的粮食运输交通网。

我们估计各河流的运输量：长江1850万石、西江320万石、韩江10万石、闽江10万石、淮河1100万石、黄河400万石、海河150万石、滦河10万石、运河2350万石、粮食运输量之和为6200万石。乾隆时期内陆水运粮食量估计在6200万石以上，此前是上升趋势，以后是下降趋势。如果估计同时期全国内陆和沿海粮食运输量，至少在8000万石以上。这是一个从紧的估计数。④

粮食的运输量，在乾隆时期最高，嘉、道时期由于受到诸多因素的影响而有所衰退。从清代前期各阶段关税收入量的变化来看，康熙时期关税收入120万两。雍正初期大约150万两，到后期记入盈余银两，关税增加一倍达到300万两。⑤ 乾隆十八年，有人据奏销册统计共433万两，以后“每岁以增盈余，至乾隆六十年加至八百四十六万有奇”⑥。嘉庆十七年450万两。道光十一年，

---

① 《湖南省例成案》卷23，户律，仓库，乾隆十八年。

② 蒋衡：《云寥山人文钞》卷2，《平市价议》，道光。

③ 乾隆二十八年三月二十六日河南巡抚叶存仁奏，见《宫中档乾隆朝奏折》第17辑，第284页。

④ 邓亦兵：《清代前期内陆粮食运输量及变化趋势》，载《中国经济史研究》，1994年，第3期。需要强调指出的是，得到系统的准确的粮食运量数字是相当困难的，从而只能根据残缺不全的史料进行推算、估计。我们在估算中从主观上尽可能使其具有较大的合理性，希望这些数字能比较接近事实，能够反映粮食运输的全貌。真正准确的数字，有待今后大量系列原始资料的发掘。又无论是长距离运输，还是短途运输；无论是水运，还是陆运，在封建社会地主制经济的商品流通中，都具有同等重要的意义。但限于史料，我们只估计了水运量而没有包括陆运量。当然，装船前和卸船后的陆运量可以认为包括在水运量内。除此之外的陆运粮食数量全都没有包括在上述估数之内。所以，8000万石只是全国粮食运销额的一部分，主要是长途运输部分。

⑤ 康熙《大清会典》关税；雍正《大清会典》关税。

⑥ 昭梿：《啸亭杂录》卷4，关税。

户部属下各关收入430万两。[①] 尽管关税收入与实际有很大差距，但关税收入的浮动曲线走向，与本文指出的粮食运输量的变化趋势基本一致。

清代前期沿海粮食总运量，等于奉天粮食外运量1270万石，加上山东、天津、上海间运量480万石，再加上南方各省间运量300万石之和，嘉庆时期估计年均2050万石。[②]

总之，沿海各省民间粮食运输，至康熙中期开始增加，嘉、道时期上升到高峰，其变化趋势是一条上升曲线。从整体上看，嘉、道时期沿海粮食运输的发展，与内陆运河、黄河运力下降，运量可以相抵。因此，全国粮食运输量的总体规模，应该说还是相当大的。

第二节　纺织品及纺织原料的运销

棉、麻、丝是清代前期人们衣着织品的三大主要原料。由于全国地区辽阔，自然条件不同，经济发展不平衡，棉花、麻的种植，棉布、麻织品、丝和丝织品的产地分布不均，各地区、各阶层人们对棉花和棉布、麻和麻织品、丝和丝织品的衣料需求，更是多种多样，所以棉麻丝及其织品在全国大部分地区大量流通，形成相当大的市场。以下分别对这些纺织品及其原料，在清代前期全国的运销情况做一探讨。

一、棉花、棉布的运销

棉花种植在宋末元初传入中国，到了清代前期，广袤的土地上已经大量种植。棉花产地多分布在河流中下游沿岸的冲积平原，低平的湖泊地带及滨海地区，那里土质细而松，排水良好。清代前期，东北的辽河流域、直隶的滦河流

① 道光十一年《钦定户部则例》卷39，关税2。

② 邓亦兵：《清代前期沿海粮食运销及运量的变化趋势》，载《中国社会经济史研究》，1994年，第2期。应该强调指出，本文据一些残缺不全的史料记载，估计出来的数量也不是太准确的。不过为了整体研究的需要也只能如此了。总的来说，这个数字不是偏大的，因为诸如奉粮运浙江；东粮运浙江、闽广；从上海转运福建，以及广东与江苏、浙江之间薯粉与米豆的交流等运量，都未计算在内。

域下游、海河流域、黄河流域中部的河南，都宜种棉。山东植棉州县“达州县总数的87%”①。黄河支流渭水和汾水下游沿岸，“产棉花的州县”“达三十八处之多”②。位于长江下游三角洲的江苏松江府、常州府、太仓州、通州等地都是重要的产棉区。长江中游“九江、湖广”③，湖北武昌、黄州、汉阳、德安府也都产棉花。在洞庭湖畔的长沙、岳州、常德三府和澧州多产棉花，辰州和永顺二府也有棉田。长江上游地区的四川省，有威远、仁寿、蓬溪、中江、乐至等县产棉花。④ 此外，西北高原阳光、河水、土质都适合棉花种植，所以新疆的布古尔、库尔勒及吐鲁番地方，“商民租赁地亩，种植棉花贩卖，获利数倍”⑤。南方各地虽然无霜期较长，但雨水过多、丘陵地多、冲积土质不好，因此不适宜棉花生长。不过，在广东番禺、顺德、龙门、海阳、连平、龙川等州县，⑥ 云南的曲靖府、蒙化厅也有棉花种植。⑦

根据棉花产区的分布，大致可以看出棉花流通的特点，首先是平原棉花向山区流动。直隶平原多种棉花，山西北部多山是无棉区，棉花“经平遥东来，南行灵隰，则自孝义转贩”⑧。道光时，“栾地四千余顷，稼十之四……棉十之六，晋豫商贾云集”⑨。豫北内黄县产棉花，“山西客商多来此置局收贩”⑩。上海的棉花流向浙江西部山区。“吾邑地产木棉，行于浙西诸郡”⑪。这种流通不仅在省与省之间进行，而且在有的省内也如此。乾隆年间，陕西“韩城、郃阳一带出产木棉”，韩城以北是“层层山岭”，棉花“皆由韩城北运”⑫。

其次，是北棉南运的情况较多。山东、河南的棉花，沿运河，经过淮安

① 许檀：《明清时期山东经济的发展》，载《中国经济史研究》，1995年，第3期。

② 志勤：《清代前期陕西植棉业的发展》，载《西北历史资料》，1980年，第1期。

③ 乾隆《广信府志》卷2，地理，物产。

④ 郑昌淦：《明清农村商品经济》，第226～231页。

⑤ 清《宣宗实录》卷9，嘉庆二十五年十一月辛巳。

⑥ 郑昌淦：《明清农村商品经济》。

⑦ 师范：《滇系》4之1，赋产，嘉庆。

⑧ 乾隆《孝义县志》物产民俗，物产。

⑨ 道光《栾城县志》卷2，食货志，物产。

⑩ 《河北采风录》卷2，内黄县水道图说，道光。

⑪ 叶梦珠：《阅世篇》卷7，食货3。

⑫ 陈宏谋：《培远堂偶存稿》卷27、35，文檄。

关、宿迁关、扬州关、浒墅关“连舻捆载而下，市于江南”[①]。淮关“棉花等货船输税居多”[②]。四川南江“棉花买自汉中【陕西】”[③]。福建泉州府棉花“岁仰给予江左”[④]；广东用棉除了依靠从江浙海运之外，还从“湖广诸省汉口等处”输入，太平关“征收税银全藉棉花……等货”[⑤]。新疆的棉花输入甘肃，嘉庆年间，甘肃高台知县“见土鲁番棉花捆运入关者甚夥”[⑥]。

最后，一些沿河地方，中下游的棉花逆流运销到上游地区。嘉庆时期，陕西咸阳是棉花集散地，棉花“水陆并至，南则荆、襄、云梦，东则临汝、宏农，北则幽、冀、三晋，运载殆无虚日”[⑦]。关中平原棉花“不足本地之用”[⑧]。棉花自湖北逆汉水、丹水上达；或“贩自河南”[⑨]，再转输甘肃、陕北、晋北等地。“川之棉花”溯嘉陵江而达甘肃成县。[⑩]贵州遵义府、思南府“棉花自铜江口、秀山负荷以来”[⑪]；“棉由湖南常德府贩卖，舟载至省溪口江起岸”[⑫]，逆沅江而上，再逆支流锦水至上述各地。不过，在长江上棉花是双向流通的。九江的棉花往上江“装载出境售卖”[⑬]；“由楚贩运棉花来渝投行发卖”[⑭]，这是逆流运销。相反，四川“更有沿江一带，愚民将所种棉花，贱值卖于客贩，顺流而下，载至江楚”[⑮]，是顺流运销。

棉布生产与棉花产地有一定关系，一些棉花产地同时也是棉布产地，因

① 康熙《嘉定县志》卷4，物产；乾隆十八年二月初七日江苏巡抚庄有恭奏，见《宫中档乾隆朝奏折》第4辑，第720页。

② 乾隆三年三月初八日海望等题本，见钞档。

③ 道光《南江县志》上卷，物产。

④ 乾隆《泉州府志》卷19，物产。

⑤ 乾隆十九年十月初六日；十二年四月初二日广东巡抚鹤年奏，见《宫中档乾隆朝奏折》第9、11辑，第724、126页。

⑥ 郑光祖：《（醒世）一斑录》杂述，卷2，教民纺织。

⑦ 《创建花商会馆碑记》嘉庆二十年，转自志勤前引文。

⑧ 杨屾：《豳风广义》，乾隆。

⑨ 陈宏谋：《培远堂偶存稿》卷27、35，文檄。

⑩ 乾隆《成县志》卷3，物产。

⑪ 道光《印江县志》卷4，田赋志。

⑫ 道光《遵义府志》卷17，物产。

⑬ 嘉庆八年七月二十日阿克当阿奏折，见第一历史档案馆藏档案。

⑭ 《清代乾嘉道巴县档案选编》上，第343、339、422页。

⑮ 乾隆三十年十月十日四川总督阿尔泰奏，见《宫中档乾隆朝奏折》第26辑，第285页。

此，在这些地区棉布的流通与棉花的流通特点是一致的：由平原向山区；北布南运；及沿河地区的逆向运销。直隶布匹向山西、陕西运销，[①] 山西平阳、绛州，陕西同州的棉布运往陕北山区的延长县。[②] 江苏常熟、昭文的棉布“南到浙江，及于福建”[③]；广东平远布帛“半资江赣”[④]。浙江北新关税收“北来苏松布匹各物为大宗”[⑤]。四川中江棉布南贩“至滇黔，为大装货”[⑥]。此外，云南、贵州大部分是山区，所需的部分布匹，从两湖、江西等平原地区，逆水运入。“黔省跬步皆山，出产有限，所有外来货物，惟布匹、瓷器等项居多。”[⑦] 遵义东乡尽管从常德输入棉花，但所织布匹一部分逆水上运，“蜀之重庆、泸、溆”；另一部分往山区分销，“威宁、平远，极于金川”[⑧]。在长江上棉布多逆行，“川江来往货船上水布匹”[⑨]；湖北江陵“川客贾布沙津抱贸者，群相踵接”[⑩]；逆支流金沙江“船路梭织，百货流通，而以盐、布为大宗，一行于雷波及左路蛮地，一行于马边及右路蛮地，云南永善一带均资焉”[⑪]；在湖南逆湘江，耒阳“布通行郴、桂、粤西间”[⑫]。

然而，棉布流通与棉花流通也有不同之处。其一，江苏松江、常州二府和通州、太仓州是当时最大的产布区。各种布匹除了向南运销外，还向北运往山东、奉天等地。浒墅关“以奉天、山东各路布匹为杂税”[⑬]；淮安关、扬州关也都有南来布匹经过输税[⑭]；山东布匹经山海关或沿海北运。[⑮] 其二，当时甘

---

① 乾隆《正定府志》卷12，风物志下，物产。
② 乾隆《延长县志》卷4，食货志，服食。
③ 郑光祖：《（醒世）一斑录》卷7，杂述。
④ 嘉庆《平远县志》卷2，物产。
⑤ 道光十四年三月三十日英裕奏折，见钞档。
⑥ 道光《中江县新志》卷1，地里志，物产。
⑦ 乾隆五十一年十一月二十日贵州巡抚李庆棻奏折，见第一历史档案馆藏档案。
⑧ 道光《遵义府志》卷17，物产。
⑨ 雍正十年七月初十日四川夔关监督穆克德布奏，见《宫中档雍正朝奏折》第20辑，第243页。
⑩ 乾隆《江陵县志》卷22，风土2，物产。
⑪ 嘉庆《屏山县续志》卷下，舆地志，场市。
⑫ 道光《耒阳县志》卷8，风俗。
⑬ 嘉庆十八年六月十六日两江总督百龄等奏折，见第一历史档案馆藏档案。
⑭ 散见《宫中档乾隆朝奏折》。
⑮ 乾隆三十年五月二十一日金简奏，见《宫中档乾隆朝奏折》第25辑，第32页。

肃、宁夏、蒙古、青海等少数民族地区需要棉布，许多山西、陕西商人在河南、湖北、江苏等产布区，大量收购布匹往贩。河南孟津“秦陇巨商终年坐贩”①；湖北棉布为“西贾所收”②，以上所述，都是省与省之间的较长距离的运销。在各省内部也还有县与县之间的运销，其特点与省际间棉布流通特点基本一致。

此外，由于产棉区的纺织业不发展，也形成原料和纺织品的对流。如东北的棉花与山东的棉布，长江上棉花和棉布的相对流通，广西“自桂林贩棉花、白糖等杂货至湖南”③ 等，不过，这种对流只是较小范围和局部的。

二、麻类及其纺织品的运销

麻的种类很多，用途各异。苎麻，“妇女绩为布，曰夏布，处处有之”④。苎麻生长在高温多湿，排水良好的南方丘陵地区，主要分布在福建、江西、广东、湖北、湖南、四川、安徽、浙江、江苏等省。⑤ 广西桂林府西延⑥、全州⑦、梧州⑧；云南景东厅、临安府、镇沅州；⑨ 贵州苗族地区产麻，“妇人以织麻为事”⑩。北方陕西的部分地区也产麻，“女红纺棉绩麻，人人能之”⑪。东北吉林、北方直隶、山东诸城等地也产麻。葛，“亦曰葛麻也”⑫，“采葛于山，擗而绩之织为布”⑬。葛布“绩野葛为之”⑭，因此，葛与苎麻不同，是野生植物，主要产于广东、福建、湖南、湖北、江西、四川、安徽、浙江、河南

---

① 嘉庆《孟津县志》卷4，贡赋，土产。
② 康熙《德安府全志》卷8，物产。
③ 道光《西延轶志》卷2，舆地下，风俗。
④ 乾隆《建宁县志》卷6，物产。
⑤ 郑昌淦：《明清农村商品经济》。
⑥ 道光《西延轶志》卷10，杂记，物产附。
⑦ 嘉庆《全州志》卷1，舆地，物产。
⑧ 吴其浚：《植物名实图考》卷14，隰草类，苎麻。
⑨ 师范：《滇系》4之1，赋产，嘉庆。
⑩ 爱必达：《黔南识略》卷1，贵阳府，乾隆。
⑪ 道光《宁陕厅志》卷1，舆地志，风俗。
⑫ 屈大均：《广东新语》卷15，货语，葛布。
⑬ 道光《衡山县志》卷18，风俗志。
⑭ 乾隆《黔阳县志》卷29，物产。

光山等地。[1] 广西桂林府西延也产葛。[2] 明代人们用葛做衣料的不多，至清代“顺治而后，服葛者日众，而葛价亦日贱。今制无人不可服葛”[3]。“衣服，夏葛冬裘，古之常服”[4]。“衣服，夏葛冬裘……近多绩麻代葛。”[5] “贫者则全以苎布、棉布为终岁之资。”[6] 这主要指南方各省的人们服用夏布和葛布。北方各省一般人不穿夏布、葛布衣服，只有富贵之家，才在夏季服用夏布、葛布等较贵的衣料，因而，夏布、葛布等高级衣料的流通，比之棉布的流通要少得多。

苎麻、夏布、葛布在南方的一些州县中，多是自给自足，不参与流通。广西全州“苎麻，民间种以自用，无货人者”[7]。广东封川“有苎布、麻布、葛布、蕉布、络麻布之属，仅充服用，鬻于市者鲜矣”[8]。香山县“妇女绩麻，双丝细缕织成者，号家机，自服不以售人”[9]。江西定南厅“妇女勤纺绩……苎棉衣服皆家自为之”[10]。安吉州“麻布，妇女以家种苎麻纺绩之，雇匠织成，止以自用，鲜有卖者”[11]。贵州平远州“葛，苗人采之，制为粗布”[12]，恐怕主要是自用。福建沙县“惟夏布为本土所出，乡村类多自织，虽粗细有不同，而夏日用之”[13]。沙县人自织夏布也是为了夏季日用，不是出卖。

有的州县苎麻、夏布、葛布自给有余而售于市。江西宁都“总计城乡所出夏布，除家用外，大约每年可卖银数十万两”[14]。福建长乐、莆田、仙游、建安、瓯宁、泰宁、建宁、永春的夏布，武平的葛布，“均有客商贩运，各省

---

① 郑昌淦：《明清农村商品经济》。
② 道光《西延铁志》卷10，杂记，物产附。
③ 叶梦珠：《阅世编》卷7，食货6。
④ 道光《新津县志》卷15，风俗。
⑤ 嘉庆《直隶绵州志》卷18，风俗。
⑥ 乾隆《潮州府志》卷12，风俗。
⑦ 嘉庆《全州志》卷1，舆地，物产。
⑧ 道光《封川县志》卷1，舆地，物产。
⑨ 道光《香山县志》卷2，舆地下，物产。
⑩ 道光《定南厅志》卷6，风俗。
⑪ 乾隆《安吉州志》卷8，物产。
⑫ 乾隆《平远州志》卷14，物产。
⑬ 道光《沙县志》卷1，方舆，风俗。
⑭ 道光《宁都直隶州志》卷12，土产志。

赖以资用”，其中永春州的夏布“贩运最为行远”[①]。南平的苎布“远市四方”[②]。宁化的苎布“贩行甚广，岁以千万计”[③]。江苏句容“麻，土人织布售市”[④]。贵州苗族妇女织葛布“多售于市，故有洪州葛布之名”[⑤]。河南光山乡民“采葛于山，缬绩成布，间亦出贸于市”[⑥]。四川江北厅种麻出售，“近来人家多种之【麻】，以其利厚而种植易也”[⑦]。中江县输入苎麻，织夏布出售。“邑不产苎，而妇女能绩，故其货盛行”[⑧]。贵州思南府“麻出郡属各处，居人刮以售贩，鲜有自织者”，而“葛布、夏布胥自江楚来”[⑨]。一般来说，富裕人家有经济能力买麻织布，即“富家多缉苎自供衣着”；而穷苦之家的“贫妇不能买麻，以苎一斤，易麻二斤，缉卖度日”[⑩]。这说明越是贫穷的人家，越少自给自足，越需要依靠市场。

麻的流通主要是在南方各省内，或在南方各省之间流通。四川大竹“邑产苎，行巴渝，四方之商辐辏来集”[⑪]。安县产苎麻，“成属人多来售者”[⑫]。安徽颍州府亳县产麻“为多，四方取给焉”[⑬]。无为州“种麻者少，市所鬻者多自江南来”[⑭]。湖北孝感出产葛布，但“本地不产葛，多来自【湖南】临湘”[⑮]。湖南湘潭的苎麻“贩贸南省，获利甚饶”[⑯]。这里的南省主要指广东，因为郴州南通广东，北达湖湘，为商贾往来转运货物之地，“广客买麻”由此

① 颜希深：《闽政领要》卷中，各属物产，乾隆。
② 嘉庆《南平县志》卷1，物产。
③ 康熙《宁化县志》卷2，土产。
④ 乾隆《句容县志》卷1，舆地志，物产。
⑤ 李宗昉：《黔记》卷3，嘉庆。
⑥ 乾隆《光山县志》卷13，物产。
⑦ 道光《江北厅志》卷3，食货，物产。
⑧ 道光《中江县新志》卷1，地里志，物产。
⑨ 道光《思南府续志》卷3，食货，土产；卷2，地理，风俗。
⑩ 道光、同治《宜黄县志》卷11，风俗志。
⑪ 道光《大竹县志》卷19，风俗志。
⑫ 嘉庆《安县志》卷32，风俗。
⑬ 乾隆《江南府志》卷86，食货志，物产。
⑭ 乾隆《无为州志》卷7，物产。
⑮ 康熙《德安府全志》卷8，物产。
⑯ 嘉庆《湘潭县志》卷39，风土下，土产。

南去。[1] 广东镇平人说："吾乡贾客多至湖南浏阳等处买苎，妇人所绩皆楚苎也。"[2] 可见，广东苎麻不足用，主要从湖南输入。福建的大多数州县产麻，妇女多绩麻织夏布，但晋江"苎，本地少出，亦资于建宁府"[3]。泉州府"苎所出少，不足于用，仰给他州及外省"[4]。福建所需苎麻多从江西赣州购入。"赣州各邑皆业苎，闽贾于二月时放苎钱，夏秋收苎，归而造布。"[5] 不过，福建也出口苎麻，闽海关出口货物中，有"花生油、麻等物"[6]。江西麻还输往苏州，"历年以来，白麻一货，盛行于苏"。雍正十二年，江西麻商建万寿宫时，一年运往苏州的麻有二万担。[7]

夏布、葛布的生产主要在南方各省，因此，其流通方向是由南向北。四川的夏布运销山西、陕西、直隶等地，将乐的夏布"西客挟赀收买"[8]；荣昌夏布"富商大贾购贩京华，遍逮各省。百年以来，蜀中麻产，惟昌州称第一"。"山陕直隶各省客商每岁必来荣采买，运至京都发卖。"[9] 江西的夏布运销江苏、浙江，及直隶等北方各地。会昌葛布"售者甚希【？稀】，多为苏贾购去"[10]。宁都州"石城亦出夏布，县志曰：'石邑夏布岁出数十万匹，外贸吴、越、燕、亳间'"[11]。安徽宁国府夏布"岁鬻三吴间"[12]。广东新会的麻布品种多，有的"宜于苏州"；有的"宜于汉口"；还有的"宜于四川"[13]。福建福清的夏布，"商人贩往江浙等处鬻之"[14]。在松江，"葛布有数种，出于浙之慈溪、广【东】之雷州者为最精。其次出江西，葛粗细不一。出于江南金坛者虽极细，然

---

① 嘉庆《直隶郴州总志》卷21，风俗志。
② 黄钊：《石窟一征》卷5，日用，乾隆。
③ 乾隆《晋江县志》卷1，舆地志，物产。
④ 乾隆《泉州府志》卷19，物产。
⑤ 吴其浚：《植物名实图考》卷14，隰草类，苎麻。
⑥ 乾隆十八年十二月十六日福州将军新柱奏，见《宫中档乾隆朝奏折》第7辑，第175页。
⑦ 《江苏省明清以来碑刻资料选集》，第359页。
⑧ 乾隆《将乐县志》卷5，土产。
⑨ 同治《荣昌县志》卷16，风俗，物产。记乾隆、嘉庆事。
⑩ 道光《会昌县志》卷11，风俗志，女功。
⑪ 道光《宁都直隶州志》卷12，土产志。
⑫ 嘉庆《宁国府志》卷18，食货志，物产。
⑬ 道光《新会县志》卷2，物产。
⑭ 康熙《福清县志》卷1，地舆类，土产。

亦不可单做，必须夹里”[①]。可见江苏地区的葛布来自浙江、广东、江西等地。

三、丝类及其纺织品的运销

丝类包括桑蚕丝和山蚕丝；以桑蚕丝为原料织成的绫、罗、绸、缎、绢等产品统称丝绸；以山蚕丝为原料织成的各种绸统称茧绸。

桑蚕丝的产区比较广泛，无论南方还是北方，几乎大部分省区都产桑蚕丝，其中最著名的产丝地是浙江湖州，其次为江苏苏州等地。在四川，桑蚕丝主要产于西部州县；安徽产于皖北；其他湖北、湖南、广东、福建、贵州、广西等省都有部分州县产桑蚕丝。北方的直隶、山东、山西、河南、陕西等地也产少量的桑蚕丝。以上这些桑蚕丝产地，大部分也生产丝绸，因此也是丝绸产地。[②] 乾隆五十九年重庆有“绸号四十余家”，“机房二百余家，色绫系伊等自织”[③]。湖北“荆州素出绫绢丝布，其所需之丝，皆取给本省”[④]。湖南龙山“丝皆家出，树桑饲蚕”[⑤]。山东桑蚕丝织业主要分布于济南、东昌、兖州等府的二三十个州县。[⑥] 陕西关中地区的许多州县植桑养蚕，缫丝织绸。[⑦] 山西同州府“四境多桑蟓极丰，商多以华【州】丝为最”[⑧]。河南的桑蚕丝织业在乾隆时期发展到鼎盛，具有代表性的景文州汴绫庄扩大到五座分号，产品种类繁多，统称汴绫，闻名省内。[⑨]

桑蚕丝的产地虽然很多，但产丝质量好、数量多的只有浙江湖州地区，因此，湖丝在当时十分出名，许多省或县的丝织品用湖丝织成。江西建昌府的绢，“乡人货湖丝成之”[⑩]。“江宁本不出丝，皆买丝于吴越。”[⑪] 位于江宁的西

---

① 叶梦珠：《阅世编》卷7，食货6。
② 郑昌淦：《明清农村商品经济》。
③ 《清代乾嘉道巴县档案选编》上，第347页。
④ 乾隆二十年五月十三日湖广总督开泰奏，见《宫中档乾隆朝奏折》第11辑，第366页。
⑤ 嘉庆《龙山县志》卷7，风俗。
⑥ 参阅许檀前引文。
⑦ 魏志强：《明清时期关中区域市场初探》，1987年硕士论文。
⑧ 乾隆《同州府志》卷13，物产。
⑨ 魏千志：《清代开封景文州汴绫庄的发展》，载《中华文史论丛》，1983年，第3期。
⑩ 康熙《建昌府志》卷3，舆地志，土产。
⑪ 嘉庆《江宁府志》卷11，风俗物产。

新关“全赖进城丝斤”输税。[①] “粤缎之质密而匀，其色鲜华，光辉滑泽，然必吴蚕之丝所织，若本土之丝，则黯然无光，色亦不显，止可行于粤境，远贾所不取。粤纱金陵、苏杭皆不及，然亦用吴丝，方得光华不褪色，不沾尘，皱折易直，故广纱甲于天下，缎次之。”[②] 正因为此，湖丝的运销也十分广泛。“凡浙省湖丝贩运来粤，必由南、韶二府方抵省城及佛山等处销售。”[③] 闽、广等省“客商每年赴浙江湖州一带买丝”[④]。湖丝还经北新关向北方运销，在北新关税中，本省绸、丝等货占所征税银“十之二三”[⑤]。潞安府长治县不出桑蚕丝，顺治时期“丝线取给山东、河南、北直等处”；乾隆时期，丝“来自远方川、浙之地”[⑥]。

与此同时，各省也有本地或附近地区的丝销售。贵州正安丝“质精色美，商通各省，贩运甚多”[⑦]。山西阳城“乡人治丝，以贸于中州，故无缣帛之出”[⑧]。陕西三原丝“近日贩自蜀楚”[⑨]。四川新津、三台、眉州每岁也都有“新丝入市”[⑩]。湖北“荆州素出绫绢丝布，其所需之丝，皆取给本省”[⑪]。河南密县“丝皆售于客贩”[⑫]。广东顺德县龙山乡民“所缫之丝率不自织而易于肆。月之一四七为墟期，每期丝价辄以万计，故土丝之利为更倍云”[⑬]。

江浙的丝绸产品行销全国大部分地区。江南丝绸沿长江，向西运销江西、两湖、四川等地，长江上的夔关、西新关的税收中，就有来自江南的绸缎

---

① 道光二十一年八月初七日存住奏，见钞档。
② 乾隆《广州府志》卷48，物产。
③ 乾隆二十八年三月二十四日两广总督明山奏，见《宫中档乾隆朝奏折》第17辑，第263页。
④ 《禁丝斤出洋》，乾隆二十四年，见《上谕条例》第11函，户例。
⑤ 道光十四年三月三十日英裕奏折，见钞档。
⑥ 乾隆《潞安府志》卷34，艺文续编6。
⑦ 爱必达：《黔南识略》卷32，正安州。
⑧ 乾隆《阳城县志》卷4，物产。
⑨ 乾隆《三原县志》卷1，地理，物产。
⑩ 道光《新津县志》卷39，物产；嘉庆《三台县志》卷4，风俗；嘉庆《眉州属志》卷9，风土志，蚕桑。
⑪ 乾隆二十年五月十三日湖广总督开泰奏，见《宫中档乾隆朝奏折》第11辑，第366页。
⑫ 嘉庆《密县志》卷10，风土志，物产。
⑬ 嘉庆《龙山乡志》卷4，食货志，田塘。

税。[①] 湖南常德“锦绮之属，取之江浙远方”[②]。江宁的“绸、缎、绒匹等项，贩运苏城、粤省”[③]。安徽“缎匹贾诸江宁，土人无有织者”[④]。运销陕西、山西、河南及西北边疆等地的江南丝绸，先沿长江运至浦口，“起岸运往长淮，雇船赴颍、亳、河南等处”[⑤]，经河南，再运至陕西、山西及西北边疆。“陕省为自古蚕桑之地，今日久废弛。绸帛资于江浙。”[⑥] 沿运河，江南的丝绸运销京师、直隶、山东。浒墅关、扬州关、淮安关税中，“南来之绸缎”税也占有一定数量。[⑦] 正如当时碑刻记载的那样：“吾杭饶蚕绩之利，织妊工巧，转而之燕、之齐、之秦晋、之楚蜀滇黔闽粤，衣被几遍天下。”[⑧]

此外，各省也有本地的丝绸产品。如：安徽合肥的“万寿绸，出合肥机房”；宁国府的“土绸最佳”[⑨]；陕西关中地区的秦缎、秦土绸、秦线绸、秦绫、秦缣纱，“通行远近”[⑩]。山东的丝织产品种类甚多，其中帕幔主要销往京师、开封等城市；帛货远销西藏、西宁及蒙古等民族地区；其他产品在本省销售。[⑪] 湖北荆州的绫绢“织成各件不如江浙之佳，以故售行有限”[⑫]。广东的粤纱、粤缎也很有名，其中广宁绸缎“皆从省会、佛山”运至。[⑬] 广西昆明“滇缎质厚而粗，不能行远”[⑭]。河南的汴陵、汤阴绸、临颍锦、正阳“织绫之业以寒冻店为最，值亦较昂，号曰寒绫”[⑮]。其他还有四川的蜀锦；山西的潞绸、

---

① 乾隆十九年四月二十六日安徽布政使高晋奏，见《宫中档乾隆朝奏折》第8辑，第115页；乾隆二十四年四月初三日四川总督开泰奏折，见第一历史档案馆藏档案。

② 嘉庆《常德府志》卷18，物产考9。

③ 道光二十一年八月初七日存住奏折，见钞档。

④ 嘉庆《宁国府志》卷18，食货志，物产。

⑤ 乾隆《凤阳县志》卷3，舆地志，市集。

⑥ 陈宏谋：《巡历乡村兴除事宜檄》乾隆十年，见《培远堂偶存稿》卷19，文檄。

⑦ 道光十四年二月十七日豫堃奏折，见钞档；乾隆二十一年九月二十六日伊拉齐奏；四十二年六月二十日两江总督高晋奏，见《宫中档乾隆朝奏折》第15、39辑，第415、118页。

⑧ 《吴阊钱江会馆碑记》，见《江苏省明清以来碑刻资料选集》，第24页。

⑨ 乾隆《江南通志》卷86，食货志，物产。

⑩ 陈宏谋：《劝种桑树檄》，见《清经世文编》卷37，户政12，农政中。

⑪ 参阅许檀前引文。

⑫ 乾隆二十年五月十三日湖广总督开泰奏，见《宫中档乾隆朝奏折》第11辑，第366页。

⑬ 道光《广宁县志》卷12，风俗。

⑭ 道光《昆明县志》卷2，物产志。

⑮ 嘉庆《正阳县志》卷9，补遗上，物产。

华缣等。不过，各省的丝绸产品一般都在本省或邻省销售，不如江南丝绸流通的范围大。

山蚕丝及其茧绸产地，主要以山东为中心，分别向北方的直隶、河南，南方的贵州等地发展，此外，陕西、奉天、四川、广东、江西的部分地方也产山蚕丝。山东山蚕丝产地分布在鲁中山区的沂州、泰安二府和青莱登三府的部分州县。[①] 乾隆年间，有山东人在直隶“八沟厅属之难儿河与塔子沟厅属之三座塔、木城等处”，“养蚕织绸售卖”[②]。河南嵩县“山坡多槲，放蚕收茧皆东省人经营”[③]。鲁山县“养蚕者甚少。以多林木，近有放山蚕者，遂成行货”[④]。乾隆三年，山东历城人陈玉璧任遵义知府，他见“郡故多槲树”，就“遣人归历城，售山蚕，兼以蚕师来”遵义，教民“放养、缫织之法”[⑤]，于是遵义的山蚕丝及其茧绸业开始发展起来。“宁羌则采取槲叶，喂养山蚕，织成蚕绸。”[⑥] 东北“金州旧产山茧，历来输纳”[⑦]。盖平县“姜二到邵至俭家替他纺茧线”[⑧]。广东香山“茧绸，乌石平岚乡以大蝶茧织成”[⑨]。江西赣州府“信、安、长诸邑有茧绸”[⑩]。

与桑蚕丝相比，山蚕丝的产地有限，所以山蚕丝的产量不高、流通有限。山东的山蚕丝一方面在省内流通，济南府“长山俗多务织作，善绩山茧。茧非本邑所出，而业之者颇多”[⑪]。淄川“邑人近事槲绸，然茧不产于淄而织于淄”[⑫]，显然，这里所需的山蚕丝当来自本省。另一方面，向江南地区运销，叶

---

① 参阅许檀前引文。

② 乾隆二十八年九月十四日直隶按察使裴宗锡奏，见《宫中档乾隆朝奏折》第19辑，第103页。

③ 乾隆《嵩县志》卷12，市镇。

④ 乾隆《鲁山县志》卷1，舆地志，物产。

⑤ 道光《遵义府志》卷16，农桑。

⑥ 陈宏谋：《巡历乡村兴除事宜檄》，见《培远堂偶存稿》卷19，文檄。

⑦ 乾隆三十年五月二十一日金简奏，见《宫中档乾隆朝奏折》第25辑，第32页。

⑧ 乾隆三十五年二月四日盛京工部侍郎兼管奉天府府尹事务雅德题本，见钞档，转自彭泽益《中国近代手工业史资料》第1卷，第411页。

⑨ 道光《香山县志》卷2，舆地下，物产。

⑩ 道光《赣州府志》卷21，转自彭泽益前引书，第213页。

⑪ 道光《济南府志》卷13，风俗。

⑫ 乾隆《淄川县志》卷1，舆地志，物产。

梦珠说：山东茧绸“嘉、湖、苏、松，在在皆织，故用者愈众，而价愈贱”[①]；也向东北运销；[②] 贵州遵义的山蚕丝“行楚、蜀、闽、滇诸省”，“广东程乡茧亦遵义丝也”[③]。其他地方多是自织绸出售，所以山蚕丝很少向外运销。

茧绸的流通状况与山蚕丝差不多。山东茧绸除经山海关，向东北运销之外，[④] 蒙阴的茧绸也销往苏州。[⑤] 陕西宁羌“本养山蚕，抽丝织茧，贩行川广，获利已属不赀。”[⑥] “遵义之绸，广行他省”[⑦]。“其绸行于荆、蜀、吴、越间矣。”[⑧] 建昌茧绸则在本地销售。“山绸出建昌县，热河市中多鬻之。”[⑨]

但在各地市场上，江南丝绸这种名牌产品与各地方的丝绸产品，处于竞争共存的局面。乾隆年间成书，以开封城中社会生活为背景的小说《歧路灯》第五十二回，记载了城内市场上的商品，其中有汤阴绸、临颍锦；第二十八回，记有杭纱、南京绸。在新蔡，“绢帛多取诸西【平】、遂平县，造绫罗纱缎，则诸南方行商用之”[⑩]。湖南衡山“绫罗绸缎上出于广【东】，下出于苏、京【南京】，省其薮也，衡其所波及耳。城中绸店不过一二家得之也”[⑪]。“遵绸之名竟与吴绫、蜀锦争价于中州，远徼界绝不邻之区。”[⑫] 这说明江南丝绸虽然在各地流通，但并未完全占有各地的市场。

与棉花、麻类不同的是，丝的原料蚕茧、蚕茧的原料蚕种、蚕种的原料桑叶、桑叶的原料桑树秧，以及育蚕用的炭也都是商品，在市场上流通。浙江震泽县“西南境之农家颇善治桑。桑凡一二十种。冬杪春初，远近多负而至。其大者，长七八尺，买之株二三厘，所谓大种桑也，密眼青次之”[⑬]。江苏太

① 叶梦珠：《阅世编》卷7，食货6。
② 乾隆三十年五月二十一日金简奏，见《宫中档乾隆朝奏折》第25辑，第32页。
③ 李宗昉：《黔记》卷2。
④ 乾隆三十年五月二十一日金简奏，见《宫中档乾隆朝奏折》第25辑，第32页。
⑤ 参阅许檀前引文。
⑥ 张廷槐：《栈道栽桑记》，见道光《续修宁羌州志》卷4，艺文志。
⑦ 宋如林：《请种橡育蚕状》，道光五年，见《清经世文编》卷37，户政12，农政中。
⑧ 爱必达：《黔南识略》卷30，遵义府。
⑨ 吴锡麒：《热河小记》，见《小方壶斋舆地丛钞》第6帙。乾隆四十三年改塔子沟为建昌县。
⑩ 乾隆《新蔡县志》卷3，田赋下，物产。
⑪ 道光《衡山县志》卷18，风俗。
⑫ 道光《遵义府志》卷16，农桑。
⑬ 乾隆《震泽县志》卷25，生业。

湖“桑出东西两山，东山万盛。蚕时设市，湖南各乡镇皆来贩鬻”[①]。浙江海盐县乡民“俟蚕长必买叶饲之。轻舠飞棹四出远买，虽百里外一昼夜必达，迟则叶蒸而烂不堪喂蚕矣”[②]。四川昭化县“民间善养【蚕】，多者以数十筐，计隙地恒植桑，不足则买叶于他处”[③]。广东顺德县龙山乡有桑叶市场，“桑市者，他乡之桑皆集于此也”[④]。南海县九江大墟商品中有“蚕种”[⑤]。四川綦江县乡民养蚕，“其种则岁前贩于汉中、川北等县，而散布于各乡”[⑥]。江苏吴县乡民“往往于立夏后，买现成三眠蚕于【太】湖以南之诸乡村”[⑦]。浙江余杭县“每当蚕将二眠之际，各乡买蚕之船，衔尾而至”[⑧]。南浔镇人“近时多有入嘉兴一带买茧，归缫丝售之者，亦有载茧来鬻者”[⑨]。在安吉州，“炭细者为蚕炭，亦谓之小炭，育蚕之农用以灼火。二三月间，丁家岸、马家渎小市诸处，肩卖者络绎不绝”[⑩]。在武康县，“炭为火不甚烈，宜于蚕事。三、四月盛行。山人茹其利，相率入山垒石为窑，断薪而烧之，虽虎狼之窟无所畏惧焉”[⑪]。不过，这些商品一般都是在养蚕地区百里以内或百里左右较近距离的运销，不像丝和丝绸、茧绸那样流通的范围广大。

综上所述，可以看出，棉、麻、丝类及其纺织品的流通各有不同。丝织业生产专业化程度高，分工细致，单独任何一个人都不能完成整个生产过程。植桑的不一定养蚕；养蚕的不一定育种；育种的不一定养蚕；养蚕的不一定缫丝；缫丝的不一定织绸；织绸的也不一定缫丝等等。总之，丝织业生产中，各环节的产品都是商品，都在市场上流通。而且，还有一部分丝及丝绸向国外销售。一般农户养蚕收茧，或者缫丝；或者织绸，无论产出茧、丝，还是织成丝

---

① 金玉相：《太湖备考》卷6，物产，乾隆。
② 乾隆《海盐县续图经》卷1，方域篇，县风土记。
③ 乾隆《昭化县志》卷2，土地下，土产。
④ 嘉庆《龙山乡志》卷4，食货志，田塘。
⑤ 道光《南海县志》卷13，建置略五，墟市。
⑥ 道光《綦江县志》卷10，物产，附近年山丝之利。
⑦ 顾禄：《清嘉录》卷4。
⑧ 嘉庆《余杭县志》卷38，物产。
⑨ 汪曰桢：《湖蚕述》卷3，缫丝，引道光《南浔志稿》。
⑩ 乾隆《安吉州志》卷8，物产。
⑪ 汪曰桢：《湖雅》卷9，薪炭，引乾隆《武康县志》。

绸，都作为商品出售，很少是为了自己使用，对于生产丝及其纺织品的农户、机户来说，生产茧、丝、丝绸并不存在自给问题，他们生产的所有产品全部进入市场。“湖丝遍天下，而湖之人终身不被一缕者，十常八九。”① 而织丝绸自给的往往是富裕人家。广东香山县有一种绸“以黄蚕丝织之，细滑黄韧，乡人尤所贵重，一匹须茧至万，工费甚多，富人织以自服，不常得也”②。农户的生活、生产以及其他费用，则全要依靠出买产品得来，因此，从事丝类及其纺织品生产的人们就要全部依靠市场。从事棉花及其纺织品生产的绝大多数人们，也需要依靠市场。而从事麻类及其纺织品生产的人们，则有相当一部分不依靠市场，他们是自给自足的。从另一方面也反映出，这些产品的商品化程度，丝类及其纺织品最高，次为棉花及其纺织品，最低是麻类及其纺织品。

第三节　生产资料的运销

生产资料是清代前期一项重要的商品。各级市场大多均有出售，其流通量也是相当大的。手工业所需用的生产资料，如上述棉花、麻、丝类，及木材、竹材、铁、油料、染料、生产工具等。农、副业、运输业所需用的生产资料，如上述蚕种、蚕茧、桑叶、桑秧，及肥料、大牲畜、蜡虫、农具、蒲包、席草、鱼苗、鸡鸭蛋、仔畜等都在市场上出现。

这里仅将木竹材的运销，和若干农副业、运输业所需的生产资料的运销进行描述。

一、竹木的运销③

清代前期，全国森林资源覆盖率占26.1%，其中占60%以上的省区，依

① 乾隆《湖州府志》卷41，物产。

② 道光《香山县志》卷2，舆地下，物产。

③ 经君健：《清代前期民商木竹的采伐和运输》，载《燕京学报》1995年，新1期。由于有关资料记载往往把木、竹混在一起叙述，很难将其分别研究，所以只好把竹材和木材的运销放在一起讨论了。

次为黑龙江、台湾、福建、云南、吉林、四川、湖南。雍正时期森林覆盖率在10%以下的省区有山东、江苏、河南、蒙古、西藏、青海、新疆。[①] 森林资源分布的这种不平衡状态决定了东部沿海地区、北部、西北和西部周边地区是竹木需求地，西南、中南、南部是竹木的主要外输地。

东北三省木材沿松花江支流浑发河运往吉林。大兴安岭林区的木材沿嫩江运入墨尔根、布特哈、齐齐哈尔城市。张广才岭和老爷岭之间的木材沿牡丹江入宁古塔、三姓城。[②] 在盛京地区，官办伐木山场20余个，准商民采伐外贩。在兴京、开原、辽阳、凤凰城、岫岩各设卡一处，专司砍伐山林并征收民间木税。[③] 木材在岫岩厅纳税，沿羊河运销。[④] 雍乾时期，英讷河、大庄河、老虎峪三处准木商领票伐木。[⑤] 辽河上游木材沿小清河，输入开原，或沿辽河经铁岭县下运。[⑥] 浑河是奉天木材的主要运路之一，其上游的清原和苏子河上游的新宾老龙岗一带，林木葱郁，蓄积丰富。浑河支流苏子河、太子河、大凌河、小凌河、六州河、熊岳河以及大庄河、英纳河、复州河等，都有木材运销。[⑦] 奉天东部的木材，沿苏子河输入兴京厅，沿太子河输入辽阳州，沿浑河输入承德。[⑧] 奉天地区的木材还有相当数量经海路运出东北。[⑨]

黄河流域及滦河、海河、潮河流经范围内的森林，主要集中在北部多伦诺尔及大青山等地，和西南部秦岭和伏牛山的北坡。商人从蒙古克什克腾、乌兰

---

① 凌大燮：《我国森林资源的变迁》，载《中国农史》，1983年，第2期。另据民国二十三年统计，依次为四川、黑龙江、吉林、云南、湖南、福建，见民国二十四年《中国经济年鉴》上，第8章，林垦，上编，森林。尽管两种统计方法不同，无法进行比较，但两种统计的结果都说明，黑龙江、吉林、四川、湖南、云南、福建是森林资源富有地区。

② 西清：《黑龙江外纪》，见《小方壶斋舆地丛钞》第1帙；光绪《大清会典事例》卷942，工部，关税。

③ 光绪《大清会典事例》卷962，盛京工部，收支款项，木税。

④ 光绪《大清会典事例》卷941，工部，关税。

⑤ 光绪《大清会典事例》卷962，盛京工部，收支款项，木税。

⑥ 乾隆二十八年九月十八日社图肯折，见第一历史档案馆藏档案。

⑦ 乾隆《盛京通志》卷24，税课；《钦定工部则例》卷82，关税3；乾隆三十三年七月初八日明福等折，见《宫中档乾隆朝奏折》第31辑，第255页。

⑧ 光绪《大清会典事例》卷941，工部，关税。

⑨ 清《圣祖实录》卷110，康熙二十二年闰六月辛丑。光绪《大清会典事例》卷942，工部，关税；卷962，盛京工部，收支款项，木税。

布通等山场砍伐木材，“皆系雇觅蒙古牛车”外运。集中河口的木材，“每年皆于春秋两季下河，其八九月间砍伐之木，于开春起运；三四月间砍伐之木，于秋间起运”①。陆运至距多伦诺尔三十里的大河口下河；或沿小滦河下运，分别在潘家口、桃林口纳税，再沿滦河到海口，海运天津，转运京师贸易。② 滦河大河口是木材产地集散市场。也有商人从山场陆运多伦诺尔“自行售卖”，或运至张家口、独石口交易。③

康熙十八年允许商民出关砍伐潮河上游的木植。乾隆年间，有商人出口采木。经潮河支流黑河运送。商人沿潮河运木到通州发卖。④ 沿蓟运河运销的木材，在芦台镇纳税。至雍正时经过古北口的木材已逐渐减少。⑤ 不过，道光年间沿潮河仍有木材贩卖。⑥ 关外居民“采伐木植”⑦，由陆路运进关内。山海关、临榆、抚宁均征木税。海河及其支流子牙河都有木材运销。天津三岔河、葛沽、大沽口等处设关征收木税。⑧ 雍正年间太行山北段有杂木林，以后木产减少，至乾隆四年正定府木税停征。⑨ 直隶西南有竹木“运至京城”⑩。

黄河若干河段有木材运销。大青山木植“由黄河运至河保营交税发卖；或从陆路驮往归化城，并进杀虎口交税发卖”⑪。黄河托克托河口村是木材产地集散市场。木材沿黄河至河保营，再运至山西河津县仓头镇市场售卖，并在此收取木筏税。船板也在仓头发卖。⑫ 这里聚集的木材，通过河南向北方各省

---

① 乾隆三十年十二月二十三日直隶布政使观音保奏折，见《宫中档乾隆朝奏折》第27辑，第136页。

② 光绪《大清会典事例》卷941、942，工部，关税。

③ 乾隆四十三年七月初四日福隆安等题，见钞档；道光《户部则例》卷41，关税4，商税银两。

④ 光绪《大清会典事例》卷942，工部，关税；清《高宗实录》卷355，乾隆十四年十二月。

⑤ 雍正十二年十二月十五日直隶总督李卫奏，见《宫中档雍正朝奏折》第23辑，第875~876页。

⑥ 清《宣宗实录》卷33，道光二年四月丁未。

⑦ 光绪《大清会典事例》卷941，工部，关税。

⑧ 光绪《畿辅通志》卷107，经政14，榷税。

⑨ 清《高宗实录》卷90，乾隆四年四月乙丑。

⑩ 乾隆二年七月二十二日迈柱等题，见钞档。

⑪ 乾隆二年三月十二日杀虎口监督色楞泰奏，见第一历史档案馆藏档案。

⑫ 《晋政辑要》卷11，户制，杂税8；乾隆八年十月十八日山西巡抚刘于义奏折，见《历史档案》，1990年，第3期。

乃至江苏转输。

山西吕梁山脉关帝山一带的木材，沿文水运至武元城纳税后，或水运开栅堡货卖；或沿文水入汾水南运；或陆运至其他地方售卖。武元城在汾水旁，“为水旱总路。其水泉滩地势宽平，水陆驮运之木悉聚于此”。由于经年砍伐，森林距武元城越来越远。乾隆年间，木材集散地移至故交村。[①] 雍正十年于武元城设立税关，[②] 到道光初的90余年间，每年在文水县开栅堡、峪口二村货卖的“交易银两不下十余万两”[③]。可见采伐数量之大。乾隆时，晋南穆纳山有木材从解州平陆县扎筏水运至灵宝县，入河南境，历经八州县至荥泽县，又须拆筏起旱，运至新乡县，复行扎筏，由运河直达通州。[④]

在黄河上游，人们沿大通河放木可运至兰州、靖远、中卫、宁夏等地售卖。[⑤]“宁夏宫室廨署棹楔之用多取材焉。”西宁山场的木材沿湟水，平番山场的木材沿庄浪河运销兰州、宁夏、蒙古磴口等地[⑥]。居住在甘肃循化厅的撒拉人，西到黄河上游贵德厅伐木，就地扎筏，沿黄河下运兰州、蒙古售卖。[⑦] 阿拉善厄鲁特族蒙古人为了沿黄河运销食盐而购木造船。[⑧] 甘州府人夏季“常裹粮集众”，到祁连山区伐木，秋季沿墨水河将木运回甘州。[⑨] 洮河上游的白玉山、叠山森林丰富，“远近商贾有入山购买，自洮、岷、临洮直达宝鸡、咸阳者，有自岷短贩至新寺镇者，有自新寺收买转贩至临洮、宝鸡、咸阳者。惟岷至新寺运以车，余则作筏由水。其利或数倍、或五六倍不等。次则以椽木、枋板为利”[⑩]。乾隆时仍然继续采伐，“出产巨木，可由河路径达陕西”[⑪]。

---

① 《晋政辑要》卷12，户制，关税2。

② 乾隆二十八年正月二十五日山西巡抚明德奏，见《宫中档乾隆朝奏折》第16辑，第670页。

③ 《晋政辑要》卷12，户制，关税2。

④ 乾隆二十八年五月二十四日河南巡抚辅德奏，见《宫中档乾隆朝奏折》第17辑，第810页。

⑤ 雍正四年四月初六日川陕总督岳钟琪奏，见《宫中档雍正朝奏折》第5辑，第788页。

⑥ 乾隆《宁夏府志》卷3，地理，山川。

⑦ 中国科学院民族研究所青海组编《撒拉族简志合编》。按，书中记载民国时期事，查黄河上游采运木材，在清代前期已有。

⑧ 清《仁宗实录》卷140，嘉庆十年二月己卯；卷143，嘉庆十年五月庚寅。

⑨ 《秦边记略》卷3，甘州南边。记乾隆间事。

⑩ 康熙《岷州志》卷11，风俗，贸易。

⑪ 乾隆十七年八月十九日陕甘总督黄廷桂奏，见《宫中档乾隆朝奏折》第3辑，第623页。

陕西南部的终南山老林茂盛。[①] 周至县黄巢峪木材交易量大，[②] 所伐木材，拖至渭水外运。岐山县山内木材沿斜谷河下运，“远近取给，利赖溥焉”[③]。从这一带砍伐的木材顺流而下，所经“陕西渭南县仓头地方，系秦、晋、齐、豫数省买木马【码】头”[④]。周至、同官、宜君、兴安、商州各州县，都有乡民锯板“远贩各处，小民颇多获利”[⑤]。

河南境内的伏牛山北坡有许多州县产竹。永宁“原野溪涧大半皆竹园。园广或数千亩。引渠灌溉，干霄如翠”。竹皆卖到“秦、晋及本省，邑人倚此为生”[⑥]，并且造竹器“外贸营生”[⑦]。这些竹材沿洛河下运，经洛阳，入黄河，“木排下汴梁”[⑧]。熊耳山内诸木砍伐后，沿伊河下运“至洛、巩”[⑨]，入洛河、黄河，远运江苏，在宿迁关缴纳竹木税。[⑩] 嵩县潭头镇是山民从栾川沿伊河运木堆聚之地，商人在这里购木，“续筏东下”[⑪]。怀庆府河内县“凡有种竹之家，日用饮食赖此养生”[⑫]。县属许良镇、清化镇，是竹器加工集散地。[⑬] 清化镇是竹生产和加工的市场。清化竹器沿小丹河、卫河贩运林县；[⑭] 陆运山东长山县周村。[⑮] 乾隆时，小丹河疏通加宽，可以通舟。[⑯]

山东森林主要集中于沂州府西北部蒙山一带。雍正时，民间用木多就地取材，“无越省远购之事”[⑰]。但登州府荣成县木材非靠外来不可，至道光时“非海运无

① 清《仁宗实录》卷53，嘉庆四年十月戊戌。
② 乾隆《周至县志》卷13。
③ 乾隆《岐山县志》卷1，地理。
④ 雍正五年二月十二日岳钟琪奏，见《宫中档雍正朝奏折》第7辑，第472页。
⑤ 陈宏谋：《兴除事宜示》，乾隆十三年九月，见《培远堂偶存稿》卷27，文檄。
⑥ 乾隆《永宁县志》卷4，土产。
⑦ 乾隆《永宁县志》卷1，风俗。
⑧ 刘献廷：《广阳杂记》卷1，记康熙三十二年事。
⑨ 乾隆《嵩县志》卷15，食货。
⑩ 光绪《钦定工部则例》卷81，关税2。
⑪ 乾隆《嵩县志》卷12，市镇。
⑫ 《冯竹园德政碑》嘉庆二年七月。现藏河南博爱县冯竹园村庙内。
⑬ 《河北采风录》卷4，道光。
⑭ 乾隆《林县志》卷5，风土记，器室记。
⑮ 乾隆四十三年九月初十日山东巡抚国泰奏，见《宫中档雍正朝奏折》第44辑，第748页。
⑯ 乾隆《获嘉县志》卷8，河渠。
⑰ 雍正八年二月二十五日河东总督田文镜奏，见《宫中档雍正朝奏折》第15辑，第742页。

以为用”[①]。蒲台县自关东来盐船运木板，至北镇交易。[②] 山东竹料来自河南。

北方的木材沿滦河、潮河、海河运入北运河，经通州，运销京师；西北、西南的竹木，沿黄河、淮河、长江输入运河，向北运销京师；或向南运往苏州等处。同时也把流入渤海、黄海和东海的各条江河串联起来，组成了便利的竹木运销网络。运河南端的南新关征收浙江地区的竹木税。[③] 粮船跨带，是运河木材北上运输的重要方式。[④] 道光十六年，湖南头二三帮漕船欠“芜湖关木税银二万三千一百十八两零”[⑤]。2000 余只漕船，不仅拖带竹木排把，天篷上装载，而且船两旁跨带，总计每年运销竹木当在数百万根左右。以粮船拖带跨带木材，甚至在某些情况下，对税收起了决定性作用。例如，道光六年，通永道征收木税短缺的原因，就是因为“粮艘盘坝转运，未能携带木植”所致。[⑥]

长江流域的四川“木植远赴湖广、江南货卖”[⑦]。雍正、乾隆年间，金沙江下游及牛栏江、车洪江，先后疏通，[⑧] 云南的木材沿车洪江、牛栏江、金沙江运销。昭通、永善的竹木、雷波厅等处的木材，“由金沙江顺流而下”，运往叙州、重庆售卖。[⑨] 雷波厅黄草坪江滩位于金沙江畔，是江西、湖广人入山伐木，“于水口滚放、扎筏、出卖”之地，[⑩] 也是金沙江的木材集散市场。保宁、顺庆、潼川、巴州南江木材，分别沿嘉陵江、涪江、渠江下运重庆。重庆以上的木材“每年五六月江水泛涨方能扎筏放行，至七八九十等月始陆续抵关”[⑪]，“或就近发卖，或运贩下楚”。木材在本省和运汉口售卖量，“各居其半”[⑫]。总

---

① 道光《荣成县志》卷 3，食货，物产。

② 乾隆《蒲台县志》卷 2，风俗。

③ 康熙五十年十二月王度昭奏，见《宫中档康熙朝奏折》第 3 辑，第 453 页。

④ 光绪《大清会典事例》卷 207，户部，漕运；道光二十四年正月二十三日瑞长奏折，见钞档。

⑤ 清《宣宗实录》卷 300，道光十七年八月乙丑。

⑥ 光绪《大清会典事例》卷 942，工部，关税。

⑦ 康熙四十六年巡抚能泰题本，见《四川通志》卷 46，榷政。

⑧ 清《高宗实录》卷 311，乾隆十三年三月；雍正九年十一月十二日云南巡抚张允随奏，见《宫中档雍正朝奏折》第 19 辑，第 143 页。

⑨ 乾隆二年二月初五日四川巡抚杨馝题本，见钞档；清《高宗实录》卷 340，乾隆十四年五月壬戌；光绪《雷波厅志》卷 32，风俗，记乾嘉间事。

⑩ 清《高宗实录》卷 340，乾隆十四年五月壬戌。

⑪ 乾隆十九年二月十九日四川总督黄廷桂奏，见《宫中档乾隆朝奏折》第 9 辑，第 818 页。

⑫ 乾隆二年八月二十九日四川巡抚硕色题本，见钞档。

之，重庆是重要的木材集散市场，是西南木材向长江中下游转运的枢纽。

云南人“锯【杉木】为板而货之，名洞板。以四大方二小方为一具。板至江浙，值每具数百金”；“人负一板抵省，又自省抵各路水次”①。武定县专征杉板税。② 贵州毕节县“土人伐木山中，皆由此【杉木河】出，下流入赤水河；又龙溪亦入赤水河”③。这些杉木沿赤水河运入长江。

长江进入湖北境内各支流多有竹木汇入。长乐的木材沿汉洋河，长阳的木材沿清江，兴山的木材沿香溪及其支流，崇阳的“松薪”沿陆水，兴国州出产的小金竹和乌啼竹沿富水汇入长江。④ 此外，黄州的大竹也沿各河流外运。⑤ 汉口是长江中游最重要的木材集散地，木行是当地六个主要行之一，⑥ 集中来自四川、湖南、陕西、贵州、云南、河南以及本省的竹木，向江南、直隶、山东等地转输。交易市场在鹦鹉洲北与汉阳之间的内河上，以后移至鹦鹉洲、白沙洲。⑦ 商人在这里购木编筏运往下江。

汉水上游及其支流分布在陕西南部。流经的汉中、兴安二府山多地少，“大小溪涧无不深通畅流，民间积聚柴炭竹木得以转输贸易”⑧。这些大小山溪分别汇入汉水，竹木也沿汉水运往下游。⑨ 商州境内的木材沿丹水下运湖北。乾隆四十三年丹水“上游山水骤发，各处山客做成木植散置山沟，一时尽被冲出，汇流入河，排拥而下”⑩。湖北宜昌等处乡民，“因深山杂木难以搬运，就近砍截成段，镟做盆桶粗料，背负出山换取烟盐布米。沙市各铺户赴彼零星收买”⑪。

湖南省永州、衡州、靖州、辰州“多属山土，百姓栽植松杉树，长成可

---

① 师范：《滇系》4之1，赋产，嘉庆。
② 道光《户部则例》卷41，关税，落地税银。
③ 爱必达：《黔南识略》卷26，毕节县，乾隆。
④ 章学诚：《湖北通志检存稿》，见《章氏遗书》卷24。
⑤ 徐珂：《清稗类钞》，工艺类，第5册。
⑥ 晏斯盛：《请设商社疏》乾隆，见《清经世文编》卷40，户政15，仓储下。
⑦ 石莹：《清代前期汉口的商品市场》，载《武汉大学学报》，1989年，第2期。
⑧ 乾隆二十八年四月二十二日西安巡抚鄂弼奏，见《宫中档乾隆朝奏折》第17辑，第525页。
⑨ 《阎胡林等湖口停舟被劫》，转自张伟仁《清代法制研究》第1辑，第3册，第182～184页。
⑩ 乾隆四十三年七月初二日陕西巡抚毕沅奏，见《宫中档乾隆朝奏折》第44辑，第103页。
⑪ 乾隆三十五年十二月十三日湖广总督吴达善奏折，见第一历史档案档案馆藏档案。

以伐卖”[①]。“永顺、永绥、乾州等处皆属苗疆，其地多高山峻岭，深林大菁，颇产木植”[②]。与此相连的贵州“黎平、镇远、都匀三府地方山多田少，赖蓄杉木以度民生”[③]。永州府祁阳县“竹木之产饶于他郡。每年架排载舟，涉洞庭而抵鄂汉者，络绎不绝”。“编筏贩到汉镇，岁可数万金”[④]。“零【陵】、祁【阳】之木，多出于白水”，竹木筏从白水镇下运。潇水经道州在零陵县入湘江，上游乡民用船载木至道州、零陵等地发卖。位于湘江永州府祁阳县的白水镇，是湘江上游竹木集散市场，商人在这里购竹木，“然后扎排达江汉”[⑤]。木商从祁阳运销杉木至汉口，“岁可得数万金”[⑥]。资江上游有杉木，“益阳贸易小贩，将竹木扎成小筏，或五六排，八九十排不等，用篾缆连环，牵绵数里”[⑦]，沿资江下运。安化的竹木，沿敷溪河下运，汇入资江。[⑧] 宝庆府人用木造鳅船，沿资江“装载木炭竹嵩【？槁】一切货物，撑至湖北，连船货一并价卖”[⑨]。城步县的杉木沿洪江下运。[⑩] 木贩集于桃源县的河洑、张家湾、万家嘴等地。[⑪] 其他如渠水、洪洪江及其支流等都可以运木。[⑫] 可见，这些甚少航行之利的小河，在运送木材方面却可发挥作用。流经黔、湘的清水江也有木材运销。[⑬] 黎平府锦屏县的王寨、茅坪、封治三村寨，康熙年间就已是著名的木材交易市场，[⑭] 黎平府“杉木、茶林到处皆有，于是客民之贸易者、手艺者，鄰省鄰府，接踵而来”[⑮]。“商之贸贩者，皆就此估直【值】以售，

① 雍正二年九月初五日湖南巡抚朱纲奏，见《宫中档雍正朝奏折》第3辑，第132页。

② 杨锡绂：《请苗地木植一体通商以便民生疏》乾隆，见《四知堂文集》卷11。

③ 道光七年，苗族山客李荣魁等递交贵州布政使司的呈诉词，转见杨有赓《清代黔东南清水江流域木行初探》，载《贵州社会科学》，1988年，第8期。

④ 乾隆《祁阳县志》卷4，风俗。

⑤ 道光《永州府志》卷5上，风俗志转引《道州志》。

⑥ 道光《祁阳县志》卷4，风俗。

⑦ 《湖南省例成案》卷2，工律，河防，乾隆十三年。

⑧ 嘉庆《安化县志》卷11，风俗。

⑨ 雍正九年五月初四日河东总督田文镜奏，见《宫中档雍正朝奏折》第18辑，第147页。

⑩ 乾隆《续增城步县志》卷1，民俗。

⑪ 道光《桃源县志》卷3，风俗。

⑫ 嘉庆《会同县志》卷3，水利。

⑬ 爱必达：《黔南识略》卷21，黎平府；参阅杨有赓前引文。

⑭ 中国科学院民族所贵州组编《侗族简史简志合编》。

⑮ 罗绕典：《黔南职方纪略》卷6。

编筏东下”。黔阳县“巨木异材凑集于”[①] 托口寨外运。沅江支流酉水，经来凤、卯洞入四川境，乾隆年间，“商人运木至辄拆散逐根放流，缘畔行三四里许，下口捞拾。数十百根间有失一二者”[②]。竹木沿湘江、资江、沅江、澧江运入洞庭湖后，一路经岳州沿长江运销汉口。另一路“竹木均出石首县所辖之调贤口【调弦穴口】，旋入小河至南泽口地方，盘堤下河，复从支河迤逦前进，至杨关纳税后，始赴各处岸市售卖”。第三路从澧州安乡沿虎渡河入长江，在江陵沙市纳税后，运销各地。第四路从澧州安乡沿白莲水下运，在郝穴口纳税后运销各地。[③] 不便运送的木材，就地解成板材，甚或制成器具顺江河外运。[④] 郴州居住的瑶民，“砍伐树木锯为板材，背负肩运至广东发卖，以资度日”[⑤]。四川、湖南深山内居民，因得竹无多，“不能扎筏运售，因而破成篾条，附搭船只装至沙市、汉口等处，卖为编织簟席篮筐绳缆之用”[⑥]。

江西赣江上游会昌、安远、长宁等县境内的木料，“康熙、雍正年间尚有运至金陵以售者”。道光年间，“木客不过贩及省垣青山而止”[⑦]。龙南竹“未及期即为外客预定买去”，商贾贩杉木经桃江水“顺流而往”[⑧]。兴田杉木多由“安徽客贩”采伐，[⑨] 沿潋江水、贡水、赣江，运销江淮。龙泉竹、杉沿遂江、赣江外运。新昌毛竹沿锦江上游支流下运高安县。[⑩]

安徽徽州府的祁门县盛产杉木。[⑪] 浮梁乡民“树木植，濒河者倚舟楫柴土之利以自给”。木材沿昌江运销。[⑫] 婺源人沿乐安江运杉、桐至江西。[⑬] 芜湖县西滨江炮台下滩地，“为徽【州】、临【清】两郡本【？木】商堆贩木箱【？植】

① 乾隆《黔阳县志》卷9，乡都，市镇。
② 林翼池：《卯峒记》，见《小方壶斋舆地丛钞》第4帙。
③ 乾隆五十一年二月十五日湖广总督特成额奏，见第一历史档案馆藏档案。
④ 乾隆四十二年正月初三日湖北巡抚陈辉祖奏，见《宫中档乾隆朝奏折》第37辑，第448页。
⑤ 顺治十五年六月巡抚南赣佟国器揭帖，见《明清档案》第32册。
⑥ 乾隆三十五年十二月十三日湖广总督吴达善奏，见第一历史档案馆藏档案。
⑦ 道光《会昌县志》卷11，风俗志。
⑧ 康熙、乾隆《龙南县志》卷1，舆地志，物产；卷13，风俗。
⑨ 乾隆《兴国县志》卷7，物产。
⑩ 康熙《高安县志》卷2，物产。
⑪ 道光《祁门县志》卷16，食货志，物产。
⑫ 乾隆《浮梁县志》卷1，疆域，风俗。
⑬ 康熙《婺源县志》卷2，疆域，风俗。

之所”[①]。位于舒溪的石埭县“居人贩鬻杉、纸，轻去其乡，远者达京师，近者适吴会”[②]。宁国府木材“由绩溪顺流而下”[③]，入长江运售江南。其他如泥汊河、新裕河都有竹木下运。[④] 徽州府的屯溪，是休宁、祁门、歙县、黟县木材集散地。徽州木商或从祁门购木结排，沿率水经屯溪结成大筏，或由屯溪购木编筏，入新安江放流杭、嘉、湖，乃至苏州。[⑤]

沿长江上游、中游各处运输的木排、竹筏进入江苏省后，基本上走完了长江水路的最后一段。至此，木排、竹筏主要分为三路：一路集于江宁府。江宁府是江南最大的竹木集散市场，上游“数省所聚，四时常足”[⑥]，这里的竹木来自江西、安徽、湖南、贵州、四川，向北运销山东、直隶，向东运销江苏各地。上新河地方是竹木积贮、编筏的地方。徽州木材“贩自川广，集于江宁之上【新】河”[⑦]，再从上新河向外分销。

上中游流下的另一路排筏，“至镇江牌湾地方改为小排进口，由河路运往苏州等处发卖”[⑧]。而皖南木材则由富春江北运苏州。苏州“齐门一带向为木商贸易之所，故两汇俱有牙行，排筏咸集于斯”[⑨]。集中到这里的木、竹，或沿黄浦江运至松江府；或从苏州沿运河输往浙江[⑩]。第三路则从仪征或瓜州转入运河北运北方，或沿途卸卖，或直抵京师。

淮河在江苏境内入海。光山竹木，“商贾顺流鬻贩”，至龙山集总汇。[⑪] 鲁山、舞阳在清代前期也有林木。[⑫] 二县木材沿沙河下运。汝河上“山木续筏，

---

① 嘉庆《芜湖县志》卷6，古迹志。

② 康熙《石埭县志》卷2，风土。

③ 赵吉士：《寄园寄所寄》卷11。记顺治时事。

④ 光绪《大清会典》卷60，工部。

⑤ 王珍：《徽州木商述略》，载《徽州社会科学》，1991年，第2期。

⑥ 康熙二十二年《苏州府采办木植定例碑》，见《明清苏州工商业碑刻集》，第113页。

⑦ 采蘅子：《虫鸣漫录》卷1；许承尧：《歙事闲谭》第18册，《歙风俗礼教考》，转自《明清徽商资料选编》，第179页。

⑧ 雍正八年九月十八日镇海军王钍奏，见《宫中档雍正朝奏折》第17辑，第13页。

⑨ 康熙元年《长洲县严禁漕船占泊齐门两汇扰害木商碑》，见《明清州工商业碑刻集》，第109页。

⑩ 顺治十七年正月二十日《松江府为严禁巡船抢掠竹木告示碑》，见《上海碑刻资料选辑》，第108页。

⑪ 乾隆《光山县志》卷11，市集。

⑫ 徐海亮：《历代中州森林的变迁》，载《中国农史》，1988年，第4期。

浮汝而下，直达汝州”[1]。伊阳、郏县也都有木材沿汝河下运。[2] 沿各支流运入淮河干支的竹木，分别经正阳关、临淮口、长淮口、蚌埠口纳竹木税后，运销江苏。[3]

浙江杭州是竹木集散市场。乾隆时，徽州木商江来喜曾在此购置3690亩沿江沙地，以堆放竹木。其父江扬言在杭州创建了徽商木业公所。[4] 绍兴府境内竹木，由乡民肩运至水次，沿运河运销。“平水一关为【会】稽山出入之总途，竹木柴炭所必经之处。”“山之土产又惟竹木为最，民之肩运糊口，比比皆然。”[5] 北部湖州、嘉应和东部沿海地区是竹木需求地，竹木运销主要在省内。富春江及其支流都是木材运路，休宁、祁门、黟县、歙县的“小木排在屯溪汇集后，再用竹篾络联成大木排，顺新安江放下”，运销浙江。[6] 开化“民间惟栽杉木为生”[7]，木材沿金溪、衢江下运。龙游县竹子“造排”沿衢江下运。[8] 浙江各海口也有竹木运销。[9]

福建建宁、邵武、延平、汀州四府是主要林区。松溪“上游各属产木山场甚多，商人砍伐”[10]，沿松溪、建溪，入闽江下运。建溪上游，“木植多在深山通涧之处，秋冬砍伐，俟春水涨发，由溪顺流而下。木客于南台收买扎排”[11]。南平“沿涧向阳之山多杉木”[12]，砍下木材，沿富屯溪下运。建宁杉木“或土人自运，或外商行贩，道途搬木，相续不绝”[13]。宁化县人用毛竹“编以

---

① 乾隆《嵩县志》卷12，市镇。

② 参见徐海亮前引文。

③ 光绪《大清会典事例》卷234，户部，关税。

④ 《徽商公所志征信录·序》，见《明清徽商资料选编》，第183页。

⑤ 顺治四年十一月浙江巡按秦世祯揭帖，载《历史档案》，1982年，第4期。

⑥ 王珍前引文；陈柯云：《明清山林苗木经营初探》，载《平准学刊》第4辑上。

⑦ 乾隆《开化县志》卷5，物产。

⑧ 康熙《龙游县志》卷4，田赋志，附土产。

⑨ 缪燧：《沿海弭盗末议》，见康熙《定海县志》卷3，形胜。

⑩ 《运木出水酌量装排章程》，乾隆三十五年十一月，见福建《省例》卷29，杂例。

⑪ 颜希深：《闽政领要》卷中，《各属物产》乾隆三十二年；蒋衡：《记虹桥板》道光，见《云寥山人文钞》卷4。

⑫ 嘉庆《南平县志》卷8，风俗，生业。

⑬ 乾隆《建宁县志》卷6，物产。

为筏，百器多需之。一隅之地，日伐千百竿，用之不竭，其利济甚溥”[①]。竹木材陆运江西水次，沿赣江运往江南。长汀木材由“潮州商来，计山论植【？值】，运至水滨，泛筏而下”[②]。大埔县商民亦沿此道“贩运竹木、柴炭赴郡贸易米谷”[③]。兴安江经长乐县入梅溪，长乐“松以为薪炭，杉则结筏，乘大水下潮州卖之”[④]。闽江所有支流下运的木材除部分本省销售外，都沿江运至福州海口。福州是本省最大的竹木集散地之一，康熙年间海禁放开后，所聚竹木，相当数量从海上外运。[⑤] 漳州也是主要木材集散地之一。兴化也有漳泉海商海船贩运杉板出口。[⑥]

两广的紫檀、楠木沿东江及始兴大江逆运，经江西大庾岭陆运，再沿赣江顺流而下。[⑦] 从化木材沿流溪、东江运往广州、佛山。[⑧] 粤北的乐昌、乳源和湖北的宜章等县杉松由武水下运。韶州府城是北江与支流的汇合处，这里设太平桥和遇仙桥税关征木税。[⑨] 英德县农民种竹，三年即砍伐，沿北江“排放，售省、佛各镇”[⑩]。清远县产楠木，乡民沿北江放排运销。[⑪] 乳源县松杉，沿泷水、北江贩运。[⑫] 阳山土宜植“松杉”，[⑬] 沿湟水下运。

佛山为广东最大的木材集散地之一，设有木行，分工甚细，杉木行即分杉行和杉碌行。“杉行有杉排、板料之别，精粗修殊，来自西、北江。板以连州、杉以北江为上品。杉自外来至黄鼎司之小塘及佛山为总汇之区，销内地各

---

① 康熙《宁化县志》卷2，土产。

② 杨澜：《临汀江考》卷4，物产。同治刊，记道、咸间事。

③ 蔺琦：《请给关照买运米谷接济民食》，乾隆，见同治《大埔县志》卷18，艺文。

④ 道光《长乐县志》卷4，舆地略，物产。

⑤ 雍正十一年三月初三日巡视台湾御史觉罗柏修奏，见《宫中档雍正朝奏折》第21辑，第204页。

⑥ 海商《赤嵌笔谈》，见黄叔璥《台海使槎录》卷2。

⑦ 雍正三年十一月初十日两广总督孔毓珣奏，见《宫中档雍正朝奏折》第5辑，第336页。按，原文讲官员买运紫檀木，但运路当与民间运路是一致的，下同。

⑧ 雍正六年三月二十二日两广总督孔毓珣奏，见《宫中档雍正朝奏折》第10辑，第112页。

⑨ 光绪《大清会典事例》卷235，户部，关税。

⑩ 道光《英德县志》卷16，物产略，转自陈忠烈《清代粤北经济区域的形成与特点》，载《广东社会科学》，1988年，第3期。

⑪ 雍正六年三月二十二日两广总督孔毓珣奏，见《宫中档雍正朝奏折》第10辑，第112页。

⑫ 康熙《乳源县志》卷8，事纪志，风俗。

⑬ 道光《阳山县志》卷2，舆地下，物产。

埠。”“店号大者二十余家，小者三四十家”。“杉碌行，杉之短而质略松者，来自肇府四会等县，当分售于杉店及板箱、床、寿枋、装船等店，约四五家”①。

广西竹木产地很多。竹木运集桂林；漓江上游的平乐、大榕江，蒙江上游的永安州，浔江支流北流江上的容县等地竹木集梧州；龙江上游的竹木集柳州；左江和右江上游的竹木集南宁。各地所产竹木大部分经梧州沿西江流向粤省。位于西江干支广东境内的封川县“大洲、东安等处柴船、竹排浮江而下，售于广州”②。

总之，木竹的运销是全国性的。木材和毛竹从产地到销地，是从山区经河流到平原的流动过程。木竹从山间采伐后，运至河流岸边待运。等运码头也就是水客和山客买交接之处，自然形成木材市场。例如辽河三江口镇、浑河口、兴京高丽沟、凤凰城、多伦诺尔大河口、宁河县、芦台镇、迁安县河桥、三屯营、河保营、托克托河口村、文水县开栅堡、河津县仓头镇、周至县黄巢峪、陈家嘴子、渭南仓头镇、嵩县潭头镇、光山县龙山集、长山县周村、蒲台县北镇、雷波厅黄草坪、安徽的泥汊河、裕溪镇、屯溪、镇江府的牌湾、江宁府上新河、苏州齐门、闽北的南台等等，都是清代前期交易频繁的木竹转运点。

水客买木竹结筏下河，将排筏运到中转地，经木行售与木号。这些中转地是集汇各河道运来的木材，集中交易，所以成为更大的木材市场。例如重庆、汉口、九江、江宁、杭州、福州、广州、佛山、兰州、天津等地，都是大木商集聚点。由于木、竹的产地和销地的分离，长距离运输是绝对必要的。江河流域自然形成这种商品长距运输的网络，一张以水路运输为主、陆路运输为辅的网络。这一网络具有双重使用：它既满足地区小范围的需要，同时也满足跨地区的供应，所以说它是全国性的。这一网络本身就表明当时的木竹业是吸收了巨额资本的行业。木竹运销网络之大，足以表明木业资本之巨。再从许多工关税额木竹排筏税占到半数的情况看，说木材和毛竹的采伐、运输和销售是可与

① 民国《佛山忠义乡志》卷6，实业。按，该镇于嘉、道年间已有杉木行。

② 道光《封川县志》卷1，舆地。

盐铁粮棉相比的最大的行业之一，是不会过分的。

二、农副业及运输业生产资料的运销[①]

肥料包括的范围较广，有人把肥料分为十大类：牲畜粪、草粪、人粪、火粪、泥粪、骨蛤灰粪、苗粪、渣粪、皮毛粪、黑豆粪。其中渣粪“凡一切菜籽、脂麻、棉籽取油成渣”为粪。[②]“凡油之滓皆为饼用以粪田。”[③]当时在市场上流通的较常见的肥料，是渣粪也称饼肥，和灰粪，“菜籽豆麻俱可榨油……其滓成饼，乡人多市以壅田”[④]。豆饼“豆液作油，滓作饼，外郡买以治田”[⑤]。吴江县农民除了用泥粪之外，“至夏末复市豆饼或麻饼加焉，否则收薄”[⑥]。黎里镇“每日黎明，乡人咸集，百货贸易，而米及油、饼为尤多，舟楫塞港，街道肩摩”[⑦]。也有的“贫民力致粪草，富民赀购菽饼”[⑧]。“北流石山既多，烧灰者众，潮惠民以之粪田。”[⑨]“石灰，湘东有山，取其石烧为灰，名石灰，可用……沃田。”[⑩]“炉户苜若山、欧文才等，捡拾【黄灰砂石】设灶熏焙成灰，卖给民间肥田之用。”[⑪]江西鄱阳“山农以灰粪为本”，“隔年冬，群至乐平、浮梁诸处市灰”[⑫]。

一般来说，灰粪的运销距离较近，饼肥的运销距离则较远。饼肥的流通渠道以长江、运河、淮河、黄河及海运为主。长江上的芜湖关税“油豆二项约资其半”[⑬]。经过芜湖关的饼肥，有江西抚州府的麻饼，“贸诸荆襄商贩”[⑭]。

---

① 邓亦兵：《清代前期某些生产资料的运销》，载《首都师范大学学报》，1997年，第1期。
② 杨屾：《知本提纲》，见《秦晋农言》。
③ 道光《怀宁县志》卷7，物产。
④ 乾隆《直隶通州志》卷17，风土志，物产。
⑤ 嘉庆《高邮州志》卷4，食货志，物产。
⑥ 乾隆《吴江县志》卷18，风俗1，生业。
⑦ 嘉庆《黎里志》卷2，形胜。
⑧ 乾隆《天门县志》卷1，地理志，风俗。
⑨ 嘉庆《北流县志》卷之11，物产。
⑩ 道光《衡山县志》卷18，风俗。
⑪ 《湖南省例成案》卷8，户律，田宅。
⑫ 道光《鄱阳县志》卷11，风俗，农事。
⑬ 乾隆十九年二月二十八日安徽巡抚卫哲治奏，见《宫中档乾隆朝奏折》第7辑，第667页。
⑭ 康熙《抚州府志》卷8，物产考。

江苏江阴的豆饼外运，“近在淮扬，远及襄汉”[①]。安徽无为州“贩榨饼行丹阳者，颇获利焉”[②]。浒墅关税“首重米豆。从前关北一带行栈甚少，外江贩运米豆不能沿途存贮，俱由浒关投税，至苏分运行销，近年常州府属各处开设米豆栈房及油坊、饼行日渐增添，望衡林立，广为囤收。豆则磨油制饼”，小船分运。[③] 沿长江运销的还有六合县竹镇的麻饼，“赖一水转运”[④]；如皋“壅田肥，贸迁江南，其利不赀”[⑤]。河南是豆类产地，人们就地取料，设立众多油坊，榨油出饼，分别沿淮河、黄河转入运河流向江苏、浙江。舞阳县北舞镇是豆的集散地，同时也集中了饼肥。嘉庆时，该镇油坊有 26 家。在其周围与该镇有经济往来的油坊有 31 家。[⑥] 道光十八年，周家口也有油行 16 家。[⑦] 两地的饼肥沿支流运入淮河，经凤阳关下运江南。豫北的饼肥集中在黄河沿岸的刘家口，这里“行栈数十家，每户房屋至百余间，向来豫省饼豆囤积该处，各商贩运南下”[⑧]。“向年豫、东饼豆等载由黄河经过宿迁关，至卸黄坝入运河南下。”[⑨] 安徽“凤阳、颍州一带所出豆饼”也由洪泽湖载运南下，过淮安关投税。[⑩] 山东的豆货沿运河，亦经淮安关南下。[⑪] 据日本学者香坂昌纪研究，经过淮安关的饼豆税，占总税的 63%。[⑫] 苏北的饼豆“多由青口装运，船海对渡，至上海县之刘河口售卖”[⑬]。山东、奉天的饼豆也由海运至江南。

大牲畜包括马、牛、骡、驴、骆驼等。“牛分两种，水牛、黄牛。黄牛特

---

① 道光《江阴县志》卷 9，风俗，四民。

② 乾隆《无为州志》卷 7，物产。

③ 嘉庆十七年三月初一日江苏巡抚章煦等奏折，见第一历史档案馆藏档案。

④ 道光《竹镇纪略》卷下，时俗。

⑤ 嘉庆《如皋县志》卷 6，物产。

⑥《创建老君圣庙碑记》咸丰二年，碑中记有嘉庆十六年众油坊布施钱名单。现藏于舞阳县博物馆。

⑦《重修关帝庙岁积厘金记》道光十八年，现藏于周口市博物馆。

⑧ 道光二十八年二月二十二日文光奏折，见钞档。

⑨ 道光五年六月十八日文连奏折，见钞档。

⑩ 光绪《钦定大清会典事例》卷 204，户部，关税。

⑪ 乾隆十七年四月二十二日江苏巡抚庄有恭奏，见《宫中档乾隆朝奏折》第 2 辑，第 739 页。

⑫ 香坂昌纪：《清代における大运河の物货流通—乾隆年间淮安关を中心としと—》，载《东北学院大学论集》1985 年 3 月，第 15 期。

⑬ 道光十四年六月初二日明伦奏折，见钞档。

多，高大几比水牛，以耕田，以服车。”① 西部少数民族地区还有犏牛、牦牛。“犏牛蕃种也，乃黄牛与毛【？牦】牛交而生者。”“兰州以西多有之。”② 骆驼生长在北方草原，由于它身体高大，背上有肉峰，所以能耐饥渴，适合在沙漠中远行。

大牲畜在农副、运输、手工业中用途比较广泛，“骡马为农家之要具，亦差务所必需”③。“驱牛马驴骡驾耧下种”，“致远、负重、碾磨、耕田以代人力”④。“水田必须【水】牛耕，非如陆地之可用驴马也。”⑤ “犏牛乃农民耕田所用，兼以驾车，在在必需。”⑥ 驴马则主要用于驮运，或代步。北方民间多用骡、驴，“骡壮者可耕可驮，最得用”⑦。南方有的地方也用驴、骡。福建兴化人用驴“驾犁代牛”⑧。“黔无驴而滇独多。驼运入市，驴属十之七八；骡马供长运。”⑨ 山西、陕西、甘肃地区的居民、商人，购买骆驼“驮运货物”⑩。特别是在现代交通工具出现以前，广阔的陆路地区，大牲畜就显得格外重要，是人们尤其是商人、农民运输的主要工具。

正是人们对大牲畜的这种需求，使得大牲畜的交易经常旺盛。各县诸多集市的交易商品中，“其畜物惟马牛骡驴羊豕鸡鹜”⑪。“邑中墟场，每值场期，远近商贩搬运粮食、衣布、牲畜、杂货”⑫。安徽怀远县“苏家集亦一聚落也，道通宿州有逆旅舍，凡贩牛马驴骡猪者集焉”。“陈家集亦一聚落也。其民业贩牲畜，亦略如苏家集焉。”⑬ 像这种常设的专门牲畜市场几乎各地县都有。

---

① 檀萃：《滇海虞衡志》卷7，志兽，嘉庆。

② 陈奕禧：《皋兰载笔》康熙二十二年，见《小方壶斋舆地丛钞》第6帙。

③ 李殿图：《敬陈病农之弊端以课务本之实政疏》乾隆，见徐栋《牧令书》卷10，农桑下。

④ 乾隆《林县志》卷5，风土志，农功记、牲畜记。

⑤ 程含章：《复黎河帅论北方水利书》道光，见《清经世文编》卷108，工政14，直隶水利中。

⑥ 乾隆十九年六月二十六日甘肃巡抚鄂昌奏，见《宫中档乾隆朝奏折》第9辑，第21页。

⑦ 包世臣：《安吴四种》卷25下，齐民要术，畜牧，嘉庆。

⑧ 施鸿保：《闽杂记》，见《小方壶斋舆地丛钞》第9帙。该文作于咸丰年间，恐怕清代前期的情况也不会有很大变化。

⑨ 檀萃：《滇海虞衡志》卷7，志兽。

⑩ 乾隆二十年十月十二日署陕西巡抚台柱奏，见《宫中档乾隆朝奏折》第12辑，第669页。

⑪ 道光《直隶定州志》卷7，地理，市集。

⑫ 道光《辰溪县志》卷16，风俗志。

⑬ 李兆洛：《怀远水利志》嘉庆，见《清经世文编》卷116，工政22，各省水利3。

河南开封西关有牛马市；[①] 广西庆远府宜山县屯蒙墟为“牛聚处”；南丹土州六寨墟是“马聚处”；黄江墟是“牛马羊聚处”；思恩县洛降二墟是“布、牛聚处”；牛峒四墟是“牛马聚处”[②]。乾隆年间，有人在江西瑞州西南最知名的路口墟赶集，看见牛、马交易的盛况，“戊午循视墟所，聚商二三万，牛马别群，如云如荼，耕人颇资其便”[③]。此外，在各地每年都有定期庙会，也有大牲畜的交易。安徽桐城县有姚王庙会，“每年二月，庙前开集，各省商旅沓至，贩牛马驴骡。民间或买或卖，俱在此处”。“姚王集罢，贩牲者纷至会宫开集。”[④] 黑龙江“楚勒罕者，华言会也。各种旗民商贾来集”，“牛马市于日中”[⑤]。

一方面是星罗棋布的大牲畜交易市场，另一方面则是密集的征收大牲畜关税的常关。清廷规定：左翼、右翼常关专征牲畜税。崇文门、山海关、张家口、居庸关、杀虎口、归化城、坐粮厅【含收税小口】、天津关、临清关、淮安关、徐州关、西新关【含收税小口】、赣关、武昌厂、打箭炉、梧州厂、土默特蒙古各常关，[⑥] 以及浒墅关、江海关、凤阳关、北新关、夔关、太平关兼征大牲畜税。[⑦] 道光十三年，在密云县穆家峪设立税局征收牛税[⑧]。以上诸关几乎包括了户部管辖的所有常关，而且基本上都设在驿路上或设在水驿沿线，说明大牲畜长距离的运销，几乎遍布全国各地。以下着重描述马和牛的运销。

马的产区：北方有“陕、甘、山西三省，俱为产马之区”[⑨]。河南“本省土马矮小”[⑩]。山东买补马匹“系在本省购买”[⑪]，说明山东产马。直隶马“产于冀北”[⑫]。南方“广西、四川、贵州等省俱产土马，类多民间畜养，以为骑

---

① 乾隆《祥符县志》卷6，坊集，市集。
② 道光《庆远府志》卷8，食货志，墟市。
③ 李荣陆：《路口趁墟记》，见《李厚冈全集》，《厚冈文集》卷14。
④ 道光《桐城县志》卷1，舆地志，乡镇附集场。
⑤ 西清《黑龙江外纪》。
⑥ 道光《钦定户部则例》卷43～71，税则。
⑦ 光绪《钦定大清会典》卷23，户部。
⑧ 光绪《钦定大清会典事例》卷238，户部，关税。
⑨ 雍正十三年十月十四日杨汝谷奏，见《宫中档雍正朝奏折》第25辑，第285页。
⑩ 乾隆十九年六月二十一日河南巡抚蒋炳奏，见《宫中档乾隆朝奏折》第8辑，第873页。
⑪ 清《宣宗实录》卷185，道光十一年三月丁卯。
⑫ 康熙《高明县志》卷5，地理志，土产。

驮之用"[①]。云南民俗"以牲畜为富，故马独多"。"马产几遍滇"[②]。湖南马，"郡邑所畜，皆售自苗地。"[③] 瑶族居民"牧马不能乘，惟售以获利"[④]。湖北素称产马之区有："襄阳、安陆、荆州、德安、郧阳、宜昌六属"[⑤]。"滇马虽多，未有鞭缰估客驱而成群贩之以出滇境者，但供脚人驮运，驿号收买而已。"[⑥]"黔中多产良骑，质小而蹶健，登危磴若平地，故水西之骏，滇黔多贵之。"[⑦]"川马皆出司中，上坡坂如平地。"[⑧] 湖北、河南等地的"土马身小力薄"，"又不堪驰骤"[⑨]。而在北部、西北地区的草原上，少数民族居民所牧养的马，品种则比较优良，军队用者多。

马产区的分布决定了马的贩运方向：首先是北马南贩；其次是从广西、贵州、云南、湖南等地，向广东、福建、浙江等地贩运。马是国家重要的军需品和运输工具，民间虽然也使用，"近有仿北方马耕之法"，"索纼如牛，入土稍浅，而亦足以承之"[⑩]。但主要还是"官买客贩"[⑪]，民间养马多为官方收购，当然民间的买卖、贩运也是存在的。商人"俱先以货物换回蒙古马匹，成群牧放"。或待官方派人采买[⑫]；或自行贩运到各省销售。"各省马贩赴口外买马赶回内地售卖者，往来络绎。""西省马贩，每于八九月间，前赴豫、东贩售。"[⑬] 马群被人驱赶，沿河岸路南下。"每岁边马至，或数千百蹶色别为群，纵牧河岸，望若云锦。"[⑭]"每岁十一月，口外贩马来南者，驱散马数千，分十

① 乾隆三十三年六月初七日贵州巡抚良卿奏，见《宫中档乾隆朝奏折》第30辑，第833页。

② 师范《滇系》4之1，赋产，嘉庆。

③ 乾隆《辰州府志》卷16，物产考下。

④ 乾隆《溆浦县志》卷9，风俗，瑶俗。

⑤ 乾隆三十二年十二月二十六日湖广总督定长奏，见《宫中档乾隆朝奏折》第29辑，第200页。

⑥ 师范《滇系》4之1，赋产，嘉庆。

⑦ 许瓒曾：《滇行纪程》康熙，见《小方壶斋舆地丛钞》第7帙。

⑧ 顾彩：《容美纪游》康熙，见《小方壶斋舆地丛钞》第6帙。

⑨ 乾隆四十三年三月十六日湖广总督三宝等奏；十九年六月二十一日河南巡抚蒋炳奏，见《宫中档乾隆朝奏折》第43、8辑，第383、873页。

⑩ 嘉庆《邵阳县志》卷47，风土志，物产。

⑪ 乾隆《上杭县志》卷1之9，物产。

⑫ 乾隆二十年五月二十五日两江总督尹继善奏，见《宫中档乾隆朝奏折》第11辑，第493页。

⑬ 清《仁宗实录》卷335，嘉庆二十二年十月癸未；卷8，嘉庆元年八月壬寅。

⑭ 厉秀芳：《真州风土记》嘉庆，见《小方壶斋舆地丛钞》第6帙。

余队，每队一人扬鞭押赴。先至金陵、镇江，乃循此堈身大路，过江阴抵常熟、昭文，以及太仓、松江，直往浙省。”① 在南方，广东“不产马，而贵州、广西、四川等处多有贩马来卖者”②。“向系马客由广西贩至广东售卖”③。福建“无产马，必待春冬，方有别省【川、广】马匹贩到【此】”④。西藏“产马少，悉由霍尔一带及青海等处来者，价颇昂”⑤。

牛的产区比较广泛，大概各省都有产牛的地方。其中除了农家自养之外，还出现了养牛专业户，如江苏淮安府安东县，顺治年间，有“乡民张姓者，畜水牛百头”⑥。正因如此，牛的贩运和买卖到处存在。直隶古北口是“牛贩赴京”必经的关卡。⑦ 山西杀虎口也是牛“出入”的关口。⑧ 从北向南贩牛必经这两个关口。长江上的龙江关和西新关也是“江北乡镇居民赶贩牛”南下所经过的税关。⑨ 汉口的牛“来自河南”⑩。四川、贵州的牛，“舟中装载”至湖南永绥等地。⑪ 龙山县牛厂是“川贵牛支聚集”地，从这里贩运至“辰、常以及长沙”等处。⑫

在集镇市场上，牛只交易是很普遍的。四川城口厅“商贾亦多外来，以棉花、布帛、杂货于场市，与四乡居民赶集交易，复贩卖……牛等物，往各省发卖”⑬。贵州思南府“惟米、豆、猪、牛小负贩矣，农隙时村民多为之”⑭。山西榆次“以牛马服耕，多买之旁县”⑮。孝义“牛本地不多产，半须外

---

① 郑光祖：《（醒世）一斑录》卷1，杂述，堈身路，道光。
② 雍正十三年闰四月二十五日广州将军张正兴奏，见《宫中档雍正朝奏折》第24辑，第588页。
③ 乾隆二十一年二月初八日广州将军李侍尧奏，见《宫中档乾隆朝奏折》第13辑，第637页。
④ 雍正十年七月二十六日准泰奏，见《宫中档雍正朝奏折》第20辑，第321页。
⑤ 盛绳祖：《卫藏识略》乾隆，见《小方壶斋舆地丛钞》第3帙。
⑥ 钱泳：《履园丛话》14，祥异，水牛。
⑦ 清《宣宗实录》卷236，道光十三年四月丙辰。
⑧ 雍正六年正月二十二日山西巡抚觉罗石麟奏，见《宫中档雍正朝奏折》第9辑，第636页。
⑨ 乾隆二十年三月二十四日安徽布政使高晋奏，见《宫中档乾隆朝奏折》第11辑，第60页。
⑩ 章学诚：《章氏遗书》卷24，食货考。
⑪ 《湖南省例成案》卷34，户律，市廛，乾隆二十一年。
⑫ 嘉庆《龙山县志》卷7，风俗。
⑬ 道光《城口厅志》卷6，风俗志。
⑭ 道光《思南府续志》卷2，地理门，风俗。
⑮ 乾隆《榆次县志》卷6，风俗。

来"[①]。安徽无为州"水牛多来自楚中"[②]。南方"瑶民入市，唯将畜牛……之属，售以获利"[③]。广东高明县水口墟、更楼墟"每月二、五、八日集，有牛"；合水墟"每月一、四、七日集，有牛。"再加上专门买卖牛的市场，该县几乎天天有牛的交易。[④] 南海县三江司官窑墟"货以棉布、豕、牛为最"[⑤]。山东曲阜县"三月鬻牛、马"[⑥]。许多地方出现了买卖牛只的专门市场。高明县榄冈墟"每年八月三、六、九日集，专鬻牛，至十月终散"；范州墟"每月一、四、七日集，专鬻牛"[⑦]。潮州府饶平县浮山浦墟"其地广，为贩易牛支之所，至秋赴县给示，四方毕集，冬成方散"；教场埔墟"其地衍为墟，专鬻牛只"[⑧]。江西"南昌之池港、三江口，瑞州之上高东门，新昌之棠浦、花桥，临江府属之清江、洋湖、永市、樟树镇，新淦之桑村，新喻之东门、姚墟、熊家山，袁州之分、宜两集，抚州之临川、上顿渡等处，每至四五月间，牛牙俱各设厂，凡附近有牛欲售者，以及自外贩至者，一时投集，遂有福建、湖南小贩及本省各处渔利之徒，争相搀买，名曰赶新，其实半归刀镬"[⑨]。这里的牛一半是作为生产资料买卖的。嘉、道时，山东历城县曲家庄有一个富户王金，经常垄断牛的市场，"尝尽收一市牛，凡数百头，价二十千者……价三十、四十千者"[⑩]。康熙年间，湖北彝陵州"有川客贩卖耕牛，每次一二千只不等"[⑪]。这说明在一些市场中，牛的交易数量还是很大的。

白蜡虫是生产白蜡的原体，也是一种生产资料。它身上有蜡腺，是一种单细胞腺体，可以分泌蜡质。"其虫大如虮虱，芒种后则延缘树枝食汁，吐涎粘于嫩茎，化为白脂，乃结成蜡。处暑后剥取，谓之蜡渣。甑中蒸化，沥下器

---

① 乾隆《孝义县志》物产民俗。
② 乾隆《无为州志》卷7，物产。
③ 严如熤：《苗疆风俗考》，见《小方壶斋舆地丛钞》，第8帙。
④ 康熙《高明县志》卷5，地理志，墟。
⑤ 道光《南海县志》卷13，建置略5，墟市。
⑥ 乾隆《曲阜县志》卷38，类记第4之3。
⑦ 康熙《高明县志》卷5，地理志，墟。
⑧ 康熙《饶平县志》卷2，城池，墟。
⑨ 《禁开设牛厂贩宰》，见《西江视臬纪要》卷3，条教。
⑩ 马国翰：《竹如意》卷上，活财神，转引自郑昌淦前引书。
⑪ 郭琇：《纠参州牧》康熙四十一年四月十八日，见《郭华野先生疏稿》卷5。

中，凝成为蜡。其虫嫩时白色，作蜡及老则赤黑色，结苞于树，俗呼为蜡种。”白蜡虫依存的蜡树也称女贞树、冬青树，“立夏前后，取蜡虫种子裹置枝间，半月其虫化出，延缘枝上”①。“每年四月间，以稻草十数根，长三寸，包蜡虫壳七八个，俟虫出如针孔大，随以草捆于蜡树上，每树约捆虫壳七八十个或百余个，以树之大小为度。至明年立夏前数日，摘其壳，有数碗及一升不等。若树各嫩枝，而风雨调和，一树有收二三升者。”② 雄蜡虫育种的环境需要低温，在湖南、四川一些高温地方，雄蜡虫只能在蜡树上产蜡，而不能育种，“邑之蜡树产蜡而不产虫”③，湖南黔阳县供洪乡，“其地宜虫而不宜蜡”，而绥宁、武冈“宜蜡而不宜虫”，故“咸仰资”供洪乡的蜡种。④ “雄虫在湖南不能成蛋。”而贵州多产蜡种，且很少产蜡。安平县“邑以蜡虫放于蜡树及冬青亦能作蜡，但不及湖南十分之四五，故有蜡树者亦只以雄虫育种，而不以之作蜡也”⑤。由此形成蜡虫的买卖流通。“是虫也，黔育之而不能成，楚成之而不能育，殆迁地始为良也。”⑥ 湖南邵阳“蜡虫子贩自云贵”⑦。贵州安顺府“乡民以立夏后摘取之【白蜡虫】转售湖南辰、沅间”⑧，“各夷洞惯畜蜡虫，汉民亦间畜之。每二三月进洞收买虫”⑨。四川南部“邑人往广元及川南等处采买”，“昼夜兼程以行，虽关津不阻，恐气暖虫出矣”⑩。夹江县“邑产树而不产虫，虫以买于建昌者为佳”⑪。广西也产蜡种，“土人以蜡虫置冬青树上，至春结子如葡萄，内俱细虫，妇女收采，估客买去”⑫。“昔时常有楚客携虫来桂，僦冬青园放之。”⑬ 福建宁化县“蜡树不作茧，皆从邵武及石城贸

① 乾隆《江陵县志》卷22，风土2，物产。
② 道光《安平县志》卷4，食货志，土产。
③ 道光《南部县志》卷8，食货，物产。
④ 康熙《黔阳县志》卷3，坊乡论。
⑤ 道光《安平县志》卷4，食货志，土产。
⑥ 爱必达：《黔南识略》卷4，安顺府。
⑦ 嘉庆《邵阳县志》卷47，风土志，物产。
⑧ 爱必达：《黔南识略》卷4，安顺府。
⑨ 张澍：《续黔书》卷7，蜡树，嘉庆。
⑩ 道光《南部县志》卷8，食货，物产。
⑪ 嘉庆《夹江县志》卷4，物产。
⑫ 陆作蕃：《粤西偶记》，见《小方壶斋舆地丛钞》，第7帙。
⑬ 嘉庆《临桂县志》卷12，户口，物产。

种以来”①。在北方的省份也产白蜡，河南陈州府四月“放白蜡虫种”，七月“收白蜡”②。商邱县养蜡虫于树，采而熬之成蜡。③ 山东沂州府“蜡虫所酿，轻清上浮者为白蜡”④。大概是北方气温适合，蜡虫可在蜡树上成茧作种，所以没有蜡虫买卖的记载。南方蜡虫，以“一升为一箱，三十二箱为一挑，一挑值银十五六两至二三十两不等，其利甚重”⑤。或用斗计量，“凡一斗常价用银一两四五钱，贵至二两外，贱极亦一两”⑥。黔阳县蜡虫“两升半为斛，三十二斛为一担，贵则一担值二三十金，贱则一担值二三金”⑦。

农业生产所用的工具，不仅有铁制的，还有木制的、竹制的，以及草、柳条、石制的等等，所以这些生产工具，一般乡民都不能自制，必须到市场上去购买。有的农家雇工匠到家里“修农具”，或者用废料制作新的工具。⑧ 这种情况也是常有的事，但最初的生产工具或者原料也是在市场上购买的。浙江於潜县出毛竹，“农家什物及蚕筐皆资之。由山路迂阻，贩卖难通，仅供本乡之用而已”⑨。以及布刷，元和唯亭出黄金草刷帚，“陆氏独造，各处所无，织布者藉以刷布”⑩。因各处无之，所以远近可能都来购买。陕西陇州“固关诸处解锯木植，做驮鞍、农具……名为山货，贩卖甚夥，山民多藉以资生”⑪。河南密县出桑杈，“皆售于远客”⑫。扶沟“农器年货，亦靠外方人贩来”⑬。东北少数民族原“无釜甑罂瓿之属”，内地商贾去后，“以貂易釜”等生产工具。⑭

---

① 康熙《宁化县志》卷2，土产。
② 乾隆《陈州府志》卷11，风俗，物产附。
③ 康熙《商丘县志》卷1，物产。
④ 乾隆《沂州府志》卷11，物产。
⑤ 道光《安平县志》卷4，食货志，土产。
⑥ 张澍：《续黔书》卷7，蜡树。
⑦ 乾隆《黔阳县志》卷29，物产。
⑧ 嘉庆《滦州志》卷1，疆理，风俗。
⑨ 嘉庆《於潜县志》卷10，食货志。
⑩ 道光《元和唯亭志》卷3，风俗，物产附。
⑪ 乾隆《陇州续志》卷1，方舆志，风俗。
⑫ 嘉庆《密县志》卷11，风土志，习尚。
⑬ 道光《扶沟县志》卷7，风土志，风俗。
⑭ 方式济：《龙沙纪略》，见《小方壶斋舆地丛钞》，第1帙。

在集市、庙会上，农具则是主要商品之一。江苏高邮州有梨木巷农具市，[1] 这是农具的专业市场。江阴县“麦夏间，某乡某镇俱有集期”；“农田各器”，“交易而退，各得其所”。每年四月十三日，“申港季子墓集场，商贾辐辏，买农具者悉赴”[2]。直隶沙河集场有“农工田器之属”[3]。隆平“逢集为市，大半农器”[4]。河南永宁“王范诸集通商者，止牲畜……漆、蜡、药饵、农器而已”[5]。陕西宁陕厅“釜甑镢锄等物，皆山氓自行贩卖”[6]。富平“县市花布农器”[7]。庙会、集会等各种名目的会，一年之中，各县轮开，因此较大的农具买卖专门市场，在一地隔几天就会有一次，农民买卖十分方便，四川“遂宁县二月香会，商贾辐辏，百货具【？聚】集，将散沿途轮日挨赶。三月初五日入县【中江】境，赶广福场寿佛会；初八日赶大磉墩；初九日赶石笋场；初十日赶兴隆场；十二日赶半边山；十三日赶县城内；十四日赶迥水铺；十五日出县境，赶三台县之观音场会日。远近购器用者，肩摩踵接”[8]。华阳“三月十五日，鬻农具、蚕器于青羊宫肆”，“是日青羊宫赛会”[9]。山东平阴四月十五日药王庙“商贾辐辏，买卖农具及牛马等物，商贾便之”[10]。河南鄢陵四月“二十日西关有农器会”[11]。浙江太平县泽库街出产釜、犁、锄等工具，每月四、九日集期，商贾、农家赶集，“舟楫往来于此凑泊”[12]。

此外，从各地方税种中，也反映了农具交易的普遍存在。乾隆二年，广东等省遵旨裁革冗税，揭阳县有农具税；云南曲靖、元江、大理、楚雄、永昌六

---

① 乾隆《高邮州志》卷1，疆域，镇市，嘉庆志同。

② 道光《江阴县志》卷9，风俗。

③ 乾隆《沙河县志》卷3，风土志，艺术。

④ 乾隆《隆平县志》卷4，典礼志，风俗。

⑤ 乾隆《永宁县志》卷1，风俗志。

⑥ 道光《宁陕厅志》卷1，舆地志，风俗。

⑦ 乾隆《富平县志》卷1，地理，风俗。

⑧ 道光《中江县志》卷1，地理志，风俗。

⑨ 嘉庆《华阳县志》卷18，风俗。

⑩ 嘉庆《平阴县志》卷2，庙。

⑪ 道光《鄢陵县志》卷6，地理志下，风俗。

⑫ 康熙《太平县志》卷3，田赋志，物产；卷1，舆地志，街市；嘉庆《太平县志》卷3，建置志，坊市。

府有农具税；湖北安陆府属之何家集等十六处，襄阳府属之双沟等十集，郧阳府属之安阳、龙门、江峪三处都有农具税。贵州“贵阳等府州县，铁锄、铁耙”，“箕、帚”等税[①]；广西贺县“锄头落地小税”[②] 也一并革除。

农具多就近买卖。铁铺购买旧铁重新打造农具在附近售卖。山东济南府“冶工不过唯买民间破铁铸造犁铧，以资农用，不能化冶矿石为新铁也”[③]。“湖南州县产铁，百姓自采，以供农器，间往邻邑售卖。”广东河源县曾亚铁等人“设土炉，收买铁砂废铁，铸造锅头、农具，运往附近墟店售买”[④]。兴宁县罗展成开土炉“铸锅头、农具”，“就近地方销售”[⑤]。农具远距离运销，主要是向少数民族居住地区。向北方运销的农具，经杀虎口征收农器税。[⑥] 山西大同、朔平、宁武等郡的农民，多到北部蒙古地区垦种、贸易，“每岁粜卖粮食，置办农具”[⑦]，都要出入堡门各口，从山西向蒙古地区运销农具。新疆地区从兰州购运生产工具。[⑧] 东北盛京是“货物毕集区，凡民间日用所必需者，无不备具”。盛京城周围地区的兵丁，领银之后，从这里“或买牛犁、农器，以为耕种”[⑨]。商人、农民从盛京“置买农器、铁货”“日用农具等项”，由法库边门、威远堡边门出入，向北方及东北地区运销。“蒙古喀尔喀人等，来赴齐齐哈尔城置买农器铁货”，运到蒙古草原。[⑩] 山西、陕西是北方生产农具的地方，直隶沧州“铁器来自潞、汾、农器为多”[⑪]。从山西运销到直隶、河南的生产工具，再转运至山东，“贩铁者农器居多，西至自获鹿，东至自临清、泊头”[⑫]。

---

① 清《高宗实录》卷41，乾隆二年四月丁亥；卷44，同年六月己巳；卷78，三年十月壬午。

② 乾隆六年八月二十八日署理广西巡抚杨锡绂题本，见钞档。

③ 道光《济南府志》卷13，物产。

④ 王庆云：《石渠余记》卷5，附铁。

⑤ 道光《两广盐法志》卷35，铁志。

⑥ 王庆云：《石渠余纪》卷6，纪杂税。

⑦ 乾隆二十九年三月二十二日山西巡抚和其衷奏，见《宫中档乾隆朝奏折》第20辑，第842页。

⑧ 清《世祖实录》卷26，顺治三年五月甲子。

⑨ 雍正八年正月二十九日协理山东道常禄奏，见《宫中档雍正朝奏折》第15辑，第555页。

⑩ 清《高宗实录》卷64，乾隆三年三月甲子；清《仁宗实录》卷164，嘉庆十一年七月戊午。

⑪ 乾隆《沧州志》卷4，风俗。

⑫ 雍正《阜城县志》卷12，风俗，末俗。

市场上的其他生产资料有炭、麻、席草、蒲包、茭、箬竹、鱼苗、鸡鸭鹅蛋、仔畜等等。“炭为火不甚烈，宜于蚕事。”[①] “炭，细者为蚕炭，亦谓之小炭。育蚕之家用以灼火。二三月间，丁家岸、马家渎小市诸处，肩卖者络绎不绝。”[②]

火麻、苘麻“用作船缆”[③]；“绩麻为纲罟，以鱼为业”[④]；“麻布，络麻为之。其布坚韧而软，濡水不腐，粗不中衣被，用为米袋，乡民取给焉”[⑤]。这些用于织网、制绳、麻袋的麻，有的乡民要到市场上购买，“网罟皆买商麻结之”[⑥]。有的乡民则绩麻结渔网出售“自益”[⑦]。

席草“出周庄、平望，农夫种之，每获厚利。凡虎邱、浒墅之席，其草多取资焉”[⑧]。

蒲“生水，交秋乃刈，晒干织包，为包棉花之用”[⑨]。蒲包“包棉花者，名花包；装粮食者，名阔口米包”[⑩]。蒲包还可以包裹盐等，在江阴“远近争购”之。[⑪]

茭，产在太湖东山南湖，“夏秋刈之，南浔、震泽诸油坊，买以饲牛，舟载不绝”[⑫]。

箬竹，福建将乐县乡民用以扎“为斗笠、舟蓬【？篷】，或联成大片，以包裹货物，土名白箬；或捆束船载，货于省会”[⑬]。

鱼苗，湖北长江沿岸“土人有‘新滩产子，马【码】头伺箱’之谚”。即把鱼苗装箱内，布罗于底，“凡豫、滇、黔诸省池塘畜鱼者，必贯鲲鲕于此，

---

① 乾隆《武康县志》，见汪曰桢《湖雅》卷9，薪炭。

② 乾隆《安吉州志》卷8，物产。

③ 乾隆《陵川县志》卷6，方舆志，物产。

④ 康熙《临高县志》卷2，疆域志，风俗。

⑤ 嘉庆《於潜县志》卷10，食货志，物产。

⑥ 乾隆《澧州志林》卷8，食货志，物产。

⑦ 康熙《太平府志》卷5，地里志，风俗。

⑧ 乾隆《吴江县志》卷5，物产。

⑨ 道光《刘河镇记略》卷11，土产。

⑩ 道光《元和唯亭志》卷3，风俗，物产附。

⑪ 道光《江阴县志》卷10，物产。

⑫ 乾隆《太湖备考》卷6，物产。

⑬ 乾隆《将乐县志》卷5，土产。

荆郡业商贾者，上而滇黔，下而吴越，靡远不到”[①]。江西九江亦出鱼苗，“曰鱼秧，春间以舟由苏常出长江往贩，谓之鱼秧船，其行极速；有由四安旱路步贩者，谓之鱼秧担”[②]。湖南的乡民把装鱼苗的箱子称为“渔舫”，“每春尽夏初，鱼子漂散，以布箱收之曰舫子，既【？即】成鱼苗。各县路担联歌而来，行者皆避之，为利颇饶”[③]。“居民编竹为筏，名鱼舫，施罛逆流取之【鱼子】。以苎布为箱，置水上攡鱼子置其中，越宿而化为小鱼。”“邵、武、辰、靖皆于衡地担鱼苗，数千里渔歌不绝焉。”[④]

鸡鸭鹅蛋，“三种业炕房者，取卵以为炕之得生，并售他方”[⑤]。“镇多萧山人，开设孵坊，春时收取鸡鸭鹅卵，用法火攻，不匝月啾啾有声，居然成雏，四方咸来买之。”[⑥]“鸭卵本由鸡伏【？孵】，北流产鸭甚多，负贩者远及梧郡。鸭户不能以鸡伏【？孵】卵法，用火热米妪卵，以一月为期，临期负卵趁市，然后化雏牧雏之。”[⑦]

仔畜有仔猪、牛犊、马驹、羔羊等，通常农家都购买仔畜饲养，当然也有购买母畜喂养的（但骡除外）。不过，因为母畜怀孕生子，需要较长的饲养周期，农户财力有限，所以购买母畜喂养的，要比购买仔畜饲养的少。而日饲养母畜的农户，其目的是繁殖仔畜，不到迫不得已，是不愿意出售母畜的。尤其是养猪的农家，通常多买仔猪，购买母猪的则不普遍。[⑧]对于饲养牛的农户来说，“养犊最为农家之利，或畜牸，或买犊，一年之间，可致倍获。犍牛其利尤多”[⑨]。无论母牛、牛犊，还是公牛，都是农户购买喂养的对象，且能获利。与猪不同，母牛、牛犊、公牛都属于生产资料。但那些以繁殖牲畜出售为目的的农户，则多购买、饲养母畜，然后出售仔畜获利。“山中居民畜牸颇蕃息，

---

① 乾隆《江陵县志》卷21，风土1，风俗。
② 汪曰桢：《湖雅》卷9，舟车。清代前期的情况大概也如此。
③ 乾隆《湘潭县志》卷13，风俗志。
④ 乾隆《清泉县志》卷6，食货志，物产。
⑤ 嘉庆《高邮州志》卷4，食货志，物产。
⑥ 道光《金泽小志》卷1，土产。
⑦ 嘉庆《北流县志》卷11，物产。
⑧ 许檀、经君健：《明清时期山东生产资料市场初探》，载《中国经济史研究》，1988年，第4期。
⑨ 祁寯藻：《马首农言》，畜牧。

西府诸州县多来收买。”① 而饲羊的农家则有所不同，甘肃永昌县“养牲之家，羔生半月，辄刃之，而利其皮，动以千百数”②。这种农家饲养母羊，不是为了出卖羔羊，而是为了出售羔羊皮获利，羔羊本身仍然是生产资料。

农业是封建经济的基础产业，在农业经济运转中，生产者农民主要不是依靠自给自足，也不仅仅是在集市上出售剩余产品，为再生产准备资料，而是把自己生产的大部分或全部产品投入市场，通过商品交换，完成农业再生产所需要的主要生产资料。至于手工业、商业、运输业的生产者，则更离不开市场。如果说农民还有部分生产资料可以自给自足的话，那么，对于手工业者、运输户、商人来说，其生产资料则很难自给，更谈不上自足，可以说手工业者、运输户再生产所需要的生产资料，几乎全部来自市场。这正是生产资料在清代前期全国范围流通的普遍性和广泛性的原因所在。

① 道光《荣城县志》卷3，食货，物产。

② 嘉庆《永昌县志》卷1，地理志，方产。

第三章　集　市

农村集市是中国传统市场的一个重要组成部分。集市的发展是明清时期经济发展过程中十分引人注目的现象。本章拟在前人研究成果的基础上，对明清时期农村集市的发展做一综合考察，并对其意义做进一步的探讨。[①]

第一节　集市的发展

中国历史上农村集市起源很早。“日中为市”、“交易而退”的小生产者之间的贸易，至少可上溯到秦汉时代。唐宋以降，随着社会经济的发展和坊市制度的废弛，草市、墟集贸易日渐活跃。除小生产者之间的交换之外，商人已开始涉足其间。宋代，已有不少墟市征收商税，还有一些草市、墟集更因交通便利、贸易繁盛，逐渐发展为镇市。

不过，农村集市的大规模发展是在明中叶以后。据珠江三角洲地区番禺、顺德等十余州县的统计，永乐年间共有墟市 33 个，嘉靖时增至 95 个，万历年间更发展到 176 个。[②] 福建顺昌县，弘治年间只有墟市 4 处，嘉靖时增至 8 处；建宁县更从原来的 1 个增至 9 个。[③] 在华北地区，州城、县城集市多是在明初设立的；而乡村集市中则有相当一部分是在明代中叶成化至正德年间兴建的，

① 许檀：《明清时期农村集市的发展》，见《中国经济史研究》，1997 年，第 2 期。

② 叶显恩、谭棣华等：《明清珠江三角洲农业商业化与墟市的发展》，载《广东社会科学》，1984 年，第 2 期。

③ 陈铿：《明清福建农村市场试探》，载《中国社会经济史研究》，1986 年，第 4 期。

嘉靖至万历年间，其数量更迅速增长。如直隶《蔚州志》记载，“市镇集场，俱正德年起立”。河南尉氏县南曹寨集，在县南30里，系知县刘绍于成化年间所建；冯村店在县西南20里，嘉靖元年起集；白家潭集在县东南50里，嘉靖二十四年知县曾诰起立。山西荣河县的西李市、厢前市、程村市、王显庄市等乡集也是“嘉靖初年创立”的。[①] 嘉靖至万历年间，全国各主要省区虽然发展程度不一，但大体已形成一个初具规模的农村集市网。（参见表3-1、3-2）

明末清初的战乱天灾，在相当大范围内造成人口流失，经济严重衰退，明中叶以来发展起来的农村集市也遭到很大破坏。其中华北平原所受破坏尤甚。如山东濮州，明代后期已有集市30余处，经明末清初兵燹水患，有三分之二以上的集市“市椽无存，故址付之蔓草”，或“仅存一二颓椽败瓦”，有幸保存的几个集市，也是“无南北聚物，市肆不过豆米麦及牲畜，较之昔日则已径庭也”[②]。费县，万历年间有集市二十余处，清初仅存一半，常庄、资丘等十集皆废。[③] 河南淇县，明代“旧有集场九处”，清初“仅存北关一处，其余俱废”[④]。再如广东灵山县，明代中叶有墟市24个，“殆遭明季之乱……废墟者九，存者仅十有五”。顺治末年，清廷为防范台湾郑成功反清势力在东南沿海实行迁海，沿海数十里内不得居住，又使很多港口墟市遭到破坏。潮州府澄海县因迁海展界，原有的12个墟市“废六存六”，几个重要的港口墟市，如西港埠、东港埠、溪东埠等，均因迁海而致“溪港湮塞”。高州府吴川县77个墟市中有16个因迁海而废。[⑤]

从康熙中叶开始，在全国范围内战事已毕，社会经济复苏，集市也随之逐渐恢复，有些地区还有新的发展。如广东遂溪县两家滩墟，位于遂溪、石城两县交界，原是一个重要的海口墟市，“迁海以来，商多陆行”，该墟遂废；康

---

① 山根幸夫：《明清时代华北の定期市》《明・清初の华北の市集と绅士豪民》，均收入《明清华北定期市の研究》一书（汲古书院1995年出版）。

② 康熙《濮州志》卷2，跋郡治考后。

③ 康熙《费县志》卷2，集市。

④ 顺治《淇县志》卷2，市集。

⑤ 李华：《明清广东墟市研究》，载《平准学刊》第4辑，下。

熙二十四年海禁开放之后，逐渐恢复。[①] 山东《宁阳县志》记载，该县明代有集市十余处，“明季群盗蜂起，在乡【集市】皆废，国朝顺治四年哀鸿甫定，乡集自白马庙起，以渐而复，今则市廛密如也”[②]。河南裕州之北关集、兴隆镇、大酒店、券桥店等集均系康熙二十九年、三十年知州潘云桂“招徕流寓”恢复或新设的；其后康熙四十五年莅任的知州董学礼设立十二里河集、表家店集等，雍正年间赴任的知州金理、宋名立等又先后增设了柏树冈集、维摩寺集、四里店集、白草坟集、五龙庙集、高家集、鬼湾集等。[③] 不过，康熙、雍正年间也有相当一部分地区尚处于战后恢复阶段，如山东十府中就有六个府的集市此时尚未恢复到明代的平均水平。[④]

20 世纪七八十年代迄今，海内外已有不少学者对明清时期各省区农村集市的发展状况分别进行了考察，研究地区至少已涉及四川、江浙、安徽、湖广、江西、闽广、陕西、河北、山东等十余个省区。这些研究大多检索了大量方志，对明清时期各省农村集市的数量进行了统计。这里，我们将这些统计数据进行归纳整理，制成表 3－1。其中，江、浙、皖三省因方志记载大多只列市镇，不记集市，故而是市镇数字，其余各省为集市数。

表 3－2 是依据表 3－1 的数据所作的各省区每州县集市平均数。该表可见，嘉靖至万历年间，各省区虽发展程度不一，但基本上已形成一个初具规模的农村集市网；明清之际战乱之后，经济有所恢复，到康熙、雍正年间集市数量较之明代已有所增长，不过除个别省区外，增幅尚属有限；乾隆至道光年间大多数省区集市数量均较清初有显著增长。其中，直隶、山东增长在 20% 以上，广东、湖北超过 50%，四川、江西的数字更是翻了一番还多。而且大多数省区直到清末仍保持着继续增长的趋势。新开发地区，如东北三省，集市数也在迅速发展。

表 3－3 是依据表 3－2 各州县集市平均数对全国集市数量进行的估计。在

① 李华：《明清广东墟市研究》，载《平准学刊》第 4 辑，下。

② 乾隆《宁阳县志》卷 1，市集。

③ 参见山根幸夫前引文。

④ 许檀：《明清时期山东集市的发展——兼论农村集市的功能和作用》，载《清史论丛》，1995 年。

明代13个布政司中，目前掌握有集市数字的有七个，如果再加上河南、四川、湖广、广东等布政司，全国主要省区合计集市数量约在10000个上下，比清初的数字稍低些。清代中叶，仅表中所列的11个省区集市合计已有18000余个，若再加上河南、山西、湖南、广西等省的数字，① 全国集市总数至少可达22000～25000个；清末当会超过30000个。

表3-1　明清时期各省区集市发展状况表（1）

省　区	明代（嘉靖至万历）		清初（顺治至雍正）		清中叶（乾隆至道光）		清末（咸丰至宣统）	
	州县数	集市数	州县数	集市数	州县数	集市数	州县数	集市数
直　隶[1]	14	132	52	527	49	637	59	826
山　东[2]	42	704	64	1126	74	1580	56	1555
陕西（关中）[3]	16	143	21	238	28	264	37	351
四川（盆地）[4]	-	-	13	135	93	2484	80	2655
湖　北[5]	-	-	33	548	47	1430	57	2074
江　西[6]	45	459	51	545	43	976	47	1026
福建（不含台湾）[7]	19	131	15	205	39	511	11	225
广　东[8]	-	-	72	1270	71	1969	-	-
江　苏[9]*	44	698	59	1112	-	-	54	1351
安　徽[9]*	23	294	31	708	-	-	23	671
浙　江[9]*	54	368	66	605	-	-	45	734

资料来源：

1 石原润《河北省における明・清・民国时代の定期市》表1；2 许檀《明清时期山东集市的发展—兼论农村集市的功能与作用》（《清史论丛》1995年）表1；3 魏志强《明清时期关中市场初探》（硕士论文）附表；4 高王凌《乾嘉时期四川的场市、场市网及其功能》（《清史研究》第3集）表1；5 李华《清代湖北农村经济作物种植与地方商人的活跃》打印稿附表3；6 詹小洪《明清江西农村市场初探》（硕士论文）附表；7 陈铿《明清福建农村市场试探》打印稿附表；8 李华《明清广东墟市研究》（《平准》第4期下）表5；以上各省集市数据均按本表的阶段划分重新进行统计。9 石原润《华中东部における明清民国时代の传统的市について》（《人文地理》32卷3号）表3。该表系以乾隆、嘉庆为界将清代数据分为清代前半期和后半期两部分。本表分别将其归入清初、清末两栏，故与其他省区相比，这三省清初数字可能偏高，清末数字可能偏低。

* 江苏、安徽、浙江三省系市镇数。

① 其中河南的集市发展水平与山东、直隶大体相同；山西估计与陕西相近；湖南当不至低于相邻的湖北、江西二省；广西的发展水平可能较低。

表 3－2　　**明清时期各省区集市发展状况表（2）**

省　区	平均每州县集市数				指数（以清初为 100）			
	明代	清初	清中叶	清末	明代	清初	清中叶	清末
直　隶	9.4	10.1	13.0	14.0	93	100	129	139
山　东	16.8	17.6	21.4	27.8	95	100	122	158
陕西（关中）	8.9	11.1	9.4	9.5	80	100	85	86
四川（盆地）	–	10.4	26.7	33.2	–	100	257	319
湖　北	–	16.6	30.4	36.4	–	100	183	219
江　西	10.2	10.7	22.7	21.8	95	100	212	204
福建（不含台湾）	6.9	13.7	13.2	20.5	50	100	96	150
广　东	–	17.6	27.7	–	–	100	157	–
江　苏*	15.9	18.9	–	25.0	85	100	–	133
安　徽*	12.8	22.8	–	29.2	56	100	–	128
浙　江*	6.8	9.2	–	16.3	74	100	–	177

* 江苏、安徽、浙江三省系市镇数。

表 3－3　　**明清时期各省区集市发展状况表（3）**

省　区	各省区州县总数[1]	估计全省集市数			
		明代	清初	清中叶	清末
直　隶	130	1222	1313	1690	1820
山　东	107[2]	1747	1830	2290	2975
陕西（关中）	40	356	444	370	380
四川（盆地）	120	–	1248	3204	3980
湖　北	72	–	1195	2189	2621
江　西	79	806	845	1793	1722
福建（不含台湾）	58	400	795	760	1189
广　东	88	–	1549	2438	–
江　苏*	70[3]	858	1015	1382**	1750
安　徽*	60	768	1368	969**	1752
浙　江*	76	517	699	1560**	1239
合　计		6674	12301	18645	21866[4]

注：1 各省区州县总数系依收入集市数据的区域计算，故部分省区州县数与该省实际州县数有出入。另，有些省区州县数字，明、清亦有变化。2 山东：明代及清初为 104 州县，清代为 107 州县。3 江苏省明代及清初以 54 州县计，清代以 70 州县计。4 广东省以清中叶数字计入。

* 江苏、安徽、浙江三省系市镇数。

** 系清初、清末两栏的平均数。

随着集市数量大幅度增长，集市密度也有所提高。清代中叶全国大多数省区已形成一个具有相当密度的农村集市网。表 3－4 是乾隆至道光年间各省集市密度统计，表3-5是平原、山区集市密度的比较。统计数字显示，清代中叶各省区的集市密度大体在每100平方公里1~2集，平均每集交易面积在60~90平方公里，其中，平原多在40~60平方公里，山区则在100平方公里上下。至于每集交易半径，平原多为3~5公里，山区多为5~7公里，平均约在4~6公里之间。也就是说，小农赴集贸易一般只需1~2小时的路程，步行半日即可往返；山区距离稍远，一日也可从容往返；河网区由于水路交通之便，实际耗时则要少得多。各省区之间集市密度相当接近，或可视为清代集市发展的整体性吧。

进一步的分析可以看到，人口、耕地资源，以及经济发展水平都是影响集市发展的重要因素。市场是由需求决定的。一定数量的需求是维持一个集市存在的基础。一定数量的人口是保证这一需求的第一要素。但小农还必须有剩余产品可供出售，才能使他的各项需求从潜在的转化为现实的需求。所以一定数量的人口与耕地乃是维持一个集市最基本的条件。比较表3-6中平原区与山区两部分，平原人口密度多在每平方公里200~300人，而山区人口密度多在100以下，山区集市密度普遍低于平原区，人口稀少显然是十分重要的因素之一。由于气候、水源条件的差异，南北方耕作制度亦有不同。华北平原为旱作区，农作物大多一年一熟，部分地区为两年三熟；而长江以南各省均为稻作区，大多一年两熟，条件好的地区还可一年三熟。所以维持一个人的生活所需要的土地数量，南北方也相差较大。北方旱作地区大致需要三至四亩，而南方只需一二亩。当然土质、水源条件不同、商品化程度不同，同样数量的土地其实际收益仍会相差很多。这些因素都会对市场需求量造成影响。下面，我们来看各省区的差异。

表3-4　清代中叶各省集市密度一览表

省区	面积（平方公里）	人口数[1]	集市数[2]	人口密度（人/平方公里）	集市密度（集/100平方公里）	平均每集	
						腹地面积（平方公里）	交易半径（公里）
直隶（关内）	119100	17321377	1507	145.44	1.27	79.03	5.02
山东	147800	28930930	2241	195.75	1.52	65.95	4.58
四川（盆地）	225300	24400425	3229	108.31	1.43	69.77	4.71
湖北	179400	26734036	1929	149.02	1.08	93.00	5.44

续表

省　区	面积（平方公里）	人口数[1]	集市数[2]	人口密度（人/平方公里）	集市密度（集/100平方公里）	平均每集	
						腹地面积（平方公里）	交易半径（公里）
江　西	138600	23055153	1639	166.34	1.18	84.56	5.19
广　东	205500	21197741	2173	103.15	1.06	94.57	5.49
江　苏	98700	26395252	1382*		1.04	71.42	4.77
安　徽	102000	32057444	969*		1.53	65.38	4.56
浙　江	90300	27352014	1560*		1.07	93.19	5.45

注：
（1）面积、人口数字，据梁方仲《中国历代户口田地田赋统计》甲表88分府面积合计；该表山东分府数字有误，改据同书甲表77。
（2）集市数字系以表3-1所列各文乾隆—道光年间集市数据为基础，该时段数字缺载州县，以相邻时段数字补入。
*江苏、安徽、浙江三省系市镇数，为清初、清末两栏的平均值。

表3-5　　清代中叶各省平原、丘陵山区集市密度比较

地　区	面积[1]（平方公里）	集市数[2]	集市密度（集/100平方公里）	平均每集面积（平方公里）	平均每集交易半径（公里）
直隶平原区：					
保定府	9900	233	2.35	42.49	3.68
河间府	8700	215	2.47	40.47	3.59
直隶丘陵山区：					
永平府	12000	79	0.66	151.90	6.96
遵化直隶州	5400	38	0.70	142.11	6.73
山东平原区：					
济南府	14800	369	2.49	40.11	3.6
东昌府	9400	215	2.29	43.72	3.7
兖州府	17700	267	1.51	66.29	4.6
山东丘陵山区：					
沂州府	22900	198	0.87	115.66	6.1
登州府	18400	134	0.73	137.31	6.6
四川平原区：					
成都府	10800	235	2.18	45.96	3.83
重庆府	29700	602	2.03	49.34	3.96
潼州府	17100	209	1.22	81.82	5.10
四川丘陵山区：					
保宁府	31500	389	1.23	80.98	5.08
龙安府	12300	74	0.60	166.22	7.28
江西平原区：					
九江府	5100	54	1.06	94.44	5.48
南康府	4800	72	1.50	66.67	4.61
临江府	3900	103	2.64	37.86	3.47

续表

地　区	面积[1]（平方公里）	集市数[2]	集市密度（集/100 平方公里）	平均每集面积（平方公里）	平均每集交易半径（公里）
江西丘陵山区：					
赣州府	22800	275	1.21	82.41	5.14
南安府	7500	79	1.05	94.94	5.50
广东平原区：					
广州府	18900	668	3.53	28.29	3.00
广东丘陵山区：					
南雄直隶州	3300	41	1.24	80.49	5.06
嘉应直隶州	9000	50	0.56	180.00	7.57
江苏平原区：					
苏州府	5100	101	1.98	50.50	4.01
松江府	4200	116	2.76	36.21	3.40

（1）各府面积据梁方仲《中国历代户口田地田赋统计》甲表 88；山东分府面积有误，系据《中国历史地图集》清代山东省图以称重法求出；又，东昌府含临清直隶州，兖州府含济宁直隶州。

（2）集市数字，直隶据石原润，山东据许檀，四川据高王凌，江西据詹小洪，广东据李华前引各文中的集市表统计，清中叶缺载的州县，以相邻时段数字补入。江苏据刘石吉《明清时代江南市镇研究》，第 142 ~ 143 页，系市镇数；樊树志、陈忠平等亦做过统计，数字差距不大。

表 3-6　清代中叶各省平原、山区集市密度与人口、耕地资源对照表

地区	平原区			地区	丘陵地区		
	集市密度集/100 平方公里	人口密度人/平方公里	人均耕地亩		集市密度集/100 平方公里	人口密度人/平方公里	人均耕地亩
直隶保定府	2.35	172.24	2.65	直隶永平府	0.66	55.90	3.60
河间府	2.47	185.74	4.43	遵化州	0.70	130.06	2.69
山东济南府	2.49	271.27	2.82	山东沂州府	0.87	95.26	3.23
东昌府	2.29	295.79	4.80	登州府	0.73	103.94	3.57
兖州府	1.51	198.15	3.59				
四川成都府	2.18	507.80	1.24	四川保宁府	1.23	30.56	2.61
重庆府	2.03	101.61	3.71	龙安府	0.60	67.73	0.67
潼州府	1.22	105.37	1.45				
江西九江府	1.06	208.66	1.34	江西赣州府	1.21	105.91	0.85
南康府	1.50	265.98	1.45	南安府	1.05	82.53	1.21
临江府	2.64	325.86	2.27				
广东广州府	3.53	306.84	1.87	广东南雄州	1.24	100.65	3.27
				嘉应州	0.56	146.01	0.92
江苏苏州府	1.96	1073.21	1.14				
松江府	2.69	626.57	1.54				

资料来源：同表 3-5。

直隶、山东的平原各府人口密度、耕地条件相差不多，其集市密度也大致相同；而位于丘陵山区的各府人口密度约为平原区的一半，土质、水源条件亦差，其集市密度较低也就是自然的了。

四川各府中，成都府人口密度最高，达每平方公里500余人，需求总量较大；重庆府人口密度虽不甚高，但人均耕地最多，土地可提供的剩余产品较多，这两府集市密度较其他府为高；位于山区的龙安府人口密度仅数十人，人均耕地又不足一亩，人口需求和所能提供的剩余产品均属有限，故集市密度大大低于其他各府；至于保宁府人口密度虽低，但人均耕地较高，其集市密度与平原区的潼州府不相上下。

江西各府中，以临江府人口密度和人均耕地为最高，其集市密度也高于其他各府；赣州、南安二府虽地处山区，人口密度与人均耕地也低于其他各府，但集市密度并不太低，这大概是由于这两府位于大庾岭商路所经之处。自乾隆二十二年清廷限定广州独口通商，江、浙、闽诸省的丝、茶等货均需经江西翻越大庾岭入广东出口，而进口商货又需由广东翻越大庾岭进入江西再转销各地，商品转运及流动人口的需求，在一定程度上带动了沿线南安、赣州等府市场的发展。

广东各府中，以位于珠江三角洲的广州府人口密度最高，其集市密度也是最高的，每100平方公里墟市密度3.5个，每集交易半径只有3公里。这一密度不仅在广东，即便在全国也是首屈一指的。而粤北山区的嘉应州人口稀少，耕地条件也差，平均200平方公里才有一个墟市。南雄州人口虽少，但耕地条件尚佳，而且位于大庾岭商路广东一侧，其集市密度虽大大低于广州府，但与相邻的江西赣州、南安二府大体相同。

江南的苏州、松江二府是全国经济最发达的地区。这里人口密度最高，为平原区一般密度的2~3倍，耕地条件亦佳，但这里的集市密度并不是最高的。不过，这二府的数字是市镇密度，这一现象提示我们，集市的增长并非无限的，当它达到某一合理的购物距离之后，主要发展方向即可能转向另外方面。

开市频率是反映集市发展水平的又一指标。在既定的集市密度下，开市频率越高，市场的实际效率也就越大。

集市开市频率各地多寡不一。以旬计者，有的每旬开市一次，有的开市二三四次，也有的隔日一市，乃至每日开市。西南部分地区系以十二地支排列，如子午、卯酉、寅申、已亥、辰戌、丑未等。12 日开市两次者，每六日一市；开市四次，则三日一市。

明清时期，在集市数量增长的同时，集市开市频率也呈增长趋势。如福建邵武县和平墟、朱坊墟，在明代每月仅开市一次，到清代中叶都已增为每旬两集，即每月开市六次；永定县溪口墟，乾隆时每旬一集，道光时增至每旬两集。[①] 山东高唐州的州市、夹滩市，明代时每旬开市两次，至康熙年间改为三次。[②] 金乡县康熙年间共有乡集 19 处，其中每旬开设二次和四次的集各九处，另一集每旬只开一次，总计每月开市 57 次；乾隆年间该县乡集增至 23 处，并全部改为“十日四集”，总计每月共开市 92 次。[③]

与集市密度相比，集市开市频率的高低更明显地反映各地区经济发展水平，特别是商品化程度的差异。江南地区商品经济发展水平居全国之首，市场发育早于其他各省，明代中叶这个地区的集市基本上已是日日开市，每旬数次的定期市已十分罕见。[④] 广东的墟市“大率三日一市”，以每旬三次者最为常见，但在沿海地区也有相当一部分州县因“商贾辐辏无虚日”改为“逐日市”。如乾隆《潮州府志》所列该府 9 县 109 个墟市中，为“逐日市”者即有 60 个，占总数的 55%；每旬三市者 39 个，占 35.8%；每旬两市者 8 个，占 7.3%；而海阳、澄海两县的墟市已全部为“逐日市”了。[⑤] 江西的墟市一般以每旬三次较为普遍，但在赣东北、赣东南山区也有不少每旬开市两次者；而赣江中游的吉安、临江等府则出现了每旬四次、五次的墟期；至于“四时贸易如一”的常日市只有在南昌府、九江府才能见到。[⑥] 四川的场市也以每旬三次者为多，乾嘉年间在川西平原的郫县、新繁一带也出现了每旬开市四次、五次的场市。[⑦] 福建的墟期则以“每旬两次为主要代表形式”，仅在闽南沿海的部分

---

① 参见陈铿前引文。

② 嘉靖《高唐州志》卷 3，地理记；康熙《高唐州志》卷 1，地理志。

③ 康熙《金乡县志》卷 2，乡社；乾隆《金乡县志》卷 8，方社。

④ 樊树志：《明清江南市镇探微》，第 35 页。

⑤ 乾隆《潮州府志》卷 14，墟市。

⑥ 詹小洪：《明清江西农村市场初探》，硕士论文，1986 年。

⑦ 高王凌：《乾嘉时期四川的场市、场市网及其功能》，载《清史研究集》第 3 集。

州县，每旬三次的墟期才较为多见。[1] 华北平原的集市以每旬开市两次最为普遍，清代每旬开市三次、四次的集市有增长趋势。如上引金乡县的例子，在运河沿线亦可见到“日日集”的集镇，但这种现象并不多见，大多数州县系以每旬开市两次的集市为主，其中间有一两个或三五个集市每旬开市三次、四次。[2]

此外，全国大多数的州城、县城都设有集市。方志称之为“州市”、“县市”，或“在城集”。一般而言，州县城作为地方行政中心，人口聚集，商业活动较乡镇集市更活跃些，其开市日期也往往更多些。如福建山区的归化县县城，以三、六、九日为墟期，每旬开市三次，“百货骈集，商贾贸易”；而该县乡村各墟则是每旬开市两次，“仅乡民集货贸易”[3]。又如，乾隆年间山东夏津县城“以二四六八十日为期”，每旬开市五次，而一般乡集则多为每旬两次[4]。金乡县乡村各集每旬开市四次，而县城则每日开市。[5]

通过以上考察我们看到，清代全国大多数省区的集市，都以每旬开市两至三次最为普遍。每旬开市两次者，其集期组合多为一六、二七、三八、四九、五十相搭配。如乾隆年间直隶永清县的十个集市中，一六日开市者有在城集、韩村集，二七日开市者有大刘庄，三八日开市者有信安集、李家口、大王庄，四九日开市者有南关集、曹家务，五十日开市者后奕集、马家店。[6] 山东平原县，乾隆年间共有乡集29处，其中以一六日为集期者有三集，二七日为集期者四集，三八日为集期者九集，四九日为集期者九集，五十日为集期者四集。[7] 每旬开市三次者，其集期组合以一四七、二五八、三六九最为常见。如湖南《宁远县志》列有墟期的七个墟市中，盘石、天堂二墟，“墟期一四七日”，禾亭、下队两墟“墟期二五八日”；火烧、上泥、广缘三墟“墟期三六九日”[8]。广东增城县共有墟市36处，其中以一、四、七日为墟期者有庙潭、

---

① 参见陈铿前引文。
② 参见许檀前引文。
③ 康熙《归化县志》卷2。
④ 乾隆《夏津县志》卷2，建置志。
⑤ 乾隆《金乡县志》卷8，方社。
⑥ 乾隆《永清县志》户书，第2。
⑦ 乾隆《平原县志》卷2，市集。
⑧ 嘉庆《宁远县志》卷1，墟市。

二龙、白石等八墟；以二五八日为墟期者有县城东街、小埔、仙村等12墟；以三六九日为墟期者有证果、高滩、冈见等八墟；此外还有少数墟市系以三六十日、三五八十日为墟期。①

这种集期的交叉搭配，不仅将一旬之内的集期均匀相隔，而且为相邻集市之间集期的交叉编排提供了可能。各州县集市中，相邻的若干集市开市日期往往相互错开，互不重叠。如乾隆年间，湖南永绥厅筹建茶洞、花园等处集场时，茶洞“议以逢五逢十”，花园“议以逢一逢六”，以便和附近的“隆团、尖岩、永城等处场期按期相连，循环贸易”②。这种现象十分普遍，在直隶称之为“插花集”，广西叫“交叉墟”，四川叫“转转场”。在上面的考察中我们已经看到，每县每日总会有一两个、三五个（或者更多）集市开市，也就是说，各县居民在一年之中的几乎任何一天都可以在该县范围内赴集市贸易，商人也可充分利用各集交错开市之便，穿梭往还于各墟集之间。而相邻集期的交叉安排，更使得时间选择与就近贸易能够互相兼顾。显而易见，这种集期安排方式完全是以方便交易为目的的，同时也可在一定程度上弥补开市间隔较大的不便，在既定的集市密度下为买卖双方提供最大的便利和时、空选择余地。

第二节　不同类型的集市

集市因其交易商品、交易对象的不同，经济功能会有所差异；由于主要产品各有特点，各地居民对市场的需求也不尽相同，所以某些集市以某些商品交易为主，另一些集市则以另些商品的交易著称。下面，我们来具体考察几种不同类型的集市，以求对清代集市有进一步的了解。

一、满足小农一般性需求为主的集市

直隶《长垣县志》记载，县境“居民稠密，其村落稍大者，各为期日，

① 嘉庆《增城县志》卷2，墟市。

② 《湖南省例成案》卷34，户律，市廛。

贸易薪蔬粟，亦名曰‘集’，无他货物，盖以便民间日用所需耳”。陕西富平县“市集皆日用常物，无大贾也”，贸易商品大率“粟、米、酒、脯、菜、炭而止”[①]。再如，湖南桂东县“各乡墟集以二八、三七等日交易而退，皆布米菽粟之类，无奇货异物”[②]；江西新城县余里市附近居民所需之“竹木、陶埴、甑醯、盐酱之属皆取给”于此，“贫者朝卖薪而来余里，夕易米以归”[③]。此类集市规模大小不一，如湖南武岗州集镇“列肆多者八九百家，少至数十家，所聚之货，多盐米布帛，取便日用，无甚居奇罔利者”[④]。这种列肆多至八九百家的集镇似不多见。也有些偏远地区，集市规模十分有限，如粤北山区的连山县，附近居民主要是少数民族，“每月二七之期大保有墟”，瑶民赴墟贸易“所携惟米盐茶油，试觅粥【？鬻】园蔬无有也”[⑤]。大概只是小生产者之间有无互易为主。这样的集市在清代也不多见。绝大多数集市均有商贩参与其间，但商贾数量则不是太多，记载多称“商贾无几”，或曰市“无大贾”云云。

二、保证小农生产性需求为主的集市

牲畜、农具、肥料、种子等，都是小农进行生产不可缺少的生产资料，在集市贸易中占有重要地位。

清代牲畜市场相当活跃。比如山东，各州县均有常设牲畜市，每县数量三五个或十余个不等，大致每日总会有一两个或三五个开市。需求旺季还有大规模的牲畜市（即庙会中的牲畜市）开设。清代中叶山东全省牲畜的年交易量估计在24万~48万头，各州县牛驴税约占商税总额的10%~30%，是集市贸易中最为重要的商品之一。[⑥] 再如广东肇庆府高明县榄冈墟，“每年八月三、六、九日集，专鬻牛，至十月终散”[⑦]。开建县金装墟逢二七日墟期，“凡有客

---

① 乾隆《富平县志》卷2，建置志；卷1，地理志。
② 同治《桂东县志》卷9，风俗志。
③ 鲁仕骥：《山木居士外集》卷1，转引自詹小洪前引文第54页。
④ 道光《宝庆府志》末卷中，庶谈二。
⑤ 康熙《连山县志》卷10，艺文。
⑥ 许檀：《清代山东牲畜市场》，载《中国经济史研究》，1988年，第2期。
⑦ 康熙《高明县志》卷2，墟市。

人买牛一只，不拘水牛、沙牛及牛牯、牛母，俱系每只税银五分”，每年征收牛税银“二十余两或三十余两不等”。恩平县“水牛每只税银八分，沙牛每只税银五分”。雷州府海康县之南关、北关、西关墟，遂溪县之中伙墟、新墟、域月墟，徐闻县之东关墟、石桥墟、曲界墟均有牛只交易，并抽收牛税。[①] 再如江苏江阴县“农田各器、耕牛、豚豕等畜，春夏间某乡某镇俱有集期”[②]。江苏各州县也都征收牛税，本章第四节表3－9所列江宁、苏州二府各县畜税即为“牛、猪等税”[③]。

农具交易在集市上也普遍存在。河南嵩县皋南集，在县东50里，“数十里内民货盐米农器，率担负柴炭入市交易”；汝河镇离县百里，四围重山，清代初年“向无市，盐米农器易于县，往返三四日，妨农功”，乾隆“三十年秋始为立集，民便之”。该县庙湾集，离县百余里，“溪岭错互”，也是为方便山民“易盐米农器”，于乾隆年间设立集市。[④] 可以看出，即便最偏僻的集市，农具也是集市贸易最主要的商品，保证小农的生产性需求乃是集市最基本的功能之一。又如直隶《定州志》记载，“城乡十余集，殊期日”，各集贸易商品“用物惟镰铦筐篚盆碗布枲席”，“食物惟豆麦菽粟瓜菜”，“畜物惟马牛骡驴羊豕鸡鹜”[⑤]，均属极普通的农家必需品，也包括农具、牲畜在内。在南方蚕桑区养蚕所需各种生产资料也可在集镇墟场中购买。江浙“蚕忙之月……里有蚕市，春日卖筐箔帘荐一切蚕事器具，卖桑树，卖蚕连、卖蚁，卖蚕，卖桑，卖茧，卖丝，无不毕具”[⑥]。桑叶市，如苏州府吴江县之洞庭山“蚕时设市，湖南各乡镇皆来贩鬻”[⑦]；嘉兴府“叶莫多于石门、桐乡，其牙侩则集于乌镇，三眠后买叶者以舟往，谓之开叶船”[⑧]。蚕炭市，如湖州府安吉州之丁家岸、

① 户部尚书张廷玉乾隆二年四月二十七日题本，见《钞档》。
② 道光《江阴县志》卷9，风俗。
③ 中国社会科学院经济研究所藏《黄册》。
④ 乾隆《嵩县志》卷12，市镇。
⑤ 道光《定州志》卷7。
⑥ 杨屾：《豳风广义》。
⑦ 金玉相：《太湖备考》卷6。
⑧ 同治《湖州府志》卷30，蚕桑上。

马家渎等炭市，“诸处肩卖者络绎不绝”①。再如广东桑蚕区，顺德龙山乡大墟“有蚕纸行，养蚕者皆取资焉，每岁计桑养蚕”；又有桑市，“他乡之桑皆集于此”，“有蚕多而桑少者，则以钱易诸市”②。

肥料交易在集市上也占有一定地位。如山东恩县苏留庄“向有一六集场”，集上售卖的商品中，饼肥也和粮食、棉花、布匹、牲畜等一样，“例有杂税”③；清平县戴家湾集则以麻饼为商品之最大宗，专设有麻饼行④；利津县店子街集设有豆饼行。⑤ 江苏吴江县黎里镇，“每日黎明，乡人咸集，百货贸易，而米及油饼为尤多”⑥。江南农业集约化程度高，肥料需求量很大，饼肥需从相邻的河南、山东、安徽等省大量输入。《续纂淮关统志》记载，该关关税“向以豆饼为大宗”，“豆饼出产之处，自豫东、徐州而来者谓之西河，自东省而来者谓之北河，自凤、颍、洪湖而来者谓之南河”⑦。苏北的高邮、如皋一带也有饼肥“贸迁江南”，获利不赀。⑧

其他如麦种、薯秧、烟草、树种、菜籽、鱼苗、仔猪，以及作为手工业原料的丝、棉、竹、苇以及染料等等，也都是集市上出售的重要商品。

三、以某种特产商品集散为主的集市

清代随着生产力的提高，小农可供出售的农产品和手工业产品的数量不断增加，粮、棉、丝、茶、棉布、丝绸、烟草、染料等都成为集市中的大宗商品。小农赴集出售，商人赴集收买，从而形成繁盛的集市贸易。清代这种因某种商品的集散而兴盛的集市比比可见。兹举要述之。

（一）粮食市

粮食是集市贸易中最主要的商品之一。即便最萧条的集市也有粮食交易。

---

① 乾隆《安吉州志》物产8。
② 嘉庆《龙山乡志》卷4，田塘。
③ 宣统《恩县志》卷9，艺文考，《苏留庄集碑记》。
④ 嘉庆《清平县志》卷8，户书。
⑤ 光绪《利津县志》户书5，户书。
⑥ 嘉庆《黎里志》卷2，形势。
⑦ 《续纂淮关统志》卷6，令甲。
⑧ 嘉庆《高邮县志》卷4，物产；嘉庆《如皋县志》卷6，物产志。

一般州县都有粮食贸易较盛的集市。这种集市，在粮产区以汇集输出为主，在缺粮区则以转运分销为主。如河南嵩县，在清初是个余粮县，“中熟产粟可供食年余”。该县的田湖、葛砦、德亭、楼关、白土街等集镇，都是粮食集散地。田湖镇在县东30里，“米粮聚集”，温泉之黄庄、汪城、伊河东之花庙诸保的农民，逢“集期担负入市者相望于道”。葛砦在县东南数十里，“市多囤商，民重载而入，恒轻赍以归”。德亭镇在县西北40里，“市多积粟，由穆册关贩运宜水”①。

南方的重要粮产区江西、湖南、四川等省，每年都有大批稻米输出，其粮食集市更为兴盛。如江西南昌县“每七八里或三数里辄有墟市”。墟多滨河，“所积之货皆日用所需，其运售远道者独米谷，其来则以棉花”。每届秋成，“商贾争集，帆樯林立”②。湖南黔阳县托口市为“附近乡村并邻近肩运米粟者”粜卖之所；新路市位于沅江之畔，有“米码头”之称，不仅附近小农售粮于此，稍远者“自龙潭来朝发夕至，次日即返”，米市夜间仍有买卖。③ 更高一级的粮食市，如长沙府之湘潭县，系著名的米码头，凡“衡、永、郴、桂、茶、攸二十余州县”米谷均汇集于此，每届“秋冬之交，米谷骈至，樯帆所舣，独盛于他邑”，江苏客商多来此贩运。④ 重庆的粮食市是“川省总汇”。“夔州、保宁二府以及其余府属有产米地方”所产米谷，都“装至重庆就卖”，由这里进入长江东下，销往江楚诸省，所以“各处商贩云集”重庆。⑤ 至于江南的枫桥、浒墅、平望、黎里、乍浦等镇，都是著名的粮食市。关于江南的粮食市，在本书有关市镇及商品的章节中还将讨论，此处从略。

（二）棉花市

在清代，棉花生产与贸易最盛的地区，首推江南松江府和太仓州。当地所产棉花除供本地之外，还大量南销闽广，北运关东。乾隆时人诸华《木棉谱》记言：“闽粤人于三月载糖霜来卖，秋则不买布而止买花以归。楼船千百，皆装

① 乾隆《嵩县志》卷12，市镇。
② 光绪《南昌县志》卷4，市镇。
③ 同治《黔阳县志》卷6，市镇。
④ 乾隆《湖南通志》卷49，风俗。
⑤ 雍正六年二月初六日管承泽奏本，见《宫中档雍正朝奏折》第9辑。

布囊累累”。嘉、道年间杨光辅所纂《淞南乐府》一书中有描述棉花交易的状况，“天未明，棉花上市，花行各以竹竿挑灯招之，曰收花灯”[①]。太仓州的棉花市，以鹤王市为最：“每岁木棉有秋，市廛阗溢，远商挟重资自杨林湖径达”此地；更有闽广商人“航海来市”，棉花收入“无虑数十万金，为邑首产”[②]。

华北冀鲁豫平原是棉花的又一主要产区，棉花交易也十分活跃。如直隶总督方观承《棉花图》记言，“每当新棉入市，远商翕集，肩摩踵错。居积者列肆以敛之，懋迁者牵车以赴之，村落趁墟之人莫不负挈纷如”[③]。山东清平县是清代新发展起来的棉产区，清代前期“木棉集市，向来新集最盛”；乾、嘉之际“王家庄、康家庄、仓上等处亦多买卖，每日交易以数千金计”，已有几个新的棉花市兴起；清末该县的棉花市更增至十余个。[④]

（三）棉布市

家庭棉纺织业是随着棉花种植的推广逐渐发展起来的。清代中叶，华北平原已出现了商品布产区，相应形成一批以棉布交易著称的集市。如嘉庆时滦州集市“日出聚货，日昃而退，所易……尤多棉布”，大抵“用于居人十之二三，运于他乡者十之八九”[⑤]。乾隆年间直隶束鹿县和睦井集“布市排集如山，商贾尤为云集，称巨镇云”[⑥]。河南正阳县“布市”以陡沟店最盛，“商贾至者，每挟数千金。昧爽，则市亡张灯设烛，骈肩累迹，负载而来”，其布匹输出“东达颖亳，西达山陕，衣被颇广”[⑦]。山东齐东县布市，“民皆抱布以期准集于市，月凡五六至”，嘉庆年间每年从各集“布市”上汇集的棉布有数十万匹，主要输往关东。[⑧] 至于江南棉纺织业，在明代已相当发达，清代其棉布输出量每年达4000万匹[⑨]之多，以棉布集散著称的市镇更是不可胜数。

---

① 二书均见上海掌故丛书。
② 道光《（增修）鹤市志略》。
③ 方观承：《棉花图》。
④ 许檀、经君健：《明清时期山东生产资料市场初探》，载《中国经济史研究》，1988年，第4期。
⑤ 嘉庆《滦州志》卷1，风俗。
⑥ 乾隆《束鹿县志》卷2，市集。
⑦ 嘉庆《正阳县志》卷9，物产。
⑧ 康熙《齐东县志》卷8，杂录编；嘉庆《齐东县志续》周以勋：《布市记》。
⑨ 许涤新、吴承明：《中国资本主义的萌芽》，第279页。

江西布产则以夏布为著。如兴国县“衣锦乡、宝成乡各墟市习卖夏布，夏秋间每值集期，土人及商贾云集交易”[1]；石城县夏布“四乡集场皆有行市”，其中以固厚墟为最，“岁出夏布数十万匹，外贸吴越燕亳”[2]。又据《赣州府志》记载，夏布“各邑俱有”，但“首推宁都洁白细密”。宁都州之夏布交易为主的墟市，则以安福乡之合同集、仁义乡之固厚集、怀德乡之璜溪集以及在城之军山集等为盛，“每月集期上人及四方商贾如云”，总计城乡各集所出夏布，岁可售银数十万两。[3]

（四）丝、绸市

清代江浙、四川、广东是全国主要丝、绸产区。丝市、绸市以太湖周边的苏州、嘉兴、湖州等府为最盛。如湖州府南浔镇以“丝市最盛”，仅丝行即有京庄、广庄、经庄、划庄、乡庄之分；[4] 嘉兴府濮院镇以绸著称，各省商人在此设庄收买，“开行之名有京行、建行、济行、湘广、周村之别，而京行为最”[5]；苏州府吴江、震泽二县“凡邑中所产（绫绸）皆聚于盛泽镇”[6]。此外江南著名的丝、绸市镇还有震泽、黄溪、菱湖、双林、乌青、王江泾、王店、石门、塘溪、临平、硖石、长安等等，不下数十个。[7]

广东的蚕桑业是在外贸出口刺激之下发展起来的。明末清初，南海、顺德等县兴起“废稻树桑”、“废田筑塘”的热潮，或将“果基鱼塘”改为“桑基鱼塘”。清代中叶，这里已形成一个以南海九江、顺德龙山、龙江等乡为中心“周回百余里，居民数十万户，田地一千数百余顷”的专业化桑蚕区[8]。南海县九江大墟“货以鱼花、土丝为最，甲于邑内”[9]。顺德县龙山乡大墟有蚕纸行，有桑叶市，也有丝市，小农“所缫之丝率不自织而易于肆”。有一首《竹

---

① 道光《兴国县志》卷12，物产。
② 道光《石城县志》卷2，物产。
③ 乾隆《赣州府志》卷2，物产；道光《宁都州志》卷12，土产志。
④ 咸丰《南浔镇志》卷22，农桑。
⑤ 沈廷瑞：《东畲杂记》，转自樊树志前引书第412页。
⑥ 乾隆《吴江县志》卷5，物产；乾隆《震泽县志》卷4，物产。
⑦ 刘石吉：《明清时代江南市镇研究》；樊树志：《明清江南市镇探微》。
⑧ 张鉴等：《雷塘庵之弟子记》卷5，转引自刘志伟：《试论清代广东地区商品经济的发展》，载《中国经济史研究》，1988年，第2期。
⑨ 道光《南海县志》卷13，墟市。

枝词》这样写道："呼郎早趁大冈墟，妾理蚕缫已满车；记问洋船曾到几，近来丝价竟何如？"[①] 显然，广东墟市的丝价已经与国际市场的需求相联系了。

此外，在柞蚕养殖区，茧市、绸市也很有兴盛。如山东沂州府"各属山民多种树畜蚕"，康熙年间镇店集场山茧、山绸交易即已设行征税。[②] 清代中叶，沂水县"岁出山茧山绸无算，西客皆来贩卖"，税银岁入达"数千金"[③]。兰山县青驼寺、新泰县鏊阳店、泰安县崔家庄等也都是重要的茧绸集散市场，商人入山采买，贩鬻四方[④]。又如河南嵩县山区"山坡多槲"，也放养柞蚕，小农"放山蚕织白绸，生计颇饶"，商贾多聚于附近的东村、孙店等集收买。[⑤] 四川綦江县的柞蚕养殖则是嘉道年间发展起来的，其丝市以扶欢坝为最盛，"每二三月，山陕之客云集，马驼车载，本银约百余万两之多"[⑥]。

（五）烟草市

清代烟草种植以福建称最，江西、湖南、四川、广东、直隶、山东、河南等省亦各有名产。嘉庆时人王訢《青烟录》归纳各省烟草特点言：闽烟"出福建浦城、龙吉州者其最著也。江西则广信府，宁都州所产亦佳。湖广叶味平美腴韧，辎重水陆四达为天下利。山东则有'所烟'，'所'者地名也，在兖州城内。又有济宁烟，以芳烈胜。直隶则蓟州、易州、山海关诸处皆产烟，雄劲有力，号'北地之良'。又广东有'潮烟'者……亦有力也"[⑦]。

福建泉州、漳州、汀州诸府均产烟，尤以浦城、长泰、海澄、永定等县所产为著。每年"五六月间新烟初出，远商翕集，肩摩踵错，居积者列肆以敛之，懋迁者牵车以赴之，村落趁墟之人莫不负挈纷如。或遇东南风，楼船什佰，悉至江浙为市"[⑧]。江西烟产以玉山、广丰、瑞金、新城、永丰、兴国等县为著。兴国县"种烟甚广，以县北五里亭所产为最。秋后吉郡商贩踵至，

---

① 嘉庆《龙山乡志》卷4，田塘；卷12，张臣"竹枝词"。
② 乾隆《沂州府志》卷33，艺文。
③ 吴树声：《沂水桑麻话》。
④ 吴中孚：《商贾便览》卷8。
⑤ 乾隆《嵩县志》卷12，市镇。
⑥ 道光《綦江县志》卷10，物产。
⑦ 王訢：《青烟录》卷8，食烟考。
⑧ 陈琮：《烟草谱》卷2，贩烟。

利视稼圃反厚”[①]。玉山县是附近诸县的烟草加工中心，道光年间每值烟季“日佣数千人以治产烟，而声驰大江南北，骡马络绎不绝”[②]。湖南烟草以衡阳为加工集散中心，“祁【阳】、邵【阳】、茶【陵】、攸【县】所产，皆售于衡郡，制为京包、广包，鬻之各省，俱称衡烟”；“山西、陕西大商以烟草为货者有九堂十三号，每堂资本出入岁十余万金，号大于堂……皆总于衡烟”[③]。四川新津县“邑人业烟草者甚多，良田熟地种之殆遍，六七月邑中烟市堆积如山”[④]。安徽怀宁县“自独秀山至东西冶塘、江镇所产尤多，惟炉冲、蔡家坡为良”，“岁六七月扬州烟贾大至，洪家铺、江镇牙行填满，货镪辐辏，其利几与米盐等”[⑤]。

其他如江西墟市贸易以茶油、桐油、纸张、竹木、靛青等特产为著。赣州府产茶油、桐油“每岁贾人贩之不可胜计，故两关之舟载运者络绎不绝”[⑥]。武宁县之瓜源口“烟火不下五千余家，岁出茶、桐、竹木以万计”，粮食则需从外境输入。[⑦] 广信府以产纸最著，如弋阳县姜里村墟“产竹木、纸张，商民贸易”，有“店铺三百余家”[⑧]。石城县横江墟所产“横江纸，岁不下累万金”[⑨]。铅山县更是“业之者众，小民借以食其力者十之三四”。该县之陈坊市、湖坊市等墟市均为纸张集散之所，尤以河口镇、石塘镇为盛，“富商大贾挟资来者率徽、闽之人，西北亦兼有之”[⑩]。其他如东乡县“八月中旬县城墟期，市靛者常集至千人”。广丰县五都墟“产靛青、竹木，一四七日为墟期，乡民聚集，贸易用米麦”；洋口镇“产烟叶、茶油”，“二五八日为墟期，客商贩运聚集之所”，据说有“行铺千余家”[⑪]。

---

① 同治《兴国县志》卷12，物产。
② 道光《玉山县志》卷11，风俗；卷12，土产。
③ 同治《衡阳县志》卷11，货殖六。
④ 道光《新津县志》卷29，物产。
⑤ 道光《怀宁县志》卷7，物产。
⑥ 乾隆《赣州府志》卷2，物产。
⑦ 同治《武宁县志》卷32，艺文。
⑧ 乾隆《广信府志》卷2，地理。
⑨ 道光《石城县志》卷1，物产。
⑩ 乾隆《广信府志》卷2，风俗，物产。
⑪ 同治《东乡县南》卷8，土产；同治《广信府志》卷1，疆域。

四川省则盛产药材，灌县之青城山产川芎、泽泻，该县太平、中兴二场即以药材为商品之大宗，这两个场的药材先汇集到石羊场，顺石羊水下运至元通场，商人在此把从各场收购来的药材汇成庄，然后大批运出川省。[①] 简州、资州、遂宁、内江等州县则盛产红花。王培荀《听雨楼随笔》记言，“蜀地红花贩入四方者较他省为佳，内江县产尤多”[②]。遂宁县所产“远商多有来购之者，其利甚大”[③]。红花既是药材，又可作染料，故江浙商人多千里迢迢赴川省购买，用以染丝绸。乾隆年间陆炳有诗《红花行》记述，“简州四月采红花，简州城门动塞车，买花尽是苏杭客，姑苏余杭道路赊。争发红花趁头水……半月为限悉抵家。抵家之时方仲夏，颜色鲜新染轻纱”[④]。

清代此类以某种商品集散为主的集市，无论数量还是规模都在大幅度增加，这是与农业的商业化和家庭手工业的发展密切相关的。

四、庙会

庙会，或称货会、山会、山市。各地较大的庙宇寺观，每逢节日，善男信女大量集中举行宗教仪礼。商人借此人众蚁集之际，进行商业活动。从商业角度看，庙会是农村集市的另一种形式。有的县志指出，所谓庙会即“敬事神明有祈有报，且因之立集场以通商贩”[⑤]。庙会以祀神、祈福、演剧而聚众，商人因以设市贸易。庙会本身所具有的祀神、娱乐、贸易等多种功能中，交易应该说是最具有实际意义的。

这种贸易形式，明代就有。如万历年间山东临邑县娘娘庙会，每年四月初八至十八，设醮十日，前来拜谒、游观者“远近咸集”。人数之多，据说“近庙三里井汲皆竭”；贸易之盛，则“富商巨贾几千人易价而去，曾无留资”[⑥]。安丘县有三山市，“每岁二市，市各五日，自三月望、十月朔起，皆平地张

① 参见高王凌前引文。
② 王培荀:《听雨楼随笔》卷6。
③ 乾隆《遂宁县志》卷4，土产。
④ 王培荀:《听雨楼随笔》卷5。
⑤ 道光《武陟县志》卷10，风俗志。
⑥ 万历九年《泰山别庙记胜碑》，见道光《临邑县志》卷15，金石志。

幕，列肆成巷，旁县皆来贸易，红尘四合，烟云相连，涩嚞之声闻于数里”[①]。陕西华州有城隍庙会，四月一日、八月二日会；西关药王会，六月六日、十二月八日会；西赤水红庙，十月十日会；华岳下庙，八月八日会，“凡会则商贩之货多于市集”[②]。

清代有关庙会的记载就更多了。如直隶开州，九月十二日为城隍诞辰，“先两日前，四方商贾毕至城中摆集。凡绸缎布匹及衣饰日用之类，无不毕具。乡村男女皆入市，凡一岁之需皆于此时置买”[③]。山东巨野县金山之碧霞元君祠，每年三月设会三日，于金山下“设账列肆，聚四方财货”，郓城、曹县、金乡、单县诸邑士女皆前来赴会。[④] 江西万载县之株潭，会期“在九十月间，商贾云集，货物骈臻，乡人嫁娶所需，只待会期采办”[⑤]。又如河南林县“每年会场大约在三四月间。三月内，初二日起合涧会三日，二十七日起临淇会三日；四月内十四日起在城会三日，十七日起临淇会三日，十八日起姚村会三日；入秋后惟九月十二日起南关会三日”；全年会期共计18日[⑥]。山西太谷县，“四乡商贾以百货至，交易杂沓。终日而罢者为小会，赁房列肆，裘绮珍玩，经旬匝月而市者为大会，城乡岁会凡五十五次”[⑦]。陕西大荔县“在城三月十八日、四月十八日、八月二日、十二月初五；羌白三月二十五日、八月二十八日；坊头七月十五日，为土人报赛之期，四方之货来会”[⑧]。永寿县庙会以“四月八日城隍会独盛，或淹至二三十日”[⑨]。

以上可见，全国很多省区均有庙会，各州县庙会少则两三处、四五处，多者或达十余处。庙会与集市均为定期市，但集市开设以旬计，每旬两三次或四五次；庙会开设则以年计，有的一年只开一次，多者亦不过数次。庙会开设时

---

① 万历《安丘县志》卷5，建置考。
② 隆庆《华州志》卷4，建置志。
③ 《古今图书集成》职方典卷140，大名府风俗考。
④ 道光《巨野县志》卷18，艺文志；卷22，金石志。
⑤ 民国《万载县志》卷4之3。
⑥ 乾隆《林县志》卷5，风土。
⑦ 咸丰《太谷县志》卷3，风俗。
⑧ 乾隆《大荔县志》卷3，市集。
⑨ 乾隆《永寿县志》卷3，市集。

间较多地集中在春耕之前，或秋收之后，与农作的季节密切相关。庙会的贸易范围也比集市大得多，大致可达方园数百里，三五个县的范围或更大些；其商人来自各地，商品品种、数量和交易量都远远超过一般集市。

庙会中贸易的商品是综合性的，生活资料和生产资料百货俱全。所谓百货，如直隶开州庙会中有“绸缎布匹及衣饰日用之类”；山西太谷县庙会中有“裘绮珍玩”；江西万载县“乡人嫁娶所需”均于会期采办。再如山东禹城县东岳庙会，“山珍海错、吴越绫绮充满街巷”[①]；陕西永寿县妇女“不娴纺织，唯有会日则群出购买衣裙绸布等物”[②]。有的州县甚至“平居一箕帚之微无从购置，惟恃庙会”[③]。庙会的商品不仅品种多，数量大，而且除一般日用百货之外，也有较高档的商品及名产上市，如江南丝绸、江西瓷器、珠宝古玩裘皮等等。即庙会除提供一般家庭生活日用所需之外，还能够补充集市商品种类和档次的不足，满足农民婚嫁、年节之需，乃至富贵之家较高层次的消费需求。同时，越是集市商品匮乏的地区，对庙会的依赖程度也就越大。

牲畜、农具等生产资料的贸易是庙会的另一项重要内容。此类记载相当之多。牲畜，如山西高平县米山镇庙会，“羊马自千余里至”[④]。山东胶州九龙山庙会，“每岁四月市马牛者集此”[⑤]。广东饶平县教场埔墟“专鬻牛只，交易以牙行为评，通江右闽汀，诸客自秋迄春无日不聚”[⑥]。江西南昌、瑞州、临江、袁州等府各县有“牛集”，每年四五月间“牛牙俱各设厂，凡附近有牛欲售者，以及自外贩至者”汇集交易。福建、湖南及本省各地牛贩均前来“争相搀买”[⑦]。上高县路口墟，每年八月大集，“数郡环而凑焉”，“牛马别群，如云如荼，耕人颇资其便”[⑧]。新昌县“每年秋八月设牛墟，就西城外河干为市集，

① 嘉庆《禹城县志》卷10，艺文志。

② 乾隆《永寿县志》卷3，市集。

③ 光绪《文水县志》卷3，庙会。

④ 同治《高平县志》卷1，地理。

⑤ 道光《胶州志》卷12，山川考。

⑥ 康熙《饶平县志》卷2，墟。

⑦ 《禁开设牛厂贩宰》，见《西江视臬纪要》卷3。

⑧ 李荣陛：《李厚岗集》卷14，转自方行《清代农村市场的发展》，载《历史研究》，1987年，第6期。

乡民以牺犊来者蹄躈万计，必鬻数日乃已”[①]。

农具是庙会的另一类主要商品。如河南鄢陵县，每年四月县城西关有农器会。[②] 宜阳县，四月“祭城隍，商贩如云，街市农具山集”[③]。山东滋阳、邹县、阳谷等县，每年四月十八日祀天仙，“结会市农具”，“远迩毕至”[④]。平阴县每岁四月十五日药王庙会，“商贾辐辏，买卖农具及牛马等物”[⑤]。此外，小农建房及打造车辆、农具所需木料，也有很多是从庙会上购买的。

这些定期庙会中的牲畜、农具买卖，时间大多集中于春耕之前，秋收之后。前者主要为满足农户春季备耕时添置农具、更换牲畜的需要；而后者之中，一部分系提供冬小麦或晚稻种植期对牲畜、农具的需求；另一部分则是农户在一年收获之后，视年景好坏、收入多寡，从容有序地增置生产资料，为来年的生产做好准备。

第三节　集市牙行的设置与管理

牙人、牙行是买卖双方的中介人。牙人，亦称经纪、牙侩、驵侩等等。《士商要览》中写道，“买卖要牙，装载要埠”，“买货无牙，秤轻物假；卖货无牙，银伪价盲。所谓牙者，别精粗、衡重轻、革伪妄也”[⑥]。《福惠全书》记言，“凡城乡贸易之处置一卯簿，发给该牙行经纪，逐日逐起登簿收税。如不登簿，即以漏税查究”[⑦]。可见，牙行在评估物价，主持交易之外，还承担着为官府征收商税的职责。[⑧]

---

① 胡思敬：《盐乘》卷8，讼狱志。

② 道光《鄢陵县志》卷6，地理志。

③ 光绪《宜阳县志》卷6，风俗。

④ 康熙《滋阳县志》卷2，风俗；康熙《邹县志》卷3，风俗；康熙《阳谷县志》卷1，风俗等。

⑤ 嘉庆《平阴县志》卷2，庙。

⑥ 憺漪子：《士商要览》卷2。

⑦ 黄六鸿：《福惠全书》卷8。

⑧ 山根幸夫：《明清时代华北市集の牙行》，（见《明清华北定期市の研究》），此文对牙行的职能及其弊端有较详细的论述。

明初朝廷曾一度禁牙，下令“天下府、州、县、镇、店去处，不许有官、私牙。……敢有称系官牙、私牙者，许邻里坊厢拿获赴京，以凭徙化外。……两邻不首，罪同”①。但牙人在商品交换中的作用是不可缺少的。明代中叶，随着商品经济的发展，牙人的活动逐渐得到官府的正式承认。景泰二年收税则例已列有“牙钱”②。嘉靖二年的“市易法”更明文规定，“凡城市乡村诸色牙行及船埠头，准许选有抵业人户充应，官给印信文簿”③。

明中叶以后，不仅城市商埠设有牙行，很多地区的乡村集市也设牙征税。如嘉靖年间，山东莱芜县的城关和乡集均设有斗秤牙行，共计 208 名。④ 乐陵县集市原设有“斗秤牙行各色共六十六名”，每名每月纳银一钱零，共征银 79 两；万历年间“有新立集场，续添三十名”，增加税银 36 两。⑤ 河南彰德府在万历年间查议各州县“市集繁简，贸物多寡，分为等则”，定立各行户税额。⑥ 也有的地区集市牙行、牙税兴废无定，似尚未形成定制。如福建福安县富溪津市，距县城 30 里，“明设巡栏，复改设官牙以平贸易，择公慎者为之；万历三十七年罢，商贩不便，三十九年复设；泰昌复罢”⑦。

牙行之设本为平抑物价，主持公平交易，有促进商品流通的积极作用。然而利之所在，弊亦由此而生，不法奸牙借抽税为名，中饱私囊，成为集市的一大弊端。如嘉靖年间广东东莞县牙人卢孟吉“违例用强抽收圩税”，五年得银 800 余两，却“瞒报为 78 两”；大埔县三河坝市乡宦曾某滥收商税，致“商民走诉”⑧。清初牙行之弊较明代更甚，往往导致“商贾裹足”。这一状况引起抚按大臣的严重关注，康熙年间各地陆续下令清查整顿。

康熙十二年，左副都御使李赞元在弹劾鱼台知县科敛税银一案的奏疏中指出，奸民恶棍往往串同牙蠹向地方官“贿营行帖执照”，然后“以朱批印信为

---

① 万历《明会典》卷 35，户部；又见《古今图书集成》食货典卷 322，杂税汇考。
② 杨嗣昌：《杨文弱先生集》卷 12，转见韩大成《明代城市研究》，第 187 页。
③ 《续文献通考》卷 25，市籴。
④ 嘉靖《莱芜县志》卷 2，集市。
⑤ 顺治《乐陵县志》卷 3，课程。
⑥ 万历《彰德府志》卷上，田赋志。
⑦ 光绪《福安县志》卷 3，街市。
⑧ 转见叶显恩、谭棣华前引文。

护身符券，如虎而翼，公然肆作”。因而，要革除牙行之弊，首先必须严加禁止地方官吏私给行帖。部议获准，定例“凡贸易杂货有擅给行帖执照索税者，依私征私派例以赃论”①。

康熙十八年，山东巡抚出示晓谕各州县，“近闻东省州县卫所集场，多为势豪土棍盘踞霸占，垄断网利。或自名集主，或称为行头，管集收税皆其家人，在集商民听其指使。各项价值任意低昂，凡百货物应税者固税，不应税者亦税，甚至斗粟尺布不能获免”。该抚下令：（1）各州县将“应税货物与滥设牙行彻底清查”；（2）“凡系该州县卫所境内大小集场，责令乡地人等将集主、行头按集报出，尽行革除，将革过花名造册送查”；（3）“嗣后如有势豪土棍并劣衿恶监或官仆衙役仍前盘踞集场，把持行市，滥抽税银，□害商民者许诸色人等赴院控告，以凭严拿”。并要求将此告示刊树木榜示。②

康熙二十九年山东巡抚佛伦再次重申“禁把持行市”，他指出：“查牙杂税银《全书》原有定额，今闻各属市集多有豪劣捏写鬼名，钻刺牌面押帖，或令子弟家仆充当，或招无赖光棍代应，而豪劣坐地分肥。无论何项物价俱列行头，有一行而分为数人，混收滥索，指一科十，应纳课银一两者科敛数十两不止。至于米麦粮食，重索斗银，小民买卖，无不受其剥削”。为消除这些弊端，他规定“嗣后除外来货物旧例设有牙行者留用外，其余尽行革除，并不许势豪、衿役、官仆捏名应充，搅扰集镇”③。

设立义集，或将原有集市改为义集，也是地方官府扼制牙行之弊的一项措施。各地义集既有官府设立，也有乡绅所为。如山东恩县的惠民、复兴、便民、贸迁等十集均为康熙年间县令陈学海所立义集，“俱用义斗义秤，禁牙侩抽税，民甚便之”④。山东中部长山县的周村，清初也曾饱受牙行之扰，以致“商困难苏”。康熙年间乡宦李雍熙、李斯佺祖孙二人相继捐资，“代周村觅斗秤之夫，纳牙行之税”数十年，使周村成为义集，“市以不扰，商旅如归”，

① 光绪《海阳县志》卷8，艺文。

② 《李抚宪禁约》，见康熙《城武县志》卷8，艺文。

③ 康熙《章丘县志》卷10，艺文志。

④ 雍正《恩县志》卷1，市镇。

商业得以迅速发展，[1] 终于乾隆年间发展为商业重镇。广东东莞县《凤岗陈氏族谱》家规条下记有“圩市埠头，原以通商便贸易也。圈套强压，使人忿怒固不可，至若私藉地主、牙行名目混行抽收，或狡猾顽徒逐队白拈，致使四方裹足不前，殊属恨事。今严行禁止。倘仍前放肆，重则呈究，轻则在祠责罚。圩甲容忍，一并责革”[2]。将禁革牙行之弊写入族规，更足见地方乡绅对维护集市贸易秩序的关注。[3]

牙行之弊并非一省一地所独有，各地大致皆然，故雍正年间清廷在全国范围内对牙行进行了整顿。雍正四年，户部将各州县颁发牙帖的权力收归布政司，以杜地方官吏与地棍朋比为奸。[4] 十一年，雍正皇帝又重申这一规定，并下令各州县将牙行定额，除新设集市之外，只准在原额之内退帖顶补，不得额外增加行数，从而扼制了牙行无限度的增设。雍正十一年上谕如下：

> 各省商牙杂税，额设牙帖，俱由藩司衙门颁发，不许州县滥给。所以防增添之弊，不使贻累于商民也。近闻各省牙帖岁有增添，即如各集场中有杂货小贩向来无藉牙行者，今概行给帖；而市井奸牙，遂藉此把持，抽分利息。是集场多一牙户，即商民多一苦累。甚非平价通商之本意。著直省督抚饬令各该藩司，因地制宜著为定额，报部存案，不许有司任意增添。嗣后，止将额内退帖顶补之处，查明给换。再有新开集场应设牙行者，酌定名数给发，亦报部存案。庶贸易小民可永免牙行苛索之弊矣。[5]

关于牙行承充、退顶的手续，《武定府志》记载较详：（一）承充牙行，必须“查系殷实良民，本身并非生监者，取具邻佑及同行互保，各结详给帖纳税，由布政司钤盖印信颁发，不许州县滥给”；（二）“如额内各牙遇有事故歇业，及消乏无力承充者，官令退帖，随时另募顶补，换给新帖，总不得于额

---

① 康熙《长山县志》卷9，艺文志；卷6，人物志；嘉庆《长山县志》卷14，艺文志。

② 转见叶显恩、谭棣华前引文。

③ 关于义集的设置和管理，山根幸夫在《明靖华北定期市の研究》中有较详细的论述。许檀：《明清时期山东集市的发展》一文对义集也有一些具体考察。请参阅。

④ 雍正《大清会典》卷53，户部，杂赋。

⑤ 《清朝文献通考》卷32，市籴一。

外增长”；（三）“其有新开集场，必应设立牙行者，确查结报转详换给”[①]。稍后，清廷又制定了牙行五年编审更换新帖的规定。

乾隆皇帝刚刚登基，即于雍正十三年十月、乾隆元年下令对各地集市税收进行清理整顿，凡属额外苛索或重复征收者“全行禁革”。乾隆初年，各省督抚陆续将核查结果奏报，如广东巡抚奏请将揭阳等县“粪麸牛骨皮碎农具棉条等项”“细微之物，或农民肥田之具”的商税和海阳县重复征收之“杉饷”裁革。署苏州巡抚陈大受奏报上元、江宁、武进等州县“牛驴猪羊花布等税正盈银两，并砀山县课程正盈各税”共银 391 两余，以及江阴、丹阳等县“牛驴猪羊灰场各税盈余”共银 41 两 8 钱零等，均属应裁之项，题请裁革。[②]乾隆五年清廷又定例：“各衙门胥吏有更名捏姓兼充牙行者，照更名重役例杖一百，革退；如有诓骗客货，累商久候，照棍徒顶冒朋充霸开总行例，枷号一个月，发附近充军；若该地方官失于觉察及有意徇纵，交部分别议处；受财故纵，以枉法从重论”[③]。

上述一系列的清查、整顿和条例的制定，虽不能完全杜绝牙行之弊，但多少扼制了牙行的负面作用，使集市贸易能比较正常地进行。同时，通过这一系列的整顿，各地集市的牙行设置与管理基本上制度化、规范化了。我们来看几个例子。

江苏省江宁等十一府州，乾隆元年“原报牙行二万五千二十二户，牙税额该银一万二百三十七两三钱一厘”；乾隆二年，吴江、昭文、昆山、娄县“歇闭牙行二十三户”，除豁税银 10 两 6 钱；溧水、长洲、元和等 18 县有“新开集场报增牙行六百五十八户”，新增税银 228 两 2 钱 7 分；乾隆二年，“实共牙行二万五千六百五十七户，税银一万四百五十四两七钱一厘”[④]。表 3－7 是乾隆初年江苏十一府州牙行、牙税数额增减变化状况（见下页）。

直隶《正定府志》记载了乾隆十九年该府所属 14 州县额定牙行、牙税数额。其中正定县额定牙行 212 名，每年税银 21.2 两；获鹿县额定牙行 112 名，每年税银 31.32 两；井陉县额定牙行 48 名，税银 5.61 两；栾城县额定牙行

---

① 咸丰《武定府志》卷 12，田赋志。
② 乾隆二年四月二十七日户部尚书张廷玉题本，见《钞档》。
③ 《大清律例》户律，市廛。
④ 乾隆三年六月十五日江宁巡抚杨永斌奏折，见《钞档》。

111户，税银39.16两；全府总计牙行1255名，税额为326.459两[①]。正定府属各州县额定牙行、牙税数额，详见表3－8。

表3－7　　乾隆初年江苏省江宁等十一府州牙行牙税增减变化表

年份	上届奏报数		歇闭除豁		新增退顶		实在额数	
	牙行（户）	税银（两）	牙行（户）	税银（两）	牙行（户）	税银（两）	牙行（户）	税银（两）
二年	25022	10237.30	23	10.6	658	228.27	25657	10454.70
三年	25657	10454.70	4	3.5	757	297.47	26410	10748.67
四年	26410	10748.67	21	14.12	105	57.90	26494	10792.44
六年	26227	10727.12	32	11.56	26	21.42	26221	10736.97
七年	26221	10736.97	20	8.53	94	61.35	26295	10789.79
九年	26417	10867.06	46	15.61	177	104.76	26548	10956.20
十年	26548	10956.20	34	31.64	118	60.43	26632	10984.99
十一年	26632	10984.99	272	73.93	254	75.87	26614	10986.94

资料来源：据《钞档》，江宁巡抚杨永斌、张渠、陈大受等奏折统计。

表3－8　　乾隆十九年正定府14州县额定牙行、牙税一览

州县别	牙行（名数）	税额（两）
正定县	212	21.20
获鹿县	112	31.32
井陉县	48	5.61
栾城县	111	39.16
阜平县	20	20.96
行唐县	183	54.90
灵寿县	24	2.30
平山县	12	8.70
元氏县	48	12.60
赞皇县	14	15.63
晋　州	170	54.84
无极县	50	5.79
藁城县	214	43.72
新乐县	37	9.52
合　计	1255	326.46

资料来源：乾隆《正定府志》卷10，杂税。

① 乾隆《正定府志》卷10，杂税。

孔府档案中有一份《东阿屯屯官造送寿张集经纪清册》，开列了嘉庆九年该集顶补斗、秤等行的经纪共七名，并登录了每人的年龄、相貌、承充牙行及被顶补人姓名、每年税额等等。此类文献颇为罕见，现将其抄录如下：

东阿屯屯官萧汝诚为申送事：今将东平厂集各行经纪姓名、年貌、住址造册申送，须至册者。计开：

井兆盛，年四十二岁，身中面赤有须，系东平厂厂户，住寿张集，充斗行经纪，系顶补孔保仁名缺，每年承办税银二两；

王兴业，年三十八岁，身中面赤有须，系东平厂厂户，住寿张集，充秤行经纪，系顶补王秉忠名缺，每年承办税银一两；

萧尚志，年四十四岁，身中面赤有须，系东平厂厂户，住寿张集，充木行经纪，系顶补孙保利名缺，每年承办税银一钱；

刘竹，年三十六岁，身中面赤有须，系东平厂厂户，住寿张集，充猪行经纪，系顶补孙育仲名缺，每年承办税银五钱；

刘传，年三十三岁，身中面赤有须，系东平厂厂户，住寿张集，充布行经纪，系顶补王恒九名缺，每年承办税银一两四钱；

扈健，年五十一岁，身中面赤有须，系东平厂厂户，住寿张集，充线行经纪，系顶补王国礼名缺，每年承办税银三钱；

贾克从，年四十五岁，身中面赤有须，系东平厂厂户，住寿张集，充屠行经纪，系顶补井兆昌名缺，每年承办税银三两五钱。

嘉庆九年　　月　　日　　押①

集市经纪的顶补招募，更换牙帖等事，在一般州县是由地方官负责。寿张集坐落山东东平州境内，是孔府东阿屯所辖屯集。由于孔府的特殊地位，这些事情则由各屯屯官负责，屯官经手“选择殷实老诚之人照例造具册结，加具印结，具详兖州府”，然后，再由府转呈布政司核查给帖。上引《寿张集经纪清册》当就是“照例”开造的。

又据档案记载，道光九年孔府郓城屯因经纪张太和等人领帖已满五年，照例更换选任新人承充。孔府为此发票给新充牙行经纪的李江亭等，其票文

---

① 《曲阜孔府档案史料选编》第3编，第14册。

如下：

袭封衍圣公府为给票事：案准山东布政司咨开，奉户部咨开，饬令将各集经纪按照五年编审之例清查更换等因，咨会在案。查该经纪张太和等，于道光四年五月领到司帖，扣至道光九年五月内例限已满五年，今值更换之期，查得郓城屯屯户：

李江亭，堪以充膺萧皮口粮行经纪；

王照钱，堪以充膺萧皮口大秤行经纪；

唐振清，堪以充膺萧皮口银行经纪；

王清溪，堪以充膺萧皮口屠行经纪；

刘存诚，堪以充膺萧皮口布行经纪；

王义合，堪以充膺张家楼粮行经纪；

唐清雅，堪以充膺张家楼大秤行经纪；

李克明，堪以充膺张家楼牛驴行经纪；

唐秉如，堪以充膺张家楼猪羊行经纪；

王克元，堪以充膺王家屯粮行经纪；

唐清训，堪以充膺王家屯大秤行经纪。

除出示晓谕外，合行给票，为此票仰李江亭【等】遵照承办课税，毋得贻误及藉滋事端，致干未便。须至票者

右票给萧皮口　屠行经纪王清溪、银行经纪唐振清、粮行经纪李江亭、大秤行经纪王照钱、布行经纪刘存诚　执此

右票给张家楼　大秤行经纪唐清雅、粮行经纪王义合、牛驴行经纪李克明、猪羊行经纪唐秉如　执此

右票给王家屯　银行经纪王克元、大秤行经纪唐清训　执此

道光九年五月初一日

圣公府行①

显然，郓城屯各集此次更换经纪也是“照例”进行的。既然贵为“天下

① 《曲阜孔府档案史料选编》第3编，第14册。

第一家”的孔府，牙行经纪的设置与管理仍是依照部例，我们有理由认为，上述关于牙行定额以及承充、顶补、编审等各项制度，在各地应是比较认真地被执行了。当然，各州县执行状况的好坏，则与各该地方官的勤政程度密切相关。

第四节　集市税收

清代设行征税乃是因地制宜，以地方“物产之丰者”或以“外来货物”交易量较大者为对象，[①] 因而各州县设行不尽相同。如前引东平州寿张集设有斗行、秤行、布行、线行、猪行、屠行、木行等；直隶永清县设有斗行、芝麻行、牛行、驴行、猪行、木行、布行、车行、席行、估衣行等；[②] 湖南祁阳县设有棉花行、糖食行、鱼鲊行、广货行、油梅行、杂货行、麦冬行；道州设有毡货行、枣柿行、靛青行、桐油行等；[③] 广东保昌县设有鱼苗行、京果行、棉布行、梭布行、铁锅行等。[④]

各省各州县牙帖数额及所征税银亦多寡不一。道光《户部则例》载：“京城额设牙帖八百八十九张，分三则征税：上则二两，中则一两五钱，下则一两”；江西省额设牙帖四千五百一十八张，“上则每张征银三两，中则每张征银二两，下则每张征银一两”。也有的地区“不分等则”，如直隶通州每张牙帖税额自30两至9钱不等，良乡每张税额自25两至2两5钱不等；湖南省额设牙帖1101张，不分等则，每张征银最高12两，低者仅只数钱。[⑤]

方志记载更为详细。如直隶永清县南关集设有斗行八人，共征收税银八两八钱；芝麻行三人，共征银三两六钱；驴行七人，共征银七两七钱；猪行六

① 乾隆《济宁直隶州志》卷6，赋役，引吴柽《杂税论》。
② 乾隆《永清县志》卷2，户书。
③ 道光《永州府志》卷7，杂税。
④ 乾隆《南雄府志》卷4，杂税。
⑤ 道光《户部则例》卷42，关税5，牙行额税。

人，共征银六两六钱；木行一人，征银一两二钱；布行二人，共征银四两七钱。信安集设有斗行一人，征银一两二钱；估衣行一人，征银一两二钱；车行二人，共征银四两。全县合计共设牙行66人，征银84两5钱，每行征银大多为一两一钱或一两二钱，布行、车行稍高些。① 湖南东安县石期市设有牙行六户，其中棉花行二户，各税银六钱五分；布行一户，税银七钱四分；油梅行、糖食行各一户，税银均为四钱五分；鱼鲊行一户，税银三钱七分。井头墟共有牙行八户，棉花行税银六钱五分；布行税钱七钱四分；靛青行、烟叶行各税银六钱；毡货行、白蜡行各税银四钱零；瓷器行、鱼鲊行各税四钱。白牙市、芦洪市、渌步市、玉陛源、下花桥等墟市的棉花、布匹、靛青、鱼鲊等行，税额与上述各行大体相同。②

领帖征税的集市往往只是各州县集市中的一部分。如道光年间祁阳县共有集市10余处，设行征税的仅只县城、白水、归阳、文明四处。③ 山东长清县35个集市中，仅县城、丰齐、张夏等10集设行征税，共计“布花行帖十张，牛驴行帖五张”，其余潘村等25集无帖，亦不征税，有税之集还不到全部集市的三分之一。④ 商河县34个集市中有31集征收税银。不过，商河全县税银只有40两，各集征银均属有限，高者不过二三两，低者仅二三钱。⑤

概括而言，清代大多数省区在集市征收的商税主要有畜税、牙税以及各种商品税三项，多系牙行经纪代为征收。其中畜税一项，主要向马牛驴等大牲畜征收；猪羊买卖，有的地区也包括在内。牙税、商税两项大体包括了牲畜和专卖商品食盐之外集市贸易的各种主要商品。

表3-9是乾隆年间江苏江宁、苏州二府的牙税、畜税统计。该表可见，江宁府属七县共征收牙税1050两，平均每县150两；征收畜税311两，平均每县44两零。苏州府属九县共征收牙税1106两，平均每县120余两，征收畜税90两，平均每县为10两。

---

① 乾隆《永清县志》卷2，户书。
② 道光《永州府志》卷7，杂税。
③ 道光《永州府志》卷7，杂税。
④ 道光《长清县志》卷2，市集；卷5，杂税。
⑤ 道光《商河县志》卷3，课税。

表3－9　　乾隆二年江苏省江宁、苏州二府牙税、畜税统计　　单位：两

江宁府			苏州府		
县别	牙税	畜税	县别	牙税	畜税
上元	366.45	37.74	长洲	112.50	2.70
江宁	248.02	29.15	元和	229.20	6.93
句容	105.60	22.20	吴县	228.40	28.50
溧水	39.48	20.00	吴江	118.30	13.10
高淳	47.33	12.00	震泽	98.29	8.40
江浦	67.80	89.46	常熟	80.00	5.42
六合	175.50	104.72	昭文	83.70	5.73
			昆山	105.10	6.68
			新阳	50.70	12.92
合计	1050.18	311.27	合计	1106.19	90.36

资料来源：《黄册·户部杂赋》，中国社会科学院经济研究所藏。

表3－10是雍正年间陕西西安、凤翔、同州等府州的畜税统计。陕西是牲畜产区，自明代起即有牛马等牲畜向内地输出，故牲畜税额较高。表中泾阳、三原、韩城等县此项税额均达数百两，凤翔县甚至高达1300余两，即使税额较低的县分也多在数十两之谱。

表3－10　　雍正年间陕西西安、凤翔、同州属县畜税统计　　单位：两

西安府		凤翔府		同州府	
县别	税银	县别	税银	县别	税银
省城	515.06	凤翔县	1382.17	同州	45.21
长安县	44.55	岐山县	51.54	朝邑县	138.75
咸宁县	47.51	扶凤县	108.33	郃阳县	89.67
咸阳县	57.69	眉县	44.01	澄城县	31.29
兴平县	174.77	宝鸡县	194.10	韩城县	278.53
临潼县	92.07	研阳县	11.68		
高陵县	21.78	麟游县	4.22		
郃县	132.70	陇州	27.33		
兰田县	66.33				
泾阳县	450.12				
三原县	231.91				
周至县	57.94				
渭南县	171.25				
富平县	90.30				
醴泉县	57.63				
合计	2211.61	合计	1823.37	合计	583.46

资料来源：雍正《陕西通志》卷26，贡赋3。

道光年间山东济南府属16州县共征收牙杂税银96.501两，牛驴税银176.563两，课程（即商税）银425.25两，三项合计共征收税银698.314两，平均每州县43.64两。道光年间济南府各项税收数额详见表3-11。山东的畜税，一般只向牛驴骡马等大牲畜交易征收，故称“牛驴税”。

表3-11　道光年间济南府属16州县商税统计　单位：两

州县	课　程	牙杂税	牛驴税	三项合计	占总额%
历城	24.00	17.50	3.95	45.45	6.51
章丘	30.10	3.90	10.05	44.95	6.31
邹平	20.45	3.10	3.10	26.65	3.82
淄川	14.58	3.10	4.50	22.18	3.18
长山	8.46	0.62	3.00	12.08	1.73
新城	49.13	3.90	13.10	66.13	9.47
齐河	61.50	4.20	9.60	75.30	10.78
齐东	18.00	1.00	1.10	20.10	2.88
济阳	28.32	2.41	14.90	45.63	6.53
禹城	27.30	8.60	13.90	49.80	7.13
临邑	57.17	3.38	15.88	76.43	10.94
长清	0.45	0.45	0.55	1.45	0.21
陵县	15.60	5.74	6.10	27.44	3.93
德州	6.00	6.30	52.73	65.03	9.31
德平	18.00	1.40	3.50	22.90	3.28
平原	46.20	30.90	20.60	97.70	13.99
合计	425.25	96.50	176.56	698.31	100.00
平均每州县	26.58	6.03	11.04	43.64	—

资料来源：道光《济南府志》卷14，田赋。

比较同一府州县不同时期的税收变化，税额的增长明显可见。如山东兖州府属14州县，乾隆年间牙杂、牛驴、课程三项税银，分别为1483.713两、404.71两和2462.352两，与康熙年间的税额相比，分别增长了四倍、二倍和三倍，其中有些州县甚至增长10倍以上。如峄县，康熙年间牙杂、牛驴、课程三项共征银40.708两，乾隆年间增为449.68两，为康熙时的11倍，牙杂、牛驴、课程三项分别增长了42倍、16倍和5倍。[①]

① 许檀：《明清时期山东集市的发展》，载《清史论述》，1995年。

全省合计，如山东从康熙年间到乾隆中叶，牙杂、牛驴、课程三项税额，从12444两增至24218两，大约增长了一倍；嘉庆年间再增为38485两，较乾隆时又增50%，与清初相比，则增长了两倍多。[①] 河南省，康熙年间各项商税合计为25000两，嘉庆年间增到149900余两，增长了五倍多；其他如直隶、江西、四川等省商税税额也都增长了三五倍。[②] 全国各省区地方商税总额，康熙年间为47万两，乾、嘉年间为90余万两，增长也近一倍。[③] 还需特别指出的是，这一税额的增长是在对牙行、税收设置采取了一系列限制措施的前提下达到的，因而，实际贸易额的增长，显然更要比税收所反映出来的大得多。

第五节　集市的功能和作用

集市的发展是明清时期经济发展的产物和重要组成部分。从以上考察中我们看到，集市的勃兴大致始于明代中叶，明末清初由于战乱和灾荒的影响一度受挫，经康熙、雍正年间的恢复、整顿，乾隆以降进入一个全面的持续发展阶段。清代中叶，全国主要省区集市数量已超过两万，与明代后期相比，至少增长了一倍，并且仍然保持着增长势头。康熙、雍正、乾隆年间，清廷对集市牙行、税收制度进行了一系列的清理、整顿，使集市管理开始走上制度化、规范化的轨道，从另一个方面对农村集市的发展起了促进作用。清代中叶，全国集市税收比康熙时增加了一倍，有的省区、州县甚至增加了四五倍、十余倍；而这一税收额的增长是在对牙行、税收设置采取了一系列限制的前提下达到的，因而实际交易额的增长要比税收所反映出来的更大得多。

农村集市的功能和作用，最基本的就是满足小农的生产和生活需求。农村集市不仅是生活资料市场，而且也是生产资料市场；不仅为满足小农衣食日用方面的各种需要服务，同时也担负着保证小农经济生产与再生产正常运行的职能。

---

① 许檀：《明清时期山东集市的发展》。

② 康熙《大清会典》卷35，户部，杂赋；嘉庆《大清会典事例》卷195，户部，杂赋。

③ 许檀、经君健：《清代前期商税问题新探》，载《中国经济史研究》，1990年，第2期。

集市的时间、空间分布都明显地反映出它与小农的生产与生活的密切联系。

最迟在乾隆至道光年间，全国大多数省区已陆续形成了一个涵盖广阔、运作自如的农村集市网，这一基层集市网与处于流通干线的商业城镇相联系，沟通城乡市场，形成全国性的商品流通网络体系，通过这一流通网，几乎每一州县，甚至每一村落，都可与其他省区进行经济联系。

农村集市是中国传统市场的重要组成部分。农村集市历史久远，至少可上溯到秦汉时代，但它的大规模的发展则是在明清时期。这无疑是商品经济发展的产物。从每一个单独的集市来看，它的作用不过是小生产者之间进行有无调剂、余缺调剂，以满足各自的生产和生活需求；然而，作为一个庞大体系的集市网络，其作用远远不只于此，而是具有更深层的意义。这一市场网络，至少在以下几个方面发挥着重要作用。

第一，农村集市网是小农经济生产与再生产正常运转的重要条件。农村集市是生产发展的产物。小农的农产品、手工业品的出售，生产资料、手工业原料乃至口粮的购买，越来越离不开集市。小农农、副、林、渔的剩余产品是农村集市的主要基础；农村集市和小农的剩余产品互为增长。小农经济的商品化程度越高，对市场的依赖程度也就越高。到了明清时期，特别是 17 世纪中叶以后，农村集市网已经成为小农经济得以正常运行的保证。从而也已成为地区经济结构的不可缺少的组成部分。

第二，农村集市网是大规模、长距离商品流通的基础。中国历史上长距离贩运由来已久。不过，在古代，“百里不贩樵，千里不贩籴”，长距离贩运的商品主要是奢侈品。其消费对象多是王公贵族、豪门巨贾；其贩运的路线主要是从城市到城市。一般说来，这种贸易是不在乡村进行，从而与小农关系不大。明代以来，这种商贸格局开始变化。奢侈品贸易发展的同时，民生日用品也开始进入长距离流通，并逐渐成为大宗；长距离流通的路线延伸到了乡村，小农开始参与其间，他们既是多种商品的生产者和供应者，也是许多商品的消费者。在全国性的贸易联系中，农村，或者说小农，成为多种商品物流的起点和终点。作为一个独立经营的小农个体家庭经济已自觉或不自觉地与全国性的商品流通在一定程度上联系在一起。农村与城市，发生了过去少见的联系。乾隆至道光时期，这一发展在明显加速。所有的一切都是通过农村集市的发展进行的。农村集市网络的形成既是这一发展的结果，反过来又有力地促进着这一发展。

第三，农村集市网的形成，使地区之间实现经济布局调整，资源优化配置成为可能。自然条件不同、发展程度各异的单个乡村，通过一定规模的、比较经常性的商品流通，彼此联系起来了。在一定的地区范围，历史地形成自然的地区分工，形成互补互利的关系。在此范围之内，经济上取长补短，发挥各自的优势。是商品流通使地区内和地区间建立了经济联系，是市场使得地区内和地区间重新分工，调整经济布局，优化资源配置成为可能。因此农村集市网络体系的形成和正常运转，无疑具有十分重要的意义。事实上，明清时期，由农村集市组成的商品流通网已开始在某种程度上发挥其调整经济布局、优化资源配置的作用。江南地区以输入粮食、肥料，输出棉布、绸缎为主而形成的高收益型经济格局，就是建立在全国规模的粮食、棉花、布匹的流通基础上的。如果没有一个相当规模的商品流通网作为基础，这一切都将无法实现。

总之，如果不仅只看到单个的农村集市，而且注意到作为网络存在的农村集市的话，对于农村集市的意义的认识就应要大大提高了。某个小农在附近集市中的买卖活动，可以被认作是独立的个体行为，无足轻重。某个农村集市，也可被认作是狭小地区范围内的自给性活动。但是如果把单个集市放在集市网络中考察，它就是这张网络上的一个结节。它的存在与否，就会影响网孔的大小，或者网络流通是否顺畅。单个的农村集市就应被认为是地区的乃至全国的商品流通系统的一个组成部分。小农在其中的活动的意义，也就不仅是个体的独立行为，而应被看成是整个链条运动的起点或终点。正是由于农村集市网的形成，使得城乡市场得以沟通，使商品流通几乎覆盖全国每一个角落，从而将处于不同发展阶段的各个经济区域联结为一个整体，形成分工与互补。所以说，农村集市网的形成，是清代非常值得注意的经济现象。

第四章 市 镇

19 世纪 30 年代，日本学者以华北地区为中心，开始对市镇进行研究。60 年代，美国学者施坚雅连续发表有关的理论性文章；此后，大陆、台湾以及日本的学者相继对市镇展开了探讨。80 年代以来，更有后起的中外学者，专门对市镇经济进行了区域性的研究，主要涉及江南、福建、河南、湖北、江西、广东、四川、河北、广西等省，同时，也对大量市镇，尤其是各省的著名市镇进行了个案研究。中外学者的这些研究，已经取得令人瞩目的成就。本章在前人研究的基础上，对清代前期全国的市镇[①]再做一些整体性的探讨。

第一节 不同类型市镇的发展

清代前期市镇的数量很多，类型也各不一样，以下通过对各种不同类型的较大市镇进行描述，展示清代前期全国市镇的概况。

一、地方供需型市镇

这类市镇，主要为周围地区的乡村居民提供日常生活、生产的必需用品，同时聚集本地产品向外转输。山西潞安府长治县“西火镇地方，相距县城九十里，居民稠密，商贩络绎。且界连壶关、高平、陵川三县，而附近之阴城、桑

① 本文的市镇作为专门名词，不是市与镇的合称。

梓、桥头等村镇，均系居民众多，商贾聚集之区”。西火镇周围的村镇，与西火镇有经济联系，因此，朝廷将长治县丞派驻该镇，进行管理。[①] 太原府太谷县“东乡之范村镇，离城五十里，东南皆山，有僻路可通直隶、河南二省。其东北与榆次县连界，又系进京孔道。该镇居民共有三千余户”，“商贾辐辏”。镇位于直隶井陉，经山西平定州，至榆次的驿路上，乾隆以前这里不是镇，[②] 可能是乾隆中期才兴起的新市镇。“其附近七社复有四十余村，现俱户口繁庶”，“范村地方实系太谷县之巨镇，离城既远，路通邻省，商民聚集，人稠地广，倍盛于前”[③]。

河南省河南府嵩县孙店，在县南160里，“鲁山、南召、内乡、卢氏等县之中，为商民往来要路”。这一带位于伏牛山脉，“袤延八百余里”[④]，“山境人稀，远近百余里”的乡民，都到这里赶集。[⑤]

陕西省榆林府府谷县麻地沟，在县东北90里，与蒙古地区接壤。这里也是内地商民与蒙古商人贸易的集场。每逢集期，内地商人运“梭布、草缎”及茶叶等商品，“蒙古至者则绒毛、皮、牛、羊、兔、盐、木植等物”，两相交易。当地人“多习番语”，蒙古商民也懂得汉语，“交易俱公平无扰”[⑥]。三原县王店镇为“东北隅一方居民会集之所”。陂西镇是“雁陂一乡居民会集之所，市廛稠密，基址广袤，为邑首镇。”西阳镇则是“浮阳一乡居民会集之所”，河水贯城而过，“市廛亦胜”[⑦]。华阴县泉店镇，距“县东二十里，介在潼、华两郭之中，兼饶山水佳处，旅舍排比，竹树周遮，茶烟酒帘，夹路相望，四达之墟也”[⑧]。从为商贾服务的完备设施来看，这里平时就聚集众多商人，交易的商品、市场规模都不会太小。

---

① 乾隆二十九年八月初一日山西巡抚和其衷奏，见《宫中档乾隆朝奏折》第22辑，第339页。

② 乾隆四年修《太谷县志》。

③ 乾隆四十三年三月初六日山西巡抚觉罗巴延三奏，见《宫中档乾隆朝奏折》第42辑，第293～294页。

④ 清《高宗实录》卷122，乾隆五年七月己卯。

⑤ 乾隆《嵩县志》卷12，市镇。

⑥ 乾隆《府谷县志》卷1，市集。

⑦ 雍正《陕西通志》卷16，关梁1。

⑧ 乾隆《华阴县志》卷4，建置。

甘肃宁夏府没有市镇的称谓，但府志中有的称为堡的地方，设有市，从市集规模、堡城交通条件，及官府派驻机构的情况，可以判断为市镇的有灵州花马池、惠安堡，中卫县宁安堡。花马池城建于明代，清代乾隆六年重修，“周围七里三分，址厚二丈五尺，顶厚一丈五尺。门楼三座，角楼四座，池深一丈，宽二丈。驻州同、参将”。这里地“当孔道，通商贩，其市集之盛，殆与州邑等”。商品“大抵米、盐、鸡、豚、用物而已。其布帛什器犹多市于城”。此外，花马池是盐的产地，周围乡民到这里买盐。清廷在花马池设立市场，蒙古人民与内地汉民交易在这里进行。每月三次，蒙古人“以羊只、毛毡、皮张、大盐”，与汉人易“布匹、米粮”等商品。[①] 因此，花马池是周围居民购物的主要市场。

广东东莞县“石龙一镇，为邑之北户，交通惠广，商贾如云，而鱼盐之利，蕉荔橘柚之饶，亦为东南诸邑之冠。[②] 石龙镇为广东东南地区，农副产品的转运地。

江西省湖口县南40里刘家市，“商旅居民极为繁盛。都昌、湖口二县俱贸易于此”[③]。南丰县罗坊墟，“距县城七十里，昔日原属荒野，近年竟成市镇，烟户稠密”；高安县灰埠墟，“距县城六十里，上至上高、新昌，下达郡城，水陆两通，村庄稠密，商贾众多”；崇仁县凤冈墟，“距城七十里，为宜黄、永丰、乐安三县水陆通衢，商民杂处”[④]。原来这些地方都是江西地方的墟市，有的逐渐发展起来，成为周围几个县居民的贸易市场；有的乾隆时期经济发展，人口增多，官府派驻机构对该地进行管理，因而这些墟市实际都已经升为地区性的市镇。

二、产品产销型市镇

在一些有本地特产的市镇，以本地手工业产品的生产和销售为主体，兼有

---

① 乾隆《宁夏府志》卷5，建置1，城池；卷6，建置2，坊市；卷2，地理1，边界。

② 嘉庆《东莞县志》卷1，疆域。

③ 嘉庆《重修一统志》卷319，九江府2。

④ 乾隆四十三年闰六月十七日江西巡抚郝硕奏，见《宫中档乾隆朝奏折》第43辑，第802～803页。

其他日用消费品。以生产瓷器著名的江西景德镇，处饶河上游、昌江之滨。昌江上接祁门等地，下通鄱阳湖。商品通过饶河、昌江、经鄱阳湖，进入长江。这里早在宋代就是著名的瓷器生产地。清代前期，景德镇仍然继承了前代的瓷器生产。瓷器手工业是全镇的生命线。“镇仰给于陶”，“为成造陶器之区，诸方货物为陶器而集，各省工贾为陶器而来”①，“民窑二三百区”，“工匠人夫不下数十余万”②，主要以从事瓷器生产的手工业者，窑户、陶工、雇用工人为主，还有各省的商贾、运输户、牙行、铺商、小贩等。镇内沿街店铺林立，商旅客寓众多，大都是来镇上购买瓷器的商贾，每年有大量瓷器，沿水路运销各地。生产资料瓷土、窑柴来自附近各县，“濒河者倚舟楫柴土之利以自给”③，“浮北多以窑柴为生业”④。生活资料粮食也依靠乡村，正是这种生产、生活的供求关系，使全镇与周围农村建立了密切的经济联系。⑤

江南市镇⑥中丝织产品最负盛名。苏州府盛泽镇，位于运河沿岸，兴盛于明代，到清代时持续繁荣。市河从镇中流过，河南北两岸有南大街、北大街，是商业中心。新街、花园街、十字街、庄前街、虹桥街、后街、葡萄街、山塘街、酱园街与南大街相连，街市两旁，店肆林立。“居民百倍于昔，绫绸之聚亦且十倍，四方大贾辇金至者无虚日。每日中为市，舟楫塞港，街道肩摩。盖其繁阜喧盛，实为邑中诸镇之第一。”⑦“凡邑中所产，皆聚于盛泽镇，天下衣被多赖之。”⑧这里是全县的丝织业中心，“镇之丰歉，固视乎田之荒熟，尤视乎商客之盛衰。盖机户仰食于绸行，绸行仰食于商客，而开张店肆者即胥仰食于此焉。倘或商客稀少，机户利薄，则怨咨者多矣。”⑨全县的丝织品都集中到这里，各省商贾辇万金而来，有徽州、宁国、宁波、济宁、山西、广东、福

---

① 道光《浮梁县志》卷20，寺观；卷8，陶政。

② 乾隆《浮梁县志》卷5，陶政。

③ 乾隆《浮梁县志》卷1，疆域上。

④ 道光《浮梁县志》卷14，人物。

⑤ 梁淼泰：《明清时期景德镇城市经济的特点》，载《南开学报》，1984年，第5期。

⑥ 关于江南市镇主要参阅刘石吉《明清时代江南市镇研究》；洪焕椿《明清苏州农村经济资料》；樊树志《明清江南市镇探微》；陈学文《明清时期杭嘉湖市镇史》等书，以下注略。

⑦ 乾隆《吴江县志》卷4，镇市村。

⑧ 乾隆《吴江县志》卷5，物产。

⑨ 乾隆《盛湖志》卷下，风俗。

建、云南、贵州等地的商人，这些商人各自有同乡会馆，同在这弹丸之地上，竞争丝绸买卖。“以故会馆、旅邸，歌楼舞榭，繁阜喧盛，如一都会焉。”[①] 周围四乡四五十里的农家都以丝绸为主业，织好的丝绸拿到镇上售卖。“旧庄向在市河南北大街。四乡业绸，俱赴庄售卖。”[②] 盛泽与周围乡村之间，经济联系紧密，已经形成一种完整的丝绸业生产、流通的环节。这是极有特色的手工业专业市镇。

嘉兴府濮院镇，南连长水，北枕运河，水陆运道，纵横交错。镇中心由东、南、西、北四条市河相交而形成十字港，街市依河道而成，有庙桥街、南横街、北横街、义路街、卧龙街、集庆街、鹤栖街、柳岸街、语儿街、横屋街、蜡作街等，还有巷、弄。镇四周围有栅，栅在河道边上，四乡农民驾船可直接入栅。该镇元代兴盛，明代已经成为巨镇。清代又有所发展。“万家烟火，民多织作绸绢为生，为都省商贾往来之会。”[③] 镇街上牙行、店铺鳞集，有绸行、丝行、桑叶行、烟叶行、六陈行、麻皮行。其中以绸、丝行为主，有京行、建行、济行、湖广行等，镇中居民和四乡机户从事绸业生产，产品由绸行收购，转销给来镇购买的各地商贾。丝行分布在桥街、义路街、女儿桥街一带，农民抱丝售与丝行。每当新丝上市时，丝行也派人到四乡收购。丝行把部分丝转销给当地机户，大批丝亦由各地商贾收买，运销苏州、杭州、南京、镇江等地。作为生产资料的桑叶市场就在四栅，立夏后开始桑叶交易，桑叶行收购后，再转贩给养蚕农户，也有种桑农家驾船至此销售的。镇中还有为商贾服务的旅店、酒馆、饭铺、船行等设施。

乌青镇位于太湖南边，运河由此流过，水路十分发达。“市逵广袤十八里，列置四门……名为镇而实具郡邑城郭之势。苏、杭、嘉、湖六通四辟，粮艘贾舶无间道可他通，则两镇【乌镇与青镇合二为一镇】显然为南浙之门户已。”[④] 全镇分为四个大街坊区，乾隆时有八坊六十八巷，全镇共有居民约一万五千人以上，“十里以内居民相接，烟火万家”，是当时江南第一大镇。

---

① 沈云：《盛湖杂录》，记乾、嘉年间事。
② 乾隆《盛湖志》卷下，建置。
③ 康熙《桐乡县志》卷1，市镇。
④ 乾隆《乌青镇志》卷2，形势。

镇中有棉纺织业、丝织业、冶铁业、造船业、粮食加工等手工业。又是店肆林立，商贾辐辏的商业市镇，茧行、丝行、绸庄、布庄很多，商人收购商品转销各地。镇四栅设有桑叶行，每当新叶上市，本镇四乡及周围县城、市镇的蚕户都来此采购。乌青镇与四周农村形成经济关系网，使农村人口不断向市镇集中，同时，也对农村商品经济发展起了很大的促进作用。①

湖州府乌程县南浔镇，位于太湖东南，运河穿镇而过。元末建筑城墙，明初拆除，“建东西南北四栅，有吊桥，有城隍，仍然是一派城郭之势。自东栅至西栅三里，南栅至北栅七里，周长近二十里”②。自西而东的运河与自南而北的市河相交，形成十字港，其周围有通津桥、清风桥、明月桥为水陆码头，河的两岸是商业大街。这里是湖丝的交易中心，丝市集中于南市河东岸，新丝上市时，远商争购，热闹非凡。通津桥边有许多农户载丝船，停泊待售。还有米市、木市、茧市、叶市等。镇中也有从事缫丝业、棉纺织业的机户，商业和手工业都十分发达。

吴江县震泽镇位于太湖沿边，元代已经成为小市。明代居民增加，成了繁荣的市镇。清代以来，“货物并聚，居民且二三千家”③。该镇四乡“居民以蚕桑为业”④，生产出来的丝，集中售于镇上，由丝行转贩给各地商人。震泽因而成为蚕丝集散地。

松江府朱泾镇地当黄浦与泖水交会处，是交通要道。“烟火稠密，商贾辐辏，有城市气象。”⑤ 镇中河道纵横交错，街市沿河密布，长三里，这里是棉纺织业中心，标布牙行、布商不可胜计。四乡村庄30个，多从事棉纺织业。织户所用纺车、铁锭等生产工具，都从镇中购买；所织布匹也要到镇上售于牙行，四乡与市镇有着密切的经济联系。在江南，类似上述丝织业、棉纺织业的集散地还有很多，如菱湖镇、双林镇、王江泾、塘栖镇、南翔镇、新泾

① 陈学文：《明清时期江南巨镇乌青镇的经济结构》，载《中国经济史研究》，1988年，第2期。

② 乾隆《乌程县志》卷11，乡镇。

③ 乾隆《震泽县志》卷4，疆土，镇市村。

④ 道光《震泽县志》卷2，风俗。

⑤ 乾隆《金山县志》卷1，疆域，镇市。

镇、月浦镇、江湾镇、七宝镇、乌泥镇、枫泾镇等，篇幅所限，不能一一列举。

直隶河间府景州龙华镇，也是生产布的市镇。“景州之布称龙华，龙华镇所出也，洁白细好，比于吴中。”① 到这里进行布匹交易的商人很多。山西闻喜县横水镇产布，“东乡尤佳，称横水布”②。

四川开县温汤镇，亦称温汤井，是生产井盐的市镇，“井凿山下，就山坡高下葺屋而居。商民聚处约千家，熬盐、运煤者数千人。人烟稠密，市集喧阗。将至井所，石级连层，直至坡底。渡河往西，又上石磴百余级，两山下皆小街，出街口仍渡河至东岸，沿江而行。山边俱产煤之处，名煤垅。山腰开煤洞、煤槽，取煤用四轮小车，推载坡下，以小舟装运灶所。坡村店数处，为运煤者歇足之所”③。该镇的商品主要是盐、煤，和其他日用品。

湖北汉阳县蒲潭镇的居民，“以陶为业”④。陕西同官县陈炉镇“土人陶瓦器为业”⑤，“间有负土产营贩他处者，如各窑窠之煤炭，陈炉镇之瓷器”⑥。浙江桐乡县陈庄镇“民居以竹器为业”。直隶磁州彭城镇“居民善陶缶罂之属，或绘以五彩”。冶子镇“亦陶冶处”⑦。

三、商业转运型市镇

商业转运型市镇又分为两种，一种市镇是本地并不一定出产什么商品，只因其位于交通枢纽地区，各地的商品都必须在那里转运，由此形成经济繁华的市镇。

比较突出的是河南开封府朱仙镇，位于省城西南的贾鲁河畔，北宋时是军事重镇，“岳忠武屯兵处”。明代后期，贾鲁河“始能通舟，故商贾云集，今

---

① 乾隆《河间府志》卷4，舆地志，物产。

② 乾隆《闻喜县志》卷2，城池，物产。

③ 陈明申：《夔行纪程》，见《小方壶斋舆地丛钞》第7帙；乾隆《开县志》场市、关隘。

④ 乾隆《汉阳县志》卷6，城池，附街衢镇市。

⑤ 雍正《陕西通志》卷17，关梁2。

⑥ 乾隆《同官县志》卷4，风土志，风俗。

⑦ 嘉庆《重修一统志》卷287，嘉兴府；卷33，广平府2。

犹为巨镇”[①]。贾鲁河上通黄河，下达淮河，是一条重要的南北河流。畅通的水路，把各地商人和货物带到这里，成为商贾辐辏之地，商业日渐兴盛。清代前期，朱仙镇“商贾贸易最盛”[②]。乾隆时，为“天下四大镇之一也”[③]。据后人调查，朱仙镇南北长 16 里，东西宽 7 里，面积约 110 平方里，人口大约有 20 万，以流动人口为主，是河南省最大的市镇。贾鲁河纵贯南北，将镇一分为二。东镇南北方向有顺河、杂货、曲米、油篓街；东西方向有晓先、炮房街。西镇南北方向是顺河、西大、保元街；东西方向是估衣、京货街。这些街市是同类商店的集中之地，杂货街集中的是经营杂货的商铺；曲米街聚集的是经营米麦的商铺；炮房街是专门制卖爆竹的铺坊；油篓街上集中了油房；估衣街上多是当铺和估衣店；京货街是经营苏广时货的商铺。[④] 当时镇中有绸缎、布、染、瓷器、木器、纸、绒货、粮食、丝、茧、京货、铅丹、缨帽等 14 行业。商铺有烟、桐油、麻、梭布、铁货、靴鞋、绸缎、酒、门神、茶、毡帽、缨帽、皮、羊毛、豆腐干、煤炭等约三十二类，六百二十余家。[⑤]

朱仙镇的商品流向：从西北山西、陕西输入皮毛、木材、铁，向东南转运；从北方天津输入盐、杂货，运销本省各地；从南方福建、江西输入茶、瓷器、纸张、桐油，向西北转运；从江南输入绸缎、鞋帽、布、首饰、茶叶，也向西北转运。“食货富于南而输于北，由广东佛山镇至湖广汉口镇，则不止广东一路矣，由湖广汉口镇至河南朱仙镇，则又不止湖广一路矣。朱仙镇最为繁夥。”[⑥] 在省内，镇上的商品辐射面积几乎占一半；在全国，这里是西北与西南的商品转运地。因此，朱仙镇以转运贸易为主，是商业型市镇。全镇仅有的一点手工业，是爆竹业、版画业、豆腐干业、制酒、醋业等。朱仙镇是水陆码头，南来北往的商人在这里换乘交通工具。这里的商人主要是山西、陕西人，也有安徽、江浙、福建人。各地的商人建有会馆，其中以山西、陕西两省商人

---

① 宋云绵：《豫乘识小录》卷下，《汴城建置说》，嘉庆。

② 康熙《开封府志》卷 9，城池。

③ 乾隆《祥符县志》卷 6，建置，市集。

④ 《岳飞与朱仙镇》；李长傅：《朱仙镇历史地理》，载《史学月刊》，1964 年，第 12 期。

⑤ 《重修关帝庙碑记》《本庙全图》碑刻，乾隆三十二年，现存朱仙镇。

⑥ 乾隆《祥符县志》卷 6，建置，市集。

建立的山陕会馆为最大。

河南怀庆府清化镇，“在府城东北三十里，有城”墙。[①]“界连晋省，商贾络绎。”[②] 这里是陆路要道，“至远道车辆，向系清化镇车行平价雇觅”[③]。该镇位于太行山脚下，有河流泉水，宜种竹。“居人以艺竹为业，有数十亩者，翠筱垂阴，旅游忘倦。”[④] 镇上有竹器业，所制竹器，沿西门外小丹河，“东流过获嘉入卫河”[⑤]，运销直隶、山东。

南阳府赊旗店，位于南阳县东北 90 里，是个河水环抱的乡镇。潘河从镇东北流过，船可直泊入镇。赵河流经镇西南、南、东南。潘、赵两河交汇后，流入唐河。唐河南下汇入汉水。湖北、西北来的货物，沿这两条水路直接运入镇内。镇北是一条通往开封、洛阳的陆路交通要道。“居荆襄上游，为中原之咽喉，洵称胜地”[⑥]，“为南北水陆码头，商贾云集，回民杂处”[⑦]。这里是“四方客商杂货兴贩之墟。” 雍正以前，“码头卖货行户原有数家，年来人烟稠多，开张卖载者二十余家”[⑧]。乾隆时期，镇内商业最为繁富，有瓷铺、铁铺、日杂铺、花店、粉局、粉坊、琉璃店、衣铺、木铺、货铺、皮袄铺、碗铺、席铺、枣行、染坊、粮行、花行、油坊、毡坊、皮坊、胶坊等。[⑨] 镇内有商业，也有手工业，如回民经营的熟皮子作坊、制席业、制碗业、染业、制油业、制毡业、铁业、木器业等。此外，还有茶坊、旅店、酒店、饭铺，为往来商贾服务。

舞阳县北舞渡，位于辉河，亦称灰河，与沙河交汇处，沙河流入淮河。其镇西通汝洛，东下江淮，北达汴梁，南与赊旗店陆路相通。“恃水陆并进，商贾云集，无穷之重镇。”[⑩] 早在元代这里就是市镇。元至正三年《护国圣烈惠

---

① 朱云绵：《怀庆府沿革》，见《豫乘识小录》卷下。

② 乾隆五十二年三月二十八日河南巡抚毕沅奏，见《宫中档乾隆朝奏折》第 63 辑，第 759 页。

③ 王凤生：《河内县水道图说》，见《河北采风录》卷 4。

④ 朱云绵：《怀庆府沿革》，见《豫乘识小录》卷下。

⑤ 雍正《覃怀志》卷 3。

⑥ 《创建春秋楼碑记》乾隆四十七年十二月，现存于社旗县博物馆。

⑦ 乾隆十九年九月二十四日河南巡抚蒋炳奏，见《宫中档乾隆朝奏折》第 9 辑，第 631 页。

⑧ 《同行商贾公议戥秤定规概》碑记，雍正二年。现存于社旗县博物馆。

⑨ 《创建春秋楼碑记》嘉庆二十二年铸造的铁旗杆座碑刻。

⑩ 《创建牌坊碑记》道光六年，存于舞阳县博物馆。

灵显仁佑仁王重修庙记》中载：“去县北六十里，有镇曰北舞，跨滍水，南北二镇，千有余家，皆有文庙书院。”[①] 明末有军队驻守，经战乱，经济萧条。清代经济逐渐恢复发展起来，镇内“居民【市】廛稠密，贾客列肆镇中，毂击肩摩，负贩而喧哗者，严如城郭，洵中州巨镇，南河要津也。土不产异种，即布棉菽粟，亦无盈箱积车运贩出境者。因水陆适中，停泊投憩，秦晋吴楚商货往来，陆行者易舟，水行者易车。先时设牙置厂，以为招集怀远之计。本镇既五方杂处，而陆路河岸，赶纤卸载之夫，复逐日云集”[②]。县志中有一幅《沙河夜泊》图，画着码头河旁，繁密的帆船桅杆，正反映了往来运输的商船盛景。这里是粮食集散地，道光六年，全镇山西、陕西籍众陆陈（粮食）行，共同捐资修建了牌坊。[③]

陈州府周家口位于“小黄河【即贾鲁河】与沙河汇流处。旧在沙河南岸”，明代“仅有子午街一道，居民数家”。清代以来，“人烟聚杂，街道纵横，延及淮宁境，连接永宁集”。永宁集在沙河北岸，明代街道“东西五里，南北二里，商贾辐辏称巨镇”。周家口与永宁集合为一镇之后，位于沙河、贾鲁河、颍河三水交汇处，被分为河南、河北、河西三部分。“周围十余里，三面夹河，舟车辐辏，烟火万家，樯桅树密，水陆交会之乡，财货堆积之薮，北通燕赵，南接楚越，西连秦晋，东达淮扬，豫省一大都会也。”原来只有一个渡口，后增设数处；市之东头下流有齐家埠口；在齐家埠口之上有新埠口；街市之中有老街埠口；在老街埠口之上有小埠口；在小埠口之上有永宁集埠口；在市之西头永宁集埠口之上，有张家埠口。[④] 周家口“商贾云集，称蕃庶焉”[⑤]。道光时期，镇中有杂货、麻、油、丝、布、京货、烟、米、干果、山货、鱼、竹木、药材、皮货、粮食等行铺二十余类，以杂货行商铺最多达一百八十余家。[⑥] 商人主要是山西、陕西、安徽人。沙河上达北舞渡，贾鲁河上达

① 碑存舞阳县博物馆。
② 丁永琪：《县北舞渡移兵驻防记》，见乾隆《舞阳县志》卷10，艺文记，卷首。
③ 《创建牌坊碑记》，存舞阳县博物馆。
④ 乾隆《商水县志》卷1，舆地志，市镇，关津桥梁。
⑤ 道光《淮宁县志》卷1，淮宁县境总图。
⑥ 道光十八年《重修关帝庙岁积厘金记》，碑存河南周口市。

朱仙镇，颍河下流入淮河，周家口集中了北舞渡，及二镇周围的粮食、豆类等商品，运销江苏、浙江。“闻豫省收成丰稔，米价既平，杂粮更贱，如：周家口、北五【舞】渡等处为粮食聚集之所。”① 从江浙向西北贩运的商品，也在周家口分销。

山西汾州府介休县张兰镇，“城堞完整，商贾丛集，山右第一富庶之区”②。“距邑东四十里，为孔道要区。……镇向有城，不知建自何时？无碑板可考。”“镇城周五里，屋舍鳞次，不下万家，盖藏者什之三，商贾复，四方辐辏，俨如大邑。”③ 这里“地当冲要，商贾辐辏，五方杂处，百货云集，烟火万家，素称富庶，为晋省第一大镇，与湖北之汉口无异”④。

陕西商州龙驹寨，位于丹江东南 90 里。丹江从州城南一里流过，下游与汉水相交于襄阳老河口。“其地水走襄阳，陆入关辅，南北辐辏，一巨镇也。”⑤ 寨周围的商品经济比较落后，“男务耕猎，女习蚕绩。不务商贾，不喜奔竞，工无奇技，器无淫巧。”只因龙驹寨位于交通要路，成为水陆码头，商贾至此，“觅舟雇骡，人烟稠密，亦小都会焉”⑥。“为东南各省商旅经由之河路，设有税局。每年官办滇铜楚铅，亦皆于此起卸，转运省城。”还有木材沿河运销⑦。这里人口集中，“词讼繁多”⑧。“自秦岭东南行三百里，至寨始可舟。吴楚商舶，由河南析川巾子关【？淅川荆子关】溯而上者，咸集焉。人烟丛杂。乾隆二十二年设州同【应为二十六年】以稽察之。”⑨ 为商贾服务的设施，“雇募舟骡行栈，均在寨场”⑩。商品交易也比州内其他地方兴盛。

山东青州府益都县金岭镇，“在县城西北距城七十里，为登莱青三府入京大路。该镇附近烟户万有余家，地段绵长十有余里，回民杂处，奸匪溷藏。村

---

① 乾隆二十年九月十二日安徽巡抚鄂乐舜奏，见《宫中档乾隆朝奏折》第 12 辑，第 482 页。
② 祁韵士：《万里行程记》，道光。
③ 刘尔聪：《修张兰城记》康熙五十六年，见嘉庆《介休县志》卷 12，艺文。
④ 乾隆二十一年十月十二日山西巡抚明德奏，见《宫中档乾隆朝奏折》第 15 辑，第 714 页。
⑤ 乾隆《直隶商州志》卷 5，建置 3 下，关梁。
⑥ 严如熤：《三省山内风土杂识》。
⑦ 乾隆四十三年七月初二日陕西巡抚毕沅奏，见《宫中档乾隆朝奏折》第 44 辑，第 103 ~ 104 页。
⑧ 卢坤：《秦疆治略》，商州直隶州，道光。
⑨ 王昶：《商洛行程记》乾隆丙午年闰七月，见《小方壶斋舆地丛钞》第 6 帙。
⑩ 严如熤：《三省边防备览》卷 5，水道。

庄隙地遍栽核桃、柿、枣等树，果物丰盈，商贾云集”①。

江西吴城镇位于赣江下游，赣、修二水入鄱阳湖之处，有利的交通条件，使这里成为省内外商品的集散地。“吴城镇系广货聚集之所。”② 本省的茶、纸、木材、麻等商品，在这里聚集运销全国，江浙的丝绸、川广等商品先运到此镇，然后转销省内其他地方。因此，吴城镇是商业型市镇。

河口镇位于信江与铅山河的交汇处，两河至此始通大船，下游达鄱阳湖、长江，因此是浙、闽及本省各地与外界联系的重要水路。浙、闽及广信府运往赣江、长江的商品，以及从各地输入浙、闽、广信府的货物，都要到河口镇装卸。河口镇“货聚八闽川广，语杂两浙淮扬，舟楫夜泊，绕岸尽是灯辉”，是江西省重要的商业市镇。当地的商品，包装纸张、红茶，畅销全国。③

湖南芷江县榆树湾市，在县东九十里，“潕水北岸，居民数百家，街衢并列，上下舟楫，少选舣泊，鬻铁者，连担趋市，资贾客之贸贩焉。油豆米谷之属，亦集此售。路当孔道，为入滇黔所必经，旅舍联络，行客率信宿于此”④。乾隆二十一年奉文，“以芷江县县丞分驻，由是人烟愈密”⑤。

第二种商业转运型市镇，是本镇也并不一定生产某种商品，但该镇是某类商品的主要转运地，或可称作某种商品的专业镇，以这种商品为主，兼有其他日用品。当时全国著名的药材集散地江西樟树镇，位于赣江中游，距临江府城30里。赣江上通闽广，下至长江，可达江浙湖广，“乃江浙楚粤水陆四达之区，为天下药材聚集之所。居民辐辏，商贾云集”⑥。当地是川广药材的集散地，“为川广南北药物所总汇”⑦。据“承买药材行户等称，各样药材俱由江西

① 乾隆二十八年四月初二日山东巡抚阿尔泰奏，见《宫中档乾隆朝奏折》第17辑，第352页。

② 乾隆三十年四月二十一日江西巡抚明德奏，见《宫中档乾隆朝奏折》第24辑，第642页。

③ 萧放：《试论明清时期江西四大工商市镇发展的特点》，载《九江师专学报》，1990年，第2期，吴城镇亦参阅此文。

④ 乾隆《芷江县志》卷1，市镇。

⑤ 同治《沅州府志》卷7，乡都，市镇。

⑥ 乾隆三十年四月二十一日江西巡抚明德奏，见《宫中档乾隆朝奏折》第24辑，第641页。

⑦ 乾隆《清江县志》卷4，镇市，转引萧放《明清时代樟树药业发展初探》，载《中国社会经济史研究》，1990年，第1期。

樟树镇贩运来闽销售。但江西亦不产大黄，闻得陕西泾阳县为大黄汇集之所，转发汉口、樟树等处行销。”① “大黄产于陕西，聚于湖北汉口，向来多系江西客人由楚贩来，福建省城及漳、泉等郡发卖销售。”② 全镇以药材加工业、药材买卖为主，据说，最盛时有药材行48家，多为前店后厂式的商铺。三皇宫是药业中心，显现出“三品根草萃九州，此间百药任相求”③ 的景象。道光时，“廛舍益增，人文愈盛，虽通都大邑无以复过”④。沿江修建了三个大码头，专门为往来药商服务。樟树镇周围地区的人，多从事药材的贩运、买卖交易，形成清江药商帮，到各地采购，在湖南、湖北等地都有清江药商帮的活动足迹。

湖南黔阳县托口市是木材集散地，“在县南四十里原神里，为渠水入沅之地，上通贵竹苗峒，巨木异材凑集于此。官之采办与商之贸贩者，皆就此估值以售，编筏东下，故市侩持筹与庸夫邪讦，日喧阗不绝。凡钱币酒脯鲑菜粉饵，及服用所需皆列于市。附近乡村并邻境肩运米粟者，亦就水次粜焉”。黔阳县安江镇离县城90里，背山靠水，“为区落之胜”地。这里的安酒、“柑、橘、枣、栗之品，实繁而味别，亦他邑所无，故人争趋焉”⑤。

山东阳谷县阿城镇是盐、粮转运地。该镇“环运河而为城，烟户稠密，商贾辐辏，中贯运河，路通南北，粮艘客舟，络绎不绝，实为五方杂处之区，奸匪易于涸迹。且有江南、河南例食东盐州县，俱由阿城转运，私贩透漏往往在此”⑥。

安徽桐城县枞阳镇，位于长江沿岸，“历系商贩聚集之地，为粮食大口岸”。各省官员、商贾多来此采买粮食。⑦ 镇内“宽街并列，为三大街。居中河街，在南后街。在北次上有大街、后街，无河街，下半只有大街、中间街。

---

① 清《高宗实录》卷1382，乾隆五十六年七月乙亥。

② 乾隆五十四年四月初四日伍拉纳等奏，见《宫中档乾隆朝奏折》第71辑，第598页，转引松浦章：《清代大黄の贩路について》，载关西大学《东西学术研究所纪要》第23辑，1990年。

③ 嘉庆《寄圃诗稿》卷1，转引萧放前引文。

④ 道光《清江县志》卷3，镇市，转引萧放前引文。

⑤ 乾隆《黔阳县志》卷9，乡都，市镇。

⑥ 乾隆三十二年闰七月初一日山东巡抚崔应阶奏，见《宫中档乾隆朝奏折》第27辑，第474页。

⑦ 乾隆十九年五月三十日安徽巡抚卫哲治奏，见《宫中档乾隆朝奏折》第8辑，第650页。

北大巷二：曰城隍庙，曰童家巷。”在这宽阔的街市上，商铺众多，往来商贾辐辏。“枞阳为桐城首镇，鱼虾蕃衍，罛罶相望，舟船来往，百货俱集，民多以贸易为业，徽宁商贾最多，江西工匠，晋楚之客店亦皆有之。”①

浙江杭州府海宁县长安镇“街市绵长，人烟稠密，上接杭州省城，下接嘉兴湖州，以达苏州。商船络绎，实为来往米布货物聚集之区”②，“其米来自外江卢州、运漕、合肥及内江吴江、溧阳、平望等处”③。嘉兴石门镇“系水道通津，为各省商贩由江南至浙江要路。浙民全赖湖广、江西、江南等处贩运米船接济”④。“他如山阴之柯桥，肃【？萧】山之临浦，鄞县之甬东，皆系聚米市镇。”⑤

江苏扬州府邵伯镇“诸路粮食汇聚之所”，⑥“凡豫省米豆，自西而东者，俱在大关报税后，即由洪泽湖而至下江高邮州之邵伯镇投行发贩”⑦。“该镇行户自置船只，贩运南河光州、固始等处米粮，回扬粜卖。”⑧吴江县平望镇，东接吴淞，北达江淮，是通津要道。明初有居民千百家，百货贸易很发达。到了清代居民增多，“货物益备，而米及豆麦尤多，千艘万舸，远近毕集，俗以小枫桥目之”⑨。镇中“多以贩米为业”⑩，米行、米栈遍布。

广东省城“上流一百二十里，有西南镇，乃西谷客船聚集之所”⑪，也是粮食转运地。

四川巴县鱼洞镇是米谷的集散地。“该镇水陆通衢，出米之地，上通津綦，下接渝城，并无场期。每日赶集人等甚多。”⑫

---

① 道光《桐城续修县志》卷1，舆地志，乡镇附集场。
② 乾隆三十九年三月十八日浙江巡抚三宝奏，见《宫中档乾隆朝奏折》第35辑，第38页。
③ 《浙省查禁运米出洋章程》嘉庆十五年，见《治浙成规》卷3，藩政。
④ 清《宣宗实录》卷220，道光十二年九月丙寅。
⑤ 《浙省查禁运米出洋章程》嘉庆十五年，见《治浙成规》卷3，藩政。
⑥ 尹会一《尹少宰奏议》卷1，乾隆二年二月初六日奏折。
⑦ 乾隆三十三年正月初三日李质颖奏折，载《历史档案》，1990年，第4期。
⑧ 乾隆二十年十二月初三日江苏巡抚庄有恭奏，见《宫中档乾隆朝奏折》第13辑，第152页。
⑨ 乾隆《吴江县志》卷4，镇市。
⑩ 道光《平望志》卷12，生业。
⑪ 雍正十年五月二十九日广东巡抚鄂弥达奏，见《宫中档雍正朝奏折》第19辑，第797页。
⑫ 《清代乾嘉道巴县档案选编》下，第345页。

山西曲沃县高县镇是棉花、布匹的转运市场，“直隶省栾城、获鹿所出棉花、布匹，贩运者皆卸集于此，商旅甚多”。猗氏县油村镇“为油聚之所”，其繁盛程度也不亚于其他北方市镇。[①]

陕西大荔县羌白镇，“聚各色生皮，熟成，四方商□【？贾】多来售者”，“为皮货所萃；每岁春夏之交，万贾云集”[②]，是买卖生、熟皮货的商品市场。

湖北荆门州当阳县之河溶镇，“西距县城五十余里，东、南、北三面与荆州府属之江陵、枝江、宜都等邑，及荆州卫，并本郡之荆门州接壤，犬牙交错，军民杂处。且该地出产丝绵，商贾往来如织，行铺、居民数千余户，人烟稠密”[③]，是丝绵的集散地。

四、综合型市镇

综合型市镇既有发达的手工业，又有繁华的商业，一般都是当时全国最大的市镇。清代前期四大名镇之一的佛山镇，位于西江与北江之冲，周围12条河，曲折环绕，往来舟楫不绝。镇“周遭三十四里，中分二十四区，区可一里有半，其广不及县之一隅”[④]。“乾隆至道光年间，佛山铺区从二十五增加到二十七个；街巷从二百三十三条扩展到五百九十六条；周围墟市从三墟六市发展为四墟十一市；码头津渡也从十一个发展为二十八个；并出现了铁埠、谷埠、鱼埠、糠埠、炭埠等专业码头。私人码头也环镇皆有。许多工商行业的门市、作坊也雨后春笋，出现在镇内各铺。当时全镇的工商店号在三千家以上。此外，镇西北的上沙、镇北的文昌沙、镇东北的大基尾、镇西南的通济桥等，都是较大的工商业和居民混合点。”乾隆年间，全镇达三万余户；道光时人口为24万~27万之多。

佛山镇以手工业为主，是冶铁业的中心，从事冶铁的人员不下二三万人，冶铁产品种类繁多，铁锅有十二个品种，铁线也有五个品种；其他还有铁犁、

---

① 祁韵士：《万里行程记》，道光。

② 乾隆《大荔县志》卷3，建置，镇堡；道光《大荔县志》卷6，土地志，物产。

③ 乾隆二十九年三月初五日湖广总督李侍尧奏，见《宫中档乾隆朝奏折》第20辑，第738页。

④ 乾隆《佛山忠义乡志》卷1，乡域志。

铁钉、铁锁、铁灶、铁链、铁锚、铁画、钟鼎等。丝织业也很发达，“佛山纱”，“佛山缎”与吴绸并称，远销海外。陶瓷业产品供应全省。[①] 商业商铺行户有当铺、放赈铺、换银铺、洋货铺、珠宝铺、参茸行、布行、木行、生铁行、铁器行、绸缎、棉花行、青麻行、铜行、锡行、西货行、海味行、京果行、油行、豆行、谷埠、米行、槟榔行、烟叶行、金丝行、瓷器行、果干行、药材行、柴行、炭行、糖行等达 30 多种。[②] 道光年间，佛山镇市场上的商品达 260 余种。[③] 镇中会馆林立，比比相望，可以区分的商业会馆 17 处；手工业会馆 27 处。该镇手工业的发展，超出了镇的地域范围，附近乡村的许多农民，已经成为半工半农的手工业生产者，从而把周围农村的经济与佛山镇经济结合起来；另一方面，佛山又是岭南地区的商业中心，以水路为枢纽，其辐射力达西北两江沿岸，远及广西、贵州、江西等地。

位居四大名镇之首的汉口，当时也是这类市镇，但其后较快发展为城市，故本书将汉口放在城市一章中阐述。

五、军事型市镇

前人研究指出：到了清代，作为军事的镇逐步消失，具有经济意义的市镇不断产生。[④] 这可能是一部分市镇的情况，而也有一些市镇除外。因为清代前期尽管出现大量的新市镇，但是作为军事性质的镇仍然存在。如：四川彭县关口，又称毛郎镇，“系彭邑入山要路，汛防拨兵住此盘诘”。但这里并无场市，只是一个军事要隘。[⑤] 河南确山县的下羊镇、黄山镇、戚家镇、沙河镇、樊寨镇五个市镇中都没有集市。[⑥] 该县数百里平原，在明末曾是厮杀的战场，这些市镇的作用，与战争一同结束了。此后只留下空名，亦没有繁荣的市场。偃师

① 罗一星：《论明清时期佛山城市经济的发展》，载《中国史研究》，1985 年，第 3 期。

② 龙廷槐：《初与邱滋畬书》，见《敬学轩文集》卷 2，转自《明清佛山碑刻文献经济资料》，第 341 页。

③ 罗一星：《清代前期岭南二元中心市场说》，载《广东社会科学》，1987 年，第 4 期。

④ 参阅刘石吉前引书，第 123 页。

⑤ 嘉庆《彭县志》卷 12，关隘。

⑥ 乾隆《确山县志》卷 1，建置，镇店。

县大柳镇也如此，没有设集市。[①]

陕西汧阳县上店镇、高崖镇都无集市。[②] 洛川县是山区，交通并不发达，经济发展也不兴旺。雍正时这里有25个镇。[③] 乾隆时只有乐生一镇[④]，嘉庆时也只有乐生称镇，黄龙、槐柏、菩提、开抚等过去的镇，改称堡了。[⑤] 到清末，洛川县有镇16个[⑥]。从文献记载看，各时期的作者给市镇下的定义可能不太一样，洛川县清代前期始终有乐生镇存在，其他镇有时不被记载，有时被称为堡，镇与堡有什么不同，由于地方志记载简单不得而知。但是乐生镇始终存在的事实，也许可以说明该镇设有市集，具有经济功能，其他镇可能都是起军事作用的镇。这大概是因为，清代的市镇继承了前代市镇的某些特点，沿边地区多是防御外敌的军事镇，这类镇与交通是否发达，经济是否发展关系不大。有人研究宋代的市镇时指出："因军事、战略需要而设置的镇，多位于沿边地区，可称之军镇，亦即沿袭了唐以前'镇'的含义。""宋代镇市以梓州路数量最多，陕西次之，沿边诸路普遍多于内地各路"，"其原因在于军镇仍大量存在于沿边地区，而内地几近消失。""如果专就内地诸路镇市进行比较，就会发现，两浙路以75个居于全国第一，江东、西路也位于前列，与经济发展水平一致。"[⑦] 这种情况在陕西、山西等省的部分县都存在，这诸多没有设市集的镇，可能就是从前代遗留下来的军事型市镇。由于这类镇不在本书的研究范围之内，所以这里不做进一步探讨。

以上对全国市镇的大概分类，并非十分准确。一般来说，许多市镇都是综合型的，只是因为该市镇或在产品产销方面比较突出，或在转运一种商品上比较集中，或在地区商品交易中比较重要，就将其归入某种类型，以便分析和描述。

---

① 乾隆《偃师县志》卷2，地理志下，各村镇。

② 道光《汧阳县志》卷2，建置志，市镇。

③ 雍正《陕西通志》卷17，关梁2。

④ 洪亮吉：《乾隆府厅州县图志》卷23，乾隆五十三年。

⑤ 嘉庆《重修一统志》卷249，鄜州直隶州。

⑥ 《清史稿》卷63，志38，地理10。

⑦ 龙登高：《宋代东南市场研究》，第60页；漆侠：《宋代经济史》下册，第398页。

第二节 不同类型市镇的共同特征

综上所述，清代前期的市镇大多都具有一些共同特征。

首先，一些市镇四周有城墙，或称四栅，一般市镇都有坊巷街市和各种经济活动的设施。

上述市镇中，张兰镇、清化镇、阿城、花马池等都有城墙。陕西宁羌州大安镇“旧有城”，“周二百四十七丈，立东西二门，覆以天棚，树以橹楼，为一州巨镇”①。安康县砖坪镇“城建于嘉庆十九年，去旧地西南二里许，城周四百五十丈，高一丈八尺”②。同州“州境诸镇旧有城堡，今惟羌白、坊头二城未全倾圮。”三水县张洪、大羽、底庙三镇，“有城周二里三分”③。蒲城县“兴市、考同、晋城、高阳四镇皆有堡垣，荆姚、车渡、常乐、汉底皆大镇无堡城，若市集”④。山西长治县北董、苏店、南董、西火四镇有堡城，其他镇无堡城。⑤ 直隶滦州倴城镇有“四门关乡，市廛齐整，商贾富庶”。有四门关乡，可能也有城墙。开平镇为“古石城县地，西达天津，北通口外，商贾辐辏，财物丰盈”。在古县城原址，可能有原来的城墙。⑥ 河南商水县邓城集，为“巨镇”⑦，“楼阁参差，街衢修整。旧有木城，今虽废圮，遗址尚存。”⑧ 宜阳县韩城镇，“西通山陕，南达吴楚，客商往来不绝，有集两关分日”⑨。这里的关不是税关，当是一种关口，估计镇周围可能有城墙。湖北随州合河店，

---

① 道光《宁羌州志》卷1，幅员道路。
② 嘉庆《安康县志》卷10，建置考下。
③ 雍正《陕西通志》卷17，关梁2。
④ 乾隆《蒲城县志》卷4，建置，城池。
⑤ 乾隆《长治县志》卷4，疆域，市集。
⑥ 嘉庆《滦州志》卷2，建置志，集市。
⑦ 顺治《商水县志》卷2，形势。
⑧ 乾隆《商水县志》卷1，舆地志，市镇。
⑨ 康熙、乾隆《宜阳县志》卷2，建置，乡镇。

明代建有城墙，清代坍塌，后来又建新城。[①] 贵州黄平州重安江镇也有城垣。[②] 广东饶平县黄冈镇、大城所都有城墙。[③] 当然，也不是所有的市镇都有城墙。市镇周城的建筑，似乎因地不同而各异，有人研究指出，用四栅替代城墙，在江南市镇中，是比较普遍的现象。“江南市镇大多有四栅：东栅、南栅、西栅、北栅，方志中说某镇东西若干里、南北若干里，就是指从东栅至西栅若干里，从南栅至北栅若干里。”[④]

市镇内有坊、巷、街市。一般大市镇的街市都比较多，湖北省樊城镇街市有西河、华严寺、上中正、晏公庙、中正、下中正、丰乐街。[⑤] 汉阳县蔡店镇“为襄汉要道，纵横二街”，是“南北两乡一大都会”[⑥]。乾隆时，汉口镇分“居仁、由义、循礼、大智四坊。当江汉二水之冲，七省要道，五方杂处，由额公祠至艾家嘴，长十五里。陆居则蜂房蚁垤，舟居则鱼□【鳞】阵，小门曲苍相聚辄十余家”[⑦]。南翔镇大街小弄共 41 条。一些中等，或较小的市镇，内部街市规模也比较少。“璜泾镇，东西二里，南北一里；方泰镇，东西一里，南北一里。”[⑧]

市镇中还有为商贾服务的货栈、仓储、旅店、茶馆、酒肆、转运设施、税收机构，及其他公共设施。湖南永顺县王村市，“上通川黔，下达辰常诸处，为永郡通衢水陆码头。凡进城货物必于此处雇夫背运”。设有巡检、外委，对岸有千总，“建有仓廒贮谷，并建有公馆一所”[⑨]。贵州黄平州重安场，有重安江“通小舟，上至平越，下至截洞，换舟以达于楚。”这里设有驿站、公馆、仓廒，建有炮台[⑩]。江南璜泾镇嘉庆时有酒肆四五十家，茶肆倍之；新塍镇有

---

① 乾隆《随州志》卷4，建置，廨置。
② 道光《黄平州志》卷2，建置志，城池。
③ 康熙《饶平县志》卷2，公署。
④ 樊树志前引书，第111～112页。
⑤ 乾隆《襄阳府志》卷11，里社，市镇关梁附。
⑥ 乾隆《汉阳县志》卷6，城池，附街衢镇市。
⑦ 乾隆、嘉庆《汉阳县志》卷6，城池，附街衢镇市；卷7，城池，坊市集镇。
⑧ 樊树志前引书，第107～109页。
⑨ 乾隆《永顺县志》卷1，地舆志，市村。
⑩ 道光《黄平州志》卷2，建置志，城池。

茶馆80家；王店镇有茶馆65家。[1] 盛泽镇由镇人建立中丞书院，“规模宏广，费千余金”[2]。河南武陟县木栾店，在黄河边，道光三年将覃怀书院移此，改名安昌书院。[3] 汉口镇上有为商品流通服务的各种设施，货栈、行店、码头、船行、车行、骡马店等。“马王庙左右有骡马店，以驻陆路往来富商贵客也。”[4] 有为人们消费服务的酒店、饭铺、茶坊；有各地商人组成的会馆、公所；还有社会公共、文化设施，仓库、书院、社学等。应该说，无论在城市，还是在市镇，为商人服务的各种设施都是齐备的。

再次，市镇的手工业、商业繁盛，商铺林立，商品种类繁多。

在市镇中，商铺的数量可观，商品品种多样。前述的市镇，多是用“店铺林立”来描述。滦州榛子镇，“东西门三重，市肆民居环列四五里。”[5] 一般来说，常驻商铺的多少也可以反映市镇商业的繁荣程度。嘉庆年间，四川巴县龙隐镇“内铺户六百余家……本镇大道隘口，人烟稠密。”从一个普通市镇的商铺户数，及经营的商铺名称，可见一斑。道光三年十一月冷水场的商铺户：“布铺二、布店三，卖布三，银铺四，银店一，铁铺五，铁货一，锡店一，茶酒三，茶馆三，茶店四，酒铺三，酒店六，糖房二，面坊一，酒饭一，饭铺一，面馆二，药铺六，药店三，油房四，油腊一，钱铺一，钱店二，纸火铺一，腐店二，杂货八，烟店二，衣铺一，衣店一，成衣二，白炭二，卖炭一，轿铺二，木铺三，糕铺一，花铺三，米铺二，米坊三，贩米二，办米一，卖糖二，杂粮铺四，杂粮四，漕房二，机房十二，染房六，屠行十，栈房七，贩货一，卖货一，挑货一，贸易二，行商十二，零商六。”商铺数量并非很多，但种类却十分齐全。[6]

上述前四种类型市镇的商品种类，多是在百种以上，少的也有数十种。汉口镇上的商品丰富，门类繁多，品种齐全。当时的商人说“汉口极大市镇，

① 参阅樊树志前引书，第279页。
② 乾隆《盛湖志》卷下，建置。
③ 道光《武陟县志》卷15，建置志。
④ 范锴：《汉口丛谈》卷2，道光。
⑤ 嘉庆《滦州志》卷2，建置志，集市。
⑥ 《清代乾嘉道巴县档案选编》下，第302、330～331页。

各省货物赶聚，川陕毡毯、药材、白蜡为顶”[①]，“十府一州商贾所需于外部之物，无不取给予汉镇。而外部所需于湖北者，如：山陕需武昌之茶，苏湖仰荆襄之米，桐油、墨烟下资江浙，杉木，烟叶远行北直，亦皆于此取给焉”[②]，包括农、林、畜、副、渔产品、手工业品、矿产品及各种杂货。其商品的聚集、辐射面积之大，可称全国市镇之最，以其为中心，形成了一个商品流通网络。湖南沅州府芷江县龙溪口市，“临水架楼而列肆者为新街，又蹑坎而上俗呼为老街。市中以贩豆为最，凡稷麦以及烟草、笠、屦、纸、簟之属，产自贵州境之马鞍山、平崖场诸处者，由玉屏朱家场肩货于此，估客以舴艋载运，或收小贩；或买诸阛户，交易日哄焉。他如牛马羊豕之畜，月以三八日趁墟，亦分市于朱家场者。至于江浙闽粤之货，缯彩什器毕集之中，盖西来廛闬之盛区也”[③]。这里虽然只有两条街，但乡村农民、城市居民所需商品也是应有尽有，具有地方商品特色。山区的市镇，以竹、木、柴、炭、茶、笋等山货为主要商品，如浙江湖州西部施渚、三桥埠、上柏等市镇。[④] 如果是综合型市镇，不仅有该镇生产的手工业产品，而且还有四方运销来的其他商品，前述的佛山镇即如此。小市镇的商品有限，“亦不过布帛菽粟而已”[⑤]。“市镇贸易，花布、农器、粟米、酒脯。”[⑥]

市镇外围方圆都有许多村庄，这些乡村与该市镇有着密切而直接的经济联系，主要是生产资料、生活资料的供应，在很大程度上影响市镇周围地区的经济发展。在人口密集的江南，市镇方圆大致有数十里，所辖村庄也比较多，市镇的经济辐射力则比较强。在一些交通不甚发达，经济较落后，地广人稀的地区，市镇所辖面积比较大，其经济辐射面也只在这个范围内。河南嵩县孙店在伏牛山区，“袤延八百余里”[⑦]，“山境人稀，远近百余里咸集孙店”[⑧]。宜阳县

① 吴中孚：《商贾便览》卷8。
② 章学诚：《湖北通志检存稿》乾隆，见《章氏遗书》卷24，食货考。
③ 乾隆《沅州府志》卷7，乡都，市镇。
④ 陈学文前引书，第300~301页。
⑤ 乾隆《长葛县志》卷2，建置，镇集。
⑥ 道光《留坝厅志》卷4，土地志，风俗。
⑦ 清《高宗实录》卷122，乾隆五年七月乙卯。
⑧ 乾隆《嵩县志》卷12，市镇。

韩城镇，“附近村庄稠密，兼之西自陕州硖石驿，东至汝州，经由道路绵长三百五十余里，中间并无县治。”[①] 广西柳州府罗城县通道镇，“地广人稀，丛林叠嶂，鸟道羊肠”，是少数民族居住区，该镇辖三个墟市，[②] 估计所辖面积也有百余里。不过，像上述的景德、佛山、朱仙、盛泽、乌青、濮院、朱泾、张兰、范村、西火、龙驹寨、金岭、阿城、清化、赊旗、北舞、周家口、枞阳、河口、吴城等市镇，其经济辐射面积不仅涉及周围乡村，而且超出本省范围，远达邻省，汉口就涉及九省。

第四，市镇上一般都是经常性市集。

市镇中有众多商铺，商店天天开门，商民整日交易，无时间、集期的限制。如浒墅镇“席草之肆，席机之匠，惟浒墅有之。南津、北津、通安等桥，席市每日，千百成群。凡四方商贾，皆贩于此。而宾旅过关者，亦必买焉”[③]。再如前举之盛泽镇“四方大贾辇金至者，无虚日。每日中为市，舟楫塞港，街道肩摩”[④]。但也不是所有的市镇都整日列肆贸易，不分集期。前述的麻地沟是十天一集。开平镇、榛子镇都是十天二大集、二小集。而中、小市镇或十天五集；或十天三集不等。[⑤] 四川忠州的拔山寺场为市镇，集期三、六、九日。该州共41个集场，其中有二个场“每日赶集，无特期。”其他场均为十天三日集[⑥]。这里的市镇与集场差不多。

最后，市镇的人口数量增加，人员成分发生变化，其中非农业人口占较大比重。

市镇所聚集的人口，一般都比较多。前述的市镇人口大多在万户以上，特殊的如汉口镇“户口二十余万，五方杂处，百艺俱全”[⑦]。这中间很大一部分都是各地往来的商贾，“人烟数十里，贾户数千家，鹾商典库，咸数十处，千樯万舶之所归，货宝奇珍之所聚，洵为九州名镇”。“居奇贸化之贾，比廛而

① 乾隆三十年八月二十八日河南巡抚阿思哈奏，见《宫中档乾隆朝奏折》第25辑，第832页。
② 道光《罗城县志》卷1，山川，墟市；卷4，艺文。
③ 道光《浒墅关志》卷11，物产。
④ 乾隆《吴江县志》卷4，镇市村。
⑤ 康熙《陇州志》卷3，田赋志，市集；乾隆《高平县志》卷4，市集。
⑥ 道光《忠州直隶州志》卷2，舆地志，街市坊表。
⑦ 晏斯盛：《请设商社疏》，乾隆十年，见《清经世文编》卷40，户政15，仓储下。

居，转输搬运，肩相摩，踵相接”，“灶突重沓，嘈杂喧呶之声，夜分未靖。其外滨江，舳舻相引，数十里帆樯林立，舟中为市”[①]。人们居住之密集可以想见。湖南黔阳县安江镇，“烟火近千家，栉比鳞次”[②]。湖北宜昌府归州新滩，是船进长江三峡前，上下货物搬卸之地。这里虽然只有本地“居民百余家，以挑负为业”，但往来商贾，形成“川江客货聚集之区”。在这不大的市镇中却驻有同知一员，说明新滩的流动人口数量之多。[③] 湖北安陆府京山县，与德安府属之随州，及本郡所辖之钟祥县接壤。“其间有溪河一道，自随州大洪山发源，至京邑之三阳店分流为二，会于汉川县属之涢口，以达襄江，可通舟楫。是以近河各市镇商贾云集，如：宋河镇、徐店、马店、罗店、贾店、三阳店、晏店、平坝等处，各有烟民三四百户至六七百户不等。”[④] 稍小一些的市镇，也有百余户。江西萍乡县芦溪镇“溪通舟楫，为水陆冲衢，居货殖者二三百家。”宣风镇“临水东西街三里”，“居货殖者二三百家”[⑤]。嵩山县孙店，有居民六百余户。当然还有不满百家的市镇，洵阳县六个市镇，俱不满百家。[⑥] 江南市镇的人口一般都比较多，在千户至万户左右，如：盛泽、黎里、芦墟、光福、福山、梅里等镇。[⑦] 前述四川巴县龙隐镇常驻总户数251，而商铺户就有170，占全镇户数的68%，[⑧] 说明市镇常住人口多是商人，参与市镇交易的人，则包括各地商人、本地商贾、小贩、本镇居民和四周的乡民。

市镇的这些共同特征，标志着市镇与市、集、场、墟有着很明显的区别。市、集、场、墟一般都没有城墙或四栅的建筑，街市规模也比较小。“墟市大小不等，五方聚集，每逢集期，沿集一二十里，村民摩肩交易。”[⑨] 江西萍乡县湘东市“临水通舟，东西有街二里余”；江西市“南北街二里”；桐木市，

---

① 章学诚：《湖北通志检存稿》乾隆，见《章氏遗书》卷24，食货考。
② 乾隆《黔阳县志》卷9，乡都，市镇。
③ 陶澍：《蜀輶日记》嘉庆十五年十月十七日，见《小方壶斋舆地丛钞》第7帙。
④ 乾隆二十九年三月初五日湖广总督李侍尧奏，见《宫中档乾隆朝奏折》第20辑，第737页。
⑤ 康熙《萍乡县志》卷2，市镇。
⑥ 乾隆《洵阳县志》卷4，建置，市镇。
⑦ 参阅樊树志前引书，第103页。
⑧ 《清代乾嘉道巴县档案选编》下，第330～331页。
⑨ 道光《思南府续志》卷1，地理门，疆域。

"依山，街长里余"；耀村市"市小街一，南北三百步"；小枧市"小街一，南北二百余步"；桐田市则只半里。[①] 集场内的设施比市镇简单，数量也少。"集场约半里许，各赁坐地，陈货于左右，一切食用所需具备，要皆村庄中出也。自辰至未，肩摩毂击，喧填道途，日斜则人影散，乱捆载而归矣。"[②] 有的"乡场苫草为庐"[③]；或"逢市，听民架木覆茅"[④]。湖南沅州府麻阳县石羊市，"凡兵饷、商货溯西溪而上者，至此雇夫，陆运贮卸，最为繁夥，故店市相望"[⑤]。一般集、场、墟商业设施较少，公共设施就更少了。广东潮州府海阳县龙湖墟，设"有龙湖书院"[⑥]，这是不多见的。

一些市、集、场、墟的店铺数量明显比市镇少。贵州思南府属墟市共35处，其中有400户铺民的一处，14处没有铺户，其他各处均在几十户至百余家左右。安化县共有墟市27处，无铺户的七处，400家铺民的有二处，其他墟市铺民从几十户至百余户。印江县墟市20处，只有四处有铺民几十户，其他均无铺户。婺川县墟市25处，只有一处有铺民80余户，其他都无铺民。所有这些墟市，集期都是十天二日。[⑦] 由于地方志记载简单，不知有关400户铺民的墟市的详细情况，所以不能进一步分析，但大多数墟市的铺户是不多的，有些集、场、墟根本没有商铺则是可能的。

市、集、场、墟中的商品"不过菽粟布缕鸡豚蔬菜，随时贸易，以谋朝夕耳。视都会辐辏之区，百货萃焉者，相去奚啻霄壤"[⑧]。"场市无杂物，无牙行，斗粟匹布，山氓自相易而已。"[⑨] 有的集场是一种商品的生产、集散地。"河间业席帽者织苇，为之聚市。商家林，其织作尤密致，精好者价颇高，过客多买焉。"[⑩] 贵州安平县铺陇场出瓷碗，"居民以此为业"；大弄场出蒲席，

---

① 康熙、道光《萍乡县志》卷2，市镇；卷3，建置，里市。
② 乾隆《宝坻县志》乡闾卷6，市集。
③ 嘉庆《正安州志》卷2，风俗。
④ 乾隆《潮州府志》卷14，墟市。
⑤ 乾隆《沅州府志》卷8，乡都，市镇。
⑥ 乾隆《潮州府志》卷14，墟市。
⑦ 道光《思南府续志》卷1，地理门，疆域。
⑧ 乾隆《镇安县志》卷2，舆地志下，墟市。
⑨ 道光《宁陕厅志》卷2，建置志，场市。
⑩ 乾隆《河间府新志》卷4，舆地志，物产。

周围村寨“数百户往往种蒲于田”[①]。也有的集、场、墟是山货、副产品的集散地。广东海阳县意溪墟“竹木交易之所”[②]。这类墟市的商品都不能称种类齐全。

市、集、场、墟一般都有一定的集期，一定的贸易时间。“市廛有地，交易有期”[③]。陕西略阳县碾子坝、南坝、菜籽坝“日日易市”，其他二十余处都是十天三日集。[④] 云南丽江府白沙市，“在村中……人烟凑集，以盐、酒、蔬、米交易相通。每日申酉方集，至晚灯火照耀，市场喧阗”[⑤]。山西太平县的集场都是十天五日集。[⑥] 四川威远县、茂州的集场都是十天三日集。[⑦]

参与市、集、场、墟交易的人员，与商贾辐辏的市镇大不一样。集场“届期凡近境者，披星带月，络绎毕至”[⑧]，“村民摩肩交易”[⑨]。所谓“人多则满，人少则虚。万【州】市虚时良多”[⑩]。除了附近村民之外，也有方圆几十里地以外的人。福建诏安县官陂墟“多饶平、平和人，货物辏集”[⑪]。湖南黔阳县新路市，“为通宝庆便道，故设市于此。货物日以繁富，贸迁者多就焉。开夜市灯火贸易，三更始罢。至日中之卖买反少，与别市大不同，盖乡民自龙潭来，朝发夕至，次日即返，故卖买于夜，乃米码头也”[⑫]。山西保德州“近边鄙，富商大贾绝迹不到，然麻缕棉絮之类，日用所必需，东沟立集，农民喜其便”[⑬]。陕西富平县“市廛有地，交易有期，皆日用常物，无大贾也”[⑭]。“墟集是以农民之间、农民和手工业者之间互通有无为主的贸易形式，尽管有

---

① 道光《安平县志》卷4，食货志，土产场市附。
② 乾隆《潮州府志》卷14，墟市。
③ 乾隆《富平县志》卷2，建置，市镇。
④ 道光《略阳县志》卷1，舆地部，市集。
⑤ 乾隆《丽江府志略》卷上，建置略，市肆。
⑥ 道光《太平县志》卷3，坊里志，市集。
⑦ 乾隆《威远县志》卷2，建置志，乡镇集场附；道光《茂州志》卷2，建置志，场市。
⑧ 乾隆《宝坻县志》乡闾卷6，市集。
⑨ 道光《思南府续志》卷1，地理门，疆域。
⑩ 道光《万州志》卷3，舆地略，形势。
⑪ 康熙《诏安县志》卷4，建置志，市集。
⑫ 乾隆《黔阳县志》卷9，乡都，市镇。
⑬ 乾隆《保德州志》卷1，市集。
⑭ 乾隆《富平县志》卷2，建置，市镇。

流动商贩参与，乃至有少量坐商的店铺，它仍然应当属于墟集。市镇则是以商贾为媒介，以商贾贸易为主的场所，尽管市镇还包含有‘日中为市’或‘及辰而散’的墟集，它还是应当属于市镇。”[①] 参与市、集、场、墟交易的多为本地，或附近几十里的村民，外地的富商大贾一般很少到那里。因此，集、场、墟只覆盖周围几个村庄而已。一个州县中只有少数几个市镇，而集、场、墟往往有几十处，这说明比起市镇，集、场、墟的分布密度较高。

以上从结构、规模、商铺、各种设施、参与交易的人员和集期等方面，对市镇与市、集、场、墟进行了比较。不过，市镇是在市、集、场、墟的基础上发展起来的，因此，市镇与市、集、场、墟也有许多相同之处。特别是那些小市镇，和正在发展中的市、集、场、墟，二者基本上没有什么区别。河南涉县原来有五镇三集，嘉庆时又增加了三集，但五镇中，有二镇没有集市，也就是说已经剩下三处市镇。这三处市镇与集市一样，“凡集镇皆分日市，本处人贸易日用之物”[②]。新安是个小县，共有五处市镇。“镇小则物缺，物缺则行稀”，只有“花布、粮食、牲畜、田产诸行”[③]。这些小市镇的商品种类、参与交易的人员和集期，都与集、场、墟差不多。“粤东会市之大者，皆隶南海，思次毗列，百货骈辏，商贾不以期集。若乡堡墟大市小，服食器用之物求之墟乃备。墟所坐肆之租归于众，则讼不兴。”[④] 佛冈厅“石角墟，百工之庶物集焉。铺户百数，常市外复期以一、六之日”[⑤]。这些墟市商品百货齐全，有常驻商铺，与市镇商品经济不无两样。江西上栗市“依山，南北有街一里余”，“居货殖者百余家”，巡检司徙此，也相当于市镇。而湘东市“临水通舟，东西有街二里余，居货殖者约三百家，通湖广醴陵”[⑥]。上栗市与湘东市街市、商铺并无多大区别，难怪地方志的编纂者，常常是市镇集墟场混称，实际上可能也是难以划分的。

---

① 方行：《清代前期农村市场的发展》，载《历史研究》，1987年，第6期。
② 嘉庆《涉县志》卷2，建置类，市镇。
③ 乾隆《新安县志》卷6，风土。
④ 道光《南海县志》卷13，建置略5，墟市。
⑤ 道光《佛冈厅志》卷2，建置志，墟市。
⑥ 康熙《萍乡县志》卷2，市镇。

市镇在规模、结构、经济等方面，尽管各有大小、多少的程度不同，但都具有共同特征。这些共同特点说明，市镇已经脱离了市、集、场、墟的范畴，有一种趋于城市的倾向。

城市与市镇的根本不同在于，城市是地方官府所在地，有一级行政机构的建置；有官员、绅士居住；有营兵驻扎，是地方的政治、军事、文化的中心区，非生产性人口多，消费商品量大，因此，一般城市的经济兴衰往往与政治有一定的联系。“在直隶的中小城市中，仍具有浓厚的政治或军事特色，缺乏稳定的经济基础，因而其集市的兴衰变迁往往受政治情况的更动所左右。”“康熙以前正定为直隶巡抚驻苑之地，城内贸易繁盛，逐日有集。自康熙初巡抚移至保定，集市之盛，迥异当年矣。清苑县城虽因巡抚迁至于此，集市贸易大为兴旺，但其经济意义远未超过其政治意义。”[①] 而市镇不是一级行政单位，其经济发展较少受到政治影响，这也是市镇与城市的本质区别。

其次，城市整体规模都比较大，形成了专项商品买卖的一条街市场，各种设施齐备，有的大城市还有金融机构。山西临县城贤良坊“近设市集，多馆铺、旅舍”；厚德坊“略有馆铺”；忠孝坊“南北馆铺鳞次，商贾居多”[②]。直隶蔚县城内鼓楼南街，有米市、猪羊市；南街有草市；鼓楼后有炭市；菜市在牌楼。[③] 湖北长阳县城北门街有米市；南门十字街有柴炭市；东西街都有杂货市；县前街及江边有鱼市；城西关外有油市；仁厚街有菜市。[④] 四川汉州城正东街有草市、线子市；正西街有布市；梓潼街有蔗市；衣襟街有花木市、猪市；正南街有胡豆市、糠市、鸡市、柴市、煤炭市；正北街有青果市、布市、菜籽市；驻防街有炭市；小北街有苕市；广驿街有豆子市、瓜子市、成衣市；麦子市街有杂粮市；城隍庙街有米市。[⑤] 四川巴县城亦是重庆府城所在地，“万家烟聚，坊厢廛市，傍壑凌岩，吴、楚、闽、粤、滇、黔、秦、豫之贸迁来者，九门舟集如蚁，陆则受廛，水则结舫，计城关大小街巷二百四十余道，

① 张岗：《清代直隶商品经济分析》，载《河北师范学院学报》，1985年，第3期。

② 康熙《临县志》卷2，建置志，坊市。

③ 乾隆《蔚县志》卷8，城池，村堡。

④ 道光《长阳县志》卷2，建置志，场市。

⑤ 嘉庆《汉州志》卷8，城池。

酒楼、茶舍与市阛铺房鳞次，绣错攘攘者，肩摩踵接”[1]。省城比州县城的规模更大，商业市场繁多，来自各地的商贾众多。陕西省城咸宁，城内有粮食市、布市、大小菜市、糯米市、面市、骡马市、羊市、猪市、鸡鸭鹅市、木头市、方板市、磁器市、鞭子市、竹笆市、草市；东郭有粮食市、果子市；南郭有菁果市。商铺有梭布店、云布店、红店、纸店、壶瓶店、绸缎店、南京摊、书店、金店、椒盐摊；在东关有盐店、药材店、棉花店、糖果店、生姜店、过客店。[2] 云南省城昆明“凡大商贾多江西、湖广客，其领当帖设质库者，山右人居其大半”[3]。像江南苏州这样的大城市，不仅商业、手工业者人数众多，“系五方杂处之地，惟阊门南濠一带，客商辐辏，大半福建人，民几及万有余人”。“又有染坊、踹布工匠，俱系江宁、太平、宁国人民，在苏俱无家室，总计约有二万余人。”[4] 而且还是重要的金融中心。道光年间，“百货聚集之区，银钱交易全藉商贾流通。向来山东、山西、河南、陕西等处每年来苏办货，约可到银数百万两。……自上年秋冬至今，各省商贾具系汇票往来，并无现钱运到”[5]。

当然，也不是所有的城市都是如此。一些经济落后的地区，其县城的经济也不甚发展，街市少且有开放定期。陕西汉南地区，南郑县城也是府城所在地，城内市场只有府治西、县东、丁字街三处。[6] 褒城县城内无市，全县只有六处集市；西乡县城有十字街、东街、西街、南街、西关五处市场，轮流开集；宁羌州城有太元观、北十字街；略阳县城市场在县治前、县治北，半月轮转。[7] 这类城市实际上不如大市镇。

前述的一些市镇，无论规模、人口，还是在商品种类、市场规模、流通范围、街市状况等方面，都与城市相当，有的甚至超过了城市。萍乡县芦溪镇在康熙时与集市差不多，到道光时期，“水东流入秀江，舟行始此。商旅辐辏如

---

① 乾隆《巴县志》卷2，建置，坊厢。
② 康熙《咸宁县志》卷2，建置，市镇。
③ 道光《昆明县志》卷2，物产志。
④ 雍正六年四月初五日苏州织造李凤翚奏，见《宫中档雍正朝奏折》第1辑，第163页。
⑤ 陶澍：《陶云汀先生奏疏》卷22，道光八年。
⑥ 乾隆《南郑县志》卷3，建置。
⑦ 嘉庆《汉南续修郡志》卷7，市集。

县市”[1]。陕西陇州县头镇，“旧吴山县治，为商贾聚集之地，繁盛不减州城”[2]。兴安府平利县白土关，“为川楚通衢要路，商贾往来络绎，居民数倍于县城”[3]。山西辽州云簇镇“市集胜城邑”[4]。直隶束鹿县辛集镇，“绵亘五六里，货广人稠，坐贾行商往来如织，虽居偏壤不减通都”[5]。坐落在汉水上的曼川关，原是陕西山阳县的名镇，后划归湖北郧西县。这里是“水旱码头，铺户三百余家”[6]，“市集盛于县城，民居多似一二十年中新创者。土人云：‘吴楚货物，从汉水转输商洛者皆由此，故列市日益多云’”[7]。湖南石门县津市“为商贾舟楫所会，市长数里，约万余户”。而石门县城“止上下一街，商贾罕集”[8]。另据有人研究：江南“市镇的经济发展水平已经超过了县城，——这可以说是长江三角洲经济区的普遍情况”[9]。极大镇汉口，无论从市场规模、商业人口、商品品种、数量，还是方圆辐射面积，都远远超过湖北省城。[10] 佛山镇不仅与广州省城同是岭南的中心市场，而且经济繁荣超过了广州。[11] 朱仙镇相当于河南省城开封的港口，开封的商品多从朱仙镇运入，四方商贾也从此转运，其商业繁荣超过了开封，甲于全省。以上事实说明，清代前期全国大市镇的商品经济，尤其是商业经济，已经都超过了所在省城，一些市镇的商业经济超过了所在府、州、县城。可见，市镇商品经济在清代前期确实有了长足的发展，是此前任何一个朝代都无法比拟的。以往的研究者对此也都作了充分的肯定。

在市镇经济史的研究中，一些学者认为：城市的繁华与工商业发展关系不大，其政治意义大于经济意义，消费意义大于生产意义；其存在不适应生产力

---

① 道光《萍乡县志》卷3，建置，里市。
② 乾隆《陇州续志》卷2，建置志，市镇。
③ 严如熤：《三省边防备览》卷14，艺文下。
④ 嘉庆《重修一统志》卷159，辽州。
⑤ 乾隆《束鹿县志》卷2，地理志，市集。
⑥ 嘉庆《山阳县志》卷2，疆域下，市镇。
⑦ 王昶：《商洛行程记》乾隆五十一年八月二十三日，见《小方壶斋舆地丛钞》第6帙。
⑧ 乾隆《直隶澧州志林》卷2，舆地志，市镇。
⑨ 樊树志前引书，第121页。
⑩ 石莹：《清代前期汉口的商品市场》，载《武汉大学学报》，1989年，第2期。
⑪ 参阅罗一星前引文。

和商品经济发展的需要。而市镇是凭借经济实力形成的，商品经济的产物，因此，其与封建政治、封建经济相抗衡，走着一条与封建城市发展不同的道路。

如果从形成原因来说，清代前期的市镇与城市不同，“城市是由于政权的力量，政治上的原因，由上而下形成的，消费对象主要为贵族阶级；市镇则主要由于经济的原因，即乡村与商品经济联系的扩大，由下而上形成的”①。这是无可非议的，城市经济会受到政治的影响，这也是市镇与城市的不同。然而，这种形成原因的区别，并不能决定市镇与城市在性质上的相异，因为，作为古代封建城市，到了清代前期，其经济也有不同程度的发展变化。

清代前期的城市经济，在原来的基础上已经有了很大发展。主要表现在城市经济向城外的关厢发展，一些城市的商业街市就在关厢。广东程乡县“上市在县城外之西南，中分四路，名为十字街，庐间相接，商贾萃居，县市之最也。下市在县城外之东南程江驿，左右街列铺店贸易最盛”②。山西曲沃县布市、棉花市、绒线市、菜市、果市、杂货市、枣市、靛市，俱在古南关厢；油市、柴市、米粮市，俱在古东关厢。③ 陕西三原县城南关“东西通衢，市廛店舍，自南门以外，西抵县城，相连百余家”④。湖北安陆县南城外河街，“北倚濠水，南倚凤皇【？凰】台，自东至西，凡三里为商贾贸易之所”⑤。四川汉州北门外顺城街，旧名汉阳街，有菜市、花生市；金坪街有线子市；西门外桂花街有线子市⑥。巴县定远厢乾隆三十八年三月经营各类商铺铺户有：“卖米七，卖茶二，卖烟二，卖采【？菜】二十三，卖木二十七，卖竹一，卖柴十五，卖水十六、饭馆一，米铺二十三，油铺三，轿铺九，鞋铺三，饭铺五，药铺二，布铺一，香铺一，糕铺一，杂货铺五，卖煤三，卖糕二，卖汤元一，糖房一，糟房一，草鞋铺五，纸马铺二，渡船二十四，机房一，屠户三，架船七，开行二，蜡铺一，烟铺三，酒铺二，铁货一，煤炭四，架【？驾】户

① 王家范：《明清江南市镇结构及历史价值初探》，载《华东师范大学学报》，1984年，第1期。
② 康熙《程乡县志》卷1，舆地志，市廛。
③ 乾隆《新修曲沃县志》卷7，城池，附市肆村镇。
④ 乾隆《三原县志》卷2，城池。
⑤ 道光《安陆县志》卷4，城池，衢巷。
⑥ 嘉庆《汉州志》卷8，城池。

十三。”[①] 可见各种商铺的种类还是比较多的。

由于交通的发达，城市关厢也是商路的咽喉地带，安徽六安州“东门外关厢约二里许，省郡交会，行旅往来，货物流通。南门外关厢约二里许，英【山】、霍【山】二县通衢。西门外关厢约三里许，通西山诸乡镇大路。北门外关厢约二里许，陆通濠【亳州】梁【开封】，上达京师、山陕各省，水通正阳关，西抵朱仙镇，东抵淮安。凡豫省客货由水路溯淠而至龙津渡，即于北关登陆，赴孔城南入于江。两淮引盐亦由洪泽湖溯泗入淠至龙津。而桐城、舒城诸邑皆于此运销焉。豫章、东粤客货，由孔城登陆而至北关，即于龙津渡过载，顺流以往正阳，故北关尤为要途。此四关者俱有街巷栅栏，作城池外卫”[②]。作为城市附郭枫桥市的繁荣也说明了这一点。苏州阊门西七里就是江南著名的米、豆粮集散中心枫桥市，据文献记载，“枫桥在城外，离治数里，与阊门相属，故称附郭，为储积贩贸之所会归”。这里是运河与长江相连处，“水陆便利，以集商贾”[③]。乾隆时有米行二百多家。[④] 嘉庆以后，由于丹阳、常州一带“开设米豆行日渐增多”，粮船“沿途卸载囤积，即于该处四销分散，不复驶进浒关。其关南枫桥一带向为米豆市集之所，今因客贩少到，牙行歇闭甚多”[⑤]。后因运河河道不畅，重载商船难行，且为逃避内河税关，商船多绕走海路。到后期，枫桥集散市场渐被无锡、上海所取代。[⑥] 这种情况并非少数，因为清代前期的驿路由京师直通各省城，各省城又有驿路，或驿路支线达各府城，从各府城也有铺路、或驿路支线到各州、县城，而且还有数不清的商路、小路，都可以把各地的商贾带到城市。尽管初建这些城市的时候，也许不在交通线上，但到了清代，城市所在地或是水路，或是陆路，已经可以四通八达了。清代前期也有少量城市迁移，移动的原因也许有多种多样，但这类新建城市，一般都在交通要道上。陕西留坝厅新建厅城的商业街市在城外关厢，

① 《清代乾嘉道巴县档案选编》下，第310～311页。

② 雍正《六安州志》卷5，城池。

③ 康熙《长洲县志》卷8，市镇。

④ 乾隆六十年五月初三日苏凌阿等奏折，见第一历史档案馆藏档案。

⑤ 嘉庆十七年三月初一日江苏巡抚章煦等奏折；二十四年六月十五日嘉禄奏折，见第一历史档案馆藏档案。

⑥ 樊树志：《明清长江三角洲的粮食业市镇与米市》，载《学术月刊》，1990年，第12期。

与栈道相通，交通方便。“城之内太平山居其半，文武官廨居其半，兵房又居其半，卒鲜隙地以处民，故商旅皆居南城外焉。”[①] 城市关厢地带，是城乡的结合部，这一地区商品经济的发展，对城市周围农村的经济有很大影响。因为，到这里来交易的除了外地的商贾之外，还有当地的农民，所以城市与市镇同样，与农村有纵深联系。因此，城市不仅具有政治意义，而且也具有经济意义。

从城市关厢商业街市出售的商品看，也不都是日用消费品，有大量的生产资料，如前述曲沃县城关有棉花、绒线、靛、杂货等商品。河南开封省城西关有牛马市。[②] 在城内市场上，也有生产资料出售。陕西省城咸宁跌水河西有骡马市；开元寺东有木头市、方板市；跌水河有草市。[③] 咸阳县“城内系水陆码头，商贾云集，气象颇形富庶。其实各铺皆系浮居客商，货物皆从各县驮载至此。由水路运往晋、豫。至粮食、木板，亦由西路车运而来，用舟载至下路，到此纳税给票，方准放行”[④]。牲畜、木材、草料都是重要的生产资料。这些生产资料，有的从外地运至；有的是城内生产。但购买生产资料的则是城市和农村的手工业生产者；或者是商贩、外地商人购买转运。一些城市中还有丝织业、棉纺织业、制烟业等手工业生产。可见，城市并非只具有消费意义，还具有生产意义，从而与周围农村地区建立了一种广泛的经济联系。也正是这种城市经济，适应了当时生产力和商品经济发展的需要，保证了供给与需求的平衡，为再生产提供了必要条件。与此同时，城市还起到聚集腹地商品，扩散外地商品，转输到四面八方的作用，并为往来商贾提供服务。

由于清代前期商品经济的发展，城市也有众多的流动人口，商贾、运输业者就是其中之一，此外，还有一些社会闲散人员。这类人口在城市与在市镇一样是流动的。云南丽江府城西“关外大研里，湫隘嚣尘，环市列肆，日中为市，名曰：‘坐街’。午聚酉散，无日不集，四乡男妇偕来。商贾之贩中甸者，

① 道光《留坝厅志》卷1，厅城图。
② 乾隆《祥符县志》卷6，建置，市集。
③ 康熙《咸宁县志》卷2，建置，市镇。
④ 卢坤：《秦疆治略》咸阳县。

必止于此，以便雇脚转运”[1]。“云南省城南关外，新城铺、三市街、教场坝等处地方，虽系附郭，但路达三迤，绵亘十有余里，商贾辐辏，烟户稠密，错处五方。且铜局盐仓，以及江广等省客民会馆，咸聚于此，贩夫脚户，暮至早行者，难以数计，奸匪最易溷迹其中”[2]，足见云南省城关厢的经济，在清代前期得到较快的发展，各类人员混杂其间的情况，这与市镇并无二致。

总之，市镇商品经济与城市商品经济的发展只有快慢、程度大小之别，并无性质不同，城市与市镇一样，都是全国商品流通网络上的结点。通过商品流通的网络，城市和市镇与周围农村建立广泛的经济联系，使城市与市镇不仅具有消费意义，也具有生产意义。它们同处于封建社会中，既不干扰封建经济秩序，也不对抗封建政治统治，统统在朝廷的控制之下，在地方官府的管理之中，随同历史车轮的大方向，走着一条相同的发展道路。

第三节　市镇的行政设置

清代继承前代的行政机构设置，州、县是基层的行政单位。市镇，除军事镇外，并不一定设置行政机构或派员常驻，而由所属府、州、县衙进行管理。有的市镇距离府、州县城比较远，各级地方官府鞭长莫及，但该地交通发达，商贾辐辏，而治安不佳，则由督抚提出申请，经朝廷批准，派驻机构与官员，对之进行管理。所设机构为巡检司署，或府同知（简称同知）、府通判（简称通判）、州同知（简称州同）、州通判（简称州判）、县丞、县主簿衙署。派驻的方式，有的是将原驻府州县的机构移本地，即“改驻”、“移驻”。例如山西“祁县向设有龙舟峪巡检”，“查该处并非隘口，又无市集。惟县属子洪镇，在县南适中之地，人烟凑集，路当豫楚孔道，崇山叠嶂，宵小易于窃发”，乾隆年间，将龙舟峪巡检改驻子洪镇。[3] 四川“蓬溪之蓬莱镇，离城一百三十余

① 乾隆《丽江府志略》卷上，建置略，市肆。
② 乾隆四十七年十二月初五日云贵总督富纲奏，见《宫中档乾隆朝奏折》第54辑，第279页。
③ 清《高宗实录》卷176，乾隆七年十月己亥。

里，烟户鳞集，多系外省客寓”。将县丞移驻该镇，有的是添设新机构。如陕西商州龙驹寨“为东南各省商旅经由之河路，设有税局”①。乾隆年间，添“设州同以稽察之”②。也有的是改变原来派驻机构的级别，以适应市镇的发展。如“江西临江府属之樟树镇，距府城三十里，及江浙楚粤水陆四达之区，为天下药材聚集之所，居民辐辏，商贾云集”，“江西景德镇系烧造磁器之区；吴城镇系广货聚集之所”。樟树镇原有都司、巡检各一员，但都司是武职，只有巡缉之责，不能干预民事。巡检的级别较低，一些事物不能处理，改派通判。在景德、吴城镇各移驻同知。十三年后，又在樟树镇增加经历一员，为通判首领随从巡防。③ 从大量的地方志中，可以看到对许多明代在各地市镇派驻的行政机构，清朝或仍因之，或迁改，或废除，或新添等记载。陕西洛南县三要镇，“南通武关，东接卢氏，北望阌、灵，皆有便路”，“明成化七年置巡检司，今因之”④。洵阳县两河关镇，明代设巡检司署，清代该镇市廛不满百家，裁去巡检。⑤ 四川汉州三水关明代设有巡检司，到清代废除。⑥ 江油县中坝场“水陆通衢，商贾辐辏，为江油门户”，雍正七年派驻巡检司署。⑦ 广西临桂县苏桥墟巡检司署，是由芦田市移驻的；六塘墟原有巡检司署，乾隆三十一年裁革，将全州州判改驻六塘墟。⑧ 广东南海县有五斗口巡检司署，明代“移治佛山镇。国朝雍正十一年新设佛山同知弹压，乃迁巡检司署于本淋都平洲堡”。平洲堡“烟户繁庶，港汊多歧，与顺德接壤，为匪类出没要区”⑨。潮州府揭阳县湖口巡检司署，“旧在霖田都湖口村”，后来有迁移，到乾隆二十六年移

① 乾隆二十年五月初十日四川总督黄廷桂奏；四十三年七月初二日陕西巡抚毕沅奏，见《宫中档乾隆朝奏折》第11、44辑，第347、104页。

② 王昶：《商洛行程记》，见《小方壶斋舆地丛钞》第6帙。

③ 乾隆三十年四月二十一日江西巡抚明德奏；四十三年闰六月十七日江西巡抚郝硕奏，见《宫中档乾隆朝奏折》第24、43辑，第641、642、802、803页。

④ 雍正《陕西通志》卷17，关梁2。

⑤ 乾隆《洵阳县志》卷4，建置，市镇。

⑥ 嘉庆《汉州志》卷9，上，关隘。

⑦ 乾隆《江油县志》卷上，关隘。

⑧ 道光《临桂县志》卷12，廨署。

⑨ 道光《南海县志》卷10，建置略2。

棉湖寨。棉湖寨有市，是“人烟稠密，百货聚积之所”①。湖北云梦县兴安镇，“旧有巡检司，以河淤废”②。可见，朝廷在该市镇是否派驻机构，交通条件是其考虑的重要因素之一。

朝廷派出机构的驻地，许多是距离城市较远的市镇，尤其是那些地居两省、几府之交的重镇。但是否对市镇派驻机构的考虑因素中，市镇经济繁荣程度所起作用更大。督抚们在奏请新设，移设，改变机构等级的奏折中提出的理由，诸如外来人口增加，斗殴事件层出不穷，流动商人增加，在交易中欺骗行为不断，牙行拖欠商款等经济纠纷时起，富商增多，偷盗抢劫频繁等等，总之，混乱的社会治安亟须治理；为了保证国家税收，和商品交易正常地进行，要求朝廷在各该市镇派驻机构和官员进行管理。这些理由所指出的现象，都是伴随经济的繁荣而来的。反之，市镇被撤销原驻镇机构的，也有种种原因，例如人口减少，治安情况较好；或因交通条件改变，商贾他迁；或有其他市镇兴盛发达起来，已经超过了本地。所有这些又恰是当地经济衰退的结果。可见，市镇是否设置机构和派驻官员，是和当地经济发展形势有密切联系的。

这些机构官员的品秩有同知正五品，通判正六品，州同从六品，州判从七品，县丞正八品，主簿正九品，巡检从九品。同知、通判是府佐官，职责“或理事；或理饷、督粮、监兑；或清军；或总捕；或驿；或茶；或马；或营田；或水利；或抚边、抚彝、抚番、抚瑶、抚黎。”州同、州判是州佐官。县丞、主簿是县佐官。其“所管或粮；或捕；或水利”。“其杂职内之巡检，皆分防管捕，或兼管水利。”这些机构和官员的驻地，“凡府、州、县之佐贰，或同城，或分防”③。佐官通常是“因事而设”。而市镇大小不同，经济繁荣程度也不一样，因此，官府派驻市镇的官员品秩也不相同。当时，全国四大名镇的汉口、朱仙、景德、佛山都是同知驻镇，这是派驻市镇的最高等级官员。此外，江西吴城是同知驻镇。山西张兰镇乾隆十七年将静乐巡检移驻，二十一年又将汾州同知移驻。④ 在奏请改变驻镇官员的级别时，巡抚指出：“巡检品秩

① 乾隆《潮州府志》卷14，墟市。

② 道光《云梦县志》卷1，舆地，疆域。

③ 光绪《钦定大清会典事例》卷4，吏部。

④ 乾隆《介休县志》卷1，疆域，关隘。

卑微，此等富商巨贾会集之所，或有奸牙蠹棍妄行滋事，既不足以弹压”①。稍小的市镇，派驻的官员级别较低。樟树镇是通判驻镇。陕西富平县美原镇、周至县祖庵镇都是县丞驻镇。② 大多数地方是巡检驻镇。湖南辰州府辰溪县黄溪口、龙阳县龙潭桥都是巡检驻镇，而岳州府巴陵县鹿角因原来的巡检品秩低，改设主簿，“以助印官不逮”③。佐官下属有佐杂、书吏、门子、皂隶、民壮、马夫、步快等具体办事的人员。官员的职责有时也是因市镇的情况而定。一般清廷在批准督抚奏请派驻机构的公文中，都具体说明了该官员的管辖职权和范围。康熙五十八年，议准河南清化镇河捕通判，“专管河务，为管河通判”④。到了乾隆年间，其通判的职责变成“巡缉奸匪，兼管税务”⑤。山西张兰镇派驻巡检时，“除命盗大案仍归该县审理外，其一切奸匪逃窃，以及赌博、斗殴、追比客欠等事，悉令该巡检稽查办理”⑥。所谓客欠，即商贾控告牙行欠客商款项。以后，山西巡抚在申请张兰镇派驻同知的奏折中称：“汉口镇系将汉阳府同知移驻，就近准理客欠，及查拿赌博逃盗等事。”张兰镇与汉口镇情形相同，所以也请派驻同知。⑦ 雍正十年，“湖北设汉阳同知一人，驻汉口，专司捕务，兼理清军、水利”。乾隆五年，“浙江裁嘉兴府王江泾同知，改设通判一人，驻其地，管辖嘉兴、秀水、嘉善、桐乡四县捕务”。十年，“改旧驻湖北湾潭之宜昌府同知，移扎长乐县渔洋关，专司民事，其附近之仁和坪，亦令管理”。乾隆二十六年，“移直隶滦州州判，驻州南之胡家庄，兼司巡检事”⑧。山东益都金岭镇移驻县丞，“稽查奸匪，安集商旅”⑨。乾隆四年，设江西“德化县城子镇巡检一人，专司镇务，并管赤南二乡，及白沙团洲等沿江地方”。“改余干县县丞，驻瑞洪镇，兼管鄱湖采草船只”，“大姑塘

---

① 乾隆二十一年十月十二日山西巡抚明德奏，见《宫中档乾隆朝奏折》第15辑，第715页。
② 清《高宗实录》卷253，乾隆十年十一月戊子。
③ 乾隆四十六年九月二十五日湖南巡抚刘墉奏，见《宫中档乾隆朝奏折》第49辑，第61页。
④ 光绪《钦定大清会典事例》卷26，吏部，官制。
⑤ 乾隆四十六年九月十四日河南巡抚富勒浑奏，见《宫中档乾隆朝奏折》第48辑，第759页。
⑥ 乾隆十七年四月二十五日山西按察使唐绥祖奏，见《宫中档乾隆朝奏折》第2辑，第792页。
⑦ 乾隆二十一年十月十二日山西巡抚明德奏，见《宫中档乾隆朝奏折》第15辑，第715页。
⑧ 光绪《钦定大清会典事例》卷26、28，吏部，官制。
⑨ 乾隆二十八年四月初二日山东巡抚阿尔泰奏，见《宫中档乾隆朝奏折》第17辑，第352页。

巡检，仍令专管关口，并沿江一带仁贵乡逃盗等事"[①]。湖北荆门州当阳县河溶镇派驻巡检，"一切奸匪、逃盗、赌博、窝娼、私宰等事，均责成实力巡缉"[②]。

不过，也有特殊的情况。乾隆二十四年，官府命江苏金山县知县、典史，移驻"县境适中之洙泾镇"；二十七年，又命"山西河曲县知县、典史，驻离城七十里之河保营"，原河保营所设巡检，"改驻县城"。这里的洙泾镇、河保营实际上已经相当于县城，驻有最低级的行政机构的官员。雍正十二年，广西"改原驻武宣县城巡检，驻县郭"[③]。乾隆年间，云贵总督也请将云南府通判移驻云南省城关厢。[④] 这类情况也表明，城市关厢商品经济发展，随之社会治安混乱，所以，官府也像派官员驻镇一样，向这些地方派驻机构和官员；一些市镇的发展超过了县城，清廷把知县、典史派驻镇。这都从另一个侧面反映了城市与市镇，在性质上并无两样。

与派驻机构和官员的同时，一些市镇还派驻了军队。如：陕西兴安府安康县砖坪，除了有县丞驻镇之外，"更置都司一员，设官兵二百五十余名，以资缉捕，任系重焉"[⑤]。府谷县麻地沟"设有千总分防"[⑥]。河南南阳府唐县源潭镇，移驻外委，"拨守兵五名，以便不时巡查"[⑦]。同府的北舞渡也按赊旗镇"成例派汛兵四名巡哨"[⑧]。四川彭山县双江镇，"嘉庆八年设立水塘，拨兵二名查缉奸匪"[⑨]。贵州玉屏县朱家场，"通楚蜀，商贩往来要路。乾隆二年设塘，二十年设外委一员防汛"[⑩]。汉口也有守备、千总各一员驻镇。[⑪] 这种有驻军的市镇并非都在沿边，说明驻军的目的不是对外而是对内，可能也与前代沿

---

① 光绪《钦定大清会典事例》卷31，吏部，官制。
② 乾隆二十九年三月初五日湖广总督李侍尧奏，见《宫中档乾隆朝奏折》第20辑，第738页。
③ 光绪《钦定大清会典事例》卷31、30，吏部，官制。
④ 乾隆四十七年十二月初五日云贵总督富纲奏，见《宫中档乾隆朝奏折》第54辑，第279页。
⑤ 嘉庆《安康县志》卷10。建置考上。
⑥ 嘉庆《重修一统志》卷204，榆林府2。
⑦ 乾隆《唐县志》卷2，建置志，武备。
⑧ 邑令丁永琪：《县北舞渡移兵驻防记》，见乾隆《舞阳县志》卷10，艺文记。
⑨ 嘉庆《彭山县志》卷1，关隘。
⑩ 乾隆《玉屏县志》卷5，赋役志，市场。
⑪ 乾隆《汉阳县志》卷6，城池，附街衢镇市。

边设镇的军事目的不太一样。

派驻市镇的机构和官员无定额，可以随时变更、迁移、添设，灵活性较大。尽管变更或迁移，与添设不同，在派驻地总量上，没有增加或减少的改变，但是，从派驻地本身来看，则有重要变化。变更官员等级的市镇，多是经济发展较快的市镇。新被派驻机构和官员的市镇，实际上是中、小市镇上升到大市镇的新市镇。因而，派驻官员的情况，也能从一个角度反映市镇的兴衰变迁。由于派驻官员的地点，有河流沿岸，有山脉，有关隘，也有城市，并非都是市镇，所以这里只能从光绪《钦定大清会典事例》的记载中①，摘选部分派驻官员的市镇，进行统计，来说明市镇的发展。

从 18 行省的 287 个市镇的派驻机构、官员的时间看，康熙朝 3 个，雍正朝 115 个，乾隆朝 153 个，嘉庆、道光两朝各 8 个。这与清前期经济的发展情况是相吻合的。顺治年间，明代经济较繁荣的市镇，大部分受到战争破坏或影响，经济还未恢复。康熙时期是全国经济开始恢复发展时期，在此期间，市镇没有较大的发展。雍正、乾隆时期，全国经济发展较快，原有市镇不断繁荣，一些市、集、场、墟逐渐发展壮大，因此，这一时期新市镇出现的数量较多。嘉、道以后，全国经济开始走向下坡；当然，也不排除这样的原因，即清代行政体制在乾隆后期已基本稳定了。

人口的多少应该是衡量市镇大小的标准之一，前人已有用此方法划分江南的市镇了。② 但就全国范围来说，市镇人口资料不齐，因此，也就难以据之衡量市镇的大小。而派驻机构和官员这一行动说明各该市镇的规模已经大到了一定程度；一般没有设机构的市镇居民或流动人口少，商品交易不甚繁荣，规模较小。所以这里姑且把派驻了机构和官员的市镇通划为大市镇，没有派驻机构的市镇算作中、小市镇。

有些地方虽然名称不叫市镇，但朝廷派驻了机构和官员，也应当是大市镇。这类事例很多，如：广西泗城府西林县“潞城地方尤为滇黔入粤要道，商贾往来，土苗丛集”，设有巡检署。浔州府穆乐墟“系附近居民交易要地”，

① 卷 26～31，吏部，官制。

② 参阅刘石吉前引书，第 128～158 页。

也设有巡检署。山东登州府姜山集“民居众多，为登属商旅通衢”，设有县丞署。[①] 湖南靖州会同县“洪江集市系州属之总岸”，“上通滇黔粤蜀，下达荆扬，舟楫往来，商贾辐辏，百物共集，洵边邑之货薮四达之通衢也”。康熙年间，将若江镇巡检司移此。在县志中称其为镇。[②] 贵州独山州“龙场为诸场市之冠，每场萃四方万余人，三日乃已。食货估客如云。州牧守备各率其属临场宣讲圣谕，一以开示军民，一以坐镇喧嚣。其附近各场，如：三脚则设州丞、鸡场、下司、三棒、巴开各场设营汛，暨各土司场市，均资弹压”[③]。广东连州星子墟“州判驻此”[④]。这些没有市镇名称，而派驻机构和官员的地方，可能都是从市、集、场、墟上升的新市镇。也有一些驿站，官府命“驿丞兼巡检职衔”；或者反之，令巡检、县丞等兼管驿务，所以，这类驿铺实际上属于市镇。如：直隶沧州砖河驿，通州和合驿，河南汤阴宜沟驿，渑池硖石驿等。

还有一些市镇没有派驻机构和官员，但人们习惯称之为市镇，如：安徽太和县旧县集，“居民稠繁，商贾四集，故本土之人少，徽州、山陕之人多。太和之第一镇市也”[⑤]。广东惠来县龙江市，“水陆辐辏，为邑巨镇云”[⑥]。湖南东安县白牙市“舟车辐辏，为县巨镇”[⑦]。各地有些习惯称墟、称市、称场、称集的地方实际也是市镇。如：广东保昌县浆田镇，“亦曰墟”；园田镇“亦曰墟”[⑧]。福建将乐县茶坞墟“货剧人夥，通邑取给”。南安县洪濑市“当永春孔道，民居辏集，繁盛倍于县治”。直隶新河县西流集“居民数百家，县境诸集，以此为最”[⑨]。它们的共同特点是商业比较发达。而未驻机构和官员，可能是因为治安状况还没有混乱到官府认为非管不可的程度。

---

① 乾隆三十年十一月十七日广西巡抚宋邦绥奏；四十六年九月十二日广西巡抚姚成烈奏；三十二年闰七月初一日山东巡抚崔应阶奏，见《宫中档乾隆朝奏折》第26、48、27辑，第614、758、474页。

② 《湖南省例成案》户律，仓库，卷23；嘉庆《会同县志》卷3，城池，市镇附。

③ 乾隆《独山州志》卷3，地理志，场市。

④ 嘉庆《重修一统志》卷455，连州。

⑤ 乾隆《太和县志》卷1，舆胜志，镇市。

⑥ 雍正《惠来县志》卷2，星野，市镇。

⑦ 嘉庆《重修一统志》卷371，永州府2。

⑧ 乾隆《南雄府志》卷5，营建志，关隘。

⑨ 嘉庆《重修一统志》卷430，延平府；卷428，泉州府；卷50，冀州2。

第四节　市镇兴起原因和意义

市与镇原来是两个不同概念。镇在宋以前多是军事戍所，市则是商品交易的场所。后来镇逐渐与作为商品交易场所的市相融合，在镇中出现了市，原来的市也不断发展成镇。至明代，市与镇的概念，已经没有严格的区分了，常常是市镇并称。市镇作为专门名称的由来，恐怕是如此。不过，清代前期的江南地区，市与镇仍然有规模大小、人口多少、商业繁荣状况的区别，所以，江南的市与镇还是两个不同的概念，尽管有时市与镇是很难区分的。江南的市犹如北方的集、店，南方的场、墟，在各地方志中也有集镇、场镇并称的情况。如上所述，市镇是在市、集、场、墟的基础上发展起来的，其与市、集、场、墟有着不可分的相同点，同时，市镇又是城市发展的基础，其与城市也有许多相似之处。然而，提到市镇的定义，则众说不一，尤其是地方志的编纂者，常常是市镇与市、集、场、墟不分。因此，由于各地称谓的不同，“文献记载中，市集墟镇又多混用，市镇与墟集遂难以区分”①。也正是这个原因，使我们难以给市镇下一个恰当的定义。不过，当时有人也指出，“民人屯聚之所为‘村’。商贾贸易之所为‘市’。远商兴贩所集，车舆辐辏，为水陆要冲，而或设官将以禁防焉；或设关口以征税焉为‘镇’。次于镇而无官司者为‘埠’。此四者其定名也。亦有不设官司而称‘镇’，既设官而仍称‘村’、称‘市’者，从俗也。凡天下县邑皆然”②。据此，本文从清廷派机构和官员驻镇，以及市镇的变迁情况等方面，对清代前期的市镇做一个概括的提法，即市镇是交通发达，商业繁盛，人口相对集中，大多派有常驻的行政、税收或军事机构和官员的居民点。具备这些条件的，一般是较大的市镇；没有派出常驻行政、税收或军事机构和官员者，一般是中、小市镇。当然，军事市镇并不一定交通发达，商业繁盛，人口集中。在一些地区，中、小市镇与集、场、墟难以区分，

---

① 方行前引文。

② 乾隆《澄海县志》卷2，埠市。

需要具体情况具体分析。

根据以上所举诸多市镇的实例表明，我们所讨论的非军事市镇产生的根本原因在于生产力的发展。本地区农业、手工业的发展，使得本地成为商品外销点而发展成为市镇；远地的农业、手工业发展，其产品需要远距离运销，使得交通汇点成为市镇。所以说，市镇的发展程度标志着当时的农业手工业发展水平，同时反映了本地区以及有关地区农业手工业发展程度。

良好的交通条件则是非军事市镇形成和发展的必要条件。甚至在当地生产力并不是特别发达的情况下，单凭良好的交通条件或其交通枢纽地位，也可以发展成为繁华的市镇。以河南省为例，该地区商品经济不太发展，但位居大陆之中，与周围省区的水陆交通联系畅通，所以东北方向有朱仙镇，东南面有周家口，西南方有赊旗店，中间有北舞渡，都是很有名的。但到清代后期，朱仙、赊旗、北舞三镇都先后衰落了，原因都是水路不畅了。可见这类市镇的兴起主要得益于良好的交通条件，而与附近地区的生产力发展并没有太大的关系。

生产力水平和交通条件都和地形有相关关系。所以平原地区的市镇密度较高，山区的市镇密度较低，而沿海地区的市镇密度则为中等程度。比较明显的是河网密布，交通发达，农业、手工业生产都十分发展的长江中下游平原是全国市镇密度最高的地区。前人研究指出，明清时代的市镇数量增加状况，是南方多于北方，东边多于西边。[①] 各府州县的具体情况不同，统计无法周全，目前难下定论。不过，东边沿海地区的市镇密度，比西边山区的市镇密度要高，则是事实。

市镇在市、集、场、墟以及原来的军事镇的基础上发展起来，大市镇在中小市镇基础上发展起来，这是清代市镇发展的一般轨迹。市镇的繁荣，带动了市、集、场、墟的发展，也有力地促进了城市经济的发展，这是清代市镇的关键作用。市镇的发展，始终伴随着封建地主制经济的发展而发展的，因此，在整个地主制经济发展过程中，市镇自有其不可缺少的作用，具有重要的意义。这种作用和意义，是多方面的。

---

① 汪士信：《明清市镇性质之我见》，载《平准学刊》第4辑，下册。

地方供需型市镇是该地区经济中心，主要为提供本地区的生产、生活所需商品服务。这也是所有市镇的基本功能。在此基础上，产品产销型市镇则形成生产、存贮、销售的市场体系，并作为商品流通的起点，汇集商品组织外销，保证该地区产品的生产能够获得原料和生产工具，保证该地区产品的顺畅外销。它可以方便原料供应，产品上市，节约流通费用，缩短流通时间，降低产品成本，起到扩大产品市场的作用。商业转运型市镇更沟通不同地区间商品经济联系，为过境客商服务，四通八达的商品流通渠道，转输往来商品，使其经济辐射面达很多省区，为地区间经济交流、经济互补起到主要作用。从而也促进本地区的经济繁荣。综合型市镇是大范围的区域经济中心，是全国商品经济流通网中的主要环节，辐射性、吸收性、中转性强，上述各类型市镇的主要作用，在这里都有所体现。这类市镇与全国的主要城市、市镇之间，已经形成长距离商品流通网络化的联系。

总之，在清代社会中，市集、市镇、城市等三种居民点在经济上起着类似而又不完全相同的作用，它们在经济上彼此互补，密切联系，其中市镇起了重要的承上启下作用。

第五章　不同类型城市的商品流通

中国封建社会的城市大体可分为三类：一是作为各级行政中心所在地的政治性城市；二是以手工业发达而著称的城市；三是作为流通枢纽而发展起来的商业城市。

政治性城市聚集了大量的官僚、地主、军队，以及为之服务的各类人员，是典型的消费城市。此类城市历史久远，战国秦汉时代即已出现，明清时仍大量存在，但其经济功能大多有不同程度的增强，城市发展也有其不同于以往的特点。这在清代更为显著。有的城市，其政治地位虽然明显，但经济功能已大大加强。一个最典型的例子就是清王朝的国都京师，在作为全国政治、军事中心的同时，也已成为北方地区重要的商业中心、金融中心。又如，明初曾一度作为国都的南京，清代已转化成为一个手工业商业并重的城市。在大量的布政司以及府、州、县治中，已有一部分因经济地位超过其政治地位而转化为工商业城市，如苏州、杭州、临清。工商业城市无论规模，还是数量都在大大增加，特别是作为流通枢纽而崛起的城市清代更大量涌现和迅速发展，如上海、天津、广州、重庆等等。还有一些城市，在建置上不过是一个镇，但其经济地位已远远超过一般的府州县城，较典型的如汉口、佛山、景德镇等等，此类城镇的大量涌现，也是清代城市发展的一个重要特点与变化。

实际上，城市的功能往往是多方面的，以上所做的划分只是相对的，而不是十分严格的。如苏州、杭州在手工业繁荣的同时，商品流通也很发达，是工商业并重的城市；南京、广州、苏州、杭州、天津、重庆等城市也都是省、府一级的行政中心，不过其经济地位显然已远远超过其政治地位，所以这里把它们都归入工商业型城市或流通枢纽型城市了。

我们在这里选择了 12 座城市，描述它们的商品流通状况。

（1）1 座政治型城市——清王朝的国都京师。

（2）3 座以丝织手工业著称的城市——苏州、杭州和南京。苏州、杭州、南京，是清代三大织造所在地，也是全国的丝织生产、销售中心。苏、杭二城在明代丝织业就已十分发达，清代有了进一步发展。南京曾是明代洪武王朝的国都，永乐迁都之后降为陪都；清代，南京政治地位进一步下降，从主要为皇室和政权机构的需要服务发展成为一个工商业并重的城市。特别是迅速发展的民营丝织业，使得南京成为与苏、杭并称的三大丝织城市之一。

（3）8 座流通枢纽型城市。清代，全国商品流通的范围、品种和数量都有大幅度的增长，作为流通枢纽的城市，无论数量，还是规模均在迅速发展。在交通工具落后的封建时代，水路运输是最便捷、低廉的运输方式，故流通中心型城市也多集中在主要水道沿线。

明代禁海，南北物资交流主要依赖京杭大运河，在运河沿线兴起了一批繁荣的商业城市。京杭大运河，北起京师，南抵杭州，全长 2000 多公里。全国 8 大钞关有 7 个在运河沿线，自北而南依次为京师、河西务（清代移至天津）、临清、淮安、扬州、浒墅、杭州。这 7 关商税约占 8 大钞关商税总额的 90%。清代，随着沿海、长江航运的发展，运河在全国商品流通中的地位逐渐下降，不过直到清代中叶，运河各关商税在全国 24 个户关商税总额中仍占 30% 左右。[①] 道光年间漕粮改由海道北上京师，朝廷不再修浚运河，致使江北运河逐渐淤塞。清代全国商品流通格局的上述变化对于运河沿线城市发生了不同程度的影响。其中受影响最大的是位于长江以北运河中段的临清与淮安，特别是咸丰五年黄河决口，冲决运河，使山东张秋以北河段淤塞，从而最终导致曾显赫一时的临清、淮安二城的衰落。这里以临清和淮安为代表对运河商城的发展状况做一考察。

清代自康熙二十三年开放海禁，二十四年清廷在东南沿海设立江、浙、闽、粤四海关，作为沿海贸易的主要口岸。其中上海（江海关）、广州（粤海关）发展最为迅速。上海，地处全国最富庶的长江三角洲地区，又扼据长江

① 许檀：《明清时期运河的商品流通》，载《历史档案》，1992 年，第 1 期。

入海口，优越的经济地理位置使之在清代前期的百余年间迅速崛起，成为东部沿海最大的港口城市。此外，位于渤海湾内的天津，明代原为运河漕运码头，清代随着海运的发展，与东南沿海诸省以及东北地区的经济联系得到长足的发展，在经济上迅速崛起，成为北方地区最大的沿海港口。这里准备介绍上海与天津。

清代随着长江中上游两湖、四川地区经济发展，沿江贸易也有大规模的发展。长江通过其支流又联结了金沙江、汉水、湘江、赣江等各大水系，流通所及可达云贵、四川、陕西、湘鄂赣皖、闽粤、江浙等十余个省区，成为全国最重要的商品流通渠道和贯通东西的经济大动脉。清代随着四川、两湖等省开发的不断深化，长江沿线各省之间的经济往来日益频繁。随着商品流通的发展，长江沿线形成了一批重要的流通枢纽城市，如重庆、汉口、九江、芜湖、南京、上海等等，这里，拟对长江中上游的重庆、汉口①两地做些具体考察。

在流通枢纽型城市中，广州和张家口较为特殊，这两个城市因清廷外贸政策而享有其他城市所没有的特权，成为清代重要的外贸口岸。广州是南部沿海最大的港口。乾隆二十二年清廷的独口通商政策将与西方各国贸易集中于广州一口，赋予其特殊优越条件，使之成为全国最大的外贸口岸，得以独占鳌头几达百年之久。而张家口则是北疆贸易，特别是对俄贸易的重要口岸城市。故我们对这两个城市专门设节考察。

第一节　政治型城市——王朝的国都京师

北京是清王朝的国都，称京师。清代前期的京师人口，有学者估计清初为55万余，乾隆末年达74万；也有学者估计清代前期已接近百万。② 京师作为全国政治、军事、文化中心的地位决定了该城城市人口的结构。宗室贵族和异姓贵

---

①　在清代，汉口在建置上并不是城而只是镇。由于它发展的速度很快，规模很大，经济地位重要，所以我们把它放在城市部分而没有放在市镇一章中描述。

②　韩光辉：《建都以来北京历代城市人口规模蠡测》，《清代八旗人口的演变》，载《人口与经济》1988年第1期，1987年第2期；曹子西主编《北京通史》第7卷，第373页。

族是京城人口中一个特殊的组成部分。这些王公贵族人口数量虽然不多，但却是全城的主宰。乾隆末年八旗兵丁（不计家属）约16万人，他们按旗、参、佐领分别驻居于京师内城的八个方向，以“拱卫皇居”[①]。清制，“汉宫及商民人等尽徙南城居”。故外城居民以不在旗的汉族官吏、文人士子、商人手工业者为主。京师外城“中城珠玉锦绣，东城布帛菽粟，南城禽鱼花鸟，西城牛羊柴炭，北城衣冠盗贼”，这一谚语形象地勾勒出外城的居民结构和职业分布特点。

京师是全国最大的消费城市，该城的商业、手工业体系主要是为满足本城的消费服务的。

京城的口粮消费是一个庞大的数字，其供应来源主要有三：一是从南方数省征收的漕粮；二是商人从山东、河南等地输入的小麦、杂粮；三是从东北及关外输入的杂粮。

清制，粮食是王公贵族、满汉官员、八旗兵丁俸禄、甲米的组成部分。清代前期，京师每年支放八旗甲米、俸米合计已近300万石，约可供百万人消费之用。[②] 有记载称，“向来京师粮石全藉俸米、甲米辗转流通”[③]；“官兵俸粮留食者三四分，官局收买者二三分，余俱在外流通，藉济民食”[④]。据此估计大约有一百万石以上的俸、甲米进入市场，构成京师市场上商品粮的主体。山东、河南的小麦、杂粮输入也为数不少。乾隆三年因京师米价昂贵，高宗皇帝下旨“将临清、天津二关米石之船免其纳税，至通州、张家湾马头等登陆处所，旧有米豆杂粮落地税银，并著免征”，以鼓励商人贩粮入京。三十六年，又下令“将天津、海丰等县仍弛海禁，听商贩运麦赴津”[⑤]，转运入都。乾隆年间，每年从山东、河南输入京师的粮食约有数十万至百数十万石。东北粮食从康熙年间开始输入京师。乾隆年间，随着东北开发的深入，进一步鼓励商贩米石赴京。[⑥] 东北供应京师的粮食以粟米、黑豆、小麦三种为主，尤以粟米为

① 《北京通史》第7卷，第5章。

② 《北京通史》第7卷，第264、374～375页。

③ 清《仁宗实录》卷99，嘉庆七年六月。

④ 王庆云：《石渠余纪》卷4。

⑤ 清《高宗实录》卷63，乾隆三年二月庚戌；卷882，乾隆三十六年四月庚辰。

⑥ 清《世宗实录》卷9，雍正元年七月乙酉；清《高宗实录》卷75，乾隆三年八月乙巳。

大宗。通州是水路运粮入京的必由之路，无论河运、海运粮食必先汇集于此。乾隆年间通州有堆房、粮栈、粮铺等共200余家。[①] 陆路由山海关、古北口等关输入的关外所产粮食也有不少，嘉庆年间每日有五六百辆粮车经山海关入境。[②]

京师商业街市以前门外最为繁盛，“大街东边市房后有里街曰肉市、曰布市、曰瓜子店，迤南至猪市口，其横胡同曰打磨厂，内稍北为东河沿，曰鲜鱼口，内有南北孝顺胡同，长巷上下头条、二条、三条、四条胡同，曰大蒋家胡同，东南斜出三里河大街，内有小蒋家胡同、冰窖胡同，此皆商贾匠作货栈之地也”。“大街西边市房后有里街曰珠宝市，曰粮食店，南至猪市口，又西半里许有里街曰煤市桥、曰煤市街，南至西猪市口，其横胡同曰西河沿、曰大栅栏、曰大齐家胡同、曰小齐家胡同、曰王皮胡同、曰蔡家胡同、曰施家胡同……此皆市廛、旅店、商贩、优伶丛集之所，较东城则繁华矣”[③]。廊房头条有20余家专门制造、销售宫灯、纱灯的铺号，故又称“灯街”；二条则汇集了20余家珠宝玉器店铺，又称“玉器街”；廊房三条以银号聚集为主，四条即著名的大栅栏，既有金店、银楼、绸缎皮货店，也有普通百姓需要的布匹、鞋帽、荷包、针线、药材、烟叶等店铺，是一条综合型商业街。[④] 步瀛斋鞋店、月盛斋酱羊肉、六必居酱园等都是著名的店铺。同仁堂、万全堂、鹤年堂等药店多系自产自销，前店后场。其原料来自华北最大的药材市场祁州和东北参茸集散地营口，南药则取自设在京师的药材货栈。同仁堂原名“乐同仁”，清代中叶其资本及经营规模居京城药业之首。

琉璃厂是又一个著名的商业区，以经营文化用品为特色。京城聚集了大批博学之士和赴考的举子。他们对书籍、文化用品的需求，使位于宣南的琉璃厂逐渐发展为一个专门的市场区。乾隆年间京城书肆逐渐集中到琉璃厂一带，“凡古董、书籍、字画、碑帖、南纸各肆皆麇集于是，几无他物焉”[⑤]。

---

① 李华：《明清以来北京工商会馆碑刻选编》前言，第11页。
② 《北京通史》第7卷，第347页。
③ 吴长元：《宸垣识略》卷9，卷10。
④ 王永斌编著：《北京大栅栏》，第7～8页。
⑤ 孙殿起：《琉璃厂小志》。

灯市、庙会是另一种类型的市场。灯市，每年正月在东华门以东举行，为期十日。夜晚张灯，日则为市，“凡珠玉宝器以逮日用微物无不悉具”[①]。庙会著者首推隆福寺和护国寺。每年“自正月起每逢七八日开西庙，九十日开东庙，开庙之日百货云集，凡珠玉、绫罗、衣服、饮食、古玩、字画、花鸟虫鱼以及寻常日用之物，星卜、杂技之流无所不有”[②]。崇文门外的花市，宣武门外土地庙会，每月开市三次，以出售日用物品及妇女插戴纸花为主。厂甸、都城隍庙、白云观、大钟寺、东岳庙等则每年开市一次。

京城饮食业、旅店业也十分发达。据乾隆二十一年步军统领衙门的统计，内城开设的“猪、酒等项店座”有72家，又“指称售卖杂货，夜间容留闲杂人等居住店座四十四座”，“专租人居住店座十五处”；又据嘉庆十四年的奏报，“内城向有茶馆十余座”[③]。仅内城开设的饮食、旅店业即有140~150家之数。京城糖饼业分为南案、北案两大帮，康熙年间即建有糖饼业公所。茶馆、南果铺80余家，嘉、道年间数量似有减少，但至少也有30~40家。[④] 京城的大小饭馆数量更多，仅鸡鸭一项即“日需数万支”，贩卖乳鸡乳鸭者生意颇为红火。[⑤]

京西煤炭为“京城炊爨所赖”[⑥]。官手工业的铸币和军火制造以及全城上下所有居民的炊爨取暖皆取资于此。仅京城一次会试的试场用煤即达117300余斤之多。[⑦] 每日由京西驮煤进城的骆驼不绝于道，“京师百万户皆仰给予西山之煤，数百年于兹未尝有匮乏之虞”[⑧]。

京师所需的商品，绝大部分都是从外地输入的。除前述粮食之外，较大宗的商品有绸缎布匹、纸张、茶叶、糖、瓷器等。崇文门关税则开列的布匹达数十种，绸缎品种有20余种，纸张亦有20余种之多。其他如各色日用器皿、皮

---

① 于敏中：《日下旧闻考》卷10。

② 富察敦崇：《燕京岁时记》，第53页。

③ 《北京通史》第7卷，第123页。

④ 李华：《明清以来北京工商会馆碑刻选编》，第130~133页。

⑤ 潘荣升：《帝京岁时记胜》。

⑥ 光绪《大清会典事例》卷951，工部薪炭。

⑦ 《中国资本主义的萌芽》，第533页。

⑧ 工部尚书哈达哈乾隆五年十一月初九日题本，见《钞档》。

毛、珠宝玉器、药材补品、各种果品、调料、山珍海味，下至鸡鸭猪羊等等，应有尽有。[①] 清代前期，崇文门关税额定为十万余两，实征则在二三十万两。在全国24个户关中崇文门关税收大约居第4、第5位。[②] 位于东四牌楼、西四牌楼的左翼、右翼两个税关，主要征收畜税和房田契税。从西北口外购入的大批牛羊马等牲畜，边牧边行而抵京师。乾隆九年左翼税关征收骡马驴猪羊等税银4800余两，右翼税关征收畜税银5700余两。[③]

清制，内城不许开设旅店，故外省绅商人等，多在京师外城设立会馆，以接待各该地方的晋京官员和赴试举子。乾嘉时人记载“数十年来各省争建会馆，甚至大县亦建一会馆”，以至前三门外房基地价格上涨。据统计清代京城所建会馆有390余所。[④] 往来贸易的各省商人差不多都在京师建有自己的会馆。如歙县会馆为安徽商人所建，徽商在明代已是“聚都下者已以千万计，乾隆中则茶行七家，银行业之列名捐册者十七人，茶商各字号共一百六十六家，银楼之家、小茶店数千”[⑤]。山西商人在京建有会馆多座，如潞安商人“贾于京者多业铜、铁、锡、炭诸货”，建有潞安会馆；临襄会馆由临汾、襄陵两邑经营油盐粮食的商人合建；晋翼会馆为山西翼城主要经营布业的商人所建，河东会馆由主要经营烟行的晋商所建。延邵会馆为福建延平、邵武两府纸商所建，福建纸张由海道运抵天津，再由天津转运进京。广东商人则贩运各种洋广杂货、衣料、珠宝、香料、果品等等，建有仙城会馆。[⑥]

输入京师的大量商品有相当一部分是转销外地的，特别是转往新疆、内外蒙古与俄国。京师西北出张家口、杀虎口可抵内外蒙，再往北可达中俄边境恰克图，由山西商人组成的商队，以牛车载货“联数百辆为一行，昼则放牛，夜始行路”，“铎声琅琅远闻数十里”[⑦]。按照《尼布楚条约》规定，俄国商队每隔3年可来京1次，限定为200人。俄商贩来的商品主要是皮革，如雍正五

① 《崇文门商税则例·现行比例·增减新例》。
② 据第一历史档案馆藏关税档案。
③ 乾隆十一年四月十五日户部尚书刘于义折，见《钞档》。
④ 李华：《明清以来京师工商会馆碑刻选编》前言，第20、22~23页。
⑤ 许承尧：《歙事闲谈》，转见张海鹏编《明清徽商资料选编》，第247页。
⑥ 李华：《明清以来京师工商会馆碑刻选编》，各该会馆碑。
⑦ 《清稗类钞》第5册，农商类。

年恰克图条约之后抵京的第一支商队系由205人组成，有马1650匹，牛562头，载货车辆475车，货物总值285404卢布，其中有150万张松鼠皮和少量貂皮、狐狸皮、猞猁皮、獭皮。俄商在京师购买丝绸、茶叶、棉布、大黄、烟草等货回俄售卖，可获巨利。据说俄商在“莫斯科带出一千卢布或等值的皮货，从京师换回的货物可值六千卢布”[①]。雍正五年莫洛可夫商队在京师采购丝织品8866波斯塔夫，值银56113两；采买“南京布”14705端（每端长35.6米），值银43692两。乾隆中叶俄国每年从中国进口丝织品价值达21万卢布，进口棉布价值高达106万卢布。[②] 这些棉布和丝织品大多产自江南，由运河或海道运抵京师，然后转销俄国和蒙古。经京师南下的商品，如直隶所产烟、酒、果品，东北、西北输入的人参、药材、毛皮，同仁堂等著名药铺所制丸散膏丹等成药，以及京城手工业产品宫灯、纱灯、纸花、绢花等等。

京城金融业有典当、钱庄、银号、账局、票号等数种。当铺是最传统的金融组织，以抵押借贷为主。乾隆年间京城有“官民大小当铺共六七百家”，嘉庆八年当业会馆“公合堂”在前门成立。[③] 钱庄（钱铺）、银号以经营银钱兑换为主，并兼营存放款业务。清代前期京城开设的钱庄、钱铺有380余家。

账局是雍、乾年间在京师、张家口等北方商业城市产生的一种以对工商业者开展存贷款业务为主的金融组织。其经营者基本都是山西商人，它的出现可能与山西商人经营的中俄贸易密切相关。[④] 乾隆六十年的记载称，山西“汾（汾阳府）、平（平阳府）两郡多以贸易为生”，“富人携资入都，开设账局”[⑤]。1853年御史王茂荫对京师账局的经营活动有如下记述：“闻账局自来借贷多以一年为期，五六月间各路货物到京，借者尤多。每逢到期，将本利全数措齐，送到局中，谓之本利见面，账局看后，将利收起，令借者更换一券，仍将本银持扫，每年如此。”[⑥] 京师的账局除对工商业户开展存放款业务外，也

---

① 《北京通史》第7卷，第349~350页。

② 吉田金一：《论俄国与清朝的贸易》，转见李伯重：《明清江南与外地经济联系的加强及其对江南发展的影响》，载《中国经济史研究》，1986年，第2期。

③ 李华：《明清以来京师工商会馆碑刻选编》，前言，第16页。

④ 张国辉：《清代前期的钱庄和票号》，载《中国经济史研究》，1987年，第4期。

⑤ 李燧：《晋游日记》卷3。

⑥ 《山西票号史料》，第9页。

兼营对候选官吏放贷业务。账局只从事借贷而不办理汇兑。专营汇兑的票号是道光初年产生的，不过清代前期已有不少商号兼营汇兑业务。金融业的发展，为京师的商业提供了资金保障。

第二节　以手工业著称的城市——苏州、杭州、南京

一、苏州

苏州位于江苏南部，西临太湖，地处大运河与娄江（即浏河）交汇之处，内河航运与海上交通均较便利，清代为江苏省城、苏州府治所在，吴县、长洲、元和三县均为其附郭县。有学者估计，嘉庆时苏州人口高达50万之众。①

丝织业是苏州最主要的手工业之一，有“以杼轴冠天下”之美誉。苏州是官营织造所在地，明清两朝在此集中了大量高水平的工匠，为皇室、官府进行生产，故苏州丝织技术为全国之首。官营手工业的发达也带动了民间丝织业的发展，乾隆时“东城比户习织，专其业者不啻万家”②。

苏州还是丝织品加工中心。由于技术力量强，设备齐全，许多丝织品要由商人收购运往苏州进行加工。如湖州双林镇所产包头绢，其“加重、加润、加绉、放绉”，需送往吴门加工后才能畅销。③

清代苏州也是棉布加工中心，“各省青蓝布匹，俱于此地兑买染色”④，然后运销四方。苏州布商多在棉布主要产区松江一带开设布庄，收购坯布。如嘉定外冈镇所产，“名曰冈尖，以染浅色，鲜艳可爱，他处不及”，“故苏郡布商在镇开庄收买”⑤。也有些字号为便于收购，往往“布店在松，发卖在苏”⑥。

---

① 傅崇兰：《中国运河城市发展史》，第220页。
② 乾隆《元和县志》卷16。
③ 民国《双林镇志》卷16。
④ 雍正八年七月二十五日李卫奏折，见《宫中档雍正朝奏折》第16辑，第747页。
⑤ 乾隆《续外冈志》卷4，转见樊树志《明清江南市镇探微》，第157页。
⑥ 《上海碑刻资料选辑》，第84页。

较小的布商布贩也多在各乡镇收购棉布运往苏州加工。[①] 康熙年间苏州有染布作坊64家，有布店76家；乾隆年间棉布贸易中心开始转向上海，但苏州仍有布店40余家。[②]

发达的手工业带动了商业的发展，而便利的内河航道与海路交通又为苏州商品流通提供了方便。苏州主要以纺织品贸易中心著称于世。各省商人云集阊门，贩来各地特产，采购苏州绸缎布匹，“陆行之舆徒，舟行之牵挽，骈肩接踵，往来于各桥者无间昏旦”。其他商品贸易也很发达，“闽商洋贾燕齐楚晋百货之所聚，则杂处阛阓者半行旅也”[③]。

汇集于苏州的各地商人为数众多。“阊门一带堪称客帮林立”，“如鲜帮、京庄、山东、河南、山西、湖南、太谷、西安、温台州帮……长江帮等等，不下十余帮”[④]。

苏州的徽商以经营棉布绸缎及盐、木、茶、典等业为著，婺源商人多经营木业。[⑤] 木商储木的苏州齐门西汇，康熙中叶有132家之多，乾隆初年约有90余家。闽粤商人在苏经营的主要是棉丝绸布、纸张及南货。各商从南方贩来纸张、糖、干鲜果品、洋广杂货，从苏州贩回棉花、丝绸、布匹。福建八府商人在苏均建有会馆，道光十年《重修三山会馆襄助姓名碑》列有洋帮32号，干果帮14号，青果帮16号，丝帮29号，花帮21号，紫竹帮3号。汀州会馆、漳州会馆、邵武会馆、温陵会馆、兴安会馆以及延平、建宁二府合建的延建会馆等，都于清前期建成。[⑥] 雍正初年，“阊门南濠一带客商辐辏，大半福建人民，几及万有余家”[⑦]，福建商人在苏势力之盛可以想见。广东在苏经商者主要是广州、潮州、嘉应州等府商人。浙江商人在苏主要经营丝绸业和烛业。杭州商人在苏州经营丝绸业者乾隆年间至少有店铺26家。湖州商人在苏也

① 许仲元:《三异笔记》卷3，布利。

② 《明清苏州工商业碑刻集》，第392、55~57、74~76、315页。

③ 乾隆《吴县志》卷8，市镇。

④ 《云锦公所各要目补正》，转引自范金民《明清时期苏州的外地商人述略》，载洪焕椿等主编《长江三角洲地区社会经济史研究》，第220~240页。以下对苏州商业的描述较多参照此文。

⑤ 乾隆《婺源县志》卷4，转自张海鹏前引书，第179页。

⑥ 《明清苏州工商业碑刻集》，第115~117、352~354、369~370页。

⑦ 转见范金民前引文。

以经营丝绸业为主。绍兴商人道光初年“在长、元、吴三邑各处开张浇造烛铺，城乡共计一百余家”，几乎垄断了苏州的蜡烛业。山东商人和苏北商人在苏州主要经营腌腊海货和“北货”[①]。山西商人则多经营银钱业，乾隆年间晋商在苏城开设的钱行铺号有130余家；乾隆三十一年至四十一年的十年间，定阳公利钱行所属铺号74家抽厘1098两。[②] 湖广商人以粮食贩运为主。嘉庆间，楚商“或自船自本贩米苏买，或揽写客载运货来苏，是米济民食，货利国用，苏省之流通全赖楚船之转运”[③]。由湖广、江西运来的米粮集中于苏州阊门外七里之枫桥镇，除供苏州城市人口食用外，并转销福建、浙江等地。

为苏州本城居民消费服务的行业也很兴盛，尤以饮食业为著。猪肉是苏州饮食业消费量最大的副食品之一，其货源主要来自无锡一带。无锡等县猪客将生猪贩至苏州，投宿猪行，“脱货方回”；猪行则在猪客和肉铺之间撮合，“按来货之多寡，视销路之滞速，评定行市，代客卖买”，“每猪一只向取行用钱一百四十文”，形成猪客——猪行——肉铺销售系统。猪行会馆毗陵公所专门为来苏州的猪客提供歇宿之处，有些猪行还因房屋窄小，“无从设榻”而生意清淡，特地添购房屋“专为买卖猪客暂宿”，以争夺货源。苏州开设茶馆酒肆、糖果、腌腊制品等食品字号者也为数不少。清代前期，苏州至少有糖果铺六家，经营腌腊制品的商、牙、店铺则为数更多。[④] “吴中无业资生之人，开设茶坊，聚四方游手闲谈”。茶坊也是洽谈商务，交换信息之地，如苏州米业即“晨集茶肆，通交易”，名为茶会。[⑤]

二、杭州

杭州是明清两代浙江省城、府治所在地，以钱塘、仁和两县为其附郭。杭州也以丝织业著称，是江南织造所在地之一，明代官营丝织业十分发达，产品

---

① 《明清苏州工商业碑刻集》，第327~330、350~351、19~21、45、267、289页。

② 范金民前引文。

③ 《明清苏州工商业碑刻集》第389页。

④ 《明清苏州工商业碑刻集》，第389、250~251、254、255、243、247~250页。

⑤ 陈学文：《中国封建晚期的商品经济》，第159页。

品种众多，工艺水平也很高。清代杭州丝织业较诸明代分工更为细致，增加了许多品种，也带动了炼染业的发展。

杭州位于京杭运河的最南端，北上可抵苏松、江淮、山东、直隶、京津，南下由钱塘水系及海路可连接闽广、江西。随着丝织业的发展，杭州成为丝织品的贸易中心，四方商贾云集，京杭运河更为丝织品的运销提供了便利。清代，杭州丝绸西行新疆，东达日本、暹罗、吕宋诸国。

为丝织品贸易服务的各行各业也随之得以迅速发展。首先，各地商人来杭兴贩绸缎，“必投歇家寄顿”；其次，各地市场对丝织品种需求不同，“一省有一省所行之货”，“客商置货必就彼处所宜，故花样轻重长短各有不同”，外来客商多需“投寓店家”，“寻觅牙人”，并“面同机户讲就价值，开定货色”，或者“将银交托牙人转付机户买丝照定织交”。如来杭购买绸绫纱绢的客商以“西标为最”，“西路所行之货，其绸匹至长至重，其绫纱绢□至轻至短，例系预付牙行定织”。为这些客商提供住宿和中介成交服务的牙行邸店业遂得以迅速发展。康熙年间，杭城开设的此类牙行店户至少已有四五十家之多。这些牙行店户同时为客商、机户双方提供服务，收取牙用。对于商人，凡银货现成交易者“牙用止取一分”；发银订货者，“牙人有经手出入之责，每两取用二分”。对于机户，凡现货市卖交易者“例止牙用一分”；凡机户预领客银者，因“牙人有经手收交亏缺之责，每两取用二分”。康熙五十五年杭州知府为规范商人、牙行、机户之间的交易行为，以杜弊端，专门发布告示，确认了这一民间惯例，并立碑存照。①

杭州本地商人也将丝织品自行运销，“吾杭饶蚕绩之利，织衽工巧，转而之燕、之齐、之秦晋、之楚蜀滇黔闽粤，衣被几遍天下而尤以吴阊为绣市”。乾隆年间，杭州绸缎商在苏州开设的店铺至少有二十余家。杭州人在苏州做生意者“假馆他族，百年于兹。乾隆二十三年，始创积金之议。以货之轻重，定输资之多寡。月计岁会，不十年而盈巨万”，遂于阊门东北桃花坞购房一所，复加修葺，建成“钱江会馆”，从此“吾乡人之至者，得以捆载而来，僦

① 康熙五十五年“杭州府告示商牙机户店家人碑”；康熙五十年“杭州府仁和县告示商牙机户并禁地棍扰害碑”；均转见陈学文《中国封建晚期的商品经济》，第119～123页，附录之碑文。

赁无所费，不畏盗寇，亦不患燥湿”[①]，为杭商之来苏州经营者提供了诸多方便。

杭扇、杭线、杭剪、茶叶、藕粉、锡箔等也都是杭州的名产。锡箔制造集中在孩儿巷、贡院后及万安桥一带。《北新关志》记载，“杭城锡箔甚夥，出入多由城北”[②]。苏州阊门内，有杭州商人韩简堂等开设的“武林杭线会馆”，“生意之盛甲于天下”[③]。杭扇、杭剪亦远销全国各地。

经由杭州流通的商品还有茶叶、烟草、布匹、竹木等等。清代，户工两部均在杭州设有税关：户部北新关，征收杂货税；工部南新关，征收竹木税。“北新关税课，上赖江西、闽广，下赖苏杭常镇等商货”。南来货物如闽广、江西之烟丝、茶叶，北来者则有苏松之布匹、绫绸。杭州附近临安、于潜、余杭诸县所产丝斤也多输入杭城以供丝织之用，或转销他处，“凡新丝时，临安、于潜、余杭之丝往下路者，赴北新大关报出”；“余杭县并西溪、留下、古荡等一带乡丝，沿山南来入城，在江涨务输税告报”。由杭州输出的商品除“杭城绒线、绸绫缎匹”之外，还有“余杭、临安土产纸货、槫面、末香”、“临平之轻绸”等项。余杭、临安等县所产“纸货花色不可胜计”，有白正阡、块中、块头等；临平镇“轻绸机不二三百张，每机一张，每日出绸一匹”[④]。南新关之竹木主要产自浙西山区的金华、衢州、严州等府，顺富春江等钱塘水系上游各支流而抵杭州。[⑤]

三、南京

南京位于长江南岸，东距长江入海口300余公里。背靠锺山，怀抱富庶的江南太湖平原，素有虎踞龙蟠之谓。明太祖即位于此，时为应天府。永乐十九年，成祖迁都顺天府，定为京师，以应天府为南京。清顺治二年，改应天府为江宁府，废南京称号。自此，南京乃习惯名，非正式名称。清代江宁府以上

① 《明清苏州工商业碑刻集》，第19~21页。

② 香坂昌纪：《清代の北新关と杭州》，载《东北学院大学论集》，1990年，第22号。

③ 《江苏省明清以来碑刻资料选集》，第166页。

④ 香坂昌纪：《清代の北新关と杭州》，载《东北学院大学论集》，1990年，第22号。

⑤ 乾隆二十二年五月杭州织造兼管南北新关税务瑞保奏折，第一历史档案馆藏档案。

元、江宁二县为附郭，与苏州府同为江苏省会。随着政治地位的下降，南京城市功能也经历了一个演变过程。

明初，南京城市经济主要是为皇室和官府服务的，官营手工业是其主体。清代，其城市功能发生变化，逐渐发展为一个长江下游的重要工商业城市。南京的官营手工业虽远不如明代，但民营手工业在明代的基础上得到大规模的发展。其中尤以丝织业为最。乾嘉年间，南京织机“三万余计，其后稍稍零落，然尤万七八千”①；或称江宁全盛时“城厢内外缎机常五万有奇”，以此为生者二十万人。② 南京本地并不产丝，其丝织业所需原料多由江浙输入。南京西关所征商税，“入城之货惟赖白丝、绫绸、布匹、香油等项；出城之货全资纱缎、剪绒、暖帽、线纬等物”。乾隆六年，因“浙省丝斤收成歉薄，价值昂贵”，商贩白丝入城者“少于往年”，“本城所织纱缎、剪绒，所造之暖帽、线纬遂因之而少”，以致该关关税征不足额。③ 三山街一带集中了绸缎铺不下数十家，为客商选购提供了便利；而供应丝织机具的则有机店、梭店、筘店、竹器店、范子行、边线行等，分工甚细。④ 纺织生产带动了浆染业的发展，其“染坊多近秦淮，两岸漂丝，必于青溪、东水关、北铜管三水合流之间，其色乌亮”⑤。这样，以丝织为中心，从原料、工具的供给——丝织、染整——销售，形成一整套的产供销体系，此时的南京不仅是一个丝织生产中心，也是一个重要丝织品贸易中心。其销售范围“北趋京师、东北并高句丽、辽沈，西北走晋、绛，逾大河，上秦雍甘凉，西抵巴蜀，西南之滇黔，南越五岭、湖湘、豫章、两浙、七闽，斥淮泗，道汝洛”⑥。南京丝织品以其量多质优，拥有广阔的市场。

剪绒业，仅次于丝织。产于孝陵卫一带，织成毡，同西洋所出。“剪绒则在孝陵卫，其盛与绸缎埒，交易之所在府署之西，地名绒庄，日中为市，负担

---

① 同治《上江两县志》卷7，食货。
② 《申报》光绪十二年二月十六日，金陵机数。
③ 乾隆七年七月十六日两江总督德沛奏折，第一历史档案馆藏档案。
④ 范金民：《清代前期南京经济略论》，见《南京经济史论文选》，第126页。
⑤ 光绪《续纂江宁府志》卷15，拾补。
⑥ 同治《上江两县志》卷7，食货；又见陈作霖《凤麓小志》卷3，记机业。

而来者踵相接也”，道光年间全城绒机在七千台以上。[①] 其他如打银、打铜、打锡、打刀，以及折扇、粉笺、藤竹器、鞍辔等业，都很兴盛。[②]

清代，南京藉长江、运河水运之便，南北东西物资往来流通，转运贸易也迅速发展，各地商人云集。安徽、江西、山陕、江苏、崇明、洞庭、浙江、湖州、福建、广东、山东、河南、两湖商人都在南京建有会馆，总计达30余所。[③]

南京各帮商人实力最大者首推徽商，所建会馆即有12所之多，在宁主要经营粮食、烟叶、木材等业。有记载称，“徽多木商，贩自川广，集于江宁之上新河，资本非巨万不可”。城西的龙江关、上新河一带“市廛辐辏，商贾萃止，竹木油麻蔽江而下”[④]。竹竿行、米豆行、川广杂货行等也都集中于此。南京是长江下游最大的竹木中转市场，工部在此设有龙江关。竹木行集中在武定桥西濒临秦淮处，从上游川、楚、汉口西下的木排在此屯储改捆，向南转销江浙、苏杭，向北转运山东、直隶、京师。[⑤] 江西商人主要经营瓷器、竹木、纸张、漆、麻等货，江浙商人主要贩运丝绸、布匹，闽广商人主要经营南货、洋货，山陕商人多贩运皮毛，而两湖商人主要经营粮食。[⑥]

有学者估计，清代中叶南京城市人口已达100万，超过明初的规模。[⑦] 城市人口消费所需粮食多仰赖长江中上游输入。“四乡所产米不能果数月腹，于是贩鲁港、和州、庐江、三河运漕诸米以粜于铺户，富户复开砻坊收之”[⑧]。南京“需用食粮甚多，历系仰给客米接济，三五日内客贩不到米价即昂”[⑨]。米铺集中在砻坊附近聚宝门沿河和上新河一带，康熙年间南京至少有米铺三四十家，嘉、道年间仅大砻坊即有32家，每家存粮上万石。[⑩] 此外，长江中上游输

① 彭泽益：《中国近代手工业史资料》第1卷，第215页。
② 康熙《江宁县志》卷33，庶谈。
③ 范金民前引文。
④ 同治《上江两县志》卷4，水。
⑤ 经君健：《清代前期民商木竹的采伐与运输》，载《燕京学报》新1期。
⑥ 范金民前引文。
⑦ 范金民前引文；陈忠平《明清时期南京城市的发展与演变》，载《南京经济史论文选》。
⑧ 同治《上江两县志》卷7，食货。
⑨ 晏斯盛：《上制府论布商易米书》，见《清经世文编》卷47。
⑩ 范金民前引文。

往江南的粮食也需经由南京中转。

为满足大量商业人口和流动人口的消费需求，南京的饮食服务业十分发达。秦淮河畔，茶馆酒肆青楼栉比。南京所需牲畜多来自江北的“徐、宿、虹、定地方”，其中大牲畜可能主要供使役之需，猪羊等畜则主要是供城市饮食消费之用。一旦江北各州县被灾，小民“无力豢养，以致赶贩稀少”，往往导致南京城“猪肉片悉皆缺少”；而米价昂贵，也会影响酿造业，致使“省城乡镇酒坊剪闭者多”，或至西新关畜税、酒税征不足额。①

第三节　流通枢纽型城市——临清、淮安、上海、天津、重庆、汉口

一、临清

临清位于山东西北部，北界直隶，西近河南，又扼据运河与卫河交汇之处，这一特殊的地理位置使之得以藉运河流通之便发展成为明清时期山东最大的商业城市。

明初，临清原为东昌府属县，洪武年间屡次迁民以实，全县不过3000余户。永乐中，运河浚通，临清“游宦侨商日渐繁衍”，“四方之人就食日滋”②，经济迅速崛起。

最迟到隆庆万历年间，临清已成为华北首屈一指的商业城市。《利玛窦中国札记》记载：“临清是一个大城市，很少有别的城市在商业上超过它，不仅本省的货物，还有大量来自全国的货物都在这里买卖。”③ 万历年间临清钞关所征商税每年达8300余两，超过京师所在的崇文门钞关，居全国八大钞关之首。④ 清代临清的繁荣程度已不如明代，乾隆以后临清的地位更进一步下降，

① 乾隆七年七月十六日两江总督德沛折；乾隆八年十月二十四日苏州巡抚陈大受折，第一历史档案馆藏档案。

② 康熙《临清州志》卷2，赋役；乾隆《临清直隶州志》卷2，建置。

③ 中华书局1983年中译本。

④ 许檀《明清时期运河的商品流通》，载《历史档案》，1992年，第1期。

不过直到咸丰年间黄河改道使张秋以北的运河逐渐淤塞之前，临清仍是华北平原最大的商城之一。清代临清关税收大体保持在5万~6万两，在全国20余个税关中居于中等地位。表3-12是乾隆、道光年间临清关税额统计，请参见。

表3-12 **乾隆、道光年间临清关关税税额统计** （单位：两）

	年代	户关税额	工关税额	两关合计
乾隆	六年至十年平均	54566	7996	62562
	十一年至二十年平均	49649	8705	58354
	二十一年至二十九年平均	46089	7362	59451
	四十年至四十九年平均	50079	9086	59165
	五十一年至五十八年平均	50459	9122	59581
道光	四年至九年平均	46678	5784	52462
	十一年至二十九年平均	46138	5737	51875
	二十一年至二十七年平均	46339	3416	47616

资料来源：中国第一历档案馆关税档案；《宫中档乾隆朝奏折》；《清代钞档》；《清代关税收支报告表》。

注：临清户关征收米粮杂货等税，工关征收竹木税及短载盐货税银。

又：以上各组数据，中间均略有缺年。

临清是以中转贸易为主的商业城市，经临清转销的商品以棉布、绸缎及粮食为最大宗。

明代，江南棉纺、丝织产品行销全国。整个华北、西北及辽东地区供应民用军需的布匹、绸缎大多经由运河北上，以临清为中转枢纽。商人自数千里之外挟重赀赴江南贩布，“其溯淮而北走齐鲁之郊，仰给京师，达于九边，以清源为绾毂”[①]。临清成为北方最大的纺织品贸易中心和中转批发市场。经营绸布业的商人以苏州、南翔、信义三者势力雄厚，其中一家字号为“一左元”的布店，出银“每锭必点一朱”，每年需用朱粉二三十斤，足见其经营规模之大。隆万年间，临清城内共有布店73家，绸缎店32家，每年经销的布匹至少有一二百万匹，或更多；加上绸缎则为数更巨。清代随着棉纺织业的发展，华北由棉布输入区转为输出区，对江南棉布的需求减少；而海运的发展又使大量绸缎布匹改由海道北上。临清作为纺织品中转贸易市场的作用逐渐削弱，布

① 陈继儒：《陈眉公全集》卷59，布税议。清源，即临清之古称。

店、绸缎店数量明显减少，其分布也由高度集中转为散见各街了。[1]

清代，粮食成为临清市场上最大宗的商品。“临清关税米麦居多，而米麦贩运之多寡又视邻省粮价之贵贱”；临清“惟赖米粮商贩船只通过，始得钱粮丰裕；又必直隶与豫、东两省彼此粮价贵贱不同，或北收南贩，南收北贩，米粮通行过关，船料粮税方克丰盈”[2]。临清市场上的粮食来源大致有四：其一，南路来“自台儿庄、济宁、汶上等处”，“每年不下数百万石”，这一路粮食系由运河北上，除山东本省所产之外，估计也包括部分由江淮北上的粮食在内；其二，西路主要由卫河泛舟来自河南，每年亦“不下数百万石”；其三，北路来自沈阳、辽阳，海运至天津入运河南下，每年运粮约计数万石或数十万石；其四，来自临清四乡及附近州县所产，运至塔湾、车营一带出售，为数亦在不少。[3] 乾隆年间，临清城内粮食集中市场共有六七处，经营粮食的店铺多达百余家，年交易量达五六百万石至千万石，是当时山东最大，恐怕也是华北最大的粮食市场。汇集于临清的粮食绝大部分是转销外地的，冀鲁豫三省间的丰歉调剂是其中最重要的一项内容。[4]

外地运入临清的大宗商品还有铁锅、瓷器、纸张和茶叶等等。

铁锅，是临清市场上的重要商品之一。临清本地的消费以广东锅、无锡锅为多；西路铁锅及其他铁器、铁钉、犁铧、火盆、车川等货物大部分转运外地，在临清只报过税。高唐、河间一带所用的“山陕铁器”就有不少系由临清转运而至。此外，宣府、大同、辽东互市所用的铁釜及其他铁器，也有不少系由临清采买，或经由临清转运的。临清城内有街名“锅市”，以锅名市在一般城市中似不多见，估计其上市的商品量当属可观。

瓷器，主要来自江西景德镇，“每岁进货多者十万，少亦不下四万”，经销瓷器的店铺明代曾多达20家，清代亦有十余家。纸张来自福建、江西，店铺多时也有20余家。康熙《永平府志》有：布帛裘楮“自临清转至”的记

---

① 许檀：《明清时期的临清商业》，载《中国经济史研究》，1986年，第2期。

② 乾隆八年七月二十四日山东巡抚喀尔吉善奏折；乾隆十六年六月十三日山东巡抚准泰奏折，第一历史档案馆藏档案。

③ 乾隆《临清州志》卷11，市廛志。

④ 许檀：《明清时期山东的粮食流通》，载《历史档案》，1995年，第1期。

载。永平府地处直隶最北部，可见临清转销的纸张可达直隶的大部分地区。茶叶来自安徽、福建等地，经营店铺大小数十家。其集中于卫河西者，以山西商人经营的边茶转运贸易为主，茶船到临清，“或更舟而北，或舍舟而陆，总以输运西边”。

经由临清外销的商品主要有棉花、梨、枣、丝织品、皮毛制品等等。临清所在的鲁西北平原是山东棉花的主要产区，所产以其质地优良被誉为“北花第一”。明代多由“江淮贾客列肆赍收”，大量运往江南；清代转为供省内棉纺织业的需求为主。临清城内有棉花市两处，汇集四乡及附近各县棉花，“日上数万斤”，转销他处。梨“出东昌、临清、武城者佳”；枣则“东昌属县独多”；相邻的河南彰德、直隶大名、河间等府也盛产梨、枣、核桃等果，大多需经临清转贩江南。乾隆七年临清关所征枣税银一项就达700余两，而这一数字尚未包括漕船回空捎带的免税梨、枣。

丝织品，是临清外销的最主要的手工业品。清末最盛时“全境机房七百余，浆房七八处，收庄十余家，织工五千人”[①]。临清丝织业的原料分别来自江南、河南及山东本省。产品较精美的有首帕、汗巾、帕幔、帛货（哈达之类）等，行销颇畅。京师、开封、宣府等地都有专门经销的店铺，与南京、苏杭罗缎铺、山西潞绸铺、泽州帕铺比肩相争。祭神所用的“帛货”则远销西藏、西宁、内外蒙古。至于绵绸、茧绸、丝布等则属低档产品，多在土桥的绵绸市上交易，每集可聚千余匹，一年亦有数万匹或十数万匹之数，其生产者及消费对象以附近州县的小农为多。此外，羊皮和绒毡制品，也是临清外销的本地手工业品。[②]

临清的商业繁荣主要得利于其地理位置。分合于临清的三条水道北达京津，南抵苏杭，西及汴梁，是临清商品流通的主干；以这三条水道为端点，再与其他水路、陆路相衔接，构成一张纵横交织的广袤的商品流通网。通过这一流通网，临清的商品运销所及遍及明代十三布政司中的九个，清代关内十八行省中的十四个，以及关外的广大地区，甚至远及西藏、蒙古等边疆特区。然

① 民国《临清县志》第4册，经济志。

② 以上均参阅许檀：《明清时期的临清商业》。

而，运河毕竟是一条以保证漕运为目的的人工水道，它的畅通需要靠官府每年投入大量人力、物力来维护。清代随着海禁的开放，沿海贸易迅速发展，乾隆以来运河的作用已不如明代那么重要，临清的地位也随之逐渐下降。道光年间，临清关税已出现征不足额的现象。咸丰五年黄河改道，冲决运河，张秋以北运河逐渐淤塞，更加速了临清的衰落。

二、淮安

淮安位于江苏北部，居江南、华北两大经济区交界处，明清两代均为淮安府府治所在，以山阳县为附郭。该地北枕黄河，西滨洪泽湖，运河绕城而过，水运十分便利，故明清两代均为重要的漕运码头，漕运总督在此驻扎，各省漕船所运米石于此盘验过坝，入运河北上。淮安“漕督居城，仓司屯卫星罗棋布，俨然省会。夏秋之交，粮艘衔尾入境，皆停泊于城西运河”[①]，“凡湖广、江西、浙江、江南之粮艘衔尾而至山阳，经漕督盘查，以次出运河”[②]。朝廷历来允许漕运官兵携带一定数量的“土宜”沿途售卖，故“重运漕船过淮，自江广附带竹木、板片、铁钉、油、麻、糖、纸、藤、绳、瓷器等货沿途下卸，商客贩卖”[③]，促进了淮安商业的发展。明代中叶，淮安已是运河沿线重要的商业码头。万历年间，淮安关每年征收税银二万余两。[④] 清代淮安商业进一步发展。乾隆年间淮安关每年征税30万~50万两，在运河七关中位居第二位，仅次于浒墅关。

经由淮安关流通的商品以粮食为最大宗，其中又以大豆为最。“米豆船只往南运贩者多，回带杂货亦多；运贩米豆船少，杂货亦少。”[⑤] 淮关大豆来源主要有三：其一，山东豆石沿运河南下，谓之北河；其二，河南归德等府及江苏徐州一带所产，由黄河入运而来，谓之西河；其三，河南南阳、汝宁等府及

---

① 转见傅崇兰前引书，第320页。

② 民国《山阳县志》卷4，漕运。

③ 《续纂淮关统志》卷11，文告。

④ 《清朝续文献通考》卷18，征榷。

⑤ 乾隆七年六月十五日管理淮安关税务伊拉齐奏折；乾隆三十八年二月十五日两江总督高晋奏折，第一历史档案馆藏档案。

安徽凤、颍等处所产，经由淮河、洪泽湖而来，谓之南河。每岁连樯南下贩往江南，“不下数百万石”①。其他较大宗的商品还有北方的枣、梨、棉花、烟草，南方的棉布绸缎、纸、糖等等。乾隆年间“过关货物，惟豆石实居大半”。其他大宗货物如“乾隆十年过关梨枣棉烟饼油各项共货一百零七万石”，共收税银 59205 两零；“又绸布姜茶及零星杂货”共收银 86453 两零②。笔者依据第一历史档案馆档案资料所载税额对乾隆初年经由淮安关往来的各类商品进行了统计（见表 3－13），在淮关关税总额中，粮食一项即占 60% 以上；此外，北上的绸布、杂货等项约占 20% 左右，南下货物棉花、枣、梨、烟叶等约占 10%。

表 3－13　　乾隆初年各类商品在淮安关税收中所占比例

商品类别	乾隆八年份	乾隆九年份	乾隆十年份
粮食（以大豆为主）	62.3	62.8	61.9
梨枣棉烟饼油（北货）	7.3	8.7	11.1
绸布姜茶及杂货（南货）	25.3	19.5	16.2
合　计	94.9	91.0	89.2

资料来源：据第一历史档案馆藏该关档案统计。

淮安居民从事商业、服务业者为数众多。方志记载，淮城“以水陆之冲，四方辐辏，百工居肆倍于土著”；“恒产之民百无一二”；“豪右趋势逐利，以财力侈靡相雄长，细民逐趋末利”③。业商者多聚居城外，故“城外商贾辐辏，较盛城中”“新城北门外，大堤以内民居栉比本无隙地”。

淮安商人以客籍为多。康熙三十年编审之时，因土著人丁缺额 14900 余，遂将淮城以北“寄居贸易人户及山西与徽州寄居之人编为附安仁一图”，以抵“原额”之缺，是此时外来客商寄居淮安者至少有 14000 多人。淮安府学专为客商子弟设有商学，“额取六名”。淮安附郭县山阳，在府学中的名额康熙年间只有 20 名；雍正年间稍有增加，也不过仅“额设二十五名”，而商人子弟

① 许檀：《明清时期运河的商品流通》，载《历史档案》，1992 年，第 1 期。

② 乾隆十一年十二月二十三日署江苏巡抚安宁奏折，第一历史档案馆档案。

③ 乾隆《淮安府志》卷 15，风俗。

即占了6个名额，由此也可看出商人在淮安城市人口中所占的地位。[①]

汇集于淮安的商人主要来自皖、赣、苏、闽、浙、晋等省。清代，客商在淮安兴建的会馆有福建会馆、新安会馆、江西会馆、定阳会馆、浙绍会馆、润州会馆、四明会馆、镇江会馆、江宁会馆等。[②] 外来商人在淮经营的主要有盐业、布匹绸缎、药材、南北货，以及开设钱庄等等。府志记载：淮城“百物取给予外商”，“若盐之诸利则皆侨寓有大力者负之而趋矣”[③]。淮安是重要的盐业转运中心，徽商在淮城关厢设有囤盐所，淮城南门外有文字店巷、亘字店巷，“两店皆徽商程氏囤盐之所，巷因此得名”。此外，较著名的盐商还有王鹤年、颜十二、邹佩卿等。浙绍商人主要经营绸布业，镇江人所建润卅会馆主要开药店，山西商人则以经营金融业为主。清代后期，淮城河下有20多家钱庄，其中较大的有鼎新号，并兼开鼎恒布店，流动资金50000银元。[④]

服务于漕运、钞关事务和手工业者大约以本地居民为多，“关之左右聚居数千百家，毫无盖藏，惟赖淮关度日”[⑤]。淮安的民间手工业有蒲草编织、木器、铜器等；官营手工业则有造船、铸钱等；除造船业外，多聚集于关厢内外。淮安有十大盐场，装盐所用蒲包“销路极广”，所以淮民有不少以编蒲为业。为满足大量商贾、漕运官兵等流动人口的需要，淮安的酿酒业、饮食业也较发达。

清代中叶，随着海运的发展，南方诸省大量货物改由长江转海道北上，不再经由运河，嘉庆年间起淮关商税往往征不足额。道光年间，漕粮实行海运，由上海雇沙船北上津京，更加速了运河航运的衰落，从而给淮安商业带来巨大的影响。光绪年间淮安绅商士庶公建的“恩公路碑”记述淮城的衰落状况言，“清淮扼南北水陆之冲，揽河漕、盐关之要，夙称繁盛”，然自“漕艘停运，江海通轮，舟车罕至，遂日即凋敝”[⑥]。与临清一样，淮安的商业由运河漕运

① 傅崇兰前引书，第204~205页。
② 傅崇兰前引书，第334~335页。
③ 乾隆《淮安府志》卷15，风俗。
④ 傅崇兰前引书，第331、335页。
⑤ 乾隆七年四月初二日管理淮安关税务伊拉齐奏折，第一历史档案馆档案。
⑥ 转见傅崇兰前引书，第326~327、203页。

而兴起，也随着漕运的废止渐趋式微。

三、上海

上海，东临黄海，北依长江，位于长江三角洲东缘，为长江入海沙淤所成，约于公元4～7世纪成陆。唐宋为华亭县上海镇，元代至元二十九年析华亭县东部五乡置上海县，与华亭同属松江府。[①] 上海建城始于嘉靖三十二年，城周九里。上海全县编户600余里，而“殷实之家率多在市”，“富商大贾，四方辐辏，居积之货尤多”[②]。不过明代长时期禁海，南北贸易主要依赖京杭运河，上海未能充分发挥海港优势，其真正的发展是在康熙以后。

康熙二十四年开海后，旋设立江、浙、闽、粤四海关。江海关关署在上海县城小东门内，大关设在小东门外。江海关辖有18个分口，其中最主要的是设在太仓州镇洋县的刘河口，即元明两代的重要港口刘家港。南洋海船收泊上海大关，北洋沙船收泊太仓刘河口，不准相互逾越。

南洋海船，主要是闽广鸟船、艚船及洋船。上海“出吴淞口迤南由浙及闽粤，皆为南洋”，“南洋多矶岛，水深澜巨，非鸟船不行”[③]。福建鸟船“大者能装三千石，小者能装一千六百石，须于五六月间始到，到时向有四五十号”[④]。广东海船多称艚船或洋船，主要来自潮州府的潮阳、揭阳、澄海等县。嘉庆年间潮州八邑商人在上海建立潮州会馆，立碑记言：潮州府“距沪四千里，其航海而懋迁于是者，我潮阳及海阳、澄海、饶平、揭阳、普宁、丰顺、惠来凡八邑，溯始至今百有余年矣”[⑤]。闽粤海船“最盛者闽为泉漳，粤为惠潮”[⑥]。

自吴淞口“迤北由通【州】、海【门】、山东、直隶及关东为北洋”。北洋航线以近海为主，自太仓刘河口开航，转海门廖角咀放洋，北航至山东成山角

① 张忠民:《上海：从开发走向开放》，第3页。
② 崇桢《松江府志》卷19，城池。
③ 《清经世文编》卷48，漕运下。
④ 齐学裘:《见闻续笔》卷2。
⑤ 《上海碑刻资料选辑》，第325页。
⑥ 王韬:《瀛壖杂志》，见《小方壶斋舆地丛钞》第9帙。

西折，过刘公岛至天津、辽东，航程4000余里，多沙滩和暗沙岭，宜行沙船。闽粤海船也有不少北上天津、辽东者，不走近海航线而走黑水大洋。

日本学者松浦章多年来收集整理了大量遭风漂落到日本、朝鲜的中国商船的珍贵史料，并据此对清代沿海贸易进行了精详的研究。依据他对乾隆至道光年间部分漂失商船资料的研究，我们可以较具体地了解上海南北贸易往来商船、停泊港口及所载商品等。资料表明，福州、台湾、广东各地运往上海的货物以糖类、苏木为主；天津、山东、辽东各地运往上海以大豆、豆油、豆饼以及枣、瓜子、紫草为主。从上海运往广东的商品有棉花、布疋以及米、豆；运往北方的主要是茶叶、纸张等南货。其中有些船只从福建载糖至上海下卸，再载茶叶北上。[①]

乾隆以前，北洋沙船限定在刘河口收泊，到苏州的商船也需由刘河进口转河运抵苏。其时刘河每年进口沙船约有二千艘，据说该镇“海舟停泊，稠密如城”，“自海关至外口十余里商船相接”。山东、青口、安徽等帮商人均在此设立字号。乾隆中叶以来，刘河口日渐淤塞，昔日千余号沙船纷纷转泊上海。原在刘河镇贸易的各帮商号也纷纷迁住上海。如乾隆初年刘河镇有山东胶州、登州商人字号三四十家，到乾隆末年只剩下二三家[②]；嘉庆年间，江苏赣榆县青口客商也迁往上海，并于道光二年在上海建立祝其公所。[③] 刘河的淤塞中落使北洋贸易中心向上海转移，有力地促进了上海港的发展。

到清代中叶，上海已成为南北海船和江广商船的汇聚之所，成为东部沿海最大的海港。上海县城从大小东门至南门外的南码头、陆家浜，长达数里的黄浦江沿岸“宽敞的码头和巨大的货栈占据了整个河岸”，形成颇具规模的码头堆栈商行及海船碇泊修造基地。大小东门外的沿江码头是南洋鸟船、洋船的停泊之所。北洋沙船则主要集中在南门外，“帆樯辐辏，常泊沙船数千号，行栈林立”。据江海关号簿，道光初年三、四两月“每月进口大小沙船少则五六百

---

① 松浦章：《清代における沿岸贸易について》，见小野和子主编：《明清时代の政治と社会》；《李朝漂着中国帆船の‘问情别单’について》（上、下），载《关西大学东西文化研究所纪要》第17、18辑。

② 《刘河镇记略》卷5，盛衰。

③ 《上海碑刻资料选辑》，第304～305页。

只，多至七八百只不等，合计两月所到之船约共一千五六百只，内除小船居半，其大、中两号沙船总可有七八百只”；道光十二年五月仅一周时间驶入上海港的满载沙船即有 400 艘之多。[①]

关于沙船的贸易量，已有不少学者做过专门研究。[②] 北洋沙船一般“每岁往返三四次”，也有“往回四五次者”[③]。这里，我们以沙船 3000 只，平均载重 100 吨，每年往返三次，北行一半放空计之，则沙船每年的载货量约为 135 万吨。南洋航线每年往返的闽广海船据张忠民估计约有 700 只，其载重量大于沙船，以平均载重 200 吨计，总吨位为 14 万吨；一年往返两次，回程亦以一半空载计之，其每年载货量为 42 万吨。[④] 这样，每年进出上海港的南北海船合计约在 4000 艘左右，总吨位约为 50 万 ~70 万吨。上海港货物年吞吐量约计为 170 余万吨。

汇聚于上海的商帮主要有闽广、关东、山东、江浙、江西商人以及徽商、晋商等。由于上海商业是以南北海船贸易为中心发展起来的，故闽广、山东、江浙等沿海商帮在沪势力较强。

闽商在沪者尤以泉、漳二府为多，乾隆年间二府商人在上海已建有泉漳会馆两所。道光年间泉漳商人在上海开设的商号至少有 50 余家，来沪贸易的商船也常有四五十艘。建宁、汀州二府次之，主要来自上杭、永定两县；乾隆时尚为数不多，嘉庆初年后人数渐增，财力日盛，遂于道光初年建“建汀会馆”；但其财势远不如泉漳帮。

广东商人在沪贸易者以潮州人为多。乾隆二十四年、嘉庆十五年潮属八邑商人陆续购置地产，公立“潮州会馆”，开设行栈。后分为三帮：其中揭阳、普宁、丰顺三县商人势力最强，道光初年分立揭普丰帮。稍后以贩运糖、烟、鸦片为主的潮阳、惠来两邑商人也自立“潮惠公所”，同治五年置“潮惠会馆”，其时仅潮阳商人所开商号即有 73 家。原来的潮州会馆实际上只剩下海

---

① 张忠民前引书，第 315、314、299 页。

② 许涤新、吴承明：《中国资本主义的萌芽》，第 656 页；田汝康《再论十六至十九世纪中叶中国帆船业的发展》，载《历史研究》，1957 年，第 12 期。

③ 王韬：《瀛濡杂志》；钱咏《履园丛话》卷 4。

④ 张忠民前引书，第 303 页。

阳、澄海、饶平三县商人了。

山东商人自顺治年间即已来沪贸易。在沪山东商人以登、莱二府者为多，又分为胶州、胶西、登州、文（登）莱（阳）、诸城等“北五帮”，他们从山东、关东贩运大豆、豆饼、豆油及干鲜果品至上海，从上海贩运棉花、棉布、纸张、茶叶、瓷器等货北上。道光二十六年上海重修三圣阁时，山东各帮商人商号共捐资230千文，仅次于闽商，其财力和地位由此可见一斑。

浙江商人以来自宁波、绍兴两地为多，其兴起稍晚，约在乾隆年间。绍兴帮在沪主要经营炭栈、豆粮、钱庄、酒坊等业。嘉庆中，上海的浙绍商号已有40余家。道光八年浙绍公所增置义地，捐资商民、商号多达200余家，其中炭业，豆业、钱业为各业之首。宁波帮主要为镇海、定海、慈溪、鄞等县商贾，其经营以海船运输、南北货贩运为主，并开设有钱庄、银楼等。嘉庆年间在沪宁波商人建立四明公所，贸易关东、山东的宁商另建有浙宁会馆。[①] 道光以降随着海运业的发展，宁波商人在沪势力越来越强，近代上海的买办势力、金融巨子均不乏宁商。

上海本地商人以从事沙船海运业者为多，“沪之巨商不以积粟为富，最豪者一家有海舶大小数十艘。驶至关东，贩运油、酒、豆饼等货，每岁往返三四次”[②]。康熙年间船商张元隆已拥有沙船数十只，“贸易往来东西二洋及关东等处”，并立志要造船百只。乾隆年间上海沙船业有“朱王沈郁”四大家，其中王氏王文源、王文瑞兄弟开设的王利川字号拥有沙船上百只，在上海、南京均有专门的“王家码头”；沙船主郁润桂拥有沙船70余只，人称“郁半天”，而他们在四大家中仅排行第二和第四。[③] 沙船每只造价上万两，小者也需七八千或五六千两；其载货大者二三千石，次则千数百石，小者也有八九百石，每次载货价值可达五六千两。[④] 这些沙船主的资产可想而知了。此外，牙行经纪、

① 以上均见《上海碑刻资料选辑》。
② 王韬:《瀛壖杂志》。
③ 《中国资本主义的萌芽》，第659页。
④ 《清经世文编》卷48，漕运下。

饮食服务等业也主要为本地人所从事。乾隆年间上海有牙行515户。[①] 饮食服务业如"肉庄业公所",为沪帮商人在乾隆年间所建。

以行业为中心建立的会馆公所也为数众多。其中建立最早的是商船会馆,为康熙五十四年沙船业众商公建。[②] 从事沙船业者"皆崇明、通州、海门、南汇、宝山、上海土著之富民","俱以该商本贯为名",形成沙船11帮。其中崇明、通州、海门、上海等帮实力最盛,大户一家即有沙船四五十号。[③] 上海各业中势力最强者当属钱业,乾隆末年上海的钱庄字号至少有120余家,建有钱业公所。[④] 沙船北上贸易多向钱庄贷款置货,以船只做抵押。一些大钱庄还做黄金、白银投机,操纵行市,以获厚利。[⑤] 经营饼豆业者原以刘河镇为中心,刘河口淤塞后渐迁至上海,故饼豆业公所建立稍晚,不过道光年间上海至少有饼豆业商行29家,势力也已相当雄厚。[⑥] 此外,经营棉布业的商人分别建有青蓝布业公所和布业公所;福建泉州、漳州、汀州三府经营花、糖、洋货业的商人在沪建有"花糖洋货业公所"。其他盐业、药业、成衣、水木等行业在清代中叶也都已建有各自的会馆、公所。

前已述及,以上海为中心的沿海贸易的主要内容是北方豆货、果品的南下,闽广糖货的北上,江南棉布、棉花的输出以及内地茶、纸、瓷器等商品的南北转销。下面,我们对其中几种主要的商品再做些具体考察。

粮豆 上海的粮食来源大致有三:其一,从关东、山东运来的豆麦杂粮;其二,湖广、江西米谷由长江东下至苏州枫桥米市,其中一部分转输上海;[⑦] 其三,由运河经淮安、浒墅等关南下的豫、鲁、皖所产豆麦杂粮,也有一部分销往上海。[⑧] 上海从北方输入的豆麦杂粮中,大豆、豆饼占有很大的比重。

---

① 经济研究所藏《黄册·户部杂赋》。

② 《上海碑刻资料选辑》,第507、196页。

③ 包世臣:《中衢一勺》卷1,海运南漕议;卷3,海运十宜。

④ 《上海碑刻资料选辑》,第254~255页。

⑤ 《上海钱庄史料》,第14页。

⑥ 《上海碑刻资料选辑》,第28~32页。

⑦ 《清经世文编》卷44,荒政4。

⑧ 许檀:《明清时期运河的商品流通》,载《历史档案》,1992年,第1期。

“上海为阜通货贿之区，其最饶者莫如豆，由沙船运诸辽左、山东，江南北之民倚以生活，磨之为油，压之为饼，屑之为菽乳，用宏而利博，率取给予上海”①。嘉、道间从关东、山东运至上海的豆麦杂粮每年约在1000万石左右。②嘉庆五年十月至十二月三个月间，上海抵港豆船计有270艘之多。道光十一年，仅上海县城豆业公所44个大小豆行及33家慈浙南帮号商经手成交的大豆即达473.6万石。③其中大豆、豆饼有相当部分转销江南各地，甚至远及闽广。该港输出商品中“豆饼乃关、山东船带至上洋（即上海），乍浦又从上洋办来转售于客商”；“装载布匹者，闽广船及温、台州船俱有之，豆饼、牛骨二物则闽广船装载为多”④。

糖　上海的糖主要来自闽粤二省。如广东澄海“富商巨贾当糖熟时持重资往各乡买糖”，“候三四月好南风，租舶艚船装所货糖包由海道上苏州、天津，至秋东北风起，贩棉花、色布回邑”⑤。“闽粤大商多在东关外，粤则从汕头，闽则从台湾运糖至沪，所售动以数百万金；于沪则收买木棉载回其地”⑥。每年四五月份，黄浦江畔闽广糖船云集，所贩糖货有台糖、广糖、漳篰青糖、漳赤白糖、小篓青糖、冰糖等等。⑦“江苏以北腹里各省所需糖斤南货，悉由闽广商船运至上海转运”⑧。可见运抵上海的台糖、广糖有相当部分系由上海转销内地。

棉布　棉布是江南地区输出的最主要的商品之一，明代运销华北、西北、辽东的棉布多经运河，由临清中转；溯长江而西者则由芜湖中转，并不经过上海。清代东北成为江南棉布的主要市场，而海禁的开放则使海运成为江南棉布输出的新途径。乾隆以降刘河口渐淤，北行沙船改泊上海，销往东北的棉布多在此汇集北运，故有“沙船之集上海，实缘布市”之说。⑨销往闽广的棉布也

---

① 《上海碑刻资料选辑》，第282页。
② 《清经世文编》卷48，漕运下。
③ 转自张忠民前引书，第170~171页。
④ 《乍浦备志》卷6，关梁。
⑤ 嘉庆《澄海县志》卷6，风俗。
⑥ 王韬：《瀛濡杂志》。
⑦ 《上海碑刻资料选辑》，第77页。
⑧ 《筹办夷务始末》道光朝，卷27。
⑨ 《上海碑刻资料选辑》，第45页。

多改由海路。有学者估计，清代中叶苏松地区每年产布4500万匹，进入长距离运销的约有4000万匹。其中销东北和北京地区1500万匹，销福建100万匹，销广东者1000万匹，销往广东的棉布中有相当一部分转销国外。① 这些棉布大多是由上海转运的。乾隆四十九年，上海23家棉布字号销售的青蓝大布约有七八千包；道光年间，上海棉布商号有数十家，建有两家布业公所。② 此时的上海已取代苏州成为全国最重要的棉布贸易中心。

棉花 明代长江三角洲所产棉花不足供应本地棉纺织业所需。所谓“吉贝则泛舟而鬻诸南，布则泛舟而鬻诸北”③，大体概括了明代棉与布的南北流通状况。清代江南植棉区进一步扩大，已有相当数量可供输出。清代前期江南棉花主要销往闽广、奉天以及山东半岛。“闽粤糖船四五月间南风时候来江贸易，九十月间置买棉花回棹”；“松江并太仓、通州、海门、崇明等处地皆沙土，民间种植棉花极为充足，价值亦平”，“奉天、山东、闽广商船由上海大关，镇洋之刘河进口售完货物，回籍时各带内地棉花运回彼处发卖”④。

茶叶 上海的茶叶来自福建、浙江、江西、安徽等省。其中大部分经上海转销各地。如嘉道年间徽州商人“贩运茶叶赴京暨关东售卖，向系装至江苏上海县，雇觅沙船运送”，“每年正、二月雇船，则二三月出口；五月雇船，则小暑前出口”⑤。不少商船由福建运糖至沪卸卖，再由上海载茶北上辽东、天津。道光年间，江西商人建立会馆之时，其资金中有四分之三来自茶商所捐厘金；徽商所建思恭堂也是由“诸茶商助施衣衾，复捐厘置产以裕经费，于是堂之制亦扩充矣”⑥。显然赣商、徽商中经营茶业者均为数不少，其经济实力相当雄厚。

此外，江西的瓷器、纸张、夏布，山东的梨、枣、核桃、柿饼，闽广的乌梅、桔饼、桂圆，以及各地的药材、染料、海产品、腌腊制品等等，也都源源

① 《中国资本主义的萌芽》，第278~279页。

② 《上海碑刻资料选辑》，第252~253、507页。

③ 徐光启：《农政全书》卷35，木棉。

④ 乾隆四十二年六月二十三日江苏巡抚杨魁奏；乾隆十八年七月初四日江南总兵官林君升奏，分别见《宫中档乾隆朝奏折》第39辑、第5辑。

⑤ 《清经世文编》卷48，漕运下。

⑥ 《上海碑刻资料选辑》，第337、232页。

输入上海或由此转销。

清代上海的对外贸易也有重要地位。乾隆二十二年清廷将对西洋的贸易限定于广州一口，故上海对外贸易主要是对日本和东南亚。前往日本的商船多称为“南京船”，从上海起航前往日本长崎。有记载称，“迩来鲸浪已息，往来贸易概弛其禁，于是商贾及富豪之家竞装巨舰东至日本，遇风便不数日可到彼土”①。与东南亚的贸易范围主要为菲律宾、新加坡、婆罗洲、马六甲、安南、柬埔寨、暹罗等。据估计，嘉道年间有200余艘东南亚各国商船往来于中国沿海，其中大约有40余艘专门往返于上海、宁波和暹罗、安南、菲律宾之间。②

上海输往广州的棉布中，有一部分由闽广商人售与行商，转售西方商人。西商所谓“南京布”就是江南的紫花布。1736年东印度公司定购1万匹南京布，这是江南棉布首次向西方输出；1784年美国商船“中国皇后号”首航中国，回程亦载有南京布；1795年南京布的出口量突破100万匹，1819年达到335.9万匹。这些棉布中相当大的部分是由上海输往广州的江南棉布。在西方近代机器棉纺织业成熟之前的百余年间，南京布曾是国际市场上最受欢迎的商品之一。不少洋商在订货时特别注明购买“真正的南京布”③。

清代上海从东南亚输入的商品主要有胡椒、苏木、海参、鱼翅、玳瑁、象牙以及染料、香料等；上海对亚洲各国出口的商品主要有棉布、丝、绸、茶、纸、瓷器及其他土产。④ 其中棉布、丝绸多产自江南地区，纸、茶、瓷器等则来自江西、福建、安徽等省。江南棉布、丝绸除由上海输往东南亚各国外，也有很大数量经广州转口输往欧洲和美洲。闽广商船也将从西洋进口的呢绒、羽纱、眼镜等商品转运上海。嘉庆年间上海东门外已有一条专事洋货买卖的洋行街，洋银也开始在上海市面上大量流通，有记载称“洋钱自嘉庆间仅行闽广，苏松则以贸易故洋船来不得不用，他处均无”⑤。上述各会馆捐厘款项中也有

---

① 董含：《三冈识略》卷8，日本刀。

② 姚贤镐：《中国近代对外贸易史资料》第1辑，第59~62页。

③ 张忠民前引书，第192~194页。

④ 姚贤镐前引书，第1辑，第554~555页。

⑤ 曹晟：《夷患备尝录·事略附记》，上海掌故丛书。

相当一部分为洋银。[①]

四、天津

天津位于华北平原东北部，渤海湾西岸，距京师200余里。北运河、永定河、大清河、子牙河、南运河等五条河流在此汇为海河，东注入海。

元代定都北京，每年约有二三百万石南漕海运北上，至三岔河口的直沽寨下卸，再由北运河转运京师，直沽遂成为海船、河船、驳船汇聚中转之地。明成祖朱棣将直沽赐名“天津”，永乐二年建城设卫。[②] 永乐十三年会通河成，罢海运，漕粮改由运河北上，天津作为京师的门户和运河漕运的枢纽站，地位更加重要。正德年间，天津已是“粮艘、商船鱼贯而进无虚日”。弘治间，朝廷允许漕运官兵每船搭载10石“土宜”沿途货卖，“免其征税”，其后直至清代不断加增。[③] 随漕贸易成为天津商业的重要组成部分。随着运河漕运、商运的发展，天津城市商业也逐渐发展起来。

天津城市商业真正的大发展是在清代。康熙年间海禁开放，天津再次成为海贸港口，贸易范围迅速扩大到闽、广、台湾。雍正九年自六月二十四日起至九月二十日，先后共有福建商船53只抵津。[④]“历来福建商船，从六月内到天津，侯十月北风始回”[⑤]，六月到九月正是闽船抵津季节，故这53只闽船大体可看作当年抵津闽船的大部甚或全部。这些船只主要来自泉州府晋江、同安，漳州府龙溪、福州府闽县、兴化府莆田等县，每船除商人之外，随船水手多在17人至23人。[⑥] 乾隆年间来津贸易的闽船数量进一步增加，如乾隆五年到关闽船共有70余只，六年计有90余只，八年自闰四月二十八日至七月十七日止，共计到津闽船105只。[⑦] 此外，来津贸易的还有广东、江浙、山东、辽东

---

① 《上海碑刻资料选辑》，第211~215、28~32页等。

② 明《太宗实录》卷36，永乐二年十一月。

③ 《万历会计录》卷35；光绪《大清会典事例》卷207。

④ 雍正九年十二月十五日署直隶总督刘于义奏，见《宫中档雍正朝奏折》第19辑，第251页。

⑤ 清《圣祖实录》卷213，康熙四十二年八月。

⑥ 香坂昌纪：《清代前期の沿海贸易に關する一考察》，载《文化》35卷，1、2号。

⑦ 乾隆九年七月二十五日天津关税务伊拉齐奏折，第一历史档案馆档案。

等地的商船。①

乾隆年间西洋商船来华贸易数量大增，各种洋货也随着闽广商船大量贩运到津。天津原有的洋货行已不足应付货物的起卸、存贮与发售业务，遂另外开设洋货局栈9家，共同经营。嘉庆四年天津官府文告中记载其缘起，同时记载了乾隆四十一年闽粤两省商人偕同行栈共同酌定，由地方衙门核准的对洋行局栈抽收牙用的统一规定。②

清代随着商业的繁荣，天津建置于雍正三年改卫为直隶州，九年再升州为府。清廷又将明代设于河西务的钞关移驻天津，运河商船和闽广海船均于此验关纳税。天津城市规模进一步扩大，人口也有大幅度的增长。道光年间已是城厢居民近20万人的大型商业城市了。全城从事商业运输业者共18300余户，占城市总户数的56.2%，比例相当之高。③ 无怪时人杨一昆有这样的赞语："天津卫好地方，繁荣热闹胜两江，河路码头买卖广"，"不种田，不筑厂，赤手空拳即可把钱想"④。天津城市经济完全是以商品流通为基础的。

闽、台、粤和江南船只运津货物，主要是各种糖类、胡椒、苏木、茶叶以及杂货等，所谓杂货又包括纸张、瓷器、药材等等。其中以糖、纸张、瓷器、茶叶为最大宗。天津运往南方的则以豆货、红黑枣等为主。下面我们还将对入津商品再做些考察。

糖货 糖是闽船运至天津最大宗的商品。在雍正九年抵津的53只商船中，有45只载有白糖、松糖、台松糖和冰糖等糖货共计34125包（桶），每船装糖多者1000余包，少则数百包，有的船只甚至除糖之外几乎未载其他商品。这些船只除一只属浙江鄞县之外，其余均为闽船，分属龙溪、晋江、同安、莆田、闽等五县；其中晋江、同安、龙溪三县合计共船29只，共载各类糖25667包（桶），占总额的75.2%。⑤ 据天津关档案"大白糖每包三百斤"，"大青糖

---

① 松浦章：《清代における沿岸贸易について》。

② 《天津商会档案》，转见郭蕴静《清代商业史》，第167~168页。

③ 许檀：《清代前期的沿海贸易与天津城市的崛起》，载《城市史研究》第13~14辑。

④ 张焘：《津门杂记》卷下。

⑤ 雍正九年十二月十五日署直隶总督刘于义奏，见《宫中档雍正朝奏折》第19辑，第252~258页。以下天津进口的各种商品数量除另有注明外，均据此折。

每包三百一十斤”，小包半之[①]。这里以大小各半计之，则该年天津进口食糖达760余万斤。广东商人贩糖来津者，如澄海县“富商巨贾当糖熟时，持重赀往各乡买糖”，“候三四月好南风，租舶艚船装所货糖包由海道上苏州、天津”[②]。其数量即使不如闽船，是必也相当可观。运津糖货绝大部分当系转销京师以及直隶各地。

瓷器 雍正九年抵津的53只商船中载有瓷器的计有10只，共装载瓷器53万余件。这10船分属晋江、莆田、闽县三县。其中晋江一县即有6只，装载瓷器多达48万余件，占总数的90%以上。瓷器的品种粗细具全。运津瓷器中值得注意的是有少量“粗洋碗”，这可能是从国外输入的。

纸张 雍正九年抵津的53只商船中载有纸张者共计12只，分属福建闽县和莆田，其中10船属闽县，共载纸48000余篓。这些纸张多产自闽江上游的延平、邵武二府。运津纸张大部分转运北京。[③]

茶叶 雍正九年抵津的53只商船中有22只载有茶叶，共2100余篓，每船所载最多四五百篓（箱），少者仅只二百余斤，一般多为数十篓至一二百篓。品种有武夷茶、兴茶等，此外同安商人黄万春的船中还载有五篓“细茶”，所谓“细茶”当属上品的茶叶了。

苏木、胡椒 雍正九年抵津的53只商船中有12只载有苏木，共计22800余斤。其中有些船只装载苏木多至5000余斤，少者也有数百斤。有4只船装有胡椒，共计71包。苏木、胡椒多来自东南亚，由闽船转运天津。

此外，该年抵津的商船还载有各种干鲜果品如桔饼、乌梅、槟榔、元眼、桂圆、佛手等，药材如陈皮、橘皮，门冬、麦冬等，以及绍兴酒、姜、笋、鱼翅、红曲，白矾、生漆、松香、鱼鳔、鞭杆等种种商品。

清代天津与东北地区间的粮食贸易有了很大的发展。康熙年间，朝廷对东北的粮食输出数量和地点尚有诸多限制，粮食运津者多为因灾特许。赴东北贩粮的商船康熙年间“不过十数艘”。乾隆中叶以降，随着开发的深化，东北成

---

① 转引自郭蕴静：《清代商业史》，第167页。

② 嘉庆《澄海县志》卷6，风俗。

③ 李华：《明清以来北京工商业会馆碑刻选辑》，第98~99页。

为新的粮食产区，粮食供给能力大大提高，输出的限制也最终解禁。乾隆年间运粮船只已增至数百艘，嘉庆年间奉天地方官奏报，“历年直隶、山东等省商船来奉运载高粮，不下百余万石”①。监察御史牟昌裕亦称，“天津粮船于东省贩卖米石，向在锦、盖、复、宁等州，而边外之粟得以辗转出卖，获有善价，亦大便利”。又言“天津一县向来以商贩东省粮石营生者，每岁约船六百余只，每船往返各四五次或五六次不等”②，天津居民中靠“搬运粮石生活者”就“不下数万人”③。天津“八大家”之一的天成号韩家拥有海船数十艘，从事东北粮豆贸易。④ 如以每船载粮500石，每年往返四次计，600只船一年即可运粮120余万石。天津从东北输入的粮食除供本地居民之外，有一部分沿运河南下直隶、山东。每年从天津转运至临清的辽、沈杂粮即“不下数万石”⑤。

海船从天津南贩的商货主要是枣、梨、核桃、大豆、花生、药材等，其中以红枣、乌枣为最大宗。这些商品多来自天津腹地的广大农村，大豆、花生产于平原，核桃等果多来自太行山区，药材则有远自河南、东北、甘肃，乃至新疆。

由内河南下的商品主要是食盐。清代，天津是长芦盐区的盐业中心，长芦盐政、巡盐御史均于康熙年间移驻天津，运司公署建在鼓楼东大街。长芦盐行销直隶130余州县及河南开封、彰德、陈州、怀庆四府50余州县，其中很大一部分是在天津集中南下。清初长芦额引719550道，每引配盐225斤，总计约1.6亿斤；此后不断加增，乾隆中叶长芦正引96万余道，余引5万，每引增至350斤，总计达3.36亿斤。⑥

商业的繁荣吸引各地客商云集天津。山西商人的经营范围主要是盐业、典当业、烟行、颜料、杂货、银钱票号等。颜料庄、油漆店以西裕成、德昌公、大胜泉有名；土杂货批发则以德茂栈、晋义栈为最著。乾隆年间平遥商人雷履

① 转引自王业键、黄国枢：《十八世纪中国粮食供需的考察》，载台湾中央研究院近代史研究所编《近代中国农村经济史论文集》。

② 光绪《栖霞县志》卷9，艺文志。

③ 《津门保甲图说》。

④ 林纯业：《清代前期天津商业的发展》，载《天津社会科学》，1987年，第4期。

⑤ 乾隆《临清州志》卷11，市廛志。

⑥ 光绪《畿辅通志》卷100，盐法。

泰在津开设日升昌颜料店，其所贩铜绿需从四川采办，因远道解运现金诸多不便，雷履泰试用汇票进行两地交易的清算。日升昌因经营此项业务收取的汇水十分丰厚，遂于嘉庆初年改为专营汇兑的票号。[①] 山西商人在津所建会馆有二：一在河东杂粮店街，“为西客烟行聚议之所”，建立较早；一在锅店街，“凡山西盐当、杂货等商，馆内各有公所”，为道光初年新建。[②]

天津的山东帮商人主要经营绸布、饭馆、茶叶、皮货等行。估衣街的“祥”字号绸布店，如著名的谦祥益、瑞蚨祥等都是山东帮开设的。登州、莱州、青州商人则擅长经营饭馆。河北南宫、冀州商人多经营铁、竹木、瓷器、日用杂品和炊具等业。[③] 其他各地商人在津也多建有会馆。如闽粤商人于乾隆年间建立闽粤会馆；浙江会馆始建于明代，康熙、乾隆、光绪年间先后扩建和重修。

天津本地商人经营盐业、粮食者最多。著名的天津“八大家”经营盐和粮食者各四家。康熙年间长芦盐商已在津建立“芦纲公所”，筹办通纲公益，协调钱债纠纷。不少大盐商引地在直隶、河南各县，但总店却设在天津[④]。道光年间，盐商聚居津门者达370余家之多[⑤]。

清代，天津的金融业也有很大发展。乾隆年间天津有当铺40多座[⑥]，嘉庆十七年在北门外建立当行公所；东门外的宫南、宫北大街为银钱市场，盐商王文郁开有益得、益兴恒、益源恒三家银号；李士铭开设有瑞恒、瑞甡等五家银号；天成号韩家既有当铺，亦有银号；银号公所也于道光初年成立。[⑦] 票号则更是为适应埠际贸易的日益扩大应运而生的。

综上所述，天津城市的兴起是以漕运为基础的，而清代沿海贸易的发展推

---

① 杨固之等：《天津钱业史略》，载《天津文史资料选辑》第20辑。

② 《津门杂记》卷上；寺田隆信：《清代北京的山西商人——附天津估衣街的山西会馆》，载《郑天挺纪念文集》，第581页。

③ 王绣舜、张高峰：《天津早期商业中心掠影》，载《天津文史资料选辑》第16辑。

④ 胡光明：《开埠前天津城市化过程及内贸型商业市场的形成》，载《天津社会科学》，1987年，第2期。

⑤ 据《津门保甲图说》统计。

⑥ 光绪《天津县志》卷33，榷税。

⑦ 胡光明：《开埠前天津城市化过程及内贸型商业市场的形成》，载《天津社会科学》，1987年，第2期。

动了天津城市经济的发展，使其作为商业城市迅速崛起，到清代中叶天津已成为华北最大的商业中心和港口城市了。

五、重庆

重庆位于四川盆地东部，嘉陵江在此与长江交汇。历史上，重庆是军事重镇；明清两代均为府治所在，以巴县为附郭。重庆作为商业城市的崛起，与清初四川盆地的大规模移民开发密切相关。

明末的连年战争对四川经济破坏极大，康熙二十四年，四川全省耕地仅170余万亩，田赋岁入仅三万余两。为恢复经济，清廷制定了一系列优惠政策。经过数十年的移民垦荒，至雍正年间四川耕地面积已增至2100余万亩，乾嘉时又增至4600万亩；田赋岁入雍正年间增至22万余两，乾隆时为66万两，道光年间超过100万两。[①]

随着经济的恢复和发展，商品流通也日渐活跃。重庆为“三江总汇，水陆冲衢”，四川与内地联系的主要通道，“商贾云集，百货萃聚”，逐渐发展为四川，也是长江上游最大的商业城市和货物集散中心。“吴、楚、闽、粤、滇、黔、秦、豫之贸迁来者，九门舟集如蚁，陆则受廛，水则结舫。计城关大小街巷二百四十余道，酒楼茶舍与市闼铺房鳞次绣错”[②]。巴县档案亦载，此地“系三江总汇，上通云南贵州，下通湖广陕西”，自“临江门搭船至磁器口，逆水四十余里；磁器口搭船至临江门，顺水三十余里，系水陆冲衢……每日经过客商络绎不绝”[③]。在这里集散的商品主要有粮食、药材、皮革骨角、木竹、铜铅锡铁以及佳果香茗等，除四川本地所产外，“或贩自剑南、川南、藏卫之地，或运自滇黔秦楚吴越闽豫两粤之间”。[④]

乾隆年间重庆商业已相当繁荣，该县领帖牙行计有150余家，“十倍他邑”。乾隆年间重庆牙帖包括山货帖55张，广货帖20张，杂粮帖12张，药材帖、青靛帖各8张，铁锅帖7张，竹木帖6张，布帖4张，瓷器帖、油帖、酒

① 梁方仲:《中国历代户口、田地、田赋统计》乙表32、61、66、79。
② 乾隆《巴县志》卷10，风土志；卷2，建置志。
③ 《清代乾嘉道巴县档案选编》上册，第409页。
④ 乾隆《巴县志》卷10，风土志。

帖各3张，姜麻帖、猪帖、丝帖、西货帖、毛货帖、大红帖、杉板帖和船行帖各2张，纱缎帖、广货布匹帖、油麻帖、纸帖、广鱼帖、铜铅行、典当行各1张。[①] 26行共计牙帖152张，税银188.5两，其中山货、广货、杂粮和竹木四行就达121两，占全部税银的64%。

重庆居民系以移民为主。乾隆年间重庆建有湖广、江西、福建、江南、浙江、山西、陕西等八省会馆，这些会馆虽是移民会馆，但其核心和主体则是商人。重庆的牙行经纪也"大率俱系外省民人领帖开设"。巴县档案中有一份嘉庆六年"八省客长"奉地方官之命对该城现存牙行牙帖状况进行调查的禀文。该禀文附有109户牙行的清单，其中，江西商人主要经营山货、棉花、药材；福建商人则集中在山货和烟草两行；江浙商人多经营糖、纸张、瓷器等货；陕西商人经营皮毛；四川保宁府的二行都是经营丝的，保宁府乃是著名的阆丝产地；而两湖商人经营范围甚广，靛青、棉布、杂粮、麻、山货、瓷器、锅铁、花板、猪、酒等行均有涉及，其中又以靛青和山货为多。

汇集于重庆市场上的商品主要有山货、广货、粮食、药材、染料、竹木、棉花、布匹、瓷器、铁锅、烟草、糖、酒、丝、麻、绸缎等等。其中，粮食、药材、染料、木竹及"山货"等项是从四川输出的主要商品，而棉花、瓷器、铁锅、烟草以及"广货"则为输入商品。现择要分述如下。

山货与广货　乾隆《巴县志》所列重庆牙帖以山货、广货二者为最。所谓山货主要是指皮革、桐油、白蜡、木耳、竹笋等产自山区的四川（以及西藏、云贵经由四川输出）土产。巴县档案中有记载称："孔茂公开山货行，代客买卖牛皮牛胶"。又如，嘉庆九年贵州商人黎德茂"装笋子来渝投瑞泰行发卖"；秦玉顺"贩运笋包来渝，起贮德丰行，交与李得丰并挂平之胡天佑发卖"；这里的瑞泰行、德丰行就都是山货行。[②] 桐油，是造船修船的重要涂料，重庆南部的綦江、南川、江津等县是四川桐油的重要产区。[③]

所谓广货大约是指从广东运来的商货。"在四川经营的广帮又分'内广

① 乾隆《巴县志》卷3，赋役志。
② 《清代乾嘉道巴县档案选编》上册，第252～256、369、363、254页。
③ 道光《綦江县志》卷10，物产。

邦’和‘外广帮’，所谓内广帮系指住在顺德、广南、古岗三栈内的广东客商，其他广客即称外广帮”①。不过，嘉庆年间湖广商人在重庆领帖牙行中所占比重之高远超过广东商人，故这里的“广货”也可能主要是由湖广商人贩运入川的。

粮食 粮食是四川输出的大宗商品之一。清初数十年的移民垦荒，使四川农业得到迅速恢复与发展，商品流通也日渐活跃，到雍正年间川米已开始大量外销，“出荆襄达吴粤”，成为江浙地区商品粮的重要来源之一。雍正年间“汉口地方川米连樯而至，米价平减，江浙客商搬运甚多”，且有“江浙粮米历来仰给予湖广，湖广又仰给予四川”之语。② 有学者估计乾隆年间由四川输出的粮食每年约300万石；③ 或将输往江南的川米与楚米合计，估为一千万石。④

四川粮食输往江楚诸省都需经由长江东下，故重庆之粮食市成为“川省总汇”，贸易十分繁荣。重庆周围的津渡多系“米口”，如嘉陵江上的16处津渡中有9处为“米口”，长江上的九处津渡更全部为“米口”，四川各府州县的余粮通过不同的水道和市场环节汇聚于此。较远的地区，粮食多先汇集到地方性粮食市场，如金堂的赵家渡、射洪的太和镇，以及遂宁、泸州、合州等都是较大的粮食集散地；绵州、彰明、江油、安县所产粮米沿涪江而下运至遂宁，再运至重庆出川⑤。重庆共有杂粮行帖12张，粮食买卖立有行规。如道光年间的《杂粮行规》定有七条，其中有六条涉及粮食买卖。⑥

药材 四川药材品种很多，是输出的又一大宗商品。如纂江县药材以枳壳、木瓜为大宗，“小贩收买，商人捆包，船载渝行，或径至楚”⑦。灌县青城山盛产川芎、泽泻，该县太平、中兴二场将药材先汇集到石羊场，顺石羊水下运至元通场；商人在此把各场收购来的药材汇集成庄运出川省。⑧ 简州、资

① 王纲：《清代四川史》，第749页。
② 迈柱、王景灏等折，见《雍正朱批谕旨》。
③ 邓亦兵：《清代前期内陆粮食运输量及变化趋势》，《中国经济史研究》1994年第3期。
④《中国资本主义的萌芽》，第275页。
⑤ 王笛：《跨出封闭的世界》，第207~210页。
⑥《清代乾嘉道巴县档案选编》上册，第246页。
⑦ 道光《纂江县志》卷10，物产。
⑧ 高王凌：《乾嘉时期四川的场市、场市网及其功能》，载《清史研究集》第3集。

州、遂宁、内江等州县盛产红花。“蜀地红花贩入四方者较他省为佳，内江县产尤多”①。乾隆年间重庆有药材行帖 8 张，嘉庆六年的清单所列则至少有 10 行，多由江西商人经营。重庆输出的药材估计有相当一部分系输往全国最著名的药材市场江西的樟树镇。

染料 红花既是药材，又可作染料，故江浙商人也千里迢迢赴川省购之染丝绸。乾隆年间，陆炳有诗《红花行》记之曰：“简州四月采红花，简州城门动塞车；买花尽是姑苏客，姑苏余杭道途赊；争发红花趁头水……半月为限悉抵家；抵家之时方仲夏，颜色鲜新染轻纱”②。

四川输出的靛青数量更大，重庆设有青靛牙帖 8 张。川省的綦江、江津、合江、长宁等县都是重要的蓝靛产地，如商人王正顺以“买贩靛斤生理”，嘉庆二十一年他在江津县一次购买价银 130 两的蓝靛，运到重庆投天一行出售。道光九年“长宁县靛客程裕隆、江津县靛客刘聚和共贩靛三十三包运渝，投朝天门林德茂靛行发卖”。道光十八年客商柳兴顺、张洪发、黄仕顺等从“綦江、合江、江津各处贩靛来渝朝天门外投裕丰行发卖”，价银达 1400 余两。汇集于重庆的靛青除供本城染坊所需之外，主要是沿长江东下销往湖广等处的。重庆靛行也定有行规。嘉庆六年巴县地方官曾经发布告示，将客商与靛行行户协商议定的“银色、秤斤”等项规定昭示于众。③

木材竹料 长江上游及其支流金沙江、嘉陵江、涪江、渠江等流经的四川、云南、贵州等省是清代最重要的竹木产区和输出区之一，所产竹木多沿长江及其支流运往江南各地，或再转运河北上输往直隶京师。④

重庆是长江上游最重要的木材集散市场，是西南木材向长江中下游转运的枢纽。康熙初年清廷在重庆设立渝关，征收关税，“乾隆十七年将渝关移设夔州府征收，惟木税仍在渝关，以便稽查”⑤。“重庆以上抵关木植完税之后，给有完单，听其发卖。凡有江楚商贩在重庆零买已税之木，总汇扎筏，前往湖广

① 王培荀：《听雨楼随笔》卷 6。

② 王培荀：《听雨楼随笔》卷 5。

③ 《清代乾嘉道巴县档案选编》上册，第 352、351、354、357、356、237～238 页。

④ 经君健：《清代前期民商木竹的采伐和运销》，载《燕京学报》新 1 期。

⑤ 《清代乾嘉道巴县档案选编》上册，第 323 页。

江南贩卖”。重庆城外江北嘴一带地方，江宽水平，是木材改捆扎筏之处，有专营此业者。[1] 重庆竹木帖共有6张，竹木本为一帖，但竹行、木行则往往分设[2]。商人经营者似也多竹、木分做，如乾隆年间，合州商人安居、甘王奇等“俱做竹子生理，均投渝发卖”；嘉庆十五年木商刘成万“办木植来渝发卖”，售出大圆木四架半，共计202根，价银达1344两[3]。据说在四川领票入山伐木者多系江西、湖广商人。[4]

棉花 棉花是重庆输入的主要商品之一。棉花多来自湖广，经营者也以湖广商人为多。朝天门码头每日“上下棉花四五百包不等”。如以每包百斤计算，每日在此起卸的棉花当有四五万斤之谱。陕西商人也有从湖广贩运棉花入川者，如嘉庆十年陕西商人刘志成“贩运棉花七十二包，投渝巨富方牛和、方豫泰叔侄自置行内发卖”，所贩棉花价值高达2530两。道光二十年重庆商号全和彩号在汉镇雇周兴顺船只，一次就“装载棉花一百八十包，运渝交卸”，数量更为可观。再如嘉庆十年马乾一等五位商人贩运棉花投“巨豪郑殿扬等所开大昌棉花行”内发卖，价银计达8800余两之巨。[5] 如此大量棉花投往一个棉花行独家发卖，该行的规模显然也十分可观。由湖广输入的棉花运抵重庆，再由此转销川省各县。四川各地船只装运棉花回本邑，须按路途远近，每包抽收一定数量的厘银作为船帮支办官府兵差的费用。

瓷器 瓷器是重庆输入商品之又一大宗。重庆瓷器主要由江浙商人经营。嘉庆六年《浙江会馆碑文》记载，“自前辈偕宁府经营，百年于兹”，“第我湖贸易于渝者，瓷器为最，杂货次之。粤稽渝城磁行牙帖有三”。这里的“宁府”或系指宁波府，“湖”当系指浙江湖州府。该碑文还说，“向来江、浙磁货自豫、楚及川，一体同照。因乾隆五十六年间紊乱前规，分开彼此，今后仍修旧规，另置湖震公栈。凡有磁帮公事，无分江浙，合而为

---

① 经君健前引文。

② 乾隆《巴县志》卷3，赋役志；《清代乾嘉道巴县档案选编》上册，第327页。

③ 《清代乾嘉道巴县档案选编》上册，第328、323页。

④ 陈世松主编《四川通史》第5卷，第255页。

⑤ 《清代乾嘉道巴县档案选编》上册，第338、342~343、339、424页等。

一，永以为好”[1]。

棉布　重庆经营棉布业的商人、商号分为广布、土布两帮。广布大概系指来自湖广的棉布，土布则是四川本地所产。汇集于重庆的大量广布、土布除供应四川本省的非棉布产区之外，有相当一部分销往云贵、西藏等省。

清代前期，由于“川民不谙纺织”，所产棉花往往由“商贩贱售至江楚成布”，复“运川重售”[2]。棉花出川，楚布入川，乃是清代前期重庆棉、布贸易的基本形式。清代中叶，随着四川棉纺织业的发展，这一贸易格局发生了很大变化。嘉道年间楚花已成为四川输入的大宗商品。四川有些地区土布的商品量有了大幅度增长，除满足本地需求外，已有相当数量可供外销。如川北的岳池县“出布颇多，远贩他境”[3]；中江县所产棉布“远商贩至滇黔，为大装货”[4]。四川土布业的发展使广布需求量大为减少，道光年间巴县档案记载：“查渝城近日广布运来稀少，系被土布阻滞之故”。重庆原经营广布业的布行因业务萎缩倒闭了四家，而经营土布业的店铺、商贩数量则大幅度增长。道光二十年的一份档案开列的渝城土布帮、土布铺商人字号，有二三十家之多。[5]

此外，滇铜、川盐等特殊商品转销湖广，也是重庆商业的重要内容。

运输业的发达是商业城市的重要特点之一，故而重庆船行船户甚多。汇集于重庆的船只既有本省各府县的船帮，也有下游湖广各府船帮，分为广帮、川帮，“广帮装拨下楚一切等省客货，川帮装拨本省境内进出一切口岸地名客货”，彼此不得争装。各帮船只以航行河道之不同又有大河帮、小河帮之别。大河系指长江，小河系指重庆上游长江支流各河。大河又以重庆为界分为两段，重庆下游长江沿线四川、湖广各府船帮称“下河帮”，计有忠丰、宜昌、宝庆等8帮，共有船只720余只；重庆上游长江沿线各府县的船帮则有嘉定、叙府等9帮，估计也有船数百只。小河帮计有遂宁等7帮，约计有船300余

---

① 《清代乾隆嘉道巴县档案选编》上册，第251页。

② 清《高宗实录》卷747。

③ 道光《岳池县志》卷18。

④ 道光《中江县志》卷1。

⑤ 《清代乾嘉道巴县档案选编》上册，第345~346页。

只，各帮航行范围亦各有别。

重庆各码头还有为往来商船提供装卸服务的拨船，其王家沱码头与五门拨船又有分工，并立有“拨船合约”，规定五门应差拨货，由“王家沱码头小船载入；其有山广杂货花包油脂，悉归五门拨船拨运；所有谷米粮食等项，任客雇船拨运，两无阻滞”①。此外，重庆还有不少以抬木、抬米、抬煤为生的居民，也是为商货的搬运服务的。

饮食服务业也是重庆城市商业结构的重要组成部分。作为商业城市，大量流动人口是城市饮食业的主要服务对象。流动人口中少数富商大贾需要高档酒楼饭馆；更多的小商人，小本经营者乃至农民消费档次不高，则需要低档饭铺、酒铺。乾隆《巴县志》称，重庆酒楼茶舍鳞次栉比。巴县档案记载，嘉庆年间金紫、灵璧二坊五百余户中，有饭铺10家，酒铺9家，茶铺12家，以做厨子、包席为业者也有数家。② 还有开设面馆、豆腐铺及“设炉打卖烧饼”等经营饮食行业的记载。③

六、汉口

汉口④属湖北省汉阳府汉阳县。明初这里还是一片荒无人烟的芦苇滩。其时，汉阳府的商业中心是位于汉水故道入江口的汉川县刘家隔。成化年间汉水改道，由龟山北麓东注入长江，形成新的汉水主河道入江口。这一新水道水深可容大型木船，商船改至汉口停泊，“市场蒸蒸日上”，很快即形成商业聚落。正德嘉靖年间在此置镇，嘉靖中叶居民已有七千人，商税也已达刘家隔之半。⑤ 万历年间，汉口被定为湖广漕粮交兑之地和楚商行盐总口岸，更促进了该镇的发展。明末，其商业繁荣程度已超过刘家隔。

汉口位于长江中游，通过长江可沟通上下两岸所有省份。清代汉口的地位

---

① 《清代乾嘉道巴县档案选编》上册，第408、417~418、402~404页。

② 《清代乾嘉道巴县档案选编》下册，第318~319页。

③ 《清代乾嘉道巴县档案选编》上册，第393、385、388页。

④ 清代汉口建置为镇，且为清代四大名镇之一。因其规模已大于当时一般城市，甚至大城市，又是长江上最大的商贸中心之一，故此列入城市章论述。

⑤ 嘉靖《汉阳府志》卷3，创置志；卷5，食货志。

更为重要。康熙时人称汉口为天下四聚之一，“不特为楚省咽喉，而云贵、四川、广西、陕西、河南、江西之货皆于焉转输，虽欲不雄于天下不可得也”[①]。清代中叶汉口已是“鹾商典库咸数十处，千樯万舶之所归，宝货奇珍之所聚”，“为楚中第一繁盛处”[②]。章学诚在描述乾隆末年汉口的商业状况时称：“居奇贸化之贾比廛而居，转输搬运肩相摩踵相望”，“四海九洲之物不踵而走，殊形异物来自远方者旁溢露积”；“滨江舳舻相引数十里帆樯林立，舟中为市，盖十府一州商贾所需于外部之物，无不取给予汉镇，而外部所需于湖北者……亦皆于此取给焉”[③]。

随着商业繁荣，清代汉口镇的规模也进一步扩大，向袁公堤外扩展，由原来的15里扩至30余里。嘉道年间，汉口镇已有街、巷80余条，时人记载，汉镇“东西三十里有奇，路衢通达市廛栉比，舳舻衔接，烟云相连，商贾所集，难觏之货列隧，无价之宝罗肆”，“人烟数十里，贾户数千家”，不愧“为九洲名镇”[④]。

汇聚于汉口的各地商帮人数众多。江浙商人主要来自苏州、江宁、镇江、宁波等府；广东商人多来自南海、顺德、番禺、新会四县；安徽商人以歙、休、婺、祁、黟、绩六邑为主；河南商人多系怀庆府河内、武陟、温、孟四县所属；江西商来自南昌、临江、吉安、瑞州、抚州、建昌六府；湖南商人有宝庆帮、辰州帮；湖北商人有汉镇帮、黄陂烟袋帮等等。各帮商人多建有各自的会馆公所。清中叶以前建立的会馆公所有30余个。[⑤]

汉口市场上汇聚的商品种类繁多。乾隆年间湖北巡抚晏斯盛以盐、米、木材、花布、药材以及典当六行为汉口商业之最大宗；[⑥] 道光年间叶调元《汉口竹枝词》中则将银钱、典当、铜铅、油烛、绸缎布匹、杂货、药材和纸张，列为汉口的八大行业。下面分别述之。

---

① 刘献庭：《广阳杂记》卷4。

② 范锴：《汉口丛谈》卷3。

③ 章学诚：《湖北通志检存稿·食货考》，见《章氏遗书》第4册。

④ 范锴：《汉口丛谈》卷6，卷3。

⑤ 民国《夏口县志》卷5。

⑥ 晏斯盛：《请设商社疏》，见《清经世文编》卷40。

盐 湖南、湖北二省例食淮盐，万历年间定汉口为湖广引盐分销的总口岸，销行两省的淮盐溯江抵汉，分销各府。乾隆年间“湖广岁销淮盐七十八万余引”[①]，以每引364斤计，汉口每年淮盐的吞吐量达2.8亿斤，故晏斯盛将其列为汉口六大行之首。

粮食 汉口是长江中游最大的米粮市场，该镇粮食主要来自湖南、四川。雍正年间，“湖北省城并汉口地方人烟稠密，日用米谷，全赖四川、湖南”[②]。湖南的长沙、宝庆、岳州、澧州、衡州、常德诸府均为产米之区，其米先聚于洞庭，经岳州出长江而达汉口。四川之米则先聚于重庆，然后顺长江东下至汉口。

汉口的米市、米厂一带（今民权路口）为“米行聚集之所”，康熙年间即建有米业公所。[③] 汉口输入的米谷除供本地居民食用外，绝大部分转运江南。康熙年间湖南“所产之米运下江浙者居多，且江浙买米商贩多在汉口购买，而直抵湖南者无几，是湖北转运江浙之米，即系湖南运下之米”[④]。雍正年间“自湖北以至江南一带，俱仰赖湖南之米”；“汉口地方川米连樯而至，米价平减，江浙客商搬运甚多”；“江浙粮米历来仰给予湖广，湖广又仰给予四川”。自雍正九年十一月至十年二月初旬，汉口“外贩米船已有四百余号，而盐商巨艘装运者，尤不可数计”；十二年七月“江浙商贩已运米五百余万石，目下楚省米价尚属均平”[⑤]。据全汉升估计，清代前期每年自湖广运往江南的粮米约有1000万石。[⑥] 吴承明估计这1000万石包括川米在内。[⑦]

绸缎布匹 汉口的绸缎主要来自江南的苏州、南京、杭州和湖州，也有一些来自河南汴梁、广东乃至外洋。市场上绸缎品种繁多。经营者大约以江南商人为众，康熙年间江浙绸缎商人即在汉口置地，建造“江浙公所”，作为同乡

---

① 清《高宗实录》卷1305，乾隆五十三年五月。

② 雍正六年三月十一日迈柱、马会柏奏折，见《雍正朱批谕旨》。

③ 民国《夏口县志》卷5。

④ 湖南巡抚赵申乔《折奏湖南运米买卖人姓名数目稿》，见《自治官书》卷6，奏疏。

⑤ 雍正元年十五月二十五日魏廷珍折；雍正十一年五月初六日迈柱折；雍正二年八月二十日王景灏折之朱批；雍正十年二月二十四日、十二年七月初八日迈柱折，均见《雍正朱批谕旨》。

⑥ 全汉升：《中国经济史论丛》第2册，第573页。

⑦ 《中国资本主义的萌芽》，第275页。

同业团拜议事之所。[①]

棉布种类亦有不少，如毛蓝、京青、洋青、墨青、布纹、斗纹、纸布、假高丽布等，来自苏州、松江；夏布来自湖南浏阳、江西宜黄；葛布，产自湖南祁阳，通城亦有之；小布产自湖北本省的黄陂、孝感、沔阳一带，汉阳、监利、应城等县也是湖北的棉布产区。[②] 汇集于汉口的绸缎多销往两湖各府，也有一部分继续溯江而上，进入四川。棉布则主要销往西北的山陕、甘肃，西南的云贵、广东。如汉阳所产棉布，有小贩收买“转贩汉口镇”，加工染制“以应秦晋滇黔远贾之贸”[③]。

竹木　汉口是长江中游最重要的木材集散地。木材是汉口六大行之一，汉口木材交易市场在鹦鹉洲和白沙洲，商人在此编筏顺长江东下。[④]

汉口汇集的竹木，来自川、云、贵、湘、赣、陕、豫等省。木材如“柏、梗、楠、杉来自贵州，小杉来自长宁，小溪木、中溪木来自浏阳，松来自益阳、通州，花纹、板材来自四川建州”。竹材“大者来自湖南，小金竹、鸟啼竹来自（江西）兴国”[⑤]。云贵木材沿湘、资、沅、澧四水入洞庭湖，经岳州入长江运抵汉口。如永州府祁阳县“竹木之产饶于他郡，每年架排载舟涉洞庭而抵鄂汉者，络绎不绝”，“编筏贩到汉镇，岁可数万金”。祁阳县白水镇是湘江上游的一个竹木集散市场，“零（陵）、祁（阳）之木，多出于白水”，商人在此购买竹木，“然后扎排达汉江”[⑥]。四川所产木材则顺长江而下，汇集汉口。也有将圆木破成板材，将竹料破成篾条，“附搭船只装至沙市、汉口等处”售卖的。[⑦] 这些木材主要销往江南，直隶、山东等省区。

药材　汉口是全国最重要的药材集散市场之一。所集药材品种极多，举不胜举。在汉口经营药材的商人，顺治年间即已建立了“药材帮公所”，是该镇已知最早的商人同业组织。康熙二十八年，河南怀庆府河内、武陟、温、孟等

---

① 民国《夏口县志》卷5。

② 章学诚：《湖北通志检存稿·食货考》。

③ 乾隆《汉阳县志》卷7，坊市集镇；卷14，物产。

④ 经君健：《清代前期民商木竹的采伐和运销》，载《燕京学报》新1期。

⑤ 章学诚：《湖北通志检存稿·食货考》。

⑥ 乾隆《祁阳县志》卷4，风俗；道光《永州府志》卷5，风俗志。

⑦ 经君健：《清代前期民商木竹的采伐和运销》，载《燕京学报》新1期。

县专营“怀药”者在汉口建立“怀庆会馆”。江西商人也有不少经营药材业的，临江会馆即为该省油蜡、药材两帮商人所共建。[①]

纸张 汉口的纸张主要来自江浙、两湖和江西。其中，“绢笺、松笺，来自杭州、松江；竹连纸、切边纸、表青纸，来自湖南；油纸、银皮纸来自谷城、白河；金榜纸、卷连纸、改连纸，来自兴国”[②]。江苏句荣县商人康熙年间就在汉口建立了“红纸帮公所”，嘉庆年间双红纸帮商人又建立“双红公所”。

铜铅等矿产品 铜、铅等矿主要是供官府铸币之需，位于武昌省城的宝武局铸币所需原料铜有洋铜、滇铜和商铜三种。洋铜，来自日本；滇铜，产自云南；均系官商定额承销。所谓商铜则系由商贩入市交易之铜，即产自云、贵、广西、四川的“通商铜”。按清朝廷规定，宝武局铸币系以洋铜、滇铜、商铜三者“均匀配铸”，故有很大部分需直接从市场上采买。汉口币材市场以乾隆年间为最盛，其时，宝武局每年所购商铜一般在三四十万斤，最高达60万斤。以每百斤价银18~19两计算，年交易额约为六七万至十余万两。再加上外省前来采购，及本镇打铜业所需，汉口商铜市场的年交易额还要更大些。铅、锡等每年自云、贵、川、湘、广西诸省运至汉口，供江、浙、闽、赣、鄂、晋、陕、直等八省委员“赍价”前来采买。清代前期，汉口与关内十余个省区都建立了相对稳定的币材供应关系。乾隆年间，仅商铜、白铅、黑铅、点锡四种币材的年吞吐量约在五百万斤，折银约为30万两。此外，汉口还负担着1000余万斤京铜、白铅的中转运输任务。[③]

杂货 杂货种类繁多。如糖来自广东、福建；胡椒、苏木、陈香，来自外洋；茶叶远来自福建、徽州、六安州，近出于通山、崇阳；烟草来自福建、江西、湖南、山东济宁和甘肃等地，又有海外来者曰鼻烟。酒多本地窖造，其他来自浙江和山西。皮张，多来自陕西、口外。[④] 经营杂货业的商人各省都有，大约各具地土所宜，如江苏上元商人经营上元杂货、海味、糕饼、香烛等；广

① 民国《夏口县志》卷5。

② 章学诚:《湖北通志检存稿·食货考》。

③ 石莹:《清代前期汉口的币材市场》，载《湖北大学学报》，1993年，第5期。

④ 章学诚:《湖北通志检存稿·食货考》。

东南海、顺德、番禺、新会四邑商人大约以经营糖及洋广杂货为主，康熙年间就已在汉口建立了岭南会馆；再如，汉镇杂货帮建有“宝善公所”，而经营京杂货的商人咸丰年间又另外建立了“京货公所”[①]。

金融业 金融业的发展是汉口商业的重要保障。汉口的钱庄、当铺、银号、票号等业均十分活跃。乾隆十年“汉口一镇共当铺三十九座”[②]。《汉口竹枝词》有这样的记载：“近日银号……专恃放票，店本六千至一万不等，放票或五十万两”[③]。清代中叶票号的产生对商品转运无疑具有十分重要的意义，道光年间日升昌、日新中、蔚泰厚等票号均已在汉口开设分号，[④] 与全国主要商业城市有业务往来，特别是山西商人经营的中俄茶叶贸易，每年多达数百万斤之数，大多经由汉口转运，其钱款往来也多由票号汇兑。故有记载称“子金按月按时排，生意无如票号佳”[⑤]。

第四节 外贸口岸型城市——广州、张家口

一、广州

广东省城广州位于珠江三角洲出海口，自汉代起就是对外贸易重要港口，唐、宋、明三朝均在此设有市舶司。广州商业随着外贸的发展日渐繁荣。

古代广州的对外贸易基本上是藩属国的朝贡贸易，输入货物主要是所谓“珠香象犀玳瑁”等奢侈品，输出则以瓷器、丝绸为最。这种贸易与广东地区的社会生产很少发生直接的联系。明代中叶开始，这种贸易格局开始发生变化，从传统的贡舶贸易向商舶贸易转变，从以进口为基调的贸易转为以出口为基调的贸易，欧洲商人也逐渐取亚洲各国成为主要的贸易对象。[⑥] 这一转变，

---

① 民国《夏口县志》卷5。
② 乾隆十年正月湖北巡抚晏斯盛折，转自《山西票号史料》，第3页。
③ 刘秋根：《清代城市高利贷资本》，载《中国经济史研究》，1996年第4期。
④ 《山西票号史料》，第39、43等页。
⑤ 刘秋根前引文。
⑥ 刘志伟：《试论清代广东地区商品经济的发展》，载《中国经济史研究》1988年第2期。

一方面是由于15、16世纪连接中国——菲律宾——墨西哥的太平洋新航路开通，西方资本主义势力开始东渐；另一方面也是国内商品经济发展的结果。

清初，朝廷为防范台湾郑成功反清势力而实行禁海政策。康熙二十三年平定台湾后，即开放海禁，翌年设江、浙、闽、粤四海关。粤海关大关在广州，分口设在惠、潮、高、雷、廉、琼诸府共40余处，广州大关收税最多，约占粤海关税收总额的一半左右。乾隆二十二年起实行独口通商政策，将与西洋各国贸易集中于粤海关一口，使广州在对外贸易中独占鳌头几达百年之久。

清初定制："广省本地兴贩一切落地货物分为住税报单，皆投金丝行赴税课司纳税；其外洋贩来货物及出海贸易货物分为行税报单，皆投洋货行，候出海时洋商自赴关部纳税"[①]，即国内贸易由金丝行管理，对外贸易由洋货行管理。洋货行即后来的十三行，它不仅负责外商进口货物的代销，出口货物的代购，以及进出口货物的价格标定和承保纳税，并且代清朝廷监督外商的活动。

康熙初年"银行会馆"和洋货行皆建于西关，故西关渐成广州新的商业中心；新城之南的沿江一带，也是"阛阓稠密，船只蚁聚"，并分布着各种专业市场；即便老城区内，各种店铺也遍及大街小巷。[②] 清代中叶，广州的商业行铺计有洋货铺、珠宝铺、当铺、放账铺、换银铺、参茸行、布行、木行、生铁行、绸缎棉花行、青麻行、铜行、锡行、西货行、海味行、京果行、油行、豆行、谷埠、米行、槟榔行、烟行、金丝行、瓷器行、果干行、药材行、柴行、炭行、糖行等等。[③]

粤海关进口船只"来自外洋者曰夷船"，又分为外洋夷船（即西洋船）、澳门夷船、吕宋夷船等；"来自各省并粤东出洋贸易船只曰本港洋船"。"夷船长大坚固，水手百有余人，本重货多，每船所输出入税银约在万金上下"；本港船则"船身大小不一，水手多寡不一"，且有空船出海"携银到彼处置货者"。故粤海关"每年征收税数惟视洋船之多寡以定盈绌"[④]。乾隆二十二年广

① 李士桢：《抚粤政略》卷6，文告。

② 刘志伟：《明清时期广州城市经济的特色》，载《广州研究》，1986年，第1期。

③ 龙廷槐：《敬学轩文集》卷2。

④ 乾隆十六年二月十五日两广总督陈大受折，第一历史档案馆档案；乾隆二十一年五月二十八日杨应琚、李永标折，见《宫中档乾隆朝奏折》第14辑。

州独口通商之后，越来越多的洋船云集广州。进口洋货在此卸卖，然后转运各地；而各省货物也须经由广州出口。

独口通商政策对广州地位的变化是十分显著的。这从表3－14可以清楚地看出。洋船的云集使粤海关税收额大幅增长。雍正初年粤海关关税定额仅为4万余两，乾隆初年增至20余万两。嘉庆四年，依据各关历年实征之数对定额进行了调整，其中浙海、闽海两关定额均有削减，江海关增幅不大，而粤海关则予以大幅度增加；即使如此，该关的实征税额仍远远超过定额，高达一百数十万两。

道光年间，全国24个户关和5个工关每年实征税额在400万～500万两[①]，让我们以450万两约计。嘉庆二十五年至道光九年的十年，粤海关平均实征税额为1497824两，道光十年至十九年十年，粤海关平均实征额为1538576两，[②] 两个十年都以150万两约计，则粤海关每年实征税额约占全国关税总额的三分之一。

表3－14　雍正至道光年间粤、江、浙、闽四海关关税定额比较　单位：两

年代	粤海关		江海关		浙海关		闽海关	
	税额	指数	税额	指数	税额	指数	税额	指数
雍正初年	43750	100	25516	100	35780	100	73549	100
乾隆初年	271953	622	62608	245	89407	250	203335	276
嘉庆初年	899064	2055	65980	259	79908	223	186549	254
道光十一年	899064	2055	65980	259	79908	223	186549	254

资料来源：雍正《大清会典》卷52，关税；乾隆《户部则例》卷52，关税；嘉庆《大清会典事例》卷16，关税；嘉庆《大清会典事例》卷190，关税；道光《户部则例》卷39，关税。

随着上述广州地位的变化，转口贸易成为该城商业的重要内容。清代前期洋船进口货物以哆罗、哔叽、羽毛、纱缎、棉花、檀香、胡椒、黑铅等项为大宗；出口货物则以茶叶、湖丝、绸缎等为大宗。仅茶叶、生丝及丝织品两项即占出口商品总值的60%～80%。[③] 茶叶，主要来自福建、安徽；丝及丝织品则

① 王庆云：《石渠余记》卷6。

② 《粤海关关税征收报告表》计算。

③ 姚贤镐：《中国近代对外贸易史资料》第1辑，第254～255页表统计。

主要产自江浙，经大庾岭商道运往广州出口。进口洋货中绝大部分也是从广州经陆路、海路转销全国各地。

清代前期，白银是欧洲各国购买中国茶、丝等商品的主要支付手段。《广东新语》记言，“闽粤银多从番舶而来。番有吕宋者在闽海南，产银。其行银如中国行钱，西洋诸番银多转输其中。以通商故，闽粤人多贾吕宋银至广州”。而“商贾所得银皆以易货，度梅岭者不以银捆载而北也，故粤东之银出梅岭十而三四”[①]。这是明末清初的记载。乾、嘉年间仍然如此，而规模更大得多。据庄国土研究，18 世纪上半叶，英国东印度公司对华输出货值中，白银所占比例高达 80% ~90%，平均每船携带白银 109226 两，在 1700 ~1753 年的 50 余年间该公司曾有 178 艘商船来华贸易，输华白银总数达 1944 万两。18 世纪后半叶，该公司对华输出商货有所增加，白银所占比例逐渐降至 50% 以下，但由于输出总值的大幅度增长，平均每船带银仍达 739994 两，故从 1760 ~1799 年 40 年中，输入中国的白银总计仍高达 2400 余万两。[②]

随着外贸的发展，珠江三角洲本地商品运销外省的规模也不断扩大。外省商人将各地特产运至广州，从广州返销的商品则以洋货、广货为大宗，这已成为清代广东商品流通的基本模式。留在广州的白银又继续运作，将广东经济越来越广泛地纳入以外贸为中心的市场经济体系之中。这样，对外贸易与国内贸易，本地市场与国内、国际市场的商品流通越来越紧密地交织在一起，形成一个有机的整体，而广州正是这一流通体系的中枢。

对外贸易与转口贸易的发展使广州及其附近州县从事商业、运输业的人口大大增加。有记载称，“近省数大县逐末者多，务农者少”[③]。如顺德县小民多“贸易于石龙、江门、省垣、佛山四镇”；番禺县经商者也有不少“商于省、佛，并交蕃船”，从事对外贸者。据说在广州经商者大致以“顺德之人居其三，新会之人居其二，番禺及各县、各府、外省之人居其二，南海之人居其

---

① 屈大均：《广东新语》卷 15，货语。

② 庄国土：《茶叶、白银和鸦片：1750 ~1840 年中西贸易结构》，载《中国经济史研究》1995 年第 3 期。

③ 张渠：《粤东闻见录》卷上。

二”[①]。从广州贩货至国内各省者也为数不少，屈大均即言广州人多务贾，“以香、糖、果箱、铁器、藤、蜡、番椒、苏木、蒲葵诸货，北走豫章、吴浙，西北走长沙、汉口”[②]。乾嘉年间顺德县人龙廷槐曾对广州府属各县务农经商人口比例作过一粗略估计，根据他的估计，广州府属主要县份中约有30%左右的人口直接或间接地服务于商品流通的各个环节。[③] 换言之，在该府四百余万人口至少有百万以上是借贸易以为生计的。

清代广州城市是以商品集散为主要经济功能的，与商业相比，广州的手工业在城市经济中的地位相形见绌。不过，清代广州手工业也有一定的发展，特别是乾隆二十二年独口通商之后，随着丝、茶、棉布、瓷器出口量的增加，广州的丝织、制茶、彩瓷烧绘等出口加工业都有较大发展，成为重要的手工业部门。

明代粤缎、粤纱在海外已享有一定的声誉，但产量有限；清代随着珠江三角洲蚕桑业的发展，广州的丝织业也迅速发展。如乾隆三十九年，运往墨西哥的丝货中，广州所产光缎和番袜即是两项最主要的商品。广东丝织品虽质量不如江南，但价格便宜的多，因而在外贸中反比江南丝织品获利更丰，这显然有力地刺激了广州丝织品的发展。[④] 新兴的“广彩”烧造业更是为适应海外市场的需求而兴起的。其工场设在广州河南，瓷器胚胎选用景德镇烧造的白瓷器，运至广州“另雇工匠，仿照西洋画法”绘上图案，入炉烧制，“制成彩瓷，然后售之西商”，“此种瓷器，始于乾隆，盛于嘉、道”[⑤]。18世纪20年代，茶叶出口跃居首位，广州制茶业也随之兴起，当时出口的花茶都是在广州加工的，薰茶所用的珠兰茉莉则是在珠江南岸一带种植，并在此设场加工。据外国人的记载，广州城珠江南岸茶行、茶场比屋相连，“这些茶行都是宏大而宽敞的两层楼的建筑，下层堆满了茶叶和操作工具，上层挤满了上百的妇女和小孩从事于拣茶和把茶分为各类……这种工作的工资为每斤六文，平均每人每天可

---

① 龙廷槐：《敬学轩文集》卷2。

② 屈大均：《广东新语》卷14，食语。

③ 龙廷槐：《敬学轩文集》卷2。

④ 李伯重：《明清江南与外地经济联系的加强及其对江南发展的影响》，载《中国经济史研究》，1986年，第2期。

⑤ 陈柏坚、黄启臣：《广州外贸史》上册，第319页。

得六十文，相当于三个便士”[①]。在伦敦市场上大受欢迎的珠兰花茶即是在这里加工制成的。

总之，清代前期的广州不仅是广东的重要港口，而且成为全国最重要的口岸城市，广州城市经济完全是以对外贸易和转口贸易为中心的，同时也带动了珠江三角洲商品经济的发展。当然，广州商业的这一特殊繁荣，在很大程度上是由清王朝的独口通商政策造成的，也可说是以牺牲其他地区的发展为代价的。

二、张家口

张家口是清代最北方的商业城市、金融中心和中俄陆路贸易的重要口岸。它虽兴起较晚，却很快成为与广州遥遥相对，一南一北两大主要外贸口岸之一。

张家口地处直隶北部长城线上，原是一个军事重镇，明代属万全都司万全右卫，“极目荒凉，诸物不产。自隆庆五年北虏款贡以来，始立市场。每年互市缎布买自江南，皮张易之湖广。彼时督抚以各部夷人众多，互市钱粮有限，乃广召四方商贩使之自相贸易，是为民市之始”[②]。万历年间，张家口互市贸易已是“百货坌集，车庐马驼，羊旃毳布缯瓦缶之属，踏跳丸意钱蒲之技毕具”了。[③]

来张家口贸易者以晋商为多。县志记载称，“八家商人者，皆山右人。明末时以贸易来张家口，曰王登库、靳良玉、范永斗、王大宇、梁嘉宾、田生阑、翟堂、黄云发。自本朝龙兴，辽左遣人来口市易，皆此八家主之。定鼎后承召入都，燕便殿蒙赐上方服馔”。清初这“八家商人”均以为朝廷服务，成为皇商。其中，范氏家族更以承办军需获巨利，富及数代，显赫一时。[④]

张家口清初属宣化府万全县，雍正二年置张家口直隶厅。独石口、多伦诺尔设厅后，合称“口北三厅”，专门办理“与蒙古民人交涉之事”[⑤]。雍正五年，清廷指定喜峰口、古北口、独石口、张家口、归化城、杀虎口和西宁等地

---

① 彭泽益：《中国近代手工业史资料》第1卷，第485～486页。

② 梅国桢：《请罢榷税疏》，见《明经世文编》卷452。

③ 乾隆《万全县志》卷8，艺文志。

④ 乾隆《万全县志》卷10，志余。

⑤ 乾隆《口北三厅志》卷首，黄可润序。

为出入蒙地经商的贸易孔道，凡赴内外蒙古和漠西厄鲁特蒙古地区进行贸易的商贾，需经张家口的察哈尔都统、多伦诺尔同知衙门、归化城将军和西宁办事大臣等批准，并颁发“部票”（又称“龙票”），在指定的盟、旗境内经商贸易。“部票”系用满、蒙、汉三种文字书写，注明人数、姓名、贸易品种、数量、返程日期；他们到达蒙地后，须在当地盟、旗官吏监督管理下进行贸易，凡无票者不得进入蒙地贸易。[①]

张家口作为中俄贸易的重要口岸始自康熙年间。康熙二十八年《中俄尼布楚条约》，雍正五年《中俄恰克图条约》商定俄国官方商队每三年可来京免税贸易，人数限为二百人。《恰克图条约》还约定在两国交界之恰克图、尼布楚等地搭建房屋，进行民间贸易。[②] 俄国前来北京贸易的商队往往十分庞大，超出规定的标准。如康熙四十二年俄皇派遣莫斯科商会商人伊万萨瓦耶甫率领的商队，人员组成为：总管一人，随员书记及职员等共53人，护送人役200人，商队工役565人，总计达818人。[③] 雍正五年，来京的俄国商队由205人组成，共带有马1650匹，牛562头，货车475辆，给养车162辆，所带货物价值28万多卢布。[④]

俄国商队入京贸易的道路主要有二：一是自尼布楚至齐齐哈尔城，经东部蒙古入古北口或山海关至北京；二是自伊尔库次克城循色楞格河，经库伦，横穿戈壁，入张家口抵北京。[⑤] 前者需要150天，而后者只需70天。[⑥] 起初，俄国商队赴京贸易被指定由尼布楚商路；后因俄商的一再要求，康熙四十七年清廷批准以色楞格——库伦——张家口的商道为俄国商队往返之官道。

乾隆二十年，清廷停止俄国官方商队入京贸易之例，将中俄贸易统归于恰克图一地。刘选民《中俄早期贸易考》言：“中俄陆路贸易，向不抽税，惟于各该国境内关口则征卡税。”“中国于张家口设关，内地商人往来恰克图、库

---

① 张正明：《晋商兴衰史》，第72～73页。
② 王铁崖编：《中外旧约章汇编》，第1册，第7～9页。
③ 姚贤镐前引书，第1辑，第118页。
④ 《北京通史》第7卷，第350页。
⑤ 姚贤镐前引书，第116页。
⑥ 【法】葛斯顿·加恩著：《早期中俄关系史》，第52页，商务出版社，1961年中译本。

伦贸易者征税于此”[①]。乾隆二十四年方观承的奏报称，赴恰克图、库伦贸易商民，多在张家口设有铺房。其中资本较厚者60余家，依附于票商的散商约有80余家。[②] 俄国学者认为“张家口买卖城可以说是中国对俄贸易的集中点，几乎全部俄国呢绒和各种绒布以及俄国出口的全部毛皮制品都是先运到张家口买卖城的货栈，然后批发给下堡，最后再运到中国本土”[③]。也就是说，从乾隆中叶开始张家口即成为中俄恰克图贸易最重要的转运枢纽。

乾隆年间秦武域《闻见瓣香录》记载，“张家口为上谷要地，即古长城为关，关上旧有市台，为南北交易之所，凡内地之牛马驼羊多取给于此。贾多山右人，率出口以茶布兑换而归。又有直往恰克图地方交易者，所货物多紫貂、猞猁、银针、海貂、海骝、银鼠、灰鼠诸皮以及哈喇明镜、阿敦绸等物”[④]。又据何秋涛《朔方备乘》记载，“内地商民至恰克图贸易者，强半皆山西人，由张家口贩运烟、茶、缎、布、杂货前往，易换各色皮张、毡片等物”[⑤]。经由张家口输出的商品主要有茶叶、丝绸、棉布等，而以茶为最大宗；输入商品则以毛皮、呢绒、牲畜等为大宗。下面，我们分别简述之。

丝绸　中国所产丝绸是中俄贸易最重要的商品之一，也是内地输往蒙区的主要商品。江南丝绸由海道或运河达于津、京，再经张家口输往关外。据说1728年中国输俄之丝绸价值达46000余两；[⑥] 17世纪五六十年代，俄国每年进口中国丝织品价值平均达21万卢布以上。[⑦]

棉布　此项输出亦为大宗，棉布不仅在俄国市场销售极畅，且转贩欧洲诸国。1728年中国输出之棉布约值银44000余两。[⑧] 乾隆中期俄国平均每年从中国进口“南京布”和其他棉布价值高达106万卢布以上。[⑨]

---

① 转见姚贤镐前引书，第116、105页。

② 葛贤惠：《商路漫漫五百年——晋商与传统文化》，第70页。

③ 【俄】波兹德涅耶夫：《蒙古与蒙古人》第1卷，第701页。

④ 秦武域：《闻见瓣香录》甲卷，张家口。

⑤ 转见姚贤镐前引书，第100页。

⑥ 姚贤镐前引书，第108页。

⑦ 吉田金一：《论俄国与清朝的贸易》，转见李伯重《明清江南与外地经济联系的加强及其对江南发展的影响》，载《中国经济史研究》，1986年，第2期。

⑧ 姚贤镐前引书，第108页。

⑨ 吉田金一：《论俄国与清朝的贸易》，转见李伯重前引文。

茶叶 据何秋涛《朔方备乘》记载："恰克图互市中国茶叶，《华夷变言》曰：俄罗斯不准船到粤，只准陆路带茶六万六千箱，计五百万棒【？磅】，因陆路所历风霜，故其茶味更佳，非如海船经过南洋暑湿，致茶味亦减。《澳门月报》曰：欧罗巴销用茶，以荷兰、俄罗斯两国为最。俄罗斯在北边蒙古地买茶，道光十年买五十六万三千四百四十棒【？磅】，道光十二年买六百四十六万一千棒【？磅】，皆系黑茶，由咯【？恰】克图旱路运至担色，再由水旱二路分运娜阿额罗。"[①] 此外经张家口输往蒙区的茶叶数量也为数不少。

输往俄国、蒙古的茶叶主要产自福建武夷山区，其运输路线大致是：由福建崇安县过分水关入江西铅山县河口镇，在此装船顺信江下鄱阳湖，穿湖而过出九江口入长江，溯江抵汉口，转汉水至樊城（襄樊）起岸，经河南入山西，经泽州（晋城）往潞安（长治）抵平遥、祁县、太谷、大同，达于张家口，再由张家口转运蒙地和俄国。[②] 从产地至销地路途长达万里之遥。"清初茶叶均系西客经营，由江西转河南运销关外。西客者山西商人也。每家资本约二三十万至百万。货物往还络绎不绝。首春客至，由行东赴河口欢迎，到地将款及所购茶单点交行东，恣所为不问。茶事毕，始结算别去"[③]。江西河口镇，作为武夷茶南销广州，北运张家口的集散地，商人麇集，金融往来为数甚巨，故吸引多家票号去那里设庄。

由俄国、蒙区输入之商品则以下列各项为大宗：

毛皮 由俄国输入商品以毛皮为最，且种类繁多。较贵重者如海獭皮、獭皮、狐皮、狼皮、熊皮、不加勒斯多羔皮、阿斯脱剌罕羊皮，黑貂皮、白鼬皮、灰松鼠皮等。道光二十三年恰克图已交换各种皮货达 120 余万张，尚留存皮货 227 万余张，[④] 这些皮毛先由恰克图运至张家口，再由张家口转销关内各地。

纺织品 纺织品居第二位，也由恰克图运至张家口后转销关内各地。进货

① 转见姚贤镐前引书，第 107 页。

② 张正明前引书，第 274 页。

③ 衷干：《茶市杂咏》，转见彭泽益《中国近代手工业史资料》第 1 卷，第 254～255 页。

④ 参阅姚贤镐前引书，第 113 页。

种类有羊毛绒织物、天鹅绒、亚麻布等；其粗糙者大抵产自俄国，精细者则来自英国、普鲁士诸处。[①]

牲畜 牲畜是蒙古输入内地的大宗商品，主要由旅蒙晋商在牧区市场收购后贩运内地。如蒙古的羊每年运至内地者数百万头；又如，乾隆时察哈尔岁销江南各营马1000余匹，乌兰察布盟销往内地的驼马牛等有10余万头，羊皮40余万张。[②]

土碱 土碱“乃蒙古自然之利，有扫土煎熬者，有于冬月冰冻之时自然结成碱块者，内地染局、面铺用之，比他处所产为佳，是以远近流通”，是蒙区输入的较大宗商品。其产地主要在塞外察哈尔的正蓝、镶白等旗境内，康熙年间曾“招商煎熬纳课”，后因“有碍蒙古游牧，定议停止”。乾隆二十一年直隶总督方观承奏请，建议准许蒙古牧民自采，由商人在张家口设铺收买，照章纳税。经户部覆议获准定制，蒙古各旗“凡有刨取碱块货卖者，惟准进张家口一处，其余各关口概不准进”。碱块应纳税额，“查张家口部颁则例，每碱一驮征收银四分，每驮约二百余斤”，故以“每碱百斤作为一担，征收库平纹银二分”[③]。

光绪十八年赴蒙古考察的俄国学者波兹德涅耶夫记载说，当时张家口有德懋、合成、德恒、元隆、全成、德元、天合、元盛、泰成、裕源等十家碱店，“这些商店从察哈尔正蓝旗和镶白旗的牧地收购土碱，进行加工，其数量是相当大的。例如，在1892年这十家盐行收购入库的土碱达三万八千车至三万九千车，每车近六百四十斤”[④]，总量约达2400多万斤。这虽是光绪年间的记载，但与清代中叶的实际状况当不至相差太多。民国《万全县志》称，张家口碱商“自清初迄民国十五年二百余年间概系十家，从无增减。在民国五年至十五年十年间颇获厚利。其原料为碱坯，出产于察哈尔省白、蓝两旗，每年以牛车运入本口之数，多则三万车，至少不下一万车”[⑤]。

---

① 姚贤镐前引书，第111页。
② 张正明前引书，第273~274页。
③ 乾隆《口北三厅志》卷5，物产。
④ 波兹德涅耶夫：《蒙古与蒙古人》第一卷，第711页。
⑤ 《张家口概况》第21页，见民国《万全县志》第10册。

晋商由内地运到蒙区的商品还有药材、蔗糖、烟叶、小麦、陶器、铁锅、农具等。其产地分布甚广，如蔗糖产于闽广，烟叶、陶器产于河南、江西，小麦、铁器等多产自河北、山西。从蒙区输入的商品还有皮毛、蘑菇、药材等。[①] 从俄国输入者还有金属以及杂货，如玻璃用具、镜、刀、剪刀、锁等，也很受中国市场之欢迎。[②]

北疆贸易陆路长途贩运，耗时长，耗资巨。这一特点决定了它对资金需求量甚大，而且周转期长。故张家口不仅是清代中国最北部的商城，也是最北部的金融中心。清中叶前后产生的新的金融机构账局、票号等均以之作为重要据点。

账局是雍乾年间在北京、张家口等北方商业城市产生的一种以对工商业者开展存贷款业务为主的金融组织。其经营者基本都是山西商人。目前所知最早的一家账局是乾隆元年山西商人王庭荣出资四万两在张家口开设的“祥发永”。有学者认为账局的出现与山西商人经营的中俄贸易密切相关。[③] 账局的借款对象主要是从事中俄、中蒙西北边贸者，一个往返即需一年时间，故账局借贷多以一年为期。下表是清代中叶在张家口开设的几家账局的状况，请参见。

表 3－15　　清代中叶张家口开设的账局示例

账局名称	开业年代	总号所在地 设分号城镇	资本（两）	股东姓名、籍贯	总经理姓名、籍贯
祥发永	乾隆元年	张家口京师、上海	40000	王庭荣山西汾阳	宋文蕙山西汾阳
大升玉	嘉庆十九年	张家口京师、上海	50000	常立训山西榆次	张祯禧山西汾阳
大泉玉	道光二十年	张家口京师	30000	常立训山西榆次	王桂淮山西汾阳

资料来源：据《山西票号史料》第 10 页表改制。

票号，是清代中叶出现的一种专营汇兑业务的新的金融机构。它是随着埠

① 张正明前引书，第 273～274 页。

② 姚贤镐前引书，第 109～110 页。

③ 黄鉴辉：《论我国银行业的起源及其发展的阶段性》，载《山西财经学院学报》，1982 年，第 4 期；张国辉：《清代前期的钱庄和票号》，载《中国经济史研究》，1987 年，第 4 期。

际贸易发展而发展起来的。票号采取的是连锁制经营，总号、分号之间联系密切，同时与各地商号也有广泛的联系。道光二十年，日升昌等8家票号已在北京等23个城市设有35家分号。[①] 张家口是其中最北方的城市，这里的票号业务往来十分活跃。道光三十年与张家口通汇的城市至少有13个，计有京师、苏州、河口、天津、汉口、平遥、祁县、太谷、太原、扬州、成都、清江浦、三原等；其往来商号计有：大顺雷、兴盛德、永顺祥、裕兴昌、源泰昌、庆源德、永顺利、万和明、德兴恒、源盛兴、恒义长、永兴玉、合盛永、三和同、德生世、昌泰和、生旺德、恒义承、万盛隆等19家，汇兑往来金额共计164364两。其中苏州、京师、河口、汉口四个城镇的汇兑金额即达86600两，占总额的50%以上，[②] 这几个城镇正是张家口运销蒙古和恰克图的茶叶、丝绸、棉布等货物的主要来源和中转地。下表是道光三十年日升昌张家口分号与各城镇汇兑往来状况，从中可见张家口与各地经济往来之一斑。

表3-16　　道光三十年日升昌票号张家口分号业务往来状况一览　　单位：两

张家口收汇	汇款城镇	张家口交汇
26300	河口镇	—
27000	苏　州	1000
28300	京　师	4000
9300	平　遥	17765
18240	祁　县	—
4700	太　原	—
3400	天　津	606
5000	汉　口	4000
2003	太　谷	—
—	成　都	3000
—	清江浦	1000
—	三　原	8500
—	杨　州	250
123243	合　计	40121

资料来源：黄鉴辉：《山西票号史》，第119页。

① 张国辉前引文。

② 道光三十年日升昌张家口分号致汴梁、京都分号的两封信，见《山西票号史料》，第31～32页。

第五节 商业城市的发展特点及其意义

以上考察我们看到，明代江南是全国的经济中心，也是最主要的流通中心，故商业城市也多集中于此。清代，随着华北平原、长江中上游诸省经济的发展，以及东北、台湾、新疆等边疆地区的开发，各区域之间经济联系加强，流通规模扩大，作为流通枢纽的商业城市，其分布也与全国性经济布局的变化相一致，呈现出多元的发展格局。

明代禁海，运河是最主要的南北流通干线；清代随着海运的发展，沿海贸易以其运输量大、费用低廉的优势后来居上，形成一个南至闽粤，北抵辽东的绵亘万里的海运线；另一方面，随着长江中上游湖广、四川等省的经济发展，长江流通也由明代仅限于中下游地区扩展至全线贯通。沿海、沿江商业城市的迅速崛起，是清代商业城市发展的又一重要特点。

综述上文，我们把清代的商业城市归纳为三种类型：即聚集型、辐射型和中转型。

聚集型，亦可称之为吸纳型。政治中心型城市，一般都聚集了较多官僚、地主、军队及为之服务的人员，政治级别越高，城市规模越大，聚集的人口也就越多。城市人口的聚集及其活动，产生了对消费资料的诸多需求，这就需要从各地将大量商品运到城市来，从而使之成为一个商品聚集地。城市规模越大，等级越高，人口越多，其聚集的商品也就越多；当这些商品超出了城市自身的需要，就会向周围地区输出。北京就是一个这种类型的城市，其他各级政治中心型城市大多也具有此种功能，不过程度不同而已。

辐射型，亦可称之为输出型。以某种或某些商品生产为主的城市，由于产品外销以及生产过程中对原料的需求，会吸引各地商人前来贸易，同时带来了各地特产，从而形成较大规模、较大范围的商品流通。这是由生产的发展而形成的、以产品的外销扩散为主的流通中心。此类城市在清代为数不多，除前述的苏、杭、南京之外，广东的佛山、江西的景德镇、山东的博山等也可归入此类。

中转型，此类城市大多位于江河、沿海，特别是水路、陆路交叉口，由于地理位置之便而利于商品的集散。清代随着商品经济的发展和区域间经济联系的加强，此类城市的发展十分迅速，规模和数量都较前代有明显增加。同时，这类商业城市多是作为一定区域的流通中心发展起来的，它一方面参与和媒介该区域内部的各种交换活动；另一方面又作为区域与区域之间的联系纽带，联结着各区域间的物资交流。这类城市是清代前期发展最为显著，也是最有意义的一类城市。正是中转型城市的迅速发展，使全国性的城乡网络体系逐渐形成，并在加强地区间的经济联系，优化资源配置，促进区域经济发展等方面发挥着重要作用。

清代的商业城市主要是因商品流通而兴起的，故其最主要的经济功能就是在流通中的枢纽作用。作为流通枢纽，这些商业城市的经济构成以中转批发业、金融业，以及为商品流通服务的运输、旅馆、餐饮等业最为发达。

除一般城市均有零售商业之外，中转批发业的发达是商业城市的一大特点。与之相适应，从事中介贸易的牙行经纪人数众多，商品仓储所需的货栈等业也相对发达。

由于商品往来对资金的需求，商业中心城市一般也都是金融中心。上述城市中，不仅传统的典当、钱庄业十分发达，新兴的金融机构账局、票号业更是其重要部分。

运输业，如水路运输所需之船行、船户，陆路运输之车行、驮户，以及专门从事装卸业的脚夫、抬户等都是商业城市居民职业的重要组成部分。为适应大量流动人口的饮食、住宿需求，各种不同档次的饭铺酒店、客馆旅舍也是商业城市经济结构中的重要组成部分；同时，在各大商业城市中，稍有势力的商帮多自建有各自的会馆，以满足同乡同业储货、住宿以及联络乡谊等需要。

总体而言，清代的商业城市是随着区域经济的发展而发展，随着商品流通的发展而发展的，故它与全国性经济布局和流通格局的变化紧密相关。

第六章　商人、商人组织和商人资本

第一节　地方商人的活跃

清代商人队伍的庞大可以说已经发展到了中国封建社会的顶峰。清代商人的社会构成遍及各个等级、职业人群。其等级构成包含了清代的全部七个等级人群，即皇帝、宗室贵族、官僚缙绅、绅衿、凡人、雇工人和贱民。在职业构成上，清代商人来自几乎所有职业人群，如官吏、士、农、工、医、星相、兵、僧道等，以及流犯、乞丐等无业人员。商人最主要的社会构成则无疑是凡人等级中的农民。清代“弃本逐末”现象比前代更为普遍，这主要即是指农民经商。由于各等级、职业人群本身的性质，一些等级、职业人群经商仅属于兼业行为，如皇帝、宗室贵族、现任官吏，贱民中的家人、奴仆、长随等，他们只是兼业商人，而不是职业商人。另外，雇工人只能是商业劳动者，也不可能是自己出资经商的独立商人。另一方面，清代地方商人也较明代有了很大发展。除明代已经形成的山西、陕西、徽州、福建、广东、江西、洞庭、龙游等地方商人外，清代还出现了不少中小地方商人，如山东商人，安徽宁国商人，江苏南京、常州、镇江、苏北等地商人，浙江宁波、绍兴、杭州、金华等地商人，河南武安、怀庆商人，湖南商人、湖北商人等。几十年来对地方商人的研究成果丰硕，论著甚多。限于篇幅，这里只能简述少数几个地方商人的发展状况。

一、山西商人

明代晋商已与徽商并称两大商帮。清代版图的拓展，边疆的和平统一，为晋商提供了有利的环境。清代晋商迅速发展，由南到北，自东至西，无不有晋商活动，而且控制了许多地方的商业，据称，“山陕会馆遍天下”①。各大城市都有晋商活动。晋商在京师占绝对优势，“富商大贾多晋魏，吴侬越侩或两三”②，在京师建有10余个会馆，涉及颜料、染业、粮油、布业、铜铁锡业、烟袋业、烟业、杂货、纸张、干果等行业。苏州原有翼城会馆，乾隆间又建全晋会馆，捐款的定阳钱行和联义会众商共有130余家，另外捐款的还有30余家。③ 广州，“太谷、平遥、介休各县民人，多在广东及南省等处贸易”，嘉、道间并有贩运鸦片牟利者。④ 山西商人有“许多资本家到广州来放债牟利”⑤，山陕商人原在广州合建宾馆，乾隆中迁至佛山，嘉、道间重修山陕会馆，捐抽厘头银两的山陕各号191家，道光时重修山陕福地，捐款商号205家，近5000两。⑥ 其他如天津、济南、临清、聊城、开封、汉口、长沙、江西吴城镇、昆明、西宁等城市晋商都颇有势力，甚至占主要地位。除内地外，晋商在各边疆地区也很活跃。黑龙江“商贩多晋人”⑦。山西商人是旅蒙商的主力，“塞上商贾，多宣化、大同、朔平三府人”⑧。旅蒙商遍及漠南漠北，将内地茶、布等商品运入蒙古各地。晋商还垄断了对俄恰克图贸易，“所有恰克图贸易民人，皆晋省人，由张家口贩运烟茶缎布杂货，前往易换各色皮张毡片等物”⑨。新疆，巴

---

① 《明清晋商资料选编》，第286页。

② 饶学曙：《估客行》，见《清诗铎》卷25，第922页。

③ 《江苏省明清以来碑刻资料选集》第372～374页；《明清苏州工商业碑刻集》第333～337页。

④ 清《宣宗实录》卷184，道光十一年二月戊戌；卷13，道光元年二月丁未。

⑤ “Chinese Repository” vol. Ⅱ. 1833年，转见姚贤镐：《中国近代对外贸易史资料》第1册，第306页。

⑥ 《明清佛山碑刻文献经济资料》，第126～127、144～153页。

⑦ 西清：《黑龙江外纪》卷6。

⑧ 纳兰常安：《行国风土记》。

⑨ 松筠：《绥服纪略》。

里坤“商贾毕集，晋民尤多”①，乌鲁木齐、叶尔羌等地都有晋商。晋商还从事东南、两湖与西北、蒙古之间的长途贩运。江苏镇洋县棉布“秦晋标商，捆载以往”②。两湖是晋商另一重要经营区域，“其买卖在三江两湖者十居八九”，咸丰时两湖成为太平天国重要战场，晋商遭到严重打击，“向所称为富户者一旦化为乌有，住宅衣物之外，别无长物”③。晋商将两湖土产如茶叶、棉布贩运北边，湖北德安府的棉布“西贾所收也，至呼为边布”④，蒲圻县“每岁西客于羊楼司、羊楼洞买茶。其砖茶用白纸缄封，外粘红纸，有‘本号监制，仙山名茶’等语”⑤。晋商的长途贩运规模之大为其他商帮所不及。晋商活动甚至远至西藏，道光二十五年宁远府候补通判丁淦等往察木多处理乍雅（又作乍丫，今为察雅）正副呼图克图纠纷，因“资斧久竭，贷于西贾”⑥。

晋商的主要经营项目除茶、布外，还有盐，经营本省的河东盐区及长芦、两淮、四川盐业；从事生息资本经营，晋商经营典当业颇为著名，乾隆时山西巡抚明德说“晋省当商颇多，亦善营运”⑦，江北典当业为晋商控制，晋商的高利贷也很出名，被称为“西债”，乾隆时并创设了专门向工商铺户和候选官吏放款的账局，⑧ 道光初创立了经营汇兑业的票号，第一家票号日升昌由平遥西裕成颜料庄经理雷履泰创办，此后迅速发展，形成平遥、祁县、太谷三帮，垄断了票号经营。

晋商财富不断增长。康熙时平阳亢氏与泰兴季氏“俱以富闻于天下”⑨，乾隆时“山西富户百十万家资者，不一而足”⑩，乾隆时长芦山西盐商王太来“其懋迁之字号各处有之”，“其家产现银一千七百万有奇，他物称是”⑪，两淮

① 文绶：《陈嘉峪关外情形疏》，见《清经世文编》卷81。
② 乾隆《镇洋县志》卷1，风俗。
③ 徐继畬：《潞盐刍议致王雁汀中丞》，见《松龛全集·奏议》卷下。
④ 康熙《德安府全志》卷8，物产。
⑤ 道光《蒲圻县志》卷4，风俗。
⑥ 姚莹：《康辎纪行》卷13。
⑦ 清《高宗实录》卷517，乾隆二十一年七月丙申。
⑧ 黄鉴晖：《清代账局初探》，见《历史研究》，1987年，第4期。
⑨ 钮琇：《觚剩》卷3，《季氏之富》。
⑩ 清《高宗实录》卷1257，乾隆五十一年六月庚寅。
⑪ 萧奭：《永宪录》卷2，下，第130页。

山西盐商王履泰、尉济美“皆挟资千万金，资本行之数十年”[①]。无论是活动范围还是财富，晋商都已是清代第一大商帮。

二、徽州商人

清代徽州的经商风气较明代更为普遍，除了明代早就开始经商的歙、休、祁、婺各县外，黟县、绩溪也开始经商。康熙时黟县“习向重离土，一闻挟薄资、游都会，相戒摇手。近始学远游，亦知权低昂、时取予，岁收贾息”[②]，嘉庆时已是“为商为贾，所在有之”[③]。绩溪在乾隆后也多外出经商。徽州六县的普遍经商，扩大了徽商队伍，增强了徽商的力量。

徽商经营以“盐、茶、木、质铺四者为大宗”[④]。各县商人各有经营重点。乾隆前盐业以高额的利润、雄厚的资本、显赫的地位成为徽商的主导行业，盐商势力的膨胀是清代徽商发展的重要表现。徽商“以业盐于两淮为著”[⑤]。明万历时徽商在两淮已超过山陕商人而居优势，清前期依然如此，两淮总商多由徽商担任，其著者如程量入程之韺父子、程增、江承瑜江春父子、鲍志道鲍漱芳父子、黄源德、洪箴远、黄潆泰、汪汝善、汪廷璋等，其中又以歙县商人为多。两浙也多徽商，明代就应徽商要求而设立商籍，康熙四十三年浙商汪文瑞等呈称：“商等祖、父相承，买补西路场……俱系徽籍充商。”[⑥] 徽商还有在两广盐区行盐的，两广商籍中有休宁查锡魁为乾隆甲戌岁贡。[⑦] 乾隆时徽州盐商积累了巨额财富，尤以两淮为甚，嘉道时人汪喜荀估计“向来山西、徽歙富人之商于淮者，百数十户，蓄资以七八千万计。”[⑧] 据何炳棣研究，18世纪下半叶大约30个总商和200个散商每年获利达500万两，半个世纪共获利2.5亿两，一些盐商巨子二三代之间即可集资达千万两，每年行盐二万引者不足两

---

① 姚莹：《上陆制府（建瀛）九江卡务情形禀》，见光绪《两淮盐法志》卷157，杂记门。
② 康熙《黟县志》卷1，风俗。
③ 嘉庆《黟县志》卷7，地理，风俗。
④ 陈去病：《五石脂》。
⑤ 《徽州紫阳书院岁贡资用记》，见嘉庆《两淮盐法者》卷55。
⑥ 嘉庆《两浙盐法志》卷15，条约1。
⑦ 道光《两广盐法志》卷33，选举。
⑧ 汪喜荀：《姚司马德政图叙》，见《从政录》卷2。

代就可成为百万富翁；另外大约30个场商每年获利150万~200万两，其中无疑有家资百万乃至数百万者[①]，这些盐商巨子主要是徽商。乾隆时人李斗记载汪廷璋“富至千万”，吴景和“以一文起家，富至百万”[②]，都是徽商；道光时姚莹说“昔年徽商如鲍有恒【按，即鲍志道家行盐牌名】、江广达……皆挟资千万金，资本行之数十年”[③]。乾隆末年后，由于银贵钱贱引起盐商负担增加、盐价上涨，以及私盐泛滥、封建政权勒索、自身奢侈浪费等原因，各地盐商渐趋衰落，昔日最为繁盛的两淮盐区危机也最为深重，道光十二年、三十年清廷先后对淮北、淮南实行改纲为票，盐商因丧失垄断专卖权而纷纷破产，盐业作为徽商中的龙头行业彻底衰落。

茶叶也是徽商很早经营的行业，徽州有松萝、屯绿、祁红等名品，徽商经营茶叶主要是将本地名茶贩运各地，道光五年河南巡抚歙县人程祖洛奏称：“惟臣同乡贩运茶叶赴京暨关东售卖，向系装至江苏上海县雇觅沙船运送”[④]。另一重要销地是运至广州售与外商，“闽、皖商人贩运武彝、松罗茶叶赴粤销售，向由内河行走，自嘉庆十八年渐由海道贩运，近则日益增多”，因难以稽查，清廷下令仍由内河行走，禁止出洋贩运。[⑤] 江西茶叶也多由徽商经销，江西茶叶“诸邑聚于景德镇者皆徽之休宁、祁门、婺源贾客所鬻也”[⑥]。徽州木商“皆婺人”[⑦]。婺源因田地所入不足而力作于山，“以其杉桐之入易鱼稻于饶，易诸货于休。”“婺源贾者率贩木”[⑧]。除贩运本地木材外，徽商还采运浙江、福建及西南等地木材，其销售集散地则在江南，“徽多木商，贩自川广，集于江宁之上河，资本非巨万不可。”徽州“典商大多休宁人……治典亦惟休

---

① Ping-ti Ho “The Salt Merchants of Yang-Chou：A Study of Commercial Capitalism in Eighteenth-Century China”，Harvard Journal of Asiatic Studies 17，1954。转见于宗先等编《中国经济发展史论文选集》下册，台湾联经出版公司1970年版。

② 李斗：《扬州画舫录》卷6，第148页；卷15，第350页。

③ 姚莹：《上陆制府（建瀛）九江卡务情形禀》，见光绪《两淮盐法志》卷157，杂记门。

④ 程祖洛：《覆奏海运疏》，见《清经世文编》卷48，第1171页。

⑤ 清《仁宗实录》卷332，嘉庆二十二年七月戊辰。

⑥ 乾隆《浮梁县志》卷5，物产志，土产。

⑦ 《歙事闲谭》第18册，《歙风俗礼教考》，转见《明清徽商资料选编》，第179页。

⑧ 康熙、乾隆《婺源县志》卷4，风俗。

称能。凡典肆无不有休人，以专业易精也。”[①] “典肆，江以南皆徽人。”[②] 徽州典商在江浙一带居统治地位。除这四大行业外，徽商还经营粮食、棉布、丝绸等多种商业。

徽商的活动范围一向称为足迹遍天下，但实际清代徽商的活动范围集中在长江中下游以及京师等少数北方大城市，正如康熙《徽州府志》卷二记载："徽之富民尽家于仪扬、苏松、淮安、芜湖、杭湖诸郡，以及江西之南昌、湖广之汉口，远如北京，亦复挈其家属而去。" 清代徽商的活动范围已比明代缩小。明万历时，"今徽商开当，遍于江北"[③]，而清代典肆"江以北皆晋人"[④]。临清在明代"十九皆徽商占籍"[⑤]，乾隆十四年记载，"两城典商旧有百余家，皆徽浙人为之，后不及其半，多参土著。今合乡城仅存十六七家，皆西人"[⑥]，徽商势力衰退而西商居了主要地位。甚至在扬州的泰兴县，嘉庆时记载，质库"曩多新安贾人为之，近则半出靖邑【靖江县】，亦有土著开设者"[⑦]，也表明徽商势力的削弱。明代徽商海外贸易极为活跃，而清代少见徽商踪影。徽商活动范围的收缩，可能与其宗族制度密切相关，徽州宗族支持商业活动乃是为致富而缙绅化，其动机中已包含了否定或摧毁商业企业发展的因素，[⑧] 18 世纪后宗族内部的赈恤义举在扬州、汉口、淮安等地演化成按月补助财力消乏盐商及其子孙的"月折"制度，有学者指出："既然家族具有给予弱者提供保护的经济职能，其后果就必然导致商人缺乏持久从事商业的热情，更丧失了先前那种无远弗届的冒险精神，从而助长了一种吃'大锅饭'的心理"[⑨]，导致徽商活动范围的收缩。

---

① 《歙事闲谭》第 18 册，《歙风俗礼教考》，转见《明清徽商资料选编》，第 179、155 页。
② 李燧：《晋游日记》卷 3。
③ 明《神宗实录》卷 434，万历三十五年六月乙未。
④ 李燧：《晋游日记》卷 3。
⑤ 谢肇淛：《五杂俎》卷 4。
⑥ 乾隆《临清州志》卷 11，市廛志。
⑦ 嘉庆《泰兴县志》卷 6，风俗。
⑧ 叶显恩：《徽州和珠江三角洲宗法制比较研究》，载《中国经济史研究》，1996 年，第4 期。
⑨ 王振忠：《明清徽商与淮扬社会变迁》，第 48 页。

三、福建商人和广东商人

福建、广东地处东南沿海，地少人多，历来有经商习惯。清代，他们在沿海各地的贩运活动更为活跃。“由福建厦门开船顺风十余日即到天津，上而关东，下而胶州、上海、乍浦、宁波，皆闽广商船贸易之地，来往岁以为常”[①]。闽粤商人贩往各地的商品以糖为大宗，松江“闽粤人于二三月载糖霜来卖，秋则不买布而止买花衣以归”[②]。贩往外地的本地商品还有许多，仅雍正二年七月到天津的施传满等四只闽船就带有各种糖、南货、茶、纸、木材、瓷器、布等商品不下30种，[③] 广州“人多务贾而与时逐，以香、糖、果、箱、铁器、藤、蜡、番椒、苏木、蒲葵诸货，北走豫章、吴越，西北走长沙、汉口”[④]。闽粤商人在江南主要采买棉花、丝绸，乾隆时“闽省客商赴浙江湖州一带买丝，用银三四十万至五六十万不等；至于广商，买丝银两动至百万，少亦不下八九十万”[⑤]。也有部分棉布、粮食，到天津的闽粤商人“向来闽广洋船回空，俱往奉天沿海地方贩豆南旋”[⑥]。沿海各地如温州、宁波、乍浦、上海、苏州、天津、沈阳、锦州、盖平等地都有闽粤商人的活动和他们所建的会馆。福建商人有不少在广东经商，广东南海县“城西一带异省人杂处，闽产犹多”[⑦]，广州福潮行专为输报本省及福建民人诸货税，据梁嘉彬研究，“广东行商原籍多属福建漳、泉等府，广东公行制度亦受厦门影响”，十三行商人中如潘同文、伍怡和、叶义成、潘丽泉、谢东裕、黎资元都是闽人。[⑧] 广东商人在广西占有主导地位，以致有“无东不成市”之谚，广东商人自述“吾乡之来游西粤者，不但在桂平也，即在左右两江，所至辄有乡人”[⑨]。广东商人在两地间从事米

---

① 蓝鼎元：《漕粮兼资海运疏》，见《清经世文编》卷48。

② 褚华：《木棉谱》。

③ 雍正二年九月初一日直隶巡抚李维钧奏，见《宫中档雍正朝奏折》第3辑，第104～105页。

④ 《广东新语》卷14，食语；道光《南海县志》卷8。

⑤ 乾隆《上谕条例》第108册。

⑥ 清《宣宗实录》卷314，道光十八年九月乙巳。

⑦ 康熙《南海县志》卷6，风俗志，习尚。

⑧ 梁嘉彬：《广东十三行考》，第84、53页。

⑨ 《太平天国在广西调查资料汇编》，第249页。

谷等农副产品和手工业产品的长途贩运贸易，“粤东多商，粤西多农，帛布、菽粟两相便也”[①]。闽粤商人还在赣、湘、川、云、贵等地经商，而在湖南、江西的势力较大。

闽粤商人是清代从事对外贸易的主要力量，“出洋贸易者，惟闽、广、江、浙、山东等五省之人，而其中闽省最多，广省次之”[②]。清初对外贸易主要是对日贸易，1688 年进入日本港口的 193 艘船只中，福建船 86 艘，广东船 30 艘；同年八月，日本限制每年 70 艘清船贸易，其中福建船 25 艘，广东船 8 艘；1715 年限制为 30 艘，其中厦门、台湾船共 4 艘，广东船 2 艘。[③] 雍正五年废南洋贸易禁令后，闽广商人向南洋发展，厦门“准内地之船往南洋贸易，其地为噶喇吧、三宝垅、实力、马辰、埭仔、暹罗、柔佛、六坤、宋居朥、丁家卢、府雾、苏禄、柬浦、安南、吕宋诸国；其出洋货物，则漳之丝绸纱绢、永春窑之瓷器及各处所出之雨伞、木屐、布疋、纸札等物”[④]，广州商人“其黠者南走澳门，至于红毛、日本、琉球、暹罗斛、吕宋。帆踔二洋，倏忽数千万里，以中国珍丽之物相贸易，获大赢利”[⑤]。除了海商外，闽粤两省还都有口岸对外贸易商，广州即著名的十三行商人，厦门也有类似的洋行。乾隆后中西贸易实行广州独口通商，凡承充洋行者，短期内即可暴富，尽管嘉、道时期十三行商人已趋衰落，但仍有一些行商保持巨额财富，美国人亨特记载，1834 年怡和行伍浩官的财产共约值 2600 万元；同文行潘启官从其父手上继承超过 2000 万元的遗产，据说 1860 年其财产超过 1 亿法郎[⑥]。

四、宁波商人

宁波商人于康熙中叶后进一步活跃，“自海禁既弛，鱼盐蜃蛤之利遍被他郡，其入尤过于力田。”[⑦] 鄞县商人明末起就经营药材业，京师鄞县会馆为宁

---

① 雍正《广东通志》卷 42，名宦，金光祖传。
② 乾隆十九年七月二十日署两广总督杨应琚等奏，见《宫中档乾隆朝奏折》第 8 辑，第 210 页。
③ 大庭修：《日清贸易概观》，载《社会科学辑刊》，1980 年，第 1 期。
④ 道光《厦门志》卷 5，船政略，洋船。
⑤ 屈大均：《广东新语》卷 14，食语；道光《南海县志》卷 8。
⑥ 亨特：《广州“番鬼”录》中译本，第 36 页；亨特《旧中国杂记》中译本，第 89 页。
⑦ 雍正《宁波府志》卷 6，风俗。

波药材商人所建，清代很多慈溪人经营药材，沈周行“少孤贫，设药肆于湖州”①，陈涌金“四明慈溪人，以贩药川、湖起家”，次子“美思守药肆于杭”②，宁波冯存仁、杭州叶种德堂、绍兴震元堂、温州叶同仁堂等著名中药店都是康、乾时期慈溪人开办的。成衣业也是宁波商人的传统行业，“成衣匠各省俱有，而宁波尤多，今京城内外成衣者皆宁波人也”③。宁波商人也经营钱庄、民信局。康熙开放海禁后，宁波商人的沿海贸易得到迅速发展，“溯关东以达闽粤，帆樯来往，一岁不下千艘”④，“南船常运糖、靛、板果、白糖、胡椒、苏木、药材、海蜇、杉木、尺板”，“北船常运蜀、楚、山东、南直棉花、牛骨、桃、枣诸果、坑沙等货”⑤。宁波对外贸易有悠久的历史。清代宁波商人的对日贸易占重要地位，1688 年进入日本的 193 艘船只中，宁波船 32 艘；同年八月日本限制每年 70 艘清船进入贸易，其中宁波船 12 艘；1715 年日本再次限制为 30 艘，宁波船占 11 艘。⑥ 宁波商人也经营南洋贸易，道光十年上海、宁波去暹罗、安南、菲律宾等地通商的帆船共有 45 艘。⑦ 雍正六年宁波曾没立洋行商总。⑧

鸦片战争前宁波商人已有较大发展。慈溪人董杏芳“废著鬻财吴门，积资至数十万”⑨。据咸丰三年广西道御史章嗣衡奏“浙江慈溪县之候选道冯云濠、议叙运同衔冯云祥昆弟二人，富约五六百万；内阁中书冯本怀昆弟三人，富约三四百万”⑩，另有记载说，“慈溪冯姓，固宁波大富也，各省皆行商，京城御史奏伊家资二千万”⑪，宁波于道光二十三年开埠，至咸丰三年不过十年，

---

① 光绪《慈溪县志》卷 22，列传 9，国朝 2，引《溪上遗闻录》。

② 许仲元：《三异笔淡》卷 2，陈涌金案。

③ 《履园丛话》12，第 324 页。

④ 杨钜源：《重刻宁波府志序》，见雍正《宁波府志》道光重刊本。

⑤ 乾隆《镇海县志》卷 2，田赋，关税。

⑥ 大庭修：《日清贸易概观》，载《社会科学辑刊》，1980 年，第 1 期。

⑦ 姚贤镐：《中国近代对外贸易史资料》第 1 册，第 90 页。

⑧ 《国朝柔远记》。

⑨ 张守广：《明清时期宁波商人集团的产生和发展》，载《南京师范大学学报》，1991 年，第 3 期。

⑩ 咸丰三年十月十三日广西道监察御史章嗣衡奏，见《山西票号史料》第 52 页。

⑪ 段光清：《镜湖自撰年谱》，咸丰三年，第 82 页。

冯姓之资本应是在鸦片战争前已有了相当的规模。鸦片战争后宁波商人进入鼎盛时期，成为最大的地方商人。

第二节　商人组织的发展

清代商人组织最显著的现象是会馆和公所的发展。会馆出现于明代，有士子试馆、仕宦会馆、工商业会馆和一般同乡会馆；公所包括工商业公所和同乡公所，产生于清初。本节仅考察称为会馆、公所的商人组织。

一、商人会馆的功能与性质

清代前期商人会馆发展很快，各地出现了大量商人会馆。根据前人已经揭示的资料计算，不论在京师还是在上海、苏州、佛山，商人会馆都占工商业会馆的绝大部分；而且商人会馆1840年以前就已发展起来，1840年以后增加有限。[①]

清代前期商人会馆主要是外地商人组织的地方性会馆。组成会馆的地域最大的是三个省，如辽东盖州有三江会馆，据说是江苏、安徽、江西商人所建，[②] 或说佛山有三省会馆，但不详是何三省商人所建。[③] 其次是两省会馆，如山西、陕西商人常合建山陕会馆，天津有闽粤会馆等。一省会馆，如江西会馆、山西会馆等。较多的是一府或数府会馆，一县或数县会馆也较多，最小的不足一县，如汉口金庭会馆为苏州吴县洞庭西山商人所建；苏州洞庭会馆则是东山商人建立。地方性会馆一般限于本籍商人参加，但也有例外，如广西平南县粤东会馆吸收当地商人参加，“东西两粤，主客商氓，敬其神者，思崇其

---

① 所据资料，京师：李华：《明清以来北京工商会馆碑刻选编》；仁井田陞《北京工商ギルド资料集》（1～6）；苏州：吕作燮：《明清时期苏州的会馆和公所》，载《中国社会经济史研究》1984年，第2期，并据《江苏省明清以来碑刻资料选集》和《明清苏州工商业碑刻集》作调整；上海：《上海碑刻资料选辑》；佛山：《明清佛山碑刻文献经济》；罗一星：《明清佛山经济发展与社会变迁》，第333～339页。

② 加藤繁：《中国经济史考证》（中译本）第3卷，第146页。

③ 罗一星：《明清佛山经济发展与社会变迁》，第338页。

庙”，康熙六十一年创建列圣宫，“两粤之人咸有事于土木，东人客也，以庙为家，故从之者众，六百有余人；西人主也，视家为庙，故助之者稀，仅数十余人”[1]。

地方性会馆大多不分行业，一部分则为同乡同业会馆，如京师河东会馆是山西烟行会馆，正乙祠为绍兴银号会馆，佛山莲峰会馆属福建长汀、连城两县纸商等；有的同乡同业商人由于垄断城市的这一行业，其会馆也就成为全行业商人组织，如京师平遥会馆，清代“颜料行桐油一项，售卖者惟吾乡人甚伙”[2]，成为全行业的颜料行会馆。另一类会馆是不分籍贯的行业性会馆，清代前期这类会馆甚少，京师仅当业会馆、药行会馆。当业会馆成员“或隶籍京师，或四方辐凑【？辏】”[3]。京师“贸易药材者，亦水陆舟车，辐辏而至”，成立药行会馆。[4] 佛山行业性会馆多于外地商人的地方性会馆，16 个会馆中行业性会馆占 9 个，地方性会馆只有 7 个。[5]

会馆一般都具有祀神、办义举、团结同乡或同行、集议经商事务、提供住宿贮货等经商便利、与牙行斗争等功能。[6] 但有两点需要指出。第一，这些功能不但地域性会馆具有，行业性会馆也基本具有。不过地域性会馆用以团结同乡的“联乡谊”，在行业性会馆中成为团结同业商人，如佛山参药行会馆“祀祖师列圣”是为了“以辑众心”[7]，京师药材商人来自各地，“人杂五方，莫相统摄，欲使之萃涣合离，非立会馆不为功”，建立药行会馆。[8] 惟因资料缺乏，鸦片战争前行业性会馆未见有办理义举的记载，但其成员也有生老病死，有本地成员也有外地成员，应也办理善举。咸丰十一年上海行业性丝业会馆就是为

---

① 《太平天国革命在广西调查资料汇编》，第 256 ~ 257 页。

② 《明清以来北京工商会馆碑刻选编》，第 2 页。

③ 《北京工商ギルド资料集》（3），第 412 页。

④ 《明清以来北京工商会馆碑刻选编》，第 93 页。

⑤ 行业性会馆为参药行会馆、熟药行寿世祖安堂、直杉行集庆会馆、铁锅行会馆、当行会馆、金丝行会馆、筛择槟榔行会馆、西货行会馆、铸发行江济堂会馆，地方性会馆为山陕会馆、江西会馆、楚南会馆、楚北会馆、浙江会馆、莲峰会馆、潮蓝行会馆。

⑥ 有关论文甚多，可参见洪焕椿《论明清苏州地区会馆的性质及其作用》，载《中国史研究》，1980 年，第 2 期；《中国资本主义的萌芽》第 289 ~ 296 页；吕作燮前引文。

⑦ 《明清佛山碑刻文献经济资料》，第 79 页。

⑧ 《明清以来北京工商会馆碑刻选编》，第 93 页。

了办理同业善举而成立的。[①]

第二，这些功能基本上是出于促进会馆成员商业经营的目的。集议经商事务、提供经商便利、与牙行进行斗争等是直接与经商相关的事务。有的会馆规定度量衡标准，南阳赊旗镇山陕会馆关帝庙内立有“同行商贾公议戥称定规矩”，因“有改换戥秤，大小不一，独网其利，内弊难除”，“公议秤足十六两，戥依天平为则”，如有违犯，罚戏三台，“有不遵者，举秤禀官究治”[②]。有的规定银钱标准，乾隆二十七年苏州的常熟猪商成立毗陵会馆，议定“向后铺户给客猪钱，每两照七三串足底，各行铺画一遵行，毋许短少”[③]。京师河东会馆还代办纳税，“凡五路烟包进京，皆按斤数交纳税银，每百斤过税银肆钱陆分。□□轻重，各循规格，不可额外多加斤两。苟不确遵，即系犯法”，除官罚银外，“会馆公议：每斤罚银壹钱，法不容私。”会馆代办纳税对于商人免遭勒索是有好处的。祀神一方面是为了祈求神灵保佑经商顺遂，京师山西河东商人以为“商贾安业，幽赖默佑于神灵”，山西颜料商人说：“乡之人得安居廛市，从不遭回禄灾者，未必非祀事孔明之报也”[④]，苏州嘉应商人说“神听和平，降福孔皆，数千里水陆平安，生意川流不息，皆聪明正直依人【？神】而行之明验也”；另一方面也是为了以神灵精神塑造商人道德，苏州东齐会馆祭祀关帝，要求会馆成员“肃容瞻拜时，其于桃园义气，诸君子庶无愧焉”，盛泽镇徽宁会馆祭祀朱熹，“以皖人有迁居隶籍于吴，及侨居而遂家焉者，俾其子弟有所矜式，故谨祀焉”[⑤]。会馆还企图用神灵警诫成员的行为，京师正乙祠对违反规定的成员采取“罚戏敬神”的措施，除了经济惩罚的因素，也是向神灵表示忏悔；京师颜料行会馆对被查出违反行规的成员也是“神前献戏一台，酒席全备，不得异说”，但对未能查出者只能搬出神灵来警告：“倘然稽查不出，愧心乱规，神灵鉴察不佑。警之！戒之！”[⑥]。

---

① 彭泽益：《中国工商行会史料集》下册，第766、768页。

② 《明清晋商资料选编》，第287页。

③ 《江苏省明清以来碑刻资料选集》，第203页，

④ 《明清以来北京工商会馆碑刻选编》，第50～51、46、4页。

⑤ 《江苏省明清以来碑刻资料选集》，第351、368、447页。

⑥ 仁井田陞前引书，（1），第96页；（2），第323页。

学者们对明清时期的工商业会馆有判然不同的看法，有的认为它是为防止竞争，垄断市场而成立的，因而属于行会；而有的则认为它不同于欧洲自治性的基层组织基尔特行会，也有的认为它是地域性组织，因而不是行会。这涉及到会馆的形态和行会的含义。如上所说，清代商人会馆不仅有地域性会馆，也有行业性会馆；地域性会馆也有同乡各业会馆和同乡同业会馆的不同。行业性会馆和同乡同业会馆都是同业组织。不能把商人会馆一概视为地域性组织，它们是否是行会要具体分析。行会并没有一个明确的定义，但对它的基本特征却也没有多少分歧。比利时著名史学家亨利·皮朗说："中世纪的同业行会在本质上可以解释为一种工业公会，根据公共权力所承认的规则而享有某项职业独占权。如果认为同业行会本来就具有自治权，那是一种全然错误的看法。"同业行会"无论在哪里，它们的基本特征相同。中世纪城市经济的保护主义精神在这里有了最强烈的表现。它的主要目的是保护工匠既免受外来的竞争，也免受同行之间的竞争"。"总而言之，力求保证对每一名会员的保护，并且尽可能做到完全平等。"① 可见，行会区别于其他社会组织的基本特征为：第一，行会是同业组织；第二，它具有独占性，保护成员免受外来的和同行的竞争，保证成员之间的平等。自治权并非它的基本特征。清代前期行业性商人会馆的资料甚少，所知京师、佛山总共 12 个行业性会馆中，只有京师药行会馆、当业会馆、颜料行会馆及佛山参药行会馆留下详略不一的资料，除京师当业会馆外，其他三个会馆在清前期都立有行规，而以颜料行会馆资料较为丰富。颜料行会馆数次订立行规，"行中前有旧规"，道光八年、十五年又二次订立行规，可见颜料行会馆对制定行规颇为重视。从现有资料看来，它的行规有以下内容：第一，设立标准衡器，原先"公立行秤四杆，俱以交【？校】准"，道光八年"新置银砝四块，每块重五拾两，分派四城公用。日后行中交易，银价俱以新置银公砝直兑，决无异说"；第二，统一定价，要求"合号同心协力，价不二三，乃能有益"，"所有议定价值，不许少卖"；第三，议定交易规范，如规定生桐油、光油、小油"整篓秤头，价值不齐，除皮六斤"，"光油整沙锅卖，价值不依整篓，依零卖价值"，光油、生桐油、小油子每斤及大西碌、

---

① 亨利·皮朗：《中世纪欧洲经济社会史》第 164～165、165～166 页。

小西碌每块“以上四【？五】宗秤头，俱依拾伍两为齐”等；第四，规定入会费，新开铺局“诚献仙翁庙香资银参【？叁】拾两至少”；第五，会馆成员交纳香资钱，外来之油和门市收买均每大篓献香资银5钱，每小篓3钱。颜料行会馆宣称“行规不独便宜一人，即推之人人而共适也”，要避免“大家无利”，明显具有限制竞争，保护成员平等的特征。会馆行规对其成员有一定约束力，会馆曾“屡次行中稽查”，违反行规者“异日诸号查出，甘心受罚”，不服者“自有合行公论”[①]。佛山参药会馆说，由于“人之伪为参药以渔利者亦至多，苟无章程以为之统属，则讹伪悟【？误—引者按：原书编者拟改】人，入市者惧矣”，可见参药行会馆定有章程，其内容对商品质量有严格规定，会馆成立后数十年间“杜冒混于外，则斥鱼目以显明珠；防舞蔽于中，则严非种以除稂莠。月禡岁祀，规矩肃然。”这个“章程”应即行规，加入参药行会馆者必须遵守，“同归于参药之行者，即同式于参药行之例”[②]。京师正乙祠是绍兴银号会馆，属于同乡同业会馆，它在内部禁止“不公不法”之事，“勿得以强欺弱，恃富凌贫”，除了保持会馆的团结外，也是要给所有成员提供平等的机会。从它们限止内部同行竞争看来，清代的行业性会馆和同乡同业会馆应该是行会。但它们的独占性，即限止外来竞争的特点并不明显，规定入会费的会馆很少，缴纳数量也不多，前述颜料行新开铺局献香资银“叁拾两至少”，其他如京师正乙祠会馆规定：“新设银号者，捐助银五两”；[③] 药行会馆“新开铺子，家伙字号银每百两捐银一两，以存公用”[④]，这样的入会费显然不能排斥有力的竞争，其实它只是表示新会员对会馆费用的资助。佛山参药行会馆“杜混冒于外”，只是要以会馆成员的优质商品抵制假冒伪劣商品，它也不能禁止非会馆成员经营参药。更何况同乡同业会馆根本未占有整个行业。这种特点与会馆是商人自发组织有关，原先的工商业“行”常常以承办官府差徭为理由，阻止外来商人经营同一行业。欧洲行会获取独占权的一个原因也

① 仁井田陞前引书，(2)，第323～324、326～327页。
② 《明清佛山碑刻文献经济资料》，第141～142页。
③ 仁井田陞前引书，(1)，第96页。
④ 《明清以来北京工商会馆碑刻选编》，第93～94页。

是由于向官府当局缴纳捐税。[①]

至于同乡各业会馆，它首先不是同业组织，也就无所谓限止同行竞争，因此它不是行会。但它毕竟不是一般的同乡会，它是商人组织，上述商人会馆的功能都是为了促进同乡商人的商业经营。

商人会馆是商人自发组织产生的，但封建朝廷常常要控制、利用这一商人组织。早在乾隆初清廷就以控制会馆董事人选，令会馆承担稽查事务。乾隆九年为了加强广西与越南交界处的关隘检查，因“宁明州向置会馆，设立客长，以为由隘出入之公所”，“令该州慎选老成殷实数人充当，凡客货出隘，许客长将客人姓名籍贯货物及发往何处一一注册，报该州查实”[②]。嘉庆十一年两江总督铁保奏准海防章程，“上海地方设立闽广、浙江会馆，各有董事多人。凡商船到口，先令董事审办，果系真商，出具保结，准其进口”；商民出口，“何省之船，即由何省会馆出结”，“倘有假冒进口，私运出口等事，该董事一并治罪”[③]；浒墅关历任监督“根查海船商名字号及行销货物地方，令各行户、会馆互具保结”[④]。道光十八年为查禁鸦片，道光帝上谕说：“至闽粤会馆董事有稽查约束之责，嗣后著责成天津府饬令闽粤商民公举老成公正之人报明承充，取具甘结存案。如有贩卖鸦片烟土烟具者，该董事不行举首，或竟通同舞弊，即著照例加等治罪”[⑤]。

重庆的广东、浙江、福建、湖广、江西、江南、山西、陕西商人各建有会馆，它们的客长即首事，亦作首士，合称“八省客长”，常常联合参与处理一些地方商务。如处理商人纠纷，嘉庆四年赵杨玉承充鱼行牙帖，因山货行杨鼎丰等把持鱼货而“禀县主，批委八省会议”；嘉庆十六年湖北商人刘新盛控告同乡商人张志德拖欠银两，巴县叶令“批饬八省客长算清”归还；谭正昂原以谭行正之名开设靛行，死后由远族谭九鉴代理，道光三年谭正昂之子志隆顶补时，“经闽楚客长并行邻戚族人等，在公所清算更帖一切使费”。重庆一些

---

① 亨利·皮朗：《中世纪欧洲经济社会史》，第164页。

② 清《高宗实录》卷226，乾隆九年十月丙午。

③ 清《仁宗实录》卷167，嘉庆十一年九月癸酉。

④ 道光十五年《查议浒关各口征税事宜摺》，见《林则徐集·奏稿》，上册，第226页。

⑤ 清《宣宗实录》卷315，道光十八年十月丙戌。

行业的行规也由八省客长参加制定，乾隆年间重庆丝线帮曾“经本省同江南、江西、湖广、贵州五省客长议立章程，兴设葛仙会”；乾隆五十六年布行刘顺昌等控告布铺“私相买布”，巴县“批仰八省客长公议”，客长田文灿、翰鼎扬等“奉委邀同行、铺叙及”，“三面公议”后，“覆禀”“仰恳仁恩赏示严禁，以杜漏弊，永定章程”，由巴县出示晓谕；嘉庆四、五年间靛行行规紊乱，经山客请示，“批仰八省客长协同行户等议复夺”，八省客长李定安等邀集行户、山客在府庙公议，“妥议禀复，赏示永定章程”，由巴县批准公布；嘉庆八年八省客民曾“遵前代办府英祖示谕”，公议三河船帮差务条规，各举会首，嘉庆九年、道光二十五年又两次议定三河船帮条规。嘉庆六年重庆府还令八省客长调查渝城牙行情况，并令牙户“着就本省客长联名具保，方准开设”，牙行有拐骗、亏空客账的，“着落具保之客长分赔”[①]。八省客长还联合举办一些公共设施，乾隆五十九年八省会首吴西载等七人联名向巴县要求添设水桶，以防火灾，[②] 还曾修建路道石坎、议设重庆五门拨船“应办各署差务，及过境兵马人差”。并联合举办八省的一些事务，如至晚在嘉庆初八省已“公建园通寺”，“积有厘金”置买铺房一间，放佃收租，“以作祀神之费”。八省客长因长期共同处理地方商务，成为光绪末年重庆成立商会的基础。

巴县八省客长共同参与处理地方商务，并举办一些公共设施，或以为说明会馆已参加基层社会管理。但除了少数几例纠纷是商人直接请八省客长解决外，八省客长处理地方商务大多由官府“札委”、“批委”，并且他们处理纠纷、公议行规对当事人并无法律约束力，都须经官府批准始能生效。金海望、吴起彦等合开裕兴棉花行，拖欠陈大丰等众号银两，经陈大丰等控案差唤，吴起彦、吴老五叔侄脱逃，嘉庆九年四月“金海望觅伙开行，请经八省客长公议，行归海望承开”，拖欠银两也由金海望陆续归还，原告陈大丰等“均依八省，请销息案”，但吴老五“乘今息案，□□霸踞”，不许金海望开行贸易，原告陈大丰等仍需上诉县官；道光二十年五月八省客长议定布行行规，土布铺

① 以上事例分见《清代乾嘉道巴县档案选编》上，第386、372、351、348、344、238、402～403、416～417、252～253等页。

② 《清代巴县档案汇编》（乾隆卷），第330页。

家、站房和红布帮“执拗不依”，客长们自认“民难治民”①，可见会馆本身并无管理权力，不过是协助官府，受官府利用而已。当然，八省会馆联合参与处理地方商务，不再限于本会馆事务，也反映了会馆地位的提高。

二、商人公所的功能与性质

商人公所虽然在顺治年间已经出现，现知确切可靠的最早公所是上海的关山东公所。② 但1840年前发展甚慢，根据现有资料，公所最多的是苏州、上海两地；1840年商人公所只占1911年前公所数的三分之一上下；清代前期商人公所尚处在发展阶段。1840年前苏州商人公所仅占工商公所的少数，上海则占绝大多数，这应与苏州、上海的城市性质有关，苏州手工业较发达，因此手工业公所较多而商人公所较少；上海商业繁荣，故商人公所多而手工业公所少。因此至少就1840年前不能笼统说公所以手工业为主。

在1840年的商人公所中，苏州仅有一所地方性商人公所，占10%；上海则有五所为地方性公所，八所为行业性公所，各占38.5%和61.5%。由此可见商人公所中多数是行业性组织，这是它与商人会馆的不同。地方性公所也有同乡各业和同乡同业之分，苏州的江鲁公所和上海的关山东公所、浙绍公所、四明公所、祝其公所、潮惠公所均是地方各业公所，苏州浙南公所则为粗纸箬叶业，杭州徽商公所是木业商人所建，为同乡同业公所。

商人公所的功能也有祀神、义举、会议办公等。③ 虽然如有的研究者所说，公所已不再提供住宿的方便，但公所仍提供经商便利，如乾隆间杭州徽州木商成立公所购置沙地3600余亩堆放木排，“建立公所，购置沙地，其有裨于木业者，岂浅鲜哉”④。嘉庆二十四年苏州柏油公所买“水弄一条，挑运货物”，后加扩展，并请吴县立碑禁止堆积污秽，以免“有碍往来挑运行走”⑤。

---

① 分见《清代乾嘉道巴县档案选编》上，第411、413、312、388、338、346页。

② 《上海碑刻资料选辑》，第194页；《明清苏州工商业碑刻集》，第265页。彭泽益先生据清顾震涛：《吴门表隐》说苏州吴郡机业公所建于元元贞元年，见《中国工商行会史料集·导论》；又常熟徽商称“前明在虞山北麓建设梅园公所”，见《明清苏州工商业碑刻集》，第349页。但都无直接史料。

③ 《中国资本主义的萌芽》第289~296页；吕作燮前引文。

④ 《明清徽商资料选编》，第183页。

⑤ 《明清苏州工商业碑刻集》，第271页。

有的商人公所也以公所力量对抗外来侵害，乾隆年间钱江当地百姓围垦徽商公所堆木沙地，与徽商公所发生纠纷，徽商集合公所力量，乾隆五十五年打赢这场官司。[①] 江鲁公所是乾隆年间兖、徐、淮、阳、苏五府贩运腌腊、鱼蛋、咸货、花生、北货的商人在苏州成立的，为了抵制牙行侵夺，“公制砝码、准秤，存储公所。每逢朔望，行、客会同校准，使牙行不能取巧，客商亦不致受亏。”[②] 由此看来，商人公所的功能与会馆基本相同。

现在所见行业性公所行规有康熙十八年汉口米市公所帮规，共五条。一条规定同业入帮费15两，二条规定同业必须使用部颁斛斗，粮牙代客买卖须向公所领取斛斗，不得私自设用，一条规定同业每年按贸易量每千两抽厘八钱作为公所费用，最后规定破坏帮规者开会议罚。[③] 有关商业经营的主要是对度量衡的规定。苏州南枣公所于康熙三十年就由官宪“较定烙印斛砝，颁给会馆，发行划一行使”，嘉庆十八年又请长、吴、元三县示禁，“凡苏城枣帖牙户，概行领用会馆烙斛，公平出入”，“毋许妄用私秤，欺骗病商”[④]。有些公所规定了商业规范，上海布业公所为了杜绝“假冒牌名牟利”的不正当竞争，嘉庆十九年议定“将各号牌名开列于簿”，“自议之后，各号增添牌子及创新业者，均须取簿查阅，毋得同名”，有心影射者从重议罚。[⑤] 有的规定入会费，上海布业公所规定新店缴额规银50两，另外规定各号发布每包捐银3分。[⑥] 行业性商人公所的这些规定起到限制同业竞争的作用，因此它也是行会。但与同业会馆不同的是，有的公所为牙户组织，独占性较强，它们总要求禁止私牙，如苏州南枣公所通过官府禁止无帖“妄用私秤”之“奸牙”，及“私牙白拉，违禁搀越”者。[⑦] 地方性同业公所虽是同业组织，但因资料不足，未能确定是否行会。

---

① 《明清徽商资料选编》，第183页。
② 碑文称系乾隆以来的“旧章”，见《明清苏州工商业碑刻集》，第289~290页。
③ 全汉升：《中国行会制度史》，第158页。
④ 《明清苏州工商业碑刻集》，第251~252页。
⑤ 《江南土布史》，第361~362、365页。
⑥ 《上海碑刻资料选辑》，第252页。该碑未标年月，但目录列为乾隆四十六年八月。
⑦ 《明清苏州工商业碑刻集》，第251~252页。

第三节　商人资本的几种来源[①]

大量事实证明，清代商业和商品流通得到了显著的发展。这种发展必然促使执行流通职能的商人资本随之发展。商人资本的发展，表现在它在越来越大的范围内执行其流通职能，即承担越来越多的商品的流通任务，将越来越广大的地区卷入到商品流通的洪流之中；同时，由于商品买卖资本和流通费用的增加，商人资本量也得到了增殖。不断扩大的商人资本由何而来，是值得研究的问题。

商人资本亦称商业资本，是社会总资财的一部分。清代流向商人资本的社会资财非常广泛，按性质分，有劳动收入、土地资本和封建地租及其转化形式房屋宅基、房租、官僚资财、公帑官项，还有生产利润、商业利润、生息资本等。这些，前人研究多有涉及。本节论述仅对土地资本、生产利润和商业利润向商业资本的投入等三项有所补充论述。另外，生息资本流向商人资本的情况将另节考察。

一、土地资本向商人资本的转化

出卖土地以筹措经商资本，至少在明代已经出现，这种情况清代更为普遍。清人张英说："尝见人家子弟，厌田产之生息微而缓，羡贸易之生息速而饶，至鬻产以从事。"[②] 如巴县"甚至土著子弟鬻田宅为资本"以经商。[③] 厦门海商"初则获利数倍、数十倍不等，故有倾产造船者"[④]。清初唐甄经商时"贱鬻其田，得六十余金"作为资本。[⑤] 江西浮梁人李成沅"尝以祖田百亩为本殖具息，渐至丰盈"[⑥]。出卖土地充作商人资本在徽州契约中也有不少反映。

---

① 关于这一问题，参阅封越健：《论清代商人资本的来源》，载《中国经济史研究》，1997 年，第2 期。

② 张英：《恒产琐言》。

③ 乾隆《巴县志》卷 10，风土志，习俗。

④ 道光《厦门志》卷 15，风俗志。

⑤ 唐甄：《潜书·食难》。

⑥ 乾隆《浮梁县志》卷 8，人物志，义行。

如休宁金启昂“因生意乏本”，康熙四十三年将田16亩余作价215两卖与族叔祖。[①] 乾隆二十二年程雨苍“因缺少资本”，将田1亩余作价24两卖与妹丈巴尔常。有的则是为了偿还经商债务而出卖土地，康熙三十五年徽商朱尔嘉“因芜湖欠下盐课银无处取办”，将田5.161亩“立契凭中出卖与八图部中巴名下为业。……【中残】叁拾壹两五钱整”[②]。道光十年，四川长宁商人王宽堂兄弟与福建商人廖吉顺贸易，欠廖吉顺棉花、米银3200余两，王宽堂兄弟将田业卖与廖吉顺折充，后因廖吉顺嫌田业远隔不便收租，王宽堂将田业出售，获银付还廖吉顺。[③]

由于土地所有权与使用权的分离，出现了田骨、田皮，大租、小租，不仅土地所有权转化为商业资本，田皮、小租也有转化为商业资本的。嘉庆十三年，程新进“因账目无措”，将“田六丘，共计大小租廿壹秤”，作价44两卖与兄新法；嘉庆十六年程新进又“因账目无措”，将小租田皮4亩作价30两卖给其兄孔位；道光四年，程汪生“因账目无措”，将“晚田二丘计大租拾叁秤半，将本田小租尽数立契卖与煜官名下为业”，得价钱6400文。[④] 这几例中有的仅出卖小租，有的也出卖大租。

房屋宅基是一种不动产，属于土地资本或其转化形式。出卖房屋宅基充作经商资本，或偿还商业债务，在徽州契约中亦多有反映。休宁金天锡同弟天锺“因经营乏本”，康熙四十九年，将屋基二分八厘余并在上楼房作价161两卖与族侄；康熙五十年，金魏公“因生意乏本”，将地基一块并在上楼屋三间作价60两卖与翊平侄；康熙五十二年，金高远“因乏本营运”，将基地一号计七厘三毫，作价10两卖与户兄。[⑤] 歙县江君扬、江鸣珂“因向在六合开张布行，亏空客钱无措”，乾隆三十三年将楼屋一所作价九五银200两整卖与汪氏。[⑥] 湖北应

① 《雍正休宁金氏置产簿》之45，见《徽州千年契约文书》清民国编第6卷，第319页。

② 《乾隆巴氏誊契簿》7号，中国社会科学院经济研究所藏屯溪资料（以下简称“屯溪资料”），置171。

③ 《清代乾嘉道巴县档案选编》上，第201页。

④ 以上三例均见《程氏合同分关》，见“屯溪资料”，分B015。

⑤ 《雍正休宁金氏置产簿》之90、92、112，见《徽州千年契约文书》清民国编第6卷，第366、364、386页。

⑥ 《清乾隆汪氏誊契簿》，见“屯溪资料”，置077.1。

城熊伸为“县弟子，以窭徙业为贾”，其兄熊倩“鬻己屋以资之”[①]。

房租也属于封建地租。房租流向商业资本的事例如康熙、雍正年间徽商日兴店净存银货账中记有康熙四十七至五十四年收入屋租共888.25两，除康熙五十四年屋租255.1两内支200两带回外，其余都存入本银；[②]某徽商收支账内华房与鸣周、康侯名下乾隆十四年记有值年收入屋租均分各得114.66两存入万全号内。[③]

二、生产利润向商人资本的转化

生产利润指从事农业、手工业生产，剥削雇佣劳动者所获得的利润。生产利润流向商业资本的途径之一是商人雇工生产，商人生产、加工某种商品以投入流通，从而获得商业利润，其资本仍属于商人资本，他在雇工生产或加工时所取得的生产利润也融入到商人资本中。不过，在商人的账簿里，这些生产利润隐藏在商业利润里的。

商人雇工生产，如佛山糙白米铺“每铺或雇七八人、十余人不等，俱系随粜随碾，日逐发卖”[④]。广西商贾自“种烟之家”将烟买来，“刨切发卖。……大铺用工人三二十，中铺、小铺亦不减十余或七八”[⑤]。江南布商雇工经营染布、踹布，“染、踹二匠，俱系店家雇用之人，各有收管”[⑥]。一些贩运商人也雇工进行生产。山西商人在河南“开坊踩曲”，贩运各地；[⑦]湖南炼铁系“外来射利商贩每于就近设矿锤炼，装船运赴湖北汉口发卖，或由汉口转运两江，递贩以致出洋”[⑧]。

清代还有商人雇工进行农业生产的事例。顺治年间内大臣伯索尼说：“边

---

① 《湖北通志检存稿》，《征君熊志懿墓志铭》，见《章学诚遗书》卷27。
② 《康熙日兴估作净存银货账》，见“屯溪资料”，商369。
③ 《雍正—乾隆收支账簿》，见“屯溪资料”，商378。
④ 《明清佛山碑刻文献经济资料》，第91页。
⑤ 《吴英拦舆献策案》，见《清代文字狱档》下，第500页。
⑥ 雍正元年五月二十四日何天培奏，见《宫中档雍正朝奏折》第1辑，第292页。
⑦ 尹会一：《抚豫条教》卷3。
⑧ 《清文献通考》卷33，市籴2，市舶互市。

外之木，皆系商人雇民采伐，水运解部”，除纳税外，其余可自行发卖。[①] 陕南“铁厂、板厂、纸厂、耳菌厂，皆厚资商人出本交给厂头，雇募匠作”，进行生产。[②] 福建崇安“土产茶最多，乌梅姜黄竹纸次之，客商携资至者，络绎不绝，而民不加富，盖了作列肆，皆他方人，崇【安】所得者，地骨租而已”[③]，属于商人租地经营，可能是种茶与焙茶，农业与手工业结合的。

生产利润转化为商人资本的另一途径是手工业作坊主从事商业活动。如徽商陈某原同二兄共开京祥记钢坊，后自开石塘纸业。康熙三十二年又代岳父经营隆记染坊，并注入自己的资本。康熙三十八年开张布店，布由隆记代染，[④] 石塘纸业未知是手工业或是商业，而钢坊、染坊都是手工业作坊，他原是手工业作坊主，但最后他开设布店，从事商业经营。又如开封景文州汴绫庄以丝织业生产闻名中州，但同时也开办一些其他行业的店铺，如庸德堂一支除拥有景文州麟记、景文州瑞记两座绫店（包括丝织作坊）外，还有同泰丝庄、德兴丹局、德成油房、东会福酒店各一座，[⑤] 绫店和丝庄可能是作坊附设的门市，油房亦可能是前店后厂的店铺，而丹局和酒店则应是一般的店铺了。这些手工业作坊主从事商业经营的资本无疑包含了剥削手工业工人而获得的生产利润。

三、商业利润向商人资本的再投入

正如前人研究已经指出的，清代商业利润的去向有窖藏、奢侈性消费、从事社会公益事业和宗族活动、贡献给封建政权、转化为土地资本和生息资本以及少数转化为手工业、矿业资本等。商业利润的另一个重要去向则是向商业资本的再投入。只要商人继续经营，他就会在留足本金的情况下，首先将利润的一部分甚至全部投入扩大再经营。商业利润就是他的预备资本，也就会不断地转化为经营资本。商业利润向商人资本的再投入是商人资本的重要来源之一。

---

① 清《世祖实录》卷137，顺治十七年六月壬子。

② 严如熤:《会勘三省边境拟添文武官员事宜禀》，见《三省边防备览》卷14，艺文下。

③ 嘉庆《崇安县志》卷1，转见彭泽益《中国近代手工业史资料》第1卷，第304页。

④ “屯溪资料”，分B017。

⑤ 魏千志:《清代开封景文州汴绫庄的发展》，载《中华文史论丛》，1983年，第1辑。

从总体上来说，商业利润向商业资本的再投入属于商人资本的自我积累。在商人的具体经营中，商业利润向商业资本的再投入途径又可分为三种：一是成为商人本人的自有经营资本；二是以贷款或资助的方式转为其他商人的经营资本；三是以存款的方式转为其他商人的经营资本。

（1）成为商人本人的自有经营资本。这是最基本的途径，可以说每个商人扩大经营规模都是首先利用其利润作为资本来源，然后才是投入其他资财，或向他人借贷。即使商人没有扩大经营，他的利润只要有所存留，也会起到流动资金或预备资本的作用。

商人依靠利润积累扩大经营规模的事例很多。顺治时休宁胡应绶其父殁时“所存资本一百三十余两”，经过他“苦心运筹，寸积尺累，颇蓄资财。为弟婚配、历年家用支过五千有五，存本一千有六”。康熙年间徽商金某原本“家徒四壁，三十后始鬻贩德兴，锱铢积累，囊橐稍充，遂与汪姓共开中和店业”，未几与汪姓分伙，“以成业让汪，而自携余资创位育号于芝城”，“十年之间日新月异”，后因“寇变”“蓄积荡然，仅存什一于千百”，平定后以余藏600两“重兴位育布店，越十余载渐复其旧”[①]。乾隆十三年祁门汪庭芝自述其父“并无资本所遗”，只有祖遗田地山塘租仅60余砠，但是他“颇知惜财，凡属于祁邑往来数年路费陆续积聚，并己所佩银锁煎买猪只，看养变卖，共银肆两；屯【？囤】买细糠，幸遇陡长，复卖对合捌两。由是渐次顺遂，年及十七掌管行业”，又说他“自幼至壮刻苦辛勤，幸逢运至时通，初往江右各处水客生意，嗣后在祁兆兴字号油庄营运生意，财气日旺，家有余积”。徽商胡谦谷经过20余载“日积月累”，“一切资本”“计增倍蓰”[②]。这些商人扩大经营，增殖资本，无不说到“寸积尺累”、“锱铢积累”、“颇知惜财”、“日积月累”，都说明是积累利润投入经营实现的。如汪庭芝第一次卖猪所得将本利4两全部用于囤买细糠。嘉庆时陕西周至周之正年少家贫，鬻饼自给，“人呼为周家饼，争市之。数年积有余资，入山采木，获利倍蓰。乃鬻钱于终南市”[③]。是以卖饼

① 《康熙四年休宁胡姓阄书》；《清康熙金氏分家书》，见“屯溪资料”，编号：184、分219。

② 《乾隆十三年祁门汪氏阄书》；《道光九年胡姓贵字号阄书》，见“屯溪资料”，编号：分416、分283。

③ 路德：《周侣俊墓志铭》，见《柽华馆文集》卷5。

利润“余资”为本经营木材采伐，后又从事货币经营。江苏王文虎“与其兄文龙就市头设地摆摊卖果菜，继而积资渐裕，则赁铺屋，贩京果南货”①。他“赁屋开店”扩大经营的资金即来自摆摊之“积资”亦即利润积累。

清代合伙店铺普遍以盈利作本。清代合伙契约格式载明：“所获利钱每年面算明白，量分家用，仍留资本以为渊源不竭之计。”② 芜湖吴氏经商账簿记载，乾隆二十六年《墨合》规定：各股除按月支取二分行息外，次年正月查盘结清，除拨加二津贴伙计，“仍余之银，一半入公，一半派入股数”③。道光五年邹县仲贻泰交族人仲瑞亭本钱1000串，贩卖粮食，言明“所获利钱，人股即便分用；至钱股应分利钱，如不抽用，经瑞亭亲笔注明作本”④。一些合伙经营的合同还规定一定期限后方可分配盈利，这期限内利润显然成为经营资本。如北京六必居乾隆年间的旧规“二年大账分拨”，这一规定为道光二十六年重定伙规继承。⑤ 北京万全堂光绪二十一年合同规定：“二年合账一次，定于三月初一日”，“合账后，东家有应提利银本年冬间方许提使，不得账后即行提使”。据考证，这一合同是按照嘉庆年间旧章所立。⑥

有些合伙人将分得的盈利存入合伙店铺，作为存款。道光九年巴县致中堂墨铺詹尚达指控其合伙人汪锦华“籍【？藉】伊积年赚利存簿，自注二分行息，利上重利，滚成千两”⑦。这种盈利存款没有归入合伙人的资本，不能分配利润，而只是获得存款利息，但也成为合伙店铺的经营资本了。

一些现存的商业账簿提供了商人将利润转化为资本的实例。徽商日兴店康熙年间的账簿记有每年“新正二日”净存店内“开家伙各项货物本银”，其中康熙四十九至五十二年记有所赚银数及收入屋租银数（其中四十九、五十两年合计），现据以列为表3－17（见下页表）。

表3－17中赚银数包括屋租收入（康熙四十七年本银下注有“并屋租银

---

① 《北东园笔录》四编卷2。
② 黄惟质订补：《敦义堂重订增补释义经书四字便用杂字通考全书》外卷。
③ 阮明道：《吴氏经商账簿研究》，载《四川师范学院学报》，1996年，第6期。
④ 《曲阜孔府档案史料选编》第3编，第15册，第33页。
⑤ 邓拓：《“六必居”的材料证明了什么？》，载《中国古代史论丛》，1981年，第2辑。
⑥ 刘永成、赫治清：《略论清代以来万全堂的经营形式及其特点》，载《北京史苑》第1辑。
⑦ 《清代乾嘉道巴县档案选编》上，第391页。

40 两入内”)。由表中可见，每年本银等于上年本银加上所赚银数，所赚银数大部分是利润，这些利润成为下年的经营资本。又如万隆号，这是一家合伙店铺，它的账簿中乾隆十八年至二十一年除记载本银和每股分利外，还记有其他收入，现列为表 3－18（见下表）。

表 3－17

年份	新正二日存店本银（两）	赚银数（两）	屋租（两）
康熙四十八年	① 8371.2		
康熙四十九至五十年	② 10162.9＝①＋A	A 1791.7	四十七至四十九年共 71.14
康熙五十一年	③ 11062.5≈②＋B	B 约 900	四十七、五十年共 95.2
康熙五十二年	④ 12200≈③＋C	C 1000 内 100 两带回	历年并五十一年共 251.4

资料来源：《康熙日兴估作净存银货账》，中国社会科学院经济研究所藏屯溪资料，编号：商 369。

表 3－18

年份	本银（两）	其中　增加资本			上年派利在本银中的比重（%）	上年派利在增加资本中的比重（%）
		上年派利	上年其他收入	合计		
乾隆十九年	2541.53	105.32	456.30	561.62	4.14	18.75
乾隆二十年	2931.41	263.92	125.92	389.84	9.00	67.70
乾隆二十一年	3181.56	250.15	—	250.15	7.86	100.00
乾隆二十二年	3194.21	71.44	141.21	602.49	2.23	11.86

资料来源：《乾隆万隆号账簿》，中国社会科学院经济研究所藏屯溪资料，编号：商 366。

根据表 3－18，上年派利用于下年商业再投入，在增加资本中最少占到 11.86%，多则为 100%。根据账簿记载，其他收入中也有各股东卖其他商品的收入，亦是商业利润，因此商业利润占所增加资本的比例还要大些。

有些长途贩运商人将商品出售后，还要购置当地商品返回，或转贩其他地方。其第二次购货的资本，除原有资本外，一般都包括第一次售货所得利润。乾隆年间肃州人赵钧瑞在叶尔羌经商，“常买些玉石给佘金宝、徐子建等运回内地售卖”，所得货价，用来购买“苏州的绸缎、茶叶、杂货贩往阿克苏等处，年年获利”。王洪绪原领凉州陈成章、泾阳何兴邦本钱，在肃州开张日新店。乾隆四十三年出本银 2000 两与徐子建等合伙贩运玉石到苏、扬售卖。王洪绪得利银 1560 两，他将本银 2000 两汇给何兴邦，利银“在苏州盘缠用去二百几十两，置买梭布、绸缎、皮衣共用去九百余两，付骡脚三十一两，并零用二十几两，箱内还存三百五十两”，他所获利润除零用和未用的370余两外，大部分都成为商业资本，包括购买商品的货币和经营所需的各种花费。徐子建以玉石作本10800两，分得利银八千四百几十两，交与赵世保、佘金宝、赵金海三人“置买绸疋、茶叶回西。又带现银数千两回去”，其利银一部分成为经营资本。又如乾隆四十三年山西商人武积贮，将伙计赵明珠从阿克苏带来的玉石带到北京出售，得价银7150两，除偿还欠银4700两，捎回家里300两外，武积贮自己带了2000多两，与恒泰布店张大到苏州去了。他到苏州去也是以利润作为经营资本。

（2）商业利润流向商业资本的另一途径是商人之间的借贷或资助。当一个商人向另一个商人提供借贷时，无疑有一部分或全部是来自其商业利润。商人之间的借贷是很多的。乾隆时山西长治商人秦功德经商亏本，有“堂叔秦晋齐在安【徽】省霍邱县开张店业，向借本钱一百余千文，往来贸易”。乾隆四十三年湖北襄阳查获“西来客贩十余人”，内杨添山等五人“合伙贩玉”，“往苏【州】售卖”，另有马玉贵等五人“各因贩卖驼只杂货，在彼借本与伊【杨添山】等凑买玉石”①。嘉庆七年巴县汪应洪状称：“去秋蚁贩绒花往铜梁县赶场发卖，获钱难以搬运，有铜邑民张文举兑去蚁钱二十三千买货来渝卖还”；湖广人张志德至重庆小贸营生，嘉庆十四年同乡李本忠等“亦均在渝开店贸易，因见张志德缺乏资本，遂共凑银四千一百两给张志国顶充瓷器行”，“议明所帮银两陆续在行用扣还”；道光元年张老五“自开箱板铺营生，在铜铺宋万顺名下借过银五十两作本”；长寿人李鉴波“平日贩卖灯草生理”，“苦积得钱四十千文”，道光三年廖洪顺“借去贩卖木料”；巴县开钱店的黄有成道光七年向邱发源等13家商号借银3900余两“作本往合江县买靛来渝发售”②。这些事例中有的明显是以利润出借，如汪应洪、李鉴波；有的虽不能看出是否利润，但商人的闲置资金，大多是积存的利润。又如道光十年吉林参

① 乾隆四十三年十一月十六日伊龄阿奏；同年同月二十二日伊龄阿奏；同年同月二十日山西巡抚巴延三奏；乾隆四十年十一月初十日护理安徽巡抚李质颖奏；乾隆四十三年十月初九日湖北巡抚陈辉祖奏，见《史料旬刊》第27、28、21期。

② 《清代乾嘉道巴县档案选编》上，第397、372、324、352页；下，第150页。

局揽头牟纯儒在苏州卖参得银三万余两，除陆续兑赴吉林外，“并兑与货客贩卖丝绸，到吉林归账，立有兑票”[1]，也是以利润借给货客作为贩绸资本。

有些商人资助亲友经商。如聂锡昌经商湘潭，“子侄中不能自立者，必为筹措资本，指示经营，藉以温饱者甚众”[2]。这类资助可能是借贷，也可能是无偿赠与。

(3) 商业利润以存款方式成为其他商人的经营资本。清代有些商人店铺接受他人存款，有的是商人所存。如太仓“有开南货店某……有远商存千金某店。”[3] 嘉兴周篔“就市肆卖米”，有“采石估载米八百斛，得直【值】千金，贮君【周篔】笥，估独往硖石”[4]。有一商人收债而还，夜间遇盗，请求尽醉全尸而死，并拿出一张证券说：“此项现存某行，执券往索可得”[5]。这类商人存款，有的可能是商人的流动资本，如上述“有远商存千金”，可能是外地商人前来采购商品所携带的资本；有的可能是闲置资金，如最后一例“此项现存某行”，它们都应当包含商业利润，周篔一例最为明显。对接受存款的商人店铺，不管是哪种情况，这些资金无疑成为他的经营资本了。

第四节 商人资本组织与经营体制

清代商人资本的存在形式多种多样，除货币外，固定资产、商业设施、产品实物、商品等均可；甚至已经出现了商业信誉的资本化，具有一定商业信誉的字号招牌也已能够成为商人的经营资本。康熙时徽商陈某经营布业及染坊，创立万孚、京梓、惇裕、万森、广孚五家商号。五号“皆殚尽心血，操成一店”，店屋及“重造字号五个，计值万金”。他要求子孙只可合做，不可同号

① 道光十年八月二十日江苏巡抚陶澍为查明牟纯儒已销参北上的奏折，见《山西票号资料》，第28页。

② 杨锡绂：《外舅聂公锡昌墓志铭》，见《四知堂文集》卷26。

③ 郑光祖：《（醒世）一斑录》，杂述3。

④ 朱彝尊：《布衣周篔墓志铭》，见钱仪吉《碑传集》卷137。

⑤ 袁枚：《续子不语》卷1。

分开，“开老字号每年贴不在内者招牌银”；后陈某之子丽友拨本另做，雍正九年兄弟公议“招牌印租”每年贴九五银160两，“嗣后兄弟中或有拨本者均照此议，不另立议”；乾隆二十一年兄弟九人分家，“字号招牌六扇（万孚浩记、惇裕丰记、广孚仁记、京祥生记、成裕孚记、本善立记）计作价银捌千两，九股均分”，分家后，“将全业暂并长房，计价作本生息”，各家可按分得的招牌银分取利润。[①] 这一事例说明，清代商人已经认识到字号招牌是一种无形资产，可以借此获利，具有一定的价值，并已估算它的价格。因此也就出现了假冒著名字号招牌谋利的行为，“乃有射利之徒，并不自立字号，觊觎他人字号盛行之时，或以字音相同，或以音同字异；窃冒垄断，以伪乱真”，顺治十六年、康熙四十二年松江府就因假冒字号招牌立碑示禁，乾隆元年又因“苏郡布商冒立字号招牌”，立碑禁止，并说：“从前盛行之字号，可以租价顶售，□□□偿招牌，即成资本”[②]，明确指出，著名的字号招牌已成为“资本”，“可以租价顶售”。又如道光九年巴县王灿奎“与朱姓合伙租到周义合名下捆缚糖包招牌一块，当交押租老银一百两正【整】同贸一载”[③]。这些事例说明商业信誉已经成为无形资产。

本节主要探讨在清前期资本是怎样组织和经营的。关于清代商业经营，文献中有独资、合伙、合资、连财合本、领本、托本、附本、贷本等等说法。实际上这些说法各属不同的范畴。独资、合伙、合资等是指资本的组织形态；贷本则是指商人的资本来源；有的概念有多种含义，如领本，下文将说明，有向他人借贷、受雇于人和与人合伙的不同，属于资本来源、经营方式和资本组织三种范畴。本节将从资本组织和经营体制两个方面分析清代商业经营形态。资本组织指某一商业活动或店铺字号的资本结合方式；经营体制亦称经营方式，指商业活动或店铺字号由谁具体管理经营及经营者与出资人、所有者的关系。资本组织与经营体制是两个关系密切，但又属不同范畴的概念。

商人的经营资本除自有资本外，还可借用他人资本，即贷本经商。清代贷

---

① “屯溪资料”，分B017。
② 《上海碑刻资料选编》，第86页。
③ 《清代乾嘉道巴县档案选编》下，第21～22页。

本经商已较普遍，独资和合伙商业都有贷本经营。借贷资本不限于货币资本，还有固定资产。史料中有很多租借店铺房屋、家具等商业设施的记载。还有的租用整个店铺。康熙五十七年休宁吴隆九“包揽”到汪嘉会、全五“新创汪高茂字号”开张杂货布店，“计本纹银五百两整”，年息一分六厘，规定“其店中各项买卖货物等务，俱在隆九一力承管”，“其房租、客俸、店用、门差，悉在本店措办无异；凡店中事务以及赊押并年岁丰歉盈亏等情，尽在隆九承认，与汪无涉。但每年获利盈余，尽是隆九独得，银主照议清息，不得分受”，在“议墨”后有“领约”说：吴隆九“凭中领到汪嘉会、全五二位相公名下巢平九三纹银五佰两整”[①]，说明吴隆九实际是以年息一分六厘租用了价值500两的汪高茂字号，原店主汪嘉会、全五成为“银主”，只能取得借贷利息，所有经营业务、利润盈亏都由吴隆九承担，与原店主无关，这个字号成为吴隆九的经营资本。巴县还有出租牙行牙帖的，例如道光七年方曰刚租用屠际昌牙帖，每年租银100两，“其有每年帖课，惟屠姓承纳；至若验帖编审等费，方姓承办”[②]，这些出租的牙行牙帖也成为承租人的经营资本。各地还有出租盐引的，如两浙“各处商家本多引少者向系租赁本少乏商配掣，每张分银五六七八分不等”[③]。上文已指出，商人也有租用著名的字号招牌这种无形资产的。

清代史料中有“领本”经营，有的也属于借贷。康熙十一年徽州商人胡应缙在湖广桂阳县病故，“仅存本银伍拾两整”，由其兄胡应绶“领【本】营运生息，每年硬包利银壹拾伍两”，约定本金待应缙的两个儿子长大后归还。后“因连年生意失利，本耗无存”。康熙二十一年，以土库一所、田一丘抵还。[④] 简言之，胡应绶借了其弟遗产银50两进行商业活动，十年后还本，年息30%；无力还本，以固定资产抵债。所谓“领营运生息”就是贷本经营。

从职业分类上说，商业雇佣劳动者也是商人，但就本节的目的来说，需要

---

① 《休宁汪姓誊契簿辑要》，转见章有义：《明清及近代农业史论集》，第435、436页。

② 《清代乾嘉道巴县档案选编》上，第341页。

③ 雍正八年七月户部覆浙江总督管理盐政李卫疏，见嘉庆《两浙盐法志》卷11，奏议2。

④ 康熙《胡氏阄书》，见“屯溪资料”，分185。

严格区分出资经商的独立商人和受雇于人的商业劳动者。本节商人一词专指出资经商的独立商人。

一、独资形态下的经营体制

商业的独资形态是指，个人单独出资，商业经营或店铺归个人所有，享受全部利润和承担全部亏损，承担无限责任，其所有财产都可以用来偿付经商债务。清代中国独资商业的特征与近代西方经济学和商事法学的规定并无不同。这种资本组织形态出现最早，古今中外普遍存在，清代也大量存在，无需一一举例。

独资形态下商人可以亲自经营，即自本自营；也可以委托给他人经营，形成东伙分离，委托经营也可分为两种，即代理经营和委托代办。

（1）商人自营。独资形态下商人自己经营是最初、最普通的经营方式，但除肩挑手提、走街穿巷的小贩外，通常由商人本人掌管，由家庭成员协助经营。如乾隆时巴县闵长顺开丝线铺，“命子闵理第与姨侄陈添喜负各色丝线到各场发卖”①；胶州张洛“十余岁随父行贾”②。有的是兄弟协力经营，乾嘉时程永湘为堂兄永洪“携至江西玉山栈，习练贸易之道”③；南昌邹应挺“与兄及弟以鹾业大丰其家”④。由于家庭成员的便利可靠，以父子、兄弟协力经营是非常普遍的。

（2）另一种较多的经营方式是雇佣伙计，或称为店伙、店官，协助经营。“凡商贾之家贫者，受富者之金而助之经营，谓之伙计。”⑤ 伙计多少按经营规模而不同，较大的店铺“行铺事繁，用人必多”，分管各项事务，“第一在管总、统统【?】事、库房，次则内外店官、买卖水客、访市辩【? 辨】货、接对客友、查收各账，又次则寻船起货下货、管栈出入、收拾货物，又次则杂务粗工、炊爨等事。”商人按“因人授事，量能论俸”的原则给予伙计工资，对

---

① 《清代巴县档案汇编》（乾隆卷），第123页。

② 《张介村先生家传》，见《章学诚遗书》卷17，文集2。

③ 歙县：《程氏孟孙公支谱·永湘公传》，转见《明清徽商资料选编》，第271页。

④ 朱筠：《赠儒林郎翰林院编修邹慎堂先生墓志铭》，见《笥河文集》卷13。

⑤ 归庄：《洞庭三烈妇传》，见《归庄集》卷7。

“忠公勇往，尽义竭力”者，“则又在褒奖敬酬之列也”，予以额外奖励。[①]

商人招收学徒，亦称徒弟、小官。学徒一般在十二三岁开始投师学艺，大不过十七八岁，如山西风俗“十余岁辄从人学贸易。”[②] 学师期间要求培养文明道德素质，掌握有关职业技能，并要求“学眼前一切杂事”[③]，还要侍候老师及顾客。伙计、学徒，不论资本组织是独资还是合伙，经营方式是商人自营还是雇佣他人代理经营，都是需要的。

清代商人还有使用奴仆辅助经商的。清初歙县程胜恩往来荆襄吴越间，“与僮仆同苦乐”[④]。商人也派奴仆往外地催收拖欠账目，采买货物，《商贾便览》就载有奴仆与主人这方面的通信格式。[⑤]

（3）代理经营。有些商人出资从事商业活动，但不亲自经营业务，而雇佣他人代为管理经营，形成“东伙分离”，即所有权与经营权的分离。这种代商人经营管理的伙计，一般称为掌柜，康熙中叶杨宾《柳边纪略》卷三记载：流放到宁古塔的文人“贫而通满语则代人贾，所谓掌柜者也”。道光初年，陕川楚三省山内从事伐木的“开厂出资本商人住西安、周至、汉中城，其总理总管之人曰掌柜，曰当家”[⑥]。可见这种掌柜与前述助人经营的伙计不同，是“代人贾”，具有“总管总理”之权。[⑦] 清代前期，代理经营的方式在各地各行业已很普遍。淮南的山西盐商王履泰、尉济美皆“家居不亲筹算，王氏任之柴宜琹，尉氏任之柴宾臣，皆深谙鹾法者”[⑧]。徽州余毓焜，“戚中有渔镇盐业，距邑近，聘为经理，公遂往任焉”[⑨]。定州孙彦至奉天铁岭县“故以书算依人”，巨贾周大章重其为人，“厚资聘主其肆”[⑩]。嘉庆十四年周德文称，他

---

① 吴中孚：《商贾便览》卷1。

② 纪昀：《阅微草堂笔记》卷23。

③ 罗仑：《乾隆盛世江南坐商经营内幕初探》，载《南京大学学报》，1989年，第4期。

④ 歙县：《褒嘉里程氏世谱·歙邑恒之程公传赞》，转见《明清徽商资料选编》，第301页。

⑤ 吴中孚：《商贾便览》卷6。

⑥ 《三省边防备览》卷9，山货。

⑦ 早期掌柜也指出资经商的独立商人，乾隆中叶成书的小说《歧路灯》第72回说韩秀才“雇个刁滑当槽，开设店口”，下文当槽称韩秀才为“我们掌柜的”。

⑧ 李斗：《扬州画舫录》卷2，第57～58页。

⑨ 黟县：《环山余氏宗谱》卷21，《余蔼三公传赞》，转见《明清徽商资料选编》，第264页。

⑩ 《书孙氏母子贞孝》，见《章学诚遗书》卷18，文集3。

在重庆“刘元龙山货行当掌柜”，道光十一年巴县范开科兄弟装载“渝号李祥兴”胡豆运往汉口，“伊号着陈掌柜雇来水手十余人，照料上载”[①]。

上文曾提到一种“领本”经营是贷本经商，领本者即借贷者仍是商业活动的主体，店铺字号的所有者。史料中另有一种“领本”经营，领本者是经营者而不是所有者，商业活动的主体和所有者仍属于出资者；从出资者来说，实际仍是雇佣他人代理经营，他与领本者属于雇佣关系而非借贷关系。乾隆年间曲阜人孙作宾系孔府门下户人，“领本赴东贸易，至胶州充膺猪行行头”，乾隆四十九年“有王绍南等将行霸去”，经孙作宾禀明孔府，“蒙发咨文将行要回”[②]，可见这个猪行属于孔府，孙作宾是代孔府经营。嘉庆年间刘志成称系“陕西人民，在籍承领东本来渝生理有年”；道光时刘德坤“承领客号东本办纸运广”[③]，从“承领东本”看来，领本者与出资人的关系也是伙计与东家的关系，领本者是受雇于东家的经营者。《歧路灯》第97回说阎楷“领了舅氏一付本钱”，“现今舅氏吩咐，要在河南省城开一座大书店”，第98回阎楷自道：“与财东做小伙计，江湖奔走”。说明阎楷领舅氏本钱，是受雇于人，代为经营的伙计，重大经营方针是要由出资人即商人本人决定的。

有些商人也用奴仆掌理经营，但他们与奴仆之间属于人身依附关系，而不是雇佣关系。清代王公大臣大多利用权势，“家人领资本，霸占关津、生理，倚势欺凌”，谋取重利。[④] 一些凡人平民也用奴仆掌理经营，“哈老，汉阳曾氏奴也”，“勤敏饶心计，善权子母，佐其主货殖唯谨”，因其主无子，纳妾于另室，“而哈代主行出纳，千万金无纤毫欺”，其主人死后“哈年愈八十，出纳金资，悉记注为籍，献之幼主”[⑤]。福建漳泉各属则有买义男养子经商的风俗。

（4）委托代办。这种方式是商人将资本委托另一商人经营，受托人将委托人的资本附入自有资本经营，无偿为其经营，到时将委托人的本金和全部利润付还委托人。委托人和受托人都是独立商人，双方不存在雇佣关系，同时两

---

① 《清代乾嘉道巴县档案选编》上，第363、379页。
② 孔府档案，0003889之6，转见何龄修等：《封建贵族大地主的典型——孔府研究》，第354页。
③ 《清代乾嘉道巴县档案选编》上，第339、396页。
④ 《清文献通考》卷32，市籴1，考5144页。
⑤ 《湖北通志未成稿》，见《章学诚遗书》卷30。

者的资本实质上仍是分离的，也不存在借贷或合伙关系。休宁汪印原随父兄至上海紫堤村贸易，后其“同怀兄学羽抱疴客舍，自度不支，托孤孙并店业于印”，汪印除将其兄孤孙抚养成人外，“而所受质库生理，簿籍井井，识者益重其人”[1]，汪印和其兄的资本即是分离的。闽西四堡商人邹大亨“时遨游于江广闽浙间”，“凡乡里中有因公牵车远游，而以财本附同生理者，公视人犹己，即有重息归附，一并清交不私”[2]，是将利润全部归还委托人。《歧路灯》第40回载，滑玉为骗取其姐滑氏银子，说自己在正阳关开大米、糯米坊子，“眼睁睁看着有一股子钱，争乃手中无本钱，只得放过去”，让其姐将银子给他到正阳关去营运，并说“我就白替姐营运。到明日发了财，我与两个外甥拿出来，一五一十清白，也显我是他的一个舅哩”。此事虽出于欺骗，但也应有真实的基础。明清时代缺乏法律的契约保障，这种委托代办几乎完全依赖个人之间的信任关系，所以一般只限于亲友之间。这种委托代办与近代民法上的委任关系很相似，按有关民法规定，委任指当事人约定一方委任他方处理事务，他方允为处理之契约；为处理事务委任之人，称为委任人，允为处理事务之人，称为受任人；近代法制上，委任多以无偿为原则，一般属于无偿契约（有偿为例外）。[3]

二、合伙形态下的资本类型、经营体制和盈亏分配

中国古代合伙经营起源很早，春秋时管鲍联资经商，鲍让利于管的佳话一直被后世的商人当作榜样写入合伙契约，而明确的合伙记载已见于唐初张建的《算经》。清代合伙经商已很普遍，所谓“合资”、“合股”、“合本”、“连财”等词实际都是合伙的不同说法。本节分别考察清代合伙经商的资本类型、经营体制和盈亏分配。

（一）合伙形态下的资本类型

清代合伙制的资本，除货币外，还有商业设施、商品、商业信誉和人力资

① 康熙《紫堤村小志》卷中，国朝人物。
② 陈支平、郑振满：《清代闽西四堡族商研究》，载《中国经济史研究》，1988年，第2期。
③ 史尚宽：《债法各论》，第359、363页。

本，这几种资本都须与货币资本合伙才能构成商业经营，并在合伙时折算成货币或规定其所占份额。

（1）清代合伙制最普遍的是货币合伙。在货币合伙形态下，合伙人的出资额都事先约定，明清以来的合伙契约格式中都写明“各出本银若干作本，同心揭胆，营谋生意”[①]。合伙人的出资又有两种情况。一种是平均出资，如康熙六十一年徽商汪乾初、汪全五在巢县开张德胜字号杂货布店，“二人同心，各出本银贰百肆拾两，共成本银肆百捌拾两”[②]。乾隆四十九年巴县刘永盛、冉文锦、马万益“三人合伙，各出大制铜钱二百千文整，营求买米生理”[③]。更多的情况是合伙人出资不均，如乾隆四十三年陕西巡抚毕沅在调查当时新疆与内地的玉石贩运情况时说：“每起合伙人数多寡不一，各人所出本银亦多寡不齐。”[④] 嘉庆十五年巴县桂时荣出2000两，王道仪出3000两合伙开设山货行。合伙人的资本也可以增加或抽出，道光五年江西商人饶希圣与吴景昭“合伙开设广聚布否【？店】”，吴景昭出130两，饶希圣出100两，次年饶希圣添本75两，道光七年吴景昭添本50两[⑤]。清代算书《算迪》中有关合伙的算题全部是不等出资，也有增加或抽出的算题，例如有一题曰：“甲乙丙合本生理，甲本二百两八个月，又四十两六个月；乙本三百二十两六个月，又八十两五个月；丙本一百六十两十个月”[⑥]。设置这类题目，表明当时这种方式的合伙已是相当普遍的了。

合伙人的资本有时被划分为股，或分、成、俸等，如顺康年间徽商汪敏希、吴君调“合伙在南翔镇浩源店生意”，“汪希敏该叁股之贰”，“吴调君该叁股之壹”[⑦]。尽管清代商业合伙中有将资本称“股”的，但仍不属于股份制。股份制是近代以来以向社会发行股票募集资本为特征的企业形式。清代合伙制并没有向社会发行股票，不应与股份制相混淆。

---

① 黄惟质订补：《敦义堂重订增补释义经书四字便用杂字通考全书》外卷。

② 《休宁汪姓誊契簿辑要》，转见章有义《明清及近代农业史论集》，第436页。

③ 《清代乾嘉道巴县档案选编》上，第378页。

④ 乾隆四十三年十一月初十日陕西巡抚毕沅奏，见《史料旬刊》第26期。

⑤ 《清代乾嘉道巴县档案选编》上，第263、344页。

⑥ 〔清〕何梦瑶：《算迪》卷1。

⑦ 《顺治—康熙租谷簿》，见“屯溪资料”，置248。

（2）字号招牌。上文已指出，清代具有一定商业信誉的字号招牌已经资本化。在合伙制下，也有以字号招牌为资本合伙的，这种情况一般发生在原有独资店铺无法继续经营，招集资金改为合伙经营时。北京万全堂原为乐姓所开，乾隆二十年乐姓因“独力难办”，“将字号、家伙、买卖批与营姓一半，永远为业”，合同言明：营姓入本银2490两，乐姓余货作入本银3251两，规定“不论入本银多寡，营来利息各分一半”。值得注意的是，合同中明确说明乐姓的资本为“字号、家伙、买卖”，包括了店铺设施、商品等有形资本和“字号”这样的无形资本。乾隆二十一年万全堂“被火烧毁无存”，乐、营无力开设，又与姜廷宪、孙仔肩“合伙同作”，并议定“姜、孙出银盖造房屋，装修铺面，置办家伙、货物、药料，共银伍千两，以作押合同之用”。这次因万全堂被火烧毁，店铺设施和商品原料均由姜、孙2人出资修造置办，乐、营2人已没有多少万全堂的有形资产，可以说完全是以万全堂的“字号”这样的无形资产作为投资了，因此合同规定，盈亏姜、孙2人占7股，乐、营2人占3股，原资东的份额大为降低，不再是前次合伙时的“得利均分”了，并且规定“铺中事务俱系姜、孙二人承管，与乐、营无涉”，新资东的地位超过了旧资东。但乐家作为创始人的地位还是得到肯定，乐、营3股中乐家占2股，合同还规定“乐玉书在铺料理”，也是在这个合同中第一次规定：“至万全堂字号，系乐姓祖遗，言明乐姓每日在铺中取字号钱大制钱壹千文，不在赚账之内，风雨勿欠”，“字号钱”由“乐姓独得，与营姓无干”，都说明乐姓作为万全堂字号这一无形资产创始人所享有的权利。乾隆三十六年合伙期满，姜姓等五人（从姜廷宪、孙仔肩二人继承）仅存本1800两，因姜姓等资本减少，乾隆三十七年续作合同规定姜姓等得利得六分，乐、营二姓得四分。[①] 乐、营二姓的分成较上次增加，其投资应在“字号”无形资本外，增加了上次合伙积累的有形资产和货币资本。

（3）人力资本，即资本化的人力资源，它指一个商人的综合素质，主要包括商人的诚实可靠和经营能力。人力资源是否资本化，要看出力者是否以独立商人的身份与出资者结成平等的合伙关系，他与出资者共同分享利润，共同

① 以上引文均见《崇文门外万全堂药铺资料辑录》，载《清史资料》第1辑。

分担亏损。如果出力者受雇于出资者，即使在工资外得以分取一定比例的利润，但不分担亏损，他仍不是独立商人，其人力资源没有资本化，他所分得的利润也是由于出资者的奖励，仍然属于劳动报酬。在清代晋商著名的“人身顶股制”中，掌柜和资深伙计都能顶一股至数厘的身股。这种身股被认为是一种人力资本。在这种人身顶股制中，总经理的身股由财东决定，伙计的身股由总经理决定。有的顶身股的伙计没有辛金，有的还有辛金。后来总经理与财东在营业之先就共同订立合同，规定身股多少。身股一般逢账期增加，但如有重大过失，不论是总经理还是一般伙计，都要开除出号和赔偿损失，一般过失则要减少其身股数额。身股只分红，不承担亏损。除按生前顶身股的多少死后继续享受几年的分红外，不能继承，也不能转让。[①] 由此可见，晋商的身股并不是真正的资本，真正的资本不可能只分红而不承担亏损。而且享有银股的财东与顶身股的伙计并不平等，自掌柜以下都是财东雇佣，他们之间并未结成合伙关系。因此这种身股还不是人力资本股，实际是财东奖励花红。

清代前期已有以人力资本与他人合伙，并订立合伙契约的事例。如道光二十四年巴县向义顺与侄德庄的合伙文约所示：“立出合伙文约人向义顺同侄德庄。叔侄合伙开设义顺合记纸铺，当日凭族亲议定，义顺谊出资本银一百两整，其银无利；德庄身无工价。其铺生理德庄经理，每年凭族亲清算铺内账目，赚钱均分，折本均认。自立合伙之后，叔侄各秉公心，日【□】兴发，永敦和美。此系叔侄心甘悦服，并无套哄等情。今欲有凭，特立合伙文二纸，各执一纸存据。”这完全是合伙形态，向义顺出资金，经营者德庄以人力资本出资，向义顺“其银无利”，“德庄身无工价”，二者既非借贷关系，也不是雇佣关系，并且德庄在分取盈利的同时须承担亏折。又如道光七年巴县李大祥与刘国贤、刘国文兄弟“合伙开通片铺生理”，李大祥出本银50两，刘氏兄弟“无有本银”，“以身价作本”，“李大祥占生理一般”，刘氏兄弟“占生意一股”[②]，李大祥的资金与刘氏兄弟的人力资本合伙关系也很明显。道光十八年

---

① 黄鉴晖：《山西票号史》，第41~42、49~51、54~59页；张正明：《晋商兴衰史》，第142~143、154页。

② 《清代乾嘉道巴县档案选编》上册第392；393~394页。

北京六必居根账记载，赵珏、赵瑜各备本4000两，赵贺、赵庆各备本2000两，开设六必居、六珍号，“交付与刘琬、刘丕承等【十五人】执掌营运”，规定“其创到利息照本银、领本数目分受，倘有增溢，按分均承”，而按乾隆间六必居旧规：“其创到利息，东、伙各受其半，按股均分；倘有亏缺，东、伙各认其半，按分均承，不得异说”[①]，出资者与经营者除分享利润，都要承担亏损，也属于合伙关系。

人力资本有时表现为“领本经营”的形式。清代洞庭商人采用“领本”形式开展经营，“凡经商之人，未必皆自有资本，类多领本于富室”，“双方恒例三七分认（原注：出本者得七分，效力者得三分，赚折同规）”[②]，这种“领本”形式已有学者指出不同于一般的借贷行为，但又认为是否合伙还不清楚[③]。实际上从“赚折同规”来看，“领本”者与出资者富室平等承担经营盈亏，不存在雇佣关系，“领本”者作为独立商人以人力资本与富室的资金合伙。这种“领本”经营与前文所说“贷本经营”的领本和雇佣他人代理经营的领本经营都不一样，是一种包含了人力资本，并由出力者经营的合伙关系。

在人力资本参加的合伙中，一般由出力者经营，出资者不参与经营，但出资者不因此成为近代的隐名合伙人，这种合伙关系也不是隐名合伙。因为在隐名合伙中，隐名合伙人的责任以出资额为限，只承担有限责任，而清代中国尚未产生有限责任制度。

（4）商业设施、商品。如前述乐姓万全堂改为合伙时其入伙资本包括了商业设施和商品。商业设施除店铺房屋、家具外，还有牙帖，如道光二年巴县“屠姓以帖作本，方姓以行房家具作本，林、赫二人出本银四百一十两零，四人合伙开设义生花行，赚折四股均认”。

（二）合伙形态下的经营体制

清代合伙制的经营体制也可分三种，即合伙人分担经营、合伙人负责经营、代理经营。

① 转见邓拓前引文。
② 《林屋民风》卷7。
③ 罗仑、范金民：《洞庭商人》，见《中国十大商帮》，第352页。

（1）合伙人分担经营业务，这种方式中所有权与经营权完全合一。乾隆四十九年巴县刘永盛、冉文锦、马万益三人合伙经营买米生理，合约规定："有□□代买货装载，有冉、刘二姓承办；抚理卖货兑账毛钱少数，有马姓承办"。道光四年陈泌荣与杨应源"合伙在泸州开设京果铺生理，应源在泸州经理铺务，蚁【陈泌荣】在本城【重庆】调取货物，运往泸州，交伊经手发卖"[①]。

（2）合伙人负责经营，这种情况所有权与经营权开始分离，合伙人兼任经营者。这也有几种情况。有其中一人负责经营的，康熙五十八年徽州胡稼书与陈维新同做榨居，规定"其榨中事务，俱是胡稼书包承管理"[②]。道光五年江西商人饶希圣与吴景昭合伙开设布店，"其交易出入账目俱系景昭主持"[③]。在有人力资本股的情况下，一般由出力者负责经营。

有的采取合伙人之一轮流经营。如康熙十八年休宁鲍元甫自创启隆店业，三十二年他为两个儿子立分家阄书时规定，"兄弟二人每管店贰年"[④]；康熙四十六年金氏位育店分家后也是"自是年后四房轮流挨管店务"[⑤]。又如乾隆年间芜湖吴氏账簿记载，"本店经历两朝，规矩井然，六房轮流执管"[⑥]。吴中孚曾批评轮流经营，说："输【？轮】年如同打劫，独任何【？】尚顾门面"，认为"无论兄弟合伙共开一行，若轮流管事各要顾己囊私，不如独自开行尚图下年，凡事宽议以顾门面"[⑦]。由此看来，家族合伙轮流经营不在少数。有的家庭合伙轮流经营由值事者承担盈亏，管理期间类似于独资经营。如雍正、乾隆年间徽州某姓华房、□房、家房合伙开设几家店铺，其中万全号自乾隆十二年起开始三房"值年分利"，即轮流经营，值年者不但取得全部盈利，还要承担所有亏损，如乾隆二十年华房"值年亏折"192.519两，鸣周、康侯各亏96.26两（乾隆十一年华房与其侄鸣周、康侯分清万全号内本银，后鸣周与康

① 《清代乾嘉道巴县档案选编》上，第341、378、396页。
② 原件藏中国社会科学院历史研究所，转见傅衣凌：《明清封建土地所有制论纲》，第100页。
③ 《清代乾嘉道巴县档案选编》上，第344～345页。
④ 《徽州千年契约文书》清民国编，第4卷，第403页。
⑤ 《清康熙金氏分家书》，见"屯溪资料"，分219。
⑥ 转见阮明道前引文。
⑦ 吴中孚：《商贾便览》卷1。

侯又各自分清，但三家仍作为一个合伙人）。乾隆十二年家房与□房之佐臣合开日盛绸店，乾隆十八年起也开始“值年分利”，轮流经营。[①]

合伙人中二人负责经营。如乾隆二十一年乐、菅的万全堂遭火后与孙仔肩、姜廷宪合伙，规定“铺中事务，俱系姜、孙二人承管，与乐、菅无涉”，虽乐家还有乐玉书“在铺料理”，但经营者已经是姜、孙二人了。[②] 又如，嘉庆十九年，巴县吴宏钊叔侄以正太山货行行底作本银2000两，王有常、李元贵出本银2000两合伙，“自合伙之后，吴姓只许二人在行顶贸，一切买卖俱经王、李二人主持”[③]，也是由出资者王有常、李元贵经营。

合伙人负责经营所见最多为三人。乾隆三十七年万全堂再次合伙，乐、菅二姓与姜姓等五人订立合同，合同规定“准姜姓等五人入一人在铺中监理，每月修金四两”。合同批文又规定：“万全堂总理事务，系银东出一人一面承管，每月修金银八两；乐姓入一人在铺监理，每月修金银四两。”[④] 银东总理即是大掌柜，姜姓等五人和乐姓各入一人“监理”，应即是二掌柜。乾隆五十七年在巴县的湖南、江西人朱太常等8人为创置义冢，“八人各出银两，营谋买卖”，“买卖营谋系朱太常、谢富明、雷安明三人承手”[⑤]。

（3）代理经营。与独资形态下的代理经营一样，也是雇佣他人代为经营管理，所有权与经营权分离。道光时侯生芸领介休富民吴龙图等16人“银本各数万金，自奉天以至浙江皆有字号，每三年算账一次，将利解交”，道光十八年因亏折，“各东疑侯生芸从中侵蚀”，“彼此互争结讼”[⑥]，这个侯生芸也是受雇于银东的。小说《歧路灯》第69回载，盛希侨打算与谭绍闻合伙做生意，“不过请几个伙计经营，我们分个长头，手里闲花销而已”，“难说我两个做生意，该自己坐在柜台里边，到了秋夏，自己牵着大白叫驴，往乡里亲自讨账么?”盛、谭是不打算自己经营的，可以想见，几个伙计里应有一个掌柜。

---

① 《雍正—乾隆收支账簿》，见“屯溪资料”，商378。
② 《崇文门外万全堂药铺资料辑录》，见《清史资料》第1辑。
③ 《清代乾嘉道巴县档案选编》上，第340页。
④ 《崇文门外万全堂药铺资料辑录》，见《清史资料》第1辑。
⑤ 《清代乾嘉道巴县档案选编》上，第252页。
⑥ 张集馨：《道咸宦海见闻录》，第43页。

合伙制下经营者也有称为掌柜的。嘉道年间曲阜孔继潢在奉天锦县“合伙开兴成当生理，有掌柜人赵国祥长使东本，百班【？般】舞弊，以致歇业”①。

（三）合伙形态的盈亏分配

合伙制应当既分享盈利，同时分担亏损。有的合伙合同载明“赚折同受”或“盈亏均分”。乾隆五十六年巴县唐仕学、李字桢各出银两“协同于较场坝卖磁器生理”，面议“赚折同分合认。”道光二年方曰刚等四人分别以牙帖、行房家具和资金出本，“四人合伙开设义生花行，赚折四股均认”，至道光六年负欠各号客花银二千余两，四人“拆伙认还”，“将伙各名下支亏客银按数算明”，“分晰认还各号，以便拆伙，各寻生业，挣还各欠”，“各立欠字，如某名下应承还某号之账，永不累及别人。”但也有很多合伙的记载只说“获利均分”，显然不能因为合约只规定“获利均分”而认为这些合伙经营不分担亏损。嘉庆十九年巴县吴宏钊叔侄以正太山货花行及牙帖作本与王有常、李元贵合伙，规定“所获盈利作四股均分”，并未规定分担亏损。但到嘉庆二十五年时已负欠客账八千余两，六月李元贵退出合伙，“情甘将应得分生意四股之一，并原本银一千两整，一并扣除，辞退出伙”，即是以生意和本银分担了部分负欠的客账；道光元年王有常与吴宏钊叔侄拆伙，“清算七年账项，各该客银八千余两，王、吴按分公还”。

虽然合伙制内部合伙人分担亏损，但合伙人对外承担无限责任，每一合伙人都得代表整个合伙店铺承担债务。嘉庆初巴县金海望、吴起彦伙开裕兴棉花行，欠陈大丰等众号银2.97余万两，内有吴起彦叔侄驼逃银0.249余万两。嘉庆九年四月金海望觅伙开行，经巴县八省客长公议，花行归海望承开，陈大丰等各号银两，“现还□成，余银俟伊行贸赚利偿还”，所有债务都归金海望承担了。道光四年陈泌荣与杨应源在泸州合伙开京果铺，杨应源花销本银四百余两，发卖货物亏空二百余两，铺内折本一百余两，放出外账一百余两未经收回，以致拖欠悦丰行等各行共九百余两，因杨应源病故，这些拖欠外账都要由陈泌荣偿还。②

---

① 《曲阜孔府档案史料选编》第3编，第15册，第30页。

② 《清代乾嘉道巴县档案选编》上，第370、341、340、338、396页。

合伙人的盈亏一般按出资额分派，所谓“获利均分”、“赚折均认”都指按出资额分担。乾隆四十三年陕西巡抚毕沅调查，当时从新疆往内地贩运玉石的合伙商人“每起合伙人多寡不一，各人所出本银亦多寡不齐，玉石所卖银两照股分收”①。嘉道间曲阜孔继潢在奉天锦县“合伙开兴成当生理”，道光八年清算，净赔钱13622吊510文，每股应赔钱1144吊750文。② 道光二十年巴县刘凤林、刘万成合伙开设联升栈号，合约规定“各出本银，注数明白，红利照本分派，勿得紊乱私索，公心均益”③。至于字号招牌、商业设施、商品、人力资本的盈亏分配，上文已经说明，或是折成银钱资金数，或是规定在合伙中所占份额。但也有例外，不按出资额分配盈亏，如乾隆十一年北京乐姓万全堂药铺因托欠账目，与索姓合伙，“索姓陆续入铺客账、私账、无利血本银”共2724两有余，双方出资并不相等，“言明得利均分”；乾隆二十年乐家与营姓合伙时合同言明“不论入本银多寡，营来利息各分一半”④。又如乾隆五十六年巴县“【唐】仕学出本银四十两正【整】，【李】字桢出本银五十两正【整】，二人协同于较场坝卖磁器生理。彼即面议，赚折同分合认。”⑤

清代合伙制已不再单纯在合伙人之间分配利润，而已分成股息、红利和花红三部分。股息亦称股利，旧中国俗称官利，是按股份分配给股东的利润，红利则是股东所得超过股息部分的利润。⑥ 股息按合同规定的固定利率进行分配，股东提取股息后始能分配红利和花红。利润分配的这种分派起于何时尚不清楚，但可以肯定，清代前期已经出现。康熙五十八年徽州胡稼书、陈维新租用陈维新的水磨碓高栈屋“同做榨居，做油榨、打桐子油生业”，双方各出银60两，《议墨》规定：“每年公议榨租九五银拾陆两整，内扒壹两陈边地租，仍拾伍两，陈维新分得柒两伍钱，胡稼书分得柒两五钱外；又议认租陈边水碓

① 乾隆四十三年十一月初十日毕沅奏，见《史料旬刊》，第26期。
② 《曲阜孔府档案史料选编》第3编，第15册，第31页。
③ 《清代乾嘉道巴县档案选编》上，第399页。
④ 《崇文门外万全堂药铺资料辑录》，见《清史资料》第1辑。
⑤ 《清代乾嘉道巴县档案选编》上，第369～370页。
⑥ 《经济大辞典·商业经济卷》，第85页。

叁枝，每月须认纳陈边碓租九五足银叁两整，仍觅余利，两半均分，陈维新分得壹半，胡稼书分得壹半，无得异说”[①]。这里陈边地租、碓租是因租用了陈姓的基地、水碓所给租金，而每年“榨租”双方各得7.5两，即是股息，不过它是规定各得银数，与后来规定利率不一样，双方分得股息后才“仍觅余利”进行分配，“余利”即是红利。乾隆年间芜湖吴氏经营作坊与店铺，其账簿记载，乾隆二十六年正月调整各房股本，合为六大股，每股正本银800两，《墨合》规定：仍“照旧例贰分行息，按月支利，不得侵支正本，亦不得将利作本”，本家股本无论头年盈亏，总在次年正月查盘结清，每股仍存正本银800两，店获余利，除拨加二津贴在店管事伙计，“仍余之银，一半入公，一半派入股数”，年岁不丰则“六股均认”[②]。这里各股东在每年正月分派余利之外，按月支取“贰分行息”，已完全是官利了。

花红是从利润中提取一定比例分给董事、监事和以“额外报酬”的形式分给职工的部分。[③] 由此看来，花红产生较早，如果出资者为合伙组成，明代《晋录》记载的伙计所得实际就是花红，清代晋商和后来其他地方商人所实行的“顶生意”即“身股”也就是花红。前述芜湖吴氏账簿记载，每年正月结算时按一定比例从赢利中提取银两津贴“在店诸公”（多为管事）、“在店执事”（多为伙计）以及诸种工匠（账簿里称为“后作”），甚至有的亏蚀年份也拨出数十两银子来津贴在店人员。

经济学对合伙企业的解释为：“在这种组织中两个或两个以上的人对他们的贡献（资本或力量）数量和可能得到的利润的分配方法取得协议。”[④] 在合伙关系中，合伙人对债务负有无限责任，每个合伙人的私人资产都可作为他们债权人的担保品，一般认为合伙企业不是法人。与此对照，清代商业合伙制已经与近代合伙制基本相同，清代合伙店铺字号的资本也具有了金钱、商业设施和商品以及劳务、商业信誉，同样是无限责任制，清代也尚未生产法人制度。

---

① 傅衣凌：《明清封建土地所有制论纲》，第100页。

② 转见阮明道前引文。

③ 《经济大辞典·商业经济卷》，第718页。

④ 《现代经济词典》（中译本）第323页。

从本节的论述可见，清代前期独资和合伙商业活动及店铺的资本组织基本与近代以来的形态类似。资本类型有了发展，产生了商业信誉无形资本和人力资本，合伙制利润分配中出现了股息和花红；经营方式也变得多样化，委托经营的出现，所有权和经营权分离的发展，经营者地位的确定和提高，都可以看出传统店铺字号企业制度的演进。但这种演进是极为缓慢的，并没有产生突破性进展，还没有自发产生公司制度。

第七章　牙　行

牙人、牙行是中国封建社会商品交换活动中起中介作用的人和组织。他们主要通过中介和为买卖双方服务的活动，向所服务的对象抽取佣金，也称牙佣。他们的活动范围广，涉及行业宽，几乎遍布城市、市镇、集、场、墟的各行各业。即使在房地产业、债务、人口买卖中，以及在广东等地的外贸交易中，也都有牙行介入。这里主要探讨清代前期在国内商品交易、商品流通中起中介作用的牙行。

第一节　牙行制度

清代继承明代的政策，由朝廷批准设立牙行，“贸易货物设立牙行，例给官帖使平准物价”[①]。“凡城市乡村诸色牙行，及船之埠头，并选有抵业人户充应。官给印信文簿，附写（逐月所至）客商船户住贯、姓名、路引字号，物货数目，每月赴官查照。……凡客店每月置店簿一本，在内赴兵马司，在外赴有司署押讫，逐日附写到店客商姓名、人数、启程月日，各赴所司查照。”[②]“官帖”、“印信”也叫牙帖。帖内注明牙人姓名、经营范围、地点。一般是“照货设行”，“各行各帖，例有分别，货有专责”[③]，所以牙帖相当于营业执

① 清《圣祖实录》卷238，康熙四十八年六月庚子。
② 光绪《钦定大清会典事例》卷765，刑部，户律市廛。
③ 《清代乾嘉道巴县档案选编》上，第386页。

照，或营业许可证。“文簿”是记载交易双方姓名、籍贯、货物数量、往来地点的登记本，以备在发生问题时查找。

对牙行承充人的资格，官府规定：“投认牙行必系殷实良民，取有结状，始准给帖充应。”“有抵业人户充应”，所谓有抵业，即富有之家。湖北规定，“家有产业者，取具保邻甘结，方准给帖承充”①。四川巴县“必须身家殷实，诚实可信之人，始准承充”②。山东济宁直隶州“酌量本大货多者”充任。③福建规定，由“地方官招募殷实诚朴之人，由县给帖充当行户”④。乾隆十五年广东省官府令：“各属境内照省城佛山之例，查召身家殷实堪充船行三人。”⑤ 一般来说，承充牙行的人必须是富有者，外省人、本地人均可。清廷认为，“盖殷实则有产业可抵，良民则无护符可恃，庶几顾惜身家，凛遵法纪，不敢任意侵吞，为商人之害”⑥。所以才规定这个条件。另据嘉庆六年六月二十四日，四川巴县牙行清单显示，“渝城各行户，大率俱系外省民人领帖开设”，其中江西有40人，湖南和湖北共43人，福建11人，江南5人，陕西6人，广东2人，本省2人。在这总共109户中，四川省人只有2户，巴县本地并无充任牙行之人。⑦ 前述江西也有类似情况。当时子继父，承接牙帖的情况比较普遍，但有明文规定，经过五年后，重新编审领帖人的身份时，如果父亲领牙帖时家里富有，而到儿子代替父亲承接牙帖时，家里已经贫穷，则其子就不能再承接牙帖了。“于五年编审之期，查明现在经纪，如非身家殷实，父子替袭者，即行更换。”⑧ 不过，由于牙行制度还不完善，五年编审制，也没有在所有省份实行，所以牙人身份的考核也不可能在各地严格执行。但是无论如何不能认为牙行商人按惯例皆以本地土著人户充任。

---

① 乾隆八年六月己卯上谕；乾隆九年十月初六日湖北巡抚晏斯盛奏折，载《历史档案》1991年，第2期。

② 《清代乾嘉道巴县档案选编》上，第253页。

③ 乾隆《济宁直隶州志》卷6，舆地5。

④ 《福建省例》（23），船政例。

⑤ 《粤东例案》行规，抄本，见《明清佛山碑刻文献经济资料》，第381页。

⑥ 清《高宗实录》卷195，乾隆八年六月己卯。

⑦ 《清代乾嘉道巴县档案选编》上，第253～256页。

⑧ 《上谕条例》户例，乾隆五年。

基层官府对牙帖承充人资格的审查，实际上也不一定十分严格，如有的牙帖持有者，雇人经营牙行，或几个人集资入股，由一人领帖经营等。（详见下节）因此，出现改变姓名，借资本承充牙行，或冒名顶替充任牙行等情况。嘉庆十三年有湖广籍人张志德顶补巴县瓷器行牙帖。五年后，张志德缺乏资本，把持勒派行佣，被斥革牙帖，追缴税款。经审查张志德本名张国梅，来重庆“小贸营生”。同乡李本忠等人帮其凑资本顶充瓷器行。道光十三年，重庆杂粮行陈万丰、王宗信、刘开裕、杨松茂四人，“均属私顶已故牙户”之帖开设，“殊属违例”①。他们不合格之处，即不属殷实之家。

牙行承充人申请牙帖的过程和手续，有的是由县衙门发牌示，招募牙行承充人。有的是由愿意经营牙行的人，向州县衙门提出申请。申请时要填报承充人姓名、籍贯、外貌特征、身家情况，说明开设牙行的地点、经营商品名称，申明自愿纳税。并附互保甘结，加盖印章。材料由县衙门审核，写详册上报所在府衙。府衙再向省布政司申报。布政司查核审批后，经总督批准，上报户部备案。布政司签发牙帖和批札，注明从某年开始缴纳牙帖税。然后，将札文、牙帖下发府衙，层层下转，最后发给承充人，并收缴牙帖税，登记注册，手续方才完成。

牙帖税一般分为上、中、下三等，不同地区对每张牙帖征收的税也不一样。湖北省牙行每年每帖纳税“上行纳税五钱，中行纳税三钱，下行纳税一钱五分”②。江西则“每年上则纳银三两，中则二两，下则一两”。经营不同商品的牙帖税也不一样。“各直省之杂税牙帖”，“州县每帖不过征银二三钱至四五钱而止。省会及通衢大镇，不过一两一二钱而止”③。直隶永清县，斗、木、估衣、席行帖税一两二钱；猪、驴、牛、芝麻行一两一钱；车行二两；布行二两三钱五分④。当然也有违例滥征的，如广平府曲周县东桥镇，“开设杂粮铺二十八家，该县每年每店征收牙帖税银三两”，应征八十四两，

① 《清代乾嘉道巴县档案选编》上，第369、372～373、380页。

② 雍正十一年九月十三日湖北布政使钟保奏，见《宫中档雍正朝奏折》第22辑，第109页。

③ 乾隆二十四年四月十一日江西布政使汤聘奏折；乾隆七年七月二十四日江西道监察御史卫廷璞奏折，载《历史档案》，1991年，第2期。

④ 章学诚：《永清县志》4，见《章氏遗书》外编，卷9。

多收七十余两。[①]

起初，设立牙行，发放牙帖，地方布政司、府、州、县等各级官府都有权审批，而且“旧例有牙税押帖之陋规。每行各给一帖，其帖每岁一更”[②]。造成一个牙帖，“竟有数人朋充”，数行牙帖“竟为一人独霸”[③]，藉官帖之名，尽饱私囊的情况。雍正年间改革牙行审批制度。先是“不许州县滥给”牙帖，规定只有布政司具有签发牙帖的权力，但要报户部备案。随后由于牙帖“可不必拘定额数”，“是以牙帖岁有增添，盈千累百，倍逾原额”。牙人“把持行市，争夺买卖，抽分利息，小民之赶集营生者，无不遭其鱼肉，是集场多一牙户，则商民多一苦累”[④]。为了禁止滥发牙帖，十一年清廷对牙帖进行整顿，规定各省的牙帖额数，“不许有司任意增添”，如有“新开集场应设牙行者，酌定名数给发，亦报部存案”[⑤]。乾隆年间，“江苏各属于额帖之外，陆续请增者，一县竟有数十张以至百余张不等”。清廷重申雍正时期的规定，不得滥增牙帖。对已经额外增添的牙帖裁汰。[⑥] 牙帖的数量各地不一。雍正三年湖北省牙行“共五千二百四十二户”[⑦]。乾隆年间，汉口“承充牙行者不下数百户”。江西“通省牙帖四千四百九十余张”[⑧]。乾隆五十八年，直隶“牙行一万三千六百二名”[⑨]。嘉庆六年重庆“原额引帖修【？共】计有一百五十一张，现在开行者计有一百零九张”[⑩]。奉天省道光十七年才开始设立牙行。[⑪] 从实行额定牙帖制到同治年间，牙帖定额的数量变化不大，全国共有牙帖178846张，[⑫] 说明官府对牙帖数量的控制还是比较严格的。领帖牙行之外，还有一些未领帖的

① 雍正五年十一月十八日宜兆熊等奏，见《宫中档雍正朝奏折》第9辑，第317页。

② 雍正《乐安县志》卷4，城池。

③ 程素期：《革牙行牙帖详》，见康熙《邹平县志》卷7，书。

④ 雍正十一年九月十三日湖北布政使钟保奏，见《宫中档雍正朝奏折》第22辑，第109页。

⑤ 清《世宗实录》卷136，雍正十一年十月甲寅。

⑥ 清《高宗实录》卷95，乾隆四年六月丁酉；卷154，乾隆六年十一月壬申。

⑦ 雍正三年湖广总督纳齐阿题本，转自韦庆远等《清代牙商利弊论》，见韦庆远《明清史辨析》。

⑧ 乾隆九年十月初六日湖北巡抚晏斯盛奏折；乾隆二十四年四月十一日江西布政使汤聘奏折，载《历史档案》，1991年，第2期。

⑨ 韦庆远前引书。

⑩《清代乾嘉道巴县档案选编》上，第253页。

⑪ 清《宣宗实录》卷296，道光十七年四月甲寅。

⑫ 汪士信：《试论牙行》，载《中国社会科学院经济研究所集刊》第8集。

私牙。“其私立牙店，坐列估价，谓之主人，城邑乡陬，在在有之”①，“乃地方棍徒，於瓜果、菜蔬等物亦私立牙帖名色”②。不过官府禁止私牙经营，“或有私立牙店，坐列估价，以蠹乡贩者必禁之”③。

牙帖发放之后，本来没有规定编审、清查、换帖的时限。雍正三年，首先规定“在京各牙行领帖开张，照五年编审例，清查换帖”④。有的省份按此规定执行了。如山东曲阜孔府郓城屯各集更换牙帖，是照五年编审条例进行的。⑤ 也有一些省并没有执行。乾隆初年又有每五年编审、清查换新帖的重申规定，也不是所有省份都比较认真地按照执行了。江西自康熙二十九年发帖之后，十余年才清查一次。乾隆六年开始清查换帖，全省4000多张牙帖，至十一年第二次编审期到来时，仍未清换完毕，如果继续进行清换，多有不便，于是奏请停止每五年编审、清查牙帖。二十六年，湖南奏请执行每五年编审、清查一次牙帖。⑥ 三十年，江西布政使又奏请停止每五年编审一次，理由是牙行承充者多是外省人，一次清查换帖，五年内不能完成，下一个五年又开始了。这样的清查换帖并不能真正解决领帖人中存在的问题。清廷根据江西的情况规定，以后类似这种情况的省份，可以停止每五年一次清查换帖。⑦

第二节　牙行的职能

牙行的职能，第一是起中介、服务作用。不同类型的牙行职能有所侧重。一种是在商品交易中起中介作用的牙人、牙行，一般称为居间商，或称经纪人。他们以所经营的商品划分，在经营的商品行业范围内起中介作用，撮合买

① 乾隆《常昭合志》卷1，风俗。

② 清《圣祖实录》卷238，康熙四十八年六月庚子。

③ 乾隆《黔阳县志》卷26，风俗。

④ 光绪《钦定大清会典事例》卷765，刑部，户律市廛。

⑤ 许檀《明清时期农村集市的发展》，载《中国经济史研究》，1997年，第2期

⑥ 乾隆十一年八月十三日江西布政使彭家屏奏折；乾隆二十六年正月初六日湖南按察使严有禧奏折，载《历史档案》，1991年，第2期。

⑦ 《上谕条例》户例，乾隆三十年。

卖双方，促使成交，以取佣金。这类牙行多以商品命名，“各色牙行除绸、缎、油、铁、布、炭、楠竹、皮帽各行”，还有“烟、靛、茶、麻、广福杂货、砂糖、瓷器、西货各行”等等。[①] 粮食牙行，北方称斗户“凡民间买卖粮食，斗户评价过斛，领帖办税，与牙行经纪无异”[②]。在南方称米行。江南丝绸交易，一般“都必须经过丝绸牙人经纪的介绍”[③]，这可能是因为丝绸主要销往外地，而且又是各地商贾到产地选购不同品种的丝绸，所以必经绸行。“各路商贾来杭兴贩绸缎，一省有一省所行之货，然出产之地仅止宪属仁和地方。商等远来投寓店家，势必寻觅牙人，面同机户讲就价值，开定货色，将银交托牙人转付机户买丝，照定织交，此古来通例。”[④] 由于各省商贾所需丝绸的品种多样，因此，绸行的名称也不尽同，大概多以地区命名。“绸行之名曰京行、曰建行、曰济宁行、曰湖广行、曰周村行，各以其地所宜之货售于客。”[⑤] 在福建有一种牙人，称互人。“闽地所种荔枝、龙眼，多不自扑采。有吴越贾人，春时即往，估计其值。吴越人曰断，闽人曰扑。有扑花者，扑孕者，扑青者。树主与贾人请惯估乡老为互人。互人环树指示，曰某树得干几许，某树少差，某树较胜。其估时之多寡，与后日之风雨，之肥瘠，互人皆意而得之。他日摘焙，皆不甚相远也。”[⑥]

这类牙行在买卖双方之间，介绍商品，“坐列主价”[⑦]。在城镇、集市上，乡民、小贩与商贾通常要经过牙行进行棉花交易。“郭稍东而南，几于比户皆售花者，名花市。清晓村人肩花入市，有司其价值者，两造具备，衡其轻重，别优劣以定价，而于中取百一之利，名花主人家。”[⑧] “市中交易，未晓而集。每岁棉花入市，牙行多聚少年以为羽翼，携灯拦接，乡民莫知所适。”[⑨] “有行

---

① 《湖南省例成案》户律，市廛，卷34，乾隆二年。

② 乾隆三十二年十一月二十二日河南巡抚阿思哈奏，见《宫中档乾隆朝奏折》第28辑，第661页。

③ 范金民等：《江南丝绸史研究》，第250页。

④ 《杭州府仁和县告示商牙机户并禁地棍扰害碑》康熙五十年十月，转引自陈学文《中国封建晚期的商品经济》。

⑤ 嘉庆《濮川所闻记》卷3，织作。

⑥ 吴振臣：《闽游偶记》，见《小方壶斋舆地丛钞续钞》第9帙。

⑦ 乾隆《沙头里志》卷2，风俗。

⑧ 张春华：《沪城岁事衢歌》道光。

⑨ 乾隆《宝山县志》卷1，地里志，风俗。

户晨挂一称于门，俟买卖者，交集户外，乃为之别其美恶而贸易焉。”① “花、豆成熟时，牙侩持灯而往，悬于荒郊要路，乘晦交易。”②

通过牙行进行桑秧、蚕种、蚕茧交易。浙江长兴县“树桑有秧，往来多自桃城，春分后捆载而至，投行发卖”③。“余杭人又有于收茧后，以厚桑皮纸生蚕子其上，携卖海盐、桐乡等处。”“且有开行收买以转售者。”④ 广东龙山乡“之大墟有蚕纸行，养蚕者皆取资焉。”⑤ 河南林县妇女“茧线既成售于行，估得值而已”⑥。

乡民、小贩，机户和商贾之间经过牙行进行蚕丝交易。在乌青镇“蚕毕时，各处商客投行收买”⑦。在双林镇，“小满后，闵【？闽】、广大贾，投行收买。招接客商者曰广行，亦曰客行”⑧。汪曰桢在诗中描述南浔地区蚕丝交易的情形：“初过小满梅正黄，市头丝肆咸开张。临衢高揭纸一幅，大书京广丝经行。区区浔地虽褊小，客船大贾来行商。乡人卖丝别粗细，广庄不合还京庄。行家得丝转售客，蚕家得钱不入囊。”⑨

同治年间的一条史料，形象地记载了牙行为商人说合米价的情景，考虑到牙行居间说价在清代前期和后期变化不大，故录于此作为参考。商人贩米船只泊于码头后，“各行户遣黠伙，携参筒跃入船打样米。囊以手仅容握，近以盘，则足以充行户数十人之食米矣。船户随诣行户议价，再四诣，然后定。行户书米单交客商，书钱单交船户。船户寻过米于客商”⑩。牙人那种狡猾、欺诈的形态跃然纸上。

不过，也有商品交易是不经过牙行的。道光年间，四川巴县的丝行牙人

---

① 诸华：《木棉谱》。

② 乾隆《续外冈志》卷1，风俗。

③ 乾隆《长兴县志》卷10下，物产。

④ 嘉庆《余杭县志》卷38，物产。

⑤ 嘉庆《龙山乡志》卷4，食货志，田塘。

⑥ 乾隆《林县志》卷5，风土志，织染记。

⑦ 乾隆《乌青镇志》卷7，土产引《乌青文献》，康熙。

⑧ 同治《双林记增纂》卷13，物产，引嘉庆沈氏《双林续记》，转自郑昌淦《明清农村商品经济》。

⑨ 汪曰桢：《湖蚕述》卷4，卖丝，引董恂《乐府卖丝》，道光。

⑩ 同治《宁乡县志》卷24，风俗。

说："凡属丝类概归蚁等行内发售。仅取行用【佣】二厘，上裕国课，年久元【？无】紊。近因奸贩装运山丝来渝，竟不照前规例投行发售，多有私相交易……送货入铺，规避行用【佣】。而本城有本各店，亦各自装自卖，蚁等丝行几成虚设。"张玉龙"自祖开设万盛号织绫机房生理，有开县客与蚁铺买卖，今已四代。"万盛号机房就是长期直接与开县商人交易的。难怪纱缎行牙人报怨说："渝绸号四十余家，系贩自卖。机房二百余家，色绫系伊等自织，并未投蚁等丝行发卖。"但清廷对这类情况，通常都发告示，让商人悉知"务须投行出售"①。

同时，这类牙行也为商贾服务，接受外来商人投行，安排食宿、存货、代客买卖等项事宜。"牙行沈彬如代客买麦装运船内"②。"乡民多恃布为生，往时各省布商先发银于庄而徐收其布，故布价贵。"③ 这种庄是牙行代布商收购布匹，临时设立的棉布收购点。牙行内，有时也雇用一些伙夫，专为客户背送货物。"致行户发卖客货，或由伊伙房背送"，"蚁等在朝天坊同人花行内承做脚力生意，照管客货上下背运"，"民等开设麻行有年，各行招有管行脚夫在行经理"④。

丝经行的收购方法比较多。每当"客多货少之时"，丝经行"叫船下乡收买，谓之出乡。"出乡是牙行派人到乡村直接收购。也有一种人设庄代牙行收买，"代行家买者，曰抄庄。""抄庄"实际上也是牙行。还有一种代贩子卖丝给牙行的人，"代掇庄充作乡货上行卖者，曰撑旱船。""撑旱船"如何领取报酬不得而知，可能也是获取佣金的一种牙人。在盛泽镇"卖丝者曰丝领头，亦有大小之称。其开设牙行，招客来售者，曰大主人；牵机户来买者，曰小主人。经纬粗细，任机户自择，然后议价"⑤。大宗蚕丝交易过后，丝经行也从

---

① 《清代乾嘉道巴县档案选编》上，第348、256、349、347、382、361页。

② 乾隆十三年七月二十六日两江河道总督周学伟奏，见《康雍乾时期城乡人民反抗斗争资料》下册，第591页。

③ 康熙十七年修，咸丰六年增修《紫堤村志》卷2，风俗。

④ 《清代乾嘉道巴县档案选编》下，第1、3、8页。

⑤ 嘉庆《黄溪志》卷1，风俗，转引自吕作燮、陈忠平：《明清以来盛泽镇丝绸业的初步调查》，载《平准学刊》第2集。

事零售业务。“零卖与机户者，曰拆丝庄。”[①]

绸行的收购情况也大致如此。一是坐等机户来绸行出售。机户“纺经以己丝为之，售于牙行谓之乡经。”[②] 二是绸行自设绸庄收绸。“市间另设绸庄，每日午前行家齐赴庄面收绸，谓之出庄。其素能看绸者，每行各用一人，名曰看庄。归行覆按谓之覆庄。覆庄准其绸始合花样矣。”[③] 这种庄是泛指收丝绸的街市，亦称“庄面”，一般都是零购趸售。三是先向机户贷丝，然后从机户那里收绸。“取丝于行，代纺而受其值谓之料经。”[④] 此外，还有一种在机户与绸行、绸庄之间中介的人。发展丝绸业较早的濮院镇，“绸既成，有接收者诣绸行售卖，每匹除用【佣】钱若干。”[⑤] 在濮院镇称这种中间人为接收者。继之兴起的盛泽镇也有这种人。“凡销绸者，曰绸领头。每日收至盛泽、王江泾牙行卖之。花样轻重必合客意，否则上庄辄退。”[⑥] 各省商人到盛泽买绸，常委托绸庄办理。“但因机户多散处四乡，所织的绸又有重绸、轻绸、花色、素色等分别，绸庄需要那种货一时上往往不易征集。因之便产生了一种所谓绸领头的营业。绸的花素轻重，都有各种绸领头专司其责。以后绸庄、绸行如要选办什么货，要求之于绸领头即可。当时机户的资本都是自备，绸领头替代机户销绸，不过按照绸价的高低，酌量取些佣金，当时每匹不过五六十文以至一百数十文而已。”乾嘉时期，濮院、盛泽镇出现了接收者、绸领头。他们与绸行共同起到中介作用，但以绸行为主。最初，这些人没有资本，依靠替机户卖绸提取佣金，到咸同年间，他们开始有资本，连绸庄也向他们赊账。这时的接收者、绸领头已经取代绸行，起主要的中介作用了。[⑦] 也可能接收者、绸领头与牙行有所不同，不领官府颁发的牙帖，而且获取固定佣金。[⑧] 但无论接收者，还是绸领头，其职能与牙行都是一样的，也可以说是一种无帖牙人。

---

① 同治《双林记增纂》卷13，物产，引嘉庆沈氏《双林续记》，转自郑昌淦前引书。
② 道光《震泽镇志》卷2，风俗。
③ 乾隆《濮院琐志》卷1，机杼。
④ 道光《震泽镇志》卷2，风俗。
⑤ 乾隆《濮院琐志》卷1，机杼。
⑥ 嘉庆《黄溪志》卷1，风俗，转引自吕作燮等前引文。
⑦ 何冰：《盛泽之纺绸业》，载《国际贸易导报》第4卷，第5期，1932年。
⑧ 王翔：《论绸领头》，载《中国经济史研究》，1987年，第3期。

在沿海口岸的牙行，或收买商船运入的商品，向附近地区分销；或组织商船所需商品的货源，卖与商船。在上海，花行集中收买附近地区所产的棉花，卖给商船，“洋行街铺户代闽、粤诸商贱值收之。天未明，棉花上市，花行各以竹竿挑灯招之”①，乡民择行售花。“闽、粤人于二三月载糖霜来卖，秋则不买布而止买花衣以归。楼船千百皆装布囊累累”，“每晨至午，小东门外为市，乡农负担求售者，肩相摩袂相接”②。上海和刘河港口设有豆行。“其积贮贩卖之所，名之曰行”③。这里是东北、山东的豆粮集散地。豆行收买商船运来的豆货，向江南江北分销。还有竹行集中竹料，供商船揽载；棕麻行为商船维修提供材料。苏北赣榆县青口镇“系海口要津，商民船只出入往来”④。“海州三属集镇百数，商贩贸易，以青口镇为最大。海【州】、沭【阳】各镇所用布匹，纸张等物，皆由青口转贩。”而青口的布匹，纸张则自商船运入。“青口行铺又以油坊为最大。”⑤ 行铺依靠本地丰富的豆产，就地取材，榨油制饼，为商船提供油和豆饼。青口油坊商人也在刘河镇开业，刘河淤塞后，迁入上海。⑥ 在苏州，康熙年间“各行家有揽福建人买米……包送至乍浦出海”⑦。

有的牙行分成不同类型，针对各种不同的服务对象。湖南湘潭牙行“历分坐、带两行，乡民装载谷米则投坐行粜卖，商客贩运谷米则赴带行购买”⑧。“木行大者接西客，小者在郡垣接本郡贩客，或在金陵接上河贩客。”⑨ 前述的丝经行，也称广行，或客行，有京行和广行之分。他们从乡民那里收购粗细不同的蚕丝，分别为南京、广东、福建等地，有不同需要的商贾服务。

另一种在商品流通中起中介作用的牙行，其职能是为买卖双方、为各行各

---

① 杨光辅：《淞南乐府》卷1，嘉庆，上海掌故丛书，第1集。
② 诸华：《木棉谱》。
③ 《上海碑刻资料选辑》，第282页。
④ 雍正六年九月十三日漕运总督张大有奏，见《宫中档雍正朝奏折》第11辑，第349页。
⑤ 包世臣：《安吴四种》卷27，《齐民要术》，农3；卷3，青口议。
⑥ 《上海碑刻资料选辑》，第304~305页。
⑦ 康熙四十五年苏州米价腾贵缘由折，见《李煦奏折》。
⑧ 《湖南省例成案》户律，市廛，卷34，乾隆三年。
⑨ 道光《江阴县志》卷9，风俗，四民。

业解决运输问题，把货主和运输业人员撮合一处，以便于人、货转运。这类牙行多以交通工具，或运输方式划分，如船行、车行、骡行、夫行等。商品从某地搬移到某地；或者从仓库、店铺搬入运输工具；反之，从运输工具中搬到货栈、店铺；或者在交通工具之间的转换，都需要负责转运、搬移货物的人员。“通衢冲要之处，水有埠头，陆有脚行，客商雇船觅夫，俱投牙行写载。”[①] 各地方官府在交通要道，城镇、码头等地方，设立为转运商品服务的船行、车行、骡行、夫行。

船行“名曰埠头”[②]，亦有“船牙”[③]“牙埠”[④]“船埠”[⑤] 等称谓。广东、福建、江西、浙江、江苏、湖北、湖南、四川等省都设有船行。江西“各处口岸设立船行”[⑥]，也称：“各处口岸设立埠头”[⑦]。乾隆二十四年，湖南地方官府令：“各行店代客写船”，说明此前已有船行之设。未设船行的湘乡设有埠头。[⑧] 乾隆时期，浙江、四川也都设有船行，“牙埠代客雇载货物”[⑨]。嘉庆年间，福建省将埠头禁革，改设船行。[⑩] 湖北境内长江沿岸的新堤“凭船行雇船”[⑪]。江苏镇江设有“船埠”[⑫]。通常南方的城镇，及北方沿河城镇多设有船行。每当“溪船到地，盘起货物，即投行揽载，而来往客商亦无不投行托雇”[⑬]。

车行和骡行专为往来商人雇用车辆、骡马。“开设车行，原以便商民之来往，察夫役之奸良……商民俱投托车行雇载往来称便。”[⑭] 河南豫北地区“至

---

① 乾隆六年十一月初六日河南巡抚雅尔图奏折，载《历史档案》，1991 年，第 2 期。
② 乾隆《巴县志》卷 3，赋役志，课税。
③ 杨锡绂：《报明拿获驾船诱赌匪犯疏》，见《四知堂文集》卷 11。
④ 《治浙成规》卷 6，臬政，乾隆二十一年。
⑤ 道光四年九月初四日延隆奏，见钞档。
⑥ 《西江视臬纪事》卷 3，条教。
⑦ 陈宏谋：《禁埠头索用檄》乾隆七年正月，见《培远堂偶存稿》卷 13，文檄。
⑧ 《湖南省例成案》户律，市廛，卷 34；兵律，关津，卷 12，乾隆二十二年。
⑨ 《治浙成规》卷 6，臬政；乾隆《巴县志》卷 3，赋役志，课税。
⑩ 《福建省例》（23），船政例。
⑪ 《福星载道路程考》，见《公车见闻录》。
⑫ 道光四年九月初四日延隆奏，见钞档。
⑬ 《福建省例》（23），船政例。
⑭ 《禁车行勒索示》，见《西江视臬纪事》卷 3，条教。

远道车辆，向系清化镇车行平价雇觅”①。陕西商州龙驹寨“为码头，雇募舟骡行栈均在寨场”②。从苏州到京师的路上，经过王家营，那里有“车行、客行，客行亦可雇车，但其车皆转雇而来。车行皆在王家营东西大街，客行则多在横街，车行向有八大行：姜家、纪家、南李、高、胡、于、鲍”③。在扬州“骡行在南关外，离钞关尚有五里，行家在河南北岸共有数十家”，商贾从此雇骡进京。④ 商贾运货从江苏六合、江浦两县起旱北上，可以偷越淮安、扬州二关，“只纳涧关一处之税”，走此路的商人不少，两县的骡行也很多。因此，清廷规定“六合县额设骡行八户，江浦县额设骡行四十二户”，不准额外多设。⑤ 在汉口“马王庙左右有骡马店，以驻陆路往来富商贵客也”⑥。骡马店也就是骡行。此外，在京师、朱仙镇、安徽亳州、直隶通州、张家湾等地也有车行、骡行。一般来说，北方的城镇，及南方陆路沿线都设有车行、骡行。

夫行也称脚行、过载行或伍行，代商客雇挑夫、脚夫。江苏清江浦有伍行，“专靠客商盘坝过载，说牙糊口”⑦。福建地方官府乾隆二十四年规定：“凡陆路冲衢，应设立夫行”，“给以告示”，“客则投行雇夫”。凡不是水陆码头，没有夫行的地方，根据“本地情形，酌量设立夫头数名，开张夫店，亦听官为点充，给以告示戳记，体照夫行办理”⑧。这里的夫头同夫行一样，是管理脚夫，为脚夫找主雇的牙行。江西乾隆二十三年议定，夫行、铺户代客雇夫，脚夫由歇店夫头管理。玉山县有夫行19家，有歇店12家。⑨ 乾隆二十六年，湖南省官府令各处设立夫头。⑩ 郴州“店家彭、曹二姓，客货到齐主人照

---

① 王凤生：《河内县水道图说》，见《河北采风录》卷4，道光。

② 严如熤：《三省边防备览》卷5，水道。

③ 《福星载道路程考》，见《公车见闻录》。

④ 吴中孚：《商贾便览》卷8。

⑤ 光绪《钦定大清会典事例》卷238，户部，关税。

⑥ 范锴：《汉口丛谈》卷2，道光。

⑦ 顺治九年六月初六日户部尚书车克等题本，载《历史档案》，1983年，第2期。

⑧ 《福建省例》（13），户口例。

⑨ 《过山脚夫议定脚价》，见《西江政要》卷2，布政司本；卷25，卷26，按察司本。以下本章引该书未注明版本者均自布政司本。

⑩ 《湖南省例成案》户律，市廛，卷34。

点收店，然后与银发夫过山，如南雄事例。雇夫一日，至长田歇家，每扣五厘。”同时期，浙江上陌镇、余杭县也都有行家代客雇夫。[①] 四川巴县乾隆三十六年谕示，“今本县设立夫头，凡客货起岸，俱经夫头雇人背送”[②]。贵州、云南一带陆路，“不通舟楫，羊肠鸟道，丛山险阻，一切客商货物，雇夫担运”[③]。“民于力田之外，皆自食其力。其能畜牛马，贩蜀盐者，为驼盐户。其止供客雇及，为人负赁者，曰脚户。黔、滇、楚、蜀之货，日接于道，故商贾多聚焉。”[④] 在镇远等地设有夫行。[⑤] 从河南汜水去洛阳，要经过巩县谷口。“东、西两谷口，皆有土人驱骡马，以候行旅，谓之挂坡。”[⑥] 实际也是一种脚户。安徽长淮集“向来河南货物，由颍河、涡河舟运，至此上岸，陆路至浦口，发往苏杭。亦有苏杭绸缎、杂货由浦口起旱，至长淮雇船，运赴颍、亳、河南等处。骡户时集，向有过载行、喂养店各十余家”[⑦]。船行、车行、夫行在船户、车户、脚夫与商人之间搭起相互联系的桥梁，一方面为船户、车户、脚夫找顾客，另一方面也为商人进行多项服务。

还有一种在交易双方起担保责任，保证商品交易顺利完成的牙行。一般设在沿海港口，称保税，亦称保载行。如江苏刘河的“保税者商人之领袖也。是时海寇初平，保无有匪人混入客商之虑，于是着土商保税。土商者不必其祖籍刘河，但就其身家殷实，素习商贩。而于刘河本地人休戚相关。且与奉、东商人素所熟悉者，令其投充保税，以杜奸匪。于是有宁波之吴姓出焉”。“内地商人来刘贩货者，亦难别其贤愚。于是各大宪定其章程，令于藩宪处领帖，开张创立牙行，招接内商，视其货之高低，定其价之贵贱，使内外商人各无争竞，而扣用【佣】一二厘，以供用度。”[⑧] 在上海，有“保载行八家，并非领帖船埠，专为庄客包税，兼及觅船。”“凡客商在关东立庄者，上海皆有店。

---

① 《商贾便览》卷8。

② 《清代巴县档案汇编》乾隆卷，第262页。

③ 杨玉柱：《壬戌【乾隆七年】孟冬条议》，见康熙《湄潭县志》卷3。

④ 爱必达：《黔南识略》卷5，普定县。

⑤ 郑光祖：《（醒世）一斑录》杂述，卷6，行店欺诈。

⑥ 蒋湘：《后西征述》道光十七年，见《小方壶斋舆地丛钞》第6帙。

⑦ 乾隆《凤阳县志》卷3，舆地志，市集。

⑧ 道光《刘河镇记略》第5卷，盛衰。

上海有保载牙人，在上海店内写载。”[①]

这些牙行有固定客房、货栈为商人提供食宿，存放货物，并代客纳税，过税关登记，代雇船只，介绍买主、负责押运等综合服务。乾隆四十三年六月，山西太谷县商人孟理中，贩卖杂货到肃州，“投在城内云锦字号冯大行里住歇”，准备出卖杂货，购买皮货。[②] 浙江湖州府四安镇城头村，有孙绳琪谷行。该行有“楼房一所，计共二间，系朝南靠路，东一间堆贮谷石……西一间前半间系行面”，后半间是客房。雍正十二年十一月初四日，住宿、贮谷的八名客商，四人返回，四人在住。[③] 粮商吴中孚说，浙江钱塘江口“行家徐、杨、马俱好，须先寻主人来，方可搬起行李。如住久，每日三餐，每人五分”[④]。雍正六年八月十四、十五两日，有两船驶入胶州口。这是经常来胶州贸易的，福建同安县徐亨和闽县黄胎的货船。他们先后“投行主李万盛家”，因“熟识已久”。李万盛行代他们“验票纳税，卸货发行”[⑤]。一般商船“抵东后，收口投税，归行销售”[⑥]。刘河镇“营房场往西，则为陆天益大栈房，系陆吉隆所建，开张天益豆行、饼行、花行，此栈乃招接各口商人栈货者也。再西则李元昇栈房系东省商人租以居停者。”由营房场往东，“则陈德润豆行，再东则张利泰老行，乃张宝髫子所创。是时初开海禁，宝髫子自崇明迁至刘河开此行也。奉、东商客无不仰视，为镇之首富。”“再东则项兴泰豆行，楼房七进，集内河客商为最盛之行。”“商客之来兹土者，先至税行报明来历，税行即去禀海关扦仓纳税，投行发卖。”[⑦]

第二，牙行有代替官府对市场进行管理的职能。其职责之一是代缴税金。商人在浙江钱塘江口“登岸，住闸口。行家先遣人同主人到北新关报税”。“凡此关写船俱于江口，或城内，主人代为议定。”[⑧] 有的牙行除了纳牙帖税之

① 包世臣：《海防十宜》《海运南漕议》，见《安吴四种》卷3、卷1，中衢一勺。
② 乾隆四十三年十二月十五日盐运使朱孝纯奏，见《宫中档乾隆朝奏折》第46辑，第104～105页。
③ 张伟仁：《清代法制研究》第1辑，第3册，第31～32页。
④ 《商贾便览》卷8。
⑤ 雍正六年十月二十七日河东总督田文镜奏，见《宫中档雍正朝奏折》第11辑，第641～642页。
⑥ 乾隆四十二年五月二十三日山东布政使国泰奏，见《宫中档乾隆朝奏折》第38辑，第731页。
⑦ 道光《刘河镇记略》第9卷，街巷；第5卷，盛衰。
⑧ 《商贾便览》卷8。

外，还包缴该行业的税金、代商贩纳税。山东济宁州，康熙时的知州吴柽，上任之始就革去差役征税，责成牙行办解。[①] 但不是所有的牙行都有包税的职能。四川阆中、广元等县“税银俱系知县征收”[②]。直隶河间县是“大使一员”，“经管花、布、牛、驴等税”[③]。河南睢州“向俱饬委吏目代征，相沿已久”[④]。一般只是在“乡村僻远之地，有司耳目所不及，或差胥役征收，或令牙行总缴”[⑤]。牙行只是代缴税金，并不代替官府进行税收管理。

牙行职责之二是平准物价，监督度量衡。“我朝惠商便民，凡市廛交易，但设牙帖，令牙侩平估物值。而州县纠治之。”[⑥] 河南西平城乡集镇的斗户，“其斗斛皆系送县校准，印烙发用，如有破损另换，呈县验烙”[⑦]。湖南湘潭“牙行斛斗、秤尺、砝码，州县确验烙发”，自制的“赴州县较烙”[⑧]。不过，也有很多未能统一的情况。如江南木竹牙行“木有西木、广木之分，价有起贯、展贯之别，丈尺有老篾、同篾之异”[⑨]。

牙行职责之三是维护地方治安，对往来商人、船户、车户、脚夫施行管理，监督经济活动中的违法行为。设立船行就是为“稽奸匪，而卫商民”[⑩]，“稽察船户来历，以杜匪船私行揽载之弊”[⑪]。乾隆年间，巴县朝天厢码头，是往来商人上下船装卸货物的地方，原“因无夫头统率，以致货物拢岸，脚夫拥挤抢背，往往失落。甚有脚夫背货藏匿，或于中抽取货物，不一而足”。“脚夫三五成群，遇有客货等物，逞强揽背，索取脚价。甚至不许客商铺户自行背运，稍不遂意，纠伙逞凶，大为地方之害。”于是，县衙门委任夫头，“将散夫清查造册。客船起货，唯向夫头雇人。每货一背，多给钱一文，倘有

① 乾隆《济宁直隶州志》卷6，舆地5。
② 嘉庆《四川通志》卷67，食货，榷政。
③ 雍正十年四月十九日巡察御史查拉等奏，见《宫中档雍正朝奏折》第19辑，第645页。
④ 清《宣宗实录》卷283，道光十六年五月丙戌。
⑤ 光绪《钦定大清会典事例》卷247，户部，杂赋。
⑥ 乾隆《光山县志》卷11，市集。
⑦ 乾隆三十二年十一月二十二日河南巡抚阿思哈奏，见《宫中档乾隆朝奏折》第28辑，第661页。
⑧ 《湖南省例成案》户律，市廛，卷34，乾隆三年。
⑨ 道光《江阴县志》卷9，风俗，四民。
⑩ 《西江视臬纪事》卷3，条教。
⑪ 陈宏谋：《培远堂偶存稿》卷13，文檄。

失落，着令赔偿。散夫如有增添，随时开报注册”[①]。清廷责成牙行，负责登记往来商贩的姓名、籍贯、货物名称、欲往何地等内容，以便遇到商贾在外地病故；或被人偷盗、抢杀等问题时，各级地方官员迅速处理。“如有客商病死，所遗财物，别无家人亲属者，官为见数。移招召其父兄子弟，或已故之人嫡妻，识认给还。”[②] 牲畜牙行，特别是牛、马牙行要“登记号簿，有无来历不明，得以查问记认”，以便偷盗牛马的事件盘诘破案。[③] 前述的保税行、保载行也要向官府保证商人清白，以杜奸匪。

第三，牙行还有为官府财政及各项工作承担某些服务的职能。粮食牙行进行交易情况登记，可以帮助各级官府掌握粮食流向、流量、价格等信息，有利于清廷对粮食交易进行宏观控制和管理。一些有关军需的商品，国家通过牙行进行控制。“顺天府属间有滨河产硝之地，贫民煎熬易米度日，向有经纪收买，以备采办及匠铺买用。难保无奸民勾结私贩别情，嗣后产硝之区应责令官硝经纪，向煎户尽数收买。其无经纪处，责成该管营汛，尽收买用。”[④] 四川巴县王维苍，乾隆三十六年领牙帖开设宏生行，“前后承办军装大差数次”。五十八年七月，渝城七门夫头称：“管领散夫，承办各署差务”[⑤]。驿站“每年需用料豆”，“向系斗户领价，照时价采买”[⑥]。地方官府所需日用品，一般也靠牙行在市场上购买。如，“乳猪一项，乡民赴城售卖。各衙门偶有需用之处，向俱凭牙买取，按照市价发给，并无短少”[⑦]。

第三节　牙行的经营方式

牙行的经营方式是多种多样的，较小的帖户自设货栈，或无货栈，自家经

---

① 《清代乾嘉道巴县档案选编》下，第1、2页。
② 光绪《钦定大清会典事例》卷765，刑部，户律市廛。
③ 雍正十一年六月十三日四川按察使高维新奏，见《宫中档雍正朝奏折》第21辑，第693页。
④ 光绪《钦定大清会典事例》卷895，工部，军火。
⑤ 《清代乾嘉道巴县档案选编》上，第368页；下，第2页。
⑥ 乾隆三十二年十一月二十二日河南巡抚阿思哈奏，见《宫中档乾隆朝奏折》第28辑，第661页。
⑦ 《西江政要》卷2，乾隆三十一年。

营中介业务。这是最基本的经营方式，农村集市贸易中的行户大多是这样的。

经营方式之二，是帖户在经营中介业务的同时，自营商品。他们从卖方那里收购商品，零购趸售，转售给商贾铺户。乾隆四十三年，有王、越、孙、揆、兰、佩等六家牙人，“在锦州码头开行，即系揽卖客船货物之铺户”[①]。山东“向来海口通商各处，俱有行户坐地收买杂粮卖商船”[②]。福建闽海关所在港口，有一种铺户，“多系土著之人，自货自船，航海贸易，既为行商，故立坐铺，以冀货物随到随卸，随下随行。是名虽纳税之铺户，实系贸易之洋商，即有外省船商贩货来闽，或置货出洋，皆赖铺户为之消【？销】售，沿久相安”[③]。

经营方式之三，帖户领帖后，雇人经营业务，称“立招挂平”。乾隆四十一年九月初八日，四川巴县“周天顺招请杨瑞龙在竹行帮办，代客买卖生理”。道光二十三年七月四日，帖户谭春和，“凭证招到钟斗恒四兄挂平，开设宝源靛行，代客买卖生理。”“自招之后，应凭钟姓开设，凡行内出入银钱客货账项，钟姓自行料理，不与佃【？帖】户春和相涉。”挂平人先向帖户缴固定的“押平”银两。牙行盈利按一定比例分成。帖税由双方承担。帖户不参与行务，由挂平人自行料理。一旦挂平人不再经营了，原押平银退还给挂平人。嘉庆六年四川巴县牙行总共 109 户，其中由领帖人自营的 39 户，挂平营业的也有 39 户，其他各户情况不明。[④] 这说明领取牙帖的牙人，雇人经营的情况还是不少的。

经营方式之四，牙行在自营业务的同时，又雇用精通买卖业务的人，为之进行中介活动。这主要是在少数民族居住区，有一种妇女善为经纪，故帖户租妇女经营业务。“商贾在炉【打箭炉】，必设蛮女，曰沙鸨，交易货物，但听沙鸨较价值，如牙行。”[⑤] 在云南维西“交易皆与妇人议。妇人辨物高下不爽，持数珠会计报捷。西秦、吴人为商于其地，皆租妇执贸易”[⑥]。被租妇女只负

---

① 乾隆四十三年十二月初二日直隶天津道明兴奏，见《宫中档乾隆朝奏折》第45辑，第791页。

② 方观承：《方恪敏公奏议》卷1，抚东奏议，乾隆十一年十二月初八日。

③ 乾隆二十八年二月初四日福增格奏，见《宫中档乾隆朝奏折》第16辑，第766页。

④ 《清代乾嘉道巴县档案选编》上，第359、253~256页。

⑤ 盛绳祖：《入藏程站》，见《小方壶斋舆地丛钞》第3帙。

⑥ 余庆远：《维西见闻记》，见《小方壶斋舆地丛钞》第8帙。

责交易，并非独立经营，与挂平不同。

经营方式之五，是牙行以帖作本，与有银钱或有铺房者合股经营业务，也就是多人出资，由其中一人负责经营。“道光二年屠姓以帖作本，方姓以行房家具作本，林、郝二人出本银四百一十两零，四人合伙开设义生花行，赚折四股均认。”

经营方式之六，是由牙行经营者向帖户租帖经营，“凭众议定每年租银”若干两，由租帖者向帖户缴纳。但“每年帖课”则仍由帖户自己承担。[①]

由于牙行向买卖双方收取佣钱，本身并无多少投资，所以牙行也是一种投资少而收益大的职业。云南蒙化地方，乾隆三十五年孙自新接充牙行。“自四十年起至四十二年花客渐多，获有余利。查其收银底簿计三年内共盈余银三百四十四两零，除每年房租帮工及解课马脚路费需银一百九十三两五钱外，实长余银一百五十两零。”[②]

通过牙行的买卖，有现银交易，也有赊销。道光年间吴福崇等各路客商运靛至渝，“概系现银交易，过秤后买客随将银兑交行户转给卖客，彼此均发行户为主”。嘉庆年间，湖广人江青运棉花到渝发卖，“江津县郭双顺凭经纪刘瑶赊买”棉花71包，“共该银一千五百三十七两零，原议是年九月兑足”。道光七年六、七两月，有陕西商人先后“由楚贩运棉花来渝投行发卖，”渝城勇聚牙行代客赊买棉花。[③]“往时各省布商先发银于庄，而徐收其布。”[④] 在当时的商人著作中，列有一些牙行代商人卖货后，商人向牙行索要贷款的书信形式。“前在宝行承兄发卖之货，该价若干，期某月兑付。”“弟客岁在某行卖货，尚该价银若干。弟自有事急回，未经向兑，虽彼乘车旋归，竟不兑寄，情属可恨。”[⑤] 也有商人委托牙行向买主索款的书信形式。“前所发之货，延期太久，迟误已极。见字望速催楚，便弟转手，无失宾主信义，嗣后又好交易也。”[⑥] 这中间牙行虽然具有一定的商业信誉，但也不乏欠款不还，与卖方发

---

① 《清代乾嘉道巴县档案选编》上，第341~342页。

② 乾隆四十三年十二月十九日云贵总督李侍尧奏，见《宫中档乾隆朝奏折》第46辑，第226页。

③ 《清代乾嘉道巴县档案选编》上，第357、339、343页。

④ 《紫堤村志》卷2，风俗。

⑤ 鞠清远：《清开关前后的三部商人著作》，见《中国近代史论丛》第2辑，第2册。

⑥ 吴中孚：《商贾便览》卷6，应酬书信。

生经济纠纷的事件。

第四节　牙行组织

牙行有自己的行会组织。如乾隆五十四年京师有车行行会。[①]“江西众广货行”，在湘潭建“财神殿”[②]。四川巴县有靛行行会。车行行会、靛行行会、众广货行都是牙行的组织。牙行行会一般只包括经营同类商品，或者同类服务对象的各牙行，但各牙行不一定都是同乡，所以与会馆、同业行会、帮会等商人组织没有必然联系。据嘉庆六年五月浙江会馆碑文记载：公信磁行，是浙江会馆成员，“粤稽渝城磁行牙帖有三”。“嘉庆三年众客公举”公信磁行领帖承充。重庆的磁业牙行不仅有江浙人领帖，还有湖广人经营的协和牙行。同时期在巴县的山货行牙人，有江西、湖广、福建、广西四省人。

牙行行会为了维护同行业的共同利益，制订同行经营的行规。

（1）共同防止伪劣商品混入市场。嘉庆六年，四川巴县靛行行规：“凡九河来靛，务须留神查看边底，分别真伪，诚恐有昧良之辈，伪造来渝鲁混。一经看出，必须经众，以杜弊端。若知弊隐匿，违者公罚。”

（2）公平物价，统一度量衡，使同行能进行公平竞争。靛行行规：“做价务须公平，过秤亦当公正。如价之涨跌，应听时市之变换。至于过秤当念天良，切不可损人利己。如买者猜疑不信，彼即三面复秤，以免后患。”“果有一行少秤作弊，则阖行公逐，永不许入帮生理，各宜守之，勿违。”“凡来行买靛之客，不拘多寡，其秤与价仍然一体，方为公平交易，童叟无欺，倘有从中作弊，或暗地分肥，加倍重罚。”“凡兑卖客之秤，仍照较准常制砝码给兑，出入一体，以免争论。勿得添扣，以紊旧规，违者公罚。”

（3）不得多收佣金。靛行规定：“凡收各买客银两，仍照旧规，以九一色足兑，勿得每封现扣一、二钱者，私行滥收。若徇情滥收，违者公罚。”杂粮

---

① 李华：《明清以来北京工商会馆碑刻选编》，第206页。

② 嘉庆《湘潭县志》卷19，祠墓1，祠庙。

行规："大小两河，远近上下，客货抵岸，任客投行，务要秉公按时市议价。行用【佣】照老额，每石卖客二分，买客二分，不得违例过索，如违凭客帮议罚。"①

（4）赔偿客商损失。"情渝城开设麻行三家，系蚁等在行经管起进拨出客货。如一行起拨有失客货，蚁等三家赔偿。上年屡次被贼藉背偷窃客货，累害填赔数十余金。"②

（5）为了抵御私牙的竞争，同业牙行也有一些行规。道光年间，巴县的杂粮牙行共有三家，被冒充牙行，绰号滚子的人"纠伙匡夺"行市。这伙人在"沿河两岸巡逻如梭，私揽客货，奸骗客商"。三家牙行"遭累非轻"，于是"集同人公议，整理归规，永定章程"。"大小两河远近上下客货抵岸，任客投行，务要秉公按时市议价。行用【佣】照老额，每石卖客二分，买客二分，不得违例过索，如违凭客帮议罚。""大小两河客货来渝，未经行户议价，或自过载，自起坡，对客买卖，较取斗每石一分行用【佣】。倘经行主提盘交易，仍照产例，每石取用【佣】，无得紊乱。""投行经手生理之人，务要至公无私，遵规议价，勿得滥规贴用【佣】，惑商舞□【？弊】。所获用【佣】资，以二分一石，上入行用【佣】，不得任意乱规。如违规不遵，任行主公禀。"③这些行规不仅对同业牙行经营有利，而且也确保了同业牙行的信誉。

在商品贸易比较发达的市场，同业牙行之间，竞争有时很激烈。后人记载了这样一件事。乾隆年间，京师天桥红果行只许一家领牙帖经营。当时有两户山东人，竞争一帖，"各不相下"。有一个人调停，以烧红的饼铛，让人坐其上。能坐者才得领帖，"任其独开，不得争论"。议罢，其中一行户主人"解衣坐之，火炙股肉。须臾，两股焦烂，即倒地死"。于是该行户独领牙帖经营，"无异议"④。这也许是一个传说的故事，但反映出京师同业牙行之间的竞争事实。在四川重庆，乾隆四十六年间，磁业由湖广人"霸占独行"，形成一家牙行垄断的局面。"遂使旅客闻风畏缩"。嘉庆三年，"众客公举"公信磁行

① 《清代乾嘉道巴县档案选编》上，第237、251、255、238、246页。

② 《清代乾嘉道巴县档案选编》下，第9页。

③ 《清代乾嘉道巴县档案选编》上，第246页。

④ 徐珂：《清稗类钞》第5册，农商类。

"请领承充，以避独行病商之弊"①。

不过，一般的同业牙行争端，双方经第三者评判了结。但比较大的争端就要通过县衙门调停解决。道光十七年，重庆城七门木夫夫头与三处小码头木夫会首，因为三处小码头木夫超界背运木料发生争执。七门夫头上诉到县。在县衙门的调停下，双方订立合约："凡木植抵渝，任凭七门夫头背抬，三处会首不背木料，亦不当差。""三处木厂木植仍照旧规"由三处小码头木夫背运。②

牙行同业组织为了防止同行竞争，也规定了一些行规。如乾隆五十年，河南南阳府赊旗镇杂货行规："落下货，本月内不得跌价"；"不得在门口拦路会客，任客投主"；"不得假冒名姓留客"；"结账不得私让分文"；"不得在人家店中勾引客买货"；"不得栈房门口竖立招牌，只写某店栈房"；"有新开行者，必先打出官银五十两"③。应该说，牙行行会组织的形成，与封建商品经济的发展程度相适应，因此，这种组织也不可避免的具有浓厚的封建性。

第五节　官府对牙行的管理

在清代前期，贬难牙人、牙行的语句频繁出现在各种文献中，甚至在各级官员的奏章、各级衙门的公牍中，也是重要议题之一。这一现象表明，随着地主制商品经济的发展，商品流通的扩大，商品种类的增多，市场的繁荣，在商品交易中商民对牙人、牙行的需求量也在增加。"牙行之设，惟牛、马、猪、驴，及布行、斗行，尚有说，今则鸡、鱼、柴、炭之属皆有。"④ 牙人、牙行在经营中的诸多弊病也就同步显现出来。

---

① 《清代乾嘉道巴县档案选编》上，第251页。

② 《清代乾嘉道巴县档案选编》下，第12页。

③ 《公议杂货行规碑记》，乾隆五十年岁次己巳九月十七日，阖镇杂货行同立，碑现藏于河南社旗县博物馆。

④ 黄可润：《畿辅见闻录》乾隆。

总结起来，牙行的弊病有巧立名目，勒索高额牙佣；居中操纵，抬压物价；挪移诓骗，侵吞客货客本；欺行霸市，强买强卖。[①] 其弊端不外两条：即欺骗和霸道。正因为牙人、牙行的经济职能，及其在商品交易中的作用，才使得牙人、牙行具有欺骗、垄断的机会和条件，这是牙人、牙行本身的行业特点决定的。显然，牙帖制度产生在牙人、牙行之后，而且明朝廷之所以制定牙帖制度，也是因为牙人、牙行在经营中显示出种种弊端。应该说牙人、牙行的欺骗、垄断，早在牙帖制度产生之前就已经存在，是其自身固有的，并非是官府牙帖制度造成的。但是，官府的牙帖制度在客观上，特别是清廷的额定牙帖制，更强化了牙人、牙行的垄断性，[②] 使得自清代以来，牙行的弊病发展到了十分严重的程度。

明朝廷曾经采取禁革牙人、牙行的办法，但是没有成功。清廷又采用同样方式，局部、或部分地禁止牙行经营。如某一行业“悉行禁革”牙行。[③] 有的是受灾地区禁止牙行参与牛只的买卖活动。[④] 应该说也是不成功的。一些官员已经认识到，一味禁革，并不能解决实际问题。“治圃生理，均系愚氓，自行艺莳不能自行货卖，全赖商人贩运归于牙行，商人即得现钱而去。牙行总汇货物，然后零星发于小贩，自行讨账归本。小贩始行肩挑至各巷内，零星卖予民间食用”，“若无牙行为之转运疏通，恐大商贩上市既难立时出售，又不信任小商贩，货物必致拥滞”[⑤]。特别是关于各地粮食牙行的裁革问题，当乾隆皇帝听说，广东的米价因裁革了米行经纪而持平时，就询问各省督抚：“应否通行酌裁”？命各督抚据实上奏。一些总督就粮食牙行存在的必要提出了看法。“四方商贾到时，人地生疏，全赖牙行为之引领，方得买卖无亏。故历久相沿，商民称便。若一旦议裁，则远来之商无所依归，必致观望不前，粮食不能流通。”“商贩携粮赴集，人地生疏，非借牙行引领，难以觅主求售。而粮色之高低，价值之差等，非牙行评论，亦未免彼此争竞。是就陕、甘地方情形而

① 参阅韦庆远前引书。

② 参阅汪士信前引文。

③ 光绪《钦定大清会典事例》卷247，户部，杂赋。

④ 《上谕条例》户例，乾隆八年二月二十六日上谕。

⑤ 户科题本，转自韦庆远前引书。

论，现设牙行原以评物价而便商民，难以议请裁革。"[①] 直隶总督反对在本地全面裁革粮牙，并指出口外八沟、四旗等地没有牙行，"蒙古载粮入市，多未携有斗斛"，"内地贩卖之人，皆得任意欺瞒"[②]。但广东与他省不同，始终不设米牙。纷纷议论说明，清廷也认识到，在商品交易中，牙行的经济职能和作用，是不可缺少的，因此，对牙行不能采取一律禁革的办法，只能是制定政策、法规，进行治理整顿。

首先，针对在商品交易中起中介作用的牙行，各级衙门颁布了一些管理措施。在交易活动中，一些牙人往往对买主抬高物价，对卖主压低进价。对此清廷规定了法规和处罚条例："凡诸物牙行人评估物价，或以贵；或以贱令价不平者，计所增减之价坐赃论。入己者准窃盗论。"[③] 嘉庆二年，江西"各镇市有不法行户，把持行市，欺弄生客，以贵为贱，暗出客名，议价交单承买，即行长价。其原卖之客银尚未得，而该行户先获重利，客虽知而哑忍"。按察使发出命令：对此等奸牙"应速拿究"[④]。

对强行拦截商人货物，把持垄断行市的牙行，清廷规定："各处客商辐辏去处，若牙行及无籍之徒用强邀截客货者，不论有无诓赊货物问罪，俱枷号一月。如有诓赊货物，仍监追完足发落。在追比年久，无从赔还，累死客商，属军卫者发边卫，属有司者发附近，俱充军。""凡占据市行，与民争利"者；"京城一切无帖铺户，如有私分地界，不令旁人附近开张，及将地界议价若干，方许承顶，至发卖酒斤等项货物车户，设立名牌，独自包揽，不令他人揽运，违禁把持者，枷号两月，杖一百"[⑤]。康熙二十七年，江苏长洲县衙门勒石立碑，"不许顾茂德、潘仲、方君安等借充木牙争利病商，并行头当官名色，永为禁革。如有不法奸牙阳奉阴违，定拿究解，重处不贷"[⑥]。贵州三脚屯州同知杜兆丰，暗访"滩河商贾云集之区"，得知那里"久为奸牙、土棍盘

① 乾隆二十八年九月初三日两江总督尹继善奏折；乾隆二十八年六月十一日陕甘总督杨应琚奏折，载《历史档案》，1991 年，第 2 期。

② 乾隆二十八年五月十四日直隶总督方观承奏折，载《历史档案》，1990 年，第 4 期。

③ 光绪《钦定大清会典事例》卷 765，刑部，户律市廛。

④ 《西江政要》卷 36。

⑤ 光绪《钦定大清会典事例》卷 765，刑部，户律市廛。

⑥ 《明清苏州工商业碑刻集》，第 116 页。

踞”，于是进行整顿，做到“客至如归”①。

在商品交易中，“各省民间所用斗斛大小迥然各别，此皆牙侩平价之人牟利所致。又升斗面宽底窄，若少尖量即致浮多，稍平量即致亏少，弊端易生”②。对缺斤短量的牙行，清廷规定了标准的度量衡，编订度量衡律，对私造度量衡器具的人进行法律制裁。③ 各县级衙门依法管理牙行的事例，反映在文献中也是很多的。直隶规定：“市集所用之斗，由地方官较准烙印，给发米粮入市经纪，评价过斛，彼此无欺。”④ 乾隆二十八年，河南阌乡知县朱家濂，走马上任之初就发现县城集市上，“因斗户苛索，私置量器，浮满狼藉，胥靡攘窃成风，号为抄集。”“驵侩居奇于儋【？担】石，蓬户束手以身待炊，民生日艰。”朱知县与斗户、牙行约定：“麦谷杂粮，每市斗取钱五文，毋一撮之浮，毋倾粒米于地；马骡趁集，毋私税其竹木、柴炭、蔬菜、花布等物。”这里近靠黄河码头，经过治理整顿，勒碑示禁，卢氏县粮食经“虢略镇负载而至者，衔尾不绝。黄河绕城北，帆樯停泊，贾客趋籴如骛，为市以来，襁至辐辏，渐复旧观”⑤。山西解州安邑县衙门给牙行制订约法：“粮食到市，每石止许牙用【佣】一升。斗户不许调鬼语欺哄乡愚。客贩任赴行家，不许斗户远接。斗遵官较，禁置副斗及铲削口底，并用鸡子木刮。籴米先尽穷民。斗户止许正身，不许朋伙窝柬。生员、衙役、宦仆不许揽充斗户；市棍不许插身把持。集场务于东、西、北三关，十日一轮，摆到通衢，不许隐藏场院之内。”⑥ 四川“渝城靛行自乾隆三十六年，因银色秤斤不一”，商人上控藩宪，“给发铁制较准正秤，撒手离锤，每篓除皮十八斤，每百斤加十斤”。“历年以来，程规久定。至嘉庆四、五两年，弊窦复萌，银色倍低，秤斤不一，彼此紊乱行规。”又经地方衙门颁发铁制正秤，并发告示永远遵行。⑦ 嘉庆十八年，元和、长洲、吴县规定：“凡苏

① 道光《南宫县志》卷10，人物，宦绩。
② 清《圣祖实录》卷216，康熙四十三年六月戊子；十月癸未。
③ 经君健：《清代关于民间经济的立法》，载《中国经济史研究》，1994年，第1期。
④ 乾隆二十八年五月十四日直隶总督方观承奏折，载《历史档案》，1990年，第4期。
⑤ 朱家濂：《重立在城集记》，见光绪《阌乡县志》卷12，上，艺文，记。
⑥ 乾隆《解州安邑县运城志》卷3，城池。
⑦ 《清代乾嘉道巴县档案选编》上，第238页。

城枣帖牙户，概行领用会馆烙斛【官斛】，公平出入，并由府勒石永禁，概不许混用私秤，以归划一。”①

一些牙行在交易中，有意使伪劣假冒商品得以流通，从中取利。清廷颁布器用布绢法：“凡民间造器用之物，不牢固正实，及绢、布之属纰薄短狭而卖者，各笞五十。”② 实际上，就是反对制造、贩卖伪劣商品。顺治年间，苏州、松江两府“商贾贸易布疋，唯凭字号认识，以昭信义，是处皆然，毋容混冒”。后来，发现沈青臣牙行，“敢于垄断居奇，私翻摹刻，以伪乱真，丑布射利”，假冒金三阳布店字号，在松江开设三阳布号，仿制金三阳布号之布，至苏州贩卖。于是，金三阳布号上告地方衙门，对沈青臣牙行进行处罚，并发布告示，树碑立法。“严饬永禁，不许再行混冒”，“如有奸牙地棍觊觎字号，串同客贾，复行假冒”，“立拿究解抚院，正法施行，决不轻贷”③。河南孟县是制造、贩卖白布的地方。由于孟布宽一尺二寸，长至三丈八尺，“俱经官为标发杖杆”，在市场上交易，颇受商贾的欢迎，“以故孟布驰名，自陕甘以至边墙一带，远商云集，每日城镇市集收布特多，车马辐辏，廛市填咽”。乾隆年间，一些无帖经纪人“截买民间自用短窄布匹，”以次充好，转卖给商贾取利。于是一些机户专门织出窄而短，首尾宽密而中间稀窄的伪劣布匹，扰乱了布匹市场，远商不来收购，使市场上的孟布滞销。后来，经几任知县清理整顿，规定机户织布的尺寸，禁止无帖牙人经营，对违者商人可以告发，县衙门依法治罪。孟布才又逐渐恢复了声誉。④

一些地方的衙门胥役，依靠与当地各级官员熟识的关系，形成一种无人敢碰的强大势力。他们冒名承充牙行，或暗中控制操纵，强拉买卖，勒索牟利。还有衿监承充牙行，“侵蚀客本，拖欠货银”。他们“或恃情面而曲为迟延；或藉声势而逞其措勒”，羁旅远商，多忍耐莫诉。⑤ 这些行为影响了正常的商业活动。因此，清廷严禁各衙门胥役更名捏姓兼充牙行，诓骗客货，并且规定

---

① 《江苏省明清以来碑刻资料选集》，第188页。

② 光绪《钦定大清会典事例》卷765，刑部，户律市廛。

③ 《上海碑刻资料选辑》，第84页。

④ 乾隆《孟县志》卷4上，田赋，物产。

⑤ 清《高宗实录》卷195，乾隆八年六月己卯。

了对违犯者和失察、徇纵官员的惩罚条例。[①] 同时也禁止衿监充认牙行。[②] 乾隆年间，陕西周至县马召镇是木材流通的必经之地，“地棍陆智等借称开张柴木行名色，影射充牙，垄断渔利，串捏刘鹏、程陆、佐龙各号，倩托仓书杨端，勾通管门家人木姓，央求知县杨瑞禧详给牙帖二张，陆智等邀结同类，请客商欲于马召地方私抽税银，众客不允，凡经过木植辄被留难”。有商人告发此事，知县不但不严加惩治，反断“每两许取牙用【佣】银三厘五毫”。遂使陆智等人猖狂勒索，“以致怨声如沸”。该知县不仅违例为不够资格的人申办牙帖，而且伙同牙行垄断把持，共同犯罪。对此，清廷十分重视，判知县杨瑞禧“纵牙加税，违例累商”，将其革职。对“钻充牙行，勒索木商”的陆智，也按律处罚[③]。长治县城内原为五集轮转，知府李为栋乾隆六年到任，见“上党门地境空廓，令府厅吏役盖房开集”，增加了一个集市。李去任以后，“吏役牙侩串通居奇，止于上党门一处设集，四门不复轮转，居民深以为苦”。二十三年，吴九岭知县上任，居民“以集场不便相告”。正待筹办，知府批示也到了，原来集场不便之事也反映到知府衙门。于是，铲除吏役，“四城贫民咸得就近赴集，而牙侩亦无从生奸，居民称便。公同勒碑于城隍庙，以垂永远”[④]。嘉庆二十三年，安徽婺源县退役的典史程慎思，以他孙子的名字领帖，冒充茶叶牙人，被查出。“虽讯无额外多索情弊，实属朋比扰累商旅”，按照条例受仗一百。[⑤]

一些牙行派人在道路两旁，河流沿岸处，遇商人货运至此，即甜言密语诓骗商人投行，“及至货物起入行内，即视为己物，侵肥扣减，剥取不资，甚至勾通地棍，东赊西放，按簿则有名有姓，求资则此卸彼推，本利既归乌有”。“一朝败露，行主则弃行潜遁，客商则本利皆空，成年告讦，追给无期，即竭力催追，究之十不得一。此实行家之通病。”[⑥] 这种侵吞客本，欠账累商的事

① 清《高宗实录》卷126，乾隆五年九月戊寅；光绪《钦定大清会典事例》卷765，刑部，户律市廛。

② 清《高宗实录》卷195，乾隆八年六月己卯。

③ 乾隆十八年八月二十一日陕西巡抚钟音奏，见《宫中档乾隆朝奏折》第6辑，第230页。

④ 乾隆《长治县志》卷4，疆域，市集。

⑤ 《读例存疑》卷10；《刑案汇览》卷10，转自经君健前引文。

⑥ 《西江视臬纪事》卷3，条教；卷2，详议。

件不断发生。乾隆五年，清廷订立牙行侵吞客本，由牙行及互保铺家赔偿，并革除牙帖的法律条例。其中规定：铺户拖累商人者，“审实将本牙行帖追缴，勒限三月清还，仍行给予。倘逾限不完，即行更换”；若牙行诓骗商人者，“审实将互保行帖一并追缴，勒限清还，本牙更换，互保行帖仍行给予，倘逾限不完，将互保之人一并更换”；牙行“任凭铺户坑骗客商者，除逾限不完将牙行革退外”，铺户追缴款项不足部分，“令牙行赔补”；牙行、铺户通同诈骗作案，除追缴款项之外，“牙行革役不许复亢。铺户记名不许分货”。同时还规定了具体操作方法：在发货时，牙行必须带领商人、铺户三面查货亲交，计货定值，订交款时限。商人同牙行往铺家认识居址。届期商人同牙行一起索讨货款。如果铺户拖欠商款，在牙行名下追还。二十三年又规定牙行客欠治罪条例。①

各地方衙门根据清廷的政策、法规，也制定了相应的管理措施。江西“设立三联行票，以杜侵吞之弊”。由牙行当着买卖双方的面填写票单，内容有货物若干，议价若干，交货日期等，买卖双方图记花押为凭，各执一联票。核对票据，发货取货，若一方欠款逃避，“惟行家是问”，并限定半月结审。②自乾隆元年十一月设立三联行票以来，“各属鲜有实为奉行”，所以二十四年再次重申“各行遍帖告示，务必遵用三联行票，以杜欺瞒诓诱之端。如有以牙欠告发者”，对牙人治罪。③ 乾隆十六年、嘉庆六年，四川巴县也设立了同样的联票，“编列字号，发给各行”通用。由于该县领牙帖多为外省人，县里规定：必须有各省“客长联名具保，方准开设”，一旦亏空客本，由“具保之客长分赔”。嘉庆十三年，巴县衙门将拖欠客款的瓷器行王协和，追帖斥革④。江南乌青镇一个丝牙，因“负客债”，身陷缧绁⑤。

其次，对运输业的牙人、牙行，清廷也制定了政策、法律，提出管理方法，令各地方官府贯彻执行。这类牙人、牙行往往强行代揽，勒索雇价，清廷

① 《上谕条例》户例，乾隆五年二月十六日条例；刑例，乾隆二十三年条例。

② 《西江视臬纪事》卷2，详议；卷3，条教。

③ 《西江政要》卷2，乾隆二十四年。

④ 乾隆《巴县志》卷3，赋役志，课税；《清代乾嘉道巴县档案选编》上，第253、369页。

⑤ 嘉庆《桐乡县志》卷7，列传，义行。

在雍正十三年制定了相应法律，“各处关口地方，有土棍人等，开立写船保载等行，合伙朋充，盘踞上下，遇有重载雇觅小船起剥，辄敢恃强代揽，勒索使用，以致扰累客商者，该管地方官查拿，照牙行及无籍之徒用强邀截客货例，枷号一月，杖八十”①。在各地实行编船连甲制，对船户水手进行管理。江西“将在埠船只设立印簿，开明船户姓名，照例取具。船户邻佑埠头各结五船连保，给予印照，饬令行家、埠头，凡无印照之船，概不许任意揽载”②。“各属境内一切大小船只，悉令查照，向例编列字号”，“一体勒令归埠编号，入册稽查。”③ 湖南仿陆地编立保甲之法，“每埠设一船总，十船编为一甲长，每船给一印照”，记载船户水手姓名，“并将船身粉书”某埠、某船、某船户姓名。④ 广东编“十船为一甲，互相保结，一船有犯，一甲中无人举首，即予连坐。每十甲设澳长一名稽查”⑤。对脚夫的管理也比较严格。江西实行“行家检点发夫，河夫不得搀挑”，并要求把某客行李若干，交送某处，雇某夫担行，每里价钱若干都登记于簿，以便核查。⑥ 上海县把苛索钱文的脚头革除，并按里程规定了脚价。⑦ 江苏长洲县设立严禁脚夫勒索碑记。⑧ 福建省的立法更为严密。脚夫由行家夫头管理，如有强揽拐窃，“惟行家夫头是问”，设腰牌发给脚夫，每年一换，雇夫时“将腰牌交与客商收执，到地之日，并无错误，即将腰牌给还脚夫，令该处夫头验明，登入总簿”。同时还要酌定挑抬斤数、里程、价格，顾客按日均给。酌定夫头、行店扣费。禁止脚夫沿途赌博、中途替换。另拨押夫沿途稽查。令塘汛官兵稽查脚夫等。⑨ 嘉庆十六年，巴县衙门规定夫头管理脚夫的责任：

第一，夫头“不得冒名顶充，雇人代替，坐地分利，庶免作奸，以专责成”。

① 光绪《钦定大清会典事例》卷765，刑部，户律市廛。

② 《西江视臬纪事》卷1，详议。

③ 《西江政要》卷46，嘉庆十四年。

④ 《湖南省例成案》兵律，关津，卷12。

⑤ 《粤东省例新纂》卷6，兵例下，船政，道光。

⑥ 《西江视臬纪事》卷3，条教。

⑦ 乾隆、嘉庆《上海县志》卷1，风俗。

⑧ 《江苏省明清以来碑刻资料选集》康熙十三年。

⑨ 《福建省例》（13），户口例，乾隆二十四年。

第二，夫头“每日在码头照管，一遇货物拢岸，随即派拨散夫上船，轮流挨次搬运，不得恃强争夺，庶免客货沉溺，滋生事端”。

第三，“不论本船、拨船拢岸”，夫头“查点货物，见有打捆之货，或非原捆桶篾包等货，盖脱封破，务须盘问明白，以杜船户透货贻累之弊”。

第四，夫头“置办雨篷，倘遇天降暴雨，搬运不及，货物或在拨船，或在岸上，随以雨篷遮盖，以免货物败坏”。

第五，“散夫背抬货物，自码头以至各行栈，为途不远，总以一肩运拢，抵行交卸，不得歇肩。既可杜其掏摸，又免拥塞官街”。

第六，“各项背抬货物，上下力钱，原有定规，不得以天时晴雨早晚，任意勒索，稍不如意，诿弃客货，拥塞码头”。

第七，夫头“自有新增之项，以充衣食，不得侵蚀散夫血汗，以致下力之人有名无实”。

第八，“每日搬运货物，以辰时运起，直至申时方止。如未至申时，推诿不运，致令客货堆积码头，暴露遗失者”，夫头“照价赔还”[①]。条文规定之细，可见一斑。

对私设包头、揽头的牙人、牙行，清廷下令禁止。乾隆六年河南巡抚雅尔图奏称：“南省地方零星口岸未设牙行者，客商雇船觅夫，船户脚夫勾结土棍，朋比攘据，谓之包头、揽头，甚至投托绅衿，议结陋规，至今尚未尽革，殊为商贾之累，请行令各省督抚通查禁止。从之。”[②]各地遵从中央的旨意，对犯法，或商人不满意的船行、车行等予以革除。四川巴县“向设船行，名曰埠头，把持滋累，奉文裁革”[③]。河南禹县“乾隆四十年间，忽有议开车行希图钜利者，众商不便，鸣于前任黄州尊，蒙恩禁止，立碑为记”[④]。乾隆年间，江西谢埠“为抚建通衢，客商至省船楫不通，行李货物必须雇车运载”。这里有个姓李的人私设车行，“倚恃人众，私充强霸，勒索刁难”往来商贾。地方官得知后，逮捕严惩，“并发示严禁，不许土棍垄

---

① 《清代乾嘉道巴县档案选编》下，第4页。

② 清《高宗实录》卷156，乾隆六年十二月乙巳。

③ 乾隆《巴县志》卷3，赋役志，课税。

④ 《永禁开设车行德政碑》，现藏于河南禹县文化馆。

断把持”[①]。

客商运货到达一地，往往人地生疏，语言不通，雇舟、雇车、雇夫又无把握，很容易被船户、车夫、脚夫欺骗，或遭抢劫。对抢劫商贾财货的牙人、牙行，官府规定条例进行法律制裁。乾隆二年九月十八日，清廷批准刑部制定的律例：“店家船户有行窃商民，及纠合匪类窃贼朋分者”，除分别首从计赃，照常入科断外，“请照捕役行窃之例，各加枷号两个月”[②]。各地衙门发给船行、车行、夫行、夫头印信文簿，要求他们“凡船只到埠，揽载行户询明该户及所雇水手姓名住址，并取同帮船户与在船水手连环保结存行，分晰登簿”，“任客投行，三面议定船价”。然后，发给客商船票。[③]船票中要填写客商姓名、籍贯、住址、所去地方、货物、开船日期，以及分地段付给船价的数额，不得耽误行期等内容，交客商收执，待到达目的地时，给还船户。[④]也有的地方要求客商“至交卸之处，将船票转交起货地头行户，验明查销”[⑤]。车行要登记车夫姓名等情况，填写车票给客商，内容与船票大致相同。[⑥]夫头“设立总簿，将店内各夫姓名、年貌、籍贯、住址，逐一询明，登载簿内，令同籍各夫互相保结，方许承揽挑抬。……至行家代客雇夫，务令夫头保认明确。”[⑦]然后发给脚夫领票，或腰牌，由夫头烙印，交给客商收执，“到地之日，并无错误，即将腰牌给还脚夫”，脚夫交还腰牌，夫头许其重新揽挑。发给客商货单，货单内注明挑夫“姓名、年籍、挑抬何物、雇往何处、及客商姓籍备细登载，截给客商。其单根存行，以备吊【？调】查。”货单中还要写明到何地给脚价若干等内容，到达时客商将货单交夫头验点；或客商填写到达日期，由脚夫返回时交夫店，方许重新挑担。[⑧]

---

① 《西江视臬纪事》卷3，条教。
② 《上谕条例》刑例，乾隆二年条例。
③ 《福建省例》(23)，船政例；《粤东例案》行规。
④ 《西江政要》卷13，乾隆四十年二月初十日，按察司本；《福星载道路程考》。
⑤ 《福建省例》(23) 船政例。
⑥ 《西江视臬纪事》卷3，条教；《福星载道路程考》。
⑦ 《福建省例》(13)，户口例。
⑧ 《西江政要》卷26，乾隆五十二年；《湖南省例成案》户律，卷34，市廛。

同时，各地还规定了船行、夫行、夫头、车行应负的担保责任。“行舟被窃令地方官确查，如系船户偷窃者，仍照原议著令该埠先行赔赃；若系客商专雇之船，而船户图利中途附搭匪人以致失窃者，即著落该船户先行赔赃给主”，待此案查清后，按拟究追[①]。“至行家代客雇夫，务令夫头保认明确，如有拐窃等事，惟行家夫头是问。”[②] 乾隆三十六年四月二十四日，四川巴县谕示：“凡客货起岸，俱经夫头雇人背送。如有遗失，着落赔偿”[③]，“倘遇疏失责成夫行照数先赔，此系历来之旧规也”[④]，“着落行主雇夫担保”[⑤]。乾隆年间，江西玉山县聂胜有歇店中，客商陈茂合被失衣物，由聂胜有先赔还客商失物。万安县船户载客无故停泊，客货失窃，先将船只变价赔客。萍乡县客人劳永茂货物，在张伯鹏行内被盗，先由张伯鹏赔偿。南丰县夫行李广泰雇夫黄佑元，挑运客商邱蒂珍苎麻窃逃，由李广泰先行赔偿。南丰县挑夫陈定南拐窃鄢日章行李，被枷号，以加重惩罚。新城县船户高子先载客商布匹。本客不在船上，布匹被盗，由船户赔还。玉山县歇店陈君翼与保夫雇脚夫王老三，赴汪五叙夫行揽挑客油，到浙江常山交卸。途中王老三偷油盗卖，事发被捕认赔，但突然发病身死，令保夫、店家、行户赔还。[⑥] 对以上案例的处理，地方官都是令船行、夫行、夫头等先赔偿，承担应有的担保责任。湖南清泉县夏永清等，雇人赴河挑运米谷，被铁炉门码头脚夫陈高梅等抢夺强挑。地方官将陈拘拿，“枷号河间，一面刊刻木示竖立各码头，申明严禁”[⑦]。道光十四年，巴县弹子石王家沱碾米坊共有十家，谷米装卸须雇挑夫。该处夫头王石保一向“无端把持，各家受害，难以枚举”。九月十八日，有买主至邹元亨碾米坊“买米三石，打作十包”，还未付款，王石保突至，率领脚夫“估背米包下河”。邹元亨阻拦不住，又有铺坊工人朝前阻挡，被王石保“掌打跌地”，米包被强行背走。买主不付米款，王石保也不与买主索要。第二天，请来乡保调停，王石保

① 《治浙成规》卷5，臬政，乾隆二十一年。
② 《福建省例》(13)，户口例。
③ 《清代巴县档案汇编》，第262页。
④ 《西江政要》卷37，嘉庆三年，按察司本。
⑤ 《粤东省例新纂》兵例上，卷5，缉捕。
⑥ 《西江政要》卷6、9、13、12、18、28。
⑦ 《湖南省例成案》户律，市廛，卷34。

硬不服从，随与买主分赃。事情告到县衙，责令王石保追回买主兑款，否则由夫头赔偿。并贴出告示，背运米石，仍照旧规，熟米五石以内由碾坊工人背运，五石以上由夫头领脚夫背运。谷糠碎米仍旧归乡贩自行挑负，不许夫头“把持强背滋事”[1]。应该说，各级地方官府都在贯彻执行中央管理牙行及船、车、夫行的政策、法规。但是，牙行的弊病始终难以彻底根除，管理效果不尽理想。一般处于管一管，好一点，时间久了旧病复发的状况。

① 《清代乾嘉道巴县档案选编》下，第11～12页。

第八章　高利贷资本

高利贷资本与商业资本都是古老的资本形式，从它们形成的那一天起，两者便有着密切的关系。就清代的情况看，这种关系表现在两个方面：第一，商人不断地将自己的财富投入借贷、典当，将商业利润转化为高利贷资本，已如上述；第二，随着高利贷资本的发展及商业（尤其是城市商业）对资本需求的增长，高利贷资本中的商业资本性放贷和经营性放贷增加了，商业资本的运行对高利贷资本的依赖程度增加了。本节就后面这一方面做些探讨；限于篇幅，兼及手工业、矿业等方面则尽量从简。

第一节　高利贷资本的发展

高利贷资本商业资本一样，是中国封建社会的重要经济形态。它不但存在于广大的农村，也活跃在城市、市镇。随着明中叶以来商品经济的发展、货币资本积累的加快，高利贷资本也得到了发展，社会财富通过多种途径转化成了高利贷资本。

一、高利贷资本的发展和资本性借贷的普遍存在

（一）高利贷资本的发展

清代前期高利贷资本的发展最引人注目的是，地区性的商人集团进行跨地域的货币及实物贷放，使高利贷资本的总量明显增加，并形成了全国性的资本及货币流动。

这种现象自明代中期就已存在，清代大为发展，著名的地方商人集团均有相当大的资本投入高利贷的经营。商人、富户在本地放贷的同时，多向异地发展。随着江南地区经济的繁荣，以粮食及棉布、丝绸等的生产及贸易为主的市镇大量兴起，徽商商业、高利贷资本乘机大量进入诸如扬州、泰兴、江阴等地①。与徽商驰名的晋商，清代以来也大规模地异地放贷。晋商在借贷业务方面不但在北方各省具有举足轻重的地位，其活动也达到了南方。因此，有“西客利债，滚剥遍天下”的说法。② 其他如陕、鄂、浙、湘、江右以及闽粤各地商人，亦多越境放债，兹不一一列举。

在文献中，商铺放贷是很引人注目的。同城铺店之间或铺店与行商的商业性放贷更为常见。例如道光八年十一月，巴县邱发源、王和顺等十三家商号联名控告“朝天门开设钱店黄有成，去年二月间，先后立票借客们十三号银三千九百余两，作本往合江县买靛来渝发售”③。

各地地主亦多将地租收入转入高利贷的经营，尤其是对农民进行谷物放贷。一些地方的地主通过高利贷致富，成了专门的高利贷者，所获货币、实物利息再逐渐转化成高利贷资本。

官僚士绅、军将以及富有的士卒等以及亦多将自己各种形式的收入投入经营，以求增值。康熙时“文武各官，或兼事商贾，质库连肆，估舶连江”④。乾隆时著名的贪官和珅，其家产除大量现存的金银、田地、房产、浮财之外，还有“借出本银钱所开当铺十二座，及家人刘金、刘卯、刘陔、胡六自开、伙开当铺共八座”。“借出应追本利银二万六千三百十五两”⑤。这些大官僚经商开当、放私债，平常是隐藏得很深的，一般是在因其他罪行被抄家时，方得白于天下。康熙二十一年九月，玄烨曾指出：“驻防镇江、杭州、福建等处汉军官兵，皆恣意妄为，侵占廛市，擅放私债，多买人口”⑥。雍正二年十月癸

---

① 康熙《扬州府志》卷7，风俗；康熙《泰兴县志》卷1，风俗；嘉庆《重修泰兴县志》卷6，风俗；《古今图书集成》卷715，职方典·常州府部·风俗考；康熙《平湖县志》卷4，风俗。

② 包世臣：《闸河日记》，见《安吴四种》卷6。

③ 道光八年邱发源等供状，见《清代乾嘉道巴县档案选编》，第352页。

④ 《施清惠公事例略》，见《国朝先正事略》卷5。

⑤ 绵恩等折，《史料旬刊》第7期。

⑥ 清《圣祖实录》卷104，康熙二十一年九月己酉。

西“八旗大臣等议复条奏，内称：佐领骁骑校等，系管辖兵丁之员，乃有借放重利银两，每月支领钱粮之时，勒令清偿本利，以致兵丁生计匮乏”①。因这类借贷直接影响士兵生活暨清朝统治的稳定，清廷曾多次下令禁止。

由于高利贷的经营成本较低，小有资财即可放债取利，所以有些小生产者也以自己微薄的一点收入放债，甚至有借资放贷，以期获利者。一些不明其身份的“巨猾”、“无赖”等亦热衷于放贷牟取暴利，有时甚至以非法收入进行经营，反映了高利贷者构成的复杂性。清代皇帝，各级官府或社会团体也以生息基金的形式将相当大的一部分资金投入了高利贷领域，一些宗族财产和合会资金亦多投入高利贷经营，因篇幅所限，有关情况不再详述。

清代各类人等都来参加的高利贷经营活动中，尤以商人异地放贷最为引人注目。正因为商人货币资金的大量投入，一般高利贷也在向高利贷资本转化，清代前期城乡，尤其是城市高利贷资本总量大增。

在清代开一个当铺所需资本多少不等，从有关的资料看，小当、小押有百十两即可开张，而大当则多达万金以上，有高达9万两者。因经营者的实力不同，典当所处城乡各异，经营合法抑或非法，其规模自有很大差别。一般说大商人、官府、大官僚所设的当铺，位于城市的、合法设立的当铺相对资本规模要大一些，相反则要小一些。关于清代前期典当业的资本总额，因资料缺乏，目前还难以精确估计，但是说清中叶以后典当业得到很大发展，则是可信的。

大中型典当铺，多集中在各级城市之中。乾隆三年，京师仅内务府投资设立的皇当便达30余所，加上民当共有200多座，乾隆十年时汉口一镇典当有39座。② 直隶保定府“僻处山麓，幅员狭小”的完县，乾嘉之际城关当商也达7家之多。③ 广东当、押铺数目更为惊人，据道光时统计，南海县典押数目高达347座；番禺216座；东莞122座；新会112座；除从化、四会较少外，珠江三角洲其他各县平均大约在二三十座之谱。④ 可见广东典当业的普遍

① 清《世宗实录》卷25。

② 乾隆十年正月初十日湖北巡抚晏斯盛奏折；乾隆三年三月初六日内务府总管海望奏折。

③ 民国《完县新志》卷7，商业。

④ 道光《广东通志》卷167，经政略10，榷税1。

程度。

全国在官府领帖的合法典当铺户，康熙年二十四年时有7695户，雍正二年增至9904户，30年后即乾隆十八年增加了一倍，达18075户，60年后的嘉庆十七年则为23139户了。大量非法开设的小当，私押还不包括在此数字之内。[①]

清代典当业的资本总额更无确数。但可试作估算。依明代末年的记载，在城市开典当，须得万金方能得利，[②] 如果以此作为大致的标准，根据不同的资本规模，可将清代典当铺划分为以下五类，即：资本数十两至二三百两者为“微型当铺”；三百来两至一二千两者为“小型当铺”；2000来两至1万两左右者为“中型当铺”；一二万两至三四万两者为“大型当铺”；五万两以上者为“巨型当铺”。若将微型当铺及巨型当铺去除不计，在小、中、大三等当铺资本额中取一个简单的平均额，则为15000两，用这一数字分别乘以上述当铺总数，则得康熙二十四年、雍正二年、乾隆十八年、嘉庆十七年全国典当资本总额分别约是：1.1535亿两，1.4856亿两，2.71125亿两，和3.47085亿两。其中除嘉庆十七年因当铺数偏大，因而似有偏差之外，其他三个数字基本上是可信的。其实，实际数字可能更大些。因为，第一，大量未领帖的小当、私押未包括在内，其资本总额定然相当可观；第二，近代典当业因多方面的原因，一直处于衰落之中，然至光绪十四年，尚有七千余家，[③] 根据1912年调查材料，每家平均资本21760元。[④] 以每家资本2万元计，总资本尚在1.5亿元以上，以每元0.72两计，则在1.08亿两左右。据此情况，清代高利贷资本额为数定然不低于此。

以上就是清代城市各阶层人们将货币财富投入高利贷经营的大致状况。

（二）资本性借贷在各地区、各行业中普遍存在

资本性借贷，从行业看，既有矿业、手工业场坊和运输业所需的生产性资

① 罗炳绵：《近代中国典当业的分布趋势和同业组织》，载《食货》第8卷，1978年，第2期。

② 《豆棚闲话》第3则《朝奉郎挥金倡霸》徽商汪华所言。清初当亦如此。

③ 《清朝续文献通考》卷47，征榷19。

④ 《第一次农商统计表》，转引自唐传泗、黄汉民：《试论1927年以前的中国银行业》，载《中国近代经济史研究资料》（4）。

金借贷，也有坐贾行商所需的流通性资金借贷；从经济运行的不同阶段看，则既有经营的启动资本（或称原始资本）借贷；也有经营过程之中的流动资金借贷。

借钱经商，本是十分古老的事情。宋以后，这种借贷更为普遍。明代以来，地方小市场和市镇经济的都有所发展，逐渐出现一批中、小商人活跃在各地市场这些商人，一般来说资本并不充裕。为了开始或继续经营，他们必然经常地依赖借贷。如明儒丘浚所言：城市的小商贩“营刁锥之利以资口腹”，“其资本多质于富家而计日取息为偿”[①]。即使是纳米中盐商人，其本钱也“未必皆己所有，卖其生产，有先捐数倍之利，告假于富室而尽勤劳”[②]。据有人观察，市中“业贾者”的资本十有六七是借贷而来的。[③]

到了清代，商业中的借贷关系有了更大的发展。城市商业中和远程运销业中，商人的资本性借贷（包括经营性借贷。下同）已经相当普遍。首先，商人尤其是中、小商人为了开始他们的经营而进行资本借贷的事例是大量存在的。如康熙间，江西南昌县蒋某因家贫“乃质衣冠，得钱八百，贩粟五斛，肩鬻于市”[④]。顺康间，浙江嘉兴县梅会里郑玥处馆为生，“束脩之入积累十金。或劝君营什一之利，君仍畀里人褚已浮舟于泖贩吉贝花”，“邻有曹甲贷君金白金二镒，卖药于肆，以甘旨养其亲，终岁子母不纳”[⑤]。山东东昌县王心斋，家贫，仍“浼中保贷富室黄氏金作贾。中途遭寇”，“丧资，幸不死，至家，黄索偿，计子母不下三十金”[⑥]。

以上数例，都是小商贩的小额资本借贷。实际上更多的此类借贷，其规模比“钱八百”“白金二镒”“子母三十金”等规模要大些，一般在百金以上，有数百、上千、数千直至数万者。蒲松龄在《聊斋志异》中描写：清初“天津商人某，将贾远方，往从富人贷资数百”[⑦]。康熙间“晋中贾范姓贷其乡富

---

① 丘浚：《论厘革时政奏》，见《重编琼台稿》卷7。

② 明《太宗实录》卷25，永乐元年十一月戊午。

③ 李乐：《见闻杂记》卷9。

④ 蒋士铨：《先考府君行状》，见《忠雅堂文集》卷7；又见《初月楼闻见录》卷8。

⑤ 《曝书亭集》卷77。

⑥ 《聊斋志异》卷12，纫针。

⑦ 《聊斋志异拾遗》，“商妇”。

人段姓金，贸迁洛、汝间。初折阅，益锐身为之，积三十余年”，“计息有二千余金”[1]。乾隆、嘉庆间，山西汾阳有商人赵疤子“懋迁为业，性诚朴，有信行。”有富家“笃爱之，贷之资五百，不问其居积。久之，渐亏所付，携其金赴沈阳”[2]。乾隆间，徽州婺源县有王悠炽，富有财本，“房叔、房弟某某合伙经商，各移五百金为赀本，悠轸其困于遇，折券还之。邻乡潘某，贷四百金商于苏”[3]。山东曲阜，孔府执事姜玉照“于嘉庆十五年七月内，合伙贸易，揭到增义号京钱八百千，二分半行息”[4]。江苏山阴城中有王文虎者，乃按察使李铁桥的“工人”，一开始“与其兄文龙就市头设地摆摊卖果菜。继而积资渐裕，则赁铺屋，贩京果南货，追廉访归里，复贷以千金，遂置业开行，居然称富贾”[5]。道光八年十一月，四川重庆府巴县邱发源、王和顺、胡魁顺等13家商号联名控告案中提到“朝天门开设钱店黄有顺，去年二月间，先后立票借客们十三号银三千九百余两，作本往合江县买靛来渝发售”[6]。大的盐商、当商的此类借贷，有多至数万两以上者。如乾隆间，祝忻为庐州知府时，令典商减息，众商不从，祝即扬言将从江苏等地银号中支借数百万两银子为本，开典当进行竞争。祝家巨富，众商只得听从。[7]

从以上各例看，商人要开始他们的经营，在相当大的程度上是依赖借债的。以上所举各例，遍及江苏、浙汀、安徽、江西、广东、山东等广大地区，可见这类借贷的普遍性。

实际上，比这类借贷更为普遍的是，行商或商铺为了得以继续经营，或扩大其经营规模而进行的流动资金借贷。这方面的例子也很多，例如，乾隆间出版的尺牍中的一封求借信这样写道：“郡城小典，客腊开张，生意甚属清淡……不料三月间桃花涨发，近乡各典俱以阻水停当，致乡间质物者鳞集郡城。晨下小典所存，仅足支应本月”，“兹特奉恳太翁鼎力于省中代会银二千

① 《晋义贾传》，见张九钺《陶园文集》卷5。
② 《达亭老人遗稿》，见《消闲戏墨》卷上。
③ 光绪《婺源县志》卷34，人物。
④ 《曲阜孔府档案史料选编》第3编，第15册，第94页。
⑤ 《北东园笔录》4编，卷2，王文虎。
⑥ 《清代乾嘉道巴县档案选编》，第349页。
⑦ 光绪《崇明县志》卷17。

两。或尊处可以通融，更免一番辗转”云云。[1] 显然，在社会上没有引人注目数量的这类借贷，尺牍中是不会出现这种样板信的。

乾隆间，天津长芦盐商“秋冬攒运之时，需本尤多，往往称贷于人，未免民间息重”[2]。扬州“运司嘉楼，颇雄敞。闻乾隆初，有鹾贾程某肩债太多，暂避于此”。同业吴某亦至，“程曰：吾今逋负四万无以应付，故隐此，君本厚利广，何以亦来?”吴回答说，今年负债“须十万金，今拼挡仅及其半”，故只好也来此避债。[3] 福建盐商亦多借私债，尤其是嘉道之后。道光十四年上谕：“闽省鹾商疲乏，私债积弊，通省皆然”。而作为债主的各类铺户“不顾场盐缺乏之时，倚众恃强硬索，希图转贩渔利”[4]。江西玉山县有海商“素运海货，以囊空，向土豪贷银千二百两，约一载倍利偿还。置货后，遣伙附舶出洋”[5]。山西汾州贾义士“挟其赀，以放债营利，往往遍天下。义士尝之楚之安陆。安陆人樊嶷者，方设药肆市中。义士贷其赀而依以居”，樊“谓义士曰：始吾以营业乏资，势且殆矣，自弟来吾家，家中小裕”[6]。嘉庆十六年八月，有木商刘成万在巴县上诉说：“去年蚁陆续借刘仙玉银一千一百五十余两，并廖德隆银七百八十两，办运木植来渝发卖”[7]。

除这种货币资金之外，在同城铺商、贩商与生产者、贩商与贩商、牙行与贩运商等之间，还存在实物借贷。这些实物借贷有些表现为一种直接的实物借贷，有些则是由货债转化而来的。

在同城铺商之间，如乾隆十四年，奉天府厢黄旗生员陈来选向官府呈称，“生在【奉天城】喜楼南路两义顺估衣铺生理。赊得郭瑾宝济堂估衣银七百一十七两五钱八分，郭廷秀源通当估衣银四百八十一两四钱七分，源祥当估衣银

① 《分类详注饮香尺牍》卷3，借贷类。

② 内务府奏销档·乾隆四十九年十月征瑞奏，转引自李克毅文，《中国社会经济史研究》1989年，第2期。

③ 《三异笔谈》卷3，捐金获报。

④ 清《宣宗实录》卷255，道光十四年八月丁巳。

⑤ 《劝戒录类编》第10章《义与不义之劝戒》（本条所记时间当在乾嘉时期）。

⑥ 《埋忧集》卷8。

⑦ 《清代乾嘉道巴县档案选编》上，第323页。

三百六十五两五钱七分。身于十月二十四日呈明在案”①。清代估衣铺的主要货源即是典当铺的满当衣物。此处所言，当是开估衣铺的陈来选向宝济堂等三家当铺分别赊取了价值717.58两、481.47两、356.56两的满当衣物。

在贩运商与生产者之间的借贷，有的记载说：“天津人率用盐起家”。有龙东溟者，卖产经商，然本钱不足，“会人有引地求赁不售者，东溟即与为券，期三日付直，而挟券说诸小贾，约与共利，遂出其金酬赁直，余以资舟，而贷盐载之。于是募僮客，饰车骑，奕奕而去”。“盐大行，其获三倍，以偿诸所贷，操其赢以归”②。此处当是这位姓龙的盐商与“小贾”合资，由后者出资支付引地租金，然后从盐的生产者那里“贷盐”运销出去，可以说是中、小盐商的实物资金借贷。以上两例都没有谈及利息。不过，一般说来，在支付时间较长时，不是无息的。

在牙行与贩商之间也有这类借贷。嘉庆九年十月间，有贵州遵义府绥阳县商客黎德茂装运笋子来渝城发卖，瑞泰行郭永新将笋11包代卖出，价63.3两，至本年腊月未能还黎价银，只得写立借约。后经次年、第三年两次催讨，才约定于嘉庆十四年本利一并偿还。③ 可见，作为代客发卖、只赚佣金的牙行，也拖欠货债，这种货债者较长时间不偿还，就会演变成一种借贷关系。

以上从两个方面叙述了城市商业的各种资本性借贷；其在流动资本借贷中，还包括各种实物借贷。这些都反映当时商业经营中借贷关系的普遍存在。这种状况当时人们已经明确地感觉到了。赵士麟说：杭州“夙称饶庶，要皆揭赀贸贩，朝谋夕食……”④。道光时，梁章钜说：“大凡贸易，不能悉属现赀，时有所称贷于人，抑或为人所负。”⑤

清代各种手工业、矿业等有较大发展，其资本需求也旺盛起来，从而对高利贷的依赖也加强了。各种手工业店铺，经常需以各种形式的预借资本。手工业比商业中还更为广泛地存在实物借贷。主要有两种情况：一是，小生产者以

---

① 《黑图档》部来档，乾隆十四年十二月，转引自《明清史辨析》第269页。
② 《陈学士文集》卷10，《龙东溟传》。按，龙某生于乾隆七年。
③ 《清代乾嘉道巴县档案选编》上，第363页。
④ 《读书堂采衣全集》卷43，《抚浙条约》下。
⑤ 《北东园笔录续编》卷3，程太令。

棉布、绸绢、麻布、绣品等产品换取商人、商铺的棉花、新丝、麻、线、布等生产原料，这从商人方面看是一种预买；从生产者方面看则是一种流动资本的借贷，但其利息还隐含在商人售出成品之后所得的利润之中，其高利贷性质还很不明显。这种借贷属于商业、高利贷资本控制小生产的一种形式，且与资本主义萌芽问题密切相关，学术界对此已多有探讨，在此不再详述；[①] 二是，小生产者以赊买形式得到原料，于产品售出后，加利偿还，这种赊买作为高利贷资本的性质是比较明显的。此外，盐丁、灶户以及采矿、冶炼、制瓷等业，亦多借贷。

就所见资料而言，诸如蔬菜水果铺商、粮食贩运商、当商、盐商、蓝靛贩运商、药材铺店商、陶瓷贩运商、木材贩运商等行商坐贾，以及制帽、漂染、刺绣、纺织、盐业、煤炭开采、铁、铜、银等矿的开采、冶炼等手工业，无不在相当程度上依赖高利贷资本进行资金融通；从地域上说，则几乎遍及全国各地城市及矿区。

二、资本性借贷关系的相对稳定

清代借贷经营的普遍性，使得城市中放贷者与工商行业间形成相对固定的资金供需关系；同时，高利贷资本的业务和利率也呈现稳定化趋势。这是中国古代以高利贷资本为主体的信用制度高度发达的一种表现，也为高利贷资本向近代借贷资本的转化创造了一定的条件。

首先，从行业角度观察，一些工商行业已经比较稳定地依赖借贷来开始或继续他们的经营。著名的如粮食、棉花、丝等商品贩运商便是季节性地从典当铺取得流动资本的。办法是，商人以待销或滞销的商品于典当铺质押，借出银两，作为追加资本再次投入运营。如雍正六年七月李卫奏："嘉湖二府属县，每年新谷登场"，"即有经营之辈，买米当银复买，亦皆于次年就地粜卖"[②]。

---

① 有关材料，可参见正德《华亭县志》卷3；《北东园笔录》4编，卷5，换棉花；《履园丛话》卷23，杂记上；《里乘》卷6，甲与乙为善友；《金泽小志》卷1；咸丰《南浔志》卷32，引施国祁《吉贝居暇唱》序；道光《鹤山县志》卷2；民国《双林镇志》卷16，物产；民国《濮院志》卷14，农工商；吴承明、方行文，载《经济研究》1982年，第6期；《文史哲》1983年，第1期。

② 《雍正朱批谕旨》第41册，第52页。

显然，这些“经营之辈”是指粮商。乾隆年间汤聘指出，“囤当之物，并不独米谷也。每年遇蚕丝告成，及秋底棉花成熟，此等商户，一如收当米谷之法”。而且经常是“随收随典，约计一分本银，非买去四五分本银数之米谷不止。”在江宁，典当铺也接受杭、湖等州丝商的抵押，放贷银钱。具体的办法是，“把银子交与行主人做丝，拣头水好丝买了，当在当铺里；当出银子，又赶着买丝，买了又当着”①。

在航运业中也有这种趋势。福建厦门与台湾鹿耳门等港口城市，嘉道以来，有人向海商放债，“以金贷商船，置货往北洋，每番镪百圆取二十圆、十八圆不等，由厦兑台，每百圆亦取五、六圆或八、九圆，曰‘水利’。风水不虞，并母钱没焉。贷于本处者，曰‘山单’，每百圆唯取二、三圆，不包定风水也。”② 可见，虽然因风险因素的不同，所取利率的高低亦不同，但本地海商能比较稳定地通过借贷关系获取资金，则是无疑的。上海沙船业与钱庄之间似亦如此，上海钱庄业至乾隆时已相当发达，乾隆四十一年钱业公所成立，至嘉庆初，总数发展到124所，在此同时，其资本性放贷亦得到了发展，当时关东、山东商人将当地豆货借沙船贩运至上海，而后从上海贩回棉布销售，上海钱庄在沙船出海时，每每以大宗款项贷予沙船。③ 近代通商之后，因新式火轮的采用，沙船业受到打击“于是藉屋粟、权子母者无不病。”这里“权子母者”无疑当包括上海钱庄行业。④ 可见上海钱庄与沙船运输业已经形成了固定的资本供需关系，两者互相依赖，一荣俱荣、一损俱损。

其次，从地区角度观察，一些城市工商各业与高利贷经营者已经建立起比较稳定的资金信用关系，下以北京、汉口、佛山三地的情况为例略加说明。

自明代以来，山西商人在京师的商业和高利贷领域就都十分活跃，清代更是如此。他们经营着为数不少的典当、钱铺、账局、票号。其中，账局的放贷更令人注意。早期，账局以放京债为主，后来随着北京工商业的发展及对资金需求的扩大，开始对工商各业放贷。账局和各铺店、贩运商的资金信用关系也

① 汤聘：《请禁囤米谷状》，见《皇清奏议》卷44；《儒林外史》第52回。
② 《海音诗》，见《台湾杂咏合刻》。
③ 《上海钱庄史料》第734页。
④ 光绪《松江府续志》卷5，风俗，引《上海志》。

日益密切和稳定。据咸丰三年时，有人说："都中设立账局者，山西商人最伙，子母相权，旋收旋放，各行铺户皆藉此为贸易之资。"而且大都世世相承，历有年所。[①] 咸丰三年，太平天国军威逼北京等地时，金融发生危机，账局止账不放，北京不少工商行铺便因资金缺乏而纷纷歇闭。账局在对工商铺店放款同时，也对钱铺、当铺放款，咸丰三年有人说："钱店之懋迁半出账局"[②]，"无账行则钱店无从转运"[③]。当时钱铺因账局止账而关门者便达一百多家。

账局与商人间的本利借还的时间与商业贩运周期有关。据咸丰三年王茂荫的描述借还过程说："闻账局自来借贷，多以一年为期。五六月间，各路货物到京，借者尤多。每逢至期，将本利全数措齐，送到局中，将利收起，令借者更换一券，仍将本银持归，每年如此。"[④] 见本还利后，才能再次确立借贷关系；信用可靠，信用关系也就相对稳定化了。

汉口，素有九省通衢之称，清代以后，工商业更加繁荣，是清初著名的四镇之一。那里的借贷关系相当活跃，典当、钱庄、票号、炉房等机构纷纷设立，其中票号的活动更引人注目。当时人说："子金按月按时排，生意无如票号佳。"武昌武胜门外塘角，"艖艘贾舶，咸集于彼，初为荒野，今皆筑室，列廛市肆里遥，百货齐萃矣。"道光廿九年，塘角停泊的盐、货船千余遭火灾，一夕焚毁，结果票号牵连受累，所谓"九九归原谁受累，大东道主是西邦"。因为"塘角无与于汉口，汉口之性命存焉，火灾无与于票号，各行之倒账归焉"。从这一记载看，票号不但对武汉的工商铺户放款，而且还对来往于武汉的贩商放款。汉口的银号、钱铺也经营放款，名曰"放票"，所谓"票"，即是钱票。自乾隆间盛行以来，各类金融机构以存票、放票为主要经营内容。汉口银号便"专恃放票。店本六千到五万不等，放票或至十余万两"[⑤]。"放

① 咸丰三年四月初三日祥泰奏，载《清档案丛编》第11辑。

② 咸丰三年三月十四日侍读学士宝钧奏折，转引自黄鉴晖文，载《历史研究》，1987年，第4期。

③ 黄辅辰：《戴经堂日记》咸丰三年二月十六日，转引自《中国近代货币史资料》第1辑，上，第346页。

④ 《王侍郎奏议》卷3。

⑤ 叶调元：《汉口竹枝词》，转自刘昌际、潘际湘文，载《平准学刊》第2集。

票”规模达到原本规模的十多倍，当有赖于工商业的繁荣及其对工商业放款的盛行。反映出武昌汉口工商铺店乃至有关的贩商与票号、银号之间的资金供需关系是比较稳定的。

佛山是清代著名铁器铸造业中心，那里的手工业和商业，在乾嘉时与广州、石湾镇齐名。当铺、放账铺、换银铺、洋货铺、珠宝铺、参茸行、布行、木行、生铁行、铁器行、绸缎棉花行、青麻行、铜行、锡行、西货行、海味行、京果行、油行、豆行、谷行、米行等，各业都有。[①] 这些铺行的运转，在相当程度上是依赖于银号的资金融通的。佛山银号甚多，见诸记载的有“安盛”、“晋丰”、“福记”、“中泰”等四家。一家银号用于信贷的资金，往往能维持数十家、百来家乃至更多的中小店铺的资金周转。《粤东成案初编》记录一个案件：嘉庆二十二年正月时，何朝钰出本设立中泰银号，雇请梁朝昌为店伙“在店管理放借出入银两”，后来梁朝昌将店中银两挪用10800两，道光三年年底结账时，梁某怕被东家查出，就私雕咸丰等36家铺店图章，捏写借单37张，每张借银200～500两不等。[②] 从这个记录可以看到，假借票每张银200～500两不等的数额，正表明当时佛山一般商业贷款的水平，万余两银子可以支持三四十家店铺流动资金的周转。

随着明中叶以来城市工商业经济的发展，高利贷资本中经营性、资本性借贷增加了。不但商人进行贩运、开铺、放贷等经营需要经常地进行借贷，包括开办资本、流动资金的借贷，城市手工业、矿业生产者和经营者也常常通过借贷来完成其再生产过程，其中包括工场手工业性质的生产场家。在特定的地区范围内，社会生产、流通的资金需求和高利贷资本的资金供应在一定程度上已经走向稳定化。与以上生活性、消费性借贷不同，这种借贷利率的高低，必然受到其所投入的行业的利润高低的影响和制约。如果利息过高、经营无利，借贷就不可能成立。只要经营、生产过程比较顺利地完成，债务人就有可能偿还债务，并获得应得的利润。因此，从整体上说，这种借贷对商人、手工业者及

---

① 龙廷槐：《初与邱滋畬书》，见《敬学轩文集》，转引自谭棣华文，见《清史研究通讯》，1987年，第1期。

② 《粤东成案初编》卷22，转引自《明清佛山碑刻文献经济资料》第371～373页；参见罗一星文，载《广东社会科学》，1985年，第3期。

商业资本的运行是必要的，其作用也主要是积极的。如果说，明中叶尤其是清代以来，商品货币经济的发展有赖于商人资本总量的增加和单个资本规模扩大的话，那么，这种增加和扩大是与高利贷资本的发展分不开的。另外，这种借贷的盛行，还说明了中国封建社会高利贷资本已经开始突破生活性放贷及对个体小生产者放贷的藩篱，与商业资本及早期产业资本发生了程度不一样的、千丝万缕的联系。这就预示着一种新的变化，即高利贷资本开始逐渐向近代借贷资本转化。

第二节　高利贷资本活动形式与利率

清代前期高利贷资本的经营，主要有三种类型：一是专门的金融机构，如典当铺、钱铺、账局等进行的信贷活动；二是专业的高利贷者，包括财大利厚，经营性较强的大债户，和从财主那里领本放债的高利贷经营者，也包括那些靠小本放贷取息以维持一家温饱的中小债户的放贷活动；三是工商店铺以经营过程中的闲置资本兼放私债；或是地主、商人、士绅以及军卒，流民等小私有者以自己的家财放贷取利。其中前两种情况，是以谋利为目的的高利贷资本，具有独立核算的资本形式；第三种情况，因其有的依附于商业资本，有的是以自己的家财进行放贷，虽然具有生息资本的某些特征，严格地说它还不是独立的高利贷资本。高利贷资本的投资者情况如此复杂，其活动形式日益多样。社会各阶层的财富在不断地投向高利贷资本领域，使高利贷资本得到了发展；同时，借贷利率也在逐步走向稳定化。

一、高利贷资本的经营形式

清代前期高利贷资本的主要业务是放款，其放款的形式主要有两种：一是抵押借贷；一是信用借贷。

抵押借贷是从典当铺举借的动产抵押借贷。宋元以前，典当机构多被称之为质库、解库、典库、抵当库、或解典库，自南北朝、隋唐以来均经营动产抵押；自宋以后，有的典当铺的业务，逐渐由单纯的动产抵押借贷发展成经营存、放款，货币兑换，钱票发生等项业务的综合性金融机构，甚至还经营信用借贷和不动产抵押放贷。[①] 不过，其主要业务仍是动产抵押借贷。所谓动产借贷，即以衣饰等动产作抵，借取现钱，在规定的期限之内，按规定利率偿还本利，赎回抵押物品；过期不赎，则由典当铺变卖抵押品，以便资本继续运转。可作抵押的物品甚多：各种衣服织物和皮货，金银珠宝、古玩字画、各种器皿、生产工具、武器军装以及其他各种农业、手工业产品等等。[②] 总之，几乎所有的生产、生活用品以及流通中的物品，只要有相当价值，便于保管者，皆可用于抵押入当。[③]

抵押物品拿到当铺，先由经营者估定价值，以低于这一估价的数额贷给现款。其差额各地不一，有值十当五、值十当二三，也有值十当七八，但最为常见的是值十当五，即估价 10 元，当给 5 元。而满当期限，因地区、抵押物品及典当种类的不同而不同，有半年者，有一年者，有 16 个月、18 个月、24 个月者；至于一些非法小押、私当甚至只有四五个月或两三个月。就清代前期的一般情况看，似以 24 个月为多。正规典当铺在到期之后，一般还留当一至两个月，给当者多一些筹还的机会。

其他高利贷者所经营的抵押借贷形式更为复杂，除动产抵押外，更有不动产抵押，甚至还有人身抵押。他们经营的动产抵押，可作抵押的物品也是无所不包的，除上述各种物价外，还有“工器”、“畜产”[④]。资料中常见以耕牛为抵者，嘉庆十三年十一月福建南安县林敬兄“今因乏银制用，托中将黄牛一只送就与洪英官上为胎，借出母银八大元，年约纳利粟二栳”[⑤]。有以衣绵等物为抵押者，如康熙四十二年十二月，徽州婺源县浙源乡的詹士相家便有“云生伯母绵一斤九两，押去九足银一两，常九兑”[⑥]；有以银为抵押的，如道光十三年，四川崇庆州孟怀畛欲外出贩烟，以银一锭重八两向袁槐青押借制钱

① 刘秋根：《中国典当制度史》。
② 光绪《大清会典事例》卷 764，户律，钱债；张焘：《津门杂记》；佚名：《当行杂记》等。
③ 光绪《大清会典事例》卷 711，军器。
④ 魏际瑞：《因灾禁逼债》，见《四此堂稿》卷 2。
⑤ 《闽南契约文书综录》第 161 契，见《中国社会经济史研究》，1990 年增刊。
⑥ 詹士相：《畏斋日记》，见《清史资料》第 4 辑。

九千文，三分行息。[①] 还有以即将进入流通的商品或手工业原料为抵进行借贷的。据四川巴县档案记载，嘉庆十年二月，雷天开办铁厂乏资，即将铁矿石20万斤抵借田学圃银135两，加三利息；[②] 这里甚至还包括像合会会份这样的特殊的物品。在清代，因民间合会的盛行及营利色彩的增强，合会会份的占有，成了人们保有、增值财产的手段之一，于是会份作为有价证券进入了买卖、典当、抵押的行列。在福州郊区，有道光四年九月的契约说："立会当约郑国枝，自己加有会一场，共计会友十二名，每名会员一千文。今因要钱急用，托首会都向到郑宗子处三面议，当出本制钱六千文正，面约期至本年十一月会摇收之日，每千文约利钱一百五十文算"[③]。咸丰二年二月，龙溪县亦有蔡霜等人以祖遗会份抵借铜钱的事例[④]。

不动产抵押贷款更为常见。用作抵押品的不动产，最通常的是田地。在一些地方，以地作抵已经成为一种乡例。如湖南芷江县便有"凡借银子，都要写田作抵"的"乡俗"[⑤]。广东香山县也存在"借银立约之外，必另写田契作抵"的"俗例"[⑥]。因为明清以来田面、田底权的分离，永佃权出现，借贷也有以田面权或田底权进行抵押的。这在福建、台湾、浙江安徽等地所发现的胎借契约、土地典当契约及其他档案、文献材料中有很多反映。

对作为抵押品的田地的所有权，债权人干涉、控制的深浅程度有所不同。订立契约到期偿还本利，赎回土地。或者由债务人逐月（年）纳利钱（银）、谷（米、麦、粟）等，不限期还本赎地。否则由债权人取得土地的所有权，作为抵押品的土地或田底、田面由债权人"掌管为业"或"起耕招佃"。这种条件，表明债权人控制、干涉程度比较弱。

在笔者所见明永乐至清光绪间39张徽州土地典当契约中，属于土地抵押借贷性质的共有17契，而17契中除明代4契外，其余清顺治十年至道光十一

---

① 道光十五年六月廿七日，见刑科题本。

② 《清代乾嘉道巴县档案选编》，第301页。

③ 陈支平：《福州郊区的乡村借贷》，见《清代区域社会经济研究》第825页。

④ 《闽南契约文书综录》第441契。

⑤ 乾隆五年二月二十七日代理湖南巡抚张璨题；乾隆十年九月十五日两广总督策楞题，见《清代土地占有关系与佃农抗租斗争》上册，第138页。

⑥ 《清代土地占有关系与佃农抗租斗争》上册，第142页。

年的13契，均为逐年（季）交纳“净谷”“利谷”“租利”等；杨国桢统计福建漳州府安溪县康熙至光绪同类胎借契约共54张，其中属于前者17张，属于后者36张，方式不明的1张。[①] 就这两项资料所反映的情况看，逐期纳还利谷的实物利方式的抵押贷款，比逐期纳利银（钱）者为多，占主导地位。

上述这些形式，不论这些利银、利谷是否与抵押田地的收益有关，债权人离土地所有权还是比较远的，因而这种方式可能就是唐宋社会中较为常见的“指名质举”[②]。

另一种情况是，债权人从抵押土地的地租中提取债利。这样，高利贷者虽然并未取得土地所有权，但他通过对收益权的干预，即以租抵利，实际上在开始干涉土地的收益权，从而使原有的租佃关系也发生了某种变化，如果他迫使债务人做出更大的让步，就更是与土地的典当等可以回赎的土地买卖行为相差无几了。表明这种借贷方式下的债权人对抵押土地所有权的干涉、控制比较强。例如，台湾有人于道光二十五年正月以水田一份为抵，于其弟石头、水龙处借银170元，“明约将此本庄田三份得一份听弟收谷抵利息”[③]。这里，随着借贷关系的确立，收租权实际上已经被部分转移。这种情况下的抵押借贷，就成为永佃权产生的原因之一。福建龙岩州“胎借银钱，纳谷供息者，谓之小租”[④]。广东惠州府“惠属田地，向有粮、质两项，粮主收租纳赋，质主种稻交租”[⑤]。

除土地之外，山林、园圃及房屋、店面亦常用于抵押，它们与土地抵押借贷一样，亦可根据债权人对抵押物所有权控制的程度高低分成同样的两种情况，详情不赘。

以人身为抵押的借贷亦盛行于全国各地。被抵押者作为一种抵押实物品，在借贷关系形成时，同时发生人身所有权的转移。用于抵押的是有劳动能力或生育能力的成人，其劳动力或所生子女可以抵偿利银，收赎时只还原借债额即

① 杨国桢文，《清史研究集》第7辑。

② 《宋刑统》卷13，《杂令》。“应典卖物业，或指名质举，须是家主尊长对钱主或钱主亲信人，当面署押契贴”。

③ 周力农文，《清史论丛》第6辑。

④ 道光《龙岩州志》卷7，风俗志。

⑤ 乾隆十三年十月二十四日刑部尚书阿克敦题，见刘永成《清代前期的农业租佃关系》，载《清史论丛》第2辑。

可；用于抵押的是缺乏劳动能力的未成年人，故契中载明收赎时必须备齐本利银钱，甚至还要折算抵押期间的饭食银两。还有些人身抵押借贷，并不发生人身转移，只写明以某人为质，母利不能清偿时，才将他交给高利贷者，或为奴婢，或为娼妓。一些地方还有典妻的恶俗。穷困聊倒之家，为借钱而“出典其妇，妇若生子，子属彼而妇仍归此，盖以妇为本，而子为利也。甚至甲典之乙，乙复典之丙”①。由于人身抵押大抵是在天灾人祸之时，灾困贫民生存无着时发生，多与商业借贷无关，在此不专门讨论了。

不提供任何抵押物品的是信用借贷。信用借贷有担保信用借贷与个人信用借贷之分。

所谓担保信用借贷，即凭借第三者的信用担保而发生的借贷关系。在明清文献中常称之为“央中借贷”。在借贷发生时，请家产殷实、人品较好或其他较有地位的人作为中保。中保即负代偿责任。担保人同时也承担了债务偿还责任。②

借券中的担保人，或称“保借人”、“为中人”、“凭中人”、“居间”、“保人”、“在见银人”、“中人”等，各地不一。有些契约中明确规定了担保人的代偿责任。

有的借约并不写明担保人代偿责任③。那些人品、信用较好而且家资殷实者，为人所信赖，成为当地经常性的担保人。如湖南湘阴县有郭彪“或他人相称贷，要君一言为质，及期责偿于君，辄量偿之”④。个人信用借贷往往不请中保，只凭借贷者本人信用，约成即可。这在同乡同城、亲朋好友等互相熟悉、对对方信用状况比较了解的人们之间，或者借额较小的情况下比较常见。如台湾各类借贷契约中便有这类信用借单。⑤

个人信用借贷，有的甚至文契也不写，全凭口头约定。例如乾隆五十八年八月间，河南光州喻成修因修费缺费，借用王四海钱十千零七百文，“议定二

---

① 胡衍虞：《禁溺女典妇》，《居官寡过录》卷2。

② 据仁井田升研究，保证制度在中国古代主要有两种：一种是中保人与债务人员担同一债务的支付保证；一种是中保人只保证债务人不逃亡的留住保证。他认为：宋以前以留住保证为主；宋朝及其以后各代逐渐过渡到以支付保证为主。参见《中国法制史研究·土地法·交易法》一书有关篇章。

③ 傅衣凌、陈支平：《明清福建社会经济史料杂抄》（3），载《中国社会经济史研究》，1896年，第4期。

④ 《湘阴郭府君墓志铭》，《曾文正公文集》文集，卷3。

⑤ 《台湾私法债权编》，第135页。

分起息，冬底清还，没有立约，也没中人”①。乾隆四十七年八月，贵州威宁州顺化里拖洛寨李保借了者约钱8000，也是“每月三分起息，并未立约”②。

抵押借贷和信用借贷是两种基本借贷形式。还有一种介于二者之间的，就是期买或预押农作物。这种借贷是由商业资本转化而来的，大体上有两种类型：

一种类型是以田中尚未成熟的作物为抵借贷银钱，待收成之后，折算银钱偿还。方苞说，因赋敛不时，小农“典当无物，借贷无门。富豪扼之指苗为质，履亩计租。数月之间，利与本齐”③。这是与田地抵押相类似的纯粹高利贷资本。四川井研蚕丝生产发达，“其奸巧大猾挟厚资牟厚利。贫民有所假贷，则先与之钱，指树蜡为券，减常贾而仇之，俗谓之卖空仓。”④

另一种类型是小生产者以作物或产品为质，并以作物或产品实物加息折还，这应该看作是高利贷资本与商业资本结合的形式。经济作物种植生产成本较高，利用这种方式借贷者尤其多见。在广东、拥有货币资本的商人开设糖房“春以糖本分与种蔗之家，冬而收其糖利。旧糖未消，新糖复积”⑤。云南著名茶叶产区普洱，一般也是商人“冬前给本春收茶”⑥。江西赣州“各邑皆业苎，阖贾于二月时放苎钱，夏秋收苎，归而造布”⑦。手工业中，屈大均言：“以通商故，闽粤人多买吕宋银至广州，揽头者就舶取之，分散于百工之肆，百工各为服食器物偿其值。承平时，商贾所得银，皆以易货”⑧。

当债务人是生产者时，这种借贷是生产资本借贷，也可看作是定金。这种借贷关系它虽然与上述其他借贷形式一样，并不改变小生产方式，但它与再生产过程已经有着某种相对固定的联系，改变了游离于生产过程之外的性质，在一定程度上起着支配小生产的作用了。当债务人是商人时，这种借贷也可看作

① 乾隆五十六年五月二十六日兵部侍郎穆和蔺题，见《清代地租剥削形态》下册，第428页。

② 乾隆四十八年三月十九日兵部侍郎李本题，见《清代地租剥削形态》下册，第792页。

③ 方苞：《请定征收地丁银两札子》，见《望溪先生文集》集外，文集，卷1。

④ 光绪《井研志》卷8，转引自彭泽益《中国近代手工业史资料》第2卷，第326页，大约反映清代中叶情况。

⑤ 屈大均：《广东新语》卷14。

⑥ 光绪《普洱府志》卷48，引许廷勋《普茶吟》。讲的是雍、乾以来事情。

⑦ 乾隆《赣州府志》卷2。

⑧ 《广东新语》卷15，货语。

是预付货款、垫付资本；债权人在某种程度上控制债务人的商业活动了。

预押借贷，有时为实物贷放，即债务人借来的不是货币，而是实物，当生产过程完成后，以收成的农产品或手工业产品中的一部分折本加利，仍以实物偿还。这种放贷在农业中是肥料、石灰、种子等为多。广东花县“佃耕之氓，积惰而餮，牛、种、灰、粪、悉贷于豪黠，比及收获，折算殆尽，已复称贷”①。在湖南黔阳，“煅石为灰，将耨时，撒灰于田”。“灰多出桐木。煅灰者，二三月间，大船装载，放田户记簿，谓之放灰。收获之后收灰谷，岁以为常”②。所谓“豪黠”应是一些富于资本的商人、地主。他放贷折收的谷米是为了囤积出卖（或用于放贷），其放贷也就有了实物资本的性质。

以上是对清代前期高利贷放贷形式的一个大致的概况，可见，既有各类动产、不动产、人身抵押借贷，也有信用借贷，后者又可分为担保信用、个人信用两种情况。用图式概括如下：

- 抵押借贷——
  - 动产抵押——
    - 典当铺的专业动产抵押借贷
    - 其他一般的动产抵押
  - 不动产抵押——
    - 产权不转移者——
      - 不纳利，至期备本利赎回原产权逐年（月、季）纳利银（钱），谷，
      - 不限期（或限期）赎回原产权
    - 产权部分转移者——债权人自己收租为利，一般不限期，以原本赎地。
  - 人身抵押——
    - 人身转移者——
      - 成年人抵押，至期备原本赎回
      - 未成年人抵押，至期备本利赎回
    - 人身不转移者——
      - 定期纳利，不限期备原本赎回人身权
      - 规定期限，至期备原本回赎
- 信用借贷——
  - 担保信用
  - 个人信用
- 期买、预押——
  - 纯粹高利贷的形式
  - 高利贷资本与商业资本结合的形式

① 乾隆《花县志》卷1。

② 同治《黔阳县志》卷16，转引自《中国近代农业史资料》第1辑，第527页，反映清代中叶以来情况。

二、高利贷资本利率的一般情况

首先从典当业的利率来看。典当业的经营，有种种盘剥之法。如按当时惯例，当品估价均比实价偏低，估价值十两者，只能当银五两，有些当铺甚至只当三两或四两。赎当还银之际，则“肥进瘦出”，即收进银两要重，而借出银两要轻。顾客赎当，过期五日按一月取利。但有些当铺却仅过一二日便按全月收息；或当顾客月初赎当时，找种种借口拖延，以挨过五日，多收一月利息。[①] 尽管如此，大的、合法的典当铺和规模狭小、经营不定的非法小当小押的利率是不一样的。

雍正六年清廷规定，典当业必须申请登记注册，名曰领帖，并且接受官府管理。这类典当铺一般规模较大，经营比较稳定，资本核算比较严格，受朝廷、社会的约束也就比较大。利率大体不过三分，有些则在三分以下。京师内务府所属典当多在月利一分至一分五厘；直隶无极县当铺皆月利三分息，岁底减息一分。[②] 黑龙江私人当铺“无问典钱若干，概三分息”[③]。陕西典当亦是“独三分”，嘉庆年间改为“终年二分”[④]。山东文登县康雍年间，乡间小当“三分行息”，乾隆年间，改为二分。[⑤] 雍正四年，山东鱼台县义德典放银，利息三分。[⑥] 江苏省常熟县康熙年间典息即是“概行二分，设多递减”[⑦]。镇江府金坛县，顺治年间为月利三分，后议减息，一两以上改为二分五厘。[⑧] 道光、咸丰年间江苏典当月息二分。[⑨] 浙江湖州府明末清初以来质库息分三等，一两以下月利三分，一两以上者每月二分，十两以上者月一分五厘。[⑩] 安徽庐州府

---

① 有关典当经营惯例，参见刘秋根《中国典当制度史》。
② 乾隆《无极县志》卷末，附录。
③ 《黑龙江外纪》。
④ 民国《陕西通志稿》卷34。
⑤ 光绪《文登县志》卷3下。
⑥ 《曲阜孔府档案史料选编》第3编，第15册，第65页。
⑦ 《明清苏州工商业碑刻集》，第121页。
⑧ 《金坛狱案》。
⑨ 《饬司核减苏省各典利息议复》，见《抚吴公牍》卷47。
⑩ 《吴兴旧闻》引《小谷口荟蕞》，见光绪《乌程县志》卷19。

典息乾隆以前“向取二分息”[①]。福建乾隆年间各县当铺“行息有二分、三分及二分四厘不等”[②]。江西当铺原为三分，乾隆年间改为二分。[③] 湖南则稍高，以前均取利三分，乾隆十六年规定，凡借贷一两以上至十两者利二分五厘；十两以上至百两以上者利二分。[④] 台湾道光年间，典当月息也是二分五厘左右。[⑤] 广东典当铺乾隆及以前为三分，嘉庆十六年议减，三分改为二分，二分半改为一分半，二分改一分，分半者改八厘。[⑥] 四川资阳县嘉道间“质库旧取息三分”，后有廖鸿文迁居此地，减息一分。[⑦] 湖北麻城雍正年间取利三分，有鲍启泮者于乾隆二年在城中设典，“息止二分，各典照例俱减”[⑧]。

而非法设立的小当、小押，利息却要高得多。乾隆后期，湖南省的私立小押“每月加三起利”[⑨]。乾隆年间，浙江杭州有土棍积蠹所开小押店，“月利在五分以上，一月不加利银，即将原物扣绝”[⑩]。台湾“私典有曰小押者”，“每十日，一百文计息六文”[⑪]，近乎 20%。福建的“私当”、“短胎”“三月为限，加一起息”[⑫]，月息在 10% 以上。康雍间，凉州小押“取利必重，竟有每两一月之息多至三钱者”[⑬]。

以谷物借贷为代表的实物借贷利率情况不一。“谷押”放贷和一般的、偶然的谷物借贷，利率高低悬殊。所谓“谷押”，指的是积谷之家，仿当铺经营方式，允许农民以物质谷，秋收再以谷加利赎物，不包括典当铺所进行的谷麦花豆质当。[⑭] 相比之下，谷押是一种资本化程度较高的高利贷资本。其利率，

---

① 光绪《崇明县志》卷 17。
② 《福建省例》，当税例。
③ 《西江视臬纪事》。
④ 《湖南省例成案》户律，卷 33，钱债。
⑤ 《台湾私法债权编》第 66 页。
⑥ 《粤东成案》（抄本）。
⑦ 咸丰《资阳县志》卷 31，人物列传。
⑧ 光绪《麻城县志》卷 21，转引自方行文，见《清史研究》，1994 年，第 3 期。
⑨ 《严禁在配流违例私押示》，见《切问斋集》卷 14。加三当是 30%。
⑩ 浙江巡抚永贵奏覆，见《史料旬刊》第 15 期。
⑪ 刘家谋：《海音诗》。
⑫ 《福建省例》，当税例。
⑬ 雍正七八年间凉州总兵袁继荫奏，见《雍正朱批谕旨》第 22 册。
⑭ 典当铺的这类信用借贷利率与典当铺的利率是一致的。

在江西，据巡抚秦承恩说："照例加三"[①]。湖南岳阳嘉道间"头谷者石息三斗"[②]。平江县"贫者以衣物向富民质谷，秋熟还之，加息什二三不等"[③]。可见在年利30%左右。高的可达四分，如咸丰年间，岳州一些富户头谷"有放至加四利谷者"[④]。但也有比三分、二分还低的利率。道光初年，程裔采说："民间谷押，其息不过一分五厘，至二分而止。"[⑤] 辛从益亦确认，民间典谷"取息不过一二分，无多三分者"[⑥]。

各地由地主、富户私下发放的谷物高利贷的利率，虽可低到18%[⑦]，但只是个别情况；其高者可达100%，甚至有达150%～200%者；[⑧] 一般为30%～50%，[⑨] 比"谷押"的利率高多了。其例甚多，兹不一一赘举。清代士大夫谈到各地谷物借贷时，所言利率情况多与此类似，方苞言：三至六月，正当春黄不接，而官税迫征"数月之间，利与本齐"[⑩]。有人解释聂夷中"二月卖新丝，五月粜新谷"这一名句说："不知二月将事于蚕，五月正力于农，而赋税叠征，不得不称贷于有力之家，及丝谷既登，则倍息而偿。"[⑪] 还有人说：贫民春贷于富户，富人"挟其至急之情，以邀其加四、加五之息，以八阅月计之，率以二石偿一石"[⑫]。总之，这种借贷，多属贫困农民佃户生产生活救急所需，而地主乘人之危提高利率的现象不是个别的。

---

① 《清经世文编》卷40。

② 吴敏树：《巴陵积贮说》，见《柈湖文集》柈2。

③ 《平江县志论》，《仓储》，见《天岳山馆文钞》卷40。

④ 周乐：《记岳州府办团练》，见《宦游纪实》卷上。

⑤ 清《宣宗实录》卷45，道光二年十一月壬辰。

⑥ 《清经世文续编》卷43，辛从益文。

⑦ 乾隆二十七年定长题，见《清代地租剥削形态》，第560页。

⑧ 《孔府档案选编》下册，第559～561页；《清经世文编》卷36；《过墟见感》卷上，见《虞阳说苑》甲编；道光《震泽县志》卷2；《浙江通志》卷100，风俗下；同治《湖州府志》卷30，蚕桑上；《南浔志》卷30，农桑1。

⑨ 《畿辅见闻录》卷下；《清史治要》第465页；《中国地租剥削形态》上册，第9页；《曲阜孔府档案史料选编》第53、85页；《孔府档案选编》下册，第559～561页；道光《紫阳县志》卷8，艺文志，转自章有义《明清徽州土地关系研究》第113页；《饬议贫民借米不许高抬作价由》，见《藩吴公牍》卷13；顾彦《治蝗全法》卷4。

⑩ 《请定征收地丁银两》，见《望溪先生文集》集外，文，卷1。

⑪ 《聂夷中诗》，见《坚瓠首集》。

⑫ 《清朝续文献通考》卷72。

钱铺、账局、票号等金融机构、一般商铺和地主、商人、官僚士绅、兵将等及其他一些小私有者的货币放贷利率，[1] 各地情况也是相差极大的。以下就所见材料较多的几个地区做些考察。

在京师地区。康熙三十一年九月，刁璋借银200两、乾隆三十九年十二月侯显烈借钱10吊，利率分别为月利三分和一分五厘。[2] 乾隆间，山西人在京师设账局，对选人放贷，先讲扣头，有九扣、八扣及至五扣、四扣，"扣之外，复加月利三分"[3]。和珅对其家人傅明、兴儿及其母舅明保放贷银两，利息分别为月八厘、一分。[4] 嘉庆年间"山西人与本地回民放债，率八分、加一"[5]，或是"三分九扣借将来"[6]。山东商人在八旗衙门附近，潜开店铺放债，"名曰典钱粮，以一月之期，取倍蓰之利"[7]。道、咸间京师的账局、票号等商业性放贷的利息行市，在月息三厘八至五厘之间，其中票号放贷一般为四五厘，银根紧时至七八厘[8]。

在直隶，无极县"富商放利车，估银粟，皆有四五分之息"[9]。行唐县"外来富商，挟赀放债渔利不止三分"[10]。而总体上说，以三分之利最为常见，乾隆三十年左右长芦盐商王同文因运盐"重利揭借银二万余两，每年约出利银六七千两"[11]。京师附近房山县煤矿开采，工本钱有时亦须借贷，利息多为月三分。[12] 黄冕堂统计的三分、五分及倍称以上的利率，涉及直隶地区货币借贷的共有39件，其中三分利占28件，五分利占5件，倍称以上只有5件，另

---

① 此处暂不涉及官府借贷利率。

② 北京市文管会藏借券，转自《北京师大学报》，1978年，第6期。

③ 《晋游日记》。

④ 绵恩等折，《史料旬刊》，第7期。

⑤ 《草珠一串》，见《清代北京竹枝词》。

⑥ 《都门竹枝词》。

⑦ 清《仁宗实录》卷223，嘉庆十五年二月壬辰谕。

⑧ 卫聚贤：《山西票号史》；佚名：《山西票号源流及经营史》；《清稗类钞》，"农商类·山西票号之沿革"等，均载票号利率；参见黄鉴晖文，载《山西票号研究集》第2辑。

⑨ 乾隆《无极县志》卷1，风俗。

⑩ 乾隆《行唐县新志》卷15，禁重利盘剥。

⑪ 内务府奏销档，见李克毅文，载《中国社会经济史研究》，1989年，第2期。

⑫ 邓拓文，载《历史研究》1956年，第10期；《清代的矿业》下，第422页。

一件利率不明。[①] 可见三分左右的利率占统治地位。不过，因没有统计二分以下、二分及四分、六分、七分、八分等类利率，统计似不全面；但即使估计到这些因素，结果可能出入不大。如李文治据嘉庆年间刑部抄档统计的利率情况，涉及直隶的共达28件，其中一至一分九厘共1件；二至二分九厘共9件，三分以上18件，其中最后一项包括三分及四分以上直至十分乃至十分以上，姑以三分占50%计，一至三分的件数达19件，可见直隶三分及三分以下者在28件中亦占三分之二。[②]

在陕西，如永寿县，多山西人“或专以放债为生，其息重者加一，轻者犹三四分至七八分不等，往往有未满一岁而子已浮于母者”[③]。就全省看，以三分最为常见。如黄冕堂的统计，钱币借贷共40件，三分的30件，五分的6件，十分以上的3件，另有一件不明。李文治统计嘉庆年间的数字共68件，其中一至一分九厘的4件，二至二分九厘的20件，三分以上的44件。在河南，雍正间，富户贷钱给农民“有每月加五六分至大加五不等”[④]。乾隆初则多“八折出借，滚算月利，不及一年利过于本”[⑤]。当然一般情况要稍低一些，如：黄冕堂统计的21件，三分的占12件，五分的3件，十分以上的6件；李文治的统计，共22件，二至二分九厘共8件，三分以上的14件。可见陕西、河南以三分及其以下的利率占主导地位大概是没有问题的。

在山西，苛刻之利不少。如乾隆十一年六月，太原县石金借钱100文，规定至九月还本利300文，月利达70%。嘉庆十五年二月永济县祁宿儿借钱6000文，规定每日利钱30文，月利达15%，[⑥] 一般情况下，似乎仍是以三分及以下的利息常见一些。平遥县郭汉宁，于乾隆二十九年四月，在梁珠、胡尔

---

① 不包括谷物借贷。数字据《清史治要》，第465～494页三表统计，与同书第511页地区分布表稍有出入。

② 《中国近代农业史资料》第1辑，第98页。此处包括谷物借贷，且未区分年利、月利。以下所引黄、李二先生之统计均见此二书，不再一一注明。

③ 乾隆《永寿县新志》卷4，风俗。

④ 田文镜：《抚豫宣化录》，转自方行文，载《清史研究》，1994年，第3期。

⑤ 《为施教必先足民》，见《心政录》卷2。

⑥ 《清史治要》第465页后列表所刊事例。

琅所设钱铺中借银 10 两，月息便只有二分。[①] 黄冕堂的统计属货币借贷的共 43 件，其中三分的占 28 件，五分的 4 件，十分的 9 件，另有 2 件不明；李文治的统计共 39 件，一至一分九厘共 3 件，三至二分九厘共 15 件，三分以上共 21 件。

在山东，则似乎较高，如顺治至嘉庆孔府档案所载借贷共 10 例，十分以上共 3 例，八分 1 例，四分 1 例，三分 4 例，二分五厘 1 例。[②] 可见五分以上所占比例相当大。黄冕堂统计共 20 件，三分的 11 件，五分的 3 件，十分的 5 件，不明 1 件；李文治的统计共 7 件，全是 3 分以上。可见三分及以下利息虽然不少，但所占比例要小得多。

南方各省中，江苏清初营债利率极高。如常熟的"马头债"，"每放银十两，只得九两，十日一限，还银二两，六限共还银十二两，本利俱清"[③]。两月利银三两，月利 15% 以上。顺治后期，苏松二府百姓借营债"每月利息加二加三"[④]，即 20% ~30%。一般债主之利率当比此低一些，如在顺治二年左右的嘉定县，四五分利率即被认为是"重利盘人"[⑤]。康熙以后，吴江县"贷银钱者，其息自二分以至四分不等"[⑥]。苏松农民"春夏借银一两，至冬有偿及一两四五钱者"[⑦]。在苏州农村，乾隆五年至乾隆二十年的银钱借贷契约反映，利率多有一分五厘至二分者。[⑧] 黄冕堂的统计，有 8 件属于江苏，其中三分的 4 件，五分的 3 件，另有一件不明；李文治统计嘉庆年间共 16 件，其中至一分九厘 1 件；二至二分九厘 11 件；三分以上 4 件。可见还是以一至三分为主。在吴江、震泽等县还存在一种与蚕业生产有关的所谓的"加一钱"，即蚕前借钱一千，蚕毕丝卖出，每千加利一百归还。显然这是一种利用农民需求

① 乾隆三十二年七月二十四日山西巡抚彰室题，转引自宋秀元文，载《故宫博物院院刊》，1995 年，第 2 期。

② 《曲阜孔府档案史料选编》第 3 编，第 15 册，第 44、45、65、79、81、84、86、94 页。

③ 《后虞书》，见《虞阳说苑》乙编。

④ 《阅世编》卷 6，赋役。

⑤ 《果报闻见录》，见《说铃》。

⑥ 康熙《吴江县志》卷 5。

⑦ 《开征宜复国初说》，见《苏松财赋考》。

⑧ 《明清苏州农村经济资料》，第 648 页。

急迫进行渔利的盘剥性的借贷。因为太湖周围地区乃至杭嘉湖平原蚕桑区，从买叶至卖丝，不过一月，月息加一，是十分以上的高利率。其剥削当然是十分苛刻的，但农民确实通过它完成蚕丝生产；而且其利息总量比较固定，而日期可能具有一定的灵活性，提前十天半个月借，或迟上一两个月还，当亦无问题。综合考虑起来，利率当稍低一些。

浙江与以上各省一样，利率相差也相当大。康熙年间，一些地方富民放贷，“贷银一两，勒写批约，限至秋登还谷十石”①。嘉道间有徽商叶明绣至杭州仁和县，见钱塘江岸有老妪携女子哭而哀。“绣问故，媪曰：吾夫姓林，负无赖子券二十金，息以岁倍”②。显然，这是一些极端之例。在一般情况下，似稍低。黄冕堂的统计中，浙江共10件，三分的占8件，余2件不明。李文治统计，嘉庆年间浙江共12件，二至二分九厘者即占7件，三分以上5件。可见以二至三分占绝对多数。浙江博物馆藏金华府的一批借贷契约，在以钱为息的41件借贷契约中，有25件载明了具体利率，其中年利15%、18%、19.2%各一件，20%共14件；年利21.6%的2件；24%的1件；另有5件是高昂的240%。可见多在24%以内。有道光至同治金华府永康借贷账，计息者共五例；年利分别为2%、19%、20%、22%、22%。时间从道光廿八年至咸丰十年。③

在福建，如在仙游县“民间借钱，以田为质”；“而查其起息，不过二分，亦无子过于母者”④。可见利率较低。这一状况从档案及民间契约文书亦得到了证明。傅衣凌早年引用的永安乾隆年间借贷契约中，有4件有利率记载，均为月利2分。⑤ 黄冕堂的统计中有9件，其中三分者8件；年利十分者1件。李文治的统计共17件，一至一分九厘2件；二至二分九厘6件；三分以上9件。可见以二至三分占多数。近年发掘出来的闽南及福州郊区银钱契约，时间从康熙二十七年至光绪十七年，亦反映出了这一点。如龙溪契约，明言利率者

---

① 赵申乔：《赵恭毅公剩稿》卷6。

② 光绪《婺源县志》卷33，人物，转见《明清徽商资料选编》第181页。

③ 沈炳尧文，《中国社会经济史研究》，1990年，第2期。

④ 陈盛韶：《问俗录》卷2。

⑤ 《明清农村社会经济》第41、21、39、40页。

共20件，其中二分者3件，二分五者1件，三分者15件，五分者1件。福州郊区契约，明言利率者共52纸，其中一分者1件，一分五者3件，二分者17件，二分五者3件，三分者28件。① 杨国桢统计的南平县土地抵押借贷共57契，二分五者11件，三分者21件。② 台湾府与福建其他地区类似。据《台湾私法物权编》等，乾隆至道光年间，写明利率的货币借贷契约有12件，其中一分八者1件；二分者4件；二分四、二分二者各1件；二分五者2件；三分、三分六者各1件。③ 据《台湾公私藏古文书影本》所载清代胎借契约利率，多不过月息三分，间有四分者。④

内地各省，且以安徽、湖南、四川的情况为例。在安徽如凤台县“称贷者恒一岁而子如其母，故多并兼之家”⑤。徽州商人“挟赀行贾，实非己赀，皆称贷于四方之大家，而偿其什二三之息”⑥。黄冕堂统计的资料，安徽共有13件，其中一分的1件；三分的6件；其七分、八分、九分各有1件。三分及其以下利率虽有7件，但其余竟占6件，比例相当高。李文治的统计中安徽共有19件，其中二至二分九只有1件；三分以上占了18件。可见整体水平似乎比较高。但是，从徽州借贷契约所反映的情况看，却与此不甚一致。《明清徽州社会经济资料丛编》记载了8件银钱借贷契约，其中二分五者1件；一分五者2件；一分二者3件；一分者2件；⑦ 康熙后期，婺源县詹士相在日记中记载了他本人及一些合会从康熙三十九年至四十五年的8笔银两借贷，其中三分者各5笔；二分和一分五者各1笔；另有一笔为年利6.7厘。⑧ 徽州，一分五以下的低利在借贷利率中已经占了一定的地位，这是值得我们注意的。

---

① 据《闽南契约文书综录》，转引自《中国社会经济史研究》1990年增刊；陈支平文，《明清福建社会与乡村经济》及《清代区域社会经济研究》下册。

② 杨国桢文，载《清史研究集》第7辑。

③ 未计咸丰以后。所引见《物权编》第846、847、851、877、1344～1345页；《债权编》第118～119、113、135、144页。

④ 周力农前引文。

⑤ 《清经世文续编》卷36，凤台县志，论食货；又见《养一斋文集》。

⑥ 《金声与徐按院书》，见康熙《徽州府志》卷8；《与徐按台》，见《金忠节公文集》卷4，说的是明代后期的事，当亦反映了部分清初的情况。

⑦ 第1辑，第558～561页。

⑧ 《畏斋日记》，见《清史资料》第4辑。

在湖南，乾隆十三年左右“银两行息，常利加三，重者加四，再重得加五，然皆照月扣算”[①]。黄冕堂的统计共15件，三分者便占了14件，另外1件利率不明；李文治的统计一至一分九与二至二分九者各3件，三分以上者7件；二位的统计中，亦以三分者占主导地位。

在四川，如绵州安县，“民间借贷或钱或银，以二分为常率，或有浮于二分、不及二分者，视借贷本数之多寡而定”[②]。在双流县，乾隆年间“行利以二分、三分为率，二分以月计息，三分以周年起利”[③]。在巴县，据档案记载的7次借贷中年利20%～22%的5次；其余年利46%、36%各一次[④]。黄冕堂的统计，四川共有38件，其中三分者20件，五分者2件，十分以上者13件，另外四分者、不明者各1件。李文治的统计中，四川共有48件，不满一分者1件，一至一分九者3件，二至二分九者11件，三分以上33件。可见以三分及其以下的利率占主导地位是没有问题的。

以上叙述了涉及京师、直隶、河南、山西、陕西、山东、安徽、江苏、浙江、福建、湖南、四川等12省区银钱借贷利率的大致状况。从整体上说上、下限相差极大，情况相当复杂；但大体说来，一个常见和普遍的利率也是存在的，即银、钱借贷中的二至三分，谷物借贷中的三至五分。由以上所述看，正规典当铺、钱铺、账局、票号等金融机构的银钱放贷大体都在三分及三分以下，一般商铺和私人的虽然多有四五分乃至十分以上的高利，但是总不如二至三分息那么普遍和常见；一般谷物放贷，多有倍称以上者，以五分左右最为常见；而谷押的放贷虽多有一分五至二分利者，然以三分左右者为多。

三、城乡高利贷利率的特点

以上叙述了清代前期高利贷资本市场利率的整体状况，表面上看，其运行

---

① 《湖南省例成案》刑律，卷1，贼盗。

② 民国《安县志》卷56，贷钱利率。县志追述前清银、钱利率一般情况。此处当指清中叶以来情况。

③ 乾隆《双流县志》卷7，转见自前引方行文。

④ 《清代乾嘉道巴县档案选编》第45、155、163、220、221、301、305、356页。

是无章可循的，但仔细分析则可发现，它也表现出了某种程度的规律性。这种规律性，除表现为有比较常见、普遍的利率这一点外，还表现在其层次结构、演变趋势等方面。

清代前期高利贷资本根据其资本化的程度，可分为高利贷资本和一般高利贷；根据借贷时是否提供抵押品可分为抵押借贷和信用借贷；根据贷本所有权的属性可分为私人借贷和官府借贷；根据其物质形态可分为实物借贷和货币借贷等，而不同的借贷，其通常利率各不相同，这样便形成了利率的结构特点。

第一，就一般情况看，较大的高利贷资本的利率总是比一般高利借贷的利率要低。这一点首先清楚表现在正规典当铺的利率低于非法的、规模狭小的“小当”“私押”的利率；其次还表现在“谷押”与一般性的谷物借贷利率的差异。这两点，前面所述已相当详细，于此不赘。

前文所举的诸多事例可见说明，私人放贷虽然常见三分之利，甚至也有三分以下的低利，但三分以上的高利也占相当大的比重。与此相反，三分以上高利在金融机构放贷中却是比较罕见的。如票号放贷，尤其是对殷实铺户放贷多在一分以下，低至四、五厘；账局对选人、贵族放贷利率极高，但其对铺号放债利率却是比较低的。典当铺利率虽同样是以二分、三分利率为主，但绝少四、五分以上的高利。所以说，正规典当铺、钱铺、银号、票号、账局等金融机构的资本性较强的、供应比较稳定的放贷的利率，比一般私人的偶然性较强的货币放贷的利率低。

第二，官府借贷利率一般比私人借贷利率要低。历代官府至少从汉代开始，[①] 几乎都经营了数额不等的高利贷资本，唐、宋、元、清尤为突出。如上所述，清代官府各类生息基金有相当一部分是直接投入高利贷经营的。其利率可以官家经营的当铺为例来说明。雍乾年间京师内务府各当多在月利一分至一分五，高至二分，低至八厘或七厘。[②] 盛京官当局对中下级官吏放债最高为二分五，低至一分[③]。广西官当，雍正七年八月约为月二分五，雍正九年十一月

① 《周礼》中便有关于官府赊贷的记载，西汉各级官府的放贷是史有明文的。

② 《明清史辩析》第77、86、90、96、228、238页；叶志如、宋秀元文，分别载《历史档案》，1985年，第2期；《故宫博物院院刊》，1985年，第2期。

③ 《黑图档》乾隆十四年、十九年、二十二年，参见《明清史辩析》第269、275、276页。

为一分五，乾隆二十四年八月为月二分。[①] 江苏官当，设于江宁的雍正十年四月利息为一分五；设于京口的，雍正十一年九月利率是月二分二；四川重庆总兵所设官当，雍正十一年三月至次年三月为月一分五。[②] 设于沅陵的官当承恩当、雄飞当，利息为月一分五。可见官当比私当利率要低一些。

第三，货币借贷利率一般比实物借贷要低。虽然，货币借贷中也不乏五分以上的高利，然二分或二分五厘以下的较低利息在货币借贷中却普遍而常见得多。票号、账局及其他专业高利贷者所进行的资本性货币放贷甚至有了月一分或一分以下的低利；而在实物借贷中三分以下便是非常罕见的了，即使是“谷押”借贷，其利也有三分左右，一般谷物借贷则更是以年利加三（30%）作为其下限的，一般皆在年50%。可见整体上看，货币借贷利率比实物借贷利率要低。然与前代相比，这一差别在清代前期的区别在日益缩小，因为此时粮食的商品化程度大为提高，粮食的放贷也与货币放贷一样，日益走向资本化，因而谷物放贷也日益受到总的资本运动过程规律的支配。

第四，从地域上说，商品经济发达的地区的借贷利率，比相对不发达地区的低。由于高利贷资本的随意性及高利贷资本利率的影响因素复杂多样，利率的地区性差异表现并不明显。但从典当利率和一般银钱借贷的利率看，这一差异又确实存在。由于典当业经营较为稳定，与各阶层人们的生活也十分密切，官方政策和社会舆论、习俗等对这一行业的干预力较大，因而在这一行业中易于形成地区性的习惯利率。这种民间习惯利率各地有所差异。

在湖南，乾隆时各级官府讨论减轻典当利息，有人说“湖南商本无几，一岁之出入，不及两江十之一二”，“是以各典历来均皆取息三分”，最后官府所规定的利息是，借贷额在银一两至十两，二分五厘取息；十两至百两，二分取息；若以皮货为当则仍取利三分。[③]

在江苏，明末南京徽州人所设典当铺中便有了一分、二分的低利率。[④] 至清初，月利三分便被视为盘剥穷民的高利，各地都开始进行了一些减息行动，

① 清《高宗实录》卷595，八月丁未。

② 转引自《明清史辨析》第226~227页表。

③ 《湖南省例成案》户律。卷3，违禁取利。

④ 周晖：《金陵琐事剩录》。

顺治年间，镇江金坛士民便要求将三分的重利降下来[1]。苏州府常熟县典当，在康熙四十二年即被定为“概行二分”取息，大概在鸦片战争前，江苏省典当利息月利2分是最为普遍的了。

在浙江，湖州府典息经童国泰与典商的长期斗争，终于在康熙时降了下来，变成概以一分五厘取息。[2] 金华府，乾隆至宣统的25件明确记载了利率的借贷中，利息多在年24%以内，其中年20%者便占82.3%。尤其值得注意的是：有16件契约，均有“照众起息”的要求，这与前引苏州农村契约也多有“照当起息”一样，都是利率走向稳定，从而有了为大众所公认的习惯利率一种反映。

在福建，据目前公布的借贷契约，不论是比较闭塞的闽南漳州府龙溪县、闽北延平府南平县，还是在比较开放、发达的福州郊区，银钱借贷利息绝大多数在三分及三分以下。

在台湾，据《台湾公私藏古文书影本》所载台湾清代前期以来的胎借契约看，除极少数的有月息四分者，一般一分五厘至三分之间；而据《台湾私法商事编》《台湾私法债权编》《台湾私法物权编》所载清中叶至末期的胎借契约、借单等，利率也多在一分、一分五厘，二分至三分之间。以租谷抵纳利银的借贷，利率也比较固定，银每元年纳利谷多在1~3斗之间。

在江西，虽然乾隆年间即规定要照江苏省之例“加二取息”，然至嘉庆年间似乎仍“加三取利”[3]。江西的典当利率是比江苏高一些，这与江苏商品货币经济较为发达是有关系的。

沿海江苏、浙江、福建（包括台湾）、广东等省沿海府县都是清代商品生产及商品货币经济最发达的地区。正是这些地区，借贷利率稳定，并且相对较低。正因为商品经济的发展，经营性、资本性借贷比重日益增加，其借贷利率便开始逐步下降，趋向稳定。

第五，城市高利贷资本利率一般低于农村高利贷资本利率。因绝大部分利

① 《金坛狱案》。

② 光绪《乌程县志》卷17。

③ 《严禁典铺票内楷书》，见《西江政要》卷9。

率记载无法分清是发生在城市，还是发生于农村，因而无法对二者进行比较精确的数量比较。城市是商业和各种手工业集中的地方，商品交易发达，当时几乎所有的大中型典当铺及其他金融机构如钱庄、票号、账局等均集中在这里；其他大的专业高利贷者一般也以城市及市镇为其活动据点。城市资本性、生产性借贷在整个高利贷中所占的比例，无疑应该大大高于农村。城市中，一分五、一分或一分以下的低利率，主要也是金融机构对商人发放的资本性、经营性借贷。而城市中月利三分以上的高利借贷，多属京债或对贫民贷放的印子钱等。城市利率低于农村利率的另一原因，城市货币资本比较集中，高利贷的供应比农村要充足得多，在供求规律的作用下，高利贷者之间的竞争相对地要激烈得多，利率也必然要随之稳定或下降。前述山东文登县在乾隆以前，乡村小当均为月利三分。后来本地人通洋经商，得利而归，抽出资本在各集市设立大型典当，且“扬言以二分易三分”。嘉庆六年，又有黄县富商，携银十万两“在邑东关开设大当三座，本各三万有奇”①。这里市里大当虽不适合于乡间小农，但市典利率较低则是肯定的，且亦说明了城市中货币资本供应的充足。可见激烈的竞争会使利息趋向下降。

四、借贷利率的演变趋势

如果把鸦片战争以前的清代，以康熙五六十年为界，划分为清代初期和清代中期的话，那么初期至中期，借贷利率在一定程度上呈下降趋势。主要表现在：

第一，典当利率的下降。战乱之后，清初的典当利率是比较高的，一般多在月利3分以上。顺、康年间虽也曾加以整顿，然效果还不甚明显。康熙以来，由于社会逐步稳定，经济渐渐恢复，商品货币关系有所发展，货币资本大量投入，典当业得到了较大发展。如上所述，在江南地区，只要某地市镇兴起，商业活跃，必有徽州典商闻风而动，经营典当业。这样，一方面因为资本的大量投入和自由流动，使得资本集中的城镇中，典当业间的竞争在一定程度上导致利率的稳定及下降，也为官府整顿利率产生效果创造了条件。另一方面，货币资本也向那些典当业不发达、因而利率较高的地区流动，从而典当业

---

① 光绪《文登县志》卷3下。

利率也在一定程度上趋向地区性的平衡。故至乾隆之后，虽然各地也不乏各种3分以上的高利，但总体说来，典当利率终究是降下来了，达到了出现月利2分左右，低到月利1分5厘的情况，一些巨额借贷甚至比这还低的利率。由于典当业的动产抵押借贷在城、乡高利贷中占有一个相当大的份额，典当利率的下降，无疑会在相当程度上影响高利贷利率的整体水平。

第二，谷物借贷利率的下降。从整个封建时代高利贷利率加以考察，如果从利率记载较多的唐以后的高利贷历史来看，一般地说，随着时间的推移，货币借贷利率下降的趋势是比较明显的；如唐至宋，货币借贷利率有了较明显下降趋势。但谷物借贷利率的下降不甚明显，[①] 一般多是年利倍称，低者亦是加五、加七，唐、宋、元直至明初，大抵如此。明中叶以后，因典当业经营的谷物质当业务的发展，这一局面有所改变。清中期以后，在典当业影响下农村“谷押”的兴起，更使长期偏高不下的谷物借贷利率有了松动。因为典当业经营谷物质当，一般与典当业的其他动产抵押借贷一样，利率在三分或三分以下；而“谷押”利率，则一般是年利加二、加三、只有个别有加四者；嘉、道年间，有的地方还降到了一分五厘至二分。[②] 大概正是在这类经营的影响及制约下，乾隆以后谷物借贷中的年利三分的利率也相当普遍了。谷物借贷主要是在农村，其利率的稳定及下降，对高利贷利率的整体水平的下降不能不产生积极的影响。

第三，钱庄、账局、票号、商铺，大、小专业高利贷者及其独立经营者，以及地主、商人、士绅等以家财兼营的放贷，其利率也呈下降趋势。其利率下降的趋势是从以下几个方面曲折地表现出来的：首先，顺治及康熙前叶，由满洲兵将经营的“营债”或谓“马头债”极其猖獗，这种高利贷，如魏际瑞所说“其本或是八折、六折，或四折、五折，其利重至十分、二十分或三十分，一时无本，利又作本，倒换文书，照例起利”[③]，利率极高，盘算苛酷。康熙中后期以来，曾对此大加整顿，这种高利贷当有所收敛。其次，自雍正乾隆初

---

① 刘秋根文，载《史学月刊》，1992年，第4期。

② 周乐：《记岳州府办团练》，见《宦游纪实》卷上。

③ 《驻防满洲急宜彻去》，见《四此堂稿》卷10。

以后，社会商品货币经济发展，中小商人的兴起对经营资本的需求加大，高利贷中资本性、经营性放贷的增加。如上所述，乾隆年间以后，账局及钱庄（银号）的信贷功能进一步得到发展，其商业资本放贷的比重增加了。一般工商店铺及由地主、商人、士绅等转化而来的专业高利贷者所进行的放贷中，资本性、经营性借贷的比重也在增加。这一变化，必然促进利率水平的下降，因为资本性、经营性借贷利率比生活性、消费性借贷利率要低一些，稳定一些，如上所述账局对候选官吏放京债时，仍是月息3～4分，还有九折、八折甚至七折的扣头，而账局集中的北京、张家口等地账局对商人，尤其是殷实商铺、行商的放款利率却低得多。如在1844年，两地账局对商人放款一般只有3厘8至5厘，且有利息行市。在广东，乾隆三十五年以后，英国散商利用广东洋行行商地位削弱之机，向行商放贷，其利率在年12%～20%之间[①]，道光年间，广东佛山银号的较大额资本放贷多在7厘5至9厘之间[②]。另外，天津盐商乾隆间借私债多在3分左右，至清代后期却多有下降，据天津商会档案，光绪末最高在2分，最低只有5厘。

与此同时，随着商品货币经济发展而来的个人货币资本积累的发展，社会生产、生活各方面货币需求的进展和稳定化以及社会存款业务的发展，促使人们聚集零散资金，投入商业、高利贷经营，而这一过程的进展，无疑将促进高利贷资本化的进展及其利率水平的下降。

总而言之，从清代初期至中、后期，清代高利贷资本的利率是趋向稳定和下降的。

五、清廷有关借贷的管理政策

对待放贷取息，中西方在观念上是有很大差异的。与西方封建社会放贷取息长期受到教会攻击、被视为非法、不道德相反，在中国封建社会经营借贷、收取利息没有遇到任何宗教的、伦理的障碍，人们一般都认为：放贷钱谷、收取利息是自然的、合情合法的。但是，中国也好、西方也好，高利贷资本总是

---

① 张晓宁：《广东十三行衰败原因试探》，载《中国社会经济史研究》，1996年，第2期。

② 《粤东成案初编》卷22，转引自《明清佛山碑刻文献经济资料》，第372页。

在一定的社会生产方式之下，在一定的社会体制中运行的，因而它必然受到种种因素的制约。就中国的情况来看，广泛存在的小农经济、高度专制主义的中央集权政治及渊源流长的儒家思想则是决定及影响高利贷资本运行、使之区别于其他高利贷资本的主要因素。而所有制约因素的集中表现便是由封建国家制定及推行的利率管制政策。

这种政策起源很早。《管子》便记载，齐国百姓曾因战争而借高利贷，战争结束后，管子用计促使高利贷者免除了所贷本息。这里虽不带有强制性，但既然是一种官府行为，反映了当时的齐国对待高利贷本息管制的一种办法。汉代以后，便形成了正式的法律规定。《汉书》中便有诸侯因放贷取息过程而受到处罚的记载。以后各代王朝，不论是正式的法典，还是平时颁布的诏令、文告等对高利贷利率均有规定，反映了这一政策的连续性。当然因经济、社会条件的变化，各代利率管制政策的差别是很大的。就清代前期的情况看，主要包括以下几个方面。

第一，关于放款利率上限及取利总量的限制。清代法律、诏令及地方官民采取的政策，均对全国及某一地方的利率上限有规定。顺治五年四月，“谕户部：今后一切债负，每银一两，止许月息三分，不得多索及息上增息”。同年十一月又诏，“势豪举放私债重利剥民，实属违禁，以后止许照律每两三分行利，即至十年，不过照本算利，有例外多索者，依律治罪”①。在正式法典中，则将私债与典当财物一同规定，即“凡私放钱债及典当财物每月取利并不得过三分，年月虽多，不过一本一利”。这里“月息三分”是利率上限；而“一本一利”“照本算利”则是利息总量，过此即为犯法。按律例之解释，“如借银一两，按每月三分取利，积至三十三个月以外则利钱已满一两，与本相等，是谓一本一利，年月虽多，不得复照三分算利，即五年十年亦止还一本一利，此债当取利之禁限也”②。地方各级官府处理有关案件时，基本上是按此办理的，当然根据具体情况作了一些变通。赵申乔针对康熙年间一些地方“富贵之户”“放银勒谷”，利率十分高昂的情况，下令“每限一两，不许取利于三

① 清《世祖实录》卷38，四月丁未。
② 《大清律例新修统纂集成》卷14，户部，钱债；光绪《大清会典事例》卷764，户律，钱债。

分之外，每谷一石，止许加利三分之内”[①]。刘荫枢针对康熙初年以来京师官吏债情形，请求“严立科条，照实贷银数三分起息”[②]。赵士麟于康熙年间亦针对江苏一些地方“旗下营债、街市印子钱至以八作十，按月加算”的情况，要求“各处放债恪遵律令，利息三分及年月虽多不过一本一利之例”[③]。陈宏谋针对雍正十二年前云南的情况禁约“客民田主借放茶布、牛马、银两、谷莜籽种止照三分取息”[④]。乾隆以来，这类事例更为普遍。乾隆七年，吴震针对江苏江阴的情况重申“定例载，私放钱债，每月取利不得过三分，年月虽多，不过一本一利，岂得恣意盘算，朘削穷民”[⑤]。雅尔图针对乾隆初年河南省重利盘剥的情况，要求各州县“遇有似此重利放债者，即行拿究，不许偿还，如取利不过三分者，仍听其通融缓急”[⑥]。道光八年，襄阳知府郑敦允针对在枣阳的客商重利放贷、准折土地的情况，下令“许贷户自陈，子浮于母则除之，积困顿苏”[⑦]。这一政策，至清末仍然实行，徐赓升于光绪四年谕广东陆丰县“嗣后合族借贷银钱，每银一两，每月取利不得过三分，倘于例外取利者，准借钱人禀官断完本钱，其利钱即行罚免”[⑧]。樊增祥光绪年治理陕西渭南县，处理债利案件的政策是“其债主强而欠户弱且贫者，视其子大于母，则令其止利还本，或历年食利已多，而欠户又贫则本中又复酌减”[⑨]。

第二，关于降低利率。清朝律例要求的只是月利不过三分，年月虽多，不过一本一利。但地方各级官府为了维护地方稳定，保护小农、小手工业者，限制高利贷者的过度剥削，常常在这一律例的基础上推行减利的政策。其内容主要似有以下数端：（1）在三分的基础上降低五厘至一分左右的利率。（2）推行差额利率制度，即款额越大，利率越低。（3）在一些特定的

① 《严禁轻价勒谷示》，见《赵恭毅公剩稿》卷6。
② 《清史稿》卷267，刘荫枢。
③ 《读书堂采衣全集》卷45《抚吴条约》上，正风俗。
④ 《再申禁约示》，见《培远堂偶存稿》卷2，文檄。
⑤ 《澄江治绩续编》卷2。
⑥ 《为施教必先足民》，见《心政录》卷2。
⑦ 《清史稿》卷478，郑敦允传。
⑧ 《不慊斋漫存》卷5。
⑨ 《复李臬台禀》，见《樊山集》公牍，卷3。

时间里降低利率，以利债务人清偿。

各地减息主要针对典当铺。因为正规典当铺在官府领帖、经营比较稳定，便于管理和控制。对于私债也常采取减息行动。嘉庆八年，苏州府针对流民俞三观等重利盘剥的案例，下令“嗣后如有外来流民在苏放私债者，一两以内，三分取息；五两以内，二分八厘取息；五两以外，二分五厘取息；十两以外，二分取息。其在百两以上，本钱愈重，其利亦当递减。且只许按月计利，不许本利滚盘。倘敢故违，照律惩治”①。河南各地重利盘剥的情况严重，乾隆五年，官府要求“合行通饬减利”。“上年被水州县，出示晓谕，如有本年取索债负者，止许二分收息，倘债主情愿，缓至明年仍准三分计算。至于陈年夙债收利已过于本者，永远不许索讨”②。河南舞阳县农村嘉道间，官府处理此类词讼“虽讯得实情，不为已甚者，诚恐执法过严有误贫民生计，故仍酌断或仅还本钱，或薄给利钱，从轻完结”③。

对于当铺的减利政策，清初即已实施，持续至清末，许多地方经过激烈的斗争才得以实现。顺治间，镇江府金坛县“当质铺俱系徽商，典利三分，银水戥头，几及五分，诸生则控之县，且求减恤民。诸商敛银八两，王、冯二绅，王则为酌之曰：两外二分五厘，两内则仍三分。诸生复叫号通衢曰：求减典利，为贫民也，穷民有两外之典乎？”因乡绅平时就厌恶诸生，加上其他原因，终于酿成顺治十八年七月十三日的惨案，被斩 48 人，绞 1 人，流徙 14 人。④ 康熙以后，这类行动多起来，减利举措亦全面了。江苏常熟县，康熙四十二年规定“每两及钱数，概行二分，设多递减”。而且“以月二十五日起，直至又次月初十日止，统计四十五日，止取一月之利”⑤。浙江湖州府，典当铺的减利经历了更长期的斗争。康熙以前，湖州典当利率“十两以上者，每月一分五厘起息；一两以上者，每月二分起息；一两以下者，每月三分起息。因贫民衣饰有限，每票多在一两以下，故一二年之后，无力取赎，常被典

---

① 《明清苏州工商业碑刻集》，第 123 页。

② 《为麦收届通饬减利》，见《心政录》卷 3。

③ 道光《舞阳县志》卷 6，厚风俗告示附。

④ 《金坛狱案》。

⑤ 《明清苏州工商业碑刻集》，第 121 页。

当铺当做满货卖掉。后来有童国泰者控之官府，与典当商人结讼十三年，康熙初，“巡抚金公轸恤民瘼，准行审勘，断定概行一分五厘起息”①。不久，徽州典商黄成山以受贿控诉平湖县令景贞运，典息又增至三分；“后赵恭毅公申乔抚浙，题请分半起息，立石永为定例。”赵去任，典商又谋翻案，“独山阴赵瞻侯，侨居我湖，不惮劳怨，遍控各宪，始得仍遵赵例”②。

从乾隆以后，在典当业得到大发展的同时，此类减利行动也普遍起来，除了上述规定稍低于三分的利率上限、差额利率制度、月初过五日方取一个月之利等项制度之外，还规定了冬底年初减利、或达到一定期限之后让利一至两月的制度等等。有些地区，不但利用了政权的强制力量，还借用了商人之间的竞争等经济力量。在江苏，在康熙年间各项措施的基础上，规定更加完善。乾隆二十六年，常州府规定“以三十日为一月，扣算足月之外，所余零日，五日以内，不许以加利；十日以内，许收半月之利；十日以外，许收一月之利；其五日内旋当旋赎者，亦收半月之利”③。在江西，大约乾隆初年，按察使凌焘告谕商人“照得典铺酌让利息，原经本司会议，除行息仍旧二分外，如有当物期满一年取赎者，让利一月，二年取赎者，让利二月”④。乾隆三十一年按察司又有告示针对城乡当铺“不照例让息二月，如当本一两辄行勒取息银七、八钱方准取赎”，“典当一月至次月三五日取赎者，则扣两个月利息”的违例行为，重申只许二分取息，并规定“定限二十六个月取赎”，“让息二月；又典当一月至次月十日以外方照两个月取息”⑤。在湖南，乾隆十六年九月，规定各地典当“凡一两以下至十两，以二分五厘行息，其自十两至百两以上，均以二分行息”，“其每年十二月初十日至正月初十日一月之内，毋论数之多寡，各照切历成例，以二分取息向赎。”⑥ 在福建，乾隆二十九年针对典当“有行息二分、三分及二分四厘不等，而限期有三十六、二十六、二十四等个

① 同治《湖州府志》卷95。
② 光绪《平湖县志》卷25。
③ 《江苏省明清以来碑刻资料选集》，第305页。
④ 《西江视臬纪事》。
⑤ 《严禁典铺票内楷书》，见《西江政要》卷9。
⑥ 《湖南省例成案》户律，卷33，钱债。

月”的情况，规定“当大仍应以行息二分、限期三十六个月为满，小典行息二分四厘，限期二十四个月为满”。乾隆四十八年又一次议定：不论当大当小，“银三两、钱三千以上，二分行息，三十六个月为满；银三两、钱三千以下，二分四厘行息，二十四个月为满”①。在广东，嘉庆五年规定：“每年十二月十五日起至次年正月十五日，减利取赎”。嘉庆十六年又将此限提前一个月，规定为十月初一至十二月三十日。而且具体规定“原月息三分者以二分放赎；二分半者以一分半放赎；二分者以一分放赎；分半者以八厘放赎”②。在天津，“县属城乡典当，凡四十余家，每年冬有减利之则”，“例于仲冬十六日起，至年底为止，原利三分者让作二分；原利二分者让作一分五厘”③。

在安徽、陕西的一些地方，这种减利之举有时是借助于经济力量实现的。如安徽庐州府，乾隆年间祝忻为知府，“庐属质库向取二分息，忻命减如江苏质库例。诸商不从，曰：如必减息，愿上计簿归官办，盖将以罢市相挟持也。忻即扬言，遣人分往直隶、江苏各银号支借银数百万为资本。忻固巨富，诸商知不能相难，遂各听从”④。在陕西，嘉庆时“他省质物者，出息不过二分，秦独三分”。藩司徐炘“劝谕众商令减息，众商不可，徐公申劝之，仅减冬三月息为二分，他月仍旧。有渭南县南坳底村贺士英者闻之，慨然曰：此非官力所强也。吾质库三十处，散布于渭南、临潼、蓝田、咸宁、长安数百里之间，在省垣者八。吾者减，则众商皆减矣。仍改为终年二分，分榜于通衢。于是远近质物者争赴贺氏质库。不数月，西、同、凤、乾、邠五郡四十余州县质库凡八百余，悉改为终年二分。岁省贫民息四十余万缗”⑤。此类让利直至清末依然实行，光绪二年“扬州城内所设各当铺，向以二分取息，屡经当道谕劝让利，而各典总未遵允，现以年岁告歉，经江都胡明府出示晓谕，各典所有棉絮被褥袄裤四项，概行让利一半”⑥。

① 《福建省例》，当税例。
② 转引自叶显恩、谭棣华文，《明清广东社会经济研究》。
③ 张焘：《津门杂记》，减当利。
④ 光绪《崇明县志》卷17。
⑤ 民国《续修陕西通志稿》卷34。
⑥ 《申报》光绪九年十二月初二。

第三，关于强制蠲免债利。蠲免债利，即在一个特定的时期，由官府强制性地下令免除全国或某一个地区高利贷债务利息甚至整个本息。这种政策在隋唐五代宋元时期较多，明清以后则非常罕见。就清代看，一般情况下，只要利息合法，或虽高利但未引起纠纷，封建官府并不加以干涉。强免政策，仅曾对一些十分苛刻的放贷施行，管制和打击诸如旗债、营债和街市印子钱、转子钱等高利贷活动。这种政策，自康熙年间开始制订。如魏际瑞曾针对浙江旗债猖獗、天灾流行反而逼债的情况，提出“除旗丁奉旨严禁不许放债，有禁后复放者，许百姓不还外，其余一切债负，俱于来年秋成取偿”；若逞强“折人家私妻女者，许本人鸣告，地方有司申究治罪，财本悉断入官”[①]。赵士麟于康熙二十三年前后为浙江巡抚，处理杭州旗兵私放印子钱问题时，因其本息已达三十余万，而债务人多为穷苦无聊之辈，粉身碎骨亦难清偿，于是赵士麟代民偿债，但要求旗兵让利减本。一开始旗兵们同意“利全让，本减半”，后经会同将军衙门反复谕劝，乃同意本金“每两让六完四”，“尽取原券清算约三万余。”于是赵自己捐银一万“在省之盐使、尚依藩臬、学使、盐司递捐以足，葛藤永断”[②]。清律中对于一些违法放贷，除治债主之罪以外，如：“佐领骁骑校领催等有在本佐领或弟兄佐领下指扣兵丁钱粮放印子钱者”、“民人违禁向八旗兵丁放转子、印子、长短钱粮者”、“监临官吏于所部内举放钱债、典当财物者”、“内地民人与土司交往借债者”以及“放债之徒用短票扣折违例巧取重利者”，都是强制免利、甚至本钱都要被没收入官。[③]

清廷有关债利政策的推行，对于促进利率的稳定及下降，从而限制高利贷资本的过度剥削是有一定的作用的，也在一定程度上促进了经济运行合理化程度的提高。但值得注意的是，封建朝廷实行这一政策的着眼点是保持统治的稳定，即行政的目的，它并不知道通过推行利率政策去改善农民、商人、手工业者的生产、经营环境，降低成本，以促进全国或某一地区经济的发展，也就是说，他并没有经济目的。因此，这一政策的经济作用是有限的。

---

① 《因灾禁逼债》，见《四此堂稿》卷2。

② 赵吉士：《寄园寄所寄》卷上；《读书堂采衣全集》卷43，《抚浙条约》下，捐赔营债。

③ 《大清律例新修统纂集成》卷14，户部，钱债；光绪《大清会典事例》卷764，户律，钱债。

第九章　清廷有关商品流通的政策与管理

清代前期全国的商品经济，比以往任何一个朝代都兴盛发达，商人队伍扩大，商品市场繁盛，达到了我国封建社会的最高峰。清廷到底推行的是什么样的商品流通政策？各级地方官府又是如何对商品流通进行管理的？本章准备就这些问题展开描述与探讨。①

现代所说的商品流通政策，是政府在商品流通方面规定的行为准则。管理就是各级地方政府官员执行中央政府有关商品流通政令的过程。政策是中央政府提出的，管理则是由各级地方政府官员贯彻执行。应当说，清廷并没有如现代政府一样，提出若干十分明确的商品流通政策，但是在当时的商品流通中，清廷确实下达了一些有关的政策及法律、法规。这类政策、法规通常反映在每项具体事务中，对同一事，上有政策，下有管理。只有透过这类具体事情，我们可以了解清王朝提出的商品流通政策、有关法律、法规，以及各级地方衙门贯彻执行这些政策、法律、法规的情况。

第一节　有关商品流通基础设施建设方面的政策与管理

驿路的功能主要是把朝廷的政令快速下传，地方下情顺利上达，所以保证

① 有关清廷对牙行的政策和管理，参阅本书牙行一章。关于清廷对商人的政策与管理，参阅邓亦兵《清代前期的民商》，载《中国经济史研究》，1997 年，第 4 期；邓亦兵《清代前期的官商》，载《北京社会科学》，1997 年，第 4 期。

道路通畅，对官府来说，是一项经常而重要的工作。清代前期朝廷对道路的畅通都是相当重视的，多次下达维修道路的政令。顺治元年规定，“凡直省桥梁道路，令地方各官以时修理，若桥梁不坚完，道路不平坦，及水陆津要之处应置桥梁而不置者，皆交部分别议处”。雍正三年，因夏季雨水过多，京师附近地区道路积涝，行旅维艰，物价腾贵，令“各地方官悉心筹划”，“设法修理，使行旅无阻，不可藉端科派，以便民之政，转致累民”。七年，派遣官员前往京师至江南路段，“督率地方官成梁除道，不惜币金，功成迅速。又令道旁种树，以为行人憩息之所”。修好之后，“交与该地方官随时留心保护”。以后，“官吏怠忽日渐废弛，低洼之地每多积水，桥梁亦渐坼陷，车辆难行，道旁所种柳树残缺未补，且有附近兵民砍伐为薪者”。第二年，令直隶、山东，江南三省道路沿线“各州县补栽柳树，”并强调有关人员，“遇雨水泥潦随损随修，不得迟缓。其应行补种柳树之处，按时补种。并令文武官弁禁约兵民，毋许任意戕害，傥有不遵，将官弁题参议处，兵民从重治罪”。乾隆十五、十六、二十六、四十一、四十五、五十五各年，也都下令“各省道路桥梁间有损坏者，著地方官查明修理，以利行旅”。嘉庆四年，又重新颁布此令。[①] 总之，修路和维护良好的路况是清代各级衙门的重要任务之一。

对于朝廷三令五申的谕旨，各级地方官府基本上能遵照执行。首先，在道路维修方面。雍正年间，湖北巡抚王士俊在上任途中，看见湖北驿骆有“低洼缺陷”处，道路“两旁均未开沟种树”，于是檄行布、按两司办理。[②] 雍正七年，河南通许知县“奉文”，将北至祥符交界，南至扶沟交界的官路，修“宽三丈，两行栽柳七千余株”[③]。乾隆年间，巡抚蒋炳督修灵宝、阌乡一带道路，原仅六七尺，修宽达一丈，并开凿山路，“商民称庆”[④]。江西巡抚“伏读恩诏”后，通饬各府州转饬各地方官，修理往来大道，“务宽一丈”，“限文到两个月内修整完竣”[⑤]。令玉山县知县修整通浙大路，以便商民。后接知县回

① 光绪《钦定大清会典事例》卷932，工部，桥道；清《世宗实录》卷132，雍正十一年六月庚午。

② 雍正九年十二月初六日王士俊奏，见《宫中档雍正朝奏折》第19辑，第225页。

③ 乾隆《通许县志》卷之2，建置志，兵制官路附。

④ 乾隆十九年十月十五日河南巡抚蒋炳奏，《宫中档乾隆朝奏折》第9辑，第787页。

⑤ 《修治桥梁道路》乾隆二十七年，见《西江政要》卷2。

报，已经“逐加开修平整”[①]。甘肃巡抚吴达善派人修理南山打坂地方，“铲净冰雪，开拓盘道，建置桥梁，路旁砌设木槽、水沟”，“商贾车辆，渐通往来”[②]。四川总督阿尔泰饬地方官，在雅州至宁远府的山险路段，“多办渡口船只，并修理偏桥陡路”。后据报已“修竣”[③]。在剑州，有川督李世杰修四百余里南栈路碑记。[④] 湖南黔阳县知县张扶翼，为富顺新市开辟道路。[⑤] 陕西泾阳县知县唐秉刚修冶峪镇路。[⑥] 举例自是不能表明全面的情况，但从清王朝谕令传递的速度看，全国驿路在一般情况下能正常通行，则见是有保证的。

其次是河道疏通、开通新河道。康熙年间，从湖南常德府至贵州镇远府一带的水路，大约有1000余里。“其间险滩七十余处，行舟每多覆溺。”巡抚黄国材到任后，“倡议捐修”河道险滩。他捐俸3000两，总督蒋陈锡捐俸3000两，派思南府知府陈安策督理监修，河道旁“开筑纤道，凿平险石”，使这一带河道通行无阻。[⑦] 四川长江沿岸各州县衙门“凿除险滩”，使乾隆二十九年沿江失事船只“较前减少一倍”[⑧]。广西开通了兴安陡河到全州的河道。[⑨] 江西开浚浔关河口。湖南开凿120余里溪河。[⑩] 云南开通金沙江上游、罗星渡河、盐井渡河。贵州开通赤水河、清水江等等。[⑪]

第三，在建筑、维修桥梁方面。各省都有许多实际例子，限于篇幅，不能一一列举。这里只就雍正时期，陕西省桥梁修建情况[⑫]，列表说明，以窥一斑。

表3-19中所示，修建桥梁的有官员，也有民间绅商、贡生及当地的百姓，但都是自己捐建捐修，并非官府出资。这些活动虽非公帑官建，但一般是由当地

---

① 陈宏谋:《培远堂偶存稿》卷13，文檄。
② 乾隆二十一年四月二十一日甘肃巡抚吴达善奏，见《宫中档乾隆朝奏折》第14辑，第234页。
③ 乾隆三十二年十一月初二日四川总督阿尔泰奏，见《宫中档乾隆朝奏折》第28辑，第471页。
④ 陶澍:《蜀輶日记》嘉庆十五年七月二十四日，见《小方壶斋舆地丛钞》第7帙。
⑤ 康熙《黔阳县志》卷3，坊乡论。
⑥ 乾隆《泾阳县后志》卷1，建置。
⑦ 康熙五十七年七月十三日贵州巡抚黄国材奏，见《宫中档康熙朝奏折》第7辑，第390页。
⑧ 乾隆三十年二月十五日四川总督阿尔泰奏，见《宫中档乾隆朝奏折》第23辑，第863页。
⑨ 雍正九年十月初十日广西巡抚金鉷奏，见《宫中档雍正朝奏折》第19辑，第11页。
⑩ 清《高宗实录》卷67，乾隆三年四月戊申；卷237，乾隆十年三月庚寅。
⑪ 清《高宗实录》卷229、231、225、241、269、74、78、239、268、357。
⑫ 雍正《陕西通志》卷16~17。关梁1~关梁2。

官员号召、支持，或自行出资办理的。此类情况，各地方志中记载甚多。

表 3－19

州县	桥名	位置	修建情况
鄠县	陈姑坊桥	在县西南十五里，“跨观音渠，系通道。”	旧有木桥，顺治十六年漂没，耆民赵自强捐赀倡建石桥。康熙十八年圮，自强子尔养重修，又败于水，知县章泰捐俸改造
渭南县	明光桥	在县东三里，跨明光峪	康熙九年知县孙爌爌建
醴泉县	望乾桥	在县西北城外，跨泥河上	康熙九年知县郑廷芳重修
延川县	通济桥	在县南门外	知县贺璎建
延川县	惠民桥	在县南一里	知县贺璎建
凤翔县	凤鸣桥	在府城东三里，跨塔寺河	顺治初，邑人周承尧、贾文募重修
凤翔县	博济桥	在府城东南十里	康熙元年陈副将创木桥。十一年圮，邑人卢默创石桥。二十七年又坏，默弟卢点重个修
凤翔县	屯头桥	在城西北二十里	土桥，民建
凤翔县	柳林铺桥	在城西二十里，柳林铺沟上	木桥，官建
凤翔县	窑店子桥	在城西三十里，窑店子沟上	土桥，民建
凤翔县	称沟湾桥	在城西四十里，称沟湾上	土桥，民建
扶风县	天桥	在县南门外	知县陈子孺重建
麟游县	偏桥	在县西门外一里	顺治十年圮，知县吴汝为又修
城固县	张桥	在县太西门外	义民张成建
城固县	叶家桥	在县西八里	旧桥以木，邑绅叶孕秀兄弟易以石，上镂石栏
洋县	天宁桥	在县东五里，跨天宁寺溪上	顺治年间，邑人周应瑞父子相继修葺。康熙二十七年水坏，邑令邹溶捐修
沔县	仙留桥	在县东四十里	顺治十年知县李煊重修
兴安州	仁寿桥	在州东门外	康熙三十二年汉水暴涨，薄郡城桥坏。知州王希舜议，先甎堤岸，次筑池桥，以障之。命郡幕鲁仁采率里老鸠工，筑仁寿桥，易木以石，甎宽可并车方轨
兴安州	康阜桥	在州西门外	顺治十七年知州王章建木桥。康熙三十二年大水，桥坏，总镇万永祺命中军游击胡恺重建，甎以石
兴安州	虹桥	跨城西壕	康熙三十二年总镇万永祺建
兴安州	义桥	在州西三十里	康熙三十三年生员罗尚纶重建
韩城县	厶水桥	在县城南门外	康熙癸未，县人巡抚刘荫枢造。越三年始成
韩城县	芝阳桥	在县南二十里芝川镇南门外，跨芝川上	顺治己亥，县人张斗宿倡造。庚子水涨桥圮，斗宿捐赀重建。至康熙甲辰始成，下砌石柱，上搭长木，长三十五步，阔九尺，高一丈二尺

续表

州　县	桥　名	位　置	修建情况
三水县	大桥	在东门外东涧河上	桥久圮。土人夹溪筑小桥，以便往来。其小桥数十武，亦崩坏。知县林逢泰重修
三水县	便桥	在县西北便门外	康熙乙卯，知县林逢泰重修，亦谓之绵桥。塼石架木，上设堞墙，以为防守
淳化县	永安桥	在县北门外里许，有涧当冲衢	康熙四十年知县张如锦捐俸，率众重建
府谷县	新建石桥	在县西城下，两峰对峙	教谕卫学玠，率邑绅李楫等公建
府谷县	聚星桥	在县北城下	邑贡生韩大本捐建

第四，对航道的管理。航道的管理比较复杂。如苏州外城官濠水道狭窄，往来民船辐辏，农民粜米还租，商贾贸易百货，皆由此出入。但河中有“酒船数十艘，游山浪船倍之。船户、水手皆拳勇。悬挂缙绅牌额护符，敢于接娼聚赌，包酒演剧，双帮环舣，霸截过半，遂使官濠存细流一线”。如遇漕运限期，农忙之时，河中挤塞终日，翻船溺水事件时有发生。康熙三十九、四十八年地方官府先后立碑，严禁酒、浪等船停泊妨碍行舟。[①] 而松江府黄浦江直通海口，是船只往来的要道。有不法之徒在这里驻网捕鱼。“其网面宽数丈不等，网腹深广过之”。来往船只扬帆行驶迅速，往往误入网内，造成船翻毙命。张网之人反而乘机抢掠财物。雍正十二年有货船触网，四人毙命。地方官府曾经销毁网具，严禁张网。时间一久，管理放松，又有暗钉木桩张网者。乾隆九年地方官员“出示查禁，晓谕各网户”，违犯者“查拿究治”。并“将钉暗桩，通查起除”，树碑示禁。[②] 在江西，有人“贪图舂米”，在河道中“砌筑水碓，横截中流，致碍行舟”。巡抚“严饬各地方官逐一挨查”，“令拆毁，永不许再建”[③]。在福建，省城内外河湖淤塞之地，民间多占为己有，“或盖屋居住，或侵种菜蔬，搭盖蓬厂，排卖食物，添建板桥”，“倾倒粪草等物”，致使河湖不能通航。乾隆五十八年，总督令州县官员挑复河道湖泊，清理沿河湖民间私搭乱盖之物，并颁布保护河湖的几项章程，由福州府执行管理。其中规定：闽、侯二县官员负责查禁违章建筑；禁止往河湖内倾倒垃圾；保护河湖边

① 《江苏省明清以来碑刻资料选集》，第638页。
② 《清雍正至乾隆年条奏》户例，乾隆九年条例。
③ 《禁河道建设水碓》乾隆十六年，见《西江政要》卷2。

树木；对违犯者“从重究处”[①]。对码头进行管理。广东佛山镇汾水码头，是全镇商民船舶货物卸载之地。码头上面建有围墙。因时期久远，围墙逐渐坍塌。有人在这里私搭篷寮，“堆塞码头”，倾倒杂物，“填塞水道”。后经地方官饬令，“拆除”一切违章建筑。绅商捐资修筑，使码头恢复原貌。并立章程，进行维护管理。[②] 江苏长洲县“齐门一带，向为木商贸易之所”。后漕船占泊齐门两汇，扰害木商。康熙元年，地方官勒石，严禁漕船扰商，并根据以往人们的习惯规定：木筏居齐门北岸，漕船住娄关南涯，船、筏两不相碍。[③]

第五，在河流沿岸设立渡船、水夫。由官府出资设立的渡船，属官方设置，名为官渡。“凡官渡之设，所以济往来便行旅，政至善也。其水手工食岁有常额”[④]。官渡之外还有民渡。“有民间施船济行旅者。有邻河地主造船取利者，然亦畏法不敢抑勒行人。”[⑤] 官渡之夫由官府任命，公布后承充。乾隆年间，清廷令各省督抚转饬各州县官，将“渡载亦令书刻字号、地名、船户姓名，俱各给予腰牌刊明年貌，并取伊等同业互结”[⑥]。在广东“各府州县所属地方，设立渡船”，“召年力壮健、熟识风色水性之人，承充渡户。一面取具供结，并铺户渡邻保结”[⑦]。乾隆七年，南海县曾经由于摆渡翻船而停止设立渡船。嘉庆六年又经督抚议定，饬各州县“城乡多置津渡，以慎重民命。将乾隆七年旧例注销，永著为令”[⑧]。乾隆二十八年，四川巴县江北捕厅发布告示，由绅商“公议得李大顺为人朴实，且谙水性，议伊承充渡夫”。龙门皓上渡、下渡，也有“居民郭钦相等，承值古渡口渡船生理”[⑨]。

一般来说，南方省份多河流，设立渡船当然是比较普遍的情况。不过，北方有河道的省份，地方官府也都备有渡船、水夫。以下仍以雍正时期陕西省设

---

① 《筹议挑复省会内外河湖善后事宜》，见《福建省例》（25）修造例。

② 《审断详奉拆除占搭永禁踞地建造修复官亭码头碑记》，见《明清佛山碑刻文献经济资料》，第86页。

③ 《长洲县严禁漕船占泊齐门两汇扰害木商碑》，见《明清苏州工商业碑刻集》。

④ 乔光烈：《酌定渭南利弊事六条》，乾隆，见光绪《渭南县志》卷10，上，艺文。

⑤ 康熙《新蔡县志》卷2，经制志，津渡。

⑥ 《湖南省例成案》兵律，关津，卷2，乾隆二年。

⑦ 《粤东省例新纂》卷3，户例下，税饷，各省渡饷。

⑧ 道光《南海县志》卷13，建置略5，津梁。

⑨ 《清代乾嘉道巴县档案选编》上，第401页。

渡船的情况①为例，列表说明。参见下表3－20。

表3－20

州 县	渡 口	位 置	设渡船情况
咸宁县	霸桥渡	在府城东北二十里霸水上	康熙六年造大小船各一，官渡水夫一名
临潼县	北田渡	在县西北十五里渭河上	官船一只，水夫四名
临潼县	李家渡	在县北二十里渭河上	官船二只，水夫八名
临潼县	交口渡	在县东北五十里渭河上	官船三只，水手十二名
临潼县	耿渡	在县东北五十里渭河上	船一只，夫四名
渭南县	上涨渡	在县北十里渭河上	官船二只，水夫十名
渭南县	下涨渡	在县东北十里渭河上	官船二只，水夫十名
渭南县	蔡渡	在县东北三十里渭河上	民船渡
郿县	西硙口渡	在县西北十里渭河上	船一只，水夫八名
郿县	断途渡	在县北五里渭河上	船一只，水夫八名
南郑县	上水渡	在县西南五里汉江上	有官船、水夫，夏秋设官船
南郑县	下水渡	在县南三里汉水上	有官船、水夫，夏秋设官船
城固县	大安渡	在县西三十里汉水上	水夫一名
城固县	阴平渡	在县西南十五里汉水上	水夫一名
城固县	白崖渡	在县西南四里汉水上	水夫一名
洋县	婿水渡	在县西四十里婿水上	西岸、东岸“渡船各设一只。每十月两县督夫搭长桥，二月仍以船渡。”以此往东共十六渡，各有水夫
宁羌州	龙门渡	在州西北一百里嘉陵江上	额设渡船一只，水手二名
沔县	沮水渡	在县西三十里	有官船、水夫
略阳县	白水渡	在县北一百二十里白水河上	有官船，通徽州路
略阳县	官渡	在县西门外嘉陵江上	水夫三名
兴安州	神滩渡	在州东四十五里汉江上	官船一只
洵阳县	竹根滩渡	在县北一里汉江上	官渡船一只
洵阳县	县西渡	在县西三里汉江上	官渡船四只
洵阳县	县南渡	在县南百步许汉江上	官渡船三只
洵阳县	闾河渡	在县西三十闾河上	官渡船一只
洵阳县	两河渡	在县北一百三十里	官渡船一只
洵阳县	洵河口渡	在县东一百二十步	官渡船二只
洵阳县	蜀河渡	在县东一百三十五里蜀河上	官渡船一只
白河县	蓝滩渡	在县西一百里汉江上	船一只，水夫二名
白河县	白石滩渡	在县北三里汉江上	船一只，水夫二名
同州	船舍渡	在州西北三十里洛河上	船一只，水夫三名
同州	下庙渡	在州西五里洛河上	船二只，水夫六名

① 雍正《陕西通志》卷16～17，关梁1～关梁2。

续表

州　县	渡　口	位　置	设渡船情况
同州	城南渡	在州西南五里洛河上	船一只，水夫三名
朝邑县	铁牛渡	在黄河上大庆关	今浮梁废，以舟楫济
朝邑县	洛河渡	在县东南十里	船五只，棹卒二十人
朝邑县	渭河渡	在县南三十里	船五只，棹卒二十人
潼关县	风陵渡	在城东门外黄河上	秦省现在官船二只，雇民夫撑驾。晋省额设官船九只。风陵渡水手二十四名。大庆关协济风陵渡水手六十名
邠州	河北渡	在州北一里泾水上	有官船
邠州	水北渡	在州东五里泾水上	船二只，水夫十名
邠州	黑水河渡	在州西四十里黑水河上	无大风浪不设船只，水夫五名
长武县	黑水渡	在县东四十里黑水河上	募水夫十二名
绥德州	无定河桥渡	在州城东南一里	秋设桥，夏则撤。有官渡船
绥德州	大理河桥渡	在州南城外	秋设桥，夏则撤。有官渡船
吴堡县	川口渡	在县北七十里	原系古渡。康熙二十六年知县陈昌国申请开设
吴堡县	横沟村渡	在县东北二十五里	康熙二十四年知县张文达申请开设
府谷县	唐家汇官渡	在县东北九十里黄河上	山西河曲县船户渡
府谷县	刘家川官渡	在县东一里黄河上	每一月内，本县船户渡十二日，保德船户渡十八日
府谷县	盘塘官渡	在县西南一百余里黄河上	由本县达山西，本县船户渡。由山西来者，兴县船户渡

类似陕西的情况，各地方志多有所载，可见一般情况下，渡口交通畅通是有保证的。

第六，其他有关的设施，如在道路旁边设茶亭、路灯等。从贵州到云南一带，陆路“多系崇山峻岭”。巡抚黄国材“目击往来行人，肩挑背负者，殊觉困苦”。于是，他与提督张文焕共捐银一千余两。“每隔十里、二十里地方，各建茶亭三间，烧茶济喝。并使上下行人，少可歇息。”[①] 江西宜黄县“城市、村乡来往路径，多石砌，捐赀岁修不废。五里十里必有茶亭。……城市中险路坌路，设有路灯，每月十七夜点起，至次月初七止。有茶会、灯会首事经理”[②]。这是由民间管理的。

---

① 康熙五十七年七月十三日贵州巡抚黄国材奏，见《宫中档康熙朝奏折》第7辑，第390页。

② 道光《宜黄县志》卷11，风俗志。

以上只是举出一些事例，实际上这类事情，几乎在各省都有，也就是说，上有政令，下有执行，从总督、巡抚到知县的各级官员，都在贯彻执行中央的命令。透过以上史实还可以发现，清廷中央对道路、桥梁、河道的政策，由各级地方官府贯彻执行，还是比较有效益的。官方、民间修建道路、桥梁之事是很多的，① 各级官府都有修建公共设施的职责。

随着商品经济的发展，流通扩大，商品交易更加频繁，人们需要更多的商品交易场地。清代前期一些地方官府恢复或重建了一批市场。明代后期，迭遭战乱较严重的河南广大地区，集市已经完全被破坏。灵宝县西关昔日市集繁盛的景象，仅留遗址。康熙年间，江繁知县“捐资解俸”，在这里重设集市。由于地为通晋省的孔道，很快就兴盛起来。“雍、冀二州之商贾，拥车牛而迈往者，莫不辐辏于此焉”。商民立石碑，表示对知县的谢意。② 清初，获嘉县东关房屋成瓦砾，居民相继死亡，“市虚【墟】无人”。冯大奇知县“始招集业主，各令修复。力不能者，捐俸助之。无主者招人领之，悉免其徭役”。嗣后，居民稠密，商业兴盛，每日集市，熙熙攘攘，恢复了旧日景观。③ 安徽天长县龙兴集，“原有民舍兵废，鞠为茂草。知县郑仁宪辟除成肆，远近交易称便”④。湖南黔阳县城有一条河街。商人沿河列店，居民近水建茅屋。每年春夏，河水上涨淹没店屋。或遇火灾，商民店屋延烧殆尽。一些绅士倡议改街建市，在高处筑店屋，被批准。开始移街市时，商民怕迁徙，都犹豫不决。知县“委曲开陈利害，旋亦感悟，相率而就”，街市“顿改旧观。历年既久，商贾云集，货物辐辏，水害既避，火灾无闻。街以前屏山带河，动登临之兴，街以后倚城傍郭，怀安土之思，熙熙攘攘，商民称便”⑤。

除了官方设置集、墟、场类市场之外，民间也有设立。有一人、一姓独设的。广东四会县牛皮墟，乾隆四年由“邑人龙彬业创设”⑥。道光年间，揭阳

---

① 徐建青：《清前期的公共事业经费》，载《中国经济史研究》，1993 年，第 4 期。

② 江繁：《创立西关集市序》，见乾隆《灵宝县志》卷 5，艺文上。康熙、光绪、民国志均同。

③ 康熙、乾隆《获嘉县志》卷 2，城池，街市。

④ 康熙《天长县志》卷 1，疆域志。

⑤ 乾隆《黔阳县志》卷 4，城池，街巷。

⑥ 光绪《四会县志》编 2 下，墟市。

永兴市，由“桐坑乡林姓辟建”。京溪园墟，由“长滩乡陈姓辟建”。下乡市由“林姓乡人建”[①]。琼山县咸谅市，“乾隆间贡生王宏仁捐地设”。有民众集资设立的。琼山县培龙市，“道光十八年，郡绅倡捐，买铺二间毁折，将地并城壕隙地建置。”永都市，“乾隆初年由永都西堡十七村居民，购地创建。”会文新市，“道光七年坡口屯、徐家屯、圣鹿都公建”[②]。有一族人共同设置的。[③]还有“由豪民设置；或由一村协力设置；或由多数乡村共同设置”。民间市场设置要经过县、府两级官府的批准。“场市例不许轻设，如果该处为乡民贸易之要地，自应该约地方人等公同报勘”[④]。一般来说，民间申请建立市场，地方官府核查实情，给予批准。乾隆三十八年，四川巴县石硂山，原有大路一条，上达南川，下通长涪。彭正明在此开设腰店二间，“发卖杂货，十有余载”。一月二十日，“有艾增阳等一十四人”称，要在这里“起修铺房，兴场卖货，更名隆兴场”。该地是“行人往来，路所必经”之处。“四乡通野，烟户繁稠，尽可设一场市，买卖便益。”彭正明及“乡保地邻蔡必章、陈必高、汤如常等”，一致同意。于是，他们“奔赴宪辕”，请示知县，“赏准给示”[⑤]。集市的设立，不仅是一种群体的经济行为，也是自下而上的一种行动。先有民众需求，后由官府设立；或由群众自己设立，官府批准建立，纳入朝廷的管理之中。若因设立市场而发生争端时，官府就不批准了。[⑥]

对商品流通的基础设施建设，或清廷中央下达设置命令，各级衙门具体执行，如：修理桥梁、道路、河道、渡船、集、场、市等；或由民间提出要求，各地方官府顺应民情而设立；或由民间自行建立，朝廷批准。这些都表明清廷在商品流通的基础设施方面，有政策、有管理、有倡导，起到关键作用。当然不能说这些是完美无缺的。不过，三方面的配合，使得当时的商品流通具有基本的物质保证，从而在一般情况下，流通能顺利地进行，则是可以肯定的。

---

① 民国《潮州志》实业志6。
② 民国《琼山县志》卷5，建置志6，市。
③ 陈支平等：《清代闽西四堡族商研究》，载《中国经济史研究》，1988年，第2期。
④《清代乾嘉道巴县档案选编》下，第201页。
⑤《清代乾嘉道巴县档案选编》下，第201页。
⑥ 加藤繁：《中国经济史考证》第3卷，第98页。

第二节 有关交易方面的政策与管理

对于商品交易，清廷制定了一些有关市场政策的法律、法规。[①] 清廷在法律中规定："凡占据市行，与民争利"者，"定置重典"；"凡豪强满洲，霸占市井贸易，及满洲家人强买市物者，该城御史查参重处"；"奸猾铺户动辄纠集党类，敛分齐行，名曰公议行规，定价值若干。少有贬价售卖者，同铺家探知，同声附和，罚备酒席，需索多金"；京师"五城地方，开设猪圈之家……用强霸占，不容他人生理"；"京城官地井水，不许挑水之人把持多家，任意增长价值，及作为世业，私相售卖"，以上各违者，均照把持行市律治罪。[②]

乾隆六年，有人奏称："各省乡镇村落贸易集场，每有集主名色。此等之人并非办税领帖之牙行，或由市集起之时，第伊倡议兴举为众人之领袖；或于本集居民之内，惟彼族大人多，为众户所畏惮，因而盘踞武断，抑勒摊街小贩，索取常规复串合评价之牙行侵分余利，甚至世世子孙据为世业，罔利病民，莫此为甚"。于是，清廷颁布条例：令各省对这种"集主名色"，也就是把持集场的人严行禁革。[③] 这些法律对垄断市场、垄断物价、欺行霸市的各类人员，都分别规定了惩罚办法和定罪的标准。康熙时还"禁藩王及大臣家下商人各省贸易"[④]。其实禁止把持行市，是清代承袭前代的法律，但从中可以说明，清廷的市场政策是：反对任何行业、任何人员垄断市场和物价，以及在经营中倚靠权势，纠集同行，欺行霸市的行为，以便维护正常的市场秩序。

乾隆年间，发生在山西徐沟县清源乡的事件，就是以把持行市罪论处的一个案例。清源乡集市一向在四关及城内察院街五处轮流开设。三十年，知县伊桂将五处轮流停止，集场移入城内旧衙前中街开设。清源乡城内有街道三条，

---

① 经君健：《清代关于民间经济的立法》，载《中国经济史研究》，1994 年，第 1 期。

② 光绪《钦定大清会典事例》卷 765，刑部，户律市廛。

③ 《清雍正至乾隆年条奏》户例，乾隆六年条例。

④ 清《圣祖实录》卷 30，康熙八年六月壬申。

西街有水不便设集；中街仅宽丈余，唯东边察院街宽厂，利于开设集市。因此，商铺、牙行、居民等均以中街“地方狭窄，不能多容车辆，以致商贩日渐稀疏”为由，五次申请集场仍然恢复原处，几任知县都未允准。原因是“城内中街铺户董自喜、监生郝焕、生员王德淳等人，以集场移于他处，中街必致冷落”，影响他们的生意为理由，报呈历任知县，并获得各知县的支持。五十二年四月间，乡里开端阳节神会，商民请依照前一年例，移集场至城外五天，知县林琅批准。但郝焕等人找林知县申辩。知县改变前议，不许城外开集。斗行牙人和一些商贾不服，合行共同呈请，恢复集场五处轮流的旧制。林知县拘拿斗行牙人，牙行到省上诉，郝焕等人再行阻止。林知县将斗牙三人杖责至死。出了人命之后，上级官府派人处理定案：将郝焕等人照把持行市罪论处；林琅革职；按广大商民的意见，城内集场仍旧设在察院街，集市五处轮流，了结此案。郝焕等人之所以能倚杖知县的权势，把持行市，为己谋利，可能有许多因素，但从林琅开始批准，后来转变态度的事实分析，郝焕等人很有可能对知县进行了贿赂，以便倚靠权势。①

长治县城内原为五集轮转开放，知府李为栋乾隆六年到任，见“上党门地境空廓，令府厅吏役盖房开集”，增加了一个集市。李去任以后，“吏役牙侩串通居奇，止于上党门一处设集，四门不复轮转，居民深以为苦”。二十三年，吴九岭知县上任，居民“以集场不便”上告。正待筹办，知府批示也到了，原来集场不便之事也反映到知府衙门。于是，铲除吏役，“四城贫民咸得就近赴集，而牙侩亦无从生奸，居民称便。公同勒碑于城隍庙，以垂永远”②。有的地方由于州县官员按照中央的规定，对市场进行管理，“严禁囤户不得居奇抬价”，得到纂修方志者的称赞。③ 广东临高县多文市，“旧有地租，每至年终，市主横收，商者扰之。康熙四十三年，知县樊庶捐俸悉买其地，听贾者建屋宇贸迁，商民称便。其市日盛”④。也有的地方官，订立条约，管理集市。其中有：“生员、衙役、宦仆不许揽充斗户，市棍不许插身把持；集场务于东

① 乾隆五十三年三月初七日海宁奏，见《宫中档乾隆朝奏折》第67辑，第494～497页。
② 乾隆《长治县志》卷4，疆域，市集。
③ 乾隆《光山县志》卷11，市集。
④ 康熙《临高县志》卷3，建置志，墟市。

西北三关十日一轮，摆到通衢，不许隐藏场院之内等。”①

当时，“京师首善之区，商贾云集”，特别是正阳门大街两旁，“向有负贩人等列肆贸易”，形成占据道路，妨碍交通的马路市场。对此，有御史奏请拆除商铺，肃清街道。朝廷认为：商贾列肆贸易，“势难一律查禁，但毋许侵占轨辙，以便车马往来”，并令地方官“随时稽查，如沿街铺户及市侩等，有楮棚露积，致碍官街者，即押令移徙，以利经涂”②。同样的事情，也发生在四川巴县。嘉庆十二年九月，巴县衙门颁发告示：“据本城朝天党坊长邹玉清、袁乾生、蒋谦缢、田广盛等呈称：情坊内新街口，乃系官街要道，一切米担、鸡笼等物，止许在街挑提发卖，不许摆列店面，年久无异。前蒙仁宪出示晓谕在案。日久弊生，今有不法棍徒，硬将米担、鸡笼等项，任在官街店面摆摊拥塞，逐日往来背运货物人等肆闹不宁，约民难以理斥。协同禀恳仁恩，赏示押逐，伏乞。等情。据此，合行出示晓谕。为此，示谕诸色人等知悉，查新街口乃系官街要道，所有米担、鸡笼等项，止许在街挑卖，毋得摆列店面，致街道拥塞，有碍行旅。自示之后，倘敢仍蹈故辙，许该坊约等指名具禀，本县定行拘案责惩，决不姑宽”③。清廷对马路市场的政策和管理方式，既不禁止商铺经营，又拆除堵塞交通的违章建筑，对当今城市中马路市场的管理有一定的借鉴意义。

有些地方由于外省移民常住，形成客民多于土著居民的情况，地方官府设立客总、场头对市场进行管理。客长、场头“遇公办差，清理场市，安分守己”④，“城市乡场蜀楚江西商民居多，年久便为土著”，乡“场多客民，各立客总以约束之，场以五日为期”⑤。湖北施南府恩施县“客民赶场作市，设有场头、客总。土著只十之二三，余俱外县人”⑥。鹤峰州“有定期赶场者，前官设客总、场头以专责成”⑦。客长、场头的设立，先由该场民公举，并禀报

① 乾隆《解州安邑县运城志》卷3，城池。
② 清《仁宗实录》卷256，嘉庆十七年四月甲子。
③《清代乾嘉道巴县档案选编》上，第397页。
④《清代乾嘉道巴县档案选编》下，第238页。
⑤ 爱必达：《黔南识略》卷20。
⑥ 嘉庆《恩施县志》卷4，风俗18。
⑦ 道光《鹤峰州志》卷4，营建志，街市。

县衙批准。乾隆三十四年三月，四川巴县冷水场民陈日亮等，廉里三甲乡约黄兆之等公举客长、场头，给县官府的禀文：“情蚁等在居冷水场，一场商贾，四乡买卖，每逢场期，往来辏【？□】”，“凡遇排解稽查，甚至奉办公事，奔走不遑，理合举场头协办。是以蚁等合场公举谢占魁正直端方，堪充场头之任。占魁愿充承值。为此公吁仁天，赏准谢占魁承充场头”，“情蚁甲内安凤场居民二十余家，俱开铺盐、茶、杂货、屠猪生理，均有执业，无场头客长，公事是非无人承办、稽查。蚁系乡约，不敢隐讳。理合签举场头客长认办场内事务。是以协同场民公议，周旭万为人老成，承充场头，谢明睿正直端方，堪充客长。恳恩赏准给照充当，并祈赏示晓谕，俾办公得人，责成有专”，都得到县衙的批准。[①] 这种客总、客长、场头也只能管理集场，至于市镇就力所不能及了。因此，如前述由官府派驻官员管理。

由于各地市镇商品经济的发展，商贾辐辏，经济纠纷繁多，社会治安混乱，清廷根据形势需要，在大市镇派驻机构和官员管理市场，以保证经济秩序。广东浮源县管埠市，“异省商民杂居五百余家，水陆通郴、桂，各处出棉花、芝麻、葛、芋，交易最繁。商总多粤西人，积习为奸，每一追呼推展逃避，士民诣请当道建巡司于此，或迁武阳巡司于此，庶足弹压。近亦稍驯耳”[②]。

统一度量衡，也是市场管理的一项重要内容。在市场交易中，“各省民间所用斗斛大小迥然各别，此皆牙侩平价之人牟利所致。又升斗面宽底窄，若少尖量即致浮多，稍平量即致亏少，弊端易生”，清廷发现由于度量衡不统一而造成市场贸易中的问题后，向各地方官询问：“嗣后直隶各省斗斛大小应作何划一？其升斗式样可否底面一律平准？至盛京金石、金斗、关东斗亦应否一并划一？尔等议奏”。于是各大臣提出：顺治五年，户部将库存红斛与通州铁斛进行比较，结果红斛大，又将红斛减改为斛样。十二年，将铸造铁斛十二具，存部和仓场各一具，其余发给直隶各省。听了大臣们发表的意见之后，康熙四十三年，玄烨把户部的铁斛盛水，加以测量，规定了铁斛

① 《清代乾嘉道巴县档案选编》下，第299页。

② 康熙《浮源县志》卷4，建置志，街市。

以五斗为准。令户部造三十具，分发各省，“永远遵行”，其他各斗“皆停其使用”[①]。以后，清廷编订度量衡律，对私造度量衡器具的人进行法律制裁[②]。订立上述有关惩罚法规，是以立法形式对全国实行统一度量衡的一种保证。

到了乾隆年间，统一度量衡的政策在执行中发生了变化。先是御史吴绶诏奏称：“京城市用升斗有关东门面等名色，大小悬绝，多寡参差”，奏请照官仓定式一律校定，限期收缴旧斗升。户部复查指出：京城市面有卫斛、关东斗等，各商铺或照卫斛，或照关东斗，小贩、居民自置柳木升斗。虽然式样参差，但“升斗大则价增，升斗小则价减，核之官斗折中计算大抵不甚悬殊。历来沿习已久，俱各相安。”如果“骤令改易，事涉纷更。且验烙官斗辗转领给，徒启吏胥需索之端，于实政殊无裨益”。户部批驳了该御史的意见，主张维持参差不一的原状。由此，康熙时制定的统一度量衡制度就不再继续执行了。京师如此，各省有仿照办理的，如：浙江，[③] 也有仍执行原政策的。康熙五十八年，江苏嘉定县知县张寅根据布政使的批示文件，为较准靛秤，立石南翔城隍行祠内，碑文曰：“秤以十六两为乙斤，戥以民间通用十三号砝码为准。从前一秤三锤，任意轻重，手法高低等弊，尽行革除”[④]。乾隆十三年常熟福山港口设立公秤，剔弊安商，并“勒石港口，永远遵守”[⑤]。嘉庆十八年，元和、长洲、吴县规定：“凡苏城枣帖牙户，概行领用会馆烙斛【即会馆烙印官斛】，公平出入，并由府勒石永禁，概不许混用私秤，以归划一”[⑥]。此前，四川“渝城靛行自乾隆三十六年，因银色秤斤不一”，商人上控藩宪，“给发铁制较准正秤，撒手离锤，每篓除皮十八斤，每百斤加十斤。”“历年以来，程规久定。至嘉庆四、五两年，弊窦复萌，银色倍低，秤斤不一，彼此紊乱行规。”又经地方官府颁发铁制正秤，并发告示永远遵行。[⑦] 道光年间，河南辉

---

① 清《圣祖实录》卷216，康熙四十三年六月戊子；十月癸未。

② 参阅经君健前引文。

③ 《治浙成规》藩政，卷1。

④ 《上海碑刻资料选辑》，第128页。

⑤ 《明清苏州工商业碑刻集》，第303页。

⑥ 《江苏省明清以来碑刻资料选集》，第188页。

⑦ 《清代乾嘉道巴县档案选编》上，第238页。

县周际华知县“出示晓谕各行店商贾居民人等知悉：凡贸易往来及粮石出入，务宜各矢天良，公平互劝，勿为罔道之谋，勿蹈从前之习，称以十六两为度，量则官斗是遵。倘有轻重大小之不一者，不妨赴衙门呈换”。对不换者，过一月后照例惩办。[①] 但在多数地区，度量衡没有统一，“乡市不用斛，惟常平仓用之州斗，较衡斗减二，乡斗但州斗之七八不等”[②]。“各乡市斗不一，大率倍于仓半不止，相倍者亦半。”[③] “凡米谷用斗用升，龙邑乃用碗用桶算。”[④] 这中间可能有民间使用量器习惯问题，但仅从度量衡名目繁多，就足以说明统一度量衡的政策，在全国并没有严格贯彻执行。

此外，清廷还颁布器用布绢法，[⑤] 实际上，就是反对制造、贩卖伪劣商品。各地方官府也相继出台了一些措施。参阅官府对牙行的管理一节。不过，市场上的假冒伪劣商品，奸商垄断行市，及各种度量衡器具的通行等，是管理一下好几日，一放松又回潮，很难从根本上消除，因此，清廷的这一政策虽然地方官能贯彻执行，但效果并不能过高估计。

第三节　对几种商品的政策与管理

清廷对有关专卖等若干商品，如盐、茶、参、铜、银、珠等的运销，先后订有具体的管理办法。这里仅就铁、大牲畜、木材、粮食 4 项商品，在流通中的政策与管理加以介绍。

铁是制造生产工具和生活器具不可缺少的原材料，同时也是制造军器的材料。因此，清廷对铁的流通有种种政策和规定，禁止铁出口大陆以外地区，同时严禁民间用铁制造军器。但对人民制造日常器具、生产工具用铁的流通，则采取比较宽松的政策，即允许民间运销铁和铁器，并规定具体的管理办法。清

---

① 周际华：《禁大秤小斗》，见《共城从政录》道光。
② 嘉庆《郴州总志》卷 21，风俗志。
③ 道光《城口厅志》卷 6，风俗。
④ 道光《龙南县志》卷 2，地理志，风俗。
⑤ 参阅经君健前引文。

廷规定:“置买铁锅、铁掌、铁杓、犁头,并鞍辔所用之铁什件,均报明查核给票,听其出口。”① 照票写明所买斤数和运销地方,由贩铁商人呈明产铁“地方官,转详该督抚,”发给该商,然后“准照咨内采买发运”。商人运输启程时,“报明地方官,详请咨明经由各关,及往卖地方督抚查明,将印照一例详请咨销。仍严饬沿江沿海各州县及口岸汛弁,凡遇商船出口,务须实力稽察。如有违例夹带,即照本省商人夹带例分别治罪。其无照票私贩,关津不行查拿,往卖地方不行详报,及各口汛弁疏纵需索,照例参处。其沿海地方并沿江沿河等处,如有将铁递运私卖事发,失察卖放之文武官弁,皆照出洋渔船夹带钉铁例,分别失察卖放议处”。沿海准许少量铁锅贩运,“废铁不在禁例”,到雍正九年始禁运废铁。② 对少数民族地区,雍正十三年“令宁夏市口货卖铁器,给票查验”。蒙古“民人货买铁器不得私入集场,亦令营员验票”交易。乾隆元年,“准山西省口外听民携带日用铁器”③。乾隆五年,政策有所放松,内地商人贩铁免于领照。“商人收买铁斤,除近苗产铁处所,令呈明该地方官外,内地兴贩,悉从民便。”④ 五十八年,准许内地铁等金属器物,往新疆贩卖。⑤ 因此,嘉庆年间出现“商民贩铁过多”的情况。⑥ 道光四年又规定:“内地商人买运铁斤出口,在各本境内打造家具,以一百斤为度,呈明地方官给照赴口,守口员弁查验放行,如有私行夹带不成器皿之铁,至五十斤者,将铁入官,百斤以上者,照例治罪。”⑦

除了禁止将铁运出大陆的禁令之外,沿海和产铁省份,对铁的运销还有各自的执行条例。如浙江规定:“各属如有内地商民携带农具、铁器等物赴沿海州县售卖者,俱令报明地方官给予照票。经过各口岸逐一稽查,以杜偷漏出洋之弊。”⑧ 广东则限制销量,“运铁旗票统归运司衙门,呈请总督颁发转给,每

---

① 光绪《钦定大清会典》卷49,兵部。
② 光绪《钦定大清会典事例》卷106,吏部,处分例;卷776,刑部,兵律,关津。
③ 《清朝文献通考》卷33,市籴2。
④ 光绪《钦定大清会典事例》卷776,刑部,兵律,关津。
⑤ 清《高宗实录》卷1437,乾隆五十八年九月丙午。
⑥ 清《仁宗实录》卷161,嘉庆十一年五月癸亥。
⑦ 光绪《钦定大清会典事例》卷247,户部,杂赋。
⑧ 《治浙成规》卷7,臬政。

票以十万九千斤为率，如不及数，听从商便”[①]。如“由海运赴雷、琼二郡者，均在佛山同知衙门给照出口”[②]。在湖南，“商民贩运铁斤至江浙等省销售者，请给司照。其在内河腹地销售者，勿论多寡听其流通”[③]。福建省分别对产铁地、运铁经过地点、经过关口、卖铁地及沿海地区的任职官员，规定了执行的细则。产铁地的官员，务须根据产铁地与城市间的距离，年铁产量，发给申请运销铁的商人照票，一式三联，给该商、上报和存留各一联。运铁经过地点和关口的官员，务须认真检验照票、收税。卖铁地方的官员，检查铁商的照票，数目相符才能出售，并核销商人照票上报。沿海地区官员对往来船只检查有无铁斤，按月将情况上报。[④] 一般来说，各地方官府对运销铁斤的管理还是比较有效的，对贩铁的商人数目、运销数量、及运销地都有记载。[⑤] 从记载遇海难商船的史料中，可以发现违例运销铁斤的商人是不多的。[⑥] 一旦将铁运出大陆即受惩罚，如嘉庆二年，蓝三世等人因将铁锅、铁钉贩往台湾，被治罪。[⑦]

大牲畜主要是马匹和耕牛。清朝统治者是少数民族，善骑马征战，对马匹的买卖格外重视。马既是重要的军用物资，又是民间运输工具。清廷屡禁屡放，政策变化不定。自顺治五年禁民间养马始，至雍正九年的80余年间，旋禁旋开，政策多次反复。顺治五年规定，不许民间养马。七年、十二年先后规定，“不许商贩私买”马匹。十六年开放马禁，准民人养马。康熙初年又禁民间养马和私市马匹。十年放开马禁。十二年再次禁止养马。二十五年又禁止贩马。至二十九年才允许民间养马。三十一年复禁止货卖马匹。雍正八、九年准许民间养马。乾隆、嘉庆、道光年间都不准民间私贩骟马。[⑧] 虽然有禁，但民间私养、私贩始终未能停止。“各省营驿驻防，希图贱买商贩之马，滥行充

① 道光《广东通志》卷167，经政略10，榷税1。

② 道光《两广盐法志》卷35，铁志。

③ 嘉庆《郴州总志》卷19，矿政。

④ 《福建省例》(22) 铁政例。

⑤ 道光《两广盐法志》卷35，铁志。

⑥ 松浦章：《李朝漂着中国帆船の‘问情别单’について》上，下，载《东西学术研究所纪要》17辑，1984年；18辑，1985年。

⑦ 清《仁宗实录》卷24，嘉庆二年十一月丁丑。

⑧ 光绪《钦定大清会典事例》卷527，兵部，马政，马禁；清《高宗实录》卷323，乾隆十三年八月甲辰；清《宣宗实录》卷45，道光二年十一月甲午。

数。而各口唯以收税为务，于私贩一事，因无责成，并不留心查察。”[①] 尽管仍禁止民间贩骟马，可是骒、骟马是同群放养，只禁贩骟马的政策难有成效。民间贩养马匹，特别是在产马区，随处可见。

贩卖马匹一般有三种人：军队弁兵、马贩和朝廷招募的商人。弁兵由该营衙门选派前往，购买限有定数。马贩要“呈明地方官查询明确，取具保结，各将人数、姓名、货物、限期详注印照，一面移知该管隘口官员，验实放行”[②]。官商贩马也有兵部给发的照票。

耕牛是农业的重要生产资料，对于以农业为主的国家来说，保护耕牛，是十分重要的事。由于民间经常发生的盗牛、宰杀、贩卖问题。雍正十一年，清廷颁布禁私宰牛只的法律条例：按盗牛数量、次数，分别治以枷责、徒流、军绞等罪[③]。嘉庆十年，通行查禁私宰牛只，税收减少，在所不惜。“若谓两翼牛税日渐减少，系由禁止宰杀，牛贩不敢进城之故，尤属见小，国家税课出入亦岂系此区区?”[④] 道光十一年，京师东长营地方有“开设牛肉汤锅，每日宰牛一二百只，并敢运载进城售卖”。于是，令顺天府五城查拿私宰牛之人。[⑤]朝廷用禁止私自屠宰牛只的条例，对牛的交易进行控制和管理。

各地方官府对此都有贯彻执行。如广西地方多私立牛墟，盗来牛在这里易于出手。于是“通饬各属严禁【私设】牛墟，严拿牛贩。民间买卖耕牛，皆令向墟集之中，平公交易”，“行之数月，报盗者亦渐少矣”[⑥]。在“山东、河南各省俱系地方官，详给印牌，设立官行。凡有买卖牛支，牛行务必盘问根底，倘有来历不明，形足迹可疑，即报官究治。其买牛之人，不凭官行不敢私买”。江苏买卖牛只通例，“报知地保，验明具结报官，方许开剥”。湖南养牛之家很多，盗牛风盛行，因“向未设立官行，惟听民间私充经纪，自行交易”。后来也设立牙行，买卖牛只，烙印编号，登记注册。[⑦] 江西“民间买卖牛只，除彼此识认

① 光绪《钦定大清会典事例》卷527，兵部，马政。
② 清《高宗实录》卷208，乾隆十一年十二月己巳。
③ 《湖南省例成案》兵律，厩牧，卷13。
④ 清《仁宗实录》卷154，嘉庆十年十二月丙戌。
⑤ 清《宣宗实录》卷202，道光十一年十二月己亥。
⑥ 雍正七年十月初六日广西按察使元展成奏，见《宫中档雍正朝奏折》第14辑，第659页。
⑦ 《湖南省例成案》兵律，厩牧，卷13。

者，应听自行买卖外。其有外来面生不知姓名、住址之人，务经牛牙交易，不得私自承买。各邑牛牙俱自行设簿，先期送县钤印。凡有民间买卖牛只，即查明来历，将毛色齿角，并买卖姓名住址备登簿内，方许用价售买”。如买卖贼牛者，买牛人和牙人都要治罪。[①] 在黑龙江“回人卖牛肉，例请税课司，以火印烙牛股，乃敢就屠”[②]。也有的地方用严禁宰杀牛只，来调节牛价。乌鲁木齐“因牛少价昂，农者颇病。遂严禁屠者，价果减，然贩牛者闻牛贱不肯复来。次岁牛价乃倍贵，弛其禁，始渐平”[③]。除牛之外，有的地方还对大牲畜驴、骡有禁杀的情况。京师“汤锅屠户，但知贾利，一任宰杀，且往往匪窃之徒盗来骡马，但与微价私买偷杀”。于是严禁宰杀，对私屠者按律治罪。[④]

木材是极普遍的生产资料，民间采伐、运销一般都没有禁令。但对属于官场的木材砍伐、运销则有一些规定。出入古北、潘家、桃林等口，及东北盛京、新疆伊犁山场各官商，“先期具呈到部，取身家住址，邻佑并各商连名甘结，移咨兵部给批付商，照验出口。部给采木植批文，并移守关官确查。出口人数，及进口木植数目报部”。对“旗人采木人役，以兵部给发关票之日为始，限半月内出口。其关票限一年缴销，如过限不回，及不销票者，送该部议罪。”官商“带领人夫，令监督将姓名、年貌，逐一开填票内，给发验收”。如有病故未回者，报管口官注册。嘉庆十七年还规定，砍木照票上，要加具界官印结。关票发放由兵部和工部负责。一年期满“缴旧换新”[⑤]。未按规定砍木之人，按偷砍树木治罪。砍伐运销木材的政策和管理，只在上述地区适用。原因之一是北边和东北木场多属皇家木场，或官地，“所产木植自未便任听私行砍伐，漫无稽核”[⑥]。其次是这类木场在边关口外，必须进行严格管理，以防“匪类混冒于口外地方”[⑦]；或“清边弊以肃边防”[⑧]，有一定的保安意义。

---

① 《西江视臬纪事》卷2，详议。

② 西清：《黑龙江外纪》。

③ 纪昀：《阅微草堂笔记》卷8。

④ 焦祈年奏，见《宫中档雍正朝奏折》第27辑，第202页。

⑤ 光绪《钦定大清会典事例》卷942，工部，关税；卷106，吏部，处分例。

⑥ 清《仁宗实录》卷164，嘉庆十一年七月丁巳。

⑦ 清《圣祖实录》卷208，康熙四十一年六月丙辰。

⑧ 清《宣宗实录》卷43，道光二年十月己巳。

在沿海地区也有木材禁运政策，主要在清初的海禁期间。福建的木材早在顺治十三年“禁不出海，数年森严”①。海禁开放后，木材也同时放开。奉天的木材开发较晚，至康熙二十二年准许盛京木材“沿海运至天津贸易”②。以后又可以运往山东，也可以说奉天的木材并未禁运。

有关粮食流通的政策，前人已经进行了深入研究。③ 关于清廷对民间粮食流通政策与管理的论述，人们比较一致的看法是：“听民间自为流通”的政策。采取“禁遏籴”，以疏通粮食流通渠道，保证物畅其流，禁止粮商囤积居奇，禁止出口，鼓励进口等措施。研究者们指出：清廷有关粮食流通的政策十分明确，各地方官府的管理也比较严格，社会与经济效果更是积极的。

这里补充说明的一点是，嘉庆、道光朝也延续了前朝的政策，并且更进一步，规定了掌握执行政策的度。如嘉庆五年规定，京师各铺户贮粮食的数量，超过者为囤积居奇，要治罪。④ 十一年，京师步军统领衙门就增“拿获拉运米石，并存积逾额”的各铺户。⑤ 商铺买卖粮食，没有存粮就不能经营，规定限量可以让粮商正常经营。还可以使各级官员准确地执行政策，进行粮食流通的管理，说明政策的可操作性是很强的。道光十二年，直隶遇到旱灾，清廷鼓励粮食北运，令该省“各地方官出示晓谕，遇有北上商船，所过闸座关隘不准留难，如值水浅之处”，“量为疏通，俾得遄行，以资接济”。道光二十年，重申禁止遏籴的条例：“遇有邻境偏灾，遵照定例，除本处亦未丰收，准题明暂行禁止外，其余概不准禁止米粮出境。如查有前项情弊，立即参办”⑥。可见，嘉道时期仍在继续执行既定的粮食流通政策。

沿海地区的粮食禁运政策。在清廷提出海禁政策的同时，沿海民间海上粮

---

① 顺治十三年九月初八日户部尚书车克等题本，载《历史档案》1983 年，第 1 期。

② 光绪《钦定大清会典事例》卷 942，工部，关税。

③ 陈桦：《论清康雍乾时期的粮食流通政策》，载《中国社会科学院研究生院学报》，1988 年，第 6 期；吴建雍：《清前期的商品粮政策》，载《历史档案》，1986 年，第 3 期；江太新：《关于清政府粮食价格政策的考察》，载《经济研究》，1990 年，第 3 期；葛贤惠：《宫中朱批奏折中所见乾隆时的粮食调剂措施》，载《历史档案》，1988 年，第 4 期。

④ 光绪《钦定大清会典事例》卷 1038，都察院，五城。

⑤ 清《仁宗实录》卷 170，嘉庆十一年十一月丁巳。

⑥ 清《宣宗实录》卷 214，道光十二年六月己亥；卷 332，道光二十年三月庚戌。

食自由贸易也被停止了。开放海禁以后粮禁才逐步放开，但政策的执行，各地区有所不同。[①]

第四节　对沿海运输的政策与管理

清朝统治者入主中原，建立王朝政权的初期，以郑成功为首的反清集团，占据福建、台湾、浙江沿海地区，与清廷抗争。为了消灭这股势力统一全国，顺治十二年，清廷下令沿海地区禁造二桅以上的大船。[②] 次年敕谕浙江、福建、广东、江南、山东、天津，“严禁商民船只私自出海”。十八年，又颁布江南、浙江、福建、广东四省濒海地方居民“迁移内地”的迁界令。[③] 这就是清初实行的禁止沿海人民出海贸易和捕鱼的禁海政策。

随着反清势力的被平息，要求开海的呼声渐起。康熙十八年江苏巡抚慕天颜、工科给事中丁泰分别奏弛海禁。丁泰奏请在山东沿海，准许“一二百石之小艇，沿边行走”，运输贸易。[④] 次年，清廷准许直隶、山东、江南“装载五百石以下船只，沿海行走”[⑤]。当时规定，沿海以吴淞口为界，“迤南由浙及闽粤，皆为南洋。迤北由通【州】海、山东、直隶及关东，皆为北洋”[⑥]。是时，北洋海禁已开放。康熙二十三年四月，工部侍郎金世鉴奏准，浙江沿海地方“照山东等处见行之例，听百姓以装载五百石以下船只，往海上贸易捕鱼”[⑦]。同年，又准许福建、广东沿海人民用载五百石以下船只出海贸易。至此，实行了二十八年的海禁政策结束。

海禁政策在各沿海地区的实行情况不尽相同。东北奉天沿海就没有实行海

---

① 邓亦兵：《清代前期沿海粮食运销及运量的变化趋势》，载《中国社会经济史研究》，1994年，第2期。

② 康熙《大清会典》卷99，兵部19，海禁。

③ 清《世祖实录》卷102，顺治十三年六月癸巳；卷4，顺治十八年八月己未。

④ 乾隆《沂州府志》卷4，舆地4，海。

⑤ 康熙《大清会典》卷99，兵部19，海禁。

⑥ 包世臣：《海运南漕议》，见《安吴四种》卷1，《中衢一勺》。

⑦ 清《圣祖实录》卷115，康熙二十三年四月辛亥。

禁。江苏北部的赣榆县，顺治十四年实行海禁。康熙二十一年开禁，五十七年复禁。雍正三年再开，七年又禁。"自康熙二十一年开禁后，虽二次禁，不禁采捕，惟商船不得通行。"直到乾隆五年又重新开禁。①

海禁开放之后，朝廷先后颁布了对商船、船户、商人进行管理的各种条例。对商船的管理条例规定：出海商船只许用双桅，梁头丈尺递减，船员人数也相应递减。船帮两侧烙印船号刊名，船帆上书写州县字号、船户姓名，每字径尺。载重量限制在五百石以下。江南船用青油漆饰白色钩字；浙江船用白油漆饰绿色钩字；福建船用绿油漆饰红色钩字；广东船用红油漆饰青色钩字。乾隆五十六年，准广东内海商船带炮位器械。以后，福建又奏准，梁头在一丈三尺以上的商船带炮位。嘉庆年间，又准许江苏、浙江梁头同样的商船带炮位。② 嘉庆年间，开始放宽限制，"商民置造船只，梁头丈尺，照前听民自便，免立禁限"③。

对船户的管理条例规定：造船前由地方官查取船户族里保结，准其成造。造成后，地方官量验丈尺，查明随船舵工、水手，取具澳甲长保结，并编号烙印于船身，由县发给船执照。照内填写船户姓名、年貌、籍贯；舵工、水手年貌、籍贯；船身丈尺，加盖县印。商船载货出口时，由牙行报验挂号保结，领取海关发给的出口关票，转给商船。票内填写船户姓名、年貌、籍贯，运载货物名称、数量，同船客商姓名、人数、载货前往目的地，船开行日期等，加盖海关印。商船进出港口，由守口弁兵查验照票放行。船照、关票每年换发一次。④

对商人的管理条例规定：客商置货出口填写货单，注明货物名称、数量；该商人年貌、籍贯、货物发往何处，投入何行，由客商大书花押于货单上。⑤然后经海关纳税，方可出口。

---

① 嘉庆《赣榆县志》卷1，坊镇。

② 雍正《大清会典》卷139，兵部29，海禁；《治浙成规》卷8，臬政；光绪《钦定大清会典事例》卷776，刑部，兵律，关津。

③ 清《仁宗实录》卷347，嘉庆二十三年九月戊午。

④ 光绪《钦定大清会典事例》卷629，兵部，海禁。

⑤ 雍正《大清会典》卷139，兵部29，海禁。

根据清廷颁布的条例，沿海各省在执行中又规定了一些细则。奉天各属沿海船只，“以三丈二尺为限，止准安用单桅，不盖蒙板”，凡欲进入奉天沿海的船只，先赴旅顺口水师营挂号，粘贴印花，方许入口。出入奉天的雇工发给印票，由海口弁兵验票放行。[①] 天津沿海商船，以及宝坻、北塘海口大小商船，一律由各县发给船照，出海时由大沽营游击验照放行。[②] 山东沿海州县同天津。以上三省无海关关票，只验船照票放行。江苏省规定：船照中不填舵工、水手姓名，因这些人“系临时雇觅”，经常变动，需在商船出口时，另开小票，注明舵工、水手姓名、人数，贴于船照上，以备海口查验。[③] 浙江在嘉庆八年修改规定，不带炮位的商船，船照为两联式，县发给船照后，设簿登记，并留一联照根备查。[④] 福建在乾隆四十年亦仿照江苏办法，把临时改换的舵工、水手姓名等情况另单填入，粘于船照上，就地换单查验。还制订了商船买卖章程，其中规定：先由卖船人所在州县查验，确有其船，将关票、船照注销。然后由买船人所在州县给官文。该县改烙船号，发给执照。沿海州县设两本循环簿，出海商船要登记入簿。循环簿一本发给澳甲，另一本发给海口官员。登记的内容除了船照原有的之外，还要填写保结船户的保行人姓名，更换的舵工、水手姓名等项。只在沿海揽载客货的有底无盖小船，也要由县发船照，编号烙印。准许渡海商船，携带一定量的油、灰等修船物料，规定要雇泉州、厦门的舵工驾船，以保证渡海安全。一般大商船发给船照和关票，小商船只发给船照，不发关票。[⑤] 台湾商船出海，先由船总、行保具结状纸，填明往何地，与船照一起送台防厅登记。台防厅发给印单，根据距离限定时间，出入口都要在印单上盖戳。[⑥] 广东规定：出海商船须报明往何地，何时收港，按距离限定日期归港。船只转卖、拆卖，要由澳甲长查明登记，换给新照承买。拆卖船要注销船号，转卖何人须澳甲稽查。[⑦]

① 光绪《钦定大清会典》卷49，兵部；光绪《钦定大清会典事例》卷776，刑部，兵律，关津。
② 光绪《钦定大清会典事例》卷245，户部，杂赋。
③ 清《高宗实录》卷814，乾隆三十三年七月戊子。
④ 《治浙成规》卷3，藩政。
⑤ 《福建省例》（23），船政例。
⑥ 乾隆《台湾府志》卷2，规制，海防。
⑦ 《粤东省例新纂》卷6，兵例下，船政。

以上这些条例法规有其合理性。一个国家对经济活动进行宏观管理，使其有序正常的发展是十分必要的。朝廷规定沿海州县发给商船执照；商船依法纳税；海关发给关票；商人缴纳货税，发给货单等都是正当的行政管理，可操作性强，一般船户、商人都能遵守。例如：在记载中国商船遇难漂至韩国，当地官员与中国船员对话的《问情别单》中，[①] 从康熙至道光二十年间，进行沿海贸易的漂船共27例，其中26例均记载了船照、关票、验单等情况。除了有意逃税之外，这些规定未见给船商运输、商人经商带来不便。

不过，一些条例法规也有不完善、不合理的地方。通常那些在实际中难于执行，大部分船商、商人无法遵守的条例法规，就是不尽合理的。例如：规定船照中除填写船户姓名外，还要填写舵工、水手姓名。而在实际中，商人造船有自驾出海的，也有出租或雇人驾驶出海的。每次出海又会有租赁人不同，雇用舵工、水手不同等问题。船照为一年一换，在一年中，一只船多次出海运输，固定填写的人名、人数，会与实际有很大差距是显而易见的。仍以漂船为例，26例中，两例船票丢失不记，人照相符的只有一例，其余23例都是人照不符。乾隆年间，江苏发现此问题，改发出洋人名小票，就是对条例不合理的更正。但这种更改只在福建、江苏两省实行，其他省没有执行，所以仍出现混乱矛盾的情况，致使一些船商钻条例疏漏的空子。例如：康熙年间，在上海开张洋行的张元隆，利用自己的牙行身份，自造商船，自己保结，冒领船照，“招集异乡水手，假名冒籍”，出洋商船达28只。[②] 而且在实际中，还发现有船照过期不换的情况。有的商人说：“这关票是造船时候儿出的，年年塘塘【？趟趟】拿这个票出来的。”

此外，条例法规也有对船商经营运输的限制，如规定船的长宽度，限载量和人数等。这些规定阻碍了沿海运输的发展。从总体上看，清朝各级官府对条例法规的贯彻执行强制程度较低，相比海禁政策的推行是比较宽松的。尤其随着时间的推移，一些规定在实际中都被突破。例如：乾隆四十二年十一月十七日，一只天津商船漂至韩国茂长地方，该船长十丈，宽一丈六尺，建三桅，突

---

① 参阅松浦章前引文。

② 张伯行：《海洋被劫三案题请敕部审拟疏》康熙五十年，见《正谊堂文集》卷1。

破了双桅的规定。由于商人多造违例大船，嘉庆十一年福建巡抚重申：不许造违例大船，已造成者既往不究。① 对于人照不符的违例情况，各地方官大都采取默认的态度。船员说："数三人之相左，并不相干"，"票上虽只五人，十个人亦可以载得"，"例不稽查"等等。天津与福建同安往来商船，相互雇用舵工、水手，天津船户雇同安人，同安船户雇天津人为舵工、水手。他们说："唯凭照检，无所拘碍，乃所以便行商之道也。"有同安人在海澄县领船照，他说："同安、海澄俱是福建所管，故本无彼此之别矣"。当然也有特殊情况。乾隆四十八年，广东饶平船户刘恒发揽载客商红糖、薯粉运苏州交卸，途中附便搭载二个熟客。商船在连江海域遇风泊靠港口，有汛兵以查验人照不符为名，勒索钱货。事发后，汛兵被治罪，无照客商也被处罚。②

第五节　对民族贸易的政策与管理

清王朝十分重视民族贸易问题，提出的主要政策，一是制订出入周边地区的手续。凡是出入周边地区贸易的商人，都必须领票、验照才能放行。"商民由原籍地方给票。他处贸易者，于贸易地方给票。附近村民往来贸易，每年给印票一次，常川照验。内地喇嘛及往蒙古部落，并库伦、恰克图、乌里雅苏台等处之商人"，各在出口地领票。③ 票内写明姓名、籍贯、货物数目、人数、往何地贸易等内容，回籍时将原票缴销。④ 对于进行互市的民族商贾，乌里雅苏台、库伦、恰克图及喀尔喀各部落者，皆由理藩院给票；内地商贾由出口地领票，但票上要粘合理藩院院票。⑤ 票中要填写启程日期、通过路途等。⑥ 贩

① 道光《厦门志》卷5，船政略，商船。

② 乾隆四十八年七月初四日福建巡抚雅德奏，见《宫中档乾隆朝奏折》第56辑，第669页。

③ 光绪《钦定大清会典》卷49，兵部。

④ 《上谕条例》兵例。

⑤ 光绪《钦定大清会典》卷67，理藩院。

⑥ 光绪《钦定大清会典事例》卷983，理藩院，边务；乾隆四十二年二月十七日山西巡抚觉罗巴延三奏，见《宫中档乾隆朝奏折》第37辑，第777～778页。

羊也要领票，“回民领票贩羊，进口牧放售卖，藉以营生，本属例所不禁”①。乾隆九年，宁夏沿边一带，因道员与驻地之员外郎意见不一，查验照牌“遽行禁革”，十四年又请恢复。②

二是规定交易时间、地点。鄂尔多斯向准“于横城贸易”。康熙时，增加定边、花马池、平罗城三处。③ 以后又增加石咀子、靖远县口外之宁条梁、榆林府神木县城、及归化城、托克托城等处。青海少数民族与内地商人交易，原来“每年定于二、八月贸易两次，择定那拉萨拉地方为交易之所”。后来，居住在黄河东边的部落，改在河州双城堡、松潘黄胜关之西河口两处交易，居住在黄河西边的部落，在西宁口外丹噶尔寺交易，每年不定限期。④ 道光三年改“每年定以四月至九月”交易。十九年又改“每月酌定日期，准民人贸易两次。其余日期不准私相贸易”⑤。湖南苗族人民与商人交易，规定“每月三日”进行，“限时集散”⑥。雍正时，“每月定场期三次”，至乾隆二十九年奏准，“民、苗现许结亲，往来交易，所有设立场市限期交易之例，应行停止”。三十二年将此例删除。⑦ 贵州苗族人居住区，于乾隆四年“兴立场市。各寨苗民商贩，俱按期交易”⑧。广东黎瑶“准在儋州西之新羊市、东与临高交界之南通市、中之调南市，分立三墟，五日一集。令黎总带出熟黎，赴墟与民人交易。其薄沙龙头生黎，由熟黎转相卖买。每逢墟期，责成黎口汛兵、薄沙巡司亲至弹压。”交易结束，不许住宿，立即返回。⑨

三是对商人颁布禁令。对汉族商人的禁令：“票商令以现银现货交易，定限一年催回。不准藉索欠为名，潜留各部落，娶妻立产。止准支搭帐房，不准

---

① 清《仁宗实录》卷263，嘉庆十七年十一月丁丑。

② 清《高宗实录》卷354，乾隆十四年十二月戊寅。

③ 清《圣祖实录》卷181，康熙三十六年三月乙亥。

④ 清《世宗实录》卷31，雍正三年四月丙申；雍正三年四月初八日岳钟琪奏，见《宫中档雍正朝奏折》第4辑，第141～143页。

⑤ 清《宣宗实录》卷50，道光三年三月庚午；光绪《钦定大清会典事例》卷983，理藩院，边务。

⑥ 清《圣祖实录》卷201，康熙三十九年十月庚辰。

⑦ 光绪《钦定大清会典事例》卷765，刑部，户律市廛。

⑧ 清《高宗实录》卷105，乾隆四年十一月。

⑨ 《粤东省例新纂》卷5，兵例，黎瑶。

苫盖房屋。不准取蒙古名字。无票者即属私商，查出照例治罪逐回，货物一半入官。”[1] 乾隆年间，内地商人突破“应在恰克图、库伦、塔密尔、乌里雅苏台一带集场”交易的定例，往“各喀尔喀游牧贸易者甚多”，于是严行禁止，如查出偷往贸易的人，货物入官，商人治罪。[2] 如有旧账未清者，“只准单身前往，不准携带货物”[3]。

对周边少数民族商贾的禁令：不准沿边内外部落与商民交易，[4] 这包括境外民族商人。蒙古商人“令十人以上合伙而行”，若无首领管束，对管旗各官员治罪。[5] 如蒙古等游牧人容留内地商人，“将所买货物，加倍受罚”。当时，内地商人前往游牧地区贸易，少数民族人常常有所赊欠，于是规定，新欠无多者，限一年内完结。所欠年久者，令酌减归还。[6] 嘉庆十年规定：“蒙古负欠民人账目，即饬分别还清，将欠债者重责示惩。”道光十九年又定：欠账由盟长等官员，“按年详查，俱令年清年款。”[7] 乾隆年间，对少数民族商贾的政策有所放宽。如蒙古商人进口交易牲畜，有牙票、税票、蒙古官员的图记，或就近保结都可以放行，不一定要领印票。过去蒙古商民领票只能到目的地交易，后来放宽可以在途中交易。[8]

四是对少数民族贸易采取保护、扶持政策。康熙时期，松潘地区有蒙古商民贩卖牛、羊、马匹，为了防止汉商“亏短价值”，地方官府“约束兵民商贾，凡遇番客货物，务令公平交易，不得短价强买”[9]。雍正年间，蒙古多伦诺尔地方，成为民族商品交易市场，往来商贾众多。这里没有牙行，也未设税口，于是总督奏请设立牙行和税关。部议认为：若设立官牙，按照牲畜头只，抽收税课，“诚恐牙行经纪、书役人等，借端需索”，“于蒙古人等转为滋扰”。

---

① 光绪《钦定大清会典》卷67，理藩院。
② 清《高宗实录》卷990，乾隆四十年九月丙辰。
③ 清《宣宗实录》卷50，道光三年三月乙亥。
④ 光绪《钦定大清会典》卷67，理藩院。
⑤ 光绪《钦定大清会典事例》卷983，理藩院，边务。
⑥ 清《高宗实录》卷990，乾隆四十年九月丙辰。
⑦ 光绪《钦定大清会典事例》卷983，理藩院，边务。
⑧ 清《高宗实录》卷166，乾隆七年五月壬戌；卷580，乾隆二十四年二月丙辰。
⑨ 康熙五十七年闰八月二十四日四川巡抚年羹尧奏，见《康熙朝汉文朱批奏折汇编》第8册。

否定了设置议案。[①] 乾隆年间，由于官员们之间的意见分歧，将原来在宁夏沿边口隘的商民与蒙古人交易禁止。清廷认为，这种"禁革有妨蒙古生计，殊非国家柔远之道"，于是仍照旧例办理。[②] 湖南与广西两省交界地区，也是苗民居住地，两省民苗交易，"其来已久"。曾因广西关隘阻碍，"商贩楚民，不便往来"。后经两省官府协商，广西关隘验照放行。湖南与贵州、四川交界地永绥地方，有川、黔商品流通，地方官府在此设立集市，方便"民苗之交易"[③]。贵州苗民地区"向无市廛"，清廷在此地"兴立场市，各寨苗民商贩俱按期交易称便"[④]。道光年间定例，严禁汉商进入海南岛，盘剥黎人。"黎人食盐，及牛、羊、器具等物，应准其照常售买，不得抬价阻买"[⑤]。

这些管理条例在各地大都能严格执行。第一历史档案馆藏有雍正十三年"新城贸易民人"、"滕格里贸易民人"、"哈尔海图贸易民人"的名册，其内容就是照票所要求填写的项目，[⑥] 正说明地方官员执行管理职责的情况。

第六节　清廷有关商品流通政策与管理的作用

以上集中论述了清廷的商品流通政策、法律、法规，与各级地方官府执行政策的具体情况，从中可以看出，清代前期朝廷制定政策的出发点和走向。

一、从巩固政权角度出发而制定的政策、法规

清廷的海禁政策及对沿海船只管理的某些规定；对铁、马、木材商品流通的限制；对少数民族贸易的某些法规，其出发点都是为了保证政权的存在和稳

---

① 雍正十二年十二月十五日直隶总督李卫奏，见《宫中档雍正朝奏折》第23辑，第876~877页。

② 清《高宗实录》卷354，乾隆十四年十二月戊寅。

③ 《湖南省例成案》兵律，关津，卷2；户律，市廛，卷34。

④ 清《高宗实录》卷105，乾隆四年十一月；雍正十年八月总兵杨凯奏，见《宫中档雍正朝奏折》第20辑，第453页。

⑤ 清《宣宗实录》卷209，道光十二年四月辛巳。

⑥ 郭蕴静：《清代商业史》，第228~234页。

定，以及社会的安定。对任何一个政权来说，巩固政权都是首要问题。清廷面临的是郑氏、蔡氏等所谓“海盗”集团。他们都是在沿海活动的小股势力，与已经统一了大陆的清廷力量对比悬殊，颠覆政权的可能性很小，用一部分军事力量来对付就可以了，而清廷则如临大敌，感到政权受到威胁。为了消灭小股反清势力，选择海禁政策，一禁就是二十八年。二十八年也正是郑氏集团存活的时间，说明海禁并未能断绝郑氏集团的生路。在嘉庆年间，同样的情况重演，亦未能断绝蔡氏集团的生路。这说明海禁的作用是极其有限的，而且郑、蔡都是在南洋海域活动，对北洋海域的禁令就更显得意义不大。因此，开放海禁政策的推行，无疑是正确的。当然这主要是政治上的原因，其次才是经济因素。康熙十九年首先弛禁的是北洋。四年后南洋才弛禁。粮禁的放开也呈现出先北洋后南洋的情况。而且康熙六十年和嘉庆年间，南洋又再次海禁，也恰恰说明弛禁的原因主要在政治。南洋沿海贸易要比北洋沿海贸易范围广，也更活跃。如果首先从经济考虑，就应该先开南洋海禁。“向令开海贸易谓于闽、粤边海民生有益。若此二省民用亢阜，财货流通，各省俱有裨益。且出海贸易非贫民所能，可充闽、粤兵饷，以免腹里省分转输协济之劳。腹里省分钱粮有余，小民又获安养，故令开海贸易。”① 显然，开海为了国家财政收入，然后是百姓生计。但是，无论如何海禁政策的目的不在“抑商”，只是其结果起到了抑商的作用。相反，弛禁后，朝廷颁布了目的在于保护商人利益的条规，各地方官府也在不同程度上推行了保商措施，则更说明了这一点。沿海商品流通对全国经济发展有重要影响，从后来沿海商品流通的发展看，东北、华北、江浙、闽广四地区互为市场，不仅商品流通，而且商品生产在一定程度上都是相互制约，相互需求，共同发展的。海上通道则是这种发展的基本条件。而海禁政策实行的结果，不仅起到限制外贸的作用，同时也起到抑制沿海地区商业发展的作用。

清廷对于少数民族地区的商品交易，其政策的出发点无非是“以杜衅端”②，巩固统治而已，也是政治因素第一。对民族之间的商品贸易，规定了过多的条条框框，商人出入少数民族地区手续繁琐。对国内商人要求严格有

① 清《圣祖实录》卷116，康熙二十三年九月甲子。

② 清《宣宗实录》卷209，道光十二年四月辛巳。

余，对国外商人管理不足。乾隆时期新疆统一之后，中亚商人云集喀什噶尔、叶尔羌、乌什、阿克苏、英吉沙尔、和阗等六城。清廷令浩罕汗国派商头至六城管理商务，约束其商人，朝廷只抽取四十分之一的货税。这种商头制度在道光时期成为西陲不安定的祸源。[①] 还有对铁、马等商品流通的限制，都是着眼于政治统治，人为地阻碍了经济发展。这些违反经济规律的政策、法规，使经济发展受到阻碍。

二、从安定社会出发制定政令、法规

清廷制定的对商品交易市场的管理办法，对商人的若干政策，以及市镇移驻机构和官员的政策等，其出发点都是安定社会。所谓安定社会，实际上就是维护政权的统治秩序。因为产生经济纠纷，就会造成社会的不安定，所以清廷要缓解民间内部矛盾，在商人与官员、商人与商人、商人与官府之间，维护商人利益。不过，由于官兵贪赃枉法，吏治腐败，使得在实际经济活动中，商人往往很少享受到清廷给予的保护。扰累商民是经常发生的事情，处于民不究，官不管的状况，多数商人常常忍受勒索，敢于告发是少数。有时商人虽举报，但官员不负责，不管理，举报也无用。道咸年间，口北地方“客商之遭害者，指不胜屈，报官无益，遂亦隐忍而不报，向使稍稍著意，稍稍动手，或当不至横肆若此耳”[②]。当然商人也以结交官员，投靠朝廷，偷漏税款的方式，进行自我保护和反抗。清廷对商品交易市场软环境的政策与管理，虽然目的不是为了商品流通的发展，尽管不能令行禁止，但对阻碍商品流通顺畅进行的恶势力进行治理整顿，前述的对牙行的政策与管理，打击倒买囤积、垄断、把持市场的奸商，统一度量衡等，都起到保证商品交易正常进行，稳定市场秩序的作用，为商人创造了有利的经营环境。管理总比不管好，不能因为牙行欺商，官员扰商等弊病存在，就否定清廷的政策与管理。因为官府是反对任何人骚扰商人的，从政策走向和执行的效果看，无疑对商品经济的发展和商人经营都是有利的。另外，民族贸易政策中，防止汉商对少数民族的欺骗、压榨及过度剥

---

① 陈庆隆：《论回疆的商头》《清代天山南北的贸易》，载《食货》第1、6卷，第12、3期。

② 徐继畬：《致王雁汀中丞书》，见《松龛先生文集》卷3。

削，对少数民族商业的发展也起到一定的保护作用。

三、以国家政治、军事、财政需要为出发点而制定的政令、法规

为政治、军事、财政经济的需要，是制定对道路、桥梁、河道经常维修政策的首要目的，但不是唯一目的。车辆不通，致碍商人通行，为了商人便利，为了商品流通，这是清廷制定政策的次要目的。在文献中，类似“以庇行旅”。“各省要路桥梁，间有损坏，行人劳苦，著地方有司申报各督抚，奏明修理。”① “其赣河一带塘汛亦已设有巡船，为卫护商船而设。本部院又经饬令文武员弁，昼夜巡防在案”②，使“商旅自获安全”③。“浔关河口冬春难泊，于商人大不便，请开浚。”“凿开纤路，以资挽运而济商民。”“西沽为商贾往来必经之所，河间尤为冲衢孔道。今道路沮洳难行，车辆不通，致碍行旅，成何事体，必须赶紧筹办。……俾商旅通行无阻为要。”④ 这类保护商旅通行的语句是很多的，尤其是官、民修筑的桥梁，建立的渡船、水夫，设置的集市等设施，恐怕主要是为了商人、百姓出行方便，交易便利。这些为商品流通服务的基础设施的建立、维修和管理，对保证商品流通顺利进行起着关键作用。各级地方官府按照中央的旨意，经常维修道路、桥梁、河道，无疑可以确保商品流通渠道的顺畅，使商人运输商品，省时省费。而商品交流的畅通，又是商业发展的根本，也是经济发展的命脉之一。不过，所修道路、桥梁、河道，一般都是官马大道，主要是动用公款维修。官马大道为政权服务，不用考虑运输成本，而且官马大道多是陆路。除此之外，还有连接官马大道的分支辅路，以及大量能通舟的河流。商人运输当然也走官马大道，但考虑运费价昂，所以常走水路，抄近道，或为了偷税走小路。这类道路由民间捐资修理，官府鼓励、奖励这种行为，同时，也有官员带头捐俸修筑道路。在这种大环境下，民间修缮道路的热情，长久不衰。其中商人捐资修路的事例非常多，地方志中记载了大

---

① 光绪《钦定大清会典事例》卷932，工部，桥道。

② 陈宏谋：《禁乘危抢货檄》乾隆七年，见《培远堂偶存稿》卷14，文檄。

③ 《西江政要》卷2，乾隆二十三年。

④ 清《高宗实录》卷67，乾隆三年四月戊申；卷74，乾隆三年八月辛卯；卷1460，乾隆五十九年九月乙酉。

量的事实。[①] 可见，这项政策深入民间的情况。此外，官员捐俸恢复或重建市场设置，一方面顺应经济发展，民间的要求；另一方面也具有一种倡议作用，引导民间自建集场。清代全国的道路、桥梁、河道，以及集场的数量比以往任何一个朝代都多，这与清廷政策的导向性，以及各级地方官府所起的作用是密不可分的，从而为商品经济发展创造了必要的硬件环境。

四、为保证财政收入而制定的政令、法规

清廷制定的专卖商品和允许捐纳官职的政策，都是为增加财政收入。专卖并非禁止商品自由流通。几乎任何国家都有专卖商品，当然专卖的目的不同。清代前期的专卖商品由清廷招募商人经营，这要比官府直接经营进步，垄断程度也轻。而且专卖商品的数量只有几种，当时市场上的商品种类多达千百种，只对其中几种商品垄断经营，根本谈不上是禁止商品自由流通。经济发展本身需要按经济规律办事，主要是不禁止和少限制。清代前期朝廷对民间商品流通、商品交易很少管制，这就造成了一种宽松的经营环境，加之那些保商的政令与法规，确是封建社会商品经济、商人发展的一种保证。当时商人数量的增多，商帮队伍的扩大和增加，几乎达到无省无之，这是亘古未有的，具有深远意义。同时，清廷为商人提供做官的机会，尽管捐纳官衔的人往往被正途官员看不起，地位低，其特权、利益也不如正途官员，但是，捐纳的事实不能不说是给商人的一种特殊优惠。因为，从社会底层向较高层次流动，在传统社会中，是人们普遍追求的一种心理状态，能够获得这种机会，恐怕只有富俗的商人，广大低收入的百姓，特别是农民很难占润。

在封建社会中，始终存在“抑商”和发展工商两种对立的经济思想，社会思潮以传统儒家轻商思想为主流。但是“抑商”思想、思潮的存在，与王朝制定商品流通政策是两回事。只有当清廷采纳“抑商”思想时，政策才体现抑商。清代前期的几个皇帝都不是经济思想家，没有完整的商品经济思想。但他们也并非采纳了“抑商”的经济思想来制定政策。[②] 如前所述，清廷的商

① 参阅徐建青前引文。

② 邓亦兵：《清代前期的民商》，载《中国经济史研究》，1997 年，第 4 期。

品流通政策与管理，尽管主要目的是维护政权统治，社会安定，但政策落实的社会效果，或者说在客观上，是有利于商人经营的，有利于商品经济发展的。历史事实也是如此，清代前期商品经济的发展，超过以往任何一个朝代，是史无前例的。

总的说，清廷商品流通政策与管理的作用力的方向，与其制定政令、法规的出发点相关。当出发点是为商品流通服务时，作用力的方向与商品经济发展的方向就一致，起到促进商品经济发展的作用。应该说，这种情况在清代前期有而不多，因为当时的统治者对商品经济的认识是极有限度的。当出发点是抑制商品经济发展时，商品经济反而向前发展的情况，在清代前期几乎是不存在的。大多数情况是，官府制定政策、法规的目的是非经济原因，作用力的结果，政策的导向，或压制、抑制了商品流通；或推动、促进了商品经济的发展。

中国封建专制国家的政策与管理，相当于现代所指的政府职能，比资本主义国家的政府职能，在推动、促进商品经济发展方面的作用要小得多，甚至有本质的区别。这是因为中国封建专制国家的经济基础是农业，朝廷制定经济政策也是以农业为本，工商为末业。只要农业发展，人民有饭吃，社会秩序就会安定，政权也就稳固。朝廷自然地从这一利益出发制定国策，所以很少从商品经济发展的角度制定政策和法规，对市场进行管理。而西方资本主义国家的立国根基在工商业，以商为本，重商是目的，以经济发展、商业发达为原则，充分发挥政府职能在商品经济发展中的作用，他们的国家利益与商人的利益是一致的。为了商人的利益而保护商人，这是资本主义国家政权的特性。正是二者的经济基础不同，国策也就各异，自然政府职能在促进商品经济发展方面也会有相当大的差距。也正是在这一点上，清朝政权则体现出封建性质，换句话说，把维护政权统治稳固、社会安定作为制定政策的原则，把社会经济、民众经济放在从属地位，或者不考虑经济发展，这就是封建专制国家的特点之一。因此，清廷的保商政策也是极有限度的。不过，应该指出的是，清代前期朝廷很少限制、压制民间的商品流通，民间商品流通、商品交易得以在无人管制的宽松环境中，按照商品经济的规律发展，所以才有比较繁荣兴盛的局面。总之，清代前期朝廷的政策与管理在商品流通中的作用，是比较复杂的问题，需要具体情况具体分析。

当然在贯彻执行政策的问题上，还有一个重要的前提。这就是清代的官员并非都是贪污腐败的，既有政绩斐然的，又有无所作为的，更有贪赃枉法的。清廷并不鼓励官员贪污犯法，相反对贪赃枉法的行为，制定了许多处罚条例。清代前期也有一些贪污腐败的总督、巡抚等省级高官受到法律处罚，否则，清朝政权就难以存活267年之久。清廷的政策、法规，正是靠那些勤政廉政的官员贯彻执行的。

主编简介

方 行 1926年生，湖南沅江人。北京大学史学系肄业。中国社会科学院经济研究所研究员。1978年起从事中国古代经济史研究。主要著作:《中国资本主义发展史》(参加编写)；论文《略论中国地主制经济》《封建社会的自然经济与商品经济》《清代前期农村的高利贷资本》《中国封建社会农民的经营独立性》《清代前期的小农经济》《中国封建社会的经济结构与资本主义萌芽》等20余篇。

经君健 1932年生，江苏仪征人。北京大学经济系毕业。中国社会科学院经济研究所研究员，中国社会科学院研究生院教授。主要从事明清经济史及社会史研究。主要著作:《明清时代的农业资本主义萌芽问题》(合著)《清代的贱民等级》；论文:《试论清代等级制度》《试论地主制经济与商品经济的本质联系》等；选编《严中平文集》。

魏金玉 1926年生，河南唐河人。北京大学经济系、中国人民大学马列主义研究班毕业。中国社会科学院经济研究所研究员。长期从事明清农村租佃关系和雇佣关系研究。主要著作:《明清时代的农业资本主义萌芽问题》(合著)；论文:《试论明清时代雇佣劳动者与雇工人等级之间的关系》《关于中国农业资本主义萌芽的几个问题》《明清时代佃农的农奴地位》《明代皖南的佃仆》《清代押租制度新探》《试论封建生产关系的基本特征》《封建经济·自然经济·商品经济》等。

中国古代经济史断代研究
国家哲学社会科学重点科研课题
前无古人的学术贡献

中國經濟通史

清（下）

方行 经君健 魏金玉 主编

江太新 魏金玉 方行 执笔

经济日报出版社

目录(下)

第四编　土地分配篇

引言 …… 1069

第一章　官田民田化 …… 1071
　第一节　官田占有形式 …… 1072
　第二节　官田民田化 …… 1090

第二章　土地分配 …… 1109
　第一节　地主与农民的占地情况 …… 1110
　第二节　绅衿地主与庶民地主占地情况 …… 1136
　第三节　族田义庄的发展 …… 1142
　第四节　地权和佃权分离的普遍化 …… 1148

第三章　土地买卖 …… 1165
　第一节　土地买卖法规 …… 1165
　第二节　土地商品化的深化 …… 1176
　第三节　土地买卖周期 …… 1190

第四章　田产继承 …… 1203

第五编　地主经济篇

引言 …… 1231

第一章　佃仆制度 …… 1233
第二章　分成租与定额租 …… 1271
第三章　永佃制 …… 1305
第四章　押租制 …… 1337
第五章　雇工经营 …… 1365

第六编　农民经济篇

引言 …… 1411

第一章　农民的经营独立性 …… 1413
第二章　农民的生产模式 …… 1437
第三章　农民的商品生产 …… 1463
　第一节　农产品商品生产 …… 1463
　第二节　棉纺织品商品生产 …… 1477
　第三节　农产品价格的形成 …… 1498

第四章　农民的再生产 …… 1517
　第一节　扩大再生产的特征 …… 1517
　第二节　扩大再生产的形式 …… 1550
　第三节　高利贷与农民的再生产 …… 1574

第五章　农民的消费 …… 1599

跋 …… 1613

第四编

土地分配篇

引言

在中国封建社会中，土地可以买卖，土地分配经常处在一种变动不居的状态之中。土地兼并，即土地集中，也成为不可避免的经济现象。但是，随着社会经济的发展，社会积累流向商业、高利贷、开矿和手工业日益增多，这就会削弱土地集中的势头。由于农业生产力的发展，取得地主身份所需土地的最低必要量降低，有利于中小地主的发展，对于土地集中的发展起着遏制作用。自耕农通过推广复种制度和种植商品性农作物、经营家庭手工业，增加了收入，提高了自我生存、自我发展的能力，“虽有豪强，无由兼并”。中国多子均分的财产继承制度，在清代人口大量增加的条件下，更有力地推动着地权的分散。同时，随着社会经济的发展，土地买卖中的“传统附属物”日益废弛，土地商品化日益纯化，任何人只要有钱都可买置田产，这当然也有利于地权的分散。

由于上述各种因素的综合作用，土地集中的程度会降低，土地集中的规模会缩小，土地集中的速度会放慢，最大量的土地会掌握在中小地主和自耕农手中。本篇将着重讨论清代前期的土地分配、土地买卖和田产继承等问题。

第一章 官田民田化

官田是中国封建社会土地所有制的一种形式，它相对于民间私有的民田而言。凡国家所有的田土，均叫官田。官田一般包括屯田、未开垦的田土、河海水流域退后形成的滩田，以及绝产、逃户的遗田，罪犯被没收的田地等等，内容庞杂。各个朝代具体经济情况不同，官田的内容亦异。

清代的情况是，据《大清会典》记载，“凡田地之别，有民田（民间恒产听其买卖者，为民田）；有更名地（前明分给各藩之地、国朝编入所在州县，与民田一体给民为业，曰更名地）；有屯田（卫所军田钱粮，有由卫所官经征者，有改归州县官经征者，皆曰屯田；其屯田有续垦者，亦曰赡军地；新疆科布多等处，有绿营兵及遣犯所种屯田；懋功厅有番民所种屯田）；有灶地（长芦、山东、两淮、浙江、福建、广东灶丁之地，曰灶地）；有旗地（盛京十四城旗人所种之地，及近京圈地征收旗租者，皆曰旗地；奉天、山西有先系旗地后给民垦种者，曰退圈地）；有庄田（内务府征粮之地庄田，近京州县及盛京各城有之）；有恩赏地（国初于近京州县分给八旗马厂之地，后因坐落较远，弃置不用，历次清丈给民垦种，改名恩赏地）；有牧地（直隶、山西边外牧厂余地召种升科者，及各注［驻］防马厂召种征租者，皆曰牧地）；有监地（国初，沿明制，于甘肃设苑马七监，后经停止，以其地给民垦种，为监地）；有公田（各省有目为基地、园地、养廉地者；又吉林、黑龙江给壮丁所种之地，亦曰公田）；有学田（各省皆设有学田，以为学中公费。直隶、山东、江苏、安徽、江西、福建、浙江、湖北、湖南、四川、云南所设学田，即在民田数内；其山西、河南、陕西、甘肃、广东、广西、贵州则于民田之外另设学田，免其民田科则）；有赈田（贵州有之）；有芦田（江苏、安徽、江西、湖北、湖南、滨江随时坍涨之地，曰芦田）。皆丈而实其顷亩之数，以书手册”[①]。但民田、官田并不是一成不变的，随着社会经济的发展，官田民田化日益发展。

第一节 官田占有形式

清代官田名目极多，但主要的有旗地、屯田、学田等。

一、旗地

一般指清代八旗成员占有的田地。早在天命十年（1621）努尔哈赤未入关前，就在辽沈地区实行“计丁授田”[②]，每一成年旗人授田六垧（一垧为六亩），入关后，从顺治元年至康熙二十四年（1644～1685）间，圈地活动不断进行，其间三次大规模的圈地活动都在顺治初年。旗地包括皇庄、王庄、官员庄田、兵丁份地。

皇庄 又称官庄，或内务府官庄，官庄设立“以供内府之用，有在盛京者，有在畿辅者”。凡内府各庄，“皆自内务府掌之”[③]。顺治元年（1644），“计立庄百三十有二”，坐落“顺天、保定、河间、永平、天津、正定、宣化等府州县。奉天、山海关、古北口、喜峰口亦令设立”[④]。国初定制，每庄“给田一百三十晌”。嗣后，又陆续增设粮庄、棉庄、盐庄、靛庄以及瓜园、菜园、果园等。“粮庄五所，每庄给地二百四十晌；菜园五所每所园地十五晌，口粮地三晌；西瓜园二所，每所园地三十晌，口粮地三十晌；马馆三处，牛圈四处。”[⑤] 粮庄设有畿辅庄，盛京庄，锦州庄，热河庄，归化城庄，打牲乌拉庄，驻马口外庄。现将各庄庄数及地亩数统计如下页表4－1。

此外，内务府所辖畿辅纳银庄共有123个庄，另有投充人82名，客户36名，苇户7名，庄田数额为355999亩。纳银庄数及庄田数额见下页列表4－2。

---

① 光绪《大清会典》卷17。
② 《满文老档》，太祖朝，卷24。
③ 康熙《大清会典》卷21。
④ 《清朝文献通考》卷5，田赋考5。
⑤ 《清朝通典》卷2，食货5。

表 4－1　　内务府所辖各粮庄地亩及庄数统计

庄 别	庄 数						庄田亩数	庄田分布地区
	总计	一等庄	二等庄	三等庄	四等庄	其他		
共计	1078	297	55	66	362	265	3577275	
畿辅庄	539	63	10	23	215	228②	965049	直隶各州县
盛京庄	76	34	5	5	32		714716	兴京、牛庄、金州等处
锦州庄	296	66	40	38	115	37③	1226826	锦州、宁远、广宁、义州
热河庄	134	134					527584	喜峰口、古北口外
归化城庄	13①						101400	黑河、浑津等处
打牲乌拉庄	5①						14700	吉林城以北
驻马口外庄	15①						27000	弥陀山

资料来源：《大清会典》，嘉庆，卷 76。
说明：①不分等次。
②内包括半庄 219 个，豆粮庄 6 个，稻田庄 3 个。
③内包括纳粮庄 29 个，纳租庄 4 个，纳银庄 4 个。
参见：李文治《中国近代农业史资料》第一辑，第 21 页。

表 4－2　　内务府所辖畿辅纳银庄数及庄田地亩统计

纳银庄别	庄数	庄田额（亩）	附 注
共计		355999	①纳银庄田坐落顺天、保定、永平、河间、天津、正定、宣化等府属之 53 州县。 ②原书：“总计庄地 13186 顷 37 亩有奇，岁应征银 23134 两有奇。”系未将客户，苇户地亩统计在内。
300 两庄	1	2700	
200 两庄	17	31633	
100 两庄	2	1800	
（按地征银）	103	113929	
投充人 82 名		168576	
蜜户 36 名		24815	
苇户 7 名		12546	

资料来源：《大清会典》，嘉庆，卷 76。
参见：李文治《中国近代农业史资料》第一辑。

据康熙十六年（1677）总计，内务府官庄田共 5748 顷 30 亩。[①]

宗室庄田　据康熙《大清会典》记载，国初，令诸王、贝勒、贝子、公等，

① 《清朝文献通考》卷 5，田赋考 5。

准于锦州各设庄一所，盖州各设庄一所，其额外各庄，俱令退出。顺治二年题准，给诸王，贝勒、贝子、公等大庄每所地130晌（或120晌至70晌不等），半庄每所地65晌（或60晌至40晌不等）。园每所地30晌（或25晌至10晌不等）。三年题准，京城内外无主园地，酌量拨给诸王府。五年题准，亲王给园10所，郡王给园7所，每所地30晌。六年题准，袭封王、贝勒、贝子、公等，伊祖父所遗园地，除拨给应得之数外，其余地亩，不必撤出，仍留本家。又题准，凡加封王、贝勒、贝子、公等，各照本爵拨给园地。七年题准，给公主园地各60晌，郡主园地各30晌，县主、郡君、县君园地各25晌。又题准，拨给亲王园8所，郡王园5所，贝勒园4所，贝子园3所，公园2所。每所地30晌，嗣后凡封王、贝勒、贝子、公等，俱照此例拨给。镇国将军园地40晌，辅国将军园地30晌，奉国将军园地20晌，奉恩将军园地10晌。凡给过园地者，停给家口粮米。①《清朝文献通考》卷5，《田赋》考5中也有相同记载。据《大清会典事例》和《八旗通志》资料记载，宗室庄田占有地亩情况如下表：

表4－3　　宗室庄田地亩统计

旗　别	庄①（所）	园（所）	庄田数额（亩）	坐落州县
共计			1333847	
镶黄宗室	5	1	3660	直隶通州、大兴……等州县
正黄宗室	21	3	10656	直隶大兴、宛平……等州县
正白宗室	5	2	3600	直隶香河、宝坻……等州县
正红宗室	148	64	124416	直隶宛平、昌平……等州县
镶白宗室	191	28②	171714	直隶大兴、宛平……等州县及辽阳、盖平……等处
镶红宗室	326	113	263001	直隶大兴、宛平……等州县及张家口……等处
正蓝宗室	717	195③	531324	直隶大兴、宛平……等州县及承德、辽阳……等处
镶蓝宗室	303	107	225474	直隶大兴、宛平……等州县及辽阳、盖平……等处

资源来源：《大清会典事例》，嘉庆，卷135。转见李文治《中国近代农业史资料》第一辑，第22页。

编者注：①庄田数据《八旗通志》，卷68，田土志7作出，其中包括整庄、半庄、整园、半园。
②庄园外，又果地、靛地、网户、猎户地76处，诸处地亩均一并计算在内。
③庄园外，又果、菜、牧地5处，诸处地亩一并计算在内。

① 康熙《大清会典》卷21，田土2。

《大清会典事例》所记载宗室庄田地亩与俞正燮《癸巳存稿》记载大体相同，俞著仅少20亩而已。[①]

八旗官兵旗地　各处驻防官兵给田或不给田，给多少田，清政府都有明确规定。顺治四年题准："江宁驻防旗员，给园地三十晌至十晌不等，西安驻防旗员给园地四十晌至十五晌不等"；又题准："浙江驻防官兵不给田，俸饷照经制支领"。五年题准："各省驻防官兵家口半携去者，其在京园地半撤，全携去者全撤。"六年题准："外省驻防官员，初任未经发给园地者，准令拨给，其加级升任者，不复添给。凡应给地十晌以下者，户部拨给，十晌以上者，奏请拨给。"七年题准："驻防官员量给园地，甲兵、壮丁每名给地五晌，临清、太原以无主地并官地拨给，保定、河间、沧州，以八旗退地拨给。"康熙三十二年议准："各省驻防旗兵，均在所住之处给予地亩。"[②] 等等。乾隆五十六年奏准热河千总，弁兵地亩改给银两。嘉庆七年，据马兰镇总兵兼内务府总管兴长奏请，东北两路看守行宫弁兵及西路行宫弁兵地亩亦依照乾隆五十六年热河千总、弁兵地亩改给银两之例办理，奉旨："依议"。按规定：将地亩退交地方官，每亩地折给银二钱。[③] 嘉庆七年十一月广储司银库呈文称，看守东北两路并西路行宫弁兵地亩折给银两一案，所给银两"核与退出地亩数目相符"[④]。八旗官兵占有旗地数额不再扩大。据《大清会典事例》记载，现将八旗官兵占有旗地情况统计如下。

表4-4　　八旗官兵旗地地亩统计

旗　地	旗田额（亩）	坐落州县
合计	14012871	
镶黄旗官兵	2363340	直隶大兴、宛平……等州县及宣府、古北口、张家口、喜峰口……等处

① 俞正燮：《癸巳存稿》卷9，记载："宗室庄田一百三十三万三千八百二十七亩"。

② 《钦定八旗通志》卷73，土田志12。

③ 转见中国人民大学清史研究所、档案系、中国政治制度史教研室合编《清代的旗地》上册，第109页。

④ 转自中国人民大学清史研究所、档案系、中国政治制度史教研室合编《清代的旗地》上册，第109页。

续表

旗　地	旗田额（亩）	坐落州县
正黄旗官兵	2354385	直隶大兴、宛平……等州县及宣府、古北口、张家口、喜峰口……等处
正白旗官兵	2079648	直隶大兴、宛平……等州县及宣府、古北口、张家口、喜峰口……隶等处
正红旗官兵	1240710	直隶宛平、良乡等州县
镶白旗官兵	1544430	直隶大兴、宛平……等州县及张家口、喜峰口、开平、赤城……等处
镶红旗官兵	1305570	直隶宛平、良乡……等州县
正蓝旗官兵	1713660	直隶大兴、宛平……等州县
镶蓝旗官兵	1411128	直隶大兴、宛平……等州县及独石口、张家口……等处

资料来源：《大清会典事例》，嘉庆，卷135。

编者注：1.《八旗通志》卷69，土田志，第8页1，称八旗官兵旗地为壮丁地。

2.《八旗通志》卷62，土田志，第1页10，顺治一年定："民间无主田地拨给八旗壮丁，每人三十亩"。

3. 另据光绪《大清会典》卷84，第5页，除上列畿辅八旗官兵旗地外，另外盛京各城旗地14757982亩。此外吉林、黑龙江兵丁，各于驻防处所，给地垦种；伊犁及锡伯部落，各设旗屯，分给官兵闲散人等。

说明：转见李文治《中国近代农业史资料》第1辑，第23页。

以上据《大清会典事例》所统计八旗官兵旗地亩数与俞正燮《癸巳存稿》记载的数额相差53991亩。表中所统计的仅是畿辅八旗官兵地亩数，盛京、吉林、黑龙江以及各省驻防处所官田所占地亩尚不计在内。

按清初规制，各类庄田共有50500多顷，八旗官地旗地14万多顷，两者合计约在20万顷左右。

旗地来源主要是圈占和投献两种。

清政府建都北京后，即开始下令圈占畿辅民田为旗地。顺治元年，清世祖以"东来诸王、勋臣、兵丁人等无处安置"① 为由，下令圈地。此后，旗地圈占便在畿辅及东北地区展开。顺治二年，户部尚书英俄尔岱等奏言："臣等奉命圈给旗下地亩，查得易州、安肃等州县军卫共三十六处。"② 顺治四年，户部又从"远处府州县"，"孤贫佃户无力运送"籽粒为名，又在"近京府州县

① 《清世祖实录》卷12。

② 《清世祖实录》卷22。

内，不论有主无主地土，拨换去年所圈薄地，并给今年东来满洲”为由奏请，得到顺治帝批准。“于是圈顺义、怀柔、密云、平谷四县地六万七百五晌，以延庆州、永宁县、新保安、永宁卫、延庆卫、延庆左卫右卫、怀来卫无主屯地拨补；圈雄县、大城、新城三县地四万九千一百一十五万晌，以束鹿、阜城二县无主屯地拨补；圈容城、任丘二县地三万五千五十一晌，以武邑县无主屯地拨补；圈河间府地二十万一千五百三十九晌，以博野、安平、肃宁、饶阳四县先圈薄地拨补；圈昌平、良乡、房山、易州四州县地五万九千八百六十晌，以定州、晋州、无极县、旧保安、深井堡、桃花堡、递鹗堡、鸡鸣驿、龙门所无主屯地拨补；圈安肃、满城三万五千九百晌，以武强、藁城二县无主屯地拨补；圈完县、清宛二县地四万五千一百晌，以真定县无主屯地拨补；圈通州、三河、蓟州、遵化四州县地十一万二百二十八晌，以玉田、丰润二县圈剩无主屯地及迁安县无主屯地拨补；圈霸州、新城、漷县、武清、东安、高阳、庆都、固安、安州、永清、沧州十一州县地十九万二千九百一十九晌，以南皮、静海、乐陵、庆云、交河、蠡县、灵寿、行唐、深州、深泽、曲阳、新乐、祁州、故城、德州各州县无主屯地拨补；圈涿州、涞水、定兴、保定、文安五州县地一万一千四百九十晌，以献县先圈薄地拨补；圈宝坻、香河、滦州、乐亭四州县地十万二千二百晌，从武城、昌黎、抚宁各县无主屯地拨补。”[①] 仅户部这次奏请，所圈近京膏腴之地达到5962242亩。以上所列，仅是清政府圈占旗地的一部分而已，其余的不一一枚举。请见表4－5。

表4－5　　　　清初直隶七十二州县圈占旗地一览表[②]

州　县	原有土地	圈　占	投　充	合　计	剩　余	百分比	依　据
大兴县	1021顷 4亩	993顷 83亩		993顷 83亩	28顷 64亩	97.3	《康熙大兴县志》卷三
宛平县	2193顷 43亩	1808顷 22亩		1080顷 22亩	385顷 21亩	82.4	《康熙宛平县志》卷三
顺义县	2486顷 86亩	2407顷 82亩		2407顷 82亩	79顷 7亩	96.8	《康熙顺义县志》卷二

① 《清世祖实录》卷30。

② 李华：《清初的圈地运动及旗地生产关系的转化》，《文史》第8辑。

续表

州　县	原有土地	圈　占	投　充	合　计	剩　余	百分比	依　据
通州	5731 顷 76 亩	4222 顷 74 亩	1448 顷 58 亩	5671 顷 32 亩	无	100	《光绪通州志》卷四
平谷县	1124 顷 31 亩	1064 顷 82 亩		1064 顷 82 亩	59 顷 51 亩	94.7	《民国平谷县志》卷一
怀柔县	1392 顷 22 亩	745 顷 36 亩		745 顷 36 亩	646 顷 86 亩	55.7	《康熙怀柔新志》卷四
密云县	2733 顷 43 亩	2151 顷 41 亩		2151 顷 41 亩	542 顷 亩	78.7	《雍正密云县志》卷四
房山县	1767 顷 37 亩	1045 顷 43 亩	210 顷 85 亩	1257 顷 28 亩	357 顷 33 亩	71.1	《民国房山县志》卷四
昌平州	2888 顷 70 亩	2584 顷 5 亩		2584 顷 5 亩	304 顷 66 亩	89.4	《光绪昌平州志》卷十一
延庆州	4673 顷 95 亩	3408 顷 28 亩		3408 顷 28 亩	1265 顷 67 亩	72.9	《乾隆延庆州志》卷三
良乡县	2918 顷 24 亩	2918 顷 24 亩		2918 顷 24 亩	无	100	《光绪良乡县志》卷三
固安县	4081 顷 77 亩	3615 顷 36 亩		3615 顷 36 亩	472 顷 21 亩	88.6	《咸丰固安县志》卷三
永清县	4911 顷 20 亩	4121 顷 26 亩		4121 顷 26 亩	789 顷 94 亩	83.9	《乾隆永清县志》卷二
霸州	2658 顷 19 亩	2299 顷 95 亩		2299 顷 95 亩	358 顷 24 亩	86.5	《光绪畿辅通志》卷九十四
新城县	9088 顷 85 亩	8654 顷 70 亩		8654 顷 70 亩	434 顷 15 亩	95.2	《光绪畿辅通志》卷九十四
唐县	2655 顷 29 亩	1053 顷 10 亩		1053 顷 10 亩	1602 顷 19 亩	39.7	《光绪畿辅通志》卷九十四
博野县	3297 顷 56 亩	424 顷 56 亩		424 顷 56 亩	2873 顷 亩	12.9	《光绪畿辅通志》卷九十四
完县	3218 顷 57 亩	2259 顷 25 亩		2259 顷 25 亩	959 顷 32 亩	70.2	《光绪畿辅通志》卷九十四
蠡县	6366 顷 68 亩	3288 顷 36 亩		3288 顷 36 亩	3078 顷 32 亩	51.7	《光绪畿辅通志》卷九十四
安州	4561 顷 55 亩	3696 顷 13 亩		3696 顷 13 亩	865 顷 42 亩	81	《光绪畿辅通志》卷九十四
高阳县	3595 顷 62 亩	2785 顷 45 亩		2785 顷 45 亩	810 顷 17 亩	77.5	《光绪畿辅通志》卷九十四
阜城县	2134 顷 66 亩	588 顷 60 亩		588 顷 60 亩	1546 顷 6 亩	27.6	《光绪畿辅通志》卷九十四

续表

州　县	原有土地	圈　占	投　充	合　计	剩　余	百分比	依　据
任邱县	8870 顷 94 亩	8254 顷 94 亩		8254 顷 94 亩	615 顷 66 亩	93	《光绪畿辅通志》卷九十四
献县	9296 顷 7 亩	3335 顷 92 亩		3335 顷 92 亩	5960 顷 15 亩	35.9	《光绪畿辅通志》卷九十四
景州	4273 顷 5 亩	474 顷 92 亩		474 顷 92 亩	3798 顷 13 亩	11	《光绪畿辅通志》卷九十四
吴桥县	4069 顷 97 亩		11 顷 52 亩	11 顷 52 亩	4058 顷 45 亩	0.3	《光绪畿辅通志》卷九十四
交河县	12706 顷 91 亩	5987 顷 47 亩		5987 顷 47 亩	6419 顷 44 亩	47.1	《民国交河县志》卷二
河间县	15300 顷 亩	6200 顷 亩	2375 顷 29 亩 （寄庄）	8575 顷 29 亩	6724 顷 71 亩	56.1	《乾隆河间县志》卷二
祁州	3371 顷 83 亩	568 顷 56 亩	34 顷 51 亩	599 顷 77 亩	2772 顷 11 亩	17.8	《乾隆祁州志》卷三
东安县（安次）	3242 顷 85 亩	1947 顷 45 亩	357 顷 73 亩	2305 顷 18 亩	508 顷 31 亩	71	《康熙东安县志》卷四
三河县	6412 顷 69 亩	5214 顷 47 亩		5214 顷 47 亩	1198 顷 22 亩	81.3	《乾隆三河县志》卷五
玉田县	5216 顷 89 亩	4599 顷 38 亩	372 顷 59 亩 （乾清、慈宁二宫、寿宁公主、景府地）	4971 顷 97 亩	617 顷 51 亩	95.3	《光绪玉田县志》卷十三
武清县	10765 顷 40 亩 （大亩折合）	7669 顷 91 亩 （大亩折合）	1266 顷 53 亩 （佥船地）	8736 顷 44 亩	167 顷 81 亩	83	《乾隆武清县志》《田赋志》
宝坻县	6890 顷 65 亩?	5817 顷 37 亩?	1515 顷 32 亩?	7332 顷 69 亩?	57 顷 95 亩?	?	《乾隆宝坻县志》卷五
香河县	3162 顷 14 亩	3093 顷 67 亩		3093 顷 67 亩	68 顷 47 亩	97.8	《光绪畿辅通志》卷九十四
蓟州	5500 顷 28 亩	2322 顷 67 亩	1903 顷 73 亩	4378 顷 5 亩	70 顷 64 亩	79.6	《道光蓟州志》卷五
遵化州	3772 顷 68 亩 （上、中、下折上地）	3742 顷 29 亩		3742 顷 29 亩	25 顷 35 亩	99.2	《乾隆直隶遵化州志》卷七

续表

州　县	原有土地	圈　占	投　充	合　计	剩　余	百分比	依　据
乐亭县	8047 顷 55 亩（上、中、下折上地）	6759 顷 58 亩	1265 顷 57 亩	8025 顷 16 亩	22 顷 39 亩	99.7	《嘉庆乐亭县志》卷四
滦州	8794 顷 68 亩？	7590 顷 6 亩	1817 顷 96 亩？	9405 顷 2 亩？	1179 顷 49 亩？	？	《嘉庆滦州志》卷三
昌黎县	3897 顷 27 亩	1259 顷 59 亩		1259 顷 59 亩	2638 顷 68 亩	35	《光绪畿辅通志》卷九十四
丰润县	11509 顷 64 亩	6049 顷 52 亩	4748 顷 60 亩	10798 顷 12 亩	711 顷 54 亩	93.8	《乾隆丰润县志》卷二
抚宁县	2867 顷 36 亩	1207 顷 92 亩		1207 顷 92 亩	1659 顷 44 亩	42	《光绪畿辅通志》卷九十四
甯河县	1528 顷 74 亩	1521 顷 53 亩		1521 顷 53 亩	7 顷 21 亩	99.5	《光绪甯河县志》卷五
迁安县	2315 顷 41 亩（上、中、下折上地）	1131 顷 7 亩	851 顷 75 亩	1982 顷 82 亩	332 顷 59 亩	85.6	《同治迁安县志》卷十二
卢龙县	1655 顷 52 亩	253 顷 26 亩		253 顷 26 亩	1412 顷 26 亩	15.2	《光绪畿辅通志》卷九十四
临榆县	1670 顷 69 亩	1670 顷 69 亩（尽数拨补滦州）		1670 顷 69 亩	无	100	《光绪临榆县志》卷十五
涞水县	4281 顷 45 亩	3168 顷 24 亩		3168 顷 24 亩	398 顷 47 亩	74	《乾隆涞水县志》卷三
易州	5640 顷 11 亩	3554 顷 40 亩	193 顷 55 亩	3759 顷 91 亩	1844 顷 21 亩	67	《乾隆易州志》卷七
定兴县	5613 顷 54 亩	5413 顷 83 亩		5413 顷 83 亩	207 顷 83 亩	96.4	《乾隆定兴县志》卷三
满城县	2290 顷 44 亩	2121 顷 33 亩	56 顷 51 亩	2177 顷 91 亩	112 顷 58 亩	95	《乾隆满城县志》卷五
安肃县（徐水县）	5575 顷 17 亩	5023 顷 11 亩		5023 顷 11 亩	552 顷 7 亩	90	《嘉庆安肃县志》卷三
涿州	5273 顷 3 亩	4329 顷 61 亩	276 顷（行宫、开道、种树地）	4605 顷 60 亩	667 顷 43 亩	87	《同治涿州志》卷七

续表

州县	原有土地	圈占	投充	合计	剩余	百分比	依据
雄县	4405 顷 77 亩	3056 顷 39 亩	618 顷 39 亩	3675 顷 76 亩	730 顷 1 亩	83	《民国雄县志》第三册
保定县	555 顷 33 亩	348 顷 87 亩		348 顷 87 亩	206 顷 46 亩	63	《光绪畿辅通志》卷九十四
清苑县	6479 顷 58 亩	3528 顷 30 亩	3140 顷 86 亩	4465 顷 62 亩	1422 顷 39 亩	69	《同治清苑县志》卷六
望都县	1115 顷 28 亩	433 顷 67 亩		433 顷 67 亩	681 顷 61 亩	39	《民国望都县志》卷四
容城县	2262 顷 72 亩	488 顷 22 亩		488 顷 22 亩	744 顷 50 亩	22	《乾隆容城县志》卷四
大城县	7144 顷 91 亩（大亩折小亩）	318 顷 78 亩	3 顷 57 亩	1321 顷 64 亩（大亩折小亩）	1434 顷 70 亩	22	《光绪大城县志》卷三
文安县	3766 顷 66 亩	1746 顷 82 亩	85 顷 95 亩	1832 顷 77 亩	1591 顷 31 亩	49	《民国文安县志》卷十二
肃宁县	5633 顷 33 亩	1997 顷 99 亩		1997 顷 99 亩	3635 顷 34 亩	35	《乾隆肃宁县志》卷三
天津县	9202 顷 44 亩	6995 顷 96 亩		6995 顷 96 亩	2206 顷 48 亩	76	《光绪畿辅通志》卷九十四
青县	7284 顷 87 亩	6546 顷 5 亩		6546 顷 5 亩	738 顷 82 亩	90	同上
沧州	4776 顷 5 亩	2203 顷 55 亩		2203 顷 55 亩	2572 顷 50 亩	46	同上
南皮县	5964 顷 8 亩	1554 顷 27 亩		1554 顷 27 亩	4409 顷 81 亩	26	同上
盐山县	4105 顷 88 亩		840 顷 29 亩	840 顷 29 亩	3265 顷 59 亩	20	同上
宣化县	15042 顷 11 亩	5127 顷 36 亩		5127 顷 36 亩	9914 顷 75 亩	34	同上
赤城县	3415 顷 1 亩	759 顷 81 亩		759 顷 81 亩	2655 顷 20 亩	22	《光绪畿辅通志》卷九十四
万全县	6413 顷 3 亩	2308 顷 57 亩		2308 顷 57 亩	4104 顷 46 亩	36	同上
怀来县	6868 顷 94 亩	3318 顷 91 亩		3318 顷 91 亩	3550 顷 3 亩	48	同上
西宁县	10819 顷 10 亩	5536 顷 86 亩		5536 顷 86 亩	5282 顷 24 亩	51	同上

续表

州 县	原有土地	圈 占	投 充	合 计	剩 余	百分比	依 据
怀安县	9292 顷 15 亩	4856 顷 17 亩		4856 顷 17 亩	4435 顷 98 亩	52	同上
保安州	2179 顷 68 亩	846 顷 61 亩		846 顷 61 亩	1333 顷 7 亩	39	同上
72 州县 合计	364886 顷 88 亩			244201 顷 39 亩	67%		

注：①本表根据各州县地方志田赋部分具体数字制成。凡各州县地方志对旗地记载不够明确、不够具体者，概据《畿辅通志》。

②个别州县地方志（如滦州、宝坻等方志），对全州县原有土地，圈占多少，投充多少，剩余多少，都分别有较详之记载，但原来数字相加不符，在表内照原样抄录存疑。

③表中圈占、投充两项，在一些方志中分别清楚者，则分别填定。凡方志中笼统记载"圈投"、"圈充"字样者，则在圈占项下统一填写。有的方志只记有"圈占"或"投充"单项，则分别填写。

④多数方志对"拨补"（或拨出，或拨入）一项记载混乱，在表内不列出。

⑤方志中记载，时而圈占，时而"旗退"，时而"民典"，时而"回赎"。这些现象，一直延续很晚。故"旗退"、"民典"、"回赎"等项，在表中不予列入。

清初圈占土地不仅仅是直隶一省，而且扩及到山东、山西、四川、陕西、宁夏等地区。

圈地给当地人民生活带来许多不便和困难，致使人民流离失所，无养生之资，甚者还相从为盗。对于以上事实，顺治皇帝也不讳言，顺治四年三月，谕户部中指出："今闻被圈之民，流离失所，煽惑讹言，相从为盗，以致陷罪者多，深可怜悯。"① 顺治八年二月，又对户部各大臣说："田野小民，全赖土地养生。朕闻各处圈占民地，以备畋猎放鹰往来下营之所。夫畋猎原为讲习武事，古人不废，然恐妨民事，必于农隙。今乃夺其耕耨之区，断其衣食之路，民生何以得遂。"② 反映因圈地给民间带来灾难奏章也不少，如顺治二年，顺天巡按傅景星奏："田地被圈之民，俱兑拨碱薄屯田；若仍照膏腴民地征输，则苦累倍增。"③ 鉴于圈地带来了许多社会问题，顺治四年三月，

① 《清圣祖实录》卷31。

② 《清圣祖实录》卷53。

③ 《东华录》，顺治，卷4。

顺治帝谕户部时即已提出："自今以后，民间田屋不得复行圈拨，著永行禁止。"[①]但实际上是禁而不止，直至康熙二十四年，康熙帝还不得不再次重申禁止圈地令："凡民间开垦田亩，若圈与旗下，恐致病民，嗣后永不许圈。如旗下有当拨给者，其以户部见存旗下余田给之。"[②] 长达40年之久的圈地暴行才算终止。[③]

旗地另一主要来源是投充。据乾隆《宝坻县志》称：顺治元年时，该县有原额民地六千二百九十顷六十四亩零，"三年、四年、六年、七年投充带去地一千五百一十五顷三十二亩三分四厘六毫"[④]。投充之地占原额民田22%。又如民国《雄县新志》称"历年投充：自顺治二年至十五年，节次投充各旗之田可秀等，带去本身、族人、外姓并奉部断给房本高等地共六百一十八顷三十九亩一分七厘六毫一丝"[⑤]。涞水县情况是：原额民地四千八百八十一顷四十五亩三分三厘三毫六丝五忽，顺治二年等圈占并投充带地三千五百六十八顷二十三亩六分五厘。[⑥] 圈占并投充地占原额民田高达83%还要多。该县节年投充优免本身人丁达"一万四千六十九丁"。占原额人丁"二万七千七万六十一丁"的50.7%。[⑦] 以上仅是一些事例如已。《顺治题本》《清世祖实录》李绂《穆堂初稿》《上谕八旗》《朱批奏折》《内务府来文》《会计司呈稿》等等文献资料还有大量记载。

带地投充原因主要有两方面：一是"满洲威逼投充者"。庄头及奴仆人等，"将各州县庄村之人逼勒投充，不愿者以言语恐吓，威势逼胁，各色工匠尽行搜索，务令投充，以致民心不靖"[⑧]。据刘余佑称："窃思投充名色，从古所无，盖朝廷临莅天下，一民莫非王臣，尺地莫非王土，安得有不属朝廷之

---

① 《清世祖实录》卷31。

② 《清圣祖实录》卷120。

③ 曹贯一:《中国农业经济史》，第780页中称："这种对民田掠夺政策，前后进行了将近百年之久，即在乾隆四年（1739）方才下令停止。"这又是一种说法。

④ 乾隆《宝坻县志》卷5，赋役。

⑤ 民国《雄县新志》，第3册，赋役篇，田赋。

⑥ 光绪《涞水县志》卷3，田赋。

⑦ 光绪《涞水县志》卷3，户口。

⑧ 《清世祖实录》卷15。

民，不属朝廷之地，而可罔上行私，为他人分据之物哉？此事起于墨勒根王，许各旗收投贫民为役使之用，嗣后有身家、有土地者一概投充，遂有积奸无赖，或恐圈地，而宁以地投；或本无地，而暗以他人之地投；甚且带投之地有限，而恃强霸占之弊，百端出矣。”① 二是“隐避差徭”。据民国《雄县新志》称：“愚民之始附带投者，希其隐避徭役”，“每迂圈占，辄又代民人隐避”②。顺治九年五月二十五日，御史娄应奎奏：“投充之路，原以收养无依之民，不意此端既开，奸猾蜂起，将合族之田皆开除正项，躲避差徭。”③ 顺治十二年正月二十一日，左都御史屠赖等奏：“近闻八旗投充之人，自带本身田产外，又在任意私添：或指邻近之地据为已业；或连他人之产隐避差徭。”④

投充之风炽烈，给社会安定及政府财政收入带来了巨大的危害。顺治三年四月十五日，江南道监察御史苏京奏称：“投充名色不一，率皆无赖游手之人，身一入旗，夺人之田，攘人之稼。其被攘夺者，愤不甘心，争讼无已，刁风滋甚。”⑤ 顺治八年，刑部尚书刘余佑不无担忧地指出：“外州县投充之人，贤愚万状，一人投而举家全藉其势，奸民群肆，地方何安？”⑥ 顺治九年，又上《请革投充疏》，奏疏中称：投充者“借旗为恶，横行害人，所投之主，原不尽知，但听投充者之口，护庇纵容，以致御状、鼓状、通状，纷争不已，狱讼繁兴。”⑦ 投充不但增加了社会秩序不稳定，而且使国家田赋收入受到严重影响。刘余佑指出：天下总此人民，地方总此土地，投充之人“去一人则朝廷少一徭役；带一土地，则朝廷少一赋税。”⑧ 顺治十二年正月二十一日，左部御史屠赖等奏：投献结果，“被占之民，既难控诉，国课亦为亏减，上下交困，莫此为甚”，呼吁政府“将投充之人照原投部档查核给地外，其多占地

---

① 刘余佑：《请革投充疏》，《皇清奏议》卷5。
② 民国《雄县新志》卷3册，赋役篇，田赋。
③ 王先谦：《东华录》，顺治18。
④ 王先谦：《东华录》，顺治24。
⑤ 《清世祖实录》卷24。
⑥ 康熙《宛平县志》卷6，艺文，奏议，刑部尚书刘余佑奏。
⑦ 刘余佑：《请革投充疏》，《皇清奏议》卷5。
⑧ 刘余佑：《请革投充疏》，《皇清奏议》卷5。

亩，即退还原主，庶民累稍苏，租赋亦增”①。

二、屯田

（一）军屯和民屯

据《皇朝文献通考》称：开国之初，每佐领拨壮丁10名，牛4头，于旷土屯田。至是，准州县卫所荒地无主者，分给流民及官兵屯种。顺治五年，以云镇屯田荒芜，令军民垦种，官给牛具，征收银。顺治七年，令卫所屯田，分有无运粮科征。顺治十六年，裁四川卫所，其屯粮归并州县，照民田起科。② 康熙五十四年议准：〔新疆〕北路屯田。五十五年议准：〔新疆〕西路屯田。③ 此后，关于新疆屯田事项多有记载。④ 贵州屯卫始于雍正初年，设八寨、清江、丹江、台拱四卫。乾隆四年，古州添设左卫、右卫；清江添设千总一员，亦分左、右两卫，又设凯里一卫；黄平、施秉共设一卫，曰黄施卫。自雍正至乾隆四年，共设九卫，屯军定额8921户，按户给田，分上、中、下三等；上田6亩，中田8亩，下田10亩。⑤《钦定户部则例》记载：湖南凤凰，乾州，永绥，古丈坪，保靖等厅县苗疆汛堡、屯卡、碉楼、哨台、炮关，其设屯丁7000名。内百总70名，每名给田7亩5分；总旗140名，每名给田6亩5分；小旗700名，每名给田5亩5分；散丁6090名，每名给田4亩5分，共拨给田32690亩，作为世业……不许私行典卖。湖南凤凰，乾州，永绥，古丈坪，保靖等厅县屯丁、练勇、老幼丁2000名，每名授田1亩5分，共给田3000亩，以资养赡。台湾近山埔地8800余甲（11亩3分为1甲）拨给各社熟番新挑屯丁、屯弁。……屯丁每名给埔地二甲，千总每员十甲，把总每员五甲，外委每员三甲。⑥ 又旗人承种霸州、固安、永清、新城四州县井田改屯庄田，每户分田125亩。伊犁满营屯田种植杂粮，已分田24000亩，续分田2万余亩。伊犁

---

① 王先谦：《东华录》，顺治24。

② 《皇朝文献通考》卷10，田赋考，屯田。康熙《大清会典》卷20，户部4，田土1，开垦。云镇于顺治十五年归并山西驿粮道管理。

③ 嘉庆《大清会典事例》卷151，第1页；嘉庆《大清会典》卷151。

④ 嘉庆《大清会典》卷150，嘉庆《大清会典事例》卷150。

⑤ 《财政说明书》，贵州省，第一部，第二编。

⑥ 同治《钦定户部则例》卷7，田赋二（上），分赏田土。

商民垦种地39618亩6分，民户共种地3030亩，缘营兵分户子弟种地3420亩。四川懋功五屯地方，民番屯户1930户，每户拨给地30亩。[①] 此类记载甚多，不一一枚举。

据《清朝通典》记载，雍正二年总计：直省屯田394527顷99亩。此后，由于典卖事件越演越烈，屯田严重失额，至乾隆十八年，总计各省屯田数额时，仅剩259416顷48亩。为此，乾隆皇帝下了一道道法令，一方面禁止屯田典卖，一方面政府出资回赎，至乾隆三十一年屯田又出现了回升势头，据统计这时各省屯田数额达392795顷67亩。[②]

各省军民屯田数额详见下表。

表4－6　　各省军屯田面积统计

省别	屯田额（亩）	省别	屯田额（亩）	省别	屯田额（亩）
总计	41744238				
直隶	7422064	福建	787510	新疆	158833
山东	2334827	浙江	49255	四川	13496
山西	3536095	湖北	1492512	广东	528770
河南	6004419	湖南	2292270	云南	915048
江苏	2497317	陕西	4007423	贵州	63156
安徽	2497317	甘肃	9641243		

资料来源：本表据《大清会典》，嘉庆，卷11中各省屯田（包括漕运屯田）数额减去《同治漕运全书》中各省漕运屯田数而得。

说明：①本表中直隶屯田额，系据《雍正会典》，卷29中数减去漕运屯田数后补入。

②山西屯田额内有赡军地554992亩。

以上军民屯田数额系扣除漕运屯田后的数据。表中军民屯田数额较雍正二年统计数还多，原因可能出于统计角度不同所致。《清朝通典》所记载的是历次清查的结果，正因为如此，所以三次所记载的屯田数额相差悬殊，嘉庆《大清会典》所记载的屯田数额是从田制角度考察，是有清一代屯田应有

① 同治《钦定户部则例》卷8，田赋二（下），屯田征租。

② 《清朝通典》卷4，食货，田制·屯田。

数额。有人把乾隆三十一年屯田额视为有清一代各直省屯田数额[①]，可能不妥。

清代军民屯田，起于顺治初年，由于长达半个世纪战乱刚结束，人亡地荒情况十分严重，社会秩序也动荡不安，加上政府财政严重匮乏，屯田成为当时大事。但由于屯田租额过重，农民难以维持生计，而纷纷离去。军屯则因费用过大，而成效又差，政府难以维持，至顺治末年，这种大规模的兴屯先后告停。但各卫所的屯田继续在发展，康乾以来边疆军屯及民屯又有新发展。但从总的趋势看，屯田数额在逐渐减少，民田化的势头难以遏止。

（二）漕运屯田

据《皇朝文献通考》称：顺治三年更定屯田官制，每卫设守备一员，兼管屯田，量设千总、百总，分理卫事。其原设指挥、副指挥等俱裁去，改卫军为屯丁。[②] 又据《大清会典》称：凡屯田，各省不一，皆按漕船均分给领运之军，耕以济运。[③] 以上所称屯田济运制度并不完整，屯田数额有按漕船只数分配的，也有按屯丁之数派给的。如通州、天津二所屯地，则按丁派给，每丁给地 50 亩，[④] 浙江各所则按船数给地，每只运船给田 102 亩 8 分 6 厘有奇。[⑤] 又通州等六州县额设红剥船，按规定“计船一只，给地十顷，以为运丁赡养之费”[⑥]。漕运屯田多少，各卫不一样，如浙江坐落余杭县溪西、白社等杭严卫有屯田 4015 亩零。[⑦] 江西永新所屯田：“计田一百二十顷一十七亩有奇”；安福所屯田：“计田一百三顷一十一亩六分有奇。”[⑧] 据乾隆四十年清屯案称，湖北各卫所漕运屯田仅典卖与民户屯粮就达“一千三百九十余石”[⑨]。各省漕运屯田数额到底有多少，据同治《漕运全书》提供数字，列表 4 – 7，见下页。

---

① 王文甲：《中国土地制度史》，1968 年台湾版，第 345 ~ 346 页。

② 《皇朝文献通考》卷 10，田赋考，屯田。

③ 乾隆《大清会典》卷 13。

④ 嘉庆《大清会典事例》卷 169。

⑤ 嘉庆《大清会典事例》卷 169。

⑥ 《清圣祖实录》卷 193。

⑦ 嘉庆《大清会典事例》卷 169。

⑧ 嘉庆《大清会典事例》卷 169。

⑨ 嘉庆《大清会典事例》卷 169。

表4－7　各省漕运屯田面积统计

省别		卫、所数	帮数	运船数	漕运屯田额（亩）
总计		48	118	6283	7023468
直隶		2	2	37	27864
山东		4	16	890	608691
江南	江安粮道	15	51	2697	4258311
	苏松粮道	4	9	525	
浙江		7	21	1138	163049
江西		10	13	638	604353
湖北		6	3	180	554658
湖南			3	178	806542

资料来源：同治《漕运全书》。
说明：原书屯田总计为6385970亩，可能统计有误。

漕运屯田经营方式多种，有的由运丁自己执业；有的由不出运的屯丁耕种，按亩出津贴协助运丁；有的由一般民户租种，按亩收租。然后由全卫所出运的船只均分租银。

由于屯丁负担繁重，生活日益贫困，逃亡者有之，盗卖屯田者有之，至清中叶以后漕运屯田失额日渐增多，民田化趋势日益炽烈。

三、学田

学田一般来说，包括学田和书院田。田的来源大体两种，一是由地方政府拨款购置，一是由私人捐赠。据《大清会典》记载，直隶、山东、江苏、安徽、江西、福建、浙江、湖北、湖南、四川、云南所设学田，即在民田数内；其山西、河南、陕西、甘肃、广东、广西、贵州则于民田之外另设学田，免其民田科则，[①] 一般书院田须完纳田赋。这类土地一般都禁止买卖。学田收入作为地方学校经费及士子读书的补贴。

各省学田数额前后有变化，现据《皇朝文献通考》及《大清会典》提供资料，列表4－8，见下页。

① 光绪《大清会典》卷17。

表 4－8　　清代前期各省学田面积统计

省别	雍正二年（1724）学田（亩）	乾隆十八年（1753）学田（亩）	乾隆六十年（1795）学田（亩）
总计	368367	1158603	1158903
直隶	127273	142988	142988
山西	27553	27798	27798
山东	41823	41772	41772
河南	16094	21071	21071
陕西	5464	5220	5520
甘肃	31126	31125	31125
江苏	43509	41858	41858
安徽	15877	22018	22018
浙江	17564	30017	30017
江西	6804	6800	6800
湖北	8779	12057	12057
湖南	4285	730080	730080
四川	364	2300	2300
福建	6850	9070②	9070
广东	15117	15116	15116
广西	13555	13407	13407
云南	①	1488	1488
贵州	4330	4418	4418

资料来源：雍正二年，乾隆十八年学田数额据《皇朝文献通考》，卷 12，《田赋·官田》，所载数为学田田额，书院田未计在内；乾隆六十年学田数额据《大清会典》，乾隆六十年，卷 10，第 9～10 页数额编制。

说明：①云南学田不计顷亩，只有租额记载。

②山园池屋不计其数。

学田数额增加较快，雍正二年，18 省学田为 386367 亩，30 年后，据乾隆十八年统计，18 省学田增至 1158603 亩，比雍正二年时增加近 3 倍。从各省情况看，直隶增加 1. 12 倍，河南增加 1. 3 倍，福建增加 1. 32 倍，湖南增加更快，从雍正二年 4285 亩，至乾隆十八年时猛增至 730080 亩，是雍正二年的 170 倍。

四、其他官田

除了以上所说的旗地、屯田、学田之外，还有祭田、御马场、牧场、马场等。但各省情况不尽相同，如江西官田有：各属城垣下，周迴均有壕沟，久经淤塞，民间垦为园圃；各属官基隙地，民间认垦为田园或建造房屋；本省臬司衙门向有学田及祥刑坊地；废漕仓地；耤田；学田；臬司孙捐置地亩；白鹿洞书院田；星子县救生田；香田；军田；宁都州礼生田；义宁、永新两州县官田；新建、义宁、铅山、星子等州县寺庙田等，名目繁多。①

综上所述，清代主要官田如下表所示。

表4－9　　清代前期旗地、屯田、学田统计

官田称谓	数额（亩）	资料出处
内务府庄田	3928774	《大清会典》嘉庆，卷76
宗室庄田	1333847	《大清会典》嘉庆，卷136
官兵旗地	14012871	《大清会典事例》嘉庆，卷135
漕运屯田	7023468	同治《漕运全书》
军民屯田	41744238	《大清会典》嘉庆，卷11
学　田	1158903	《大清会典》乾隆六十年，卷10
合　计	69202101	

第二节　官田民田化

清政府建立后，一边大肆进行圈地，从农民手中强行夺走大量耕地，但与此同时，它又把从旧明藩王，勋贵手中夺取的土地卖给农民，从而开始了官田向民田化的进程。

官田民田化过程中，更名（明）田、旗地、屯田或通过典卖转为民田；或通过政府划拨，改收租为收税，向民田转化。不管通过什么形式，官田民田化是有清一代特别值得注意的一个问题。

按照清政府早期规定：官田不准典卖，如典卖则按律治罪。

道光二十五年《大清律例·盗卖田宅》条定：盗卖官田宅者，定罪要比

① 《财政说明书·江西省岁入》，第10章，官产。

民田宅加二等。条文称："凡盗他人田宅卖，将已不堪田产换易及冒认他人田宅作自己者，若虚写价钱，实立文契典卖及侵占他人田宅者，田一亩屋一间以下笞五十，每田五亩屋三间加一等，罪止八十徒二年。系官田宅者各加二等。"

在《典买田宅》条称"民间私顶军田匿不首报，一亩至五亩笞四十，每五亩加一等，罪止杖一百"。又有条文规定："凡各省卫所赡运屯田有典卖与民，许照清厘条议，备价回赎，如衙门书识（职）人等藉称族丁管船，侵占屯田不归船济运者，照侵盗官粮例治罪。"

在《盗卖田宅》条规定："用强占种屯田五十亩以上，不纳籽粒者，照数追纳完日，发近边充军，其屯田人等，将屯田典卖与人至五十亩以上，典主买主各不纳籽粒者，俱照前问发，若数不满五十亩及上纳籽粒不缺，或因无人承种而侵占者，照占官田律治罪，典卖与人者照盗卖官田律治罪，管屯等官不行用心清查者，参奏依制律杖一百。"

在《盗耕种官民田》条款中规定："近边地土各营堡草场界限明白，敢有挪移条款盗耕草场及越出边墙界石种田者，依律问拟，追征花利至报完之日，不分军民俱发附近地方充军，若有毁坏边墙，私出境外者枷号三个月发落。"

在《荒芜田地》条规定："盛京等处庄头有将额拨官地率请更换并民人呈请马厂垦种纳租等事者，照违制律治罪。"①

官田不但不能买卖，有的甚至不准民人垦种。可见，清政府对官田的维护是严格的。

至于旗地还有许多不准典卖条款，例如：

> 一、八旗在京田产及坐落盛京田产，如有家奴，庄头人等盗卖者，田五十亩照子孙盗卖祖遗祀产律治罪，不及数者，照盗卖官田房宅律治罪。串通说合之中保，均与盗卖之人同罪。田产还给原主，卖价入官。②
>
> 一、盛京家奴庄头人等，如有因伊主远在京师，私自盗卖所遗田产至五十亩者，均依子孙盗卖祖遗祀产例发边远充军，不及前数者，照盗卖官田律治罪，盗卖房屋亦照盗卖官宅律科断，谋买之人与串通

① 道光二十五年《大清律例》卷9，《户律田宅》。

② 同治《钦定户部则例》卷10，《田赋》。

说合之中保均与盗卖之人同罪。房产给还原主，卖价入官。

《典卖田宅》条称："旗地旗房概不准民人典买，如有设法借名私行典买者，业主售主俱照违制律治罪，地亩房间价银一并撤追入官，失察该管官俱交部严加议处，至旗人典买有州县印契跟随之民地民房，或辗转典卖与民人，仍从其便。"①

康熙九年题准："官员、甲兵地亩，不许越旗交易，其甲兵本身种地，不许全卖。"②

雍正八年，世宗谕内阁云："查国家定制，旗人地亩，不许民人典买，例禁甚严，乃无籍之徒，不遵禁约，彼此私相授受，以致诸弊丛生，奸伪百出，争讼告讦，大为人心风俗之害，实有不得不清查厘正者"③。

乾隆二十一年正月，总管内务府奏请："从前为清查旗庄地亩，于乾隆八年经大学士伯鄂尔泰议奏内称，拨给庄头当差地亩，本系官物，不许私相典售，倘有仍将官地私行典售，民人明知官庄地擅行典买者，一经察出或被受告，即将地亩撤出，于庄头名下追出原价入官，照盗买盗卖之例将民人，庄头一并治罪。地方官徇隐不报并漫无觉查者，俱照失察之例议处。仍于每年底取具并无私相典卖地亩印结，咨送户部、内务府以备考查。……今查有臣衙门掌仪司所属盐山县居住园头刘敏呈报，壮丁刘举等将当差官地十一顷三十余亩私行典与民人王顺一案，于乾隆十六年四月移咨户部转行直督，饬交盐山县就近查办，嗣据县申详提取刘敏等赴县质讯，随将刘敏等差押赴县候讯，其作何完结之处，会经咨催，迄今尚未查办完竣咨复结案，以致官地欠悬，殊属不合。且臣衙门所属庄园地亩，尽肆直属州县，若皆似此查办迟延，臣等恐将来庄园官地因循日久，复开奸民霸占之端，实于庄园差务钱粮甚属有关。理合据实参奏，请敕下直隶督臣，将该县承办此案如何迟延之处查办外，似遵照康熙八年奏准之例，饬令该县将此项官地即行撤交该园头管业当差，将盗典官地之奸民王顺等照例治罪，以未惩戒。候该督咨复到日，臣衙门将壮丁刘举等亦照例治

① 道光二十五年《大清律例》卷9，《户律田宅》。

② 《钦定八旗通志》卷19，《土田志》1。

③ 《清世宗实录》卷93。

罪，仍将地价照追入官，并交该督通饬直属各州县，嗣后凡遇此等饬交查办地亩案件，务期依限完结，速行咨复，如有有似此稽延久悬莫结之案，经臣衙门查出，仍据实参奏可也。为此谨奏请旨”①。奉旨：依议。

同治《钦定户部则例》对东北地区旗地出卖另有详文规定：

一、京旗出卖东省地亩，如系红册地边滋生余地作全数出卖者，以一半留交带地投充之领名庄头，仍令给主交差，其余一半，准地主出卖。如系另段纳租地全数退领者，亦以一半交该庄头，仍旧给主交差，其余一半，准地主出租退领。若二项兼有，总以地数多者为率，若二项相等者，从一酌留。其非带地投充领名庄头，及虽系带投地亩，并非全数出卖退领者，仍不准酌留。

一、京旗出卖东省地亩，领名庄头酌留余地后，所留余地，均不准典卖。如地主典卖，将地主治罪，地亩查撤入官，仍交原领庄头承种；如庄头典卖，将庄头治罪，地亩撤交业主，另行派人承领；均追价给还置主。置主知情，追价入官。

一、京旗出东省各项地亩，均由盛京户部于取结，咨文内声明：某人出卖之地，系属何项地亩。如系庄头带投之地，声明领名庄头系属何人，并将该庄头原管某项地共若干，逐一分析；若系全数出卖者，将应留庄头养赡地亩，照前条定数即予分别酌留；如系陆续出卖者，每卖一次，俱令将该庄头原管地数共若干，先后卖出若干，尚存若干，随案声叙，咨报京旗存案备查。除册地毋庸议外，如余地已卖至十分之五，即应按照原地数目酌留，不得任听该业户以并未全卖为词，将酌留地数避多就少。

一、置主承买地亩后，如新庄头续有滋生余地咨部有案者，遇置主复行典卖时，由盛京户部查明滋生月日，果在新庄头领地以后，仍准按数酌留。若部中并无滋生案报，置主卖地时始行呈报者，不准酌留。②

---

① 《内务府奏销档》，转见中国人民大学清史研究所等编《清代的旗地》下册，第1353～1354页。

② 同治《钦定户部则例》卷7，《田赋》（二）上，开垦事宜。

对旗地回赎问题，清政府也做了规定。例如：

> 民典旗产，动支公帑取赎，以典后十年为率，十年内纳原价，十年外减原价十之一，以次按年递减，至五十年外给半价，均令退田还官。旗下开户人承典正户田者，照民典减价之法。户下人承典本主田者，十年内减原价十之一，十年外减十之二，均以次递年递减，官为取赎，令原业人交价领田。无力交价，许以俸饷分五年扣抵。无原业人，许其子孙及亲伯叔兄弟，兄弟之子承领。如无力交价，又无俸饷可抵及原系卖绝之田，均入官作为公产，岁计所入之租，汇疏以闻，为八旗赡贫之用。有私相典卖者，追田价入官，与受旗民及失察徇隐之该管各官，咸论如法。①

乾隆九年复准："民典旗地，不论契载年限，总以十年为率，在十年以内者，照原典之价；十年以外者，减原价十分之一；五十年以外者，以半价取赎。于承办公产案内，拨银二十万两，交直隶总督，验明原契，按年定价，随清随赎。"②

乾隆十一年三月，又议准直属州县回赎民典旗地酌定各条款："一、赎价宜按年递减。查原议在十年以内者，照原价，十年以外者，减十分之一，必至二十年，始减十分之二。所给价值，未免偏枯，应令按年递减。其原价较时价过重者，令该督查照原题，务使地亩价值两得其平。一、详验原契，较对原册，并查明原典，分别作准。查从前造报册内，有与契载年分不符，银地各数多寡互异者，自应验契据实更正，应令逐案详查，质证时价，造册报部。并将转典地亩，无论价值多寡，总以原典价为准，按年减价取赎。其转典价重者，原典之人完补。一、依次取赎，毋得搀越。查原议行令挨次取赎民典旗地者，恐有争先告赎，临时规避，如典主果事故远出，而泥于鳞序办理，非惟回赎无期，抑且虚悬帑项，自应挨次取赎。倘典主有意支延，中保通同徇隐者，查究。一、原典庄窠、场园等地，宜一例取赎。查前项庄窠场园，原系老圈旗地，无论典价多少，均照原价一例减赎，则旗地归旗，不致牵混。其有民人于原典旗地内已造坟茔者，丈明亩数，照头等租数，听民租赁，造清册两本，一

---

① 乾隆《大清会典》卷95，《八旗都统》，《田宅》。

② 《钦定八旗通志》卷64，《土田志》（三）。

部该旗，一存部备考。一、业主备价回赎之案，宜查明办理。查直属各州县民典旗地，有原业备价自行回赎者，各该旗咨部，即于原册内开除，应令将现在报称原业赎去者造册送部。倘有私相典售，即照隐匿官田例治罪，该参佐领并地方官议处”①。

有清一代，对官田、旗地典卖虽然有许多规定和限制，但官田、旗地民田化并不是几条规定和某些限制所能制止的。旗地回赎虽然使旗地的民田化速度放慢，但官田、旗地民田化进程一直没有中断。

官田种类繁杂，民田化形式也不尽相同，难以一一论述，只着重论述旗地、屯田向民田转化。

旗地私有化早在康熙年间就开始了。由于旗人不习耕作，又加上生齿日繁，旗地已开始“稍稍典卖矣”。雍正初年，清查旗地，政府动用国库钱银将典卖旗地赎回。

旗地私有化，为自耕农队伍稳定输送了新鲜血液。一些原来租种旗地的佃户或民人，由于经济实力增强，通过长租、典买，使原来不准买卖的旗地转化为民田，转为农民的自有地，佃逐上升为自耕农。乾隆九年，《户部回赎旗地奏议》称：“伏查近京州县，地多圈占，民鲜恒业，每遇旗人出典地亩，有情愿多出重价置典者……欲以旗人之世业，权作民人之祖产。”② 协理山西道事监察御史禄谦在谈到“民人借名典买旗地之弊，宜严行禁止”时指出：“定例规定，民间不许典买旗地，后因日久法弛，狡黠之徒见机生心，始则种租交粮，继则借给钱米，利上坐利，不三五年，佃户反成债主，竟将地亩算去者有之；或地主一时窘乏，贱价典买与民人者有之。于是旗人地亩入于民间者十之六七，以致旗人多失产业。”③ 入于民间十之六七旗地中，除了有一部分落入大地主手中外，有相当部分落入佃农或民人手中。例如：厢黄旗壮丁薛天相有祖遗地四亩，坐落北安河地方，“身因穷苦乏用，挽中保人王保儿，代书人顾天嘉二人，于乾隆五十八年间得典价钱一百三十八吊，出典与宛平县民人郭兴

---

① 《清高宗实录》卷260。

② 乾隆《永清县志》，奏议第一，乾隆九年，《户部回赎旗地奏议》。

③ 《内阁大库档案》，转见中国人民大学清史研究所等合编《清代的旗地》（下册）。以后凡引此书资料，除注明原出处外，仅注书名。

安承种，彼时约定，钱到准赎”[1]。吴桐是厢黄旗包衣永太管领下人，有旗地三十二亩，租与滦州县民人张世介耕作，每年出租东钱十二吊八百文，世介父张焕又把地当给李汉梁，汉梁之子李士英又把这三十二亩地分别当给张可新八亩、张兴国四亩、张世俊八亩、张遇太八亩、张怀礼四亩，地价七百二十吊。[2] 宗室善舒报称，其叔中麟将旗地典与民人。他说：“前据守坟茔家人德琨指称，坟东之地一顷二十亩，系身胞叔将红契跟随典与民人刘一收执；又将坟北二十亩典与民人宋宽名下；又地十八亩五分典给高老承种。”[3] 嘉庆九年韩廷彦供出韩麒等典过地亩数目：韩圻同侄韩廷彦将坐落大屯地 10 亩典与民人魏姓；韩公茂同韩公盛将坐落刘家庄地 40 亩典与民人李姓；韩麒将坐落六庄地 81 亩典与民人任姓；韩麒将坐落刘庄地 19 亩典与民人孙姓；韩公盛将坐落大屯地 13 亩典与民人陈姓；韩公盛将坐落沙帽头地 16 亩典与民人周姓；韩麒将从落刘庄地 40 亩典与民人周姓；韩麒将坐落梁家庄地 63 亩典与民人王姓；韩麒将坐落六小庄地 56 亩典与民人梁姓；韩麒将坐落刘庄地 28 典与民人王姓。韩廷秀供出韩廷晏私典地数目：赵文林典地 40 亩（四十五年），任姓典地 11 亩（九年），周相臣典地 28 亩（八年），刘进典地 28 亩（八年），何三诸姓典地 34 亩（八年）。[4] 东陵总管内务府牌开，据茶房人四台呈称，他“有祖遗旗地八十亩，共六段，坐落蓟州城南马圈头庄，俱有四至，内东一段计二十八亩，与承揽人王得承种。王得去世后，其妻将此田租与本庄郑姓，得蓟钱二十五吊”[5]。嘉庆十七年，胡天仲称：他是“正身旗人，二叔祖胡永信于康熙年间充当内务府庄头时，置有养家地十五亩，当时就当与韩朝臣家耕种，迨后胡永信并子胡培病故绝嗣，旗人们父子叔侄弟兄才向韩朝臣互指此地二段十五亩，屡次找价借钱使用”[6]。嘉庆二十年，据徐良章称：其侄“徐文吉、徐文祥原有承领差地三十五亩，实系怯懦弱无能，陆续竟被本村土棍名号

---

① 《掌仪司呈稿》，转见《清代的旗地》下册。
② 《会计司呈稿》，转见《清代的旗地》下册。
③ 《会计司呈稿》，转见《清代的旗地》下册。
④ 《都虞司呈稿》，较见《清代的旗地》下册。
⑤ 《会计司呈稿》，转见《清代的旗地》下册。
⑥ 《会计司呈稿》，转见《清代的旗地》下册。

西霸天徐六主令盗典”[①]。

旗地私有化过程中，庄头典卖差地是其中重要组成部分。乾隆七年，都察院左都御史杭奕禄、理藩院左侍郎勒尔森，署直隶总督史贻直会奏：“奉命查撤庄头典卖地亩，共计一千二百余案”[②]。乾隆三十年，倭盛额也奏称：“不肖庄头私行隐匿典卖”，请加治罪等语。[③] 庄头私行隐匿典卖地亩之事，请看下页表4－10所列事例。

乾隆三十八年，对庄头姚买子盗卖旗地一事作了处理，处理决议称：“今姚买子身充庄头，辄将官地盗典三十六亩，应如该尚书等所奏，将姚买子依盗卖官田加二等律，似杖一百，徒三年，革退庄头，照例折枷于通衢示众……定驿充配”[④]。嘉庆十二年，管理三旗银两庄头处呈：“查旧庄头胡之琏所领内务府官地七顷二十七亩三分四厘，现在查讯明确，旧庄头胡之琏之孙胡保德认种地一顷另二分四厘，胡之琏之侄胡永健认种地五十亩；胡维豹认种地四十亩；民人刘光远等六户认种地七十六亩五分；系胡万年供认自行议租收租；民人胡敬轩等种地六十五亩，俱愿照旧认租。其余地三顷九十五亩六分，查验所呈契纸内，胡万年之父胡太仆共立当契十三张，当出地四十七亩三分，共当价钱三百五十一千二百文；立借契六张，共地二十三亩五分，指地借钱一百七十三千。旧庄头胡之琏及胡重典共立当契三张，当出地十五亩五分，共当价钱一百七十千二百五十文；立借契二十七张，地一顷七十八亩，共借钱一千八百七十六千；租契五张，共地三十三亩，共租价钱一百八十一千二百文。又胡万年胞伯胡文白共立当契五张，当出地二十四亩一分，共当价钱一百七十一千；立借契一张，地十亩，借钱八十三千。胡国庆即胡万年立当契一纸，地三十七亩，当价钱三十七千。又胡万年之本家胡慎思立当契一纸，地八亩，共当价钱四十二千。以上胡太仆等五人共立当、借、租契六十二张，共地三顷四十亩一分，共价钱三千零八十八千六百五十文。其余五十二亩六分系民人王真文等佃种多

---

① 《掌仪司呈稿》，转见《清代的旗地》下册。

② 《清高宗实录》卷177。

③ 《清高宗实录》卷748。

④ 《内务府来文》，转见《清代的旗地》下册。

表 4－10　直隶永平府乐亭县造送大粮庄头蔡董六雍正二十三年以后典出地亩数目清册

出典身份	官地数量（亩）	典地民人	出典时间	典价（千文）	找价时间	找价数（千文）	雍正十三年后应追半价（千文）	抵价拨地数（亩）	每亩年租（千文）	承种年限（年）	余额
任蔡兰	3	刘景春	乾隆二年	小数钱42	乾隆三六年	35	27.5	1.5	1.4	13	2百文，交刘景春
弟蔡星文	2	刘汉珠	乾隆二年	35			17.5	1		12	7百文，交刘汉珠
任蔡显寰	2	刘国林	乾隆元年	28			14	1		10	无
弟蔡星文	6	刘国用	乾隆四年	76			38	3		9	2百文，交刘国用
叔蔡怀章	5	刘希贤	乾隆二年	80	乾隆七年	10	45	2.5		13	5百文，交蔡董六
家人石君	1	胡隆	乾隆二年	15			7.5	0.5		10	5百文，交胡隆
任蔡兰	1		乾隆二年	12	乾隆三年	5	8.5	0.5		12	1百文
家人杨国禛	2		乾隆四年	30			15	1		10	1千文，同上
家人史天禄	2		乾隆二年	24			12	1		8	8百文
弟蔡芮	5	常世治	乾隆二年	73			36.5	2.5		11	2千文，交蔡董六
弟蔡藩	4		乾隆二年	48	乾隆二六年	82	29	2		10	1千文，交常世治
家人杨国禛	2	常世义	乾隆元年	26			13	1		10	1千文，交蔡董六
家人李发枝	1	胡裕	乾隆四年	7	乾隆六年	5	6	0.5		9	3百文，同上
蔡董六即蔡裔昌	10	姜奉彪	乾隆五年	110			55	5	1.2	9	1千文，交姜奉彪
弟蔡芮	11	姜永之	乾隆二年	121	乾隆四年	22	71.5	5.5		10	5.5千文，交姜永之
蔡董六	5	董义如	乾隆六年	60			30	2.5		10	无
	5	张大	乾隆六年	50			25	2.5		8	1千文，交张大
	52	王逊超	乾隆四年	155两	乾隆六年	20	银77.9两，合银412千870文；又钱10千文；共钱422千870文[1]				

续表

出典身份	官地数量（亩）	典地民人	出典时间	典价（千文）	找价时间	找价数（千文）	雍正十三年后应追半价（千文）	抵价拨地数（亩）	每亩年租（千文）	承种年限（年）	余　额
蔡董六	2	陈容照	乾隆六年	小数钱 16			8	1	1	8	无
弟蔡裔茂	6.2	王现	乾隆五年	105			52.5	3	1.2	13	1.8 千文，交王现
弟蔡裔荣	3	田大	雍正十三年	43			21.5	1.5		12	1 百文，交蔡董六
弟蔡星文	2.5	常粹伯	乾隆四年	33			16.6	1.25		10	1.5 千文，交常粹伯
蔡董六	4	苏大	乾隆六年	44			22	2		8	2.8 千文，交蔡董六
家人史保	3.5	刘景	乾隆元年	50			25	1.75	1	14	5 百文，交刘景
家人李发枝	2	刘宗仁	乾隆三年	20	乾隆五年	4	12	1	1	12	无
叔蔡怀章	4	苏大	乾隆二年	60			30	2	1.2	13	1.2 千文，交蔡董六
蔡董六	4	徐赞天	乾隆二年	50			25	2	1	13	1 千文，交蔡董六
	7	同上	乾隆四年	18 两	乾隆五年	35	365.2	3.5		18	2.2 千文，交徐赞天
	12	徐赞天	乾隆六年	小数钱 140			70	6		11	4 千文，交徐本天
	4	刘启彪	乾隆七年	50			25	2		13	1 千文，交蔡董六
蔡董六	4.5	萧自兴	乾隆六年	54			27	2.25	1.4	9	1.3 千文，交蔡董六
弟蔡芮	6	董尚信	乾隆六年	53	乾隆七年	12	32.5	3	1.3	8	1.3 千文，交董尚信
弟蔡炳	4	董自成	乾隆二年	48	乾隆五年	12	30	2		12	1.2 千文，交蔡董六
	6	张自安	乾隆四年	75			37.5	3		10	1.5 千文，交蔡董六
蔡董六	5	刘万瑞	乾隆二年	60	乾隆四年	10	35	2.5	1.4	10	无
弟蔡星文	4	赵云成	乾隆二年	50			25	2	1.2	10	1 千文，交刘云成
蔡裔昌	5	刘贵兰	乾隆七年	80			40	2.5		13	1 千文，交刘贵兰
弟蔡星文	3.5	刘文选	乾隆七年	34			17	1.75		8	2 百文，交刘文选

续表

出典身份	官地数量（亩）	典地民人	出典时间	典价（千文）	找价时间	找价数（千文）	雍正十三年后应追半价（千文）	抵价拨地数（亩）	每亩年租（千文）	承种年限（年）	余　额
叔蔡怀宝	3.5	刘景春	雍正元年	5.6 两	雍正五年 乾隆元年	钱 1.5 3.0 两	银 1.5 两	1.75	0.25 两	3	1.875 两，交刘景春
弟蔡炳	7	刘贵信	雍正十年	小数钱 63	乾隆元年	40	20	3.5	1.4	4	4 百文，交刘贵信
蔡裔昌	4	刘贵信	康熙六十一年	6 两	乾隆二、三年	45	22.5	2	1	11	5 百文，交刘景舜
	8	同上	雍正二年	12 两	乾隆二年	56	28	4	1	7	无
弟蔡藩	7	杨二	雍正十三年	钱 100	乾隆二年	12	6	3.5	1.2	71	8 百文，交杨二
蔡裔昌	8.75	杨建功	雍正十年	60	乾隆三、四年	50	25	4.4	1.2	5	1.25 千文，交蔡董六
弟蔡裔茂	7	王宗孟	雍正十二年	80	乾隆二年	21	10.5	3.5	1.4	2	7 百文，交王宗孟
弟蔡裔昌	20	王连科	雍正十年	80	乾隆二年	40	20	10		1	6 千文，交王连科
弟蔡芮	4.5	刘景	雍正十年	40	乾隆二年	16	8	2.25	1	4	无
蔡裔昌	9	徐赞天	雍正十三年	18 两	乾隆元年	银 6 两	银 4.5 两	4.5	0.2 两	6	银 0.9 两，交蔡董六
	10	张瑄	乾隆二年	27 两			银 13.5 两	5	0.25 两	11	银 0.25 两，交蔡董六
	10	李汉荣	乾隆二年	钱 100	乾隆二年	钱 4	钱 52 千文	5	1.2	8	4 千文，交李汉荣
	9	张蕃	乾隆元年	钱 160			银 80 千文	4.5	1.4	13	1.9 千文，交蔡董六
	15	张金	乾隆元年	30 两	乾隆四年	钱 50	银 15 两折钱 79.5 千文共钱 104.5 千文	7.5		10	5 百文，交蔡董六

〔1〕拨地 26 亩，每亩年租 1 千 2 百文，承种 14 年，余额 13.9 千文交蔡董六。〔2〕资料来源：《顺天府全案》，转见《清代的旗地》。

年，辄行用价租当，并借给钱文。"[①] 嘉庆十八年，掌仪司呈称：故庄头李瑞林名下原有坐落马驹桥一带承领官地二顷七十八亩，向年以来，皆系租与佃民刘八等30余人耕种。庄头病故后，佃民"陡起不良，不但不退还地亩，口称民夫在日全行受价典当，若要收地，必须备价回赎"[②]。嘉庆二十年，掌仪司呈称："王明名下官地由住半步店民人郭文明，承种双槐树村西行教寺东南北地一段三十三亩；住半步店民人范四，承种地十一亩（段落与郭文明三十三亩相连）；住双槐树民人赵六，承种双槐树西北上坡南北地一段四亩；住白塔寺东所刘三喇嘛，承种二里沟村南上坡菜园十八亩；住迎祥寺僧人德明，承种二里沟北上坡地一段二亩五分"，"今据承催徐殿鳌禀复，现种王明名下官地佃民郭文明等，藉以王明在逃，不但不给租价，并称有红契、白契用价典买"[③]。诸如此类事例极多，这里不一一枚举。

据孔经纬研究，东北旗地民田化，"往往是从租佃关系为阶梯的"[④]。他引用了《奉天通志》之说："从前旗户领地，招民户承佃。佃户押租钱若干，每年代纳官租，谓之创垦地。不欠租不许夺佃，民户得有永佃权。即撤佃时，必须将押租钱缴回，其法同于老典"[⑤]。据《吉林通志》的记载，"新移京旗苏拉，往往不能耕作，始而觅流民代为力田，久之多为民有"[⑥]。民典旗地，立有文契，如道光十五年，桑朝选"因手内乏困"，将自己祖遗册地三段三日，"出典于王景泰名下耕种为主。自典之后任凭典主自便，不与原业主相干，典价市钱壹千吊整……一典三年为期"[⑦]。道光二十九年，厢蓝旗佐领下闲散蔡福有和蔡金有"因度日不过"，"指册地七日……借到张义福名下凤市钱一千七百六拾吊整……此地交于张义福耕种为主……钱无息利地无租粮"[⑧]。民人

---

① 《庄处呈稿》，《清代的旗地》下册。

② 《掌仪司呈稿》，《清代的旗地》下册。

③ 《掌仪司呈稿》，《清代的旗地》下册。

④ 孔经纬：《清初至甲午战争前东北官田旗地的经营和民佃以及民地的发展》，《历史研究》，1963年，第4期。

⑤ 《奉天通志》卷113，《实业·农业》。

⑥ 《吉林通志》卷31（下）《食货志》（四），《民田》（下）。

⑦ 原大连桑朝香藏件，转见孔经纬《清初至甲午战争前东北官田旗地的经营和民佃以及民地的发展》。

⑧ 孔经纬：《清初至甲午战争前东北官田旗地的经营和民佃以及民地的发展》。

通过出种租钱或典买，使旗地为民人所占有。

清政府为了制止旗地民田化，于雍正八年，开始以公款照原价回赎典卖与民的旗地，“将旗地仍归旗人”①。靖政府大规模赎取民典旗地有四次：乾隆十年至十二年为“初次”；十三年至十五年为“二次”；十六年至十八年为“三次”；十九至二十五年为“四次”。据乾隆十九年报告称：“现查以俸饷坐扣赎出地亩共九千八百十三顷八十二亩”②。这可能是前三次回赎地亩数。第四次“回赎旗地为一万八千余顷”③。前后四次共赎回原有旗地为27813.82顷。此后回赎的皆为一些零星数字。

清政府虽然花了很大力气搞旗地回赎工作，但回赎数额要远比典卖之数少得多，其原因有：

第一，据《清高宗实录》载：旗人有将康熙年间卖出之产，捏称为典，图利控赎者。对此情况，户部做出决议：“其在康熙年间典卖者，概不准赎”④。户部认为，总因年远，两造俱非经手之人，中证又皆无存，一称为典，一称为买，甚至价值多寡互异。康熙年间典卖房地，至今多则八九十年，少亦三四十年，卖者固无赎之理，即典者亦辗转出售，难以根寻，这样，康熙年间出卖旗地不再回赎，从法律上保证了这批出典与民的旗地民田化。

第二，允许旗民养子，带地出旗。乾隆二十三年户部奏准：“另记档案及养子开户人等，俱准其出旗为民，所有本身田产，并许其带往。”⑤ 这样，又有一部分旗地被分割，由旗产转为民产。

第三，回赎之数，远非典卖之数。乾隆十年，赫泰奏称：因旗人时有急需，称贷无门，不敢贸然契卖，乃变名曰老典，其实与卖无二，至今“而旗地之在民者，十之五六矣”，又云“去年查明霸州等五十六州县卫，民典老圈旗地仅九千余顷，但在各县州畏事，唯恐赎地一事纷繁拖累，故奉行不无草

① 《清朝经世文编》卷35，孙嘉淦《八旗公产疏》。

② 《清高宗实录》卷456；又据《军机录副》称：“兹统计三次赎出地五千八百九十顷零”。两个数计相去甚远，兹采于后，以供参考。

③ 《钦定八旗通志》卷65，土田志（4）。

④ 《清高宗实录》卷526。

⑤ 《清高宗实录》卷526。

率，而民间又未有不欲隐瞒旗地为己恒业者。臣恐八旗老圈地亩，典在民间者，未必止于九千余顷。何则，近京五百里之内，大概多系旗地，自康熙二三十年间以至今日，陆续典出者多，赎回者少，数十年来，断不止于此数"①。另据光绪《会典事例》称："民典旗地数百万亩，典地民人不下数十万户"②。而清王朝四次大规模回赎仅 2781382 亩而已，足以说明，还有相当多的旗地已为民户所占有。

第四，政府一边赎地，而旗民却一边在典卖旗地。清政府回赎旗地做法，并没能真正解决旗民日益贫困化问题，因此就出现上边赎下边卖情况。嘉庆十一年，富俊、荣麟、伍城额奏疏就明白地指出这点。他们说："伏查盛京旗地，本身耕种者十不及半，大率租与民人耕种。一时缓急相通，借贷在所不免，久之易租为典，遂成积弊，旗产不为旗有"，接着又强调说："检阅旧卷，清查并非一次，办结后，越十余年复蹈故辙"③。回赎虽然能暂时起到制止旗地民田化进程，但制止不了这一历史潮流。

漕运屯田民田化过程中，也有一部分为农民所占有。屯田民田化，清中叶以后发展尤为迅速。乾隆十一年（1745），乾隆为鼓励百姓垦复山东省荒芜的屯田，颁布一道旨令，"军民自费工本开垦〔屯田〕给照为业，免赎归船，照例津银贴运"④。这些荒芜的屯田，有一部分为豪势所占垦外，也有一部分为农民所占垦。咸丰十年战役后，浙江嘉善屯田多荒弃，据县志称："荒白居多，加以土民隐匿，客籍占垦，屯田之存益寥寥无几矣"⑤。在卫所裁并过程中，亦有屯田改为民田。如江南武平卫裁并之后，该卫坐落在河南睢县、鹿邑、柘城、太康四州县屯田改为民田，由各州县编征地丁钱粮，粮户取得完全的土地所有权。屯田民田化更主要渠道是通过卖卖。如江苏省，据同治年间李宗羲奏："上元、江宁、句容、江浦、六合等县，皆有屯田夹杂民田之内……除屯田最多之六合县，并最少之句容县民屯间尚能区分……其余上元、江宁等实皆民屯

---

① 《钦定总管内务府现行则例》，会计司，卷 4，转见《清代的旗地》。

② 光绪《会典事例》卷 159，《畿辅官兵庄田》；王庆云：《石渠余记》卷 4。

③ 《军机录副》。

④ 李文治、江太新：《清代漕运》，第 244 页。

⑤ 光绪《嘉善县志》卷 10。

错杂，莫可辨认。屯田为津贴运丁世产，例禁典卖，然私相授受，随处皆有，自知违例，每多隐讳，乾隆、嘉庆年间历次清理，卒未得实”[①]。如湖广屯田，据张之洞称：“地段零散，分在各县，自明以来，历年已久，其田皆已辗转易主，并不逃绝。屯田例不准卖，故但书典契，其实与卖无异。卫守备向系漕督委署，路远地生，并不知地何处。册籍全在书吏手中，其地之荒熟，户之完欠，但凭书吏之言，卫官茫然不知，惟索规费而已”[②]。

关于屯丁典卖屯田事，我们可以找到不少事例。如扬州卫仪真帮屯田原额为171577亩，典卖32993亩，占19.23%。这是典卖最少的卫帮。扬州卫头帮屯田原额为37740亩，典卖多至29844亩，占79.08%；镇海卫金山帮屯田原额为35944亩，典卖多至29222亩，占81.31%；庐州卫头二三帮屯田原额为208700亩，典卖也到151100亩，占72.35%；和州含山屯田原额为449473亩，陆续典卖，屯田所余无几了。[③] 这些屯田除部分给豪民和卫军侵夺外，还有一部分为普通老百姓所典买。

“旗民交产”事实上是禁止不了的，至咸丰二年，“旗人地亩不许民人典卖”的禁令，终于被历史洪流所摧翻。清政府不得不废除旧令，宣布准许“旗民交产”[④]。此后，旗地、屯田民田化得以更大规模进行。

牧厂放垦，早在康熙年间就开始了。据王庆云记载：康熙三十九年，“天津牧地招垦升科者，二万一千余顷”；雍正二年，“丈出马厂并余地可垦者六万余顷，给民耕种”。乾隆二十一年，清丈直隶牧场地亩，给民永业，改名“恩赏”。这时，官地已垦者达“十一万五千余顷，按亩升科，其余垦地，仍随时招垦”[⑤]。

东北地区牧场也于乾隆十三年放垦。开始时，以大凌河、锦州余地900余顷，招民垦耕。至四十六年，和硕庄亲王牧地报垦。由于口外牧场辽阔，加上王公牧放渐稀，以及流寓人口渐渐聚成村落，势难禁其私垦，在这种情况下，

---

① 光绪《续纂句容县志》卷5，《田赋》，李宗羲《奏请减征疏》，同治十三年。

② 张之洞《张文襄公电稿》卷31，《致长沙陈抚台》光绪二十四年八月初五日。

③ 李文治、江太新《清代漕运》，第239页。

④ 光绪《会典事例》卷160，《官兵庄田》。

⑤ 王庆云《石渠余纪》卷4，纪牧场。

户部议：除“惟实与游牧毗连者，仍禁私垦”外，“不若准其耕种升科，作为有收之土”，“地利渐兴，耕与牧固不相妨也”[①]。通过开垦，大量官地转化为民田，为广大流寓人民所占有。

在清代前期，由于土地的垦辟以及官田逐渐民田化，不同时期官田和民田的总量是各不相同的，加上当时统计角度不同，很难精确地得出当时官田、民田之间的比率，但这项工作又必须去做。因此，尽我们所能，在已掌握资料的基础上，进行分析。

据孙毓棠、张寄谦统计：雍正二年时，全国屯田和学田，以及官庄旗地约为54万顷，[②] 据《清朝文献通考》记载，是年全国耕地总面积为723632906亩，若按此计算，官田占全国耕地总面积为7.5%；若按全国民田耕地亩积693791427亩计算，那么民田占全国耕地面积为94.5%。官田所占面积为5.5%，与7.5%比，则少了2个百分点。看来很不协调，其实是统计角度问题，因为《清朝文献通考》全国耕地面积内只包括了屯田和学田两项，其他官庄旗地未包括在内，如果官庄旗地亦统计在内，全国耕地面耕总量将增加，54万顷官田比率就要下降些，而684万顷民田比率也将下降，而官田比率则能相对提高，在一增一减情况下，这种不和谐的情形将会协调起来。

嘉庆年间，官田数额约69万顷，[③] 全国耕地面积为791525196亩，[④] 当时官田占全国耕地总面积为8.7%，民田占全国耕地总面积为91.3%。

至于各省官民田比例，请看光绪十三年统计表，见下页表4－11。

从表4－11看，光绪十三年统计表明，光绪年间各直省中，官田比例最高的是黑龙江省，其次是奉天，其后为甘肃、直隶。从官田占有面积看，奉天为最，其次是直隶。民田中占有90%以上耕地面积的有吉林、山东、河南、新疆、浙江、江西、湖北、四川、福建、广东、广西、云南、贵州13个省。

从清前期和清晚期情况看，光绪十三年时，全国民田所占比例，要比雍正二年时，全国民田所占比例减少7.4个百分点。其原因有：（1）雍正二年后，官

① 王庆云：《石渠余纪》卷4，口外牧场。

② 孙毓棠、张寄谦：《清代垦田与丁口记录》，见《清史论丛》第1辑。

③ 见本章第一节《清代前期旗地、屯田、学田数额统计》。

④ 梁方仲：《中国历代户口、田地、田赋统计》，第380页，乙表61，嘉庆17年总计数。

表 4-11　清光绪十三年（1887）各直省各项田地数及其百分比

直省别	田地（亩）					各项田地占总计的百分化（%）			
	总计	民田①	屯田②	学田	其他官田③	民田	屯田	学田	其他官田
各直省合计	849946224④	740070896	50929041	356090	58590208	87.07	5.99	0.04	6.90
直隶	86651512	57448373△	10883658△		183194381⑤	66.41	12.54		21.05
奉天	28495912	6498231			21997681⑥	22.80			77.20
吉林	1497914	1429214			68700⑦	95.41			4.59
黑龙江	81600				81600⑧				100.00
江苏	75127538	65757338	4256216⑨		5113984⑩	87.53	5.67		6.8
安徽	41114341	34063630	4170289	18387	2862035⑪	82.85	10.14	0.01	7.00
山西	56609070	47969851	3267792⑫	27798	5343629⑬	84.76	5.77	0.04	9.43
山东	125941301	123600758	2288905	41742	9896⑭	98.14	1.82	0.033	0.007
河南	71685359	64751686	6000839	199904	732930⑮	90.32	8.37	0.28	1.03
陕西	30592953⑯	26597219	3993244		2490⑰	86.94	13.052		0.008
甘肃	16775160	10357977	6272956	25524	118703⑱	61.75	37.39	0.15	0.71
新疆	11480191	11480191⑲				100.00			
浙江	46778169	44713511	224130		1840528⑳	95.59	0.48		3.93
江西	47343012	46176300	582464	6735	577513㉑	97.536	1.23	0.014	1.22
湖北	59220195	54831568△㉒	3271192△㉒		1117435㉓	92.59	5.52		1.89
湖南	34874255	31304200	3238741	7380	323934㉔	89.76	9.29	0.02	0.93
四川	46417417	46402402	13496		1519⑭	99.967	0.03		0.003
福建	13452111	12601238	786513	9070	55290㉔	93.68	5.84	0.07	0.41
台湾	7419742㉕	—	—	—	—	—	—	—	—
广东	34730825	34193764	521944	15117	98.45	1.50	0.05		
广西	8993043	8813935△㉖	179108△			98.02	1.98		
云南㉗	9319360㉘	8394238	914398		10724㉙	90.07	9.82		0.11
贵州㉚	2765006	2685272㉛	63156	4442	12136㉜	97.12	2.28	0.16	0.44

资料来源：见梁方仲《中国历代户口田地田赋统计》乙 64，第 384 页。
说明：原表中注①~㉜因篇幅关系不录入，需要者请查原著。

田所占耕地面积在增加，比如雍正二年学田耕地面积为386367亩，至乾隆十八年时增加到1158603亩，是雍正二年学田的3倍。又如前两表中所示，雍正二年时，奉天耕地皆为民田，至光绪十三年时，官田面增到21997681亩，是雍正二年时民田的37.9倍。官田数额增加，其所占的比例自然要上升，这是情理中的事。（2）统计角度有所不同。雍正二年时，官田数额中只包括屯田和学田两项，而光绪十三年时，官田数额却包括了屯田、学田、赡军地、芦田、退滩地、沙涂地、旗地、旗余地、民典旗余地、官庄地、马厂地、牧厂地、开垦、报垦地，及“先圣贤庙墓祭田，并一切祠墓厉坛寺观等地不科赋者”等项官田。所包含的范围大大地扩大了。官田比例扩大，民田比例就要缩小，这也是情理中之事。如果统计项目一致的话，雍正二年民田所占比例便可能还要缩小一些。目前学术界比较多数意见是：清代前期，民田占有额在90%左右，比前明明显要高。

清代前期官、民田比例有多少，说法各不相同。如据孙毓棠、张寄谦统计数字计算，嘉庆十七年，民田总额为7056984顷，官庄旗地205419顷，屯田379454顷，其他官公田247399顷。全国耕地面积为7889258顷，①据此，民田占有额为89.45%，官田占有额为10.55%。据史志宏称：雍正二年官田面积约为54万顷。民田约有696万顷②，据此，是时民田占有额为93.05%，官田占有额6.95%，据曹贯一称：清前期“官田约占耕地面积十分之一以上”③。综合各方面意见，我们认为当时民田数额占全国耕地面积总数90%左右是可能的。

① 孙毓棠、张寄谦：《清代的垦田与丁口记录》，见《清史论丛》，1979年，第1辑。

② 史志宏：《清代前期的小农经济》，第25页。

③ 曹贯一：《中国农业经济史》，第780页。

第二章　土地分配

清代田土，除官田外，民田主要在地主与农民之间进行分配。他们占有土地的状况，清政府是十分关注的。康熙四十二年，清圣祖在刑部尚书王士正等因山左被灾，奉旨截留漕米奏疏中指出："朕四次经历山东，於民间生计无不深知。东省与他省不同，田野小民，俱系与有身家之人耕种。"① 次年，清圣祖又就蠲免钱粮之事，再次谈到土地占有问题，他说："朕数巡幸，谘访民生利弊，知之甚详。……至于蠲免钱粮，原为加恩小民。然田亩多归缙绅豪富之家，小民所有几何？"随后又说："约计小民有恒产者，十之三四耳。"② 至乾隆年间，湖南巡抚杨锡绂说："近日田之归於富户者，大约十之五六，旧时有田之人，今俱为佃耕之户。"③ 他们之所以如此关注民间土地占有情况，目的在于维护社会秩序的稳定，以求长治久安。

当今的学者对当时地主与农民的占地情况，亦作了种种估计。有学者认为"全国普遍的情况是'占田者十之一二，佃田者十之四五，而无田可耕者十之三四'。这样情况，到了鸦片战争以至清朝末年，也没甚变化。"④ 还有学者认为，清代"到乾隆年间，土地兼并已发展到极端严重的地步"⑤。对地主与农民占地状况的估计，事关清前期社会经济发展的方方面面，因此，值得进行认

---

① 《清圣祖实录》卷213。

② 《清圣祖实录》卷215。

③ 杨锡绂：《陈明米贵之由疏》，见《清经世文编》卷39，中华书局，1992年版，第958页。

④ 曹贯一：《中国农业经济史》，第785页。

⑤ 郑庆平、岳琛编著《中国近代农业经济概论》，第5页。此外，郭文韬等编著：《中国农业科技发展史略》，第349页称："（民田）这是属于民间私有的田，其中多数为官僚、地主和高利贷者所有，属于农民的很少。"

真的研究和讨论。

第一节　地主与农民的占地情况

清代前期，地主与农民占地情况，受诸多因素的影响，有一个发展变化的过程。

第一，继承祖产。地主和农民占有的田地，都可以来自继承祖产。这里着重从地主的情况加以考察。

地主继承祖产，可以通过土地买卖契约得知。如顺治五年，休宁县陈应文卖田赤契记载："九都三图七甲立卖契人陈应文，今因缺少钱粮，自情愿凭中将承祖芥字一百六十三号……凭中尽行立契出卖与伯××名下为业。"① 像这样的卖地契，仅是徽州地区，顺治年间就有5款。② 福建闽北地区，顺治十四年的一张卖田契称："立契人黄景钰，承父置有早田壹段，坐落周屯，计苗白米壹箩单五管，佃人黄梅耕作；又贰段坐落塘源等处，计苗糙米柒箩壹斗五管，系佃宫妳荣等耕作；又壹段坐落将口，计苗糙米贰箩柒斗五管，系佃人胡张奴耕作，四至俱载在册，□口其田共载该民产柒亩贰分陆厘，今因缺少银两使用，情愿托中将前田出卖与江郭秋名下边为业……。"③ 在闽北地区，顺治年间卖田契有7款。④ 江苏苏州府沈氏家族置产文契中，也有顺治年间卖地契1张。⑤

清初，地主能直接继承祖产的，大部分是属于明末清初农民起义军势力未扫荡的地方，或是未受到农民起义军严厉打击地方，如安徽省徽州地区就是其中一例，因此我们可以从保存下来的档案中看到这一情况。祁门县归化乡西都一里，在顺治四年《新丈亲供首状》记载，谢正茂户有田、地、山、塘折实

① 安徽省博物馆《明清徽州社会经济资料丛编》，第1辑，第82~83页。
② 安徽省博物馆《明清徽州社会经济资料丛编》，第1辑，第82~84页。
③《中国社会经济史研究》，1982年，第1期。
④《中国社会经济史研究》，1982年，第1期。
⑤ 洪焕椿：《明清苏州农村经济资料》，第90页。

税亩281.94亩。[①] 其中有一款的丈积为57867.35步，参照其余各款按245步折成1亩计算，仅这一款就有田236.19亩。另一事例是某县七都一图三甲《胡向义归税册底》所载。本册是顺治十六年照己丑年（顺治六年）清丈册归户分庄本户各家现业底册抄件，该册记载：本户有实在成丁7丁，田223.14亩，地36.41亩，山116.09亩，塘10.72亩。[②] 该户继承明代祖产田、地、山、塘共计386.36亩。浙江省遂安县十三都二图第二甲民户徐鼎祥，在崇祯十五年至顺治十一年间，其家有牛1头，田68.14亩，地54.34亩，山70.6亩，塘1.14亩，共计田、地、山塘194.22亩。此外有瓦房28间，草房3间。[③] 这里更明白无误地反映了，尽管朱明王朝覆没了，作为地主个人来说，他的土地有的还是沿袭下来了。以上仅仅是一些事例而已，并不是全部。诸如湖南省，在明末农民大起义中是一个受冲击不十分严重的地区，这里显然有更多地主继承了祖产，这是可以想象得到的。

在清朝政府保护“原主产权”政策下，有些地主重新获得了原有地产。

我们都知道，明代中叶以后，土地兼并在激剧进行，至明后期，土地占有已高度集中，《明史》称“缙绅豪右之家，大者千百万，中者百十万，以万计者不胜枚举”[④]。江苏储方庆还说：“明季兼并之势极矣，贫民不得寸土，缙绅之家连田以数万计。”[⑤] 这些地主有的在明末清初战争中被铲除了，有的则在逃亡中保存了性命。由于清政府所代表的是地主阶级利益，所维护的是个人私有财产，因此，清政府建立以后，就颁布保护“原主产权”政策。顺治元年八月山东巡抚方大猷《条请开荒劝耕兵民两便事》题本内称：“不论卫所州县，凡有抛荒地土，除无主者径给闲民及官兵外，其余先出牌召本人，婉诘其故，若实系无力，给之牛种。”[⑥] 这一条议得到了清世祖的批准。顺治十四年，户部议准：“有主荒地仍听本主开垦”[⑦]。这一政策，在执行过程中，也有些官

---

① 中国社会科学院经济研究所藏《屯溪档案》，029号。

② 中国社会科学院经济研究所藏《屯溪档案》，191号。

③ 沈炳尧：《明清遂安县房地产买卖》，《中国社会经济史研究》，1995年，第4期，第55~56页。

④ 《明史》卷251，《钱士升传》。

⑤ 《清经世文编》卷34，储方庆《荒田议》。

⑥ 《历史档案》，1981年，第2期。

⑦ 《清世祖实录》卷109。

员提出异议，希望做些调整。如四川巡按高民瞻根据蜀省凋残，垦政难于展开的情况，提出："凡抛荒田地，无论有主无主，任人尽力开垦，永给为业"[①]。但清世祖仅仅批复"户部议奏"而已。康熙二十二年，这情况才有所改变，户部议定："凡地土有数年无人耕种、完粮者，即系抛荒，以后如已垦熟，不许原主复问。"[②] 在这其间，一些逃亡地主在政府政策保护下，又重新获得旧日占有的大量土地。

综上所述，说明清代初期民田有相当部分是来自继承祖宗的遗产。但继承祖产田业占清初耕地面积有多少呢？据《清朝文献通考》称："顺治八年（1651）全国田地山荡二百九十万八千五百八十四顷六十一亩"[③]。从顺治十八年有民田549万多顷，需纳田赋银2158万两，每亩平均纳银0.039两情况看，顺治八年291万顷耕地中，应该是或大部分是属于继承下来的民田。[④] 另据《明史》食货志称："官田视民田七分之一"[⑤]，若以明天启六年官民田土共7439319顷[⑥]计算，当时民田应在6376559顷左右。除因明末清初战乱荒芜外，顺治八年存留下来的田亩，扣除圈占的旗地外，也应以民田为主。地主应占有相当大的比重。

第二，更名田（更明田）。

明代"藩封之产"遍布于直隶（河北）、山东、山西、河南、陕西、甘肃、江西、湖北、湖南等省，据《光绪会典》记载：仅陕西、山西、河南、湖北、湖南五省，就有更名田1690万余亩。[⑦] 如果加上未计入的河北、甘肃、山东、江西数省废藩地亩，那么这部分耕地当在2000万亩左右。顺治元年起，清政府曾几次颁发命令，将故明勋戚田产分给贫民耕种。如顺治三年，兵科给事中李运长疏称："补给民人地亩，宜从户贫地少者始。……请

① 顺治十三年六月初七日巡按四川兼管盐法屯田监察御史高民瞻题。

② 《清圣祖实录》卷168。

③ 《清朝文献通考》卷13。

④ 顺治初年，每年征收田赋银1486万两左右，若按每亩纳田银0.039两计，这时应有民田381万顷。

⑤ 《明史》卷77，《食货》一。

⑥ 熹宗《天启实录》卷74。

⑦ 《光绪会典》卷17。

先将故明勋戚内监皇庄军屯补与贫民。"[①] 至康熙七年，清政府下令变卖废藩地亩，"命查故明废藩田房悉行变价，照民地征粮，其废藩名色，永行革除"[②]。康熙八年，政府考虑到"以地易价，复征额赋，重为民累"，于是"将见在未变价田地，交与该督抚给予原种之人，令其耕种，照常征粮"[③]。康熙九年，又称："直隶各省废藩田产，奉旨免其易价，改之民户，名为更名地。……著与民田一例输粮，免其纳租。至易价银两，有征收在库者，许抵次年征赋。"[④] 清政府通过分给与变价方式把废藩田产转变为农民的土地。这些耕地称之为"更名田"。虽然这部分土地也有被地主豪强侵占，但在政府"不许官胥侵渔，土豪占种"[⑤] 限制下，应该说，这2000万亩的土地大部分为农民所有。

第三，官田向民田转化过程中，另有相当一部分耕地为农民所占有，如河淤沙地升科，圈地还民，屯田划归州县起科，马厂放垦等。又如康熙三十一年十一月，河道总督靳辅疏称："两河归故，中河告成之后，其黄水涸出及河湖低洼之处淤成膏腴熟地，豪强占种不纳粮者，亦复不少，应查出升科。"[⑥] 这些土地除了给豪强占种外，应该还有相当部分为农民所占有。山东巡抚周有德奏请：德州驻防兵依陕、浙驻防例给粮之后，"将所圈地土五百余顷归还百姓。"[⑦] 康熙三十四年九月，应云南巡抚石文晟之请，康熙帝下旨："云南屯田钱粮，较民田额重数倍，民人苦累，嗣后屯田额赋，著照河阳县民田上则征收。"[⑧] 康熙四十年八月，直隶巡抚李光地疏称："青县等处西冀四旗马厂余地，原十八万八千四百六十二晌有零，今民认垦三万二千十六晌有零，其外有民偷垦邻亩暂充为己业者。其偷垦田亩中，有见为水淹不可耕者，会勘之时，民人惧罪，莫敢出名承认。乞免其已往之罪，招民承种。于康熙四十年为始，

---

① 《光绪会典》卷17。
② 《清世祖实录》卷24。
③ 《清圣祖实录》卷28。
④ 《清圣祖实录》卷32。
⑤ 《清世祖实录》卷6。
⑥ 《清圣祖实录》卷157。
⑦ 《清圣祖实录》卷15。
⑧ 《清圣祖实录》卷168。

照则起科”[①]。官田转为农民所有者，事例很多，这里不详述。

至于旗地的民田化，已于前述，这里就不重复了。

清初影响土地分配最重要的因素是垦荒。清政府的垦荒政策及其执行情况，我们在本书第一卷中，已作了详悉讨论。清初垦荒最重要的成果是，使广大农民获得土地，造就了数量众多的自耕农。

浙江处州府，顺治年间，户少地多，周茂源任知府后，“招流亡，给牛垦种，得熟田一千八百顷有奇”[②]。温州东南海中有个玉环岛，旧为舟船停泊之地，康熙时，欽福出任温处道佥事，在玉环岛设同知，“招贫民给牛种开垦，遂为重镇”[③]。

江西广信府属，原封禁之处达300里，经清初上饶广丰、福建崇安、浦城各县居民“陆续报开升科”，至乾隆五十一年（1786）时，“其实在禁山不过一百数十里”[④]，“可开山地”已为农民开垦耕种，成为永业。

安徽巢县原“地瘠民顽”，顺治年间，聂芳出任巢县知县，“招抚湖南流民复业”[⑤]。

湖南。清初土地荒芜甚多，湘潭尤甚，至康熙初年，开垦者仍“折竹木枝标识其处，认纳粮，遂为永业”[⑥]。永州府属州县，顺治初年时，“其民皆由乱定招徕而至，垦辟荒土，久而富饶，人皆世农，不言他事”[⑦]。

直隶昌平州，据直隶巡抚于成龙康熙二十八年（1689）疏报称：“昌平州民冯三等，自首出开垦地共一百二十一顷。”[⑧] 当地政府承认垦地为他们的永业。康熙四十三年复准，“天津附近荒地开垦万亩，以为水田，将江南闽粤等处水耕之人，出示招徕安插，计口授田，给予牛种，限年起科”[⑨]。乾隆九年

---

① 《清圣祖实录》卷205。

② 光绪《重修华亭县志》卷16《人物》。

③ 《诸城县乡土志》卷上，《耆旧录》，第33页。

④ 《皇朝续文献通考》卷1。

⑤ 《福建通志》八，《福建循吏传》（清一）。

⑥ 光绪《湘潭县志》卷11。

⑦ 道光《永州府志》卷5，《风俗志》。

⑧ 《清圣祖实录》卷140。

⑨ 《光绪会典事例》卷166，第1页。

（1744），直隶总督高斌奏称："详查喀喇河屯厅所辖之白马关，潮河川，热河厅所辖之张三营、白马川，四旗所辖之波罗河屯各汛内，凡有平坦可耕之区，悉系旗地，间有民人新垦者，俱系旗圈余地。自雍正十年（1732）奉旨听民认垦输粮，从此民人安立家室，悉成土著，垦地二千九百余顷"[①]。

山东。据山东副都御史法敏题称："今该督王士俊将山东省查出贫民二万九千九百四十户……其实在垦地一十九万八百三十七亩八分零，应照见今议定条款分别题明升科。"[②] 平均每户垦地6.4亩左右。乾隆二年（1737），据商河县知县范从律详称：商河县民祖籍原顺天人氏，明末遭兵失业，星散山左，至康熙元年（1662），始奉旨敕发商邑开垦荒地，陆续升科，名立庄村四十二处，一庄有二三百家[③]。经过垦户努力，素为沙碱之地而复为膏腴之产，由是岁获丰登，约有30余年银米毫无拖欠。

山西。据顺治十七年监察御史白尚登称：大同盖缘姜叛人屠，死亡殆尽，"以致地多荒芜"，顺治七年招民开垦，然节年开耕有数，册报起科，迨至十二、十三年乃招徕流寓土著，渐渐垦种，"及至沈推官查出隐漏地一千五顷三十七亩，续奉驳踏，又查出雪占未竟地一百四十二顷六十五亩四分"[④]。这些开垦地亩皆成垦种者的永业。

河南。据顺治十六年（1659）河南巡抚贾汉俊称：开封等八府并汝州，招直隶失业贫民来认垦，所垦土地"永为己业"[⑤]。康熙六十一年（1772），河南巡抚杨宗义疏报："邓州、新野等七州县，开垦康熙六十年分田地五百六十三顷有奇。"[⑥] 乾隆二年，河南巡抚尹会一疏称：乾隆元年，各属劝垦"地一顷二十九亩二分零"[⑦]。

---

① 《清高宗实录》卷210。

② 中国社会科学院经济研究所藏《地丁题本》，山东（四），雍正十三年山东副都御史法敏题。

③ 乾隆二年八月十八日，经筵讲官总理事务少保张廷玉等题。

④ 中国社会科学院经济研究所藏《地丁题本》，山西（四），顺治十七年三月监察御史白尚登揭，第207页。

⑤ 顺治十六年十二月二十日，河南巡抚贾汉俊揭。

⑥ 《清世宗实录》卷1。

⑦ 中国社会科学院经济研究所藏《地丁题本》，河南（四），乾隆二年九日十四日，户部尚书张廷玉等题。

陕西。据陕西巡抚毕沅称：汉中、兴安、商州各府州属，延亘南山，水土饶益，迩年楚蜀豫陇无籍穷黎，扶老携幼，“前来开垦者甚众”，仅乾隆四十三、四十四等年，两湖偶被灾祲，小民流徙，络绎前来，督率有司，妥为安插，“分令就地开荒，男妇不下十余万人，俱得安然乐业，遂成土著”。他还称，西安、同州、凤翔三府，邠、乾二州，“民间耕读相半，素鲜盖藏，殷实之家十不得一，缘其平日所恃，不过农田”①。泾阳县志也说，“昔之产在富，今之产在贫”②。这都说明了自耕农的发展。

甘肃。据乾隆十一年甘肃巡抚黄廷桂疏称：查乾隆七年，原报受田民人共一百七十一户，认垦田九十三顷，内除马尚考等十三户鹹碱不能耕种地七顷外，“该实在人户一百五十九户，田八十六顷内减四百一十五亩”③。每户平均垦田51.5亩。

新疆。据杨应琚奏，乾隆二十六年巴里坤招民人王玉美等六十七名，认垦地三千七百余亩；二十七年续招民人三十九户，认垦地一千四百五十余亩；二十八年续招吴臣等三十名，认垦地三千四百四余亩，共地八千二百余亩，“皆系近水易于引灌之地，俱照水田六年升科；二十九年续报商民三十名，认垦地三千六百九十亩，又续报敦煌等三县招有情愿赴巴里坤种地民人”④。这四批垦民每户平均占有耕地为55.2亩、37.2亩、113.3亩、123亩。嘉庆五年(1800)，恩长等奏称：“续经查出和阗所属各城，有粮无地之回民七百五十二户，并丈出官荒地二万零六百四十余亩……即照前次分拨官地章程，按数拨给有粮无地之回户均匀开垦。”⑤ 每户平均27.4亩左右。

东北三省逐步放垦，蒙地开放，以及沿海新生沙坦开垦等，都为清代前期造就大批自耕农。

清朝初期，四川累遭兵革，地荒人亡情况尤为严重，各省流民进川后，通

---

① 《清朝经世文编》卷36，户政。陕西巡抚毕沅《陕省农田水利牧畜疏》，乾隆四十七年。

② 康熙《泾阳县前志》卷3，《贡赋志》。

③ 中国社会科学院经济研究所藏《地丁题本》，甘肃（四），乾隆十一年五月初四日，甘肃巡抚黄廷桂题。

④ 《清朝文献通考》卷11。

⑤ 《清仁宗实录》卷71。

过垦荒获得土地产权，从而成为自耕农者极为普遍。据四川总督文绶称："并查川省昔年地广人稀，均系插占开垦。"[①] 因此流民入川后，极容易获得土地。大邑县，清朝初期，土著少，客民多，"率多秦楚豫章之人，或以屯耕而卜居"[②]。这里的"屯耕"并非指租佃私人土地，而是指占地开垦。铜梁县，清初来这里垦荒的有贵州、湖广人，也有江苏、福建、广东人，这些垦民"各据壤土"[③]，取得土地产权。郫县，清初户口锐减，来这里垦荒的广东人较多，其次山东、陕西、福建、江西等省人户。农民垦荒谓之"插占"[④]。即不受顷亩所限，能开多少可占多少。荣昌县，雍正七年（1729）时，程世瑛家，因劳动力少，"无力开垦，丈地之日，不敢多认荒土，故粮地止贰百肆拾捌亩"[⑤]。定远县，清初来这里开垦的主要是湖南人，"垦荒占田，遂为永业"[⑥]。新繁县，清初先有湖广人移入，继有江西、福建、广东三省农民移入，也有少量陕西人，"始至之日，田业无主，听民自占垦荒，或一族为一村……有一族占田至数千亩者"[⑦]。苍溪县，清初外省农民纷纷移入，康熙初年，全县丁粮户600余户，本省农户占十分之四五，此外湖南省籍占十之三四，广东、贵州、福建等省籍占十之一二，这些客民皆"插土为业"[⑧]。即取得土地户籍。万源县，清初客民入山，"荒山无主，由人手指由某处至某处，即自行管业"[⑨]。乐至县，康熙前，外省来乐寄籍，地旷人稀，多属插占，"认垦给照"[⑩]。云阳县，清初客民移入，"占田宅，长子孙"，先开水田，继开山地。[⑪] 彭县，清初居民稀少，土地荒芜，乾隆初年，发生巨大变化，民力"岌岌吴

① 乾隆《刑科题本》，乾隆三十九年八月十六日，署四川总督印务臣文绶谨题。
② 同治《大邑县志》卷7《风土》。
③ 光绪《铜梁县志》（抄本），第1册，《人类》。
④ 光绪《郫县乡土志》，《人类》。
⑤ 乾隆《刑科题本》，乾隆三十九年八月十六日，署四川总督印务臣文绶谨题。
⑥ 光绪《定远县志》卷1。
⑦ 光绪《新繁县乡土志》卷5。
⑧ 民国《苍溪县志》卷10。
⑨ 民国《万源县志》卷5。
⑩ 民国《乐至县志又续》卷2，《契税》。
⑪ 民国《云阳县志》卷13，谓："田入不足以给，则锄荒蕨，辟林麓以继之，先垦高原，继剷峻岭"。

楚”，“山坡水涯，耕垦无余”[①]。新都县，康熙六年前，“有可耕之田，无可耕之民”，乾嘉之后，“则无荒可垦”[②]。经过土客民数十年辛勤劳动，四川广大地区逐渐得以开垦，康熙年间全省熟田 14810 顷，雍正二年熟田增至 214450 顷，乾嘉之际熟田剧增至 463486 顷。[③]

当然，在清初垦荒中，地主、官僚、商人在垦荒政策鼓励下，以自己所具有的经济实力，或通过权势也占有大量土地。如顺治十四年，直隶开平卫生员陈翼泰开垦过无主荒地 2105 亩。[④] 同年，直隶丰润金吾左卫武生卓企茂开垦过无主荒地 2019 亩。[⑤] 顺治十三、十四两年，直隶大名府开州生员邢祚贞垦过无主荒地 3439.1 亩。[⑥] 顺治十三、十四年，山东曲阜县生员唐佑臣所居与汶上县接壤，汶上荒地甚多，唐遂购置牛只，广雇贫人，于十三年开垦汶上无主荒地 2245 亩 2 分，十四年四月至十二月续垦无主荒地 2002 亩 8 分，前后合计开地 4248 亩。[⑦] 乾隆三十二年，寄居台湾商民芮友等 30 名，呈请开垦甘肃穆垒荒地，陕甘总督吴达善批准其申请。据批文称：查该商民等携资贸易，系有工本之人，请饬巴里坤镇臣给予执照，令其认垦耕种。[⑧]

下面，通过雍正、乾隆年间某些地区的编审册、税亩册及其他资料记载，对当时农民与地主占地情况做些具体分析。

首先，看看直隶获鹿县自耕农与地主占地情况。清代，获鹿县属直隶正定府，地处太行山区。该县有 197 个自然村，设十八社一百八十甲。[⑨] 该县从康熙四十五年（1706）起至乾隆三十六年（1771）止，进行过十四次地、丁编审工作。编审工作一般以甲为单位进行，编审后装订成册向县呈报。这些档案

---

① 光绪《彭县志》卷 10。

② 民国《新都县志》。

③ 雍正《四川通志》卷 5，《田赋》；又民国《新都县志》第二编。

④ 顺治十四年十一月初九日，直隶巡抚董天机揭。

⑤ 顺治十四年十一月初九日，直隶巡抚董天机揭。

⑥ 顺治十五年十一月十一日，太子少保尚书王弘祚题。

⑦ 顺治十五年二月，山东巡抚耿焞揭。

⑧ 《清高宗实录》卷 801，乾隆三十二年十二月己丑。

⑨ 光绪《获鹿县志》卷 1，《地理》下，第 1 页。十八社是：在城社，毕村社，郑家庄社，留营社，镇头社，任村社，甘子社，永壁社，龙贵社，塔冢社，德政坊社，方台社，同冶社，名邱社，太平社，新安社，安宁社，永清社。

虽然很不完整，但它毕竟还保存了一批珍贵的历史资料，使我们能透过这个典型窥视到当时社会经济、政治的一般。

为了弄清楚清代前期该县地权分配状况，我们做了大量分类和统计工作，考虑到地权分配变化情况在十年八年内难以看出发展趋势，我们以20年为一阶段，将康熙四十五年，雍正四年（1726），乾隆十一年（1746），乾隆三十六年（1771）[①] 各类农户占地情况列表4－12。

据表4－12，按占地状况分为无地户、少地户、中等户、富裕户、地主户五大类。一类户占人口18.2%，是无寸地民户；二类户为占地10亩以下户，他们占总农户37.9%，占有总耕地12%；三类户为占地10～40亩中等户，这类农户不但数量最大，而且占地比例亦最多，分别为38.2%及50%；至于第四类和第五类有一个如何划分的问题，一种办法是把占地100亩以上农户统统划为地主，另一种办法是把占地100亩以上绅衿仍然划为地主户，占100至150亩庶民户划为富裕户，150亩以上庶民户划为地主户。这是两种不同划分标准。根据这两种划分标准去衡量，那么富裕户及地主户比例就有些变化。以康熙四十五年为例，以100亩为划分标准，富裕户占总农户数为4.56%，占有耕地为总耕地的17.06%；地主户占总农户数为1.19%，占有耕地为总耕地的16.65%。若以第二个划分标准去考察，那么，富裕户占总农户数就上升到4.85%，净增0.29%，占有耕地为总耕地的20.78%，净增3.72%；地主户占总户数下降到0.9%，占有耕地数下降到占总耕地的12.93%。

这两种划分标准，哪种更接近历史实际？我们倾向于把占有耕地150亩以上庶民户及占地100亩以上绅衿户作为地主。采取这种划分方法，理由有三：

（1）清朝前期，经过战争的地区，普遍存在地多人少现象，在这种情况下，出现一些富裕农民，即丁多占地也多的农户，是可能的。

明朝末年，获鹿县先后打过三次仗，崇祯六年（1633）一次，十一年（1638）一次，十七年（1644）又一次。仅崇祯十一年战役中，死者“动以千计”。死者中多有绅衿之流。十七年，李自成部攻陷正定，获鹿再次受到严重打

① 以20年为一阶段计，乾隆三十一年留下的编审册只有二甲，缺乏代表性，而乾隆三十六年保留下来的编审册有六社九甲之多，相比之下，代表性更广泛些。

表 4－12　　清代前期（1706～1771）获鹿县地权分配情况

类别		康熙四十五年				雍正四年				乾隆十一年				乾隆三十六年			
		户数		耕地		户数		耕地		户数		耕地		户数		耕地	
		户	%	亩	%	户	%	亩	%	户	%	亩	%	户	%	亩	%
无地户		1324	17.61			1234	22.07			3009	25.69			244	16.45		
不足1亩户		257	3.42	128.5	0.11	251	4.49	130.5	0.16	574	4.90	290.9	0.16	91	6.14	43	0.19
1～5		1180	15.69	3616.7	3.15	1089	19.47	3152.6	3.95	2132	18.20	6201.8	3.49	326	21.98	924.3	4.12
5～10		1340	17.82	9847.0	8.57	1006	17.99	7216.4	9.04	1738	14.84	13016.6	7.32	252	16.99	1830.1	8.16
10～15		1038	13.80	12758.9	11.11	626	11.19	7231.0	9.05	1071	9.14	13269.5	7.46	144	9.71	1788.5	7.98
15～20		729	9.69	12669.6	11.03	379	6.78	6516.4	8.16	791	6.75	13585.5	7.46	105	7.09	1839.4	8.20
20～25		521	6.93	11525.6	10.03	223	3.99	4952.1	6.20	559	4.77	12454.7	7.00	73	4.92	1692.0	7.55
25～30		336	4.47	9165.3	7.98	168	3.00	4581.9	5.74	373	3.18	10201.8	5.73	46	3.10	1243.7	5.55
30～35		226	3.00	7228.2	6.29	143	2.56	4644.3	5.81	302	2.58	9881.6	5.56	40	2.70	1307.9	5.83
35～40		137	1.82	5213.2	4.54	84	1.50	3124.8	3.91	207	1.77	7704.6	4.33	25	1.69	942.8	4.21
40～45		82	1.09	3494.4	3.04	79	1.41	3353.5	4.20	133	1.14	5650.8	3.18	23	1.55	985.6	4.40
45～50		58	0.77	2717.4	2.37	37	0.66	1758.4	2.20	125	1.07	5857.1	3.29	16	1.08	752.9	3.36
50～60		90	1.20	4899.8	4.26	73	1.31	3958.0	4.96	170	1.45	9298.6	5.23	30	2.02	1659.0	7.40
60～70		48	0.64	3105.0	2.70	47	0.84	3035.6	3.80	130	1.11	8324.7	4.68	15	1.01	887.1	3.96
70～80		31	0.41	2309.4	2.02	31	0.55	2307.3	2.89	81	0.69	6094.4	3.43	14	0.94	1043.7	4.66
80～90		15	0.20	1254.4	1.09	21	0.38	1727.0	2.16	67	0.57	5658.3	3.18	8	0.54	674.4	3.01
90～100		19	0.25	1817.3	1.58	15	0.27	1426.7	1.79	36	0.31	3428.1	1.93	4	0.27	381.7	1.70
100以上	庶民	35	0.47	5293.9	4.61	38	0.68	5848.4	7.32	137	1.17	22635.8	12.73	22	1.48	3196.2	14.26
	绅衿	54	0.72	17837.2	15.53	48	0.86	14901.8	18.66	78	0.67	24292.5	13.66	5	0.34	1224.4	5.46
合计		7520	100.00	114882	100.00	5592	100.00	79866.7	100.00	11713	100.00	177847.3	100.00	1483	100.00	22416.7	100.00

资料来源：《获鹿县档案·编审册》。

击，因此又有“获邑肆扰”之说。[①] 不难设想，遭受打击的主要是豪绅地主。明季赋税负担的繁重，使人民无法生存下去，《县志》指出：崇祯年间（1628～1644）“履亩并征，继以助饷，兼行均输法，又计亩加练饷银，日朘月削，民不聊生，逃亡者众”[②]。更加上天灾，瘟疫接连不断发生。在灾疫，重赋、战乱重重袭击下，获邑在清初时呈现出人亡地荒的凄凉景象，在这种情况下，有些丁多，财力比较充实之家，多占些土地是可能的。顺治年间，该县有折征粮地96251亩，有丁38301口，[③] 平均每丁折征粮地2.513亩。该县地贫瘠，有的地7.5亩余折成粮地1亩，有的要9.1亩余才能折成粮地1亩。[④] 若以中等地8.5亩折成征粮地1亩计，当时一丁可得耕地20亩左右。在当时情况下，数丁之家占地100亩以上是可能的。

（2）从占有耕地较多之户所纳丁银数考察，一般是丁多口众。据《获鹿县编审册》材料，在雍正二年（1724）以前，即该县未实行摊丁入地时，丁银尚属另行征收，因此康熙年间编审册都记录丁各户应交纳多少丁银数目。一户所纳丁银少的3分、4分，多的高达9钱至1.2两。按全县丁、银数额看，平均每丁需纳丁银0.105两。[⑤] 而占地100亩以上的庶民户，一般交纳丁银较多，如康熙四十五年二十七甲占地100～150亩庶民户负担丁银情况就是一例。见下表4－13：

表4－13　　获鹿县二十七甲二十二户占地100～150亩庶民户丁银负担情况（康熙四十五年）

户主	丁银（两）	耕地（亩）	户主	丁银（两）	耕地（亩）	户主	丁银（两）	耕地（亩）
赵从会	0.6	106.4	聂兴忠	0.6	104.8	聂进成	0.4	101.0
刘焕	0.9	130.1	程邦现	0.1	101.1	聂希极	0.4	121.2
林文学	0.3	106.5	林标	0.36	112.2	康七儿	0.6	105.5

① 光绪《获鹿县志》卷5，《世纪》。

② 光绪《获鹿县志》卷4，《籍赋》。

③ 光绪《获鹿县志》卷4，《籍赋》。

④ 《获鹿县档案》，《编审册》。

⑤ 光绪《获鹿县志》卷4，《籍赋》，第19页，“原额三等九则人丁通折下下丁502275丁，每丁征银不等，共征银5291.85两。”乾隆元年《获鹿县志》，卷5《户口》，“每丁征银一钱。”

续表

户主	丁银（两）	耕地（亩）	户主	丁银（两）	耕地（亩）	户主	丁银（两）	耕地（亩）
李义	0.8	126.0	张明贵	0.57	101.3	魏有的	0.4	102.5
魏建猷	0.5	109.8	魏建烈	0.08	100.0	魏志玉	0.5	100.5
于成	0.5	104.7	魏其	0.5	139.7	段春□	0.6	111.4
史上才	0.8	108.4	石应存	0.8	132.2	赵联捷	0.73	106.2
姬彪	0.6	124.1						

资料来源：《获鹿县档案》，康熙四十五年《编审册》。

表中占地100～150亩的22个农户，共纳丁银11.64两。平均每户负担丁银0.53两。根据上述每丁平均负担丁银及参照获鹿临近县如灵寿县、新乐县每丁所收丁银一钱[①]衡量，这些农户应该是丁口多、劳动力充足之家。他们需要有比较多的土地来维持生活。

（3）从当时生产力发展水平看，一家有三四个劳动力就可以耕种一百几十亩土地。雍正、乾隆年间直隶博野人尹会一说，“北方地土辽阔，农民唯图广种，一夫所耕，自七八十亩以至百亩不等”[②]。朱云锦亦说：“一夫之力耕旱田可三十亩。”[③] 山东巡抚阿里衮奏称，“此地多旱田，易种，一夫亦不过二十余亩”[④]。根据当时人记载来看，一个男劳动力一年耕种旱地三十多亩是可能的。一家有三四个劳动力的话，这100多亩地应该能自耕自种。即使有些农户在农忙季节需要雇工，但田间作业主要还是靠家庭成员来完成。所以这类农户耕地虽多，实行出租的可能性较少。此类农户基本是农民的一部分。

是不是占地150亩以内的庶民户中就没有地主户呢？占地150亩以上的庶民户中就没有富裕户呢？实际情况并不完全如此。其中会有交叉。因为资料本身不能清楚反映出这些农户经营土地的情况，所以，才用较多笔墨来议论这问题。根据当时、当地情况，目的在分析对比中，我们觉得把占地150亩以内庶民户划在富裕农民行列中比较符合历史实际。

① 同治《灵寿县旧续志》卷4，《田赋》。光绪《重修新乐县志》卷2《赋役》。
② 尹会一：《敬陈农桑四务疏》，见《清朝经世文编》卷36，户政11。
③ 朱云锦：《豫乘识小录》，《户口说》，《清朝经世文编》卷30。
④ 《山东巡抚阿里衮复表》，乾隆十三年八月辛亥。

至于把100亩以上绅衿户划为地主，这点比较容易理解。中国封建社会的士大夫之家，不事稼穑，土地以出租为主。如新安齐康曰："近世士大夫家，不能身亲稼穑，类皆分给佃户耕作"；山阳县知县祝豫亦云："士大夫之家有恒产者，未能春而耕，秋而敛也。于是，佃其邑之农民，俾之耕作，岁取其租，输正供，以赡衣食"①；《获鹿县志》也指出："贫者为人佣佃，奔走衣食"②。据此，获邑的绅衿之家也不会例外，他们的田产也主要是分给佃户耕作，过着衣租食税的剥削生活。因此，这类绅衿户绝大部分属于地主阶级成员。

依照以上划分标准，③ 或按照100亩以上皆划为地主标准，虽然地主阶级在雍正、乾隆期间占有耕地比康熙年间占有耕地更多，但他们所占耕地仍然没有超过总耕地的30%。个别村庄地主虽然占有高达50%左右的土地，④ 但不普遍，不反映地权分配主流。该县地权分配状况，总括起来说：乾隆中期以前，耕地的70%左右掌握在农民手中，地主阶级占有的耕地只有20%～30%之间。这是小土地所有制占统治地位的事例。

陕西情况与获鹿情况大致相同。秦晖、苏文根据近年来在关中东部的朝邑(今大荔属地)、韩城、潼关等地发现的一批清前期至民国年间的地籍档册，如鱼鳞册、清丈册、地粮册等材料，对部分册籍作了不平均度分析，计算出各该册籍中的反映土地分配中的吉尼系数。见下表4－14：

表4－14　　清代关中地籍中的土地分配不均度

地　名	年　份	Gini 系数 a. 原值	Gini 系数 b. 修正值（一）a×65%	Gini 系数 c. 修正值（二）a－0.1450	计算依据
朝邑县加里庄	康熙三十年（1691）	0.2988	0.1942	0.1538	《誊录旧簿加里庄地册》
	乾隆十六年（1751）	0.3405	0.2213	0.1955	《誊录旧簿加里庄地册》
	嘉庆十四年（1809）	0.2892	0.1880	0.1442	《加里庄畛丈册》

① 李程儒：《江苏山阳收租全案》，见《清史资料》第2辑，第5～6页。

② 乾隆《获鹿县志》卷2，《地理·风俗》。

③ 戴逸主编《简明清史》，把获鹿县占有耕地60亩以上农户划为地主户。

④ 这些村庄是：康熙45年龙贵社五甲，康熙50年在城社四甲，康熙55年在城社二甲，雍正4年龙贵社五甲，乾隆11年方台社四甲。

续表

地　名	年　份	Gini 系数			计算依据
		a. 原值	b. 修正值（一）a ×65%	c. 修正值（二）a −0.1450	
朝邑县加里庄	民国三十一年（1942）	0.2618	0.1702	0.1168	《平民县地籍原图》
朝邑县步昌里下鱼坡	光绪十六年（1890）	0.4809	0.3125	0.3359	《步昌里八甲下鱼坡村鱼鳞正册》
	不早于民国21年（1932）	0.4607	0.2994	0.3125	《步昌里八甲下鲁坡村鱼鳞正册》
朝邑县步昌村	民国三十一年（1942）	0.4172	0.2712	0.2722	《平民县地籍原图》
朝邑县南、北乌牛村	雍正七年（1729）	0.3638	0.2365	0.2188	《南北乌牛等九村地亩阔尺册》
	道光十九年（1839）	0.2737	0.1779	0.1287	《南乌牛村河东口岸花名册》
朝邑县雷村	雍正七年（1792）	0.3503	0.2277	0.2053	《河西河东六转减明清册》
	乾隆五十三年（1788）	0.3006	0.1954	0.1556	《雷村等处地籍名册》
	道光二十四年（1844）	0.2662	0.1730	0.1212	《雷村河西、东鱼鳞减明册》
	光绪二年（1876）	0.3858	0.2508	0.2408	《雷村清豁地粮花名册》
朝邑县广济村	道光五年（1825）	0.4029	0.2619	0.2579	《广济村分户地籍文簿》
	民国三十一年（1942）	0.4618	0.3002	0.3168	《平民县地籍原图》
朝邑？村北社	同治五年（1866）	0.2838	0.1845	0.1388	《存北社垦地册》

资料来源：转引秦晖苏文《田园诗与狂想曲》，第77页。

他们认为，经过换算之后这31组分配的吉尼系数两项修正值中有近半数在0.2以下，另有七分之一强的数据超过0.3，其余近五分之二在0.2~0.3之间，31组分配的总平均吉尼系数修正值为0.2064~0.2284，与土改前关中土地分配状况（吉尼系数，在渭南一期土改区为0.2218，二、三期土改区为0.1973，宝鸡专区为0.2284）几乎相同，就其中同一地区具有几个时间断面数据的加里庄、步昌庄、南乌牛、雷村、广济村、北韩家、东林村、营田庄等处而言，它们在数十年乃至两个半世纪间土地分配状况不断有所变化，但并无越来越趋于集中的长期趋势。其中加里庄、步昌里、东林村、营田庄等地最晚的数据与最早的相比，不均度有所下降，雷村、广济村则有所上升，但无论升降都并非连续不断，而是呈波动状，并且除个别情况外都在较平均或低分化的范围的。总而言之，在这些册籍所涉及的地区，自康熙迄民国的二三百年间土地分配状况虽然是因时因地而各异，但地权分散这特点是较明显的。[①]

其次，再看看江南地区情况。安徽休宁县三都十二图六甲保留下来的康熙五十五年（1716）编审红册看，六甲共计233户，共有耕地1134.3亩。各类农户占地情况如下表：

表4－15　　休宁县三都二图六甲各类农户占地情况统计表（康熙五十五年）

类　别	户　数	%	耕地面积（亩）	%
无地户	11	4.7		
不足1亩户	58	24.9	27.4	2.4
1～5亩户	83	35.6	221.5	19.5
5～10亩户	39	16.7	273.1	24.1
10～15亩户	29	12.4	351.8	31.0
15～20亩户	7	3.0	117.6	10.4
20～25亩户	4	1.7	85.3	7.5
25～30亩户	2	0.9	57.5	5.1
合计	233	100.0	1134.3	100.0

资料来源：中国社会科学院经济研究所藏《休宁县三都十二图（上）编审册》，#税A20，#147。
说明：其中第六甲五十五年编审红册脱落，今采用康熙五十年地亩册计数。

从编审红册看，该六甲中占地20亩以上农户，多为劳动力较多家庭，如三甲姚春阳占地20.6亩，他家有3个劳动力；四甲复廷占地29.9亩，家有4个劳动力；汪宗占地27.7亩，家有4个劳动力。[②] 此处系山区，山多田少，农户占地面积相对少些，但一家有3丁、4丁情况下，占地20几亩，似乎还够不上地主。章有义教授亦认为，占地20亩左右者可算殷实之户，有地30亩以上者，才是依靠地租收入为主的地主。[③] 由此看来，清初所造就的自耕农，在当地还较好的保存下来。安徽霍山县情况也大致如此，方志记载：“中人以下，咸自食其力，薄田数十亩，往往子孙世守之，佃而耕者十仅二三。”[④]

关于徽州地区地权分配状况，章友义教授撰有专论。下面就其研究成果简

① 秦晖、苏文：《田园诗与狂想曲》－关中模式与前近代社会的再认识，第74～80页。
② 这里所指劳动力是指成年男子，妇女不计在内，即所谓编审红册中的丁。
③ 章有义：《明清徽州土地关系研究》，第2、4页。
④ 光绪《霍山县志》卷2。

述如下。

从现有史料看，由明至清，大约到清代中叶为止，徽州地区的土地分配越来越明显地趋向集中，也同其他各地集中总趋势大致相仿，尽管进程也许比较缓慢一些。

同一地区前后可比的记录比较少见。姑且就万历九年休宁十五都五图的一册鱼鳞簿和康熙初年同县十四都的一册鱼鳞簿做一比较统计。虽非同一个地区，但彼此邻近，也许有一定的可比性。明代为前册，清代为后册。后册原题《休宁县丈量鱼鳞经册》，首尾残缺，仅存龙字第 11 - 1248 号，其中又有二十五号残，实存 1207 号。这些田地大都在十四都九图或七图。各号田地下所注产权转移或佥税事项大都是康雍乾时代的，最早的是康熙四年纪事。约有八九十号注明康熙四年“清过”，“签入”，“挂乞”或入另户。可以推定这册建立于康熙初年，四年进行过清查，或一部分进行过核查。

这两册所反映的情况大体相同。有地户中，90%以上是不足 5 亩的小户。地主很少，占地 25 亩以上，算得上富裕户或小地主的只有一两户。详见下表 4 - 16：

表 4 - 16　　万历、康熙年间休宁县个别都图部分田地分配统计

户别（有地户，亩）	万历九年十五都五图				康熙初年十四都九图（或七图）			
	户数	%	田地亩数	%	户数	%	田地亩数	%
不足 1	322	61.69	104.87	12.41	237	52.43	104.76	11.25
1 ~ 5	162	31.04	381.48	45.16	170	37.61	338.82	36.40
5 ~ 10	27	5.17	197.21	23.35	27	5.97	174.40	18.74
10 ~ 15	8	1.53	97.43	11.52	9	1.99	101.09	10.86
15 ~ 20	2	0.38	33.23	3.93	3	0.67	52.00	5.59
20 ~ 25	0	0	0	0	4	0.89	92.03	9.89
25 ~ 30	0	0	0	0	1	0.22	29.68	3.19
30 亩以上	1	0.19	30.66	3.63	1	0.22	37.95	4.08
合计	522	100	844.79	100	452	100	930.73	100

资料来源：中国社会科学院经济研究所藏《屯溪档案》。

从横断面看，这两例未必具有普遍性，但或多或少亦可从中窥测出一些变化来。试将两例对比一下，就不难看出趋向两极化的迹象。由万历九年到康熙初年，5 亩以下的小户所占田地由 57.57% 降至 47.65%。25 亩以上的富户或地主所占田地由3.63%增至7.27%。离中系数，即标准差[①]对平均亩数的比率由163.6%上升至183%。也就是说，由万历到康熙，休宁一带地权不均的现象有所发展。

至于清代前期的情况还可以进一步从一些编审册中得到较为确切的印象。税亩系“折实田税”，即山、地、塘一律折成田税。康熙、乾隆年间每五年编审一次。[②] 各户税亩分“旧管”、“新收”、“开除”、“实在”四栏。“旧管”指五年前上次编审的税亩；“新收”、“开除”指上次编审以后增减的税亩；“实在”等于“旧管”+“新收”-“开除”，即现在净存的税亩，亦即本年编审的税亩。虽然编审册也同鱼鳞册一样，往往残缺不全，所包括的范围不是一图，同时也不免有因隐瞒、飞洒、诡寄等弊端而造成的田亩数字的不确实。但毕竟是按户审计其全部地产，不像后者那样没有包括占地跨图跨都的大户全部田地。因此，作为各户地权分配统计的依据，编审册比鱼鳞册较为可靠一些。

康熙年间休宁县编审簿，现存两册。一是康熙五十年《三都十二图编审册（上）》，包括二至六甲，二甲部分残缺，六甲略有残缺，实存184户。二是康熙五十五年同都图《编审红册（上）》，包括一至六甲，一甲部分残缺，六甲大部分残缺，实存197户。现就这册各户税亩，分组统计如次。

表4-17　　休宁县三都十二图地权分配统计

户别（亩）	康熙五十年				康熙五十五年			
	户数	%	田地亩数	%	户数	%	田地亩数	%
0~1	55*	29.89	21.18	2.14	55*	27.92	21.81	2.37
1~5	56	30.44	150.75	15.20	76	38.58	201.64	21.97
5~10	35	19.02	253.40	25.54	33	16.75	222.78	24.27
10~15	24	13.04	290.67	29.30	23	11.67	272.32	29.67
15~20	9	4.89	153.94	15.52	5	2.54	80.75	8.80
20~25	3	1.63	65.09	6.56	3	1.52	61.15	6.66
25~30	2	1.09	56.97	5.74	2	1.02	57.51	6.26
合计	184	100	992.00	100	197	100	917.96	100

注：各组上限数字，实际不足此数，如0~1，实际是0~0.99。* 内有无地户10户。

① 设O为标准差，N为总户数，f为各组户数，m为各组平均亩数，则 $O=\sqrt{\frac{N\sum fm^2-(\sum fm)^2}{N^2}}$。

② 乾隆三十七年六月，清廷明令，“嗣后编审之例，永行停止”（道光《安徽通志》，卷首四之二）。

综合康熙50年和55年的数字来看，平均每户有地约5亩。不到5亩的小户约占户数的60%多，占地20%左右，25亩以上可以算得上小地主只有2户，占地仅6%左右。再一次证明这一带地主少，地权比较分散。

这两册编审簿虽是同一都图的，但各有不同程度的残缺，有记录可考的户头前后不完全一致，因而不是完全可比的。如将先后残缺的户头和新立户除外，则剩下前后可比的二至六甲146户的占地情况，见表4-18。因为在康熙五十年册中记录了上一次编审的数，故可列出四十五、五十和五十五年三年的可比数字。康熙四十五年至五十五年间，平均每户占地由5.4亩降至5.01亩。其中不足5亩的少地和无地户与20亩以上的富裕户数和田亩数的百分比见表4-19。

表4-18　　休宁县三都十二图地权分配变动情况

户别（亩）	康熙四十五年				康熙五十年				康熙五十五年			
	户数	%	田地亩数	%	户数	%	田地亩数	%	户数	%	田地亩数	%
0~1	35*	23.97	13.03	1.66	40*	27.40	15.28	2.01	40*	27.40	14.38	1.96
1~5	50	34.25	129.72	16.46	50	34.25	134.07	17.59	52	35.62	138.82	18.97
5~10	32	21.92	223.04	28.30	28	19.18	197.74	25.95	27	18.49	178.69	24.41
10~15	19	13.01	224.22	28.45	17	11.64	199.99	26.24	17	11.64	200.67	27.42
15~20	7	4.79	119.16	15.12	7	4.79	117.08	15.36	5	3.42	80.75	11.03
20~25	1	0.69	22.61	2.87	2	1.37	40.91	5.37	3	2.06	61.15	8.35
25~30	2	1.37	56.27	7.14	2	1.37	56.97	7.48	2	1.37	57.51	7.86
合计	146	100	788.05	100	146	100	762.04	100	146	100	731.92	100

注：参看前表附注。
* 内有无地户9户。

表4-19　　休宁县三都十二图少地户和富裕户田亩比较

	不足5亩者		20亩以上者	
	占户数（%）	占田亩（%）	占户数（%）	占田亩（%）
康熙四十五年	58.22	18.12	2.06	10.01
康熙五十年	61.65	19.60	2.74	12.85
康熙五十五年	63.02	20.93	3.43	16.21

在这十年间，不足5亩的少地和无地户，约由户数的58%增至63%；20亩以上的富户，约由户数的2%增至3.4%，所占田亩由10%上升至16%多。

其中2户25亩以上可以算作小地主的所占田地由56.27亩增至57.51亩（约由7%上升至接近8%）。如果用离中系数来表示，则康熙四十五年为101.3%，五十年为107.1%，五十五年为110.4%。

由此可以窥见小土地所有者不断分化和地主田产递增的趋势。大体言之，到了康熙后期，这一带地权不均的现象仍继续发展。

另有一册乾隆年间的编审簿。原题《乾隆廿六年休宁县编审红册》，包括十三都三图五至十甲，首尾有缺页，仅有116户。这一百多户的地权分配见表4-20：

表4-20　　乾隆二十六年休宁县十三都三图地权分配统计

户别（亩）	户数	%	田地亩数	%
0~1	25*	21.55	14.10	1.70
1~5	47	40.52	124.82	15.08
5~10	21	18.10	157.90	19.08
10~15	8	6.90	90.59	10.95
15~20	4	3.45	74.98	9.06
20~25	6	5.17	134.39	16.24
25~30	1	0.86	25.52	3.08
30~35	2	1.73	63.42	7.66
35~40	1	0.86	39.06	4.72
40亩以上	1	0.86	102.90	12.43
合计	116	100	827.68	100

注：参看前表附注。
* 内有无地户1户。

从上表可见，这里平均每户占7.14亩；其中无地户仅1户。在我们所见到的实例中，无地户这是少的，仅此一例。可以说，这是一个特殊的例子。但从地主占地情况看，又似乎具有较高的代表性。其中占地25亩以上的富户，占户数的4.31%，占地27.89%；占地30亩可以划作地主的，占户数的3.45%，占地24.81%；无论如何，70%以上的土地还在农民手中。[①]

随着土地兼并的发展，清初垦荒所造就的自耕农也有所分化，地主户的田

① 以上引文见章友义《明清徽州土地关系研究》，第10~15页。

产在膨胀，无地户、少地户在增加。以获鹿县郑家庄社二、四甲，甘子社九甲，同治社五甲为例，将康熙四十五年与乾隆元年做个比较，情况就一目了然了。见下表4－21：

表4－21　康熙四十五年（1706）与乾隆元年（1736）直隶获鹿县社四甲各类农户占地比较表

类别	户数				耕地面积（亩）			
	1706年	%	1736年	%	1706年	%	1736年	%
无地户	209	19.5	279	25.5				
不足1亩户	40	3.7	55	5.0	21.7	0.1	35.4	0.2
1～10亩户	348	32.5	332	30.3	1859.1	12.3	1742.0	11.1
10～20亩户	247	23.1	201	18.4	3441.9	22.9	2877.4	18.4
20～30亩户	106	9.9	91	8.3	2512.6	16.7	2246.8	14.3
30～40亩户	48	4.5	48	4.4	1667.6	11.1	1610.6	10.3
40～50亩户	22	2.1	24	2.2	975.2	6.5	1064.5	6.8
50～60亩户	19	1.8	22	2.0	1049.4	7.0	1180.1	7.5
60～70亩户	14	1.3	13	1.2	897.8	6.0	835.1	5.3
70～80亩户	3	0.3	7	0.6	227.6	1.5	525.2	3.4
80～90亩户	2	0.2	1	0.1	165.9	1.1	87.3	0.6
90～100亩户	1	0.1	2	0.2	98.3	0.7	189.2	1.2
100～150亩户	5	0.5	6	0.5	598.2	4.0	828.6	5.3
150～200亩户	4	0.4	8	0.7	731.2	4.9	1190.8	7.6
200亩产以上户	3	0.3	5	0.5	807.2	5.4	1244.9	8.0
合计	1071		1094		15053.7		15658.9	

资料来源：《获鹿县编审册》。

浙江遂安县也有相类似情况。沈炳尧根据雍正六年遂安县三都二图实征额册中457户土地分配情况，乾隆遂安县二都二图实征米册中789户土地分配情况，做了一个比较，虽然这一比较不是在同都同图进行，但毕竟地邻相近。在同一标准下，探讨地权分配发展趋势还是有意义的。如雍正朝时，不足5亩业户占45.08%，占地8.62%，每户平均占地2.37亩；至乾隆时期，不足5亩业户增至58.05%，占有耕地却下降到4.81%，减少了3.81个百分点。平均耕地减少到2.12亩。而占地30亩以上业户却有较大增加。雍正时，30亩以上业户占9.63%，占有耕地47.6%，户均耕地61.17亩，乾隆时，30亩以上业户占17.24%，占有耕地82.91%，增加了35.31个百分点。户均耕地增加到

122.85 亩。相形之下，乾隆年间土地集中趋势明显。见下表 4－22：

表 4－22　　雍正、乾隆年间遂安县部分业户土地分配情况

户别＼业户及土地状况＼朝代	雍正朝					乾隆朝				
	户数	%	土地亩数	%	户均土地亩数	户数	%	土地亩数	%	户均土地亩数
不足 5 亩业户	206	45.08	487.41	8.62	2.37	458	58.05	969.86	4.81	2.12
5～20 亩业户	175	38.29	1688.50	29.86	9.65	158	20.02	1534.53	7.62	9.71
20～30 亩业户	32	7.00	787.52	13.92	24.61	37	4.69	939.48	4.66	25.39
30 亩以上业户	44	9.63	2691.57	47.60	61.17	136	17.24	16707.12	82.91	122.85
合计	457	100	5655.00	100	12.37	789	100	20150.99	100	25.54

资料来源：转见沈炳尧《明清遂安县房地产买卖》，中国社会经济史研究（厦门），1995，4。

据《康熙四十年份本色统征仓米比簿》记载：江苏玉区第十七图十甲的全部粮户情况见表 4－23：

表 4－23　　江苏玉区第十七图十甲粮户占地情况（康熙四十年）

占田（亩）	户　数	耕地面积（亩）	各类农户占耕地面积（%）
0.5 亩户	1	0.5	
2.0～5.5 亩户	9	35.1	1.1
13.7～18.0 亩户	2	31.7	1.0
43.0 亩户	1	43.0	1.3
251.0～334.7 亩户	10	3120.3	96.6
合计	23	3230.6	100.0

说明：此表系根据孙毓棠 1951 年 7 月 1 日发表于《历史教学月刊》第二卷第一期《清初土地分配不均的一个实例》文中资料加工而成。

按清朝里甲编制，每 10 户为甲，设一甲长，故每甲实为 11 户。玉区十七图十甲农产应为 110 户（实际可能有些出入）。如按 110 户估计，其中无地户 88 户，占地 251 亩以上者 10 户，由于周瑞跨两甲，实际上应为 9 户。这九户占全图耕地面积 96.7%。这是一个地权高度集中的事例。

前述安徽休宁县也有类似情况。该县康熙初年鱼鳞簿所载田地坐落在十四都九图或七图，十三都与十四都邻近，试将该鱼鳞簿与乾隆二十六年编审簿所记十三都情况加以比较，见下页表 4－24。

表 4-24　　康熙乾隆年间休宁县个别都图地权分配比较

户别（有地户）	康熙初年休宁县十四都九图（或七图）		乾隆二十六年休宁县十三都三图	
	户数%	田地%	户数%	田地%
不足1亩	52.43	11.25	20.87	1.70
1~5亩	37.61	36.40	40.87	15.08
5~10亩	5.97	18.74	18.26	19.08
10~15亩	1.99	10.86	6.95	10.95
15~20亩	0.67	5.59	3.48	9.06
20~25亩	0.89	9.89	5.22	16.24
25~30亩	0.22	3.19	0.87	3.08
30亩以上	0.22	4.08	3.48	24.81
合计	100	100	100	100

注：乾隆二十六年的编审册中，可以看到二十一年的数字，但间隔时间太短，看不出多少变化来。

康熙初年，十四都不足5亩的少地户占有47.65%的土地，而乾隆二十六年，十三都这类少地户仅占地16.78%。而25亩以上或30亩以上的富裕户和地主则相反，他们在康熙初年的十四都占有7.27%或4.08%的土地，而到乾隆二十六年的十三都，却占地达27.89%或24.81%。可见出现了明显的地权集中趋势。

其他历史文献中，也反映有些地区地权比较集中情况。如湖南，清初，桂阳县邓仁心、邓仁恩兄弟有田数百顷。[①] 乾隆十三年，湖南巡抚杨锡绂奏称："近日田之归富户者，大抵十之五六，旧时有田之人，今俱为佃耕之户"[②]。嘉庆年间，衡阳县木商刘重伟子孙"田至万亩"[③]，江苏海州，乾隆时孟鉴有地5000余顷。[④] 嘉庆十二年，李法泳等买程继祖遗海州五庄田200余顷。[⑤] 江北、淮南一带，康熙年间，盛枫指出，区方百里，户不下万余，丁不下三万，"其

① 王闿运：《（同治）桂阳直隶州志》卷20。
② 杨锡绂：《陈明米贵之由疏》，《清经世文编》卷39。
③ 彭玉麟：《衡阳县志》卷11。
④ 王先谦：《东华录》卷44。
⑤ 中国社会科学院经济研究所藏《刑部档案》抄件。

间农夫十五，庶人在官与士大夫之无田及逐末者十之四，其十之一则坐拥一县之田，役农夫，尽地利，而安然食租衣税者也”①。

从上述不同地区地权分配状况看，各地情况很不相同。获鹿县事例表明，从顺治至乾隆三十六年止，即清王朝建国120多年后，农民所有制占统治地位的情况没有改变。陕西在整个清代，甚至到民国时期，农民所有制占据统治地位情况从来没有动摇过，有部分地区还得到加强。安徽休宁县事例表明，大部分土地还是掌握在农民手里。浙江遂安县则出现了农民所有制占据主导地位，向地主所有制占主导地位转化，土地由比较分散向土地集中转化过程。江苏玉区事例表明，九户地主几乎囊括了全图的耕地。就全国大多数地区而言，尽管土地兼并在不断进行，但在清代垦荒政策鼓励下造就的自耕农，不论是在清前期，或是清后期，仍然占据重要地位。据瓦格勒估计：“小地产的成分约占所有种植的农业地面积百分之六十，大地产的成分占百分之四十。”② 又据杰密逊1905年（光绪三十一年）估计，农民所有地占当时耕地面积的二分之一。③就土改前全国12个省区部分情况而言，地主占地最多的为四川8个县12个保，地主户占7.1%，占有耕地60%；地主占地较少的为云南砚山六诏村，地主户占4%，占有土地（水田、旱地平均数）26.8%。其他10个省区地主占地量或高或低，但都不超过这个上限和下限。12个省区地主平均占有耕地为40.8%。具体情况见下页表4－25。被认为土地高度集中的湖南，除滨湖区地主占地达60%外，丘陵区地主占地只有33%，山区地主占地只有27%，全省拖平拉均，地主占地为40%。见下页表4－26。

长期以来，被学术界认为土地高度集中的江南地区，据华东军政委员会调查，其结果却出乎于人们预料之外。土改前占农村总户数3.07%的地主户，占有的耕地数仅占总土地数26.17%而已，加上半地主式富农占地数，合起来才达到27.54%，尚不超过30%。大量土地还在中农、贫农手中。详见下页表4－27。

---

① 盛枫：《江北均丁说》，《清经世文编》卷30，《户政》五。

② 瓦格勒著，王建新译《中国农书》上册，第152页。

③ 《中华年书》（China Year Book），1912年，第314页。

表 4－25

土改前各地农村土地占有情况

地区	资料时期	地主			富农			中农			贫雇农			其他		
		户数	人数	土地	户数	人数	土地	户数	人数	土地	户数	人数	土地	户数	人数	土地
松江通河县 3 个屯	1946	2.7		51.8	4.9		16.8	21.4		15.7	70.2		15.8	0.8		
新疆 5 个专区	1951		6.7	39.7		5.8	12.5		29.7	29.1		55.4	18.5		2.4	0.3
甘肃徽县四宁政村 6 个村	1950	0.9	2.2	37.6	0.6	1.6	8.2	25.5	25.3	40.3	72.9	70.9	13.9			
陕西武功城关区一行政村	1951		20.3	31.3		5.0	5.4		54.0	52.0		20.6	10.7			
河南 5 个村	1951		5.8	43.0		5.2	17.0		28.5	29.9		60.1	11.0			
苏南 25 县 973 个村	1950	3.6	3.1	36.2	2.1	2.9	6.5	30.6	34.9	31.6	54.5	50.6	19.4	9.2	8.5	6.2
江西 28 个村	1950		3.9	30.6		5.2	12.6		28.8	32.2		56.5	21.4		5.4	1.8
湖南 13 保	1950		3.0	55.0		5.0	13.0		30.0	26.0		49.0	7.0		13.0	
湖北黄陂方梅区 14 个行政村	1950	3.6	3.9	31.9	2.7	3.1	7.7	21.8	24.1	26.6	62.7	61.5	28.3	9.2	7.5	2.1
四川 8 个县 12 个保	1950	7.1	6.5	60	3.3	4.1	14.1	9.3	10.9	17.5	78.6	77.1	8.4	1.3	1.0	
贵州贵筑孟关乡	1951	3.2	4.6	45.2	5.2	7.3	16.4	24.6	26.9	28.3	60.6	56.9	9.0	6.4	4.3	1.1
				水田			水田			水田			水田			
云南砚山六诏村	1950	4.0	7.0	32.4	4.0	4.0	11.5	28.0	30.0	39.9	64.0	59.0	16.2			
				旱地			旱地			旱地			旱地			
				21.2			13.9			49.5			15.4			

注：各阶级户数总和、人数总和、土地总和均等于 100。

资料来源：见严中平等编：《中国近代经济史统计资料选辑》，1955 年 8 月。

表 4-26　　土改前湖南省滨湖区、丘陵区、山区农村各阶级（层）占有土地情况统计（%）

类别	滨湖区		丘陵区		山区	
	人口	土地	人口	土地	人口	土地
地主	3	60	4	33	3	27
富农	4	8	7	20	5	14
中农	34	26	28	26	23	26
贫农	42	4	36	8	44	18
雇农	9		5		16	
其他	8		20		9	1
	（公田）1		（公田）12			（公田）14

资料来源：李锐《湖南农村的状况和特点》，1950 年 7 月 2 日，转见中国社会科学院，中央档案馆编《1949～1952 中华人民共和国经济档案资料选编·农村经济体制卷》，社会科学文献出版社，1992 年，第 8 页。

说明：①表头名称系引者所加，原表没有。

②表中人口土地皆以 100 为计所得的%。

表 4-27　　土地改革前华东农村各阶级（层）土地占有情况统计

阶层	户数	占总户数百分比	人口数	占总户数百分比	土地（市亩）		
					亩数	占总土地数百分比	每人平均占有亩数
地主	485428	3.07	2612643	4.00	37265955.29	26.17	14.26
半地主式富农	50924	0.32	271102	0.41	1952643.21	1.37	7.20
富农	306061	1.94	1794629	2.75	8321251.86	5.84	4.646
工商业者	59326	0.38	314397	0.48	443405.93	0.31	1.41
小土地出租者	375009	2.37	1110337	1.70	3639183.90	2.56	3.28
中农	5173128	32.72	23783996	36.40	47918593.66	33.65	2.01
贫农	7612914	48.15	29863778	45.71	25644368.04	18.01	0.86
雇农	784635	4.96	2087140	3.19	700931.31	0.49	0.34
手工业工人	69464	0.44	258104	0.40	50081.14	0.03	0.19
其他阶层	893999	5.65	3243537	4.96	1786887.31	1.25	0.55
公田					14696521.86	10.32	
合计	15810888	100.00	65339663	100.00	142419823.51	100.00	2.18

说明：其他阶层包括：自由职业者、宗教职业者、贫民、游民、小商贩、债利生活者等。

资料来源：见华东军政委员会土地改革委员会《华东区土地改革成果统计》，1952 年 12 月。

透过光绪晚年及民国时期各阶级（层）地权分配情况考察，虽然有局部地区地权很集中，但从各省或全国角度来考察，农民占有耕地的总量达到或超过十分之六。这个数据虽然不能完全反映清代前期地权分配全貌，但在地权发展趋向集中的清代，后期所得的统计资料，无疑是具有重要参考价值。

第二节　绅衿地主与庶民地主占地情况

唐宋以来，庶民地主，特别是中小地主不断发展，到清代前期，庶民地主占有的土地，在封建地主占地总量中，已居显著的优势。这一历史性变化，在直隶获鹿县的清代档案中得到明确的证实。

获鹿县档案包括《编审册》《烟户册》等内容。《编审册》记载了：户主姓名、户主身份（生员、监生、贡生、举人或某官职）、丁银（乾隆元年前有丁银记载，摊丁入亩后，这项已清除）、上年度编审核实地亩数、上年度编审后至本年度编审前这段时期土地买进卖出记录，本年度编审核实地亩数以及经折算的税亩数等。这种编审册为我们准确地提供了各户主的身份地位，家庭中成年男子人数、土地买卖情况、诸子分家析产情况、各户占有耕地变化情况，项目齐全，给研究工作提供了诸多方便。

这份编审册包括的时限是：上至康熙四十五年（1706），下至乾隆三十六年（1771），前后共65年。根据五年一编审的成例，应该进行了13次编审。由于康熙五十二年个别社甲又行编审，所以65年间，共进行14次编审。65年间连续进行14次的编审，为我们认识清代前期绅衿地主和庶民地主间的消长提供了非常生动的实例。为了便于比较，我们暂把占地百亩以上户都列为地主户。[①] 那么，每次编审中，庶民地主户与绅衿地主户数量上的增减及两者之间的比例通过下表，就可以一目了然。

① 江太新：《清代前期直隶获鹿县土地关系的变化及其对社会经济发展的影响》，《平准学刊》第1辑。该文把占地150亩以上庶民户才列为地主户，并就此作了详尽分析。

表 4 - 28　　获鹿县庶民地主户与绅衿地主户变化情况

（康熙四十五年至乾隆三十六年）

编审年份	甲数	地主户	庶民地主户		绅衿地主户	
			户	%	户	%
康熙四十五年	27	89	35	39.33	54	60.67
康熙五十年	13	49	23	46.94	26	53.06
康熙五十五年	16	57	16	28.07	41	71.93
康熙六十年	19	62	34	54.84	28	45.16
雍正四年	17	86	38	44.19	48	55.81
雍正九年	18	57	30	52.63	27	47.37
乾隆元年	12	40	21	52.50	19	47.50
乾隆六年	13	53	35	66.04	18	33.96
乾隆十一年	48	215	137	63.72	78	36.28
乾隆十六年	10	65	52	80.00	13	20.00
乾隆二十一年	13	65	52	80.00	13	20.00
乾隆二十六年	11	56	50	89.29	6	10.71
乾隆三十一年	2	7	4	57.14	3	42.86
乾隆三十六年	9	27	22	81.47	5	18.53
合计	228	928	549	59.16	379	40.84

资料来源：《获鹿县档案》，康熙四十五年至乾隆三十六年《编审册》。

上表虽然可以看出当地庶民地主户与绅衿地主户消长情况，但还有一定局部性。由于各编审年度保留下来的材料有多有少，社甲地点又不尽相同，所以对比性就相对差些。为了弥补这一不足，我们又从中找出三个材料保存较完整的社甲，即在城社、郑家庄社、任村社中 22 个甲进行比较。由于比较的对象是同一甲，因此，我们更能从中看到它们的变化的情况。在这 22 甲中，至乾隆年间，庶民地主户超过绅衿地主户的已有 15 个甲，两者户数相等的有 2 个甲，庶民地主户尚少于绅衿地主户的有 3 个甲，还有 1 个甲的村民占地皆在 100 亩以下，这里尚未分化出地主户。在这 22 个甲中，尤其值得注意的是在城社四甲。该甲在康熙五十年（1711）时，庶民地主只有 1 户，绅衿地主有 8 户。5 年后，庶民地主上升到 2 户，绅衿地主增加到 9 户。10 年后，庶民地主，又增加 1 户，发展为 3 户，绅衿地主发展到 11 户。雍正四年（1726）后，庶民地主户继续扩大，而绅衿地主走的却是下坡路，到乾隆二十一年（1756）时，庶民地主户发展到 12 户，而康熙六十年时出现的 11 户绅衿地主至此全部没落，详细情况请看下页表 4 - 29。

表 4 – 29　**获鹿县 3 社 22 甲庶民地主户与绅衿地主户变化情况表**

（康熙四十五年至乾隆三十六年）

地名		地主类别	康熙				雍正		乾隆								合计
			四十五年	五十年	五十五年	六十年	四年	九年	元年	六年	十一年	十六年	二十一年	二十六年	三十一年	三十六年	
在城社	三甲	庶民				0	0	0	0				0			2	2
		绅衿				0	0	0	0			0	0		0	0	
	四甲	庶民		1	2	3	5			7			12				30
		绅衿		8	9	11	10			10			0				48
	七甲	庶民			1							5					6
		绅衿			3							0					3
	八甲	庶民			5						6						11
		绅衿			10						9						19
	九甲	庶民	0	0	0							2					2
		绅衿	0	1	0							1					2
郑家庄杜	一甲	庶民	1	2													3
		绅衿	0	0													0
	二甲	庶民	0	0					0								0
		绅衿	1	1					2								4
	四甲	庶民	3						6	7							16
		绅衿	3						6	10							19
	五甲	庶民		4				1	3		5						13
		绅衿		5				5	3		3						16
	六甲	庶民	0			11								11			22
		绅衿	1			1								1			3
	七甲	庶民	3					1									4
		绅衿	2					3									5
	八甲	庶民		2								4					6
		绅衿		0								2					2

续表

地名		地主类别	康熙				雍正		乾隆								合计
			四十五年	五十年	五十五年	六十年	四年	九年	元年	六年	十一年	十六年	二十一年	二十六年	三十一年	三十六年	
郑家庄社	九甲	庶民		4									4				8
		绅衿		4									2				6
	十甲	庶民		4					1			2	3				10
		绅衿		1					1			0	0				2
任村社	三甲	庶民	2								4						6
		绅衿	3								6						9
	四甲	庶民	0								5	3					8
		绅衿	2								1	2					5
	五甲	庶民	0								4						4
		绅衿	0								4						4
	六甲	庶民	2								9						11
		绅衿	6								2						8
	七甲	庶民									5			8			13
		绅衿									1			3			4
	八甲	庶民	0							1	1						2
		绅衿	0							0	0						0
	九甲	庶民	2							3	4						9
		绅衿	0							0	0						0
	十甲	庶民	0		0			3			5					5	13
		绅衿	1		1			0			0					0	2
	合计	庶民	13	17	8	14	5	5	10	18	48	16	19	19		7	199
		绅衿	19	20	23	12	10	8	12	20	26	5	2	4		0	161

资料来源：《获鹿县档案》，康熙四十五年至乾隆三十六年《编审册》。

从以上 2 表可以看到，不论从该县整体来考察，还是从 3 社 22 甲来考察，都可以窥视到这种趋势：即在康熙四十五年至乾隆三十六年的 65 年间，庶民地主在发展，绅衿地主在逐渐减少，在两者之间的户数比例上，绅衿地主户由主导地位退居到次要地位，而庶民地主户由次要地位上升到主要地位。这反映了清代前期地主阶级内部构成上的重要变化。

清代前期，庶民地主和绅衿地主之间的这种变化从两者占有耕地数量的变化上也可看出来。从康熙四十五年至康熙六十年的四个编审年里，庶民地主占有耕地数量为整个地主阶级占地量的 28.71%，而绅衿地主占地数量却高达 71.29%；雍正年间，庶民地主占有耕地数量为整个地主阶级占地量的 33.17%，比康熙年间上升了 4.36%，绅衿地主占地数量却下降到 66.83%。而在乾隆 36 年间，这种变化继续在发展，庶民地主占有耕地数量为整个地主阶级占地数的 60.52%，[①] 与康熙年间相比，整整翻了一番，甚至还要多些。各个编审年度里，庶民地主和绅衿地主占有耕地数量的变化，请看表 4－30。

表 4－30　获鹿县庶民地主与绅衿地主占地情况变化表

（康熙四十五年至乾隆三十六年）

编审年份	编审甲数	庶民地主		绅衿地主	
		耕地数（亩）	%	耕地数（亩）	%
康熙四十五年	27	58673.9	22.89	17837.2	77.11
康熙五十年	13	3378.3	23.86	10784.5	76.14
康熙五十五年	16	2580.6	14.26	15390.0	85.64
康熙六十年	19	4815.0	36.31	8444.2	63.69
雍正四年	17	5848.4	28.18	14901.8	71.82
雍正九年	18	4775.3	38.16	7739.4	61.84
乾隆元年	12	3247.9	35.50	5902.1	64.50
乾隆六年	13	5108.1	58.48	3626.3	41.52
乾隆十一年	48	22635.8	48.23	24292.5	51.77
乾隆十六年	10	7836.2	70.05	3350.3	29.95
乾隆二十一年	13	9192.5	78.08	2580.5	21.92
乾隆二十六年	11	7898.5	80.18	1952.2	19.82
乾隆三十一年	2	505.4	41.30	718.4	58.70
乾隆三十六年	9	3196.2	72.30	1224.4	27.70

资料来源：《获鹿县档案》，康熙四十五年至乾隆三十六年《编审册》。

① 这个数为乾隆 36 年间 8 次编审中，庶民地主占地百分比平均值。

清代前期，庶民地主和绅衿地主的消长，还可以从每户占有耕地数量的变化进行考察见下表4－31。绅衿地主在康熙年间（康熙四十五年至康熙六十年），每户平均占有耕地355.5亩；雍正年间，每户平均占有耕地298.6亩；乾隆年间（乾隆元年至乾隆三十六年），每户平均占有耕地261.2亩。由此可见，每户绅衿地主自康熙年间至乾隆年间平均要减少耕地94.3亩。这种变化不可谓之不大。至于庶民地主每户平均占有耕地的数量却变动不大，主要体现在户数增加及占有耕地总量的增多上。

表4－31　获鹿县庶民地主与绅衿地主每户平均占有耕地面积情况

（康熙四十五年至乾隆三十六年）

编审年份	编审甲数	庶民地主			绅衿地主		
		户数	占地总计（亩）	每户平均（亩）	户数	占地总计（亩）	每户平均（亩）
康熙四十五年	27	35	5293.9	151.2	54	17837.2	330.3
康熙五十年	13	23	3378.3	146.9	26	10784.5	414.8
康熙五十五年	16	16	2580.6	161.3	41	15390.0	375.4
康熙六十年	19	34	4815.0	141.6	28	8444.2	301.6
雍正四年	17	38	5848.4	153.9	48	14901.8	310.5
雍正九年	18	30	4775.3	159.2	27	7739.4	286.6
乾隆元年	12	21	3247.9	154.7	19	5902.1	310.6
乾隆六年	13	35	5108.1	145.9	18	3626.3	201.5
乾隆十一年	48	137	22635.8	165.2	78	24292.5	311.4
乾隆十六年	10	52	7836.2	150.7	13	3350.3	257.7
乾隆二十一年	13	52	9192.5	176.8	13	2580.5	198.5
乾隆二十六年	11	50	7898.5	158.0	6	1592.2	325.4
乾隆三十一年	2	4	505.4	126.4	3	718.4	239.5
乾隆三十六年	9	22	3196.2	145.3	5	1224.4	244.9

资料来源：《获鹿县档案》，康熙四十五年至乾隆三十六年《编审册》。

获鹿县档案资料，为我们认识清代前期庶民地主的发展和绅衿地主萎缩提供一个难得的实例。

第三节　族田义庄的发展

族田义庄早在宋代就开始出现，据记载江苏苏州、金坛，浙江东阳，江西临江、铅山、新淦，福建福清、莆田都有族田义庄建立。元、明年间延续不断。至清代有较大发展。江苏情况是：据方志称吴县清代前期新创建义田4处，耕地面积达5542.6亩，加上宋、明2处，共计耕地12237.5亩。元和县清代新建义田8处，耕地达11359.8亩，加上明代创建2处，共计耕地12259.8亩。长洲县新建义田5处，耕地面积5118.8亩。[①] 常熟、昭文两县清代前期创建义田9处，计耕地面积11712亩。[②] 昆山、新阳两县清代创建义田6处，计耕地面积2564亩。[③] 据李文治教授估计，到清代后期，江苏全省义田约有三四十万亩以上。[④] 据民国时期调查，“常熟、吴县、无锡、昆山等县底族产都在十万亩上下”[⑤]。浙江在有清一代也多创立义田。就清前期而言，萧山新创建2处，一处田产为300亩，另一处不详，平湖2处，田产1200亩；西安4处，田产不详；常山2处，田产不详；昌化3处，田产不详；桐乡2处，田产不详；会稽1处，田产141亩；慈谿1处，田产5000亩；钱塘1处，田产不详；永嘉1处，田产不详；长兴2处，其中一处田产500亩，另一处不详；嘉善13处，有11处田产共4361亩，另二处不详，石门5处，田产不详；海宁5处，其中一处田产500亩，其余不详；余杭3处，一处田产251亩，其余2处数不确切；奉化1处，田产40余亩；新昌1处，义田数百亩；嵊县6处，其中3处义田共160亩，另3处不详；镇海2处，共义田1330亩，其中1处庄屋57楹。新登2处，田产不详；临海一处，田产不详；定海1处，田产20亩。[⑥] 据《武义县志》记

---

① 民国《吴县志》。

② 光绪《重修常昭合志》。

③ 光绪《昆新两县续修合志》。

④ 李文治：《论明清时代的宗族制》，见《中国社会科学院经济研究所集刊》第4集。

⑤ 民国《江苏省农村调查》，第6页。

⑥ 以上统计数字根据张研《清代族田与基层社会经构》，第46～50页表中有关清代前期部分汇集而成。

载："族无大小，各有宗祠，祠各有产"[①]，又《义乌县志》载："钜族多立宗祠，置祭产"[②]，《龙泉县志》亦称："土著旧家皆聚族而居……皆有祭产"[③]。从武义、义乌、龙泉等县志记述看，以上统计数字并不能完全反映浙江当时族田数量，实际族田数量可能还要多。

据张研研究，清前期江西族田也有很大发展。乾隆年间，官方曾两次对江西宗祠、族田进行清查，辅德称：该省有族田6739处，数量较大的有760处。[④] 据土改时华东军政委员会的实地调查，其时江西族田尚占全省土地的10%～15%以上。[⑤] 若按光绪十三年（1887）全省耕地473430顷[⑥]计算，族田有47343顷至56812顷之多。当然，清前期可能要少些。

广东，清代前期各姓多置族田，据陈翰笙先生调查，民国时期，广东63个县中，族田面积为30.27%；其中连县、花县、惠阳、番禺、中山、台山、新会诸县，族田占有却高达50%以上。[⑦] 可见族田之普遍。

福建族田创建较早，在宋时就有福清林氏义庄，莆田陈氏义庄等，到清代又有发展，据《仙游县志》称：福建仙游县各族皆置祭田。[⑧] 其实，仙游之外的县份皆有族田，据土地改革时调查，闽西、闽北地区族田占该地区耕地面积50%以上，闽东、闽南沿海地区族田占有额虽然要比闽西北少些，但也占该地区耕地面积20%～30%之间。[⑨] 这些数据虽然不是清前期数字，但还是有一定参考价值。

其他各省也有族田记载，如广西，至道光末年，每县平均约有族田三万亩，桂南各州县尤为普遍。[⑩] 湖北通山县也有大族皆建祠置产记载，[⑪] 湖南永

---

① 嘉庆《武义县志》。
② 嘉庆《义乌县志》。
③ 光绪《龙泉县志》。
④ 辅德：《复奏查办江西祠谱疏》，又《请禁祠宇流弊疏》，见《皇清奏议》卷55、卷18。
⑤ 华东军政委员会《新区土改前的农村》。
⑥ 李文治：《中国近代农业史资料》第1辑，第60页。
⑦ 陈翰笙：《广东农村生产关系与生产力》。
⑧ 乾隆《仙游县志》卷8，《风俗》。
⑨ 华东军政委员会《福建农村调查》。
⑩ 梁任葆：《金田起义前广西的土地问题》，《历史教学》，第67期，1956年7月。
⑪ 同治《通山县志》卷2，《风俗》。

兴县志称：当地风俗“同族有祭会祭田”[①]。据四川《云阳县志》云：由嘉庆至光绪年间，该县先后创建族田的有“张、刘、荡、涂、叶、黎、曾、蒋、邓、于、沈、邹、薛、程、甘、彭、朱等三十二家”[②]。

综上所述，清代前期的族田，就全国而言，可能是一个不小的数字。但具体有多少，鉴于缺乏完整的数计，很难说清楚。

族田的功能很多，如祭祖、助学、完纳田赋、赈济救困等，但主要的是济贫解困，从济贫解困中达到收族与睦族的目的。清初顾炎武曰：由于范氏创立义田，“至今裔孙犹守其法，范氏无穷人”[③]。清中叶，钱大昕《陆氏义庄记》云：古代行宗法，“无贫富之殊”；“自宗法不行，士大夫无以收其族，昭穆即远，视为路人……即有敦本好礼能施惠于三族者，一时遂赖以济，而不能经画可久之计，论者不无遗憾”，因此主张效法范氏义庄法，“创立义田，以赡宗族”[④]。方苞亦谓：“盖以文正置义田，贫者皆赖以养，故教法可得而行也”[⑤]。如何济贫解困？《京江柳氏宗谱》为我们保留下来祀田经营管理及分配条例，可资参考。

族中有鳏寡孤独、残废无养者，议定每口每月给米二斗四升，男妇同。其子女五岁开支，十三岁内照成人减半，十三岁外方与成人一例。夏月收麦易面，每月每口支面三十斤，子女减半。每月初五日开仓支给。倘非孤寡残废无依不得借名冒支，亦无许非明透给。若经营者不与本色，改折银钱，察出见一罚十。

族中鳏寡孤独残废疾者既支米面，冬月亦不可无衣，议定每年冬祭日，每名给白布二匹，计长四丈，棉花一斤半，男妇同；子女五岁开支，每名给白布一匹，计长二丈，棉花十一两。经营者亦不得改折银钱，察出与前同罚。

族中男女长成，无力嫁娶者，议定娶妇助银八两，嫁女助银四两，

---

① 光绪《永兴县志》卷18，《风俗》。
② 民国《云阳县志》卷23，第15~19页。
③ 顾炎武：《日知录》卷6，《庶民安故财用足》。
④ 钱大昕：《潜研堂文集》卷20，《陆氏义庄记》。
⑤ 方苞：《方望溪先生文集》卷14，《仁和汤氏义田记》。

> 不嫁娶不得冒支，冒支者追银八两，仍于祖宗前领责，继娶减半。
>
> 祭田余利只以赡养宗族之贫乏，若非宗族不得擅支，即有女出嫁贫乏亦不得借言来支。①

下面，再举《练西黄氏义庄规条》。

> 义田之设原为周贫，非以继富。苟力可自存，固无借乎升米之糈。使不论贫富，一概计口给米，本祠义田无多，日后支系日繁，恐难以为继，凡吾族家有恒产及读书有馆，设肆营生，力能自给者，概不给米。
>
> 族中实在贫乏，近族房长报明，男女自十六岁以上者，每日给白米八合；十三岁至五岁，日给白米五合；五岁至四岁，日给白米三合；四岁以下者，不给；女于出嫁日停给。如支糙米，每斗折作白米八升。
>
> 族中丧葬实在贫乏者，上丧支钱六千文，中丧支钱五千文，下丧支钱两千文。葬事上丧无地者支银十两，有地者支银六两，中丧不论有地无地，支银四两，下丧不支。年十六岁以上已婚娶者作上丧，未婚娶者、十二岁以上均作中丧，十二岁以下者作下丧。其有将钱支出，不即行埋葬及别项花销者，案出，将应给米照数扣除。其应减口粮，即于病故日报明，支销丧费；本祠据报注册，开除口粮。
>
> 族中婚娶实在贫乏者支钱十千文，嫁女者支钱七千文。均须明媒正配，族房长主婚；若娶异醮之妇、淫奔之女为妻者，或嫁女于匪人者，不准支给。族中知悉并言论禁之。
>
> 年过六十以上者，于本分应支之外，每年酌给银四两，以为甘旨之奉；如鳏寡孤独废疾无人待养者，亦于本分应支之外，加银四两，以示体恤。②

族田除解决鳏寡孤独废疾外，也有按口给粮的。如昆山顾氏有族田“凡五百亩，每月计口授粮，或婚丧不能举及应试难窘，格外恤之有差”③。《长州

① 《京江柳氏宗谱》卷10，《丹徒柳氏宗祠条例》（道光五年）。

② 《练西黄氏宗谱》卷17。

③ 乾隆《昆山新阳合志》卷35，《艺文》，孙仇城《顾氏义田记》。

县志》亦记，浔阳义庄“其制按口而算，计日而给，丧葬婚嫁有助，鳏寡疾废有恤”[①]。

张研认为，族田支出以国课、公务为第一，要占族田租入分配的一半以上。祭祀、助学支出也是大宗，祭祀支出在10%～24%之间，广东海康肖氏族田除祭祀外，主要是为宗族教育之需，其助学之出均超过族田租入支出的50%，彭氏义庄的助学也占族田租入总支出的32%。赡族费用，视族田创建时用途而定，有高有低。彭氏义庄赡族占族田租入总支出的20%，席氏义庄赡族占田租总支出的30%，徽州某姓四会中，专以赡族名义设立的惇本会和推广会赡族所出分别占该会所入的70%和60%，广东肖氏族田赡族支出占祭祀以外支出的10%，高淳邢大公祠赡族支出仅占族田田租总支出的1%。[②]

从有些记载来看，赡族部分要比张研所说的多，因为有的族田所缴田赋还包括族内各户自有田地，如《窦山公家议》《管理议》称：“户门税粮原系众者，各房分纳。人众弊生，至嘉靖三十一年间，照依旧额，尽行扒出入众。今续买并旧额，其米壹拾叁石叁斗柒升捌合捌勺，麦陆石叁斗玫升肆合，立例于后，递年填注粮额若干。其里役粮差一应公事，俱系管理将众银应办。日后不许分析，苟有倡言分析者，即是阴坏众业弊端，管理告家长家众，即时举罚”[③]。《荥阳义庄规条》定：“唯正供首宜慎重，自建设义庄后，地丁银两务于二月完半，九月全完，依限输纳，冬季漕粮拣选干圆洁净好米上充国课，司庄人等勿得懈忽”[④]。临海屈氏义庄、江夏陈氏义庄都规定“先公后私”[⑤]，“早完国课”[⑥]。苏州吴氏还专门拨出200亩族田为“奉公田”，专为完粮纳赋。[⑦] 在封建社会里，完粮纳赋是农民的一项繁重的经济负担，有些农家往往因赋税无出，而卖田卖地，在《屯溪档案》《縢契簿》中，屡见不鲜。[⑧] 族田

---

① 乾隆《长州县志》卷4，《官署》。
② 张研《清代族田与基层社会结构》，第150～151页。
③ 周绍泉、赵亚光《窦山公家议校注》，《窦山公家议》卷1，管理篇。
④ 《东汇潘氏族谱》，《荥阳义庄规条》。
⑤ 《江夏陈氏义庄规条》，《续增规条》。
⑥ 《临海屈氏世谱》，《义庄规条》。
⑦ 《吴氏支谱》卷12，《义田记》。
⑧ 中国社会科学院经济研究所藏《屯田档案》，《縢契簿》。

中拨出一部分田产或一部分租谷，替族人交纳国课，对农户来说，无疑是减轻了繁重的经济负担，实际上也是一种福利，也是赈济的一种方式。

从上述可以看到，有的族田多的家族，采用了按口给粮，使族众无缺粮之忧；有的家族族田较少，租入有限，采用照顾鳏寡孤独废疾办法，把他们包下来；有的家族还有济困内容，帮忙解决族内成员一时之难，使他们顺利渡过难关；婚丧喜庆是农家一项沉重负担，许多家族以此为扶持对象，消除了他们后顾之忧；有的家族还专门拨入一部分田产，为家族成员交纳田赋，减轻农户繁重的经济负担。由于这部分人有家族共同财产的扶助，当遇到天灾人祸时，比较容易渡过难关，在一定程度上起到使农民避免走上破产之路的作用。

这里顺便谈一谈关于族田性质问题。有学者认为，族田是地主阶级变相的财产。是否如此，应当从产品分配角度来考察。若族田是地主阶级的变相财产，那么族田的租入应当主要归于地主。但从族田开支情况看，这点并不成立，如民国彭氏义庄预决算单所示，见表 4 – 32。

表 4 – 32　　民国彭氏义庄预决算单

项　　目	庚申预算（元）	庚申决算（元）	决算中各项开支%*
收入（田租）	7000	6235.87	
忙漕	1400	1136.58	18.2
征派	460	587.72	9.4
祭祀	150	154.1	2.5
月米	1200	456	7.3
庄正、庄副薪金	470	900	14.4
庄校	900	900	14.4
津贴学费	400	714	11.4
婚丧嫁娶失业	200	175	2.8
修理	100	453	7.3
修谱			
余预备费	720	163	2.6

资料来源：转见张研《清代族田与基础社会结构》，第 157 页。
注：* 项目原表无，是引者后加的。

上表中，虽然出现各项开支与总支出相差 603.45 元情况，但绝大部分支出并不落入地主腰包，如果庄正、副由地主担任，地主收入不过占总支出

14.4%而已。并且这还是薪金。

同时，族田虽然主要是由官僚、地主、商人捐赠，但也有的是通过族众捐赠或集资购买的；此外从族田管理的规定看，也否定了族田是地主阶级变相田产说法。道光五年《丹徒柳氏宗祠条例》称："建立宗祠，置买田产乃义举。一经入祠，即系祠中公物。本支毋得视同己产，族人亦毋垂涎。倘或私典盗卖，合族当祖宗神位前责以不孝之罪，仍协力鸣官，追还族内"①。

第四节　地权和佃权分离的普遍化

清代前期，地权和佃权的分离有很大发展。学术界把它作为永佃制的内容来加以研究。对于永佃制，我们有些新看法，将在下一篇中详悉讨论。为了行文方便，在这里仍采用永佃制一词，只是包含佃农有永远耕作权的含意。

永佃制经过元、明两代发展，到清代前期已得到全面推广。如江苏长洲，佃农对所租的田可以"永远布种"②；安徽芜湖，佃农对所租的田可以"永远耕种"③；浙江临海乡例："田主卖田后，仍由原佃耕种"，叫"卖田不卖佃"④；永康俗例："如佃户并不欠租，不许田主自种"⑤；庆元乡风："凡佃户租种田地，出银顶买，名谓田皮，可以顶卖"，转卖田皮后，"仍旧自种还租"⑥；江西安远，佃农顶耕之田"永远承种"⑦；赣县顶佃之农可"永远耕作，不得找价回赎"⑧；湖南醴陵农民低价卖地，可取得"永远佃耕"权。⑨

---

① 《京江柳氏宗谱》卷10。
② 乾隆十二年四月二十八日，刑部尚书阿克敦等题。
③ 乾隆二十二年十一月二十七日，安徽巡抚高晋题。
④ 乾隆二年五月二十六日，浙江巡抚嵇曾筠题。
⑤ 乾隆三十一年二月二十日，浙江巡抚熊学鹏题。
⑥ 乾隆三十一年十一月初九日，浙江巡抚熊学鹏题。
⑦ 乾隆六年五月十八日，刑部尚书来保题。
⑧ 乾隆十八年十二月二日，刑部尚书阿克敦题。
⑨ 乾隆二十三年五月二十三日，刑部尚书鄂弥达题。

安仁县民间有卖田而不退耕者，该项买卖，买主只向卖主收取租谷若干，“其田仍归卖主永佃耕种”[①]。湖北钟祥县“卖约内凡载明自卖自种”字样者，即系卖主仍保留其永佃权之意义。其田地所有权虽已转移归于买主管业，而买主欲取田自种或另佃地人，则绝对不能[②]。四川《云阳县志》称：佃农佃种地主田地后，“他农百计营夺，固不可动，数世相安，视同己产”[③]。福建宁德乡例：收了佃户的钱，“田主不得另佃”[④]。浦城佃户出钱承苗田者，“若不欠租，永远佃种”[⑤]。台湾情况也大致相同，《清代台湾大租调查书》载：立招佃批阿里史社通事该且，土目明积、茅格、妈六等，今有合社祖遗下粟埔一块，坐落土名军工寮右片水，外往旧社车路下犁份三甲正……因番人不谙栽种，招得汉人罗永连兄弟前来复开成园，即日埔底银新收明讫。出租粟收成之日，在庄交纳，“其埔即付佃人递年栽种，永远为业”[⑥]。广东香山县，黄涵远佃田契载：“不欠租谷，预给耕银，即任长耕”[⑦]。海丰县民陈斌华买受曾成球田种六斗九升，“向是曾成泰承耕纳租……听任佃户顶耕”[⑧]。广西武宣县情况是：僮人种田“历来只换田主，不换佃户，就算世业一般”[⑨]。贵县民人李社保承佃黄社荣田亩，因出过粪脚银，允许其“长种”[⑩]。贵州大定县，阿一山佃耕安德顺田亩，死后“其妻将田带到新夫家继续佃种”[⑪]。云南镇雄县民人童金原来顶耕五华书院租田，后转顶与刘思舜佃耕，仍旧“归童金管业”[⑫]。

北方地区也有实行永佃制记载。如直隶怀安县，庞大始将刘珠之祖河滩荒地一顷开垦成熟，“原议定永远佃种，不许加租夺地”[⑬]。甘肃所属，地处边徼，

---

① 《民商事习惯调查报告录》，第605页，民国十九年版。
② 《民商事习惯调查报告录》，第561页，民国十九年版。
③ 民国《云阳县志》，《风俗》。
④ 乾隆三十二年七月十一日，闽浙总督苏昌题。
⑤ 乾隆四十五年十二月五日，管刑部事务英廉题。
⑥ 《清代台湾大租调查书》，第二册，第345～347页。
⑦ 乾隆十年十二月二十一日，刑部尚书盛安题。
⑧ 乾隆三十二年十月初三日，广东总督李侍尧题。
⑨ 乾隆四年四月二十一日，刑部尚书尹继善题。
⑩ 乾隆十六年八月十七日，广西巡抚定长题。
⑪ 乾隆五十五年九月二日，贵州巡抚额勒春题。
⑫ 乾隆三十六年二月九日，云南巡抚诺穆亲题。
⑬ 乾隆三年三月十七日，刑部尚书尹继善题。

从前开垦之始，小民畏惧差徭，借绅衿报垦，自居佃户，恐地亩开熟，日后无凭，一朝见夺，复立“永远承耕，不许夺佃团约为据”①。陕西《白河县志》记载，嘉庆十七年（1812）董中丞教增颁发南山招佃章程四条。章程中规定：凡地主招佃垦荒，必须邀同乡保人等……原佃开垦成田者，取有顶手，地内出租，应听原佃户收用，仍于佃约内注明，给地主收执。“其佃户人等，如无欠租等事，一律换约认主，不得夺佃自种，亦不得将原佃起发，另招他户”。“若并非歉收，佃户藉词拖欠及逐年尾欠不清，许地主禀官究追，不得径行夺佃”②。《洵阳县志》记载：凡流寓稞山，乡俗先贺山主银数两，谓之进山礼，然后议租谷，其租约书明：“永远耕种，听凭顶替，山主无得阻挠”③。

鸦片战争前，在民田中实行永佃制度的省份有：江苏、安徽、浙江、江西、湖南、湖北、四川、福建、广东、广西、直隶、陕西、甘肃、云南、贵州。但以江苏、浙江、江西诸省为普遍。下面，依据乾隆朝刑科题本所载的各直省民田中永佃案例统计，列表4－33：

表4－33　　乾隆朝（1736～1795）各直省民田实行永佃制情况

省　别	关于永佃权案件	省　别	关于永佃权案件
直隶	1	湖北	1
甘肃*	1	四川	1
江苏	6	福建	15
安徽	2	广东	14
浙江	6	广西	3
江西	8	贵州	1
湖南	2	云南	1

资料来源：(1) 中国第一历史档案馆、中国社会科学院历史研究所《清代地租剥削形态》·《永佃制》，中华书局，1982年；(2) 周远廉、谢肇华《清代租佃制研究》第302～310页表，辽宁人民出版社，1986年；(3) * 项是依《清高宗实录》卷175材料整理编制而成。

永佃制除了在一般民田得到推广外，也在旗地、军田、学田等类土地中得到推行。关于旗地的永佃制情况，据《满洲旧惯调查报告》称：东北地区官

① 《清高宗实录》卷175。

② 光绪《白河县志》，《风俗》。

③ 乾隆《洵阳县志》卷11。

庄旗地的佃户分为永佃户和现佃户。[①] 康熙末年，在直隶文安县令梁缵倡议下，直隶全省被圈州县普遍禁止增租夺佃，“自是五府穷民，皆有定业矣”[②]。光绪《乐亭县志》记载：康熙末叶，当地政府规定，“嗣后民间租种旗地，平情定租写约，纳于地主之地。地主务给租户票照，并庄头代管，各立合同为据，租户不得告减，地主不得言加，并傍人毋哄诱谋夺，如有前项诸弊，分别治罪”[③]。乾隆五年间，孙嘉淦奏称：“近畿土地皆为八旗勋旧所圈，民无恒产，皆仰赖租种旗地为生，而旗人自恃势要，增租直，屡更佃户，使民无以聊生，因建旗地不许增租夺佃”[④]。乾隆五年又定：“嗣后无论何人承买，仍令原佃承种”[⑤]。嘉庆五年，户部奏言：“例禁增租夺佃，使户地棍虽有谋夺之心，无所施其伎俩，穷黎始可安生。自和珅管理户部，将此例奏改，数年以来，旗人及庄头撤地另佃者实复不少。而赖耕为食之贫民，一旦失其生计，不免游手为匪，实于政治、民生均有未协，应请改照旧例，禁止增租夺佃，以安贫民而杜垄断”。经仁宗皇帝“允准纂入定例通行”[⑥]。嘉庆十二年，山西道监察御史陆言奏称：“伏查户部则例载：民人佃种旗地，虽易主，佃户仍旧，地主不得无故夺佃增租”[⑦]。

实际生活中，旗地永佃的事例也有记载。如乾隆九年（1704）北京房山县的过佃字据称：“立过佃户人张德兴，因有本身当差地一段，坐落在房山县西南娄子水村北，东西地计三亩，东至官道，西至邦茶为界，南至黄玉恒，北至道，四至分明。今情愿过与李泰名下永为耕种，不准李姓另种另典，言明压租银三十五两正，年例小租钱五百文，准其客辞主，勿许主辞客。立字之后，如有另人争论，有取租张姓一面承管，不与佃户相干。此系两家情愿，各无返（反）悔，恐中无凭，立过佃字一样两纸，各执一纸为证。”[⑧] 乾隆四十一年，

---

① 《满洲旧惯调查报告》，内务府官庄，第189页。
② 《中国农村惯行调查》，第2卷，第453页。
③ 光绪《乐亭县志》卷12，食货上，田亩，第10页。
④ 《孙文定公奏疏》，第189页；昭梿《啸亭杂录》，卷7。
⑤ 王庆云：《石渠余纪》卷4，不许增租夺佃，第23~24页。
⑥ 王庆云：《石渠余纪》卷4，不许增租夺佃，第23~24页。
⑦ 嘉庆十二年七月初二日，山西道监察御史陆言奏，见军机录副。
⑧ 杨国桢：《明清土地契约文书研究》，人民出版社，1988年，第94页。

《刑科题本》也有关于旗地永佃记录。案件记载：民人李茂哲佃种佟镭家旗地，由于交了押租，得到了“永远长种，不许增租夺佃”权利。[①] 嘉庆三年，据武清县民人马贵、高洪顺称：小的等祖代务农为业，从前租种地亩内，有住居京城业户周姓八顷十四亩，每年租息共京钱九十八吊文，系周姓家人来乡收租，“历年已久”[②]。同年，正白旗内务府常闱佐领下笔贴式福宁阿呈控刘兆吉指租霸地一案称：福宁阿有坐落武清县单房村地二十八亩，“向来租给地户刘兆吉承种”[③]。同年七月，福海称：有祖遗在档老圈地二段共一顷八十亩，一段□［一］顷二十亩，坐落良乡县关庄村东，“向交民人高龙登承种”[④]。同年十一月，内务府正黄旗孀妇郭王氏同子祥林等呈控吴文辉等霸地指租一案中，据祥林供称，吴文辉等所欠租钱业已收清，“念伊等均系旧佃，情愿将地亩照旧交给伊等耕种，恳求详请完案”[⑤]。昌黎县旗人王大忠，因无力封纳官租，将祖遗官租地一亩四分二厘五毫，情愿退与王克让名下耕种，按年封纳租银，共银一钱六分五厘二毫，自退之后，“由置主盘窑、打井，使土栽树，自便”[⑥]。赤峰县乾隆五十八年一份垦荒合同记载：立合同人挠安章吉等保世户同站上人等同心议允，愿将昂邦沟伍十家子上边有荒场一处，同众说允，言明价钱中钱伍（仟?）贰百吊正，情愿写与徐成、张贤二人名下开创耕种，“永远为业”[⑦]。嘉庆十四年，张良洪将自己生荒熟地一块，情愿卖于郭雄名下耕种，“永远为业”，每年交大差一石二斗，杂差随土交纳。[⑧] 建平县嘉庆元年一份合同载：立卖契文约人西衙门朝二太爷，将其常告野窝铺东松树沟有荒二沟，情愿卖与于发名下开荒、占草“永远为业”，言明每顷交租四石贰斗，“许种许外当”[⑨]。十二年，范池因还原籍，将原佃地转卖与刘有章名下“永远

① 乾隆四十一年十月十日，直隶总督周元理题。

② 《会计司呈稿》，嘉庆三年四月二十三日，会计司呈。

③ 《会计司呈稿》，嘉庆三年四月二十三日，会计司呈。

④ 《会计司呈稿》，嘉庆三年七月二十七日，会计司呈。

⑤ 《会计司呈稿》，嘉庆三年十月初一日，会计司呈。

⑥ 《中国农村惯行调查》卷6，中国农村惯行调查刊行会编，岩波书店1952～1958年刊。《中国土地契约文书集》（金－清）第167页，东洋文库，明清史研究室，1975年。

⑦ 《锦热蒙地调查报告》，上卷，康德四年十二月，地籍整理局，第541页。

⑧ 《锦热蒙地调查报告》，上卷，康德四年十二月，地籍整理局，第543页。

⑨ 《锦热蒙地调查报告》，中卷，康德四年十二月，地籍整理局，第885页。

为业”，每顷地交租差斗一石，小差钱六百文。[①] 朝阳县嘉庆二十一年，宁太保立租契文约称：他有熟地十二天半，同众言明，情愿租与艾乃有德名下“永远耕种为业”[②]。道光四年，挠立把桑卜台吉等有地二顷三十八亩，租与綦姓耕种，“永远为业”[③]。丰宁县道光十四年一份租佃契约载：具认呈人谭忠海，今认领到坐落石家栅子邓元宗名下入官地内拨与围场右翼四旗兵地三十三亩三分三厘三毫，遵依每亩年按八文交纳租银，情愿每亩现交租钱二百文……若不欠租，“乞准永远耕种”，“为此出具认呈，是实。”[④] 隆化、围场、平泉等县地处口外，凡有土地权者半多无力开垦，遂招集佃户“许以成熟后永远耕种”，每年纳租粮若干，“从此不得增租夺佃，载在租约”，“业主但有有租之利益，而无撤佃之权力，现尚认为一种有效力之习惯”[⑤]。东北满洲地区，嘉庆十六年一件立退地契记载：立退地契人雨金社后一甲宋兴国同侄仁祥，度日维艰，将自己承领旗余地四十一亩……同族人说允，情愿退与本甲民人李士祯“承领管业”，随带钱粮银壹两四钱叁分伍厘，租钱壹千四百三十五文……估定开垦修补工力银二百五十两整。……恐后无凭，立退约存据。[⑥] 道光十三年，东北某地一租帖记载：立租贴人汉正黄旗壮丁穆国富承母命赵氏、同胞叔穆青，因无力承耕，将自己遗册地二十段，计地四十二日，央人说允，情愿租与葛士傑名下“耕种为主”，同众言明，地无租粮，当使顶首市钱壹万肆千吊正，钱无利息。[⑦] 后来，户部井田科奏咨中对旗地租佃中永佃关系发展表示了严重关注：“所有承种旗租地亩之户，皆系用价所置……作为已业，传之子孙，视民粮地亩毫无分别，不复知其为官田”[⑧]。

军田也有实行永佃制的，据《湖南省例成案》记载，湖南地区“有一种

---

① 《锦热蒙地调查报告》，中卷，康德四年十二月，地籍整理局，第937页。

② 《锦热蒙地调查报告》，上卷，康德四年十二月，地籍整理局，第334页。

③ 《锦热蒙地调查报告》，上卷，康德四年十二日，地籍整理局，第321页。

④ 热河省长官房土地科《热河省之土地》卷1，第286页。

⑤ 《民商事习惯调查报告录》，民国十九年，第710页。

⑥ 《民商事习惯调查报告书》，南满铁道株式会社编纂；又《金－清·中国土地契约文书集》，东洋文库明史研究室，1975年。

⑦ 《满洲旧惯调查报告书》，南满洲铁道株式会社编纂。

⑧ 《户部井田科奏咨辑要》，下卷，第12页。

军事之佃”，从清朝建立之初，便在军田上佃种，“故任尔业更数主，而佃户始终一家，谓之换主不换佃”，并认为这“乃军田之通例”①。除湖南之外，江西、东北亦有军田永佃记录。如乾隆三十年一件刑档案件记载：江西瑞金县，杨枝楷之祖“顶有故军戴朝卿屯田十亩零”，由于杨收取一钟姓农民的“顶田皮价银十二两”，因此，其中的五亩田，“历系钟姓佃耕，每年还租七石”。而杨则“在戴朝卿户下完纳屯租，帮办运务”②。吉林站丁八百五十名，每名给地十五晌玖亩零，作为随缺养赡，仍令民人佃耕，照屯租数目减贰成交纳，“不许站丁夺地另佃，如民人抗租不交，准站丁撤地另佃，自种”③。

对于永佃权的获得，佃农以各种形式付出了代价。如江西赣南佃户“出资垦荒，即俗名工本；或由业主征收佃价，即俗名坠脚，亦名退脚”，从而获得“皮业”之权。④四川云阳县佃户通过交纳巨额“压穑之费”而获取“视同己产”权利。⑤江苏崇明佃户则通过付出“圩田工本”获得土地的“承价”⑥。安徽徽州佃户通过“自置”而获得“小租田皮”⑦。湖北钟祥还有“贱卖图耕”习俗，即农民出卖土地时，由于“买主对于佃权既未买入，故祗能听其与所有权分离为二”⑧。浙江临海、宁波、庆元、鄞县佃户，由于承佃田地时要付“田脚”钱等，所以获得“田皮”，“可以顶卖”⑨。广东佃户则由于租田承种时交有“顶耕银”，所以“出资买耕者，名为佃业”，也有称佃业为“质业”的。⑩福建龙海县民“无田者众，皆佃人之田”，佃田耕种则需出粪土之价，而“粪土之价视大租田十倍”⑪。云霄厅佃户“出力佃耕，租税皆其办

---

① 《湖南省例成案》，《工律·河防》卷1。

② 乾隆三十年六月十三日，礼部尚书管理刑部务刘统勋题。转见韩恒煜《试论清代前期佃农永佃权的由来及其性质》。《清史论丛》，1979年。

③ 《户部则例》卷7，田赋二（上），分赏地亩，第12~13页，同治四年校刊。

④ 《民商事习惯调查报告录》，民国十九年，第422页。

⑤ 民国《云阳县志》，《风俗》。

⑥ 乾隆《崇明县志》卷4，赋役志。

⑦ 中国社会科学院经济研究所藏《分家书》，第1315号。

⑧ 《民商事习惯调查报告录》，民国十九年，第562页。

⑨ 中国第一历史档案馆，中国社会科学院历史研究所《清代地租形态》，永佃制。

⑩ 中国第一历史档案馆，中国社会科学院历史研究所《清代地租形态》，永佃制。

⑪ 嘉庆《龙海县志》卷1，《地理》。

纳，以有粪土银，遂私相授受”①。崇安县农民租田耕种“曰赔，赔为田皮”，“佃人之赔价重于田主之卖价”②。闽清县有一份“立安开垦契”称：“今安与佃户吴承德开垦耕作……所佃永远耕作，黄家不得另召”③。由于开垦付出工本，而不出粪土银或赔价，从而获得永佃权。古田县之田根（田面）“有手置、有祖遗，自持一契据管业、耕种”④。建阳县永佃权“始于乡民为侨居山佃所愚，岁受赁钱数百文，听其垦种，日久受害，欲令退佃，则诡云工资浩大，挟令重价取赎，自是业不由主”⑤。台湾府永佃权的取得，大多是佃户出银买耕，乾隆五年一份批耕字载：“今因民不能自耕，情愿将此埔园托中送就与诚实汉人陈悻观前来承去佃耕，当日三面议定出得埔底银一百三十大元”⑥。乾隆十一年，一份“立出永耕垦山契”记载：“今因乏银使用，情愿将此荒山出垦永耕……外托中引就归与义学官田庄汉人陈麟瑞出首承垦永耕，当日三面言议时值价银七十六大员［圆］”⑦。嘉庆八年，一份“立永耕字”契记载：“今因乏银费用，自情愿将此田招佃永耕……外托中引就汉人张默观出头承永耕，三面议定时值价银三百八十大员［圆］正，银即日同通土中见交收足讫，其田随即踏明界址，付与银主张默观永远掌耕为业。逐年配纳番大租粟二石五斗满，不得少欠”⑧。如此事例甚多，不一一枚举。从《锦热蒙地调查报告》看，佃户在此地获得永佃权，大部分是通过付“地价”而取得。道光十年一件立佃契约载：韩盆来同子韩俊因当差无凑，情愿兑付于李万禄名下开耕为主，永远为业，“同众言明，地价钱三十吊，其钱笔下交足，并不短少，每年秋后交租钱贰吊与韩盆来”⑨。道光十五年一件“立兑契文约”载：“郭桐林同本业主台吉九十五说允，情愿兑与马景云、郭天瑞二人名下耕种，言明地价钱

---

① 嘉庆《云霄厅志》卷4。
② 雍正《崇安县志》卷1，《风俗》。
③ 《福建师范大学福建地方史研究所》藏。
④ 陈盛韶：《问俗录》卷2，古田。
⑤ 道光《建阳县志》卷2。
⑥ 《清代台湾大租调查书》，第三册，第446～447页。
⑦ 《清代台湾大租调查书》，第三册，第449～450页。
⑧ 《清代台湾大租调查书》，第三册，第475～476页。
⑨ 《锦热蒙地调查报告》，上卷，康德四年十二月，地籍整理局，第341～342页。

一百六十吊正，其钱笔下交足，并无短欠，三面言明，每年秋后交租粮三石四斗。”[①] 佃户从旗地取得永佃权亦是通过购买而获取，如满洲正黄旗宋兴国同侄仁祥，度日维艰，将自己承领“旗余地四十一亩，草正房十间，无力修补住种，输纳钱粮，同族中人说允，情愿退与本甲民人李士祯承领管业，随带钱粮银一两四钱三分五厘，租钱一千四百三十五文……合族中估定开垦修补工力银二百五十两正”[②]。道光十三年，东北某地民人葛士傑向汉正黄旗壮丁穆国富等租种祖遗册地二十段，计地四十二日，“当使顶首市钱一万四千吊正”，从而获得田面权。[③]

根据上述各地情况看，佃户获得田面权的途径无非是两条而已，一是租种地主荒地，佃户通过垦荒开拓，花费了工本，从而获得田面权；二是通过各种形式的购买，如赔价、顶首、押租、田价或贱价卖田根保田面等等，都是属于花钱买耕。大量佃户通过买耕方式，从地主手中取得了部分土地所有权。尽管这个所有权仅仅限于田面权，佃农本身也没有摆脱封建地主的地租剥削，但它的发展却起到了割断地主与土地之间的直接联系的作用，地主只知其租，而不知其地之所在。福建《崇安县志》称：“卖田者与买田者，各不知其田，而仅知其佃，佃为世守。主如传舍佃田之名曰赔，赔为田皮；买为田骨。田与某耕种，止书租谷之数，并不及田之丘段。佃人换赔亦听，自相授受，故主家不知田之所在”[④]。地主亦不得随意召佃，佃户“以有粪土银，遂私相授受，不得召佃”[⑤]。同时也在一定程度上限制了地主增租。此外，在一田两主情况下，主佃之间的关系得到进一步松解。《江西政要》疾呼：“江省积习向有分卖田皮、田骨，大业、小业，大买、小买，大顶、小顶，大根、小根，以及批耕、顶耕、脱肩、顶头、小典等项名目，均系一田两主，以致强佃藉有田皮、小业霸佃抗租，田主每受其害”[⑥]。在一田两主情况下所发生的新变化，对调动农

① 《锦热蒙租调查报告》，上卷，康德四年十二月，地籍整理局，第346页。
② 《满洲旧惯调查报告书》，南满洲铁道株式会社编纂。
③ 《满洲旧惯调查报告书》，南满洲铁道株式会社编纂。
④ 雍正《崇安县志》卷1，风俗。
⑤ 嘉庆《云霄厅志》卷4。
⑥ 《江西政要》卷2，《严禁典契虚填淤涨霸占并一田两主等弊》。

民的生产积极性有一定的意义，对保障佃农生产、生活的安定也起到不可忽视作用。

随着永佃制的发展，清前期地权与佃权分离的情况已很普遍。如江苏松江府所属各县："田亩素有田底、田面两种名称历来已久"①。《崇明县志》称："天下之产，一产一租，独崇明之产，一产两租，则一产分二价之故"②。《华亭县志》也称：田"又有田面之说"③。陶煦亦云：苏州"俗有田底、田面之称，田面者佃农之所有，田主衹有底而已，盖与佃农各有其半"④。而且，这种情况十分普遍，据《周庄镇志》记载："佃人之田者，十八九皆所谓租田"，租田者"俗有田底、田面之称"⑤。也就是说，苏州地区出租土地中百分之八九十是皮、骨分开之田。安徽省贵池县情况是："未垦之荒召佃承垦，必俟佃户垦熟获利后，方能立约按亩计租。……如业主因佃欠租，欲其退庄；亦必酌给开垦之工资为退庄费"⑥。这是当地习俗。徽州地区则把佃作之田视同祖产，可以出卖、出典、继承。⑦ 江西出租土地有田皮、田骨之分者也很普遍。凌焘《西江视臬纪事》称：该处出租的土地"在业主为田骨，在垦户为田皮"⑧。建昌府则"田皆主佃两业，佃人转卖承种，田主无能过问"⑨。在福建地区"一户而主佃皆为世业"⑩ 的情况非常普遍。《闽杂记》云："闽俗：田有皮骨之分，买卖田皮田者，契与书丑字，田字去左一直，读爿；买卖田骨者，契上书ㄧ字，田字去右一直，读若棱，皆俗制字"⑪。如建阳县"同一田而骨皮异名"，"骨系田主"，"皮系耕户"⑫。广东大埔有"质

① 《民商事习惯调查报告录》，民国十九年，第384页。
② 乾隆《崇明县志》卷4，《赋役志》。
③ 光绪《重修华亭县志》卷23。
④ 陶煦《租核》，第1页。
⑤ 光绪《周庄镇志》卷4，风俗。
⑥ 《民商事习惯调查报告录》，民国十九年，第395~396页。
⑦ 中国社会科学院经济研究所藏：《屯溪档案》。
⑧ 凌焘：《西江视臬纪事》卷2，《详议平钱价禁祠本严霸种条议》。
⑨ 《切问斋文钞》卷15，陈绍洙《江西新城田租说（下）》。
⑩ 王简庵：《临汀考言》卷6，评议。
⑪ 陈盛韶：《闽杂记》卷8。
⑫ 陈盛韶：《问俗录》卷1，建阳县。

田”，“佃人即将此田视为自己有一部分所有权在内，与自己之田无异”[1]。惠州府亦有“粮田”“质田”之分，“凡买田收租纳粮者名为粮业，出资买耕者名为佃业”[2]。永佃制发展所引发的一田二主（或说一田两业）情况十分普遍，难以一一枚举。下面，把我们所搜集到有一田二主记载州县列表如下，供参考（见下表4－34）。

表4－34　清代前期各直省有关一田二主州县情况统计

省别	州县
直隶	热河、围场、承德、清苑、良乡、察哈尔、怀安、滦州、昌平、涿州
山东	利津、历城
山西	辽州、五寨、绥云、归化
河南	渑池
陕西	宁陕、定远、佛坪、留坝、白河
甘肃	陇西
江苏	宝山、通州、昭文、江宁、松江、苏州、扬州、江都、甘泉、泰兴、宝应、海门、启东、长洲、无锡、元和、娄县
安徽	黟县、休宁、歙县、祁门、绩溪、婺源、安庆、太平、芜湖、贵池
浙江	萧山、东乡、青田、鄞县、永康、庆元、缙云、宁波、绍兴、金华、处州、常山、江山、临海
江西	赣州、莲花、临川、南昌、南安、抚州、九江、赣县、兴国、雩都、瑞金、石城、宁都、广昌、新城、安远、信丰、德兴、会昌
湖南	醴陵、安仁、汉寿、宁乡、茶陵
湖北	钟祥、利川、汉阳、安陆、郧阳、襄阳、德安、荆州、黄州、施南、黄梅、黄冈、竹山、长乐、麻城、兴山、竹溪、沔阳
四川	永川
福建	台北、台中、长乐、龙岩、彰化、连江、永安、南平、泉州、漳州、兴化、龙溪、南靖、仙游、建宁、延平、汀州、邵武、福宁、建阳、闽清、古田、莆田、永福、永春、南安、建安、宁德、崇安、侯官、平和、浦城、闽清、顺昌
广东	廉江、潮州、大埔、翁源、英德、广宁、揭阳、惠州府、香山、河源、归善、海丰、海阳、惠来
广西	苍梧、博白、左县、百色、武宣、贵县、宣化

① 民国《大埔县志》卷10，民生志。
② 乾隆九年六月十二日，广东巡抚策楞题本。

续表

省别	州　　县
云南	镇雄
贵州	大定
黑龙江	桦甸
吉林	滨江厅、长春厅、夹荒沟
辽宁	奉天、昌图厅

资料来源：《清代地租形态》（下），《问俗录》；《清代台湾大租调查书》第三册；《清高宗实录》卷175，中国社会科学院经济研究所藏《刑档抄件》。有关县份县志；《民商事习惯调查报告书》；《满洲旧惯调查报告书》；《热锦蒙地调查报告书》；《奉天省财政沿革利弊说明书》；《续陕西通志稿》；《西江纪要》，《明清福建经济契约文书选辑》、《闽南契约文书综录》；《三省边防议览》。并参照刘克祥《清代永佃制的形成途径、地区分布和发展状况》；杨国桢《明清土地契约文书研究》；黄冕堂《清史治要》；周远廉等《清代租佃制研究》；韩恒煜《试论清代前期佃农永佃权的由业及其性质》；林祥瑞《福建永佃权成因的初步考察》等。

安徽徽州地区一田二主情况从卖地契中也反映出来。根据《明清徽州社会经济资料丛编》第一集《卖地契》及《卖田皮契》情况看，从雍正至道光年间，共有卖地文书118件，其中出卖大苗小苗全者为71件，出卖大苗者11件，出卖小苗（田皮）者36件，田骨、田皮分卖者合共47件，占卖地文书的40%，详见表4－35：

表4－35　　歙县、祁门、休宁三县土地买卖中皮骨全及皮、骨分离情况统计

（雍正至道光）

时　间	县　份	皮骨全	田　骨	田　皮	骨皮全与骨皮分离（%）
雍正	歙县	12		1	
乾隆	歙县	38		2	
嘉庆	歙县	16		7	
	祁门	1			
道光	休宁	1			
	歙县	3	11	26	
合计		71	11	36	40

资料来源：安徽省博物馆《明清徽州社会经济资料丛编》第一集，中国社会科学出版社，1988年，第110～214页。

福建地区一田二主情况还从租佃契约中反映出来。根据《明清福建经济契约文书选辑》中《租佃文书》看，从康熙至道光年间，共搜集有九县租佃契约166份，其中康熙年间2件，雍正年间12件，乾隆年间64件，嘉庆年间53件，道光年间28件，另1件为乾隆年间侯官县租牛契，因与本主题无关，舍去不计，余下文约为165件。这165件文书中，根面全者计14件，占文约总数8.48%；底面分离文约计151件，占文约总数的91.52%。详见下表4－36：

表4－36　从福建省九州县租佃契约看清前期地权分离情况

（康熙至道光）

时间	县份	租约总数	根面全		根面分离		备　注
			件	%	件	%	
康熙	侯官	1			1	100	
	闽清	1			1	100	
雍正	福州	3			3	100	
	闽清	4			4	100	
	侯官	3			3	100	
	光泽	2	1	50	1	50	
乾隆	侯官	15			15	100	其中有租牛契1件，不计
	仙游	6			6	100	
	闽清	19			19	100	
	南平	5			5	100	
	宁德	11			11	100	
	南安	1			1	100	
	福州	7			7	100	
嘉庆	闽清	6			1	100	
	永福	1			6	100	
	侯官	21	7	33.3	14	66.7	
	宁德	15	1	6.7	14	93.3	
	南平	7			7	100	
	福州	2	1	50	1	50	
	光泽	1			1	100	
道光	侯官	9	3	33.3	6	66.7	
	闽清	3	1	33.3	2	66.7	
	仙游	2			2	100	
	宁德	2			2	100	
	南平	5			5	100	
	光泽	5			5	100	
	福州	2			2	100	
合计		165	14	8.48	151	91.52	

资料来源：福建师范大学历史系《明清福建经济契约文书选辑》。

台湾、东北、蒙地一些新垦区，田面（田皮）、田底（田根）分离情况也甚为普遍，《台湾大租调查书》及《锦热蒙地调查报告》都有详细记载，这里就不一一列表加以说明了。

当然，从地主土地所有制中分离出来的面皮（田面），并不全部为佃农所占有，也有部分通过田皮的买卖又落回地主手中。如土地改革时，福建省农民协会对古田七保做了调查，该村有土地 2118.89 亩，其中皮骨分立者有 1715.57 亩。占该村土地 80.97%，本村人所占有的田皮为 1440.73 亩。这 1440.73 亩田皮为该村各个阶层所占有。见下表 4－37。

表 4－37　　福建古田七保各阶层占有田皮情况

成　分	户　数	田皮占有		备　　注
		亩	%	
合　计		1440.73		还有 274.84 亩田皮为外村人所有
地　主	3	26.71	1.85	
富　农	2	80.3	5.57	
富裕中农	9	79.33	5.51	
中　农	67	349.76	24.28	
贫　农	137	834.38	57.91	
商　人	6	55.46	3.85	
小商贩	1	0.98	0.07	
自由职业者	1	5.25	0.37	
游　民	1	8.56	0.59	

资料来源：①华东军政委员会土地改革委员会编《福建省农村调查》，1952 年 12 月版，第 75～76 页。
②参见杨国桢《明清土地契约文书研究》，第 129 页。

此表虽然不能完全反映清前期各阶层对田皮（田面）权占有情况，但还有一定参考价值。起码透过此表可以观察到从地主阶级手中分离出来的田皮，并不是完全为佃农所占有，其他各阶层都染指其中。但绝大部分田皮权为佃农所占有也是事实。

绝大部分田皮为农民所占有，这本身就有重要意义。由于田皮可以继承，农民往往把它视为自己田产的一部分，如安徽徽州程尚樽《分家书》记载："予承兄平分得一保土名黄荆坦即驴子坵大租十八秤半，小租在内。并自置一保土名四亩里小租田皮四亩，上坑亭子下小租田皮一亩二分，窑边小租田皮一亩，张山培小租田皮六分，程大坞小租田皮一亩半，亩里小租田皮七分，牛角弯小租田皮四分，坑塝上下租田皮二分，拗上小租田皮四分又将水牸牛二头，编为天、地、人和字号，各拈一阄，前去管业”[①]。嘉庆十八年，徽州程姓分家书也记载：“因端臣六旬以上，久病在身，心愿将祖产，［乾隆］五十四年阄分身下佃皮田，土名黄泥塘佃三十秤，又毕家庄佃二十一秤，又钉牌山脚佃六秤，又乌龟石佃六秤，共六十三秤分与亲侄孙志息以为手积”[②]。又如福建省宁德、闽清、侯官、福州、南安等州县《寄佃文书》记载，此田皮系“原父在日置有民田”，或“祖置有民田根（田皮）乙号”，或“自己有民田根一号”，“父有阄分民田根（田皮）乙号”，“自己阄分内有屯田根乙号”，“手置有民根（田皮）一号”等等，不管这些田皮是阄分、是祖遗、是手置，他们在寄佃文书中都明确声称：“此田系自己物业”，“此田根（田皮）系阄分己业”。此类文书从康熙四十六年起，至咸丰三年止，共集有38件，而这38件中无一例外。[③] 嘉庆八年出版的《露桐先生年谱》亦称：福建地区田皮“其祖孙父子视为世守之业”[④]。

清政府也在一定限度内，对农民的权益加以保护。乾隆七年，甘肃巡抚黄廷桂奏请：“将当日垦荒之原佃子孙，止令业主收租，果有拖欠，告官押追，不许夺佃”。乾隆皇帝表示“从之”[⑤]。陕西南山招佃《章程四条》明确规定，业主在原佃承垦时“取有顶手，地内出息，应听原佃收用”，“地主不得妄冀分肥”[⑥]。在一些地方志里还称：“盖当古时，地旷人稀，地主占地极广，或因特别情形，以低微租额给佃户承耕。佃户落力垦殖，久之，佃户即发生半地主权”[⑦]。佃户可以享有一半的所有权，政府也有文规定，《乾隆实录》记载，乾隆七年时批准甘肃巡抚黄廷桂奏疏，同意“若业主子孙有欲自种者，准将肥

---

① 中国社会科学院经济研究所藏《分家书》，#1315。
② 中国社会科学院经济研究所藏《分家书》，#182。
③ 福建省师范大学历史系《明清福建经济契约文书选辑》。
④ 《露桐先生年谱》，前编，卷4。
⑤ 《清高宗实录》卷175。
⑥ 光绪《白河县志》卷5，《风俗》。
⑦ 民国《潮州志》，《实业志·农业》。

瘠地亩各分一半，立明合同，报官存案”[1]。据陶煦称：江苏地区，享有田面权者，土地出卖时，“田价必与佃农两议而瓜分之，至少亦十分作四六也”[2]。拥有一半地权的永佃农大量存在，对维护农民的稳定，有不可忽视的作用。

*　　*　　*

关于清代前期地权分配问题，从已发表文章和著作来，认为高度集中者占绝大多数。但遗憾的是，这些先生除引实录等一些记载外，并没有再做进一步深入的研究，所以始终无法把问题解决。我们过去对这个问题研究中，虽然提出不同看法，并引用新开发资料进行论证，但十几年过去了，认同我们观点的并不多。经过认真反省，觉得是我们没有把这一问题说清楚。因此，本文以大量的篇幅，从不同的角度、不同的层面把问题展开论述。我们认为，只有把自己的认识建立在扎扎实实的理论基础上，认识才能成立，才能为更多人所接受。我们试图这样去做。但由于这个课题前人还来不及去做，我们没有现成的东西可供参照，一切都得从头开始。因此，可能还有许多不完善之处，或不当之处，但我们是尽最大努力为后来者披荆斩棘，架桥、铺路，使有更多后来者来攻克这一课题。

---

① 《清乾隆实录》卷175。
② 陶煦：《租核》。

第三章　土地买卖

随着农业生产和商品经济的发展，清代前期，土地买卖也有很大发展。土地商品化程度日益深化，土地交易日益频繁，封建政府关于土地买卖典当的法规也日益完备。本章将详细讨论这些问题。

第一节　土地买卖法规

清代土地买卖的法规，到乾隆已臻完备。现将乾隆六十年制定的《大清律例》中，对土地买卖、典当、回赎、找贴、盗卖田宅等有关规定，简要介绍如下。

> 嗣后民间置买产业，如系典契，务于契内注明回赎字样；如系卖契，亦于契内注明绝卖永不回赎字样。其自乾隆十八年定例以前典卖契载不明之产，如在三十年以内，契无绝卖字样者，听其照例分别找赎，若在三十年以外，契内虽无绝卖字样，但未注明回赎者，即以绝产论，概不许找赎。如有混行告争者，均照不应重律治罪。
>
> 卖产立有绝卖文契，并未注有找贴字样者，概不准贴赎。如契未载绝卖字样，或注定年限回赎者，并听回赎。若卖主无力回赎，许凭中公估找贴一次，另立绝卖契纸。若买主不愿找贴，听其别卖，归还原价。倘已经卖绝，契载确凿，复行告找告赎，及执产动归原先尽亲邻之说，借端措勒，希图短价者，俱照不应重律治罪。
>
> 其所典田、宅、园林、碾磨等物，年限已满，业主备价取赎。若

典主托故不肯放赎者，笞四十，限外递年所得（多余）花利，追征给主，（仍听）依原价取赎。其年限虽满，业主无力取赎者，不拘此律。

凡盗（他人田宅）卖、（将已不堪田宅）换易及冒认（他人田宅作自已者）、若虚（写价）钱、实（立文）契、典买、及侵占他人田宅者，田一亩、屋一间以下者笞五十，每田五亩，屋三间加一等。罪止杖八十、徒二年。系官（田宅）者各加二等。

若强占官民山场、湖泊、茶园、芦荡、及金、银、铜、锡、铁冶者（不计亩数），杖一百，流三千里。

（盗卖与投献等项）田产及盗卖过田价，并（各项田产中）递年所得花利，各（应还官者）还官，（应给主者）给主。

凡子孙盗卖祖遗祀产至五十亩者，照投献捏卖祖坟山地例，发边远充军；不及前数，及盗卖义田，应照盗卖官田律治罪。……其祀产、义田，令勒石报官，或族党自立议单公据，方准按例治罪。如无公私确据，借端生事者，照诬告律治罪①。

关于典买田宅过税问题，《大清律例》作了如下规定：

凡典、买田宅不税契者，笞五十，仍追契内田宅价钱一半入官。不过割者，一亩至五亩笞四十，每五亩加一等，罪止杖一百，其（不过割之）田入官。

一、凡州县官征收田房税契，照征收钱粮例别设一柜，令业户亲自赍契投税，该州县即粘司印契契尾，给发收执。若业户混交匪人代投，致被假印诓骗者，照不应重律杖八十，责令换契重税。倘州县官不粘司印契尾，侵税入已，照例参追；该管之道府、直隶州知府，分别失察徇隐，照例议处。

一、凡民间活契典当田、房，一概免其纳税；其一切卖契，无论是否杜绝，俱令纳税。其有先典后卖者，典卖既不纳税，按照卖契银两实数纳税，如有隐漏者，照律治罪②。

---

① 乾隆六十年《大清律例》卷9。另参见李文治《中国近代农业史资料》第1辑。

② 乾隆六十年《大清律例》卷9。另参见李文治《中国近代农业史资料》第1辑。

禁止官吏在任处所置买田宅，土目、土民不得私相典买土司田亩。其规定如下：

凡有司官吏，不得于见任处所置买田宅，违者笞五十、解任，田宅入官。

提督、总兵、副将等官，不许在见任地方置立产业，即丁忧、休致、解退，亦不许入籍居住；或任内置有产业，已经身故及不能回籍者，该督抚具奏请旨定夺。至参将以下等官任所置有产业，或本身休致、解退，或已经身故子孙留住任所欲入籍者，该地方官报明督抚，准其入籍。

土目、土民，不许私相典买土司田亩，如有违禁不遵者，立即追价入官，田还原主，并将承买之人，比照盗卖他人田亩律，田一亩笞五十，每五亩加一等，罪止杖八十、徒二年。其违例典卖并倚势抑勒之土司，失察之该管知府，均交部议处。

英国皇家亚洲学会中国分会会报对上述《律例》不尽详细的地方作了调查，如土地买卖时需几个中人问题，《律例》没有规定，土地买卖契约中中人人数不一，所以土地买卖中应该要有几个中人才合法？《会报》认为："中人多半是买卖双方的朋友或邻居，他们的签字并不能认为是地契的保证，但他们却担保卖地者确系本人，并且保证这笔买卖是可靠的。要保证土地交易有效，通过中人虽不是绝对必要，至少是合乎理想的。对于土地转移，如果没有中人的保证，谨慎的买主是不会承受的。由于中人的参加也保证了土地转移的公开性，是一种对公众的通告，如有异议，可及时提出。有时中人多到八人或十人，最少不少于二人。这些中人有时收受小额佣金，更普遍的是以酒筵酬谢"。另《律例》中只提出土地买卖需要税契，但税契征收数额如何定？这问题对研究土地买卖是不可回避的，《会报》称："土地转移的税契银规定为买价的百分之三，但是加上通常的火耗加成，衙门规费等项，事实上是买价的百分之五至百分之六"①。这类的调查，颇有参考意义。

① 《英国皇家亚洲学会中国分会会报》卷23。转见李文治《中国近代农业资料》第1辑。

关于灾年出售土地回赎问题，《律例》没有特别说明。这属于特例，要加深对此类问题理解，除阅读《清高宗实录》《清仁宗实录》《清宣宗实录》外，还可参照《东华录》乾隆卷，黄彭年《畿辅通志》，周天爵《周文忠公尺牍》等文献。这些文献称："此等贱买之田，核其原价，勒限听原主收赎"；或称："著照该督那彦成所请，明定章程，自上年麦收以后本年麦收以前所卖地亩，准令照原价赎取，定以三年为期，俾贫民渐次复业，免致失所"；或称："查山东灾祲，凡民卖买田亩、男、妇、皆许回赎"。

清代前期土地转移形式有买卖、典当、押等。买卖又有绝卖和活卖之别。这里着重介绍买卖程式。

民间土地买卖首先要写立地契，其后到政府衙门交纳税金，再后即推收过户。如果是杜绝契，整个买卖过程算是结束，如果是活卖，则还有回赎或找价等程式。

契约的内容一般包括：卖地人的姓名，卖地的原因，所卖土地编号、土名、税亩（或丈积、租额、种、石）、四至、买主姓名、价银（钱）（两、文）、银的成色，此外还得声明银（钱）是否当日交足，有无下欠，即时交收过割承纳粮差，永远管业，卖主还得声明此地（田）未曾重复交易，如有问题卖主承担，而后是写立文契时间，最后是卖主、中人签字画押。请看安徽歙县郑日孜等卖地文契实例：

> 二十三都四图立卖契人郑日孜同弟日旦、日休，今因欠少钱粮无措，自愿将续买毁字一千二百二十九号，计地税肆分玖厘柒毫，土名车水基，其地东至□□，西至□□，南至□□，北至□□，四至照清册，凭中立契出卖与本都七图族兄□□名下为业，三面议定时时值价纹银肆两整。其银当即收足。其地听凭目下管业。从前至今并无重复交易。倘有亲房内外人等异说，俱系卖人承当，不干买人之事。今恐无凭，立此卖契为照。
>
> 顺治十八年十二日　　日立卖契人　郑日孜
>
> 主盟母　方　氏
>
> 同弟　日　旦
>
> 日　休

中人 郑君德

郑叔清

郑仲和[①]

这是乾隆十八年前的契式，所以尚未有绝卖契和活契之分。乾隆十八年《大清律例》规定："卖产立有绝卖文契，并未注有找贴字样者，概不准贴赎。如契未载绝卖字样，或注有年限回赎者，并听回赎"[②]。从乾隆十八年始，卖地契开始有"绝卖契"和"活契"之别。为适应这一变化，福建官府于乾隆二十五年（1760）二月制定颁行了一种"卖契式"。式文如下：

立卖断契某人云云（或凭民间俗例开写），今将某县某都某图民、屯田几号，土名某某等处，共计几亩几分，年载租谷米若干，纳钱粮若干，本色米若干。托中卖与某姓某名处为业，得价银若干两（何戥、何色或系纹广两）。其银即日全数收明，其田听凭买主对佃收租，推收入户，完纳粮色，永远管业，某等不得别生枝节，言找言赎。一切老契，典尽契归买主收执云云（听凭民间俗例开写）。今欲有凭，邀同中见人等当场写立卖断契一纸为照。

乾隆某年某月 日　　中见 某人

某人

立卖断契 某人

某人

知契 某人

某人[③]

绝卖文契亦可当活契用，但契中必须声明"不拘年月远近原价回赎并炤"字样。下面列举浙江山阴县谭无熚卖地契为例：

---

① 安徽省博物馆《明清徽州社会经济资料丛编》，第一集，第263页。

② 乾隆六十年《大清律例》卷9。

③ 《台湾私法物权编》（台湾文献丛刊第150种），第593页，转见杨国桢《明清土地契约文书研究》，第34～35页。

绝 卖 文 契

山阴县十三都六图，立卖田契人谭元燁，今将己户内中田柒亩肆分内迁字号东边田叁分正分分零，情愿浼中出卖与本县族处名下为业，凭中三面议定时价银陆两正，（其银九五色戥天平）整，当日收足，并无重叠戤典争执等情，俗有推头通例每两出银伍分，即时交收过割，承纳粮差。此照

计开

号　三百四十二号中田柒亩肆分内迁东边叁分正

号　　　　号　　　　字　　　　号

不拘年月远近原价回赎并炤

字　　号　　字　　号

字　　号　　字　　号

字　　号　　字　　号

土名柒亩坐落

乾隆拾捌年十一月　　　　日立契契人谭元燁（押）

全母潘氏

今收到契内银一并完足（押）　　　　见中　巨川（押）

连城

代书　方回（押）

条约五款列后

一、绝卖者不用此契止作戤当　戤当者若用此契竟作绝卖

一、契不许请人代写如卖主一字不识止许嫡亲兄弟子侄代写

一、成交时即投税该房查明卖主户册号下注明某年月日卖某人讫

一、由帖不许借人押当如违者不准告照

一、买产即便起业不许旧主仍佃以杜影骗

注：①原件系竖排，没有标点。
②本契系山阴县卖田文契。原件为陈振汉教授收集。转引李文治《中国近代农业史资料》第一辑。

活卖与绝卖主要区别在于：绝卖文契上必须写明“听凭买主永远管业”

或“永无找赎”、“永断葛藤”、“其田即付银主前去招佃耕种，永为祖业”，“日后不敢言及取赎洗找契尾等弊”、“其田自卖之后，永远付兄掌管起盖”，“亲立杜卖契乙纸”等的字样。活卖文契在乾隆十八年后必须写明：“回赎”字样。如“不拘年月远近原价回赎并炤”或“听从原主取赎”、“限满之日，听凭照契价银两取赎，银到田还，不得执留”、“向后办得原价取赎，即便退还”①。

活卖田地的取赎有两种，一种是不拘年月远近，备足原价银交买主，田即可赎回；另一种是有年限规定，到了规定期限，才可回赎，未到期限，则不得回赎。到了年限，卖主无钱取赎者，仍听买主管业。下面举一福建回赎文约：

> 立回赎契许时畴，祖上买得六都下杭池六玉民田屯田共贰号，坐产本都，土名官路面，受种壹斗，合受苗米六合六勺零，立在八甲池长兴户下；又屯田土名桃朋丘，受种捌升，载粮八分三厘库，立在许盛官户下，两项俱是根面俱全，今原主池六玉孙于安备价赎回。本日凑足原价贰两肆钱正。其价许家即日收足，其田即付原主池于安永远照旧管业。其屯粮仍从原主割入本户。已今原价收足，其田根面全永付原主池家管业，许家向后永不敢生端枝节。今欲有凭，立回赎契壹纸为照。
>
> 乾隆贰拾伍年七月　日　　　　立回赎契许时畴（花押）
>
> 知契兄刘惟明（花押）
>
> 中人岳文张盛启（花押）②

明清土地买卖中，还有一种特殊情况，即土地出卖后还存在着找价问题。土地是农民的命根子，是衣食的源泉，非遇难到难以克服的困难，不愿意将土地出卖，哪怕是一小块耕地也是这样。非卖不可时，一般是从活卖开始，希望今后有那么一天时来运转，手头有所积蓄，将卖出田地赎回。因此活卖时价格

---

① 《中国历代契约会编考释》，《明清福建经济契约文书》，《清代乾嘉道巴县档案选编》，《闽南契约文书综录》，《明清徽州社会经济资料丛编》第一集、第二集，《明清土地契约文书研究》。

② 福建师范大学历史系《明清福建经济契约文书选辑》，第62页。

都要比绝卖价低得多。当困难越深赎地无望时，便开始向买主找价。找价数次有多有少，一二次者有之，五六次者有之，十次八次者也有之。江西雩都就有“九找十不敷”① 之说。乾隆年间广西岑溪县县志作者道出了“找价”原因，他认为活卖贱值，“田价值百金，虽百补不及其数，难禁再索”②。据杨国桢教授研究，找价有“洗”、“尽”、“撮”、“凑”、“缴”、“休”、“杜”、“叹气”等不同名目。③ 其实找价名目远不止如此，仅《明清福建经济契约文书选辑》就有十几种之多。如：撮、贴、扎、愿、添、找、找断、尽、尽断、凑、凑断、断、再断、洗、洗断，借、劝借、垦借等，不一而足，令人眼花缭乱。下面列举两例找价文契以供参考：

雍正十二年闽清县林常静卖田尽契：

立尽契林常静，今因急用，托中引到郑处凑出价银壹两伍钱正，平戥，九七色。其土名额租亩数银两俱载原卖尽契明白。其银即日交足，其田仍听银主前去掌管收租，了纳粮色。向后不得再凑再尽之理，别生枝节。两家情愿，各无反悔。

立尽契乙纸为照。

并前卖尽契共成肆纸，统付为照。

雍正拾贰年拾月　日　　　　立尽契林常静（花押）

在见中郑常烈（花押）④

道光二十一年山阴县高蘅畹杜绝找田白契：

立杜契找田契人高蘅畹缘有卅六都三图自己草木字号共田肆拾捌亩零柒厘四毫，前经出卖与族　处为业，得过正价钱壹仟柒佰千文正。因契价未足。仍浼原中绝找到族　处，得找钱壹仟零捌拾捌千文正。自找之后，永不再找，永不回赎，永远杜绝。立民找田文契存照。

（下略）

---

① 同治《雩都县志》卷5，《风俗》。

② 乾隆《岑溪县志》卷1，《风俗》。

③ 杨国桢：《明清土地契约文书研究》，第36页。

④ 福建师范大学历史系《明清福建经济契约文书》，第228页。

道光念壹年四月　日立杜绝找田文契　　　　　人高蘅畹（押）

见中高一民（押）

钱再荣（押）

代笔　文澜（押）[1]

新业主购买地产签立契约之后，必须在一年之内向政府交纳地产转移税，税率为买价的3%。税契经费由新业主承担。交完契税后，官府在草契（白契）上加盖钤印，并附以契尾。清初正式红契（赤契）由草契和契尾合粘而成。乾隆十四年（1746）以后，正式的红契由官契、草契和契尾组合而成。契尾由布政司印发，契尾上盖有布政司的关防，而后发给各州县，每张契尾为两幅，前幅填写买主和卖主姓名、地价，并将契税银两数目，用大字填写在骑缝之处，然后分掣，前幅交买主收执，后幅存留官府以备查。经税契、核准后，白契即成红契，地权转移成为合法化，在法律上受到政府保护。

税契必须在土地买卖后一年内办完，一年之后，业主尚未办理这项手续，除了必须依法税契之外，不论产业价格多少，一律笞责五十，并罚以契约所载金额的半数。

清中期以后，缙绅地主与豪富之家往往勾结官府，偷漏税契，使白契大量流行。

下面，将康熙年间契尾和乾隆年间契尾抄录如下，以供参考。

契　尾

管理直隶钱谷守道参政加五级高　为严催税契银两以佐军需事，蒙

前抚部院宪票准　户部咨前事等因，通行在案。又续蒙

前院宪票，为酌改道臣以专责任事：照得民间置买房地价值，理应例给钤印契尾备照。直属各州县衙所用契尾等项，已经本院

题明，悉归该道综理。该道应设立循环印刷契尾，先期颁发各属。凡有收过税银，照数填入契尾，给发业主收执。每于季终，将各州县衙所收过税契银两，汇造细册，送院查核；仍于年终将收解过银

① 原件存北京大学图书馆，转见张传玺《中国历代契约会编考释》（下）。

数汇册报销等因。蒙此，拟合刊刷契尾颁发。为此尾，仰大兴县掌印官：凡民间典买房屋地土等项，着买产人户照契内价银每两纳税叁分，照价核算，收贮报解。每契一纸粘尾一张，印钤给发买主收执。季终造册报道，以凭核对汇报。

本院咨查。其收过税银，遵照于季终起解，本道转解

户部充饷。如有隐漏，兼以多报少者，查出定行揭参。须至契尾者。

计开：

业户　　买坊地　　　　用价伍佰拾两，纳税拾陆两伍钱

右给业户汪名　　准此

康熙叁拾捌年陆月　日

注：①此契尾原式为竖排。

②原件藏北京大学图书馆。转见张传玺主编《中国历代契约会编考释》（下）。

以上是康熙三十八年契尾，现再录乾隆四十七年契尾：

契　尾

钦命直隶等处承宣布政使明　　为遵

旨议奏事蒙

前任总督部院方　宪牌，乾隆拾肆年拾贰月拾玖日准户部咨开：本部议覆河南布政使富明条奏：买卖田产契尾，量为变通。嗣后布政司颁发契尾格式，编列号数。前半幅照常细书业户等姓名，买卖田房价银、税银若干；后半幅于空白处预钤司印。投税时，将价、税银数用大字填写钤印之处，令业户看明，当面骑字截开，前幅给业户收执，后幅同季册汇送布政司查核。等因。咨院行司。蒙此，拟合刊刷颁发。为此，仰大兴县掌印官：凡民间典买房屋地土等项，着业户照契内价银，每两纳税银叁分，填写明白。将司颁契尾照议当面骑字截开，前幅给发业户收执，后幅随季册送司，年终汇报查核。如有官吏改换侵隐情弊，查出揭参究处。须至契尾者。

计开

业户何名 买地房 顷 亩 分间 坐落 处

用价值捌拾两

投税银贰两肆钱

布字 叁百肆拾贰号

右给业户 准此

乾隆肆拾柒年 月 日

业户苗德用价银捌拾两，税银贰两肆钱。[1]

我们之所以列举两份契尾，原因在于这两份契尾有大不相同之处。康熙时的契尾只有一幅，而乾隆十五年统一制定的契尾为前、后两幅。康熙时买主税契后，即把契尾粘在草契上，一起交给买主，官府税契收入多少，无从监督。乾隆十五年统一制定契尾克服了以前弊病，分前、后两幅，税款契收入用大字填写在骑缝上，一幅交业主，一而留官府，克服官府侵吞税银之弊。

至于税契税率无论是康熙朝还是乾隆朝均以每两银收叁分为制，即3%。有人认为：清前期契税约为买价的3%以上，这种说法是没有依据的。

买主缴纳完税契银以后即为新业主，对所购置的田地产拥有所有权，并为政府法律所保护，从土地买卖角度来说，买卖关系已结束，但从地权转移角度而言，还遗留了一个尾巴，即赋税交接手续尚未完结，即所谓田赋推收过户。

当土地所有权转移时，新业主要依例报税，随时推收，把田赋数额由旧业主名下开除出户，过割到新业主户下。这就是推收，或称过割，是政府为了防止土地买卖时丢失赋税的一种办法。元时，按典章规定“随时推收”。但到清前期，情况有所变化。清乾隆三十六年前实行五年一编审政策。编审做法是：按旧管、查新收、清开除、核实在。在编审之年办理推收过割手续。未遇编审之年，田赋由旧业主交纳，新业主予以贴补。但各地做法不完全相同。如直隶定县的粮户过割，在清初由“社书”经办，于每年开征田赋的时候，社书必须把他所经征范围内的粮额调查清楚，由他亲往各村去寻找新买土地的业户，按着亩数多少，从原业户的粮名内将新业户应负担的赋额分割在新业户粮名

① 原件存北京大学图书馆，转见张传玺主编《中国历代契约会编考释》(下)。

上。嘉庆年间，粮户过割由州内另设办公室，专办过割事宜。[①] 新、旧业户办完过割手续后，地权转移才算结束。

下面，列举福建闽清县汪玉等税粮推收单：

推　单

闽清县正堂童，为饬禁买卖田亩粮不推收之弊等事，今据旧业户汪玉、汪浚在于化都推出实田共　百　十　亩石五分斗五厘升，科实苗丁银　两九钱　分九厘三毛，立在汪朝宗户，应买主*杜青，杜松收户完粮管业，须至推单者。都　　号土名

乾隆十八年三月二十四日给　　化字草十一号

收　单

闽清县正堂童，为饬禁买卖田亩粮不推收之弊等事，今据现业户杜青、杜松买得旧业户汪玉、汪浚实田共　百　十　石亩五斗分五升厘，科实苗丁银　两九钱分九厘三毛，在化坊乡汪朝宗户收入化坊乡杜青［杜］松户完全粮管业，须至收单者。米二升二合，都号土名。

乾隆十八年三月二十四日给　化字第十一号。[②]

如新业主不把所买田地产推收过户，又有可能使出卖的田地变成一种“活业”。卖主可以在推收之前，借口“卖价不敷”要求加找田价，或借口“无从办纳钱粮”要求加贴，或者由于经济情况好转要求赎回；而买主在推收之前，又可以把田地转卖给第三者等等。这样，实际发生过的买卖行为便蜕变为一种典当、抵押的关系。[③] 所以推收是土地买卖中至关重要的环节。

第二节　土地商品化的深化

随着社会经济的发展，影响土地买卖自由化的许多政治经济因素都逐渐减

① 冯德华、李陵：《河北省定县之田赋》《政治经济学报》4卷3期，1936年4月。

② 福建省师范大学历史系《明清福建经济契约文书选辑》，第721页、第462～463页。*：原文为卖主，根据行文应为“买主”，特予更正。

③ 杨国桢：《明清土地契约文书研究》。

弱。宗法宗族关系曾经对土地商品化产生过强烈影响。到清代前期，这种土地买卖的“传统附属物”也逐渐松弛。

明末清初的农民起义，对宗法宗族势力曾给予严重打击，使贵贱尊卑长幼关系走向松解。当时许多人有种种慨叹，如：“贵贱无分，长幼无序”①，“少长失偏，讼风渐炽”②。陆陇其甚至说，“子弟凌兄长，悍仆侵家长，而有司不问”③。钱大昕也说，“自宗法不行……昭穆既远，视为路人，角弓之反频闻”④。

由于宗法宗族关系的松弛，大家庭制日益崩溃，父子兄弟析产分居日益普遍。父子兄弟之间因争夺财产而发生纠纷的情况，表现尤为突出。魏禧说，人伦之间为争夺财货而发生纠纷的是“十人而九”⑤。汪琬更说，“今之父兄子弟，往往争铢金尺帛，而至于怨愤诟斗，相戕杀者，殆不知其几也”⑥。在这种大趋势下，土地买卖原先存在的“先尽业主邻亲之说”，终于趋向破除。

清代前期，土地买卖中不通过亲房而直接交易的日渐增多。闽北地区77件土地买卖文书中，注明“先问亲房伯叔弟侄人等俱无力承买”的仅14件而已。其余文书皆声明：“其田系自置物业，与亲房伯叔人等各无相干”，或谓“其田系承父遗授物业，与亲房伯叔人等各无干涉”，或称“其田系是分定之业，与亲房伯叔人等各无相干”⑦。卖主强烈地意识到这是“自置物业”，或“分定之业”，或“遗授物业”，是我自己的田产，要卖给谁，或不卖给谁，如何处置这些田业是卖者之事，与亲房人等“各无相干”。徽州府土地买卖情况也同样反映了这一发展趋势。《明清徽州社会经济史资料丛编》中徽州府《卖田契》辑录清代土地买卖契约计157件，其中在亲族之间进行交易的计30件，占19.11%。而其余的127件卖契中所强调的都是“倘有亲房内外人等异说，俱系卖人承当”，或说“如有争论，俱身理直”，或称“倘有亲房内外人等异说，俱系出卖人一力承肩理直”，或谓“倘有来历不明及内外人声说等情，尽

① 《古今图书集成》职方典，卷1120，武昌。
② 康熙《泸志》卷11，风俗。
③ 陆陇其：《风俗策》《清经世文编》卷68。
④ 钱大昕：《陆氏义庄记》《清经世文编》卷58。
⑤ 魏禧：《肖小翮五十序》《清经世文编》卷60。
⑥ 汪琬：《汪氏族谱序》《清经世文编》卷58。
⑦ 扬国祯：《闽北土地文书选编》（一）（二）见《中国社会经济史研究》，1982年第1、2期。

氏支当”，或云“倘有异说，俱系卖人一并承当”[1]。这里所反映的无疑是自我意识的增强。在土地买卖中，他们所处的地位是独立的，有权自由地处理自己的产业。福建和安徽徽州地区都是聚族而居之地，然而，这些聚族而居的地方，土地买卖在亲族之间进行的比例尚且不大，各姓杂居的地方，土地买卖在亲族间进行的情况就要受到客观环境更多限制，这也是可想而知的。下面，就一些具体案例进行考察。嘉庆三年，江西东乡，陈文海堂嫂艾氏将田卖给陈宗俚时，就未曾事先问过亲房伯叔人等，而直接将地卖出。[2] 乾隆四十七年前，湖南湘乡彭已重将地 17.8 亩典与吴若锦，乾隆四十七年四月，彭又将田绝卖与贺蒂典，贺蒂典因手头钱不够，又将田先典与陈万年。[3] 在这几经转手买卖中，他们并没有按“先尽亲邻”习俗办理。隆十四年二月间，河南息县傅良卜将地卖与谭德盛，事先也没有先尽过亲房和原业主。[4] 这些情况的发生，与宗法关系衰落，个人的地位和作用的提高是切切相关的。

同时，在商品货币经济发展刺缴下，追求在土地买卖中获得好价钱行为极为普遍。这也对土地买卖中的宗法束缚，以有力的冲击。这具体表现在：卖主对货币的追求。在土地买卖中谁出好价钱、大价钱，就将土地出卖与谁。乾隆三十八年前，江苏邳州农民社义有地 3 亩，原以 4 千文当与张潮。三十八年十二月，社义把地以 7 千文价格卖与魏黑文。[5] 这里，社义并没有按传统习俗去做，而是以谁出的价钱高，就把地卖给谁。嘉庆二十一年，李大老有田 3 亩要卖，朱观满先曾承卖，但只肯出价 40 千文，而许加贤愿出价钱 45 千文，于是李大老将田立契卖与许加贤。[6] 这里，显然是高出朱观满的 5 千文钱打动了李大老的心。嘉庆十二年，海州程钟英等将祖遗庄田 200 余顷，以每顷 69 千文卖给李法泳，立有草议。嗣后，程盛氏嫌价过贱，将地另卖与黄洵为业，卖价每顷为 100 千文，[7] 比每顷 69 千文多出 31 千文。浙江诸暨周梦（？）誉，于

---

① 安徽省博物馆编《明清徽州社会经济史资料丛编》第一集，第 82～191 页。

② 嘉庆四年十二月十四日，巡抚江西等处地方张诚基题。

③ 乾隆四十八年十月十二日，巡抚湖南等处地方伊星阿题。

④ 乾隆十五年七月初九日，巡抚河南等处地方鄂容安题。

⑤ 乾隆三十九年十二月二十一日，巡抚江宁等处地方萨载题。

⑥ 嘉庆十二年十一月二十六日，管理刑部事务董诰等题。

⑦ 嘉庆二十一年八月十日，管理刑部事务章煦等题。

嘉庆六年将山一片出卖，有人出钱 8 千文，梦誉嫌价少未允。后章世胜愿出价 10 千文，于是将山买去。[①] 江西会昌县，乾隆四十五年，李作伦有基地一块出卖，李树堂出价 300 文，作伦嫌价钱少，不肯卖给。[②] 湖广地区谢国栋，乾隆二十七年前，将花去 38 两银子买来的田，以 58 两价格出卖与江国佐[③]。湖南安县，夏名汉有地一块，嘉庆四年前卖一半与夏经添，剩下一半后来亦想卖与经添，经添仅出价钱 2400 文，名汉嫌少索增，因价钱不合，这一半地没卖成。[④] 福建台湾府淡水厅刘子见有豆园一片，刘潭出价 14 元，后李乌出价 17 元，刘子见择出价高者卖之。[⑤] 广东龙县，乾隆十三年正月间，曾玉登因要迁往阳春居住，将原价 30 千文买来的 3. 02 亩田，以 52 千文卖给他的弟弟曾玉堂。这里，并没有因买主是亲弟弟而低价卖给，而是按时价出售，“因田价渐贵，故议增价钱贰拾贰千”[⑥]。河南安阳马袁氏有麦地 8 亩要卖，马添禄出价 154 千文，袁氏嫌价低，后马有德愿出价钱 160 千文，于是 19 日把地卖给马有德为业。[⑦] 陕西米脂县，马而元于嘉庆十四年前将山地 103 垧卖与高理祥，得价钱 134. 5 千文。嗣后，马而元将地赎回，并卖与吴步云为业，多得地价钱 30 千文。[⑧] 这是一种典型的追求高价的倾向。同时，非绝卖土地，卖主有回赎权，这是乡间的习俗，或说是惯例。政府虽有明文禁止，但禁而不绝，回赎之事时有发生。回赎的价格，在清代以前，卖主以原价回赎，卖出时是多少钱，回赎时还是多少钱，并不受物价或田价上涨或下跌因素所影响，所以未曾有因回赎价格问题而发生纠纷。到清代前期，这种情况发生了变化，卖主想要回赎土地时，买主提出要按时价而论，不得按原价赎回。这一原则已开始为民间所接受。如江苏砀山，庞勇立堂叔庞菊于乾隆三十五年间，将坐落黄河北岸地 10 亩，以 42 两价银卖与冯五为业，嘉庆四年秋间，冯五欲将此地转卖，

---

① 嘉庆八年二月十六日，管理刑部事务董浩等题。
② 乾隆四十五年秋审。
③ 乾隆二十七年秋审，湖广巡抚宋邦绥题。
④ 嘉庆四年十月十四日，刑部尚书成德等题。
⑤ 乾隆三十五年七月十二日，兼福建巡抚印务崔应阶题。
⑥ 乾隆十四年二月初一日，巡抚广东等处地方岳濬题。
⑦ 嘉庆十一年二月四日，管理刑部事务董浩等题。
⑧ 嘉庆十七年一日二十一日，巡抚陕西等处地方董敖增题。

庞勇立闻知，至冯五家议照原价回赎。冯五以已淤好，欲卖银 50 两而不允。[①]贵州仁怀县，袁世敏于乾隆三十二年二月间，听得原买主罗夏氏要把从他祖父手上买去的田转卖，他向罗夏氏表示“情愿照依时价赎回耕种”[②]。甚至有的回赎时还需加纳利银。江苏荆溪，嘉庆十三年前，佘文大将田 3 亩卖给任济洺，得价钱 120 千文。至十三年时，任文楷为佘文大赎田，除交原价外，还加交利钱 3 千文。[③]

在金钱刺激下，亲房要购买土地，想依靠“先尽亲房伯叔弟侄”这一传统的习俗来达到目的，已经行不通了，有些地区的宗族只得以提高地价办法，来维持这一习俗的延续。如安徽桐城赵氏宗谱规定：“族人互相典买（田宅），其价比外姓稍厚，不得用强轻夺。违者具告宗子，合众处分”[④]。这种规定徽州地区也存在。《雍正三年分家书》载：“予所得产业，皆拮据重价，周庇手足，倘吾子孙难守，须尽亲房周旋，倘轻弃疏房以不孝论，仍听尔兄弟有力者备价着卖者赎回，出银管业”[⑤]。土地买卖中，先尽亲房的习俗的破除，是土地买卖自由化的一个重要标志。民国初期，法政学社组织一批人，对中国土地买卖习惯进行了调查。他们指出：“赣南各县，凡出卖不动产者，其卖契内载有先尽亲房人等俱各不受等语，是从表面上观之，凡是亲房人等有优先承买权，然实际则皆以出价之高低而定，且亦不先尽亲房人等也。盖在昔有此优先权，现仅成为契约上之一种具文而已”[⑥]。这个调查虽然是民国初年之事，但一种习俗惯例的改变并不是一朝一夕所能做到的，是长期变化的积累。所以，这个调查对清代来说也是有意义的。同时，调查者把“其乡聚族而居，六乡一姓，有众至数千户”[⑦] 这样的地区作为调查重点，是很有意义的。土地买卖关系在宗族和宗法关系如此浓厚地区，优先权都成为“契约上之一种具文”的话，那么，宗族和宗法关系松弛的地方，优先权的束缚作用究竟还有多大，

① 嘉庆六年秋审，江苏巡抚题。
② 乾隆三十二年十一月十八日，管理刑部事务臣刘统勋等题。
③ 嘉庆十五年十二月二十一日，巡抚江宁等处章煦题。
④ 赵立方等《桐城赵氏宗谱》，光绪九年四修本，卷首，《家约》，第 6 页。
⑤ 中国社会科学院经济研究所藏《屯溪资料》，《雍正三年分家书》，分 017。
⑥ 法政学社：《中国民事习惯大全》，第一编，第三类，第 10 ~ 11 页，1924 年出版。
⑦ 乾隆《赣县志》，第 1 卷，《风俗》。

就比较容易看清楚了。

清政府适应社会发展潮流，对这种陈规陋习，也多方禁止。早在康熙年间，山东济宁知州吴柽就已指出，典卖田宅，必先让原业、本家，次则地邻之俗例是可笑的。他认为："夫弃产者，必有不能待之势，必要到处让过，已属难堪"，并认为这种陋俗侵犯了卖地者的利益。有的人本想买，而故称不要，"或抑勒贱价，不照时值"，及到卖主不能待，另售他人时，这些人"即挺身告理"[①]，致使卖产者陷入困境。雍正三年间，河南巡抚田文镜在豫省宣告废除先尽业主邻亲之说。在"禁先尽业主亲邻"条款中指出："田园房产，为小民性命之依，苟非万不得已，岂肯轻弃。既有急需，应听其觅主典卖，以济燃眉。乃豫省有先尽业主邻亲之说，他姓概不敢买，任其乘机肯勒，以致穷民不得不减价相就。嗣后，不论何人许买，有出价者即系买主。如业主之邻亲告争，按律治罪"[②]。雍正八年，清政府以法律形式把"禁先尽业主"条款加以肯定和推广，条文规定："及执产动归原先尽亲邻之说，借端希图短价者，俱照不应重律治罪"[③]。乾隆九年，政府重申："各省业主之田，出资财而认买"[④]。政府以立法形式，确认了土地自由买卖的合法性。在刑部档案案例中，就有许多实例。乾隆间，贵州普安州李廷槐有田一分，乾隆四年时出当与李廷科，价银5.5两。乾隆二十七年李廷槐将地赎回，尔后又以21两银价要转卖与郎抢宾，其堂兄李廷贤知道后，以"这田是祖遗，不许卖与外姓"为由，想购买此地。廷槐同意取消与郎抢宾所订原约，将地卖与廷贤，但田价仍为21两。廷贤坚持只能照过去与李廷科5.5两当价承买。李廷槐不接受，固而发生命案。官府对此案的判决是：李廷贤依仗"先尽亲房"的俗规，"分明是藉端抑勒"，以至短价强逼买田釀衅，杖八十，折责三十板。……所争之田，应仍听李廷槐另行售卖。[⑤] 另一案记载，湖南湘阴县民曹少甫欲将已业卖与佃户廖文翰，其兄曹毓嵩指责廖不应承买田东之田。而县

---

① 田文镜：《抚豫宣化录》卷4，第51～52页。

② 田文镜：《抚豫宣化录》卷4，第51～52页。

③ 《光绪会典事例》卷755。

④ 《清高宗实录》卷175。

⑤ 乾隆二十八年三月二十三日，贵州巡抚乔光烈题。

表 4－38　　清代前期直隶等十九省土地在同姓或异姓间进行买卖情况

省别	康熙				雍正				乾隆				嘉庆				小计				
	同姓	%	异姓	%	同姓	%	异姓	%	同姓	%	异姓	%	同姓	%	异姓	%	件数	同姓	%	异姓	%
合计	10	38.5	16	61.5	7	21.2	26	78.8	118	33.9	230	66.1	101	31.5	220	68.5	728	237	32.6	491	67.4
直隶									4		17		2		15		38	6	15.8	32	84.2
山东	1						1		9		8		3		11		33	13	39.4	20	60.0
山西	3		1						8		9		8		11		40	19	47.5	21	52.5
河南	1		1		3		2		9		12		8		12		48	21	43.8	27	56.2
陕西			1				3		2		8		6		11		31	8	25.8	23	74.2
甘肃									3		4		1		4		12	4	33.3	8	66.7
江苏					1				5		25		5		17		53	11	20.8	42	79.2
浙江					1				7		14		7		10		39	15	38.5	24	61.5
安徽			1				1		10		16		3		18		49	13	26.5	36	73.5
江西									8		16		9		13		46	17	37.0	29	63.0
湖南							5		12		12		6		15		50	18	36.0	32	64.0
湖北	1		4		1		6		3		20		3		12		50	8	16.0	42	84.0
四川	1		2				5		9		26		11		23		77	21	27.3	56	72.7
福建			2				1		11		15		6		5		40	18	45.0	22	55.0
广东	3		2						9		15		17		17		63	29	46.0	34	54.0
广西			2						2		4						8	2	25.0	6	75.0
云南									2		3		2		4		11	4	36.4	7	63.6
贵州					1		2		4		5		4		19		35	9	25.7	26	74.3
奉天									1		1				3		5	1	20.0	4	80.0

（1）资料来源：根据中国社会科学院经济研究所藏《刑档抄件》整理。

（2）本统计资料在整理过程中删去了买主、卖主不详案件，以及宅地、兑换地案件。

府认为："田为少甫名下私产，少甫主之，纵卖与廖文翰，亦例所不禁。但少甫果须卖田，毓嵩果虑为廖得，何不备价购存此田？如不能购，亦不能禁少甫售与他人，方为情理之至"①。清政府否定"先尽亲房"习俗，实行保护和鼓励土地自由买卖的政策，就十分有利于削弱宗法关系在土地买卖中的束缚作用，乃至最后消除其影响。

清代前期土地自由买卖已占主导地位，第1182～1185页各表所列土地买卖在异姓间进行的资料充分地说明了这点。

表4－39　　乾隆年间（1736～1795）直隶等十八省土地买卖情况

省别	小计	亲族		同姓民人		异姓		备　注
		件	%	件	%	件	%	
合计	113	5	4.4	27	23.9	81	71.7	
直隶	5					5	100.0	
山东	3	1	33.4	1	33.3	1	33.3	5年土地买卖案中因卖主不详，未计
山西	3	1	33.4	1	33.3	1	33.3	
河南	5					5	100.0	
陕西	1					1	100.0	
甘肃	1					1	100.0	
江苏	9	1	11.1	3	33.3	5	55.6	36年因他案发生，土地买卖未成，未计
浙江	6			3	50.0	3	50.0	
安徽	16			4	25.0	12	75.0	
江西	10			3	30.0	7	70.0	39年因卖房产事，未计
湖南	18	2	11.1	4	22.2	12	66.7	
湖北	12			3	25.0	9	75.0	
四川	6			1	16.7	5	83.3	
福建	4			1	25.0	3	75.0	
广东	5			2	40.0	3	60.0	
广西	2					2	100.0	
云南	1					1	100.0	18年土地买卖案中因卖主不详，未计
贵州	6			1	16.7	5	83.3	

资料来源：中国第一历史档案馆，中国社会科学院历史研究所《清代土地占有关系与佃农抗租斗争》，《土地买卖》第104～220条。

说明：（1）凡买主或卖主不详者，房产买卖，未成交者在本统计表中舍去不计。

（2）高利贷兼并土地，土地典当部分未统计在内。

（3）提出"优先购买权"要求案件情况是：河南1，湖南2，四川1，直隶1，陕西1，山西1，贵州1，江西1。

---

① 李佳：《柏垣琐志》，第17页。

表 4－40　　徽州府土地买卖情况（1644～1911）

朝代	合计	亲族		同姓民人		异姓	
		件	%	件	%	件	%
合计	157	30	19.11	29	18.47	98	62.42
顺治	5	2	40.0	2	40.0	1	20.0
康熙	40	11	27.5	9	22.5	20	50.0
雍正	12			1	8.33	11	91.67
乾隆	37	6	16.22	9	24.32	22	59.46
嘉庆	16	2	12.5	1	6.25	13	81.25
道光	13	1	7.69	3	23.08	9	69.23
咸丰	18	4	22.22	1	5.56	13	72.22
同治	9			2	22.22	7	77.78
光绪	5	2	40.0	1	20.0	2	40.0
宣统	2	2	100.0				

资料来源：安徽省博物馆编：《明清徽州社会经济资料丛编》，第 1 集，《卖田契》，中国社会科学出版社，1988 年版。

表 4－41　　徽州府土地买卖情况（1662～1908）

朝代	合计	亲族		同姓民人		异姓		备注
		件	%	件	%	件	%	
合计	238	39	16.39	63	26.47	136	57.14	
康熙	62	3	4.84	30	48.39	29	46.77	3 年间有 1 款买主姓氏不详
雍正	38	9	23.68	3	7.9	26	68.42	
乾隆	72	15	20.55	22	30.14	36	49.31	44、45、49 年间各有 1 款买主不详
嘉庆	14	5	35.71	2	14.29	7	50.00	
道光	21	7	33.33	4	19.05	10	47.82	10、29 年间各有 1 款买主不详
咸丰	14			1	7.14	13	92.86	
同治	6					6	100.0	6 年间有 1 款姓氏不详
光绪	10			1	10.0	9	90.0	

资料来源：安徽省博物馆：《明清徽州社会经济资料丛编》，第 1 集，附表《卖田契》，中国社会科学出版社，1988 年版。

说明：各年间因买主或卖主姓氏不详者，舍弃不计。

表 4－42　　安徽休宁朱氏置产情况（崇祯至道光）

时代	总计	同姓买卖				异姓买卖	
		亲房	%	不同宗	%	件	%
合　　计	114	35	30.7	21	18.4	58	50.9
崇祯至顺治	2	2	100.0				
康　　熙	12	6	50.0	2	16.7	4	33.3
雍　　正	10	4	40.0	1	10.0	5	50.0
乾　　隆	26	12	46.2	5	19.2	9	34.6
嘉　　庆	61	11	18.0	13	21.3	37	60.7
道　　光	3					3	100.0

资料来源：中国社会科学院经济研究所藏《屯溪资料》。
说明：本表只录田产购买部分，房产部分舍弃不计。

表 4－43　　苏州府沈氏家族置产情况（1658～1823）

时代	合计	同　姓		异　姓	
		件	%	件	%
顺治	1			1	100.00
康熙	41	10	24.4	31	75.6
雍正	28	4	14.3	24	85.7
乾隆	254	35	13.8	219	86.2
嘉庆	243	31	12.8	212	87.2
道光	28	7	25.0	21	75.0
合计	595	87	14.6	508	85.4

说明：嘉庆 21～25 年间有 3 款未计。
资料来源：根据洪焕椿《明清苏州农村经济资料》中第 91～145 页地契文书整理。

表 4－44　　四川新都县土地买卖情况

朝代	合计	同　姓				异　姓	
		亲房（件）	%	本乡民人（件）	%	件	%
合计	50	1	2.0	5	10.0	44	88.0
嘉庆	5					5	100.0
道光	20	1	5.0	2	10.0	17	85.5
咸丰	6					6	100.0
同治	19			3	15.8	16	84.2*

注：* 有 2 件买主姓氏不详，不计。
资料来源：据四川新都县档案馆史料组编：《清代地契史料》加工整理而成。

表 4－45　　闽北地区土地买卖情况表

朝代	小计	同姓				异姓		备注
		亲房（件）	%	同乡民人（件）	%	件	%	
顺治	7					7	100.0	①乾隆年间有土地文书38件，其中5件系重复找价文书，1件兑换文书，故略去不计 ②嘉庆朝有土地文书16件，其中2件系找契，故略去不计
康熙	5	1	20.0			4	80.0	
雍正	4			2	50.0	2	50.0	
乾隆	32	3	9.4	1	3.1	28	87.5	
嘉庆	14	3	21.4	2	14.3	9	64.3	
道光	6	1	16.7	1	16.7	4	66.6	
咸丰	2					2	100.0	
同治	1					1	100.0	
光绪	2	1	50.0			1	50.0	
建瓯吴必明买地情况	4			1	25.0	3	75.0	
合计	77	9	11.7	7	9.1	61	79.2	

资料来源：根据杨国祯：《闽北土地文书选编》（一）、（二）部分整理加工而成。该资料登载《中国社会经济史研究》，1982 年 1～2 期。

表 4－46　　山西省襄汾县丁村的土地买卖情况

朝代	小计	同姓				异姓	
		亲属（件）	%	同姓民人（件）	%	件	%
合计	29	3	10.4	21	72.4	5	17.2
乾隆	2			1	50.0	1	50.0
嘉庆	8	1	12.5	5	62.5	2	25.0*
道光	6			5	80.0	1	20.0
咸丰	1			1	100.0		
同治	4	1	25.0	3	75.0		
光绪	8	1	12.5	6	75.0	1	12.5

注：* 23 年 1 件买主不明，略。

资料来源：张正明、陶富海：《清代丁村土地文书选编》，见《中国社会经济史研究》，1989 年第 4 期，第 84～89 页。

从上述材料看，不论是从全国十九个省区大范围考察，还是从一个地区、一个县、一个村落范围考察，或是从一个家族范围考察，我们以为有清一代，在土地买卖中宗法关系虽然仍有一定约束力，甚至在某些地区有较强的约束力，但这个约束力毕竟受到时代发展的冲击而削弱，土地买卖越来越多地突破宗法关系的桎梏，而趋向于自由买卖。这样一来，土地购买者的范围就大大地扩展了，使有清一代始终能保持较多的自耕农，从而有利于社会经济的发展，也使那些手中持有货币的外乡外姓从事商品经济活动的经营者，有更多机会购买到土地，如清代棚民中有些是腰缠万贯的商人；他们或到江苏，或到浙江，或到福建，或到江西，或到湖南，或到四川、湖北、陕西三省交汇之处，或到云南租山或买山垦殖，或种菁制蓝，或植麻织布，或种包谷，或开山植树，促进了商品经济的发展。

清代前期，土地买卖向自由买卖转化过程中，江苏、安徽、江西、湖南、湖北、四川、河南等地区，原业主还保留有索取补偿银两的习俗。由于地方不同，其称谓也各一，如湖北称之为脱业钱，湖南称挂红银，也有称脱业钱，河南则称赏贺银，江苏、四川、江西称之为画字银钱，安徽称谓较杂，有赏贺银、喜资银、倒银等。湖北襄阳县，康熙五十六年，朱桂将荒屯田 30 亩出卖与刘现章之父刘仁美，得银 53 两。雍正十三年，刘现章由于“贫不能守，凭朱梅等说合，得价银一百七十八两，转售与赵祥为业，当给朱桂脱业钱二十千，朱梅亦得钱五千文”[①]。湖南武陵县郭维藩，于雍正十三年，将田八斗卖与陈添位为业，至乾隆四年，郭维藩复向陈添位索取“挂红银二两四钱”，郭友文闻知，亦赴彼索取，添位“当给友文银六钱”[②]。安徽寿州，乾隆七年，方子玉把五斗种的一块田，换张世明家一块基地，但这田上手业主是方冠，据寿州俗例，“产动，原业有分喜礼”。方冠的母亲托方连向方子玉要“喜礼”。子玉“许给二两银子”[③]。河南固始县，乾隆八年，张鸣九买了许廷彩壹分田地，依据该县乡俗：凡买田产，有给原业主赏贺银两之说，所以按乡俗张鸣九“该给业主许长太拾伍两贺银子”[④]。江苏泰州，乾隆四十七年间，相鸣山有祖遗公共田十五亩，卖与汤万锦，得价与族姓均分。五十八年汤万锦将此田转卖与汤广有管业，“原业主应分画押钱三千文”[⑤]。

---

① 第一历史档案馆，中国社会科学院历史所《清代土地占有关系与佃农抗租斗争》上册。
② 《清代土地占有关系与佃农抗租斗争》上册，第 111 页。
③ 《清代土地占有关系与佃农抗租斗争》上册，第 117 页。
④ 《清代土地占有关系与佃农抗租斗争》上册，第 123 页。
⑤ 《清代土地占有关系与佃农抗租斗争》上册，第 216 页。

原业主的补偿银两向谁索取，依情况而异。画字银（画押银）一般向买主索要，如四川涪州，乾隆十四年时，杨榜将己田卖与杨仕荣，杨仕荣各付给杨显与兄杨椿画字银九两。① 安徽合肥喜资银及画字银亦由买主付给。② 湖北江陵县脱业钱，系原业主向新买主索取。③ 湖南安化习俗与湖北江陵相同。④ 安徽寿州情况与上述有别，给原业主的喜礼银是由卖主出的。据陈见美称："小的这乡里，向来有个俗例：凡转卖田产，原业主要向转卖的人讨些喜礼银子的。"⑤ 霍邱情况与寿州相同，原业主的赏贺银由转卖的人付给。⑥

给原业主的赏贺银、挂红银等银两按什么标准给呢？其他地方情况不详，湖北江陵俗例是："从乡例每两给银叁分"，也就是说按买价的3%抽取。

这些名目不同的补偿银两，由买主付给的，实际上是买价的一个组成部分。如安徽合肥县，乾隆二十三年，雷相明将捌斗陆升半秧田，外有基地并浮房叁间，卖给许赓元，"言明正价肆拾两，外胞兄弟并亲族喜资银拾肆两，又过割交庄画字银拾两，共银陆拾肆两"⑦。在这里，喜资银和画字银占了正价银60%，如果买主要在买价之外另付出高于买价一半以上银两，买主是不愿意的。因此，这些喜资银，画字银实际上是价格的一个组成部分，仅仅是为了避免亲属之间因分割钱财引起不必要纠纷，按照乡例对总价进行分割而已。并不是买主对卖主亲属的一种恩赐。至于转卖土地者付给原业主一定补偿银两，是对地价增值的一种分割，如湖北襄阳县，卫军朱桂于康熙五十六年将荒屯田三十亩，卖与宜城刘仁美，得价银五十三两。雍正十三年，刘仁美之子刘现章因贫不能守，将垦熟田转卖与赵祥，得价银一百七十八两，"当给朱桂脱业钱二十千，朱梅亦得钱五千文"⑧。在这里，实际上是由于地价上涨，原业主与转卖主之间，对地价增值部分的分割，原业主所得大约为总

① 《清代土地占有关系与佃农抗租斗争》上册，第140页。
② 《清代土地占有关系与佃农抗租斗争》上册，第147页。
③ 《清代土地占有关系与佃农抗租斗争》上册，第130页。
④ 《清代土地占有关系与佃农抗租斗争》上册，第203页。
⑤ 《清代土地占有关系与佃农抗租斗争》上册，第158页。
⑥ 《清代土地占有关系与佃农抗租斗争》上册，第161页。
⑦ 《清代土地占有关系与佃农抗租斗争》上册，第147页。
⑧ 《清代土地占有关系与佃农抗租斗争》上册，第106页。

价格的 14%。

脱业钱、喜礼银、赏贺银等乡例习俗之所以能长期得到延续，其原因是多方面的。其一，这俗例得到政府的默认，如湖南武陵县郭维藩卖田五年后向买主索要挂红银一案的判决称："郭维藩将久经绝卖之田辄行索找，虽有不合，但系原主，应请免议"[①]。安徽霍邱县汪让因索取喜礼银殴打汪凡机一案中，巡抚高晋在审理此案时，并没有否定这一俗例，而仅是将乡俗重述一遍："因霍邑乡间俗例，凡田地转售，原业主有应得喜礼钱文"[②]。江西铅山县葛发崽转卖田地原业主按俗例索要画字钱一案判决称："詹椿茂分得钱三千文，系循原业画字俗例，今已病故，免其着追"[③]。湖北随州李月桂殴伤向奉早并私分向正明田价钱文一案判决称："聂开周、向正元、向正富、向奉起、向奉早等分受钱文，讯系脱业遗念，俗例相沿，免其追缴"[④]。由于索取这类补偿纠纷越来越多，政府办案人员多次提出废除这一陋俗。其二，原卖主贫困化，是这种习俗延伸的另一原因。如湖南湘乡彭验外索画字钱致死人命一案称：乾隆十九年，彭验外父亲彭宗位，将地名紫木冲田亩卖与彭行健。二十一年，彭行健又转卖彭邑陵管业。彭验外系属原业。湘乡俗例，田产出卖，彭邑陵应给彭验外画字钱文。维时，彭验外因已外出，未经得受。五十一年内，彭邑陵又将此田转售彭体谦管业。"彭验外因贫，向彭邑陵索补不允"[⑤]。安徽六安徐彬文殴杀杨晨熙之父一案称：六安州俗例转卖田产原业主可讨要贺银。杨晨熙父亲害病，"家里没有钱用，去向徐家要这银子"[⑥]。其三，最主要原因可能是与地价不断提高有关。土地走向市场以后，摆脱了宗法宗族制束缚，人为压低地价情况在减少，而人口不断增加，对土地需要越来越强烈，在土地增加落后于人口增加情况下，供需矛盾突出，地价在不断提高，这就容易产生原业主心态不平衡，从而引发争斗，影响地方治安。名目各样

① 《清代土地占有关系与佃农抗租斗争》上册，第 111 页。
② 《清代土地占有关系与佃农抗租斗争》上册，第 150 页。
③ 《清代土地占有关系与佃农抗租斗争》上册，第 181 页。
④ 《清代土地占有关系与佃农抗租斗争》上册，第 186 页。
⑤ 《清代土地占有关系与佃农抗租斗争》上册，第 207 页。
⑥ 《清代土地占有关系与佃农抗租斗争》上册，第 149 页。

补偿银（钱）俗例，可能是为了因地价上涨给原业主一种补偿而形成的。如浙江义乌县，陈尚彩的四斗田卖给陈承洪时是贰两伍钱银子，陈承洪转卖与陈乾志得的价银是柒两陆钱。[①] 增加伍两壹钱，是原卖价的3倍多。湖南平江县，李二蓁将田三十五亩卖与朱谦益，得价银三十五两，平均一亩一两银子。后朱谦益将此地转卖与高荣龠，得银五百四十两，“这李齐贤见田价多了几倍，需索酒礼银不遂，打毁高家田禾，又强牵他家牛只”[②]。广东龙川县、邹癸生祖邹立坤将田叁亩零贰厘卖与曾玉登，得价叁拾仟，后曾玉登将此田转卖与曾玉堂，得价伍拾贰仟，比原价增加贰拾贰仟，“癸生闻知转卖多钱，复要找价”[③]。

这类习俗在一定程度上会制约自由土地买卖发展，但随着社会的进步，这些陋习也将被历史所抛弃。

第三节　土地买卖周期

清代前期，土地买卖比前代更为经常，土地经常更换主人。康熙后期编纂的山东《栖霞县志》称：“土地则屡易其主，耕种不时”[④]。同时期，福建安溪李光坡说：“人之贫富不定，则田之去来无常”[⑤]。雍正间，河东总督王士俊奏称：“地亩之授受不常”[⑥]。乾隆前期，广东顺德情况是：“有田者多非自耕……抑且田时易主”[⑦]。嘉道之际，无锡人钱泳亦说：“俗语云：百年田地转三家。言百年之内，兴废无常，有转售其田至于三家也。今则不然，农民日惰而田日荒，十年之间已易数主”[⑧]。

---

① 《清代土地占有关系与佃农抗租斗争》上册，第114页。
② 《清代土地占有关系与佃农抗租斗争》上册，第128页。
③ 《清代土地占有关系与佃农抗租斗争》上册，第132页。
④ 康熙《栖霞县志》序。
⑤ 《清经世文编》卷30，户政五。李光坡《答曾邑侯问丁米均派书》。
⑥ 雍正《东华录》卷12，雍正十二年，十一月，庚寅。
⑦ 乾隆《顺德县志》卷4。
⑧ 钱泳：《履园丛话》卷4。

清代前期土地买卖频繁的情况，也从契税反映出来。如《高宗实录》称：乾隆二十八年广东仅田房税契一项，收银120余万两。[①] 按税契征收规定，税银为卖价的3%，再收税银的5%为耗银。[②] 故卖地100两银子，需纳税银3.15两。据此可算出广东省该年卖地总价银为38095238两，如每亩地价按价银4.47两计。[③] 买卖的土地约达8522425亩，占广东省耕地面积24.9%。[④] 由于没有把卖房金额剔除，因此只能是一个概数，但可以反映当时土地买卖频繁情况。

下面，我们根据保存下来的历史文献记载，再考察一下清代徽州地区土地买卖频繁程度。

这部文献资料是清代徽州某县某都二图四甲《王鼎盛户实征底册》，该册所记内容有：户名、旧管土地、新收土地、开除土地，实在土地几项。以户为单位，记录该户土地变化情况。所转移土地有名和亩分，一款一款罗列，极为清楚。新收（买进）、开除（卖出）分开登记，互不混杂，凡分家的都注明分出字样。资料可靠性程度高。

该《实征底册》登记年份始于乾隆七年（1742），至乾隆二十八年（1763）结束，中间间断了一年（即乾隆十二年），前后记事时间实际上为21年。乾隆七年时，该甲为131户，甲下8户，共计139户。其后由于分家或立会新增了一些户头。如八年有新开户6户，十年新开户3户，十一年新开户1户，十三的新开户3户，十四年新开户7户，十五年新开户2户，十七年新开户6户，十八年新开户15户，十九年新开户1户，二十年新开户1户，二十二年新开户1户，二十三年新开户2户，二十五年新开户6户，共新开户头54个。在这21年间，因绝户或其他原因减少了11户，至乾隆二十八年时，二图四甲总共有182个户头。这是该甲21年间户头变化情况。

---

① 《清高宗实录》卷68。

② 李文治：《中国近代农业史资料》第1辑，第55页。

③ 李文治：《明清时代封建土地关系的松解》，第323页。表42《各地地价及租额对比》中地价平均数。

④ 李文治：《中国近代农业史资料》第1辑《清代历朝耕地面积》中乾隆三十一年广东省耕地面积为342242顷。

下面，我们再来考察该甲在长达21年间土地买卖情况，乾隆六年，通四甲实在田地山塘为2043.8亩，此后21年间陆续购买土地[①]862.2亩，卖出土地648.74亩，在此期间进入流通领域土地达1512.94亩，占乾隆六年旧管土地73.38%。按21年平均，每年买进和卖出土地达72亩有零。转移的土地占旧管土地的3.52%。若按182户平均，这21年间，每户买进或卖出土地达8.31亩。从购买土地年份计，这21年间，购买土地年份共计367年，买进土地1649款，卖出土地年份为462年，卖出土地1141款。平均每户有2年在购地，购地款数为9款。平均每户有2.5年在卖地，卖地款数为6.27款。如果扣除这21年间没有买过地79户及没有卖过地53户，那么买地户平均购地年数则在3.5年以上，购地款数则高达16款。卖地户平均出售土地年份则提高到4.5年左右，每户出售土地款数则在8.8款以上。这103户购地者，在三年半中平均每户买进土地为8.39亩；129户卖地者，在四年半左右时间里，每户卖出土地在5.03亩左右。各户在这21年间，购买土地，或出售土地详细情况，请看下面几页分户统计表，见表4-47。

表4-47　乾隆七至二十八年间徽州地区×县×都二图四甲土地买卖一览表

业户	原业亩	买进			卖出			分入亩	分出亩	实在亩	备注
		年	款	亩	年	款	亩				
正伦	40.3	1	1	0.23	1	2	0.17			40.35	
天赐	2.06	6	26	16.11				0.09		18.26	二十三年改进贵户
佐祀	6.96	1	1	3.70						10.66	
振元	2.69	1	2	2.07				0.46		5.22	二十一年改道永户
寻常祀	8.52	4	12	7.56				0.75	0.65	16.18	
兴保	0.05	1	1	0.2						0.25	
三语祀	4.73	1	1	0.17						4.9	
道露	81.18	8	26	12.42				144.37	81.18	156.79	
紫云庵	无田	2	2	0.75				12.32	0.94	12.13	
联秀庵	9.25	2	2	1.04						10.29	
邦成祀	7.95	3	3	1.57					9.25	无田	

① 土地包括田、地、山、塘在内。

续表

业户	原业亩	买进			卖出			分入	分出	实在	备注
		年	款	亩	年	款	亩	亩	亩	亩	
胙祀田	12.90	5	10	3.99				11.14	1.87	26.16	
佘圣迁	无田	1	1	0.03						0.03	
吴应芳	3.51	1	1	0.15						3.66	
道员	8.31	2	2	0.48	9	24	8.67	0.17		0.29	二十七年改学家户
道赉	2.05	1	1	0.09	5	8	1.86			0.28	
道荣	10.16	7	16	6.65	3	3	0.44		0.09	16.28	
学敦	68.14	7	11	2.76	14	39	39.05	2.11	27.63	6.33	
友春	2.22	3	6	7.53	3	4	2.46	1.0		8.29	
盛春	0.66	1	1	0.2	2	2	0.59			0.27	十一年改神生户
怀宁	0.03	4	5	0.48	1	4	0.36			0.15	
道侃	11.51	1	1	0.67	6	6	2.0	2.59		12.77	二十八年改连生户
廷富	4.63	1	2	0.23	2	7	1.81	0.26	1.23	2.08	改旺进广居户
三召祀	4.88	4	16	9.58	2	6	4.87	0.3	0.35	9.54	
廷倬	103.38	6	14	9.7	4	7	13.24	34.66	118.9	15.60	
学潜	44.90	12	79	45.82	3	6	9.17	9.92	1.3	90.17	
豹田	41.11	14	140	66.45	7	7	2.08	9.54	2.34	112.68	
继虞	97.32	18	227	127.91	5	10	1.93	21.56	29.38	215.48	
道缉	41.92	13	108	65.70	3	9	10.41	13.70		110.91	二十四年改学沧户
道纯	46.38	16	141	68.55	3	8	3.94	14.81	2.5	123.30	
道续	44.50	5	13	3.89	11	63	43.01	24.84	8.34	21.88	十一年改学潢户
道缩	37.36	6	15	10.02	4	11	112.93	14.91	6.52	42.84	学溪户
道绥	42.69	6	33	19.41	13	36	36.36	16.84	1.74	40.84	二十八年改学洞户
廷位	31.16	2	7	4.81	1	2	2.48	3.38	35.79	1.09	
道綵	19.30	3	9	5.79	4	12	7.04	8.03	1.96	24.14	
道绿	21.55	3	6	1.79	6	6	3.40	4.55	24.49	无田	
道缃	17.00	3	6	2.19	3	16	10.86	8.48	2.68	14.13	
道绍	13.00	9	33	24.58	5	12	11.81	6.5		32.27	
道缘	13.00	2	2	1.73	7	15	8.69	5.13	0.9	10.27	
道纲	3.22	5	17	5.36	7	11	5.66	0.53	1.34	2.10	二十七年改学梦户
道缙	6.20	6	10	6.12	1	1	0.47	8.31	18.23	1.93	

续表

业户	原业亩	买进			卖出			分入亩	分出亩	实在亩	备注
		年	款	亩	年	款	亩				
学江	8.07	5	27	17.72	4	6	3.10	8.82	31.51	0.03	
学添	41.59	1	1	0.55	7	41	30.03	0.03	10.61	1.53	
学渚	1.49				1	2	0.13		0.8	0.56	
道缔	7.87	2	14	6.90	1	1	0.43	0.06	0.8	13.60	
道骥	39.25	1	1	0.82	13	57	33.71	3.14	5.31	4.19	二十七年改学祯户
廷偲	3.17	2	3	1.09	4	9	3.91	1.75	1.59	0.51	
迁任	0.24	1	1	0.06	3	3	0.15			0.15	
策公	23.04	2	2	1.31	1	5	0.72	1.36	16.19	8.80	
瑞田	216.26	16	182	74.22	5	7	5.15	256.95	505.39	36.89	
道霖	82.98	8	19	11.75	1	1	0.6	138.88	81.18	151.84	二十七年改采风户
道霄	无田	4	8	6.33	2	3	1.20	212.18	81.18	136.13	二十七年改德风户
元公	2.12	4	4	1.69	4	11	1.39	4.21	1.72	4.91	
道霁	19.03	1	2	1.06	12	25	13.67		2.0	4.42	
道霙	31.54	5	8	2.92	7	18	9.59		16.74	8.15	
道灵	13.43	6	33	22.04	3	3	1.0	4.15	0.98	37.64	
道雷	无田	1	1	0.12	6	18	7.20	8.37	0.49	0.80	十八年立户
廷淞	64.50	9	36	17.3	10	26	22.3	0.47	1.62	58.44	改道雪大任户
道雯	47.42	4	8	2.74	12	59	34.97	3.02	4.04	14.17	
德予	1.92	1	1	0.01	2	3	0.22	0.04		1.75	
元兆	14.12	1	1	0.06	7	8	6.79		0.45	6.95	二十七年改瑯户
兆九祀	4.40	4	29	20.36	1	1	0.63	0.49		24.62	
宗驭	2.03	2	3	0.07	3	4	0.33			1.78	
成丁祀	5.24	3	3	1.51	1	1	0.31			6.44	
关帝会	5.35	2	5	3.25	1	1	0.65		6.37	1.58	
文会	11.67	10	41	34.89	2	2	1.57	2.07	22.20	24.86	
廷海	38.13	1	3	2.49	14	46	33.43		7.18	无田	改道电户
道验	53.09	4	11	1.14	8	22	14.75		39.48	无田	
康宁	1.31	1	1	0.43	1	1	0.14		1.6	无田	
之晨	4.73	1	1	1.7	2	4	1.45		4.99	无田	
取	无田	1	1	0.18	6	26	12.32	16.35	2.37	1.84	八年立户十七年改道纹户

续表

业户	原业亩	买进			卖出			分入亩	分出亩	实在亩	备注
		年	款	亩	年	款	亩				
程永槐	8.81	4	8	3.04	3	6	3.44			8.41	
查兴旺	15.98	9	22	11.39	6	7	4.47			22.90	
学法	无田	5	5	1.13	4	9	2.45	4.62	0.58	2.73	十年立户二十七年改载高户
学河	无田	1	1	0.03	2	2	0.29	2.70	0.59	1.84	十年立户二十七年改光户
学源	无田	3	11	5.39	3	3	0.68	4.25	0.58	8.38	十年立户二十八年改士镳户
学清	无田	4	4	1.32	6	15	8.32	7.8	0.8	无田	十年立户
交卿祀	无田	1	1	1.42						1.42	十一年立户
接元	无田	2	8	3.96	1	1	0.45	7.19	0.50	10.21	十三年立户
学鸿	无田	7	14	6.38	1	2	0.80	9.03	0.10	14.51	十三年立户
淡园公	无田	6	21	8.3	1	1	0.1	23.65	0.44	31.41	十三年立户
六义	无田	1	3	3.16	1	1	1.06		2.1	无田	十四年立户二十三年除名
学祉	无田	1	1	0.15	6	23	9.12	16.51	7.54	无田	十四年立户二十五年田入祹户
学祹	无田	2	9	5.07	7	20	11.95	29.60	1.48	21.23	十四年立户
学海	无田	3	12	5.53	4	5	3.81	9.49		11.22	十四年立户
俨公祀	无田	2	2	0.96				0.81		1.77	十四年立户
同人	无田	1	4	1.20	1	1	0.25			0.95	十五年立户
学淑	无田	2	7	1.84	2	6	3.52	8.16		6.49	十七年立户
宗谒	无田	1	2	0.07	2	2	1.03	2.21		1.25	十七年立户
宗调	无田	3	5	0.52	2	2	1.05	1.22		0.69	十七年立户
宗诏	无田	2	2	0.08	1	6	1.20	1.21	0.02	0.07	十七年立户
宗护	无田	2	2	0.02	1	2	0.26	0.63		0.38	十七年立户
学洌	无田	2	3	0.57	1	1	0.13	9.86		10.30	十七年立户
琢云轩	无田	3	6	2.03				25.52		27.55	十七年立户
用祀	无田	1	6	0.72	1	1	1.06	13.45		13.11	十七年立户
洪宁	无田	4	12	3.19				0.75		3.94	二十年立户
廷侃	无田	1	5	3.18				0.13	0.52	2.79	二十年立户
鼎盛	无田	2	3	1.63						1.63	二十年立户
怀义	无田	3	6	1.84					1.84	无田	二十二年立户二十五年田分雪三户

续表

业户	原业亩	买进			卖出			分入	分出	实在	备注
		年	款	亩	年	款	亩	亩	亩	亩	
道驾	无田	1	1	0.04				0.05		0.09	二十三年立户
同心会	无田	1	1	0.87				0.7		1.57	二十三年立户
统祀田	无田	1	1	0.8				4.47	2.0	3.27	二十五年立户
学指	无田	1	4	3.54						3.54	二十八年立户
训祀	3.4				1	1	0.26	0.09	2.73	0.5	
道贵	4.14				7	20	5.09	1.86	0.8	0.11	
道贞	2.93				5	12	2.89	0.18	0.22	无田	
杨生	无田				2	2	0.03	6.79		6.76	
福贵	6.95				3	4	1.56		0.13	5.25	
宜四祀	7.94				1	1	0.01		1.29	6.64	
千寿	0.89				3	3	0.43			0.46	二十七年改和贵户
贞九	0.61				2	2	0.48			0.13	又称初兄弟
道佑	5.10				3	6	0.77		0.24	4.09	二十八年改深法户
道伟	5.59				5	6	0.9		0.03	4.66	
进良	1.97				3	3	0.49	0.97	0.28	2.16	十一年改圣良户
连太	1.31				3	5	0.57	0.97	0.28	1.43	
初保	8.58				8	16	4.49		4.1	无田	二十八年田扒入连牛户
豪俊	43.31				7	21	9.43		33.87	无田	十七年改道组户
捷	14.44				7	17	8.53		5.09	0.81	十七年改道绂户
道纪	3.82				2	3	1.98		1.84	无田	
道纵	4.27				1	1	0.36		2.0	1.91	
群龙	0.54				1	1	0.03			0.51	二十三年改道锦户
宁德	28.15				9	22	13.01		1.30	13.84	二十六年改学拱户
道雩	11.54				5	23	10.18			1.36	从十九年分家后计
道霑	11.90				7	26	10.56	0.26		1.61	二十一年立户
宗霓	3.20				8	16	1.15	1.35		3.40	

续表

业户	原业亩	买进			卖出			分入亩	分出亩	实在亩	备注
		年	款	亩	年	款	亩				
廷涟	0.14				2	2	0.05	1.28		1.37	
廷津	1.04				3	3	0.36	0.64		1.32	
德璋	6.87				5	6	2.93	6.17	0.3	9.81	二十七年改冬女户
人龙	27.61				3	3	1.50			26.11	二十年改廷本户
徐侍祀	1.45				2	2	2.18	0.73		无田	
元芳	4.98				4	10	1.46		1.39	2.13	二十七年改资龙
德英	0.78				1	2	0.77		0.01	无田	
德玛	6.87				3	3	1.32	0.3	0.05	5.80	十五年后并入德璋户
接盛	无田				2	13	4.56	5.24	0.68	无田	十四年立户
学游	无田				3	4	0.33	0.77	0.44	无田	十年立户二十四年除名
遗腹	无田				1	1	2.18	4.3	2.12	无田	二十一年除名
模祀	4.64				1	1	0.03	20.00		24.61	
时祀	无田				2	2	2.19	2.19		无田	十七年后除名
宗义	1.69				2	2	1.69			无田	十四年后除名
同心会	4.14				1	1	1.10		3.04	无田	十三年后除名
周龙	3.47				1	2	3.47			无田	十三年后除名
道统	20.36				2	5	3.52		16.84	无田	十年分家
俊祀	8.86				1	1	2.87		5.99	无田	七年分家
旦祀	7.98							0.19	0.2	7.97	
昆祀	4.41							0.19	0.2	4.40	
兆六祀	5.09							1.60		6.69	
通诚	0.23							0.20		0.43	
开成	0.37								0.18	0.19	二十一年改道成户
方九	0.34							0.23		0.57	
捷九	0.39								0.13	0.26	十一年改夏兄弟二十五年改
琛祀田	4.30							0.92		5.22	二十七年改之琛
其兰	0.59							0.64		1.23	
万一祀	8.00							0.21		8.21	

续表

业户	原业亩	买进			卖出			分入	分出	实在	备注
		年	款	亩	年	款	亩	亩	亩	亩	
新兴丁会	无田							1.87		1.87	二十五年立户
接兆	无田							10.72		10.72	二十五年立户
接有	无田							10.89		10.89	二十五年立户
道电	无田							1.29	0.07	1.22	二十八年立户
先祀田	25.63								25.63	无田	七年分析
和春	3.68								3.68	无田	十三年入佐祀
六合会	11.05								11.05	无田	十三年分入倬继虞户
进贤	6.73								6.73	无田	八年分析杨生等三户
古龙	0.75								0.75	无田	二十年分入寻常祀田
兴祀田	0.41								0.41	无田	二十四年分入通诚广居
德洪祀	1.34								1.34	无田	二十四年分道求等三户
廷倖	2.84								2.84	无田	二十五年入道骧户
道绪	2.48								2.48	无田	二十五年入统祀田
同太	1.93								1.93	无田	二十五年入圣良连太户
丙	2.24								2.24	无田	二十五年入阳生户
三	2.24								2.24	无田	二十五年入阳生户
衍庆	3.70								3.7	无田	九年并入学清户
瑞庆	0.39								0.39	无田	九年并入学法户
钱祀田	0.1									0.1	
全保	1.69									1.69	
秀元	0.3									0.30	十三年改和元二十五年改禄
颐祀田	1.04									1.04	
道岺	1.69									1.69	
廷启	1.01									1.01	二十七年改春女

续表

业户	原业亩	买进			卖出			分入亩	分出亩	实在亩	备注
		年	款	亩	年	款	亩				
存二祀	5.27									5.27	
毕旺祖	2.57									2.57	
王大受	0.13									0.13	
闵喜有	0.44									0.44	
陈廷甫	无田									无田	
	2060.3	367	1649	864.2	462	1141	648.74	1310.64	1396.73	2187.91	

资料来源：中国社会科学院经济研究所馆藏：《屯溪档案》税545·1.545·2.545·3.545·4。
说明：（1）本表依据乾隆七年至二十八年间安徽省徽州地区××县××都二图四甲王鼎盛户实征底册统计而成。
（2）本表目的在于探索当时农村土地买卖情况，因此，对一些推、收性质不好确定土地转移款项，为慎重起见，将其列入分入及分出项目中。这种做法是为了杜绝猜测不实成分，尽量把买卖情况建筑在可靠基础上。
（3）买进，卖出、分入、分出对每户来说，与实在数应相符合，但实际上会出现不相符情况，可能是底册有误或者在作表时，因取四舍五入处理，所以也会出现误差。
（4）买进、卖出年数统计，系根据每户有几年买进或卖出土地年数统计而得；买地、卖地款数系按实征底册一行为一款，一款地亩额有多有少，一般是按土名划分。如乾隆二十二年道绍户购置土地情况是：一收田贰亩贰分叁厘六毛，土名四保直坑；一收田贰亩四厘，土名土桥头；一收田四分式厘五毛，土名一佰州里。以此为例，其余类推。

而北方情况却有所不同，据秦晖、苏文研究，认为清代关中地区土地买卖不频繁。他们见到的下鲁坡村鱼鳞正册记事年间始于光绪十五年，至少到民国二十一年（1932）仍在行用，长达40余年。全册有400块土地贴签更改情况，见下表。

表4－48　　下鲁坡土地转移状况

易主原因	田块数	面积数	占易主田块数百分比	占易主面积百分比	占原田块数百分比	占原土地总面积百分比
购买a	12	21.153	15.19	31.10	3.0	7.45
购买b	34	32.74	43.04	48.14	8.5	11.53
继承	22	16.21	27.85	23.83	5.5	5.71
对换	23	19.06	29.11	28.03	5.75	6.71
合计	79	68.01	100	100	19.75	23.95

说明：a指标明为“买”者；
b指标明为“买”者与专推测为买者之和；
合计指“购买b”项与其他两项之合计。
资料来源：转引秦晖、苏文《田园诗与狂想曲》，第83页。

该册籍所载全部土地总面积为283.94亩，在40余年间买卖的土地最低估计（仅计签贴上标明“买”者）有21.153亩/次，占总亩积7.43%。如按最高估计（把其他易主原因不明者均作买卖计）为32.74亩/次，占总面积的11.53%。如按田块数计，则经过买卖的田块最低估计为12块/次，占总块数3%，最高估计也不过34块/次，占总块数的8.5%。按照这样土地买卖频率计，则全部土地平均被买卖一次的周期长达至少400年（按最高估计面积计算），乃至千年以上（按最低估计块数计）。①

关于清前期或有清一代土地买卖频率问题，各家估计也不一样，李文治教授从发展趋势看，认为“所有这类记述，虽然不免有些夸张，但它毕竟反映了土地买卖频率的增加”②。章有义教授则具体评价了二句谚语。认为“尽管现有史料表明，到了清代，土地买卖更加频繁，却并不像某些人所想象的那样‘田无定主’”。对于“千年田八百主”这一说法，他认为“这类见诸文献的谚语，切不可从字面上去作机械的理解，就清代前期江南地区而言，大体说来，‘百年田地转三家’这句话也许是比较可信的”③。秦晖、苏文认为：“与人们喜欢引用的‘千年田八百主’之类说法相较，当地的现实土地买卖率在这一时期简直可以视为零！”④

由于中国地域辽阔，各地经济发展又不平衡，人口稠密程度又不一样，所以土地买卖的情况是：各不相同，有些地区频繁，有的地区不那么频繁，这是自然的。但就其总趋势而言，由于土地买卖中的宗法宗族关系松弛化，土地买卖更加自由、更加方便，土地买卖频率增加是在情理之中。

同时，土地买主也趋向多样化，特别是农民买地的情况是值得重视的。例如徽州地区×县×都二图四甲，乾隆七年至二十八年间土地买卖的情况是10亩以下户买进土地180.22亩，占买进耕地20.85%，卖出土地141.58亩，占卖出耕地21.82%，10.01亩至20亩户买进土地116.55亩，占买进土地13.49%，卖出土地100.54亩，占卖出土地15.5%。其余各类农户买地与卖地情况，请看下页表4－49。

---

① 秦晖、苏文：《田园诗与狂热曲—关中模式与前近代社会的再认识》，第82～83页。
② 李文治：《明清时代封建土地关系的松解》，第502页。
③ 章有义：《清代徽州土地关系研究》，第81页。
④ 秦晖、苏文：《田园诗与狂想曲》，第83页。

表 4－49　　乾隆七年至二十八年间徽州地区 × 县 × 都二图四甲各类农户土地买卖情况统计

类　别	户　数		原有耕地		买　进				卖　出			
	户	%	亩	%	年数	款数	亩	%	年数	款数	亩	%
总　计	182		2060.30		367	1649	864.20		462	1141	648.74	
无地户	45	24.73										
10 亩以下户	85	46.70	124.55	6.05	129	357	180.22	20.85	183	364	141.58	21.82
10.01 ~ 20 亩户	20	10.99	269.34	13.07	61	185	116.55	13.49	79	179	100.54	15.50
20.01 ~ 30 亩户	7	3.85	171.86	8.34	8	14	5.13	0.59	21	36	21.43	3.30
30.01 ~ 40 亩户	6	3.30	212.40	10.31	17	35	22.05	2.55	53	171	110.5	17.03
40.01 ~ 50 亩户	10	5.49	434.12	21.07	72	524	276.05	31.94	76	252	176.63	27.23
50.01 ~ 60 亩户	1	0.55	53.09	2.58	4	11	1.14	0.13	8	22	14.69	2.26
60.01 ~ 70 亩户	2	1.10	132.64	6.44	16	47	20.06	2.32	24	89	61.25	9.44
70.01 ~ 80 亩户												
80.01 ~ 90 亩户	3	1.65	245.34	11.91	20	53	30.50	3.53	3	4	1.80	0.28
90.01 ~ 100 亩户	1	0.55	97.32	4.72	18	227	127.41	14.80	6	14	1.93	0.30
100.01 亩以上户	2	1.10	319.64	15.51	22	196	84.59	9.79	9	14	18.39	2.83

资料来源：根据二图四甲土地买卖一览表整理而成。

从4－49表可以看到，占地10亩以下户，是二图四甲中占总户数46.7%的农户，在前后22年间，他们共购进土地有180.22亩，占购买土地总数的20.85%，他们虽然也出卖土地，但买进和卖出相扣除后，他们占有土地数额比原来增加了38.64亩。占地10.01亩至20亩农户，占本图四甲总户数10.99%，在这22年间，买进土地116.55亩，占购买土地总数13.49%，卖出土地100.54亩，买入与卖出相抵，盈16.01亩。尽管每户平均购买的耕地仅仅0.19亩，还是说明，这些占地不多的农产，却是农村人口中比例很大的农户，这无疑会扩大自耕农队伍。

另外，有些中小商人也加入到了买地的行列。如一些原来贫寒之家，外出经商，手头稍有积蓄后，在原籍购置一些耕地。《厦门志》载，陈迈质，六岁丧父，长大后负庸，樵采，贸易以供母。后因贸易起家，"复置田若干亩，以充先祀"[①]。福建连城四堡马氏，家徒四壁，于是车牛远服，权厥子母，利市常倍，渐而衣食无缺，后"置田数十百亩，与二弟均分"[②]。保定府安州人士马浩，少时生母去世，被继母逐出，因善于做生意，"置田四十亩"[③]。山西荣河县人氏寻金材，父早逝。家徒壁立，母改嫁后，居姐家。日拾薪满一担，才给饭吃，后在陕习商，生计渐裕，"置薄田数十亩"[④]。《平遥县志》称：李振绪家况清寒，经商八年，获微利归家，置有薄产。[⑤]谢徐登，家贫，长大后，贾于外，获资，"置薄田数十亩。后二兄困乏，登周恤备至，尝鬻己产以偿兄债"[⑥]。至于安徽徽州地区，业商者多，一些中小商贩经过努力后，获得成功，亦回原籍置买一些地产，这种事例在保存下来的分家书中多有记载，[⑦]不再赘述。这些破产农户，经过经商之路，赚得微头小利后，重新购得几亩或几十亩薄地，这对稳定自耕农队伍的作用不可低估。

① 道光《厦门志》卷12，列传（四），孝友。

② 《马氏族谱》。

③ 光绪《保定府志》卷62，孝义。

④ 光绪《荣河县志》卷8，人物。

⑤ 光绪《平遥县志》卷9，人物。

⑥ 光绪《荣河县志》卷8，人物。

⑦ 中国社会科学院经济所藏《屯溪档案·分家书》。

第四章 田产继承

在中国封建社会里，世代同堂为人们所追求理想，但到明清以后，四世同堂、五世同堂家庭已经逐渐衰落。清代直隶获鹿县家庭人口结构就反映了这一情况。

嘉庆、道光、咸丰三朝，获鹿县保存下来烟户册共计101本，包括90个自然村，嘉庆朝户数为4346户，5口以下（含5口）家庭占68.18%，10口以上（含10口）家仅占7.25%；道光朝户数为4517户，5口以下（含5口）家庭占71.18%，10口以上（含10口）家庭仅占6.82%；咸丰朝户数为2810户，5口以下（含5口）家庭占73.11%，10口以上（含10口）家庭占6.45%。详见表4－50：

表4－50　　嘉庆、道光、咸丰三朝获鹿县家庭人口结构

类别	嘉庆朝		道光朝		咸丰朝	
	户数	%	户数	%	户数	%
合　计	4346		4517		2810	
1人户	144	3.31	152	3.37	168	5.98
2人户	524	12.06	582	12.88	383	13.63
3人户	805	18.52	898	19.88	545	19.40
4人户	829	19.08	929	20.57	549	19.54
5人户	661	15.21	654	14.48	409	14.56
6人户	471	10.84	427	9.45	252	8.97
7人户	276	6.42	278	6.15	165	5.87
8人户	169	3.89	183	4.05	90	3.20
9人户	149	3.43	106	2.35	68	2.42
10人户	96	2.21	88	1.95	60	2.14
11至15人户	182	4.19	168	3.72	107	3.81
16人以上户	37	0.85	52	1.15	14	0.50

资料来源：《获鹿县档案》，嘉庆、道光、咸丰年间烟户册。

以上表看，清代获鹿县家庭，大多由父子型结构组成，由父母加上几个未成年子女组合成一个家庭。当儿子成年结婚后，一般又从父辈家庭中分析出来。不论是普通百姓家，还是缙绅之家，分家已成普遍潮流。

关于财产继承问题，中国社会有自己独特的方式。在西欧封建社会，财产由长子继承，而中国，财产的继承则采取诸子均分制。特别到了宋代，世代同堂的习俗开始衰微，多子分居析产日渐普遍。顾炎武《分居》中载："宋孝建中中军府录事参军周殷启曰："今士大夫父母在而兄弟异居，计十家而七；庶人父子殊产，八家而五。"[①] 到了明清时期，这种情况更为突出。这时虽仍有数代同居大家族存在，但兄弟乃至父子分财析产已成普遍现象，"人家儿子娶妇，辄求分异"[②]。山东滕县，"淳庞之气益漓浮薄，以至父子兄弟异釜而炊，分户而役"[③]。山东濮县是："一父一子，多有分爨者"；"财利相见，虽兄弟锱铢必形于色"[④]。江苏沛县出现"兄弟相阋，什室而五"[⑤] 的情况。浙江兰豁或谓"男壮出分，竞争家产"[⑥]。直隶大名府，"亲亡，兄弟异产，亦有亲在，遽析箸者，俗不为怪"[⑦]。广东则"父子各爨，兄弟异籍"[⑧]。四川情况更甚，兄弟之间为争夺遗产，每"争讼不已"[⑨]。徽州地区，关于分家析产之事有许多记载，雍正三年一份分家书称："因内称不合，予恐日久资本渐削，且同事一业，或生疑忌，不若乘年少之精力，另创基业，禀请父亲分析"[⑩]。雍正曹氏分家书称："唯愿数世同居，兄弟子姓孙枝相乐，盖以人心不古，诚恐日后分爨田产财物起争端，迄今兄弟花甲已周，犹子亦将四旬，各能顶立门户，今三房公同商议，将承祖遗业并新置产业……等项，肥瘦、新旧品搭均匀，分作

---

① 顾炎武：《日知录》，第 13 卷，《分居》。
② 顾炎武：《日知录》，第 13 卷，《分居》。
③ 顾炎武：《天下郡国利病书》，第 15 册，山东（上），引滕县风俗志。
④ 康熙《濮县志》，第 2 卷。
⑤ 乾隆《沛县志》，第 1 卷。
⑥ 《古今图书集成》，《职方典》，第 1006 卷，《浙江总部》，第 139 册。
⑦ 乾隆《大名府志》，第 20 卷。
⑧ 嘉庆《广东通志》，第 93 卷。该志又称："兄弟异居，父子割户"。
⑨ 光绪《新繁县名士志》，第 5 卷，张澍《蜀典》。
⑩ 中国社会科学院经济研究所藏《屯溪资料》，《雍正三年分家书》，B017。

天地人三阄"[1]。雍正胡氏分家书谓："树大则分枝，源长则流别。理势然尔"[2]。雍正陈正第、徵、时分家书谈到为什么要分家时云：主要怕"反开阋墙衅隙，窃恐枯树摧残，伦常乖戾，为此请凭亲族"[3] 凭公品搭均匀分配。乾隆胡氏分家书曰："今余（吴胡氏）年将老迈，精神恍惚，家政不克"[4]，遂将家户分析。程尚权兄弟分家书则称："吾母之苦，余兄弟尚能早为代之，而余兄弟之苦，子侄辈恐不能早为之代也，何也？当事早则世故深，庇荫之下谁知艰难耶！故与其聚居而使子侄或荒于嬉，曷若分居而使子侄各竭其力"[5]。这样的分家书仅中国社会科学院经济研究所一家就珍藏有百件之多。从时限上看，涵盖了雍正以后各个朝代，资料本身是很有代表性的。

分家析产的合同，还可以从福建省侯官县林则徐兄弟析产阄书看到。

余世居玉融。始祖高德公，宋进士。传十世至榕山公，余支祖也。公生二子，长存素公，余之五代祖，墓在玉融。存素公生高祖学弢公，迁居省垣，生曾祖启采公，墓俱在北关外飞来峰下。启采公生祖北塘公，墓在北关外铜盘山。北塘公，余未逮事。余生时，祖母郑尚存。乾隆二十三年，祖母将祖遗田宅匀作五股，均分五男。余父系第四房，阄分稻谷三十挑，住房数间，另有书田十担，此玉融祖例也。父身到黉宫，未经中式。亦生五男，都无生业，家口浩繁。十余年间□□□□□父游山东、河南等省；母为余长兄芝岩公娶室谢氏。未几，祖母归天，母胡孺人继逝，余第五弟天裕亦夭亡。父游学方归，为余次兄孟昂公娶妇郑氏。缘外欠颇多，利息重积，将住房售人以偿债务。逾年之间，父亦逝世。家无一尺之地，半亩之田。既无田产可分，自无阄书可据。兄弟四人，各散谋生，自食其力。第三兄孟典公未尝娶妻，寄人庑下，代理家计。余教读营生，父母归土后汗积两年，娶妻陈氏。生男两人，长则徐，

① 中国社会科学院经济研究所藏《屯溪资料》，分383。
② 中国社会科学院经济研究所藏《屯溪资料》，《雍正胡氏分家书》分034。
③ 中国社会科学院经济研究所藏《屯溪资料》，《雍正十二年陈正常、徵、时分家书》，分584。
④ 中国社会科学院经济研究所藏《屯溪资料》，《乾隆五十一年胡氏分家书》，分587。
⑤ 中国社会科学院经济研究所藏《屯溪资料》，《程尚权兄弟分家书》，B015。

次霈霖，女八人。又积两年，典得左营司小屋一座，以为遮头之所。外作蒙馆舌耕，二男受学；内作女红之所，女子帮助。半饥半寒，迁就度日。迨长男入泮，中式后，始就张中丞兰渚之聘，年得修金二百两零，代予显考钱塘公还刘则方借认之债，又谢家凑去十千文写给断契，此余买宅之权舆也。越两年，张中丞荐余将邑义学，年得修金二百两零。长兄芝岩公逝世，一切棺椁衣裳（衾）、治丧葬埋之事，系余捐资助理。族戚因长兄之子元庆系余胞侄，劝给月间伙食，限以年数，立有字据。余将上手无产可分、亦无阄书可据等语插入字中，免致将来唇舌，经族戚画有花押。厥后长子成进士，入词垣，出膺浙江杭嘉湖道外任，荐升江苏臬司兼署藩篆，所得廉俸，撙节之下，积蓄些微。余主讲将邑九年，亦省食俭用，积蓄些微，零星买置住房，递年得收租钱以带伙食，历年掌业无异。道光甲申秋，陈氏恭人弃余归仙，棺椁衣衾以及葬埋坟墓糜糜孔多，均系长男出赀经理，克展孝心，颇称无撼。服未阕时已有二次督催之命，素服从事，旋因病疟回家。逾数月，服尚未阕，又有两淮盐院之命。缘长男病疟未痊，力恳孙制军代奏开缺。自臬署闻议算起，至本年十一月初三日止，禫服亦阕，理应诣阕谢恩，恭请简用，未敢一日暇居。余又年已垂暮，窃念次子霈霖虽出继第三兄，并无遗业可守，意欲将所置房屋留两座作余养赡。余没后，或作祠堂杂用，或作祭典。将某屋某屋分与长子掌业，某屋某屋分与次子掌业。又念长女邓门、次女翁门、五女程门妆奁本薄，现已孀居，将龙门口四桐店面分给三人碎用，以补从前所不足。系长男本意，余赞成之。第四女夫妇俱亡，不必计算。三女、六女、七女、八女夫妇齐眉，无烦余之代筹。长孙汝舟，例应抽取完娶项下，但念长男现在居官，长孙年纪又轻，尚可宽容，不必亟为筹画。标载一笔，以存长孙名分。今欲有凭，立阄书两纸，一付长男存照，一付次男存照。自阄分后，各自立志，丕振家声，克勤克俭，浸昌浸炽，毋负余之苦心，是所厚望也。所有房屋开列清单，以便查考。所有借人居住之屋，俟其有力，自行搬出。若余子孙要转售他人，此亦大不好光景，借居之人亦不得占住阻留也。

道光六年岁次丙戌十一月初三日立阄书文　旸谷

从命长男　则徐（押）　次男　霈霖（押）

（以下从略）

交次男霈霖收掌存照。[①]

下面再录清同治十一年（1872）山阴县沈氏等分公屋合同议单：

　　　　　　　　炳轩
立分公屋议单人 沈氏 何氏 春霖　缘我
　　　　　　　　硕轩

建勋

高祖求仲公遗下田亩房屋，均作我曾祖克昌公三房，早经分居。

在闲

所有未分留存三房坑厕并公用之屋，以及求仲公名下续置房屋，共计屋四间，坑厕壹个，台门西首西来第三间平屋壹间，西边坑厕壹个，与建勋房坑厕间壁又台门东边第壹房屋半间，东边进来第四平屋壹间，又东边第七小堂屋壹间。刻因派下间有分爨缺屋需用，我等议：将留存公屋坑厕仍作三股搭匀，定以台门西首西来第三间平房壹、西边坑厕壹个作一股；又台门东边门房半间，又东边台门进来第四平屋一间作壹股；又东边北来第七间小堂屋壹间作壹股，即三房拈阄撮分；克昌公曾孙硕轩媳沈氏撮得台门西首西来第三间平屋壹间，西边坑厕壹个，建勋公曾孙春霖撮得台门进来东边第壹门房屋半间，又东边台门进来第四平屋壹间；在闲公曾孙炳轩媳何氏撮得东边第七间小堂屋壹间。自分之后，自当照议撮定，各管各业。惟沈氏与硕轩两房业已分居，所分进前项池屋，亦应计值阄分，沈氏转拈得台门西首西来第三间平屋壹间，硕轩拈分得西边坑壹个，均系言定，各无异言。但沈氏

① 转见《文物》1985年第12期，第7～9页，杨秉纶《林则徐兄弟析产〈阄书〉》。

所分之屋在西边，春霖所分之屋在东边，两家用场较为不便。当经通融商办，彼此互相易换，春霖当贴与沈氏钱柒千文，以照平允。是以台门西首西来第三间平屋壹间归春霖，东边台门进来第四间平屋壹间归沈氏。此系两相情愿，自后各照兑定管理业，永无翻悔。用将老三房公屋分开，以及沈氏与硕轩转分，并与春霜兑换，均系三面议定，毋须另立议据，各相允洽。欲后有凭，立此分屋并转分、兑换缘由附此，立总议单三纸，老房各执壹纸为据。

再批：立此合同分屋并转分兑屋缘由议据三纸，当交克昌房硕轩收存壹纸，又当交建勋房春霖收存壹纸，又当交一在闲房炳轩收存壹纸。现各登明，以便检阅。并照。

同治拾壹年正月　日立合同议单人沈氏（押）同男

其槎（押）

何氏（押）　春霖（押）

炳轩（押）　硕轩（押）

议中堂叔　文光（押）　朵卿（押）　宝山（押）

莫雅山（押）[1]

从以上所列举的分家阄书（合同）可以看到，分家析产在清代已经是个很普遍现象，不论是官宦家庭、地主家庭、商人家庭、普通百姓家庭，对此都是认可的。他们对分家析产不但不觉得是不道德行为，而是认为像树一样长大了要分枝，像流水源长则别流那样自然。

适应社会发展，清政府也制定了财产继承法，继承法的实施，从法律角度上承认分家析产的合法化，为分家析产进一步扫除障碍。

《大清律例》继承法规定：

一、嫡庶子男，除有官荫袭先尽长子孙；其分析家财田产，不问妻、妾、婢生，止以子数均分。奸生之子，依子量与半分；如别无子，立应继之人为嗣，与奸生子均分；无应继之人，方许承继

① 原件存北京大学图书馆。转见张传玺主编：《中国历史契约会编考释（下）》，北京大学出版社，1995年版。

全分。

一、户绝财产，果无同宗应继之人，所有亲女承受。无女者，听地方官详明上司，酌拨充公。[①]

《律例》还规定：

一、无子者，许令同宗昭穆相当之侄承继，先尽同父周亲，次及大功、小功、缌麻；如俱无，方许择立远房及同姓为嗣。若立嗣之后，却生子，其家产与原立子均分。

一、妇人夫亡无子守志者，合承夫分，须凭族长择昭穆相当之人继嗣。其改嫁者，夫家财产及原有粧奁，并听前夫之家为主。

一、无子立嗣，除依律外，若继子不得于所后之亲，听其告官别立。其或择立贤能及所亲爱者，若于昭穆伦序不失，不许宗族指以次序告争并官司受理。若义男女婿为所后之亲喜悦者，听其相为依倚，不许继子并本生父母用计逼逐，仍酌分给财产。若无子之人家贫，听其卖产自赡。

一、凡乞养异姓义子，有情愿归宗者，不许将分得财产携回本宗。其收养三岁以下遗弃之小儿，仍依律即从其姓，但不得从无子遂立为嗣，仍酌分给财产，俱不必勒令归宗。如有希图资财冒认归宗者，照律治罪。[②]

《大清律例》有关继承之法中，最突出之处是：除有官荫袭先尽嫡长子孙外，其余所有家财田产分析时，都无例外，一律都以子数均分，不管儿子是妻生、妾生、婢生，在财产继承法上都一律平等。这是中国封建社会财产继承法中不同于西欧封建财产继承法之处。

除了官僚和商人家庭之外，一般庶民家庭，其田产往往需要一个长期积累过程，也不是一帆风顺的。其形成一般由两个部分构成。一是继承祖业，如从父辈产业中分得一部分田产，二是自置田产。

在这方面，《屯溪档案》为我们提供了十分珍贵的资料，下面举一些事例：

---

① 《大清律例》，乾隆六十年，卷8。

② 《大清律例》，乾隆六十年，卷8。

1. 休宁汪姓阄书（分家时间为顺治十一年三月）

“余祖起祖公自唐居休宁之旌城，十一传至宋文昉公第四子员公，七传至安公，始迁于钗川。由此而后，三传至福厚公，大明高皇帝定鼎金陵，□为匠籍，又充二十四都一图里役……至五世祖因当里长充贼无措，所置之业，竟为乌有。云佳公生父讳社富公，生叔讳社荣公，生姑三……吾父七龄失怙，祖母孀居，叔祖居亡，家徒壁立，竭力耕耘，粗足衣食。元配母洪瑞塘程氏，生兄正宗，娶下古塘金氏，生姐英弟，适查田潘积钿。继母下古塘金氏，生身，生妹满弟，适麦歧村戴应时。又值家道徵（微）薄，勉充里役，奔驰催征，苦难尽述。……余年十五以六礼娶塘口许氏，善事公姑，克全妇道。至二十有七，以宗祧为悞（虞），娶侧室陈氏，生子三。……余自弱冠，拮据经营，十有余载。后于皇明万历三十九年，同本村金陈等营肆于芝城景德镇，贸易丝帛，克勤克俭，兢兢业业，迨三十年。幸赖祖宗之庇，蚨物稍裕。不意世道多艰，寇盗充斥，店业连遭焚劫，货物屡被挂欠，一生辛勤，徒劳无功，满腔郁结，双目昏盲。但逐年所置产业，并承租（祖）田地，若不清书于册，日久难以稽查，请凭亲族人等，除批与长孙（昭）外，其余因其肥瘠，三子平分……”（据统计，这家商人地主分家前有田共32.155亩；租298砠。地、山、塘、房屋及“存众产业”在外）①。

2. 徽州×姓阄书（分家时间为康熙四十七年）

“父幼失怙，所遗者仅老屋数椽，新屋间余而已……今所存房屋田园产业，皆一生辛勤艰苦，手自置买创造者也。父今老矣，欲诸子媳同心协力，共相攒承，故将房屋田园等项分作三阄，每房各管一阄……”（据统计，这家分家前有田66.42亩，余略）②。

3. 休宁谢远宗等阄书（分家时间为康熙五十一年）

“余父谢世盖己巳仲冬也（康熙二十八年）。余甫四龄……仲兄曲承亲意，经营堂构，□筹之余，专治诗书。……迨今春始□□曰：吾年已五十，父所未竟之绪志焉未逮……因念所遗家赀既经理二十余年，亦可□□其责矣。但今

① 张海鹏等编《明清徽商资料选编》，第374~378页。

② 中国社会科学院经济研究所藏《屯溪档案·分家书》。

兹田宅颇与父分不符奈何。□□难得者兄弟，易求者田地，况如吾两人更非□□伯仲比也。实业无论公私，俱三分之。……虽然余父见背时，兄才二十有七……数十载承先启后，颇能不坠厥绪……”（据统计，这家析产前有田地600多亩）。

4. 黟县洪建魁等阄书（分家时间为雍正三年冬月）

“立合同阄书，洪建魁、侄国瓒等。原承父洪光祯公生兄弟三人，廷元、魁、相，后来季弟相不幸早年身故无嗣，惟元、魁兄弟二人，共守家训情义为重。至于壬辰年（康熙五十一年），元兄又不幸夭年寿终。魁与元兄之子国瓒等，协同固守，将又有十年。近来因各运道不济，生业不遂，家业坎坷，产业更易，似难保守。今凂族众房长将承祖父之遗田产、住居房屋、众屋厅堂、坦地、园地、山场、池塘等项之业，与侄瓒等凂众公同肥瘦品搭，均为二股……”（据统计，这家分家析产前有田地120亩以上）。

5. 祁门曹有时等阄书（分家时间为雍正十二年十月）

“立阄书人曹有时仝弟有隆、侄良琦。三房等同爨年深日久，长幼共有三十余人，子侄完娶完毕，孙枝各育蕃昌。……迄今兄弟花甲已周，犹子亦将四旬，各能顶立门户。今三房会同商议，将承祖遗业并新置产业、屋宇、家伙物件等项，肥瘠新旧，品搭均匀，分作天、地、人三阄，祷神拈阄为定……”（据统计，这家分家析产前有田28亩）。

为节省篇幅，其余事例列表如下：

表4－51　　清代前期从徽州地区《分家书》看田产积累时间

主盟人	资料来源	田产		积累田产时间
		田（亩）	租（砠）	
洪大网	顺治十年洪姓阄书	10亩余		从十来岁至年老
余弘均	康熙四年休宁胡姓阄书	48		父、子两代
金阿程	康熙五十四年歙县金姓阄书	140		康熙十三年前至康熙五十四年
陈士策	康熙五十九年休宁陈姓阄书	50①		康熙三十八年至康熙五十九年
胡阿吴	雍正六年歙县胡姓关书	189		祖产及自置户，父、子两代

续表

主盟人	资料来源	田产		积累田产时间
		田（亩）	租（砠）	
倪阿余	雍正六年歙县（?）倪姓关分书	41		祖翁所贻田产、祖翁两代
陈正徵	雍正十二年歙县陈姓阄书	336②		父留遗产、父一代
许计方	乾隆六年徽州许姓阄书	30～40		历30年艰苦勤俭，置数亩之田
汪庭芝	乾隆六年休宁旲尊德堂阄书	60		60多年
洪徐氏	乾隆三十五年歙县（?）洪姓阄书	60		40多年
李氏祖母	乾隆三十六年黟县（?）王姓阄书	180		康熙二十年至乾隆三十六年，约90年
母	乾隆五十二年休宁（?）叶姓阄书	30③		祖、父两代约60年
黄门程氏	乾隆五十九年黟县（?）黄姓阄书	30		数十年（自少壮至耳顺之年）约40多年
母黄氏、孙氏	乾隆六十年黔县胡姓阄书	870④		承父及自置（两代人）约70年
母余苏氏	嘉庆二年休宁（?）余姓关分书	640		承祖、自置约70～80年
谢文逵	嘉庆五年徽州谢姓阄书	200		父年壮至70岁，又合爨十余年，约60多年
潘富魁	嘉庆九年徽州潘姓阄书	41		自置田地，约30～40年
佩兰	嘉庆十四年黟县某姓阄书	250		高曾以来，百年以上
盛尚钟	道光五年歙县盛姓标文丈簿	30	田皮16亩	年壮至花甲之年，约40年
母胡汪氏	道光六年黟县胡姓分关书	30		承接长房祖产，约60年
政恂	道光六年歙县某姓分关书	79.24⑤		承祖手置，两代约60年
程世袭	道光六年黟县程姓阄书	24.5		承大父业外，兄弟协办又增家道约50年
江一鹏	道光九年黟县某姓阄书	200		承父业，自置，数十年

续表

主盟人	资料来源	田　产		积累田产时间
		田（亩）	租（砠）	
吴	道光十二年休宁（?）吴姓阄书	70		承父所遗田产，约60~70年
毋	道光十八年黟县某姓阄书	200		在祖及自置田产，约60年
黄	道光二十二年黟县黄姓阄书	300⑥		承祖田产，约70年
胡何氏	道光二十五年休宁胡姓阄书	42		祖产（祖母80岁），约60年
吴兆玫	道光二十六年休宁（?）吴姓分关书	30		祖遗兼置产业，两代人，约60年

资料来源：中国社会科学院经济研究所藏《屯溪档案·分家书》
注解：①据雍正二年分家时统计；
②此数是除存众外数字；
③此田产除江西乐平田产外，系原籍地产；
④这是田和地（山）合计数，其中田产668亩，地（山）202亩；
⑤这是存众田产再分配，不包括各房已分得田产；
⑥根据章友义估计数据，见《明清及近代农业史论集》，第341页。

从以上31个事例看，一个很明显的事实告诉我们，一个家庭分家以前的田产积累，一般要经过一两代人才能完成，在中国封建社会，一般家庭要待诸子成家后才分家析产，那时儿子一般都在20岁以上了，到60岁时，身体已走下坡路，创业年龄在20多岁至50多岁之间。凡“自置产业”或“身置产业”都在这30多年间完成。田产积累较多的家庭还有继承祖及父遗产部分，这样，其积累田产所需时间就不是一代人所能完成，而是经过了两代人努力，一般要长达60年以上。有的甚至需要几代人努力，如嘉庆十四年黟县某姓阄书称：“高曾世著辛勤，代有积累，遗后人休，其所以递及于吾兄弟。”这家分家前虽有田产250亩以上，但积累时间却长达百年以上。

田产积累除了有时间长这一特点外，还有一特点就是地产增加速度缓慢，是一星一点积累而成。下面以徽州府休宁县《仁进房产簿》为例，将其置产时间、地亩、价银按时间先后列表4－52，可能有助于对此问题的认识。

表 4－52　　清前期徽州府休宁县程姓《仁房》置产情况

置产时间	地　　名	田　　亩		价　银（两）	备　　注
		田（亩）	租（砠）		
康熙五十六年二月	竹杯下等七丘	9.395		57.00	
康熙五十六年六月	西干领等十一丘	12.726		78.00	
康熙五十六年八月	责方等三处	0.3		1.80	宅基地
康熙五十六年十一月	裡七田等二丘	0.126		1.00	
康熙五十六年十二月	责方	0.05		1.00	宅基地
康熙五十六年十二月	门口田等四丘	6.191		36.00	
康熙六十年八月	西充	1.86		7.00	
康熙六十一年三月	沙仓丘等三丘	4.258		24.00	
康熙六十一年三月	木匹塘下	1.875		8.00	
康熙六十一年十二月	奔坵沙塘湾等八坵	7.267		45.00	
康熙六十一年十一月	木杓坵	2.833		23.00	
雍正元年十月	老鸦坵	1.195		10.00	乾隆三年赎回
雍正元年十二月	下山头	1.800		10.00	
雍正二年一月	下山头三亩坵	1.800		10.00	
雍正二年三月	株树山脚	0.541		3.60	
雍正二年五月	下塘田大小三坵	1.189		5.00	
雍正二年六月	朱旱坞	0.6		6.00	山
雍正二年十二月	庙岭等八坵	6.328		36.00	
雍正二年十二月	庙岭	1.087		7.20	
雍正二年十二月	住基	0.15		2.00	宅基地
雍正三年二月	山人塘等四坵	3.257		18.50	
雍正四年一月	猪头坵等二坵	3.595		23.00	
雍正四年十一月	黄泥坵	1.096		9.00	
雍正四年十二月	牛屎湖	4.422		29.00	
雍正五年二月	上山头	0.01		2.40	山
雍正五年三月	水碓陇	1.281		10.50	
雍正五年三月	山人塘		6	3.00	田皮
雍正五年七月	李木坵	1.996		13.00	
雍正五年九月	梅树坵	0.985		7.60	
雍正六年一月	牛栏坵	0.881		2.70	
雍正六年二月	角金塘	0.02		0.13	塘一口
雍正六年四月	沙仁塘	0.404		3.50	其中塘 0.1 亩
雍正十年十二月	下骆驼	1.780		16.00	
雍正十年十二月	大圣坞	0.725		6.00	
雍正九年九月	古塘底	0.599		4.80	
雍正十一年一月	江古岭	0.933		6.30	
雍正十一年一月	井边	0.969		8.00	
雍正十一年二月	坟前	1.386		6.70	
雍正十一年六月	古塘底	3.421		38.00	
雍正十一年九月	下骆驼	2.365		6.00	
雍正十一年十月	亥坵	1.943		15.00	
雍正十一年十一月	塘塝	0.492		4.00	
雍正十二年二月	上骆驼	2.365		22.00	

续表

置产时间	地　　名	田　　亩		价　银（两）	备　　注
		田（亩）	租（砠）		
雍正十二年十一月	前灞	3.065		21.00	
雍正十二年十二月	白蜡坵等	1.4		10.00	
雍正十二年十二月	竹园塝等	0.605		5.00	
雍正十二年十二月	油盏坵等	2.52		15.00	其中塘0.08亩
雍正十二年十二月	井塝等	1.279		10.00	
雍正十三年一月	尖角坵等	1.576		10.00	
雍正十三年十一月	横干	1.059		9.00	
雍正十三年十二月	长坵	0.412		3.00	
乾隆元年一月	毛章山	0.793		5.00	
乾隆二年二月	堨头水底坵	1.32		8.00	
乾隆二年四月	新田	2.022		14.00	
乾隆二年十二月	下村	1.132		8.40	
乾隆二年十二月	沙坵	1.35		8.00	
乾隆五年四月	上坞	0.194		5.30	
乾隆五年九月	白莲塘	1.437		11.00	
乾隆五年十月	蘇榨塘一口	0.5		4.00	塘改田
乾隆六年五月	塘壤堀	2.889		21.60	
乾隆六年十二月	桑园	1.231		8.00	
乾隆六年十二月	新塘上	1.015		8.00	
乾隆七年三月	毛狗笼	3.027		18.5	
乾隆七年十二月	枫树坵	2.869		18.0	
乾隆八年九月	上栗树	1.887		13.00	
乾隆八年十一月	尖充	1.205		13.5	
乾隆八年十一月	袓塘门首	1.80		16.5	
乾隆八年十二月	中于坵	0.624		7.5	
乾隆八年十二月	官路坵	0.842		8.4	
乾隆八年十二月	裡前山	0.20		5.0	山
乾隆十一年十二月	程住基	0.15		42.0	宅基地
乾隆十二年五月	石垅坞	2.464		36.0	
乾隆十三年十二月	门前山	0.09		7.5	山
乾隆十五年七月	犁尖坵	0.83		11.9	
乾隆十三年十二月	裡井地	0.11		2.2	
乾隆十三年十二月	新塘	0.22		1.5	塘
乾隆十三年十二月	角弓塘	0.1		1.2	塘
乾隆十三年十二月	门前山	0.09		7.0	山
乾隆十五年九月	隐塘毛坑口	1.975		18.0	
乾隆十六年五月	白羊坞	0.02		16.0	山
乾隆十七年八月	徐家湾	0.533		6.0	
乾隆十七年十一月	百公坵	2.215		28.8	
乾隆十七年十一月	梭道坵	1.599		18.0	

资料来源：中国社会科学院经济研究所藏《屯溪档案》《置产簿》A016。

注释：据《仁房进产簿》登记号看置产共89款，本文所录为83款，其中买房产未计在内。

从这户进产簿看，该户购产时间始于康熙五十六年二月，止于乾隆十七年十一月，购产时间长达36年，置买田、地、山、塘共83款，（其中有1款已回赎，实为82款）共计145.172税亩（扣除回赎1.195亩，实为143.977亩），花去价银1107.03两（扣除回赎银10两，实为1097.03两）。每年平均购置田地山塘仅4亩多一点，每年平均花在购置田地山塘银也不过30两多一些。

下面，再列举《清道光孙氏箬契簿》：

表4－53　　清前期徽州府《道光孙氏》置产情况

置产时间	地　名	田　亩		价　银（两）	备　注
		田（亩）	租（砠、秤）		
乾隆四十四年三月	统坑口	0.967		13.0	
乾隆五十三年十一月	渡水坵	1.2		18.0	
乾隆五十七年九月	渡水坵	0.48		8.0	
乾隆五十四年三月	渡水坵		6.0	4.8	大租
乾隆五十三年十一月	汪二坞头	0.75		11.0	
乾隆五十三年十一月	罗木村口	0.27		6.0	
乾隆五十四年十月	查家塚	1.1748		22.0	
嘉庆五年一月	江塝山	0.52		10.4	田皮
嘉庆元年九月	稠木坞	1.187		16.0	
嘉庆九年四月	稠木坞	0.25		4.0	
嘉庆七年十一月	溪边	1.09		12.0	
乾隆五十六年十二月	湖坵	0.46		10.0	
嘉庆九年十二月	罗木村	0.4		36.0	宅基地
嘉庆十二年十月	罗木村	0.357		8.0	山0.3亩，下地0.057亩
嘉庆十年一月	统坑	0.02		4.0	山
乾隆四十七年三月	齐树坞		10.0	6.0	佃皮
嘉庆六年九月	长沙坵	1.03		12.0	佃皮
嘉庆十一年十二月	祠堂壁下		8	5.0	大租，咸丰8月出当
嘉庆二十三年十二月	统坑，罗木村	0.13		5.6	山
道光三年十二月	牛良坞	0.26		10.0	
道光五年十一月	统坑	1.66		28.0	
道光十一年十一月	叶家塌	0.63		14.0	
道光十二年二月	湖坵	1.327		26.1	
道光十一年十一月	统坑口	1.20		14.0	田皮
道光十一年十一月	统坑口		6.0	6.0	田皮（当）
道光十一年十一月	湖坵		5.0	5.0	田皮（当）
道光十一年十二月	汪坞口	0.3		8.0	田皮（当）光洋钱

续表

置产时间	地　名	田　亩		价　银（两）	备　注
		田（亩）	租（砠、秤）		
道光十三年六月	牛良坞口等	0.21		64.0	宅基地
道光十三年十月	牛良坞	0.397		14.0	山
道光十五年十二月	牛良坞	0.312		14.0	山
道光十六年十二月	罗木村	0.006		1.84	宅基地
道光三年十一月	方坵	1.20		11.0	田皮
嘉庆二十一年七月	大碣口	0.5		5.0	田皮
嘉庆二十年十二月	八亩坵	2.3		18.0	田皮
	下秦源	0.9		5.0	田皮
道光十五年一月	下秦源	1.400		13.00	田皮
嘉庆十九年十二月	下叙原		8.0	8.0	田皮
道光十二年十一月	秦源	1.0		8.0	当
道光二年十二月	尖角坵	2.5		16.0	田皮出当
嘉庆二十二年八月	枧田		50	39.0①	田皮
嘉庆二十五年	横路下	0.4		2.0	田皮
	牛良坞	0.7		7.0	押
道光十八年十一月	牛良坞	0.3		钱2510文②	田皮
道光十八年十一月	牛良坞	0.08		3.0	宅基地
道光二十二年十月	牛良坞	0.5		14.0	山
	牛良坞	0.3		钱700文	田皮

资料来源：中国社会科学院经济研究所藏《屯溪档案》《置产簿》，置078。

注解：①嘉庆18年时出当，嘉庆22年加银四两，卖断。

②钱1000文按银1两折算，钱2510文折银2.51两，钱700文折银0.7两。

这份资料是根据孙在中嘉庆二十四年三月立“契墨抄白总登”整理而成。原簿记置产号为48款，本表只列46款，其中两款因不涉及置产之事，本文略去不计。

这户孙姓置产簿记载的第一笔置产于乾隆四十四年三月，最后一笔置产于道光二十二年十月，置产时间长达64年，置买田、地、山计46款，计税29.24亩，租93秤，花去价银567.55两。平均每年置买田地山为0.457亩，租为1.45秤，每年花去价银8.868两。特别值得一提的是：这家置买的田产中田皮占了20款。占置产总数的43.5%。也就是说孙家所置的田产中，有近乎一半田产没有田骨，并不是全业。

从以上两本置产簿置产过程可以看到，每款买进的田产数额并不大，最多的一款为12.726亩，其余的都在10亩以下，少的甚至少到几厘而已。下面，我们将置产情况分成若干组进行考察，这样就一目了然了。

表4-54　程、孙两家置产情况统计

组别（亩）	田		山		塘		宅基地	
	件数	%	件数	%	件数	%	件数	%
1亩以下	44	34.1	12	9.3	3	2.3	8	6.2
1.01~2.00	38	29.5						
2.01~3.00	11	8.5						
3.01~4.00	5	3.9						
4.01~5.00	3	2.3						
5.01~10.00	4	3.1						
10.01亩以上	1	0.8						
合　计	106	88.2	12	9.3	3	2.3	8	6.2

资料来源：《仁房进产簿》置A016，《清代近代孙氏謄契簿》置078。
注释：租按12秤折税1亩计算。

从106款田产中看，1亩以下者为44款，1亩1厘以上至2亩者为38款，共计82款，占106款的77.4%，如果加上山、塘、宅基地的话，比例还要更高些。可见田产的积累以零星小块的为主，积累过程时间长。

一个家庭其分家周期，一般为30年左右。一般情况是，男子20岁左右娶妻，到五六十岁时，诸子已娶媳，并有孙枝。由于人口增多，家事纷繁，兄弟、子侄之间矛盾增多，在这种情况下，分家析产之事就提到议事日程上来了。如孙在中《嘉庆贰拾四年叁月立契墨抄白总登》记载，嘉庆九年八月以前，所置田产经孙胜梁手；嘉庆九年十一月，遵母命立议分家合同，三子为孙大森，孙大彬，孙大相，嘉庆十年以后至道光十三年六月，所置田产经孙大彬手，道光十三年十月至道光十八年，所置田产经孙观之、孙曙之之手，道光十八年十一月所置之田产系经孙观之之手，说明这时孙观之与孙曙之兄弟已分家析产了。[1] 列一个时间表，大概情形是这样：

① 中国社会科学院经济研究所藏《屯溪档案》，置076。

乾隆四十四年至嘉庆九年十一月　置产人：父，孙胜梁；
嘉庆九年至道光十三年　置产人：子，孙大彬；
道光十三年至十八年　置产人：孙，孙观之　曙之；
道光十八年之后　置产人：曾孙，观之

孙胜梁从父辈分出后，到儿子分家时，有据可查时间为 21 年，孙大彬承父家业后，生二子，长为观之，次为曙之，观之，曙之分家年份至迟为道光十八年，依此计之，大彬单独立家后 34 年，这家又分裂出新的户，也就是说，他们 30 年左右就分一次家。

又如汪国祥《清乾隆五十一年岁次丙午月契底》记载，康熙四十六年八月至雍正十二年四月间，置产人为汪德成；乾隆十三年十月至三十年十二月间，置产人为汪茂生；乾隆五十年至道光十年十二月，置产人为汪国祥。[①] 由于本簿所记的置产年份不连贯，分家实在年份难以确定，但从他们各自置产年间估算，每代分家析产时间大约相隔 30 年。当然也不那么绝对，有的家析产时可能超过 30 年，有的家析产时可能不到 30 年，这里所说的 30 年分一次家是一个概数而已。

民间分家析产是如何进行的呢？请看分家书记载：

> 松溪周正道大父之俊公之孙，父高公、母吴孺人之子也，娶燕口姚氏，育子三：长垣、次城、次堎。居尝自念：窃慕古贤哲同居之义，但世道已非，人心亦异，勉强持之，终莫必其久，与处而嫌隙不生，友恭不倦，是故縠旦於差，邀集尊长、亲友，将祖父所遗并自己续置，诸凡开载明白，均作三股，占阄为定。其间或有难于品搭而毫厘多寡，或则失之查确，而号数差讹，俱不得因小节而忘大义，刺微利而垂至伦。为人则先孝悌，居家则思俭勤，则天佑之昌，大可期予，复何事而不油然，日以喜乎！虽然凡予之所言，独难以语夫末俗之凡为人后者耳。事属分关，文同小谱，肖子贤孙其以予言为验也夫，其以予言为也验夫。
>
> 康熙贰拾陆年菊月　日　　立关书父周正道

① 中国社会科学院经济研究所藏《屯溪档案》，置 167。

凭婿　邵武年
孙婿　余坦
叔　　日上
弟　　中道
侄　　士塾
代书弟　尧道
　　　　秉道①

从《周氏分家书》可以看到，分家析产首先要立分关书。分关书要亮明参加析产者有几位，说明分家析产缘由，财产来源，田产肥瘦品搭，分成若干份，由占阄为定。占阄要在亲族、亲戚监督下进行。这是非常严肃庄重的事。

分家导致了地权的分散。

《康熙洪氏分家书》载："将承祖父之遗田产、住居房屋与侄瓒等浼众公同肥瘦品搭均为二股，取人和二字阄书二集，焚香拈阄为定，各执阄书管业为凭，办纳粮差，无生异论"，"恐后无凭，立此阄书二集，各执壹集，永远存照"。

今将国瓒阄得和字田业税亩开列于后：

陶字六百九十三号	土名三亩堀	田捌砠	计税乙亩二分一厘七毛五
陶字七百零九号	土名祠前井边	田肆砠	计税七分四厘〇五
国字一千四百〇七号	土名库前	田叁砠	计税三分一厘八毫
国字一千四百〇九号	土名库前	田叁砠	计税三分六厘六毫
国字一千四百廿号	土名井边路口	田肆砠	计税六分〇二毫
国字一千三百九十四号	土名上大堀	田柒砠	计税乙亩乙分一厘二毛
国字一千三百七十七号	土名高宗塘下	田拾贰砠	计税贰亩五分七厘
国字一千三百七十八号	土名高宗塘下	田五砠	计税八分五厘九毛
国字一千三百七十四号	土名高宗塘下	田陆砠	计税乙亩零三厘四毛
国字一千三百七十五号	土名高宗塘下	四陆砠	计税乙亩零八厘三毛
国字一千三百八十/八十一号	土名坟前闵湾坵	田贰拾柒砠	计税四亩八分七厘五
国字一千三百八十二/八十九号	土名屋棱里	田玖砠	计税二亩五分二厘二毛

① 康熙《周氏分家书》，分031。

国字一千三百八十三号	土名上良垢	田捌砠	计税二亩三分六厘八毛
国字一千三百八十八号	土名下良垢	田捌砠	计税二亩二分八厘三毛
国字一千三百九十一号	土名下良垢	田肆砠	计税七分二厘
国字一千五百十八号	土名老大圣前	田五砠	计税八分九厘三毛
国字一千五百十四号	土名老大圣前	田陆砠	计税一亩○七厘
国字一千四百九十一号	土名新塘下	田拾陆砠	计税贰亩九分○六毛
国字一千四百九十号	土名祖坟前	田拾叁砠	计税贰亩六分○五毛
国字一千四百六十五号	土名新塘下	田肆砠半	计税一亩○九厘四毛
国字一千四百八十九号	土名虎岩	田叁砠半	计税八分一厘三毛
国字一千四百八十七号	土名虎岩口	田肆砠	计税八分六厘三毛五系
国字一千四百八十六号	土名虎岩坞	田伍砠	计税一亩○九厘五毛
国字一千四百八十四号	土名虎岩坞	田伍砠	计税一亩贰分○三毛
	土名中塘坞	田肆砠	计税八分三厘三毛
国字一千四百七十九号	土名新塘尾	田陆砠	计税九分六厘七毛
国字一千四百五十三号	土名茶山里	田柒砠	计税一亩一分
国字一千一百○三号	土名孝塘八亩山	田柴砠	计税一亩三分三厘
共田贰百砠			

今将廷魁阄得人字田业税亩开列于后：

陶字六百九十三号	土名三亩堀	田捌砠	计税一亩二分一厘七毛五
陶字七百○九号	土名祠前井边	田肆砠	计税七分四厘○五
国字一千四百一十八号	土名库前	田肆砠	
国字一千四百十六　十七号	土名下园路上	田肆砠	
国字一千四十二号	土名下大堀	田陆砠	计税一亩三分七厘四毛
国字一千九百二六号	土名水底垢	田叁砠	计税六分四厘四毛
国字一千九百十九号	土名下大堀渠口	田叁砠	计税五分五厘
国字一千九百十八号	土名庇后渠口	田伍砠	计税九分一厘七毛
国字一千九百十七号	土名庇后渠口	田陆砠	计税一亩一分三毛
国字一千九百十六号	土名庇后渠口	田伍砠	计税一亩一分六厘
国字一千八百九十三号	土名棋盘垢	田捌砠	税一亩三分七厘
国字一千八百八十三号	土名棋盘垢	田捌砠	计税一亩六分八厘四毛
国字一千八百八十四/八十五号	土名棋盘垢	田捌砠	计税一亩七分一厘九毛

国字一千八百八十一号	土名棋盘坵	田陆硱	计税一亩〇七厘一毛
国字一千八百七十七号	土名下山里	田玖硱	计税一亩四分三厘一毛
国字一千八百三十二号	土名周堀坞	田肆硱半	计税八分五厘
国字一千七百二十九号	土名汪洋充	田柒硱	计税一亩一分六厘四毛
国字一千六百八十四号	土名泥甲坞	田陆硱	计税一亩二分四厘
国字一千六百八十三号	土名栗山下	田拾伍硱	计税贰亩九分六厘六毛
国字一千六百七十号	土名胡家门口	田陆硱	计税一亩三分一厘
国字一千六百四十三号	土名羊白头	田拾硱	计税贰亩〇六厘九毛
国字一千六百四十三号	土名羊白头	田五硱	计税九分八厘七毛
国字一千六百四十七号	土名羊白头	田五硱	计税一亩〇四厘
国字一千六百四十八号	土名羊白头	田拾硱	计税一亩九分四厘八毛
国字一千六百六十号	土名羊白头		计税一分七厘五毛
国字一千六百五十五号	土名羊白头塘尾	田叁硱	计税贰分八厘七毛
国字一千六百二十五号	土名竹源塘路下	田玖坵	计税一计四分六厘五毛
国字一千六百十号	土名梭	田肆坵	计税六分二厘八毛
国字一千五百四十号	土名黄土山	田拾坵	计税一亩七分四厘七毛
国字一千五百四十一号	土名黄土山	田柒坵	计税贰分九厘二毛
国字一千五百四十二号	土名黄土山	田柒坵	计税五分二厘七毛
国字一千五百八十六号	土名黄土山	田柒坵	计税三分五厘七毛
国字一千五百八十八号	土名黄土山	田柒坵	计税七分三厘
国字一千五百四十三号	土名黄土山	田壹坵	计税贰分九厘七毛
国字一千五百六十号	土名牛舌头	田五坵	计税一亩〇四厘八毛
国字一千五百八十一号	土名亭子山	田贰坵半	计税五分四厘
国字一千八百六十八号	土名下山里	田叁坵	计税四分八厘五毛

共田贰百硱

今将扒田拾贰硱与廷魁名下作出殡。

母孙氏安人之费开列于后：

陶字六百五十四号	土名门口塘下	田陆硱	计税七分四厘五毛
陶字七百七十三号	土名刘家巷口	田陆硱	计税一亩〇五厘五毛

二共计田拾贰硱

今将扒田拾贰硱与国瓒名下作

祖母金氏孺人寿终殡葬之费开列于后：

国字一千七百二十六号	土名汪洋充	田陆硱	计税一亩一分七厘

国字一千七百二十八号　　土名汪洋充　　田陆砠　　计税一亩〇六厘五毛

二共计田拾贰坵

今将扒田捌砠与长孙国瓒名下管业，开列于后：

陶字八百五十三号　　土名牛姑塘　　田叁砠　　计税五分

国字一千六百三十九号　　土名大坞里　　田五砠　　计税八分八厘贰毛

二共计田捌砠

合同　　壹样贰集各执壹集永远存照

康熙五十九年岁次庚子拾月　　吉日立分单阄书洪廷魁

同侄洪国瓒

洪国璜

洪国瑛

见议房长洪正元

族长洪希周

洪孔英[①]

根据以上田产计，洪廷魁户未分家前有田232砠，计税76.67亩以上。而分家后，廷魁得田产36.93亩，国瓒得田产36.33亩而已。留给其母田仅1.798亩。祖母金氏寿终殡葬费2.235亩。长孙国璋名下1.382亩。各人名下田产已经不多。

《金氏分家书》载："所有田产按孝、悌、忠、信立簿名执一本，世世永守。

启祐、启祖、启祚、启祠各人名下分得田产如下：

启祐阄得田产共计十四宗，共田租132砠，计税14.510651亩；

启祖阄得田产共计十四宗，其田租135砠，计税12.72026亩（其中二宗田产缺亩分数）；

启祚阄得田产共计十六宗，其田租134.5砠，计税13.947898亩（其中一宗田产缺亩分数）；

启祠阄得田产共十三宗，共田租134砠，计税13.41206亩（其中一宗田

① 《康熙洪氏分家书》，分180。

产缺亩分数）；

存众田租计80砠，按启祐阄得田租和耕地面积换算，每亩约合田租9.3砠，田租80砠，约合耕地面积8.6亩。①

根据以上情况看，康熙五十四年，金氏分家析产前，应有田租615.5砠，耕地面积63.19亩。而分家析产后，其四兄弟每人所得田产仅14.51亩左右（按启祐阄得田产计），连中等农户都算不上。

《康熙周氏分家书》记载："将祖父所遗并自己续置，诸凡开载明白，均作三股，占阄为定"。各股分得田产如下：

天字阄垣管：计田八宗，耕地面积8.28亩，计地四宗，耕地面积3.35亩。天字阄分得田产共计11.63亩；

地字阄城管：计田七宗，耕地面积8.265亩，计地六宗，耕地面积3.48亩。地字阄分得田产计11.745亩；

人字阄埰管：计田七宗，耕地面积8.28亩，计地四宗，耕地面积3.4亩。人字阄分得田产计11.68亩；

存众田计共九宗，耕地面积9.87亩，计租谷1474斤足，计地3.95亩，山7.8亩，塘3口。

又原大众未分祀田五宗，地六宗，山十宗。但都缺面积记载。②

除大众未分祀产外，周氏未分家前有田地产48.875亩，山7.8亩，塘3口。分家析产后，城、垣、埰兄弟三人各得田地产业不过11.7亩左右。

《康熙吴氏分家书》载：除母抽奁田6.705亩，地5亩，共计田地产11.705亩外，其余田、地产业按肆房品搭阄分。以下，将各房阄分田地产列后：

长房拾得阄分田十二宗，计税12.46亩，地四宗，计税3.63亩，应赎回田产六宗，计税5.914亩，应赎回地产二宗，计3.6亩。扣除应回赎田、地产业外，长房实有田地产计16.09亩；

贰房拾得阄分田十一宗，计税12.32亩，地三宗，计税3.03亩，应赎回

① 《康熙全氏分家书》，分219。

② 《康熙周氏分家书》，分031。

田产四宗，计税 6.45 亩，应赎回地产四宗，计税 4.3 亩。扣除应赎回田、地产业外，贰房实有田地产计 15.35 亩；

叁房拾得阄分田十一宗，计税 12.02 亩，地三宗，计税 3.46 亩，应赎回田产四宗，计税 6.22 亩，应赎回地产二宗，计 3.58 亩。扣除应回赎田、地产业外，叁房实有田地产计 15.48 亩；

肆房拾得阄分田十四宗，计税 12.255 亩，地三宗，计税 3.3 亩，应赎回田产五宗，计税 6.25 亩，应赎回地产三宗，计税 3.35 亩。扣除应回赎田、地产业外，肆房实有田地产计 15.555 亩。[①]

扣除未回赎田地产业外，吴氏未分家析产前有田地产业 74.18 亩，在徽州地区来说，可算得上地产较多的户了，但由于兄弟多，每房分得地产不过是 15 亩多一些。

《康熙汪姓阄书》载："其田产已作福、禄、寿叁阄品搭均匀，当凭亲族拈阄管业，供纳税粮，无得生异议"。

下面，将各阄分得田产列后：

福字阄分得田租 100 秤 09 斤，计税 10.31635 亩。

禄字阄分得田租 100 秤 03 斤，计税 10.16818 亩。

寿字阄分得田租 100 秤 04 斤，计税 10.15548 亩。

此外，还另拨给长孙汪湖灯油之资，计税 20 秤。[②] 按福、禄、寿三阄田租和税亩计，1 亩约田租 9.86 秤，20 秤田租换算成税亩，约 2.03 亩。

根据以上三阄及汪湖所得田产计，汪氏未分家前，有田租 336 秤，计税 32.7 亩。扣除另外拨给汪湖 2.03 亩外，各阄所分得田产不过 10 亩多一点。从这本分家书还可以看到汪氏对人才培养的重视，拨专款支持汪湖读书。

《康熙谢氏分家书》载："将田地均析三股"，"共锁关叁本，天、地、人各执壹本，每本肆拾壹页"。

现将天、地、人三阄分得田产分别列于后：

天字关田：计田 66 宗，耕地面积 62.736 亩，计地 21 宗，面积 24.22 亩，

---

① 《康熙五十二年弘谦兄弟分关书》，分 033。

② 《康熙汪姓阄书》，分 330。

应赎田产 23 宗，面积 22. 78 亩，应赎地 12 宗，面积 15. 77 亩。

地字关田：计田 57 宗，耕地面积 64. 02 亩，计地 23 宗，面积 23. 52 亩，应赎回田产 19 宗，面积 24. 79 亩，应赎地 12 宗，面积 16. 43 亩。

人字关田：计田 58 宗，耕地面积 63. 25 亩，计地 29 宗，面积 24. 17 亩，应赎回田产 19 宗，面积 24. 887 亩，应赎地 14 宗，面积 17. 77 亩。

存众田计 9. 4117 亩，地 14. 3 亩，未过税地 5. 1 亩（其中有一款亩分不详，未计在内），应赎回田产 4 宗，面积 5. 43 亩，此外尚有 14 宗园地没有亩分数。所有山场存众，三股合管。[①]

扣除未赎回田、地产业外，谢氏分家前，有田产计共 199. 4177 亩，地产计共 86. 21 亩，田地产总计 285. 6277 亩。在徽州地区来说，谢氏应是拥有田产的大户。而分家后，各家分得田地产业只有 87. 42 亩。经济力量大为削弱。但分家析产行为并不到此结束，一代一代还得分下去。

从上述分家析产情况可以看出，一些占有土地较多的户，化为中等地产所有者；中等地产所有者，经过分家析产，则化为小地产所有者。他们许多人实际上进入了自耕农行列。地主分家析产遂成为自耕农队伍的主要补充来源之一。因此，分家析产对自耕农队伍的稳定和延续，具有十分重要的意义。

为了更加全面掌握分家析产对地权分配所带来的影响，将我们搜集到的安徽徽州地区分家析产事例作为附表列于后，供参考（见下页表 4 －55）。

表 4 －55　附：清代前期安徽省徽州地区分家析产事例　田：亩；租：砠（秤）

立分关人	分类时间	分关房数	分家前地产		分家后各房地产		资料来源
汪正科	顺治十一年	3	田 32. 155 亩	租 298	田 10. 718 亩	租 99. 333	休宁汪姓阄书
洪大网	顺治十一年	2	田 10 多亩		田 5 亩多		顺治十一年洪姓阄书
余弘均	康熙四年	2	田 48 亩		田 24 亩		康熙四年休宁胡姓阄书
父	康熙四十七年	3	田 66. 42 亩		田 22. 14 亩		康熙四十七年某姓阄书

① 《康熙谢氏分家书》，分 331。

续表

立分关人	分类时间	分关房数	分家前地产		分家后各房地产		资料来源
父	康照五十一年	3	田600亩		田200亩		康熙五十一年休宁谢姓阄书会同公遗存
金阿程	康熙五十四年	4	田140多亩		田35亩多		康熙五十四年歙县金姓阄书
陈士策	康熙五十九年	9	田约50亩		田5.556亩		康熙五十九年休宁陈姓阄书 这是一家商业地主，田产不多
洪建魁	雍正三年	2	田76.67亩		田约36.63亩		雍正三年黟县洪姓阄书
阿吴	雍正六年	3	田189亩		田63亩		雍正六年歙县胡姓阄书
倪阿余		2	田41亩		田20.5亩		雍正十年歙县（?）倪姓关分书 （外有可赎回田13.26亩）
陈正章	雍正十二年	11	田336亩		田30.545亩		雍正十二年歙县陈姓阄书
曹有时	雍正十二年	3	田28亩		田9.333亩		雍正十二年祁门曹姓阄书
许计万	乾隆六年	2	田约30～40亩		田15～20亩		乾隆六年许姓阄书
汪庭芝	乾隆十三年	5	田60亩多		田12亩多		乾隆十三年祁门汪姓阄书
洪徐氏	乾隆三十五年	6	田60多亩		田10亩多		乾隆三十五年歙县（?）洪姓阄书
李氏祖母	乾隆三十六年	4	180亩		45亩		乾隆三十六年黟县（?）王姓阄书
叶国璞	乾隆五十二年	2	30亩		15亩		乾隆五十二年休宁（?）叶姓阄书 （江西乐平田产在外）
黄门程氏	乾隆五十九年	2	30多亩	6	15亩以上		乾隆五十九年黟县（?）黄姓阄书
叔祖孔昭	乾隆六十年	3	668亩	（山）262	222.667亩	山67.337	乾隆六十年黟县胡姓阄书
余苏氏	嘉庆二年	3	640亩		213.337亩		嘉庆二年休宁（?）余姓关分书
谢文逵	嘉庆五年	3	200亩以上		66.667亩以上		嘉庆五年徽州谢氏阄书

续表

立分关人	分类时间	分关房数	分家前地产		分家后各房地产		资料来源
潘富魁	嘉庆五年	4	41 亩		10.25 亩		嘉庆五年潘州阄书
佩兰	嘉庆十四年	2	250 亩以上		125 亩以上		嘉庆十四年黟县×某阄书
盛尚钟	道光五年	4	30 亩	田皮 16 亩	7.5 亩	田皮 4 亩	道光五年歙县盛姓标分文册
胡汪氏	道光六年	2	30 亩以上		15 亩以上		道光六年黟县胡姓分关书
程世袭	道光六年	4	24.5 亩		6.125 亩		道光六年黟县程姓分关书
江一鹏	道光九年	3	200 亩以上		66.667 亩		道光九年黟县×姓阄书
吴锡柏	道光十二年	3	70 亩以上		23.333 亩		道光十二年休宁（?）吴姓阄书
宇春	道光十八年	2	200 亩		100 亩		道光十八年黟县×某姓阄书
黄	道光二十二年	4	302.28 亩		75.57 亩		道光二十二年黟县黄姓阄书（总田亩数与按文字阄得 75.57 亩计之）
胡何氏	道光二十五年	3	42 亩		14 亩		道光二十五年休宁胡姓阄书
吴兆攻	道光二十六年	6	30 亩		5 亩		道光二十六年休宁（?）吴姓分关书

资料来源：中国社会科学院经济研究所藏《屯溪档案·分家书》。
说明：表中所列分家前地亩数，参照章有义《明清及近代农业史论集》。

第五编

地主经济篇

引　言

地主经济，或者说地主制经济，是我国封建时代继领主制经济之后的居于统治地位的经济，清代依然是这样。地主经济有诸多方面，本编所讨论的仅只是其经营方式一个方面，其他方面均未涉及。不过，经营方式是地主经济的一个最重要的、决定地主经济性质的一方面。了解了经营方式的发展和变化就把握着了地主经济发展变化的关键。所以，我们把讨论的重点放在这一方面。

地主经济的经营方式，指的是租佃经营和雇工经营两种方式。前者尤为重要，后者虽然重要，但采用这种经营方式的地主不多，远不如租佃经营方式普遍。所以，我们把租佃方式的发展与变化作为讨论的重点中的重点。因此，讨论租佃经营方式的篇幅占全编篇幅的五分之四，五章中占有四章。

这四章的内容是：第一章讨论明清时代的佃仆制度。在明清时代，佃仆制度是宋元时代占统治地位的租佃关系的残余，已不占重要地位，在社会经济中的作用不大。许多研究者在讨论明清租佃关系时，并不深入探讨。但我们认为，宋元时代的租佃关系是明清时代租佃关系演变的出发点，同时，明清时代的佃仆制度又是这个时代新的租佃关系的参照系，对比之下更可以突出明清时代租佃关系变化的特点。所以，我们作了比较详细的讨论。

第二章讨论摆脱了土地附属物地位的租佃关系由分成租向定额租的发展。关于这个问题，研究者讨论得很多，在这里，我们不过是吸收众家之长，加以概述而已。

第三章讨论在分成租向定额租发展的基础上，出现的所谓永佃制度。研究者们对于所谓永佃制度的认识，分歧既大且多。我们在前人研究的基础上，通过对具体的有关契约的分析，提出我们的一点看法。我们认为所谓永佃制度的出现是继上述摆脱了土地附属物地位的由分成租向定额租发展的租佃关系之后的又一重大发展。其特点是佃农在进入租佃关系时必须付出代价，同时在此后的分配中参与剩余产品的分割。这是分成租佃农和其他定额租佃农所不支出的代价和不享有的权利。

第四章讨论押租制度。押租制度的出现是与所谓永佃制度的出现密切相关的。它类似于永佃制度，佃农在进入租佃关系时，必须支付代价，交纳押金，而且，在后来的发展阶段中，也参与剩余产品的分割。我们分析了押租制度发展的不同阶段与其作用。由于迄今尚未见到类似的讨论，所以，我们把旧作《押租制新探》重印在这里。

在讨论了租佃关系的发展与变化之后，在第五章中，我们讨论的是明清时代雇佣制度的发展，并把雇工经营和租佃经营作了一个简单的比较，用以说明雇工经营未能发展的根本原因。

第一章　佃仆制度

一

明清时代的租佃制度的渊源可以追溯很远很远。我们只能从宋代说起。在宋代，按照劳动者同生产资料的具体结合方式划分，笼统地说，存在着两种类型的租佃关系。[①]

一类是：劳动者一无所有，无“室庐之备，耕稼之资、刍粮之费”，完全仰仗地主提供土地、牛犋、耕具、种粮以及房屋、口粮等等，其生产成果主佃平分，如此结合而成的租佃关系，叫做“分种”或“合种”。这类劳动者多半是由外地而来，所以称为客户。不过，客户虽然并非都是佃客，但绝大多数就是佃客。客户虽与主户有别，但同属封建国家的编户齐民，不再像唐代的部曲、客女系私家所有，随主属贯。

另一类是：劳动者稍有资财，属于主户中的下等户：大多是第五等户。他们租种地主土地，自备牛只、耕具和种粮，如有短缺，可以向第三者筹措，而不必向田主租赁，生产成果中有一定数量作为地租交纳给田主，多半是定额地租。如此结合起来的租佃关系，称为租种。劳动者虽属国家编户齐民，但不属于客户范畴。这类劳动者与地主之间的关系，在法律上，基本上与上一类劳动者相同。他们都是同地主相对待的佃客，或者称为佃户、地客或火佃，对地主有“主佃之分”，或“主仆之分”，并没有相应于劳动者与生产资料结合方式之不同的区别。

以上两大类型租佃关系的消长变化，我们没有准确的统计资料作为说明，

① 梁太济：《两宋的租佃形式》。

只能根据宋元两代法律上关于佃户的规定的变化，进行追踪。法律上关于佃户的规定大致可以分为两个方面。一个方面是佃户的移动权和控诉权的变化，另一方面是主佃相犯时处刑差异的变化。总的说来，前者的约束在逐渐松弛，后者的差别在逐渐扩大。这些变化，反映了前一类租佃关系向后一类租佃关系的过渡。

宋初，太祖建隆四年依照《大周刑统》为蓝本而编纂成书的重要法典《重祥定刑统》中，没有关于佃户的法律条文。有关佃户的法律条文是此后历年颁布的，不过，今天我们所知道的并不完整。

关于佃户的移动权，始见于天圣五年的诏令。天圣五年以前，据有学者研究，北方一些地区的佃户已经获得了起移的自由，即可以脱离土地，摆脱了土地附属物的地位。① 天圣五年诏令扩大了这一自由的地域范围。诏令原文是：

> 江淮两浙荆湖福建广南州军：旧条：私下分田客非时不得起移，如主人发遣，给予凭由，方许别住，多被主人抑勒，不放起移。自今后客户起移，更不取主人凭由，须每田收田毕日，商量去住，各取稳便。即不得非时衷私起移。如是主人非理拦占，许经县论详。②

诏书虽然没有不放佃户起移的地主应负如何罪责的规定，而且，佃户的起移权须要到县衙控诉才能得到保证，佃户毕竟开始有了争取起移自由的法律根据。因此，这是一个重大的，但不彻底的变化。

不过，这里不包括以夔州路为中心的川峡诸路的佃户，关于那个地区另有专法规定。这就是皇祐四年敕：

> 夔州路诸州官庄客户逃移者，并抑勒归旧处，他处不得居停。

又敕：

> 施黔州诸县主户壮丁寨将子弟等旁下客户逃移入外界，委县司画时差人计会所属州县追回，同助祇应把托边界。③

那里的官私佃户不享有移动自由的权利，仍然没有摆脱土地附属物的地位。

① 华山：《再论宋代客户的身份问题》。

② 《宋会要辑稿·食货》六三之一七七，一之二四。

③ 《宋会要辑稿·食货》六九之六六——六七。

南宋绍兴二十三年，知鄂州庄绰“言于朝，请买卖田土不得载客户于契书，听其自便”。“朝廷颁行其说”，有关的诏令是：

民户典卖田地，毋得以佃户姓名私为关约随契分付，得业者亦毋得勒令耕佃。如违，许越诉，比附因有利债负虚立人力顾契敕科罪。①

原史料上说，这是“以言者有请，从户部立法也”。这户部立法指的是什么，我们没有查考出来。我们了解的是，这道诏令在当地当时并没有得到顺利的贯彻，招来的却是当地士大夫的反对。如胡宏在致知荆南府刘琦的信中说：

……自主户至客户递相听从，以供王事，不可一日废也。则岂可听客户自便，使主户不得系属哉？夫客户依主户以生，当供其役使，从其约束者也。而客户，或禀性狼戾，不知上下之分；或习学末作，不力耕桑之业；或肆饮博而盗窃，而不听检束；或无妻女，诱人妻女而逃；或丁口蕃多，衣食有余，稍能买田宅三、五亩，出立户名，便欲脱离主户而去；凡此五者，主户讼于官，当为之痛治，不可听从其便。②

这中间值得特别注意的是，佃户可以习学末作，自置土地房产，出立户名，即由客户经营副业，积累资财，转化为主户的现象。然而，士大夫却企图以政府的力量遏制佃户在经济上自我发展，坚持对佃户的役使和约束，维持原来的主佃关系。论者称荆湘接近夔峡，故有此现象。然而远离夔峡的淮南，也有类似现象。南宋初，王之道在《乞止取佃客札子》上说：

伏见淮南诸郡，比经兵火，所存凋瘵，百无二三。其间尝为人佃客而徙乡易主，以就口食，幸免沟壑者。今既平定，富豪巨室不复问其如何，投牒州县，争相攘夺。兵火之后，契券不明，州县既无所凭，故一时金多位高者，咸得肆其所欲，而贫弱下户，莫适赴愬，勉从驱使，深可痛尔。③

---

① 李心传：《系年要录》卷164，绍兴二十三年六月庚午。

② 胡宏：《五峰集》卷2，《与刘信叔书》。

③ 王之道：《相山集》卷22，《乞止取佃客札子》。

处在地主攘夺下的佃客，显然不曾获得离土的自由，仍然是土地的附属物。而王之道提出的解决办法是：

欲乞自今以往，应尝为人佃客而艰难之际不见收养至转徙他处者，虽有契券，州县不得受理。当艰难相收迨平定辄无故逃窜者，听其主经所属自陈收捕，所在州县，不得容隐。

王之道的处置处法是，对于艰难之际地主收养的佃户，政府保障地主的追捕权，未收养的佃户，不予保障，这部分佃户可能获得离土的自由。这个办法的目的是维持后来的严格隶属关系，而不保证早先存在的严格隶属关系。论者认为，这是由于兵火之后劳动力缺乏的缘故。然而，后来，远在江南，未被兵火的南康军，处理流移的办法却也是这样。如淳熙时朱熹在《申监司为赈粜场利害事件》中说：

……劝谕上户收充佃客，借与空闲屋宇，许令请佃系官田土，给予种粮，趁春开耕。如向去丰熟外州县税户前来识认，官司不得受理。如今来所招佃客将来衷私搬走回乡，即许元赡养税户经所属陈理，官为差人前去追取押回断罪交还。①

朱熹对待流移的佃客的处置办法与王之道的建议是一致的。对地主不能赡养佃户致使流移的不予保护，而对后来收养佃户的地主则给予保护，保护地主对佃户的严格隶属关系。这是在严格隶属关系难以维护的时候，力图维护这种关系的一种努力，是与历史发展的趋势不相一致的。

就是在夔峡地区，在维护原来的严格隶属的租佃关系方面，也是有所松动的。宋孝宗淳熙十一年夔州路转运司在列举了皇祐四年敕之后说：

本司今措置迄遵照本路及施黔州见行专法，行下夔，施、黔、忠、万、归、峡、沣等州详此。如今后人户陈诉偷般地客，即仰照上项专法施行。如今来措置已前逃移客户移徙他乡三年以下者，并令骨肉一并追归旧主，出榜逐州，限两月归业，般移之家不得辄以欠负妄行拘占；移及三年以上，各是安生，不愿归还，即听其便；如今后被搬移之家，仍不拘三年限，官司并与追还。其或违戾强般佃客之人，

① 《朱文公别集》卷10。

以略人法比类断罪。从之。[1]

这里立了一个三年的界限。宽于既往，严于将来。而且只是强调仍作佃户之人，不涉及转化成为主户的搬迁佃户。到了开禧元年，夔州路运判范荪又建言：

乞将皇祐官庄客户逃移之法稍加校定：诸凡为客户者，许役其身，而毋得及其家属妇女皆充役作；凡典卖田宅，听其从条就业，不许就租以充客户，虽非就租，亦无得以业人充役使；凡贷借钱物者，止凭文约交还，不许抑勒以为地客；凡为官户身故，而其妻愿改嫁者，听其自便；凡客户之女，听其自行聘嫁。庶使深山穷谷之民，得安生理，不至为强有力者之所侵欺，实一道生灵之幸！[2]

这个文件透露了宋代客户逃移法的大致内容，不仅涉及客户的迁移自由，还包括了人身自由。范荪企图对主户的强制加以限制。实际上，并未有什么效果。所以，元世宗至元十九年，仍然留下了这样的记载：

窃见江南富户止靠田土，因买田土，方有地客。所谓地客，即系良民，主家科派，其害甚于官司差发。若地客生男，便供奴役，若有女子，便为婢使，或为妻妾。

前项事理，即系亡宋时弊政，至今未能改革。南北王民岂有主户将佃户看同奴隶役使典卖，一切差役皆出佃户之家？至如男女婚姻岂有不由父母作主，唯听主户可否？[3]

总而言之，夔峡诸路的佃户所受的约束在缓慢地逐步松弛，而江淮诸路佃客所享有的自由受到了地主们的顽固抵制，也不曾全面落实。这两个方面结合起来，反映了租佃关系由第一类型向第二类型转化和过渡的具体进程。经济发展地区和经济落后地区的差异，并不表示租佃关系类型的差异，所表示的是租佃关系不同类型所占比重的差异。先进地区有落后的租佃关系，而落后地区也有先进的租佃关系。这是我们在强调地区差异时，所不能忽视的。

关于佃户的控诉权。天圣五年诏书中，对于主户拦占客户，许可佃户

① 《宋会要辑稿·食货》六九之六六—六七。

② 《宋会要辑稿·食货》六九之六八。

③ 《元典章》卷57。

"赴县论详"。无论当时佃户向县官控诉主户是如何的不易，但赴县论详毕竟是有法可据的。此后，绍兴二十三年，对于将佃户随田买卖，买主强令佃户耕作者，也允许佃户控诉。绍兴六年，周秘上奏："淮南田土，除诸佃依已立定课子输纳，屯田合官私主分外，其余并不得依前收撮课子，如旧例牛租之类，亦令一切禁止，或致违戾，并许百姓越诉。"① 隆兴元年诏"灾伤之田，既放苗税，所有私租，亦合依例放免。若田主依前催理，许租户越诉"②。但是，对于地主的其他罪行，佃户却缺乏控诉的权利。

见诸法令的有："诡名挟户之家，除人力、佃客、干当掠米人不许告首外，四邻并受寄人亦许。"③ 见诸实例的有：南宋时佃户告地主私自造酒，地方官判道："私酿有禁，不沽卖者其罪轻，然告主之罪大，此风不可长。周某杖八十，赎铜；佃者杖一百。"④ 见诸议论的有：宋理宗时，吴潜反对宋朝官府向官户按亩征收官会时说："彼无所从出，不过均诸佃户耳。今又为之法，听其越诉，是教佃户以诉主家也，其害四也。"⑤ 由上述情况看来，佃户的控诉权总的说来，从有关自身移动自由向其他方面扩展，但是很不完全，也不普遍。因此，佃户在地主约束之下，得不到法律的保护，是难以避免的。

特别表现在主佃相犯方面。主佃所受处刑的差别在日益扩大之中。有记载说，宋初循习五代旧制，佃客的法律地位和实际地位都是不高的。宋太宗时，建州两名田家客户在地主池塘内刺鱼一斤半，被地主捕送官府，受到杖脊和刺面的处刑，最后又被发送到京城。⑥ 然而，法律却没有明文规定。可能是，在佃户随主籍贯转变为国家编户齐民以后，法律还没有来得及酝酿调整的缘故。

宋代，主佃相犯，处刑的差异是逐步形成的。宋史王琪传："知复州，民殴佃客死，吏论如律。琪疑之，留未决。已而新制下，凡如是者听减死。"吏论如律，说的是旧制，地主殴杀佃客，可以判处凶手死刑。而新制，则不必以

① 《宋会要辑稿·食货》九之二六。

② 《宋会要辑稿·食货》六三之三一。

③ 《宋会要辑稿·食货》六六之二四。

④ 盛如梓：《庶斋老学丛谈》卷下。

⑤ 吴潜：《宋左丞相许国公奏议》卷2，《奏论计亩客会一贯有九害》。

⑥ 洪迈：《容斋四笔》卷13，《国初救弊》。

命抵命，可以减等，不处死刑。据朱瑞熙同志考证，王琪知复州，当在景祐四年到宝元元、二年这三年内。[①] 所以说，宋朝颁行新制，“民殴佃客死者”“听减死”，就是在这段时间里。不过，这一新制施行并不很久。20 年后，即宋仁宗嘉祐二年，新制已不施行。这年，随州司理参军李抃，“因父阮殴杀佃客，于是抃请纳出身及所居官以赎父罪，朝廷遂减阮罪，免其决，编管道州”。郑獬《郧溪集》卷十二《荐李抃状》中说及此事：“臣窃谓阮之杀佃户，其法当谳奏，亦得减死。”这可能指的是“奏听敕裁，取赦原情”的嘉祐法，不是上述新制“减死”的办法。神宗元丰年间，“始减一等，配邻州，杀人者不复死矣”[②]。到了宋哲宗元祐五年，刑部正式规定，地主殴佃客致死者，“不刺面，配邻州本城，情重者，奏裁”[③]。上面的办法是把过去的减等和奏裁结合了起来。实际上，可以减等，表明了相对于地主而言，佃客的法律地位降等了。到了南宋绍兴年间，主殴佃客致死，“又减一等，止配本城”，主佃处刑的差别进一步扩大。但与唐代部曲相比，仍然是有较大提高的。唐律规定：“诸主殴部曲致死者，徒一年，故杀者，加一等，其有愆犯决罚致死及过失杀者，各勿论。”元祐法还进一步完善了主佃相犯的各类处刑规定：“佃客犯主，加凡人一等，主犯之，杖以下勿论，徒以上减凡人一等”，《庆元条法事类·诸色犯奸》又规定，“佃客奸主，各加二等”。这都是过去所不曾规定的。元代将差别扩大到这个时代的极限，地主打死佃户，只判杖罪，外罚烧埋银五十两！朱元璋建立了明王朝以后，把上面所有关于主佃关系的各种规定统统都废除了。

法律上的这些变化反映了主佃关系演化的几种趋势。首先是劳动者作为土地房屋的附属物的严格隶属关系有着缩小的趋势。其次获得了离土自由，摆脱了土地房屋附属物的租佃关系在发展。再次，佃农从一无所有到稍有资财，其经济独立性在增强。但是，佃农在法律上相对于地主而言的等级地位却在下降，直到朱明王朝建立。

当时的火佃是处于什么情况呢？

---

① 朱瑞熙：《宋代佃客法律地位再探索》。

② 《系年要录》卷 75，绍兴四年四月丙午。

③ 《续资治通鉴长编》卷 445，哲宗元祐五年七月乙亥。

据《清明集》中《陈五诉邓楫白夺南原田不还钱》条记载："陈世荣绍兴年间，将住屋出卖与邓念二名志明。志明生四子，其地系第四子邓谋受分。邓谋于淳熙十一年复将卖与长位邓演，明载有火客陈五居住。陈乃陈世荣之孙。邓演诸子又各分析，离为三、四，多系陈五赎回。但内邓楫一分未曾退赎，见得陈五犹是邓楫地客，且当元陈世荣既作卖契，倘非业主情愿，无可强令收赎之理。去冬，方燧出卖土名唱歌堆晚田四亩，田在陈五门前，其主邓楫托陈五作新妇吴二姑收买，往往欲为寄税之计。其后陈五自以田在本人之门，便于耕作，托曾少三致恳，凭邓四六写契，就以本人南原祖业田两相贸易。陈五立契正行出卖，邓楫亦立约付陈五，俾照方燧田为业。陈五与曾少三、邓四六送狱供对，各已招状分明。今陈五不以方燧田自邓楫户入已为业，却以南原田入邓楫户，为无价钱贸易田产，于法虽不许，然彼此各立卖契，互有价钱，凭此投印，亦可行使。陈五与邓楫自有主仆之分，往往久欲并赎邓楫一分住居，而邓楫不从，因此交易遽为昏赖，可见奸横。李洪与陈五即无相干，初状到官，乃作李洪名字，故入勾加教唆词讼，尤为无赖。李洪，陈五各勘杖一百，其田各照元立契管业，余人并放。"

在这一案里，火佃陈五是有自己财产的。可是，他所居住的房屋，邓楫享有一部分产权。这一产权落入邓楫之手已经三代。陈五企图回赎，邓楫不允。因此，陈五仍然是邓楫占有的土地房屋的附属物——火佃，对邓楫有主仆名分，是不得平等的。案情本身，陈五并无大过。可是却受到了杖一百的处刑。这可能是犯了佃户告主之罪。显而易见，陈五是土地房屋的附属物，是不得与地主居于平等地位的，与明清时代的火佃相类似。这应该是宋代火佃的一个具体例证。

结合宋代主佃关系的演化趋势与宋代火佃的具体情况看来，宋代的火佃是明清时代火佃的原型，而明清时代的火佃是宋元火佃的残存形态，他们是一脉相承的。从整个主佃关系的演变来看，明清火佃制度是与宋代的有严格隶属关系不能离开地主土地的租佃关系相衔接的。不过，到了明清时代在租佃关系中已不像在宋元时代占有那样重要的地位了。明清时代的火佃同宋元时代的另一种租佃关系即佃户摆脱了土地附属物的地位，有离土自由的租佃关系是不相同的，不是由后者演变而来的。但是明清时代的火佃，就其佃田种山的一方面看来，却又是有联系的。明清火佃处在严格隶属关系向自由租佃关系过渡的阶段，一方面保留着原来严格隶属关系的某些特点，另方面又具有了自由租佃关系的某些特点，两者密切结合在一起，具有两重性。这样的看法，也许符合历史实际。

有论者认为，明清火佃是宋元火佃的继续，但是逐步奴婢化了。又有论者不同意有什么奴婢化过程。我认为，认清火佃制度的制度渊源，区别宋元时代租佃关系的不同类型，把火佃制度同没有离土自由的租佃制度衔接起来，就不会强调火佃的奴婢化过程了。

但是，火佃在宋元时代的等级地位以及如何在明清时代沦入贱民等级的问题，火佃是否一开始就只同火佃屋址相联系而不与所耕种的田地山场密切相联系，换言之，火佃的严格隶属关系与自由租佃关系是什么时候结合起来的。这些都有待于进一步深入研究。

在我们看来，明清时代的火佃同于明清时代的佃仆，所以，以下的讨论就以佃仆概括火佃一类，不再阐述火佃了。

二

明清时代，劳动者沦为佃仆的途径，就一般情况而言，既非由佃而仆，也非由仆而佃，不是两步走，而是一次形成佃仆关系。当然，这样说，并不排除由佃户或奴仆转化而成为佃仆的现象。不过，这是少数。

具体说来，劳动者沦为佃仆的途径，可以区分为三条道路。兹分述如下。

第一条道路，也是最普遍的道路，是劳动者投靠地主而成为佃仆。这类劳动者多半是一无所有，没有土地可以耕种，没有房屋可以居住，没有地方可作葬所。地主给劳动者提供土地耕种，提供房屋居住，提供山场安葬。这就是文献中所说的，地主取田与耕，取房与住，取山与葬，劳动者葬主山、住主屋、佃主田的现象。劳动者从而随之丧失了自由，世世代代隶属于地主，纳租服役。劳动者与生产资料如此结合起来，就形成了佃仆关系。但是，必须指出，这不是一般劳动者佃主田、住主屋的结合，那种结合并不使劳动者丧失自由。这里指的只是那种劳动者佃田住屋葬山以后，丧失自由，世世代代隶属于地主的那种关系。在这种关系中，劳动者成了土地房产的附属物。

当然，构成佃仆关系的佃田、住屋、葬山这各个方面，并不是一次或一时就全面实现了。现实生活中，劳动者多半是先住屋佃田而后葬山的，也不排除个别先葬山而后佃田住屋的。下面抄录几张契约以作说明。

立还服役文书人金阿胡同男金文禹，今因栖身无处，母子商议，自愿投到程继英老官人秩下，呼唤服役，不敢放肆有违。所有新塘坞松杉苗木杂柴，身母子遵禁蓄养承管看守，不得违势砍斫，亦不得容闲杂人入山盗砍，如有违拗等情，听主执文理治。今欲有凭，立此服役文书存照。

乾隆　元年四月初四日立还服役文书　　金阿胡同

男金文禹

同居见中　吴周旺　吴再旺①

立还服役仆人汪五九仝男次子汪周旺，今因本住庄屋狭人稠住居不下，身夫妇男女商议，自愿托中投到程继英太老官人名下，杨坑庄屋居住，耕种庄内祀田，看养山场苗木，毋许闲人侵损，递年冠婚丧祭，拜年辞岁，逐月挑物上坟，净尘扫沟，以及送考各役，听凭呼唤即至，毋得有违。自投住之后，务要小心久远住守，不得懈怠叛犯，致有拖荒田土山场等情，如敢抗违，听房东相公等鸣官理治。今欲有凭，立此服役文书存照。

乾隆　二十二年正月初六日立还服役文书仆人汪九五②

立还庄仆文汪长才，今因家贫无措，同弟商议，是以自愿携妻带子投到凌敦祠名下，蒙给庄屋住歇豢养，田皮地坦耕种资生，所有荒山听凭砍伐埋葬。嗣后房东秩下，不拘冠婚丧祭，拜扫坟茔，岁暮扫尘，一切亲朋迎送等事，听凭呼唤应用，不敢懈怠。如违，听责治。世世子孙不得违文背义。如违者，执文鸣官究治，仍依此文为凭。今恐无凭，立此还庄仆文约，永远存照。

---

① 《乾隆程姓置产簿》。
② 《乾隆程姓置产簿》。

清嘉庆丙寅十一年十二月二日立还庄仆文人汪长才，来才。

中见吕鲁侯，吕有文

代亲笔　倪高年[1]

立还应役文书约人本邑西乡程和子仝侄夏得等，缘家贫又无亲族，是身叔侄相商，今投到南乡三四都东主谢廷光户下为仆，其谢主将田地山场等项给身耕种，照则交租，无得累及东主，所有婚姻丧祭，清明拜扫，神福社头，应考挑担，拜年辞岁一切等事，是身与及子孙永远应付，听凭呼唤，无得推摧，嗣后毋得逃背跳梁等情，如有此情，听凭执此应役文约鸣官理处。今欲有凭，立此应役文约，永远存照。

同治　元年九月十一日立还应役文书约人程和子仝侄夏得

代笔中汪东福亲笔[2]

立还应役仆人李添丁，今还到洪慎徽堂名下为仆。比日荷蒙东主予以塘坞庄屋居住，并予以田地耕种交租，感不尽。所有东主祖坟并在树木，概行是身照管无辞，再有清明中元以及年底该身使役，不敢推却抗违等情。如有干犯，听凭东主执此文书鸣官处治，仍照文书应役无辞。今恐无凭，立此文书永远为据。

光绪　元年　春正月　　日　　立还文书仆人李添丁

中见仆人李年林

代笔仆人李春林[3]

上面抄录的这些契约，一无例外地都规定了地主与劳动者之间的关系。这就是：劳动者接受地主提供的住房，租给的田地山场，以及提供的葬所；与此同时，劳动者则声明自己承担的义务，佃田纳租，种山分成以及种种服役项目。关于前两者，契约只是提及，多半并无详细规定，关于后者通常规定比较

① 《徽州千年契约文书·清民国编》卷11，第315页。

② 《徽州千年契约文书·清民国编》卷3，第8页。

③ 南京大学历史系藏契约原件。

详细。上引文约中涉及的就有：冠婚丧祭，拜年辞岁，逐月挑物上坟，看守坟茔，照管山林，清明中元祭祖，净尘扫沟，一切亲朋迎送以及送考各役等等，听凭呼唤应用。特别要指出的是，劳动者要世代永远服役，并接受地主的约束。如有违抗，听凭地主鸣官究治。但是，却无一字提及地主如果不遵守契约规定，虐待劳动者时，应负何等罪责，以及如何处置的规定。这显然不是平等关系的契约。这类契约规定的是统治与被统治的关系。地主是统治者，劳动者是被统治者。劳动者隶属于地主，是地主的佃户，也是地主的人。契约规定了这种统治与隶属的关系。

我们注意到，这种统治与隶属关系中的劳动者，他们佃主田，住主屋，一般说来，在关系成立之初，是可以当时实现的。至于葬主山，则须待劳动者家有死亡时，才可能落实。这就是说，佃仆关系成立之后，劳动者家里死了人，是可以向地主要求给予葬所的。然而，就是在这个时候，劳动者也必须取得地主的同意，而不能擅自入葬地主的山场。

上面强调的是佃田住屋葬山而形成的佃仆关系。但在现实生活中，也有并不提及佃田和葬山，单独强调住屋而形成佃仆关系的。不过，这类因住屋而形成的佃仆关系，其应役义务比较的有限。比如：

> 立议约人程天九、王旺祖、洪和，原有六都程起鹏万泽买受土名胡家坦基地并屋，蒙批招约召身三姓居住，今凭中议定迭年清明上坟之期，三姓住人轮流伺候散胙拨扫胡家坦并高坑等处茔墓，俱要照看毋得懈怠等情。其余拜年辞岁征工一概不行应役。所有地屋税粮迭年议定三姓各家交大钱五十文，拜扫之期将钱文交纳以为兑粮之费。日后永无异说，凭此为照。
>
> 康熙五十三年三月十六日立议约人程天九王旺祖洪和
>
> 中见程君士代笔程尚义程君圣①

在这种关系中，房主对居住者的约束，并无丝毫放松之处，居住者不只要子孙听主呼唤应用，而且不能私自离开，与我们所说的佃仆关系并无二致。有关文约中甚至还有这类字句，如果居住者逃走，被房主追回，还要给以重罚。

① 《乾隆程姓置产簿》。

下面就是一个突出的事例。

立投主人吴继七兄弟，今投到十七都六保铺岑程姓名下屋一重前来住歇，所有婚姻喜庆接送各项等事，日后兄弟子孙听主呼唤应用品，毋得私自逃回，如有私自逃回，甘罚银五十两，仍要追不本分一百五十君板，照依乡例行息，仍要鸣罚小歹理论欠退无凭，立此投主文约为照。

康熙 五十五年拾月拾陆日立投主人 吴继七

依口代笔中见人王有东[1]

按照当地惯例，佃仆在家口增加，原基屋住不下的时候，可以要求地主增给房屋。这时，劳动者往往要承担一些增添的服役项目。如：

立还服役文书庄仆朱三九，身因房屋局促居住不下，曾向众主待浼求屋地。今蒙众主备价扒粗买换土名盛家庄基田地与身竖造前后三间楼屋贰重，当即定界立向，以为身子孙长远之计。此系破格施恩，感激不尽。身今自愿除众例轮流服役之外，另应六大房每房每年工夫一名，听从呼唤应役。自还文书之后，世远子孙凛遵服役，毋得欺慢抗违。如有恃顽不遵者，听众主执此文书鸣官究治，责罚无词。今恐无凭，立还服役文书存照。

康熙六十年九月初六日立还服役文书仆朱三九[2]

上引劳动者因住地主的房屋而承担义务并丧失自由的事例，有些由契约上可以看得出，他们原本就是佃仆，因住房而出具上述文约之后，并不改变他们与地主之间的隶属关系；有些看不出来，看不出来他们另外是否也佃田种山。不过，单就住房而出具的这些文约的内容看来，他们住房之后成了土地房产的附属物，与佃田种山葬山而成为佃仆的情况一样。因此，我们不把这些劳动者另分一类，称作屋仆，而是把他们也作为佃仆一类看待。

第二条道路。地主利用封建宗法家长制度，允许劳动者入赘或者入继佃仆之家，使他们沦入佃仆的行列。本来，在明清时代，过去也是这样，任何一个

---

① 南京大学历史系藏契约原件。

② 南京大学历史系藏契约原件。

家庭，都可以通过婚娶、过继、入赘等方式增加家庭成员，扩大家庭的范围和规模，因此而进入这个家庭的新成员往往也就具有了这个家庭的等级地位和社会身份。这是不需要特别说明的。但是，在佃仆制度之下，佃仆乃是地主占有的土地房产的附属物，佃仆一家都同地主存在着严格的隶属关系。不只佃仆家女儿出嫁，离开佃仆之家，需要地主同意，嫁来佃仆之家的女性必然成为佃仆之妻，甚至她们带来的前夫子女也得接受佃仆的身份，而不能逃脱。至于入赘或入继佃仆之家的劳动者，自然也逃不脱这一命运。不过，佃仆是地主占有的土地房产的附属物，他们没有自主的权力，所以劳动者入赘或入继佃仆之家，必须取得地主的同意。我们得见的明清时代劳动者入赘佃仆之家的契约，都是入赘者向地主出具的，就是这个缘故。

在这类契约上，劳动者必须保证承担佃仆之家的内外义务。比如入赘者要承担抚养已故佃仆妻子儿女的义务，同时还要承担已故佃仆所承担的各项义务：看守坟墓，耕种田地，照管山场。特别是，入赘者要声明不离开入赘的佃仆之家，不能回宗，不能私自逃回。比如李孝友出具的入赘文约就是这样。

立还服役文书人李孝友，今身无妻室，父母俱已归寿，空身投到程继英太老官人名下杨坑庄屋居住，招赘庄婢吴再旺之妇林氏为妻，自愿迭年听程相公等呼唤服役，不敢放肆违拗，耕种庄内田地，看养庄内山苗，支持林氏食用，扶持吴再旺二侄长大，不得懒惰，并要在庄谨守，毋许有拐带魆逃等情。如有此情，听程主执此文鸣官治罪。今欲有凭，立此文书为照。

乾隆十二年五月二十八日　立还服役仆人李孝友

依口代笔亲　林尔盈

中见　吴天贵　吴进孙[①]

也有只住主屋而未佃主田的佃仆之家，同样可以接受劳动者入赘。劳动者入赘时向地主出具的文约如下：

立还服役文书人万福田，今投到康兴仁堂众位老官人名下，缘身于本月招赘仆妇汪氏，本妇前夫向年曾乞康宅下村坞口乾詹三间庄屋

① 《乾隆程姓置产簿》。

并厨屋，今身夫妇仍乞在内居住，照旧服役。所有康宅婚姻丧祭及一切役使，随唤即到，小心服事，不敢有违。身后子孙在屋居住，役用几人，听凭叫唤，毋得推诿。倘日后或另栖身他处，即将所乞原屋尽行交还，不得损坏。自成之后，各事凛遵，小心服役。恐口无凭，立此服役文书，永远存据。

道光七年九月……①

第三条道路。我们还注意到，有些佃仆是由于劳动者出卖自身及其家属而形成的。换句话说，这类劳动者在进入佃仆关系时，要向地主索取一定的代价。但这不是奴婢买卖。因为，买卖以后，劳动者进入的是一种佃仆关系，而非奴婢关系，他们所承担的是佃仆应尽的义务，而非奴婢应尽的义务。

比如明代万历三十七年洪三元的卖身契是这样写的：

立卖身婚书人洪三元同妻李氏男国胜，今因缺少食用，自愿浼中出卖与洪相公名下为仆，得受财礼银一十五两正。住居潭渡祠屋，看守坟墓，每年正月初二日上门叩岁，清明拜扫，中元节及送寒衣主人上坟，务要在祠侍候。所种田园纳租，每年麦豆粟各一石三斗，乾洁送纳，不致欠少。以上如有违失，听凭责治无词。今恐无凭，立此婚书为照

万历乙酉（三十七）年十月　日立婚书人洪三元

中　王益　媒世光妻②

再如清代乾隆五十九年正月，吴有寿和凌有衢出卖自身为世代庄仆的契约也是这样写的，这里只抄录吴有寿的契约。

立杜卖身文契人吴有寿，命系壬申年正月二十八日亥时建生，同妻王氏名唤季兰，命系壬申年七月十八日辰时建生，生有一子名唤万秀，命系壬寅年七月廿四日辰时建生。自祖居住西乡十八都地方，投庄应役，以致家贫无措。近因年岁荒歉，主即辞身出屋投生。奈身寸土无产，思量难以度活。今身同妻子商议，自情愿央托身弟，将身及妻并子，愿立杜卖身文书与南乡盛尚钟、盛尚礼、盛尚德、盛尚林四

---

① 《南开学报》，1980 年第 1 期。

② 《明清徽州社会经济资料丛编》第 1 集，第 553 页。

主人名下为奴仆。三面议定，比得时值身价攵㐅色银陆两正。其银在手足讫。比即契价两明。其身自先并无来历不明等情。其身即同妻并子比即过入盛门，居住主屋，耕种主田地度活。自此之后，盛门主人婚姻丧祭拜扫娶亲大小花轿出入往来行动呼唤各项等事，身等愿子子孙孙，代代应役，即为盛门世代庄仆。身等无得延迟推捱疏虞。恐有身等死之日，亦葬主山。自立卖身文书之后，听凭盛姓主人执此文书鸣官理治，仍依卖身应役文书为准。今欲有凭，立此杜卖身文书，永远存照。

……①

与此同时，吴有寿及其妻、子，还立了一张领文书，具体地说明了他同地主之间的关系，也抄录如下：

立还领文书庄仆人吴有寿同妻王氏男万秀等，今领到盛尚钟、尚礼、尚德、尚林四主人名下，是身领去居住全新库新屋一重居住。楼上仓广楼下房间坦板俱全。又前余屋刃塝俱全。本身基地及茶莉一塝，身同凌有衢均分管业。又领豢养田皮三号，坐落西都土名菜子坵垅里，计田坵丈三亩，计实交客租谷叁拾秤正，又一号土名菜子坵，计田一坵丈一亩六分，计交客租谷十二秤零捌斤正，又一号土名填坑，计田六坵丈三亩，计交客租谷贰拾叁秤正。又领去烟火山一号，坐落三四都土名汾水岑下培山一备，新立四至，里至上弯折角直上至大隆塝边为界，外至大路田角随垄直上为界，上至顶下至脚止。四至之内，本山大小杉树松树，种树主人自已留存，其余杂柴苗竹一并听身同凌有衢具养均分，砍斫烧火。自领各业之后，永远遵守，毋得移当改换其业主主人豢养身等应役之资。自后盛门婚姻丧祭拜扫娶亲大小花轿出入往来行动呼唤及祠内使用各项等事，身等自愿子子孙孙代代应役，即为盛门世代庄仆。身等毋得延迟推捱疏虞，如有此情，听凭盛姓主人责处。今欲有凭，立此领文书存照。②

① 《南开学报》，1980年第1期。

② 《南开学报》，1980年第1期。

上引文约中提到的凌有衢，也立有一张杜卖身文书，文书上还钤有祁门县印。可以想见，这场买卖还是经过官府验证，因而是合法的。

这些文契本身表明了吴有寿、凌有衢原是人家佃仆，因原主于艰难之际，不再收留他们。为了谋求生路，他们双双自卖给盛家兄弟，作盛家世代庄仆，佃田种山，世代应役。由文契的规定看，他们卖身之后，承担的是佃仆应尽的义务，这应该是没有问题的。但是，这类自卖自身为佃仆的现象，在明清时代是不多见的。

三

不论是通过什么途径，投靠地主，入赘佃仆之家或者出卖自身为佃仆，成立了佃仆关系之后，劳动者就成了地主占有的土地房产的附属物，地主可以随同土地房产的买卖而转让他们。他们类似于宋元时代的“随田佃客”。因此，在地主们这类土地房产的买卖转让契约中，出卖者往往要声明附属于土地房产的佃仆要随同土地房产而属于新的主人，听从新主的使唤。

请看如下的几张卖契：

立契人余大章，今因缺欠使用，自情愿将承祖父户下火儿屋地一处，坐落土名南塘边潘家住基，系果字一千九百八十五号，四至照保簿，本边合得分数内取山一厘，出卖与六都余天祥名下，三面议时值价文银一两正，其银当成契日一并收足，其火佃人韩寿、潘岩付住歇，自出卖之后，一听买人叫唤工活，其税听买人随即收税管业。如有来历不明等事，尽是卖人之当。恐后无凭，立此为照。

隆庆　六年二月十七日　立契人　余大章

见　人　汪　洋[1]

七都立卖契人郑双玉，今将承父买受基地房屋一备，坐落二都八保土名胡家坦，系日字乙千五十九号，庄仆洪、王洪现今住歇。其基地屋四至：东至山坦，西至程地，南至畔，北至山，奉旨清丈四至之

① 《隆庆休宁余氏誊契簿》。

内基地地骨并屋宇余屋空地，与陈谢汪胡共业，本家分丈陆步，本身与侄阉分该得贰步。今因食用无措，将前分得庄地贰步，不存分厘，尽数立契托中出卖与六都程名下为业，三面议值时价纹银贰两正。在手足讫，契价两明，其地屋未卖之先，并无家外人丁重复交易来历不明等情，卖人承当，不涉买人之事。自成之后，两无悔异。如悔者，甘罚契内银一半公用，仍依此契为准。其庄屋仆人，听程照乡例呼唤应付。所有税粮照契贰步，随推买人听挖过户供解。其上手老契与文票同侄共业，不便交付，日后赍出，程业三股之一，郑业三股之二。今恐无凭，立此卖契存照。

康熙三十年八月十八日　立卖契人　郑双玉

中见人　熊文元①

立杜卖庄仆及庄屋并基地坟山田皮各项契人邵叙伦秩下三房人等，今将承祖遗下吴姓仆人及屋宇基地坟山烟火柴山田皮全备，坐落三四都一保，盈字一百五十五号土名下培，丈高地一百七十一步，又将一百五十六号土名花树下，丈一百二十八步，又将一百五十七号土名下培，庄基地丈平地七十五步肆分，又将一百五十九号土名下培，丈高地一百五十三步，又将本都吕字号土名下培，乂土名爬脚弯、蛇形等处吴姓葬祖坟山禁步。缘先年祖人　屋置买田地，豢养吴姓仆人，生居死葬，应身姓各役，世守无异，永远使唤世仆。又将三四都一保吕字号土名三佛弯柴山一备，并前门源等处田皮与吴姓耕种度活。今因本祠户门钱粮正用紧急无措，合族商议，自情愿托中将祖遗吴姓仆人及屋宇基地坟山田皮等项内，挖一半立契杜卖与盛泫济祀秩裔名下为业。三面议定时值价纹银八十两正。其银在手足讫，比即契价两明。其业未卖之先并无重复交易，亦无来历不明等情。所有税粮在于三四都二图七甲邵永昌户的名叙伦堂名下，前地步则一半照依折税，推入本都本图十甲盛兆茂户的名泫济名下供解无词，再不另

① 《乾隆程姓置产簿》。

立推单，仍依此契为准。自成之后，卖出吴姓仆人，听凭盛姓使唤，所有婚姻丧祭开门扫地等事，随时应役，无得执拗。家内人等尽在契内分价，毋得异言。今欲有凭，立此杜卖出吴姓仆人及屋宇基地坟山田皮各项契，永远存照。

嘉庆　十八年十二月①

上引明清两代出卖庄基火儿屋地的契约，在列明所出卖的土地的登记编号、所在四至以后，一无例外地都声明其上居住耕作葬坟的佃仆，要听从新的主人的役使。与此同时，也一无例外地都声明，该片土地的税粮要随买卖而推单过户。即将应交纳给国家的税粮，由卖主户内转入买主户内交纳。由此可见，这种将佃仆作为土地房产的附属物的买卖是确实得到国家认可，其产权是得到国家保护的。一句话，买卖是合法的。

在这些契约上，出卖的并不是整片的基屋或土地，出卖的只是编号登记的土地房产的几分之几。这是需要做出说明的。原来佃仆住屋所在的土地，是地主家的一项财产。但是，在地主分家时，却不像处置一般田地、山塘、房屋那样分给参与分家的各户，而是留给参与分家的各户所共有。佃仆的基屋都是以一片土地为基础的，这片土地是地方政府登记并编了号的，负有交纳税粮的义务，在当地鱼鳞册上都可查到。土地面积并不大，可是上面都建筑有房屋供佃仆住歇。如果房屋毁坏，所有者们还有责任共同集资建造新房供佃仆居住。个别佃仆基屋可能出现空无人住的现象，那其实是已经徒有其名了。佃仆屋地既是众家共同占有的，每家占有的份额，可以用土地面积来表示，如上引契约中的两步，也可以用土地面积的几分之几来表示。各家的佃仆屋基不是本家祖辈遗传下来的，就是本家历代祖先购买来的，经过不断地分家和继承，它的共同占有者会越来越多，而每家占有的份额却随之而越来越少，分割得越来越零碎了。我们见到的有二分之一，三分之一，十六分之一，二十四分之一至四十八分之一，甚至有小到一百二十分之一，一百六十四分之一的。不经过多次分家和继承，是不可能形成如此结果的。由此可以推论，有些佃仆基屋很早就已经存在了，可以早到几百年。也由此可以推论，佃仆关系

① 《南开学报》，1980年第1期。

是随着地主和佃仆双方的自然增殖而延续下来的。佃仆和地主双方的自然增殖就是佃仆关系的再生产。因此，说佃仆关系是世代相承的，并非没有道理。

不过，佃仆的人身是不能分割的，几分之一所表明的只是劳动者一仆众主，备受凌辱、备受剥削、备受奴役的一种情况。在明清两代，佃仆多半是同族产相联系的，一仆众主是非常普通的现象，他们同这众多主人之间都有着严格的隶属关系。佃仆社会地位之低下，由此可见一斑！有时，有分的主人，只能分到一步、两步土地，甚至几两、几钱地租谷子，却也有权役使佃仆，同劳动者之间保持着严格的隶属关系。

四

所谓佃仆是地主占有的土地房产的附属物，同地主之间存在着严格的隶属关系，意思是说，佃仆在地主统治之下，人身是不自由的。那么，佃仆人身不自由的程度或情况又是怎样的呢?

在明清时代，不论是经由投靠、入赘或者卖身等而形成的佃仆关系，或者是经过转卖和继承而维持的佃仆关系，地主一方总是要求劳动者遵守佃仆制度的惯例，或者简称作乡例。劳动者如不遵守，或者违反，被地主发觉追究，往往要出具文约，承认自己的过错，并且同时保证不再违犯。从这些保留下来的文约中，我们可以获得一个对于这些惯例的大致不差的认识。

其中，最重要的是佃仆没有移动的自由。下面抄录几张有关的文约。

> 十西都安山居住火佃朱钿，因身日食难度，自不合挈妻并男一家背主逃走，是主当获，要行告官理治，是身央中情愿立还限约，候正差之年自行挈家小回宗当差，应副毋违。如有抗违，听自呈官重究。今恐无凭，立此限约为照。
>
> 万历五年二月二十四日立还限约　　　朱钿
>
> 中见保人　谢凤保
>
> 代书房东　胡　才[①]

① 经济研究所藏契约原件。

庄人汪发时，原父汪旺空身投到房东郑安信老官祀十六都张弯坳墓庄住歇，看守坟墓，耕种田地。不幸父故，有兄记保旧于十二月自不合魃将父母丧柩厝在信老官坟前土名庙前田里，兄记保又不合于十二月间背主逃走。房东要行理治，本身自知理亏，情愿将父母材柩搬移他处，托中求到房东九公址田磅暂厝。迭年交纳奚一只。清明其应付照旧，不得抗拒。今恐无凭，立此文约存照。

顺治三年十一月二十四日立还文约庄人汪发时

中见叔汪写时

代书叔汪　连[①]

立承约人金文禹，今因身不合出庄，触犯房东，致呈在官，身自知罪，不愿至官受责，托中求情，还物服礼。自后本庄田产是身承领佃种，照旧交租。倘遇大旱，接田主下田看让，兴养山场，不致盗取。其上坟等事，照旧依行。立此存照。

乾隆十九年正月十六日立承约人　　金文禹

中　见　程飞文　程石庄[②]

立还投主文约庄人汪荣仝子天生，原因身视父向投在十五都郑谅老官祀庄屋内守墓，自不合逃走，自愿托中，今复赤身投到祀内求众老官宽恕，投在庄内居住。所有一切应役供给悉照本屋内旧规，不敢违逆，如有等情，听自凭房东理处无辞。今欲有凭，立此存照。

乾隆三十一年九月二十四日立还投文约汪荣仝男天生

见中　弟汪连　程来　李延寿

依口代笔　程有遂书[③]

劳动者不能离开自己的居处，没有移动自由。此外，还不能自行出雇，以

① 《郑氏祭祀簿》。
② 《乾隆程姓置产簿》。
③ 南京大学历史系藏契约原件。

及触犯地主的其他规定。比如：

立还服役文书庄仆人吴新富仝弟吴新法，祖父向住英老官人庄屋，耕种祀田，并服役无异。今自不合听旁人将弟新法私自雇与汪，工银毫无。续后又私雇与程，工银亦毫无所得。在景镇衣囊当尽，幸空身跟客回家。其二次私雇，不行通知房东程主，及身弟回家，房东定呈官理治。今身不愿闻官，自情愿托中服还文书，照旧守庄耕种祀田服役等项，再不得仍前私自工雇他人。如有此情，听主责令。是身带回，听主呈官理论，今恐无凭，立此服役文书，永远存照。

康熙十年六月初四日立还文书仆人　吴新富仝弟吴新法

中见房东　程百芳　程符初①

这同一个吴新富，五年以后又以听从幼主荣官私卖树木，立下了又一张服罪文约。

立还服文书人吴新富，向来身父吴五得并身兄弟居住继英老官人杨坑庄屋，历来居住主屋，死葬主山，迭年应役，不敢放肆。今因误听幼主荣官，本身正月仝到漳溪魆卖山场树木，得银三钱，被主程凌云等查出，要行呈官究身诱拐之罪。身知理亏，不愿到官，自愿托凭本境里长，浼　主恕身初犯，情愿立还服文，以后再不敢大胆妄为。如违，再听主家呈治，甘罚无词。今恐无凭，立还服文为照。

康熙十五年十二月二十四日立还服文仆人吴新富

中见里长汪涵玉

代笔　汪瑜若②

在佃仆制度下，佃仆是要听从地主的使命的。上例，究竟是主人使令佃仆，还是佃仆诱骗主人，已经是无可考查的了。然而，明明是佃仆听从地主使命，收藏了地主盗取的财物，却也要承担罪责，出具服罪文约。比如康熙五十二年李务本堂的佃仆吴子富、谢四因本堂庭官人、福官人窃取务本堂的竹木苗笋，藏在自己家里，因而出具文约。

---

① 《乾隆程姓置产簿》。

② 《乾隆程姓置产簿》。

近因身等懈怠，以至本堂支下庭官人，福官人窃取竹木苗笋，今被众主察出现藏赃证，要行重罚。身等再四恳求，蒙主宽恕。身等愿备三牲封山，量偿竹木价银一两正。身自封禁之后，自必用心看守，倘有家外人等再盗竹木，不敢隐瞒。如再仍前懈怠，悉听家主重治。[1]

佃仆如果集体得罪地主，不论主从，都要承担责任。为主的，要送官究治；为从的，也要立自新甘墨，表示服罪。比如：

立自新甘墨仆人李忠，缘自同汪、方、李、应、谢、程、卜、杨、梁等九姓，皆系家主叶门下仆人，向葬主山，住主屋，自来小心服役，不敢放肆。今九姓内，有一二误听同辈之愚，以致得罪家主。今汪能等已经家主送官惩治在案。自蒙家主恩免，愿立自新甘墨。嗣后小心服役，倘再敢如前违拗叛主，听从送官处治，甘罪无辞。立此自新甘墨，永远存照。

乾隆 二十三年 八月[2]

上引事例都说明了地主对佃仆约束的严格程度。不过，都还是地主一家一户约束所属的佃仆，各家自行其是，还没有联合起来统一行动对付佃仆的。但是，从明代后期开始，我们发现，同姓地主联合起来对付佃仆的事例逐渐增多起来。这是一个变化，可能是反映了，一家一户单独占有佃仆的个体所有制所占的地位下降了，而一族一姓共同役使佃仆的集体所有制所占的地位上升了。也可能是反映了，佃仆的反抗力量增强了，一家一户的地主力量不足以控制佃仆，而需要多家地主联合起来统一行动了。更可能是这二者兼而有之。

具体的事例很多，这里抄录两张合同作为例证。

三门立合同人黄邦华、文生、裕全、德亹、文著等，因承祖遗有坞头溪滩山门坑东坑下坑乾坑间坑岑背店背后张家坞口等处庄仆，先年立有文书，冠婚丧祭火佃信纪柴薪向来应役无异。今突出风波，强悍悖逆，希图脱漏，不思文书炳据，庄基现凭。族众人人发指，难容坐视。但其责诚重，其任匪轻，必同心协力，共襄厥事。非苟且粗率

① 《徽州千年契约文书·清民国编》卷1，第165页。

② 《南开学报》，1980年第1期。

可济其始终者也。是以合族盟神歃血，共立合墨，或呈官惩治，或私行责罚，务必力处以杜刁风。银费除乐输而外，再行商酌。如有退缩不前，临事推诿者，即以不孝罪论。嗣后各处庄仆，仍毋许私自使唤，今立合同一样叁张，存匣一张，上下门各执一张存照。

雍正　六年五月　日　　　三门立合同人（七十二人押）①

立议合同人叶集义堂枝孙正芳、天喜、文晃、文锡、兆永、本预等，缘承祖遗有地仆九姓，递年　时入祠叩节，服役无异。曾于二十八年汪宁等跳梁，已经控官，蒙县主胡爷责惩，各取服役遵依在案。今轮汪伯寿值堂，竟以顽梗不来。又有汪、方、李、应四姓，元旦稳坐在家里，不来叩节，叛主横行，情理难容。是以本堂枝丁会集公议，送官理处。奈祠内空乏，所有费用，将祀内银物应用，如不敷照丁均派。某出身，某派费，某下邑往来行走，公举是人，即要出身，不得借私推诿误公。所有银钱眼同公支公用，亦不得怀私利己。如有此情案出，见一罚十。自合议后，各房枝孙俱要齐心协力，如有乖议不遵者，以不孝不义论责。倘有里应外合察出，生者不许登堂，死后不许入祀，仍责在此人家长，以家规不严罪论。恐人心不古，故登先人灵前，公立合同一样六张，各执一张存照。

乾隆五十年正月……②

五

佃仆在地主经济中处于什么地位呢？亦即地主在经营中如何使用佃仆呢？

明代《窦山公家议·庄佃议》中有一个很简要的概括，说是“前人置立庄佃，不惟耕种田地，且以备预役使”。这里强调的是耕种田地和备预役使，二者并重，而以耕种田地领先。到了清代乾隆季年，歙县黄墩善堂在做造庄屋合同中说：“为做造庄屋事：夫庄人者，冠婚丧祭于是乎赖焉，然则无庄则身

① 中国社会科学院经济研究所藏契约原件。

② 《南开学报》，1980 年第 1 期。

不贵，无屋则庄不立，是庄屋之建亦所以为祖宗而固后裔也”[①]。这里强调的是冠婚丧祭时的备预役使，着眼点在维护地主阶级的等级地位，只字未提耕种田地。当然，这并不表明后来的佃仆就不耕种田地和兴养山场了。留传到光绪年间的休宁茗洲吴氏《葆和堂需役给工食定例》中，详细地规定了服役的种类和给工食的具体办法，但并没有忘了提及“田园交尔等耕耘，杂山任尔等拨种，税山任尔等安葬，税地任尔等宅居”，“采山耕田，安居乐土，亦家主之所深望也”。并不忽视采山耕田，只是其地位已经不如备预役使那样的引人注意罢了。

佃仆租佃地主田地，承养地主山场，与一般佃田种山的租佃关系并无不同。

皖南是山区，山多田少。所以，这里的地主特别强调山场的经营。祁门县善和地方一家程姓地主，曾将田地和山场经营作过比较。他的结论是：“田之所出，效近而利微；山之所产，效远而利大。今治山者递年所需不为无费，然后利甚大，有非田租可伦，所谓日计不足，岁计有余也。”[②]

当地地主经营山场像他们经营土地一样，采取出租的方式，把山场租给劳动者，治山种树，等到树木成材，砍伐出售，叫做出拚，那时地主无偿地掠取劳动者劳动成果的一大部分。不过，树木由入山点种到成材出山需要的生产周期远较农田作物为长，长达一二十年乃至三四十年，在此期间，需要劳动者不断地培植、修整，才能保证树木成材率达到最大限度。可是在成材砍伐之前，种山的劳动者只能修剪些枝枝杈杈作为柴薪，在林隙种些麻粟豆子之类，谋求一点收入。如果山场面积过小，这些收入不足以维持生活，就需要另有生活来源。因此，种山佃户往往要兼作其他经营，比如说兼作佃田佃户，才能维持一家生活。如果山场较大，出息较多，地主也宁愿把山场租给佃田佃户，使佃户“赖于山地之利，以补其不足”[③]，免得交不出田租来。当地地主就是按照这种山与田互相弥补的原则，来经营他们的山场田地，寻找承租者来进行剥削的。因此，在佃仆制度下，地主不但要佃仆佃田纳租，还要他种山分成，就是很自然的了。

---

① 《明清徽州社会经济资料丛编》第1集，第570页。

② 程昌撰、程钫增补：《窦山公家议》。

③ 程昌撰、程钫增补：《窦山公家议》。

下面，我们抄录两张佃仆出具的种山文约。

立还上庄文书吴五得，年三十岁，同妻汪氏爱弟空身自愿托中投到房东程英老官人名下杨坑辛塘庄屋房住。所有山田，俱身承管耕种交租，兴养松杉苗木，递年听主唤役，其田租开后，照单交纳。自上庄之后，务自尽心竭力，耕种田坦，看管山场，栽养松杉成材，主坌三七相分，主得七分坌得三分，其木不得私自砍斫，并不许闲人入山盗砍。如违，犯一赔九，仍听惩治无词。今恐无凭。立此上庄文契为照。

崇祯三年三月廿七日立还上庄文书　吴五得

中见房东程良猷　程良仪　程斯礼

依口代笔陈社富

保居中见人陈社元①

立承佃兴养仆人陈国佑、文栋、文祯等，今佃到房东汪冠鳞名下税山三号，坐落土名汪二拗、石岑拗、后塘，调字五伯号，五伯乙号，五伯二号，其山三号，共大四至：东岑及尖，西至塘及田，南石岑拗路，北至随弯及叶山，前项山是身六大殳锄挖耕种麻粟桐梓，以准栽苗工食，三年之内栽苗三尺一株五尺二株。其通山插苗齐备，请主入山看苗，如有空地照数赔补，山树木成材务要革火截盗。倘有私自入山窃取柴木，是身入山拿获报明，不得私情弄法，查出见一罚十。日后树木出拚之日，主得七分，力得三分以算工食。自此之后，无得异言。恐后无凭，立此承佃约存照。

再批当时砍杉木工食信记算　讫

乾隆二年又九月十九日立承佃兴养人陈国佑　陈文栋　陈文祯　陈文茂　陈正秀　陈正法

代笔中康邦佩②

这里，采取的都是分成制，树木成材之后，砍伐下来地主一半，佃仆一

① 《乾隆程姓置产簿》。

② 南京大学历史系藏契约原件。

半；或者地主得三分之二，佃仆得三分之一的。直接生产者应得的份额称为“力坌”。契约上规定，不得私自砍伐。这就是说，不得地主许可，佃仆不能处置自己的应得份额，这就限制了直接生产者中途处理自己应得份额的自由。待到地主同意砍伐之后，直接生产者才能得到自己的份额。这时，种山合同已经执行完毕，如果不顺延下去，就需要成立新的种山合同了。

佃仆不但承养山场，还租种田地。他们租种田地，像上面承养山场一样，同一般佃户几乎没有什么两样。地主虽然有责任为佃仆提供田地和山场，然而提供多少却无一定之规，而且还要另立租约。

具体情况，请看一余姓地主所记佃仆租佃的记录：

程双喜（子长龙、子金保）

乾隆三十八年至四十七年种后山长田一丘。正租八秤。乾隆三十九年至四十七年种六家园商低坦。租下首小巷内前更楼一座，每年交九五租银一钱。原双龙租，亡故后，弟双喜接租（乾隆二十九年以后至嘉庆五年，其中有十三年欠租）。

租菜园、厕所、柴山、茶园，每年交九五银六钱三分。乾隆廿四年结欠二钱一分八厘。历年有欠，至嘉庆十六年为止。

围墙大门楼下第一厕所，程黑铁盛粪，曾孙金保交租。

何万富（妻腊梅、子旺份）

乾隆四十八年至五十六年种后山长田一丘，正租八秤。乾隆四十八年至五十三年种六家园高低坦，交干麦一秤，黄豆一斗二升。何妇腊梅吴氏，嘉庆五年四月租槐茂堂下首围墙外，在东朝西楼屋一进，计两间，每年议交租钱二百文，有租约。每年交丁粮钱一百十文。乾隆三十八年租厕所一个，每年交租钱一百四十文。万富已故多年，子旺份于嘉庆二年九月亦亡故，何妇腊梅一人，二年五年欠租。

围墙大门楼下首第二路第一个厕所，乾隆三十八年何万富租。嘉庆八年退，荒。

胡旺保（父胡龙）

乾隆二十五年租槐茂堂左首三间楼房一进，计二间，四十四年退。

承种后村佃头田三丘。原先胡龙，胡凰承种胡崔佃头田，代崔交登仕门每年谷二秤十斤，麦二秤十斤。乾隆四十五年胡龙子旺保将佃头田与胡四十种，胡四十又承交旺保名下谷麦。

胡四十

乾隆四十五年胡龙子旺保将佃头田与胡四十种，胡四十又承交旺保名下麦谷。

五十五年亦将后村上巷后门坦高级佃头田一丘，仁大租，监分；又旦坞佃头田二丘，为榕租，监分，退交登仕门。后村上首井边第四个厕所，在则明业，向胡四十租，今空荒。①

地主总是要佃仆为其耕种田地、兴养山场的。这在买卖佃仆屋基的契约上并没有具体规定。因此，地主给予佃仆多少田地耕种，多少山场兴养，完全由地主方面决定。不过，地主不给予佃仆田地山场耕种兴养的情况是不多的。除非地主没落了，丧失了原有的田地山场。

在这种佃田种山的关系而外，同时还存在着佃仆是地主占有的佃仆基屋的附属物的关系。前一方面，佃田种山，可多可少，可有可无，具有相当大的灵活性。后一方面，却是牢固不变的。表现在佃仆为地主服役是佃仆负担的一个不可缺少的组成部分。这两方面结合起来，构成了皖南佃仆制度的特征。

佃仆为地主服役，虽是佃仆负担的一个不可缺少的部分，却不一定是其负担的主要部分。一般地说，佃田种山多的佃仆，服役在其整个负担中不占重要地位，佃田种山少的，甚至并不佃田种山的佃仆，其负担中的服役部分就不小了，甚至是惟一的部分。不论什么情况，佃仆必须为地主服役，不服役的佃仆是没有的。

佃仆对地主的服役有两大类。一类是地主家冠婚丧祭所需要的服役，另一类是地主家冠婚祭丧以外所需要的服役。前一类随地主家族人口的多少而定，随时发生，随时服役，是不能完全预计的，但实地计算起来，毕竟是有限度的。后一类则不同了，随地主的主观需要而定，没有什么限界，可以说是无边无涯的。各家要求不同。一般说来有迁坟造宅、升旗竖匾，立碑建

① 章有义《明清及近代农业史论集》。

坊，巡更守夜，看家护院，搭桥撑船，拨路扯草，搭戏台，下县往州，装簰放木，送主赴试，出外经商等等。役使纷繁，这就需要有一个各方面都能满意的佃仆服役或使用的分配办法。如果佃仆属于一家一户所有，这个问题就由主家决定，如果佃仆属于一族各房，或者多家所共有，这就需要有关众主人共同商定了。

比如《余槐茂堂庄仆打扫祠堂条规》中就有如下的规定：

除夕节前一日，东庄诸仆齐集扫刷如式，并甬道除草、打扫。近因仆等人众，彼此推捱，以至刷扫不洁。今乾隆十四年谕仆等分作四阄，每阄经值一年，周而复始，再不得有刷扫不净之故，违即究处。再　任侯出巡前一日，祠前锄草起至霭冈口止。今于乾隆三十三年戊子岁查仆等阄内人丁盛衰不一，后今均作三阄。一阄，胡四十、何万富、史天保、史发九、洪佑保，二阄，程双喜、洪大金、洪顺保、史新保、史黑，三阄，洪四保、洪二金、洪保、胡旺保、胡保。戊子除夕节起照阄周而复始。

此外，地主如于额定的服役项目和数量之外，再要求佃仆服役，佃仆虽然必须应役，但地主却要支付膳食费用，类似顾倩。至于这种办法是从什么时候开始的，我们还不清楚。只知道在天启年间的《不平鸣稿》上，已经有这样的记载：

仆居另爨，如遇婚姻丧祭，役用不过一日或半日，此有喫无工。凡役用亦不额其人，如一次用赵甲，一次用钱乙之类。轮流均役。且婚姻丧祭不常遇，或一年一遇，或两年一遇，邻保尚相助力，况已分之仆乎！外有多工夫役用，计日算工银与之，使仆领去，给其父母妻子，此亦徽俗通例。

光绪时抄录的休宁茗洲吴氏《葆和堂需役给工食定例》中，关于娶亲和起屋的规定，可以作为应役佃仆工食的一个例证。

娶亲

串肉四两　酒半乎　蛋一双　夜饭米一筒半（以上先期发）饭一飡（贰个）饭肉二两　酒两饭碗　腐菜一碗（以上临期食）披红布三尺（临期发）寿桃一双（轿到时发）

其通门轿夫，接嫁婢，加给肉四两，酒半壶，米蛋不加，外又饭肉二两，酒两饭碗，只加给抬轿者，以便分与扒轿之人；余人不加。

其扒轿之人，照旧例用提灯照道四人。如不用照道，则用提松明之人；如不用松明，则用拖火把之人。

……

三十里、四十里、五十里者，各给中伙一个，六十里，七十里者，各给中伙二个，八十里者，各给中伙三个，九十里，一百里者，各给中伙四个，临期照时价给发。三十里以内者，不给中伙。

起屋（向例发饭米自食，众仆、私仆悉听本家唤用）

众建祠堂（众仆应主八日，私仆应主四日）

饭米三筒、酒半乎（每日各给）

祠堂上梁助力叩贺

众仆给酒、串钱二十五文，私仆给酒、串钱十五文。

支下起造（众仆应主二日，私仆应主一日）饭米三筒酒半乎

支下上梁助力叩贺

众仆给酒串钱二十五文，私仆给酒串钱十五文

应主助力，众仆、私仆，或用或辞，悉听本家知会，不能拘例。

六

在讨论明清时代封建统治者对佃仆制度的态度问题时，我们首先要强调一个最普遍，最基本的事实，即，佃仆，包括火佃，庄仆，地仆，其屋基，庄基的买卖转让和继承都是受到法律保护的。屋基、庄基都是登记在鱼鳞册上的一定面积的土地，编有字号，负担有相应的税粮义务，买卖转让必须登记，税粮必须随之过户，完成了这些法定手续之后，其所有权就受到法律的保护，他人不得侵犯和破坏了。分家或遗产继承时，屋基、庄基的分割或共有，也是受到政府的保护的。我们还没有看到，明清两代有关的文契和分家书的法律效力遭到各级政府无端否定的事例。据此而论，明清两代封建政权对佃仆制度是保护的。只是在清代，保护的范围有所变化罢了。

进入清代以后，皖南的地主们依然沿袭明代的惯例，把火佃、庄仆、地仆

统称佃仆一类的劳动者置于自己的统治和奴役之下。顺治九年祁门县李良春等签立的保业合同就是一个明证。

合同的目的是防止族人私自出卖自己所占有的那一份火佃庄基。合同中说："伙佃庄基，向系本祠全业，世守祠茔，毋容变更。"还引述了万历四年祁门姚县令的一个批示："伙佃看守祠茔，立文勿许变卖他姓，深所以广孝也。仰通族人照约行之，违者执约到官，买者卖者皆治以罪，仍令卖者应买者之役。"① 李姓将合同送官请印，是他们的心目之中，清朝官吏同明朝官吏一样，对佃仆制度是持保护态度的。

我们了解，清初禁止压佃为奴的禁令，其实是与佃仆制度不相干的。顺治十七年，江宁巡抚卫贞元曾因"凤颍大户将佃户称庄奴，不容他适"的现象，申请朝廷严禁，得到清廷批准，认为："查佃户不过穷民，与奴仆不同，岂可欺压不容他适！恐不独凤颍为然，似应如议。仍请敕各抚按严行禁革。"② 这里，禁止的是地主侵犯佃户的离土和人身自由，与并无离土和人身自由的佃仆没有直接关系。

所以，康熙十二年，祁门县令在审理李梦鲤一案时，批示道："审得李梦鲤，李、吴二姓之庄仆也。……缘徽俗旧例：仆居主屋、种主田、葬主山，则世世服役而莫之有违。"③ 这与明代《不平鸣稿》中所说"徽俗为仆者，生居主屋，死葬主山，夫有屋有山与居葬者，即仆之主也。或只有屋与居而未有山与葬，或只有山与葬而未有屋与居，二者有一，则仆之子孙永远应主听役无说矣"，维护的是同一个制度，并未受到上述禁令的影响。

后来婺源县发生了余糒买佃作仆一案。地方官根据案情，提出了一条政策性建议：即"嗣后业主买卖田地，应听佃户自便，不许随田转卖，勒令服役"。因为"佃户原系穷民，种田供租，与投身服役不同"。这显然是突出不能把一般佃户随田买卖而压佃为奴，而没有把它同劳动者作为土地附属物而随田买卖的佃仆制度联系起来。户部在议覆这一建议时，既不严格区别佃户与佃

---

① 《徽州千年契约文书·清民国编》卷 1，第 38 页。

② 《例案全集》卷 6，第 415 页。

③ 《徽州千年契约文书·清民国编》卷 1，第 76 页。

仆的不同，也不认真考虑随田买卖的事实，而是含糊地将此案与顺治十七年卫贞元的条奏案扯到一起，强调要禁止“压佃为奴”，议定：“今绅衿大户如有将佃户穷民欺压为奴等情，各省该督抚即行参劾。”康熙二十年七月得到皇帝批准：“奉旨依议。”① 这就与佃仆制度下的“随田买卖，勒令为奴”的距离更远了。此后，一直到雍正朝，未曾有官员想到要把这些例案禁令与佃仆制度的存在直接地联系起来。

雍正继康熙即皇帝位，他比较注意调整社会等级和阶级关系，即位的第一年就同意削除山西乐户的乐籍和浙江绍兴府堕民的丐籍。雍正四年又用列举的方式，明确了世仆的范围。这后者后来直接关系到佃仆制度。有关的条文是：“汉人家奴婢、印契所买奴仆，并雍正五年以前白契所买及投靠养育年久，或婢女招配已生子者，男属世仆，永远服役，其女婚配悉由家主。仍造清册呈地方官存案。凡汉人买仆及婢女招配，并投靠之人，均书明文契，呈地方官钤印，如有事犯，验明报官册及印契，照例治罪。”② 不过，这时尚未明确皖南佃仆也包括在世仆范围以内，虽然，民间在进行诉讼时，早已把佃仆、庄仆、地仆之类称为世仆了。

明确皖南佃仆一类包括在世仆范畴以内具有法律效力的文字是雍正五年的一道上谕。这道上谕本意是要解放皖南佃仆一类的劳动者的，不知为什么同时与把佃仆确认为世仆的法律规定结合了起来。这一结合使得这道上谕的落实和解释都变得曲折而又复杂了。

上谕的全文是：“朕以移风易俗为心，凡习俗相沿不能振拔者，咸予自新之路。如山西之乐户，浙江之堕民，皆除其贱籍，使为良民，所以励廉耻而广风化也。近因江南省中，徽州府则有伴档，宁国府则有世仆，本地呼为细民，其籍业下贱，几与乐户堕民相同。又其甚者，譬如二姓相等丁口庄村，而此姓乃系彼姓伴档世仆，彼姓凡有婚丧之事，此姓即往执役，有如奴隶，稍有不合，人人皆得棰楚。追究仆役起自何时，则皆茫然无考，实非有上下之分，不过相沿恶习耳。此朕得诸传闻。若果有此等之人，应予开豁为良，俾得奋兴向

① 康熙《江南通志》卷65。

② 光绪《大清会典事例》卷158。

上，免致污贱终身，且及于后裔。著督抚查明具奏，钦此。”①

当时的安徽巡抚魏廷珍，职司所在，自然要努力贯彻雍正皇帝的这道上谕。他首先要把佃仆纳入世仆范畴，作为“汉人家奴婢、印契所买奴婢，并雍正五年以前白契所买及投靠养育年久，或婢女招配已生子者”那样的等级对待，然后在不影响世仆制度的前提下，解放他们。为此，他把佃仆区分为有文契和无文契两类，有文契一类中又分为已取赎和未取赎两种，无文契一类中又分为现受豢养与不受豢养两种。根据这些不同情况，区别对待。②

他建议：（1）绅衿之家典买奴仆，有文契可考，未经赎身者，本身及其子孙俱应听从役使，伊主兄弟子侄有事，许令执役，与其主有尊卑名分者，俱不得与之抗衡。（2）既经取赎，其本身及其子孙自不得谓之世仆，其本身及在主家所育之子孙见主人应仍存主仆名分，其不在主家所育之子孙应照旗人开户之例，准予豁免为良。（3）年代久远，文契失落者，若仍受主豢养，应仍服役为仆。（4）年远文契失落，又不受主豢养者，其本身及其子孙自不得谓之世仆。

魏廷珍这四条建议的前三条，是比照世仆制度的要求而提出的，其作用在于维护世仆制度，从而把合乎上述条件的佃仆也纳入了世仆范畴，予以严格的约束，一点解放其人身束缚的意义都没有。按照这些建议，佃仆被牢牢地束缚在封建等级制度之下，处于被压迫奴役的低下地位。只有第四条建议才具有解放佃仆身份的含义。

不过，这里的关键是豢养的含义。根据魏廷珍的解释，现在佃田住屋葬山的算是现受豢养。如此解释，则所有现存的现实的佃仆关系都被排除在解放的范围以外，而现在不佃田住屋葬山的佃仆才可以解放。这只能指的是过去曾是佃仆而现已不是佃仆的人才可以解放。这实际上只是适应佃仆关系的新陈代谢，把已不是佃仆的人摘掉佃仆的帽子，予以正名罢了。

此外，魏廷珍还有两条建议。一是“其小户附居大户之村，佃种大户之田者，本系良民，名为世仆，自是相沿恶习，应严行禁止”。一是“又称有因

---

① 据安徽按察使噶善奏本。

② 据《大清雍正朝定例成案合抄》。

贫帮工配人家婢女者，其本身实非奴仆，其子孙亦不得谓之世仆”。前一条中的小户在皖南就是佃仆的一般称谓，落实了这一条，就实现了佃仆的解放。但是，如以文契和现受豢养作为标准，则这一具有实际解放意义的规定，就不能落实，解放也就落空了。后一条“因贫帮工，配人婢女”，可能是指劳动者入赘佃仆之家而丧失其自由的现象，但不提是入赘佃仆之家，而说成是“因贫帮工，配人婢女”，这就与佃仆无关了。

魏廷珍的建议，经过户、礼二部议奏，获得了皇帝的批准。经过上面的分析，其具有实际意义的不过是：“奴仆卖身当身既经取赎，并年远文契失落又不受主豢养者，其本身与其子孙不得谓之世仆。”① 这一规定中，“取赎”是世仆制度下劳动者争取解放的原有办法，只有无文契又不受主豢养者应予解放才是法律上的新规定，为前此所无。

上面说过，这一新规定只能落实到那些曾是佃仆而现已不是佃仆的劳动者头上。这类劳动者的出现，是因为佃仆关系是可以分割买卖和继承的，经过多代，十代二十代的分割买卖和继承，原来的佃仆基屋分割得小而又小，同时两姓人口又可能有很大增长，许多人与许多人之间原有的佃田住屋葬山的经济关系，已经小得无法表现了。只是由于祖先中间存在过佃仆关系，子孙也就沿袭下来，以致现实的经济关系演变成了历史的概念上的关系，成了所谓“远年世仆”。清代的许多佃仆争议案件，多是在此基础上发生的。正如雍正时刘柟所说：“告争世仆之案，多自故明以来，历一二百载，历一二十世，其丁口每至盈千累百，只因一二人受主豢养，或执远年无印旧契，遂致合族子子孙孙，不能出头。此等之人，实属可悯！”② 后来的事实表明，就是这类“远年世仆”要争取解放，也不容易！

根据上述的分析和历史事实，我们认为：雍正皇帝的这道上谕，就其把佃仆纳入世仆范畴一面而言，是得到了贯彻的，因为它符合皖南地主阶级维护佃仆制度的需要，就其开豁佃仆贱民身份的一面而言，缺乏有力的落实措施，不能克服当地旧势力的阻力，几乎无任何成效之可言！

---

① 《大清雍正朝定例成案合抄》。参看陈柯云：《雍正五年开豁世仆谕旨在徽州的实施》。

② 《雍正硃批谕旨》第一八册。

乾隆三十四年，噶善曾就佃仆的解放提出了新建议。但其结果不过是把雍正五年上谕的施行范围，扩大到池州府。所以，此后的户部则例上列入了一项规定："安省徽宁池三府细民，如止佃种大户田地，不许压为世仆。至其先世有佃田主之田暨葬田主之山者，不准开豁。"[①] 这里，是把佃户和佃仆即世仆区别开来的。据祁门县地方官回忆，乾隆三十四年时，部议中曾有如下论述："奴仆而兼佃户者，即退佃而名分永存，是佃非仆，即不退佃而良贱自别。至田主自有之山，并未计价召售，因其世服佃役，听其先人殡葬，较诸现受豢养者，恩义更深，不应在开豁之列。"[②] 这些都可能是噶善建议之后的朝廷立法。所以到了嘉庆年间，都察院还认为："佃田葬山不准开豁之例，原为徽宁池三府佃仆，自其先世服役已久，祖宗俱葬田主之山，受恩尤重，是以特设耑条，载入例册，永远遵行，初不关身契之有无也。若皆有卖身文契，则不待葬山而已无可开豁，例义甚明。"[③]

实际上，魏廷珍建议并经皇帝批准的，凡无文契，又不受主豢养及服役的"远年世仆"，也没有及时得到解放。一直到嘉庆十四年，宁国府还发生了县民赴京具控柳姓捐监系其世仆一案。此案，原告坚持柳姓远祖自前明宣德年间葬伊山上，定例葬主之山佃主之田住主之屋皆为世仆。然而在问官讯问之下，才知道，并无卖身文契，而且出户另居已数百余年，实际上不存在现实的佃仆关系。原告只是为了反对柳姓捐监，才翻出这一陈年老账的。

为了解决这类纠纷，落实雍正皇帝五年上谕，安徽巡抚董教增根据高廷瑶等的建议，申请朝廷作了一个规定。规定的有关文字是：

> 安徽省徽州宁国池州三府向有世仆名目。查其典身卖身文契，率称遗失无存，其服役出户年分无从指实，遇有监捐应考等事，则以分别良贱为辞，叠行讦控，而被控之家，户族蕃衍，不肯悉甘污贱，案牍繁滋，互相仇恨。所有该处世仆名分，统以现在是否服役为断，以示限制。若年远文契无可考拟，并非现在服役豢养者，虽曾葬田主之

① 《大清律例增修统纂集成》卷8。

② 《徽州千年契约文书·清民国编》卷1，第381页。

③ 《徽州千年契约文书·清民国编》卷1，第152页。

山，佃田主之田，著一体开豁为良，以清流品。[1]

民间世仆，如现在主家服役者应俟放出三代后所生子孙方准报捐考试，若早经放出并非现在服役豢养及现不与奴仆为婚者，虽曾葬田主之山，佃田主之田，均一体开豁为良，已历三代者即准其报捐考试。[2]

十分清楚，这所解放的是雍正六年魏廷珍所建议的，无文契而不受主豢养服役的，即所谓的“远年世仆”。我们上面说过，这不是真正意义上的解放，而是适应佃仆制度的新陈代谢，免除过去曾是佃仆的劳动者的佃仆身份罢了。据说，一时被“解放”的约有数万名之多。

到了道光四年周容法一案发生，事情才开始有了真正的转机。

原来祁门县周容法与李应芳同村居住。李姓称周姓远祖自前明居住李姓村旁，为李姓看坟，葬山住屋，李姓远祖给田十六亩给周姓耕种，收取利息抵完粮租，多余谷石给周姓以作工食。周姓本系小户，不与大姓联姻，从不捐考，其子孙学习吹鼓手并抬轿生理。凡遇李姓婚姻祭祀，周姓吹手抬轿者，轮流承值，不给工食。对于这种情况，地方官认为“不是朝夕服役，常川豢养”。“只因周姓习业低微，不与大姓平等相称、同坐共食，习俗相沿称为细民。其起自何时，始于何人，年远无从稽考，亦无卖身文契。”地方官详加考察，认为，周姓与李姓素日虽不敢居于平等，其实并无主仆名分。嘉庆十四年奉例开豁时，周姓因相沿已久，又恐李姓不依，所以，仍照常供役。此次，李姓有事要周姓服役，周姓不甘，因而发生斗争，李应芳因伤重殒命，形成了刑事诉讼。此案，地方官认为，无契券可凭，亦非常川豢养，实非世仆雇工可比，所以，照凡人彼此相犯科断。

当时，因此而发生的斗争事故，层出不绝，地方官为了解决这类矛盾，提出了一个建议：

“应请嗣后该细民等，除有典身卖身文契可凭，并在主家常川服役，受其豢养，实有主仆名分者，如与家长及家长之亲属有犯，悉照奴仆例分别问拟

① 光绪《大清会典事例》卷158。

② 光绪《大清会典事例》卷752。

外；若无卖身文契，又非朝夕服役受其豢养，虽佃大户之田，葬大户之山，住大户之屋，非实有主仆名分者，应请除其贱籍，一体开豁为良，彼此有犯，应同凡论。如有土豪地棍，仍前逼勒凌辱，及自甘污贱者，依律治罪。”道光五年四月经过皇帝批准。①

自此以后，除了有典身卖身文契，并在主家常川服役受其豢养，实有主仆名分者外，其余的佃仆都得到了解放。然而，我们始终没有看到典身卖身文契是否包括买卖佃仆屋基等的契约的明文规定，也未见有人提出这个问题。事实上是，官府依然承认买卖佃仆屋基之类的契约的法律效力。所以，佃仆制度依然维持了下来。据此而论，雍正五年的上谕，到了道光初年，才得到了部分落实，产生了解放部分佃仆的作用。这个作用，其实是不大的，所以未曾在社会上形成嘉庆十四年那样的影响。

所以，到了同治、光绪年间，仍然有劳动者陷身于佃仆地位的。上面抄录过的程和子和李添丁的文约就是证明。

---

① 《刑案汇览》卷三九。

第二章　分成租与定额租

一

明清时代，封建租佃关系的重大变化之一是，越来越多的佃户摆脱了严格隶属关系的束缚。最突出的是，劳动者进入租佃关系以后，已不再是土地的附属物，不再属于地主，不再随主籍贯，他们同地主一样是国家的编户齐民。他们有选择地主的权利，有充当或者不充当佃户的自由，在商定租佃关系时也有讨价还价的能力。他们可以自由离开地主土地，随时中止租佃关系。他们有权控诉地主的不法行为，在法庭上立于地主同等的地位。较之严格隶属关系下的佃户，他们比较殷实，因之，他们的经营独立性也随之而增长了。他们是宋元时代租户一类租佃关系的进一步发展。

这种情况，在南宋初年就已经引起了人们的注意。除了法律地位未曾变化而外，摆脱了严格隶属关系，摆脱了土地附属物的佃户已经是大量出现。胡宏就曾经说过：如果客户“丁口蕃多，衣食有余，稍能买田宅三五亩，便欲脱离主户而去”[①]。此后，随着时间的推移，这类佃户，日益增多，日益普遍。特别是朱元璋废除了宋元时代歧视佃户的法令之后，这一发展，更是不可遏止。所以，在明清时代，我们常见到这类议论。比如明代张萱说过：“佃户今年佃耕，明年可以弃而不种”[②]；清代钱泳还指出，有的佃户还“利于易田”[③]。明清之际，有人形容，佃户驱牛荷耒，择地而往，“何乡不可施耒耜，而独恋兹土乎！”[④]

---

① 胡宏：《五峰集》卷2。
② 张萱：《西园闻见录》卷40。
③ 钱泳：《履园丛话》卷4。
④ 康熙《清河县志》卷1。

对于这类有牛只耕具的佃农，似是到处都有地主为他们提供土地和住所等。一旦社会上劳动力缺乏，地主对于这种“今日掉臂而来，异时即不难洋洋而他适”的佃农，还不得不做这样的考虑：“有愿赁此田者，本家给以资本，成熟取偿而不取息，则穷户之称贷而无从者，当有应者矣！自此多费心力以抚御之，使其感惠而不忍耕他人之土，则永无患矣。”① 可见，佃农的去就，较之严格隶属关系的佃仆制度，是不可同日而语的。

但是，必须指出，这里表现出的自由是相对于严格隶属制度下佃农束缚于土地，作为土地的附属物，不得自由移动，地主可以随同土地买卖转让他们而言的。然而，在土地仍然垄断在封建地主阶级手中的时候，佃农虽可有自由更换主人，却很难脱离土地。从广义上说，这类佃农，以及只有纳租义务的佃农，仍然隶属于土地，仍然束缚于土地，仍然依附于土地。他们摆脱了人身依附关系，还没有摆脱土地依附关系。特别是，许多佃农还依赖地主提供部分生产资料和生活资料，这种依赖性也就不能不局限着他们的移动自由。因此，明清时代，长期租佃较多，短期租佃较少，就是可以理解的了。

长佃和短佃问题表明的是佃户的流动性。根据章有义先生的研究，我们可以提供一些具体的例证。

万历年间安徽歙县一胡姓地主所有田地的佃人流动情况如下：胡家除去已出让的和新置的7宗田产外，余下25宗田地中，换佃1次的4宗，2次的2宗，一直未换佃的则有19宗。这19宗佃人都是20年或18、19年以上的长期佃户。有些佃户似系父子相承的老佃。这家地主也有短期佃人，佃期1年以下的3人，2年的5人，4年、6年、7年的各1人。即：佃期2年以下的8人，4~7年的3人。这些短期佃人大都是为新置田产而召佃的。应该指出，短佃的增多乃是封建社会末期带有规律性的现象。相对于长佃而言，短佃对地主的依附关系也许较为松弛一些。另据1697~1747年间休宁黄姓祀租簿记载：10宗土地，在此期间；换佃1次者5宗，2次者2宗，3次者1宗，6次者1宗，14次者1宗。承佃期限：1~3年者7户，4~6年者3户，7~9年者6户，10~15年者2户，20到30年以上者3户，还有10户可以肯定在25年以上。合起来看，则31户中，长达

① 张履祥：《杨园先生全集》卷8，《与徐敬可》。

20年以上的长期佃户至少占佃户总户数的32%～42%。再据1783～1800年祁门李姓亨嘉会租簿记载：18年间，一直未换佃者32宗，换1次者30宗，换2次者13.5宗，换3次者1.5宗，合计77宗。未换佃者，可以推定为20年以上的长期佃户。在换佃1次的30宗中也有很大一部分佃期不低于20年。不少佃人是父子相承、祖孙相继的老佃。另一方面，在少数换佃比较频繁的租田上，也确有一些佃期比较短的佃人。在佃期可考的12人次中，2～3年的3人次，5～7年的4人次，不到8年的1人次，不到12年的3人次，不到16年的1人次。合计不到10年的共有8人次。但无论如何，短期租佃毕竟较少。①

我们设想，佃农的离土自由，可能由于佃农的乡土观念，迁移的费用，择佃的机会，宗法关系的束缚，地主各式各样的强制，封建国家户籍政策等等这样那样的限制，大大缩小了他们择主择地的自由。尤其在人多地少，租田不易的情况下，所受限制更大。因此，佃农虽有移动自由，但其流动性实际上是不大的。佃期一般很长。所以，尽管法律上并未禁止他们离开地主的土地，但在多数情况下，他们实际上享有的离土自由不是很大。这种佃农，由于对土地的依附而依附于地主，仍然是一种依附农。佃期越长依附关系也就越深，佃期越短，依附关系也就越为松弛。

有离土自由的佃农与无离土自由的佃农是有所不同的。我们不妨比较一下宋人与清人的观察结果。宋代苏洵在《嘉祐集·田制》中说："田非耕者之所有，而有田者不耕也。耕者之田资于富民，富民之家，地大业广，阡陌连接，募召浮客，分耕其中，鞭笞驱役，视以奴仆，安坐四顾，指麾其间，而役属其民，夏为之耨，秋为之获，无有一人违其节度以嬉，而田之所入，己得其半，耕者得半"。这说的是处于严格隶属关系下的客户，并不做什么区别。清代就不同了，人们不再把佃农视为一个类型，而是区分为二，并把这一区分同佃农自有生产生活资料的多少与地域的不同联系起来。如那苏图说："盖北方佃户，居住业主之庄屋，其牛、犁、谷种间亦仰资于业主，故一经退佃，不特无田可耕，并亦无屋可住，故佃户畏惧业主，而业主得奴视而役使之。南方佃户自居己屋，自备牛种，不过借业主之块土而耕之，交租之外，两不相问，即或退佃，尽可别图，故

① 以上均见于章有义：《明清徽州土地关系研究》。

其视业主也轻，而业主亦不能甚加凌虐。然额外多索，大斛、重秤之事，通省之中亦所偶有，而准折子女则大干法纪，凡有产业身家之人孰肯自蹈法网，此尤千万中之或有其一。总之，业主佃户各有淳顽，有业主恃势欺凌佃户者，有佃户逞刁抗拒业主者，原自不一。然江南大概业主之苛刻者少，佃户之刁黠者多。”“至北方佃户，计谷均分”；“大江以南，则多系计亩收租。”①

那苏图所说的，缺乏生产生活资料，实行分租制的北方型佃户，同宋代苏洵所说的佃客比较接近，而比较殷实、交纳额租的南方型佃户，同宋代的佃客差异较大，这具体地表明，封建租佃关系由严格隶属关系向非严格隶属关系的发展更为显著了。

不过，对苏洵和那苏图的话都不能做绝对的理解。比如说，他们都不曾明确佃户的社会等级地位的变化，宋代严格而清代松弛；他们都不曾提及同时存在的不占统治地位的租佃关系，苏洵不曾提到日益发展的租种制度，而那苏图也不曾提到日益衰落的佃仆制度。而且，实行分租的佃农未必都不具有全部的生产生活资料，实行额租的佃农也未必全都殷实。不同的类型，南北皆有，只是在各地所占的比例不同。关于这最后一点，20 世纪 80 年代的研究者们喜欢用清代刑部档案中刑事案件所涉及的地租形态的数量统计作为证明。我们将这些数字抄录如下：

表 5－1　乾隆朝刑科题本（土地债务类）涉及地租形态的案件统计

省区	总计	劳役租	实物租		货币租	
			分租	额租	折租	货币租
共计	888	7	97	531	11	242
江苏	44	1	5	24	1	13
浙江	77	2	4	55	2	14
安徽	37	1	12	14	1	9
福建	131		11	96	2	22
广东	144		6	116	3	19
广西	26		3	18		5
江西	77		2	59	1	15
湖南	48		4	32	1	11
湖北	49		3	24		22

① 《康雍乾时期城乡人民反抗斗争资料》上册，第 10～11 页。

续表

省区	总计	劳役租	实物租		货币租	
			分租	额租	折租	货币租
四川	62		3	32		27
云南	9		3	6		
贵州	14	1	2	6		5
陕西	17		5	6		6
山西	48	1	7	16		24
甘肃	6		2	2		2
河南	20	1	10	2		7
直隶	47		7	13		27
山东	19	7	6			6
盛京吉林	13		1	4		8

资料来源：刘永成《清代前期的农业租佃关系》。

表 5－2　　嘉庆朝、道光朝刑科题本（土地债务类）涉及地租形态的案件统计

嘉庆期					道光期			
省区	总计	分租	额租	货币	总计	分租	额租	货币
共计	321	5	174	95	348	56	160	132
江苏	18		10	8	10	3	3	4
浙江	36	3	17	16	21	2	13	6
安徽	18	10	6	2	21	9	2	10
福建	34	5	21	8	20		10	10
广东	34		24	10	19		15	4
广西	15	2	11	2	19	4	9	6
江西	18	2	12	4	22	6	13	3
湖南	11		10	1	21	3	14	4
湖北	5		4	1	13		7	6
四川	28	2	19	7	56	2	27	27
云南	10	2	8		13	2	10	1
贵州	10	1	9		22	5	12	5
陕西	17	2	9	6	20	1	15	4
山西	12	4	5	3	15	1	3	11
甘肃	4	1	2	1	2		1	1
河南	4		3	1	14	6	3	5
直隶	22	5	2	15	19	3	2	14
山东	10	6		4	5	4		1
盛京吉林	15	7	2	6	16	5	1	10

资料来源：李文治：《明清时代封建土地关系的松解》。
黄冕堂：《清史治要》。

二

先说摆脱了严格隶属制度，但仍带有浓厚的严格隶属关系残余的分成制度。

分成制度下的佃农，一般还不具备土地而外的全部生产资料和生活资料，要依赖地主补足，才能进行生产。当然，也有佃农比较殷实，自有耕牛农具和种子口粮，不依赖地主资助就能进行生产的。在前一种情况下，地主除为佃农提供土地而外，还要提供进行农业生产所需的部分生产资料和生活资料。比如在华北，万历《景州志》说："主田者为庄家，招佃者为客户，客户具牛四头，谓之陪牛；春种，若谷黍之类出之庄家；秋粮，若豆麦之类，主客各出一半；收则均分。"乾隆《献县志》说："假于贫者而佃种之，给之牛力，给之籽种，春借之食，荒拯其困，而后与分秋获之半。"清初山东日照"不特牛具房屋田主出办，正月以后，口粮牛草亦仰给焉"[①]。康熙《单县志》说："佣佃居多，与业主分收籽粒者，仅糊其口，是以野鲜盖藏，而牛种皆仰给予业主。"乾隆《汲县志》说："农人自备牛犋车辆，佃种人田，谓之代地，收获粮草与主人均分，自种者少。亦有田主出牛犋，招人代种者谓之庄家，大概麦二八分，秋三七分，柴草俱归主人。"安徽凤台，"佃人田者，牛种皆田主给之，收而均分之"[②]。江南也有这样的租佃制度。例如上元县等二十六州县卫，系"业户出田，并出种子、庄房，佃出牛力人工，岁收租子各半均分"[③]。明清之际在浙江绍兴："田主任谷种肥壅车具，佃户任耕作收割。水旱车救，田主具食，佃户出力，（修圩堰开浅塞同）。秋成春熟，稻麦平分。收割，佃户家远食田主，田主家远食佃户（本身之外，照料一人）。稻麦分到田主家，其后一应不涉佃户，（家远舟车各具）。祈年报赛，田主酒饭，佃户鸡豚。"[④] 湖南兴宁县"其现在承佃者，本年秋成，或临田均分，或认纳租谷，务须照议

① 丁宜曾：《农圃便览》，第11页。
② 《皇朝经世文编》卷36，李兆洛：《凤台县志论食货》。
③ 顾起元：《客坐赘语》卷5。
④ 张履祥：《杨园先生全集》卷19，《绍兴种田法》。

遵行。”[①] 如此形成的租佃制度，可以从地主供给住房、口粮、耕牛、种子算起，一直到农人自备牛犋车辆，种子口粮，形形色色，形式繁多。

在这种租佃制度之下，地租像佃仆制度下一样，是实物和劳役相结合的。不同的是，实物部分的地位上升了，而劳役部分的地位下降了。劳役部分在地租总额中的比重已不占重要地位，所以，有关的租佃契约中一般已经没有关于劳役的数量规定。关于劳役的具体情况，留待下面再说。这里只说实物地租部分。实物部分一般要占到土地生产物数量的四至六成，甚或七八成。比如上述河北景州、献县、山东单县、安徽凤台、江南上元，浙江绍兴，湖南宁兴等地，地主出备牛力种子者，“与分秋获之半”，河南汲县、鄢陵，田主出牛具者“大概麦二八分，秋三七分，柴草俱归主人”。河南鹿邑“主居之以舍而令自备牛车籽粒者，所获皆均之，主出籽粒者，佃得什之四，主并备牛车刍馀者，佃得什之三，若仅仅为种植芸锄，则所得不过什二而已”。有主二佃八，主三佃七，主四佃六，也有倒二八，倒三七，倒四六的。据黄冕堂教授统计，清代乾嘉道三朝期间，所见 195 个分租事例中，155 个是对分制，即主佃均分，对分以外的例子只有 40 个。在这 40 个不是对分的事例中，主少佃多的占 24 例，主多佃少的占 15 例。另有特例一个。[②]

从上引文献看来，分成制形式繁多，很难一概而论。但就主佃双方的生产资料占有状况和分成多少的关系看来，可以区分为两大类型。

一类是不考虑主佃双方各出多少牛具种子，有时主佃双方各出一半牛只种子，有时由地主全出，有时由佃户全出，较多的情况是佃户出牛只，地主出种子，在有些情况下，收获时先扣除种子等工本而后平均分配，在另一些情况，径直平均分配，并不事先扣除种子等工本。总而言之，不论地主多出，或是佃户多出，都不影响平均分配。实例如，浙江金华府武义县佃农陈清文，出人力工本耕牛，种陶子奇地亩，议明稻熟均分。陕西西安府同官县，地主范文好把 10 亩已种好麦子的地同一只牛，租与石三耕种，每年均分粮食。[③] 地主出牛只

① 《郴州志·卷终附考》。

② 黄冕堂：《清史治要》，第 166 页。

③ 周远廉：《清代租佃制研究》，第 114 页。

种子，并没有多分地租，佃户出牛只种子，也没有少交地租。主佃双方各出多少生产生活资料，并不影响对半分成。这可能是直接由严格隶属关系演变而来的分成制度，是比较原始的。这说的是形式上。实际上，地主由出具牛只种子到不出具牛只种子，全由佃户负担，都得到一半产品，显而易见，地租剥削不是减少而是增加了。

另一类是考虑主佃双方谁出牛只种子多少的情况。谁出得多，谁就多分。分成的比例随所出生产生活资料的多少而变。如果佃户全出，佃户就多分。比如湖北德安府随州，朱又堂佃种刘正坤地亩，因牛工种籽俱是朱又堂负担，所以讲定收了麦子，朱又堂得六分，地主得四分。盛京奉天兴京厅，佃农王世广、郑凤来合佃姚可顺地亩，因为佃农自出工本，分配时，地主得四分，两个佃农共得六分。湖南华容县，何必爵佃种严开定地亩，因为佃农出籽种，所以收割时，佃户得七分，地主得三分。[①] 在这类情况下，牛具种子可以为佃农带来较多的收入，在分配中占有较大份额。这同上面所说出不出牛具种子都只分得一半的分成租制度是不相同的。我们认为，这是佃农中农化的一个反映。

如果地主全出，就是另一种情况。比如在河南商丘县，苏文礼佃种宋胜踬地亩，即在地主家房屋居住，乾隆二十一年八月内，苏文礼在宋胜踬地内种麦三亩，牛具、种子俱系宋胜踬所出，议定麦熟三七分收，地主得七分，佃户得三分。山西岢岚州，乾隆五十七年，吴应强揽种闫待用 70 多垧地，并住吴应强北院西屋，议定收获的粮粟，闫待用分得两股，吴应强分得一股。[②] 在这类情况下，地主出备牛只农具口粮等等工本，佃户只出劳力，地主往往得收获量的六、七、八成，佃户只得四、三、二成。这应该属于分益雇役制度范围，是租佃制度与雇佣制度相结合的，具有两重性，不是单纯的分成制度，留待以后讨论。

视投入工本多少决定分成多少，具有鼓励多投入生产要素的作用，较之不论投入多少一律平分的办法，显然是一个进步，但在当时还不占重要地位，不是我们讨论的重点。

我们讨论的重点是上面提到的原始的，或者典型的对分制租佃制度。就我

---

① 周远廉：《清代租佃制研究》，第 112、113 页。

② 周远廉：《清代租佃制研究》，第 104 页。

们所接触到的文献来看，在明代，这种对分制流行于全国各个地区，占有重要地位，到了清代，这种对分制虽然全国各地都有存在，但在南方广大地区和北方部分地区，为定额租制度所代替，已经不占重要地位了。

在佃仆制度下，进入租佃关系的多半是一无所有的劳动者，但在分成制租佃关系成立的时候，地主为了减少招佃的支出，多半宁愿选择较有资财的劳动者充当佃户。在这一前提下，生产所需的各项投入往往是由主佃双方共同负担的。既然生产所需由主佃双方共同负担，在经济上居于优势的是地主，地主自然可以通过对物资资料的控制而指挥生产，支配生产。这不仅是说，在地主提供种子、肥料、车辆、农具的时候，提供什么，提供多少，何时提供，必然会影响到佃户对生产和劳动的安排。而且，这还是说，在此基础上，地主指挥生产。据反映山东，乃至华北地区农业生产的农书《农蚕经》和《农圃便览》的记载，诸凡播种时间，稀植密植，何时中耕除草，地锄三遍五遍，锄深锄浅，乃至何时收割等等，佃户都得听地主的指示。《农圃便览》说：山东日照县有地主在锄地的季节，“每晚传齐黎户，商量明日该锄何地，登记地册，次日编查之”，有计划有检查，就是一个很足以说明问题的例子。地主们清楚地了解到，如果限于财力，安置未妥，以致“耕种失时，锄耘少数”，那就是损失。所以，出牛具工本的地主，对于佃户，往往“自往督而佐之”[①]；换句话说，就是直接指挥生产，支配生产。

至于地主指挥生产，支配生产，苛细到什么程度，根据研究者的揭发，有如下一些事例可做说明。比如：山东汶上县，乾隆十四年四月二十九日，地主管事程招因佃户王臣懒于力作，所种高粱、谷子俱不耘锄，就责令退佃。乾隆十九年十月湖南东安县，蓝姓地主因佃户袁世礼种田不加粪草，起田转给袁世璋等分种。乾隆三十八年安徽天长县，地主徐士功见田里稻禾稀少，斥责佃户韩秉仁种子下得太少，因而相殴。乾隆五十三年直隶鸡泽县乔有智佃耕田根子地三亩，收获均分，五月间田根子令乔有智种植烟叶，乔有智不允，田根子遂不愿继续佃给土地。[②] 显而易见，地主们甚至以退佃来挟制佃户，贯彻他们指

① 王毓瑚辑：《区种十种》，陆世仪：《论区田》。

② 刘永成：《清代前期的农业租佃关系》。

挥生产，支配生产的意志。

特别要强调指出的是，在分成制度下，主佃双方往往要眼同收割、分租。比如扬州府甘泉县，地主或其代理人“每年至佃户处，看稻分收”。广西苍梧县佃农宁德璇佃种陈沛立田亩，“每年禾熟，田主到田均分”。河南永城县洪万仓佃种温小二土地七亩，“每至成熟，公同收割均分。”陕西三水县，张自守将地八亩给张万相耕种，言明田禾成熟，各半分收。乾隆五十六年六月，张万相不唤田主临田监分，以致主佃相殴。我们还见有，道光年间佃户违反了临场监分的惯例，还不得不出具的一张认罪文约。文约写道：

> 历年春麦秋稻收割之时，皆凭邹姓当面分割。近年身等不合先将麦稻私割收家后再邀来分。今邹欲起田另佃。身等情恳，蒙念照管坟山有年，俟后收割，照旧请邹当面分割，不致再蹈前辙。倘有此情，听凭起田送究。[①]

在分成租制度下，地主既然可以指挥佃户的生产活动，也可以指挥佃户脱离生产来为地主服役。所以，这类佃户往往还要听从地主使令，为地主干活。在明清时代，地主役使佃户，几乎是主佃关系的一个通例。但是，这类役使活动，除佃仆那类制度外，要算是同这一类租佃制度的联系最为密切了。在分租制度比较盛行的北方，据明代文献记载是：“佣佃者，主家之手足也；夜警资其救护，兴修赖其筋力，杂忙赖其使命。”[②] 据清代文献记载是：“佃户如奴仆，有事服役，不敢辞劳”[③]，“每遇庄上有事，帮同工作”[④]。就是在江南地区，那里许多分成租已演化为定额租，明代文献说，那里“民多而田少，居者佃富家之田，为之奴隶”[⑤]，“富家大族，役使小民，动至千百”[⑥]。到了清代，还有文献说：那里“农夫受其田而耕之，役使如奴隶”[⑦]。就是到了清代

---

① 以上见戎笙：《明清租佃关系与佃农抗租斗争》。
② 吕坤：《实政录》卷2。
③ 《湖南省例·工律河防》。
④ 刑档抄件·嘉庆十四年十一月十五日刑部题本。
⑤ 《皇明经世文编》《丘文庄公集·议屯田》。
⑥ 于慎行：《谷山笔麈》卷12。
⑦ 《皇朝经世文编》卷11，钱维城：《养民论》。

嘉庆年间，广西还有“平日听其使令”[①] 的佃户。

所谓“夜警资其救护”说的是地主役使佃农保卫自己的生命财产。有些事例说明，地主还可以指使佃户侵犯他人的生命财产。在明代，湖北钟祥有的地主“拥庄佃千人自固”[②]，福建有的地主“以军法勒其佃客”，“以时训练技射”[③]，江苏松江有的地主“常率佃户四五十名，军容装扮，扰害乡民，欺压善良”[④]；如此等等。到了清代，像这样把佃户训练为私兵的现象虽然不多，但役使佃户行凶作恶的事例还是数见不鲜的。例如道光十六年江苏宿迁县汪姓地主曾率党羽数百人，其中指明为佃户者二十余人，抢劫桃源县永丰镇丁姓牙行，打伤了丁姓七人，其中三人伤重死亡。[⑤] 至于在地主受到侵犯，佃户须得上前护卫的事例，就更多了。按照明清法律规定，参与这类斗争的双方，无论有无杀伤，法庭皆可将其判为罪人。嘉庆十四年奉天地主牛忠迫使佃户崔广大殴死司廷芳，刑部在判决词中写道：“崔广大耕种牛忠地亩，合家俱在牛忠家闲住，不得不听其所使。”刑部是全国最高司法机关，也承认犯法的佃户是迫于田主之命，然而法庭宁可判处他们以下手为从，“杖一百流三千里”[⑥] 或者更重的罪刑，却从来不禁止地主这样去役使佃户。如今我们还可以在清代刑部档案中看到许许多多这类案件。

至于役使的范围，虽然不比佃仆那样无所不包，却也非常广泛。所谓夜警和兴修都是一个方面的事情，还是有范围的，有限度的。所谓杂忙，就包罗万象，无边无涯了。比如说，清初山东有的地主可以“命佃人妇各携箕来，将豆中破碎兔丝拣簸净尽，收藏待用，其折耗之数，佃人任之”[⑦]。江西有的地主规定佃户要“看管左右前后，栾林竹木，答应婚姻喜庆人口柴薪”[⑧] 等等。可以说几乎也是无所不包了。佃户在受到役使的时候，不但要“开口叫，闭

---

① 刑档抄件·嘉庆十四年十一月十五日刑部题本。

② 王禹声：《郢事纪略》。

③ 《永泰县志》卷10，《永定县志》卷26，转引自傅衣凌：《明清农村社会经济》。

④ 《大诰三编》，第58页。

⑤ 《题奏全稿》，道光十七年不著月日。

⑥ 祝庆祺：《刑案汇览》卷38，《威力制缚人》。

⑦ 《蒲松龄集》上册，第764页，此处引文据抄本，文字略有出入。

⑧ 经济研究所藏刑部抄挡。

口到”，而且还要“先往后罢”，不得迟到、早退和怠慢。明清时代，不少佃户在正租之外，还要向地主交纳鸡鸭冬牲之类，可能就是这类役使的代偿形式。即使如此，交纳这些之后，佃户还是要听从使令的。

我们还要申明，明清时代，地主对佃户生产活动的直接指挥和佃户人身的任意役使是依靠地主在实际上所享有的对佃户人身的处分权来保证的。在严格隶属关系下，法律保障地主的这一权力。按宋律，殴人而不致折伤者，至多杖罪，而地主侵犯佃户，杖罪以下不论，是法律承认地主有责打佃户的权力，只要不造成折伤就是了。此后，直到清雍正五年，法律才明文禁止地主责打佃户。在这中间，分成租制度在全国范围占有重要地位，地主有无责打佃户的权力，法律并无明文规定。但在明代，我们见有这样的事例，地主拳打佃户，地方官认为这“亦足泄忿”并不以为违法。① 一个地主在家训中说，佃户有过不加惩戒，“是纵之也”②。有一份学田规约也说，“本田佃户，固宜存恤，亦有惩戒之时。”③ 有一个地方大吏说：“如今他乡在外，不是作婢为奴，就是佣工佃地，低头下气，叫人爷娘，忍耻包羞，受人打骂。”④ 可见，地主责打佃户的权力是当时社会所公认的。清康熙时，江苏睢宁发生过这样一件事情：地主王会将鹰交给佃户王应祥代架。后因失鹰，王应祥被迫将子小生送给王会做仆抵偿。小生为王会牧羊，因死小羊一只惧打逃走。王会就借口向王应祥讨要其子，“将王应祥拉至自家客屋内，先用木棍，后用铁棍殴打。有栾大等跪劝不依。打至将死，抬至马棚，又用脚踢，应祥额角等处受伤，即于本日夜内身死”⑤。看来，这时地主责打佃户还是肆无忌惮的。

在明清法律上，地主打死佃户，应该以命抵命。上例中的王会就是因此而身陷法网的。但是，地主私设公堂，刑讯逼供，将佃户吊打致死的事例还是罄竹难书的。甚至，在有些地方，还是非常公开的。清初江西信丰、安福等地的地主居然立下条规，刻为碑记，“贫人有犯，并不鸣官，或裹以竹篓沉置水

① 李日宣：《谳豫勿喜录》卷13，第27～28页。
② 邹鼎：《溆源邹氏族谱》卷6，《文庄公家训》。
③ 万历：《靖江志》，王轻《学田规约》。
④ 吕坤：《实政录·民务》卷4，第62页。
⑤ 黄册大狱·康熙二十一年六月二十八日江宁巡抚余国柱题本。

中，或开掘土坑活埋致死”，同时，勒逼死者亲属，“写立伏状，不许声张”；在地主私立的合同中，也规定对于上述情况，不得以人命鸣官。[①] 这里所谓贫人，多半都是佃户，或者竟然指的就是佃户。至于较此为轻的惩戒佃户的习惯权力，当然就更加普遍了。在法律禁止责打，或者禁令实际生效以前，这还是不受任何约束的。

特别是政治上享有特权的绅衿地主表现最为突出。所谓绅衿地主乃是一批在职或退职的大小官吏以及举监生员之类的地主阶级上层分子。他们享有许多的政治特权，有交通官府的便利，因而恃有护符，恣肆无忌，勾结把持，横行乡里，私刑拷打多半同这类人有联系。

让我们且举两个具体事例：

康熙二十年安徽婺源县有僧人余三女，将如意寺香火地三厘并种地之俞团等一同立契投献与绅衿地主候选训导余穯。余穯遂勒俞团等为仆，强令服役。俞穯不从，余团将他毒打一顿，并且逼他重价赎身：先写欠约 25 两，又索现银一两五钱，牵去耕牛一条作银四两。[②] 受害人按理可以提出控诉，实际上却并不那么容易。

康熙五十九年江苏崇明县绅衿地主候补中书黄世名因佃户陆允绅欠租，派遣家仆协同县差下乡捕捉陆允绅。绳索已经套上了陆允绅的脖子，只因他多说了两句话，就被黄家仆人挥拳打死。黄世名为了逃脱责任，一边将银二十两买人证明陆允绅系病发身死；一边派人把陆允绅尸棺烧毁，并将残尸弃于芦塘之内，以图灭迹。在诸般安排之下，陆允绅的儿子的控诉，不但无效，反倒坐了诬告之罪。[③] 后来只是遇到偶然的机会，才得到平反。

如上两例所示，在实际生活中，绅衿地主迫害佃户，受害人想要控诉他们，几乎是不可能的事情。即使在禁止绅衿擅责佃户的命令颁布以后，在有些地方，他们的威势并未稍杀。例如雍正六年十月山东就有：“绅衿之家，类多私制刑具，如铁绳竹板等项，不论佃户家人，小民百姓，一有所犯，并不送官惩治，

---

① 《定例成案合镌续增·斗殴》，第 20 页，《清朝文献通考》，198 卷，第 6625 页，邹鼎《潋源邹氏族谱》卷 4，《顺治十八年江西安福县王邹赵三姓重禁侵犯风水龙脉合同》。

② 康熙《江南通志》卷 65，徐国相：《特参势豪勒诈疏》。

③ 觉罗雅尔哈善：《成案汇编》卷 1、第 115～116 页。

即便锁拿刑责。且有锁禁内室，经年累月，不行释放者。更可异者，或庄头与佃户互争，或家人与良民互殴，亦不告官审剖，具呈伊主，伊主亦即批准查、准究字样，竟用硃标红票，差虎仆拘拿到宅，不论是非，概行板责。”① 故我们说，在明清时代，无论法律规定如何变化，绅衿地主都有处分乃至致死佃户的实际权力。不过，要说明一点，在不同的时代，绅衿地主所要维持的主佃关系不尽相同，表明了绅衿地主并不是同某一类型的主佃关系有固定的联系。

到了光绪年间，在分租制度下，地主对佃户的约束依然是严格的。请看山东海丰县宝箴堂地主所定的租佃章程。

一，佃户分种各地，俱照册内科步耕种，不得遗漏短少。如有种不足数者，查出罚该地内一年之所收粮入公。

一，佃户领种各地，按时上粪耕锄，听管事爷们随时查看，如有不上粪及耕锄不出力者，革除另行招佃。

一，地内俱不准种爬豆，如有违者，地内之粮俱罚出入公。

一，佃户无牲口力量者，不准揽种。

一，地内所出正粮之外，如种瓜菜之物，俱一律平分。

一，凡租地种瓜种园及种苜蓿者，俱丈量清算，按每亩交租谷二斗。

一，凡种麦，本宅向无对种之例，如有力量不足者，宅内借给麦种，收割时按数交纳，免其上利。如借杂粮，收割时按五分上利。

一，收割时，凡在地内场内所割庄稼，均须报清数目，如有多少不符者，罚该地内一年之粮入公。

一，佃户如有偷窃等事，查出加十倍罚，仍行革除。

一，凡官房地亩各事，俱着落庄头承管。庄头所种地内，不分稭秆，所租地内纳租每亩一斗，不准过五亩之数。

一，看房人所种各地粮食稭秆，俱一律平分，每年另赏给谷四斗，秋收后发给。

一，凡官房内所存器具木料砖瓦等物，以及各处树株，查清登

① 田文镜：《总督河南山东宣化录》卷3。

记。俱交庄头及看房人照管，如有短少，将伊两人送官究治不贷。

一，凡播佃户泥房包崖种树等项，每工发给谷一升。

一，凡新开荒地，三年内不分，三年以后一律分粮。

一，众佃户俱须听管事爷们指使，如有不听约束者，即行究治。①

三

在分成制度之下，地租只是土地产品的一个部分，也因此而形成了地主剥削的一个界限。表面看来，在土地产品中总归会有一部分交给地主，一部分留归佃农自己支配。然而，由于留归佃农的这部分数量不大，不能单单指望利用它来维持农业的生产和再生产，以及维持一家人的生活。在收成好的年景，佃农也必须依赖从事其他生产活动和谋利活动取得产品和收入，以弥补土地产品之不足，来维持农业生产和一家生活。一遇水旱虫荒，土地减产，留归佃农的部分产品相应减少，这时，佃农如果不能从其他生产和谋利活动中取得和凑足维持生产和生活的费用，他们便只有借贷，饥饿或者流浪四方了。由此可见，无论丰年或荒年，单靠纳租以后土地产品的存留部分是不足以维持农业生产和再生产以及一家生活的。佃农必须利用全家人的劳动来从事农业、手工副业以及其他谋利活动如贩运出雇之类，才能维持下去。佃农的家庭经营是佃农一家生活和纳租的来源。准此而论，分租在实质上就不只是土地产品的一个部分，不只是包括农业而且也包括手工副业等等在内，是佃农一家终年劳动的一个部分。所以，充分发挥佃农家庭经营的优越性是保证地租和佃农生活的一个重要条件。

上面说过，在分成租制度下，劳役地租的比重大大下降，实物地租的作用突出。这就意味着"直接生产者对于他的全部劳动时间如何利用，已经多少有权可以自己支配了"。因而，这里的分租制度对于农业生产力的发展，对于佃农家庭经营优越性的发挥也就比佃仆制度为有利。明清时代，封建经济的繁荣是与这一制度的盛行紧密相联系的。不过，仍有矛盾。要知道，地主直接指

① 李文治：《中国近代农业史资料》第1辑，第295～298页。

挥生产，目的是提高土地的单位面积产量，他们是不会考虑佃农工农结合体的全面需要的，这就使佃农不可能完全按照工农结合体的全面需要合理地安排自家的工农业生产，灵活地充分地利用自己的劳动时间。同时，地主又可以任意役使佃户本人及其家属，这就使直接生产者对自己劳动时间的利用不时遭到中断，而去直接为地主劳动。因此，佃农家庭独立经营工农结合体的优越性并不能充分发挥，生产力的发展自然要受到局限。

地主阶级中，很早就已有人注意到了这个矛盾。他们经过了长期的实践和考察，认识到了地租收入与佃农的经济力量有密切的关系，而佃农的经济力量又同地主对待佃农的态度有密切关系。因此，他们提出了一个原则："良田不如良佃"[①]。所谓良佃就是经济力量较强的佃农，能够独立经营。"良佃，则家必殷实，有体面，不肯谄媚人，且性必梗直朴野，饮食必节俭，又不听僮仆之指示。"他们认为需要在封建等级制度许可的限度内改善对待佃农的态度：一不过分苛索，二不过分役使，三不过分凌辱。他们认为这样做，就可以保证稳定地进行剥削，"衣食之源，悉藉其力，俯仰俱有取资"了。[②] 他们也认识到"常见凌虐佃户者，开口打骂，动辄呈官，甚至不论丰歉，滚砌准折，如此佃人能安堵，田地能膏腴乎！"[③] 换句话说，他们发现了选择殷实的佃户，不苛虐滚剥，充分发挥佃户独立经营的优越性，远比他们自己干预其间更能提高剥削收入。

清初浙江桐乡人张履祥设计过一个理想的主佃关系的蓝图。其中有几项重要规定：第一，"佃户若系布种无资，每亩贷米二斗，秋成照数还纳白米，不起息；其遇水旱，用力车救，临时酌贷"；第二，"本宅有事，佃户若来效力，仍计工值酬劳"，"佃户畜养猪羊鸡鸭及种植瓜果之类，本宅需用，照时价平买"；第三，"佃户若能力行善事（如孝弟忠信义让等事），本宅特具酒食劝劳，其或与人忿争，亦为解劝"，"佃户凡有不孝不弟，犯上作非及酗酒赌博，惑于邪教，不务本业者，租课虽不亏欠，其田亦行别授"[④]。将这三项基本内

① 张英：《笃素堂文集》卷14，《恒产琐言》。
② 牟允中：《庸行编》卷6；王士俊《闲家编》卷5。
③ 牟允中：《庸行编》卷6；王士俊《闲家编》卷5。
④ 张履祥：《杨园先生全集》卷19，《赁耕末议》。

容同上面所说的分租关系的基本特征做一比较，我们就会发现，在张履祥所设计的蓝图里，佃户多半是独立经营，不依赖地主供给物质资料，所以遇有急需布种车水之时，必须通过借贷关系向地主借贷；地主不得任意役使佃户，如有役使，需给报酬；地主也不得处分佃户，佃户有过，只能解劝，至多起田别授。大概地说，张履祥在设计主佃关系的时候，是要进一步摆脱严格隶属关系的残余，向非严格隶属关系的纯粹形态过渡。

再如，雍正时，云南布政使陈宏谋发布过一个禁约，其中规定："一，不许田主凌虐佃户，混加朴责，不许擅拿佃户当差，佃户亦不许抗欠租石；一，田主收租，不许疆用大斗，完租之外，不许索派随田公费及猪羊鸡酒等物；田主不许擅骑佃户骡驴马匹"① 等等。此外，还有禁止严格隶属制度某些形式的规定。就所引部分看来，陈宏谋在调整主佃关系的时候，也是要进一步摆脱严格隶属关系的残余，向非严格隶属关系的纯粹形态过渡。

这种过渡的实践已经相当普遍，其必要性已经相当明显，所以，作为地主阶级的知识分子和地主政权的代表才把它作为严肃的社会问题来对待的。

四

定额租制是由分成租制演化而来的，这种演化带有很大的必然性，是一种具有规律性的变化。

在分成租制下，地主一方总是企图减少招佃的支出，增加地租的收入。为此，他们总是选择所谓"良佃"，即家境殷实的劳动者作为佃户来进行剥削。人们可以观察到，凡是地主要辞退的佃户，几乎都是行将破产之家，不是劳力短缺，便是物力薄弱，交不足乃至交不出地租。而凡是被地主选中，能够取代老佃户的农户，其人力物力无疑要比老佃优越，地主不愁他们交不出地租来。经过地主这样地淘汰和更新佃户，佃户的经济实力自然是会有增长的。佃户的经济实力增长，意味着他们具备全部的生产资料，能够支付全部经营成本。这时，地主不再提供生产资料，不再负担农田的经营成本，他们的收入与他们出不出生产资料和经营成本没有了直接联系，他们也宁愿把地租数量固定下来，

① 陈宏谋：《培远堂偶存稿》卷2，第14～15页。

保证有一个稳定的收入。而这时的佃户，承担着全部经营成本，独立经营的资力增强，有能力事先承诺交纳一定的地租数量。同时，他们讨价还价的能力也增强了。由于他们承担了全部经营成本，他们力求把地租额压低到原来分成制的数量以下。地主要求增租，佃户要求减租，就是在这两种力量的作用之下，分成租转变成了定额租。

习惯上，定额租相当于好年景的分成租，或者是多年对半分租的平均数。即所谓“大约计丰年所收各得其半为常”，或者“计数岁之中以为常”。这并不意味着地租增加。事实上，原来的分成租包括春秋两熟，在许多地方改为定额租以后，多半按照地亩数规定地租数量，往往只规定每亩交小麦或稻谷若干，不计其他作物。比如在江南一些地方，就是只收稻谷，不计春花的。所以，即便每亩额租较之一季分成租稍高一些，甚至相当于每亩一季产量的70%，通扯起来，就不高了。有研究者统计，在江南地区，额租虽然可以占到秋获的70%，但把春花等扯算进去，一般并不超过一年两季产量的50%。

请参看表5-3、表5-4。

更为重要的是，分成租改为定额租以后，并不稳定，换言之，并不是一步到位，它还有一个发展过程。

表5-3　　明清江南常年实物地租率　　单位：石/亩

地区	土地等级	常年亩产量米	春熟折米	合计	实租	常年实物地租率	时期	资料来源
松江府	上	2.50	0.60	3.10	1.14	37%	明后期	《四友斋丛说》卷14，《陈眉公全集》下
	上	2.00	0.50	2.50	1.00	40%	清中期	《浦泖农咨》
	上	2.50	0.60	3.10	1.00	32%	清后期	《泖东草堂笔记》
苏州府	上			2.50	1.20	48%	清中期	《皇朝经世文编》卷38，陶煦：《重租论》
湖州府	上			2.50	1.00	40%	清中期	《皇朝经世文编》卷38，《同治湖州府志》卷30
嘉兴府	上			2.50	1.00	40%	明末清初	赵瀛：《扒平旧则议》，张履祥：《补农书》

资料来源：郑志章《明清时期江南的地租率和地息率》。

表 5－4　　明清江南丰年实物地租率　　单位：石/亩

地区		土地等级	米	春熟折米	合计	租额	实物地租率	时间	资料来源
苏州	吴江	上	3.00	0.75	3.75	1.80	48%	明至清前朝	《日知录》卷10，《康熙吴江县志》卷5《乾隆震泽县志》卷25
		下	1.00	0.25	1.25	0.50	40%		
常熟		上	2.00	0.5	2.50	1.20	48%	明后期	《嘉靖常熟县志》卷2，《农政全书》卷15
上元		上	3.00	0.75	3.75	1.50	40%	清中期	陶煦：《重租论》
		下	1.00	0.25	1.25				
松江	上海	上	3.00			1.20		明中期至清初	明张凤复：《旧规革弊便民案》清叶梦珠：《阅世编》卷1
		下	1.50			0.60			
	其他	上	3.00	0.75	3.75	1.70	45%	明末清初	《四友斋丛说》卷14《阅世编》卷1
		下	1.50						
湖州府		上	2.00	0.50	2.50	1.00	40%	清前中期	程安德：《三县赋考》卷2，《南浔镇志田产》

资料来源：郑志章《明清时期江南的地租率和地息率》。

首先是分成租改为定额租以后，如遇歉收，主佃双方可以协议，把额租改回为分成。如在浙江青田一带，“遇水旱，租主佃户面同分收，此常例也”①。有关的契约也有明文规定。如“佃到某田主名下田若干，计租若干，其田每年秋收，照田交纳稻租，不致少欠。如遇年成水旱，请田主临田踏看，除租均分。如有荒芜田地，依数赔还”，或者“约至秋收，看场打稻，草稻上场均分，不致少欠”②。不但民间如此办理，地方政府也这样提倡。乾隆年间，江苏部分地区遭受风灾，巡抚陈宏谋就曾“传谕业佃人等，按照所收分数定租。如因分数多少争较者，即就田内所收各半均分”③。我们还注意到，这种要求往往是由佃户一方首先提出的。比如：乾隆十六年，江西饶州安仁县周全祖父子佃种黎仲玉旱田十二亩，原纳定额租，是年因天旱歉收，佃户要求黎仲玉“临田均分”。乾隆二十六年，四川泸州胡洪林佃种施金墨田亩，原定年纳租谷6石，后因天旱少苗，全部耕地只收4石9斗，佃户胡洪林要求“照俗例，

① 光绪《青田县志》卷9，风俗。
② 转引自戎笙：《明清租佃关系与佃农抗租斗争》。
③ 陈宏谋：《培远堂偶存稿》《文檄》《业佃公平收租示》。

主佃均分。”嘉庆时，江西乐安县陈掌仔佃种元瑾6田12丘，原定年纳乡桶租谷38石，后以歉收，改为“临田分割”，等等。[①]

其次是分成租改为定额租以后，看收成情况来规定纳租成数。这就是说，丰收年景按照定额足数交纳，歉收年景视歉收程度定纳租成数，即视丰歉为盈缩，是有弹性的。实例如：广东保昌县，曾从方佃耕陈文华尝田2亩2分，“每年租谷五石，议定按照收成分数交租”。浙江吴兴地方，“其赁田以耕之户，向时人尚谨愿，除实租外，视丰歉为盈缩”。江苏崇明县，“各业主亦系按照丰歉交收，相安已久”[②]。许多地方是“总在八月内，田主验明丰歉，酌议应收租额”，“此是历来旧规”[③]。由于平年总比丰年和灾年要多，所以在许多地方逐渐形成了按原额八折交纳地租的习惯。在先那苏图说：“且江南民例，凡十分收成之年，则照额定租，九分收成者，只完九分八分之租，其余以次递减。”[④] 后来，逐渐形成习惯。包世臣说“地租看收成定分数，大率不能过八分”[⑤]。陶煦也说：“定额租犹虚租也，例以八折算之，小歉则再减。”[⑥]在广东也大体如此，佃农“岁纳三租，其去成例，十常不及七八”[⑦]。赵冈教授曾据皖南资料试着计算平均实收地租与正租额之间的差距。他的结论是，实交地租为正租的70%。这个百分比也可以视为是这个地区的常年产量为最高产量的百分比。

最后才是真正的定额租制，视地区之不同，或称为硬租，或称为铁板租。契约中写做硬交不让，丰年不加，灾年不减。说是硬交不让，实际上收成很坏的年景地主也有不得不让的事例。不过，有关契约文字中在让租字样下面往往都加上一句下不为例。在这种情况下，如果地主不肯让租，佃户就往往欠租不交。然而一般而言，佃户欠租不交的现象是不多的。

真正的定额租制是经由上述两种情况演化而来的。由于主佃双方都积累了

---

① 黄冕堂：《清史治要》，第137～138页。
② 周远廉：《清代租佃制研究》，第145页。
③ 《清代土地占有关系与佃农抗租斗争》，第659页。
④ 《康雍乾时期城乡人民反抗斗争资料》，上册，第10～11页。
⑤ 包世臣：《安吴四种》卷4。
⑥ 陶煦：《租核》。
⑦ 乾隆：《增城县志》卷3。

实践经验，这里的地租数额就不像上述一般额租具有弹性，而是比较符合实际，所以也就比一般额租为低。赵冈教授曾列举了五个租簿的实例：

例一：祁门兴贤文会租簿，四丘田曾由正租减为硬租，硬租之水平为原来正租的百分比，平均是60.3。

例二：歙县叶姓仲房租谷账，两丘由正租减为硬租，硬租平均是正租的72.3%。

例三：乾嘉年间李姓会产租簿，十五丘田由正租减为硬租，硬租额平均为正租额的87%。

例四：同光年间崇敬堂租等簿，二十丘田由正租减为硬租，硬租额平均为正租额的63%。

例五：同治年间雍睦堂收租簿，二十七丘田由正租减为硬租，硬租平均为正租的55%。

这5个租簿综合平均起来，硬租为正租的67%。①

这种情况不只出现在租簿上，甚至出现在买卖典当契约上。我们也抄一张契约为例。

> 立当契张在中，今有承父标分杭源田贰备，坐落土名方盛坑梨树坞口，原租叁拾秤作硬租贰拾肆秤。先年身侄立契出当与侄名下，得九五银拾叁两五钱，今身回家后，又取茶园坞原租拾叁秤作硬租六秤十捌斛，得价九五银叁两伍钱正，并前共得九五银拾柒两正，一并出当与侄名下前去收租为业，三面言定银不起利，谷不起税，五年之内，听自原价取赎，如过五年，即行另立卖契控税管业无词，今恐无凭，立此当契为照。
>
> 计开
>
> 方盛坑原租拾秤　作硬租捌秤　佃林汝胜
>
> 梨树坞口原租贰拾秤　作拾六秤　佃苏耀卿
>
> 茶园坞原租拾叁秤　作六秤十八斛　佃苏冬九
>
> 共硬租叁拾捌斤

① 赵冈、陈钟毅：《中国土地制度史》，第380~381页。

康熙四十一年六月廿日　立当契张在中

见侄张景仁①

至于不同形态的地租：分成租，一般定额租和硬租的分配与演变，赵冈教授曾据皖南的租簿作出了如下一个统计，见表5－5。

表5－5　　不同形态地租之分配与演变

地主姓名	年　代	佃户数目	监分制（%）	正租制（%）	中途改为硬租制（%）	硬租制（%）
吴氏	1522～1566	55		100		
郑安信	1568～1790	207		72	28	
奂力公祠	1660～1710	71		74	26	
某氏	1684～1696	96	2	76	22	
某氏	约1700	158		100		
某氏	约1700	93	56	34	10	
某氏	约1700	36	13	55	13	19
贵记	1723～1735	73	29	47	1	23
某氏	1775～1780	151	2	62		36
章氏	约1780	57	2	45	9	44
李氏	1783～1800	59	12	35	53	
某氏	1783～1802	35	29	69	2	
某氏	1788～1801	17		6		94
四十七户合计	1790～1795	568（田）	14	83	3	
四十七户地主合计	1790～1795	375（地）	1	88	11	
众清明会	1791～	25	20	80		
廖姓	1798～1828	19		89		11
七老会	1807～1814	51	25	75		
老树坞	约1820	50			8	92
相公凸	1820～1830	57				100
鼎公清明祠	1836	17	12	88		
李福相	1851～1887	24	4			96
某姓	1856～	35	9	68	23	
郑最公祠	1856～1869	19	31	53	16	
汪姓	1857～1873	50	12		28	60
简庵公祠	1861～	17				100
崇敬堂	1863～1888	63	5	63	32	
邢氏	1864～1874	7		43		57
徐廷良	1864～1880	35	34			66

① 《徽州千年契约文书·清民国编》卷1，第148页。

续表

地主姓名	年　代	佃户数目	监分制（%）	正租制（%）	中途改为硬租制（%）	硬租制（%）
守经堂二房	1864～1880	57	23	77		
孙居易堂稻谷	1866～	62		100		
孙居易堂豆租	1866～1885	19		100		
景记	1866～1903	11	73			27
黄新畲	1867～	36				100
雍睦堂	1868	33	18	27		55
惇信堂	1868～1892	65	12	6		82
溯源会	1869～1909	28	7	71	22	
上敦祠	1870～1890	149	2	92	6	
五门	1874	235	3		1	96
德公及义记	1879～1903	40				100
团拜祠	约1890	83			1	99
汪圭如	1894～1913	20		70	30	
兴贤文会	1894～1912	46	4			96
黄姓	1894～1926	60				100
承训长房	1900～	13		62		38

资料来源：赵冈、陈钟毅：《中国土地制度史》，第373～375页。

从上表中可以明显看出，由监分制向一般定额租制，再向硬租制过渡的趋势是清楚的。不过，不同的租制之间的差异并不突出，亦即后一种租制较之前一种租制的优越性并不突出，所以，同一地主往往同时兼用不同的租制，而且长期如此。

五

在定额租制下，佃农经过地主的筛选，大多是殷实农民，他们除土地而外，自有一切其他的生产资料和生活资料，如耕牛、农具、种子、肥料、饲料以及口粮住房等等。在这一条件下，佃农不依赖地主提供任何物质资料就能独立地进行生产。因此，地主就缺少了直接指挥生产的现实的物质基础，从而他们对于佃农的役使范围也就受到了限制。在结成这类租佃关系的契约中，除了交纳地租的规定而外，虽然有时也还有地主临田监收监割，以及禁止种植某种耗费地力的作物的规定，或者禁止佃户荒芜土地，私收私割的规定，但那些已经只是地主直接指挥生产的残余，对于佃农的生产活动实际上已经不产生多大的影响了。有些地方，佃农还负有送租上门的义务，而在另一些地方，地主欲求佃农送租上门上仓，就必须支付脚力钱若干了。如此，地主不复指挥生产，不复任意役使佃农，即便他仍保有处分佃农的习惯权力，行使权力的可能范围实际上也就缩小了。同时，由于地主不复役使佃农，佃农于交纳额租而外，不为地主服役或服役很少，因此，劳役地租部分就接近于，或者竟然消失了。

额租制下的租佃形式也是多种多样的，其中，把额租制特点表现得最为充分的要算是一般所谓永佃制和押租制了。关于传统所谓的永佃制和押租制本身，我们将在以下两章分别讨论。这里，只说明永佃制和押租制两种制度下，佃农的实际地位。

永佃制和押租制都是在商品货币关系有所发展，地权与佃权分离的条件下，地主不复直接指挥生产，而只是利用土地垄断权去剥削农民的制度。简单地说，永佃是佃农一度支出某种代价就得以佃耕的制度，押租是佃农交纳押金始得佃耕的制度。在这两种制度下，佃农都可以保留一部分原来的地租。他们还可以将这项权利转让或者出卖。无论是永佃或者押租，遇有佃农欠租不交之时，地主都有权将欠额抵消佃农交纳的押金或永佃的代价，以至收回土地。在这两种制度下，农民都必须以资本交换佃权，这笔原本可以用于生产的资本，现在，一方面给地主带来了更多的剥削收入，另一方面又起着限制农民移动自由的作用。

在中国封建社会史上，永佃制和押租制出现很早。有研究者说，宋代文献中已有关于永佃权的记载，也有否定这一说法的。我们可以有把握说的是，明代，在江苏，浙江，江西，安徽，特别是福建地区，这两种制度已开始普遍流行。到了清代前期，普遍流行的范围又扩大到湖南，四川以及两广地区，甚至西到甘肃，北抵直隶，都可以看到这两种制度，只不过它们在那里还不占重要地位，还不那么普遍。

我们说，永佃制和押租制是把定额租制关系表现得最为显著的租佃制度，但这并不意味着这类制度在当地一出现就是这样。它们还不能一下子摆脱前此租佃关系的束缚，要摆脱这些束缚，还需要经过一个过程。这不是一个和平的过程，而是一个充满了斗争和流血的过程。

比如，在明代福建地区，从明正统十三年邓茂七领导的农民起义算起，到清初爆发了一系列的农民斗争和起义。争斗的目的是佃农反对于租谷而外，向地主交纳新米鸡鸭冬牲之类，反对送租上门，要田主“自备脚力担负以归”，以及少交或不交租谷等等。① 这些斗争是与当地永佃制和押租制的流行相联系的。

在清代，在永佃制和押租制盛行的地区，反映主佃之间斗争关系的记载就更多了。在江西，魏锡祚在《盱江治牍》中说建昌府的情况是：“乡民率多山野佃户，抗租之风最炽”；《西江政要》也记载有：如果地主“起田别种，该佃户非纵妇女撒泼，即掇老迈拼命，强行霸踞；即或田主起田自种，而田坐该佃肘腋，或挡水淹苗，或放水旱禾，或成熟盗割；多方戕害，任控莫何”。在广东，《清远县志》说：“乃粤东之顽佃，以田坐伊村，把持耕种，租谷终年不清；或田主改批别佃，则借称顶手粪质名目，踞为世业，不容田主改批，永不容别人承耕。”在江苏，山阳县的一块碑记说：“每有不肖佃户，揽田到手，或私给他人顶种得价；或指田借债，将租偿还，或以粉碎搪交，勒措未遂，泥门远逃，或称水旱，唆讼逞刁；或欺逼孀孤，霸田措稻；或业户催租，胆敢唆妇拚闹，架命图赖，甚至亲老疾笃，弄假成真。种种不法，不惟田业不能相安，更于风化大有关系。”② 在湖南《湖南省例》说：“或称价顶之世业，横索陋规，或称肘腋之良田，谁敢接种，于是新佃畏不敢撄，情愿裹足而退，而此田竟为佃户之世业，永无还租之日矣。”在湖南兴宁，还有这样的记载，佃户“连年骗租，甚至公然盗卖；春则占插，秋则强割；或倚老病图赖，或使妇人撒泼；存仓者且被强搬，旧欠者不敢过问”③。这些记载出自地主阶级文人之手，对劳动人民肆意诬蔑漫骂，但是，从中还是可以看出，主佃斗争所围绕的焦点基本上是两个问题。这两个问题是，佃户纳不纳租，佃户享不享有耕作权。它们反映的基本上是一个类型的租佃关系，即定额租制的租佃关系。说得极端一点是单纯的纳租关系。

更为重要的是，明清之际的农民战争和农民起义。明清之际的农民起义和农民战争，从主佃关系这个视角而言，主要是在分租制普遍发展的基础上爆发

① 嘉靖《延平府志》，傅衣凌：《明清农村社会经济·明清时代福建佃农风潮考证》。

② 李文治：《中国近代农业史资料》第1辑。

③ 嘉庆《郴州志·卷终附考》。

的，由于投靠，投献而引起的严格隶属关系的局部发展也起有一定的作用。在这样的基础上，农民战争的历史作用，一方面，是促进了严格隶属关系的进一步没落；另一方面，也是主要的方面，是促进了分租制向额租制的过渡。于此，我们说，在清代，集中出现在南方的大小数百次减租、抗租斗争，以及当地地方官吏到处张贴告示，竖立石碑，禁止佃户欠租的现象，表明了农村阶级斗争的新形势。这一新形势反映了农业经济生活中分租制向额租制的转化的发展以及佃农地位的上升。

事实是，在上述永佃制和押租制盛行的地区，经过流血的和不流血的斗争，主佃之间的关系，发生了显著的变化。例如，在福建，崇祯《海澄县志》说："得田之家见目前小利，得受粪土银若干，名曰佃头银，田入佃手，其狡黠者逋租负税，莫可谁何。业经转移，佃仍虎踞，故有久佃成业主之谣。"康熙《和平县志》说："今和邑之俗，业主虽有田产之名，而租户反有操纵之实，甚至拖欠累累，连年不结，业户虽欲起佃，而租户以田根粪土之说，争衡掣肘。"乾隆中《福建省例》记载：佃户取得佃权以后，"即踞为世业，公然抗欠田主租谷，田主即欲起田招佃而不可得"。在江西建昌，乾隆时有人说："建郡田皆主佃两业，佃人转卖承耕，田主无能过问。"① 享有佃权的农民"霸佃抗租，田主每受其害"②。《雩都县志》说：佃农"藐视田主，掯租不还"，"田主仅得些许之租"。在江苏，乾隆《无锡县志》说：享有佃权的农民，"权反过于业产"，"佃民颇无畏惧，莫可谁何"；光绪《周庄镇志》说："田中事，田主一切不问，皆佃农任之。"这些可看作是永佃制下的情况。在湖南，乾隆《湖南通志》说：交纳押租的佃农，"往往拖欠租谷，积岁未清，又穷无所之，因而霸耕不退，以致构结讼端"的情况相当普遍。《岳州府志》也说："庄田若远，田主懦弱，每多抗租踞庄之弊，两相告讦"；乾隆《湘潭县志》也说："佃多抗租"。乾隆《善化县志》还追溯了历史，说是"管业者为东主，赁耕者呼为佃户。国初兵燹后，苦土满田不值价，召耕人以耕，犹恐其或去。历承平久，雍正十一二年间，上田一顷，售至千四金，二千金者，佃田，则每亩一

① 《切问斋文钞》卷15，《江西新城田租说》。
② 《西江政要》卷1。

两至二两不等。近以牛疫流行，田减半价，而佃亦如之。但昔则田东分尊，今则佃户风炽，借端负抗，几有尾大之势焉。”在此情况下，正如兴宁县令杨葳所说：对于交纳押租的佃农，“在业主止以得租为期，既已收租，自必听其佃种，谅无好为更张之理”[①]。这些可看作是押租制下的情况。

所谓“久佃成业主”“租户反有操纵之实”，“田主无能过问”，“藐视田主”，“田中事田主一切不问”，“止以得租为期”等等，都表明了主佃之间的关系已不同于分成租制下的关系，更不同于佃仆那样的严格隶属关系，而是定额租制下的关系了。诚然，在同样的经济条件的基础上的农民斗争，不一定都能达到同样的目的，但那毕竟不代表历史发展的方向。

比如在湖南押租制盛行的地区，“有田之家，凡遇穷民佃耕其田，必先索取进庄礼银，每亩或三五钱以及八九钱不等，又庄屋地租三五石不等，俱不在正租之内。既佃之后，除纳租外，又每亩派纳粮米一斗或几升，勒令佃户碾米上仓，亦不在正租之内。每年七月内，每亩索新鸡一只，新米几升，九月内又索重阳鸡、重阳酒，腊月内又索年糕或年粑几块，年鸡一只，年肉二三斤不等。更有名色不及细知者，尚难指数。通计规礼银已过正租之数。更可恨者，凡佃户家嫁娶，田主必勒取挂红礼银，或一二两以至三五两不等。横征勒索，竟同当日土司之鱼肉其民。又田主本家遇有红白之事以及修造房屋等项，或每田十亩派工几名，不论忙闲，一呼即至。是名虽佃户实与仆隶无异。以上各项需索，稍不遂欲，即将田另佃，或借以踞庄骗租名色送县，差拿究比。甚至威逼人命，讼案盈庭，殊堪发指”，“至于田主之家婚丧等事，常唤佃民扛轿役使。平时唤令帮工，几同仆厮。稍有不如意，辄行批颊辱詈及寻隙更佃”[②]。

六

定额租制下的租佃关系是一种什么性质的关系呢？我们来看看地主是利用什么手段来保证取得地租的。

首先是地主对佃户直接施展暴力，强制掠夺。这一事实与佃户抗租不交的

---

① 嘉庆《郴州志·卷终附考》。

② 《湖南省例成案·户律·田宅》卷7，卷5。

现象表面上是对立的，其实却是相反相成的。它们结合起来，正好充分暴露了在定额租制下，对于独立经营的佃农，地主是怎样取得地租而成其为地主的真相。

为了取得地租，地主可以强夺佃户的一切财产，包括住房、耕牛、农具、粮食，甚至做饭的铁锅，御寒的棉衣都不放过。一个研究者在清代刑部档案里收集到如下一些事例：比如，在福建罗源县，于创创承佃黄作器田亩，年纳租谷8石，乾隆四十一年冬间，欠谷五石未交，四十二年二月内黄作器见稻谷成熟，纠同郭学弟、郭汇弟到田割稻。在浙江东阳县，佃户邵亨钺欠地主邵亨镳1石9斗5升租谷，邵亨镳就将邵亨钺的牛只拉去作抵。山西右玉县地主郭元因佃户欠租，也纠人抢其牛只作抵。贵州毕节县有佃农欠地主稻谷，地主派来的催租人见他有个女孩，抱起就跑，叫佃农拿莜麦来赎。[①]

为了达到抢掠的目的，有时打杀佃户及其家属。在这种时候，封建社会里最讲究的宗法伦常道德也都在经济利益面前黯然失色了。我们见到过这样的事例：比如明代祁彪佳在《按吴亲审檄稿》里记载：吴县地主顾凤与佃户华派有郎舅关系，华派欠租，顾凤遂追取其牛车一部抵偿。[②] 明清之际毛孺初在《云间谳略》里说，上海人丘兆芳与丘道行是堂兄弟，道行佃种兆芳土地，欠租未交，兆芳就将道行的耕牛牵去作抵。[③] 康熙时吴县地主陈愚同佃户陈敬是叔侄关系，陈愚向陈敬索租不得，强拆陈敬所居房屋什物，陈敬之妻——地主的婶母，奔呼阻拦，陈愚当场把她打死。[④] 有宗法亲属关系的主佃，尚且如此，没有宗法亲属关系的主佃之间，自然是有过之而无不及。

即使地主并不亲临佃户家收租，他们还可以“纵容豪奴悍仆，如虎如狼，成群结队，恣意胡行。一到佃户债主之家，先索酒食，饕餮醉饱，方逼银钱。倘或无献，或献不如数，不论布帛粟菽，鸡鹅猪鸭，举凡室中所有，罄掠一光。甚至锁缚拷打，辱及父母妻孥”[⑤]。这与地主亲身逼租，并无不同。甚至

---

① 周远廉：《清代租佃制研究》，第175~176页。
② 北京图书馆藏，祁彪佳：《按吴亲审檄稿》。
③ 毛孺初：《云间谳略》卷2，第27页。
④ 明清档案馆茂：黄册大狱，康熙十七年三月二十八日江宁巡抚慕天颜题本。
⑤ 戴兆佳：《天台治略》卷6，第26页。

“司租之徒，欲求媚于主人，于佃农概不宽贷，恶声恶色，折辱百端”[①]。而地主则往往是“一任纪纲仆所为”[②]。而且，这类悍奴悍仆，还要额外索取。如福建长汀县赖发子佃种在城武举陈仰达田亩，每年纳租谷二石五斗，乾隆二十九年七月间，陈仰达的侄子陈永宾同杨官龙下乡讨租，佃户赖发子要宰鸭留陈永宾们吃饭。江苏如皋县，佃农顾仁瑞，每年要送给地主石魁标的管事几只鸡作收租礼物。在河南扶沟县，乾隆四十四年八月间，监生张树声的家人李生才赴乡收租，向佃户讨取小礼钱文。[③] 江西南部还有所谓“行路者”。“所谓行路者，盖田主未必皆至田所，委次丁收获，凡出入车晒，率是仆之任，或佃有顽欠，催取频加，屑屑道路，佃户量与酬劳，原未尝有多寡定额也。”[④]

我们还注意到，在分租制下，主佃双方在分租时，使用的是同一的量器衡具，公开公平，地主无所施其伎俩。但在额租制下，地主在逼租的时候，往往使用大斗大秤。地主们往往“违例议租，炙煿穷佃”[⑤]。他们的信条是，“杀不得穷汉，做不得财主”。所以，他们在收租和索债的时候，“分外苛求”，“取盈佃户，几于焚林竭泽矣”[⑥]。研究者曾举出明代的一个事例，明末安徽贵池一家地主，收租用租秤，出粜用发秤，发秤每石 90 斛，租秤每石 220 斛，当地田租每亩征取二石，用租秤收租比用发秤收租，每亩多收即达 260 斛。[⑦] 清代虽未见到如此突出的事例。但如乾隆年间，浙江常山县一地主收租的斗，每石比标准斗多出五升，广东清远一地主收租时换了秤锤，100 斤谷只秤得 90 斤，如此事例，则比比皆是。[⑧]

因此，因索租而逼死佃户一家三口、五口的命案，当时并不罕见。同光年间，一个地主曾明白供认道：“其所以窘迫至于斯极也，非有积怨深仇也，欲

① 光绪《周庄镇志》。
② 《补农书·下》。
③ 刘永成：《清代前期的农业租佃关系》。
④ 魏礼：《魏季子文集》卷 8。
⑤ 钟曾湛：《钟氏族谱》卷 1，卷 17。
⑥ 张履祥：《杨园先生全集》卷 8，《与徐敬可》。
⑦ 吴应箕：《楼山堂集》卷 13，《与田令公论乡中粜谷书》。
⑧ 刘永成：《清代前期的农业租佃关系》。

使人人知警，盈数而不敢抗。”[①] 明清时代，地主侵犯佃户的生命财产是非法的，但因索租而发生的案件，法律对于犯罪地主，还有从轻处分的。这就直接保障了地主对佃户的暴力强制。

其次是地主阶级的政权在保障地主收租的同时，还直接代替地主向佃农逼租。明清时代地主政权的各级地方官吏，无不强调为地主逼租的重要性。比如雍正时苏州巡抚尹继善说：“臣思民间种地完租，乃分内之事，岂容刁佃顽抗。即或麦秋稍薄，亦应求业主情让，何得聚集不法。”[②] 乾隆时江苏巡抚陈宏谋公开张贴布告说：“朝廷粮赋出于田租，业主置田原为收租，佃不还租，粮从何出？在业主岂甘弃置不取？而江南百余万石漕粮，非租将何完纳?”“此等乘机骗租之刁佃，即属借端生事之顽徒，若不惩治，天理何在，王法安在？为此晓示苏松常太等业佃人等知悉：除佃户已经完租，业主已经饶让，彼此相安者毋庸另议外……凡有控告抗租者，地方官就近速准审追。各图里内如有无赖之徒，自称呈头催甲，倡为不还租之说，纠约刁佃不必还租，把恃良佃不许还租者，地方官立即拿究，尽法惩处。逞强不服者，一面查拿，一面通详，从重治罪，并究主唆之人，不得含糊宽纵。”[③] 地方官吏无不承担替地主逼租的义务。嘉道年间作过按察使的李象鹍说过：“今之为地方官者，动曰吾不能为富人催租以苦此贫民，此谬论也。”[④] 鸦片战争后，身为县令的段光清甚至鸣锣赴乡代业户催佃交租。[⑤] 佃户欠租，地主往往控官押缴。鸦片战争前后，在苏州“动辄数十名及数百之多”[⑥]。这中间，差役上下其手，佃农备受摧残。有记载说：“况田主控一佃农止给隶役钱数百，而隶役之索贿于佃农者初无限量。或田主以隶役行刑不力倍给之钱，至有一板见血等名目。俾佃农血肉横飞，畏刑服罪。”[⑦]“故岁以一县计，为赋受刑者无几人，为租受刑者，奚

---

① 光绪《周庄镇志》，《风俗》。

② 《宫中档雍正朝奏折》，第十六辑，雍正八年六月初三日尹继善奏折。

③ 陈宏谋：《培远堂偶存稿·文檄》，《业佃公平收租示》。

④ 李象鹍：《棣怀堂随笔》卷7，《黔臬存牍》。

⑤ 段光清：《镜湖自撰年谱》。

⑥ 裕谦：《勉益斋续存稿》卷8。

⑦ 陶煦：《租核》《重租论》。

翅数百人，至收禁处有不能容者。”[①] 也有比较开明的地方官，认为如此对待佃农，过于残酷。丁日昌在任江苏巡抚时，曾于同治七年十月饬令各州县，“嗣后比责佃户，不得过满杖，再重亦仅准枷示而止，不得滥用木笼，致干例议。州县为民父母，业户佃户，均属赤子，不得过于残酷，以贫民性命为无足重轻。其铺堂等费，尤应从严禁绝，不准差役需索，是为至要”[②]。实际上，欠租佃户，一到公堂，等待他们的就是处置强盗凶手的长枷木笼[③]，板责更是平常，虽六十老翁亦不能免。地方官对于逼租一事，还是格外卖劲的。“夫寻常户婚田土之事，定例丞佐官不得专擅，又凡有罪者不论大逆不道皆容诉，独至追比佃户则不然……诉词未毕而行刑之命早下矣！”[④]

这些事实表明，基于封建土地所有制的地主的权力和地主政权的权力都是强制佃户纳租的暴力，暴力是实现封建地租的保证和手段。

那么，定额地租的内容又是什么呢？

如果说，土地产量是分租的一个不可逾越的界限，那么，对于额租来说，土地产量就不形成这样一个界限。在定额租制下，地主的剥削收入与生产的好坏已无直接联系，他们总是力求把剥削收入固定在一个较高的水平上。因此，定额租一般相当于好年景的分租数量，或者多年分成租的平均数量。这就是说，在好年景和平常年景，分租和额租所代表的剥削率是相同的，或接近的。遇到歉收年景，额租如果折成交纳，影响不大。如果照额交纳，佃农的负担实际上自然就相应地加重了。甚至，定额地租超过当年土地产量。

请看一看清初陈确所述浙江海宁的情况：“吾乡中田，遇极丰之年，亩获率不过二石，田主取石焉，故曰十五；而去斛头脚米，斛手米之类，名十五而实十六矣。加以屋基场圃之亏赔，船夫仆役之蚕食，不翅十七八，而农莫敢怨，何其愿哉！若夫瘠田俭岁，亩收不及数斗，而田主必欲取盈，是五而赋十也。况可望十五乎！故虽至鬻妻卖子，而弗遑顾也。”[⑤] 再请看一看清末四川

① 陶煦：《租核》《重租论》。
② 同治《江苏省例》。
③ 《江苏省例》《江苏省例续编》。
④ 光绪《周庄镇志·风俗》。
⑤ 《陈确哲学选集·古农说》。

彭县的情况："北方田租，佃户与田主半，故虽贫无立锥，力民皆可代食。彭之私租每亩岁在八斗至二石一斗不等，田之上者，丰年不过收谷二石六七斗，下田在二石左右。岁少歉，所赢无几，或且赔租。"① 封建统治者也承认，地主"往往于被灾年份，照常征租，穷民无所出者，有卖男鬻女以偿租者"②。

所谓"五而赋十"，"或且赔租"，"卖男鬻女以偿租者"，所说的统是一个意思，在歉收年景，地租不但在形式上囊括了土地的全部产品，而且又在形式上把佃农的其他财产和收入，以至出卖妻子儿女的代价网罗在内。在定额租制下发生的这些现象，使额租内容有了突出暴露的机会。显而易见，这里的定额租与前面谈到的分成租一样。额租在实质上就不只是土地产品的一个部分，不只是包括农业，而且也包括手工副业等等在内，是佃农一家终年劳动的一个部分。

这里，我们并不强调甚至反对说地租必然包括剩余劳动和部分必要劳动。因为，在丰收年景，或者正常年景较多的时期，佃农有可能通过全家力作，经营农业和手工副业等等，积累起一定的财富。换言之，他们也有可能把部分，哪怕是很少一部分剩余劳动保留在自己的手里。清代文献中记载，江西、四川、两湖等地的佃农都有发家致富的事例。所以把地主剥削而来的地租，认为必然要包括佃农的部分必要劳动，是不完全符合历史实际的，也不是封建社会里的常态。

把上面有关分租和额租的说明，做一个归纳。我们说，上面所说的地租剥削是强制性的，剥削的内容可能包括全部剩余劳动和部分必要劳动，也可能只包括大部分剩余劳动，剥削的对象是佃农一家男女老少，包括所从事的农业和手工副业等等在内。归结到一点，佃农所遭受的是封建性质的剥削，"在资本家的场合，剩余劳动的占有是以交换为媒介，但在这里不是这样，它的基础乃是社会的一部分人对他一部分人的强制的支配权"③。因此，佃农所交纳给地主的地租，不论是分租还是额租，所表现的是地主对佃农的支配权。换言之，

---

① 光绪《彭县志·风俗志》。

② 《清高宗实录》卷118。

③ 马克思：《剩余价值学说史》第3卷，第447页。

就是佃农对地主的依附关系。

不过，这里要强调指出，在定额租制下，佃农对地主的依附关系只是通过定额的实物或货币地租的形式表现出来，基本上不复与依附关系的其他形式相结合，佃农的人身不自由，也就不像在严格隶属关系下，以及还没有更多摆脱严格隶属关系的残余的分成租关系下的佃农那样严重，因此，在定额租制下，佃农的经济地位，从而政治地位和社会地位也就不像在严格隶属关系和分租关系之下的佃农那样低下了。

第三章　永佃制

一

明清时代封建租佃关系的第二个重大变化是佃权与地权分离，佃权与部分地权相结合，形成享有大部分地权的地主与享有小部分地权的佃户，甚至享有大部分地权的佃户与享有小部分地权的地主，两相结合的租佃关系，生产并分割剩余产品。租佃关系与地权的分割紧密地结合了起来。这是租佃关系的一种新的形式。

这种佃权与地权的分离，有一个相当长的准备过程。在这个过程中，租佃关系中佃农的独立性日益增强，土地买卖转让过程中地租的地位日益突出，佃农将所佃土地转佃的现象日益普遍。下面分别给予说明。

佃农的独立性日益增强，是与前此的严格隶属关系相对而言的。在严格隶属关系例如佃仆制度下，劳动者进入租佃关系以后，就由独立的自由人转化成土地房产的附属物。他们不能自由离开地主的土地，随着土地的买卖转让而更换主人，他们除佃田纳租、种山分成而外，还要为地主服一定的劳役。他们没有出雇和婚姻的自由。在这些条件下，我们可以说，劳动者对地主、土地的依附是无限期的，也可以说是永远耕种地主土地。不过，这不是他们的主动要求，而是为制度强制而形成的。

后来，随着时间的推移，租佃关系发展到新的阶段。这时，进入租佃关系的劳动者，就摆脱了土地房产附属物的地位。他们可以自由离开地主的土地，随时中止租佃关系。他们不随土地房产的买卖转让而更换主人，除非他们自愿，地主不得强迫。他们于佃田纳租，种山分成而外，较少为地主服役。他们有出雇和婚姻的自由，地主无权干涉。他们的自由是大大地增加了。但这并不意味着租佃关系不能稳定。

因为，从另一方面看，佃农是要求租佃关系稳定的。不欠租，地主不可以更换佃户的传统的形成，与此不无关系。实际上，在分成租制度下，分成比例既定，加上地主临场监分，不论丰歉，佃户很难欠租不交，地主也无由更换佃户。所以，在分成租制度下，世代相承的佃户是很普遍的。在定额租制度下，情况有所变化。地主企图追求高额地租，往往要求增租撤佃。但是，遇到了佃户们的强烈反对，甚至提出了永佃的要求。地主和佃户双方对立斗争的结果，维持的仍然是一种比较稳定的租佃关系。实际情况是长期租佃比较普遍。这种情况意味着无限期的，甚至可以说是永久的耕种。

不过，在分成租和定额租制度下的长期租佃和永久耕种，其前提条件是佃户有离土的自由。对佃户而言，这是主动的，而非被动的。不像在佃仆制度下那样，永久耕种是被动的，而非主动的。这时候的佃户，既享有离土的自由，又要求永久耕种地主的土地，这两者结合起来，充分反映了在租佃关系发展过程中，佃农摆脱地主控制的独立性的增强。

这种独立性在有关的租佃契约中是写得明明白白的。比如明代的日用百科全书《家礼简仪》中所载的契约：

> 某宅有田一段，坐落某处，今有某前来承佃，每冬约经风干净谷若干，收冬之时，挑载至本主仓前量秤，不敢升合拖欠。倘遇丰荒，租谷不得增减，永远耕作。如佃人不愿耕作，将田退还业主，不许自行转佃他人，任从业主召佃，不得执占。今欲有凭，立此佃批付照。①

于此，要特别提出，有些研究者往往把上述这种佃农独立性增强的表现，有离土自由，要求永远耕作，同永佃制度的发生和发展紧密地联系起来，认为永远耕种是永佃制度的特征，并且，引用有关的永佃制契约以作证明。对此，我们应该进行一些分析。

所引用的契约是《翰府锦囊》所载的：

> 某里某人置有晚田某段，坐落某里某处，原计田若干种，年该苗

---

① 转引自杨国桢：《明清土地契约文书研究》，第92～93页。

米若干桶乡，原有四至分明，今凭某人作保，引进某人出赔价纹银若干，当日交收足讫明白。自给历头之后，且佃人自用前去管业，小心耕作，亦不得卖失界至，移丘换段之类，如遇冬成，备一色好谷若干，挑至本主仓所交纳，不致拖欠，不限年月，佃人不愿耕作，将田退还业主人，接取前银，两相交付，不至留难，今给历头一纸，付与执照。

《杂字全集》所载的：

业主某宅，有田几段，坐址厶处，原计若干亩，带苗若干桶，四至原有明界，今凭私厶作保，引进私厶人出粪质银几两正，当日交讫，即给历头一纸，付私厶佃去小心用力耕作，每石种约供税谷若干，冬熟备办好谷，一色挑送本仓扇扬，不许拖欠，如欠，将粪质抵偿，不拘年限，如不愿耕，将原田送还业主，接取前银，两相交付，不致留难，合给历头，付与为照。①

据说，根据上引契约的内容，可以确认契约规定的租佃关系的基本特征是：佃农在不拖欠地租的条件下，有权不限年月，永远耕作地主的土地，地主无权撤佃。佃农有自由退佃权，但不许自行转佃他人，没有自由转佃权。这就是永佃权下的租佃关系，亦即永佃制的基本特征。

我们认为，不欠租地主无权撤佃，是明清时代租佃关系的一个传统；佃农有自由退佃权，也是摆脱了土地附属物地位的佃农所普遍享有的；不许自行转佃他人，也是一向如此；都不是永佃制下租佃关系中的新鲜事物，不构成与其他租佃关系不同的特征。在上引契约中，这些都不过是惯例的重申，并不具有特殊的意义。而且，事实上，在永佃制普遍发展的过程中，转佃现象是日益普遍的，两者并不矛盾。很可能，恰恰是在永佃制日益发展的条件下，转佃日益成为佃农的一项权利，是地主不能干涉的。至于，所谓佃农在不拖欠地租的条件下，有权不限年月，永远耕作地主的土地，则是佃农的一向要求，也不是永佃制的特点。如果就个别地主与个别佃农来讲，永远耕作的要求与现实生活中的实际，相去就更远了。因为，在永佃制下，佃权与地权相分离，不但地权可

① 转引自杨国桢：《明清土地契约文书研究》，第92页，第51页。

以买卖转让，佃权也可以买卖转让，与过去相比较，主佃之间的关系中间增加了一个不稳定的因素。地主可以频繁更换，佃农也可以频繁更换，主佃之间关系的不稳定性不是减少而是增加了。事实上，永佃制的发展与佃农流动性的增长是并行不悖的，甚至是相互促进的，谈不上不限年月永远耕作。在永佃制契约中的不限年月永远耕作字样，其真实含义不过是佃农享有的佃权不容地主干涉罢了。由此看来，上述所谓永佃权下租佃关系的基本特征，也可以概括当时的，除严格隶属关系而外的一般租佃关系，当然也可以包括永佃制下的租佃关系，但不表示永佃制度的特殊性。

我们认为，永佃制下租佃关系的基本特征应该指的是，在这种租佃关系中，地权与佃权相分离，而且这种分离与剩余产品的分割，从而地租的分割、地权的分割有着密切的联系。

永佃制租佃关系的出现，除了佃农独立性的增强而外，还是以如下两种现象的普遍化为前提的。

一种现象是，在定额租普遍的地区，有关土地买卖的契约内容发生了一个变化，而且，这个变化随着定额租的日益普遍化而愈形突出，这就是，买卖土地时，由着重土地面积到着重应纳地租数量的变化。

本来，在宋元时代，一般土地买卖的契约内容，都列有土地的登记编号，土地面积，四至等等。着重点在土地的所在与面积，并不列出应纳地租的数量，列出地租数量的契约不多，至少不像明清时代那样多。比如，在皖南，据《明清徽州社会经济资料丛编》第二辑，所收宋元土地买卖契约十二件，只有两件列有地租数量。该书所收主要是明代土地买卖契约。从中可以看出，明代早期列有地租数量的契约只占所收契约数量的一半不到。万历以后，所收契约几乎件件都列有地租数量。而且，在有些契约中，把土地面积和四至都省略了，突出的只是地租数量。很可以说，到这时候，买卖土地在一些人们心目之中只是在买卖地租了。

土地买卖契约中列出地租数量，有三种情况。

第一种情况是，声明“佃自”或“自佃”。比如：

> 十二都第三图住人胡云保同弟留保等，户内有田一号，系九保乙字九百七十二号，田贰亩正，土名上江丘，佃自，每年硬上租秈谷贰

拾秤，上田租。东至汪彦伦山，西至溪，南至朱胜右田，北至程原得田。今为攒运粮储，缺少盘缠，自情愿将前项四至内田，尽行立契出卖与汪猷观名下。面议时值价花银一两七钱半，时价该秈谷七十秤，其价银当成契日一并收足无欠。其田今从出卖之后，一任买人自行闻官受税、收苗，永远管业为定。如有四至不明及重叠交易、内外人占栏，并是出卖人自行祗当，不及买人之事。所有上手契文与别产相连，缴付不便，日后要用，本家索出参照不词。今恐无凭，立此卖契为用。

建文三年八月初六日　出产人胡云保（以下略）①

契约中的买主汪猷观是集中土地的地主。小土地所有者将土地出卖给地主时，声明“佃自”，意思是说，土地出卖之后，仍由卖主耕种，所以契约上列出“每年硬上租秈谷贰拾秤”和“一任买人……收苗”的字样。

第二种情况是，声明佃人是谁。比如：

休宁县十二都住人朱以成，今将承父买到同都人汪思齐田贰丘，坐落本都九保，壹字二十四号田，本家内取贰亩正，其田东至溪，西、南至路，北至顿塝，土名门坑桥头，佃人胡五保，每年硬上租谷一十八砠，上田（租）。今来缺物支用，自情愿将前项四至内田，尽行立契出卖与同都汪希美名下，当面议时值价银叁两贰钱正，其银当成契日一并收足，别不立领札。其田今从出卖之后，一听买人永远管业，收苗受税，本家即无异说。如有来历不明、重叠交易、内外人占拦，一切等事，并是出产人自行祗当，不及受产人之事。所有来脚契文检寻不及，未曾缴付，日后要用，本家索出参照不词。今恐无凭，立此文契为用。

正统叁年十一月十一日出产人　朱以成……②

这张契约中的卖主是个地主，买主也是个地主，列上佃人姓名，意思是说，土地转手以后，佃人就应该向买主交纳地租了。“每年硬上租谷一十八砠”，就是这个意思。

---

① 《明清徽州社会经济资料丛编》第2辑，第20页。

② 《明清徽州社会经济资料丛编》第2辑，第33页。

也有的契约上，自佃和佃人姓名并列的。那意思是说上述两种情况结合在一起了。

第三种情况，只写地租数量，不提是自佃或者佃人姓名。比如：

龙源汪兴同弟汪懋，今有承祖买受田一丘，坐落二保土名查湾坞口，新立四至，东至田子，西至轰田，堆石为界，南至路及塝溪，北至塝。四至内本位该得分籍该租二秤，自情愿尽数立契出卖与叔公汪名下为业，面议时价文银贰两正，在手足讫，其价契当日两相交付。未卖之先并无重互交易。所有税粮听自造册之年收割解纳。今恐无凭，立此为照。

嘉靖二十年二月十九日　立契人　汪兴同弟汪懋①

十九都陈本钟同侄陈漠陈汤，今因户役无银支解，自情愿将十八都四保土名陈家门前上廒早谷租一秤五斤加贰，又将陈家门前路下大谷租一秤五斤加四，今将前项二号田租该得分截凭中尽数立契出卖与十八都方文威兄弟名下为业，面议时价文银一两一钱正，在手足讫。其田未卖之先与家外即无重复交易来历不明，卖人自理，不涉买人之事，成交之后，各不许悔。如违甘罚银三钱公用，仍依此契为准。今恐人心无凭，立此为照。

隆庆二年七月十一日　立契人　陈本钟……②

立卖契弟徐良谦，今将承父买受民水田一号南岸团丘，早租十一斤贰两；贰号金乞庄傍，早租九斤九两，三号枣树下，早租十四斤；四号五都下坞岑，早租一秤零六斤十两；五号榨坞，早租十五斤十三两；六号旭里丘，晚租十五斤；七号官深丘，晚租七斤零八两；八号汪家畔，晚租十六斤十一两；九号界下，小租十五斤。今将前田九号共计早晚租六秤十一斤五两，自情愿托中出卖与谟兄名下为业。面议

① 《徽州千年契约文书·宋元明编》卷5，第344页。

② 《徽州千年契约文书·宋元明编》卷7，第19页。

时值价文银四两正，其价并契当日两相交付明白。所有税粮系在本户推扒与兄供解无词。来历不明，尽是卖人之承当，不涉买人之事。今恐无凭，立此卖契为照。 塘并鸡随田行

崇祯十三年三月十八日 立卖契人弟徐良谦

中见兄徐良宰①

上引这些卖田文契都没有写明土地面积，而对于应纳地租数量，却是精确到斤到两的，卖租的意味特别浓厚。这是不应产生误解的。

正是由于人们在买卖土地时，普遍着重的是地租数量，对于土地面积，该面积上的可能产量，并不十分在意。这就给土地出卖者在出卖土地时任意分割剩余产品数量，亦即任意分割地租数量，出卖一部分，保留一部分，造成了可能性。购买者只以取得地租为期，也不认真较量。经过这样的买卖，把地租数量写在契约上，此后增加地租，不说不可能，也是十分困难的。这都方便了永佃制的出现。

再一个重要的变化是，租种地主土地的佃农可以将佃入的土地转让给他人耕种。

本来，明清时代一般租佃关系的传统中，佃户是不可以将佃耕的土地转让给他人耕种的。这在当时的日用百科全书所收的契约格式中，是书写得明明白白的。

如《万书萃宝·学海群玉·鳌头杂字》所载：

某宅有田一段若干亩，坐落某处，今有某人前来承佃，年约乾员租谷若干石，早六冬四理还，依凭本宅量秤，不许拖欠及转佃他人。如有此色，即时召佃，不得执占，今欲有凭，立田批付照。

《杂字全书》所载：

立认佃人某，今佃得业主厶宅厶处田若干，年科税谷若干，自备牛种耕作，不论丰歉，早晚二冬将谷经风干净，挑运到船、宅交纳，不敢懒惰、抛荒及私相授受等情。如有此等，任业主另行招佃，不敢阻执，所认是实。②

契约规定，佃户如果将土地转佃他人，或者私相授受，地主可以将土地收

① 《徽州千年契约文书·清民国编》卷4，第484～485页。

② 转引自杨国桢：《明清土地契约文书研究》第43～44页，第46页。

回，另行招佃，佃户是不得执占和阻执的，规定相当严格。

但是，不知是从什么时候开始，出现了佃户转佃土地的现象。他们在转佃土地时，还书写契约，看不出有什么顾忌。

《徽州千年契约文书·宋元明篇》卷一收有弘治九年祁门吴逸转佃田土赤契一张。契文如下：

祁门县十一都住人吴逸，原佃到本都永祥田一备，坐落本都五保土名江村段九分里田，内取田贰分，其田新立四至，东至项永祥田，西至　田，南至李澄田，北至李渡田，今为无力耕种，将前项田亩并租转佃与休宁卅三都李度名下，面议贴备输纳银贰两贰钱正，其兑佃之后，听自永远输纳耕种，未佃之先即无重复交易，税粮造册之日照数推割无词。今恐无凭，立此佃契为用。

弘治九年十月初十日　兑佃人吴逸

这是一张经过官府验证的赤契。可见，契约中转佃一词以及兑佃的事实，都是官方所认可的。通过这张契约，吴逸将从永祥手里佃来的土地转佃给李度，包括田亩及租，都交由李度永远输纳耕种。此后，经过官府验证的转佃契约就很少见了。见到的大多是未经官府验证的，但同样具有法律效力。比如：

城居住人吴福，上年佃到观后山程辉园一片，今无力耕种，自愿出佃与苏名下，三面议价白文银三钱五分，其园递年租银三分，今出佃之后，两相交足，并无异说，今恐人心难凭，立此佃约为照。

隆庆九年　立约人　吴福①

立佃约人程聚才，今因缺少使用，自情愿原佃到程义得园一片土名杨树下，自愿转佃与程名下，三面议作时值佃价银五钱五分正。其银当日收足，自佃主自行耕种，今恐人心无凭，立此佃约为照。

万历十六年七月初二日　立佃约人　程聚才……②

① 《徽州千年契约文书·宋元明编》卷6，第297页。

② 《徽州千年契约文书·宋元明编》卷3，第310页。

既然佃来的土地佃户可以自由转佃他人，那么，永佃制下佃权的买卖转让就是顺理成章的了。实际上，一般租佃关系下的转佃与永佃制下佃权的买卖转让，在形式上，是很难区分的。上引两张契约本身就说明了这个问题。

二

永佃制始于何时，目前尚无定论。有研究者认为始于宋代官田。《象山先生全集·与苏宰》中说："故老相传，以为元祐间宣仁垂帘之日，捐汤沐之入以补大农，而俾以在官之田，区分为庄，以赡贫民。籍其名数，计其顷亩，定其租课，使为永业。今里中之老犹有能言宣仁上仙之年与其月日者。岁月寖久，民又相与贸易，谓之资陪。厥价与税田相若。著令亦许其承佃，明有资陪之文，使之立契字、输牙税，盖无异于税田。"① 马端临《文献通考·田赋考七》引政和元年知吉州徐常在奏疏中所说："诸路唯有江西有屯田非边地，其所立租则比税苗特重。所以祖宗时许民间用为永业。如有移变，虽名立价交佃，其实便如典卖己物。"《刑统》卷二十七载："私田宅有借得，令人佃作。"似是不限于官田，民田也是如此。《清明集》有一争田案件，说是江伸向丘某借钱一百贯，以田两段作典，契内明言："认供苗不离业。"② 元代陶宗仪《辍耕录》卷十三《释怨结姻》一文中说："扬州泰兴县马驼沙农夫司大者，其里中富人陈氏之佃家也。家贫不能出租以输主，乃将所佃田转质于他姓陈氏。田傍有李庆四者，亦业佃种，潜赂主家儿，约能夺田与我，而不以与陈氏者，以所酬钱十倍之一分之。家儿素用事，因以利啗其主，主听夺田归李氏，司因无可奈何。既以谷田不相侔，轻其直十之一，司愈不平。……"如此等等，证据确凿。明清时代永佃制的渊源就应该根据这些线索追寻，但这里不能多说。

这里能说的是，在上节所说的诸般条件形成过程中，出现的地权与佃权分离的现象。这指的是，人们可以像买卖典当地权那样，买卖典当佃权。地权和佃权的买卖典当还可以互不干涉，两不相问。这种现象在明代的江苏，福建、皖南地区，已经屡见于文献记载和民间的契约文书了。

---

① 陆九渊：《象山先生全集》卷8。

② 杨周：《永佃权试探》。

比如正德《江阴县志·风俗》说："下农无寸土一椽之业，全仰给予上农。耕稼其田而输之租，谓之佃户。其佃人之田，视同已业，或筑场圃，或构以屋庐，或作之坟墓其上，皆自专之，业主不得与问焉。老则以之分子，贫则以之卖于人，而谓之榷，榷得之财谓之上岸钱，然反多于本业初价。如一亩银二两，上岸钱或三四两。买田者，买业主才得其半，必上岸乃为全业。"

这所说的佃农是享有佃权的，地主不能无故剥夺。而且，还可以继承和买卖，像前面说的筑场圃、构屋庐、作坟墓一样"皆自专之，业主不得过问焉"。特别提到买卖，佃权价格可以高于地权价格。购买产业，只有地权是不完备的，必须加上佃权，才能称为全业，像后来的根面全一样。

所谓榷田文书，还是有一定的格式的。万历年间刊刻的《三台万用正宗》中就载有这一格式。

> 某乡某都某图立榷田文书人某人，今将自己坐落某处民田若干亩，情愿出榷与某人耕种一年二熟为满。当日凭中三面议定，每亩时值榷田价白银若干，立文书之日一并收足无欠。所有田上粮租，出榷自行办纳，不干得业人之事。如有虫伤风秕，水旱灾荒，眼同在田平分收，次年初种。系是二边情愿，故非相逼。恐后无凭，立此榷田文书为照。
>
> 某年月　立榷田文书某人①

契约表明，业户将自己享有的佃权出让给人的时候，是有代价的。《江阴县志》说这个代价可以高于地权价格。这一事实意味着佃权是可能带来收益的，不单是耕作的权利。不过，上引两项资料还不曾提到佃权收益的问题。

福建的有关资料，则把这些问题都提到了。

嘉靖《龙溪县志·地理》上说："大抵业农之民甚劳，其间无田者众，皆佃人之田。年丰则业佃相资，岁歉则业佃俱困。柳江以西，一田二主，其得业带米收租者，谓之大租田。以业主之田私相贸易，无米而录小税者，谓之粪土田。粪土之价视大租田十倍，以无粮差故也。"

嘉靖《龙岩县志·土田》上说："受田之家，其名有三：一曰官人田（官人即主人也，谓主是田而输赋予官者，其租曰大租。二曰粪土田（粪土即其

---

① 转引自杨国桢：《明清土地契约文书研究》，第101页。

田之人也。佃丁出银币于田主，质其田以耕，田有上下，则质有厚薄，负租则没其质。沿习既久，私相授受，有代耕其田，输租之外，又出税于质田者，谓之小租。甚至主人但知其租，而不知其田之所止。）三曰授产田（富家田多，则赋必重，乃授田于人，顶戴苗米，计其租，仅足以供其赋，贪狡者受之，一有不支，则人田俱没矣）。古者授田之家一，今者授田之家三，甚者那移转贷，又不止于三矣。”

这两项记载的内容一致，都提到了地权的所有者要交纳赋税，他的收入是所谓大租，而直接生产者又可以将佃得的土地出租，收取所谓小租。这就是说，地权和佃权的所有者都可以收取地租，参与地租的分割。

另据《天下郡国利病书》中转载：

南靖县“且所谓一田三主之弊，尤海内所罕有。一曰大租主，一曰业主，一曰佃户。同此田也，买主只收税谷，不供粮差，其名曰业主，粮差割寄他户。收田中税，配之受业，而得租者，名曰大租主。佃户则出赀佃田，大租业税，皆其供纳，亦名一主，此三主之说也”。

平和县“平和一田有三主，其弊肇于南靖粪土大租之说。买田者为田主，买租者租主。其田原载粮米，租主全不收入户，只将田租之内抽出三分，付与兑米人户，代办条差，而兑米之人，名曰白兑。递年收租纳官，谓之米主。乃佃耕入户，年供三主之租，得不困苦乎哉!”

《漳州府志》：“惟是漳民受田者，往往惮输赋税，而潜割本户米配租若干石，以贱售之。其买者亦利以贱得之，当大造年，辄收米入户，一切粮差，皆其出办。于是得田者坐食租税，于粮差概无所与，曰小税主。其得租者，但有租无田，曰大租主。(民间买田契券，大率记田若干亩，岁带某户大租谷若干石而已)。民间仿效成习，久之，租与税遂分为二。而佃户又以粪土银私授受其间，而一田三主之名起焉。（按佃户出力代耕，如雇佣取值，岂得称为田主。缘得田之家，见目前小利，得受粪土银若干，名曰佃头银，田入佃手，其狡黠者逋租负税，莫可谁何。业经转移，佃仍虎踞。故有久佃成业主之谣。皆一田三主之说，阶之为厉）。”

南靖、平和、漳州府的情况与上述龙溪，龙岩的情况有所不同，但地权的所有者与佃权的所有者都参与地租的分割，则是完全相同的。地权和佃权的所有者都参与地租的分割，即一田两主，其实是佃权买卖和转化的结果，只是证明永佃制曾经存在，并不表示永佃制本身。记录者是从政府财政收入的角度观察的，所以强调粮差由谁承担，而未涉及佃权的买卖与转化。

所幸皖南留存下来的民间契约文书弥补了这一缺陷，使我们多少了解到佃权运动的具体过程。在皖南，地权称为田骨，佃权称为田皮，都是可以买卖的。有关的契约文书不少。

> 五都住人王兴保，今因长男周乞无钱用度，自情愿将周乞分下客庄田三处，共四亩七分。一处苧坞口晚谷田一亩贰分，一处松树林晚谷田一亩，一处王村堨塘下早谷田一亩七分。三处共四亩七分。出卖与洪六房名下，当得粪草文银四两二钱正。在手前去。其田未卖之先即无家外人重复交易。自成之后，听自洪名下耕种无词。今恐无凭，立此为照……
>
> 万历四年四月十一日　立卖人　王兴保
>
> 代笔　洪天教　洪大节①

这里出卖的是佃权，所以代价称为粪草。出卖之后，就由购买者耕种，与出卖人无关了。这里不发生小租的问题。如果佃权所有者将佃权出卖之后又承领回来耕种，就要交纳小租了。比如下面一张契约所说：

> 十一都汪天寿，今有承祖田一备，坐落六保土名水家堨无全之用，今自情愿出佃与王名下，三面议值价文银一两正。其田本身承去种作，秋成之日，言定递年交还租谷四租秤零十斤，送至上门交纳，不致欠少。为佃之先无重复交易。立此佃约为照……
>
> 万历四十五年十月初二日　立约人　汪天寿
>
> 代笔人　章元祖②

另一例：

> 房东谢应护，今有买受粪草田一备，坐落土名大园山，计田十丘。今因耕种不便，凭中立契出佃与佃人周四兴名下，前去入田耕种

---

① 《洪氏誊契簿》。

② 《徽州千年契约文书·宋元明编》卷3，第468页。

交租为业，面议时值价文银一两正。其小租逐年交纳肆秤，日后不致短少。自承之后，各不许悔。如悔者甘罚银五分公用。今恐无凭，立此为照。

崇祯元年正月廿六日　佃人　周四兴

中见　朱胜得

依口代书房东养性①

这个佃人用一两文银卖得佃权之后，还要向佃权的所有者每年交纳小租四秤。又如：

佃人倪来胜，今有承祖力坌一号，坐落十三都土名塘坞口，今因缺用，自情愿出当与房主汪名下，文银叁两正。议定递年硬交力租陆秤，不得短少。如有少欠，听主召佃耕种。日后有银听佃取受。今恐无凭，立此契为照。

崇祯十五年三月十二日　立契佃倪来胜

房主汪章甫书②

立当约人周在法，今因欠用，自情愿将粪草田一备，坐落土名金盘丘，当到房东谢应龙、谢应洋名下，本文银一两正，议定递年交小租贰秤，秋收之日送致上门交纳，不致少欠，今恐无凭，立此当约存照。

崇祯十六年三月廿一日　立当约人　周再法

代笔人　谢　彰

中见人　周旺法③

这是两个佃权所有者，将佃权出当以后，又将土地承领回来耕种，每年交纳小租。

事情是很清楚的。佃权的所有者如果将佃权完全出卖，则与佃权完全脱离

① 南京大学历史系藏契约原件。

② 南京大学历史系藏契约原件。

③ 《徽州千年契约文书·宋元明编》卷4，第487页。

关系；如果出卖或出当之后又承领回来耕种，则需交纳小租。这就具体地证明，佃权不单是耕种权，而且还可以带来一定的收益——小租。

皖南的情况与江苏、福建的情况没有什么根本的差别，这就证明了，到明末永佃制的发展的各个环节都已具备了。

三

明清时代，佃权与地权分离，并参与剩余产品乃至地租分割的现象，其成因是多种多样的。大体说来，一是通过买卖，一是佃农投入工本，在许多情况下，二者可以兼而有之。

从地主方面来看，有些地主将佃权出让给直接生产者佃户，并索取一定的代价，因而造成佃权与地权的分离。这类出让都是订有契约的。明代中后期的日用百科全书中大都列有这类契约格式，称为赔契或粪质银契。下面抄录一张实际的赔契。

> 慈惠里四十五都李墩住人李芳椿，承祖置有晚田一段，递年供纳吴衙员米四石四斗庄，其田坐落土名坋……今来具出四至明白，且芳椿要得银两使用，情愿托得知识人前来为中说谕，就将前四至田立契出赔与本里下陈应龙边为业，当三面言议定时值价铜钱，前后共讫一万二千文小，自立成契之日，眼同中人等一顿交收足讫，无欠分文，亦无准折债负之类，其田言定三冬以满，备办原价取赎。契书两相交付退还，如无原本，任从银主永远耕作，田系芳椿承父分定之业，与门房伯叔兄弟各无相干，系是两家甘心意允，各无反悔。今恐难凭，具立文契合同为照用。
>
> 万历二十年二月　日立赔契人李芳椿……①

契约中的赔价，或者叫粪质银，是地主出卖佃权的代价。契约中说："其田言定三冬以满，备办原价取赎，契书两相交付退还"，以及契约格式中的"不愿耕作，退还业主，接取前银，两相交付，不敢留难"，情况类似于押租的退银还田。但是，根据后来的发展情况看：第一，赔价或粪质银代

① 杨国桢：《明清土地契约文书研究》，第281页。

表的是佃权的价格；第二，佃权出租可以带来小租——即部分剩余产品；第三，佃权所有者还可以将其转让给他人。这些都同早期的押租情况有显著的不同。当时人们的印象也是这样。比如上引《龙岩县志》上说："佃丁出银币于田主，质其田以耕，田有上下，则质有厚薄，负租则没其质。沿习既久，私自授受，有代耕其田，输租以外，又出税于质田者，谓之小租。"康熙《崇安县志》也说："佃田之名曰赔，赔为田皮，买为田骨"。《政和县志》上说："民间主佃交易，又有顶田皮诸契，始贪小利而取顶手，过手而递顶更换不一矣。"《福建省例》上说："田皮属佃户之顶手，一经契买，即踞为业。"《漳州府志》上说："缘得田之家，见目前小利，得受粪土银若干，名曰佃头银，田入佃手，其狡黠者逋租负税，莫可谁何，业经转移，佃仍虎踞，故有久佃成业主之谣。"《南平县志》上说："南邑之田，有苗主，有赔主，有佃户，赔主向佃收谷，苗主向赔收租。"所有这些记载都不曾把这一现象看作押租。

上述记载有一个共同点，即，支付赔价或粪质银交换来的佃权，是可以出租收取小租的。这个小租如果不是地主在出赔时对地租的减让，就是佃户得田以后改良土壤的增产部分。上述记载都不曾提到。只有道光《龙岩州志》透露了一点消息，说是"岩地山多田少，耕农者众，往往视田亩租额有赢余者，多出资钱，私相承顶"。

这最后一点，在一些地区出卖土地时，表现得非常清楚。乾隆《龙溪县志》说："邑民受田者，往往惮输赋税，而潜割本户米配租若干石，减其值以售，其买者亦利其贱而得之，当大造之年，一切粮差皆其出办，曰大租主，有田者不与焉。而租与田遂分为二。而佃户又以粪土银私授受其间，而一田三主之名起焉"；《长泰县志》说："民间受田者，往往惮输赋税，潜割户米，配田租，以贱售之，其买者亦利其价钱，自愿收米入户，认办一切粮差。于是有有田而但取租税者，有有田兼完钱粮者，大租、小税之名，分出为主。而佃户又以粪土银私自授受其间，遂致一田三主"。这都说明了，在出卖土地时，出卖者是可以将地租任意分割的，出卖一部分，保留一部分。如果出卖者不是地主而是直接生产者，那么，保有田粮的出卖者就成了佃权所有者而购买田面者成了办粮之人。如《钱谷挈要》所说："福州福宁二府属，则又为田根田面，田面者办粮之人也，田根者佃种之人也”。由此可以设想，多出资钱，多出赔价和粪质银以承顶的土地，其田亩租额当属有盈余者。

《徽州千年契约文书》宋元明编，卷七《万历休宁齐保公置产簿》记录有汪姓一家出卖田骨的一批契约，为说明佃权与一定收益相联系提供了一个不可多得的实例。我们不惮烦琐，将这批契约简录于下：

（一）三十一都住人汪伍承父有田一备，坐落本都一保土名项的伯坎，系基字二百三十四、二百三十五号，共该田一亩三分四厘一毛，本边四分中合得一分，该田三分三厘五毛二，计租五砠，其田东西四至，自有经理盖载明白，今为缺少支用，自情愿将前项合得田骨，尽行立契出卖与张齐保名下，三面议作时值价银九两正，其银契当日两相交付明白，其田今从出卖之后，一听买人永远管业，本家即无异说。未卖之先即无重复交易及家外人占拦一切不明等事，并是卖人之当，不及买人之事，所有税粮候造册之年，听自认纳，再不另立推单。今恐无凭，立此出卖文契为照。

嘉靖三十五年十二月初一日　立契人　汪　伍

中见人　朱胜保

汪伍在出卖了应得田骨之后，保留有该田的田皮，这块田皮给汪伍带来了收益。可是，过了四年，汪伍又将这块田皮应得的收益出卖给了张齐保。这只是田皮的出卖，所以，写的是卖佃契，契文如下：

（二）三十一都住人汪伍，原将一保土名项伯坎，该身分数民田三分三厘有零，计租伍砠，先年已出卖与张名下明白，今身缺用，自情愿取身佃种硬租一砠，计值文银一两八钱正，出与张名下连前共业，其价当日收足，一切不明等事，并是卖人之当、递年交硬租六砠。今恐人心无凭，立此卖佃契为照。

嘉靖三十九年八月初一日　立卖佃契人汪　伍

中人汪义保

汪伍将田皮的收益一砠出卖给张家以后，继续耕种这块田地。他是否把田皮的收益全部出卖了，还是一个问题。请看下面的契约。

嘉靖四十一年汪三出卖田骨的契约：

（三）卅一都住人汪三，承父有田一备，坐落本都一保土名项伯坟，系基字二百三十四、二百三十五号，共该田一亩三分四厘一毛，本边四分中合得一分，该田三分三厘五毛，内取田一半，计田一分七厘，计租三砠。其田东西四至，自有经理盖载，今为缺少支用，自情愿将前项田骨立契出卖与张名下，三面议作时值价文银五两四钱……

嘉靖四十五年汪三之子汪和又将汪三出卖之后的另一半田骨，立契出卖给张家。契文如下：

（四）卅一都住人汪和，承父有田一备，坐落本都一保土名项伯坟，系基字二百卅四，二百卅五号，本边四分中合得一分，该田三分三厘五毛。先年父卖一半，今仍有田一分七厘，计租三砠。其田东西四至自有经理盖载。今为缺少支用，自情愿将前项田骨立契出卖与张名下，三面议作时值价白银四两八钱……

以上两契出卖的合计是该片土地的四分之一的田骨，带租六砠，比汪伍出卖的四分之一田骨只带租五砠，多了一砠。

此后，汪家子弟又出卖了两次田骨，契文分别如下：

隆庆三年汪岩大出卖田骨契文：

（五）卅一都住人汪岩大，承祖父有田一备，坐落土名项伯砠，系一保基字二百卅五等号，共该田一亩三分四厘一毛。本边该得四分之一，该田三分三厘五毛。计租五砠一十五斤净。其田东西四至，自有经理盖载明白，今为缺少支用，自情愿将前项合得田骨，尽行立契出卖与张名下，三面议作时值价银一十两五钱……

隆庆六年汪四出卖田骨契文：

（六）卅一都住人汪四承父有田一备，坐落系基字二百卅四，卅五号，内本边合得田四分之一，该田三分四厘，计租柒砠十五斤。其田东西四至自有经理盖载明白，今为缺少支用，自情愿将前项合得田骨尽行立契出卖与张齐保名下，三面议作时值价文银十五两正……①

以上契约所涉及的，根据土地编号和地点，毫无疑义是同一块土地。但

---

① 《徽州千年契约文书·宋元明编》卷7，第60~61、82、94、103、107等页。

是，这块土地的四分之一田骨所带的地租却大不相同，分别是五砠、六砠、五砠十五斤和柒砠十五斤。出卖者，即土地的耕作者所保留的田皮能带来多少收益，我们并不清楚。只知道汪伍出卖过田皮带同地租一砠，还不清楚是否将田皮所应带来的收益全部出卖，因为土地仍然由他耕种。根据这些不完全的情况，已经可以推断：土地所有者将田骨和田皮分离，并出卖田骨时，随带的地租数量是有随意性的，可多可少。因此所保留的田皮所带来的收益也就可多可少了。

也许是因为要保留田皮所带来的收益在自己手里，土地所有者将田骨和田皮分离开来，出卖田骨时，总是要出具佃批给田骨的购买者，承种这片土地，明确规定交纳地租的数量。在《齐保公置产簿》中，万历四年戴新保、新贵新福同侄添志，万历九年程长华，万历十四年汪求得同弟胜得等，在出具出卖田骨契约的同时，都出具了租佃契约，就是这个缘故。①

到了清代，我们发现出卖土地的契约上，并不声明出卖的是田骨，也不说明土地面积，只说计租多少，出卖与某人收租管业，同时，在卖租文契上，批明由出卖人耕种交租。这恐怕是田骨、田皮分离的又一种形式。抄录两件契约如下：

> 立卖契人方祖法，今因无钱支用，自情愿托中将水田一号，坐落八都十保土名冷水窟乙丘，计晚租陆秤，凭中出卖与汪名下前去收租管业，三面议定时值价文银　正，其价并契当即两明，其田未卖之先，即无家外人等重复交易来历不明，卖人承当，不干买人之事，自成之后，二各无悔，如悔者甘罚白银　公用。所有亩步四至，悉炤新文鳞册可证，其税粮随即割与买人户内供纳，再不另立推单。今恐无凭，立此卖契存炤。
>
> 再批，其田是身耕种，递年交硬租陆秤炤
>
> 康熙九年正月十八日　立卖契人　方祖法
>
> 中见人　方法六
>
> 子婿　陈明钺
>
> 代笔人　方祖贵②

---

①《徽州千年契约文书·宋元明编》卷7，第117～118、131～132、139～140等页。

②《汪氏置产簿》。

立卖契人方祖贵，今因无银支用，自情愿托中将承祖水田一号，坐落七都九保张字号，计田乙垻，计旱租柒秤，凭中出卖与汪名下，前去收租管业。三面议定时价文银　正，其价并契当即两明。其田未卖之先，即无家外人等重复交易来历不明，卖人之当，不干买人之事。自成之后，二各无悔。如先悔者甘罚白银　公用。所有税粮随即推与买人户内供解毋词。今恐无凭，立此卖契为炤。

再批，其田是身耕种，递年不贴车水，交硬租柒秤无词。

康熙九年正月十八日　立卖契人　方祖贵

中见人　林法六

陈明钺[1]

另一个地权佃权分离，并参与分割剩余产品的形成途径是，佃农在进入租佃关系以后，支出工本，改良土地，增加产出，因而获得佃权和部分增加的产出。

有关的记载，如南汇县志上说："绝户田亩系宣德、景泰间，人绝田荒，民甚苦之，贻累里甲。天顺六年奏准：召民开佃。方其初，佃大费工本，及转佃别姓，即以工本为名，立契得银。"《西江视臬纪事》中说："因国初鼎定，当兵灾之后，地亩荒芜，贫民无力垦复，率系召人佃垦。垦户开荒成熟，未免需费工本，遂世代守耕。故在业主为田骨，在垦户为田皮。业主得买其田骨为大买，垦户得顶其田皮为小买。业主只管收租赁耕，转顶权自佃户，业主不得过问。若欲起佃，必须照还原费工本。"《闽质记》说："闽地少山多，业户皆雇佃垦山为田，故一田而有田皮田骨之名。"《钱谷挈要》中说："田骨者，在册之田，遭变乱之后，已荒废，空赔钱粮，而力不能垦。有人代为垦复耕种，则田主为田骨，垦种之人为田皮。骨向皮收租完粮，其租甚微。若将田骨出售，价亦不贵。"

特别是，清代出现了大量垦辟土地的现象。在各个垦辟地区，如甘肃、热河、台湾以及崇明等地，造就了大批大批的永佃农民。比如在崇明：

乾隆《崇明县志》："天下之产，一产一租，独崇明之产，一产两租，则以产分二价之故。二价者何？一曰买价，即置买之买。崇明之产，三年丈拨，

---

① 《汪氏置产簿》。

初在浪底，即责里排每亩先输粮五合，待潮泥淤淀渐积加课，直到圩田之日，赔课不赀，名曰恩拨。实与用价置买者等，故曰买价，实粮产二字之别名也。一曰承价，即承管之承。崇明之田，未圩曰荡，既圩曰田。田荡之别总在圩与不圩。粮户有力筑圩，自行管业者，其田为全重，租得全收。如不能自圩，例必召佃。主家给佃以批书，佃人付主以承管，主佃分执两凭。从此佃户挑筑，名曰做圩”。“圩内地面，不无高下欹仄，削平可耕，名曰摊担，又名曰开生。其日用薪米酒浆佣工等项，统曰圩田工本。皆产主宜清偿佃户者，遂于己产买价之内，设一价名以偿之，曰承价，如承受之承，对产主而言也；如相承之承，对后佃而言也。其例有三焉。一主佃各得者曰半承价。如承价五两，佃人约费二两五钱，则半偿价适足以相偿，主家即给以半承价，批书一券为凭，而存半承价归主家管业。一主佃各得者曰分承价。如主产地脉平衍，佃工不费，则主给承价亦少。如产滨海岸高地碗，佃工必多，则主给承价亦多。因而主佃有三七、四六、甚至一九、二八颠倒诸例。总以工本类推。主家给以分承价议券一纸为凭，而分存承价，尚属主家管业。一佃户独得者曰全承价。”“主管单买价曰轻田，而佃得全管承价。如逋租不清，即将承价抵偿，佃听别迁。若主租清楚，佃欲别迁，许另佃承管。或后佃逋抗，仍取给予承价。倘主租清楚，佃有故出售，必先问于主，主不受，再觅售主，亦必先批主家买价后，得佃户承价，斯为合例。承价与买价，所收租谷不同。如买价每千步四百斛，承价每千步二百斛。买价有麦租，承价无麦租，以买价办粮，而承价无粮也。买价出售曰卖契，承价出售曰承契，以买价办粮，田得自主，承价无粮，由主家分授也。”

又如在甘肃。

高宗《实录》记载：“甘肃巡抚黄廷桂疏称：甘省地处边徼，从前土旷人稀，我朝定鼎以来，流亡渐集。然开垦之始，小民畏惧差徭，必籍绅衿出名报垦承种，自居佃户，比岁交租。又恐地亩开熟，日后无凭，一朝见夺。复立永远承耕不许夺佃团约为据。待相传数世，忘其所自，或租粮偶欠，或口角微嫌，业主子孙既以夺田换佃告官驱逐，而原佃之家又以团约炳据忿争越控。臣查各省业主之田，出资财而认买，招力作以承耕，佃户之去留凭于业主。非若甘省佃户，其祖父则芟刈草莱，辟治荒芜，筑土建庄，辛勤百倍，而子孙求为佃户而不可得，实于情理未协。应请将当日垦荒之原佃子孙，止令业主收租，果有拖欠，告官押追，不许夺佃。倘立意抗欠粮租至三年者，方许地方官讯实驱逐，田归业主。若业主贫乏将田另售，契内注明佃户系原垦人之子孙，照旧承种，不许易佃。若业主子孙有欲自种者，准将肥瘠地亩各分一半，立明合同，报官存案，不得以业主另租与人，长佃户告讦之风。"①

在热河。据刘克祥教授的研究，蒙地永佃制的形成，大体通过四种具体途径。第一种是汉族农民给蒙旗王公贵族做工种地，后以土地耕作权作为工资付给汉族农民。也有的蒙旗地主向汉族苦工或榜青户借债，无力偿还，最后以土地耕作权抵偿。从而形成永佃制。第二种是蒙旗公署或王公贵族将荒地交汉人"揽头"召垦，垦荒农民向揽头交价承佃，取得永佃权。第三种是蒙旗贫苦牧民、箭丁或"小门台吉"（贵族下层）以土地典卖方式，将耕作权立契卖给汉族农民，自己只保留收租权，从而形成永佃制。第四种是佃农在对土地的长期耕作或佃权的多次转移过程中，逐渐形成永佃权。以上四种途径，有个共同点，即佃农必须通过缴价，才能获得永佃权。日本人收集的513件蒙地永佃契约中，佃农缴有契价或押荒银的497件，占总数的96.9%。②

最突出的是在台湾。

台湾新旧开垦土地，早期如康熙《诸罗县志》所说："业主给牛种于佃丁而垦者，十之六七也，其自垦者三四已耳。"开垦以后，即将工本收回。如乾隆末年徐嗣曾奏本中所说："业户开垦田园，召佃承种，即将所费工本收回，名犁头钱。每甲得银一二百两，每岁止抽分租谷六石至八石不等。又有佃户同行开垦者，因村黎未谙科则，倩城市殷实之家，充当业户，代为经理纳课，亦祇代耕，牛犁籽种悉系工人自备。佃户与分租息，每年每甲可得数十石，名为田底租。此业户得租数少，佃户得租数多。其田虽系业户出名，而实归佃户承管也。……但业户前已得受犁头钱，即与卖业无异。"③ 连横《台湾通史》对此有所论述。他说："其始佃农力小，不足经营，富豪出资本、给牛种，建庐凿圳，以任其费，田成，则纳其谷十之一二，谓之大租，或征圳租，谓之水粟，每

① 《清高宗实录》卷175。

② 刘克祥：《清代热河·台湾永佃制度比较研究》。

③ 《明清史料·戊编》，第335～336页；《台案汇编甲集》第3册，第182～184页。

甲应纳谷石，永久不替。道光四年，署兵备道方传穟上书总督孙尔准，力言业户之弊。书曰：千万人垦之，十数人承之，而一人所给垦照，或千数百甲，淡水是也。万人垦之，千人承之，而地数千甲，给垦照者数千人，每人仅十甲，最多亦十数甲，竟无业户，以民为官佃者，噶玛兰是也。夫业户之设，其弊无穷，其始，豪强有力者十数人，出领垦照，名为自出工本，募佃垦荒，实则其人工本无多。”综合有关论述，台湾在开垦时，业主虽领有垦照，而工本实际上出自佃户，或有业主合股或单独出工本者，承耕佃户也要出犁头钱以偿业主工本。出了工本或犁头钱的直接生产者，享有佃权，并保留剩余产品的一大部分。

以上所引资料，都说明了在垦殖过程中，佃户出了工本或者缴了代价，无不取得佃权，并保留大小不等的一部分剩余产品在自己手中。

取得佃权并保留部分剩余产品在自己手中的佃农，不论是购买来的，或者是出工本换来的，或者把这两种方式结合起来以达到这一目的的，都可以把佃权转让与人。当然把佃权转让与人并不是一开始就完全摆脱了地主的控制。但佃农的这项自由毕竟是日益扩大的。

所以佃权与地权分离以后，迟早要进入流通，通过买卖而转换所有者。在实际生活中，买卖佃权不但作价，而且还要书写契约。契约就是佃权转手的凭证。

我们抄录几张契约如下：

> 立出佃田皮约人叶廷镇，今因缺用，自情愿将土名吴村段门口前田皮陆秤，央中出佃于詹名下为业，三面凭中议作时值价粪力九七银肆两正。其田自今出佃以后，一听佃人耕种无阻。未佃之先，与内外人等并无重帐不明等事，如有自理，不涉佃人之事。今恐无凭，立此佃约存照。
>
> 其田约至年内将契内本利取赎，如过期，听自管业耕种无阻，再批。……
>
> 前项田皮于乾隆五十二年二月廿八日原价退回
>
> 康熙四十九年正月十五日　立出佃皮约人　叶廷镇
>
> 中　詹公远①

---

①《徽州千年契约文书·清民国编》卷1，第159页。

立佃约人程思达，今因缺用，自情愿将九相公庙前十亩丘，计租一十九秤，自情愿出佃与叶名下，三面凭申议作时值粪力价银八两正。其田未佃之先，并无重张不明等情，如有自理，不涉佃人之事。自今出佃之后，一听管业耕种无阻。恐后无凭，立此佃约存照。

康熙五十九年正月十七日　出佃约人　程思达

见侄　程文茂

侄孙　程贯六

中见人　叶廷佐[①]

立断骨出佃约人汤天顺，承父今有佃皮一处，坐落土名岭下桥头，佃皮陆秤计一丘，今因乏用，自情愿央中断骨出佃与胡正顺名下为业。面议赎值价文银三两四钱二分正。其银当日收足，其佃今从出佃之后一听佃主管业耕种为定。日前并无重张交易不明等情。如有尽是出佃人承当，不涉佃主之事。恐后无凭，立此断骨出佃约存照。

雍正十三年十二月　日　立断骨出佃约人汤天顺

中见人陈君质陈永律吴继云　陈继松

书人胡可玉[②]

立佃约人程德华，今因正用无籍，自愿托中将六亩丘，佃到与许观生名下耕种为业，计田叁丘，计客租三十五秤正，三面言定时值价银陆两正。在手收讫，未佃之先并无重复交易，如有此情是身承当，不累受人之事。今欲有凭，立此佃约存照。

乾隆十二年十二月　立佃约人　程德华

中见人　程华先[③]

---

① 《徽州千年契约文书·清民国编》卷1，第182页。

② 南京大学历史系藏契约原件。

③ 南京大学历史系藏契约原件。

上面的佃权所有者将佃权出卖以后，他同地权所有者之间的永佃关系，就转移到了佃权收买人的头上。佃权的新主代替旧主，与地权所有者结成永佃关系。即，他要交纳地租给土地所有者，同时占有佃权以及佃权所应带来的部分剩余产品。永佃关系就是这样通过买卖转让而保持下来。这时，佃权的出卖人，由于出卖了佃权，就退出了与土地所有者之间的永佃关系。这一转手的历史作用是不容忽视的。当旧的永佃农民难以继续经营而不得不出卖佃权时，有新的比较殷实的农民出资购买佃权承接经营，以代替旧的永佃农民。这样的新陈代谢使处在实际经营地位上的永佃农民经常保持一定的经济实力。这就是永佃制度长期具有活力的关键所在。在清代，这样的佃权买卖，即在直接生产者之间的佃权买卖，是相当频繁的。

彭超在《明清时期徽州地区的土地价格和地租》一文中，作了一个道光咸丰年间田骨与田皮价格对比统计表，其表如下：

表5－6　　道光、咸丰年间田骨与田皮价格对比

	田骨				田皮			
	契约数	亩数（亩）	总价银（两）	亩价（两）	契约数	亩数（亩）	总价银（两）	亩价（两）
道光年间	8	14.6775	187.20	12.75	17	28.05	440.30	14.27
咸丰年间	4	9.6166	89.40	9.29	6	13.09	140.60	10.89

这张表里，不但田皮的价格高于田骨的价格，而且，田皮的总价银580.90两，远高于田骨的总价银276.60两。这表明，在当时当地，田皮的流通远快于田骨的流通，投入田皮买卖的银两远高于投入田骨买卖的银两。

田皮在直接生产者之间流通是永佃制盛行地区的普遍现象，因此，也改变了主佃之间的关系。有关的记载是很多的。在江苏，《江苏山阳收租全案》称："佃户揽种包租田地，向有取用顶首等名目钱文，名为田面。其有是田者，率多出资顶首，私相授受，由是佃户据为己有，业户不能自主。"《无锡县志》："佃民授田面之银，（名灰肥银，业产相售之价曰田底）较田价相上下，其佃民桀黠者，权反过于业产，岁小歉，匿嘉谷而献秕稗，异时患业户鱼肉其佃者，今佃民颇无畏惧，莫可谁何。”光绪《周庄镇志·风俗》：“吴农佃人之田者，十八九皆所谓租田，俗有田底田面之称。田面者佃农之所有，田主衹田底而已。盖与佃农各有其半。故田主虽易而佃农不易，佃农或易而田主亦不与。”在江西，《西江政要》：“乃江省积习，向有分卖田皮田骨，大业小业，大买小买，大顶小顶，大根小根，以及批耕顶耕，脱肩顶头小典等项名目，均系一田两主，以致强佃藉有田皮小业，霸佃抗租，田主每受其害”。一块碑记上说：“查佃户之出银买耕，犹夫田主之出银买田，上流下接，非自今始，不便禁革。但转辗相承，将退脚银两渐次加增，以使退脚贵于田价。往往蔑视田主，抗租私退，讼端由此而起。”[①] 陈绍洙说：“建郡田皆主佃两业，佃人转买承种，田主无能过问，其弊兹多。”[②] 光绪《雩都县志》：“田有田骨田皮，田皮属佃人，价时或高于田骨，因藐视田主，掯租不还，还亦秕粟相半。少有水旱，即减分数。不知价之高者，因出息广，厚利皆归佃人，而田主仅得些须之租。”在福建，《福建省例》上说：“是田皮即属佃户之项乎！一经契买，即踞为世业，公然抗欠田主租谷，田主即欲起田召佃而不可得”。《钱谷挈要》甚至说：“兼有一种刁徒，积惯抗租，自恃田根，不容别佃。历年霸佃，令田面主赔无租之粮，实闽省一大恶习。”《海澄县志》上说：“田入佃手，其狡黠者逋租负税，莫可谁何，业经转移，佃仍虎踞，故有久佃成业主之谣。”《平和县志》上说：“今和邑之俗，业主虽有田产之名，而租户反有操纵之实，甚至拖欠累人，连年不结，业户虽欲起佃，而租户以粪土田根之说，争衡掣肘，此又积习之难以遽更者也。”《浦城县志》：“田分皮骨，顽佃私赁逋租，往往讼累不息。”李殿图说：“田根者与业主有分踞之势，业主所欲转佃，有田根者为之阻隔，不能自行改佃。”[③]

四

上面说的是永佃制的产生和流通，下面说永佃制的消失和转化。在明清时

---

① 《民商事习惯调查录》《宁都仁义乡横塘塍茶亭内碑记》。

② 《切问斋文钧》卷15，陈绍洙：《江西新城田租说》。

③ 《露桐先生年谱》前编卷4，第63页。

代，永佃制的产生和流通无时不在进行，同样，永佃制的消失和转化也无时不在进行。永佃制的产生、流通、消失和转化是周而复始、循环不已的。只是在当时，永佃制处于发展的阶段，人们观察到的多是地权佃权的分离和买卖佃权的现象。当然，我们也注意到，随着时间的推移，永佃关系的消失和转化为一田两主的现象也越来越普遍了。

这里，我们先说永佃关系的消失，然后再说永佃关系转化为一田两主的现象，而以后者为重点。

在一块土地上的地权和佃权两方分离的条件下，任何一方的所有者将与之相应的对方所有权购买到手，这时，曾经分离的地权和佃权重新归一个所有者所有，不再分属于两个所有者，该块土地就成了所谓根面全的全业了。文献和民间契约文书中的根面全土地都是经历了分离而又重合的过程的。这时曾经存在过的永佃关系就消失了。

消失的过程可以经过不同的手续而实现。比如佃权的所有者将佃权出让给该地地权的所有者，通过这一买卖手续，地权的所有者收回佃权，就得到根面全的全业了。比如康熙十年姚阿程出具的退佃田批就是这样的一张出让佃权给地权所有者的契约。契约的全文是：

> 立退佃田批妇姚阿程仝三男之志，今将卖过自种田贰丘，土名莲堂前，计租拾陆秤，随契退佃与程名下种作，所有佃价一并收足，其田候割小麦交还，听从种作，并无异说，恐后无凭，立此退佃批存照。
>
> 康熙　十　年　月　日　退佃田批妇姚阿程
>
> 奉书男姚之志
>
> 中人　刘汉章①

姚阿程出卖了自种田以后，仍然保留着该片土地的佃权，她是一个享有永佃权的农民，现在，她将佃权出卖给该片土地的买主。买主取得该片土地的全业，而姚阿程与买主之间的永佃关系就随之而中止和消失了。

也有欠租永佃农将佃权出卖以抵还欠租的。如下一张契约：

① 南京大学历史系藏契约原件。

立佃约人汪元孙，今因土名方坑口田贰丘，计客租拾壹砠零五斤，向是身耕种，因田租连年拖欠未清，今凭中将本田皮出佃与田主汪名下管业，三面议作时值价文银四两正。其银抵还田主租谷清讫。其田听从田主另行招佃耕种，无得异说。未佃之先并无重复交易，如有，尽是出佃人承当，不涉受主之事。今恐无凭，立此佃约存照。

康熙四十九年九月　日　立佃约人汪元孙

中见邵春元①

汪元孙原来是一个享有佃权的永佃农民，现在因欠租而不得不将所享有的佃权，作价四两文银以抵偿田主欠租。田主得到佃权之后就成了占有全业的根面全业主了。汪元孙失去佃权以后，他同田主之间的永佃关系也就随之而消失了。

在福建的一些地方，佃权所有者享有的是所谓田根，如果他将田根出卖给田面主，田面主就变成享有根面全的业主了。比如：

立卖契郑允亲，承祖置有民田根一号，坐落本县本都汤院地方，土名中墩，丈计中则田乙亩五分零。年载面租谷一百六十斤，纳在常朗处，历耕无异。今因要银应用，自情愿托中就在本厝侄常朗处，三面言议，卖出田根价银一十一两正，水九五色顶九五平。其银即日交讫，其田根听从侄起佃耕作纳租。此田系是自己物业，与房内伯叔兄弟侄无干。如有来历不明，系是亲出头抵当，不涉侄之事。俟至有力之日，面约五年，限满之日，备银两照契面赎回。二家允愿，各无反悔。今欲有凭，立卖田根契为照。

其田头柏树数株亦付银主随田采摘再照。

乾隆六年十一月初八日立卖契郑允亲代字中侄常纪②

这三例说明，永佃关系的消失是通过作价买卖的。即使在佃农欠租的情况下，也须将佃权作价而后抵偿欠租。佃权总是通过作价买卖而后才能转手的。

① 南京大学历史系藏契约原件。

② 《明清福建经济契约文书选辑》，第45页。

不通过作价和买卖，是既不能转手，也不能消失的。这要算是永佃制的一个特点。

下面说永佃关系的转化。先请看浙江庆元范礼堂范兰吉出具的两张契约。

（一）立佃约人范礼堂等，承父手遗有水田皮一段，土名坐落砻来崛安著，计业主租七把正。今因缺粮食用，将其田皮立出佃约一纸，即日佃与本族礼资弟边，银一两正。其银收讫，其田皮言定递年完纳佃主租八把正，每年不致少久。如若皮租有欠，听凭佃主自己易佃耕种。日后办得原钱取赎，业主不得执留，立佃约存照。

雍正八年六月初八日　　立佃约　兄礼堂

见佃　侄　义　枝

代笔　吴家庆①

（二）立补佃约契人范兰吉，承父手遗有水田皮一段，坐落牛来崛下段安著，计业主租七把正。其田皮前叔手佃与礼资叔边。今因缺银食用，将其田皮再立补佃约一纸与叔边，补出佃银三两正。其银即日收足讫。其田皮自补之后，听凭叔边前去耕种，立佃约为照。

乾隆二十五年四月初八日　　立补佃人　范兰吉

见兄　范福男

代笔人　范永吉②

这是有关佃权的转让的两张契约。在第一张契约成立以前，范礼堂是个永佃关系下的农民，他交纳地租七把，同时享有佃权以及佃权带来的，即保留在自己手里的剩余产品八把。这张契约成立后，他把佃权出让给范礼资，自己继续耕种这块土地。这时佃权的应得剩余产品八把转化成小租归佃权的现时所有者范礼资收取。范礼堂失去了佃权，已不再是个永佃农民，而是一个需要交纳大租七把、小租八把的一般佃农了。乾隆二十五年，范兰吉把这块土地上的佃权最后转让给范礼资，他与这块土地上的佃权不再有任何关系。而佃权的现时所有者则成了收取小租的小租主。这时，原来的永佃关系不存在了，转化成了一田两主。

---

① 《清代地租剥削形态》，第569页。

② 《清代地租剥削形态》，第569页。

显而易见，如果直接生产者与佃权分离开来，新的佃权所有者把佃权应享有的收益作为地租收取，就形成了一田两主。这种现象在明清时代是普遍的。比如在皖南，下面三张契约，反映的都是这一现象。

立典约人查永阳，今为无银支用，自情愿将承父佃田乙处，土名东门坑，计佃租叁拾陆砠正，大小五丘，三面议定时值价白纹银陆两叁钱正。其银当日收足，其田出典与叔夏阳名下管业，其田本身承去耕种交租，递年议定硬交谷利捌砠拾斛正，送门交纳，不致欠少，如有欠少，听自另召人耕种，本身无阻，如有来历不明，内外人声说，尽身支当及重叠交易不干受主之事，今恐无凭，立此当约存照。

康熙三十一年　贰月廿二日　　立典约人查永阳

主盟父　查白星

依口代笔弟　永好[①]

立承约人杨社赠今承到　名下佃田乙处，土名莲花心，计客租叁拾陆砠，是身承去耕种交租，其佃利递年硬交小麦贰砠，谷柒砠正，送门交纳，无论年成丰啬，不致欠少，立此承约存照。

雍正　二年　正月　日　　立承约人　杨社赠

亲笔无见[②]

立佃约人陈英今因急用自愿央中将承祖遗下田皮壹号，计田税柒分，土名程家基，计正租叁秤拾觔正，租系本门家主汉官人租，今凭中面议出佃与本门集庆会内为业。当日时值得受佃价银叁两正，其田原是身领耕种，秋收交谷叁秤正，不致缺少，涉有拖欠，任从执田管业无辞，今恐无凭，立此佃约存照。

乾隆十年　九月　日　　立佃约人　陈　英

中见家主　吴耀宗[③]

不论是佃权所有者将佃权出卖以后自己又将该片土地承种过来，或者是直

① 《徽州千年契约文书·清民国编》卷1，第109页。

② 《徽州千年契约文书·清民国编》卷1，第228页。

③ 《徽州千年契约文书·清民国编》卷1，第302页。

接从佃权所有者手中将土地承耕过来，或者是佃权所有者将佃权出佃与人，佃权都与直接生产者相脱离了。原来与佃权结合在一起的应得收益转化成了地租的一部分，即小租。这时，收取大租的是地权所有者，即原业主，收取小租的是佃权所有者，是小租主。本来是永佃农民享有佃权和参与剩余产品的分配，现在却是大租主和小租主来瓜分地租了。这就在原有的永佃关系基础上，出现了一田两主。原来的永佃农民已经不是原来意义上的永佃农民了。

在这里，我们想强调的是，一田两主现象说明这块土地上的地权和佃权是分离的，又说明地权和佃权各有自己的收益。由此可以推论佃权在直接生产者手中的时候，他在剩余产品分割中所占份额的大小。

文献中有关大、小租的材料是不少的。上面我们列举的事例中提到过一些。《清代地租剥削形态》和杨国桢《明清土地契约文书研究》以及《明清福建经济契约文书选辑》等书中也都提到一些事例。甚至法律文书中也注意到这些材料。

《台湾私法附录参考书》第二卷下就提供了台中地方大肚下堡张氏分家书中有关大小租的材料，可以作为一个示例。

表 5-7　　台湾大、小租数量示例

编　号	水田面积（甲）	小租数量（石）	大租数量（石）
1	1.25	65	4.25
2	0.63	31	2.12
3	2.00	80	17.00
4	1.00	40	8.50
5	0.60	30	5.10
6	1.46	24	5.00
7	2.00	80	17.00
8	1.25	75	4.25
9	0.63	25	2.12
10	2.00	92	6.80
11	2.00	80	17.00
12	1.25	75	4.25
13	0.63	25	2.12
14	1.25	65	4.25
15	0.63	31	2.12
16	1.90	90	16.15

资料来源：《台湾私法附录参考书》第 2 卷下，第 343~349 页。

五

如果我们上面的认识多少符合实际，用大小租与产量之间的关系来估计佃权所有者兼直接生产者，亦即永佃农民可能得到的产品比例就是可行的了。下面列举几个事例：

万历《漳州府志》上说：“一田而有三主之名，一曰大租，一曰小租，一曰佃户。如每田十亩，带米九斗六升三合，值银八十两，年收租谷五十石。大租者只用银二十两买得年课租谷一十石，虽出银少，而办纳粮差皆其人也。小租者则用银五六十两，买得年科租谷二十石，虽出银多而一应差粮不预焉。至于佃户则是代为出力耕收，年分稻谷二十石。”“岁纳折色机兵驿传米人丁银等项，统银一两二钱有零。若以十石租论之，约值银二两五钱。”

道光《宁都直隶州志》上说：“佃人承赁主田，不自耕种，借与他人耕种者，谓之借耕。借耕之人，既交田主骨租，又交佃人皮租。如五十亩之田，岁可获谷二百石，俗谓之四勾之田，则以五十石为骨租，以七十石为皮租，借耕之人自得八十石，然多寡亦微有不同，大约以三分之二作皮骨租。”

在台湾，福建巡抚徐嗣曾等奏本中说：“查彰化淡水田皆通溪，一年两熟，约计每田一甲可产谷四五十石至七八十石不等，丰收之年上田有收至百余石者。”[①] 连横《台湾通史·农业志》上说：“上田一甲收谷百石，中七十石，下四十石。”如以一甲收获七八十石计，年纳大租8石，纳小租二三十石不等，直接生产者所得当在40石上下。

上述三地情况不同，产量各异，而且佃权所有者所得较多。据此估算，把交纳大、小租以后直接生产者的所得，加上大租或小租，（在福建一些地方是大租，在宁都和台湾是小租）永佃农民的所得当为产量的五分之三、四分之三和十分之九上下。这较之交纳大、小租的佃户所得仅为五分之二，五分之二和二分之一上下是多得多了。当然，佃权所有者所得较少，相差就没有这样的悬殊了。

上面的数字是具有重大意义的。

① 《明清史料·戊编》，第335~336页；《台案汇录甲集》第3册，第182~184页。

因为数字表明，如果直接生产者享有佃权，就能够将所生产的剩余产品的一个或大或小的部分保留在自己的手里，就能够较容易地进行扩大再生产，或者改善生活，或者积累财富。他们的经济实力和生产积极性无疑要高于不享有佃权的佃户。所以，永佃制度对农业生产的促进作用是不应低估的。江南的经济繁荣和边疆、台湾的垦辟，永佃制度是起了不小的作用的。

设若把剩余产品视同地租，则享有佃权的直接生产者也就享有或大或小的部分土地所有权。这时的永佃关系就是享有大部分地权的地主与享有小部分地权的佃户，甚至，享有大部分地权的佃户与享有小部分地权的地主，所结合成的租佃关系，像我们在本章开头时所说的那样，这是租佃关系的一种新的形式。如果考虑到在租佃关系发展过程中各个阶段上进入租佃关系的劳动者所应具有的条件，从一无所有到多少具有生产资料和生活资料，乃至具有部分土地所有权，则永佃制度又代表了佃农中农化的最显著的标志。

当然，如果直接生产者失去了佃权，他就无从保留这部分剩余产品，也就不能享有哪怕很小一部分地权。如果直接生产者同时交纳大、小租，则其负担就有可能超过分成租制下的佃农。这实际上是回到了永佃制以前，甚至分成租时的情况，永佃制度所曾经带来的所有优越性就都消失了。特别是地租下降的趋势又为地租增长的趋势所代替，严重地影响农业的进一步发展。

所以，结论是很清楚的，直接生产者享有佃权的永佃制度是一个进步，而在永佃制度基础上出现的一田两主制度则是一种倒退。清代许多地区的农业就是在这一对矛盾的对立斗争中发展的。

第四章　押租制

押租制度是中国封建社会明清时代新发展起来的一种封建租佃剥削制度。在这种制度下，地主对劳动者的剥削相当残酷，这是不需要多做说明的。在这章里，只是试图在此前提下，对清代押租制度出现的前提条件、基本特征、类型变化以及其历史作用，根据前人的研究成果及已发表的有关史料，[①] 做一点探讨。

一

有一种观点认为，押租制度的发生与发展，是同人多地少的现象相联系的。人多地少，而土地又是集中在地主手中，无地的农民欲求承佃地主的土地

---

① 本章主要参考文献

一、资料：

1. 中国人民大学清史研究所、档案系中国政治制度史教研室：《康雍乾时期城乡人民反抗斗争资料》以下简称《斗争》，1979。
2. 中国第一历史档案馆、中国社会科学院历史研究所：《清代地租剥削形态》，以下简称《形态》，1982。
3. 四川大学历史系、四川省档案馆：《清代乾嘉道巴县档案选编》，以下简称《巴档》，1989。

二、论文著作：

1. 冯尔康：《清代的押租制与租佃关系的局部变化》，《南开学报》，1980 年第 1 期。
2. 刘永成：《清代前期的农业租佃关系》，《清史论丛》，第二辑 1980。
3. 江太新：《清代前期押租制度的发展》，《历史研究》，1980 年第 3 期。
4. 宋秀元：《从乾隆刑科题本看清代押租制》，《故宫博物院院刊》，1983 年第 3 期。
5. 李映发：《清代重庆地区农田租佃关系中的几个问题》，《历史档案》，1985 年第 1 期。
6. 周远廉、谢肇华：《清代租佃制研究》，1986。
7. 江太新：《论福建押租制度的发生与发展》，《中国经济史研究》，1989 年第 1 期。
8. 方行：《清代前期湖南四川的小农经济》，《中国史研究》，1991 年第 2 期。
9. 谭天星：《清前期两湖农村的租佃关系与民风》，《中国农史》，1992 年第 3 期。

耕作，难免发生竞佃现象，因而，出现农民支付代价以承佃地主土地的押租制度，就具有很大的必然性。这并非是毫无道理的。然而，我们仔细考察明末清初押租制度的历史，发现押租制度不但在人多地少的地区，也在人少地多的地区，发展了起来；而且，在后一类地区，押租制度的发展较之在前一类地区，更为引人注目。

先说前一类地区的情况。比如，福建省是押租制最早发展的地区之一，那里确乎也是明清时代人口密度最高的省份之一。明嘉靖《邵武府志》上说过，邵、光、泰三邑就是“土田小狭，人民众”的。清《闽政领要》对全省作了概括，说是“山多田少”。蓝鼎元更进一步说：“闽广人稠，田园不足以耕。”①这都是说，福建山多田少人稠，人均耕地面积不足。据统计，明清500年间，福建的人均耕地面积，都属最低之列。而且，这里人口增长速度快于耕地增长速度，特别在乾隆十八年以后，人口增长速度增加，而耕地增长几乎呈现停滞状态。② 这就使本来已经十分严重的竞佃问题，更加严重。于是，地主利用手中垄断的地权来索取租佃的代价的现象就日益普遍开来。这就是人们观察到的“田额稀少，民数日繁，间有向业主认佃，纳资押耕者”的现象。③ 或者如嘉靖《龙岩县志》所说：“佃丁出银币于田主，质其田以耕。”④ 或者如康熙时王简庵所说：“所属田土，业主多于岁收之外，先勒根租。”这里“根租”实是押租。王简庵还特别强调了这样做的原因：“盖因所属八邑，尽系高山叠嶂，间有平原，不及十分之一，而山僻乡愚，专以农耕为事，豪强田主遂将田土居奇。当佃户纳券初赁之时，每亩先勒银三四钱不等，名曰根租。”⑤ 在别的地区，也不乏有关这类历史现象的记载，比如民国《黟县四志》上就有：“昔日地狭人稠，欲佃不得，于是纳金于田主，形成典首”。这里“典首”就是指的押租。

根据上述人均耕地面积低下，以及当时人们的这些观察，做出押租制度的

① 《皇朝经世文编》卷84，蓝鼎元：论南洋事宜书。

② 江太新：《论福建押租制度的发生与发展》，《中国经济史研究》1989年第1期。

③ 道光《龙岩州志》卷7。

④ 嘉靖《龙岩县志》卷上，土田。

⑤ 王庵简：《临汀考言》卷6，咨访利弊六条议。

发生与发展是与人口密度增加、人均耕地面积缩减密切相联系的，当然是有根有据，不可率尔否定的。

但是，在一些押租制度发展较晚，却更为普遍的地区，情况就不一定是这样。比如说在江西，“田土半皆山麓，因闽粤人民素善耕山，来江省承佃者十居五六”①。雩都县本地人少，明代以后，“常招闽广人来耕”②。瑞金县康熙年间，从闽粤到此地耕作的佃户，“居十之六七”③。这就是所谓客佃，客佃显然是在当地劳力不足的情况下出现的。客佃在与江西相邻的湖南、湖北也很普遍。明景泰、弘治年间，“江右之人，大半侨寓荆湖”④，这中间少不了佃户。清雍正年间，浏阳地多广东人佃种。⑤ 而且这些客佃，还是颇具独立性的。比如在衡州府，“稍有水旱，佃辄藉口以逋其入，少加督课，遂以逝将去汝，睚眦主人，主人唯恐田污，不得不听命于佃”⑥。这所说的都是押租制比较发达的地区。然而客佃最多，押租制发展最为显著，给人以深刻印象的是四川。四川经过明末清初的战乱，人少地荒的现象十分突出。“蜀省寇氛之后，民少地荒”；“蜀省有可耕之田，而无耕田之民，招民开垦，洵属急务”；“百姓凋敝，地亦荒残”；“川省地广人稀”。康熙五十二年上谕：“湖广、陕西人多地少，故百姓皆往四川开垦”；雍正六年上谕：“上年闻湖广、广东、江西等省之民”，“相率而移四川者不下数万人”⑦。川陕交界地区也是这样。“川陕边缴土著之民十无一二”，“山南良、夔、郧、宜，坤舆奥区也，山谷阻深，三楚、两粤，滇、黔流徙之民，多寄籍其间，五方杂处”⑧。

外来客民，要想佃耕当地地主的土地，往往要支付一定的代价，即押租。根据湖南一些地方志书记载，这是地主因为客佃往往容易流移，“兵火以来，

---

① 《西江政要》卷2，严禁佃户私佃并侵占报垦。

② 同治《雩都县志》卷13，艺文。

③ 同治《瑞金县志》卷16。

④ 《明经世文编》卷72，丘浚：江右民迁荆湖议。

⑤ 雍正《浏阳县志》卷1，风俗。

⑥ 《古今图书集成·职方典》卷1249。

⑦ 《清实录》康熙七年十一月二十三日，十年六月十六日，二十四年九月十七日、二十五年闰四月四日、五十二年十月二日，雍正六年二月二十三日。

⑧ 严如煜：《三省边防备要》，序；卷11，策略。

土满人稀，辄以去此适彼，恐吓田主”[①]，“召佃以耕，犹恐其或去”[②]，“黠者辄逋租以遁”[③] 等等原因而采取的因应措施。押租钱，“盖以杜抗租不完之弊”[④]，或者说，“承佃之初，有进庄钱，视田亩多寡为率，防短租也”[⑤]。有人在追论四川押租出现的原因时，也这样说：“揆厥由来，大抵始于一二刁顽佃户抗租不纳，以致防其效尤，遂成积习。”[⑥] 有的地方把押租叫做稳租，“故事，佃耕者曰佃户，先纳钱于田主曰稳租”，有“无稳不成佃”[⑦] 之谚。这都说明，在这些地区，押租是对佃户的一种羁縻，所以，人们不强调押租同人多地少的联系，而强调它同佃户逋租不交现象的联系。

扩大视野，如果把乾隆年间刑科题本中发现的各省押租案件数目，同根据税亩和人口数量计算而得的人均税亩面积做一比较，列成表5－8：

表5－8　乾隆朝押租案件与人均税亩对照

		广东	湖南	浙江	江西	福建	四川	江苏	湖北	安徽	广西	河南	直隶	贵州	云南	山东	山西
押租案件	统计一	38	31	23	22	21	20	18	18	8	3	2	2	2	1	0	2
	统计二	27		17	14	21	12	7	12	5	3	13	6	1	3	2	1
人均	18年数字	8.28	12.41	5.31	9.48	2.71	33.57	5.46	12.41	13.88	4.42	10.16	7.01	1.81	6.93	7.60	6.38
税亩	31年数字	4.86	6.77	2.80	3.99	1.71	15.55	2.77	6.77	1.56	2.12	4.42	4.06	0.78	3.88	3.77	5.12

资料来源：统计一见刘永成1980，统计二见宋秀元1983，18年数字31年数字据梁方仲《中国历代户口，田地田赋统计》，第394、396页。

就可以看出，像山东、直隶、贵州、河南等省，人口密度不低，人均税亩不多，但押租制并不发达；而四川、湖北、湖南、江西等省人口密度不高，人均税亩不少，押租制却比较发达。可见，押租制度的发生与发展，同人口密度，人均耕地之间，并无必然的、本质的因果联系。

那么，押租制度的发生与发展同什么因素有必然的本质的因果联系呢？

---

① 康熙《浏阳县志》，风土志，习俗。

② 乾隆《善化县志》卷4，风土；乾隆《长沙府志》卷14，风俗。

③ 雍正《浏阳县志》卷1，风俗。

④ 同治《平江县志》，地理志、风俗。

⑤ 同治《巴陵县志》卷11。

⑥ 乾隆三十四年刘天成奏本。

⑦ 光绪《荣昌县志》卷6。

为了回答这一问题，让我们对押租制度的先行形态，亦即所谓“执贽受田之俗例”[1] 进行一点考察。

所谓“执贽受田之俗例”指的是，佃户在承耕地主土地、成立租佃关系的时候，要赠送给地主一点礼仪，一般为数不多，在租佃关系中止时，地主也不退还佃户的一种现象。这在明末清初福建、江西、湖广等地区是到处可见的。

王简庵在《临汀考言》中所说的“当佃户纳券初赁之时，每亩先勒银三四钱不等，名曰根租，岁易一人，则岁获此利”[2]，指的就是这种情况。由于这笔钱勿需归还，地主就宁愿一年更换一次佃户，年年获得这笔收入。这种现象在江西也可以看到。魏礼在《与李邑侯书》中说：“所谓白水者，即批佃也。佃户初至，或不能即办批田银，田主许之宽假，计银若干，岁入息三分，统俟冬收交纳，是谓白水。及既入批田银，则无白水矣。”[3] 白水是批田银的应得利息，交给地主以后，是不退还的；至于批田银交给地主以后，是不是退还，这里没有明说。但在乾隆时的《江西宁都仁义乡横塘茶亭内碑记》上，却可以找到答案，该碑记“田山批赁”条说：“田主按赁收租，佃户照批掌耕，彼此借以为凭，原不可废。但批赁时，田主必索佃户批礼银，并创十年一批之说，殊属额外多取”[4]。由“殊属额外多取”看来，这笔批礼银，是不归还佃户的。碑记中关于白水的解释：“批赁时，佃户不能现交礼银，照依银数每岁入息三分，是谓白水”，与《与李邑侯书》所说是一致的。

江西地方对于这种“执贽受田之俗例”——交纳批礼银，十年一批的做法，是有不同意见的。上述碑记上官方的态度是这样的：“嗣后凡遇易主换佃，方许换立批赁。如主佃仍旧，则将初立批赁永远存照，不许十年一换。其批礼银，无论初批、换批及苛索入学贺礼、帮纳差漕，一概禁革”[5]。但在《瑞金县志》中却可以看到针锋相对的另一种意见：“不知批赁者，瑞邑之田，

① 《湖南省的成案》，户津、卷7。

② 王简庵：《临汀考言》卷6。

③ 道光《宁都直隶州志》卷31，转见于《斗争》，第80页。

④ 《民商事习惯调查报告录》，转见于《斗争》，第83页。

⑤ 《斗争》，第84页。

价重租轻，大约佃户所获三倍于田主，又有晚造豆麦油菜及种烟与薯芋姜菜之利，例不收租。田主既费重价，又纳粮差，凡陂塘水利，岁有修理，佃户一切不与。故于批耕之时，量出些微，以少报田主之重费。嗣后十年一次，尚不及百分之一，未为过也”①。无论是反对的，或者是赞成的，双方说的都是“执贽受田之俗例”。至于批礼银，官方主张禁革，而民间却视为当然，“未为过也”，当然是勿需乎归还的。

湖南也是这样。雍正《浏阳县志》上说：“受田而耕者曰佃，有田授人耕者曰东，从中居间者曰引批人，书券纳镪为质。”接着又说：“又或田东不仁，利代者之多金，违约易佃，致先后忿争。”② 这里的“质”要不要退还，是不是像前面所引《临汀考言》中所说的情况，看不清楚。然在稍后一些时候的乾隆《湘潭县志》上，就区别得清清楚楚了：“佃耕。民贫以佃田为产。议田之初，有进庄礼，每田一亩，自一二金至五六金不等。少至数钱者，谓之小写，退耕则金亦不取；多者谓之大写，退耕时仍给还原银”③。乾隆《湖南通志》上就说得更清楚了。“俗谓佃田为写田。每田十亩有纳进庄银至二三十两，谓之大写；有纳进庄银二三两者，谓之小写。”“小写，退庄之日，原银不复取也。其中有议定年分者，亦有约载永远耕种者，然近则十余年，远则二三十年，仍出银再佃，谓之转耕”，“或者不纳银而多纳租谷者，谓之加租。加租则既无久暂之成约，惟视东佃之合否为进退焉④”。这里的“加租”相当于“小写”，也是不退还的。“然贫民佃种，大写者少”，这说的是当时情况，后来有所变化，大写多了。

这里，暂时撇开大写不谈，只说小写。小写的进庄礼银，数量不大，一般不及一年正租，或只为正租的几分之几，而且是在生产过程之前交纳，而非在生产过程终结之时分配，不在正租之内，属于额外勒索，是不必细说的。问题是，交纳一次小写进庄礼银之后，可以维持多长的租佃关系，是十年？还是二三十年？换言之，究竟一次可以佃耕多久，才需要出银再佃，实行转耕呢？文

① 同治《瑞金县志》卷16，兵寇。转见于《斗争》，第85页。
② 雍正《浏阳县志》卷1，风俗。
③ 乾隆《湘潭县志》卷13，风俗。
④ 乾隆《湖南通志》卷49，风俗。

献中所说十年或二三十年是一个富有弹性的模糊概念。因此，在现实生活中，如果租佃契约上没有明确的时间规定，这就是一个纠纷之源。正如《湖南省例成案》上所说："查得楚南习俗，凡小民佃田，俱有进庄礼银，又名写田银。每种田一亩，需用进庄礼银，自一两至二两不等，必先将此银送交田主，然后允其承佃。……甚至为富不仁之人，俟佃民安耕数载之后，复贪进庄写田等银，将田另佃别人耕种。在先佃田之人，所出进庄写田等银，多属借贷，一至银田两失，无以为生，辄与后佃之人，用力相争，酿衅生隙，多由于此。"①

即使契约上有明确规定，中途解约，又该如何处置？在湖北等地，我们见到了以下一些事例。例一：乾隆十一年黄冈县戚信远将田五斗卖与启华，田仍戚信远耕种。启华得批礼银二两五钱，议定八年为满。佃种六年以后，租佃关系因故中止。对于批礼银的处理，地方官认为，启华应退戚信远批佃银七钱一分。② 显而易见，这是按照按年均摊的原则，根据已耕年限与约载年限的比例，退还进庄礼银的。例二：广济县郑茂昌佃种胡毓奇庄田多年，到了乾隆二十年，原来批限已满，郑茂昌恐田主另批，又出了十两批礼转批，这次约载七年为满。次年，即乾隆二十一年，胡毓奇把这田卖与田周望，同时把多得郑茂昌的批礼银，扣还给郑茂昌。③ 这也是按照已耕年限与约载年限的比例，扣下应得的，退还应退的。例三：乾隆二十九年蕲水县周景占用银三十四两，批种孔广厚徐家冲的田课三十四石，原议课种十年。乾隆三十三年孔广厚要周景占退庄，中止租佃关系。因为只种得四年，应退还六年批礼银。孔广厚表示："周景占批种虽未满期，我照数按年扣退庄银与他就是了。"④ 这也是按照同样的原则办事的。显而易见，批礼银是一定时期佃耕的代价，时限不到，理应照退。

最足以说明"执贽受田之俗例"的实质的要算广东香山县的一个事例了。乾隆九年杨昳升将田一顷批与林念兹等人耕种，条件是每年交纳租谷小斗三百六十六石，另外交纳耕赆银六两。如果不欠租谷，每年都能预交耕赆银，就可

---

① 《湖南省例成案》，户律，田宅，卷5。
② 《形态》，第386页。
③ 《形态》，第401页。
④ 《形态》，第431页。

以长远耕种下去。[①] 这里的耕贶银就是佃耕土地一年的代价，交一年就佃耕一年。不过，它被称为耕贶银，与批田礼一样，还披着一层礼仪的面纱。

综上所述，“执贽受田之俗例”的批礼银，耕贶银等等，都是换取一定时限土地耕作权，亦即佃权的代价。支付了，就取得一定时限内的佃权，不支付就得不到。这表明，这是一种交易，即所谓“买佃以耕”，像地主购买土地占有一样。这意味着，佃权与地权分离，进入了流通领域。佃权既然进入了流通领域，商品化了以后，就像地权一样，可以买卖、典当或抵押了。“执贽受田之俗例”就可能发展成为典型的押租制度。这里押租制度的含意是抵押租佃，亦即以定量货币抵押佃权的制度。因此，我们说，佃权与地权分离并进入流通领域，佃权商品化，是押租制度发生与发展的前提条件。虽不能说前者必然导致后者，但后者必然随着前者的出现而出现。在这个意义上，我们说两者之间存在着必然的本质的因果联系。

联系到上面提到的人多地少，人少地多的现象来看，在人多地少的情况下，押租是作为竞佃的条件而出现的，同在人少地多的情况下，押租是作为羁縻佃户的手段或地租的保证而出现的，无论如何的不同，都是以佃权商品化作为前提条件的。如果没有这个前提条件，无论人多地少，或者人少地多，都难以导致押租制度的出现和发展。

二

“执贽受田之俗例”中的批田礼、耕贶银等等，[②] 并不是典型的押租，严格说来，甚至说不上是押租。但是，在此基础上，如果其数量增加，并且在中止租佃关系时退还佃户，就形成了典型的押租制度。在这个意义上，我们说这种批田礼、耕贶银等等是押租的先行形态，是典型押租制度的起点。

典型的押租制度的基本特征是以货币抵押佃权。佃户交付一笔货币给地主，作为抵押金，以交换土地的耕作权。交钱耕地，退银还田。这是地主佃户

---

① 《形态》，第506页。

② 关于押租制度在不同时间不同地点的名称问题，请参看江太新：《清代前期押租制度的发展》，《历史研究》，1980年第1期。那里有很好的说明。

双方同意而后成立的一种契约关系，一般都用契约的形式把它肯定下来。

我们得见的这类契约格式最早的是明万历十三年赤子心编纂的《翰府锦囊》所载：

> 某里某人置有晚田一段，坐落某里某处，原计田若干种，年该苗米若干桶乡，原有四至分明，今凭某人作保，引进某人，出赔价纹银若干，当日交收足讫明白，自给历头之后，且佃人自用前去管业，小心耕作，亦不得买弄界至，移丘换段之类，如遇冬成，备办一色好谷若干，挑送本主仓使交纳，不致拖欠，不限年月，佃人不愿耕作，将田退还业主，接取前银，两相交付，不致留难，今给历头一纸，付与执照。①

这个契约格式中的赔价，也可以视为押租。

清代，我们得见具体的契约。例如：

> 〔江苏丹阳〕交租票人江潮宗，今情愿租到张名下推字号田四亩四分，当日凭中言定，交租田顶首价银十六两二钱正。其银随契一并清交，凭中议明向后银不起利，每年纳租钱二千文正。欲后有凭，立此租票存照。
>
> 乾隆三十四年八月立租票人江潮宗②

> 〔四川宜宾〕立写佃田人应绍仁，今凭中佃到王德容名下田地一分，比日叁家言定，租谷十二石，押租钱二十二千文整。其田，天乾水旱看田收纳，年岁丰收颗租不得短少，倘有短少，照价扣除，二家俱系情愿，如绍仁不耕之日，将钱退还。今恐无凭，立佃约为据。
>
> 引进在中　方天纪
>
> 代　　笔　唐荣先
>
> 乾隆三十七年十月十一日立佃人应绍仁③

---

① 金一清：《中国土地契约文书集》，第157页。

② 《形态》，第459页。

③ 刑档抄件。

〔四川巴县〕立出佃田地文约人唐占鳌

今凭中佃到彭儒魁名下地名梁家边田地一份，彼即议定每年干撝田租谷子五十二石正，其谷秋收上场交撝，务须干洁上碾，瓦房半间，牛拦、仓廒、柴山竹木，必要照守护蓄，有占鳌出备押佃九七色银三十两正。其银无利，俟唐姓不耕田之日，如数退还。如遇年岁不一，照市撝租，倘年丰租谷不清，房屋、柴山，仓廒等项不护蓄，将押租银两扣除，不得异言称说，此系主客二家心甘悦服，并无勉强。今恐人性难凭，特立此佃约为据。

外批：倘有唐姓饮酒生非滋事，任听主人易佃，加批再照。

嘉庆二年八月初四日立出佃田地约人唐占鳌①

上述租佃契约，或者由地主出具，或者由佃户出具，效力都是一样。这类租佃契约与一般租佃契约相同的地方是，明确租佃的土地数量与位置，规定纳租数额与要求，协议歉收年景纳租分数，以及佃户的应尽义务等等。不同的地方是，写明押金数量，不耕之日如数退还，押金不生利息，以及欠租可以在押金中扣除等等。这里，有几点需要补充申述。

我们注意到，押佃契约中一般都不规定租佃期限。那意思是说，契约可以长期有效，也可以随时失效。换言之，地主可以随时辞佃，佃户可以随时不耕。不过，这里有一个条件，即地主退佃时必须退还佃户所交押金，佃户不耕时当然也要索回押金。租佃的期限视押金的退还与否而定。如果不能满足这一条件，地主一方就无权辞佃，而佃户一方也决不轻易放弃抵押而得的佃权。这就是说，在租佃期间，地主收了押金，就放弃了土地耕作权，把它交给了佃户，如果不退还佃户的押金，地主就不能收回处置，和转移土地的耕作权。

比如说，地主不退还佃户的押金，就不能将田另佃。例如，湖南桂阳县肖六保佃种某寺僧田三亩。乾隆十一年九月寺僧因肖六保不允加租，将田另佃曾秀文耕种。肖六保因地主未退进庄银两，不允曾秀文犁田，因而酿成命案。官府的判决是，退还肖六保进庄银两，其田才能听凭寺僧管业，另招佃户。② 甚

① 《巴档》，第70页。
② 《形态》，第370页。

至，在原地主将土地出卖给人，亦即土地所有权、地权发生了转移之后，原来押租佃户，如果没有收回押金，仍然享有那块土地上的佃权。例如在湖南新化县，刘捷飞于乾隆十一年以 160 两银子买下谭嗣周的 10 亩田。田本李若英们佃种，交有进庄银两。刘捷飞如要李若英们退庄，就必须原地主谭嗣周退还李家的进庄银子，或者刘捷飞代为退还。“没有还他，不肯退庄。”在这种情况下，李若英们就要继续耕种下去，不过地租要交纳给刘捷飞，刘捷飞也不得不接受这一现实。[①] 湖南如此，其他地区也是这样。例如在福建光泽县，何光生佃种毛姓地主田地，纳有顶耕银两。后来毛姓地主将田地转让给王功焕管业。乾隆十二年，王功焕将田转招林显裕承耕。由于毛姓地主未退还何光生的顶耕钱，王功焕也未代为退还，何光生就不允林显裕耕作此田，因而酿成命案。对于这一案件，地方官的判决是，“仍于毛宜清名下，追出顶耕银两，给还何光生亲属收领，田听王功焕管业”[②]。这说明何光生死了以后，仍然保留索回押租方始交出佃权的权利。再如在归化县，谢帝纶所有桃枝坑的田，是黄世同祖上用银二十四两五钱顶去耕种的，乾隆十五年，谢将田出卖给何裕为业，索价很低，只 23 两，那意思是把应退佃户的顶耕钱也算在地价以内。因而他向何裕说明：“若要自耕，须还世同顶耕原价二十四两五钱，才好起回耕作。”[③] 这是把退还押租的责任移交给了新田主，仍然是遵守押租制度的惯例的。这些实例，突出地说明了佃权与地权的这种分离，以及佃户按照惯例所享有的佃权，是新旧地主，佃户以及官府各个方面都不能不承认、不能不遵守的。

还有，交纳押租的佃户，在地主未退押的前提下，亦即在租佃期间，还可以把抵押在手的土地转押出去，自己也收取押租。比如，在江西会昌县，邱姓佃户向金家顶种一亩九分四厘田地，岁纳租谷 2 石 3 斗 3 升。后来邱姓佃户把田地转佃给邱庭奉耕作。乾隆四十二年金家欲还邱姓佃户顶价 12 千文，将田收回。然而在尚未立字交价的时候，邱庭奉却以 24.6 千文的高价，把田地转退给王盛怀耕种了。[④] 当然，无论经过几重转押，原地主或原佃户都未放弃收

① 《形态》，第 368 页。
② 《形态》，第 372 页。
③ 《形态》，第 382 页。
④ 《形态》，第 687 页。

租的权利，而且是可以随时退押收田的。再如乾隆四十九年，湖北沔阳州肖光受将交过上庄钱佃得张世梅的水田四亩九分，转佃给邹名德耕种，得顶佃钱16千文，议明有钱回赎。到了乾隆五十五年，肖光受交钱11千文，邹名德让钱5千文，将田收回。[①] 而且在转押时，如果押金不足，还可以找贴利息。比如乾隆五十三年，湖南湘乡县肖自乐用佃规银30两，佃得成为镩田亩，年纳租谷16石。到了乾隆五十六年，肖自乐将田转佃给万坤山耕种，得银20两，尚少10两银子，议定每年交租谷2石8斗，作为欠银10两的利息。[②] 看来，转押的手续还是相当灵活的。

不但交纳了押租的佃户可以将田转押出去，就是一般佃户，不曾交纳押租的，也可以将田押佃出去，自己收一笔押佃或顶耕钱文。比如广东罗定州贡生莫留相有田2亩6分，向批给董弈伸耕种，每年租谷5石2斗。乾隆三十三年董弈伸把田私批给林必茂耕种，当时虽未向田主说明，但却由林必茂交租。董弈伸转批时，得林必茂顶耕钱文3.6千文。说明退佃时仍要交还原价。[③] 又如江西铅山县，王子昂佃种蔡桂玉田租20石。乾隆三十四年王子昂将其中5石5斗转拨给王起先耕种，当得顶首七折钱3千文，地租由王起先交给王子昂，由王子昂总交与蔡桂玉接受。[④] 再如浙江瑞安县，项昌杰将田出卖给郑元达，田仍由项昌杰耕种还租。乾隆四十二年项昌杰将田转顶与徐世荣承佃，收过顶耕钱1.1千文，言明退佃时给还。项昌杰告知郑元达，郑元达就向徐世荣收租。[⑤] 由这些事例看来，只要不影响原地主的地租收入，佃户将佃入土地押佃出去，原地主是允许或默认的。

更有甚者，到了后来，随着加押减租现象的普遍化，在转押过程中，转押佃户从押金与租额中捞取利益的事例也出现了。《出山草谱》记载了光绪初年浙江平阳县的有关情况："乡例，佃户立承扎字据交业主札根钱，每亩五六千文至二三千文不等，大抵视田之肥硗为准。札根钱者，犹言压脚钱，田还业

① 《形态》，第707页。
② 《形态》，第716页。
③ 《形态》，第682页。
④ 《形态》，第685页。
⑤ 《形态》，第700页。

主，仍钱还佃户也。”这说的显然是押租制度。“如甲田乙佃，甲受札根钱于乙，每亩只四五千文，乃乙又以甲田私顶于丙，而乙得丙之札根钱且七八千，推之丙又顶于丁，丁又顶于戊，辗转相顶，札钱加而愈多，租额必减而愈少。”在这种情况下，极易发生流弊。比如“在甲之原业主初不知之，但责偿租于乙，乙既无田自种，而转顶之租又不及原额，其不得不欠者，势也。奸民假此为利，今日承佃，明日即可出顶，居心固可恶，流弊尚易除。所难者，数十百年之老佃，出顶不知几手，则人亡户绝，无从枘凿相寻，札据多有遗失，则钱数不知，不能交易而退耳”[①]。这是后来的发展情况，这里只是取其作为转押普遍的一个例证，不拟多说。

由此可见，押租关系不只发生在地主与佃户之间，还可以发生在佃户与佃户之间，甚而还可以辗转押佃，这就突出地说明了押租制度乃是一种佃权的押租制度，起初，与地租之间并无直接的关系。

所以，我们注意到，契约中规定的其银无利，是说佃户交纳给地主的抵押金，在租佃契约生效期间，不计算利息。不计算利息，地主当然不会因此而对佃户有所支付，更不会影响地租的数量。地租仍然按照惯例征收和交纳。“其租照常，其银无利”[②]，就是当时人们对典型押租制度特征的一个概括。在这个时候，押租金额随土地面积大小而增减，与每亩地租额的高低轻重并无多大关系。

乾隆年间，湖南有许多文献谈到押租金额。如“每种田一亩，需用进庄礼银，自一两至二两不等”，“每石田须押规银三十两内外”。湖南每石田面积约计十亩，平均每亩三两。“每田十亩有纳进庄银至二三十两者”，“少则十余金，多则四五十金”，“每田一亩自一二金至五六金不等”[③]。都没有同地租的轻重相联系。

在实际生活中，我们得见刑科题本中的押租案件，其间田亩数、押金数和地租量三者俱备者，我们将其列表如下：

① 汤肇熙：《出山草谱》卷5，禀道府宪为佃户积弊定章请批示立案。

② 乾隆三十四年刘天成奏本。

③ 方行：《清代前期湖南四川的小农经济》，《中国史研究》，1991年第2期。

表 5－9　　刑科题本押租案件中土地面积押租金额与地租数量关系示例

年　代	省　县	土地面积	押租金额	地租数量	资料来源
雍正八年	湖南桂阳	3 亩	12 两	3.3 石	《形态》第 370 页
雍正十年	广东潮阳	5 亩	17 两	14.42 石	刑档抄件
乾隆七年	湖南茶陵	8.25 亩	6.6 两	16.5 石	《形态》第 355 页
乾隆十一年	湖南桂阳	3 亩	4.4 两	3.3 石	《形态》第 370 页
乾隆十四年	广东清远	26.888 亩	32 两	35 石	《形态》第 406 页
乾隆十五年	江西上饶	18 石租田	8000 文	13 石	《形态》第 390 页
乾隆十七年	江西万安	3.6 石田	58.5 两	18 担	《形态》第 395 页
乾隆二十二年	广西信宜	3.2 亩	2000 文	5 石	《形态》第 408 页
乾隆二十四年	湖南益阳	4.25 石田	42 两	34 石	《斗争》第 681 页
乾隆二十四年	湖南安化	4.25 石田	42 两	34.8 石	刑档抄件
乾隆二十七年	安徽霍邱	10 石田	30 千文	30 石	《形态》第 420 页
乾隆二十八年	浙江仙居	10 亩	10 千文	20 石又/石	《形态》第 438 页
乾隆三十一年	广东归善	2 石田	10 两	19.5 石	《形态》第 433 页
乾隆三十二年	湖南永兴	6.5 亩	6.5 两	6.5 石	刑档抄件
乾隆三十四年	江苏丹阳	4.4 亩	16.2 两	2000 文	《形态》第 459 页
乾隆三十六年	湖南邵阳	1.5 亩	2.6 两	平分	《形态》第 443 页
乾隆三十五年	湖南酃县	14.5 亩	60 两	平分	《选编》第 827 页
乾隆四十年	湖南湘阴	2.6 石田	6 千文	24 石	刑档抄件
乾隆四十四年	广东连平	2 亩	5 千文	4.8 石	《形态》第 473 页
乾隆四十四年	浙江常山	27 亩	27 千文	27 石	《形态》第 461 页
乾隆四十九年	湖南桃源	2.2 石田	19 千文	29 石	刑档抄件
乾隆五十年	广东东安	5 亩	4 千文	14 箩	刑档抄件
嘉庆三年	四川郫县	38 亩	60 两 + 170 千文	40 石	刑档抄件
嘉庆五年	浙江永嘉	0.5 亩	1600 文	0.5 石	刑档抄件
嘉庆七年	江西萍乡	46 亩	88 千文	47 石	刑档抄件
嘉庆八年	浙江宣平	1.8 亩	4500 文	1.8 石	刑档抄件
嘉庆十一年	江西万载	4.8 亩	4 千文	12 石	刑档抄件

涉及范围较小的，我们得见有长沙县陈家渡义渡田亩历年押租统计。

表 5－10　　长沙陈家渡义渡田亩统计

年　代	土地面积	地　价	押　金	地　租
乾隆二十年	2.5 石	200 两	27 两	29 石
乾隆三十九年	11 石	860 两	130 两	110 石
乾隆四十年	6.9 石	621 两	70 两	70 石
乾隆四十年	7 石	610 两	70 两	70 石
乾隆四十一年	10 石	1150 两	150 两	92 石
乾隆五十九年	4 石	180 两	40 两	28 石
嘉庆五年	1 石	48 两	15 两	13 石

资料来源：同治《长沙县志》。

从以上两表中不难看出，每亩押租金，少则一二两，多则三四两，也有不到一两银子的，但五六两一亩的极其罕见。这比执贽受田之俗例的批田礼等，一般要多出好几倍。每亩地租有二石多的，最高的接近三石，也有不足一石的，一般多在一石以上。押金数量随租佃的土地面积大小而增减，与每亩地租的轻重并无多大的关系。而且，押金一般水平也比较稳定，看不出有显著的增长趋势。如果考虑到在资料所涉及的期间，粮价有所上升，押金增长滞后，押金实际水平也可能略有下降，不像嘉庆以后有较大的变化。

最后，我们注意到，契约中规定有，“颗租不得短少，倘有短少，照价扣除”，“倘年丰租谷不清，将押租银两扣除”等等字句。这就是说，欠租不清，地主可以在佃户交来的押金中扣除。早期的押佃契约中并没有这项规定。可能是在实际生活中，“负租则没其质”[①] 的事情发生得多了，才把这类字句写入到契约中去的。

我们想强调的是，押租金额经过抵欠扣除以后，数量下降，以至到无，租佃关系也就随之而不得不中止了。实际的事例如，在江苏奉贤县，陆尚玉于康熙五十年间，出三两顶首银子，佃种金秀章家三亩田。因为陆尚玉积年拖欠租谷，共欠了金家九石米。到了雍正五年，金家就把三两顶首银子，抵作所欠租米。由于押金已经抵扣完了，地主就把田收回自己耕种了。[②] 又如在福建邵武，翁立魁佃种丁献廷田亩，每年应纳租谷 30 石。自乾隆三年至九年，共积欠租谷 12 石 3 斗。献廷言欲起佃。乾隆十年二月内，凭众劝处，田仍立魁承耕，不过要将立魁佃田时所出挂脚钱扣出 10 串，抵还欠租。其余不敷之项，议令立魁向后每年交纳租谷之时，加租 5 石，另立约字。如再不清，任凭招佃。迨至乾隆十一年，立魁仍然欠租不还，地主就把田起给范荣先承耕。[③] 像这样欠租可用押金扣抵，如果佃户一方不同意，地方政府还可以强制执行。例如，湖南茶陵州陈炳南于乾隆七年正月将田 8 亩 2 分 5 厘给钟颜周耕种，钟颜周交纳进庄礼银 6 两 6 钱，议定每年交租 16 石 5 斗。当年钟颜周只完租谷 7

① 嘉靖：《龙岩县志》卷上，土田。

② 《形态》，第 349 页。

③ 《形态》，第 366 页。

石，下欠 11 石 5 斗。陈炳南要求钟颜周退耕，双方发生争执。事情告到官里，地方官判决：钟颜周欠陈丙南租谷 11 石 5 斗，按时价每石市银 4 钱 5 分核算，该银 8 两 1 钱 7 分 5 厘，由进庄礼银 6 两 6 钱中扣除，下余 1 两 4 钱 2 分 5 厘进庄礼银，由陈丙南名下追还给钟颜周。进庄礼银已经退还，其田令钟颜周退耕，听陈丙南另佃。① 从以上这些事例看来，在典型押租制度之下，挂脚钱、进庄礼银、顶首银子都可以扣抵欠租。一旦扣完，押金不复存在，地主可以随时收回田亩，佃户原来享有的土地耕作权也就随之而丧失了。

退银还田，以押抵租，是主佃之间典型押租关系中止的两条途径。

三

乾隆末年以降，或者由于我们所见的材料较多，或者由于事物本身的变化日益明显，更可能是二者兼而有之，我们发现这时押租轻重与地租轻重之间，并非与过去一样是无大关系的。如果我们摒弃一锅煮的办法，把材料中的不同情况区别开来，分类观察，问题就会清楚地显现在我们面前。

第一类情况是，押租的增减并不影响地租的多少。实例如，乾隆五十二年四川巴县陈西荣、陈西剑佃到王大经名下田土一份，押租钱 120 千文，每年应纳租谷 64 石。乾隆五十四年，佃户向地主索回租钱 2 千文，下余押租钱 118 千文，押租钱减少，租额不变。② 再如贵州桐梓县，嘉庆二十年黄幅将白果台山土庄屋出佃于李谷金住种，得受顶佃银 15 两。次年，李谷金将田房盗顶与周仕楷住耕，受有顶佃银 23 两，其他条件不变。这就是说押金增加了 8 两，地租额不变。③ 又如，道光十六年四川巴县何应荣以 500 两押金，押佃郭文秀田房居住耕种，租谷均分。道光十九年何应荣索回押佃银 100 两。下余押佃银 400 两，是前此的五分之四，可是租谷仍然照旧均分。④

另一类情况是，押金增加，地租也随之而增加。例如，四川巴县雷元章于乾隆五十四年以押佃钱 200 串佃田一份，年纳租谷 22 石，次年加押佃钱 100

① 《形态》，第 355 页。
② 《巴档》，第 68 页。
③ 嘉庆二十三年一月二十六日管理刑部董诰题本。
④ 《巴档》第 170 页。

串，加租谷 8 石，成了押佃钱 300 串，年纳租谷 35 石。押金和地租分别增加 50% 和 36%。[1] 又如，嘉庆二十二年周俸贵佃押龙台寺田耕种，每年租谷 2 石 6 斗，以后连年加租加押，到道光五年，一共加押 7 次。最后押佃银达到 140 两，租谷加至 4 石。[2] 再如，道光十七年李嘉琮以银 200 两押佃田土耕种，每年租谷 67 石。次年地主将田另佃，取得押佃银 300 两，每年租谷 68 石。押金增加二分之一，租谷增加了 1 石，增加原地租的 1.5%。[3]

从以上两类情况的事例中，看不出押金与地租之间的联系，都可以说是属于典型的押租制度。

最为普遍的是押金增加、地租减少，押金减少、地租增加的一类情况。押金数量与地租数量之间有了紧密的联系。这在同一块土地上表现得最为清楚。例如：嘉庆十年复兴寺住持将田十亩卖给朱兴渭为业，议价 660 两银子。朱收 250 两佃规银押佃给陈伦拔耕种，年纳租谷 12 石。嘉庆十七年朱兴渭退还陈伦拔 250 两押佃，另收 385 两押佃银将田押佃给蔡成发耕种，租谷只收五石。这一换佃，使押佃银由 250 两增加为 385 两，而租谷却由 12 石减少为 5 石。押佃增加 54%，租谷下降 58%。这时的押佃银已超过原地价的一半了。[4] 再如：嘉庆十四年李永章租佃卢光德田土槽房，交纳押金四百两，每年纳租 120 石。道光三年卢光德加押 400 两，减租 26 石。此时，押金增为 800 两，租谷降为 94 石。押金翻一番，租谷减少 81%。[5] 又如：道光二十三年刘叁中将田卖给刘一中，索价 460 两。刘叁中将田佃转耕种，交纳押租银 200 两，每年交纳租谷 8 石。道光二十四年刘叁中要回押租银 100 两，另换 100 两押佃约据，租谷增为年纳 13 石 8 斗。押金减少 50%，地租增加 72.5%。押佃银由地价的 43.5% 减低为地价的 21.7%。[6] 例四：道光二十五年余朝举以押佃银 120 两，租佃到田土一块、瓦房草房三间，每年交纳租谷 84 石，道光二十八年地主退

---

① 《巴档》第 144 页。

② 《巴档》第 60 页。

③ 《巴档》第 166 页。

④ 嘉庆二十年九月十一刑部尚书崇禄题本。

⑤ 《巴档》，第 153 页。

⑥ 《巴档》，第 231 页。

还押佃银50两，条件是佃户每年增纳租谷5石。这时押金由120两降为70两，地租由84石增为89石。押租减少41.7%，地租增加6%。[①] 集增押减租与减押增租于一块土地上的事例也有一个。巴县任潮选收押佃银900两将田土押佃给胡从茂，每年租谷6石。胡从茂又将这块田土转佃给陈全康，收取押佃银350两，每年纳租谷46石。道光二十一年任潮选将这块田直接押佃给陈全康，收取押佃银700两，每年租谷26石。道光二十二年任潮选退还陈全康押佃银100两，增加租谷6石，即押金600两，年纳租谷32石。[②] 如将上述变化，打乱时间顺序，可以简化为下面的表5－11：

表5－11

	押佃银	年纳租谷
1	900两	6石
2	700两	26石
3	600两	32石
4	350两	46石

加押减租，减押增租，一目了然。

在采取分租的场合，这一变化尤为引人注意。例如，道光十二年王国万把田佃给卢子栋耕种，收得押佃银子70两，每年租谷平分。由于地主所收押佃银子多，在不改变地租平分的条件下，王国万必须另撝卢子栋利谷4石5斗。[③] 再如，道光二十三年李长泰佃耕罗义盛田土，交纳了押佃银子360两。也是在每年租谷均分的条件下，罗义盛另撝利谷8石4斗给李姓佃户收纳。[④] 这同前面所说加押减租是一样的。不过，这里是分租方式不变而另撝利谷罢了。佃户要把农田产品的一半交给地主，而地主又必须把一定数量的“利谷”交给佃户，收支相抵，佃户实际交纳的地租量是大大地减少了。

---

① 《巴档》，第83页。
② 《巴档》，第172页。
③ 《巴档》，第162页。
④ 《巴档》，第81页。

这就暴露了加押减租是主佃关系中的一个双向运动。一方面是佃户把地租交纳给地主，另一方面是地主把押金的应得利息交付给佃户。应纳地租扣除应付利息之后，就出现了押重租轻的现象。典型押租制度的一个特征，“其租照常，其银无利”的原则发生了根本性的变化，转化而成了“其银有利、其租照扣”了。结果是，交纳的押金越多，应纳的地租越少。

加押与减租之间，从上引的事例中还看不出有什么稳定的比例关系。只是随着时间的推移，后来才逐渐形成了一些主佃普遍接受的比例关系。这个比例各地不同。例如，光绪《定远厅志》上说：“贫民以佃为产，议佃之初有押租钱，其钱数较租课为多寡。如水田押租钱十千折租谷四五斗，旱田过之，至山坡地押租钱十千有折包谷一石者，则佃客所得恒多。”[①] 光绪《广安州新志》上说，“凡石谷之田，取钱千，则多收租息四斗”，按照这个比例，如果地主取钱十千，以四斗为息，“则佃户例不纳租”[②]。

不过，在这里我们应该注意，加押减租是在典型押租制度的基础上出现的。因此，人们在考虑加押与减租、运用借贷生息原则时，有可能只考虑加押的那一部分，不考虑典型押租制度下一般应交押金的那一部分。光绪年间四川江安县今沈秉堃在《敬慎堂公牍》中所说的加稳当指前者，所说的常稳当指后者。他在陈国箴词批中所说：“酌加稳银四十金，准其扣租五斗”[③]，指的是升稳减租，亦即加押减租，而非常稳。然而语焉不详，不如后来的民国《遂宁县志》说得清楚：

“租地价格各路不同。大概东南路租价以谷计。每田一亩田主取押租钱三十钏至五十钏，秋收之后净摀租谷一石。旱潦成灾，俱得量减。山土别取佃钱，依其广狭肥硗以定多寡。而西北路与涪江两岸平原地则概取佃钱。现在滨江一带，棉土一亩约年需佃钱三十余钏，不产棉者，只需钱二十余钏。西北路每田一亩，约年取佃钱四五十钏，山土附入，不别取钱。若田主加取押租，不论多寡，俱须按周年一分之利率在佃钱内现扣其息。盖以佃钱例应预付其息，

---

① 光绪《定远厅志》卷5，地理志，风俗。

② 光绪《广安州新志》卷10，户口志。

③ 沈秉堃：《敬慎堂公牍》卷6。

亦不得不现扣也。而租地以谷者，则凡溢取押租钱一百钏，即须减去租谷五斗。此项押租在解除租约之际，概应陆续退还。”[①]

这里提出了一个问题。加押与减租之间的关系究竟是比照什么来确定的？是比照借贷生息，按照加押或押金数量计算其利息，在应纳地租中扣除呢？还是比照买地佃出收租，按照加押或押金数量所能购买的地亩上所能收得的地租数量，在应纳地租中扣除呢？如是前者，则加押或押金数量不应超过带来同量利息的借贷金额，或者地租中应扣除部分不应高于应得利息。否则，地主宁愿借贷而不愿减租。如是后者，则地租中应扣除部分不应少于应购土地所带来的地租数量，加押或押金总量不应超过带来同量地租的土地地价。否则，佃户宁愿购买土地而不愿加押和交纳押租。如果这些考虑多少符合实际，加押和减租的比例关系就应该在这两者之间摆动。地租水平和地价水平是它的天然界限。加押不能超过地价，减租不能无租可减。这个问题还需要研究。

这个时候，实行押租制度，要不要加押减租是地主在招佃时必须考虑的一个问题。或者是维持典型的押租制度，尽量多收地租；或者加押减租，尽量多索押金。一般的情况是：地主富裕则宁愿少收押金而多得地租，地主窘迫，急需用钱时，则宁愿少收地租而多索押金。这两种选择的后果是很不相同的。

我们要说的是后一种选择的结果。这就是文献中所说的：“押重则租必轻，租轻，则一年所入，不敷一年之用”[②]，“压重则租愈少，有年年加压减租，历时既久，所加之压，与买价相去无几者”[③]；“押租愈加、租课愈少，或田本百数十千，加取佃主之数百金之利者，故俗有明佃暗当之语”[④]；“甚至所取之押侔于田价，所存之租不过升斗，管业者徒拥虚名，佃业者隐受实惠，苦乐相形，佃强于主”[⑤]；“至有与买价相埒，概不取租者，曰加大押佃，实与典当无异”[⑥]。

这个后果，当然是地主阶级及其当权派所不愿看见的。因此，有些地方官

---

① 民国《遂宁县志》，农业。
② 道光《忠州直隶州志》卷6。
③ 《成都日报》宣统元年一月二十四日。
④ 光绪《定远厅志》卷5，地理志，风俗。
⑤ 沈秉堃：《敬慎堂公牍》卷2。
⑥ 民国《南川县志》卷4，食货志。

就禁止过分加压。比如清末江安县令沈秉堃就贴出过《禁大压佃田示》："大压佃田，撝租无几，不出丁粮，不花税契，田主被掯，完粮无力，加压减租，佃家获利，情同盘削，有干禁例，特此出示，绅民知悉，压过一千，不准再益，各防后果，毋负此意。"①

然而，禁止归禁止，加押归加押，加押减租的现象，还是所在多有的。

表 5－12　　嘉道年间四川押重租轻示例

年　代	省　县	押金数量	地租数量	资料来源
嘉庆八年	四川犍为	132 两	2.3 石	刑档抄件
嘉庆十年	四川绵州	204 千文	4 石	刑档抄件
嘉庆十二年	四川泸州	56 千文	0.8 石	刑档抄件
嘉庆十八年	四川灌县	326 两	2 石	刑档抄件
嘉庆二十年	四川	400 千文	15 千文	刑档抄件
嘉庆二十二年	四川资阳	45 千文	1 千文	刑档抄件
嘉庆二十五年	四川崇庆	6 千文	0.4 石	刑档抄件
道光一年	四川巴县	33 两	0.2 石	《巴档》，第 153 页
道光四年	四川巴县	70 两	1.5 石	《巴档》，第 165 页
道光十年	四川巴县	26 两	0.3 石	《巴档》，第 74 页
道光十三年	四川巴县	82 两	1 石	《巴档》，第 162 页
道光十五年	四川巴县	23 两	0.4 石	《巴档》，第 78 页
道光十六年	四川巴县	19 千文	0.1 石 400 文	《巴档》，第 163 页
道光十七年	四川巴县	140 两	0.5 石	《巴档》，第 173 页
道光二十三年	四川巴县	900 两	6 石	《巴档》，第 172 页
道光二十三年	四川巴县	200 两	8 石	《巴档》，第 231 页
道光二十四年	四川巴县	20 两	1 两	《巴档》，第 207 页

上面示例中，押金数额同地租价值之间相差十分悬殊。前者为后者的 20 倍、30 倍、五六十倍、八九十倍乃至高达 130 倍。② 远远超过典型押租制度下的二三倍，四五倍，甚至十几倍。有同志根据这一现象，强调押租剥削惨重，而且越来越惨重。这其实是一种误解。因为这里押金是加押后的押金，当然多，而地租是减租后的地租，当然少。二者皆非典型押租制度下的押金和地租。

① 沈秉堃：《敬慎堂公牍》卷 6。
② 李映发：《清代重庆地区农田租佃关系中的几个问题》，《历史档案》1985 年第 1 期。

两相比较，并不说明剥削益加惨重，或者竟是相反，至少包括有相反的因素。

如前所说，押金是佃户用来抵押佃权的，现在，出现了加押减租，押重租轻的现象。其原因是押金的应得回报以一部分地租抵偿了。地主加押，佃户减租，主佃之间的这一双向运动使押金增加与地租减额密切地联系了起来。这意味着佃户手中抵押得来的佃权，具有了部分地权的因素。因为，按照经济学的定义，地租是土地所有权的经济表现。谁收取地租，谁就是地主，谁收取部分地租，谁就享有部分的土地所有权。所以，加押减租而形成的押重租轻现象，就意味着佃权侵蚀了地权，开始与部分地权相结合了。原来地主的土地所有权也就随之而不完整了。这一变化的极限是，押金不计报酬，土地不纳地租，两相抵消，实际上变成了文献中所说的“明佃暗当”。押租佃户也就随之而转化为小土地所有者，亦即自耕农，地主手中的土地所有权也同时实际上丧失了。这说的是变化的极限，并非现实。现实中存在的是这一变化的趋势。对此，我们无以名之，姑称为佃农独立化倾向，或者中农化倾向。这是我们研究押租制度的发展变化时，不能不触及的一个重大问题。

至此，我们叙述了押租制度的三种类型：押租制度的先行形态——执贽受田之俗例，典型的押租制度，以及加押减租而后形成的押重租轻的押租制度。这三种类型又代表着押租制度依次相连的三个发展阶段。后一种类型出现以后，并不能完全替代前一种类型，不同的类型是可以同时并存的。而且，不同地区所处在的主要发展阶段，又可以是不相同的。押租制度发展的这一复杂性，是不可忽视的。对此，我们不拟多加说明了。

四

现在，应该谈谈押租制度的发生与发展的社会效应，亦即其历史作用了。

我们注意到，在押租制度下，农民要租佃土地耕种，必须交纳一笔押金。那类执贽受田之俗例的批礼银，数量不大，一般不超过一年的地租，往往只是一年地租的几分之几，由于它并非严格的押租制度，这里不去说它。在典型的押租制度下，佃农所交纳的押金，数量是不小的。上面说过，押金往往为地租的二三倍，四五倍，甚或更多一点。在加押减租的场合，由于押金视地租多少为杀，往往为地租的几十倍，百多倍。如果农民押佃的土地数量较多，押金的数量就很可观了。

据刑科题本，乾隆年间，湖南衡山县有出押佃230两，180两的，浏阳县有出押佃140两的，鄢县有出100千文的。嘉庆年间，湖南浏阳有出押佃385两的，四川江安有出押佃800两的，犍为县有出132两的，郫县有出押佃银60两外加钱170千文的，射洪有出100千文的。另据《巴档》上册记载，该县六七十件租佃案件，押租银在100两以上的共39件。其中100两的8件，120两3件，130两2件，140两3件，150两1件，160两2件，170两、175两各1件，200两6件，300两5件，350两2件，470两、780两、800两、1000两的各1件。押租钱在100千文以上的有5件。其中120千文的2件，100千800文、158千300文、300串的各1件。[①] 后来的地方志书上也时有透露。例如民国《云阳县志》上说"压桩之费常逾千两或数百两"[②]，民国《南充县志》上说："有佃农拥压租万余钏，值银万余元者。"[③]

这当然都是些突出的事例。但它们毕竟说明了，农民必须有一定数量的资财，才能充当押租佃户。这同历史上，或者同时其他租佃制度下，农民一无所有，或者只有牛具种子些许资财，就可以充当佃户、佃田纳租的情况是大不相同的。这类押租佃户，当然不能说是自耕农，他们抵押来的是佃权而不是地权，即有部分地权，也很不完全，但实际上，他们往往比有些自耕农的资财要多。

有些自耕农民，宁愿出售自己所有的一点土地，去充当押租佃户。乾隆元年，湖南安仁县就曾有一个农民，把自己的三亩下田卖了，以其所得去押佃更大面积的土地耕种。[④] 小土地所有者的这种考虑，后来被四川罗江县的李调元在《卖田说》一文里，充分地说明了。文章写道："计十亩之田，不足以食十口之家，又称贷而益之，犹可支也。吾邑地当孔道，征徭俱按粮加派。每十亩征粮三分。每分加平三分三厘，则一钱矣！虽国课应完，犹可支也。而官府每遇大役，则按粮令乡保加派，每钱加至一两，犹可支也。每岁加派十次、

① 方行：《清代前期湖南四川的小农经济》，《中国史研究》，1991年第2期。

② 民国《云阳县志》卷3，礼俗中。

③ 民国《南充县志》卷11，物产志。

④ 《形态》第351页。

二十次不等，则叠至十两、二十两矣！凡遇过差、公馆、驿马、酒水、门包、长随、书吏、衙役、夫轿皆于是出，而乡约又借官私派。凡自用置田、修屋、饮食、衣服亦于是乎出。而十亩五分，各耕不过二亩，亩之所入，不敌所出，故不如卖田以佃田。计值，每亩五十千缗，十亩得五百千缗，可作压佃，每五千缗可压田一亩，五百千缗可压田一百亩。既足食，以免室家之饥寒，又无粮，以免官役之追呼。业主虽与平分，佃者尚有小半。终岁勤勤，撙节之外，积储粟豆花布，茅屋之中，畜养鸡鸭猪犬。冠婚丧祭，量力为之。稍有余财，买牛生犊，奚为而不乐也”①。这里需要解释的是，“十亩五分，各耕不过二亩”，指的是多子均分制下，一家 10 亩地，5 个儿子分，每个儿子不过 2 亩，不足以养家糊口。不如卖田以佃田，可以押佃 10 倍的土地耕种经营。这种情形，可能还是比较普遍的。咸丰《云阳县志》上记载，那里也有“殷实富户，囊橐余，将盈千累万之赀，不买实业，当押地土，情愿作佃户，而不肯为田主”② 的。北方也有类似情形。乾隆《永清县志》列传第八，韩村葛士廉“家故温饱，好艺植，鬻田得价，辄赁他人田种之。鬻值多，赁值寡，计鬻十亩资可五十亩赁值也”③。自耕农自然可以通过押租制度，大大扩展经营的土地的面积。

按照李调元《卖田说》和《永清县志》葛士廉传所说，每亩土地的押租相当于其地价的十分之一到五分之一。这可能代表一般情况。但是，实际上，差距要比这大得多。我们将见到的一些事例列表如下：

表 5-13　刑科题本中所见押租与地价关系示例

年代	地点	地价	押租	押租/地价	资料来源
康熙年间	广东大浦	95.5 两	5 两	0.05	《形态》，第 364 页
雍正十三年	江苏奉贤	18 两	3 两	0.16	《形态》，第 349 页
乾隆六年	湖南新化	320 两	4.5 两	0.014	《形态》，第 368 页
乾隆十四年	广东清远	183 两	52 两	0.28	《形态》，第 376 页
乾隆十六年	福建宁化	47.5 两	24.5 两	0.52	《形态》，第 382 页

① 李调元：《童山文集》卷 111，丛书集成本。
② 咸丰《云阳县志》卷 3，《食货志 · 仓储》。
③ 乾隆《永清县志》，列传第 8。

续表

年　代	地　点	地　价	押　租	押租/地价	资料来源
乾隆十八年	福建建瓯	88 两	3600 文	0.04	《形态》，第 392 页
乾隆二十五年	江苏上海	43 两	4 两	0.09	《形态》，第 413 页
乾隆三十六年	湖南衡山	850 两	230 两	0.27	《形态》，第 442 页
乾隆三十六年	湖南衡山	350 两	180 两	0.51	《形态》，第 442 页
乾隆三十六年	湖南邵阳	28 两	2.6 两	0.09	《形态》，第 443 页
乾隆二十九年	湖南蕲水	210 两	34 两	0.16	《形态》，第 431 页
乾隆四十三年	江苏丹阳	19.4 两	16.2 两	0.83	《形态》，第 459 页
乾隆四十六年	湖南华容	120 千文	14 千 400 文	0.12	《形态》，第 463 页
乾隆四十六年	江西玉山	75 两	10.5 千文	0.14	《形态》，第 467 页
嘉庆十年	湖南浏阳	660 两	250 两	0.38	刑档抄件
嘉庆十二年	四川泸州	当价 560 千文	120 千文	0.13	刑档抄件
嘉庆十八年	湖北郧县	34 千文	22 千文	0.65	刑档抄件
嘉庆二十年	?	915 千文	400 千文	0.44	刑档抄件

表 5－14　　　　巴县档案中所见押租与地价关系示例

年　代	地　点	地　价	押　租	押租/地价	资料来源
乾隆五十四年	四川巴县	330 千文	50 千文	0.15	《巴档》，第 216 页
乾隆五十四年	四川巴县	当价 590 千文	50 千文	0.085	《巴档》，第 217 页
嘉庆十五年	四川巴县	424 两	100 两	0.24	《巴档》，第 57 页
道光二年	四川巴县	920 两	300 两	0.33	《巴档》，第 150 页
道光七年	四川巴县	当价 41 两	350 两	0.65	《巴档》，第 225 页
道光十八年	四川巴县	1400 两	100 两	0.07	《巴档》，第 230 页
道光十九年	四川巴县	当价 350 两	30 两	0.086	《巴档》，第 230 页
道光二十九年	四川巴县	460 两	200 两	0.43	《巴档》，第 231 页
道光二十九年	四川巴县	200 两	200 两	1	《巴档》，第 174 页

根据上面的示例来看，押租相当地价不到十分之一的占 7 例，十分之一到五分之一的占 7 例，五分之一到二分之一内的 7 例，二分之一到三分之二之间 3 例，五分之四到 1 倍的 3 例。粗略地说，佃户的押租相当于地主地价的十分之一、五分之一、二分之一，甚至更多。押金相当于地价的极其个别，那相当于我们在上面所提到的，是“明佃暗当”了。

我们注意到，相对于地价而言，押金的数量是不小的。许多农民因付不出押金而被摒除在押租佃户的行列以外，而付得起押金的佃户却因之而获得了一个争取更多自由的物质基础。

在地主开始向佃户强制索取押金的时候，他们并没有考虑到它可能带来的这一后果。正如明末福建《海澄县志》所说："佃户出力代耕，如佣雇取值，岂得称为田主！缘得田之家，见目前小利，得受粪土银若干，名曰佃头银。田入佃手，其狡黠者，逋租负税，莫可谁何！业经转移，佃仍虎踞，故有久佃成业之谣。皆一田三主说阶之为厉。"① 这里没有明确区别永佃和押租。《云霄厅志》则作了明确的区别："至佃头粪土银，当时听其自便，是亦未悉其弊。盖佃头粪土原系两项。佃头乃保佃之银，佃户无欠税，业主欲召佃，宜清还之。粪土乃兑佃之银，新旧相承，多寡无定。在业主原有不知。乃强族悍佃，掩欠短纳，业主欲召佃，则借粪土为辞，别人不敢承耕，此业主又隐受欺制者也。大抵弊中有弊，是在仁人君子，因时而厘剔焉。"② 在江西也有类似的议论。《西江政要·严禁佃户私佃并侵占据垦》中说："因闽粤民人素善耕山，来江省承佃者十居五六。若辈居心叵测，蓄意侵占。始则向田主佃田，饵以现银数两，名曰退价，又曰顶耕，必令业主写退字付执。业主贪得目前微利，受其圈套，继则多贪退价，将田私佃他人。"③ 从押租制的角度来看，这都是说，在押租制度发生的时候，地主向佃户索取押金，并未预见到后来尾大不掉的弊病。换句话说，押租制度的出现，似乎许多情况下，并非是在主佃关系松弛化的前提下，地主阶级有意识地把超经济强制改变为经济强制的结果，而是一种不自觉地，甚至盲目的贪婪求利行为。所以，出乎地主阶级的意料，押租制度盛行以后，他们心目中的这一类弊端也就越来越显著、越来越突出了。文献中有不少这类议论。在湖南就有：

乾隆《平江县志》："平邑田多佃种，贫民以佃为产。议佃之初，有进庄礼，自数金至数十金，视田亩多寡为率。然因此而佃户恃出重赀，遂多抗租踞庄，田主夺之，两相讦告者，亦民瘼之一。"④

乾隆《湘潭县志》："贫民以佃为产，议佃之初，有进庄礼，自数金至数

---

① 崇祯《海澄县志》卷4，田赋考。

② 民国《云霄厅志》卷4，土田。

③ 《西江政要》卷2。

④ 乾隆《平江县志》卷12，风俗。

十金，少者谓之小写，退耕则金亦不取，多者谓之大写，退耕时仍给还原银。然佃多抗租，田主夺之，两相告讦，必初有成议，方可以息其争端云。”①

乾隆《善化县志》：“佃田则每亩一两至三两不等。近年以牛疫流行，田减半价，而佃亦如之。但昔则田东分尊，今则佃户风炽，借端负抗，几有尾大之势焉。”②

嘉庆《邵阳县志》：“邵俗：凡佃耕人田产，皆纳银于主，谓之进庄礼，其租或分或纳，听田主自便。以佃耕之勤惰为去留。至于掯租霸耕，致鸣官追比，此俗之当惩者。”③

嘉庆《郴州总志》：“讵有奸恶佃户，任意欺骗，一遇退耕，不曰原得批钱，便曰夺耕杀命，独不思业从主便，设田佃户主持，素封之族，买田何为?”“以致买田之户空输钱粮，占田之家坐享籽粒，是诚人情之所大不平，而恶俗之所当急惩者。”④

同治《巴陵县志》：“承佃之初有进庄钱，视田亩多寡为率，防短租也。然庄田若远，田主懦弱，每多抗租踞庄之弊，两相讦告，亦民瘼之一。”⑤

光绪《华容县志》：“田多佃种，议佃之初有进庄礼钱，亦名写礼钱，视田多寡为率。然因此而佃户遂至抗租踞庄，田主夺之，两相讦告，亦民瘼之一。”⑥

这许多议论，如出一辙，都是把押租金作为佃户抗租踞庄，进行反抗地主压迫的根据和基础的。可见这是一个大量的普遍的引人注意的社会现象。

当然，也不应忽视，有许多押租佃户仍然受到地主的欺凌和役使。《湖南省例成案》中有很生动的描写，这里再抄一遍：“更可恨者，凡佃户家嫁娶，田主必勒取挂红礼银，或一二两以至三五两不等，横征勒索，竟同当日土司之鱼肉其民。又田主本家遇有红白之事，以及修造房屋等项，或每田十亩派工几

① 乾隆《湘潭县志》卷13，风俗。
② 乾隆《善化县志》卷4，风土。
③ 嘉庆《邵阳县志》卷47，风土风俗。
④ 嘉庆《郴州总志》，卷终，附考。
⑤ 光绪《巴陵县志》卷52，杂识2；同治《巴陵县志》，卷11，风土。
⑥ 光绪《华容县志》卷1，风土。

名，不论忙闲，一呼即至。是名虽佃户，实与仆隶无异。以上各项需索，稍有不遂欲，即将田另佃，或藉以踞庄骗租名色，送县差拿究比。甚至威逼人命。”“至于田主之家婚丧等事，常唤佃民扛轿役使。平时唤令帮工，几同仆厮。稍有不如意，辄行批颊辱詈，及寻隙更佃。虽楚南有田之家，未必人人若是，然陋习相承，大率类此。”①

综合以上两类记载来看，同样在押租制度之下，有的佃户可能获得了较多的自由，有的仍然摆不脱传统陋习的羁绊。但是，无论如何，押租制度的出现与发展，毕竟给佃户提供了一个据以抗租踞庄，提高自己社会经济地位的物质基础。它的出现与发展给主佃关系的松弛化开辟了广阔道路。这是地主阶级始料所不及，不以主观意志为转移的客观经济运动。

一方面经过押租制度的筛选，充当押租佃户的是一批经济实力比较充实的农民，另一方面，佃户又可以凭借其经济实力在主佃关系中争取更多的自由。押租佃户的经营积极性就远非一般佃户可比，其经营效果当然也非比一般。

比如在四川，文献中说：佃农“投质多者，其获较多，尚可资以自给”②，或者是“岁少歉，所赢无几，或且赔租。故非押租多者，往往终岁勤劬而不免于菜色”③。如果粮价上涨，佃农于“啜食之余，犹可出粜于村市，铢积寸累，足致多金”，“故里中兴起者多属佃农”④。“赁耕小户，多有渐成殷富者。节俭勤苦，又粮价腾起，实使之然。此世局一大变动也。”⑤“佃有余利，久亦买田作富人，而为佃如故。”⑥

在押租制度盛行的地区，四川、湖南、湖北、江西等地，农业生产的发展，商品粮食的充盈，远非其他地区可比。这里固然有自然条件优越的作用，但这种新的租佃制度对农业生产的促进作用，也是不可忽视的。⑦

---

① 《湖南省例成案》卷7、卷5，户律田宅。

② 民国《巴县志》卷11。

③ 民国《巴县志》卷11。

④ 光绪《彭县志》卷3。

⑤ 民国《中江县志》卷2。

⑥ 民国《云阳县志》，礼俗。以上参看方行《清代前期湖南四川的小农经济》，《中国史研究》1991年第2期。

⑦ 冯尔康：《清代的押租制与租佃关系的局部变化》，《南开学报》，1980年第1期。

第五章　雇工经营

一

雇工经营在明清时代始终没有显示其应有的优越性，始终没有在农业生产中占有重要地位，虽然雇工经营在中国封建社会中出现得很早很早。

如果我们把“受值而赋事”和“限年服役”，亦即接受报酬在一定时限比如几年、一年、几月、几日内为人劳动的劳动者都算做雇佣劳动者的话，那么，雇佣劳动者在我国不只是出现得很早，而且还有多种雇佣形式。历史上，最早记载农业雇佣劳动者活动的书是《韩非子》，自那以后，史不绝书，这也就是说，到了明清时代，农业雇佣劳动已有16个世纪的发展史了。到了明清时代，雇佣形式有大家熟悉的长工和短工，还有出雇十年、八年，三年五载的典当雇工，为了抵偿债务而为人劳动的抵债劳动，为了获得一个妻室而为人劳动的年限婢婿，还有以佃户身份兼做雇工的，以工抵租的，除了单身出雇的雇工以外，还有一家子都受雇于一个雇主的全家雇佣等等。

经过16个世纪的发展，农业雇佣现象到了明代，已经是相当普遍的了。关于这一点，可以举出许多文献资料作证。

明代地方志书，就我们所知，记载农业雇工现象的有弘治《吴江志》；正德《松江府志》《姑苏志》《华亭县志》；嘉靖《江阴县志》《菰城文献》《乌青文献》；万历《秀水县志》等等，偏在江南地区。其他地方并非没有。如嘉靖《洪雅县志》记载有四川地区的农业雇工现象。又如万历《滨州志》《宛署杂记》；崇祯《历乘》等记载有山东河北地区的农业雇工现象。《宛署杂记》中说：“宛人呼雇工人为年作，至十月初一日，则各辞去。谚云：十月一，家家去了年作的，关了门儿自家吃”[①]。不止河北，山东和陕西也有这样的风俗：“十月一日……雇工人皆于是日放还。谚云：‘十月一，送雇的’”[②]。反映社会经济现象的谚语多半是在那种现象存在相当长久相当普遍的基础上形成的。雇工入了谚语，就当时当地来说，是由来已久的普遍现象。

由于雇佣现象普遍，雇工同雇主以及其他社会阶层中人发生纠纷、控诉到官的机会就多，地主阶级为了迫害雇工而编织的法网也就更加细密。明代封建法典中，关于谋杀罪、斗殴罪、骂詈罪、盗窃罪、干犯罪、奸罪等的有关条文中都有雇工犯罪的处刑规定，其细密的程度是空前的。明代法典中，被称为雇工人的雇佣劳动者，是一个特定的社会等级。封建统治者，从皇帝到各级地方官吏，对于雇工情况以及涉及雇工的民刑事案件还是相当注意的，因而在皇帝实录和地方官吏的公牍政书中留下了不少关于农业雇佣的记载。例如《明英宗实录》正统二年九月癸巳：“行在户部主事刘喜言：比闻山东、山西、河南、陕西并直隶诸郡县民贫者无牛具种子耕种，佣丐衣食以度日，父母妻子啼饥号寒者十室八九。”[③] 地方官吏的记载就更多了。例如嘉靖初，刑部署郎中应槚的《谳狱稿》里记有江南地区的雇工案件；海瑞在淳安知县任上处理过浙江严州府的雇工案件；万历时做过山东参政、山西巡抚的吕坤在《实政录》里说到过山东、山西的农业雇工；天启时做过福建兴化府推官的祁彪佳在《莆阳谳牍》里记有兴化府的雇工案件；做过河南濬县知县的张肯堂在《䜀辞》里，做过河南巡按使的李日宣在《谳豫勿喜录》里都记下了河南地区的农业雇工案件。

需要特别指出的是，兄弟民族有到汉族聚居地区受雇佣的现象。早在宋代，四川西部威、茂等处的少数兄弟民族，就是“冬则避寒入蜀，佣赁自食，夏则避暑反落，岁以为常”[④] 的。这情况一直延续到清代。清雍正帝还特别下了一道旨在管束这类雇工的上谕说，威、远等处的回民多籍佣工度日，如

---

① 沈榜：《宛署杂记》卷17，《土俗》，同卷“方言”：“主人呼雇工曰汉每，雇工称主人曰当家的。”华北地区主雇之间的称谓，到了近代，仍然如此。

② 《古今图书集成》，职方典卷531，《汉中府风俗考》。并参看同书卷60，《永平府风俗考》，卷230《兖州府风俗考》，卷278《登州府风俗考》等。

③ 《明英宗实录》卷34。

④ 顾炎武：《天下郡国利病书》，第28册，第85页，《四川》。

“实系佣工力作之人仍听其往来居住”①。在贵州，明嘉靖时周弘祖在《议处铜苗疏略》中提到铜仁、篁子坪“二处逃民散在清浪、平溪、思州、马江、黄道、施溪等处，无虑数千，佣赁饥殍”②。铜仁等地当时系苗民聚居地区，这所谓“佣赁饥殍”的逃民，虽不必尽属苗民，也应是苗汉兼有。在甘肃，据黎士宏《仁恕堂笔记》，河西地区兄弟民族的妇女多佣于汉人家，“计其工，日不过升粟也”，工值相当的低。③《仁恕堂笔记》成书于康熙辛酉（1681），所记载的这种现象，可能是早就存在的。这都表明，明代与汉民族接壤错居的兄弟民族中也有充当雇工的，当时雇佣的普遍程度由此可以想见。

正因为明代农业雇佣现象普遍存在，所以在当时的通俗日用百科全书，如《新刻徽郡补释士民便读通考》《鼎镌十二方家参订万事不求人博考全编》等一类书中，都载有雇工帖、雇工文契、雇工议约，雇长工契、雇工约之类的契约格式。④不同书中的契约格式，还是大同小异的。不特此也，即在明代的算学书，例如《新刊四民便用不求人博览全书算法门》、何梦瑶《算迪》等，都有关于雇工工钱计算的举例，很可以说，连算学书都在为雇佣现象服务了。在

---

① 光绪《钦定大清会典事例》卷158，第9页。

② 顾炎武：《天下郡国利病书》，第46册，第91页“云贵交趾”。

③ 黎士宏：《仁恕堂笔记》，第38页。

④ 仁井田升：《中国法制史研究·奴隶农奴法、家族村落法，法と惯习、法と道德》载有《元明时代の村の规约と小作证书そち》（一）、（二）、（三），介绍了这类书。他列举的有：《事文类聚启劄青钱》《新编事文类要启劄青钱》《新刻天下四民便览三台万用正宗》《新刊翰苑广记补订四民捷用学海群玉》《万书萃宝》《新锲全补天下四民利用便观五车拔锦》《新锲燕台校正天下通行文林聚宝万卷星罗》《鼎锓崇文阁汇纂士民万用正宗不求人全编》《新刻全补士民备览便用文林汇锦万书渊海》《新镌回民要览天下全书不求人》《新刊採辑四民便用文林学海博览全书》《新刻艾先生天禄阁汇编采精便览万宝全书》《新刻人瑞堂订补全书备考》《新刊注释四民交际锦翰英华》《士民通用一雁横秋》《新镌增补较正寅几熊先生尺牍双鱼》《增补校正赞延李先生雁鱼锦笺》《雁鱼笺》《新刻含辉山房辑注古今启扎云章》《杂字全书》《范爷发刊士民便用家礼简仪》《汇纂精奇新式利民便用万宝全书》《新镌赤心子汇编四民刊观翰府锦囊》《新刻群英摘锦奇葩简明便览》《鼎镌李先生增补四民便用积玉全书》《龙头一览学海不求人》《文林广记》《万宝全书》《新刻眉公陈先生编纂诸书备采万卷搜奇全书》《新锓陆林二先生纂辑士民便用云锦书笺》《如面谈》《鼎镌张状元汇辑便民柬牍霞天锦札》《绣梓尺牍捷用云笺》《新刻注释雅俗便用折梅笺》《鼎镌眉公陈先生编集四民便用五云书》《二酉外纪》《萧曾太史汇纂鳌头琢玉杂字》《新镌增补纂摘要鳌头杂字》《增补素翁指掌杂字全集》《五刻徽郡释义经书士民便用通考杂字》《鼎镌十二方家参订万事不求人博考全编》《新刻摘选增补注释》《法家要览折狱明珠》《新锓万轴楼选删天下捷用诸书博览》《瀚海琼涛词林武库》等四十四种。这类书中载有不少有价值的经济史资料。国内学者注意及此者尚少，故特为提出。

文学作品里，雇工出场的场面也是很多的。单就小说而言，描写到雇工的，就有《石点头》《醒世恒言》《二刻拍案惊奇》《龙图公案》《廉明公案》《西游记》《水浒传》等等。小说中间所说的雇佣故事，不必全都有根有据，但总是现实生活的反映。像《卢太学诗酒傲王侯》故事中说卢柟雇工的事情，据卢柟《蠛蠓集·上魏安峰明府辩冤书》，还是实有其人其事的，只不过他雇工未必“整百”罢了。

综上所述，明代农业雇工现象，非但相当流行，遍及于各个地区，他们的存在这一事实，在社会生活的各方面，比如政治、法律乃至文学等方面都有反映。

进入清代以后，农业雇佣现象又有了进一步的发展。我们在雍正、乾隆、嘉庆三朝的部分刑事档案中就已经可以看到，中国本部十八省，直隶、河南、陕西、山西、甘肃、山东、江苏、浙江、安徽、江西、湖南、湖北、四川、福建、广东、广西、云南、贵州和东北、西北地区，没有一个省区不曾发生过涉及雇工的人命案件。而且，在各个省区里，农业雇佣并非某些州县的特有现象。比如河南，据部分刑事档案，及雍正时《天中足民录》所载，河南百余州县中，几乎无地无有雇工，况且，各州县犬牙相错，并无政治、文化特别是经济条件上的巨大差异，故可说，河南无地无有农业雇工。其他省区，多半也是这样。

我们要强调的是，清代文献档案中，多有反映农业短工市场和大规模农业雇工经营的记载。短工市场和大规模雇工经营首先在什么时候、什么地方出现，尚待稽考，而且，它们的偶然出现，也并非什么特别值得注意的事情。然而，它们的广泛出现，屡见于记载，却应该是雇佣发展史上，从而国民经济发展史上的大事，必须给予重视。

关于农业短工聚集求雇形成市场的记载，清代前期开始大量出现。文献中，农业短工市场，或称“人市”，或称“佣市”，或称“工夫市”[①]。在山东，康熙初年青州海防道周亮工在《劝施农器牌》中说：“照得东省贫民，穷

① 顾炎武：《亭林文集·钱粮论上》“今来关中，自鄠以西至于岐下，则岁甚登、谷甚多，而民且相率卖其妻子，至征粮之日，则村民毕出，谓之人市”。又《清史稿·列传一一二·李清时传》“（景州）州俗有人市，鬻奴婢，率就牙侩，估其值如牲畜然”。这里所谓“人市”，与正文中所说“人市”，名同而实异，不是雇佣市场，而是人口买卖市场。

无事事，皆雇于人，代为耕作，名曰雇工子，又曰做活路，每当日出，皆荷锄立于集场，有田者见之，即雇觅而去”①。实例如，雍正十三年五月初三日，齐河县杨坤需人锄地，令工人赴市场雇觅时玉龙、王气林，“言明每人日给工钱九十文”②。乾隆五十六年六月二十五日清晨，济宁直隶州“戴凤赴街觅人工作”③。在河南，乾隆《林县志·风土·集场记》说，“其间民游手持荷农具，晨赴集头，受雇短工，名曰人市。时届农忙，转移执事，主者得工，雇者得值，习焉称便，繇来已久”④。“繇来已久”，必是经过若干代人的观察而后做出的结论。在河北，乾隆《献县志》记载：“至于又不得佃田，作时荷锄于市以受雇，邑不登，外出趁熟焉”⑤。这里，佃不到土地的贫苦农民，只好充当短工，为了获得工作机会，他们的活动范围，突破了州县的境界。在无极县，如遇“祲岁”歉收，农田工作量大减，短工找不到雇主，“佣市”上等待雇佣的往往有数十人之多。⑥ 而且，不管相识不相识，都可以成立雇佣关系。比如在昌平州，乾隆五十五年四月初二日早晨，地主陈五遣长工郝大在市雇觅刘四与不识姓名七人锄地。⑦ 在山西、康熙九年十月二十七日，运城薛盛方等“上市”等人觅工；⑧ 乾隆十三年某日阳高县张世良与梁祝“均在街前觅人锄田”⑨；乾隆十六年，雇工滑大、董立，“都在市上寻活做”⑩。在安徽凤台县，“方芸田时佣者方集，荷锄入市，地多者出钱往僦，计日算工，谓之打短”⑪。江南也有短工市场。清初浙江嘉兴张履祥就讲过这种现象：“主人握钱

---

① 李渔：《资治新书二集》卷8，第16页。胡衍虞：《居官寡过录》，卷2，第34～35页。按：周亮工任青州海防道系康熙元年至五年间事。

② 中国第一历史档案馆藏：乾隆元年六月六日刑部尚书傅鼐题本。以下所引题本均系中国第一历史档案馆收藏，不再注明。

③ 乾隆五十六年十二月七日山东巡抚王德题本。

④ 乾隆《林县志》卷5。

⑤ 乾隆《献县志》卷4，《风俗》。

⑥ 李塨：《恕谷后集》卷6，《张太翁传》。

⑦ 乾隆五十六年四月十三日刑部尚书阿桂题本。

⑧ 中国第一历史档案馆藏：康熙朝黄册，招册2369。以下所引黄册均系中国第一历史档案馆收藏，不再注明。

⑨ 乾隆十三年七月二十日刑部尚书阿克敦题本。

⑩ 乾隆十六年十二月二十日山西巡抚阿思哈题本。

⑪ 李兆洛：《养一斋文集》卷2，《凤台县志·食货志》。

而呼于畔，奔走就役，十百为群”[①]。在南方，广东新会，雍正元年八月二十九日何姓地主“出虚雇工人江名显、张邦彦、关子旺、张翰艺，并雇李有派带小船一只，于九月初一日午，驾船去田割禾”[②]。钦州，乾隆二年有梁姓在峒利墟“觅工”[③]。南方的墟，就是北方的市集。但其普遍程度，似较华北地区稍差，也许，农业短工市场首先是在华北地区普遍展开的。

同时，还有大规模农业雇工经营的记载。这类雇主使用雇工，已不限于一二人，三四人，而是成十数以百计了。明代小说《醒世恒言》中《卢太学诗酒傲王侯》所说：“卢柟田产广多，除了家人，雇工也有整百”；《徐老仆义愤成家》也说：“徐氏奴婢雇工人等也有整百”[④]；这可能出于小说家的虚构，未必实有其事。在中国资本主义萌芽的讨论中，人们所常提到的江南谈照、谈晓兄弟，“买佣乡民百余人”[⑤]，但那是一时平整土地，并非是常川进行农业生产。清代的大规模农业雇工经营，则是可以确定实有其人其事的。例如，雍正时山东益都县王作楫家，有“宗戚及佣工数百人”[⑥]。乾隆年间直隶永清县大清垡燕尚华家佣工三十余人。[⑦] 乾隆三十七年五月十一日新城县镶红旗蒙古四等台吉孟喀喇及正身嗷汉公主家庄头钱瑾使用五六十个工人在地里割麦。[⑧] 道光初，山东无棣县张自标家佣工数十人，“课耕织”[⑨]。四川内江县的蔗农“平时聚夫力作，家辄数十百人”，因而“壅费工值，十倍平农”[⑩]。鸦片战争以后，咸同年间，湖南宁乡县洪虔甫“播种及收获时，佣工数百指”[⑪]。光绪年间，热河下洼还有雇佣二三百人，乃至五六百人的大经营地主。[⑫] 另据《清代

① 张履祥：《杨园先生全集》卷7，第6页。
② 雍正二年九月十七日广东巡抚阿尔松阿题本。
③ 乾隆四年四月四日广东巡抚王謩题本。
④ 《醒世恒言》卷29、卷35。
⑤ 《常昭合志稿》卷48；李诩：《戒庵老人随笔》，卷4，第26页。
⑥ 光绪《益都县图志》卷41，第12页。
⑦ 章学诚：《章氏遗书》，第7册，《永清县志·七》。
⑧ 乾隆三十九年四月五日刑部尚书舒赫德题本。
⑨ 民国《无棣县志》卷13，第11页。
⑩ 道光《内江县志要》卷1。
⑪ 民国《宁乡县志》，《故事编十一·女士传》，第12页。
⑫ 李文治：《中国近代农业史资料》第1辑，第690页。

山东经营地主的社会性质》一书的作者调查，晚清山东各地131家经营地主中，其雇工经营面积在100亩以下者10家，100~199亩之间者37家，200~299亩者20家，300~399亩者27家，400~499亩者11家，500亩以上者26家。面积愈大，所需雇工人数愈多。同书提到经营地主太和堂经营472亩土地，雇长工23名，经常雇短工20~40名，月工3~5名；树荆堂600亩土地，雇长工30多名，短工50多名，农忙时节短工可达120多人。[①]

看来，大规模雇工经营在北方比南方普遍。这与短工市场在华北地区的普遍展开有着密切的联系。二者都是在农业雇佣现象相当发展的基础上才能出现的。

不过，我们上面所说的农业雇佣现象普遍发展，并不包含农业雇工在人口中占有很大比重，或者雇工经营在农业经营中具有头等重要作用的意思。实际情况是，明清时代，农业雇工在人口中的比重不大，从而在农业经营中的作用也不应夸张。

明嘉靖年间，薛尚质为江苏常熟县兴修水利工程提出了一个征集劳动力的办法。他说："若行亩计之法，使里役但报贫户常时为人赁作耐苦而力者，一里或二十名，或二十五名，其饮酒无行者勿遣，本县地方五百里，可得人夫万余。若募一郡贫民，将不胜其多矣。"[②] 从这段记载里，我们可以得到当时农业雇工在人口中所占比重的一点消息。但是，根据这点消息是做不出"可知其总人数是很多的"推断的。按明制110户为1里，《肇域志》载常熟编户凡483里。[③] 据此计算，"常时为人赁作耐苦而力者"，全县当有万人左右是不错的。又据常熟地方志书，明正德到万历年间，常熟人口约38万人。[④] 前者约为后者的3%上下。但是薛尚质所说"贫户"中的"饮酒无行者"和"贫民"之中可能还有农业雇工，而他所说的"常时为人赁作耐苦而力者"却也未必全是农业雇工。因此，我们只能说，明嘉靖年间，常熟农业雇工大约占全县人口的3%上下，或许是接近事实的。万历年间，常熟知县耿橘所谓"常熟民素

① 景苏、罗仑：《清代山东经营地主的社会性质》。
② 薛尚质：《常熟水论》，丛书集成本。
③ 顾炎武：《肇域志·南畿稿·江南六》。
④ 光绪《重修常昭合志稿》卷7，《户口》。

骄侈，佣趁之人颇少"[①]，就是这一实际情况的反映。

再，就是清代后期的一些零星统计了。

这些统计，大体上分为两类。一类是关于雇工人数的统计，一类是关于雇佣劳动者户数的统计。前者大抵包括食宿于雇主家的长工；后者则又是长工、短工、农业、手工业、运输业混而不分的，只要雇工自立锅灶兼有家室财产便算一户，不包括没有家室的长工或短工。所以，这些统计互有疏漏，极不精确，只能据以获得一个大概如此的印象。

据杨炳堃的《杨中议公自订年谱》所载，道光四年（1824）河南密县查点门牌登记结果，全县有雇工 4259 名。[②] 前此八年（1816）所修《密县志》载全县编在保甲的户口，共有 130723 人，其中大口 85302 人。[③] 据此计算，雇工约占全县人口总数的 3.26%，约占大口的 5%。密县产煤，这中间少不了挖煤工人。

又据徐寿兹《学治识端》所载，清末河南上蔡县有男雇工 5091 人，女雇工 749 人，合计 5840 人。当时全县编入保甲的户口共计 370410 人，其中大口 222278 人。[④] 雇工占全县人口总数的 1.6%，占大口数的 2.6%。这个比例较之上例为低。

也有高的。例如宗源瀚《颐情馆闻过集》所载同治年间浙江归安县十三庄境内 2219 户，雇工各有保结，共发保结 680 张，亦即有雇工 680 人。[⑤] 按每户 5 口计，2219 户，当有 11095 人。雇工约占人口总数的 6% 上下。

上述三例，可视为农业长工在人口总数中所占比重的示例，在 1.6% ~ 6% 之间。

若就农业雇佣劳动者家庭在总户数中的比重而言，由于农业雇佣劳动者家庭包括有大量短工家庭在内，数字就要大些。

例如《清代山东经营地主的社会性质》一书附录《光绪朝（六十年前）

---

① 耿橘：《常熟县水利全书》卷 1。

② 杨炳堃：《杨中议公自订年谱》卷 2，第 67 页。

③ 嘉庆《密县志》卷 10《户口》。

④ 徐寿兹：《学治识端》，《办理保甲情形禀》。

⑤ 宗源瀚：《颐情馆闻过集》，《守湖稿》卷 10，第 18 页。

山东四十二县一百九十七村阶级构成一览表》的统计数字。统计包括28029户，其中雇农4513户，占总户数的16%。另据1888年李提摩太调查，山东莱州有一半农户使用雇工,[1] 可见雇工人数与户数都不会太少。

又如天津，道光二十五年（1845）时，编入保甲的城乡户口共有84504户，其中称作“佣作”的共有7131户，约占总户数的8.4%。如果不计城厢，只计四郊村镇，佣作户数占总户数的12.4%强。若再分区计算，佣作户数各占该地区的总户数的8%、8.8%、9.3%、15%、45.8%、14.7%、15.7%。天津四郊的“佣作”不都是农业雇工，佣作户数也不都是农业雇佣劳动者家庭。[2] 但是，这些数字可以看作是农业雇工户数所占总户数比重的最高限额。

我们还没有看见到比上述山东、天津两例更高的数字。根据上述数字推断，到了鸦片战争前后，在农业雇佣关系较发达的地区，农业雇佣劳动者家庭，一般说来，不超过全县户数的8%，不超过村镇户数的12.16%。结合长工人数的估计来看，农业雇佣劳动者家庭在村镇户数中的比重远超过农业长工在人口总数中的比重，由此可以设想农业短工人数远较长工为多。

这说的是农业雇工的普遍性。下面，我们要着重说明农业雇工经营性质的变化过程。

二

农业中雇工经营性质变化过程的一个重要方面是农业雇佣关系性质的变化，具体地说，就是农业雇佣劳动由等级性向非等级性的过渡。这需要从前资本主义的雇佣劳动说起。

所谓前资本主义的雇佣劳动，同近代的亦即资本主义的雇佣劳动，二者的性质是不同的。应该指出，这两种性质不同的雇佣劳动在流通领域里的许多情况下是不容易加以区别的。这两种劳动者往往都是一无所有，饥饿驱使他们去寻找出雇的机会，在交易过程中，他们有讨价还价的自由，又有出雇或拒绝出雇的自由。正因为这样，我们把他们都看作是雇佣劳动者，但是，却不能因此

① 李文治：《中国近代农业史资料》，第1辑，第644页。

② 《津门保甲图说》。

而判定他们受雇之后必定也都具有自由劳动的性格。

因为，商品的使用价值是在商品的使用过程中才能体现出来的。马克思说过："商品交换本身，除了包含那种从商品本身的性质所发生的从属关系，不包含任何其他的从属关系。"[①] 所谓从商品本身的性质发生的从属关系，在劳动力成为商品的资本主义条件下，指的是资本家在生产上的指挥权，这是劳动力的使用所必不可缺少的一种从属关系，而不是什么别的。为了突出这个问题，马克思曾作过一个对比，他说生产上的指挥权是资本的属性，正像封建社会里，军事指挥权和司法审判权曾经是土地所有权的属性一样。

根据这个观点，我们发现在中国封建社会里的一定时期内，劳动者在受雇之后，同雇主发生的从属关系，远非雇主在生产上的指挥权所能范围得了的。他们受雇之后，就丧失了同雇主平等的社会政治和法律地位，而成了雇主管辖、使令、审判惩处的对象。这就是说，在封建地主阶级专政的统治体系中，雇主有权管辖和约束雇工，雇主享有惩处雇工，甚至打死雇工也不算犯罪的权力。在这样的条件下，雇主可以任意役使雇工去做任何事情，从生产、服役到保卫雇主一家的生命财产乃至侵犯他人的生命财产，雇工都得唯命是从。尤其突出的是，这种从属关系不限于雇工同雇主个人之间，还扩大到雇主一家亲属同雇工家属之间。这就证明了雇工在交易中出卖的不只是一定时期的劳动力的使用权，还有同时期的人身支配权，甚至包括他的家属的人身支配权在内。这种出卖的代价就是所谓工值，包括工钱和工食两个部分。前者由雇主付给雇工，是一个双方议定的价值量，后者由雇主掌握，供给雇工受雇期间的食宿，是一个不固定的价值量。明代，工钱部分只占工值的五分之一上下，工食部分比重很大。从工值的这两部分的比重来看，这种交易虽然是以商品货币关系为前提，但同自然经济的联系更为密切。而且更为重要的是，靠工钱来维持劳动力的再生产，不说是绝不可能，但也是十分困难的。这种工值虽然不能说是单纯维持活的工具的费用，但也与之十分接近。与这种生产关系相适应，封建法典把这类雇工视为编制在雇主宗法家长制体系内的一个低下的社会等级，纳入"雇工人"的范畴。这种雇佣关系当然谈不上是资本主义的平等的自由雇佣关

① 马克思：《资本论》第3卷，第157页。

系，而是前资本主义的不自由的等级的雇佣关系，处在这种关系中的劳动者就是所谓等级雇工。

这种雇佣关系，由于农业生产力的发展和阶级斗争的推动，从明代末年起，特别在进入清代以后，发生了显著的变化。

这个变化当然是同农民的两极分化相联系的。不过，应该指出，在中国封建地主土地所有制的基础上，农民的两极分化早就出现了。早期农民分化的结果是：集中了土地的成为地主，丧失了土地的成为佃户、奴婢和等级佣工，同自由雇佣关系的出现无关。只是在雇佣关系开始由等级性向非等级性亦即自由雇佣关系过渡的时候，农民的两极分化才同自由雇佣劳动的出现发生了联系。这时候，农民丧失土地的过程同雇佣关系性质的转化过程交织在一起，使农民分化的现象错综复杂。为了叙述的方便，我们只着重讨论同农民分化相联系的这一转化过程的两个侧面。一个侧面是农业短工同生产资料脱离的过程，一个侧面是农业长工摆脱等级关系家长制统治的过程。当然，短工也有摆脱家长制统治的问题，长工也有脱离生产资料的问题。但是，说清楚了上面两个问题，下面两个问题也就易于解决了。

短工从雇工人等级解放的标志是明万历十六年颁布的一项法律条例：《新题例》。这个新题例的内容是“今后官民之家凡倩工作之人，立有文券，议有年限者以雇工人论；止是短属月日、受值不多者以凡论”①。这个条例把农业短工在法律上从雇工人等级提升到凡人等级，它标志着农业雇佣劳动者进入了由等级向非等级转化，亦即由不自由雇佣劳动向自由雇佣劳动转化的过程。

但是，这时候，从雇工人等级进入凡人等级的短工还不是完全意义上的自由雇佣劳动者。因为，一方面短工往往没有完全脱离土地和生产资料。在中国封建社会里，小农户是依靠家内劳动力来进行生产的。家内劳动力与所占有或佃入的土地数量之间不必完全相适应，有的劳动力有多余，有的不足。农村中的互助换工就是在这种情况下出现的调剂劳动力的措施。在互助换工中如果发生了以实物或货币支付的现象，雇佣的萌芽就出现了。在开初的时候，雇佣还是偶然的，临时的，到了后来就变成为经常的、必要的；短工也就变成了小生

① 《明律集解附例》，《斗殴·奴婢殴家长》。

产者的一种副业。这个过程在明清时代的农村中是经常发生的，小生产者不断地去充当短工。短工从作为一种临时措施和应急办法到作为一种经常性的需要，这中间有一个量的变化过程。在小生产中间发生的这个变化过程中，劳动者多少还是同土地相联系的。正如恩格斯在《反杜林论》中曾经指出的："不时出去打短工的农业劳动者都有自己的只能借以糊口的几亩土地"。农业短工需要自带农具，就是在短工市场出现以后，上市的短工也需要自带农具，不带农具就找不到雇主的现象就是与这种情况相联系的。如果劳动者失去了这几亩借以糊口的土地，他们的出路之一就是充当职业的短工或长工。在此之前，我们还不能说以短工为副业的劳动者是完全脱离了生产资料的自由劳动者，而是处在走向这种自由劳动者的过渡阶段中。另一方面，这是因为摆脱了雇工人等级束缚的短工，还没有完全彻底地摆脱雇主的家长制统治。在法律上，他们还被视为雇主一家，受雇主的管理和约束。在实际生活中，他们还要多少从事一些在等级雇佣关系下所不得不从事的活动，在长工尚未摆脱等级束缚的时候，这种情况还是相当严重的。不过，也不能一概而论，那些来去自由的日工就自由得多了。从总体来看，这种情况一直延续到摆脱了雇工人等级束缚的雇佣劳动者从家长制统治下完全而又彻底解放的时候，才得到改变。

长工就不同了。当他们还处在雇工人等级地位的时候，多半已经从生产资料自由了。但是从生产资料自由并不意味着从等级束缚自由。那时长工受雇，一般说来，是需要中保人介绍，议定雇佣期限，签订雇工文约的，因此，明代和清代前期都按《新题例》的规定，把"立有文券、议有年限"作为等级雇工的标志；那时法律学家们在解释法律时，干脆认为长工就是雇工人。

清代从雍正年间开始，较多地出现了长工不立文券，按月支领工钱的现象，这些劳动者到封建法庭上就可以不再被视为雇工人等级，从而取得凡人等级的待遇。这种现象反映了在生产领域内主雇之间关系的变化。这个变化的实质就是劳动力的使用权同人身支配权的分离。这是通过劳动者争取自由平等的斗争而实现的。这种斗争及其后果具体地表现在以下三个方面：

第一，劳动者反对任意役使。这集中地表现在雇工拒绝从事侵犯他人的犯罪行为上。在等级雇佣关系下，这些行为虽然要招致刑事处分，但却是雇工所不应拒绝的。康熙二十二年七月间曲阜孔四阎王指示他的雇工孙小考、乔化虎和王秀荣等去殴打王灼其人，结果孙、乔、王都因犯了法被捉到衙门里，陷身囹圄。[①] 如果雇工不服从这类役使，还往往要承担事情的后果。乾隆二十九年也在曲阜，一家雇主使令雇工乘夜将自家屋墙挖洞，并拿钱撒到别人门内，以便天明后诬人为贼。雇工不肯听从这一使令，雇主就把他逐出，并扣下应付工钱。[②] 但是仍然出现了雇工拒绝从事这类活动的现象。乾隆十三年八月初十日甘肃渭源县雇主杨福之命令雇工们到地里去拉豆捆，有李椿吉父子出来拦挡，雇工们采取的就是这种态度："小的们不过是雇工人，李椿吉父子拦挡，不着拽捆子，自有地主与他讲话，与小的们何干，小的们为什么与他打架惹祸呢?"[③] "为什么与他打架惹祸呢"这句话明白地表示雇工们并不认为他们应该听从雇主从事有遭受刑事处分后果的犯法行为。实际上，雇工不只反对从事侵犯他人的违法行为，同时也反对从事家内服役劳动。所以有的雇工在受雇时明确声明"只做种田生活，不做杂项"[④]。在这种情况下，如果雇主仍然任意役使雇工，还会遭到雇工的断然拒绝。乾隆四十年湖北恩施县雇主张家亨要雇工张喜为他打盆热水洗脚，张喜的回答就是："我非奴仆，何犯着替你送脚水!"[⑤]

当然，即使在雇工的反对下，雇主不再任意役使，也决不意味着雇工不听从任何役使，凡是生产上劳动力的使用，雇工是必须听从的，否则就不成其为雇佣关系了。不过劳动力的使用，也应该有一个合理的界限，同样不能不加限制地任意役使。因此，伴随着上述任意役使范围的缩小，主雇双方围绕着劳动力的使用的斗争，诸如增加和反对增加劳动强度，延长和反对延长劳动时间，争取和反对休息的斗争就越来越显得突出，由此而形成的刑事案件也就日见其多了。

第二，更为重要的是与上述劳动者争取缩小役使范围的同时，还出现了劳动者反对雇主侵犯自己的人身，不承认雇主有惩处自己的权力的现象。

---

① 《孔府档案》第74册。

② 《孔府档案》第98册。

③ 乾隆十五年正月十九日甘肃巡抚鄂昌题本。

④ 乾隆六年六月初三日署理广西巡抚杨锡绂题本。

⑤ 乾隆四十一年三月十四日陈辉祖题本，转引自《清史论丛》第1辑，第9页。

原来在等级雇佣关系下，雇主享有惩处雇工的权力，雇工是经常受人打骂的。甚至在短工获得解放长工尚未获得解放的时候，算不上雇工人等级的劳动者受雇主打骂，也有不敢回手，不敢辞工而只是忍耐的。一旦出现劳动者不愿忍耐，举手回打的现象，地主阶级还视为是反常事件而大加渲染。雍正八年广东保昌县雇主胡子宣拿起棍子要打雇工黄老四，被黄老四夺过棍子打了他一下。这个胡子宣挨了雇工一棍子，觉得颜面无光，耿耿于怀，见不得人，竟因此而自己上吊死了。最高司法机关刑部得知此事后，认为："胡子宣与妻陈氏细事角口，工人黄老四赴劝，辄敢挺撞子宣，复又夺棍还殴，似此不法，胡子宣应即鸣官究治，何至忿忿而出，甘心自尽?!"刑部指责雇主没有坚持封建的等级秩序，也没有依靠封建政权来维持这一秩序，是不应该的。刑部依雇工人殴家长律判处了黄老四的罪刑，但也承认："黄老四虽系雇工，胡子宣待如兄弟，不以大户分有尊卑，故敢还殴子宣"①。这一事实表明，在现实生活中出现了代替等级关系的平等的雇佣关系，在这种关系中雇工是不承认雇主享有的惩处权的。

这时候，不只是出现了这类劳动者以其人之道还治其人之身，来反对雇主打骂的现象，还出现了劳动者以辞工方式来反对雇主打骂的现象。例如乾隆五年广东徐闻县黄天箕雇胡天佑做工，黄天箕凡事琐碎，指责胡天佑懒惰，并加以辱骂，胡天佑就不愿在黄家做工，辞工而去。② 同时广西柳城县雇工熊扶害因雇主之子"时常詈骂"，就不肯长雇下去。③ 这类现象同上面提到的劳动者对雇主的打骂不敢回手又不辞工的现象相比较，无疑是一个很大的变化。

诚然，劳动者的这类反抗斗争在历史上并非完全没有，但只是在这个时期才大量出现并产生了应有的社会效果，这就是：

第三，随着劳动者反对任意使役，反对雇主惩处的斗争的发展，雇主行使不了家长惩处权和任意役使权，由有权地位向无权地位转化，主雇之间的不平等亦即等级差别也就难以维持了。

---

① 洪弘绪：《成案质疑》卷20《奴婢殴家长》，第11~12页。

② 乾隆七年三月初九日广东巡抚王安国题本。

③ 乾隆六年六月初三日署理广西巡抚杨锡绂题本。

以主雇称谓为例。在明代雇工要称雇主为爷娘，以表示自己处在卑幼的地位。[①] 上述雍正年间，雇主待雇工有如兄弟，还被认为是反常现象。到了乾隆三十年间，主雇之间竟然有以兄弟相称呼的了。[②] 以同桌共食为例。明末清初，我们见有“安有与主争坐之佣人乎”的记载。[③] 雍正年间雇主在市集上酒店内与雇工同坐饮酒，还被地方官认为是“不敦体统”，亦即是破坏了封建等级秩序的事情。[④] 到了乾隆三十年间，地方官对于主雇同桌共食，就毫无贬词了。[⑤] 这都表明，随着时间的推移，这类主雇之间平等相待的现象，已经日益普遍，因而上下都习以为常，不以为怪了。所以，到了乾隆五十一年议定雇工律时，就以主雇平等相称、同坐共食作为不属于雇工人范畴的雇佣关系的标志了。

上述通过劳动者争取自由平等的斗争所带来的这些变化，反映了人身支配权和劳动力使用权的分离，这个分离构成了雇佣关系由等级性向非等级性过渡的基础。这在分配关系和上层建筑上都是有所表现的。

先说分配关系中的工值。

明万历年间，湖州人庄元臣提供了一个工值货币与实物结合比例的资料。他说：“凡桑地二十亩，每年雇长工三人，每人工银二两二钱，共银六两六钱。每人算饭米两升，每月该饭米一石八斗”[⑥]。据此推算，每人全年食米7石2斗，按石米值银六钱计，[⑦] 食米共值4两3钱2分，每人每年所需柴、菜、油、盐、酱、醋、酒、肉等按米值的1.2626倍计，[⑧] 即5两4钱5分，两共9两7钱7分，加上工银2两2钱，工值总计11两9钱7分。工银部分占工值总额的18.4%，实物部分占81.6%。又据薛尚质《常熟水论》，当时壮劳力每日

① 吕坤：《实政录》，民务卷之四，第62页。

② 乾隆三十五年二月初五日河南巡抚富尼汉题本。

③ 李渔：《资治新书》卷8，第25页。

④ 《成案质疑》卷20，《奴婢殴家长》，第35～36页。

⑤ 乾隆三十二年三月二十四日舒赫德题本。

⑥ 庄元臣：《曼衍斋草》，《治家条约》。

⑦ 拟李乐：《见闻杂记》所记万历年间当地米价。

⑧ 这个比例，是根据陶煦：《租核》所列工人主食、副食费用算出的。

食米数量由一升半到二升不等。[①] 如以日食一升半计算，每人全年食米5石5斗，折银3两3钱。据此计算，工银部分占22.75%，工食部分占77.25%。

《沈氏农书》提供了同一地区明崇祯年间的材料。“长工每名工银三两，吃米五石五斗，平价六两五钱”[②]。所需柴、菜、油、盐、醋、肉、酒等也按米值的1.2626倍计算，值银八两四钱，实物部分共计十四两九钱，工值总计十七两九钱。工银部分占17%，实物部分占83%。这是以每人每日食米一升半计算的。如以每日食米二升计算，则其结果是，工银部分占13.5%，实物部分占86.5%。

上述计算，显然是不全面的。例如，住房费用就没有计算在内；在有些地方，烟、茶之类也是由雇主供给的；还有为雇工提供一些穿着的。加上这些之后，工值中工银部分比重将会更低，而实物部分比重将会更高。

这里需要特别指出，有不少雇主并不以货币，而是以实物来支付上述工钱的全部或一部的。例如，清初在广东沙田上，“其佣自二月至五月，谓之一春，每一人一春，主者以谷偿值”[③]，完全不用银、钱。再如，雍正十三年江苏丰县，刘利安雇刘二住在庄上种田，每年给他四石粮食；[④] 乾隆元年，广东新安县陈进生雇谭三友佣工，言定周年工谷三石六斗；[⑤] 乾隆六年广西博白县冯廷忠雇李林生帮作田工，言定工完给谷六石；[⑥] 同年喀尔沁贝子旗戳哈兔雇觅吴三佣工，议定秋后给粮五石以作工价。[⑦] 这是以实物支付工银全部的事例。还有以实物支付工银一部的事例。比如，乾隆十一年山西平阳府刘满出雇时在文约上写道：“雇工人刘满，今雇到卫存显名下长工一年，言定工价银三两八钱，布六十小尺，花一斤，秋夏粟二斗，恐后无凭，立契为照”[⑧]。山东定陶县黄印出雇的文约写道：“立字人黄印，因无生理，觅于明克己佣工，言

① 薛尚质：《常熟水论》，丛书集成本。
② 《学海类编·沈氏农书》，丛书集成本。
③ 屈大钧：《广东新语·沙田》。
④ 乾隆四年六月二十五日江宁巡抚张渠题本。
⑤ 乾隆二年七月十九日刑部尚书徐本题本。
⑥ 缓决囚犯招册，乾隆七年七月初四日刑部题本。
⑦ 乾隆十六年六月十六日直隶总督方观承题本。
⑧ 乾隆十三年五月二十五日山西巡抚准泰题本。

过大钱一千三百，棉花十斤，白布四十八尺，鞋三双，烟三包，工满钱足，工不满钱不足，立字存证”[①]。在这种情况下，实物部分就等于或接近于工值的全部了。

根据这些现象，我们认为，明清时代的这种雇佣关系，一般说来，虽然必须通过货币交易，以商品经济的存在为前提，但就分配关系的主要方面来说，却又不是以货币交易为基础，而是以实物偿付为基础的。有人说，明清时代的农业雇佣关系已经是赤裸裸的货币关系了，以之说明局部现象或有可能是正确的，以之概括全体或者事物的主要方面，显然是不符合历史实际的。

工值的四分之三以上，甚至五分之四以上是雇主提供的饮食等费用，这就意味着工值的绝大部分是由雇主掌握和支配的。

因为食宿既由雇主供给，供给的好坏多少的决定权就操在雇主手上，随雇主的意志为转移。明末清初，太湖地区有两个雇主，鼓吹过对雇工要讲求“供给之法”，注意优待雇工饮食。人们赞赏其中的一个是：“生平居家，非祭祀不割牲，非客至不设肉，然蔬食为多”，是很节俭的，只有对待雇工例外：“惟农人工人不免以酒肉饷”[②]。像这样优待雇工的雇主恐怕是不多的。根据这个雇主的揭发，一般雇主往往克扣雇工饮食，由于克扣饮食，影响雇工的生产积极性，从而影响土地的收成，他斥责这帮雇主是“灶边荒了田地，人多不省，坐蹈斯弊，可叹也!”[③] 雇主既然可以优待供给，又可以克扣饮食，因人而异，那么，工值的这个实物部分就不是一个既定的实物量，也不是一个既定的价值量，具有很大的伸缩性，就是昭然若揭的了。

雇主克扣，雇工当然反对，因此，饮食的好坏多少成为了主雇对立斗争的重要问题之一。《醒世姻缘传》的作者，站在雇主的立场，生动地具体地描绘了这一对立：

> 再是那些觅汉雇与人家做活，把那饮食嫌生道冷，千方百计的作梗。……送饭来的迟些，大家便歇了手坐在地上。饶汝不做活也罢

---

① 乾隆十六年七月初六日署刑部尚书阿克敦题本。

② 《杨园先生全集》，卷首，第47页。

③ 张履祥：《补农书》下卷，《工食》。

了，还要言三语四的声颡。水饭要吃那精硬的生米，两个碗扣住，逼得一点汤也没有才吃，那饭桶里面必定要剩下许多方叫是够，若是没得剩下，本等吃得够了，他说才得半饱，定要鳖你重新另做饭添，他却又狠命的也吃不下去了。

更兼这些贫人，年成不好的时节，赖在人家，与人家做活，情愿不要工钱，情愿只吃两顿稀饭，如今年成略好得一些，就千方百计勒措起来。一日八九十文要钱，先与你讲论饭食，晌午要吃馍馍蒜面，清早后晌俱要吃绿豆水饭，略略的饭不像意，打一声号，哄的散去，不曾日头下山，大家歇手住功。[①]

这说的有长工，有短工，但同样是把“只吃两顿稀饭”作为雇工的饮食标准而大发议论的。超过“两顿稀饭”的任何要求都被指责为“千方百计”的“勒措”，这突出地暴露了雇主的贪欲和残忍。在实际生活中，如果雇工提出“饭烂难吃”的意见，雇主方面的回答就是“你嫌饭烂，强如讨乞的连烂饭也是不能”，以失业相威胁。[②] 也确实发生过因“口食微嫌”解雇工人的事例；[③] 甚至还出现过雇工不肯犁地，雇主把雇工吃的一碗粥夺过来泼掉的事例。[④] 这都反映了雇主对雇工饮食的控制。

实物部分本来是雇工应得报酬的一个组成部分。在资本主义制度下，雇工应得报酬是在雇佣关系成立之初就商议定了的，可以缓付，但不能压低；支付之后，由雇工本人支配，他人不能过问。在这里就不同了，雇工应得报酬的这个部分，被掌握在雇主手里，为雇主所运用，还可以随意压低和克扣，使其具有很大的伸缩性。因此，形成了一系列的奇怪现象。第一，只有到雇佣关系终结的时候，雇工才能计算他应得的全部报酬。第二，雇主不只是把雇工作为生产者进行剥削，并且还把他作为消费者进行剥削。第三，工值的绝大部分不归雇工支配，而由雇主掌握和支配。第四，根据这个外观，雇主宣扬雇工是他们

---

① 《醒世姻缘传》，第26、31回。

② 黄册，大狱，《顺治十二年总督宣大山西张玄锡奏》。

③ 孙纶：《定例成案合镌续增》，“斗殴”，第4页；《成案质疑》卷20，“威力制缚人”，第45页。

④ 乾隆二十七年十月二十六日护理山西巡抚印务顾济美题本。

所“恩养”的。

这种工值是雇主利用劳动者的贫困所支付的盘剥性工资，其水平之低下，远不足以维持劳动力的再生产。

工值之不能养家糊口，这是当时尽人皆知的事实。康熙五十年顺天府一个雇工说过，“我在各处佣工，所得的钱不够吃饭”①。的确，像上面列举的工值资料，仅只雇工个人饮食，已经占去了四分之三或者五分之四，下余的四分之一或者五分之一，是否能够满足饮食以外的生活需要，诸如衣服鞋袜、医药治疗等等，是大成问题的，其不能养家糊口、养老送终、生儿育女自然是不待言说的。

事实上，雇个工人即使熬过千辛万苦，过着牛马不如的生活，穷年累月，也积不下几个钱来。雍正年间，开州崔林同父母三人来到息县作工，多年以后，父母在雇主的奴役折磨下丧失了生命，儿子单人转回家乡，身边所能带的不过区区几两银子，② 这就是父子三人多年血汗和生命所换来的一切！在这种条件下，雇工要想娶妻成家更是千难万难。乾隆初年，江西丰城县葛节九、葛节十兄弟二人，一向佣工度日。后来葛节十娶妻戴氏，多亏葛节九帮银七两才得婚配。节十娶妻之后，生活更为艰苦，乾隆九年十月下工，得有工钱，准备赎回棉袄过冬，至于哥哥的七两银子，自忖除非卖妻不能还清。葛节九指望靠这宗银子娶妻，“除非葛节十身死方可嫁其妻，收回借银”。于是，在葛氏兄弟之间为了娶妻，导致了一场家庭悲剧。③ 雇工娶妻之后，不能维持生活者，比比皆是。乾隆十九年安徽刘廷辅外出佣工，妻子张氏留在家里没有饭吃，到公公刘浦家就食，刘浦亦因贫难兼养，又将张氏送回娘家，最后，生活逼得她走上了犯罪的道路。④ 后来，我们还见有这样的悲剧：“乐昌县民龚三仔贫不能养赡，致伊母龚朱氏服毒自尽”⑤；“任鹤年为人佣工养亲，因工钱不敷过

① 黄册，《康熙五十一年刑部重囚招册》。
② 乾隆元年十一月九日刑部尚书徐本题本。
③ 黄册，《刑部浙江、江西、安徽等省缓决囚犯招册》。
④ 《成案续编二刻》卷8，第14页。
⑤ 《粤东成案初编》卷11，第21页。

度，致其父任廷俊忧贫服毒身亡”[①]。在明清时代，这类事例，真是成千累万，罄竹难书。

恩格斯说过：在资本主义生产方式下，“工人的生产费用就是为了使工人具有劳动能力，保持其劳动能力以及在他因年老、疾病或死亡而脱离生产时用新的工人来代替他，也就是为了使工人阶级能够以必要的数量保持和繁殖起来所平均必需的生活资料数量，或者是这些生活资料的货币价格”[②]。这就是资本主义制度下工资的实质。上述的工值显然是不能完成维持劳动力的生产和再生产这一任务的。

这种情况是不能不变化的。

由于雇佣关系中人身支配权与劳动力使用权的分离，雇主从享有人身支配权和惩处权向无权地位转化，主雇双方的地位日益平等，他们围绕着工值的斗争，也就越来越突出，越来越尖锐了。这些斗争促进了工值制度的变化，促进了分配关系上强制性的削弱和消失；当然，也促进了由等级向非等级的过渡。

我们上面指出过，在等级的雇佣关系居于统治地位的时候，雇主为了压低雇工的饮食水平，对于不愿忍受的雇工曾以失业相威胁。现在，事物向对立面转化，出现了劳动者以辞工来抗议雇主克扣饮食的行为。例如，乾隆十五年，安徽无为州，雇工张韶武嫌雇主家“茶饭不好”，就在六月大忙天辞工去了。[③]乾隆三十五年，河南有一个名叫薛成的雇工，因为雇主推迟了吃饭时间，他就抗议辞工。[④]乾隆五十四年，湖北当阳县贾启昆上工后不久，发现雇主在饮食上克扣异常，使他难以忍受，便托称家中有事，辞工而去。[⑤]甚至，还出现了这样的事情：江西石城县袁何认为雇主家茶饭平常，七月间要求雇主清算账目，以便他另寻工作。[⑥]

因此，逐渐形成了一个主雇双方都能够接受的饮食标准，雇主按照这个标

---

① 《刑案汇览三编》卷40。

② 《马克思恩格斯全集》第22卷，第237页。

③ 乾隆十六年五月二十二日刑部尚书阿克敦题本。

④ 刑科史书，乾隆三十九年二月第五本，河南巡抚何煟奏。

⑤ 乾隆五十五年七月初九日湖广总督毕沅题本。

⑥ 乾隆五十六年二月十二日刑部尚书阿桂题本。

准供应雇工的饮食。这就缩小了雇主随意压低雇工饮食的可能性。所以，我们可以看到下面这类事例。乾隆五十八年安徽灵璧县罗招雇了罗仁元、刘士明、杨三等雇工。罗招不会饮酒，但在七月十六日这天晚上，他还是买酒给雇工们吃，自己则先吃了饭，走出乘凉。① 嘉庆八年，直隶遵化宋成雨家雇有王富等两个工人，这年端阳节，雇主买得酒肉送交王富等过节，当天酒未饮完，迨初七日晚王富等将剩酒一同饮毕，都喝醉了，可见一次买的数量还是不少的。②

关于工钱的支付时间，过去由雇主一面决定，现在雇工力争按照自己的需要时间支领。因此，主雇双方经常发生冲突。比如，乾隆五十三年漳县人韩得玉受雇于侯学文家佣工，说定工价大钱二千四百文，没有写立文券，也没有主仆名分。韩得玉上工以后，支过工价一千二百文，到了四月二十四日，韩得玉要求再支几百文钱做裤子穿，这不能说是不合理的要求，然而，侯学文拒不支付。两人争吵起来，发展成为武斗，雇工受伤而死了。③ 同年江苏长洲县吕大观请徐二相帮农作，讲定立秋后止，酬谢徐二工钱五两，先付一两，平日同坐共食，没有主仆名分。六月初五日，徐二要求再支一两银子，吕大观拒不支付，于是两人争吵起来，徐二打死了吕大观。④ 这两场人命官司，都是雇主拒绝按照雇工的要求支付工钱而引起的。虽然到了封建法庭上，雇工需要以命抵命，但是，这类事例无疑会影响雇主改变旧有的传统，更多地考虑雇工的要求。

更为重要的是，在主雇双方不断斗争的推动下，工值本身也发生了重大的变化。

综观明清时代农业长工工值的变化，首先引起我们注意的是工价的上涨趋势。以江浙地区的情况为例。明万历年间朱国桢在《涌幢小品》中说："近年农夫日贵，其值增四分之一，当由务农者少"。明末张履祥在《补农书》中说："近年人工既贵"。入清以后，这一趋势，继续缓慢地、曲折地向前发展着。叶绍袁在《启祯记闻录》顺治六年条说："自鼎新以来，岁多丰穰，米价

① 乾隆五十九年五月十一日刑部尚书阿桂题本。

② 黄册：嘉庆九年三月初九日刑部题本。

③ 乾隆五十三年十一月初十日署陕甘总督勒保题本。

④ 乾隆五十三年十一月十六日江苏巡抚闵鹗元题本。

是年减至两许，然诸食用之物及诸色工价之作，无不倍增”。乾隆《安吉州志》记载：“迩来人工价贵，佣者颇获其利。”鸦片战争前夕成书的《浦泖农咨》中说：“旧时雇人耕种，其价尚轻，今则佣值已加，食物腾贵”。光绪十年吴县人陶煦在《租核》一书中，曾将当时工价同《杨园先生全书·补农书》中所记工价加以比较，结论也是：“工银稍增”。另据我们找到的一些零星工价数字来看，嘉庆末年同乾隆末年相比，工价是上涨的。由于缺乏系统的全面的统计资料，我们只能根据这些片断的零星的记载和数字，猜测这个时代的农业雇工工价增长趋势的大概。

工价增长，工值中工价和工食两大部分的比重自然要发生变化。工价部分，即雇主交付给雇工的那一部分，在工值中所占的比重上升了，不交给雇工而为雇工所消费的那一部分的比重，则相应地下降了。根据清同治十年刊刻的《杨园先生全集·补农书》的数字：“长工每一名工银五两，吃米五石五斗，平价五两五钱”，这同《学海类编》所收《沈氏农书》的数字不同，我们假定这是张履祥本人，更大可能是后来刊刻时改动的，并不影响我们的分析。根据上述数字按照副食为主食的1.2626倍计算，工钱部分占29%，工食部分占71%。光绪十年吴县陶煦在《租核》一书中，根据当时情况同《杨园先生全集》上述数字逐项比较，他说：“今食米之数与古同（忙日，午前午后更以糕饼为点心者不计），米石钱一千八百（准今岁米价，统以钱核算），而工银稍增，亦以米计（银价两约一千六百，古以一两作米一石，今以一两一钱有奇作一石也），岁六石”，折钱10800文。“肉斤纳钱九十（贵或百余，贱八十余），食四人，杂以菜蔬，日约钱三十；余日亦不能纯素，间用鱼，日约钱二十。酒岁约钱三千。外如油盐柴酱之属，岁约钱二千。是数者，共钱十二千五百也”。食米5石5斗，合钱9900文。根据这些数字计算，工钱部分占32.5%，工食部分占67.5%，这个比例同根据《杨园先生全集》中数字所算出的比例十分接近。又《能静居日记》作者赵烈文记载他同治年间在湖北见到的情况：“如用工一人，每年工钱八千余；食价八千，约十六千”；工钱部分和工食部分基本相等，各占工值的50%左右。① 赵氏的数字缺乏分析，只是

① 《太平天国史料丛编简辑》第3册，第212~213页。

笼统估算。

我们还应该注意到，种植经济作物的雇工工钱往往高于一般农业雇工。江西新城县，嘉庆年间就出现过这样的现象，“雇工则种稻轻其值，种烟重其值，于是佣工者竞趋烟地，而弃禾田”①。在这种情况下，工值中工钱部分所占比重就会更高。

拿这些数字同明末等级的雇佣关系居于统治地位时的数字相比较，工钱部分的比重由20%增加到30%～50%，工食部分的比重由80%下降到70%～50%。明末到清末中间是300多年，这300年积累起来的变化是显著的。它说明了什么呢？

第一，工钱部分增长，工食部分下降，这说明雇佣关系从以实物偿付为基础向以货币偿付为基础的方向发展，亦即从实物工价向货币工价发展，雇佣关系同商品货币经济之间的联系更加密切了起来，更多地脱离了自然经济的范围。

第二，工钱部分增长，意味着雇工直接支配的工值部分扩大了；工食部分降低，意味着雇主直接支配的工值部分缩小了。这表明分配关系中的强制性削弱了。但是，工食部分仍然是一个不固定的数量，雇工对于工食的发言权的提高，不过使这个数量的弹性缩小，使它更接近于劳动力恢复的需要罢了。

第三，工钱部分的增长，又意味着雇工依靠工值维持劳动力的再生产的可能性增大。在明代等级的雇佣关系居于统治地位的情况下，工钱不过占工值的五分之一或四分之一。四五个劳动者充分就业，才能供养一个劳动者过同样的生活。在这种情况下，企图依靠工钱来维持劳动者一家的生活，是十分困难的，他们必须从事其他活动谋求收益，才能获得必要的生活资料。因此，除非全家受雇，否则，雇佣对于一个家庭来说，只能是副业，作为一家生活来源的补充。现在，只需要两个，甚至一个人出雇，就可以维持另一个人过同样的生活；一个家庭依靠雇佣来维持自己的再生产的可能性是大大地增加了。但是，必须指出，这并没有使雇工摆脱贫困的境遇，雇工家庭生活的艰难，并未因为丢掉其他有收益的活动，完全依靠雇工收入而稍有减轻。

① 同治《新城县志》卷1，第17～18页。

马克思在《直接生产过程的结果》一文中说过，奴隶是以实物形式、以使用价值的形式来获得维持自己所必需的生活资料的。自由劳动者则是以货币的形式、以交换价值的形式，以财富的抽象的社会形式取得自己必需的生活资料的。[①] 我们所分析的工值，恰恰介乎两者之间，既有实物又有货币，是两者相结合的。这不仅同农业雇佣关系的特殊性有关，而且更重要的是同雇佣关系发展的阶段性有关。但是，发展的方向是清楚的：分配关系上的强制性日益削弱，而自由劳动的色彩越来越为浓厚，这在种植经济作物的雇工身上表现得尤其显著。

随着实际生活中长工地位的变化，他们在法律上的身份地位也发生了重大变化。本来在等级雇佣关系居于统治地位的时候，不论雇主的身份是官是民，是绅衿地主还是庶民地主，也不论受雇者从事的是生产劳动还是服役劳动，凡属雇佣关系下的劳动者都被纳入了雇工人的范畴。这种情况随着农业生产力的发展和阶级斗争的推动，是不能不发生变化的。上面我们已经提到明万历十六年短工从雇工人等级中解放，现在，由于现实生活中长工雇佣关系的变化，这一解放又扩大到长工身上。

从乾隆二十四年开始议定解放长工的法律条例，中间几经曲折，到了乾隆五十三年才把最后修改的例文正式颁布施行。条例原文是："凡官民之家，除典当家人隶身长随仍照定例治罪外，如系车夫、厨役、水火夫、轿夫及一切打杂受雇服役人等，平日起居不敢与共，饮食不敢与同，并不敢尔我相称，素有主仆名分者，无论有无文契年限均以雇工〔人〕论；若农民佃户雇请耕种工作之人并店铺小郎之类，平日共坐共食，彼此平等相称，不为使唤服役，素无主仆名分者，亦无论其有无文契年限俱依凡人科断。"[②]

按照这一条例，根据雇主身份、劳动性质、主雇之间的关系确定有主仆名分的雇工属于雇工人的范畴，没有主仆名分的雇工属于凡人的范畴。这个区别的历史意义是重大的。一方面它重申了等级制度下雇主的有权地位和雇工的无权地位；另一方面它解除了对新出现的非等级雇佣关系下长工的迫害，使他们

① 马克思：《直接生产过程的结果》，第98页。
② 《大清律例》卷28，《斗殴》《奴婢殴家长》。

得以同雇主立于平等的法律地位，这对于雇佣关系向自由雇佣的发展显然是有利的。同时，过去短工解放而长工尚未解放的时候，短工还不能成为通向自由的长工的一个发展阶段，现在，一大部分长工解放了，不再属于雇工人范畴，短工才有可能成为向自由的长工过渡的一个发展阶段。所以，乾隆五十三年颁行的新条例，既标志着部分长工的解放，也标志着短工发展前途的解放。

于此，需要再提一提短工。在部分长工从雇工人等级中解放出来以后，短工的自由劳动的性格就越来越浓厚了。这是因为：第一，在实际生活中他们受雇主的家长制统治的束缚随着长工的解放而越来越减轻了。第二，短工的工值平均要高于长工，而且到了后来还出现了不在雇主家食宿的“乾工”。其工钱就是全部工值，同资本主义制度下的工资就没有什么差别了。总起来看，雇佣劳动在由等级向非等级的过渡中，短工总是走在最前面的。

但是，还应该强调指出，这时候，从雇工人等级中解放出来的短工和长工，在法律上，还算雇主一家，并没有从雇主家长制体系中，也没有从雇主家长制统治下完全而又彻底地解放出来。地主阶级的政权仍然要求雇主管理和约束雇工，雇主还要为雇工的行为负连带责任，不论雇工有无主仆名分，是否属于雇工人等级，都是这样。更为重要的是，从法律上雇工人等级中解放了的雇工还要服从雇主的家长制统治，多少从事一些在等级雇佣关系下雇工所不得不从事的活动。直到光绪三年，刑部在判处饶茂方一案时指出：“如任洪舜系罗王氏家受雇佣工素有主仆名分，既经同居，该犯饶茂方将其主雇二人斗殴致毙，自应照律以一家二命论；若任洪舜虽与罗王氏同居，系属雇倩耕种工作，平日彼此相称，不为使唤服役，并无主仆名分者，即应照非一家论。”这就是说，如其为等级的雇佣关系，雇工应属雇主一家，如非等级的雇佣关系，雇工就不应算做雇主一家。[①] 这一原则一经确立，不属于雇工人等级的雇工在法律上就从雇主的宗法家长制体系中彻底地解放了出来，在完全的意义上摆脱了雇主的家长制统治。不久，清王朝被辛亥革命推翻，法典中从此取消了雇工人这一等级，雇佣劳动者在法律上不得同雇主平等的任何规定都不再有效，他们的解放过程才告结束。这在法律上标志着雇佣劳动由等级性向非等级性过渡的终结。

---

① 《说帖》卷13，《饶茂方》。

不过，这里需要强调，雇佣劳动者在法律上从等级关系的解放结束了，但在实际生活中，等级雇佣关系的残余，并没有消失净尽。甚至那些落后的雇佣形式如典当雇工、债务劳动、年限婢婿之类到民国间还有存在。这些，是20世纪30年代以来研究中国社会经济状况的马克思主义者所一再指明的，这里就不赘述了。

这就是农业雇佣劳动由等级向非等级过渡的基本过程和情况。如果以法律上的变化作为标志，这个过程开始于明万历十六年，终止于使封建法典失效的辛亥革命，长达三又四分之一个世纪。在此期间，农业中存在着等级雇工和由等级向非等级转化的雇工，这后一种雇工身上既具有等级雇佣的因素，又具有自由雇佣的因素，是一种过渡性的亦即具有两重性的雇佣关系。

三

农业雇工经营性质变化过程的另一个重要方面是雇工经营方式的变化，具体地说，是雇工经营由家长制经营方式向资本主义经营方式的转化，亦即是自给性的生产向以获取利润为目的的商品性生产转化。

如果处于由等级雇佣向自由雇佣过渡关系中的劳动者，接受雇主的工钱和工食，同雇主的生产资料相结合，为雇主生产和再生产货币并增殖其价值，他就开始具有了资本主义雇佣劳动者的性质。与此相适应，使用这种雇佣劳动者的生产资料所有者就进入了由家长制经营向资本主义经营过渡的雇主的行列。这里，家长制经营是经营性质变化的基础和出发点，就像等级雇工是雇佣性质变化的基础和出发点一样。那么，什么样的经营是所谓家长制经营呢？

在农业中，所谓家长制经营方式，指的是土地的所有者或耕作者，利用宗法家长制统治下的劳动力，包括有血缘关系的家庭成员和虽无血缘关系但被编制在宗法家长制体系内的奴婢和等级雇工等，所进行的为了自给自足地维持一家生存和延续的经营方式。家长是一家生产和生活的组织者和指导者，也是家庭秩序的维持者，对家庭成员、奴婢和等级雇工等有管辖约束和役使惩处的权力。他们是把农副业生产事务和家庭生活事务当作一个事情来处理的，简言之，生产就是为了生活。在生产上，墨守成规，尽可能利用家内劳动力来生产所需要的产品，不讲求劳动力的使用效果，往往以劳动强度来弥补工具的不足和不精。生产的目的既是维持一家的生存，因此往往是农业和手工业并重的，即便有一部分产品出卖，那也是为了换取自家不能生产的生产资料和生活资料以维持简单再生产的。在生活上，所有一应事务，诸如吃饭穿衣，生养嫁娶，庆吊往来，乃至提防盗贼，保卫安全等等都由自家承担。中国封建社会里的小农户的工农结合体就是这种家长制经营方式的典型代表。

这种小农户的工农结合体，即使雇佣一两个帮工，也并不一定就改变了它的经营性质。在明清时代雇佣关系普遍发展的条件下，有许多小农户，由于家内缺乏劳动力，比如夫妇一方死亡或残疾，或者父老子幼，母老丁单，为了维持一家的生存，往往不得不雇人劳动。对于这类小农户来说，雇工多半是个沉重的负担，甚至要质典借贷才能够发付工钱，提供工食。明末熊人霖说："大田宜多稼，嘉种幸坚粟；更喜天稍暄，絮衣聊可质；一以修耒耜，一以偿佣值"①；清初王又朴说："又或家无余丁，耕耘收获不能不别募夫以助，而又苦于无资，又辗转称贷而幸而得之，则时已后"②。说的都是这类小雇主艰于筹措工值的具体情况。受雇的劳动者必须从事这个小家庭在生产上和生活上要求一个劳动力所应承担的一切活动：诸如田间生产，家庭副业生产，运输买卖，乃至经营婚嫁，造房筑坟，贺喜吊丧，送往迎来，必要时保卫雇主一家的生命财产等等。实际生活中的这种情况，说明他们承担着同家内劳动力和等级雇工一样的任务。因此，在雇佣劳动者部分从等级关系解放以后，这类受雇于小农产的雇工，虽然在法律上不再列入雇工人等级，获得了凡人的待遇，但实际上往往仍然要从事上述的那些活动，依旧处在与家内劳动力和等级雇工实际相同的地位上。显而易见，这类雇工经营不是以生产商品获取利润为目的的，算不上是资本主义经营，仍然属于家长制经营的范围。

值得注意的是在这类家长制雇工经营基础上所发生的变化。这个变化突出地表现在，随着雇佣劳动者从等级关系解放过程的发展，雇主雇佣工人数量的增加上面。

明代，雇工多人经营农副业生产的记载是不多见的。小说《卢太学诗酒

① 熊人霖：《操缦草》卷5，第14页，《田家》。

② 《天津文钞》卷3，《王又朴上两江制府尹公书》。

傲王侯》和《徐老仆义愤成家》中都提到雇佣工人成百的现象，但那可能是出于小说家的虚构，未必实有其事。历史学家们所常提到的江南谭照、谭晓兄弟“买佣乡民百余人”，但那是一时“平地凿池”，并非是常川进行农副业生产。[①] 而况在雇佣劳动者尚未从雇工人等级解放的情况下，即使雇佣多人的情况属实，那也只表明生产力与生产关系矛盾的尖锐化，并不表示经营性质的变化。清代，随着雇佣劳动者从雇工人等级解放过程的发展，雇工多人进行农副业生产的现象就值得重视了。

在清代乾隆嘉庆年间，我们见到雇工三五人至十人的现象是相当普遍的。例如乾隆十三年甘肃渭源县杨福之雇佣农工5人，[②] 乾隆二十一年七月同省平凉县陈继之雇佣6个工人割麦，[③] 乾隆二十三年山东任继生雇吕五夫妇在家佣工，旧历五月二十三日又雇3个短工帮同刈麦，[④] 乾隆二十七年江苏沛县某雇主雇佣6个工人同去割豆，[⑤] 乾隆三十九年同省青浦县王永仁雇佣3个长工，五月农忙又添雇了6个短工相帮插秧，[⑥] 乾隆五十六年四川永川县谢尚斌家雇佣6个工人，[⑦] 乾隆五十七年浙江龙游余添祚雇佣两个长工，农忙时又添雇一个月工和一个日工，[⑧] 乾隆五十八年贵州镇宁州沈士清雇佣3个人帮工，另雇一个人看牛，[⑨] 嘉庆二十年甘肃固原州贺世花雇工5人，[⑩] 嘉庆二十一年湖南龙阳县杨列三一次叫8个工人赴洲割草，[⑪] 同年江苏丹阳县张鹤寿带同3个长工和3个短工去割麦子[⑫]等等。

超过十人的现象也并不少见。比如雍正年间山东益都县王作楫家有宗戚及

---

① 光绪《常昭合志稿》卷48，《轶闻》。
② 乾隆十五年正月二十九日甘肃巡抚鄂昌题本。
③ 乾隆二十一年十二月十二日甘肃巡抚吴达善题本。
④ 乾隆二十四年二月初三日刑部尚书鄂弥达题本。
⑤ 乾隆二十八年二月十八日江宁巡抚庄有恭题本。
⑥ 乾隆三十九年十二月十九日江宁巡抚萨载题本。
⑦ 乾隆五十七年正月二十九日四川总督孙士毅题本。
⑧ 乾隆五十七年十一月初三日刑部尚书阿桂题本。
⑨ 乾隆五十九年二月二十二日刑部尚书阿桂题本。
⑩ 嘉庆二十年十月初九日陕甘总督先福题本。
⑪ 嘉庆二十三年六月十九日湖南巡抚巴哈布题本。
⑫ 嘉庆二十三年十二月十一日江宁巡抚陈桂生题本。

雇工数百人,[①] 其中雇工当不在少数，乾隆年间直隶永清县燕尚华佣工30余人,[②] 乾隆三十一年四川灌县张宣一次雇12个人割谷,[③] 乾隆三十七年直隶新城县钱瑾一次雇五六十个短工割麦,[④] 皖南山区棚民雇工动辄十几人、几十人,[⑤] 四川内江县蔗农平时聚夫力作家辄数十百人,[⑥] 道光初年山东无棣县张自标家雇工数十人课耕织,[⑦] 这中间包括有手工业者。鸦片战争以后，咸丰年间湖南宁乡县洪虔甫播种及收获时佣工数百指,[⑧] 四川井研县陈溥雇工40余人从事农业经营。[⑨] 另据近人调查，光绪年间山东雇工数十成百的情况还是比较普遍的。[⑩] 热河下洼地区还有雇佣二三百人乃至五六百人的大农业经营主。[⑪]

在家长制雇工经营的基础上，雇工人数的增加，必然使家内劳动力与雇佣劳动力之间的比例发生变化。上面提到的固原贺世花，46岁，有一个女儿三个儿子，儿子还在读书，他雇佣了5个工人；再如东北壮丁田喜父子夫妇4人，雇佣了4个男工;[⑫] 山西王中孝一个人雇佣了5个男工。[⑬] 雇佣劳动力都超过了家庭劳动力。原来在家长制经营中，雇佣劳动往往只是家庭劳动力的补充或者辅助力量，现在随着雇工人数的增加，雇佣劳动逐渐变成了从事农副业生产的主要力量，家内劳动力反倒变成了辅助力量。这就意味着在家庭劳动力协作的基础上，发展了具有资本主义性质的协作。如果雇工数量进一步增加，家内劳动力还可能逐步退出生产劳动。这时，农副业生产就是完全依靠雇佣劳动来进行了。

---

① 光绪《益都县图志》卷41，第12页。

② 章学诚:《章氏遗书》第7册，《永清县志·七》。

③ 乾隆三十二年六月初四日阿尔泰题本，转引自《清史论丛》第1辑。

④ 乾隆三十九年四月初五日刑部尚书舒赫德题本。

⑤ 乾隆四十七年九月二十三日安徽巡抚萨载题本。又道光《徽州府志》，卷4之2，《楚颂山房杂著》等。

⑥ 道光《内江县志要》卷1。

⑦ 民国《无棣县志》卷13。

⑧ 民国《宁乡县志》故事编11。

⑨ 《农业遗产研究集刊》第1册，第48页。

⑩ 景苏、罗仑:《清代山东经营地主的社会性质》。

⑪ 李文治:《中国近代农业史资料》第1辑，第690页。

⑫ 乾隆五十九年六月初九日刑部尚书阿桂题本。

⑬ 乾隆五十五年十一月二十三日山西巡抚书麟题本。

这一现象的历史意义是不应低估的。因为家内劳动力的协作是自然形成的，免不了有老弱残疾掺杂其间，影响协作的劳动生产率的提高，而雇佣则可以根据生产的需要挑选精壮，并搭配合适的辅助劳动力，这样形成的协作，其劳动生产率无疑要超过家庭自然形成的协作的劳动生产率。生产力提高了，单位劳动生产的剩余产品就多，即使生产力不曾提高，雇工数量增加，剩余产品的数量也就随之而增加。本来只够一家消费和维持简单再生产的生产单位，现在转化成了可以出售大量产品的生产单位。换句话说，自给自足的家长制雇工经营转化成了为市场而生产的资本主义雇工经营。雇工越多，商品率越高，这种新的性质也就越为显著。所以，雇工数量增加，生产的产品的自给性部分下降，商品性部分上升，看起来，都只是数量的增减变化，而实际上，它们表明了资本主义生产关系发生的具体过程。如果忽视这些数量的变化，把自给自足的生产同为市场的生产截然分开，不在它们的结合和比较中观察事物性质的发展和转化，那是难以阐明资本主义生产关系发生的实际过程的。

具体地说，农业资本主义生产关系首先是在经济作物的雇工经营中发生的。一般说来，经济作物是为市场而生产的。然而这不是说所有种植经济作物的雇工经营都有资本主义性质。像雍正九年山东武定州一农户雇工种烟，① 雍正末年浙江泰顺县谢启恒雇林恒山帮种兰靛，② 乾隆初年口外六间房地方谢大雇张大种瓜，③ 这种雇佣一、两个工人的小雇主，虽然种植经济作物，产品需要出售，也很难说它已经突破了家长制经营方式的范围。但如乾隆十五年广东阳春县颜文泽雇颜亚生、杨孔智、黄亚尾种蔗榨糖，④ 乾隆二十四年贵州怀仁县刘希文兄弟雇佣四个长工租山种笋，⑤ 乾隆三十八年河南舞阳县梁良雇李天福、李程、曾六、梁找放蚕，⑥ 这类雇工多人从事经济作物生产的情况就不同了，应该说是真正具有了为市场而进行的商品生产的性质。

① 《雍正十三年刑部汇题各省题结命盗斩绞重案册》。
② 乾隆三年二月二十六日刑部尚书尹继善题本。
③ 《刑科史书》乾隆二年七月第2卷。
④ 乾隆十五年正月二十二日广东巡抚岳浚题本。
⑤ 乾隆二十四年四月二十八日贵州巡抚周人骥题本。
⑥ 乾隆三十八年七月初二管理刑部事务刘统勋题本。

特别在当时，种植经济作物的收益，一般比种植粮食作物的收益要高出许多。文献中说明这一点的资料是很多的。比如明末清初浙江海盐县人陈确说过："今中田一亩岁出米、麦、豆三石以上，腴田出四五石以上，是一夫之食也；若夫桑、麻、瓜、果之田，岁出一二十金以上，是数口之粮食也"[①]。种粮收益是"一夫之食，种桑麻瓜果的收益是"数口之粮"，差别是不小的。分别地说："种桑，明末吴兴大约良地一亩可得桑八十个，每二十斤为个，计其一岁垦锄壅培之费，不过二两，而其利倍之"[②]；乾隆时桐乡县"大约良地一亩可得叶千三四百斛，计一岁垦锄壅培之费多不过三两利则算常值亦有倍称焉"[③]。种烟，"一亩烟田可敌田十亩"[④]，"所获之利数倍于稼穑"[⑤]，或者，"利较谷倍"[⑥]。种棉，在山东兖州，"五谷之利不及其半"[⑦]；在松江太仓，"棉农费力少而获利多"[⑧]。种蔗，在广东和福建，"其地为稻利薄，蔗利甚厚，往往有改稻田种蔗者"[⑨]。种麻，"田中一年所收之稻不敌一年三刈之麻"，"有争佃富户之田而甘倍租以偿之者"[⑩]。种菜，安徽凤台一例说"息数倍"[⑪]。如此等等。

种植经济作物的收益远较种植粮食作物的收益为多，甚至租田种植的人宁愿多交地租，据此推论，雇工多人经营经济作物，可以获得一个超过地租的余额亦即利润的萌芽，就是很自然的了。能够确凿证明这一点的，是同时期佃户雇工经营的出现，特别是佃户雇工经营粮食作物的出现及其普遍化。

明代陈尧在"农书"这篇文章中提到佃户雇工的现象，但那多半是在农忙季节临时雇佣短工。[⑫] 明末熊人霖提到浙江山区的佃户雇工现象，明确说是

---

① 《陈确集》，上册，第366页，中华书局，1979年版。
② 徐献忠：《吴兴掌故事》。
③ 乾隆《乌青镇志》卷2。
④ 杨士聪：《玉堂荟记》下，第42页。
⑤ 王简庵：《临汀考言》卷6。
⑥ 雍正《永安县志》卷9。
⑦ 《古今图书集成·职方典》卷230。
⑧ 《皇朝经世文编》卷37，高晋《清海疆禾棉兼种疏》。
⑨ 陈懋仁：《泉南杂志》卷上。
⑩ 嘉庆《郴县志》卷终附考。
⑪ 李兆洛：《养一斋文集》卷2《凤台县志序》。
⑫ 光绪《通州志》卷1。

雇佣长工。不过熊人霖所提到的佃户雇工现象，可能是在新垦区地租较低又是种植经济作物兰、麻的条件下出现的，比较的少见。[①] 进入清代以后，随着农业生产力的进一步发展，佃户雇佣长工和短工，种植经济作物或粮食作物的现象，在新垦区和老垦区，都不像在明代那样的少见了。

当然，对于佃户雇工经营，也不应一例看待。佃户中也有因家庭劳动力不足而雇工的。比如乾隆二年山东滋阳县宋美立租种董万占家30亩土地，自己做不过来，雇贾大帮工，[②] 就是一个例子。这类雇佣一两个帮工的佃户在当时还是相当普遍的。在所接触的乾隆年间的资料中，广东归善、揭阳、阳江、嘉庆州、平远；湖南安仁、邵阳；浙江萧山、淳安、定海；江西万载、上饶；台湾凤山、嘉义；河南淅川、南召，南阳；四川三台、渠县；山西交城；江宁，上元；热河，平泉州；口外，兴京、宁古塔、阿尔楚喀等等地方，都出现过佃户雇佣少量帮工的事例。估计其他州县地方也会有的。这类小雇主多半经常处在既付不出工钱，又交不出地租的窘境，谈不上发财致富，积累资本，与上述家长制经营的小雇主同属一个经济范畴，不是我们现在讨论的重点。不过，这种现象的普遍出现毕竟证明了佃户雇工经营在经济上是有其合理性的，在此基础上必然要发展出雇佣多人进行生产的佃农雇主。

以种植粮食作物的佃农雇工经营为例。比如乾隆四十年北京海甸二郎庄何二雇佣长短工4人租地种稻，[③] 同时期安徽怀宁人丁云高到休宁县雇佣十几个人租山种包米，[④] 乾隆五十一年奉天兴京王世广佃种姚可顺地亩雇佣了3个长工，[⑤] 乾隆五十四年山西蒲县王中孝租地生产，雇佣过5个长工，[⑥] 乾隆五十六年安徽芜湖县陶万珍佃田度日雇佣4个长工，[⑦] 同年，东北旗地壮丁田喜雇佣长短工4人进行农业生产，[⑧] 乾隆五十八年吉林三姓地方石从德佃种土地，

① 熊人霖：《南荣集》卷11。转引自付衣凌：《明清农村社会经济》。
② 乾隆二年十二月初三日刑部尚书尹继善题本。
③ 乾隆四十年七月二十五日管理刑部事务舒赫德题本。
④ 乾隆四十七年九月二十三日安徽巡抚萨载题本。
⑤ 乾隆五十三年二月初八奉天府尹奇臣题本。
⑥ 乾隆五十五年十一月二十三日山西巡抚书麟题本。
⑦ 乾隆五十六年十一月十八日刑部尚书阿桂题本。
⑧ 乾隆五十九年六月初九日刑部尚书阿桂题本。

也雇佣了3个长工,① 道光三年广东香山县李潮达，李潮胜兄弟批种沙田，雇佣5个工人,② 如此等等。佃户雇主及其家属多半都是参加生产劳动的，他们雇工人数增多，家庭劳动力与雇佣劳动力的比例当然要发生变化，以家庭劳动力为主的农业经营就转变为以雇佣劳动力为主的经营了。

以雇佣劳动力为主的佃户经营，以理推断，当然是以获得一个超过地租的余额为前提的，包括交纳货币地租或者交纳实物地租的都应该是这样。否则，他们就不会雇工经营或者继续雇工经营了。这就是说，利润的萌芽并非是人们意想中，概念上的事情，而是实实在在的社会经济现象。显而易见，如果种植粮食作物的佃户雇工经营能够获得一个超过地租的余额，那么种植经济作物的佃户雇工经营就更能够获得一个超过地租的余额了。

但是，实际上，佃户雇工经营未必人人都能经常地得到这个余额。就以经营粮食作物的情况而言，有关的议论也是不少的。

当佃户雇工经营还不多见的时候，人们对这个问题的提法是：雇工经营和租佃经营，究竟哪一个有利？最早给这个问题以明确回答的是明末清初人张履祥，他在《补农书》中说："雇工经营是俗所谓条对条，全无赢息，落得许多起早宴眠，费心劳力，特以非如此劳碌不成人家耳！西乡地尽出租，宴然享安逸之利，岂不甚美！但本处无租例，有地不得不种田，不得不唤长年，终岁勤动，亦万不得已而然。"后来钱泳在《履园丛话》中也说："若雇工种田，不如不种，即主人明察得宜亦不可也。盖农之一事，算尽锱铢，每田一亩，丰收年岁不过收米一二石不等，试思佣人工食用度，而加之以钱漕差徭诸费，计每亩所值已去其大半，余者无几。或遇凶岁偏灾，而前功尽弃。然漕银岂可欠也？差徭岂可免也？总而计之，亏本折利，不数年家资荡尽，是种田者求富而反贫矣！"张、钱两人的议论倾向是清楚的，土地所有者雇工经营不如租佃经营有利。准此而论，佃户雇工经营当然是无利的。

但是，历史的实践是朝另一个方向发展的。土地所有者雇工经营的现象不但没有因为这些议论的出现而稍有衰减，佃户雇工经营的现象反倒随之而日益

① 乾隆五十九年八月二十日刑部尚书阿桂题本。

② 朱橒：《粤东成案初编》卷17，第56~57页。

增加了。随着这一历史实践的发展，人们的议论就可能直接地集中在佃户雇工经营是否有利的问题上面。这种议论也确实出现了。比如，章谦存在《备荒通论》中说："一亩之田，耒耜有费，种子有费，罱斛有费，雇募有费，牛工有费，约而计之，年需千钱。一亩而需千钱，上农耕田二十亩，则日食而外，耗于田者二十千，以中年约之，一亩得米二石，还田主租息一石，是所存者仅二十石。其得以暖不号寒，丰不啼饥而可以卒岁者，十室之中而无二三焉"。这类佃户还往往陷入高利贷的盘剥网罗。李象鹍在《平价禁囤议》中说："佃户终岁勤劳，竭一人之力可种谷百石，以半纳租，少亦需十之四。其百石之谷之田，饭黄犊，置钼耰，灰草苳，通所费不赀，耕耨收获，均倩人力，势不得不贱售。及春间力作，借银籴谷，借谷种田；谷之息，借二还三，银息不过二分；而谷贵，借银以籴谷，谷贱，粜谷以偿银，转移之间，其失自倍，于是种田之家病。"鸦片战争前，姜皋在《浦泖农咨》中说："种熟一亩，上丰之岁，富民之田近来每亩不过二石有零，则一石还租，一石去工本，所余无几，实不足以支持一切日用。"沈镜贤在《泖东草堂笔记》中也说："近年粪田之价，每亩需钱一千五百，戽水之费五百，自犁垦耘耨以至收获约人工十日，若以雇工计，即须二千余。中岁，亩收二石五斗，以一石输田主，余石五斗，以石值三千计，适无赢余；岁稍歉，即称贷不遑矣！"民国《青浦县续志》在追述农业的历史情况时，仍然是这样说的："农民大率赁田而耕，岁成则偿其租，其所病则在谷贱，工力籽壅俱贵，丰岁所收亩不过二石，除偿工本还租息，所余无几，辄不足以支岁用。"类似的议论是不少的。

这些议论，其计算极其粗略，而且还有重大遗漏。比如没有计算工农结合体的总收入，也没有扣除家庭劳动力的成本和收益，只联系主要农产品来计算雇工成本，等等，很不全面。但是，从中还是可以看到，佃户雇工的现象是普遍的，但其收益是很不稳定的。把人们的这些议论和历史发展的实际结合起来考察，呈现的景象是，佃户雇工的现象在发展，但其优越性并未得到充分的发挥，利润还没有摆脱地租和高利贷的限制。

集中到一点说，利润是扣除了地租以后的余额，地租还不是扣除了利润以后的余额。是地租限制利润，而不是利润限制地租。地租是扣除了利润以后的余额，利润限制地租的那个发展阶段还没有到来。利润还处在萌芽的状态中。

不过，我们不应因此而忽视它在农村经济生活中的作用。因为，在这个时期，人们从事租佃经营还是从事雇工经营，不是视地租的有无为转移的，而是视这一超过地租的余额的有无为转移的。光绪初年，陶煦在《租核》中计算了享有永佃权的佃户雇工经营的经济效果以后，发了一通议论，他说："夫苏松之佃者，明明与绅富共有其田也，乃欲下同佣耕之所得而犹不足，则岂若无田者竟佣于人乎?!"这通议论的根据，就是那个扣除了地租以后的余额的大小有无!

在雇佣关系由等级性向非等级性过渡的前提下，佃户雇工经营是这样，土地所有者自己，包括富裕农民和地主，雇工经营也是这样。不过，在他们那里地租和利润是结合在一起的。这里就不讨论了。

总而言之，在雇佣关系由等级性向非等级性过渡的前提下，雇工多人的农业经营，雇主有直接参加劳动的，有不参加的；产品有自给性部分，有商品性部分；可以得到一个超过地租的余额，即利润，而且这个利润已经成为生产的直接目的和决定动机，但它还要受地租的限制。这种雇工经营方式正处在由封建家长制经营向资本主义经营的过渡之中，既具有前者的特征，又具有后者的特征，二者紧密地结合在一起，以至于很难说家长制经营在那里完全结束了，资本主义经营在什么时候全面贯彻了。这种雇工经营之具有两重性，并同上述雇佣关系的两重性相适应，是很明显的。

在讨论雇佣关系性质的变化时，我们强调了劳动者进行阶级斗争的推动作用，它推动了雇佣关系由等级性向非等级性的过渡。现在，在讨论了雇工经营性质的变化以后，我们可以进一步说明劳动者的斗争之所以能够起推动作用的关键何在了。关键就在于，斗争符合社会发展的要求，符合生产关系一定要适合生产力性质这一客观经济规律，符合生产关系变革的需要。劳动者的斗争是事物在一个方面的表现。在另一个方面的表现是，当生产力发展，生产资料的所有者有可能获得更大的经济利益时，他们也并非都是坚持旧传统、拒绝多收益的。明末清初的雇主中间，就开始有人觉察到坚持等级雇佣关系的传统，打骂雇工不一定能提高雇工的劳动积极性，让雇工无所不为，既从事生产劳动，又从事服役劳动等，未必就对雇主有利的道理。由于这个缘故，张履祥在《补农书》中告诫雇主们不要在农忙季节打骂雇工，"当得穷六月里骂长工"；

刘应棠在《梭山农谱》的序言里强调他对雇工，只要求他“力作”，从事农副业生产，“不复烦以他事”。在这种情况下，当雇工反对雇主任意役使和惩处，要求与雇主平等的时候，雇主们为了自己的经济利益，也就没有必要顽固地坚持旧传统了。这样一来，劳动者的斗争不但可能而且也确实取得了应有的社会效果，从而推动了生产关系的变革。这也说明雇佣关系性质的变化同雇工经营性质的变化是有关联的。

四

随着租佃关系和雇佣关系的发展，明清时代的农业中出现了一种租佃与雇佣相结合的地主经营方式，即所谓分益雇役制。这是一种由租佃经营向雇工经营过渡的形式。当时文献中称为把锄、把牛、代种和榜青、铲青等等制度。

明万历《景州志》中记载：“主田者为庄家，招甸（佃）者为客户。客户具牛四头，谓之陪牛。春种（若谷、黍之类）出之庄家；秋粮（若豆、麦之类）主客各出一半。收则均分。无牛者惟管庄田耕种，谓之把锄。籽粒均分，而秆草□□收之。力大者耕至三顷，一顷以下为小□。岁则黄云遍野，百室宁止。此则务农之俗也。”① 这里关于把锄，虽然语焉不详，却可能是关于这种经营方式的最早记载。明末清初河南鄢陵人梁廷栻说得就清楚多了，他说：“佣耕者，俗名为把牛，凡‘既种既戒’耒耜钱镈之费皆田主自为经营，而把牛只出劳力，逮收获时，夏麦二八分，秋禾三七分，此固多历年所而不变者。”② 进入清代以后，特别在华北、东北地区，有关的记载就多起来了。在华北，乾隆《汲县志》说：“亦有田主出牛具招人代种，谓之庄家（大概麦二八分，秋三七分，柴草俱归主人）。”③ 光绪《鹿邑县志》和宣统《项城县志》都说：“佃户若仅仅为种植芸锄则所得不过十二而已”。

实例如：河南商丘县苏文礼佃种宋胜颋家地亩，在地主庄屋里住，牛具籽

① 转引自刘克祥：《论近代北方地区的分益雇役制》。
② 同治《鄢陵文献志》卷9。
③ 乾隆《汲县志》卷6。

种都是地主的，议定麦熟地主七分，佃户三分。[1] 山西岚县佃农李京与梁治基、王忠成、梁德齐四人伙种地主温尧士土地，言定籽种粪土牲口都是地主的，四人只出人力，收割时，地主分七分，四人伙分三分。[2] 安徽宿州胡振赁种地主刘从义家土地，刘从义自出牛种，收割时，刘从义得六分，胡振得四分。[3] 山西河曲县张兴海有土地数晌，同张洪才合伙耕种，地主出籽种工本，张洪才出人力，秋收后扣算工本，所剩粮粟四六分用。[4] 在东北，乾隆五十七年赤峰县，孙义“雇”王可发、刘配林、邵格们“榜青”[5]；嘉庆六年奉天府与京厅“徐盛忠等来至佟家沟给予进江家铲青，讲定自己吃饭，秋收三七分粮，雇三主七”[6]。同一类经营形式下的劳动者，在华北称佃户，在东北称雇工，反映了这类形式的两重性，既是租佃，又是雇佣。

在这类经营形式下，劳动者从事生产所使用的耕畜、农具以及种子等等全由“田主自为经营”。这与一般佃户不同。佃户是使用自己的耕畜和农具去耕种地主的土地的；在地主出具耕畜或农具的场合，由于佃户有饲养耕畜和维修农具的责任，由再生产的角度看，经过佃户的饲养、维修和更新，实际上这些也就转化成佃户所有的了。但在这里，劳动者只出劳力，耕畜的饲料以及农具的维修、更新都由地主负责，这同在雇佣关系下，雇主提供生产资料的情况是完全一样的。

在租佃关系下，若是地主提供生产资料，他对佃户关于生产活动的安排，是要过问的。据反映山东乃至华北地区农业生产状况的农书，如《农蚕经》和《农圃便览》的记载，诸凡播种时间，稀植密植，何时中耕除草，地锄三遍、五遍，锄深锄浅，何时收割，是否添人雇工，佃户都得听地主的指示。在我们现在所讨论的这种奴役形式下，地主提供全部生产资料，他们对生产的安排，必定是更加注意的。

---

① 《清代地租剥削形态》，第 109 页。

② 《清代地租剥削形态》，第 755 页。

③ 《清代地租剥削形态》，第 224 页。

④ 《清代地租剥削形态》，第 208 页。

⑤ 乾隆五十七年二月十八日直隶总督梁肯堂题本。

⑥ 嘉庆七年三月八日兼管奉天府尹事务穆克登额题本。

举一个具体的事例。山西文水县戴常，种地主田坦家二十多亩地，由田坦提供全部生产资料，戴常就住在田坦家的空屋里，自家开火吃饭，说明秋收二八分粮。耕畜归戴常负责喂养。七月初三日，田坦指责戴常："铡的草长，被牲口抛散了"。戴常回答："下回铡的碎些就是了"，田坦又说戴常"懒惰"，戴常回说："你嫌我做的不好，秋收后各自走散就是了"。田坦认为这样回答是"出言顶撞"，因而辱骂戴常，说他"强嘴"，唠叨不休，戴常稍作分辩，田坦就拿起饭碗向戴常的头上摔去。[①] 由此看来，地主还是以家长式的态度来进行过问的。

但是，这样苛细的指挥和监督并不排除劳动者对自己劳动力的自主权。这就是说，劳动者在完成或者不违背地主的指令和要求的前提下，是可以自由安排自己的工作的，甚至还可以从事农业生产以外的活动。例如，上面提到的，邵格、刘配林揽赤峰县孙义家地亩耪青，邵、刘都会做木匠活，"如有木匠生意大家仍出去做活，赚钱分用"[②]。这同在雇佣期间，劳动者无权支配自己的劳动力的情况是并不完全相同的，而同佃户一样的有支配自己劳动力的权力，虽然是有条件的。

这就说明了在这种生产资料同劳动者的结合方式中，土地所有者提供所需的生产资料，不要劳动者的一锄一镰，此点同于雇佣关系；劳动者保留劳动力的使用权，不曾把它完全交给土地的所有者，此点又同于租佃关系。

在分配关系上，在这类经营方式下，一般是按二八或三七分粮。也有四六分的。这就是说，土地的产品在土地所有者和劳动者之间按比例分配，地主得六成七成或八成，劳动者得二成或三成、四成。由于在生产过程中，地主出生产资料，劳动者出劳力，而且这种经营既不像在雇佣关系下那样由雇主负责进行，也不像在租佃关系下那样由佃户负责进行，因此，产品分配办法就不是先扣除那一方的所得而是归双方按比例分配的。所以，产品分配中归地主所有的部分可以说是劳动者交纳给地主的地租，归劳动者的部分又可以说是地主支付给劳动者的工值报酬。在分配关系上两重性的表现也是很明显的。

① 乾隆二十三年十二月二十日山西巡抚塔永宁题本。

② 乾隆五十七年二月十八日直隶总督梁肯堂题本。

而且，上述产品归劳动者的部分是完全受劳动者支配的，地主无权过问。这同当时佃户享有纳租以后的剩余产品是一样的，同完全摆脱了雇主对工食控制的雇工的工值是一样的。所以，在这种奴役形式下，一旦由地主供给劳动者饮食，那就是一种倒退现象，一旦把劳动者所得部分由按比例分配改为一个固定数量，像工资那样，就是一种进步。在实际生活中，这两种情况往往是结合在一起出现的，工值固定下来，工食改由雇主供给，这时租佃与雇佣相结合的奴役形式就转化成单一的雇佣关系了。这种又有进步又有倒退的发展，正好表明过渡性生产关系的特点，不同性质的因素是错综复杂地结合在一起的。

处在上述关系中的劳动者，类似于雇工，却又不作为雇工对待。例如，说“他们各自吃饭，不是雇工”①，或者说他们“秋收二八分粮，并没写立雇工文约”②，不能纳入法律上的雇工人等级。他们类似于佃户，却也不作为佃户对待。如上所述，对于他们的等级地位，人们往往引用雇工律来进行衡量，不把他们视为佃户，这在冀鲁豫地区特别突出。结果，他们取得的是与地主平等的法律地位，类似于过渡性雇佣关系下的劳动者。

这种分益雇役制的出现和发展，反映了租佃经营仍占统治地位而雇工经营开始显示其优越性的时代特点。

五

如果上面的叙述多少符合历史实际，我们就可以据以讨论中国农业资本主义生产关系发生道路的特殊性了。

农业中，在资本主义生产关系发生的时候，存在着两种经济，即农民经济和地主经济。农民和地主不同，地主中还有庶民地主和绅衿地主之别。虽然从长远的观点看来，是生产关系决定着生产资料所有者的社会权势的有无和大小，但在这个时期，他们在权势上的差异却对生产关系的变革有着相当大的作用，这个作用既是多方面的，又是可以变化的。对此，我们不拟详细讨论。这

① 乾隆五十七年五月二十三日刑部当书阿桂题本。

② 乾隆二十三年十二月二十日山西巡抚塔永宁题本。

里，粗略地说，土地所有者和耕作者直接经营农副业生产并参加劳动的属于农民经济的范畴，土地所有者直接经营农副业但不参加劳动的属于地主经济的范畴。从这两种不同的经济中演化出资本主义生产关系的道路有着明显的差别。从农民经济中演化出的资本主义生产关系沾染旧的影响少一些，发展得迅速顺利一些，因而显得革命一些，是所谓革命的道路。从地主经济中演化出的资本主义生产关系同旧影响的联系更多一些，发展得缓慢艰难一些，因而显得落后一些，是所谓改良的道路。但是在中国明清时代，这两条道路却是同时并存，相互联系、相互制约的。

这是因为，在中国明清时代的封建社会里，封建地主土地所有制虽然居于统治地位，但小土地所有制又是广泛存在的。地主多半把土地出租，但也有自己直接经营的，《致富奇书》上说："如田有百亩，则使仆从自耕三十亩，其余佃人种之可也"。不过地主直接经营并不占重要地位，而是自耕农和佃农所构成的农民经济占有显然的优势，其间也有使用雇佣劳动的小雇主。当农业生产力提高，社会分工扩大，商品经济发展的时候，农民经济中，利用商品货币关系和雇佣劳动来达到自给自足的小雇主就增多了，地主经济中利用奴婢和等级雇工来满足自家需要的旧式经营地主也增多了。明代后期，这些一时形成了引人注目的社会经济现象。但是，他们都还没有突破家长制经营方式等级雇佣关系的束缚，不属于资本主义生产关系发生形态的范围。不过，由于这些小雇主和旧式经营地主使用雇佣劳动，并同商品货币关系发生联系，在客观上，分别构成了资本主义生产关系发生的现成基础。

在这样的基础上，随着农业生产力的进一步发展，生产关系一定要适合生产力性质的客观经济规律发生作用，出现了生产资料和土地的所有者利用非等级性的雇佣劳动生产出一个超过地租的余额的可能性。小雇主和旧式经营地主就是在他们各自的社会经济地位上，变这一可能性为现实性的。他们面对着同样的问题，改变等级性的雇佣关系为自由的雇佣关系，改变自给性的生产为获取利润的生产。这两方面的演化过程我们在上面叙述过了，这里不再赘述。

要强调的是，在封建社会里，资本主义生产关系的发生是一个渐进的演变过程，在这个过程中，新质要素不断增长，旧质要素不断衰亡。因此，要确定资本主义生产关系发生的具体日期或者年度，甚至在哪个十年，都是十分困难的。然而，在了解了它发生的具体过程以后，用一些现象标明这一过程的质的规定性，也还是必要和可行的。根据上面的叙述，在雇佣关系性质方面，从事生产劳动的雇佣劳动者摆脱了法律上雇工人的等级地位就表明他开始具有自由劳动的性质，在雇工经营性质方面，雇工生产商品并能获得一个超过地租的余额亦即利润时，这种经营就开始具有资本主义的性质。当然，后者是以前者为前提条件的。实际也是这样，向自由雇佣劳动的过渡先行于利润萌芽的出现，利润萌芽的出现又推动着向自由雇佣劳动的过渡。因此，在雇佣关系进入了由等级性向非等级性过渡的条件下，利润在地租旁边的出现就是农业中资本主义生产关系发生的最本质的标志。根据这个观点看来，这个过程是在进入清代以后开始的。至于利用自由劳动从事自给性生产，或者利用强制劳动以获取剩余产品都不表示资本主义生产关系的发生，因为前者不是交换价值的生产，后者的剩余产品也并不构成为利润。

那么，由农民经济和地主经济中演化出资本主义生产关系的道路，其差异性又表现在哪里?

具体地说，在雇佣关系方面，如果把等级雇佣关系的表现区分为劳动性质和主雇关系两个方面，那么，在农民经济中，由于雇主直接参加劳动，他们总是把生产事务和生活事务搅在一起，受雇的劳动者要摆脱生产劳动以外的服役等活动就比较地困难一些，但由于雇主参加劳动，而且在社会上也不享有什么特权，主雇之间的不平等关系就容易改变为平等的关系。在地主经济中，由于地主不参加劳动，在社会上还享有某些特权，主雇之间的不平等关系就比较地难以改变，等级关系的因素就保留得比较长久一些，但是由于地主雇工较多，雇工中间又往往实行分工，而且地主又多半使用奴婢来承担家务服役等劳动，因而受雇于地主从事农副业生产的劳动者又是容易摆脱服务性劳动的。

在经营性质方面，农民经济中，由于雇工人数较少，分工不明显，生产事务和生活事务往往是不加区别的，这对于生产更多的商品获得更多的利润当然是不利的。在地主经济中，由于雇工的人较多，实行分工，生产事务和生活事务是区别开来的，虽然地主一家不参加生产，全靠雇工的剩余产品供养他们，整个生产单位的商品量和利润量还是比较大的。如果考虑到农民的土地细小分散，生产工具、耕畜、种子、肥料等等都不如地主充足，那么，在充分发挥大生产的优越性，获得更多利润方面，农民是不如地主的。

简短地说，由小雇主中间演化出富裕农民或富农的道路，在摆脱等级雇佣关系的束缚方面比较顺利，而由旧式经营地主演化出新式经营地主的道路，在改变自给性生产为获取利润的商品生产方面比较优胜。

同时，也要看到，富裕农民或富农，如果经营顺利，他们可以积累起更多的土地和生产资料，雇佣更多的劳动者，扩大农业经营的规模。然而，往往在这个时候，雇主及其一家继续经营而又退出劳动，富裕农民或富农因而转化为新式的经营地主。这样一来，社会上除了由旧式经营地主演化而来的新式经营地主外，又出现一种由富裕农民或富农转化而来的新式经营地主。这种新式经营地主同富裕农民和富农之间，虽然还存在着由于雇主参加和不参加劳动而带来的差异，但已不存在由于演变基础不同而带来的差异了。这就使得资本主义生产关系发生的两条道路联结了起来。随着时间的推移，由富裕农民和富农演变而来的新式经营地主越来越多，两条道路的联结也就随之而越来越紧密了。

不过，在生产工具（包括动力）没有变化，主要依靠新品种和密集劳动而形成的农业生产力的发展，其优越性是有限度的。这就使得雇工经营的规模不能超过一定的限度，难以继续扩大。所以当雇工经营顺利发展，积累的土地数量继续增加，不论从哪里演化和转化来的新式经营地主，往往以多余的土地出租，或者把积累起来的资金转化为高利贷，不再扩大农业生产经营。与此同时，他们的生活事务却随着地位的改变而日益膨胀起来，奴婢等强制劳动和非生产人口增加。这样一来，整个经济单位的封建性就越来越浓厚了。如果他们进一步取得了绅衿或者缙绅的头衔，在封建等级制度的阶梯上由凡人等级上升到特权等级，他们还会运用新获得的特权来改变他们同凡人劳动者之间的平等关系。甚至，他们还会结束直接经营的部分，转化为单纯的封建租佃地主。这对于资本主义生产关系的发生当然是不利的。一般所谓经营地主的封建性主要就是这些现象的理论概括。

联系农业生产力发展的水平和状况，显而易见。小雇主和旧式经营地主中演化出资本主义生产关系，以及富裕农民和富农转化为新式经营地主，或者说在地租旁边出现了利润，这些都是与生产力的发展相联系的；而新式经营地主之具有封建性以及新式经营地主向封建租佃地主转化，或者说利润不能突破地租的限制，这些则是与生产力发展的局限性或者不足相联系的。

总而言之，在农业资本主义生产关系发生的过程中，既有从农民经济中演化出资本主义的顺利迅速的一面，又有从地主经济中演化出资本主义的缓慢艰难的一面。这两条道路的并存和结合就构成了中国农业中资本主义生产关系发生过程的基本特征。对于农业资本主义萌芽的过高或过低的估计，多半是对这一基本特征的认识的片面性相联系的。

第六编

农民经济篇

引　言

与手工工具相联系，耕种小块土地，包括自耕农和佃农在内的广大农民，是中国封建社会最主要的劳动者，封建经济的发展，重要的是调动农民的生产积极性。自耕农耕种自己的土地，只承担封建国家的赋役，具有较大的经营独立性。中国地主制经济的特征是土地买卖、佃农经营和实物地租。其核心是实行租佃制的佃农经营。这种租佃制实行地主土地所有权与使用权分离，赋予佃农以一定的经营独立性，并通过实物地租，以推动佃农高度关注生产，这正是地主制经济优胜于实行封建领地、农奴制和庄园经济的西欧领主制经济的关键所在。

随着社会生产力的发展，和封建生产关系的调整，有些佃农发展为地主和自耕农。大部分佃农拥有了除土地以外的生产资料和生活资料，以及租赁土地的押租金，成为完全意义的佃农。许多佃农还分割了地主的土地所有权而获得田面权。佃农贫困化现象，在封建社会是不可避免的，在某些时间和某些地区，还会严重地出现。但是，佃农自有经济的充实和发展，却是自宋代以来佃农经济发展的主流，这在清代表现得尤为明显。

本篇将着重讨论清代前期农民经济运行和发展的若干问题，如经营独立性、生产模式、商品生产、再生产和消费，等等。

第一章　农民的经营独立性

在中国封建社会中，广大农民以家庭为单位，耕种小块土地，解决自己的生产和生活问题。一家一户就成为社会的基本经济单位，构成封建社会的经济基础。

这种农民经济是以生产资料个体所有制为基础的经济。他们中的自耕农，拥有自己的土地和农具、耕牛、种子等其他生产资料；他们中的佃农，根据约定，租种地主的土地，并或多或少地拥有农具、耕牛、种子等其他生产资料。从理论上，或从典型意义上说，他们根据生产资料所有权，对自己的生产资料享有占有、使用、收益和处分的权利。在此基础上，他们可以建立起自己的经济，相对独立地按照自己的意志，去配置和使用劳动力和生产资料，从事生产经营，以获取经济利益，实现自己财产的保值与增值。概括地说，这就是自主经营，自负盈亏，以实现自我生存，自我发展。农民的这种经营独立性，正是由他们的生产资料所有权所决定和要求的。

农民的这种经营独立性，也是农业生产所要求的。农业是有生命的物质生产和再生产。它受自然界的气温、雨量、土壤等因素所制约。这些因素变化多端。因此需要劳动者具有高度的积极性与主动性，随机应变地给予关心与照管。同时，农业的经济收益集中在最终产品上。生产过程中的每个生产环节，虽不是凝结劳动价值的实体，却都影响最终产品的质量与数量，这就要求劳动者高度关心最终成果，认真做好每个生产环节的工作。农民经济是所有者、经营者和生产者统一于一个家庭之中，所有成员在经济利益上具有高度一致性。因此，对外部信号具有独立和迅速做出决策的能力，对生产也具有主动和协作精神。农民的这种经营独立性，正适应农业生产的要求及其发展的需要。

农民的经营独立性，同世界上任何事物均有发生、发展的过程一样，也经历了一个从不完全，不成熟到比较完全、比较成熟的历史发展过程。因为，农民的经营独立性，是以农民具有独立耕作能力为前提的。其中最重要的是具备生产资料的能力。这是农民经营独立性发展的内在根据。而这种能力只能随着农业生产力的发展而逐步提高。同时，农民经济不是游离于封建制度之外的经济体系。封建地主阶级总是根据自己阶级和集团的利益来处理同农民的关系。因此，封建政治制度和封建经济制度中，特别是封建赋役制度和封建租佃制度中，既包含着照顾农民政治和经济利益的成分，又包含着损害农民政治和经济利益的成分。后者往往限制农民生产经营的选择机会与活动空间，使他们失去部分决策权利，严重干扰农民经济的运行。在各种社会因素中，以上述这种制度性因素对农民生产经营的影响最为重大。这是农民经营独立性发展的一种外部条件，只有随着社会经济的发展，上述这些制度朝着有利于社会进步的方向演化，导致封建束缚逐渐松弛，农民的经营独立性才会逐步得到发展。秦汉以前，由于文献资料不足，难以论列。从秦汉至明清，经过 2000 多年的发展，广大农民才基本上具备了比较完备的经营独立性。农民的经营独立性总是各种具体经营权利的现实体现。下面对农民几种主要经营权利的发展，分别加以考察。

一、自由迁徙

自由迁徙，本来是一种政治权利。但对农民来说，却具有两方面的经济意义。一是择地，即选择最有利于自己耕作的地区。如从土地贫瘠的地方迁往土地肥沃的地方，从人多地少的地方迁入地多人少的地方，即所谓从“狭乡”迁入“宽乡”，从赋役重的地方迁入赋役较轻的地方，从已开发的地方，迁入未开发的地方，以及从经济比较落后的地方迁入经济比较发达的地方，等等。二是择主，这是对佃农而言的。如从提供条件优劣的比较中选择地主，或选择较有权势的地主，以谋求获得某种庇护，等等。可见自由迁徙，与农民优化自己的生产经营具有重要关联。

在农业社会中，特别是在古代，农业人户的增减，为社会经济发展或萎缩的重要标志。作为人户主要部分的农民，既是封建国家赋税徭役的主要来源，也是封建国家军队的主要来源。因此，中国很早就形成了比较严密的户籍制度，历代皆著于律，以加强对人户的控制与管理。在早期，封建国家户籍政策总的精神是严格限制人户的自由流动。战国时，商鞅就说过，“使民无得擅徙，则诛愚、乱农之民无所于食而必农”①。当时封建国家每年要举行一次户口登记核实，在乡里规定的地点，民户每人均须亲身到场。从秦代的“头会”，到汉代的“案比”，一直到唐代的“貌阅”，都是这样。从此也可以看出国家控制人口流动的严格程度。

秦汉时期，由于文献资料的短缺，限制农民迁徙的具体规定不详。只知道人民如果要迁徙，需要经过乡吏按照国家法律审核是否批准。允许迁徙的，则为之“更籍”。如云梦秦简《法律答问》中有，“甲徙居，徙数谒吏，吏环，弗为更籍”。农民已如期向国家提供赋役，则是允许迁徙的重要条件。《居延汉简甲编》中有，汉代建平八年，有“男子丘张”要求迁徙，经乡吏审核后，指出，“案张等更赋皆给，当得取检谒移居延，如律令，敢言之”。此后，则以对佃客、部曲等依附农民和均田制下自耕农迁徙的限制最为典型。

东汉以来，大量农民迫于贫穷、战乱和繁重徭赋的困扰，依附豪强，沦为私属。这就是我们通常所说的佃客、部曲。他们已非国家编户，而是“身系于主”，“随主贯属，别无户籍”，“皆注家籍”。他们和封建地主之间，有比较严格的人身依附关系，没有迁徙的自由。他们只能按主人的指派而移动。三国时，吴丹阳太守李衡，“密遣客十人于武陵龙阳汜上作宅，种柑橘千株”②。或者随主人迁徙而迁徙。东汉马援因“所将宾客猥多，乃上书求屯田上林苑中”③。有的封建地主甚至通过焚烧庐舍，以迫使他们随主人迁徙。东汉耿纯率宾客归附刘秀，“举族归命，老弱在行。犹恐宗人宾客半有不同心者，故燔烧屋室，绝其反顾之望”④。

佃客、部曲如果未得到主人允许，擅自离开土地，则以“逃亡”论罪。南北朝到初唐，佃客已包括在部曲名称之内。南齐时，部曲逃亡，“即货去，

① 《商君书·垦令》。
② 《三国志·吴志·三嗣主传》裴松之注引。
③ 《后汉书·马援传》。
④ 《后汉书·耿纯传》。

买银输官”[1]。唐初，《唐律》规定，部曲逃亡，同官私奴婢逃亡同等量刑，“一日杖六十，三日加一等”[2]。

佃户、部曲也不能自由选择主人。只能通过赏赐、馈赠，或经过合法手续转让，以变更主人。汉末，刘备起兵，糜竺进“奴客二千，金银货币，以助军资”[3]。隋代，杨坚赐窦荣定“马三百匹，部曲八十户而遣之”[4]。封建地主如果不经过合法手续转移佃客、部曲，就要处刑。《唐律·盗贼律》规定“略他人部曲为奴婢者，流三千里；略部曲还为部曲者，合徒三年”，“和诱者，各减一等。和诱部曲为奴婢，徒三年；还为部曲，徒二年半”。从以上可以看出，魏晋南北朝以至隋唐的佃客、部曲，完全丧失了自由迁徙的权利。

北魏至隋唐，实行均田制，为保证均田制和封建赋役制度的推行，对农民的迁徙作了许多限制。如北魏规定，农民“乐迁者听逐空荒，不限异州他郡。唯不听避劳就逸。其地足之处，不得无故而移”[5]。唐代规定，农民“乐住之制，居狭乡者听其从宽，居远者听其从近，居轻役之地者听其从重”。这都是说，农民可以从人多地少的地方移居人少地多的地方，从边远地区移居内地，从徭役轻的地方移居徭役重的地方。逆向选择则不允许。唐代还规定“畿内诸州不得乐往畿外，其关内诸州不得住余州，其京城县不得住余县，有军府州不得住无军府州”[6]。正如李峤所说，“军户之地，户不可移；关辅之人，贯不可改”[7]。因为关内地区，特别是京畿地区，徭役都比较重。有军府州的农民则需服兵役，充当府兵。这就使宽乡和役重地区的农民基本上丧失了自由迁徙的权利。其他地区的农民只能“逐空荒”、趋役重之地，也可以说已丧失了这种权利的最重要部分。

唐代中叶至宋代，是中国封建社会发生重大转折的历史时期。随着社会生产力和土地私有制的发展，均田制破坏，宋代“田制不立”，“不抑兼并”，土

---

① 《南史·范云传》。
② 《唐律·逃亡律》。
③ 《三国志·蜀志·糜竺传》。
④ 《隋书·窦荣定传》。
⑤ 《魏书·食货志》。
⑥ 《唐六典·户部尚书》。
⑦ 《文献通考》卷10，户口。

地买卖频繁，庶民地主增多。佃客、部曲经过放免自赎，依附农制度逐步瓦解。广大佃农取得了国家编户和“良人”地位。司马光说，主户、客户“皆编户齐民，非有上下之势”[①]。黄震说，“佃户自系良民”[②]。两税法的施行，一改“以丁身为本”的旧制，而“以资为宗”，将赋役集中于对户资田亩的财产征课，宋代的两税更进一步专以田亩为征课对象，都在向减轻役加重赋的方向演进。这种社会经济条件，对农民迁徙已不必通过户籍制度进行严格的控制。两税法中一个重要原则“户无土客，以见居为簿”，就说明了这一点。宋代中叶，在北方佃农已获迁徙自由之后，宋仁宗天圣五年又下诏：“江淮、两浙、荆湖、福建、广南州军旧条，私下分田客非时不得起移。如主人发遣，给予凭由，方许别住。多被主人抑勒，不放起移。自今后，客户起移，更不取主人凭由，须每田收毕日，商量去住，各取稳便，即不得非时衷私起移。如果主人非理拦占，许经县论详。”[③]

从此，不但自耕农，就是佃农，都基本上获得了自由迁徙的权利。正如当时许多人说，“近世之民，离乡轻家，东西南北，转徙而四方，固不以为患，而居作一年，即听附籍”[④]。地主如不周济有困难的佃户，他们“一失抚存，明年必去而之他”[⑤]。“客户虽多，而转徙不定”[⑥]。佃农既获得迁徙自由，佃田、退佃、择主等问题，也就自然随之解决。

当时，在一些经济落后地区，尚存在依附农制度，“川峡豪民多旁户，以小民役属者为佃客”，“使之如奴隶”[⑦]。北宋皇祐年间，还在禁止他们自由移徙。旁下客户如逃移入外界，规定地方官应“差人会计所属州县追回，令着旧业”[⑧]。到南宋淳熙间，又针对夔州路一带的封建地主“偷般地客”，规定客户私自移徙不及三年者，都须连同家属追归旧主，徙移三年以上，不愿归还

---

① 《宋朝事实类苑》卷15。

② 《黄氏日钞》卷70。

③ 《宋会要辑稿·食货》1之24。

④ 《续资治通鉴长编》卷214。

⑤ 《宋会要辑稿·食货》13之21。

⑥ 《宋文鉴》卷106，吕大钧文。

⑦ 《宋史·刘师道传》。

⑧ 《宋会要辑稿·食货》69之66。

者，即听从便。今后则“不拘三年限，官司并与归还”①。直至宋末元初，这里有些地主还将田地“夹带佃户典卖，称是随田佃客”②。尽管还存在这种依附农制度，但已无损于农民迁徙自由发展的主流。

明代，对农民迁徙更无明确限制。明代中叶，黄册制度瓦解，特别是一条鞭法的施行，“今日赋税之法，密于田土而疏于户口，故土无不科之税，而册多不占之丁”③，农民就更容易离乡离土。清代的编审制度已不如黄册之严格。摊丁入地之后，最后完成役并入赋，更不需要严格控制人口。乾隆初，废除编审制度，更无由控制农民离乡。因此，当时是人民“熙攘往来，编审不行，版图之籍亦莫可得而稽矣”④。农民从宋代获得的迁徙自由，遂进一步巩固。

当然这种迁徙自由，在任何时候都不可能是绝对的。封建社会更是这样。在某些特定时间和特定地区，封建政权出于政治和经济的需要，还往往会加以限制。从清代来说，清初，为了防御郑成功的反清斗争，封建政权曾强迫迁徙沿海居民，山东内徙四十里，福建内徙三十里，广东是五十里。界外民居全部焚毁，是为历史上有名的“迁海”。又如东北地区，清政权一直视为根本重地，禁止外地移民进入。康熙间尚不甚严格，乾隆间禁令加紧，嘉庆道光两朝仍多次重申。又如为了防止移居江西山区的农民起义，清政权对广信府、南昌府的某些山区长期封禁。外地进入山区开垦的棚民，一直受到严密监视，并屡被驱逐。此外历代还有移民实边之类的强迫迁徙，其数甚大，也妨碍农民的居住自由。

二、自由种植

在中国封建社会中，广大农民历来都从事多种经营，但在早期，这是一种自给性的多种经营，农民主要是按照使用价值，即自己的消费需求来选择农作物和手工业生产。随着社会经济的发展，农民的生产会发展为自给性生产与商品性生产相结合的多种经营。农民按照使用价值，特别是按照交换价值比较利益，在不同产品中做出选择的问题，就日益突出出来。自由种植也就成为农民

① 《宋会要辑稿·食货》69之67。
② 《元典章》卷57。
③ 顾起元：《客座赘语》。
④ 光绪《富阳县志》卷13。

的一个重要经营权利。对这种权利的限制，既会为农民获得最大利益设置障碍，甚至还可能给他们造成经济损失。

征收实物的封建租赋制度，列代皆著于法，具有高度强制性，成为对农民种植自由最重要最长期的一种限制与干扰。从曹魏开始，至于隋唐，封建国家的租赋，除征粮食之外，还征收绢、绵、布、麻等实物。如唐代，实行租、庸、调制，租征粮食，“调则随乡土所产，绫绢丝各二丈，布加五分之一，输绫绢丝者，兼调绵三两，输布者麻三斤”①。为了保证实物征调的实现，封建国家还规定农民种树。如北魏，男夫一人给桑田二十亩，规定“种桑五十树，枣五株，榆三根。非桑之土，夫给一亩，依法课莳榆枣”。“限三年种毕，不毕，夺其不毕之地”。露田则“不得种桑榆枣果，种者以违令论，地入还分”②。唐代也是如此，封建政权规定，农民的永业田，“每亩课种桑五十根以上，榆、枣各十根以上，三年种毕。乡土不宜者，任以所宜树充”③。口分田则不许种树。封建国家还规定了罚则：“应合课田农而不课，应课植桑枣而不植，如此事类，违法者每一事有失，合笞四十。”④《全唐文》中就有审理口分田种树案件的《对田中有树判》。当然这些规定也寓有劝农之意。

特别可以探讨的是明代。宋元以来，在全国范围内出现了蚕桑生产地区减少而棉花生产地区扩大的趋势。到明代，朱元璋“初立国时即下令，凡民田五亩至十亩者，栽桑麻木棉各半亩，十亩以上倍之。麻亩征八两，木棉亩四两，栽桑以四年起科，不种桑，出绢一匹，不种麻及木棉，出麻布、棉布各一匹。此桑麻丝绢所由起也”⑤。洪武元年又将此令推广到全国。二十七年又“令天下百姓务要多栽桑枣”，并规定每里种 2 亩秧，每一户，初年种 200 株，次年 400 株。年终将栽种数目造册上报，作为对地方守令考成的重要依据，违者罚云南充军。⑥

---

① 《唐会要》卷 83。
② 《魏书·食货志》。
③ 《通典·田制下》。
④ 《唐律·户婚律》。
⑤ 《明史·食货志》。
⑥ 《明会典·农桑》。

在这种经济政策之下，明代的赋税征收，遂以实物为主。正赋征收粮食，占绝大多数。但是除额定的丝、绢、棉、麻布等物的征收之外，还可以用这些实物按一定比例折交额定正赋，或补交欠赋。在洪武到宣德的数十年间，多次实行此法，并多次更定对折比率，遂使丝绢棉麻布等物在赋税征收中的比例不断增大。如丝绢，根据《明会典》有关数字整理，洪武二十六年税绢为29.8万余匹，到万历六年已增为39.7万余匹。①

对于封建国家征收丝绢棉布等实物税，难以做简单的肯定与否定，是需要作具体分析的。丝、棉、麻作为衣着材料，是人民生活的必需品。如果在农民因地制宜种织以自给的基础上，征收适量的实物，就不会扰民，或其扰民也轻，甚至还会促进这些农作物和手工业生产的发展。特别是在农业生产力和商品生产还不够发展的古代更是这样。在社会经济已有相当发展的明代，上述这些物品在全国范围内成为统一的实物税，对一些不适宜种织的地区和农户，就不可避免地产生抑配的弊病。明初，朱元璋无视宋元以来已形成的蚕桑生产的较合理的布局，用征税手段在全国各地推行种植蚕桑，一度造成了处处种桑养蚕的局面。除偏远的广西、云南尚未发现有蚕桑生产外，其他各省均有发展，尤其是北方的北直隶、山东、河南、山西、南方的南直隶、浙江、四川、江西均发展到一定规模。这虽说明这些地区都可以种桑蚕，但不能说明这都是当地农民的最佳选择。因此，在明代中叶货币税逐渐取代这些实物税之后，除占有自然条件和社会经济优势的江浙地区和四川部分地区之外，其他广大地区的蚕桑生产迅速走向衰退，尤其是明初以来新发展的江西、湖广、山西等省的一些地区，几乎全部前功尽弃。而棉花作为最适用和在全国广大地区都能种植的衣着材料，在明代本来已出现了迅速发展的势头，但直到清代中叶才有长足的发展。因此我们可说，明代“揠苗助长”式的蚕桑发展，是以推迟棉花发展为代价的。这正是封建赋税制度干扰农民种植自由的严重后果。

明代中叶开始，陆续实行税粮折银与徭役折银。万历间，一条鞭法实行之后，除漕粮外，国家赋税“概以银收”。从此实物税转化为货币税，封建赋役制度对农民种植自由的干扰终于结束。自耕农至此已基本上获得了自由种

① 谭少刚：《明代桑蚕丝织生产研究》（未刊稿）。

植的权利。

当然封建政权的这种限制也不会完全消失，在某些时间对某些作物，就可能颁布某种禁令，以限制农民的种植自由。比如明代中叶后，烟草在北方地区有一定发展。这是一种享受性的生活资料，而非人民生活必需品。一些封建帝王和地方官吏在“重本抑末”思想支配下，力图制止烟草与粮争地。崇祯十二年，朱由检遂“传谕禁之，犯者论死”。十六年，又“下禁烟之令，民间私种者问徙。法轻利重，民不奉诏，寻令犯者斩”①。清代烟草进一步发展，清廷争论不休，难以饬禁。有些地方官吏就出面禁种。康熙间，江西赣州府知府谢重拔，见瑞金县通邑之田“去其半不树谷”，遂“特立厉禁，各乡村无有犯者。”但“既而谢公卒，禁遂弛”②。这种基于帝王和官吏个人意志而采取的偶发行为，与前述那种制度性干扰其作用虽有所不同，但总还是一种干扰。

封建依附农制度和一般分成租制对佃农的种植自由也有限制，将联系其他问题在下面一并加以讨论。

三、自由支配劳动时间

农民能自由支配自己的劳动时间，主要有两方面的意义。一是可以按照农事季节，及时安排生产劳动，以适应农作物的生长规律，获得好的收成。这就是古人所反复强调的“不违农时”，“毋失其时” 和“使民以时”。一是可以充分利用家内劳动力的全部劳动时间，以精耕细作，或安排副业生产与家庭手工业生产，在必要劳动之外，从事剩余劳动，以获得更多的劳动产品。因此，农民能自由支配自己的劳动时间，与他的经营成果关联极大。这也是农民一个重要的经营权利。

封建国家的徭役制度，是对自耕农这种权利最大的限制与干扰。汉代规定，男丁除每年在郡县服役（更役）之外，还有：“正卒”（到国都服役）和“戍卒”（到边境服役）等徭役。魏晋南北朝时期，徭役无一定法度，加以战争连绵，兵役杂役异常繁重。唐代徭役有所减轻，丁男“岁役二旬”，“有闰

---

① 杨士聪：《玉堂荟记》卷上，王逋：《蚓庵堂琐语·种植》。

② 乾隆《瑞金县志》卷7。

之年加二日”。有事加役，但“不得过五十日”[①]；中男则负担杂徭，多在州县服役。宋代有各种职役，除衙前、里正由殷实富户负担之外，其他各种杂役也很繁重。明代也有里甲、均徭、杂泛等三类差役。除正额徭役之外，各级地方官吏还“擅兴徭役”，“营私烦扰”，历代皆然。各个朝代不同的徭役征调办法，对农民生产起着不同的扰乱作用。或造成每年中有几次短暂停工，或造成生产过程中断。历代关于徭役扰民的记载，罄竹难书。南齐时，荆州一带，甚至出现“四野百县。路无男人；耕田载租，皆驱女弱”[②]。

随着社会经济的发展，封建赋役制度逐渐沿着重赋轻役的方向演进。首先是成丁服役的年龄在逐渐提高，人老免役的年龄在逐渐降低。汉代成丁年龄从17改为20岁，又改为23岁。年56老免。自两晋至隋，也反复更定。唐代也是更改多次，成丁从21，改为22、23，最后改为25岁。老年从60降为56岁。这种演变，就减轻了农民的徭役负担，增加了他们自己支配的劳动时间。

同时，以实物或货币代役的规定渐多。唐代，“无事则收其庸，每日三尺”[③]，可以交纳绢布代役。宋代有募役（各户出钱雇人代役）、助役（各户出钱津贴应役者）、义役（各户出钱买田以供应役者）等法，均可出钱代役。这也有利于农民徭役的减轻。

特别是两税法的实行，使赋役集中于对户资田亩的财产征课。宋代的税法更专以田亩为征课对象，当时，各种徭役虽然还颇繁重，但以家资列户等为派役根据，实际上已向财产税转化。明代实行一条鞭法后，差役改为征银，并摊进田赋征收。清代实行摊丁入地，最后完成役并入赋，“自后丁徭与地赋合而为一，民纳地丁之外，别无徭役矣”[④]。明清两代各项杂役虽然没有停止，但是各地“供应有繁简之殊，牧守有能否之异，所在徭赋，轻重相悬”[⑤]。这虽是唐朝人说的话，但用来说明清时期农民的杂役负担，也是切合的。除了一些交通要道所谓“繁剧”之地外，其他广大地区农民的杂役负担是大大减轻了。

---

① 《唐六典·户部尚书》。
② 《宋书·沈攸之传》。
③ 《唐六典·户部尚书》。
④ 《清史稿·食货志》。
⑤ 《陆宣公集》卷22。

经过这一系列改制，到清代，自耕农就基本上免除了徭役负担，获得了自由支配自己劳动时间的权利。

对佃农自由支配自己劳动时间的限制，则主要来自封建租佃制度。对依附农民与一般分成租制下佃农其限制则有所不同。

魏晋南北朝以至隋唐间的佃客、部曲，他们依附豪强，沦为私属的一个重要原因，就是为了逃避封建国家繁重的徭赋。“魏氏给公卿以下租牛客户各有差，自后小人惮役，多乐为之，贵势之门，动有数百”①。或者因为贫穷和战乱，为了生存，只得投靠豪族强宗。晋永嘉乱后，北方农民大量逃往南方，“时百姓遭难，流移此境，流民多庇大姓以为客”②。封建国家的户籍登记与役赋征调的基础是国家主权，这不是一种单纯的经济权力，而是一种政治权力。农民依附豪强之后，“皆注家籍”，“皆无课役”，这就脱离了封建国家的政治控制。但是，强宗豪族实际上把封建国家的赋役全盘承继下来，佃客不但要向封建地主提供实物地租，还要提供劳役。这种情况从东汉时已经出现。崔寔《政沦》中说，当时的依附农民是“父子低首，奴事富人，躬率妻孥，为之服役”。在南朝宋代，“有奴客者，类多役使，东西分散，住家者少。其有停者，左右驱驰，动止所须，出门甚寡”③。依附农民不但自己，而且其妻子儿女都要为封建地主服役，这是农民沦为私属，特别是“皆注家籍”的必然结果。这种情况至宋代有些地区犹然。当时川峡、荆湖一带的旁户、佃客，封建地主不但“役其身”，而且“及其家属妇女，皆充役作”④，“地客生男，使供奴役；若有女子，便为婢使，或为妻妾”⑤。

他们不但要为地主提供劳役，实际上还要服兵役。平日要为地主看庄护院，到冬季，要“缮五兵，习战射，以备寒冻穷厄之寇”⑥。遇到战争，封建地主就会“大发僮客，以充戎役”⑦。特别是汉末至两晋的战乱期间，豪强多

① 《晋书·王恂传》。
② 《南齐书·州郡志·兖州志》。
③ 《宋书·王弘传》。
④ 《宋会要辑稿·食货》69之68。
⑤ 《元典章》卷57。
⑥ 崔寔:《四民月令》。
⑦ 《晋书·翟汤传》。

率领宗族、佃客留在本地或移居山林险阻之地，修筑坞堡进行自卫。当时是“豪杰所在屯聚”，往往是率“宗族数千家共坚壁以御寇”①。尤其是部曲，本来就是私兵。

在西欧，农奴制是，“徭役劳动是同实物地租和其他农奴制义务结合在一起的，但徭役劳动是交纳给统治阶级的最主要的贡赋”②。在中国，农民的徭役与实物地租以及其他义务的结合，也是依附农制度的基本内涵，但以实物地租作为最主要的贡赋为其特征。佃客、部曲要为地主提供劳役与兵役，当然会减少他们为自己的劳动时间。

我们还可以看出，佃客、部曲不但对封建地主有土地以至耕牛、种子、赈济等经济上的依赖，并成为他们经济上的工具；而且还要依靠地主提供政治庇护，并成为他们的政治工具。因此，他们对地主的依附关系，既有经济性质，又有政治性质。依附关系上的这种双重性格，也是中国封建依附农的重要特征。

宋代以后，封建租佃制度的分成租制流行。在这种制度之下，地主不但向佃农提供土地，甚至还要提供农具、耕牛、种子，加以地租量与收获量直接关联，遂导致封建地主干预和指挥生产。封建地主对佃农种植什么作物，播种、施肥、锄草、收割等各种生产环节的安排，都或多或少地要进行干扰和指挥。在宋代，苏洵说：“富民之家，地大业广，阡陌连接。募召浮客，分耕其中。鞭笞驱役，视以奴仆。安坐四顾，指麾于其间，而役属之民，夏为之耨，秋为之获，无有一人违其节度以嬉。而田之所入，己得其半，耕者得其半。”③ 这是苏洵议论应否恢复井田制的一段文章，其所谓“鞭笞驱役，视以奴仆”，也只是描述佃农仍有一定劳役的套语，这类文字至清犹存，因此，他所反映的应不是四川旁户之类依附农的情况，而是一般分成租制下佃农的情况。从既在“指麾”，又有“节度”来看，就充分说明了封建地主对佃农生产的干预。这种情况一直延续到明清。

清代康熙乾隆间，山东分成租制下佃农的情况，就是上文的一个绝好注

① 《三国志·魏书·许褚传》。

② 《资本论》第1卷，第265页。

③ 《嘉祐集》卷5。

脚。蒲松龄在《农桑经》中说，到三月间，要督促佃农锄地，“每日只与佃户谷一升，使锄麦”。四月须种豆时，要监督选种，“命佃人妇各携箕来，将豆中破碎、兔丝拣簸净尽，收藏待用”。种谷要稀植，“勿听佃人贪多”。到五月，督促佃农锄谷，“使锄四遍，否即三遍，亦要遍遍如法”。对佃户“岁与小猪一口，使养之。卖后只取其本。一年积粪二十车。多者，按车计价；少者，使卖猪赔偿”。丁宜曾在《农圃便览》中说，四月间，“锄地最为紧要”，“当每晚传齐犁户，商量明日该锄何地，登记地册，次日遍查之”。到小满时，对黍稷秫谷等，应督促犁户“该锄第二遍”。又督促犁户“锄小暑所种之豆，务于立秋前锄完”。立秋时，“锄豆最为紧要，未锄两遍者，急速赶完”。“当查现在未锄豆田条段，开写一册，逐日亲查，添工速治，务必锄完”。“犁户割糁，必逐段报数记册，自己仍逐段查之，搬时在场点数上垛”。立秋后，“催犁户拔豆角藤，塌起种麦。”地主有“节度”地“指麾”佃农生产，真是跃然纸上。清代刑部钞档中，因佃户“地不加肥”，“种地不力”，“先给人工作锄地”，不服从地主命令“种植烟叶”[①] 等等原因，因而发生纠纷，造成人命案件的事例，也有多起。封建地主的干预与指挥，不论是否有利于生产，总是对佃农经营权利的干扰与限制。

同时，由于佃农对地主严重的经济依赖，一定的劳役负担也保留下来。宋代是分成租制流行的时代，所以如苏洵所说，地主可以对佃农“鞭笞驱使，视以奴仆”。到南宋，袁采只是主张对佃农“不可有非礼之需，不可有非时之役”[②]。明清时期，北方是分成租制流行的地区，佃农同样“畏惧业主，而业主得奴视而役使之”[③]。如分成租制流行的河南省，明代吕坤说，梁宋之间，“佣佃者主家之手足也，夜警资为救护，兴修赖其筋力，杂忙资其使用”[④]。清代陈九昌说，在河南，佃户“见田主如见主人，而佃户如奴仆，有事服役，不敢辞劳”[⑤]。这种劳役负担虽然不是很繁重，但它同地主干预和指挥生产一

① 《清史论丛》第2辑，刘永成文。

② 《袁氏世范》卷3。

③ 那苏图奏，《康雍乾时期城乡人民反抗斗争资料》，第11页。

④ 《实政录》卷2。

⑤ 《湖南省例成案》工律，卷2。

样，也成为分成租制的一种制度性因素，干扰佃农的生产。

在分成租制下，地主干预和指挥生产，并要求佃农提供一定的劳役，是分成租制佃农的重要特征。

以后定额租制兴起，到清代前期，租佃关系已从以分成租制为主转化为以定额租制为主。在定额租制下，佃农一般“自居己屋，自备牛种，不过借业主之块地而耕之。交租之外，两不相问。即或退佃，尽可别图，故其视业主也轻，而业主亦不能甚加凌虐”①。从此，“田中事，田主一切不问，皆佃农任之”②。地主干预、指挥生产和劳役负担的两个干扰因素既得以排除，佃农遂基本上获得了自由支配自己劳动时间的权利。前述自由种植的问题，当然也就随之解决。正如有人说，佃农“所租之地，或种蔬菜瓜果，或种烟草，租户可自由选择，不限于五谷”③。

还可以指出，佃农的上述劳役，到清代，甚至在定额租制流行的地区，仍然存在。但是，应当看到，它已不是一种制度因素，而只是一种旧事物的残余。对这类劳役，封建国家曾不断加以禁止。如明代法律规定，“凡各衙门官吏及出使人员役使人民抬轿者，杖六十。有司应付者，减一等。若富豪之家，役使佃客抬轿者，罪亦如之”④。到了清代，这种劳役在许多地区已经消失。康熙雍正间，江西“临川县，族姓之家，不敢骄人。田主虽连阡累陌，其待佃客无千役万仆之意”⑤。乾隆间，在河南裕州，“佃户向不听田主役使”，佃户不替主人家做活，如果做活，可“索取午饭钱”⑥。有的地方则在向有偿的劳动交换转化。明代法律规定，地主如役使佃客抬轿，除受刑罚制裁之外，还要“每名计一日追给雇工钱六十文”⑦。明末清初的张履祥就是，“本宅有事，佃户若来效力，仍计工值酬劳”⑧。有的则在向人民交往的礼俗转化。乾隆间，

① 那苏图奏，《康雍乾时期城乡人民反抗斗争资料》，第11页。

② 陶煦：《租核》。

③ 民国《潍县志》卷24。

④ 薛允升：《唐明律合编》卷10。

⑤ 《古今图书集成·职方典》卷888，江西总部。

⑥ 清代刑部钞档。

⑦ 薛允升：《唐明律合编》卷10。

⑧ 《杨园先生集》卷19。

湖南永州府知府曾针对地主家有婚丧唤佃农抬轿等情况指出，“婚丧之家，主人应接不暇，至亲密友多有代为效劳执事者。身为佃户，偶一相帮，亦不得遽谓之役使，谓之断仆”①。这已是把佃农相帮与至亲密友的帮忙等量齐观。在出现了上述这些变化的情况下，如果还过分强调其劳役性质，无疑是不适当的。

四、自由支配劳动产品

农民作为产品所有者，完全有权处置自己的劳动产品。但在封建社会中，农民的这种权利也往往受到干扰。封建国家和封建地主向农民征收租赋，以至苛征暴敛，封建商人和高利贷者向农民贱买贵卖，巧取豪夺，这都是封建社会题中应有之义，不包括在本文讨论之内。在这里只拟对封建国家一些重要的制度性、政策性干扰做些论述。

首先是和籴。和籴的本意是，封建国家与百姓（包括地主与农民）之间，在两厢情愿的基础上，以公平价格购买粮食。这是封建国家为了满足粮食需要的一种经济措施。始见于北魏。到唐代中叶，逐渐演变为强加于百姓的抑配征购，和籴往往通过各府县按散户配人的方法强制进行，不仅没有公平的价格，而且付钱时多以“杂色匹缎”充数。《新唐书·食货志》就说，唐宪宗时的和籴是，“府县配户督限，有稽违，则迫蹙鞭挞，甚于赋税，号为和籴，其实害民”。《唐会要》也说，“京畿和籴，多被抑配，或物估逾于时价，或先敛而后给值，追集停佣，百姓苦之”。从开元间起，封建国家多次采取措施力图消除积弊，但成效不大。宋代和籴，也是初期比较正常，中叶以后，越来越演变为抑配征购。元符间，在泾原一带是，“括索赢粮之家，量存其所用，尽籴入官”②，其积弊亦深。这种和籴沿袭至元代，明清时始止。

其次是和买。原指封建政权与民间买卖双方情愿的公平交易。始见于秦。以后逐渐演变为官府强取民物。和买对象主要是商人和手工业者，但有些产品也涉及农民，如唐代和买的丝织品、柴草、冬藏菜等。中唐以后在很大程度上

---

① 《湖南省例成案》户律卷5。

② 《宋史·食货志》。

也是采取缘户散配的办法进行。一些贫苦农民往往被迫从市场或富户手中以高价买来交纳。名为和买，实为抑夺。宋代则多是向民间购买丝麻织品，并与预买相结合。有时将二者混称，或称和预买。宋仁宗时，各地开始用不同方式减扣和买本钱。到徽宗时变本加厉。过去买绢给价是“盐七分，钱三分”，至此盐不再支给，钱亦存空名，已成为“官不给钱而白取之”[①]。明清时期，和买改称“采办”。封建政权虽不断发布不许扰民的规定，但官吏勒索商民之弊，仍不可免。

第三是榷茶。封建国家的禁榷制度中，涉及农民的主要是榷茶。源于唐代，其作俑之始，甚为荒谬。唐太和间，封建国家基于财政需要，开始榷茶，“籍民圃而给值，工自撷暴”，甚至“使茶山之人移树官场，旧有贮积，皆使焚弃”。遭致朝野一致反对，连当时的大官僚令狐楚也认为这种“令百姓移茶树就官场中栽植，摘茶叶于官场中造作”，是“有同儿戏，不近人情”[②]。不久即废止。到唐武宗时改变做法，“始禁民私卖茶”[③]。这主要是对东南地区的茶叶，由政府统一收购，卖与商人贩运。对种茶农民专置户籍，称为园户。茶农输租纳税用茶折算，官定课额，预支本钱。额茶和额外余茶，全部由政府按官定价格收购，不得私卖。宋沿唐制，于宋太祖乾德二年，除川峡、广南路外，“令民折茶税外，悉官买。民敢藏匿而不送官及私贩鬻者没入之”[④]。其后流弊渐生，“吏市茶，多以求赢为最，常数倍取之，下户益困”[⑤]。宋太宗以后，实行贴射法。宋徽宗时又改行茶引法，始逐渐废除官买官卖茶叶，农民才获得出卖茶叶的自由。此法沿用至明清。

此外，宋神宗时，在四川实行茶马法，官府收买产茶地区的全部民茶，运至陕西与西羌交换马匹。中国历史上的“茶马贸易”从此开始。终宋之世，迄未废除。明代“国家重马政，故严茶法”。也只对陕西汉中地区和四川部分地区所产茶叶实行官征官买。其他换马的茶叶则由商人向农民收购运至北边换

---

① 《文献通考·市籴考》。

② 《新唐书·郑注传》，《唐会要》卷87。

③ 《续资治通鉴长编》卷5。

④ 《续资治通鉴长编》卷5。

⑤ 《宋会要辑稿·食货》36之3。

马。至清官茶换马之法始废。

从整体上说，随着封建束缚的松弛，农民个体私有制的发展，农民将自己生产的产品投入交换的权利已越来越大。但在某些时间和某些商品上，农民自由支配产品的权利也会受到限制，如上述和籴，和买之法败坏的时候，榷茶严格的时候，农民支配这些产品的权利，实际上已丧失殆尽。而在所谓“移树官场”之时，农民连茶叶种植的权利也丧失了。直至清代，封建政权的这种干扰才逐消失。

五、自由占有土地

马克思在讨论农民经济发展问题时，曾经提出过“农民是自己耕种的土地的自由私有者”的概念。并且指出，农民能自由占有土地，是“他的生产方式最有利的条件，即他的生产方式得以繁荣的条件”[①]。所谓自由占有土地，按照恩格斯的说法，则是能无阻碍、无限制地占有土地和买卖土地。[②] 在中国封建社会中，农民能自由地占有土地，也经历了一个漫长的过程。从北魏到唐代中叶的500年间，封建国家基于征调赋役和抑制土地兼并的需要，实行均田制。无地或少地的农民，可以依照法令，从国家掌握的公田中，请授一部分土地。封建国家对这部分土地的数量以及继承和转让都加以一定限制。如露田和口分田，地权归国家所有，农民死后归还国家，农民对这部分土地只有使用权，没有所有权。桑田和永业田则传之子孙，国家不再收回。如唐代规定，“凡给田之制有差，丁男、中男以一顷。老男、笃疾、废疾，以田十亩。寡妻妾以三十亩。若为户者，则减丁之半”，“所授之田，十分之二为世业，八为口分。世业之田，身死则承户者便授之；口分，则收入官，更以给人”[③]。对人户原有的土地，国家则是采取簿籍授受的方式，统一于均田制之下，不触动其所有权。这些规定说明，均田制下的自耕农并不能无阻碍和无限制的占有土地，其土地所有权是不自由、不完全的。

---

① 《资本论》第1卷，第830页；第3卷，第694页。

② 《家庭、私有制和国家的起源》。

③ 《唐六典·户部尚书》《旧唐书·食货志》。

恩格斯曾经指出："完全的、自由的土地所有权，不仅意味着毫无阻碍和毫无限制地占有土地的可能性，而且也意味着把它出让的可能性"[1]。在均田制之下，土地买卖也是受到限制的。北魏时，露田不能买卖。桑田，则"通入倍田分。于分虽盈，不得以充露田之数"，"有盈者无受无还，不足者受种如法。盈者得卖其盈，不足者得买所不足。不得卖其分，亦不得买过所足"[2]。这是说，对人户世业之田，划入桑田数额（北魏土地授受的数额是，男丁为露田40亩，倍田40亩，桑田20亩，合为100亩）之后，有余则充抵倍田受田数额，仍有剩余，国家不予追收，允许出卖。桑田授受不足额的人户，可以购买土地。无论卖或买，都严格控制在受田数额之内。

唐代对土地买卖的范围和条件有所放宽，"诸庶人有身死家贫无以供葬者，听卖永业田。即流移者亦如之。乐迁就宽乡者，并听卖口分"。"卖充住宅、邸店、碾硙者，虽非乐迁，亦听私卖"口分田。不仅永业田可以买卖，口分田也有条件地可以买卖。但是，"诸买地者不得过本制"，即买地者土地占有总量不能超过本身应授田地的数额。并规定"诸田不得贴赁及质"[3]。从北魏与唐对土地买卖的限制看，农民的土地所有权都是不自由、不完全的。上述这种种限制，随着均田制破坏才得以消失。到宋代"不抑兼并"，"田制不立"，农民已基本获得占有土地的自由。

从秦汉以来，封建贵族、门阀缙绅地主凭借封赐、庇荫、优免等特权和其他政治权势强占、强市土地，这也是对自耕农土地所有权的一种侵犯。一直到清代，封建国家对汉族缙绅地主不再封赐土地，又革除了他们优免丁银的权利，只允许免除地丁以外的杂差，并严禁投献和诡寄田亩。从此缙绅地主取得土地已不能靠各种特权手段，而只能靠买卖的经济手段了。

在农民的土地买卖中，官方的禁锢既弛，而民间习俗的限制遂显。封建宗法关系对土地买卖的限制，是一种古老的传统习俗。至清犹然。康熙间，河南民间买卖田宅，就"有先尽近门，次近远族，次尽地邻之词，又有地产归还

① 《家庭、私有制和国家的起源》。

② 《魏书·食货志》。

③ 《通典·田制下》。

原主之说"[①]。乾隆间，山东也是，"凡欲典卖田宅，必先让原业本家，次则典主，次则地邻。皆让过不要，然后售与他人。尤可笑者，原业本家有历年久远，事隔两朝、卖经数主者，犹称原业。而本主之外，不特兄弟叔侄同产之亲，而疏远一族之人，亦称本家，皆得援例混争"[②]。这些习俗在商品货币关系的侵蚀下，又演化为"脱业钱"、"昼字银"等陋规。乾隆间，河南固始县"乡规俗例，凡卖产业，都要给原业主赏贺银两"。湖南武陵县，"俗例，凡遇卖产，亲房子侄均有昼押钱文"[③]。对这些陋习，封建政府历来是反对的，从地方督抚"出示严禁"开始，到乾隆十六年，法律正式规定，"凡执产动归原先尽亲邻之说，借端措勒，希图短价者，俱照不应重律治罪"[④]。对脱业钱、昼字银之类，地方督抚也"严行禁止"。这些禁令，虽不能令行禁止，但终究会促使它逐渐削弱以至消亡。至此，土地买卖应当说已基本上自由化，农民也可以无人为阻碍与限制地占有土地了。

到清代前期，自耕农已大体上获得迁徙、种植、支配自己的劳动时间和产品，以及占有土地等各种自由权利，应当说他们已基本上发展成为土地和其他劳动条件的自由私有者。

从佃农来看，清代定额租制的确立与流行，使租佃关系发生质的突破。在定额租制下，地主与佃农是"交租之外，两不相问"；"田中事，皆佃农任之"，佃农几乎取得了对土地全部经营权。在中国封建社会中，特别在后期，粮食是市场上最重要最大量的商品，甚至具有一般等价物的性质。谁有粮食，谁就能便利地换取其他商品。因此封建地主总是要求佃农种植粮食作物。清代前期虽然已有许多农民种植经济作物，买粮食交租，但种粮交租仍然是主流。这虽与农民口粮自给的要求相一致，但也是地主保留了最后一点经营权的反映。

在定额租制下，由于地租量固定，佃农有可能通过多熟复种、种植经济作物、增加肥料投入和改良土壤等措施，以提高土地的产量与产值，从而增加自

① 雍正《河南通志》卷16。
② 乾隆《济宁直隶州志》卷31。
③ 《清代土地占有关系与佃农抗租斗争》，第345、515页。
④ 《大清律例》卷9。

己所能占有的剩余产品的份额。尽管地主还保留有增租夺佃的权利，但这仍然是佃农收益权在一定程度上的扩大。

加以押租制的确立与流行，又使租佃关系开始具有租赁关系的性质，更有利于加强佃农独立经济主体的地位。从此佃农还获得了有偿转让佃权的权利，即通常所谓的“顶耕”。同时，在某些地区，佃农主要通过支付押租，或投入资金和人力垦出荒地以及改良土壤，还获得了永佃权，即通常所说的田面权。从此，“田皆主佃两业，佃人转买承种，田主无能过问”[①]。佃农不但可以有偿转让佃权，还可以典卖田面权。这种转让与典卖，实际是对地主土地所有权的分割，这是佃农通过劳力和资金的投入，对土地追加了价值，因而在一定范围内获得了对土地的所有权。

从上可以看出，押租制与永佃制实际上是定额租制所派生出来的租佃关系。它们一经发展，就从属于定额租制并成为它的有机组成部分，促使租佃关系进一步发生了部分质变。佃农对于土地，已达到“偿租而外，与已业无异”[②]。现代西方产权理论认为，一个经济单位从而一种经济，要卓有成效地运转，关键在于选择一个有效益的制度，以取得制度效益。而制度效益的核心则是产权制度。自耕农毋庸赘言，清代的租佃制度，从佃农所具有的土地经营权、收益权与处分权来看，就已形成为一种能产生很大制度效益的独特的产权制度。

土地所有者与土地经营者的分离，即土地所有权与土地经营权的分离，是社会经济发展的表现。在中国封建社会中，租佃关系的出现，就是土地所有权与土地经营权分离的开始。就是在依附农制度之下，这种分离也是不能否定的。只是由于有严格的人身依附，这种分离的程度自然是比较低的。在分成租制度之下，地主的土地经营权与佃农的土地经营权在生产过程中同时发生作用，甚至地主的经营权还占据主导地位，我们或者可以说，土地所有权与土地经营权是处于一种半分离的状态。在定额租制之下，特别是在定额租制、押租制和永佃制三位一体的租佃制度下，土地所有权和土地经营权才得到了比较彻

① 《清经世文编》卷31，陈道文。
② 嘉庆《祁阳县志》卷13。

底的分离。至此，佃农才以自己所能达到的高度，成为自己劳动条件的自由私有者。

在中国封建社会中，租佃制度经过了依附农制度、分成租制和定额租制的发展变化。这三者虽然在时间上是继起的，但在空间上却是并存的。就是在魏晋南北朝，佃客、部曲主要是依附豪强，但在中小庶民地主之中，则可能存在一般的租佃关系。宋代分成租制和定额租制并存，而在夔州路却存在着依附农制度。明清时期，北方多分成租制，南方多定额租制，而在皖南地区则存在佃仆制度。这种情况主要是中国幅员广大，各地经济发展不平衡所致。

前面已经说过，农民的经营独立性，要以农民有独立耕作的能力为前提，特别是有具备生产资料的能力为前提。秦汉以来，铁犁、牛耕开始推广，并且“田器皆有便巧”①，这就有利于广大农民确立个体经营。唐中叶后及于两宋，钢刃熟铁农具出现，特别是曲辕犁取代直辕犁，又进一步提高了农民个体经营的能力。明清时期，农具完成了小型化、系列化，适应了农业精耕细作的要求。农业生产工具的进步，就为农民具有独立耕作能力，提供了物质前提。

但是，这只是一种客观条件，农民获得经营独立性，更重要的是要有自己具备生产资料的能力。作为自耕农，应当具备土地和其他生产资料，以及生活资料。一个完全意义的佃农，从理论上说，应当具有除土地以外的生产资料和生活资料，如耕牛、农具、种子、住房和口粮等等，即应有比较完备的生产基金和消费基金。但是，这种佃农在一个很长的历史时期内都是不多的。魏晋南北朝时期的依附农就不用说了，就是到唐代，许多佃农不但生产资料，而且生活资料也依靠地主提供。唐代中叶，封建地主对于佃农是“贷其种食，赁其田庐”②。到宋代，欧阳修说，“今大率一户之田及百顷者，养客数十家，其间用主牛而出己力者，用己牛而事田主以分利者，不过十余户。其余皆出产租而侨居者曰浮客，而有畲田”③。这是说少数土著佃农，有的有耕牛，有的没有耕牛，即宋太祖开宝四年诏书中所说的“牛客”与“小客”。而占多数外来流

① 《盐铁论·水旱》。
② 《陆宣公集》卷22。
③ 《欧阳文忠公文集》卷59。

亡农民的“浮客”，生产资料和生活资料更不完备，或“犁牛稼器无所不贷于人”[①]，或“室庐之备，耕稼之资，刍粮之费，百无一有”[②]。因之地主要“借贷种粮，与夫室庐牛具之属，其费动千百计”[③]，佃农遇有经济困难，还要周济。正如王岩叟所说，“每岁未收获间，借贷周给，无所不至，一失抚存，明年必去而之他”[④]。

就是到了清代，北方是分成租制流行的地区，佃农或者是“耕牛籽粒多取给予业主”[⑤]，或“居住业主之庄屋，其牛犁谷种间亦仰资于业主”[⑥]。在山东日照县，佃农甚至是“不特牛具、房屋田主出办，正月以后，口粮、牛草亦仰给焉”。就是佃户锄豆，“添工千钱”，也是“主认三百”[⑦]。在淄川县也是这样，到三月，地主“每日只与佃户谷一升，使锄麦”。到五月，又“每佃人借粮一升，不责其息，则使锄（谷）四遍”[⑧]。

以上所说的大都是分成租制下佃农的情况。在定额租制下，“田中事，皆佃农任之”，这就要求佃农具有比较完备的生产资料与生活资料。明代嘉靖间，北直隶南乐县的学田实行定额租时，就明确说明“牛种皆佃人所自具”[⑨]。宋代定额租制开始发展，到清代，分成租制更大量转化为定额租制，这说明完全意义的佃农在逐渐增多，到清代并已占居主导地位。正是由于农民自有经济的充实，导致了高利贷资本和信用关系的发展。许多农民可以通过借贷来补充自己的生产资料。江西种烟草的农民可以“借债困粪”[⑩]。江南地区的农民可以“赊豆饼壅田”[⑪]，养蚕的农民，可以“贷钱于富家，蚕毕，贸丝以偿”[⑫]。

---

① 陈舜俞：《都官集》卷2。
② 《续资治通鉴长编》卷397。
③ 《浪语集》卷17。
④ 《宋会要辑稿·食货》13之21。
⑤ 《孙文定公奏疏》卷8。
⑥ 见前引那苏图奏注。
⑦ 丁宜曾：《农圃便览》。
⑧ 蒲松龄：《农桑经》。
⑨ 咸丰《大名府志》卷18。
⑩ 同治《新城县志》卷1。
⑪ 光绪《松江府续志》卷5。
⑫ 咸丰《南浔镇志》卷21。

又如“杭嘉湖民以养蚕为事，官粮及一切日用，皆借此立办。间遇丝客未至，需用孔亟，向典质银，价长赎回另售，起息甚微”[①]。这也有利于加强农民的经济地位。从上面的整个叙述可以看出，农民经营独立性的发展，虽然经历了一个曲折反复的过程，但与农民自有经济的发展，即具备生产资料能力的提高，基本上是同步的。

任何一种社会经济的发展，最终决定于生产资源配置的优化。这要靠追求物质利益的生产资源拥有者的自主活动来实现的。这也是说，农民自主经营的能力越强，就越有利于农业生产资源配置的优化。清代前期，粮食生产和商品性农作物的生产达到了中国封建社会的高峰，就与农民基本上具备了自由私有者的地位是完全分不开的，这正如马克思所曾经指出的，只有在农民是自己耕种的土地的自由私有者的地方，小农经济“才得到充分发展，才显示出它的全部力量。才获得适当的典型形式”[②]。

① 《清史列传·唐绥祖传》。
② 《资本论》第3卷，第694页。

第二章　农民的生产模式

中国封建社会以至近代中国的农民经济，具有一种自给性生产与商品性生产相结合的生产模式，也就是自然经济与商品经济相结合的模式。这种生产模式，在中国封建社会中，随着农业生产力和商品经济的发展而长期发育，到清代前期臻于成熟，本章将讨论这种生产模式的形成和发展。

一

中国封建地主制经济的主要特征是实物地租、土地买卖和小农经营。它的形成是以农业生产力和商品经济一定程度的发展为前提的。在地主制经济下，一家一户的小农是社会的基本生产单位。农民既从事粮食生产，又种植蔬果，饲养禽畜，还养蚕织帛，种麻棉织布，通过耕以自食，织以自衣，即通常所说的“男耕女织”，以满足家庭的基本生活需要。但是，由于小块土地经营和家庭劳动的局限，任何一个农民家庭都不可能满足自己全部生产资料和生活资料的需要。小农经济在生产上的这种局限，迫使他们从事商品生产，与其他农民和手工业者交换产品，取得自己不能生产的生产资料和生活资料，以维持再生产，从而维持自己家庭的温饱。因此，农民家庭生产与消费的平衡，不仅有实物平衡，而且有价值平衡。其再生产所需的生产资料和生活资料，除自己以实物形态满足一部分之外，其余部分就要通过市场进行价值补偿和实物替换。农民家庭并不单纯是一个自我完成再生产的经济单位，而是一个包含一定程度的以流通为媒介的再生产的经济单位。针对这种情况，作者曾经提出，中国封建社会农民的生产，是“农业和手工业、自给性生产和商品性生产双重结合”的概念。以后又指出，“这种双重结合，是小农经济在生产上的基本特征”，它“已经成为农民生产的内在结构”①。这是说，农业和手工业、自给性生产和商品性生产，在农民生产中紧密联系不可分割地结合为一个整体，通过它们的各自运动，又互相依存、互相补充所形成的综合效应，既有利于农民家庭生产与消费平衡的实现，又有利于整个小农经济的稳定和发展。

中国封建社会农民的这种生产模式，经历了一个长期的形成和发展过程。在封建社会初期，农业生产力和商品经济水平都比较低下，《管子》说，“夫民之所生，衣与食也”，当时农民的生产就自然地主要是解决吃与穿的自给自足问题，逐渐形成农业与手工业结合的所谓“男耕女织”的生产结构。如以战国时代的情况为例，《孟子·梁惠王》所记载的，“五亩之宅，树之以桑，五十者可以衣帛矣。鸡豚狗彘之畜，无失其时，七十者可以食肉矣。百亩之田，勿夺其时，数口之家，可以无饥矣”。《管子·禁藏》所说，民“率三十亩而足于卒岁，岁兼美恶，亩取一石，则人有三十石。果蓏素食当十石，糠秕六畜当十石，则人有五十石。布帛麻丝，旁入奇利，未在其中”。这都反映了这种“男耕女织”的情况。正是由于农民主要是生产粮食与布帛，封建国家遂有“粟米之征”、“布帛之征”。这种实物赋税反过来更加强了这种耕与织的结合。

中国农耕发达，人民的食物结构历来是以粮食为主。粮食生产在农民的整个生产中，占有最重要的地位。据李悝在《尽地力之教》中说，“今一夫挟五口，治田百亩，岁收一石半，为粟百五十石”，“食，人月一石半，五人终岁为粟九十石”。农民全家一年的口粮，占其粮食生产量的五分之三。战国时的耕地百亩，折合现在的市亩大约为31亩2分，当时5口之家的农民，就要用将近20市亩土地生产的粮食，才能做到自给口粮。尽管上述数据的准确性与代表性都难以判定，但仍可以说明口粮生产在农民生产中的地位。

当时农民与农民之间，农民与手工业者之间的产品交换，已经普遍存在。从《孟子·滕文公》所记载的情况看，农民要用粮食与从事“陶冶”的手工业者交换“釜甑”和铁农具，要与“梓匠轮舆”之类的木工交换粮食与布帛，

① 方行论文，《历史研究》1984年第5期、《中国经济史研究》1986年第1期、1991年第2期。

还要用粮食与手工业者交换“冠”。甚至有些农民还要与其他农民交换布帛。李悝在上述著作中就说过，有些农民是“衣，人率钱三百”，靠卖掉粮食来买衣服。尽管当时农民用于交换的粮食与布帛，主要是自用有余和交纳封建赋税以后的剩余生产品，但已不是“偶然留下的剩余物”[①]，而是具有一定数量的经常存在的剩余生产品。这种建立在“男有余粟，女有余布”基础上的交换，正是在当时生产力条件下，自给性生产与商品性生产结合的一种原始的简单的表现形式。由于当时农民能够用于交换的生产品还不多，商品性生产还很不发展，农民主要是靠自给性的“男耕女织”来实现家庭生产与消费的平衡，所以当时上述生产双重结构的重心，是在自给性的农业与手工业的结合，具有比较强烈的自然经济色彩。

随着农业生产力和商品经济的不断发展，农民生产的这种模式也在不断地发展。在中国封建社会相当长的一段历史时期内，自给性的“男耕女织”始终是农民生产的主要组成部分，但商品性生产在逐渐增加，具有自给性生产与商品性生产相结合的农民在逐渐增多。到宋代，“河朔山东养蚕之利，逾于稼穑”[②]。福建建宁一带山区的农民，“又多费良田以种瓜植蔗”[③]。太湖洞庭山“地方共几百里，多种柑橘桑麻”[④]。这些记载都反映了这种情况。到明代中叶，封建政权取消丝棉布帛的实物赋税之后，这种“男耕女织”的生产结构，就开始发生变化。在一些自然条件不适宜养蚕织帛、或不适宜种棉织布的地区，许多农民已不从事丝和棉的纺织。特别是到清代前期，棉花虽已在全国范围内取代丝麻成为主要的衣着材料，在一些自然条件不适宜种棉的地区，从事棉纺织的农民仍然很少。织布又有一定技术要求，也使许多地区的农民植棉而不织布，或者纺纱而不织布。加以棉花产区和非棉花产区从事棉纺织的经济效益大不相同，遂使农民自给性的棉纺织逐渐向商品性的棉纺织转移，棉花产区的商品性棉纺织日益发展，并形成了许多棉布集中产区。这就导致了农民以自给性“男耕女织”为内容的农业和手工业的结合逐渐削弱和分解。这种发展

---

① 《马克思恩格斯选集》第4卷，第161页。

② 庄季裕：《鸡肋篇》中卷。

③ 韩元吉：《南涧甲乙稿》卷18。

④ 庄季裕：《鸡肋篇》中卷。

变化，在清代前期日益显著。全国各地从北方到南方，都出现了这种情况。文献资料中记载的这类事例很多，如在山东，据康熙《邹县志》说，“妇女不勤纺织，坐而待哺”。如在山西，据乾隆《五台县志》说，“地不产棉，妇女不知纺织，虽尺布亦取给予市肆”。在江苏，乾隆《山阴县志》说，“淮人寸丝尺布皆资于市，桑不知栽，茧不知织，棉不知种，葛不知采”。在江西，同治《瑞金县志》说，“瑞邑既无蚕桑之利，又不获纺织之助，民间妇女皆安坐而仰食于其夫”。

据郑昌淦教授对清代地方志的记载考察，全国直隶等18个行省中，没有棉纺织的州县约在540个以上，约占全部州县总数的三分之一以上。农村棉纺织很少的奉天、广西、云南、贵州、甘肃等省的部分州县（因方志缺少）尚未包括在内。否则，没有棉纺织的州县还会更多一些。[①]

又据刘秀生教授对清代中期产棉地区1059个县的文献资料考察，其中生产棉布的县为685个，不生产棉布的县为374个。这是说，就是在产棉地区，不产棉布的县就占到达全部县总数的35%左右，他又对棉纺织比较发达的直隶、江苏、山东、河南、湖北、湖南、江西、四川等8个省地方志的记载考察，其中产棉布的县有423个，不产棉布的县为106个。后者约占全部县总数的五分之一。[②]

又据吴承明教授在《中国资本主义发展史》第二卷中估算，19世纪前期为我国农民家庭棉纺织发展最盛的时期，由于鸦片战争前后的资料过少，按1860年计，农村棉纺织户约占全国农户总数45%，非棉纺织户则约占55%。其中棉纺织发达的江苏省，非棉纺织户也占到全省农户总数的35%；棉纺织不发达的福建和广东两省，非棉纺织户由均占到两省农户总数的65%。[③]

上述这些研究，为文献资料的缺乏和记载的不够详明所局限，其数据当然不会是很准确的。但也可以看出，清代前期，农民自给性的棉纺织，特别是纺

---

① 《明清农村商品经济》，第2章。

② 《中国社会经济史研究》，1990年第2期。

③ 《中国社会经济史研究》，第308页。

纱而不织布，虽然还广泛地存在，但是不从事棉纺织的农户却已大量出现。加以农民的商业性农产品生产和包括棉纺织在内的商业性手工业生产，都获得了很大发展。农民生产双重结合的重心，就自然地从自给性的农业和手工业的结合，转向自给性生产和商品性生产的结合，并使后者成为广大农民家庭实现生产与消费平衡的主要途径。马克思在《资本论》中曾经提出过“生产方式的坚固性和内部结构”的问题，并且指出这在中国表现为“小农业与家庭工业的统一形成了生产方式的广阔基础”[①]。到了清代前期，这种情况已经有了变化。

但是，自给性的粮食生产仍然在农民的生产中保持着自己的重要地位。在当时农业生产力水平下，农民也还需要用相当多的耕地来做到口粮自给。如在江南地区，包世臣在《安吴四种》中说，“苏民精于农事，亩常收米三石，麦一石二斗。以中岁计之，亩米二石，麦七斗，抵米五斗”。这是说，在正常年景，一亩田夏秋两季可收米二石五斗。他又说，农民的口粮，“合女口小口牵算，每人岁食米三石”。按照他的说法，如果是“四口之家”的农民，则约需种田 4 亩多，才能自给全家的口粮；如果是“五口之家”的农民，则约需种田 6 亩，才能自给全家的口粮。据费孝通教授在《江村经济》一书中说，民国年间，江苏吴江县，一个四口之家的农户，必须有 5 亩半土地，才足以解决口粮自给，这也可资佐证。江南地区种植粮食的农民，一般是“一夫耕不过十亩”。从这些数据可以看出，这些农民需要将粮食收获量的一半以上作为口粮。江南地区的粮食亩产量，从全国来看是比较高的，其他地区农民的口粮生产，应当还会高于这个比例。尽管商品性生产在农民生产中的地位已日渐重要，但是，基于粮食生产对于商品生产具有基础作用的普遍原则，从每个农户来说，自给性的粮食生产仍然是他们的商品性生产赖以存在和发展的基础与前提。

清代前期，农民自给性生产与商品性生产相结合的生产模式，已获得了普遍而充分的发展。当时，不论南方和北方，许多地方官在“劝农”的时候，都总是按照这种模式来为农民设计生产。乾隆间，河南嵩县知县康基渊就提

① 《资本论》第 3 卷，第 371、373 页。

出，农民应当生产“谷米布帛”以“务本”，而又应当种植经济作物进行“调剂”，以“兼权钱币”。他要求农民的耕地在收“麦后，八分种粟，二分莳蓝。以十亩计，可获粟二十四石；收蓝易价，蓝后种蔬二亩，所出亦可获缗钱二十四千文，利反倍多也”①。这是北方的一例。从南方来看，康熙间，湖南长沙县知县朱前诒在《劝民开塘示》中说，农民种田，“大率三十亩，以二十亩栽禾，以八亩种豆，留二亩种果芋蔬菜等项，按时播种，早晚灌溉，便可取利养家”②。湖南农民的主食是米谷，从明代起，豆类的“功用已全入蔬饵膏馔之中”，可见他是把豆作为经济作物提出来的。

不但官方的规划是这样，民间的规划也是这样。清初浙江桐乡县张履祥的友人邬行素病殁，“遗田十亩，池一方，屋数楹”。家有老母、寡妻、长子、稚子与侄。张为其家所规划的生产是：由于“瘠田十亩，自耕仅可足一家之食”；加以家庭人口老弱多，“力不任耕”，难以种稻，遂安排种豆 3 亩，豆起种麦，种桑 3 亩，种竹 2 亩，种果 2 亩，池畜鱼，还养羊五六头，以其粪畜桑养蚕。这样，“豆麦登，计可足二人之食”。丝绵可以易衣，竹、笋、果与鱼、羊，“俱可易米”。“如勤力而节用，佐以女工，养生送死。可以无缺”③。这里农村商品生产比较发达，商品性生产项目就安排得多一些。前述官方和民间为农民生产设计的模式，与前引《孟子》《管子》中所记载的模式，无疑是显然不同的。

顺治《麟游县志》还指出，该县“核桃最佳，于地尤宜”。农民遂“以谷为本，以此为末，本末相权，庶谷不至于竭，而凶年亦可无虞矣”。作者用“本末相权”来概括自给性生产和商品性生产在农民家庭生产与消费平衡中相辅相成的作用，是非常精辟的。这种“本末相权”，与《孟子》所说的“通功易事，以羡补不足”的交换，无论是质和量上都大有差别。所有这些记述都正是农民的这种生产模式，在现实生活中已得到普遍发展的反映。

---

① 乾隆《嵩县志》卷 15。

② 嘉庆《长沙县志》卷 17。

③ 《补农书·附录》。

二

清代前期，商品生产的发展，主要表现为一个向农村扩散，与小农经济相结合的过程。一方面，农产品种植为自然条件所决定，出现一定程度的按地域分工发展的趋势；另一方面，手工业生产以接近原料产地，出现按农民家庭手工业方向发展的趋势。广大农民自给性生产和商品性生产的结合，在商品经济的这种发展中，呈现出丰富多彩的状态。下面按专门种植粮食的农民、种植经济作物的农民和从事手工业商品生产的农民，来分别加以考察。

首先，清代前期全国各地都普遍存在着专门种植粮食的农民。他们种植粮食，既是为了自给口粮，也是为了取得货币，用以换取自己不能生产的生产资料和生活资料。他们的自给性生产和商品性生产统一于粮食作物。出售粮食是这类农民货币收入的主要甚至是唯一来源。正如孙嘉淦所说，“小民之生计，则岂特口食已哉。必将以釜甑爨而以铁耕，百工之所为，皆需以粟易之。而又有税粮之征，衣服盐蔬之用，婚姻疾病丧葬之费，非粜五谷，无由得也”①。因此，他们维持家庭温饱以至改善生活都要靠提高粮食商品率。

这类专门种植粮食的农民，具有多种情况。在一些自然条件差，如土壤、气候恶劣，山高岭峻，资源贫瘠的地区，农民农产品种植和加工的选择性很小。农业生产向广度和深度发展的局限性很大，农民难以发展多种经营，只得从事单一的粮食种植。如陕西永寿县，位于黄土高原，其“土苦寒”，“崎岖硗确，山农力瘁阪田”，“产瘠而利微”，“所谓农末相资，通功易事者，概乎未之前闻”②。又如直隶灵寿县，“灵民全无逐末，专务力田，供赋养家，皆仰于此。且土地硗确，力费而获薄，是以不能盖藏”③。又如浙江江山县，“江邑处万山之中，地广人稀，民皆力穑。既无蚕桑畜牧之资，又乏金锡鱼盐之利。凡地丁钱粮以及民生日用衣食之需，皆取资米谷。地方穷苦，财路不通”④。

① 《清经世文编》卷51。
② 乾隆《永寿县志》志余。
③ 同治《灵寿县志》卷12。
④ 同治《江山县志》卷12，康熙间记事。

又如广东仁化县，“僻处一隅，无富商巨贾往来其间。人惟力耕，不营他业。趁墟贸易，鸡豚布谷之外，求尺帛寸珠不可得”①。

这类地区有的还不产棉花，农民也不事纺织，衣被须从市场中取得。农民在粮食收获之后，常常是“岁晚先计公租，纳后市其余，易布棉御冬，有婚丧亦藉此举之”②。由于棉花与布须从外省或本省远道贩运而来，价值昂贵。卢坤在《秦疆治略》中说，陕西长武县，“民间耕种，仅止二麦，别无土产。民间所用之布，皆系商人贩卖而来，价值昂贵。八口之家，每岁买布即须数十千文”。该省肤施、安定等县，都是“每岁出数石粟，始成一件衣”③。又如山西大同府一带，“每布（一疋）值谷五六斗，甚至八九斗一石不等，以二三亩之所获，仅供一布之费”④。而甘肃合水县一带，更是“丰年出斗粟，而不能易尺布”⑤。

在这种情况下，许多农民只得过一种“节衣”的生活。如陕西华州的农民是，“数年补用一衣，历年不更一巾”⑥。山西孝义县的农民是，“终岁不制一衣者十室而九”⑦。如湖北竹溪县的农民是，“一布褶可以经年”⑧。该省鹤峰州一些山区的农民甚至是，“高山严寒，妇女常无絮袄，唯以火为衣而已”⑨。在不得已必须添置衣被的时候，农民只得卖掉口粮，“缩食”以制衣。乾隆间，杨屾说，陕西许多农民是，“每岁必卖食买衣，因衣之费，而食已减其半。其艰于食者固自不少，而缺于衣者抑已良多”⑩。

这类地区的农民，由于自然条件恶劣，在生产上“本末相权”的活动余地很小。他们中许多人只得从消费上调整自给产品与出售产品的比例，挪用口粮买布，忍饥挨饿以提高粮食商品率来支付家用。他们的消费水平很低，家庭

---

① 嘉庆《仁化县志》卷上。
② 乾隆《宣化府志》卷32。
③ 嘉庆《延安府志》卷39。
④ 乾隆《大同府志》卷26。
⑤ 乾隆《合水县志》物产。
⑥ 雍正《陕西通志》卷45。
⑦ 乾隆《孝义县志》物产民俗。
⑧ 宣统《湖北通志》卷21，引黄晖烈《竹溪县志序》。
⑨ 同治《宜昌府志》卷11。
⑩ 民国《兴平县志》卷7。

生产与消费的平衡点很低。

除了上述的那些农民之外，其他广大专门种植粮食的农民，由于粮食自给的部分弹性较小，需求量大体稳定，在生产上一般是采取两种办法来提高粮食商品率。一个办法是，通过提高粮食亩产量，从而提高粮食总产量来提高粮食商品率。另一个办法是，通过调整自给性生产与商品性生产的比例，扩大商品性生产来提高粮食商品率。在增产粮食制约因素较多的地区，农民通常是采取后一种办法。他们按照种植不同粮食品种的比较利益来安排自给性生产与商品性生产的比例，以增加货币收入。如在北方旱田地区，小麦、大豆等作物的价值高，而高粱、小米等杂粮则产量高。如在山东，“通常麦价高于粗粮价格一倍”①。尽管后者的产量高，其亩产值仍低于前者，以产值计算的商品率，后者也低于前者，许多农民为了获得较多的货币，并满足自己的口粮需要，遂种高粱、小米等以自食，种小麦、大豆等以出售。如在山东，寿光县的农民往往是，“十亩之田，必种小麦五亩，其收早而利赢也”②。钜野县的农民是，“种植五谷以十亩为率，大约二麦居六，秋禾居四”。“秋禾以高粱谷豆为主，其次则黍稷”，而“民多食高粱”③。临朐县是，“黄豆黑豆最为民利，与麦同重。农人有田十亩，常五亩种豆，晚秋丰获，输租税，毕婚嫁，皆恃以为资。岁偶不熟，困则重于无禾”④。

清代前期，复种制度在全国各地得到推广。北方各省多是小麦、豆类作物和高粱等杂粮复种，南方各省多是稻、麦和薯类等杂粮复种。许多农民就同前面所述的农民一样，出售价值高的稻、麦，而留杂粮自食，以提高粮食商品率。在直隶，元氏县的农民是，“岁入有余粮，粗粝自给，鬻其美好者于邻邑”⑤。湖南湘乡县，红薯“山土种之极多，收早稻后，又种迟薯。山农以此充食，岁居大半”⑥。四川蓬溪县的农民是，薯“与稻并重，冬藏土窟，足供

---

① 罗仑等：《清代山东经营地主经济研究》，第56页。
② 嘉庆《寿光县志》卷9。
③ 道光《钜野县志》卷23。
④ 光绪《临朐县志》卷8。
⑤ 乾隆《正定府志》卷11。
⑥ 嘉庆《湘乡县志》卷18。

数月之食”[①]。该省资阳县的农民，“多种薯以为食，省谷出粜”[②]。在台湾，“台人皆食地瓜，大米之产，全为贩运，以资财用”[③]。

许多丘陵地区，特别是有些山区获得开发之后，农民是山地与水田兼种，山地多种杂粮，水田多种稻谷。农民也是“以杂粮自食，以谷售人”来提高粮食商品率。如湖南桂阳州，“州居山谷间，民倚山为粮，不待稻谷”。其所属蓝山县，“多稻田，州人率一岁三月食麦薯苞瓜，入谷卖钱，不以田为食”[④]。湖北施南府一些地方，甚至“家累千金者，仍饭包谷红苕，稻米颇贱，仍珍而勿食也”[⑤]。如在贵州，“苗疆自乾隆嘉庆之后，生齿日繁，人力极足。开挖山坡田土，几无隙地。种杂粮以自食，所产粳米，则上采买之外，尽数变价，故随处皆可采买”[⑥]。该省黎平县，“苗人皆食杂粮，其收获稻米，除纳赋之外，皆运售楚省”[⑦]。

上述这些农民的自给性生产和商品性生产都是按照具有不同市场价值的粮食品种来区分的。“本末相权”的办法，颇为明确。

有些地区，土地平衍肥沃，种粮产量高，这里的农民遂多种植粮食。如四川，“气候暄暖，于树艺之事相宜，故丰岁多而俭岁少”[⑧]。又如湖北一些地方，“泉甘土沃，民勤于农，塘堰修饬，蓄泄有方，连年丰稔”[⑨]。这类地区的农民，就主要是采取提高粮食亩产量和总产量的办法，以扩大商品性生产的比例，来提高粮食商品率。他们通过种种增产措施，提高了粮食亩产量和总产量。如浙江江山县，“产米之乡，一秋之获，可支数年”[⑩]。陕西汉阴厅，“南来之民，耕于汉者，一岁之获，可支数载”[⑪]。安徽阜阳县，“沃壤广轮数十百

---

① 道光《蓬溪县志》卷15。
② 咸丰《资阳县志》卷11。
③ 姚莹《东溟文后集》卷6。
④ 同治《桂阳直隶州志》卷20。
⑤ 搏沙拙老：《闲处光阴》卷下，道光间记事。
⑥ 光绪《古州厅志》卷3。
⑦ 爱必达：《黔南识略》卷21。
⑧ 民国《大竹县志》卷4，引嘉庆间四川总督常明语。
⑨ 光绪《黄梅县志》卷6。
⑩ 同治《江山县志》卷11。
⑪ 同治《汉阴厅志》卷9。

里，一年之收，可备数年之食”①。特别是一些重要产粮区，更是如此。如河南产粮区，“原隰平衍，膏腴千里。岁果有秋，粟支十年”②。湖南洞庭湖产粮区，“湖田之稻，一岁再种，一熟则湖南足。再熟则湖南有余粟”③。又如四川，“蜀中为产稻之区，一岁所出之谷，足备数岁之用”④。该省新宁县，“收稻最富，一岁所入，计口足供十年”⑤。

粮食亩产量高，总产量就高，农民能用于出售的部分就大，货币收入就多。这些农民也就有较高的生活水平，其家庭生产与消费的平衡点也较高，有人说，湖南洞庭湖区，“垸农一岁乏收，可抵山农数岁之收。垸民至厌粱肉，山民恒苦菜食”⑥。这可能有些夸大，但垸农与山农的生活水平有较大差距则是可信的。这类农民有的还因此以致富厚。李兆洛说，安徽凤台县有些农民是，“岁稔则余数年之畜矣。得比岁稔，无立锥者或致千金。”⑦

其次，清代前期，农民种植经济作物的逐渐增多。这类农民大多既种植粮食，又种经济作物。他们的粮食种植，是作为自给性生产，以保证家庭的口粮供给。而经济作物的生产则是商品性生产，是为了取得货币，以支付家庭的各种开支。他们在自给性生产与商品性生产的安排上，也具有多种情况。

种植粮食为主，种植经济作物为辅，是这类农民比较普遍的一种模式。如陕西汉水流域的一些地方，“汉川民有田地数十亩之家，必栽烟草数亩，田则栽姜或药材数亩。烟草亩摘三四百斤，卖青蚨十千以外。姜药材数亩，收八九百斤，卖青蚨二三十千，以为纳钱粮市盐布庆吊人情之用”⑧。这是这种类型农民具有典型意义的一例。

这种类型的农民，“靠山吃山，靠水吃水”，农林牧副渔各业的各种产品，都是他们进行商品性生产的对象。如安徽凤阳县，有些农民种烟，“近城一带

---

① 周天爵:《道光阜阳县志序》。
② 同治《汉川县志》卷20。
③ 黄彭年:《陶楼文钞》卷2。
④ 光绪《应城县志》卷2。
⑤ 道光《新宁县志》卷4。
⑥ 光绪《华容县志》卷3。
⑦ 《清经世文编》卷36。
⑧ 《三省边防备览》卷8。

所产烟叶，较他处为佳。七八月间，商贩四集，贫民颇资以佐食用之缺”①。浙江于潜县有些农民种竹晒笋干，“初夏时贩鬻于嘉苏，以千百计，谋生之资，不为无助”②。

有些农民是开发山区，多种经济林木，以助家用。福建安溪县的农民，“向耕于田今耕于山，向种惟稻黍菽麦，今耕于山者，若地瓜、若桐、若松杉、若竹、凡可供日用者，不惮陟巉岩，辟草莽，陂者平之，罅者塞之，岁计所入，以助衣食之不足”③。湖南山区开发之后，永顺府的“山地皆种杂粮，岗岭间则植桐树，收子为油，商贾趋之，民赖其利以完租毕婚嫁”④。溆浦县的农民，在种“稻谷之外，杂粮油蜡之利，资于山者，足佐稻之不足”⑤。麻阳县的“近山居民，择其地肥土厚之处，布种桐树，获子打油，视人力之多寡，可足一家之用”⑥。

有些农民则以饲猪为副业，以助家用。如陕西汉水流域一带，“山中多包谷之家，取包谷煮酒，其糟喂猪。一户中喂猪十余口，卖之客贩，或赶赴集市，所得青蚨，以为山家盐布庆吊终岁之用”⑦。湖北鹤峰州，地“产包谷，十居其八。其性逾岁必生虫。民食有余，即不酿酒饲猪，亦不可久贮。且贩猪他邑，可市布棉杂货，以有易无，于山氓较便”⑧。四川太平县，“地多险峻，稻不过十分之一。全赖锄挖山坡，遍种杂粮，以资衣食。但津河不通，粮食无从运销，唯以包谷饲猪，变易盐茶布匹”⑨。

有些地区地理位置优势，或有良好的土壤、气候条件，或有便利的市场条件，适宜于种植经济作物。而经济作物又具有高于粮食作物的经济收益，这里的农民遂缩小自给性生产，主要是缩小粮食的自给性生产，而扩大商品性生

① 乾隆《凤阳县志》卷4。
② 嘉庆《于潜县志》卷10。
③ 康熙《安溪县志》卷4。
④ 乾隆《永顺府志》物产。
⑤ 乾隆《溆浦县志》卷7。
⑥ 乾隆《麻阳县志》土产。
⑦ 《三省边防备览》卷8。
⑧ 道光《鹤峰州志》风俗。
⑨ 乾隆《太平县志》风俗。

产，扩大经济作物的种植。农民的生产遂出现不同程度的以商品性生产为主，自给性生产为辅的情况。

农民向封建国家交纳的漕粮和向地主交纳的谷物地租，本来都是同口粮一样，纳入自给性粮食生产之内。由于扩大经济作物的种植，有些农民首先将漕粮和地租从粮食生产中蠲除。如种棉花的改交“花租”，种麻的改交“麻租”，种油料作物的改交“油租”，或者折交货币租。学术界多有论述，不必重复引述。有些农民甚至是买粮食交纳租赋。江南地区种植棉花多的地方，从明代起，农民即已是“以棉织布，以布易银，以银籴米，以米充兑”①，即所谓“买米完漕”。到清代，上海县是“每秋粮开征，辄籴于华亭”②。南汇县也是“地鲜稻，输粮者必籴浦西米足之”③。雍正六年，清政府规定，“江浙征收漕米，但择乾洁，不必较论米色，准令赤白兼收，籼粳并纳”④。由于破除了原来只收粳米的规定，买湖广、四川籼米以充漕的情况遂多。交纳漕粮的虽多为地主，但这也是佃农不以粮食交租的反映。台湾台南一带的农民，也是“多种瓜芝麻，杂植蔬豆，栽蔗碾糖。间种早稻以佐食，纳粮每于两路籴买输将”⑤。

有些农民由于商品性生产的部分进一步扩大，还需要从市场购进部分口粮，遂使一部分口粮也退出了农民自给性的粮食生产。如直隶栾城县种棉花很多，“栾地四千余顷，稼十之四……棉十之六。晋豫商贾云集，民竭终岁之力，售其佳者以易粟，而自衣其余”⑥。有些农民更是依靠出售棉花，以支付半年食用，直隶新河县，“自方敏恪公（即方观承）教种木棉后，夏秋之交，绿云白云遍铺郊原，更值半年，居然乐土矣”⑦。有的地方种烟，江西瑞金县，“缘乡比户往往以种烟为务”。“通邑之田，既去其半不树谷”，“卖烟得钱，即可易米”⑧。福建龙岩州是，农民“种蔗及烟草获利数倍，故多夺五谷

---

① 嘉庆《南翔镇志》卷12。
② 同治《上海县志》卷4。
③ 雍正《南汇县志》卷15。
④ 《光绪大清会典事例》卷199。
⑤ 黄叔璥：《台海使槎录》卷3。
⑥ 道光《栾城县志》物产。
⑦ 光绪《新河县志》风俗。
⑧ 乾隆《瑞金县志》卷7；道光《瑞金县志》卷2。

之地以与之，田渐广而粟弥匮乏”[①]。有的农民种果，山西太平县，“邑宜枣，往时树盈野，公私赖之，邑人有半年粮之谣”[②]。在湖南的许多山区，“山农治山……一岁种烟，再岁种薯荞粱粟，三岁种芝麻，通易粒食”[③]。新化县的农民是，“茶桐杉竹诸凡有资民生日用之物，所产亦繁，民以此装运邻境，易谷米以食”[④]。

这类农民有的甚至不从事自给性的粮食生产，专门种植经济作物或经济林木。这些大都出现在自然条件优越和具有历史种植传统的地方。江南地区的嘉定县，从明代开始有些农民专种棉花。如嘉庆《南翔镇志》说，明代有些农民“仅种木棉一色，以棉织布，以布易银，以银籴米”。到清代仍然如此。如乾隆《嘉定县志》说，有些农民“植花以始之，成布以终之。然后贸易钱米，以资食用”。四川什邡县，“园户无田者甚多，一年仰事俯畜，衣食所靠，皆在于茶”[⑤]。广东海南县九江乡，“自乾嘉而后，民多改业桑鱼，树艺之夫，百不得一”[⑥]。江西南丰县，桔“四方知名”，“城南杨梅村人，不事农功，专以为业”[⑦]。山西榆次县，桃“出训峪诸村，民于沟涧边植桃为业。桃大且佳，岁收以代稼”[⑧]。山东胶州，“东鄙以落花生代稼”[⑨]。河南河内县、温县、孟县、武陟县一带，“河朔地多肥美，其近于沁济间尤宜于药草，鹜利之徒，遂舍谷稼而专植他物。武陟较少于河内温孟，然亦居十之二三”[⑩]。有些城市郊区，农民专种蔬菜出售，如无锡县城附近，农民“不植五谷，而植园蔬”。“冬菜一熟，可抵禾稼秋成之利”[⑪]。有些地方却是由于土质恶劣，不宜种植粮食，农民只得以种植经济林木为生。河南林县，“北乡山后，沙石荦确，无地

① 乾隆《龙岩州志》卷10。
② 雍正《山西通志》卷47。
③ 嘉庆《宁乡县志》风俗。
④ 《湖南省例成案》户律，卷7。
⑤ 嘉庆《什邡县志》卷29。
⑥ 光绪《九江儒林乡志》卷3。
⑦ 同治《南丰县志》卷9。
⑧ 同治《榆次县志》卷15。
⑨ 道光《胶州志》卷14。
⑩ 道光《武陟县志》卷11。
⑪ 《锡金识小录》卷1。

可耕，故其民别以种植为生计，多收果核，即属有年，不以禾黍丰凶为利病也。山所宜木非一，惟柿果核桃花椒三物，其利独溥”①。直隶束鹿县，该县“沙瘠之地，如旧城桃园梨园古营一带，多植桃杏枣梨，足以易食”②。

清代前期，农村经济作物的发展，就是沿着这样一个缩小粮食自给性生产的轨迹运动。以种植粮食为主，以种植经济作物或饲养家禽家畜以及其他副业为辅的农民，虽然最为普遍，但自给部分口粮，购买部分口粮，而主要种植经济作物和经济林木的农民，却呈现出大量增加的趋势。至于不种植粮食，而专门从事经济作物或经济林木种植的农民，大都只存在于某些地区的个别乡村，究竟为数不多。

再次，有一类农民除种植粮食以自给之外，还利用本地资源，从事手工业的商品生产。他们已开始“不专仰食于田”③。特别是其中的棉纺织生产，更是自给性“耕织结合”的一个重要发展。

这类农民最普遍的形式也是以自给性粮食生产为主，以商品性的手工业生产为辅，利用当地资源，开发手工业产品，以添补家用。他们多就地取材，产品繁杂，难以尽列，兹举数例如下。

如纸。浙江湖州府，“莫干山村皆业草纸。凡诸村之民，大率为樵为耕，以其隙造纸，深坑积稻草而腐之，缘溪浮于水。出水帖然成纸，以鬻于市，包裹干物之所用也”④。江西泸溪县，有些农民“三时务耕作，其余刈竹煮焦，以楮业相高”⑤。陕西略阳县，寒蓬沟一带“多产楮材，故其民三时务农，冬则造纸为业焉”⑥。

如陶瓦器。陕西麟游县，有些农民是，陶窑因“贫民始终艰于无本，不能恒作，惟农隙为之，少资其利”⑦。山西平定州，“山多土瘠，民劳俗朴。国朝百余年来，休养生息，户口日繁，计地所出，岁莫能给。力农之外，多陶冶

① 乾隆《林县志》卷5。
② 乾隆《束鹿县志》卷5。
③ 雍正《昭文县志》卷4。
④ 同治《湖州府志》卷33。
⑤ 乾隆《泸溪县志》卷4。
⑥ 道光《略阳县志》卷4。
⑦ 顺治《麟游县志》卷3。

沙铁等器以自食”①。河南林县的“县东至邓坡”，“其民业稼穑兼陶窑”②。湖北德安府的农民还烧石灰出售，“贫民每于农隙烧青石成之”③。

如编织。湖北枝江县，集市除“布帛菽粟而外，绝少异品。自晨至夕，唯见乡农牧竖缉茸筐篮而已”④。贵州思南府，“安属塘头一带，妇女破竹为丝，粗细两层，中衬以纸，编作斗篷。居人资以御雨障日，其利与纺棉等”⑤。

如采矿。在湖南的一些铁矿附近，“居民农隙刨挖，以供农器之用。如有余铁，挑往邻邑售卖，免其课税”⑥。山西孝义县，农民“大抵夏秋力南亩，春冬地冻，则入山砍木掏煤”⑦。

但是，农民的商品性手工业生产，最大量而又最重要的还是棉纺织。在一些棉纺织发达的地区，农民从事棉纺织商品生产大致有两种情况。一种是当地耕地比较充裕，农民就大都是以农耕为主，而以棉纺织生产为辅。湖北是清代前期的重要棉布产区，又是水稻产区。其江陵县是，“乡民农隙以织为业者，十居八九”⑧。天门县是，“为农者无论山农泽农，家必兼织”，“农隙即率妇子昼夜勤纺绩”，“在昔机杼不过十室而三，今则十室而九矣”⑨。云梦县是，民“重耕织，土瘠民劳，甫释犁锄，即勤机杼。男女老少皆然，寒暑不辍”⑩。

另一种情况是，当地人稠地窄，户均耕地甚少，仰仗农耕难以维持一家温饱，只得另谋棉纺织为生。这种农民大都是以棉纺织商品生产为主，而以农耕生产粮食为辅。这在江南地区的松江府苏州府一带，最为典型。这里的农民一般是“躬耕之家，仍纺棉织布，抱布贸银，以输正赋，而买食米”⑪。他们生

---

① 光绪《平定州志》卷5，引《乾隆县志》。
② 乾隆《林县志》卷5。
③ 光绪《德安府志》卷3。
④ 乾隆《枝江县志》卷3。
⑤ 道光《思南府续志》卷2。
⑥ 乾隆《湖南通志》卷42。
⑦ 乾隆《孝义县志》物产民俗。
⑧ 乾隆《江陵县志》卷22。
⑨ 乾隆《天门县志》卷1。
⑩ 道光《云梦县志略》卷1。
⑪ 乾隆《宝山县志》风俗。

产的粮食，往往是只够两三个月的口粮，如南汇县川沙县一带，农民“耕获所入，输官偿息外，未卒岁室罄。俗有六十日财主这称，其衣食全赖女红”[①]。这就是说，农民种田，只够供两个月口粮。无锡县是“乡民食于田者、惟冬三月”，其他各月，都是“抱布贸米以食”[②]。又如嘉定县的石岗广福一带，“计口受田，不及一亩，即竭终岁之耕，不及供三二月费”，故“寒暑不辍，纱布为务，勉措夏税秋粮”[③]。所以这里的农民总是昼夜纺织，“晨抱纱入市，易木棉以归，明旦复抱纱以出，无顷刻闲”[④]。

这种情况其他地区也有，如河南孟县，“地窄人稠，按口计地，每人不足一亩。通邑男妇唯赖纺织营生糊口”[⑤]。又如四川仪陇县，农村市场“集期交易，丝绵及布为盛，盖土产也。虽嗷嗷十口。田不过半亩，而晨夜纺织，子妇合作，衣食悉待给焉”[⑥]。又如直隶乐亭县，“农隙之时，女纺于家，男织于穴，遂为本业。故以布易粟，实穷民糊口之一助”。所产棉布，“本地所需一二，而运出他乡者八九”[⑦]。

另如湖南耒阳县，农民“勤纺绩”，“而摇车辛苦，惟北乡为最。其布通行郴桂粤西间，为利甚溥，足以济半年食用”[⑧]。该省攸县，农民所产棉布，“通行潭醴及江右吉袁。贫者耕不足恃，恒赖此支半载食用”[⑨]。这里农民的棉纺织商品生产，已几乎要成为主业了。

江南地区的蚕丝，与其说它是手工业，不如说它是经济作物。因为同在江南地区，有许多情况与江南地区的棉纺织类似，故一并在此论述。蚕丝是太湖周围地区农民的重要商品生产，明代湖州府一些蚕桑地区是，“田中所入，与桑蚕各具半年之资”[⑩]。嘉兴府有些地方是，“田收仅足支民间八月之食，其余

① 光绪《南汇县志》卷20，引乾隆县志。
② 《锡金识小录》卷1。
③ 嘉庆《石岗广福合志》卷1。
④ 乾隆《上海县志》卷1。
⑤ 乾隆《孟县志》卷4上。
⑥ 同治《仪陇县志》风俗。
⑦ 乾隆《乐亭县志》卷5。
⑧ 嘉庆《耒阳县志》卷8。
⑨ 同治《攸县志》卷18。
⑩ 徐献忠：《吴兴掌故集》卷12。

月类易米以供。公私仰给，惟蚕丝是赖。比户以养蚕为急务”[①]。清初江苏吴江县一带，唐甄说，“震泽之蚕半稼”[②]。这也是农耕与蚕桑“各具半年之资”的意思。到康熙以后，人口迅速增加，耕地日见不足。蚕区的农民必然会加大蚕桑生产的比重，以维持生计。浙江一些地方就是“桑田多，稻田为之渐窄”，“地狭人众，力耕不足糊口，比户养蚕为急务”[③]。江苏震泽县则是，“邑中田多洼下，不堪艺菽麦。凡折色地丁之课，及夏秋日用，皆惟蚕丝是赖”[④]。这都说明，这些农民的蚕桑生产在家庭收入中的地位，已日见重要。

从前述事例可见，这种自给性生产和商品性生产相结合的生产结构，对于各种不同的自然条件，对于农民本身在耕地、资金和劳动力上的不同条件，具有很大的适应性。广大农民根据当地和各自的生产条件，灵活配置自给性生产与商品性生产的比例，使它们互为盈缩，相辅相成，较好的解决了家庭的温饱问题，推动着整个农村商品生产的发展，这都说明了这种生产模式发展的成熟。

三

中国封建社会农民这种生产模式的形成和发展，具有自己的社会经济根源。

中国幅员辽阔，既有湿润、半湿润、干旱、半干旱多种地带，又有山地、高原、丘陵和平原，气候和土壤多种多样的差异性，会形成自然产品的多样性，这是有利于发展商品生产的良好自然基础。这种自然资源能否得到充分利用，在当时生产力和条件下，关键在于农民能否有比较充实的自有经济，和能否比较独立地自主经营。

中国封建经济制度，特别是封建赋役制度和封建租佃制度，在农业生产力和商品经济发展的推动下，不断改革而自我完善，在封建制度所能容纳的范围之内，扩大了农民的经营独立性，解放了农民的生产力，自耕农拥有自己的土

① 康熙《石门县志》卷12，引万历县志。
② 《潜书·惰贫》。
③ 乾隆《海盐县续图经》卷5、卷1。
④ 乾隆《震泽县志》卷25。

地，没有地租剥削，其他生产资料一般都比较完备，经济条件比佃农优越。随着农业生产力的发展，佃农自有经济扩大，到清代前期，完全意义的佃农，即自有耕畜、种子、口粮、房屋等生产资料和生活资料的佃农，大量增加，定额租制的发展，就是这种佃农增多的反映，在押租制和永佃制发展以后，土地所有权同耕作权进一步分离，佃农有权将自己享有的耕作权出租、典押和出卖，这也反映了佃农个体私有制的发展。这些我们在第一章中已作了论述。这都为农民发展农业生产和商品生产提供了良好的条件。

清代前期，社会经济环境最重要的变化是人口迅速增加。在乾隆一朝的六十年间，人口翻了一番。这给农民带来了一些重要影响。首先是耕地规模缩小。中国多子分析遗产的制度，本来就会造成田产的不断分割，而人口的大量增加，更会加强这种趋势。一些原来耕地比较充裕、农民占田较多的地区，自耕农拥有的田地大大减少了。其转折点大都在乾隆中叶。如湖北的荆州地区，“昔也地广民稀、治产之家，耕三余一。仓箱既盈，输赋税而赡日用，罔不克享有生之乐”，到嘉庆道光以后，“今也不然，生齿日繁，而丘垅分析，且远方就食侨寓于兹者皆置田业。田则如故也，而家各数亩矣。虽终岁勤动，饔飧尚亏”①。又如浙江慈溪县，乾隆后期，已是“慈邑有田之家，或一二亩、三四亩，自赡不暇”②。四川省明末清初的战乱，破坏严重，雍正乾隆间因从外省大量移民，荒芜的土地才遂渐垦辟，上述趋势因此出现得较晚一些。但也同样给这个清代最重要的粮食产区造成了严重影响。有人说，“雍乾以后，生齿日繁，文化亦隆。大姓中有人口千余者，财产则非所重。在咸同以前，上户无千亩田者。同光以来，大族之人数数分产，贫者亦众”③。

在一定地区，与当地耕作条件相适应，一个农户依靠家内劳动力所能耕种的土地，大体是一定的。由于人口剧增，耕地不足，农民耕地大都达不到这种规模。许多自耕农的耕地面积甚至还少于佃农。如以江南地区为例，这里是“一夫耕不过十亩”。在乾隆嘉庆间，“佃农工本大者不能过二十亩，为上户。

① 同治《荆门直隶州志》卷11之2。

② 光绪《慈溪县志》卷10。

③ 民国《安县志》卷55。

能十二三亩者为中户，但能四五亩者为下户”[①]。到道光以后，“往时江南无尺寸隙地，民力田，佃十五亩以上者称上农，家饶给矣。次仅五六亩，或三数亩，佐以杂作，非凶岁亦可无饥。何者？男子耕于外，妇人蚕织于内，五口之家，人人自食其力，不仰给予一人也”[②]。

农民的耕地既被一再分割，经营规模缩小，就只能从发展商品性生产上找出路。许多农民不得不腾出部分耕地来种植经济收益较多的经济作物，来支付家用，以至换取部分口粮。有些农民不得不用更多的以至全部耕地种植粮食，以自给口粮，而另谋兼业，手工业也就成为他们维持生存的天然出路。

其次，由于耕地的增加赶不上人口的增加，粮食供求关系就会日趋紧张。乾隆以后，大量农民涌向闽浙赣皖山区、鄂北川北陕南山区等从事开垦。玉米、甘薯、高粱等高产作物在全国广大地区的推广，一些重要的粮食产区，许多农民都已食玉米、甘薯而出卖稻米，四川湖南的情况已如前述。又如台湾，“凡有地百亩者，仅种地瓜二三十亩，取供一家终岁之食，其余悉种花生。因是物可作油与糁，易于售卖”[③]。一些重要的经济作物区，农民也是多吃玉米、红薯，如福建道光间，“今以闽土所出之利计之，若上诸府之茶竹，下诸府之甘蔗花生，固以利总四方矣。至于地瓜一种，济通省民食之半，尤利之甚溥者。闽中固无旷土矣”[④]。安徽霍山县为茶叶产区，乾隆间有人说，“四十年前，民家惟菜圃间偶种（玉米）一二，以娱孩稚，今别延山漫谷。西南二百里皆恃此为终岁之粮矣”[⑤]。雍正乾隆后，还出现了全国性的粮价持续上涨。这些都无疑是粮食供求关系紧张的反映。

清代康熙间，经济作物的种植即开始发展。乾隆间更日益扩大。许多农民都是用粮田来种植经济作物，即所谓“多夺五谷之地以与之”。在粮食供求关系紧张之后，许多农民又回过头来重新调整自给性生产与商品性生产的比例，增加口粮种植。如江南地区的嘉定县，“嘉土沙瘠，不宜于禾。外冈地势高

---

① 章谦存文，《清经世文编》卷39。

② 薛福保文，《皇朝经世文续编》（盛康本）卷41。

③ 同治《澎湖厅志》卷9。

④ 施鸿保：《闽杂记》。

⑤ 乾隆《霍山县志》卷7。

阜，尤不宜于禾。往者皆种木棉。近因米价昂贵，每石有五两外者，始多种稻”[①]。在江西，道光《宜春县志》说，棉麻“自昔山土多树此二种，后以薯芋可资口腹，种者稍少，间或取给予外”。在四川巴州“旧擅蚕桑之利”，“近年乡民垦地为田，嫌桑树浓阴，蔽覆田亩，多被砍伐，故所出较少，而利亦减杀”[②]。在浙江，泰顺县是，“嘉庆以前多种蓝靛。今则多种番薯”，“农家多以薯米为粮”[③]。

同时还要看到，种植经济作物比种植粮食作物，需要更多的资金投入和劳动力投入，也有大得多的自然风险和市场风险。如果遇到突发的天灾和市场波动，农民一茬经济作物的损失，比一茬粮食作物的损失要大得多，甚至还会影响农民经济的稳定。如四川彰明县，农民种烟，其工本“较稻粱加倍”，获利“亦如之”，但稍事疏忽，必致折本。[④] 又如种蓝，有的地方，种蓝“利厚本费，故（农民）数岁中乍贫乍富”[⑤]。有的地方是，种蓝的农民“因以致富者不少，亦有因而荡产者”[⑥]。就是棉布这种最重要的生活资料，其商品生产也有市场风险。乾隆《孟县志》说，民“倚以为命，惟在女红。往者秦晋一荒，孟民逃亡，盖白布不行之所致也”。因为孟县棉布多销往陕西、山西两地，那里遭受自然灾害，当然会影响孟县农民的生活。江南地区的棉布，有时也“其贱如泥”，所以乾隆《嘉定县志》说，从事棉纺织的农民，抱布入市，“常任其低昂贵贱”，“有辗转折阅之苦”。经济作物和手工业品的商品生产，本来就有市场风险，这是题中应有之义。种植经济作物在自然风险中的损失，又比种植粮食作物要大。这对于经营规模小，储积不多的农民来说，要求他们摆脱自给性的粮食生产，无疑是困难的。在粮食供求关系紧张的条件下，更会是如此。清代前期，人口滋繁，粮食供求的压力越来越大，许多农民不论他们商品性生产的比重如何大，他们都要保留一定的口粮生产，以作为自己最后的生存

① 乾隆《续外冈志》卷1。
② 道光《巴县志》卷1。
③ 光绪《泰顺分疆录》卷2、卷3。
④ 同治《彰明县志》卷19。
⑤ 光绪《彭县志》卷3。
⑥ 道光《黄平州志》卷4。

保障，这就是无锡县从事棉纺织的农民，也要种植够吃三个月口粮的原因。

上述这些互相交错的正反两方面的制约因素，在相互作用中，就形成了一个总的合力，推动着农民自给性生产和商品性生产相结合的普遍发展，并促进着它的巩固。

在这种生产模式之下，农民对于自给性的粮食生产，只要能满足口粮供应，是不计成本的。不论粮食收获量能否补偿生产资料和生活资料的消费，他们都会耕种土地。是否有剩余产品，并不是耕种土地的界限。

对于家庭手工业生产，由于主要是在农闲或夜间进行，并主要是由妇女承担。这部分生产不管是否安排，或者以多大规模安排，这些劳动力的生活费用，都是必须支出的，它是一种固定的开支，并不随产品产量的多少而变动。因此，只要出售这部分家庭手工业品，能收回原料的费用，并略有剩余，即这部分劳动力的支出，还能带来一定的报酬，农民就会从事这种商品生产，至于这部分剩余能否补偿家内劳动力的生活费用，他们是不计较的。正如《沈氏农书》在论述农民的棉纺织生产时说的，“织与不织，总是吃饭。不计工食，自然有赢”。但在实际上却可能有三种情况。一种是如果这部分剩余，与从事这种生产劳动者的生活费用相当，那农民就是不赔不赚。一种是如果这部分剩余，少于从事这种生产劳动者的生活费用，那就是亏本。如果这部分剩余，是表现为补偿生产资料和生活资料费用后的剩余产品，那是真正的盈余。一般来说，最后一种情况居多，这就是江南地区从事棉纺织的农民，种地很少，却能“上完国课，下养老幼”①，并使这里能称“东南乐土”的原因。

对于从事经济作物生产的农民来说，经济作物的生产，是他们实现家庭生产与消费平衡的主要依托。农民出售经济作物的收入，应当能够支付除自给性口粮以外的家庭全部生活资料的费用，还应当能够补偿这部分生产的生产资料的费用。有的农民甚至还要靠它支付口粮生产的费用。因此，农民经济作物的生产是必须要有盈余的。

在传统农业的条件下，生产工具、土地和劳动力等生产要素之间，替代的弹性较大，农民可以通过追加劳动力，以弥补生产工具和耕地的不足。没有牛

① 李煦奏折。

犁，可以用锄深翻土地，“率十人当一牛”。耕地不足，可以提高复种指数。让有限的土地，吸收更多的活劳动，以提高土地的产出功能，提高总产量。中国精耕细作的传统农业，就是这样劳动力集约的农业。这种农业总能获得盈余。

总之，农民一年的生产周期之内，由于各种因素（也包括一些偶然因素）的作用，往往是通过某些产品的亏本，某些产品的保本，某些产品的盈余，以实现家庭生产与消费的平衡。这些生产既各自运动，又相互作用，形成一种整体功能，以维持农民的生产与生活。

有的农民，由于生产资料比较完备，生产资料比较充裕，耕地也较多，他们往往通过雇工发展商品生产而发财致富。但这种农民只占极少数。对广大农民来说，不论他们有没有自给性的粮食生产，或者有多大比重的自给性粮食生产，他们从事商品性生产，都只是为了追求温饱，而不为了追求盈利以发财致富。这并不是他们不想发财，而是他们难以办到。个体农民经营规模都很小，积累也很小，为这种主观条件所限制，他们要发财致富本来是很困难的，而当时客观经济条件，也给他们带来了难以逾越的障碍。如果他们要通过发展商品生产以发财致富，追求盈利的目的和规模经济的效益，必然要求他们形成一定的生产规模，增加耕地和劳动力。当时由于人口增加，除边远省区之外，内地各省都已地窄人稠，农民耕地规模逐渐减少。加以地价上涨，租地又需要支付押租。这些都增加了扩大耕地面积的困难。如雇工经营，因工食费用高，当时人就有雇工种田无利可图的论述。如以江南地区为例，清初，张履祥在《补农书》中说过，田“若雇工代耕，则与石田无异”。乾隆间，钱泳在《履园丛话》中说过，田“若雇人耕种，不如不种”。道光间，姜皋在《浦泖农咨》中说过，“旧时雇人耕种，其费尚轻。今则佣值已加，食物腾贵”。田“一亩约略以十工算，已须工食二千文”。还租之外，“去工本所余无几，实不足以支持一切日用”。这都是讲的种粮食，种植经济作物可能会好一些，但由于“其劳固倍于稼穑，而工食资用，其费亦倍于稼穑”[①]，也可能好不了多少。所以当时广大农民大都只在农忙时，用换工或雇用短工的办法，以补充家内劳动的

① 乾隆《瑞金县志》卷7。

不足，真正雇工经营的很少。而许多重要的商品生产，特别是手工业品生产，还主要是由家内妇女担任。如蚕丝生产“即唯健妇是赖”[①]。棉纺织也是“全赖女红”。编织品生产也多由“家人妇子”承担。因此通过增加劳动力而扩大经营规模的出路也并不广阔。

当时农民还处在封建剥削制度之下，担负着繁重的封建租赋剥削。同时，农民的生产与生活已越来越多地依赖市场，在不等价交换中，又要受商人的剥削。特别是那些耕地较少，需要购买部分以至大部分口粮的农民，已从受封建地主剥削为主，转变为受封建商人剥削为主。其产品的出卖，口粮等商品的买进，都要经受商人盘剥，其所承受的剥削可能不是减轻，而是加重了。

基于上述这些原因，对广大农民来说，他们都有或多或少的商品性生产，有的商品性生产的比重还很大，但由于经营规模小，包括自给性生产在内的产品价值总量却不大，“终岁勤动，仅足糊口”。“谋生”可求，“谋富”却可望而不可即，甚至“艰于谋食”者亦所在多有。所以文献记载说，江南地区许多农民只是“家家纺织，赖此营生，上完国课，下养老幼。”上述什邡县的茶农不种田，也只是“一年仰事俯畜，衣食所靠，皆在于茶”。而广大农民更是“不唯无三年之畜，止知为终岁之谋”[②]。总之，农民发展商品生产，只是为了使更多的人获得温饱，而不是使自己摆脱贫穷。他们对于市场刺激的反应是迟钝的，往往摇摆于自给性生产与商品性生产之间，只在首先保证有一定的或足够的口粮生产的前提下，才能将更多的资源投入到商品性生产上去。他们为支付生产和生活消费而追求的盈余，与那种为财富增殖而追求的盈余，在本质上是不相同的。用同样的追求“利润”的说法，把二者混为一谈，也就是不正确的。

当然，农民的温饱是一个历史范畴。随着农业生产和商品生产的发展，农民的温饱无论在质量上和数量上都是不断丰富的。宋末，方回在经济比较发达的江南地区，见到一些佃农“携米或一升或五七三四升”，到市肆“易香烛、纸马、油盐、酱醯、浆粉、麸面、椒姜、药饵之属不一，皆以米准之”[③]。农

① 费南晖：《西吴蚕略》。

② 光绪《肥城县志》卷1，引嘉庆县志。

③ 《续古今考》卷18。

民购买的生活日用品虽已不少，但还是以几升几斗粮食做实物交换。到清代前期，随着生活日用品范围的不断扩大，社会交往的日渐频繁，农民的货币开支是大大增加了。就是以商品经济不是很发达的河南嵩县来说，当时农民“以输贡赋则需钱，以供宾客修六礼则需钱，一切日用蔬菜柴盐之属，岁需钱十之五六”。尽管“嵩野中熟，产粟可食年余，岁屡丰而民用不舒者，正以专务本而失调剂之宜。”所以当时的地方官就要求农民种植经济作物以“兼权钱币”①。这是说，农民中等年成收获的粮食，可以供应全年的口粮而有余，但在连续几个丰收年之后，农民出卖余粮还不足以支付家用，必须发展经济作物的生产来获取更多的货币。从两者的对比，可大致看到农民温饱水平的提高。

小农经济在许多国家的传统农业中，是普遍的经济形式。但由于自然条件、社会经济条件以至历史条件的不同，各个国家的小农经济又表现出种种差异。前苏联学者 A. V. 恰亚诺夫在《小农经济理论》一书中，以 19 世纪至 20 世纪初俄国的小农为理论原型，提出了一种依靠家庭劳动并以实物形态满足家庭消费需要的，以自然经济为主体的小农经济模式。美国学者 T · W · 舒尔茨在《改造传统农业》一书中，以 20 世纪某些发展中国家的小农为理论原型，提出了一种在竞争的市场运动中追求利润的以商品经济为主体的小农经济模式。中国封建社会以至近代中国的小农经济却与此不同，它表现为一种自然经济与商品经济相结合的小农经济模式，也就是自给性生产与商品性生产相结合以追求温饱的模式。它以具有一定的甚至是比例颇大的商品性生产，与恰亚诺夫所提出的以自然经济为主体的小农经济模式相区别。又以自给性生产具有首先确保的重要地位，与舒尔茨所提出的以商品经济为主体的小农经济模式相区别。它体现了小农经济在中国社会经济条件下的“典型环境中的典型性格”，是一种具有中国特色的小农经济。

---

① 乾隆《嵩县志》卷 15。

第三章　农民的商品生产

第一节　农产品商品生产

在封建社会中，与生产力发展水平相适应，自然经济总是具有强大的地位，这是一种历史必然性。这种情况使人们在论及封建经济的时候，往往只强调它的自然经济特征。实际上，这只是问题的一面。商品经济的发展，是社会经济发展不可逾越的阶段。商品生产在原始社会末期萌生之后，从来就没有停止在已有的水平上，而是在继续不断地向前推进。从商品生产的全部历史来看，封建社会是小商品生产发展的时代。这种商品经济也是推动封建社会向前发展的一个强大力量，以致使我们在研究封建社会历史的时候，不但必须在生产方式的变革中，而且必须在“交换方式的变更中”，去寻找“社会变迁和政治变革的终极原因”[①]。因此，封建社会小商品经济的发展，是更值得重视的一种历史必然性，需要认真加以研究。

清代前期是中国封建社会商品生产发展最充分的阶段。这时从事商品生产的有封建地主、手工业者和农民等等。其中以农民的商品生产最为广泛，对社会经济发展的影响也最大。对农民农产品商品生产的发展，我们在农业篇第四章和本篇第二章，已作了比较具体的论述，本章拟进一步做些分析。

---

① 《马克思恩格斯选集》第 3 卷，第 307 页。

一

我们在本编第二章中已经指出，中国封建社会农民的生产，既是农业和手工业的结合，又是自给性生产和商品性生产的结合。这种双重结合是农民经济在生产上的基本特征。农民的自给性生产和商品性生产结合在同一个主体上，形成一种商品经济和自然经济互相制约，互相消长的对立统一关系。在同一个历史时期内，由于自然条件和农民自身条件的差异，以及社会经济发展的不平衡，不同地区，不同农户之间商品性生产的发展程度，从另一方面看，也就是自然经济的保持程度，都是各不相同的。这就在整个小农经济中，会形成一个多层次的商品生产结构，即包括自给型生产，半自给型生产，为温饱的交换型生产和为利润的交换型生产的多层次结构。清代前期，它大体表现如下：

第一，自给型生产。这种农民所生产的全部产品，绝大部分供自己消费和交纳封建租赋，只把剩余下来的少量产品，或把节约下来的少量产品投入交换，以换取其他生产和生活必需品。这类农民种粮自食固不待言，就是种植棉花也是为了自用，许多记载说，棉“郡中多树艺者，纺织虽勤，仅足备衣履所需”[①]。农民“惟纺织木棉，以自衣被”[②]，“近又能种木棉，事纺织，然为布无多，不能出村落也”[③]。甚至蓝靛，也是“村民间莳之，自染土布”[④]。他们耕以自食，织以自衣，仍然保持着自给自足的自然经济古老传统。

这里所说的农民的产品，是指一个农户所生产的包括农产品、手工业和其他副业产品在内的全部产品。这里所说的剩余的产品，也是指农民自用有余的某种产品，从马克思主义政治经济学的概念上说，它是属于必要产品，而不是剩余产品。这种类型的生产，是与生产力水平低下相适应的，早在原始社会末期就已经出现。最初是在两个原始共同体之间，用“偶然留下的剩余物”[⑤] 来进行交换。到了封建社会，由于生产力的发展，这种交换已存在于个体农民之

① 乾隆《沅州府志》卷24。
② 顺治《招远县志》卷4。
③ 乾隆《耀州志》卷4。
④ 乾隆《霍山县志》卷7。
⑤《马克思恩格斯选集》第4卷，第161页。

间。并且主要是出现在自然条件贫瘠的地区。农民生产的产品，并不会完全与自己的消费需要相适应，总是有多有少。这样他们就可以把自用有余的少量剩余物拿出来交换。他们这种剩余物的具体品种和具体数量虽然还有偶然性，但在当时生产力的条件下，这种剩余物还是可以经常出现的。

另外，有些农民则是把原来准备供自己消费的某些产品节约下来，用以交换其他必需品。如清代前期，陕西省由于自然条件的限制，棉花生产不足，布疋仰给予外省。在一些土地贫瘠的地区，多种经营门类少，许多农民是"诸凡之费，莫不取给予一耕"①。在延安府、华州的一些地方，农民靠出卖余粮买布，如果余粮不多，就得节衣，只能"数年补用一衣，历年不更一巾"②。由于长距离运销，布价昂贵，农民"每制一衣，必粜粮数石"③，就往往"因衣之费，而食已减其半"④，只得缩食。

在这种类型的生产中，农民不论是出售剩余的少量产品，还是出售节约下来的产品，这些产品都是为自用而生产，即不是以社会分工为基础，以交换为目的而生产的，只是因为投入交换，才使产品成为商品。同时，农民生产的产品绝大部分供自己消费，自用有余后出售的产品只占很小的比重，农民的这种生产就具有比较完全的自然经济性质，这谈不上是商品生产。正如马克思所说，"在真正的自然经济中，农产品根本不进入或只有极小部分进入流通过程"⑤。

第二，半自给型生产。这种农民生产的产品，主要供自己消费和交纳封建租赋。但是，他们还根据社会需要，生产一部分产品，用以交换其他生产和生活必需品。在这种类型农民的生产中，农民用于出售的产品，一开始就是以交换为目的，而不是以自用为目的而生产的。这是他们与上一类农民的区别所在。

由于农民生产了自己所直接消费的大部分产品，商品生产部分只是处于补

---

① 杨屾：《豳风广义》。
② 雍正《陕西通志》卷45。
③ 卢坤：《秦疆治略》，嘉庆《延安府志》卷39。
④ 杨屾：《豳风广义》。
⑤ 《资本论》第3卷，第886页。

充、从属的地位，从农民生产的整体来说，仍然具有较大的自然经济性质。但是，以交换为目的生产终究已经出现。正如恩格斯所指出的，商品生产已“是在形成中”①。

以粮食生产为主，结合进行手工业和其他副业生产，是中国封建社会农民生产的典型模式。当生产力有所发展，农业劳动生产率有所提高之后，农民生产的粮食，能够保证经常有一定数量的剩余，可以用来交换其他必需品，那么，原先为了只供自己消费的粮食生产，就会逐渐有一部分转变为与市场相联系的生产，即变为以交换为目的的生产。他们的手工业和其他副业产品多直接供自己消费，主要靠出售粮食以换取其他必需品。这种农民在清代还大量存在。孙嘉淦说：“小民之生计，则岂特口食而已哉，必将以釜甑爨而以铁耕，百工之所为，皆需以粟易之。而又税粮之征，衣服盐蔬之用，婚姻疾病丧葬之费，非粜五谷，不由得也”②。孙嘉淦在这里所说的农民，是包括出售粮食只占其家庭全部产品中一个小部分，和已占居主要部分的两种农民。后者我们将在下面讨论，这里所讨论的是前者。这种农民的商品性生产和自给性生产，在时间上和空间上都难以区分，甚至在表面上还会表现为自用有余后的出售。实际上，农民在生产过程开始之前，所种粮食有多少属于自食，有多少可用于出售，心中是大体有计算的。俄国作家波斯特尼柯夫把农民耕种的土地区分为食物面积、饲料面积、经营面积和商品面积，前三种面积上的产品属于自用，后一种面积上的产品用于出售。他并且指出，这种商品面积，“不是取决于作物的种类，而是取决于种植这些作物的直接目的”③。因此，这种生产粮食的农民，其商品性生产和自给性生产，在理论上和实际上都是可以区分的。

有些农民的商品生产，则是按照社会的多种需要而确定的。如果是属于自己不需要或需要很少的产品。他们的商品性生产和自给性生产，则在时间上和空间上都会明确分开。清代陕西汉水流域一带，“汉川民有田地数十亩之家，必栽烟草数亩，田则栽姜或药材数亩”。用以换钱“为纳钱粮市盐布庆吊人情

① 《马克思恩格斯选集》第3卷，第313页。
② 《清经世文编》卷51。
③ 《列宁全集》第1卷，第25页。

之用”①，这是在空间上区分的事例。该省略阳县寒蓬山一带，“多产楮材，故其民三时务农，而冬则造纸为业焉”②，这是在时间上区分的事例。农民的商品性生产在其整个生产中虽然只处于从属的补充地位，但具有不可忽视的“以副助耕”，“以副养耕”的作用。

第三，为温饱的交换型生产。有些农民，生产品的一部分直接供自己消费，但大部分产品是以交换为目的而生产，用以换取其他生产和生活必需品。在这样类型的生产中，农民的商品性生产已占居主要地位，自给性生产则退居次要地位。这种农民已基本上成为小商品生产者。

以粮食生产为主的农民主要通过如下两条途径，发展成为粮食小商品生产者，一条途径是，在某些生产比较单一的粮食生产地区，农民主要靠出售粮食以换取其他必需品，粮食商品率本来就是高的。随着生产力的发展，其中有些地区又发展成为粮食高产地区，有些农民的粮食收获量大大超过其自用量。如浙江江山县“产米之乡，一秋之熟，可支数年”③。这里有些农民就可以收获并出售较多的粮食，从而成为小商品生产者。

另一条途径是，有些农民产为了追求更多的经济效益，种粗粮自食，种细粮出售。如钜野县的有些农民，“种植五谷以十亩为率，大约二麦居六，秋禾居四”，“秋禾以高粱谷豆为主，其次则黍稷”，而“民多食高粱”④。这种“粜精留粗”的农民，其粮食商业面积或大于自给面积，或两者相等。但不论属于哪种情况，从产值上相比较，前者肯定要大大超过后者。这种农民成为粮食的小商品生产者，是以放弃改善生活条件为代价的，与前一种农民也有所不同。

清代前期，农民商品生产的发展，最重要的还是手工业原料作物，园艺作物和农产品加工的发展。这些发展我们在前面各篇章中都已做了讨论。粮食是农民最基本的生活必需品。从事上述各类商品生产的农民，也总是会首先考虑粮食自给的需要，然后安排其他商品性生产。农民的口粮在其家庭开支中，一

---

① 《三省边防备览》卷8。
② 道光《略阳县志》卷4。
③ 同治《江山县志》卷11。
④ 道光《钜野县志》卷23。

般是一个相对稳定的常量，而生产投资和其他生活开支，随着生产力的发展，已成为逐渐趋向扩大的变量。这就导致了口粮支出在整个农民家庭开支中比重的缩小。口粮自给程度较低的农民，其生产的商品化程度固然较高。就是口粮自给程度较高的农民，其生产商品化的程度也不一定就低。如口粮全部自给的齐东县农民，是“一切公赋，终岁经费多取办于布棉”①。从价值量来计算，这里农民的布棉收入应高于其种粮收入。

农民商品生产的收入，有的要用于购买农具肥料或者是缴纳租赋，或者是用于换取粮食、衣被，以及婚丧庆吊的用品，以满足自己的生产和生活需要，即是用自己产品的交换价值去获取其他商品的使用价值，以维持自己的再生产。换句话说，农民的这种商品生产，是一种在交换价值形式下以获取使用价值为目的的生产。正如马克思所说的，“城市手工业在实质上虽然是以交换和创造交换价值为基础的，但在这里生产的直接的主要目的，是保证手工业者，手工业师傅的生存，因而是使用价值，不是发财致富，不是作为交换价值的交换价值”②。实际上，这是一切小商品生产的基本特征。本文所说的第二种类型和第三种类型的农民的商品生产都具有这种性质。

第四，为利润的交换型生产。有些农民生产商品化的程度更高，他们从事商品生产的目的，已主要不是为了维持自己的生存，而是为了发财致富。在前面所说三种类型的生产中，农民的全部产品的一部分用于缴纳租赋，这是他们所生产的剩余产品。一部分用于生产，以补偿生产资料的消费，除此之外的其他部分都是用于生活消费，以维持自己的生存，这都属于必要产品。当然，他们中有些人也会获得归自己占有的某些剩余产品。即所谓“余钱剩米”，用来改善自己的生活，或用来改善自己的生产条件，以扩大再生产。但是，这些农民的生产，总的来说，主要还是属于追求必要产品的生产。他们的产品，不论是用于自己消费，还是用于交换，其生产的最终目的，都主要是为了获取使用价值。就第四种类型生产的农民来说，他们的生产，虽然还包括必要产品的生产，甚至还要包括自给性的生产，但是，获取剩余产品，已成为他们生产的主

① 康熙《齐东县志》卷1。

② 《马克思恩格斯全集》第46卷上，第516页。

要目的。他们的生产中，既要获取使用价值，又要获取交换价值，并实现价值增殖，以发财致富。

在中国封建社会中，农民发财致富，主要是购买田产，成为从事地租剥削的封建地主。不但是自耕农，就是佃农，也可以“佃有余利，久亦买田作富人”。到了明清时期，由于社会经济条件的具备，还可以通过积累货币财富，成为从事剩余价值剥削的资本家。封建地主和资本家都是剥削者，不在本文讨论之列。不过，农民要成为地主或资本家，一般要经过一个成为富裕农民的阶段。第四种类型的农民，主要是这种农民。他们所以成为富裕农民，并能进一步发财致富，主要是有以下一些条件。首先，他们的生产，虽然主要是以自己家庭人口的劳动为基础，但通常也有少量雇工。所谓“率佣保力作”，就是指的这种情况。这种少量雇工，尽管还是属于家庭劳动力的补充性质，但可以成为获取剩余产品的一个来源。正如列宁所说，“一批农村雇农，特别是短工的形式，是富裕农民存在的必要条件”①。更主要的是，这种农民，或者是有较多的强壮劳动力，或者是有较高的生产技术，或者是有较好的生产资料。这些优越的生产条件，使他们具有较高的劳动生产率，生产商品所耗费的个别劳动时间就会低于社会必要劳动时间，因而能获得较多剩余产品，有可能发财致富。此外，在封建社会中，农业劳动生产率总是和自然条件联系在一起的。占据有优越自然条件的农民，同量劳动会体现为较多的产品。级差地租就会流入“那些在比较有利的自然条件下实现自己劳动的农民的口袋”②。这也是获得剩余产品的来源。

清代前期，由于生产力和商品经济的发展，农民生产致富的道路比前代要广阔一些。除了在文献资料中可以看到一些以生产粮食为主的农民“以力稼致富”之外，种植商品性农作物可以致富，山东夏津县的农民，种植棉花，“多能起家，而贫者以富”③。贵州黄平州的农民种蓝，据嘉庆间记载，“近来种者甚伙。旧城以上塘种者为最，上塘以李溪河、龙洞出者为尤，数十年来，

① 《列宁全集》第3卷，第146页。

② 《资本论》第3卷，第907页。

③ 乾隆《夏津县志》卷4。

因以致富者不少”①。福建永定县的农民种烟，因“膏田种烟，利倍于谷”，“永民多藉此以致实厚焉”②。从事家庭手工业生产可以致富，四川简州沿长江的农民，种蔗作糖，“多以此致富”③。河北大城县寡妇杨马氏，抚二孤儿，家无担石，从事织席，“不十年，积腴田三十亩”④。甚至养猪也可以致富，河北乐亭县，猪“产颇多，乐亭民有以此致富者”⑤。

上述四种类型的生产，以具有部分质的差异相区别，构成了农民商品生产的多层次结构。它反映农民之间具有不同的劳动生产率，从而具有不同的商品率，也就具有不同的自给水平，即自然经济水平。对封建小农经济只简单地说基本上是自然经济，而不做具体分析，无疑是不够的。

二

前面对农民商品生产的多层次结构从横的方向上做了考察，现在还可以从纵的方向上做进一步的考察。农民这四种类型的生产，表现为一个由低到高的发展序列，反映了在生产力水平逐步提高的条件下，农民小商品生产的发生发展过程。特别值得指出的是，这四种类型的生产，在封建社会的任何时代，都是存在的，只是在不同时代，即不同生产力发展水平下，这四种类型的生产，会具有不同的比例配置。它通过其中某些类型生产的增减兴替，反映这个时代小商品经济的发展水平。这些发展变化，就是列宁所指出的“直接生产者的自然经济转化为商品经济”⑥ 的过程。在中国漫长的封建社会中，这个过程会通过上述各种类型生产的不同比例配置而显示出发展阶段性。

由于文献资料不足，农民各种类型商品生产增减兴替的比例配置，是无法用具体数量来表述的，只能从一般的发展趋势上做些推断。总的来说，随着整个社会经济的发展，第一种类型的生产会越来越少，第四种类型的生产会越来

① 嘉庆《黄平州志》卷4。
② 道光《永定县志》卷16。
③ 咸丰《简州志》卷12。
④ 光绪《大城县志》卷9下。
⑤ 《古今图书集成》职方典卷67，永平府。
⑥ 《列宁全集》第1卷，第77页。

越多。但是，为生产力发展水平和封建制度所制约，前者始终会具有一定的数量，而后者在整个农民中最终也只能占极小数。农民商品生产发展的阶段性，主要是从第二、第三两种类型生产的发展变化上显示出来。

中国封建经济的发展，表现为一个波浪式的上升过程。农民的商品生产与整个社会经济正是同步发展的。战国秦汉时期可以说是农民商品生产发展的第一阶段。唐宋时期是农民商品生产发展的一个新的阶段。明清时期则是农民商品生产发展的又一个新的阶段。下面我们把清代前期农民商品生产的发展与宋代做一个比较，先从宋代说起。

首先，宋代农民生产的茶、丝、布、果、蔗糖、纸、禽畜、编织、陶器等商品均有一定的发展，一些重要产品并形成了颇具规模的集中产区。安徽祁门一带，唐代已是“千里之内，业于茶者七八矣，由是给衣食、供赋税，悉恃此”[①]。到宋代又有发展，“祁门水入于鄱，民以茗、漆、纸、木行于江西，仰其米自给”[②]。江浙湖州地区有些农民是“惟藉蚕办生事”，“以蚕桑为岁计”[③]。太湖的洞庭山，“地方几百里，多种柑橘桑麻”，“糊口之物，尽仰商贩”[④]。四川遂宁府小溪县蓬溪县一带，盛产蔗糖，蔗户霜户已达四五百户。[⑤]其中可能有地主经营的商品生产，但也说明农民第三种类型的生产已有所发展。

尤其值得指出的是，农民第二种类型的生产更有较普遍的发展。这集中从农民在墟市上出售的产品，已构成一个比较庞大的商品系列上表现出来，与过去大不相同。日本学者斯波义信根据宋代文献资料统计，农民在墟市上出售的产品有：米、粟、麦、豆、谷、茶、桑、麻、丝、楮、布、竹、木、鸡、豚、鹅、鱼，各种菜蔬果品，柴薪、农具等等（见《宋代商业史研究》）。正如当时人所说，农民上市是，“或携布与楮，或驱鸡与豚，纵横箕帚材，琐细难具

① 张途：《祁门新修阊门溪记》，《全唐文》卷802。

② 罗愿：《新安志》卷2。

③ 陈旉：《农书》卷下，嘉泰《吴兴志》卷20。

④ 庄季裕：《鸡肋篇》卷中。

⑤ 王灼：《糖霜谱》。

论”[1]。农民出售的这些产品，一部分属于相互间的余缺调剂，一部分则通过商人运销外地，特别是供城市消费。宋代的草市、镇市正是在这种基础上发展起来的。宋末，秀州是粮食产区，方回在秀州魏塘镇看到一些佃农到市肆“易香烛、纸马、油盐、酱醯、浆粉、麸面、椒姜、药饵之属不一，皆以米准之”。商人“整日得米数十石，每一百石运至杭，至秀，至南浔，至姑苏粜钱，复买货物归售”[2]。在商品生产的发展过程中，“一个产品的交换能力，一般说来，取决于在它之外存在的商品的多样性，另一方面，这个产品本身能够作为商品来生产的数量，尤其取决于这一点”[3]。从上述农民所需求的生活用品已经在农村形成系列，粮食交换量扩大，交换能力也在提高的事例，正说明了产粮区农民第二种类型生产的发展。

到了清代，农民第二种类型的生产在继续发展。这时农村集市大量增加，商品成交量也相应扩大。这既与人口增加有关，与农民第二种类型生产的发展也是直接关联的。但是，更值得注意的是第三种类型的生产有了较大的发展。这集中反映为地区分工发展，重要农产品和手工业品的集中产区已经构成系列。重要农产品如棉花、蚕丝、烟草、茶、甘蔗、大豆、花生、水果、蓝靛、漆、蜡等等，重要手工业品如棉布、纸、粮、油、席、陶器等等，均已形成了一系列大小不等的专业性生产地区。有的是在明代甚至是在宋代的传统基础上发展起来的，有的则是在新出现的产品（如棉花、烟草、花生等）推广的基础上形成的。这与宋代主要是农民出售的产品形成系列已有所不同。

这些情况，学术界已经作过很多讨论。除大陆学者之外，台湾学者刘翠溶在所著《明清时代南方地区的专业生产》[4] 一文中，对棉花、棉布、蚕桑、丝织、麻、夏布、蓝靛、烟草、水果、甘蔗等产品的专业生产地区，作了论述。日本学者天野元之助在所著《中国农业史研究》一书中，对清代的棉花、棉布产地也作了论述。在此不拟赘述。

由于出现了一批农产品和手工业品的集中产区，就带动了作为商品集散地

---

① 道潜：《参寥子诗集》。

② 《续古今考》卷18。

③ 《资本论》第3卷，第719页。

④ 台湾《大陆杂志·史学丛书》第5辑，第3册。

的墟集和市镇的发展，特别是形成了专业性墟集和市镇。广东顺德、南海、番禺、新会等县，是著名的种桑养鱼地区，其专业性墟市有桑市、蚕市、丝市、鱼市、鱼种市、塘鱼市、海鲜市、猪墟、牛墟、布墟、鸡鸭市等等。道光间，南海县即有专业性墟市17个，其中桑市、丝市就有12个。[①] 江浙两省的湖州府、嘉兴府、杭州府、苏州府等是著名的蚕桑丝绸产地，就形成了蚕桑与丝绸交易和生产专业市镇25个，包括临平、唐栖、硖石、南浔、菱湖、双林、乌青、石门、王江泾、濮院、盛泽、震泽等镇。江苏苏州府、松江府、常州府等地盛产棉花棉布，就形成了棉花棉布交易专业市镇52个，包括三林塘、朱家角、大团、江湾、罗店、南翔、新泾、鹤王、朱泾、枫泾等镇。[②] 北方一些棉布产地，也形成了布市。山东齐东县，农民"勤于纺织，民皆抱布以期准集市场，月凡五六至焉，交易而退，谓之布市，通于关东，终岁且以数十万计。民生衣食之源，商贾辐辏之势在是"[③]。河南正阳县所产棉布，"陡沟店独盛。家家设机，男女操作，其业较精。商贾至者每挟数千金。昧爽则市上张灯设烛，骈肩累迹，负载而来，所谓布市也。东达颖亳，西达山陕，衣被颇广焉"[④]。又如玉山、衡阳、济宁、兰州等地，都是著名的烟草集散和加工的专业性城市。

其次，与农民商品生产发展水平相适应，宋代粮食作物区与经济作物区之间的商品交换，虽然有一些发展，但是，整个商品流通基本上没有摆脱农村土特产品主要供应城市消费的局面。虽然地区间也有大量的粮食流通，粮食贩运已是"江海连接，无地不通，一舟出门，万里唯意"[⑤]，打破了那种"千里不贩粜"的旧习，却主要是供应官府，军队和城市居民的需要，以及地区间的丰歉调剂。

到了清代，农村的土特产品虽然还是大量供应城市，但是，粮食作物区与经济作物区，手工业品产区之间的商品交流，已大大发展。如湖广、四川、安

① 叶显恩、谭棣华文，《广东社会科学》，1984年第2期。

② 刘石吉：《明清时代江南市镇研究》。

③ 嘉庆《齐东县志续》。

④ 嘉庆《正阳县志》卷9。

⑤ 叶适：《水心文集》卷1。

徽、江西的米，运销盛产丝绸、棉布、棉花的江浙两省。台湾的米运销盛产烟草、蔗糖、茶、纸的福建。广西、湖南的米、运销盛产丝、果、蔗糖的广东。东北的粮食运销产布的河北、山东以及江苏。这种长距离、大规模的粮食运销，除了供应城市消费之外，相当多的一部分是供应从事商品生产的农民。这是地区间贩运贸易的一个重大发展。对此，许多同志都作过论述，如吴承明教授的《论清代前期我国国内市场》、郭松义教授的《清代的粮食贸易》[①] 等文章。下面补充两个事例。

种棉织布的江苏崇明县，到清代耕地"种木棉者十之七，种五谷者十之三"，因此，"民间食米皆仰给予上江，而酿酒作糕之元白二米，资邻近常熟昭文等县接济"。到乾隆嘉庆间，由地方政府核准从外地采购的食米，"迭增额米至三十七万石"。按"合女口小口牵算，每人每岁食米三石"计，约相当于12万余人一年的口粮。该县乾隆二十四年为64万余人，这就是说，该县全部食粮的20%左右需要从市场上取得。如果把农民自己从邻县地方小市场上购买的粮食，以及经常每年采购的元白二米一二万石包括在内，[②] 这个比例还要大。在封建社会来说，这就是一个很高的商品粮需求水平。这些食粮基本上是要靠棉花和布匹来交换的。浙江杭嘉湖地区和江苏苏松常太地区，因盛产丝绸棉布，需外地大量供应食米，逐形成了米粮交易专业市镇13个，如枫桥、浒墅关、平望、黎里等镇[③]。

又如江西瑞金县，康熙间虽种烟，但树艺不甚多，粮食可以自足，"瑞斗米不过四五分，未为空乏"。到乾隆初年，人口增多，植烟日多，又加以闽粤商人来此制烟，大量雇工，就只得靠赣江下游的产粮区供应粮食。当时地方官的记述是，"通邑之田，既去其半不树谷"，"又聚千百剉烟之人"，"日引领仰食于数百里外下游之米"，因之，"谷价日涌，为害滋甚"[④]。与余粮区的粮食交换行之既久，商品生产又能提供较多的经济利益，这终于教育了人们，到道光间，地方官的论调就为之一变：农民"卖烟得钱，即可易米，而剉烟之人，

① 吴文见《历史研究》，1983年，第1期；郭文见《平准学刊》第1集。

② 光绪《崇明县志》卷6。

③ 刘石吉：《明清时代江南市镇研究》。

④ 乾隆《瑞金县志》卷7上。

即生财之众，非游手冗食者也。地方繁富，则商贩群集，又何忧其坐耗易尽之谷乎”①。

清代前期，农民商品生产的地区分工，单纯由自然条件所形成的情况仍然存在，但有些已是生产力发展（包括技术进步），从而形成大量生产所引起的。这与唐宋以前的情况已有很大不同。封建社会生产力的发展，终将导致社会分工的发展，马克思说：“一个民族的生产力发展的水平，最明显地表现在该民族分工的发展程度上。任何新的生产力，只要它不仅仅是现有生产力的量的扩大（例如开垦新的土地），都会引起分工的进一步发展”②。清代前期，农民的商品生产，在社会生产力发展的推动下，无疑已达到了中国封建社会前所未有的高度。

三

清代前期，农民商品生产的发展，使农民成为包括农产品和手工业品在内的社会商品的主要提供者。这就使更多的农民，从那种主要是自我完成的再生产，即生产资料和消费资料主要直接从自己生产的总产品中得到补偿的再生产，不同程度地转变为“以流通为媒介的再生产”。从而把市场机制引入了千家万户的生产领域，扩大了价值规律发挥作用的范围，使农民能较好地发挥人力、物力和土地资源的经济效益。这对于发挥各个地区自然条件的优势，扩大农业基础，调整农业结构，以及增加社会积累，都起到了良好的作用。

但是，对清代前期农民商品生产的发展，又不能做过高的估计。清代农民中，第一种类型的生产还占有一定的比重，特别是经济发展比较落后的地区更是如此。第三种类型的生产尽管比宋代有较大的发展，但在整个农民中比重还很小。就是在集中产区，所占比重也不会很大。第四种类型的生产还要更少一些。较多的还应是第二种类型的生产。这就是，农民生产的专业化程度是很低的。因为封建制度下的农民，为生产力发展水平和繁重的封建剥削所制约，要严格地实行专业化生产，往往是不可能的。他们的生产中，通常必须首先保证

① 道光《瑞金县志》卷2。

② 《马克思恩格斯选集》第1卷，第25页。

缴纳封建租税和自己口粮的谷物生产，由于缺乏必要的储备，甚至还不得不种植多种作物，以便在某些作物遭灾之后，可以指靠另一些作物来弥补。对广大农民来说，完全脱离自给性的农业生产，是难以办到的。在幅员广大的中国，当然也可能找到一些事例，如江西南丰县产桔，该县“杨梅村人多不事农功，专以为业”[①]。四川什邡县产茶，“园户无田者甚多。一年仰事俯畜，全在于茶”[②]。但这都只限于少数地区的少数农民，并不能改变上述基本事实。

特别是清代由于人口激增，耕地有限，粮食生产虽有较大发展，但对于当时庞大的人口，并不属充实，常常出现捉襟见肘的局面。在人口急剧增加的乾隆朝，有些专业化生产比较发展的地方，就是在自然条件并不适宜的情况下，也要走种粮自食的回头路，出现自然经济的复归。如江苏嘉定县外冈乡，“嘉土沙瘠不宜于禾，外冈地势高阜，尤不宜于禾，往皆种木棉，近因米价昂贵，每石有五两外者，始多种稻”[③]。专业化生产的发展，关键是要有一个坚实的粮食生产基础。清代还不具备这种条件。

农民生产的地区分工，就是建立在这种专业化程度很低的基础之上的。不但经济作物生产难于与粮食生产分离，手工业也难于与农业分离。农民的小商品生产，同独立的手工业者的小商品生产，总是有所不同的。后者要出卖他的全部产品，又必须从市场上购买他的全部生产资料，以至还要购买全部口粮。而农民与市场的联系程度并达不到这种地步。就是从事第三、第四种类型生产的农民，其原料或口粮至少会部分自给。总的来说，就是到了清代，小农经济基本上还是那种“半消费性的、出产商品很少的经济”[④]。只是由于农民人数众多，他们所生产的商品才能集涓滴之水而成江河，而在社会产品总量中所占的比重并不大。整个小农经济还处于一种自给半自给的状况。自然经济在整个社会经济中还具有显然的优势。马克思指出：在资本主义“已经扎根的地方，它就会把一切以生产者本人劳动为基础或只把多余产品当作商品出售的商品生产形式尽行破坏。它首先使商品生产普遍化，然后使一切商品生产逐步转化为

① 鲁琪光：《南平风俗物产志》。

② 嘉庆《什邡县志》卷29。

③ 乾隆《续外冈志》卷1。

④ 《斯大林全集》第11卷，第73页。

资本主义的商品生产”①。农民商品生产的普遍化，应当是要由资本主义完成的。在中国，则是由逾越了资本主义阶段的社会主义来完成的。

第二节　棉纺织品商品生产

清代前期，农民的商品生产，不但农产品有很大发展，而且手工业品也有很大发展，如棉纺织、丝织、麻织、制糖、造纸、织席、制陶等等。这在手工业篇中已有论述。清代农民的手工业商品生产，以棉纺织最为重要和最为普遍。我们拟以农民的棉纺织作为典型，进一步做些探讨。

一

清代前期，棉纺织生产比之明代，又有进一步的发展。这种发展，同任何社会生产的发展一样，总是由时间上的上升运动和空间上的扩散运动交织而成的。江南、河北、山东、河南、湖北等省原有棉花和棉布产地的生产，都在继续发展；同时，植棉和纺纱织布在全国其他地区也得到了普遍的推广。不但广大农民多自能纺织，提高了衣被的自给水平，并且还出现一些新的商品棉布产地。

棉纺织本来是农民的家庭副业。清代前期，棉纺织在全国范围内推广和发展的过程中，同时出现了一个从农家自给性副业，发展为商品性副业，以至发展为商品性主业的明显趋势。

棉纺织从自给性副业发展为商品性副业，这主要发生在一些新发展的植棉织布地区。兹举数例：山西闻喜县，“女红甚勤，东乡尤佳，称横水布。又织为巾，黑白相间，名闻巾”②。四川潼川府，农民织布，“入市换钱输薄赋，再成裁剪成襦裤。连年梓郡庆盈宁，男多余粟女余布”③，河南偃师县，“以产木棉，妇女相勖朝夕纺绩，备婚嫁丧葬之资，纴车之声，溢于里巷，其日鬻于市

① 《资本论》第2卷，第43、44页。

② 乾隆《闻喜县志》卷2。

③ 乾隆潼川府知府张松孙：《木棉歌》，民国《三台县志》卷25。

者止菽粟枲布”①。江西德兴县，“惟苎麻木棉弥山遍野，秋夏间取而治之，篝灯四壁，机声轧轧，卒岁之谋，常取具于是”②。湖南攸县，地产棉花，其所产棉布，“通行潭醴及江右吉袁，贫者耕不足恃，恒赖此资半载食用”③。这些地方的许多农民，织布出售，以供交纳租赋，“备婚嫁丧葬之资”，到支付一年日用所需，反映了棉纺织从自给性副业发展为商品性副业的情况。有的农民“赖此资半载食用”，棉纺织就有逐渐成为主业的趋向。

在江南、河北、山东、湖北等省的一些原有商品棉布产地，棉纺织作为农民的商品性副业仍然广泛存在，在一部分农民中并已发展成为主业。这种情况在江南地区尤为突出。这些地方既是棉花产地，又是棉布产地，因此，有的农民是种粮织布，有的农民是种棉织布。下面对这种农民分别加以考察。

首先看种粮织布的农民。从明代正德间到清代光绪间，松江府、上海县、青浦县、南汇县和川沙厅的地方志中，对种粮织布的农民，一直有“田所获，输赋偿租外，未卒岁，室已罄，其衣食全恃此”之类记载，南汇县和川沙厅的方志中，并有“俗有六十日财主之称”的附注，这就是说，农民收获的粮食，除交纳田赋或地租之外，只够二三个月的口粮，还吃不到年底。有的方志说得更为明白，“即竭终岁之耕，不足供二三月”④。其余九个月或十个月的口粮和日用，就全靠纺棉织布来换取。邻近的无锡县也是如此，“乡民食于田者，惟冬三月”，其余月份，也是“抱布贸米以食”⑤。在这类农民中，棉纺织同农业相比较，已经成为主业，应当是没有疑问的。

在其他地区，如山东齐东县，“土田硗瘠，计其所入，仅足以糊口，而赋徭婚丧之费，漠无所藉”，有些农民只得“专务纺绩，一切公赋及终岁经费多取办于布棉”⑥。河北枣强县，有些农民是，“男勤于织，女勤于纺，通功易事，赖以生活，小民生计，十居八九”⑦。河南孟县，“地窄人稠，按口计地，

---

① 乾隆《偃师县志》卷5。

② 道光《德兴县志》卷1。

③ 同治《攸县志》卷13。

④ 嘉庆《石岗广福合志》卷1。

⑤ 《锡金识小录》卷1。

⑥ 康熙《齐东县以志》卷8、卷1。

⑦ 康熙《枣强县志》卷1。

每人不足一亩，通邑男妇唯赖纺织营生糊口”[①]。湖北应城县有些农民，也是“多恃女工织纴，资给八口”[②]。这类农民，与上述江南地区纺织已成为主业的农民的情况，也大致是差不多的。

其次，江南地区有些农民不种粮食，靠种棉织布为生，他们是“植花以始之，成布以终之，然后贸易钱米，以资食用”[③]。这类农民中，商品性生产和自给性生产相比较，前者应已占居主导地位，但手工业生产的棉纺织与农业生产的植棉相比较，是否已成为主业，仍须具体估算。如以上海市为例，这里是“下农种木棉三五亩”[④]。姚廷遴《历年记》记有康熙元年至三十四年中15年的棉花亩产量。其中有二年，产量特别高，亩产300斤，次者200斤，最次者亦“担外”，即100斤以上。又有2年，最低亩产量只5斤。这些应作为特例，可以不计。其余年份如按简单算术平均，亩产籽棉为80斤左右。一户种五亩地的农民，棉花年产量为400斤左右。该书又记有康熙六年至三十五年间20年的籽棉市场售价。叶梦珠《阅世编》也记有康熙元年至二十三年间十年的市场籽棉售价。如将二者合并计算，按简单算术平均，康熙上半叶籽棉售价每百斤为2两1钱左右，则这户农民的棉花年产值约为8两4钱银子。此外，他还会有少量复种豆或麦的收入，这是他有的农业收入。

计算其织布收入，须先确定其年织布量。有如下事例可资参酌。

［常熟、昭文县　道光］“常昭两邑岁产布匹计值五百万贯”[⑤]。有人折算，“每贯以三匹计，约合一千五百万匹”[⑥]。嘉庆二十五年，常熟县人口为60万余人，昭文县人口为47万余人，[⑦] 按五口之家计，两县共约22万户。则每户年产商品布约为66匹左右。农民自用布按大小口平均每人年用2匹计，则每户年产布约76匹左右。（下面每户人口及农民自用布量均按此标准

① 乾隆《孟县志》卷4上。
② 光绪《应城县志》卷1，引康熙县志。
③ 乾隆《嘉定县志》卷3上。
④ 张春华：《沪城岁事衢歌》。
⑤ 《一斑录·杂述》卷7。
⑥ 顾良佑：《常熟土布发展概况》，常熟县政协编《文史资料辑存》第5辑。
⑦ 光绪《常熟昭文合志》卷7。

计算）。

［川沙厅　同治］“同治四年，同知何光伦议抽布捐，每布一匹捐钱一文。四月起至七年十二月止，共收钱三千三百六十四千六百五十一文”①。按此计算，年产商品布为89.7万匹。由于可能存在偷漏，实际应大于此数。光绪二年，川沙厅人口为12万余，合2.4万余户，户年产商品布约为37匹左右，加上自用布，户年产布47匹左右。

［乐亭县　乾隆］　该县所产棉布，“本地所需一二，而运出他乡者八九”②。乾隆三十八年，该县人口为15.5万余人，合3万余户。农民年自用布为30余万匹。运销外地者按十分之八计，该县年产布约150余万匹，每户年产布约50余匹。

［滦州　嘉庆］　该州所产布，“用于居人者十之二三，运于他乡者十之七八”③。嘉庆十四年，该州人口为52万余人。（乐亭县及滦州人口数，均见光绪《永平府志》卷四十五）按乐亭方法计算，该州年产布约500余万匹，每户产布约50余匹。

［应山县　同治］“惟棉花为民利，家资纺织以生。每年出布多至四五十万匹，少亦二三十万匹”④。同治间无户口记载，光绪十三年，该县编户为80860户，则户产布约为25匹至60匹。⑤

［寿阳县　道光］“健妇一岁得布五十匹，一布可得百五十余钱，计五十匹得七千五百余钱，得五十二三丈余布”⑥。这类有健妇的农户，每年织商品布50匹，加上自用布10匹，则年产布为60匹左右。

上海县为盛产棉布之地，参酌上述数据，这类种5亩地的农户，年产布（包括商品布）和自用布按80匹计是不算多的。《阅世编》记有康熙元年至二十三年间5年的布价，按简单算术平均，每匹布约为1钱5分左右。则每年棉布产值约为12两银子。按当时文献记载，籽棉3斤织布1匹，全年用原料棉

① 光绪《川沙厅志》卷4。
② 乾隆《乐亭县志》卷5。
③ 嘉庆《滦县志》卷1。
④ 同治《应山县志》卷8。
⑤ 光绪《德安府志》卷6。
⑥ 《马首农言》。

240 斤，约合银 5 两。这是这户农民的植棉收入，应在棉布产值中扣除。这样，这户农民的年织布收入约为 7 两银子，与农业收入相差无几。如按上海《江南土布史》作者的调查，上海县每户年织布至少在 100 匹左右，则农民的棉布产值就要大于农业产值，棉纺织就已成为主业。河北乐亭县是“女纺于家，男织于穴，遂为本业”①。南宫县也是“妇女纺织尤为生计之本”②。这也反映棉纺织在部分农民中已成为主业的情况。

我们所作的上述计算，并不是打算对这个地区的农家收入做具体计量，只是试图利用现存上海县康熙间比较完备的数据，对当地农民的织布收入和农业收入的比例关系，做大体的匡算。如前所述，清代前期，在一些棉纺织发达地区，由于棉纺织逐渐发展成为主业，产业结构就发生了调整，不但商品性生产与自给性生产相比较，已占居主导地位，而且手工业生产与农业生产相比较，也可能已占居主导地位。

清代前期，由于棉纺织生产的上述发展，也形成了一个多层次的地区分工。在植棉织布新推广的地区，棉纺织商品生产的发展，出现了一些新的商品棉布产地。四川崇庆州，“女工以纺织为务，机杼之声，达乎四境，故州中棉布及麻布、棉带，衣被全蜀焉”③。该州新津县，“男女多纺织，故布最多，有贩至千里外者”④。湖南巴陵县，最初该县山区生产小布，后来有较大发展，“一都人工作布，绝精匀，谓之都布，二三都谓之三都布”，“吴客在长沙、湘潭、益阳者来鹿角市之”，“岁会钱可二十万缗”⑤。此外，还有山西的孝义、寿阳等县，江西的龙南、定南、贵溪等县，湖南的攸县，贵州的遵义、印江、兴义等县，云南的永昌府等，其情况将在下面讨论。

这些商品棉布产地，因为是新发展起来的，其棉布产量究不甚多，一般只行销邻近地区，不能远行他省。如新津县位于四川中心地带，虽“贩至千里外”，仍可能不出川境，正如崇庆州志所云，是“衣被全蜀”。巴陵县所产棉

① 乾隆《乐亭县志》卷5。
② 道光《南宫县志》卷6。
③ 嘉庆《崇庆州志》卷2。
④ 道光《新津县志》卷29。
⑤ 吴敏树：《柈湖文集》卷20。

布，只是在长沙、湘潭、益阳等地集散，在省内销售。攸县位于湘东南，邻靠江西袁州府、吉安府，所谓“通行江右袁吉”，虽出省亦不甚远。山西、贵州、江西、云南的上述棉布产地，其行销范围，亦与此类似。

这一系列新发展的商品棉布产地，以形成区域性市场为特征，构成低层次的地区分工。

江南地区的松江府、苏州府、常州府、太仓州，山东的东昌府、济南府、武定府，河北的正定府、永平府、保定府、定州、冀州，湖北的德安府、汉阳府、荆州府、安陆府等地均盛产棉花，许多县盛产棉布，形成产地群。所生产大量棉布，除供应邻近地区外，还广行他省。如江南地区的棉布，明代主要销秦晋京边诸路，清初还销江西、福建、广东等地。后来由于河北、湖北等地的棉纺织发展，占领了它的部分市场，但又开辟了东北和山东的市场。山东的棉布，也主要是“通于关东”，行销东北，亦销京边。河北的棉布，正定府等地所产，主要行销山西、陕西、甘肃等地，永平府所产，亦行销东北。湖北的棉布，主要是销陕西、甘肃、四川、贵州、云南诸地，亦销广东、广西。这些商品棉布产地，具有全国性市场，构成高层次的地区分工。

清代前期，棉纺织生产的地区分工，已基本上摆脱了由自然条件所决定的自然分工的性质，而是生产力发展的结果。这在江南地区表现得最为明显。松江府沿海一带，土田高亢瘠薄，明初，水道流通，“民间种稻者尚十室而九”，嘉靖后，江湖壅塞，沙土日积，“既不宜禾稻，姑取办于木棉，以花织布”①。土壤“的差异性”，是“形成社会分工的自然基础”②。最初松江府地区的植棉织布，是具有这种分工性质的。发展到清代，地区分工则在更大程度上是由于生产力发展所致。这首先表现为大量生产，前面所述情况，已足以说明。

其次表现为生产技术的提高，这从产品质量的提高上可以得到说明。江南棉布质地优良，甲于各地。许多地方都自认所产棉布，“不及苏松之精密”、“精细不如松江”③。这类记载是很多的。

---

① 乾隆《嘉定县志》卷3上。
② 《资本论》第1卷，第561页。
③ 康熙《繁昌县志》卷5、《锡金识小录》卷1。

河北的棉布，在明代，著名的肃宁县棉布，只是“几同松之中品”[1]，质量还不够高。到清代，“冀赵深定诸州府”的棉布，“其织纴之精，亦与松娄匹”[2]。质量已赶上松江布了。景州龙华镇所产棉布，“洁白细好，比于吴中”[3]，高质量棉布也可以与江南布一争高下了。

新发展的产地，其棉布质量亦有过人之处。如四川汉州，“布亦坚致甲他郡”[4]。巴陵县的一都布，是“绝精匀”。就是云南永昌府的棉布，也是“流通各郡，亦颇可用”[5]。有的还以适应销地需要而驰名。北方寒冷，风沙大，因此，有的布就“布幅宽大，制衣耐久”[6]，“宽于边幅，紧密耐久”[7]。

二

棉纺织生产的另一个重要发展，表现为成品生产和原料生产的分离。本来，农民不论是织布自用，还是织布出售，一般多用自己所生产的棉花。后来由于棉花种植和棉纺织的发展，逐步打破了这种格局，出现了成品生产和原料生产的分离。这也形成另一种性质的地区分工，即棉布产地和棉花产地的分工。清代前期，这方面的社会分工，也呈现出一个多层次的现象。

有的地区种棉不多，农民自给性的棉布生产，也须从外地购棉纺织，以供衣被所需。有的是购自邻县或邻省。湖南新化县，“新民之种棉者甚少，妇人女子纺织之声，虽于夜分不辍，但所需棉花，尚藉资于邻境，不全出于土产”[8]。江西高安县，“粗粗少足者，灰埠之棉布而已，而其料亦十八取于通州湖广，尽高安所产之花，不足以给高安半邑之寒”[9]。该省建昌府，“各邑乡村多莳棉花，不给则取资于湖广，（布）所出甚多，乡无不织之女也”[10]。

---

① 《广群芳谱》。
② 方观承：《棉花图说》。
③ 乾隆《河间府志》卷4。
④ 嘉庆《汉州志》卷15。
⑤ 雪渔民：《鸿泥杂志》卷1。
⑥ 道光《南宫县志》卷6。
⑦ 乾隆《榆次县志》卷7。
⑧ 《湖南省例成案》户律，卷7。
⑨ 康熙《高安县志》卷2。
⑩ 乾隆《建昌府志》卷14。

福建广东两省，产棉甚少，距离棉花产地亦远，农民纺织自给，只得使用远地的棉花。如福建，“棉花绝少出产，购自江浙”[①]，“布虽由本地妇工，而棉花多自北来者”[②]。特别是广东，因限于自然条件，植棉“花时多风，则尽落；收时多雨，则尽腐”，故产棉少[③]。农民纺织用棉，竟来自远隔数省的湖广和江南，部分地区则来自江西。清初，“冬布多至自吴楚……与棉花皆为正货，粤地所产吉贝，不足以供十郡之用也”[④]。到乾隆间，闽粤商人也是“秋则不买布，而止买花衣以归”，“盖彼中能自纺织也”[⑤]。惠州府邻近赣南，其用棉是“仰江西者恒什五”[⑥]。在这些地区，尽管棉花经过远距离运销，但买棉织布仍比买布有利，所以买棉织布自用还是能够发展。

有些地区不产棉，或产棉很少，但邻近产棉区，棉布商品生产遂得到发展。浙江海盐县、嘉兴县，江南无锡县，河北元氏县，湖北应山县等，都是如此。嘉兴县、海盐县逼近乍浦棉区，无锡县逼近常熟和“常阴沙”棉区，元氏县是“元不产棉，而密迩栾赵，故男女以纺织为业”[⑦]。应山县邻近德安府汉阳府的棉花产地，所以能做到“其花买于异地者十之七，出于本地者十之三”[⑧]。这些地方都与浙江南浔镇织布用棉来自“南浔之东百里而遥”的距离差不多[⑨]。如与棉产区买棉织布的农民相比较，要多花些棉花运输费用，成本会高一些，但因邻近产棉区，所费亦不会太多。在棉布市场扩大的条件下，这些地方的商品棉布生产，仍然能够发展起来。实际上，江南、河北、湖北一些产棉布的县，都是属于这类情况。

如果说前述农民购棉织布自用，可以属于成品生产和原料生产分离中的一个层次，那么，这种商品棉布生产，则可以说是成品生产和原料生产分离中的

① 李拔：《种棉说》。
② 乾隆《安溪县志》卷4。
③ 《古今图书集成》职方典卷1330，惠州府部。
④ 《广东新语》卷15。
⑤ 褚华：《木棉谱》。
⑥ 见前引《古今图书集成》。
⑦ 同治《元氏县志》卷1。
⑧ 同治《应山县志》卷8。
⑨ 咸丰《南浔镇志》卷24。

又一个层次。特别值得注意的是，有些地方，本地不产棉，或产棉很少，并远离棉花产地，却也依靠外地原料发展棉纺织，成了商品棉布产地。这既与清代人口大量增加，棉布需求量扩大有关，也与棉布地区差价过大有关。这类棉布产地和棉花产地的分离，就属于一个更高的层次了。

［山西省］　寿阳县，明末，地方官教民纺织，遂有棉布生产。到清代中叶，商品棉布生产发展，其所用棉花，“出直隶栾城、赵州等处，每斤自一百四五十至四百上下。布出直隶获鹿栾城等处者，谓之东布，每尺三十上下至四十上下。出本邑者，农民所需较东布为多。余布鬻于北路，每尺钱二十上下”①。寿阳距栾城赵州，已 200 里外，其所产棉布，受当地农民欢迎，亦销售北路，应当是忻州、代州、大同府一带。这里的棉纺织得到发展，大约是由于本地布与河北布有 50% 到一倍的差价的缘故。

孝义县，“男妇皆能纺织，所制棉布，鬻于西北州县外，而棉花则出真定诸处，经平遥东来，南行灵隰，则自孝义转贩”②。孝义距真定已在七八百里外，原棉供应大大远于寿阳。晋西北不产棉，更不产布，布价昂贵，所以孝义县的棉布生产也同样得到发展。

［江西省］　这里产棉不多，明代，棉花多“货自河南湖广”③。到清代，植棉虽有发展，仍不能满足全省需要。有的农民买棉织布自用，有的地方还用外省棉花发展了商品棉布生产。如赣州府，“棉布各邑皆有，而龙南、定南尤多。织木棉布或被袄巾带之类，贸于四方。棉花本地所产不甚广”④。又如广信府，“苎布上饶居多，棉布贵溪为最，他邑亦皆有之。麻多郡产，而木棉出九江湖广，贵溪距湖广较近，故业纺织者倍他邑”⑤。

［贵州省］　该省阴湿多雨，植棉受到限制，种棉“果多不裂，所得不敷工种，非土不宜，以南方多雨故也”⑥。因此，棉布多贩自他省。这里距湖北

① 《马首农言》。

② 乾隆《孝义县志》民俗物产。

③ 见正德：《新城县志》、嘉靖《东乡县志》。

④ 乾隆《赣州府志》卷 2。

⑤ 乾隆《广信府志》卷 2。

⑥ 道光《遵义府志》卷 17。

布产区甚远，交通也不方便，棉布“路远价昂，故民间谋衣艰于谋食”①。商品棉布生产虽发展较晚，并用外省棉花，但因市场需要，到道光间，规模亦颇可观。

黔东商品棉布产地有印江县。“棉花自铜江口、秀山负荷而来，而印江之布，衣被远方，则女红之勤也”②，铜江口属贵州铜州府，秀山属四川酉阳州，其棉花来自四川，甚至可能来自湖南，以至来自江苏。据后来记载，秀山“县民最重通州棉花，然商贾都恃贵州为转销，境内所卖亦未百一也”③。

黔西有遵义县。“郡人惟遵义东乡多以织布为业，盖其棉由湖南常德府贩卖，舟载到省溪口江起岸”，“贾人西走蜀之重庆泸溆，南走威宁平远，极于金川，所贩皆东北乡所织也”④。织布用棉来自湖南。

黔南有兴义府。“三江一带，地渐平衍，土厚而肥，所产木棉，为利甚溥。其始不过就地所产之花，家事纺织。嗣以道通滇省，由罗平达蒙自，仅七八站，路既通商，滇民之以花易布者，源源而来，今则机杼遍野”⑤。织布用棉来自云南，棉与布相交换。

［云南省］ “滇省所用棉花，来自四川者多，亦有来自缅甸者。絮衣甚轻暖，价亦不甚昂。各郡织布者少。惟永昌一带，多习纺织，其布流行各郡，亦颇可用”⑥。

［河南省］ 明末清初，孟县的“孟布驰名，自陕甘以至边墙一带，远商云集。每日城镇市集，收布特多”。“县西高坡，颇产棉花，究属不敷，尚赖直隶、山东、湖广以及本省各外郡县棉花货用”⑦。这些记载说明，孟县生产的棉布，数量多，质量好，运销陕西、甘肃，以至蒙古一带。织布除用要本省棉之外，还用河北、山东、湖北等地的棉花。

前述几个地方所产棉布，多销行本省，亦销行外省；棉花多来自外省，甚

---

① 贺长龄：《现办桑棉纺织各情形折》，道光。
② 道光《印江县志》田赋卷4。
③ 光绪《秀山县志》卷12。
④ 道光《遵义府志》卷17。
⑤ 罗绕典：《黔南职方纪略》卷2，道光。
⑥ 雪渔民前引书。
⑦ 乾隆《孟县志》卷4上。

至来自外国。但多系毗邻地区，相距不算太远。而孟县却是棉布销行远方，原棉亦来自远方，在这种条件下，棉布能得到发展，则具有多方面的原因。明代，陕甘一带所用棉布，多向江南地区采购。乾隆间，河北、湖北地区棉布生产发展，陕甘商人遂转向这两个地区贩布，而减少向江南地区进货，为的是节约运输费用。正如当时人说，尽管河北布价，“视他处亦昂，盖商家为什之一之营，锱铢计及，远者必有费，辗转滋劳。节道里所费之资，用集近产，力省而功仍倍也”[①]。孟县布行销陕甘，主要在明末清初，这时，湖北、河北的棉布生产尚不够发展，而孟县距离陕甘又较江南为近，同样能节约费用，所以孟县布能行销陕甘一带。

同时，陕甘缺布，布的地区差价很大，陕甘一带，布价历来是高昂的。“民间所用之布，皆系商人贩卖而来，价值昂贵，八口之家，每岁买布即需数十千文”[②]。“布匹所需，从西安贩入，价昂数倍”[③]。汉中地区，乡村妇女纺织，“每布一匹，需花不上二斤，贵贱只卖三钱几分，成布一匹，精细者更值七八钱”[④]。与江南相比较，布价确有几倍的差距。甘肃更是“布帛之价，贵于别省”[⑤]。孟县用远地棉花织布，虽增加成本，但布的地区差价大，仍然是有利可图的。所以，孟县棉布曾一度占领陕甘地区的市场，并形成了比较固定的商业联系，以致“秦晋一荒，孟民逃亡，盖白布不行之所致也”[⑥]。

这些棉布产地的出现，不仅发展了商品棉布生产的地区分工，也发展了棉布产地和棉花产地之间的地区分工。而山西、贵州、云南等省本来都是经济发展比较落后的地区，棉纺织也不发展。如果江南、河北、湖北、山东等地棉纺织的发展，主要表现为棉纺织生产在时间上的上升运动，那么山西、贵州、云南等地棉纺织的发展，就主要表现为它在空间上的扩散运动。这当然也有利于改变棉纺织在地区间发展的不平衡状况。

---

① 乾隆《正定府志》卷12。
② 《秦疆治略》长武县。
③ 乾隆《镇安县志》卷6。
④ 嘉庆《汉南郡志》卷27。
⑤ 清《高宗实录》卷23。
⑥ 康熙《孟县志序》。乾隆《孟县志》卷10。

三

清代前期，棉纺织生产的发展，还出现了棉布生产过程的不同工序之间，有了某种个别分工。

棉纺织有轧花、纺纱和织布三个主要生产过程。棉农出售棉花多为籽花。商人贩运棉花，必先轧棉出籽。所以在棉花产地，到收购棉花季节，商人必雇工轧花，如太仓州，“九月中，南方客贩至，城市男子多轧花生业”①。但农家纺织，多自轧花，江南地区一直到光绪年间，也仍然如此，“轧棉工作，盖纺织之家，均自为之也”②。考虑到商人贩卖棉花，除供衣被絮之外，亦供纺织，从棉纺织生产来看，轧花是处于一种半分离的状态。

纺纱过程包括弹棉、搓条、纺纱、成纤等工作，其关键工序是纺纱。织布过程包括浆纱、牵经、穿综、穿筘、摇纱、织布等工序，其关键工序是织布。考察棉纺织的个别分工，主要是考察纺纱与织布的分工，即纺纱与织布的分离。

清代前期，大量农户是纺织兼工，独立完成棉布生产的全过程。但是，纺与织也出现了比较广泛的明显的分离趋势。江南地区农民以纱易棉、纺纱糊口的记载，俯拾即是。甚至在灾荒年岁，设立收购棉纱的处所，也是赈灾的一个重要措施。③ 验之全国各地，纺纱也同样成了农家的重要副业。

［山东］　钜野县“贫民以卖线换布为生”④。

［河南］　林县妇女“能纺棉成线而不能织布”，线“售于行贾，得值而已”⑤。

［河北］　木棉“永清人无种者，或田连顷亩，偶植一二自给衣被，不通市易也”。乡村妇女，“以鸡子易木棉，治棉为缕，不用纺车，用小石系线，引而旋之，其缕坚细胜车纺者。止取以给缝纴，有余或易钱米，未尝治机织布”⑥。

---

① 康熙《太仓州志》卷5。
② 光绪《真如里志》卷3。
③ 《治蝗全法》，咸丰。
④ 道光《钜野县志》卷23。
⑤ 乾隆《林县志》卷5。
⑥ 乾隆《永清县志》户书，卷2。

［四川］　乐至“县产木棉”，“贫妇买诸市，指挂为线，积日卖之，利可温给”①。

“南溪俗尚淳朴，妇女于纺线外，别无指工”，“贫家存活，全恃此利”②。

双流县“棉花非地所宜，而多售者”。妇人“置车一具，买棉条纺成纱线，入市即可货卖，其利视绩麻尤胜”③。

［陕西］　“近年汉南知种木棉”，“无知只将棉花卖钱，间有一二知纺纱向市贸易，并不纺织成布”④。

洵阳县“洵河大半楚人家，夜夜篝灯纺手车。宝庆女儿夸手段，明年多种木棉花”⑤。

三原县“棉花乡人多种，取以御冬”。“布乡间有之，胜于贩自楚豫者”，“北乡屯王线马二村皆业线，发甘肃通省，亦发山西，其利颇厚，故二村人率俯仰有资，邻近村庄亦多为之”⑥。

［湖北］　来凤县“妇女善纺棉，不善织布，乡村四时纺声不绝”。“每遇场期，远近妇女携纱易棉者，肩相摩踵相接也”⑦。

［贵州］　遵义县东乡，农民多以织布为业。“织家买之（棉）以易纺线，纺家持线与之易”，“故纺织互资成业。他乡纺者仅为线，供缝纴之用，业织则线无所出，业纺则棉不能继，非乡女有巧拙之殊，以场市无相资之便也”⑧。

“习安地方，素重纺织，民间妇女，自幼讲求”。“乃有奸猾商人，暗将黄色烂花，熏成白色诓哄”，“妇女以纺纱易之，折耗最多”⑨。

从这些资料看，纺纱已成了农家重要副业，棉纱也成了市场重要商品。这是由于棉纱不但供织布，亦供缝纴。棉纱“合两绪三绪，以供缝纴”⑩。缝纴

---

① 道光《乐至县志》卷3。
② 道光间万清涪竹枝词注，民国《南溪县志》附《南溪文征》卷2。
③ 乾隆《双流县志》卷6。
④ 《三省边防备览》卷14。
⑤ 光绪《洵阳县志》卷13。
⑥ 乾隆《三原县志》卷8。
⑦ 同治《来凤县志》卷28。
⑧ 道光《遵义府志》卷17。
⑨ 咸丰《安顺府志》卷45。
⑩ 方观承：《棉花图说》。

用线，市场需要量亦大，但此与织布无关，不在考查纺与织分工范围之内。织布需用经纱，经纱质量要求高，并且用量多于纬纱。织布“用纬无多，而经数倍。如布成一丈，计重八九两不等，核之纬纱，三两足矣”①。农家不论织商品布，还是织自用布，一般纬纱自纺，而经纱或自纺，或购买，甚至外购者多，所以有人说，“经必鬻必浆，而纬则否”②。同时，也不能排斥有些农户是购买纬纱织布，特别是家有健妇善织，能多成布，而纺不足供的时候。加以纺纱技术简单，容易掌握，幼女七八岁，即可学纺纱；而纺纱又成本无多，可以几个鸡蛋买棉花，还可以纱易棉，不断“翻纺”。织布不但技术要求高，又需一定资金，如置备织布工具，并且一机布的长度，一般在十二匹以上，少也得十匹八匹。所以就出现“穷民无本，不能成布，日卖纱数两以给食”③。由于棉纱成了重要商品，遂出现了专业性商店和市场。乾隆嘉庆间，湖北监利县已出现了“棉线庄”，专门从事棉线的“接买接卖”④。江南地区是“棉纱成纴……卷之成饼，列肆卖之，名布团经”⑤。松江地区并有“布经市”。

棉纱市场广泛，交易频繁，由于价值规律的作用，纺纱收益大体已形成一定的比例关系，各地相差并不甚远，计算方法亦大致相同。在河北，“线之价，加所纺棉十之三，匀不起毛者加十之五”⑥。在贵州，“一两花纺成，可多得二钱，贵时可多得三钱”⑦。其收益，即增加价值，为十分之二三。在河南，孟县纺纱户，“每钱百文买到子花，必须二人昼夜疲瘃，乃可成线，除花价外，仅可得钱三四十文”⑧。其收益也是十分之三四。江南嘉定县，嘉庆十年水灾“赈钱每户得钱数百文，买棉纺纱，以纱易钱，一钱可得钱半之用”⑨。纺纱收益是十之五。在一些棉纺织特别不发达的地方，棉线价高，收益更大。

---

① 孙琳：《纺织图说》。
② 方观承：《棉花图说》。
③ 雍正《杭州府志》卷102，嘉善县。
④ 《清史论丛》第6辑，第27页。
⑤ 褚华：《木棉谱》。
⑥ 方观承：《棉花图说》。
⑦ 道光《遵义府志》卷17。
⑧ 乾隆《孟县志》卷4上。
⑨ 光绪《嘉定县志》卷5。

河北保安州，道光间，“现时棉花四百文一斤，约二十四文一两。白棉线四十五文一两，白布一尺二十文，重五钱。计纺一两线，可赚大钱二十文、十余文。有一日纺六两四两者，即使纺一二两，得二三十文，亦可买米供一家矣”①。这里纺纱的收益就超过了十分之五，这是道光十一年前后的价格。各地计算纺纱收益的办法，都“不计工食”，只计原料成本，这正是农家副业的经济核算特征。上面所列举的这些收益率，说明农民纺纱，“利可温给”，也是有根据的。由于纺纱具有一定的经济效益，又有比较稳定的市场，在全国范围内，纺纱有脱离织布的趋势，应可以大体确定的。

在纺与织分离的过程中，也出了织匠、织户与机坊。但文献记载既少，又语焉不详，只能粗略加以考察。农户纺纱，雇织匠织布自用，这在农村是很普遍的现象。在某些棉布产地，还出现了雇工织商品布的现象。河北栾城县，产棉也产布，“男女勤织纴，共操作”，“工匠多来自他邑”②。农民既是男织女纺，工匠就可能只是补充劳动力的不足。这类分工，社会经济意义不大。

织户与机坊则大体有两种情况。一是从湖北施南府地区机坊来看。据记载，“各村市皆有机坊，机工织之”③。“城乡皆善纺绩，且竞以针黹为能事，惟不善织，村市皆有机坊，布皆机匠织之”④。“恩施志言，邑不产棉，衣裳所需皆市之外地。近唯广种苎麻，远商贩运出外，尚可以此易彼。其女不善织，布出机坊，宣恩来凤各邑皆然”⑤。把这些记载联系起来考查，施南府一带植棉少，棉纺织发展亦晚，靠以麻换棉纺织，棉布商品生产难以开拓。这类机坊，就可能只是机匠在村市定点经营，为农民加工自用的棉布。这虽然有了某种专业分工，但织匠可能并未转化为小商品生产者，仍保留着手工业工匠性质，社会分工意义仍然不大。

值得注意的是，各地出现了一批从事小商品生产的织户。在江南地区，有

---

① 道光《保安州志》卷7。
② 同治《栾城县志》卷2。
③ 道光《施南府志》卷10。
④ 同治《施南府志》卷10。
⑤ 宣统《湖北通志》风俗。

的地方“工纺织者十之九”，其“不纺而织者为兑纱，不织而纺者为卖纱”①。有的地方，妇女纺棉成纱，“松江织户咸来采取，其价视粗细为贵贱”②。前引《盂县志》中，对纺纱与织布的收益，是分别计算的，在论及织布收益时说，“及机户成布货市，除花线钱外，每匹获利不足百文”。乾隆间，该县县令在文告中，多次提到“机户”窄短丈尺，“无知机户”，“不法机户”，以及布须按官府规定尺码织就后，“方许机户赶集”出卖，等等。前引四川《双流县志》中说，农妇纺线出卖，比绩麻有利，而“机房各场有之，所需棉纱不少”。前引《遵义府志》说，该地是“织家买之（棉）以易纺线，纺家持线与之易”，“纺织互资成业”。这类织布专业户，有的可能已脱离农业，有的并未脱离农业，并限于社会经济条件，并未得到发展，始终为数不多，完全淹没在汪洋大海般的纺织兼工的农户之中。不过纺与织所出现的这种分离趋势是值得重视的，如果其中还有些是脱离了农业的织布专业户，应更值得珍视。

四

分工、协作是人类群体的体力和智力进一步发展的形式。生产的社会分工固然不会改变劳动者和生产资料的数量，但是可以改变这些生产要素的配置状况，使它们更好地发挥作用。清代前期，棉纺织社会分工的发展，比较合理地并比较充分地利用了自然资源和人力资源，又通过改进生产技术，提高了产品质量和劳动生产率，发展了棉布生产，既满足了国内需要，也行销国外，获得了“南京棉布”的美誉。

“社会分工使商品所有者的劳动成为单方面的，又使他的需要成为多方面的”③。棉纺织社会分工的发展，使棉布成为仅次于粮食的重要商品，并使棉、纱、布、粮互相成为商品，扩大了国内市场。特别值得指出的是，一些商品棉布产地的农民，摆脱了耕田而食的古老传统，需要外地供应全部或部分口粮。乐亭县的农民就是“以布易粟”，“粟则来自关外”④。江南地区更是大量食用四川、

① 嘉庆《珠里小志》卷3。
② 嘉庆《太仓州志》卷17。
③ 《资本论》第1卷，第124页。
④ 乾隆《乐亭县志》卷5。

湖广、江西以及东北的米麦。如在南京，崇明县商人运布换米，“江广米商”则运米换布，“岁岁载米依期而来”[①]。又有人说，“川米易苏布，衣食各有惬”[②]。康熙开海禁后，“关东豆麦每年至上海者千万余石，而布茶各南货至山东直隶关东者，亦由船载而北行”[③]。粮食作物区与经济作物区、手工业品产区间远距离的大规模的商品交换，是清代出现的具有划时代意义的经济现象。这是国内市场扩大的一种最本质的反映，与棉纺织生产地区分工的发展也是有很大关联的。

在封建社会中，生产工具的进步，终究是有限的。生产力的发展，在很大程度上有赖于社会分工的发展。所以列宁在《俄国资本主义的发展》中强调，“在手工业生产的基础上，除了分工的形式以外，不可能有其他的技术进步”。对清代前期棉纺织生产社会分工发展的进步意义，必须有充分的估计。

当然，我们又必须看到它的局限。首先，清代前期植棉织布的普遍发展中，自给性生产的发展比商品性生产的发展，无疑是更为广泛。这方面的记载很多。略举数例，在陕西耀州，“近又能种木棉，事纺织，然为布无多，不能出村落也”[④]。在福建延平府，“种棉花者虽多，然仅供本郡之用，不能广行他省”[⑤]。在湖南沅州府，棉花“郡中多树艺者，纺织虽勤，仅足备衣履所需”[⑥]。在安徽霍山县，“木棉非土所宜，然农家资以御冬，不能不种，但薄收耳”[⑦]。在江西，“南丰、新城多棉布，细者胜松江，然不可多得，粗者足供一邑之用，流于外者盖寡”[⑧]。棉纺织的这种发展，增加了社会产品，也是生产力的一种发展。但它又是自然经济的扩大，对社会分工无疑只会起抑制的作用。

其次，从严格的意义上说，生产的社会分工，应当是表现为交换价值生产的分工。在这一点上，它表现得愈充分，它就更能促进产品的商品化、生产的专业化，从而有利于扩大社会生产。在农业方面，社会分工的发展，就要求各

---

① 晏斯盛文，《清经世文编》卷47。
② 李鼎元：《师竹斋集》卷6。
③ 包世臣：《安吴四种》卷1。
④ 乾隆《耀州志》卷4。
⑤ 乾隆《延平府志》卷45。
⑥ 乾隆《沅州府志》卷24。
⑦ 嘉庆《霍山县志》卷7。
⑧ 乾隆《建昌府志》卷14。

种农业原料的加工，以及这种加工的各个工序，都一个个同农业分离，不断形成用自己的产品交换农产品的各个独立的工业部门，用列宁的话说，就是，“不仅把每一种产品的生产，甚至把产品的每一部分的生产都变成专门的工业部门”①。只有社会分工的这种发展，才能有力地发挥促进社会生产和商品经济的作用。用这样的标准来衡量，清代前期棉纺织的社会分工，还只是一种低层次的发展。因为从事商品棉布生产的还是农民，其棉纺织不论是织布，还是纺纱，或者是纺织兼工，都只是作为从属于农业的副业；就是棉纺织已成为主业的农民，他们也没有脱离自给性农业，特别是没有脱离自给性的粮食生产。他们生产中的交换价值生产是不充分的，或者是不完全的。正如有人说，在中国封建社会中，商品经济无论怎样发展，也始终没有摆脱自然经济的脐带。如果忽视这样一个基本的局限来讨论社会分工，无疑是不对的。因之，对清代棉纺织社会分工的发展也不应做过高的估计。

清代前期棉纺织社会分工的这种局限，是各种社会经济条件交互作用的结果，不是一种原因所能说明的。当然最根本的还是社会生产力的发展水平，特别是农业生产力的发展水平，这就是农业能否提供充足的剩余产品，可以使从事农业的人和从事手工业的人有实行分工的可能，并且也使生产粮食的农民和生产原料的农民有实行分工的可能。清代前期，粮食生产和手工业原料生产虽然有很大发展，但由于人口增加过快，农业的剩余产品并不是很充足的，并没有为手工业广泛的脱离农业提供条件。

社会生产力的发展水平，当然也包括棉纺织本身的生产技术条件。前面所谈到的纺纱，具有一定的部门分工性质，如以此为例，当时农家所用单锭手摇纺车，还是元代元贞中黄道婆从黎族引进的式样，数百年未变。在乾隆间始见记载的三锭脚踏纺车，又限于家庭手工业的劳动力结构，阻碍着它的推广。在四川、河北等地农村，甚至还在用“指挂为线”，“用小石系线，引而旋之”的原始方式纺纱。这种简单的生产工具，当然也谈不上生产技术有很大进步。由于生产工具落后，纺纱的生产效率以致它的经济效益是比较低的。只是由于可以把妇女以至幼女老妇的劳动力充分利用起来，穷年累月，夜以继日地纺

① 《列宁选集》第1卷，第161页。

纱，才能取得或多或少的收益，以至“利可温给”。因此这种纺与织的分离，仍然保留着由于性别和年龄的差异在纯生理基础上所产生的自然分工的显著痕迹，只开始由单纯的家内分工转化为低层次的社会分工。这与由于生产工具和生产技术进步而引起的纺脱离织成为独立生产部门的专业分工，在性质上是不相同的。织布的情况也大体类似。我们可以说，清代前期棉纺织社会分工的发展，特别是纺与织的分离，主要不是由于生产工具和生产技术的发展所推动，而主要是由于谋生所推动。因为这些农民，“无论丰稔，必资纺织以供衣食”[①]，当然也就难于脱离农业了。

封建经济制度的压榨，也是重要原因。除了封建地主的地租剥削之外，由于棉花生产的商品化，这些农民口粮和原料的取得，成品的推销，都要依靠市场，又要受商人和高利贷者的剥削。加以小农自己生产条件的局限，以及自然灾害等等，都会对农民的生产生活发生影响。市场条件是各种社会经济矛盾以及人与自然的矛盾的综合反映。下面对清代前期棉布市场条件的发展变化，做一点粗略的讨论，以探讨棉纺织不能脱离农业的更实际的原因。

棉纺织的经济效益，决定于米、棉、布的市场比价，银钱的比价亦有影响。如以江南地区为例，顺治间，由于经过战乱，米棉价高，加以商旅阻滞，棉布市场颇不景气，这是一种特殊情况，不能视为常例。康熙后，政治局势逐渐稳定，粮价慢慢下跌，直至乾隆初，粮价稳定了50年。棉与布的价格亦趋正常。石米常价是银1两上下，担棉常价是银2两上下，匹布常价是银2钱上下。米、棉、布比价大体稳定，农民棉纺织也有比较稳定而正常的收益。“青浦之俗，工织布，棉三斤织布一匹，利率三倍”[②]。这是说织布1匹，可换12斤棉花。“向以3斤花成布1匹，可见（疑为兑字之误——作者）米一斗花三斤，故有斗米三斤花之语”[③]。棉三斤成布一匹，据各地文献资料考证，是指籽棉。棉花市场价格亦为籽棉[④]。这也是说，棉布1匹，可换米1斗和3斤籽棉。这种比较长期的一般水平，保证了农民较稳定的生活。但在灾荒年岁或银

① 乾隆《续外冈志》卷1。
② 陆世仪：《陆桴亭文集》卷6。
③ 道光、咸丰《紫堤村志》卷2。
④ 西嶋定生：《中国经济史研究》。

钱比价有较大变动之际，米、棉、布价也会发生变化，影响农民收益。康熙三十年，布“因花荒，价又贱”，康熙三十五年，米贱，“独是银钱甚贵，兼之花价贵而布贱，民难堪命”①。特别是康熙十三年，松江府一带发生水灾，因之“往时民间匹布上者售值二钱，今已减其半，而且收者寥寥，现钱罕见”②。

乾隆间，米价渐涨，终乾隆之世，迄未停止，棉与布的价格，亦随之上涨。特别这时全国人口大量增加，棉布需求量大，始终保持较高价格。石米平均在银2两左右，匹布平均在银4钱左右，贵时达七八钱。米布价格渐用制钱计算，当时银贱钱贵。这都使农民能保持一定的收益。当时人说，“今年布价新增贵，都上京庄与建庄”，“近镇妇女俱以织为业。京庄建庄各省收布庄也”③。“年来布价高于帛，肯令金梭休更休”④。有时，“匹布可售六七百文，不特贫者藉以糊口，即稍有家资者，亦资以利用焉”⑤。布“雍正间，销路浸广……大抵系粤商争购，务求细密，不计阔长，需棉少而布价昂。乾隆寅卯奇荒，机户无啼号之惨，实赖有此耳”⑥。当然遇灾年米价猛涨，就会大大改变通常的米棉比价，使农民受困。如乾隆二十年，“岁大祲，石米五两”，“是年米贵布贱”⑦。

事情发生转折在嘉庆道光间，在这段时间里，江南地区米价涨风逐渐中止，而且一时有回跌迹象，但米价总水平仍然超过乾隆时期，突出的问题是棉贵布贱，农民生计受挫。“比年木棉常贵，布值常贱，所以小民生计益艰”⑧，“花米腾贵，布价日落，生计微矣”⑨。这是由多方面的原因造成的。最重要的原因是布的市场减缩。首先是外地棉纺织发展，江南棉布失掉了部分传统市场。“艺吉贝解织纴者，外郡亦多有，故花布业均衰，则非蚕桑何以济布匹之穷。邑自同治末年，亦有种桑养蚕者”⑩。其次是，由于鸦片走私贸易，白银

① 姚廷遴：《历年记》。
② 王原文，光绪《青浦县志》卷28。
③ 乾隆《乌青镇志》卷11。
④ 光绪《月浦志》卷1，乾隆间记事。
⑤ 光绪《塞圩小志》风俗，记乾嘉间事。
⑥ 民国《江湾里志》卷4。
⑦ 光绪《月浦志》卷10。
⑧ 道光《江阴县志》卷9。
⑨ 咸丰《紫堤村志》卷2。
⑩ 光绪《南汇县志》卷20。

外流，银根紧缩，银贵钱贱，也影响棉布外销。“往时各省布商先发银于庄，而徐收其布，故布价贵，贫民竭一日之力，赡八口而无虞，今布有余积，而商无现银，价因日落，民生之计蹙矣”①。因为商人大量采购，只能用银，无法用钱，市场上银少，遂影响棉布流通。第三是，土布开始受洋布排挤。“今则洋布盛行，价当梭布而宽则三倍，是以布市削减”②。福建本是江南棉布的重要市场，道光间，“民间之买洋布洋棉者十室而九，由是江浙之棉布，不复畅销，商人多不贩运”③。

更准确地说，前此影响江南棉布生产最重要的原因，如上所述是布贱，而不是棉贵。但是，嘉庆、道光间，江南的几次大水灾，却把棉贵的问题突出出来。嘉庆九年，松江府地区大水，“木棉价贵布价贱，爨火欲断心皇皇”④。道光初年，江南地区连续遭受水灾，“此邦自癸未以来，民气未复，辛卯壬辰又值淫潦。今春多苦雨，秋来有恒寒之象。黍稷方毕，不实者比比矣。吴中妇女业绩者什九，吉贝之植多于艺禾。频岁木棉皆不登，价倍于昔，而布缕之值反贱。盖人情先食后衣，岁俭苦饥，衣虽敝而惮于改为，其势然耳。小民生计之蹙，未有甚于今日也”⑤。“自近今十数年来，标布不销，布价遂贱，加以棉花地荒歉者及今四年矣，棉本既贵，纺织无赢，祗好坐食”⑥。“奉贤地多产棉，道光间，棉值昂贵，每担率十数缗”⑦。这是说，棉价达到了 10 两多银子 1 担，这对农民纺织户的打击，当然是巨大的。

由于粮价上涨和灾荒影响，在这里还发生了改棉田为稻田的情况。“嘉（定）土沙瘠，不宜于禾。外冈地势高阜，尤不宜于禾。往时皆种木棉，近因米价昂贵，每石有五两外者，始多种稻”⑧。“东南田土瘠薄，列在荒区，又为旱地。大熟所种，花居大半，豆次之，种稻者十不得一。近年花豆连年歉收，

① 咸丰《紫堤村志》卷2。
② 《安吴四种》卷26。
③ 清代钞档，道光25年敬敫奏。
④ 光绪《青浦县志》卷28。
⑤ 林则徐：《绘水集序》。
⑥ 姜皋：《浦泖农咨》。
⑦ 方锜：《光绪奉贤县志序》。
⑧ 乾隆《续外冈志》卷1。

种稻者已有十之二焉”[①]。如果棉田减少过多，影响棉花供应，棉价就会上涨，给农家纺织带来困难。

由于这些因素的作用，江南地区农民纺织收益，嘉庆道光间较之康熙乾隆间，大约降低了一半。“昔一丈之布，羡米五升，而今二升有奇”[②]。光绪间又比道光间降低了一半，“往者匹夫匹妇五口之家，日织一匹，赢钱百文。自洋布盛行，土布日贱，计其所赢仅得往日之半耳”[③]。道光二十九年，常熟县“花絮已二百八十钱一斤，我乡布阔八寸三分，长十七尺，每疋需花絮十二三两。纺而成纱，再织而成布，只卖钱二百五十文。以此营生，略无余羡”[④]。这样的棉、布比价，织布收益更不止降低一半了。

在康熙乾隆间的市场条件下，棉纺织还未见脱离农业的迹象，在嘉庆道光间的市场条件下，就当然更加困难了。

第三节　农产品价格的形成

在封建社会中，农产品价格如何形成，与农民的经济利益关系至大。

在封建社会中，广大农民有大量产品在地方小市场上，主要是集市上出售。这种交换主要是农民与农民之间、农民与手工业者之间的有无调剂、余缺调剂，具有颇大的自然经济性质。在这种交换中，不仅农民知道其他农民与手工业者的劳动条件，而且手工业者也知道农民的劳动条件。他们每个人必须大体上收回成本这一点，会帮助他们找出正确的计算方法，能够按照原料、辅助材料、劳动时间而比较准确地互相计算出生产费用，使互相交换的商品量越来越趋向于用它们所体现的劳动量来计量。当然，这也是一个漫长的、往往得在暗中不断摸索、经过曲折才能逐渐接近的过程，不是一蹴可就的。

贩运贸易农产品价格的形成，比之地方小市场农产品价格的形成，是一个

---

① 道光《蒲溪小志》卷1。
② 钦善：《松问》。
③ 光绪《嘉定县志》卷8。
④ 《一斑录·杂述》卷7。

更为复杂的经济过程。因为在这种贸易中，生产者与消费者之间，不但有商人的中介，而且往往有多个环节商人的中介。贩运贸易、特别是长途贩运贸易作为市场发展的重要标志，其农产品市场价格的形成，是值得我们着意探讨的。清代前期，棉、丝、麻、果等农产品都是长途贩运的重要商品，但粮食却是最重要、交易量最大的长途贩运商品，而湖南和江南地区的粮食贸易又是当时最重要的长途贩运贸易，因此，我们将以这种贸易中粮食市场价格的形成，作为我们考察的对象。

一

首先，我们从湖南省与江南地区粮食市场价格的变动说起。

湖南产粮地区，有长沙府、岳州府、常德府、澧州、衡州府、宝庆府等州府，均“系广产之乡，其中亦复多寡不等”，其产粮尤多者，“其实止于长、衡、常三属”①。考察上述区域贸易的粮食地区差价，应先用这些产地的粮食价格。清代地方官吏向中央政权奏报的粮价，所报多为省会城市与省内各地的粮价，即多为粮食销售价格与中转市场价格，非产地粮食收购价格，不宜采用，应选用县以下的粮价为宜。县以下的粮价中，文献资料所记米价，也可能为销售价格，而非收购价格，故多选用谷价。文献资料中所记谷价，究为商人向农民和地主收购粮食的价格，还是商人之间交易的价格，也是含混不清。这是无法弄清的悬案。对产地谷价，也就只好把它看做是产地收购价格。产地熟荒或灾荒粮价，非正常粮价，亦应加以排除，以较为稳定的常年价格为准。

封建社会长途贩运的粮食，主要是流入城市，供城市人口消费。清代前期，江南地区市镇经济发展，又有一部分农民因种植棉花、蚕桑，或从事织布、织绸，需要购买口粮。各地输入江南地区的粮食，主要是供应城镇人口和部分农民的需要。苏州为江南地区最大粮食市场，又为最大的城市，“大都湖广之米，辏集于苏郡之枫桥”。既供应苏州城市人口需要，又转销各地，以至销到浙江、福建。销地粮价遂尽量采用苏州的销售价格。江南地区“民间所买常餐……俱属糙粳楚籼等类”。故以江南地区的次米或籼米价格，计算地

① 朱伦瀚文，《清经世文编》卷39，赵申乔《自治官书》卷8。

区差价。

例一：［长沙府宁乡县　康熙］　宁乡县米谷“自给之外，颇济邻封。又北运汉皋，稍趋宁沪”。“康熙三十年，谷贱，银一两，易七石三斗”[①]，这是谷1石易银1钱3分7厘。清政府规定米谷按“一米二谷”[②]折算，即2石谷合1石米。上述谷价折成米价，每石糙米约为二钱七分多。

在苏州地区，康熙三十一年，糙米“时价每石七八钱不等”[③]。三十二年七月，“目下米价亦平，粗者七钱上下”[④]。在上海地区，康熙三十一年，“熟里荒”，“米每石七钱”。三十二年，“米价向来八钱，今则一两二钱”[⑤]。从上述资料看，江南地区康熙三十年前后，米价每石约银七八钱。特别是姚廷遴所说的“米价向来八钱”，应是前一段时间的常价。按此折算，则湖南产地米价约为江南销地米价的30%左右。

例二：［岳州府　康熙］　岳州府是洞庭湖产粮地区。“楚俗称产谷之乡，即以岳论，前此一金市粜六石，乃积岁腾贵，今二石为难矣”[⑥]。该书刊于乾隆十一年。“前此”与“积岁腾贵”联读，“前此”当指雍正年间，乃至康熙末叶。银1两买谷6石，即谷1石值银1钱六分多。折成米，每石约银3钱3分多。全汉升先生摘录有雍正元年至十三年，即整个雍正朝地方官奏报的湖南米价数据46个。[⑦]将这些数据按算术平均，每石米价约为八钱八分。米价最低年份，米每石价为银六钱六分。可见上述岳州米价，非雍正年间米价，当为康熙末叶或后期米价。

在苏州地区，全汉升先生摘采有康熙三十二年至五十八年地方官奏报的次米价格数据42个，其中五十一年以后米价数据34个。[⑧]将这些数据按算术平均，每石米价约9钱2分。按两地米价折算，则湖南产地米价为江南销地米价

---

① 民国《宁乡县志》故事编财用录。
② 《湖南省例成案》户律，卷22。
③ 宋荦：《西陂类稿》卷34。
④ 《李煦奏折》。
⑤ 姚廷遴：《历年记》。
⑥ 乾隆《岳州府志》卷12。
⑦ 《中国经济史论丛》，第526～527页。
⑧ 《中国经济史论丛》，第480～483页。

的35%左右。

例三：[湖南　雍正]　雍正八年，清政府“将雍正三年动帑所买谷一十六万二千余石，照原价每石三钱四分九厘给商交价运售”①。将谷价折成米价，每石约银7钱。

雍正三年，江苏巡抚张楷奏报全年苏州米价6次，情况如下表。

表6-1

时间	五月六日	六月十八日	七月八日	八月十五日	十一月六日	十二月十一日
白籼米价（两/石）	1.37	1.43	1.38	1.23	0.98	0.98
次籼米价（两/石）	1.32	1.35	1.32	1.16	0.90	0.90

资料来源：《宫中档雍正朝奏折》第4、5辑。

上述米价因均为籼米价，可以一并按算术平均与湖南米价进行比较。这样雍正三年苏州米价每石约银1两2钱，与湖南每石米价7钱比较，则产地米价约为销地米价的58%左右。考虑到官方给价可能稍低于市价，如按市价计算，此百分数就应当还要大一些。

例四：[岳州府　乾隆]　“湖以南多稻田，为产谷之乡。自雍正季年迄于今，谷日昂。每米一石值白金两以上，而时盈缩焉。吾民以为不复见曩者谷贱时矣。其前年为乾隆甲戌，秋冬谷大贱”②。甲戌为乾隆十九年，是年谷价若干，作者并未明言。但知雍正至乾隆十八年一段时间内，湖南，特别是长沙地区的米价，每石已超过银一两，并在此水平上波动。据前引乾隆《岳州府志》说，到乾隆十年左右，谷价因“积岁腾贵，今二石为难矣”，即银一两已买不到两石稻谷。乾隆十六年二月，该府临湘县“谷价每石止五钱五分”③，与上述记载相符。此谷价折成米价，每石为银1两1钱。

在苏州地区，钱泳在《履园丛话》中说，“雍正至乾隆初，米价每升十余

① 雍正《东华录》卷16。

② 光绪《善化县志》卷31，张九思文。

③ 《湖南省例成案》户律，卷22。

文。二十年虫荒，四府相同，长至三十五六文”。郑光祖在《一斑录》中说，“自雍正至乾隆初，米升钱十四五，二十年千里虫荒，米升至三十五六”。附近的无锡县，黄印在《锡金识小录》中说，“今天子（指乾隆帝——作者）嗣位于今十有八年，邑无大水旱，而米价反大踊贵，昔以一两为平者，渐以两半为平”。这就是说，乾隆二十年前数年，升米以十四五文为常价，石米以银一两五钱为常价。

乾隆十六年冬，苏州地区米价出现了一次急剧上涨，江苏巡抚庄有恭说，米粮价值，“冬至前后，日渐高昂，苏城枫镇乃米粮汇聚之区，而民间籴食之米，每仓石亦骤长至二两二三钱，较之前月市价，每石增至四五钱，历年以来，十一月中皆无此等贵价”①。这是说乾隆十六年前米价，最高亦只一两七八钱。根据前面这些数字，苏州地区，次米（籼米）每石在乾隆十六年后的常价按1两5钱计，似不为多。与岳州府米价每石一两钱相比较，产地米价约为销地米价的70%多。

由于影响粮价变动的因素甚多，如年岁丰歉、银钱价格变动、供求关系变化以及市场投机等等。在某个具体年份，影响产地和销地粮价的因素可能并不一致，粮价变动就可能按同一方向运动，也可能按不同方向运动。如前述乾隆十六年十一月，苏州米价骤涨，出现了“历年以来……皆无此等贵价”的情况，而在湖南，同年同月，长沙地区粮价却出现了“平减之势”②。又如乾隆四十四年，湖南澧州，因岁熟，“石谷仅三四钱”③。而在江南地区的松江府，因雨水过多，粮价竟至“石米六两”④，均大大低于和高于往常水平。就是在平年，一年之内，粮食也有颇大的季节差价。加以地区不同，尽管是毗邻地区，如长沙府与岳州府之间，就是长沙府内的善化县、浏阳县、宁乡县之间，粮价都会有所差异，因此，价格的可比性都会受到影响。因此，如果没有同一地区的大量资料作长期观察，仅以个别年份的粮价进行比较，湖南地区与江南地区粮食差价的计算，无疑是难以准确的。上面估算的各个数字，就难以作为

① 《宫中档乾隆朝奏折》第2辑。

② 《宫中档乾隆朝奏折》第1辑，湖南按察使沈世枫奏。

③ 同治《直隶澧州志》卷19。

④ 光绪《宝山县志》卷14。

可用的数据；但能反映地区差价缩小的趋势。

二

从上面的几个例子看，康熙后期至乾隆中叶的六七十年间，产地粮食收购价格在销地粮食销售价格中所占比重逐步上升，这就是说，湖南地区与江南地区间的粮食地区差价有缩小的趋势。出现这种趋势，具有多种多样的原因。

首先，随着社会经济的发展，交通运输业也在发展，运输力量不断扩大，导致运输时间缩短，运输费用下降。当时运米是走长江、湘江等水路。到雍正间，长江水路已形成相当庞大的运粮船队。如雍正九年十月至十年二月初旬的三个多月间，在汉口一地，“外贩米船已有四百余号，而盐商巨艘装运者，尤不可以数计”①。这类船队在湖南也获得发展。在零陵、东安两县，零陵“城北高溪居人二百年以来，多以艖舟为业，大于粮艘，资本甚巨，获利致富者甚多。此外，则操八杆船，有饰为花艕者，以载仕宦；有茅蓬、板蓬者以载货物。小至汉鄂而止，大则达于淮泗。零东两邑皆有之”②。这种大盐船，来程运淮盐，去程应大多运粮。康熙九年，浙江有灾，地方政权派员从杭州出发，“往楚豫粜米，不过四十日，米至矣”③。雍正间，“江西谷石用大船由长江载至镇江，再到苏州一带，用海船载至福建之福兴泉漳四府，秋间北风时起，半月可到”④。所以当时人认为，水运粮食，是已“属便捷”。

其次，商人改善经营，以减少流通环节，节省流通费用。康熙间，湖南省内各地粮食，大都经由长沙、湘潭、常德等中转市场集散，运至汉口转卖，再由汉口运往苏州等地。当时人说，“湖南相距江浙甚远，本处所产之米，运下江浙者居多。或在汉口地方出售，或转卖与江浙贸易之人，得银买货，仍复卖货买米，短运而来，而迳运江浙者甚少。且江浙买米商贩，多在汉口购买，而直抵湖南者无几。是湖北转运江浙之米，即系湖南运下汉口之米”⑤。这种粮

① 《雍正朱批谕旨》雍正十年二月二十四迈柱奏。
② 光绪《零陵县志》卷5。
③ 民国《南浔镇志》卷56。
④ 《雍正朱批谕旨》雍正四年七月十八日高其倬奏。
⑤ 赵申乔：《自治官书》卷6。

食贩运贸易，流通环节无疑就过多了。

随着社会经济发展，地区间商业联系加强，江浙商人也在改变经营方式，深入产地采购粮食。到乾隆间，湘潭，“衡永郴桂茶攸二十余州县之食货皆于是取给，故江苏客商最多。又地宜泊舟，秋冬之交，米谷骈至，樯帆所舣，独盛于他邑焉”①。如在长沙，“一至秋熟之后，各属大贾携金行户之家，行户利其用钱，带客沿乡收买”②。“秋冬之交，淮商载盐而来，载米而去”③。流通环节的这种减少，当然有利于商品流通费用的节约。

商品流通费用是形成地区差价的重要因素。由于航运业壮大，运输时间缩短，商品流通环节减少，商品流通费用就必然会降低，从而会导致粮食地区差价的缩小。这是社会经济发展的一种反映。当然这种商品流通费用的节约，可以增加商人的利润，但不会直接影响粮食收购价格。

第三，最重要的原因，是由于人口增加，而且是湖南人口增长率大于江南地区，因而地区差价逐渐缩小。其转折点在雍正乾隆之际。经过明末农民战争与清初吴三桂之乱，康熙间，湖南是物饶人稀，田多米贱。康熙中叶后，社会安定，地广粮多，人口迅速发展。雍正间文献记载为人丁数，难以折成人口数。乾隆十四年至五十六年的40年间，湖南人口增长约为90%。同期，江苏省人口仅增长56%左右。④ 因此湖南地区粮价上涨快于江苏。如例二、例四所述岳阳地区，乾隆初比康熙末年，粮价增长了两倍多。在此同期，江南地区的粮价却增长不到一倍。

这种趋势也同样出现在江西和四川等地区。如乾隆十三年，杨锡绂说，他“生长乡村，世勤耕作，见康熙间稻谷登场之时，每石不过二三钱。雍正年间，则需四五钱，无复二三钱之价。今则必需五六钱，无复三四钱之价”⑤。杨为江西清江县人，生于康熙四十年，幼时应当康熙末叶。可见康熙末年至乾隆初年，江西粮价也约上涨二倍左右。如在四川，康熙五十六年，“见今四川

① 乾隆《湖南通志》卷49。
② 《湖南省例成案》刑律，卷1。
③ 嘉庆《长沙县志》卷14。
④ 梁方仲：《中国历代户口田地田赋统计》和全汉升《中国经济史论丛》。
⑤ 《清经世文编》卷39。

米价”，银“一两可得三石”[①]。但到乾隆十三年，张允随说，“天下沃野，首称巴蜀。在昔田多人少，米价极贱。雍正八九年间，每石尚止四五钱，今则动至一两外，最贱亦八九钱”[②]。可见康熙末年到乾隆初年，四川米价也是上涨了两倍多。

同时，外省采购过多，也会加剧粮食供求关系的紧张，促使粮价上涨。在湖南，不但江苏、浙江、福建等省来此采购粮食，就是陕西、山西、河南、贵州、广东、广西等省也有时须或多或少来此采买粮食。所以当时人说，“湖南素称产米之区，客商云集贩运。……比年以来，各省咨请拨运接济，或径遣员采买，络绎不绝。产米之数不增于前，而需米之处，数倍于昔，楚米价续渐增长”[③]。而在江南地区，除了本地粮食供应之外，又有江西、湖广和四川的米粮，以及北方豆麦的多种来源，粮食供应的比较充足，自然会影响粮价上涨的速度。

由于上述各种因素的作用，湖南粮价上涨的幅度大于江南地区粮价上涨的幅度，两地粮食的地区差价必然会因之缩小。

三

在资本主义社会中，粮食生产高度商品化。由于土地有限与粮食需求量大的矛盾，在肥沃土地和一般土地开垦殆尽之后，只得开垦劣等土地以满足市场供应，因此，粮食市场价格一般是由劣等土地所产粮食的生产成本所决定的。它不但包含着粮食的生产价格，即成本价格加平均利润，还包含着绝对地租。而封建社会则不然。在封建社会中，耕种劣等土地的农民，劳动生产率一般很低，自给程度很高，难以有多余粮食投入市场。即使有少量余粮出售，也多在地方小市场上交换，难以进入区域间贸易。劣等土地又多在山区或边远地区，交通阻隔，挽运艰难，即有余粮，也难以远销。乾隆间，湖南布政使周人骥在论及湖南粮食流通时说过，湖南各地，“可通水道者有十三州县，逆水挽运者

① 清《圣祖实录》卷272。
② 清《高宗实录》卷311。
③《湖南省例成案》户律，卷34。

有十二州县，不通水道者十二州厅县，向邻邑采买者五厅县”①。加以清代前期，由于人口剧增，使山区和边远地区的贫瘠土地获得大量开垦。所种却多为玉米、薯芋之类的杂粮。这些杂粮市场狭小，难以同米麦一样参与区域间流通。在湖南，许多农民就是“以杂粮自食，以谷售人”。可见劣等土地所产粮食，对区域间贸易粮食价格的形成是作用甚微的。当然也应当看到，由于大量劣等土地的开垦，满足了当地居民的口粮需要，减轻了粮食市场的供求矛盾，对粮食市场价格也会发生某些影响，但远非决定性作用。

在封建社会中，粮食市场价格也不是由生产者即农民的平均生产成本所决定的。在封建社会中，农业生产力水平低，自然条件对劳动生产率的影响很大，粮食生产成本具有很强的区域性。不但湖南、四川、江西、湖北各省农民的粮食生产成本不尽相同，就是在同一省区之内，滨河、滨湖地区、平原地区、丘陵地区的生产成本也不会相同。就是各个农户之间，也是差别很大。同时，由于受变化多端的气候的影响，在同一地区之内，年农业生产成本也往往是不稳定的。加以农民粮食的自给性生产和商品性生产又交混在一起，并没有明确的成本核算。因此，在当时的社会经济条件下，千差万别的生产成本，就难以形成一般的平均生产成本。

更为重要的是，在中国封建社会中，农民虽然是商品粮食的重要供应者，而在市场上投放粮食多的，应当还是地主。对于出卖粮食地租的地主来说，根本不存在生产成本问题。由于他们手中掌握大量粮食，还往往通过控制市场投放量，以影响粮食供求关系，从而影响粮价，在封建地租剥削之外，更牟取商业利益。地主囤积居奇，抬高粮价，就是常见的现象。这就使价值规律的贯彻受到了很大的限制，也使粮食市场价格无法以农民的生产成本为基础。

在封建社会中，区域贸易中的产地粮价与销地粮价实际上都主要是由各自的市场供求关系决定的。但是，产地粮价与销地粮价关系密切，为重要相关因素，二者必然互相影响，依照不同的具体市场条件，相互参与对方市场的价格决定。不过二者的决定作用并不是均等的。一般说来经济发展水平较高地区的市场价格、城市市场价格、大市场价格，在这种价格决定中，具有主导作用。

① 《湖南省例成案》户律，卷22。

也就是说，在区域贸易中，经济发展水平较高地区的市场价格往往决定经济发展水平较低地区的市场价格，城市市场价格决定农村市场价格，大城市决定小城市价格。

江南地区从明代以来，原料作物与手工业即有所发展，城镇商业也有所发展，到清代乾隆间，又有进一步的发展，吃商品粮的人口就迅速增加。撇开官吏、地主和商人不说，就是城乡劳动者，其经济收入本来较多，这时更有提高。或“利在棉花、梭布，较稻田倍蓰”；或“蚕桑之利，厚于稼穑”。乾隆中叶，就是纺纱自食的寡妇，“每日纺纱十二两，得工资五十文”[①]，可买米三四升。经济收入高，则购买力高，有承受较高物价水平的能力。而这里的粮食供求矛盾也会比产地的供求矛盾尖锐，因而这里的粮价水平，自然也会高于产地的水平。康熙中叶，湖南衡山县一带，“柴米食物庐舍田园之值，较江浙几四分之一”[②]，物价水平的差距就已经不小。到乾隆间，湖南人口大量增加，加以外地采购甚多，粮食供求关系逐渐紧张，粮价随之上涨。湖南的粮食市场实际上已开始向求过于供的有利于卖方的市场转变。衡州府的祁阳县就是一个具体例子。“祁邑素称产米之乡，询诸父老，二三十年前，客商贩米至湘潭汉镇者，岁率十余万石，故邑中银钱流通不匮。迨后户口滋繁，平岁米谷仅敷本境民食，即丰年所余，亦不过数万石。一遇歉岁，反仰给予邻境”[③]。就是在这种条件下，湖南米价与江南价仍然有三分之一左右的差距，销地的高粮价就为影响产地的粮价提供了基础。

在封建社会中，农民种地是为了谋生，而不是为了谋利。只要粮食价格在补偿生产资料耗费之外，还能维持一家温饱，即使是维持最低的生活水平，他们也会耕种土地并出卖余粮。有利无利并不是他们经营土地的界限。因此由于商人的盘剥，粮食产地的市场价格是可以并往往是低于许多农民的个别生产成本的。特别是许多贫苦农民，即“在最不利的条件下劳动的农民，他们的剩余劳动的一部分白白地送给了社会”，它“并不参与一般价值的形成”[④]。封建

---

① 曾纪芬：《崇德老人八十自订年谱》。

② 刘献廷：《广阳杂记》卷2。

③ 同治《祁阳县志》卷22。

④《资本论》第3卷，第909页。

地主，特别是广大的中小地主，在购买生活资料和出售粮食（尤其是有急需出售粮食）的时候，也抗拒不了商人的欺诈，不得不把自己所占有的农民的剩余产品，大量地分割给商人。

在上述这些社会经济条件之下，粮食市场就会以销地价格为基础，向产地递远递减，即按流通环节节节压低价格，而形成地区差价，以牺牲农民的利益，或多分割地主所占有的剩余产品来保证商业利润，从而以利于满足销地的粮食供应。所以当时湖南人就意识到，“湖南米谷最多，然不以一岁之丰歉为贵贱，而以邻省之搬运为低昂”①。并进一步说，“湖南米谷自衡州而下，多聚卖于湘潭，大约视湖北、江南之时价为低昂”②。

从另一方面说，产地粮价对销地粮价的涨跌和稳定，也不是无所作为。康熙中时，湖南地广人稀，田地饶沃，有大量余粮，一度供过于求，粮价甚贱。除前述事例之外，在有些地方，“岁大熟，银一两籴谷十二石”③。当时湖南的市场供求关系是一种有利于买方的买方市场。大量价贱的粮食运至江南地区，必然会缓和当地的供求矛盾，使粮食下跌或保持稳定。所以康熙皇帝说，“朕南巡江浙，询问地方米贵之由，百姓皆谓数年来湖广米不至，以致价值腾贵”④。当时任苏州织造的李煦，从康熙三十二年至六十一年不断奏报江苏粮价，就多次强调外地米粮对当地粮价的稳定作用。如说，“近日因湖广江西米到，方得价平”⑤。康熙中叶至雍正朝约50年间，江南地区工农生产发展，人口也逐渐增多，但粮价上涨缓慢，基本稳定，就与湖广、四川米价甚贱，是分不开的。

四

湖南与江南粮食贸易地区差价的缩小，主要是由于湖南粮食价格上涨幅度大于江南地区的上涨幅度。这种情况当然有利于湖南农民。湖南粮产区，如洞

---

① 嘉庆《善化县志》卷22。
② 乾隆《湘潭县志》卷14。
③ 光绪《湘阴县图志》卷29。
④ 清《圣祖实录》卷193。
⑤ 《李煦奏折》。

庭湖区，围湖筑垸，土地肥沃，耕地充裕，种植双季稻，一岁两收，有较多余粮可卖，农民的生活是比较优裕的。有人说，“年丰，垸农一岁之收，可抵山农数岁之收。垸民至厌粱肉，山民恒苦菜食，以山田瘠而亩狭，垸田肥而阔也”[①]。粮价上涨，这部分农民受益最多。

在湖南粮产区中的部分山区和丘陵区，由于人口增加，耕地不足，许多农民只得种杂粮自食，以谷售人，以维持生产和生活。这种情况在乾隆年间即已出现。在岳州府，“土不日增，口则日众，加以四方采买，络绎转移，纵幸屡丰，能常给乎？故为今策，唯有广种杂粮，可当再熟”。于是“岳今硗确尽垦，山种杂粮”[②]。在该府巴陵县，甘薯“岳属初惟平江种之，嘉庆以后，邑中遍植”[③]。长沙府浏阳县，“浏固产谷之地”，但有些“山户农家遂有全食杂粮，而留谷以换钱者；亦有半食杂粮，以济谷之不足者”[④]。此虽后来的记载，但清前期亦可能出现。这类农民的生产和生活条件虽然比不上前一类农民，但粮价上涨对他们也是有利的。

当然还有穷苦农民，“平日揭借为常，力田所人，抵债出其大半。余又随手花销，甫交春冬，即须籴米而食。农民日食亦取给予市铺”[⑤]。如祁阳县，“乾隆三十三年春夏之交，阴雨连绵，秧苗间有冻损补插者。惟时江西湖北等处赴籴于祁者甚众，民间趋利，罄数出粜”。“至四月初旬，米价日增，每升钱三十文，民情甚为惶遽”[⑥]。这种“惶遽”的民，就会包括上述农民在内。粮价上涨，对这部分农民则是祸害。

粮食市场的这种价格决定及其价格升降，最有利于贩运商人。贩运商同零售商、批发商不同，他们的利润与农民卖粮所得直接关联。在销地价大体一定的条件下，贩运商利大，农民的卖粮所得就会减少；反之，就会多一些。因此，贩运商总是压价收购粮食，以盘剥农民。当时贩运商的利润是很高的。江

① 光绪《华容县志》卷1。
② 乾隆《岳州府志》卷12、16。
③ 同治《巴陵县志》卷11。
④ 黎宗鋆：《浏阳土产表》。
⑤ 杨锡绂文，《清经世文编》卷39。
⑥ 同治《祁阳县志》卷17。

西当时巡抚陈宏谋说，“江广米熟，米价每石不过九钱一两不等，则贩米一石，可获利三四钱”①。从湖南贩米的商人，其利润总会大于、至少会等于此数。贩运商的利润为产地粮价的三四成，就不可谓小。可见湖南与江南粮食贸易的市场利益中，贩运商得大头，而农民只能得小头。

乾隆中叶以后，湖南和江南地区的经济情况都发生了一些变动，两地粮食贸易大大缩小。一直到道光，特别是到同治、光绪间，才又渐见兴盛。我们的讨论，遂以乾隆中叶以前为限。

许多长途贩运的农产品，商人往往采取预买的形式收购，其价格形成，也具有自己的特点。

商人通过预付货款，或借垫资金，以收购农民的农产品和手工业品，即所谓预买，在历史上早已存在。清代前期，随着农村商品生产的发展，在一些重要农产品和手工业品的集中产区，这种收购方式得到了比较普遍的发展。

粮食收购　福建清流县，康熙间，“黠商千百成群，放青苗子钱，当青苗甫熟之时，即据田分割，先于嵩口造舡，及期强载出境”②。陕西省，雍正间，“每遇丰收之年，则晋省富商预将资本散给予西（安）凤（翔）之农民，农民贪取目前之现价，不顾日后之盈虚，一至粮食登场，悉听晋商搬运”③。该省安康县，嘉庆间，商人“乘穷民空乏，贱价预籴，名曰买青，盖即五月粜新谷之计。秋成则载月河小舟运郡。此皆郡城富商大贾之营谋，岁下襄樊，其利数倍”④。河南嵩县，乾隆间，商人对农民的“二月新丝，五月新谷，预交银钱，名曰买青。核计本利，凡四五倍”⑤。

苎麻收购　在江西省，乾隆间，苎“多植山谷园圃间，闽贾于二月时放苎钱，至夏秋则收苎以归”⑥。

---

① 《朱批奏折》，乾隆七年江西巡抚陈宏谋奏。

② 康熙《清流县志》卷5。

③ 史贻直:《筹禁烧锅疏》。

④ 嘉庆《安康县志》卷10。

⑤ 乾隆《嵩县志》卷9。

⑥ 乾隆《赣州府志》卷2。

烟叶收购　在湖南湘潭县，嘉庆间，“客商贩卖，预给值种烟之户，谓之定山，秋后成捆发行”①。

甘蔗收购　在广东省，清初，糖商“春以糖本分与种蔗之农，冬而收其糖利”②。在江西大庾县，清代中叶，因“甘蔗至冬乃收，贫民急不能待，多借贷于奸贾，名曰糖钱，利重而价廉，利归他人”③。在四川叙州府，农民“种得千挺万挺蔗，预得十千八千钱（种蔗者皆以春初贷钱霜户）。始春得钱十胜千，半果饥腹半入田”④。

茶叶收购　云南省普洱府产茶各山，雍正、乾隆间，“向系商民在彼地坐放收发”，“商贩先价后茶，通融得济”⑤。“贩茶奸商重债剥民，各山垄断”⑥。安徽省霍山县，“土人不辨茶味，唯燕齐豫楚需此日用。（茶商）每隔岁，经千里挟资而来，投行预质”⑦。

蚕丝收购　道光间，四川南溪县万清涪的《南广竹枝词》说，“揭新货与卖空仓，此辈都从四月忙。大麦已黄蚕上茧，然眉犹救眼前疮”。作者自注云：“揭如揭开之揭，揭贷亦谓揭空宝。卖空仓，即先订货值，预用银钱，俟收获后始照预价纳货”⑧。贵州遵义府一带，“蚕事最勤，其丝行楚蜀闽滇诸省。村落多种柘树，茧客至，春时买其树，放蚕于上，茧成收取之”⑨。

树蜡收购　四川井研县产蜡。清代中叶，“乡民购买虫包，自蓄于树。或赁树而蓄，倚为生产”。“其奸巧大猾，狭厚赀，牟重利，贫户有所假贷，则先予之钱，指树蜡为券，减常价而售之，俗谓之卖空仓”⑩。

蓝靛收购　道光间，广东商人在广西桂平县开设蓝靛行，“每年正月把蓝

---

① 嘉庆《湘潭县志》卷29。
② 《广东新语》卷14。
③ 同治《大庾县志》卷2。
④ 光绪《叙州府志》卷21。
⑤ 倪锐：《云南事略》。
⑥ 乾隆《云南通志》卷29。
⑦ 乾隆《霍山县志》卷3。
⑧ 民国《南溪县志》附《南溪文征》卷2。
⑨ 李宗昉：《黔记》卷2。
⑩ 民国《井研县志》卷8。

籽、石灰、伙食预贷给种蓝人，到期收蓝”①。

构穰收购　构穰是造纸原料。陕西洵阳县，乾隆间，“购穰者俱系三晋及西（安）同（州）人，列廛而居，操业穰者缓急，先以数金饵之，误吞其饵，则终身为佣矣。先籍其树之所有，谓之点购，不能别售也。于是盐布琐屑，俱仰给焉。以值计穰，不难以少而算多，以穰酬值，亦不妨以轩而作轾，弊之所从来久矣”②。

水果收购　在福建，清初，“闽种荔枝龙眼家，多不自采。吴越贾人春时即入资估计其园。吴越人曰断，闽人曰袱。有袱花者、袱孕者、袱青者。树主与袱者，倩惯估乡老为互人。互人环树指示曰，某树得干几许，某少差，某较胜。虽以见时之多寡言，而日后之风雨，之肥瘠，互人皆意而得之。他日摘焙，与所估不甚远”③。

以上的资料说明，商人在农产品收购中，已大量采取预买的方式。同时，商人也采取预买方式，收购农民的家庭手工业品。

棉布收购　江南地区，商人收购农民棉布，多为现货现钱交易，或以棉花、稻米换棉布。但也有预买。康熙间，上海所产细白扣布，“向年各省大商贾辇重资来购，一时不能齐集，有发镪于各户以徐收其货者”④。在浙江嘉兴县，乾隆嘉庆间，缪元英有诗云：“秋间刚得拈针线，贾客肩钱定布机”。作者自注云：“吴门布客每认机户定织”⑤。

植物油收购　湖南龙山县产桐油。嘉庆间，“江右闽广及山陕货客亦贸易于此”。“每岁桐子花开，有油子家，缺日用，向有钱者预领油价。言定油若干斤，钱若干千。价亦无一定，自四月起至八九月，多少为差。十月兑油，或兑桐子，如期不得误。而权子母者，遂举倍称息”⑥。台湾产花生油，这里称预买为青。清中叶，“所谓青者，乃未熟先粜，未收先售也。有粟青、有油

① 《太平天国革命在广西调查资料汇编》。
② 乾隆《洵阳县志》卷11。
③ 周亮工：《闽小记》。
④ 康熙《紫隄村志》卷前。
⑤ 《梅里诗辑》。
⑥ 嘉庆《龙山县志》卷7。

青、有糖青。于新谷未熟，新油、新糖未收时，给银先定价值，俟熟，收而还之”[①]。

蔗糖收购 台湾蔗糖的预买，清初即有记载，康熙间，这里的糖户，“糖斤未出，客人先行定买。糖已入手，即便装载”[②]。广东澄海县的糖商，在雷州府琼州府一带，“当糖盛熟时，持重资往各乡买糖。或放账糖寮，至期收之”[③]。

竹纸收购 在福建建阳县，“二百年来，吴中书坊每岁以值压槽，禁不外用，故闽人不得建阳扣”[④]。这是说，建阳县所产扣纸，质量好，每年都被苏州书商预买走了，连福建人也用不上这种扣纸。上述榨糖与造纸的人，可能有地主、商人和手工业者，但应也有农民。

农民从事商品生产，资金投入增多，或缺粮，或缺钱，商人适应农民食粮或生产资金的需要，从事预买。预买通常是“先定货值，预用银钱，俟收获后，始照预价纳货”，也即所谓“给银先定价值，俟熟，收而还之”。有的预买，不是支付银钱，而是支付实物，如广西的商人预买蓝靛，是把“蓝籽、石灰、伙食预贷给种蓝人”。在陕西的商人预买构穰，则是赊给“盐布琐屑”之物。江南的商人预买粮食，也是“计农夫田亩之多寡，春夏贷之籽种、食用，秋成加息取偿”[⑤]。另一种做法是预付货款，收取利息。如所谓“举倍称息”等等。

预买大都在青黄不接，农民缺粮或急需生产资金的季节进行。除茶因收获早，需在“隔岁”预买之外，其他农产品的预买，大都在春季进行，如所谓“正月”、“二月”、“春”、“初春”等等。手工业品有些无严格时间限制，如桐油预买，在十月榨油之前，“四至八九月”均可进行。

从事预买的商人，很多是外来贩运商人，如山西商人到陕西预买粮食，福建商人到江西预买苎麻，燕齐豫楚商人到安徽预买茶叶，广东商人在广西预买

---

① 同治《淡水厅志》卷11。
② 黄叔璥《台海使槎录》卷1。
③ 嘉庆《澄海县志》卷8。
④ 郭柏苍《闽产录异》卷1。
⑤ 刘玉书《常谈》卷4。

蓝靛，吴越商人到福建预买荔枝龙眼，各省大商到上海县预买扣布，赣闽粤陕晋商人到湖南预买桐油，江苏商人到福建预买竹纸，等等。有些本地商人预买商品，也多是从事贩运。如福建清流县、陕西兴安府的粮商，广东澄海县、台湾的糖商，等等。

商人预买涉及许多重要的畅销商品，如粮食、蚕丝、苎麻、烟叶、茶叶、甘蔗、树蜡、蓝靛、水果、棉布、植物油、蔗糖、竹纸等等，遍及江苏、浙江、安徽、福建、广东、广西、湖南、江西、四川、河南、陕西诸省以及台湾地区。这说明，预买已成为商人收购农村商品的重要形式。

预买贩运商比之现货贩运商，利润还要更高一些。这主要是因为预买贩运商的投资风险最大。他们除了有一般现货贩运商所具有的水火、盗贼侵害等长途贩运风险之外，还具有自己所特有的预买风险。首先是商品价格预测。在当时生产力条件下，农业靠天吃饭，受自然因素的影响大，生产很不稳定。农产品价格（包括以农产品为原料的手工业品价格）往往决定于年成的丰歉。同时，农产品和手工业品未来的市场供求关系，也充满着许多未知数。当时只能凭经验作为预测手段，自然是吉凶难卜。农民和手工业者如遭受天灾人祸的袭击，预买产品不能按期、按质、按量交货，商人也会要分担小生产者的风险而蒙受损失。如贩运商人在湖南预买桐油，“贫者油先贱售，或值桐子歉，不能如数以偿，致酿讼端，亦所不免”①。又如江南粮商预买粮食，有些农民为“救一时之急，致终岁勤劬，不足补偿者有之”②。总之，由于自然的、人为的和经济的种种不确定性，就使预买成为风险最大的投资，所以它在众多的商业中，利润最高。

预买贩运商的利润大，是因为它包括下面的两个因素。第一，预付价款的利息。贩运商人对农产品和手工业品的预买，通常是以比现货交易为低的价格作价，即所谓“贱价预粜”，或“减常价而售之”。有的是不采取这种贱价预买的办法，而是采取预付货款，收取利息的做法，所以有“利重而价廉”、“举倍称息”、“核算本利”、“秋后加息取偿”等等说法。不论采取哪种做法，

① 嘉庆《龙山县志》卷7。
② 刘玉书:《常谈》卷4。

预买价格中都明显地包括了预付价款利息的扣除。

清代贩运商贷款经营的已屡见不鲜。如所谓“大凡贸易，不能悉属现资，时有所称贷于人”①。特别是贩运商向大地主、大官僚、大商人“领本”经营者，更不乏人。贷款利息或“领本”行利，一般视商业利润大小、商人信誉、资金紧迫程度等因素而定，高低不等。顺治间，商人曾定老等，为占据台湾的郑成功政权“领本”经营，一次领本银有5万两、10万两、25万两诸数。或“前往苏杭二州置买绫、湖丝、洋货”，或“商贩日本”。上交利息有一次是“每两每月供利一分三厘”②。康熙间，刑部尚书徐乾学，“发本银十万两，交盐商项景元于扬州贸易，每月三分起利”③。嘉庆间，曲阜孔府执事姜某，因“合伙贸易，揭到增义号京钱八百千，二分半行息”④。乾隆嘉庆间，江西玉山县海商某，“素运海货”，“向土豪贷银千二百两，约一载倍利偿还”⑤。

商业贷款，属于生产经营性借贷，与民间通常的生活借贷不同。贩运商贷款，数量大，利息量也大，加以贩运商贷款，特别是领本经营，大多是在宗族或戚友之间进行，具有较良好的人际关系因素，其利率一般较民间通常借贷要低一些，但不论是贷款或领本经营的贩运商，还是用自有资金经营的贩运商，都会比照自己的贷款利率，或当时通行的利率，在“核算本利”中，纳入预付商品价款的利息。

其次，预买风险报酬。投资利润一般都是投资者的风险报酬。预买贩运商的这部分收益，主要来自利用农民青黄不接，急需现金时的额外压价。其盘剥是颇为凶狠的。如以茶的预买为例。云南普洱府产茶，云贵总督鄂尔泰说，“贩茶奸商，重债剥民，各山垄断”⑥。当地文人有诗为证：“夷民恃此御饥寒，贾客谁教半干没。冬前给本春收茶，利重逋多同攘夺”⑦。安徽霍山县产茶，

① 梁章钜《北东园笔录续编》卷3。
② 《明清史料》已编第六本。
③ 《东华录》“康熙”卷44。
④ 《曲阜孔府档案史料选编》3编15册。
⑤ 《劝戒录类编》第10章，转引自刘秋根文，《中国经济史研究》1996年第4期。
⑥ 乾隆《云南通志》卷29。
⑦ 光绪《普洱府志》卷48。

“每茶事罢，茶贾以轻价获重资，拥载而归。牙侩亦饱囊囊，而茶户虽终年拮据，不免竭资枵腹，终叹罄悬”[①]。当地文人也有诗为证：“近城百里尽茶山，估客腰缠到此间。新谷新丝权子母，露芽摘尽泪潸潸”[②]。

商人预买，不论是采取预付货款的办法，还是采取垫借资金的办法，都具有高利贷性格，是“买青苗”的古老剥削方式，在农民商品生产上的延伸。在“买青苗”的形式下，农民还不都是商品生产者，只是通过“卖青苗”，以济一时衣食之缺。这在本质上还只是一种生活借贷。而现在的预买，则多具有生产借贷的性质了。如庶民得钱是“半入田”，有些农民是接受商人提供的“种子”、“石灰”等物，都可以说明。清代，高利贷者的年利息收入是30%，即所谓“出藏镪称贷以权子母者，年什之三”[③]。清政府的法定利率是，“今后一切债负，每银一两，止许月息三分，不得多索”[④]。这是只许月利率为3%，年利率为36%。高利贷者的投资风险虽大，但还可以通过抵押、中保等形式，以减低投资风险。清代典当行业的大发展，就是商人减低投资风险的一种选择。预买贩运商的利润，不但要高于现货贩运商，而且一般总是要高于高利贷者的收益，并且以后者作为最低界限。否则，商人就会安坐家中放债，而不会去“辗转滋劳”，冒水火、盗贼、赔本、倒账的风险。总之，预买贩运商的利润总额中，扣除预付价款利息之后的余额，就是他的预买风险报酬。

为上述两个因素所决定，商人对农民产品的收购价，就被压得很低，这就扩大了地区差价，从而增加了贩运商的利润，加重了对农民的剥削。

---

① 乾隆《霍山县志》卷3。
② 乾隆《霍山县志》卷5。
③ 同治《霍山县志》卷3。
④ 《顺治实录》卷38。

第四章　农民的再生产

第一节　扩大再生产的特征

封建社会农民的生产总是一个周而复始、不间断的、不断更新的过程。由于自然、政治、经济以及农民本身条件等各种因素的相互作用，在一定时期内，农民经济的再生产往往表现为多种式样。有扩大再生产，有简单生产，有缩小再生产，以至有破产，即再生产过程中断。但是，小农经济作为一种社会经济形态，应当具有能进行扩大再生产的本质，而不是只能重复原有规模的简单再生产。那种认为封建社会的农民经济只能进行简单再生产的观点是不正确的。农民经济再生产的多种形式中，扩大再生产最值得我们探讨。

一

积累是扩大再生产的源泉。农民经济扩大再生产的实现，决定于积累的实现。对于农民经济的积累问题，可以按佃农和自耕农分别加以考察。

早在领主制经济之下，农奴在份地上建立起农业和手工业结合的自有经济，由自己解决生产和生活问题。这种经营上的相对独立性，调动了农奴的生产积极性。他们除了在领主经营的土地上劳动，生产剩余产品之外，又在自己经营的份地上劳动，生产必要产品，甚至还可能“得到一个超过必不可少的生活资料的余额”，以改善自己的生活条件和生产条件。这个“余额”，尽管很小，却是一个可变量，会刺激农奴提高自己的劳动强度去从事生产，导致出现“某种经济发展的可能性”①。这正是封建生产方式优越于并能取代奴隶制生产方式的关键。

当地主制经济代替领主制经济，实物地租代替劳役地租之后，佃农的人身依附关系趋向松弛，经营独立性随之扩大。他们可以支配自己的全部劳动时间，这就有了较大的活动余地去从事剩余劳动，以扩大上述的那个“余额”。在实物地租采取分成制形式之下，佃农固然有可能获得这个积累，但是，地租量会随生产量的提高而按比例增加，又限制着积累的增加。当定额租制代替分成租制之后，由于地租量固定，这个限制解除，获得较多积累的可能性增加了，佃农的扩大再生产也就更有可能。

至于自耕农，他占有包括土地在内的全部生产资料，因而能够占有除赋税以外的全部剩余产品。他不但不缴纳绝对地租，还可以占有表现为“超额的剩余产品”的级差地租。因此自耕农获得积累的可能性，较佃农为大。封建制度加给自耕农的沉重负担莫过于徭役。在我国长期的封建社会中，不断通过改革，经过唐代的两税法，宋代的募役法，明代的一条鞭法，清代的摊丁入地，使封建赋役制度从赋役并重到重赋轻役，最后到役并入赋，终于使自耕农基本上摆脱了这个枷锁，增加了他们获得积累的可能性。

小农经济的积累，由于受耕地和劳动力规模的限制，数量很小，但随着社会经济的发展，也在趋向扩大。小农“用于耕种土地的劳动，不仅生产出劳动者在整个劳动期间为维持本人生活所必需的东西，而且还生产出一个可以加到已有财富量上的价值余额”②，再加上家庭手工业生产，小农经济自身中就更包含着再生产和扩大再生产的基本条件。人类历史上的任何一种经济形式，如果不具有进行扩大再生产的能力，就会被迅速淘汰，是不可能长期存在的。那种认为小农经济在本质上只能进行简单再生产，甚至说简单再生产是封建社会的一个主要规律，是缺乏根据的。

当然，小农经济的积累能否实现，又能否将积累转化为扩大再生产，由于有许多相互交错、相互冲突的力量在发生作用，是一个异常复杂的过程。

---

① 《资本论》第3卷，第890、894页。

② 《马克思恩格斯全集》第26卷Ⅰ，第37页。

有些同志在论证小农只能进行简单再生产的时候，往往强调战争、自然灾害以及封建剥削等因素。这些因素具有甚至是很大的破坏性，是一种客观存在，谁也无法否定。但也必须做具体分析。比如战争，固然是一种具有巨大破坏性的力量，但它并不在经常地普遍地发生作用。在封建社会历史的长河中，和平时期总是多于战争时期。从自然灾害来看，小农经济规模小，生产条件简陋，难于抗拒自然灾害。在严重自然灾害的袭击下，不是衣食不给，就是饿死流亡。但是，从一个较长的时间看，平年与丰年大体是多于灾年。靠天吃饭的农业，灾年导致减产，而丰年却导致增产。“岁稔则余数年之畜矣，得比岁稔，无立锥者或致千金”①。我们在承认自然灾害经常发生并且有巨大破坏作用的同时，也必须看到问题的这一面。

从封建剥削来看，我们的考察对象是封建社会的小农经济，封建地租、赋役和商业、高利贷等正常剥削是题中应有之义，不用多说。问题是封建政权的苛征加派，以及贪官污吏、商人和高利贷者非分的勒索诛求，往往是“私派倍于官征，杂项浮于正额”，给小农带来不堪忍受的负担。导致他们贫穷破产。但是，封建地租剥削率和封建赋税剥削率的高低，要受客观条件的限制，有一个客观规定的“度”。比如“地租的量完全不是由地租的获得者决定的，而是由他没有参与、和他无关的社会劳动的发展决定的”②。这个“度”是不能任意破坏的。破坏它就违背封建阶级的根本利益。谁破坏它就要受到无情的惩罚。所以，“吏治清明”、“轻徭薄赋”是封建政治的理想。尽管为封建剥削阶级的阶级本质所决定，额外征求从来就不可遏止，但总是会受到封建政治原则、法律和舆论或多或少地约束。甚至还要遭受农民群众的奋起反抗，迫使封建统治阶级有所收敛。同时，封建政权的是垦荒政策、赈恤政策、蠲免政策和水利政策等等，在某种程度上也有利于小农，并不都是一纸空文。我们在看到封建剥削繁重的同时，也应看到另外一些抵消的因素。

有些同志又往往强调小农经济经营规模小、生产条件简陋以及其他弱点，认为它只能进行简单再生产，却忽视了社会生产力的发展和与它相适应的生产

---

① 李兆洛文，《清经世文编》卷36。

② 《资本论》第3卷，第717页。

关系调整所发生的作用。我们知道，生产力的发展，有自己的规律。在漫长的封建社会中，生产力总是在不断发展的。与此相适应，封建生产关系也在不断调整。在中国，由领主制经济发展到了地主制经济，由劳役地租发展到了实物地租，地主的土地，由奴仆、部曲、庸客等多种形式经营，发展到了以比较进步的租佃制为主的经营。到清代前期，并由分成租制发展到了定额租制，还发展了永佃制。封建赋役也由赋役分离发展到了役并入赋。农业是有生命的物质生产和再生产，它受自然界气温、雨量、土壤等因素的制约，特别需要农民的细心照料；农业的经济收益又集中在最终产品上，生产过程中每个劳动环节，都影响最终产品的数量和质量，不能有一个环节放松。所有这些都要依靠农民的生产积极性。生产力的发展，和上述封建生产关系的一系列调整，通过封建剥削绝对量增加却剥削率降低而集中到一点，就是调动了小农的生产积极性。这个过程反映了生产力和生产关系矛盾运动的规律，是推动社会经济发展普遍地经常发挥作用的根本动力。战争、自然灾害和额外的封建剥削，对于小农经济，只是一些带有某种偶然性的外部因素，而生产力的发展，与生产关系适应生产力发展的调整，却是小农经济进行扩大再生产的内在根据。这是我们所必须强调的。

上面的这些分析，完全没有要缩小战争、自然灾害、特别是封建剥削对小农扩大再生产所起阻碍作用的意思。经济规律的理论概括与经济规律的实现是两回事。在任何社会中，经济规律的实现，总是要受到各种社会经济因素的干扰的。比如在封建社会的小商品生产中，价值规律的实现，“由于高利贷资本和苛捐杂税的干扰而受到了破坏，价格平均起来达到完全接近价值的程度就需要更长的期间”①。小农经济扩大再生产的规律也是一样，由于上述各种相互冲突力量的影响，以及小农自身条件的局限，在任何时候，总是一部分农民有扩大再生产，一部分农民只能维持简单再生产，一部分农民进行缩小的再生产，而另一部分农民是再生产过程中断。只是依各种积极因素和消极因素作用强弱的不同情况，发生不同的比例配置。能进行扩大再生产的农民，有时多一些，有时少一些；进行缩小再生产或再生产过程中断的农民，有时多一些，有

① 《资本论》第3卷，第1016页。

时少一些；并总是有或多或少的农民只能维持简单再生产。但是随着生产力的发展和生产关系的调整，有扩大再生产能力的小农总是在不断增加。因此，在漫长的封建社会中，尽管小农经济发展有巨大的波浪起伏，却始终存在着规模小、增长速度缓慢的扩大再生产，并且随着生产力的发展而又有一个细小的加速度。马克思指出，“在各种不同社会经济形态中，不仅都有简单再生产，而且都有规模扩大的再生产，虽然程度不同”[①]。封建社会扩大再生产的程度，虽然远不如资本主义社会，但却是大大超过奴隶社会的。

农民的家庭，既是一个生产单位，又是一个生活单位。农民的生活消费，既有物质生活消费，又有精神生活消费。前者如衣食住用之类，后者如婚丧庆祭，文化娱乐和学习等等。农民在生活上“必不可少的需要范围，和满足这些需要的方式一样，本身是历史的产物”[②]，它取决于社会经济和文化的发展水平。在长期的封建社会中，随着社会经济和文化的发展，农民的生活水平是在不断地缓慢地提高的。不但后代要优越于前代，就是在同一时代，农民也总是在努力改善自己的生活。清代乾隆间，河北永清县东乡一带，地土硗瘠，多沙碱，谋生维艰。居民遂种植柳树，大者伐薪为炭，细者编成筐、盘、盂、升斗量具等柳器，“老幼男妇穷日所为，八口可给”。束鹿县也有同样的沙瘠地，农民“多植桃杏枣梨，足以易食”[③]。他们把一部分剩余生产物，用来改善自己的生活，虽然没有形成积累，但却同样是扩大再生产的结果。

封建社会是小农经济的时代。它的繁荣昌盛，有赖于小农经济的充分发展。从前面各章的讨论可以看出，在中国封建社会中，随着生产力的发展，封建生产关系适应生产力发展进行了一系列调整，从而发挥了农民在扩大再生产上的能量，使他们不但在农业上，而且在手工业上；不但在自给性生产上，而且在商品性生产上，都得到了充分的发展。这就是中国封建社会在政治上、经济上和文化上，比欧洲封建社会更显得光辉灿烂的根本原因。

---

① 《资本论》第1卷，第656、194页。

② 《资本论》第1卷，第656、194页。

③ 乾隆《永清县志》户书卷2，乾隆《束鹿县志》卷5。

二

封建社会农民经济的扩大再生产，同任何经济的扩大再生产一样，都表现为有更多的生产资料和劳动力加入新的生产过程。但是，封建社会农民经济的扩大再生产，也具有自己的特征。下面我们将考察清代前期农民经济扩大再生产的一些特征。

首先，从追加生产资料看，尽管耕地是农民最重要的生产资料，但是，清代前期农民的扩大再生产，主要不表现为增加耕地面积，而是增加其他生产资料。由于是家内劳动力经营，农民的耕地规模，与当时农业生产力的发展水平相适应，具有自己的天然界限。“这块土地通常既不大于他以自己全家的力量所能耕种的限度，也不小于足以养活他的家口的限度”①，是不能任意扩大的。相反，在农业生产力有一定发展的条件下，却比较容易缩小。清代前期，农业生产工具虽然变化不大，但由于耕作技术进步，复种面积增加，以及商品性农作物的发展，这都要求在单位面积的土地上投入更多的劳动力。因之，农民一家所能耕种的土地就随之减少。另一方面，由于粮食亩产量增加，商品性农作物和商品性家庭手工业发展，经济收入增多，农民养活一家人口所需最低土地的必要量，就必然随之减少。清代前期，农业人口又有大量增加，而耕地面积为自然条件所制约，不能有相应的增加，按人口平均的耕地面积在因之减少，这更促使农民的耕地规模呈现缩小的趋势。

在不同地区，以至在同一地区，由于自然条件和农民本身生产条件的不同，农民的耕地规模是很难划一的。但是，在同一地区，适应当地自然条件所产生的耕作技术，却会形成具有一定普遍性的一般耕地规模。我们考察农民耕地规模缩小的趋势，主要是考察这种一般耕地规模缩小的趋势。下面我们按不同地区加以考察。

[江南地区]　清代前期，江南地区是农业生产力发展水平较高的地区，也是农作物和手工业商品生产发展较高的地区。这里种田多的在百亩左右。顺治

---

① 《马克思恩格斯选集》第4卷，第298页。

间，奉贤县盛家桥顾鸣玉，“有腴田三百亩，自耕百亩，家畜一牛”①。乾隆间，震泽县“邑东北境，家率种田百亩，用牛戽水”②。嘉庆间，吴县顾禄认为地主有田，租佃不如自种，他说，“自耕百亩，可抵召种三百亩”③。其次则是种田数十亩。乾隆间，海盐县杨培升种水田43亩，雇工“开圳筑堰”，“重本肥壅，养牛耕种”④。这些多是经营地主和富裕农民雇工经营，不是一般农户所能办到的。

大多数以种植粮食为主的农民，一般是种田10亩上下，多的20亩，康熙间，靳辅访问“苏松嘉湖之民，知壮夫一丁，止可种稻田十二三亩”⑤。浙江桐乡县，张履祥说，“吾里田地，上农夫一人止能治十亩”。又说，“瘠田十亩，自耕尽可足一家之食”⑥。康熙四十三年，浙江嘉善县一佃户，“佃某宦田二十余亩”⑦。乾隆间，尹会一说，“南方地窄人稠，一夫所耕，不过十亩，多则二十亩。”⑧ 凌介禧说，浙江乌程、归安、德清诸县，“一夫之耕仅十亩，力或不及，雇工以助之”⑨。嘉庆间，章谦存说，苏州府松江府一带，佃农“工本大者不能过二十亩，为上户。能十二三亩者为中户，但能四五亩者为下户”⑩。张海珊也说，“苏松土狭人稠，一夫耕不能十亩”⑪。到光绪间，陶煦也说，“吴中之田……上农不过任十亩”⑫。从上面的文献记载可以看出，江南地区农民一般的耕地规模，大约是10亩左右。

但是，许多农民已是“谋生之方不专仰于田亩”，甚至种桑养蚕、纺棉织布已成为家庭收入的主要来源，种田只是为了获得口粮或部分口粮，其耕地面积更小于上述规模。如清代中叶，有人说，吴江县是“人浮于田，计一家所

---

① 曾羽王：《乙酉笔记》。
② 乾隆《震泽县志》卷25。
③ 《颐素堂丛书·买田二十约》。
④ 清代钞档，乾隆元年八月初一日浙江巡抚嵇曾筠题本。
⑤ 《清经世文编》卷26。
⑥ 《补农书》下。
⑦ 徐庆：《信徵录》，见《说铃》后集。
⑧ 《清经世文编》卷36。
⑨ 《程德安三县赋考》。
⑩ 《清经世文编》卷39。
⑪ 《清经世文编》卷43。
⑫ 《租核》。

耕田不能五亩”[①]。松江府有些佃农是“自种租田三五亩”[②]。还有人说，“往时江南无尺寸隙地，民力田，佃十五亩者称上农，家饶给矣。次仅五六亩，或三数亩，佐以杂作，非凶岁亦可无饥。何者？男耕于外，妇人蚕织于内，五口之家，人人自食其力，不仰给予一人也”[③]。

宋末元初，在江南太湖地区，方回说，“一夫耕今田三十亩”[④]。宋代一亩为0.9市亩，30亩为27市亩。明代嘉靖间，何良俊说，松江西乡一带，如“田低水平，夫妻二人可种二十五亩，稍勤可至三十亩”[⑤]。明亩与清亩面积相同，一亩为0.9216市亩。25亩至30亩，约为23～27市亩。从这些数字大致可以看出江南地区农民一般耕地规模下降的情况。

〔湖广、四川地区〕　湖南湖北的滨湖滨江地区和四川的平原地区，为清代重要产粮区。人口密度小于江南地区，耕地遂相对充裕一些，加以农产品和手工业品的商品化程度也低于江南地区，农民养活一家人口所需土地量遂相对要多一些。农民的耕地规模一般在10余亩至30亩之间。

如在湖北，乾隆嘉庆间，汉阳县是，“八口之家，不能佃二十亩”[⑥]。汉川县是，“八口之家所耕不过三二十亩”[⑦]。

如在湖南，康熙间，长沙县是，农民耕田“大率三十亩”[⑧]。到嘉庆道光间，李象鹍说：“佃户终岁勤劬，竟一人之力，可种谷百石”[⑨]。当时湖南稻田亩产量，一般是稻谷三四石上下，谷百石约为稻田二三十亩的产量。乾隆间醴陵县是，“农夫八口之家，耕不过二三人，田不过十数亩”。“其俭者，析薪数米，尚足自给”[⑩]。嘉庆间，祁阳县是，“从前上农夫种田二三十亩”[⑪]。道光

① 张海珊文，《清经世文编》卷39。
② 姜皋：《浦泖农咨》。
③ 薛福保文，《皇朝经世文续编》卷41，盛康本。
④ 《古今考续考》卷2。
⑤ 《四友斋丛说》卷14。
⑥ 乾隆《汉阳县志》卷8。
⑦ 同治《汉川县志》卷20。
⑧ 嘉庆《长沙县志》卷17。
⑨ 《皇朝经世文续编》卷46。
⑩ 同治《醴陵县志》卷1。
⑪ 同治《祁阳县志》卷4，引嘉庆县志。

间，安福县是，“富民买田召佃，斗种岁取石租。贫民五口之家，佃田二石，中熟之岁，俯仰足以自给”①。湖南田一亩，约用谷种一斗。“田二石”，即约为田20亩。光绪间，道州是，“大抵上农夫一人止能种十余亩。否则，多雇长工，始能毕务”②。

如在四川，清初因战争破坏，地广人稀。经过外省大量移民，至乾隆间，农业生产才逐渐得到恢复。嘉庆道光间，人口大量增加，这时农民的耕地规模一般也是在10余亩至30亩之间。如在安县，“同治光绪年间，农业最发达，虽佃耕之家，种田二三十亩，或十余亩，皆足以赡家口，而自业自耕者可知”③。云阳县是，“大抵良农一人，足耕出谷二十石之田”④。四川“斗斛之大，倍于他省”。“市斗比仓斗大，有加倍者，有倍半者，有两倍者，各处不同”⑤。就是按比仓斗大两倍计算，亩产谷仓斗三石多，“出谷二十石之田”，也大约为10余亩。

在附近江西广东两省的产粮区，农民一般的耕地规模，也大致和湖广一带差不多。如江西新城县，“中夫治田二十亩，老弱佐之，可以精熟”⑥。如广东，“业户耕地百亩，须佃五人”⑦。“八口之家，耕腴田者须及十亩，方克赡族”⑧。

明代和清初，湖广、四川许多地区都是地广人稀，农民耕地规模都比较大。如湖北黄梅县，明代万历间，“土广人稀，一夫受瘠田不下百余亩”⑨。湖南浏阳县，康熙初，农民“种田五七十亩或百亩”⑩。与前面所述农民耕地规模相比较，也可窥见其下降的趋势。

〔直隶、山东、河南〕　北方各省为旱田地区。直隶、山东、河南各省适

---

① 同治《安福县志》卷3。
② 光绪《道州志》卷10。
③ 民国《安县志》卷56。
④ 民国《云阳县志》卷13，记清代事。
⑤ 民国《南溪县志》附《南溪文征》卷2。
⑥ 《安吴四种》卷7。
⑦ 《皇清奏议》卷30，鄂弥达疏。
⑧ 宣统《番禺县志》卷20。
⑨ 光绪《黄州府志》卷3。
⑩ 同治《浏阳县志》卷18。

宜农耕的平原地区，开发甚早。由于土壤、气候等自然条件的局限，耕作粗放，农民耕地面积一般较南方各省为大。

如在直隶，乾隆初，黄可润说，“直隶自保定以南正顺广大定赵深冀地土皆膏腴，而农工亦周到”。“农民每家所耕，中人不过数十亩”。“保定以北，如顺天、天津、河间土地多瘠硬”，农民“每家所耕，中人皆在二三百亩”。大城县“地瘠而功惰”，“故一人常耕至一二顷，培行掘沟之事阙如”①。该省高阳县，“乾隆三十年前，百亩之家，必畜骡马三四头”②。

如在山东，康熙间，蒲松龄说，“大约春秋田三十亩，必用一人。宁使人欺地，勿使地欺人”③。乾隆间，丁宜曾说，“腴田百亩，非牛莫治”④。道光间，胡长庚说，“该省农民治田，每夫动以百亩，不知粪田之利，与沾体涂足之苦”⑤。

如在河南，顺治间，临颍县是，“一夫之所耕，不能四十亩”⑥。乾隆间，雅尔图说，“豫省农工每人有种至四五十亩者，其意以为地多即薄收，而所获不少”⑦。嘉庆间，正阳县是，“牛一犋，治田百亩，业不精而收薄”⑧。孟津县则是，“耕百亩者十无一二家，山角水涯，番力争垦”⑨。

从前面的文献记载可以看出，上述各省耕地比较肥沃，耕作比较精细的地方，农民一般种田三四十亩。家庭劳动力多或家计比较富裕的农民，也能种地百亩。而耕地比较贫瘠而耕作又较粗放的地方，农民一般种田都在百亩以上，以至二三百亩。明代万历间，直隶景州府一带也有这种情况，农民“力大者耕至二三顷，一顷以下者为小”⑩。随着农业生产力的发展，农民耕作趋向集约化。特别到乾隆以后，农民一般的耕地规模逐渐趋向30亩。乾隆初，尹会

---

① 《畿辅见闻录》。
② 《牧令书》卷10。
③ 《农桑经》。
④ 《农圃便览》。
⑤ 《皇朝经世文续编》卷42。
⑥ 顺治《临颍县志》卷3。
⑦ 《心政录》卷3。
⑧ 嘉庆《正阳县志》卷9。
⑨ 嘉庆《孟津县志》卷4。
⑩ 万历《景州志》卷1。

一说，“北方地土辽阔，农民唯图广种，一夫所耕，自七八十亩以至百亩不等，意以多种则多收，不知地多而粪土不能厚壅，而地薄矣”。“应令地方官劝谕田主多招佃户，量力授田，每佃所种不得过三十亩”①。阿里衮说，“止图广种，工愈分，力愈薄”。应“饬地方劝导多田之家，多招佃户，约计一夫二十五亩为率，工专力勤，可尽地利”②。这说明一户30亩左右的耕地规模正在推广。到乾隆末年，沈梦兰说，“北方五省，人率耕田三十亩”③。嘉庆道光间，朱云锦说，河南是“一夫之力，耕旱田可三十亩，治水田不过十亩，而亩之所入，水较旱可倍增”④。光绪《南阳县志》也说，“凡农治田，人三十亩。水田则减三之一，而所收倍”。这说明30亩左右的耕地规模已相当普遍了。

〔陕西、山西〕　西北各省地处高原。许多地方雨水稀缺，又少江河可资灌溉、土多瘠薄。在这类地区，农民的耕地规模一般都在百亩以上。乾隆间赵青黎说，“西北佃田，广种薄收，人以顷计。所以然者，以水潦难齐，而工本恐弃于无用也”⑤。陕西洛川县就是，“地广人稀，虽极贫乏之家，亦有地数十百亩，非无执业也，乃多荒芜不治”⑥。永寿县也是农民“往往种地数顷，其家卒无旦夕储”。因“土苦寒”，“产瘠而利微”⑦。山西偏关县，“关民十室九空，而犹不致流亡成墟者，大抵一夫犹有百壤可耕，尚足支终岁耳”。“关人以壤计地，每壤约二亩多，或三亩”⑧。种地少的也多是数十亩。陕西中部县，“土地瘠薄，地广人稀”。“就一般论，户有土地亦以四五十亩为多，间有三四百亩者，然究在少数”。“出佃土地者多因无力耕种，而衣租食课之地主甚少”⑨。

---

① 《清经世文编》卷36。
② 清《高宗实录》卷323。
③ 《牧令书》卷9。
④ 《豫乘识小录》。
⑤ 《清经世文编》卷38。
⑥ 民国《续修陕西通志稿》卷196，引嘉庆《洛川县志》。
⑦ 光绪《永寿县志》卷9，引乾隆县志。
⑧ 道光《偏关志》卷上。
⑨ 民国《中部县志》卷6。

而在土质和水利较好的地区，一年两熟或二年三熟的复种制度得到推广，商品性农作物也得到发展，农民的耕地规模大为减少，与前者形成鲜明对比。如陕西三原县，“农在县北三峪左右者，水泉滋润，种植蔬果，其利较厚，地价亦贵。中人之家，不能逾十亩，世世守之，可资俯仰”①。该省怀远县，“地力肥饶者，种水田三垧，即生活余裕”。“地三亩为一垧”②。康熙中叶，陕西汉中府滕天绶在当地兴修水利，推广稻麦复种，农民耕地规模有所缩小。如城固县，“农一岁两获，所重惟秋。且土厚水深，一夫田不过五亩，农无闲工，亦无余粟”③。陕西、山西有些井灌地区，亦可一岁两收，农民耕地规模也较小。如鄠县，王心敬说，“井灌之田，薄收者（亩）三石有余，厚则四石而上。十口之家能灌田三亩，得谷十余石，合以夏获之留余，便可终岁无饥”④。又说，如掘一小井，“可及五亩，但得工勤，岁可得十四五石谷。更加精勤，二十四五石可得也”。“即八口之家，便可度生而有余”⑤。

此外，邻近直隶的东北地区，地广人稀，农民耕地较多。如在吉林双城堡一带，“一丁一牛，竭力耕作，一年只能种地十垧。必须丁力稍裕，加雇牛条长工，方能开足二十垧”⑥。吉林西安县，“土人种地以天数，或称曰晌。一天为十亩，一晌亦然。上农夫一人年种五天，次者三四天”⑦。

淮北地区亦多粗放经营，李兆洛说，安徽凤台县，“佃百亩者谓一犋牛，一夫所治常数犋牛。惟耕获时须佣僦，余皆暇日矣”⑧。王效成说，“淮南北之为田者，一夫之力，大率兼古四五百亩之地。畛崇肤寸，漫率种，惮于蓄溉”。左辅也说，这里是“凡家有一犋之牛，必贪佃十余石之种，草率卤莽，一经栽莳，永不薅除”⑨。

---

① 乾隆《三原县志》卷8。
② 民国《横山县志》卷3，即清代怀远县。
③ 康熙《城固县志》卷2。
④ 雍正《陕西通志》卷93。
⑤ 《清经世文编》卷38。
⑥ 萨英额：《黑龙江外记》卷10。
⑦ 宣统《西安县志略》实业编。
⑧ 《清经世文编》卷36。
⑨ 均见《皇朝经世文续编》卷41。

清代各地亩制异常复杂，不但南北各省不同，北方各省与南方各省省内也互不相同。刘锦藻说，“赋役全书不注明亩之大小，致清丈率多从俗。大者八尺为步，千二百为亩，如直隶真定等府、江西吉安等府是。江苏接壤，以六尺为步，而嘉湖有不足五尺者”①。冯桂芬也说，吴中田地，每亩“多不敷二百四十步，甚有七折八折者”②。因此，各地田亩折算困难，难以划一以相互比较，上述各省文献记载只能照录，以见其变动的大略趋势。当然，有些农民会增加耕地。他们可以从耕地面积的下限增加到上限。有些农民也可能雇用少量雇工经营超过上限的土地，而并不改变他的小农经济性质。另外，有些农民却可能耕地不足。因此，农民的耕地面积总是多少不一，情况也是很复杂的。我们列举上述资料，只是想说明，农民在追加生产资料以扩大再生产时，主要不是增加耕地面积，而是追加其他生产资料。这无疑是封建社会中农业生产力发展的一种反映。

清代前期，农民除土地以外，在其他生产资料上的投入情况，大体如下。

（一）畜牛增加

耕牛是农民除土地以外最重要的生产资料，是他们生产投资最优先的项目。清代前期，农民饲养耕畜普遍增加，但各地情况亦有所不同。

〔江南地区〕　明代江南地区畜牛不很发达，主要有两方面的原因。一是有些地方因地势与土质关系，不适宜牛耕。如浙江桐乡县，张履祥说过，“吾乡田不宜牛耕”③。二是农民贫困，养不起。宋应星说过，“吴郡力田者，以锄代耜，不借牛力。愚见贫农之家，会计牛值与水草之资，窃盗病死之变，不若人力亦便”④。嘉靖间，吴江县就是，“牛惟富室畜之，余不能办也”⑤。到了清代，基于上述原因，特别是地势洼下，土质沮洳的地方，牛耕仍然不多。如震泽县，乾隆间，“邑内多以人耕，亦间有以牛耕者”⑥。但是总的来说，畜牛

① 《坚匏盦集·浙西田赋议》。
② 《显志堂集》卷11。
③ 《补农书》下。
④ 《天工开物》卷上乃粒。
⑤ 嘉靖《吴江县志》卷13。
⑥ 乾隆《震泽县志》卷25。

仍在增加。

江南地区种水田，种田较多的农民，人耕难于济事，必以牛耕。所以文献资料多有“上农多以牛耕”的记载。这里“一夫耕不过十亩”，种田十几亩即称上农。所以前引薛福保文说，“民力田，佃十五亩以上者称上农，家饶给矣”。还有人说，“水牛为良，家有田十余亩，即须畜牛一头”①。他们不但需要用牛犁田，有的还要用牛排灌。有人说，“上农家率种田百亩，用牛戽水”②。“高田两旬无雨，即有旱象。其车水较难，十亩之田，必养一牛，二十亩则二牛”③。同时，江南地区植棉扩大，如稻棉轮作，则须用牛犁田。“今岁稻，来岁花豆者，曰翻田，翻田必以牛犁。余则或以牛，或以人”④。加以江南地区因纺棉织布和种桑养蚕发展，农民耕地规模缩小。“一牛之力，除车水外，可耕田五六十亩”⑤。种田少的农民虽用牛耕，亦不必家家养牛，可以借牛或租牛，“无牛者，则借人之牛用之，其价计亩核算也”⑥。从这些记述看，清代前期江南地区农民畜牛与牛耕都在发展。

江南地区农民用于耕牛的资金投入，由于资料缺少，难以有比较准确的计量。只能略示数例。在松江府，明末清初，因战乱影响，“民间畜牧几尽。牛一头值二十金，大者至三十金”⑦。雍正间，“市一耕牛，率十余金，一家之产半在于是”⑧。道光间，“耕牛用水牛黄牛二种，价亦不甚悬殊，其最上者须四十余千，递减至七八千而止，现在通用者大率二十千左右而已”⑨。这时江南银一两约合制钱一千一二百文。上述牛价折成银，最上者约为三十余两银子，通用者约十余两银子。据《浦泖农咨》说，松江一带，道光十三年，最贵的膏腴之田，“欲以易十千，无受之者”。“等而下之，有亩愿易一千钱者”。一

---

① 光绪《常昭合志稿》卷46。
② 乾隆《吴江县志》卷38。
③ 姜皋：《浦泖农咨》。
④ 光绪《南汇县志》卷20。
⑤ 姜皋：《浦泖农咨》。
⑥ 姜皋：《浦泖农咨》。
⑦ 张尔岐：《蒿庵闲话》卷1。
⑧ 雍正《南汇县志》卷15。
⑨ 姜皋：《浦泖农咨》。

牛值田数亩（二至四亩），所以有“一家之产半在于是”之说。

〔湖广　四川〕　湖南、湖北、四川产粮区通种水稻，牛耕比较普遍。经过明末清初战乱，耕牛减少很多，到康熙间，才逐渐得到恢复。湖北黄州府一带，顾景星有诗云，“俗渐买牛成耦耕”①。乾隆间畜牛的农民日多。湖南巡抚陈宏谋说，“楚南田地宽广，务农甚勤，村农多畜一牛”②。在四川，也是水牛“农家依以为命”③。当然也有以人力耕田的。如湖南新化县，“自雍正二三年来，多牛灾，牛少价重，至有数人代牛耕者”④。零陵县“贫者或丧牛，则以人曳犁，用力尤苦”⑤。

由于畜牛日多，牛价上涨，农民买牛的资金投入，负担不轻。如以湖南为例，乾隆九年，“每牛一头，往值八九两者，近需十八九两。四处皆然，苦愈难言”。乾隆十一年，在长沙府一带，“每牛一头，需价自八两十两，至二十两不等”。乾隆三十七年，是“民间耕牛，每只值七八两至一二十两不等”⑥。乾隆七年，该省湘乡县，农民王殿玉将牛一头，“写了一张十六两银子的契价”，卖与监生舒某。⑦ 乾隆五十七年，该省平江县，农民黄林奉欠周某银钱，“愿将水牛一只，抵还十两”⑧。乾隆间，湖南田价通常在九两十两到二十两、二十五两之间，每头牛也约值耕地一二亩。⑨

〔北方各省〕　北方各省农民耕地规模较大，须用畜力耕种，牛马骡驴并用。直隶高阳县，“乾隆三十年以前，百亩之家，必畜骡马三四头，东作以资耕耘，西成以资转运。（后因官府派差滋扰）卖骡马而畜牛驴者十之八九”⑩。大城县，乾隆间，“回民私宰者多，不能得牛以耕，用驴力微，故入土浅”⑪。

---

① 光绪《黄州府志》卷37。
② 《培远堂偶存稿》文檄，卷38。
③ 民国《华阳县志》卷34。
④ 道光《宝庆府志》卷6，引新化县志。
⑤ 光绪《零陵县志》卷5。
⑥ 《湖南省例成案》刑律卷4、户律卷8、兵律卷13。
⑦ 《清代地租剥削形态》，第40页。
⑧ 中国社会科学院经济研究所藏清代刑部钞档。
⑨ 郭松义：《清代牛租剥削初探》，《中华文史论丛》，1987年第1期。
⑩ 《牧令书》卷10。
⑪ 《牧令书》卷10。

如山东，博兴县是，“俗务农，故俭，而畜牛马者众”[①]。该省武城县是“耕获用牛”[②]。该省日照县，“牛为农之本，腴田百亩，非牛莫治，其兴地利，不止代七人之力”[③]。在山西，“农有五口，一具牛儿紧走”[④]。在陕西，“田难以顷亩计，耕者俱以牛力为率，自晨至午为晌，或从土作垧”[⑤]。

北方有些地方土地干燥坚实，耕作往往须用多牛。一个耕牛组合单位通常叫做一“犋”或一“具”。一犋配置多少牛，大约因土质及耕作技术需要而定。有人说，“土人种田，一犁率驾二三牛，沙性坚实，一牛不胜也。犁亦较内地长大。犁多者殷实之家，故相逢叙生计，必问几副犁杖”[⑥]。有的地方用二牛。山西偏关县是“牝牡相配曰具”[⑦]。有的地方用三牛。山东汶上县是“牛三只为一犋”[⑧]。陕西兴平县，“山原之田，土燥阴少”。“耕时必前用双牛大犁，后即加一牛独犁以重之”[⑨]。直隶房山县，“农家所畜，其类有四，牛马之外，有骡有驴。三头谓之一犋。一犋之力，耕田一顷，俗曰犋牛顷地是也”[⑩]。有的地方用四牛。山东沂州府一带，“每犁一犋，四其牛力，而拍抹等具亦然”[⑪]。当然也有只用一牛的，山西孝义县，“牛则西山耕地必用，本地所产，一牛独犁，不能用驴骡，并不能用外来之牛”[⑫]。

有些贫苦农民养不起牛，或多家共养一耕畜，或多家共组合一犋牛。如说，“牛四谓之一犋，民有三四家合一犋者”[⑬]。“牛耕者即为富室，多有两三家共一驴者”[⑭]。有些地方，“山多险峻，跬步皆难”，牛耕困难，“农人种田之

---

① 道光《博兴县志》卷5。
② 道光《武城县志》卷1。
③ 《农圃便览》。
④ 《马首农言》。
⑤ 道光《清涧县志》卷1。
⑥ 西清《黑龙江外纪》卷4。
⑦ 道光《偏关志》卷上。
⑧ 万历《汶上县志》卷8。
⑨ 《知本提纲》郑氏注。
⑩ 民国《房山县志》卷5。
⑪ 乾隆《沂州府志》卷32。
⑫ 乾隆《孝义县志》物产民俗。
⑬ 康熙《莱阳县志》卷3。
⑭ 民国《续修陕西通志稿》卷196，引道光《吴堡县志》。

用牛者，百中只有一二”[①]。

北方各省邻近蒙古畜牧区，耕牛易得，牛价较南方各省为贱。乾隆十三年，山西托克托抵城三盖村，“马一匹，卖银三两，牛一只，卖银二两”。该省河曲县，乾隆二十八年，“大犍牛二只，部价值银十四两；乳牛二只，值银十两”[②]。

没有畜牛的农民，则向有牛的农户租借耕牛，付与一定报酬。这种情况，南北各省均有。江南地区是，“无牛者则借人之牛用之，其价计亩核算也”[③]。山西是，“贫者不能畜牛，赁之牛多者”[④]。

因各地饲畜多少与饲畜成本不同，租牛费用差别甚大。江南地区，清初，耕牛少，牛租贵，上海县人姚廷遴，顺治六年，“种稻十二亩，花豆数亩，排牛车约费二十金”[⑤]。每亩牛租费用约银一两，不可谓少。嘉庆道光间，牛租渐减，章谦存说，佃农种田一亩，其耒耜、籽种、罱斛、雇募、祈赛诸费，再加上“牛力有费，约而计之，率需千钱”[⑥]。但牛租以北方各省较为普遍，并存在多种形式。

首先，北方各省流行分成租制。有些地方是地主“出牛力种子，秋后均分粮食”，寓牛租于地租之中。有些地方则将二者区别开来。如河南项城县、鹿邑县，凡“主居之以舍，而令自备牛车籽粒者，所获皆均分之。主出籽粒者，佃得十之四，主并备牛车刍秣者，佃得十之三”[⑦]。按此记载，牛租约占土地收获量的一成。陕西神木县，凡“田主出牛籽，己出工力，所获之粟二份均分”。“田主不出牛籽，秋后视地之肥瘠，或三七、或四六付租粟”[⑧]。这是牛租与种子合占其土地收获量的一成至二成。又如河南汲县，凡“农人自备牛具车辆佃种”，“收获粮食与之均分”。若“田主出牛具招人代种者”，“大

① 民国《续修陕西通志稿》，卷200，引光绪《白河县志》。
② 《清代地租剥削形态》，第271、126页。
③ 《浦泖农咨》。
④ 康熙《隰州志》卷14。
⑤ 《历年记》。
⑥ 《清经世文编》卷39。
⑦ 光绪《鹿邑县志》卷9。
⑧ 民国《神木乡土志》。

概麦二八分，秋三七分，柴草俱归主人”[①]。这是牛租约相当于土地收获量的二成或三成。又如苏北徐沛地区，“其垦田，佃其七，业主三之。主出牛则五之，更饭牛则七之”[②]。这是牛租约当土地收获量的二成到四成。

其次，有些地方是佃户向地主或其他农民租牛，以粮食或现金支付牛租。直隶张家口厅，乾隆间，佃农任有荣用地主牛力种子种地八亩，折还“牛力籽种钱八百文”[③]。这里牛力种子每亩共合一百文。乾隆间，河南某县，佃农马珍因地主退佃，对已“犁耙过地五十一亩”，地主“给还牛犋钱五千六百文”[④]，每亩合钱110文。直隶建昌县，乾隆间，地主徐士美租给佃户牛7只，讲明每年交1石5斗租粮。[⑤] 山东安邱县，雍正间，佃农陈玉借用地主牛犁，言明每亩土地“给牛粮一斗”[⑥]。陕西耀州，乾隆间，当地“稍肥”的土地，“大有之年，亩获三斗，籽种牛工去其一，所余二斗，照市价易钱一钱四分”[⑦]。乾隆间，北方粮食价格约为100文1斗，从上述各例看，北方各省牛租每年约为粮食1斗或2斗。

此外，在山东曲阜孔府还有另一种租牛形式。据孔府汶上县湖城口田庄资料记载，顺治八年租牛5只：

> 孙冒得　青犍一只，原银八两五钱，作银十一两五钱。
>
> 陈玉秀　黑犊牛一只，原银八两二钱，作银十二两五钱。
>
> 于成奉　青犊牛一只，原银九两，作银十三两五钱。
>
> 宋　召　老犊牛一只，原银二两五钱，作银三两。
>
> 高　冒　黄犍牛一只，原银三两，与他伙买的，无利。
>
> 原共价银三十一两二钱，作银四十三两五钱。
>
> 三月初一日交十两，有照存算，今见该交银二十九两。以上二年牛租银交完，地户欠一年牛租银未交。

---

① 乾隆《汲县志》卷6。
② 谈迁：《北游录》。
③ 《清代地租剥削形态》，第102页。
④ 《康雍乾时期城乡人民反抗斗争资料》上册，第22页。
⑤ 郭松义：《清代牛租剥削初探》。
⑥ 《清代土地占有关系与佃农抗租斗争》，第597页。
⑦ 乾隆《续耀州志》卷4。

又有邹县程家庄《春秋总账》中记载的牛租是：

黄犋牛一只并犊，原价银六两，租银八两八钱，肖奉高租。

黄犍牛一只，原价银八两五钱，租八两五钱，方守业租。

以上牛二只并犊，原价银一十四两五钱，共租牛银一十七两三钱，三年代完。[①]

这是把耕牛折合成银，贷给佃家，由佃户按年加利偿还。三年后，耕牛可归佃户所有。上列各户除高冒一户因与孔府合伙买牛，方守业以原价租牛，均没有利息之外，其余各户其利息依次为152.4%，150%，146.6%，135.3%，120%。实际上是依原价加利买牛，三年偿清，具有明显的高利贷性质。

总之，上述各例均说明，农民的牛租投入是不少的。

（二）用肥增加

肥料是养地和增产的重要因素。清代前期，农民对于通过施肥来提高单位面积产量的认识更加深刻。随着人口和饲养鸡豚的增加，农家肥特别是沤制肥的施用非常广泛，其中有人畜粪、泥肥、绿肥、骨肥、草木灰肥等。至于饼肥，明代已有使用，《天工开物》中说，“榨油枯饼”以“胡麻莱菔子为上，芸苔次之，大眼桐又次之，樟柏棉花又次之”。到清代，豆饼又成为重要肥料，饼肥的使用日益普遍。各地用肥情况，大体如下。

〔江南地区〕　江南地区农民种田，主要用粪肥、泥肥与草肥等做基肥，豆饼多用做追肥。稻田、特别是棉田、桑田，农民用饼肥的很多。有人说，“壅田之本，屑豆饼者十之六，用灰粪者十之三，罱河泥者十之二”[②]。“富家多用豆饼，椎碎成屑，匀撒苗间。贫农力不能致饼，则用猪羊栏腐草[③]。”实际上有一些贫农也使用豆饼，如有人说，“若贫农只赊豆饼壅田”[④]。

清代前期，这里农民的饼肥用量，有较大增加。

（1）明末清初，在湖州府一带，有些经营地主种田，“每亩下饼三斗，自

---

① 郭松义：《清代牛租剥削初探》。

② 乾隆《江阴县志》卷3。

③ 咸丰《南浔镇志》卷21。

④ 光绪《松江府续志》卷5。

足接其力”[①]。或说，“以梅豆壅田，力最长而不损苗，每亩三斗”[②]。这是施饼肥30斤。

（2）乾隆间，在湖州府，仍然是“每亩下饼三斗以接其力”[③]，施饼肥30斤。

（3）嘉庆间，在苏松地区，包世臣在《齐民四术》中说，菜子“饼百二十斤，可粪田三亩”。这是下菜子饼肥每亩40斤。

（4）道光间，姜皋在《浦泖农咨》中说，上农肥田，头通用红花草，二通用猪粪，“三通用豆饼”，“亩须四五十斤”。

可见在江南地区，自明末到清代中叶，饼肥使用已日益广泛。经营地主和上农用饼肥的数量约增加了二分之一左右，一般农民也应有所增加。

从农民用于饼肥的资金投入来看：

（1）据《沈氏农书》记载，豆饼“一千八百斤，常价十二三两”。根据陈恒力《补农书研究》估算，1800斤按价银12两5钱计，每亩用30斤豆饼，约为银2钱。

（2）据《浦泖农咨》记载，豆饼“总以二千钱一担为率，甲申年（道光四年）二千四百文一担”。姑按每担2000文，每亩用豆饼45斤计，约为钱900文。道光八九年间，江苏银价是“每两兑钱一千二三百文”[④]。如按每两银兑钱一1250文计，则900文约为银7钱左右。

（3）据陶煦《租核》记载，苏松地区，光绪间，佃农种田，“如湖泥水草等力可自致，所费亦无多”，独豆饼“亩须钱五七百”文。又说，“苏松田亦尽壅豆饼，亩约需钱五百”。该书写成于光绪十年，记当时“银价两约钱一千六百”文。如按每亩用豆饼钱600文计，则约合银3.75钱。

根据上述这些记载，明末至清代中叶，经营地主与上农每亩田用于豆饼的支出约增加二倍多。清末佃农用于饼肥的支出也比明末经营地主的支出约增加一倍左右。这既是由于用肥量增加，也包含银钱比价变动和物价上涨的因素。

---

① 《补农书》上。

② 《补农书》下。

③ 乾隆《乌青镇志》卷2。

④ 魏源：《古微堂集》外集卷7。

如在吴江县，康熙间，农民种田，“至夏末复市麻饼加焉，计其费率与藁相当”。到乾隆间，农民以“豆饼或麻饼”追肥，“在昔饼之值贱，计其费率与藁值相当，今饼值视前日增，藁值不能偿也”[①]。

这里农民所用农家肥，除了自己沤制者外，有些为粪肥、绿肥之类，也需要购买。农民整个用肥支出的增长情况，约略如下。

（1）据明代万历间，湖州府归安县孙铨说，“每田一亩”，“肥费止于二钱”[②]。

（2）李伯重教授据《沈氏农书》记载估算，水田一亩，施猪灰、坑灰10余担，按13担计；猪粪价格每担按银2.25分计，则13担肥约合银2.9钱。加上前述每亩用豆饼银2钱。则膏壅之费共约为五钱银子。

（3）据《浦泖农咨》记载，农民种稻，每亩“膏壅必得二千文”。按前述银价计算，则约为银一两六钱。

（4）据沈镜贤《泖东草堂笔记》记载，松江府一带，道光间佃农种田，“近年粪田之价，每亩须钱一千五百”。如仍按前述银钱比价计算，合银一两二钱。

这说明，清代中叶，农民种稻用肥的投入，比明末约增加了一倍多到两倍。从种桑养蚕来看，肥料费用也在增长。明代嘉靖间，浙江湖州府一带，“大约良地一亩可得桑八十个，计其一岁垦锄壅培之费，大约不过二两”[③]。到清代乾隆间，“大约良地一亩，可得叶一千三四百斤，计一岁垦锄壅培之费，多不过三两”[④]。当然还应看到另一方面的情况，如“贫农力不能致饼，则用猪羊栏腐草”；“有资者再粪……无资者一粪，获不及焉”[⑤]。这样的贫苦农民也应当是不少的。

〔南方其他各省〕　南方其他各省也多种水稻，农民施肥以农家肥为多，饼肥亦渐使用。在湖南，“肥田以人粪菜枯为上，猪栏粪、牛栏粪、荡粪、石

① 康熙《吴江县志》卷5，乾隆《吴江县志》卷38。
② 光绪《菱湖镇志》卷42。
③ 《吴兴掌故集》卷13。
④ 乾隆《乌青镇志》卷2。
⑤ 凌介禧:《程德安三县民困状》。

灰均佳，其红花草，蓝花草稍逊”[①]。种稻用“人畜秽遗，榨油枯饼，草皮木叶，以佐生气”[②]。在湖北，“贫民力致粪草，富民赀购菽饼”[③]。在江西，“麻饼肥田，则贸诸荆襄商贩”[④]。在安徽，有些农民“可怜粪田无豆饼，典衣买饼培田腴”[⑤]。所以《便民图纂》中说，“稻禾全靠粪浇根，豆饼河泥下得匀。要利还须着本做，多收还是本多人”。

这些省区农民用于肥料的资金投入，所见资料不多，仅示数例。乾隆间，湖南长沙县，“乡民佃耕多于自耕。约费枯饼、灰粪、人工钱文一千，可得谷一石”[⑥]。乾隆四十年，江西新建县，农民“周潮佐没钱买肥壅田”，托人在“唐姓菇店内代赊菇饼四石，共钱三千六百八十文，约至秋后清还”[⑦]。当时该地谷价约600文一石，菇饼钱就折谷6石多。从这些记载看，农民肥料投入资金也是不少的，但应多是所谓“富民”与“本多人”。

〔北方各省〕　北方各省更主要是使用农家肥，有的农民也使用饼肥，但多用于经济作物。在山东，“壅田河泥为上，麻豆饼次之”[⑧]。在山西，河曲县一带产胡麻，榨油后的渣滓，“其粗者，谓之麻糁，亦可肥田，故业田多者多开油店”[⑨]。在直隶，“上地膏腴，豆饼肥田，悉为烟叶”[⑩]。北方各省产豆，由于用饼肥不普遍，所以，山东河南的大豆与豆饼，大量运销南方。嘉庆间，淮关“向以豆饼为大宗，豆饼出产之处，自豫东徐州而来者谓之西河。自东省运河而来者谓之北河。自凤颍洪湖而来者谓之南河。豫东有收，则商贾辐辏，岁歉则商贾稀少”[⑪]。北方著名农书如《农桑经》《农圃便览》《知本提纲》《马首农言》《农言著实》等，均只讲积制和使用农家肥的方法，不讲施

---

① 民国《宁乡县志》故事编、财用录。
② 道光《桃源县志》卷3。
③ 乾隆《天门县志》卷1。
④ 康熙《抚州府志》物产。
⑤ 宣统《建德县志》卷19。
⑥ 光绪《长沙县志》卷16，引乾隆县志。
⑦ 《清代土地占有关系与佃农抗租斗争》，第524页。
⑧ 康熙《沂州志》卷2。
⑨ 同治《河曲县志》物产。
⑩ 郝懿行：《征俗文》卷1。
⑪ 《续纂淮关统志》卷6。

用饼肥的方法，与南方各省的许多农书截然不同，这并不是偶然的。

北方各省农民用肥遂多自积造，肥料种类很多，尤重视人畜肥。农民勤于拾粪，往往是“一橛一筐，出必携之”。除牛粪外，还重视养羊积肥。如山西泽州府一带，“泽郡五属皆山高土瘠，耕者以积粪为壅灌计，否则俭收矣”。“每见居民文契，皆载粪池几区，坑屋几所入券中”①。该省孝义县是，“近城地多圈羊积粪，俱仅足供本地用，无出鬻也”②。该省寿阳县是，羊，“禾稼既登，牧之于空田，夜圈羊于田中，谓之圈粪，可以肥田”③。有的则是养猪积肥，如直隶永清县，“西乡土瘠，种艺者须倍粪莳。有业者多畜圈猪，或八十蹄，或六十蹄。货猪屠肆，得值与食猪费相当，利其粪壅。地宜胡麻，若西瓜甜瓜之属，故竞为畜牧焉”④。

从前述情况可以看出，北方农民从整体上说，用于种植粮食的肥料投入，主要是劳动力投入，资金投入是不多的。直隶怀来县，乾隆间，周贵满、王文义夥种张惠地亩，张“垫用过一百驮土粪，共值六百大钱”⑤。安徽北部凤台县，与北方耕作习惯差近，嘉庆间，农民“一熟一粪，每亩之粪，多不过二十石，值钱三百”，甚至“治地十亩，须粪不过千钱”⑥。农民的肥料投入，与南方各省，特别是江南地区相比较，具有很大差距。

（三）兴修水利

清代前期，封建政权新建大型水利工程较少，而民间中小型水利工程却修建很多。重点是新修塘、堰、陂、渠，或疏浚旧有塘、堰、陂、渠。北方还利用地下水凿井灌田。南方多雨，水利是排灌结合，可蓄可泄。北方多旱，水利是多以蓄、灌为主。这种中小型水利工程的建设，大多因地制宜，充分利用当地水利资源。一般只能灌几十亩，或几百亩，稍大的也不过灌几千亩。但积少成多，却收到了可观的灌溉效益。这些中小型水利工程，大都是地主绅衿和业

---

① 乾隆《高平县志》卷17。
② 乾隆《孝义县志》物产民俗。
③ 《马首农言》。
④ 乾隆《永清县志》户书卷2。
⑤ 《清代地租剥削形态》，第185页。
⑥ 李兆洛文，《清经世文编》卷36。

主出资出粮，农民出力修建的。从整体上说，主要是农民的劳动积累，将在后面加以论述。在这里只讨论农民须投入资金的水利修建，主要是井灌。

北方各省井灌的发展，以直隶、河南、山西、陕西为多。明代，直隶缺水的地方，地方官已推动打井灌溉。徐光启说，这里干旱，“唯井可以救之”，“旱年甚获其利”①。到清代，特别到清代中叶，随着粮食作物和商品性农作物生产的发展，凿井灌田也得到发展。如种棉，“植棉必须凿井，一井可溉田四十亩”②。如种蔬种烟，“园蔬烟地不虞旱者，以有井也”③。如种粮，“农力稼穑有余羡，即凿井制水车，以资灌溉”④。这种发展一直延续到道光年间。

〔直隶省〕　乾隆初年，凿井开始进入高潮，西部山麓平原，排水条件较佳，淡水水位高，农民大量凿井。东部平原排水条件差，淡水水位低，凿井很少。具体情况如下。

正定府，据乾隆十年左右记载，“无极县添挖新井八百眼，而藁城、晋州，行据确察实在情形，各报六千三百、四千六百有奇。栾城一百五十六村庄内亦得井三千六百二十眼。余如赞（皇）、元（氏）、行（唐）、新（乐）、正（定）、获（鹿）都以千计。乾隆十年，灵（寿）、平（山）两邑，某某凿井各若干，一一与营田顷亩，并著于籍”⑤。其中无极县，另据记载，乾隆十三年前后，“旧有井眼约一千七百余口”，“新开井眼一千三百有奇”⑥。这些数字相加，正定府在乾隆初叶，共约有井 2.3 万以上。

保定府，据乾隆九年记载，“保定府属已开成土井二万二千余口”。当“农事方殷，亟须浇灌，民间俱各踊跃从事。其天津、河间两府，以次办理”⑦。

霸州，据乾隆九年记载，“现在霸州知州朱一蜚于二三月间，曾劝民开井

① 《农政全书》卷16。
② 方观承：《棉花图说》。
③ 盛百二：《增订教稼书》。
④ 同治《栾城县志》卷2。
⑤ 乾隆《正定府志》卷4。
⑥ 乾隆《无极县志》卷末。
⑦ 《清实录经济史资料》农业编，第2分册，第314、316页。

二千余口，今颇赖之”[①]。

广平府永年县，道光二十三年间，“四千一百九十六村，旧有四千七百七十七井，新开三百九十七井”[②]。

定州，道光二十五年清查，“为村者四百四十有奇”（不包括属县），有“井泉”在村外者四千九百九十二口。[③] 在村内者当为饮水井，不录。

〔陕西省〕　明代开始兴井利。清初，“富平、蒲城二邑，井利颇盛”[④]。以后续有开凿。如兴平县，明代即有“灌田之井共二千四百五十六口。清初知县胡蛟龄又劝开一千三百三口，历年以来，更加倍蓰”[⑤]。大规模开井则是在乾隆初年，陕西巡抚崔纪与陈宏谋相继大力推动。乾隆二年，崔纪推广凿井，“西（安）凤（翔）等处，原报开井六万六千六百二十二眼。内不成井三万三千六百七十七眼”[⑥]。又有记载说，“西（安）、同（州）、凤（翔）、汉（中）四府，乾、邠、商、兴四州共册报开成井三万两千九百余眼，开而未成填塞者，数亦约略相同”[⑦]。

乾隆十年前后，陈宏谋又推广开井，共“凿井二万八千有奇，造水车，教民以灌溉”[⑧]。乾隆十五年，陈宏谋对崔纪与他先后推广开井曾加以总结，并继续推动。他指出，“除延（安）、榆（林）、绥（德）、鄜（州）、邠（州）、商（州）等属，向不藉井泉灌溉，凤（翔）、汉（中）、兴（安）、乾（州）等属，虽有井泉，开凿不易，均可毋庸勉强开井外，其西（安）、同（州）二府，据报平原之地皆可开井，井泉深浅不一。乾隆十三年以前，所开新旧各井，共有六万七千五百余眼”[⑨]。

〔山西〕　清初即有人说，“山西井利甲于诸省”[⑩]。《授时通考》也说，

---

① 《清实录经济史资料》农业编，第2分册，第314、316页。
② 光绪《永年县志》卷6。
③ 道光《定州志》卷7。
④ 王心敬文，《清经世文编》卷38。
⑤ 民国《兴平县志》卷1。
⑥ 《清实录经济史资料》农业编，第2分册，第336页。
⑦ 陈宏谋文，《清经世文编》卷38。
⑧ 《清史稿·陈宏谋传》。
⑨ 《培远堂偶存稿》文檄，卷29。
⑩ 王心敬文，《清经世文编》卷38。

“三晋勤汲井灌田”[①]。山西井灌以平阳府、蒲州一带为最多。如王心敬说，“平阳一带，洪洞、安邑等数十邑，土脉无处无砂，而无处不井多于豫秦者”[②]。乾隆间，崔纪也说，蒲州所属永济、临晋、虞乡、猗氏、安邑等县多井灌，“康熙庚子、辛丑、晋省连旱二年，无井州县，流离载道，而蒲属五邑独完”[③]。

〔河南〕　河南井灌多在豫北一带。如偃师县，“民之居伊洛滨者，水泉深润，土腴而甘，凿井以溉，不寻丈即饶水，旱不枯竭”[④]。又如武陟县，“县西近太行，地脉沃衍，且当济水伏流，是以土不厚而泉甘，凿不深而成井，辘轳满野，民资灌溉之利”[⑤]。又如安阳、辉县、修武等县，道光六年，春旱，“安阳、辉县、修武、武陟各县，间有量地掘井辘轳灌溉之处，麦苗犹一望青葱，比之他田独沃”[⑥]。一直到清代中叶，挖井还在继续。道光二十七年大旱，许州知州汪敬根“劝民掘井三万余”[⑦]。这个数字有可能有些夸大，但井灌在继续发展，当无疑义。

至于凿井费用，因水泉深浅以及是否须用砖包砌，其费用各地不等。

〔陕西〕　康熙间，用“水车之井，浅深须在三丈上下。且即地中不带沙石，而亦必须用砖包砌，统计工程，井浅非七八金不办。井深非十金以上不办。而止一水车，亦非十金不办”。“至于小井，则不需砖砌，即工匠不过数钱，器具不过一金可办。若地中带沙须砖砌者，一切工费亦止在三五金外”。在富平、蒲城一带，“有掘泉深至六丈外以资汲灌者，甚或用砖包砌，工费三四十金，用辘轳四架而灌”[⑧]。

〔山西〕　乾隆初，崔纪说，蒲州一带，“小井不需砖砌，工匠器具价值，浅者一二两。深者三四两可办。即地中带沙须砖砌者，工费亦不过七八两以外。大井即地中不带沙淤，亦须砖砌，浅者工费八九两，稍深者十余两。而一

① 《授时通考》卷38。
② 《丰川续集》卷18。
③ 《清实录经济史资料》农业编，第2分册，第333页。
④ 乾隆《偃师县志》卷5。
⑤ 道光《武陟县志》卷23。
⑥ 王凤生：《河北采风录》凡例。
⑦ 民国《许昌县志》卷8。
⑧ 王心敬文，《清经世文编》卷38。

水车，亦非二十余两不办”①。

〔直隶〕　乾隆九年，保定府一带，凿土井，“一井所费，不过需银一二两”②。乾隆十一年，天津府一带，“每砌砖井一，须物料银八两”③。乾隆间，在无极县，“凿费，井大者十二三千，中者十千，小者七八千”④。或说，这里“开凿一井统计工费，大者须制钱十三四千文，次者须十一二千文，小者亦须七八千文不等”⑤。当时直隶银一两值钱八九百文。这是大中小井，约合银十五六两、十二三两至八九两不等。乾隆三十六年，在枣强县，“大井设辘轳四，可灌田十亩，所费不过十五六金，等而下之，所灌愈少，所费愈减”⑥。

综上所述，各地凿井费用大体差不多。不用砖砌的土井，浅者一二两银子，深者三四两银子。如用砖砌，小井须银三五两至七八两。砖砌的大井，浅者七八两或八九两银子。深者十五六两银子，至多者三四十两银子。

各地凿的井，小井“可灌田四五亩”⑦，或“一井之水，足供三四亩，而每一日二人轮汲，仅可灌田一亩”⑧。深井大者“可灌二十余亩，浅井且可灌三四十亩”⑨。还有人说，“每井大者可灌五六十亩，中者三四十亩，小者二三十亩”⑩。灌水时，“富家或间用水车，贫氓则全持人力”⑪。“有井之地，于引水浇灌时，必偏觅穷民代汲，约四辘轳之井，每井日须人工八名，轮番引灌”⑫。

从资金投入和浇灌用工来看，凿大井者应多为经营地主或富裕农民，一般农民则凿小井或合凿大井。如直隶省，地方官府开始推广凿井时，原议由地主

---

① 《清实录经济史资料》农业编，第2分册，第333页。
② 《清实录经济史资料》农业编，第2分册，第314页。
③ 《清实录经济史资料》农业编，第2分册，第21页。
④ 《牧令书》卷9。
⑤ 乾隆《无极县志》卷末。
⑥ 嘉庆《枣强县志》卷18。
⑦ 雍正《陕西通志》卷93。
⑧ 乾隆《兴平县志》卷1。
⑨ 王心敬文，《清经世文编》卷38。
⑩ 乾隆《无极县志》卷末。
⑪ 民国《兴平县志》卷1。
⑫ 乾隆《无极县志》卷末。

出资，佃户出力，如用工多，地主仍酌给饭食，如有人说，凿井灌田，“佃户无力，地主心存诿卸，遂多观望。余尝议须本者，工专责成佃户，专工者，百十工外，仍令地主酌给饭食”①。但后来，社会经济发展，“民稍裕，故凿井浇地多能为之”②。栾城县是，“邑人掘井溉田，谋虑尤善。或数家合甃一井，或一田兼甃两井，较之郡志所议佃户地主劳费必均者更为踊跃，若合计之，数大倍曩昔矣”③。北方井灌具有颇高的经济效益。有人说，井“用砖甃，应支百年。设遇亢旱，邻县颗粒俱无，此则每亩盈石。一岁之入，即较所费过当。况修之一日，用之百年乎”④。

总之，农民的各项生产投资都是在增加的。如以江南地区为例，明代嘉靖间，在松江府一江之隔的通州地区，佃农“一夫一妇大约种田五千步，五千步者古之二十亩也”。“每田一亩，丰年得谷三石，次则二石，又次之则一石而已。主人得其十六，农得其十四焉。以一岁之所入，较一岁之所费，农夫之四已费其一矣，而况乎不止于一也”⑤。如按中等年景每亩产谷 2 石计，这就是说，每亩田的生产费用，约占佃农交租后净收入的四分之一，即为谷 2 斗左右。到清代嘉庆间，在松江府一带，佃农“一亩之田，耒耜有费，子种有费，罱斛有费，雇募有费，祈赛有费，牛力有费，约而计之，率需千钱”。“以中年约之，一亩得米二石，还田主租息一石”。“当其春耕急需之时，米价必贵。折中计之，每石贵一千有余”⑥。如按 1 石米折谷 2 石，米 1 石值钱 1500 文计，则每亩田的生产费用约占佃农交租后净收入的三分之二，约为谷 1 石 2 斗多。明代中叶，通州地区社会经济比较落后。清代中叶，松江地区农业的集约经营已有很大发展。上述这些数字，虽难以作为生产投资的准确数据，但仍可以看出，集约经营程度的提高，生产投资是会有大量增加的。

① 乾隆《正定府志》卷 4。
② 乾隆《无极县志》卷 1。
③ 同治《栾城县志》卷 2。
④ 嘉庆《枣强县志》卷 18。
⑤ 陈尧：《农书》，光绪《通州直隶州志》卷 1。
⑥ 章谦存文，《清经世文编》卷 39。

三

前面已经说过，清代前期，农民在扩大再生产中，从追加生产资料看，主要不是增加耕地面积，而是增加其他生产资料。但如以追加生产资料与追加劳动力相比较，则主要不是靠追加更多的生产资料，而是靠追加更多的劳动力。这主要是因为封建社会的农业生产，资本有机构成很低的缘故。清代前期，人口大量增加，耕地紧张，精耕细作更为必要。劳动力的高度集约，就成为清代前期农业扩大再生产的另一个特征。民国《盐山县志》说，“地润而土疏，硗确斥卤，收入甚薄。地宽则种植贪多，而不务求精。碱污之区，往往终世不粪其田。清末以来，地价骤昂，十倍于昔，而村氓有识者，渐易故辙，知粪溉锄耨之不可以已。盖生齿日繁，宽地亦狭，则不得不以人工补其缺陷”。这虽是民国年间盐山县的记述，实际上许多地区都经历过这样一个过程。清代前期，农民在农业生产中追加更多劳动力的情况，主要表现在以下几个方面。

第一，农田的劳动力投入增加。如以江南地区种稻田为例，姜皋说，“田之须人工也，锄田及塌跋头亩各一工。中等之牛，日可犁田十亩，然必须两人服事，一人捉草，一个扶犁，一田须犁田两次，耙亦如之，合而计之，每亩须人一工。插秧每日人种一亩五六分，然拔秧挑秧分秧，两人种秧须一人服事，统计一亩，亦得一工。三耘三耥，每亩合须二工，拔草下壅须一工。车水无定，收稻须一工，掼稻选柴须两工。砻米不计工。极一人之力，日砻米一石而已。自开耕至上场，亩须十余工也”①。而包世臣说，江南种稻田，“计三耕、两耢、三耘、一莳一刈，每亩不过费人工七八日耳”。又说，“水田种稻，合计播种拔秧莳禾耘草收割晒打，每亩不过八九工”②。前者是指牛耕，并未将有些农活如播种、拔秧、晒打列入；后者未将整地列入，故均较姜皋所言为少。

李伯重教授根据明清两代文献记载考订，江南地区“一亩田三耕两耢三芸一刈，人工合计为10～11个”。并指出，“江南水稻生产中的劳动投入，在

---

① 姜皋：《浦泖农咨》。

② 《安吴四种》卷25。

明清时代保持着大致相同的投入量，并未依人口的增长而发生变化”①。明代江南地区种植水稻的精耕细作程度已经很高。这个投工数，实际上是指精耕细作的一般标准而言。它并不排斥在这个一般标准之外，还可以适当提高精耕细作的程度。如包世臣就说过，江南地区，“凡治田无论水旱……加做一工，亦溢谷二斗”②。还应看到，有些田地，农民因限于人力，过去并未达到上述投工数。现在人口增加了，劳动力增多，可以按照这样的标准投入人力了。这种情况在北方尤为显著。如杨屾在《知本提纲》中说，“即如荒芜，粟谷一斗，仅可得米三升。若耘三次，可得米六七升。若耘至五六次，更可得米八升。其所收之多寡，总视人力之勤惰而不爽也”。丁宜曾在《农圃便览》中说，“锄谷更须勤，不厌数。周而复始，锄十遍，可得八米”。

其次，复种制度的推广，增加了人力投入。清代前期，复种制度在全国范围内得到推广。乾隆以后，直隶中部与南部平原、河南东部、山西南部、陕西的关中地区，以及山东的许多地区，都发展了以麦豆杂粮轮作复种为主要方式的二年三熟或三年四熟的复种制度。在直隶、河南、陕西、山西等灌溉条件（包括井灌）较好、土质肥沃的地方，甚至实行了稻、或小麦杂粮一年二熟的复种制度。在南方各省，特别是长江流域以南地区较普遍地实行了稻、麦、杂粮或双季稻的一年两熟的复种制度，少数地方还有一年三熟。从全国来看，不论南方和北方，虽然一年一熟之地仍然很多，农田复种指数的提高，在清代却达到了历史最高水平。

增加一茬或两茬农作物，当然会增加投工。姜皋在《浦泖农咨》中说，苏松地区春熟种麦，“自锄地、下种、上泥、壅壮，每亩工食亦得五六百文”，如与种秋粮“一亩约略以十工算已须工食二千文”相比较，增加投工亦复不少。尤其是，这里种春熟，“皆至高之田”，“高田两旬无雨，即有旱象，车水较难”，故“人工倍费”。从江南地区的事例即可见一斑。

第三，清代前期，农产品的商品生产有较大发展。种植经济作物比种植粮食，是要多费工力的。如种烟，“除锄耕之外，摘头、捉虫、采叶、晒帘，每

① 李伯重文，《中国农史》，1984年第1期。

② 《安吴四种》卷26。

烟一亩统计之，须人工五十而后成。其水田种稻……每亩不过八九工，旱田种棉花、豆、粟、高粱，每亩亦不过十二三工。是烟叶一亩之人工，可抵水田六亩，旱田四亩也”①。所以有人说，种烟其工本“较稻粱加倍”②，“其烦劳则种烟倍于蜀黍”③。又如棉，常熟人郑光祖说，“雍正以前，乡农所种，豆多于棉……时种棉什仅四五。盖黄霉削草必资人多，曩时人较少也。自后生齿日繁，故种棉渐多于稻”④。

清代，农民种桑养蚕也有很大发展。农民种桑养蚕的投工，据李伯重教授估算，在江南太湖地区，“桑地一亩经常性劳动投入为48人工，再加上一个蚕妇养蚕劳动30日（以头蚕计），共用人工约78个，连上缫丝之工15个，共约93个。若是还要养二蚕，则总人工就更多了，当在100个以上”⑤。与种粮食相比，用工之多，可以概见。

第四，清代由于人口增加，耕地不足，被迫开发劣等土地。垦山地，治碱地，治沙地等都要投入大量劳动力。有人说，清代“二百年以来，占田宅长子孙者，绵历数世。户口日蕃，田入不足以给，则锄荒葳、辟林麓以继之。先垦高原，续劖峻坂，驯至峰颠岩罅，均满炊烟。寻壑得水，则作梯田，隐石诛茅，以求席地”⑥。这虽是说的一个县的情况，实际上内地各省垦辟耕地大都经历了这样一个过程。

又如治盐碱地，历史上各地农民已创造多种办法治理盐碱地，如引水洗盐、放淤压盐和种稻洗盐等等。清代因耕地紧张，改造盐碱地的技术又随之得到发展。除种绿肥治盐、种树治盐之外，又有深翻窝盐的办法。乾隆《济宁直隶州志》记载，对碱地，“掘地方数尺，深四五尺，换以好土，以接地气，二三年后，则周围方丈地皆为好土矣”。道光《扶沟县志》记载，“碱地挑深数尺，或多年深耕，可翻换好土”。光绪《阜宁县志》也说，碱地“其下深一

---

① 包世臣：《郡县农政》。
② 同治《彰明县志》卷19。
③ 道光《济宁直隶州志》卷3。
④ 《一斑录·杂述》卷2。
⑤ 李伯重文，《中国农史》，1985年第1期。
⑥ 民国《云阳县志》卷13。

二十尺，必有黑泥，农人掘地埋碱，易黑泥覆于上，地顿饶沃”。这种办法治盐碱虽然比较彻底，但费人工是很多的。

又如治沙地。直隶无极县木刀沟，“绵互四十余里，附近四十余村，多风沙之地。其实在可耕种者十存二三，且风沙日压，美地日促”。乾隆初年，知县黄可润发动农民栽植枣杨榆杜诸树，经过4年，“大者已成林，小者亦畅茂，通计四十余村，绵亘四十余里，从前沙荒不毛之地，今一望青葱。且成树者，风沙不刮，中可布种杂粮，民生渐有起色”①。

在某种具体情况下，农民追加劳动力，从事农田建设活动，会形成劳动积累，为以后的扩大再生产创造条件。所谓劳动积累，就是指活劳动不经过价值形态，直接物化为生产条件或物质财富。马克思说过，在农业中，只要“付出更多的劳动量，不必预付新的劳动资料，也可以提高肥力。这又是人对自然的直接作用。这种作用无需新资本的介入，也会成为扩大积累的直接源泉”②。如前述改良土壤、开垦荒地，以及兴修水利、造林、平整土地等等，都属于劳动积累。在这些农业活动中，他们虽然要支出少量材料和工具费，但主是靠追加劳动力。在当时的生产力条件下，劳动积累对农民是很重要的。兴修水利，也是清代农民劳动积累的一个很重要的方面。

前面已经说过，清代民间中小型水利获得了很大发展。这些中小型水利，在山区或丘陵地区，主要是用于灌溉的塘、堰、陂、渠之类；在平原地区，主要是用于排涝的沟、渠之类。南北各省皆然。如湖南祁阳县，农田“水所资有数种，有溪涧可堰者为堰田，有泉可导者为井田，有在谷中者为冲田。沿江一带架筒车引水者为筒车田，池塘蓄水者为塘田。数种中惟塘田最多，堰田次之，余三种无多③”。江苏上元县，农民“广凿塘堰，蓄积雨水”④。如山西，“平衍州县，间有渠道堤堰”⑤。如山东茌平县，“无名川，所有，皆田间沟浍

① 乾隆《无极县志》卷末。
② 《资本论》第1卷，第662页。
③ 同治《祁阳县志》卷4。
④ 乾隆《上元县志》卷4。
⑤ 乾隆《晋政辑要》卷8。

以备水患者”①。

这些中小型水利，在乾隆间，各地均有很大发展，如四川永川县，自乾隆以来，“堰倍于前，塘数倍于前”②。主要是由民间自行修建。如湖南，“山乡皆种水田，惟藉塘堰溪坝之水，以资灌溉。每于岁晚务闲之时，民间自行修浚，毫无苦累”③。山东茌平县的田间沟浍，“前代贤邑侯每于农隙浚水道，即使地主各任其工，故虽淫雨，而无淹没之患”④。兴修这些水利，往往有“计亩出费”、“按亩出夫”的记载，实际上都是地主出资，佃农出力，自耕农则有出资或出力的。如在湖北，农田灌溉，“所持者塘堰而已。山乡之堰，所在不乏。大者数十亩，小者数亩，依冈傍阜，历历可指”。修筑时，“田主出资，佃民出力，相率共济”⑤。河南嵩县，伊河“南北两岸有古渠十一道，于明末湮塞”。知县康基渊“经酌议劝民挑浚，照业主给食，佃人用力之例，令乘隙于（乾隆）二十九年冬至至三十年春陆续办理疏浚”⑥。道光间，林则徐在江南修浚苏松地区各河，也是广泛采用“业食佃力”的成例而完成的。

所谓“地主出资”，只是地主“不亲身赴堤，捐微资以付细民”，大多只够口粮，并无多余。所以有些记载说，“遇修筑总照业食佃力之例，概不许勒索工价”⑦。有些水利修浚，实际是由佃户独力承担。湖北应城县，塘堰修浚，“主佃相互推诿”，只得采取下列办法：“其佃种之民，或独由佃户挑挖，则议定所佃年份。或业主出给饭食，佃户出备人工，亦属平允”⑧。因此，这些中小型水利的建设，所具劳动积累的性质，是十分明显的。由于当时中小型水利的广泛发展，农民的劳动力投入当然非常可观。

如前所述，南方和北方各地的农民，包括佃农在内，对农业的劳动力投入和资金投入都在增加。而南方地区，特别是江南地区，农民的集约经营并已出

---

① 康熙《茌平县志》卷1。
② 光绪《永川县志》卷2。
③ 《湖南省例成案》户律卷9。
④ 康熙《茌平县志》卷1。
⑤ 同治《荆门直隶州志》卷11之2。
⑥ 乾隆《嵩县志》卷14。
⑦ 乾隆《望江县志》卷8。
⑧ 光绪《应城县志》卷2。

现向资金投入倾斜的趋势。北方农民，甚至包括自耕农在内，其集约经营还主要是靠投入劳动力。可见两地农业生产的发展水平，存在着一个颇大的差距。但从总的来说，它们都具有相同的扩大再生产特征，并都会形成社会的扩大再生产。

第二节 扩大再生产的形式

在中国封建社会中，农民经济通常是一种自给性生产与商品性生产相结合的经济。其自给性生产主要是种植粮食，以满足全家的口粮需要。其商品性生产大都是多种经营，以满足全家生产和生活的货币需求。由于口粮需要弹性很小，所以农民经济的发展，主要是商品性生产的发展。其发展大约有两种类型，一种是专门种植粮食，另一种是除种植口粮之外，还从事经济作物的种植，或家庭手工业生产。全国大多数农民均可纳入这两种类型，而江南地区的农民和湖南、四川的农民则可以作为这两者的代表，作者在《清代前期湖南四川的小农经济》[①] 一文中曾经指出，湖南、四川从事粮食生产的农民，作为小农经济的一个重要类型，与江南地区纺棉织布，种桑养蚕的农民，作为小农经济的另一个重要类型，其特征与发展道路是各不相同的。江南地区的农民，种粮是为了自食，种桑养蚕、纺棉织布是为了换钱，以支付家中的生产和生活用度。其自给性生产和商品性生产大体是分离的。多种经营的商品化是其发展的主要方向。湖南四川粮产区的农民，其自给性生产与商品性生产则统一于粮食，粮食生产商品化是其发展的主要方向。清代前期，农业生产和商品生产均有很大发展，在上述这些地区尤为显著。江南地区和湖南、四川粮产区农民商品生产的发展，也就为清代前期农民经济扩大再生产提供了多种形式。

扩大再生产可以区分为外延的扩大再生产和内涵的扩大再生产两种类型。前者是指在原有生产技术的基础上，依靠追加劳动力和生产资料，使生产规模扩大的再生产。后者则是指依靠改进生产技术或调整生产结构，更有效地利用

---

① 《中国史研究》，1991 年第 2 期。

各种生产要素和提高劳动生产率，使生产规模扩大的再生产。清代前期，农业生产技术，特别是农业生产工具并无重大质的发展，农民经济的内含扩大再生产，就主要是采取改进耕作技术和调整生产结构，更合理地配置资源的途径。

现在对江南地区农民在种桑养蚕、纺棉织布上，和湖南、四川粮产区农民在种植粮食上进行扩大再生产的情况分述如下。

一

江南地区农民种桑养蚕，主要集中于杭州府、湖州府、嘉兴府和苏州府沿太湖一带地区。明代以前，浙江西部山区曾经是江南蚕桑业的中心。明初，朱元璋诏课植桑之后，浙西蚕桑生产迅速由山区推向平原，太湖南部的低田地带发展尤盛。入清之后，“丝绵日贵，治蚕利厚，植桑者益多”①。这里田多用于种稻，地多用于种桑，嘉兴府的石门县，明万历年间丈量，旱地为623顷，康熙间丈量增为2070顷，② 增加了三倍多。又如吴江县，明“宣德七年，至四万四千七百四十六株”桑树，到清代乾隆间，植桑已是“乡间殆无旷土”，“通计一邑，无虑数十万株”③。这四府共30余县，其中种桑养蚕的达25县。它们连成一片，“北不逾淞，南不逾浙，西不逾湖，东不至海”④，地方千里，成为当时全国最重要的蚕丝产区。在蚕桑业的发展中，必然有许多农民会从单一种植粮食，改变为既种植粮食，又种桑养蚕，以增加经济收入。下面我们对这种农户的经济收入，做点粗略探讨。

中国封建社会的农民家庭，由于是小块土地经营。通常是有家庭成员四五人，平均两个劳动力，大部分是由父母及其未婚子女组成的核心家庭，当然也有父母及子媳的复式家庭。江南地区的农民家庭都大体如此。所以历史文献中多有“夫妻二人极力耕种”、“一夫耕”、“匹夫匹妇五口之家”等一类的记载。这里种桑养蚕的农民，一般也种植粮食。桐乡县张履祥说，“匹夫匹妇，男治

① 乾隆《吴江县志》卷5。
② 陈恒力：《补农书研究》。
③ 乾隆《吴江县志》卷5。
④ 唐甄：《潜书·教蚕》。

地可十亩，女养蚕可十筐”①。

这10亩田地，在种稻和种桑之间，又如何搭配呢？这里的农民一般只使用家内劳动力，不雇用他人。是根据“计人力以举事，而不出于力所不及之外”② 的原则以安排生产。他们通常实行田七地三的比例，即田七亩以种稻，地三亩以栽桑。如张履祥为友人邬某的遗属设计生产时，即对“遗田十亩”，安排“止种桑三亩”③。这种大致的比例关系，至民国时犹然。据刘大钧教授1935年的实地调查，湖州吴兴县（民国时期并归安、乌程两县为吴兴县），农民“大约每户有田十亩，桑地即占其三四”④。这种比例安排，在当时生产力条件下，是农民的一种理性决策。三亩桑地支持的养蚕量，大致是家内劳动力力所能及的范围。种桑养蚕风险大，一旦气候失常，桑叶减产或蚕病流行，就会影响农民生计，因此，农民必须种植一定的稻田，以确保家庭最低生活的需要。

这里稻田的产量，在嘉兴府，明末清初时，桐乡县是，“田极熟，米每亩三石，春花一石有半，然间有之，大约共三石为常”⑤。康熙间，嘉善县有个佃农，秋收按米计，是“亩收二石五六斗”⑥。平湖县，稻田是“亩收以石米为准”，“农勤则倍收”⑦。乾隆间，海盐县是，“每亩可收米二石五斗”⑧。所以乾隆《嘉兴府志》说，该府稻田，“勤农每遭熟年，每亩得获（米）二石”。

湖州府的乌程、德清、归安三县农田的一般产量，康熙间是，“有资者再粪，亩获二石”⑨ 米。嘉庆间，有人说，“苏（州）湖（州）之民，善为水田，春收豆麦，秋收禾稻，中年之入，概得三石”米。⑩

从前述资料看，湖州府嘉兴府一带，稻田秋收一季，一般是产米2石左

① 《补农书》下。
② 求自强斋主人文，《皇朝经世文续编》卷44。
③ 《补农书》下。
④ 《吴兴农村经济》，第8页。
⑤ 《补农书》下。
⑥ 徐庆：《信征录》，见《说铃》后集。
⑦ 光绪《平湖县志》卷2，引康熙县志。
⑧ 《中国资本主义的萌芽》，第191页。
⑨ 凌介禧：《程德安三县民困状》。
⑩ 陈斌文，《清经世文编》卷38。

右；加上春花合米1石左右，每年约共产米3石左右。这种亩产量，既是不稳定的，又是稳定的。各年丰歉不一，所以亩产量会各不相同。但是，农业生产力发展缓慢，在一个较长时间内，农田平常年景的亩产量，又是大致相同的。因此，我们可以上述亩产量作为计算农民粮食收入的依据。这里农户一般种稻田7亩，亩产米3石，每年共产米21石。

乾隆朝为清代盛世，特别是在乾隆初年，人口未成倍增长，正处兴旺发达之时。当时浙江就是，“国初定鼎，至于雍乾，井里丰饶，家给人足”①。因拟采用乾隆初年物价，来计算农民收入。乾隆嘉庆间，汪辉祖的《病榻梦痕录》曾系统地记有绍兴府萧山县的粮价。萧山县毗邻嘉兴湖州诸府，粮价应相差不大。汪辉祖说，“忆十余岁时，米价斗九十或一百文，间至一百二十文，即讶其贵。乾隆十三年，价至一百六十文，草根树皮俱尽”。乾隆十三年，浙东遭受雹灾，湖州府、绍兴府一带米价上涨。全汉升根据汪辉祖年龄推算，这里乾隆六年至十二年，稻米常年价格约为900文至千文一石。② 如米价按每石千文计，农户年产米21石，是为钱21000文。

至于丝的产量，决定于两个因素，一个是桑叶产量。《补农书》说，“地得叶，盛者一亩可养蚕十数筐，少亦四五筐，最下二三筐”。吴江县，康熙间，唐甄说，这里是，“一亩之桑，获丝八斤”③。就是说用一亩地所产桑叶养蚕，可收丝八斤。可见丝产量与桑叶产量呈正相关。另一个因素是，农民家内的劳动能力。农家养蚕，主要靠家内女壮劳动力，即所谓“唯健妇是赖”④。如说“女养蚕可十筐”。另有人说，“盖一人之力，能收茧五十斤”⑤。当然农家壮劳动力多，或辅助劳动力多，也可以多养一些。就农民来说，桑叶宽裕，只是提供了多养蚕的可能条件，蚕丝收获的多少，关键还是决定于家内劳动力的强弱多寡。在一般条件下，农户年产丝量，有如下一些事例。

例一：据《补农书》说，湖州府归安县一带，养蚕一筐，“可收丝一斤，

---

① 光绪《黄岩县志》卷31。
② 《中国经济史论丛》第2册，第489页。
③ 唐甄：《潜书·惰贫》。
④ 费南晖：《西湖蚕略》。
⑤ 前引求自强斋主人文。

才足抵本。所赢者，止同宫、茧黄”。同宫是指“两蚕共成一茧”；茧黄是指“茧外散绪”，即该书所说，“虽乱丝薄茧，均足入经纬而得价值”。该书又说，农民种桑三亩，“计桑之成，育蚕可二十筐”，“蚕苟熟，丝绵可得三十斤，虽有不足，补以二蚕可必也”。从此可知，农户如养蚕10筐，共可得丝绵15斤。

例二：李伯重教授根据明清时期的11种农书和方志所提供的数据，得知明清时期以湖州为主的江南地区，农民所养蚕筐分为3种，即大眠蚕4斤为一筐，5斤为一筐，6斤为1筐。其收丝量在中等年景，分别为0.86斤、1.08斤、1.2斤。上好年景，4斤筐可产丝1.5斤，6斤筐可产丝1.93斤。据此，他认为，“明清江南每筐蚕的丝产量，一般约为1斤（16~17两），上收则为1斤7两（28两）。另外尚有绵的收入，价值约为丝的五分之四”①。农民如果养蚕10筐，视年成好坏，每年可收丝10斤至17斤，绵还不计算在内。

例三：刘大钧教授1935年在浙江吴兴县调查，当时该县“普通农户约产茧二百余斤”②。这里通常是蚕“作茧十斤，缫丝一斤”。这就是农户年产丝20斤。

例四：费孝通教授1936年在江苏吴江县开弦弓村调查，当时“一般农户总生产量为（丝）280两”③。按16两为1斤，这是农户年产丝17.5斤。

参酌上面这些数据，如果将所产绵都折算成丝计算进来，一般农户年产丝按20斤计，似不为多。

据清代档案《内务府来文·织造》所记丝价，乾隆十年，湖州府南浔镇，上用经丝每两为银0.82钱，上用纬丝每两为0.72钱。这是丝每斤为1.23两银子。该府双林镇，上用经丝每两为银0.82钱，上用纬丝每两为银0.75钱。这是丝每斤为银1.25两。该府新市镇，官用经丝每两为银0.81钱，官用纬丝每两为银0.75钱。④ 这是丝每斤为银1.24两。“上用丝”与“官用丝”均为清朝官府所用，当为优质丝，其价格可能要贵一些。从上可见，乾隆十年，湖州府清廷采办丝价每斤为银1.23~1.25两。

---

① 李伯重文，《农业考古》，1996年第1、3期。

② 《吴兴农村经济》，第10页。

③ 《江村经济》，第146页。

④ 蒋兆成文，《杭州大学学报》，1988年第4期。

另据乾隆《吴江县志》说，“康熙中”，这里每两“丝价尚止三四分”，今则“丝价倍之”，即六至八分。该书刻于乾隆十二年，可见乾隆十年前后，江苏与浙江蚕桑区的丝价大致相同，官用丝与民用丝价格相差亦不甚远，大致每斤丝为银 0.96 两至 1.28 两。根据这些数据，乾隆十三年左右，每斤丝平均按 1 两 2 钱计，农户年产丝 20 斤，应共为银 24 两。又据汪辉祖前引书记载，乾隆二十六年前，浙江银价平稳，“库平纺银一两易钱不过七百八九十文”。如按银 1 两值钱 790 文计，则农户年产丝的收入为钱 18960 文。加上粮食价值，则农户收入总共为钱 39960 文。

这里农民一般种田 10 亩，未种桑养蚕之前，全部种稻。如按前述亩产值计算，全年种粮收入约为钱 3 万文。与种桑养蚕后年总收入相比较，约少 1 万文。反过来说，种桑养蚕之后，年收入增加了三分之一。这说明，农民的扩大再生产，主要是由于调整了农业生产结构，改单一种粮为既种粮又养蚕，优化了资源配置的结果。调整农业生产结构，就成为农民扩大再生产的一种形式。

二

元明之际，江南地区上海县即已兴起植棉。以后逐渐向西北扩展，及于太仓、嘉定、常熟、江阴一带，并跨越长江，达于崇明、通州。到明代中叶，在长江三角洲，西起常州府的江阴，东至于海，包括松江府、太仓州、通州各县，凡沿长江沿海地区都盛产棉花，已成为全国最重要的棉花产区。清代前期，长江三角洲地区的棉花种植继续发展。但这时的发展，主要不是表现为植棉区外延的扩大，而是表现为植棉区内棉田面积增加，种稻面积减少。一些地方官吏曾对此作过估计。乾隆间，两江总督高晋说，“松江府、太仓州、海门厅、通州地方并所属之各县，逼近海滨，率以沙涨之地，宜种棉花”，“以现在各厅州县农田计之，每村庄知务本种稻者，不过十分之二三，图利种棉者，则有十分之七八”①。道光间，江苏巡抚林则徐也说，“太仓州及所属之镇洋、

---

① 《清经世文编》卷 37。

嘉定、宝山等县，种稻之处十仅二三，而木棉居其七八”①。这里明末清初，棉田面积约占耕地的一半左右，到清代中叶已增长为十分之七左右。由于棉花种植的发展，遂使苏松地区的许多农民逐渐从单一种植粮食，转变为既种粮食，又纺棉织布。

农民因“谋生之方不专仰于田亩”，纺织收入渐成为家庭收入的主要来源，耕地规模遂大为缩小，在苏州府一带，是“人浮于田，计一家所耕不能五亩”②。松江府的许多佃农也是“自种租田三五亩”③。因此有人说，“往时江南无尺寸隙地，民力田，佃十五亩者称上农，家饶裕矣。次仅五六亩，或三数亩，佐以杂作，非凶岁亦可无饥。何者？男耕于外，妇人蚕织于内。五口之家，人人自食其力，不仰给予一人也”④。农民的这种经营方式，正是在地狭人稠，以及特定的耕作方式下做出的理性选择。费孝通教授1936年在吴江县的调查，农民“为了得到足够的食物，每个家庭约需有5.5亩地”⑤。参照这些资料，这里纺棉织布的农产，大致以种田5亩者为多。

这里的粮食亩产纪录是，松江府，康熙间，叶梦殊说，“就吾郡一府之田论之，华（亭）、娄（县）、青（浦）邑，亩收三四钟”⑥。亦即产米三四石。邻近的太仓州，陆世仪说，上等田亩可“得米二石四斗”至“三石六斗”，次者也可收“一石五斗至二石六斗”⑦。到道光间，姜皋说，“昔时有三百个稻者，获米三十斗，所谓三石田稻是也”。自道光三年大水之后，“田脚遂薄，有力膏壅者，所收亦仅二石”。加上春花种麦，每亩“收成至好之年，不过一石有余”⑧。沈镜贤说，农田“中岁亩收二石五斗”⑨。

在苏州府，康熙《江阴县志》说，江南水田，“亩多二三石，次一二石”。

---

① 《林文忠公政书》，江苏奏稿卷2。
② 张海珊文，《清经世文编》卷39。
③ 姜皋：《浦泖农咨》。
④ 薛福保文，《皇朝经世文续编》卷41。
⑤ 《江村经济》，第25页。
⑥ 《阅世编》卷1。
⑦ 《思辨录辑要》。
⑧ 《浦泖农咨》。
⑨ 《泖东草堂笔记》。

嘉庆间，包世臣在《安吴四种》中说，“苏民精于农事，亩常收米三石，麦一石二斗。以中岁计之，亩米二石，麦七斗抵米五斗”。道光间，何石安说，“吴中……上田亩米三石，春麦石米，大约三石为常”①。林则徐也说，“南方地亩狭于北方，而一亩之田，中熟之岁，收谷约有五石，则为米二石五斗矣”②。

从上述资料看，这里的稻田，中等年景，秋收每亩约产米 2 石多，春花约产麦石左右。这里的春花，还有蚕豆、油菜等作物。如果把春花收入折合成米计算，并把春秋两季共产米 3 石作为通常产量，大致是差不多的。这样，5 亩稻田年产米共为 15 石。

姚文田说，“乾隆三十年前”，“官民皆裕”③，正是江苏盛世。乾隆十三年十二月，苏州佃农王位林还屈姓地主租米，“米四石八斗，作银六两正”。这是石米为银一两二钱五厘。乾隆十七年三月，佃农朱松元欠屈姓地主“银十两五钱，现交过足钱四千二百文，尚少银四两五钱”④。这是银 1 两值钱 700 文。钱泳在《履园丛话》中说，“乾隆初年，每白银一两，换大钱七百文”。郑光祖在《一斑录》中说，乾隆四十年前，“银一两兑钱七百文，数十年无所变更”。与上述记载相符。据此，乾隆十三年间，苏松地区农村米每石约为钱 875 文。农户年产米 15 石，约共为钱 13125 文。

下面对农民纺棉织布的年产量进行估算。据康熙间松江府一个碑刻记载，“匹妇晨起经理吉贝之事，由花而枲，由枲而纱，由纱而始为布，中间拣料弹轧以至纺织，每匹二丈，七日而始得告成焉”⑤。又据中华人民共和国成立后调查，旧中国，上海一带的农家纺织，在全用手纺纱时，织布 1 匹，纺纱要 4 天，织布要 1 天，其余拣花、轧花、弹棉、搓条、经布、刷布、穿综、上浆等工作，大约需要 1 天。“以平均每天劳动十二小时计，则织成一匹土布，一般需要六天时间”⑥。这都是说，一个成年劳动力，从弹棉到成布的全部生产过

① 《重刊蚕桑图说合编》序。

② 《畿辅水利议》总序。

③ 《清经世文编》卷 46。

④ 洪焕椿编：《明清苏州农村经济资料》，第 590、600 页。

⑤ 《上海碑刻资料选辑》，第 88 ~ 89 页。

⑥ 徐新吾主编：《江南土布史》，第 53 页。

程，一共需要六七个工作日。

但是，农家从事纺织的，大都不止一人。在松江府，“女红自针黹外，以布为恒业”。“女生五六岁，即教以纺棉花，十岁学织布，无间寒暑，自幼习劳”①。苏州府也是一样，“江苏苏松两郡……女子七八岁以上，即能纺絮，十二三岁即能织布”②。由于纺棉织布在农民家庭经济中的地位越来越重要，实际上不但老幼妇女，连许多成年男劳动力也加入了家庭纺织的行列。从明代以来，这种记载渐多，到清代前期，无锡东北乡，“不分男女，舍织布纺花，别无他业”③。太仓州的沙头里，“耕隙则男女纺绩”，“男女兼织。十室而五”④。常熟昭文一带，“男女效绩，夙夜不遑”⑤。甚至有人说，“往者匹夫匹妇，五口之家，日织一匹”⑥。这就是说，全家有两个成年劳动力，加上两三个老幼劳动力，从弹棉、纺纱到织布，只需 1 天，就可出布 1 匹。

农民家庭从事纺织的家内劳动力，有多有少，产布数量，也就难以一致，据《江南土布史》作者的调查，旧中国，在上海一带手纺织比较集中的地区，农户纺织，经常夜以继日，农闲时男丁也参与纺纱等辅助工作。“一般家庭是老幼纺纱，青壮妇女织布，一家有二三个劳动力参加，每天工作在十二小时以上”⑦。根据上述六七个劳动日成布一匹的数据，多数农户应当是大约二天或三天更可成布一匹。如苏州江阴县，“东南皆纺花为布，率三日成一匹”⑧。在松江府一带，“积一机之勤，疲一女之力，月可取布三十丈焉”⑨。每匹布一般为 2 丈，1 月织布 15 匹，也就是每 2 日成布 1 匹。而上述那种 1 日成布 1 匹的农户，或六七日才成布 1 匹的农户，在整个农户中，可能只占少数。

---

① 乾隆《金泽小志》卷 1。
② 尹会一文，《清经世文编》卷 36。
③ 《锡金识小录》卷 1。
④ 乾隆《沙头里志》卷 2。
⑤ 郑光祖《一斑录》杂述卷 7。
⑥ 光绪《嘉定县志》卷 8。
⑦ 《江南土布史》，第 202 页。
⑧ 万历《江阴县志》卷 4。
⑨ 钦善文，《清经世文编》卷 28。

又据《江南土布史》作者调查，这里的农户，除农忙季节之外，通常都从事纺织。“加上雨天和早晚可资利用的间隙，减除疾病，生育、婚丧事故和年节等停织期，据一般反映，织户在一年之内的织布时间，可达八个月左右”①。如按3日或2日成布1匹计，则农户全年产布约为80匹至100匹。据《江南土布史》作者匡算，1860年间，松江县每一纺织户年产土布66.25匹。②这是全部纺织户的产布平均数。中等织布户应是多数织布户，其产布数应大于此数，因此，我们可以年产布80匹作为苏松地区多数农户的常年产量。

乾隆间，江南布价是，松江府一带，“木棉布之佳者，每尺未尝过钱五十”③。如按匹布为2丈计，匹布约为钱近千文。又有人说，“匹布可售六七百文，不特贫者藉以糊口，即稍有家资者，亦资以利用焉”④。乾隆末，洪亮吉说，丈布须钱一二百文，⑤ 则匹布须钱200～400文。这些记载，布的质量不一，时间不一，布价高低悬殊，难以为据。乾隆《沙头里志》说，“乾隆三十年间，（棉布）每匹限官尺十九尺五寸，阔九寸五分，细者制钱二百五六七十文不等”。沙头里属松江府镇洋县，时间为乾隆三十年，因很难找到乾隆十三年前后布价，只得采用此数。如以每匹布卖钱270文计，农户年织布80匹，是共为钱约21600文。加上粮食收入，农户年收入共约为钱34725文。

苏松地区的许多农民，不是调整农业生产结构，而是调整了产业结构，从单一种植粮食，到发展家庭手工业生产，从事纺棉织布，以增加收入。这里专种粮食的农民，也是“一夫耕不过十亩”。如按前述每亩年产米3石，米每石为钱875文计，则10亩田种粮的年收入为钱只26250文。这就是说，农户既种粮又织布，虽耕地减少，比单一种粮时，仍可多收入8475文，即年产值增加了三分之一多。调整产业结构，以优化资源配置，就成为农民扩大再生产的又一种形式。

---

① 《江南土布史》，第201页。
② 《江南土布史》，第215页。
③ 褚华：《木棉谱》。
④ 嘉庆《寒圩小志》风俗。
⑤ 《生计篇》。

三

湖南四川均为清代重要粮食产区，这里拟以四川为例。明末清初，四川遭受战争破坏，地广人稀。经康熙雍正间从外省大量移民，乾隆间农业生产逐渐恢复，其发展较其他地区为晚，是所谓“创造于康雍，安定于乾隆，蕃盛于嘉道”①。雍正乾隆间，已有大量余粮可以外销，其运销江南地区的米粮，甚至超过了湖广地区。正如王庆云说，“及四川生聚开辟，于是川米贯于东南，视楚米尤多”②。

四川产米地区主要在成都平原和重庆府、夔州府一带，在夔州府云阳县，佃农多“输租自百石以下，少亦五十石”，而地租率是“获十输五”。按此折算，每个农户耕田大概自四五十亩至二三十亩。这里还有人说，“大抵良农一人，足耕出谷二十石之田”③。四川“斗斛之大，倍于他省”。而又“市斗比仓斗大有加倍者，有倍半者，有两倍者，各处不同”④。不论斗斛有多大，此“出谷二十石”之田，总在10亩以上。在成都平原附近的安县，“同治光绪间，农业最发达，虽佃耕之家，种田二三十亩，或十余亩，皆足以赡家口，而自业自耕者可知”⑤。根据这些资料，四川中等农户的耕地规模，可一般以20亩计。

四川粮产区的亩产量不低，从成都平原看，新都县引都江堰水灌田，“其收皆二钟”⑥。章谦存说，“六斛四斗为钟”⑦。古代10斗为斛，南宋以后，以5斗为斛。清初统一斗斛，以通州铁斛为准，1斛为5斗。一钟即为34斗，即为仓斗3石4斗，二钟即为仓斗6石多，接近7石。大面积土地平均亩产7石，似嫌过高。按其他文献说明，在成都平原，一市石约合仓斗2石，亩产“二钟”，即亩产四仓石，似较合理。同治年间，吴焘自绵州德阳县进入成都

① 民国《南川县志》卷4。
② 《石渠余记》卷4。
③ 民国《云阳县志》卷13。
④ 民国《南溪县志》附《南溪文征》卷2。
⑤ 民国《安县志》卷56。
⑥ 道光《新都县志》卷2。
⑦ 《清经世文编》卷39。

平原，见“道之左右皆水田”，“有一亩收至六七石者”[①]。这都是指稻谷产量。成都平原的彭县，上田产米为市斗1石2斗，中田1市石，下田为八九市斗。当地1市斗合仓斗2斗，这就是产米从1石6斗至2石4斗仓斗。按官定“一米二谷”的比例折算成谷，这是上田亩产谷仓斗4石8斗，中田亩产谷仓斗4石，下田则是3石多。该县周姓老农，精于农事，其亩产米高达一石五六市斗，甚至达一石七八市斗，折合成稻谷和仓斗，即高达仓斗7石2斗。[②] 根据这些资料，四川成都地区中等农户粮食亩产，如平均以谷仓斗四石计，似不为多。

四川到乾隆年间多熟复种制度已得到推广。乾隆二十八年，四川总督阿尔泰说，“成都等府于每年稻收后，接种豆麦菜籽，俗名小春。仍可种稻。惟重庆夔州止知种稻。臣饬各州县谕农，亦于收稻后接种麦豆”[③]。叙州府的珙县，在乾隆三十八年前后，“菽麦等项，川俗谓之小春。当青黄不接之时，全恃此等粮食接济。年来屡奉上宪谆切劝谕，修竣渠堰，多种小春”[④]。到嘉庆道光间，更大见成效。如安岳县是，“田多膏腴，易于播种，岁每三四收”[⑤]。新津县是，“菽麦稻粱恒多二季。嘉谷之类，无不备植”[⑥]。双季稻也得到推广。嘉庆《南溪县志》说，有名“江西早”的早稻品种，“自江西来，一岁可种两次”。道光间，李彦章在《江南催耕课稻编》中说，“近闻两湖四川在在亦渐艺此”。江南地区春花产量高，亩产量折合成稻米，通常为秋季亩产量的二分之一左右。四川春花收获量因无确切数据，一般应低于江南地区，姑按为秋收产量的四分之一计，则农田年亩产量为稻谷5石。农户种田20亩，则年产稻谷共为仓斗100石。

前面计算农民耕地面积和粮食亩产量多采用成都地区数据，计算农民收入亦应如此。为避免斗斛折算困难，四川粮价只得采用官方奏报以仓斗计量的数

① 《蜀游日记》。
② 黄冕堂：《清史治要》，第87页。
③ 《清实录经济史资料》农业编，第2分册，第776页。
④ 乾隆《珙县志》卷4。
⑤ 道光《安岳县志》卷2。
⑥ 道光《新津县志》卷15。

字。为便于与江南地区比较，计算农民收入，亦采用乾隆十三年左右的谷价。乾隆十三年三月，云贵总督张允随奏称，“天下沃野，首称巴蜀，在昔田多人少，米价极贱。雍正八九年间，每石尚止四五钱。今则动至一两外，最贱亦八九钱”①。成都为四川省会，上述粮价应为当时成都市区的市场销售价。农村市场的销售价应低于这个水平。乾隆十二年四月，“新繁等五县谷价，较省城每石贱二三分，加以运费，每仓斗谷一石，总共不过三钱七八分。以二谷一米计算，每米一石，亦不过七钱五六分”②。新繁县邻近成都市，此五县当为成都府属县，正处成都平原粮产区。县级物价贴近农民经济生活，可用性高。每石稻谷如按3钱6分计，农户年产谷100石，约共值银36两。据民国《乐至县志》和《荣县志》记载，四川“历来银价，乾隆以上，每两合制钱八百文”。就是到乾隆四十二年，也是“是时银一两，值钱八百枚”。农户稻谷年产值折成钱，则约为28800文。

四川经过明末清初战乱的严重破坏，农业生产就需要恢复原有生产水平，才能进一步发展。其农业生产发展的重要标志是能有大量粮食外运。这个过程开始于康熙末期，到雍正间，其运销江浙的米谷已开始超过湖南、湖北等省。浙江总督李卫就说过，“各省米谷，惟四川所出最多，湖广次之”③。其农业恢复发展之快，是得力于外省移民将深耕、选种、施肥、复种等先进农业技术引入四川。据乾隆《巴县志》说，“耒耜耘耔之工与勤，土著不及楚人，楚人不及闽广”。同治《重修成都县志》也说，“农事精能，均极播种之法，多粤东、湖广两省人”。但难以找到确切的数据，以说明其农业生产的发展。不过稻麦（豆、油菜、杂粮）两熟的普及，主要是实现于清代。如按前述小春的产量和粮价计算，只此一项即为农产增加收入5760文，即年产值增加了四分之一。当然，这种增产，既与改进农业耕作技术有关，也与人口增加，多投入劳动力，实行劳动集约化有关。这种不调整生产结构，只靠多投入劳动力与改进耕作技术，以增加农业收入，也是农民扩大再生产的另一种形式。

---

① 清《高宗实录》卷311。
② 清《高宗实录》卷289。
③《宫中档雍正朝奏折》第9辑。

前面我们对农民收入的计量，只包括了粮食、蚕丝、棉布等项。农民的经济收入实际上不止这些。其他如饲养家禽家畜、种植蔬果等均可提供收入。江南种桑养蚕的农民，有的可能有桑叶出卖。四川种粮的农民，有的也可能有棉纱棉布出卖。但是，粮食、蚕丝与棉布，是江南、四川农民收入最主要的部分。其他收入数量少，又缺乏资料，只得从略。

农民收入的上述估算，非常粗略，很不准确。我们并不是希求得出某些有用的数据，只是想求得一个逻辑推导大致不差的概数，以说明农民扩大再生产的问题，是经不起深究的。

四

前述各种形式的扩大再生产，大致可以说是属于内涵扩大再生产。当然，外延的扩大再生产也是存在的，并可能更普遍一些。清代前期，人口增加，耕地增加，就为农民采取外延形式扩大再生产提供条件。生产工具不变，耕作技术不变，只通过追加劳动力和生产资料，以实现扩大再生产，这类农民无疑是大量存在的。如从社会再生产的角度分析，更容易说明问题。

清代在乾隆以前，没有进行过人口编审，官方文献中只有征收丁银的人丁数，没有实际人口数，难以作为说明问题的数据。乾隆初，开始编审人口，才有了比较完备的人口数字。乾隆十八年，全国人口为1.03亿余口，到嘉庆十七年，即增为3.61亿余口，增加了2倍以上。新增加的人口中，主要是农民。如每户按有人5口计，则全国户数从2000余万户，增加到了7000余万户。清代耕地，文献记载的数字与实际情况相差甚远。学术界作过许多讨论，有多种估算数。我们在这里主要不是讨论耕地数量问题，可以选择一家之言，说明问题即可。也不表明作者同意这个数字。同人口数一样，我们在这里都采用梁方仲《中国历代户口、田地、田赋统计》的数字。乾隆十八年，全国耕地为7.35亿余亩，到嘉庆十七年，增为7.91亿余亩，增加了5000多万亩。乾隆十八年间，是一个农民大约种地7亩，到嘉庆十七年就是约种地2亩。户数增加，主要是农户增加，也就是社会基本生产单位增加。人口增加，主要是农民人数增加。耕地增长数远低于人口增长数，这就是单位面积土地上追加的劳动力增加。这都会导致社会再生产外延的扩大。就是新增加的农户都只是进行简单再生产，也不会改变社会再生产外延扩大的事实。这也是清代前期农民经济扩大再生产的一个重要形式。

由于不同自然条件、政治条件和经济条件的作用，以及农民本身不同生产条件的作用，在封建社会的任何时候，总是一部分农民是扩大再生产，一部分农民维持简单再生产，一部分农民陷于缩小的再生产，而另一部分农民甚至破产，使再生产过程中断。只是依上述各种因素积极作用和消极作用的强弱，而呈现不同的比例配置。社会经济发展的时候，扩大再生产的农民会多一些；社会经济停滞或衰退的时候，简单再生产或缩小再生产的农民会多一些。清代前期，农业生产和商品生产都有很大发展，整个社会经济呈现扩大再生产的态势。上述农民经济扩大再生产和各种形式遂得以明显地显示出来。

五

农民生产的扩大，会集中地表现为自有经济的充实。下面拟对江南地区农民的家资做点粗略估算。

首先从自耕农方面看，自耕农为购买土地，事先支出了一笔钱，这就减少了他们在生产上可以支配的资金，甚至会减少他们生产资料的数量。一个自有经济充实的自耕农，应当弥补这种缺陷，使自己的生产资料和生活资料都完备起来。清代前期，随着农业生产的发展，许多自耕农“勤苦力田，渐致殷实”。有些“富农”是“公份籽粒锄犁车水之具俱备”。这里所谓的富农，实际上应当包括经营地主和富裕自耕农，以至富裕佃农。根据姜皋《浦泖农咨》所提供的资料，道光年间，松江府一带，一个生产资料和生活资料比较完备的自耕农，其家产可约略估算如下。

（1）土地。当地“下乡之膏腴最贵”。“癸巳（道光十三年）冬间，此等田欲以易十千，无受之者”。“等而下之，有亩愿易一千钱者”。江南地区主要种植粮食的农民，是“一夫耕不过十亩”。今按农民有良田 10 亩计，田价按每亩 8 千文计，则其土地投资约为 80 千文。种粮织布的农民根据前面所述标准，以有田 5 亩计，地价仍按 80 千文计，其土地投资就约为 40 千文。

（2）耕牛。“耕牛其最上者须四十千，递减至七八千而止。现在通用者，大率二十千左右而已”。“十亩之田，必养一牛”，牛价按 20 千钱计，养牛 1

头，本钱为20千。种田5亩，不必养牛一头。但富裕自耕农养牛，既自用，也可出租。

（3）种子。“每亩须谷一斗二升”，“今年稻种每斗须三百文”。10亩田的种子费用，约为钱3600文。5亩田则为1800文。

（4）水车。水车为农民必备农具。“有牛打人踏两种，惟上车异而下车同也。上车用车盘、用车棚、用眠轴，其价至少十余千。小者曰荷叶车，不过四五千而已。下车亦各不同，近水者车辐不过八十余，练头亦如之。若岸高者百四五十练不止。车简须价三四千文。练每十六文。幅每六七文”。今按用荷叶车计，上车用钱5千，下车车筒用钱4千。练与幅用钱不多，今按岸高者计，车练共用钱2400文，车幅共用钱1050文。总计水车约共为钱12500文。不论种田10亩还是5亩，水车均须置备。

（5）其他农具。“农具于水车之外，耙最贵，其价须三四千文”。“犁价一千文”。“铁搭三四百文”。此外，如蓑衣、箬帽、粪箕、扁担、镰刀、砻、臼、风车、栲栳等，“备之亦须多钱”。种田10亩的农民，总共按约用钱10千计，种田5亩的农民按约用钱8千计。

（6）肥料。“上农用三通，头通红花草”。“草子价每斗六七百文至三四百文不等，每亩撒子四五升”。今按每亩撒子5升，草子每斗按400文计，10亩田共约用钱2千文，5亩田共约用1千文。

“二通膏壅，多用猪践”。猪践“每亩须用十担”，“十担须洋钱一元”。按猪践自积，不用花钱。

“三通用豆饼”。“亩须四五十斤”。“饼总以二千钱一担为率。甲午年（道光十四年）二千四百文一担”。今按每亩用豆饼50斤计，豆饼按2千文一担计，10亩田用饼肥约10千文，5亩田用饼肥约5千文。

上述各项肥料，种田10亩须用钱12千文，种田五亩用6千文。

（7）口粮。据包世臣《安吴四种》说，“合女口小口牵算，每人岁食米三石”。按5口之家计，岁食米15石。该书所记米价，有“今年者每石以六千结算”，米价过高，应为灾年米价。又说“一石米设仅值钱二千”，又嫌过低。据光绪《华亭县志》《青浦县志》和《南汇县志》记载，道光初年，当地灾年米每石多为五六千文，常年米价为二千七八百文。该书所记米价皆不足据，今按米每石为2.5千文计，食米15石，约为钱38千文。

（8）房屋。乾隆十八年，苏州陶六观买屈姓地主“瓦屋两间”，“时值价银六两”①。此屋在“圩田上”，当为农民住屋。松江地区房价资料不易找到，拟借用此例。道光八九年间，江苏银一两，“兑钱一千二三百文”②。今按银1两值钱1.3千文计，则此屋约值钱8千文左右。

以上各项合计，一个有田10亩，生产资料和生活资料比较齐全的自耕农，其家产约为钱184千文左右，约值银140两左右。有田5亩的农民，其家产约为134千文，约值银100两左右。这都是当时一个不小的数值。

根据上书资料，我们也可对一个种田5亩并种田织布佃农的家产做如下粗略估计。

松江府一带的佃农多有田面权。田面“授受之价……亦视其田之高下广狭肥瘠以为差等，向来最上者，一亩可值十余千，递降至一二千钱不等”。“若村落稠密，人户殷繁，进水出水便当，即下田亦如上田之值”。如田面价值按中等价每亩6千文计，田五亩为钱30千文。

其他如种子、水车和其他农具、口粮、房屋均比照上述自耕农之数，共约为钱68千文。肥料费用不计草子与猪践之值，只计饼肥值，约为钱5千文。种田5亩的佃农多不饲牛，拟不计牛价。据此，则佃农家资约共为钱103千文左右，合银约80两左右。

清代前期，全国各地分成租制大量向定额租制转化，南方各省尤为普遍，导致定额租制占据主导地位。定额租制是以佃农有比较完备的生产资料和生活资料为条件的。这也说明了，随着农民经济的发展，自有经济充实的佃农已大大增多。

江南地区和四川粮产区农民的扩大再生产，也改善了农民的物质生活，使他们获得了较高的温饱水平。费南晖在《西吴蚕略》中说，嘉兴府湖州府种桑养蚕的农民，“富室无论矣，贫家所养无多”，“利殊有限，丰收三五载，迄可小康”。包世臣在《安吴四种》中说，松江府太仓州一带，“士民仍得各安

① 洪焕椿：《明清苏州农村经济资料》，第646页。

② 魏源：《古微堂集》外集卷7。

生业，称东南乐土”，还是由于“凡所取给，悉出机杼”的缘故。四川道光《新宁县志》说，该县“收稻最富，一岁所入，计口足供十年”。这都说明，这些地区的许多农民有着丰衣足食的生活。

按照前面的估算，浙江种桑养蚕的农民收入最多，江苏纺棉织布的农民次之，四川种植粮食的农民收入最少。但在农民发财致富的道路上却呈现出不同的结果。

松江府苏州府一带，在雍正间，由于偶然的因素，出现了佃农大量买田的情况。黄印在《锡金识小录》中说，在无锡金匮一带，“雍正间，汇追旧欠(田粮)，奉行不善，凡系旧家，大抵皆破”，遂致“城内业田之户，多以田归于佃”。龚炜在《巢林笔谈续编》中说，昆山县，原来“东西两塘，甲族萃处”。“比年各宦所业田，尽归于乡”。此后，在地方志和其他文献中，松江、常熟、武进、吴江、无锡等县，虽有些妇女毕生纺织，买田数亩、数十亩，以至百亩。[①] 而江南地区农民发家致富的记载，却非常少。只见“上自绅富，下至委巷工贾胥吏之俦，赢百十金，莫不志在良田”[②]。而广大农民，却挤不进这个热衷买田的队伍。

而四川省（还包括湖南省）却不然。不但自耕农，而且佃农也具有较多的积累，这可从高额押租上反映出来。魏金玉教授在《清代押租制度新探》[③]，方行在《清代前期湖南四川的小农经济》等文章中曾作过讨论。上述两文所提供的资料表明，这里押租制流行最早，也最为普遍。不但实行定额租制的田地有押租，实行分成租制的田地也有押租。押租金额的平均水平，也大大高于其他地区，每亩田地的押租金，少则一二两银子，多则三四两。当然也有不到一两银子的，五六两一亩的则属罕见。并且还有许多高额押租的事例。

清代前期，农民有银100两或铜钱100千文，可以说是拥有一笔不小的资产。这里农民押租金在100两以上，铜钱100千文以上的事例是不少的。上述

---

① 史建云文，《中国经济史研究》，1987年第3期。

② 陶煦：《租核》。

③ 《中国经济史研究》，1993年第3期。

两文记载，在湖南，乾隆间，衡山县佃农押租有的达180和230两银子。浏阳县有的是140两银子和钱100千文。嘉庆间，浏阳县有的是385两和250两银子。在四川，嘉庆间，犍为县有132两，灌县有326两，江安县有800两，射洪县有100千文，泸州有120千文，郫县有60两银子加钱170千文，等等。云阳县是，佃农“压桩之费，常逾千两，或数百两”。南充县甚至是，“有佃农拥压租万余钏，值银万余元者”。

尤其是在巴县一县，据《清代乾嘉道巴县档案选编》（上）记载，道光朝数十件租佃案例中，押租银在100两以上的共48件。其中，100两至300两的共37件，其余是，350两、360两的各一件，400两的2件，470两、500两、541两、780两、800两、900两、1000两的各1件。钱100千文以上的6件，最多的达300千文。在一个县二三十年的时间内，有这样多的案例，可见高押租不是个别的偶然的现象。

佃农集资买田的也很多。如湖南，“向来服畴者自食其力，恒产故多不匮。即佃农良者，亦时成奥族”①。特别是四川，尤为突出。佃农买田成地主的，文献记载连篇累牍。如在云阳县，“清雍乾间，湖南北人率溯江而上，徙家受田，不数传蔚为大姓巨室者，所在皆有”②。其具体情况是，“佃有余利，久亦买田作富人，而为佃如故。他农百计营夺，固不可动。数世相安，视同己产”③。有些“殷实富户，囊橐余，将盈千累万之资，不买实业，当押地土，情愿作佃户，而不肯为田主”④。在乐至县，“乐民鲜盖藏，岁入所余，以购产业为本。计千余之金，可得谷百余石”⑤。在新宁县，“民间不尚积蓄，秋成后，计食谷若干石，余皆陆续粜出。次年将及收，则旧谷颗粒不存，名曰扫以待新。所得谷价，即以市田。富室亦然，鲜有盖藏”⑥。对此，郭松义教授在《清初四川的外来移民与经济发展》⑦一文，曾有所论述，可资参阅。

① 光绪《攸县志》卷18。
② 民国《云阳涂氏宗谱》卷首程序。
③ 民国《云阳县志》卷13。
④ 咸丰《云阳县志》卷3。
⑤ 道光《乐至县志》卷8。
⑥ 同治《新宁县志》。
⑦《中国经济史研究》，1988年第4期。

这种情况不但清代前期如此，而且一直延续到清代后期，以至到民国期间。如在巴县，有人说，“今里中之兴起者，多属佃农”①。在中江县，“赁耕小户多有渐成殷富者，节俭勤苦，又粮价腾起，实使之然，此世局一大变动也”②。在南充县，“丧乱之后，巨室旧家多悬田待售，力能购取者新起之达官贵人与里中一二豪强外，几曰无人不图。农家者流，亦时时问价及之，诚异事也”③。佃农发家买田，成为地主的情况，延绵不已，实可令人惊异。

四川农民的收入最少，而农民的积累却多，许多人并发展成为地主。江南农民收入高，而发财致富者却少。这种巨大的历史反差，就将一个费解的经济史之谜，提到我们面前，要求我们做出解释。

在封建社会生产力的条件下，自然生产力具有重要作用。江南地区气候温和，雨量充沛，宜稻、宜桑、宜棉之地，各有所归，地尽其利。而四川，也是“气候暄暖，于树艺之事相宜，故丰岁多而俭岁少”④。论自然条件的优越，两地应难分高下，而社会经济条件，则颇有差异。四川农民收入少，而积累却多，这就需要从支出上寻找原因。下面我们将从社会经济条件对农民支出的影响上做些分析。

首先，在封建社会中，田赋与田租的轻重，与农民生产和生活的好坏，关系至巨。江南地区为重赋重租之地，学术界早有定论，毋庸赘言。而四川，从田赋来说，比江南地区要轻许多倍。据梁方仲前引书记载，乾隆三十一年，四川田地每亩征银1.4分，每亩征粮0.03升。而江苏的田地，每亩征银4.9分，征粮3.16升。浙江每亩田地征银6.1分，征粮3升。如薛福成说，四川“国初定赋，以其荐经寇乱，概从轻额。故其地五倍于江苏，而钱粮不逮五分之一。厥后生齿日繁，物阜民富，仕宦之人，遂视四川为财薮。其公私集费与一切陋规，莫不按亩加倍，名曰津贴。迁流日久，变本加历。取之无艺，用之愈奢。凡州县供应上司之差，小者千金，大者逾万。综计民力所出，逾于正赋之

① 民国《巴县志》卷11。
② 民国《中江县志》卷4之2。
③ 民国《南充县志》卷11。
④ 民国《南充县志》卷4，引四川总督常明语。

额，几有十倍不止者”[1]。清代前期，四川的田赋始终是比较轻的。后来，主要在咸丰初年，才有所谓“津贴”的苛征。这也可能是佃农宁愿采取“押重租轻”和“明佃暗当”的方式以占有土地的一个原因。

地租与田赋相关，一般情况下，田赋轻，地租也会轻一些。关于四川的轻租，有人说，“旧田取租最轻，获十输五，尤轻者主四佃六。山地杂植，虽略征佃钱，余润正多。主不加租，佃亦尽力垦荒成熟。增种桐柏，佃收岁赢”。“佃有余利，久亦买田作富人，而为佃如故”[2]。这说明不但地租率低，垦种地主的荒山荒地，也不加租。轻赋予轻租，就为自耕农与佃农的家资宽裕提供条件。

其次，良好的粮食市场条件，对从事粮食生产的四川农民来说，其利益更大于轻赋予轻租。清代前期，江南地区和四川省的粮价都在上涨，但江南地区粮价上涨的幅度却大大小于四川地区，如重庆府的涪州地区，雍正十三年，米价每斗200文，乾隆三十年，米斗700余文，道光六年涨至八九百文[3]。自雍正至道光初年，粮价上涨了三倍多。而江南苏州府，据郑光祖《一斑录》说，“雍正至乾隆初，升米钱十四五”文，道光初“后二十年来，升米以钱三十二三为常”。雍正至道光初年，这里的米价只上涨了一倍多。这种市场价格波动，当然有利四川农民。所以这里有人说，四川农民致富买田，是“粮价腾起，实使之然”。

同时，江南地区的粮价贵于四川。如前所述，乾隆十三年左右，浙江稻米每石为钱900~1000文，江苏每石为875文，而四川仅为钱576文，有50%~70%左右的差价。四川农民一般不用买粮食吃，江南地区的有些农民，特别是纺棉织布的农民，是要购买部分口粮的。这种高米价，当然会加大这种农民的支出。

再次，地价的差异，也会影响农民置买田地。据钱泳《履园丛话》和郑光祖《一斑录》的记载，苏州府一带，康熙间，良田一亩约值银四五两不等。

---

① 《庸庵文编》卷1。

② 民国《云阳县志》卷13。

③ 《夏氏宗谱年岁记》抄本。

到嘉庆中叶，“竟亦涨至五十余两”，或钱“三四十千”。在浙江萧山县，汪辉祖在《梦痕余录》中说，乾隆初年，上田一亩“止钱十余千文”，到嘉庆四年，已值“三十五六千文，有增至四十千文者”。钱三四十千，按当时银价计算，总约值银二三十两。而四川田价甚低，康熙间，“人少田多，一亩之田，其值银不过数钱”①。荣县甚至是，“康乾时，县中地广人稀，田价最贱，银一两值钱八百，可购十亩之地”②。到嘉庆时，田价渐涨，“因人多价贵，一亩之值，竟至十数两不等”③。可见四川低地价的时间很长，至嘉庆中叶，地价上扬幅度亦小于江南地区，这当然有利于农民买田。

清代后期，因自然灾害频繁与太平天国战乱，江南地价下降，但这并非有利于农民买田的机遇。同治、光绪之后，四川地价继续上扬，不利于农民买田，而在乾隆之后，佃农佃田却逐渐形成了押重租轻的俗例，有利于农民变相置产。这种俗例是押租金增加，地租额减少，独盛行于四川。其有利于佃农之处，一是加押是一个渐进过程，不必一次支付全部押金。如有人说，“押重则租愈少，有年年加押减租，历时既久，所加之押，与买价相去无几”④。其次是佃农不必交纳封建田赋，如有人说，“大压佃田，撝租无几。不出丁粮，不花税契，田主被揹。完粮无力，加压减租，佃家获利，情同盘剥”。“所取之押，侔于田价，所存之租，不过升斗。管业者徒拥虚名，佃业者隐受实惠。苦乐相形，佃强于主”⑤。由于押租金额大，地主一时难以退押赎田，遂使田地实际上成为佃农的财产。所以民间有“明佃暗当”、“与典当无异”之语。从上述这些因素看，在购买田产上，四川农民比江南农民实处于有利的地位。

此外，农民家庭，既是一个生产单位，又是一个生活单位。农民在生活上“必不可少的需要的范围，和满足这些需要的方式一样，本身是历史的产物”⑥。江南地区自宋代以来，农业生产持续发展，农民具有较高的生活水平。

---

① 清《圣祖实录》卷256。
② 民国《荣县志》礼俗第12。
③ 嘉庆《四川通志》卷首之一。
④ 《成都日报》宣统元年一月二十四日。
⑤ 沈秉堃：《敬慎堂公牍》卷6、卷2。
⑥ 《资本论》第1卷，第194页。

明代，松江县的许多农民即已是“吃鱼乾白米饭种田”[1]。而四川农民的生活水平，却相形见绌。民国《南溪县志》说，“清同光年间，年丰谷贱，盖藏有余。山野佃农，夏食黍麦，冬食芋薯，终月不饭，终岁不肉，习以为常。即田主食租之家，亦以杂粮蒸饭而食，非牙祭（月初二、二十六日食肉，谓之牙祭）飨宾，不御酒肉”。甚至能置买田产的佃农也清苦自甘。据民国《巴县志》说，“今里中之兴起者，多属佃农。苦辈薄于自奉，日用必需之物，无不取给予田土。惟食盐必须购取外，余则终岁可不耗一钱。且地主所分取者，田谷而已。年来菽麦等物，其价多踊腾，佃农得而尽有之。啜食之余，就可出粜于市。铢积寸累，足致多金”。在生活开支上四川农民比江南农民为少。

从前面所说的这些情况看，四川农民可以少一些支出，多一些积累，经过多年勤苦，就可创立家业。还可以指出，江南地区自南宋以来，逐渐人稠地窄，至清而至极。四川耕地却相对宽裕。据梁方仲《中国历代户口田地田赋统计》，乾隆十八年，四川按人口平均的耕地为 33.57 亩，而江苏为 5.46 亩，浙江为 5.31 亩。乾隆三十一年，四川人均耕地为 15.55 亩，江苏为 2.77 亩，浙江为 2.8 亩。[2] 经过乾隆间的人口迅速增加，至嘉庆十七年，四川的人均耕地犹有 2.17 亩，而江苏只有 1.9 亩，浙江只有 1.77 亩。另有人根据嘉庆《四川通志》所记人口数，嘉庆《重修大清一统志》所记耕地数计算，嘉庆十七年前后，四川人均耕地犹有 2.6 亩。[3]

农业中的适度规模经营，是提高总产量和劳动生产率的重要途径。由于自然条件和市场条件的不同，各地的适度经营规模是各不相同的，难以比较，由于资料不足，各地的适度经营规模亦难以确定。但可以说，四川耕地相对宽裕，农民谋求适度规模经营的余地就会大一些，因而农民适度规模经营的概率也会大于江南地区，这就能有更多生产条件好的农民获得规模效益，以发挥自己发家致富的潜力。这不独四川为然，在其他地区，只要大体具备耕地宽裕、封建剥削较轻，家内劳动力较多等条件，农民也是可能发家致富的。如安徽凤

---

① 《四友斋丛说》卷 14。

② 见该书第三章第四节。

③ 《中国历史地理论丛》，1988 年第 4 辑，第 106 页。

台县，这里的农业生产水平是，“大约黍麦菽蔬菜稻为大种，余皆间植之。地率两岁而三收”。“亩所收者，当其稔时，黍麦可二石，稻可四五石”。该县是，“以二十五万丁，治四百万亩之地，人可得十六亩，家有三丁，通力合作，治其屋下之田，不为兼并所取，计岁米谷常在九十石以上。家不过八口，人日食一升，岁所食三十石。以其余，具粪溉，供租赋，与工商交易其有无，为婚嫁丧葬宴会之具。又以余力治塘堰，穿窦窖，为水旱之备。塘可以鱼，堰可以树，亦足以优游乡里，长子养孙，为安乐之氓矣”。“佃人田者，牛种皆田主给之，收而均分之。岁稔或余数年之畜矣，得比岁稔，无立锥者，或致千金”①。这里按成丁平均的耕地有十六亩，耕地宽裕。清代分成租制已多由佃农自备牛种，这里是“皆田主给之”，就减轻了地租剥削。家有三丁，劳动力多。因此，自耕农可以“优游乡里”，“为安乐之氓”。佃农也可能有产“致千金”的机会。

江南地区除了在上述这些条件与四川具有差异之外，还应该指出，自宋代以来，经过数百年的发展，这里人力资源和土地资源的开发利用，无论从广度和深度上都达到了很高的水平，也就是农民在种植粮食、纺棉织布、种桑养蚕等方面单位时间的产出率都已达到了很高的平均水平。在既定的生产力条件下，往往是难以超越的，农民也就难以发生贫富分化。四川属于开发中的地区，各方面潜力均未充分发挥，因此有利于少数农民脱颖而出，发财致富而成为地主。当然，就是在四川，发财致富的农民总只是少数。据民国《巴县志》的作者说，“以吾乡所见，近年以来，佃农贫窭，虽丰年不免饥寒者不过十之二三；能自存活者十之二三；能省减而有积储者亦十之二三；能积产数千金或至万金者，居然得十之一二”。这个数字虽可能夸大，但也说明佃农中能买田置地成为地主的只是少数。

历史不能再现。根据历史文献资料对重大历史现象所作的解释，不论怎样持之有据，言之成理，总不免带有几分猜想的色彩。学术界如能做进一步讨论，或有望接近实际。

---

① 李兆洛文，《清经世文编》卷36。

第三节　高利贷与农民的再生产

中国封建社会的农村，有着多种性质的借贷关系。封建政权、封建地主与农民之间，有低利息或无利息的借贷，如赈贷、常平仓、社仓、义仓等的借贷，以及农民之间互助性质的结会借贷等等，这些都不属于高利贷的范畴。以高利息率为特征的高利贷，则是农村借贷关系普遍的典型的形式。农村高利贷具有两种类型。有些地主和商人，用自己的部分财富，附带地甚至是偶发地在农村放高利贷，其利息收入，不是其财富积累的主要来源，只是地租和商业利润收入的补充，以用于购置土地、经营商业和奢侈生活。这种高利贷虽具有生息资本的某些特征，但主要依存于地租和商业资本的运动，还不属于高利贷资本。这种一般的高利贷，清代前期，在农村中还大量存在。

高利贷资本则是指已经从地主商人的财富积累中分化出来，具有独立的资本形式和专业经营，通过贷放实物和货币，获取高额利息的生息资本。在中国历史文献中，叫做“称贷之家”、“子钱家”和“专以权子母为业”等等。

农村高利贷，特别是农村高利贷资本，是以小农经济的广泛存在为前提的。封建社会中，农民经营规模小，生产能力薄弱，积累很少，难以抵挡天灾人祸的袭击。有些贫苦农民当“缺食”、“乏用”之际，就需要借债以维持生存。他们中有些人甚至是常年借债，或年复一年的借债，全靠借贷来维持生产与生活。如广东有些贫苦农民，“耕作之际，家中所有，靡不在质库之中。待至秋成，逐件清理，御寒之具，更所必需。每以食米转换寒衣；交春，又以寒衣易谷”①。在湖南，有些贫苦农民，“青黄不接时，有将衣物质谷者，春借秋还”。地主对其“本息无欠者，次年仍质如其数”②。清代前期，农民这种为维持生活的借贷，在农村中仍然广泛存在。但是，随着社会经济的发展，农民与高利贷者之间的经济关系，也发生了一些值得注意的变化。

① 清《高宗实录》卷311。

② 同治《平江县志》卷2。

首先，农民的生产借贷增多。农民借债，通常有两种性质的借贷。一种是为了支付衣食和婚丧疾病等费用的生活借贷。另一种是为了支付耕牛、种子、农具和肥料等生产费用的生产借贷。农民的生产和消费统一于家庭内部，在家庭内部实现生产和消费的平衡，加以家资微薄，生产开支与生活开支互相牵扯，互为盈缩。尤其是粮食和衣著等基本生活资料，也应当说是他们“生产条件的基本部分”[①]。这两种借贷本来是难以区分的。到了清代，随着农业生产和商品生产的发展，农民的生产投入增加，其生产资金问题就日益突出出来。

有些农民如生产资金短缺，就得借债。这种情况在全国各地都逐渐增多。如在湖南，有些农民“春夏耘耨无资，则贷于有钱之家”[②]。在甘肃，“每当东作方兴，民向山陕客人借本布种”[③]。在江西，有些农民种植烟叶，“借债囤粪”[④]。特别是在江南地区，有些农民“自春徂秋，买牛赎种，办壅工作，曰借，曰赊，曰质当”[⑤]。《明清苏州农村经济资料》一书中，就收有农民向屈姓地主所立借票十纸，其中有五纸是“缺少资本买牛”、“开耕无措”、“乏钱买油洒稻”、“乏本买油洒稻”和“顶耕租田，缺少资本”。有些种棉花的农民，“木棉未登场，已有下壅之费，益以终年食用，非贷于人，即典质衣物”[⑥]。有些种桑养蚕的农民，桑叶“如不敷，往往贷钱买叶，奔走不遑”[⑦]。或者是，“养蚕无资，贷钱于富家。蚕毕，贸丝以偿”[⑧]。所以有人说，“缓急人所时有，而以农民为最多。农具种子肥料，非资不备。人力（谓临时雇用）、畜力（谓农民无资买牛，常有贷牛而耕者），非资不集。旧谷既无，新谷未登，其势将绝粒，尤非多资，不足以籴米粮，供事畜”[⑨]。这虽是民国时人的论述，实际上在清代前期，已也是如此。这些农民从为“啼饥号寒”而借债，到为生产

① 《资本论》卷3，第677页。
② 同治《龙山县志》卷8。
③ 《牧令书》卷12。
④ 同治《新城县志》卷1。
⑤ 王有光《吴下谚联》卷1。
⑥ 张春华：《沪城岁事衢歌》。
⑦ 嘉庆《于潜县志》卷10。
⑧ 咸丰《南浔镇志》卷21。
⑨ 民国《巴县志》卷11。

投入而借债，无疑是农村借贷关系的一种发展。

其次，清代前期，农民家庭手工业的商品生产获得发展。有些农民种田不多，主要靠手工业生产维持生活。他们往往要卖掉自己的手工业产品之后，才能购进生产资料和生活资料，以继续生产。如一时资金短缺，就得靠借贷以维持生产周转。这种情况以江南地区从事棉纺织的农民最为典型。乾隆间，无锡县有些农民，“食于田者，惟冬三月。及还租毕，则以所余米舂白而置于囷，归质库以易质衣。春月则阖户纺织，以布易米而食，家无余粒也。及五月田事迫，则又取冬衣易所质米归，俗谓种田米饭。及秋稍有雨泽，则机声又遍村落，抱布贸米以食矣”①。这些农民有比较可靠的预期收入，只是利用质典来解决种粮食时的资金周转问题。他们的这种质贷，实际上是与谋生途径发生变化有关，与那种因衣食窘迫的应急借贷，无疑是不相同的。

再次，有些农民的借贷还具有追求经济利益的经营活动性质。这在经济比较发达的地区为多。如以浙江蚕桑发达的地方为例。雍正间，浙江总督李卫说，“嘉湖二府属县，每年新谷登场，凡有田之家以及佃户小民，一时若有缓急，皆将所收之米，随其多寡，当银用度。次年，蚕麦成熟，新稻未收之前，赎回以济口食，较之现买，米价半贱，人以为便”②。乾隆间，浙江布政使唐绥祖说，“杭嘉湖民以养蚕为事，官粮及一切日用，皆借此立办，间遇丝客未至，需用孔亟，向典质银，价长赎回另售，起息甚微”③。浙江巡抚方观承也说，“蚕丝之新出者，价必贱，故亦以典当为待价缓售之计”。他主张“嗣后定限米十石以下，丝在十斤以下，仍准民间典当”④。他们所说的这些农民中，不排除有贫苦农民。但也说到了有些农民拥有较多的米谷与蚕丝，可供日常用度，与那些因为饥饿，只有衣服、农具可当的农民不同。他们典当米丝，表面上是获得现金，以支付日常生产和生活开支，甚至包括买口粮，实际上是一种经营活动。他们这样作，是为了适应市场价格变动，以追求更多的经济利益，以避免在青黄不接时高价买进口粮。因为粮食季节差价，比典当的利息要高，

---

① 《锡金识小录》卷1。
② 《雍正朱批谕旨》第41册。
③ 《清史列传》卷22。
④ 《方恪敏公奏议》卷2。

所以李卫说，“较之现买，米价半贱”。那些典当蚕丝的农民，因为典当“起息甚微”，可以等待高价卖掉蚕丝，这比现卖仍然有利。这些典质无疑具有经营活动的性质，与一般的生产借贷和生活借贷都有区别。

有些农民还利用典当进行商业活动。如浙江有些佃农，“将田中稻谷先时砻舂，或趁新贵粜，或投典贱质，妄希贸易以博利”①。这是说，有些佃农在秋收季节粮食价格低时，将稻米拿到当铺典质，等到粮食价格上涨时，再赎出来卖高价。他们这是利用粮食涨落的差价收益大于典当利息的条件，以追求市场利益。这种典质更具有商业经营性质，与一般的生产借贷与生活借贷不同。

当然，从整个农村的借贷关系来看，衣食可以自给，只需要进行生产借贷的农民，虽在增多，但为衣食所迫的应急性的生活借贷，在农村借贷关系中，还普遍大量地存在。经营性质的借贷关系更只是少数。但农村借贷关系上述的这些变化，却是值得注意的。

农民这些多种多样的借贷需求，必然会有力地推动农村高利贷资本的发展。清代前期，农村高利贷资本在谷物贷放、货币贷放以及典当等方面的发展，我们在下面分别加以叙述。

一

农村的高利贷资本，从经营者的身份看，主要有地主和商人。其借贷方式，有信用借贷与抵押借贷两种。用作抵押的物品，通常是衣服、农具、家什、首饰，以及土地、房屋等等。典铺（质库）经营的典当，是抵押借贷中最普遍最规范的形式。农村高利贷资本经营的贷放业务，主要有粮食贷放和银钱贷放。清代前期，随着农业生产和商品货币经济的发展，农村高利贷资本在上述各个方面，均有许多发展变化。

首先，从粮食贷放的发展看。地主向农民贷放粮食，这是农村高利贷的古老传统。清代前期，在农村借贷关系发展的推动下，许多封建地主向高利贷资本转化，大规模贷放粮食。江苏常熟县，明代黄亮功的祖父，因业田“不若贷粟于人，其息倍收”，就“专以权子母为业”。黄亮功后来“仍家法，尤乐此不疲，

① 乾隆《乌青镇志》卷2。

岁囤米粟以千计，豆麦花布称是”。至明末清初，“积资巨万，而家益富”①。

地主在农村贷放粮食，借贷关系多发生在邻里、亲友和主佃之间，本来一般多是信用借贷，不需要有财物作抵押。清代前期，这种信用借贷也在向抵押借贷发展。以流行于江西、湖南的“以物质谷”最为典型。在江西，“江西郡属向有各村殷户，于青黄不接之时，仿钱典之例，听民以物质谷”②。如该省丰城县，“山乡富户以所积聚谷石，典质取息，春放秋敛，贫民赖之以济荒歉”③。江西的这种粮食高利贷，在乾隆间即已流行。乾隆三十八年，江西地方政权就对农民向地主“借用银钱谷米，以他物为质”，做出了“取利不得过三分”④ 的规定。明清历史文献中所说“月利三分”，按顺治五年清政府关于“一切债负，每银一两，止许月息三分，不得多索”的规定看（《顺治实录》卷三八），是指按月取利3%。“年利三分”，则是按年取利30%。

在湖南，乾隆间，长沙县的“乡间富户，谷石出典”。“棉被一张，当谷三斗；棉袄一件，当谷二斗”⑤。嘉庆间，巴陵县是，地主“有赢谷者，多积头谷。头谷者，人质贷其谷，加息以偿。至来岁春夏间，除其息，仍以本谷贷”⑥。平江县是，农民“青黄不接时，有将衣物质谷者，春借秋还”。地主的这种谷本，也是叫做“源头谷，亦称头谷”。这里农民以物质谷，是“乾嘉间比户皆然”⑦。也可见这种借贷在乾隆间已很流行。

这种高利贷资本的发展，可以从其资本积聚和贷放规模上看出来。嘉庆间，江西巡抚秦承恩说，该省乡间富户，“以谷为当本，少则百余石，至数百石”，多至“数千石”⑧。数千石的谷本，就不可谓小。在湖南，乾隆间，长沙县的富户，一次可向“五六十户、八九十户不等”的农民典谷。⑨ 嘉庆、道光

① 丁祖荫：《虞阳说苑》。
② 《清史列传》卷42。
③ 同治《丰城县志》卷2。
④ 《西江政要》卷4。
⑤ 《湖南省例成案》刑律卷1。
⑥ 吴敏树：《柈湖文集》柈9。
⑦ 李元度：《天岳山镇文钞》卷40。
⑧ 《清经世文编》卷4。
⑨ 《湖南省例成案》刑律卷1。

间，在巴陵县，有个叫徐克轩的地主，其放债是“凡出谷千余石”。该县吴敏树的父亲，长期以谷出典，“所积头谷，盖盈万石矣”。这个县的地主，在灾年贷放粮食更多，“计一里中且十万”①。在平江县，地主喻琢圃的“兄弟及群从，并饶于资，各以所积谷润乡里，岁凡数万石，合一县计之，不下百万石”。道光十一年，该县有天灾，喻琢圃“减息二成以贷，自本邑外，浏阳、长沙、义宁诸州县，踵求者日千计”②。上述情况可能有些夸大，但这种“以物质谷”高利贷资本的发展，无疑是可观的。

其次，随着商品经济的发展，农村货币需求日多。以贷放银钱为业的高利贷资本，也在农村发展。在这种高利贷资本的发展中，商业资本向高利贷资本转化，是顺理成章的事情。山西商人在北方各省经营银钱贷放就甚为活跃。在直隶，有些“州县，多系山西商户挟资而来，囤积米谷，放债盘利”③。在陕西，有些州县山西人侨寓尤多，“惟务逐末，或专以放债营生”④。在河南，“每有山西等处民人及本省富户，专以放债为事”⑤。

在银钱借贷需求增多的驱动下，许多地主也向这种高利贷资本发展。南方各省就很多。江苏华亭县邹连城，系“农家子，祖、父皆巨富，藏镪无数”。邹连城“善居积，朝夕惶惶，权子母之利，富甲一乡”⑥。江西浮梁县，李成沅“以租田百亩为本，殖其息，渐至丰盈”⑦。湖南桂阳州，何钟有田200亩，商于母，以“有田一顷足食，请卖百亩，谋居积，守积谷无为也。于是出资举贷，人贷其钱，辄大获，倍偿之，三十年后，遂至巨万”⑧。这些地主以“藏镪”或卖田为本金，经营银钱贷放，“渐至丰盈”或“遂至巨万”，甚至“富甲一乡”。其发展也是可观的。

在银钱贷放的发展中，典当在全国范围内向农村扩散，尤其引人注目。由

---

① 《柈湖文集》柈2。
② 《天岳山馆文钞》卷23。
③ 乾隆《无极县志》卷末。
④ 乾隆《永寿县志》卷4。
⑤ 清《高宗实录》卷113。
⑥ 董含:《三冈识略》卷9。
⑦ 乾隆《浮梁县志》卷8。
⑧ 同治《桂阳直隶州志》卷20。

于各地社会经济发展情况不同，农村典当的发展也有差异。江南地区商品经济发达，农村典当明代即颇繁盛。清代继续发展。一方面，在明代原有基础上增设。如泰兴县，康熙间，“质库多新安贾人为之”。到嘉庆间，“质库，邑内五城门及各镇皆有。虽息权子母，实亦便民。曩时新安贾人为之，近则半出靖邑（即附近的靖江县——作者），亦有土著开设者”[①]。明代在江南地区开典当的，多安徽商人。到清代中叶，本地人开设典当的也多起来了。另一方面，典当向没有网点的地方扩展。康熙间，太仓州“尚无典当”，知州江之炜以“贫民缓急不便”，“招苏郡大铺，分开州境”[②]。这是在没有典当的地方，招典当商人来开设典当。

广东省在乾隆后，农村商品生产发展很快。与此相适当，农村典当也有很大发展。道光间，珠江三角洲20个县中，共有当押铺1381个，平均每县约70个。其中商品经济发达的县数量更多。南海县有347个，番禺县有218个。顺德、新会、东莞诸县都有100多个。而在康熙雍正间，南海县只有“当行凡数十间”[③]。

湖南、湖北、四川等省，是清代粮食产区，粮食借贷流行，农村典当遂不甚发展。湖南辰州府，乾隆十六年，该府“所属四县三厅，惟郡城有典铺二座。其余各境内向无开设”[④]。又如巴陵县，县署与岳州府署同在一城，该县尽管“以物质谷”发达，但到道光间，也只是“岳城中有典铺三家”，其他市镇只“新墙有二，城陵一”[⑤]。湖北在乾隆十年，除汉口镇有当铺39座外，“此外仙桃、镇平、武穴及各州县市镇，共当铺三百八十五座”[⑥]。从一个省来说，典铺数量并不算多。四川省的当铺也不多。犍为县，“乾隆年间，有当铺三家”[⑦]。巴县“乾隆二十五年以前，典当只一家。至嘉庆朝，（县）志载课额

---

① 康熙《泰兴县志》卷1，嘉庆《泰兴县志》卷6。

② 光绪《福建通志·循吏传》。

③ 叶显恩、谭棣华文，见《明清广东社会经济研究》；区季鸾：《广东之典当业》。

④ 《湖南省例成案》户律卷33。

⑤ 《柈湖文集》柈2。

⑥ 《朱批奏折》乾隆十年正月湖北巡抚晏斯盛奏。

⑦ 民国《犍为县志》卷6。

七十五两，文卷散佚，或为添贴，或为加课，皆无可考”[①]。清代当课，定额典当一家，岁征课银五两。嘉庆十四年，巴县县令叶文馥令凡在渝设典当者，年交三营塘田税利银若干两，故有上述说法。据此，即有增设，也不会很多。到道光间，虽有人说，“今自一乡一邑之中，无不有质库”[②]。这也只是一种概括的说法，实际上典当增设的并不多。三台县，有当铺两家，“于康熙三十六年开设，初只当农器家具，嗣后兼当衣物”，一直到光绪末年，仍只此两家。[③]隆昌县，据光绪间记载，该县属“巴蜀通衢，路当孔道，历有当商四所”[④]。

而社会经济相对不够发达的北方各省，典当的发展却颇迅速。据《雍正大清会典》记载，雍正二年，直隶省有当铺2060家，河南省有369家，陕西省有533家。据《乾隆大清会典事例》记载，乾隆十八年，直隶省的当铺已发展为2922家。河南省达1035家，陕西省达1372家。30年间，直隶当铺数增长了约三分之一，河南增加2倍，陕西增加了1倍多。嘉庆间，陕西“西同凤乾邠五郡四十余州县质库凡八百余”[⑤]。又如山西，清初，平遥县有当铺百余家。乾隆间，文水县当铺90余家，汾阳、洪洞两县也各有当铺60余家。[⑥] 道光间，赵城县有当铺45家。[⑦] 又如山东，乾隆初年，文登县“典肆不下二百”家。[⑧] 从一个县来说，数量是不少的。但有些县的典当则没有这样多。河南林县，乾隆间，商人资本“大者则盐当二商”，“在城当店二，各乡镇当店九”[⑨]。

清代前期，农村典当不但数量增加，其业务范围亦有开拓。特别值得提出的是江南地区米麦花豆丝质当的发展。农民典当的物品，一般多是衣被、农具、家什之类，而江南地区，农民却典当米麦花豆丝的很多。这里典当米谷，明代即已出现。据万历《崇德县志》说，种桑养蚕的农民，收获粮食后，“即

① 民国《巴县志》卷4。
② 民国《南充县志》卷14。
③ 民国《三台县志》卷12。
④ 鲁子健：《清代四川财政史资料》下，第713页。
⑤ 民国《续修陕西通志稿》卷34。
⑥ 《中国实业志》山西省。
⑦ 山西大学历史系编：《中国近代史参考资料》，第20页。
⑧ 光绪《文登县志》卷3下。
⑨ 乾隆《林县志》卷5。

冬间官赋起征，类多不敢卖米以输，恐日后米价腾涌耳。大率以米从当铺中质银，候蚕毕加息取赎”。到了清代由于多熟复种制度的推广，豆麦等作物增多，棉花和蚕桑也有很大发展，因此，典当中米麦花豆丝的质当业务遂得以兴起。乾隆间，江浙等省，“每年遇蚕丝告成，及秋底棉花成熟，此等商户，一如收当米谷之法，恣胆张罗”①。由于米麦花豆丝质当的流行，清政府对典当收当的“米麦豆石棉花”等物，凡“自行失火烧毁者”，或“邻火延烧者”如何赔偿；对收当的“米石丝绵”等物，凡“被窃”或“被劫”如何赔偿都作了具体的规定。② 地方政府对典当此等物品中出现的陋规，也作了一些禁令。如昭文县，乾隆二十二年曾勒石申禁：“嗣后乡民当赎米麦花豆，典当毋得利外苛索出栈钱文”③。从封建政权的这些法律规定也可看出，这里米麦花豆丝的质当是很盛行的。

江苏常熟县，康熙间，“王家墅某姓，开南货店，久与沿海诸图民家相熟。耕种时，居民以米麦花豆暂抵货物，至收成时来赎。是年某姓家抵入米麦四百几十石，豆称是”④。从南货店能以米麦花豆抵押货物，也可以从一个侧面看出米麦花豆质当的流行。

清代前期，农村典当的发展，还从资本积累上表现出来。农村典当的资本额一般较小。但在社会经济发展水平不同的地区，典当的资本额亦有差距。江南地区农村典当的资本额最大。俞樾在《右台仙馆笔记》中记有大典当商。安徽歙县，许翁“家故巨富，启质物之肆四十余所，江浙间多有之”。后来防止子弟从质库中取钱挥霍，令全部歇业。“自管事者以下，悉有所赠。管事者或予之千金，或二千金，视肆之大小。自是递降，至厮役扈养皆有分也，最下亦予之钱十万”。共“四十余肆，其人几及二千，各如数拜赐而去”，“十数世之积，数百万之资，一朝而尽”⑤。这个许翁，是俞樾故交金某的岳父。道光间，俞曾经见过他。他的典当应多设在城市，但也应有设在农村市镇的。资本

① 《皇清奏议》卷44。

② 光绪《大清会典事例》卷764。

③ 《明清苏州工商业碑刻集》，第190页。

④ 丁祖荫：《虞阳说苑》。

⑤ 俞樾《右台仙馆笔记》卷13。

总额达数百万两银子，农村典当的资本也应有可观的数量。江南典当资本多，这是大家所公认的。乾隆间，湖南省当商“资本均不过数千”，澧州是“商本不过四五千”，所以有人说，湖南当“商资本无几，一岁之出入，不及两江十之一二”①。

其他地区农村典当的资本，多在一千到数千两银子之间，清高宗弘历说，“村镇典铺，资本不过千余金”②。山东青州府，“凡开当铺者，多则盈万，少则数千”③。大量农村典当的资本，可能还要小于此数。直隶滦州，“典库虽多至三十余，而资本不过一二万金而已”④。就是按2万两银子计算，平均每户也不过五六百两银子。山东文登县，乾隆初年，“凡乡里小有之家，有闲舍二区，识字一人，则于其家开设小当，资金二三四百不等，未有及千金者”。县城的“大当，始以千计，亦不过二三千而止”⑤。在云南，典当的资本额更小，有的是“以一二百金设典铺，亦称当商”⑥。

清代前期，农村典当的资本积累，首先表现在资金积聚上。资本积聚是指个别资本通过利润资本化，而增大自己的资本总额。这是资本积累的一种形式。明代，安徽商人，洞庭商人，在江南地区开设典当，有大规模的资本积聚，历史文献中多有著录。如上述许翁，“十数世之积”，到清代前期，就达到了“质物之肆四十余所”，具有“数百万之资”。这种资本积累也出现于其他地区。乾隆嘉庆间，陕西渭南县贺士英，他的父亲曾经在该县杨郭镇和铁楼镇开设质库二所。到贺士英继续经营后，“岁岁增设，积至三十处，散布于渭南、临潼、蓝田、咸宁、长安数百里之间”⑦。又如广西“贵县，林罗两姓，嘉庆、道光年间，都以营典当业积资至二百万以上”⑧。

资本积累的另一种形式是资本集中。这是指若干分散的小资本集合成为少

---

① 《湖南省例成案》户律卷33。
② 乾隆《东华续录》卷117。
③ 周亮工：《资治新书》2集。
④ 嘉庆《滦州志》卷1。
⑤ 光绪《文登县志》卷3下。
⑥ 张泓：《滇南新语》。
⑦ 路德《柽华馆文集》卷5。
⑧ 范文澜：《中国近代史》上册，第82页。

数的大资本。这种资本积累，也各地都有。如山东文登县，乾隆初年，有“典肆不下二百”家，农村小当只有“资金二三四百不等”，县城的大当，资金“亦不过二三千”两银子。到乾隆三四十年间，“海运通利，商贾越海贸易，获息既多，乃于各市开设大当，本各四五六千金不等，意在兼并小当”，以至小当“所余不过七八十座而已”①。江南地区有些县的典当，从乾隆至道光年间，数量有所减少，其中或许存在资本集中的情况。如南汇县，“乾隆间四十典，嘉庆间三十典”②。常熟县乾隆间典当35户，昭文县44户，到道光年间，两县均各只有19户典当。③

二

封建社会的高利贷，是以高利息率为特征的。封建社会的高利贷资本，虽然也向官吏、地主商人放债，但主要是向手工业者、城市贫民，特别是向广大农民放债。这些小生产者由于本身的种种局限，而自然灾害又往往不可预料，其经济收益就难以确定，他们偿还债务的能力也就没有充分保证，向他们放债，常常有赔本倒账的风险。因此，封建社会的借贷资本，是一种具有很大风险的投资。如果没有高利息率作为投资的风险报酬，就会无人问津。封建社会高利贷的利息率，通常没有固定的最高限额，主要取决于借贷者需要的迫切程度和偿还能力。现在的问题是，利息率在何种水平上才可称高利贷，这是需要界定的。

前面已经说过，在封建社会中，地主制经济在社会经济生活中占据统治地位，具有支配其他一切经济关系的地位和影响。高利贷资本的收益，也同商业资本的收益一样，都会自然地同封建地主的土地收益相比较，并会以后者作为衡量的准绳。由于高利贷有赔本倒账的风险，所以高利贷的利息收益会高于封建地主的地租收益，并会以后者作为最低界限。否则，高利贷者也会去衣租食税当地主，而不会去冒那种投资风险。正如马克思所说，“一切古老国家都把土地所有权看作所有权的特别高尚的形式，并且把购买土地看作特别可靠的投

① 光绪《文登县志》卷3下。
② 光绪《南汇县志》卷5。
③ 民国《重修常昭合志》卷12。

资，所以，购买地租所根据的利息率，多半低于其他较长期投资的利息率”①。

中国封建地主对地产的收益，有自己的计算方法，如鄂尔泰说，“按民间置产，必核算籽粒，除算钱粮，然后合其利息，照值论价”②。简言之，就是“以租为利，以价为本”，来计算收益。清代的地租收益如何？康熙间，唐甄说，“千金之产，其生百五十”③。乾隆间，汪辉祖说，“千金之产，岁息不过百有余金”④。这都是说，在江南地区，地价为1000两银子的土地，每年可以收入约100～150两银子的地租。在四川，嘉庆间，陈瑞图说，民“岁入所余，以购产业为本，计千余之金，可得谷百余石”⑤。当时四川的谷价，一般每石约为1两5钱银子左右。道光间，彭翊说，“十年全租，则从前之田价可偿矣”⑥。这种地租和地价的比例，即土地收益率，也都大致在10%～15%之间。这当然是把特别高和特别低的地租排除在外，而是按一般水平来说的。所以有人说，“拥田宅享租入者，利什之一”⑦。或说，“以租为利，以价为本，大率合一分有余之利”⑧。根据这种粗略的数据，把年利率在15%以上，即高于地租收益的借贷，界定为高利贷，或许是可行的。

封建高利贷者对农民的剥削程度，首先决定于利息率的高低。封建时代，任何一个国家都没有统一的一般利息率。但封建政权对民间借贷的利息率往往有所限制，以防止高利贷者的过分榨取。明代封建政府的规定是：“凡私放钱债及典当财物，每月取利并不得过三分。年月虽多，不过一本一利”⑨。清代封建政府一仍其旧。不过，封建政权这种法定利息率的约束力有限，并不能令行禁止。下面对清代前期农村高利贷的利息率，及其变动，按粮食借贷的利息率、银钱借贷的利息率和典当利息率分别加以探讨。

---

① 《资本论》第3卷，第703～704页。
② 《雍正朱批谕旨》第28册。
③ 《潜书·善施》。
④ 《学治臆说》。
⑤ 道光《乐至县志》卷8。
⑥ 《无近名斋杂著》2编。
⑦ 同治《霍邱县志》卷3。
⑧ 《清赋章程摘要》，第16页。
⑨ 《明律》卷9，户律6。

首先，从粮食借贷的利息率来看，农村高利贷资本向农民贷放粮食，利息率一般都超过年利三分，甚至有加倍的年利息率。江南地区有所谓“生米”和“转斗米”。其由来已久。如在吴江县，明代成化以前，“小民乏用之际，借富家米一石，到冬则还二石，谓之生米”①。到明代中叶，利息率有所下降，有人说，“米息自四分以至七分，绝无所谓倍偿之事”②。到清代康熙间，仍然是“贫民春夏贷米一石，冬加利五斗以偿，名曰生米”③。但到道光间，有的借贷利息率又复明代成化以前之旧。农民“于耕时贷米，至冬亦偿以米，其息甚昂，有一石偿二石者，谓之转斗米”④。诸暨县还有所谓夏米，“夏米者，邀人之急，夏贷秋偿，责出倍息之利。人不敢贷，贷亦不过数斗”⑤。

在湖南，乾隆间，长沙县的富户出贷谷米，是“谷石加五”⑥。即年息五分。到道光间，农民春间“借谷种田，谷之息借二还三”⑦，也是年利五分。

北方各省也差不多。在直隶乾隆间，黄可润说，“北方债利甚重，每借一石，加利三五斗”⑧。如该省无极县，乾隆间，富商放债，“银粟皆有四五分之息”⑨。这即是年息3、4、5分。

在陕西，道光间，紫阳县是，“籽种贷倍息，敢计子母昂”。诗作者自注云，“南山揭债子母，惟借籽种以加五为平息”⑩。这是说，借种子是年利五分，一般的粮食借贷，年利要低一些。

江西和湖南一些地区的“以物质谷”，已发展为比较规范的具有典当性质的高利贷资本，其利息率比一般谷物借贷要低一些，并且呈现下降的趋势。在江西，嘉庆初年，民间以物质谷，是“照例加三”⑪，即按照清廷的法定利息

---

① 弘治《吴江县志》卷5。
② 嘉靖《吴江县志》卷13。
③ 康熙《吴江县志》卷5。
④ 道光《震泽镇志》卷5。
⑤《国朝三修诸暨县志》卷51。
⑥《湖南省例成案》刑律卷1。
⑦《皇朝经世文续编》卷43。
⑧《畿辅见闻录》。
⑨ 乾隆《无极县志》卷1。
⑩ 道光《紫阳县志》卷8。
⑪《清经世文编》卷40。

率收取利息。到道光初年，程矞采说，“民间谷押，其息不过一分五厘至二分而止”[①]。辛从益也说，民间谷典，“其取息亦不过一二分，无多至三分者”[②]。在湖南，乾隆间，长沙县“乡间富户，石谷出典加五”[③]。到嘉庆道光间，巴陵县是“头谷者石息三斗”[④]。平江县是，“贫者以衣物向富民质谷，秋熟还之，加息什二三不等”[⑤]。湖南谷典的年利率已从5分降至3分或2分，江西更下降到了1分5厘至2分。

其次，从银钱借贷的利息率来看，地主、商人和高利贷者向农民贷放银钱，因农民偿还能力、需要迫切程度等不同条件，其利息率高低不一。有高于法定利息率的。在河南，雍正间，富户贷钱与农民，“有每月加五六分至大加一五不等，穷民任其盘算”[⑥]。在陕西，乾隆间，山西商人向农民放债，“其息重者加一，轻者犹三四分至七八分不等”[⑦]。在江南松江府一带，嘉庆间，佃农春耕时借债，“富人好利，挟其至急之情，以邀其加四加五之息”[⑧]。在湖南，乾隆间，农村富户“银两行息，常利加三，重者加四，再重者加五，然皆照月扣算”[⑨]。

农村银钱借贷也有低于法定利息率的。这种情况以南方各省为多，并以清代中期以后为多。四川双流县，乾隆间，民间借贷，“行利以二分三分为率，二分以月计息，三分以周年起利”[⑩]。该省南川县是，“旧时利率，通常每月二分，最重三分。过此即为大利，法律不许”[⑪]。该省安县是，“在前清时，民间借贷或银或钱，以二分为常，或有浮于二分、不及二分者，视借贷本数之多寡

---

① 清《宣宗实录》卷45。
② 《皇朝经世文续编》卷43。
③ 《湖南省例成案》刑律卷1。
④ 《柈湖文集》柈2。
⑤ 《天岳山馆文钞》卷23。
⑥ 田文镜《抚豫宣化录》卷4。
⑦ 乾隆《永寿县志》卷4。
⑧ 《清经世文编》卷39。
⑨ 《湖南省例成案》户律卷33。
⑩ 乾隆《双流县志》卷7。
⑪ 民国《南川县志》卷4。

而定”[①]。福建仙游县，道光间，“民间借钱，以田为质”。“而查其起息不过二分，亦无子过于母者”[②]。

现存历史文献中，诸如史书、文集、笔记、档案、方志、借据等等，所记载的民间借贷利息率大多高低不一，档次繁多。据学术界的研究，认为出现这种情况，涉及许多复杂因素，如银钱贷放供求关系的宽紧，借债者经济状况的窘迫程度与偿还能力的高低，地方政权执法的宽严，等等。并且专业高利贷者放债利率一般较低，非专业高利贷者放债利率一般较高；北方各省的利息率一般要高于南方各省，而南方各省中，江苏、浙江、四川、广东、福建等省的利率，一般又要低于其他南方各省。高利率特别是一倍以上的高利率大都出现于个别场合，而年利二分、三分则为各地银钱借贷的“常利”。黄冕堂教授根据清代刑科题本中，乾隆（26 个年份）、嘉庆（20 个年份）、道光（22 个年份）三朝，全国 18 个省和东北地区 549 件债务档案统计，其中年利或月利率为三分的共 274 件，二分利率的为 128 件，五分利率的为 52 件，年利超过一倍的 95 件。[③] 这个统计说明，年利或月利为二分或三分的案件，就占案件总数的四分之三左右。

清代前期，农村银钱借贷的利息率也呈现下降的趋势。如直隶无极县，乾隆间，“山西富户挟资而来……放债盘利，每月行息少者四五分，多者六七分”[④]。光绪间的《无极县志》指出，“放债者取息以一二分为率，无过三分者。前志所云盘剥害民，则绝迹无有矣”[⑤]。如湖南长沙县，前面已经说过，民间“银两行息，常利加三，重者加四，再重者加五”。到道光间，“农民春间力作，借银籴谷……银息不过二分”[⑥]。

又如江南吴江县，明代嘉靖《吴江县志》说，贫民告贷于富室，“其贷银钱者，则出息五分，名曰生钱。按此莫志（指弘治《吴江县志》）所载，乃成

① 民国《安县志》卷 56。
② 陈盛韶《问俗录》卷 2。
③ 《清史治要》，第 510 页。
④ 乾隆《无极县志》卷 1。
⑤ 光绪《无极县志》卷 1。
⑥ 《皇朝经世文续编》卷 42。

化以前事。近年钱法不行，而银息自二分以至五分"①。到清代康熙间农民"贷银钱者，其息自二分以至四分不等"②。到后来还演化为所谓"加一钱"，在太湖周围的蚕桑地区流行。道光间，在震泽县一带，"近于蚕时，贫者贷钱于富室，至蚕毕，每千钱偿息百钱，谓之加一钱"③。它"自买叶至卖丝，不过一月，贷于人者加息什一故名加一钱"④。这就是利钱一分，但"大率以夏至为期，过此必另加小利"⑤。到清代后期，又出现所谓"呆头二分钱"。同治间，在长兴县一带，"近来邑之南乡，富户放钱，无论冬底春间贷去，总算蚕前。至蚕毕小满日为期，每千钱偿息二百文。富家谓放小满钱，货者谓借呆头二分钱"⑥。时间稍有延长，利息较加一钱增加。但从总的来说，利息率有所减低。

再次，从典当利息率来看。清代，城乡典当都须向封建政府申请登记注册，名曰"领帖"，并接受封建政府的管理，所以典当大都执行法定的月利三分的利息率。如黑龙江，当铺"典物限二年内取赎，过限为死，听其变价。且无问典钱若干，概行息三分"⑦。典当如加利苛取，封建政权会加以纠正。乾隆间，广东地方政权就针对佛山典当加利的情况规定，"嗣后凡当货物，照例取三分之外，丝毫不许苛取"⑧。

清代前期，典当利息率除少数地区外，全国许多地区都呈现下降的趋势。有的地区，典当利率始终没有变动。直隶无极县，乾隆《无极县志》说，"当铺皆三分，每腊月，上宪多行文以隆冬度岁，此一月内赎者酌减一分，赎者如鹜"。到光绪间仍是如此。光绪《无极县续志》说，"当铺三分利，而每冬有减利之条，于民甚便"。四川南溪县，道光间，万清涪《南广竹枝词》说"取当三分减一分"，自注云，"腊月十六，俗谓倒牙，当铺减利，向从此日起。今则

① 嘉靖《吴江县志》卷13。
② 康熙《吴江县志》卷5。
③ 道光《震泽镇志》卷5。
④ 祝廷锡诗，《竹里诗萃续编》卷1。
⑤ 同治《双林镇志》卷8。
⑥ 同治《长兴县志》卷8。
⑦ 西清《黑龙江外纪》卷5。
⑧《粤东案例》抄本。

冬月初一日矣”[①]。这是说，南溪县到道光年间，典当仍旧是月利三分。

但是，全国许多地区典当降低利率的趋势是很明显的。各地典当降低利息率，早的始于康熙间，多数地方则是在乾隆间。从地区看，以江南地区为早。如江苏省，在康熙间，典当利率即已从三分降至二分。康熙四十二年，昭文县《议准典铺取息例碑》说，“奉布政司批准详复，酌议典铺取息每两及钱数概行二分，数多递减”[②]。这是说，如典质钱很多，还可少于二分息。浙江也是在康熙间降低典当利率。据同治《湖州府志》说，该省“典息向例十两以上者，每月一分五厘起息；一两以上者，每月二分起息；一两以下者，每月三分起息”。康熙二十五年左右，浙江巡抚金鋐“定概以一分五厘起息”[③]。

江西省典当利率最迟在乾隆初年，已从“照例加三”降至二分行息。江西按察使凌焘在一则告示中说，“典铺酌让利息，原经本司会议，除行息照旧二分外，如有当物期满一年取赎者，让利一月；二年取赎者让利二月。久经通行并颁示饬遵”[④]。凌焘是从雍正十年春至乾隆十年春，担任江西按察使，故知该省典当二分取利，不会晚于乾隆初年。

湖南省则是在乾隆十六年九月，改变典当“定例加三”的利息率，地方政权规定，各地典当“以奉文之日为始，凡一两以下至十两，以二分五厘行息。其自十两至百两以上，均以二分行息”。“其每年十二月初十日至正月初十日一月之内，毋论数之多寡，各照历年成例，以二分取息向赎”[⑤]。嘉庆二十一年，又“改从十一月至正月两个月减息一分取赎”[⑥]。

福建省于乾隆间已降低典当利息率。该省《民间开张大小典当分别行息章程》称，“从前向按各县情形，行息有二分、三分及二分四厘不等。限期有三十六、二十四个等月不同。酌量地宜，均准开张。惟因日久弊生，先于乾隆二十九年间，经朱署司议请，嗣后大当行息二分，限期三十六个月为满。小典

---

① 民国《南溪县志》附《南溪文征》卷2。

② 民国《重修常昭合志》卷19。

③ 同治《湖州府志》卷95。

④ 《西江视臬记事》。

⑤ 《湖南省例成案》户律卷33。

⑥ 民国《宁乡县志》故事编财用录。

行息二分四厘，限期二十四个月为满”①。

此外，各地地方政权还可做出其他减利规定。如年终减息，除前已经说到的外，乾隆八年，直隶天津府知府胡文伯规定，“每岁冬腊两月，令当商减息。三分减作二分，二分减作分半，贫民悉沾其惠”②。乾隆二十六年，江南常州府规定，典铺取利，“以三十日为一月，扣算足月之外，所余零日，五日以内，不许加利；十日以内，许收半月之利；十日以外，许收一月之利，其五日内旋当旋赎者，亦收半月之利”③。

许多地方降低典当的利息率，都经曲折复杂的斗争，有的还是经过人民群众与典当商人的斗争，得到官府支持而实现的。

[湖州府　康熙初]　这里原来“典息向例十两以上者，每月一分五厘起息。一两以上者，每月二分起息；一两以下者，每月三分起息。贫民衣饰有限，每票不及一两者多。隔一二年本利科算，不能取赎，每多没入。自童国泰控之当道，与典商结讼十三年，卵石不敌，身陷缧绁。有啖之以利者，志不少变。后巡抚金公轸恤民瘼，准行审勘，断定概以一分五厘起息”④。

这里所说的金公，是指浙江巡抚金鋐。他于康熙二十五年至二十八年担任此职。童国泰是乌程县人。但时隔不久，典商又恢复三分利息，引起了一场新的斗争。

[湖州府　康熙中叶]　湖州府“典铺自徽商黄成山控（平湖县）县令景贞运后，息增至三分，贫民嗟怨。后赵恭毅公申乔抚浙，题请分半起息，立石永为定例。公去任，众商贿嘱宪司经承呈府县，将谋翻案。绅士无一起而挠之者，独山阴赵瞻侯，侨居我湖，不惮劳怨，遍控各宪，始得仍遵赵例，瞻侯一人之力也”⑤。

赵申乔任浙江巡抚在康熙四十一年。由于经过了这些斗争，浙江典当降低利率才得以继续贯彻。

---

① 乾隆《福建省例》卷16。
② 同治《续天津县志》卷11。
③ 《江苏省明清以来碑刻资料选集》。
④ 同治《湖州府志》卷95。
⑤ 光绪《平湖县志》卷25。

有些地方降低典当利率，则是经过地方官与典当商人的斗争。

［安徽庐州府　乾隆］　祝“忻由部郎出守庐州。庐属质库向取二分息。忻命减如江苏质库例。诸商不从，曰：如必减息，愿上计簿归官办，盖将以罢市挟持也，忻即扬言，遣人分往直隶、江苏各银号支借数百万为资本。忻固巨富，诸商知不能相难，遂各听从。庐民德之”①。

有的是典当商人之间，经过竞争，而降低利率。

［湖北麻城县　乾隆］　鲍启泮，雍正间举人。该县“典商向俱照月三分起息，启泮嫌利重。乾隆二年，出资募商于城中设典，息止照月二分。各典照例俱减”②。

［陕西　嘉庆］　“嘉庆时，藩司徐忻摄抚篆，疾典商病民，谓他省质物者，月出息不过二分，秦独三分，贫民何以堪之。饬有司劝谕众商令减息，众商不可，徐公申劝之，仅减冬三月息为二分，他月仍旧。有渭南县南原坳底村贺士英者，闻之慨然曰，此非官力所能强也。吾质库三十处，散布于渭南、临潼、蓝田、咸宁、长安数百里之间，在省垣者八。吾若减，则众商皆减矣。乃改为终年二分，榜于通衢。于是远近质物者争赴贺氏质库。不数月，西、同、凤、乾、邠五郡四十余州县质库凡八百余，悉改为终年二分。岁省贫民息四十余万缗”③。

［四川资阳县　清前期］　廖鸿文，资州监生。迁居资阳城东。“邑质库旧取息三分，文减一，贫人便焉，”④。另据《民国续修资中廖氏族谱》说，经过廖鸿文减息之后，“自是州中无三分之息”。

［云南昆明　清前期］　李陶斋，昆明人。他认为“吾乡典当皆山陕人垄断焉，月利三分，年限二载，穷民可悯也。翁乃自开典当，禀请宪示，减月利作二分，宽年限作三载。山陕之人讼之。由县府司道以至督抚，翁馈送各衙内丰厚，理直讼赢。不逾时，翁又曰，月息二分，穷民难应，可悯也。又禀请宪示，减作分五厘。山陕人又讼之，翁再馈送各衙内外如初。理再直，讼再赢。

---

① 光绪《崇明县志》卷17。

② 光绪《麻城县志》卷21。

③ 民国《续修陕西通志稿》卷34。

④ 咸丰《资阳县志》卷31。

未久，又减作押十金，月利一分。于是山陕人皆歇业而去”[1]。

从前面的叙述可以看出，清代前期，农村钱谷借贷和典当的利息率均有所降低，但是，封建高利贷者对农民的剥削，还表现在借贷关系中的陋规上。从粮食贷放方面看，高利贷者向农民贷放粮食，往往有打折扣出借，或利用粮食季节差价“明扣暗加”等手段，以剥削农民。在直隶献县，乾隆间，佃农“春无食，贷粟于主，所贷准春值为母，及收，以秋值取其粟。故虽与主分，而即场以责负，往往所余无几”[2]。在河南，商人“乘二麦未熟，贫民待食之时”，“将别项粮食抬价借给，麦熟后压价收麦”[3]。在山东文登县，道光间，商人“以粗粮二三斗，计值不过七八百，放去即作千文，照例行息”。至夏麦秋谷登场时，用粮食折还本利。“粮价则视市价损值一分”。当地把这种粮食借贷叫做“套粮”[4]。在湖南城步县，同治间，“乡间贫民所借谷石，皆在青黄不接谷价正贵之时，借者俱以现时价值计之，虽利息仅言三四分，迨到秋成谷价贱时，照价还谷，是一石已收两石”[5]。这些事例说明，高利贷者在粮食市场价格变动上作文章，都大大提高了利息率，有的甚至达到加倍的利息。“以物质谷”虽可免除这种流弊，但质物“价值较谷多至数倍，向来三年不赎，则没入其本”[6]，这对农民也是不利的。

从银钱贷放方面看，农村高利贷者在银钱贷放中，也有种种花招，以苛削农民。有的是短期贷款，按长期计利。黑龙江地区，嘉庆间，“富家放债，取利三分，至轻也。春秋二仲，算还子母，至缓也。然三月借者，秋取六个月利；七月借者，亦秋取六个月利。春季仿此。则似轻实重，似缓实急”[7]。这是高利贷者贷放银钱后，固定在二月和八月收账，不论时间长短，一律按半年取利。就是七月借钱，到八月收账，也要收六个月的利钱。

有的是扣本出借，按足本计利。在河南，乾隆间，山西商人向农民贷放银

① 《信徵增集》卷上。
② 乾隆《献县志》卷4。
③ 雅尔图《心政录》卷4。
④ 民国《文登县志》卷3。
⑤ 同治《城步县志》卷10。
⑥ 清《宣宗实录》卷45。
⑦ 《黑龙江外记》卷5。

钱，是“八折出借，滚算月利”①。在江南江阴县，乾隆间，高利贷者借钱给农民，借10两银子只给9两或8两，“契约仍写足数”计利。② 这都是本银打八折或九折出借，仍按足数计算利息。

有的是出借钱银却多收粮食以归还本利。如浙江，康熙间，有的富民“当青黄不接之时，值穷民枵腹之际，乘机迫促，假名应急，不论时价高低，贷银一两，勒写批约，限至秋登还谷十石，以及十一二石不等”③。如河南，乾隆间，富人“乘二麦未熟、贫民待食之时，将钱文放给贫民，议定每钱一百文，麦熟后交麦若干”，以收厚利。④ 该省舞阳县，道光间，富人“春间放账，计新麦每斗值钱四百，方给钱二千文，届期还麦一石，谓之麦钱”⑤。湖南龙山县，道光间，农民“春夏耘耨无资，则贷于有钱之家……每市钱八百文，勒取新谷或一石或八斗不等”⑥。浙江一例，利率太高，难以视为通常事例。舞阳县一例，数月之间，有一倍的利息，利率是很高的。

此外，还有本利滚算、过期加利等名目，以牟取暴利。有人说，高利贷者放债，总之“明扣暗算，日积月累，既违禁以索利，复滚利以作本，层层积算，子倍于母。稍有拖欠，即强迫当地典房”⑦。

从典当方面看，当商也有种种陋规，以利外盘剥。如压低抵押物品的价值，江西当铺，“凡民间典质物件，如值一两，仅可当银三钱”。或“典当银钱，定例值十当五”⑧。又有所谓“肥进瘦出”，在银子的成色上玩花招。湖南长沙府各县典当，借出银两，只有九四九五成色，从而“每两必重三分二分”；收进银两，“则要十分足色”，每两又“必重秤三分二分”。一进一出，利息“名虽加三，实则加四加五”。同时，对农民赎当，“除本月之外，有一

---

① 《心政录》卷3。
② 吴震《澄江治绩》卷2。
③ 赵申乔《赵恭毅公剩稿》卷6。
④ 《心政录》卷4。
⑤ 道光《舞阳县志》卷1。
⑥ 同治《龙山县志》卷18。
⑦ 乾隆《行唐县新志》卷15。
⑧ 秦承恩文，《清经世文编》卷40。

日二日零期者，亦算一月扣利”①。

上述农村借贷关系中的这种种陋规恶习，封建官府有时也做出某些规定加以约束，康熙间，江苏地方官曾针对“商民授受，市民向用九五。九五以银色低潮，易以混淆”，规定银色划一“九八，颁给较准官法，出入一体”，以杜“轻出重入、银色混淆之弊”②。乾隆间，江南常州府针对典当零星日期折算的陋规，规定典铺取得，“以三十日为一月，扣算足月之外，所余零日，五日以内，不许加利。十日以内，许收半月之利；十日以外，许收一月之利。其五日以内旋当旋赎者，亦收半月之利”③。乾隆间，广东地方政权针对佛山镇当铺“按钱扣底”的陋规，规定“如每当一千文，止许扣底四文，其余递减。如当钱一二百文，不准扣底”，对纹银，也“不许轻出重入”④。

总之，封建官府的这些规定，虽不能说没有实际作用，但对高利贷中层出不穷的陋规恶习，终究是难以遏止的。

清代前期，农村钱谷借贷和典当的利息率虽有所降低，但仍然没有脱离高利贷的范畴，加以又有种种加重剥削的陋规，高利贷者的利息收入都要高于借贷双方约定的利息率，其收益仍然是优厚的。典当和以物质谷的利息率，虽然相对地要低一些，但是，典当质物，“随时取赎，子母相权，利复生利”，资金周转快，就会增加盈利，再加上出卖不能回赎的抵押品的收益，和其他额外苛索的收益，其利润就会很高。就如以物质谷的高收益，当时人就作过许多论述。吴敏树、李元度就说过：巴陵县，高利贷者是石谷“获息三斗，明岁则为钱三百，岁有三之人，而无放息之难，与应官之税”，故“富者益富”⑤。平江县是，质谷“不及典肆之利远矣，然仍乐为之者，月计不足，岁计有余；岁计不足，累岁计之有余。如一夫管本谷三百石，计可准躬耕百亩之获”⑥，也比经营地主利大。

① 乾隆《长沙府志》卷22。

② 《明清苏州工商业碑刻集》，第189页。

③ 《江苏省明清以来碑刻资料选集》。

④ 《明清佛山碑刻文献经济资料》，第371页。

⑤ 《柈湖文集》柈2。

⑥ 《天岳山馆文钞》卷40。

清代前期，高利贷利息率的降低，固然是政治力和经济力综合作用的结果，但具有终极决定作用的，仍然是经济力。利息率的降低，既决定于商品货币经济的发展，也决定于高利贷资本的供求关系。如果社会生产“越是限于使用价值”，“流通在社会再生产中所起的作用越是不重要，高利贷就越是兴盛”①。如果高利贷资本的供给有限，就往往具有垄断性，它们“虽不是合法的垄断者，却是事实上的垄断者”②。这些经济因素，都有利于保持高利息水平。只有商品货币经济发展了，农民借贷的需要增加，才能促进借贷资本的供应增加，从而导致借贷资本供求关系的宽松。借贷资本增多，还会导致高利贷者之间的竞争，这都有利于利息率的降低。清代前期，高利贷利息率的降低，正是由于商品货币经济和高利贷资本都有较大发展的缘故。政治力也正是在这种基础上，使自己的作用得以发挥。

三

前面已经说过，封建社会的社会生产，是一个不断更新，不断重复的再生产过程。这是封建社会存在和发展的基础。一切重要的经济活动和经济形态，都必须把它摆进社会再生产过程加以考察，才能比较正确地把握它的性质和作用。对高利贷当然也应当是这样。

封建社会中，农民的生产和消费在家庭内部实现平衡，不仅有实物平衡，而且有价值平衡。农民经济的运行，就会既有实物运动，又有资金运动。随着农业生产和商品生产的发展，资金运动在农民经济运行中的地位日渐突出，从而也就加大了高利贷资本在农民再生产过程中融通资金的作用。由于借贷的情况不同，其作用也有所区别。如果农民的借贷是属于应急的生活借贷，他们就可以通过借贷延续其生存，使其再生产过程在原有规模上或缩小的规模上得以重复，而不致使再生产中断。否则，“沟壑之患不在异日而在目前”③，也就谈不上再生产过程的继续了。如果农民的借贷属于纯粹的生产借贷，他们就可尽

① 《资本论》第3卷，第689页。

② 《资本论》第3卷，第690页。

③ 焦袁熹：《此木轩杂著》。

量避免生产规模的缩小，使简单再生产、即原有规模的再生产得以持续。如果农民的借贷是属于前面说过的那种经营性的借贷，这当然会有利于他们维持再生产，甚至还可能改善生产条件，以进行扩大的再生产。

当然这些都要决定于利息的高低。如果利息率特别高，不但要吞噬农民的剩余劳动，还要侵占农民的必要劳动，这就会使他们的生产条件越来越恶劣，导致农民的贫困化和社会生产的萎缩。就是相对较低的利息率，按农民的负担能力来说，也仍然是沉重的。不过，我们应当考虑到，一般来说，只有生活借贷需求紧迫的农民，可能难以避免接受高利息率，以至特别高的利息率。而那些只需要进行生产借贷的农民，其借贷需求的弹性就大一些。如果利息支出要吞没他们预期收入中剩余产品的大部分以至全部，他们就会宁愿缩小生产规模，而放弃借贷。所以，他们只会接受那种借贷条件好一些、利息率低一些的借贷。至于那些经营性质的借贷，农民更会衡量利息率的高低，有利可图才会进行质贷，无利可图就不会这样作。

同时，还应当看到，随着社会生产力和商品经济的发展，一方面，如前面所叙述的那样，高利贷资本的利息率会有所降低。另一方面，由于粮食亩产量的提高，商品性农作物和家庭手工业生产收入的增加，这都会增强农民偿还债务的能力，减轻高利贷所带来的不利后果。清代前期，一些封建文人和官吏曾经对农村中的以物质谷和米谷等实物质当有所议论。雍正间，李卫说，农民秋收时将米谷当银春荒时赎回食用，“较之现买，米价半贱，人以为便”[①]。乾隆间，两广总督策愣说，由于一度禁止质当米谷，农民“向者出入于当铺，每石不过钱许之利。今则买米必须现银，买价与卖价相较，每石多至六七钱，少亦三四钱”[②]。嘉庆间，江西巡抚秦承恩说，农民以物质谷，春借秋还，“押谷之时，价值二两以外，还谷之时，其价不及一两。即使照例加三，穷民已经暗亏富户之本”[③]。吴敏树说，农民质谷，虽石息三斗，“贷时平价千钱，收时新谷七百，还者计费钱九百一十，赢其本九十”[④]。道光间，李元度说，地主贷

① 《雍正朱批谕旨》第28册。

② 清《高宗实录》，第113页。

③ 《清经世文编》卷40。

④ 《柈湖文集》柈2。

谷，“散时值贵，敛时值多贱，几与无息等”。“故虽饥，不为害”①。他们的这些说法，明显地是在替高利贷资本辩护。农民明明支付了一笔高利息，根本谈不上什么“暗亏富户之本”、“赢其本九十”和“几与无息等”。但也却在一定程度上说明了，由于商品货币经济的发展，农民在商品市场和资金市场上，有可能获得一定的趋利避害的回旋余地，以利于自己的生产周转。这也说明了，社会经济和高利贷资本越是发展，高利贷资本在维持农民再生产的作用中就会越加显著。

总之，高利贷资本也是适应封建生产方式的条件和需要而形成的，它在社会再生产中的作用，会随着社会经济的发展而增大。这是一种不以人们意志为转移的经济必然性。尽管高利贷者加给农民的经济负担是沉重的，他们中有些人也非常贪婪和残酷。但是，这既不能归之于个人罪恶，也不能诉诸道德原则，而只能用历史唯物主义的观点去评价它。否则，就容易片面夸大它的寄生性和腐朽性，模糊对它的根本职能及其存在的客观经济根据的认识，使我们陷入高利贷只是基于封建剥削者的贪欲而存在的历史唯心主义泥坑。

① 《天岳山馆文钞》卷40。

第五章　农民的消费

封建社会农民的消费，对研究封建经济的本质与发展，都极为重要。清代，江南地区经济最为发达，农民消费水平较高，颇值得研究。这里的农民，一般是五口之家。其生产经营，大致有三种类型：一种是主要种植粮食；一种是种桑养蚕，兼种粮食；一种是纺棉织布，兼种粮食。关于农民消费的文献资料，甚为缺乏。有些记载又过于抽象与雷同，特别是缺少能形成系列的具有可比性的数字资料，研究难度很大。本章拟以《补农书》《浦泖农咨》和《租核》等书所提供的资料，试图对清代江南农民的消费，做点粗略探讨。

一

先从农民消费的特点谈起。食物支出，特别是粮食支出，在农民生活消费支出中占有重要地位，这是封建社会农民消费的一个显著特点。清代江南地区农民的消费也不例外。

农民家庭作为一个消费单位，其生活消费所需的生活资料，可以分为以下三个部分。一部分是生存资料，这是农民及其家庭成员延续生命所需的生活资料。一部分是发展资料，这是农民及其子女发展德育、智育所需的生活资料。一部分是享受资料，这是农民提高生活水平、满足享乐需要的消费资料。在这三部分生活资料中，生存资料属于基础性层次，其消费需求的弹性最小。农民只有在获得这一层次的消费之后，其消费需求才会向其他部分延伸和发展。封建社会农民的消费，主要取决于自然环境，生产力发展水平，和社会经济制度等因素。清代江南地区的农民，在当时生产力条件和封建剥削制度之下，能享有小康、特是富裕生活的，为数很少。大多数农民，其生产主要是获取生存资料，以维持自己及其家庭成员的生存和繁衍，也就是说，主要是谋求温饱。“耕氓终岁勤动，仅资事畜”、“耕作之家，终岁勤动，不过仰事俯育之资”①，这类文献记载，比比皆是。因此，在他们的消费结构中，发展资料和享受资料所占比重，极其微小，而生存资料则占有绝大比重。其主要消费资料是，食物（包括主食和副食）、衣服、住房、燃料等等。下面将对这些项目的支出，作些数量分析，以具体考察江南地区这类农民的消费结构。主要采用张履祥《补农书》中所提供的数据进行估算。该书上卷，系抄录浙江归安县沈氏所著农书，即《沈氏农书》，下卷为张氏自己撰写。所记为明末清初桐乡县归安县一带种水稻、种桑、养蚕等农事。

［粮食］　这是我们通常所说的主食。中国农耕发达，农民食物历来是以粮食为主。“民以食为天”，这句中国人的口头禅，实际也是指粮食在人民生活中的重要地位。江南地区的农民，主要是食用稻米。

《补农书》中所记农民口粮标准是，“凡人计腹而食，日米一升，能者倍之”。此书所记雇用长工的口粮，是每人每年“吃米五石五斗”，合每日吃米1.52升。江南农户多为核心家庭，由夫妇及其子女组成。至少有一个或二个成年劳动力。此一二人，应属于所谓“能者倍之”之列。农户五口之家，如大小口牵算，可以人日食一升计，全年食粮为3.6石，这与江南地区后来的民谚：“大口小口，一月三斗”，也是相符的。

按此计算，农产全年全家口粮约为米18石。《补农书》说，“自崇祯十一二年以来，虽无水旱为灾，然连年薄收，米价不减两许”。长工一人每年“吃米五石五斗，平价五两五钱”。这都是说，常年米价是银一两一石。迄清代顺治间，亦无多大变动。这样，农户每年口粮支出是为银18两。

［副食］　农民日常食物，除粮食之外，还有油盐荤素菜蔬之类，即我们通常所说的副食。据《补农书》记载，当地“家家织纴”。从事织绢的“妇人二名”，“酌其常规”，每年“口食十两”。据陈恒力在《补农书校释》中解释，此“妇人二名”，系指奴婢。但通观全文，系作者计算织绢的投入与产出，此“妇人”，既可能是农民家属，也可能是奴婢。“口食十两”，即每人每

① 光绪《台州府志》卷60；光绪《常山县志》卷21。

年伙食费五两，亦即口粮加油盐菜蔬之类的支出。按前述标准，扣除口粮支出3.6两银子，则油盐菜蔬的支出，约每年为银1.4两。

《补农书》中又记有雇佣长工的成本，除粮食支出之外，另有“柴酒一两二钱”的支出。这里所说的“柴酒”，当即油盐菜蔬之类的简称，而非仅指柴酒。此二数当可相互参酌。

农民全家五口，此项支出按每人为银1.4两计，则全年支出为银7两。

［居屋］　江南农民居屋简陋，“凿坯为门，编茅盖屋，所在皆是”①。浙江嘉兴府湖州府农民居屋造价与租金资料，甚为难得，只得借用邻近苏州地区的资料。昆山县归庄，于顺治十五年，“以钱十二缗赎”“瓦居三楹”②。此屋为其曾祖归有光陵守墓人所居，其质量应与农民居屋相近。钱十二缗，按当时银价约为10.8两。乾隆十八年，苏州陶六观，将“岁字圩田上瓦房屋两间”卖与他人为业，“时值价钱六两”。屋在“圩田上”，当为农民居屋。明清之际，江南中等规模的住宅造价约在六七十两至百两银之间。③ 与此相较，可知农民居室之简陋。

又如，乾隆十六年，苏州翁凤揆，租地主“在田瓦屋一所，共计七间”，“每年租金四两七钱”，“内扣除修理一两一钱，实还租银三两六钱”。乾隆十八年，苏州顾雅亭租地主“瓦房三间半，该每年租银一两六钱正”。“内免屋租银四钱，作每年修理之费”。此两项房租，均系“随租米一并交清”④，可知系佃农居屋。房屋七间，似嫌过多，后者较为合适。明末清初至乾隆间房租涨跌之数，无从知晓，只得借用后一房租为据。农民每年居屋支出约为银1.6两。

［衣服］　农民衣被的年消费量，据崇祯间，浙江德清县谭元礼说，“至人生所需”，“岁不过布二疋”⑤。乾隆间，洪亮吉说，“一人之身，岁得布五

---

① 《安亭志》卷3。

② 《归庄集》卷6。

③ 王家范：《明清江南消费经济探测》。

④ 洪焕椿：《明清苏州农村经济资料》，第646~648页。

⑤ 《苏商碑记》。

丈，即可无寒”①。江南棉布一疋一般长二丈，五丈即为布二疋半。农家用布，按男女大小口平均，包括衣服、被帐在内，每年用布二疋计。全家五口，每年约用布十疋。

明末清初，嘉兴府湖州府一带，棉布可能还未完全普及，农民还要穿用一部分麻布衣，所以方志中有“夏则衣苎，冬则木棉”的记载。这些从《补农书》中都可得到证明。该书说，“湖州家家种苎为线，多者为布”。特别是“西乡女工”，“绩苎麻黄草以成布疋”。《沈氏农书》并有“买苎麻布”的记载。

农民冬衣用布多，夏衣用布少。前述用布十疋，可按用棉布六疋，用麻布四疋来估算。嘉兴府湖州府一带，布价资料甚为难得，只得借用毗邻的上海地区的资料。据《阅世编》记载，标布每疋，“甲申乙酉之际，值钱二三百文，准银不及一钱矣。顺治八年，价至每疋三钱三分，十一年十二月间，每疋价至四五钱”。《沈氏农书》成书于崇祯末年，《补农书》成书于顺治十五年。布价可取其中数，按每疋为3.3钱计，农户全年用布六疋，是约为银二两。

冯桂芬说，“明末《同文指算》，国初《数理精蕴》诸书”所列物价，“必于时价不远，检得夏布每尺银六七厘”②。《阅世编》也说，“顺治而后，服葛者日众，而葛价亦日贱”。康熙二十八九年，葛布“至精者官尺不过一分五六厘一尺，至粗者每尺七八厘耳”。葛布每疋“长不过三丈一二尺”。农民所衣麻布，当为至粗者。如每疋按3丈2尺，每尺按银8厘计，每疋麻布约为银2.6钱，麻布4疋，约合银1两左右。

农户全年用布支出共约为银3两。

［燃料］ 江南平原地区无煤炭林木，燃料艰难。《补农书》说，“日用所急，薪米二事为重”。农民一般用稻草烧茶煮饭。据陈恒力调查，旧中国苏嘉湖杭地区，农家“每天平均烧稻草十五斤，一个月烧四百五十斤，一年应需五千四百斤”③。据《沈氏农书》记载，“稻草一千八百斤，约价一两”。五千

---

① 《生计篇》。

② 《增辑皇朝经世文统编》卷36。

③ 《补农书校释》，第120页。

四百斤正为银三两。则农产每年燃料支出，共约为银 3 两。

根据上述估算，农户每年生活消费的支出，共约为银 32.6 两。其中，粮食支出约占 55%，副食支出约占 21%。即食物支出约占生活消费总支出的 76%。

西方经济学中的恩格尔定律认为，随着家庭收入的增加，收入用在食物上的开支比例，会越来越小，其恩格尔系数界定，食物支出金额在全部生活消费支出金额中所占比重在 59% 以上的家庭，其生活水平为绝对贫困型；50% ~ 59% 之间，为温饱型；40% ~50% 之间，为小康型；30% ~40% 之间，为富裕型；30% 以下，为最富裕型。上述定律，在一定范围内，无疑是正确的。但其食物支出系数的确定，系以 19 世纪资本主义社会城市居民家庭的生活消费为据，用之于中国封建社会的农民家庭，是并不合适的。

我们知道，随着生产力的发展和社会进步，人民的消费结构会发生良性变动：生存资料在生活消费支出中的比重会逐步下降，发展资料和享受资料所占的比重会逐步上升，食物支出的比重会逐步下降，衣服、用品、住房等支出的比重会逐步上升。甚至服务性支出、精神消费支出的比重会上升，物质消费支出的比重会下降，等等。如以资本主义社会与封建社会来做比较，更会明显地呈现这些差异。

上述明末清初江南地区农民的消费结构，正是当时生产力水平制约下，由需求和供给的矛盾运动所规定的消费资料种类和比例关系。它反映了当时农民一种温饱型的消费水平，甚至还是一种较优的温饱型消费水平。不能套用所谓恩格尔系数，认为其食物支出比重高，就否定其温饱型的消费水平。其实在生产力发展水平低下的封建社会中，食物支出比重在 70% ~80%，就是常见的现象。如在英国，中世纪的农民，其收入就主要用于温饱。饱居第一位，粮食一项即往往消耗掉农民收入的 80%，到 15 世纪还是如此。①

清代，山西省的一些山区，“民食以粟为主，佐以荞麦、燕麦，贫者黍菽即为珍膳，有终岁不识膏粱之味者”。“农人夏一袷，冬一袄一裤”，有“布絮缕缕，终岁不制一衣者”。农民所居，“土屋茅舍”，或“穿土为窑”，或“构

① C. M. 齐波拉：《工业革命以前》，第 30 页。

木数椽，蔽风雨而已”①。从这种消费资料的质量与数量看，可能是属于一种贫困型的消费水平。与江南地区农民的生活相对照，判定后者为温饱型的消费水平，应是大致不差的。

二

生活消费支出高于生产消费支出，是封建社会农民消费的又一个重要特点。

农民家庭既是一个消费单位，又是一个生产单位。农民的消费就包括生活消费与生产消费。生产消费通常是指生产资料在生产过程中的使用与消耗。封建社会的农民，主要依靠家内劳动力从事生产，经营规模小，生产能力低。农民家庭作为投资主体，生产投入的需求有限，生产投入的供给能力更为有限。其生产投入往往少于生活投入，甚至是大大少于生活投入。

姜皋的《浦泖农咨》，成书于道光十四年，所提供松江府一带农民生产投入的资料，较为齐全。作者在前面曾根据该书资料，对一个种田十亩的农民家庭的生产投入，作过粗略估算，略引如下：

种子费用，约为钱3600文。置备人踏用于堤岸较高的水车一架，约为钱12500文。置备耙、犁、铁搭、蓑衣、箬笠、扁担、镰刀、粪箕之类，约共用钱10000文。肥料，除人畜粪自积之外，草子、豆饼等约共用钱12000文。以上各项，共用钱38100文。

农民每年全家口粮，若仍按前述标准，为米18石计。该书所记米价有二数。一为“米价如今年者每石以六千结算”。一为“一石之米，设仅值二千”。据光绪《华亭县志》记载，道光初年中叶，松江府一带灾年米价，常为五六千文一石，而平常年景则为二千七八百文。可见《浦泖农咨》所记米价，前一数为灾年米价，后一数又带有假设性质，均不足为据，今按米每石2800文计，全家口粮18石，共约为钱50400文。口粮大大超过生产支出。如果加上其他食物支出，再加上其他生活消费的支出，就更大大超过生产支出了。

上述计算，包括置备较多生产资料的费用，实际上许多生产资料，是不必

① 郝懿行：《晒书堂笔记》卷下，光绪《五台县新志》卷2，乾隆《孝义县志》物产民俗。

年年置备的。陶煦《租核》一书，写成于光绪十年，反映苏州地区农民生产投入的一些情况，可据以对上述问题做进一步论证。

他是以“佣人耕者”“人耕十亩”来计算生产消费的。但他又指出，“佃农而一家力作，夫耕妇馌，视佣耕者为胜，或可逾十亩以外”。其所记生产消费，大致如下：农具每年用“钱八百，如铁搭岁修钱百，车修钱四五百，蓑笠之属二百”；肥料费用是，“苏松田亦尽壅豆饼，亩约钱五百，以十亩计，岁钱五千”；“春熟所种不同，有豆麦菜三者”；种菜收菜籽，“须壅人粪，亩约钱四五百。为豆与麦所异”。这是田10亩亦须用钱四五千。根据上述各数，农户生产消费支出，每年约共为钱10000文左右。

这里每户农民五口之家全年的口粮支出，约共为钱31200文（详见下文）。这说明农民生产投入，仅占农民口粮支出的三分之一左右。如果加上其他生活消费支出，其比例就更小了。

上述计算，均未记牛力费用。《浦泖农咨》说，当时“耕牛其最上者须四十余千，递减至七八千而止。现在通用者，大率二十千左右而已”。《租核》则说，“若畜牛，（生产开支）则三五倍之，故不计”。实际上，苏松地区的农民，畜牛的不多，耕田时，“赁之牛多者”。租牛费用，应是一笔重要支出，是不可不计的。姑以嘉庆间，章谦存在《备荒通论》中所提供的数据，以补此缺陷。他说，佃农“一亩之田，耒耜有费，籽种有费，罱斛有费，雇募有费，祈赛有费，牛力有费，约而计之，率需千钱”，如种田10亩，生活消费支出共约10千文。当时米价是，“折中计之，每石贵一千有余”①。姑每石按1000文计，农户全家全年口粮18石，共约为钱18千文，也超过生产开支将近一倍。

江南地区许多农民的生产工具是颇不齐全的。近人经过实地调查，这种情况便日益显示。抗日战争前，嘉兴县中农沈小弟，只有半条牛，一部犁，三分之一的水车与车盘，耙、耖、农船都没有。② 还有人说，在20世纪30年代，江南地区农民，每户必备的农具，实际上只是“锄头加镰刀”而已。其他常

① 《清经世文编》卷39。

② 陈恒力：《补农书研究》，第66页。

用农具，往往是平均几户，甚至是几十户才有一件。邻里之间，亲友之间借用农具或租用农具的情况，非常普遍。按照这些调查，则农民生活消费的支出，就更是大大超过生产消费支出了。

三

生活资料的自给、半自给，是封建社会农民消费的又一个特点。

随着农业生产和商品经济的发展，农民从市场上获取的生活资料会逐渐增多。但就是到明清时期，从大部分农民来说，生活资料主要依靠自给。比如最重要的食物粮食，江南地区种桑养蚕、纺棉织布的农民，虽有口粮只能自给“八个月”、“惟冬三月”、“六十日”的记载，但多数农民，特别是主要种植粮食的农民，其口粮是全部自给的。

又如食油，《安吴四种》说，稻田“植麦者，耗粪工太甚，宜三分之，以二分植麦，一分植菜籽”。油菜“亩收子二石，可榨油八十斤”。可见部分农民食油可自给。

又如菜蔬，《补农书》说，“园中菜果瓜蒲，惟其所植。每地一亩，十口之家，四时之蔬，不出产而皆给”。一般说来，农民菜蔬的自给率都是很高的。

又如衣被，江南地区丝棉纺织发达。《补农书》说，嘉兴府湖州府一带，“男耕女织，农家本务。况在本地，家家织纴”。除丝棉纺织之外，湖州还“家家种苎为线，多者为布”。衣被的自给率很高。苏松地区，棉纺织更为发达。据估计，1860 年左右，江苏省农产总数中，从事纺织的户即达 65%。[1] 苏松地区纺织户比例，应更大于此数。这些棉纺织户，其衣被应全部自给。

又如柴薪，《补农书》说，“日用所急，薪米二事为重”。“柴薪之费，相去甚远。炭及山柴为上费，树柴次之，桑条豆萁又次之，稻柴麦柴又次之”。这里的农民，树柴、桑条、豆萁、稻柴、麦柴等，均或多或少可自致。该书又说，“必待买薪而举火，难乎为家矣”。可见柴薪大都可以自给。

我们在前面所作的农民生活消费支出的计算，是为了农民消费结构价值表现的需要。实际上，农民许多消费品可以自给，甚至部分生产资料也可以自

① 许涤新、吴承明主编：《中国资本主义发展史》第 2 卷，第 308 页。

给，是不必有这样多货币支出的。

四

清代，江南地区农业生产和商品经济均有较大发展。粮食平均亩产量提高，多熟复种制度进一步普及，种棉织布，种桑养蚕更得到推广。经济繁荣，市场活跃，农民的生活水平也有提高。

下面根据《租核》提供的资料，估算光绪中叶苏州地区农民的生活消费，与前述嘉湖地区农民的生活消费做些比较，以考察明末至清末上述这类温饱型农民生活水平提高的情况。

［粮食］ 明末清初，浙江嘉兴湖州地区，虽种春花，但当时人口较少，农民口粮系食用稻米。《补农书》中未见有食用蚕豆、二麦的记载，只有用大麦饲猪喂鹅鸭的记载。清代中叶以后，江南地区多熟复种制度发展，农民食杂粮的日多。如在苏松地区，“农民当春夏之交，藉此麦饭，以种大熟”[①]。蚕豆“自湿至乾，皆可为粮”[②]。夏初，农民“磨麦穗以为面，杂以蚕豆”[③] 食之。强汝洵说，许多农民的口粮是，“麦当其三之一”[④]。按前述农民的口粮标准，农家全年食米 18 石计，因三分之一改食大麦，是为米 12 石。该书说，当时“米石钱一千八百文”，似嫌过低。今据王业键整理的米价，光绪十一年至光绪二十一年，苏州府米价平均为每石 2.13 两银子。[⑤] 该书又说，当时“银价两约钱一千六百”。则 12 石米，约共为银 25.5 两，约共为钱 40896 文。

《安吴四种》说，“苏民精于农事，亩常收米三石，麦一石二斗，以中岁计之，亩米二石，麦 7 斗，抵米 5 斗”。又说，“大麦较米不及半价，以充口食，一石可抵七斗。和稻米煮粥饭，计麦百斤，可得米七十斤”。按大麦 7 斗，充口食可抵米五斗计，农民口粮大米六石，折成大麦应为 8.4 石。《租核》说，春熟种豆，“亩可得钱七八百，麦亦如之”。假定如《安吴四种》所说，

---

① 道光《蒲溪小志》物产。

② 姜皋：《浦泖农咨》。

③ 乾隆《吴江县志》卷 5。

④ 《求益斋文集》卷 4。

⑤ 《1638～1935 年间江南米价变动趋势》，《中国经济史研究》，1993 年第 3 期。

大麦亩产七斗，此 800 文为大麦 7 斗之价，则大麦 8.4 石，应约为钱 9600 文。加上上述米值，全部口粮约共为钱 50496 文。

［副食］　该书说，当地雇用农工，吃荤菜时，“用肉”，“杂以菜蔬，日约钱三十。余日亦不纯素，间用鱼，日约二十钱。酒岁约钱二千。外如油盐柴酱之属，岁约钱三千”。

农民一般只有逢年过节，或家有喜庆，或接待宾客，才能吃荤菜日那样标准的饮食。据《吴中岁时杂记》中说，当地节日有元旦、元宵、“端午、冬至、年夜为人节”。端午“人家各有宴会赏庆”。中秋“是夕人家各有宴会”。“郡人最重冬至节”，冬至夜，“人家更迭燕饮”。有“冬至大如年”之谣。“除夜，家庭举宴，名曰年夜饭”。还有所谓“年节酒”，“元旦后，戚若友递相邀饮，至十五日而止。俗称年节酒”。除了“人节”之外，还有“鬼节”。“人无贫富，皆祭其先。”“盖土俗家祭，以清明、七月半、十月朔为鬼节”。如按年节、喜庆、饷宾之日吃荤，农事大忙之日也吃荤，全年有吃荤日二十日计，人日用钱 30 文，全家全年共约用钱 3000 文。

其余 345 日吃素。“余日亦不纯素，间用鱼”。明代松江西乡农民，即已“吃鱼乾白米饭种田”[①]。农家平日饭食，可能较雇工日为差，按日用钱 20 文折半计算，全家全年用钱共约 17250 文。

“油盐柴酱之属”，消费弹性较小，按人岁约用钱 3000 计，全家全年共约用钱 15000 文。因稻柴费用另计，须在此扣除 8640 文（根据见下文），则共约为钱 6350 文。

饮酒费用，姑纳入吃荤日饭食支出费用之内，不再另计。

以上各项，共约为钱 26600 文。

［衣服］　该书无布价记载，仍借用上海布价。清末，上海土布“每疋约市钱五百文”[②]。全家全年用棉布 10 疋，是共约为钱 5000 文。当时，穿棉布日益普遍，衣着质量应较粗麻布为优。

［居屋］　仍无法获得住房费用资料，仍借用前述房屋年租金 1.6 两银子

① 何良俊：《四友斋丛说》卷 14。

② 民国《上海县续志》卷 7。

计算。该书说，当时“银价两约钱一千六百”，是为钱2560文。

［燃料］　该书说，稻柴每“担约钱160，贵或担钱200，贱或百一二十”。今按每担160文计，全年用稻柴54担，共约为钱8640文。

以上各项，总共支出钱93296文。食物支出约占83%，其中，粮食支出约占54%，副食支出约占29%。

从前述《补农书》与《租核》两书所反映的情况看，明末到清末的200多年间，江南温饱型农民的食物消费支出在其生活消费总支出中的比重，由76%上升为83%。其中，粮食支出由占生活消费总支出的55%，下降为54%，而副食的支出，却从占生活消费总支出的21%上升为29%。农民消费结构的这种变动，实际上反映着农民生活水平的提高。

在封建社会中，为社会生产力发展水平所制约，温饱型农民收入低，他们的衣着，要从“布衣草履”，上升到“穿绸着缎”；居屋要从“草庐茅茨”，上升到“美室华堂”，甚至住上前述造价为六七十到100两银子的房屋，都是难以企求的。而从“饥肠辘辘”到“含哺鼓腹”，从“菜根蔬食”到“饮酒吃肉”，却是最现实的追求。从明末到清末，农民从棉布与麻布兼用，到一色穿着棉布，数量虽无变动，而质量却有所提高。粮食从全部食用稻米，到稻米与杂粮兼食，以民间习俗衡量，数量虽未减少，而质量却有所降低。居屋水平则没有降低，也没有提高。消费结构的变动，主要表现在食物在生活消费总支出中的比重上升，特别是副食在生活消费总支出中的比重上升，这是农民从蔬食到饮酒吃肉增多的结果。在封建社会中，农民衣着、居屋数量的增加和质量的提高，一般都是比较缓慢的。而生活水平的提高，却主要表现在食物、特别是副食数量的增加与质量的提高上。这也是封建社会温饱型农民消费的又一个特点。说消费结构的这种变动是生活水平的提高，表面上看起来与恩格尔定律是相背离的，实际上并非如此。上述消费结构的变动，主要是由于供应条件的改善和需求质量的提高所导致的食品支出增大，而不是农民收入减少的结果。许多西方国家的调查也表明，如果家庭收入略有增加，其用于食物支出的比重可能增大。只有在达到相当高的平均食物消费水平时，收入进一步增加才会导致食物支出所占比重下降。这是消费结构良性变动总趋势中，温饱型消费内部某种局部的逆向转化。正是实际生活生动丰富的表现，与恩格尔定律并不是相悖的。

清末，江南温饱型农民年生活消费总支出93296文钱，如按银1两兑钱1600文折成银，共约为银58.3两，与明末生活消费总支出相比较，约增加了78%，但其中包含了物价上涨因素，需要做具体分析，才能计算出农民生活水平提高的幅度。

前述粮食、副食、衣服、居屋、燃料等各项生活消费支出，如均按当时钱价折成银计算，则清末与明末生活消费支出相比较的结果是：居屋支出均为银1.6两，没有变动。衣服支出由银3两增为银3.1两，布的质量虽有所提高，但支出基本上没有变动。粮食支出由18两增为31.5两，燃料支出由3两增为5.4两。二者消费数量没有增加，支出增加主要是物价上涨的原因。副食支出由7两增为16.6两，增加了9.6两，则主要是由于副食的数量和质量均有提高。可见清末由于生活水平提高所导致生活消费支出的增加数，约为明末生活消费总支出的30%左右。

江南地区这类农民生活水平的提高，还可以从雇工饮食的改善中得到说明。

首先是吃荤菜日数增加。《补农书》说，供应雇工旧规是，“夏秋一日荤，两日素，今宜间之。重难生活连日荤。春冬一日荤，三日素，今间二日。重难生活多加荤”。还说，今日雇工，“非酒食不能劝，比百年以前，大不同矣”。所说“旧规”，或指当时百年以前，是明代嘉靖之世。按此记载，在夏秋农忙季节，每月吃荤日数，就从10天增为15天；吃素菜日数从20天减为15天。体力劳动繁重之日，还是“连日荤”。在春冬农闲之日，每月吃荤日数从七八日增为10日，每月吃素菜日数从20余日减为20日。体力劳动繁重之日，还“多加荤”。到清末，据《租核》说，“夏秋日总二十日荤，春冬总十日荤”。在农忙的夏秋两季，每月吃荤日数，比明末又增加了5日。

其次，从荤茶供应的数量和质量上看。《补农书》说，“旧规，荤日鲞肉每斤食八人，猪肠每斤食五人，鱼亦五人。今宜称明均给，于中不短少侵克足矣”。这是说，明末与百年以前，这些荤菜每日供应的数量与质量均无变动。只是从吃荤日数的增加上，体现出供应数量增加。到清代中叶之后，荤菜由鲞肉、猪肠之类，已改为供应猪肉，数量亦有增加。《浦泖农咨》说，雇工一人，日“食肉半斤”。到清末，《租核》说，“荤不用猪肠而用肉，肉斤……食四人”。“余日亦不纯素，间用鱼”。这说明荤菜供应在质量和数量上均有改善。《租核》说的是雇长工，而《浦泖农咨》说的是雇忙工，所以荤菜的量还更多一点。

又如酒，《补农书》说，“旧规，不论忙闲，三人共酒一杓。今宜论生活起：重难生活，每人酒一杓；中等生活，每人酒半杓；轻省留家及阴雨全无”。又说，供应雇工的“长行酒”，“斗米买三十杓”。又说，长工每人每年“柴酒一两二钱”银子。前面对“柴酒”已作过解释，即为副食费用的简称。从这些可以看出，对雇工酒的供应量，是为数有限的。但到清末，《租核》说，每个雇工“酒岁约钱二千”。当时银价每两值钱一千六百文，这是酒须用银1.25两。酒的供应已大大增加。所以该书说，供应雇工，“酒肉视古为多”。

雇工供给一般是以农民的生活水平为准绳的。“水涨船高”，明末到清末，雇工供给的改善，正是农民生活水平提高的反映。《沈氏农书》说，今日雇工，“非酒食不能劝，比百年以前，大不同矣”！发了一点责怪“人心不古”的牢骚。当社会经济有所发展，农民生活普遍有所提高之后，饮食供应如还照旧不变，雇工怠工是理所当然的事情。涟川沈氏昧，于经济生活的变化而发牢骚，真可谓“此言差矣”！

由于历史资料的残缺不全，前面对江南地区温饱型农民消费结构的数量分析，很难说准确反映了当时农民生活的实际状况，可能只是反映了一个大体的轮廓与趋势。

跋

《中国经济通史》是全国哲学社会科学“七五”规划重点课题“中国古代经济史断代研究”的最终成果。课题组成立于1984年11月，参加工作的有中国社会科学院历史研究所、经济研究所以及河北大学、首都师范大学、郑州大学、山东大学等单位的数十位学者。在课题组的成立会上，确定最后成果按断代分九卷出书。各卷的负责人如下：先秦经济史主编周自强；秦汉经济史主编林甘泉；魏晋南北朝经济史主编高敏；隋唐五代经济史主编宁可；宋代经济史主编漆侠；辽夏金经济史主编漆侠、乔幼梅；元代经济史主编陈高华；明代经济史主编王毓铨，副主编刘重日、张显清；清代经济史主编方行、魏金玉、经君健。全书不设总主编，由上述同志组成编委会，推举林甘泉、宁可、方行三人负责全书的联系和协调工作。

1986年12月举行编委会第二次会议，讨论各卷初步拟出的章节目录和部分初稿。除编委外，还邀请了部分研究中国社会经济史的专家参加。会议围绕着各卷提出的章节设计，就全书带有全局性和共同性的问题进行了讨论。大家认为，作为一部完整的中国经济通史，本书的指导思想和整体框架应力求统一。但本书不同于一般的经济史讲义，它是作者进行断代和专题研究的成果，各卷可以有相对的独立性。即使在同一卷中，只要不是自相矛盾，有些问题也应允许执笔者有自己的观点。但在各卷之间，特别是同一卷中，必须注意上下衔接、前后照应。各位学者还提出，这部专著要尽可能做到史料丰富，包括新发现的史料；要力求填补一些以往研究的空白；要充分吸收前人已有的研究成果，又要在已有成果的基础上有所前进。要注意借鉴新的研究方法，例如计量研究方法和比较研究的方法，但一定要从中国的历史实际出发，不能生搬硬套。总之，我们原来的设想，是希望本书能够成为一部反映新时期中国经济史研究新成就的学术专著。但由于我们的水平有限，经济史研究的难度又比较大，实际上现在呈献在读者面前的这部书，离我们原先设想的目标还很远。希望各方面的专家学者能不吝指教，以便我们今后进一步修改提高。

本书各卷原定1991年底全部完成，但由于部分主编和参加执笔的同志事情较忙，一直到1997年底才陆续脱稿。此次蒙经济日报出版社大力支持，使这部九卷近九百万字的大型学术专著得以一次付梓，让读者有可能从中了解中国经济史发展的基本趋势和概况。在学术著作出版遇到诸多困难的今天，经济日报出版社这种把社会效益放在首位、热心支持学术研究的精神和魄力，使我们十分感激知由衷地敬佩。

本书在课题立项之后，得到全国哲学社会科学规划办公室的资助，谨此一并致谢。

《中国经济通史》编委会

1998年6月11日

主编简介

方 行 1926年生，湖南沅江人。北京大学史学系肄业。中国社会科学院经济研究所研究员。1978年起从事中国古代经济史研究。主要著作：《中国资本主义发展史》（参加编写）；论文《略论中国地主制经济》《封建社会的自然经济与商品经济》《清代前期农村的高利贷资本》《中国封建社会农民的经营独立性》《清代前期的小农经济》《中国封建社会的经济结构与资本主义萌芽》等20余篇。

经君健 1932年生，江苏仪征人。北京大学经济系毕业。中国社会科学院经济研究所研究员，中国社会科学院研究生院教授。主要从事明清经济史及社会史研究。主要著作：《明清时代的农业资本主义萌芽问题》（合著）《清代的贱民等级》；论文：《试论清代等级制度》《试论地主制经济与商品经济的本质联系》等；选编《严中平文集》。

魏金玉 1926年生，河南唐河人。北京大学经济系、中国人民大学马列主义研究班毕业。中国社会科学院经济研究所研究员。长期从事明清农村租佃关系和雇佣关系研究。主要著作：《明清时代的农业资本主义萌芽问题》（合著）；论文：《试论明清时代雇佣劳动者与雇工人等级之间的关系》《关于中国农业资本主义萌芽的几个问题》《明清时代佃农的农奴地位》《明代皖南的佃仆》《清代押租制度新探》《试论封建生产关系的基本特征》《封建经济·自然经济·商品经济》等。